KB043746

新訂 8 版

商法學原論

서울대학교 명예교수
崔 基 元 著

博 英 社

머 리 말
─ 新訂 8 版 ─

본서의 구판이 발간된 지 3년이 경과하여 본서를 발간하게 된 것은 국회에 제출된 상법개정법률의 통과가 지연되고 있기 때문이다. 상법개정법률의 내용은 상법 전 분야에 걸쳐 광범위하다. 즉 상행위편의 일부가 개정되고, 회사편과 보험편을 비롯하여 해상편의 상당한 부분이 개정된다. 이 중 해상편은 지난해 8월 3일에 국회를 통과하여 2008년 8월 4일부터 시행된다.

회사편과 보험편의 개정안은 아직 국회에 계류중이지만 본서는 개정안에 따라 전반적으로 그 내용을 수정·보완하였다. 그리하여 개정 내용의 이해를 돕기 위하여 개정취지와 중요한 개정 내용을 요약하여 약술하였고, 부록으로 신·구법의 조문대비표를 수록하였다. 본서를 가종 시험의 준비서로 하는 수험생들은 현행법과 상법개정안의 차이점에 대하여 유의하여야 한다.

끝으로 본서의 개정을 위하여 상법개정안 등 귀중한 자료를 제공해 주신 법제처의 신상환 법제심의관에게 사의를 표하고, 본서의 편집과 교정 등을 위하여 수고를 아끼지 않은 박영사 편집부의 나경선 과장과 본서 출간에 특별한 관심과 지원을 해 주신 박영사의 안종만 회장님에게 감사하는 바이다.

2008년 2월 20일
서울대학교 연구실에서

저　　　자　씀

차 례

제 1 편 總 則

제 1 장 總 論

제 2 장　商　　人

제 3 장　商人의 活動補助者

제 4 장   商人의 物的 施設

제 5 장   商業登記

제 6 장   營業讓渡

제 2 편　商　行　爲

제 1 장　總　　論

제 2 장　商行爲에 관한 通則

제 3 장　各　　論

제 3 편 會 社 法

제 1 장 總 論

제 2 장 通 則

제 1 절 會社의 槪念

제 2 절 會社의 設立

제 3 절 會社의 組織變更

제 4 절 會社의 合倂

제 5 절 株式交換·株式移轉

제 3 장 株式會社

제 4 장　有限會社

제 5 장　合名會社

제 6 장 合資會社

제 7 장 有限責任會社

제 4 편　有價證券法

제 1 장　有價證券

제 2 장　어음法・手票法

제 3 장　어음・手票行爲

제 6 장 約束어음

제 1 절 總 說
제 2 절 約束어음에 관한 特則
제 3 절 換어음에 관한 규정의 準用

제 7 장 電子어음

제 8 장 手 票

제 1 절 總 說
제 2 절 手票의 種類
제 3 절 手票의 記載事項

제 5 편　保　　險

제 1 장　總　　論

제 2 장　保險契約

제 3 장　損害保險

제 4 장　人 保 險

제 1 절　總　　說
제 2 절　生命保險

제 3 절　傷害保險

제 4 절　疾病保險

제 6 편　海　　商

제 1 장　總　　論

제 2 장　海上企業組織

제 3 장　海上企業活動

제 4 장 海上企業의 危險

제 1 절 總 說

제 2 절 共同海損

제 3 절 船舶衝突

제 4 절 海難救助

제 5 장 海上企業金融

제 1 절 船舶優先特權

제 2 절 船舶抵當權

제 3 절 船舶에 대한 强制執行

부 록

◇ 참 고 문 헌 ◇

著　　者	著　書　名	發行年度	引用略語
姜 渭 斗	商法總則・商行爲法(第2全訂版)	1998	〔姜(위) 總〕
	어음・手票法	1998	〔姜(위) 어〕
權 奇 範	現代會社法論	2001	〔權(기)〕
金 星 泰	商法總則・商行爲法講論	1998	〔金(성)〕
	保險法講論	2001	〔金(성) 保〕
金 容 泰	全訂 商法(上)	1984	〔金(용) 上〕
	全訂 商法(下)	1985	〔金(용) 下〕
朴 元 善	새商法(上)	1962	〔朴(원) 上〕
	새商法(下)	1967	〔朴(원) 下〕
徐 燉 珏	第三全訂 商法講義(上)	1985	〔徐(돈) 上〕
	第三全訂 商法講義(下)	1985	〔徐(돈) 下〕
徐 廷 甲	商法(上)	1965	〔徐(정) 上〕
	新어유・手票法	1965	〔徐(정) 어〕
徐 憲 濟	사례중심체계 會社法	2000	〔徐(헌)〕
孫 珠 瓚	第15補訂版 商法(上)	2004	〔孫(주)〕
	第九訂增補版 商法(下)	2001	〔孫(주)〕
梁 承 圭	商法事例硏究	1994	〔梁(승)〕
	保險法(第3版)	1992	〔梁(승) 保〕
	어음法・手票法	1994	〔梁(승) 어〕
梁 承 圭〕 朴 吉 俊〕	商法要論〔第3版〕	1993	〔梁・朴〕
李 均 成	海商法講論	1989	〔李(균)〕
李 基 秀	商法總則・商行爲法學	1992	〔李(기) 總〕
	會社法學(第4版)	1997	〔李(기) 會〕
	어음法・手票法學(第4版)	1998	〔李(기) 어〕
李 範 燦〕 崔 埈 璿〕	商法槪論〔第4版〕	1997	〔李・崔〕
李 炳 泰	增訂 商法(上)	1978	〔李(병)〕
李 院 錫	全訂 新商法(上)	1984	〔李(원)〕
	海商法・保險法	1987	〔李(원) 海・保〕
李 哲 松	第3版 商法總則・商行爲	1996	〔李(철) 總〕
	第12版 會社法講義	2005	〔李(철)〕
林 泓 根	商法─總則・商行爲	2001	〔林(홍)〕
	會社法	2000	〔林(홍)〕

鄭 東 潤	第六版 會社法	2000	〔鄭(동) 會〕
	어음・手票法(四訂版)	1996	〔鄭(동) 어〕
鄭 茂 束	全訂版 商法講義(上)	1984	〔鄭(무)〕
	商法講義(下)	1985	〔鄭(무)〕
鄭 鎭 世	判例演習 會社法	2001	〔鄭(진)〕
鄭 燦 亨	第4版 商法講義(上)	2001	〔鄭(찬)〕
	第6版 商法講義(下)	2004	〔鄭(찬)〕
鄭 熙 喆	商法學(上)	1989	〔鄭(희)〕
	商法學(下)	1990	〔鄭(희)〕
車 洛 勳	商法(上)	1966	〔車(낙)上〕
蔡 利 植	改訂版 商法講義(上)	1996	〔蔡(이)〕
	商法講義(下)	1992	〔蔡(이)〕
崔 基 元	第17版 商法學新論(上)	2008	〔崔(기)〕
	第15版 商法學新論(下)	2008	〔崔(기)〕
	第12大訂版 新會社法論	2005	〔崔(기) 會〕
	第4增補版 어음・手票法	2001	〔崔(기) 어〕
	第3版 保險法	2002	〔崔(기) 保〕
	第3版 海商法	2002	〔崔(기) 海〕
崔 基 元 外	第2版 商法事例演習	1998	〔崔(기) 事〕

◇약 어 표◇

제 1 편 總 則

제 1 편

총   칙

(1) 본편에서는 우선 상법일반에 관하여 상법의 개념을 비롯하여 특수한 법역인 상법의 자주성의 근거, 인접 법역과의 관계 및 상법을 지배하는 특성을 개관하고 상법의 역사와 법원 및 효력에 관하여 다루고 있다. 또한 본편의 중요한 내용은 기업의 주체인 상인의 개념을 비롯하여 상인의 기업조직에 관한 일반적 제도로서 기업의 인적 시설인 상업사용인, 기업의 물적 시설인 상호·상업장부·영업소에 관한 문제와 기업조직의 공시를 위한 상업등기제도 및 영업양도에 관한 것이다. 본편의 상법 일반에 관한 해설은 방대하고 복잡한 상법 분야의 효과적인 학습을 위하여 밑거름이 되며 특히 상법의 특성에 관한 근본적인 이해는 광범위한 상법의 연구를 위한 지름길이 된다.

(2) 1995년의 상법개정에 의하여 상법 제 1 편도 부분적으로 그 내용이 변경되었다. 즉 상호의 가등기제도가 새로이 도입되었고 전표 또는 이와 유사한 서류는 그 보존기간이 5년으로 단축되었으며, 상업장부와 서류는 마이크로필름 기타의 전산정보처리조직에 의하여 보존할 수 있도록 하였다. 그 외의 중요한 개정사항으로는 상업등기의 공고제도를 폐지하였다는 점을 들 수 있다.

제 1 장　總　　論

제 1 절　商法의　槪念

[1]　제 1　序　　說

상법은 어떠한 법인가 하는 것을 알려면 먼저 상법은 어떠한 생활관계를 대상으로 하는 것인가를 이해하여야 한다. 우선 상법은 형식적으로 「상법」이라고 하는 명칭을 가진 제정법인 상법전(商法典)을 말한다고 할 수 있다. 그러나 상법전은 각국의 역사적 사정이나 입법정책에 따라서 그것을 가지고 있는 나라가 있고(독일·프랑스·일본·한국 등) 없는 나라도 있으며 (영국·미국·스칸디나비아제국 등), 있는 나라의 경우에도 때와 곳에 따라 그 내용이 반드시 일치하지 않는다. 그러므로 상법을 상법전의 유무 및 그 내용에 구애됨이 없이 이론적인 면에서 통일적이고 체계적으로 파악하기 위하여는 특수한 법역이라고 할 수 있는 실질적 의의의 상법이 무엇인가 하는 것을 밝혀야 한다.

[2]　제 2　實質的　意義의　商法

I. 서　　설

실질적 의의의 상법이 무엇인가를 밝히려면 상법은 독립된 법역으로서 어떠한 생활관계를 중심으로 하는 법인가를 규명하여야 한다.

⑴「상」에 관한 법　　우선 상법은 「상(商)」에 관한 법이라고 할 수 있다. 「상」이란 경제학상의 개념으로서 유형재화의 전환을 매개하는 것을 의미한다. 즉 「상」이란 물건을 구입 또는 교환에 의하여 조달하고, 이것을 다시 같은 형태로 소비자, 생산자 또는 매개자에게 이익을 얻고 양도하는 행위라고 할 수 있다. 자급자족경제가 교환경제로 진전하여 상인이 출현된 당시의 「상」의 실체는 이러한 경제적 의미의 「상」에 한정되었으므로, 법률적 의미의 「상」도 이러한 행위를 그 대상으로 하였다.

⑵「상」의 범위의 확대　　근세에 들어와 경제의 발전과 더불어 법률

적 의미의 「상」은 그 범위가 점차로 확대되기 시작하였다. 즉 경제적 의미의 「상」뿐만 아니라 이것과 직접적으로 또는 간접적으로 밀접한 관계가 있으며, 또 이를 준비하고 촉진하며 안전하게 하는 모든 보조업도 「상」의 범주에 포함되게 되었다.

　　　1807년의 프랑스상법에서는 위탁매매업·대리상·운송업·은행업·보험업 등에 관한 규정뿐만 아니라, 경제적 의미의 「상」과는 관련이 없는 촬영업까지도 상행위의 범주에 포함시켰다. 이후 진보적 성격을 띠고 있는 1897년의 독일신상법과 1911년의 스위스채무법에서는 상행위의 내용에 구애됨이 없이 영업의 형식과 그 범위만을 참작하여 상인의 의의를 정하는 기준으로 삼고 있다.

2. 상법의 대상

법률적 의미의 「상」의 범위는 크게 확대되었으므로 이와 같이 광범위하고 복잡한 생활관계를 대상으로 하는 법규를 상법으로 통일시키려면 거기에 중심이 되는 본질적인 생활관계인 상법의 대상이 무엇인가 하는 것을 찾아야 한다. 이에 관하여는 여러 가지의 학설(역사적 관련설·매개행위설·집단거래설·상적 색채설·)이 있으나, 상법은 기업생활의 특수한 수요에 응하기 위하여 형성된 「기업에 관한 법」이라는 「비일란트」의 기업법설이 상법의 대상인 생활관계를 비교적 내용면에서 통일적으로 파악할 수 있다는 것이 통설적 견해이다. 기업의 개념은 구구하지만 「쉐플레」에 의하면 기업이란 불확정한 재산증식을 목적으로 하는 경제적 조직체라고 한다.

3. 실질적 의의의 상법

실질적 의의의 상법은 기업에 관한 특유한 법이라는 견해가 통설이지만, 기업 그 자체는 권리의무의 주체가 될 수 없으므로 실질적 의의의 상법이란 상인의 기업조직과 경영활동에 관한 특유한 법규의 전체라고 함이 타당하다(李(기), 5; 柳珍熙, 「고시계」 96.9, 115). 기업관계에 대하여는 사법적 규정이 중요한 지위를 차지하지만 일반공중의 이익을 위하여는 사법기관(司法機關)이나 행정기관에 의한 후견적 기능이 요청되므로(상법에도 상업장부의 작성의무(상 29 Ⅰ항; 과 366(3), 367(4)) 및 상업등기에 관한 규정, 소송관계의 규정과 형벌 및 행정벌에 관한 규정이 있다), 실질적 의의의 상법에는 공법적 규정도 포함된다는 것이 통설이다.

[3] 제 3 形式的 意義의 商法

　　형식적 의의의 상법이란 「상법」이라고 하는 명칭으로 제정된 **상법전**을 말하는데 상법은 총칙·상행위·회사·보험·해상 등 5편으로 구성되어 있다. 우리의 상법전은 1962년에 법률 제1000호로 공포되고 1963년 1월 1일부터 시행된 것을 말한다. 이 법은 1984년에 총칙편의 일부규정과 회사편의 주식회사에 관한 규정이 광범위하게 개정되었다. 또한 상법 중 보험편과 해상편의 개정에 관한 상법중개정법률($_{제4470호}^{법률}$)이 1991년 12월 31일 공포되어 1993년 1월 1일부터 시행되었으며, 1995년에는 상법 중 총칙편과 상행위편 및 회사편이 개정($_{제5053호}^{법률}$)되어 1996년 10월 1일부터 시행되었다. 이후 1998년과 1999년, 2001년에 회사편의 일부가 개정되었다. 그리고 2007년의 상법개정안에 의하면 회사편의 많은 부분이 개정될 예정이다($_{이하 참조}^{18면}$).

[4] 제 4 實質的 意義의 商法과 形式的 意義의 商法의 關係

　　⑴ **양자의 범위**　　　실질적 의의의 상법은 반드시 형식적 의의의 상법과 그 범위가 일치하지는 않는다. 즉 실질적 의의의 상법에 속하는 것으로서, 예컨대 원시산업 경영자·의사·변호사·예술가·문필가 등과 같은 자유직업도 기업으로 볼 수 있지만, 연혁적인 이유와 사회적 고려에 의하여 정책적으로 형식적 의의의 상법인 상법전의 대상에서는 제외시키고 있다. 그리고 실질적 의의의 상법에는 상법전 이외에 상사특별법령·상관습법·상사판례법·조리 등이 포함된다.

　　⑵ **양자의 목적과 상호관계**　　　실질적 의의의 상법은 학문적인 입장에서 **통일성·체계성**에 중점을 두고 있는 데 비하여, 형식적 의의의 상법은 사회적인 고려에서 법률정책적인 면이 가미되어 **실제성·편의성**을 중시한다. 그러므로 양자의 범위가 반드시 일치하는 것은 아니다. 그러나 상법을 기업법으로 파악할 수 있는 실질적 의의의 상법은 형식적 의의의 상법을 보완·개정함에 있어서 중요한 자료를 제공하며, 반면에 형식적 의의의 상법은 실질적 의의의 상법을 연구함에 있어서 기본이 되는 관계에 있다.

제 2 절 　商法의 地位

[5] 제 1 　商法과 民法의 關係

　　⑴ 양법의 적용　　　상법은 민법과 함께 사법의 영역을 양분화하고 있다. 민법은 개인 또는 단체의 사법적 생활관계를 일반적으로 규율하는 데 비하여, 상법은 기업의 생활관계에 관한 법이므로 민법에 대하여 특별법적 지위에 있다. 그러나 상법이 기업관계에 대하여 규율하는 유일한 법은 아니며 상법은 기업관계의 특수성을 고려하여 민법의 규정만으로는 불충분하거나 부적당한 면만을 규율하고 있다. 예컨대 가장 전형적인 기업거래인 매매에 관하여 상법은 다만 5개 조문의 특칙($^{상}_{67\sim71}$)을 두고 있을 뿐이고, 기타의 사항에는 민법의 규정이 적용된다.

　　⑵ 상법규정의 분류　　　상법의 규정은 민법에 대한 관계에서 세 가지로 나눌 수 있다.

　　1) 민법규정의 보충·변경　　　민법의 규정을 보충 또는 변경하는 규정이 있다. 예컨대 민법상의 일반채권의 소멸시효기간은 10년인 데($^{민}_{162\,Ⅰ}$) 비하여, 상행위로 인하여 생긴 채권의 경우는 그 시효를 5년으로 단축하고 있는 것($^{상}_{64}$)을 비롯하여, 상법 제 2 편인 상행위편의 통칙에 관한 규정($^{상}_{49,\,54}{}^{48,}$)과 상사매매에 관한 규정($^{상}_{67\sim71}$)이 여기에 속한다.

　　2) 일반제도의 특수형태　　　민법상의 일반제도를 특수화한 형태에 관하여 규정하고 있다. 즉 상업사용인·대리상·중개업·위탁매매업·운송업·창고업에 관한 상법의 규정은 민법상의 대리·위임·도급·고용·임치 등을 특수화한 것이며, 회사제도도 민법상의 조합과 법인제도를 수정한 특수형태라고 할 수 있다.

　　3) 상법에 특유한 제도　　　민법에는 존재하지 않는 특유한 제도에 관하여 규정하고 있다. 예컨대 상업등기·상호·상업장부·상호계산·공동해손·보험·해난구조 등이 그것이다.

　　⑶ 상법의 특별법적 지위　　　민법에 대한 특별법으로서의 상법의 지위는 최초로 프랑스에서 1804년의 민법전에 이어 1807년에 상법전이 편찬되면서 확립되었다고 할 수 있다. 이후 상법은 종래의 계급법의 굴레에서 벗어나

상사관념을 통하여 일반인에 대하여도 적용하게 되었으며, 반면에 민법도 상법에 특별한 규정이 없는 경우에 한하여 상사에 관하여도 적용하게 되었다.

[6] 제 2 商法과 기타 法의 關係

1. 상법과 노동법의 관계

기업은 노력(勞力)의 보충을 위하여 기업보조자를 필요로 하는데, 이 때에 기업주와 기업보조자 사이에는 두 가지 측면의 법률관계가 형성된다. 그 중 상법에서는 기업보조자가 기업주를 위하여 제3자와 법률행위를 한 경우에 그 효과에 대해서만 규정하고 있는데 이에 관한 상법의 이념은 거래의 원활과 안전을 도모하는 데 있다. 이에 비하여 기업보조자와 기업주 사이에 내부적인 고용관계의 측면은 노동법의 대상이 되며 이에 대하여는 기업보조자의 생존의 확보와 생활이익의 보호라는 사회정책적인 이념이 요청된다. 즉 노동법은 상법에 속한다고 할 수 없다.

2. 상법과 경제법의 관계

경제법이란 경제에 대한 국가적 통제를 위한 법적 발현형태라고 할 수 있다. 경제법은 국가가 특정한 목적을 위하여 경제를 통일적·계획적으로 지도하고 감독하는 경제통제의 일환으로서 기업에 대해 행해지는 국가적인 요청에 의한 법규제를 말한다. 즉 경제법은 대상파악의 방법과 그 이념에 있어서 상법과는 기본적으로 성격을 달리한다. 즉 상법은 계약자유와 사적 자치를 인정하고 영리성을 바탕으로 하는 데 반하여, 경제법은 공공성을 중시하여 국민경제적 입장에서 자유주의경제로 인하여 발생할 수 있는 폐해의 예방과 시정을 위하여 경제관계를 규제하는 법이라고 할 수 있다.

3. 상법과 어음법·수표법의 관계

(1) 어음과 수표는 권리와 증권이 밀접하게 결합된 완전한 유가증권이며 금전의 지급이나 신용수단으로 이용된다. 오늘날 어음과 수표는 상인간이나 당사자 중에서 적어도 일방이 상인인 경우에만 이용할 수 있는 제도가 아니라 기업과는 무관한 일반인들 상호간에도 이용이 가능하기 때문에, 반드시 상인인 경우에만 그 발행이 가능한 주권·채권·화물상환증·창고증권·선하증권 등과 같은 상법상의 유가증권과는 달리 어음법·수표법은 독립된 단행법으로 존재하고 있다.

(2) 어음법·수표법은 형식적으로 사법체계 중에서 재산법의 새로운 분야를 이룩한 것이라고 할 수도 있다[鄭(熙), (下) 278]. 그러나 어음·수표는 특히 상인 간이나 상인과의 거래관계에서 주로 이용되고 수표의 경우에 지급인은 반드시 상인인 은행이어야 하며(수 3; 상 4, 46 (8)), 어음도 주로 상인에 의하여 할인이 되고 지급이 되며 그 성격도 상법과 유사하므로 어음법·수표법은 광의의 상법에 속한다고 할 수 있을 것이다.

제 3 절   商法의 特性

[7] 제1 序   說

상법은 민법과 달리 기업에 관한 법으로서 그 기본이념은 기업의 유지·발전과 기업거래의 원활 및 안전을 도모하고 기업주체간의 이익을 조정하는 데 있다. 그러므로 상법에서는 이러한 이념의 실현을 위하여 가장 적합한 법규제를 하고 있다. 그리하여 현존하는 상법상의 모든 규정과 제도는 모두 그러한 이념의 실현을 위하여 형성된 것이라고 할 수 있다. 기업의 목적인 영리행위는 계획적·계속적 활동이며 독립된 조직을 기초로 하여 실현되므로 상법의 특성은 기업에 관한 조직의 면과 활동의 면으로 구분하여 설명할 수 있다.

[8] 제2 企業組織에 관한 特性

1. 자본의 조달과 집중

기업은 우선 물적 기초로서 많은 자본을 필요로 한다. 물론 민법상의 소비대차나 조합제도에 의해 소규모의 자본조달은 가능하지만, 이것만으로는 불충분하기 때문에 상법에서는 소규모의 기업을 위하여는 익명조합제도($^{상}_{78}$)를 두고 있고, 대기업의 자본형성을 위하여는 제3편에서 회사제도를 두고 있다. 특히 주식회사제도는 투하자본이 소액의 주식으로 세분화되고 주주는 주식인수가액에 대한 납입의무만을 지기 때문에 일반공중으로부터 주식발행에 의해 자기자본의 조달을 용이하게 하며 사채의 발행으로 거액의 타인자본의 조달도 가능하게 한다. 또한 상법에는 자본의 집중을 위하여 회사의 합병제도($^{상}_{174}$)와 선박담보권($^{상\ 861}_{이하}$) 및 선박공유($^{상\ 753}_{이하}$) 등의 제도를 두고 있다.

2. 노력의 보충

오늘날의 기업경영은 기업주 혼자서는 담당할 수 없을 정도로 규모가 커지고 내용이 복잡하게 되어 노력의 보충이 필요하게 되었다. 그리하여 상법에서는 기업이 필요로 하는 노력의 보충을 위하여 상업사용인($^{상\ 10}_{이하}$)·대리상($^{상}_{87}$)·중개인($^{상}_{93}$)·위탁매매인($^{상}_{101}$)·운송주선인($^{상\ 114}_{이하}$)·합명회사($^{상\ 178}_{이하}$) 등의 제도를 두고 있다.

3. 기업의 유지

(1) 서 설   기업의 건전한 발전을 위하여는 먼저 그 전제로서 기업
이 유지되어야 한다. 기업이 해체되면 그것은 기업주($^{개인기업}_{의 경우}$)나 사원($^{회사의}_{경우}$) 및
채권자의 이익을 해할 뿐만 아니라, 근로자 그리고 기업과 거래관계에 있는 일
반공중의 이해관계에도 중대한 영향을 미치므로 사회적·국민경제적으로 커다
란 손실이 아닐 수 없다. 그러므로 기업의 유지는 상법의 기본적 이념이라고
할 수 있다.

(2) 상법상의 제 제도

1) 독립성의 확보   기업의 유지를 위하여는 그 전제조건으로서 기업
의 독립성이 확보되어야 한다. 그리하여 상법은 개인기업에 대하여도 상업장
부에 의하여 기업재산과 사용(私用)재산을 구별하고 있으며($^{상}_{이하}$29), 기업주의
성명과 별개의 상호제도를 인정하고($^{상}_{이하}$18) 또한 가사사용인과 상업사용인($^{상}_{이하}$10)
및 주소와 영업소를 구별함으로써 가계로부터 기업의 독립을 꾀하고 있다. 특
히 회사의 경우는 법인격이 인정되어($^{상}_{171}$I) 회사의 기업주체는 법률상 구성원
과는 별개의 법인인 회사 자체이므로 기업의 독립성이 더욱 명확하게 확보되
어 기업의 영속화를 가능하게 하고 있다.

2) 기업해체의 방지   상법은 기업의 해체를 방지하기 위하여 영업의
양도($^{상}_{이하}$41)·상호만의 양도제한($^{상}_{25}$I)·상사대리권의 불소멸에 관한 특칙($^{상}_{50}$)·
회사의 합병·회사의 계속·조직변경·주식회사의 정리 등의 제도를 두고 있으
며, 주식회사와 유한회사의 경우에는 1인회사의 존속을 인정하고 있다. 특히
회사에 대하여는 각종의 소에 있어서 소제기기간을 제한하고 있으며, 물적회
사($^{주식회사·}_{유한회사}$)에 대하여는 법정준비금제도와 자본유지 및 불변의 원칙이 강조되
고 있는 것도 기업의 유지를 위한 것이다.

3) 경영의 전문화   상법은 기업의 전문적인 경영을 통하여 기업의 유
지를 도모하기 위하여 기업의 소유와 경영의 분리를 유도하고 전문경영자들에
의한 이사회·지배인·익명조합·업무집행사원·기업의 임대차·경영의 위임
등의 제도를 두고 있다.

4) 기타 제도   앞에서 본 자본의 조달과 집중을 위한 제도 등과 노력
의 보충제도, 다음에 나오는 위험부담의 경감제도와 상행위의 유상성을 보장

하는 제도 및 상거래의 간이·신속을 도모하는 제도도 기업의 유지를 위한 제
도라고 할 수 있다.

4. 위험부담의 경감

기업의 유지를 도모하기 위하여는 위험부담의 경감이 요청된다. 상법상의
회사제도는 자본집중과 더불어 기업의 위험을 다수의 구성원에게 분산시키는
제도이기도 하다. 특히 주식회사의 경우는 출자자인 주주의 수가 많기 때문에
위험분산의 고도화가 가능하며 이 밖에 보험제도($^{상\,665}_{이하}$)나 공동해손제도($^{상\,832}_{이하}$)
등도 위험분산을 위한 제도이다.

[9]   제 3   企業活動에 관한 特性

1. 상행위의 유상성

기업의 본질은 영리행위를 실현하는 것으로서 기업의 모든 행위는 영리를
목적으로 존재한다고 할 수 있다. 즉 영리성은 기업의 경제적 목적인 것이다.
또한 상법상의 기본개념인 「상인」 및 「상행위」도 영리성을 전제로 한다. 그리
하여 상법은 일반적으로 기업활동의 유상성을 인정하고 일반법에서보다 높은
보수를 보장하고 있다. 즉 상인이 그 영업범위 내에서 타인을 위하여 행위를
한 때에는 당연히 **보수청구권**($^{상\,61,}_{100,\,119}$)이 있으며, 상인 간의 소비대차나 상인이
타인을 위하여 금전을 체당(替當)한 때에는 당연히 **법정이자청구권**이 있고($^{상}_{55}$),
또 상인은 상행위로 인하여 생긴 채무에 대하여는 민법($^{民}_{379}$)에 비하여 고율인
연 6푼의 법정이자를 청구할 수 있다($^{상}_{54}$). 그리고 상호계산의 경우에 예외적으
로 중리를 인정하고 있다($^{상}_{76}$).

2. 간이·신속주의

기업활동은 다수인을 상대로 하여 반복적·집단적으로 이루어지므로 거래
의 간이·신속한 체결 및 완료가 요청된다. 즉 상행위의 대리($^{상}_{48}$), 계약청약의
효력($^{상\,51,}_{52}$), 계약청약에 대한 낙부통지의무(諾否通知義務)($^{상}_{53}$) 등 거래의 간이·
신속한 체결을 위한 상행위통칙의 제 규정과 매도인의 공탁권 및 경매권($^{상}_{67}$),
확정기매매의 당연해제($^{상}_{68}$), 매수인의 목적물검사 및 하자통지의무($^{상}_{69}$) 등 상
사매매의 효과를 신속하게 확정하기 위한 규정 및 상사채권의 단기소멸시효

$\left(\substack{상\ 64,\ 121,\ 122,\ 147,\\166,\ 736\ \text{II},\ 811}\right)$와 상호계산$\left(\substack{상\\72}\right)$에 관한 규정 등은 모두 거래의 간이·신속을 위한 것이라고 할 수 있다.

3. 공시주의

거래의 원활·안전·신속을 도모하기 위하여 기업에 관한 거래상 중요한 사항을 일반에게 공시할 필요가 있는데, 이를 구체화시키는 대표적인 것이 상업등기제도이다. 무능력자 등의 영업$\left(\substack{상\\6,\ 8\ \text{I}}\right)$, 지배인의 선임과 해임$\left(\substack{상\\13}\right)$에 관하여 그 등기가 요청되며 회사에 있어서는 설립·해산·합병·회사대표 등 다수가 등기사항이며, 주식회사는 대차대조표를 공고하여야 하고$\left(\substack{상\\449\ \text{III}}\right)$ 재무제표와 정관 및 의사록, 기타의 서류를 비치하도록 되어 있다$\left(\substack{상\\448}\right)$.

4. 외관법리$\left(\substack{금반언의\\원리}\right)$

⑴ 거래를 함에 있어서 외관과 사실이 일치하지 않는 경우에 법률효과가 사실에 따라서만 결정된다면 거래의 상대방은 사실을 알지 않고는 안심하고 거래를 할 수 없을 것이다. 그러므로 기업활동의 원활한 발전을 도모하려면 은폐된 사실보다 상당한 외관에 우위를 인정하여 외관에 대한 신뢰를 보호하는 것이 거래의 안전을 확보할 수 있는 길이 된다. 이를 위하여 독일에서는 외관법리(外觀法理, Rechtsscheintheorie)가 발전되었고, 영미에서는 표시에 의한 금반언의 원리(禁反言의 原理, estoppel by representation)가 형성되었다.

⑵ 전자는 일정한 외견적 사실을 신뢰하고 법률행위를 한 자가 있는 경우에 그 신뢰를 보호하는 법리로서 거래의 안전과 원활에 중점을 두어 외관을 야기한 것에 대해 책임을 인정하는 것이고, 후자는 자기의 표시$\left(\substack{진술\ 또\\는\ 행동}\right)$에 의하여 상대방이 어떤 사실의 존재를 믿고 행동하였을 때는 표시자가 이후 그 표시와 모순되는 주장을 할 수 없다는 것으로서 윤리적 색채가 강한 원리라고 할 수 있는데, 이는 전자와 비교할 때 그 입론의 기초는 다르지만 실제적인 적용에 있어서는 커다란 차이가 없다.

⑶ 상법에는 위의 양 이론을 배경으로 한 규정이 많다. 즉 부실등기를 한 자의 책임$\left(\substack{상\\39}\right)$, 명의대여자의 책임$\left(\substack{상\\24}\right)$, 영업양수인이 상호를 계속 사용하는 경우에 양수인의 책임 및 양도인의 채무자보호$\left(\substack{상\\42,\ 43}\right)$, 채무인수를 광고한 영업양수인의 책임$\left(\substack{상\\44}\right)$, 지배인의 대리권제한의 효력$\left(\substack{상\\11\ \text{III}}\right)$, 대표사원 또는 대표이사$\left(\substack{유한회사의\ 이\\사도\ 포함한다}\right)$의 대표권제한의 효력$\left(\substack{상\ 209\ \text{II},\ 269,\\389\ \text{III},\ 567,}\right)$, 물건판매점포의 사용인의 권

한($^{\text{상}}_{16}$), 표현지배인의 권한($^{\text{상}}_{14}$), 자칭사원 및 자칭무한책임사원의 책임($^{\text{상 215,}}_{281}$), 표현대표이사의 행위에 대한 회사의 책임($^{\text{상}}_{395}$), 유사발기인의 책임($^{\text{상}}_{327}$)에 관한 규정 등이 그것이다.

5. 책임의 가중과 경감

(1) **책임의 가중**　　1) 기업의 집단적 거래가 거래의 안전을 해함이 없이 간이·신속하게 체결되려면 그 전제요건으로서 상인뿐만 아니라 그 상대방의 의무와 책임이 강화되지 않으면 안 된다. 그리하여 상법에서는 상인간의 매매에 있어서 목적물의 검사 및 하자통지의무($^{\text{상}}_{69}$)와 견품 기타 목적물의 보관의무($^{\text{상}}_{60}$) 등으로 상인의 주의의무를 가중하고 있으며, 수인이 상행위로 인하여 채무를 부담한 때에는 연대하여 변제책임을 지고($^{\text{상}}_{57\,\text{I}}$), 보증이 상행위이거나 주채무가 상행위로 인한 것인 때에는 주채무자와 보증인은 연대하여 변제할 책임이 있다($^{\text{상}}_{57\,\text{II}}$). 그리고 합명회사의 무한책임사원은 회사채권자에 대하여 연대·무한의 책임을 지며($^{\text{상 212,}}_{269}$), 물적회사의 이사·감사도 일정한 경우에 회사 또는 제 3 자에 대하여 연대책임을 진다($^{\text{상 399, 401,}}_{567,\ 414,\ 570}$).

2) 공중접객업자의 임치를 받은 물건에 대한 책임($^{\text{상}}_{152\,\text{I}}$), 주식회사의 발기인 및 이사에 대하여 자본충실의 책임($^{\text{상 321,}}_{428}$)은 모두 무과실책임이다. 그리고 운송주선인($^{\text{상}}_{115}$)·운송인($^{\text{상}}_{135}$)·창고업자($^{\text{상}}_{160}$)·해상운송인($^{\text{상 787,}}_{788\,\text{I}}$) 등의 손해배상책임에 관하여 입증책임을 전환시킴으로써 이들의 책임을 가중하고 있다. 또한 해상운송인은 당사자간의 특약으로도 감항능력주의의무($^{\text{상}}_{787}$), 운송물에 관한 주의의무($^{\text{상}}_{788}$), 법정면책사유 등에 의한 규정에 반하여 그 책임을 경감하지 못한다($^{\text{상}}_{790}$). 즉 면책특약을 금지하고 있다.

(2) **책임의 경감**　　1) 상법에는 기업거래의 신속한 완료와 특수기업의 보호를 위하여 상인의 책임을 경감하고 있는 경우도 있다. 고가물임을 명시하지 않은 운송물에 대한 운송인 등의 책임($^{\text{상 136,}}_{124}$)·고가물임을 명시하지 아니한 임치물에 대한 공중접객업자의 책임($^{\text{상}}_{153}$)·배상액의 법정($^{\text{상}}_{137}$) 등이 그것이다.

2) 상법상의 인적 유한책임제도로서 합자회사의 유한책임사원은 출자가액을 한도로 직접 유한책임을 지고($^{\text{상}}_{279\,\text{I}}$), 주식회사의 주주와 유한회사의 사원은 주식의 인수가액 및 출자의 금액을 한도로 간접책임을 진다($^{\text{상 331,}}_{548}$).

6. 개성의 상실

기업활동은 영리를 목적으로 반복적이고 집단적으로 이루어지기 때문에 행위의 상대방이나 급부의 내용에 관하여 그 개성을 중요시하게 되면 거래의 신속과 원활을 기대할 수 없을 것이다. 그리하여 상법은 기업거래에 관하여 그 개성을 도외시하고 있다. 즉 개입권($상 17, 89, 107, \atop 116, 198, 397$)과 개입의무($상 \atop 99$), 발기인의 인수·납입담보책임($상 \atop 321$), 신주발행의 경우에 이사의 인수담보책임($상 \atop 428$), 대리인의 이행의무($상 \atop 48단$), 위탁매매인의 이행담보책임($상 \atop 105$) 등의 규정이 있다.

7. 계약자유의 원칙

기업활동은 영리를 목적으로 하는 기업인의 타산적인 행위이기 때문에 그에 대하여 법이 직접적인 작용을 하기보다는 당사자의 자유의사에 맡기는 것이 거래의 원활과 신속을 도모할 수 있게 한다. 그리하여 상법은 계약내용 및 방식의 자유원칙을 채택하여 기업활동에 관한 상법의 규정은 당사자간의 합의가 없는 경우에 당사자의 의사를 보충하거나 의사해석의 기준이 되는 데 불과한 임의법규인 것이다.

8. 계약내용의 정형성

동종의 행위가 계속적이고 반복적이며 집단적으로 이루어지는 기업활동에 있어서는 거래의 개성상실성 및 간이·신속성과 더불어 행위의 내용 및 효과가 정형화되는 경향이 현저하게 나타난다. 그리하여 상법에서도 주식과 사채의 청약에 있어서 그 방식을 정하고 있으며($상 302, \atop 474$), 실제에 있어서 성행하는 정찰제매매, 확정요금률에 의한 계약이나 보험·은행·운송·창고 등의 거래에서 발달되고 있는 **보통거래약관**은 정형화의 대표적인 예로서 기업거래가 부합계약화하고 있음을 말해 준다.

제 4 절　　商法의 傾向

I. 진보적 경향

상법의 근본적인 정신은 경제적 합리주의로서 상법에는 기술적인 성격이 강하게 지배되고 있는 반면에 윤리적인 색채는 희박하다. 상법의 진보적 경향은 이러한 성격에서 기인한다. 즉 인간의 무한한 욕망은 끊임없이 새로운 수요를 생성시키고, 기업은 새로운 생산기법과 과학적인 관리방법을 개척함으로써 발전하고 있다. 그 결과 상법도 끊임없이 진보적인 발전을 거듭하게 된다. 이는 전통적인 요소($^{역사·종교·풍}_{속·관습 등}$)가 크게 작용하고 고정적인 경향이 강한 민법의 신분법이나 부동산법과 대조적이다. 상법전은 자주 개정된다고 하여도 성문법의 고정적인 성격으로 인하여 끊임없이 진보하는 경제의 발전을 뒤따르지는 못하기 때문에 상법의 분야에서는 보통거래약관이 발달하여 그 결함을 보완하고 있다.

2. 세계적 경향

상법은 기술적인 법으로서 전통적인 요소에 의한 구속이 적기 때문에 모든 국가에 있어서 그 내용이 공통되는 경향이 있다. 또한 오늘날과 같이 국제간의 거래가 빈번하여 다방면에서 복잡한 법률관계가 생기는 시대에는 각국의 상법의 통일이 절실하게 요청된다. 그리하여 세계적 관습법이 성립하고 있으며, 또한 국제조약에 의하여 상법의 통일이 촉진되고 있다. 대표적인 조약으로는 국제적 상관습법인 공동해손에 관한 York-Antwerp규칙이 국제법협회의 활동에 의하여 성립하였으며, 또 상법의 통일에 관한 국제조약으로는 어음법의 통일에 관한 조약(1930)·수표법의 통일에 관한 조약(1931)과 선하증권조약(1924)·선박충돌조약(1910)·선주유한책임조약(1924·1957·1976)·해상선박우선특권 및 선박저당권조약(1926)·해상여객운송조약(1961)·해사채권책임제한조약(1976)·국제물건복합운송조약(1980)·국제환어음 및 약속어음에 관한 협약(1988) 등이 있다.

제 5 절　商法의 法源

[10] 제 1 序　說

(1) 법원이란 법의 존재를 인식할 수 있는 근거로서의 자료를 말하며, 상법의 법원이라고 할 때에는 실질적 의의의 상법이 존재하는 형식을 뜻하는 것이다. 가장 중심이 되는 상법의 법원은 **상법전**으로 그 범위가 명확하므로 별 문제가 없지만, 이 외에 상법의 법원에 속하는 상사특별법령·상사조약 및 상관습법·기타 특별법령의 범위는 실질적 의의의 상법의 개념에 따라 그 범위가 정하여진다. 또한 상법의 법원으로서 자치법·조리·판례·학설 등도 포함되는가 하는 문제는 법원의 종류에서 설명하기로 한다.

(2) 상법 제 1 조에서는 「상사에 관하여 본법에 규정이 없으면 상관습법에

의하고 상관습법이 없으면 민법의 규정에 의한다」고 규정하고 있다. 이는 상
법의 법원 중에 중요한 것을 예시하고 또한 민법이 상사에 관하여도 적용된다
는 것과 법의 적용순서를 명시한 것에 불과하다. 즉 상법의 법원을 모두 망라
한 것도 아니고 민법이 상법의 법원이라는 것을 의미하는 것도 아니다.

[11] 제 2 法源의 種類

I. 제 정 법

기업의 활동은 다수인을 상대로 집단적이고 계속적으로 이루어지기 때문
에 거래관계의 처리를 위하여는 그 명료성과 확실성 및 안전성이 요청되고 또
한 기업관계는 기술적인 성격이 강하여 법률기술적인 처리가 요구되므로, 상
법의 법원으로서 제성법은 가상 중요한 시위를 차시한다.

(1) 상 법 전   상법의 법원으로서 중심이 되는 우리 상법전은 1962년
1월 20일 법률 제1000호로서 제정·공포되고 1963년 1월 1일부터 시행되었
다. 이것은 5편($^{총칙·상행위·회}_{사·보험·해상}$)으로 구성되어 있다. 상법전은 1984년과 1991년,
그리고 1995년과 1998년, 1999년에 이어 2001년에 개정된 바 있다. 2007년에
는 광범위한 상법(회사편)개정안이 국회의 의결을 기다리고 있다($^{상세한 내용은}_{18면 이하 참조}$).

1) 1984년의 개정
(개) 취   지   상법은 1984년에 총칙부분의 일부규정과 회사편의 주식회사법이
광범위하게 개정되었다. 1984년의 상법개정의 이유는 1963년 1월 1일 상법이 시행된
이래 20년간이나 개정되지 아니하여 기업현실과 상법규정간의 괴리가 극심하였고 기업
사회의 새로운 요구에 부응하지 못하였기 때문이다. 경제적 여건과 기업의 실태를 참작
하여 회사제도의 남용을 원천적으로 제거하고, 기업의 자금조달의 편의와 재무구조의
개선을 촉진하며, 주식회사기관의 합리적인 재편과 운영의 효율화를 도모하여 투자자의
이익보호를 위한 제도적 장치를 마련하였다.
(내) 내   용   중요한 내용은 최저자본금제도의 도입, 주식의 액면가인상, 기명
주식의 교부에 의한 양도허용, 주권불소지제도의 신설, 명의개서대리인제도의 신설, 일
정한 범위의 자기주식의 질취허용, 총회결의부존재확인의 소의 법정, 주권발행 전의 주
식양도제한규정의 개정, 주식상호소유의 금지와 제한, 신주인수권의 양도성과 양도방법
의 법정, 신주배정일제도의 도입, 주식배당의 인정, 주주권행사와 관련한 이익공여의 금
지, 신주인수권부사채의 발행허용, 이사회권한의 대폭적인 강화, 감사의 독립성보장과
그 권한의 강화 등이다.
2) 1991년의 개정
(개) 취   지   1991년의 상법개정에 의하여 상법의 보험·해상편이 광범위하게

개정되었고, 1993년 1월 1일부터 시행되었다. 개정의 취지는 첫째, 보험법의 개정은 보험산업의 대중화에 따라 보험가입자를 보호하고 보험업을 합리적으로 육성하기 위하여 보험거래현실에 부적합한 규정을 정비함으로써 상법 제 4 편이 보험거래의 기본법으로서의 체제를 갖추기 위한 것이며, 둘째, 해상법의 개정은 해운거래의 실정에 맞게 현행법의 규정이나 제도를 개정·보완하고, 주요해운관계의 신조약을 채택함으로써 해상기업관계자간의 이익을 합리적으로 조정하는 것을 목적으로 하고 있다.

　　(나) 내　용　　중요한 내용은 보험계약성립에 있어서의 승낙의제 및 보험자책임 인정, 보험증권 등의 교부의무, 보험계약의 부활제도, 고지의무에 있어서의 질문서의 추정적 효력, 기업보험에 있어서의 사적 자치, 보험목적 양도시 양수인의 권리·의무 승계추정, 해상보험자의 책임범위확대, 위부원인의 제한, 책임보험에 있어서의 피해자의 보험금청구권 인정, 손해보험의 보험자대위 인정, 자동차보험·단체보험 등의 제도신설 등이다. 그리고 해상법개정의 중요한 내용은 1976년 선박소유자책임제한조약 수용, 헤이그·비스비 체제의 보완, 운송인 중심의 개품운송계약관계·정기용선제도 신설, 책임제한권자의 범위확대, 책임제한채권의 범위축소 등이다.

　　3) 1995년의 개정

　　(가) 취　지　　국회에 제출된 상법중개정법률안이 1995년 11월 30일에 통과되었고 이는 1996년 10월 1일부터 시행되었다. 개정상법의 내용은 상법 제 1 편(總則), 제 2 편(商行爲)과 제 3 편(會社) 중에 특히 주식회사에 관한 규정을 개정한 것이다. 동 개정안의 제안이유를 보면 「기업설립절차를 간소화하고 기업운영에 있어서의 비능률적인 제한요소를 철폐하여 탄력성과 신축성을 부여함으로써 기업활동에 전반적인 활성화를 도모하고 자본시장증대에 부응하여 주주들의 권익을 보장하며 1984년 개정 이후 10여년간 급속히 진전된 사회경제적 여건변화를 능동적으로 수용하여 현실적이면서도 국제화된 상거래를 정착시킴으로써 궁극적으로 우리 기업의 국제경쟁력을 제고하려는 것」이라고 하였다.

　　(나) 내　용　　1995년의 상법개정은 상법 제 1 편 「총칙」, 제 2 편 「상행위」, 제 3 편 「회사」에 걸쳐 이루어졌다. 3편에 걸쳐 공통적으로 개정된 부분은 종래에 기명날인을 하여야 되었던 규정들이 모두 「기명날인 또는 서명」으로 개정되었다는 점이다. 개정된 각 편의 중요한 내용을 보면 제 1 편의 「총칙」에 상호의 가등기제도가 신설된 점이고 상업등기의 공고제도가 폐지된 것이다. 제 2 편 「상행위」에 새로이 신설된 것은 상법 제46조의 기본적 상행위에 리스·프랜차이즈·팩터링을 추가한 것이다. 그리하여 종래에 18개였던 기본적 상행위가 21개로 확대되었다. 그리고 대리상은 계약의 종료 후에도 본인에 대하여 보상청구권을 갖도록 하는 규정($\frac{92의}{2}$)과 계약의 종료 후에도 대리상은 본인의 영업상의 비밀에 대하여 비밀의 준수의무를 지도록 하는 규정($\frac{92의}{3}$)을 신설하였다는 점이 새로운 변화라고 할 수 있다.

　　회사법의 개정내용은 종래에 7인 이상으로 되어 있는 주식회사의 발기인의 원수를 3인 이상으로 축소하고, 발기인만이 현물출자를 할 수 있도록 되어 있던 제한을 철폐하며, 발기설립의 경우에 요구되던 법원이 선임한 검사인에 의한 설립경과조사제도를 완화하여 회사설립의 편의를 도모한다는 것으로 되어 있다($\frac{상 288, 294,}{298, 299}$). 주주총회의 원활한 성립을 도모한다는 이유로 의사정족수의 제한을 철폐하였다($\frac{상 368, 348,}{434, 435}$). 영업의 양도·양수·임대 등 주요사안에 대한 결의에 반대하는 주주에게 회사에 대한 주식매수청구권을 인정함으로써 소주주의 이익을 보장하는 것으로 되어 있다($\frac{상\ 374의\ 2.}{522의\ 3}$). 그리고 감사의 지위를 강화함으로써 주식회사의 건전한 경영을 보장한다는 이유로 종래에 2년인 감사의 임기를 3년으로 연장하고 모·자회사간의 실질적 감사권을 보장하며 감사에게도 주주총회소집요구권을 부여하고 있다($\frac{상\ 410,\ 411,}{412의\ 2}$). 또한 종래에 수권자본제도에 의하여 회사의 발행예정주식총수는 발행주식총수의 4배를 초과할 수 없도록 되어 있었던 규정을 삭제하여 수권자본제도의 탄력적 운영을 도모한다는 것으로 되어 있다($\frac{구상}{437\ 삭제}$).

4) 1998년의 개정

⑺ **취　　지**　　1998년에는 상법중개정법률안이 국회를 통과하여 공포한 날(1998. 12. 28)로부터 시행되었다. 상법개정의 취지는 최근의 경제위기에 대응함과 아울러 원활하고 합리적인 경제구조개편의 필요성이 제기됨에 따라 합병절차의 간소화와 회사의 분할제도의 도입 등을 통하여 기업의 구조조정을 제도적으로 지원하고, 주식최저액면액의 인하·주식분할제도 및 중간배당제도의 도입 등을 통하여 자본조달의 편의를 제공하며, 소수주주권의 강화 및 **집중투표제도**의 도입 등을 통하여 기업경영에 대한 감시제도와 기업경영자의 책임을 강화하고, 기업경영의 투명성을 보장함으로써 건전한 기업발전을 도모하고, 궁극적으로 우리 기업의 국제경쟁력을 제고하기 위한 것이다.

⑻ **내　　용**　　중요한 개정내용을 보면 i) 간이합병과 소규모합병의 경우에 그 절차를 간소화하였고, ii) 주식의 최저액면금액을 5,000원 이상에서 100원 이상으로 인하하였으며, iii) 주주에게 주주총회의 의제 또는 의안의 제안권을 인정하였고, iv) 이사선임의 경우에 집중투표제도를 도입하여 소수주주들도 그들의 대표를 이사로 선임할 수 있도록 하였으며, v) 자본금 5억원 미만의 회사는 1인 또는 2인의 이사만을 선임할 수 있도록 하였고, vi) 소수주주권의 행사요건을 발행주식총수의 100분의 5 이상을 가진 주주에서 100분의 1 또는 3으로 완화하였으며, vii) 중간배당제도를 도입하였고, viii) 기업의 구조조정을 돕기 위하여 회사분할제도를 신설한 것 등이다.

5) 1999년의 개정

⑺ **취　　지**　　상법중개정법률안이 국회의 의결을 거쳐 1999년 12월 31일에 공포되어 공포일로부터 시행되었다. 상법개정의 이유는 「국제경쟁력에 기업의 국제화 필요성이 제기됨에 따라 이사회의 기능과 역할을 강화하여 기업경영의 효율성을 제고하고, 감사위원회제도의 도입을 통하여 기업경영의 투명성을 보장하며, 주주총회 및 이사회의 운영방법을 정비하는 등 기업지배구조를 개선함으로써 건전한 기업발전을 도모하고 궁극적으로 우리 기업의 국제경쟁력을 강화하려는 것」이라고 한다.

⑻ **내　　용**　　중요한 개정내용은 i) **주식매수선택권**(stock option) 제도를 도입한 것이고, ii) 정관에 의하여 감사위원회의 설치를 가능하게 하였으며, iii) 이사회 내에 위원회를 설치하여 이사회의 권한을 위임할 수 있도록 하였고, iv) 주주총회의 경우에 주주의 서면에 의한 의결권행사를 인정하였으며, v) 주주총회 의장의 질서유지권을 법정하였고, vi) 이사회는 통신수단에 의하여 개최할 수 있게 하였으며, vii) 소규모 분할합병의 경우에도 간이합병과 소규모합병에 관한 규정($\frac{상\ 527의\ 2.}{527의\ 3}$)을 준용토록 하였고($\frac{상\ 530}{의\ 11}$), viii) 유한회사의 경우에 소수사원권자의 범위를 자본총액의 100분의 5 이상에서 100분의 3 이상으로 확대한 것 등이다.

6) 2001년의 개정

(개) 취   지   2001년 6월 28일에 상법개정안이 국회를 통과하여 같은 해 7월 24일에 공포되고 시행을 보았다. 개정의 취지는 기업경영의 투명성을 세고하고 국제경쟁력을 강화하기 위하여 주주총회결의사항 확대, 이사회제도 개선, 주주의 신주인수권을 강화하는 등 기업지배구조를 개선하고, 지주회사 설립을 위한 주식교환·주식이전제도를 도입하여 기업의 구조조정을 지원하기 위한 것이라고 한다. 2001년 12월 29일에는 합명회사와 합자회사의 업무집행사원에 대한 업무집행정지 가처분 및 업무집행 대행자의 선임과 권한에 관한 규정($\frac{\text{상}\ 183의\ 2,}{200의\ 2}$)을 신설하였다.

(내) 내   용   중요한 개정내용은 i) 지주회사 설립 등을 용이하게 하기 위하여 회사가 주식의 교환·이전에 의하여 다른 회사의 발행주식의 전부를 소유할 수 있는 방안을 마련하였고, ii) 주식매수청구권 행사시 주식의 매수가액은 회사 또는 주식매수를 청구한 주주간의 협의가 이루어지지 아니한 경우에 종전에는 회계전문가에 의한 산정을 거친 후 법원에 매수가액 결정을 청구하도록 하였으나, 앞으로는 곧바로 법원에 대하여 매수가액의 결정을 청구할 수 있도록 하였으며, iii) 회사의 주가관리 등 재무관리의 편의를 위하여 이익배당 한도 내에서 정기주주총회의 특별결의에 의하여 주식을 매수하여 소각할 수 있도록 하였고, iv) 회사경영의 중요사항에 대한 주주의 의결권을 강화하여 회사 영업의 중요부분을 양도하는 경우뿐만 아니라 회사 영업에 중대한 영향을 미치는 다른 회사의 영업일부의 양수에 대하여도 주주총회 특별결의를 얻도록 하였으며, v) 이사회의 활성화를 위하여 이사회 결의사항의 범위를 구체화하고, 이사에게 회사의 업무에 관한 정보접근권을 강화하며, 이사의 업무집행상황을 3개월에 1회 이상 이사회에 보고하도록 하였고, vi) 주주 외의 자에게 신주를 배정하는 경우에는 정관에 의하도록 하되 신기술의 도입, 재무구조의 개선 등 회사의 경영목적상 필요한 경우로 제한함으로써 주주의 신주인수권을 강화한 것 등이다.

7) 2007년의 상법(회사편)개정안(1)

(개) 취   지   2007년에 상법개정안이 각의를 거쳐 국회에 제출되어 그 통과를 기다리고 있다. 개정의 취지는 국제화 시대에 있어서 기업경영의 투명성과 효율성을 증대하기 위하여 집행임원제를 도입하는 등 기업지배구조를 개선하고, 전자투표제도를 도입하며 주식 및 사채의 전자등록제도를 신설하는 등 발달된 IT환경을 기업 경영에 접목시켰다. 한편, 회계관련 규정을 정비하며 법정준비금제도를 개선하는 등 재무관리의 자율성을 도모하고, 합자조합과 유한책임회사 등 새로운 기업형태를 도입하여 급변하는 경영환경에 기업이 적절히 대응할 수 있는 법적 기반을 마련하기 위한 것이다.

(내) 내   용   중요한 개정내용은 i) 새로운 기업형태를 도입하여 무한책임사원과 유한책임사원으로 구성된 합자조합을 신설하고, 사원에게 유한책임을 인정하면서도 회사의 설립·운영과 기관의 구성 등의 면에서 사적자치를 폭넓게 인정하는 유한책임회사를 신설한 것이고($\frac{\text{상}\ 86의\ 2\ 내지\ 86의\ 9,}{87의\ 2\ 내지\ 287의\ 45}$), ii) 주식회사에서 자본운용의 효율성을 증대시키기 위하여 무액면주식제도를 도입하여 회사가 액면주식과 무액면주식 중 한 종류를 선택하여 발행할 수 있도록 하고, 주식회사 설립의 최저자본금제도를 폐지하여 소규모기업의 창업을 용이하게 하였으며($\frac{\text{상}}{329}$), iii) 특정 사항에 관하여 의결권이 제한되는 주식 등을 신설하고, 상환주식의 상환청구권을 주주도 행사할 수 있도록 하고 전환주식에 대

한 전환권을 회사도 행사할 수 있도록 하였다. 무의결권주식 또는 의결권제한주식의 발행한도를 종전의 발행주식 총수의 1/4에서 1/2로 상향조정하였다($\frac{상\ 344,\ 344의\ 2\ 내지}{344의\ 6,\ 345,\ 346}$). iv) 발달된 IT를 기업경영에 접목하고 유가증권의 무권화 추세를 반영하기 위하여 주식·사채의 전자등록제도를 도입하여 증권을 소지하지 않고 권리의 양도·담보설정·권리행사가 가능하도록 하였으며($\frac{상\ 356의}{2,\ 478}$), v) 주식회사의 발행주식총수의 95% 이상을 보유하는 지배주주가 소수주주의 주식을 매입할 수 있도록 하는 한편, 소수주주가 지배주주에게 주식매수청구권을 행사할 수 있도록 하였고($\frac{상\ 360의\ 24}{내지\ 360의\ 26}$), vi) 주주가 직접 주주총회에 출석하지 않더라도 전자적 방법에 의한 의결권을 행사할 수 있도록 전자투표제를 도입하였으며($\frac{상}{368의\ 4}$), vii) 이사와 회사 간 자기거래 제한의 대상을 현행 이사에서 이사의 배우자, 직계존비속, 배우자의 직계존비속과 그들의 개인회사로 범위를 확대하였다($\frac{상}{398}$). viii) 기업으로 하여금 적극적인 경영활동을 할 수 있도록 회사에 대한 이사의 책임을 고의 또는 중과실이 없는 경우에 한하여 이사의 최근 1년간의 보수액의 6배(사외이사는 3배)를 초과하는 금액에 대하여 면제할 수 있도록 이사의 책임제도를 개선하였고($\frac{상}{400\ \text{Ⅱ}}$), ix) 이사회의 감독기능을 강화하고 회사의 업무집행의 효율성을 제고하기 위하여 이사회의 업무집행기능을 분리하여 이를 전담할 집행임원에 대한 근거규정을 마련하고, 제도의 도입은 개별 회사가 자율적으로 선택할 수 있도록 하였다($\frac{상\ 408의\ 2}{내지\ 408의\ 9}$). x) 기업회계기준과 회계관행에 부합하도록 회사의 회계에 관한 원칙규정을 신설하는 한편 구체적인 회계처리에 관한 규정들은 삭제하고, 대차대조표와 손익계산서를 제외한 회계서류는 시행령에서 규정하여 회계규범의 변화에 신속하게 대응하도록 하였으며($\frac{상\ 446의\ 2,}{447,\ 447의\ 4}$), xi) 금전배당 이외에 현물배당을 할 수 있도록 하고, 정관으로 정한 경우에는 배당에 관한 결정권한을 이사회에 부여할 수 있도록 하였고($\frac{상\ 449의\ 2,}{462의\ 4}$), xii) 자본준비금과 이익준비금의 사용용도 구별을 폐지하고, 자본금의 150%를 초과하는 준비금에 대하여는 주주총회의 결의에 의하여 준비금을 감액하여 배당 등의 용도로 사용할 수 있도록 허용하였으며($\frac{상\ 460,}{461의\ 2}$), xiii) 회사의 자본조달을 원활히 하기 위하여 사채의 발행총액 제한규정을 폐지하고 다양한 형태의 사채를 발행할 수 있도록 법적 근거를 마련하며, 수탁회사의 권한 중에 사채관리기능 부분을 분리하여 사채발행회사가 임의적으로 설치할 수 있는 사채관리 회사제도를 신설한 것 등이다($\frac{상\ 469,\ 470,}{480의\ 2}$).

8) 상법(회사편)개정안(2)

⑺ **취 지**   「증권거래법」 등 자본시장 관련 6개 법률 통폐합하는 「자본시장과 금융투자업에 관한 법률」이 제정되어 「증권거래법」에 규정되어 있는 상장법인의 지배구조와 재무 활동에 관한 규정도 폐지될 예정인데, 동 규정은 상장회사에 대한 상법 회사편의 특례 규정들이므로 상법 회사편으로 포섭하여 상법 회사편의 완결을 기하는 한편, 소규모 기업의 설립 및 운영의 편의를 도모하기 위해 각종 제한을 철폐하는 등 기존 상법의 운영상 나타난 일부 미비점을 수정·보완하려는 것이다.

⑻ **내 용**   중요한 개정내용은 i) 자본금 10억원 미만인 주식회사를 발기설립하는 경우 그 절차의 간소화를 위하여 주금납입금 보관증명서를 금융기관의 잔고증명서로 대체할 수 있도록 하였고($\frac{상}{318\ \text{Ⅲ}}$), 자본금 10억원 미만 주식회사의 주주총회 소집통지 기간을 1주 전으로 단축하고, 주주 전원의 동의가 있는 경우에는 소집절차를 생략할 수도 있도록 허용하며, 서면에 의한 주주총회 결의도 가능하게 하였다($\frac{상\ 363}{\text{Ⅰ}\sim\text{Ⅷ}}$). ii) 상장

회사에 관하여 소수주주권의 지분율을 낮추는 한편, 상장회사의 주식을 6개월 이상 보유한 자만 소수주주권을 행사할 수 있도록 하여 소수주주권의 남용을 예방하고, 이사·감사 후보자 추천권을 소수주주권의 하나로 명문화하되 6개월 보유요건은 두지 아니하였다($\frac{상542의}{6,7}$). iii) 상장회사의 경우 감사위원의 선·해임권은 주주총회에 있음을 명문으로 규정하고, 감사위원 선임시 3% 의결권 제한 규정을 두었다($\frac{상542}{의13}$). iv) 상장회사의 경우 주식매수선택권을 당해 회사 이외에 관계회사 이사 등에게도 부여할 수 있도록 하고, 부여범위도 100분의 10 이하에서 100분의 20 이하로 확대하며, 주주총회 결의 없이 이사회 결의만으로도 100분의 10 이하 범위에서 주식매수선택권을 부여할 수 있도록 하였고($\frac{상542의}{3 \, \text{Ⅱ},\text{Ⅲ}}$), 상장회사는 신탁업자를 통해 자기주식을 취득할 수 있도록 하고, 자기주식 취득에 관한 의사결정 기관을 원칙적으로 주주총회가 아닌 이사회로 하였다($\frac{상542}{의4}$). v) 일정한 지분율 이하의 소수주주에 대하여는 일간신문에 공고하거나 전자적 방법에 의한 공고로 주주총회 소집통지에 갈음할 수 있도록 하였으며($\frac{상542}{의5}$), 대통령령이 정하는 대규모 상장회사가 집중투표를 도입하거나 배제하고자 하는 경우에는 3% 이상의 주식에 대해서는 의결권을 행사할 수 없도록 하였다($\frac{상542의}{8 \, \text{Ⅱ}}$). vi) 상장회사 중 대통령령이 정하는 경우를 제외하고는 사외이사가 이사 총수의 1/4 이상이 되도록 하였고, 대통령령이 정하는 대규모 상장회사의 사외이사는 3인 이상으로 하되, 이사 총수의 1/2 이상이 되도록 사외이사 설치를 의무화하였고($\frac{상542의}{8 \, \text{Ⅰ}}$), 상장회사는 주요주주 등 특수관계인을 상대방으로 하거나 그를 위하여 신용공여를 할 수 없도록 하되 일정한 예외를 두고, 대통령령이 정하는 대규모 상장회사와 최대주주 및 특수관계인과의 거래 행위는 원칙적으로 이사회의 승인을 받고 정기 주주총회에 보고하도록 하였다($\frac{상542}{의10}$). vii) 대통령령이 정하는 상장회사에 대하여는 1인 이상의 상근감사를 두어야 하고, 대통령령이 정하는 대규모 상장회사에 대하여는 감사위원회를 의무적으로 설치하도록 하였으며($\frac{상542}{의11}$), 상장회사는 법원의 인가를 받지 않고도 주주총회 특별결의만으로 주식을 액면미달 가액으로 발행할 수 있도록 하였다($\frac{상542의}{14 \, \text{Ⅰ}}$). viii) 상장회사는 일반공모증자 방식으로 신주를 발행할 수 있도록 하였고($\frac{상542}{의15}$), 상장회사가 발행한 주식을 현물출자하는 경우에는 그 가격 산정 방법이 대통령령이 정하는 요건에 부합하는 경우 검사인의 검사 또는 감정인의 감정을 면제하고 있다($\frac{상542}{의16}$). ix) 상장회사는 새로 발행하는 주식으로 이익배당 총액에 상당하는 금액까지 배당할 수 있도록 하였으며($\frac{상542}{의17}$), 상장회사는 중간배당 이외에도 3월, 6월, 9월 말에 이익배당(분기배당)을 할 수 있게 되었다($\frac{상542}{의18}$). x) 유상증자, 배당, 기타 재무처리와 관련된 사항과 합병, 중요한 영업 또는 자산의 양도 및 양수 등의 경우 대통령령이 정하는 요건과 방법을 따르도록 하였다($\frac{상542의}{19, 20}$). xi) 유한회사의 사원 총수에 대한 제한 규정($\frac{상}{545}$)을 삭제하였고, 유한회사 사원의 지분양도를 원칙적으로 자유롭게 하되, 정관으로 지분의 양도를 제한할 수 있게 하였다($\frac{상}{566}$). xii) 사원총회 소집방법으로 서면에 의한 통지 이외에도 각 사원의 동의를 얻어 전자문서로 통지를 발송할 수 있도록 하였으며($\frac{상}{571 \, \text{Ⅱ}}$), 유한회사를 주식회사로 조직을 변경하는 사원총회 결의 요건을 정관에서 완화할 수 있도록 하였다($\frac{상}{607 \, \text{Ⅰ}}$).

9) 상법(보험편)개정안

(개) 취　지　　보험의 건전성 확보 및 선량한 보험계약자의 보호를 위하여 보험사기 방지, 음주·무면허 운전 등 면책약관 인정 규정 등을 신설하고, 보증·질병보험 등

신종계약 및 보험대리점 등의 권한에 관한 규정을 신설하는 등 보험산업의 성장 및 변화된 현실을 반영하는 한편, 일부 정신장애인에 대한 생명보험 가입 허용, 일정 범위의 생명보험금 압류 금지, 가족에 대한 보험대위 금지 규정 등을 신설함으로써 장애인과 유족의 보호를 도모하고, 보험자의 보험약관 교부·명시의무 위반에 대한 보험계약자의 취소권 불행사 효과를 구체화하는 등 현행 규정의 미비점을 보완·개선하기 위한 것이다.

(내) 내   용   중요한 개정내용은 i) 보험계약의 최대선의성 원칙을 명문화하여 $\left(\substack{상638\\ ⅢI}\right)$ 보험계약 당사자에 대한 기본적 행위규범으로 작용하게 하여 보험의 건전성을 확보하고, 법 규정 불비시 재판의 원용규범으로 기능하도록 하였다. ii) 보험계약자가 보험증권을 받은 날부터 3월 내에 취소할 수 있도록 그 기간을 연장하고, 보험계약자가 계약을 취소하지 않은 경우 보험계약관계는 보험약관에 따르도록 하였다$\left(\substack{상638\\ 의3}\right)$. iii) 모든 보험대리점에 보험료 수령권, 보험증권 교부권한을 부여하고, 보험체약대리점에 청약, 해지 등 의사표시 통지·수령권을 부여하며, 특정한 보험자를 위하여 계속적으로 보험계약의 체결을 중개하는 자에게 보험료 수령권$\left(\substack{보험자가 작성한 영수증을\\ 교부하는 경우로 한정}\right)$ 등을 인정하여 보험자의 보조자의 권한을 명확히 규정하였다$\left(\substack{상646\\ 의2}\right)$. iv) 고지의무위반 등과 보험사고간 인과관계가 인정되지 않더라도 보험사가 보험금은 현행과 같이 지급하되 계약은 해지될 수 있도록 하였다$\left(\substack{상\\655}\right)$. v) 보험계약이 사기로 인하여 체결된 경우에는 그 계약을 무효로 하고, 보험금 청구가 사기를 수단으로 이루어진 경우에는 일정한 요건 하에 보험자가 면책되도록 하였다$\left(\substack{상655의\\657의2}\, 2.\right)$. vi) 소멸시효 기간을 보험금의 청구권과 보험료 또는 적립금 반환청구권은 3년, 보험료 청구권은 2년으로 각 연장하였다$\left(\substack{상\\662}\right)$. vii) 상호보험 외 대표적 유사보험인 공제관계 등에도 그 성질에 반하지 않는 한 상법 보험편 규정을 준용하도록 하였다$\left(\substack{상\\664}\right)$. viii) '총 보상액의 손해액 초과의 경우'도 중복보험으로 볼 수 있도록 하고, 보험계약자 등이 다수보험계약 통지의무를 위반한 경우 보험자가 계약을 해지할 수 있도록 하며, 실손보상적 상해보험의 경우에도 그 성질에 반하지 않는 한 중복보험 관련 규정을 준용할 수 있도록 하였다$\left(\substack{상672, 672의\\2, 725의2}\right)$. ix) 양도인 또는 양수인이 보험자에게 양도 통지를 하지 않은 경우 일정한 요건 하에 보험자가 면책되도록 하고, 보험자는 보험목적의 양도사실을 안 날로부터 1월 내에 보험계약을 해지할 수 있도록 하였다$\left(\substack{상\\679}\right)$. x) 보험계약자 또는 피보험자가 고의 또는 중과실로 손해방지의무를 위반한 경우에는 방지 또는 경감할 수 있었던 손해액을 보상액에서 공제할 수 있도록 하고, 손해방지비용은 원칙적으로 보험금액의 한도 내에서 부담하되 보험자의 지시에 의한 것인 경우에만 보험금액을 초과하는 비용도 부담하도록 하였다$\left(\substack{상\\680}\right)$. xi) 손해를 야기한 제 3 자가 보험계약자 또는 피보험자와 생계를 같이 하는 가족인 경우에는 그 가족의 고의사고인 경우를 제외하고 보험자가 대위권을 행사할 수 없도록 하였다$\left(\substack{상\\682}\right)$. xii) 책임보험의 피보험자가 배상청구사실 통지를 게을리하여 증가된 손해에 대하여는 보험자가 책임을 지지 않도록 하고, 다만 책임보험의 피보험자가 이미 상법 제657조에 의한 보험사고발생통지를 한 때에는 배상청구사실통지를 하지 않아도 되도록 하였다$\left(\substack{상\\722}\right)$. xiii) 보증보험의 절을 신설하여 보증보험자의 책임, 보험편 규정 중 보증보험의 성질상 적용이 부적절한 규정의 적용 배제, 민법상 보증규정의 준용 규정 등을 두었다$\left(\substack{상762의\\5~7}\right)$. xiv) 보험금의 분할지급은 생명과 신체, 질병 등에 관한 보험인 인보험에 고유한 특질이므로 인보험 통칙에 보험금의 분할지급 근거 조항을 신설하고, 생명보험은 사망, 생존, 사망과 생존을 보험사

고로 할 수 있도록 명백히 규정함과 동시에 현행 양로보험 및 연금보험 조항을 삭제하였다($\frac{상}{735, 735의 2}$). xv) 심신박약자 중 의사능력이 있는 자는 생명보험계약의 피보험자가 될 수 있도록 히였디($\frac{상}{732}$). xvi) 피보험자의 고의는 보험계약자나 보험수익자의 고의와 달리 평가하여 피보험자가 자살한 경우에만 보험자가 면책되도록 하고, 보험수익자가 수인인 경우 그 일부의 자가 피보험자를 사망하게 한 때에는 보험자는 다른 보험 수익자에 대하여는 책임을 지도록 하였다($\frac{상}{의 2}$732). xvii) 보험계약자 또는 피보험자가 보험자로부터 피보험자에게 존재하는 다른 생명보험계약의 고지를 요구받고도 고의 또는 중대한 과실로 고지하지 않거나 부실고지를 한 때에는 보험자가 계약을 해지할 수 있도록 하였다($\frac{상}{의 3}$732). xviii) 보험수익자의 직계존비속 또는 배우자가 사망함으로써 보험수익자가 취득하는 사망보험금청구권의 2분의 1에 해당하는 금액에 대하여는 압류할 수 없도록 하였다($\frac{상}{의 2}$734). xix) 단체보험에 있어 보험계약자가 '피보험자가 아닌 자'를 보험수익자로 지정하는 때에는 단체의 규약에 명시적인 정함이 없는 한 피보험자의 서면에 의한 동의를 얻도록 하였다($\frac{상}{3 \text{ Ⅲ}}$735의). xx) 상해사고가 보험계약자 등의 중과실에 의한 경우에도 원칙적으로 보험자가 면책되지 않지만, 반사회성 또는 고도의 위험성이 있는 행위로서 대통령령이 정하는 경우에는 당사자간의 약정에 따라 보험자가 면책될 수 있도록 하였다($\frac{상}{의 2}$737). xxi) 질병보험의 절을 신설하여 질병보험자의 책임, 고의에 의한 질병 악화의 경우 보험자의 면책조항, 준용규정 등을 두었다($\frac{상}{2\sim4}$739의).

10) 2007년의 개정(해상편)

⑺ **취   지**   해상운송계약 관련 법체계를 국제무역 실무에 맞게 재정비하고, 전자선하증권 및 해상화물운송장 제도 등 새로운 무역환경에 부합하는 제도를 마련하는 한편, 해운강국으로서 세계적인 지위에 걸맞은 해상법제를 마련하기 위하여 선박소유자의 책임한도와 운송물의 포장·선적단위당 책임한도를 국제기준에 맞게 상향조정하는 등「상법」제 5 편 해상 부분을 전면적으로 개선·보완하려는 것이다.

⑻ **내   용**   해상법은 2007년에 상법 중 해상편이 크게 개정되었다. 중요한 개정 내용은 i) 여객손해에 대한 선박소유자의 책임한도를 "여객의 정원에 46,666계산단위(약 7천만원)을 곱한 금액"에서 "여객의 정원에 175,000계산단위(약 2억원)을 곱한 금액"으로 상향조정하였다. ii) 개품운송계약과 용선계약을 하나의 체계에 혼합하여 규정하고 있는 현행 해상법을 운송실무에 적합하도록 양자를 분리하여 규정하였다. iii) 운송물에 대한 손해배상에 있어서 현행 운송물의 단위·포장당 책임한도를「헤이그 비스비 규칙」을 참고하여 현행 500계산단위(약 75만원)에서 666,67계산단위(약 90만원)로 상향 조정하고, 총중량 1킬로그램당 책임한도 금액을 2계산단위로 하는 중량당 책임한도 제도를 도입하였다. iv) 복합운송인의 책임에 관하여「1980년 국제복합운송에 관한 국제연합협약」등을 참조하여 복합운송인은 원칙적으로 손해가 발생한 운송구간에 적용될 법에 따라 책임을 지되, 손해발생구간이 불분명한 경우에는 주된 운송구간에 적용될 법에 따라 책임을 지도록 하였다. v) 전자선하증권제도를 도입하였다. vi) 화물인도의 지연을 방지하고 해상운송의 신속화를 도모하기 위하여 해상화물운송장제도를 도입하였다. vii) 환경오염의 방지 또는 경감작업을 장려하기 위하여 환경손해방지작업에 종사할 경우 구조의 성공여부와 관계없이 특별보상을 청구할 수 있도록 하였다.

(2) 상사특별법령   상법의 법원이 되는 상사특별법령에는 우선 상법전의 규정을 시행하고, 또 구체화하기 위하여 상법전에 부속된 상법시행령($\frac{상부 11; 62.}{12. 12, 법 1213호.}$) · 상법 중 일부규정의 시행에 관한 규정($\frac{84. 8. 16, 대통}{령령 11485호.}$) · 선박의 속구목록에 관한 규정($\frac{70. 1. 19, 대통}{령령 4532호.}$) · 외국인의 서명에 관한 법률($\frac{58. 7. 12,}{법 488호.}$) · 상업등기처리규칙($\frac{91. 12. 30,}{대법규칙 1186호.}$) 등이 있다.

　　기업에 관한 일반법인 상법을 보충 · 변경하는 독립된 특별법령으로는 은행법($\frac{50. 5. 5,}{법 139호.}$) · 유통산업발전법($\frac{97. 4. 10,}{법 5327호.}$) · 대외무역법($\frac{86. 12. 31,}{법 3895호.}$) · 선박법($\frac{60. 2. 1,}{법 544호.}$) · 철도법($\frac{61. 9. 18,}{법 714호.}$) · 공중위생관리법($\frac{99. 2. 8,}{법 5839호.}$) · 도선법($\frac{61. 12. 6,}{법 812호.}$) · 유선 및 도선업법($\frac{80. 1. 4,}{법 3225호.}$) · 철도소운송업법($\frac{61. 12. 27,}{법 895호.}$) · 항공기저당법($\frac{61. 12. 23,}{법 867호.}$) · 자동차저당법($\frac{61. 12. 23,}{법 868호.}$) · 중소기업협동조합법($\frac{61. 12. 27,}{법 884호.}$) · 신탁법($\frac{61. 12. 27,}{법 900호.}$) · 화물유통촉진법($\frac{91. 12. 14,}{법 4433호.}$) · 부정경쟁방지 및 영업비밀보호에 관한 법률($\frac{86. 12. 31,}{법 3897호.}$) · 선박안전법($\frac{61. 12. 30,}{법 919호.}$) · 신탁업법($\frac{61. 12. 31,}{법 945호.}$) · 주식회사의 외부감사에 관한 법률($\frac{84. 4. 10,}{법 3724호.}$) · 선원법($\frac{62. 1. 10,}{법 963호.}$) · 증권거래법($\frac{62. 1. 15,}{법 972호.}$) · 보험업법($\frac{88. 12. 31,}{법 4069호.}$) · 담보부사채신탁법($\frac{62. 1. 20,}{법 991호.}$) · 식품위생법($\frac{62. 1. 20,}{법 1007호.}$) · 비송사건절차법($\frac{91. 12. 14,}{법 4423호.}$) · 자산재평가법($\frac{65. 3. 31,}{법 1691호.}$) · 공사채등록법($\frac{70. 1. 1,}{법 2164호.}$) · 상표법($\frac{73. 2. 8,}{법 2506호.}$) · 농수산물유통 및 가격안정에 관한 법률($\frac{76. 12. 31,}{법 2692호.}$) · 독점규제 및 공정거래에 관한 법률($\frac{90. 1. 31, 법 4198}{호 선개}$) · 약관의 규제에 관한 법률($\frac{86. 12. 31,}{법 3922호.}$) · 여신전문금융업법($\frac{97. 8. 28,}{법 5371호.}$) 등 다수의 특별법령이 있다.

(3) 상사조약   조약은 국가간의 계약으로서 그 내용이 직접 체약국의 국민 상호간의 법률관계를 규율하는 것은 당사국에 의하여 공포됨으로써 체약국의 국내법과 동일한 효력을 갖는 것으로서 비준된 조약이 공포되면 상사특별법과 마찬가지로($\frac{헌}{6 1}$) 상법의 법원이 된다. 그러나 조약 중 어음법통일조약과 수표법통일조약과 같이 체약국이 특정한 내용의 법규를 시행할 의무를 질 뿐이고 직접 체약국의 국민 상호간의 법률관계를 규율하는 것이 아닌 것은 조약에 상당하는 국내법이 제정됨으로써 비로소 상법의 법원이 된다.

2. 상관습법

　상관습법은 기업관계에 특유한 관습법으로서 사실인 관습($\frac{민}{106}$)으로서의 상관습과는 다른 것이다. 상관습은 상인 간의 거래에 있어서 보편화된 관행으로서 상거래의 특수성에 따라 일반적으로 또는 지역적으로 특정한 분야에서 형성된 것을 말한다. 상관습법은 상관습으로부터 성립되는 것으로 기업에 관한 법으로서 상법의 법원이다.

3. 상사자치법

회사나 기타 단체가 그의 조직과 구성원에 관하여 자주적으로 제정한 자치법규(定款)는 상법의 법원이 된다. 왜냐하면 회사의 정관은 상법의 규정에 의하여 작성되는 것으로서 강행법규에 반하지 않는 한 법으로서 회사의 내부관계자를 구속하는 효력이 있으므로 그 자체 법규성이 인정되기 때문이다. 또한 정관의 수권에 의하여 작성한 이사회규칙이나 주식취급규정 등도 같다.

4. 보통거래약관

기업자가 특정한 종류의 거래에 관하여 집단거래의 편의를 위하여 일방적으로 작성한 보통거래약관의 법원성을 인정하는 견해가 있다[車(낙), 80; 梁·朴, 45]. 그러나 약관은 사회학적으로 특정한 거래권을 지배하지만 그 자체가 당연히 법원이라고는 할 수 없다. 왜냐하면 약관은 기업자의 경제력에 의하여 사실상 이용될 뿐이고 일반적 적용을 주장할 수 있는 법적 근거는 없기 때문이다.

5. 기　　타

(1) 판　　례　　　법원의 판례도 관습법과 성문법규에 대하여 수정적·창조적 작용을 하면 법원성이 인정된다는 견해도 있으나[鄭(희), 55; 徐(정), 46], 영미와 같은 불문법국가에서는 판례가 중요한 법원이 되고 있지만, 우리와 같은 성문법주의를 채용하고 있는 대륙법계의 국가에서는 판례가 판사에 대하여 엄격한 구속력을 갖지 못하므로 의문이다[동; 徐(돈), 69; 孫(주), 63; 姜(위), 50; 鄭(동), 60; 蔡(이), 24; 李(천), 49].

(2) 학　　설　　　법의 해석에 관한 학설에 대하여는 그것이 목적론적으로 전개된 부분은 법원이 될 수 있다는 견해도 있으나[朴(원), 45; 徐(정), (上) 46~47], 직접적으로 학설의 법원성을 인정할 수는 없고 다만 법원인 성문법, 판례 또는 조리에 영향을 미치는 점에서 간접적인 지위가 인정될 수 있을 뿐이다.

(3) 조　　리　　　민법 제1조는 법률과 관습법에 적당한 규범이 없으면 「조리(條理)에 의한다」고 규정하고 있다. 즉 조리는 제정법과 상관습법이 없는 때에 문제가 된다. 민법 제1조는 조리의 법원성을 명시한 것이라는 견해도 있으나[徐(돈), (上) 68; 孫(주), (上) 64; 林(홍), (총) 116~117], 이것은 법관의 보충적 입법권에 관하여 규정한 것에 불과하다고 보는 것이 다수설이다[동; 徐(정), (上) 47; 鄭(동), (총) 61; 姜(위), (총) 51; 鄭(찬), 47; 金(성), 125].

[12]　제3　商事에 관한 法規適用의 順序

상법 제1조에서는 상법의 법원 중에 중요한 것을 예시함과 동시에 상사에 관하여 적용될 법규의 순서에 관하여 규정하고 있다. 상법 제 1 조에서 말하는 상사란 상법전이 적용되는 사항으로서 상법전에 규정된 사항뿐만 아니라 그 밖에 특별법에 의하여 상법의 적용을 받도록 되어 있는 사항을 포함한다. 특히 상법 제 1 조는 상사를 대상으로 하여 수개의 법규정이 경합하는 경우에 그 적용의 순서를 정하는 데 목적을 두고 있다.

(1) 상법전과 상관습법　　상사에 관한 법규적용의 순서에 대하여 상법 제 1 조에서는 상법에 규정이 없으면 상관습법을 적용한다고 규정함으로써 제정법 제일주의를 천명하고 있다. 제정법은 하나의 법이념을 최고도로 실현하기 위하여 의식적으로 규범을 정립한 것이므로 원칙적으로 상법전의 의사에 반하는 다른 규범은 허용되지 않는다고 할 수도 있다[徐(돈), (上) 71]. 그러나 이러한 원칙은 상법전의 제정 당시에는 타당성이 인정되지만, 상법전은 이상적이며 고정적인 성격으로 인하여 끊임없이 발전하는 기업관계에 대한 적용이 적합하지 않은 경우도 있으므로 상관습법의 **제정법변경력**을 인정하여야 한다. 이러한 변경력은 상법의 임의법규에 대하여만 인정된다는 견해도 있으나[林(홍), 43; 李(기), (上) 25; 鄭(무), (上) 49], 강행법규에 대하여도 인정된다고 할 것이다[동: 孫(주), (上) 267; 鄭(희) (上) 256; 姜(위), (총) 54; 鄭(동), (총) 63; 金(성), 126].

(2) 상관습법과 민법전　　상법 제 1 조는 상사에 관하여 상관습법이 민법에 우선한다는 것을 규정하고 있다. 즉 상관습법은 민법을 변경하는 효력이 있다. 이것은 상사에 관하여 상법전과 더불어 역시 기술적이며 합리적인 관습법의 적용을 고정적이며 전통적인 민법전보다 우선시킨 것이다. 이것은 특별법과 일반법과의 관계에서 생기는 원칙이라는 견해도 있으나[鄭(희), (上) 57; 蔡(이), (上) 27], 상법 제 1 조는 제정법우선주의의 예외를 인정한 것이다[동: 徐(돈), (上) 70~71; 梁·朴, 41; 林(홍), 38].

(3) 상법전과 민법전　　상사에 관하여 민법은 상법의 규정과 상관습법이 없는 때에 적용된다(상1). 민법과 상법은 일반법과 특별법의 관계에 있기 때문에 상법전이 민법전에 우선하여 적용되는 것은 당연하다.

(4) 법규적용의 순서　　법규의 적용순서는 일반원칙에 따라 자치법이 가장 우선적으로 적용되며 제정법 상호간에는 일반원칙에 의하여 특별법이 일반법에 우선한다. 그러므로 상사에 관한 법규적용의 순서는 상사자치법→상사특별법령 및 상사조약→상법전→상관습법→민사자치법→민사특별법령 및 민사조약→민법전→민사관습법이라고 할 수 있다.

제 6 절 商法의 效力

상법의 효력은 시·인(人)·장소에 따라 제약을 받을 뿐만 아니라 그 대상이 되는 사항인 상사에 한정된다. 이러한 상법의 적용범위는 일정한 거래에 대하여 민·상법 중 어느 법을 적용할 것인가의 판단을 위한 기준이 된다.

[13] 제 1 時에 관한 效力

(1) 서   설   시간적으로 선후관계에 있는 두 개 이상의 법규가 있는 때에 상호간의 효력의 문제는 경과규정이라고 할 수 있는 시제법(時際法)에 의하여 해결되지만, 시제법을 전제로 하여 수개의 법규가 동일순위에 있는 때에는 「신법이 구법을 변경한다」는 원칙과 두 개의 법규가 보통법과 특별법의 관계에 있을 때는 일반적 신법은 특별적 구법을 변경하지 않는다는 원칙이 적용된다.

(2) 시 제 법   시제법이란 시간적으로 선후관계에 있는 두 개 이상의 법규가 존재하는 경우에 특정한 법률사실에 어느 법규를 적용할 것인가에 대한 법칙이다. 시제법의 중심문제는 신법의 시행 전에 발생하여 신법의 시행 후에도 존속하는 법률상의 상태 또는 행위에 대하여 신법의 소급효를 인정할 것인가 하는 점이다. 사람은 그 때(時)의 법률에 의하여 규율된다는 것을 예기하고 행동하므로 기득권의 존중 및 법적 안정을 위하여 일반적으로 법률은 그 효력이 생긴 때(時) 이후에 발생한 사항에 대해서만 적용된다는 법률불소급의 원칙이 있다. 그러나 이 원칙은 입법을 구속하는 것은 아니다.

(3) 신법의 소급효   특히 합리성을 위주로 하는 상법의 영역에 있어서는 관계자에게 유리한 신법의 이익을 균점시키기 위한 경우나 신법의 이상을 실현하기 위하여 또는 법률상태의 획일화를 위한 경우 등 여러 가지의 목적에서 법률정책적으로 신법의 소급효를 인정할 수 있는 것이다. 그리하여 상법에서도 일반원칙에 대한 예외로서 특별한 규정이 없으면 상법시행 전에 생긴 사항에도 상법이 적용된다고 규정하고 있다($\frac{상시}{2}$).

[14] 제 2 人·場所·事項에 관한 效力

(1) 인에 관한 효력   상법은 국법으로서 모든 한국인에게 적용된다. 그러나 예외적으로 특정한 사항에 대하여는 한국상법이 외국인에게 적용되는 경우도 있고, 반대로 외국상법이 한국인에게 적용되는 때도 있는 데 이것은 국제사법의 문제라고 할 수 있다. 또한 이와는 별도로 상법의 규정 중에는 특수한 상인에게는 적용되지 않는 것이 있다. 즉 소상인에게는 지배인·상호·상업장부·상업등기에 관한 규정을 적용하지 않는다($\frac{상}{9}$). 그러나 소상인도 상인인 점에서는 같기 때문에 상법의 영업활동에 관한 규정은 적용된다.

(2) 장소에 관한 효력   국법인 상법은 전 한국영토에 적용됨을 원칙으로 한다. 그러한 특정한 사항에 대해서는 한국상법이 외국영토에서 적용되는 경우도 있고, 반대로 외국상법이 한국영토에서 적용되는 때도 있다. 이것은 국제사법의 문제로서 동법 제28조 이하에서 규정한다.

(3) 사항에 관한 효력   상법의 효력은 이상과 같이 시·인·장소에 의하여 제약될 뿐만 아니라 내용에 있어서도 상사에 한정된다. 상법적용의 대상이 되는 상사에 관한 규정은 쌍방적 상행위인 경우뿐만 아니라 일방적 상행위인 때에도 적용되며($\frac{상}{3}$), 공법인의 상행위에 대하여도 법령에 다른 규정이 없는 한 적용된다($\frac{상}{2}$). 또한 상사에 관해서는 상법뿐만 아니라 민법도 적용될 수 있다($\frac{상}{1}$).

제 2 장　商　　人

제 1 절　商人의　意義

[15]　제 1　序　　說

기업은 영리의 실현을 위하여 다른 기업 및 일반공중과 거래관계를 갖게 되고 거래로 인하여 생기는 법률관계의 처리를 위하여 권리·의무의 주체를 필요로 하는데, 이 법적인 주체가 상인인 것이다. 상인이란 형식적으로 기업과 관계가 있는 권리·의무의 귀속자를 말한다. 개인기업의 경우는 영업주가 상인이지만, 공동기업인 회사는 법인격이 있기 때문에($\frac{상}{169}$) 회사 그 자체가 상인으로서 모든 권리·의무의 주체가 된다.

[16]　제 2　商人槪念에　관한　立法主義

상법은 양 당사자가 모두 상인인 경우뿐만 아니라 당사자의 일방만이 상인인 경우에도 그 전원에게 적용되므로($\frac{상}{3}$) 상법의 적용범위를 명확하게 하기 위하여는 먼저 상인의 개념을 정하여야 하는데 이에 관한 입법으로는 세 가지 유형이 있다.

(1) 실질주의　　이것은 상행위를 열거하여 그 열거된 행위를 영업으로 하는 자를 상인으로 인정하는 것으로서, 프랑스·스페인의 상법과 독일의 구상법이 여기에 속한다. 실질주의는 **열거주의**라고도 한다. 이에 의하면 상행위가 제한적으로 열거되므로 경제의 발달에 따라 새로이 생겨나는 영리행위를 포섭할 수 없기 때문에, 열거된 상행위 이외의 행위를 하는 자를 상인으로 인정할 수 없게 된다.

(2) 형식주의　　실질주의와는 달리 행위의 실질적인 성질을 구별하지 않고 어떠한 행위이든지 일정한 형식을 갖추고 상인적 방법으로 영업을 하는 자를 상인으로 보는 입장인데, 스위스채무법이 여기에 속한다($\frac{동법}{934}$). 이에 의하면 실질주의의 단점은 극복할 수 있겠지만 형식의 한계를 정하기가 곤란하다

는 약점이 있다.

(3) **절충주의**   실질주의와 형식주의를 병용하여 「상행위를 영업으로 하는 자」뿐만 아니라 「일정한 형식을 갖추고 상인적 방법으로 영업을 하는 자」도 상인으로 인정하는 입장인데, 독일의 신상법과 일본상법이 여기에 속한다. 우리 **상법**도 입법형식에 있어서 제 4 조와 제 5 조에 의하여 양 주의를 병용한다고 할 수 있으므로 절충주의라 할 것이다[동: 係(주), 79; 姜(위), (총) 23; 蔡(이), 33]. 이러한 입법주의가 실질주의의 문제점을 극복하고 끊임없이 확대되는 법률상의 상(商)의 개념을 무리 없이 수용할 수 있는 타당한 입장이라고 할 수 있다.

(4) 기   타   상인의 개념에 관한 입법주의는 상행위의 개념과 관련시켜서 주관주의와 객관주의로 구분하기도 한다. 즉 주관주의는 먼저 상인의 개념을 정하고 이후 상행위의 개념을 도출하는 것으로서 상인법주의라고도 한다[李(병), 79; 崔(원), 79]. 이와는 반대로 우선 상행위의 개념을 정하고 이후 상인의 개념을 도출하는 방법을 객관주의 또는 상행위주의라고 한다. 상인의 개념을 상행위의 개념과 관련시켜서 본다면 우리 상법은 주관주의 또는 상인법주의라고 할 수 있을 것이다[徐(돈), 79; 林(홍), 53; 鄭(동), (총) 81]. 또한 우리 상법을 상인법적 절충주의라는 견해도 있다[梁·朴, 49~50].

[17] 제3 當然商人

자기명의로 상행위를 하는 자를 당연상인이라 한다($\frac{상}{4}$). 이는 실질주의에 의한 상인이라고 할 수 있다.

(1) 「상행위」를 하는 자이다. 상행위란 상법 제46조에서 열거하는 행위와 특별법에서 상행위로 인정한 것을 말한다(담보부사채신탁법 제23조 2항에서는 제 3 자의 사채총액의 인수를 상행위로 인정하고 있다). 즉 상행위가 구체적이고 제한적으로 열거되어 있다. 그리하여 이것을 열거주의라고도 한다. 이러한 상행위는 상인의 개념을 정함에 있어서 그 기초가 되므로 기본적 상행위라고 한다.

(2) 상행위를 「영업으로」하여야 한다. 판례는 영업으로 한다는 것은 영리를 목적으로 동종의 행위를 계속 반복적으로 하는 것을 의미한다고 한 바 있다[大 94. 4. 29, 93 다 54842]. 영업으로 한다는 것은 다음과 같은 요건이 갖추어진 때를 말한다.

1) 영리의 의도   이익을 추구하려는 의도가 있어야 한다. 그러므로 단순히 자체경비의 충당을 위하여 운영되는 공장이나 병영의 매점 및 그 구성원에게만 필요한 물건을 염가로 제공하는 조직체 등이 하는 행위는 영업으로 한

다고 할 수 없다. 그러나 영리를 목적으로 하는 한 이익 또는 손실의 유·무나 이익의 사용목적은 불문한다. 달성한 이익을 공공의 이익을 위해 사용하더라도 영리의 의도가 있는 것으로 본다. 즉 상법 제169조의 영리개념과 다르다〔266면 이하 참조〕.

　　　판례는 「새마을금고는 우리 나라 고유의 상부상조정신에 입각하여 자금의 조성 및 이용과 회원의 경제적·사회적·문화적 지위의 향상 및 지역사회개발을 통한 건전한 국민정신의 함양과 국가경제발전에 기여함을 목적으로 하는 비영리법인이므로, 새마을금고가 금고의 회원에게 자금을 대출하는 행위는 일반적으로 영리를 목적으로 하는 행위라고 보기 어렵다」고 하였고〔大 98. 7. 10, 98 다 10793〕, 또한 판례는 「농업협동조합법에 의하여 설립된 조합이 영위하는 사업의 목적은 조합원을 위하여 차별 없는 최대의 봉사를 함에 있을 뿐 영리를 목적으로 하는 것이 아니므로(동법 제5조), 동 조합이 그 사업의 일환으로 조합원이 생산하는 물자의 판매사업을 한다 하여도 동 조합을 상인이라 할 수는 없고, 따라서 그 물자의 판매대금 채권은 3년의 단기소멸시효가 적용되는 민법 제163조 제 6 호 소정의 '상인이 판매한 상품의 대가'에 해당하지 아니한다」고 한 바 있다〔大 2000. 2. 11, 99 다 53292〕.

　2) 계속적 의도　　　동종의 행위를 계속적으로 하려는 의도가 있어야 한다. 그러므로 한 번에 국한된 행위나 기회가 있을 때마다 하는 반복적인 투기행위는 영업으로 한다고 할 수 없다.

　　　판례는 「부동산중개업법 제 2 조 제 1 호에 규정된 중개업의 요건으로서 알선·중개를 영업으로 한다고 함은 반복·계속하여 영업으로 알선·중개를 하는 것을 가리키는 것이므로, 이러한 반복·계속성이나 영업성이 없이 우연한 기회에 타인 간의 거래행위를 중개한 것에 불과한 경우는 중개업에 해당되지 않는다」고 한 것이 있다〔大 91. 7. 23, 91 도 1274〕.

　3) 대외적 인식　　　행위가 대외적으로 인식될 수 있어야 한다. 그렇다고 모든 사람에게 인식되어야 하는 것은 아니고 거래관계에 있어서 당사자간에 인식될 수 있으면 된다. 그러므로 점포의 마련 등 개업준비행위로 인정되는 행위가 있으면 영업의사가 대외적으로 인식된다고 할 것이다. 그러나 비밀로 하는 증권투기는 제외된다.

　⑶ 상행위를 「자기명의」로 하는 자이다.

　1) 권리·의무의 주체　　　명의인이 상행위로 인하여 생기는 권리·의무의 주체가 된다. 영업행위 자체는 명의인이 직접 담당하지 않고 타인에게 대리

시키더라도 무방하나 반대로 영업에 직접 종사하더라도 **타인명의로** 상행위를 하는 자는 상인이 아니다. 그리하여 친권자가 미성년의 아들을 위하여 또는 지배인이 영업주를 위하여 영업을 대리하더라도 상인은 미성년자인 아들과 영업주이다. 대표이사나 업무집행사원이 회사를 경영하더라도 회사가 상인이다.

　2) 예　　외

　㈎ **행정관청에 대한 관계**　　권리·의무의 주체가 되는 명의인은 상행위로 인한 권리·의무의 주체인 실질적인 영업자를 말하므로 행정관청에 대한 신고명의인이나 납세명의인과 반드시 일치할 필요는 없다. 즉 관청에 대한 행정법적 관계와 상법상의 권리·의무관계는 분리된다.

　㈏ **명의대여의 경우**　　상법상의 법률관계에서도 명의대여의 경우($^{\text{상}}_{24}$)에 명의인과 영업자가 분리된다. 그러므로 타인에게 자기의 성명 또는 상호를 사용하여 영업을 할 것을 허락한 명의대여($^{\text{상}}_{24}$)의 경우에는 명의사가 아니라 타인이 상인이며, 명의대여자가 자기를 영업주로 오인하여 거래한 제3자에 대하여 타인과 연대하여 변제할 책임을 지도록 한 것은 타인이 상인임을 전제로 한 것이다($^{\text{상}}_{24, 81}$).

　⑷ 당연상인이란 자기명의로 상행위를 영업으로 하는 자이다. 상행위를 영업으로 하는 회사는 상사회사로서 당연상인이라고 할 수 있다.

[18] 제 4 商 行 爲

I. 序　說

　⑴ 상법은 당연상인을 정의함에 있어 상행위를 그 기초개념으로 삼고 있다. 상행위로는 상법 제46조에서 한정적으로 열거하고 있는 21종의 기본적 상행위와 특별법에서 상행위로 인정하는 것($^{\text{담사}}_{23\,\text{II}}$)이 있다. 상법 제46조에서 열거하고 있는 상행위는 상법의 적용한계를 명확하게 하기 위한 것으로 제한적인 것이다. 기본적 상행위는 영업으로 할 때에만 상행위가 되므로 **영업적 상행위**라고도 한다($^{\text{상 46}}_{\text{전단}}$).

　⑵ 상행위를 영업으로 하더라도 오직 **임금**을 받을 목적으로 물건을 제조하거나 노무에 종사하는 자의 행위는 상행위로 보지 않는다($_{46}^{\text{상}}$단). 어떠한 경우가 여기에 속하는가 하는 문제는 영업의 시설 및 규모 등을 기준으로 판단하여야 할 것이다.

2. 기본적 상행위

(1) 동산·부동산·유가증권 기타의 재산의 매매($_{46(1)}^{상}$)　　매매는 가장 오래 되고 모든 상거래의 기본이 되는 행위이다. 매매란 매도행위뿐만 아니라 매수행위를 포함한다. 그러므로 단순히 매수나 매도만을 하는 것은 매매라고 할 수 없다$\begin{bmatrix}동; 林(홍),(총) 158;\\ 金(영),(총) 101\end{bmatrix}$. 그리하여 이득의 의사 없이 무상 또는 원시취득한 물건을 매각하는 행위는 제외된다$\begin{bmatrix}大 93.6.11,\\ 93 다 7174\end{bmatrix}$. 다만 원시취득한 물건의 매각 행위는 의제상인의 요건이 성립될 때에는 준상행위가 될 수 있다$\begin{bmatrix}鄭(희),\\ 46\end{bmatrix}$. 매수 행위는 소유권의 유상취득이 있어야 하므로, 임대차나 사용대차에 의한 취득은 제외된다. 그러나 재산의 매도에 관한 계약의 이행을 위하여 그 목적물을 취득하는 행위는 여기의 매매행위로 볼 수 있다. 매수한 물건을 제조 또는 가공하여 매도하는 행위$\begin{bmatrix}상\\ 46(3)\end{bmatrix}$도 매매행위로 보는 견해가 있으나$\begin{bmatrix}徐(돈), 83;\\ 徐(정), 54\end{bmatrix}$, 이 경우는 매매행위에 속하지 않는다$\begin{bmatrix}李(병),\\ 82\end{bmatrix}$. 목적물 중의「기타의 재산」이란 知的財產權으로서 특허권·저작권·상표권과 광업권·어업권 등을 말한다$\begin{pmatrix}관계법규: 증권거래\\ 법, 독점규제 및 공정거래에\\ 관한 법률, 기타 세법 등\end{pmatrix}$.

(2) 동산·부동산·유가증권 기타의 재산의 임대차($_{46(2)}^{상}$)　　소유권의 이전이 아닌 재산의 이용을 영업의 대상으로 하는 행위이다. 즉 이익을 얻고 임대할 의사로써 재산을 유상취득하거나 임차하는 행위와 그 재산을 임대하는 행위를 말하는 것이다. 그러한 의사는 행위 당시에 존재하면 되고, 그것은 객관적으로 인식될 수 있어야 한다$\begin{pmatrix}관계법규:\\ 임대주택법\end{pmatrix}$.

(3) 제조·가공 또는 수선에 관한 행위($_{46(3)}^{상}$)　　1) 제조·가공 또는 수선을 인수하는 행위를 말한다. 왜냐하면 제조 또는 가공 그 자체는 사실행위에 불과하기 때문이다. 또한 타인을 위하여 제조·가공 또는 수선을 유상으로 인수하는 행위뿐만 아니라 자기를 위하여 원료를 유상으로 취득한 다음 제조·가공·수선하여 판매하는 행위도 포함된다$\begin{bmatrix}동; 徐\\ (정), 76\end{bmatrix}$. 이와 달리 자기를 위하여 한 경우는 제외된다는 견해도 있다$\begin{bmatrix}徐(돈), 83;\\ 孫(주), 84\end{bmatrix}$.

2) 제조란 재료에 노력을 들여 새로이 전혀 다른 물건을 만드는 행위이고$\begin{pmatrix}양조·직물·제화·\\ 기계생산 등\end{pmatrix}$, 가공이란 재료의 동일성을 유지시키면서 약간의 변화를 가하는 행위이다$\begin{pmatrix}세탁·염색·\\ 정미 등\end{pmatrix}$. 그리고 수선이란 효율적인 사용을 위하여 노력을 가하는 것으로서 광의의 가공에 포함시킬 수 있을 것이다$\begin{pmatrix}관계법규: 식품위생법, 품질\\ 경영 및 공산품안전관리법\end{pmatrix}$.

(4) 전기·전파·가스 또는 물의 공급에 관한 행위($_{46(4)}^{상}$)　　전기사업·방

송사업($라디오·텔레비전 등$)·가스사업·수도사업 등과 같이 전기 등의 계속적인 급부를 인수하는 행위를 말한다. 그 성질에 관하여는 도급계약설과 매매유사의 무명계약설도 있으나 이는 매매계약이라고 할 것이며, 설비의 임대가 수반되는 때에는 매매와 임대차의 **혼합계약**이라고 할 것이다($관계법규: 전기사업법, 수도법, 전파법, 방송법, 전기통신공사업법 등$).

　(5) **작업 또는 노무의 도급의 인수**($상 46(5)$)　　작업의 도급의 인수는 부동산 또는 선박에 관한 공사를 인수하는 행위를 말하고($철도부설·가옥건축·교량 및 도로공사 등$), 노무의 도급의 인수란 인부 기타의 근로자의 공급을 인수하는 계약으로서 근로자공급사업이 여기에 속하며 주로 토목사업 등에서 행해지는 계약이다($관계법규: 건설산업기본법, 직업안정법$).

　(6) **출판·인쇄 또는 촬영에 관한 행위**($상 46(6)$)　　출판에 관한 행위란 문서 또는 도화(圖畵)를 인쇄하여 발매 또는 배포하는 행위를 말하며, 출판을 함에 있어서는 저작자와의 사이에 출판계약, 인쇄업자와의 사이에 인쇄계약은 출판업자의 **부속적 상행위**에 속한다. 왜냐하면 출판업자의 기본적 상행위는 출판물의 매도행위이기 때문이다. 그러므로 자기가 직접 출판하거나 인쇄를 하는 경우로서 예컨대 신문사가 자기의 인쇄소에서 신문을 인쇄하여 발매하는 행위도 여기에 속한다. 인쇄에 관한 행위란 기계 또는 화학적인 방법에 의하여 문서 또는 도화를 복제하는 것을 인수하는 행위이다. 촬영에 관한 행위란 사진의 촬영을 인수하는 계약으로서 사진사의 행위가 그 예이다($관계법규: 저작권법, 출판사 및 인쇄소의 등록에 관한 법률 등$).

　(7) **광고·통신 또는 정보에 관한 행위**($상 46(7)$)　　광고란 소비자의 수요를 자극하기 위하여 널리 선전 또는 홍보하는 것을 말하고, **통신**은 각종의 뉴스를 제공하는 행위이며, **정보에 관한 행위**는 신용정보업자의 행위로서 타인의 자력이나 신용 및 기타 신원에 관한 사항을 수집하여 보고하는 것인데 이러한 것을 계약의 목적으로 하는 경우를 말한다($관계법규: 신용정보의 이용 및 보호에 관한 법률, 옥외광고물등관리법 등$).

　(8) **수신·여신·환 기타의 금융거래**($상 46(8)$)　　금전 또는 유가증권의 수신·여신에 관한 행위와 이종화폐간의 교환행위, 어음의 할인이나 보증 등의 행위를 말한다. 또한 금전 또는 유가증권을 타인에게 대부하는 대금업과 전당포 등의 대금행위도 여기에 속한다($관계법규: 은행법, 외국환거래법 등$).

　(9) **객의 집래를 위한 시설에 의한 거래**($상 46(9)$)　　공중의 집래(集來)에 적합한 설비를 갖추어 그것을 客의 수요에 따라 이용시키려는 것을 목적으로 하는 행위이다. 여기에는 여관·다방·음식점·이발소·극장·동물원 등이 있다($관계법규: 공중위생관리법, 식품위생법 등$).

(10) **상행위의 대리의 인수**($_{46\,(10)}^{상}$)　　독립된 상인으로서 일정한 상인을 위하여 계속적으로 상행위의 대리를 인수하는 행위이다. 체약대리상(締約代理商)($_{87}^{상}$)의 행위가 여기에 속한다.

(11) **중개에 관한 행위**($_{46\,(11)}^{상}$)　　타인 간의 법률행위의 중개를 인수하는 행위로서 계약체결을 유치하기 위한 모든 활동을 말한다. 여기에는 중개인($_{93}^{상}$)·중개대리상($_{87}^{상}$)과 각종의 민사중개인($_{\text{중개하는 자, 직업소개소 등}}^{\text{부동산·자동차 등의 매매를}}$)의 행위가 있다($_{\text{동산중개업법}}^{\text{관계법규: 부}}$).

(12) **위탁매매 기타의 주선에 관한 행위**($_{46\,(12)}^{상}$)　　자기의 명의로써 타인의 계산으로 법률행위를 하는 것을 인수하는 행위로서 간접대리의 인수라고 할 수 있다. 이 때 타인의 계산이란 경제적으로 그 타인이 손익의 주체가 되는 것을 말한다. 위탁매매인($_{101}^{상}$)·운송주선인($_{114}^{상}$)·준위탁매매인($_{113}^{상}$) 등의 행위가 여기에 속한다($_{\text{증권거래법}}^{\text{관계법규:}}$).

(13) **운송의 인수**($_{46\,(13)}^{상}$)　　물건 또는 사람의 운송을 인수하는 행위로서 운송계약을 말하고 운송이라는 사실행위를 의미하는 것이 아니다. 운송의 목적물·장소·방법 등은 가리지 않는다. 그러므로 물건운송·여객운송·육상운송·해상운송·항공운송·자동차운송·철도운송 등이 모두 해당된다($_{\text{선법, 항공법, 삭도·궤도법, 자동차운수사업법 등}}^{\text{관계법규: 철도법, 선박법, 도}}$).

(14) **임치의 인수**($_{46\,(14)}^{상}$)　　임치는 타인을 위하여 물건 또는 유가증권을 보관할 것을 인수하는 행위로서 창고업자나 주차장업주가 영업으로 하는 물건보관인수계약이 여기에 속한다($_{\text{물류유통촉진법}}^{\text{관계법규: 화}}$).

(15) **신탁의 인수**($_{46\,(15)}^{상}$)　　신탁이란 신탁설정자가 특정의 재산권을 수탁자에게 이전하거나 기타의 처분을 하고 수탁자로 하여금 일정한 자의 이익 또는 특정의 목적을 위하여 그 재산권을 관리·처분하게 하는 법률관계이다($_{1\ Ⅱ}^{信}$). 이 때 수탁자의 지위를 인수하는 것이 이에 해당한다($_{\text{자신탁업법, 담보부사채신탁법 등}}^{\text{관계법규: 신탁법, 신탁업법, 증권투}}$).

(16) **상호부금 기타 이와 유사한 행위**($_{46\,(16)}^{상}$)　　상호부금(相互賦金)이란 일정한 기간을 정하여 부금을 납입하면 중도 또는 만기에 일정한 금액을 지급할 것을 약정한 것을 말한다. 오늘날 상호신용금고 등에서 취급하는 **상호신용계업무**($_{2\,(2)}^{상신}$)가 여기에 속한다.

(17) **보　　험**($_{46\,(17)}^{상}$)　　보험이란 동일한 위험을 예상하는 다수인이 단체를 형성하고 일정한 기간을 정하여 금전을 모아 그 구성원 중에서 위험을 당한 자에게 일정한 금액의 급여를 하는 것인데 여기에는 영리보험만 포함되고

상호보험이나 사회보험은 제외된다(관계법규:
보험업법).

⒅ 광물 또는 토석의 채취에 관한 행위($\frac{상}{46⑱}$)   이러한 행위는 원시생산업에 속하는 행위이지만 그 기업성이 농후하여 상행위로 흡수한 것이다. 여기에 속하는 행위는 채취라는 사실행위가 아니라 채취한 것을 판매하는 행위를 말한다(관계법규: 광업법,
광업재단저당법 등).

⒆ 기계·시설 기타 재산의 물융에 관한 행위($\frac{상}{46⑲}$)   이는 리스(lease)를 말한다. 리스는 새로운 설비조달수단으로 「이용자가 선정한 특정물건을 리스회사가 새로이 취득하거나 대여받아 그 물건에 대한 직접적인 유지·관리책임을 지지 아니하면서 이용자에게 일정기간 동안 사용하게 하고 그 기간에 걸쳐 일정한 대가를 정기적으로 분할하여 지급받으며 그 기간 종료 후의 물건의 처분에 관하여는 당사자간의 약정으로 정하는 **물적 금융**」이라고 할 수 있다(여신전문
2⑴ 참조). 리스는 법률적 형식에 있어서는 임대차형식을 취하면서도 경제적 실질에 있어서는 기계설비조달을 위한 금융이기 때문에 물적 금융(物的 金融) 즉 물융이라고 할 수 있다(관계법규: 여신
전문금융업법).

⒇ 상호·상표 등의 사용허락에 의한 영업에 관한 행위($\frac{상}{46⒇}$)   이는 소위 프랜차이즈(franchise)를 말한다. 프랜차이즈란 수수료 등의 대가를 지급하고 타인의 상호·상표·서비스표 등의 상업적 징표 및 경영노하우를 자기사업 운영에 이용할 수 있는 허가와 더불어, 그 제공자의 통제하에서 영업을 할 것을 내용으로 하는 독립된 상인 간의 유상·쌍무계약으로서 기업체제의 사용허가행위라고 할 수 있다.

㉑ 영업상 채권의 매입·회수 등에 관한 행위($\frac{상}{46㉑}$)   이는 소위 팩터링(factoring)을 말한다. 팩터링이란 기업이 영업활동에 의하여 취득한 채권을 그 변제기 전에 양도함으로써 조기에 채권추심의 실효를 거두어 자금을 조달하는 제도이다. 팩터링을 일반적 공통점을 중심으로 정의하면 거래기업이 그 매출채권을 팩터링회사에 양도하고, 팩터링회사는 거래기업에 갈음하여 채무자로부터 매출채권을 추심하는 동시에 부기 기타 채권추심과 결부되는 업무를 인수하는 행위라고 할 수 있다.

[19] 제 5 擬制商人

1. 서   설

상법에서 제한적으로 열거하고 있는 상행위만을 기초로 상인의 개념을 정한다면 경제발전과 더불어 새로이 형성된 실질적인 상행위를 영업으로 하는 자는 상인과 같은 실질을 갖추었더라도 상인이 될 수 없다는 모순이 생긴다. 그리하여 상법은 당연상인 외에 의제상인에 관한 규정을 둠으로써 상법에 제한적으로 열거하고 있는 형식적인 상행위에 속하지 않는 행위라도 일정한 형식을 갖추고 상인적 방법으로 그것을 영업으로 하는 자를 상인으로 의제하고 있다($\frac{상}{5}$).

2. 의   의

점포, 기타 유사한 설비에 의하여 상인적 방법으로 영업을 하는 자는 상행위를 하지 않더라도 상인으로 인정된다($\frac{상}{5}$).

(1) 상행위 이외의 행위를 하는 자   1) 상법에서 열거하고 있는 상행위 이외의 행위를 당연상인과 같은 방법에 따라 영업으로 하는 자는 상인으로 의제된다. 그러므로 상행위가 아닌 원시산업($\frac{농업·임업·}{어업 등}$)의 경우에 원시취득한 농산물·수산물 등을 점포 기타 설비에 의하여 판매하는 자는 상인이 된다. 회사는 상행위를 하지 아니하더라도 상인으로 본다($\frac{상}{5 \, \mathrm{I\!I}}$). 상법상의 모든 회사는 행위의 내용과 관계 없이 상인이다.

2) 변호사·의사·공인회계사·세무사·설계사·예술가 등 자유직업인의 행위는 점포 기타 설비에 의하여 그 활동을 하더라도 연혁적으로나 거래통념에 의하여 영리를 목적으로 하는 상인적 방법에 의한 영업으로 보지 않는다.

> 판례는 「근래에 전문직업인의 직무 관련 활동이 점차 상업적 성향을 띠게 됨에 따라 사회적 인식도 일부 변화하여 변호사가 유상의 위임계약 등을 통하여 사실상 영리를 목적으로 그 직무를 행하는 것으로 보는 경향이 생겨나고, 소득세법이 변호사의 직무수행으로 인하여 발생한 수익을 같은 법 제19조 제 1 항 제11호가 규정하는 '사업서비스업에서 발생하는 소득'으로 보아 과세대상으로 삼고 있는 사정 등을 감안한다 하더라도, 위에서 본 변호사법의 여러 규정과 제반 사정을 참작하여 볼 때, 변호사를 상법 제 5 조 제 1 항이 규정하는 '상인적 방법에 의하여 영업을 하는 자'라고 볼 수는 없다 할 것이므로, 변호사는 의제상인에 해당하지 아니한다」고 하였다$\left[\substack{ 大\ 2007.7.26, \\ 2006\ \mathrm{마}\ 334 } \right]$.

(2) 상행위 이외의 행위를 영업으로 하는 자[29면 이하 참조]

(3) 상행위 이외의 행위를 상인적 방법으로 하는 자   「상인적 방법」
이란 당연상인이 기업을 경영함에 있어서 보통 필요로 하는 설비를 갖추고 당
연상인과 같은 방법으로 영업을 하는 것을 말한다. 상인적 방법인가의 여부는
상업장부의 이용, 보조자의 고용, 상호의 사용, 신용거래, 판매실적 등 기업전
체의 형태를 기준으로 하여 판단할 수 있다.

(4) 상행위 이외의 행위를 자기명의로 하는 자[30면 이하 참조]

[20] 제 6 小 商 人

상인은 영업규모를 기준으로 하여 완전상인과 소상인으로 구분할 수
있다.

(1) 의   의   상법에는 소상인의 개념에 관한 규정은 없다. 그러나
소상인이란 상행위 또는 기타 행위를 영업으로 하더라도 영업의 규모가 근소
하여 기업성이 희박한 상인을 말한다.

(2) 범   위   소상인이란 자본금액 1천만원 미만의 상인으로서 회사
가 아닌 자를 말한다(상시규정 2). 이 경우에 자본금액은 영업재산의 현재가격으로
서 자기자본뿐만 아니라 타인자본을 포함한다. 즉 자기자본만을 말하는 주식
회사의 자본금과 다르다. 주식회사와 유한회사, 합명회사와 합자회사 및 유한
책임회사는 자본금액이 1천만원 미만이라도 기업성이 뚜렷하고 회사에 대하
여는 상업등기제도가 필연적으로 적용되므로 소상인이 아니다. 그리고 오로지
임금을 받을 목적으로 물건을 제조하거나 노무에 종사하는 자는 이러한 행위
를 계속적으로 하더라도 소상인이 아니다. 왜냐하면 이들의 행위는 상행위가
아니기 때문이다(상 46 단 참조).

(3) 일부규정의 적용배제   소상인에 대하여는 지배인·상호·상업장부·
상업등기에 관한 규정을 적용하지 않는다(상9). 그 이유는 소기업에 대하여 상
업장부의 작성의무에 의한 과중한 부담을 덜어주고 일반상인(완전 상인)의 상호선정
의 자유를 보장하며 상호로 인한 일반상인과의 분쟁을 피하도록 하기 위한 것
이다. 그러나 상호권의 침해에 관한 규정(상 20, 23, 28 등)과 거래의 안전을 위한 명의
대여자의 책임에 관한 규정은 소상인에게도 적용된다[동: 孫(주), 94; 鄭(동), (종) 98; 李(철), 72].

제 2 절   商人資格의 取得과 喪失

상인자격의 유무는 상인의 적용에 있어서 그 기준이 되므로 대단히 중요
하다. 또한 상법은 기업과 거래관계에 있는 일반공중에 대하여도 적용되므로
($\frac{\text{상}}{3}$), 기업의 성립시기와 해체시기는 법규적용에 있어서 중요한 의의가 있다.

[21]   제 1   自然人의 商人資格

(1) **취   득**   자연인의 상인자격은 상법 제 4 조나 제 5 조의 요건을
구비하고 영업을 개시함으로써 취득하게 된다. 영업의 개시란 반드시 기본적
상행위의 개시만을 의미하는 것이 아니라 **영업을 위한 준비행위의 개시**를 포
함한다. 왜냐하면 준비행위로부터 영업의사의 존재를 객관적으로 인식할 수
있기 때문이다. 그렇다고 준비행위는 반드시 상호의 등기·개업의 광고·간판
의 게시 등에 의하여 영업의사가 뚜렷하게 표시되어야 하는 것은 아니다. 그러
므로 점포의 구입, 영업의 양수, 상업사용인의 고용, 영업재산의 구입 등의 준
비행위로 보아 상대방이 영업의사의 존재를 객관적으로 인식할 수 있으면 자
연인은 상인자격을 취득한다. 영업의 성질상 허가를 필요로 하는 경우에도 허
가의 유무와 관계 없이 상인자격을 취득한다$\left[\begin{smallmatrix}\text{大 99. 1. 29,}\\\text{98 다 1584}\end{smallmatrix}\right]$.

> 판례는 「부동산임대업을 개시할 목적으로 그 준비행위의 일환으로 당시 부동
> 산임대업을 하고 있던 상인으로부터 건물을 매수한 행위는 보조적 상행위로서의
> 개업준비행위에 해당하므로 위 개업준비행위에 착수하였을 때 상인자격을 취득한
> 다」고 하였다$\left[\begin{smallmatrix}\text{大 99. 1. 29,}\\\text{98 다 1584}\end{smallmatrix}\right]$.

(2) **상   실**   자연인의 상인자격은 사실상 **영업을 폐지한 때**나 **사망**
에 의하여 상실하게 된다. 영업양도의 경우도 양도인이 새로운 영업에 착수하
지 않는 한 상인자격을 상실한다. 그러나 폐업의 의사만을 표시한 데 불과한
폐업광고를 하였거나 관청에 대해 폐업의 계출을 하였더라도 실제로 영업이
계속되고 있거나, 기본적인 영업활동은 종결되었더라도 잔무처리행위가 종료
되지 않은 때에는 상인자격을 상실하지 않는다. 또한 영업주에 대한 금치산선
고나 파산선고가 있는 경우에도 법정대리인이나 파산관재인이 상인의 명의로

영업이나 잔무처리행위를 계속하는 한 상인자격은 상실되지 않는다.

[22]　제 2　法人의 商人資格

l. 영리법인($^{회}_{사}$)의 상인자격

(1) 취　　득　　회사는 **설립등기**를 함으로써 법인격과 상인자격을 동시에 취득하게 된다. 즉 회사는 설립과 동시에 인격성과 기업성을 구비하게 된다. 설립중의 회사는 **동일성설**에 따라 성립된 회사와 동일하다는 이유로 상인자격을 긍정하는 소수설도 있으나[$^{추(기)}_{92}$], 설립중의 회사는 아직 법인격이나 상인자격이 없는 것이다. 자연인 기타 회사 이외의 법인은 이미 고유한 법인격을 가지고 있으므로 개업준비행위를 개시한 때에 상인자격의 취득을 인정하더라도 무리가 없다. 그러나 설립중의 회사는 법인격이 없으므로 상인자격을 인정하여도 법인격이 있는 기업의 주체가 존재하지 않으므로 상인자격은 회사가 성립하기 전에는 그 취득이 불가능하다.

(2) 상　　실　　회사는 해산 후에도 법인격이 소멸됨이 없이 청산의 목적범위 내에서 존속하므로($^{상}_{245}$) 청산이 사실상 종료됨으로써 법인격이 소멸함과 동시에 상인자격을 상실한다. 그러므로 이 경우에 청산의 등기($^{상\ 264,\ 269,}_{542\ I,\ 613\ I}$)는 선언적 효력밖에 없다[$^{大\ 68.\ 6.\ 18,}_{67\ 다\ 2528}$]. 즉 청산중의 회사는 상인자격을 상실하지 않는다. 그러므로 청산이 종결된 것으로 볼 수 있는 회사라도 어떠한 권리관계가 남아 있으면 그 범위 내에서 아직 완전히 상인자격이 소멸되었다고 할 수 없다[$^{大\ 94.\ 5.\ 27,}_{94\ 다\ 7607}$]. 청산절차가 필요 없는 **합병**의 경우에 소멸회사는 해산과 동시에 상인자격을 상실하고, **파산**의 경우는 파산관재인에 의하여 잔무처리행위가 종료된 때에 상인자격을 상실한다.

2. 비영리법인의 상인자격

(1) 사법인 중에 영리법인은 그 목적이 구성원에게 이익을 분배하는 데 있으므로 영리사업을 한다는 것은 당연하지만, 학술·종교·자선·기예·사교 등을 목적으로 하는 비영리법인($^{民}_{32}$)도 상인자격을 취득할 수 있는가에 대하여는 학설이 대립하고 있다. 소수설인 부정설에 의하면 비영리공익법인은 그 목적이 특정한 공익사업에 한정되기 때문에 공법인인 특수법인과 마찬가지로 상인능력을 인정할 수 없다고 한다[$^{朴(원),}_{94}$]. 그러나 **통설**인 긍정설에서는 공익법인

이 그 본래의 목적인 공익을 촉진하기 위한 수단으로 영업을 하는 것은 반드시 그 목적에 어긋난다고 할 수 없으므로 비영리법인에도 상인능력을 인정한다.

　(2) 민법상의 비영리법인이라는 개념은 법인이 영리사업을 통하여 얻은 이익을 사원에게 분배하지 않는다는 뜻이므로 공익법인이 영리행위를 통하여 얻은 이익을 공익을 위하여 사용하는 한 상인이 될 수 있는 상인능력은 긍정되어야 한다. 이 경우에 상인자격의 득상은 자연인의 경우와 같다.

3. 중간법인의 상인자격

　협동조합과 상호보험회사는 특수한 형태의 법인으로서 구성원의 내부적인 이익을 도모하기 위한 단체이므로 공익법인도 아니고 영리법인도 아니기 때문에 중간법인이라고 한다. 이들의 경우도 상인능력을 긍정하는 견해가 있으나 [林(홍), 185; 蔡(이), 47], 이들은 그 목적인 사업이 특별법에 의하여 특정된 경우가 많으므로 상인능력이 없다고 본다.

4. 공법인의 상인자격

　(1) **특수공법인**　　공법인 중 그 존립의 목적이 법률에 의하여 특정되어 있는 농업기반공사(농업기반3) 등과 같은 특수공법인은 영리행위를 할 수 없으므로 상인능력이 인정되지 않는다.

　(2) **일반공법인**　　국가 및 지방자치단체와 같이 일반적인 행정목적을 위하여 존재하는 공법인은 목적의 수행을 위하여 영리사업을 할 수 있는 상인능력이 인정된다고 본다. 상법 제2조에서 공법인의 상행위에 대하여는 법령에 다른 규정이 없는 한 상법이 적용된다고 규정하고 있는 것은 공법인도 상인이 될 수 있음을 전제로 한 것이다. 그러나 공법인의 영리행위에 관하여는 상세한 특별규정이 있는 경우가 많고, 그 성질상 상업등기·상호·상업장부에 관한 규정이 적용되지 않으므로 상법은 2차적으로 적용되는 데 불과하다. 공법인의 상인자격의 취득과 상실은 자연인의 경우와 같다[38면 이하 참조].

제 3 절　營業能力($\frac{自然}{人}$)

[23]　제1　序　說

　　권리능력이 있는 자($\frac{자연인이}{나 법인}$)는 모두 상인자격을 취득할 수 있는 상인능력이 있으며 상인자격은 상인능력이 있는 자의 개별적 의사에 의하여 취득된다. 회사는 설립등기와 동시에 상인자격을 취득하는 태생적 상인이므로($\frac{상}{172}$) 영업능력을 따질 필요가 없다. 이와는 달리 자연인은 행위무능력자도 상인이 될 수 있는 권리능력이 있으나 유효한 영업활동을 하려면 영업능력이 있어야 한다. 영업능력에 관하여는 원칙적으로 민법의 행위능력에 관한 규정이 적용되지만 상법은 영업활동의 특수성을 고려하여 약간의 특칙($\frac{상}{7,}\frac{6}{8'}$)을 두고 있다.

[24]　제2　行爲無能力者

I. 미성년자

　　(1) **법정대리인의 허락**　　미성년자는 법정대리인의 허락을 받은 특정한 영업에 관하여는 성년자와 동일한 행위능력이 있다($\frac{민}{8Ⅰ}$). 즉 이 경우에 미성년자는 부분적 행위능력을 갖는다. 그러므로 미성년자가 허락을 얻은 영업에 관한 행위는 무능력을 이유로 취소할 수 없다. 법정대리인이 영업을 허락하는 때에는 반드시 영업의 종류를 특정하여야 한다. 영업의 허락을 받은 미성년자는 영업활동에 대하여는 완전한 능력자이지만 기타의 행위에 대하여는 무능력자이기 때문에 제3자의 이해관계에 중대한 영향을 미치므로, 미성년자가 허락을 얻어 영업을 하는 때에는 등기를 하여야 한다($\frac{상}{6}$). 미성년자가 법정대리인의 허락을 얻어 회사의 무한책임사원이 된 때에는 그 사원자격으로 인한 행위를 할 때에는 그를 능력자로 본다($\frac{상}{7}$).

　　(2) **법정대리인의 대리**　　법정대리인은 미성년자를 대리하여 영업을 할 수 있으며 이 때에는 등기를 하여야 한다($\frac{상}{8Ⅰ}$). 그러나 법정대리인이 후견인인 때에는 친족회의 동의를 얻어야 한다($\frac{민}{Ⅰ}\frac{950}{(1)}$). 법정대리인의 대리권에 대한 제한은 선의의 제3자에게 대항하지 못한다($\frac{상}{8Ⅱ}$).

2. 한정치산자

민법은 한정치산자에 대하여도 미성년자에 관한 규정을 준용하고 있으며 ($^{민}_{10}$), 상법도 한정치산자를 동일하게 취급하고 있으므로($_{6,7}^{상}$) 미성년자에 대한 법률관계와 같다.

3. 금치산자

(1) 금치산자에 대하여는 영업의 허락제도가 없기 때문에 자신이 영업을 할 수 없고 항상 법정대리인이 금치산자를 대리하여 영업을 하여야 하며 이 때에는 등기를 하여야 한다($_{8\,I}^{상}$). 이 경우에 금치산자는 법정대리인의 대리권에 대한 제한으로 선의의 제 3 자에게 대항하지 못한다($_{8\,II}^{상}$).

(2) 금치산자도 정관의 규정에 의하여 무한책임사원이 될 수 있다. 상법 제218조 4 호에서 사원의 금치산을 퇴사의 사유로 법정하고 있다는 이유 등을 들어 이를 부정하는 견해도 있으나[$^{鄭(찬),}_{75}$], 동 규정은 회사의 내부관계에 관한 규정으로 임의법규에 불과하므로 정관에 의한 다른 정함이 가능하므로 부정설은 타당하지 못하다.

제 4 절 營業의 制限

[25] 제 1 序   說

헌법 제15조에서는 「모든 국민은 직업선택의 자유를 가진다」고 규정함으로써 영업의 자유를 표방하고 있다. 그러므로 누구든지 상인으로서 어떠한 영업이라도 할 수 있는 자유를 갖는다. 그러나 영업의 자유는 절대적인 것이 아니기 때문에 여러 가지의 목적에서 공법 또는 사법상의 제한을 받는다. 이러한 제한을 위반한 행위의 법률상의 효과도 각각 다르게 나타난다.

[26] 제 2 公法에 의한 制限

공법에 의하여 공익의 유지나 국가재정의 확보를 위하여 영업을 제한하는 경우와 특수한 신분을 가진 자의 영업을 제한하는 경우가 있다.

(1) 공익 및 국가재정을 위한 제한　　공법의 금지 또는 제한을 위반한 행위가 사법상 무효인 경우로서 상행위가 존재하지 않고 행위자도 상인이 될 수 없는 때가 있다. 즉 공익상의 이유에 의하여 음란한 문서·도화·필름 기타의 물건의 반포(頒布)·판매·임대·공연한 전시 또는 상영·제조·수출입($^{형\ 243,}_{244}$), 아편·모르핀 또는 그 화합물의 제조·수입 또는 판매, 흡식기의 제조·수입·판매($^{형\ 198,}_{199}$) 등의 영업을 금지하는 것 등이 그 예이다. 한편 국가재정상의 이유에서 私人의 경영이 금지되는 행위로서 담배의 제조·판매·수출입($^{담사}_{11,\ 22}$), 홍삼의 제조·판매·수출입($^{인삼}_{15\sim17}$), 전신 및 전화($^{전}_{4}$), 신서의 송달($^{우}_{2}$) 등을 들 수 있다.

(2) 일방공안 및 신분에 의한 제한　　공법의 금지 또는 제한을 위반하더라도, 그 행위는 사법상 유효하고 그 행위를 영업으로 하는 자는 상인이 되는 경우가 있다. 즉 풍기·보건위생 등 일반공안의 이유에 의하여 허가를 필요로 하는 것으로서 식품영업($^{식위}_{22}$)·약품제조판매영업($^{약사\ 3,\ 16,}_{22,\ 24,\ 25}$)·화약총포제조판매영업($^{총약\ 5,}_{7,\ 10}$)과 사업의 공익성으로 인하여 영업면허를 필요로 하는 것으로 은행업($^{은}_{9}$)·신탁업($^{신}_{3,\ 6}$)·보험업($^{보}_{5}$)·전기사업($^{전사}_{5}$) 등의 경우와 신분상의 이유로 공무원($^{국공}_{64}$)·법관($^{법조}_{49(5)}$)·변호사($^{변사}_{28\,Ⅱ}$) 등에 대하여 영업이 금지되는 경우가 그 예이다.

[27]　제 3　私法에 의한 制限

사법상의 제한으로서 상업사용인($^{상}_{17}$), 영업양도인($^{상}_{41\,Ⅰ}$), 대리상($^{상}_{89}$), 회사의 업무집행사원과 이사($^{상\ 198,\ 269,}_{397,\ 567}$) 등은 경업피지의 부작위의무를 진다. 또한 선량한 풍속과 사회질서에 반하지 않는 한 당사자간의 계약에 의하여 영업을 제한할 수 있다($^{민}_{103}$). 이러한 사법상의 제한을 위반한 경우 그 행위는 무효로 되지 않으며 영업자는 상인이 된다.

[事例演習]

◇ 사 례 ◇

어업에 종사하는 A는 그가 잡은 어패류를 판매하기 위하여 자기 주

택의 일부를 점포로 개조하였다. 점포의 개조를 맡았던 B는 개조가 끝
난 날로부터 5년 2개월이 경과한 다음에 A에게 개조대금의 지급을
청구하였다. B의 청구에 대하여 A는 자신은 상인이므로 개조대금채무
는 보조적 상행위에 의한 채무로서 5년의 시효에 의하여 소멸하였다
고 주장한다. A의 주장은 정당한가?

해 설　(1) A의 시효소멸의 항변($^{\text{상}}_{64}$)이 정당하기 위해서는 A가 상인인지
여부와 점포개조를 위한 자금채무가 상행위로 인한 채무인지 여부가
문제된다. A가 상인이 되기 위해서는 상법 제46조 기타 법률이 인정
한 영업적 상행위를 행하는 당연상인이거나 아니면 상법 제 5 조 1 항
에 의한 의제상인에 해당해야 한다. 원시생산업자의 행위로서 법률상
영업적 상행위로 규정된 것은 광물 또는 토석의 채취에 관한 행위뿐이
므로 어업활동으로 취득한 어패류를 판매하는 A는 당연상인이 아니
다. 따라서 의제상인인지 여부를 검토해야 하는데, 위 사례에서 A는
자기주택의 일부를 개조한 점포를 이용하여 어패류판매를 영업으로 하
려고 하였으므로, 점포라는 상인적 설비를 이용하는 상법 제 5 조 1 항
의 의제상인에 해당한다고 할 수 있다.

　(2) 다만 A가 의제상인의 자격을 취득하는 시기는 점포완성 이후에
어패류판매의 영업적 의사가 외부에 나타나는 시기인데, 위 사례의 건
물개조행위는 아직 상인의 자격을 취득하기 이전에 이루어진 것이므
로, 건물개조를 위한 자금채무가 상행위에 의해서 발생한 채무인지 여
부도 문제된다. 위 건물개조행위는 A가 영업으로 행한 기본적 상행위
는 아니지만 개업준비행위에 해당하므로 영업을 위한 행위로써 보조적
상행위에 해당한다.

　(3) 따라서 A는 상인적 설비에 의하여 영업을 하는 자이므로 의제상
인이 되고 A가 B에게 부담하는 건물개조를 위한 자금채무는 영업을
위한 개업준비행위로 인하여 발생한 채무로서 보조적 상행위이므로 이
는 5년의 상사시효의 적용을 받는다. 요컨대 A의 주장은 타당하다.

제 3 장   商人의 活動補助者

제 1 절   商業使用人의 意義

[28]   제 1   序   說

(1) 기업의 규모가 확대되면 상인은 단독으로 모든 영업활동을 담당할 수 없게 되어 기업보조자의 확보가 요청된다. 물론 민법에도 대리에 관한 규정이 있으나($\frac{민}{136}\frac{114\sim}{}$) 이는 상거래의 특수한 수요를 충족시키기에는 불충분하므로, 상법은 특히 기업의 활동을 보조하는 상업사용인에 관한 규정을 두고 있다. 상법에서는 상인의 **대외적 활동**을 위한 상업사용인의 대리관계만을 규제의 대상으로 하고 있으며 상인과 상업사용인간의 내부관계에 대하여는 민법과 노동법이 적용된다.

(2) 상인의 영업활동을 보조하는 자에는 **비독립적인 보조자**와 **독립적인 보조자**가 있는데 전자가 상업사용인($\frac{상}{이하}\frac{10}{}$)이고, 후자는 상행위편의 대리상($\frac{상}{87}$)·중개인($\frac{상}{93}$)·위탁매매인($\frac{상}{101}$)·운송주선인($\frac{상}{114}$) 등이다.

[29]   제 2   商業使用人의 意義

상업사용인이란 특정한 상인에 종속되어 영업상의 노무에 종사하는 자를 말한다.

(1) **종 속 성**   상업사용인은 특정한 상인에 종속된다. 이 때에 상인을 **영업주**라 하는데 영업주는 자연인 또는 회사도 될 수 있다(소상인도 지배인을 제외한 다른 상업사용인의 영업주가 될 수 있다). 상업사용인은 특정한 상인에 종속된 비독립적인 보조자라는 점에서, 불특정다수의 상인을 위하여 수시로 보조하는 독립적인 보조자인 중개인이나 위탁매매인·운송주선인과 다르다. 그리고 상업사용인은 일정한 상인을 위하여 계속적으로 보조하는 점에서는 대리상과 같지만, 대리상은 **독립**된 상인이라는 점에서 서로 다르다. 또한 회사의 조직 그 자체라고 할 수 있는 회사의 기관인 업무집행사원이나 이사 또는 감사는 상업사용인이 아니다.

(2) 대리권의 존재   상업사용인은 영업상의 노무에 종사하는 자로서 상인의 대외적인 영업활동을 위하여 대리권이 있는 자를 말한다. 비록 영업주와 고용관계에 있더라도 대리권이 없는 자(서무계원·현금출납계원·기사·배달원·청소부 등)는 상업사용인이 아니며, 대리권이 수여된 가족은 고용계약이 없더라도 상업사용인이 된다[同徐(돈), 95; 鄭(희), 79; 孫(주), 109~110].

제 2 절   商業使用人의 種類

상법은 영업주를 위하여 대리권이 있는 상업사용인의 종류를 대리권의 범위를 기준으로 하여 지배인, 부분적 포괄대리권을 가진 사용인, 물건판매점포의 사용인 등 세 가지로 구분하여 규정하고 있다.

[30] 제 1 支 配 人

I. 서   설

(1) 기   능   오늘날 상거래의 원활 및 신속한 체결과 이행이 요청됨에 따라 상인은 그의 영업을 부분적으로 보조하는 자만으로는 불충분하여 그의 영업전반에 걸쳐 포괄적인 대리권을 갖고 보조하는 인적 시설의 확보가 절실하게 되었다. 그리하여 상법에서는 지배인제도를 법정하고 있다. 즉 상인은 지배인을 선임하여 영업활동을 하게 함으로써 자신은 그 배후에서 그의 영업전반을 지휘·통제할 수 있고, 기업의 활동영역을 확대시킬 수 있게 된다. 또한 지배인과 거래하는 제3자는 대리권의 유·무나 그 범위를 확인할 필요가 없으므로 거래의 신속한 체결과 안전을 도모할 수 있게 된다.

(2) 지배인의 의의   지배인이란 영업주의 영업에 관한 재판상 또는 재판외의 모든 행위를 할 수 있는 상업사용인이다. 지배인은 반드시 지배인이란 명칭을 사용하는 자만을 말한다는 견해도 있으나[鄭(희)82·], 다른 명칭(지점장·영업부장 등)을 사용하여도 포괄적인 대리권이 있으면 지배인이라고 할 수 있다.

(3) 지배인과 대표이사

1) 유 사 점   i) 양자는 모두 영업에 관하여 재판상 또는 재판 외의 모든 행위를 할 수 있다는 점(상 11 I, III, 209, 389), ii) 선임과 해임은 이사회의 권한에

속하며($\substack{상 389 \\ 393}\substack{I \\ I}$) 등기사항이라는 점 등이 유사하다.

2) 차 이 점　　　i) 지배인의 권한은 개인법상의 대리권이지만, 대표이사의 권한은 회사의 기관으로서의 단체법상의 고유한 대표권이다. ii) 권한의 범위는 지배인의 경우는 원칙적으로 특정한 영업소의 영업에 한정되지만, 대표이사의 경우는 회사의 영업 전반에 미친다. iii) 지배인의 경우는 임기의 제한이 없지만, 대표이사의 경우에는 임기의 제한이 있다($\substack{상 \\ 383\,II}$). iv) 지배인은 이종영업인 경우에도 겸직금지의무를 지지만($\substack{상 17 \\ 후단}\,I$), 대표이사는 동종영업인 경우에만 진다($\substack{상 397 \\ 후단}\,II$). v) 지배인의 불법행위에 대하여는 영업주는 사용자로서 민법의 일반원칙에 따라 책임을 진다. 즉 영업주는 지배인의 선임 및 그 사무감독에 상당한 주의를 한 때 또는 상당한 주의를 하여도 손해가 있을 경우에만 그 책임을 면한다($\substack{민 \\ 756}$). 대표이사가 업무집행에 관하여 불법행위를 한 때에는 회사는 그 대표이사와 연대하여 손해배상책임을 진다($\substack{상 383 \\ III,\,210}$).

《양자의 차이점》

기　준	지　배　인	대표이사
권한의 성질	사용인의 대리권	기관의 대표권
권한의 범위	특정영업소의 영업	영업 전반
임　　기	제한 없음	제한($\substack{상 \\ 383\,II}$)
겸직금지	이종영업인 경우도 제한	동종영업의 경우에만 제한
불법행위책임	민법 제756조	상법 제389조 3항, 제210조

2. 지배인의 선임과 종임

(1) 선　　임

1) 선임권자　　　㈎ 지배인은 영업주인 **상인**이나 그의 대리인에 의하여 명시적인 의사표시에 의하여 선임된다($\substack{상 \\ 10}$)[$\substack{동: 鄭(동), \\ (총) 111}$]. 묵시적인 의사표시로도 지배인의 선임이 가능하다는 견해도 있으나[$\substack{孫(주), 110; 美 \\ (위), (총) 88}$], 지배인의 대리권은 법률적으로 광범위하므로 거래관계에 있어서 정확성이 요구된다는 점에 비추어 의문이다. 소상인은 지배인을 선임할 수 없다($\substack{상 \\ 9}$). 이는 지배인의 대리권이 광범위하므로 소상인을 보호하기 위한 것이다. 이에 반하여 영업의 허락을 얻은 미성년자인 상인($\substack{민 \\ 8}$)은 지배인을 선임할 수 있다. 지배인은 상인이 선임한 자이므로 상인이 아닌 자의 지배인은 상법상의 지배인이 아니다($\substack{예: 연예인 \\ 의 지배인}$). 그

러나 지배인은 상인의 대리인이지만 영업주의 수권이 없는 한 지배인을 선임 하지 못한다($\frac{\text{상}}{\text{참조}}11^{\text{II}}$).

　　(내) 회사의 경우는 회사의 대표기관이 지배인을 선임한다. 내부관계에 있 어서 선임요건을 갖추어야 하지만($\frac{\text{상}}{\text{I,}}\frac{203,\ 274,\ 393}{564\ \text{I}\cdot\text{II}}$), 이를 위반한 경우라도 대표기 관이 선임한 이상 선임행위의 효력에는 영향이 없다.

　　2) 자　　　격　　　지배인은 **자연인이어야** 하며, **법인**은 지배인이 될 수 없고 그 자격에는 제한이 없으나, 지배인은 타인의 영업에 관하여 타인의 명의 로 대리하는 자이므로 상인은 자신의 지배인이 될 수 없다. 회사의 대표기관은 상인이라고 할 수 없으나 같다고 본다. 그러나 대표권이 없는 회사의 업무집행 사원이나 이사[$\frac{\text{大}}{95}\frac{96.8.23,}{\text{다}\ 39472}$], 합자회사의 유한책임사원이나 익명조합의 익명조합 원은 지배인이 될 수 있다. 주식회사와 유한회사의 감사는 그 직무상 당해 회 사 또는 그 자회사의 지배인을 겸임하지 못한다($\frac{\text{상}}{570},\frac{411}{\cdot}$).

　　3) 선임의 법적 성질　　　이에는 대리권수여계약이라는 견해도 있으나 [$\frac{\text{孫(주),}\ 110;}{\text{鄭(찬),}\ 82}$], 이는 고용계약 또는 위임계약과 결합된 **대리권수여계약**이라고 본 다[$\frac{\text{동: 鄭(희),}\ 81;\ \text{李(병);}}{105;\ \text{姜(위),}\ (\text{홍})\ 88}$]. 그러나 이미 계약관계에 있는 사용인을 지배인으로 선임 하는 경우는 대리권을 수여하는 행위에 의하여 지배인이 된다. 이와는 달리 지 배인의 선임행위는 지배인의 수령을 요하는 영업주의 **단독행위**라는 견해도 있 다[$\frac{\text{李(철),}}{94}$].

　　(2) 종　　　임　　　1) 지배인은 고용 또는 위임관계의 종료에 의하여 대 리권이 소멸되고 종임한다. 즉 민법의 대리권소멸원인인 지배인의 사망·무능 력·금치산·파산·영업주의 해임·지배인의 사임·영업주의 파산에 의하여 지 배인의 대리권이 소멸됨에 따라 지배인은 종임한다($\frac{\text{민}}{690,}\frac{127,\ 128,\ 689,}{661,\ 663}$). 그러나 지배 인의 대리권은 상행위의 위임에 의한 대리권이므로 영업주의 사망에 의하여 소멸되지 않는다($\frac{\text{상}}{50}$). 기타 특별종임원인인 영업주의 영업폐지($\frac{\text{회사는}}{\text{해산}}$), 영업규 모의 소상인화, 지배인이 영업주의 영업을 양수하거나 영업주의 상속인이 되 는 경우에는 지배인의 대리권은 소멸하여 종임한다.

　　2) 영업양도의 경우에는 기업의 유지를 위하여 지배인은 종임하지 않는다 는 견해도 있으나[$\frac{\text{姜(위),}\ (\text{홍})\ 88;\ \text{林(홍),}\ 80;}{\text{李(철),}\ 96;\ \text{金(정),}\ 179}$], 이 경우에도 지배인의 대리권은 소멸 한다고 할 것이다[$\frac{\text{동: 鄭(동),}}{(\text{홍})\ 113}$]. 지배인은 영업주와의 특별한 신뢰관계에 의하여 영업주만이 선임할 수 있기 때문이다.

　　(3) 등　　　기　　　지배인의 선임과 종임은 등기사항이므로($\frac{\text{상}}{13}$) 선임이나

종임의 사실이 있더라도 등기하지 않는 한 선의의 제3자에게 대항하지 못한다($^{\text{상}}_{37}$). 지배인의 선임과 종임의 등기는 선언적 효력이 있을 뿐이다. 즉 등기는 대항요건이다($^{\text{동};\ \hat{\text{金}}(\text{성}),}_{187}$). 그러므로 선임등기를 하지 않은 경우에도 거래의 안전을 위하여 종임등기를 하여야 한다.

3. 지배인의 대리권

(1) 서   설   상법은 「지배인은 영업주에 갈음하여 그 영업에 관한 재판상 또는 재판외의 모든 행위를 할 수 있다」고 규정함으로써($^{\text{상}}_{11\ \text{I}}$) 포괄적인 대리권의 범위를 객관적으로 정형화하고 있다. 그러나 지배인의 대리권은 영업주의 의사에 의하여 발생하므로 법정대리가 아니며 임의대리이다. 이와 같이 지배인의 대리권은 영업 전반에 걸쳐 포괄적이므로 지배인은 영업활동을 함에 있어서는 사실상 영업주나 회사의 대표사와 차이가 없다.

(2) 대리권의 내용   지배인의 대리권은 영업에 관한 재판상 또는 재판외의 모든 행위에 미친다. 어떠한 행위를 **영업에 관한 행위**로 볼 것인가의 판단은 객관적이고 추상적으로 결정되어야 할 것이며[$^{\text{大 87. 3. 24,}}_{\text{86 다카 2073}}$], 지배인의 주관적 의도와는 관계가 없다. 그러므로 지배인이 유흥비 조달 등 개인적인 목적을 위하여 한 행위라도 영업에 관한 행위가 될 수 있다[$^{\text{大 55. 3. 10,}}_{\text{4287 민상 292}}$]. 또한 지배인은 지점설치는 할 수 없다는 견해도 있으나[$^{\text{孫(주),}}_{112\sim113}$], 지배인이 개인상인인 경우에 지점의 설치나[$^{\text{朝高 14. 2. 3,}}_{\text{민집 2, 375}}$] 지배인 이외의 상업사용인 및 기타의 사용인의 고용 등을 할 수 있고, 영업주의 부담으로 증여나 **금전차입행위**도 유효하게 할 수 있다. 또한 지배인은 영업주의 소송대리인이 될 수 있고($^{\text{민소}}_{80}$) 변호사에게 소송위임도 할 수 있다.

(3) 대리권의 한계   1) 지배인은 협의의 영업에 관한 행위라고 할 수 없는 영업의 양도 및 폐지, 상호의 변경 및 폐지, 파산신청 등을 할 수 없다. 또한 친족·상속법상의 행위와 같은 신분법상의 행위는 대리할 수 없고 영업주의 사용재산에 관한 처분행위를 하지 못한다[$^{\text{大 84. 7. 10,}}_{\text{84 다카 424·425}}$]. 또한 지배인은 자기와 동등한 지위의 상업사용인인 지배인을 선임하지 못한다($^{\text{상}}_{11\ \text{II}}$). 왜냐하면 지배인은 영업주만이 선임할 수 있기 때문이다. 그러므로 지배인의 대리권은 그 양도나 상속이 인정되지 않는다. 또 영업에 관한 행위라도 대리를 허용하지 않는 대차대조표의 서명이나 선서 등도 지배인의 권한에서 제외된다.

2) 지배인의 대리권은 영업주가 각각 다른 상호로 수개의 영업을 할 때에는

각 상호의 영업에만 한정되고($_{179}^{비송}{}_1{}_{(3)}$), 영업주가 동일한 영업을 위하여 수개의 영업소를 둔 때에는 그 중 선임된 영업소의 영업에만 지배권이 미친다($_{179}^{비송}{}_1{}_{(4)}$).

(4) 대리권의 제한

1) 대외적 효과　　　지배인의 대리권은 법률에 의하여 객관적으로 정형화되어 있기 때문에 대리권에 대한 제한을 이유로 선의의 제3자에게 대항하지 못한다($_{11}^{상}{}_{Ⅲ}$). 즉 악의의 제3자에 대하여만 대항할 수 있다$\left[{}_{86}^{大\ 87.3.24,}_{\ 다카\ 2073}\right]$. 영업주가 지배인의 대리권에 관하여 거래의 종류·금액·장소·시기 등을 제한하더라도 선의의 제3자에게 대항할 수 없으며 등기에 의하여 공시할 수도 없다($_1^{비송}{}_{참조}^{179}$). 그러므로 영업주 또는 제3자도 지배인의 행위가 영업주의 지시와 다르다는 주장을 할 수 없다. 이러한 제3자에 대한 대리권의 불가제한성은 거래의 수요가 증가함에 따라 지배인과 제3자와의 거래를 신속하고 용이하게 하기 위한 것이다.

2) 대내적 효과　　　영업주는 지배인이 내부적인 제한을 위반한 때에 지배인을 해임할 수 있고, 손해배상청구권을 행사할 수도 있다.

(5) 대리권의 남용　　　지배인의 영업에 관한 포괄적인 대리권은 법정되어 있지만 지배인이 그 대리권을 자기 또는 제3자를 위하여 남용한 때에는 제3자는 지배인의 대리권이 포괄적이고 불가제한적이라는 이유로 대항할 수 없다고 본다. 지배인이 제3자와 공모하여 대리권을 남용한 경우에 영업주는 제3자에게 대항할 수 있고, 지배인이 대리권을 남용한다는 것을 제3자가 알았거나 중대한 과실로 인하여 알지 못한 때에는 제3자는 지배인과의 거래의 효과를 영업주에 대하여 주장하지 못한다$\left[{}_{86}^{大\ 87.3.24,}_{\ 다카\ 2073}\right]$.

　　　판례는 「지배인의 행위가 영업에 관한 것으로서 대리권의 범위 내의 행위라 하더라도 영업주 본인의 이익이나 의사에 반하여 자기 또는 제3자의 이익을 도모할 목적으로 그 권한을 행사한 경우에 그 상대방이 지배인의 진의를 알았거나 알 수 있었을 때에는 민법 제107조 제1항 단서의 유추해석상 그 지배인의 행위에 대하여 영업주 본인은 아무런 책임을 지지 않는다」고 한 바 있다$\left[{}_{97}^{大\ 99.3.9,}_{\ 다\ 7721}\right]$.

(6) 공동지배

1) 의　　　의　　　영업주는 수인의 지배인으로 하여금 대리권을 공동으로 행사하게 할 수 있다($_{12}^{상}{}_1$). 이를 공동지배권이라 하며 이 경우의 지배인을 공동지배인이라 한다. 이는 영업주를 위한 대리권이 수인에게 합유적으로 귀속

되는 것으로서 수인의 지배인이 각각 대리권을 행사하는 것과 다르다. 공동지
배인의 선임으로 대리권의 범위가 제한되는 것이 아니라 대리권의 **행사방법**이
제한될 뿐이다. 공동지배인은 대리권의 오용 또는 남용을 방지하고 상호 견제
하기 위하여 선임한다.

　　2) **능동대리**　　　㈎ 공동지배의 경우에 제 3 자에 대한 의사표시는 공동
으로 하여야 한다. 반드시 동시에 할 필요는 없으며 수인의 공동지배인이 순차
적으로 하여도 된다. 그러나 1 인이 한 제 3 자에 대한 의사표시를 다른 공동지
배인이 내부적으로 추인하는 것은 공동의 대리행위로 볼 수 없다. 공동지배인
중에 1 인이 대리권의 행사를 다른 지배인에게 포괄적으로 위임하는 것은 지배
인이 지배인을 선임하는 결과가 되므로 인정될 수 없다. 다만 특정한 종류 또
는 특정한 행위에 한하여 다른 공동지배인에게 개별적으로 위임하는 것은 가
능한가 하는 점에 대하여는 나뉨이 있다.

　　㈏ **부정설**에 의하면 개별적 위임은 공동지배제도의 취지를 몰각시키며
$\begin{bmatrix} 徐(돈), 99;\ 孫(주), 115;\\ 李(철), 104;\ 金(성), 189 \end{bmatrix}$, 쌍방대리금지의 법리($\frac{민}{124}$)에 어긋난다는 점을 근거로 하고
있다$\begin{bmatrix} 鄭(희)\\84 \end{bmatrix}$. 그러나 이 경우는 쌍방대리라고 할 수 없고 특정한 종류 또는 행위
에 대한 개별적인 위임은 대리권이 남용 또는 오용될 염려가 적다는 점과 개별적
위임을 통해 기업활동의 원활을 도모한다는 측면에서 **긍정설**이 타당하다$\begin{bmatrix} 大\ 89.\\5.\ 23, \end{bmatrix}$
$\begin{bmatrix} 89 다카\\3677 \end{bmatrix}\begin{bmatrix} 동: 林(홍), (총) 227;\ 鄭(찬), 87;\\ 鄭(동), (총) 118;\ 李(기), 65 \end{bmatrix}$. 재판상의 행위도 공동으로 대리하여야 한다.

　　3) **수동대리**　　　이 경우에는 대리권의 남용이라는 문제가 없으므로 공
동지배인 중 1 인에 대한 의사표시로 영업주에 대하여 효력이 있다($\frac{상}{12 \text{ II}}$). 또한
공동지배인 중에 1 인이 악의이면 영업주의 악의가 성립한다.

　　4) **공동지배의 형태**　　　공동지배의 형태에 관하여는 제한이 없다. 그러
므로 甲・乙・丙 등 3 인의 지배인이 있는 경우에 이들 전원의 공동으로 하거
나, 그 중 2 인의 공동으로 하거나, 또는 1 인은 단독으로 하고 나머지 2 인은
공동으로 대리하도록 정할 수 있다.

　　5) **등　　기**　　　공동지배는 제 3 자에 대하여 중대한 영향을 미치는 사
항이므로 공동지배인의 선임・종임 및 그 변경은 등기를 하여야 한다($\frac{상}{13}$).

　　4. **표현지배인**

　　⑴ **서　　설**　　　거래관계에 있어서 실제로는 대리권이 명시적 또는 묵
시적으로 수여되지 않았음에도 불구하고 대리권이 수여된 것과 같은 외관이

존재하는 경우에, 그 외관을 신뢰하고 거래한 제 3 자가 있는 때에 그 거래가 영업주에 대하여 효력이 없다면 거래의 안전을 도모할 수 없게 된다.

　(2) 의　　　의　　　표현지배인이란 지배인이 아니면서 본점 또는 지점의 영업주임 기타 유사한 명칭을 가진 상업사용인을 말한다. 이들은 재판 외의 행위에 관하여 본점 또는 지점의 지배인과 동일한 권한이 있는 것으로 본다($\overset{상}{14}$) $\left[\begin{smallmatrix} 大 60.9.15, 4293 민상 54; \\ 大 54.6.10, 4287 민상 74 \end{smallmatrix}\right]$. 이것은 민법상의 표현대리를 특히 상거래의 보호를 위하여 수정한 것으로서 독법상의 외관법리와 영미법상의 표시에 의한 금반언의 원리를 배경으로 한 규정이다.

　(3) 적용요건　　　일정한 명칭을 가진 사용인을 표현지배인으로 인정하여 영업주가 그의 행위에 대하여 책임을 지도록 하려면 다음과 같은 요건이 구비되어야 한다.

　1) 명칭의 사용　　　사용인이 본점 또는 지점의 영업주임 기타 유사한 명칭($\begin{smallmatrix} 지점장 · 출장소장 · \\ 지사장 · 영업부장 \end{smallmatrix}$)을 사용하였어야 한다.

　　　　판례에는 보험사지점차장이라는 명칭은 상위직의 사용인의 존재를 추측할 수 있게 하므로 표현지배인이 아니라고 한 것$\left[\begin{smallmatrix} 大 93.12.10, \\ 93 다 36974 \end{smallmatrix}\right]$과, 증권회사의 지점장대리나 건설회사의 현장소장은 상법 제14조의 표현지배인이라고 할 수 없다고 한 것$\left[\begin{smallmatrix} 大 94. \\ 1.28, \end{smallmatrix}\right.$ 93 다 49703; 大 94. $\left.\begin{smallmatrix} \\ 9.30, 94 다 20884 \end{smallmatrix}\right]$이 있다.

상업사용인의 명칭은 영업주가 부여하였거나 그 사용을 묵인하였어야 한다. 공동지배인 중에 1 인이 단독지배인의 명칭을 사용한 경우도 다른 요건이 구비되면 상법 제14조가 적용된다고 본다.

　2) 지배인의 권한에 속하는 행위　　　사용인의 행위가 영업에 관한 재판 외의 행위로서 지배인의 권한에 속하는 행위이어야 한다.

　3) 영업소의 실체　　　사용인의 근무장소인 본점 또는 지점은 상법상의 영업소인 실체를 갖추었어야 한다$\left[\begin{smallmatrix} 大 78.12.13, 78 다 1567; \\ 大 71.5.24, 71 다 656 \end{smallmatrix}\right]$.

　　　　판례는 「어떠한 영업장소가 상법상 지점으로서의 실체를 구비하였다고 하려면 그 영업장소가 본점 또는 지점의 지휘 · 감독 아래 기계적으로 제한된 보조적 사무만을 처리하는 것이 아니라, 일정한 범위 내에서 본점 또는 지점으로부터 독립하여 독자적으로 영업활동에 관한 결정을 하고 대외적인 거래를 할 수 있는 조직을 갖추어야 한다」고 한다$\left[\begin{smallmatrix} 大 98.8.21, 97 다 6704; 大 98.10.13, 97 \\ 다 43819; 大 2000.8.22, 2000 다 13320 \end{smallmatrix}\right]$.

영업소의 명칭이나 등기의 유 · 무는 문제가 되지 않는다. 그러므로 상법상

의 영업소가 아닌 지사나 출장소의 지사장이나 **출장소장**은 표현지배인이라고
할 수 없다. 다만 지사나 출장소라도 그 활동과 권한에 비추어 영업소로서의
실질을 갖추고 있는 경우는 예외라고 본다.

　　4) 악의의 부존재　　거래시에 상대방에게 악의가 없어야 한다($^{상\ 14}_{\ II}$).
즉 사용인이 지배인이 아니라는 것이나 그 거래에 대하여 대리권이 없다는 것
을 알지 못했어야 한다. 이 경우 악의의 **입증책임**은 영업주가 진다. 과실로 인
하여 알지 못한 것은 악의가 아니다.

　　5) 상대방의 범위　　표현지배인에 관한 규정은 거래의 직접 상대방에
한하여 적용한다. 그러나 표현지배인이 어음·수표행위를 한 경우에는 직접 상
대방뿐만 아니라 그 이후의 어음·수표의 취득자도 상대방에 포함된다고 할 것
이다.

　　　　판례는 표현대리에 관한 규정($^{민}_{126}$)을 어음의 배서행위에 적용 또는 유추적용하
　　는 경우에도 제 3 자는 어음을 양도받은 피배서인만을 가리키고 피배서인으로부터
　　어음을 취득한 자는 제외된다고 한다$\left[^{大\ 94.\ 5.\ 27,}_{93\ 다\ 21521}\right]$.

　　(4) 적용효과　　사용인에게 위와 같은 요건이 구비되는 때에는 영업에
관하여 그 사용인이 한 재판 외의 행위는 지배인이 한 행위와 같이 취급되어
($^{상\ 14}_{\ I\ 본}$), 제 3 자가 대리권의 남용에 관하여 선의이고 중대한 과실이 없으면 영
업주는 그 책임을 면하지 못한다. 제 3 자에게 과실이 있는 경우도 같다.

　　　　판례에는 대리행위가 성립하는 경우에 본인은 「표현대리행위에 기하여 전적인
　　책임을 져야 하는 것이고 상대방에게 과실이 있다고 하더라도 과실상계의 법리를
　　유추적용하여 본인의 책임을 감경할 수 없는 것이다」라고 한 것이 있다$\left[^{大\ 94.\ 12.\ 22,}_{94\ 다\ 24985}\right]$.

[31] 제 2 部分的 包括代理權을 가진 使用人

　　(1) 의　　의　　1) 지배인에 다음가는 상업사용인으로서 영업의 특정
한 종류 또는 특정한 사항에 대하여 대리권이 있는 사용인이다($^{상}_{15\ I}$). 이에는
부장·과장·계장·주임 등이 있다. 주식회사의 상무이사도 이러한 사용인을
겸임할 수 있다$\left[^{大\ 96.\ 8.\ 23,}_{95\ 다\ 39472}\right]$.

　　　　판례는 사업과장 A는 그 회사의 운송업에 관한 재판 외의 모든 행위를 할 수
　　있는 권한을 가진 자이므로 그 권한 내의 행위인 물품구입행위에 대하여 대금지급

채무를 부담한다고 한 것이 있고$\left[\substack{大 76. 6. 11, \\ 74 다 492}\right]$, 증권회사의 **지점장대리**나 건설회사의 **현장소장**은 부분적 포괄대리권을 가진 사용인이라고 하였다$\left[\substack{大 94. 1. 28, 93 다 49703; \\ 大 94. 9. 30, 94 다 20884}\right]$.

2) 이러한 사용인의 대리권에 대한 제한으로 선의의 제 3 자에게 대항하지 못하고($\substack{상 15 Ⅲ, \\ 11}$), 그 대리권이 개별적인 행위에 관한 것이 아니라 일정한 범위로 포괄적이고 불가제한적인 점에서는 민법의 대리($\substack{민 114 \\ 이하}$)와 다르고 지배인의 대리권과 유사하다. 소상인이나 지배인도 이러한 종류의 사용인을 선임할 수 있으며 그 선임과 종임은 등기사항이 아니다.

(2) 대 리 권   1) 부분적 포괄대리권을 가진 사용인과 지배인의 **차이점**은 다음과 같다. i) 대리권의 범위가 영업 전반에 걸치지 않고 영업주로부터 위임받은 특정한 종류 또는 사항에 한정되고, ii) 부분적 포괄대리권에 속하지 않는 행위에 대하여는 영업주가 선의의 제 3 자에게 대항할 수 있다($\substack{상 15 Ⅱ \\ 참조}$)$\left[\substack{大 71. 5. 24, \\ 71 다 656}\right]$. 그리고 iii) 영업주뿐만 아니라 지배인도 선임할 수 있고, iv) 완전상인뿐만 아니라 소상인도 선임할 수 있으며, v) 명시의 의사표시뿐만 아니라 묵시의 의사표시에 의해서도 선임할 수 있고, vi) 재판상의 대리권이 없으며 ($\substack{상 \\ 15 Ⅰ}$), vii) 선임과 종임은 등기사항이 아니므로 상법 제37조가 적용되지 않고, viii) 특별한 수권이 없는 한 영업주를 위한 어음채무부담행위$\left[\substack{大 60. 12. 8, \\ 4293 민상 22}\right]$나 소비대차를 비롯하여 지급보증행위$\left[\substack{大 2006. 6. 15, \\ 2006 다 13117}\right]$를 할 수 없다는 점 등이다.

(가) 판례에는 상업사용인이 자신이 매수한 부동산대금의 지급을 위하여 자기의 명의로 어음을 발행하고 지급담보를 위하여 영업주인 회사명의의 배서를 대행한 것은 특별수권이 있었다고 믿을 만한 사정이 없는 한 영업범위 내의 행위라고 할 수 없다고 한 바 있다$\left[\substack{大 84. 7. 10, \\ 84 다카 424. 425}\right]$. 또한 영업 5 부장과 농수산과과장대리는 부분적 포괄대리권을 가진 사용인으로서 이들이 한 채무부담행위에 해당하는 담보제공약정은 상대방이 그에 관한 대리권이 있다고 믿을 만한 정당한 이유가 없는 한 피고회사에 대하여 효력이 없다고 한 것$\left[\substack{大 89. 8. 8, \\ 88 다카 23742}\right]$과, 회사의 경리부장도 같은 이유로 자금차용권한이 없다고 한 것이 있다$\left[\substack{大 90. 1. 23, \\ 88 다카 3250}\right]$.

(나) 판례는 증권회사의 지점장대리는 회사의 채무부담행위에 해당하는 손실부담약정을 할 수 있는 대리권은 없다고 하였다$\left[\substack{大 94. 1. 28, \\ 93 다 49703}\right]$. 그런데 이와는 달리 건설회사의 현장소장이 공사하도급을 받은 업체와 공사에 소요될 장비의 임대차계약을 체결하면서 보증을 선 경우는 회사도 책임이 있다고 한 바 있다$\left[\substack{大 94. 9. 30, \\ 94 다 20884}\right]$. 그 이유는 피고회사로서는 현장소장에게 그와 같은 보증행위를 스스로 할 수 있는 권한까지 위임하였다고 봄이 상당하고 설사 그러한 권한이 위임되지 않았다 하더라도 위 보증행위의 상대방으로서는 그러한 권한이 있다고 믿은 데 정당한 이유가 있기 때문이라고 하였다. 그리고 판례는 오피스텔의 분양업무에는 일반 거래상대방을 위하

여 하는 모든 행위가 포함된다고 할 것이므로 분양계약의 취소·해제의 경우에 본인이 직접 수행하거나 분양업무를 맡은 사용인에게 별도의 특별수권을 하여야 되는 것은 아니라고 한다 $\left[\begin{smallmatrix} 大 & 94.10.28, \\ 94 & 다 & 22118 \end{smallmatrix}\right]$.

2) 부분적 포괄대리권과 표현대리의 관계에 대하여 부장·과장 등의 명칭을 가진 사용인이라도 그 대리권의 범위가 극히 제한적이거나 대리권이 전혀 없는 경우에는 거래의 안전을 해할 수 있으므로, 이러한 경우에 표현지배인에 관한 규정($\begin{smallmatrix} 상 \\ 14 \end{smallmatrix}$)을 유추적용하여 거래상대방을 보호하여야 한다는 것이 **다수설**이다 $\left[\begin{smallmatrix} 孫(주), & 121; & 鄭(찬), & 93; & 林(홍), \\ (총) & 238; & 鄭(동), & (총) & 133 \end{smallmatrix}\right]$. 이와는 반대로 표현제도는 진실한 사실관계와 부합하지 아니함에도 거래의 안전을 위하여 부득이 당사자 일방을 희생시킨 채 진실한 사실로 의제하여 법률관계를 형성시키는 제도이므로, 명문의 규정이 없이 쉽게 유추적용할 수 없다는 **소수설**도 있다 $\left[\begin{smallmatrix} 李(철), & 121; \\ 金(성), & 201 \end{smallmatrix}\right]$. 그러나 이 문제는 대리권이 있는 것과 같은 명칭의 부여는 민법 제125조에서 규정하는 「제 3 자에 대하여 타인에게 대리권을 수여함을 표시」한 경우로 보아 해결하는 것이 타당하다고 본다 $\left[\begin{smallmatrix} 大 & 2006.6.15, \\ 2006 & 다 & 13117 \end{smallmatrix}\right]\left[\begin{smallmatrix} 동: & 蔡 \\ (이), & 63 \end{smallmatrix}\right]$.

[32]　제 3　物件販賣店鋪의 使用人

(1) 물건판매점포의 사용인이란 점포의 물건판매에 관한 모든 권한이 있는 것으로 의제되는 사용인으로서($\begin{smallmatrix} 상 & 16 & I \\ 참조 \end{smallmatrix}$), 소위 점원이 여기에 속한다. 이는 외관 법리에 근거한 상법상의 특수한 제도라고 할 수 있다. 이 때 상대방은 선의이어야 한다.

(2) 여기에 속하는 사용인은 영업주가 그의 의사에 의하여 고객과의 거래를 위하여 점포에 사용하는 한 반드시 고용계약이 존재하지 않더라도($\begin{smallmatrix} 가족 & 또 \\ 는 & 친척 \end{smallmatrix}$) 소유권의 이전을 가져오는 판매에 관하여 대리권이 있는 것으로 의제하는 것이다. 그러나 물건을 **구입**하는 행위는 하지 못한다 $\left[\begin{smallmatrix} 鄭(동), & (총) & 135; \\ 蔡(이), & (총) & 64 \end{smallmatrix}\right]$. 물건의 판매에 관련되는 **채무부담행위**도 할 수 있다는 견해가 있으나 $\left[\begin{smallmatrix} 林(홍), & 93; & 鄭(찬), & 95; \\ 李(철), & 124; & 金(성), & 203 \end{smallmatrix}\right]$, 물건판매와 관련이 있더라도 특별한 수권이 없는 한 채무부담행위를 할 수 없다고 본다. 이 점은 부분적 포괄대리권을 가진 사용인의 경우와 같다.

(3) 이러한 대리권은 거래가 점포에서 체결되었거나 적어도 점포에서 개시된 경우에 인정된다. 그러므로 판례는 백화점 지점의 **외무사원**은 물건판매점

포의 사용인이 아니고$\left[\begin{smallmatrix}大\,76.\,7.\,13,\\76\,\text{다}\,860\end{smallmatrix}\right]$, 물건판매점포의 사용인은 점포 외의 장소에서 대금을 수령할 권한은 없다$\left[\begin{smallmatrix}大\,71.\,3.\,30,\\71\,\text{다}\,65\end{smallmatrix}\right]$고 한 바 있다. 거래가 점포에서 개시되었으면 반드시 판매의 목적물이 점포 내에 있어야 하는 것은 아니다. 그러나 점포에 없었던 물건은 적어도 그 점포에서 취급하는 물건이어야 한다. 이 규정은 도서대여점포나 공중접객업자의 사용인에 대하여는 **유추적용**된다고 할 것이다.

제 3 절　商業使用人의 義務

상업사용인은 영업주에 대하여 위임 또는 고용관계에 있으므로 일반원칙에 의하여도 영업주에 대하여 선량한 관리자로서의 주의의무($\begin{smallmatrix}\text{민}\\681\end{smallmatrix}$)와 보고의무($\begin{smallmatrix}\text{민}\\683\end{smallmatrix}$), 노무의 제공의무($\begin{smallmatrix}\text{민}\\655\end{smallmatrix}$)를 진다. 더욱이 상업사용인은 영업주의 영업에 관하여 대리권이 있고, 또 영업의 내용에 관하여 정통하므로 영업주와 상업사용인 사이에는 고도의 인적 신뢰관계가 유지되어야 한다. 그리하여 상법은 양자 사이에 경업적인 관계가 발생하는 것을 막고 상업사용인의 정력분산을 방지하기 위하여, 상업사용인에 대하여 다음과 같은 **부작위의무**(不作爲義務)를 과하고 있다.

[33] 제 1 競業避止義務

상업사용인은 영업주의 허락 없이 자기 또는 제 3 자의 계산으로 영업주의 영업부류에 속한 거래를 하지 못한다($\begin{smallmatrix}\text{상}\,17\,\text{I}\\\text{전단}\end{smallmatrix}$).

(1) **금지되는 거래**　　금지되는 거래는 영업주의 영업부류에 속하는 영업목적인 거래를 의미하므로 영업을 위한 보조적인 행위($\begin{smallmatrix}\text{예: 어음·}\\\text{수표행위}\end{smallmatrix}$)나 영업부류에 속하지 않는 거래 또는 영업주의 영업에 속하는 행위라도 영리적 성질이 없는 행위는 포함되지 않는다($\begin{smallmatrix}\text{예: 부동산매매기업의 지배인이 자기의 주택을}\\\text{마련하기 위하여 토지·건물을 구입하는 행위}\end{smallmatrix}$). 즉 영업주의 이익을 해하지 않는 거래는 할 수 있다.

(2) **영업주의 허락**　　영업주의 허락은 명시적으로뿐만 아니라 묵시적으로도 가능하다. 그러므로 지배인의 선임 당시에 동종영업을 하고 있다는 것을 알고, 그 영업의 폐지에 관하여 아무런 합의가 없을 때에는 묵시에 의한 허

락으로 볼 수 있다($\frac{독상}{참조}$ 60 ^{II}). 그리고 의무위반의 거래를 영업주가 **추인**한 때에 는 영업주의 허락과 동일시된다.

(3) 계산관계   「자기 또는 제 3 자의 계산」이란 자기 또는 제 3 자가 경제적 이익의 주체가 된다는 뜻이며 그 명의와는 관계가 없다. 그리하여 자기 의 명의로 한 경우뿐만 아니라, 타인명의라도 자기의 계산으로 한 경우와 타인 명의로 제 3 자의 계산으로 하는 경우 외에, 자기의 명의이지만 제 3 자의 계산 으로 하는 경우도 포함한다.

(4) 존속기간   경업피지의무는 다른 약정이 없는 한 고용 또는 위임관 계가 존속하는 동안만 진다.

[34] 제 2 忠實義務

상업사용인은 영업주의 허락 없이 다른 회사의 무한책임사원·이사 또는 다른 상인의 사용인이 되지 못한다($\frac{상}{후단}$ 17 ^{I}). 이 의무를 **겸직금지의무** 또는 **특정 지위취임금지의무**라고 하기도 한다.

(1) 제한의 범위   이 의무는 상업사용인으로 하여금 영업의 종류와 관 계 없이 다른 기업의 경영에 종사하지 못하게 함으로써 영업주의 영업에만 전 념토록 하기 위한 것으로서, **동종영업**을 목적으로 하는 회사의 무한책임사원 또는 이사가 되지 못하게 하는 대리상($\frac{상}{89}$)의 의무와 다르고, 회사의 무한책임 사원 및 이사의 의무와 다르다($\frac{상}{397,567}^{198, 269,}$). 그러므로 이는 충실의무에 속한다고 본다[$\frac{동:~鄭(희),~88;~孫(주),}{121;~金(용),~64}$ $^{徐(주),}$]. 그리하여 상업사용인도 동종영업을 목적으로 하는 회 사에만 취임할 수 없다는 견해[$\frac{徐(돈),}{101}$]는 타당하지 못하다. 그러나 상업사용인 도 합자회사의 유한책임사원이나 주주 또는 유한회사의 사원은 될 수 있다.

(2) 영업주의 허락   타기업에의 참여에 대한 영업주의 허락은 명시적 또는 묵시적으로도 가능하다. 예컨대 지배인에 대한 대리권의 수여 당시에 이 미 다른 회사의 무한책임사원 또는 이사임을 영업주가 알았을 때에는 묵시에 의한 허락으로 보아야 할 것이다.

[35] 제3 義務違反의 效果

Ⅰ. 경업피지의무의 위반

(1) 서   설   상업사용인이 경업피지의무에 위반되는 행위를 한 경우 그 행위 자체는 유효하다. 다만 영업주는 대내적으로 상업사용인에 대하여 그 의무위반의 행위로 인하여 생긴 손해의 배상을 청구할 수 있고 계약을 해지할 수 있으나($17_{Ⅲ}^{상}$), 이것만으로 영업주를 충분히 보호할 수 없음을 고려하여 상법은 영업주의 개입권을 인정하고 있다.

(2) 개 입 권

1) 의   의   상업사용인이 의무위반의 거래를 자기의 계산으로 한 때에는 영업주는 그것을 영업주의 계산으로 한 것으로 볼 수 있고, 제3자의 계산으로 한 때에는 영업주가 상업사용인에 대하여 그로 인한 이득의 양도를 청구할 수 있다($17_{Ⅲ}^{상}$). 이를 영업주의 개입권 또는 탈취권이라고 한다. 개입권은 영업주의 상업사용인에 대한 일방적 의사표시로써 행사되는 형성권이다.

2) 효   용   영업주의 개입권을 인정하고 있는 이유는 상업사용인의 의무위반으로 인한 손해는 적극적인 손해보다는 기대이익의 상실인 경우가 많고 또한 손해의 증명이 곤란할 뿐만 아니라 영업주에게는 고객관계의 유지가 필요하기 때문이다. 그렇다고 개입권의 행사는 반드시 의무위반의 거래로 인하여 영업주에게 손해가 있는 경우에만 할 수 있는 것은 아니다.

3) 개입권행사의 효과   ㈎ 개입권행사의 효과는 영업주와 상업사용인의 대내적인 관계에만 미치고, 상업사용인과 제3자와의 법률관계를 변경하거나 영업주가 제3자에 대하여 거래의 당사자가 되는 것은 아니다. 그리하여 영업주의 상업사용인에 대한 개입권을 본인의 대리상에 대한 개입권($89_{Ⅱ}^{상}$)과 회사의 업무집행자에 대한 개입권($^{상}_{397\,Ⅱ},^{198\,Ⅱ,\,269,}_{\;567,}$)과 더불어 내부적 개입권 또는 실질적 개입권이라고도 한다.

㈏ 영업주가 개입권을 행사한 때에는 상업사용인은 그 거래의 경제적 효과를 전부 영업주에게 귀속시켜야 할 채권적인 의무를 부담할 뿐이다. 즉 상업사용인은 영업주에게 거래로 인하여 취득한 권리를 이전하고 금전 기타의 물건을 인도하여야 한다. 또한 영업주도 거래로 인하여 상업사용인이 부담한 채무를 변제하고 지출한 비용을 상환하여야 한다.

4) 개입권의 소멸   개입권은 영업주가 그 거래를 안 때로부터 2주간

을 경과하거나 거래가 있은 날로부터 1년을 경과하면 소멸한다($_{17}^{商}{}_{IV}$). 이 기간
은 제척기간이며 시효기간이 아니다.

  5) 개입권·손해배상청구권·계약해지권   개입권과 손해배상청구권은
병존하여 개입권을 행사한 경우에도 손해가 있으면 그 배상을 청구할 수 있고,
그 반대의 경우도 가능하다. 그리고 양 권리의 행사는 계약의 해지에 영향을
미치지 않는다($_{17}^{商}{}_{III}$).

2. 충실의무의 위반

  충실의무위반의 경우에는 개입권의 행사는 불가능할 것이므로 손해배상청
구와 계약의 해지만을 할 수 있을 뿐이다. 그런데 이 경우에도 개입권을 인정
하는 소수설이 있다[$^{蔡(이)·}_{68}$].

[事例演習]

◇ 사 례 ◇

  신림생명보험회사 울산지사는 지점의 실체를 구비하고 있었으나, 그
지사장 A는 동 지사에 근무하는 외무원들에게 주기 위한 것이라고 말
하고 종로제화점으로부터 구두 100족을 700만원에 매수하고, 그 대금
지급을 위하여 신림생명보험회사 울산지사장 A 명의의 약속어음을 작
성하여 친구인 고려은행 울산지점장 대리 B 명의의 어음보증을 받아
이를 종로제화점에 교부하였다.

  〈설문 1〉 종로제화점이 신림생명에 어음을 제시하여 지급을 청구
하자, 신림생명은 A에게는 구두구입 권한이 없다고 하면서 지급을 거
절하였다. 신림생명의 주장은 정당한가?

  〈설문 2〉 종로제화점이 고려은행에게 어음을 제시하여 지급을 청
구하자, 고려은행은 B에게 어음보증 권한이 없다고 하면서 지급을 거
절하였다. 고려은행의 주장은 정당한가?

  〈설문 3〉 이 사례에서 울산지사가 지점의 실체를 갖추고 있지 않
은 경우에는 어떻게 되는가?

  [해 설] 설문 1의 경우   신림생명보험회사 울산지사장 A는 표현지배
         인의 요건을 구비하고 있는가 하는 점을 검토하고, 표현지배인의 권
         한은 영업에 관한 행위인 이상 영업목적인 행위뿐만 아니라 영업을
         위하여 하는 행위에도 미친다는 점을 서술하여야 한다. 그러므로 신

림생명보험회사는 종로제화점에 대하여 약속어음의 지급의무가 있
다. 그러므로 A에게 그 권한이 없다고 하는 주장은 정당하지 않고
종로제화점이 악의인 경우에만 신림생명보험회사는 지급을 거절할
수 있다는 점을 서술하여야 한다.

　　설문 2의 경우　　개별적으로 위임을 받지 않은 이상 지점장대리
B에게는 어음보증 권한이 없으므로 고려은행의 주장은 정당하다는
점을 서술하여야 한다. 왜냐하면 지점장대리라는 명칭은 상법 제14
조의 영업주임임을 표시하는 명칭이라고 할 수 없고, 따라서 B는
표현지배인이라고 할 수 없기 때문이다.

　　설문 3의 경우　　울산지사가 지점의 실체를 갖추고 있지 않은
경우에는 상법 제14조는 적용되지 않는다는 점을 서술하여야 한다.
왜냐하면, 표현지배인이 되기 위해서는 그 자가 근무하는 장소가 상
법상의 본점 또는 지점의 실체를 가짐을 요한다는 것이 통설·판례
이기 때문이다.

제 4 장   商人의 物的 施設

제 1 절   商   號

[36]   제 1   序   說

(1) 기   능   상인은 자기의 성명과는 별도로 기업 그 자체를 표창하는 형식적인 명칭을 필요로 한다. 왜냐하면 기업의 유지를 위하여는 기업의 담당자는 변동되더라도 기업은 존속되어야 하는데 이는 상호제도에 의하여 가능하게 된다. 상호는 장기간 사용함으로써 재산적 가치를 갖게 되어 양도의 대상이 되고 기업의 명성과 신용의 유지를 위하여 중요한 기능을 하며 거래관계에 있어서 일반공중의 이해와 밀접한 관계가 있으므로 법적 규제가 필요하게 된다.

(2) **상호의 의의**   상호는 상인이 영업활동을 함에 있어서 자기를 표창하는 명칭이다($^{상\ 9}_{참조}$). 즉 상인의 영업상의 명칭으로서 영업활동과 관계가 있는 권리·의무의 주체인 상인을 표창하는 것이다($^{상\ 18}_{참조}$). 상호는 상인이 자기의 상품을 표시하기 위하여 사용하는 상표나 영업을 표시하는 영업표($^{부정}_{2\ (1)}$)와는 다르다. 상호는 상인의 명칭이므로 상인이 아닌 자가 사용하는 특수한 명칭이나 상법상의 회사가 아닌 상호보험회사나 협동조합 등의 명칭은 상호가 아니며 이는 등기할 수도 없다. 소상인은 특별한 명칭을 사용하더라도 상호에 관한 규정을 적용하지 않으므로($^{상}_{9}$) 상호가 아니다.

(3) **상호의 성립·소멸**   상호는 상인의 명칭이기 때문에 상인자격을 전제로 하지만, 개인상인의 상인자격은 이미 영업의 준비행위를 하는 때에 취득하므로 이 때에 거래관계에서 이를 사용함으로써 상호도 적법하게 성립된다. 그리고 회사의 경우는 설립등기를 한 때에 성립한다. 반면에 상인이 영업을 폐지하거나 또는 상인이 사망하여 상인자격을 상실하면 상호는 소멸한다. 그러나 사망의 경우 상속인이 영업을 계속하는 경우는 예외이다. 또한 상호를 변경하거나 완전상인이 소상인이 되면 상호는 계속 사용할 수 있으나 이는 상법상의 상호는 아니다. 회사의 경우는 청산이 사실상 종료된 때에 상호는 소멸한다.

⑷ 표시방법　　상호는 상인의 명칭이기 때문에 **문자로** 표시되어야 하고 **발음**할 수 있어야 한다. 그러므로 상호는 외국어라도 무방하지만 외국문자로 된 상호는 법률상 등기할 수 없으므로, 외국어는 그 발음을 한자 또는 한글로 표시하는 경우에만 상호로 사용할 수 있다($\begin{smallmatrix}개인상인의 \ 경우에는 \ 외국문자라도 \ 미 \\ 등기상호로 \ 사용할 \ 수 \ 있을 \ 것이다\end{smallmatrix}$).

[37]　제 2　商號의 選定

1. 상호선정에 관한 입법주의

상호를 선정함에 있어서는 상인의 편의와 거래상대방의 보호라는 요청이 고려되어야 하는데 다음과 같은 입법주의가 있다.

⑴ **상호진실주의**　　이는 불법계($\begin{smallmatrix}프랑스·스페인·벨 \\ 기에·남미제국 \ 등\end{smallmatrix}$)의 입장으로서 상호에 영업주의 명칭·소재지·업종 등을 사용할 때에는 반드시 영업의 실질과 일치하여야 한다는 것이다. 이 주의는 거래상대방의 보호에 중점이 있다. 그러나 영업주의 명칭을 상호로 사용한 경우에 영업양도 또는 상속의 경우에 양수인 또는 상속인이 기존상호를 계속 사용할 수 없게 된다는 문제가 있다.

⑵ **상호자유주의**　　상인은 어떠한 명칭이든 자유로이 상호로 선정할 수 있다는 것이다. 이 주의는 상인에게 편리하지만 영업의 실제와 상인의 동일성에 관한 판단에 있어서 혼란이 야기될 우려가 있다.

⑶ **절충주의**　　이는 독법계의 입장으로서 신상호의 선정에 있어서는 진실을 요구하지만 기존영업의 양수 또는 상속 및 개명의 경우에는 종전의 상호를 계속 사용할 수 있다는 것이다. 이는 기존영업의 유지와 그 명칭의 지적재산적 가치를 중시하는 입장이다.

2. 상법의 입법주의

상법은 상인은 그 성명 기타의 명칭으로 상호를 정할 수 있다고 규정함으로써($\frac{상}{18}$) 상호자유주의를 원칙으로 하지만, 일반공중의 보호와 기업주체간의 이익조정을 위하여 상법과 기타 법률에 의하여 제한된다.

⑴ **회사의 상호**　　회사의 상호 중에는 **회사의 종류**($\begin{smallmatrix}합명회사·합자회사·유한책 \\ 임회사·주식회사·유한회사\end{smallmatrix}$)를 명시하여야 한다($\frac{상}{19}$). 이는 회사의 종류에 따라 그 조직과 사원의 책임이 다르므로 채권자 및 일반공중에게 이를 미리 주지시키기 위한 것이다.

⑵ **회사명칭의 사용제한**　　회사가 아닌 상인은 상호에 회사임을 표시하는 문자를 사용하지 못한다. 회사의 영업을 양수한 경우도 같다($\frac{상}{20}$). 이를 위반하면 과태료의 제재가 있다($\frac{상}{28}$).

(3) 부정사용금지　　　누구든지 부정한 목적으로 타인의 영업으로 오인
할 수 있는 상호를 사용하지 못한다($^{\diamond}_{23}{}^{\diamond}_{\,I}$). 이를 위반한 때에도 과태료의 제재
가 있다($^{\diamond}_{28}$).

(4) 상호단일의 원칙　　　이는 동일한 영업에 대하여는 하나의 상호를 사
용하여야 한다는 원칙이다($^{\diamond}_{21}{}^{\diamond}_{\,I}$). 동일한 영업에 대하여 수개의 상호를 사용하
면 거래상대방이 영업을 혼동오인할 우려가 있으며, 다른 상인의 상호선정의
자유를 부당하게 제약하게 될 것이므로 제한하고 있는 것이다. 회사는 수개의
영업이 있는 때라도 상호는 하나밖에 사용할 수 없으나, 개인상인 기타 법인의
경우는 수개의 각기 독립된 영업에 대하여 각기 다른 상호를 사용할 수 있으
며 또한 수개의 영업을 위하여 하나의 상호를 사용할 수도 있다. 그러나 동일
한 영업에 대하여는 하나의 상호를 사용하여야 한다.

(5) 부정경쟁방지법에 의한 제한　　　국내에서 널리 인식된 타인의 성명이나 상호
와 동일 또는 유사한 것을 사용하는 자가 있는 경우에 그로 인하여 영업상의 이익이 침
해될 우려가 있는 자는 법원에 그 사용의 중지를 청구하고, 이익이 침해된 자는 사용자
에게 고의 또는 과실이 있는 경우에 법원에 손해배상을 청구할 수 있다($^{동법}_{4\,I\cdot II,\,5}$). 또한
법원에 신용회복조치를 청구할 수 있는데($^{동조}_{III}$), 이 경우에 상호는 등기나 부정한 목적의
유무를 따지지 않는다. 이러한 점에서 동법에 의하여 상호권은 보다 광범위하게 보호된
다고 할 수 있다$\begin{bmatrix}상세는\\71면\ 참조\end{bmatrix}$.

3. 명의대여자의 책임

(1) 의　　　의　　　1) 타인에게 자기의 성명 또는 상호를 사용하여 영업
을 할 것을 허락한 자는 자기를 영업주로 오인하여 거래한 제 3 자에 대하여
그 타인과 연대하여 거래로 인한 채무를 변제할 책임이 있다($^{\diamond}_{24}$). 이것은 명의
차용자가 상인이며 계약의 당사자로서 책임의 주체가 됨을 전제로 하여 거래
의 안전을 위하여 명의대여자의 연대책임을 법정한 것이다. 즉 상법 제24조가
적용되기 위하여는 명의대여자는 상인이 아니라도 무방하나, 명의차용자는 상
인이어야 한다$\begin{bmatrix}동: 孫(주), 140; 鄭(찬), 121;\\林(홍), (총) 303; 李(철), 182\end{bmatrix}$.

2) 이와는 달리 명의차용자가 비상인(非商人)인 경우에도 상법 제24조가
적용된다는 설$\begin{bmatrix}姜(위),\\136\end{bmatrix}$과, 동조가 유추적용된다는 설이 있다$\begin{bmatrix}鄭(동),\\(총) 156\end{bmatrix}$.

판례는 「명의차용자의 영업이 상행위가 아니라 하더라도 상법 제24조를 적용
하는 데 아무런 영향이 없다고 하면서, 사단법인 한국병원관리연구소에게 인천직할

시립병원이라는 이름을 사용하여 병원업을 경영할 것을 승낙한 인천직할시는 특단의 사정이 없는 한 위 병원을 인천직할시가 경영하는 것으로 믿고 의약품을 납입한 원고에 대하여 그 대금의 변제책임이 있다」고 하였다[大 87. 3. 24,
85 다카 2219].

이 판례에 대하여는 명의차용자가 비상인인 경우에도 상법 제24조가 적용된다는 취지로 보는 입장이 다수설이다[孫(주), 140; 鄭
(동), (총) 156].

3) 상법 제24조는 외관법리에 기한 규정으로서 상호진실주의를 간접적으로 인정한 규정이다. 특히 이 규정은 면허 없는 자가 면허 있는 타인의 상호를 사용하여 영업을 하는 경우에, 거래상대방의 보호와 불법행위인 명의의 차용(증거 63
참조)을 간접적으로 금지시키는 데 그 입법취지가 있는 것이다.

(2) 책임발생의 요건   명의대여자의 책임을 인정하려면 다음과 같은 요건이 구비되어야 한다.

1) 명의사용의 허락   명의대여자가 자기의 성명 또는 상호의 사용을 명의차용자에게 명시적 또는 묵시적으로 허락하였어야 한다[大 57. 6. 27,
4290 민상 178]. 그러므로 영업의 양도나 임대차의 경우에 상호의 사용을 허락한 양도인이나 임대인도 명의대여자의 책임을 진다고 할 것이다. 이 경우에 명의는 반드시 성명이나 상호에 국한되지 않고 협동조합이나 국가기관 등의 명칭을 포함한다. 그러므로 명의대여자는 상인임을 요하지 않는다[大 87. 3. 24,
85 다카 2219]. 그리고 타인이 자기의 성명 또는 상호를 임의로 사용함을 알고 방치한 경우는 묵시에 의한 허락이 있는 것으로 본다[大 91. 11. 12, 91 다 18309;
大 92. 8. 18, 91 다 30699].

2) 외관의 존재   명의대여자는 상대방이 명의차용자의 영업을 명의대여자의 영업으로 신뢰한 경우에 책임을 진다. 외관의 존재에 대하여 명의대여자가 영업을 하고 있지 않은 경우에는 명의차용자가 명의를 사용하여 영업을 한다는 사실만으로 외관의 존재가 인정되나 명의대여자가 영업을 하고 있는 경우는 원칙적으로 명의차용자의 영업도 동일하여야 외관의 존재가 인정된다는 견해도 있으나[李(병), 148; 鄭
(동), (총) 156] 엄격하게 해석할 필요는 없다고 본다[동; 鄭
(희), 94; 李
(기), 149].

판례는 영업범위 외의 거래에 대하여 책임을 인정하지 않은 것이 있을 뿐이고[大 83. 3. 22,
82 다카 1852], 판례는 타인의 상호 아래 대리점이란 명칭을 붙인 경우는 지점·영업소·출장소 등과 달리 그 사용을 허락 또는 묵인하였어도 명의대여자로서 책임이 없다고 하였다[大 89. 10. 10,
88 다카 8354].

3) **명의차용자와의 거래에 의한 채무**　(가) 명의대여자는 그가 허락한 영업범위 내에서 명의차용자와 제 3 자 사이의 거래와 관련하여 생긴 채무와 그 불이행에 의한 손해배상채무에 대하여 책임을 진다. 여기에는 당연히 영업을 위한 어음·수표행위에 의하여 생긴 채무도 포함된다[大 69.3.31, 68 다 2270; 大 70.9.28, 70 다 1703]. 상법 제24조는 어음·수표행위만을 위하여 명의를 대여한 경우에도 거래의 안전을 위하여 상법 제24조를 확대해석하여 적용 또는 유추적용하여야 한다는 견해도 있으나[孫(주), 139; 林(홍)·, 122; 李(기), 155], 이러한 경우에는 동조는 적용되지 않는다고 본다[동; 金(영), 188; 鄭(동), (총) 160]. 왜냐하면 상법 제24조는 명의차용자가 영업을 할 것을 허락한 경우를 위한 규정인데 어음·수표행위만으로는 그 행위자가 영업주라는 외관이 존재한다고 할 수는 없기 때문이다.

(나) 명의대여자는 거래행위의 외형이 있는 불법행위에 대하여는 책임을 면하지 못한다. 또한 명의차용자의 대리인이 아닌 단순한 피용자의 행위로 인한 채무에 대하여는 책임을 지지 않는다[大 89.9.12, 88 다카 2639].

4) **거래상대방의 오인**　명의대여자는 명의차용자의 상대방이 명의대여자를 영업주 또는 거래주체로 오인한 경우에 책임을 진다. 그러므로 상대방이 명의대여의 사실을 알았거나, 모른 데 대하여 중대한 과실이 있는 때에는 명의대여자는 책임을 지지 않는다[大 87.3.24, 85 다카 2219; 大 91.11.12, 91 다 18309; 大 92.8.18, 91 다 30699]. 과실이 있으면 책임을 지는 점에서 표현대리의 경우와 다르다. 그러므로 명의대여자가 책임을 면하려면 상대방의 악의 또는 중과실을 입증하여야 한다[大 2001.4.13, 2000 다 10512].

(3) **책임의 내용**　명의대여자는 자기를 영업주로 오인하여 거래한 제 3 자에 대하여 명의차용자와 연대하여 변제할 책임이 있다(상24). 이 경우에 양자의 책임은 **부진정연대채무관계**(不眞正連帶債務關係)에 있게 된다. 그러나 명의대여자가 상대방에게 변제한 때에는 명의차용자에게 구상할 수 있다. 그런데 판례는 명의대여자는 명의차용자의 피용자의 거래행위에 대하여는 책임을 지지 않는다는 입장이다[大 87.11.24, 87 다카 1379]. 그러나 제 3 자가 명의차용자의 피용자를 명의대여자의 피용자로 신뢰하고 거래를 한 때에는 명의대여자는 그 책임을 면하지 못한다고 본다.

4. 상호의 등기

(1) 개인상인의 상호는 등기의무가 없으나 상호등기부에 등기를 하면 상호의 보호를 강화할 수 있다. 개인상인의 상호도 일단 등기를 한 때에는 절대적

등기사항과 마찬가지로 그 변경이나 폐지의 경우에 등기를 하여야 한다($\frac{상}{40}$).

(2) 회사의 상호는 회사의 설립등기사항 중에 포함되어 반드시 등기하도록 되어 있다($\frac{상}{317}\frac{180\,(1),\ 271\,I}{II\,(1),\ 549\,II\,(1)}$). 즉 회사의 상호는 별도로 상호등기부에 등기하지 못한다($\frac{상등처}{50}$).

　　판례는 「변호사가 변호사법 제40조에 의하여 그 직무를 조직적·전문적으로 행하기 위하여 설립한 법무법인은, 같은 법 제42조 제 1 호에 의하여 그 정관에 '상호'가 아닌 '명칭'을 기재하고, 같은 법 제43조 제 2 항 제 1 호에 의하여 그 설립등기시 '상호'가 아닌 '명칭'을 등기하도록 되어 있으므로, 이러한 법무법인의 설립등기를 '상호' 등을 등기사항으로 하는 상법상 회사의 설립등기나 개인 상인의 상호 등기와 동일시할 수 없다」고 하였다$\left[\substack{大\ 2007.7.26,\\2006\ 마\ 334}\right]$.

5. 상호의 가등기

(1) 서　　설　　　1995년의 개정상법에서는 회사상호의 가등기에 관한 규정을 신설하였다. 이 제도는 현재 사용하고 있지 않고 앞으로 사용하게 될 상호의 전용권을 일정한 기간 보전하는 것을 목적으로 한다. 그러나 상호의 가등기는 상법상의 회사의 경우에만 가능하고 개인상인의 경우에는 적용되지 않는다.

(2) 가등기를 할 수 있는 경우

1) 주식회사와 유한회사의 설립시　　　상호의 가등기를 할 수 있는 경우는 회사설립시이다. 즉 주식회사 또는 유한회사를 설립하고자 할 때에는 본점의 소재지를 관할하는 등기소에 상호의 가등기를 신청할 수 있다($\frac{상}{2}\frac{22의}{1}$). 회사설립시의 상호의 가등기는 주식회사 또는 유한회사의 경우에만 인정된다. 그 이유는 물적회사의 경우에는 설립절차가 복잡하고 설립등기를 하려면 상당한 기간을 요하므로, 그 사이에 설립될 회사의 상호를 등기할 수 없도록 하여야 할 필요성이 있기 때문이다.

　　합명회사와 합자회사를 설립하는 경우에 상호의 가등기를 인정하지 않은 것은, 이들 회사의 설립은 한정된 수의 사원이 정관을 작성하고 설립등기를 마치면 종료되므로 그리 오랜 기간이 필요하지 않기 때문이다.

2) 회사의 상호·목적의 변경시　　　㈎ 회사의 상호나 목적 또는 상호와 목적을 변경하고자 할 때에는 본점의 소재지를 관할하는 등기소에 상호의 가

등기를 신청할 수 있다($^{상\ 22의}_{2\ Ⅱ}$). 이 경우에 가등기의 신청은 합명회사 또는 합
자회사도 할 수 있다는 점이 설립시와 다르다. 이 규정의 입법취지는 회사가
상호 또는 목적이나 그 양자를 모두 변경하려고 방침을 정하였으나 정관변경
등의 절차를 위하여 변경등기까지는 상당한 기간이 소요되어 다른 회사가 먼
저 동일한 상호와 목적으로 회사를 신설하거나 변경등기를 하기 전에 가등기
를 할 수 있도록 하는 데 있다.

  (나) 회사의 상호나 목적을 변경하는 경우는 i) 회사의 상호를 변경하는 경
우와 ii) 회사의 목적을 변경하는 경우가 있다. 회사의 목적을 변경하는 것은
상호권의 범위를 변경하는 것이 되어 변경 후의 목적에 상응하는 상호권을 미
리 확보하여야 할 필요가 있으므로 그 가등기를 인정한 것이다. 즉 회사가 새
로운 사업을 목적에 추가하는 경우에 현재의 목적을 새로운 목적으로 변경하
는 경우에 목적의 가등기를 할 수 있다. iii) 회사의 상호와 목적을 동시에 변
경하는 경우에 변경하는 상호와 목적을 가등기할 수 있다.

  3) 회사의 본점의 이전시   어떠한 종류의 회사든지 회사가 본점을 이
전하고자 할 때에는 이전할 곳을 관할하는 등기소에 상호의 가등기를 신청할
수 있다($^{상\ 22의}_{2\ Ⅲ}$). 회사의 본점을 이전하는 때에 종래의 상호를 이전하고자 하는
지역에서 계속 사용하려면 이전한 다음에 상호의 등기를 하여야 한다. 회사의
본점을 이전하는 결정이 있더라도 본점의 이전을 위하여는 상당한 기간이 소
요되므로 회사의 본점을 이전하고자 하는 곳에 다른 회사가 먼저 동일한 상호
를 동종영업으로 등기를 한다면 본점의 이전계획이 좌절될 수 있다. 그리하여
이전하는 곳에서의 상호의 가등기를 인정한 것이다.

  (3) 상호가등기의 효력   상호의 가등기는 상법 제22조의 적용에 있어
서 상호의 등기로 보기 때문에($^{상\ 22의}_{2\ Ⅳ}$), 가등기하려는 상호가 이미 동일한 특별
시·광역시·시·군에서 동종영업의 상호로 등기되어 있는 때에는 상호의 가등
기를 하지 못한다. 그러나 동일한 상호가 등기되어 있지 않은 경우에 상호를
가등기하면 이후 타인은 동일한 특별시·광역시·시·군에서 동일한 상호를 동
종영업의 상호로 등기하지 못한다. 그러므로 이후 가등기한 상호와 동일한 상
호가 등기된 때에는, 상호를 가등기한 자는 등기된 상호에 대한 말소청구권을
갖는다. 그리고 상호의 가등기는 상호의 등기로 보므로, 상법 제23조의 적용에
있어서도 등기상호와 동일하게 취급된다고 할 것이다$\left[^{동;\ 孫(주),\ 148;}_{李(철),\ 152}\right]$.

⑷ 상호가등기의 절차   상호의 가등기에 있어서 본등기를 할 때까지
의 기간, 공탁금의 공탁과 그 회수, 가등기의 말소 기타 필요한 절차는 대법원
규칙으로 정한다($\frac{상}{2}\frac{22의}{V}$). 이러한 규칙은 상호의 가등기에 상호를 등기한 것과
같은 효력이 인정되어 타인의 상호선정의 자유를 제한하는 결과가 생길 수 있
으므로 그 남용을 방지하기 위하여 필요한 것이다.

[38] 제 3 商 號 權

l. 의   의

상호권은 상인이 상호에 대하여 갖는 권리를 말한다. 이는 적법하게 상호
를 정한 자는 타인의 방해를 받지 않고 상호를 사용할 수 있는 권리($\frac{상호}{용사}$)와,
자기가 사용하는 상호와 동일 또는 유사한 상호를 부정한 목적으로 사용하는
자가 있는 경우에 그 사용의 폐지를 청구할 수 있는 권리($\frac{상호전}{용권}$)를 내용으로 한
다. 상호권은 개인상인의 경우에는 상호를 선정하여 사용함으로써 등기와 관
계 없이 원시적으로 발생하고, 회사의 경우에는 회사의 설립과 동시에 인정된
다. 이에 대하여 개인상인의 상호전용권은 등기에 의하여 발생한다는 견해도
있으나[$\frac{徐(돈)}{111}$,], 등기함으로써 상호의 배타성이 강화될 뿐이다.

2. 성   질

상호권의 성질에 관하여는 인격권설, 재산권설[$\frac{李(병), 137;}{金(용), 58}$], 등기 전에는 인
격권이고 등기 후에는 재산권이라는 설, 인격권이지만 등기 후에는 재산적 성
질을 병유하게 된다는 설 및 전통적인 인격권도 재산권도 아닌 기업현상에 따
라 나타나는 특수한 권리라는 설[$\frac{鄭(희), 99;}{李(원), 113}$] 등이 있다. 그러나 상호는 상인의
명칭이므로 그 훼손은 인격권의 침해와 같고 상호가 기업자에게 주는 경제적
이익 및 상호의 양도성을 고려하여 상호권은 등기의 전후를 불문하고 인격권
적인 성질을 포함하는 재산권으로 보는 것이 통설이다.

3. 상호권의 내용

회사의 상호는 설립등기사항이므로 법률상 등기가 강제되지만($\frac{상 180 (1), 271}{1, 317 Ⅱ (1),}$
$\frac{549}{Ⅱ(1)}$) 개인상인에 있어서 상호의 등기는 임의적이다. 그러므로 등기를 하지 않
아도 되지만 등기를 함으로써 상호권을 강화할 수 있다.

(1) **미등기상호** 적법하게 상호를 선정하여 사용하는 자는 그 상호를 등기하지 아니한 경우에도 다음과 같은 권리를 가진다.

1) **상호사용권** 타인의 방해를 받지 않고 사용할 수 있는 권리가 있고, 상인은 타인이 동일한 상호를 등기하였더라도 부정한 목적이 없으면 계속하여 상호를 사용할 수 있다. 그러므로 상호의 사용에 대한 방해는 불법행위($\frac{민}{750}$)가 된다.

2) **상호전용권** (개) 타인이 부정한 목적으로 자기의 영업으로 오인할 수 있는 상호를 사용하여 이로 인하여 손해를 받을 염려가 있는 때에는 그 상호의 사용폐지($\frac{간판 \cdot 포장지 \cdot 서신용지 \cdot}{광고 등에 의한 사용폐지}$)를 청구할 수 있는 권리($\frac{상 23}{I \cdot II}$)를 갖는다. 이는 상호배타성의 원칙에 의한 권리이며 상호자유주의에 대한 예외라고 할 수 있다. 이러한 권리는 불법행위가 성립되지 않는 경우에도 인정된다. 즉 타인의 상호권을 침해하려는 의사는 없더라도 「부정한 목적」이 있으면 적용된다. 이 경우에 「타인의 영업으로 오인할 수 있는 상호」란 타인의 상호와 동일한 상호뿐만 아니라 유사한 상호도 포함한다. 유사한 상호이냐 아니냐는 상호의 주요한 부분인 핵심이 동일 또는 유사함으로 인하여 혼동오인할 우려가 있느냐 없느냐를 표준으로 하여 결정하여야 하며, 부분적으로 상위하는 부분의 다과는 문제가 되지 않는다($\frac{大\ 64.4.28,}{63\ 다\ 8118}$). 타인은 상인뿐만 아니라 비상인도 포함한다.

판례는 「뉴서울 사장」의 위 또는 아래와 옆에 작은 글씨로 '전 허바허바 개칭' 또는 '허바허바 개칭'이라고 덧붙여서 사용한 것은 등기한 「허바허바 사장」으로 오인할 수 있는 상호를 부정한 목적으로 사용한 것으로 본다」고 하였다($\frac{大\ 64.4.28,}{63\ 다\ 8118}$).

(내) 「부정한 목적」이란 성명권 또는 상호권의 침해의사가 없더라도 자기의 상호를 일반공중에게 동종영업의 타인의 동일상호로 오인시키려는 목적이 있는 것으로서($\frac{大\ 95.9.29,\ 94\ 다\ 31365 \cdot 31372;}{大\ 2004.3.26,\ 2001\ 다\ 72081}$), 기존상호가 갖고 있는 신용 및 경제적 가치를 자기의 영업에 이용하려는 의도가 있는 것을 말한다.

판례는 「타인의 영업으로 오인할 수 있는 상호는 그 타인의 영업과 동종 영업에 사용되는 상호만을 한정하는 것은 아니고, 각 영업의 성질이나 내용, 영업 방법, 수요자층 등에서 서로 밀접한 관련을 가지고 있는 경우로서 일반 수요자들이 양 업무의 주체가 서로 관련이 있는 것으로 생각하거나 또는 그 타인의 상호가 현저하게 널리 알려져 있어 일반 수요자들로부터 기업의 명성으로 인하여 절대적인 신뢰를 획득한 경우에는, 영업의 종류와 관계 없이 일반 수요자로 하여금 영업주체에 대하여 오인·혼동시킬 염려가 있는 것에 해당한다」고 한 바 있다($\frac{大\ 96.10.15,}{96\ 다\ 24637}$). 반면에

「고려당」이라는 상호로 영업을 하는 상인과 같은 지역에서 동종의 영업을 하면서 간판에 「SINCE 1945 신용의 양과 고려당 마산분점」이라고 표시한 상인에게 부정한 목적이 없다고 판시하였다[人 93. 7. 13, 92 다 49492].

(다) 미등기상호의 경우 부정한 목적 및 손해를 받을 염려가 있다는 것에 대한 입증책임은 상호권자에게 있다. 그러므로 미등기상호의 경우에 상호전용권의 주장이 어렵게 된다. 이와는 달리 미등기상호권자는 자신의 상호권이 존재하는 사실만을 입증하면 되고 손해를 받을 염려가 있다는 것은 입증할 필요가 없다는 견해도 있다[金(영), (총) 178; 李(철), 162]. 그러나 등기상호의 경우와 달리 미등기상호의 경우에는 상호권자가 부정한 목적 및 손해를 받을 염려가 있다는 것을 입증하여야 할 것이다[동; 孫(주), 150; 鄭(찬), 111]. 미등기상호의 경우도 상호전용권이 있으므로 부정사용자의 상호가 등기된 경우는 그 말소를 청구할 수 있다고 본다[서울고 77. 5. 26, 76 나 3276]. 그러나 미등기상호의 경우는 등기배척권(상 22)은 없다.

3) 손해배상청구권　　　 상호권자가 상호전용권을 행사하였더라도 부정사용으로 인하여 손해가 있는 때에는 그 배상을 청구할 수 있다(23 상 Ⅲ).

(2) 등기상호

1) 상호사용권　　　 등기한 상호의 상호권자는 미등기상호의 경우와 같이 타인의 방해를 받지 않고 상호를 사용할 수 있는 권리가 있다.

2) 상호전용권　　　 상호를 등기한 자는 부정한 목적으로 자기의 영업으로 오인할 수 있는 상호를 사용하는 자가 있는 경우에 그 사용의 폐지를 청구할 수 있다(상 23 Ⅱ·Ⅲ). 상호사용의 폐지는 상호등기의 말소청구권을 포함한다. 등기상호의 경우에는 미등기상호의 경우와 달리 손해를 받을 염려의 유무와 관계없이 상호전용권이 인정된다. 그리고 상호를 등기하면 타인이 등기한 상호를 동일한 특별시·광역시·시·군에서 동종영업으로 사용하는 자는 부정한 목적이 있는 것으로 추정한다(상 23 Ⅳ). 즉 미등기상호의 경우와 달리 부정목적에 대한 입증책임이 부정사용자에게 전환됨으로써 배타성의 주장이 용이하게 된다.

3) 동일(유사)상호의 등기배척권

(가) 의　　　 의　　　 타인이 등기한 상호는 동일한 특별시·광역시·시·군에서 동종영업의 상호로 등기하지 못한다(상 22). 타인이 가등기한 상호의 경우도 같다(상 22의 2 Ⅳ). 그러므로 등기공무원은 타인이 등기한 상호와 동일한 상호의 등기신청이 있는 때에는 이를 각하하여야 한다(비송 159 (13)). 등기가 배척되는 상호는 등기된 상호와 동일한 것뿐만 아니라 확연히 구별할 수 없는 것도 포함한다(비송 164).

확연한 구별의 표준은 거래관계에 있어서 혼동오인될 염려가 있는지에 따라서 결정되어야 할 것이다. 또한 **동종영업**이란 동일한 목적을 갖는 영업을 말하며, 반드시 쌍방의 모든 영업종목이 일치하지 않더라도 일방의 영업목적의 하나가 타방의 수개 영업목적 중의 하나에 불과할 때에도 영업의 동일성을 인정할 수 있을 것이다.

　(나) **등기배척규정의 성질**　　이 규정에 대하여는 이것이 상호전용권의 내용이 된다거나[徐(돈), 111] 등기의 배척은 부정경쟁의 목적과 관계가 없다는 이유로 단지 등기법상의 효력을 정한 것에 불과하다는 견해가 있다[徐(정), 87; 鄭(찬), 114; 李(철), 163]. 이 규정은 한편으로는 등기소로 하여금 동일 또는 유사상호의 등기를 불허하는 **등기법상의** 효력을 가지고(상호를 등기한 자의 동의가 있어도 동일상호의 등기를 인정할 수 없다), 다른 한편으로는 먼저 상호를 등기한 자의 **사법상의 권리**를 인정하여 동일 또는 유사상호의 등기배척권을 인정한 것이라고 하는 것이 **다수설이다**[홍; 徐(논), 112; 徐(주), 152; 李(범), 141; 林(홍), 109; 鄭(동), (총) 152; 蔡(이), 80; 李·崔, 92]. 그 결과 이 규정에 위반하여 동일 또는 유사한 상호가 등기공무원의 잘못으로 등기된 경우에는 부정한 목적과 관계 없이 먼저 등기한 권리자의 등기말소청구권이 인정된다고 본다[大 2004. 3. 26, 2001 다 72081].

　(다) **예　　외**　　등기배척의 규정은 다음과 같은 예외적인 경우에는 적용되지 않는다.

　a) **행정구획의 변경**　　행정구획의 변경으로 동종의 영업에 두 개의 동일상호가 양립하게 된 경우에는 적용되지 않는다.

　b) **지점등기**　　지점소재지에 이미 동일상호가 등기되어 있는 경우에도 본점소재지에서 적법하게 상호가 등기된 때는 지점의 표시를 하고 지점등기를 할 수 있다.

　4) 손해배상청구권　　등기상호의 상호권자가 상호전용권을 행사한 경우에도 부정사용으로 인하여 손해가 있으면 그 배상을 청구할 수 있는 것은 미등기상호의 경우와 같다.

　(3) **부정경쟁방지법에 의한 상호권 보호**　　동법에 의하면 국내에 널리 인식된 타인의 상호와 동일 또는 유사한 것을 사용하여 타인의 영업상의 시설 또는 활동과 혼동되는 행위(동법 2 ① 나)를 하는 자가 있는 때에는 그로 인하여 자신의 영업상의 이익이 침해되거나 침해될 우려가 있는 자는 법원에 그 행위의 금지 또는 예방을 청구할 수 있다(동법 4①). 이 경우에 부정한 목적이나 부정경쟁행위자의 고의·과실은 그 요건이 아니다[大 95. 9. 29, 94 다 31365·31372; 大 96. 1. 26, 95 도 1464]. 부정경쟁방지법에 의하면 미등기상호의 경우에도 부정경쟁의 목적까지는

입증할 필요가 없고 상호의 **주지성만** 입증하면 된다는 점에서 상법에 의하여 상호전용 권을 주장하는 경우보다 유리하다. 이 경우에 주지성은 국내의 전역은 아니라도 국내의 일정한 지역에서 거래자 또는 수요자들 사이에 널리 알려져 있으면 족하다$\left[\begin{smallmatrix} \pm\ 96.\ 10.\ 15,\ 96\ \text{다} \\ 24637;\ \pm\ 97.\ 2.\ 5, \end{smallmatrix}\right.$ $\left.\begin{smallmatrix} 96\ \text{마}\ 364 \\ (\text{결정}) \end{smallmatrix}\right]$. 고의 또는 과실에 의한 부정경쟁행위로 타인의 영업상 이익을 침해하여 손해를 가한 자는 손해배상책임을 진다($\frac{\text{동법}}{5}$).

[39]　제 4　商號의 移轉과 廢止

Ⅰ. 상호의 이전

(1) **상호의 양도**　　상호는 등기와 관계 없이 경제적 가치가 있는 일종 의 지적재산권이므로 그 양도성이 인정된다.

1) **양도의 원칙**　　상호의 양도는 원칙적으로 영업과 **함께** 하는 경우에 한하여 인정한다($\frac{\text{상}}{25}$). 즉 상호만의 양도는 원칙적으로 금지한다. 왜냐하면 영 업과 분리하여 상호만의 양도를 인정하게 되면 동일 상호의 배후에 동일 영업 의 존재를 예상하는 일반공중의 이익을 보호할 수 없게 될 것이기 때문이다. 상호의 양도에 있어서 영업은 반드시 그 전체가 양도되어야 하는 것은 아니고 중요한 부분의 이전이 있으면 된다고 본다. 그러나 상호 없이 영업만의 양도는 가능하며, 이 경우에 양수인은 신상호로 영업을 계속할 수 있다.

2) **예　　외**　　상법은 예외적으로 영업을 폐지한 때에 한하여 상호만 의 양도를 인정한다($\frac{\text{상}\ 25\ \text{I}}{\text{전단}}$). 이 경우에 **영업의 폐지**란 행정적 절차에 의한 폐지 뿐만 아니라 사실상 폐업한 경우도 포함한다$\left[\begin{smallmatrix} \pm\ 88.\ 1.\ 19, \\ 87\ \text{다카}\ 1295 \end{smallmatrix}\right]$. 이를 인정하는 이유는 상호양도인이 영업을 계속하지 않으므로 상호양수인의 영업과 혼동할 우려가 없으며, 상호에 부수된 재산적 가치는 환가할 수 있어야 한다는 데 있다.

3) **효　　력**　　상호의 양도는 **당사자간의 의사표시만**으로 그 효력이 생긴다. 미등기상호의 경우도 등기를 하여야만 제 3 자에게 대항할 수 있다는 견해가 있으나$\left[\begin{smallmatrix} \grave{\text{李}}(철), \\ 153 \end{smallmatrix}\right]$, 이 경우에는 대항요건을 구비하지 않고도 제 3 자에 대 한 대항이 가능하다$\left[\begin{smallmatrix} \text{동};\ \hat{\text{鄭}}(동),\ (\grave{\hat{\text{총}}}) \\ 153;\ \text{蔡}(이),\ 84 \end{smallmatrix}\right]$. 그러나 등기한 상호의 양도는 제 3 자에 대 한 대항요건으로서 등기를 하여야 한다$\left[\frac{\text{상}}{25\ \text{II}}\right]$.

(2) **상호의 상속**　　상호는 양도뿐만 아니라 상속도 가능하다. 등기상호 의 상속의 경우에 승계인이 그 상호를 계속 사용하고자 할 때에는 상속인 또 는 그 법정대리인이 등기의 신청을 하여야 한다($\frac{\text{비송}}{\text{I},\ 169}^{167}$). 그러나 상속의 등기는 양도의 경우와 달리 상호이전의 대항요건이 아니다.

2. 상호의 폐지

(1) 의 의 상인은 상호의 사용을 폐지하거나 상호를 변경함으로써 종래의 상호에 대한 상호권을 상실하고 상호는 폐지된다. 일반적으로 상호는 영업과 함께 폐지된다.

(2) 폐지·변경의 등기 등기상호를 폐지 또는 변경한 경우에는 상호를 등기한 자가 그 폐지·변경의 등기를 하여야 한다($_{비송\ 166\ II}^{상\ 40;}$). 영업의 종류를 변경한 경우도 같다($_{비송\ 166\ II}^{상\ 40;}$). 이 경우에 변경등기를 하지 않으면 종래의 상호를 등기한 자는 상법 제23조 제4항에 의한 보호를 받지 못하고 또한 변경된 영업과 동종의 영업을 하고자 하는 제3자가 상법 제27조에 의한 등기의 말소를 청구할 우려가 있기 때문이다. 미등기상호의 경우에는 영업의 종류가 변경되었어도 상호를 변경할 필요가 없고 변경된 영업을 위하여 종래의 상호를 계속 사용할 수 있다.

(3) 말소청구권 상호의 폐지·변경의 등기를 해태하더라도 아무런 제재가 없기 때문에 그 폐지·변경의 등기를 하지 않는 경우를 고려하여, 상호를 변경 또는 폐지한 경우에 2주간 내에 그 상호를 등기한 자가 변경 또는 폐지의 등기를 하지 않는 때에는 이해관계인이 그 등기의 말소를 청구할 수 있다($_{27}^{상}$).

(4) 상호폐지의 의제 상호를 등기한 자가 정당한 사유 없이 2년간 상호를 사용하지 아니하는 때에는 이를 폐지한 것으로 본다($_{26}^{상}$)$\left[_{70\ 다\ 1225\cdot1226}^{大\ 70.9.17,}\right]$. 이 규정은 타인의 상호선정의 자유를 도모하기 위한 것이다. 즉 상호를 정당한 사유 없이 2년간이나 사용하지 않는 상인의 이익보다 상호선정에 관한 제3자의 이익을 보호하기 위한 것이라고 할 수 있다.

3. 상호의 변경

개인상인의 상호는 언제든지 변경할 수 있으나 회사의 상호는 정관의 절대적 등기사항이므로($_{289\ I\ (2),\ 543\ I\ (1)}^{상\ 179\ (2),\ 270,}$) 그 변경에는 정관의 변경이 필요하다. 그리고 상호를 변경한 경우는 등기를 하여야 하며($_{271\ I,\ 317\ II\ (1)}^{상\ 40,\ 180\ (1),}$), 이를 해태하면 선의의 제3자에게 대항하지 못한다($_{37\ I}^{상}$). 그러나 변경등기를 하지 않고 신상호를 사용한 경우도 회사는 그 사용으로 인한 책임을 면하지 못한다. 왜냐하면 상호의 변경으로 회사의 실체가 바뀌는 것은 아니기 때문이다. 그러므로 상호의 변경등기 이후에 구상호에 의하여 한 회사의 행위도 유효한 것이다.

[事例演習]

◇ 사　례 ◇

甲은 서울에서 甲제과라는 상호로 과자를 만들어 판매하고 있었는데 고등학교 동창생인 乙의 요구를 받아들여 乙이 대구에서 甲제과 대구 지점이라는 상호를 사용하여 과자를 만들어 판매하도록 허락하였다. 그러나 乙이 불량한 과자를 만들어 파는 등 甲제과라는 상호의 신용에 나쁜 영향이 미칠 것을 우려하여 乙에게 이후 상호의 사용을 금지할 것을 통고하고 대구에서 발행되는 일간신문에 乙의 영업은 甲제과와는 아무런 관계가 없다는 것을 광고하였다. 그럼에도 불구하고 乙은 종래의 상호를 사용하여 영업을 하면서 丙으로부터 제과용 향료를 100만원을 지급하기로 하고 구입하였다. 丙은 甲에 대하여 그 대금의 지급을 청구할 수 있는가?

[해 설]　명의대여자의 책임에 관하여 약술하고 상호사용을 허락한 이후에 그 철회의 효력을 검토하여야 한다. 이 사례의 경우 신문에 광고를 한 것은 철회를 위한 적절한 조치로 볼 수 있다. 丙이 신문광고를 보았다면 丙은 선의라고 할 수 없고, 丙이 신문광고를 보지 못한 경우에는 丙은 선의라고 할 수 있으나 丙에게 과실이 있는 경우에도 甲은 책임을 지는가 하는 것이 문제가 된다. 그러나 丙에게 중대한 과실이 있는 경우에만 甲은 명의대여자로서의 책임을 면한다고 한다면 丙이 신문광고를 보지 못한 것을 중대한 과실이라고는 할 수 없으므로 甲은 그 책임을 면하지 못한다. 판례의 입장도 같다 (大 87. 3. 24, 85 다카 2219).

◇ 사　례 ◇

「김충신 제과점」은 서울 일원에서 그 제품의 독특한 맛과 신선도로 인해 주부와 어린이들에게 호평을 얻고 매년 매출액의 증가를 보이고 있었다. 한편 한 지방도시에서 제과업에 종사하던 김충신이라는 자가 서울로 이주하여 여의도의 모 빌딩 1층을 임차하고 「김충신 베이커리」를 개업하였다. 이로부터 수개월 후 김충신 제과점은 자신의 월 매출액이 종래에 비하여 20% 정도 감소하였음을 발견하였다. 상법하에서 김충신 제과점의 영업주는 어떠한 구제를 받을 수 있는가? (상세한 해설은 商事判例 硏究 (최기원 외), 46면 이하 참조)

〈출제　梁明朝〉

[해 설]　(1) 본 사례의 경우 「김충신 제과점」은 자신의 상호전용권에 기

해 부정사용의 폐지 및 등기말소의 청구(후자의 등기가 되어 있다면)와 함께 손해의 배상도 청구할 수 있다.

(2) 「김충신 제과점」의 상호가 미등기상호인 경우 부정목적의 입증은 이를 주장하는 자에게 있으므로 「김충신 베이커리」의 상호사용이 부정목적에 의한 것임을 입증하여야 한다. 그러나 「김충신 제과점」의 상호가 등기상호라면 동일한 지역에서 확연히 구별되지 않는 다른 상호가 사용되는 경우로서 「김충신 베이커리」의 영업주에게 부정한 목적이 있음이 추정된다. 「김충신 베이커리」의 영업주가 부정한 목적이 없었음을 입증하지 못하는 한, 「김충신 제과점」측에 「김충신 베이커리」 상호의 사용폐지와 손해배상의 청구가 인정된다. 그 밖에 등기배척권도 인정된다.

(3) 한편 본 문제의 범위를 벗어나지만 「김충신 제과점」의 상호가 미등기이고 「김충신 베이커리」가 그 상호를 등기하였다면 「김충신 제과점」은 그 상호를 계속 사용할 수는 있으나 장래 그 상호를 등기할 수 있는 길은 봉쇄당하게 된다.

제 2 절 商業帳簿

[40] 제 1 序 說

1. 경제적 기능

기업의 구성부분과 그 가치는 끊임없이 변화하기 때문에 상인이 상업장부를 통하여 재산상태를 명확하게 하는 것은 영업성과의 평가와 장래의 영업계획의 수립을 위하여 필요하다. 특히 회사의 경우 상업장부는 사원에 대한 이익배당의 기초가 될 뿐만 아니라 사원이 유한책임을 지는 물적회사(주식회사와 유한회사)에 있어서는 회사채권자 및 일반공중의 이익을 위하여도 필요하다. 또한 상업장부는 공평한 과세를 위한 자료를 제공하고 노사관계에 있어서도 중요한 의미를 갖는다.

2. 의 의

상업장부란 상인이 영업상의 **재산상태** 및 손익의 **상황**을 명확하게 하기 위하여 법률상의 의무로서 작성하는 장부이다. 즉 상인은 회계장부와 대차대조표를 작성하여야 한다($^{상}_{30\,II}\,^{29\,I\cdot}$).

(1) **상인의 장부**　　상업장부는 상인이 상법상의 의무로서 작성하는 장부이므로($_{29\,I}^{상}$), 상인이 아닌 자($^{상호보험회사\cdot}_{협동조합\,등}$)가 작성하는 장부는 상업장부와 유사하더라도 상업장부가 아니고, 소상인이 작성하는 장부는 상법상의 의무에 의한 것이 아니므로 상업장부가 아니다($^{상\,9}_{참조}$).

(2) **재산상태 및 손익에 관한 장부**　　영업과 재산상태를 파악하기 위한 직접적인 목적 이외에 작성하는 주식회사의 주주명부($_{352}^{상}$)·사채원부($_{488}^{상}$)·총회의 의사록($_{373}^{상}$)·영업보고서($^{상\,477}_{의\,2}$)·중개인의 일기장($_{97\,I}^{상}$) 등은 상법상의 의무로서 작성하는 장부라도 상업장부가 아니다.

(3) **상업장부와 재무제표**　　주식회사와 유한회사는 매 결산기에 재무제표($^{대차대조표\cdot손익계산서\cdot이익잉여}_{금처분계산서\cdot결손금처리계산서}$)를 작성하여야 되는데($^{상\,477\cdot}_{579\,I}$), 이 중 대차대조표는 상업장부와 일치하지만 기타의 서류는 상업장부가 아니다$\left[^{상업장부와\,재무제표의\,차이}_{점에\,대하여는\,640면\,참조}\right]$. 주식회사와 유한회사만이 작성의무를 지는 대차대조표부속명세서($^{상\,477}_{579\,I}$)는 상업장부인 대차대조표의 내역명세서를 기재한 것이므로 상업장부성이 인정된다고 할 것이다. 반면에 회계장부는 상업장부이지만 재무제표는 아니다.

[41] 제2 商業帳簿에 관한 義務

Ⅰ. 작성의무

(1) **작성의무자**　　상인은 상업장부를 작성할 의무가 있다($_{29\,I}^{상}$)($^{상법\,제9조}_{에\,의하여}$ $^{소상인은}_{제외됨}$). 작성은 사용인에게 맡겨도 무방하다. 회사의 경우는 업무집행사원·이사 또는 청산인이 이를 작성하여야 한다.

(2) **작성방법**　　1) 상업장부의 형식·장정·기재방법 등에 관하여는 상법에 특별한 규정이 있는 경우가 아니면 일반적으로 공정하고 타당한 회계관행에 의한다($_{29\,II}^{상}$). 상법에서는 다만 회계장부에는 거래와 기타 영업상의 재산에 영향이 있는 사항을 기재할 것을 요구하고 있다($_{30\,I}^{상}$). 또한 대차대조표에 관하여는 상인은 영업을 개시한 때와 매년 1회 이상 일정한 시기에, 회사는 성립한 때($_{172}^{상}$)와 매 결산기에 회계장부에 의하여 작성하고 작성자가 기명날인 또는 서명하여야 한다고 규정하고 있을 뿐이다($_{30\,II}^{상}$).

2) 주식회사의 외부감사에 관한 법률($^{80.\,12.\,31.}_{법\,3297호}$)의 규정($^{13;\,동법}_{시행령\,6}$)에 의하여

마련된 「기업회계기준」($\frac{81.12.31\ 재무부승}{인.\ 96.12.27\ 개정}$)은 일반적으로 공정·타당한 회계관행에
의하여 작성된 것으로, 외부감사의 대상이 되는 주식회사뿐만 아니라 기타의
모든 기업에 대하여도 적용되는 것으로 되어 있다($\frac{동.기준}{133}$). 기업회계기준은 공
정·타당한 회계관행에 의하여 마련된 것이므로 이 기준에 따르면 공정·타당
한 회계관행에 의한 것으로 추정된다.

2. 보존의무

(1) 보존기간   상인은 상업장부 및 영업에 관한 중요한 서류를 장부폐
쇄일로부터 10년간 보존하여야 한다($\frac{상}{33}$). 영업에 관한 중요한 서류의 범위는
주문장이나 영수증과 같이 후일에 분쟁이 생길 때에 증거자료가 될 수 있는
것을 포함한다. 전표 또는 이와 유사한 서류는 5년간 보존하면 된다($\frac{상\ 33}{1\ 단}$).

(2) 보존의무자   상인은 보존기산 내에 영업을 폐지하여 상인자격이
소멸된 후에도 보존의무가 있으며, 본인이 사망했을 때에는 그 상속인이 보존
하여야 하고, 또 영업양도의 경우는 양수인이 보존의무를 진다. 상법은 회사에
대하여 특별한 규정을 두고 있다($\frac{상\ 266,\ 269,}{514,\ 613}$).

(3) 보존방법   보존방법에는 제한이 없고 후일에 증거자료로서 제공
될 수 있는 한 어떠한 방법에 의하든 무방하다. 그리하여 1995년의 개정상법
에서는 상업장부는 마이크로필름 기타의 전산정보처리조직에 의하여 보존할
수 있도록 하였다($\frac{상}{33}$Ⅲ). 세부사항은 대통령령으로 정한다($\frac{상}{33}$Ⅳ).

3. 제출의무

법원은 신청에 의하여 또는 직권으로 소송당사자에게 상업장부 또는 그
일부분의 제출을 명할 수 있다($\frac{상}{32}$). 당사자의 신청($\frac{민소}{343}$)이 없더라도 법원은 직
권으로 상업장부의 제출을 명할 수 있다. 상업장부의 제출의무를 지는 자는 상
업장부의 보존의무를 지는 자로서 장부의 소지인이다. 제출하여야 할 장부의
범위는 상업장부의 전부 또는 일부이며 영업에 관한 중요한 서류는 포함되지
않는다. 상업장부는 증거능력이 있으나 법정된 특별증거력은 없으므로 법원은
모든 사정을 참작하여 자유로운 심증에 의하여 판단한다($\frac{민소}{202}$)($\frac{자유심}{증주의}$).

4. 상업장부에 관한 의무위반의 효과

(1) 작성의무를 위반한 경우에 개인상인은 사법상의 책임을 지지 않으며,

또한 상법상의 제재도 없다. 그러므로 이는 불완전법규라고 할 수 있다. 회사가 상업장부의 작성의무를 위반한 경우에도 회사 자체는 사법상의 책임을 지지 않는다. 그러나 주식회사나 유한회사의 이사가 작성의무를 해태한 때에는 법령위반의 행위로서 회사에 대하여 손해배상책임을 지고, 또한 악의 또는 중대한 과실로 인한 임무해태로 볼 수 있는 때에는 제 3 자에 대하여도 손해배상책임을 진다($\frac{\text{상 } 399,}{401, 567}$).

(2) 회사가 상업장부에 기재할 사항을 기재하지 않거나 부실기재를 한 때에는 과태료의 제재가 따른다($\frac{\text{상 } 635}{1 \text{ (9)}}$).

[42]　제 3　商業帳簿의　種類

상인이 작성하여야 하는 상업장부에는 회계장부와 대차대조표가 있다($_{29}{}^{상}_{1}$). 종래에는 구상법($^{30}_{1}$)에 의하여 재산목록의 작성의무도 있었으나, 1984년의 개정상법에 의하여 이를 삭제하였다. 다만 청산재산목록($\frac{\text{상 } 533,}{613 \text{ 1}}$)과 파산재산목록($\frac{\text{채무자회생}}{483}$), 그리고 정리재산목록($\frac{\text{채무자회생}}{91}$) 등이 잔존할 뿐이다.

I. 회계장부

(1) 의　　의　　　회계장부란 상인이 거래와 기타 영업상의 재산에 영향이 있는 모든 사항을 기재하는 장부로서($_{30}{}^{상}_{1}$) 재산상태의 변동을 기록한 것이다. 회계장부의 범위에 관하여는 아무런 규정이 없지만 매일의 거래를 기재하는 전표와 이를 각 계정과목에 따라 분류하는 분개장, 그리고 이것을 최후로 종합하여 기재하는 원장을 비롯하여, 그 밖에 현금출납부, 상품수도장, 어음·수표책 등 그 명칭에 구애됨이 없이 재산의 증감 및 변동을 기록하기 위하여 작성하는 것은 모두 회계장부에 속한다고 할 수 있다.

(2) 기재사항　　　회계장부에는 영업상의 재산에 영향이 있는 모든 사항을 기재하여야 한다. 그러므로 법률행위뿐만 아니라 불법행위, 그리고 영업상의 재산에 영향을 미치는 화재·수해 등도 기재하여야 한다. 회계장부는 영업상의 재산에 영향이 있는 사항만을 기록하는 것이기 때문에 개인상인의 경우에 사용재산은 기재할 필요가 없다고 본다. 그러나 영업재산에서 지출한 개인상인의 가사비용이나 반대로 영업재산에 투입한 사용재산은 기재하여야 될 것이다.

(3) 기재방법　　　회계장부에 기재할 사항은 일반적으로 공정·타당한 회

계관행에 따라서 기재하여야 한다($^{상}_{29 \, II}$). 단식부기와 복식부기의 방법 중에 어
떠한 방법을 택할 것인가 하는 것은 기업의 규모와 특수성에 따라 임의로 정
할 수 있지만 개인상인도 자본금액이 1,000만원 이상인 완전상인만이 상업장
부의 작성의무를 지므로 복식부기로 하여야 할 것으로 본다. 현재 세법상 법인
은 복식부기하여야 하며($^{법세}_{62}$), 비상인인 개인의 경우도 소득이 다양하게 많은
때에는 복식부기를 하도록 요구하고 있다. 소량거래와 목욕탕·이용업·극장
등 공중을 상대로 하는 공중접객업에서 볼 수 있는 소액의 거래는 현금거래와
외상거래로 분류하여 매일의 총액을 기재할 수 있다($^{구상}_{29 \, II}$).

　(4) 기재시기　　　기재시기도 일반적으로 공정·타당한 회계관행에 의하
면 된다. 즉 기재사항이 생긴 때에 즉시 매일 기재하여야 되는 것은 아니고 상
당한 시기에 그 발생순서에 따라 기재하면 될 것이다[$^{동: 孫(주),}_{157}$].

2. 대차대조표

　(1) 의　　의　　　회계장부는 영업의 동태를 나타내는 데 비하여, 대차대
조표는 일정한 시섬에 있어서의 영업의 정태(靜態)를 파악하기 위하여 작성하
는 장부이다. 대차대조표는 재산의 구성상태를 개괄적으로 표시하기 위한 목
적으로 작성하는 재산의 일람표로서 회계장부를 기초로 하여 동일종류에 속하
는 재산을 1항목으로 일괄하여 여기에 가액의 총액을 자산($^{차}_{변}$)과 부채 및 자본
($^{대}_{변}$)의 부로 구분하여 기재하는데, 이는 기업이 현재 가지고 있는 재산과 가지
고 있어야 할 재산($^{자본금·준비}_{금·부채 등}$)을 대조함으로써 기업의 재산상태와 손익관계를
명확하게 하기 위하여 작성하는 것이다. 즉 대차대조표는 양자를 비교하여 자
산이 부채와 자본을 초과할 때에는 그 차액을 이익으로서 부채와 자본의 부에
기재하고, 반대의 경우는 차액을 손실로서 자산의 부에 기재하여 양자의 합계
액을 일치시키는 대조표이다.

　(2) 작성의 시기와 종류　　　대차대조표는 그 작성의 시기와 목적에 따라
서 통상대차대조표와 비상대차대조표로 구분된다. 전자는 영업의 계속을 전제
로 하여 개업시 또는 회사의 성립시에 작성하는 개업대차대조표와 매년 일정
한 시기 또는 매 결산기에 작성하는 결산대차대조표를 말하고, 후자는 회사에
있어서 청산·파산·합병·정리절차개시 등의 경우에 작성하는 대차대조표를
말한다($^{상 247 \, I, 256 \, I, 269, 522의 2 \, I, 533,}_{I, 597, 613; 파 179 \, I ; 회정 178}$).

　(3) 작성의 형식과 방법　　　상법은 대차대조표에 관하여 회계장부에 의

하여 작성하고 작성자가 기명날인 또는 서명하여야 한다고 규정하고 있을 뿐
이고($\frac{\text{상}}{30 \text{ II}}$), 그 형식에 관하여는 특별한 규정을 두고 있지 않다.

《대차대조표》(보고식)

제×기 20××년 ×월 ×일 현재
제×기 20××년 ×월 ×일 현재

회사명　　　　　　　　　　　　　　　　　　　　　　　　　　　단위: 원

	제×(당)기	제×(전)기
	금　　액	금　　액
자　산		
Ⅰ. 유동자산	× × ×	× × ×
（1）당좌자산	× × ×	× × ×
（2）재고자산	× × ×	× × ×
Ⅱ. 고정자산	× × ×	× × ×
（1）투자자산	× × ×	× × ×
（2）유형자산	× × ×	× × ×
（3）무형자산	× × ×	× × ×
（4）이연자산	× × ×	× × ×
자산총계	× × ×	× × ×
부　채		
Ⅰ. 유동부채	× × ×	× × ×
Ⅱ. 고정부채	× × ×	× × ×
부채총계	× × ×	× × ×
자　본		
Ⅰ. 자 본 금	× × ×	× × ×
Ⅱ. 자본잉여금	× × ×	× × ×
Ⅲ. 이익잉여금	× × ×	× × ×
Ⅳ. 자본조정	× × ×	× × ×
자본총계	× × ×	× × ×
부채와 자본총계	× × ×	× × ×

　　「기업회계기준」에 의하면 대차대조표는 기업의 재무상태를 명확히 보고하기
위하여 대차대조표작성일 현재의 모든 자산과 부채 및 자본을 적정하게 표시해야
한다($\frac{\text{동 기준}}{10 \text{ I}}$). 대차대조표는 보고식 또는 계정식으로 작성하여야 하며 아울러 동 기
준에서는 각각의 표준양식을 정하고 있다($\frac{\text{동 기준 11 II, 별지}}{\text{제1호∼제4호}}$). 이 밖에도 대차대조표의
작성에 관하여 상세한 규정을 두고 있다($\frac{\text{동 기준}}{11∼38}$).

3. 비상재산목록

구상법($^{30}_1$)에 의하면 통상재산목록인 개업재산목록과 결산재산목록의 작성의무가 있었으나 1984년의 개정상법에서는 이러한 작성의무에 관한 규정을 삭제하였다. 그러나 개정 후에도 청산재산목록($^{상\ 533,}_{611\ Ⅲ}$)과 파산재산목록($^{채무자}_{회생\ 483}$)과 정리재산목록($^{채무자}_{회생\ 91}$) 등의 비상재산목록을 작성하여야 하는데 이들은 상업장부라고 할 것이다.

[43]　제 4　資産評價의 原則

I. 서　　설

(1) 상업장부의 작성에 있어서 중요한 문제는 자산의 평가방법이라고 할 수 있다. 왜냐하면 그 평가방법에 따라 상인 자신과 제3자에게 중대한 영향을 미치기 때문이다. 자산을 과대평가하면 상업장부에 가공의 재산이나 이익이 계상되어 기업의 합리적 경영을 기대할 수 없게 될 뿐만 아니라 가공의 이익에 의한 분배는 기업의 재산적 기초를 부실하게 할 우려가 있다. 반대로 자산의 과소평가는 비밀준비금을 적립하는 결과가 되어 기업의 자산과 손익평가를 불분명하게 한다.

(2) 상법은 회계장부에 기재할 자산의 평가방법을 **유동자산**과 **고정자산**으로 구분하여 규정하고 있다. 이 평가원칙은 대차대조표에 적용되는 원칙이기도 하다. 이는 상인일반에 관한 통칙이지만 주식회사와 유한회사에 대하여는 특칙이 존재하므로($^{상\ 452,}_{583}$) 총칙규정은 보충적으로 적용된다.

2. 유동자산의 평가

(1) **선택주의**　　1) 회계장부에 기재할 유동자산은 취득가액·제작가액 또는 시가에 의하여 평가하여야 한다. 그러나 시가가 취득가액 또는 제작가액보다 현저하게 낮은 때에는 시가에 의한다($^{상}_{31(1)}$). 즉 상법은 원가주의와 시가주의를 병용하여 상인이 양자 중에서 택일하는 **선택주의**를 원칙으로 하고, 다만 원가주의를 택한 경우에도 시가가 원가보다 현저하게 낮은 때에는 시가에 의하도록 하였다. 이러한 예외적인 경우는 상인이 처음부터 **시가주의**를 택한 때에는 적용될 여지가 없다.

2) 상법총칙에서 상인의 유동자산의 평가에 관하여 원가주의를 원칙으로 하는 주식회사 또는 유한회사와는 달리 원가주의와 시가주의를 병용하는 선택

주의를 인정한 것은 영업의 규모가 크지 못한 개인사업의 경우에 원가의 기록이 보존되지 않는 경우가 있음을 고려한 것이다. 이러한 유동자산의 평가원칙은 원가주의를 원칙으로 하는 주식회사 또는 유한회사에 관한 유동자산의 평가원칙($^{상}_{본, 583}\,^{452\,(1)}_{1}$)과 다르지만 시가가 현저하게 낮은 때에 시가에 의하는 것은 양자가 같다($^{상}_{단, 583}\,^{452\,(1)}_{1}$).

(2) 평가의 일률성　　　　유동자산의 평가는 한 가지 원칙에 의하여 일률적으로 평가하여야 하며, 자산의 종류에 따라 또는 영업연도마다 다른 원칙을 적용하지 못한다고 본다.

3. 고정자산의 평가

고정자산의 평가는 취득가액 또는 제작가액으로부터 상당한 감가액을 공제한 가액에 의하되, 예측하지 못한 감손이 생긴 때에도 상당한 감액을 하여야 한다($^{상}_{31\,(2)}$). 즉 고정자산은 원가주의에 의하여 매 결산기에 통상의 감가상각과 예측불능의 감가액도 감액하여야 한다. 고정자산의 평가를 원가주의에 의하는 것은 시가가 원가보다 높은 경우에 시가에 의한 평가익의 산정을 방지하기 위한 것이다. 이 원칙은 개인상인과 모든 회사에 적용된다.

4. 비상상업장부의 평가원칙

비상대차대조표의 평가원칙에 대하여는 특별한 규정이 없다. 그러나 기업이 소멸되지 않고 그 존속을 전제로 하는 회사의 합병이나 인적회사의 사원이 퇴사하는 때에 지분계산을 위하여 작성하는 비상대차대조표는 통상대차대조표의 경우에 준하며, 반대로 기업의 해체를 전제로 하여 회사의 청산 또는 기업의 파산의 경우에 작성하는 비상대차대조표는 사원에 대한 재산분배와 채권자에 대한 변제를 위하여 기업의 해체환가가치를 산출하여야 될 것이므로 매각가격($^{청산}_{가격}$)에 의하여 평가하여야 할 것이다.

5. 자산의 과소평가

상법은 채권자보호를 제일주의로 하여 자산의 과대평가를 방지하는 데 목적을 두고 있다. 그리하여 자산의 과소평가에 관하여 명문의 규정은 없지만 자산의 지나친 과소평가나 부채의 과대평가는 기업의 재산상태를 객관적으로 나타내야 하는 상업장부의 본래의 목적에 위배되고 일반적으로 공정·타당한 회계관행($_{29}^{\text{상}}{}_{\text{II}}$)에도 어긋난다고 할 것이다.

제3절　營業所

[44]　제1　意　　義

(1) **영업활동의 중심**　　영업소란 기업의 영업활동에 있어서 중심이 되는 일정한 장소를 말한다. 영업소는 일정한 범위의 독립성을 갖고 영업에 관하여 내부적으로 지휘·명령을 하고, 외부적으로도 영업목적인 기본적 거래가 이루어지며 영업활동의 결과가 통일되는 곳을 말한다. 일반적으로 영업의 목적인 기래는 영업소에서 이루어지지만 단순히 영입직 거래가 제결되는 곳($_{\text{정차장}}^{\text{예: 매점·}}$)은 영업소라고 할 수 없다. 또한 사실적 행위($_{\text{조·가공}}^{\text{상품의 제}}$)만이 이루어지는 공장이나 창고는 영업소가 아니다.

　　　　판례는 「어떠한 영업장소가 상법상 지점으로서의 실체를 구비하였다고 하려면 그 영업장소가 본점 또는 지점의 지휘·감독 아래 기계적으로 제한된 보조적 사무만을 처리하는 것이 아니라, 일정한 범위 내에서 본점 또는 지점으로부터 독립하여 독자적으로 영업활동에 관한 결정을 하고 대외적인 거래를 할 수 있는 조직을 갖추어야 한다」는 입장이다$\begin{bmatrix}\text{大 98. 8. 21,} \\ \text{97 다 6704}\end{bmatrix}$.

(2) **계　속　성**　　영업소는 영업활동의 중심인 장소로서 시간적으로 어느 정도 계속성이 있어야 되므로 일시적인 매점은 제외된다. 그러나 일정한 기간 계속적으로 개설되는 매점($_{\text{중의 매점}}^{\text{해수욕기간}}$)은 영업소로 볼 수 있다.

(3) **고　정　성**　　영업소는 어느 정도 고정성이 있어야 되므로 이동매점은 영업소라고 할 수 없다.

(4) **등　　　기**　　개인상인의 경우에 영업소는 등기사항이 아니지만 상호의 등기나 지배인의 선임등기에 있어서는 동시에 영업소도 등기가 된다($_{34}^{\text{상}}$). 회사의 경우는 회사의 본점소재지는 정관에 기재되어야 하며($_{\text{I (6), 543 II (5)}}^{\text{상 179 (5), 270, 289}}$) 또한 등기를 하여야 한다($_{\text{549 II (1)}}^{\text{상 180 (1), 271,}}$).

(5) **영업소의 판단기준**　　1) 영업소인가의 판단은 단순한 형식적 표시나 당사자의 주관적 의사만 기준으로 할 것이 아니라, 객관적 사실에 따라 위

의 요건이 실질적으로 구비되었는가에 의하여 결정해야 할 것이다. 회사가 아닌 상인은 임의로 사실과 다른 특정한 장소를 영업소로 표시할 수 없으나, 당사자가 부실한 영업소를 등기한 때에는 선의의 제 3 자는 이를 영업소로 볼 수 있다($\frac{\text{상}}{39}$).

2) 회사의 경우 등기된 형식적 의의의 영업소와 사실상의 영업활동의 중심지인 실질적 의의의 영업소가 다른 경우가 많다. 이러한 현상은 개인상인의 경우에 주소와 영업소가 분리되는 것과 같다. 이 경우에 영업소에 관한 법률효과를 어느 곳을 기준으로 할 것인가 하는 문제는 각 규정의 입법취지에 따라 결정하여야 할 것이다. 일반적으로 기업활동에 관한 사항($\substack{\text{채무이행, 어음} \\ \text{상의 권리행사}}$)은 실질적 의의의 영업소를 기준으로 하고, 기업조직에 관한 사항($\substack{\text{관할법원, 주주총} \\ \text{회의 소집지 등}}$)은 형식적 의의의 영업소를 기준으로 하여야 할 것이다.

3) 거래상대방인 제 3 자는 실질적 의의의 영업소를 기준으로 하여 회사에 대항할 수 있으며, 회사는 형식적 의의의 영업소를 신뢰한 선의의 제 3 자에 대하여는 금반언의 원리와 외관법리에 의하여 영업소로서의 실체를 갖추지 못하였다는 이유로 대항할 수 없다고 본다($\frac{\text{상}}{39}$).

[45] 제 2 種　　類

상인이 하나의 동일한 영업을 위하여 수개의 영업소를 둔 경우에 전영업을 통괄하는 영업소를 본점이라 하고, 여기에 종속되어 지휘·명령을 받는 영업소를 지점이라고 하는데 이 양자간에는 주종관계가 생긴다. 상법에서 인정하는 영업소는 영업소로서의 실질을 갖춘 본점과 지점뿐이며 영업소의 업무를 부분적으로 분담하거나 영업소의 단순한 지원장소에 불과한 출장소·분점·사무소·직매소 등은 영업소가 아니다. 그러므로 본점·지점의 지휘감독 아래 기계적으로 제한된 보조적 서류만을 처리하는 영업소는 상법상의 영업소라 할 수 없다[$\substack{\text{大 78. 12. 13,} \\ \text{78 다 1567}}$].

[46] 제 3 法律上의 效果

I. 일반적 효과

(1) 상인의 주소와 영업소는 보통 다르지만 일치하는 경우도 있다. 이 때

에는 영업소가 우선적인 지위를 갖는다. 법은 영업소에 대하여 다음과 같은 법률상의 효과를 인정하고 있다. i) 상행위로 인하여 생긴 채무의 이행장소가 되고($\substack{민\ 467\ Ⅱ\\ 단;\ 상\ 56}$), ii) 등기소 및 관할법원을 결정하는 기준이 되며($\substack{상\ 34;\\ 민소\ 12}$), iii) 소송법상의 서류송달의 장소가 된다($\substack{민소\\ 183\ Ⅰ}$). 그리고 iv) 변제장소를 정하지 않은 증권채권의 변제장소는 채무자의 현영업소이며($\substack{민\ 516,\\ 524}$), v) 파산사건 및 화의사건의 경우에 채무자의 영업소는 관할법원을 결정하는 기준이 되고($\substack{파\ 96;\\ 화\ 3}$), vi) 표현지배인의 인정을 위한 기준이 된다($\substack{상\\ 14\ Ⅰ}$).

(2) 회사의 영업소에는 구체적으로 다음과 같은 법률효과가 인정된다. i) 주주총회·사원총회의 소집지를 정하는 기준이 되고($\substack{상\ 364,\\ 571\ Ⅲ}$), ii) 주주명부, 사채원부, 재무제표, 영업보고서, 감사보고서, 정관, 주주총회 및 이사회의 의사록의 비치장소가 되고($\substack{상\ 396,\ 448\ Ⅰ,\\ 579의\ 3\ Ⅰ,}$), iii) 회사에 관한 비송사건의 관할법원을 정하는 기준이 되고($\substack{비송\\ 72}$), iv) 회사정리사건에 있어서 관할법원을 정하는 기준이 되며($\substack{회정\\ 6}$), v) 섭외사법상 준거법을 정하는 기준이 되고($\substack{국사\ 29,\\ 32,\ 33}$). vi) 회사법상의 각종의 소의 전속관할법원 결정의 기준이 된다($\substack{상\ 186,\ 240,\ 229,\ 238,\ 376,\\ 380,\ 381,\ 403,\ 430,\ 446,\\ 511,\ 530,\ 552,\\ 565,\ 595,\ 603}$).

2. 지점의 경우

영업소인 지점도 본점으로부터 분리되어 영업활동을 할 수 있는 조직으로서 독립성이 인정되기 때문에 다음과 같은 효과가 인정된다. i) 지점의 영업도 영업양도의 대상이 되고($\substack{상\ 374\ Ⅰ\\ 참조}$), ii) 지점에서의 거래로 인한 특정물의 인도 이외의 채무의 이행은 그 지점을 이행장소로 보며($\substack{상\\ 56}$), iii) 지점의 영업만을 위하여 지배인을 선임할 수 있고, 등기를 하여야 하며 ($\substack{상\ 10,\\ 13}$), 지점지배인의 대리권의 범위는 지점의 영업에 국한된다($\substack{비송\\ 179\ Ⅰ\ (4)}$). 또한 iv) 본점소재지에서 등기할 사항은 지점소재지에서도 등기하여야 하는데($\substack{상\\ 35}$), 지점소재지에서의 등기는 본점소재지의 그것과 관계 없이 독립하여 그 효력이 생기며($\substack{상\\ 38}$), v) 이는 지점의 영업에 관한 표현지배인의 인정을 위한 기준이 된다.

제 5 장 商業登記

[47] 제 1 序 說

상인은 영업에 관하여 기밀을 유지할 필요도 있지만 기업의 기초와 책임관계의 내용을 공시함으로써 그 자신의 신용을 유지할 수 있으며 그 내용이 불량한 기업은 자연도태될 수도 있다. 공시한 사항에 관하여 제3자에게 대항할 수 있는 이익도 있다. 또한 거래가 일반공중을 상대로 하여 집단적이고 계속적으로 이루어지는 경우에는 기업에 관한 중요한 사항을 공시함으로써 거래상대방은 자기와 상인간의 행위의 효과를 예측할 수 있어 거래의 원활·안전 및 신속과 확실성을 높일 수 있게 된다. 상업등기제도는 일반공중과 상인 자신의 이익을 위하여 필요한 제도이다.

[48] 제 2 商業登記

(1) 의 의   상업등기란 상법의 규정에 따라 법원의 상업등기부에 완전상인에 관한 법정사항을 법정의 절차에 따라 등기하는 것을 말한다($\substack{상\\34}$).

> 선박등기($\substack{상\,743;\\선\,8}$)는 상법의 규정에 의한 등기이긴 하지만, 그 성질이 부동산등기와 같기 때문에 특별법에 따라 별도의 등기부에 하도록 되어 있으므로 상업등기가 아니다. 그 밖에 상법의 규정에 의하지 않는 부동산등기나 협동조합 및 상호보험회사의 등기($\substack{보업\\47}$)도 상업등기에 속하지 않는다.

(2) 상업등기부의 종류   상업등기부에는 상호·무능력자·법정대리인·지배인·합명회사·합자회사·주식회사·유한회사·외국회사에 관한 9가지가 있다($\substack{비송\\136}$).

(3) 상업등기에 관한 법규   상법에서는 상업등기의 실체적 법률관계와 약간의 절차사항에 관하여 규정하고 있을 뿐이고, 상세한 등기절차에 관하여는 비송사건절차법 제3편 제4장 및 상업등기처리규칙($\substack{대법원규칙 91.12.30.\\제1186호 전개}$)에서 규정하고 있다.

[49] 제 3 登記事項

1. 의 의

등기사항이란 상법의 규정에 의하여 상업등기부에 등기를 하여야 하는 사항을 말한다. 즉 상업등기는 법정사항에 한하여 인정되고 등기사항이 아닌 것($\binom{\text{예컨대 지배인의 대리권제한}}{\text{개인상인의 책임재산 등}}$)은 등기가 되어도 그 등기가 없는 것으로 본다.

2. 종 류

등기사항은 일반적으로 거래상 중요하고 법률적으로 의의가 있는 책임관계에 관한 사항이 많다. 이것을 크게 나누면 상인일반에 관한 사항($\binom{\text{상호}}{\text{지배인}}$), 개인기업에 관한 사항($\binom{\text{미성년자 또는 법정}}{\text{대리인에 의한 영업}}$) 및 회사에 관한 사항($\binom{\text{설립 · 자본의 증감 · 특수사채의}}{\text{발행 · 해산 · 청산 · 합병 등}}$) 등으로 구분할 수 있다.

(1) **절대적 등기사항·상대적 등기사항** 등기사항에는 상인이 반드시 등기를 하여야 하는 절대적 등기사항과 등기할 수 있는 권리가 있을 뿐이고 의무는 없는 상대적($\binom{\text{임의}}{\text{적}}$) 등기사항이 있다. 후자에는 영업양수인의 채무불인수의 등기($\genfrac{}{}{0pt}{}{\text{상 42 Ⅱ 전단;}}{\text{비송 168}}$), 개인상인의 상호등기($\binom{\text{비송}}{164}$) 등이 있다. 상대적 등기사항이라도 일단 등기를 한 때에는 절대적 등기사항과 마찬가지로 그 변경이나 소멸이 있는 경우에 당사자는 지체없이 변경 또는 소멸등기를 하여야 한다($\binom{\text{상}}{40}$).

(2) **창설적**($\binom{\text{설정}}{\text{적}}$) **등기사항·선언적 등기사항·면책적 등기사항** 회사의 설립 및 합병등기는 법률관계의 창설을 위한 것으로 창설적($\binom{\text{설정}}{\text{적}}$) 등기사항이라 하고, 지배인의 선임 및 해임등기는 이미 유효하게 형성된 법률관계의 선언을 위한 것으로 선언적 등기사항이라 하며, 지배인의 해임등기 및 사원의 퇴사등기 등은 면책적 등기사항이라고도 한다.

3. 지점의 등기

지점이 있는 경우에 상법상 다른 규정이 없으면 본점의 소재지에서 등기할 사항은 지점의 소재지에서도 등기하여야 한다($\binom{\text{상}}{35}$). 이 경우에 등기할 사항은 절대적 등기사항을 말한다. 그러나 절대적 등기사항이라도 다른 규정이 있는 경우로서 지배인의 선임과 대리권의 소멸에 관한 등기는 그 지배인을 둔 본점 또는 지점소재지에서 등기하면 된다($\binom{\text{상}}{13}$).

4. 등기의 해태

절대적 등기사항의 등기를 해태한 때에는 등기의무자가 그 등기사항으로 선의의 제3자에게 대항할 수 없다는 불이익($\frac{상}{37}$)이 있는 외에 상인일반에 대하여 특별한 제재는 없다. 등기사항의 변경·소멸의 등기($\frac{상}{40}$)를 해태한 경우도 같다. 개인상인에 대하여는 아무런 제재가 없으므로 **불완전법규**이지만 회사가 상법 제3편에서 정한 등기를 해태한 때에는 과태료의 제재를 받는다($\frac{상}{635\,I\,(1)}$).

[50] 제4 登記節次

I. 등기의 신청

(1) 신청주의   등기할 사항의 발생, 변경 또는 소멸의 등기는 원칙적으로 당사자의 신청에 의하는데($\frac{상\ 34,\ 40;}{비송\ 147}$), 이것을 당사자신청주의라고 한다. 등기의 신청은 서면으로 하여야 하며 소정의 사항($\frac{비송}{150\,II}$)을 기재하고 신청인 또는 그 대표자나 대리인이 기명날인하여야 한다($\frac{비송}{150}$).

(2) 예   외   신청주의에 대한 예외로서 등기사항이 재판에 의하여 생긴 때에는 법원의 촉탁에 의하여 등기한다. 예컨대 회사의 설립무효 및 취소판결이나 합병무효의 판결이 확정된 경우($\frac{비송\ 98,\ 107,}{(2),\ 99}$), 주주총회의 결의사항을 등기한 경우 결의취소 및 무효판결이 확정된 경우($\frac{상\ 378,\ 380,\ 578;}{비송\ 107\ (7)}$), 재판에 의한 회사의 해산등기($\frac{비송}{93}$)나 해산이 의제된 휴면회사의 해산등기($\frac{개정상법부칙}{25\,I;\ 비송\ 214\,II}$), 그리고 주식회사의 정리절차개시의 결정이 있는 경우($\frac{회정}{17,\ 20}$) 등이 이에 해당한다.

(3) 당사자출석주의   등기는 법령에 다른 규정이 없으면 당사자 또는 그 대리인이 등기소에 출석하여 이를 신청하여야 한다($\frac{비송}{148\,I}$). 그러나 촉탁에 의한 등기의 경우와 회사의 본점과 지점소재지에서 등기할 사항에 관하여 지점소재지에서 등기를 신청하는 경우에는 이를 적용하지 않는다($\frac{동조}{II}$).

2. 관할등기소와 등기관

상법의 규정에 의한 등기는 그 등기신청자의 영업소가 있는 소재지의 지방법원, 그 지원 또는 등기소가 관할한다($\frac{상\ 34,\ 40;}{비송\ 129}$). 등기관은 지방법원, 동 지원과 등기소에 근무하는 법원서기관·등기사무관·등기주사·등기주사보 중에서 지방법원장이 지정한 자가 된다($\frac{비송}{132}$).

3. 등기관의 심사권

(1) 서   설   상업등기는 국가가 하는 **공증행위**라고 할 수 있다. 그러므로 등기에 공신력이 인정되는지의 여부와 관계 없이 등기는 실질관계와 부합하여야 한다. 그리하여 등기관은 신청서를 접수한 때에는 일정한 절차를 거친 후에 지체없이 신청에 관한 모든 사항을 조사 내지 심사하여야 한다($부동시규 \atop 73$). 즉 심사를 통해서 등기를 할 것인가 또는 신청을 각하할 것인가를 결정하여 등기의 실행 또는 신청각하의 처분을 하여야 한다. 그러므로 등기관의 심사권이란 공적 장부라고 할 수 있는 등기부에 허위의 등기가 되는 것을 방지하고 등기가 실질관계와 부합되도록, 등기관이 등기절차의 모든 단계에서 등기신청의 적법 여부를 심사할 수 있는 권한을 말한다.

(2) **등기소의 심사권에 관한 입법주의**   이에 관한 입법주의는 크게 형식적 심사주의와 실질적 심사주의로 구분할 수 있다.

1) **형식적 심사주의**   등기소는 등기신청의 적법성에 관하여 형식적으로만 심사할 권한과 의무가 있을 뿐이라고 한다. 즉 신청사항이 법정등기사항인가, 그 등기소의 관할사건인가, 적법한 신청자 또는 그 대리인인가, 또한 신청서 및 그 부속서류가 법정의 형식을 구비하였는가에 관하여 부적합한 경우에 신청을 각하할 수 있을 뿐이며, 등기관은 등기의 신청이 실체법상의 권리관계와 일치하는가를 조사하여 등기신청의 수리 여부를 결정할 권한은 없다는 것이다. 즉 형식적 심사주의에서는 등기관은 형식적 사항에 관해서만 증명을 요구할 수 있고 그 증명을 하지 못하는 때에는 등기신청을 각하할 수 있다고 한다[$李(병), 170; \atop 徐(정), 194$].

2) **실질적 심사주의**   등기소는 신청사항에 관하여 형식적 심사는 물론이고 그 **진실성**까지도 조사할 직무와 권한이 있다고 한다[$徐(돈)· \atop 129$]. 즉 등기관은 등기의 신청이 등기절차법상의 요건에 적합하는가의 여부뿐만 아니라 그 등기사항이 실체법상의 권리관계와 일치하는가의 여부까지도 심사를 하여야 한다고 한다. 예컨대 등기원인인 법률행위 또는 기타의 법률사실의 실체법상의 유효 여부를 조사하여야 한다는 것이다.

3) **수정실질적 심사주의**   등기소는 실질적 심사주의에 의하여야 하지만 의문이 없는 경우에는 심사할 의무가 없으며, 심사를 이유로 하여 등기절차를 지연시키는 것은 오히려 직권남용이라고 한다[$鄭(희), 119~120; 孫(주), \atop 172; 李(원), 133$].

4) 사　　견($^{수정형식적}_{심사주의}$)　　　(가) 등기관은 법관이 아니라 기록관에 불과하므로 등기사항의 진실성을 심사할 수 있는 능력을 기대할 수 없고, 오늘날 기업이 급증하여 등기사항이 많고 또 자주 변경되는 실정을 감안할 때 실질적 심사주의는 그 실현이 곤란하다고 할 수 있다. 또한 등기는 신청의 표시를 기재한 것으로서 공신력이 없을 뿐만 아니라 등기소의 실질적 심사권을 인정하게 되면 수많은 신청사항의 등기가 지연됨으로써 진실의 공시에서 얻는 이익보다 기업거래에 있어서 혼란을 초래하여 더 큰 불이익이 야기될 수 있다. 그러므로 형식적 심사주의가 타당하지만 등기소는 상당한 이유로써 등기신청사항의 진실성에 관하여 의심할 여지가 있을 때에는 그 진실성을 조사하여야 하며, 의심할 여지가 없다면 그 진실성을 조사할 권한이나 의무는 없다고 본다$\begin{bmatrix}동: 蔡(이), 107; 鄭(동),\\(총) 189; 李(기), 110\end{bmatrix}$. 이를 수정형식적 심사주의라 하고자 한다.

(나) 수정실질적 심사주의도 의심할 여지가 없는 때에는 심사의무가 없다는 점은 같으나, 의문이 있으면 실질적 심사를 할 수 있다면서 심사로 인하여 등기가 지연되면 권한남용으로 보는 것은 의문이다.

　　　　판례는「변호사는 그 직무수행과 관련하여 의제상인에 해당한다고 볼 수 없어 상호등기에 의하여 그 명칭을 보호할 필요가 없으므로 변호사의 상호등기신청을 각하한 등기관의 처분이 적법하다」고 하였다$\begin{bmatrix}大 2007.7.26,\\2006 마 334\end{bmatrix}$.

(3) 개정 비송사건절차법상의 심사권　　　상업등기의 경우에 등기관의 심사권에 대하여도 부동산등기의 경우와 마찬가지로 심사권의 범위에 관한 규정은 존재하지 않는다. 1991년에 개정된 비송사건절차법 제159조에서는 부동산등기법 제55조의 경우와 같이 등기신청의 각하사유를 구체적으로 열거하고 있다($^{동조}_{(1)~(16)}$). 이는 모두 형식적 절차에 관한 사항으로서 형식적 심사주의에 속한다고 할 것이다.

4. 등기의 공시

(1) 서　　설　　　1995년의 개정상법에 의하여 제36조와 제37조 중에 공고에 관한 규정을 삭제하여 상업등기의 공고제도는 폐지되었다. 그리하여 상업등기도 등기부의 열람에 의한 수동적 공시만이 가능하게 되었다.

(2) 수동적($^{개별}_{적}$) 공시　　　상업등기부는 누구든지 수수료를 납부하고 등기부의 열람 또는 그 등본이나 초본의 교부를 청구할 수 있으며 이해관계 있는 부분에 한하여 등기부의 부속서류의 열람을 청구할 수 있다($^{비송}_{142 \, I}$).

[51]　제 5　商業登記의 效力

상업등기는 거래관계에 있어서 중요한 사항을 공시하기 위한 제도이므로 등기뿐만 아니라 공고를 함으로써 그 본래의 효력이 발생하는 것이지만, 1995년의 개정상법에 의하여 공고제도가 폐지되었으므로 모든 상업등기사항은 등기만에 의하여 일정한 효력이 생긴다.

Ⅰ. 일반적 효력

등기사항은 그 대상이 되는 사실이 존재하더라도 등기 후가 아니면 선의의 제 3 자에게 대항할 수 없고, 등기 후라도 정당한 사유로 인하여 알지 못한 제 3 자에 대하여는 대항할 수 없다($^{상}_{37}$). 이를 상업등기의 일반적 효력이라고 한다.

(1) 등기 전의 효력

1) 소극적 공시원칙　　(가) 등기할 사항($^{예컨대\ 지배인의\ 해임·회사의\ 해산·}_{사원의\ 퇴사·대표권의\ 상실\ 등}$)은 등기 전에는 선의의 제 3 자에 대항하지 못한다($^{상}_{37\ I}$). 등기의 부존재가 당사자나 등기관의 과실에 의한 때에도 같다. 이를 소극적 공시원칙이라 하는데, 이 원칙은 제 3 자의 보호를 목적으로 한다. 이 경우에 제 3 자란 등기당사자 이외의 자로서 거래상대방을 비롯하여 등기사항에 관하여 정당한 이해관계가 있는 자를 말한다. 여기서 등기당사자란 등기사항인 법률관계의 당사자($^{지배인\ 선임등기에\ 있어서}_{영업주와\ 지배인,\ 합명회}$ $^{사\ 사원의\ 퇴사등기에\ 있어서}_{회사와\ 퇴사원\ 기타\ 사원}$)로서 반드시 등기의 신청자와 일치하지는 않는다. 예컨대 영업주는 지배인의 해임등기 전에는 그 해임이 유효함에도 불구하고 해임된 지배인이 한 행위에 대하여 제 3 자에게 책임을 진다. 또한 합명회사로부터 퇴사한 사원이 등기사항($^{상\ 180}_{I,\ 183}$)인 퇴사등기를 해태한 때에는 사실상 퇴사한 이후에 회사가 부담한 새로운 채무에 대하여도 제3 자에게 책임을 면하지 못하게 된다. 다만 악의의 제 3 자($^{위의\ 예에서\ 해임\ 또는\ 퇴}_{사의\ 사실을\ 안\ 제\ 3\ 자}$)에게는 대항할 수 있다.

(나) 「선의」란 거래 당시에 등기사항의 존재를 알지 못한 것을 말하며 알지 못한 사실이 제 3 자의 과실이나 중대한 과실로 인한 경우를 포함한다$\begin{bmatrix}동:\ 李(기),\\ 200\end{bmatrix}$. 이와는 달리 중대한 과실이 있으면 악의로 본다는 견해도 있으나$\begin{bmatrix}李(철),\ 199;\\ 鄭(찬),\ 147\end{bmatrix}$, 집단적 거래가 이루어지는 상거래에 있어서 등기되지 않은 사항에 대하여까지 주의를 하여야 되는지는 의문이다.

(다) 등기 전에는 제 3 자의 선의가 추정되므로 제 3 자가 악의($^{등기사항의\ 존}_{재를\ 안\ 때}$)인

때에는 이를 주장하는 측에 입증책임이 있고, 선의·악의의 판단시기는 거래시를 기준으로 하며 거래 이후에 악의인 경우는 제3자에게 대항하지 못한다. 대항하지 못한다는 것은 등기당사자가 선의의 제3자에 대하여 등기사항의 내용인 사실을 주장할 수 없다는 뜻이다.

2) 예　　　　외　　　㈎ 제3자는 사실에 따라 당사자($\binom{예컨대\ 지배인을}{선임한\ 영업주\ 등}$)에게 대항할 수 있다. 즉 영업주가 지배인을 선임하였더라도 등기를 하지 않은 때에는 선임의 사실로써 선의의 제3자에게 대항할 수 없으나, 제3자는 영업주에 대하여 그 선임의 사실로써 대항할 수 있다. 또한 상호와 대표이사의 변경등기가 없더라도 제3자는 그 실질이 동일한 회사의 대표자가 발행한 어음에 대하여 상호와 대표이사가 변경된 사실을 주장하여 회사의 지급책임을 물을 수 있다.

㈏ 상법 제37조 제1항은 제3자를 위한 규정이므로 제3자는 선택권을 갖는다. 예컨대 사실상 해임되었으나 그 등기가 되지 않은 지배인과 거래한 제3자는 해임의 사실을 몰랐다는 이유로 영업주에 대하여 거래의 이행을 청구할 수도 있고, 그 거래가 불리한 때는 그 지배인이 사실상 해임되어 대리권이 없다는 이유로 계약의 무효를 주장할 수도 있다. 또한 등기당사자간에 있어서나 제3자 상호간에는 등기의 유무와 관계 없이 그 실질관계에 따라 그 사항의 존부를 주장할 수 있다.

⑵ 등기 후의 효력

1) 적극적 공시원칙　　　　일정한 사항이 성립 또는 존재하는 경우에 이를 등기한 때에는 대항력이 확장되어, 사실상 선의인 제3자라도 악의가 의제되어 등기사항으로써 대항할 수 있게 된다. 이러한 효력을 적극적 공시원칙이라 한다.

2) 예　　　　외

㈎ 정당한 사유의 존재　　　　등기한 후라도 정당한 사유로 인하여 이를 알지 못한 선의의 제3자에 대하여는 그 사항으로 대항하지 못한다($_{37}^{\ 상}_{\ Ⅱ}$). 정당한 사유란 교통두절이나 등기부의 소실 등의 객관적 장애로 제3자의 등기부의 열람이 불가능하였거나 이를 현저하게 곤란하게 하는 특별한 사정이 있었던 경우를 말하고, 주관적 사유($\binom{장기여행·}{질병\ 등}$)를 포함하지 않는다. 정당한 사유에 대한 입증책임은 이를 주장하는 제3자에게 있다.

㈏ 등기의 불일치　　　　등기한 후라도 등기한 사항이 사실과 다른 때에는 그 효력이 생기지 않는다.

㈐ 상법 제395조가 적용되는 경우   상법 제37조 1항은 외관에 대한 신뢰를 보호하기 위한 취지의 상법 제395조의 적용을 방해하지 않는다.

(3) 제 3 자에 대한 효력의 적용범위

1) 거래관계   ㈎ 상업등기의 제 3 자에 대한 효력은 거래관계에만 미치며 단순한 부당이득 및 불법행위로서 거래와 관련이 없는 사항 또는 청구권에는 적용되지 않는다. 예컨대 합명회사에 속하는 자동차에 부상당한 사람에 대하여 퇴사등기 전이라도 사실상 퇴사한 사원은 책임을 지지 않으며, 퇴사 이후에 생긴 회사의 조세채무에 대하여도 책임을 지지 않는다. 또한 해임된 지배인이 해임의 등기 전에 교통사고를 유발하여 부상당한 사람은 영업주에 대하여 상법 제37조 1항을 들어 불법행위로 인한 청구권을 행사할 수 없다.

㈏ 이에 반하여 상업등기의 효력은 거래에 의하지 않은 불법행위·부당이득 등에도 적용된다는 견해가 있나[鄭(희), 122]. 그러나 상법 제38조에서는 지점의 소재지에서 등기할 사항을 등기하지 아니한 때에 상법 제37조는 그 지점의 거래에 한하여 적용한다고 규정하고 있고, 불법행위에 의한 손해배상청구권에 관하여도 등기의 유무에 따라 제 3 자의 보호가 좌우된다는 것은 거래의 안전을 보호한다는 상업등기의 목적에 위배되므로, 이 견해는 타당하지 못하다고 본다[徐(돈), 131; 孫(주), 177; 徐(정), 108].

2) 소송관계   상업등기의 효력은 소송관계에도 적용된다. 예컨대 퇴임등기 전의 이사를 대표이사로 한 소장의 송달은 유효하고, 퇴임등기 전에 대표이사가 한 소의 취하에 대하여 회사는 법원에 대표이사의 무권한을 주장하지 못한다고 할 것이다. 그런데 소송행위에는 원칙적으로 상법 제37조가 적용되지 않는다는 견해도 있다[鄭(동), (총) 196].

3) 등기사항   ㈎ 상업등기의 효력은 면책적 등기사항(지배인의 해임·사원의 퇴사 등)뿐만 아니라 선언적 등기사항(지배인의 선임·사원의 입사 등)에도 적용된다. 예컨대 영업주가 새로 선임한 지배인이 한 계약의 해제 및 채무이행을 최고하는 경우에 선임의 등기가 없으면 선의의 제 3 자에게 대항할 수 없다.

㈏ 등기사항인 이상 절대적 등기사항뿐만 아니라 상대적 등기사항에도 적용된다. 상대적 등기사항도 등기를 하여야 선의의 제 3 자에게 대항할 수 있기 때문이다. 또한 새로 생긴 사항이나 기존의 사항을 변경 또는 소멸케 하는 사항의 경우도 같다. 특히 기존의 사항을 변경·소멸케 하는 사항은 기존의 사항이 등기되어 있지 않은 경우에도 적용된다. 예컨대 지배인을 선임한 후 선임등

기를 하지 않고 있는 동안에 이를 해임한 경우에도 해임의 등기를 하지 않으면 그 해임을 선의의 제 3 자에게 대항하지 못한다. 왜냐하면 상업등기의 소극적 공시원칙($_{37\,\text{I}}^{\text{상}}$)은 모든 등기사항에 대하여 독립적으로 적용되고 거래상대방은 등기 이외의 방법으로 지배인이 선임되었다는 사실을 알 수도 있기 때문이다.

　　4) 영 업 소　　　상업등기의 효력이 적용되는 지역적 범위는 등기한 영업소를 기준으로 한다. 즉 지점의 거래에 관하여는 본점소재지에서의 등기와는 관계 없이 지점소재지에서 한 등기만을 표준으로 한다. 그러므로 지점소재지에서 등기를 하기 전에는 본점소재지에서는 등기를 하였더라도 지점과 거래한 제 3 자가 악의인 경우가 아니면 등기사항으로써 대항할 수 없다($_{38}^{\text{상}}$).

　　2. 특수적 효력

　　상업등기는 등기를 함으로써 특별한 효력이 생기는 경우가 있다. 즉 그 등기에 특별한 효력이 인정되는 법률관계는 획일적으로 처리되어야 할 필요가 있으므로 제 3 자의 선의·악의를 불문하고 제 3 자에게 대항할 수 있다.

　　⑴ **창설적 효력**　　　등기에 의하여 새로운 법률관계가 형성되는 경우로서 설정적 효력이라고도 한다. 이는 등기가 이미 형성된 법률관계를 선언($_{\text{의 선}}^{\text{지배인}}$ $_{\text{의 등기}}^{\text{임·종임}}$)하는 데 불과한 선언적 효력과 다르다. 회사는 설립등기에 의하여 비로소 법인격을 취득하며($_{172}^{\text{상}}$), 회사의 합병은 합병등기에 의하여 그 효력이 생기는 것을 말한다($_{530\,\text{I},\,603}^{\text{상}\,234,\,269,}$). 상호의 양도는 물권적 관계에 있어서 등기에 의하여서만 대항력이 생긴다($_{25\,\text{II}}^{\text{상}}$)[$_{123}^{\text{동}:}$ $^{鄭(희),}$]. 상호전용권이 상호의 등기에 의하여 발생한다는 견해에 의하면, 상호등기의 창설적 효력이 인정되지만 상호전용권은 등기에 의하여 강화될 뿐이다.

　　⑵ **보완적 효력**　　　등기에 의하여 등기의 전제요건이 되는 법률사실의 하자가 보완되어 그 하자를 주장할 수 없게 되는 경우의 효력을 말한다. 즉 회사의 설립등기나 신주발행의 변경등기가 있은 후 1년이 경과한 때에는 주식청약서 또는 신주인수권증서의 요건의 흠결과 주식인수인의 의사표시의 하자가 보완되는 경우($_{427,}^{\text{상}\,320,}$)와 설립등기가 설립무효의 하자를 보완하는 경우($_{328\,\text{I}}^{\text{상}}$)가 그 예이다.

　　⑶ **기타 부수적 효력**

　　1) **행위의 허용**　　　주식회사는 설립등기를 한 다음에만 주권을 발행할

수 있고($_{355}^{상}$Ⅱ) 회사에 대하여 효력이 있는 주식의 양도를 할 수 있다($_{319}^{상}$).

2) 면책의 기초   인적회사에 있어서 사원의 퇴사등기와 회사의 해산 등기는 책임면제의 기초가 된다($_{267,\ 269}^{상\ 225,}$).

3. 상업등기의 공신력

(1) 서   설   상업등기는 객관적 사실의 존재를 전제로 하여 확보적 효력만이 있기 때문에, 그 기초인 사실이 존재하지 않거나 등기가 사실과 다르게 된 경우에는 아무런 효력이 발생하지 않는다. 즉 부실등기를 신뢰한 제3자를 보호할 수 있는 공신력은 없는 것이다. 즉 거래상대방은 등기가 있더라도 그것을 신뢰할 수 없고, 진실을 조사하여야 할 것이므로 거래의 안전과 원활을 기대할 수 없게 된다.

(2) 제한적 공신력   1) 상법은 고의 또는 과실로 인하여 사실과 상위한 사항을 등기한 자는 그 상위를 선의의 제3자에게 대항하지 못한다[$_{31,\ 68}^{大\ 68.7.}$ $_{22,\ 75\ 다\ 1446}^{다\ 1050;\ 大\ 77.2.}$]고 규정함으로써($_{39}^{상}$), 상업등기의 공신력을 제한적으로 인정하고 있다. 그리하여 등기신청인의 고의 또는 과실이 있는 경우에 한하여 외관법리와 금반언의 원리에 따라 선의의 제3자의 신뢰를 보호하고 있다. 즉 부실등기를 한 자는 자기에게 고의 또는 과실이 없다는 것이나 제3자의 악의를 입증하지 못하는 한 선의의 제3자에 대하여 그 상위로 대항하지 못한다.

2) 상법 제39조에서 말하는 「상위한 사항을 등기한 자」란 당해 등기를 신청한 상인인 등기신청권자를 말하는 것이지만, 취임등기의 당사자인 이사가 포함되는 경우도 있다. 즉 상위한 사항이 주식회사의 이사의 취임등기인 경우 그 등기에 대하여 당사자인 이사가 승낙을 하였을 때에는 그 이사도 부실한 등기에 동조한 것이므로, 당해 사항의 등기를 신청한 상인에 대한 관계에서와 마찬가지로 선의의 제3자를 보호할 필요가 있다. 그러므로 상법 제39조를 유추적용하여 취임등기의 당사자인 이사도 고의 또는 과실이 있는 한 당해 등기가 사실과 다르다는 것으로 선의의 제3자에게 대항할 수 없다고 할 것이다.

3) 이와 같이 상법이 당사자의 **귀책사유**($_{과실}^{고의·}$)가 있는 경우에만 제한적인 공신력을 인정한 이유는 등기관의 착오나 제3자의 허위신청에 의한 부실등기에 대하여도 등기에 의한 책임을 인정하는 것은 당사자에게 가혹할 뿐만 아니라 기업거래의 집단성과 대량성에서 볼 때 공신력의 철저한 관철은 기업의 기초를 위태롭게 할 수 있기 때문이다.

4) 상법 제39조는 공신력과 무관하고 다만 외관주의에 기초를 둔 제도라고 하는 입장도 있으나[李(철), 208),], 이는 상법 제39조의 입법취지에 어긋나는 주장이라고 하겠다. 또한 상업등기에는 공신력이 없으므로 공시적 효력의 문제로 다루어져야 한다는 주장도 있으나[李(기), 211),], 상법 제39조는 상업등기의 공시력을 규정한 상법 제37조와 다르므로 타당하지 못하다. 왜냐하면 공시적 효력이란 등기가 사실과 일치하는 경우에만 인정되는 효력이기 때문이다.

(3) **상법 제39조의 유추**   고의 또는 과실로 부실등기를 한 자뿐만 아니라 자기의 등기가 무권한자에 의하여 부실하게 등기되어 있음을 알고 부실등기의 **경정** 또는 **말소**를 하지 않은 자도 그 등기를 신뢰한 선의의 제 3 자에게 대항하지 못한다고 할 것이다. 또한 등기사항의 변경에도 불구하고 고의 또는 과실에 의하여 변경등기를 하지 않은 자도 마찬가지이다.

> 판례는 「제 3 자가 문서위조 등의 방법으로 등기신청권자의 명의를 모용하여 부실등기를 종료한 것과 같은 경우에 회사에 과실이 있거나 그 부실등기상태의 존속에 관하여 회사에게 과실이 있다 하더라도 이러한 사유만으로는 상법 제39조를 적용하여 회사의 책임을 인정할 수 없다」고 하였다[大 75. 5. 27, 74 다 1366].

이 판례에 대하여는 과실이 있는 경우에도 동조가 적용되어야 한다는 반대설이 유력하다[李(철), 209; 蔡(이), 119; 金建植, 법학(서울大) 34권 1호, 162; 金正皓, 「고시계」(93. 7), 210]. 그러나 제 3 자가 부실등기를 한 때에는 고의 또는 중대한 과실이 있는 경우에만 동조를 적용하는 것이 타당하다고 본다. 다만 제 3 자에 의하여 부실등기가 되었다는 것을 알고 이를 방치한 데 대하여 과실이 있는 경우는 그 책임을 면하지 못한다고 할 것이다[동: 鄭(동), (총) 124].

4. 상업등기의 추정력

상업등기의 효력은 등기사항이 사실로서 존재하는 경우에 한하여 인정되므로 상업등기에는 등기사항의 존재에 대한 **사실상의 추정력**이 있을 뿐이고, 소송에 있어서 등기사항이 원용된 경우에 그 사항의 존재를 부인하는 자에 대하여 입증책임을 전환시키는 법률상의 추정력은 없다는 것이 통설이다.

[事例演習]

◇ 사 례 ◇

A는 주주총회 및 이사회의 결의를 거치지 않고 종로주식회사의 이사 및 대표이사에 취임하고 그 등기를 마쳤다.

〈설문 1〉 A는 종로주식회사의 이사로서 책임을 부담하는가?

〈설문 2〉 진정한 대표이사가 위와 같은 사실을 알면서 허위등기에 대한 시정조치를 태만히 하여 그대로 방치한 경우에도 종로주식회사는 위 등기가 부실등기라는 것을 거래상대방에 대하여 주장할 수 있는가?

〈설문 3〉 사례에서 A가 실체가 전혀 존재하지 않는 회사에 대해 설립등기를 하고, 자신을 대표이사로 등기한 경우에도 A는 상법 제39조에 의하여 책임을 부담하는가?

〈설문 4〉 등기신청자 이외의 제 3 자가 허위신청을 하여 부실등기를 한 경우에도 상법 제39조가 적용되는가? 또한 등기사항이 아닌 사항에 대하여 부실등기가 이루어진 경우에도 상법 제39조가 적용되는가?

[해 설] **설문 1의 경우** 이사는 주주총회에서 선임되고, 또한 대표이사는 이사회의 결의에 의하여 선임된다($^{상\ 328,}_{389}$). 그러므로 A는 적법한 이사 및 대표이사가 아니고, 따라서 그 등기는 부실등기에 해당한다. A가 자신에 대한 등기를 승낙한 경우에는 등기의무자인 종로주식회사와 동일한 책임을 부담하는 것이 타당하므로, 상법 제39조상의 부실등기를 한 자와 동일한 책임을 져야 할 것이다.

설문 2의 경우 상법 제39조의 「사실과 상위한 사항을 등기한 자」에는 허위사실을 스스로 등기한 자뿐만 아니라, 이미 이루어진 등기가 허위임에도 불구하고 이를 알면서 그대로 방치한 자도 포함된다고 해석하는 것이 통설과 판례이다($^{大\ 71.\ 2.\ 23,\ 70}_{다\ 1361\ 참조}$). 그러므로 종로주식회사는 거래상대방에 대하여 등기의 부실을 주장할 수 없는 것이다.

설문 3의 경우 비록 설립등기는 되어 있으나 회사의 실체가 전혀 존재하지 않는 경우는 등기부상의 기재는 실체상의 원인을 결하고 있으므로, 회사는 법률상 주식회사로서 법인격을 취득하지 못하고 회사는 존재하지 않는다. 그러므로 대표이사의 등기도 무효이므로, A는 상법 제39조에 의하여 책임을 부담한다고 하기보다는 오히려 개인으로서 책임을 진다고 본다.

설문 4의 경우 등기신청자 이외의 제 3 자가 허위신청을 하여 부

실등기를 한 경우에는, 그것이 등기신청자의 고의 또는 중대한 과실에
의한 것이 아닌 이상 상법 제39조는 적용되지 않는다. 등기사항이 아
닌 사항에 대해서 부실등기가 이루어진 경우에도 상법 제39조는 적용
되지 않는다.

제 6 장   營業讓渡

제 1 절   營   業

[52] 제 1 序   說

영업은 단순한 물건이나 권리의 집합체가 아니라 그보다 더 큰 경제적 가치가 있으므로 한 번 성립한 영업이 영업목적이나 영업주의 변경에 의하여 해체된다면 이것은 영업의 당사자에게 불이익이 되고 대규모의 영업인 경우에는 사회적으로 실업의 사대를 유발하여 국민경제적으로도 커다란 손실이 아닐 수 없다. 이는 기업유지라는 상법의 기본이념에도 어긋나는 결과가 된다. 그리하여 상법은 영업을 양도의 대상으로 규정하고 있으며 그 양도 및 양수의 자유를 보상하고 있다. 또한 영업은 상속의 대상도 된다. 영업양도는 회사의 합병제도와 더불어 기업집중을 위한 수단으로 이용된다. 반면에 회사의 분할을 위한 방법으로 이용되기도 한다. 즉 회사의 특정한 영업부문을 독립시키고자 할 때에 자회사를 설립하고 이에 영업을 양도하는 경우가 있다.

[53] 제 2 營業의 概念

1. 서   설

영업은 양도의 대상이라고 할 수 있으나 상법에는 영업의 개념에 관한 규정이 존재하지 않는다. 영업이나 기업이라는 용어는 상법과 기타 법률에 의하여 자주 사용되고 있지만 그 내용은 법률의 목적과 규정의 입법취지에 따라 각기 다르다.

2. 주관적 의의의 영업

영업의 개념은 주관적 의의로는 상인의 영업상의 모든 활동을 말하는데 상법에서 「영업을 한다」고 한 경우($\frac{상}{29}, \frac{5, 6, 8,}{53, 60}$)가 이에 속한다. 그러나 영업활동은 영업의 종류에 따라 다르므로 영업양도에 있어서 문제가 되는 것은 객관적

의의의 영업이라고 할 수 있다($\substack{상\ 25,\ 41 \\ 참조}$).

3. 객관적 의의의 영업

(1) 의　　　의　　　객관적 의의의 영업이란 인적·물적 시설에 의하여 경제적 목적을 추구하는 조직적 일체로서의 영업재산의 총체를 말한다. 그러므로 영업의 구성요소는 영업활동을 통하여 얻어진 재산적 가치 있는 사실관계를 포함한 **영업재산**이라고 할 수 있다. 이것은 단순한 영업용재산과는 다르다. 개인상인의 사용재산은 제외되며 개인상인이 상호 또는 영업소를 달리하여 복수의 영업을 갖는 때에는 각 영업마다 영업재산이 존재하게 된다.

(2) 구성요소

1) 적극재산·소극재산　　　적극재산으로는 동산($\substack{상품·원료·유 \\ 가증권 등}$)·부동산($\substack{토지·건 \\ 물 등}$)과 권리인 지상권($\substack{민 \\ 279}$)·저당권($\substack{민 \\ 356}$)·질권($\substack{민 \\ 329}$) 등의 제한물권과 영업관계에서 발생한 채권, 불법행위·부당이득으로 인한 채권, 특허권·상표권·저작권·상호권 등의 무체재산권 등이 있으며, 영업에 관하여 발생한 각종의 채무도 소극재산으로서 영업의 구성요소가 된다.

　　상인의 영업재산은 특별재산으로서 사용재산과 구별되며 그 자체 독립하여 양도·임대차 등 채권계약의 목적이 된다. 그러나 일반채권자도 영업재산에 대하여, 영업상의 채권자도 사용재산에 대하여 강제집행을 할 수 있다. 개인상인의 경우에 영업재산의 범위는 상업장부를 기준으로 하여 정할 수밖에 없지만 회사의 재산은 모두 영업재산인 것이다.

2) 사실관계　　　재산적 가치 있는 사실관계도 영업의 구성요소가 된다. 이것은 영업의 전망을 측정할 수 있는 **경제적 관계**이며 영업의 핵심을 이루는 것으로서 영업활동에 의하여 생긴 부수적 산물이라고 할 수 있다. 즉 상호의 성가, 고객관계, 판매의 기회, 구입처관계, 경영내부의 조직, 영업상의 경험과 비결 등이 여기에 속한다.

　　판례는「상법 제42조 제1항의 영업이란 일정한 영업목적에 의하여 조직화된 유기적 일체로서의 기능적 재산을 말하고, 여기서 말하는 유기적 일체로서의 기능적 재산이란 영업을 구성하는 유형·무형의 재산과 경제적 가치를 갖는 사실관계가 서로 유기적으로 결합하여 수익의 원천으로 기능한다는 것과 이와 같이 유기적으로 결합한 수익의 원천으로서의 기능적 재산이 마치 하나의 재화와 같이 거래의 객체가 된다는 것을 뜻하는 것이므로, 영업양도가 있다고 볼 수 있는지의 여부는 양수

인이 유기적으로 조직화된 수익의 원천으로서의 기능적 재산을 이전받아 양도인이
하던 것과 같은 영업적 활동을 계속하고 있다고 볼 수 있는지의 여부에 따라 판단
되어야 한다」고 하였다[大 2005. 7. 22,
2005 다 602].

제 2 절 營業讓渡

[54] 제 1 序   說

l. 의   의

영업양도의 의의에 관하여는 영업의 구성요소 중에 어디에 중점을 두느냐
에 따라 다음과 같은 설이 있다.

(1) **영업재산양도설**   **1)** 이에 의하면 영업양도는 일정한 영업목적에
의하여 조직화된 유기적 일체로서의 기능적 재산의 이전을 목적으로 하는 **채
권계약**이라고 한다. 이 경우에 재산에는 물건 또는 권리의무뿐만 아니라 재산
적 가치 있는 사실관계가 포함된다고 하는데, 이 설이 타당하고 다수설이며
[동: 孫(주), 207; 李·崔, 119; 林(홍), 457; 鄭(동),
231; 李(기), 121; 鄭(찬), 158; 李(철), 240] 판례의 입장이다.

> 판례는 「영업양도라 함은 일정한 영업목적에 의하여 조직화된 업체의 일체로
> 서의 이전을 목적으로 하는 것으로서 영업이 그 동일성을 유지하면서 이전됨을 요
> 한다」고 하면서, 「점포에 있는 재고품 전부와 가공용 재봉틀을 매수하고 점포를 명
> 도받아 같은 상호로 잠시 동안 같은 종류의 영업을 한 사실만으로는 영업을 양도한
> 것으로 인정할 수 없다」고 한다[大 68. 4. 2,
68 다 185]. 그리고 **판례**는 「영업양도가 이루어졌는
> 가의 여부는 단지 어떠한 영업재산이 어느 정도로 이전되어 있는가에 의하여 결정
> 되어야 하는 것이 아니고 거기에 종래의 영업조직이 유지되어 그 조직이 전부 또는
> 중요한 일부로서 기능할 수 있는가에 따라 결정되어야 하므로, 영업재산의 일부를
> 유보한 채 영업시설을 양도했어도 그 양도한 부분만으로도 종래의 조직이 유지되
> 어 있다고 사회관념상 인정되면 그것을 영업양도라 볼 것이지만, 반면에 영업재산
> 의 전부를 양도했어도 그 조직을 해체하여 양도했다면 영업양도로 볼 수 없다」고
> 하였다[大 2003. 5. 30,
2002 다 23826]. **판례**는 「상법상의 영업양도는 일정한 영업목적에 의하여 조직
> 화된 유기적 일체로서의 기능적 재산인 영업재산을 그 동일성을 유지시키면서 일
> 체로서 이전하는 채권계약이므로 영업양도가 인정되기 위해서는 영업양도계약이
> 있었음이 전제가 되어야 하는데, 영업재산의 이전 경위에 있어서 사실상, 경제적으
> 로 볼 때 결과적으로 영업양도가 있는 것과 같은 상태가 된 것으로 볼 수는 있다고
> 하더라도 묵시적 영업양도계약이 있고 그 계약에 따라 유기적으로 조직화된 수익

의 원천으로서의 기능적 재산을 그 동일성을 유지시키면서 일체로서 양도받았다고
볼 수 없어 상법상 영업양도를 인정할 수 없다」고 하였다[大 2005. 7. 22,
2005 다 602].

2) 이 판결이 기업자체이전설에 의한 것이라는 주장도 있으나[鄭(희),
131], 이
는 영업재산양도설에 의한 판결이라고 할 수 있다[동: 孫(주), 207;
鄭(찬), 159]. 이것은 결국
양설이 그 적용에 있어서 커다란 차이가 없다는 것을 의미한다. 그리하여 이후
의 판례도 영업재산양도설의 입장임을 분명히 하고 있다.

> 즉 「영업의 양도란 일정한 영업목적을 위하여 조직화된 유기적 일체로서의 기
> 능재산(적극재산 및
소극재산)의 동일성이 유지되는 일괄이전을 의미한다」고 하였다[大 89. 12. 26, 88
다카 10128; 大
95. 7. 25, 95]
다 7987].

(2) **영업유기체양도설**   이에 의하면 영업양도는 유기체로서의 영업을
채권계약에 의하여 이전하는 것이라고 한다[車(낙),
143]. 이 설에서 말하는 유기체
의 내용이 무엇인지는 확실하지 않으나 영업재산양도설에 가깝다고 할 수
있다.

(3) **기업자체이전설**   이에 의하면 영업양도는 기업의 동일성을 유지
하면서 기업 그 자체를 일체로서 이전하는 계약이라고 한다. 여기서 이전은 기
업소유의 법적 관계에 변동을 생기게 하는 것이라고 한다[鄭(희),
130]. 이 설에서는
기업의 개념이 무엇인가에 대하여는 언급이 없으나, 영업과 동일한 개념으로
본다면 이는 영업재산양도설과 커다란 차이가 없다고 본다.

(4) **지위·재산이전설**   이에 의하면 영업양도는 경영자인 지위의 인계
와 영업재산의 이전을 내용으로 하는 채권계약이라고 한다[徐(돈), 137;
徐(정), 188]. 그러나
경영자인 지위의 이전은 사실관계를 포함한 영업재산의 이전의 효과에 불과하
고 그 자체가 영업양도의 핵심이 될 수 없다는 점에서 문제가 있다고 본다.

2. 법적 성질

영업양도의 법적 성질은 양도가 유상일 때에는 매매(민
563) 또는 교환(민
596)과
동일한 성질이 있으며 무상인 때에는 증여와 유사하지만, 양도인이 사실관계
에 대하여 부작위의무를 지는 점(상
41)에서는 복잡한 내용을 가진 **혼합계약**이라
고 할 것이다.

3. 영업양도와 합병[293면 이하 참조]

4. 영업의 일부양도

(1) 영업양도는 영업 전부를 양도하는 경우뿐만 아니라 그 일부를 양도하는 것도 가능하다. 영업의 일부를 양도하는 경우에도 단순히 영업을 구성하는 재산의 개별적인 양도와 달리 영업의 일부가 그 자체 하나의 영업으로서의 성격을 가지고 있어야 한다. 즉 양도대상이 되는 영업의 일부가 일정한 영업목적에 의해 일체로서 조직화된 기능적 재산이어야 한다. 영업 전부를 양도하는 것이 회사의 목적사업 전부를 양도하는 것임에 대하여, 회사가 수개의 독립한 영업을 영위하는 경우 그 가운데 1개의 영업을 양도하면 영업의 일부양도에 해당한다. 에컨대 부동신업·긴설업·칭고입을 영위하는 회사가 부동산업을 따로 떼어 양도하는 경우에는 영업의 일부양도가 된다. 그러나 개인상인이 각기 다른 업종의 수개의 영업을 독립하여 경영하고 있는 경우에 그 중 하나의 영업을 양도하는 경우는 영업의 일부양도가 아니라 영업의 전부양도라고 할 수 있다.

(2) 지점의 영업도 영업의 일부가 될 수 있으므로, 그 지점을 영업의 일부로 다른 사람에게 양도할 수 있다. 다만 실제 영업양도의 경우 그것이 영업의 일부양도인지, 아니면 단순한 개개의 재산의 양도인지 분명하지 않은 경우가 많은데, 이 경우에는 i) 양수재산 가운데 사실관계의 이전이 포함되는지 여부, ii) 양도대상의 가액이 개개 재산가액의 총액을 상회하는지 여부, iii) 영업이 활동하고 있는 형태 그대로 이전되는지 여부 등을 고려하여 결정하게 된다.

[55] 제2 營業讓渡의 當事者

영업양도의 당사자는 영업의 양도인과 양수인이다.

(1) 양 도 인 양도인은 개인상인이나 회사도 될 수 있으며 청산중의 회사도 청산(인적회사의 법정청산) 또는 재산환가의 방법(물적회사의 법 정청산의 경우)으로 영업을 양도할 수 있다. 개인상인은 영업의 양도에 의하여 상인자격을 상실한다. 그러나 상인이 수개의 독립된 영업을 갖는 경우 또는 동일한 영업을 위하여 수개의 영업소를 갖고 있는 경우에 그 중 하나의 영업소의 영업을 양도하거나 또는 영업을 양

도하고 다른 부류의 영업을 개시하는 때에는 상인자격을 상실하지 않는다.

　(2) 양 수 인　　양수인은 개인상인이나 회사뿐만 아니라 비상인도 될 수 있으며, 비상인은 영업을 양수함으로써 상인이 된다. 영업의 양수는 개업준비행위로 볼 수 있기 때문이다.

[56] 제3 營業讓渡의 節次

　(1) 개인상인　　개인상인의 영업양도에 있어서는 의사결정을 위하여 별다른 절차가 필요 없다.

　(2) 회　　사　　회사의 영업을 양도하는 경우에는 우선 내부절차로서 회사의 의사를 결정하여야 한다.

　1) 인적회사　　합명회사나 합자회사의 영업을 양도하는 경우에 회사가 존립중일 때에는 **총사원의 동의**가 있어야 하고($^{상\ 204,}_{269}$), 해산 후에 양도할 때에는 총사원의 과반수의 동의가 필요하다($^{상\ 257,}_{269}$). 인적회사가 다른 회사의 영업 전부를 양수하는 경우에 관하여는 주식회사와 유한회사의 경우와 달리 특별한 규정이 없으나 물적회사에 관한 규정($^{상\ 374\ I\ (3),}_{576\ I}$)을 유추하여 양도의 경우와 마찬가지로 총사원의 동의가 필요하다고 본다.

　2) 물적회사　　주식회사와 유한회사에 있어서는 영업양도를 하기 위해서는 해산의 전후를 불문하고 주식회사는 주주총회, 유한회사는 사원총회의 **특별결의**가 있어야 한다($^{상\ 374\ I\ (1),}_{567\ I}$). 다른 회사의 영업 전부를 양수하는 때에도 같다($^{상\ 374\ I\ (3),}_{576\ I}$). 그리고 주식회사의 경우는 회사의 영업에 중대한 영향을 미치는 다른 회사의 영업 일부를 양수하는 경우에도 주주총회의 특별결의가 있어야 한다($^{상\ 374}_{I\ (4)}$). 그러나 개인상인의 영업 전부를 양수하는 경우에는 총회의 특별결의를 필요로 하지 않는다. 그런데 주식회사와 유한회사는 영업용재산을 양도하는 경우에도 주주총회 또는 사원총회의 특별결의가 있어야 하는가라는 문제가 있다[$^{465면\ 이}_{하\ 참조}$]. 그리고 주식회사가 영업을 양도하는 경우는 양도반대주주의 주식매수청구권이 인정되므로($^{상\ 374}_{의\ 2}$), 이에 필요한 절차를 밟아야 한다.

[57] 제 4 營業讓渡의 效果

Ⅰ. 당사자간의 효과

영업양도의 당사자간의 효과로서 양도인은 적극적 의무인 영업재산의 이전의무를 부담하고 소극적 의무인 경업피지의무를 부담한다.

⑴ 영업재산의 이전의무(적극적 의무)

1) 영업의 동일성유지 양도인은 계약에 따라 영업에 속하는 모든 재산을 양수인에게 이전하여야 한다. 그러나 특약으로 영업의 동일성을 해하지 않는 범위 내에서 일부 재산의 이전을 제외할 수 있다. 이 점이 회사의 합병과 다른 점이다. 그러므로 영업의 양도는 영업의 핵심이 되는 중요한 부분의 양도로써 가능하다고 본다[大 89. 12. 26, 88 다카 10128].

2) 이전방법 영업양도는 채권계약이므로 양도인이 재산이전의무를 이행함에 있어서는 상속이나 회사의 합병의 경우와 달리 포괄적 승계가 인정되지 않으므로 특정승계의 방법에 의하여 재산의 종류에 따라 개별적으로 이전하여야 한다.

3) 대항요건의 구비 물건과 권리의 이전으로써 제 3 자에게 대항하려면 필요한 요건을 갖추어야 한다. 즉 동산은 인도(민 188), 부동산과 상호는 등기(민 186; 상 25 Ⅱ), 특허권·상표권은 등록(특허 101 Ⅰ ; 상표 56 Ⅰ), 지명채권은 채무자에 대한 통지나 승낙(민 450)[大 91. 10. 8, 91 다 22018·22025(반소)], 지시채권은 배서교부(민 508; 어 14; 수 16), 기명주식은 명의개서를 하여야 한다(상 336; 337).

4) 사용인에 대한 관계 양도인의 상업사용인 등에 대한 고용계약상의 권리도 영업의 동일성을 유지하기 위하여 필요하기 때문에 이전된다고 본다[大 91. 8. 9, 91 다 15225; 大 91. 11. 12, 91 다 12806]. 다만 이 경우에 상업사용인 등은 고용계약을 해지할 수 있을 뿐이다(민 661).

　　그리하여 판례에는 「영업양도 당사자 사이에 근로관계의 일부를 승계의 대상에서 제외하기로 하는 특약이 있는 경우에는 그에 따라 근로 관계의 승계가 이루어지지 않을 수 있으나, 그러한 특약은 실질적으로 해고나 다름이 없으므로, 근로기준법 제27조 제 1 항 소정의 정당한 이유가 있어야 유효하며, 영업양도 그 자체만을 사유로 삼아 근로자를 해고하는 것은 정당한 이유가 있는 경우에 해당한다고 볼 수 없다」고 한 것이 있다[大 94. 6. 28, 93 다 33173]. 그러나 판례 중에는 「영업의 양도·양수계약을 체결하면서 물적 시설과 함께 인적 시설도 포괄승계키로 했어도, 계약체결일 이전에

해고된 근로자로서 해고효력을 다투는 근로자와의 근로관계까지 승계되는 것은 아
니다」라고 한 것도 있다$\left[\begin{smallmatrix}大\ 95.\ 9.\ 29.\\94\ 다\ 54245\end{smallmatrix}\right]$.

5) 사실관계의 이전   재산적 가치 있는 사실관계에 대하여는 양수인
이 그 이익을 향수할 수 있도록 고객에 대하여 소개와 추천을 하여야 하고 구
매처관계 및 영업상의 경험과 비결을 양수인에게 전수(傳授)하여야 한다.

6) 채무의 이전   채무가 제외되지 않고 이전하는 때에는 채무의 인수
($\begin{smallmatrix}민\ 454\\참조\end{smallmatrix}$), 채무자의 변경으로 인한 경개($\begin{smallmatrix}민\\501\end{smallmatrix}$) 등의 절차가 필요하다. 그러므로 채
권자의 동의 없이 한 채무의 인수는 채권자에게 대항할 수 없다.

(2) 경업피지의무($\begin{smallmatrix}소극적\\의무\end{smallmatrix}$)

1) 총   설   영업양도는 조직적 일체인 영업재산의 총체를 양수인에
게 이전함으로써 동산·부동산·권리 등의 영업재산뿐만 아니라 사실관계를 이
용하게 하는 데 목적이 있으므로 양도인이 영업을 양도한 후 동종의 영업을
재개한다는 것은 영업양도의 취지에 어긋난다고 할 수 있다. 그리하여 상법은
영업양도의 실효를 거둘 수 있도록 양도인에 대하여 경업피지의무를 과하고
있다. 이 의무의 성질은 법정의무이다. 경업피지의무의 근거는 경영자의 지위
이전설에 의하면 경영자의 지위의 이전의 효과라고 할 수 있으나, 영업재산양
도설에 의하면 이는 영업양도의 효과라고 하기보다는 법률 또는 의사표시에
기한 효과라고 할 것이다.

2) 의무의 내용

(가) 특약이 없는 경우   영업양도에 있어서 경업피지에 관하여 다른 약
정이 없으면 양도인은 동일한 특별시·광역시·시·군과 인접 특별시·광역시·
시·군에서 10년간 동종영업을 하지 못한다($_{41}^{상}$₁).

(나) 특약이 있는 경우   양도인의 경업피지에 관한 다른 약정은 동일한
특별시·광역시·시·군과, 인접 특별시·광역시·시·군에 한하여 20년을 초과
하지 않는 범위 내에서 효력이 있다($_{41}^{상}$₁₁). 즉 그 기간의 최대한을 규정하고 있
기 때문에 이 기간을 초과한 계약은 그 초과부분을 무효로 한다.

3) 의무자의 범위   (가) 경업피지의무를 지는 자는 개인상인의 경우에
는 개인인 양도인이고, 회사의 경우에는 회사 자체라고 할 수 있다. 즉 상인인
양도인을 말한다.

판례는 「농업협동조합은 상인이라고 할 수 없으므로($^{농협}_{5 II}$) 동 조합이 도정공장을 양도하였더라도 상법 제41조에 의한 경업금지의무는 없다」고 하였다$\begin{bmatrix}大 69.3.25, \\ 68 다 1560\end{bmatrix}$.

주식회사의 경우에 대표이사가 영업양도 이후 동종영업을 재개하게 되면 영업양수인의 이익을 보호할 수 없게 될 것이다. 그러므로 회사의 경우에는 회사뿐만 아니라 회사의 대표자도 경업피지의무를 진다고 할 것이다.

(나) 반대로 개인상인이 영업을 양도하고 양도인이 회사를 설립하여 동종영업을 하는 경우에는 그 회사의 법인격을 부인하여$\begin{bmatrix}272면 이 \\ 하 참조\end{bmatrix}$ 사실상의 회사의 지배자인 양도인의 의무위반에 의한 책임을 추궁할 수 있다고 본다.

판례도 경업피지의무는 영업양도인 자신뿐만 아니라 제3자를 내세워 동종영업을 하는 것도 금하는 것을 내용으로 한다고 한 바 있다$\begin{bmatrix}大 96.12.23, \\ 96 다 37985\end{bmatrix}$.

4) 의무위반의 효과   영업양도인이 경업피지의무를 위반한 때에는 양수인은 영업양도인의 비용으로써 그 위반한 것을 제거하고 장래에 대한 적당한 처분을 법원에 청구할 수 있다($^{민}_{389 III}$). 그리고 의무위반으로 인하여 손해를 본 때에는 그 배상을 청구할 수 있다($^{민}_{393}·$).

판례는 「영업양도인이 그 부작위의무에 위반하여 영업을 창출한 경우 그 의무위반상태를 해소하기 위하여는 영업을 폐지할 것이 요구되고 그 영업을 타에 임대한다거나 양도하더라도 그 영업의 실체가 남아 있는 이상 의무위반상태가 해소되는 것은 아니므로 그 이행강제의 방법으로 영업양도인 본인의 영업금지 외에 제3자에 대한 영업의 임대, 양도 기타 처분을 금지하는 것도 가능하다」고 하였다$\begin{bmatrix}大 96. \\ 12.23, \\ 96 다 \\ 37985\end{bmatrix}$.

2. 제3자에 대한 효과

영업양도의 경우에는 제3자에 대한 대항요건을 구비하여야 하지만, 양도인의 영업과 관련한 채권자나 채무자가 양수인의 상호속용으로 인하여 영업주체가 바뀐 것을 모르는 경우가 많으므로 이들 제3자의 보호를 위하여 상법은 다음과 같은 규정을 두고 있다.

(1) 채권자에 대한 효과

1) 양수인의 책임

(가) 상호를 속용하는 경우   이 경우에는 양도인의 영업으로 인한 제3자의 채권에 대하여 양수인도 변제할 책임이 있다. 민법에 의하면 채무인수의

합의와 채권자에의 통지·승낙이 없는 한 양도인만이 채무자가 되는 데($^{민}_{454}$)
반하여, 상법은 채권자의 보호를 위하여 예외를 인정한 것이다.

　a) 책임의 요건과 효과

　　aa) 영업의 양도　　　양수인의 책임이 발생하기 위하여는 양도인의 영
업이 양수인에게 양도되어야 한다. 양도인과 양수인 사이의 영업양도계약이
유효한 경우뿐만 아니라 무효이거나 취소된 경우와 채무인수를 위한 계약이
없었거나 무효인 경우에도 양수인은 책임을 진다. 그리고 양도인과 양수인은
완전상인이어야 한다. 소상인에 대하여는 상호에 관한 규정이 적용되지 않기
때문이다($^{상}_9$). 또한 영업양도는 아니라도 영업을 현물출자하여 설립된 회사가
출자자의 상호를 계속 사용하는 때에도 영업양도의 경우에 양수인과 마찬가지
로 회사는 출자자의 채무를 변제할 책임이 있다.

　　　　판례는「영업을 출자하여 주식회사를 설립하고 그 상호를 계속 사용하는 경우
　　　에는 영업의 양도는 아니지만 출자의 목적이 된 영업의 개념이 동일하고 법률행위
　　　에 의한 영업의 이전이란 점에서 영업의 양도와 유사하며 채권자의 입장에서 볼 때
　　　에는 외형상 양도와 출자를 구분하기가 어려우므로 새로 설립된 법인은 상법 제42
　　　조 제1항의 규정의 유추적용에 의하여 출자자의 채무를 변제할 책임이 있다」고
　　　하였다[$^{大 89. 3. 28, 88 다카 12100; 大 95. 8. 22,}_{95 다 12231; 大 96. 7. 9, 96 다 13767}$].

　　bb) 책임의 범위　　　양수인은 양수한 재산과는 관계 없이 자신의 전재
산으로써 책임을 진다. 그리고 양수인은 양도인의 제3자에 대한 계약상의 채
무는 물론이고 영업과 관계가 있는 불법행위 또는 부당이득으로 인한 채무 및
조세채무와 소송비용에 대하여도 책임을 진다. 판례도 영업상의 활동에 있어
서 불법행위로 인한 손해배상채무는 영업으로 인하여 발생한 채무에 포함된다
고 한다[$^{大 89. 3. 28,}_{88 다카 12100}$]. 양수인은 양도인의 채권자의 청구에 대하여 양도인이 갖
는 모든 항변으로써 대항할 수 있고 양수한 채권으로써 상계를 주장할 수도
있다.

　　cc) 상호의 속용　　　양수인은 양도인의 상호를 계속 사용하는 경우에
책임을 진다. 양수인이 상호를 양수하지 않았음에도 양도인의 상호와 동일한
상호를 사용하거나 양도인의 상호와 반드시 일치하지 않더라도 상호의 핵심되
는 내용을 사용한 때에도 같다[$^{大 89. 12. 26,}_{88 다카 10128}$]. 양수인이 양도인의 영업으로 인한
채무에 대하여 책임을 지도록 하고 있는 이유는, 동일한 상호를 사용하는 경우

에는 채권자가 영업주체가 바뀐 것을 모르거나 이를 안 경우라도 대외적으로 양수인이 양도인의 전영업을 양수한 것으로 인식되어 **채무인수의 외관**이 있기 때문이다. 판례도 채권자가 영업양도를 알았더라도 채무불인수에 대하여 악의가 없는 한 채권자는 보호의 적격자라고 한 바 있다[大 89.12.26, 88 다카 10128].

　　dd) **채무불인수와 채권자의 선의**　　　상법 제42조 제 1 항은 외관에 대한 신뢰를 보호하기 위한 규정이므로 양도인의 영업으로 인한 채권자가 양수인이 채무를 인수하지 않았다는 것에 관하여 악의인 때에는 적용되지 않는다고 본다[同: 李(기), 131]. 판례도 이와 같은 입장이다[大 89.12.26, 88 다카 10128]. 이와는 달리 채권자가 악의인 경우에도 양수인은 면책되지 않는다는 견해가 있다[鄭(동), 244]. 그 이유를 보면 i) 채권자가 모르는 사이에 영업이 양도되면 채권자가 담보의 일부로 생각하였던 담보재산을 상실하게 되어 부당하고, ii) 양수인은 면책을 원하면 등기하거나 또는 간단히 채권자에게 통지를 하면 되는데 이러한 소지를 취하지 않았기 때문이라고 한다.

　　　　그러나 i)의 이유는 타당하지 못하다. 양수인이 책임을 지지 않으면 양도인에게 청구하면 될 것이고 양도인은 양도의 대가로 받은 재산이 있는 이상 특별히 담보재산을 상실하므로 부당하다는 것은 문제가 있다고 본다. ii)의 이유는 타당성이 없는 것은 아니다. 하지만 우리 상법에 의하면 통지를 하는 경우에는 양도인과 양수인이 공동으로 하여야 면책의 효력이 생긴다. 즉 양도인이나 양수인만에 의한 통지로는 면책이 되지 않는다[大 76.4.27, 75 다 1209·1210]. 면책을 위한 등기도 양수인이 단독으로 신청은 할 수 있으나 등기의 신청서에는 양도인의 승낙서를 첨부하여야 한다(비송 168). 즉 우리 상법에 의하면 양도인의 협력이 없으면 책임을 면할 수 없는 것이다. 그러므로 면책의 조치가 간단하다는 이유는 타당하지 못하다.

　　b) **책임의 배제**　　　양수인이 양도인의 채무에 대하여 책임을 면하려면 양도인의 영업상의 채무를 인수하지 않을 것을 약정하고 이를 지체없이 **등기**하거나(상 42 Ⅱ 전단; 비송 168), 양도인과 양수인이 지체없이 양수인이 채무에 대하여 책임을 지지 않는다는 뜻을 제 3 자에 대하여 **통지**하여야 한다(상 42 Ⅱ 후단). 그러므로 양도인과 양수인 중에 1 인이 한 통지로는 면책되지 않는다[大 76.4.27, 75 다 1209·1210]. 등기와 통지는 영업의 양수와 동시에 또는 양수 후 지체없이 하여야 하며, 이를 위반한 등기와 통지는 그 지체에 대하여 양수인에게 과실이 없거나 영업양수인이 구채무에 대하여 책임을 진다는 거래관행이 존재하지 않는 경우에도 면책의 효력이 생기지 않는다.

⒩ 상호를 속용하지 않는 경우　　　이 경우에는 양수인은 양도인의 영업으로 인한 채무에 대하여 물론 책임을 지지 않는다. 상호를 속용하지 않기 때문에 양도인의 영업과 그 구별이 뚜렷하기 때문이다. 다만 양수인이 양도인의 영업을 양수하였다는 사실뿐만 아니라 그 영업으로 인한 채무도 인수하였음을 광고한 때($^{상}_{44}$)에만 책임을 진다. 광고를 하지 않았더라도 채무인수의 의사를 채권자에게 통지한 경우에는 양수인도 변제할 책임이 있다는 것이 **통설**이다. 상법 제44조의 입법취지에 대하여는 채무인수행위가 존재하지 않음에도 불구하고 양수인이 채무인수의 광고를 한 표현적 사실로 인하여 양수인에게 책임을 지운 것으로서 금반언의 법리 또는 외관법리에서 그 근거를 찾는 설이 유력하다[$^{李(철), 229(外觀主義); 李}_{(기), 238(禁反言의 法理)}$]. 이러한 견해의 근거도 타당성이 인정된다.

2) **양도인의 책임**　　　위의 ⒢, ⒩의 경우에 제 3 자의 채권에 대하여 양도인은 영업양도 또는 채무인수의 광고(또는 통지) 후 2년 내에는 양수인과 부진정연대채무관계에서 연대책임을 지지만 2년이 경과하면 양도인의 책임은 소멸한다($^{상}_{45}$). 이 경우에 2년은 **제척기간**(除斥期間)이다. 이것은 영업상의 채무를 특정한 영업주의 채무라기보다는 영업 그 자체의 채무로 인정하여 영업의 양수인을 주채무자로 본 것이다. 그러나 이 규정은 양수인이 양도인의 채무에 대하여 책임을 지는 경우에만 적용되며 채무를 인수하지 않고 이를 **등기**하거나 **통지**한 때($_{42^{상}_{Ⅱ}}$)와 상호를 속용하지 않고 **채무인수**를 광고하지 않는 때에는 종래의 양도인의 책임에는 아무런 변동이 생기지 않는다. 왜냐하면 영업양도로 인하여 채권자의 지위가 종래보다 약화되어야 할 이유는 없기 때문이다.

　　　⒢ 이러한 입장에 대하여는 「상법 제45조는 양수인으로 하여금 신속히 양도인과의 구상관계를 매듭지으라는 취지도 있다. 그러므로 이 기간이 양도인의 채무를 양수인이 인수한 경우에만 적용된다고 보는 것은 옳지 않다」는 견해가 있다[$^{李(철),}_{262}$]. 그러나 동조는 양수인이 채무를 인수한 경우에는 채권자로 하여금 직접적인 관계에 있는 채무자인 양도인과의 채권·채무를 신속히 매듭지을 수 있게 한 취지로 보는 것이 옳지 않은가 한다. 만약에 양수인이 양도인의 채무에 대하여 책임을 지지 않는 경우에도 양도인의 책임을 영업양도 후 2년이 경과하면 소멸한다는 것은 채권자의 보호를 위하여도 타당하지 못하다고 할 것이다.

　　　⒩ 또 다른 반론을 보면 저자가 「상법 제45조는 양수인이 양도인의 채무에 대하여 책임을 지는 경우에만 적용된다」고 설명하고 있는 것은 잘못된 것이라고 하면서, 그 이유는 「양수인이 양도인의 채무를 면책적으로 인수한 경우에는 양도인은 채무인수시부터 책임이 없으므로 상법 제45조를 거론할 필요가 없게 되고 양수인이 양도인의 채무를 중첩적으로 인수한 경우에는 상법 제45조가 유추적용될 수 없

기 때문이다」라고 한다[鄭(찬).176]. 그러나 이 견해는 저자의 입장을 바로 이해하지 못한 데서 비롯되는 것이라 할 수 있다. 저자가 「양수인이 양도인의 채무에 대하여 책임을 지는 경우에만 적용된다」고 한 것은 상법 제45조는 양수인이 양도인의 상호를 속용하는 경우나 상호를 속용하지 않더라도 채무인수의 광고를 하여 양수인이 책임을 지는 경우에만 적용되는 것이고, 양수인이 양도인의 채무에 대하여는 책임을 지지 않는다는 것을 등기하거나 또는 양도인과 양수인이 채권자에게 통지하여 책임을 지지 않는 경우에는 적용되지 않는다는 의미인 것이다. 그러므로 양수인이 정식으로 중첩적 채무인수를 한 때에는 상법 제45조가 유추적용된다고 할 것이다[주상.259].

⑵ 채무자에 대한 효과

1) 상호를 속용하는 경우　　　양수인이 양도인의 상호를 속용하는 경우에 양도인의 영업으로 인한 채권에 대하여 채무자가 선의이며 중대한 과실 없이 양수인에게 변제한 때에는 실제로 채권양도를 하지 않은 때에도 그 변제의 효력이 있다(상43). 이는 양수인이 양도인의 상호를 속용하므로 외관상 기업의 교체를 알 수 없기 때문에 양수인에게 변제한 채무자를 보호하기 위한 것이다.

2) 상호를 속용하지 않는 경우　　　이에 대하여는 특별한 규정이 존재하지 않으므로 일반원칙에 따라 양도인의 영업상의 채권이 영업양도와 더불어 양수인에게 이전되어 대항요건을 갖춘 때에는 채무자는 양수인에게 변제하여야 하지만, 채권이 이전되지 않은 경우에 양수인에게 변제한 채무자는 보호를 받지 못한다. 이 경우는 외관에 대한 신뢰를 보호할 여지가 없기 때문이다.

제 3 절　營業의 賃貸借·經營委任·기타

[58]　제 1　營業의 賃貸借

⑴ 영업의 임대차란 영업의 전부 또는 독립된 영업의 일부를 일정한 기간 타인에게 대여하는 계약으로서 임대인은 소유자로서 임대료를 받고, 임차인은 상인으로서 자기의 명의로 영업을 하고 기업상의 손익의 귀속주체가 되는 것을 말한다. 즉 임대차계약의 중요한 목적은 일정한 기간 임차인으로 하여금 영업의 주체가 되도록 하는 데 있다. 영업의 임대차는 민법의 경우(민 618이하)와 달리 물적 시설뿐만 아니라 상업사용인 등 인적 시설을 포함한 객관적 의의의 영업을 일체로서 임대하는 것이다.

⑵ 영업의 임대차는 임차인에게는 기업의 일시적인 확대나 「콘체른」의 형성을 위

한 수단으로서 편리하고, 임대인은 기업소유자의 지위를 유지하면서 안정된 임대료를 받을 수 있는 이점이 있다. 영업의 임대차에 대하여는 특별한 방식이 필요하지 않지만 주식회사 또는 유한회사가 그 영입의 진부를 임대하는 때에는 주주총회 또는 사원총회의 특별결의가 있어야 한다($\frac{\text{상 } 374 \text{ I (2)}}{576 \text{ I}}$). 이 경우에 주식회사에 있어서는 임대차반대주주의 주식매수청구권이 인정된다($\frac{\text{상 } 374}{\text{의 } 2}$).

[59]　제 2　經營委任

기업의 경영을 타인에게 위임하는 계약을 경영위임이라고 하는데, 이 경우는 영업의 소유자가 대외적으로 영업자로 나타나는 점이 임대차와 다르다. 그러나 일반적으로 위임자의 명의로 수임자가 실질적으로 영업자로 경영을 담당하는데, 내부관계에 있어서 손익의 귀속관계에 따라 협의의 경영위임과 경영관리계약으로 구분할 수 있다.

　(1) **협의의 경영위임**　　협의의 경영위임은 손익이 수임자에게 귀속되고 수임자가 위임자에게 보수를 지급하는 계약으로서, 위임자가 수임자에게 자기의 영업을 이용할 수 있는 권리를 부여하는 점에서는 임대차와 같지만 대외적으로 위임자가 영업의 소유자가 되는 것이 법률상 다르다. 그러므로 위임자는 수임자에 대하여 영업의 경영을 위하여 포괄적인 대리권을 수여하여야 하고 수임자가 위임자의 상호를 사용하여 영업을 하는 경우에는 위임자는 명의대여자로서의 책임($\frac{\text{상}}{24}$)을 진다고 할 것이다.

　(2) **경영관리계약**　　경영관리계약은 당사자의 일방이 상대방인 상인을 위하여 영업의 경영을 인수하는 내용의 계약으로서 위임($\frac{\text{민}}{680}$)의 일종이라고 할 수 있다. 이 경우도 위임자의 명의로 경영하는 점에서는 협의의 경영위임과 같다고 할 수 있으나, 그 손익관계까지도 위임자에게 귀속되고 수임자는 다만 그의 활동에 대하여 보수를 받는다는 점이 다르다.

　(3) **회사의 경영위임**　　영업의 임대차와 마찬가지로 주식회사 또는 유한회사가 경영위임을 하는 경우는 주주총회 또는 사원총회의 특별결의가 있어야 한다($\frac{\text{상 } 374 \text{ I (2)}}{576 \text{ I}}$). 이 경우에 주식회사에 있어서는 경영위임반대주주의 주식매수청구권이 인정된다($\frac{\text{상}}{374\text{의 } 2}$).

[60]　제 3　營業의 擔保와 强制執行

영업은 재산이나 권리의 단순한 집합체가 아니라 그보다 더 큰 가치가 있는 결합체이기 때문에 양도·임대차·경영위임 등의 목적이 되고 있다. 그러나 현행법에는 영업 그 자체를 담보의 목적물로 하거나 강제집행을 할 수 있는가에 관하여 규정이 없기 때문에 영업에 속하는 개개의 재산을 개별적으로 질권 또는 저당권을 설정하든가 강제집행을 할 수밖에 없다. 그 결과 유기적 통일체로서의 영업의 가치를 활용할 수 없게 되어 영업자는 금융의 편의를 도모할 수 없을 뿐만 아니라 채권자에게도 불리하게 된다. 다만 오늘날 우리 나라에는 공장저당법과 광업재단저당법 등의 특수한 기업을 위한 특별법이 있지만 이것만으로는 불충분하다. 그러므로 새로운 입법이 고려되어야 할 것이다.

[事例演習]

◇ 사 례 ◇

A는 「남성사」라는 상호로 볼트와 너트 등의 제조 및 판매업을 하여 왔다. 그런데 그 종업원인 甲이 안전사고를 당하자 불법행위로 인한 손해배상책임을 면하기 위하여 남성정밀공업주식회사를 설립하여 대표이사가 된 다음, 위 「남성사」공장의 대지와 건물을 현물출자하여 위 회사 앞으로 소유권이전등기를 경료하였다. 甲은 위 회사를 상대로 손해배상책임을 물을 수 있는가? (상세한 해설은 상사판례연구 (최기원 외), 74면 이하 참조)

해 설 (1) 甲은 이 사례의 경우, 남성정밀공업주식회사는 A가 「남성사」라는 상호로 개인기업을 할 당시에 부담한 손해배상채무를 면탈하기 위하여 새로이 설립한 회사로서 회사의 실태가 대표이사 개인의 영업과 사실상 같은 상태라는 점을 주장하여 위 회사를 상대로 손해배상청구소송을 제기할 수 있고, 또한 상법 제42조 1항을 유추적용하여 위 회사는 A의 채무를 인수한 것으로 보아 채무인수금 청구의 소를 제기할 수도 있다고 할 것이다. 그러나 어느 경우에도 A 개인에 대한 채무명의만으로는 위 회사를 상대로 강제집행을 할수는 없고 회사를 채무자로 한 별개의 채무명의를 얻지 않으면 안될 것이다.

(2) 한편 甲의 회사설립행위 자체를 채권자취소권의 행사에 의하여 취소할 수 있느냐 하는 문제에 대하여는 주식회사가 물적회사의 대표적인 형태라는 점을 고려하여 볼 때 부정설을 취하는 것이 타당하다고 본다.

제 2 편 商 行 爲

제 2 편

상 행 위

(1) 본편은 상인의 기업활동인 상법 제 2 편 「상행위」를 대상으로
한다. 상법은 상행위에 관하여 먼저 제 1 장 통칙에서는 기업거래의 특
수한 수요를 고려하여 일반법인 민법을 보충·변경하는 규정을 두고
있으며, 제 2, 3, 4장에서는 특정업종과 관계 없이 일반적 성격을 가
진 매매·상호계산·익명조합 등의 계약에 관하여 각각 독립된 장으로
규정하고 있으며, 제 5 장 이하는 상행위편의 각론이라고 할 수 있는데
대리상·중개업·위탁매매업·운송주선업·운송업·공중접객업·창고
업 등 각개의 영업에 특수한 수요를 고려하여 특수업종에 관한 특칙
을 두고 있다. 상법 제 2 편은 상행위에 관한 기본법이지만 임의법규이
고 단편적이므로 경제발전을 뒤따르지 못하기 때문에 이를 보완·변
경하기 위하여 각종의 특별법령·상관습법·보통거래약관 등이 발달
하고 있으며 리스·팩터링 등 신종계약도 발전하고 있다.

(2) 1995년의 상법개정에 의하여 상법 제 2 편도 부분적으로 그
내용이 변경되었다. 즉 상법 제46조의 기본적 상행위에 리스·프랜차
이즈 및 팩터링과 같은 상행위를 추가적으로 포함시켰으며 대리상계
약의 종료 후에도 대리상의 보상청구권과 영업비밀준수의무를 인정하
였다.

(3) 2007년의 상법개정안에 의하면 합자조합에 관한 규정이 신설
된다.

제 1 장 總 論

[61] 제 1 序 說

(1) 상법의 대상인 기업은 영리의 목적을 달성하기 위하여 다른 기업 및 일반 공중과 거래($\frac{법률}{행위}$)를 하지 않으면 안 된다. 기업이 영리목적의 실현을 위하여 하는 모든 경영활동을 상행위라고 할 수 있는데, 상법은 법규의 적용을 명확하게 하기 위하여 상행위의 범위와 기준을 제 2 편에서 상세하게 규정하고 있다.

(2) 기업의 주체인 상인에 관하여 상법은 자기명의로 상행위를 하는 자라고 규정하고 있기 때문에($\frac{상}{4}$) 상행위는 상인의 개념을 정하는 데 기초가 되고, 또 상행위를 영업으로 함으로써 상인이 된 자가 하는 영업을 위한 모든 행위는 상행위가 되므로($\frac{상}{47}$), 상인개념으로부터 반대로 상행위성이 도출된다고 할 수 있다. 그러나 상법은 또한 상행위 이외에 다른 행위라도 일정한 형식을 갖추고 영업으로 하는 자를 상인으로 의제하기 때문에($\frac{상}{5}$) 상행위만이 상인의 중심개념이 된다고 할 수는 없다.

(3) 상법 제 2 편은 상행위에 관한 기본법이지만 상거래에 관하여는 **계약자유의 원칙**이 광범위하게 인정되어 상거래를 위한 후견적 기능을 담당하는 데 불과한 임의법규이다. 또한 성문법의 고정적인 성격으로 인하여 급격한 경제발전과 더불어 신속하고 다양하게 전개되는 실제의 기업거래에 대하여는 직접적인 작용을 하지 못한다. 그리하여 그 공백을 메우기 위하여 특별법령이 제정되거나 상관습법이 형성되고 있으며 **보통거래약관**이 이용되고 있다.

(4) 상법은 상행위에 관하여 제 2 편에서 규정하고 있는데, 먼저 제 1 장 통칙에서는 기업거래의 특수한 수요에 적응시키기 위하여 일반법인 민법을 보충·변경하는 규정을 두고 있으며, 제 2·3·4장에서는 특정업종과 관계 없이 일반적 성격을 가진 매매·상호계산·익명조합 등의 계약에 관하여 각각 독립된 장으로 규정하고 있다. 그리고 제 5 장 이하는 상행위편의 각론이라고 할 수 있는데, 대리상·중개인·위탁매매업·운송주선업·운송업·공중접객업·창고업 등 각개의 영업의 특수한 수요를 고려하여 특수업종에 관한 특칙을 두고 있다. 상

법 제 2 편은 형식적 의의의 상행위법이라고 할 수 있다. 이는 기업활동에 관한 법인 실질적 의의의 상행위법과 그 내용과 범위가 일치하지 않는다. 즉 형식적 의의의 상행위법에는 기업활동이라고 할 수 없는 상호계산·익명조합 및 유가증권에 관한 규정이 존재하기 때문이다.

[62] 제 2 商行爲法의 適用

상행위법은 당사자 쌍방에 대하여 상행위가 되는 쌍방적 상행위인 경우뿐만 아니라 일방적 상행위인 경우에도 당사자 전원에 대하여 적용된다($^{\text{상}}_{3}$). 그리고 공법인의 상행위에 대하여도 상행위법이 적용된다($^{\text{상}}_{2}$).

(1) **일방적 상행위**   1) 상행위법은 당사자 쌍방에 대하여 상행위가 되는 때에는 물론이고 당사자 중 1인에게만 상행위가 되는 경우에도 당사자 전원에게 적용된다($^{\text{상}}_{3}$). 이 경우 상행위에는 부속적 상행위도 포함된다.

예컨대 상인 甲이 비상인 乙로부터 영업자금을 차용한 경우에, 그 소비대차는 甲의 상행위가 되지만($^{\text{상}}_{47}$) 비상인 乙에게도 연 6푼의 상사법정이율($^{\text{상}}_{54}$) 및 5년의 상사시효기간($^{\text{상}}_{64}$)에 관한 상법의 규정이 적용된다.

2) 당사자의 일방이 수인인 때에 그 중 1인에게만 상행위가 되는 경우에도 전원에 대하여 상법이 적용된다.

예컨대 상인 甲과 비상인 A·B 등 3인이 연대하여 비상인 乙로부터 영업자금을 차용하는 경우에, A와 B 및 乙은 비상인임에도 불구하고 그 전원에게 상법이 적용된다.

(2) **공법인의 상행위**   공법인의 상행위에 대하여는 법령에 다른 규정이 없는 한 상법을 적용한다($^{\text{상}}_{2}$). 그러나 일반적으로 공법인의 상행위에 대하여는 특별법이나 명령과 같은 특별한 규정을 두고 있으므로 상법은 특수법규가 없는 경우에 보충적으로 적용될 뿐이다.

[63] 제 3 商行爲의 意義

Ⅰ. 상행위의 의의

상행위란 실질적으로는 영리의 목적을 달성하기 위한 기업활동을 말하고,

형식적으로는 상법($\substack{상\\46}$)과 특별법($\substack{닭사\\23 II}$)에서 상행위로 정한 것을 의미한다.

2. 상행위를 정하는 입법주의

(1) 객관주의　　이는 행위의 주체가 누구인가를 가리지 않고 행위의 객관적인 성질만을 기준으로 하여 상행위를 정하는 입장이다. 이에 의하면 일정한 행위를 상행위로서 열거하게 되는데 기업의 목적인 행위라도 법에 열거되지 않은 것은 상행위가 되지 않는다는 모순이 생긴다. 오늘날 이 입장만을 따르는 입법례는 존재하지 않는다.

(2) 주관주의　　이는 우선 상인의 개념을 정하고 상인이 하는 영업상의 모든 행위를 상행위로 보는 것이다. 그리하여 상인주의라고도 한다. 이에 따르는 입법례로는 독일신상법과 스위스의 채무법이 있다.

(3) 절충주의　　이는 객관주의와 주관주의를 병용하는 것이다. 이에 따르는 입법례로는 독일구상법과 프랑스상법 및 일본상법이 있다.

(4) 상법의 입장　　우리 상법의 입장이 주관주의적 경향을 띤 절충주의라는 견해도 있다[$\substack{梁·朴\\101}$]. 그런데 의용상법은 일본상법과 같이 절대적 상행위를 인정하였으므로 절충주의라고 할 수 있었으나, 현행상법은 주관주의라고 하는 것이 통설이며 타당하다[동: 徐(돈), 153; 孫(주), 227; 徐(정), 74;　姜(위), 240; 林(홍), 164; 鄭(찬), 189 등].

[64]　제 4　商行爲의 種類

(1) 기본적 상행위　　기본적 상행위는 당연상인의 개념을 정하는 데 기초가 되는 행위로서 상법에서 제한적으로 열거하고 있는 것($\substack{상\\46}$)과 특별법에서 상행위로 인정하는 것($\substack{닭사\\23 II}$)을 말한다. 상법 제46조에 열거된 상행위는 이를 자기 명의로 영업으로 할 때에 상인성을 취득하기 때문에($\substack{상\\4}$) 영업적 상행위라고도 한다. 그러나 오로지 임금을 받을 목적으로 물건을 제조하거나 노무에 종사하는 자의 행위는 제외된다($\substack{상\\46단}$).

(2) 보조(補助)적 상행위

1) 의　　의　　(가) 보조적 상행위는 상인이 영업의 목적인 상행위를 위하여 필요로 하는 재산상의 모든 보조적인 행위를 말하는 것으로서 상인이 영업을 위하여 하는 모든 행위는 상행위가 된다($\substack{상\\47 I}$). 그러므로 이를 부수적 상행위라고도 한다. 이 경우에 영업을 위한 행위인가 또는 사적인 행위인가의 구별은 행위의 외관에 의하여 객관적으로 판단하여야 되며 상인의 주관적인 내심적 의사를 기준으로 하지 않는다.

(내) 보조적 상행위는 반드시 기본적 상행위와 시간적으로 선후관계에 있어야 하는 것은 아니고, 영업의 준비행위나 기본적 상행위의 종료 후에 하는 잔무처리행위(회사의 경우_는 청산행위)도 보조적 상행위라고 할 수 있다. 이 경우에 영업의 준비행위는 영업의사의 존재를 객관적으로 인식할 수 있을 때에 최초의 보조적 상행위가 된다[大 99. 1. 29, 98 다 1584].

2) 종　류　　보조적 상행위는 **법률행위**에 한하지 않고, 최고·통지와 같은 **준법률행위**[鄭(회), 146]와 **불법행위**를 포함한다[孫(주), 208; 鄭(무), 157]. 재산상의 행위는 유상이냐 무상이냐를 불문한다. 또 영업을 위한 직접적인 행위뿐만 아니라 영업의 유지를 위한 행위나 영업을 유익하게 하는 행위 및 영업과 간접적으로 관계되는 행위를 포함한다.

　　　예컨대 개업자금의 차입, 납세를 위한 차입, 상업사용인 및 종업원과의 고용계약, 영업의 양수 또는 양도, 점포의 임대 등과 같은 행위도 보조적 상행위이다.

3) 추　　정　　회사의 경우는 사적인 생활이 존재하지 않기 때문에 회사의 명의로 한 행위는 모두 영업을 위한 행위가 되지만[大 67. 10. 31, 67 다 2064], 개인상인의 경우는 어떠한 행위가 영업을 위한 것인지 그 구별이 명확하지 않은 때가 많으므로, 상법은 상인의 행위는 영업을 위하여 하는 것으로 추정한다고 규정하고 있다(상 47 II)(朝高 30. 5. 2, 민집 17, 109). 그러므로 상인의 영업에 관한 행위가 아님을 주장하려면 이를 부정하는 측에서 반증을 들어 입증하여야 한다.

(3) **쌍방적 상행위와 일방적 상행위**　　당사자 쌍방에 대하여 상행위가 되는 행위를 **쌍방적 상행위**(예: 상인 간의 매매)라고 하고, 당사자 중 일방에 대하여만 상행위가 되는 행위를 **일방적 상행위**(예: 상인과 비 상인 간의 매매)라고 한다. 상법은 쌍방적 상행위인 경우뿐만 아니라 일방적 상행위인 경우에도 당사자 전원에게 적용된다(상 3).

(4) **준상행위**　　상법에 의하면 상행위를 하지 아니하더라도 점포 기타 유사한 설비에 의하여 상인적 방법으로 영업을 하는 자나 상행위 이외의 행위를 목적으로 하는 회사도 상인이므로(상 5), 이들이 영업을 위하여 하는 행위는 부속적 상행위이지만 영업으로 하는 행위는 상행위가 아니다. 그러나 이들이 영업으로 하는 행위에 대하여도 상행위에 관한 통칙이 준용되므로(상 66), 의제상인이 영업으로 하는 행위를 **준상행위**라고 한다.

[事例演習]

◇ 사 례 ◇

공직에서 정년퇴임한 A는 아파트임대업을 하기 위하여 옆집을 사들여 자기 집과 합쳐 아파트를 짓기로 하였다. 옆집의 매수대금과 아파트로의 개조를 위하여 필요한 자금의 일부를 전에 공직에 있을 때에 알았던 후배 B로부터 융통하기로 하였다. A가 B로부터의 차입금의 변제기가 도래했음에도 불구하고 이를 변제하지 않자 B는 A에 대하여 그가 빌려준 자금과 변제기 이후의 연 6푼에 의한 지연이자의 지급을 청구하였다. 이 청구는 정당한가?

해 설 A의 행위가 어떠한 종류의 상행위에 속하는가 하는 점을 검토하여야 하는데, A의 행위는 상법 제46조 2호의 부동산의 임대차에 속한다고 할 것이다. 이는 소유권의 이전이 아닌 재산의 이용을 영업의 대상으로 하는 행위인 것이다. 즉 이익을 얻고 임대할 의사로써 부동산이 유상취득이나 임차하는 행위와 이를 임대하는 행위가 여기에 속한다고 할 수 있다.

이 사례의 경우 A가 아파트임대업을 하기 위하여 옆집을 매수한 행위는 상법 제46조 2호에 해당된다고 할 것이다. 그리고 그 옆집의 매수자금을 차입한 행위는 최초의 보조적 상행위인 개업준비행위에 속한다고 할 수 있으므로 A는 이에 의하여 상인자격을 취득한다. 그러므로 변제기 이후의 지연이자에 대하여 다른 약정이 없는 한 상사법정이율인 연 6푼이 적용되어 B의 A에 대한 청구는 정당하다고 할 것이다. 그러나 A의 자금차입행위는 그 자체만으로 당연히 상행위성이 있다고 할 수 없으므로 B는 A의 차입행위가 개업준비를 위한 것이었다는 것을 입증하여야 할 것이다.

제 2 장 商行爲에 관한 通則

제 1 절 民法 總則編에 대한 特則

[65] 제 1 商行爲의 代理·委任

상법에서는 기업활동의 특수성($^{계속성·집단성·반}_{복성·정형성등}$)을 고려하여 개별적이며 구체적인 민법의 대리제도를 수정한 특칙을 두고 있다($^{상}_{49,\ 50}^{48,}$).

Ⅰ. 대리의 방식·효과

(1) **민법의 일반원칙**   민법에 의하면 대리인의 의사표시가 직접 본인에 대하여 효과를 발생하려면 대리인이 대리권범위 내에서 本人을 위하여 법률행위를 한다는 것을 표시하고 의사표시를 하여야 한다($^{민}_{114}$). 그러므로 대리인이 이를 표시하지 아니한 때에는 그 의사표시가 본인을 위한 것임을 상대방이 알았거나 알 수 있었을 경우를 제외하고, 그 의사표시는 대리인 자신을 위한 것으로 본다($^{민}_{115}$). 즉 민법에서는 본인의 보호를 위하여 **현명주의**(顯名主義)를 채용하고 있다.

(2) **상법의 특칙**   (개) 민법의 원칙을 상행위의 대리에도 그대로 적용한다면 간이·신속한 상거래와 거래의 안전을 기대할 수 없게 된다. 상거래에 있어서는 대리의사의 표시가 없더라도 영업주와의 관계를 상대방이 알고 있는 경우가 많다는 점 및 거래목적물의 개성상실성 등을 고려하여, 상법에서는 특칙을 두어 상행위의 대리인($^{본인을 위하여 상행위가}_{되는 행위를 대리하는 자}$)은 본인을 위한 것임을 표시하지 아니하여도 그 행위는 본인에 대하여 효력이 있도록 하였다($^{상}_{48}$). 즉 상법은 비**현명주의**(非顯名主義)를 택하고 있다.

　　판례는 「지입차주(持込車主)가 차량에 대하여 수리를 하였다 하더라도 이는 자동차관리의 통상업무에 속하는 행위로서 회사를 대리한 행위라고 보아야 할 것이므로 피고회사는 그 수리비의 부담책임을 면할 수 없다」고 하였다[$^{大\ 73.\ 5.\ 22,\ 72\ 다}_{2572;\ 大\ 87.\ 5.\ 26,}$ $^{86\ 다카}_{2677}$]. 그러나 판례는 「통상업무에 속하는 유류공급거래를 함에 있어서 지입차주에게 회사를 대리하는 의사가 없었고 상대방인 유류공급업자도 회사와 거래하려는 의사가 아니었다고 볼 수 있는 특별한 사정이 있어서 그 유류대금을 유류를 직접 공급받은 지입차주만이 부담하기로 하는 특약이 있었던 것으로 보아야 하는 경우에는 지입차주가 그 유류대금을 부담한다」고 하였다[大 89.9.26, 88 다카 15628]. 그리고 「농업협동조합중앙회의 신용사업부의 거래는 기본적 상행위에 속한다고 해석되므로 군농업협동조합이 중앙회의 대리권을 받아 대부행위를 함에 있어서 본인을 위한 것임을 표시할 필요가 없다」고 한 것이 있다[大 75.4.22, 73 다 1709]. 또한 「상가건물분양업체가 그 소유자를 대리할 권한이 있고 그 점포의 분양행위가 그 규모, 회수, 분양기간 등에 비추어 상법 제46조 제1호 소정의 부동산의 매매로서 본인인 상가건물소유자의 상행위가 되는 경우, 분양업체가 분양계약을 체결하면서 건물소유자의 대리인임을 표시하지 않았다 하더라도 상법 제48조에 의하여 유효한 대리행위로서 그 효과는 본인인 건물소유자에게 귀속한다」고 한 판례가 있다[大 96.10.25, 94 다 41935·41942].

(나) 그러나 상대방이 상행위의 대리인을 본인으로 믿고 거래한 경우에는 상대방은 본인뿐만 아니라 대리인에 대하여도 이행을 청구할 수 있다(48상단). 이 경우에 상대방의 부지에 대한 과실의 유무를 불문한다. 이와는 달리 민법의 규정(115민)을 들어 상대방에게 과실이 있는 경우에는 대리인에 대한 청구가 인정되지 않는다는 견해도 있으나[孫(주), 234; 姜(위), 216; 林(홍), 227~228; 鄭(동), 300], 상거래에서는 거래의 안전과 원활이 더욱 요청되므로 민법의 규정과 동일하게 해석할 필요는 없다고 본다[동: 李(철), 288; 蔡(이), 166]. 그러므로 이 경우에는 본인과 그 대리인은 부진정연대채무관계에 서게 된다.

(다) 상대방이 대리인에 대하여 이행을 청구하려면 상대방이 본인을 위하여 한다는 것에 대한 부지를 입증하여야 하고[동: 徐(정), 216; 孫(주), 234; 蔡(이), 155], 대리인이 그 책임을 면하려면 상대방이 본인을 위하여 한다는 것을 알았다는 것을 입증하여야 한다. 그런데 상대방에게 과실이 있을 때에는 대리인에게 청구할 수 없다는 견해에 의하면, 대리인은 상대방의 부지에 과실이 있는 것을 입증하여야 면책된다고 한다[孫(주), 234'].

(3) 어음·수표행위의 대리　　엄격한 요식행위인 어음·수표행위의 대리에 있어서는 상법의 특칙이 적용되지 않고 반드시 본인을 위한 것임을 표시하여야 한다(어 8; 수 11).

2. 본인의 사망과 대리권

민법에 의하면 본인이 사망하면 대리권도 소멸하지만(127(1)민), 상법에 의하면 상행위의 위임에 의한 대리권은 본인의 사망으로 인하여 소멸하지 않는다

($\substack{상 \\ 50}$). 이는 기업의 유지와 거래의 안전을 위한 특칙이다. 「상행위의 위임에 의한 대리권」이란 본인을 위하여 상행위가 되는 수권행위에 의한 대리권으로서 대리권을 수여하는 행위가 본인에게 상행위가 되는 경우를 말하는데, 상인이 영업을 위하여 부속적 상행위로서 지배인을 선임하는 행위가 그 한 예이다. 그러므로 대리인에게만 상행위가 되는 때에는 이 특칙이 적용되지 않는다.

3. 상행위의 수임자의 권한

상행위의 위임을 받은 자는 위임의 본지에 반하지 않는 범위 내에서 위임을 받지 않은 행위도 할 수 있다($\substack{상 \\ 49}$). 이는 상행위의 수임자가 사정이 달라진 경우에 위임사무를 임기응변적으로 처리할 수 있도록 한 규정이다. 그러나 위임자가 금지한 행위는 할 수 없다[$\substack{朝高 \ 14.9.21, \\ 민집 \ 2, \ 295}$].

[66] 제 2 消滅時效

(1) **시효기간의 단축**   채권의 소멸시효기간을 민법은 10년으로 하고 있으나($\substack{민 \\ 162 \ I}$), 상법에 의하면 상행위로 인한 채권의 소멸시효기간은 상법에 다른 규정이 있는 경우($\substack{상 \ 121, \ 122, \ 147, \ 167, \\ 166, \ 662, \ 811, \ 830, \ 842}$)나, 다른 법령($\substack{민 \ 163 \ (6)·(7), \ 164 \\ (1); \ 어 \ 70; \ 手 \ 51}$)에서 이보다 짧은 시효기간을 정하고 있는 경우[$\substack{大 \ 66.6.28, \\ 66 \ 다 \ 790}$]를 제외하고는 5년이다($\substack{상 \\ 64}$). 상법에서 시효기간을 단축하고 있는 것은 기업거래의 신속한 완료를 위한 것이다.

(2) **채권의 발생원인**   (가) 단기시효기간이 적용되는 채권은 적어도 일방적 상행위로 인하여 발생한 것이어야 한다[$\substack{大 \ 94.3.22, \\ 93 \ 다 \ 31740}$]. 그러므로 은행에 대한 대출금채무의 이행지체로 인한 지연손해금에 대하여도 상법 제64조가 적용된다[$\substack{大 \ 79.11.13, \\ 79 \ 다 \ 1453}$].

(나) 상행위는 기본적 상행위뿐만 아니라 보조적 상행위를 포함한다[$\substack{大 \ 94.4. \\ 29, \ 93}$ 다 54842; $\substack{大 \ 97. \\ 8.26, \ 97 \ 다 \ 9260}$]. 채권이 직접 상행위로 인하여 발생한 것이 아니라도 상행위로 인한 채무의 불이행에 대한 손해배상청구권[$\substack{大 \ 78.11.28, \ 78 \ 다 \ 388; \\ 大 \ 97.8.26, \ 97 \ 다 \ 9260}$], 상행위인 계약의 해제로 인한 원상회복청구권[$\substack{大 \ 93.9.14, \\ 93 \ 다 \ 21569}$]도 5년의 시효로 소멸한다.

(다) 상행위로 인하여 생긴 보증채무는 주채무가 민사채무인 경우에도 5년의 시효에 의하여 소멸한다. 그러나 상행위가 아닌 불법행위로 인한 손해배상청구권에는 단기시효기간이 적용되지 않는다[$\substack{大 \ 85.5.28, \\ 84 \ 다카 \ 966}$].

제 2 절 民法 物權編에 대한 特則

상법은 상사채권의 물적 담보를 강화하기 위하여 다음과 같은 특칙을 두고 있다.

[67] 제 1 流質契約

(1) **민법의 일반원칙**   민법은 질권설정시 또는 채무변제기 전의 계약으로 질권자에게 변제에 갈음하여 질물(質物)의 소유권을 취득하게 하거나 또는 법률이 정한 방법($^{구전영}_{21}$)에 의하지 아니하고 질물을 처분할 수 있게 하는 유질계약을 금지하고 있나($^{민}_{339}$). 그 이유는 채권자가 채무자의 궁핍을 이용하여 폭리를 취하는 것을 방지하여 채무자를 보호하려는 데 있다. 민법에 의하면 유질계약은 변제기 이후에만 가능하다.

(2) **상법의 특칙**   (가) 상법에 의하면 상행위로 인하여 발생한 채권을 담보하기 위하여 설정한 질권에 대하여는 유질계약금지에 관한 규정($^{민}_{339}$)을 적용하지 않는다($^{상}_{59}$). 이와 같이 유질계약을 허용하는 이유는 이해타산에 밝은 상거래에 있어서 채무자의 보호는 무의미하고, 유질계약은 기업금융의 원활화와 신속한 상거래를 위하여 필요하기 때문이다.

(나) 이 경우에 「**상행위로 인하여 생긴 채권**」이란 일방적 상행위로 인한 경우를 포함한다. 그러므로 상법의 특칙은 채무자가 비상인인 경우에도 적용된다$\begin{bmatrix} 동: 徐(돈), 155; 徐(정), 197; 孫(주); \\ 241; 林(홍), 267; 鄭(동), 314 \end{bmatrix}$. 이와는 달리 유질계약의 허용규정은 채권자에게만 상행위가 되고 채무자가 비상인인 경우에는 적용되지 않는다는 견해도 있다$\begin{bmatrix} 蔡(이), 176; 鄭(찬), \\ 205; 李(기), 154 \end{bmatrix}$. 그 이유는 이해타산을 고려할 수 있는 능력을 결여한 비상인인 채무자에 대하여 이를 적용하는 것은 부당하기 때문이라고 한다. 그러나 상법의 예외적 규정은 상사채권의 담보를 강화하기 위한 것이므로 채무자가 비상인인 경우에도 적용된다.

[68] 제 2 商人間의 留置權

(1) **서 설**   상인 간에는 계속적인 거래관계로 인하여 주로 신용거

래를 하게 된다. 그런데 거래가 있을 때마다 각 당사자가 담보의 설정이나 그 변경을 요구하게 되면, 상거래의 신속성을 도모할 수 없고 상대방에 대하여 불신을 표면화하게 되어 거래의 원활을 기대할 수 없게 될 것이다. 그리하여 상법은 채권자는 특별한 약정이 없는 경우에도 자기가 점유하고 있는 채무자 소유의 물건 또는 유가증권을 담보로서 유치할 수 있게 함으로써 채무자의 변제를 간접적으로 강제함으로써 채권자의 이익을 보호하고 거래의 원활을 도모할 수 있는 상인 간의 유치권에 관하여 규정하고 있다($\frac{상}{58}$).

　(2) 성립요건　　　　상인 간의 상행위로 인한 채권이 변제기에 있는 때에는 다른 약정이 없으면 채권자는 변제를 받을 때까지 그 채무자와의 상행위로 인하여 자기가 점유하고 있는 채무자 소유의 물건 또는 유가증권을 유치할 수 있다($\frac{상}{58}$).

　　1) 당사자의 상인성　　　(개) 상사유치권은 채권자와 채무자가 모두 상인인 경우에 인정된다. 양 당사자는 상인이어야 하며 소상인이라도 관계 없다. 이 점이 대리상의 유치권과 같고 민사유치권이나 기타 특별상사유치권과 다르다. 채무자가 수인인 경우에는 그 중 상인인 채무자에 대해서만 상사유치권을 행사할 수 있다. 왜냐하면 상사유치권의 경우에 채무자의 상인성을 요구하는 것은 비상인인 채무자를 보호하기 위한 것이기 때문이다. 또한 보증인에 대한 상사유치권의 행사도 주채무자와 채권자뿐만 아니라 보증인 자신이 상인인 경우에만 인정된다.

　　(내) 양 당사자의 상인자격은 채권이 발생할 때뿐만 아니라 유치물의 점유시에도 있어야 한다는 판례[$\begin{smallmatrix}朝高 17.5.18.\\민집 4, 400\end{smallmatrix}$]도 있으나, 유치물의 점유시에는 채권자만이 상인자격이 있으면 된다고 본다.

　　2) 피담보채권

　　(개) 채권의 발생원인　　　a) 채권은 상인 간의 쌍방적 상행위로 인하여 발생한 것이어야 한다. 그러므로 일방적 상행위인 경우나 양 당사자가 상인인 경우에도 쌍방을 위하여 상행위가 아닌 행위로 인한 채권은 제외된다[$\begin{smallmatrix}동: 鄭(희), 155;\\徐(정), 124;\end{smallmatrix}$ $\begin{smallmatrix}孫(주),\\239\end{smallmatrix}$]. 이 점이 위탁매매인이나 운송주선인 및 운송인의 경우는 위탁자가 반드시 상인이 아니라도 되므로 일방적 상행위로 인하여 발생한 채권도 피담보채권에 포함되는 것과 다르다.

　　b) 채권은 쌍방적 상행위로 인하여 발생한 것이어야 하므로 제3자로부터 양수하였거나 상속받은 채권에 대하여는 유치권을 행사할 수 없다고 본다. 왜

냐하면 이 경우에도 유치권이 성립한다면 무담보채권이 채무자의 물건을 점유하고 있는 제 3 자 또는 상속인에게 양도 또는 승계됨으로써 유치권이 인위적으로 발생하게 되어 채무자는 예상하지 못하였던 손해를 받게 될 염려가 있기 때문이다.

c) 그러나 지시식이나 무기명식유가증권의 양수인은 채무자 소유의 물건을 점유하는 경우에 유치권을 행사할 수 있다고 본다[동: 孫(주), 239; 林(홍), 244; 鄭(동), 309; 李(철), 299]. 왜냐하면 이와 같은 증권의 채무자는 채권자의 변경을 예상하고 증권을 발행하였다고 할 수 있기 때문이다.

d) 포괄승계나 영업양도의 경우에 채권과 목적물이 함께 이전된 때에는 승계인 또는 양수인의 유치권이 인정된다고 본다[동: 孫(주), 239; 林(홍), 244; 鄭(동), 308; 李(철), 299].

(나) **채권의 범위**　　채권은 금전채권뿐만 아니라 금전채권으로 전환될 수 있는 청구권을 포함한다. 그러므로 쌍방적 상행위로 인한 소유권사의 목적물반환청구권이나 부당이익의 반환청구권도 피담보채권이 될 수 있다.

(다) **변제기의 도래**　　채권은 변제기가 도래한 것이어야 한다. 그러므로 변제기($\substack{민 \\ 387}$)가 도래하지 않은 채권에 대하여는 상사유치권뿐만 아니라 민사유치권도 행사할 수 없다. 그러나 변제기 전이라도 채무자가 파산선고를 받았거나 채무자의 재산에 대한 강제집행이 주효하지 못한 때에는 유치권을 행사할 수 있다고 본다($\substack{독상 370 \\ I 참조}$). 이 경우의 유치권을 **특별유치권**이라고 한다.

(라) **채권의 존속**　　채권은 시효에 의하여 소멸하지 않았어야 한다.

3) 목 적 물

(가) **소유관계**　　목적물은 채무자 소유의 물건 또는 유가증권에 한한다. 이 점이 민사유치권($\substack{민 320 \\ 이하}$) 및 특별상사유치권($\substack{상 91, 111, 120, \\ 147, 800 \, \mathbb{I}}$)과 다르다. 그러므로 제 3 자의 소유물은 제 3 자가 채권자에 대하여 점유취득뿐만 아니라, 유치권의 성립에 동의하지 않는 한 유치권을 행사할 수 없다.

(나) **범　　위**　　a) 유치의 목적물은 물건 또는 유가증권에 한한다. 민법에 의하면 당연히 부동산이 물건에 포함된다고 하여 유치의 목적물에 부동산도 포함된다는 것이 **통설**이다[鄭(희), 155; 孫(주), 238; 林(홍), 264; 蔡(이), 169]. 그 이유는 동산에 한한다는 규정이 없기 때문이라고 한다. 그러나 상법에서는 민사유치권의 경우와 달리 부동산을 제외한 동산만을 말한다고 본다. 왜냐하면 피담보채권과 목적물의 관련성을 요건으로 하지 않는 상인간의 유치권을 인정하게 되면 부동산의 거래의 안전을 해할 수 있기 때문이다.

b) 유가증권은 채권적 유가증권뿐만 아니라 사원권적 유가증권을 포함한다. 증권은 소지인출급식이나 지시식으로 발행된 것이어야 하며, 양도가 금지되어 환가할 수 없는 기명증권과 단순한 증거증권이나 자격증권은 제외된다.

(다) 점유취득의 원인   a) 목적물은 채권자가 채무자와의 **상행위**로 인하여 점유를 취득한 것이어야 한다. 상행위는 반드시 쌍방적 상행위일 필요는 없으나 적어도 채권자에게는 상행위이어야 한다.

b) 목적물은 채무자로부터 또는 채무자의 동의로 제 3 자로부터 점유를 취득하였어야 한다. 목적물을 간접점유한 경우($_{창고증권에 \ 의한 \ 점유}^{화물상환증·선하증권·}$)에도 유치권을 행사할 수 있다.

4) 피담보채권과 목적물과의 관련성   민법상의 민사유치권의 경우에는 피담보채권과 유치물 사이에 개별적인 관련성을 요구하는 데($_{320}^{민}$) 비하여, 상인 간의 일반상사유치권에서는 **일반적 관련성**만 있으면 된다. 즉 채권자는 채권과 직접 관련이 없더라도 상행위로 인하여 점유하게 된 물건 또는 유가증권을 유치할 수 있다. 즉 일반상사유치권의 경우는 유동적 담보를 인정하고 있다.

(3) 유치권의 배척   유치권은 채권자와 채무자 사이의 명시적 또는 묵시적인 특약에 의하여 배척될 수 있다($_{58 \ 단}^{상}$). 그리하여 채무자의 지시 또는 채권자가 인수한 의무의 내용이 채권자가 물건 또는 유가증권을 일정한 방법으로 처리하여야 되는 경우로서, 예컨대 위탁매매인이 물건 또는 유가증권을 즉시 시장에 매도를 위하여 내놓아야 될 경우 또는 대리상·운송주선인·운송인 등이 물건을 인도하거나 운송하여 제 3 자에게 인도하여야 할 의무가 있는 때에는 그 목적물을 유치할 수 없다고 본다($_{Ⅲ \ 참조}^{독상 \ 369}$). 왜냐하면 이 경우에 유치권의 행사는 신의성실의 원칙($_{2}^{민}$)에 위배되기 때문이다.

(4) 유치권의 효력   상사유치권의 효력에 관하여 상법은 아무런 규정을 두고 있지 않으며 **민사유치권**에 관한 규정을 적용한다($_{320 \ 이하}^{상 1; \ 민}$).

(5) 유치권의 소멸   유치권은 채권자가 유치물의 경매 등으로 변제에 충당한 경우($_{322}^{민}$)와 유치물에 대한 점유를 상실한 경우($_{328}^{민}$)에 소멸한다.

제 3 절   民法 債權編에 대한 特則

제 1 관   序   說

[69] 제 1 商事契約의 成立

l. 계약청약의 효력

상법에서는 민법과 달리 대화자간과 격지자간에 있어서 청약의 효력에 관하여 차이를 두고 있다. 이 상법의 특칙은 적어도 당사자의 일방이 상인인 경우에 적용된다.

(1) 대화자산의 청약   대화자산에 있어서 계약의 청약을 받은 자가 즉시 승낙하지 아니한 때에는 청약은 당연히 실효한다($\frac{상}{51}$). 민법에는 이러한 규정이 없으나 해석에 의하여 대화자간에 있어서 청약의 효력은 대화가 계속하는 동안만 있다고 보므로 상법 제51조는 민법에 대한 특칙으로 볼 것은 아니다.

(2) 격지자간의 청약   1) 격지자간에 있어서 승낙기간을 정하지 않은 계약의 청약을 받은 자가 상당한 기간 내에 승낙의 통지를 발송하지 않은 때에는 그 청약은 실효한다($\frac{상}{52\,I}$). 이 경우에 상당한 기간이란 거래의 종류와 성질에 따라 다르지만 상당한 기간이 경과한 후에 한 승낙의 통지로는 계약이 성립하지 않는다. 그러나 이 지연된 승낙은 청약자측에서 상대방의 새로운 청약으로 볼 수 있다($\frac{상\,52\,II}{민\,530}$).

2) 민법은 격지자간에 승낙의 기간을 정하지 아니한 청약의 효력에 관하여 상당한 기간 내에 승낙의 통지를 받지 못한 때 실효하는 도달주의($\frac{민}{529}$)를 택하고 있는 데 반하여, 상법은 발신주의(發信主義)에 의하는 점이 민법에 대한 특칙이라고 할 수 있다. 상법에 의하면 상대방이 승낙의 통지를 발송한 때에 계약이 성립하므로 도달에 대한 위험은 청약자가 부담한다. 상법은 거래의 신속을 도모하기 위하여 특칙을 두고 있는 것이다.

2. 계약의 청약을 받은 상인의 의무

(1) 낙부통지의무

1) 일반원칙   민법에 의하면 계약은 청약에 대한 명시적 또는 묵시적

인 승낙의 의사표시가 없는 한 성립되지 않는다. 그러므로 청약자가 청약을 함에 있어서 거절의 의사표시가 없으면 승낙한 것으로 간주한다는 예고를 한 경우에도 상대방이 거절의 의사표시를 하지 않았다고 하여 청약에 대한 승낙이 될 수 없다. 다만 승낙기간을 정하는 의미가 있을 뿐이고 그 기간이 도과하면 청약이 실효될 뿐이다[大 99.1.29,
98 다 48903].

2) 상법의 특칙　　　　상인은 상시 거래관계에 있는 자로부터 그 영업부류에 속하는 계약의 청약을 받은 때에는 지체없이 낙부의 통지를 발송하여야 하며, 이를 해태한 때에는 청약을 승낙한 것으로 본다($\frac{상}{53}$). 즉 청약을 받은 상인은 낙부통지의무를 진다. 이러한 특칙은 상거래의 신속을 도모하고 상시 거래관계자의 신뢰를 보호하기 위한 것이다.

3) 적용요건　　　　이 특칙은 격지자간에 승낙기간을 정하지 않은 경우에 적용되며 청약을 받은 자는 상인이어야 하나 청약자는 상인임을 요하지 않는다. 「상시 거래관계에 있는 자」란 청약자의 청약이 있기 전부터 거래관계가 지속되고 있어서 반복적인 거래가 기대되는 자라고 할 수 있다. 그러므로 단순히 과거에 한번 거래관계에 있었다든가, 과거에 거래관계를 계속하려는 의도가 없이 가끔 거래관계가 있었다는 것만으로는 불충분하다. 청약은 기본적 상행위에 속하는 거래에 관한 것이어야 하며 계약해제 및 대물변제의 청약에는 적용되지 않는다.

4) 통지해태의 효과　　　　㈎ 청약을 받은 자의 통지의무는 **불완전의무**(不完全義務)로서 통지의 해태는 계약성립의 효과를 수반한다. 그러므로 청약에 따라 계약을 체결하고자 할 때에는 승낙의 통지는 필요가 없고, 청약을 거절하고자 할 때에만 지체없이 거절의 통지를 발송하면 된다.

㈏ 청약에 대한 통지의무의 해태로 인한 승낙의 효과도 의사표시에 의한 승낙과 같다고 할 수 있으므로 청약이 사기에 의한 경우나 청약의 내용에 관하여 착오가 있을 때에는 거절통지의 해태로 인한 승낙을 취소할 수 있다고 본다($\frac{민 110,}{109 Ⅰ}$)[동: 鄭(동), 318;
李(기), 160].

(2) 물건보관의무

1) 민법의 일반원칙　　　　민법에 의하면 청약과 함께 물건을 받았을 때 그 청약을 거절한 경우에 그 물건의 반환이나 보관의무가 없다.

2) 상법의 특칙　　　　상인이 그의 영업부류에 속하는 계약의 청약을 받은 경우에 청약과 함께 **견품**(見品) 기타의 물건을 받은 때에는 그 청약을 거절한

때에도 청약자의 비용으로 그 물건을 보관하여야 한다($_{60}^{상}$$_{본}$). 그러나 물건의 가액이 보관비용을 상환하기에 부족하거나 보관으로 인하여 손해를 받을 염려가 있는 때에는 보관의무가 없다($_{60}^{상}$$_{단}$). 이러한 상법의 특칙은 기업의 신용을 높이는 데 그 목적이 있다.

(개) **적용요건**   보관의무는 특히 격지거래의 경우에 생기며 청약을 받은 자는 반드시 상인이어야 하나 청약자는 상인임을 요하지 않는다. 그러나 낙부통지의무($_{53}^{상}$)와 달리 상시 거래관계가 없어도 보관의무가 있다.

(나) **주의의무**   물건의 보관은 선량한 관리자의 주의로써 신의성실의 원칙($_{2}^{민}$$_{1}$)에 따라 하여야 한다. 그러므로 물건이 멸실될 염려가 있는 때에는 사무관리에 관한 규정($_{이하}^{민 734}$)에 따라 그 물건을 긴급매각하여야 할 것이다.

(다) **의무위반의 효과**   계약의 청약을 받은 자가 물건보관의무를 불이행한 경우에는 손해배상책임을 진다.

[70] 제 2 商行爲의 有償性($_{성}^{영리}$)

상인은 영리를 목적으로 하며 영리성은 기업의 존립에 기초가 되고 모든 상법상의 생활관계에 통일되는 개념으로서 상행위의 개념 자체가 영리성과 분리될 수 없는 관계에 있으므로 상법은 구체적으로 이를 강화하고 있다.

I. 보수청구권

(1) **의   의**   민법에 의하면 타인을 위하여 어떠한 행위를 하여도 특약이 없으면 보수를 청구할 수 없다($_{701}^{민 686,}$). 그러나 상인이 그 영업범위 내에서 타인을 위하여 행위를 한 때에는 이에 대하여 상당한 보수를 청구할 수 있다($_{61}^{상}$). 이 경우에 상인에는 소상인도 포함되며, 타인은 상인이 아니라도 상관없다.

(2) **영업범위 내의 행위**   영업범위 내의 행위란 영업부류에 속하는 행위뿐만 아니라 영업을 유익 또는 편리하게 하는 모든 **부속적 상행위**를 포함한다. 즉 채무의 보증이나 어음의 인수와 같은 **법률행위**는 물론이고, 보관이나 운송과 같은 **사실행위**도 포함한다.

(3) **타인을 위한 행위**   타인을 위한 행위란 그 행위의 법률상 또는 사실상의 효과가 타인에게 귀속되는 것을 의미하고 반드시 위임계약이 있어야 하는 것은 아니다. 또 타인에게 반드시 실제로 이익이 있어야 하는 것도 아니

다. 그러나 이에 반하여 「타인을 위한 행위」의 개념에 대하여 타인의 이익을 위한 행위라고 하는 견해$\begin{bmatrix} 鄭(동), 325; \\ 李(철), 316 \end{bmatrix}$와 판례$\begin{bmatrix} 大 77. 11. 22, \\ 77 다 1889 \end{bmatrix}$가 있으나, 타당하지 못하다고 본다. 특약이 없는 한 타인을 위하여 행위를 한 이상 그에 대한 보수청구권이 타인의 이익의 유무에 의하여 좌우된다는 것은 부당하다고 본다.

(4) 예   외   행위의 대가가 이미 매매대금·운임·수수료 등에 포함된 경우나 견적서의 작성·상품의 포장 등과 같이 관습상 무상으로 하는 행위에 대하여는 별도로 보수를 청구하지 못한다.

2. 체당금의 이자청구권

상인이 그의 영업범위 내에서 타인을 위하여 금전을 체당(替當)한 때에는 체당한 날 이후의 법정이자를 청구할 수 있다($^{상}_{55 \, II}$). 「금전의 체당」이란 소비대차 이외에 타인을 위하여 금전을 지급하는 것을 말하며 위임·도급·고용 등의 계약관계와 사무관리 등의 경우에 하게 된다. 그러나 위임의 경우에는 민법에 의하더라도 위임사무의 처리를 위한 체당금에 대하여는 법정이자청구권이 있으므로($^{민}_{688 \, I}$), 상법규정은 도급·고용·사무관리 등에 의한 때에 실익이 있다.

3. 소비대차의 이자

(1) 민법에 의하면 소비대차에 관하여 특약이 없는 한 이자를 붙일 수 없다($^{민}_{598}$). 그러나 상법에 의하면 상인간에서 금전의 소비대차를 한 경우에는 특약이 없어도 대주(貸主)는 법정이자를 청구할 수 있다($^{상}_{55 \, I}$). 다만 상인간의 소비대차라도 그것이 영업과 관계가 없는 때에는 이 규정이 적용되지 않는다$\begin{bmatrix} 동: 孫(주), 248; 鄭(찬), 230; \\ 鄭(동), 323; 李(철), 318 \end{bmatrix}$.

(2) 이와는 달리 영업범위 외에서 차용한 금전도 영업에 이용할 수 있다는 이유로 반드시 영업범위 내일 필요가 없다는 견해도 있으나$\begin{bmatrix} 姜(위), 252; 蔡(이), \\ 166; 鄭(동), 323 \end{bmatrix}$, 이에 의하면 상인이 자신의 주택마련을 위하여 한 소비대차의 경우에 특약이 없어도 법정이자를 청구할 수 있게 되어 부당하다.

4. 법정이율

(1) 이   율   다른 약정이 없는 경우에 민법의 법정이율은 연 5푼이지만($^{민}_{379}$), 상행위로 인하여 발생한 채무의 법정이율은 연 6푼이다($^{상}_{54}$). 이러한 상법의 이자율 인상은 상거래에 있어서는 자금의 수요가 많고 투하자본에 대

한 고수익의 가능성이 많은 점을 고려한 것이다. 어음·수표에 의한 채무는 상행위와 관계 없이 법정이율이 연 6푼이다($^{어\ 48,\ 49;}_{수\ 44,\ 45}$).

(2) **적용요건**   상행위로 인하여 발생한 채무란 상행위로 인하여 직접 발생한 것뿐만 아니라, 실질적으로 이와 동일한 행위인 계약의 불이행에 의한 손해배상채무 및 계약해제에 의한 원상회복의무도 포함된다. 여기서 상행위란 쌍방적 상행위인 경우뿐만 아니라 일방적 상행위로 인한 때도 포함한다.

> 판례는 「대한석탄공사가 석탄채취에 관한 영업을 위하여 체결한 근로계약은 보조적 상행위로 볼 것이므로 상사법정이율인 연 6푼의 비율에 의한 지연손해금을 지급하여야 한다」고 한 바 있다($^{大\ 77.\ 4.\ 12,}_{76\ 다\ 497}$). 그리고 판례는 「건설회사가 이자약정하에 금원을 차용하였다가 아파트로 일부변제에 충당하고 채무액을 새로 정하여 정산합의를 한 경우 잔존채무에 대한 정산약정은 상인인 건설회사가 그 영업을 위하여 한 상행위로 추정되므로 상사법정이율에 의하여야 할 것」이라고 하였다($^{大\ 92.\ 7.\ 28,}_{92\ 다\ 10173}$).
>
> 그러나 상사법정이율은 상행위가 아닌 불법행위로 인한 손해배상채무에는 적용되지 않는다($^{大\ 85.\ 5.\ 28,\ 84\ 다가\ 966;\ 人}_{2004.\ 3.\ 26,\ 2003\ 다\ 34045}$).

[71] 제3 債務의 履行

I. 이행장소

(1) **특정물의 인도채무**   채무이행의 장소는 민법의 규정에 따른다. 즉 상행위로 인한 채무의 이행은 그 채무의 성질 또는 당사자의 의사표시로 변제장소를 정하지 않은 때에는 특정물의 인도는 채권성립 당시에 그 물건이 있었던 곳에서 하여야 한다($^{민}_{467\ I}$). 여기서 채무의 성질이란 특별한 의사표시가 없더라도 채무나 채권발생의 성질에 비추어 이행장소가 특정되는 경우를 말한다. 그리고 당사자의 의사표시는 반드시 명시적으로 하여야 되는 것은 아니고 묵시적인 경우를 포함한다.

(2) **기타 채무의 이행**   특정물 이외의 채무의 변제($^{금전}_{채무}$)는 **지참채무**(持參債務)로서 채권자의 현주소에서 하여야 하지만 영업에 관한 채무의 이행장소는 채권자의 현영업소에서 하여야 한다($^{민}_{467\ II}$). 상법에서는 다만 지점의 거래에 관하여 채무이행의 장소가 그 행위의 성질 또는 당사자의 의사표시에 의하여 특정되지 않은 경우에 특정물의 인도 이외의 채무의 이행은 그 지점을

이행장소로 본다($\frac{상}{56}$).

 (3) 증권채무의 이행 증권채무의 이행장소는 이를 정하지 않은 경우는 채무자의 현영업소이며 영업소가 없는 때는 현주소로 한다($\frac{상 65;}{민 516}$). 이 때는 유가증권이 유통되어 채권자가 바뀌므로 채무자는 채권자의 주소를 알 수 없기 때문에 추심채무(推尋債務)로 한 것이다.

2. 이행의 청구

 채무의 이행 또는 이행의 청구는 법령 또는 관습에 의하여 영업시간이 정하여져 있는 때에는 그 시간 내에 하여야 한다($\frac{상}{63}$). 그러나 영업시간 외라도 채무자가 임의로 이행을 하거나 이행의 청구에 응하는 것은 무방하다.

[72] 제 4 商事債權의 人的 擔保

 상법은 상사채권의 인적 담보를 강화하여 거래의 안전을 도모하고, 채권자를 보호함으로써 기업금융의 원활을 위하여 다음과 같은 특칙을 두고 있다.

Ⅰ. 다수채무자의 연대책임

 (1) 민법의 일반원칙 채무자가 수인인 경우에 민법에서는 특별한 의사표시가 없으면 각 채무자가 균등한 비율로 의무를 부담하는 분할주의(分割主義)를 채택하고 있다($\frac{민}{408}$).

 (2) 상법의 특칙

 1) 의 의 상법에 의하면 수인이 그 1인 또는 전원에 대하여 상행위가 되는 행위로 인하여 채무를 부담한 때에는 연대하여 변제할 책임이 있다($\frac{상}{57}$ 1). 이 특칙은 채무의 이행을 확실하게 함으로써 채권자의 이익을 보호하고 거래의 안전을 도모하는 데 그 목적이 있다. 그러나 이 규정은 임의법규에 속하므로 다른 약정도 가능하다.

 2) 적용요건

 (가) 채무의 발생원인 채무의 발생원인이 되는 행위는 채무자에 대하여 상행위이어야 한다. 즉 수인의 채무자 중 1인은 상인이어야 한다. 채권자에게만 상행위가 되는 때에는 이 규정이 적용되지 않는다. 현존채무는 반드시 직접 상행위에 의하여 발생할 필요는 없고, 상행위와 동일성이 있는 것으로서 계

약해제 및 지체에 의한 원상회복채무 및 손해배상채무도 포함된다.

(나) **공동행위에 의한 채무**　　채무는 수인의 채무자가 1개의 공동행위에 의하여 부담한 것이어야 한다$\left[\begin{smallmatrix} 大 56.9.20, \\ 4289 민상 347 \end{smallmatrix}\right]$. 공동행위란 반드시 공동으로 하는 경우뿐만 아니라 채무자 중에 1인이 동시에 타채무자의 대리인으로 하는 경우도 포함한다. 그러므로 조합채무가 조합원 전원을 위한 상행위가 되는 행위로 인하여 부담하게 된 것인 때에는 조합원들은 연대책임을 진다$\left[\begin{smallmatrix} 大 2000.3.23, 2000 \\ 다 59074; 大 95.8. \end{smallmatrix}\right]$ 11. 94 다 18638; 大 91.11.22, 91 다 30705; 大 76.12.14, 76 다 2212$\Big]$.

　　그런데 판례에는 「甲과 乙은 시멘트가공 보도블럭 등을 제조판매하는 丙회사로부터 물품을 구입하여 동업으로 丁에게 공사자재납품을 하는 사업 및 도로포장 공사를 하되, 甲은 주로 丁에 대한 교섭과 사업자금을 제공하고 乙은 물품의 구입과 납품 및 금전출납 등 업무를 분담하여 종사한 경우에는, 甲과 乙은 동업자로서 丙에 대하여 상법 제57조에 따른 상행위로 인하여 이 물품내금채무를 부담한 것이므로 연대하여 이를 변제할 책임이 있다」고 하였다$\left[\begin{smallmatrix} 大 76.1.27, 75 다 1606; \\ 大 91.3.27, 90 다 7173 \end{smallmatrix}\right]$. 그러나 판례는 「계열회사들이 그룹 내의 조달본부를 통하여 구매요구를 하면 조달본부가 물품업체와 계약을 체결하고 물품업체는 각 계열회사에 물품을 인도하였다면, 조달본부의 물품구매행위는 각 계열회사들이 조달본부에 그 대행을 위임하거나 이에 관한 대리권수여에 따른 행위로 볼 수 있어서 각 거래는 계열회사와 물품공급회사 사이에 이루어진 것으로 그 법률효과는 그 당사자에게만 미치고 다른 계열회사는 제3자의 지위에 있는 데 불과하므로, 조달본부에 물품을 발주 구입하였다는 사실만으로 상법 제57조 제1항 소정의 수인이 그 1인 또는 전원에게 상행위로 인하여 부담하는 공동구매라고 할 수 없으므로, 이 각 계열회사들 사이에 동 법조에 따른 연대채무관계는 발생할 수 없다」고 하였다$\left[\begin{smallmatrix} 大 87.6.23, \\ 86 다카 633 \end{smallmatrix}\right]$.

2. 보증인의 연대책임

(1) **민법의 일반원칙**　　민법에 의하면 보증인은 특약이 없는 한 최고 및 검색의 항변권이 있으며($\begin{smallmatrix} 민 \\ 437 \end{smallmatrix}$), 보증인이 수인인 때에는 분별의 이익을 갖는다($\begin{smallmatrix} 민 \\ 439 \end{smallmatrix}$). 여기서 「**최고의 항변권**」이란 채권자가 보증인에게 채무의 이행을 청구한 때에 보증인이 주채무자가 변제자력이 있다는 사실 및 그 집행이 용이하다는 것을 증명하여 먼저 주채무자에게 청구할 것을 항변할 수 있는 것을 말한다($\begin{smallmatrix} 민 \\ 437본 \end{smallmatrix}$). 「**검색의 항변권**」이란 채권자가 주채무자에게 최고를 한 다음에 보증인에 대하여 이행을 청구한 경우에도 보증인이 다시 주채무자에게 변제자력이 있다는 사실 및 그 집행이 용이함을 증명하여 먼저 주채무자의 재산에 대하여 집행할 것을 항변할 수 있는 것을 말한다($\begin{smallmatrix} 민 \\ 437 \end{smallmatrix}$).

(2) 상법의 특칙   1) 상법에 의하면 보증이 상행위이거나($_{여 하는 지급보증}^{은행이 고객을 위하}$), 주채무가 상행위로 인하여 생긴 때에는($_{의 차용}^{영업자금}$) 주채무자와 보증인은 연대하여 변제할 책임이 있다($_{57 Ⅱ}^{상}$). 이 경우에 주채무는 채무자의 상행위로 인하여 발생한 것만을 말한다는 것이 **통설**이다[$_{241; 鄭(동), 332; 蔡(이), 181 등}^{鄭(희), 154; 李(범), 225; 林(홍),}$]. 그러나 채권자에게만 상행위가 되는 일방적 상행위로 인한 채무도 이에 포함된다고 보는 것이 타당하며[$_{東變, 商法原論, 173}^{동; 孫(주), 254; 安}$], 판례의 입장이다[$_{4291 민상 407}^{大 59. 8. 27,}$]. 그러므로 보증인이 비상인인 경우에도 주채무자와 연대책임을 진다.

2) 수인의 보증인이 있는 경우에도 주채무자와 각 보증인뿐만 아니라 보증인간에도 채권자보호의 취지에서 연대관계가 생긴다고 본다($_{설}^{통}$). 특약이 없는 한 보증인은 최고 및 검색의 항변권이 없으며 보증인이 수인인 경우에 분별의 이익($_{439}^{민}$)이 없음을 의미한다.

[73] 제 5 任置를 받은 商人의 義務

민법에 의하면 임치가 유상인 경우에는 수치인은 선량한 관리자의 주의로 임치물을 보관하여야 하지만($_{374}^{민}$), 임치가 무상인 경우에는 임치물을 자기재산과 동일한 주의로 보관하면 된다($_{695}^{민}$). 그러나 상인이 그 영업범위 내에서 물건의 임치를 받은 경우에는 무보수인 때에도 선량한 관리자의 주의를 하여야 한다($_{62}^{상}$)[$_{83 다카 1476}^{大 83. 11. 8,}$]. 이는 상거래의 수요에 적응하고 상인의 신용을 유지하기 위한 규정이며, 상인이 무보수로 임치를 인수한 경우에도 적용된다.

제 2 관   商事賣買

[74] 제 1 商法上의 特則

(1) 서   설   상사매매란 동산과 유가증권을 목적으로 하는 상인간의 매매를 말한다. 상사매매는 연혁적으로 가장 오래 된 영업활동으로 대표적인 상행위라고 할 수 있다. 그러나 상법에서는 상사매매에 관하여 5개 조의 특칙만을 두고 있다($_{67~71}^{상}$). 왜냐하면 매매에 관하여는 민법의 계약법에 상세한 규정($_{563~595}^{민}$)이 있고, 또한 상거래에 있어서는 계약자유의 원칙이 광범위하게 인정되기 때문이다. 상사매매에 관한 특칙의 **입법취지**는 기업의 유지, 거래의

원활 및 왕성화와 거래의 신속한 완료를 도모함으로써 매도인을 보호하는 데 있다.

(2) **적용범위**   상사매매에 관한 특칙은 상인간의 매매의 경우에만 적용된다. 그러므로 매매가 일방적 상행위인 때에는 민법이 적용된다. 또한 이 특칙은 목적물이 동산이나 유가증권인 경우에만 적용된다.

[75] 제 2 賣渡人의 供託 및 競賣權

I. 민법의 일반원칙

민법에 의하면 매수인이 매매목적물의 수령을 지체하는 경우에 매도인은 공탁권과 경매권($^{민}_{490}{}^{487,}$)에 의하여 목적물의 인도의무를 면할 수 있는데, 이 경우 공탁을 원칙으로 한다. 그리고 **경매**는 i) 목적물이 공탁에 적당하지 않거나, ii) 멸실 또는 훼손될 염려가 있거나, iii) 공탁을 위하여 과다한 비용이 드는 경우에 법원의 허가($^{민}_{490}$)를 얻어서만 할 수 있다. 그러나 이러한 민법의 규정을 상사매매의 경우에도 적용하게 되면 매도인의 이익을 해할 우려가 있고 거래의 신속한 완료를 기대할 수 없게 된다.

2. 상법의 특칙

상인간의 매매에 있어서 매수인이 목적물의 수령을 거부하거나 이를 수령할 수 없는 때에는, 매도인은 그 물건을 공탁하거나 상당한 기간을 정하여 최고한 후 경매할 수 있다($^{상}_{67\,I}$). 즉 상법에 의하면 매도인은 공탁권과 경매권 중에서 **선택권**을 가지며, 이 중 한 권리의 행사를 한 후라도 이를 변경하여 다른 권리를 행사할 수 있다. 이 규정은 매수인의 수령지체로부터 매도인을 보호하기 위한 것이다.

(1) **공 탁 권**

1) 공탁의 법적 성질   제 3 자를 위한 임치계약이라는 것이 다수설이다. 즉 공탁은 공탁자와 공탁소가 채권자로 하여금 계약상의 권리를 취득하도록 하기 위하여 체결하는 **임치계약**이라고 한다.

2) 공탁의 요건

㈎ **수령지체**   매수인이 목적물의 수령을 거부하거나 수령을 할 수 없는 경우이어야 한다. 수령의 회피는 수령의 거부라고 할 수 있고 수령불능의

사유는 문제가 되지 않는다. 매도인이 변제의 제공을 하였는데도 매수인이 이를 수령하지 않은 때에는 매도인은 변제공탁을 할 수 있다. 즉 매도인은 구두의 제공을 하여 채권자를 지체에 빠지게 하든가, 또는 공탁을 하여 채무를 면하든가 하는 방법 중에 하나를 선택할 수 있다. 매수인의 수령지체에 대한 입증책임은 매도인에게 있다.

(나) 목 적 물　　　민법의 경우에는 공탁의 목적물은 변제의 목적물인 금전, 유가증권 기타의 물건으로서 부동산도 이에 포함된다는 것이 다수설이고$\left[\begin{smallmatrix}郭潤直,\\前揭書,\end{smallmatrix}\right.$ 747; 玄勝鍾, 402; 金顯泰, 340; 金基善, 312$\Big]$, 동산에 한하여야 한다는 것이 소수설이다$\left[\begin{smallmatrix}金曾漢·安二濬, 新債\\權總論, 1963, 221\end{smallmatrix}\right]$. 상사매매의 경우에도 공탁의 목적물에는 부동산도 포함된다는 것이 다수설이지만$\left[\begin{smallmatrix}林(홍), 272; 鄭(동),·\\399; 李(철), 340\end{smallmatrix}\right]$, 부동산은 제외된다고 할 것이다.

(다) 비 　용　　　공탁은 매수인의 비용으로 한다. 그러므로 매도인은 매수인에 대하여 공탁비용의 상환청구권이 있으며 매수인은 이와 같이 증가된 급부를 하지 않고는 공탁물을 수령하지 못한다($\begin{smallmatrix}민 491;\\공 9 참조\end{smallmatrix}$).

(라) 위험부담　　　공탁은 매수인의 위험부담으로 한다. 그러므로 매수인은 공탁물보관자에게 목적물을 운송할 때까지의 위험도 부담하여야 한다.

3) 공탁의 효과　　　매도인이 공탁을 한 때에는 지체없이 매수인에게 통지를 발송하여야 한다($\begin{smallmatrix}상 67 Ⅰ\\후단\end{smallmatrix}$). 즉 공탁의 통지는 발신주의에 의한다. 이 점이 도달주의에 의하는 민법($\begin{smallmatrix}민\\111 Ⅰ\end{smallmatrix}$)과 다르다. 그러므로 통지의 도달에 따르는 위험은 매수인이 부담한다. 통지($\begin{smallmatrix}민\\488 Ⅲ\end{smallmatrix}$)는 공탁을 위한 유효요건은 아니지만 이를 해태한 때에는 매수인에게 손해배상책임을 진다$\left[\begin{smallmatrix}동; 孫\\(주), 259\end{smallmatrix}\right]$.

(2) 경 매 권

1) 서 　설　　　상사매매의 경우에 매도인은 법원의 허가 없이 어떠한 목적물이든지 상당한 기간을 정하여 매수인에게 수령의 최고만을 하고 경매할 수 있다($\begin{smallmatrix}상\\67 Ⅰ\end{smallmatrix}$). 이러한 매도인의 경매권을 자조매각권(自助賣却權)이라고도 한다.

2) 경매의 요건

(가) 매수인에 대한 최고　　　경매를 하려면 먼저 상당한 기간을 정하여 매수인에게 수령의 최고를 하여야 한다. 최고는 도달한 때에 그 효력이 생기며, 최고는 상당한 기간을 정하여 하여야 한다. '상당한 기간'이란 매수인의 수령을 위한 고려기간이라고 할 수 있다. 그러나 최고를 할 수 없거나($\begin{smallmatrix}매수인의 주소가\\불명인 경우\end{smallmatrix}$) 목적물이 멸실 또는 훼손될 염려가 있는 때에는 최고를 하지 않고 경매할 수

있다($^{상}_{67\,II}$).

(나) 경매의 조건   경매는 반드시 본래의 매매계약의 조건과 일치하여야 되는 것은 아니다. 그러므로 매수인의 계산으로 상당한 주의로써 사정에 따라 가장 유리한 가격으로 매각하려고 노력한 것으로 족한 것이다.

3) 경매의 효과

(가) 매수인에 대한 통지   경매를 한 때에는 지체없이 매수인에 대하여 그 통지를 발송하여야 한다($^{상\,67\,I}_{후단}$). 통지는 특별한 방식을 요하지 않는다. 통지는 경매의 유효요건이 아니고, 다만 이를 해태한 때에는 매도인이 손해배상 책임을 질 뿐이다.

(나) 매도인의 권리

a) 비용상환청구권   경매는 매수인의 계산으로 하는 것이므로 매도인은 수임자와 같은 지위에 있다고 할 수 있으므로 매수인에 대하여 경매비용의 상환을 청구할 수 있다($^{민}_{688}$).

b) 경매대금의 변제충당권   적법한 경매는 본래의 매매계약을 이행한 것과 같은 효력이 생긴다. 그리하여 매도인은 경매대금의 전부 또는 일부를 매매대금에 충당할 수 있고 경매비용을 공제할 수 있다($^{상}_{67\,III}$). 이 점이 민법의 경우에 자조매각금의 공탁만을 인정하는 것($^{민}_{490}$)과 다르다. 그러나 경매비용을 공제하고 매매대금으로 충당한 후 잔액이 있는 때에는 이를 매수인에게 인도하거나($^{민}_{684\,I}$) 공탁하여야 한다($^{상}_{67\,III}$).

c) 부족액의 지급청구권   경매대금이 매매대금의 충당을 위하여 부족한 때에는 그 부족한 금액의 지급을 매수인에게 청구할 수 있다[동; 孫(주), 260; 林(홍), 309; 李(철), 340].

(다) 경매가 위법인 경우   경매가 적법하게 이루어지지 않은 때에는 매수인은 그 매각을 자기의 계산으로 한 것으로 보지 않을 수 있다. 즉 매도인은 매수인에게 경매의 효력을 주장할 수 없다.

[76] 제 3 買受人의 檢査 및 通知義務

I. 민법의 일반원칙

(1) 매매의 목적물에 하자 또는 수량부족이 있는 때에 민법에 의하면 매도인은 하자담보책임을 지기 때문에 매수인은 대금감액청구권·계약해제권 및

손해배상청구권을 갖는다. 즉 목적물에 하자가 있는 때에 선의·무과실의 매수인은 손해배상을 청구할 수 있고($^{민\ 580,\ 575}_{I\ 2문}$), 특히 그 하자로 인하여 계약의 목적을 달성할 수 없으면 그 밖에 계약을 해제할 수 있으며($^{민\ 580,\ 575}_{I\ 1문}$), 그 목적물이 종류물인 경우에는 계약해제나 손해배상 대신에 하자 없는 물건을 청구할 수도 있다($_{581\ II}^{민}$). 또한 수량을 지정한 매매의 목적물이 부족한 경우에는 그 부족분의 비율로 대금의 감액을 청구할 수 있고($^{매수인의\ 선의·}_{악의를\ 불문한다}$), 특히 선의의 매수인에 대하여는 손해배상청구권과 경우에 따라 해제권이 인정된다($_{572}^{민\ 574,}$).

(2) 이러한 매수인의 권리는 목적물에 하자가 있는 경우에는 매수인이 그 사실을 안 날로부터 6개월 내에($_{582}^{민}$), 수량부족의 경우에는 사실을 안 날로부터 1년($^{선의의}_{매수인}$) 또는 계약한 날로부터 1년($^{악의의}_{매수인}$) 내에 행사할 수 있다($_{573}^{민\ 574,}$).

(3) 이 규정을 상사매매에도 적용한다면 매도인은 오랫동안 불안정한 지위에 있게 되며, 매수인이 자기에게 유리한 시기를 택하여 권리를 행사함으로써 매도인의 위험부담으로 투기를 할 수 있는 가능성이 있다.

2. 상법의 특칙

(1) 의   의   상법에 의하면 상인 간의 매매에 있어서는 매수인이 목적물을 수령한 때에는 **지체없이** 이를 검사하여야 하며, 하자 또는 수량부족이 있음을 발견한 때에는 즉시 매도인에게 그 통지를 발송하지 아니하면 대금감액·계약해제 또는 손해배상청구권을 상실한다($^{상\ 69\ I}_{전단}$). 그러므로 검사와 통지는 권리행사를 위한 의무라고 할 수 있다. 이를 해태하면 목적물을 이의 없이 수령한 것과 같은 효력이 생긴다. 그러나 하자를 즉시 발견할 수 없는 때에는 6월 내에 발견하여 통지하면 된다($_{69\ I}^{상}$).

(2) 적용범위   1) 상법 제69조는 유가증권 또는 상품의 교환·종류매매·견품매매·시험매매 등의 경우와 특정물뿐만 아니라 불특정물매매의 경우에도 적용 또는 유추적용된다고 할 것이다[$^{동:\ 孫(주),\ 263;\ 鄭(동),}_{407;\ 李(철),\ 345}$]. 부동산매매의 경우에도 동조가 적용된다는 견해가 있으나[$^{李(철),}_{345}$] 의문이다.

2) 제작물공급계약에도 이 규정이 유추적용된다고 할 것이다.

　　판례도 「이른바 제작물공급계약은 그 제작의 측면에서는 도급의 성질이 있고 공급의 측면에서는 매매의 성질이 있는 것으로서, 제작·공급하여야 할 물건이 대체물인 경우에는 매매로 보아서 매매에 관한 규정이 적용된다고 하여도 무방할 것이나, 이와 달리 그 물건이 부대체물인 경우에는 그 제작이 계약의 주목적이 되어

도급의 성질을 강하게 띠고 있다고 할 것이므로, 이 경우에도 상인간의 매매에 관한 상법 제69조의 규정이 당연히 적용된다고 할 수 없다」고 하였다(大 87. 7. 21,
86 다카 2446).

3) 상법 제69조는 권리의 하자의 경우에는 적용되지 않고 또한 목적물의 인도지연이나 약정한 곳 이외의 장소에서의 인도, 그 밖에 합의와 다른 방법으로 인도한 경우, 그리고 목적물이 합의한 것과 전혀 다르거나 수량을 초과하는 경우에는 적용되지 않는다(동: 孫(주), 263;
鄭(찬), 225). 그러나 주문한 물건과 현저하게 다르지 않고 수량의 초과가 희소하여 매수인의 수령이 예상되는 경우에는 예외이다(독상
378 참조).

(3) 적용요건

1) 상인간의 매매   매매는 양 당사자에 대하여 상행위이어야 한다. 그러므로 매수인이 상인이라도 매도인이 상인이 아닌 때에는 상법 제69조는 적용되지 않는다(大 93. 6. 11,
93 다 7174). 또한 매매계약은 유효하게 성립되었어야 한다. 당사자의 쌍방 또는 일방이 소상인이라도 무방하다. 양 당사자의 **상인자격**은 매매계약의 체결시에 있으면 된다.

2) 목적물의 수령   매수인은 목적물이 매도인으로부터 인도된 경우에만 검사 및 통지의무를 진다. 목적물을 실제로 검사할 수 있어야 하므로 운송증권(화물상환증·
선하증권)의 인도와 같은 목적물반환청구권의 양도의 경우는 제외된다.

3) 목적물의 하자·수량부족   목적물에 하자가 있거나 수량부족이 있어야 한다. 하자는 물건의 성질·형상·효용에 관한 것에 한하며(민 580,
581), 권리의 하자는 제외된다(민 570,
572).

4) 매도인의 선의   매수인은 매도인에게 악의가 없는 경우에 검사 및 통지의무를 진다. 즉 매도인이 목적물의 인도시에 목적물에 하자 또는 수량부족이 있다는 것을 몰랐어야 한다.

5) 특약의 부존재   상법 제69조는 임의법규이므로 당사자간에 매수인의 의무에 관하여 다른 약정이 없어야 한다.

(4) 의무의 내용

1) 검사의무   (가) 매수인이 하자통지의무를 해태한 때에는 목적물의 하자는 치유되지만 검사의 해태만으로는 치유되지 않는다. 그러므로 하자통지의무만이 법정의무가 된다고 할 것이다. 즉 검사의무는 법정의무라고 할 수 없다. 하자가 공연한 하자에 속하는 때에는 그 하자의 발견에 검사를 필요로 하

지 않기 때문에 하자통지는 즉시 하지 않으면 안 될 것이다.

(나) 검사는 목적물의 수령 후 지체없이 하여야 한다. 이 경우에 「지체없이」란 귀책사유 있는 지연이 없이라는 뜻이다. 「지체없이」(unverzüglich)는 「즉시」(sofort)와는 다른 것이다. 후자의 경우 지연에 대한 귀책사유의 유무를 따지지 않는다는 점에서 전자와 차이가 있다. 그러나 하자를 즉시 발견할 수 없는 때에는 목적물의 수령 후 6개월 내에 검사하여야 한다($^{상}_{69\,\rm I}$). 그리고 검사에 필요한 비용은 특약이 없는 한 매수인이 부담한다.

2) 통지의무   (가) 매수인은 목적물을 수령한 후 지체없이 검사하여 하자 또는 수량부족을 발견한 때에는 즉시 매도인 또는 통지수령의 권한이 있는 자에게 통지를 발송하여야 한다. 상법 제69조에서는 검사는 목적물의 수령 후 지체없이 하여야 하고 하자통지는 하자 등을 발견하였을 때에 즉시 발송하여야 한다고 규정하고 있으나, 하자통지도 「지체없이」란 뜻으로 해석함이 옳다. 검사의무 자체는 법정의무가 아니라 할지라도 검사가 이미 지연되었기 때문에 그에 따라 하자통지도 지연이 되었을 때에는 적시에 적법한 통지를 하였다고 할 수 없다. 통지의 방법에는 제한이 없다.

(나) 하자통지는 매도인 또는 통지수령의 권한이 있는 자에게 하여야 한다. 매수인이 하자통지를 매도인에게 발송하였으나 잘못된 주소로 한 경우에는 적법한 하자통지가 될 수 없다. 그럼에도 불구하고 매도인이 적시에 하자통지를 받은 때에는 그 하자는 치유된다. 통지수령의 권한이 있는 자에게 하자통지를 한 때에는 매도인에게 한 것과 같은 효력이 있다. 대리인이 하자통지를 수령할 수 있는 대리권이 있는가의 문제는 구체적인 경우에 따라 검토되어야 한다. 지배인이나 포괄적인 대리권이 있는 사용인의 경우에는 당연히 그러한 권한이 있다고 본다. 그러나 하자를 즉시 발견할 수 없는 때에는 6월 내에 발견하여 통지하면 된다($^{상}_{\rm I}$ $^{69}_{2문}$). 통지의 발송에 대한 **입증책임은 매수인이 진다**($^{大}_{90}$ $^{90.\,12.\,21,}_{다카}$ $^{28498\cdot}_{28504}$).

(5) 의무위반의 효과   1) 매수인이 통지의무를 해태한 때에는 **목적물**의 하자가 치유되는 효과가 생긴다. 그리하여 매수인은 대금감액청구권, 계약해제권 또는 손해배상청구권을 잃는다($^{상}_{69\,\rm I}$). 통지의무는 불이행시에 손해배상의무를 지거나 매도인이 그 이행을 訴로써 강제할 수 있는 진정한 의무가 아니라, 의무해태의 경우에 의무자가 다만 일정한 권리를 상실하는 데 불과한 **불완전의무 또는 간접의무**라고 할 수 있다($^{동;\;孫(주),\;264;}_{李(철)\;350}$).

2) 매수인이 수령한 목적물이 **수량부족**인 경우에도 매수인이 통지의무를 해태한 때에는 약정한 수량의 목적물을 수령한 것으로 간주된다. 그러나 매도인이 약정한 수량보다 적게 인도하였다는 것이 계산서나 운송장 등에 의하여 명백한 경우에는 매수인은 인도된 수량에 따라 대금을 지급하면 될 것이다.

3) 목적물의 **수량초과**에 대하여는 상법 제69조의 준용규정이 존재하지 않는다($^{상 71}_{참조}$). 그러므로 통지의무를 해태한 때에도 인도된 목적물 전부에 대한 매매대금의 지급의무를 지지 않는다.

(6) **의무이행의 효과**   상법에서는 의무를 이행한 매수인의 권리에 대하여는 특별한 규정을 두고 있지 않다.

1) **하자가 있는 경우**   목적물에 하자가 있는 때에는 **계약해제** 또는 **손해배상청구**를 할 수 있고, 대금감액의 청구는 인정되지 않는다. 그리고 계약해제는 목적물의 하자로 인하여 계약의 목적을 달성할 수 없는 경우에만 인정된다.

2) **수량부족의 경우**   목적물이 수량부족인 때에는 **대금감액**이나 **계약해제** 및 **손해배상청구**가 모두 가능하지만, 계약의 해제는 수량의 부족으로 계약의 목적을 달성할 수 없는 경우에만 가능하다.

[事例演習]

◇ 사 례 ◇

〈설문 1〉 건축자재판매업자 甲은 수도관제조업자 乙로부터 매매계약에 따라 4월 15일에 1,000만원 상당의 수도관의 공급을 받아 창고에 쌓아 놓았다. 며칠 후 창고관리인이 많은 수도관에 녹이 슬어 있음을 발견하고 이를 甲에게 알렸다. 이후 甲은 乙에게 수도관에 하자가 있다는 것을 통지하였는데 甲의 행위는 정당한가?

〈설문 2〉 식품도매업자 甲은 통조림제조업자 乙로부터 생선통조림 100상자를 매입하여 5월 1일에 甲의 창고에 보관하였다. 일주일이 경과한 다음에 甲은 인도된 통조림이 여러 상자에서 통이 부풀어 있고 그 내용물이 부패된 것을 발견하여 甲은 乙에게 지체없이 「전과 다름없이 불량품이 인수되었으니 이를 회수하여 가시기 바랍니다」라고 통지하였다. 甲은 계약의 해제를 요구할 수 있는가?

[해 설] **설문 1의 경우**   민법은 규정에 의하면($^{민 574, 580,}_{582}$) 甲은 乙에 대

하여 하자담보책임을 추궁할 수 있으나 甲과 乙은 상인이므로 상법
제69조가 적용되는데, 양자 사이에는 통지에 관하여 이를 배제하는
특약이 존재하지 않으며 매도인에게는 악의가 없으므로 甲은 수도
관을 지체없이 검사하고 하자를 발견하였을 때는 즉시 통지하여야
할 의무가 있다. 이 경우는 쉽게 찾아 낼 수 있는 뚜렷한 하자가 존
재하므로 며칠이 지난 후에 한 통지는 하자의 발견 이후 즉시 하였
다 하더라도 이는 목적물을 수령한 때에 지체없이 검사하여 즉시
통지한 것이라고 할 수 없기 때문에 甲은 乙에 대하여 하자담보책
임을 추궁할 수 없고 대금의 선급이 없는 경우는 매매대금의 지급
의무를 면하지 못한다.

　　설문 2의 경우　　甲과 乙은 상인이며 통지의무의 배제에 관한
특약이 없으며 또한 매도인에게 악의가 없으므로 상법 제69조에 의
하여 甲은 지체없이 검사하여 즉시 통지를 하였어야만 하였다. 더욱
이 통조림이 부풀어 있어서 즉시 발견할 수 있는 하자가 있음에도
불구하고 1주일이 경과한 후에 통지를 하였고 통지의 내용도 분명
하지 않으므로 통지의무의 해태가 분명하기 때문에 甲은 乙에 대하
여 계약의 해제를 주장할 수 없다.

[77]　제 4　買受人의 保管·供託 및 競賣義務

1. 민법의 일반원칙

　　매매의 목적물의 하자 또는 수량부족에 의하여 매수인이 계약을 해제한
경우에 민법에 의하면 각 당사자는 원상회복의무를 지고, 매수인은 목적물을
반환할 의무를 질 뿐이다($^{민}_{548}$). 그러나 상사매매에도 민법의 원칙을 적용한다
면 매도인은 운송의 위험과 운송비를 부담하여야 되고 목적물 소재지에서의
전매(轉賣)의 기회를 잃게 된다.

2. 상법의 특칙

　　상인 간의 매매에 있어서는 매수인이 목적물의 하자 또는 수량부족을 이유
로 계약을 해제한 때에도 매도인의 비용으로 매매의 목적물을 보관 또는 공탁
하여야 하고, 만일 목적물이 멸실 또는 훼손될 염려가 있는 때에는 법원의 허
가를 얻어 경매하여 그 대가를 보관 또는 공탁하고 지체없이 매도인에게 경매

의 통지를 발송하여야 한다($\frac{상.70}{1.\text{II}}$). 이 경우의 경매를 긴급매각(緊急賣却)이라 한다. 이 의무는 매수인이 매도인으로부터 매매의 목적물과 다른 물건 또는 주문수량을 초과한 물건의 인도를 받은 경우에도 진다($\frac{상}{71}$). 이러한 매수인의 의무는 매도인의 보호와 거래의 안전을 도모하기 위한 것이다.

(1) 적용요건

1) 상인간의 매매　　　상인간의 상행위인 매매가 있어야 한다.

2) 계약의 해제·목적물의 상위·수량초과　　　목적물의 하자·수량부족으로 인하여 계약을 해제하였거나($\frac{상}{70}$), 매도인으로부터 매수인에게 인도된 물건이 매매의 목적물과 상위하거나 수량이 초과한 경우이어야 한다($\frac{상}{71}$). 이 규정은 계약이 목적물의 하자나 수량부족 이외의 사유로 해제된 경우에도 유추적용된다고 본다[동: 孫(주), 266; 林(홍), 317; 鄭(동), 413; 李(철), 352].

3) 격지매매　　　㈎ 매도인과 매수인의 영업소 또는 주소가 동일한 특별시·광역시·시·군 내에 있지 않은 격지매매(隔地賣買)이어야 한다. 그러므로 상법 제70조 1항과 2항의 규정은 매도인과 매수인의 영업소가, 영업소가 없는 경우에는 그 주소가 동일한 특별시·광역시·시·군에 있는 때에는 적용되지 않는다. 즉 동지매매의 경우는 적용되지 않는다. 그러나 동지매매인 경우라도 매수인이 인도장소로서 지정한 지역이 다른 특별시·광역시·시·군인 때에는 보관·공탁 등의 의무를 진다[동: 孫(주), 266; 林(홍), 482; 蔡(이), 194].

㈏ 반대로 격지매매라도 매수인이 지정한 인도장소가 매도인의 영업소 또는 주소와 동일한 특별시·광역시·시·군인 때에는 매수인은 보관·공탁 등의 의무를 지지 않는다($\frac{상}{70}$). 왜냐하면 이러한 경우는 매도인이 필요한 조치를 취할 수 있기 때문이다. 격지매매의 경우에 목적물의 반환은 비경제적이므로 목적물이 현존하는 곳에서 전매 등의 처분을 가능하게 하기 위한 것이다.

4) 매도인의 선의　　　매도인에게 악의가 없어야 한다. 즉 매도인이 목적물의 인도시에 목적물에 하자 또는 수량부족이 있다는 것을 몰랐어야 한다.

5) 특약의 부존재　　　당사자간에 의무의 배제에 관한 약정이 없어야 한다.

(2) 의무의 내용

1) 보관·공탁의무　　　㈎ 매수인은 매매의 이행으로서 수령한 목적물의 하자 또는 수량부족으로 인하여 계약을 해제한 경우에 그 목적물을 보관 또는 공탁하여야 하고, 인도된 물건이 목적물과 상위한 경우에는 그 물건을, 약정한 수량을 초과하는 경우에는 그 초과하는 물건을 보관 또는 공탁하여야 한

다($\frac{\text{상}}{\text{본}},\frac{70}{71}$ I). 이 경우에 매수인의 보관의무는 일단 성립하였던 계약을 해제한 경우에 지는 의무이므로, 상인이 계약의 청약을 거절한 때에 지는 보관의무($\frac{\text{상}}{60}$)와 달리 목적물의 가액이 보관비용을 상환하기에 부족하거나 보관으로 인하여 손해를 받을 염려가 있는 경우에도 지게 된다.

(나) 보관을 할 것인가 공탁을 할 것인가 하는 문제는 매수인이 임의로 정할 수 있다. 보관기간에 관하여는 상법에 아무런 규정이 없으나 매도인이 적절한 조치를 취하는 데 필요한 상당한 기간 동안만 보관의무가 있다고 본다[$\frac{\text{동:}}{(\text{주})},\frac{孫}{267}$]. 그러므로 상당한 기간이 경과한 때에는 매수인은 목적물을 반환할 수 있다고 할 것이다.

(다) 보관을 매수인이 직접 할 필요는 없고, 보관 또는 공탁은 매도인의 부담으로 한다($\frac{\text{상}}{1}\frac{70}{본}$). 그러므로 매수인이 이를 보관한 때에는 매도인에 대하여 상당한 보수를 청구할 수 있다($\frac{\text{상}}{61}$).

2) 경매의무　　매매의 목적물은 그 자체를 보관 또는 공탁하는 것을 원칙으로 하나, 목적물이 멸실 또는 훼손될 염려가 있는 때에는 법원의 허가를 얻어 경매하여 그 대가를 보관 또는 공탁하여야 한다($\frac{\text{상}}{1}\frac{70}{단}$). 이 경우의 경매를 긴급매각이라 한다. 매수인이 경매를 한 때에는 지체없이 매도인에게 그 통지를 발송하면 되고($\frac{\text{상}}{70}$ II) 도달에 대한 위험은 매도인이 부담한다.

(3) 의무위반의 효과　　매수인이 보관·공탁 및 경매의무를 위반한 때에는 매도인에 대하여 손해배상책임을 진다.

[78] 제 5 確定期賣買

(1) 의　　의　　확정기매매는 민법에서 말하는 정기행위(定期行爲)의 일종으로서 매매의 성질 또는 당사자의 의사표시에 의하여 일정한 일시 또는 일정한 기간 내에 이행하지 아니하면 계약의 목적을 달성할 수 없는 매매를 말한다. 즉 이행시기가 계약의 성패를 좌우할 정도로 매매의 본질적인 요소가 되는 경우라고 할 수 있다. 그러므로 단순히 이행기간이 정해졌다고 하여 확정기매매라고 할 수 없다[$\frac{\text{大 }55.3.31,}{4287\text{ 민상 }320}$]. 또한 이행기를 준수하지 않으면 계약의 이행이 불가능하게 되는 경우를 확정기매매라고 할 수 없고, 이행기를 경과하였더라도 급부는 가능하지만 채권자에게 급부의 이익이 없는 경우를 확정기매매라고 할 수 있다.

　　판례는「CIF 매매에 있어서 선적기간은 중요한 요소로서, 매매 당시 목적물(원자재인 알루미늄)의 가격변동이 심하고 매수인은 종합상사로서 전매를 목적으로 매매계약을 체결한 경우에는 선적기간에 관한 약정은 특히 중요한 의미가 있으므로 선적기간 내에 선적이 되지 아니하면 계약의 목적을 달성할 수 없는 상법 제68조 소정의 확정기매매에 해당한다」고 한 바 있다$\left(\substack{大 95.5.26, \\ 93 다 61543}\right)$. 또한 판례는「상인 사이에 이루어진 선물환계약은 그 약정 결제일에 즈음하여 생길 수 있는 환율변동의 위험(이른바 환리스크)을 회피하기 위하여 체결되는 것으로서, 그 성질상 그 약정 결제일에 이행되지 않으면 계약의 목적을 달성할 수 없는 상법 제68조 소정의 '확정기매매'라 할 것이고, 그 계약 불이행으로 인한 손해배상액의 산정에 관한 미화 1$ 당 원화의 환율은, 그 계약이 약정 결제일 전에 이미 해제되었다는 등의 특수한 사정이 없는 이상, 원래 약정되었던 결제일 당시의 환율을 기준으로 하여야 한다」고 하였다$\left(\substack{大 2003. 4. 8, \\ 2001 다 38593}\right)$.

　　(2) **민법의 일반원칙**　　　　계약이 정기행위인 경우에 민법의 규정에 의하면 당사자의 일방이 그 시기가 도래하여도 이행하지 않는 때에 계약을 해제하려면 이행의 최고($\substack{민 \\ 611}$)는 필요가 없으나 해제의 의사표시가 있어야 한다($\substack{민 \\ 545}$). 일반원칙에 의하면 이행기가 경과하였더라도 계약을 해제하려면 매수인의 계약해제의 의사표시가 필요하므로 매도인은 불안정한 지위에 있게 되고, 매수인이 매도인의 위험으로 투기행위를 할 우려가 있다.

　　(3) **상법의 특칙**

　　1) **총　　설**　　　　상법에서는 양도인의 보호와 거래의 신속한 완료를 위하여 상인간의 확정기매매의 경우에 당사자의 일방이 이행시기를 경과한 후 상대방이 즉시 청구를 하지 아니하면 계약은 해제된 것으로 본다($\substack{상 \\ 68}$). 이 규정은 양 당사자가 상인이면 일방적 상행위에도 적용된다는 **소수설**이 있으나 $\left[\substack{鄭(희), \\ 161}\right]$, 상인 간의 상행위인 확정기매매의 경우에만 적용된다는 것이 **통설**이다.

　　2) **확정기경과의 효과**

　　㈎ **채권자의 이행청구권**　　　　이행을 하지 않고 있는 사이에 확정기매매 계약에 의하여 약정된 일정한 시기 또는 일정한 기간이 경과하였는데 채권자가 이행의 이익을 갖는 때에는 이행시기의 경과 이후 즉시 이행의 청구를 할 수 있다($\substack{상 \\ 68}$). 즉 채권자는 계약의 **이행청구권**이 있다. 이행의 청구는 이행시기의 도래와 동시에 또는 이행시기의 경과 후 즉시 채무자에게 계약의 이행에 대하여 이익이 있다는 내용의 통지를 하여야 한다. 통지는 도달한 때에 그 효력이 생기므로 도달에 대한 위험은 채권자가 부담한다. 통지를 적시에 하였다

는 입증책임은 채권자가 부담한다.

　　(나) 계약의 당연해제　　　　이행시기 이후 즉시 채권자의 이행청구가 없으면 채무자의 과실의 유무나 이행지체의 유무에 불구하고 계약은 당연히 해제된다[동; 孫(주), 261; 鄭(동),
404; 蔡(이), 187]. 이와는 달리 채무자의 귀책사유에 의한 채무불이행의 경우에 상법이 적용된다는 견해도 있다[李(철), 343;
鄭(찬), 222]. 그러나 상법의 특칙은 상거래의 신속한 처리를 도모하려는 데 입법취지가 있다는 점에서 의문이다. 그러나 근소한 부분의 불이행의 경우에는 이행시기의 경과로 계약해제의 효과가 생긴다고 할 수 없다.

　　(다) 채권자의 손해배상청구권　　　　채권자는 이행시기의 경과로 인하여 손해가 있는 때에는 그 배상을 청구할 수 있다($\frac{민}{551}$).

[事例演習]

◇ 사 례 ◇

　　야채판매상 甲은 야채도매상 乙과 김장용 배추 3만 포기의 조달을 위하여 매매계약을 체결하고 배추는 11월 10일과 11월 15일 사이에 반드시 인도되어야 한다는 것을 약정하였다. 그러나 乙이 이 기간 내에 인도하지 않았는데 甲은 날씨가 따뜻하여 아직도 시장성이 있다고 판단해서 11월 19일에서 11월 25일까지 인도할 것을 청구하였다. 甲의 청구는 정당한가?

[해 설]　이 사례에서 甲과 乙은 상인이며 양자 사이에는 확정기매매가 성립된 것이 분명하다. 그러므로 상법 제68조가 적용된다. 그러나 甲은 그 이행시기가 경과된 후 즉시 이행의 청구를 하지 않고 4일이 경과된 다음에 하였으므로 甲의 청구는 효력이 없고 계약은 해제되었다고 할 수 있다.

제 4 절　相互計算

[79]　제 1　序　　說

기업은 일정한 거래상대방과 계속적인 금전지급관계를 갖게 된다. 즉 때로는 채권자가 되고 때로는 채무자가 되는 등 거래상대방과 상호적인 관계에 서게 된다. 이는 특히 은행간이나 은행과 고객 및 상인과 대리상 그리고 운송업자간에서 생긴다. 이 경우에 기업이 거래가 있을 때마다 결제를 하게 되면 번잡하고, 더욱이 격지자 사이에는 송금의 비용과 위험 등의 불이익이 따른다. 그러므로 일정한 기간 내에 발생한 채권·채무를 일괄하여 상계하면 대차관계가 일목요연하게 될 뿐만 아니라 그 결제가 간단하고 신속하게 되며 자금의 고정을 피할 수 있게 된다.

[80]　제 2　相互計算의　意義

상호계산이란 상인간 또는 상인과 비상인간에 있어서 상시 거래관계가 있는 경우에 일정 기간 내의 거래로 인한 채권·채무의 총액에 대하여 상계하고, 그 잔액을 지급할 것을 약정하는 계약을 말한다($\frac{상}{72}$).

　(1) **당사자 일방의 상인성**　　상호계산계약의 당사자 중 일방은 상인($\frac{소상인도}{포함}$)이어야 한다. 이는 기업의 목적을 직접 실현하는 상행위가 아니라, 그 목적의 실현을 위한 부속적 상행위이다. 그러므로 비상인간에 상호계산과 동일한 내용의 계약을 체결하더라도 상법상의 상호계산은 아니다. 그런데 이 경우에 상호계산에 관한 규정을 유추적용할 수 있다는 견해가 있다$\left[\begin{smallmatrix}林(홍), 395;\\鄭(동), 359\end{smallmatrix}\right]$.

　(2) **당사자간의 합의**　　당사자간에 채권·채무를 상계하고 잔액을 확정한다는 합의가 있어야 한다. 상호계산계약의 체결에는 특별한 방식을 요하지 않으며 묵시적으로도 성립될 수 있다.

　(3) **계속적 거래관계**　　당사자간에는 계속적인 거래관계가 있어야 한다. 그러나 당사자의 일방이 채권자만 되고 타방은 채무자만 되는 소매상과 일반소비자 사이에는 상호계산이 성립할 수 없다. 그러나 당사자간에 채권·채무의 발생이 예상되는 한 계산의 결과가 당사자의 일방만이 채권을 취득하게 되

었더라도 상호계산의 성립이 인정된다.

(4) **상호계산기간**   상호계산의 대상은 일정기간 내의 거래로 인하여
생긴 채권·채무이다. 상호계산기간은 당사자간에 임의로 정할 수 있으나 특약
이 없으면 6월로 한다($\frac{상}{74}$). 이 기간은 상호계산계약의 존속기간과 다르다. 상
호계산은 기간적 상호계산을 원칙으로 하지만, 당사자간의 특약에 의하여 거
래가 있을 때마다 상계를 계속적으로 하는 단계적 상호계산도 가능하다.

(5) **상호계산의 대상**   상호계산의 대상이 되는 채권·채무는 상행위로
인하여 발생한 것으로서 일괄상계가 가능한 **금전채권**에 한한다. 그러나 금전
채권이라도 특약이 있거나($\substack{\text{결산기 전에 반환하기}\\\text{로 합의한 자금채권}}$), 그 성질상 즉시 또는 현실로 이행
되어야 될 채권($\substack{\text{소비대차의 예약}\\\text{에 의한 채권}}$)이나, 증권에 의하여 권리행사를 하여야 하는 어음
채권과 같은 유가증권상의 채권은 특약이 없는 한 제외된다. 또한 거래와 관계
가 없는 불법행위·부당이득·사무관리로 인한 채권이나 제3자로부터 양수한
채권 등은 상호계산에서 제외되며[$\substack{\text{동: 徐(돈), 175; 鄭(희),}\\\text{166; 孫(주), 262}}$], 이 밖에도 특약에 의하
여 그 범위를 제한($\substack{\text{영업소 또는 거래}\\\text{의 종류·품목 등}}$)할 수 있다.

(6) **잔액의 지급**   상호계산기간중에 생긴 채권·채무의 결제는 기말에
일괄상계하여 잔액을 지급하는 방법에 의한다. 그러나 상호계산계약의 존속기
간이 종료하지 않은 때에는 잔액을 새로 개시되는 상호계산의 최초의 항목으
로 계상할 수 있다.

[81] 제 3 相互計算의 性質

상호계산계약의 법적 성질에 관하여는 상호적 소비대차설·상호적 위임
설·혼합계약설·상호적 신용개시계약설·유예계약설·상계예약설 등이 있으
나, 이들 학설은 각기 부분적인 타당성이 인정될 뿐이다. 그러므로 상호계산은
일반사법상의 전형계약에 환원할 것이 아니라 상법상의 **독자적인 계약**이라고
하는 것이 타당하다[$\substack{\text{통}\\\text{설}}$].

[82] 제 4 相互計算의 效力

Ⅰ. 상호계산기간중의 효력($\frac{소극적}{효력}$)

(1) 당사자간의 효력

1) 상호계산불가분의 원칙 (가) 상호계산기간중에 당사자간의 거래에서 생긴 채권·채무는 모두 계산에 계입되어 그 독립성을 상실한다. 즉 상호계산의 효력에 의하여 각 채권은 개별적으로 행사하거나 양도할 수도 없으며, 입질이나 압류가 인정되지 않고 상호계산 외의 다른 채무와 상계하지도 못한다. 그리하여 이 기간중에는 시효가 진행되거나 이행의 지체가 되지도 않는다. 이것을 상호계산불가분의 원칙이라 한다.

(나) 이 원칙에 의하여 일단 계입된 채권·채무는 당사자가 상대방의 동의없이 임의로 제거할 수 없다. 그렇다고 채권·채무가 상호계산에 계입되면 독립성은 상실하나 그 동일성까지 상실하는 것은 아니므로, 계산기간중이라도 확인의 소를 제기할 수 있고 원인계약상의 권리행사가 가능하다.

2) 예 외 어음 기타의 **상업증권**을 수수한 대가로서의 채권·채무를 상호계산에 계입한 때에 증권상의 채무자가 변제를 하지 않은 때에는 예외적으로 당사자는 일방적으로 그 항목을 제거할 수 있다($\frac{상}{73}$). 상업증권을 상호계산에 계입하는 것은 증권이 만기에 지급된다는 것을 전제로 한다. 그런데 파산으로 인하여 증권이 부도가 된 경우에는 그 증권상의 채권은 상호계산에 의하여 그 대등액이 상계됨에도 불구하고 증권상의 채권자는 다른 파산채권자와 동렬의 지위에 있게 되어 상계된 채권의 지급을 받지 못하는 경우도 생기므로 그 항목의 제거를 인정하고 있는 것이다.

(2) **제 3 자에 대한 효력** 상호계산의 효력이 양 당사자뿐만 아니라 제3 자에 대하여도 미치는가에 대하여는 학설이 대립하고 있다.

1) 부정설인 상대적 효력설에 의하면 상호계산을 단순한 계약관계로 보아 당사자의 일방이 상호계산불가분의 원칙을 위반하여 채권을 양도·입질한 때에는 선의의 제 3 자에게는 대항하지 못하고 손해배상의무가 있을 뿐이라고 한다$\left[\begin{smallmatrix}徐(돈), 174; 林(홍), 280; 李(병),\\240; 姜(위), 293; 鄭(찬), 243\end{smallmatrix}\right]$. 한편 양도·입질에 관하여는 상대적 효력설과 같은 입장을 취하면서도, 제 3 자의 상호계산에 계입된 채권의 압류는 허용되지 않는다고 하는 견해도 있다$\left[\begin{smallmatrix}李(철),\\367\end{smallmatrix}\right]$.

2) 긍정설인 절대적 효력설에서는 상호계산계약의 특수성과 강행성에 의

하여 상호계산기간중에는 각 채권은 독립성을 상실하므로, 당사자의 일방이
채권을 양도 또는 입질을 하더라도 제 3 자의 선의·악의를 불문하고 그 효력
이 없으며 또한 압류도 인정되지 않는다고 본다.

　3) 상호계산불가분의 원칙은 단순히 채권양도의 제한을 목적으로 하는 것
이 아니라 상법에서 법정한 제도의 효력이라는 점에서 긍정설이 타당하다[$\substack{동: 鄭 \\ (희), 168; 孫(주), \\ 286; 蔡(이), 204}$].

2. 상호계산기간만료 후의 효력($\substack{적극적 \\ 효력}$)

　⑴ 잔액의 확정　　　1) 상호계산기간이 만료되면 당사자는 채권·채무
의 총액에 대하여 일괄상계하여 지급할 잔액을 확정한다. 잔액은 당사자의 일
방이 채권·채무의 각 항목과 상계잔액을 기재한 계산서를 제출하여 상대방이
이를 승인함으로써 확정된다($\frac{상}{75}$). 이 경우에 계산서의 제출은 승인을 구하는
청약이고 승인은 그에 대한 승낙으로서 잔액의 확정계약이 성립한다. 이 경우
에 승인은 명시적으로뿐만 아니라 묵시적으로도 할 수 있다.

　2) 계산서를 승인함으로써 계산에 계입된 채권·채무의 총액은 독립된 채
권·채무가 되어 총액채권과 총액채무를 상계한다. 상계의 결과 어느 일방에
잔액이 있으면 잔액은 독립된 채권으로서 확정되어 당사자의 일방이 잔액채무
를 지급할 새로운 의무를 진다. 즉 승인의 경개적 효력에 의하여 잔액은 구채
권으로부터 독립된 새로운 채권으로 취급된다. 그러므로 계산승인의 법적 성
질은 목적의 변경에 의한 경개계약(更改契約)이라고 할 수 있다.

　⑵ 잔액확정의 효과

　1) 소극적 효과　　　㈎ 잔액이 확정된 후에 각 당사자는 채권·채무의
각 항목에 대하여 이의를 하지 못한다($\substack{상 \\ 75본}$). 즉 각 항목 채권의 원인인 거래
의 무효·취소 또는 해제를 이유로 잔액채권 자체의 성립을 다툴 수 없고 계산
외에서 부당이득의 반환($\frac{민}{741}$)만을 청구할 수 있을 뿐이다.

　㈏ 계산서의 각 항목에 대하여 착오나 탈루가 있는 경우에는 상법 제75조
단서의 문맥상 승인행위 그 자체의 효력을 다투어 잔액채권 자체의 성립을
다툴 수 있다는 견해도 있으나[$\substack{鄭(희), 169; \\ 金(용), 142}$], 이 경우에도 잔액승인행위는 취소
할 수 없고 이의를 제기하여($\substack{상 \\ 75단}$) 부당이득의 반환을 청구할 수 있을 뿐이라고
본다[$\substack{동: 徐(돈), 175; 孫(주), 288; 鄭(동), \\ 373; 蔡(이), 202; 梁·朴 123}$]. 다만 승인행위 자체에 관하여 착오가 있거나
또는 상대방에게 사기·강박 등의 원인이 있을 때에 한하여 승인행위를 취소할

수 있다($\frac{민\ 109,}{110}$).

2) 적극적 효과

㈎ **담보 등의 소멸**   잔액채권은 각 채권·채무의 잔액이 아니라 새로이 발생한 독립된 채권이 되기 때문에, 계산에 계입된 종전의 개별 채권에 부수되었던 **질권이나 보증채무** 기타 담보는 특약이 없는 한 잔액승인의 경개적 효력에 의하여 구채권과 함께 소멸하므로 잔액채권을 담보하지 않는다. 이와는 달리 담보는 잔액채권으로 이전한다는 견해도 있다$\left[\begin{smallmatrix}李(철),\ 370;\ 鄭(찬),\\244;\ 鄭(동),\ 235\end{smallmatrix}\right]$. 그러나 특약에 의하여 잔액채권도 담보하기로 한 경우가 아니면 잔액채권에는 담보권의 효력이 미치지 않는다고 본다$\left[\begin{smallmatrix}同:\ 鄭(희),\ 169;\ 梁·\\朴,\ 118;\ 蔡(이),\ 204\end{smallmatrix}\right]$.

㈏ **중리의 인정**   특약에 의하여 계산에 계입된 날로부터 각 항목 채권에 이자를 붙이기로 한 경우에도 잔액채권에 대하여 계산폐쇄일 이후의 법정이자를 청구할 수 있다($\frac{상}{76}$). 즉 에외적으로 중리(重利)가 인정된다.

㈐ **잔액채권의 시효 등**   잔액채권은 독립된 새로운 채권이기 때문에 계산폐쇄일로부터 새로이 시효가 신행하며 압류도 가능하다.

[83] 제5 相互計算의 終了

(1) **일반종료원인**   상호계산계약은 존속기간의 만료, 기타 계약의 일반적 종료원인($\frac{당사자의\ 사망\ 또}{는\ 회사의\ 해산}$)에 의하여 종료된다.

(2) **특별종료원인**

1) **해   지**   상호계산은 신용을 기초로 하는 제도이므로 각 당사자는 언제든지 상호계산을 해지할 수 있다($\frac{상}{77}$). 즉 상호계산계약은 당사자의 해지에 의하여 종료한다. 해지는 계약의 존속기간을 정한 경우나 상호계산기간의 도중에도 할 수 있으며 특별한 방식을 요하지 않지만, 해지의 의사가 분명하게 표시되어야 한다. 해지의 의사표시는 상대방에게 도달됨으로써 그 효력이 생긴다($\frac{민}{111\ 1}$).

2) **거래관계의 종식**   상호계산은 상대방과의 거래관계가 종식됨으로써 종료된다. 이 경우는 상호계산의 대상이 소멸된 것으로 볼 수 있기 때문이다. 그러나 거래관계의 종식은 당사자들의 의사에 따라 판단되어야 한다.

3) **법률상의 원인**($\frac{파산선고·회사정}{리절차의\ 개시}$)   상호계산은 당사자의 일방이 파산선고를 받은 때에 종료한다($\frac{파}{57}$). 또한 상호계산은 당사자의 일방이 주식회사인

경우에 회사정리절차가 개시되었을 때($^{회정}_{107}$)에도 종료한다.

(3) **종료의 효과**   상호계산계약이 종료한 때에는 법정 또는 약정한 계산기간과 관계 없이, 즉시 계산을 폐쇄하고 잔액채권자는 잔액의 지급을 청구할 수 있다($^{상 77;}_{과 57}$).

[事例演習]

◇ 사 례 ◇

〈설문 1〉 상인 甲은 대리상 乙과 상호간의 채권·채무를 3개월마다 상계하고 그 잔액을 지급하기로 하였다. 그런데 乙이 甲을 위하여 큰 거래를 성립시킨 후 휴가를 떠나려고 그 거래에 대한 보수를 청구하고 있는데 甲은 이를 지급하여야 하는가? 또한 대리상 乙의 채권자 丙은 甲에 대한 보수채권을 강제집행에 의하여 압류하고 그 인도를 청구할 수 있는가?

〈설문 2〉 증권회사 甲은 5월 1일에 고객 乙에게 「1일 계산서」를 발송하였는데, 여기에는 乙을 위한 50만원의 항목이 누락되었다. 이에 대하여 이의를 제기하지 않았고 8월 31일에는 송부된 상계계산서에도 50만원이 포함되지 않았는데, 乙은 이를 승인하고 이의를 제기하지 않았다. 乙은 아직 50만원의 지급을 청구할 수 있는가?

해설 **설문 1의 경우**   甲과 乙 사이에는 상호계산계약($^상_{72}$)이 성립되었으므로 보수채권은 상호계산에 계입되어 그 독립성을 상실하므로 그 거래에 관한 보수를 별도로 청구할 수 없고 상호계산기간이 경과한 후에 확정된 잔액에 대하여 청구권이 있을 뿐이다. 그리고 상호계산에 계입된 보수채권은 그 독립성이 상실되었으므로 대리상 乙의 채권자 丙은 상인 甲에 대한 보수청구권을 압류할 수 없고 다만 장래의 잔액채권에 대한 압류가 가능할 뿐이다.

  설문 2의 경우   고객 乙이 「1일 계산서」에 대하여 이의를 제기하지 않았다고 하여 잔액승인의 효력이 생기지 않는다. 왜냐하면 1일 계산서는 잔액의 확정을 위한 것이 아니라 통장의 상황을 통지한 것에 불과하기 때문이다. 그러나 8월 31일에 송부된 상계계산서에 대하여 이의를 제기하지 않고 승인하였으므로 새로운 잔액채권이 성립되었다. 이 경우에 상계계산서에 관하여 기장이나 계산의 오류에 대한 착오 또는 상대방의 사기가 있는 때에는 승인행위를 취소할 수 있으나 항목의 누락과 같은 부주의에 의한 동기착오의 경

우는 잔액승인행위는 취소할 수 없고 乙은 원인 없는 잔액승인을
이유로 50만원에 대한 부당이득의 반환을 청구할 수 있을 뿐이다
($\frac{상\ 75\ 단;}{민\ 741}$).

제 5 절   匿名組合

[84] 제 1 經濟的 機能

익명조합은 자본주와 유능한 기업인이 함께 형성한 기업형태로서, 출자자
인 기업주는 배후에 숨어 있기 때문에 외부에서 보면 기업인의 개인기업으로
보이나 내부관계에 있어서는 공동기업인 것이다. 이것은 출자자와 영업자의
이익이 모두 일치되는 때에 성립된다. 즉 출자능력은 있지만 사회적 지위, 경
영능력의 부족, 법률적인 제한 등으로 영업을 할 수 없는 자가 익명의 출자자
가 됨으로써 영업이익에 참여하는 제도이다. 한편 영업자에게는 출자에 대하
여 이익만 분배하면 되고 경영면에서는 타인의 간섭을 받지 않으며, 이익의 유·
무와 관계 없이 확정이자를 지급하여야 하는 소비대차와 달리 이익이 있을 때
에만 분배하면 되는 장점이 있다.

[85] 제 2 匿名組合의 意義

익명조합이란 당사자의 일방이 상대방의 영업을 위하여 출자하고 상대방
은 영업으로 인한 이익을 분배할 것을 약정하는 계약을 말한다($\frac{상}{78}$).

(1) 당 사 자   익명조합의 당사자는 출자자인 익명조합원과 상인인
영업자이다.

1) 익명조합원은 상인이든 비상인이든 관계 없이 누구나 될 수 있으며,
수인이 공동으로 익명조합원이 될 수도 있다. 이 경우에 익명조합원 상호간에
는 민법의 조합관계가 형성된다.

2) 영업자는 상인이어야 하며 소상인을 포함한다. 상인자격은 반드시 계
약 이전에 존재하지 않아도 되고, 계약과 동시에 영업을 개시하여 상인이 되는

경우도 포함한다. 영업자는 자력의 강화를 위하여 다수의 출자자와 익명조합
계약을 맺을 수 있으며, 이 경우에는 영업자와 각 출자자간에 수개의 독립된
익명조합계약이 병존하게 되지만 출자자 상호간에는 아무런 법률관계가 존재
하지 않는다.

　　(2) **익명조합원의 출자**　　익명조합원은 영업자의 영업을 위하여 출자
하여야 한다. 영업은 반드시 영업자의 전영업일 필요는 없고 영업의 일부($_{지접 등}^{특정부\cdot영업}$)라도 상관없다. 출자의 목적은 금전·기타 재산에 한하며, 신용 및 노무
는 인정되지 않는다($_{272}^{상 86,}$). 그러나 물건의 사용권만은 출자의 목적으로 할 수
있다. 출자는 법률상 영업자의 재산에 귀속된다($_{79}^{상}$). 그러므로 영업자가 그 영
업의 이익금을 함부로 자기용도에 소비하였다고 하더라도 횡령죄가 성립되지
않는다$\left[_{大\ 73.1.30,\ 72\ 도\ 2704}^{大\ 71.12.28,\ 71\ 도\ 2032;}\right]$.

　　(3) **이익분배**　　영업으로부터 생긴 불확정한 이익을 분배하는 것이 익
명조합에 있어서 중요한 요소가 된다. 그러므로 당사자간에 분배이익의 최고
한을 정하는 것은 무방하지만, 이익의 유무를 불문하고 일정한 금액의 지급을
보증하는 것은 확정이자의 지급과 같으므로 익명조합의 본질에 어긋난다$\left[_{62\ 다\ 660;\ 大\ 57.11.18,}^{大\ 62.12.27,}\right.$ $\left._{4290\ 민상\ 616}\right]$. 이와는 반대로 손익의 유무를 불문하고 일정률의 이익분배
를 한다는 특약이 가능하다는 견해도 있으나$\left[_{172}^{鄭(희),}\right]$, 이에 의하면 소비대차와
의 구별이 곤란하게 될 것이다.

　　　　판례는 「대외관계에 있어서는 어느 주식회사의 지방출장소장으로 되어 있으나
　　　대내적으로 그 회사의 영업을 위하여 출자를 하고 그 영업에서 생기는 이익의 분배
　　　를 받을 것을 약정한 사실이 인정되는 경우에는 특별한 사정이 없는 한 출자를 한
　　　자와 회사와의 관계는 상법상의 익명조합관계에 있다」고 한 것$\left[_{4290\ 民上\ 616}^{大\ 57.1.8,}\right]$이 있다.
　　　이와는 반대로 「동업계약관계에 있어서 당사자의 일방만이 영업을 담당하고 대외
　　　적으로도 권리의 주체가 되며 상대방에게는 매상액 중 일정금액의 지급을 약정한
　　　것은 상법상의 익명조합도 아니고 민법상의 조합도 아니다」라는 판례$\left[_{81\ 다\ 650}^{大\ 83.5.10,}\right]$도
　　　있다.

[86]　제 3　匿名組合의 性質

I. 성　　질

익명조합계약은 유상·쌍무의 낙성계약임은 명백하지만 어떤 종류의 계약
인가에 관하여는 기업조직에 관한 장기적 계약이라는 견해도 있으나$\left[_{172}^{鄭(희),}\right]$,

특수한 계약으로 보는 것이 다수설이다. 익명조합은 민법상의 조합의 일종으로 볼 수도 있겠으나, 조합원의 공동사업과 합유재산 및 무한책임의 관념이 없기 때문에 적당하지 못하다. 그러나 양자는 전혀 무관한 것은 아니고, 익명조합은 기업거래의 특수한 수요를 위하여 민법상의 조합이 수정된 것으로서 다만 공동관계를 대외적으로 나타내지 않는 점에서 차이가 있을 뿐이다. 즉 민법상의 조합을 수정한 상법상의 특수한 계약이라고 할 수 있다[동: 鄭(동), 379; 林(홍), 291; 李(철), 338].

2. 적용법규

익명조합의 경우도 내부적으로는 공동사업이 있고 조합관계가 존재하므로 내적 조합이라고 할 수 있다. 그러므로 익명조합에 대하여는 우선 익명조합계약이 적용되고, 다음에 상법 제78조 내지 제86조 그리고 보충적으로 민법의 조합에 관한 규정이 적용된다고 본다.

3. 익명조합과 타 제도와의 비교

(1) 익명조합과 합자회사   익명조합은 합자회사와 그 연혁 및 기능에 있어서 공통점이 있지만 법률적 성질에 있어서는 다음과 같은 차이점과 유사점이 있다.

1) 차 이 점

(가) 법률관계   전자는 단순한 계약관계(상 78)인 데 반하여, 후자는 사단법인으로서(상 169, 171) 회사의 일종이다.

(나) 권리·의무의 주체   거래관계에 있어서 권리·의무의 주체는 전자의 경우에 영업자인 데 반하여, 후자의 경우는 회사 자체이다.

(다) 기업의 재산   전자에는 영업자의 재산이 있을 뿐이고 익명조합의 재산은 존재하지 않지만, 후자에는 회사의 재산이 존재한다.

(라) 출자자의 공시   익명조합원은 등기사항이 아니지만, 합자회사의 유한책임사원은 등기하여야 한다(상 271).

(마) 제 3 자에 대한 책임   익명조합원은 특별한 경우(상 81)가 아니면 영업자의 채권자에 대하여 직접 책임을 지지 않지만, 합자회사의 유한책임사원은 출자액을 한도로 회사채권자에 대하여 직접 책임을 진다.

(바) 파산의 경우   익명조합의 영업자가 파산한 경우는 익명조합원은 다른 파산채권자와 동렬의 지위에서 출자반환청구권을 갖지만, 합자회사가 파산한 때에는 유한책임사원은 그 출자를 상실한다.

2) 유 사 점   양자는 모두 「코멘다」에서 유래된 제도로서 익명조합원은 유한책임사원과 그 지위가 유사하기 때문에 익명조합원에 대하여는 유한책임사원에 관한 일부 규정을 준용하고 있다(상 86, 277, 278). 상법 제86조에서는 상법 제276조는 준용하지 않고 있으나, 익명조합원의 지위를 양도함에는 특약이 없는 한 영업자의 승낙이 있어야 할 것

이다.

(2) 익명조합과 소비대차   양자는 영업자금의 조달을 위한 제도라는 점에서 유사하지만, 익명조힙은 불확정한 이익을 분배하는 점과 특약에 의하여 배제하지 않는 한 손실도 분담한다는 점이 다르다. 또 익명조합의 출자자의 지위는 원칙적으로 양도할 수 없는 데 비하여, 소비대차에 의한 채권은 양도할 수 있다는 점에서 차이가 있다. 그러나 영업자가 파산한 경우에 익명조합원은 소비대차에 의한 일반채권자와 동렬의 지위에 있다.

[87] 제 4 匿名組合의 效力

I. 익명조합원의 의무

(1) 출자의무   1) 익명조합원은 영업자와 달리 계약에서 정한 출자의무를 진다($\frac{상}{78}$). 출자의 목적은 금전 기타 재산에 한하며 신용 또는 노무는 인정하지 않는다($\frac{상\ 86,}{272}$). 신용이나 노무도 금전으로 평가하여 출자의 목적이 될 수 있다는 소수설도 있으나[$\frac{鄭(희)}{172\sim173}$], 상법은 제86조에 의하여 제272조를 준용하고 있으므로 민법 제703조 2 항의 적용은 배제된다고 보아야 한다. 그러나 특약에 의하여 특정재산의 사용권만을 출자할 수는 있다.

2) 출자의 시기에 관하여 특약이 없을 때에는 영업자로부터 청구가 있을 때에 출자를 이행하여야 한다($\frac{민}{387\,\mathrm{II}}$). 출자는 영업자의 재산에 귀속되므로 재산권이전에 필요한 모든 행위($\frac{등기 \cdot 양도의 통}{지 \cdot 명의개서 등}$)를 하여야 한다.

(2) 손실분담의무

1) 총   설   손실분담은 익명조합에 있어서 그 요소가 된다고 할 수 없으나, 익명조합도 경제적으로는 공동기업이므로 이익을 분배하는 이상 손실도 분담하는 것이 원칙이라고 본다.

2) 손실의 의의   손실은 기업 그 자체나 영업재산의 손실이 아니라 영업으로 인한 손실을 말한다.

3) 손실분담의 추정   익명조합원의 손실분담은 특약이 있는 경우에만 인정된다는 소수설도 있으나[$\frac{鄭(희),}{173}$], 익명조합계약에서 이를 배제하고 있지 않는 한 손실분담의 약정이 있는 것으로 추정하여야 할 것이다($\frac{상\ 82\ I \cdot III,}{85\ 단\ 참조}$). 그러므로 손실분담의 비율은 약정이 없더라도 이익분배의 비율과 같은 것으로 추정된다($\frac{민}{711\,\mathrm{II}}$). 이익분배의 비율도 없는 때에는 영업자가 계약의 목적인 영업에 투자한 재산권과 노력 그리고 익명조합원의 출자액 기타 모든 사정을 참작하

여 결정하여야 한다.

　4) 손실분담의 효과　　　손실분담의 결과 계산상으로 분담액만큼 익명조합원의 출자액이 감소될 뿐이다. 이 감소부분은 후년도의 이익으로 전보하면 되지만, 손실을 전보한 후가 아니면 이익배당을 청구하지 못한다($^{상}_{82\,I}$).

　(3) 지위불양도의무　　　익명조합은 인적인 신뢰관계를 기초로 하므로 익명조합원의 지위는 영업자의 동의 없이 이를 타인에게 양도하지 못한다고 본다$\left[^{동;\;孫(주),\;294;\;李(철),\;383;}_{徐(정),\;136;\;鄭(찬),\;254}\right]$. 익명조합원의 지위는 합자회사의 유한책임사원과 유사하기 때문이다($^{상\;276}_{유추}$).

　2. 영업자의 의무

　(1) 업무집행의무　　　1) 영업자는 익명조합원의 출자를 계약의 목적에 따라 사용힐 의무가 있으며 동시에 신량힌 관리자의 주의로써 기입을 경영힐 의무를 진다($^{민\;681,}_{707}$). 그러므로 익명조합원은 영업자가 계약에서 정한 바에 따라 영업을 개시하지 않거나 영업활동을 실행하지 않을 때에는 그 개시와 이행을 청구할 수 있으며, 이에 응하지 않을 경우에는 익명조합계약을 해지할 수 있다($^{상}_{83\,II}$). 또한 영업자가 임의로 영업의 내용을 변경하거나 휴업 등을 한 경우에도 「부득이한 사정」이 있는 것으로 보아 계약을 해지할 수 있을 뿐만 아니라($^{상}_{83\,II}$) 손해배상도 청구할 수 있다.

　2) 익명조합원도 익명조합계약에 의하여 업무집행에 참여할 수 있다. 이 경우에도 익명조합원은 제3자에 대하여 책임을 지지 않는다. 그러나 익명조합원이 그의 성명이나 상호를 영업자가 사용하는 것을 허락한 때에는 예외이다($^{상}_{81}$).

　(2) 영업상태개시의무　　　익명조합원은 원칙적으로 업무집행이나 대표행위는 못하지만($^{상\;86,}_{278}$), 영업에 관하여 밀접한 이해관계를 가지므로 영업자는 익명조합원에 대하여 영업상태의 개시의무(開示義務)를 진다. 그리하여 익명조합원은 영업연도 말에 영업시간 내에 한하여 회계장부·대차대조표 기타의 서류를 열람할 수 있으며, 더욱이 중요한 사유가 있는 때에는 언제든지 법원의 허가를 얻어 위 서류의 열람과 검사를 할 수 있다($^{상\;86,}_{277}$).

　(3) 이익분배의무　　　1) 이익분배는 익명조합계약의 요소이므로($^{상}_{78}$) 영업자는 영업으로 인한 이익을 분배할 의무를 지며 익명조합원은 이익에 대하여 분배청구권을 갖는다. 그러므로 이익을 분배하지 않는다는 특약이 있는 때

에는 민법상의 조합에 불과하다. 이익분배의 비율은 특약에 의하여 정할 수 있지만, 특약이 없는 때에는 손실분담의 비율에 관한 특약이 있으면 이익분배의 비율도 이것과 공통된 것으로 추정하며($_{711}^{민}$ ${}_{Ⅱ}$), 이것도 없는 때에는 출자한 가액에 따라 이익분배의 비율을 정한다($_{711}^{민}$ ${}_{Ⅰ}$). 즉 익명조합원의 출자액을 영업자가 영업을 위하여 사용한 재산액과 노무의 평가액 등과 비교하여 분배의 비율을 정한다.

2) 익명조합에는 물적회사와 달리 자본유지의 원칙이 적용되지 않으므로 이익은 각 영업연도의 재산의 증가액 자체를 말한다[徐(돈), 181; 孫(주), 294; 鄭(동), 384; 林(홍), 425]. 영업연도는 특약이 없는 한 1년으로 볼 것이다. 이익이 있을 때 익명조합원은 당연히 분배청구권이 있지만 다른 약정이 없는 한 이를 행사하지 않았다고 하여 출자가 증가되지 않고(독상 337 Ⅲ 참조), 손실을 분담하는 경우라도 차년도의 손실전보에 충당되지 않는다.

(4) **경업피지의무**　　　1) 익명조합은 내부적으로 영업자와 익명조합원의 공동사업이고 영업자는 합자회사의 무한책임사원과 다를 바 없으나, 영업자의 경업피지의무에 관하여 아무런 규정을 두고 있지 않다. 그리하여 익명조합계약에서 특별히 정한 경우가 아니면 경업피지의무를 지지 않는다거나[徐(돈), 180~181], 영업자의 경업피지의무는 구체적인 경우에 따라 그 유무를 결정하여야 한다는 등의 소수설[鄭(희) 175; 梁·朴 127]도 있다. 그러나 영업자는 익명조합원에 대하여 선량한 관리자의 주의로써 공동이익을 도모하여야 하고, 또한 충실의무를 부담한다고 할 수 있으므로 경업피지의무를 당연히 진다고 할 것이다[동: 孫(주), 295; 徐(정), 135; 林(홍), 424; 鄭(찬), 251; 蔡(이), 211; 姜(위), 306].

2) 익명조합에 대하여는 영업자가 이러한 의무를 위반한 경우에 익명조합원의 개입권에 관한 규정이 없기 때문에, 다만 익명조합원은 그 위반행위의 정지나 손해배상을 청구할 수 있을 뿐이라는 것이 통설이다.

3. 익명조합의 대외적 관계

(1) **익명조합원과 제 3 자**　　　1) 익명조합은 익명조합원과 영업자 사이의 계약에 의하여 성립되지만 대외적으로는 영업자의 개인기업과 같기 때문에 익명조합원은 제 3 자에 대하여 권리나 의무가 없다($_{80}^{상}$). 즉 영업자는 대리인으로서가 아니라 자기의 명의로 영업을 한다. 다만 내부적으로 익명조합의 계산으로 영업을 하는 것이다.

2) 익명조합의 상호란 존재할 수 없으며 다만 영업자의 상호만이 있을 뿐이고, 익명조합계약은 등기사항도 아니다. 이것이 상법상의 회사와 다른 점이다. 그러므로 익명조합의 대표나 책임에 관한 규정은 존재하지 않는다. 또한 소송의 경우에 익명조합은 당사자능력이 인정되지 않는다.

(2) **익명조합원의 외관에 대한 책임**   익명조합원이 영업자의 상호 중에 자기의 성명을 사용하게 하거나 자기의 상호를 영업자의 상호로 사용할 것을 허락한 때에는 그 사용 이후의 채무에 대하여 영업자와 연대하여 변제할 책임이 있다($\frac{상}{81}$). 이 경우에 「그 사용 이후의 채무」란 성명·상호의 사용 이후에 성립한 거래로 인하여 생긴 채무로서, 사용 이전의 거래로 인하여 사용 이후에 생긴 채무는 포함되지 않는다. 이것은 거래의 안전을 보호하기 위하여 외관법리에 의하여 인정한 책임이다. 따라서 이 규정은 제 3 자가 악의인 때에는 석용되지 않는다.

[88] 제 5 匿名組合의 終了

I. 종료원인

익명조합은 계약의 일반적 종료원인이 발생하거나 계약의 존속기간을 정한 때에는 그 기간의 만료에 의하여 종료되는 외에, 상법은 당사자의 의사에 의한 해지예고와 법정사유에 의한 종료에 관하여 특칙을 두고 있다.

(1) 당사자의 해지

1) 해지예고   익명조합의 존속기간을 정하지 않았거나 또는 어느 당사자의 종신까지 존속할 것을 약정한 때에는 각 당사자는 6 월 전에 상대방에게 예고를 하고 영업연도 말에 한하여 계약을 해지할 수 있다($\frac{상}{83}$Ⅰ). 이러한 해지권은 익명조합의 존속기간을 정하지 않은 경우에만 인정된다. 예고를 적법하게 한 때에는 영업연도 말에 해지의 효과가 생긴다. 이러한 해지권은 특약에 의하여도 배제하지 못한다. 이러한 해지예고의 규정은 인적회사에 있어서 사원의 퇴사예고($\frac{상 217,}{269}$)와 같은 취지의 것이다.

2) 예   외   부득이한 사정이 있는 때에는 각 당사자는 언제든지 계약을 해지할 수 있다($\frac{상}{83}$Ⅱ). 이 경우의 해지권도 특약으로 제한하지 못한다($\frac{민}{103}$). 부득이한 사정이란 익명조합원의 출자의 해태 또는 불능이나 영업자의 이익분배나 업무집행의 해태 또는 불능과 같이, 당사자의 고의 또는 중대한 과실에

의한 본질적 의무의 해태 또는 불능의 경우를 말한다.

　　(2) 법정사유에 의한 종료　　　익명조합계약은 당사자의 의사와 관계 없이 다음의 법정사유로 종료한다($^{상}_{84}$).

　　1) 영업의 폐지 또는 양도($^{상}_{184(1)}$)　　　이 경우는 사업의 성공이 불가능한 때이다. 물론 익명조합원이 영업의 계속을 청구할 수 있지만 그 이행을 강제할 수 없기 때문에 이 경우를 익명조합계약의 종료사유로 하였다. 그러나 영업자인 회사가 다른 회사와 합병을 하였거나 다른 회사형태로 조직을 변경한 때에는 익명조합이 존속된다.

　　2) 영업자의 사망 또는 금치산($^{상}_{84(2)}$)　　　이 경우는 익명조합계약이 종료한다. 영업자가 사망한 경우에는 상속인은 지체없이 익명조합원에게 통지하여야 하고 일시 영업을 계속하여야 한다. 그러나 영업의 계속의무는 계약의 청산이나 완결되지 않은 거래가 있는 때에만 진다고 할 것이다. 특약에 의하여 상속인이 영업을 계속하여 익명조합을 존속시킬 수 있다. 회사의 경우에는 해산을 사망으로 본다. 그러나 익명조합원이 사망한 경우는 다르다. 즉 익명조합원의 사망은 종료의 원인이 아니며, 상속인이 그 지위를 승계한다.

　　3) 영업자 또는 익명조합원의 파산($^{상}_{84(3)}$)　　　영업자의 파산의 경우 익명조합원은 일반파산채권자와 동렬의 지위에서 출자반환청구권을 행사하며, 익명조합원이 파산한 경우에는 영업자에 대한 출자반환청구권은 파산재단에 속한다.

2. 종료의 효과

　　(1) 익명조합이 종료하면 당사자 사이에 채권·채무를 결제한다. 영업재산은 모두 영업자의 소유에 속하기 때문에 영업자의 재산으로 결제하며, 이 때에 영업의 존폐는 문제가 되지 않는다. 채권·채무의 결제는 영업자가 익명조합원에게 출자의 가액을 반환하는 것을 말한다. 익명조합원이 손실을 분담하는 때에는 출자가 손실로 인하여 감소하면 그 잔액을 반환하면 된다($^{상}_{85}$).

　　(2) 현물출자는 금전으로 평가하여 그 가액을 반환하면 되고 목적물을 반환할 필요는 없다. 왜냐하면 현물출자의 목적물은 영업자의 재산으로 귀속되었기 때문이다. 그러나 물건의 사용권을 출자한 경우는 익명조합원이 소유권에 의한 반환청구권을 갖는다.

　　(3) 계약종료에 의한 계산의 결과 이익이 있으면 이를 분배하여야 한다.

그리고 계약의 종료시에 완결되지 못한 거래의 계산은 완결 후에 하면 된다. 그러나 특약이 없는 한 기업의 성가(聲價)에 대한 분배청구권은 없다. 영업자의 파산에 의하여 익명조합계약이 종료한 경우에 익명조합원은 영업자의 다른 채권자와 동등한 지위에서 출자반환청구권을 갖는다.

⑷ 익명조합계약이 익명조합원과 영업자 중 1인의 책임 있는 사유로 종료한 때에는 그 상대방은 손해배상청구권을 갖는다.

[事例演習]

◇ 사 례 ◇

甲은 평소 알고 지내던 乙이 사업수완이 있음을 알고, 술집동업을 하자고 제의하여, 다음과 같은 계약을 맺고 영업을 시작하였다.

주점 동업계약서

가. 甲은 현금 3억원을 출자(그 중 2억원은 점포구입에, 1억원은 운영자금에 충당한다)하고, 乙은 경영을 담당하되 다른 사업에는 종사하지 않는다.

나. 乙은 甲에게 매월 수익 유무와 상관없이 출자금의 3%에 해당하는 배당금의 지급을 보장하고, 이익발생시에는 이익금의 1할을 추가로 분배한다.

다. 영업손실은 전적으로 乙이 부담한다.

라. 乙은 매월 10일까지 전월의 영업수지계산서를 甲에게 제출한다.

그러나 개업 6개월 후부터 乙의 무리한 경영으로 사업이 부실해지자 甲은 乙이 자신을 속인다고 생각하고 점포로 찾아가 강제로 가게문을 닫는 등 방해를 하면서 그 시정을 요구하고, 乙은 이를 이유로 그 기간 동안의 배당금 및 이익금을 지급하지 아니하였다. 그러는 동안 위 영업의 채권자 丙은 채권확보를 위하여 乙 명의의 점포를 압류하고 경매를 신청하였다. 甲-乙, 甲-丙의 법률관계를 논하라[상세한 해설은 金星泰, 상법사례연습(최기원 외), 166면 이하 참조].

해 설 1. 甲-乙의 법률관계

甲과 乙의 계약은 익명조합계약으로 본다. 따라서 甲은 乙에 대하

여 감시권을 행사할 수 있으나, 영업에 대한 직접적인 개입은 불가
능하다. 이 사례에서는 분명하지 않으나, 만약 甲이 감시권의 범위
를 초월하여 부당하게 영업을 방해한 사실이 인정되고 그 결과 乙
에게 손해가 발생되었다면, 이를 배상하여야 한다고 본다. 乙 또한
선량한 관리자의 주의로써 영업을 수행할 의무가 있으므로 이를 다
하지 못하여 손해가 발생되었음이 인정된다면 손해를 배상하여야
하며, 이익분배의무가 있는 만큼 계약에 따른 의무를 이행하여야
한다.

2. 甲-丙의 법률관계

甲과 乙의 계약은 익명조합계약이므로 甲이 출자한 모든 재산은
乙에게 귀속된다($\frac{상}{79}$). 따라서 甲과 丙은 상호간 아무런 관계가 없고,
丙은 甲의 방해를 받지 아니하고 채권을 행사할 수 있다.

제 6 절　合資組合

[89]　제 1　總　說

상법개정안(2007)에 의하면 새로운 기업형태로서 업무집행조합원과 유한
책임조합원으로 구성되는 합자조합제도를 도입하는 것으로 되어 있다. 이는
주식회사와 조합의 장점을 살릴 수 있는 새로운 기업형태로서 Limited Part-
nership제도와 같다고 할 수 있다. 이는 합자회사와 유사한 형태이지만 합자회
사는 법인이고 유한책임사원은 원칙적으로 기업경영에 참여할 수 없는 데 비
하여, 합자조합은 조합으로서 사적자치가 광범위하게 인정되어 유한책임조합
원도 기업경영에 참여가 가능하다. 그리고 모든 조합원이 조합의 채무에 대하
여 무한책임을 지는 민법상의 조합과도 다르다. 합자조합은 소송의 당사자가
될 수 있다($\frac{상}{86의 8}$).

[90]　제 2　合資組合의　意義

합자조합은 업무집행조합원과 유한책임조합원이 영업을 위하여 상호출자
하여 공동사업을 경영할 것을 약정함으로써 그 효력이 생긴다($\frac{상86}{의 2}$).

I. 합자조합의 설립

(1) **조합계약의 체결**　　합자조합을 설립하려면 업무집행조합원이 될 자와 유한책임조합원이 될 자가 조합계약을 체결하고 총조합원이 기명날인 또는 서명하여야 하는데 조합계약에는 다음과 같은 사항을 기재하여야 한다($\frac{상86}{의 3}$). 즉 i) 목적, ii) 명칭, iii) 업무집행조합원의 성명 또는 상호 및 주소, 주민등록번호, iv) 유한책임조합원의 성명 또는 상호 및 주소, 주민등록번호, v) 주된 영업소의 소재지, vi) 조합원의 출자에 관한 사항, vii) 조합원에 대한 손익분배에 관한 사항, viii) 유한책임조합원의 지분의 양도에 관한 사항, ix) 수인의 업무집행조합원이 공동으로 합자조합의 업무를 집행하거나 대리할 것을 정한 때에는 그 규정, x) 조합의 해산시 잔여재산분배에 관한 사항, xi) 조합의 존속기간 기타 해산사유에 관한 사항, xii) 조합계약의 작성연월일 등이다.

(2) **설립등기**　　업무집행조합원은 합자조합 설립 후 2주 내에 조합의 주된 영업소에서 다음의 사항을 등기하여야 한다. 즉 i) 상법 제86조의 3 제1호 내지 제3호, 제5호와 제9호의 사항, ii) 조합원의 출자의 목적, 재산출자에는 그 가액과 이행한 부분, iii) 존속기간 기타 해산사유를 정한 경우에는 그 기간 또는 사유 등이다($\frac{상86의}{4 \ I}$). 등기한 기재사항에 변경이 있는 때에는 2주 내에 변경등기를 하여야 한다($\frac{동조}{II}$).

2. 합자조합의 업무집행

(1) 업무집행조합원은 조합계약에 다른 규정이 없는 때에는 각자가 합자조합의 업무를 집행하고 대리할 권리와 의무가 있다($\frac{상86의}{5 \ I}$). 그러나 조합계약으로 유한책임조합원에게 업무집행의 권리와 의무를 지울 수 있다고 본다. 업무집행조합원은 선량한 관리자의 주의로써 업무를 집행하여야 한다($\frac{동조}{II}$). 이는 조합계약에 의하여 업무를 집행하는 유한책임조합원도 같다.

(2) 수인의 업무집행조합원이 있는 경우에 조합계약에 다른 정함이 없으면 그 각 업무집행조합원의 업무집행에 관한 행위에 대하여 다른 업무집행조합원의 이의가 있는 때에는 그 행위를 중지하고 업무집행조합원의 과반수의 결의에 의하여야 한다($\frac{동조}{III}$).

3. 유한책임조합원의 책임

유한책임조합원은 조합계약에서 정한 출자가액에서 이미 이행한 부분을 공제한 가액을 한도로 하여 조합채무를 변제할 책임이 있다($^{\text{상}86\text{의}}_{6\text{ I}}$). 이 경우에 유한책임조합원이 회사에 이익이 없음에도 불구하고 배당을 받은 때에는 그 금액은 변제책임을 정함에 있어서 이를 가산한다($^{\text{동조}}_{\text{II}}$).

4. 조합원의 지분양도

업무집행조합원은 다른 조합원 전원의 동의를 얻지 아니하면 그 지분의 전부 또는 일부를 타인에게 양도하지 못한다($^{\text{상}86\text{의}}_{7\text{ I}}$). 그러나 유한책임조합원의 지분은 조합계약에서 정한 바에 따라 양도할 수 있다($^{\text{동조}}_{\text{II}}$). 유한책임조합원의 지분을 양수한 자는 양도인의 조합에 대한 권리의무를 승계한다($^{\text{동조}}_{\text{III}}$).

[91] 제 3 準用規定

합자조합에 관하여 상법 또는 조합계약에서 달리 정한 것을 제외하고는 민법 중 조합에 관한 규정을 준용한다($^{\text{상}86\text{의}}_{9\text{ I}}$). 그러나 민법 제712조, 제713조 는 유한책임조합원에 대하여는 준용하지 아니한다($^{\text{동조}}_{\text{II}}$). 상법 제198조, 제199, 제208조 제 2 항, 제209조와 제212조의 규정은 업무집행조합원에 준용한다. 다만, 상법 제198조와 제199조는 조합계약에 다른 정함이 있는 경우에는 그러 하지 아니하다($^{\text{동조}}_{\text{III}}$). 상법 제199조, 제275조, 제277조, 제278조, 제283조, 제 284조, 제285조와 제287조의 규정은 조합계약에 다른 정함이 있는 경우를 제 외하고는 유한책임조합원에 준용한다($^{\text{동조}}_{\text{IV}}$).

제 3 장 各 論

제 1 절 代 理 商

[92] 제 1 序 説

1. 경제적 기능

기업의 활동영역을 확대하기 위하여는 타지에 지점이나 출장소를 설치하든가 또는 외무사원이나 상업사용인을 파견하는 방법도 있으나, 이는 영업성과와 관계없이 많은 경비가 들고 그들에 대한 지시·감독도 곤란하다. 그러나 현지의 사정에 밝은 대리상을 이용하면 거래의 중개와 대리가 성립된 때에만 수수료를 지급하면 되므로 경비가 **절약**되고 **기업활동의 능률**도 향상시킬 수 있게 된다.

2. 대리상의 의의

대리상이란 일정한 상인을 위하여 상업사용인이 아니면서 상시 영업부류에 속하는 거래의 대리 또는 중개를 영업으로 하는 자이다($\frac{상}{87}$).

(1) **상인의 일정성**　1) 대리상은 일정한 상인($\frac{대리상}{포함함}$)을 위하여 그의 영업활동을 보조하는 자이다. 일정한 상인의 영업활동을 보조하는 점에서는 상업사용인과 같으나, 일정한 상인은 특정되는 한 반드시 1인이어야 하는 것은 아니고 수인이라도 관계 없다는 점이 상업사용인과 다르다.

2) 대리상은 일정한 상인을 보조한다는 점이 불특정다수의 상인 또는 비상인을 상대로 하는 중개인이나 위탁매매인과 다르다. 본인은 반드시 상인이어야 하며($\frac{소상인을}{포함함}$), 상인이 아닌 자를 보조하는 자는 대리상이 아니다.

(2) **계 속 성**　대리상은 일정한 상인을 계속적($\frac{상}{서}$)으로 보조하는 자이다. 그러므로 1회 또는 일시적으로 대리행위를 하는 상행위의 대리인($\frac{상}{48\sim50}$)과 다르다. 대리상은 상시 일정한 상인을 보조하는 자이지만 그렇다고 그 기간의 정함이 없어야 하는 것은 아니다. 따라서 일정한 기간 내의 거래를 상시 보조

하는 경우를 포함한다.

(3) 영업부류에 속한 거래의 대리·중개   대리상은 일정한 상인의 영업부류에 속하는 거래의 체결을 그 상인의 명의와 계산으로 대리하거나 중개하는 자이다. 그러므로 매매업을 하는 상인을 위하여 금융의 대리 또는 중개를 하는 자는 대리상이 아니다. 그리고 일정한 상표의 제품을 자기의 명의와 계산으로 판매할 의무를 지는 **특약점**이나 **대리점**과 다르다. 그러나 그 성질이 허용하는 한 대리상에 관한 규정이 유추적용된다고 할 것이다.

(4) 상 인 성   대리상은 거래의 대리의 인수 또는 중개라고 하는 상행위를 영업으로 하는 **독립된 상인이다**($^{상\,4,\,46}_{(10)\cdot(11)}$). 독립된 상인이란 상업사용인과 달리 자기활동에 대하여 제약을 받지 않으며 활동시간도 자유로이 정할 수 있는 자를 말한다($^{독상\,84}_{참조}$). 상법($^{87}_{조}$)에서는 독립된 상인임을 「상업사용인이 아니면서」라고 표현하고 있다.

(5) 명   칭   대리상은 반드시 대리상 또는 이와 유사한 명칭을 사용하여야 하는 것은 아니다. 다른 명칭이라도 행위의 전체적인 성질에 따라서는 대리상으로 볼 수 있다.

3. 대리상과 상업사용인

대리상은 일정한 상인의 영업을 계속적으로 보조하는 점에서 상업사용인과 유사하지만, 독립된 상인인 점에서 상업사용인과 다음과 같은 차이가 있다. (i) 대리상은 자기의 독립된 영업소를 갖고 자기의 비용으로 유지하면서 보조하는 데 비하여, 상업사용인은 영업주의 영업소에서 보조한다. (ii) 대리상은 수수료를 받는 데 비하여, 상업사용인은 급료를 받는다. (iii) 대리상은 자기기업의 위험을 부담하는 데 비하여, 상업사용인은 기업의 위험을 부담하지 않는다. (iv) 대리상은 특정되는 한 복수의 상인을 보조할 수 있는 데 비하여, 상업사용인은 1 인의 상인만을 보조한다. (v) 대리상은 독립된 상인으로서 자연인뿐만 아니라 법인도 될 수 있는 데 비하여, 상업사용인은 자연인만이 될 수 있다. (vi) 대리상계약은 위임계약인 데 비하여, 상업사용인과 영업주 사이에는 일반적으로 고용계약이 존재한다. (vii) 대리상과 상업사용인은 모두 경업피지의무를 지지만, 대리상은 다만 본인의 영업부류에 속한 거래나 동종영업을 목적으로 하는 회사의 무한책임사원 또는 이사가 되지 못하는 데($^{상}_{89\,I}$) 비하여, 상업사용인도 영업주의 영업부류에 속한 거래를 할 수 없는 것은 대리상의 경우와 같으나, 상업사용인은 영업의 목적이 다른 회사의 무한책임사원·이사 또는 다른 상인의 사용인도 되지 못한다는 점이($^{상}_{17\,I}$) 대리상과 다르다. (viii) 대리상은 거래의 대리 또는 중개를 한 때에는 지체없이 본인에게 그 통지를 발송하여야 할 의무를 지는 데($^{상}_{88}$) 비하여, 상업사용인은 다른 정함이 없는 한 통지의무를 지지 않는다.

[93] 제 2 代理商의 種類

(1) 대리상 중에 주로 거래의 중개를 영업으로 하는 자를 **중개대리상**(仲介 代理商)이라 한다. 이 경우에 거래는 본인인 상인과 제 3 자간에 체결된다. 즉 중개대리상은 본인과 제 3 자 사이에서 계약이 성립되도록 알선하고 중개한다. 중개대리상은 상행위를 중개한다는 점에서는 중개인($^{상}_{93}$)과 같으나, 중개인은 불특정다수인을 상대로 일시적으로 중개를 하는 점이 중개대리상과 다르다.

(2) 이에 비하여 본인인 상인의 명의와 계산으로 계약을 체결하는 자를 **체 약대리상**(締約代理商)이라 하는데 이는 직접대리라고 할 수 있다($^{민\ 114}_{이하}$). 체약 대리상은 계약을 체결한다는 점에서는 위탁매매인이나 운송주선인과 유사하지 만, 이들은 자기의 명의로 위탁자의 계산으로 하는 점이 체약대리상과 다르다.

[94] 제 3 代理商의 權利・義務

I. 대리상의 의무

1) 주의의무　　대리상계약의 성질은 일종의 위임($^{민}_{680}$)이므로 대리상은 선량한 관리자의 주의로써 본인의 이익을 도모하여야 할 의무를 진다($^{민}_{681}$). 그 러므로 대리상은 거래의 상대방의 선택과 본인이 지시한 계약조건에 대하여 특별한 주의를 하여야 하며, 기타 시장관계의 변동, 경쟁관계, 고객의 재산상 태의 변화 등에 대하여 조사하고 통지할 의무가 있다고 본다. 또한 대리상은 본인의 영업에 관한 비밀을 누설하여서는 안 된다($^{상\ 92}_{의\ 3}$).

2) 통지의무　　대리상이 거래의 대리 또는 중개를 하였을 때에는 지체 없이 본인에게 그 통지를 발송하여야 한다($^{상}_{88}$). 민법상 위임의 경우는 위탁자 의 청구가 있을 때와 위임이 종료한 때에 그 전말(顚末)을 보고하면 되는 데 ($^{민}_{683}$) 비하여, 상법은 대리상과 본인 사이의 계속적인 관계를 고려하여 본인의 이익을 도모하기 위한 것으로서 대리상은 통지를 발송하면 되고 도착에 대한 책임을 지지 않는다($^{발신}_{주의}$). 즉 통지의 불도착이나 연착에 대한 위험은 본인이 부담한다. 그리고 대리상이 통지의무를 해태한 때에는 손해배상책임을 진다.

3) 경업피지의무　　대리상은 본인의 허락 없이 자기나 제 3 자의 계산 으로 본인의 영업부류에 속한 거래를 하거나, **동종영업**을 목적으로 하는 회사 의 무한책임사원 또는 이사가 되지 못한다($^{상}_{89\ I}$). 즉 대리상은 무한책임사원과

이사의 경우($\frac{상 198, 269}{397, 567}$)와 같은 부작위의무(不作爲義務)를 진다. 대리상이 본인의 허락 없이 한 행위도 그 자체로서는 유효하지만 본인은 대리상에 대하여 손해배상을 청구할 수도 있고, 또 대리상이 자기나 제3자의 계산으로 의무위반의 거래를 한 경우에는 일정한 법정기간 내에 개입권을 행사할 수도 있다 ($\frac{상 89 \, \text{Ⅱ},}{17 \, \text{Ⅱ} \sim \text{Ⅳ}}$).

4) 영업비밀준수의무

㈎ **총   설**   대리상은 **계약의 종료** 후에도 계약과 관련하여 알게 된 본인의 영업상의 비밀을 준수하여야 한다($\frac{상 92}{의 3}$). 이는 1995년의 개정상법에 의하여 신설된 규정이다. 대리상계약의 성질은 일종의 위임이므로($\frac{민}{680}$) 대리상은 일반원칙에 의하여 선량한 관리자의 주의의무를 진다($\frac{민}{681}$). 그러므로 대리상은 본인의 영업에 관한 비밀을 누설해서는 안 된다고 할 것이다.

㈏ **의   의**   대리상은 대리상계약관계의 종료 후에도 거래의 대리 또는 중개를 통하여 알게 된 본인의 영업상의 비밀을 이용하거나 누설하여서는 안 된다. 이 경우에 비밀의 이용이라는 것은 자신을 위하거나 그 동기와 관계 없이 타인을 위하여 비밀을 경제적으로 이용하는 것을 말한다. 제3자에 대한 비밀의 누설은 어떠한 형태로든 비밀의 이용을 가능케 하는 모든 정보의 제공을 말한다. 비밀준수의무는 계약종료의 원인과는 관계 없이 존속한다. 그리고 이러한 비밀준수의무는 그 기간에 제한이 없는 것이다. 즉 비밀준수의 필요성이 있는 한 존속한다고 할 수 있다.

> 판례는 부정경쟁방지법상의 기술정보의 사용 및 금지기간에 관하여 「기술정보의 사용 및 금지기간은 피고들이나 다른 공정한 경쟁자가 독자적인 개발이나 역설계와 같은 합법적인 방법에 의하여 이 사건 기술정보를 취득하는 데 필요한 상당한 기간 동안으로 제한하여야 한다」고 하면서 그 금지기간은 이 판결 확정일로부터 원칙적으로 3년으로 정하는 것이 합당하다고 한 바 있다($\frac{大 96. 12. 23,}{96 \, 다 \, 16605}$).

㈐ **영업비밀의 의의와 범위**   a) **영업 또는 경영상의 비밀**이란 기업경영과 관련이 있는 사실로서, 일정한 제한된 범위의 사람들만이 알고 있을 뿐 공개되지 않고 또 본인이 비밀로 하려는 의사가 있고 그 비밀의 유지에 본인의 경제적 이익이 존재하는 사실들을 말한다. 그러나 그 사실이 이미 공개되었고 제3자가 임의로 접근할 수 있는 것은 제외된다.

b) 부정경쟁방지법에 의하면 **영업비밀**이란 「공연히 알려져 있지 아니하

고 독립된 경제적 가치를 가지는 것으로서, 상당한 노력에 의하여 비밀로 유지
된 생산방법·판매방법 기타 영업활동에 유용한 기술상 또는 경영상의 정보를
말한다」고 한다($\frac{동법}{2\,(2)}$). 예컨대 생산기술에 관한 서류와 규정, 상품의 제조가공
과정, 구매처관계, 판매과정 등이라고 할 수 있고, 특히 계약관계의 존속중에
는 그 이용과 누설이 본인에게 불리한 모든 사항에 미친다고 할 것이다.

　　　판례는 부정경쟁방지법 제2조 2호에서 「공연히 알려져 있지 아니하다고 함은
　　그 정보가 간행물 등의 매체에 실리는 등 불특정다수인에게 알려져 있지 않기 때문
　　에 보유자를 통하지 아니하고는 그 정보를 통상 입수할 수 없는 것을 말하고, 보유
　　자가 비밀로서 관리하고 있다고 하더라도 당해 정보의 내용이 이미 일반적으로 알
　　려져 있을 때에는 영업비밀이라고 할 수 없다」고 하였다[$\frac{大\;2004.\,9.\,23.}{2002\,다\,60610}$].

　　c) 그러나 계약관계의 종료 후에는 다소 그 범위가 축소되어, 예컨대 이
미 본인과의 거래관계가 종식된 고객의 명칭과 주소를 이용하는 것은 가능하
다고 본다. 왜냐하면 대리상은 계약관계의 종료 이후에는 본인을 위하여 활동
을 하지 않고 있고 또 그의 새로운 영리활동이 지나치게 제한되어서는 안 될
것이기 때문이다.

　　㈑ **부정경쟁방지법에 의한 규제**　　　부정경쟁방지법에 의하면 영업비밀의 침해행
위를 하거나 하고자 하는 자에 대하여 그 행위에 의하여 영업상의 이익이 침해되거나 침
해될 우려가 있는 때에는 영업비밀의 보유자는 법원에 그 행위의 금지 또는 예방을 청구
할 수 있고($\frac{동법}{10\,1}$), 이러한 청구를 한 때에는 침해행위를 조성한 물건의 폐기, 침해행위에
제공된 설비의 제거 기타 침해행위의 제거 또는 예방을 위하여 필요한 조치를 함께 청구
할 수 있다($\frac{동조}{11}$). 그리고 고의 또는 과실에 의한 영업비밀침해행위로 영업비밀보유자의
영업상의 이익을 침해하여 손해를 가한 자는 그 손해를 배상할 책임을 진다($\frac{동법}{11}$).

2. 대리상의 권리

　(1) **대 리 권**　　　1) 대리상의 본인을 위한 대리권의 범위는 대리상계약
에 의하여 정하여진다. 체약대리상의 경우에는 위임된 행위를 함에 있어서 필
요하다고 인정되는 범위 내에서 대리권을 갖는다. 대리권의 범위를 초과하여
행위를 한 경우에는 민법의 규정에 따라서 표현대리에 의하여 본인은 책임을
지지 않으면 안 된다.

　　2) 중개대리상은 거래의 중개를 할 뿐이고 체약대리상과는 달리 대리권이
없다. 그러므로 중개대리상의 거래상대방은 직접 본인에 대하여 통지를 하여

야 한다는 불편이 생길 수 있다. 그리하여 상법에서는 거래상대방의 편의를 도모하기 위하여「물건의 판매나 중개의 위탁을 받은 대리상은 매매의 목적물의 하자 또는 수량부족 기타 매매의 이행에 관한 통지를 받을 권한이 있다」고 규정하고 있다($\substack{상\\90}$). 이는 상법이 중개대리상의 수동대리권을 의제한 것이라고 할 수 있다.

(2) 보수청구권　　　대리상은 보수로서 일정한 수수료를 청구할 수 있다($\substack{상\\61}$). 수수료청구의 전제조건으로는 i) 거래의 대리 또는 중개가 대리상계약의 내용과 일치하여야 하고, ii) 거래의 대리 또는 중개가 실질적으로 성립하여야 하며, iii) 거래의 대리 또는 중개가 대리상의 활동에 의하여 성립하였어야 한다. 즉 인과관계가 있어야 한다. 보수는 본인이나 제 3 자가 거래의 이행을 개시한 때에 지급하여야 한다.

(3) 유 치 권　　　1) 대리상은 거래의 대리 또는 중개로 인한 채권이 변제기에 있는 때에는 그 변제를 받을 때까지 본인을 위하여 점유하는 물건 또는 유가증권을 유치할 수 있다($\substack{상\\91}$). i) 대리상의 유치권은 피담보채권과 유치물 사이에 개별적인 관련성을 필요로 하지 않는 점에서 민법의 유치권($\substack{민\\320}$)과 다르고, ii) 물건 또는 유가증권을 본인을 위하여 적법하게 점유하고 있는 것이면 유치할 수 있고, 반드시 채무자소유의 물건 또는 유가증권일 필요는 없으며 채무자와의 상행위로 인하여 점유하는 것이 아니라도 된다는 점에서 일반상사유치권($\substack{상\\58}$)과 다르다.

2) 일반상사유치권이 있음에도 불구하고 이러한 특칙을 둔 것은 아직 소유권이 본인에게 귀속되지 않았거나 이미 타인에게 귀속된 물건을 대리상이 본인을 위하여 점유하고 있는 경우가 많고 또 점유를 제 3 자로부터 취득하는 경우가 있기 때문에, 그 소유권의 귀속관계보다도 경제적 지배에 중점을 둠으로써 경제적 약자인 대리상을 보호하기 위한 것이다. 대리상의 유치권은 본인과의 특약에 의하여 제한 또는 배제할 수 있다($\substack{상\\91단}$).

(4) 보상청구권(대리상)

1) 총　　설　　　1995년의 개정상법은 대리상에게 대리상계약의 종료 후에도 일정한 요건하에서 보상청구권을 인정하고 있다. 그 입법취지는 대리상의 이익을 보장하기 위한 것이다. 즉 계약관계의 종료로 인하여 대리상이 입게 되는 손해를 보상하는 것을 목적으로 한다.

2) 법적 성질　　　대리상의 계약 종료 후의 보상청구권은 대리상의 활동

을 통해서 획득한 고객과의 거래로 인하여 본인이 이익을 보는데도 대리상계약의 종료로 인하여 지급할 필요가 없게 된 보수에 대한 반대급부라고 할 수 있다. 그러므로 대리상의 보상청구권의 법적 성질은 근본적으로 대리상계약에 기한 **보상청구권**(補償請求權)이라고 할 수 있다$\left[\substack{동·李(철),\\400}\right]$. 보상청구권은 그 성립과 그 정도가 형평의 원리에 의하여 영향을 받기 때문에 이는 순수한 보수청구권이라고 할 수 없는 것이다.

3) 적용범위   상법 제92조의 2의 인적인 적용범위는 상법 제87조에 해당하는 모든 대리상이라고 할 것이다. 그러므로 대리상이 자연인인 경우뿐만 아니라, 주식회사나 유한회사 또는 인적회사인 경우에도 보상청구권을 갖는다. 이러한 보상청구권은 보험대리점에 대하여도 적용된다$\left(\substack{독상 89b\\V 참조}\right)$.

4) 보상청구권의 요건   대리상의 보상청구권이 성립되려면 첫째로, 대리상계약이 종료되었어야 한다. 둘째로, 대리상이 획득한 새로운 고객과의 거래관계로 인하여 본인이 대리상계약의 종료 후에도 현저한 이익을 얻었어야 한다. 대리상계약의 종료 후에 구고객과의 거래로 인하여 현저한 이익을 얻은 경우도 같다. 셋째로, 대리상이 계약관계가 계속되었더라면 받을 수 있었던 보수를 상실하였어야 한다. 넷째로, 보상금의 지급은 형평의 원리에 상응하여야 한다.

5) 법률효과   보상청구권은 계약관계의 종료 시점에 성립한다. 보상청구금액을 계산함에 있어서는 본인의 이익과 대리상의 손실을 평가하지 않으면 안 된다. 보상의 최고한도액은 대리상계약의 종료 전 5년간의 평균연보수액으로 한다. 계약기간이 5년 미만인 때에는 그 활동기간의 평균연보수액을 기준으로 한다$\left(\substack{상 92의\\2 II}\right)$.

6) 보상청구권의 배제   (가) 대리상의 보상청구권은 대리상계약의 종료가 대리상의 책임 있는 사유로 인한 경우에는 인정되지 않는다$\left(\substack{상 92의\\2 I 단}\right)$. 즉 대리상의 보상청구권은 원칙적으로 대리상에게는 중대한 사유가 없이 대리상계약이 본인에 의하여 종료된 때에만 행사할 수 있다. 그러나 대리상이 대리상계약의 해약고지를 하였더라도 본인의 행위가 그 원인이 되었거나 대리상의 연령 또는 질병으로 인하여 활동을 계속할 수 없어서 대리상계약의 해약고지를 한 때에는 대리상의 보상청구권은 배제되지 않는다$\left(\substack{독상 89b, III\\1문 참조}\right)$.

(나) 대리상이 해약고지를 하였더라도 본인의 행동이 그 동기가 된 때에는 보상청구권은 배제되지 않는다.

7) 보상청구권의 행사기간   대리상의 보상청구권은 대리상계약이 종

료한 날로부터 6월 내에 행사하여야 하며, 이 기간은 제척기간(除斥期間)이다. 청구권행사를 위한 6월의 기간은 계약관계의 종료와 함께 개시된다. 이 기간이 경과하면 보상청구권은 소멸한다.

[95] 제 4 代理商契約의 終了

대리상계약은 위임의 일반적 종료원인에 의하여 종료한다($\frac{민}{690}$). 또한 영업을 폐지하면 대리상계약이 종료하지만 본인의 사망은 종료원인이 되지 않는다($\frac{상}{50}$). 민법의 위임은 당사자가 언제든지 해지할 수 있지만($\frac{민}{689}$), 상법에 의하면 당사자간에 계약의 존속기간을 정하지 아니한 때에는 각 당사자는 2월 전에 예고를 하고 계약을 해지할 수 있다($\frac{상}{92}$Ⅰ). 그러나 부득이한 사유가 있는 때에는 각 당사자는 언제든지 계약을 해지할 수 있다($\frac{상}{92}$Ⅱ).

[事例演習]

◇ 사 례 ◇

신림양장주식회사는 여성의류를 전문적으로 제조·판매하는 업체로서 그 사업을 전국적으로 확장하기 위하여 대전·대구·부산·광주 등지에서 양장점을 하고 있는 A, B, C, D에게 신림양장의 제품을 판매할 수 있는 권한을 주었다. 계약의 구체적인 내용은 할부판매의 경우에는 거래를 중개하는 것으로 하고, 일시금판매의 경우에는 거래를 대리하는 것이었다. 이 경우에 A 등은 신림양장에 대하여 어떠한 권리·의무를 지는가? 그리고 부산의 양장점 C가 도산한 경우에 C의 양장점에 있는 신림양장의 제품은 그 소유권이 누구에게 귀속되는가?

해 설 이 사례에서 A, B, C, D는 할부매매의 경우에는 중개대리상의 지위를 갖고 일시금의 경우에는 체약대리상의 지위를 가진다. 따라서 A 등은 대리상으로서 보수청구권·유치권·보상청구권을 가지며 주의의무·통지의무·경업금지의무·영업비밀준수의무를 진다. 그리고 C가 도산한 경우 C의 점포에 있는 신림양장주식회사의 제품에 대한 소유권은 여전히 동회사가 가지며 따라서 동회사는 환취권을 행사할 수 있다($\frac{파}{79조}$). 그러나 C에게 유치권이 인정되는 때에는 동회사는 피담보채권을 변제하지 않는 한 그 유치물을 환취할 수 없다.

제 2 절   仲 介 業

[96] 제 1 序   說

(1) **경제적 기능**   중개인은 위탁자를 위하여 상대방을 구하고 그 신용 상태의 조사와 전문적 자료($^{선박의~성질}_{보험료의~고저}$) 등을 위탁자에게 제공함으로써 계약체 결을 용이하고 신속하게 하는 상인의 보조기관이다. 특히 중개인은 상품·유가 증권의 매매와 금융·해상보험관계에서 널리 이용되고 있다.

(2) **중개계약의 성질**   1) 중개계약은 당사자의 일방($^{위}_{자}$탁)이 상행위의 중개를 상대방($^{중개}_{인}$)에게 위탁하고 상대방이 이를 승낙함으로써 그 효력이 생기 는 닉성계약으로서, 그 성질은 **위임계약**($^{민}_{680}$)이라고 본다[$^{동:~蔡(이),~249;~李(철),~412;}_{李(기),~221;~李·崔,~172}$]. 그러므로 상법에 특칙이 없는 때에는 위임에 관한 민법의 규정이 적용된다.

2) 그러나 숭개인이 특약으로 숭개를 위하여 진력하여야 할 의무를 지는 경우는 고용계약으로 볼 수 있고, 또한 중개인이 중개를 약속한 때에는 도급계 약($^{민}_{664}$)이라고 본다. 그리하여 중개계약의 성질을 고용 또는 도급에 유사한 특 수한 계약이라고 하기도 한다[$^{鄭(동),~458;}_{林(홍),~357}$].

3) 통설은 중개계약을 두 가지로 구분하여 중개인이 적극적으로 중개할 의무가 있는가 없는가에 따라 전자의 경우를 **쌍방적 중개계약**, 후자의 경우를 **일방적 중개계약**이라 하며, 전자의 성질은 위임계약이고[$^{통}_{설}$] 후자의 성질은 도 급계약에 준하거나 이와 유사하다고 한다. 그리고 특약이 없을 때에는 쌍방적 중개계약으로 본다.

4) 특약이 없으면 중개계약은 위임이라는 점에서는 이론이 없으나, 특약 이 없는 경우에도 중개인이 적극적으로 중개할 의무가 있다고 보는 것은 의문 이다[$^{동:~鄭(동),~457;}_{李(철),~412}$]. 왜냐하면 중개인은 일정한 상인을 위하여 계속적으로 거래 의 중개를 하는 중개대리상과는 다르기 때문이다.

(3) **중개인의 의의**   중개인이란 타인간의 상행위의 중개를 영업으로 하는 자를 말한다($^{상}_{93}$).

1) **중   개**   중개를 하는 자이다. 중개란 타인 간의 계약의 체결에 진력하는 **사실행위**를 말한다. 그러므로 계약의 중개와 계약체결의 기회를 제 공하는 것도 포함된다.

2) **상행위의 중개**　　(가) 중개인은 타인간의 상행위를 중개하는 자이다. 상행위는 쌍방적 상행위뿐만 아니라 일방적 상행위라도 무방하다. 그런데 상행위에는 보조적 상행위도 포함된다는 견해가 있다[李(철), 411; 李·崔, 171; 李(기), 220; 蔡(이), 216]. 그 이유는 당사자가 상인인 바에는 상법규정을 적용하는 것이 타당하고, 그 행위가 기본적 상행위냐 보조적 상행위냐에 따라 차별을 둘 필요는 없다고 한다. 그러나 보조적 상행위는 포함하지 않는다[동: 徐(돈), 190; 孫(주), 312; 鄭(찬), 269; 鄭(동), 455; 林(홍), 353; 姜(위), 323]. 왜냐하면 상행위편의 중개인에 관한 규정($_{93\sim100}^{상}$)은 반복되는 상행위의 중개를 전제로 한 규정이기 때문이다.

(나) 상행위 이외의 행위($_{옥의 매매·임대차}^{비상인간의 토지·가}$)를 중개하는 것을 영업으로 하는 민사중개인은 상법 제46조 11호에 해당하는 상행위를 영업으로 하는 상인이지만 상법상의 중개인은 아니다.

3) **불특정타인간의 중개**　　중개인은 타인간의 상행위의 중개를 영업으로 한다. 널리 타인간의 상행위의 중개를 하는 점에서 일정한 상인을 위하여 계속적으로 상행위의 중개를 하는 중개대리상($_{87}^{상}$)과 다르다. 중개는 상행위를 전제로 하므로 적어도 타인 중 일방은 상인이어야 한다.

4) **대리권의 부존재**　　중개인은 중개라는 사실행위를 할 수 있을 뿐이며 특약이나 상관습이 없는 한 계약의 체결을 위한 대리권은 없다. 이 점에서 중개인은 일정한 상인의 대리인으로서 활동하는 체약대리상($_{87}^{상}$)과 다르고, 자기명의로 법률행위를 하는 위탁매매인($_{101}^{상}$)이나 운송주선인($_{114}^{상}$)과 다르다. 그러므로 특별한 의사표시 또는 관습이 없는 한 중개인은 중개한 행위에 관하여 당사자를 위한 지급 기타의 급부를 받을 수 없다($_{94}^{상}$).

5) **상 인 성**　　중개인은 중개의 인수를 영업으로 하는 독립된 상인이다($_{46(11), 4}^{상}$).

(4) **중개인과 대리상**　　양자는 타인을 위한 보조자이고 독립된 상인이며 상행위를 대상으로 한다는 점에서 같으나 다음과 같은 차이가 있다. (i) 중개인은 사실행위인 중개행위를 하는 점에서 거래의 중개를 하는 중개대리상과 유사하나, 거래의 대리를 하는 체약대리상과 다르다. (ii) 중개인은 불특정다수의 위탁자를 위하여 중개행위를 하지만, 대리상의 본인은 특정된다. (iii) 중개인이 중개하는 상행위는 기본적 상행위인 한 제한이 없으나, 대리상은 본인의 영업부류에 속하는 상행위를 대리 또는 중개한다.

[97] 제 2 仲介人의 義務

⑴ 주의의무   1) 중개계약은 특약이 없는 한 위임이므로 중개인은 수탁자로서 선량한 관리자의 주의의무를 진다($^{민}_{681}$). 그러나 중개인은 특약이 없는 한 위탁자에 대하여 중개를 위하여 진력하여야 할 의무는 없는 것이다. 그러므로 선량한 관리자의 주의의무는 중개를 하는 경우에 지는 의무이다. 그 결과 중개를 하는 경우에 중개인이 주의의무를 해태한 때에는 그로 인한 손해배상책임을 면하지 못한다.

2) 중개인은 이해가 상반된 당사자들을 중개하므로 중개는 중립적인 지위에서 객관적으로 하여야 한다. 이것을 중개인의 **중립성원칙**이라 한다.

⑵ **견품보관의무**   1) 중개인이 그 중개한 행위에 관하여 견품을 받은 때에는 그 행위가 완료될 때까지 이를 보관하여야 한다($^{상}_{95}$). 이러한 의무는 견품에 의하여 목적물을 정하고 그 품질을 담보하는 **견품매매**(見品賣買)의 경우에만 발생한다. 견품을 보관시키는 것은 목적물에 대한 당사자간의 분쟁을 예방하고 분쟁의 신속한 해결을 위한 것이다.

2) 보관은 목적물의 품질에 관하여 분쟁이 일어나지 않을 것이 확실시되는 때까지 하여야 한다. 구체적으로는 급여에 대한 상대방의 승인, 이의기간의 경과, 계약의 해제, 검사통지의무의 해태($^{상}_{69}$), 시효기간이 만료된 때라고 할 수 있다. 보관의무가 종료한 때에는 견품을 반환하여야 하며, 특별한 관습이 없는 한 보관에 대하여 보수를 청구할 수 없다.

⑶ **결약서의 교부의무**

1) **결약서의 의의**   ⑺ 중개가 주효하여 당사자간에 계약이 성립된 때에는 중개인은 지체없이 각 당사자의 성명 또는 상호, 계약년월일과 그 요령을 기재한 서면을 작성하여 기명날인 또는 서명한 후 각 당사자에게 교부하여야 하는데($^{상}_{96~1}$), 이를 결약서라 한다.

⑻ 결약서는 계약이 성립한 사실과 그 내용을 명확하게 하여 당사자간의 분쟁을 예방하고, 분쟁을 신속하게 해결하기 위한 취지로 작성시키는 것으로 그 목적은 견품보관의무와 같다. 결약서는 당사자간에 계약이 성립한 후에 작성하는 것이므로 계약서도 아니고 계약성립의 요건도 아닌 단순한 증거서면(證據書面)에 불과하다.

2) **결약서의 교부**   결약서는 계약이 즉시 이행되는 경우에는 중개인

이 지체없이 작성하여 기명날인 또는 서명한 후 각 당사자에게 교부하여야 한다($^{상}_{96\,I}$). 그러나 계약이 즉시 이행되지 않을 때에는($^{목적물의\ 급부가\ 조건부}_{또는\ 기한부의\ 계약인\ 때}$) 중개인은 각 당사자로 하여금 결약서에 기명날인 또는 서명하게 한 후 상대방에게 교부하여야 한다($^{상}_{96\,II}$). 즉 결약서의 교환이 이루어진다. 양 당사자가 이의 없이 결약서를 수령한 때에는 결약서의 내용을 계약의 내용으로 하는 데 동의한 것으로 본다.

　3) 통지의무　　당사자의 일방이 결약서의 수령을 거부하거나 기명날인 또는 서명을 거절한 때에는 중개인은 지체없이 상대방에게 통지를 발송하여야 한다($^{상}_{96\,III}$). 이러한 경우는 거부 또는 거절한 일방의 당사자가 이의가 있는 때이므로 통지를 함으로써 상대방으로 하여금 필요한 대책을 강구하도록 하여야 할 필요가 있기 때문이다. 통지의무를 해태한 때에는 중개인은 손해배상책임을 진다. 그러나 이미 성립한 계약의 효력에는 아무런 영향을 미치지 않는다.

　⑷ 장부의 작성 및 등본교부의무

　1) 일기장작성의무　　중개인은 계약당사자의 성명 또는 상호, 계약연월일 및 계약의 요령을 기재한 장부를 작성하여야 한다($^{상}_{97\,I}$). 이를 중개인의 일기장이라고 한다. 일기장은 타인간의 상행위를 기재한 것이므로 중개인의 상업장부가 아니지만, 수수료 등 중개인 자신의 영업회계에 관한 기재가 있는 때에는 상업장부라고 할 수 있다.

　2) 등본교부의무　　중개인은 각 당사자의 청구가　중개인은 각 당사자의 청구가의 등본을 교부하여야 한다($^{상}_{97\,II}$). 그러나 당사자가 그 성명 또는 상호를 상대방에게 묵비할 것을 요구한 때에는 그의 성명 또는 상호를 등본에 기재하지 못한다($^{상}_{98}$). 그러므로 각 당사자는 장부의 열람을 청구할 수 없다.

　⑸ 성명·상호묵비의무　　당사자의 일방이 자신의 이익을 위하여 그 성명 또는 상호를 상대방에게 표시하지 아니할 것을 중개인에게 요구한 때에는 그 상대방에게 교부한 결약서와 일기장의 등본에 그 성명 또는 상호를 기재하지 못한다($^{상}_{98}$).

　⑹ 개입의무　　1) 중개인이 당사자의 요구에 의하여 또는 임의로 당사자의 일방의 성명 또는 상호를 상대방에게 묵비한 때에는 상대방에 대하여 중개인 자신이 이행할 책임이 있다($^{상}_{99}$). 중개인이 당사자 미정의 결약서를 상대방에게 교부한 때에도 같다. 이를 중개인의 개입의무라 한다.

　2) 위의 경우에도 계약은 상대방과 익명의 당사자 사이에 성립하므로 중

개인은 당사자가 아니지만 익명의 당사자의 상대방을 보호하기 위하여 중개인에게 이행책임을 부담시킨 것이다. 이는 특별한 법정의 담보책임이라고 할 수 있다.

3) 중개인은 개입의사와 관계 없이 이행책임을 지므로 상대방은 계약이 성립됨과 동시에 중개인에 대하여 이행청구권을 갖는다. 그러므로 계약이 성립된 후에 중개인이 당사자의 성명 또는 상호를 개시(開示)하여도 상대방은 이행청구권을 상실하지 않는다.

[98]　제3　仲介人의 權利

1. 보수청구권

(1) **중개료의 청구**　(가) 중개인은 상인으로서 특약의 유·무에 불구하고 보수청구권이 있는데($^{상}_{61}$), 이를 중개료라 한다.

(나) 중개료를 청구하려면 당사자간의 계약이 중개에 의하여 유효하게 성립되어야 하고$\left[^{大\ 56.\ 4.\ 12,}_{4289\ 민상\ 81}\right]$, 중개인의 중개와 계약의 성립 사이에 인과관계가 있어야 한다. 그러므로 그 인과관계가 존재하는 한 당사자의 일방이 중개위탁을 해제하고 당사자간에 직접 계약을 성립시킨 때에도 중개인은 보수청구권이 있다.

(다) 중개료의 청구는 특약이 없으면 결약서의 교부의무($^{상}_{96}$)를 이행한 때에 할 수 있다($^{상}_{100\,I}$). 즉 대리상이나 위임매매인의 경우와 달리 계약의 이행을 필요로 하지 않는다.

(2) **중개료의 부담**　중개료는 쌍방중개의 경우 다른 특약이나 관습이 없는 한 계약의 양 당사자가 균분하여 부담한다($^{상}_{100\,II}$). 중개인은 직접 각 당사자에 대하여 보수총액의 반액을 청구할 수 있을 뿐이다. 위탁자가 복수의 중개인에게 개별적으로 중개를 위탁한 경우는 계약이 자기의 중개로 인하여 성립하였다는 것을 입증한 중개인에게 보수청구권이 있으며, 그것을 입증하는 중개인이 없고 특별한 약정이 없으면 위탁자는 계약체결에 진력한 다수의 중개인에게 동등하게 분할하여 지급하여야 한다.

2. 비용상환청구권 등의 부존재

중개인의 중개료에는 중개의 비용도 당연히 포함되었다고 할 수 있으므로 특약이 없는 한 별도로 비용의 청구를 할 수 없다. 그리고 중개인은 단지 중개를 할 뿐이고 행위의 당사자이거나 당사자의 대리인이 아니므로, 특별한 의사표시나 관습이 있는 경우가 아니면 당사자를 위한 지급이나 기타의 급여를 받을 권한이 없다($^{\text{상}}_{94}$). 그러므로 당사자의 일방이 중개인에게 지급 기타의 급여를 한 때에는 면책이 인정되지 않는다. 또한 대리상은 중개대리상이라도 물건매매의 이행에 관하여 통지수령의 권한이 있으나($^{\text{상}}_{90}$), 중개인은 특약이 없는 한 이러한 권한이 없다.

[事例演習]

◇ 사 례 ◇

건축업자 甲은 중개인 乙에게 전화로 일정한 규격의 철근 100톤의 구매를 중개하여 줄 것을 위탁하였다. 그러나 乙은 중개를 위하여 아무런 노력도 기울이지 않다가 상당한 기간이 경과한 후에 철근판매업자 丙을 甲에게 알려주었을 때는 철근가격이 매 톤당 100% 이상이 상승한 후였다. 甲은 상승된 가격으로 계약을 체결하여야 되는가? 甲은 상승한 가격에 대하여 乙에게 손해의 배상을 청구할 수 있는가?

해설 중개계약을 위하여는 특별한 방법을 요하지 않으므로 甲이 전화로 중개위탁으로 甲과 乙 사이에는 중개계약이 성립되었다고 할 수 있다. 그러나 이 계약에 의하여 중개인 乙은 甲에 대하여 그가 위탁받은 중개를 위하여 진력하여야 할 의무는 없고, 다만 중개를 하는 경우에 선량한 관리자의 주의의무를 질 뿐이며 건축업자 甲도 乙이 알려 준 丙과 계약을 체결하여야 할 의무가 있는 것이 아니다. 그 결과 甲은 인상된 가격으로 계약을 체결할 의무도 없고 또 계약을 체결한 경우에 乙이 중개를 위하여 진력하지 않았기 때문에 가격이 인상되었다는 이유로 손해배상을 청구할 수도 없다.

제3절 委託賣買業

[99] 제1 序 說

I. 경제적 기능

위탁매매인은 지점의 설치나 대리상을 이용하는 경우와 같이 기업활동의 범위를 확대하는 수단으로 이용되는데, 지점 설치의 경우보다 경비가 절약되고 체약대리상을 이용하는 경우보다 권한이 남용될 위험도 적다. 또 위탁자는 위탁매매인의 신용과 영업수완을 이용하여 금융의 편의도 기대할 수 있다. 한편 위탁매매인의 상대방은 위탁자의 자력 및 신용 등을 조사할 필요가 없다는 이점도 있다. 그러나 오늘날 위탁매매업은 운송수단과 통신장비의 발달로 일반상품거래에 있어서는 그 기능이 약화되고 있으며 주로 유가증권과 미술품 등의 거래에 이용되고 있을 뿐이다.

2. 위탁매매인의 의의

위탁매매인이란 자기의 명의로 타인의 계산으로 물건 또는 유가증권의 매매를 영업으로 하는 자이다($^{\mathrm{상}}_{101}$).

(1) 명 의 위탁매매인은 자기의 명의로 물건 또는 유가증권의 매매를 영업으로 하는 자이다. 「자기의 명의」로 한다는 것은 위탁매매인이 법률적으로 매매의 당사자로서 권리·의무의 주체가 된다는 뜻이다. 위탁매매인의 행위는 위탁자를 위한 간접대리 또는 숨은 대리라고 할 수 있다. 따라서 i) 위탁매매인은 단순히 중개라는 사실행위만을 하는 중개인이나 중개대리상과 다르고, ii) 본인의 명의로 거래를 대리하는 체약대리상이나 상업사용인과 다르다.

(2) 계 산 위탁매매인은 타인의 계산으로 매매를 한다. 「타인의 계산」이란 위탁매매인과 제3자간의 거래로 인한 경제적인 효과가 모두 위탁자에게 귀속된다는 뜻이다. 이 점은 체약대리상과 같다고 할 수 있다. 그러므로 「위탁매매인이 매도위탁의 경우에 상대방에 대하여 불이행으로 인하여 손해를 배상한 때에는 위탁자에 대하여 구상권이 있다」고 할 수 있다. 타인은 위탁자로서 상인 또는 비상인도 될 수 있으며 특정인이 아니라도 무방하다.

　(3) 매매의 목적물　　　위탁매매인은 물건 또는 유가증권의 매매를 주선한다. 물건이란 민법에 의하면 동산뿐만 아니라 부동산도 포함되므로 이 경우에도 부동산이 포함된다는 견해도 있으나(민 $\frac{98,99}{}$)[徐(돈), 197; 孫(주), 320; 鄭(동), 473; 鄭(찬), 278; 林(홍), 368; 蔡(이), 257; 姜(위), 334], 이 경우의 물건에는 부동산은 제외되는 것으로 본다[동: 徐(정), 264; 李(원), 192; 李(병), 270; 李·崔, 165; 鄭(무), 212; 李(철), 420; 崔(기), 229; 金(성), 539]. 왜냐하면 상법에서는 운송업·운송주선업·창고업 등의 의의에 관한 규정(상 114, 125, 155)에서도「물건의 운송」·「물건운송의 주선」·「물건의 보관」이라고 표현하고 있으나 당연히 부동산은 제외되며, 위탁매매인이 자기명의로 부동산을 매도·매수하는 경우에는 등기이전의 복잡한 문제가 생길 뿐만 아니라 위탁자의 이익을 해할 염려가 있기 때문이다.

　(4) 상 인 성　　　상법 제101조에서는 위탁매매인은 물건 또는 유가증권의 매매를 영업으로 하는 자라고 규정하고 있지만, 위탁매매인의 기본적 상행위는 매매 자체가 아니라 매매의 주선을 인수하는 행위(상 46(12))이고, 매매는 기본적 상행위를 실행하기 위한 부속적 상행위라고 할 수 있다. 즉 위탁매매인은 주선행위를 영업으로 하는 상인이다.

3. 위탁매매인과 기타 보조상

　위탁매매인은 타인을 위하여 행위를 하는 점에서 대리상·중개인·운송주선인·준위탁매매인과 같지만, 불특정다수인을 상대로 하는 점에서 대리상과 다르고 중개인과 같다. 위탁매매인은 타인을 위하여 스스로 법률행위의 당사자가 된다는 점에서 운송주선인과 같고, 중개행위만을 하는 중개인이나 중개대리상과 다를 뿐만 아니라 본인의 명의로 대리하는 체약대리상이나 상업사용인과도 다르다. 위탁매매인의 경우는 주선의 목적인 행위가 물건 또는 유가증권의 매매 또는 매수인 데 비하여, 운송주선인은 물건의 운송이며, 준위탁매매인은 기타의 행위로서 예컨대 출판·광고·공연·보험계약이라는 점에서 각기 다르다.

[100]　제 2　委託賣買契約의 法律關係

　위탁매매는 일종의 간접대리이므로 이 경우는 위탁자와 위탁매매인 사이의 내부관계와 위탁매매인과 제 3 자 사이의 외부관계가 존재한다.

Ｉ. 위탁자와 위탁매매인(내부 관계)

　(1) 위탁매매계약　　　1) 위탁자와 위탁매매인 사이에는 위탁매매계약이

존재한다. 이 계약의 성질은 매매의 주선을 내용으로 하는 유상의 위임계약이다($\frac{통}{설}$). 그리하여 위탁매매인은 위탁자에 대하여 매매행위의 실행의무와 매매의 경제적 효과를 귀속시켜야 할 의무가 있다($\frac{상\ 112;}{민\ 684;}$).

판례에는 증권매매거래의 위탁계약의 성립시기에 관하여 「위탁금이나 위탁증권을 받을 직무상 권한이 있는 직원이 고객으로부터 금원이나 주식을 수령하면 곧바로 위탁계약이 성립한다고 할 것이고 그 이후에 그 직원의 금원수납에 관한 처리는 위 계약의 성립에 영향이 없다」고 한 것이 있다$\left[\begin{smallmatrix}大\ 94.4.20,\\94\ 다\ 2688\end{smallmatrix}\right]$.

2) 매매의 위탁을 받은 위탁매매인은 부득이한 사유가 있는 경우에는 제3자에게 재위임을 할 수 있으나($\frac{민}{682\ I}$), 이 경우에 위탁매매인은 위탁자의 명의로 재위탁을 하는 것은 아니므로 위탁자와 재수임자 사이에는 아무런 법률관계가 존재하지 않는다. 그리하여 재위탁의 경우 재수임자인 위탁매매인은 본래의 위탁자에 대하여는 직접 판매대금의 지급의무를 지지 않는다$\left[\begin{smallmatrix}통:\ 鄭\\(통),\ 474\end{smallmatrix}\right]$.

(2) **목적물의 귀속**   1) 권리나 물건이 위탁자에게 이전되기 전에 위탁매매인이 파산하였을 때에 위탁자에게 귀속하여야 할 권리나 물건이 파산재단에 귀속되어 환취권(還取權)을 행사할 수 없거나, 위탁매매인의 채권자가 강제집행을 할 경우에도 이의를 제기할 수 없게 된다면($\frac{민집}{48}$), 실질적인 권리자인 위탁자의 이익을 해하게 될 것이다. 그리하여 상법 제103조에서는 「위탁매매인이 위탁자로부터 받은 물건 또는 유가증권이나 위탁매매로 인하여 취득한 물건, 유가증권 또는 채권은 위탁자와 위탁매매인 또는 위탁매매인의 채권자 간의 관계에서 이를 위탁자의 소유 또는 채권으로 본다」고 규정하고 있다.

2) 그러므로 매수위탁을 받은 위탁매매인이 물건의 매수를 위하여 위탁자로부터 받은 금전을 자신의 필요에 의하여 사용한 경우나, 위탁매매인이 주식의 매수위탁을 위하여 받은 대금으로 주식을 매수하여 위탁자에게 인도하지 않고 이를 처분한 경우에는 **업무상횡령죄**가 성립한다$\left[\begin{smallmatrix}大\ 82.2.23,\\81\ 도\ 2619\end{smallmatrix}\right]$.

3) 매도위탁의 경우에 위탁매매인이 물건 또는 유가증권을 매도하기 전에 파산선고를 받은 때에는 위탁자는 **환취권**을 행사할 수 있고($\frac{파}{79}$), 위탁매매인이 매도 이후 대금을 수령하기 전에 파산선고를 받은 때에는 그 대금청구권의 이전을 청구할 수 있다. 또한 위탁매매인이 그 대금을 수령한 후 파산선고를 받은 때에는 그 수령한 금액의 소유권은 위탁자에게 귀속한다.

4) 매수위탁의 경우에 위탁매매인이 위탁자로부터 매수자금을 미리 받았

거나 물건 또는 유가증권을 매수한 후에 파산선고를 받은 때에는, 위탁자가 그 자금이나 물건 또는 유가증권에 대해서 **환취권**을 행사할 수 있다($\substack{상\\103}$). 그리고 강제집행의 경우에 이의권을 행사할 수 있다($\substack{민집\\48}$).

(3) 매수위탁자가 상인인 경우의 특칙   매수위탁자가 상인인 때에는 위탁매매인과 위탁자의 관계는 상사매매에 있어서 매도인과 매수인의 관계와 유사하기 때문에 상법은 이 경우에 상사매매에 관한 규정을 준용한다($\substack{상\ 110,\\68\sim71}$).

2. 위탁매매인과 제 3 자($\substack{외부\\관계}$)

위탁매매인은 자기의 명의로 매매를 하기 때문에 상대방인 제 3 자에 대하여 직접 권리를 취득하고 의무를 부담한다($\substack{상\\102}$). 즉 매도인 또는 매수인이 된다. 그리하여 매매계약의 성립과 효력에 영향을 미치는 사항($\substack{사기\cdot강박\\착오의 유무}$)은 위탁매매인과 제 3 자간의 매매행위 자체를 기준으로 하여 결정되며, 위탁자와 위탁매매인 사이의 내부관계나 매매의 양 당사자가 위탁자에 대하여 갖는 관계는 매매의 효력에 영향을 미치지 않는다.

3. 위탁자와 제 3 자

(1) 위탁자와 위탁매매인 사이에는 위탁관계가 성립하지만 위탁자와 제 3 자 사이에는 아무런 법률관계가 존재하지 않는다. 그러므로 위탁자는 제 3 자가 계약을 이행하지 않는 때에는 채권을 양도받거나 채권자대위($\substack{민\\404}$)를 행사하지 않는 한 직접 제 3 자에 대하여 손해의 배상을 청구하지 못한다.

(2) 위탁매매인은 제 3 자에 대한 채권은 언제든지 위탁자에게 양도할 수 있으며 위탁매매계약에서 미리 정할 수도 있다고 본다. 그러므로 채권의 양도가 없는 한 제 3 자가 위탁매매임을 알고 있는 경우라도 특약이 없는 한 위탁자에게 한 이행은 매매계약의 이행이 될 수 없다$\left[\substack{동:\ 孫\\(주),\ 328}\right]$.

(3) 위탁매매의 경우에 있어서는 위탁자와 그 상대방과의 관계는 매매계약에 영향을 미치지 못하기 때문에, 위탁자와 그 상대방 사이에 존재하는 항변사유로써 위탁매매인이 상대방에게 또는 상대방이 위탁매매인에게 대항할 수 없다. 제 3 자는 위탁매매라는 것을 안 경우라도 위탁자에 대하여 갖는 채권으로써 상계를 할 수 없다.

(4) 위탁자는 제 3 자의 불이행에 대하여 위탁매매인에게 귀책사유가 없는 한 위탁매매인에 대하여도 불이행으로 인한 손해의 배상을 청구할 수 없다. 다

만 위탁자는 제 3 자의 채무불이행에 대하여 위탁매매인에게 이행담보책임을 물을 수 있다($^{상}_{105}$). 이 경우에 담보책임을 이행한 위탁매매인은 제 3 자에 대하여 손해의 배상을 청구할 수 있다.

[101] 제 3 委託賣買人의 義務

(1) 주의의무   위탁매매인과 위탁자 사이의 위탁매매계약은 위임이므로($^{민 680}_{이하}$), 상법에 다른 규정이 없는 경우에는 민법의 위임에 관한 규정이 적용된다($^{상}_{112}$). 즉 위탁매매인은 선관의무를 진다($^{상 112;}_{민 681}$).

(2) 통지의무와 계산서제출의무   위탁매매인이 위탁받은 매매를 실행한 때에는 지체없이 위탁자에게 그 계약의 요령과 상대방의 주소·성명의 통지를 발송하여야 하며 계산서를 제출하여야 한다($^{상}_{104}$). 민법($^{민}_{683}$)과 달리 지체없이 통지하도록 한 이유는 상거래를 신속하게 처리할 수 있게 하고 위탁자로 하여금 적절한 지시와 계획을 수립하도록 하기 위한 것이다. 통지는 지체없이 발송하면 되고 도착에 대한 위험은 위탁자가 부담한다. 이러한 의무를 해태한 때에는 손해배상책임을 면하지 못한다.

(3) 지정가액준수의무   1) 위탁자가 매매의 가액을 지정한 때에는 위탁매매인은 이를 준수하여야 한다. 이를 준수하지 않은 때에는 위탁자는 매매를 위탁의 실행으로 인정하지 않을 수 있다. 다만 위탁매매인이 지정가액과 매매가액의 **차액**을 부담한 때에는 매매는 위탁자에 대하여 효력이 있다($^{상}_{106 I}$). 즉 차액의 부담을 정지조건으로 하여 위탁자에 대하여 효력이 있다. 차액부담의 의사표시는 늦어도 매매의 통지와 동시에 위탁자에게 도달하여야 한다[$^{동; 鄭}_{(희),}$ 197; 孫(주), 322; 鄭(동), 476].

2) 위탁매매인이 차액을 부담하는 때에는 위탁자가 의도하는 매매가 경제적으로 달성되고 위탁매매인은 근소한 차액의 부담으로 보수에 대한 경제적 이익을 확보할 수 있기 때문에 그 효력을 인정한 것이다.

3) 지정가액준수의무의 위반으로 인하여 위탁자에게 그 차액 이외의 손해가 있는 때에는 위탁자는 위탁매매인에 대하여 그 배상을 청구할 수 있다($^{독상}_{386 II}$ 2문 참조)[$^{동; 鄭(희), 197; 孫(주),}_{322; 鄭(동), 477}$]. 이를 부정하는 소수설도 있다[$^{蔡(이)}_{229}$].

4) 매매가 지정가액보다 유리하게 성립한 때에는 다른 특약이 없는 한 그 차액은 위탁자에게 귀속한다($^{상 106 II;}_{독상 387 참조}$). 이것은 거래가 위탁자의 계산으로 이

루어지기 때문이다. 그러나 위탁자와 위탁매매인 사이의 특약에 의하여 다른 약정을 할 수 있다. 매매가 지정가액보다 유리하게 성립하였다는 입증은 위탁자가 하여야 하며 다른 약정이 존재한다는 것은 위탁매매인이 입증하여야 한다.

(4) 이행담보책임　　위탁매매인은 다른 특약이나 관습이 없는 한 위탁자를 위한 매매에 관하여 상대방이 채무를 이행하지 않는 경우에 위탁자에 대하여 이를 이행할 책임이 있다($\frac{상}{105}$). 위탁매매인은 **선량한 관리자의 주의로써** 매매를 하는 한 상대방의 불이행에 대하여 원칙적으로는 담보책임을 질 이유는 없지만, 그로 인한 손해가 결국 위탁자에게 귀속되고 또 위탁자와 상대방 사이에는 아무런 법률관계가 존재하지 않으므로 상법이 위탁자의 보호를 위하여 인정한 특수한 책임이다. 이는 무과실책임으로서 그 내용과 범위는 상대방이 위탁매매인에 대하여 부담하는 의무와 같다.

(5) 위탁물에 관한 통지 및 처분의무　　1) 위탁매매인이 인도받은 물건의 훼손 또는 하자를 발견하거나 그 물건이 부패할 염려가 있는 때, 또는 가격저락의 상황을 안 때에는 지체없이 위탁자에게 그 통지를 발송하여야 한다($\frac{상}{108 \, \text{I}}$). 그러나 위탁자의 지시를 받을 수 없거나 지시가 지연됨으로써 손해의 위험이 있는 때에는 위탁매매인은 위탁자의 이익을 위하여 적당한 처분을 할 수 있다($\frac{상}{108 \, \text{II}}$). 「**적당한 처분**」이란 신의성실의 원칙($\frac{민}{2 \, \text{I}}$)에 위배되지 않는 행위로서 공탁·경매 등을 들 수 있다. 위탁자가 통지 및 처분의무를 위반하면 손해배상책임을 진다.

2) 상법 제108조는 선관자의 주의의무를 주의적으로 규정한 것이라는 견해도 있으나[孫(주), 324; 林(홍), 735; 鄭(찬), 284], 위탁자에게 신속하게 적절한 조치와 계획을 세우도록 하고 필요한 경우에 위탁자의 지시를 기다릴 수 없는 때에 위탁매매인이 적당한 처분을 하도록 한 특칙이라고 할 것이다[동; 鄭(동), 478; 李(철), 429].

[102] 제 4 委託賣買人의 權利

I. 보수청구권

위탁매매인은 특약이 없는 경우에도 위탁자에 대하여 당연히 상당한 보수를 청구할 수 있다($\frac{상}{61}$). 위탁매매인이 **개입권**을 행사한 경우도 같다($\frac{상}{107 \, \text{II}}$). 그러나 위탁자가 매매행위의 실행 이전에 위탁을 해지한 때에는($\frac{민}{689 \, \text{I}}$) 특약이나 관습이 없는 한 보수를 청구할 수 없다. 위탁매매인의 보수청구권은 거래가 이행되었을 때에 성립한다. 그러나 거래의 이행이 위탁자의 귀책사유로 인하여 (위탁자가 인도한 물건의 하자로 인하여 거래가 성립되지 않을 때 등) 성립되지 않았을 때에는 이행 전이라도 보수를 청구할 수 있다.

2. 비용상환청구권

(1) **비용의 선급청구권**　　위탁매매인은 비용이 필요한 경우에는 위탁자에게 그 선급을 청구할 수 있다($\frac{민}{687}$). 즉 필요한 비용을 위탁매매인이 체당할 의무는 없다. 그러므로 위탁매매인은 그 비용의 선급이 있을 때까지 그 위탁의 실행을 거절할 수 있다.

(2) **체당금 등의 상환청구권**　　위탁매매인이 필요한 비용을 체당(替當)한 때에는 그 체당금과 체당한 날 이후의 법정이자를 청구할 수 있다($\frac{민\,688\,I}{상\,55\,II}$). 비용이란 제 3 자에게 지급한 체당금에 한하며 사용인에 대한 비용이나 잡비는 이미 보수에 포함되어 있으므로 제외된다. 이러한 비용의 상환청구권은 보수의 경우와 달리 위임을 해지한 경우에도 인정된다.

3. 유 치 권

(1) 위탁매매인은 특별한 약정이 없는 한 위탁자를 위한 물건의 매매로 인하여 생긴 채권이 변제기에 있을 때에는 변제를 받을 때까지 위탁자를 위하여 점유하고 있는 물건 또는 유가증권을 유치할 수 있다($\frac{상}{111,\,91}$). 즉 대리상과 같은 유치권을 행사할 수 있다. 상인간의 유치권에 관한 규정($\frac{상}{58}$)이 있음에도 불구하고 특칙을 두고 있는 것은 위탁자에는 비상인도 있기 때문이다.

(2) 이 경우 피담보채권은 물건 또는 유가증권의 매매로 인하여 발생한 것이어야 하지만 유치의 목적물은 주선행위와 관련이 없어도 된다는 점이 민사유치권과 다르다.

(3) 위탁매매인이 주식회사인 경우에 자기주식에 대하여도 유치권을 행사할 수 있다고 본다.

4. 공탁 및 경매권(매수위탁의 경우)

위탁매매인은 매수의 위탁자가 매수한 물건의 수령을 거부하거나 이를 수령할 수 없는 때에는 상인간의 매매의 경우와 같이 그 물건을 공탁 또는 경매할 수 있다(상 109, 67)(137면 이하 참조). 이것은 매수의 위탁을 받은 위탁매매인의 지위가 매도인과 비슷하기 때문에 인정한 것이다. 이러한 권리를 인정하는 것은 위탁매매인이 매수한 물건의 보관의무를 진다는 것은 무리이며 또한 물건의 소유권은 매수위탁자에게 있으므로 위탁매매인이 임의로 처분할 수 없다는 점을 고려한 것이다.

5. 개 입 권

(1) 의   의   위탁매매인이 거래소의 시세 있는 물건의 매매를 위탁받은 때에는 자신이 직접 매수인 또는 매도인이 될 수 있는데(상 107 I), 이를 위탁매매인의 개입권이라고 한다. 개입권을 인정하는 이유는 매매행위만 공정하다면 개입권의 행사로 위탁자가 바라는 목적은 달성되고, 또 위탁매매인도 동일한 물건에 관하여 매도와 매수의 위탁을 받은 경우에는 양자의 위탁을 동시에 실행함으로써 계산보고의 비용을 절약할 수 있기 때문이다.

위탁매매인의 개입권(상 107)과 중개인의 개입의무(상 99)는 그 기능에 있어서는 유사점이 있다. 그러나 전자는 권리이며 후자는 의무라는 점에서 다르고, 중개인은 개입의무를 지는 경우에도 법률행위는 상대방과 익명의 당사자 사이에 성립하고 중개인이 법률행위의 당사자가 되지 않는다는 점과, 중개인은 개입의무에 의하여 스스로 상대방에게 이행하고 반대급부를 청구할 수 없다는 점이 위탁매매인이 개입권을 행사하는 경우와 다르다.

(2) 성   질   개입권은 일종의 형성권으로서 개입권의 행사에 의하여 매매 자체가 성립한다기보다는 매매와 동일한 효력이 생기며, 또한 위탁도 실행한 것이 되는 상법상의 특수한 제도이다.

(3) 개입권행사의 요건   개입권은 위탁자의 보호를 위하여 일정한 요건이 갖추어진 경우에만 행사할 수 있다.

1) 개입금지의 특약·법규의 부존재   개입금지에 관한 명시적 또는 묵시적인 특약(판매처 지정, 매수 의 상대방 지정)이 없어야 한다. 위탁자는 개입을 금지할 수 있다. 왜냐하면 개입은 투기의 소지가 많기 때문이다. 이 경우에 개입금지특약의 입증책임은 위탁자가 진다(동: 孫(주), 326; 鄭(동), 483; 金(성), 552). 또한 개입을 금지하는 법규도 없어야 한다. 증권거래법 제44조에서는 증권회사의 개입을 금지하고 있다.

2) 거래소의 시세   위탁을 받은 물건은 거래소의 시세 있는 것이어야 한다. 거래소는 매매지가 명시적으로 지정된 경우나 관습에 의하여 묵시적으

로 지정되는 때에는 그 지방의 거래소이고, 전혀 지정되지 않은 때에는 위탁매매인의 영업소가 있는 소재지의 거래소를 말한다. 거래소가 없는 때에는 그곳의 시세에 의하여야 할 것이다. 그러나 거래소의 시세가 있더라도 위탁매매인이 주식회사인 경우에 매도위탁을 받은 자기주식에 대하여는 위탁매매는 가능하지만 개입권은 행사하지 못한다($\frac{상}{341}$).

   3) 개입의 방법   위탁매매인이 위탁자에 대하여 개입의 뜻을 통지하여야 하며 통지가 도달한 때에 개입의 효과가 생긴다$\left[\begin{smallmatrix}동: 孫(주), 326; 林(홍), 388;\\ 鄭(동), 484; 金(성), 552\end{smallmatrix}\right]$. 통지의 방식에는 특별한 제한이 없다.

   4) 매매대가   매매대가는 통지를 발송한 때의 거래소의 시세에 의하여 결정된다($\frac{상 107 \text{ I}}{후단}$).

   5) 매매계약의 불성립   위탁매매인이 상대방과의 사이에 매매의 실행행위를 하지 않았어야 한다. 왜냐하면 위탁매매인이 위탁의 실행으로 제3자와 매매계약을 체결한 때에는, 위탁매매인의 상대방에 대한 권리나 상대방으로부터 취득한 권리는 위탁자와 위탁매매인의 관계에서는 위탁자에게 귀속되므로 위탁매매인이 개입권을 행사할 여지가 없기 때문이다.

   6) 개입의 시기   개입의 시기에 대하여는 특별한 규정이 없으나 선량한 관리자의 주의로써 적당한 시기를 택하여야 할 것이다$\left[\begin{smallmatrix}동: 孫(주), 300;\\ 鄭(동), 477\end{smallmatrix}\right]$. 그러므로 위탁매매인이 위탁자에게 불리한 시기에 개입함으로써 위탁자에게 손해가 있는 때에는 개입권행사는 유효하지만 위탁자에 대하여 손해배상책임을 진다.

   ⑷ 개입권행사의 효과   위탁매매인과 위탁자 사이에는 매매계약관계가 성립하는 동시에 위탁행위도 실행한 것이 된다. 즉 위탁매매계약이 개입권의 행사에 의하여 매매계약관계로 변경되는 것이 아니라 위탁매매인의 지위와 매매계약의 당사자로서의 지위를 겸하게 된다. 따라서 위탁매매인은 개입권을 행사한 경우에도 위탁자에 대하여 비용의 상환과 보수를 청구할 수 있으며($\frac{상}{107 \text{ II}}$), 보수에 관하여 유치권을 행사할 수 있고 매수위탁의 경우는 매매대금의 지급을 청구할 수 있다($\frac{민}{568 \text{ I}}$). 그러나 위탁매매인이 제3자와 매매를 한 경우보다 위탁자에게 불리한 개입을 한 때에는 손해배상책임을 진다. 위탁매매인이 개입금지특약에도 불구하고 개입을 한 때에는 위탁자가 이를 추인할 수 있다고 본다.

[103] 제 5 準委託賣買業

준위탁매매인은 예컨대 출판·광고·공연·임대차·채권의 추심·보험계약 등의 주선을 영업으로 하는 자를 말한다. 즉 준위탁매매인은 물건 또는 유가증권의 매매의 주선($\overset{\text{상}}{101}$)과 물건운송의 주선($\overset{\text{상}}{114}$) 이외의 행위를 주선하는 자를 말한다. 그러므로 여객운송의 주선을 영업으로 하는 자는 준위탁매매인에 속한다. 준위탁매매인에 대하여는 위탁매매인에 관한 규정이 준용된다($\overset{\text{상}}{113}$). 그러나 준위탁매매인이 하는 주선행위에는 거래소의 시세가 있을 수 없으므로 위탁매매인의 개입권에 관한 규정은 적용되지 않는다고 본다.

[事例演習]

◇ 사 례 ◇

A는 증권거래소에 상장되어 있는 한국공업주식회사의 주식 5만주를 사 줄 것을 甲증권회사에 위탁하였다. 甲회사는 증권거래소를 통하여 A의 매수위탁을 실행하였으나 수주일이 경과되었는데도 매수주권을 A에게 인도하지 않았다.

〈설문 1〉 A는 주권의 소유권은 자신에게 있다고 생각하여 甲회사에 대하여 소유권에 의한 주권의 반환청구를 하였다. A의 청구는 정당한가?

〈설문 2〉 A의 채권자 B가 설문 1의 경우와 동일한 이유로 A를 위하여 매수한 주권을 압류하려고 하는데, 이는 가능한가?

[해 설] 설문 1의 경우   상법 제103조에서는 「위탁매매인이 위탁자로부터 받은 물건 또는 유가증권이나 위탁매매로 인하여 취득한 물건, 유가증권 또는 채권은 위탁자와 위탁매매인 또는 위탁매매인의 채권자와의 관계에서는 이를 위탁자의 소유 또는 채권으로 본다」고 규정하고 있다. 그러므로 甲회사와 A간에서는 매수물건의 이전행위가 없다 하더라도 소유권은 A에게 귀속하므로 A는 그의 소유권에 기하여 甲회사에 대하여 매수주권의 인도를 청구할 수 있는 것이다.

설문 2의 경우   위탁매매인이 위탁의 실행에 의하여 매수한 물건에 대한 소유권을 취득하고 대외적으로는 그 권리를 위탁자에게 이전하지 않는 한 위탁매매인의 소유에 속한다고 한다면 A의 채권자는 소유권이 A에게 속한다는 것을 근거로 하여 甲이 점유하고 있는 매수주권을 압류할 수 없게 될 것이다. 그러나 A의 채권자도 위탁매매인의 관계에 있어서는 A와 마찬가지로 소유권이 A에게 귀속된다는 것을 주장할 수 있는 여지가 없는 것은 아니다. 왜냐하면 이미 상법 제103조에 의하여 위탁매매인의 위탁매매로 인하여 취득한 물건은 위탁자와 위탁매매인 또는 위탁매매인의 채권자간의 관계에서는 이를 위탁자의 소유로 본다고 규정을 하고 있으므로 A의 채권자도 위탁매매인과의 관계에 있어서는 내부관계의 연장으로서 A와 동일시할 수 있다고 할 것이기 때문이다.

제 4 절   運送周旋業

[104]   제 1   序   說

I. 경세적 기능

오늘날 상거래가 대형화하고 그 내용이 복잡하게 발달함에 따라 운송의 수요가 급증하였을 뿐만 아니라 그 방법도 다양해지고 있다. 그러므로 송하인이 직접 운송인과 운송계약을 체결하려면 여러 가지의 복잡한 문제에 부딪히게 된다. 이러한 경우에 운송에 관하여 전문적 지식을 갖고 있는 운송주선인을 이용하게 되면 신속·정확·저렴하게 운송의 목적을 달성할 수 있게 된다. 즉 운송물에 관한 통관절차·포장·운송의 경로와 시기·운송물의 적재·보관·인도 등에 관한 송하인의 수고를 덜게 된다.

2. 운송주선인의 의의

운송주선인이란 자기의 명의로 물건운송의 주선을 영업으로 하는 자이다 ($상\atop114$).

(1) 명의와 계산   운송주선인은 자기의 명의로 타인($송하\atop인$)의 계산으로 행위를 한다. 그러므로 위탁매매인과 유사하며 대리상·운송중개인과 다르다. 즉 운송주선인은 운송계약상의 권리·의무의 주체가 된다. 그러나 위탁자의 계산으로 운송주선행위를 하므로 운송주선인에 대하여 특별한 규정이 없는 때에

는 위탁매매인에 관한 규정을 준용한다($\frac{상}{123}$).

　　판례는 「상법 제114조에서 정한 '주선'은 자기의 이름으로 타인의 계산 아래
법률행위를 하는 것을 말하므로, 운송주선인은 자기의 이름으로 주선행위를 하는
것이 원칙이지만, 실제로 주선행위를 하였다면 하주나 운송인의 대리인, 위탁자의
이름으로 운송계약을 체결하는 경우에도 운송주선인으로서의 지위를 상실하지 않
는다」고 하였다[$\frac{大\ 2007.\ 4.\ 26,}{2005\ 다\ 5058}$].

　　(2) 주선의 목적　　　운송주선인은 물건의 운송을 주선한다. 이 점이 물
건 또는 유가증권의 매도나 매수를 주선하는 위탁매매인과 다르다. 물건은 운
송에 적합하면 되고, 여기의 물건에는 **부동산**은 제외된다. 그러나 물건의 운송
에 국한되기 때문에 여객운송의 주선을 영업으로 하는 자는 준위탁매매인에
속한다.

　　(3) 주선행위의 범위　　　운송인과 운송계약을 체결하는 이외에 운송을
위한 준비행위도 운송의 주선에 포함된다. 즉 운송물의 포장·계량·수령·보관·
인도 기타 필요한 서류의 작성($\frac{세관\ 및\ 보험}{관계서류}$)·운송인이나 운송의 경로 및 방법의
선택·운송인에 대한 지시 등이 이에 해당한다.

　　(4) 상 인 성　　　운송주선인은 물건운송의 주선을 영업으로 하는 독립
된 상인이며($\frac{상\ 4.}{46\ (12)}$) 운송업을 겸영할 수 있다($\frac{상}{116}$).

[105] 제 2 運送周旋의 法律關係

　　(1) 서　　　설　　　운송주선의 경우는 2개의 다른 계약관계가 존재한다.
즉 위탁자와 운송주선인 사이에는 운송주선계약이 성립하고, 운송주선인과 운
송인 사이에는 운송계약이 존재하게 된다.

　　예컨대 甲이 丁에게 물건을 판매하고 그 운송을 인수한 경우에 甲이 乙($\frac{운송주}{선인}$)에
게 운송의 주선을 위임하고 乙은 丙($\frac{운송}{인}$)과 운송계약을 체결하지만 甲과 丙 및 乙
과 丁 사이에는 아무런 계약관계가 존재하지 않는다. 그러므로 甲이 운송인인 丙에
대하여 권리를 주장하려면 민법 제450조 내지 제452조에 따른 채권양도의 통지가
필요하다. 다만 이 경우에 지시식이나 무기명식의 운송증권이 발행되었을 때에는
민법 제508조, 제523조에 의하여 운송주선인인 乙이 이를 甲에게 배서 또는 교부
함으로써 그 절차를 이행한 것이 될 수 있다[$\frac{大\ 87.\ 10.\ 13,}{85\ 다카\ 1080}$].

　　(2) 운송주선계약의 성질　　　위탁자와 운송주선인 사이의 운송주선계약

의 성질은 위탁매매계약과 마찬가지로 위임계약이다. 그러므로 운송주선인에 대하여는 위탁매매인에 관한 규정을 준용하고($\frac{상}{123}$), 민법의 위임에 관한 규정이 보충적으로 적용된다($\frac{상}{112}$).

　　　1) 그러나 위탁매매인에 관한 규정 중 위탁매매인의 무과실책임을 규정한 위탁매매인의 이행담보책임에 관한 상법 제105조는 준용되지 않는다. 왜냐하면 운송주선인은 운송인의 선임에 있어서 과실이 없으면 운송인이 계약상의 의무를 불이행하는 때에도 책임을 지지 않기 때문이다($\frac{상}{115}$). 그리고 운송주선인의 개입권과 유치권에 관하여는 별도의 규정이 존재하므로($\frac{상}{116,\ 120}$) 위탁매매인에 관한 규정은 준용되지 않는다. 또한 위탁매매의 경우에 매수위탁자가 상인인 때에 상사매매에 관한 규정이 준용되는 상법 제110조도 운송의 주선을 영업으로 하는 운송주선인에게는 준용될 여지가 없다.

　　　2) 상법 제109조는 운송주선인의 경우에 준용된다고 할 수 있으나, 이 규정은 운송주선인의 위탁자가 동시에 수하인인 경우에만 준용된다는 점에 유의하여야 한다. 그러므로 수하인이 제3자인 때에는 상법 제109조는 준용되지 않고 다만 운송인에 관한 상법 제143조 내지 제145조의 규정의 유추적용이 고려될 수 있을 뿐이나. 그리고 운송주선인이 개입권을 행사한 경우($\frac{상}{116}$)와 확정운임운송주선의 경우($\frac{상}{119 \, II}$)에는 당연히 운송인에 관한 상법 제143조 내지 제145조가 적용된다.

[106]　제 3　運送周旋人의　義務

I. 주의의무

　운송주선계약은 위임이므로 운송주선인은 선량한 관리자의 주의로써 운송의 주선을 하여야 한다($\frac{민}{681}$). 즉 운송주선인은 운송의 주선뿐만 아니라 운송주선에 있어서 상관습상 그 임무에 속하는 사항과 주선계약에서 정한 사항 및 위탁자의 지시($\frac{운송수단·}{운송경로 등}$) 등을 위탁자의 이익을 위하여 선량한 관리자의 주의로써 처리하여야 한다($\frac{예컨대 운송주선인은 운송인과 합의한 운}{송비보다 고액의 비용을 청구할 수 없다}$).

2. 손해배상책임

　(1) 의　　　　의　　　1) 운송주선인은 자기나 그 사용인이 운송물의 수령·인도·보관, 운송인이나 다른 운송주선인의 선택 기타 운송물에 관하여 주의를 해태하지 아니하였음을 증명하지 아니하면 운송물의 멸실·훼손 또는 연착으로 인한 손해를 배상할 책임을 면하지 못한다($\frac{상}{115}$). 이 규정이 특칙규정이라는 소수설도 있으나[$\frac{金(容)·}{169}$], 민법상 채무자가 이행보조자의 과실에 대하여 책임을

지는 것($\frac{민 391}{참조}$)의 주의적 규정이라는 것이 통설이다.

2) 이 규정은 다만 손해발생의 범위를 예시한 데 불과하므로 그 적용범위가 운송물의 멸실·훼손 또는 연착에 한정되는 것은 아니다[동: 徐(돈), 207; 孫(주), 333; 李(철), 499; 李·崔, 182; 鄭(찬), 294]. 왜냐하면 운송주선인의 선량한 관리자의 주의의무는 운송의 주선에 관계되는 모든 사항에 대하여 지는 것이기 때문이다. 이와는 달리 「운송물의 멸실·훼손 또는 연착」에 의한 손해에 대하여만 책임을 진다는 견해가 있다[林(홍), 400; 鄭(동), 597].

3) 운송주선인이 도착지의 운송주선인을 겸하고 있는 때에는 도착지에서의 운송물의 수령·보관·인도에 관하여도 주의의무를 진다. 그러나 운송중의 운송물의 보관에 대하여는 운송인이 책임을 지고 운송주선인은 책임을 지지 않는다.

4) 운송주선인은 자기의 무과실뿐만 아니라 **이행보조자**의 무과실까지도 증명하여야 하며 이행보조자의 선임과 감독에 관하여 과실이 없다는 증명만으로는 손해배상책임을 면하지 못한다. 그러나 운송인이나 중계운송주선의 경우 [$\frac{199면}{참조}$], 다른 운송주선인은 운송주선인의 이행보조자가 아니기 때문에 그 선택에 관하여 과실이 있는 경우를 제외하고 이들의 과실에 대하여는 책임을 지지 아니한다[朝高 33. 2. 24, 민집 20, 117]. 그러나 하수운송주선의 경우[$\frac{199면}{참조}$]에 중계지나 도착지의 운송주선인은 최초 운송주선인의 이행보조자에 불과하므로 이들의 과실로 인한 손해에 대하여 최초의 운송주선인은 그 책임을 면하지 못한다.

5) 운송주선인의 책임은 고의가 있는 경우를 제외하고는 특약에 의하여 경감 또는 면제할 수 있다. 손해배상액에 관하여는 운송인의 경우와 같은 특별한 규정($\frac{상}{137}$)이 없으므로 민법의 규정에 의한다($\frac{민}{393}$). 그리고 운송인의 책임에 관한 특별소멸사유에 관한 규정($\frac{상}{146}$)은 운송주선인에 대하여 준용되지 않는다.

(2) **청구권의 경합**　　　상법 제115조는 운송주선계약의 채무불이행으로 인한 손해배상책임에 관한 규정이지만 운송물이 멸실 또는 훼손된 경우에 불법행위의 요건이 구비되는 경우에 운송주선인이 불법행위로 인한 손해배상책임($\frac{민}{750}$)도 지는가에 대하여는 학설이 대립한다[$\frac{215면}{이하 참조}$].

(3) **고가물에 대한 책임**　　　화폐·유가증권 기타의 고가물에 대하여는 위탁자가 운송의 주선을 위탁할 때에 그 종류와 가액을 명시하지 않으면 운송주선인은 손해배상책임을 지지 않는다($\frac{상}{124, 136}$)[$\frac{212면}{이하 참조}$].

⑷ 책임의 소멸

1) 단기소멸시효   ㈎ 운송주선인의 손해배상책임은 운송주선인 또는
그 이행보조자에게 악의가 없는 한 수하인이 운송물을 수령한 때에는 수령한
날로부터, 운송물이 전부멸실한 경우에는 그 운송물을 인도할 날로부터 1년이
경과하면 소멸시효가 완성한다($^{상}_{121}$). 운송주선계약에 의하여 부담하는 채무도
상행위로 인한 채무이므로 원칙적으로 5년의 시효에 의하여($^{상}_{64}$) 소멸하여야
하지만 운송주선의 성질상 증거가 인멸되기 쉽고, 또 증거의 보존이 곤란한 점
을 고려하여 특별히 단기시효를 인정하고 있다.

㈏ 이러한 단기시효는 운송주선계약에 의한 운송물의 멸실·훼손 및 연착
에 의한 손해배상청구권에만 적용되며, 특별한 보관계약에 의한 청구권이나
불법행위에 의한 청구권에는 적용되지 않는다. 그 결과 청구권이 경합하는 때
에는 다른 약정이 없는 한 삭기 다른 시효기간이 적용된다고 할 수 있다.

㈐ 단기소멸시효는 운송주선인이나 그 사용인이 악의인 때에는 적용되지
않는다($^{상}_{121}$Ⅲ). 이 경우에 적용되는 시효기간은 5년이라고 본다($^{상}_{64}$). 악의는 고
의로 운송물을 멸실·훼손·연착이 되도록 하였거나 그 멸실 등을 은폐한 경우
를 말한다[동: 孫(주), 334;\ 林(홍·), 401]. 판례는 운송물의 일부멸실이 있음을 알고 수하인에게
알리지 않고 인도한 경우에 악의를 인정한 바 있다[大 87. 6. 23,\ 86 다카 2107]. 악의에 대한 입
증책임은 위탁자에게 있다.

㈑ 상법 제121조 제1항의 시효기간은 당사자간의 특약에 의하여 이를
더 단축하거나 연장할 수 있다.

2) 시효기간의 기산일   시효기간은 수하인이 운송물을 수령한 때에는
수령한 날로부터($^{상}_{121}$Ⅰ), 운송물이 전부멸실한 때에는 운송물을 인도할 날로부
터 기산한다($^{상}_{121}$Ⅱ). 이는 연착의 경우도 같다. 그리고 운송물이 훼손된 경우는
그것을 인도한 날로부터 기산하여야 할 것이다. 이 경우에 기산일에 대한 입증
책임은 운송주선인에게 있다.

3. 운송물의 수하인에 대한 의무

운송주선인과 수하인은 원칙적으로 아무런 관계가 없지만 운송물이 도착
지에 도착한 때에는 운송주선계약에서 정하여진 수하인도 위탁자와 동일한 권
리를 취득한다($^{상}_{124,}$$^{상}_{140}$). 수하인은 운송주선계약의 당사자는 아니지만 운송의
목적에서 볼 때 위탁자와 수하인을 일체로 인정하는 것이 편리하기 때문이다.

그러므로 수하인도 손해배상청구권과 기타 운송주선계약에 따르는 모든 권리

가 있다. 반면에 수하인은 운송주선인에 대하여 보수 및 기타의 비용을 지급할

의무를 진다($\frac{상}{124, 141}$).

[107]　제4　運送周旋人의 權利

I. 보수청구권

(1) 의　　의　　　　운송주선인은 상인으로서 특약이 없는 경우에도 위탁

자에 대하여 상당한 보수를 청구할 수 있다($\frac{상}{61}$).

(2) 청구시기　　　보수의 청구는 운송주선인이 운송인과 운송계약을 체

결하고 운송물을 운송인에게 인도한 때에 즉시 할 수 있다($\frac{상}{119\,I}$). 그러나 운송

계약은 체결되었으나 위탁자의 귀책사유로 인하여 운송물을 인도하지 못한 때

에는 운송물의 인도 없이 보수를 청구할 수 있다($\frac{민}{686\,III}$). 만일에 운송주선인이

도착지 운송주선인의 사무도 인수한 때에는 운송물을 수하인에게 인도한 때에

보수를 청구할 수 있다.

(3) 보수청구권의 배제

1) 운임확정의 운송주선계약　　　(개) 운송주선인은 운송주선계약에서 운

임을 확정한 경우에는 특약이 없는 한 별도로 보수를 청구하지 못한다($\frac{상}{119\,II}$).

이 경우에 확정한 운임은 운송주선인의 보수를 포함시킨 것이기 때문이다. 그

리하여 운송주선인은 확정운임과 그가 실제로 운송인에게 지급하는 운임과의

차액을 취득하게 되는 것이다.

(나) 운임확정의 운송주선계약은 후술하는 개입과 같은 외관이 있다는 이유

로 이 경우를 개입의 한 경우라고 하는 소수설이 있으나[徐(돈), 209; 金(용),
170~171; 金(성), 571], 운

임확정의 경우에는 운송주선인의 지위가 법률의 규정($\frac{상}{119\,II}$)에 의하여 운송인

으로 변경되어 당사자간에는 운송계약이 성립한다고 본다[동; 孫(주), 335; 林(홍),
773; 鄭(동), 606; 李(철),
502; 鄭(찬), 298]. 개입의 경우에는 운송주선인의 의사표시에 의하여 동시에 운송인의

지위를 병유하게 되어 보수와 운임을 청구할 수 있다는 점에서 차이가 있다.

2) 혼재운송주선계약　　　운송주선인은 다수의 위탁자로부터 동일한 운

송경로를 거치는 동종의 운송물을 일괄하여 자기의 계산으로 하나의 혼재운송

계약을 체결할 수 있다. 이 경우는 운임의 확정이 없더라도 운송주선인은 운송

인으로서의 권리·의무의 주체가 되므로 운송주선인은 운임 이외에 보수를 청

구할 수 없다고 본다. 이러한 점에서 혼재운송계약은 운임확정의 운송주선계약과 같고 개입권행사의 경우와 다르다고 할 수 있다.

2. 비용상환청구권

운송주선인은 운송인에게 지급한 운임 기타의 주선으로 인하여 지출한 비용을 위탁자에 대하여 청구할 수 있다($^{상\ 123,\ 112;}_{민\ 687,\ 688}$).

3. 유 치 권

(1) 운송주선인은 운송물에 관하여 받을 보수·운임 기타 위탁자를 위한 체당금이나 선대금(先貸金)에 관해서만 그 운송물을 유치할 수 있다($^{상}_{120}$). 유치권은 피담보채권이 변제기에 있지 않아도 행사할 수 있다는 견해도 있으나[$^{徐(돈),}_{210}$], 유치권은 당연히 변제기에 있는 때에만 인정된다[$^{동:\ 孫(주),\ 337;\ 林(홍),}_{407\sim408;\ 鄭(동),\ 601;}$ $^{鄭(무),}_{234}$].

(2) 운송주선인은 일반상사유치권이나 위탁매매인의 유치권과 달리 피담보채권과 유치물 사이에 견련관계(牽連關係)가 있어야 유치권을 행사할 수 있다. 이처럼 민사유치권과 같이 그 범위를 제한하고 있는 것은 위탁자와 운송주선인 사이에는 계속적 관계가 없거나 위탁자와 수하인이 다른 경우가 많고 광범위한 유치권을 인정하면 결과적으로 수하인의 이익을 해하게 될 것이기 때문이다. 다만 위탁자가 상인인 때에는 상법 제58조의 상사유치권을 행사할 수 있다. 그러나 위탁자가 상인인 경우에도 송하인과 수하인이 다른 경우에는 상인 간의 유치권은 묵시에 의한 배제의 특약이 있는 것으로 본다.

(3) 운송주선인은 채무자 소유의 물건이 아니라도 유치할 수 있다는 점이 일반상사유치권의 경우와 다르다. 유치권은 운송주선인이 운송물을 간접점유하는 경우에도 행사할 수 있다. 즉 운송주선인의 보수청구권은 운송물을 운송인에게 인도함으로써 발생하지만, 운송주선인은 운송인을 통하여 운송물을 간접점유하고 있으므로 운송물의 처분청구권에 의하여 유치권을 행사할 수 있다.

4. 개 입 권

(1) 의   의   운송주선인은 특약이 없으면 운송인과 운송계약을 체결하지 않고 직접 자신이 운송을 실행할 수 있다($^{상}_{116\ I}$). 이를 운송주선인의 개입권이라고 하며 그 성질은 형성권이다.

198 [108] 제5 順次運送周旋

(2) 행사의 요건　　개입금지의 특약이나 위탁자의 지시가 없어야 한다. 그리고 개입권은 운송주선계약의 성립을 전제로 행사할 수 있다. 즉 당초에 운송주선인과 위탁자 사이에 운송주선인이 직접 운송한다는 합의를 한 때에는 양자 사이에 운송계약이 체결되어 개입권은 행사할 수 없다. 위탁매매인의 경우와 달리 운송주선인의 개입권에는 아무런 제한을 두지 않은 것은 운임이나 운송방법이 정형화되어 있기 때문이다.

(3) 행사의 방법　　개입권의 행사는 특약이 없는 한 위탁자에 대한 명시 또는 묵시의 의사표시에 의하고, 특별한 방식을 요하지 않는다. 그러므로 운송주선인은 단순히 운송을 실행함으로써 개입권을 행사할 수 있다. 또한 운송주선인이 위탁자의 청구에 의하여 **화물상환증**(貨物相換證)을 작성한 때에는 개입권을 행사한 것으로 본다($_{116\ II}^{상}$). 개입권의 행사시기에 관하여는 아무런 제한이 없으나 운송주선인은 선량한 관리자로서 위탁자를 위하여 적당한 시기에 이를 행사하여야 한다.

(4) 행사의 효과　　운송주선인이 개입을 한 경우에는 운송주선인과 운송인의 지위를 병유하게 되어 운송주선인은 **보수와 비용**뿐만 아니라 **운임**도 청구할 수 있다($_{107\ II}^{상\ 123,}$). 운송주선인이 개입을 하지 않는 때에는 운송물을 운송인에게 인도한 때에 보수를 청구할 수 있으나($_{119\ I}^{상}$), 운송주선인이 개입권을 행사하는 경우에는 실제로 운송을 개시한 때나 이행보조자인 운송인에게 운송물을 인도한 때에 보수를 청구할 수 있다고 할 것이다. 반면에 운송주선인은 운송주선계약과 운송계약에 의한 책임을 아울러 부담한다.

5. 채권의 소멸시효

운송주선인의 위탁자 또는 수하인에 대한 채권은 1년간 행사하지 아니하면 소멸시효가 완성된다($_{122}^{상}$).

[108] 제5 順次運送周旋

I. 총　설

오늘날 무역과 국제간의 교류가 활발하게 되면서 운송도 원거리에 걸치게 되었다. 따라서 동일한 운송물의 운송을 위하여 다수의 운송인이 순차적으로 운송을 담당하지 않으면 운송의 목적을 달성할 수 없다. 그러므로 운송주선인도 주선구간에 따라 수인이 주선업무를 담당하게 되었다.

2. 순차운송주선의 형태

(1) 하수운송주선 　　최초의 운송주선인이 전구간의 운송주선을 인수하고 주선업무의 전부 또는 일부를 다른 운송주선인으로 하여금 수행케 하는 것으로서, 최초의 운송주선인만이 주선계약의 당사자이며 다른 운송주선인은 최초의 운송주선인의 이행보조자에 불과하다. 최초의 운송주선인은 원수운송주선인, 기타 운송주선인은 하수운송주선인이라고 한다. 하수운송주선인은 원수운송주선인의 위탁자와는 직접 계약관계에 있지 않으므로 불법행위책임은 별론으로 하고 위탁자에 대하여 직접 권리를 취득하거나 의무를 부담하지 않는다.

(2) 부분운송주선 　　중계운송이 필요한 경우에 수인의 운송주선인이 사 구산의 운송에 관하여 위탁자로부터 개별적으로 운송주선의 위탁을 받은 경우로서 수개의 독립한 운송주선계약이 병존하는 때이다.

(3) 중계운송주선 　　1) 운송중에 중계가 필요한 경우에 제 1 의 운송주선인이 자기의 명의로 위탁자의 계산으로 제 2 의 운송주선인을 선임하는 경우로서 제 2 이하의 운송주선인을 중계(中繼)운송주선인이라 하며, 또한 도착지의 운송주선인을 이용하는 경우도 여기에 속한다.

　　　예컨대 위탁자 X를 위하여 甲지로부터 乙지까지의 운송주선은 A가 인수하고, 乙지로부터 丙지까지의 운송주선을 위하여 A의 명의로 X의 계산으로 중간운송주선인 B를 선임하고, 丙지에서 운물물을 수령하여 수하인 Y에게 인도하기 위하여 A의 계산으로 B의 명의로 도착지 운송주선인 C를 선임한다.

2) 도착지의 운송주선인은 위탁자의 위임에 의하여 운송주선인이 자기명의로 계약을 체결한 상대방을 말하고, 위탁자와 직접적인 계약에 의하여 참여하였거나 운송주선인의 이행보조자인 자는 제외된다.

3. 순차운송주선의 의의

(1) 상법에서 순차운송주선인이라고 할 때에는 중계(中繼)운송주선인의 경우를 말하고, 하수 또는 부분운송주선의 경우에 제 2 이하의 운송주선인은 순차운송주선인이라고 할 수 없다.

(2) 순차운송주선의 경우는 운송물의 발송지 운송주선인은 송하인의 위탁

에 의하여 운송물을 수령한 다음 운송기관에 탁송할 때까지의 사무를 맡고, 도착지의 운송주선인은 목적지에 도착한 운송물을 수령하여 수하인에게 인도할 때까지의 사무를 맡으며, 중계지의 운송주선인은 발송지와 도착지의 중간에서 운송기관에 의한 운송의 중계를 연락하는 사무를 담당한다.

4. 순차운송주선인의 의무·권리

(1) 전자의 권리를 행사할 의무　　　1) 수인이 순차로 운송주선을 하는 경우에는 후자는 전자에 갈음하여 그 권리를 행사할 의무를 부담한다($117^\text{상}_\text{I}$). 즉 순차운송주선의 경우에 중계($\frac{중}{간}$)운송주선인은 자기의 전자, 즉 자기에 대한 위탁자인 운송주선인을 대신하여 그의 권리($\frac{질권\cdot유치권\cdot법률\ 또는}{계약에\ 의한\ 청구권\ 등}$)를 자기의 명의로 행사할 의무를 부담한다. 이 경우에 **전자**란 자기에 대한 위탁자인 직접의 전자를 말한다[$\frac{동:\ 孫(주),\ 340;}{林(홍),\ 415}$].

2) 중계($\frac{중}{간}$)운송주선인과 전자인 운송주선인 사이의 관계는 위임이므로, 중계운송주선인은 위탁자인 운송주선인에 대하여 선량한 관리자의 주의로써 위임사무를 처리하여야 할 의무를 진다($\frac{민}{681}$).

3) 이러한 중계운송주선인의 의무는 운송의 공간적인 성질상 전자가 직접 권리를 행사한다는 것이 사실상 곤란하다는 점을 고려하여 후자에게 전자의 법정대리인적인 지위를 인정한 것이다($\frac{동:\ 孫(주),}{314}$).

(2) 전자의 권리의 취득　　　순차운송주선의 경우에 후자가 전자에게 변제하였을 때에는 전자의 권리를 취득한다($117^\text{상}_\text{II}$). 즉 전자의 권리를 승계취득한다. 변제는 현금의 지급뿐만 아니라 대물변제나 상계에 의한 채무의 소멸을 포함한다. 이 경우에 전자는 자기의 직접의 전자뿐만 아니라 자기의 모든 전자를 말한다[$\frac{동:\ 孫(주),\ 340;\ 林(홍),}{416:\ 鄭(찬),\ 304}$]. 왜냐하면 직접이든 간접이든 전자의 청구금액이 명백한 이상 이를 변제하는 것은 그 자에게 불이익이 되기보다 오히려 이익이 되기 때문이다. 이 점이 전자의 권리를 행사하는 경우에 전자의 범위와 다르다. 이 경우에 변제한 후자가 전자의 권리를 승계취득하므로 채무자($\frac{전자의\ 위탁}{자,\ 수하인}$)는 전자에 대하여 갖는 모든 항변으로 후자에게 대항할 수 있다.

(3) 운송인의 권리의 취득　　　운송주선인이 운송인에게 변제한 때에는 운송인의 권리를 취득한다($\frac{상}{118}$). 이 경우에 운송주선인은 도착지 운송주선인을 포함한 **중간운송주선인**을 말한다. 왜냐하면 발송지 운송주선인은 자기의 명의로 운송인과 운송계약을 체결하므로 운송주선인이 자기의 채무를 운송인에게

변제하고 자기에 대한 권리를 취득한다는 것은 의미가 없기 때문이다. 그러므로 이 규정은 자기의 전자인 운송주선인과 운송계약을 체결한 운송인에게 변제한 경우에 적용된다.

[事例演習]

◇ 사 례 ◇

〈설문 1〉 가구제조업자 甲은 가구판매업자 乙에게 가구를 판매하고 운송주선인 丙에게 운송의 주선을 위탁하였다. 丙은 甲과 아무런 연락도 하지 않고 자신이 직접 가구를 운송하고 甲에게 보수뿐만 아니라 운임도 청구하였다. 丙의 甲에 대한 청구는 정당한가?

〈설문 2〉 기계제조업자 甲은 乙에게 기계를 매도하고 운송주선인 丙에게 운송의 주선을 위탁하였다. 이후 丙은 자기가 신용하는 운송인 丁과 운송계약을 체결하였다. 그런데 운송중에 운송인 丁의 과실로 기계가 훼손되었다. 이 경우 기계제조업자 甲은 운송주선인 丙에게 그 훼손으로 인한 손해의 배상을 청구할 수 있는가?

해설 설문 1의 경우   가구제조업자 甲과 운송주선인 丙 사이에는 운송주선계약이 존재하므로 丙은 甲에 대하여 보수청구권이 있다 ($_{119 \ I}^{상}$). 甲과 丙 사이에는 개입권행사의 금지에 관한 특약이 없으므로 丙은 甲의 승낙을 얻을 필요가 없이 개입권을 행사할 수 있다. 즉 이 사례에서 丙은 운송을 실행함으로써 묵시의 의사표시에 의한 개입권의 행사가 인정되어 丙은 운송인의 지위도 병유하게 되므로 보수뿐만 아니라 운임도 청구할 수 있다.

설문 2의 경우   우선 기계제조업자 甲의 손해배상청구의 근거를 丙과의 운송주선계약에서 찾아야 하는데 丙에게는 과실이 없는 것으로 보인다. 즉 丙은 운송인을 선택함에 있어서 선량한 관리자의 주의를 다하였기 때문이다. 또한 운송인 丁은 丙의 이행보조자가 아니므로 丙은 丁의 과실에 대하여 책임을 지지 않는다($_{민 391}^{상 115:}$). 그러면 甲은 丁에 대하여 손해의 배상을 청구할 수 있는가? 甲과 丁 사이에는 아무런 계약관계가 존재하지 않기 때문에 甲이 丁에게 청구하려면 丙으로부터 甲에게 丁에 대한 청구권이 양도되어야 한다. 그러므로 甲의 손해배상은 운송주선인인 丙이 丁에게 청구할 수 있을 뿐이다. 그러나 특수한 경우에 丙이 운송물을 보험에 붙여야 할 의무를 해태한 때에는 甲은 丙에 대하여 이로 인한 손해의 배상을 청구할 수 있을 것이다.

제 5 절 運 送 業

제 1 관 總 說

[109] 제 1 序 說

　　운송업은 물건의 장소적 변동에 의하여 타인의 영업을 보조하는 영업을 말한다. 특히 기업거래의 범위가 확대되면서 재화의 장소적 이전은 중요한 문제가 되고 있다. 고대에 있어서 운송업은 주로 해상운송이었고, 이 때에는 상품을 매매하는 상인이 동시에 직접 운송을 담당하였다. 이후 상거래의 범위가 확대되면서 운송업은 독립된 기업으로 발전된 것이다.

[110] 제 2 運送의 種類

　　(1) 운송은 운송의 목적물을 표준으로 하여 물건운송·여객운송·통신운송으로 분류할 수 있다. 물건운송은 대표적인 운송업으로서 재화의 전환의 매개를 보조하므로 상적 성질이 뚜렷하다. 이에 대하여 여객운송은 재화의 전환과 직접 관계가 없지만 그 영업방법과 형식이 물건운송과 동일하기 때문에 법률상의 상행위로 인정한 것이다($\frac{상}{125}$). 그러나 통신운송은 종래에는 공익사업으로서 국가가 독점하고 있었으므로 상법상의 운송업으로 볼 수 없었으나 오늘날은 사기업에 의하여도 운영되고 있다($\frac{우편법}{2Ⅱ단}$).

　　(2) 운송은 운송이 이루어지는 지역에 따라 운송업은 육상운송·해상운송·공중운송으로 구별된다. 상법은 육상운송과 해상운송을 구분하여 제 2 편과 제 5 편에서 각각 분리하여 규정하고 있는데, 그 이유는 양자는 운송의 지역이 다르고 운송의 용구 및 방법, 위험의 정도, 기간의 장단, 운송수량, 적재방법 등에 현저한 차이가 있기 때문이다. 그러나 **호천·항만**에서의 운송은 육상운송에 포함된다($\frac{상}{125}$). 공중운송에 관하여는 행정법규인 항공법만 있고 일반적인 사법법규가 없으므로, 육상운송과 해상운송에 관한 규정을 유추적용하여야 할 것이다.

[111]　제3　運送營業의 法源

(1) 상법은 육상운송에 관하여는 제2편 상행위($^{상}_{125\sim150}$)에서, 해상운송에 관하여는 제5편 해상($^{상}_{780\sim831}$)에서 규정하고 있는데, 양자 모두 물건운송과 여객운송을 구분하고 있다. 그러나 육송운송에 관하여는 철도법($^{61.9.18,}_{법\ 714호}$), 철도소운송업법($^{61.12.23,}_{법\ 865호}$), 삭도·궤도법(索道·軌道法)($^{77.12.31,}_{법\ 3087호}$), 철도운송규정($^{69.12.11,}_{대통령령}$ $^{4451}_{호}$) 등에서 상세하게 규정하고 있으므로 철도와 궤도에 의한 운송에 관하여는 상법이 적용될 여지가 적다. 그러므로 위의 영업자 이외의 자가 철도나 궤도에 의한 운송을 인수하는 경우와 자동차운송의 경우에 상법이 주로 적용된다고 할 수 있다.

(2) 운송업은 일반공중을 상대로 집단적으로 이루어지기 때문에 보통거래약관이 발달하여 이것이 제1차적으로 적용되는 실정이다.

[112]　세4　運送人의　意義

운송인이란 육상 또는 호천·항만에서 물건 또는 여객의 운송을 영업으로 하는 자이다($^{상}_{125}$).

(1) **운송의 지역**　　　운송인은 **육상** 또는 **호천·항만**에서 운송을 하는 자이다. 육상이란 지상뿐만 아니라 지하도 포함한다. 호천·항만에 의한 운송을 육상운송에 포함시키는 이유는 그 규모가 작고 빈번한 점이 육상운송과 유사하기 때문이다. 운송인이라고 할 때는 육상운송업자를 말하며 해상운송업을 하는 자는 선박소유자라고 한다($^{상}_{769}$). 그러므로 상법 제125조에서 말하는 운송인에는 해상운송인과 항공운송인은 제외된다.

(2) **운송의 객체**　　　운송인은 물건 또는 여객을 운송한다. **물건**은 운송이 가능한 모든 동산으로 거래의 목적물이 아니라도 되며($^{군용물자,}_{시체}$) 위험물도 포함한다. 물건이라고 할 때에는 부동산도 포함된다는 것이 다수설이지만 부동산은 운송의 객체가 될 수 없다. 여객이란 운송의 목적이 되는 자연인을 말하며 여객운송계약의 상대방은 반드시 여객 자신이 아니라도 무방하다.

(3) **운송행위**　　　1) 운송인은 운송을 하는 자이다. 운송은 물건 또는 여객을 장소적으로 이동시키는 것으로서 거리의 장단, 운송의 방법 및 운송용구 등에 대한 제한이 없으므로 원거리의 운송은 물론이고 동일지역내 또는 동일

고층건물 내의 운송도 포함되며 특별한 운송수단을 사용하든 육체로 하든 관계 없다.

　　2) 물건운송은 여객운송과 달리 운송물이 멸실 또는 훼손되지 않도록 운송인의 보관하에 하여야 한다. 그러므로 단순히 물건의 이동만을 목적으로 하는 계약은 도급계약이나 고용계약에 불과하다.

　　(4) 상 인 성　　　운송인은 타인과 운송계약을 체결하고 운송의 실행을 인수하는 것을 영업으로 하는 상인이다($^{상\ 4}_{46\ (13)}$). 그러므로 소상인일 수도 있다. 그러나 운송의 실행행위는 타인에게 맡겨도 무방하며 반드시 자기의 운송용구를 사용하지 않아도 된다.

[113]　제 5　運送契約

　　(1) 의　　　의　　　운송계약이란 당사자의 일방이 물건 또는 여객을 한 장소로부터 다른 장소로 이동할 것을 약속하고 상대방은 이에 대하여 보수를 지급할 것을 약속함으로써 성립하는 계약이다$\left[^{大\ 63.\ 4.\ 18,}_{63\ 다\ 126}\right]$.

　　(2) 성　　　질　　　운송계약은 운송이라는 일의 완성을 목적으로 하는 일종의 도급계약($^{민}_{664}$)이라는 것이 통설이다. 운송에 관하여는 상법에서 상세한 규정을 두고 있으므로 민법의 도급 및 위임에 관한 규정이 적용될 여지는 적다. 운송계약은 낙성계약(諾成契約)이며 원칙적으로 유상계약이고 무방식의 계약이기 때문에, 물건운송의 경우에 운송장 및 화물상환증의 작성과 교부, 그리고 여객운송의 경우에 승차권의 발행은 계약성립의 요건이 아니다.

　　(3) 당 사 자　　　운송계약의 당사자는 운송의 위탁자인 송하인과 운송의 실행을 인수하는 운송인이다. 송하인은 운송물의 소유자가 아니라도 관계 없다. 예컨대 운송주선의 경우에는 운송주선인이 운송계약의 당사자로서 송하인이 된다. 또한 운송계약에는 보통 수하인이 지정되지만 이는 계약의 당사자가 아니다.

　　(4) 수 하 인　　　1) 수하인이란 도착지에서 자기명의로 운송물을 수령하는 자이다. 수하인은 운송계약에 따라 송하인에 의하여 지정되지만 화물상환증이 발행된 경우는 증권상에 수하인으로 기재된 자를 말한다. 화물상환증이 발행되면 수하인과 송하인의 지위는 증권소지인의 지위에 흡수된다. 즉 증권소지인만이 운송물의 인도를 청구할 수 있다. 운송물에 관한 처분권도 같다

$\binom{상}{132}$.

2) 화물상환증이 발행되지 않은 경우는 수하인은 운송계약의 당사자가 아니지만, 운송물의 도착 후에는 송하인의 권리를 취득하고 이를 자기의 권리로 행사할 수 있다($\binom{상}{140}$).

㈎ 그렇다고 송하인의 권리가 소멸하는 것은 아니다. 다만 도착 후 수하인이 인도를 청구한 때에는 수하인의 권리가 송하인의 권리에 우선한다[$\substack{大\ 2003.\\10.\,24,}$ $\substack{2001\ 다\\72296}$]. 운송물이 도착지에 도착한 후에는 수하인은 운송계약상의 모든 권리를 행사할 수 있다. 즉 송하인에 의한 운송물의 처분청구($\binom{상}{139\,\mathrm{I}}$)가 없는 한 수하인은 운송물과 운송장의 인도를 청구할 수 있다.

㈏ 더 나아가 수하인은 운송인에 대하여 자신 또는 송하인에게 생긴 손해의 배상을 청구할 수 있다. 이 경우에 손해가 운송물에 직접 발생한 것인가 인도기한의 지연으로 인한 것인가 하는 것은 문제가 되지 않는다. 그렇다고 수하인이 권리를 행사하여야 할 의무가 있는 것은 아니다.

3) ㈎ 수하인과 더불어 송하인도 계약상의 권리를 행사할 수 있는 지위를 갖는다. 운송물의 일부가 도착한 때에도 수하인은 운송물의 전부에 대한 권리를 행사할 수 있다. 그러므로 부분손실에 대한 손해배상청구도 가능하다고 본다.

㈏ 운송물이 전부멸실한 때에는 상법 제140조는 적용되지 않는다. 수하인이 운송물을 수령한 때에는 운임 기타 비용 및 체당금의 지급의무를 진다($\binom{상}{141}$). 그렇다고 송하인의 지급의무가 면제되는 것은 아니다. 즉 양자의 채무는 부진정연대채무(不眞正連帶債務)의 관계에 있게 된다.

4) 물건운송의 경우에 수하인이 운송인에게 운송물의 인도를 청구할 수 있는 근거에 대하여는, 수하인의 수익의사가 필요 없고 수하인이 의무도 부담한다는 이유로 법률이 특별히 인정한 결과라는 견해도 있으나[鄭(희), 224; 孫(주), 351; 林(홍), 448; 鄭(동), 547], 광의의 제 3 자를 위한 계약에 의한 것으로 볼 것이다[동: 徐(돈), 219; 蔡(이), 281; 李(기), 269; 李(철), 441].

제 2 관 物件運送

제 1 항 運送人의 義務

[114] 제 1 序   說

(1) 주의의무   운송계약이 성립한 때에는 운송인은 일정한 장소에서 운송물을 수령하여 이를 목적지로 운송한 후 약정한 시기에 운송물을 수하인에게 인도할 의무를 진다. 운송계약은 도급계약의 일종이지만 동시에 사무의 처리를 목적으로 하는 위임계약과 같은 성질이 있으므로, 운송인은 운송물을 수령하고 인도할 때까지 선량한 관리자의 주의로써 운송물을 보관할 의무가 있다($\frac{민}{681}$).

(2) 상법상의 의무   상법은 운송업의 특수성을 고려하여 화물상환증 교부의무·운송물처분의무 및 손해배상책임에 관하여 규정하고 있다. 그러나 이들 규정은 해상운송에 비하면 너무 간단하기 때문에 특약이나 관습 또는 특별법규에 의하여 보충되어야 할 것이다. 또 운송인의 의무에 관한 규정은 임의규정이므로 특약에 의하여 제한 또는 배제할 수 있다.

[115] 제 2 貨物相換證의 交付義務

운송인은 송하인의 청구가 있을 때에는 화물상환증을 교부하여야 한다($\frac{상}{128\,\text{I}}$). 이 의무는 운송이 장시일에 걸치게 되는 특수성을 고려하여 운송 도중에 운송물의 처분을 용이하게 하기 위하여 인정한 것이다. 화물상환증에 관하여는 상세하게 후술한다$\left[\substack{217면 \\ 이하\ 참조}\right]$.

[116] 제 3 處分義務$\left(\substack{지시준 \\ 수의무}\right)$

(1) 의   의   운송인은 송하인 또는 화물상환증의 소지인이 운송의 중지, 운송물의 반환, 기타의 처분을 청구할 때에는 그 지시에 따라야 한다($\frac{상}{139}$). 이 의무에 대응하는 송하인의 권리를 처분권 또는 지시권이라 한다. 이러한 의무는 송하인 또는 화물상환증의 소지인으로 하여금 운송 도중에 시장의 상황

이나 매수인의 신용상태의 변동에 대처할 수 있도록 하기 위한 것이다.

　(2) 처분권자　　　운송물의 처분권자는 수하인 또는 **화물상환증의 소지인**이다. 화물상환증이 발행된 경우에는 운송물의 처분권은 증권상의 수하인 또는 그 후의 피배서인으로서 증권을 소지하는 자에게 있다. 그러므로 증권을 점유하고 있더라도 증권상의 권리자가 아닌 자는 처분권을 행사할 수 없다.

　(3) 처분의무의 범위　　　운송인이 지는 처분의무의 범위는 운송계약의 내용과 본질적으로 동일하여야 한다. 즉 운송의 중지, 운송물의 반환, 기타의 처분이다. 운송물의 반환이란 운송물의 현재지에서 이를 송하인에게 인도하는 것을 의미하며, 기타의 처분이란 수하인 및 운송로의 변경, 적하의 방법 등 운송에 관한 처분을 말한다.

　(4) 처분권의 소멸　　　운송물이 목적지에 도착한 후 **수하인이 그 인도를** **청구**한 때에는 수하인이 권리가 송하인의 권리에 우선하므로($^{상}_{140\,II}$) 송하인의 처분권은 소멸한다. 또한 운송물이 목적지에 도착한 후 수하인에게 그것을 인도한 때, 또는 수하인이 운송물의 인도를 청구하는 소를 제기한 때에도 송하인의 처분권은 소멸한다고 본다($^{독상}_{참조}{}^{433\,II}$). 이것은 수하인의 지리적 우위를 고려한 것이다. 그러나 운송물이 목적지에 도착하였더라도 수하인이 그 인도를 청구하지 않는 동안은 송하인의 처분권이 존속하며, 수하인이 인도의 청구를 한 후 수령을 거부한 때에는 송하인의 처분권이 부활한다고 본다.

　(5) 운송인의 권리　　　운송인이 송하인 또는 화물상환증소지인의 지시에 따라 운송물을 처분한 때에는 이미 운송한 비율에 따른 운임, 체당금과 처분으로 인한 비용의 지급을 청구할 수 있다($^{상}_{후단}{}^{139\,I}$).

[117] 제 4 運送物引渡義務

　운송인은 운송계약상의 본래의 의무로서 도착지에서 운송물을 수하인에게 인도할 의무가 있다. 이 의무는 화물상환증이 발행된 경우와 발행되지 않은 경우에 따라 그 내용이 달라진다.

I. 화물상환증이 발행된 경우

　(1) 증권과 상환에 의한 인도　　　화물상환증이 발행되면 운송에 관한 사항은 운송인과 증권소지인 간에 있어서는 화물상환증의 기재를 기준으로 결정

하며$\binom{\text{상}}{131}\left[\begin{smallmatrix}\text{大 72. 2. 22,}\\71\text{ 다 }2500\end{smallmatrix}\right]$, 화물상환증에 의하지 않고는 운송물의 처분이나 인도를 청구할 수 없다$\left(\begin{smallmatrix}\text{상 132,}\\129\end{smallmatrix}\right)$. 즉 운송인은 화물상환증과 상환하지 않고는 운송물을 인도할 의무를 부담하지 않는다$\left[\begin{smallmatrix}\text{大 74. 12. 10,}\\74\text{ 다 }376\end{smallmatrix}\right]$. 왜냐하면 증권과 상환하지 않고 운송물을 인도한 때에는 후에 선의의 증권소지인이 화물상환증을 제시하면 또다시 인도의무를 져야 하기 때문이다.

　(2) 가도·보증도

　1) 의　　의　　화물상환증이 발행된 경우는 증권과 상환하지 않고는 운송물의 인도를 청구할 수 없으나, 실제에 있어서는 화물상환증과 상환하지 않고도 운송물을 인도하는 경우가 있는데 이를 **가도**(假渡) 또는 **공도**(空渡)라고 한다. 그리고 운송물을 화물상환증과 상환함이 없이 인도함으로써 생기는 모든 결과에 대하여 책임을 진다는 보증은행의 보증서를 받고 운송물을 인도하는 것을 **보증도**라고 한다.

　2) 효　　용　　보증도는 운송물의 매수인이 운송물이 도착하기 전에 운송물을 처분할 수 있도록 하기 위한 제도이다. 그러나 오늘날은 항공기의 발달과 항공노선의 다양화로 운송증권이 신속하게 도착되므로 보증도의 필요성은 적어지고 있다.

　3) 적 법 성　　(가) 보증도는 상거래에서 상관습으로 인정되어 왔으며 보증도의 수하인과 운송증권의 소지인이 다른 경우는 운송인이 증권소지인에 대하여 손해배상책임을 지므로 가도나 보증도는 위법행위라고 할 수 없다$\left[\begin{smallmatrix}\text{大 90. 2. 13,}\\88\text{ 다카 }2735\end{smallmatrix}\right]$.

　　(나) 유가증권을 상실하여 **공시최고**(公示催告)의 신청이 있는 때에는 상당한 담보를 제공하면 이행을 청구할 수 있고$\left(\begin{smallmatrix}\text{상 65;}\\\text{민 }522\end{smallmatrix}\right)$, 또 **화물상환증**(貨物相換證)의 분실 등으로 인하여 화물의 인도를 청구할 수 없는 때에는 인도청구권자가 그 권리를 증명하거나 상당한 담보를 제공한 때에는 화물을 인도할 의무가 있다는 규정$\left(\begin{smallmatrix}\text{철}\\35\end{smallmatrix}\right)$에 비추어 볼 때 보증도는 적법하다고 할 것이다.

　4) 효　　과　　(가) 보증도의 수하인은 운송물에 대한 점유권만이 있기 때문에 후에 화물상환증의 소지인은 수하인에 대하여 운송물의 반환을 청구할 수 있으나, 운송물이 제3자에 의하여 선의취득된 경우에는 그 목적을 달성할 수 없게 된다. 그리하여 운송인은 운송물의 인도를 할 수 없게 되어 증권소지인에게 채무불이행으로 인한 손해배상책임을 지고 운송인은 수하인이나 그 보증인에 대하여 구상권을 행사할 수 있다.

(나) 운송인이 보증서를 받고 운송물을 인도한 경우에는 증권소지인의 이익을 해할 의도가 있다고 할 수 없고, 운송인이 정당한 증권소지인이 있다는 것을 알았거나 중대한 과실로 알지 못하고 보증도를 한 경우가 아닌 한 위법성이 존재한다고 할 수 없으므로 불법행위책임은 지지 않는다고 할 것이다.

판례에는 「보증도에 의하여 운송물의 회수가 불가능하게 됨으로써 그것이 멸실된 후에 선하증권을 소지하게 된 자가 입은 손해는, 그 운송물의 멸실 당시의 가액($_{로 한 신용장 대금}^{운송물의 가액을 한도}$) 및 이에 대한 지연손해금 상당의 금액」이라고 한 것이 있다($_{92 \text{ 다 } 12674}^{大 93.10.8,}$).

2. 화물상환증이 발행되지 않은 경우

(1) 운송물이 목적지에 도착한 때에는 수하인이 운송계약상의 송하인과 동일한 권리를 취득한다($_{140 \text{ I}}^{상}$). 즉 운송인은 운송계약에서 정한 수하인에게 운송물을 인도하여야 한다($_{65 \text{ 다 } 2306}^{大 66.7.26,}$). 그러나 운송물이 목적지에 도착하였지만 수하인이 운송물의 인도를 청구하지 않는 동안은 송하인의 권리가 소멸하지 않고 오히려 송하인의 권리가 우선한다고 할 수 있다. 왜냐하면 수하인이 운송물의 인도를 청구할 때까지는 송하인의 처분권이 존속하기 때문이다.

(2) 운송물이 목적지에 도착한 후 수하인이 운송물의 인도를 청구한 때에는 수하인의 권리가 우선한다($_{140 \text{ II}}^{상}$). 이러한 수하인의 지위에 관한 법리적인 설명에 대하여는 송하인대리인설·사무관리설·권리이전설·특별지위설 등이 있지만, 제3자를 위한 계약의 효력이라고 하는 것이 타당하다($_{이하 참조}^{204면}$). 왜냐하면 운송계약에 의하여 운송물을 인도받을 자로서 수하인을 지정하는 것은 당사자의 의사표시상의 효과라고 할 수 있기 때문이다.

[118] 제5 損害賠償責任

I. 서   설

(1) 운송인은 운송물의 멸실·훼손 및 연착에 대하여 일반원칙에 따라 채무불이행의 책임을 지는 것은 물론이지만 특히 상법에서는 운송업의 특수성을 고려하여 손해배상액과 책임의 소멸시효에 관하여 특칙을 두고 있다($_{146, 147,}^{상 137,}$ $_{121}$).

(2) 그러나 운송인의 책임발생요건에 관한 상법 제135조는 민법에 대한

관계에 있어서 특칙이라고 할 것은 아니다. 왜냐하면 현행 민법에서도 이행보조자의 고의나 과실은 채무자의 고의나 과실로 본다고 규정하고 있으며($\frac{민}{391}$), 이 경우에 채무자가 책임을 면하려면 이행보조자의 고의나 과실이 없음을 입증하여야 되기 때문이다.

2. 책임발생의 요건

운송인은 자기 또는 운송주선인이나 사용인 기타 운송을 위하여 사용한 자가 운송물의 수령·인도·보관·운송에 관하여 주의를 해태하지 아니하였음을 증명하지 아니하면 운송물의 멸실·훼손·연착으로 인한 손해를 배상할 책임을 면하지 못한다($\frac{商}{135}$). 그렇다고 하여 운송인의 책임이 운송물의 멸실·훼손·연착의 경우만으로 한정되는 것은 아니라고 본다. 그러므로 연착은 되지 않았더라도 운송물의 인도가 지연된 경우에도 운송인은 그 책임을 면하지 못한다.

(1) 손해의 발생　　　운송인이 책임을 지는 손해는 직접적이거나 간접적으로 운송물의 멸실·훼손·연착에 의하여 운송물에 대하여 발생한 것이어야 한다.

1) 멸실에 의한 손해　　　운송물의 멸실이란 운송물의 상실 또는 소멸로 인하여 운송인에 의한 운송물의 인도가 불가능하게 된 경우뿐만 아니라 운송물은 현존하지만 수하인에게 예측할 수 없는 상당한 기간 동안 운송물을 인도할 수 없게 된 경우, 예컨대 단속기관에 의한 압류로 인하여 운송물을 인도할 수 없게 된 경우도 포함한다. 그리고 운송물이 적법한 수하인이 아닌 자에게 인도된 후 그 반환을 기대할 수 없게 된 경우도 멸실에 속한다.

2) 훼손에 의한 손해　　　훼손이란 그 형상의 손상 또는 변질로 인하여 운송물의 가치가 감소된 경우를 말한다.

3) 연착에 의한 손해　　　연착이란 운송인이 약정한 때 또는 상당한 시기에 운송물을 수하인에게 인도하지 못한 경우를 말한다. 그리하여 운송물의 가격이 연착으로 인하여 하락한 때나 멸실 또는 훼손된 때에는 연착에 의한 손해가 생기게 된다.

4) 손해발생의 입증책임　　　운송물의 멸실·훼손·연착으로 손해가 발생하였다는 입증책임은 송하인($\frac{또는}{수하인}$)에게 있다.

(2) 운송인 등의 과실　　　1) 운송인은 그 손해가 자기 또는 이행보조자의 과실로 인하여 발생한 것이 아니라는 것을 증명하지 못하면 그 배상책임을

면하지 못한다. 그러므로 운송인이 책임을 면하려면 운송물의 보관과 운송에 관하여 자기 또는 이행보조자가 주의를 해태하지 않았는데도 손해가 발생하였다거나 주의를 다하였더라도 손해의 발생을 피할 수 없었을 것이라는 것을 입증하여야 한다[大 65. 12. 28,].

2) 단순히 운송인이 이행보조자의 선임과 감독에 있어서 주의를 해태하지 않았다는 증명만으로는 책임을 면하지 못한다[동; 孫(주), 352;]. 즉 운송인의 손해배상책임은 **추정**(推定)된 과실에 기한 **책임**이라고 할 수 있다. 더욱이 운송인이 자기의 과실뿐만 아니라 이행보조자의 과실에 대하여도 책임을 지는 것은 송하인과 운송인의 이행보조자 사이에는 계약관계가 존재하지 않기 때문에 송하인을 보호하기 위한 것이다.

(3) 손해배상청구권자　　　운송인에 대하여 손해배상청구를 할 수 있는 자는 송하인이다. 그러나 운송물이 도착지에 도착한 때에는 수하인도 송하인과 동일한 권리를 취득하기 때문에(상₁₄₀) 여기에 포함된다. 다만 화물상환증이 작성된 때에는 증권상의 권리자 또는 증권의 소지인만이 손해배상청구를 할 수 있다.

3. 손해배상액

(1) 배상액의 정형화

1) **총　　설**　　　상법은 운송기업의 보호와 법률관계의 획일적 처리를 위하여 일반적인 손해를 기준으로 그 배상액을 정형화하고 있다(상₁₃₇). 이것은 운송인이 운송물의 손해에 대하여 자기 또는 이행보조자의 무과실을 입증하지 못하는 한 그 책임을 면할 수 없도록 책임을 가중한 반면에(상₁₃₅), 배상액은 정형화함으로써 그 책임을 완화시킨 것이라고 할 수 있다. 그러므로 상실된 기대이익, 또는 송하인이나 수하인에게만 있는 특별한 가치는 배상액에 가산되지 않으며 간접손해는 제외되고 금전에 의한 배상을 원칙으로 한다.

2) **배상액의 산정**　　　손해배상액은 운송물이 **전부멸실**한 때나 **연착**한 경우는 그 운송물을 인도할 날의 도착지의 가격에 의하며(상₁₃₇Ⅰ), **일부멸실** 또는 **훼손**된 경우에는 그 운송물을 인도한 날의 도착지의 가격에 의하여 결정한다(상₁₃₇Ⅱ). 즉 도착지에서의 그 물건의 시장가격(유가증권의 경우는 증권시장의 시세)에 의한다. 상법은 손해배상액을 정형화하였기 때문에, 송하인의 사실상의 손해가 시장가격보다 저가인 경우도 시장가격에 따라 배상하여야 한다. 왜냐하면 배상액은 피

해자의 개인적인 특수관계에 따라 좌우될 수 없고 획일적으로 처리하여야 하기 때문이다.

3) 배상액의 입증   손해와 배상액에 대한 입증은 송하인($\substack{또는\\수하인}$)이 하여야 한다.

4) 운임 등의 공제   운송물의 멸실 또는 훼손으로 인하여 지급할 필요가 없게 된 운임 기타의 비용은 배상액에서 공제하여야 한다($\substack{상\\137\,Ⅳ}$). 왜냐하면 도착지의 가격 중에는 이미 운임 기타의 비용이 포함되어 있기 때문이다.

(2) 예   외   손해가 운송인 또는 그 이행보조자의 고의 또는 중대한 과실로 인하여 발생하였을 때에는 일반원칙($\substack{민\\393}$)에 따라 그 행위와 상당인과관계가 있는 모든 손해를 배상하여야 한다($\substack{상\\137\,Ⅲ}$). 이 경우 고의 또는 중대한 과실에 대한 **입증책임**은 손해배상청구권자에게 있다. 불법행위책임의 경우에도 상법 제137조가 적용된다는 견해도 있으나$\left[\substack{鄭(동)·\\532}\right]$, 불법행위가 존재하는 경우에는 운송인의 보호규정이 당연히 적용된다고 할 수 없다.

4. 고가물에 대한 책임

운송물이 화폐·유가증권 기타의 고가물인 경우에는 송하인이 운송을 위탁할 때에 그 종류와 가격을 명시하지 않으면 운송인은 손해를 배상할 책임이 없다($\substack{상\\136}$).

(1) 입법취지   고가물은 멸실·훼손될 위험성이 많고 손해의 규모도 크기 때문에 운송인에게 명시하지 않은 고가물에 대하여 고가물로서의 책임을 지우는 것은 가혹하므로, 운송인을 보호하고 명시한 고가물에 대하여는 특별한 주의로써 운송할 수 있도록 하기 위한 것이다.

(2) 고가물의 범위   화폐에는 국내외의 통화를 모두 포함하며, 유가증권은 협의의 유가증권뿐만 아니라 증거증권과 자격증권도 포함된다고 본다. 고가물이란 일반적인 운송물에 비하여 중량이 가볍고 부피는 작지만 사회통념에 의하여 값진 물건으로 인정되는, 예컨대 금·은·보석과 같은 것이라고 할 수 있다. 그러나 미술품이나 골동품은 중량이 무겁고 부피가 크더라도 고가물에 속한다고 본다($\substack{독상\ 429\ Ⅱ\\참조}$).

판례는 견직물은 오늘날 고가물이 아니고$\left[\substack{大\ 67.\ 10.\ 23,\\67\ 다\ 1919}\right]$, 직지제조용 조직기 중 흡입압착롤은 고가물이라고 한 바 있다$\left[\substack{大\ 91.\ 1.\ 11,\\90\ 다\ 8947}\right]$.

(3) 명시의 내용·방법·시기   1) 고가물에 관하여 송하인이 명시하여야 할 사항은 그 고가물의 **종류와 가액**이다. 고가물임이 분명한 이상 그 내용을 상세하게 명시할 필요는 없고 운송인이 고가물임을 인식하고 그 가액을 알 수 있을 정도로만 명시하면 된다. 고가물의 종류와 수량을 명시함으로써 당연히 그 가액을 알 수 있는 경우에는 가액의 명시가 없더라도 무방하다고 본다.

2) 운송물의 성질상 고가물임이 명백한 경우에는 그 종류를 명시할 필요는 없으나 그 가액은 기재하여야 한다고 본다. 예를 들어 포장을 하지 않은 유화를 운송물로서 교부한 경우가 여기에 속한다. 명시의 방법은 송하인이나 그의 대리인이 무방식의 일방적인 표시에 의하여 할 수 있다. 그러므로 구두로도 할 수 있으나 보통 운송장의 기재로써 이를 명시하게 된다. 송하인이 고가물에 관하여 명시한 운송장을 운송인이 이의 없이 수령하였다고 하여 이것이 바로 송하인이 한 명시의 진실성을 인정한 것이라고 할 수는 없다.

3) 고가물의 명시는 원칙적으로 계약의 성립 전에 하여야 할 것이지만 계약성립시까지 하여야 한다는 견해도 있으나[孫(주), 355; 林(홍), 432;], 이는 운송계약의 성립 후 운송물을 인도할 때까지 하면 될 것이다[동: 鄭(희), 226; 鄭(동), 524]. 왜냐하면 운송인은 고가물을 인도받은 경우에 특별한 주의를 하여야 하기 때문이다. 고가물의 명시는 운송계약의 당사자인 운송인에게 하면 되고, 운송인의 의뢰를 받은 자에 대하여까지 고가물임을 명시할 의무는 없다.

> 판례에는 「기계의 소유자가 기계의 운송 및 하역을 운수회사에 맡기면서 그 운송물의 내용을 알렸는데 운수회사의 의뢰를 받아 크레인으로 위 기계의 하역작업을 하던 중기회사의 크레인 운전업무상 과실로 기계가 파손된 경우 소유자는 중기회사에 대하여까지 위 기계가 고가물임을 알릴 의무가 있다 할 수 없으므로 이를 이유로 내세운 과실상계항변은 이유 없다」고 하였다[大 91.1.11. 90 다 8947].

(4) **명시의 효과**   송하인이 고가물로서 그 종류와 가액을 명시한 때에는 운송인은 고가물에 대한 손해배상책임을 면하지 못한다. 그러나 명시가액은 확정된 손해배상액으로서 운송인을 구속하는 것은 아니므로, **실제가액이 명시가액보다 낮을 때에는** 운송인은 이를 증명하고 실제가액의 범위 내에서 손해를 배상하면 된다. 그러나 반대로 실제가액이 명시가액보다 고액인 경우라도 송하인이 그것을 증명하고 그 초과액의 배상을 청구할 수는 없다[동: 孫(주), 355; 鄭(동),

$\binom{525;\ 林}{(홍),\ 824}$. 왜냐하면 명시가액은 원칙적으로 배상액의 최고한도를 의미하기 때문이다. 이는 운송물의 가액이 운송 도중에 고액으로 상승한 경우에도 같다.

(5) 불명시의 효과　　1) 송하인이 고가물임을 명시하지 않은 경우는 i) 송하인은 보통의 주의의무를 부담하고 이 의무를 해태한 때에는 보통물로서의 손해배상책임을 진다는 견해도 있으나$\left[\begin{smallmatrix}추(철),\\547\end{smallmatrix}\right]$, ii) 운송인은 고가물뿐만 아니라 보통물로서의 배상책임도 지지 않는다. 그 이유는 고가물은 보통물로서의 가액을 정할 수 없고 고가물의 명시를 촉진하기 위한 것이다.

2) 송하인이 고가물의 명시를 하지 않았으나 운송인이 우연히 고가물임을 알게 된 경우라도 운송인은 책임을 지지 않는다고 본다. 왜냐하면 대량의 물건을 취급하는 운송업에 있어서 우연히 알게 된 주관적 사유를 기준으로 할 수 없고 고가물의 명시를 촉진하는 취지에도 어긋나기 때문이다. 그러나 고가물에 필요한 주의를 해태한 때에는 고가물로서의 책임을 면할 수 없다는 설도 있고$\left[\begin{smallmatrix}孫(주),\ 356;\ 鄭(무),\ 250;\\李(철),\ 458;\ 姜(위),\ 390\end{smallmatrix}\right]$ 운송인은 면책이 된다는 설도 있으나$\left[\begin{smallmatrix}蔡(이),\\272\end{smallmatrix}\right]$, 이 경우는 보통물로서의 주의를 해태한 때에만 고가물로서의 책임을 진다고 본다$\left[\begin{smallmatrix}동:\ 鄭(찬),\ 320;\ 林(홍),\\433;\ 鄭(동),\ 525\end{smallmatrix}\right]$.

3) 이 경우에 운송인이 고가물임을 알았다는 것은 막연하게 고가물임을 안 것만으로는 부족하고 그 종류와 가액을 어느 정도 정확하게 인식한 경우를 말한다고 할 것이다. 그러나 또한 송하인이 명시하지 않았거나 운송인이 알지 못한 고가물을 운송인이 고의 또는 중대한 과실로 멸실·훼손케 한 때에는 불법행위에 의한 책임을 면하지 못한다고 본다$\left[\begin{smallmatrix}상세는\ 215면\\이하\ 참조\end{smallmatrix}\right]$.

(6) 입증책임　　운송물이 고가물이란 것과 그 종류와 가액의 명시가 없었다는 점에 대한 입증책임은 운송인에게 있다.

5. 손해배상책임의 소멸

상법은 운송업에 있어서 증거보전이 곤란한 특수성을 고려하여 운송인의 책임소멸에 관하여 특칙을 규정하고 있다.

(1) 특별소멸사유　　1) 수하인 또는 화물상환증의 소지인이 유보 없이 운송물을 수령하고 운임 기타의 비용을 지급한 때에는 운송인의 책임은 소멸한다$\binom{상}{146\ 1}$. 운송물의 수령과 운임의 지급이 있는 때에는 수하인 등이 운송장과 운송물의 일치를 인정한 것으로 보는 것이다. 그러므로 운송물이 전부멸실한 경우에는 이 규정이 적용되지 않는다.

2) 운임을 선급하였거나 제 3 자가 지급하였을 때에는 운송물을 유보 없이 수령한 사실만으로 운송인은 책임을 면한다. 유보라 함은 운송물에 훼손 또는 일부 멸실이 있다는 사실과 그 요령을 구두나 서면으로 운송인에게 통지하는 것을 말한다.

3) 운송물에 즉시 발견할 수 없는 훼손 또는 일부 멸실이 있는 경우에는 운송물을 수령한 날로부터 2주간 내에 운송인에게 그 통지를 발송하지 않으면 운송인의 책임은 소멸한다($\frac{상}{I}\frac{146}{단}$). 그러나 운송인 또는 사용인이 악의인 때에는 수하인의 유보 여하에 불구하고 운송인의 책임은 소멸하지 않는다($\frac{상}{146\,II}$). 이 경우에 판례에 의하면 악의란 운송인이 운송물의 훼손 또는 일부멸실을 알면서 인도한 경우를 말한다고 하지만($\frac{大\,87.\,6.\,23,}{86\,다카\,2107}$), 이는 운송인이 고의로 멸실·훼손되게 했거나, 멸실·훼손을 은폐한 때로 보는 것이 운송인의 보호를 위하여 타당하다($\frac{동:\,孫}{(주),\,334}$).

4) 상법 제146조 제 1 항에 의하여 소멸되는 책임은 운송물의 일부멸실과 훼손·연착에 의한 운송계약상의 책임에 한하며 불법행위에 의한 책임($\frac{민}{750}$)이나 운임을 과다하게 시급한 경우의 그 반환책임 등은 제외된다.

(2) **단기소멸시효**   1) 운송인의 책임은 운송인이나 그 이행보조자에게 악의가 없는 한 수하인이 운송물을 수령한 날로부터 1년, 전부멸실의 경우는 그 운송물을 인도한 날로부터 1년이 경과하면 소멸시효가 완성한다($\frac{상}{121\,I}^{147,}$) ($\frac{大\,76.\,9.\,14,}{74다\,1215}$). 그러나 운송인이나 그 이행보조자에게 악의가 있는 때에는 일반상사시효($\frac{상}{64}$)가 적용된다($\frac{상}{121\,III}^{147,}$).

2) 이 단기소멸시효는 운송물의 멸실·훼손·연착에 의한 운송계약상의 책임에만 적용되며 불법행위에 의한 책임에는 적용되지 않는다[$\frac{大\,91.\,8.\,27,\,91\,다\,8102}{(해상운송인의\,책임에\,관한\,판례)}$].

6. 불법행위책임과의 관계

(1) **총   설**   운송인은 자기 또는 이행보조자의 과실로 인하여 운송물이 멸실·훼손된 경우에 운송계약상의 채무불이행으로 인한 손해배상책임을 지는 것은 당연하지만, 민법상의 불법행위책임도 지는가 하는 문제가 있다.

《운송인의 계약책임과 불법행위책임》

	계약책임	불법행위책임
입 증 책 임	운 송 인	피 해 자
손해배상액	정 형 화	모든 손해
소 멸 시 효	1년	3년, 10년

(2) 양 책임의 요건과 효과　　　양 책임은 모두 과실을 전제로 하는 점에서 같지만 과실에 대한 입증책임과 배상액의 범위, 소멸시효기간 등에 있어서 차이가 있다.

1) 채무불이행으로 인한 책임에 있어서는 운송인의 과실이 추정되므로 운송인이 책임을 면하려면 자기 또는 이행보조자의 무과실을 입증하여야 하는데 비하여, 불법행위책임의 경우에는 피해자가 운송인의 고의·과실에 대한 입증책임을 진다.

2) 채무불이행의 경우에는 손해배상액이 정형화되어 있는 데 비하여, 불법행위로 인한 경우에는 불법행위와 상당인과관계가 있는 모든 손해가 포함된다.

3) 채무불이행의 경우에는 단기의 소멸시효에 관한 규정이 적용되지만, 불법행위의 경우에는 피해자나 그 법정대리인이 그 손해 및 가해자를 안 날로부터 3년의 시효로 소멸하고 불법행위를 한 날로부터 10년이 지나면 소멸한다($^{민}_{766}$). 후자의 경우 10년은 제척기간(除斥期間)이다.

(3) 양 청구권의 관계　　　채무불이행으로 인한 손해배상청구권과 불법행위로 인한 손해배상청구권의 발생을 위한 요건을 모두 구비하는 경우에, 두 개의 청구권을 모두 인정할 것인가 아니면 그 중 하나의 청구권만을 인정할 것인가에 대해서는 다음과 같은 견해의 대립이 있다.

1) 법조경합설　　　운송인의 채무불이행으로 인한 책임은 운송계약의 존재라는 특별한 관계에서 생기는 청구권으로서 일반적으로 위법성이 조각(阻却)되기 때문에 불법행위에 의한 청구권은 발생하지 않는다고 한다. 즉 채무불이행과 불법행위로 인한 책임에 관한 규정은 특별법과 일반법의 관계에 있기 때문에 불법행위로 인한 손해배상청구권은 배제된다는 것이다[$^{鄭(희), 207;}_{李(원), 202}$]. 또한, 그 이유로서 불법행위책임이 채무불이행책임보다 더 무겁다고 할 수 없고 청구권의 시효도 짧으므로 불법행위책임을 인정한다고 하여 피해자가 더 보호

된다고 할 수도 없기 때문이라고 한다. 법조경합설은 불법행위책임에도 단기소멸시효($^{\text{상}}_{121}\ ^{147,}_1$)에 관한 규정이 역시 적용된다는 것을 전제로 하고 있으나 이 점은 의문이다. 그리고 법조경합설은 채무자의 고의 또는 중과실이 있는 경우에도 불법행위의 성립을 인정하지 않는다고 하는 점에서 문제가 있다고 본다.

2) **청구권경합설**　　　양 청구권은 그 요건과 효과가 다르기 때문에 반드시 청구권의 경합을 부정할 필요는 없으므로 그 중 하나를 임의로 선택하여 행사할 수 있다고 한다. 이 견해가 다수설이며[徐(돈), 207; 孫(주), 357; 李(병), 289; 鄭(동), 532], 판례의 입장이다[大 62. 6. 21, 62 다 102]. 순수한 청구권경합설이 논리적인 일관성이나 피해자의 보호를 위하여 타당하다고 본다.

⑷ **고가물의 경우**　　　1) 운송물이 고가물인 경우에 그 종류와 가액을 명시하지 않은 때에는 운송인은 채무불이행으로 인한 책임을 면하게 되며($^{\text{상}}_{136}$), 법조경합설에 의하면 운송인은 불법행위책임도 지지 않게 되지만 청구권경합설에 의하면 운송인은 불법행위로 인한 책임은 면하지 못하게 된다. 판례도 운송인의 이행보조자의 고의 또는 과실로 송하인에게 손해를 가한 경우에 운송인은 민법 제756조에 의한 사용자책임을 진다고 하였다[大 91. 8. 23, 91 다 15409].

2) 고가물에 관한 특칙은 해상운송인의 경우 불법행위로 인한 손해배상청구에도 적용된다($^{\text{상}}_{789의 3}$)는 이유로, 단순한 과실이 있는 경우뿐만 아니라 고의 또는 중대한 과실이 있는 경우에도 송하인은 일체의 손해배상을 청구할 수 없다는 견해가 있다[鄭(동), 534].

3) 물론 송하인이 고가물임을 명시하지 않았음에도 아무런 제한이 없이 운송인이 불법행위책임을 진다고 하면 상법 제136조의 존재이유를 찾을 수 없게 될 것이다. 그러므로 청구권경합설에 의하더라도 운송인은 고의 또는 중대한 과실이 있는 경우에만 불법행위로 인한 책임을 진다고 봄이 타당하다고 생각한다.

4) 고의가 있는 경우에만 운송인이 책임을 지고 과실뿐만 아니라 중대한 과실이 있는 경우에도 면책이 된다는 견해가 있다[徐(돈), 222~223; 孫(주), 356; 蔡(이), 299]. 그러나 중대한 과실이 있는 경우에도 운송인이 면책이 된다는 것은 운송인을 과보호하는 결과가 된다고 할 것이다.

5) 대법원 전원합의체판결에서는 선하증권에 기재된 면책약관에 대하여 별도의 합의가 없더라도 당연히 불법행위에 의한 책임에도 그 효력이 미친다

고 하면서, 고의 또는 중대한 과실로 인한 불법행위의 경우에는 증권상의 면책약관이 적용되지 않는다고 하였는데$\left[\begin{smallmatrix} 大 83.3.22, \\ 82 다카 1533 \end{smallmatrix}\right]$ 이는 타당한 입장이라고 본다. 법조경합설의 입장이면서 채무불이행책임이 면제된 경우에는 같은 사실에 적용할 법조의 경합이 없다는 이유로 동일한 결론임을 주장하는 견해$\left[\begin{smallmatrix} 鄭(희), \\ 227 \end{smallmatrix}\right]$도 있으나 의문이다.

　　(5) **면책약관**　　　1) 운송인의 책임에 관한 규정은 강행법규가 아니라 **임의법규**이므로 당사자간의 특약으로 운송인의 책임을 경감 또는 면제할 수 있다. 그리하여 실제로 운송인은 화물상환증에 면책약관을 두고 있다.

　　2) 면책약관에는 과실약관$\left(\begin{smallmatrix} 사용인의 고의·과실에 의한 손해에 \\ 대해서는 책임을 지지 않는다는 약관 \end{smallmatrix}\right)$, 배상액제한약관$\left(\begin{smallmatrix} 배상액 \\ 을 일 \end{smallmatrix}\right.$ $\left.\begin{smallmatrix} 정액으로 제 \\ 한하는 약관 \end{smallmatrix}\right)$, **부지약관**(不知約款)$\left(\begin{smallmatrix} 운송물의 내용, 중량 등에 관한 부지 \\ 또는 이와 유사한 문언을 기재한 약관 \end{smallmatrix}\right)$ 등이 있다. 해상운송의 경우$\left(\begin{smallmatrix} 상 \\ 790 \end{smallmatrix}\right)$와 달리 육상운송인의 손해배상책임에 관하여는 면책약관의 제한에 관한 규정이 없으나, 면책약관의 유효성은 사회질서·신의성실·권리남용에 관한 일반원칙에 반하지 않는 범위 내에서 인정되어야 할 것이다. 그러므로 운송인의 고의로 인한 손해배상책임에 관한 면책약관은 인정되지 않으나 이행보조자의 고의에 대한 면책약관은 유효하다고 본다.

　　3) 면책약관과 관련하여 문제가 되는 것은 청구권경합설을 따르는 경우 운송인의 계약책임에 관한 면책약관이 운송인의 불법행위책임에도 미치는가 하는 점이다. 해상운송의 경우 대법원은 종래에는 부정적인 입장이었으나$\left[\begin{smallmatrix} 大 62.6.21, 62 \\ 다 102; 大 77. \end{smallmatrix}\right.$ $\left. 80.11.11, 80 다 1812 \right]$, 1983년 3월 22일의 전원합의체판결에서 종래의 입장을 원칙적으로 고수하면서 선하증권에 기재된 면책약관에 한하여 별도의 합의가 없더라도 당연히 불법행위책임에도 그 효력이 미친다고 하였다$\left[\begin{smallmatrix} 大 83.3.22, \\ 82 다카 1533 \end{smallmatrix}\right]$.

　　4) 그런데 판례는 선하증권의 약관에 관한 것으로 육상운송에도 동일하게 적용할 수 없고 피해자를 두텁게 보호하여야 한다는 이유로 화물상환증의 면책약관에는 적용되지 않는다는 견해도 있다$\left[\begin{smallmatrix} 鄭(찬), \\ 323 \end{smallmatrix}\right]$. 육상운송인의 책임에 관하여는 이러한 판례가 없으나 물건운송이라는 점에서 양자는 다를 바가 없으므로 화물상환증의 면책약관에 대하여도 달리 해석할 이유는 없다고 할 것이다$\left[\begin{smallmatrix} 鄭(동), 535; \\ 李(철), 462 \end{smallmatrix}\right]$.

[事例演習]

◇ 사 례 ◇

〈설문 1〉 수입업자 甲은 운송인 乙에게 1,000kg의 대만산 바나나를 대구에 있는 청과상 丙에게 운송할 것을 위탁하였다. 그런데 운송 중에 甲은 乙에게 바나나를 부산으로 운송할 것을 지시하였다. 또한 丙은 乙에게 전화를 걸어 바나나를 자기에게 인도하여 줄 것을 요구하였다. 운송인 乙은 이 경우에 어떻게 하여야 하는가?

〈설문 2〉 서울에 있는 가구상 甲은 운송인 乙에게 조립가구를 부산에 있는 가구상 丙에게 운송할 것을 위탁하였다. 그런데 운송인 乙의 부주의로 일부가구가 훼손되었는데 丙은 이것을 모르고 운임을 지급하고 가구를 수령하였다. 며칠 후 丙은 훼손된 가구를 발견하고 乙에게 통지하였다. 乙은 손해를 배상하여야 할 책임이 있는가?

[해 설] 설문 1의 경우   甲과 乙 사이의 운송계약에 의하여 乙은 송하인 甲의 지시에 따라야 할 의무가 있다($^{\text{상}}_{139}$ㅣ). 왜냐하면 운송물이 목적지에 도착하여 수하인이 인도를 청구할 때까지는 송하인 甲에게 처분권이 있기 때문이다. 그러므로 운송인 乙은 甲의 지시에 따라 바나나를 부산으로 운송하여야 한다.

설문 2의 경우   운송인 乙은 그 훼손에 대하여 자기 또는 이행보조자의 무과실을 입증하지 않는 한 가구의 훼손에 대하여 배상책임을 져야 할 것이다($^{\text{상}}_{135}$). 그러나 이 경우에 丙의 乙에 대한 손해배상청구권은 소멸되었다고 할 수 있다($^{\text{상 146}}_{ㅣ 본}$). 왜냐하면 丙은 운임을 지급하고 그 가구를 수령하였으며 또한 가구의 훼손은 즉시 발견할 수 없는 훼손($^{\text{상 146}}_{ㅣ 단}$)이 아니므로 가구의 수령 후 며칠이 경과한 다음에 통지한 경우에는 그 손해의 배상을 청구할 수 없기 때문이다.

제 2 항   運送人의 權利

[119]   제 1   運送物引渡請求權

운송계약은 낙성계약이기 때문에 운송인은 운송의 준비를 하고 운송의 실행을 위하여 송하인에게 운송물을 적당한 상태로 인도하여 줄 것을 청구할 수

있는 권리가 있다. 그러므로 송하인이 지체없이 운송물을 인도하지 않으면 채
권자지체가 된다.

[120] 제 2 運送狀交付請求權

(1) 운송장의 의의   운송인은 계약성립 후 송하인에 대하여 화물명세
서를 작성하여 교부할 것을 청구할 수 있다($_{126}^{상}$ 1). 운송장은 재산권을 표창하
는 증권이 아니므로 유가증권이라고 할 수 없고, 단순히 송하인이 운송계약에
관한 중요사항을 기재하고 기명날인 또는 서명한 서면으로서 **증거증권**(證據證
券)이다. 그러므로 운송계약의 성립과 운송장의 작성은 아무런 관계가 없다.

(2) 운송장의 기능   운송장에 의하여 운송인은 운송의 준비를 할 수
있고 운송관계인들이 송하인과의 특약이나 송하인의 지시내용을 알 수 있게
된다. 또한 이에 의하여 수하인은 운송물의 동일성을 대조할 수 있고 자기가
부담할 비용액을 알 수 있는 실익이 있다. 특히 운송물이 멸실 또는 훼손된 경
우에 손해배상액의 산정을 위하여 화물명세서는 중요한 자료가 된다.

(3) 운송장의 기재사항   운송장에는 법정기재사항을 기재하고 송하인
이 기명날인 또는 서명하여야 한다($_{126}^{상}$ II). 이러한 사항은 훈시적으로 열거한
것이기 때문에 이 중의 일부를 기재하지 않았거나 부실기재를 하였더라도 운
송장은 무효가 되지 않으며 법정기재사항 이외의 사실을 기재하여도 무방하다.

(4) 허위기재 등의 효과   송하인이 운송장에 허위 또는 부정확한 기재
를 한 때에는 고의 또는 과실이 없어도 그로 인하여 발생한 손해에 대하여 운
송인에게 배상할 책임이 있다($_{127}^{상}$ I). 즉 이는 송하인의 **무과실책임**(無過失責
任)이다[동; 徐(정), 180; 鄭(동), 540; 李(철), 444; 鄭(찬), 326; 蔡(이), 278]. 이와는 달리 과실책임이라는 소수설도 있
다[鄭(희), 237]. 그러나 운송인이 악의인 경우에는 송하인은 손해배상책임을 지지
않는다($_{127}^{상}$ II).

[121] 제 3 運賃 기타의 費用請求權

I. 운임청구권

(1) 지급의무   1) 운임은 운송물이 목적지에 도착하여 수하인에게 인
도된 때에 청구할 수 있다($_{상}^{민}$ $_{665}^{61;}$). 이 경우의 인도란 운송물을 인도할 수 있는

상태를 갖춤으로써 충분하다[大 93. 3. 9, 92 다 44329]. 원칙적으로 운송계약은 도급계약의 일종이므로 수하인이 운송물을 수령한 때에 운송인에 대하여 운임을 지급할 의무가 있다($\frac{상}{141}$). 수하인은 운송물을 수령함으로써 운임에 관하여 송하인과 함께 연대채무자($\frac{민}{413}$)가 된다.

　2) 수하인의 운임지급의무는 계약상의 의무가 아니라 법률이 예외적으로 인정한 의무이다. 그러므로 수하인은 운송물의 수령에 의하여 운송계약의 당사자가 되는 것이 아니고 제3자로서 지급의무를 지는 것이다. 이러한 수하인의 의무는 운송계약의 「제3자를 위한 계약」의 성격에서 볼 때 예외적인 법률상의 의무이기 때문에 수하인의 동의 없이는 더 이상 가중시킬 수 없다.

　(2) 운임청구권의 상실　　운송인이나 그 이행보조자의 과실이 없어도 운송물이 전부멸실한 경우에는 운송인은 보수를 청구할 수 없고 보수에 대한 위험을 부담한다. 특약이 있는 경우는 예외이다[大 72. 2. 22, 71 다 2500]. 운송물의 전부 또는 일부가 송하인의 책임 없는 사유로 인하여 멸실한 때에는 운송인은 송하인뿐만 아니라 수하인에 대하여도 그 운임을 청구할 수 없다. 그 결과 운송인이 미리 운임의 전부 또는 일부의 선급을 받은 때에는 이를 반환하여야 한다($\frac{상}{134\,Ⅰ}$). 그러나 운송물의 전부 또는 일부가 그 성질이나 하자 또는 송하인의 과실로 인하여 멸실한 때에는 운송인은 운임의 전액을 청구할 수 있다($\frac{상}{134\,Ⅱ}$).

　(3) 비율운임의 청구　　운송인이 송하인이나 화물상환증의 소지인의 청구에 의하여 운송의 중지, 운송물의 반환, 기타의 처분을 한 때에는 운송인은 이미 실행한 운송의 비율에 따라 운임을 청구할 수 있다($\frac{상}{139\,Ⅰ}$).

2. 비용상환청구권

　운송인은 운임 중에 포함되지 않은 비용($\frac{통관비용 \cdot 보관}{료 \cdot 보험료 등}$)을 지출한 때에는 그 상환을 청구할 수 있다. 이 비용은 운임과 달리 운송물이 불가항력으로 멸실한 때와 운송중에 운송물을 처분한 때에도 청구할 수 있다($\frac{상}{139\,Ⅰ}$).

3. 채권의 소멸시효

　운송인의 송하인 또는 수하인에 대한 채권은 1년간 행사하지 않으면 소멸시효가 완성된다($\frac{상}{122}$ 147). 이 규정은 운송계약에 관련된 채권에만 적용되고 민법상의 불법행위로 인한 손해배상청구권에는 적용되지 않는다[大 90. 8. 28, 88 다카 17839 (선박소유자에 관한 판례)].

[122] 제 4 留置權

　　운송인은 운송주선인과 마찬가지로 운송물에 관하여 받을 운임 기타 송하인을 위한 체당금(替當金)이나 선대금(先貸金)에 관해서만 그 운송물을 유치할 수 있다($\substack{상 147, \\ 120}$). 또한 운송인은 민사유치권($\substack{민 \\ 320}$)을 가지며 송하인이 상인인 경우에는 일반상사유치권($\substack{상 \\ 58}$)도 갖는다.

[123] 제 5 運送物의 供託權·競賣權

　　(1) 공 탁 권　　운송인은 수하인을 알 수 없는 때 또는 수하인이 운송물의 수령을 거부하거나 수령을 할 수 없는 때에는 운송물을 공탁하고 의무를 면할 수 있다($\substack{상 142 Ⅰ, \\ 143 Ⅰ}$). 「수하인을 알 수 없는 때」란 수하인의 소재불명·수하인표시의 불명·수하인이 수인인 때 등이고, 「수령의 거부」란 수량부족·품질 상위에 의한 거절의 경우이며, 「수령할 수 없는 때」란 수하인의 체포·의식불명 등의 경우를 말한다. 이 경우에 운송인은 공탁권이 있을 뿐이고 공탁의 의무가 있는 것이 아니므로 운송물을 보관시킬 수도 있다.

　　운송인이 공탁을 하였을 때에는 송하인에게 지체없이 **통지**를 발송하여야 한다($\substack{상 142 Ⅱ, \\ 143 Ⅰ}$).

　　(2) 경 매 권　　수하인의 불명·운송물의 수령거부 또는 수령불능의 경우에 운송인은 송하인에 대하여 상당한 기간을 정하여 운송물의 처분에 대한 지시를 최고하고 그 기간 내에 지시를 받지 아니한 때에는 운송물을 경매할 수 있다($\substack{상 142 Ⅱ, \\ 143}$).

　　1) 경매를 할 수 있는 경우　　운송인은 송하인에 대한 **최고**($\substack{상 \\ 142 Ⅱ}$)를 하기 전에 수하인에 대하여 상당한 기간을 정하여 운송물의 수령을 최고하여야 한다($\substack{상 \\ 143 Ⅱ}$). 또 그 기간 경과 후 송하인에 대하여 상당한 기간을 정하여 운송물의 처분에 대한 지시를 최고하였으나 수하인이 수령도 하지 않고 송하인의 지시도 없는 때, 최고를 할 수 없거나 운송물이 멸실 또는 훼손될 염려가 있는 때에는 수하인과 송하인에 대하여 최고하지 않고 경매할 수 있다($\substack{상 145, \\ 67 Ⅱ}$).

　　2) 통지의무　　운송인이 경매를 한 때에는 지체없이 송하인에게 그 **통지**를 발송하여야 한다($\substack{상 142 Ⅲ, \\ 143 Ⅰ}$).

　　3) 경매의 효과　　경매비용을 공제한 경매대금은 공탁하여야 하지만,

그 전부 또는 일부를 운임·체당금 기타의 비용에 충당할 수 있다($\frac{상}{67}\frac{145.}{Ⅲ}$). 그러므로 운송인의 경매권은 **자조매각권**(自助賣却權)이라고 할 수 있다.

(3) **공시최고에 의한 경매**   송하인·화물상환증소지인·수하인 전부를 알 수 없는 때에는 운송인은 권리자에 대하여 6월 이상의 기간을 정하여 그 기간 내에 권리를 주장할 것을 관보나 일간신문에 2회 이상 공고하여야 한다. 공고에도 불구하고 그 기간 내에 권리를 주장하는 자가 없는 때에는 운송물을 경매할 수 있다($\frac{상}{144}$). 이는 운송인의 보호를 위한 규정이다.

제 3 항   順次運送

[124] 제 1 序   說

Ⅰ. 의   의

오늘날 상거래의 범위가 확대되면서 장거리운송의 필요성이 증가하게 되었다. 그리하여 1인의 운송인이 단독으로 장거리운송을 실현한다는 것은 곤란하게 되어, 수인의 운송인이 시간적·공간적으로 연속하여 운송에 협력하는 관계가 생기게 되었는데 이러한 운송을 순차운송이라 한다.

2. 형   태

순차운송에 관한 법률형태에는 다음과 같은 종류가 있다.

(1) **부분운송**   동일한 운송물을 수인의 운송인이 각자 독립하여 각 **특정구간**의 운송을 인수하는 경우이다. 즉 운송구간마다 1개의 운송계약이 성립하며 운송계약 상호간에는 아무런 관계가 생기지 않는다. 그러므로 운송물이 제1의 운송인으로부터 제2 이하의 운송인에게 인계되려면 송하인이 직접 제2 이하의 운송인과 각 구간마다 별도의 운송계약을 체결하든가 제1의 운송인이나 기타의 자가 송하인의 대리인 또는 운송주선인으로서 제2 이하의 운송인과 운송계약을 체결하지 않으면 안 된다. 부분운송의 경우에 각 운송인은 자기가 인수한 구간의 운송에 대해서만 책임을 진다.

(2) **하수운송**   1인의 운송인이 **전구간**의 운송을 인수하고, 그 전부 또는 일부의 운송을 위하여 다른 운송인과 운송계약을 체결하는 것이다. 이 때에 제2의 운송인($\frac{하수운}{송인}$)은 제1의 운송인($\frac{원수운}{송인}$)의 이행보조자이며, 송하인과는

아무런 법률관계도 생기지 않는다.

　(3) 동일운송　　　수인의 운송인이 처음부터 **공동**으로 **전구간의 운송을**
인수하는 계약을 송하인과 체결하고 내부적으로 각자의 운송담당구간을 정하
는 것이다. 이 경우에도 운송계약은 하수운송의 경우와 마찬가지로 하나만이
성립되지만 수인의 운송인은 송하인에 대하여 연대책임을 진다.

　(4) 공동($^{연}_{대}$)운송　　　1) 수인의 운송인이 상호 연락관계를 가지고 있는
때에 송하인이 최초의 운송인에게 운송을 위탁함으로써 다른 운송인도 동시에
이용할 수 있는 운송이다. 이 경우에 각 운송인은 송하인을 위하여 하는 의사
로 운송을 인수한다. 일반적으로 1통의 통운송장(通運送狀)에 의하여 각 운송
인이 운송행위에 종사한다. 이 때에 중간에서의 운송물의 인수와 인도는 운송
인 상호간에 직접 하게 된다.

　2) 상법 제138조에서 규정하는 「수인이 순차로 운송할 경우」란 공동운송
을 뜻하는 것이다. 공동운송은 송하인과 제 1 운송인간에 하나의 운송계약에
의하여 전구간에 대한 운송의 인수가 가능하다는 점에서 하수운송이나 동일운
송과 같지만, 공동운송은 모든 운송인이 송하인과 계약관계가 성립되는 점에
서 하수운송과 다르고, 송하인은 제 1 의 운송인과 운송계약을 체결함으로써
통운송장에 의하여 제 2 이후의 운송인이 여기에 가입하게 되는 점에서 수인
의 운송인이 공동으로 직접 운송계약의 당사자가 되는 동일운송과 다르다.

　3) 상법 제138조는 해상에서의 순차운송에도 준용된다($^{상}_{812}$). 육상과 해상
에 걸쳐 이루어지는 순차운송에 대하여는 특별한 규정이 존재하지 않으나, 이
경우에도 상법 제138조를 **유추적용**할 수 있다고 할 것이다$\begin{bmatrix} 孫(주), 365; 徐(돈), 226; \\ 林(홍), 861; 蔡(이), 316 \end{bmatrix}$.

[125]　제2　順次運送人의　責任

　1) 수인이 순차로 운송할 경우($^{공동}_{운송}$)에는 각 운송인은 운송물의 멸실·훼손·
연착으로 인한 손해를 연대하여 배상할 책임이 있다($^{상}_{138\,\mathrm{I}}$). 즉 각 운송인은 손
해가 어떤 구간에서 발생하였든지 또는 누구의 고의나 과실에 의하여 생겼는
지를 불문하고 연대하여 손해배상책임을 진다.

　2) 연대책임은 송하인이 부담하는 손해발생구간에 대한 입증의 곤란을 면
하게 함으로써 송하인과 수하인을 보호하기 위한 것이다. 실제에 있어서는 운
송인의 책임을 각자의 운송담당구간으로 제한하는 **책임제한약관**이 이용되고

있어서 연대책임에 관한 규정이 적용될 여지는 없다.

3) 운송인 중에서 손해배상책임을 이행한 자는 그 손해의 원인이 된 행위를 한 운송인에 대하여 구상할 수 있다($\frac{상}{138\,\text{II}}$). 그러나 그 운송인을 알 수 없는 때에는 각 운송인은 그가 수령할 운임액의 비율로 손해를 분담한다($\frac{상}{138\,\text{III}}$). 그러나 그 손해가 자기의 운송구간 내에서 발생하지 아니하였음을 증명한 운송인은 손해의 분담책임을 지지 않는다($\frac{상\ 138}{\text{II}\ \text{단}}$).

　　부분운송의 경우는 각 운송구간마다 독립된 운송계약이 체결되어 운송계약간에는 아무런 관계가 없으므로 연대책임의 문제가 생기지 않고, 하수운송의 경우는 1인의 원수운송인만이 계약당사자로서 모든 책임을 지고, 동일운송의 경우는 수인의 운송인이 공동으로 당사자가 되어 상법 제57조 제1항에 의하여 연대책임을 지기 때문에, 부분운송과 하수운송 및 동일운송의 경우는 순차운송인의 책임에 관한 상법 제138조가 적용되지 않는다.

[126]　제 3　順次運送人의 代位

순차운송의 경우에 운송물을 다음의 운송인에게 인도한 운송인은 운임 및 기타의 채권의 행사를 위하여 필요한 운송물을 점유하고 있지 않기 때문에 유치권이나 운임청구권 등의 권리를 행사할 수 없게 된다. 그리하여 상법은 이런 경우에 후자인 운송인이 전자인 운송인에 갈음하여 그 권리를 행사할 의무가 있다고 하였다($\frac{상\ 147,}{117\ \text{I}}$). 그 결과 전자의 권리($\frac{운임 \cdot 비용 \cdot 체당금\ 등의\ 지급}{청구권,\ 손해배상청구권\ 등}$)를 수하인에 대하여 행사할 수 있는 권리가 인정된다. 즉 이 경우에 후자는 전자인 타인의 권리를 자기명의로 행사할 수 있는 권한을 갖는다고 할 수 있다. 그리고 후자인 운송인이 전자인 운송인에게 변제한 때에는 후자가 전자의 권리를 취득한다($\frac{상\ 147,}{117\ \text{II}}$). 이 대위에 관한 규정은 공동운송의 경우뿐만 아니라 모든 형태의 순차운송에 적용된다고 본다.

제 4 항　貨物相換證

[127]　제 1　序　　說

⑴ 의의·성질　　화물상환증은 운송인이 운송물의 수령을 증명하고 목

적지에서 증권소지인에게 운송물을 인도할 의무를 표창한 유가증권이다. 즉 화물상환증은 운송물의 인도청구권을 표창하는 유가증권이다. 화물상환증은 증권에 의하지 않고는 권리의 이전이나 행사를 할 수 없는 유가증권으로서 요식증권성($^{상}_{128 \, \text{II}}$)·문언증권성($^{상}_{131}$)·요인증권성($^{상}_{128 \, \text{I}}$)·법률상 지시증권성($^{상}_{130}$)·상환증권성($^{상}_{129}$)·처분증권성($^{상}_{132}$) 등의 성질이 있다.

(2) 효　용　　송하인은 이 증권에 의하여 운송 도중의 물건을 양도 또는 입질(入質)하여 금융의 편의를 도모할 수 있고, 또 수하인은 운송물이 도착하기 전에 전매할 수 있는 이익도 있다. 그러나 육상운송은 운송기간이 비교적 짧고 운송량·운송기관의 규모가 별로 크지 않기 때문에 화물상환증은 선하증권보다 이용도가 낮다.

(3) 화물상환증의 발행　　화물상환증은 송하인의 청구에 의하여 운송인이 발행한다($^{상}_{128 \, \text{I}}$). 화물상환증의 작성은 운송계약의 요건은 아니며 작성자는 원칙적으로 운송인이지만 그의 대리인으로 하여금 작성시켜도 무방하다. 화물상환증의 청구권자는 송하인이다. 송하인은 운송계약에 따라 청구권을 취득하는 것이므로 송하인 이외의 자는 운송물의 소유자라도 당연히 그 교부를 청구할 수 없다. 화물상환증의 발행시기에 관하여 명문의 규정은 없지만, 이 증권은 운송물의 수령도 증명하는 것이므로 운송인이 운송물을 수령한 후라고 할 것이다.

(4) 화물상환증의 형식　　화물상환증에는 법정사항을 기재하고 운송인이 기명날인 또는 서명하여야 한다($^{상}_{128 \, \text{II}}$). 그러므로 화물상환증은 요식증권(要式證券)이지만, 법정기재사항의 일부를 기재하지 않더라도 운송물의 동일성이 인정될 수 있고 운송물을 운송인이 수령하였다는 것과 목적지에서의 인도의무만 확인할 수 있으면 유효하다.

화물상환증의 임의적 기재사항에 대하여는 어음·手票의 경우와 같은 제한이 없다. 그러므로 강행법규나 화물상환증의 본질에 반하지 않는 한 어떠한 사항이라도 기재할 수 있다. 실제에 있어서는 화물상환증에는 운송약관이 상세히 기재되고 있어서 운송인과 증권소지인 간의 운송에 관한 법률관계를 결정하고 있다.

[128] 제 2 貨物相換證의 讓渡

화물상환증은 기명식으로 발행된 경우에도 법률상 당연한 지시증권($\substack{상 \\ 130}$)으로서 특히 배서금지의 기재가 없는 한 배서에 의하여 양도할 수 있다. 이 증권의 배서에도 어음과 같이 이전적 효력과 자격수여적 효력은 있지만($\substack{상 65; 민 \\ 508, 513}$), 운송인의 채무의 이행을 담보하는 담보적 효력은 없다. 왜냐하면 화물상환증은 단순한 금전채권과 같이 정형화하는 데 적합하지 않기 때문이다.

화물상환증을 무기명식·지명소지인출급식 또는 백지식으로 발행한 때에는 이전의 합의와 증권의 교부로써 양도할 수 있다.

[129] 제 3 貨物相換證의 效力

화물상환증은 운송물인도청구권을 표창하는 채권적 유가증권이다. 또한 상법은 화물상환증의 효용을 높이기 위하여 증권이 운송물 자체를 대표하는 관계를 인정하여, 증권의 인도에는 운송물 그 자체를 인도하는 것과 동일한 물권적 효력이 인정되고 있다($\substack{상 \\ 133}$).

I. 채권적 효력

(1) 화물상환증은 유통을 목적으로 발행되므로 보통 운송계약의 당사자 이외에 수하인이나 제3자에게 교부된다. 이 때에 제3자는 증권에 기재된 내용 이외의 운송계약의 내용은 알지 못하기 때문에 증권의 채권적 효력을 인정하고 있다. 그리하여 화물상환증이 작성된 때에 운송에 관한 사항은 운송인과 증권소지인 사이에는 운송계약과 관계 없이 화물상환증의 기재를 중심으로 결정한다($\substack{상 \\ 131}$). 이와 같이 운송인과 증권소지인 간의 채권적 관계에 관한 효력을 화물상환증의 채권적 효력이라고 한다.

(2) 화물상환증은 운송계약과 운송물의 수령을 원인으로 하여 발행된다는 점에서 원인관계와 분리된 어음·수표와 다르다. 즉 화물상환증은 요인증권으로서 증권상의 권리가 원인관계의 유무나, 원인관계의 유효·무효에 의하여 영향을 받는 증권이다.

(3) 그리하여 운송인이 운송물을 수령한 사실이 없이 화물상환증을 발행한 경우($\substack{空 \\ 券}$)와, 수령한 운송물과 증권에 기재된 운송물이 다를 때에 문언증권성

(文言證券性)과 요인증권성(要因證券性)의 충돌을 어떻게 해결할 것인가의 문제가 따른다.

1) 요인증권성을 강조하는 설　　　(가) 이에 의하면 화물상환증은 요인증권이고, 문언증권성의 근거가 되는 「운송에 관한 사항」($^{\text{상}}_{131}$)이라 함은 운임의 기재와 같은 본질적이 아닌 사항을 의미한다는 것이다. 그러므로 운송물의 수령 없이 발행한 화물상환증은 원인 없는 증권으로서 당연히 **무효이므로**[$^{\text{大 82. 9. 14,}}_{\text{80 다 1325}}$ (선하증권에 관한 판결)] 운송물의 인도의무가 있을 수 없으며, 운송물이 증권에 기재된 물건과 다를 때에는 수령한 운송물을 인도하면 된다고 한다. 이 경우에 증권소지인은 부실기재를 한 운송인에 대하여 불법행위책임을 추궁함으로써 보호될 수 있다고 한다.

(나) 이에 의하면 화물상환증의 문언은 추정적 효력밖에 없게 되어 거래의 안전을 해하게 된다. 물론 이 견해에서는 불법행위에 의한 손해배상청구가 가능하다고 하지만, 이 경우에 증권소지인은 운송인의 고의 또는 과실을 입증하여야 될 것이므로 증권소지인을 충분히 보호할 수 없게 된다.

　　판례에는 화물상환증에 대한 것은 없지만, 선하증권에 관해 요인증권성을 강조하고 있다. 즉 「운송물의 인도청구권은 운송인이 송하인으로부터 실제로 받은 운송물, 즉 특정물에 대한 것이고 따라서 운송물을 수령 또는 선적하지 않았음에도 불구하고 선하증권이 발행된 경우에는 그 선하증권은 원인과 요건을 구비하지 못하여 목적물의 흠결이 있는 것으로서 이는 누구에 대하여도 무효라고 봄이 상당하다」고 하였다[$^{\text{大 82. 9. 14,}}_{\text{80 다 1325}}$].

2) 문언증권성을 강조하는 설　　　(가) 화물상환증이 발행되면 증권상의 권리는 운송계약으로부터 독립하여 성립되므로 운송인은 증권에 기재된 문언에 따라 책임을 진다는 것이다. 즉 이에 의하면 화물상환증의 요인증권성이란 증권상에 원인관계의 기재가 필요하다는 것을 의미할 뿐이고 화물상환증은 선의의 증권소지인에 대하여 증권 외의 사실로써 대항할 수 없는 증권이다.

(나) 운송인이 증권에 기재된 운송물의 인도를 할 수 없을 때와 운송물이 증권의 기재와 다른 때에는 운송물이 멸실된 경우에 준하여 **채무불이행**에 의한 손해배상책임을 진다고 한다. 즉 운송인과 증권소지인 간의 운송에 관한 법률관계는 증권의 유통을 보호하기 위하여 금반언의 원리에 따라 증권상의 기재를 기준으로 정하여야 할 것이다[동: 徐(돈), 231~232; 孫(주), 373; 金(용), 193; 李(기), 274; 李(철), 477]. 그러므로 운송인과 송하인 사이의 증권 외의 특약은 증권소지인에 대하여 그 효력이 없다.

㈐ 증권의 기재가 사실과 다르다는 것을 알고 취득한 악의의 취득자에 대하여는 운송인이 그 사실을 입증하고 책임을 면할 수 있으며, 또한 운송인은 증권소지인에 대하여 증권의 작성행위 자체에 관한 하자(예: 사기·착오·강박)와 증권의 성질로부터 생기는 사유(예: 불가항력에 의한 운송물의 멸실 또는 훼손)와, 그 소지인에게 대항할 수 있는 사유(인적항변)로써 항변권을 행사할 수 있다.

㈑ 그리고 문언적 효력은 운송인과 증권소지인 사이의 법률관계에만 적용되며 운송인과 송하인 사이의 법률관계는 운송계약을 기준으로 한다. 송하인과 증권소지인이 동일인인 경우도 같다. 화물상환증의 채권적 효력은 증권소지인을 위하여 인정되는 것이므로 운송인은 증권의 기재를 자기를 위하여 유리하게 원용할 수 없다.

3) 절 충 설   화물상환증의 요인성과 문언성을 이론적으로 조화시키려는 여러 가지의 입장이 존재한다.

㈎ 운송물의 전부 혹은 대부분이 존재하지 않는 경우에는 계약의 목적이 없는 것이라고 하여 화물상환증은 무효가 된다고 하고, 기타 운송물의 대부분을 수령한 경우에는 채무불이행이 된다고 한다. 또한 운송 도중에 운송물이 멸실된 때에는 그 화물상환증이 무효가 되는 것이 아니라 운송인에 대한 손해배상청구권을 표창하는 유가증권이 된다고 한다[蔡(이), 290]. 그러나 이 견해는 증권이 무효가 되는 운송물의 대부분이 존재하지 않는 경우와 채무불이행이 되는 운송물의 대부분을 수령한 경우와의 한계가 모호하고, 화물상환증이란 운송물의 인도청구권을 표창하는 증권이므로 손해배상청구권을 표창하는 유가증권은 있을 수 없다는 점에서 해석상 문제가 있다고 본다.

㈏ 운송인이 공권(空券)이나 운송물이 상이(相異)한 화물상환증을 발행한 때에는 증권의 문언증권성을 중시하여 계약체결상의 과실(culpa in contra-hendo)의 이론에 따라 책임을 진다고 하면서, 결론에 있어서는 문언성을 강조하는 견해와 같게 된다는 입장도 있다[孫(주), 372~373].

㈐ 화물상환증의 요인증권성과 문언증권성은 서로 배척하는 개념이 아니고 그 적용면이 다를 뿐이라고 하면서, 요인증권성은 화물상환증의 작성의 면에서 실질관계를 고려하여 인정하는 것이고, 문언증권성은 그 유통의 면에서 선의취득자의 보호를 고려하여 인정한 것이라는 견해가 유력하다[鄭(희), 231; 姜(위), 425; 鄭(동), 557~558; 張敬煥, 「고시계」, 93. 8. 59]. 이 견해에 의하면 공권이나 운송물 상이의 경우에는 그 문언에 상응하는 원인관계가 없는 한 화물상환증은 무효가 되지만, 선의취득자에 대

해서는 운송인은 금반언칙(禁反言則)에 의하여 문언에 따라 이행책임을 진다고 한다. 이 견해는 역시 금반언칙에 근거가 있는 문언증권성을 중시하는 견해와 근본적으로 차이가 없다고 본다[동: 鄭(찬), 336].

2. 물권적 효력

(1) 의　　의　　1) 화물상환증에 의하여 운송물을 받을 수 있는 자(예: 지시식일 때에는 연속된 배서의 최후의 피배서인, 선택무기명식인 때에는 그 소지인)에게 화물상환증을 교부한 때에는 운송물을 인도한 것과 동일한 효력이 있다(상133). 이것을 화물상환증의 **물권적 효력**(Traditionswirkung)이라 한다. 즉 운송물의 매매 또는 입질을 위하여 증권을 교부한 때에는 운송물을 현실로 인도한 것과 동일한 효력이 있고, 증권의 취득자는 운송물에 대한 소유권 또는 질권을 취득하게 된다.

2) 그리하여 화물상환증은 인도증권 또는 물권적 유가증권이라고도 한다. 물권적 효력은 운송물의 인도청구권을 갖는 자가 누구인가 하는 권리귀속에 관한 문제이고 채권적 효력은 인도청구권의 내용에 관한 문제라는 점이 다르다.

(2) **물권적 효력의 법률구성**　　화물상환증의 물권적 효력과 민법의 점유이전의 이론과의 관계에 관한 법률구성에 대하여는 다음과 같은 견해의 대립이 있다.

1) 절 대 설　　화물상환증의 인도는 운송인에 의한 운송물의 점유와는 관계 없이 운송물의 점유를 절대적으로 이전시킨다고 한다[車(낙), 227; 朴(원), 193]. 즉 증권의 인도는 민법상의 점유의 이전방법(민190) 이외에 상법이 특별히 인정한 점유의 이전방법으로서, **증권의 인도**를 운송물의 절대적 점유권취득의 원인으로 본다. 그 결과 양도인이 직접 또는 간접점유를 이전함이 없이 양수인의 점유취득이 인정된다고 한다.

2) **엄격상대설**　　운송물의 점유는 운송인이 하고 있으므로 증권의 인도는 운송물의 간접점유를 이전하기 위한 것이고, 간접점유의 이전에는 별도로 **민법상의 이전절차**(민190)가 필요하다고 한다. 즉 증권의 배서에 의한 양도는 양도인이 제 3 자에 대한 반환청구권을 양수인에게 양도하는 것으로서(민190), 상법 제133조는 특별하거나 새로운 규정이 아니라고 한다. 이에 의하면 복잡한 법률구성에 관한 설명을 피할 수는 있으나 결과적으로는 화물상환증의 물권적 효력을 부인하는 것이 된다.

판례의 입장은 명확하지 않으나 다음과 같은 판결의 요지에 의하면 엄격상대설의 입장으로 보인다. 즉 판례는 「수출자가 선하증권을 첨부한 환어음을 발행하여 국내거래은행으로부터 할인을 받거나 또는 추심위임을 하고, 그 국내은행이 신용장개설은행에 추심하는 방법에 의하여 수출대금이 결제되는 방식의 무역거래에 있어서는 다른 특별한 사정이 없는 한, 수입자가 그 수출대금을 결제할 때까지는 선하증권에 의하여 표창된 운송중인 수출품이 위 화환어음의 담보가 되는 것이며, 수출자가 선하증권을 대신하여 신용장발행은행을 화물수취인으로 한 운송주선업자의 화물수취증을 첨부하여 환어음을 발행한 경우에는 신용장발행은행이 운송목적지에서 수출품의 반환청구권을 가지게 되고, 수입자가 신용장발행은행에 수출대금을 결제하고 그로부터 이러한 반환청구권을 양수받지 않는 한 수출품을 인도받을 수 없게 된다」고 한 바 있다[大 84. 9. 11,／83 다카 1661].

3) 대 표 설   이에 의하면 화물상환증은 운송인이 운송물을 직접 점유한다는 것을 전제로 하여 운송물을 대표하는 것이므로, 민법의 규정에 따라 증권의 인도는 증권에 표창된 운송물의 **반환청구권**과 운송물의 **간접점유**를 이전시킨다는 것이다[동: 徐(돈), 288~289; 孫(주), 379; 金(용), 195; 李・崔, 202;／梁・朴, 155; 姜(위), 430; 林(홍), 883; 鄭(찬), 340~341]. 그러나 간접점유의 이전을 위하여 특별히 민법 제190조의 절차가 필요하지 않다는 점에서 엄격상대설과 다르다. 그리고 이 견해는 운송인이 도난 등으로 일시 운송물의 점유를 상실한 경우에도 운송인이 **점유회수소권**(占有回收訴權)을 갖는 한 증권의 소지가 간접점유를 대표한다고 하여 증권인도의 물권적 효력을 인정한다.

4) 수정상대설   이는 유가증권적 효력설이라고도 하는데, 우리 나라에서는 이를 **절충설**이라고 한다[李(기), 481;／鄭(동), 567]. 이 견해에 의하면 제 3 자가 점유하고 있는 동산에 관한 물권을 양도하는 경우에는 양도인이 그 제 3 자에 대한 반환청구권을 양수인에게 양도함으로써 동산을 인도한 것으로 본다는 민법 제190조와의 관계에서 볼 때, 증권의 물권적 효력에 관한 상법의 규정(상 133,／820, 157)은 원칙적으로 특별한 효력을 인정하고 있는 것은 아니라고 한다. 즉 이 견해는 화물상환증에 관한 상법의 규정은 무권리자로부터의 선의취득의 가능성을 확대하고 운송중이거나 임치중에 있는 물건에 대한 질권의 설정을 용이하게 하기 위한 것이라고 하면서, 엄격상대설에서 주장하는 바와 같이 물건을 제 3 자가 점유하고 있는 때에는 그 반환청구권의 양도(민／190)가 필요하다고 한다. 이 점이 증권을 양도하면 물건의 직접점유의 이전이 의제된다고 하는 절대설과 다르고, 증권을 양도하면 물건의 간접점유를 이전시킨다는 대표설과도 다르다.

5) **물권적 효력 부정설**   이 견해는 증권과 운송물은 그 존재의 공간을

달리한다는 이유로 화물상환증 등의 물권적 효력을 인정하지 않는다. 즉 증권
의 물권적 효력은 채권적 효력의 반사적 효과에 불과하거나 증권의 양도로 인
하여 발생하는 채권적 효력이 동산물권변동의 한 방법인 목적물반환청구권의
양도방법으로 이용된 결과에 지나지 않는다고 한다[蔡(이),294]. 그러나 이에 의하
면 상법 제133조를 법정한 근거를 찾을 수 없게 된다는 문제가 있다.

　　6) 각 학설의 검토　　　(가) 위의 학설 중에서 절대설에 의하면 증권의 취
득자가 운송인이 운송물을 직접점유하고 있는가 하는 것을 조사하지 않고 거
래를 할 수 있으므로 증권소지인에게 유리하기 때문에 증권의 원활한 유통을
강화할 수 있다고 한다. 그러나 이 견해에 의하면 운송물이 도난·분실된 이후
에 제 3 자가 운송물을 선의취득한 경우와 운송인이 운송물의 수령 없이 증권
을 발행한 공권의 경우 및 운송물이 멸실된 경우, 그리고 운송물이 증권에 기
재된 물건과 상이한 경우 등에는, 증권의 취득만으로는 운송물의 점유취득이
불가능하게 되어 증권의 물권적 효력을 인정할 수 없게 된다.

　　(나) 이는 대표설에 의하는 경우도 다를 바 없고, 또한 수정상대설(유가증권적 효력설)
에 의하더라도 마찬가지이다. 다만 수정상대설에 동조하면서, 운송인에 의한
직접점유시 증권소지인을 위한 점유매개의사가 있는 타주점유(他主占有)의 경
우뿐만 아니라 횡령 등으로 인한 자주점유(自主占有)의 경우에도 증권소지인
이 물권을 취득할 수 있어서 이 설이 보다 합리적인 입장이라고 하는 견해가
있다[李(기), 277; 鄭(동), 568]. 그러나 통설인 대표설에서는 운송인의 직접점유를 전제로 한
다고 하고 있을 뿐, 자주점유가 제외된다고 하는 학자는 존재하지 않는다는 점
에 유의하여야 한다[동: 孫(주),378 참조]. 이러한 점에서 볼 때 수정상대설은 우리 나라에
있어서 특별한 의미를 갖지 못한다고 할 것이다. 또한 이 설은 물권변동에
관하여 형식주의를 취하고 있는 우리 나라에서는 문제가 있다는 입장도 있다
[鄭(찬),341].

　　(다) 절대설이나 수정상대설 중 어떠한 설에 의하든 공권이나 운송물의 멸
실·상이의 경우, 해석에 따라 다소의 차이가 있을 수는 있지만 증권의 물권적
효력은 인정되지 않는다고 할 것이다. 그리하여 증권소지인은 증권의 채권적
효력에 의하여 보호받을 수밖에 없게 된다. 엄격상대설도 결국 화물상환증의
물권적 효력을 부정하는 결과가 되어 상법 제133조를 사문화시키게 되므로 타
당하지 못하다.

　　(라) 절대설과 대표설은 그 결과에 있어서 커다란 차이는 없다. 그러나 증

권과 운송물의 관련성을 가능한 한 유지시킨다는 것을 전제로 하는 이론구성에 있어서 증권의 인도를 운송물의 절대적 점유취득의 원인으로 보는 절대설보다는, 증권의 인도만으로 타주점유인가 자주점유인가와 관계 없이 운송인이 운송물을 직접 점유한다는 것을 전제로 하여 민법상의 간접점유의 이전방법에 의하지 않고 운송물에 대한 간접점유의 이전을 인정하는 우리 나라의 통설인 대표설이 비교적 타당하다고 본다.

(3) 효 과　화물상환증은 위와 같이 물권적 효력이 있으므로 화물상환증이 발행된 경우는 운송물에 관한 물권적 처분은 이 증권으로 하여야 한다($\frac{상}{132}$). 또한 수하인도 증권과 상환함이 없이는 운송물의 인도를 청구할 수 없으며($\frac{상}{129}$), 증권을 소지하지 않고 운송인에 대한 지시($\frac{운송의 중지·운송물의}{반환 기타의 처분 등}$)를 할 수 없다($\frac{상}{139}$). 이들 규정은 증권의 정당한 소지인의 보호를 위하여 처분권한을 제한한 데 불과하므로 운송물을 직접 선의취득한 자가 있거나 운송물이 멸실한 때에는, 화물상환증의 선의취득자는 물권적 효력이 없는 증권을 취득한 것이 되어 물권은 취득하지 못하고 채권적 효력에 의하여 운송인에 대하여 손해배상청구권이 있을 뿐이다.

[事例演習]

◇ 사 례 ◇

甲은 乙로부터 pentium 컴퓨터 100대를 구입하였다. 丙 운송주식회사는 乙로부터 그 운송을 위탁받아 pentium이라고 기재된 화물상환증을 발행하였다. 甲은 화물상환증에 의해 컴퓨터 100대를 인도받았지만, 상자 속의 컴퓨터는 486DX 구형 컴퓨터였다. 이 경우 甲은 丙에 대해 어떤 청구를 할 수 있는가.

해 설　486DX 컴퓨터밖에 인도받지 않았는데도 pentium 컴퓨터라고 기재된 화물상환증을 발행한 운송인 丙이 증권소지인 甲에 대해 어떠한 책임을 지는가 하는 것은 화물상환증의 요인증권성과 문언증권성을 어떻게 해석하는가에 따라 달라지게 된다. 요인증권성을 강조하는 견해에 의하면 본 사례의 경우에 수하인 甲은 운송인 丙에 대해 불법행위책임을 추궁할 수 있을 뿐이다. 반면에 문언증권성을 강조하는 견해에 의하면 이 경우 증권에 기재된 대로 pentium의 인도의무를 진다. 만약 인도가 불가능한 경우에는 수하인 甲은 운송인 丙에 대해 채무불이행책임을 추궁할 수 있다. 절충설에 의하면 운송물의 상이의 경우에 운송물 전부의 부존재·취득자의 악의와 같은 특별한 사정이 없는 한 수하인 甲은 운송인 丙에 대해 채무불이행 책임을 추궁할 수 있다.

제 6 절   旅客運送

[130] 제 1 序   說

여객운송이란 자동차·철도·선박·항공기 등에 의하여 자연인을 일정한 장소에서 다른 장소로 운반하는 것을 말한다. 그러나 육상여객운송이라고 할 때에는 육상 또는 호천이나 항만에서의 여객의 운송을 의미한다. 여객운송에 관하여 상법은 간단한 규정만을 두고 있으므로 민·상법의 일반원칙과 약관에 의하는 것 외에, 철도와 자동차 등에 대하여는 철도법·철도운송규정·여객자동차운수사업법 등의 특별규정이 있다.

[131] 제 2 旅客運送契約

(1) 계약의 당사자   여객운송계약의 당사자는 운송인과 여객 자신인 경우가 많지만 여객과 계약의 당사자가 다른 경우도 있다.

(2) 계약의 성립   여객운송계약은 여객의 청약에 대하여 운송인이 승낙함으로써 성립한다. 계약체결의 방식은 자유이지만 보통 **승차권**이 이용된다. 그렇다고 승차권의 발행이 계약의 성립요건은 아니다. 보통 여객운송계약은 승차권발매시에 성립하지만 승차한 다음에 승차권을 매수하는 때에는 계약은 승차와 동시에 성립한다. 여객운송계약의 성질은 **도급계약**이다.

(3) 승 차 권

1) 의   의   승차권은 여객운송인이 집단적인 여객운송의 편의를 도모하기 위하여 여객에게 발행하는 증권이다.

2) 법적 성질

㈎ 무기명식 승차권   무기명식의 승차권은 여객이 이를 구입한 때에

운송계약이 성립하고 특약이 없으면 자유로이 양도할 수 있는 운송채권을 표창하는 유가증권이지만, 개찰한 다음에는 특정한 여객에 대하여만 운송채무를 부담하므로 양도할 수 없는 **증거증권**에 불과하다[동: 孫(주), 380; 林(홍), 886; 蔡(이), 302~303]. 이와는 달리 개찰 후에도 승차권은 유가증권성을 상실하지 않는다는 견해가 있으나[李(기), 283; 鄭(찬), 347], 개찰 후에는 양도할 수 없는 증권으로 변한다고 하면서 유가증권이라고 하는 것은 의문이다.

(나) **기명식 정기승차권**   이는 기한부로 특정구간의 운송계약을 포괄적으로 체결한 것으로서 양도성이 없고 운송계약상의 권리를 증명하는 **증거증권**이다. 이 승차권도 유가증권이라는 견해도 있으나[鄭(동), 374; 鄭(찬), 347], 역시 양도성이 없는 증권을 유가증권이라고 하는 것은 의문이다.

(다) **무기명식 회수승차권**   이는 운송청구권을 표창하는 유가증권이라는 견해도 있으나[李(범), 244; 李(기), 282; 鄭(동), 344], 이것은 장래에 운송업자와 공중간에 성립할 운송계약을 예상하고 발행한 것으로 **운임의 선급**을 증명하는 단순한 **표권**(票券)이며 유가증권이 아니다[大 60.2.18, 4291 민상 906][동: 徐(돈), 235; 鄭(희), 243; 孫(주), 380; 蔡(이), 303]. 그러므로 무기명식 회수승차권을 발매한 후 운임을 인상한 경우에도 그 승차권의 소지인은 개정요금을 추가로 지급하고 운송을 요구할 수 있다.

[132] 제3 旅客運送人의 責任

I. 총   설

여객운송인은 운송계약에 따라 여객을 안전하게 목적지에 운송하기 위하여 선량한 관리자의 주의를 하여야 할 의무가 있다. 그러나 구체적인 의무의 내용은 운송의 방법 및 성질에 따라 다르며, 특히 개개의 운송수단과 방법에 따라 약관이 발달하고 또 특별법령이 있으므로 이들에 의하여 결정된다. 여기서는 상법상의 여객운송인의 책임에 관하여 설명한다.

2. 여객의 손해에 대한 책임

(1) **책임의 발생원인**   여객운송인은 자기 또는 사용인이 운송에 관한 주의를 해태하지 않았음을 증명하지 않으면 여객이 운송으로 인하여 받은 손해를 배상할 책임을 면하지 못한다(상 148 I)[大 70.9.22, 70 다 1850; 大 79.11.27, 79 다 628]. 이것은 여객운송인의 채무불이행으로 인한 손해배상책임으로서 운송주선인·물건운송인의 책

임과 같다. 여객운송인은 자기의 과실뿐만 아니라 사용인의 과실에 대하여도
그 책임을 진다. 즉 여객운송인은 자기와 사용인의 무과실을 입증하지 않는 한
책임을 면하지 못한다. 주의의 해태는 운송행위뿐만 아니라 설비에 관하여 주
의를 해태한 경우를 포함한다.

(2) 손해의 범위   여객이 받은 손해는 생명·신체는 물론이고 피복의
손상과 연착에 대한 손해뿐만 아니라 상실된 장래의 기대이익(期待利益)도 포
함된다. 또한 여객은 정신적 손해의 배상으로서 위자료를 청구할 수 있다. 그
러나 여객운송계약의 당사자가 아닌 자는 위자료를 청구할 수 없다.

> 판례에는 「객차의 승강구에 매달려 가다가 제동장치조작에 의한 진동으로 승
> 객이 추락 사망한 경우 그 망인의 부모는 그로 인하여 정신적 고통을 받았다 하
> 더라도 여객운송계약의 불이행을 이유로 하여 위자료를 청구할 수 없다」고 한 것
> [大 74. 11. 12,
> 74 다 997]과, 「승객이 객차의 승강구에서 추락 사망한 경우 승객 아닌 그 망인의
> 처, 자녀들은 그로 인하여 정신적 고통을 받았다 하더라고 상법 제148조 제 1 항에
> 의하여 여객운송자에게 손해배상책임이 있음을 이유로 그들의 위자료를 청구할 수
> 없다」고 한 것이 있다[大 82. 7. 13,
> 82 다카 278].

(3) 배상액의 산정   상법은 여객운송으로 인한 배상액을 정함에 있어
서 법원은 피해자와 그 가족의 정상을 참작하여야 한다($_{148}^{상}$Ⅱ)고 함으로써 민
법의 일반원칙($_{393}^{민}$Ⅱ)에 대한 예외를 인정하고 있다. 이는 배상액이 정형화된
물건운송의 경우($_{137}^{상}$)와도 다르다. 배상액은 피해자의 직업, 생활정도, 가족의
수 및 의존관계 등을 고려하여 산정하여야 한다. 즉 배상액을 개별화하고 있
다. 그러나 이 규정은 피복의 손상이나 연착에 의한 손해에는 적용되지 않는다
[동: 姜(위), 440;
鄭(동), 577]. 즉 사상에 의한 손해의 경우에만 적용된다.

(4) 손해배상청구권의 승계   손해배상은 피해자가 사망하였을 때에는
상속인이 이를 청구할 수 있다. 피해자의 위자료청구권도 포기의 의사표시가
없는 한 상속인이 청구할 수 있다[동: 鄭(희), 244; 孫(주),
382; 林(홍), 892].

(5) 책임의 소멸시효   여객의 손해에 대한 운송인의 책임은 상사시효
의 일반원칙에 따라 5년의 소멸시효의 완성으로 소멸한다.

3. 수하물에 대한 책임

수하물이란 여객이 휴대하는 물건으로서 여행에 필요한 필수품 또는 사용
품에 한하지 않고, 일정한 양의 휴대가 허용되는 때에는 상품도 포함한다. 운

송인의 수하물에 대한 책임은 여객이 수하물을 운송인에게 맡긴 경우와 여객이 직접 휴대하는 경우가 다르다.

(1) 탁송수하물　　1) 운송인은 여객으로부터 인도를 받은 수하물에 관하여는 운임을 받지 아니한 경우에도 **물건운송인과 동일한 책임이 있다**($^{상}_{149 \text{ I}}$). 왜냐하면 이것은 여객운송계약에 종속하는 채무로서 수하물의 인도를 받아 운송하는 것이고, 그 운송관계의 실질이 물건운송과 같고 여객운송운임에는 수하물운송의 대가도 포함된 것으로 볼 수 있기 때문이다. 그러므로 손해배상액에 관하여는 상법 제136조와 제137조가 적용된다.

2) 여객운송인은 수하물이 도착지에 도착한 날로부터 10일 내에 여객이 그 인도를 청구하지 않는 때에는 상사매매의 규정($^{상}_{67}$)에 따라 수하물을 공탁 또는 경매할 수 있는데, 주소 또는 거소를 알지 못하는 여객에 대하여는 최고와 통지를 하지 않고도 할 수 있다($^{상}_{149 \text{ II}}$).

(2) 휴대수하물　　여객운송인은 여객으로부터 인도받지 않은 수하물의 멸실 또는 훼손에 대하여는 자기 또는 사용인의 과실이 없으면 손해를 배상할 책임이 없다($^{상}_{150}$). 운송인은 과실이 있는 경우에 책임을 진다는 점은 탁송수하물의 경우와 같지만 이 경우는 운송인 또는 사용인의 과실을 여객이 입증하여야 하는 점이 다르다. 수하물을 여객 자신이 직접 보관하고 있으므로 그 책임을 경감한 것이다. 배상액은 탁송수하물과 동일하게 정하고 민법의 원칙에 의하지 않는다$\begin{bmatrix} 동: 鄭(희), 245; 孫(주), 384; \\ 林(홍), 474; 鄭(동), 579 \end{bmatrix}$.

[133]　제 4　旅客運送人의 權利

(1) 운임청구권　　여객운송인은 여객에 대하여 보수청구권이 있다($^{상}_{61}$). 그러나 여객운송계약도 도급계약이므로 운송인은 운송이 종료된 때에 운임청구권이 있지만($^{민}_{665}$), 실제에 있어서는 약관 또는 상관습에 의하여 승차권을 발행하여 승차시나 승차 후 지체없이 승차권을 교부하는 방법으로 운임을 지급한다.

(2) 유 치 권　　여객운송인은 수하물과 여객의 운임에 대하여 수하물에 대한 유치권이 인정된다($^{상 \ 147,}_{120 \text{ 유추}}$)$\begin{bmatrix} 동: 孫(주), 384; \\ 鄭(동), 579 \end{bmatrix}$. 이와는 달리 여객운송인의 유치권에 대하여는 물건운송인의 유치권에 관한 규정을 유추적용하는 것보다 민법상의 유치권에 관한 규정을 적용하여야 한다는 견해가 있다$\begin{bmatrix} 姜(위), 443; \\ 林(홍), 897 \end{bmatrix}$.

그러나 여객운송인은 탁송수하물에 대하여는 물건운송인과 동일한 책임을 진다는 점($_{149~1}^{상}$)에 비추어 물건운송인의 유치권에 관한 규정을 유추적용하는 것이 타당하다고 본다.

제 7 절   公衆接客業

[134] 제 1 序   說

(1) 의   의   공중접객업이란 객의 집래를 위한 시설에 의한 거래를 영업으로 하는 것을 말하고, 이러한 행위를 영업으로 하는 자를 공중접객업자라 한다($_{151}^{상}$). 「객(客)의 집래를 위한 시설」이란 공중이 집래하여 이용하기에 적합한 물적·인적 시설을 말하며, 여기에는 극장·여관·음식점 이외에 이발관·미장원·다방·당구장·목욕탕 등이 있다. 공중접객업에 있어서 공통된 점은 그들의 시설에 다수의 客이 출입하며 상당한 시간을 체류하면서 시설을 이용한다는 것이다.

> 판례는 「단순히 다류나 우유 기타의 음료수를 판매하는 시설을 갖추고 이를 판매하는 것만으로는 다방영업을 하였다고 할 수 없으며, 이러한 판매시설 이외에 고객들이 위 다류 등을 마시면서 휴식을 취할 수 있는 객석을 갖춘 경우에 한하여 다방영업을 하였다고 할 수 있다」고 하였다[大92. 10. 9, 92 도 361].

(2) 계약의 법적 성질   공중접객업자와 객 사이에 이루어지는 계약의 법적 성질은 공중접객업자의 영업의 종류에 따라 다르다고 할 것이다. 즉 이용업이나 미용업은 도급계약이라고 할 수 있고, 숙박업이나 다방 등의 경우는 임대차·매매·노무의 제공이거나, 기타 이의 혼합계약이라고 할 수 있을 것이다.

[135] 제 2 公衆接客業者의 責任

I. 임치를 받은 물건에 대한 책임

(1) 책임의 가중   공중접객업자는 객으로부터 임치를 받은 물건의 멸실 또는 훼손에 대하여 불가항력으로 인함을 증명하지 아니하면 그 손해를 배

상할 책임을 면하지 못한다($_{152}^{상}$Ⅰ). 이 규정은 공중접객업의 신용을 유지하고 객의 이익을 보호하기 위하여 로마법 이래의 「레셉툼」(Receptum) 책임을 계승한 것으로서, 물건의 수령사실만으로 그 물건의 손해에 대하여 법률상 당연히 책임을 져야 하는 **결과책임**을 인정한 것이다. 즉 상인이 그의 영업 범위 내에서 임치를 받은 경우($_{62}^{상}$)에 비하여 책임이 가중되고 있다. 그 이유는 공중접객업의 경우에는 객이 그들의 소지품을 스스로 관리할 수 없는 경우가 많다는 점을 고려한 때문이라고 할 수 있다.

1) **불가항력의 의의**   이에 관하여는 다음과 같은 학설이 있다.

㈎ **주 관 설**   사업의 성질에 따라 최선의 주의를 다하더라도 피할 수 없는 위해라고 한다[$_{276}^{鄭(무)}$]. 이것은 결국 무과실과 다를 바 없게 된다.

㈏ **객 관 설**   특정사업의 외부로부터 발생한 사건으로 그 발생을 예측힐 수 없는 위해라고 한다. 이에 의하면 그 발생은 예측할 수 있으나 방지가 불가능한 경우에도 책임을 지게 된다.

㈐ **절 충 설**   두 가지 학설을 절충하여 특정사업의 외부에서 발생한 사건으로 보통 필요하다고 생각되는 모든 예방수단을 다하더라도 이를 방지할 수 없었을 위해라고 한다. 이 견해가 **통설**로서 타당하다. 절충설에 의하면 공중접객업자는 객으로부터 임치를 받은 물건에 대하여 임치물의 성질 또는 「객」의 과실에 의하여 멸실 또는 훼손되었다는 것을 증명하거나 그 손해가 외부로부터 발생한 예방이 불가능한 사건에 의하여 발생하였다는 것을 입증하여야 한다.

2) **「객」의 범위**   「객」이란 공중접객업자의 시설을 이용하는 자와 이용을 위하여 대기중인 자를 말하는 것으로서 공중접객업자와 이용계약을 맺고 있는 자뿐만 아니라 실질적으로 객으로 대우를 받는 자를 포함한다. 즉 반드시 이용계약을 체결한 자를 말하는 것은 아니다. 그러므로 객의 동반자인 가족이나 수행원은 객에 포함된다.

(2) **책임의 감면**   임치를 받은 물건에 대한 책임규정은 강행법규가 아니므로 당사자간의 **특약**에 의하여 감면할 수 있다. 그러나 객의 휴대품에 대하여 책임이 없다는 것을 게시한 것만으로는 그 책임을 면할 수 없다($_{152}^{상}$Ⅲ).

2. 임치를 받지 않은 물건에 대한 책임

⑴ **책임의 경감**   공중접객업자는 객으로부터 특별히 임치를 받지 아

니한 물건이라도 객이 시설 내에 휴대한 물건이 공중접객업자 또는 그 사용인의 과실에 의하여 멸실 또는 훼손된 경우에는 그 손해를 배상할 책임이 있다 ($^{상}_{152\,\mathrm{II}}$). 여객운송의 경우에 휴대수하물에 대한 운송인의 책임($^{상}_{150}$)과 마찬가지로 임치를 받지 아니한 물건에 대한 공중접객업자의 책임을 경감하고 있다.

(2) 책임의 요건

(가) 과실책임　　「과실」이란 부주의를 뜻하며, 부주의는 선량한 관리자의 주의를 다하지 못한 것을 말한다. 과실에 대한 **입증책임**은 객에게 있다. 이 점이 임치를 받은 경우에 공중접객업자가 불가항력에 대한 입증책임을 지는 것과 다르다.

(나) 사용인의 범위　　「사용인」이란 법률상 고용관계의 유무와는 관계가 없고 사실상 사용된 자이면 족하고 가족도 될 수 있다.

(3) 책임의 감면　　이상의 책임을 특약으로 감면할 수 있는 것은 임치를 받은 경우와 같다. 그러나 단순히 휴대물에 대하여 책임을 지지 않는다는 게시만으로는 그 책임을 면하지 못한다($^{상}_{152\,\mathrm{III}}$).

3. 고가물에 대한 책임

(1) 책임의 면제　　화폐·유가증권 기타의 고가물에 대하여는 객이 그 종류와 가액을 명시하여 임치하지 아니하면 공중접객업자는 그 물건의 멸실 또는 훼손으로 인한 손해를 배상할 책임이 없다($^{상}_{153}$). 이것은 고가물에 대한 운송인의 책임과 같은 것으로서 이 때에는 보통물로서의 책임도 지지 않는다. 즉 공중접객업자는 객이 임치하지 않은 고가물에 대하여는 상법 제152조 2항의 책임을 지지 않으며, 임치를 받은 경우에는 고가물임을 명시하지 않는 한 상법 제153조에 의한 책임을 지지 않는다.

(2) 고의 등에 의한 불법행위책임　　명시하지 않은 고가물이 공중접객업자 또는 그 사용인의 고의 또는 중대한 과실로 인하여 멸실 또는 훼손된 때에는 불법행위에 의한 책임을 진다고 본다.

4. 책임의 소멸시효

(1) 단기소멸시효　　공중접객업자의 책임은 영업자나 그 사용인에게 악의가 없는 한, 공중접객업자가 임치물을 반환하거나 객이 휴대물을 가져간 후 6월이 경과하면 소멸시효가 완성된다($^{상\ 154}_{1\,\cdot\,\mathrm{III}}$). 이 기간은 임치물이 전부멸실

한 경우에는 객이 퇴거한 날로부터 기산한다($\frac{동조}{\mathbb{I}}$).

(2) 일반상사소멸시효   공중접객업자 또는 그 사용인이 악의인 때에는 단기소멸시효가 적용되지 않고 공중접객업자의 책임은 5년의 일반상사소멸시효에 의하여 소멸한다($\frac{상}{64}$). 악의란 영업자나 사용인이 고의로 객의 물건을 멸실 또는 훼손시킨 것을 말하며, 단순히 멸실 또는 훼손을 알고 있었다는 것만으로는 악의라 할 수 없다.

제 8 절   倉 庫 業

[136]   제 1   序   說

상품의 거래가 대량화하게 되면 운송업과 더불어 창고업이 중요한 보조상으로 등장하게 된다. 상인이 상품의 임치에 관하여 전문적인 지식과 특수한 시설을 갖춘 창고업자를 이용하게 되면 직접 상인 자신이 보관하는 경우보다 경비·시간을 절약할 수 있고, 위험을 경감시킴으로써 대량거래의 원활과 신속을 기할 수 있다. 또한 상인은 창고증권을 이용하여 보관중에 있는 상품을 처분하거나 이를 담보로 하여 금융의 편의를 도모할 수도 있다.

[137]   제 2   倉庫業者의 意義

창고업자란 타인을 위하여 창고에 물건을 보관함을 영업으로 하는 자이다($\frac{상}{155}$).

(1) 목 적 물   목적물은 타인의 물건이어야 하고 자기의 물건을 자기의 창고에 보관하는 것은 제외된다. 「물건」은 보관에 적합한 동산에 한정되므로 민법상의 임치의 목적물보다 그 범위가 제한된다. 화폐·유가증권 등은 그 가치를 떠나 물체로서만 목적물이 될 수 있다.

(2) 목적물의 소유권   「보관」이란 임치물을 자기가 직접 점유하여 현상을 유지하는 것을 말하며 소유권은 이전되지 않는다. 그러므로 임치인의 지시 없이는 임치물을 처분하지 못한다. 또한 수인의 임치인의 소유에 속하는 동종동질의 대체성(代替性) 있는 물건을 임치인들의 허락을 얻어 혼합보관하고

동수량의 물건을 반환할 것을 약속하는 혼합임치의 경우에도, 임치물의 소유권은 모든 임치인의 공유에 속한다. 각 임치인은 공유지분을 갖고 그 지분에 대하여 반환을 청구할 수 있으며 또한 창고업자는 다른 임치인의 동의 없이 각자의 지분에 상당하는 임치물을 반환할 수 있다($_1 \cdot _{II}^{독상\ 419}$ 참조).

　　(3) 보관장소　　　창고에 보관한다. 창고란 물건의 보관에 사용되는 건물을 말하며, 설비는 임치물의 종류에 따라 물건의 보관을 위하여 적합하면 되고 반드시 가옥이 아니라도 상관이 없으며($_{나\ 돌인\ 때}^{임치물이\ 목재}$), 창고가 창고업자의 소유임을 요하지 않는다. 그러므로 특약에 의하여 타인의 창고에 보관할 수도 있다.

　　(4) 상 인 성　　　창고업자는 물건의 임치를 인수하는 것을 영업으로 하는 상인이다($_{46\ (14)}^{상\ 4}$). 그리고 창고업자는 소상인일 수도 있다. 창고업자는 임치의 인수를 영업으로 하는 자이므로 기회가 있을 때마다 임치를 인수하는 자는 창고업자가 아니고, 또한 운송인 또는 운송주선인이 그 영업에 부수되는 행위로 물건을 보관한다고 하여 창고업자라고 할 수 없다. 다만 이들이 임치의 인수도 영업으로 하는 경우에는 창고업자의 지위도 겸하게 된다.

[138]　제 3　倉庫任置契約

　　(1) 성　　　질　　　임치계약은 창고업자가 물건을 창고에 보관할 것을 인수하는 불요식의 유상계약이며 낙성계약이다. 보관의 인수는 반드시 물건의 인도를 요소로 하지 않으며 임치물을 제 3 자에게 인도케 한 경우도 임치인과 임치계약이 성립한다. 즉 임치물의 인도는 다만 보관의무의 발생요건이 될 뿐이다. 또한 창고증권의 발행도 계약의 성립요건이 아니다.

　　(2) 적용법규　　　임치계약에 대하여는 상법의 규정($_{이하}^{155}$)뿐만 아니라 민법의 임치에 관한 규정($_{이하}^{693}$)도 보충적으로 적용된다. 창고임치계약은 약관에 의하여 이루어진다.

[139]　제 4　倉庫業者의　義務

I. 임치물의 보관의무

　　(1) 창고업자는 임치계약이 유상이든 무상이든 불문하고 선량한 관리자의 주의로써 임치물을 보관하여야 한다($_{62}^{상}$). 이 경우에 주의는 전문적인 지식이

있는 창고업자가 할 수 있는 주의라고 할 수 있다.

⑵ 보관기간을 정한 경우에는 창고업자는 부득이한 사유가 없으면 그 기간 내에 임치물을 반환하지 못하지만 임치인이나 창고증권의 소지인은 언제든지 임치물의 반환을 청구할 수 있다($\frac{민}{698}$). 보관기간을 정하지 아니한 때에는 임치인은 언제든지 임치물의 반환을 청구할 수 있지만 창고업자는 임치물을 받은 날로부터 6월이 경과한 후에 2주간 전에 예고를 하고 임치물을 반환할 수 있다($\frac{상}{163}$).

⑶ 그러나 부득이한 사유가 있는 경우에는 창고업자는 언제든지 임치물을 반환할 수 있다($\frac{상}{164}$). 「부득이한 사유」란 임치물이 부패하여 다른 재고품에 손해가 생길 우려가 있을 때, 임치물이 금제품(禁制品)인 경우, 임치물이 미납보관료를 상환하기에 부족한 경우, 창고의 대수선의 경우, 임치계약의 체결시에 알 수 없었던 임치물이 특수한 성질로 인하여 타인의 임치물이나 창고업자 및 이행보조자에게 손해나 위험한 사고가 발생할 염려가 있는 경우 등이다.

2. 임치물의 검사, 적취, 보존행위의 허용의무

⑴ 의   의   창고업자는 임치인이나 창고증권의 소지인이 임치물의 검사 또는 견품의 적취(摘取)를 희망하거나 또는 임치물의 보존에 필요한 처분을 하려고 할 때에는 이에 응할 의무가 있다($\frac{상}{161}$). 창고업자에 대한 임치인 등의 권리는 영업시간 내에 한하여 인정된다.

1) 임치물의 검사   이것은 임치물의 존부 또는 상태를 확인하거나 임치물의 양도나 입질을 위하여 고객이나 금융업자를 동반하고 임치물을 참관하는 것을 포함한다.

2) 견품의 적취   이것은 임치물의 양도 또는 입질을 위하여 견품을 가져가는 것을 말한다. 그러나 이것은 담보권자의 이익을 해하지 않는 범위 내에서 인정된다.

3) 보존에 필요한 처분   이것은 임치물의 멸실·훼손·부패를 방지하는 행위로서 예컨대 통풍·건조·청소 등의 행위를 말한다. 그러나 임치물의 가격인상을 위한 가공·포장·분할이나 창고의 시설에 대한 처분은 여기에 포함되지 않는다고 본다.

⑵ 특약에 의한 제한   상법 제161조에 의한 창고업자의 의무는 임치물의 양도나 입질 등을 용이하게 하기 위하여 인정한 것이지만 개별적인 특약

에 의하여 제한하거나 배제할 수 있다고 본다.

　　(3) 의무위반의 효과　　　창고업자가 상법 제161조에 해당되는 의무를 위반한 때에는 그로 인하여 발생한 모든 손해에 대하여 책임을 진다. 예를 들어 견품의 적취를 방해하여 임치인이 임치물의 판매의 기회를 상실하였다거나 보존에 필요한 처분을 허용하지 않음으로써 임치물이 멸실된 때에는 손해배상의무를 진다.

3. 임치물의 훼손·하자통지의무

　　창고업자는 임치물의 훼손 또는 하자를 발견하거나 그 물건이 부패할 염려가 있을 때에는 지체없이 임치인에게 그 통지를 발송하여야 한다($\frac{\text{상}\ 168,}{108\ \text{I}}$). 이 경우는 위탁매매인의 경우와 달리 가격하락에 대한 통지의무는 없다고 본다〔동: 孫(주), 392; 林(홍), 488; 鄭(찬), 365; 鄭(동), 622; 姜(위), 458; 蔡(이), 342〕. 반대로 통지의무가 있다는 견해도 있다〔徐(돈)·244〕. 그러나 통지를 하여도 임치인의 지시를 받을 수 없거나 지시가 지연되는 때에는 임치인의 이익을 위하여 적당한 처분을 할 수 있다($\frac{\text{상}\ 168,}{108\ \text{II}}$). 즉 창고업자는 임치물에 대한 감시의무가 있다. 그러나 특약이 없는 한 창고업자는 적극적으로 그 손해의 발생을 예방하여야 할 의무는 없다고 본다. 창고업자가 통지의무를 해태한 때에는 손해배상책임을 진다.

4. 손해배상책임

　　(1) 책임원인　　　창고업자는 자기 또는 그 사용인이 임치물의 보관에 관하여 주의를 해태하지 아니하였음을 증명하지 않으면 임치물의 멸실 또는 훼손에 대하여 손해를 배상할 책임을 면하지 못한다($\frac{\text{상}}{160}$). 이러한 창고업자의 책임은 운송주선인($\frac{\text{상}}{115}$)과 운송인의 책임과 같은 것이다($\frac{\text{상}}{135}$). 「멸실」에는 정당한 권리자가 임치물의 반환을 받지 못하게 된 경우를 포함한다〔大 78. 9. 26, 78 다 1376; 大 81. 12. 22, 80 다 1609〕.

　　　판례는 수치인이 적법하게 임치계약을 해지한 임치인에게 임치물의 회수를 최고하였음에도 불구하고 임치인의 수령지체로 반환하지 못하고 있는 사이에 임치물이 멸실 또는 훼손된 경우에는, 수치인에게 고의 또는 중대한 과실이 없는 한 채무불이행으로 인한 손해배상책임이 없다고 한 것이 있다〔大 83. 11. 8, 83 다 1476〕. 그리고 수치인이 계약을 해제하지 않았으나 임치물의 출고를 독촉하였는데도 이에 응하지 않은 경우에 과실상계(과실비율 50%)를 인정한 판례도 있다〔大 93. 9. 28, 93 다 26892·26908〕.

　　(2) 손해배상액　　　창고업자에 대하여는 고가물의 임치나 손해배상액의

기준에 관한 규정이 없지만 이 경우에도 상법 제153조($^{공중접객업자의 고}_{가물에 대한 책임}$)와 제137조($^{운송인의}_{손해배상액}$)가 유추적용되어야 한다. 판례도 수치인의 과실로 인하여 임치물이 멸실한 경우에는 수치인은 멸실 당시의 시가액 상당의 손해를 배상할 책임이 있다고 하였다[$^{大 76. 11. 9, 76 다 1932;}_{大 93. 9. 28, 93 다 26892·26908}$]. 이와는 달리 특칙이 없다는 이유로 일반원칙에 따라 모든 손해를 배상하여야 한다는 것이 통설이다. 그러나 창고업도 운송업의 경우와 마찬가지로 비교적 저렴한 보수로 다량의 물건을 다룬다는 점에서 운송업과 같이 보호되어야 할 것이다. 실제에 있어서도 약관에 따라 시가에 의해 배상하고 있다.

(3) **책임의 소멸**   창고업자에 대하여도 운송인의 책임과 마찬가지로 특별소멸원인과 단기의 시효를 인정하고 있다.

1) **특별소멸원인**   창고업자의 책임은 임치인 또는 창고증권의 소지인이 유보 없이 임치물을 수령하고 보관료 기타의 비용을 지급한 때에 소멸한다. 그러나 임치물에 즉시 발견할 수 없는 훼손 또는 일부멸실이 있는 경우에 임치인 또는 창고증권소지인이 임치물의 수령일로부터 2주간 내에 창고업자에게 통지를 발송한 때와 창고업자 또는 그 사용인의 악의로 인하여 멸실 또는 훼손이 생긴 때에는 창고업자의 책임은 소멸하지 않는다($^{상 168,}_{146}$).

2) **단기시효**   ㈎ 임치물의 멸실 또는 훼손으로 인하여 생긴 창고업자의 책임은 임치물을 출고한 날로부터 1년이 경과하면 소멸시효가 완성한다($^{상}_{166 I}$). 이 기간은 임치물이 전부멸실한 경우에는 임치인과 알고 있는 창고증권소지인에게 그 멸실의 통지($^{상 168,}_{108 I}$)를 발송한 날로부터 기산한다($^{상}_{166 II}$). 그러나 멸실의 통지를 해태한 때에는 그 임치물을 출고할 날로부터 시효기간을 기산하여야 할 것이다($^{상 121 II}_{참조}$).

㈏ 단기시효는 창고업자의 계약상대방인 임치인의 청구에만 적용되며 임치물이 타인소유의 물건인 경우에 소유권자인 타인의 청구에는 적용되지 않는다. 그리고 단기시효에 관한 규정은 창고업자 또는 그 사용인에게 악의가 있는 때에는 적용하지 않는다($^{상}_{166 III}$). 이 경우에 악의란 정당한 권리자가 아님을 알면서 출고한 경우를 말한다. 또한 이 규정은 불법행위에 의한 손해배상청구권에는 특별히 단기시효에 관한 약정이 없는 한 적용되지 않는다.

5. 창고증권의 교부의무

임치물을 수령한 후 창고업자는 임치인의 청구가 있는 때에는 창고증권을 교부할 의무가 있다($^{상}_{156\,\text{I}}$)$\left[^{창고증권에\ 대하여는}_{247면\ 이하\ 참조}\right]$.

6. 임치물의 반환의무

창고업자는 보관기간에 관한 약정의 유·무에 불구하고 임치인의 청구가 있는 때에는 언제든지 임치물을 반환하여야 한다($^{민}_{단,\ 699}^{698,}$). 창고증권이 발행된 경우에는 증권소지인의 청구가 있는 때에만 임치물을 반환할 의무가 있다($^{상\ 157,}_{129}$). 임치물을 입질한 경우에도 임치인이 질권자의 승낙을 얻어 임치물의 일부반환을 청구하는 때에는 변제기 전이라도 이를 반환하여야 한다($^{상}_{159}$).

[140] 제5 倉庫業者의 權利

I. 보관료 및 비용상환청구권

(1) **보관료청구권**   창고업자는 무상임치를 인수한 경우가 아니면 특약이 없어도 상당한 보수를 청구할 수 있다($^{상}_{61}$). 보관료의 청구는 임치물을 출고한 때에 할 수 있다. 그러나 보관기간경과 후에는 출고 전이라도 보관료를 청구할 수 있다($^{상}_{162\,\text{I}}$). 또한 일부출고의 경우에는 그 비율에 따라 보관료를 청구할 수 있다($^{동조}_{\text{II}}$). 임치인이 보관기간의 경과 전에 임치물전부의 출고를 청구한 경우와, 창고업자의 책임 없는 사유로 인하여 임치계약이 보관기간 경과 전에 종료한 경우에도 창고업자는 보관한 기간에 따라 보관료를 청구할 수 있다($^{민\ 701,}_{686\,\text{III}}$). 보관료의 채무자는 당연히 임치인이지만 창고증권이 발행된 때에는 소지인도 임치물의 반환을 받은 때에 채무자가 된다고 본다$\left[^{大\ 63.5.30,}_{63\ 다\ 188}\right]$.

(2) **비용상환청구권**   창고업자는 임치물에 관한 체당금 기타의 비용의 상환을 청구할 수 있다($^{상}_{162\,\text{II}}$). 청구의 시기는 보관료의 경우와 같다. 「기타의 비용」이란 수입세 및 기타 조세·운임·보험료·경매비용 등이다. 일부출고의 경우에는 임치물이 동질물인 때에 그 비율에 따라 청구할 수 있지만, 그렇지 않은 경우에는 출고하는 임치물에 관하여 지급한 체당금과 비용은 그 전액의 상환을 청구할 수 있다. 이 때에 채무자는 보관료의 경우와 같다.

2. 손해배상청구권

창고업자는 임치물의 변질, 손상, 기타의 하자로 인하여 자신에게 손해가 발생한 때에는 임치인이나 창고증권소지인에 대하여 그 배상을 청구할 수 있다. 그러나 창고업자가 임치물의 성질 또는 하자를 알고 있었을 때에는 그러하지 않다($\frac{민}{697}$). 임치인이 상법 제161조의 권리를 행사함에 있어서 불법행위로 인하여 창고업자에게 손해를 가한 때는 그에 대한 배상책임이 있으며 ($\frac{민}{750}$), 또 임치인은 자기의 이행보조자의 불법행위로 인하여 생긴 손해의 배상책임을 지고($\frac{민}{756}$), 또한 임치인은 자기가 동반한 고객의 불법행위에 대하여도 책임을 진다.

3. 유 치 권

창고업자에 대하여는 위탁매매인·운송주선인·물건운송인의 경우와 같은 특별한 유치권을 법정하지 않고 있으므로 창고업자는 민법·상법의 일반규정에 의한 유치권을 행사할 수 있다. 즉 보관료와 비용상환청구권에 관하여 민법상의 유치권을 행사할 수 있으며, 임치인이 상인인 때에는 일반상사유치권이 인정된다($\frac{민\ 320;}{상\ 58}$).

4. 공탁권 · 경매권

창고업자의 경우에도 상인간의 매매에 있어서 매도인이 갖는 공탁권과 경매권이 인정되고 있다. 즉 창고업자는 임치인 또는 창고증권의 소지인이 임치물의 수령을 거부하거나 이를 수령할 수 없는 때에는 임치물을 공탁하거나 경매할 수 있다($\frac{상\ 165,}{67\ I\cdot II}$)$\begin{bmatrix} 자세한\ 설명은 \\ 137면\ 이하\ 참조 \end{bmatrix}$.

5. 채권의 단기시효

임치인 또는 창고증권소지인에 대한 창고업자의 채권은 그 임치물을 출고한 날로부터 1년간 행사하지 아니하면 소멸시효가 완성한다($\frac{상}{167}$).

[141] 제 6 倉庫證券

(1) 의　　의　　창고증권이란 창고업자에 대한 임치물반환청구권을 표창하는 **유가증권**이다. 창고증권은 보관중에 있는 임치물의 매매 또는 입질을 용이하게 하는 기술적 제도이다. 실제의 거래에서 이용되는 **하도지시증**(荷渡指示證)은 임치인이 창고업자에 대하여 임치물의 전부 또는 일부를 그 소지인에게 인도할 것을 위탁하는 지시서로서 일종의 **유가증권**으로 볼 수 있다. 그러나

창고업자가 일정한 자를 임치물의 수령권자로 표시한 **임치물수령증**(任置物受領證)은 단순한 증거증권에 불과하다.

(2) 창고증권의 발행

1) **발행의 청구·시기** 창고업자는 임치물을 수령한 후 임치인의 청구가 있는 때에는 창고증권을 교부하여야 한다($_{156\,I}^{\,상}$). 그러나 창고증권은 임치물을 수령한 후에 발행하여야 하며($_{33\,III\,참조}^{독창령}$), 임치계약이 체결되었더라도 그 이전에 발행한 창고증권은 무효라고 할 수 있으나 그 발행 이후 임치물을 수령한 때에는 무효가 치유된다고 본다.

2) **창고증권의 분할청구** 증권소지인이 대량의 임치물을 분할하여 수인에게 양도 또는 입질하려고 할 때에는 그 증권을 반환하고 임치물을 분할하여 각 부분에 대한 창고증권의 교부를 청구할 수 있다($_{158\,I}^{\,상}$).

(3) **창고증권의 기재사항** 창고증권에는 소정의 사항을 기재하고 창고업자가 기명날인 또는 서명하여야 한다($_{156\,II}^{\,상}$). 창고증권의 요식증권성은 어음·수표와 같이 엄격하지 않으므로, 중요하지 않은 사항의 기재가 없더라도 창고증권은 무효가 되지 않으며, 또한 법정사항 이외의 사항을 기재하여도 그것이 창고증권의 본질에 반하는 것이 아니면 그 효력이 인정된다.

(4) **창고증권의 효력** 창고증권의 법적 성질은 **화물상환증과 같다**($_{129\sim133}^{\,상\,157,}$). 즉 창고업자와 증권소지인 사이의 임치에 관한 사항은 창고증권의 기재를 기준으로 하며($_{효력}^{채권적}$), 증권소지인은 증권과 상환하여서만 임치물의 반환을 청구할 수 있다($_{권성}^{상환증}$). 그리고 창고증권이 발행된 경우에는 이것만으로 임치물을 처분할 수 있으며($_{권성}^{처분증}$), 임치물을 받을 자에게 창고증권을 교부한 때에는 임치물을 인도한 것과 동일한 효력이 있다($_{효력}^{물권적}$).

(5) **창고증권에 의한 입질** 창고증권의 소지인이 임치물을 입질하고자 하는 경우에는 채권자와 질권설정계약을 맺고 창고증권을 채권자에게 교부하여야 한다($_{민\,330}^{\,상\,157,\,133;}$). 그러므로 채무를 변제하기 전에는 임치물의 반환을 청구할 수 없다. 그러나 상법은 임치인의 편의를 도모하기 위하여 질권자의 승낙이 있는 때에 한하여 채무변제기 전에도 임치물의 일부의 반환청구를 인정하고 있다.

제 9 절　新種商行爲

제 1 관　리스契約

[142]　제 1　意　　義

(1) 리스(lease)는 새로운 합리적인 설비조달수단으로 「이용자가 선정한 특정물건을 리스회사가 새로이 취득하거나 대여받아 거래상대방에게 일정기간 동안 사용하게 하고 그 기간에 걸쳐 일정한 대가를 정기적으로 분할하여 지급받으며 그 기간 종료 후의 물건의 처분에 관하여는 당사자간의 약정으로 정하는 방식의 금융」이라고 할 수 있다($\frac{여신전문}{2 (10)}$ 참조). 리스는 법률적 형식에 있어서는 임대차형식을 취하면서도, 경제적 실질에 있어서는 기계설비조달을 위한 금융이기 때문에 물적 금융(物的 金融), 즉 물융이라고 할 수 있다. 상법에서는 이를 기계·시설 기타 재산의 물융에 관한 행위라고 한다($\frac{상}{46 (19)}$).

(2) 리스는 물건의 이용자가 물건을 이용하고, 일정한 대가를 물건사용기간 동안 정기적으로 분할하여 지급하므로 할부판매와 유사하다고 할 수 있다. 그러나 할부판매의 경우에는 소유권이 매도인으로부터 매수인으로 이전되는 데 비하여, 리스의 경우에는 리스회사에 소유권이 귀속되는 점에서 양자는 다르다.

(3) 리스는 그 법적 형식에 있어서 임대차와 유사하기 때문에 임대차와의 구별문제가 항상 논의의 대상이 되고 있다. 리스의 본질을 임대차라고 한다면 양자가 같다고 할 수 있으나, 특히 금융리스의 경우는 그 특수성에서 볼 때 순수한 임대차라고 할 수 없는 것이다. 즉 하자담보책임의 유무, 수리에 대한 책임의 소재, 물건의 일부멸실시 리스료감액의 가부, 해지권 보유 여부, 물건검사권 여부 등 여러 면에서 리스계약과 임대차계약은 상이하므로 양자는 구별된다.

[143]　제 2　經濟的 機能

현대적인 기계설비의 확보를 위하여 리스제도를 이용하게 되면 자금의 고정화를 초래하지 않고 필요한 설비를 신속·간편하게 조달할 수 있고, 원하는 기간 동안 리스료로써 기계나 설비의 원리금을 지급하고 손비처리도 가능하기 때문에 기계노후화와 기술진부화에 따른 위험을 피할 수 있다. 내자 혹은 외자 전액을 리스회사가 지급할 뿐만 아니라 그 절차도 대행하여 줌으로써, 이용자는 시설확보를 위한 자금의 전액을 융자받는 것과 다름없게 되고 구매절차에 대하여도 일일이 신경쓰지 않아도 되므로 비용과 노력을 절감할 수 있다.

[144] 제 3 種   類

(1) **금융리스와 운용리스**   1) 금융리스(finance lease)는 이용자가 특정의 기계설비 등의 자산을 필요로 하는 경우에 리스회사가 이용자에게 구입자금을 융자하는 대신 그 물건을 구입하여 임대하는 것을 말한다. 이 경우에 리스회사의 목적은 자금의 운영에 있다. 그러므로 리스회사는 물건의 하자담보책임을 지지 않고 위험부담도 하지 않으며, 물건의 관리·수리는 이용자가 담당하고 리스기간중에는 해약을 할 수 없다. 금융리스에 있어서는 리스회사와 이용자, 그리고 공급자 등 3당사자가 관여하게 되고 이용자는 1인에 국한되는 것을 원칙으로 한다.

2) 운용리스(operating lease)는 금융리스 이외의 것을 총칭하는 것으로 서비스 제공적 성격이 강하다. 이는 금융리스의 경우와 달리 일반적으로 리스회사가 리스물건의 하자담보책임뿐만 아니라 그 물건에 대하여 위험부담을 하며, 리스물건의 관리·수리 등을 담당하고 이용자의 중도해약을 인정한다. 그리고 리스당사자는 리스회사와 이용자로서 2인이며, 이용자는 내용기간에 따라 1인으로 국한되지 않고 다수일 수 있다는 점이 금융리스와 다르다.

(2) **거래형태에 따른 분류**   리스는 거래형태에 따라 i) 리스회사가 공급자로부터 물건을 매수하여 이용자에게 리스하는 가장 전형적인 단순리스, ii) 리스회사로부터 리스한 물건을 이용자가 다시 제3자에게 전대하는 전대(轉貸)리스, iii) 판매자가 소유하는 고정자산을 리스회사에게 일단 매각하고 동시에 그것을 그대로 리스받는 Lease Back(또는 Sale and Lease Back), iv) 그리고 매각한 물건을 리스받아 이용자가 제3자에게 전대하는 것을 인정하는 리스 등으로 분류할 수 있다. Lease Back은 이용자와 리스회사간에 매매계약과 리스계약에 의하여 이루어지는데 이는 주로 기업이 거액의 운전자금이 필요하거나 고정자산을 유동자산화하기 위한 경우에 하게 된다.

[145] 제4 리스去來의 構造

(1) 리스거래에는 기본적으로 3당사자가 참여하게 된다. 첫번째 당사자는 이용자로서 이는 물건의 실수요자인 사용자이고 리스료를 지급한다. 두 번째 당사자는 리스회사인데 이는 리스물건의 법적 소유자로서 리스료를 받고 리스물건을 이용자에게 빌려준다. 세 번째 당사자는 공급자로서 리스물건을 생산·공급하고 그 대금을 받는 자이다.

(2) 리스계약에서는 원칙적으로 3당사자가 관여하게 되는데, 리스회사와 공급자 사이에는 물건판매계약이 체결되고, 리스회사와 이용자간에는 리스계약이 체결된다. 3당사자는 각기 독립된 당사자로서 리스거래에 참여하게 된다. 그런데 통상의 리스거래에서는 물건의 매매에 관한 구체적인 합의는 공급자와 이용자 사이에서 이루어진다.

(3) 공급자가 리스회사의 업무를 대행하여 리스회사로부터 리스계약서를 맡아 가지고 있다가 여기에 이용자의 기명날인 또는 서명을 받아 리스회사에 넘겨 주기도 하고, 공급자가 이용자로부터 차수증(借受證)을 받아 리스회사에 교부하기도 하는데, 이 경우에 공급자는 리스회사의 대리인인가 혹은 단순한 사자(使者)인가 하는 문제가 생기게 된다.

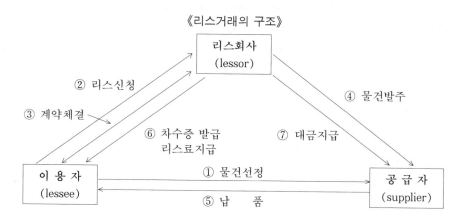

《리스거래의 구조》

[146] 제5 리스($\frac{金}{融}$)契約의 法的 性質

리스의 법적 성질에 관하여 여러 가지의 학설이 대립하고 있다. 즉 임대차계약설·매매계약설·신용계약설·사무처리계약설·무명계약설의 5종류가 있다.

(1) **임대차계약설**   1) 프랑스에서는 1966년에 리스사업을 하는 기업에 관한 법률을 제정하여 리스는 임대차라고 규정함으로써 리스의 성질을 입법에 의하여 해결하고 있다. 기타 국가에 있어서는 리스를 순수한 임대차로 보는 입장은 없으나, 리스계약을 임대인이 특정한 물건을 일정기간 유상으로 사용시킬 목적으로 그 물건의 점유를 임차인에게 점유시키는 특별한 임대차계약으로 보는 견해가 있다. 이는 리스계약의 법형식면을 중시하여 그 법적 성질을 임대차로 구성하면서, 임대차의 성질에 맞지 아니하는 부분은 그 특성의 유효성 문제로 보고 각론적으로 대처한다는 입장이다.

2) 리스계약은 금융리스의 경우 임대차의 법리를 바탕으로 한 금융거래계약의 일종이라는 점에서 비전형임대차계약(非典型賃貸借契約)이라고 함이 비교적 타당하다고 본다.

(2) **무명계약설**   1) 이는 임대차·소비대차·매매 등의 요소가 혼합된 특수한 내용의 무명계약이라는 견해이다. 즉 리스계약은 임대차나 소비대차·매매 등 어느 하나에 속할 수가 없는바, 그 독특한 성질로서는 대여물건에 대한 하자담보책임을 대여인이 부담하지 않고, 리스물건의 보수·관리책임을 이용자가 부담하며 계약부대비용도 이용자의 부담이 되고, 이용자의 기한이익상실사유가 폭넓게 인정되는 점 등을 지적하고 있다.

2) 판례는 하급심판결에서는 임대차계약설과 무명계약설로 나뉘어 있었으나 대법원판결[大 86. 8. 19, 84 / 다카 503·504]에 의하여 무명계약설로 통일되었다.

> 판례는 「시설대여는 시설대여회사가 대여시설이용자가 선정한 특정물건을 새로이 취득하거나 대여받아 이를 일정기간 사용하게 하고 그 기간에 걸쳐 일정대가를 분할지급받는 계약으로서, 형식에 있어서는 임대차계약과 유사하나 그 실질은 물적 금융이고 임대차계약과는 여러 가지 다른 특질이 있기 때문에 시설대여계약은 비전형계약(無名契約)이고 따라서 이에 대하여는 민법의 임대차에 관한 규정이 바로 적용되지 아니한다」라고 판시하였고[大 86. 8. 19, 84 / 다카 503·504], 이후 이러한 입장이 유지되고 있다[大 94. 11. 8, / 94 다 23388].

제 2 관 프랜차이즈契約

[147] 제 1 意   義

(1) 프랜차이즈(franchise)란 수수료 등의 대가를 지급하고 타인의 상호·상표·서비스표 등의 상업적 징표 및 경영의 노하우를 자기사업 운영에 이용할 수 있는 허가와 더불어, 그 제공자의 통제하에서 영업을 할 것을 내용으로 하는 독립된 상인 간의 유상·쌍무계약으로서 전기업체제의 사용허가라고 할 수 있다. 상법에서는 이를 상호·상표 등의 사용허락에 의한 영업에 관한 행위라고 한다($\frac{상}{46②0}$). 프랜차이즈계약의 당사자는 프랜차이즈특권을 창설하여 본점($\frac{또는}{본부}$)을 운영하고 지점개설을 희망하는 자들에게 그 특권의 사용을 허가하는 프랜차이즈제공자와 프랜차이즈특권을 이용하여 지점을 개설하는 프랜차이즈 이용자(franchisee)이다.

(2) 프랜차이즈의 제공자와 이용자는 각기 독립된 상인으로서 각자의 명의와 각자의 계산으로 영업행위를 한다. 프랜차이즈에 있어서 이용자의 영업은 상표·상호·서비스표·로고(logotype) 등 제공자의 상업적 징표와 관련이 되고 일반대중에게는 단일기업 단일마케팅개념으로 부각된다.

(3) 프랜차이즈계약에서 정한 사업에 가입할 권리를 취득하기 위해 이용자는 요금·로얄티 기타 부담금을 지급하거나 지급하도록 약정한다. 제공된 상호·상표 기타 상업적 징표는 그 고유의 경제적 가치를 유지하여야 하므로 이용자는 제공자가 지시하는 마케팅계획에 따라야 할 의무를 지게 된다.

[148] 제 2 經濟的 機能

프랜차이즈의 경우에 이용자에게 유리한 점은 이용자의 지식과 경험부족을 보충할 수 있고 유명상호·상표·영업권을 이용할 수 있으며, 비교적 적은 자금으로 사업상의 위험을 크게 부담하지 않으며 제공자로부터 계속적인 지원을 받으면서 독립된 사업을 할 수 있다는 점이다. 그러나 이용자에게 불리한 점은 제공자의 통제대상이 되며 수수료를 부담하고 영업양도가 제한된다는 점이다. 제공자의 경우는 소규모의 중앙조직만으로 지역사정에 밝은 이용자를 통하여 영업규모를 확대할 수 있다는 이점이 있으나, 한편 이용자들이 독립하려는 의지가 강하고 품질과 서비스에 대하여 계속적인 감독과 통제를 하여야 되는 부담을 진다는 점은 불리한 점이라고 할 수 있다.

[149] 제 3 種   類

(1) 제조프랜차이즈   제공자가 개발한 독특한 제조방법을 이용자가 이용하여 상품을 제조해서 제공자의 상표로 판매하는 형태(지역을 분할하여 제공자로부터 원액을 공급받아서 병에 주입 판매하는 청량음료의 생산 등)를 제조프랜차이즈라고 한다.

(2) 판매프랜차이즈   제공자가 자사상품을 판매하기 위하여 계속적인 상품공급계약을 맺고 이용자로 하여금 판매케 하는 형태(유명상표 신발의 판매)를 판매프랜차이즈라고 한다.

(3) 소매연쇄점프랜차이즈   제공자가 개발한 상호·경영노하우 등을 사용하여 이용자가 소비자에게 상품 또는 서비스를 제공하는 형태(패스트푸드 기타 간이음식점·레스토랑·호텔 등이며 대부분의 국제프랜차이즈협회(IFA)의 대상업이 이에 해당)를 소매연쇄점프랜차이즈 또는 서비스 프랜차이즈라고 한다.

[150] 제 4   法的 性質

이에 관하여는 특정제조자의 상품을 일정지역에서 자기의 명의와 계산으로 판매하는 판매상관계 유사설과, 상품공급프랜차이즈는 상품의 매매이고 사업형프랜차이즈는 노무급부매매로서 일종의 권리용익임대차라는 설 등이 있으나 새로운 유형의 비전형계약이라고 할 것이다〔동: 孫(주), 410; 金(성), 708〕.

제 3 관   팩터링契約

[151] 제 1   意   義

(1) 팩터링(factoring)이란 기업이 영업활동에 의하여 취득한 채권을 그 변제기 전에 양도함으로써 조기에 채권추심의 실효를 거두어 자금을 조달하는 제도라고 할 수 있다. 팩터링은 원칙적으로 팩터링회사가 매출채권을 상환청구권 없이 매입하고 제 3 채무자에게 양도를 통지하여 채권의 관리·회수 및

장부작성을 행하며, 계약상대방(client)의 요청이 있는 때에는 선급금융(先給金融)을 해 주는 한편 상대방의 거래선(customer)의 신용조사·경영상담 및 컴퓨터서비스(자료작성) 등을 제공하는 것을 말한다.

(2) 팩터링은 일반적 공통점을 중심으로 정의하면, 거래기업이 그 매출채권을 팩터링회사에 양도하고 팩터링회사는 거래기업에 갈음하여 채무자로부터 매출채권을 추심하는 동시에 부기업무 기타 채권추심과 결부되는 행위를 인수하는 것이라고 할 수 있다. 상법에서는 이를 영업상 채권의 매입·회수 등에 관한 행위라고 한다($_{46\,(21)}^{상}$).

[152] 제 2 經濟的 機能

팩터링의 기능은 신용공여기능 내지 금융기능이다. 이것은 팩터링이 매출채권금융의 한 방법으로서 발생한 것이라는 역사적 배경에 비추어 보아도 명백하지만, 팩터링회사는 매입한 매출채권의 대가를 선급하는 방법에 의하여 거래기업에게 필요한 자금을 공여하는 것이다. 그리고 팩터링계약에 의하여 거래기업은 채권회수를 위한 인적·물적 비용의 절감이 가능하게 되고 제품의 생산과 판매에만 전념할 수 있게 된다. 또한 팩터링회사가 상환청구권을 유보하지 않는 이른바 진정팩터링의 경우에는 팩터링회사가 채무자의 신용에 대한 위험을 인수하므로 팩터링회사는 거래기업에 대하여 채무자의 지급을 담보하는 것이 된다.

[153] 제 3 팩터링의 類型

첫째로 팩터링회사의 상환청구권의 유무에 따라 상환청구권 없는 팩터링과 상환청구권 있는 팩터링으로 구분할 수 있다. 우리 나라의 팩터링은 대부분 후자에 속한다. 둘째로 매매대금의 선급 여하에 따라 선급식팩터링과 만기식 팩터링으로 구분할 수 있다. 셋째로 채권양도의 사실을 채무자에게 통지하는가에 따라 통지식팩터링과 비통지식팩터링으로 구분할 수 있는데, 우리 나라에서는 거래기업이 채무자로부터 채권양도승낙서를 받아서 팩터링회사에 제출하는 방식을 택하고 있다.

[154] 제 4 팩터링去來의 法律關係

우리 나라에는 미국의 Factor Lien Act나 Uniform Commercial Code와 같이 팩터링거래를 직접 규율하는 특별법이 없으므로 팩터링에 관한 법률관계는 민법의 일반원칙에 의하여 해결할 수밖에 없다. 그런데 팩터링에 관한 법률관계는 주로 약관에 의존하고 있는 실정이다.

Ⅰ. 채권양도의 법적 성질

팩터링은 거래기업이 채무자에 대하여 갖는 채권을 팩터링회사에 양도하는 것이므로, 팩터링에 의한 채권양도는 지명채권의 양도($_{449}^{민}$)로서 당사자간의 합의만으로 성립하는 낙성계약이며 일정한 방식을 요하지 않는 불요식계약이다. 그러므로 채권양도시에 이루어지는 어음(수표)의 배서·교부는 채권담보를 위한 것일 뿐이며 팩터링계약의 본질적 요소는 아니다. 팩터링에 의한 채권양도는 상환청구권의 유무에 따라 그 법적 성질이 달라진다.

(1) 상환청구권 없는 팩터링　　이 경우에는 팩터링회사가 채무자의 신용에 대한 위험을 부담하므로 거래기업은 팩터링회사로부터 전도금융(前渡金融)을 받은 때에 채권대금을 최종적으로 회수한다. 그러므로 이 경우의 채권양도는 채권의 매매라고 할 수 있다.

(2) 상환청구권 있는 팩터링　　채무자가 변제기에 변제하지 못하였을 때 팩터링회사가 거래기업에 대하여 상환청구권을 행사할 수 있는 팩터링의 법적 성질에 관하여는 다음과 같은 학설의 대립이 있다.

1) 채권매매설　　이에 의하면 상환청구권이 있는 팩터링의 경우에도 채권양도는 채권매매의 이행행위라고 한다.

2) 소비대차설　　상환청구권 있는 팩터링의 경우에 팩터링회사는 전도금융의 형태로 비전형적인 소비대차를 공여하는 것이라고 한다. 생각건대 상환청구권 있는 팩터링의 경우에 팩터링회사에 대한 채권의 양도는 소비대차에 기한 채권의 담보적 기능을 가지므로 채권매매의 형식에 의한 융자라기보다는, 팩터링회사가 거래기업에 전도금융을 공여하고 거래기업은 그 상환의무를 부담하는 것이며 이의 이행을 담보하기 위하여 채권을 양도하는 것으로 보는 것이 타당하다.

2. 팩터링거래의 요건

(1) **채권의 양도성**   팩터링거래의 대상이 되는 채권은 양도가 가능한 것이어야 한다. 그러므로 채권의 성질이 양도를 허용하지 않거나($^{민 449}_{단}$), 특정 채권자와의 사이에서만 결제되어야 하는 것이거나, 법률이 양도를 금지한 채권은 제외된다.

(2) **대항요건**   민법은 채권양도에 있어서 채무자와 제 3 자를 보호하기 위하여 대항요건주의를 채택하고 있다. 즉 지명채권의 양도는 양도인이 채무자에게 통지하거나 채무자가 승낙하지 않으면 양도인이 채무자 기타 제 3 자에게 채권양도의 사실을 주장할 수 없다($_{450 ~ I}^{민}$). 실제거래에 있어서는 거래기업이 채권양도의 사실을 내용증명우편으로 채무자에게 통지하거나, 채무자가 당해 채권양도를 이이 없이 승낙하었다는 취지의 확정일사 있는 서면을 팩터링회사가 거래기업으로부터 받기도 하는데, 우리 나라에서는 주로 후자의 방법으로 한다.

제 3 편　會 社 法

제 3 편

회 사 법

(1) 본편에서는 회사에 관한 법률문제를 다루고 있다. 이에 관하여는 상법전 제 3 편에서 규정하고 있는데 이를 회사법이라고도 한다. 오늘날 중요한 사업이 모두 회사형태로 운영된다는 점에서 볼 때 회사법은 학문적으로뿐만 아니라 국민경제적으로도 중요한 지위를 차지한다.

(2) 상법 회사편 제 1 장에서는 회사의 의의와 종류를 비롯하여 모든 회사에 적용되는 회사의 합병과 해산명령에 관하여 규정하고 있으며, 제 2 장 이하 제 5 장에서는 합명회사·합자회사·주식회사·유한회사에 관하여 각각 그 조직과 활동에 대하여, 그리고 제 6 장에서는 외국회사, 제 7 장에서는 벌칙에 관하여 규정하고 있다.

(3) 이 중 특히 중요한 부분은 주식회사에 관한 규정인데 1984년의 개정상법은 주식회사에 관한 규정을 광범위하게 개정한 바 있고 1995년의 상법개정에 의하여 상법 회사편은 많은 부분이 개정되었다.

(4) 1998년에는 합병절차를 간소화하고 회사분할제도를 신설하였으며, 사실상 이사의 책임을 법정하였고, 1999년의 상법개정에서는 의결권의 서면에 의한 행사와 통신수단에 의한 이사회의 소집을 가능하게 하였고 감사위원회제도를 도입하였다.

(5) 2001년의 상법개정에 의하여 1 인에 의한 주식회사와 유한회사의 설립이 가능하게 되었고 지주회사의 존립을 용이하게 하기 위하여 주식교환·주식이전제도를 도입하였다.

(6) 2007년의 상법개정안에 의하면 상법 회사편이 광범위하게 개정되고 새로운 회사제도를 도입하는 것으로 되어 있다.

제 1 장 總　　論

[155] 제 1 會社의 經濟的 機能

(1) 서　　설　　　회사는 복수인이 공동의 목적을 설정하여 이윤추구를 도모하는 기업형태라고 할 수 있다. 오늘날 대부분의 중요한 사업은 대자본의 조달과 전문경영자의 확보 및 신기술의 개발이 요청되고 있을 뿐만 아니라, 기업간의 경쟁이 치열하게 되어 시장의 확보를 위하여 기업활동의 국제화가 불가피하게 되었다.

(2) 회사제도의 효용　　　1) 공동기업형태인 회사는 개인기업과 비교할 때 그 규모가 크기 때문에 경쟁력이 강하고, 상대적으로 많은 이익을 올릴 수 있으며, 손실이 있는 경우에도 그것을 다수인이 분담하기 때문에 개인기업보다 경제적으로뿐만 아니라 법률적으로도 유리하다.

2) 회사는 복수인의 조직이지만 법인격이 인정되기 때문에($171_{ \text{I}}^{\text{상}}$) 특정인의 사망 등에 의하여 기업이 해체되지 않고 독립된 주체로서 유지될 수 있는 이점이 있다. 이러한 회사형태의 장점은 그 구성원의 수가 많을수록 더욱 뚜렷하게 나타난다. 즉 공동기업형태인 회사제도는 「노력의 보충」, 「자본의 조달과 결합」, 「위험 및 손실의 분산」, 「기업의 유지」 등의 이점이 있기 때문에 끊임없이 발달하고 있다.

3) 특히 주식회사제도는 국민경제적으로도 분산된 유휴자금의 흡수와 전문적인 경영능력의 활용 등의 장점이 있기 때문에 경제발전의 기초가 되며, 사회적으로는 고용의 증대를 도모함과 동시에 상품이나 서비스를 제공함으로써 중요한 사명을 담당하고 있다.

(3) 회사제도의 폐해　　　회사제도는 장점이 있는 반면에 기술적인 제도로서 여러 가지의 폐해를 수반하기도 한다. 우선 대내적으로는 개인 또는 소수인이 회사를 지배하여 회사의 경영에 전문적 지식이 없거나 무관심한 많은 투자자의 이익을 희생시키면서 개인적인 이익만을 추구하는 경우가 허다하며, 대외적으로는 착취나 부정한 목적을 위하여 남용될 수 있고 특수산업을 독점하여 부당한 이득을 취할 목적으로 악용될 수 있다. 부실한 경영으로 회사채권

자 및 일반공중의 이익을 부당하게 해하거나, 탈세 및 탈법의 수단으로 이용되기도 한다.

(4) 회사제도의 발전　　　공동기업형태의 발전과정에서는 민법상의 조합·선박공유·익명조합 등과 같은 과도기적 형태가 이용되었으나, 가장 전형적인 공동기업형태는 회사제도라고 할 수 있다. 회사 가운데 노력의 보충에 중점이 있는 대표적인 형태가 합명회사이며, 자금의 조달에 중점이 있는 회사가 주식회사이다. 즉 회사의 형태는 그 중점이 어디에 있는가에 따라 구별할 수 있지만, 위험의 분산 및 경감의 방식에 있어서는 공통의 성격이 있다.

[156]　제2　會社法의 槪念

I. 실질적 의의의 회사법

(1) 의　　　의　　　회사법이란 일정한 공동목적의 추구를 목표로 하는 복수인의 조직인 회사기업에 관한 법이다. 이것은 기업경영을 위한 복수인의 조직을 그 구성원으로부터 독립시킴으로써 조직 그 자체에 주체성을 부여하기 위한 조직에 관한 법이라고 할 수 있다. 그러므로 회사법은 물적 시설과 인적 시설로 이루어진 독립된 조직에 관한 법인 것이다. 즉 실질적 의의의 회사법은 공동기업형태인 회사에 관한 법으로서 회사의 설립·조직·운영·소멸에 관한 모든 법규를 말한다.

(2) 범　　　위

1) 공법규정　　　회사법이라고 할 때에 회사공법이나 회사국제법도 포함되는가 하는 문제가 있는데, 이것은 상법학 중에 공법을 어느 정도로 받아들일 것이냐에 따라 다르게 된다. 실질적 의의의 회사법은 **회사기업**에 관한 **사법**이라는 소수설도 있으나[鄭(희)·265], 회사에 관한 법학적 고찰과 사법법규의 실현을 위하여 필요한 **공법적 규정**인 회사형법·회사소송법·비송사건절차법 등도 실질적 의의의 회사법에 포함시켜야 할 것이다.

2) 기타 유사규정　　　회사법은 상법 중에서 회사에 특유한 부문이므로, 회사와 유사하거나(익명조합) 회사라는 명칭을 사용하더라도 회사가 아닌 것(상호부협회사)에 관한 규정은 회사법의 범위에 속하지 않는다.

2. 형식적 의의의 회사법

형식적 의의의 회사법이란 회사라는 명칭을 사용한 법률 또는 편·장으로서 상법 제3편에서 규정하고 있는 법규 전체를 말한다. 즉 상법 제3편에서는 합명회사·합자회사·주식회사·유한회사 그리고 외국회사에 관하여 규정하고 있는데, 여기에는 다수의 벌칙에 관한 규정을 비롯하여 소송법적 규정과 비송사건절차법적 규정을 포함하고 있다.

3. 양자의 관계

실질적 의의의 회사법은 회사기업에 관한 사법법규뿐만 아니라 형식적 의의의 회사법 중의 벌칙규정 등 공법적 규정도 포함되는 것으로 보면, 형식적 의의의 회사법에 속하는 모든 규정은 동시에 실질적 의의의 회사법에 포함된다. 다만 실질적 의의의 회사법 중에는 형식적 의의의 회사법 이외에 다른 법령이나 관습법 또는 회사의 정관에 존재하는 것도 있다.

[157] 제3 會社法의 地位와 特性

I. 회사법의 지위

(1) 공동기업의 경영을 위한 법규인 회사법은 개인기업에 관한 법규와는 다른 특수성이 있지만 공동기업에 관한 한 일반법이라고 할 수 있다. 그러므로 기업의 특수성을 고려한 기술적인 규정이나 기업에 대한 국가의 감독이나 통제를 위한 법규인 은행법·보험업법·증권거래법·특수회사법 등과 소비자의 보호를 위한 공정거래법 등은 공동기업에 관한 일반법인 회사법에 대하여 특별법적 지위에 있다.

(2) 회사도 복수인의 단체인 사단법인이기 때문에 상법에 규정이 없는 사항에 대하여는 법인일반에 관한 민법의 규정이 유추적용되는 경우가 있다. 그러나 민법의 규정은 주로 공익법인에 관한 것이고, 회사에 대하여는 회사법에서 상세한 규정을 두고 있으므로 직접적인 영향은 미치지 못한다.

2. 회사법의 특성

회사법은 공동기업의 주체인 회사에 관한 법으로서 상법의 중요한 일부문이다. 그리하여 회사법에도 상법이 다른 법(^민_법)에 대하여 갖는 일반적인 특성
이 있다(^{공시주의·외관주의·}_{기업유지의 원리 등}).

　(1) 단 체 성　　1) 회사법은 그 대부분이 회사라는 단체의 내부조직에
관한 법이다. 즉 단체와 그 구성원과의 관계 및 단체와 그 활동의 기초인 기관
과의 관계에 대한 규정으로 구성되는 단체법에 속한다(^{물론 사채에 관한 규정과 같이 개인}_{법적인 성질이 있는 것도 있다}).
그러므로 개인 상호간의 대등관계를 정하는 개인법과 달리 여기에는 단체법적
인 원리가 지배되어 다수결의 원칙, 사원평등의 원칙, **법률관계의 획일적 확정**
등이 요청된다.

　2) 회사에 관한 대부분의 규정은 단체법적 성질을 띠고 있으나, 부분적으
로는 회사 또는 사원과 회사채권자와의 관계, 출자지분의 양도, 주식·사채의
양도 등 거래법적 성질이 있는 것도 있다.

　(2) 영 리 성　　1) 회사는 사원의 경제적 이익을 도모하는 영리의 목
적을 달성하기 위한 수단인 단체로서 사회학적으로 볼 때 이익사회적 단체라
고 할 수 있다. 그러나 회사는 개인적 이익이 아닌 복수사원의 공동의 이익을
도모한다는 점에서는 공동단체성이 있다고 할 수 있다.

　2) 회사의 사원은 지분 또는 주식의 양도·이익배당·잔여재산의 분배 등
어떠한 형식으로든지 회사를 자기의 재산적 수익의 원천으로 이용하기 때문
에, 회사법의 중요한 임무 중의 하나는 사원의 **경제적 이익**을 도모하는 것이라
고 할 수 있다. 즉 회사법은 영리단체법으로서 영리성을 기초로 한다.

　(3) 공 공 성　　1) 회사법의 중요한 임무는 사원의 경제적 이익을 보
호하는 것이지만 이는 공익을 해하지 않는 범위 내에서만 인정되는 것이다. 특
히 주식회사의 경우는 사원(^주_主)의 수가 많고 회사와 거래관계에 있는 제 3 자의
수가 다수이며, 많은 사람들이 종사하고 있기 때문에 국민경제적으로 중요한
지위를 차지하고 있다. 그러므로 회사의 경영은 공공의 이익에 다대한 영향을
미치게 된다.

　2) 회사법은 엄격주의·간섭주의를 그 기조로 하고 있으며 특히 주식회사
의 경우에는 대부분의 규정이 강행법규로 구성되어 있고, 회사의 법률관계에
대하여 국가기관인 법원의 관여를 인정하고 있다(^{상 176}_{참조}).

[158] 제4 會社法의 法源

(1) 서　　설　　　회사법의 법원으로는 제정법·상관습법·상사자치법인 정관 등이 있다. 회사의 생활관계는 복잡하고 기술적이기 때문에 제정법이 가장 중요한 회사법의 법원이 된다. 그리하여 불문법국인 영국이나 미국에서도 회사에 관하여는 오래 전부터 성문의 회사법을 갖고 있었다. 그러나 회사법의 영역에 있어서는 해상법의 경우와 같은 국제통일조약은 없으며, 다만 제국과의 통상조약에 외국회사를 인정하는 규정이 있을 뿐이다. 보통거래약관·판례·학설·조리 등은 상법 일반의 경우와 같이 회사법의 법원은 아니라고 본다$\left[\substack{24면\\참조}\right]$.

(2) 제정법의 범위$\left[\substack{15면\\참조}\right]$

(3) **법규적용의 순서**　　　회사에 대하여는 자치법인 정관이 우선적으로 적용되고 다음에 상법 제3편의 규정이 적용되지만 회사에 관한 특별법이 있는 경우에는 그 규정이 상법에 우선한다. 그리고 위의 규정이 없는 때에는 상관습법, 그 다음에 민법의 순서로 적용된다$\left(\substack{상\\1}\right)$. 그러나 상관습법은 상법에 대하여도 **개폐적 효력**(改廢的 效力)이 인정된다고 할 것이다. 민법의 법인에 관한 규정$\left(\substack{민 31\\이하}\right)$은 공익법인을 대상으로 한 것이기 때문에 회사법에 대하여 일반법이라고 할 수 없다. 그러므로 회사에 대하여 제정법과 상관습법이 없는 사항은 민법을 적용하기에 앞서 그에 관계되는 규정의 해석에 의하여 합리적인 법칙을 발견할 수 있는 때에는 이에 의하여야 할 것이다$\left[\substack{동: 徐(돈), 264;\\徐(정), 176}\right]$.

제 2 장 通   則

제 1 절 會社의 槪念

[159] 제 1 會社의 意義

회사라 함은 상행위 기타 영리를 목적으로 하여 설립된 법인으로 상법 제
3편($^{회}_{사}$)의 규정에 따라 설립된 것을 말한다($^{상\ 169,}_{민\ 39\ 참조}$).

I. 영리를 목적으로 하여야 한다

(1) 상사회사·민사회사   회사는 영리를 목적으로 하는 법인으로서 상
행위를 영업으로 하는 회사를 상사회사라고 하고, 상행위 이외의 행위를 영업
으로 하는 회사는 민사회사라고 한다. 즉 전자는 당연상인($_{4,}{}^{상}_{46}$)이며, 후자는
의제상인($_5{}^{상}_{Ⅱ}$)이다. 그러나 양자는 모두 상인이라는 점에서 동일하기 때문에 모
든 회사에는 상인에 관한 일반규정인 상업등기·상호·상업장부·상업사용인 등
에 관한 상법 총칙편의 규정이 적용되며, 또한 회사가 영업을 위하여 하는 행
위는 모두 부속적 상행위로서 상행위가 된다($_{47\ Ⅰ}{}^{상}$).

(2) 영리성의 의의   1) 영리를 목적으로 한다는 것은 회사가 영리사업
을 하여 이익을 얻는 것($^{이익의귀속주}_{체가\ 되는\ 것}$)만으로는 불충분하고, 사업에서 생긴 이익을
사원에게 귀속시키려는 의도가 있는 것을 의미한다는 것이 **통설**이다. 즉 회사가
대외적인 기업활동을 통하여 얻은 이익을 그 구성원에게 분배하는 것을 목적으로
하는 것을 말한다고 한다($^{그렇다고\ 회사가\ 기부\ 등의\ 비영리}_{적\ 행위를\ 할\ 수\ 없는\ 것은\ 아니다}$). 그러므로 단순히 단체의 내
부활동을 통하여 그 구성원에게 경제적 이익을 주는 것을 목적으로 하는 상호
보험회사($^{보\ 70}_{참조}$)·거래소 등은 회사가 아니며, 또한 재단법인이나 공법인이 공
공의 목적을 위하여 그 수단으로서 영리사업을 하더라도 회사라고 할 수 없다.

2) 비영리사업만을 목적으로 하는 단체도 회사의 범위에 포함시키는 견해
가 있으나$\begin{bmatrix} 徐(돈),\ 268; \\ 鄭(동),\ 11 \end{bmatrix}$, 영리성은 회사의 본질에 속하고 기타 단체와의 구별을
위한 척도가 되므로 타당하지 못하다$\begin{bmatrix} 동:\ 鄭(희),\ 278; \\ 李·崔,\ 213 \end{bmatrix}$.

3) 이익의 분배는 이익배당의 방법에 의하든 잔여재산분배의 방법에 의하

든 관계 없으며, 일시적으로 이익배당이 제한되거나 정지된 때에도 영리성은 유지된다. 또한 회사가 직접 경영을 담당하지 않고 타인에게 경영을 위임하여 임대료를 받는 경우에도 그 경제적 효과가 사원에게 귀속되면 영리성은 인정된다.

상인의 개념을 정함에 있어서 영리성($^{상}_{4.5}$)은 영리를 추구하려는 의도만 있으면 되고 이익의 사용목적은 불문하는 데 비하여, 회사의 개념을 정함에 있어서는 이익의 추구뿐만 아니라 구성원에 대한 분배의 의도를 요건으로 한다. 그러므로 공법인도 영리사업을 하는 경우는 상인이 될 수 있으나 회사는 아니다.

2. 회사의 사단성

(1) 의   의   1) 종래에는 상법상의 회사는 모두 영리를 목적으로 하여 설립된 사단이라고 하였다($^{구상}_{169}$). 사단이란 공동목적을 위한 복수인의 단체로서 구성원의 단순한 집합체($^{구}_{합}$)가 아니라 통일적인 결합체임을 뜻한다. 즉 사단은 단체의 조직적 일체성이 강한 단체라고 할 수 있다.

2) 회사 중에 주식회사와 유한회사는 사단성이 농후하지만 합명회사와 합자회사는 조합성이 강한 회사이다. 그리하여 합명회사와 합자회사의 내부관계에 대하여는 민법의 조합에 관한 규정을 준용하고 있다($^{상\ 195,}_{269,}$). 조합성이 농후한 합명회사와 합자회사도 사단이라고 할 것이다. 왜냐하면 이들 회사도 법률관계의 명확한 처리를 위하여 사단형성이 필요하기 때문이다. 그러므로 구상법 제169조에서 사단이라고 하였던 것은 상법상의 모든 회사는 복수인의 단체라는 점을 강조한 것에 불과하다.

협의의 사단이 조합과 다른 점은 우선 실질적 성질에 있어서 사단은 구성원의 수가 많고 단체와 구성원간의 관계는 희박하며 단체로서의 단일성이 강하여 단체의 사의 형성을 위하여 다수결의 원칙이 지배된다는 점이다. 반면에 조합은 구성원의 수가 적고 구성원의 개성이 강하게 단체에 반영되어 단체의 단일성은 약하다. 단체의 형식적 성질에서 볼 때 구성원이 단체와 사회관계에 의하여 단체를 통하여 간접적으로 결합된 것을 사단이라 하고, 구성원이 상호계약관계에 의하여 직접 결합된 법인격 없는 단체를 조합이라고 할 수 있다($^{민}_{703\ I}$).

3) 회사는 복수인의 단체인 사단이므로 2인 이상의 구성원이 있어야 하며 이들을 사원이라 한다. 복수사원의 존재는 합명회사와 합자회사의 **성립요건**($^{상\ 178,\ 268,}_{288,\ 543 I}$)일 뿐만 아니라 **존속요건**($^{상\ 227(3),}_{269,\ 609(1)}$)이기도 하다. 즉 합명회사와 합자회사의 경우에는 1인에 의한 회사의 설립이나 사원이 1인뿐인 회사의 존립

은 인정하지 않는다. 그러나 2001년의 상법개정에 의하여 주식회사와 유한회사는 1인에 의한 회사의 설립이 가능하게 되었고($^{상\ 288\cdot}_{543}$), 유한회사의 해산사유 중 「사원이 1인이 된 때」를 삭제하였으므로($^{상}_{609}$) 주식회사와 유한회사의 경우에 1인회사는 설립시뿐만 아니라 존속 중에도 그 성립이 인정된다.

(2) 1인회사

1) 의　　의　　　주식회사의 경우에 1인의 주주가 회사가 발행한 주식의 전부를 소유하는 회사를 1인회사(Einmanngesellschaft, one man company)라고 한다. 유한회사의 경우에는 회사의 모든 지분을 1인의 사원이 소유하는 회사를 1인회사라고 한다.

2) 인정의 근거

(가) 물적회사성　　　주식회사는 주주의 조합이 아니라 사원권이 물화(物化)된 제도로서 회사재산이 회사의 실체를 이루는 **자본 중심의 회사**($^{물적}_{회사}$)이다. 즉 주식회사는 사단법인성이 강하여 회사의 재산과 사원의 재산이 법률적으로나 경제적으로 완전히 분리되어 회사재산만이 회사채무에 대하여 책임재산이 되기 때문에, 사원이 1인이 된 때에도 사원이 복수인 경우에 비하여 특별히 회사채권자의 이익이 침해되지 않는다. 이러한 점은 유한회사의 경우도 같다.

(나) **주식의 자유양도성**　　　주식은 원칙적으로 복수이고 정관으로 그 양도를 제한($^{상\ 335}_{1\ 단}$)하지 않는 한 그 양도는 자유이므로($^{상\ 335}_{1\ 본}$) 일시적으로 1인회사가 되더라도 사단성은 일시적으로 잠재할 뿐이고 그 회복이 용이하다.

(다) 사원의 비공시성　　　주주의 성명은 정관의 기재사항이나 등기사항이 아니기 때문에 제 3 자는 주주의 원수를 알 수 없고, 특히 무기명주식을 발행한 경우는 사실상 주주의 원수를 파악한다는 것은 불가능하다.

(라) 기업양도의 용이성　　　1인회사의 경우에는 기업의 양도가 용이하기 때문에 기업의 유지를 가능하게 하고 기업의 분할을 용이하게 한다.

3) 법률관계　　　1인회사에 대하여는 복수사원의 존재를 전제로 하는 법규정의 적용 및 법률관계에 있어 수정이 불가피하다. 그러나 기업의 유지와 회사채권자의 보호를 위한 규정은 모두 적용된다.

(가) 총회소집 또는 결의에 관한 규정　　　a) 1인회사의 의사는 주주 1 인의 의사에 의하여 결정되므로, 주주총회의 소집과 결의에 관한 상법과 정관의 규정은 복수의 사원이 존재하지 않는 1인회사에는 사실상 적용되지 않고 그 효력이 일시적으로 정지된다고 할 수 있다[$^{大\ 66.\ 9.\ 20,\ 66\ 다\ 1187\cdot1188;\ 大\ 68.\ 2.\ 20,}_{67\ 다\ 1979\cdot1980;\ 大\ 93.\ 6.\ 11,\ 93\ 다\ 8702}$]. 그

러므로 총회결의의 성립과 결의의 방법에 관한 하자를 이유로 한 결의의 취소
나 부존재는 문제가 되지 않는다.

　b) 1인회사의 주주총회가 유효하려면 이사회의 소집결정은 있어야 한다
는 소수설이 있으나[崔(철),405], 이에 의하면 이사해임 등 주주총회의 권한을 제한
하는 결과가 초래될 수 있고 상법에서 소수주주에게 주주총회의 소집청구권과
직접소집권을 인정하고 있는 점에 비추어 1인주주에 의한 총회의 경우에 이사
회의 소집결정이 반드시 필요하다고 볼 근거는 희박하다.

　c) 그렇다고 주주총회의 결의가 필요 없는 것은 아니다. 그러므로 주주총
회의 의사록은 작성하여야 한다($\frac{상}{373}$). 왜냐하면 회사채권자는 주주총회의사록
의 열람 또는 등사청구권을 갖기 때문이다($\frac{상}{396}$). 그러나 의사록의 작성을 해태
하였더라도 결의의 효력에는 영향이 없고 과태료의 제재를 받을 뿐이다($\frac{상}{I}\frac{635}{(21)}$).
의사록에는 원칙적으로 의장과 출석한 이사가 기명날인 또는 서명하여야 하지
만($\frac{상}{373}$Ⅱ), 1인회사의 경우에는 이사가 출석하지 않았거나 출석하였으면서도
기명날인 또는 서명을 하지 않았다고 하여도 결의의 효력에는 영향을 미치지
않는다. 왜냐하면 이사의 출석은 주주총회의 성립이나 결의를 위한 요건이라
고 할 수 없기 때문이다.

　(나) 이사와 회사간의 거래　　　a) 회사와 1인주주의 인격은 별개이므로
[大 83.12.13, 83 도 2330] 양자간에는 사원관계가 존속되지만, 1인주주가 이사로서 이사회의
승인 없이 회사와 한 거래에 대하여는 상법 제398조와 민법 제124조는 적용되지
않는다[동: 鄭(동), 17; 姜(위), 32]. 왜냐하면 이 경우는 이해의 충돌이 없기 때문이다. 이와는
반대로 회사의 재산은 모두 회사채권자의 담보가 되므로 1인주주인 이사라 하더
라도 상법 제398조의 예외가 될 수 없다는 것이 다수설이다[孫(주), 439; 李(철), 37; 蔡(이), 377; 李(기),
350; 鄭(찬), 413; 金
(영), 51; 權(기), 35].

　b) 그러나 상법 제398조의 입법취지가 채권자의 보호까지 포함하는가 하
는 점에는 의문이 있다. 상법에서 이사의 자기거래에 대하여 이사회의 승인을
요하도록 한 것은 그 입법취지가 회사 및 주주의 이익을 보호하는 데에 있기
때문이다. 이는 이사가 주주에 의하여 선임·해임되고 이사의 회사에 대한 책
임은 총주주의 동의에 의하여 면제된다는 점에서도($\frac{상}{400}$) 분명하고 회사채권자
의 보호는 이사의 책임추궁으로서 충분한 것이다($\frac{상}{I}\frac{399}{401}$). 물론 이 경우에도 1
인주주는 자기의 회사에 대한 책임을 총주주의 동의로써 면제하는 것이 가능
하지만($\frac{상}{399}\frac{400,}{}$), 제 3 자에 대한 책임은 면할 수 없다.

c) 다수설인 승인필요설에서는 승인불요설에 의하면 이사들의 책임을 추궁할 수 없어서 자기거래로 인한 손해의 전보가 불가능하게 된다고 하나[李(철),, 615], 이사회의 결의가 없었다고 하여 이사들이 면책이 되는 것은 아니라는 점에서 문제가 있다고 본다.

　　　판례도 상법 제398조는 회사와 주주의 이익을 보호하기 위한 규정이므로 1 인 회사가 아닌 경우에도 이사회의 승인을 요하는 채무부담행위에 대하여 사전에 주주 전원의 동의가 있었다면 회사는 이사회의 승인이 없음을 이유로 책임을 회피할 수 없다고 하였다[大 92.3.31, 91 다 16310].

㈐ 주식의 양도제한에 관한 정관규정　　　1995년의 개정상법에 의하여 주식의 양도를 정관에 의하여 이사회의 승인을 얻도록 할 수 있지만(상 335 1 단), 이 경우에 1 인회사의 1 인주주가 소유주식의 전부를 양도하는 때에는 다른 주주가 존재하지 않으므로 이사회의 승인을 받을 필요가 없다고 본다[동; 鄭 (동), 17]. 이와는 달리 주식양도제한제도의 입법취지는 이질적인 주주의 진입을 방지하고 경영진 기타의 이해관계인들의 보호에 있으므로 1 인회사의 경우에도 적용된다는 견해도 있다[權(기),, 35].

㈑ 배임죄・횡령죄　　　1 인회사의 1 인주주 겸 대표이사가 회사에 손해를 가한 경우에 관하여, 종래의 판례는 회사의 손해는 바로 1 인주주의 손해라는 이유로 회사에 손해를 가하려는 범의가 없어서 회사에 대한 배임죄는 성립할 수 없다고 하였으나[大 74.4.23, 73 다 2611], 이후 대법원 전원합의체판결에서는 종래의 입장을 변경하여 배임죄의 성립을 인정하였고[大 83.12.13, 83 도 2330] 회사재산의 횡령에 대하여는 횡령죄가 성립한다고 하였다[大 89.5.23, 89 도 570].

[事例演習]

◇ 사 례 ◇

　단국산업주식회사는 주주가 7명이었는데 주주 A가 다른 주주들의 주식을 전부 양수하였다. 동회사에는 3인의 이사가 있었으나 이들이 사임하여 A는 주주총회도 소집하지 않고 자신을 포함하여 3인의 이사를 선임하고 자신은 대표이사가 되었다. 이후 A는 이사회의 승인을 얻지 않고 자기 소유의 부동산을 동회사에 매도하였다.

　〈설문 1〉 1인회사의 주주총회는 이사・감사의 출석도 필요 없고 총회의 의장도 필요하지 않은가?

〈설문 2〉이 사례의 회사의 경우는 주주총회의 소집절차 없이 주주 A만이 출석하면 주주총회가 성립하는가?

〈설문 3〉이 사례의 경우 A가 부동산의 소유권이전의 등기를 하지 않고 있어서 甲회사가 그 등기절차를 요구하자 A는 그 거래는 이사회의 승인을 얻지 않았으므로 무효라고 주장하고 있다. A의 주장은 정당한가?

[해 설]　**설문 1의 경우**　　주주총회의 이사와 감사도 출석을 하여야 하지만($\substack{상 373 \\ II, 413}$) 주주총회는 이사 등이 출석하여야만 성립되는 것은 아니라고 본다. 그러므로 이사·감사의 출석이 총회의 성립요건은 아니다. 더구나 1인회사의 경우에는 더욱 이사·감사의 출석을 요건으로 할 필요가 없다고 할 수 있다. 상법 제373조 제2항에서는 의사록에는 의장과 출석한 이사가 기명날인 또는 서명하여야 한다고 규정하고 있으나 그렇다고 의장의 선출이 주주총회의 성립요건은 아닌 것이다. 왜냐하면 의장 선출의 필요성은 주주가 다수이고 그 소유주식의 수가 다른 경우에 결의에 필요한 의사의 확인을 위하여 필요한 것이기 때문이다.

　　설문 2의 경우　　1인회사에 있어서는 주주의 이익보호에 관한 규정의 적용이 일시적으로 정지된다고 할 수 있으므로 A만이 출석하여도 유효한 주주총회로서 성립이 인정된다. 이와는 달리 소수설로서 1인회사라도 주주총회의 소집을 위하여는 이사회의 소집결정이 필요하다는 설도 있다[$\substack{최(철), 405면 \\ 이하 참조}$]. 그러나 1인회사의 경우에 이사회의 소집결정은 필요 없다는 것이 대부분의 국가의 통설로 되어 있다. 그렇지만 1인회사라도 주주총회의 의사록은 작성하여야 한다($\substack{상 \\ 373}$). 원칙적으로 의사록에는 의장과 출석한 이사가 기명날인 또는 서명하여야 하지만($\substack{상 373 \\ II}$), 1인회사의 의사록에는 주주의 기명날인 또는 서명만 있으면 된다고 본다.

　　설문 3의 경우　　이사와 회사간의 거래에 관한 상법 제398조가 1인회사의 경우에도 적용되는가 하는 점에 관하여 다수설에 의하면 [$\substack{269면 이 \\ 하 참조}$] A는 그 무효를 주장할 수 없고, 이사회의 승인이 필요하다는 소수설에 따른다 하더라도 신의칙과 관련하여 A는 그 무효를 주장할 수 없다고 할 것이다.

3. 회사는 법인이다($_성^{법인}$)

(1) 총   설   상법상의 회사는 상행위 기타 영리를 목적으로 하며 설
립한 법인이다($_{169}^{상}$). 법인(法人, juris- tische Person)이란 법에 의하여 권리능력
이 인정된 단체이다. 이는 단체에 관한 법률관계를 단순화하고 회사의 책임재산
을 단체의 재산으로 제한하기 위한 법적 기술이다. 즉 법인격은 단체에 대한 권
리·의무의 귀속을 명확하게 하기 위하여 단체의 구성원과 업무집행자가 변동되
더라도 그것을 단일체로서 영속시키고, 거래관계에서 생기는 법률관계를 단체 그
자체에 귀속시키며, 특히 물적회사의 경우에 단체의 재산과 그 구성원의 재산을
분리시키기 위하여 인정하는 것이다.

(2) 각종 회사의 법인성   사원이 회사채권자에 대하여 아무런 책임
을 지지 않고 회사의 채무에 대하여는 오직 회사만이 책임을 지며, 그 기관
이 법정된 물적회사($_{유한회사}^{주식회사}$·)에 있어서는 법인성이 뚜렷하다. 하지만 인적회사
($_{합자회사}^{합명회사}$·)의 경우는 사원이 회사채무에 대하여 무한책임을 지고, 회사의 기관구
성이 불비하며, 사원 상호간과 사원과 제 3 자 사이의 관계까지도 규제의 대상
이 되므로 법인성이 희박하다.

　　　상법이 조합과 같은 합명회사와 합자회사에 대하여도 법인격을 인정하고 있는
　　것은 이들 회사에 대한 법률관계의 귀속을 명확하게 하고, 또한 조합과 달리 업무
　　집행사원이 회사를 대표하여 회사의 명의로 법률행위를 할 수 있게 하며, 소송에
　　있어서 당사자능력을 인정하기 위한 것이라고 할 수 있다.

(3) 법인의 구비요건   회사는 법인격이 있으므로 활동의 기초로서 기
관이 필요하며 법인격이 있는 회사의 주소는 본점소재지에 있는 것으로 본다
($_{171}^{상}$ II). 회사의 상호에는 그 종류에 따라 합명회사·합자회사·주식회사·유한
회사의 문자를 사용하여야 한다($_{19}^{상}$).

(4) 법인격부인의 법리

1) 의   의   (가) 회사의 법인격을 인정한($_{169}^{상}$) 본래의 입법취지에 반
하여 법인격이 남용되는 경우에는 입법적인 조치($_{무효·취소·부존재 등}^{설립요건의 강화, 설립}$)와 행정적
또는 사법적 조치(司法的 措置)($_{령: 상 176}^{회사의 해산명}$)에 의하여 그 예방과 시정이 가능하
다. 그러나 회사의 설립무효·취소·부존재를 비롯하여 회사의 해산명령 등은
회사의 법인격을 전면적으로 소멸시킴으로써 기업의 해체를 초래한다.

(나) 이에 반하여 영·미의 판례법으로부터 형성된 **법인격부인**(法人格否認)의 **법리**(the doctrine of the disregard of the corporate entity)와 독일의 **실체책임** (實體責任)(Durchgriffshaftung)의 이론($_{고도 한다}^{투시이론이라}$)은 회사의 법인격을 전면적으로 부정하지 않고, 회사의 특정한 법률관계에 한하여 법인격을 부인하여 그 법인의 배후에 있는 실체를 법인과 동일한 인격으로 인정하여 법률문제를 해결하려는 이론이다. 즉 개인기업의 지배사원이나 모회사가 유한책임제도를 남용하는 경우에 그 개인기업이나 자회사의 법인격을 부정하여 양자를 동일한 인격체로 인정하는 법리이다.

(다) 이 경우에 법인격의 부인이란 사단성의 부인을 포함한다. 왜냐하면 법인격만이 부인되면 권리능력 없는 사단의 존재를 부정할 수 없게 되어 예컨대 주주개인의 책임을 직접 도출할 수 없을 것이기 때문이다.

2) **법리의 근거**　　실정법저 근거로서 i) 민법 제2조 세1항의 신의성실의 원칙 위반이라는 견해$\left[\substack{李(철), 44;\\權(기), 43}\right]$, ii) 민법 제2조 제2항 권리남용금지라는 견해$\left[\substack{鄭(동),\\32}\right]$, iii) 법인격의 개념에 내재하는 한계라는 견해$\left[\substack{鄭(찬),\\418}\right]$가 대립하고 있다. 생각건대 우리의 경우 회사에 대하여 법인격을 부여한 정책적인 입법 취지와 **권리남용의 금지**에 관한 민법 제2조 항에서 그 근거를 찾을 수 있다고 본다$\left[\substack{同, 孫(주), 444; 鄭(동),\\32; 李·崔, 223}\right]$. 또한 판례는 i) 또는 ii)라는 입장이다$\left[\substack{大 88.11.12,\\87 다카 1671}\right]$.

3) **법리의 주장**　　이 법리는 특히 회사채권자인 거래상대방을 보호하기 위한 법리이므로 회사나 주주는 이 법리를 주장하지 못한다. 거래상대방이 주주이었던 경우도 같다고 본다.

　　판례는 「기존회사가 채무를 면탈할 목적으로 기업의 형태·내용이 실질적으로 동일한 신설회사를 설립하였다면, 신설회사의 설립은 기존회사의 채무면탈이라는 위법한 목적달성을 위하여 회사제도를 남용한 것이므로, 기존회사의 채권자에 대하여 위 두 회사가 별개의 법인격을 갖고 있음을 주장하는 것은 신의성실의 원칙상 허용될 수 없다 할 것이어서 기존회사의 채권자는 위 두 회사 어느 쪽에 대하여서도 채무의 이행을 청구할 수 있다」고 하면서, 「기존회사의 채무면탈을 목적으로 형태와 내용이 실질적으로 동일하게 설립된 신설회사가 기존회사와 별개의 법인격임을 내세워 그 책임을 부정하는 것은 신의성실에 반하거나 법인격을 남용하는 것으로서 허용될 수 없다」고 하였다$\left[\substack{大 2004.11.12,\\2002 다 66892}\right]$.

4) **법리의 적용요건**　　(가) 이 법리를 적용하기 위한 요건은 명확하지 않으나 우리 판례에는 법인격이 **형해화**(形骸化)($_{혼동·강행적 규정의 무시 등}^{회사와 사원의 재산과 활동의}$)된 경우에

적용된다고 한 하급심판례[서울高 74.5.8,/72 나 2582]가 있고, 일본에서는 법인격이 **형해화**한 경우와 법의 적용을 회피하기 위하여 법인격을 **남용**(법률상 또는 계약상의 의/무회피·채권자 사해 등)하는 경우에 이 법리가 적용된다고 한다. 법인격의 형해화도 법인격을 남용하는 결과로 생기는 현상에 불과하다고 보면 이 법리는 광의로 법인격이 남용된 경우에 적용된다고 할 것이다.

(나) 이 법리는 1인회사인 경우에 적용될 여지가 많으나, 1인회사가 인정되는 한 단순히 주주총회나 이사회 등의 법적 절차가 전혀 도외시되었다는 사실만으로 법인격이 형해화되었다고 하여 이 법리가 적용되어서는 안 된다고 본다. 그러므로 더 나아가 회사재산과 개인재산의 혼동 및 회사의 업무와 개인적 활동의 혼동이라는 요건이 필요하다고 본다. 그러나 이 법리는 법인격의 남용을 방지하는 데 그 목적이 있으므로 **거래행위**에 대하여뿐만 아니라 **불법행위**에 대하여도 적용된다고 할 것이다.

(다) 이 법리의 근거를 민법상의 일반조항인 권리남용금지의 법리에 있는 것으로 볼 때나 이 법리가 영미의 판례에서 발전된 것이라는 점을 고려할 때 이 법리를 적용함에는 신중을 기해야 할 것이다. 즉 구체적인 사안에 대해 법인격부인과 관계 없이 회사와 사원의 실질관계를 고려한 사실인정, 법규의 합목적적 해석(合目的的 解釋) 등의 기존의 법기술(외관신뢰보호, 이사의 제 3 자에/대한 책임, 사용자책임 등)에 의한 해결이 곤란한 경우에 한하여 보충적으로 적용되어야 할 것이다[동: 鄭/(동), 28].

5) 판례의 입장   (가) 1974년에 법인격부인의 법리를 적용한 서울고등법원의 판결[서울高 74.5./8, 72 나 2582]이 있었으나 대법원은 이를 파기환송한 바 있다[大 77.9.13,/74 다 954].

　　　원심의 판결이유에 의하면 소외회사는 회사의 운영이나 기본재산의 처분에 있어서 주식회사 운영에 관한 법적 절차, 예컨대 주주총회나 이사회의 결의·감사권의 발동·기타 절차는 거의 무시되고, 대표이사인 피고의 단독재산·단독기업과 같이 운영되며, 다만 외형상 회사형태를 유지하기 위하여 최소한의 극히 부실한 회사명목을 유지하였음에 불과하여 형해에 불과한 법인이므로 법인격이 부인되어야 할 것이라고 하였다. 그러나 대법원은 「피고가 위 회사의 대표이사로서 원판시와 같이 위법부당한 절차에 의하여 회사운영상 필요로 하는 주주총회 등의 절차를 무시하고 등한히 하였다고 인정하기 어렵고, 더구나 주주가 1인인 소위 1인회사도 해산사유로 보지 않고 존속한다는 것이 당원판례의 태도이고 보면, 원심이 위 소외회사를 형해에 불과하다고 인정한 것은 잘못이고 판결에 영향을 미친 것이라 아니할 수 없다」고 하였다.

　　　이 판결을 법인격부인의 법리의 적용을 거부한 것으로 보는 견해도 있

으나, 대법원은 소외회사는 형해에 불과하다고 할 수 없다고 하여 그 법리
의 적용을 위한 요건이 구비되지 않은 것으로 판단한 것에 불과하다고 본다
〔동: 孫(주), 443;〕
〔鄭(희), 282 〕.

　(나) 이후 대법원은 **편의치적**(便宜置籍)을 위해 설립된 회사에 대하여 「별
개의 법인격을 가지는 회사라는 주장을 내세우는 것은 신의성실의 원칙에
반하거나 법인격을 남용하는 것으로서 허용되어서는 아니된다」고 판시한 바
있는데〔大 88.11.22,〕
〔87 다카 1671 〕, 이는 법인격부인의 법리를 적용한 결과라고 할 수 있다
〔동: 鄭〕
〔(동), 29 〕. 왜냐하면 법인격부인의 법리의 근거는 권리남용에 관한 일반조항에
있다고 할 수 있기 때문이다.

　6) 법리의 적용효과　　　(가) 이 법리가 적용되면 회사의 법인격이 전면적
으로 소멸되는 것이 아니라 **특정한 법률관계**에 국한하여 인격이 부인된다. 그
리하여 회사채권자는 회사에 대하여뿐만 아니라 그 배후에 있는 사원에 대하
여, 그리고 자회사의 채권자는 자회사에 대하여뿐만 아니라 모회사에 대하여
도 그 책임을 추궁할 수 있게 된다.

　(나) 그러나 회사의 배후에 있는 사원과 회사, 또는 구회사와 신회사가 사
실상 동일체인 경우에도 소송 및 강제집행절차에 있어서 명확성과 안정성을
중시하여야 하므로, 전자에 대한 판결의 **기판력**(旣判力) 및 **집행력**(執行力)의
범위를 후자에까지 확장하는 것은 허용되지 않는다〔大 95.5.12,〕〔동: 李(철), 46;〕
〔93 다 44531 〕〔鄭(찬), 418 〕.

〔事例演習〕

◇ 사　례 ◇

　　A주식회사 대표이사 B는 100% 자회사인 C주식회사의 대표이사
D에게 A회사를 위하여 토지를 매입하도록 지시하였다. 이에 C주식회
사 대표이사 D는 C회사 명의로 E로부터 토지를 구입하였다. E는 대
금지급을 받지 못했는데, C회사는 사실상 도산상태에 빠졌다. E는 어
떻게 구제받을 수 있는가?

　[해 설]　E는 C회사에 대해 매매대금의 청구 및 채무불이행책임을 추궁
　　　　　할 수 있고, A·B·C·D에 대해 불법행위책임을 추궁할 수 있다.
　　　　　다만 C회사는 도산상태에 있고 고의·과실의 입증이 어렵기 때문
　　　　　에 C회사에 대한 청구는 사실상 불가능하다. C회사의 대표이사 D
　　　　　에 대하여는 상법 제401조의 이사의 손해배상책임을 청구할 수 있

> 다. 한편 모회사 A의 대표이사 B가 모회사를 위하여 지시하였고
> 자회사는 명의만을 빌려준 것이기 때문에 법인격남용에 해당하는지
> 가 문제된다. 모회사 A는 C회사를 실질적으로 지배하고 위법·부
> 정의 목적이 있다면 법인격남용에 해당하고, 이 경우 A회사는 E에
> 대해 대금지급의무가 있다. 또한 제401조의 2의 요건에 해당하면
> A회사 또는 B는 사실상 이사로서 책임을 진다.

4. 회사는 상인이다($^{\text{상인}}_{\text{성}}$)

회사는 설립과 동시에 법인격과 상인자격을 취득한다($^{\text{상}}_{4,\,5\,\text{II}}\,{}^{171\,\text{I}\cdot}$). 즉 상행위
를 영업으로 하는 상사회사는 당연상인이고 기타의 행위를 영업으로 하는 민
사회사는 의제상인이라고 할 수 있다. 회사의 상인자격은 청산이 사실상 종료
된 때에 소멸한다.

5. 회사의 설립은 상법의 규정에 따른다($^{\text{준칙}}_{\text{성}}$)

회사는 상법 제3편($^{\text{회}}_{\text{사}}$)의 규정에 따라서 설립되어야 한다. 즉 영리를 목
적으로 하는 사단은 상법 회사편의 규정에 따라 설립된 때에 법인격을 취득하
고 회사가 되는 것이다($^{\text{민}}_{39\,\text{I}}$).

[160] 제2 會社의 種類

I. 상법상의 회사

(1) 총   설

1) 구별의 법적 기준   상법에서는 합명회사·합자회사·주식회사·유
한회사 등 4종류의 회사만을 인정하고 있다($^{\text{상}}_{170}$). 이러한 구별의 법적 기준은
회사의 구성원인 사원의 책임의 한계와 태양에 있는 것이다. 즉 회사의 종류는
회사의 채무에 대한 사원의 책임이 일정액을 한도로 하는 유한책임인가 또는
무한책임인가 하는 점과, 회사채권자에 대한 **직접책임**인가 또는 회사재산만이
책임을 지는 **간접책임**인가에 따라 구별된다.

2) 회사형태의 제한   상법에서는 계약자유의 원칙을 제한하여 회사의
종류를 4가지로 한정시키고 있는데, 이는 거래의 안전을 도모하기 위하여 회
사에 관한 법률관계를 명확하게 하고 사원과 채권자를 보호하며 회사정책의

편의를 도모하기 위한 것이다.

(2) 회사의 종류

1) 합명회사   이는 회사채권자에 대하여 **직접·연대·무한**의 책임을 지는 무한책임사원으로 구성되는 회사를 말한다. 그리하여 원칙적으로 모든 사원은 회사의 업무집행과 회사대표에 관하여 권리와 의무를 갖는다($^{상\ 200,}_{\ \ \ 207}$). 이는 인적 결합이 강한 소수인의 공동기업에 적합한 회사로서 지분을 자유로이 양도하지 못하며, 모든 사원의 재산총액과 개인적 능력이 직접 회사의 신용의 기초가 된다. 그러므로 합명회사는 재산과 노력의 공동체라고 할 수 있다.

2) 합자회사   이는 회사채무에 대하여 직접책임을 지는 **무한책임사원**과 **유한책임사원**으로 구성되는 이원적인 조직의 회사이다. 이는 합명회사의 형태에 자본적 결합성이 가미된 중간형태이지만 실질적으로는 합명회사와 유사하다. 그리하여 합자회사에 관하여 특별한 규정이 없을 때에는 합명회사의 규정을 준용한다($^{상}_{269}$). 유한책임사원은 자본적으로만 참가하므로 업무집행권과 회사대표권이 없으며 유한책임사원의 지분은 무한책임사원 전원의 동의가 있어야 양도할 수 있나($^{상}_{276}$).

3) 주식회사   이는 법인성이 뚜렷한 회사로서 주식으로 세분화된 일정한 자본을 가지고 사원(^{주})은 주식인수가액을 한도로 하여 출자의무를 부담할 뿐 회사의 채무에 대하여는 책임을 지지 않는 회사를 말한다. 주주는 소유주식을 원칙적으로 자유로이 양도할 수 있으므로 투하자본의 회수가 용이하기 때문에 주식은 널리 투자의 대상이 된다. 그리하여 주식회사는 거액의 고정자본을 필요로 하고 계속적인 자금조달이 필요한 대규모적인 사업의 경영에 적합한 형태이다.

4) 유한회사   이는 주식회사의 경우와 같이 모든 사원이 출자액을 한도로 유한책임을 지는 회사이다. 이는 비교적 소수인에 의한 중소규모의 기업경영에 적합한 회사로서 주식회사와 달리 비공중성·비공개성을 특징으로 하고 법규의 엄격성과 복잡성이 완화되고 있다. 또한 사원의 개성이 다소 중시되어 지분의 양도가 제한된다는 점과 특별한 경우에 사원이 자본의 전보책임을 지는 점이($^{상\ 550,}_{\ \ 593}$) 주식회사의 경우와 다르다.

5) 유한책임회사   이는 상법개정안(2007)에 의하여 새로이 법정한 회사형태이다. 이는 내부적으로는 조합적 성질이 있으며 광범위한 사적자치가 인정된다는 점에서 인적회사와 유사하다고 할 수 있다. 한편 모든 사원이 유한

책임을 진다는 점에서 주식회사, 유한회사와 함께 물적회사라고 할 수 있다.
따라서 유한책임회사의 사원은 주주나 유한회사의 사원과 같이 출자는 금전
기타 재산만이 인정되고, 정관의 작성 후 설립등기를 하는 때까지 출자의 전부
를 이행하여야 한다. 유한책임회사는 모든 사원이 유한책임을 지고 내부관계
에 대하여 광범위한 사적자치가 인정된다는 것이 장점이라고 할 수 있다.

2. 인적회사·물적회사

(1) **구별의 기준**   회사는 학문적으로 인적회사(人的會社)와 물적회사
(物的會社)로 구분할 수 있다. 전자는 사원의 개성을, 후자는 물적 시설을 중시
하는 회사라고 할 수 있다. 양자를 구분하는 명확한 기준은 없지만 다음과 같
은 점을 기준으로 하여 양자는 각기 다른 성질을 띤다. 즉 사원의 출자, 책임
의 정도, 회사재산의 독립성, 사원의 원수, 사원이 경영에 참가하는 정도, 의사
결정 방법, 사원의 지위의 이전에 관한 난이도, 해산사유, 청산방법 등의 법률
관계에 있어서 차이가 있다.

《물적회사와 인적회사의 차이점》

기 준	인 적 회 사	물 적 회 사
1. 출 자	금전·기타 재산·노무· 신용	금전·기타 재산
2. 책 임	직접·연대·무한	간접·유한
3. 재산의 독립성(사단법 인성)	약하다	강하다
4. 사원의 수	소 수	다 수
5. 사원의 경영참가	자기기관(개인주의적 회사)	제3자기관(단체주의적 회사)
6. 의사결정	전원일치	다수결
7. 사원의 지위의 이전	제 한	자 유(정관에 의한 제한 가능)
8. 1인회사	불인정	인 정
9. 청산의 방법	임의청산도 인정	법정청산
10. 내외의 법률관계	내부관계(임의법규) 외부관계(강행법규)	강행법규
11. 설립취소의 소	인 정($\frac{상}{184}$)	불인정
12. 기 타	퇴사·제명제도 인정	불인정

(2) **인적회사**   이는 사원의 개성을 중시하는 회사로서 대내적으로 사원과 회사와의 관계가 밀접하여 사원이 경영에 직접 참여하므로 회사는 자기기관에 의하여 운영되고($^{개인주의}_{적\ 회사}$), 노무와 신용도 출자로 인정된다. 그리고 의사결정은 전원일치를 요하고, 사원의 수가 소수이며 각 사원의 인적 사유에 의하여 퇴사·제명이 인정된다. 한편 내부관계에 관한 규정은 임의법규이며 사원의 지위는 원칙적으로 이전이나 상속이 제한되고, 사원이 1인으로 된 때에는 해산한다. 그리고 청산은 임의청산의 방법으로 할 수 있으며, 사단법인성이 약하고 **조합성**(組合性)이 강한 회사이다. 또한 대외적으로는 사원은 회사채권자에 대하여 직접 연대책임을 지며, 회사재산보다는 사원의 재산과 개성이 회사의 신용의 기초가 되는 회사이다. 이러한 점에서 볼 때 인적회사의 원형은 민법상의 조합이라고 할 수 있다.

(3) **물적회사**   이는 사원의 개성보다 자본을 기초로 한 회사로서 대내적으로 사원과 회사와의 관계가 희박하여 사원이 직접 업무집행에 관여하지 않으므로 소유와 경영이 분리되어 회사는 제3 자기관에 의하여 운영된다($^{단체}_{주의적}_{회사}$). 출자는 금전 기타 재산에 한하며 회사의 의사결정은 다수결의 원칙에 따르고, 또한 사원의 개성을 중시하지 않으므로 사원의 수가 많고 사원의 지위는 원칙적으로 자유로이 양도할 수 있고, 1인회사를 인정한다. 그리고 청산은 법정청산의 방법으로 하여야 하고, **사단법인성**이 강한 회사이다. 또한 대외적으로는 사원은 회사채권자에 대하여 간접적으로 유한책임을 지며, 회사재산의 독립성이 강한 회사를 말한다. 물적회사의 사원은 유한책임을 지기 때문에 회사채권자를 보호하기 위하여 내부관계에 대한 규정도 강행법규로서 법의 간섭이 많다.

(4) **양자의 구분과 상법상의 회사**   전형적인 인적회사는 합명회사이며 대표적인 물적회사는 주식회사이다. 합자회사는 이들의 중간형태라고 할 수 있으나 무한책임사원이 중요한 지위를 차지하므로 인적회사에 가깝다고 할 수 있다. 그리고 유한회사도 양자의 요소가 유기적으로 결합된 중간형태이지만 모든 사원이 유한책임을 지고 회사의 신용의 기초는 회사의 재산이라는 점에서 물적회사의 성격이 강한 회사라고 할 수 있다. 유한책임회사는 광범위한 사적자치가 인정된다는 점에서는 인적회사라고 할 수 있고, 모든 사원이 유한책임을 진다는 점에서는 물적회사라고 할 수 있다.

3. 개인주의적 회사·단체주의적 회사

이는 사원자격과 업무집행의 관계, 또는 경제적으로 기업경영과 기업소유의 관계를 기준으로 한 구별이다. 사원의 책임보다는 기업의 경영방식을 중심으로 한 구별이다. 기업의 경영과 소유가 일치되어 사원의 전부 또는 적어도 1인이 기업의 채무에 대하여 무한책임을 지고, 업무집행의 권리를 갖고 의무를 지는 회사로서 자기기관에 의하여 경영되는 회사를 개인주의적 회사라고 한다. 여기에는 합명회사와 합자회사를 비롯하여 익명조합이 포함된다고 한다. 그리고 기업의 경영과 소유가 분리되어 제 3 자기관에 의하여 경영되는 회사를 단체주의적 회사라고 하는데 주식회사가 여기에 속한다.

4. 상사회사·민사회사

회사의 상인성에서도 설명한 바와 같이 회사 중에 상행위를 영업으로 하는 회사를 상사회사라고 하고($\frac{상}{4}$), 기타의 행위를 영업으로 하는 회사를 민사회사라고 한다($_5\frac{상}{II}$). 하지만 양자는 모두 상인이며 회사인 점에서 같고 법률의 적용에 있어서도 아무런 차이가 없으므로 그 구별의 실익은 없다.

5. 일반법상의 회사·특별법상의 회사

상법의 규정만이 적용되는 회사를 일반법상의 회사라고 한다. 왜냐하면 상법 중에 회사법은 회사에 관한 일반법이라고 할 수 있기 때문이다. 그러므로 일반회사 또는 상법상의 회사라고도 한다. 이에 비하여 상법 이외에 특별법의 적용을 받는 회사를 특별법상의 회사라고 하는데, 이에는 일반적 특별법상의 회사와 특수회사가 있다. 전자는 특정한 종류의 영업을 목적으로 하는 회사에 대하여 상법에 우선하여 일반적으로 적용되는 특별법($\frac{은행법 \cdot 보험업법 \cdot}{신탁업법 \cdot 증권거래법}$)의 적용을 받는 회사로서 은행·보험회사·신탁회사·증권회사 등과 같은 공익사업회사이고, 후자는 특정한 회사의 설립을 위하여 제정된 특별법에 의하여 설립된 회사로서 한국전력공사·한국방송광고공사 등이 있다.

6. 내국회사·외국회사

이는 국적의 내외에 따르는 분류로서 이에 관하여는 여러 가지 견해가 있다($\frac{사원국적설 \cdot 기관구성원국적설 \cdot 주식인}{수지설 \cdot 영업중심지설 \cdot 주소지법설 \ 등}$). 통설인 **설립준거법주의**에 의하면 한국법에 의

하여 설립된 회사는 본점소재지의 위치에 불구하고 내국회사이고, 기타 외국
법에 준거하여 설립된 회사는 한국에 본점을 두고 한국에서 영업을 할 것을
주된 목적으로 하더라도 외국회사이다. 그러나 한국에 본점을 설치하거나 한
국에서 영업할 것을 주된 목적으로 하는 때에는 내국회사와 동일하게 취급하
므로($\frac{상}{617}$) 정책적으로 영업중심지설이 가미되었다고 할 수 있다.

7. 지배회사·종속회사

1개회사가 다른 회사에 대한 자본참가에 의하여 상당한 비율의 주식을 소
유하거나 거액의 채권자가 되거나 임원의 겸임이나 파견 기타 계약에 의하여
다른 회사를 사실상 지배하는 경우에, 전자를 지배회사($\frac{모회}{사}$)라 하고 후자를 종
속회사($\frac{자회}{사}$)라 한다. 상법은 자회사에 의한 모회사의 주식취득을 금지하면서
형식적 기준을 설정하여 모회사는 자회사의 발행주식총수의 100분의 50을 초
과하는 주식을 소유하는 회사라고 하였다($\frac{상\ 342의}{2\ I}$).

8. 기타의 분류

(1) 증권거래소에 상장된 주권을 발행한 법인을 주권상장법인이라 하고($\frac{증거}{2\ XIII\ (3)}$), 증
권거래소에 상장되지 아니한 주권을 발행한 법인을 주권비상장법인이라 한다($\frac{증거}{2\ XIII\ (4)}$). 또
한 코스닥시장에 상장된 유가증권을 발행한 법인을 코스닥상장법인이라 한다($\frac{증거}{2\ XV}$). 그
리고 증권거래법 제3조에 의하여 금융감독위원회에 등록을 하여야 하는 다음과 같은
법인을 등록법인이라 한다. 즉 코스닥상장법인이 비상장법인으로서 유가증권을 모집 또
는 매출하고자 하는 법인, 주권상장법인 또는 코스닥상장법인이 아닌 법인으로서 주권상
장법인 또는 코스닥상장법인과 합병하고자 하는 경우의 당해 법인, 유가증권을 모집하고
자 하는 설립중인 법인, 당해 법인의 임·직원에게 주식매수선택권($\frac{증거}{189의\ 4}$)을 부여하고자
하는 법인 등이다.

(2) 독점규제 및 공정거래에 관한 법률에 의하면 2개 이상의 회사가 동일한 기업집
단에 속하는 경우에 이들 회사는 서로 그 상대방의 계열회사라고 한다($\frac{동법}{2\ (3)}$). 이 경우에
기업집단이라 함은 동일인이 회사인 경우 그 동일인과 그 동일인이 지배하는 하나 이상
의 회사의 집단 또는 동일인이 회사가 아닌 경우 그 동일인이 지배하는 2개 이상의 회
사의 집단으로서 대통령령이 정하는 기준($\frac{동법}{시행령\ 3}$)에 의하여 사실상 그 사업내용을 지배하
는 회사의 집단을 말한다. 그리고 회사의 사원이 모두 소수의 가족인 회사를 폐쇄회사
또는 가족회사라고도 한다. 또한 주식의 양도가 제한을 받는 주식회사를 폐쇄회사라고
하기도 한다. 그리하여 지분의 양도가 제한되는 합명회사·합자회사·유한회사는 모두 폐
쇄회사라고 할 수 있다.

[161]　제3　會社의 能力

I. 권리능력

상법상의 모든 회사는 법인이므로($\frac{상}{169}$) 자연인과 같은 일반적 권리능력이
있다. 그러므로 회사 그 자체가 회사재산의 소유자이며 권리·의무의 주체가
된다. 그러나 회사의 권리능력은 자연인과 다른 성질에 의하여 제한을 받으며
또한 법인격은 법률정책적으로 인정되는 것이므로 그 필요에 따라 법률에 의
한 제한을 받는다. 그리고 정관소정의 목적에 의하여 제한되느냐 하는 문제에
대하여는 학설의 대립이 있다.

(1) 성질에 의한 제한　　　1) 법인인 회사는 그 성질상 자연인에게 특유
한 자연($\frac{천}{연}$)적 성질을 전제로 하는 신체·생명에 대한 권리·의무의 주체가 될
수 없고, **친족법상** 또는 **상속법상**의 권리·의무의 주체도 될 수 없다. 그렇다고
회사의 권리능력이 재산권에 관한 거래에만 한정되는 것은 아니며 회사는 인
격권으로서 상호권과 명예권을 갖는다.

2) 회사는 이사가 될 수 있는가에 대하여는 i) 제한 없이 인정하는 설[$\frac{徐(정)}{277;\ 李}$
$\frac{(병),}{403}$]과, ii) 업무집행을 담당하지 않는 이사는 될 수 있다는 설도 있으나[$\frac{鄭(희)}{290;\ 孫}$
$\frac{(주),\ 455;\ 鄭(동),}{45\sim46;\ 鄭(무),\ 317}$], iii) 법인인 회사는 **법인실재설**(法人實在說)에 의하면 행위능력
이 있으나 행위능력은 기관을 통해서만 인정되고 회사 자체는 완전한 행위능
력이 없으므로 업무집행과 관계 없이 예컨대 주식회사의 이사회의 구성원으로
서 개성이 요구되는 이사가 될 수 없다고 본다[$\frac{동;\ 李(철),\ 59;\ 鄭(찬),\ 428;\ 蔡(이),}{387;\ 李(범),\ 277;\ 朴·李,\ 66}$]. 다만
발기인이 될 수 있을 뿐이다[$\frac{동;\ 李}{(철),\ 59}$]. 왜냐하면 발기인은 회사의 설립만을 위한
일시적인 지위에 불과하기 때문이다. 그런데, 상법개정안(2007)은 유한책임회
사의 경우에 법인도 업무집행자가 될 수 있도록 하였는데 이 때에 법인은 업
무집행자의 직무를 행할 자를 선임하여야 한다($\frac{상\ 287의}{161}$).

(2) 법률에 의한 제한　　　1) 회사의 권리능력은 필요에 따라 법률에 의
하여 제한을 받는다. 즉 회사는 다른 회사의 **무한책임사원**이 되지 못한다($\frac{상}{173}$).
각기 고유한 목적을 가진 회사가 타회사의 기업경영에 대하여 무한책임을 지
는 것은 기업유지와 회사채권자의 지위를 위태롭게 할 수 있으므로 정책적으
로 제한하고 있는 것이다. 이 밖에 회사의 권리능력은 회사가 해산한 경우는
청산의 목적범위 내로, 파산에 의하여 해산한 때에는 파산의 목적범위 내로 축
소된다($\frac{상\ 245,\ 269,\ 542,}{613;\ 파\ 4}$).

2) 공익사업회사에 대하여 특별법으로 권리능력을 제한하는 경우가 있다 ($\begin{smallmatrix}은\ 27;\ 보\ 9;\\10;\ 증거\ 51\end{smallmatrix}$)[$\begin{smallmatrix}孫(주),\ 455;\ 李(병),\ 404;\\梁\cdot朴,\ 174;\ 鄭(찬),\ 429\end{smallmatrix}$]. 이 경우를 단속법규로 보는 판례[$\begin{smallmatrix}大\ 87.12.8,\ 86\ 다카\\1230;\ 大\ 94.10.28,\end{smallmatrix}$ $\begin{smallmatrix}94\ 다\\28604\end{smallmatrix}$]와 학설도 있으나[$\begin{smallmatrix}鄭(희),\ 291;\ 鄭(동),\ 46;\\李(철),\ 60;\ 權(기),\ 59\end{smallmatrix}$], 이는 단순한 단속법규와는 구별되어야 한다고 본다[$\begin{smallmatrix}大\ 85.11.26,\ 85\ 다카\ 122;\ 大\ 74.3.26,\\73\ 다\ 721;\ 大\ 74.5.17,\ 74\ 마\ 88\end{smallmatrix}$].

(3) 목적에 의한 제한   회사의 권리능력이 정관소정의 목적에 의하여 제한을 받느냐 하는 문제에 관하여 상법에는 아무런 규정이 없으며, 이에 관하여는 두 가지의 학설이 있다.

1) 제 한 설   **(가)** 이에 의하면 비영리사단법인은 정관소정의 목적범위 내에서 권리와 의무의 주체가 된다는 민법의 규정($\begin{smallmatrix}민\\34\end{smallmatrix}$)은 회사에도 유추적용된다고 한다[$\begin{smallmatrix}鄭(희),\ 293;\ 車(낙),\\259;\ 李(병),\ 407\end{smallmatrix}$]. 그 결과 회사의 대표기관이 그 범위를 초월하여 한 행위는 회사의 행위로 인정할 수 없으므로 회사는 행위의 상대방에 대하여 책임을 지지 않는다는 것이다.

(나) 이 견해는 거래의 안전보다도 특히 주주와 채권자의 보호에 중점을 두고 있다. 즉 회사는 일정한 목적을 위하여 설립되고 존재하는 것이므로 회사의 재산은 정관소정의 목적을 위해서만 사용되어야 한다는 것이다. 그렇지 않고 목적 외의 행위도 할 수 있다면 주주는 예상하지 못했던 위험을 부담하게 되어 불이익을 보게 된다고 한다.

(다) 오늘날 제한설에서도 거래의 안전을 고려하여 목적범위는 점차로 그 해석에 있어서 융통성을 보이고 있다. 그러므로 정관에서 규정하는 목적은 그 문자에 구애되지 않고 넓게 해석하여 목적 자체의 행위뿐만 아니라 목적달성을 위하여 직접·간접으로 관련되는 필요·유익한 모든 행위가 포함된다고 한다[$\begin{smallmatrix}孫(성),\ 26;\\車(낙),\ 259\end{smallmatrix}$].

(라) 판례는 원칙적으로 제한설의 입장이지만 「목적의 범위」를 넓게 해석함으로써 거래의 안전을 도모하고 있다[$\begin{smallmatrix}大\ 68.5.21,\ 68\ 다\ 461;\ \ 大\\88.1.19,\ 86\ 다카\ 1384\end{smallmatrix}$].

(마) 제한설에 의하면 회사와 거래하는 상대방은 현저하게 불안정한 지위에 있게 된다. 왜냐하면 회사의 목적이 등기는 되지만 제3자가 그것을 확인한다는 것은 용이하지 않고, 그것을 안 경우에도 회사의 활동범위가 극히 넓고 복잡하여 일정한 행위가 목적범위 내의 행위인가 아닌가의 판단이 곤란하기 때문이다. 그리하여 제한설에 의하면 분쟁과 소송사태가 빈발하게 되고, 회사에 대하여 책임을 회피할 수 있는 구실을 줌으로써 거래의 신속과 안전을 크게 저해할 수 있다.

능력외이론(能力外理論)(ultra vires doctrine)에 의하여 제한적 권리능력주의가 지배적이었던 미국에서도 1915년 이후 능력외이론은 점차로 완화 내지 폐지되고 있으며, 능력외이론의 발상지라고 할 수 있는 영국은 유럽공동체의 회원국이 된 이후 대외관계에 있어서 동 이론을 폐지하였다($\frac{1989 \, 개정}{회사법 \, 108}$).

2) 제한부정설   (가) 회사는 법인으로서 완전한 권리능력이 있으므로 그 성질이나 법률에 의한 제한 외에 다른 제한을 받을 이론적 근거가 없으므로, 회사는 해산·파산의 경우($\frac{상 \, 245, \, 269, \, 542,}{613; \, 파 \, 4}$)를 제외하고 정상적으로 존속하는 동안은 어떠한 행위도 할 수 있다는 제한부정설이 다수설이다[동: 徐(돈), 275; 孫(주), 457; 李(범), 279; 梁·朴, 186; 鄭(동), 49; 李(철), 65;] 鄭(찬), 432; 權(기), 63].

(나) 그러므로 회사는 그 본래의 목적인 영리의 목적범위 내에서 광범위한 권리능력을 갖고 정관 소정의 목적인 사업은 다만 대내적으로 대표기관의 권한을 제한하는 의미밖에 없다는 것이다.

(다) 제한부정설은 회사와 거래관계에 있는 제3자를 보호함으로써 거래의 안전을 도모하는 데 중점을 두고 있으며, 회사의 사원과 회사채권자의 이익보호는 대내적으로 기관의 권한 외에 속하는 행위에 대하여 사전에는 소수주주의 유지청구권에 의하여, 사후에는 대표기관의 손해배상책임($\frac{상}{399}$)으로 가능하다는 것이다.

(라) 제한부정설이 거래의 안전을 중시하는 회사관계에 있어서는 타당한 입장이라고 할 수 있으며, 상법에서는 민법 제34조와 같은 규정이나 적어도 준용규정을 두지 않은 것도 제한의 불필요성을 고려한 것이 아닌가 한다.

3) 양 학설의 접근   제한설은 회사의 내부적 이익을 도모하는 데 그 중점이 있고 제한부정설은 거래의 안전에 치중하는 견해이지만, 오늘날 제한설에서도 목적의 범위를 문자에 구애됨이 없이 넓게 해석하고 있으므로[鄭(희), 293; 金 (용), 277; 姜(위), 179; 蔡(이), 390] 사실상 그 적용에 있어서는 양 학설의 차이는 중요한 의미를 갖지 못하게 되었다.

[事例演習]

◇ 사 례 ◇

K건설주식회사의 대표이사 A는 甲으로부터 금전을 차용함에 있어서 그 담보로 약속어음을 발행하고 乙투자금융주식회사의 대표이사 B

가 위 차용금을 보증하기 위하여 乙의 명의로 위 어음에 배서하여 甲에게 교부하였다. 이후 甲이 지급기일에 K회사에 어음을 제시하였으나 지급이 거절되어 甲은 배서인인 乙에 대하여 소구권에 기하여 어음금을 청구하였다. 그러나 乙은 채무부담행위는 乙의 권리능력 외의 행위라는 이유로 어음의 지급을 거절하고 있다. 乙의 주장은 정당한가?

[해　설]　乙투자금융주식회사는 단기금융업법에 의하여 설립된 회사로서 이 법에 의하여 설립된 회사가 할 수 있는 행위는 동법 제2조와 제7조에서 열거하고 있을 뿐만 아니라 이들 열거된 행위에 부대하는 업무도 동회사의 권리능력 범위에 속한다고 할 것이므로 동법이나 동회사의 정관에서 구체적으로 어음의 배서라는 행위가 포함되어 있지 않다고 하더라도 어음의 배서행위는 동회사의 목적인 어음의 발행, 할인, 매매, 인수, 보증, 어음매매의 중개 등의 목적수행을 위하여 당연히 직접·간접으로 필요한 행위라고 할 수 있으므로 乙은 배서인으로서의 책임을 면하지 못한다고 할 것이다(大 1987.9.8,/86 다카 1349).

　　본 사건과 직접적 관련이 없지만 이러한 경우에는 대표이사의 대표권남용도 문제된다.

2. 회사의 의사능력·행위능력

(1) **기관의 필요성**　　회사는 법인으로서 권리능력이 있지만 자연인과 같은 육체적 조건을 구비하고 있지 못하므로 의사능력이나 행위능력은 자연인으로 구성된 기관에 의하여 갖게 된다. 즉 法人의 의사능력과 행위능력은 기관에 의하여 갖게 된다. 그리하여 i) **법인의제설**(法人擬制說)에서는 회사 자체의 의사능력과 행위능력을 부정하여 법인의 조직의 일부를 구성하는 자는 법인의 대리인(예: 미성년자에/대한 법정대리인)이라고 하지만 ii) **법인실재설**(法人實在說)에 따라서 회사의 기관은 법인의 기관이며 기관이 하는 행위는 법률상 당연히 회사의 행위가 되는 것이므로, 회사의 의사능력과 행위능력이 인정된다고 하는 긍정설이 통설이며 타당하다.

(2) **기관의 구성**　　인적회사(합명회사·/합자회사)에 있어서는 사원이 동시에 기관을 구성하므로 자기기관을 가지나, 물적회사(주식회사·/유한회사)에 있어서는 기관의 구성원이 반드시 사원이 아니라도 되므로 제3자기관을 가질 수도 있다.

3. 회사의 불법행위능력

i) 법인의제설에 의하면 회사의 불법행위능력이 인정될 수 없지만 ii) 법인 실재설에 의하면 회사의 행위가 불법행위인 때에는 회사의 불법행위가 된다. 그러므로 회사는 불법행위능력이 있는 것이다. 그 결과 기관의 구성원이 업무를 집행함에 있어서 고의 또는 과실로 인하여 타인에게 손해를 가한 때에는 그것은 회사 자신의 불법행위로 본다. 이 경우에 회사는 손해를 가한 사원과 연대하여 배상할 책임이 있다$\left(\substack{\text{상 } 210,\ 269,\\ 389\ \text{II},\ 567}\right)\left(\substack{\text{大 } 80.1.15,\\ 79\ \text{다 } 1230}\right)$. 즉 양자는 **부진정연대채무**(不眞正連帶債務)를 진다$\left[\substack{\text{동: } 鄭(동),\ 55;\\ 李(철),\ 67}\right]$. 이 때에 회사가 먼저 전부 또는 일부의 배상을 한 경우는 관련된 사원에 대하여 구상할 수 있다. 그리고 회사는 기관구성원이 아닌 다른 피용자가 직무를 수행함에 있어서 제 3 자에게 불법행위를 한 때에는 사용자로서 책임을 진다$\left(\substack{\text{민}\\756}\right)\left[\substack{\text{동: } 鄭(\text{희}),\ 295;\ 孫(주),\\ 460;\ 姜(위),\ 59}\right]$.

4. 회사의 공법상의 능력

회사는 그 성질에 반하지 않는 한 법률이 정하는 바에 따라 공법상의 권리능력을 갖는다. 그러므로 행정소송제기권과 납세의무를 비롯하여 소송법상의 당사자능력과 소송능력을 가지며$\left(\substack{\text{민소 } 51;\\ \text{형소 } 27}\right)$, 청원권$\left(\substack{\text{청}\\6\ 1}\right)$ 및 상공회의소의원의 선거권이 있다$\left(\substack{\text{상공의법}\\13}\right)$. 그러나 형법상의 범죄능력은 없다$\left[\substack{\text{大(全) } 84.10.10,\ 82\ \text{도 } 2595;\\ \text{大 } 94.2.8,\ 93\ \text{도 } 1483}\right]$ $\left[\substack{\text{동: } 鄭(\text{희}),\ 265;\ 徐(돈),\\ 277;\ 孫(주),\ 460}\right]$.

제 2 절　　會社의 設立

[162] 제 1 設立에 관한 立法主義

I. 총　　설

회사는 복수인의 단체이므로 대내외로 복잡한 법률관계가 생기게 된다. 그리하여 회사의 설립을 방임하게 되면 여러 가지의 폐해가 야기될 수 있다. 그리하여 회사의 설립에 관하여는 여러 가지의 입법주의가 변천하여 왔다.

2. 입법주의

(1) **자유설립주의**   이는 회사의 설립에 관하여 아무런 제한을 두지 않고 복수인이 동업을 위하여 사단의 실체를 형성하면 된다는 입장이다. 이에 의하면 회사의 존립과 그 성립시기에 대한 판단이 곤란하여 법률관계의 불안정을 초래할 수 있다.

(2) **특허주의**   이는 회사의 설립에는 군주의 특허나 특별입법이 있어야 한다는 입장이다. 이 주의는 회사의 설립을 부당하게 제약할 뿐만 아니라 심히 불편하므로 오늘날은 특수회사의 설립에서만 찾아볼 수 있다.

(3) **면허주의**   이는 미리 제정된 일반법에 의거하여 행정처분으로 법인격을 인정하는 것이다. 여기에는 일정한 요건을 갖춘 때에 법인격을 인정하는 제한적 면허주의와 행정관청의 재량에 의하여 법인격을 부여하는 자주면허주의가 있다. 대부분의 국가에서는 특히 금융업·보험업을 위한 회사의 설립은 특별법으로 면허를 요구하고 있다.

(4) **준칙주의**   이는 일반적으로 회사설립을 위한 요건을 법정하고, 이 요건을 구비하면 등기에 의하여 법인격을 인정하는 입장이다. 이는 자유설립주의에 의한 방임피 특허주의와 면허주의의 간섭이라는 양극을 조화시킨 것이다. 그런데 주식회사에 있어서는 설립의 요건을 엄격하게 강화함과 동시에 설립에 관한 발기인 등의 책임을 가중한 엄격준칙주의를 채용하고 있다. 우리 나라는 준칙주의에 속한다.

[163] 제 2 會社의 設立 및 設立行爲의 槪念

(1) **의   의**   회사의 설립이란 사단의 형성과 법인격을 취득하기 위한 일정한 행위인 법률요건으로서 정관의 작성으로부터 설립등기에 이르는 모든 행위를 말한다. 그 중의 주요부분은 사원이 될 자의 법률행위로써 이루어지는데 이 부분을 설립행위라고 한다.

(2) **설립행위의 내용**   설립행위의 내용은 각 회사의 종류에 따라 다르다. 즉 인적회사인 합명회사 및 합자회사는 정관의 작성과 동시에 출자의무가 확정됨으로써 법인격의 취득을 위한 실체가 간단하게 완성되지만, 물적회사인 주식회사의 경우에는 정관의 작성과 별도로 출자의무(주식인수)가 확정됨으로써 회사의 실체가 이루어진다고 할 수 있으며, 유한회사는 사원이 공동으로 정관을 작성하고 출자의무를 이행함으로써 성립한다.

(3) **설립행위의 법적 성질**   설립행위의 법적 성질에 관해서는 계약설·단독행위설·합동행위설 등의 학설이 대립하고 있다. 그런데 설립행위는 당사자간의 교환적 의미를 가진 법률효과를 목적으로 하는 의사표시의 합치로 볼 수 없으므로 계약이라고 할 수 없으며, 또한 설립행위는 각 당사자의 단독적

의사표시가 단순히 병존관계를 이루는 것이라고 할 수 없다. 설립행위의 법적
성질은 회사설립이라는 공동의 목적을 위한 복수인의 일방적 의사표시가 결합
된 합동행위라고 하는 것이 타당하고 다수설이다[동; 徐(정), 183; 徐(돈), 290; 孫(주),; 461; 李(범), 429; 蔡(이), 403].

[164]　제 3　設立登記

　　회사는 본점소재지에서 설립등기를 함으로써 회사는 비로소 법인격을 취
득하게 되며 법적으로 존재하게 된다($\frac{상}{172}$). 등기사항은 회사의 종류에 따라 다
르게 법정되고 있다($\frac{상 180, 271, 287}{의5, 317, 549}$). 합명회사와 합자회사의 등기기간에 관하여 상
법은 아무런 규정을 두고 있지 않지만, 주식회사와 유한회사의 설립등기는 일
정한 기간 내에 하여야 한다($\frac{상 317,}{549}$). 그러나 법정기간이 경과한 다음에 한 등기
도 유효하다.

제 3 절　會社의 組織變更

[165]　제 1　序　　說

　　(1) **조직변경의 목적**　　합리적인 기업형태의 선택은 영리목적의 달성
을 위하여 중요한 문제가 아닐 수 없다. 그리고 기업 내부의 사정변화나 기업
외부의 경제적 환경의 변화 그리고 법률의 개정 등이 있는 때에는 기업형태의
변경이 필요하게 된다.

　　(2) **조직변경의 의의**　　조직변경이란 회사가 그 인격의 동일성을 유지
하면서 조직을 변경하여 다른 종류의 회사가 되는 것을 말한다. 이에 의하여
회사를 해산하고 다른 종류의 회사를 신설하는 경우의 번잡을 피할 수 있게
된다. 이 경우에는 조직변경의 전후를 불문하고 법률상의 권리·의무의 주체가
동일성을 유지한다는 점에서, 타회사가 권리·의무를 포괄적으로 승계하는 합
병과 다르다.

　　(3) **등　　기**　　조직변경의 경우에 회사가 소유하는 부동산에 대하여
는 이전등기가 아니라 변경등기를 하면 된다. 변경 전의 회사는 해산등기를,
변경 후의 회사는 설립등기를 하여야 한다($\frac{상 243, 286 \text{Ⅲ},}{606, 707 \text{V}}$).

(4) 조직변경의 제한   회사의 조직변경은 그 성격이 유사한 인적회사($^{합명회사}_{합자회사}$)간과 물적회사($^{주식회사}_{유한회사}$)간에만 가능하며$\left[^{大\ 85.\ 11.\ 12,}_{85\ 누\ 69}\right]$, 인적회사와 물적회사간에는 인정되지 않는다($^{상\ 242,\ 286,}_{604,\ 607}$). 이와 같은 제한은 인적회사와 물적회사간에 조직변경을 허용하는 경우에는 복잡한 절차가 필요할 것이므로 이로 인해 생길 수 있는 번잡을 피하기 위한 것이다.

[166] 제2 各種 會社의 組織變更

I. 주식회사→유한회사

주식회사를 유한회사로 조직을 변경하려면 다음과 같은 요건이 갖추어져야 한다.

(1) 조직변경의 요건

1) 총주주의 동의   총주주의 일치에 의한 주주총회의 결의가 있어야 한다($_{604\ I}^{상}$). 그 이유는 주식회사를 유한회사로 그 조직을 변경함으로써 지분의 양도제한($_{556\ I}^{상}$)을 비롯한 중요한 법적 지위에 변경이 생기고 추가출자의무($_{550}^{상}$)를 지는 경우도 있기 때문이다.

2) 채권자보호절차   채권자보호를 위한 절차를 밟아야 하지만($^{상\ 608,}_{232}$), 이를 위반하더라도 조직변경이 무효가 되지는 않는다. 왜냐하면 조직변경의 경우에 이사와 주주에 대하여 전보책임을 지우고 있기 때문이다($_{605}^{상}$).

조직변경공고

본 회사는 1997년 10월 13일 임시수주총회에서 주주 전원일치에 의하여 유한회사로 조직을 변경(변경된 상호: 애경소재유한회사)하기로 결의 하였으므로, 이 조직 변경에 이의가 있는 채권자는 이 공고 게재일로부터 2개월이내에 본 회사에 이의를 제출하시기 바랍니다.

1997년 10월 16일
서울시 구로구 구로동 82
애 경 소 재 주 식 회 사
대표이사 주 상 길

3) 사채의 상환   사채를 발행한 경우는 그 상환이 완료되었어야 한다($^{상\ 604}_{I\ 단}$). 이것은 유한회사는 사채를 발행할 수 없기 때문인데 이를 위반하는 조직변경은 무효로 본다.

4) 자본금의 제한   조직변경 후의 유한회사의 자본금의 총액은 회사에 현존하는 순재산액보다 많은 금액으로 정하지 못한다($_{604\ II}^{상}$). 그러나 이를 위반한 경우도 이사와 주주가 전보책임을 지므로($_{605}^{상}$) 조직변경은 무효가 되지

않는다고 본다. 그러나 유한회사의 자본의 총액을 순재산액보다 적게 정하는 것은 무방하다.

(2) **조직변경의 효력** 조직변경의 경우에 주식회사는 해산등기를, 유한회사는 설립등기를 하여야 한다($_{606}^{상}$). 그리하여 조직변경의 효력은 i) 실제로 조직이 변경되었을 때에 발생한다는 견해도 있으나$\left[_{546}^{徐(돈),}\right]$, ii) 회사의 법률형태가 변경되므로 회사설립의 경우에 준하여 변경 후의 회사가 설립등기를 한 때에 생긴다고 본다$\left[_{(철),\ 110;\ 鄭(찬),\ 450;\ 權(기),\ 152}^{동:\ 孫(주),\ 477;\ 鄭(동),\ 773;\ 李}\right]$.

(3) **조직변경의 효과** 회사는 조직변경 후에도 권리·의무의 주체로서 동일성이 유지되므로 권리·의무의 이전이 생기지 않는다. 종래의 주식을 목적으로 하는 질권은 유한회사의 지분 또는 금전에 존재하게 된다($_{601\ I,\ 399}^{상\ 604\ Ⅳ,}$).

(4) **조직변경의 무효** 조직변경의 무효에 대하여는 아무런 규정이 없지만 설립무효의 소($_{328}^{상}$)에 관한 규정을 유추적용하여야 된다고 본다$\left[_{설}^{통}\right]$.

2. 주식회사 ↔ 유한책임회사

주식회사는 총주주의 일치에 의한 총회의 결의로 그 조직을 변경하여 이를 유한책임회사로 할 수 있고($_{43\ I}^{상\ 287의}$), 유한책임회사는 총사원의 동의에 의하여 주식회사로 변경할 수 있다($_{Ⅱ}^{동조}$). 유한책임회사의 조직변경에는 상법 제232조, 제604조 내지 제608조의 규정을 준용한다($_{의\ 44}^{상\ 287}$).

3. 유한회사→주식회사

(1) **조직변경의 요건** 유한회사를 주식회사로 조직을 변경하려면 i) 총사원의 일치에 의한 사원총회의 결의가 있어야 하고($_{607\ I}^{상}$), 다만, 회사는 그 결의를 정관에서 정하는 바에 따라 상법 제585조의 사원총회의 결의로 할 수 있다($_{단}^{동조}$). ii) 채권자보호를 위한 절차를 밟아야 하며($_{232}^{상\ 608,}$), iii) 법원의 인가가 있어야 한다($_{607\ Ⅲ}^{상}$). iv) 조직변경에 의하여 발행하는 주식의 발행가액의 총액은 회사에 현존하는 순재산액을 초과하지 못한다($_{Ⅱ}^{상\ 607}$).

(2) **조직변경의 효력** 조직변경의 경우에 본점소재지에서는 2주간 내에 지점소재지에서는 3주간 내에 유한회사는 해산등기를, 주식회사는 설립등기를 하여야 한다($_{Ⅴ,\ 606}^{상\ 607}$). 조직변경의 효력은 설립등기를 한 때에 생긴다.

(3) **조직변경의 효과** 회사는 조직변경 후에도 인격의 동일성이 유지되므로 권리·의무의 이전이 생기지 않는다. 그리하여 종전의 유한회사의 지분

에 대한 채권자는 새로 발행되는 주식 또는 금전에 대하여 물상대위(物上代位)에 의한 질권을 행사할 수 있다($\frac{상\ 607\ V.}{601\ I}$).

　⑷ 조직변경의 무효　　조직변경의 무효에 대하여는 설립무효의 소($\frac{상}{328}$)에 관한 규정이 유추적용된다고 본다.

4. 합명회사→합자회사

합명회사는 총사원의 동의로 일부사원을 유한책임사원으로 하거나 유한책임사원을 새로 가입시켜서 그 조직을 합자회사로 변경할 수 있다($\frac{상}{242\ I}$). 조직변경을 한 때에는 합명회사는 해산등기를, 합자회사는 설립등기를 하여야 한다($\frac{상}{243}$). 조직변경에 의하여 유한책임사원이 된 자는 본점 소재지에서 설립등기를 하기 전에 생긴 회사의 채무에 대하여는 설립 후 2년 내에는 무한책임사원의 책임을 면하지 못한다($\frac{상}{244}$).

5. 합자회사→합명회사

합자회사는 존속중에는 총사원의 동의로, 유한책임사원 전원이 퇴사한 때에는 무한책임사원 전원의 동의로 그 조직을 합자회사로 변경할 수 있다($\frac{상\ 286}{I.\ II}$). 이 경우에도 합자회사는 해산등기를, 합명회사는 설립등기를 하여야 한다($\frac{상}{286\ III}$).

제 4 절　會社의 合併

[167]　제 1　合併의 經濟的 目的

회사의 합병은 당사회사의 일부 또는 전부가 경제적으로나 법률적으로 독립성을 잃고 합체가 되어 단일회사가 되는 가장 완전한 기업합동형태이다. 합병의 경제적 목적은 경쟁력의 강화를 위한 기업규모의 확장, 영업비의 절약 등을 위한 경영합리화, 경영이 부진한 회사의 정리, 경쟁의 회피, 원료공급원의 확보, 시장의 확대 등을 들 수 있다. 더욱이 합병은 엄격한 청산절차를 거치지 않고 재산을 포괄적으로 이전할 수 있으므로 청산절차에 의한 재산처분·고객상실·청산비용 등의 불리를 극복할 수 있고, 소멸회사의 경제관계를 활용

할 수 있어서 유리할 뿐만 아니라 기업의 유지에도 기여하는 제도라고 할 수
있다.

[168] 제 2 合倂의 意義와 性質

1. 의   의

회사의 합병이란 법정된 절차에 따라서 하는 회사간의 행위로서 당사자인
회사의 일부 또는 전부가 해산하고, 그 재산이 포괄적으로 존속회사 또는 신설
회사에 이전됨과 동시에 그 사원이 존속회사 또는 신설회사의 사원이 되는 효
과를 가져오는 것을 말한다. 즉 합병이란 두 개 이상의 회사가 법정된 절차에
따라 단일회사가 되는 것이라고 말할 수 있다. 합병의 경우는 회사의 경제적
계속성을 위하여 해산회사는 **청산절차**를 필요로 하지 않는다.

2. 성   질

합병은 복수의 회사를 단일회사로 하는 단체법상($_{법상}^{회사}$)의 행위이며 그 행위
의 효과로서 권리·의무의 포괄승계와 사원의 수용을 가져오게 된다.

(1) **인격합일설**   회사의 합병은 복수의 회사가 사단법상($_{법상}^{조직}$)의 특별
한 계약에 의하여 합체가 되어 단일회사가 되는 것이라고 하는데 이것이 **통설**
이다. 이에 의하면 해산회사는 합병에 의하여 존속회사 또는 신설회사에 통합
되고 그 결과 회사재산이 이전된다고 한다.

(2) **현물출자설**   1) 이 견해$\left[_{402}^{徐(정),}\right]$에 의하면 회사의 합병은 흡수합병
의 경우는 해산회사의 영업 전부를 존속회사에 현물출자하여 존속회사의 자본
을 증가시키는 것이고, 신설합병의 경우는 해산회사의 현물출자에 의한 회사의
설립이라고 한다.

2) 현물출자의 목적물에는 소극재산인 채무가 포함되지만 전체로서의 가
치는 적극적 재산이어야 하는데, 이에 의하면 채무초과회사를 해산회사로 하는
자본증가 없는 합병이나, 합병의 경우에 현물출자자인 해산회사가 아니라 해산
회사의 사원이 존속회사 또는 신설회사의 사원이 되는 관계를 설명할 수 없게
된다. 즉 출자자($_{회사}^{해산}$)와 주식취득자$\left[_{의 주주}^{해산회사}\right]$가 달라진다는 문제가 있다.

(3) **재산합일설**   이 견해$\left[_{304}^{鄭(희),}\right]$에 의하면 회사의 합병의 본질은 소극
재산을 포함한 재산의 합일에 있다고 한다. 그러나 이 견해는 합병의 경우에

해산회사의 사원과 사용인이 존속회사 또는 신설회사에 수용되는 관계를 설명
하는 데에는 불충분하다.

《합병과 영업양도의 차이》

기　　준	합　　병	영　업　양　도
행위의 성질	단체법상의 행위	개인법적 거래행위
당사자	회　사	회사·개인상인·비상인 (양수인의 경우)
방식	법정절차	특별한 방식 불요
재산의 이전	포괄승계	특정승계
사원의 지위	해산회사 사원의 존속· 신설회사로의 수용	불　변
사용인의 수용	동의 불요	동의 필요
회사의 존폐	해산회사의 소멸	양도회사의 존속
채무의 이전	당연이전(채권자보호절 차)	채무인수에 의한 이전 (채권자보호규정)
무효의 주장	소의 방법으로 제한	일반원칙

3. 합병과 영업양도

　　합병과 영업양도는 i) 경제적으로는 동일한 목적($^{기업의 집}_{중·합동}$)을 위한 제도이고, ii) 주식
회사의 경우 주주총회의 특별결의가 필요하다는 점($^{상\ 522\ Ⅲ·}_{374}$)과, iii) 반대주주의 주식매수
청구권이 인정된다는 점($^{상\ 522의\ 3·}_{374의\ 2}$)은 같지만, 양자는 다음과 같은 차이가 있다.

　　(1) 행위의 성질　　　합병은 단체법($^{회사}_{법}$)에 특유한 행위이며, 영업양도는 개인법적
인 거래행위라고 할 수 있다.

　　(2) 당 사 자　　　합병의 당사자는 회사에 한하지만, 영업양도의 경우는 개인상인
도 되며 특히 영업양수인은 비상인도 될 수 있다.

　　(3) 방　　식　　　합병의 경우는 그 절차가 법정되어 있지만, 영업양도에는 특별한
방식을 요하지 않는다.

　　(4) 재산의 이전　　　합병의 경우에 재산의 이전은 포괄승계로서 재산의 일부를 이
전의 대상에서 제외할 수 없으나, 영업양도에 있어서는 재산은 개별적으로 이전행위를
하여야 하며 영업의 동일성을 해하지 않는 한 재산의 일부를 양도의 대상에서 제외할 수
있다.

　　(5) 사원의 지위　　　합병의 경우에는 해산회사로부터 승계한 재산의 대가인 존속
회사 또는 신설회사의 지분이나 주식은 직접 해산회사의 사원에게 배정되어 해산회사의
사원이 당연히 존속회사에 수용되는 데 비하여, 영업양도의 경우는 주주의 지위에는 변동

이 생기지 않고 그 대가가 양도회사에 귀속되므로 양도회사가 해산하여 그것을 사원에게 분배하려면 청산절차를 거쳐야 한다.

(6) 사용인과의 관계　　합병의 경우에 해산회사와 사용인 간의 고용관계는 존속회사 또는 신설회사에 이전되지만, 영업양도의 경우는 사용인의 동의를 필요로 한다($_{657}^{민}$).

(7) 회사의 소멸　　합병은 법정의 해산사유이므로($_{517(1), 609 \, I \, (1)}^{상 \, 227(4), 269,}$) 해산회사는 청산절차 없이 곧 소멸하는 데 비하여, 영업양도는 법정의 해산사유가 아니므로 양도회사는 영업 전부를 양도한 때에도 당연히 소멸하지는 않는다.

(8) 채무의 이전　　합병의 경우에 해산회사의 채무는 당연히 존속회사 또는 신설회사에 이전되므로 회사채권자를 보호하기 위하여 이의신청을 위한 규정만을 두고 있으나($_{530 \, II, 603}^{상 \, 232 \, I, 269,}$), 영업양도의 경우에는 영업상의 채무에 대하여 별도로 채무인수의 절차가 필요하고($_{453 \, I \, 단 \, 참조}^{민 \, 501 \, 단,}$) 당연히 채무가 이전되지 않으므로 상법은 외관을 신뢰한 채권자의 보호를 위한 규정만을 두고 있다($_{42, \, 43}^{상}$).

(9) 무효의 주장　　회사의 합병은 보통의 자본증가나 설립과 같이 취급되어 합병의 무효는 소의 방법으로만 주장할 수 있으나($_{529, 603}^{상 \, 236,}$), 영업양도는 채권계약이므로 그 무효 또는 취소의 주장은 민법의 일반원칙에 의한다.

[169] 제 3 合倂의 方法

합병의 방법에는 첫째로 당사회사 중에서 한 회사가 존속하고 다른 회사는 해산하여 그 사원 및 재산이 존속회사에 포괄적으로 승계되는 **흡수합병**(吸收合倂)과, 둘째로 모든 당사회사가 해산하고 새로이 신회사를 설립하여 해산회사의 사원 및 재산을 신회사에 포괄적으로 승계시키는 **신설합병**(新設合倂)이 있다. 실제에 있어서는 주로 그 절차가 간단하고 비용이 적게 드는 흡수합병의 방법이 이용된다.

[170] 제 4 合倂의 自由와 制限

I. 합병의 자유

회사는 원칙적으로 상법상의 어떠한 종류의 회사와도 합병할 수 있다($_{174 \, I}^{상}$). 그러므로 합명회사와 주식회사가 합병할 수도 있지만, 실제로는 동종의 회사간에 합병을 하며 특히 주식회사간에 합병하는 것이 보통이다. 또한 목적이 다른 회사와도 합병할 수 있으며, 해산 후의 회사도 존립중의 회사를 존속회사로 하여 합병을 할 수 있다($_{174 \, III}^{상}$).

2. 합병의 제한

(1) 당사자자격   해산 후의 회사도 흡수합병의 경우에 소멸회사로서 당사자가 될 수 있으나, 법원의 해산명령에 의하여 해산한 회사나 설립무효판결 후의 회사, 설립중의 회사나 파산회사는 합병의 당사자가 될 수 없다. 설립중의 회사는 해산회사와 달리 전혀 법인격이 없고 회사가 아니기 때문이다. 파산회사의 경우는 회사재산의 처분권한이 파산관재인에게 있으므로 합병의 당사자가 될 수 없다.

(2) 물적회사의 합병   합병의 경우에 당사회사의 일방 또는 쌍방이 주식회사, 유한회사 또는 유한책임회사인 때에는 합병 후 존속하는 회사 또는 합병으로 인하여 설립되는 회사는 주식회사, 유한회사 또는 유한책임회사이어야 한다($_{174\,II}^{상}$). 이것은 유한책임을 지는 물적회사의 사원이 인적회사의 무한책임사원이 되는 것을 방지하기 위한 규정이다.

(3) 사채미상환의 주식회사   사채의 상환을 완료하지 않은 주식회사가 합병의 당사자인 때에는 존속회사나 신설회사를 유한회사로 하지 못한다($_{600\,II}^{상}$). 이러한 제한은 사채를 부담하는 유한회사의 성립을 예방하기 위한 것이다.

(4) 법원의 인가   유한회사가 주식회사와 합병하여 존속하는 회사나 신설회사를 주식회사로 하는 때에는 법원의 인가가 있어야 한다($_{600\,I}^{상}$). 이것은 현물출자에 의한 주식회사의 설립이나 증자의 경우에는 법원의 감독을 받게 되는데, 이 때 법원의 감독을 피하기 위하여 유한회사를 설립하고 이후 합병에 의하여 주식회사가 되는 것을 방지하기 위한 것이다.

(5) 해산회사의 합병   해산회사를 존속회사로 하는 흡수합병이나 해산 후의 회사와 존립중의 회사에 의한 신설합병은 인정되지 않는다($_{III\ 참조}^{상\ 174}$).

(6) 상장회사의 특례   상장회사는 다른 회사와 합병하고자 하는 경우에는 대통령령이 정하는 요건, 방법 등의 기준에 따라야 한다($_{의\,20}^{상\,542}$).

[171] 제5 合倂의 節次

회사의 합병은 당사회사의 사원뿐만 아니라 채권자의 이해관계에 중대한 영향을 미치게 되므로 상법에서는 그 절차에 관하여 엄격히 규정하고 있다. 그런데 합병과 자본감소가 병행되는 경우에는 양자를 위하여 주식회사의 경우

특별결의와 채권자보호절차가 필요한 것은 같기 때문에 자본감소의 절차는 합병절차에 흡수시켜 진행할 수 있다고 본다.

Ⅰ. 합병계약

(1) 합병을 함에는 먼저 당사회사 사이에 합병계약을 체결하여 합병조건·존속회사 또는 신설회사의 정관의 내용 기타 합병에 필요한 사항을 정하여야 한다. 합병계약의 체결은 회사의 대표기관의 권한에 속한다.

(2) 인적회사가 합병하여 존속회사나 신설회사가 인적회사가 되는 때에는 합병계약에 관하여 특별한 방식이 필요하지 않지만, 인적회사가 합병하여 주식회사를 신설하는 경우와 주식회사나 유한회사가 합병하는 때에는 합병계약서에 법정된 사항을 기재하여야 한다($^{상\,525,\,523,}_{524,\,603}$). 그러므로 합병계약서가 법정사항의 기재를 하지 않는 때에는 주주총회에서 이를 승인하더라도 그 계약은 무효이다.

(3) 합병계약은 ⅰ) 다수설에 의하면 인적회사의 총사원의 동의 또는 물적회사의 사원총회의 결의를 정지조건으로 하는 합병의 예약(豫約) 또는 **본계약**(本契約)이라고 할 수 있고, 이 경우에 계약은 단체법상의 채권계약이라고 한다$\left[^{동:\,車(낙),\,279;\,鄭(희),\,306\sim}_{307;\,孫(주),\,468;\,鄭(동),\,769}\right]$.

> 이와는 달리 ⅱ) 합병계약은 단체법상의 채권계약이지만 총사원의 동의나 주주총회 또는 유한회사의 사원총회의 결의를 정지조건으로 하는 것은 아니라는 견해가 있다$\left[^{李(철),}_{99}\right]$. 그리고 이와 유사한 입장으로 ⅲ) 합병계약은 독립된 계약이고 독자적으로 효력이 발생하고 그 해석은 계약의 일반원칙에 따라 하면 된다는 견해가 있다$\left[^{蔡(이),}_{822}\right]$. ⅱ)와 ⅲ)에서는 합병계약은 사원총회의 결의를 정지조건으로 한다는 다수설인 ⅰ)의 입장에 대하여, 합병계약에 의하여 당사회사들이 주주총회나 사원총회를 소집하여 결의에 붙이는 것이 합병계약의 이행이므로 정지조건의 개념상 적합하지 않다고 한다. 그러나 정지조건이란 결의의 성립을 말하는 것이라는 점에서 총회를 소집하는 등의 절차를 합병계약의 이행으로 보는 것은 문제가 있다고 본다.

2. 합병계약서 등의 공시

주식회사의 경우에 이사는 제522조 1항의 주주총회 회일의 2주 전부터 합병을 한 날 이후 6월이 경과하는 날까지 합병계약서, 합병으로 인하여 소멸하는 회사의 주주에게 발행하는 주식의 배정에 관하여 그 이유를 기재한 서면, 각 회사의 최종의 대차대조표와 손익계산서 등을 본점에 비치하여야 한다($^{상 522의}_{2 I}$). 주주 및 회사채권자는 영업시간 내에는 언제든지 위 서류의 열람을 청구하거나 그 등본 또는 초본의 교부를 청구할 수 있다($^{상 522의}_{2 II}$).

3. 합병의 결의

(1) 총 설 합병은 당사회사의 사원의 이해관계에 중대한 영향을 미치므로 합병계약이 체결되면 각 당사회사의 합병결의가 있어야 한다. 상법에 의하면 주주총회 회일의 2주간 전에 합병계약서 등을 공시하여야 하므로($^{상 522}_{의 2}$) 합병계약이 선행되어야 할 것이다[동: 徐(돈), 551; 鄭(동), 769; 李(원), 291; 李(철), 99; 鄭(찬), 459].

온양팔프,신강제지·동신제지 흡수합병

온양·신강 주총서 승인

동신은 오늘 株總

온양팔프의 신강제지 동신제지 흡수합병 계획이 순조로운 출발을 보였다.

온양팔프 주주들은 26일 온양에서 열린 주주총회에서 신강제지와 동신제지 흡수합병을 승인했다.

신강제지 주주들도 이날 접심에서 개최된 주주총회에서 온양팔프로의 피흡수합병을 승인했다.

이에따라 동신제지 주주들이 27일 열리는 주주총회에서 합병을 승인하면 3社는 합병절차를 모두 마치게 된다.

그러나 동신제지의 경우 보통주 77만1,630주(13.21%), 우선주 34만5,902주(26.86%)가 이미 합병반대 의사를 표명해 27일 열

리는 주총에서 합병이 부결될 가능성도 있는 것으로 알려졌다.

동신제지 주주들이 합병을 반대하면 3社의 합병은 자동 무산된다.

합병이 승인된다 하더라도 이를 반대한 3社 주주들의 주식을 매입하려면 189억4,000만원이 필요해 상당한 자금부담이 예상된다.

〈曺成模기자〉

한국경제신문

1996年3月20日

(2) 결의의 요건 합명회사나 합자회사가 합병을 하려면 총사원의 동의가 있어야 한다($^{상 230,}_{269}$). 그러나 인적회사의 합병결의는 내부관계에 속하므로 정관의 규정으로 총사원의 동의에 의해 다른 정함을 할 수 있다고 본다. 유한책임회사는 인적회사와 마찬가지로 합병을 하려면 총사원의 동의가 있어야 한다. 즉 유한책임회사 합병에 대해서는 상법 제230조 내지 제240조의 규정을 준용한다($^{상 287}_{의 41}$). 주식회사의 경우는 주주총회의 특별결의가 있어야 한다($^{상}_{522 III}$). 그리고 합병으로 인하여 어느 종류의 주주에게 손해를 미치게 될 경우에는 그 종류주주총회의 결의도 있어야 한다($^{상}_{436}$). 유한회사에서는 사원총회의 특별결의($^{상}_{598}$)가 있어야 한다.

(3) 간이합병 및 소규모합병

1) 간이합병 흡수합병의 경우에 소멸회사의 총주주의 동의가 있거나 소멸회사의 발행주식총수의 100분의 90 이상을 존속회사가 소유하고 있는 간이합병의 경우에는 소멸회사의 주주총회의 승인을 이사회의 승인으로 갈음할 수 있다($^{상 527의}_{2 I}$). 이 경우에 소멸회사는 합병계약서를 작성한 날로부터 2주 내에 주주총회의 승인을 얻지 아니하고 합병을 한다는 뜻을 공고하거나 또는 주주에게 통지하여야 한다. 다만 총주주의 동의가 있는 때에는 그러하지 아니하다($^{상 527의}_{2 II}$).

2) 소규모합병 (개) 소규모합병의 경우에 존속회사가 합병으로 인하여

발행하는 신주의 총수가 그 회사의 발행예정주식총수의 100분의 10을 초과하지 아니하고, 소멸회사의 주주에게 지급할 금액이 존속하는 회사의 최종대차대조표상으로 현존하는 순자산액의 100분의 5를 초과하지 않는 때에는, 존속회사의 주주총회의 승인은 이를 이사회의 승인으로 갈음할 수 있다($^{상\ 527의}_{3\ I}$).

(나) 소규모합병을 하는 경우에 존속회사는 합병한 날로부터 2주 내에 소멸하는 회사의 상호 및 본점의 소재지, 합병을 할 날, 주주총회의 승인을 얻지 않고 합병을 한다는 뜻을 공고하거나 또는 주주에게 통지하여야 하는데($^{상\ 527의}_{3\ Ⅲ}$), 존속회사의 발행주식총수의 100분의 20 이상에 해당하는 주식을 소유한 주주가 그 공고 또는 통지를 한 날로부터 2주 내에 회사에 대하여 서면으로 소규모합병에 반대하는 의사를 통지한 때에는 소규모합병의 방법으로 합병을 하지 못한다($^{상\ 527의}_{3\ Ⅳ}$). 한편 소규모합병을 하는 경우에는 합병반대주주의 주식매수청구권이 인정되지 않는다($^{상\ 527의}_{3\ V}$).

(4) 결의의 효과   회사의 합병은 합병계약과 합병결의가 있는 때에 비로소 성립된다. 합병계약이 체결되었더라도 합병결의가 부결되면 정지조건이 성취되지 못하여 합병계약은 효력을 상실한다. 이 경우에도 상호간에 손해배상청구는 하지 못한다.

4. 회사채권자의 보호절차

(1) 총   설   회사가 합병을 하게 되면 회사의 재산상태와 경영활동의 내용이 크게 달라지므로 회사채권자의 이해관계에 중대한 영향을 미치게 된다. 그리하여 상법은 합병 성립의 요건으로 채권자보호절차를 법정하고 있다($^{상\ 232\ I,}_{269,}$ $^{530\ Ⅱ,}_{603}$).

(2) 이의제출의 공고·최고

1) 합병결의는 회사의 내부절차이므로 회사채권자는 그 내용을 알 수 없기 때문에 합명회사·합자회사·유한회사는 합병을 결의한 날부터 2주 내에 채권자에 대하여 이의가 있으면 일정한 기간($^{1월}_{이상}$) 내에 이의를 제출할 것을 관보로 공고하고, 또 알고 있는 채권자에 대하여는 각별로 이를 최고하여야

한다($\substack{상\ 232\ \text{I} \cdot \\ 269,\ 603}$).

2) 주식회사는 상법 제522조의 총회승인결의가 있은 날부터, 간이합병 및 소규모합병의 경우에는 이사회의 승인결의가 있은 날부터 2주 내에, 채권자에 대하여 합병의 이유가 있으면 일정기간 내에 이를 제출할 것을 관보로 공고하고 또 알고 있는 채권자에 대하여는 개별적으로 이를 최고하여야 한다. 그러나 정관에서 정하는 방법으로 공고를 한 때에는 최고를 하지 아니할 수 있다($\substack{상\ 527의 \\ 5\ \text{I}}$). 이러한 공고·최고를 해태하였거나 적법하게 하지 않은 때에는 합병무효의 원인이 되며 과태료의 제재를 받는다($\substack{상\ 635 \\ \text{I}\ (14)}$).

(3) 이의채권자에 대한 조치　　　이의제출기간 내에 이의를 제출하지 않은 채권자는 합병을 승인한 것으로 보며, 이의를 제출한 채권자에게는 변제하든가 상당한 담보를 제공하거나 이를 목적으로 하여 상당한 재산을 신탁회사에 신탁하여야 한다($\substack{상\ 232\ \text{II} \cdot \text{III},\ 260, \\ 527의\ 5\ \text{III},\ 603}$). 이 경우에 이의제출은 서면이나 구두로도 가능하다. 이러한 절차의 위반은 합병무효의 원인이 되며 과태료의 제재를 받는다($\substack{상\ 635 \\ \text{I}\ (14)}$).

(4) 합병에 관한 서류의 사후공시　　　주식회사의 경우에 이사는 채권자이의절차($\substack{상\ 527 \\ 의\ 5}$)의 경과, 합병을 한 날, 합병으로 인하여 소멸하는 회사로부터 승계한 재산의 가액과 채무액 기타 합병에 관한 사항을 기재한 서면을 합병을 한 날로부터 6월간 본점에 비치하여야 한다($\substack{상\ 527의 \\ 6\ \text{I}}$). 그리고 주주 및 회사채권자는 그 서류의 열람, 등본 또는 초본의 교부를 청구할 수 있다($\substack{상\ 527의\ 6\ \text{II} \cdot \\ 522의\ 2\ \text{II}}$).

5. 합병반대주주의 주식매수청구권

(1) 합병결의사항에 관하여 이사회의 결의가 있는 때에 그 결의에 반대하는 주주는 주주총회 전에 회사에 대하여 서면으로, 그 결의에 반대하는 의사를 통지한 경우에는 그 총회의 결의일로부터 20일 이내에 주식의 종류와 수를 기재한 서면으로 회사에 대하여 자기가 소유하고 있는 주식의 매수를 청구할 수 있다($\substack{상\ 522\ 의 \\ 3\ \text{I}}$).

(2) 간이합병의 경우에 소멸회사는 주주총회의 승인을 얻지 않고 합병을 한다는 뜻을 공고하거나 또는 주주에게 통지를 한 때($\substack{상\ 527의 \\ 2\ \text{II}\ 본}$)에는, 공고 또는 통지를 한 날부터 2주 내에 회사에 대하여 서면으로, 합병에 반대하는 의사를 통지한 주주는 그 기간이 경과한 날로부터 20일 이내에 주식의 종류와 수를 기재한 서면으로, 회사에 대하여 자기가 소유하고 있는 주식의 매수를 청구

할 수 있다($\frac{상}{3}\frac{522\,의}{Ⅱ}$). 그러나 간이합병의 경우에도 총주주의 동의가 있는 때에는
주식매수청구권에 관한 규정이 적용될 여지가 없다($\frac{상}{2}\frac{527의}{Ⅱ\,단}$). 그리고 소규모합병
의 경우에는 합병반대주주의 주식매수청구권이 인정되지 않는다($\frac{상}{3}\frac{527의}{Ⅴ}$).

6. 설립위원의 선임

신설합병인 때에는 합병결의와 동일한 방법으로 각 당사회사는 설립위원
을 선임하며, 이들은 공동으로 정관의 작성 기타 설립에 관한 행위를 하여야
한다($\frac{상}{175}$). 공동으로 한다는 것은 설립위원 전원의 승인이 있어야 한다는 뜻이
다. 설립위원의 자격에는 제한이 없고 설립위원에 대한 벌칙의 적용은 발기인
의 경우와 같다($\frac{상}{635}$).

7. 창립총회 또는 보고총회의 소집

신설합병의 경우에 설립위원은 모든 절차($\frac{상\,527\,Ⅰ,\,232,\,530\,Ⅲ,\,440,}{444,\,530\,Ⅳ,\,339,\,340\,Ⅲ}$)가 끝난 다음
창립총회를 소집하여야 하며($\frac{상\,527,}{603,}$), 흡수합병의 경우에 존속하는 주식회사
나 유한회사는 합병에 관한 보고총회를 소집하고 합병에 관한 사항을 보고
하여야 한다($\frac{상\,526}{Ⅰ,\,603}$). 창립총회와 보고총회는 이사회의 공고로써 갈음할 수 있다
($\frac{상\,526\,Ⅲ,}{527\,Ⅳ,}$).

8. 합병등기

합명회사 또는 합자회사의 경우에 합병절차가 끝난 때에는 일정한 기간
내에 본점과 지점의 소재지에서 존속회사는 변경등기, 소멸회사는 해산등기,
신설회사에서는 설립등기를 하여야 한다($\frac{상\,233,}{269}$). 주식회사에 있어서는 합병을
한 때에는, 흡수합병의 경우에 보고총회의 종료가 종결한 날 또는 보고총회에
갈음하는 이사회의 공고일, 신설합병의 경우에는 창립총회가 종결한 날 또
는 창립총회에 갈음한 이사회의 공고일로부터 본점소재지에서는 2주 내, 지
점소재지에서는 3주 내에 변경등기·해산등기 또는 설립등기를 하여야 한다
($\frac{상\,528}{Ⅰ,\,602}$). 유한회사의 경우는 상법 제602조에 의하여 등기를 하여야 한다.

9. 합병의 효력

회사의 합병은 변경등기나 설립등기에 의하여 그 효력이 생긴다($\frac{상\,234,\,269,}{530\,Ⅱ,\,603,}$).
즉 등기의 창설적 효력에 의하여 합병의 효력이 생긴다. 그러므로 제3자의 선

의·악의와 관계 없이 합병으로 대항할 수 있게 된다.

[172] 제 6 合併의 效果

합병등기에 의하여 합병의 효력이 생기고 합병의 효과로서 당사회사의 전부 또는 일부 회사의 소멸과 신회사의 성립 또는 존속회사의 정관이 변경되고, 소멸회사의 권리·의무가 존속회사나 신설회사에 포괄적으로 이전하게 된다($\frac{상}{235}$).

(1) 회사의 소멸·설립　　흡수합병의 경우에는 당사회사의 일부가 소멸하고, 신설합병의 경우에는 모든 당사회사가 소멸한다($\frac{상 227(4), 269,}{517(1), 609 \, I \, (1)}$). 합병은 회사의 해산사유이지만($\frac{상 227(4), 269,}{517(1), 609 \, I \, (1)}$) 이는 형식적인 것에 불과하고, 회사는 합병에 의하여 청산절차를 거치지 않고 당연히 소멸한다. 또 합병의 효과로서 흡수합병의 경우에 존속회사는 정관을 변경하게 되고, 신설합병인 때에는 신설회사가 설립된다.

(2) 사원의 수용　　합병에 의하여 소멸회사의 사원은 단주(端株)로 인하여 제외되거나 합병교부금만을 받은 경우, 그리고 주식매수청구권을 행사한 경우 등이 아닌 한 존속회사나 신설회사의 사원이 된다. 그리고 사원의 지위는 존속회사 또는 신설회사의 종류나 합병계약의 내용에 따라 정해진다.

(3) 권리·의무의 포괄적 이전　　1) 존속회사 또는 신설회사는 합병에 의하여 소멸한 회사의 권리·의무를 포괄적으로 승계한다($\frac{상 235, 269,}{530 \, II, 603}$). 공법상의 관계도 이와 같다[$\frac{大 80.3.25,}{77 \, 누 \, 265}$].

2) 제 3 자에 대하여 이전의 대항요건을 필요로 하는 권리는 그 절차를 밟아야 한다($\frac{기명채권·}{선박 등}$). 기명주식은 주주권을 행사하려면 회사에 대한 대항요건으로서 명의개서를 하여야 한다[$\frac{동; 鄭(동), 785;}{孫(주), 471}$]. 그러나 소멸회사의 주식이 정관에 의하여 그 양도가 제한되는 주식($\frac{상 335}{1 \, 단}$)이라도 양도의 승인을 청구할 필요가 없다. 왜냐하면 양도제한은 합병이나 상속과 같이 포괄승계로 주식이 이전된 경우에는 적용되지 않기 때문이다.

3) 동산 또는 채권은 제 3 자에 대하여 대항요건을 갖추지 않고도 대항할 수 있다. 또한 근로계약상의 지위도 원칙적으로 승계한다[$\frac{大 94.3.8,}{93 \, 다 \, 1589}$].

(4) 이사 및 감사의 임기　　합병 후 존속하는 회사의 이사 및 감사표시 합병 전에 취임한 자는 합병계약서에 따른 정함이 있는 경우를 제외하고는 합

병 후 최초로 도래하는 결산기의 정기총회가 종료할 때에 종임한다($\overset{상}{4} \overset{527의}{I}$).

[173] 제 7 合併의 無效

1. 총   설

(1) 합병이 법정된 요건을 갖추지 못한 때에는 합병은 당연히 무효가 되어야 할 것이다. 그러나 합병은 복잡한 절차를 필요로 하는 단체법상의 행위이므로 그 무효를 일반원칙에 맡기는 경우에는 법률관계의 안정을 위태롭게 할 수 있다. 그리하여 상법은 법률관계의 안정과 획일적인 확정을 위하여 설립무효의 소와 같은 합병무효의 소에 관하여 규정하고 있다.

(2) 합병결의에 취소 또는 무효원인이 있는 경우는 합병등기 전에는 결의취소의 소와 결의무효의 소가 가능하지만, 합병등기 후에는 결의취소의 소는 합병무효의 소에 흡수되어 합병무효의 소만이 인정된다고 본다$\left[\overset{大}{92} \overset{93.5.27,}{누 14908}\right]$.

(3) 그러나 결의취소의 소의 제소기간은 결의의 날로부터 2월간이므로 ($\overset{상}{376}_I$), 결의의 취소사유를 이유로 한 합병무효의 소는 그 기간 내에 제기하여야 한다. 그리고 합병등기 전에 제기한 결의의 하자에 관한 소는 합병등기 후에는 합병무효의 소의 제소기간 내에 합병무효의 소로 변경하여야 한다($\overset{민소}{262}$). 또한 합병등기 전에 제기한 결의하자에 관한 소의 피고회사가 합병에 의하여 소멸한 때에는 소송절차는 중단되고 합병에 의하여 설립된 신설회사 또는 존속회사가 소송절차를 수계하여야 한다($\overset{민소}{234}$).

2. 무효의 원인

합병무효의 원인은 i) 합병에 관한 제한규정($\overset{상}{600} \overset{174 \,II,}{I \cdot II}$)을 위반한 때, ii) 합병계약서의 법정요건의 흠결 또는 전혀 합병계약서를 작성하지 않은 때, iii) 합병결의에 무효나 취소의 원인이 있을 때, iv) 채권자보호에 관한 절차를 이행하지 않은 때, v) 합병 후에 창립총회나 보고총회를 소집하지 않거나 이사회의 공고를 하지 않은 때, vi) 종류주주총회가 없는 때, vii) 파산한 회사가 존립중의 회사로 흡수합병된 때, viii) 신설합병의 경우에 설립위원에 의한 정관의 작성이 없을 때, ix) 합병에 필요한 인가 또는 허가를 받지 않은 때, x) 주식매수청구권에 관한 규정을 위반한 때이다. 그리고 xi) 합병비율이 불공정한 경우도 합병무효의 원인이 된다고 할 것이다$\left[\overset{동: 崔(철), 826; 鄭(동), 787; 鄭(찬),}{465; 仁川地判 86.8.29, 85 가합 1526}\right]$.

3. 합병무효의 소

합병의 무효는 소만으로 주장할 수 있다.

(1) 제소기간   합병무효의 소는 존속회사 또는 신설회사에 대하여 합병의 등기가 있는 날로부터 6월 내에 제기하여야 한다($^{상\ 236,}_{529,\ 603}$).

(2) 소의 당사자

1) 원   고   (개) 인적회사($^{합명회사·}_{합자회사}$)에 있어서 소의 제기권자는 각 회사의 사원·청산인·파산관재인 또는 합병을 승인하지 않은 회사채권자에 한하며($^{상\ 236,}_{I,\ 269}$), 물적회사($^{주식회사·}_{유한회사}$)의 경우에는 각 회사의 사원($_{주}$)·이사·감사·청산인·파산관재인 또는 합병을 승인하지 않은 회사채권자이다($^{상\ 529,}_{I,\ 603}$).

(나) 여기서 각 회사란 존속회사 또는 신설회사를 가리킨다는 견해도 있는데[$^{孫(주),\ 473;}_{李(철),\ 104}$], 그 이유는 합병무효판결에는 소급효가 인정되지 않기 때문이라고 한다. 그러나 그렇게 해석한다면 상법이 제소권자로서 청산인과 파산관재인 및 합병을 승인하지 않은 채권자를 포함시킨 이유를 설명할 수 없게 될 것이므로, 각 회사란 합병계약의 당사회사 및 신설회사를 가리킨다고 보는 것이 타당하다[$^{동:\ 鄭(동),\ 788;\ 鄭(찬),}_{466;\ 李(기),\ 381}$].

(다) 한편 합병을 승인하지 않은 회사채권자가 소를 제기한 때에는 회사는 채권자가 악의임을 소명하고 법원에 대하여 상당한 담보의 제공을 명할 것을 청구할 수 있다($^{상\ 237,\ 176\ III·IV,}_{269,\ 530\ II,\ 603}$). 이는 남소(濫訴)의 방지를 위한 것이지만 무자력한 채권자는 사실상 소를 제기할 수 없게 된다는 문제가 있다.

2) 피   고   합병무효의 소에 있어서 소멸회사에 합병무효의 원인이 있는 경우에도 피고는 존속회사 또는 신설회사이다. 왜냐하면 합병의 효력이 생긴 이후에는 소멸회사는 법인격을 상실하기 때문이다.

(3) 소송절차   합병무효의 소에 대하여는 설립무효의 소에 관한 규정을 준용한다. 즉 합병무효의 소는 본점소재지의 지방법원의 관할에 전속하며, 소가 제기된 때에는 회사는 지체없이 공고하여야 한다. 또한 법원은 수개의 소가 제기된 때에는 이를 병합심리하여야 하며($^{이것은 법원에 대하여 병합하여 심리 재판할 것을}_{훈시하는 취지의 규정에 불과하므로 이에 반하는}$ $^{재판의 효력은 그로 인하여}_{영향을 받는 것은 아니다}$), 소의 심리중에 원인이 된 하자가 보완되고 회사의 현황과 제반사정을 참작하여 합병의 무효가 부적당하다고 인정한 때에는 법원은 그 청구를 기각할 수 있다($^{상\ 240,\ 186\sim189,}_{269,\ 530\ II,\ 603}$).

4. 합병무효판결의 효과

(1) **판결의 효력**   합병무효의 판결은 법률관계의 획일적인 확정을 위하여 제3자에 대하여도 그 효력이 있지만 판결확정 전에 생긴 회사와 사원 및 제3자간의 권리·의무에는 영향을 미치지 아니한다($^{상\ 240,\ 190,\ 269,}_{530\ II,\ 603}$). 이러한 범위 내에서 합병무효판결의 소급효를 인정하지 않음으로써 거래의 안전을 도모하고 있다.

(2) **판결확정의 효과**   1) 합병무효의 판결이 확정되면 회사는 합병 전의 상태로 환원하여 소멸회사는 부활하고 신설회사는 소멸한다. 그 결과 소멸회사가 합병 당시에 소유하였던 재산으로서 존속회사나 신설회사에 현존하는 것은 부활한 소멸회사에 귀속한다. 그리고 존속회사 또는 신설회사가 합병 후에 취득한 재산은 합병당사회사의 공유가 되고 또한 합병 후에 부담한 채무는 연대채무가 된다($^{상\ 239\ I\ ·\ II,}_{269,\ 530,\ 603}$).

2) 채무의 부담부분이나 재산에 대한 지분은 당사회사 사이의 협의로써 정할 수 있지만, 협의의 성립이 불가능한 때에는 법원은 청구에 의하여 합병 당시의 각 회사의 재산상태 기타의 사정을 참작하여 이를 정한다($^{상\ 239\ III,}_{269,\ 530,\ 603}$).

3) 소멸회사의 부활에 의하여 합병 전의 소멸회사의 주주는 부활한 소멸회사의 주주가 되지만 합병시에 주식을 병합한 때에는 병합 후의 지위에 따라 정해진다. 즉 병합으로 인한 단주에 대하여 그 대가의 지급을 받은 주주는 부활한 소멸회사의 주주가 될 수 없고 단주를 취득한 자가 주주가 된다. 또한 합병 전의 소멸회사의 이사·감사는 부활한 소멸회사의 선임절차를 거치지 않는 한 그 지위가 당연히 부활하지는 않는다. 그러므로 합병무효의 판결이 확정된 때에는 존속회사 또는 신설회사의 이사·감사가 부활한 소멸회사의 이사·감사가 선임될 때까지 이사·감사로서의 권리와 의무를 갖는다고 할 것이다$\left[^{동:\ 鄭(동),\ 789;}_{孫(주),\ 747}\right]$.

(3) **등   기**   합병무효의 판결이 확정된 때에는 본점 및 지점의 소재지에서 존속회사는 변경등기를, 신설회사는 해산등기를, 그리고 소멸회사는 회복을 위한 등기를 하여야 한다($^{상\ 238,\ 269,}_{530\ II,\ 603}$). 이 경우에 등기는 등기소가 수소법원(受訴法院)의 촉탁에 의하여 한다($^{非訟}_{99,\ 98}$).

(4) **원고패소의 경우**   원고가 패소한 경우에는 그 판결의 기판력은 다른 제소권자에게 미치지 않는다. 원고는 악의 또는 중대한 과실이 있는 때에만

회사에 대하여 연대하여 손해를 배상할 책임이 있다($\substack{상\ 240,\ 191,\ 269, \\ 520\ II,\ 603}$).

[事例演習]

◇ 사 례 ◇

甲, 乙, 丙의 3인이 각각 7:2:1의 비율로 출자를 하여 A주식회사를 설립하기로 하고 甲은 자신의 명의로 60%를, 처인 丁의 명의로 10%를 인수하고 납입하였으며, 乙과 丙도 각각 인수하고 납입하였다. 甲이 대표이사에 취임하고 乙과 丙이 이사에 선임되었는데, 사실상 甲이 단독으로 회사를 도맡아 운영하였다. 甲은 B회사와 합병하기로 하고 이사회의 결의 없이 乙과 丙에게 주주총회의 소집통지를 하고 주주총회소집일에 A회사의 사무실에 甲, 乙, 丙이 출석하였다.

주주총회에는 丙의 반대에도 불구하고 합병을 결의하였다.

이에 합병을 반대한 丙이 취할 수 있는 상법상의 조치는?

[司 40회]

[해 설] (1) 이사회결의 없이 소집된 주주총회의 효력

위의 사례에서 10%의 주식을 가진 丁은 명의대여자이다. 주주명의 대여에 있어서의 권리귀속주체에 관해서는 형식설과 실질설이 있는데, 통설과 판례인 실질설에 따라 명의차용자인 甲이 주주이므로, 甲, 乙, 丙이 출석한 총회는 전원출석총회이므로 이사회의 결의가 없더라도 유효하다고 본다.

(2) 주주총회결의취소의 소와 합병무효의 소와의 관계

주주총회 결의 후 2개월이 지나지 않았다면 丁은 주주총회결의취소의 소를 제기할 수 있고, 2개월이 지났으면 주총결의 취소의 소를 제기할 수 없으며 합병등기의 여부에 따라 합병무효의 소를 제기할 수 있는지가 문제된다. 총회결의 후 2개월 경과 전이고 합병등기가 경료된 경우라면 양소의 제기가 가능하다고 할 수 있으나, 학설과 판례는 흡수설에 따라 합병무효의 소만을 제기할 수 있다고 본다.

(3) 합병반대주주의 주식매수청구권 행사가능성

합병반대주주는 상법 제522조의 3에 열거한 요건을 갖추어야 주식매수청구권을 행사할 수 있는데, 위의 사례에서는 이사회 자체가 개최되지 아니하였고, 총회 전에 결의에 반대하는 서면을 보낸 것으로 보이지도 않으므로 주식매수청구권을 행사할 수 없다. 다만 이사회 결의를 거치지 아니한 것은 회사의 과실이므로, 그 과실에 기초하여 주주 丙이 총회결의일로부터 20일 내에 주식매수청구권을 행

사할 수 있다고 본다.

⑷ 이사의 위법행위 유지청구 가능성

주주명의대여의 경우 형식설에 의하면, 이사회의 결의도 없고 주주 丁에게는 통지도 없이 주주총회를 소집하여 합병을 결의한 것은 위법이므로, 합병절차가 진행중이라면 이사의 위법행위 유지를 청구하여 위법한 합병을 저지시킬 수 있다.

⑸ 여 　 론

丁에 대한 구제방법으로서, 이미 합병절차가 종료되고 합병등기까지 이루어졌다면, 대표이사 甲에 대하여 발행주식 총수의 1% 이상을 소유하고 있는 丁은 대표소송을 제기할 수 있을 것이다.

제 5 절　　株式交換·株式移轉

[174] 제 1 序　　說

　　회사의 구조조정을 위한 지주회사의 설립을 용이하게 하기 위하여 2001년의 상법개정에 의하여 주식교환 및 주식이전제도를 도입하였다($^{상\ 360의\ 2\sim}_{360의\ 23}$). 그리하여 회사가 자회사주식의 전부를 소유하는 완전모자회사관계의 형성이 가능하게 되었다. 주식교환이나 주식이전에 의하면 주주총회의 특별결의를 비롯한 소정의 절차를 이행함으로써 강제적으로 다른 회사를 완전자회사로 하는 것이 가능하게 된다. 즉 법정절차의 이행에 의하여 완전자회사로 되는 회사(이하 B회사라 한다)의 주식의 전부가 완전모회사로 되는 회사(이하 A회사라 한다)에 이전하고, B회사의 주주에게는 A회사의 주식을 배정하는 것이다. 상법에서는 주식교환($^{상\ 360의\ 2\sim}_{360의\ 14}$)과 주식이전($^{상\ 360의\ 15\sim}_{360의\ 23}$)을 별도의 조문으로 분리하여 규정하고 있으나, 양자의 차이는 완전자회사가 되는 회사의 주식을 취득하는 회사($^{완전모회사가}_{되는\ 회사}$)가 기존의 회사인가 아니면 신설된 회사인가에 있다고 할 것이다.

[175] 제2 株式交換

I. 서   설

(1) 의   의   주식의 교환이란 기존의 회사가 소정의 법정절차에 의하여 B회사의 주주가 갖는 주식을 모두 A회사에 이전하고, B회사의 주주는 A회사가 주식교환을 위하여 발행하는 신주의 배정을 받아 그 회사의 주주가 됨으로써 완전모자회사의 관계를 형성하는 행위이다.

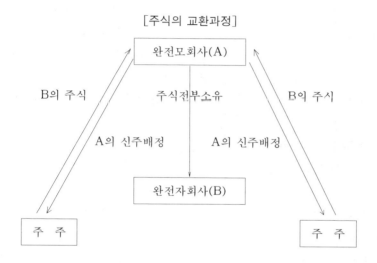

[주식의 교환과정]

(2) 법적 성질   주식교환의 법적 성질은 완전모회사를 형성하는 조직법 내지 단체법상의 행위라고 할 것이다.

2. 주식교환의 절차

(1) 총   설   1) 각 당사회사는 각기 이사회의 승인을 얻어 주식교환계약을 체결한다. 이후 각 회사는 주식교환계약서 등을 비치하여야 하고($\frac{상}{360의 4}$), 주주총회의 특별결의에 의한 승인결의가 있어야 한다($\frac{상}{360의 3 I \cdot II}$). 이 경우 주식교환에 반대하는 주주는 주식매수청구권을 행사할 수 있다($\frac{상}{360의 5}$). 이후 주권제출절차($\frac{상}{360의 81}$)를 거쳐, 주식교환을 할 날에 B회사의 주주의 주식에는 A회사의 주식이 배정되어 주식교환의 효력이 생기게 된다. B회사는 주주의 구성이 다르게 될 뿐 그 재산에는 변경이 생기지 않는다. A회사는 B회사의 주식을 취득하여 자산이 증가한다. 따라서 자회사 및 모회사의 채권자는 주식교환에 의

하여 불리한 지위에 있게 되는 것은 아니므로 채권자보호절차는 필요 없다.

　　2) 상장회사는 주식의 포괄적 교환 또는 포괄적 이전을 하고자 하는 경우에는 대통령령이 정하는 요건, 방법 등의 기준에 따라야 한다($\frac{상}{의}\frac{542}{20}$).

　　(2) 주식교환계약서의 작성　　주식교환의 당사회사간에 주식교환계약이 체결되면 다음과 같은 법정기재사항을 기재한 주식교환계약서를 작성하여야 한다($\frac{상}{의}\frac{360}{3Ⅲ}$).

　　1) 정관변경사항　　A회사가 주식교환으로 인하여 정관을 변경하는 경우에는 그 규정을 기재하여야 한다($\frac{상}{의}\frac{360}{3Ⅲ}$). 즉 B회사의 주주에게는 A회사의 주식이 배정되므로 A회사가 주식교환에 의하여 회사의 목적, 발행예정주식의 총수 등의 정관규정을 변경하는 경우에는 변경되는 정관의 규정을 기재하여야 한다. 이는 주식교환의 경우에 이해관계자인 B회사의 주주에게도 정관변경결의에 관여할 기회를 주기 위하여 주식교환계약서의 기재사항으로 하고, 당사회사의 주주총회의 승인을 얻도록 한 것이다.

　　2) 신주의 총수·배정비율

　　㈎ 신주에 관한 사항　　A회사가 주식교환을 위하여 발행하는 신주의 총수, 종류와 종류별 주식의 수 및 B회사의 주주에 대한 신주의 배정에 관한 사항을 기재하여야 한다($\frac{상}{3}\frac{360의}{Ⅲ(2)}$). A회사가 종래에 소유하는 주식에 대하여는 교환의 필요가 없기 때문에 계산의 기초가 되는 자회사가 발행한 주식 수에서 제외되어야 하며, A회사가 신주발행에 갈음하여 소유하는 자기주식을 이전하는 경우에는 A회사가 신주발행에 갈음하여 소유하는 자기주식을 이전하는 경우에는 A회사가 발행하는 신주의 총수는 그만큼 감소하게 된다.

　　㈏ 신주의 배정에 관한 사항　　신주의 배정에 관한 사항이란 B회사의 주주가 주식교환에 의하여 그가 소유하는 B회사의 주식에 대하여 배정되는 A회사의 신주의 수에 관한 사항으로 주식교환비율을 말한다. 주식교환비율은 B회사의 주주를 비롯하여 이해관계자들에게 중요한 문제로서 그 공정성이 요구되는데, 이는 합병의 경우에 합병비율과 같은 것이다. 그러므로 이를 위하여 주식교환비율은 각 당사회사의 재무상태·성장성·주가 등을 종합적으로 고려하여 산정하여야 한다.

　　3) 증가자본금·자본준비금　　A회사가 증가할 자본금의 액과 자본준비금에 관한 사항을 기재하여야 한다($\frac{상}{3}\frac{360의}{Ⅲ(3)}$). 자본금증가의 한도액은 A회사의 자본은 주식교환의 날에 B회사에 현존하는 순자산액에서 B회사의 주주에게

지급할 금액과, 상법 제360조의 6의 규정에 의하여 B회사의 주주에게 이전하는 주식의 회계장부가액의 합계액을 공제한 금액을 초과하여 증가할 수 없다($\frac{상}{의} \frac{360}{7 \text{I}}$). 그리고 A회사가 주식교환 이전에 B회사의 주식을 이미 소유하고 있는 경우에는 A회사의 자본은 주식교환의 날에 B회사에 순자산액에 그 회사의 발행주식총수에 대한 주식교환으로 인하여 A회사에 이전하는 주식의 수의 비율을 곱한 금액으로부터 B회사의 주주에게 지급할 금액과, 상법 제360의 6의 규정에 의하여 B회사의 주주에게 이전하는 주식의 회계장부가액의 합계액을 공제한 금액의 한도를 초과하여 이를 증가할 수 없다($\frac{상}{의} \frac{360}{7 \text{II}}$). 그리고 상법 제360조의 7에 규정하는 자본금증가의 한도액이 완전모회사의 증가한 자본금을 초과한 경우의 그 초과액은 자본준비금으로 적립하여야 한다($\frac{상}{(1)의} \frac{459 \text{I}}{2}$).

　4) 주식교환교부금　　　B회사의 주주에게 지급할 금액을 정한 때에는 그 규정을 기재하여야 한다($\frac{상}{3 \text{III} (4)} \frac{360의}{}$). B회사의 주주는 A회사의 주식을 배정받지만 당사회사의 재산상태에 따라 배정비율을 배정한 결과 교환비율이 1 대 1이나 2 대 1 등의 정수로 떨어지지 않고 단수가 생기는 때에 그 부분에 대한 배정비율을 조정하기 위하여 일정한 금액을 B회사 주주에게 교부하는 경우에 그 규정을 주식교환계약서에 기재하여야 한다. 이는 합병의 경우에 합병교부금과 같은 성질의 것이다.

　5) 주주총회의 기일　　　각 회사가 상법 제360조의 3 제1항의 결의를 할 주주총회의 기일을 기재하여야 한다($\frac{상}{3 \text{III} (5)} \frac{360의}{}$).

　6) 주식교환을 할 날　　　주식교환을 할 날을 기재하여야 한다($\frac{상}{3 \text{III} (6)} \frac{360의}{}$). 이는 주주총회가 승인을 하면 주식교환의 효력이 생기는 날을 말한다. 즉 이 날로부터 완전모자회사의 관계가 성립하게 된다. 통상의 신주발행의 절차는 밟지 않으므로 주식교환계약서에 일정한 날을 기재시켜서 그 날에 주식교환의 효력이 생기도록 한 것이다.

　7) 이익배당 등의 한도액　　　각 회사가 주식교환을 할 날까지 이익배당 또는 상법 제462조의 3 제1항의 금전의 배당을 하는 경우에는 그 한도액을 기재하여야 한다($\frac{상}{3 \text{III} (7)} \frac{360의}{}$). 주식의 교환비율의 적정화를 위하여 주식교환을 하는 회사의 합의로 주식교환계약의 체결 후 주식교환이 이루어질 때까지의 이익배당 및 중간배당의 한도액을 주식교환계약서에 기재하여야 한다.

　8) 자기주식의 이전에 관한 사항　　　상법 제360조의 6의 규정에 의하여 회사가 자기주식을 이전하는 경우에는 이전할 주식의 총수, 종류 및 종류별 주

식의 수를 기재하여야 한다(상360의3Ⅲ(8)). A회사는 주식교환을 함에 있어서 신주발행에 갈음하여 회사가 소유하는 자기의 주식으로서 상법 제342조의 규정에 의하여 처분하여야 할 주식을 B회사의 주주에게 이전할 수 있다(상360의6).

9) 이사·감사 등의 성명 및 주민등록번호   완전모회사가 되는 회사에 취임할 이사와 감사 또는 감사위원회의 위원을 정한 때에는 그 성명 및 주민등록번호를 기재하여야 한다(상360의3Ⅲ(9)).

(3) 사전공시   이사는 상법 제360조의3 제1항의 주주총회의 회일의 2주 전부터 주식교환의 날 이후 6월이 경과하는 날까지 i) 주식교환계약서, ii) B회사의 주주에 대한 주식의 배정에 관하여 그 이유를 기재한 서면, iii) 상법 제360조의3 제1항의 주주총회의 회일(간이주식교환의 경우는 공고 또는 통지의 날(상 360의 10 Ⅳ))전 6월 내의 날에 작성한 주식교환을 하는 각 회사의 대차대조표와 손익계산서 또는 최종의 대차대조표 및 손익계산서를 본점에 비치하여야 한다(상360의4 Ⅰ). 주주는 영업시간 내에 서류의 열람 또는 등사를 청구할 수 있다(동조Ⅱ).

(4) 주주총회의 결의   주식교환을 하고자 하는 회사는 주식교환계약서를 작성하여 주주총회의 특별결의에 의한 승인을 얻어야 한다(상360의3Ⅰ·Ⅱ). 주주총회의 소집을 위한 통지와 공고(상363)에는 i) 주식교환계약서의 주요내용, ii) 주식교환을 반대하는 주주의 주식매수청구권의 내용 및 행사방법, iii) 일방회사의 정관에 주식의 양도에 관하여 이사회의 승인을 요한다는 뜻의 규정이 있고 다른 회사의 정관에 그 규정이 없는 경우 그 뜻을 기재하여야 한다(상360의3Ⅳ). 그런데 회사가 수종의 주식을 발행한 경우에 주식교환으로 인하여 어느 종류의 주주에게 손해를 미치게 되는 때에는 상법 제435조의 규정에 의하여 종류주주총회의 결의가 있어야 한다(상436).

(5) 주식매수청구권   주식교환에 관한 주주총회의 승인사항에 관하여 이사회의 결의가 있는 때에 그 결의에 반대하는 주주가 주식교환계약서의 승인을 위한 주주총회 전에 회사에 대하여 서면으로 주식교환에 반대하는 의사를 통지한 경우에는, 그 총회의 결의일로부터 20일 이내에 주식의 종류와 수를 기재한 서면으로 회사에 대하여 자기가 소유하고 있는 주식의 매수를 청구할 수 있다(상360의5 Ⅰ). 주주의 주식매수청구권을 인정한 것은 주주총회의 특별결의에 의하여 주식교환이 강제적으로 이루어지므로 주주를 보호하기 위한 것이다.

(6) 주권의 실효절차   주식의 포괄적 교환에 의하여 B회사는 상법 제360조의3 제1항의 규정에 의한 결의를 한 때에는 그 뜻, 주식교환의 날의 전

날까지 주권을 회사에 제출할 것과 주식교환의 날에 주권이 무효가 된다는 뜻을 그 날의 1월 전에 공고하고, 주주명부에 기재된 질권자에 대하여 따로따로 그 통지를 하여야 한다($^{상\ 360}_{의\ 8\,I}$).

(7) 사후공시   이사는 주식교환의 날부터 6월간 i) 주식교환의 날, ii) 주식교환의 날에 B회사에 현존하는 순자산액, iii) 주식교환으로 인하여 완전모회사에 이전한 완전자회사의 주식의 수, iv) 그 밖에 주식교환에 관한 사항을 기재한 서면을 본점에 비치하여야 한다($^{상\ 360의}_{12\,I}$).

(8) 완전모회사의 이사·감사의 임기   A회사의 이사 및 감사로서 주식교환 전에 취임한 자는 주식교환계약서에 다른 정함이 있는 경우를 제외하고는 주식교환 후 최초로 도래하는 결산기에 관한 정기총회가 종료하는 때에 퇴임한다($^{상\ 360}_{의\ 13}$). 주식의 교환에 의하여 A회사가 B회사의 주주에게 신주를 배정함으로써 주식교환의 날에는 완전모회사의 주주의 구성이 달라지므로 가급적 빠른 시일 내에 주식교환 전의 이사와 감사들이 새로이 모회사의 주주가 된 B회사의 주주들의 신임을 물어야 할 필요가 있게 된다.

(9) 단주처리 등에 관한 규정의 준용   주식교환의 경우에 A회사와 B회사의 주식교환비율에 따라서는 주식의 병합이 필요하게 된다. 예컨대 B회사의 주식 3주에 대하여 A회사의 주식 1주를 배정하는 때에는 B회사의 주식 10주를 소유하는 주주는 A회사의 주식 3주를 받고 1주의 단주에 대하여는 A회사가 이를 경매하여 그 대금을 B회사의 주주에게 교부하여야 한다. 그러나 거래소의 시세 있는 주식은 거래소를 통하여 매각하고 거래소의 시세 없는 주식은 법원의 허가를 받아 경매 이외의 방법으로 매각할 수 있다($^{상\ 360의}_{11\,I,\ 443}$). 그리고 B회사의 주식에 대하여 질권이 설정된 경우에는 주주명부에 질권자의 기재가 있는 경우 주식교환에 의하여 A회사의 신주가 배정된 때에는 그 신주에 대하여 질권을 행사할 수 있고($^{상\ 360의}_{11\,I,\ 339}$), 질권자는 신주권의 교부를 A회사에 대하여 청구할 수 있다($^{상\ 360의}_{11,\ 340\,III}$).

3. 간이주식교환

(1) 의   의   B회사의 총주주의 동의가 있거나 그 회사의 발행주식총수의 100분의 90 이상을 A회사가 소유하고 있는 때에는 B회사의 주주총회의 승인은 이를 이사회의 승인으로 갈음할 수 있다($^{상\ 360}_{의\ 9\,I}$). 이 경우에 B회사는 주식교환계약서를 작성한 날부터 2주 이내에 주주총회의 승인을 얻지 아니하

고 주식교환을 한다는 뜻을 공고하거나 주주에게 통지하여야 한다($\frac{동조}{II본}$). 다만 총주주의 동의가 있는 때에는 그러하지 아니하다($\frac{동조}{II단}$).

　(2) 요　　건　　B회사가 상법 제360조의 9 제 2 항 본문에 의하여 공고 또는 통지를 한 날로부터 2주 내에 회사에 대하여 서면으로 간이주식교환에 반대하는 의사를 통지한 주주는 그 기간이 경과한 날로부터 20일 이내에 주식의 종류와 수를 기재한 서면으로 회사에 대하여 자기가 소유하고 있는 주식의 매수를 청구할 수 있다($\frac{상}{의 5 II}\frac{360}{}$). 그러나 간이주식교환의 경우에도 A회사의 주주 총회의 승인은 필요하다.

4. 소규모주식교환

　(1) 의　　의　　상법은 A회사의 주주의 이해관계에 영향이 적은 경우에는 A회사의 주주총회의 승인결의를 거치지 않고 이사회의 결의만으로 주식교환이 가능하도록 하기 위하여 소규모주식교환제도를 두고 있다. 즉 완전모회사가 되는 회사(A회사)의 규모에 비하여 완전자회사가 되는 회사(B회사)의 규모가 소규모인 경우에 A회사의 주주총회의 승인결의 없이 이사회의 결의만으로 주식교환을 할 수 있도록 하였다. 그러나 소규모주식교환의 경우에도 B회사는 주주총회의 특별결의에 의한 승인이 필요하다.

　(2) 요　　건　　1) A회사가 주식교환을 위하여 발행하는 신주의 총수가 그 회사의 발행주식총수의 100분의 5를 초과하지 아니하거나, B회사의 주주에게 지급할 금액을 정한 경우에 그 금액이 주식교환의 승인을 위한 주주총회의 회일 전 6월 이내의 날에 작성한 주식교환을 하는 각 회사의 대차대조표 및 손익계산서 또는 최종의 대차대조표 및 손익계산서($\frac{상}{4 I (3)}\frac{360의}{}$)에 의하여 A회사에 현존하는 순자산액의 100분의 2를 초과하지 아니하는 경우에는 상법 제360조의 3 제 1 항의 규정에 의한 주주총회의 승인은 이를 이사회의 승인으로 갈음할 수 있다($\frac{상}{10 I}\frac{360의}{}$). 이 경우에 상법 제360조의 6의 규정에 의하여 B회사의 주주에게 이전하는 주식은 상법 제360조의 10 제 1 항의 규정을 적용함에 있어서 이를 주식교환을 위하여 발행하는 신주로 본다($\frac{상}{10 II}\frac{360의}{}$).

　2) 소규모주식교환의 경우에는 주식교환계약서에 A회사에 관해서는 상법 제360조의 3 제 1 항의 규정에 의한 승인을 얻지 아니하고 주식교환을 할 수 있는 뜻을 기재하여야 하며, 동조 제 3 항 제 1 호에 게기할 사항인 정관변경의 기재는 이를 기재하지 못한다($\frac{상}{10 III}\frac{360의}{}$).

3) A회사는 주식교환계약서를 작성한 날로부터 2주 내에 B회사의 상호와 본점, 주식교환의 날 및 상법 제360조의 3 제 1 항의 승인을 얻지 아니하고 주식교환을 할 날을 공고하거나 주주에게 통지하여야 한다($\frac{상}{10}\frac{360의}{Ⅳ}$). 그러나 A회사의 발행주식총수의 100분의 20 이상에 해당하는 주식을 가지는 주주가 상법 제360조의 10 제 1 항의 규정에 의한 주식교환에 반대의 의사를 통지한 때에는 소규모주식교환을 할 수 없다($\frac{상}{10}\frac{360의}{Ⅴ}$).

(3) 주주의 주식매수청구권   소규모주식교환의 경우에는 주식교환에 반대하는 주주의 주식매수청구권을 인정하지 않는다($\frac{상}{10}\frac{360의}{Ⅶ}$).

5. 주식교환무효의 소

(1) 총   설   주식교환의 무효는 다수의 이해관계자에게 영향을 미치므로 법률관계의 획일적 확정 및 안정을 도모하기 위하여 소만으로 주장할 수 있는데($\frac{상}{14}\frac{360의}{Ⅰ}$), 이러한 소의 성질은 형성의 소이다. 주식교환무효의 소의 특징은 무효의 주장에 관하여 당사자적격의 제한과 판결의 소급효에 관한 제한규정을 두었다는 점이다.

(2) 무효의 원인   주식교환무효의 소의 무효원인에 대하여는 아무런 규정이 없고 이는 해석의 문제라고 본다. 즉 주주총회에 의한 주식교환계약서의 승인결의가 없는 경우, 주식교환계약서의 기재사항이 흠결된 경우, 공시에 관한 규정을 위반한 경우, 간이주식교환 또는 소규모주식교환의 절차에 관한 요건이 충족되지 않은 경우 등이 이에 속한다.

(3) 당 사 자   원고는 주식교환의 당사자인 각 회사의 주주·이사·감사나 감사위원회의 위원 또는 청산인이며($\frac{상}{14}\frac{360의}{Ⅰ}$), 합병의 경우($\frac{상}{529}$)와 달리 파산관재인이나 채권자는 포함되지 않는다. 이는 무효의 주장을 가급적 제한하기 위한 것으로 볼 수 있고, 주식교환은 각 당사회사의 주주의 구성이 바뀔 뿐이고 재산상태는 변함이 없으므로 특별히 채권자를 해하는 것은 아니기 때문이라고 할 것이다. 한편 피고의 적격에 관하여는 상법상 아무런 규정이 없으나 A회사와 B회사가 피고라고 할 것이다.

(4) 제소기간 및 관할   주식교환무효의 소는 주식교환의 날로부터 6월 이내에 제기하여야 한다($\frac{상}{14}\frac{360의}{Ⅰ}$). 그리고 주식교환무효의 소는 A회사의 본점소재지의 지방법원의 관할에 전속한다($\frac{상}{14}\frac{360의}{Ⅱ}$).

(5) 공고 및 병합심리   주식교환무효의 소가 제기된 때에는 회사는 지

체없이 공고하여야 한다($\frac{\text{상}\ 360\text{의}}{14\ \text{IV},\ 187}$). 수개의 소가 제기된 때에는 법원은 이를 병합하여 심리하여야 한다($\frac{\text{상}\ 360\text{의}}{14\ \text{IV},\ 188}$). 그리고 법원은 주주가 주식교환무효의 소를 제기한 때에는 회사의 청구에 의하여 상당한 담보를 제공할 것을 명할 수 있다($\frac{\text{상}\ 360\text{의}\ 14\ \text{IV},}{377\ \text{I}\ \text{본문}}$). 그리고 주식교환무효의 소가 그 심리중에 원인이 된 하자가 보완되고 회사의 현황과 제반사정을 참작하여 설립을 무효 또는 취소하는 것이 부적당하다고 인정하는 때에는 법원은 그 청구를 기각할 수 있다($\frac{\text{상}\ 360\text{의}}{14,\ 189}$).

(6) 주식교환결의의 취소·무효확인의 소와의 관계　주식교환의 효력이 발생하기 전에는 결의의 취소, 무효확인 또는 부존재의 소를 제기할 수 있으나, 주식교환의 효력이 발생한 후에는 주식교환무효의 소에 흡수된다고 본다.

(7) 무효판결의 효력

1) 대세적 효력　주식교환의 무효판결은 형성판결로서 이에 의하여 이미 한 주식교환은 무효가 되며 법률관계의 획일적인 확정을 위하여 제3자에 대하여도 그 효력이 미친다($\frac{\text{상}\ 360\text{의}\ 14}{\text{IV},\ 190\ \text{본문}}$).

2) 불소급효　주식교환은 무효판결의 확정에 의하여 장래에 대하여 그 효력을 잃는다($\frac{\text{상}\ 360\text{의}\ 14}{\text{IV},\ 431\ \text{I}}$). 즉 법률관계의 안정을 위하여 판결의 소급효는 인정되지 않는다. 그러므로 신주발행이 유효함을 전제로 하여 판결이 확정될 때까지 한 행위, 예컨대 이익 또는 이자의 배당, 의결권의 행사, 주식의 양도, 입질 등의 행위는 무효판결에 의하여 영향을 받지 않는다.

(8) 무효판결의 효과　주식교환의 무효로 판결이 확정된 때에는 완전모회사가 된 회사는 주식교환을 위하여 발행한 신주 또는 상법 제360조의 6의 규정에 의하여 이전한 주식의 주주에 대하여 그가 소유하였던 완전자회사가 된 회사의 주식을 이전하여야 한다($\frac{\text{상}\ 360\text{의}}{14\ \text{III}}$). 그리고 완전자회사가 되는 회사의 주주가 주식교환교부금을 받은 때에는 이를 반환하여야 한다. 또한 주식교환무효의 판결이 확정된 때에는 본점과 지점의 소재지에서 등기하여야 한다($\frac{\text{상}\ 360\text{의}}{14\ \text{IV},\ 192}$).

(9) 패소원고의 책임　주식교환무효의 소를 제기한 자가 패소한 경우에 악의 또는 중대한 과실이 있는 때에는 회사에 대하여 연대하여 손해를 배상할 책임을 진다($\frac{\text{상}\ 360\text{의}}{14\ \text{IV},\ 192}$).

[176]　제3　株式移轉

I. 총　설

(1) 의　의　　주식이전은 기존의 회사가 완전모회사를 설립하여 그 회사의 완전자회사가 되는 절차이다($^{상\ 360의}_{15\ I}$). 주식이전에 의하여 완전자회사가 되는 회사(B회사)의 주주가 소유하는 그 회사의 주식은 주식이전에 의하여 설립하는 완전모회사(A회사)에 이전하고, B회사의 주주는 A회사가 주식이전을 위하여 발행하는 주식의 배정을 받음으로써 A회사의 주주가 된다($^{상\ 360의}_{15\ II}$). 주식이전의 경우에 회사의 설립은 통상의 회사설립절차에 의하지 않고 주식의 이전만으로 새로운 회사가 설립된다. 그리고 주식이전에 의하여 B회사의 주주가 소유하는 모든 주식은 A회사가 발행하는 신주와 강제적으로 교환된다. 그러나 주식이전의 경우는 간이주식교환과 같은 제도는 존재하지 않는다.

(2) 법적 성질　　주식이전의 법적 성질은 회사를 설립하여 완전모자회사관계를 형성하는 조직법 내지 단체법상의 행위라고 할 것이다.

2. 주식이전의 절차

(1) 총　설　　주식이전을 하고자 하는 회사는 주식이전에 관하여 이사회의 결의를 거쳐 사전공시를 하고 주주총회의 특별결의에 의한 승인을 받아야 한다. 이 경우에 반대주주의 주식매수청구권이 인정된다. 주주총회의 승

[주식의 이전과정]

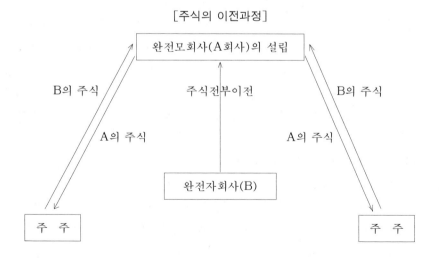

인 후 주권제출절차를 밟고 A 회사의 설립등기에 의하여 주식이전의 효력이
생긴다. 그리고 사후공시를 거쳐 주식이전무효의 소의 제기를 할 수 있게 된
다. 기타의 절차는 회사의 설립에 관한 것을 제외하면 주식교환의 경우와 유사
하다.

(2) 주주총회의 승인사항

1) 완전모회사의 정관의 규정($\frac{\text{상}\ 360의}{16\ \text{I}\ (1)}$)   주식이전의 경우는 신회사를
설립하여 완전모회사로 하기 때문에 그 회사의 정관을 작성하고 주주총회의
승인을 받아야 한다.

2) 완전모회사가 발행하는 주식의 종류와 수 및 주식의 배정사항($\frac{\text{동조}}{\text{I}(2)}$)
이를 기재함으로써 B 회사의 주주에게 A 회사의 새로운 주식이 주식이전의 효
력으로서 배정된다. 그러므로 발행예정주식총수, 주식의 종류와 수, 배정에 관
한 사항에 대하여 주주총회의 승인을 얻도록 한 것이다. 즉 A 회사가 새로 발
행하는 주식이 보통주인가 우선주인가 등의 주식의 종류를 정하고 각기 몇 주
를 발행하며 B 회사의 주주에게는 그 중 어떠한 종류의 주식을 몇 주를 배정하
는가 등에 대하여도 주주총회의 승인을 받아야 한다. 한편 B 회사의 자기주식
에 대한 배정은 주식교환의 경우와 같다.

3) 완전모회사의 자본금 및 자본준비금에 관한 사항($\frac{\text{동조}}{\text{I}(3)}$)   완전모회사
의 자본금의 한도액은 주식이전의 날에 B 회사의 현존하는 순자산액에서 그
회사의 주주에게 지급하는 주식이전교부금의 금액을 공제한 금액이 된다($\frac{\text{상}\ 360}{\text{의}\ 18}$).
즉 그 공제한 금액만큼 순자산액이 감소한다. 그리하여 감소한 순자산액을 기
초로 A 회사의 자본금과 자본준비금이 정해진다. 상법 제360조의 7에서 규정
하는 자본금증가의 한도액이 설립된 완전모회사의 자본액을 초과한 경우에 그
초과액은 자본준비금으로 적립하여야 한다($\frac{\text{상}\ 459\ \text{I}}{(1)의\ 3}$).

4) 주식이전교부금에 관한 사항($\frac{\text{동조}}{\text{I}(4)}$)   완전자회사가 되는 회사의 주주
에 대하여 지급할 금액을 정한 때에는 그 규정을 기재하여야 한다. 복수의 회
사가 공동으로 주식이전에 의하여 완전모회사를 설립하는 경우에는 주식배정
의 조정을 위하여 주식 이외에 일정한 교부금을 지급하는 경우가 있으므로, 이
를 주주총회의 승인사항으로 한 것이다.

5) 주식이전을 할 시기($\frac{\text{동조}}{\text{I}(5)}$)   주식이전을 할 시기란 주식이전의 등기
이전까지 필요한 모든 절차가 종료하는 예정일을 말하는데, 이는 주권제출기
간의 만료일의 다음날이다. 주식이전을 할 시기는 상법 제360조의 19의 「주식

이전을 한 때」로서 그 날이 주식이전등기의 등기기간의 기산일이 된다.

6) **이익배당 등의 한도액**($\frac{동조}{I(6)}$)   완전자회사가 되는 회사가 주식이전의 날까지 이익의 배당 또는 상법 제462조의 3에 의하여 금전으로 이익배당을 할 때에는 그 한도액을 기재하여야 한다. 이는 배정비율의 공정성을 담보하기 위한 판단자료가 된다.

7) **이사·감사 등의 성명과 주민등록번호**($\frac{동조}{I(7)}$)   완전모회사의 이사와 감사 또는 감사위원회의 위원의 성명 및 주민등록번호를 기재하여야 한다. 주식이전에 의하여 설립되는 회사는 창립총회를 개최하지 않기 때문에 그 기관의 구성원을 주주총회의 승인사항으로 한 것이다.

8) **복수회사에 의한 완전모회사의 설립취지**($\frac{동조}{I(8)}$)   회사가 공동으로 주식이전에 의하여 완전모회사를 설립하는 때에는 그 취지를 기재하여야 한다. 복수의 회사가 공동으로 주식이전을 하는 경우에 타방의 회사의 주주에 대한 완전모회사의 주식의 배정비율 등도 주주총회의 승인대상이 된다.

⑶ **주주총회의 결의요건 등**   주주총회의 결의요건과 소집통지 및 공고 등에 기재하여야 할 사항은 주식교환의 경우와 동일하다($\frac{상}{16\,II\cdot III}\frac{360의}{}$). 그리고 주식교환의 경우에 상법 제360의 5에서 규정하고 있는 주식매수청구권은 주식이전의 경우에 준용한다($\frac{상}{22\,III}\frac{360의}{}$).

⑷ **사전공시**   이사는 상법 제360조의 16 제 1 항의 규정에 의한 주주총회의 회일의 2주 전부터 주식이전의 날 이후 6월을 경과하는 날까지 i) 상법 제360조의 16 제 1 항의 규정에 의한 주식이전계획서, ii) 완전자회사가 되는 회사의 주주에 대한 주식의 배정에 관하여 그 이유를 기재한 서면, iii) 상법 제360조의 16 제 1 항에 의한 주주총회의 회일 전 6월 이내의 날에 작성한 B 회사의 최종의 대차대조표 및 손익계산서 등을 본점에 비치하여야 한다($\frac{상}{17\,I}\frac{360의}{}$). 주주는 영업시간 내에 위 서류의 열람 또는 등사를 청구할 수 있다($\frac{상}{17\,II}\frac{360의}{}$).

⑸ **주권의 실효절차**   상법 제360의 14 제 1 항의 규정에 의하여 완전자회사가 되는 회사는 상법 제360조의 16 제 1 항의 규정에 의한 결의를 한 때에는 그 뜻, 1월을 초과하여 정한 기간 내에 주권을 회사에 제출할 것과 주식이전의 날에 주권이 무효가 된다는 뜻을 공고하고, 주주명부에 기재된 질권자에 대하여 따로따로 그 통지를 하여야 한다($\frac{상}{19\,I}\frac{360의}{}$). 주권을 제출할 수 없는 자가 있는 때에는 상법 제442조의 규정을 준용한다($\frac{상}{19\,II}\frac{360의}{}$).

⑹ **사후공시**   이사는 주식이전의 날부터 6월간 i) 주식이전의 날,

ii) 주식이전의 날에 B회사에 현존하는 순자산액, iii) 주식이전으로 인하여 완전모회사에 이전한 완전자회사의 주식의 수, iv) 그 밖에 주식이전에 관한 사항을 기재한 서면을 본점에 비치하여야 한다($^{상\ 360의\ 22,}_{360의\ 12\ Ⅰ}$).

(7) 주식이전의 등기   주식이전을 한 때에는 설립한 완전모회사의 본점의 소재지에서는 2주 전에, 지점의 소재지에서는 3주 전에 상법 제317조 2항에서 정하는 사항을 등기하여야 한다($^{상\ 360}_{의\ 20}$). 주식이전은 주식이전등기를 한 때에 그 효력이 발생하므로($^{상\ 360}_{의\ 21}$), 주식이전에 의한 새로운 회사의 설립은 주식이전의 등기를 한 때에 그 효력이 생긴다.

3. 주식이전무효의 소

주식이전무효의 소의 절차는 주식교환무효의 소와 동일하다($^{상\ 360}_{의\ 23}$). 그러나 다른 점은 주식이전을 무효로 하는 판결이 확정된 때에는 완전모회사가 된 회사는 주식이전을 위하여 발행한 주식의 주주에 대하여 그가 소유하였던 완전자회사가 된 회사의 주식을 이전하여야 한다($^{상\ 360의}_{23\ Ⅲ}$).

제 6 절   株式의 賣渡·買受請求權

[177] 제 1 總   說

주식회사의 주식의 대부분을 지배주주가 보유하고 있으며 소수주주는 소수의 주식을 보유하고 있는 경우에도 회사는 주식회사의 조직과 경영에 관한 법규를 준수하지 않으면 안 된다. 그리하여 회사의 경영을 위하여 불필요한 시간과 비용이 소모됨으로써 회사의 경영에 지장을 초래하게 된다. 또한 소수주주로서도 회사에 대한 영향력이 미미하여 주식의 양도를 통한 투하자금의 회수가 용이하지 않은 경우가 많다. 그리하여 개정상법은 주식의 대부분을 보유하는 주주로 하여금 소수주주의 주식을 강제로 매수할 수 있게 하고, 소수주주는 대주주에 대하여 보유주식의 매수를 청구할 수 있도록 하였다.

[178] 제 2 支配株主의 賣渡請求權

I. 지배주주의 요건

회사의 발행주식총수의 100분의 95 이상을 자기의 계산으로 보유하고 있는 주주(이하 '지배주주'라 한다)는 회사의 경영상 목적을 달성하기 위하여 필요한 경우에는 회사의 다른 주주(이하 '소수주주'라 한다)에게 그 보유하는 주식의 매도를 청구할 수 있다($\frac{\text{상}\ 360의}{24\ \text{I}}$). 이 경우에 보유주식의 수를 산정함에 있어서는 모회사와 자회사가 보유한 주식을 합산한다. 회사가 아닌 주주가 발행주식총수의 100분의 50을 초과하는 주식을 가진 회사가 보유하는 주식도 그 주주가 보유하는 주식과 합산한다($\frac{\text{동조}}{\text{II}}$).

2. 주주총회의 승인

주식의 매도청구는 주주총회의 승인을 얻어야 한다($\frac{\text{상}\ 360의}{24\ \text{III}}$). 승인을 위한 주주총회의 소집을 통지할 때에는 지배주주의 회사 주식의 보유현황, 매도청구의 목적, 매매가액의 산정근거와 적정성에 관한 공인된 감정인의 평가 및 매매가액의 지급보증에 관한 사항을 기재하여야 하고, 매도를 청구하는 지배주주는 주주총회에서 그 내용을 설명하여야 한다($\frac{\text{동조}}{\text{IV}}$).

3. 주식의 매도

지배주주의 매도청구를 받은 소수주주는 매도청구를 받은 날로부터 2월 내에 지배주주에게 그 주식을 매도하여야 한다($\frac{\text{동조}}{\text{V}}$). 이 경우 그 매매가액은 매도청구를 받은 소수주주와 매도를 청구한 지배주주간의 협의로 이를 결정한다($\frac{\text{동조}}{\text{VI}}$). 상법 제374조의 2 제 4 항 및 제 5 항의 규정은 제 1 항의 매도청구를 받은 날로부터 30일 내에 매도가격에 대한 협의가 이루어지지 아니하는 경우에 이를 준용한다($\frac{\text{동조}}{\text{VII}}$).

[179] 제 3 少數株主의 買受請求權

회사의 발행주식총수의 100분의 95 이상을 보유하고 있는 지배주주가 있는 회사의 소수주주는 언제든지 지배주주에게 그 보유주식의 매수를 청구할 수 있다($\frac{\text{상}\ 360의}{25\ \text{I}}$). 소수주주의 매수청구를 받은 지배주주는 매수를 청구한 날을 기준으로 2개월 내에 매수를 청구한 주주로부터 그 주식을 매수하여야 한다($\frac{동조}{III}$). 이 경우 그 매수가액은 매수를 청구한 주주와 매수청구를 받은 지배주주 간의 협의로 이를 결정한다($\frac{동조}{III}$). 상법 제360조의 24 제7항의 규정은 제2항의 매수청구를 받은 날로부터 30일 이내에 매수가액에 대한 협의가 이루어지지 아니하는 경우에 이를 준용한다($\frac{동조}{IV}$).

[180] 제4 株式의 移轉 등

　지배주주의 매도청구권과 소수주주의 매수청구권에 의하여 주식을 취득하는 지배주주가 매매가액을 소수주주에게 지급한 때 주식의 이전이 이루어진 것으로 본다($\frac{상360의}{26 \ I}$). 그러나 매매가액을 지급할 소수주주를 알 수 없거나 그 수령을 거부할 경우에는 그 수령을 거부할 경우에는 지배주주는 그 가액을 공탁할 수 있다. 이 경우 주식은 공탁한 날에 지배주주에게 이전된 것으로 본다($\frac{동조}{III}$). 지배주주는 매도청구의 날 1월 전에 i) 소수주주는 매매가액의 수령과 동시에 주권을 지배주주에게 교부하여야 한다는 뜻, ii) 교부하지 않을 경우 매매가액을 수령하거나 지배주주가 매매가액을 공탁한 날에 주권은 무효가 된다는 뜻을 공고하고, 주주명부에 기재된 주주와 질권자에 대하여 따로 그 통지를 하여야 한다($\frac{상360의}{26 \ 3항}$).

제7절　會社의 分割

[181]　제1　總　說

　1998년의 개정상법에서는 기업의 구조조정을 도모하기 위하여 주식회사에 한하여 회사분할제도를 신설하였다($\frac{상530의}{2 \ 이하}$). 즉 회사의 물적·인적 분할을 가능하게 하고 주주 및 채권자의 보호절차를 법정한 회사분할제도를 창설하였다.

　(1) 분할의 경제적 목적　　기업은 경영의 합리화와 시장의 지배력의 강화를 위하여 회사를 합병하는 경우가 있는가 하면, 반대로 품질의 향상을 통한 경쟁력의 강화나 판매의 촉진을 위하여 영업부문의 전문화, 불요부문의 분리,

특정한 영업부문의 타 기업과의 제휴와 대기업의 정책적인 분할의 방편으로 회사의 분할이 이루어진다. 한편 회사분할제도를 법정한 것은 기업의 구조조정을 도모하기 위한 것으로 회사의 분할은 정부의 산업정책에 의하여 이루어지기도 한다.

(2) 분할의 의의　　회사의 분할이란 협의로는 회사가 재산과 사원관계를 포함하여 회사의 일부분을 분리하여 다른 회사에 출자하거나 새로 회사를 설립함으로써 하나의 회사를 복수의 회사로 분할하는 것을 말한다. 그러므로 회사의 분할은 회사합병의 반대되는 개념인 것이다. 광의로는 회사의 분할규정에 의하지 않고 기존의 제도에 의하여 회사의 사업부문의 일부를 분리하여 이전하거나 회사의 재산만을 이전하는 물적 분할(物的 分割)의 경우를 포함한다.

(3) **분할의 유형**　　회사의 분할은 i) 그 일부분을 존속시키고 다른 일부문의 경영을 위하여 회사를 신설하는 경우와, ii) 회사의 영업부문을 분리하여 각 부문을 위하여 회사를 신설하고 종래의 회사는 소멸시키는 경우가 있다. 전자의 경우를 회사의 **존속분할** 또는 **불완전분할**이라고 하고, 후자를 회사의 **신설분할** 또는 **완전분할**이라고 한다. 또한 회사로부터 일부문이 분할되어 다른 회사에 흡수되거나 다른 회사의 일부문과 더불어 회사를 신설하는 경우도 있다.

[182]　제2　分割의 方法

회사는 분할에 의하여 그 재산을 한 개 또는 수 개의 존립중의 회사에 출자하거나 그 재산을 출자하여 한 개 또는 수 개의 회사를 설립할 수 있고, 회사는 분할에 의하여 존립중의 회사에 출자하는 동시에 회사를 설립할 수 있다($\substack{\text{상 } 530의\\2 \text{ I·II}}$). 그러나 해산 후의 회사는 그 재산을 존립중의 회사에 출자하거나 그 재산을 출자하여 회사를 설립하는 경우에만 분할할 수 있다($\substack{\text{동조}\\\text{III}}$).

[183]　제3　分割의 節次

(1) 주주총회의 승인　　1) 회사가 분할 또는 분할합병을 함에는 분할계획서 또는 분할합병계약서를 작성하여 **주주총회의 특별결의**에 의한 승인을

얻어야 한다($\frac{\text{상}}{3}\frac{530의}{\text{I}\cdot\text{II}}$). 이 결의에서는 의결권 없는 주식을 소유하는 주주도 의결권이 있다($\frac{\text{동조}}{\text{III}}$). 분할계획 또는 분할합병계약의 요령은 총회소집의 통지와 공고에 기재하여야 한다($\frac{\text{동조}}{\text{IV}}$). 그리고 회사의 분할로 인하여 어느 종류의 주주에게 손해를 미치게 될 때에는 **종류주주총회의 결의**($\frac{\text{상}}{435}$)가 있어야 한다 ($\frac{\text{상}}{3}\frac{530의}{\text{V}}$).

2) 회사의 분할로 인하여 관련회사의 주주의 부담이 가중되는 때에는 총회의 승인결의와 종류주주총회결의 외에 **주주전원의 동의**가 있어야 한다 ($\frac{\text{동조}}{\text{VI}}$).

(2) **분할에 의한 회사의 설립**　　회사의 분할규정에 의하여 회사를 설립하는 때에는 회사설립에 관한 **규정**($\frac{\text{상}}{\text{이하}}\frac{288}{}$)을 **준용한다**($\frac{\text{상}}{4}\frac{530의}{\text{I}}$). 그리고 분할에 의하여 설립되는 회사는 분할하는 회사의 출자만으로도 설립할 수 있다($\frac{\text{동조}}{\text{II}}$). 이 경우에 설립되는 회사의 **창립총회**는 분할승인의 결의로 갈음할 수 있다($\frac{\text{동조}}{\text{III}}$). 분할에 의하여 설립되는 회사를 분할하는 회사의 출자만으로 설립하는 경우에 분할하는 회사의 주주에게 그 회사의 주식의 소유비율에 따라서 설립되는 회사의 주식이 발행되는 경우에는 변태설립사항에 관한 검사인의 조사·보고에 관한 규정($\frac{\text{상}}{299}$)을 적용하지 않는다($\frac{\text{상}}{4}\frac{530의}{\text{III}}$). 즉 분할절차의 간소화를 위하여 검사인의 조사를 생략할 수 있게 하였다.

(3) **분할계획서 또는 분할합병계약서의 기재사항**

1) 분할에 의하여 회사를 설립하는 경우에는 분할계획서에 상법 제530조의 5 제 1 항에 열거한 사항을 기재하여야 한다.

2) 분할 후 회사가 존속하는 경우에는 존속하는 회사에 관하여 분할계획서에 상법 제530조의 5 제 2 항에 열거한 사항을 기재한다.

3) 분할하는 회사(A)의 일부가 다른 회사(B)와 분할합병하여 그 다른 회사(B)가 존속하는 경우에는 분할합병계약서에 상법 제530조의 6 제 1 항에 열거한 사항을 기재하여야 한다.

4) 분할하는 회사(A)의 일부가 다른 회사(B) 또는 다른 회사(B)와 분할합병을 하여 신회사를 설립하는 경우에는 분할합병계약서에 상법 제530조의 6 제 2 항에 열거한 사항을 기재하여야 한다.

5) 3)과 4)의 경우에 각 회사의 분할합병을 하지 아니한 부분의 기재에 관하여는 상법 제530조의 5 의 규정을 준용한다($\frac{\text{상}}{\text{의 6}}\frac{530조}{\text{III}}$).

⑷ 분할대차대조표 등의 작성·비치·공시

1) 분할하는 회사(A)의 이사는 분할결의($\frac{상\ 530의}{3\ I}$)를 위한 총회회일의 2주간 전부터 분할의 등기를 한 날 또는 분할합병을 한 날 이후 6월간 i) 분할계획서 또는 분할합병계약서, ii) 분할하는 부분의 대차대조표, iii) 분할합병을 하는 경우의 합병상대방회사의 대차대조표, iv) 분할하는 회사의 주주에게 발행할 주식의 배정에 관하여 그 이유를 기재한 서면 등을 본점에 비치하여야 한다($\frac{상\ 530의}{7\ I}$).

2) 분할합병($\frac{상\ 530의}{6\ I}$)의 상대방회사의 이사는 분할합병의 승인을 위한 총회의 회일의 2주간전부터 분할합병의 등기를 한 후 6월간 i) 분할합병계약서, ii) 분할하는 회사의 분할을 하는 부분의 대차대조표, iii) 분할하는 회사의 주주에게 발행할 주식의 배정에 관하여 그 이유를 기재한 서면 등을 본점에 비치하여야 한다($\frac{상\ 530의}{7\ II}$).

3) 주주 및 회사채권자는 영업시간 내에는 언제든지 위 1)·2)의 서류의 열람을 청구하거나 회사가 정한 비용을 지급하고 그 등본 또는 초본의 교부를 청구할 수 있다($\frac{상\ 530의}{7\ III}$).

⑸ 분할합병반대주주의 주식매수청구권   분할합병에 관하여 이사회의 결의가 있는 때에 총회의 승인결의 전에 회사에 대하여 서면으로 분할합병에 반대하는 의사를 통지한 주주는 그 총회의 결의일로부터 20일 이내에 주식의 종류와 수를 기재한 서면으로 회사에 대하여 자기가 소유하고 있는 주식의 매수를 청구할 수 있다($\frac{상\ 530의\ 11\ II}{522의\ 3}$·). 그러나 단순분할의 경우는 주식매수청구권을 인정하지 않는다.

⑹ 채권자의 보호   1) 분할 또는 분할합병 후 신설회사 또는 존속회사는 분할 또는 분할합병 전의 회사채무에 관하여 연대하여 변제할 책임이 있다($\frac{상\ 530의}{9\ I}$). 그러나 분할하는 회사는 총회의 특별결의로 분할에 의하여 회사를 설립하는 경우에 설립되는 회사가 분할하는 회사의 채무중에서 출자한 자산에 관한 채무만을 부담할 것을 정할 수 있다. 이 경우에 분할하는 회사가 분할출자후에 존속하는 때에는 분할로 인하여 설립되는 회사가 부담하지 아니하는 채무만을 부담한다($\frac{상\ 530의}{9\ II}$).

2) 분할하는 회사는 총회의 특별결의로 분할의 출자를 받는 존립중의 회사가 분할을 하는 회사의 채무 중에서 출자한 재산에 관한 채무만을 부담할 것을 정할 수 있다. 이 경우에도 분할하는 회사가 분할 출자 후 존속하는 때에

는 분할로 인하여 출자를 받은 존립 중의 회사가 부담하지 아니하는 채무만을 부담한다($\frac{상\ 530의}{9\ Ⅲ}$). 이 경우에 이의를 제출한 채권자가 있는 때에는 회사는 그 채권자에 대하여 변제 또는 상당한 담보를 제공하거나 이를 목적으로 하여 상당한 재산을 신탁회사에 신탁하여야 한다($\frac{상\ 530의\ 9\ Ⅳ,}{232\ Ⅲ}$).

회사분할 및 구주권제출공고

2002년 5월 28일 임시주주총회에서 본 회사의 건설사업부문을 분할하여 신설회사를 설립하고 본 회사는 존속하기로 결의하였으므로, 주식병합절차에 따라 구주권을 소유하신 주주 또는 이에 이의가 있는 채권자는 본 공고 게재일 익일부터 1개월내에 본 회사에 구주권 또는 이의를 본 회사에 제출하여 주시기 바랍니다.

(제출처: 경기도 성남시 분당구 수내동 4-4 경동빌딩 11층)

2002년 5월 29일

강원도 삼척시 도계읍 상덕리 산1번지

주식회사 경 동

대표이사 장 병 덕

3) 채권자의 이의에 대하여는 상법 제439조 제 3 항을 준용한다. 분할의 경우에 채권자보호절차에 대하여는 상법 제527조의 5 제 1 항을 준용하고 일정한 기간 내에 이의를 한 채권자에 대한 절차는 상법 제232조 제 3 항의 규정을 준용한다($\frac{상\ 530의}{11\ Ⅱ}$).

(7) 주식의 병합 분할 또는 분할합병에 의하여 주식을 병합하는 경우에는 상법 제440조 내지 제444조를 준용한다($\frac{상\ 530의}{11\ Ⅰ}$).

(8) 분할 또는 분할합병에 관한 계산 분할 또는 분할합병으로 인하여 설립되는 회사 또는 출자를 받는 회사가 영업권을 취득한 경우에는 그 취득가액을 대차대조표의 자산의 부에 계상할 수 있다. 이 경우에는 설립등기 또는 분할합병의 등기를 한 후 5년 내의 매결산기에 균등액 이상을 상각하여야 한다($\frac{상\ 530}{의\ 8}$).

(9) 분할 또는 분할합병에 의한 등기 회사가 분할 또는 분할합병을 한 때에는 본점소재지에서는 2주 내에, 지점소재지에서는 3주 내에 분할 후 존속하는 회사는 변경등기, 분할로 인하여 소멸하는 회사는 해산등기, 분할로 인하여 설립되는 회사는 설립등기를 하여야 한다($\frac{상\ 530의\ 11\ Ⅰ,}{234\ Ⅳ,\ 233}$).

(10) 상장회사는 분할 또는 분할합병을 하고자 하는 경우에는 대통령령이 정하는 요건, 방법 등의 기준에 따라야 한다($\frac{상}{의\ 20}$).

[184] 제 4 分割 또는 分割合併의 效力

회사분할의 효력은 분할 또는 분할합병의 등기에 의하여 발생한다($\frac{상\ 530}{의\ 11}$ $\frac{1}{234}$). 그리하여 분할 또는 분할합병으로 인하여 설립되는 회사 또는 존속하는 회사는 분할하는 회사의 권리와 의무를 분할계획서 또는 분할합병계약서가 정하는 바에 따라서 승계한다($\frac{\text{상} \, 530}{\text{의} \, 10}$). 즉 법률에 의하여 재산이 이전되고, 재산과 채무에 관하여 개별적인 양도행위를 필요로 하지 않는다. 그리고 소멸분할의 경우는 분할하는 회사는 자동적으로 소멸한다. 그러나 존속분할의 경우는 분할하는 회사가 존속한다. 분할의 결과 분할하는 회사의 사원은 분할계획서와 분할합병계약서에서 정하고 있는 바에 따라 양수회사의 사원이 된다. 분할 또는 분할합병무효의 소에 관하여는 상법 제529조와 제237조 내지 제240조를 준용한다($\frac{\text{상} \, 530\text{의}}{11 \, \text{I}}$).

제 8 절 會社의 解散

[185] 제 1 序 說

(1) 해산의 의의   회사의 해산이란 회사의 법인격을 소멸시키는 원인이 되는 법률사실을 말한다. 즉 해산은 직접 회사의 소멸 자체를 가져오는 것이 아니라 법인격소멸의 원인이 되는 것이다. 그러므로 회사의 해산에 의하여 회사의 권리능력이 완전히 소멸되지는 않는다. 즉 회사의 권리능력은 해산 후에도 청산의 목적범위내에서 존속한다($\frac{\text{상} \, 245, \, 269,}{542 \, \text{I}, \, 613 \, \text{I}}$).

(2) 해산회사의 법적 성질   해산 후에 존속하는 회사의 법적 성질은 i) 특별한 청산회사라는 설과, ii) 청산의 목적범위 내에서 법의 의제에 의하여 존속하는 회사라는 의제설(擬制說)이 있으나, iii) 동일회사가 존속한다는 설이 통설이고 타당하다[동: 徐(돈), 484; 孫(주), 484; 鄭(찬), 482; 李(철), 143]. 왜냐하면 해산 전과 다른 회사로 볼 수 있는 근거가 없고 법인의 기초도 그대로 존속되기 때문이다.

(3) 해산사유   회사의 해산사유는 회사의 종류에 따라 각기 다르므로 이에 대하여는 각종 회사의 해산사유에서 설명하고 여기서는 모든 회사에 공통되는 법원에 의한 해산명령과 해산판결, 그리고 휴면회사의 해산에 관하여 서술한다.

[186] 제 2 法院의 解散命令

(1) 해산명령의 의의   1) 모든 회사에 공통되는 해산사유는 법원의 해산명령이다. 이것은 사원이 제기한 소에 의하여 법원의 판결이 있거나 영업면허가 취소되어 회사가 해산되는 경우와는 달리, 비송사건절차법에 따라 결정으로써 회사의 해산을 명령하는 제도이다.

2) 이는 회사제도가 남용되어 회사가 사회적 임무를 이행하기에 앞서 공익을 해하게 되는 때에 그 법인격을 박탈하기 위하여 인정한 것이다. 즉 준칙주의에 의한 회사설립으로 인하여 발생하는 부당한 결과를 조정하고 그 폐단을 시정하기 위한 제도라고 할 수 있다. 그러므로 해산명령은 공익을 유지하기 위하여 회사의 존립을 허용할 수 없을 때에 한하여 이해관계인이나 검사의 청구에 의하여 또는 직권으로 법원이 한다($\frac{상}{176\,Ⅰ}$).

3) 회사의 해산명령은 회사의 법인격을 전면적으로 박탈하는 제도라는 점에서 일정한 법률관계에 대해서만 법인격을 부인하는 법인격부인의 법리와는 다르다.

(2) 해산명령의 사유

1) 설립목적이 불법인 경우($\frac{상}{Ⅰ}\frac{176}{(1)}$)   정관에 기재된 목적이 불법인 경우뿐만 아니라 목적 그 자체는 불법이 아니지만 배후의 실질적인 의도가 불법인 경우를 포함한다. 예컨대 목적은 무역업이지만 밀수출입을 하는 경우와 여관업을 목적으로 한 회사가 도박장을 개설한 때 등이 여기에 속한다.

2) 정당한 사유 없이 설립 후 1년 내에 영업을 개시하지 아니하거나 1년 이상 영업을 휴지하는 때($\frac{상}{Ⅰ}\frac{176}{(2)}$)   이것은 회사제도의 남용과 악용을 방지하기 위한 것이다. 영업의 개시란 회사의 목적인 사업 자체를 개시하는 것을 말하며 준비행위는 포함하지 않는다$\left[\substack{동:\ 李(병),\ 864;\ 鄭(동),\\631;\ 孫(주),\ 479}\right]$. 그러나 영업의 전부를 개시하지 않더라도 중요한 부분을 개업한 때에는 본호의 적용을 면할 수 있다. 「정당한 사유」의 유·무는 구체적으로 판단할 문제로서, 예컨대 심각한 경제불황으로 인하여 회사성립 후 1년 내에 개업을 할 수 없었던 경우가 이에 해당한다고 할 것이다.

3) 이사 또는 회사의 업무를 집행하는 사원이 법령 또는 정관에 위반하여 회사의 존속을 허용할 수 없는 행위를 한 때($\frac{상}{Ⅰ}\frac{176}{(3)}$)   업무집행사원 또는 이사가 회사의 기관의 지위에서 법령 또는 정관에 위반되는 행위를 한 때뿐만 아

니라, 그의 기관의 지위를 남용하여 자기의 이익을 위하여 법령 또는 정관에 위반하는 행위를 한 경우도 포함한다. 회사의 해산명령은 법령 또는 정관에 위반하는 행위로 인하여 회사의 존속을 허용할 수 없는 경우에 할 수 있다.

(3) **해산명령의 절차**　　　1) 해산명령의 사유가 있는 때에 법원은 이해관계인이나 검사의 청구에 의하여 또는 직권으로 회사의 해산을 명할 수 있다($\frac{상}{176\,\text{I}}$). 이 경우에 이해관계인이란 회사존립에 직접 법률상 이해관계가 있는 자를 말한다$\left[\begin{smallmatrix}大\,95.\,9.\,12.\\95\,마\,686\end{smallmatrix}\right]$. 해산을 명하는 재판의 절차는 비송사건절차법에 의한다($\frac{비송}{이하}^{90}$).

2) 해산명령의 청구가 있는 경우에 법원이 해산을 명하기 전이라도 이해관계인이나 검사의 청구에 의하여 또는 직권으로 관리인의 선임 기타 회사재산의 보전에 필요한 처분을 할 수 있다($\frac{상}{176\,\text{II}}$).

3) 이해관계인이 해산명령의 청구를 한 때에 남소의 방지를 위하여 회사의 청구에 의하여 법원은 해산명령의 청구자에게 상당한 담보를 제공할 것을 명할 수 있다($\frac{동조}{\text{III}}$). 그러나 이 경우에 회사는 이해관계인의 청구가 악의임을 소명하여야 한다($\frac{동조}{\text{IV}}$). 악의란 부당하게 회사의 이익을 해하려는 의도로써 청구하는 것을 말한다.

(4) **해산명령의 효과**　　　재판의 확정에 의하여 회사는 해산한다. 그 결과 회사의 권리능력은 청산의 목적범위 내로 축소되어 영업을 전제로 하는 규정은 적용이 되지 않게 된다. 회사대표 및 업무집행기관은 그의 권한을 상실한다. 회사가 해산한 때에는 소정기간 내에 해산등기를 하여야 한다($\frac{상\,228,\,269,}{530,\,613\,\text{I}}$).

[187] 제 3 解散判決

(1) **총　　설**　　　해산명령제도는 공익을 유지하기 위하여 법인격을 박탈하는 제도인 데 반하여, 해산판결은 대내적으로 사원의 이익을 위하여 인정한 제도이다. 해산명령의 청구권자는 모든 이해관계인과 검사($\frac{상}{176\,\text{I}}$) 등으로서 그 범위가 넓은 데 반하여, 해산판결은 사원에 한하여 청구할 수 있다. 그리고 전자는 비송사건절차에 의한 결정인 데 반하여, 후자는 소송사건으로서 판결에 의하는 점이 다르다. 해산을 청구하는 소는 **형성의 소**이다.

(2) **해산판결의 사유 및 청구권자**

1) 인적회사($\frac{합명회사\cdot}{합자회사}$)　　　(가) 합명회사와 합자회사의 각 사원은 부득이한

사유가 있는 때에는 회사의 해산을 법원에 청구할 수 있다($^{\text{상}}_{\text{I}}\,^{241}_{269}$). 「부득이한 사유」란 회사의 목적을 달성할 수 없거나 회사의 존속이 불가능한 경우라고 할 수 있다. 특히 인적회사에 있어서 사원간의 불화가 극심하여 지분의 양도, 일부 사원의 제명, 총사원의 동의에 의한 회사의 해산 등으로는 문제의 해결이 곤란한 경우에 인정되는 제도이다.

2) **물적회사**($^{\text{주식회사·}}_{\text{유한회사}}$)　　　주식회사의 소수주주($^{\text{발행주식총수의 100분의 10 이상}}_{\text{에 해당하는 주식을 가진 주주}}$)와 유한회사의 소수사원($^{\text{자본의 10분의 1 이상에 해당}}_{\text{하는 출자좌수를 가진 사원}}$)은 i) 회사의 업무가 현저한 정돈상태를 계속하여 회복할 수 없는 손해가 생긴 때 또는 생길 염려가 있는 때, ii) 회사재산의 관리 또는 처분의 현저한 실당으로 인하여 회사의 존립을 위태롭게 한 때 등, 부득이한 사유가 있는 때에는 회사의 해산을 법원에 청구할 수 있다($^{\text{상}}_{\text{613 I}}\,^{520,}$). 「부득이한 사유」가 있는 때란 모든 사정을 고려하여 회사를 해산하는 것이 회사 및 사원의 이익을 보호할 수 있는 최선의 방법으로 인정되는 경우를 말한다.

(3) **해산판결의 절차**　　　소는 회사의 본점소재지를 관할하는 지방법원에 전속하며($^{\text{상}}_{\text{520 II, 186}}\,^{241\,\text{II},}$) 이 소는 「형성의 소」이다. 원고는 해산판결의 청구자이며 피고는 해산될 회사이다.

(4) **해산판결의 효과**　　　원고가 패소한 경우는 악의 또는 중대한 과실이 있는 때에 한하여 회사에 대하여 연대하여 손해배상책임을 진다($^{\text{상 241 II, 269,}}_{\text{520 II, 191}}$).

[188] 제 4 休眠會社의 解散

(1) **총　　설**　　　**1)** 휴면회사란 영업을 폐지하여 사실상 존재하지 않는 회사이지만 해산등기를 하지 않고 방치하여 등기부상으로만 존재하는 회사라고 할 수 있다. 휴면회사가 많이 생기는 원인은 종래에 무모하게 남설된 회사들이 사업의 실패나 불경기 등으로 영업을 폐지하고도 그 해산·청산에 관한 상업등기의 번잡한 절차에 관한 이행의무를 외면하고 방치한 때문인 것으로 짐작된다.

2) 휴면회사는 여러 가지의 폐해를 수반한다. 즉 타인의 상호선정의 자유를 제한하고, 또한 타인이 휴면회사를 매매의 대상으로 하는 등의 회사범죄의 수단으로 이용되기 쉬우며, 등기업무의 번잡을 초래한다.

(2) 해산·청산의 의제

1) 해산의제   법원행정처장이 최후의 등기 후 5년을 경과한 회사는 본점의 소재지를 관할하는 법원에 아직 영업을 폐지하지 아니하였다는 뜻의 신고를 할 것을 관보로써 공고한 경우에, 그 공고한 날에 이미 최후의 등기 후 5년을 경과한 회사로서 공고한 날로부터 2월 이내에 대통령령이 정하는 바에 의하여($\frac{상시규}{청6}$) 신고를 하지 아니한 때에는 그 회사는 그 신고기간이 만료된 때에 해산한 것으로 본다. 그러나 그 기간 내에 등기를 한 회사에 대하여는 그러하지 아니하다($\frac{상\,520}{의\,2\,I}$). 공고가 있는 때에는 법원은 해당 회사에 대하여 공고가 있었다는 뜻의 통지를 발송하여야 한다($\frac{상\,520}{의\,2\,II}$).

2) 청산의제   휴면회사가 해산이 의제된 날로부터 3년 이내에 회사계속의 결의($\frac{상}{434}$)에 의하여 회사를 계속하지 않는 한 그 회사는 해산의제 이후 3년이 경과한 때에 청산이 종결된 것으로 본다($\frac{상\,520의}{2\,III\cdot IV}$).

(3) 휴면회사의 계속   해산한 것으로 의제된 휴면회사는 이후 3년 이내에 주주총회의 특별결의에 의하여 계속할 수 있다($\frac{상\,520}{의\,2\,III}$). 이것은 기업의 유지를 위하여 인정한 조치이다.

제 9 절   會社의 繼續

[189]   제 1   會社繼續의 意義와 效果

(1) 의   의   회사의 계속이란 기업의 유지를 위하여 해산 후 청산이 종료되기 전의 회사를 해산 전의 회사로 복귀시키는 것을 말한다. 즉 해산에 의하여 청산 또는 파산의 목적범위 내로 축소된 회사의 권리능력이 회사의 계속에 의하여 그 범위가 해산 전의 상태로 회복됨으로써, 해산 전의 회사와 동일한 회사가 되어 권리·의무의 이전이 생기지 않는 것을 의미한다. 그러나 법원의 해산명령 또는 해산판결에 의하여 회사가 강제적으로 해산된 때에는 회사의 계속은 인정되지 않는다.

(2) 효   과   회사의 계속으로 해산이 없었던 것과 같은 소급효가 생기는 것은 아니므로 해산중에 청산인이 한 행위는 그 효력을 상실하지 않는다. 또한 계속의 결과 청산인은 그 권한을 잃고 해산 전의 회사대표 및 업무집행

기관은 그의 권한을 회복하며 경업피지의무를 지게 된다.

(3) 등 기 회사의 계속은 회사가 이미 해산등기를 하였을 때에는 본점소재지에서 2주 내, 지점소재지에서는 3주 내에 그 등기를 하여야 한다 ($\frac{\text{상}\ 229\ \text{III},}{530\ \text{I},\ 611}$).

[190] 제2 各種 會社의 繼續

(1) 합명회사

1) 사원의 동의에 의한 계속 회사의 존립기간의 만료 기타 정관에서 정하고 있는 해산사유의 발생 또는 총사원의 동의에 의하여 해산한 경우는 사원의 전부 또는 일부의 동의로써 청산절차가 종료되기 전에 회사를 계속할 수 있다. 그러나 회사의 계속에 동의하지 아니한 사원은 퇴사한 것으로 본다($_{229}^{\text{상}}{}_{\text{I}}$).

2) 사원의 가입에 의한 계속 사원이 1인이 되어 회사가 해산한 경우는 새로 사원을 가입시켜서 회사를 계속할 수 있다($_{229}^{\text{상}}{}_{\text{II}}$). 사원의 가입은 정관 변경사항이므로 총사원의 동의가 있어야 하지만($_{204}^{\text{상}}$) 이 경우는 1인의 사원이 가입을 결정함으로써 정관은 변경된다. 새로 가입하는 사원을 유한책임사원으로 하는 때에는 합자회사로 조직을 변경하여 회사를 계속할 수 있다($_{242}^{\text{상}}{}_{\text{II}}$).

3) 설립무효·취소의 경우의 계속 설립무효 또는 설립취소의 판결이 확정된 경우에 그 무효나 취소의 원인이 특정한 사원에 한한 것인 때에는 다른 사원 전원의 동의로써 회사를 계속할 수 있다. 이 경우에 그 무효 또는 취소의 원인이 있는 사원은 퇴사한 것으로 본다($_{\text{I}}^{\text{상}}{}_{\cdot}^{194}{}_{\text{II}}$).

(2) 합자회사 1) 합자회사는 무한책임사원과 유한책임사원으로 구성되는 회사이기 때문에 2인 이상의 사원이 존재하더라도 어느 한 종류의 사원의 전원이 퇴사한 때에는 회사의 해산사유가 된다.

2) 이 경우에 잔존하는 무한책임사원 또는 유한책임사원은 전원의 동의로써 새로 유한책임사원 또는 무한책임사원을 가입시켜서 회사를 계속할 수 있다($_{285}^{\text{상}}{}_{\text{II}}$). 또한 새로 사원을 가입시키지 않고 총사원의 동의로써 사원의 책임을 변경하여 무한책임사원 또는 유한책임사원으로 함으로써 회사를 계속할 수 있다. 유한책임사원 전원이 퇴사한 경우에 무한책임사원은 전원의 동의로 합명회사로 조직을 변경하여 회사를 계속할 수 있다($_{286}^{\text{상}}{}_{\text{II}}$). 이 때에 합자회사는 해산등기를, 합명회사는 설립등기를 하여야 한다($_{286}^{\text{상}}{}_{\text{III}}$).

(3) 주식회사　　　1) 주식회사는 존립기간의 만료 기타 정관에서 정한 사유의 발생 또는 주주총회의 결의에 의하여 자발적으로 해산한 경우에 한하여 **주주총회**의 **특별결의**로 회사를 계속할 수 있다($\stackrel{\text{상}}{519}$). 즉 주식회사는 해산 후 청산절차가 종료하기 전까지는 주주총회의 특별결의로 회사를 계속할 수 있다. 주주총회의 계속결의가 있으면 계속의 등기 전이라도 계속의 효력이 생긴다$\left[\begin{smallmatrix}鄭(\text{동}),\ 635;\\鄭(\text{찬}),\ 491\end{smallmatrix}\right]$.

2) 회사의 계속을 결의할 수 있는 시기에 관하여는 아무런 규정이 없는데, 이에 관하여 회사가 소멸하기 전 청산종결의 등기가 있기 전에 하여야 된다는 견해도 있으나$\left[\begin{smallmatrix}鄭(\text{동}),\\635\end{smallmatrix}\right]$, 우리의 경우는 독일주식법($\stackrel{274}{\text{I}}$)과 같은 명문의 규정은 없지만 회사계속의 결의는 주주에게 잔여재산을 분배하기 전에만 가능하다고 보아야 할 것이다. 왜냐하면 주식회사에 있어서 출자의 환급은 금지되기 때문이다. 그러나 분배된 잔여재산이 반환된 다음에 한 회사계속의 결의는 유효하다고 할 것이다.

3) 파산선고에 의하여 해산한 경우에 강제화의의 가결이 있는 때 또는 파산폐지의 결정이 있는 때에는($\stackrel{\text{파}}{320}$) 주주총회의 특별결의로써 회사를 계속할 수 있다.

4) 휴면회사로서 해산된 것으로 의제된 회사는($\stackrel{\text{상}\ 520}{\text{의}\ 2\ \text{I}}$) 이후 3년 내에 한하여 주주총회의 특별결의에 의하여 회사를 계속할 수 있다($\stackrel{\text{상}\ 520}{\text{의}\ 2\ \text{III}}$).

(4) 유한회사　　　회사의 존립기간의 만료 기타 정관에서 정한 사유의 발생 또는 사원총회의 결의에 의하여 해산한 경우에는 사원총회의 특별결의에 의하여 회사를 계속할 수 있다($\stackrel{\text{상}\ 610}{\text{I}\cdot\text{II}}$).

(5) 유한책임회사　　　1) 유한책임회사는 회사의 존립기간의 만료 기타 정관에서 정하고 있는 해산사유의 발생 또는 총사원의 동의에 의하여 해산한 경우는 사원의 전부 또는 일부의 동의로써 청산절차가 종료되기 전에 회사를 계속할 수 있다. 그러나 회사의 계속에 동의하지 아니한 사원은 퇴사한 것으로 본다($\stackrel{\text{상}\ 287\text{의}\ 40,}{229\ \text{I}}$).

2) 회사의 계속은 회사가 이미 해산등기를 하였을 때에는 본점소재지에서 2주 내에, 지점소재지에서는 3주 내에 그 등기를 하여야 한다($\stackrel{\text{상}\ 287\text{의}\ 40,}{229\ \text{III}}$). 그러나 회사가 해산등기를 하지 않은 때에는 계속등기를 할 필요가 없다.

제 3 장   株式會社

제 1 절   總   說

[191]   제 1   株式會社의 意義

주식회사는 상행위 기타 영리를 목적으로 하여 설립한 **법인이지만**($\frac{상}{169}$), 우리 상법은 외국의 입법례($\frac{독주 1;}{스채 620 I}$)와 같은 개념규정을 두고 있지 않다. 주식회사란 사단성과 법인성이 농후한 회사로서 주식으로 세분화된 일정한 자본금을 가지고 모든 사원($\frac{주}{주}$)이 주식인수가액을 한도로 하여 출자의무를 부담할 뿐, 회사의 채무에 대하여 사원은 아무런 책임을 지지 않고 회사재산만으로 책임을 지는 회사를 말한다($\frac{독주 1; 스채}{620 I \ 참조}$). 즉 주식회사는 **자본금·주식·유한책임** 등 세 가지의 근본적 특질이 있는 회사이다.

I. 자본단체

(1) 의   의   1) 주식회사는 인적회사인 합명회사와는 달리 사원의 개성과 회사사업과의 관계는 극히 희박하고, 실질적으로 자본금을 중심으로 하는 단체이다. 주주는 주식인수가액을 한도로 하여 유한책임을 지므로 회사채권자에 대해 변제의 담보가 되는 것은 오로지 회사의 재산뿐이다.

2) 재산이란 회사에 속하는 자산으로서 일정한 시점에 회사가 갖고 있는 적극재산이라 할 수 있으며, 이것은 회사의 경영상태와 경제사정에 따라 변동한다. 이에 대해 주식회사의 자본금은 회사채권자를 보호하기 위하여 회사가 보유하여야 하는 책임재산의 최저한도로서 자본금은 상법에서 달리 규정한 경우 외에는 사원의 출자나 준비금의 자본금전입에 의하여 회사가 액면주식을 발행한 경우에 주식의 액면총액을 의미한다($\frac{상}{451\ I}$). 즉 회사의 재산은 자본금에 미달될 수도 있고($\frac{영업비·창업비 등의}{지출, 손실의 발생}$) 반대로 초과하는 경우도 있다($\frac{주식의 액면초과발}{행·현물출자의}$ $\frac{과소평가·이익}{배당의 유보}$).

3) 회사가 무액면주식을 발행하는 경우 회사의 자본금은 주식의 발행가액의 2분의 1 이상의 금액으로서 이사회($\frac{상법 제416조 단서에서 정한}{주식발행의 경우에는 주주총회}$)에서 자본금으로 계상

하기로 한 금액의 총액으로 한다. 이 경우 주식의 발행가액 중 자본금으로 계상하지 않는 금액은 자본준비금으로 계상하여야 한다($451_{II}^{상}$). 회사의 자본금은 액면주식을 무액면주식으로 전환하거나 무액면주식을 액면주식으로 전환함으로써 변경할 수 없다($동조_{III}$).

4) 사채 기타의 차입금과 같은 타인자본금도 경제적으로는 자본금이라고 할 수 있지만 여기서 말하는 법적 의의가 있는 자본금에는 포함되지 않는다. 준비금도 자본금에 전입되어 신주가 발행되지 않는 한 제외된다.

(2) 자본금에 관한 3원칙 이 경우에 자본금이란 회사가 확보하여야 되는 재산의 범위인 일정한 금액을 말한다. 자본금은 회사채권자를 보호하기 위한 최소한도의 담보액이기 때문에 상법은 주식회사의 자본금에 대하여는 3가지의 원칙을 강조하고 있다.

송래에는 주식회사를 설립하는 경우에 최저자본금(5000만원)을 법정하고 있었으나($329_{I}^{구상}$) 상법개정안(2007)에서는 최저자본금제도를 폐지하였다. 이 제도는 주주가 유한책임을 지는 주식회사의 채권자를 보호하고, 회사의 남설을 예방하기 위하여 법정하였던 것이다. 그러나 개정상법은 규제완화의 차원에서 창업의 활성화를 도모하고 know-how 및 기술의 자본화를 촉진하기 위하여 최저자본금제도를 폐지하였다.

1) 자본금확정의 원칙 ㈎ 이는 의용상법(依用商法)과 대륙법에서 볼 수 있는 것으로서 주식회사의 정관에 자본금총액을 기재하여야 하며, 회사의 설립시에는 이 자본금액의 전부에 대한 주식의 인수가 확정되어야 한다는 것이다. 자본금확정의 원칙은 회사의 설립시에 회사의 재산적 기초를 튼튼히 하고 자본금단체인 주식회사의 건전한 존립과 회사채권자의 보호를 목적으로 한다.

㈏ 상법은 **수권자본금제**(授權資本金制)를 도입하였으므로 회사의 정관에는 회사가 발행할 발행예정주식의 총수뿐만 아니라, 그 중 설립시에 발행하는 주식의 총수도 기재하도록 하고 있다($289_{(3)\cdot(5)}^{상}$). 회사설립시에 발행하는 주식은 그 총수가 인수되어야 회사가 설립될 수 있다($317_{I}^{상}$). 즉 회사가 **설립**시에 발행하는 주식의 총수는 전부 인수되어야 하므로($305_{참조}^{상}$), 이 한도 내에서는 아직도 자본금확정의 원칙이 존속한다고 할 수 있다.

2) 자본금유지의 원칙

㈎ 의 의 이것은 주식회사는 그의 존속중에 언제나 기업의 유지

와 회사채권자 및 장래의 주식취득자의 보호를 위하여 회사의 자본금금액에 상당하는 재산을 확보하고 있어야 한다는 것으로서 **자본금충실의 원칙** 또는 **자본금구속의 원칙**이라고도 한다. 회사의 재산이 경제적 조건의 불리한 변동이나 자연적인 사고에 의하여 자본금에 미달되는 것은 어떠한 입법조치로도 막을 수 없는 것이지만, 상법은 주주와 이사의 고의 또는 과실로 인한 자본금의 부실을 막기 위하여 다음과 같은 규정을 두고 있다.

(내) **자본금유지를 위한 여러 제도**   i) 이익배당의 제한($^{상}_{462\,I}$), ii) 위법배당금의 반환청구($^{상}_{462\,II}$), iii) 주식의 액면미달발행의 금지($^{상\,330}_{전단}$), iv) 주식인수가액의 전액납입($^{상}_{305}$), v) 변태설립에 관한 엄격한 감독($^{상\,310\cdot}_{314}$), vi) 발기인 또는 이사의 인수 또는 납입담보책임($^{상\,321\cdot}_{428}$), vii) 자기주식의 취득금지($^{상}_{341}$), viii) 사후설립에 관한 요건($^{상}_{375}$), ix) 법정준비금제도($^{상\,458\cdot}_{459}$), x) 가설인·타인명의에 의한 주식인수인의 책임($^{상}_{332}$), xi) 납입금보관자의 책임($^{상}_{318\,II}$), xii) 자산의 평가방법($^{상}_{452}$), xiii) 납입의무를 불이행한 주식인수인에 대한 실권예고부의 최고($^{상}_{307}$), xiv) 자본금감소의 엄격한 규제($^{상\,438\cdot}_{439}$), xv) 주식의 상호소유의 금지와 제한($^{상\,342의\,2\cdot}_{369\,III}$), xvi) 불공정가액에 의한 주식인수인의 책임($^{상\,424}_{의\,2}$), xvii) 이익공여의 금지($^{상\,467}_{의\,2}$) 등은 모두 주식회사의 자본금유지를 위한 것이다.

3) 자본금불변의 원칙

(가) **의   의**   이는 일단 확정된 회사의 자본금액은 법정된 엄격한 절차($^{상\,438\cdot}_{439}$)에 의하지 않고는 감소시킬 수 없다는 것이다. 이 원칙이 강조되는 이유는 자본금의 감소는 담보액이 감소하는 결과를 초래하여 회사채권자의 지위를 불안하게 할 뿐만 아니라 자본금유지의 원칙도 무의미하게 될 염려가 있기 때문이다. 결국 자본금유지의 원칙은 실질적으로 회사로 하여금 자본금에 상당하는 재산을 유지토록 하는 데 목적이 있고, 자본금불변의 원칙은 형식적인 자본금액의 감소를 방지하기 위한 것이다. 그리하여 이 원칙을 **자본금불감소의 원칙** 또는 **자본금감소제한의 원칙**이라고 하기도 한다.

(내) **자본금증가의 경우**   증자의 경우는 자본금불변의 원칙이 적용되지 않는다. 자본금의 증가는 회사채권자를 위하여 유리할 뿐만 아니라 현행법은 수권자본금제도를 도입하여 수권자본금의 범위 내에서는 언제든지 이사회의 결의만으로 신주발행($^{상}_{416}$)이 가능하기 때문이다.

2. 주식제도

(1) 주식회사의 사원인 주주는 회사의 출자자로서 일정한 지분을 가지는데

이것은 법률적으로 각종의 권리를 포함한 사원의 회사에 대한 지위를 의미한다. 주식회사의 지분은 균등한 비율적 단위로 구분된 주식으로 표현되며 자본금은 전부 주식으로 세분화되고 주식의 금액은 균일하여야 한다(상329·II·III).

(2) 주식이란 첫째로 **자본금의 구성분자인 금액**을 의미하며(상451 참조), 둘째로 권리발생의 기초인 독립된 사원의 지위 또는 자격을 의미한다[주식에 관한 상세한 설명은 388면 이하 참조]. 그리하여 주식을 소유하는 주주는 이익배당청구권과 잔여재산분배청구권 등의 자익권과 의결권·대표소송제기권 등의 공익권을 갖는다[주주의 권리에 관한 상세한 설명은 403면 이하 참조].

3. 주주의 유한책임

(1) 주주는 회사에 대하여 주식의 인수가액을 한도로 출자의무를 부담할 뿐이며(상331), 회사의 채권자에 대하여는 아무런 책임을 지지 않는다. 이것을 주주의 유한책임의 원칙이라 한다. 이러한 유한책임의 근거는 법인격이 농후한 주식회사에 있어서 회사의 재산과 사원의 재산이 엄격하게 분리되는 원칙에서 찾을 수 있다. 이는 주식회사의 본질적인 특색으로서 상법 제331조는 강행법규이므로 정관의 규정 또는 주주총회의 결의로써도 주주의 책임을 더 이상 가중시킬 수 없다.

(2) 상법은 **전액납입주의**(상305)를 채용하고 있으므로 납입에 의하여 원시적으로 주주가 된 자나 주식을 승계취득한 자는 이후 회사나 회사채권자에 대하여 아무런 책임을 지지 않기 때문에, 주주의 유한책임이란 주식인수인의 납입의무에 불과하다. 주주는 다만 회사가 도산하는 경우 등에 주식이 무가치하게 됨으로써 주식의 취득을 위하여 지급한 금액에 상당하는 손해를 보게 된다는 위험을 부담할 뿐이다.

[192] 제 2 株式會社의 經濟的 機能

(1) **주식회사제도의 효용**   1) 주식회사는 전형적인 물적회사로서 사단법인성이 뚜렷한 회사이다. 그리하여 회사는 주주로부터 완전히 독립하여 주주의 변동이나 개성은 회사의 존재 및 경영에 아무런 영향을 미치지 못한다. 즉 주식회사는 단체적 기업의 특색을 구비한 회사로서 기업의 유지에 적합한 형태이므로 항구적 사업의 경영을 위하여 널리 이용된다.

2) 주주의 지분은 세분화된 비율적 단위로 분할되고 주식의 양도가 원칙

적으로 자유이므로 주주는 언제든지 주식의 양도로써 투하자금을 용이하게 회수할 수 있다. 주주는 유한책임을 지고 또한 주식회사는 순전히 다수인의 자본금적인 결합체로서 기업의 소유자인 사원과 경영의 담당자가 제도적으로 분리되는 경향이 강하여 주식은 합리적인 투자의 대상이 되고 있다. 그리하여 주식회사는 넓은 자본금시장을 통하여 대중의 부동자금을 흡수하여 대자본금을 형성할 수 있으므로 거액의 **고정자본금**을 필요로 하고 회사설립 후에도 **계속적**으로 **자금조달**이 요청되는 대규모 사업인 철도·해운·전기·광업·금융업·보험업 등의 경영에 적합하다.

3) 주식회사에서는 기업의 소유와 경영이 분리되므로 전문경영자는 그의 능력을 최대한으로 활용할 수 있다. 즉 주주의 대부분은 투기주주 또는 투자주주로서 경영에는 무관심하거나 냉담한 것이 보통이므로 기업가는 비교적 소액의 자본금을 가지고 주주총회를 좌우할 수 있고 따라서 회사를 지배할 수 있다. 최근에 우리 나라의 재벌들도 불과 10% 이하의 주식으로 당해기업과 계열기업을 지배하고 있다. 이와 관련하여 주식회사제도는 콘체른(Konzern)·트러스트(Trust) 등 모든 기업결합을 위하여 중대한 수단이 되고 있다.

4) 주주는 인수한 주식에 대한 납입의무만이 있고 특별한 상인적인 능력이나 지식이 필요하지 않기 때문에 주식회사에의 참가가 간단하며 기업의 위험이 여러 사람(株主)들에게 분산되므로, 위험률이 높은 사업도 주식회사의 설립에 의하여 자금을 조달할 수 있다.

(2) **주식회사제도의 단점과 폐해**   1) 주식회사는 인간의 이기적인 본능을 토대로 한 기술적인 제도이기 때문에 많은 폐해를 수반함과 동시에 단점도 많다. 회사의 설립절차가 복잡하여 발기인 등의 부정행위가 발생하기 쉽고 다액의 비용이 들며, 공시주의에 의하여 대차대조표와 손익계산서 및 영업보고서가 공개되므로 기업의 비밀이 누설될 수 있다.

2) 주식회사에는 다수의 주주가 순전히 자본금적으로만 결합되어 기업의 소유와 경영이 분리되는 경향이 현저하므로 회사에는 무책임한 사상이 지배하기 쉽고, 이사인 경영자는 소수의 대주주와 결탁하여 일반주주·회사 및 회사채권자의 희생으로 사리를 추구하는 폐단이 발생할 수 있다.

3) 이러한 폐단은 결국 주식회사의 본질적인 특색인 **주주의 유한책임·주식의 양도성·기업의 소유와 경영의 분리현상** 등을 악용함으로써 생기는 것이므로 악용의 방지를 위하여는 항상 입법적인 조치가 뒤따르지 않으면 안 된다.

　　오늘날의 주식회사와 유사한 최초의 형태는 1602년에 네덜란드에 설립된 동인도회사라고 하는 것이 통설이다. 그 이유는 i) 전사원의 유한책임제가 확립되었으며($\binom{이전에는\ 이사들이}{무한책임을\ 졌다}$), ii) 회사의 출자자와 회사의 기관이 정비되었고, iii) 주식제도의 확립으로 지분의 자유양도가 보장되었기 때문이다. 그러나 주주총회가 존재하지 않았고 이익분배도 개개의 상업항로의 성과에 따라 하였다는 점에서 오늘날의 주식회사와 달랐다.

[193] 제 3 株式會社法의 特性

　　주식회사는 개성이 없는 다수의 주주들로써 구성된 회사이고 여기에는 주주뿐만 아니라 경영자인 이사, 회사채권자, 종업원 및 일반공중 등의 이해관계자들이 관여하고 있으며 이들의 이해관계는 서로 대립되거나 충돌하는 경우가 많다. 그러므로 주식회사법의 임무는 이러한 이해관계자들의 대립되는 이해관계를 조정하는 것이라고 할 수 있다.

　　(1) **강행법규**　　주식회사에는 서로 인적 관계가 없는 다수인($\binom{대주주\cdot 소주주\cdot}{우선주주\cdot 후배}$ 주주·기업자주주·투자주주·투기주주 등)이 몰려 있고 그들이 추구하는 경제적 목적이 각기 다르므로 상호간에 이해관계의 대립이 생기기 쉽다. 그리하여 주식회사에 대하여는 法의 간섭을 강화하고 있다. 즉 외부적으로는 회사채권자와 공공의 이익을 보호하고, 내부적으로는 이사의 전횡이나 배임행위·대주주의 권한남용 등으로부터 회사와 일반주주를 보호하기 위하여, 주식회사법은 인적회사의 경우와 달리 외부관계뿐만 아니라 내부관계에 대해서도 **강행법규**로 규정되어 있다.

　　(2) **공시주의**　　주식회사는 대기업의 경영을 위한 대표적인 형태로서 이해관계인도 광범위하게 많기 때문에 법은 공시주의를 채택하여 회사에 관한 중요한 사항을 공개함으로써 이해관계인들의 이익을 보호하고 있다. 그리하여 재무제표 등의 공시를 강화하고 있으며($\frac{상}{448}$) 대차대조표를 공고토록 하였다 ($\frac{상}{449\,\text{Ⅲ}}$). 이러한 공시에 의하여 일반공중으로 하여금 회사의 상황을 알 수 있게 하고 공적인 감시도 가능하게 한다.

　　(3) **법률관계의 집단적 처리**　　주식회사는 다수의 주주로 형성되므로 법률관계의 집단적인 처리가 요청된다. 그리하여 상법은 회사의 설립·주주총회의 결의·신주발행·자본금감소 또는 합병 등이 위법인 경우에는 그 무효를 획일적으로 확정하기 위하여 특별한 소에 관하여 규정함으로써($\binom{상\ 328,\ 376\ 이하,}{429\ 이하,\ 445,\ 529}$), 국가기관의 관여를 인정하고 있다.

⑷ 벌칙의 강화   주식회사의 발기인·이사 등이 그의 임무를 위반하였거나 기타 위법행위를 함으로써 회사 또는 제 3 자에게 손해를 끼친 경우에는 이에 대한 배상책임을 지지만, 피해가 광범위한 경우에는 민법상의 제재만으로는 충분하지 못하므로 상법은 벌칙규정뿐만 아니라 특히 엄중한 형벌규정도 두고 있다($\frac{상\ 622}{이하}$).

제 2 절 株式會社의 設立

제 1 관 總   說

[194] 제 1 設立의 特色

주식회사에 있어서는 개성이 없는 다수의 주주가 단순히 자본금적으로만 결합되기 때문에 설립에 있어서는 단순히 계약의 성립만으로는 불충분하고 그 실체의 형성($\frac{정관의\ 작성·사원의\ 단계}{적인\ 확정·기관의\ 선임}$)과 법인격의 취득을 위하여 복잡한 설립절차를 밟아야 한다. 왜냐하면 그렇지 않은 경우에 준칙주의(準則主義)를 악용함으로써 발기인들에 의해 부정이 행하여지기 쉽고, 설립 자체가 사기의 목적으로 남용되어 이해관계인의 이익을 해할 우려가 있기 때문이다. 그리하여 상법은 회사설립의 건전화를 위하여 설립경과에 대한 조사와 공시를 요구하고 있으며 발기인의 책임을 강행법규로써 엄격하게 규정하고 있다. 즉 주식회사의 설립은 엄격준칙주의에 의한다.

[195] 제 2 設立의 方法

I. 발기설립과 모집설립

설립의 방법에는 두 가지가 있다. 첫째는 회사설립시에 발행하는 주식의 총수를 발기인이 모두 인수하여 회사를 설립하는 발기설립(發起設立)이고, 둘째는 회사설립시에 발행하는 주식의 총수 중에서 발기인은 일부만을 인수하고 잔여부분에 대해서는 주주를 모집하는 모집설립(募集設立)의 방법이다.

2. 양자의 차이

(1) **설립중의 회사의 구성원**   발기설립의 경우에 설립중의 회사는 그 구성원이 발기인만으로 한정되지만, 모집설립의 경우에는 발기인과 주식인수인으로 구성된다.

(2) **납입과 이사·감사의 선임**   발기설립의 경우는 비교적 인적 관계

《발기설립과 모집설립의 차이》

	발 기 설 립	모 집 설 립
주식의 인수	주식은 전부 발행인들이 인수한다($\frac{상}{295\,\text{I}}$).	주식의 일부를 발기인이 인수하고, 남은 부분을 인수할 주주를 모집한다($\frac{상}{301}$).
주식의 납입	발기인이 지정한 납입은행 기타 금융기관과 납입장소에 하여야 한다($\frac{상\ 295}{\text{I 후단}}$).	주식청약시에 기재한 은행 기타 금융기관과 납입장소에 하여야 한다($\frac{상\ 305\ \text{II}}{302\ \text{II (9)}}$).
납입의 해태	일반원칙(채무불이행)에 의한다.	실권절차가 있다($\frac{상}{307}$).
창립총회	불필요하다.	필요하다($\frac{상}{308\sim316}$).
이사·감사의 선임	발기인의 의결권의 과반수로 선임한다($\frac{상}{296\,\text{I}}$).	창립총회에서 출석한 주식인수인의 의결권의 3분의 2 이상이며, 인수된 주식의 총수의 과반수에 해당하는 다수로 선임한다($\frac{상}{312}$).
변태설립사항	변태설립사항은 검사인·공증인·감정인이 조사하여 법원에 보고하고, 법원은 이를 변경할 수 있다($\frac{상\ 299,\ 299}{\text{의}\ 2,\ 300}$).	변태설립사항은 검사인·공증인·감정인이 조사하여 창립총회에 보고서를 제출한다($\frac{상}{310}$). 창립총회가 이를 변경할 수 있다($\frac{상}{314}$).
설립경과의 조사	주식납입과 현물출자의 이행 기타 사항은 이사와 감사가 조사하여 발기인에게 보고하여야 한다($\frac{상}{298\,\text{I}}$).	주식총수에 대한 인수·납입과 현물출자의 이행의 정확 여부는 이사와 감사가 조사하여 창립총회에 보고하여야 한다($\frac{상}{313\,\text{I}}$).
설립 전의 원시정관의 변경	발기인 전원의 동의와 공증인의 인증이 필요하다.	창립총회의 결의만으로 가능하다.
설립중의 회사의 구성원	발기인	발기인과 주식인수인

가 있는 소수의 발기인들이 회사설립시에 발행하는 주식의 전부를 인수함으로써 회사가 설립되므로, 발기인이 주식인수가액의 납입을 해태하는 때에는 일반원칙에 의하여 채무불이행의 경우와 같이 다루며, 이사와 감사도 발기인들이 인수주식에 비례하여 갖는 의결권의 과반수로 간단하게 선임한다($\frac{상}{296}$). 그러나 모집설립의 경우에는 발기인 이외에 인적 관계가 없는 다수의 주주를 모집하기 때문에, 납입의 해태에 대하여는 실권절차가 인정되고, 이사와 감사는 창립총회에서 선임한다.

(3) **설립경과의 조사**   설립경과에 대한 조사는 변태설립사항($\frac{상}{290}$)이 없으면 발기설립의 경우에는 발기인이 선임한 이사·감사가 하고($\frac{상}{298}$), 모집설립의 경우에는 창립총회에서 선임한 이사와 감사가 한다($\frac{상}{313}$). 변태설립사항이 있는 때에도 비록 그에 대한 검사는 법원이 선임한 검사인이나 공증인과 감정인이 하지만($\frac{상 \ 299 \ Ⅰ, \ 310}{Ⅰ, \ 299의 \ 2}$), 그 결정은 발기설립의 경우에는 발기인이 하고, 모집설립의 경우에는 창립총회가 한다($\frac{상}{314}$).

제 2 관   發起人 · 發起人組合 · 設立중의 會社

[196] 제 1 發 起 人

Ⅰ. 총   설

(1) 의   의   1) 발기인이란 실질적으로는 회사설립의 기획자이며 설립사무의 담당자를 말하지만, 법률적으로는 발기인으로서 정관에 기명날인 또는 서명한 자를 말한다. 그러므로 정관에 기명날인 또는 서명한 자는 실제로 회사의 설립사무에 직접 참여하지 않더라도 발기인이며, 반대로 실제로는 설립에 참여하고 있지만 정관에 기명날인 또는 서명하지 않은 자는 발기인이 아니다. 그러나 후자의 경우 자기를 발기인으로 오인케 한 자는 유사발기인으로서 발기인과 동일한 책임을 진다($\frac{상}{327}$).

2) 발기인의 범위를 법률적으로 확정하는 이유는 무과실책임인 자본금충실의 책임($\frac{상}{321}$)을 지는 발기인의 범위를 명확하게 함으로써 기타 주식인수인이나 회사의 거래상대방의 자본금충실에 대한 신뢰를 보호하기 위한 것이다.

3) 발기인은 정관에 기명날인 또는 서명함과 동시에 적어도 1주 이상의 주식을 인수하여야 한다($\frac{상}{293}$). 발기인의 주식인수는 발기인의 의무이며 발기인

의 요건은 아니라고 본다. 그러므로 정관에 기명날인 또는 서명한 발기인은 주식을 인수하지 않은 때에도 발기인으로서 책임을 면하지 못한다.

(2) 원　　수　　발기인은 1인이라도 무방하다. 즉 1인회사의 설립이 가능하다.

(3) 자　　격　　발기인의 자격에는 제한이 없으므로 자연인은 물론이고 법인도 발기인이 될 수 있다. 그러므로 회사도 발기인이 될 수 있는데 회사는 정관소정의 목적사업과 관계가 없는 주식회사의 발기인이 될 수 있다고 할 것이다. 그러나 회사의 권리능력은 정관소정의 목적에 의하여 제한된다는 견해에 의하면, 회사는 정관소정의 사업과 관계가 없는 회사의 발기인은 될 수 없다고 할 것이다. 그러나 발기인이 법인인 경우에는 정관의 작성에는 법인의 기관이 참여한다. 발기인은 법인도 될 수 있기 때문에 당연히 상법상의 회사도 모두 발기인이 될 수 있다. 그러나 민법상의 조합이나 권리능력 없는 사단은 발기인이 될 수 없다.

2. 권　　한

1) 발기인은 **설립중의 회사의 구성원**이고 또한 **업무집행기관**이다. 설립중의 회사가 이사와 감사를 선임한 경우에도 발기인이 업무집행기관이다. 왜냐하면 설립중의 회사가 선임한 이사와 감사는 앞으로 성립될 회사의 기관이고 회사의 성립 전에는 감독기관에 불과하기 때문이다($^{상\ 298,}_{313}$). 그러나 발기인이 설립과정에서 한 모든 행위가 당연히 성립 후의 회사에 귀속하는 것은 아니고, 설립중의 회사의 기관으로서의 발기인의 권한에 속하는 행위에 한하여 그 효과가 성립 후의 회사에 귀속한다.

2) **발기인의 권한의 범위**에 대해서는 학설의 다툼이 있다. 발기인은 i) 법인인 회사의 설립 자체를 위한 행위($^{정관의\ 작성·사}_{원의\ 확정\ 등}$)와 설립을 위하여 필요한 행위($^{설립사무소·창립총회\ 회의장의}_{임대·주식청약서의\ 인쇄\ 등}$)만을 할 수 있고, 개업준비행위($^{점포·기계·공장의\ 구}_{입,\ 영업의\ 양수\ 등}$)는 예외적으로 법정의 요건($^{상\ 290\,(3),}_{299,\ 310}$)을 구비한 경우에만 할 수 있다[$^{동;\ 李(철),179;\ 鄭(희),\ 365;}_{徐(돈),\ 292;\ 蔡(이),\ 402;\ 李}$ $^{(기),}_{408}$]. 이와는 달리 ii) 발기인은 i)에 속하는 행위와 재산인수($^{상}_{290\,(3)}$) 이외의 개업준비행위도 할 수 있다는 것이 **소수설**이고[$^{鄭(동),105;}_{鄭(찬),\ 552}$] 판례의 입장이다.

　　판례는 「장래 운송사업을 목적으로 설립중인 회사의 발기인이 발기인대표로서 자동차조립계약을 체결한 경우에, 이 계약은 회사설립사무의 집행을 위하여 체결한 것으로 보고 자동차조립대금을 성립한 회사가 변제하여야 한다」고 하였다$\left[\begin{smallmatrix} 大 70.8.31, \\ 70 다 1357 \end{smallmatrix}\right]$.

3) 어떠한 입장이 타당한가 하는 것은 회사의 재산적 기초의 확보와 성립 후의 회사의 활동 그리고 거래안전의 보호 중에 어디에 중점을 둘 것인가에 따라 다르게 된다. 설립중의 회사의 실질적 권리능력 및 발기인의 권한을 엄격하게 해석하는 입장은 설립단계에서의 회사의 재산적 기초를 확보하는 데에 중점을 두는 데 반하여, 그 범위를 넓게 해석하는 입장은 설립중의 회사의 편의와 거래의 안전에 중점을 둔 것이다.

4) 그러나 ii)설은 회사의 설립에 관하여 엄격준칙주의를 채용하고 있는 현행법의 해석으로는 무리가 있고 회사의 자본금충실을 해할 우려가 있다. 그러므로 i)설이 타당하다고 본다.

[197] 제 2 發起人組合

(1) **총 설**   1) 주식회사를 설립함에 있어서 발기인이 수인인 경우에 발기인들은 회사의 설립절차를 개시하기 전에 설립을 목적으로 하는 계약을 체결하고, 그의 이행으로서 정관의 작성과 기타 설립에 관한 행위를 하게 되는데, 이 경우에 발기인간에는 **발기인조합**이 성립된다. 이는 **민법상의 조합**이다. 발기인조합은 정관의 작성 전에는 발기인이 될 자로써 구성되지만, 정관이 작성되면 발기인으로서 정관에 기명날인 또는 서명한 자가 조합원이 된다. 발기인조합의 설립사무에 관한 의사결정은 원칙적으로 발기인의 과반수에 의한다($\frac{민}{706 \, \text{II}}$). 발기인조합이 부담한 채무에 대하여는 각 조합원이 분할하여 직접 책임을 진다($\frac{민}{참조}$ 712). 그러나 발기인이 1인인 경우에는 발기인조합은 존재하지 않고 회사의 설립에 관한 행위는 1인의 발기인이 하게 된다.

2) 발기인조합으로부터의 탈퇴·가입은 민법의 조합규정($\frac{민}{716}$)에 의하지만, 주식청약서의 작성교부 후 또는 주식인수인과의 관계가 생긴 때에는 발기인 전원의 동의가 있더라도 주식인수인 전원의 동의가 없으면 탈퇴할 수 없다. 발기인조합은 회사가 설립되어 그 목적의 달성에 의하여 소멸하거나 회사설립이 불가능하게 됨으로써 소멸한다.

(2) **발기인조합과 설립중의 회사**   1) 발기인조합의 설립행위가 일정한 단계에 이르게 되면 설립중의 회사가 성립하지만 발기인조합과 설립중의

회사는 형식적으로 별개의 존재이다. 왜냐하면 발기인조합은 조합계약에 의하여 형성되지만 설립중의 회사는 사단적 계약에 의하여 이루어지기 때문이다.

2) 발기인조합의 행위는 회사설립사무에 속하는 한 설립중의 회사의 행위로서 의미가 있다. 즉 발기인이 정관을 작성하고 주식을 인수하는 것은 조합계약의 이행행위인 동시에 설립중의 회사의 기관에 의한 설립행위가 된다. 그러므로 발기인은 설립중의 회사가 창립되면 발기인조합의 조합원인 지위와 설립중의 회사의 기관인 지위를 **병유**한다. 그러므로 발기인이 설립중의 회사의 기관으로서 한 권한범위 내의 행위는 그 효과가 설립중의 회사에 귀속하게 되고 궁극적으로는 설립 후의 회사에 귀속한다.

3) 발기인의 행위는 **조합계약의 이행행위**가 되는 동시에 설립중의 회사의 기관으로서의 **업무집행활동**이 되므로, 발기인조합과 설립중의 회사는 발기인의 행위를 통하여 밀접한 관계를 맺게 된다. 발기인의 행위가 발기인조합을 위한 것인지, 설립중의 회사의 기관으로 한 것인지 또는 발기인 자신을 위한 것인지가 명확하지 않은 경우에는 당사자의 의사에 의하여 판단하여야 할 것이다.

> 판례에 의하면「설립중의 회사가 성립하기 전에 발기인이 취득한 권리·의무는 구체적인 사정에 따라 발기인 개인 또는 발기인조합에 귀속되는 것이고, 이를 설립중의 회사에 귀속시키기 위하여는 양수나 채무인수 등의 특별한 이전행위가 있어야 한다」고 한다$\left[\begin{smallmatrix} 大 & 94.1.28, \\ 93 & 다 50215 \end{smallmatrix}\right]$.

[198] 제3 設立중의 會社

(1) **의　의**　　주식회사는 정관의 작성으로부터 설립등기에 이르기까지 복잡한 설립절차를 밟지 않으면 안 된다. 그러므로 회사성립 전의 설립경과중에 있는 실체는 회사의 태아(胎兒)인 미완성의 회사로서 **설립중의 회사**라고 한다. 판례는 이를 설립과정에 있어서의 발기인의 회사설립을 위한 행위로 인한 권리의무가 성립된 회사에 귀속되는 관계를 설명하기 위한 강학상의 개념이라고 한다$\left[\begin{smallmatrix} 大 & 94.1.28, \\ 93 & 다 50215 \end{smallmatrix}\right]$. 설립중의 회사는 인적회사의 경우에도 논의의 대상이 될 수 있으나 인적회사의 설립절차는 간단하기 때문에 논의의 실익이 적다.

(2) **설립중의 회사의 효용**　　설립중의 회사와 성립된 회사는 법인격의

유무라는 차이가 있을 뿐 양자는 실질적으로 동일한 존재이므로, 회사가 성립
되면 발기인은 주주가 되고 설립 전에 선임된 이사와 감사는 회사의 기관이
된다. 또한 회사설립을 위하여 발기인이 설립중의 회사의 기관으로서 한 행위
는 성립된 회사의 부속적 상행위가 되며, 이로 인하여 생긴 권리·의무는 **특별**
한 이전행위가 없이 당연히 회사에 귀속한다. 이러한 점에서 설립중의 회사의
개념을 인정하는 실익이 있는 것이다.

  (3) **법적 성질**   설립중의 회사는 회사설립을 목적으로 하는 **권리능력**
없는 사단으로서 **동일성설**(同一性說)에 의하면 성립된 회사와는 법인격의 유
무에 차이가 있을 뿐 실질적으로 동일한 존재라고 할 수 있다[동; 鄭(희), 364; 孫(주), 559]. 왜
냐하면 설립 중의 회사의 주식인수인·이사·감사·설립총회는 설립 후의 회사
의 주주·이사·감사·주주총회와 다를 바 없기 때문이다. 그러므로 설립중의
회사에 대하여는 등기를 전제로 하지 않는 주식회사에 관한 상법의 규정이 적
용된다고 할 것이다[동; 鄭(동), 134].

  (4) **권리능력**   1) 설립중의 회사는 권리능력 없는 사단이므로 원칙적
으로 형식상의 권리능력은 갖지 못하지만 단체로서의 권리주체성이 내재되어
있고 제 3 자와의 거래관계를 고려할 때 실질적 권리능력을 인정할 필요가 있
다. 설립중의 회사의 실질적 권리능력의 범위는 발기인의 권한의 범위에 따라
정해진다고 할 수 있다[341면이하 참조]. 회사설립의 목적범위 내에서 권리·의무의 주
체가 된다고 할 것이다. 이는 해산 후의 청산회사의 권리능력이 청산의 목적범
위 내로 제한되는 것(상 245, 542)과 같은 것이다.

  2) 설립중의 회사도 단체로서 **당사자능력**(民訴 52)과 **등기능력**(부등 30)이 있으며,
이 밖에 유한회사에 관한 독일판례의 입장과 같이 일반적인 경영능력은 없으
나, 회사설립의 목적범위 내에서 예금거래능력이 있고, 현물출자의 목적이 기
업인 경우에는 계속적인 경영능력이나 어음능력 등 **제한적 권리능력**이 인정된
다[同; 鄭(동), 137].

  (5) **설립중의 회사와 발기인조합**[342면이하 참조]

  (6) **창립시기**   설립중의 회사는 i) 발기인이 정관을 작성하여 공증인
의 인증을 받고 또 각 발기인이 1주 이상을 인수한 때에 창립된다. 왜냐하면
이러한 절차에 의하여 장래의 주식회사의 조직이 확정되고, 그 인적·물적 기
초의 일부가 정하여져서 사단으로 볼 수 있는 요건이 구비되기 때문이다. 이
견해가 **통설**이고[동; 徐(돈), 292; 鄭(찬), 555; 梁·李, 244; 李(병), 321; 孫(주), 560; 徐(정), 235] 판례의 입장이기도 하다[大 90. 12. 26,

90 누 2536; 大 94.
1. 28, 93 다 50215). 그런데 **소수설**에는 ii) 설립중의 회사의 창립시기는 정관의 작
성시라는 설[李(철),177]과, iii) 회사설립시에 발행하는 주식의 총수가 인수된 때로
보는 설이 있다[鄭(동),133].

(7) 해　산　　설립중의 회사는 설립등기에 의하여 법인격을 취득하
여 회사가 됨으로써 발전적으로 해체된다. 즉 설립중의 회사는 회사가 성립한
경우에는 설립등기시까지 존속하며, 회사불성립의 경우에는 설립중의 회사가
해산하여 청산이 종결된 때까지 존속한다.

제 3 관　株式會社의 定款

[199] 제 1 總　　說

(1) 의　　의　　1) 정관이란 회사가 제정한 **자치법규**(自治法規)로서 실
질적으로는 회사의 조직 및 활동에 관한 **단체법상의 근본규칙**을 말하고, 형식
적으로는 근본규칙을 기재한 서면만을 말한다. 그러나 회사의 설립 후에 정
관의 변경은 근본규칙의 변경만을 말하고 서면의 변경은 정관변경의 효력요
건이 아니다.

2) 정관의 성질에 대하여는 인적회사·물적회사를 가리지 않고 계약의 성
질을 갖는다는 견해도 있고[鄭(동),100], 독일에서는 인적회사에는 법인격을 인정하
지 않으므로 인적회사의 정관은 계약으로 보기도 하지만, 우리의 경우는 모든
회사가 법인격이 있을 뿐만 아니라 주식회사는 특히 단체성이 강하므로 정관
은 단체의 자치법규로 봄이 타당하다[同: 李(철), 181; 李·崔, 232; 李(기), 411]. 정관은 법률의 임의규
정을 변경하거나 법률을 보완하는 내용을 포함한다. 그러나 주식회사의 경우
는 내부관계도 강행법규로 되어 있어서 정관에 의한 자치의 한계는 극히 좁다.

3) 발기인이 작성한 정관을 후에 변경된 정관과 비교하여 원시장관(原
始定款)이라고 하며, 여기에는 각 발기인이 기명날인 또는 서명하고(상289 I)
공증인의 인증이 있어야 한다(상292). 그러나 모집설립의 경우 창립총회에서
정관을 변경하는 경우나 설립 후에 하는 정관의 변경에는 공증인의 인증을
요하지 않는다.

(2) 정관의 효력　　정관은 회사의 자치법규로서 그 내용이 법령의 강행
법규에 반하지 않는 한 발기인뿐만 아니라 회사의 주주 및 기관을 구속하는

효력이 있다. 그러나 제 3 자에 대하여는 효력이 미치지 못한다. 즉 정관에는 재산인수($290_{(3)}^{상}$)나 제 3 자의 신주인수권($418_{Ⅰ}^{상}$)과 같이 회사와 제 3 자와의 관계를 규정한 규정이 있으나 이 경우에도 정관의 규정이 제 3 자에 대하여 효력을 미치는 것이 아니라 정관의 규정에 따른 회사와 제 3 자간의 계약에 의하여 제 3 자의 회사에 대한 채권자적 지위가 성립하게 될 뿐이다.

(3) 정관의 해석   정관의 규정은 예외적인 경우($^{회사와 \ 제 3 자와의}_{관계에 \ 관한 \ 규정}$)가 아니면 **단체법의 원칙**에 따라 객관적으로 해석하여야 하며 일반적인 의사표시나 계약의 해석원칙은 적용될 수 없다고 본다. 그러므로 정관에 의하여 일반적으로 인식될 수 없는 발기인의 의도나 구두에 의한 약정 등은 정관의 해석을 위하여 고려될 수 없다.

[200] 제 2 定款의 記載事項

정관의 기재사항에는 절대적 기재사항, 상법에 의하여 정관에 기재하여야 효력이 생기는 상대적 기재사항, 그리고 정관에 기재해야만 그 효력이 인정되는 것은 아니지만 정관에 기재하면 특별한 효력이 생기는 임의적 기재사항이 있다.

I. 절대적 기재사항

정관에 기재하여야 되는 최소한도의 사항으로서 그 중 하나라도 기재되지 않거나 그 기재가 위법한 때에는 정관과 더불어 회사의 설립 자체가 무효가 될 수 있는 사항이다($289_{Ⅰ}^{상}$).

(1) 목   적   회사는 영리사업을 목적으로 하여야 하며 정관에 그 업종을 명확하게 구체적으로 기재하여야 한다. 그러나 목적이 강행법규에 반하는 경우에는 정관은 무효라고 할 것이다. 회사의 권리능력이 정관 소정의 목적에 의하여 제한된다는 견해에 의하면 목적의 기재는 회사의 권리능력의 범위를 정하는 의미가 있다.

(2) 상   호   상호에는 주식회사라는 문자를 사용하여야 한다($_{19}^{상}$). 회사는 상호 이외에 자기의 동일성을 표시하는 명칭이 없기 때문에 회사의 상호는 자연인의 성명과 같다. 회사는 수개의 영업이 있는 때라도 1 개의 상호를 사용할 수 있을 뿐이다.

(3) 회사가 발행할 주식의 총수   상법은 수권자본금제도를 도입하였으므로 정관에는 회사가 발행할 주식의 총수($^{발행예정}_{주식총수}$)를 기재하여야 한다.

(4) 1주의 금액   액면주식을 발행하는 경우 1주의 금액은 100원 이상이어야 하며($_{329}^{상}$ ${}_{IV}$), 균일하여야 한다($^{동조}_{III}$).

(5) 회사의 설립시에 발행하는 주식의 총수   발행예정주식총수 중에서 회사의 설립시에 발행하는 주식의 총수를 기재하여야 한다. 이는 설립시에 회사의 물적인 기초와 신주발행을 위한 이사회의 수권의 범위를 명확하게 하는 데 그 취지가 있다.

(6) 본점의 소재지   회사의 본점소재지는 회사의 주소가 있는 곳으로서($_{171}^{상}$ ${}_{II}$) 본점이 있는 곳의 최소행정구역만 표시하면 된다($^{예:\ 종로구·}_{중구\ 등}$). 그리고 본점의 소재지는 확정적으로 기재하여야 하며 선택적 기재는 인정되지 않는다.

(7) 회사가 공고를 하는 방법   이 기재는 주주와 회사채권자 등 이해관계자를 보호하기 위한 것으로서 공고는 관보 또는 일간신문에 하여야 한나($_{289}^{상}$ ${}_{III}$). 신문은 특정하여야 한다($^{추상적\ 기재나\ 택일적}_{기재는\ 인정되지\ 않는다}$). 그러나 회사는 정관에 정하는 바에 따라 전자적 방법으로 공고할 수 있다($_{389}^{상}$ ${}_{III\ 단}$). 이 경우에 회사는 게시기간·게시내용에 대하여 증명책임을 진다($_{389}^{상}$ ${}_{V}$). 그리고 회사의 인터넷 홈페이지에 공고할 경우 회사는 공고하는 권리의 행사기간까지 계속 공고하여야 하고, 재무제표를 회사의 인터넷 홈페이지에 공고할 경우 회사는 이사·감사의 책임해제기간인 정기주주총회에서 재무제표를 승인한 후 2년까지($_{450}^{상}$) 계속 공고하여야 한다($_{389}^{상}$ ${}_{IV}$).

(8) 발기인의 성명·주민등록번호 및 주소   이것은 발기인의 책임을 명확하게 하기 위하여 그 기재가 요청되는 것이다. 법인이 발기인인 경우에는 법인의 상호 기타의 명칭과 본점을 기재하여야 한다.

2. 상대적 기재사항

(1) 의   의   1) 상대적 기재사항은 정관 자체의 효력에는 영향을 미치지 않지만, 그것을 정관에 기재하지 않으면 그 사항이 회사와 주주에 대한 관계에 있어서 효력이 생기지 않는 것을 말한다. 설립시에 특히 중요한 상대적 기재사항은 **변태설립사항**(變態設立事項)이다($_{290}^{상}$). 이는 회사의 설립을 위하여 일반적으로 필요한 것과 설립 후의 회사에 그 효력을 인정하여야 할 필요성이

있는 것으로서 발기인이 설립중의 회사의 기관인 지위에서 약정할 수 있는 것을 말한다.

2) 변태설립사항은 이를 방임하면 발기인과 제 3 자의 이익의 추구로 회사의 재산적 기초를 위태롭게 하고 회사와 주주 및 회사채권자의 이익을 해할 수 있는 위험한 사항이다. 이러한 사항을 정관에 기재한 경우의 회사설립을 변태설립이라 한다. 이에 반하여 정관에 변태설립사항의 기재가 없는 회사의 설립은 단순설립이라 한다. 그리하여 변태설립사항을 정관의 상대적 기재사항으로 함과 동시에 주식청약서에도 기재하게 함으로써($\frac{상}{II}\frac{302}{(2)}$) 일반공중에 의한 그 공정성에 대한 판단과 감독을 가능하게 하고 있다.

3) 발기설립인 경우뿐만 아니라 모집설립의 경우에도 변태설립사항은 회사의 설립 전에 법원이 선임한 **검사인의 조사**를 받아야 하며($\frac{상}{310}\frac{299,}{}$), 그것이 부당한 때에는 발기설립의 경우는 법원이, 모집설립의 경우는 창립총회가 이를 변경할 수 있다($\frac{상}{314}\frac{300,}{}$).

4) 상법 제290조 제 1 호와 제 4 호에 게기한 발기인의 특별이익과 설립비용 그리고 발기인의 보수액에 관하여는 **공증인의 조사보고**로 검사인의 조사에 갈음할 수 있고, 제290조 제 2 호와 제 3 호에 게기한 현물출자와 재산인수 및 제295조의 규정에 의한 현물출자의 이행에 관하여는 공인된 **감정인의 감정**으로 제299조 제 1 항의 규정에 의한 검사인의 조사에 갈음할 수 있다($\frac{상}{의2}\frac{299}{}$).

5) 더욱이 다음 각호의 어느 하나에 해당할 경우에는 검사인의 조사를 받을 필요가 없다($_{299}\frac{상}{II}$). i) 상법 제290조 제 2 호 및 제 3 호의 재산총액이 자본금의 5분의 1을 초과하지 않고 대통령령에서 정한 금액의 초과하지 않는 경우, ii) 상법 제290조 제 2 호 또는 제 3 호의 재산이 거래소의 시세있는 유가증권인 경우 정관에 기재된 가격이 대통령령에서 정한 방법으로 산정된 시세를 초과하지 않는 경우, iii) 기타 대통령령에서 정하는 경우 등이다.

⑵ 변태설립사항

1) 발기인이 받을 특별이익과 이를 받을 자의 성명($_{290}\frac{상}{(1)}$)

㈎ 특별이익의 의의　　　　발기인으로서 위험을 부담하고 활동한 공로에 대한 보상으로 특정한 발기인 또는 그 전원에게 인정하는 이익이다. 즉 특별이익은 이익배당·잔여재산의 분배·신주발행 등의 경우에 우선권의 부여라든가, 회사설비의 무상이용이나 제품의 할인거래 등 주로 재산권적 성질이 있는 권리가 그 대상이 된다. 그러나 자본금충실의 원칙에 위배되는 특별이익이나 주

주총회의 결의에 대한 이의권·동의권의 부여, 이사 또는 감사 기타 임원의 지위를 약속하는 것 등은 인정되지 않는다.

⑷ **특별이익의 성질**　　특별이익은 별도의 반대급부를 전제로 하지 않고 발기인이었던 지위에 대하여 인정하는 인적인 **채권자적 권리**로서 회사의 설립과 동시에 성립하며, 그 성질에 반하지 않고 정관에 다른 정함(특별이익은 주식과 분리될 수 없다든가, 주식의 양도로써 소멸한다는 정함)이 없는 한 특별이익만을 양도 또는 상속할 수 있다. 즉 특별이익은 주주의 지위와 분리된다. 그 결과 주식을 양도하더라도 특별이익은 이전하지 않는다. 그러므로 특별이익은 사원권에 속하지 않는다. 회사성립 후에는 특별이익을 수익자의 동의 없이 정관변경에 의하여 박탈하지 못한다.

2) 현물출자를 하는 자의 성명과 그 목적인 재산의 종류·수량·가격과 이에 대하여 부여할 주식의 종류와 수($\overset{상}{290(2)}$)

㈎ **현물출지의 의의**　　현물출자는 특정재산의 확보·수식회사도의 조직변경·발명특허의 공업화 등을 위하여 필요한 것으로서 금전 이외의 재산으로 하는 모든 출자를 말하며, 회사설립(또는 신주발행)을 목적으로 하는 행위이다. 현물출사는 재산의 급여와 주식의 취득이 대가관계에 있다는 점에서 **단체법상의 유상·쌍무계약**이라고 할 수 있다.

㈏ **현물출자의 목적**　　현물출자의 목적은 경제적 가치를 확정할 수 있고 양도가 가능하며 대차대조표의 자산으로 계상할 수 있는 재산이다. 예컨대 동산·부동산·채권·유가증권·특허권·광업권·각종회사의 출자지분·상호·영업상의 비결 등 재산적 가치 있는 사실관계와 영업의 전부 또는 일부도 될 수 있다. 그러나 노무 및 신용은 출자의 목적이 될 수 없다.

㈐ **현물출자에 대한 규제**　　설립시의 현물출자를 정관의 변태설립사항으로 한 이유는 출자의 목적물을 과대평가하는 것을 방지하여 설립시부터 **자본금의 충실**을 도모함으로써, 회사와 금전출자를 한 주주 및 회사채권자를 보호하기 위한 것이다.

3) 회사성립 후에 양수할 것을 약정한 재산의 종류·수량·가격과 그 양도인의 성명($\overset{상}{290(3)}$)

㈎ **재산인수의 의의**　　발기인이 회사의 성립을 조건으로 다른 발기인이나 주식인수인 또는 제3자로부터 일정한 재산을 매매의 형식으로 양수할 것을 약정하는 개인법상의 계약을 재산인수(財産引受)라 한다. 발기인은 회사의 설립 자체를 위한 행위(정관의 작성·주식인수·설립등기 등)와 설립에 필요한 행위(설립사무소의 임차·주식청약서의 인쇄 등)

만을 할 수 있고, 장래에 성립될 회사의 실질적인 활동을 위하여 필요한 행위 $\binom{\text{개업준비행위인 점포·공}}{\text{장기계설비의 구입 등}}$를 할 수 없는 것이 원칙이다. 그러나 법은 예외적으로 설립 후의 회사활동의 원활을 위하여 재산인수를 인정하고 있다.

(나) **재산인수의 규제이유**　　재산인수도 현물출자와 동일한 결과를 초래할 수 있고 현물출자의 잠탈수단으로 이용될 수 있는 위험한 계약이기 때문에 변태설립사항에 포함시킨 것이다.

(다) **재산인수의 목적**　　현물출자의 경우와 같다.

(라) **정관에 기재 없는 재산인수**　　a) 재산인수는 위험한 계약이기 때문에 원시정관에 기재되지 않은 재산인수는 **무효로서**$\left[\begin{smallmatrix}大 & 94.5.13, \\ 94 & 다 & 323\end{smallmatrix}\right]$, 회사뿐만 아니라 재산인수계약의 상대방도 그 무효를 주장할 수 있다$\left[\begin{smallmatrix}동; & 孫 \\ (주), & 567\end{smallmatrix}\right]$. 그러므로 창립총회가 승인하거나 설립 후의 회사가 이를 추인하더라도 그 효과를 회사에 귀속시킬 수 없다는 것이 **다수설**이며$\left[\begin{smallmatrix}동; & 徐(돈), & 298; & 孫(주), & 568; & 李· \\ 崔, & 235; & 李(기), & 416; & 權(기), & 296\end{smallmatrix}\right]$, 회사설립 후의 정관의 변경으로도 무효가 치유될 수 없다. 이와는 달리 주주총회의 특별결의에 의하여 추인이 가능하다는 **소수설**도 있다$\left[\begin{smallmatrix}鄭(찬), & 566; \\ 蔡(이), & 409\end{smallmatrix}\right]$.

b) 그러나 개업준비행위는 설립중의 회사의 실질적 권리능력의 범위에 속하지 않으며, 정관에 기재하지 않은 재산인수는 무권대리행위와 다르고 추인을 인정하는 것은 재산인수에 대하여 그것이 부당한 경우에 법원의 변경통고$\binom{상}{300\,\text{I}}$ 등의 엄격한 감독을 받도록 한 법의 취지에 어긋난다. 다만 그 재산의 대가가 자본금의 20분의 1 이상에 해당하는 경우에 설립 후의 회사가 새로운 계약에 의하여 사후설립(事後設立)의 절차$\binom{상}{375}$를 밟아 취득할 수 있을 뿐이다$\left[\begin{smallmatrix}동; & 鄭 \\ (동), & 108\end{smallmatrix}\right]$.

　　판례도 「甲과 乙이 공동으로 축산업 등을 목적으로 하는 회사를 설립하기로 합의하고 현물출자에 따른 번잡함을 피하기 위하여 회사의 성립 후 회사와 甲간의 매매계약에 의한 소유권이전등기의 방법에 의하여 위 현물출자를 완성하기로 약정하고 그 후 회사설립을 위한 소정의 절차를 거쳐 위 약정에 따른 현물출자가 이루어진 것이라면, 위 현물출자를 위한 약정은 그대로 상법 제290조 제 3 호가 규정하는 재산인수에 해당한다고 할 것이어서 정관에 기재되지 아니하는 한 무효라고 할 것이나, 위와 같은 방법에 의한 현물출자가 동시에 상법 제375조가 규정하는 사후설립에 해당하고 이에 대하여 주주총회의 특별결의에 의한 추인이 있었다면 회사는 유효하게 위 현물출자로 인한 부동산의 소유권을 취득한다」고 한 바 있다$\left[\begin{smallmatrix}大 & 92.9.14, \\ 91 & 다 & 33087\end{smallmatrix}\right]$. 이 판례는 추인을 인정한 것이라고 하기보다 사후설립에 해당하여 회사의 부동산의 소유권취득을 인정한 것이라고 할 것이다.

4) 회사가 부담할 설립비용과 발기인이 받을 보수액($\frac{상}{290\,(4)}$)

(가) 설립비용

a) 범 위 설립비용이란 설립에 필요한 행위에 의하여 생긴 비용 (정관 및 주식청약서의 인쇄비·광고비·통신비·설립사무소의 임차료·설립을 위하여 고용한 사용인의 급료·납입취급은행의 수수료·창립총회의 소집비용·기타의 잡비)을 말한다. 개업준비 자금인 토지·공장매입비 등은 설립비용이 아니므로 창립총회에서 그 매수를 결의하더라도 회사의 부담으로 돌릴 수 없다. 그러나 등록세는 창업비에는 포함되지만 설립비용은 아니므로($\frac{상}{1}\frac{453}{참조}$) 정관의 기재와 관계 없이 회사가 부담하며, 출자의 목적인 영업의 계속을 위하여 지급한 비용도 정관에 기재하지 않았어도 회사에 귀속한다. 설립비용의 규제는 과다한 견적에 의한 회사의 과중한 부담을 덜어주기 위한 것이다.

b) 지급의무 설립비용을 누가 부담하는가에 대하여는 학설의 대립이 있다.

aa) 전액발기인부담설 이 견해에 의하면 설립비용은 발기인이 지급하고 회사가 성립하면 정관에 기재된 범위 내에서 회사에 대하여 구상할 수 있다. 회사성립 후에도 발기인이 설립비용의 지급의무를 지고 회사에 대하여 구상할 수 있다. 그러나 정관에 기재된 금액을 초과하는 부분은 발기인만이 부담하고 회사에 대하여 구상할 수 없다.

bb) 전액회사부담설 이에는 i) 설립비용이 지급되지 않은 채 회사가 성립한 경우에는 회사가 지급의무를 진다는 설[$\frac{鄭(희),}{372}$]과 판례가 있고[$\frac{大\,94.3.}{28,\,93}$ $\frac{마}{1916}$], ii) 회사의 성립 전에 이행하지 않은 설립행위로 인한 채무는 회사가 이행하여야 하고, 정관에 기재되지 않은 금액 등은 발기인에 대하여 구상할 수 있다는 설이 있다[$\frac{鄭(동),\,110;}{李(기),\,419}$]. i)설에 의하면 회사성립 후에는 행위의 당사자인 발기인이 책임을 면하게 되어 부당하고, ii)설에서는 설립비용이 정관에 기재된 금액을 초과하는 경우에 그 초과금액은 발기인에게 구상할 수 있다고 하지만 설립비용 중 어떤 채무가 회사에 귀속되는 것인가를 가린다는 것이 곤란하다는 문제가 있다. 전액회사부담설 중에는 iii) 정관에 규정되지 않은 설립비용은 회사가 먼저 제3자에게 지급하고 내부관계에서 회사가 이를 추인하지 않는 한 발기인에게 구상할 수 있다는 설이 있다[$\frac{鄭(찬),}{567}$]. 그러나 회사는 정관에 규정되지 않은 설립비용은 추인을 할 수 없다고 본다. 왜냐하면 이를 인정하게 되면 회사의 자본금충실을 해하게 될 것이기 때문이다.

cc) 회사·발기인중첩부담설 이에 의하면 설립중의 회사의 채무는

성립 후의 회사에 인계된다고 보지만 그것이 바로 발기인의 면책을 뜻하는 것
은 아니므로 양자의 중첩적 책임을 인정하는 것이 합당하다는 것이다$\left[\begin{smallmatrix}孫(주)\cdot\\569\end{smallmatrix}\right]$.
이 설은 발기인과 거래한 상대방의 보호를 도모할 수 있으나 전액회사부담설
과 마찬가지로 역시 회사가 정관 소정의 금액을 초과하는 채무를 부담하게 된
다는 점에서 자본금충실을 해할 우려가 있다.

　　　dd) 전액회사부담설과 전액발기인부담설의 대립은 설립중의 회사의 존
재와 발기인의 권한의 범위를 어떻게 보느냐 하는 문제와 관련이 있다. 전설은
거래상대방을 보호할 수 있는 이점이 있다. 그러나 상법이 설립비용을 정관의
변태설립사항으로 한 것과 기타 설립에 관한 규제는 발기인의 권한남용으로
인하여 성립된 회사가 과중한 부담을 지게 되어 자본금충실을 해하게 되는 것
을 방지하는 데 그 취지가 있는 것이므로, 전액발기인부담설이 회사성립 당시
의 재산적 기반의 확보를 위하여 타당하다고 생각한다. 전액회사부담설에 의
하더라도 정관 소정의 설립비용을 초과하는 부분에 대하여는 발기인에 대한
구상에 의하여 회사의 손해는 예방될 수 있다고 하겠으나, 실제에 있어서 발기
인들이 사실상 회사의 기관으로 회사를 지배하는 경우가 많으므로 그 구상은
기대할 수 없어서 설립시부터 자본금의 충실을 해하게 될 것이다.

　　　ee) 전액발기인부담설이 타당하다고 본다. 이에 의하면 회사의 이익도
보호되고 행위의 당사자가 책임을 지므로 채권자도 충분히 보호될 수 있다고
본다. 왜냐하면 설립비용은 개업준비비용이 아니어서 그 부담이 과중하지 않
기 때문이다.

　　(나) 발기인의 보수　　　발기인이 받을 보수액이란 발기인이 회사설립을
위하여 제공한 **노무**에 대한 **보수**로서 보통 일시에 지급되는 것을 말한다. 이를
정관에 기재시키는 이유도 보수액의 과다한 책정에 의한 회사의 부담을 덜어
주기 위한 것이다.

　　(3) 기타의 상대적 기재사항　　　회사설립시의 변태설립사항 이외의 상
대적 기재사항으로는 주식의 양도제한($상\atop335\,I$), 종류주식의 발행($상\atop344$), 무기명주
권의 발행($상\atop357\,I$), 무액면주식의 발행($상\atop329\,III$), 전환주식의 발행($상\atop346$), 의결권의 배
제·제한된 종류주식의 발행($상344의\atop3\;I$), 상환주식의 발행($상\atop345$), 주주총회에 의한
대표이사의 선임($상\atop389단$), 주주총회에 의한 신주발행사항의 결정($상416\atop단$), 감사
선임의 경우에 의결권제한비율의 인하($상\atop409\,II$), 이사회의 소집통지기간의 단축
($상\atop390\,II$), 제 3 자에 대한 신주인수권의 인정($상\atop418\,I$), 이사의 임기연장($상\atop383\,III$), 이익

의 중간배당($^{상}_{의 3}$ $^{462}_{I}$), 주주총회에 의한 준비금의 자본금전입($_{461 I}^{상}$), 이사회결의 요건의 가중($_{391 I}^{상}$), 주주총회에 의한 전환사채의 발행($^{상}_{II}$ $^{513}_{단}$)과 신주인수권부 사채의 발행($^{상}_{2}$ $^{516의}_{II}$ $_{단}$), 회사의 존립기간, 기타의 해산사유($_{517 I}^{상}$), 주권불소지제도의 배제($^{상}_{의 2}$ $^{358}_{I}$), 명의개서대리인의 설치($_{337 II}^{상}$) 등이 있다.

3. 임의적 기재사항

정관에는 상술한 절대적·상대적 기재사항 이외에 강행법규, 선량한 풍속 기타 사회질서 및 주식회사의 본질에 반하지 않고 상법이 허용하는 범위 내에서 필요한 사항을 기재할 수 있다.

[事例演習]

◇ 사 례 ◇

발기인대표 A는 甲 주식회사의 설립을 위해, X로부터 설립중의 회사의 명의로 설립사무소를 빌렸고, 공장건설의 목적으로 甲회사의 성립을 조건으로 Y와 공장용지를 구입하는 계약을 체결하였으며, 본점의 지배인으로 乙을 고용하는 계약을 체결하였다. 그런데 이들 사항은 甲회사의 원시정관에 전혀 기재되지 않았다.

〈설문 1〉 甲회사가 성립한 후에도 X는 위 사무소의 차임을 받지 못했다. 이 경우 X는 누구에게 차임을 청구할 수 있는가?

〈설문 2〉 甲회사가 성립한 후 甲회사는 Y에게 공장용지의 인도를 청구할 수 있는가?

〈설문 3〉 乙을 지배인으로 고용하는 계약은 효력이 있는가?

[해 설] 이 사례에서 발기인대표 A는 회사설립을 위해 설립비용과 관련한 채무를 부담하고, 재산인수·개업준비행위를 하였다. 그런데 발기인의 권한은 회사설립 자체를 직접적인 목적으로 하는 행위에 한정되고 개업준비행위는 법정의 요건을 구비한 재산인수만을 할 수 있다고 본다. 따라서 설립비용은 회사에 귀속한다고 볼 여지가 있지만, 설문 1에서는 상대적 기재사항인 설립비용을 정관에 기재하지 않았으므로 비용부담을 누가 할 것인지가 문제된다. 회사의 이익과 채권자를 보호하면서 행위자에게 책임을 지운다는 점에서 발기인 A 등에게 차임을 청구할 수 있다고 본다. 설문 2와 설문 3의 재산인수·개업준비행위는 정관에 기재가 없으므로 무효이며, 재산인수를 엄격하게 규제하고 있는 입법취지를 감안할 때 회사의 추인은

> 인정되지 않는다고 본다. 그러므로 甲회사는 Y에게 공장용지의 인
> 도를 청구할 수 없고, 乙과의 고용계약도 무효이지만 계약의 효력을
> 유지하고자 하는 경우에는 각각에 대하여 회사성립 후에 별도의 계
> 약체결이 필요하다고 본다.

제 4 관 株式發行事項

[201] 제 1 株式發行事項의 決定

(1) 발기인 전원의 동의   회사의 설립시에 발행하는 주식의 총수는 정
관의 절대적 기재사항이지만, 주식발행사항은 정관의 작성시에 미리 확정하는
것보다는 주주모집의 직전에 정하는 것이 유리하므로 정관의 절대적 기재사항
으로 하지 않고 있다. 즉 정관으로 수종의 주식의 발행을 예정하고 있는 때에
발행주식의 종류와 수, 액면주식에 대하여 액면 이상으로 주식을 발행하는 때
에 그 수와 금액, 무액면주식의 발행가액중 자본금으로 계상하는 금액에 관하
여는 정관에 다른 정함이 없으면 발기인 전원의 동의로 정하여야 한다($^{상}_{291}$). 그
러나 주식발행에 관한 기타의 사항은 발기인의 과반수의 결의에 의하여 결정
할 수 있다($^{민}_{706\,\mathrm{II}}$)[동: 孫(주), 572; 鄭(동),; 112; 李(기), 422].

(2) 동의의 방법 · 시기   발기인 전원의 동의방법에는 제한이 없으나
그 시기는 정관작성 후 발기인에 의한 주식인수 전이어야 할 것이다. 설립등기
후라도 동의가 있으면 하자가 보완된다는 견해도 있으나[鄭(희), 374; 鄭(동),; 112; 權(기), 299], 설립
전의 동의가 있는 경우에 한하여 하자가 보완된다고 본다[동: 李(원), 336;; 李(철), 195].

(3) 동의의 흠결 · 하자   발기인 전원의 동의를 얻지 못한 때에는 회사
설립의 무효사유가 된다고 할 수 있고[동: 徐(돈), 300; 徐(정), 231;; 孫(주), 574; 李 · 李, 227], 발기인 전원의
동의에 의한 주식발행사항의 결정이 강행법규나 정관의 규정에 위반하는 때에
도 그 동의는 무효라고 본다.

제 5 관 기타의 設立節次

[202] 제 1 發起設立의 節次

정관의 작성과 주식발행사항의 결정에 의하여 개시된 설립절차는 발기설립의 경우에 다음과 같은 절차에 의하여 회사의 실체를 구성한다.

1. 주식의 인수

(1) 설립시에 발행하는 주식은 전부 발기인들이 인수한다. 각 발기인은 서면으로 인수하여야 하며($\frac{상}{293}$), 구두에 의한 인수는 무효이다. 인수의 시기에 관하여는 정관의 작성과 동시 또는 그 이후에만 가능하다는 견해도 있으나$\left[\begin{smallmatrix}鄭(동),\\113; 李\\李,\\320\end{smallmatrix}\right]$, 정관작성과 동시이거나 전후되어도 무방하지만 늦어도 주식인수가액의 납입기일까지는 하여야 한다고 본다.

(2) 발기인에 의한 주식인수의 **법적 성질**은 각 발기인의 일방적 의사표시의 합치에 의하여 그 효력이 생기는 **합동행위**라고 할 것이다$\left[\begin{smallmatrix}동: 徐(정), 232; 孫(주),\\575; 徐(돈), 301; 李\\(기), 423; 蔡(이),\\403; 林(홍), 120\end{smallmatrix}\right]$. 이와는 달리 설립중의 회사에의 입사계약이라는 견해도 있는데$\left[\begin{smallmatrix}李(철), 196; 李·崔,\\250; 鄭(찬), 573\end{smallmatrix}\right]$, 이는 설립중의 회사가 정관의 작성시에 이미 창립된다는 점에 근거를 두고 있다. 그러나 설립중의 회사의 창립시기는 정관을 작성하고 각 발기인이 주식을 1주 이상 인수한 때라는 통설에 의하면, 발기인의 주식인수는 설립중의 회사의 창립 전에 이루어지는 것이 되어 타당하지 못하다.

(3) 발기인은 회사성립 후에는 주식의 인수를 사기, 강박 또는 착오를 이유로 하여 취소하지 못한다($\frac{상 320}{I 후단}$).

2. 출자의 이행

(1) **금전출자**   1) 설립시에 발행하는 주식의 총수를 발기인이 인수한 때에는 지체없이 각 주식에 대하여 인수가액($\frac{발행}{가액}$)의 전액을 납입하여야 한다($\frac{상 295}{I 전단}$)($\frac{전액납}{입주의}$). 그러므로 인수가액이 액면을 초과하는 때에는 그 초과액도 납입하여야 한다. 이 경우에 발기인은 납입사무를 맡을 은행 기타 금융기관과 납입장소를 지정하여야 한다($\frac{상 295}{I 후}$). 납입은 대물변제(代物辨濟)나 경개(更改)는 인정되지 않고, 어음·수표의 경우는 지급이 있는 때에 납입된 것으로 본다.

2) 발기인이 납입을 지체하는 때에는 실권절차($\frac{상}{307}$)는 인정되지 않고 강제

집행을 할 수밖에 없으나, 발기인 전원의 동의로 다른 발기인이 인수하여 납입하면 회사를 설립할 수 있게 된다.

(2) 현물출자   1) 현물출자를 하는 발기인은 납입기일에 지체없이 출자의 목적인 재산을 인도하고, 등기·등록 기타 권리의 설정 또는 이전을 요할 경우에는 이에 관한 서류를 완비하여 교부하여야 한다($^{상}_{295 \, \mathbb{I}}$). 이 경우에 등기·등록은 회사의 설립 후에 직접 회사명의로 함으로써 경비 등을 절약할 수 있다. 그리고 현물출자에 관한 **위험부담·하자담보** 등에 관하여는 민법의 규정($^{민 \, 537, 570}_{이하, \, 580 \, 등}$)을 유추적용하여야 할 것이다[$^{동: \, 鄭(희), \, 374;}_{孫(주), \, 567}$].

        2) 현물출자자가 그 이행을 지체하는 때에는 실권절차가 인정되지 않으므로 발기인 전원의 동의로 다른 조치를 취하지 않는 한 강제집행의 방법을 택하여야 할 것이다. 현물출자의 경우에 실권절차가 인정되지 않는 이유는 개성이 있는 현물출자는 타인에 의한 이행을 기대할 수 없기 때문이다. 현물출자의 경우에도 채무불이행에 관한 일반원칙에 따라 계약해제를 할 수 있는가에 관하여, 현물출자는 유상·쌍무계약적 성질이 있으나 주식인수의 해제는 제3자에 대하여 영향을 미치기 때문에 회사성립의 전후를 불문하고 계약해제는 인정되지 않는다고 할 것이다.

3. 이사와 감사(또는 감사위원회)의 선임

(1) 주식의 인수가액에 대한 납입 또는 현물출자의 이행이 완료된 때에는 발기인은 주식인수인으로서 갖는 의결권의 과반수로써 지체없이 이사와 감사 또는 정관으로 감사위원회를 설치한 경우에 그 위원을 선임하여야 한다($^{상 \, 296}_{I, \, 415}$$_{의 \, 2}^{}$). 이 때의 의결권은 인수주식의 1주에 대하여 1개로 하며($^{동조}_{\mathbb{I}}$), 의결권이 없는 주식을 인수한 발기인도 의결권을 행사할 수 있다고 본다. 이 경우에 발기인은 의사록을 작성하여 의사의 경과와 그 결과를 기재하고 기명날인 또는 서명하여야 한다($^{상}_{297}$).

(2) 임기의 시기(始期)는 회사성립시이므로 회사의 설립중에 이사와 감사를 선임하였다고 하여 이들이 발기인에 갈음하여 설립중의 회사의 기관이 되는 것은 아니다. 이와는 달리 임원이 선임된 때로부터 설립중의 회사의 기관이 된다는 견해도 있으나[$^{李(철), \, 198; \, 鄭(동), \, 115;}_{權(기), \, 314; \, 林(홍), \, 122}$], 발기인이 선임한 이사와 감사는 회사가 성립하면 회사의 기관이 되지만 회사가 성립되기 전에는 설립에 관한 감독기관으로서의 지위가 인정될 뿐이다($^{상 \, 298}_{참조}$)[$^{동: \, 姜}_{(위), \, 202}$].

4. 설립경과의 조사

(1) 이사와 감사에 의한 조사   발기인에 의하여 선임된 이사와 감사는 취임 후 지체없이 회사의 설립에 관한 모든 사항이 법령 또는 정관의 규정에 위반되지 아니하는지 여부를 조사하여 발기인에게 보고하여야 한다($\frac{\text{상}}{298}_{I}$). 그런데 이사와 감사 중 발기인이었던 자·현물출자자 또는 재산인수의 계약당사자는 설립경과의 조사보고에 참가하지 못한다($\frac{\text{상}}{298}_{II}$). 그러므로 이사와 감사의 전원이 발기인이었거나, 현물출자자 또는 재산인수의 계약당사자인 때에는 이사는 공증인으로 하여금 설립경과의 조사보고를 하게 하여야 한다($\frac{\text{상}}{298}_{III}$).

(2) 검사인 또는 공증인·감정인의 조사

1) 검사인의 선임   정관에 변태설립사항이 있는 경우에는 이사는 취임 후 시체없이 이에 관한 조사를 하게 하기 위하여 검사인의 선임을 법원에 청구하여야 한다($\frac{\text{상}}{IV}\frac{298}{본}$). 상법에는 아무런 규정이 없으나 이사는 취임 후 지체없이 검사인의 선임을 법원에 청구하여야 한다. 이 경우에 검사인은 법원이 설립중의 회사의 임시기관으로 선임하는 것이며, 그 보수도 법원이 정하여 회사로 하여금 지급하게 할 수 있다($\frac{\text{비송}}{77}$). 이 경우에 검사인은 법원이 선임하지만 회사에 대하여 위임관계에 있으므로 설립중의 회사에 대하여 선량한 관리자로서의 주의의무를 진다.

2) 공증인·감정인의 선정   상법 제299조의 2에 의하여 공증인의 조사와 감정인의 감정을 받는 경우에는 법원에 검사인의 선임을 청구할 필요가 없다($\frac{\text{상}}{IV}\frac{298}{단}$). 다만 변태설립사항 중 일부만 그 조사를 공증인 또는 감정인에게 의뢰한 때에는 의뢰하지 않은 사항에 대하여는 법원에 검사인의 선임을 청구하여야 한다.

3) 직   무   검사인은 변태설립에 관한 사항과 현물출자의 이행에 관한 사항을 조사하여 서면으로 법원에 보고하여야 하며, 보고서의 등본을 지체없이 각 발기인에게 교부하여야 한다($\frac{\text{상}}{I}\cdot\frac{299}{II}$). 그리고 변태설립사항을 공증인과 감정인의 조사와 감정으로 갈음하는 때에는 공증인의 경우는 조사보고서를, 감정인의 경우는 감정서를 법원에 보고하여야 한다($\frac{\text{상}}{2}\frac{299의}{후}$). 그리고 공증인과 감정인은 각 발기인에게 조사보고서와 감정서의 등본을 교부하여야 한다($\frac{\text{상}}{299}_{II}$). 이를 교부받은 발기인은 조사보고서 등에 사실과 다른 사항이 있는 때에는 그에 대한 설명서를 법원에 제출할 수 있다($\frac{\text{상}}{299}_{III}$).

4) 변태설립사항의 변경통고   검사인이나 공증인의 보고서 또는 감정인의 감정결과에 사실과 상위한 사항이 있는 때에는 발기인은 이에 대한 설명서를 법원에 제출할 수 있다($^{상}_{299}$Ⅲ). 이 경우에 법원은 검사인이나 공증인의 조사보고서, 감정인의 감정결과, 그리고 발기인의 설명서를 심사하여 변태설립에 관한 사항이 부당하다고 인정된 때에는 이를 변경하여 각 발기인에게 통고할 수 있다($^{상}_{300}$Ⅰ). 법원은 변태설립사항에 대하여 소극적인 변경만을 할 수 있다고 본다. 이러한 변경에 불복하는 발기인은 법원의 변경결정에 대하여 즉시항고(卽時抗告)를 하거나($^{비송}_{75}$Ⅲ) 그 주식의 인수를 취소할 수 있다($^{상}_{300}$Ⅱ).

5) 변경의 효과   재산인수에 대한 법원의 변경은 양도인인 상대방의 승인이 없는 한 상대방을 구속하지 못하므로 재산인수는 성립하지 않는다[$^{동: 孫}_{(주), 529}$]. 법원의 변경에 대하여 불복하는 발기인은 그의 주식인수를 취소할 수 있는데($^{상}_{300}$Ⅱ), 취소는 자기와 관계가 있는 변태설립사항에 대한 변경으로 주식인수의 목적을 기대할 수 없게 된 발기인만이 할 수 있다고 본다. 그러나 법원의 통고가 있은 후 2주 내에 주식의 인수를 취소한 발기인이 없는 경우에는 정관은 통고에 따라 변경된 것으로 본다($^{동조}_{Ⅲ}$).

[203] 제2 募集設立의 節次

모집설립의 경우에는 정관을 작성하고 주식발행사항을 결정한 후에 다음과 같은 절차가 필요하다.

1. 발기인의 주식인수

설립시에 발행하는 주식 중 일부를 각 발기인은 서면으로 인수하여야 한다($^{상}_{293}$). 이 경우에 각 발기인은 1주를 인수하더라도 무방하다.

2. 주주의 모집

(1) 설립시에 발행하는 주식 중에서 발기인이 인수하고 남은 주식에 대하여 발기인은 주주를 모집하여야 한다($^{상}_{301}$). 모집의 범위와 방법에는 제한이 없으므로 공모 또는 연고모집도 가능하다.

(2) 주주를 모집함에 있어서는 회사조직의 대강과 청약의 조건을 알림으로써 주식청약인을 보호하기 위하여 상법은 법정사항을 기재한($^{상}_{302}$) 주식청약

서에 의하여 주식인수의 청약을 하게 하고 있다($^{동주}_{1}$). 즉 모집설립의 경우는
주식청약서주의(株式請約書主義)를 채용하고 있다. 그러므로 주식청약서에 의
하지 않은 주식의 인수는 무효이다[$^{朝高\ 23.\ 2.\ 27,}_{민집\ 10,\ 29}$].

(3) 주주의 모집에 있어서 발기인은 주식청약서에 의한 청약을 하지 못하
므로 주식인수인이 될 수 없다는 견해도 있으나[$^{李(철)},_{201}$], 발기인이라고 하여 주
식청약서에 의하여 주주를 모집함에 있어서 제외시킬 이유가 없고, 주식을 인
수함에 있어서 자금의 개성을 따질 필요는 없다고 본다[$^{동:\ 孫}_{(주),\ 581}$].

3. 주식인수의 청약

(1) **청약의 방법**　　주식인수의 청약은 주식청약서 2통에 인수할 주식
의 종류 및 수와 주소를 기재하고 기명날인 또는 서명하여($^{상}_{302\ I}$) 발기인에 대
하여 하여야 한다. 1통의 주식청약서는 회사에 보관하고 다른 1통은 설립등기
신청서에 첨부하여야 한다($^{비송}_{203(3)}$). 그런데 주식청약서를 1통만 작성하여 한 청
약도 무효는 아니라는 견해가 있다[$^{鄭(동),\ 293;}_{孫(주),\ 581}$]. 청약을 함에는 주식의 수에 따
라 일정한 증거금을 납입시킬 수 있다. 증거금은 주식을 배정받으면 납입금액
에 충당되고, 납입을 하지 않음으로써 실권한 때에는 위약금으로 몰수한다. 그
러나 배정을 받지 못한 때와 회사불성립의 경우에는 반환한다.

(2) 주식인수의 하자

1) 주식인수의 무효의 제한

(가) **주식청약서의 요건의 흠결**　　a) 주식인수의 청약은 주식청약서에
의하여야 하며, 주식청약서에 기재하여야 할 사항은 주식청약인들의 이익보호
를 위하여 법정하고 있기 때문에($^{상}_{302\ II}$) 그 중에 하나라도 흠결이 있거나 하자
가 있는 때에는 주식청약서는 무효이고 따라서 그에 의한 주식인수의 청약도
무효가 된다고 할 것이다. 그러나 그 무효의 주장을 일반원칙에 따라 언제든지
할 수 있게 하면 회사의 불안정을 초래하고 회사설립에 참여한 다수의 이해관
계자의 이익을 해할 우려가 있다. 그리하여 상법에서는 주식인수인이 창립총
회에 출석하여 권리를 행사하였거나 회사가 성립한 후에는 주식청약서의 요
건의 흠결을 이유로 하여 그 인수의 무효를 주장할 수 없도록 제한하고 있
다($^{상\ 320}_{I\ 전단}$).

b) 주식청약서의 기재사항 중에 어떠한 사항이라도 흠결이 있으면 무효가
된다고 할 것은 아니다. 왜냐하면 주식청약서의 기재사항을 법정하고 있는 이

유는 주식청약인이 인수를 함에 있어서 중요한 자료를 제공하는 데에 그 목적이 있기 때문에, 예컨대 주식청약서에는 정관의 절대적 기재사항을 기재하여야 되지만 그 중 회사가 공고하는 방법에 관한 기재에 흠결이 있다거나 오기된 경우에는 주식청약서를 무효라고 할 필요는 없다고 본다[동: 孫(주), 582; 鄭(무), 358].

(나) 비진의·허위의 의사표시　　비진의의사표시(非眞意意思表示)의 무효에 관한 일반원칙(민 107단)은 주식인수의 청약에는 적용되지 않는다(상 302Ⅲ). 그러므로 발기인이 주식의 청약이 진의가 아니라는 것을 알았거나 알 수 있었을 경우에도 그 청약은 유효하고 그 무효의 주장을 할 수 없다. 주식의 청약과 같은 회사라는 단체의 형성에 관한 행위에는 개인거래관계를 규율하려는 일반원칙의 적용이 합당하지 않다는 점과 회사설립에 있어서 가장의 청약으로 인하여 회사의 다른 주식청약자들의 판단을 흐리게 하는 행위를 방지하기 위한 것이라고 할 수 있다. 그리고 상법에 명문의 규정은 없으나 허위의 의사표시에 관한 일반원칙(민 108)도 적용되지 않는다.

(다) 예　　외　　의사무능력이나 주식청약서에 의하지 않은 주식인수[朝高 23. 3. 27, 민집 10, 29] 및 주식청약서에 기명날인 또는 서명하지 않은 주식인수의 경우에는 그 무효를 주장할 수 있고 이 경우에는 상법 제320조 제 1 항의 제한은 인정되지 않는다고 본다.

2) 주식인수의 취소의 제한

(가) 사기, 강박 또는 착오의 경우　　주식인수인이 창립총회에 출석하여 권리를 행사하였거나 회사가 성립한 후에는 사기, 강박 또는 착오를 이유로 하여 주식인수를 취소하지 못한다(상 320후단). 그러므로 사기, 강박이 누구에 의한 것인가와 관계 없이, 또 취소사유에 대한 발기인의 선의·악의를 불문하고 주식인수인이나 발기인은 주식인수의 취소를 주장할 수 없다. 다만 주식청약서에 기재된 일정한 시기까지 창립총회가 종결하지 않은 때에만 주식인수의 청약을 취소할 수 있을 뿐이다(상 302Ⅱ(8)). 그러나 주식인수인이 취소권을 행사하지 않고 창립총회에 출석하여 의결권을 행사하였거나 회사가 성립한 때에는 주식인수는 상법 제302조 제 2 항 제 8 호의 유추적용에 의하여 취소할 수 없다고 본다.

(나) 무능력·사해행위에 의한 취소　　행위무능력자가 법정대리인의 허락 없이 주식을 인수한 때에는 언제든지 이를 취소할 수 있다. 무능력자는 우선적으로 보호되어야 하고 권리외관을 야기한 데 대하여 귀책사유가 존재하지 않

으므로 주식인수에 있어서 구체적인 사유의 여하를 불문하고 항상 주식인수를 취소할 수 있다. 즉 행위무능력자는 항상 주식인수의 취소가 가능하다. 그리고 채권자사해행위(債權者詐害行爲)에 의한 취소도 채권자의 보호라는 차원에서 인정되고 이 경우에도 역시 상법 제320조 제 1 항의 제한을 받지 않는다고 할 것이다[동: 鄭(희), 376; 孫(주), 532; 林(홍), 128; 權(기), 319. 반대설: 金(용), 297; 姜(위), 246]. 그리고 이와 같은 이유에서 파산관재인의 부인권(破68)의 행사에도 상법 제320조 제 1 항은 적용되지 않는다[동: 孫(주), 532].

(3) 가설인 또는 타인명의의 청약　　　가설인(假設人)의 명의나 무단히 타인명의로 주식인수의 청약을 한 자는 주식의 배정에 의하여 주식인수인으로서 납입할 책임이 있고(상332 I), 타인의 승낙을 얻어 그 타인명의로 주식을 인수한 자는 그 타인과 연대하여 납입할 책임을 진다(상332 II).

1) 가설인·타인명의의 무단사용의 경우　　　주식을 인수함에 있어서 가설인의 명의나 타인의 명의를 무단히 사용하는 경우가 있다. 이러한 경우에 그 명의의 사용자인 배후인이 납입의 책임을 면탈하기 위하여 가설인 또는 타인의 명의를 사용한 때에는 벌금에 처한다(상634). 그리고 그 배후자가 주식인수인으로서 납입책임을 지고 주주가 된다. 그러므로 이 경우에 누가 주주인가 하는 문제는 주식인수의 실질에 따라 결정되며 명의의 여하는 불문한다.

2) 타인명의를 승낙을 얻어 사용한 경우　　　이 경우에 상법에서는 그 납입책임에 관하여만 규정하고 있을 뿐이고 누가 주식인수인으로서 주주가 되는가 하는 점에 대하여는 직접 규정을 하고 있지 않다. 그리하여 이에 관하여는 학설이 대립하고 있다.

㈎ 형 식 설　　　이에 의하면 명의대여자가 주식인수인의 권리를 취득하고 명의차용자는 납입책임을 질 뿐이라고 한다[孫(주), 583; 蔡(이), 430]. 그 근거는 i) 주식청약의 집단적 처리를 위하여는 형식적이고 획일적인 기준이 필요하고, ii) 일반원칙상 타인의 명의를 빌려 법률행위를 한 경우는 그 효과가 명의자에게 귀속되어야 하고, iii) 주식인수는 주식청약서에 의하여 하는 등 요식성에 입각하므로 명의상의 주주가 아닌 실질주주를 주주로 보는 것은 문제가 있고, iv) 명의차용자가 권리를 주장하는 것은 금반언의 원칙에 반한다고도 한다.

㈏ 실 질 설　　　a) 이에 의하면 타인의 승낙을 얻어 주식의 인수를 청약한 경우는 사실상의 청약자인 명의차용자가 주식인수인으로 되고 명의대여자인 타인은 명의차용자가 납입을 하지 않는 경우에 연대책임을 질 뿐이라고 하는데 이 견해가 다수설이며[동: 徐(돈), 350; 鄭(희), 377; 鄭(동), 119; 李(원), 366; 姜(위), 247; 李(기), 427] 판례의 입장[大 75. 9. 23, 74 다 804;

大 77.10.11,76 다 1448;
大 80.9.19, 80 마 396]이기도 하다. i) 명의대여자는 명의를 대여할 뿐이고 자신이
주주가 된다는 의사가 없다고 할 수 있으며, ii) 타인의 승낙을 얻어 주식을 인
수한 경우에도 가설인 또는 타인명의를 무단히 사용한 경우와 마찬가지로 실
질적인 주식인수인을 주주로 보아야 하고 법문($332_{II}^{상}$)의 형식에 충실하여 달리
취급할 이유는 없다고 한다. iii) 상법 제332조 제 2 항의 법문의 형식에 구애
됨이 없이 명의차용자가 주식인수인으로 되고 다만 자본충실을 위하여 그 외
관을 야기케 한 자인 명의대여자에게도 연대책임을 과한 것에 불과하다고 한다.

　판례도 주식을 인수함에 있어서 타인의 승낙을 얻어 그 명의로 출자하여 주식
인수가액을 납입한 경우에는 실제로 주식을 인수하여 그 가액을 납입한 명의차용자
만이 실질적인 주식인수인으로서 주주가 된다는 종래의 입장을 유지하면서, 「단순
히 명의를 대여한 자들은 주주가 아니라 할 것이므로 회사가 임시주주총회를 개최
함에 있어서 그 주주가 아닌 명의대여자들에게 총회소집통지를 하지 않았다 하여
그 소집절차나 방법이 법령이나 정관에 위반된 하자가 있다고 할 수 없다」고 한 것
[大 77.10.11,
76 다 1448]과, 「단순한 명의대여자에 불과한 자들은 주주로 볼 수 없고 따라서 회
사의 소수주주임을 전제로 하는 명의대여자들의 임시주주총회소집허가신청은 그
신청의 적격을 결한 것으로 부적법함을 면할 수 없다」[大 80.9.19,
80 마 396]고 한 것이 있다.

　b) 그러나 명의차용자가 주주라고 하더라도 회사에 대하여 주주의 권리를 행사하려
면 실질적 권리를 증명하여 명의개서를 하여야 된다고 본다. 이 점이 형식설에 의하면
명의대여자가 명의차용자에게 주식을 양도하지 않는 한 명의개서를 할 수 없는 것과 다
르다. 그러므로 명의개서를 하지 않은 명의차용자는 명의개서를 하기 전에 명의대여자
인 주주들에 의하여 이루어진 법률관계에 대하여 명의대여자가 주주가 아니라는 이유를
들어 그 효력을 다툴 수 없다고 본다. 즉 판례의 입장은 명의차용자를 주주로 보지만,
명의대여자인 주주들의 의결권행사에 의해 이루어진 기왕의 총회결의의 하자를 명의대
여자들이 비주주라는 이유로는 주장할 수 없다고 하여야 할 것이다. 다만 실질주주인 명
의차용자는 명의개서를 한 다음에 주주인 지위에서 명의대여자가 비주주라는 이유 이외
의 다른 사유를 들어 총회결의의 하자를 주장할 수 있을 뿐이다. 또한 명의개서를 하지
않은 명의차용자는 판례의 입장과는 달리 주주총회의 소집을 청구할 수 없다고 해석해
야 할 것이다. 회사는 주주명부상의 주주를 주주로 취급함으로써 면책이 된다. 그러므로
예컨대 주권 등의 인도도 주주명부상의 주주에게 하면 된다.

　(다) 실질설에 의하면 회사 이외의 제 3 자에 대하여 주주인 자격을 주장하
는 경우, 예컨대 주권을 무권리자가 소지하는 때에는 명의개서를 함이 없이도
[大 77.10.11,
76 다 1448] 실제로 주금을 납입한 자라는 것을 입증하여 그 인도를 청구할 수
있다. 그러나 형식설에 의하면 명의차용자가 명의대여자로부터 그 권한을 수

여받은 경우에만 주권의 인도를 청구할 수 있게 된다.

(4) 주식인수의 성질   주식인수의 법적 성질에 관하여는 **합동행위**라고 보는 견해[$^{朴(원),}_{112}$]와, 장래 성립할 회사에의 **입사계약**(入社契約)이라고 보는 견해가 있다[$^{鄭(희), 377\sim378;}_{鄭(동), 120}$]. 그러나 이 경우의 주식인수는 발기인에 의한 주식인수의 경우와 달리 설립중의 회사가 창립된 다음에 이루어지므로, 설립중의 회사에 대한 입사계약으로 보는 것이 다수설이고 타당하다[$^{동: 徐(돈), 306; 鄭(찬),}_{570; 李(철), 201; 蔡}$ $^{(이),}_{419}$]. 그리고 주식인수는 부속적 상행위에 속하지 않는다[$^{동: 孫(주), 585; 金(용),}_{298; 鄭(동), 120}$].

4. 주식의 배정

(1) 배정의 의의·성질   주식의 배정이란 어떠한 주식청약자에 대하여 몇 주를 인수시킬 것인가를 결정하는 발기인의 행위를 말한다. 배정의 법적 성질은 주식인수의 **청약**에 대한 **승낙**의 **의사표시**라고 할 수 있다[$^{동: 徐(정), 735;}_{李(원), 314}$].

(2) 배정의 방법   1) 주식의 배정에는 특별한 방법을 필요로 하지 않으므로 구두로 하여도 되며[$^{동: 孫(주), 584;}_{李(원), 341}$], 배정의 시기에 대하여도 특별한 제한이 없다. 그러나 배정은 회사설립 전에 하여야 할 것이다. 발기인은 특별한 정함이 없는 한 청약의 순서나 청약주수에 구애됨이 없이 주식을 자유로이 배정할 수 있다. 이를 배정자유의 원칙이라 한다. 이는 평등취급원칙의 예외라고할 수 있다. 그러나 모집광고나 주식청약서 등에서 배정방법($^{안분비례 · 추첨 · 선착}_{순 · 청약의 최저한}$)을 정한 때에는 그에 따라야 한다.

2) 이에 위반하여 배정한 때에는 손해배상책임을 진다. 배정의 통지는 주식청약서에 기재된 주소 또는 그 자로부터 회사에 통지한 주소로 하면 되고($^{상}_{304\,I}$), 통지는 보통 그 도달할 시기에 도달한 것으로 본다($^{상}_{304\,II}$).

(3) 배정의 효과   발기인의 배정에 의하여 주식청약인은 주식인수인으로 확정되어 배정된 주식에 대하여 납입의무를 진다($^{상}_{303}$). 배정이 확정된 다음에는 주식인수인의 지위를 양도하였거나 회사의 설립으로 주주가 되었더라도 납입의무를 면하지 못한다.

5. 출자의 이행

(1) 납입과 이행   1) 설립시에 발행하는 주식의 총수가 인수된 때에는 발기인은 지체없이 각 주식에 대한 인수가액의 전액을 납입시켜야 한다($^{상}_{305\,I}$). 즉 상법은 **전액납입주의**(全額納入主義)를 채용하고 있다. 주식을 인

수함에 있어서 가설인(假設人)의 명의나 무단히 타인명의로 주식을 인수한 자는 주식인수인으로서 납입책임이 있으며($_{332}^{상}$ $_{\mathrm{I}}$), 타인의 승낙을 얻어 그 명의로 주식을 인수한 자는 타인과 연대하여 납입할 책임이 있다($_{332}^{상}$ $_{\mathrm{II}}$). 주식인수인은 납입에 관하여 상계로써 회사에 대항하지 못한다($_{334}^{상}$).

> 판례는 「주식회사의 자본충실의 요청상 주금을 납입하기 전에 명의대여자 및 명의차용자 모두에게 주금납입의 연대책임을 부과하는 규정인 상법 제332조 제 2 항은 이미 주금납입의 효력이 발생한 주금의 가장납입의 경우에는 적용되지 않는다고 할 것이고, 또한 주금의 가장납입이 일시 차입금을 가지고 주주들의 주금을 체당납입한 것과 같이 볼 수 있어 주금납입이 종료된 후에도 주주는 회사에 대하여 체당납입한 주금을 상환할 의무가 있다고 하여도 이러한 주금상환채무는 실질상 주주인 명의차용자가 부담하는 것일 뿐 단지 명의대여자로서 주식회사의 주주가 될 수 없는 자가 부담하는 채무라고는 할 수 없다」고 하였다[$_{2002\ \mathrm{다}\ 29138}^{大\ 2004.\ 3.\ 26,}$].

2) 판례에는 주금납입에 있어 단순한 현금수수의 수고를 생략하는 의미의 대물변제나 상계는 회사측에서 이에 합의한 이상 절대로 무효로 할 이유는 없다고 한 것[$_{4293\ 民上\ 874\cdot875}^{大\ 60.\ 11.\ 24,}$]이 있으나 의문이다. 왜냐하면 회사의 자본충실을 害할 우려가 있기 때문이다. 또한 후술하는 가장납입(預合)이나 차입견금(借入見金)에 의한 납입은 효력이 없다고 본다[$_{孫(주),\ 586}^{鄭(희),\ 379}$;]. 그러나 판례는 차입금에 의한 납입은 유효하다고 한다[$_{大\ 83.\ 5.\ 24,\ 82\ 누\ 522}^{大\ 66.\ 10.\ 21,\ 66\ 다\ 1482}$;]. 그리고 현물출자의 이행은 발기설립의 경우와 같다($_{295\ \mathrm{II}}^{상\ 305\ \mathrm{III},}$).

(2) 납입장소

1) 제   한   납입은 주식청약서에 기재된 은행 기타 금융기관의 납입장소에서 하여야 한다($_{302\ \mathrm{II}\ (9)}^{상\ 305\ \mathrm{II},}$). 그리고 납입금의 보관자 또는 납입장소를 변경할 때에는 법원의 허가를 얻어야 한다($_{306}^{상}$). 법원의 허가를 필요로 하는 경우에 허가 없이 변경하여 체결한 납입취급위탁계약은 무효이므로 변경된 납입장소에 납입한 주식인수인에 대하여는 발기인이 손해배상책임을 져야 할 것이다($_{322\ \mathrm{II}}^{상}$).

2) 증명서의 교부   납입금을 보관하고 있는 은행 기타 금융기관은 발기인 또는 이사의 청구가 있는 때에 그 보관금액에 관하여 증명서($_{증명}^{보관}$)를 교부할 의무가 있다($_{318\ \mathrm{I}}^{상}$).

3) 납입금의 반환시기   ⑺ 설립비용의 조속한 변제를 위하여는 **창립총회**의 종료 후이어야 한다는 입장이 있다[$_{121}^{鄭(동),}$]. 이 견해의 근거는 창립총회

가 끝나면 발기인에 갈음하여 이사가 설립중의 회사의 업무집행기관이 되므로 설립에 필요한 행위를 위하여 납입금을 사용할 수 있어야 하기 때문이라고 한다. 이는 창립총회나 발기설립의 경우에 발기인들이 이사를 선임하면 이사가 발기인에 대신하여 설립중의 회사의 집행기관이 된다는 소수설의 입장에 근거하고 있다는 점을 유의하여야 한다.

(내) 그러나 회사재산으로서의 출자는 회사설립시에 확실하게 존재하여야 하며 납입금의 보관증명서는 설립등기신청의 첨부서류이므로 납입금의 반환시기는 회사의 설립 후이어야 할 것이다($\text{프商會}^{83)}_{I}$ 참조)($\text{동; 孫}_{(주), 589}$).

(3) 가장납입의 규제

1) 총   설   설립시에 발행하는 주식의 총수가 인수된 때에는 발기인은 지체없이 각 주식에 대한 인수가액의 전액을 납입시켜야 한다($\text{商}_{305\,I}$). 그런데 실제에 있어서는 납입을 가장하여 회사를 설립하는 경우가 적지 않다. 납입가장행위는 자본확정 및 충실의 원칙을 해하여 회사의 설립시부터 재산적 기초가 부실하거나 전혀 없는 회사가 탄생하게 되어 회사의 존립을 위태롭게 할 뿐만 아니라 선의의 주주와 회사채권자의 이익을 부당하게 해할 염려가 있다.

2) 가장납입의 유형   납입가장행위에는 납입취급은행과의 공모로 하는 경우($^{預}_{合}$)와 일시적 차입금에 의한 납입가장이 있다. 또한 양자의 중간형태에 의한 납입가장의 경우도 있다. 그러나 상법에서는 납입취급은행과의 공모에 의한 납입가장행위에 관하여 규정하고 있을 뿐이다.

(가) 공모에 의한 납입가장($^{預}_{合}$)   발기인이 납입취급은행으로부터 금전을 차입하여 납입금에 충당케 하고, 설립 후에는 차입금을 변제하지 않고는 납입금을 인출하지 않는다는 것을 납입취급은행과 약정하는 행위를 말한다. 이러한 행위는 상법 제318조 제 2 항에서 말하는 「납입금액의 반환에 관한 제한」에 속하는 행위라고 할 수 있다.

(나) 일시차입금($^{貸}_{金}$)에 의한 납입가장   발기인이 의도적으로 납입취급은행 이외의 제 3 자로부터 납입금 전액을 차입하여 주금을 납입하여 회사를 설립한 다음 납입금 전액을 인출하여 반환하는 행위를 말한다. 이 경우에는 납입취급은행에 유효한 납입이 있는 것처럼 보이나 실질적으로는 납입이 전혀 없는 자본공동(資本空洞)의 회사가 성립하게 된다. 어떠한 경우에 납입의 가장으로 볼 것인가의 문제는 회사성립 후에 납입금을 반환하기까지의 기간과 그 반환이 회사의 재무관계에 미치는 영향 기타 납입금이 회사의 운영을 위하여 사

용되었는지의 여부에 따라 판단하여야 할 것이다.

　실제에 있어서는 발기인이 직접 납입취급은행으로부터 금전을 차입하여 납입에 충당하고 회사의 성립 후 납입금을 인출하여 차입금을 반환하는 경우도 있는데, 이는 ㈎와 ㈏가 결합된 방법이라고 할 수 있으나 이러한 경우는 일시차입금에 의한 납입가장행위에 속한다고 할 것이다.

　㈐ 회사의 자금에 의한 납입가장　　성립된 회사가 신주를 발행함에 있어서 회사의 임원, 기타 사원, 근로자 등에게 주식인수권을 부여하고 그 납입자금을 회사가 반환의무 없이 융자하여 외형적으로는 주식인수인이 납입을 한 것과 같이 보이지만 실질적으로는 회사의 자금에 의하여 납입된 경우가 있다. 이러한 경우에는 형식적으로 그 납입절차의 이행이 있으나 신주발행에도 불구하고 회사의 자본이 실질적으로 증가하지 않는다는 점에서 ㈎와 ㈏의 경우와 마찬가지로 가장납입에 포함된다고 할 것이다.

　㈑ ㈎·㈏의 차이　　전자는 납입취급은행과의 공모에 의하므로 장부상의 조작에 의하여 납입이 가장되지만, 후자의 경우에는 차입금에 의하여 일응 현실적으로 납입이 이루어진다. 전자는 발기인과 납입취급은행과의 공모를 요건으로 하는, 후자의 경우에는 양자의 공모는 그 요건이 되지 않는다. 즉 발기인의 일방적인 납입가장행위가 있을 뿐이다.

　3) 가장납입의 효과

　㈎ 공모에 의한 납입가장의 경우

　a) 납입의 효력　　이 경우는 주금의 현실적인 납입이 없고 설립 후에 납입금의 사용이 제한되므로 납입의 효력이 없다$\left[\substack{孫(주), 586;\ 李(철), 205;\ 鄭(무), \\ 361;\ 鄭(동),\ 123;\ 李(기),\ 430}\right]$. 즉 납입의무를 이행하였다고 할 수 없다. 그러므로 발기인은 가장납입의 정도가 근소한 때에는 납입담보책임을 진다($\substack{상 \\ 321}$Ⅱ). 한편 그 정도가 현저한 때에도 발기인이 납입담보책임을 진다는 견해도 있으나$\left[\substack{梁·朴·\\281}\right]$, 이 경우는 설립무효의 사유가 된다고 보는 것이 타당하다.

　b) 납입취급은행의 보관증명책임　　주금의 납입취급은행은 증명한 보관금액에 대하여는 납입의 부실 또는 그 금액의 반환에 관하여 제한이 있다는 이유로 회사에 대항하지 못한다($\substack{상\\318}$Ⅱ). 즉 보관증명한 금액에 대하여는 회사에 대하여 무조건의 지급의무를 진다. 이는 회사와 주주, 그리고 회사채권자를 보호하기 위한 것으로서 강력한 정책적인 **법정책임**이라고 할 수 있다.

　c) 발기인 등의 책임　　가장납입을 공모한 발기인이나 이를 알고 있었던 발기인은 임무의 해태로 인하여 회사에 대하여 손해배상책임을 질 뿐만 아

니라($_{322\ I}^{\ 상}$), 제 3 자에게 손해가 있는 때에는 악의 또는 중대한 과실이 있는 경우에 한하여 연대하여 배상책임을 진다($_{322\ II}^{\ 상}$).

d) 공모에 의한 납입가장의 경우에는 발기인·이사·감사 등의 행위자뿐만 아니라 이에 응한 납입취급은행의 임직원이나 중개한 자도 형벌규정에 의하여 처벌된다($_{628}^{상}$).

(나) 일시차입금에 의한 납입가장의 경우

a) 납입의 효력 　일시차입금으로 납입한 경우에 납입의 효력에 관하여는 학설이 대립하고 있다.

aa) 유 효 설 　i) 일시차입금에 의한 납입도 「금원(金員)의 이동에 따른 현실의 납입이 있고 설령 납입의 가장수단으로 이용된 것이라도 이는 발기인의 주관적 의도의 문제이고 회사가 관여할 바 아니므로, 이러한 발기인의 내심적 사정에 의하여 회사의 설립이나 증자와 같은 집단적 절차의 일환을 이루는 주금납입의 효력을 좌우함은 타당하지 아니하다」는 것이 판례의 입장[大 66.10.21, 66 다 1482; 大 83.5.24, 82 누 522; 大 94.3.28, 93 마 1916; 大 2004.3.26, 2002 다 29138]이고 이를 지지하는 견해도 있다[徐(돈), 306; 蔡(이), 422~423; 鄭(찬), 576].

ii) 이는 납입금의 차입에 의한 납입행위와 반환행위를 분리하여 전자에 대하여는 합법성을 인정하고, 후자에 대하여는 발기인이 회사로부터 소비대차의 형식으로 대부를 받아 자기의 채무를 변제하는 것이므로, 형법상의 배임죄·업무상 횡령죄·상법상의 특별배임죄 등의 성립을 인정하는 입장이다. 그러나 발기인이었던 이사가 이사회의 결의로 대부를 받는 행위나 이사가 아닌 발기인이 회사로부터 이사회의 결의로 대부를 받는 행위로 인하여 당연히 책임을 져야 한다고 할 수 있는가 하는 문제가 있다($_{I\ 참조}^{상\ 398,\ 393}$).

bb) 무 효 설 　주금은 차입금으로 납입할 수 있음은 물론이다. 그러나 회사의 설립 후 차입금의 반환을 위하여 납입금의 전부 또는 대부분을 인출하게 되면 회사의 자본충실을 해하게 된다. 즉 차입금에 의한 납입도 유효한 것이지만 회사의 설립 후에 모두 인출하여 반환할 의도로 납입을 하였다면, 이는 자본의 확보와 충실을 위하여 법정한 강행법규의 탈법행위일 뿐만 아니라 납입금의 차입과 반환은 하나의 계획된 납입가장행위로서 **무효**라 할 것이다 [大 86.8.19, 85 도 2158][동: 鄭(희), 379; 孫(주), 586; 梁·朴, 285; 李(철), 205; 鄭(동), 123].

b) 발기인의 납입담보책임과 회사설립의 효력 　일시차입금에 의한 납입이 유효하다고 보면 발기인은 납입담보책임($_{321\ II}^{\ 상}$)을 질 이유가 없고 회사설립도 유효하게 된다. 그런데 유효설의 입장이면서 발기인은 자본충실의 책임을

부담하여야 한다는 견해가 있는데(徐(돈)306·) 이는 의문이다. 반대로 무효설에 의하면서 납입의 흠결이 현저한 때에도 발기인이 납입담보책임을 진다는 견해도 있으나(梁·朴286), 납입의 흠결이 근소한 때에만 발기인이 납입담보책임을 진다는 다수설에 의하면 일시차입금에 의한 가장납입의 경우에는 항상 납입의 흠결이 현저하므로 회사설립의 무효원인이 될 따름이다.

　　c) 발기인 등의 민·형사책임　　　aa) 발기인이나 이사에 의한 납입금의 반환행위는 어떠한 견해에 의하든 임무를 해태한 행위에 속하므로 발기인 또는 이사는 회사에 대하여 손해배상책임을 지고(상322 I·399 I·), 더욱이 악의 또는 중대한 과실로 임무를 해태한 때에는 제 3 자에 대하여도 손해배상책임을 진다(상322 II·401). 또한 유효설에 의하더라도 납입금의 반환행위는 형법상의 배임죄(형355 II), 업무상 횡령죄(형356), 상법상의 특별배임죄(상622)에 의한 처벌을 받을 수 있다.

　　　　bb) 무효설에 의하면 상법상의 특별배임죄가 구성되는 것으로 본다. 일시차입금에 의한 가장납입의 경우는 그 실질에 있어서 납입이 없는 것과 같으므로 특별한 사정이 존재하지 않는 한 가장납입으로서 상법상의 **납입가장죄**(納入假裝罪)(상628 I)가 성립하고(大 86.9.9, 85 도 2297; 大 93.8.24, 93 도 1200), 또 이 경우는 납입이 완료된 것처럼 등기공무원에 대하여 허위신고를 하여 등기신청을 함으로써 **공정증서원본부실기재죄**(형228 I)와 동행사죄(형229)가 성립한다(大 86.8.19, 85 도 2158; 大 86.9.9. 85 도 2297). 그러나 납입금을 전부 인출하였다 하여도 회사의 사무비 등의 운영자금으로 사용한 경우는 예외이다(大 77.11.8, 77 도 2439; 大 79.12.11, 79 도 1489).

　　d) 납입취급은행의 책임문제　　　납입취급은행은 일시차입금에 의한 납입이라는 것에 대하여 선의인 때에는 그 책임을 질 이유가 없지만 그 납입금이 반환될 것이라는 것을 알았을 때에는 발기인과의 공모가 없었다 하더라도 납입취급은행의 책임에 관한 상법 제318조 제 2 항의 유추적용에 의하여 그 책임을 면할 수 없다고 본다.

　　㈐ 회사자금에 의한 납입가장　　　이 경우에 이사는 회사에 대하여 손해배상책임을 지고(상399 I), 또한 악의 또는 중대한 과실이 있는 때에는 제 3 자에 대하여도 손해배상책임을 진다(상401). 그리고 주금의 납입취급은행이 이를 알고 보관증명을 한 때에는 회사에 대하여 보관증명한 금액의 지급책임을 면하지 못한다.

[事例演習]

◇ 사 례 ◇

　A주식회사를 설립함에 있어서, 발기인대표 甲은 제3자인 乙은행으로부터 금전을 차입하여, 이를 자기가 인수한 주식의 납입대금으로 충당하였다. 그 후 회사가 성립하여 대표이사에 취임한 甲은 취임 즉시 납입 취급은행인 丙은행으로부터 이를 인출하여 자기의 차입금채무의 변제에 충당하였다.

　〈설문 1〉　이 경우 甲이 한 주식납입의 효력은 유효한가?

　〈설문 2〉　甲 등이 한 A회사의 설립은 유효한가? 또 발기인과 회사 성립 당시의 이사는 어떤 책임을 지는가?

　해설　이 사례의 경우에 甲은 일시차입금에 의한 납입을 하였다. 일시 차입금에 의한 납입은 납입가장의 잠탈행위로서 자본충실을 해하므로, 납입으로서 효력이 없다. 납입이 무효가 되면 발기인 등에 의한 납입담보책임에 의해 납입의 흠결이 현실적으로 전보되지 않는 한 A주식회사에는 설립무효의 원인이 있다. 다만 이 경우에 흠결이 근소한 경우에는 법원이 재량기각할 여지가 있다($^{상\ 328}_{II,\ 189}$). 일시차입금에 의한 납입이 무효가 되면 발기인은 회사 설립의 유효·무효를 불문하고 납입담보책임을 지며($^{상}_{321\ I}$), 발기인 및 회사 성립 당시의 이사는 임무해태에 기한 손해배상책임을 진다($^{상\ 322\ II}_{399\ I},$).

　(4) 실권절차　　1) 주식인수인이 납입($^{상}_{305}$)을 하지 않을 때에는 발기인은 다시 일정한 기일을 정하여 그 기일 내에 납입의 이행을 하지 않을 때에는 그 권리를 잃는다는 뜻을 그 기일의 2주간 전에 주식인수인에게 통지하여야 하며($^{상}_{307\ I}$), 이러한 실권예고부(失權豫告附)의 최고에도 불구하고 납입을 하지 않은 때에는 주식인수인은 당연히 실권한다($^{동조}_{II}$). 이는 집단적인 주금납입의 추심을 용이하게 하고 회사의 설립을 신속하게 마무리하기 위한 절차이다. 실권에 의하여 발행되지 아니한 주식에 대하여 발기인은 주주를 재모집하든가($^{상}_{307\ II}$), 발기인이 스스로 인수할 수 있다. 납입의 해태로 인한 손해배상청구($^{상}_{307\ III}$)는 실권한 주식인수인에게만 할 수 있다는 것이 **다수설**이지만[$^{孫(주),\ 588;}_{鄭(찬),\ 576}$ $^{鄭(동),}_{122}$], 실권과 관계 없이 납입을 해태한 주식인수인에 대하여도 할 수 있다고 본다.

2) 발기인은 이러한 실권절차 외에 보통의 강제집행의 방법을 택할 수도 있다[동: 權(기), 325]. 그리하여 일부의 주식인수인에 대하여는 실권절차를 진행하고 기타의 주식인수인에 대하여는 강제집행의 방법을 택할 수도 있다. 상법 제 307조는 금전출자의 납입을 해태한 경우를 위한 규정이므로 현물출자의 불이 행에 대하여는 적용되지 않는다[동: 鄭(희), 380; 姜(위), 219; 權(기), 326]. 일반적으로 개성이 있는 현물출자는 실권을 인정하여도 타인으로부터 확보가 용이하지 않기 때문이다. 그러므로 현물출자의 경우에는 강제집행의 방법을 택할 수밖에 없을 것이다.

실제에 있어서 대회사의 경우에는 주식인수의 청약을 할 때에 이미 발행가액 의 전액을 납입시키므로 실권절차나 강제집행의 여지가 없게 된다. 신주발행의 경 우는 납입 또는 현물출자의 이행을 한 범위 내에서 신주발행의 효력이 생기고(상 423 Ⅰ), 납입기일까지 납입 또는 현물출자의 이행을 하지 않은 주식인수인은 실권하는 점 이(상 423 Ⅱ) 설립시에 실권절차에 의하는 것과 다르다.

6. 변태설립사항의 조사

(1) 정관에 변태설립사항이 기재된 때에는 발기인은 이에 관한 조사를 하 게 하기 위하여 검사인의 선임을 법원에 청구하여야 하며, 검사인의 조사보고 서는 창립총회에 제출하여야 한다(상 310). 또는 발기인은 변태설립사항 중에 상 법 제290조 제 1 호 및 제 4 호에 대한 조사를 공증인에게 의뢰하거나 동조 제 2 호 및 제 3 호의 감정을 감정인에게 의뢰할 수 있고, 이 경우에는 공증인의 조사보고서와 감정서를 창립총회에 제출하여야 한다(상 310 Ⅲ).

(2) 변태설립사항이 정관에 기재되어 있어도 이에 대한 조사나 감정을 받 지 않은 때에는 회사설립의 무효가 된다고 본다. 이와는 달리 조사나 감정을 받지 않았어도 정관에 기재된 내용이 불공정하지 않으면 무효가 되지 않는다 는 견해가 있다[李(철), 199; 鄭(동), 116]. 그러나 변태설립사항의 조사에 관한 강행법규에 반 하는 것으로 타당하지 못하다.

7. 창립총회

(1) 총 설   모집설립의 경우에는 발기인을 제외한 주식인수인들은 주식청약서와 사업설명서에 기재된 내용만을 검토하고 회사의 설립에 참가할 뿐이며 설립절차나 그 경과에 대하여는 알지 못한다. 그리하여 상법은 주식인 수인이 설립에 관한 보고를 받고 설립의 최종적인 마무리를 위하여 창립총회

를 개최하도록 하였다.

(2) 의   의   창립총회는 주식인수인으로 구성된 설립중의 회사의 의결기관으로 주주총회의 전신이며 설립중의 회사의 최고의 의사결정기관이다. 즉 창립총회는 설립 후의 주주총회($_{참조}^{상\ 361}$)와는 달리 설립중의 회사에 관하여는 어떠한 사항이든지 결의할 수 있는 최고만능의 의사결정기관이다.

(3) 소집·의결권·결의의 하자   창립총회는 납입과 현물출자의 이행을 완료한 때에 지체없이 발기인이 소집하여야 한다($_{308\ I}^{상}$). 즉 모든 출자의 이행이 창립총회의 소집을 위한 전제조건이며 소집권자는 발기인이다. 창립총회의 소집절차·의결권·결의의 하자 등에 대해서는 주주총회에 관한 규정을 준용한다($_{2,\ 369\ I,\ 371\ II,\ 372,\ 373,\ 376\sim381,\ 435}^{상\ 308\ II,\ 363\ I·II,\ 364,\ 368\ III·IV,\ 368의}$).

(4) 결의요건   결의는 출석한 주식인수인의 의결권의 3분의 2 이상이며 인수된 주식총수의 과반수에 해당하는 다수로 한다($_{309}^{상}$). 이와 같이 창립총회의 결의요건을 주주총회의 특별결의의 경우($_{434}^{상}$)보다 가중하고 있는 것은 회사설립의 최종단계에서 결의에 신중을 기하고, 결의에 있어서 발기인의 영향력을 약화시키기 위한 것이다. 그러므로 이러한 결의요건은 정관에 의하여 완화될 수 없고, 가중도 인정되지 않는다고 본다.

(5) 권   한

1) 창립에 관한 보고청취($_{311}^{상}$)   발기인은 서면으로 주식의 인수와 납입에 관한 제반상황과 변태설립에 관한 실태 등을 창립총회에 보고하여야 한다($_{311}^{상}$).

2) 이사와 감사(또는 감사위원회)의 선임($_{415의\ 2\ VI}^{상\ 312,}$)   창립총회는 장래에 설립될 회사의 기관이며, 설립중의 회사의 설립경과를 조사하게 될 이사와 감사 또는 감사위원회위원을 선임하여야 한다. 그러나 창립총회는 정관에 다른 정함이 없는 한 대표이사를 선임할 수 없다. 왜냐하면 대표이사의 선임은 이사회의 권한에 속하기 때문이다($_{389\ I}^{상}$). 창립총회에서 선임된 이사와 감사는 설립중의 회사의 기관이 되는 것은 아니다. 이와는 달리 발기설립의 경우에 발기인이 선임한 이사와 같이 창립총회에서 선임된 이사는 설립중의 회사의 집행기관이 된다는 견해도 있으나[$_{125}^{鄭(동)·}$], 이들은 설립경과의 조사를 위한 기관에 불과하고 회사의 성립 전에는 집행기관이 될 수 없다.

3) 설립경과의 조사($_{313}^{상}$)   (개) 이사와 감사(또는 감사위원회)는 취임 후 지체없이 회사의 설립에 관한 모든 사항이 법령 또는 정관의 규정에 위반되지

아니하는지 여부를 조사하여 창립총회에 보고하여야 한다($상_{313\,I}$). 이 경우에 조사·보고하여야 할 사항은 예컨대 회사설립시 발행하는 주식총수에 대한 인수의 정확 여부, 상법 제305조의 규정에 의한 납입과 현물출자의 이행의 정확 여부, 상법 제310조 제2항의 규정에 의한 검사인의 조사보고서 또는 상법 제310조 제3항의 규정에 의한 공증인이나 감정인의 조사보고서의 정확 여부 등을 비롯하여, 기타 회사의 설립이 법령 또는 정관의 규정에 위반되는지의 여부 등이라고 할 수 있다.

(나) 이사와 감사(또는 감사위원회) 중 **발기인이었던 자·현물출자자** 또는 회사성립 후 양수할 **재산의 계약당사자**는 조사·보고에 참가하지 못한다($상_{298\,II}^{313}$). 그런데 이사와 감사의 전원이 발기인이었거나 현물출자 또는 재산인수의 계약당사자인 경우에는 이사는 공증인으로 하여금 조사·보고를 하게 하여야 한다($상_{298\,III}^{313\,III}$). 이와 같은 이사와 감사의 조사·보고는 설립중의 회사의 기관으로서가 아니라 감독기관으로서 하는 것이다. 이러한 설립경과의 보고가 없이 창립총회가 종료한 경우에는 설립무효의 원인이 된다.

4) 변태설립사항의 변경($상_{314}$)　　　(가) 창립총회는 변태설립사항이 부당하다고 인정된 때에는 이를 변경할 수 있다($상_{314\,I}$). 이것은 발기설립의 경우에 변태설립사항의 변경은 법원만이 할 수 있는 것($상_{300\,I}$)과 다르다. 이 경우의 변경은 발기인이 받을 특별이익의 축소, 현물출자에 대하여 부여하는 주식수의 감소, 재산인수대가의 감액, 회사가 부담할 설립비용 및 발기인의 보수의 감액 등 소극적인 변경만을 할 수 있다고 본다. 그러므로 회사의 부담을 추가하는 변경은 인정되지 않는다[동: 鄭(동), 126].

(나) 창립총회의 변경에 대하여 불복하는 발기인은 발기설립의 경우와 마찬가지로 주식의 인수를 취소할 수 있지만($상_{300\,II}^{314}$·), 이와 같은 정관의 변경은 발기인 이외의 주식인수인에게는 유리할 뿐이므로 이들은 주식의 인수를 취소할 수 없다[동: 孫(주), 591; 鄭(동), 126; 鄭(찬), 581]. 변경결의가 있은 후 2주 내에 주식의 인수를 취소한 발기인이 없는 때에는 정관은 변경결의의 내용에 따라 변경된 것으로 본다($상_{300\,III}^{314}$·). 그러나 재산인수는 개인법적인 제3자와의 계약이기 때문에 이에 반한 변경에 대하여 상대방의 승낙이 없는 한 재산인수는 성립되지 않을 따름이다.

5) 정관변경 또는 설립폐지의 결의($상_{316}$)　　　소집통지서에 그 기재가 없는 경우에도 창립총회에서는 정관의 변경 또는 설립의 폐지를 결의할 수 있다($상_{316}$).

정관을 변경한 경우에는 의사록에만 명확히 하면 되고 공증인의 인증은 필요 없다(동: 孫(주), 593; 鄭(동), 125). 또한 창립총회는 경제사정의 변동·설립절차의 흠결·부정 으로 인하여 설립이 부당하다고 인정되는 경우에는 설립의 폐지를 결의할 수 있다.

[204] 제3 設立登記

I. 등기의 목적[288면 참조]

2. 등기의 절차

발기설립의 경우에는 상법 제299조(검사인의 조사보고)와 제300조(법원의 변경처분)의 절차가 끝난 때로부터, 모집설립의 경우는 창립총회의 송료일 또는 상법 제314조(변태 설립 사항의 변경)의 절차가 끝난 날로부터 2주간 내에 상법 제317조 제2항 소정의 사항을 등기하여야 한다(상 317 I). 설립등기를 해태한 때에는 과태료의 제재가 있다(상 635 I (1)). 그러나 소정의 기간이 경과한 다음에 한 등기도 유효하다.

3. 설립등기의 효력

(1) **본래의 효과**　　1) 설립등기에 의하여 설립중의 회사는 법인격을 취득하고 권리능력이 있는 회사로 성립한다(상 172). 즉 설립등기가 있는 때에는 등기의 요건이 불비한 경우에도 **등기의 보완적 효력**(치유적 효력)에 의하여 회사는 법인격을 취득한다.

2) 회사가 성립하면 설립중의 회사의 기관인 발기인이 설립을 위하여 한 행위에 의하여 취득 또는 부담한 권리·의무는 당연히 회사에 귀속하고 주식인 수인은 주주가 된다. 그리하여 설립중의 회사가 취득한 모든 적극재산은 당연히 등기 후의 회사에 귀속되지만, 소극재산인 채무는 회사의 자본충실을 고려하여 정관에 기재된 범위 내에서만 등기 후의 회사가 부담한다.

(2) **특별한 효과**

1) 주식인수의 무효 또는 취소의 제한(상 320)　　회사성립 후(설립등 기후)에는 주식인수인은 주식청약서의 요건의 흠결을 이유로 주식인수의 무효를 주장하거나 사기, 강박 또는 착오를 이유로 주식인수를 취소하지 못한다(상 320 I). 창립총회에 출석하여 그 권리를 행사한 주식인수인은 회사성립의 전후를 불문하고

위와 같다($\substack{同條 \\ II}$). 그러나 무능력자의 경우는 예외라고 본다.

《주식회사의 설립절차》

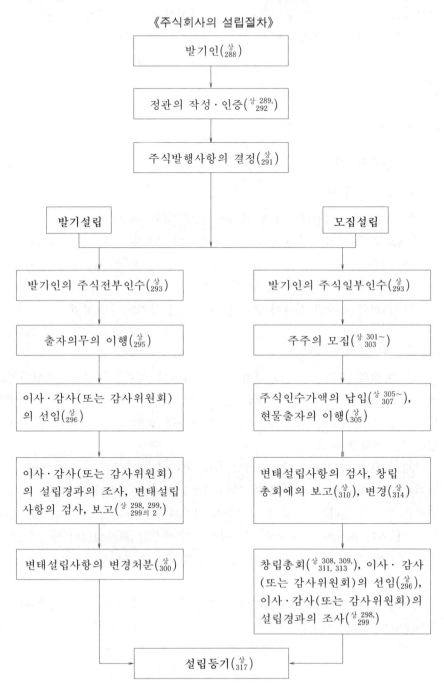

발기인($상_{288}$)

정관의 작성·인증($상\substack{289, \\ 292}$)

주식발행사항의 결정($상_{291}$)

발기설립	모집설립
발기인의 주식전부인수($상_{293}$)	발기인의 주식일부인수($상_{293}$)
출자의무의 이행($상_{295}$)	주주의 모집($상\substack{301\sim \\ 303}$)
이사·감사(또는 감사위원회)의 선임($상_{296}$)	주식인수가액의 납입($상\substack{305\sim \\ 307}$), 현물출자의 이행($상_{305}$)
이사·감사(또는 감사위원회)의 설립경과의 조사, 변태설립사항의 검사, 보고($상\substack{298, 299, \\ 299의 2}$)	변태설립사항의 검사, 창립총회에의 보고($상_{310}$), 변경($상_{314}$)
변태설립사항의 변경처분($상_{300}$)	창립총회($상\substack{308, 309, \\ 311, 313}$), 이사·감사(또는 감사위원회)의 선임($상_{296}$), 이사·감사(또는 감사위원회)의 설립경과의 조사($상\substack{298, \\ 299}$)

설립등기($상_{317}$)

2) 설립무효의 제한   회사가 성립하면 회사설립의 무효는 회사성립의 날로부터 2년 내에 소로써만 주장할 수 있다($상_{328 I}$).

3) 발기인의 **자본충실책임**($상_{321}$)   회사의 설립시에 발행한 주식으로서 회사성립 후에 아직 인수되지 아니한 주식이 있거나 그 주식인수의 청약이 취소된 때에는 발기인이 이를 공동으로 인수한 것으로 보며($상_{321 I}$), 회사성립 후에 납입을 완료하지 아니한 주식이 있는 때에는 발기인이 연대하여 납입할 책임을 진다($同조_{II}$).

4) 기   타   i) 회사의 설립등기와 더불어 주식인수인은 주주가 되므로 주식인수인의 지위인 권리주의 양도제한에 관한 규정($상_{319}$)은 적용되지 않는다[권리주의 양도제한에 관하 여는 432면 이하 참조]. ii) 회사는 설립등기를 함으로써 주권을 발행할 수 있게 된다($상_{355 II}$). iii) 납입금보관자는 회사에 대하여 그 증명한 보관금액의 전액을 지급할 책임이 있다($상_{318 II}$).

제 6 관 設立에 관한 責任

[205] 제 1 序   說

주식회사의 설립절차는 복잡하기 때문에 과오나 부정이 생기기 쉽고 또 처음부터 사기의 목적으로 회사를 설립하는 경우도 적지 않다. 더욱이 자본단체인 주식회사의 불건전한 설립은 다수의 이해관계인에게 손해를 끼칠 염려가 많기 때문에, 상법에서는 설립에 관한 준칙주의(準則主義)의 결함을 보완하기 위하여 설립관여자($발기인·이사·감사·검사인·_{유사발기인·납입금보관자 등}$)에 대하여 엄중한 민사책임을 지우고 있을 뿐만 아니라 형사책임과 과태료의 제재에 관한 규정을 두고 있다($상 622 I, 625_{(1), 629, 628}$).

[206] 제 2 發起人의 責任

발기인은 발기인조합의 집행기관이며 동시에 설립중의 회사의 기관이므로 회사설립에 관하여 엄중한 책임을 진다. 즉 발기인은 형벌로서 특별배임죄와 그 미수죄($상 622_{I, 624}$), 회사재산을 위태롭게 하는 죄($상_{625}$), 부실문서행사죄($상_{627}$), 납입가장죄($상_{628 I}$), 주식의 초과발행죄($상_{629}$), 독직죄(瀆職罪)($상_{630}$) 등에 의해서 처벌된다. 그 밖에도 설립등기를 해태하거나 설립에 대한 조사 또는 검사를 방해한 때, 주식청약서를 작성하지 않거나 주식청약서에 부실기재를 한 때, 권리주를 양도한 때, 그리고 회사성립 전에 회사명의로 영업을 한 때에는 과태료의 제재를 받는다($^{상\ 635\ I\ (1)\cdot(3)\cdot}_{(16),\ 635\ II,\ 636}$). 그러나 여기에서는 발기인의 민사책임에 대해서만 회사가 성립한 경우와 회사불성립의 경우를 구분하여 설명한다.

I. 회사가 성립한 경우

회사가 성립한 경우에는 발기인은 민사책임으로서 회사에 대하여 자본충실의 책임을 지고 회사 또는 제 3 자에 대하여 손해배상책임을 진다.

⑴ 자본금충실의 책임

1) 의 의   ㈎ 회사의 설립시에 발행한 주식으로서 회사가 성립한 후에 아직 인수되지 아니한 주식이 있거나($^{예:\ 주식청약서를\ 위조하여\ 인수를\ 가장한\ 경우,}_{가설인\ 또는\ 승낙\ 없이\ 타인명의로\ 주식을\ 인수}_{한\ 자의\ 불명\ 또는\ 사망의\ 경우}$) 주식인수의 청약이 취소된 때에는($^{예:\ 무능력에\ 의한\ 취소의\ 경우,\ 파산법상}_{의\ 부인권행사의\ 경우(破\ 64\ 이하\ 참조)}$) 발기인이 이를 공동으로 인수한 것으로 보고($^{상}_{321\ I}$)($^{인수담}_{보책임}$), 또한 회사의 성립 후 아직 납입을 완료하지 아니한 주식($^{발기인이\ 인수}_{한\ 주식을\ 포함}$)이 있는 때에는 발기인으로 하여금 연대하여 납입할 의무를 지우고 있는데($^{상}_{321\ II}$)($^{납입담}_{보책임}$), 이러한 발기인의 인수 및 납입의 담보책임을 **자본금충실의 책임**이라 한다. 이는 자기의 명의와 계산으로 주식을 인수한 발기인뿐만 아니라 발기인의 명의로 주식을 인수한 사실상의 주식인수인에게도 확대적용되어야 한다고 본다($^{상\ 332}_{유추}$).

㈏ 자본금충실의 책임은 회사가 성립하지 않은 때에는 성립되지 않는다. 그러나 일단 회사가 성립한 때에는 이후의 회사의 해산이나 파산, 발기인이 그 책임을 이행하지 않음으로써 설립무효가 된 때 등에도 소멸하지 않는다. 왜냐하면 이 책임은 주식의 전부에 대한 인수와 납입이 있는 것으로 신뢰한 일반 주주와 회사채권자를 보호하는 데 그 취지가 있기 때문이다.

2) 성 질   이 책임은 무과실연대책임이고 근소한 인수 또는 납입의 흠결에 의하여 회사설립이 무효가 되는 것을 방지하기 위하여 인정한 법정의 **특별책임**이다.

3) 책임발생의 요건   ㈎ 이 책임은 정당하게 주식의 인수와 납입을 한 주주의 이익을 해하지 않는 범위 내에서 발기인에게 보충적 책임을 지워 회사의 설립무효를 구제하기 위하여 인정한 것이다. 그러므로 인수 또는 납

입의 흠결이 근소한 때에만 그 책임이 인정되고, 현저한 때에는 설립무효가
되어야 한다[동: 徐(돈), 308; 孫(주), 597; 鄭(찬), 586; 李(철), 214]. 주금액 전부의 납입이 없는 경우에도 발
기인은 납입담보책임을 진다는 견해도 있으나[梁·朴, 286], 주금액 전부의 납입이
없는 때에는 주식회사의 물적회사성에서 볼 때 회사의 부존재로 보아야 할
것이다.

(나) 발기인의 납입담보책임은 일시차입금에 의한 가장납입의 정도가 현
저하지 않은 회사설립의 경우에도 인정된다고 본다. 그러나 어떠한 경우에도
인수 또는 납입의 흠결이 현저하더라도 발기인이 회사설립무효의 소의 구두
변론종결 전에 담보책임을 이행한 때에는 설립무효가 치유되므로 설립무효
의 소의 기각이 인정된다고 본다[동: 李(철), 214]. 반면에 그 정도가 근소하더라도
발기인이 그 이행을 하지 않는 때에는 회사설립의 무효원인이 된다는 점을
유의하여야 한다[동: 鄭(동), 153].

(다) 현물출자의 불이행의 경우는 원칙적으로 발기인의 자본금충실의 책
임에 의하여 설립무효가 구제될 수 없다고 본다. 왜냐하면 상법은 「납입과
이행」을 구별하고 있을 뿐만 아니라(상 305 Ⅰ·Ⅲ, 295 참조) 현물출자는 일반적으로 개
성이 있기 때문이다. 그러므로 현물출자의 불이행의 경우에는 회사가 발기
인에 대하여 그 불이행으로 인하여 생긴 손해의 배상을 청구할 수 있을 뿐이
며, 발기인은 별도로 이행담보책임을 지지 않는다(유한회사의 경우에는 현물출자에 관하여 특별한 규정(상 551)이 있다)
[동: 孫(주), 599; 孫(성), 79; 鄭(찬), 587; 鄭(무), 369~370; 金(용), 308].

> 이와는 반대로 ⅰ) 발기인의 자본금충실의 책임은 설립무효의 구제뿐만 아니
> 라 다른 주주나 채권자 보호를 위하여 인정한 것으로 보아 대체가능한 현물출자
> 의 불이행의 경우에는 담보책임을 인정하여야 된다는 견해가 있다[金英坤, 사회과학연구 (조선대), 82.1, 217].
> 그리고 ⅱ) 현물출자의 목적이 사업수행을 위하여 불가결한 것이 아니면 발기인의
> 담보책임을 인정할 수 있다는 견해도 있다[鄭(동), 154; 李(철), 215]. 입법론으로는 불이행
> 된 현물출자의 가액의 산정이 가능한 때에는 발기인의 담보책임을 인정하는 것도
> 고려할 수 있다고 본다(독주 46 Ⅳ; 일상 (1990) 192 Ⅱ 참조).

4) 책임의 발생시기 회사의 성립시이며, 주식인수의 청약이 회사의
성립 후에 취소된 때에는 그 청약이 취소된 때이다.

5) 책임의 내용과 이행의 효과

(가) 인수담보책임 회사의 설립시에 발행한 주식으로서 회사가 성립
한 후에 아직 인수되지 아니한 주식이 있거나 주식인수의 청약이 취소된 때

에는 발기인이 이를 공동으로 인수한 것으로 본다($_{321}^{\text{상}}$Ⅰ). 즉 인수되지 않은 주식에 대하여는 발기인에 의한 공동인수가 의제되고 이렇게 인수된 주식에 대하여는 발기인이 연대하여 납입할 책임을 지며($_{333}^{\text{상}}$Ⅰ) 발기인이 공유주주로 된다. 이 경우에는 주식청약에 의한 인수를 필요로 하지 않는다. 引受가 의제되는 시기는 회사의 성립일이며, 회사의 성립 후에 청약이 취소된 때에는 그 취소일이라고 할 것이다. 인수담보책임을 지고 납입한 발기인은 다른 발기인의 부담부분에 대하여 구상할 수 있다($_{425}^{\text{민}}$Ⅰ).

　　(내) 납입담보책임　　　a) 회사의 성립 후 아직 납입을 완료하지 아니한 주식이 있는 때에는 발기인은 연대하여 납입할 의무를 부담한다($_{321}^{\text{상}}$Ⅱ). 발기인의 납입담보책임은 이미 주식인수인이 존재하고 회사의 성립으로 그 자가 주주가 되었으나 그 주주가 납입의무를 이행하지 않은 경우에 지는 것이다. 그러므로 주식인수인과 발기인의 납입의무는 **부진정연대채무**(不眞正連帶債務)의 관계에 있게 된다.

　　b) 발기인은 납입을 한 경우에도 주주가 되지 않으므로 다만 납입을 하지 않은 주주에 대하여 회사의 납입청구권을 대위행사할 수 있고($_{481}^{\text{민}}$), 회사로부터 주권의 교부를 받아($_{484}^{\text{민}}$Ⅰ) 유치권을 행사할 수 있을 뿐이다. 그리고 납입한 발기인은 다른 발기인에 대하여 구상권을 행사할 수 있다($_{425}^{\text{민}}$Ⅰ).

　　6) **책임의 추궁**　　　발기인에 대한 책임의 추궁을 위하여는 소수주주의 대표소송이 인정된다($_{403\sim406}^{\text{상 324,}}$).

　　7) **손해배상책임과의 관계**　　　발기인이 자본충실의 책임을 지는 경우에도 회사는 손해가 있으면 발기인에 대하여 그 배상을 청구할 수 있다($_{321}^{\text{상}}$Ⅲ).

　　8) **책임의 소멸·면제**　　　자본충실의 책임은 회사의 성립시로부터 10년의 시효기간의 경과로 소멸한다[$_{李(철),\ 215}^{동:\ 孫(주),\ 600;}$]. 그리고 채권자의 보호를 위하여 총주주의 동의로도 면제할 수 없다.

　　(2) 손해배상책임

　　1) 회사에 대한 책임

　　(개) 의　　　의　　　발기인이 회사의 설립에 관하여 그 임무를 해태한 때에는 회사에 대하여 연대하여 손해를 배상할 책임이 있다($_{322}^{\text{상}}$Ⅰ). 발기인의 임무는 법정된 것뿐만이 아니라 설립에 필요한 모든 행위를 포함한다. 발기인은 설립중의 회사의 기관이므로 발기인이 그 임무를 해태한 때에는 설립중의 회사에 대하여 손해배상책임을 부담하는 것을, 동일한 실체인 성립 후의

회사에 대한 책임으로 전환시킨 것이라고 할 수 있다. 이 책임은 회사가 성립한 후 설립이 무효가 된 경우에도 지지만, 회사불성립의 경우에는 임무해태로 인한 책임을 지지 않는다. 그리고 손해배상의 범위는 상당인과관계가 있는 모든 손해에 미친다.

　(나) **책임의 성질**　　　이 책임은 **과실책임**으로서 발기인 전원의 무과실연대책임인 자본충실의 책임과 다르다. 이 책임은 발기인과 성립된 회사간에는 계약관계가 존재하지 않기 때문에 채무불이행책임이 아니고, 위법성을 필요로 하지 않으므로 불법행위책임이라고도 할 수 없다. 이는 설립중의 회사의 기관으로서 선량한 관리자의 주의의무를 다하지 않은 데 대하여 법이 특별히 인정한 책임이라는 것이 **통설**이다.

　(다) **책임의 추궁**　　　소수주주권자는 발기인의 책임을 추궁하는 소의 제기를 회사에 대하여 청구할 수 있으며 이러한 청구에도 불구하고 회사가 30일 이내에 소를 제기하지 않을 때에는 위의 주주가 직접 소($\binom{대표}{소송}$)에 의하여 발기인의 책임을 회사를 위하여 추궁할 수 있다($\binom{상\ 324,}{403\ 이하}$).

　(라) **책임의 면제·감면·소멸**　　　발기인의 손해배상책임은 총주주의 동의가 있으면 면제할 수 있으며($\binom{상\ 324,}{400\ Ⅰ}$), 상법개정안(2007)에 의하면 정관의 정함에 따라 발기인의 책임을 발기인의 최근 1년간의 보수액(상여금·주식매수선택권의 행사로 인한 이익 등 포함)의 6배를 초과하는 금액에 대하여 면제할 수 있다($\binom{상\ 400}{Ⅱ\ 본}$). 그러나 발기인이 고의 또는 중대한 과실로 손해를 발생시킨 경우와 상법 제397조 및 398조에 해당하는 경우에는 책임의 감면은 인정되지 않는다($\binom{동조}{동항\ 단}$). 그리고 발기인의 손해배상책임은 10년의 시효기간의 경과로 소멸한다.

　2) 제 3 자에 대한 책임

　(가) **의　　의**　　　a) 회사의 설립에 관하여 악의 또는 **중대한 과실**로 인하여 그 임무를 해태한 발기인은 제 3 자에 대하여도 연대하여 손해배상책임을 진다($\binom{상}{322\ Ⅱ}$). 발기인은 불법행위의 경우가 아니면 제 3 자에 대하여 책임을 지지 않는 것이지만 법은 제 3 자의 보호를 강화하기 위하여 발기인에게 악의 또는 중대한 과실이 있는 경우에 한하여 직접책임을 인정하고 있다.

　b) 경과실의 경우에는 책임을 지지 않는다는 점에서 일반불법행위의 경우($\binom{민}{750}$)보다 책임을 경감시킨 반면에, 악의 또는 중대한 과실은 발기인의 임무해태에 관하여 있으면 되고 직접 제 3 자에 대한 위법성이 존재할 필요가 없다는 점에서는 발기인의 책임을 가중시킨 것이라고 할 수 있다. 회사가 성립하지 않

은 때에는 임무해태로 인한 책임을 지지 않으므로 제 3 자에 대하여 책임을 질 이유가 없다.

(ㅏ) **책임의 성질**　　발기인의 제 3 자에 대한 책임은 특수한 불법행위책임이라고 하여 일반불법행위책임과의 경합을 부정하는 견해도 있으나[徐(정), 242], 이는 법이 인정한 **특별책임**이므로[통설] 발기인의 행위가 동시에 불법행위의 요건을 갖춘 때에는 상법상의 청구권($^{322}_{Ⅱ}$)과 불법행위책임에 의한 청구권의 경합을 인정하는 것이 **다수설**이다[동: 徐(돈), 314; 李(철), 215; 鄭(찬), 589; 鄭(동), 156; 權(기), 338].

(ㄷ) **제 3 자의 범위**　　제 3 자는 회사 이외의 자로서 주식청약인·주식인수인·주주·회사채권자를 포함한다[동: 孫(주), 601; 徐(돈), 313; 鄭(찬), 589; 鄭(동), 156]. 그런데 i) 주주는 제 3 자에 포함되지 않는다는 견해[徐(정), 176]와, ii) 주주는 회사의 손해와 관계 없이 직접 손해를 본 경우에만 포함된다는 견해도 있다[徐(돈), 314]. 그러나 주주는 회사의 손해로 인하여 간접적으로 손해를 본 주주도 포함된다고 할 것이다.

(ㄹ) **연대책임**　　발기인과 더불어 이사·감사(또는 감사위원)도 책임을 질 때에는 발기인은 이들과 연대하여 배상할 책임이 있다($^{상}_{323}$).

(ㅁ) **제 3 자의 손해와 회사의 손해와의 관계**　　회사의 손해가 동시에 주주의 손해이기도 한 경우에 발기인이 회사에 대하여 모든 손해를 배상한 때에는 주주에 대한 배상책임은 소멸한다고 본다. 그러나 회사에 대한 손해와 별도로 주주가 받은 손해에 대하여는 그 책임을 면하지 못한다.

2. 회사불성립의 경우

(1) **발기인의 책임**　　1) 회사의 불성립의 경우에 발기인은 회사의 설립에 관한 행위에 대하여 연대책임을 지는 동시에 설립에 관하여 지급한 비용을 부담한다($^{상}_{Ⅰ}$$^{326}_{Ⅱ}$). 회사불성립의 경우는 설립중의 회사가 처음부터 소급하여 존재하지 않은 것이 되어, 발기인 이외에는 형식적으로나 실질적으로 다른 권리·의무의 귀속주체가 존재하지 않기 때문에 주식인수인 등 제 3 자의 이익을 보호하기 위하여 정책적으로 인정한 **무과실연대책임**이라고 할 수 있다.

2) 그러나 **다수설**[鄭(희), 386~387; 李(철), 217; 鄭(동), 158; 李(기), 441]에 의하면 회사가 불성립이 되면 설립중의 회사는 목적의 성취불능에 의하여 해산하여 청산을 하게 되고 청산 중에 있는 단체가 발기인의 설립중의 회사의 명의로 한 채무를 부담하고 주식인수인에 대하여는 원상회복의무로서 청약증거금·납입금의 반환의무가 있는 것이지만, 주식인수인과 채권자의 보호를 위하여 정책적으로 모든 발기인의

책임을 인정한 것이라고 한다. 이 견해는 설립중의 회사의 존재를 회사불성립의 경우에도 인정하고 있으나, 설립중의 회사가 그의 재산만으로 책임을 지지 않고 주식인수인의 보호를 위하여 발기인의 책임을 정책적으로 인정했다고 보는 점에서 문제가 있다고 본다.

　　3) 회사불성립의 경우에는 발기인은 **임무해태**로 인한 **책임**은 지지 않는다. 책임을 지지 아니하는 것은 회사불성립의 경우에만 한정되며 회사의 성립 후 설립무효의 판결이 확정된 경우나 설립등기 후에 영업의 인가를 얻지 못한 때에는 회사가 성립한 경우와 같은 책임을 지게 된다.

　　(2) **책임의 내용**　　　발기인은 회사의 설립에 관하여 한 모든 법률행위로서 설립사무소의 임차, 사무원의 고용, 주주모집광고의 위탁, 납입취급사무의 위탁 등에 관한 비용을 부담하며, 주식인수인에 대하여 납입금이나 청약증거금 또는 현물출자의 목적물을 반환할 의무를 진다.

[事例演習]

◇ 사　례 ◇

　　신림상사주식회사는 설립시의 발행주식총수의 30,000주를 A를 비롯한 3인의 발기인이 10,000주씩 인수하여 설립되었으나, 설립등기 후 그 가운데 10,000주에 대해 아직 납입이 되지 않은 것이 발견되었기 때문에 주주 K가 설립무효의 소를 제기하였다.

　　〈설문 1〉　신림상사의 설립무효 판결이 확정된 경우 발기인들은 자본충실책임을 부담하는가?

　　〈설문 2〉　이 사례에서 미납입주식수가 20,000주이고 그 밖에 다른 위법이 없는 경우라면 발기인들은 자본충실책임을 부담하는가?

　　〈설문 3〉　이 사례에서 10,000주의 미납입주식이 현물출자의 불이행에 의한 경우라면 어떻게 되는가?

　　[해 설]　**설문 1의 경우**　　　회사설립무효의 판결이 확정되어도 회사는 소급하여 불성립으로 되지 않으며, 장차 해산에 준하여 청산절차에 들어가게 된다. 발기인들의 자본충실책임에 의한 납입의무는 회사의 성립단계에서 이미 확정되므로, 회사성립 후 설립무효판결이 확정되어도 회사불성립의 경우와 달리 납입의무가 없어지는 것이 아니고 여전히 자본충실책임으로서 존속하게 된다.

　　설문 2의 경우　　　다수설은 발기인의 자본충실책임을 주식의 인

　　수 또는 납입의 흠결에 의한 회사의 설립무효를 구제하기 위한 특
별책임으로 보고 있다. 이에 의하면, 2 만주의 미납입은 흠결이 현저
한 경우에 해당하므로 이에 대한 구제는 불가능하다. 즉, 다수설에
의하면 자본충실책임이 발생하는 경우는 미납입 부분이 주식총수에
비하여 근소한 경우에 한정되고, 이는 회사의 목적, 자본총액, 기타
의 제반사정을 종합하여 자본충실과 사업수행에 장애에 되는가 여
부에 의하여 판정한다. 이에 대하여 발기인의 자본충실책임은 채권
자보호를 목적으로 하는 것이므로, 설립무효에 의한 구제와 직접적
인 관련이 없다고 하는 견해($^{梁 \cdot 朴}_{286}$)에 의하는 경우에는, 회사의 설립
이 무효인 경우 또는 미납입 부분이 현저한 경우에도 발기인의 자
본충실책임이 발생하게 된다.

　　설문 3 의 경우　　다수설은 현물출자가 이행되지 않은 경우에는 발
기인의 자본충실책임이 발생하지 않는다고 한다. 이에 대하여 현물출
자 미이행의 경우에도 금전출자의 경우와 마찬가지로 발기인이 자본
충실책임을 부담한다는 견해가 있다[$^{金英坤, 사회과학연구(조선대), 217; 李 \cdot 李,}_{250; 李(基), 會, 438; 鄭 (東), 會, 154}$].
참고로 일본상법에서는 현물출자 미이행의 경우에도 발기인 및 회
사성립 당시의 이사가 미이행 재산의 가액을 지급할 책임을 부담하
는 것으로 하고 있다.

[207]　제 3　기타 設立關與者($^{이사 \cdot 감사 \cdot 검사인 \cdot 유}_{사발기인 \cdot 납입취급은행}$)의 責任

　　(1) 이사와 감사의 책임　　1) 회사의 성립 전에 선임된 이사와 감사(또
는 감사위원)는 발기설립의 경우에 설립경과를 조사하여 발기인에게 보고할 의
무를 지고($^{상}_{298}$), 모집설립의 경우에 창립총회에서 설립경과에 관한 조사 · 보
고의무를 지므로($^{상}_{313}$) 그 임무를 해태한 때에는 회사 또는 제 3 자에 대하여도
손해배상책임을 지며, 이 때에 발기인도 책임이 있는 때에는 그 이사 · 감사(또
는 감사위원) · 발기인은 연대하여 손해를 배상할 책임이 있다($^{상}_{323}$). 이사 · 감사
(또는 감사위원)의 제 3 자에 대한 손해배상책임은 발기인의 경우($^{상}_{322}$ Ⅱ)와 마찬
가지로 악의 또는 중대한 과실이 있는 때에만 진다고 봄이 타당하다[$^{동: 李(철),}_{218; 鄭(찬),}$
$^{591; 鄭(동), 160;}_{李(기), 443}$].

　　2) 이사 · 감사(또는 감사위원)의 책임은 계약관계로 인한 채무불이행의 책
임과 유사한 것이다. 임무의 해태로 인한 손해의 발생에 대한 입증책임은 회사
또는 제 3 자가 진다. 이사 · 감사(또는 감사위원)의 책임은 총주주의 동의에 의

하여 면제될 수 있다($\substack{상\ 400,\\415,}$).

(2) **검사인의 책임**　　　법원이 선임한 검사인이 악의 또는 중대한 과실로 인하여 그 임무를 해태한 때에는 회사 또는 제3자에 대하여 손해를 배상할 책임이 있다($\substack{상\\325}$).

(3) **유사발기인의 책임**

1) **총　설**　　　발기인이 아니더라도 주식청약서 기타 주식모집에 관한 서면($\substack{사업설명서,\ 주\\식모집광고\ 등}$)에 성명과 회사의 설립을 찬조한다는 뜻의 기재를 승낙한 자는 발기인과 동일한 책임이 있다($\substack{상\\327}$). 이는 **금반언**(禁反言)의 원리에 따라 인정한 책임이다.

2) **책임의 범위**　　　유사발기인(類似發起人)도 원칙적으로 발기인과 동일한 책임을 지지만 이들은 발기인으로서의 직무권한이 없기 때문에 임무의 해태로 인한 책임은 지지 않는다$\begin{bmatrix}동;\ 鄭(희),\ 388;\ 徐(돈),\ 316;\ 徐(정),\\244;\ 李(철),\ 219;\ 權(기),\ 340\end{bmatrix}$. 즉 회사성립의 경우에는 자본충실의 책임을 지고, 불성립의 경우에는 주식인수인에 대하여 납입금 및 증거금의 반환에 관하여 발기인과 마찬가지로 연대책임을 진다. 회사불성립의 경우에 유사발기인은 주식인수인 이외의 자에 대하여도 책임을 진다는 견해도 있으나$\begin{bmatrix}孫(주),\ 606\sim607;\ 金(용),\\216;\ 蔡(이),\ 448\end{bmatrix}$, 이 규정은 주식인수인의 보호를 위한 규정이므로 주식인수인에 대해서만 그 책임를 진다고 할 것이다$\begin{bmatrix}동;\ 徐(돈),\ 304;\\姜(위),\ 240\end{bmatrix}$.

3) **책임의 추궁·면제**　　　책임의 추궁을 위하여는 소수주주의 대표소송이 인정된다($\substack{상\ 327,\ 324,\\403\sim406,}$). 회사성립의 경우에 자본충실의 책임은 총주주의 동의로도 면제될 수 없다. 발기인의 제3자에 대한 책임도 같다. 다만 발기인의 회사에 대한 임무해태로 인한 책임은 총주주의 동의로 면제될 수 있다.

(4) **납입취급은행의 책임**$\begin{bmatrix}366면\\참조\end{bmatrix}$

제 7 관　會社設立의 無效

[208]　제 1　總　說

설립에 관하여 하자가 있는 경우에 일반원칙에 따라 그 무효를 주장할 수 있게 되면 오히려 법률관계의 혼란과 불안정을 초래하여 다수의 이해관계자의 이익을 해할 우려가 있다. 왜냐하면 회사는 설립등기에 의하여 성립함과 동시에 영업활동을 개시함으로써 다수의 법률관계가 전개되기 때문이다. 그리하여 법은 설립의 무효를 획일적으로 확정함과 동시에 법률상으로는 무효이지만 사실상의 회사가 존재하는 사실을 존중하여 무효의 효과를 소급시키지 않는 설립무효의 소에 관하여 규정하고 있다($^{상}_{328}$).

[209] 제 2 無效의 原因

(1) 총 설   상법에서는 설립무효의 원인에 관하여 아무런 규정을 두고 있지 않다. 그러므로 건전한 회사의 설립과 거래의 안전을 고려하여 설립무효원인의 범위를 정하여야 할 것이다. 주식회사의 경우에 설립무효의 원인은 객관적 원인만이 인정된다. 즉 인적인 개성이 중요하지 않은 물적회사인 주식회사에 있어서는 주관적 원인($^{개개의 사원의 설립}_{행위가 무효인 때}$)은 제외된다.

(2) 무효원인   설립무효의 원인은 회사의 설립이 선량한 풍속 기타 사회질서·강행법규 또는 주식회사의 본질에 반하는 경우라고 할 수 있다. 예컨대 정관의 절대적 기재사항의 불기재 또는 위법의 기재($^{상}_{289}$)의 경우, 정관에 공증인의 인증이 없는 때($^{상}_{292}$), 주식의 인수 또는 납입의 현저한 흠결($^{상}_{321}$)의 경우, 가장납입금을 반환한 때, 창립총회의 소집이 없었을 때($^{상}_{308 \, I}$), 또는 소집은 되었으나 창립에 관한 발기인의 보고($^{상}_{311}$)·이사와 감사의 선임($^{상}_{312}$)·설립에 관한 조사($^{상}_{313}$) 등이 없는 경우, 주식발행사항의 결정을 발기인 전원의 동의 없이 한 때($^{상}_{291}$), 발기설립의 경우에 이사와 감사의 선임절차($^{상}_{296 \, I}$)·검사인의 선임청구($^{상\,298}_{IV\,본}$)·검사인의 조사 보고($^{상}_{299}$)나 공증인의 조사 보고와 감정인의 감정($^{상\,299}_{의\,2}$) 등이 없는 때, 설립등기가 무효인 경우($^{상}_{317}$) 등이 이에 해당한다.

[210] 제 3 無效의 訴

(1) 총 설   설립의 무효는 소로써만 주장할 수 있으며 무효의 소는 형성의 소이다. 이 소의 특징은 무효의 획일적 확정과 판결의 불소급효($^{상\,328\,II,}_{186\sim193}$), 그리고 무효의 주장에 관하여 인적 제한과 시간적 제한을 두었다는 점이다($^{상}_{328 \, I}$).

(2) 당 사 자   원고는 주주·이사 또는 감사에 한한다($^{상}_{328}$). 주주에는 의결권 없는 주식을 가진 자나 회사의 성립 후 주주가 된 자를 포함한다. 그러나 회사채권자·회사채무자·발기인 등은 법률적인 이해관계가 있더라도 원고

가 될 수 없다. 이러한 제한은 남소를 방지하기 위한 것이다. 피고는 회사이다.

(3) 제소기간   무효의 소는 회사성립의 날로부터 2년 내에 제기하여야 한다($_{328 \, I}^{\text{상}}$). 이 기간은 제척기간(除斥期間)이다. 「회사성립의 날」이란 본점소재지에서 설립등기를 한 날을 말한다($_{172}^{\text{상}}$).

(4) 관   할   소는 본점소재지의 지방법원의 관할에 속한다($_{II, 186}^{\text{상} \, 328}$). 회사의 정관소정의 본점소재지와 영업활동의 실질적인 중심지가 다른 경우에는 전자를 기준으로 한다.

(5) 공고·병합심리   소가 제기된 때에는 회사는 지체없이 공고하여야 한다($_{II, 187}^{\text{상} \, 328}$). 공고를 해태하였더라도 무효판결의 제 3 자에 대한 효력에는 영향을 미치지 않는다. 수개의 소가 제기된 때에는 법원은 이를 병합하여 심리하여야 한다($_{II, 188}^{\text{상} \, 328}$).

(6) 재량기각   법원은 심리중에 그 원인이 된 하자가 보완되고, 회사의 현황과 제반 사정을 참작하여 설립을 무효로 하는 것이 부적당하다고 인정된 때에는 그 청구를 기각할 수 있다($_{II, 189}^{\text{상} \, 328}$). 이는 무효의 원인인 하자가 보완되었거나, 하자가 경미하여 앞으로 그 보완이 예상되는 경우에 인정된다.

[211] 제 4 無效判決의 效果

I. 원고승소의 경우

(1) 대세적 효력   원고가 승소한 경우는 판결의 대세적 효력에 의하여 당사자 이외의 제 3 자에게도 그 효력이 미치며 누구도 이것을 다투지 못한다($_{II, 190}^{\text{상} \, 328}$). 이러한 판결의 기판력은 회사를 중심으로 한 다수의 법률관계를 획일적으로 확정하기 위한 것이다.

(2) 불소급효   무효의 판결이 있더라도 설립무효인 회사의 사실상의 존재를 존중하여 소급효를 인정하지 않는다. 그러므로 그때까지의 회사의 제 3 자에 대한 계약상 또는 불법행위상의 책임, 주주의 회사에 대한 권리, 발기인의 회사 및 제 3 자에 대한 책임($_{322 \cdot}^{\text{상} \, 321,}$) 등은 모두 회사가 유효하게 성립된 경우와 같이 취급된다($_{190 \, \text{단} \cdot}^{\text{상} \, 328 \, II,}$). 즉 설립무효판결은 장래에 대하여 그 효력이 있을 뿐이다.

(3) 청   산   무효의 판결이 있는 경우에도 유효하게 성립된 회사가 해산한 경우에 준하여 청산을 하여야 한다($_{II, 193}^{\text{상} \, 328}$). 그러므로 회사의 청산에 관한 규정이 적용되지만 회사의 계속($_{519}^{\text{상}}$)은 인정되지 않는다.

(4) 등 기 무효판결이 확정된 때에는 본점과 지점의 소재지에서 등기를 하여야 한다($^{상\ 328,}_{192}$).

2. 원고패소의 경우

원고가 패소한 경우는 그 효력은 당사자간에만 미치므로 제소기간 내에는 다른 제소권자가 동일하거나 다른 원인을 들어 무효의 소를 제기할 수 있다. 원고가 패소한 경우에 원고에게 악의 또는 중대한 과실이 있는 때에는 회사에 대하여 연대하여 손해배상책임이 있다($^{상\ 328}_{II,\ 191}$).

[212] 제5 會社의 不存在

회사의 부존재란 **설립등기**만이 있고 정관을 전혀 작성하지 않은 경우, 주식에 대한 납입이 전혀 없는 경우, 창립총회를 개최하지 않은 경우, 회사의 기관이 존재하지 않는 등의 흠결이 중복되어 사실상 회사의 실체가 존재하지 않는 경우를 말한다. 이러한 경우에는 누구든지 언제라도 어떠한 방법으로든지 회사의 부존재를 주장할 수 있고[$^{동:\ 孫(주),\ 611;\ 金(용),\ 315;}_{鄭(무),\ 379;\ 鄭(동),\ 148}$], 설립무효의 경우와 같은 사실상의 회사의 존재를 인정할 여지가 없다.

[213] 제6 事後設立

1. 의   의

(1) 상법은 현물출자와 재산인수에 관한 규정을 회피하는 경우를 예상하여 회사설립 후의 계약으로 회사가 성립 후 2년 내에 그 성립 전부터 존재하는 재산으로서 영업을 위하여 계속하여 사용하여야 할 것을 자본금의 100분의 5 이상에 해당하는 대가로 취득하는 계약을 하는 경우는 주주총회의 특별결의가 있어야 한다($^{상\ 375,}_{374}$)고 규정하고 있는데, 이를 사후설립이라 한다.

(2) 이는 개인법상의 계약이라는 점에서는 재산인수와 같다고 할 수 있으나, 재산인수는 발기인의 회사성립을 조건으로 하는 특정 재산의 취득계약인 데 비하여, 사후설립은 회사의 성립 후에 회사의 대표이사가 회사를 위하여 하는 **특정재산의 취득계약**이라는 점이 다르다.

2. 사후설립의 요건

(1) **재산의 범위**　　1) 사후설립의 규제대상인 재산은 회사성립 전부터 존재하는 것이어야 하지만 회사성립 후에 창설이 예정된 재산도 포함되며($^{獨株\ 52}_{I\ 참조}$)($^{同:\ 孫}_{(주),\ 571}$), 회사의 영업을 위하여 계속 사용하여야 할 재산이란 고정자산뿐만 아니라 기타 모든 재산을 말한다. 즉 현물출자와 재산인수의 대상이 될 수 있는 재산은 여기에 속한다.

2) 사후설립의 대상이 되는 재산은 영업을 위하여 계속 사용하여야 할 재산을 말하므로, 예컨대 상품의 판매를 위한 구입이나 제품의 생산을 위한 원자재의 구입과 같은 회사의 목적을 이루는 재산취득은 사후설립의 대상이 되지 않는다($^{獨株\ 52}_{IX\ 참조}$)($^{同:\ 李}_{(철),\ 460}$).

(2) **기간의 제한**　　사후설립에 관한 규정은 회사가 성립 후 2년 내에 재산을 취득하는 경우에 적용된다. 즉 설립등기일로부터 계약의 날까지의 기간이 2년 이내인 때에 적용된다. 이 기간 내에는 수개의 재산취득계약이 체결될 수 있고 각 계약에 대하여 상법 제375조가 적용된다.

(3) **취득의 대가**　　사후설립에 관한 규정은 취득재산의 대가가 자본금의 20분의 1 이상에 해당하는 경우에 적용된다. 자본금이란 재산취득시를 기준으로 등기에 의하여 공시된 금액($^{상\ 317}_{II\ (2)}$)을 말한다. 즉 출자의 이행금액이나 주식발행가액을 표준으로 하지 않는다. 그러므로 회사성립 후 신주를 발행한 경우에는 그 발행에 의하여 증가된 자본금의 100분의 5 이상인 경우에 이 규정이 적용된다. 그러나 그 취득의 대가가 자본금의 100분의 5 미만인 때에는 대표이사가 단독으로 취득계약을 체결할 수 있다.

3. 사후설립의 절차

사후설립을 위하여는 **주주총회**의 **특별결의**가 있어야 한다($^{상}_{375,\ 374}$). 이와 같이 주주총회의 특별결의를 요구하고 있는 것은 현물출자나 재산인수의 회피행위를 방지하기 위한 장치의 의미를 갖는다. 사후설립을 위한 주주총회의 결의가 없거나 성립되지 않았을 때에는 계약상대방의 선의·악의를 불문하고 그 계약은 효력이 없다. 그러나 계약이 체결된 후 2년의 기간이 경과하였더라도 주주총회의 특별결의에 의하여 이를 추인하는 것은 인정된다 할 것이다.

제 3 절 株式·株主·株券

제 1 관 株   式

[214] 제 1 株式의 意義

1. 주식회사의 사원인 주주가 출자자로서 회사에 대하여 갖는 **지분**(持分)을 주식이라고 한다. 주식회사의 지분인 주식과 인적회사의 지분은 모두 사원의 지위를 의미한다는 점에서는 같으나, 전자의 경우는 지분이 균등한 비율적 단위로 세분화되고 1인이 복수의 지분을 갖는다는 점($_{수주의}^{지분복}$)에서 유한회사의 지분과 같고, 각 사원이 1개의 지분을 가지나($_{일주의}^{지분단}$) 다만 그 지분의 양이 각 사원의 출자가액에 따라 다른 인적회사의 지분과 다르다.

2. 이와 같이 주식회사의 자본금을 비율적 단위로 세분화하는 방식을 택한 이유는 대자본금의 형성을 위하여 주식회사에의 대중의 참여를 용이하게 하고 사원의 지위를 주권으로써 증권화하여 그 유통을 도모함으로써 투하자본금의 회수와 다수의 사원(주)에 대한 법률관계($_{잔여재산의\ 분배\ 등}^{의결권의\ 행사,\ 이익배당,}$)의 집단적 처리를 가능하게 하기 위한 것이라고 할 수 있다. 주식이라고 할 때에는 다음과 같은 두 가지의 의미가 있다.

⑴ **자본금의 구성부분**   1) 주식은 자본금의 구성부분이다. 즉 주식회사의 자본금은 상법에 다른 규정($_{단,\ 345\ I}^{상\ 343\ I}$)이 있는 경우 외에는 발행주식의 액면총액을 말한다($_{451}^{상}$). 이와 같이 주식회사의 자본금은 비율적 단위로 세분화되는데 이것을 주식이라 한다. 다시 말하면 주식회사의 자본금은 이러한 출자단위의 집적에 의하여 형성된다.

2) 액면주식의 경우 주식은 금액으로 표시되며 1주의 금액은 100원 이상 균일하여야 한다($_{III·IV}^{동조}$). 즉 상법은 종래에 주권에 주식의 수뿐만 아니라 1주의 금액이 기재된 액면주식의 발행만을 인정하고 있었다. 그러나 상법개정안(2007)에서는 액면주식뿐만 아니라 주식의 수만을 기재하는 무액면주식제를 도입하였다. 주식은 **주식불가분**의 원칙에 의하여 1개의 주식을 분할하여 수인에게 소유시키지는 못하지만 주식을 수인이 공유하는 것은 가능하다.

⑵ **사원의 지위**($_{권}^{사원}$)   주식은 회사에 대한 권리·의무의 기초인 사원

의 지위 또는 자격을 의미한다. 즉 **사원권**(社員權)을 뜻한다. 그러므로 주주는 재산권적 성질의 이익배당청구권과 잔여재산분배청구권 등의 자익권과 인격권 적 내용의 의결권과 지배권 등의 공익권을 갖는다. 사원권은 주식과 분리하여 따로 양도·입질·압류 등의 처분의 대상으로 할 수 없고 주식을 양도하면 주 주의 권리는 모두 양수인에게 이전한다.

[215] 제 2 株式의 分類

1. 기명주식·무기명주식

이 구별은 주권과 주주명부에 주주의 성명이 기재되어 있는가 않는가에 따르는 것이다. 원래 양자의 구별은 양도방법이 다르다는 점에 있었으나, 1984년의 개정상법에 의하여 기명주식도 단순한 교부에 의하여 양도할 수 있 게 됨으로써($^{상}_{336}$) 양자는 차이가 없게 되었다.

(1) 기명주식   이는 주주의 성명이 **주주명부**와 **주권**에 공시되는 주식 을 말한다. 즉 주주명부상의 주주가 회사에 대한 관계에 있어서 주주로 인정되 어 권리의 행사를 위하여 주권을 제시할 필요가 없는 주식이다. 회사가 기명주 식을 발행한 때에는 주주명부에 의하여 권리행사자를 명확하게 알 수 있고, 주 주에게 통지와 최고를 함에 있어서도 편리하며, 또한 주주의 구성관계 및 이동 상황을 파악할 수 있어서 주주총회의 경우에 결의의 성립을 위한 위임장의 수 집도 용이하게 된다.

(2) 무기명주식   이는 주주명부나 주권에 주주의 성명이 공시되지 않 는 주식을 말한다. 그러므로 주권을 점유하는 자가 주주의 자격을 인정받게 된 다. 상법은 기명주식의 발행을 원칙으로 하고 무기명주식은 정관에서 그 발행 을 예정하고 있는 때에 한하여 발행할 수 있으며($^{상}_{357\,I}$), 주주는 언제든지 무기 명식의 주권을 기명식으로 그 전환을 청구할 수 있다($^{동조}_{II}$). 무기명주식을 발행 한 경우에 회사는 권리행사자를 확정하기 위하여 그 주권을 회사에 공탁시켜 야 한다($^{상\ 358,}_{368\,II}$).

2. 액면주식·무액면주식

이것은 1주의 금액이 법정되고 주권에 기재되는가에 따르는 구별이다.

(1) 액면주식   이는 주금액이 균일하게 일정한 금액 이상으로 결정된

주식으로서 정관과 주권에 주식의 권면액이 표
시된 것이다. 액면주식 1株의 금액은 100원
이상 균일하여야 한다($\frac{상}{\text{IV}} . \frac{329}{\text{V}}$). 액면주식을 발행
한 경우에 액면금액은 자본금에 계입되며 액면
이상으로 발행한 경우에 그 초과액은 자본금준
비금으로 적립된다($\frac{상}{459(1)}$). 액면주식은 회사재
산을 확보할 수 있는 장점이 있지만 회사의 경
영상태가 악화되어 주가가 권면액 이하로 하락

한 경우에는 신주발행에 의한 자금조달을 곤란하게 한다($\frac{상}{330}$). 그러나 일정한
요건을 갖추면 액면 이하로 할인발행을 할 수 있다($\frac{상}{417}$).

　　⑵ **무액면주식**　　1) 이는 정관과 주권에 1주의 권면액이 기재되지 않
고 주권에는 주식의 수만을 기재한 주식을 말한다. 개정상법은 무액면주식제
도를 도입하였다($\frac{상}{291(3)}$). 무액면주식의 이점은 i) 권면액이 없으므로 권면액을
기준으로 한 할인발행의 제한($\frac{상}{330}$)이라는 문제가 없으므로 자금조달이 편리하
고, ii) 액면을 기준으로 한 배당률의 논쟁을 피할 수 있으며, iii) 구주권의 효
력에 영향을 미치지 않으면서 자본감소와 주식분할이 용이하고, iv) 액면초과
금에 관한 문제가 없다는 점 등이다.

　　2) 회사는 정관에서 정한 때에는 주식의 전부를 무액면주식으로 발행할
수 있다. 무액면주식을 발행하는 경우에는 액면주식을 발행할 수 없다($\frac{상}{329\,\text{III}}$).
또한 회사는 정관에서 정하는 바에 따라 발행된 액면주식을 무액면주식으로
전환하거나 무액면주식을 액면주식으로 전환할 수 있다($\frac{동조}{\text{VI}}$). 이 경우에는 상
법 제440조, 제441조 본문, 제442조의 규정을 준용한다($\frac{동조}{\text{VII}}$).

3. 유상주·무상주

　　신주를 발행함에 있어서 주금을 납입시키고 발행하는 주식을 유상주(有償
株)라 하고, 회사가 자산의 재평가적립금이나 준비금을 자본금에 전입하여 주
주에게 무상으로 교부하는 주식을 무상주(無償株)라 한다.

4. 신주·구주

　　회사가 최초로 발행한 주식을 구주($\frac{\text{또는}}{\text{친주}}$)라 하고, 이후 증자를 위하여 발행
하는 주식을 신주($\frac{\text{또는}}{\text{자주}}$)라 하며, 이후에 발행되는 주식을 제 2 신주($\frac{\text{또는}}{\text{손주}}$)라고도

한다. 이러한 구별의 필요성은 이익배당에 있어서 그 배당금에 차등을 두기 위한 것이다. 그렇다고 반드시 차등을 두어야 하는 것은 아니다.

5. 단 주

(1) 의 의 단주(端株)란 1주 미만의 주식을 말한다. 예컨대 회사가 신주를 발행함에 있어서 구주 2주에 대하여 신주 1주를 배정하는 경우에 구주 3주를 소유하는 주주는 신주 1주를 배정받고 나머지 구주 1주에 대하여는 신주 0.5주라는 단주가 생기게 된다.

(2) 단주의 발생 단주는 신주발행($\frac{상}{418\ I}$), 주식배당($\frac{상\ 462}{의\ 2}$), 준비금의 자본금전입에 의한 무상주의 교부($\frac{상}{461}$), 자본금감소를 위한 주식병합($\frac{상}{440}$), 합병($\frac{상}{530\ III}$), 전환사채의 전환이나 신주인수권부사채에 의한 신주인수권의 행사로 신주를 발행하는 경우($\frac{상\ 515,}{516의\ 8}$), 주식교환·이전($\frac{상\ 360의\ 11}{I,\ 360의\ 22}$) 등에 발생한다.

(3) 단주의 처리 주식배당·무상주의 교부·주식의 병합·합병·주식교환 및 이전의 경우는 각각 단주의 처리방법이 법정되어 있으므로($\frac{상\ 462의\ 2\ III,}{461\ II,\ 443\ I,}$ $\frac{530\ III,\ 360의\ 11}{I,\ 360의\ 22}$) 그에 따라 처리하여야 하며, 신주발행의 경우에 발생하는 단주의 처리에 대하여는 아무런 규정이 없으나 주식병합의 경우와 동일한 방법($\frac{상}{443\ I}$)으로 처리하여야 된다고 할 것이다.

[216] 제 3 株式의 種類

I. 서 설

회사가 발행하는 주식의 내용은 동일하여야 하지만 상법은 주주평등의 원칙의 예외로서 이익배당이나 잔여재산의 분배 또는 주주총회에서의 의결권 등에 관하여 내용이 다른 종류의 주식을 발행할 수 있다($\frac{상}{344\ I}$). 즉 보통주식·우선주식·후배주식·혼합주식과 의결권 없는 주식·의결권제한주식·양도제한주식·상환주식($\frac{상}{345}$)·전환주식($\frac{상}{346}$) 등을 발행할 수 있다. 이와 같이 상법이 회사로 하여금 다양한 종류의 주식을 발행할 수 있도록 하고 있는 것은 기업이 필요로 하는 자금의 조달을 용이하게 하기 위한 것이다.

[주식의 교환과정]

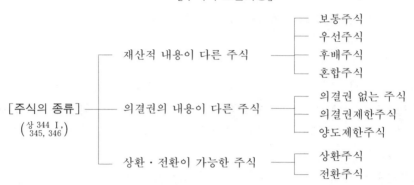

2. 종류주식

(1) 재산적 내용이 다른 주식

1) 의　　의　　상법은 기업의 자금조달을 용이하게 하기 위하여 주주 평등의 원칙의 예외로서 재산적 내용이 각기 다른 종류의 주식을 발행할 수 있도록 하고 있다($_{344}^{상}$ I). 즉 회사는 우선주·보통주·후배주·혼합주 등을 발행할 수 있다. 상법이 다양한 주식의 발행을 인정하고 있는 것은 자금조달의 편의를 도모하기 위한 것이다.

2) 발　　행

(개) 정관의 규정　　회사가 이익의 배당, 잔여재산의 분배에 관하여 내용이 다른 종류의 주식을 발행하려면 정관에 각 종류의 주식의 내용과 수를 정하여야 한다($_{344}^{상}$ II). 또한 이러한 주식을 발행하는 경우에는 정관으로 당해 종류의 주주에게 교부하는 배당재산의 종류, 배당재산의 가액의 결정방법, 이익을 배당하는 조건 등 이익배당에 관한 내용을 정하여야 한다($_{2}^{상\,344의}$ I). 잔여재산의 분배에 관하여 내용이 다른 종류의 주식을 발행하는 경우에는 정관으로 잔여재산의 종류, 잔여재산의 가액의 결정방법 기타 잔여재산분배에 관한 내용을 정하여야 한다($_{II}^{동조}$).

(내) 공　　시　　정관에 종류주식의 발행에 관한 규정을 둔 때에는 주식청약서·신주인수권증서·신주인수권증권에도 그 내용을 기재하여야 하며 ($_{II\,(3),\,516의\,2\,II\,(3)}^{상\,302\,II\,(4),\,420의\,2}$), 등기를 하여야 한다($_{II\,(3)}^{상\,317}$). 또한 주주명부와 주권에도 주식의 종류와 수 등을 기재하여야 한다($_{(2),\,356\,(6)}^{상\,352\,I}$).

3) 종　　류　　(개) 회사가 재산적 내용이 다른 종류주식을 발행하고 있

는 경우에 그 표준이 되는 주식을 보통주(普通株)라 한다. 보통주보다 유리한 취급을 받는 주식을 우선주(優先株)라 하고 반대로 불리한 취급을 받은 주식을 후배주(後配株)라 하며, 우선주와 후배주가 결합된 주식을 혼합주(混合株)라고 한다.

(나) 우선주란 이익의 배당, 잔여재산분배의 전부 또는 그 일부에 대하여 다른 주식보다 우선적 지위가 인정되는 주식이다. 우선주 중에는 정관에서 정한 소정의 우선적 배당을 받고 잔여미처분이익이 있을 때에는 잔여이익에 대하여도 보통주와 더불어 배당에 참가할 수 있는 참가적 우선주와, 소정의 배당만 받고 잔여이익은 모두 보통주에 배당하는 비참가적 우선주가 있다.

(다) 특정연도의 배당액이 정관에서 정한 우선배당률에 미달하는 때에 후년도의 이익에 대하여 그 부족액에 대한 우선적인 배당추징권이 있는 주식을 누적적 우선주라 하고, 이익이 없거나 소액일 때에는 고유의 배당을 받지 못하고 후년도의 이익에 대한 배당추징권도 없는 것을 비누적적 우선주라고 한다.

(2) 의결권 등의 내용이 다른 주식

1) 의   의   상법개정안(2007)에 의하면 회사는 주주총회에서의 의결권 등에 관하여 내용이 다른 종류의 주식을 발행할 수 있다($344_{\,I}^{\,상}$). 이 경우에는 정관으로 각종의 주식의 내용과 수를 정하여야 한다($344_{\,II}^{\,상}$).

2) 종   류   주주총회에서의 의결권의 내용 등을 달리 정할 수 있는 주식은 다음과 같다.

(가) 의결권 없는 주식   종래에는 배당우선주에 한하여 의결권 없는 주식으로 발행할 수 있었으나 상법개정안(2007)에 의하면 보통주도 의결권 없는 주식으로 발행할 수 있게 되었다. 그러나 정관으로 주식의 내용과 수를 정하여야 한다($344_{\,I}^{\,상}$). 이 주식은 주주총회의 모든 결의에 있어서 의결권을 행사할 수 없다. 그러나 종류주주총회에서는 의결권을 행사할 수 있다.

(나) 의결권제한주식   이는 주주총회의 결의사항중 정관으로 정하는 일부사항에 대하여 의결권이 없는 주식을 말한다($344_{\,III\,(1)}^{\,상}$). (가)와 (나)의 주식을 발행하는 경우에는 정관으로 의결권을 행사할 수 없는 사항, 의결권행사 또는 부활의 조건을 정한 때에는 그 조건 등을 정하여야 한다($344_{\,3\,\,I}^{\,상\,의}$).

3) 발행한도   위 (가)와 (나)의 종류주식의 총수는 발행주식 총수의 2분의 1을 초과하지 못한다. 의결권이 없거나 제한되는 종류의 주식이 위 제한을 초과하여 발행된 때에는 회사는 지체없이 위 제한을 초과하지 않도록 하기 위

하여 필요한 조치를 취하여야 한다($^{상\,344의}_{3\,Ⅲ}$).

　4) **의결권이 인정되는 경우**　　　의결권 없는 주식이나 의결권제한주식을 소유하는 주주도 다음과 같은 경우에는 의결권이 인정된다.

　　㈎ **종류주주총회의 경우**　　　정관의 변경이나 합병에 의하여 의결권 없는 주식에 대하여 손해를 미치게 될 때에는 이 종류의 주식을 가진 주주의 총회($^{종류주}_{주총회}$)의 결의가 있어야 한다($^{상\,435.}_{436}$). 즉 의결권 없는 주식을 가진 주주들의 종류주주총회에서는 의결권이 있다.

　　㈏ **주식의 양도를 제한하는 정관변경의 경우**　　　회사가 정관의 변경에 의하여 의결권 없는 주식이나 의결권제한주식의 양도를 제한하는 때에는($^{상}_{335\,Ⅰ}$) 의결권 없는 주식의 주주도 의결권을 행사할 수 있다고 본다. 왜냐하면 주식의 양도제한은 의결권 없는 주식의 주주에게도 예외적인 경우에 속하고 이들의 이해관계에 중대한 영향을 미치게 되기 때문이다.

　　㈐ **창립총회의 경우**　　　회사성립 전의 창립총회($^{상}_{309}$)에서는 의결권 없는 주식의 인수인도 의결권을 행사한다.

　　㈑ **회사분할의 경우**　　　회사분할계획서·분할합병계약서의 승인결의($^{상\,530의}_{3\,Ⅰ}$)에서는 의결권 없는 주식의 주주도 의결권을 행사한다($^{동조}_{Ⅲ}$).

　　㈒ **총주주의 동의가 필요한 경우**　　　총주주의 동의를 요하는 이사·감사의 책임면제($^{상\,400.}_{415}$)나 총주주의 일치에 의한 결의가 필요한 유한회사로의 조직변경($^{상}_{604}$)의 경우에는 의결권 없는 주식을 가진 주주의 동의도 필요하다고 본다.

　5) **의결권 이외의 주주권**　　　㈎ 의결권 없는 주식을 가진 주주도 의결권을 제외한 기타의 주주권은 다른 주주와 마찬가지로 행사할 수 있다고 본다. 의결권이 없다고 하여 총회에 출석하여 의견을 진술하거나 토의에도 참가할 수 없다는 설도 있으나 이는 인정된다고 본다. 그리고 결의취소의 소($^{상}_{376}$)뿐만 아니라 결의의 무효 및 부존재확인의 소도 제기할 수 있다고 할 것이다.

　　㈏ 상법 제363조 제 4 항에서는 의결권 없는 주주에 대하여는 총회의 소집통지에 관한 규정을 적용하지 않는다고 규정하고 있으나, 이 때문에 총회참석권과 결의취소권 등의 결의의 하자를 다투는 소권도 없다고 해석하는 것은 무리한 확대해석이 아닐 수 없다. 또한 의결권 없는 주식의 주주도 신주를 발행하는 경우에는 그에 대한 인수권이 있으며($^{상}_{418}$), 의결권이 있는 주주와 함께 소수주주권을 행사할 수 있다. 즉 대표소송($^{상}_{403}$)을 제기할 수 있고 유지청구권

$\binom{상}{402}$)을 행사할 수 있다.

6) 발행주식총수·의결권 수의 계산   총회의 결의에 관하여는 상법 제
344조 제 3 항과 제369조 제 2 항 및 동조 제 3 항의 의결권 없는 주식의 수는
발행주식의 총수에 산입하지 않는다($_{371}^{상}$ ı). 그리고 총회의 결의에 관하여 상
법 제368조 제 4 항의 규정에 의하여 행사할 수 없는 상법 제409조 제 2 항과
제 3 항의 규정에 의하여 그 비율을 초과하는 주식으로서 행사할 수 없는 주식
의 의결권 수는 출석한 주주의 의결권의 수에 산입하지 않는다($_{371}^{상}$ ıı).

(3) 양도제한주식   회사는 주식의 양도에 관하여 내용이 다른 종류의
주식을 발행할 수 있다($_{344}^{상}$ ı). 회사가 발행하는 주식의 일부의 양도에 관하여
이사회의 승인을 요하는 종류의 주식을 발행하는 경우에는 정관으로 주식양도
에 관하여 이사회의 승인을 요한다는 뜻, 일정한 경우 회사가 상법 제335조의
2 제 3 항 또는 제335조의 7 제 2 항의 승인을 한 것으로 보는 때에는 그 뜻 및
일정한 경우의 내용, 일정한 기간이 경과하면 이사회의 승인이 필요 없는 것으
로 정한 경우에는 그 뜻을 정하여야 한다($_{6 1}^{상 344의}$). 회사가 양도제한주식을 발
행하는 경우에는 상법 제335조의 2 내지 제335조의 7을 준용한다($_{ıı}^{동조}$).

(4) 상환주식

1) 이익소각이 가능한 주식   회사는 정관이 정하는 바에 따라 이익으
로써 소각할 수 있는 종류의 주식을 발행할 수 있다. 이 경우 회사는 정관으로
상환가액, 상환기간, 상환의 방법과 수를 정하여야 한다. 회사는 상환대상인
주식의 취득일 2주일 전에 그 사실을 그 주식의 주주 및 주주명부에 기재된
권리자에게 따로 통지하여야 한다. 다만 통지는 공고로 갈음할 수 있다($_{345}^{상}$ ı).

2) 상환청구가 가능한 주식   회사는 정관이 정하는 바에 따라 주주가
회사에 대하여 상환을 청구할 수 있는 종류의 주식을 발행할 수 있다. 이 경우
회사는 정관으로 주주가 회사에 대하여 상환을 청구할 수 있다는 뜻, 상환가
액, 상환청구기간, 상환의 방법을 정하여야 한다($_{345}^{상}$ ıı).

3) 상환의 대가   회사는 1) 과 2)에 의한 주식의 취득의 대가로 현금
이외에 유가증권(다만 다른 종류의 주식은 제외한다) 기타 자산을 교부할 수 있
다. 다만 취득의 대가로 유가증권(다만 다른 종류의 주식은 제외한다) 기타의 자
산을 교부하는 경우에는 그 자산의 장부가액이 제462조에서 정한 배당가능이
익을 초과하여서는 아니 된다($_{345}^{상}$ ııı).

4) 발행가능주식   위의 1) 및 2)의 주식은 제344조의 종류주식(다만

상환과 전환에 관한 것은 제외한다)에 한하여 발행할 수 있다($_{345\ \mathrm{IV}}^{\ \ \ \text{상}}$).

　　5) 상환의 효과　　㈎ 상환주식을 상환하면 상환주식이 소멸하여 회사가 발행한 주식의 총수와 각종 주식의 내용과 수가 변경되므로 그 변경의 등기를 하여야 하지만($_{(3),\ 183}^{\text{상}317\ \mathrm{II}}$), 자본감소의 절차에 의하지 않고 이익으로 상환하므로 회사의 자본액은 감소하지 않기 때문에 채권자보호를 위한 절차는 필요없다. 그리하여 상환의 결과 회사의 자본금은 발행주식총수의 액면총액이라는 원칙($_{451\ \mathrm{I}}^{\ \ \text{상}}$)에 대한 예외적 현상이 생긴다.

　　㈏ 회사가 상환한 부분에 대하여 신주의 재발행이 가능하다는 설도 있으나, 상환주식은 물론이고 우선주나 보통주도 재발행하지 못한다고 본다. 왜냐하면 그 부분에 대한 주식의 발행권한이 이미 행사되었으므로 재발행을 인정하게 되면 무제한으로 신주의 발행권한을 인정하는 것이 되기 때문이다.

　　⑸ 전환주식

　　1) 주주가 전환청구를 할 수 있는 주식

　　㈎ 의　　의　　이는 전환주식으로서 회사가 종류주식을 발행한 경우에 주주가 인수한 주식을 다른 종류의 주식으로 전환을 청구할 수 있는 권리가 부여된 주식을 말한다($_{\mathrm{I}\ \text{전단}}^{\text{상}346}$). 즉 다른 종류의 주식으로의 전환권이 인정된 주식이다.

　　㈏ 효　　용　　전환주식은 미국법상의 제도를 계수한 것으로서 예컨대 회사의 사업이 불량할 때에는 비참가적·비누적적 우선주나 의결권 없는 주식을 발행하고, 사업이 양호할 때에는 보통주로 전환할 수 있도록 함으로써 주주의 모집을 통한 자금조달을 용이하게 하는 제도이다.

　　㈐ 발행의 조건

　　a) 정관의 규정　　전환주식을 발행하려면 정관으로 전환을 청구할 수 있다는 뜻과 전환조건, 전환을 청구할 수 있는 기간, 전환으로 인하여 발행할 주식의 내용과 수를 정하여야 한다($_{1\text{항}}^{\text{상}346\text{조}}$). 이 경우에 정관의 정함은 원시정관뿐만 아니라 정관의 변경에 의하여도 할 수 있다. 그러나 정관변경으로 인하여 어느 종류의 주주에게 손해를 미치게 될 때에는 주주총회의 특별결의 외에 그 종류의 주주들의 종류주주총회가 있어야 한다($_{435}^{\text{상}}$). 전환주식의 발행은 정관의 상대적 기재사항이므로 정관의 규정이 없는 전환주식의 발행은 무효이다.

　　b) 발행사항의 공시　　전환주식의 발행에 관한 사항은 주식청약서 또는 신주인수권증서에도 이를 공시하여야 하며($_{347}^{\text{상}}$), 주권과 주주명부에도 전환주

식의 발행사항을 기재하여야 한다($\frac{\text{상}\,356\,(8),}{352\,\text{III}}$).

c) 신주식의 보유   회사가 발행한 종류주식 중 주식의 전환에 의하여 발행할 주식의 수는 전환청구기간 내에는 그 발행을 유보하여야 한다($\frac{\text{상}}{346\,\text{IV}}$). 이에 반하는 전환은 그 효력이 없다고 본다. 이 경우에 유보는 전환청구기간 내에만 하면 되므로 전환주식을 발행한다는 정관을 변경할 때나, 이사회가 발행을 결정할 때에는 하지 않아도 된다. 전환청구기간이 개시되었음에도 그 유보를 하지 않은 경우에는 주주가 전환청구를 하여도 전환의 효력이 생기지 않고 이사 및 감사의 책임이 발생할 뿐이다.

d) 신주의 발행가액   전환에 의하여 발행하는 신주의 발행가액은 전환 전의 주식의 발행가액으로 한다($\frac{\text{상}}{348}$). 이것은 신주의 액면미달 발행을 방지하여 회사의 자본충실을 도모하기 위한 것이다.

(라) 전환청구의 절차   전환의 청구자는 청구서 2통에 전환하고자 하는 주식의 종류와 수 및 청구연월일을 기재하고 기명날인 또는 서명한 후 주권을 첨부하여 회사에 제출하여야 한다($\frac{\text{상}\,349}{\text{I}\cdot\text{II}}$). 전환청구는 전환청구기간 내에는 언제든지 할 수 있다. 그러므로 청구기간 내이면 주주명부의 폐쇄기간중에도 전환청구를 할 수 있다.

(마) 전환의 효과   a) 주식의 전환은 주주가 전환을 청구한 때에는 주주가 적법한 전환청구를 한 때에, 회사가 전환을 한 때에는 상법 제346조 제3항의 기간이 만료한 때에 그 효력이 생긴다($\frac{\text{상}}{350\,\text{I}}$). 그러므로 전환권은 형성권이다. 그 결과 구전환주식은 소멸하고 전환 후의 신주의 발행은 그 효력이 생긴다. 그러므로 의결권 없는 주식을 보통주로 전환한 주주는 의결권을 행사할 수 있게 된다. 그러나 계산의 편의상 전환에 의하여 발행된 주식의 이익 배당에 관하여는 주주가 전환을 청구한 때 또는 회사가 정한 상법 제346조 제3항의 기간이 만료할 때가 속하는 영업연도 말에 전환된 것으로 본다($\frac{\text{상}\,350}{\text{III}\,\text{전단}}$).

b) 신주에 대한 이익배당에 관하여는 정관에 의하여 그 청구를 한 때 또는 상법 제346조 제3항의 기간이 만료한 때가 속하는 영업연도의 직전 영엽연도 말에 전환되는 것으로 할 수 있다($\frac{\text{상}\,350}{\text{III}\,\text{후단}}$).

c) 주주명부의 폐쇄기간($\frac{\text{상}}{354\,\text{I}}$)중에 전환된 주식의 주주는 그 기간중의 총회의 결의에 관하여는 의결권을 행사하지 못한다($\frac{\text{상}}{350\,\text{II}}$). 다만 전환 전의 주식이 소정의 배당을 받은 의결권 없는 주식이 아닌 한 전환 전의 주식에 의한 의결권을 행사할 수 있다고 본다.

d) 전환주식을 목적으로 하는 질권은 전환에 의하여 발행되는 신주식에 존재하게 되고($^{\text{商}}_{339}$), 전환주식의 등록질권자는 회사에 대하여 신주권의 교부를 청구할 수 있다($^{\text{商}}_{340}$ Ⅲ). 전환주식이 전환되면 그 부분에 대하여는 어떠한 주식이든 재발행할 수 없다는 소수설도 있으나 전환의 결과 발행되는 주식의 수는 그 주식의 미발행주식수를 그만큼 감소시키지만 이것은 다른 종류의 주식으로 교체가 되는 것에 불과하므로 전환에 의하여 소멸된 주식의 수는 전환권이 해체된 상태로 그만큼 부활한다고 본다.

e) 전환권의 결과 자본의 증가는 인정되지만 자본이 감소하게 되는 전환은 인정되지 않는다. 즉 구주식의 발행가액(예컨대 액면 5,000원인 주식에 5,000원의 프리미엄을 붙인 때) 중에서 자본준비금으로 적립되었던 금액(예: 5,000원)을 자본으로 전입하여 신주 2주를 발행하는 것은 가능하지만 구주식의 액면가액이 10,000원인 주식을 액면으로 발행한 경우에 신주 1주의 액면가액을 5,000원으로 하고 5,000원의 프레미엄을 붙여 발행하는 것은 이미 자본에 계입된 5,000원을 다시 자본준비금으로 돌려야 하고 자본이 감소되므로 별도의 자본감소의 절차가 없이는 인정되지 않는다.

㈐ 변경등기   주식의 전환으로 인하여 회사의 발행주식총수가 변경되거나 구주의 종류에 속하는 주식의 수는 감소하고 신주의 종류에 속하는 주식의 수는 증가하게 되며, 전환에 의하여 회사의 자본이 증가하는 경우도 있으므로 변경등기를 하여야 한다. 변경등기는 주식의 전환을 청구한 때 또는 상법 제346조 제 3 항의 기간이 만료한 날이 속하는 달의 말일부터 2주간 내에 본점소재지에서 하여야 한다($^{\text{商}}_{351}$).

2) 회사가 전환청구를 할 수 있는 주식

㈎ 의   의   회사가 수종의 주식을 발행하는 경우에는 정관으로 일정한 사유가 발생할 때 회사가 주주의 인수 주식을 다른 종류의 주식으로 전환할 수 있음을 정할 수 있다. 이 경우에는 전환의 사유, 전환의 조건, 전환의 기간과 전환으로 인하여 발행할 주식의 수와 내용을 정하여야 한다($^{\text{商}}_{346}$ Ⅱ).

㈏ 이사회의 통지   이사회는 전환을 할 주식, 일정한 기간 내에 그 주권을 회사에 제출하여야 한다는 뜻, 그 기간 내에 주권을 제출하지 아니할 때에는 그 주권이 무효로 된다는 뜻을 그 주식의 주주 및 주주명부에 기재된 권리자에게 따로 통지하여야 한다. 다만 통지는 공고로 갈음할 수 있다. 위 기간은 2주일 이상이여야 한다(^{同條} Ⅲ).

㈐ 신주식의 보유　　전환으로 인하여 주식을 발행하여 교부하는 경우에는 상법 제344조 제2항의 규정에 의한 수종의 주식의 수 중 새로 발행할 주식의 수는 전환의 기간 내에는 그 발행을 유보하여야 한다($\frac{동조}{IV}$).

3) 전환의 효력발생　　주식의 전환은 주주가 전환을 청구한 때에는 그 청구한 때에, 회사가 전환을 한 때에는 상법 제346조 제3항의 기간이 만료한 때에 그 효력이 발생한다($\frac{상}{350}$I). 전환에 의하여 발행된 주식의 이익배당에 관하여는 주주가 전환을 청구한 때 또는 회사가 정한 상법 제346조 제3항의 기간이 만료한 때가 속하는 영업연도 말에 전환된 것으로 본다. 이 경우 신주에 대한 이익배당에 관하여는 정관이 정하는 바에 따라 위 기간이 만료한 때가 속하는 영업연도의 직전 영업연도 말에 전환된 것으로 할 수 있다($\frac{상}{350}$III).

4) 변경등기　　회사에 의한 주식의 전환으로 인한 변경등기는 전환을 청구한 날 또는 상법 제346조 제3항의 기산이 만료한 날이 속하는 달의 말일부터 2주간 내에 본점소재지에서 하여야 한다($\frac{상}{351}$).

제 2 관　株　　主

[217] 제 1 序　　說

⑴ 주주의 의의　　1) 주주란 회사의 설립 또는 신주발행의 경우에 주식을 원시취득하거나 합병·상속·양수 등에 의하여 주식을 승계취득함으로써 주식이 표창하는 권리·의무의 주체가 된 자를 말한다.

2) 주주인가 아닌가는 실질적 법률관계에 의하여 정하여지며 명의의 여하를 불문한다[大 78. 4. 25, 78 다 805 ; 大 80. 9. 19. 80 마 396]. 그러므로 가설인의 명의나 승낙을 얻지 아니하고 타인의 명의를 이용하여 주식을 인수하는 경우에는 그 배후인이 납입의 책임을 지고($\frac{상}{332}$I) 주주가 되며, 타인의 승낙을 얻어 그 명의로 주식을 인수하여 그 대금을 납입한 때에는 명의차용자가 실질상의 주식인수인으로서 주주가 되고 단순한 명의대여자는 주주가 될 수 없다[大 2004. 3. 26, 2002 다 29138]. 그러나 명의차용자가 회사에 대하여 주주의 권리를 행사하려면 실질적인 주식인수인임을 증명하여 명의개서를 하여야 할 것이다.

⑵ 주주 지위의 상실　　주주의 지위는 사망, 주식의 양도, 주식의 소각, 단주의 처리, 회사의 해산에 의하여 상실한다. 또한 주식인수인은 실권절

차에 의하여 그 지위를 상실하기도 한다($^{상}_{307}$). 그러나 주주가 사실상 주권을 포기하고 주권을 멸각하거나 회사에 주식포기의 의사표시를 하고 주권을 반환하였더라도 주주의 지위를 상실하지는 않는다$\left[^{大\ 91.\ 4.\ 30.}_{90\ 마\ 672}\right]$.

(3) 공유주주

1) 의　　의　　일정한 주식을 수인이 공유하는 경우에 그 수인을 공유주주라고 한다. 공유는 주권이 발행되기 전에도 가능하고 회사는 정관으로도 주식의 공유를 제한할 수 없다. 왜냐하면 이는 주식의 양도를 제한하는 결과를 초래하기 때문이다. 공유관계는 주식을 공동으로 인수하거나 양수한 때, 상속의 경우나 조합의 경우 및 발기인이나 이사들이 인수담보책임을 지는 경우($^{상\ 321\ I\cdot}_{428\ I}$) 등에 생긴다.

2) 책　　임　　수인이 공동으로 주식을 인수한 경우에는 연대하여 납입책임을 진다($^{상}_{333\ I}$). 그 중 권리행사자를 정한 경우도 같다.

3) 권리행사　　공유주식에 대한 권리는 공동으로 행사할 수 없다. 공유주식에 의하여 권리를 행사하려면 공유주주 중에서 권리를 행사할 주주 1인을 정하여야 한다($^{상}_{333\ II}$). 권리를 행사할 자를 정하지 않은 때에는 회사의 공유주주에 대한 통지나 최고는 그 중 1인에 대하여 하면 된다($^{상}_{333\ III}$). 회사에 대하여 공유관계를 주장하려면 주주명부에 공유관계와 공유주주 전원의 성명이 기

재되어야 한다($\frac{상}{1}\frac{352}{(1)}$).

(4) **주주의 종류**   주주는 경제적으로 대주주·소수주주·투자주주·투기주주·기업가주주로 구분할 수 있지만, 법률적으로는 회사가 종류주식을 발행한 경우에 주주가 소유하는 주식의 종류에 따라 보통주주·우선주주·후배주주·혼합주주·상환주주·의결권 없는 주주 등으로 구분할 수 있다. 또 주주가 법인인 때에는 법인주주라고 한다.

> 실질주주란 주식인수의 명의와 관계 없이 실질적으로 납입한 자나 주식의 양수 후 명의개서를 하지 않은 자를 일컫기도 하지만, 회사에 대한 관계에 있어서 법률적으로 의미가 있는 실질주주란 증권거래법상의 실질주주를 말한다($\frac{증법}{7,}\frac{174의}{174의 8}$). 증권예탁원은 예탁받은 주식을 발행회사의 주주명부에 자기명의로 명의개서를 할 수 있다($\frac{증거}{의 6}\frac{174}{Ⅱ}$). 이 경우에 증권예탁원에 주식을 예탁한 예탁자나 예탁자인 증권회사의 고객을 실질주주라고 한다.

(5) **주주의 자격**   주식회사는 자본중심의 단체이므로 주주의 자격에는 제한이 없다. 그러므로 자연인은 물론이고 법인도 주주가 될 수 있고, 능력자뿐만 아니라 무능력자 및 외국인도 주주가 될 수 있다.

(6) **주주의 원수**   주식회사의 설립을 위하여는 1인 이상의 발기인이 있으면 되고($\frac{상}{288}$), 회사의 성립 후에도 주주의 원수에 관하여 아무런 제한이 없으므로 주주의 수가 1인이 되더라도 무방하다.

[218] 제 2 株主平等의 原則

Ⅰ. 서 설

(1) **의 의**   1) 주주는 회사로부터 그가 가지고 있는 주식의 수에 따라 평등한 취급을 받아야 한다는 원칙이다. 이를 주식의 귀속자를 중심으로 표현하여 주주평등의 원칙이라고 하지만, 이는 일정한 경우를 제외하고 주주 개개인에 대한 평등이 아니라 구체적으로 표현하면 각 주식에 대한 **평등취급의 원칙**이라고 할 수 있다. 그러므로 이를 자본민주주의의 원칙이라고도 한다. 이 원칙은 주주의 중요한 권리($\frac{이익배당청구 · 잔여재산분배청}{구권 · 신주인수권 · 의결권 등}$)에 관하여 적용된다.

2) 주주평등의 원칙은 동일한 내용의 주식에 대하여는 동일한 취급을 하여야 된다는 원칙이므로, 동일한 종류의 주식에 대하여 신주인수권($\frac{상}{418}$), 주식

의 병합·소각($^{상\ 440,}_{343}$), 주권불소지($^{상\ 358}_{의\ 2}$) 등에 관해 소유주식의 비율에 따라 다른 취급을 하는 것은 인정되지 않는다.

(2) 근 거   상법에는 이 원칙의 의의에 관한 명문의 규정이 없지만 이는 학설과 판례에 의하여 승인된 원칙이다. 이 원칙에 의하여 회사는 주주의 소유주식에 비례하여 평등한 취급을 하여야 할 의무가 있으며 주주는 회사에 대하여 평등한 취급을 받을 권리를 갖는다. 즉 상법에는 주주의 중요한 권리인 이익배당청구권($^{상}_{464}$), 의결권($^{상}_{369\ I}$), 신주인수권의 내용($^{상}_{418}$), 준비금의 자본전입에 의한 무상주의 교부($^{상}_{461\ II}$), 전환사채의 인수권($^{상\ 513}_{의\ 2\ I}$), 신주인수권부사채의 인수권($^{상\ 516의\ 10,}_{513의\ 2}$), 잔여재산의 분배($^{상}_{538}$)에 대하여는 명문의 규정을 두어 이 원칙에 의하도록 하고 있으며, 이 원칙에 대한 예외를 규정하고 있는 것도($^{상\ 344}_{등}$) 주주평등의 원칙이 기본원칙임을 전제로 한 것이다.

(3) 기 능   이 원칙은 주식회사에 있어서 다수결의 남용으로부터 소수주주의 이익을 보호하고, 이사회의 권한이 강화됨에 따른 이사들의 자의적 경영으로부터 주주들을 보호하는 기능을 한다.

2. 적용범위

(1) 주주평등의 원칙은 회사와 주주 또는 주식인수인간에만 적용되며 주주와 제 3 자간에는 적용되지 않는다. 주주간에도 이 원칙이 적용되는가 하는 문제에 대하여 영향력 있는 주주는 다른 주주에 대하여 충실의무를 진다는 견해에서는 충실의무의 근거 중의 하나로 주주평등의 원칙을 들기도 한다.

(2) 이 원칙은 주주명부상의 주주에게만 적용되며 명의개서를 하지 않은 실질적인 주주에게는 적용되지 않는다. 주주가 제 3 자인 자격에서 회사와 거래하는 경우에도 같다. 또한 소정의 주식수 이상을 소유하는 주주에 대한 우대제도는 그 정도가 과다한 경우가 아니면 이 원칙이 적용되지 않는다고 할 것이다.

3. 예 외

(1) 서 설   이 원칙에 대한 예외는 법이 인정하는 경우에만 가능하며 정관의 규정, 주주총회 또는 이사회의 결의로는 인정되지 않는다. 그러나 회사의 존속을 위하여 필요한 경우에는 그 예외가 인정되어야 할 것이다.

(2) 예외규정   주식내용의 평등에 대한 예외로는 종류주식($^{우선주·후배}_{주·혼합주 등}$) ($^{상344}_{의2}$), 상환주식($^{상}_{345}$), 전환주식($^{상}_{346}$), 의결권 없는 주식($^{344}_{의3}$) 등이 있고, 주식의 평등취급에 대한 예외에는 감사의 선임($^{상}_{409Ⅱ}$), 소수주주권($^{상 363의2Ⅰ, 366,}_{382의2Ⅰ, 467Ⅰ,}$ $^{385 Ⅱ, 466 Ⅰ,}_{402, 403, 520}$), 제3자의 신주인수권($^{상}_{418}$), 단수(端數)의 전환사채 및 신주인수권부사채($^{상 513의2Ⅰ}_{단, 516의 10}$), 단주의 처리($^{상 443, 461 Ⅱ 2}_{문, 462의2 Ⅲ}$), 특별법에 의한 차등배당과 차등교부($^{증거}_{191의 6}$) 등이 있다.

4. 위반의 효과

(1) 이 원칙은 강행법적 성격의 기본원칙이므로 이에 위배되는 정관의 규정, 주주총회 또는 이사회의 결의는 물론이고 대표이사의 업무집행도 회사의 선의·악의를 불문하고 모두 **무효**라고 할 수 있다. 그러나 불이익을 받는 주주의 **동**의가 있는 때에는 그 **무효**가 치유된다고 할 것이다[$^{동; 孫(무), 618; 鄭(찬), 601;}_{鄭(동), 176; 李·崔, 276}$].

(2) 판례는 주주총회에서 대주주와 소주주에게 차등배당을 하기로 한 결의는 대주주가 스스로 배당받을 권리를 포기하거나 양도하는 것과 마찬가지여서 상법 제464조에 위반된다고 할 수 없다고 한 것이 있으나[$^{大 80.8.26,}_{80 다 1263}$], 이러한 결의는 불리한 배당을 받게 될 주주의 동의가 없는 한 무효라고 본다[$^{동; 權}_{(기), 907}$].

[219] 제3 株主의 權利

I. 의   의

(1) 주주가 회사에 대하여 갖는 권리에는 주주의 경제적 이익의 확보를 위한 재산적 권리인 자익권(自益權)과 업무집행에 대한 행정적 권리인 공익권(共益權)이 있다. 자익권과 공익권은 모두 주주의 권리이지만 그 행위의 효과가 전자의 경우는 직접 주주에게 귀속되고 후자의 경우는 직접 회사에 귀속된다는 점에 차이가 있다.

(2) 이러한 권리는 단체법상의 권리로서 보통의 채권과는 그 성질이 다르므로 그것이 구체화된 것($^{주주총회에서 이익배당률이 확}_{정된 후의 배당금지급청구권}$)이 아니면 재산적 내용을 가진 것이라도 주주의 자격과 분리하여 양도·입질·압류할 수 없으며 시효에 걸리지도 않는다.

2. 권리의 내용

(1) 자 익 권　　자익권이란 주식회사의 투자자인 주주의 재산적 이익을 위하여 인정한 모든 개인적 권리를 말한다. 여기에는 이익배당청구권($\frac{상}{462}$)·이자배당청구권($\frac{상}{463}$)·잔여재산분배청구권($\frac{상}{538}$)·신주인수권($\frac{상}{418}$)·전환사채인수권($\frac{상}{의}\frac{513}{2\,I}$)·신주인수권부사채의　인수권($\frac{상}{513의}\frac{516의}{2}\frac{10,}{}$)·주권교부청구권($\frac{상}{355\,I}$)·주권전환청구권($\frac{상}{357\,II}$)·명의개서청구권($\frac{상}{337}$)·주권의　불소지신고권($\frac{상}{의}\frac{358}{2}$)·주권불소지신고를 한 주주의 주권발행·반환청구권($\frac{상}{의}\frac{358}{2\,IV}$)·결의반대주주의 주식매수청구권($\frac{상}{522의}\frac{374의}{3}\frac{2,}{}$)이 있는데, 이상의 권리는 1주를 소유하는 주주라도 행사할 수 있는 **단독주주권**이다.

(2) 공 익 권　　공익권이란 주주가 자기의 이익뿐만 아니라 회사의 이익을 위하여 행사하는 권리로서 회사에 있어서 그 발생이 예상되는 병폐적 현상의 예방과 사후구제를 위하여 인정한 권리를 말한다. 여기에는 단독주주권인 공익권과 소수주주권인 공익권이 있다.

1) 단독주주권　　1주를 소유하는 주주라도 행사할 수 있는 단독주주권인 공익권에는 의결권($\frac{상}{369\,I}$)·설립무효판결청구권($\frac{상}{328}$)·합병무효판결청구권($\frac{상}{529}$)·회사분할 또는 분할합병 무효판결청구권($\frac{상}{11\,I,}\frac{530의}{529}$)·총회결의취소판결청구권($\frac{상}{376}$)·총회결의무효 또는 부존재판결청구권($\frac{상}{380}$)·자본감소무효판결청구권($\frac{상}{445}$)·신주발행유지청구권($\frac{상}{424}$)·신주발행무효판결청구권($\frac{상}{429}$)·불공정한 전환사채 또는 신주인수권부사채발행의 유지청구권($\frac{상}{516의}\frac{516\,I,}{10}\frac{424,}{}$)·정관 등의 열람권($\frac{상}{396\,II}$)·재무제표 및 그 부속명세서·영업보고서·감사보고서의 열람권($\frac{상}{448\,II}$) 등이 있다.

2) 소수주주권

(개) 종　　류　　공익권 중에는 i) 발행주식총수의 100분의 3 이상에 해당하는 주식을 가진 주주에게만 인정되는 소수주주권으로서 총회소집청구권($\frac{상}{366}$)·주주제안권($\frac{상}{의}\frac{363}{2\,I}$)·집중투표청구권($\frac{상}{382}$)·회사의 업무와 재산상태의 검사청구권($\frac{상}{467\,I}$), 이사·감사의 해임청구권($\frac{상}{II,}\frac{385}{415}$)·청산인의 해임청구권($\frac{상}{539\,II}$)·회계장부열람권($\frac{상}{466}$) 등이 있다. 또한 ii) 발행주식총수의 100분의 1 이상을 가진 주주의 소수주주권으로는 이사의 위법행위에 대한 유지청구권($\frac{상}{402}$), 대표소송제기청구권($\frac{상}{467의}\frac{324,}{2\,IV}\frac{403,}{}$) 등이 있고, iii) 발행주식총수의 100분의 10 이상을 소유하여야 하는 소수주주권으로는 회사의 해산청구권($\frac{상}{520\,I}$) 등이 있다.

상장회사의 경우에는 소수주주의 지주율은 완화되었다. 그러나 상법과는 달리 소정의 주식을 6월 전부터 계속하여 소유한 주주에게만 권리행사를 인정하고 있다 ($\frac{상\ 542}{의\ 6}$). 이러한 주식의 보유기간을 정한 것은 권리의 남용을 위하여 일시적으로 주주가 된 자의 권리행사를 할 수 없도록 함으로써 회사의 이익을 보호하기 위한 것이라고 할 수 있다.

(나) 행사요건   소수주주권인 공익권은 그 남용을 방지하기 위한 것이지만 1인의 주주가 그 요건에 상당하는 주식을 소유하는 경우뿐만 아니라 수인의 주주들의 **지주수**(持株數)를 **합산**하여 그 요건을 구비한 때에도 행사할 수 있고, 다른 종류의 주식을 소유하는 주주와도 공동으로 행사할 수 있다고 본다. 소수주주권자가 주주총회의 소집을 청구하였을 때에는 그 결의가 있을 때까지 소정의 주식수를 보유하여야 하고, 소수주주권이 재판상 행사된 때에도 판결이 확정될 때까지 그 요건이 유지되어야 하며, 이를 결한 때에는 그 청구는 각하된다. 다만 대표소송의 경우는 제소 후 보유주식이 1% 미만으로 감소한 때에도 제소의 효력에는 영향이 없다($\frac{상}{403\ V}$).

(3) **고 유 권**   고유권이란 주주의 동의($\frac{는\ 종류주주총회의\ 결의}{수종의\ 주식을\ 발행한\ 때}$)가 없이는 정관이나 **주주총회** 그리고 이사회의 결의로도 박탈할 수 없는 권리를 말한다 ($\frac{스채}{646\ I}$). 즉 주주의 본질적 이익과 직접적인 관련이 있는 중요한 권리가 여기에 속한다고 할 수 있다. 그리하여 의결권, 주주총회결의의 취소권, 이익배당청구권, 잔여재산분배청구권, 주권교부청구권($\frac{상}{355\ I}$)과 총주주의 동의를 요하는 특수결의사항에 대한 동의권($\frac{상\ 400,}{604}$)도 고유권이라 할 수 있다.

3. 권리의 행사

기명주식을 소유하는 주주가 회사에 대하여 주주의 권리를 행사하려면 주주명부상의 주주이면 되고 주권을 제시할 필요가 없으나, 무기명주식의 경우는 주권을 회사에 **공탁**하여야 한다($\frac{상\ 358,}{368\ II}$). 그리고 공유주주인 경우는 그 중 권리를 행사할 주주 1인을 정하여야 하므로($\frac{상}{333\ II}$) 권리행사자를 정하지 않은 때에는 공유주식에 의한 주주권을 행사할 수 없게 된다.

[220] 제4 株主의 義務

(1) 납입의무   주주가 회사에 대하여 지는 유일한 의무는 주식의 인수

가액에 대한 납입의무뿐이다($^{상}_{331}$). 회사의 자본충실을 위하여 이 의무의 면제는 인정되지 않는다. 납입은 현금으로 하여야 하며 어음이나 수표에 의한 대물변제는 인정되지 않는다. 주주의 의무는 정관의 규정이나 주주총회의 결의로도 더 이상 가중시키지 못한다. 그리고 주식인수인이 주주가 되기 위하여는 인수가액의 전액을 납입하여야 되므로 주주의 자격을 취득한 다음에는 아무런 의무도 지지 않는다. 즉 주주의 의무는 주식인수인의 의무에 불과하다고 할 수 있다.

　(2) **충실의무**　　1) 주주도 인적회사의 사원과 같이 회사에 대하여뿐만 아니라 다른 사원에 대하여도 충실의무가 있는가 하는 점에 대하여 일찍이 독일의 제국법원은 이를 긍정한 바 있는데, 이에 의하면 주주는 그의 모든 행동에 있어서 그가 속하고 있는 단체의 일부라고 하는 자각하에 행동을 하여야 하며 또한 단체에 대한 충실의무를 그 행동의 최고의 기본목표로 하여야 된다고 하였다. 그런데 1988년 2월 1일 독일 연방법원은 대주주는 소수주주에 대하여 충실의무가 있다고 하였다.

　2) 오늘날 대부분의 회사에 지배주주가 존재한다는 점을 고려할 때, 소수주주의 보호를 위하여 대주주는 소수주주의 이익을 부당하게 해하여서는 안 된다는 충실의무를 인정하는 것이 주식회사제도의 건전한 발전을 위하여 타당하다[동: 鄭(동), 196; 權(기), 358].

[事例演習]

◇ 사 례 ◇

　서울전자주식회사는 악화된 재무구조를 개선하기 위하여 자본감소를 한다는 조건으로 채권은행단으로부터 대출연장을 받기로 하였다. 채권은행단은 5:2의 비율에 의한 주식병합을 제안하였다. 그런데 이러한 자본감소비율이 주주에게 지나치게 불리하다고 생각한 주주 A는 5:3의 비율로 주식병합을 할 것을 제안하고 다른 주주들로부터 의결권 행사의 대리권을 수여받는 방법으로 발행주식총수의 약 40%에 해당하는 의결권을 확보하였다. 이에 대하여 회사의 경영진은 채권은행단이 주주에게 유리한 새로운 자본감소안을 단호하게 거부하고 있다는 점을 강조하였다. 주주총회에서의 표결결과 5:2의 제안과 5:3의 제안이 모두 자본감소를 위한 특별결의의 성립에 필요한 다수를 얻지 못하여, 재무구조개선은 실패로 돌아갔고 서울전자주식회사는 일주일 후 파산신청을 하였다. 이에 A에게 대리권을 수여하지 않은 주주 B가 회사의 파산으로 인하여 투자한 것을 상실하게 된 것에 대하여 A를 상대로 손해배상을 청구하였다. A는 손해배상의무가 있는가?

해 설   이 사례에 있어서는 주주(A)와 다른 주주(B) 사이에 분쟁이 발
생하였다. 현행법상 A에게 손해배상책임을 발생시킬 수 있는 의무
위반이나 불법행위의 요소는 보이지 않는다. A는 적법한 주주의 권
리를 행사한 것이라고 할 수 있기 때문이다. 하지만 B는 손해를 입
었고 A의 행위가 그 원인이라는 점도 분명하다. 여기서 A의 행위
가 주주의 다른 주주에 대한 충실의무위반이 될 가능성을 검토해
보면 다음과 같다. A의 행위로 인하여 회사의 회생가능성이 무산되
었는데, A의 행위가 경영판단에 해당하는 것이었다고 볼 여지는 없
는지가 문제된다. 그런데 사례에서 회사의 경영진이 채권은행단과
교섭한 결과인 재무구조개선안에 의한 자본감소방법에 대하여 다른
선택가능성은 없었다. 경영진은 이를 분명히 밝혔다. 따라서 이러한
상황하에서의 A의 행위는 주주의 충실의무를 위반한 것이다. A는
B에 대하여 손해배상을 하여야 한다.

제 3 관 株券과 株主名簿

[221] 제 1 株 券

I. 주권의 의의

주권이란 사원권을 표창하는 유가증권이다. 주식의 양도에는 주권을 교부
하여야 하며($\frac{상}{336 \text{ I}}$), 무기명주권의 경우에는 권리의 행사를 위하여 주권을 회사
에 공탁하여야 하기 때문에($\frac{상}{358}$) 주권은 **사원권적 유가증권**(社員權的 有價證券)
인 것이다.

2. 주권의 성질

사원권은 주권을 발행하여 교부한 때에 비로소 발생하는 것이 아니라 이
미 회사의 설립등기시나 신주발행의 경우는 납입기일의 다음 날로부터($\frac{상}{423 \text{ I}}$)
사원권이 성립하므로 주권은 **비설권증권**(非設權證券)이며, 증권상의 권리가 원
인관계(주주권의 성립)의 존부에 의하여 그 효력이 좌우되는 **요인증권**(要因證
券)이다. 또한 주주권의 내용이 주권에 기재된 문언에 따라 결정되지 않는 비

문언증권(非文言證券)(또는 실질권적 증권)이며, 주권은 요식증권(要式證券)이지만($\binom{상}{356}$) 법정기재사항이라도 본질적인 것이 아닌 것은($\binom{예컨대 회사의}{성립연월일}$) 기재하지 않더라도 무효가 되지 않는 점에서 요식증권성이 엄격하지 않고$\left[\begin{smallmatrix}大 96. 1. 26,\\94 다 24039\end{smallmatrix}\right]$, 주권은 권리의 행사가 계속적이므로 비상환증권(非相換證券)이다. 그러므로 설권증권이며 무인증권이고, 문언증권이며 엄격한 요식증권이자 상환증권으로서의 완전유가증권인 어음·수표에 비하면, 주권은 불완전유가증권이라고 할 수 있다.

3. 주권의 종류

주주의 성명이 주권에 표시되어 있는가를 기준으로 하여 주권은 기명주권과 무기명주권으로 구별된다.

(1) **기명주권**   주권에 주주의 성명이 표시된 것을 기명주권이라 한다. 주식은 기명식이나 무기명식을 구별함이 없이 주권의 교부만으로도 양도를 할 수 있으므로($\binom{상}{336 I}$), 주식의 양도에 있어서 주권상에 기재된 주주의 성명은 특별한 의미가 없으며 기명주권도 기명증권이라고 할 수 없게 되었다. 그런데 기명주권을 소유하는 주주가 회사에 대하여 그의 권리를 행사하려면 반드시 주권을 회사에 제시할 필요는 없으나 주주명부상의 주주임을 증명하여야 한다($\binom{상}{337}$).

(2) **무기명주권**   무기명주권은 주주의 성명이 주권에 기재되지 않은 것이다. 그러므로 권리의 행사를 위하여 주권을 회사에 공탁하여야 하며($\genfrac{}{}{0pt}{}{상 358,}{368 II}$), 회사의 주주에 대한 통지나 최고도 공고로써 한다($\genfrac{}{}{0pt}{}{상 363 III,}{419 II}$).

(3) **상호전환권**   회사가 정관에 의하여 무기명주권을 발행하는 때에는 주주는 언제든지 무기명주권을 기명주권으로 전환을 청구할 수 있다($\binom{상}{357 II}$). 기명주권의 무기명주권으로의 전환청구는 인정되지 않는다는 견해도 있으나$\left[\begin{smallmatrix}李(철), 226;\\蔡(이), 621\end{smallmatrix}\right]$, 기명주권과 무기명주권 사이에는 권리의 내용에 있어서 아무런 차이가 없기 때문에 기명주권도 무기명주권으로의 전환청구가 인정되는 것으로 본다$\left[\begin{smallmatrix}동: 鄭(동), 201; 孫(주), 631;\\金(정), 477; 林(홍), 216\end{smallmatrix}\right]$.

4. 주권의 단위

정관의 규정으로 1주권·10주권·100주권 등을 발행할 수 있으며 주주는 회사에 대하여 주권의 분할 또는 병합을 청구할 수 있다. 이 경우에 비용은 청구한 주주가 부담한다고 본다.

5. 주권의 발행

(1) 주권의 기재사항

1) 법정기재사항　　다음과 같은 사항을 기재하고 대표이사가 기명날인 또는 서명하여야 한다($\frac{상}{356}$). 주권에는 i) 회사의 상호, ii) 회사의 성립연월일, iii) 회사가 발행할 주식의 총수, iv) 액면주식을 발행하는 경우 1주의 금액, v) 회사의 성립 후에 발행한 주식에 대하여는 그 발행연월일, vi) 종류주식이 있는 경우는 그 주식의 종류와 내용, vii) 주식의 양도에 관하여 이사회($\frac{이사가}{1인인}$ $\frac{회사는}{주주총회}$)의 승인을 얻도록 한 때에는 그 규정, viii) 상환주식이 있는 때에는 상환가액, 상환시기, 상환방법과 수, ix) 전환주식이 있는 때에는 주식을 다른 종류의 주식으로 전환할 수 있다는 뜻, 전환의 조건, 전환으로 인하여 발행할 수식의 내용, 전환을 청구할 수 있는 기간 등을 기재하여야 한다. 그러나 기명주식의 경우는 주주의 성명도 기재하여야 한다. 이 기재가 없어도 주권의 효력에는 영향이 없다[$\frac{大 96.1.26,}{94 다 24039}$].

2) 요식증권성의 완화　　주권은 요식증권이지만 법정기재사항 중에 본질적인 기재사항이 아닌 ii), iii), v)의 기재에 흠결이 있더라도 주권은 무효가 되지 않는다. 그리고 주권의 기재사항($\frac{회사의 상호, 발}{행예정주식총수}$)에 변경이 있는 경우에도 주권의 효력에 영향을 미치지 않는다. 그러나 회사가 주권에 기재할 사항을 기재하지 아니하거나 부실한 기재를 한 때는 과태료의 제재를 받는다($\frac{상 635}{I (6)}$).

(2) 주권의 발행시기　　1) 회사는 그 성립 후 또는 신주의 납입기일 후 지체없이 주권을 발행하여야 한다($\frac{상}{355 I}$). 이는 주식의 자유양도성을 보장하기 위한 규정으로서 회사의 설립과 통상의 신주발행의 경우뿐만 아니라 특수한 신주발행의 경우에도($\frac{상 346 이하, 513 이하,}{461 II, 442, 523}$) 적용된다. 「지체없이」란 회사성립 후 또는 신주의 납입기일 후 6월 내라는 견해도 있으나[$\frac{鄭(찬), 626; 鄭(동),}{202; 李(기), 471}$], 6월 내라도 지체없이 발행하지 않은 때에는 손해배상책임과 과태료의 제재를 면하지 못한다. 그러므로 회사는 주주에 대하여 주권의 발행의무가 있고 주주는 회사에 대하여 주권의 교부청구권이 있다[$\frac{大 66.9.6,}{66 다 768}$].

2) 회사의 성립 전이나 신주의 납입기일 전에는 주권을 발행하지 못한다($\frac{상}{355 II}$). 이에 위반하여 발행한 주권은 무효이며 발행자에 대하여 손해배상을 청구할 수 있고($\frac{동조}{III}$), 그 위반에 대하여는 과태료의 제재가 있다($\frac{상 635}{I (19)}$). 다만

이전에 발행한 주권을 회사가 설립등기 또는 납입기일 후에 발행한 주권으로 한다는 의사를 표시한 때에는 주권으로서의 효력이 인정된다고 할 것이다. 이러한 주권의 발행시기에 대한 제한은 권리주의 유가증권화를 방지하기 위한 것이다.

　　3) 주주의 주권불소지신고에 의하여 회사가 주권불발행의 뜻을 주주명부와 그 복본에 기재한 때에는 주권을 발행할 수 없다($\frac{\text{상}\ 358의}{2\ \text{III}\ \text{전단}}$). 그러나 이후 주주의 청구가 있을 때에는 지체없이 주권을 발행하여야 한다($\frac{\text{동조}}{\text{IV}}$).

　　(3) 주권의 효력발생시기　　　이에 관하여는 주주·채권자·선의취득자 등의 이익과 관련하여 다음과 같은 학설의 대립이 있는데, 어떠한 견해에 의하느냐에 따라 주권의 선의취득과 주주의 채권자에 의한 주권의 압류가 가능한가 하는 문제의 해답이 달라진다.

　　1) 교부시설　　　(개) 주권의 효력은 회사가 주권을 작성하여 회사의 의사에 의하여 주주에게 교부한 때($\frac{\text{발송의 경우는 주권이 주주 또는 그}}{\text{대리인의 주소나 영업소에 도달한 때}}$)에 발생한다는 교부시설(交付時說)이 통설이며 판례의 입장이다[$\frac{\text{大 77. 4. 12,}}{\text{76 다 2766}}$]. 즉 회사가 주권을 작성하였더라도 주주에게 교부되기 전의 주권은 회사의 소유에 속하는 단순한 지편에 불과하므로, 선의취득이나 주주의 채권자에 의한 압류가 인정되지 않는다고 한다. 다만 주주의 채권자는 주주의 회사에 대한 주권교부청구권을 압류할 수 있을 뿐이다. 즉 집행관이 압류에 의하여 채무자인 주주에 갈음하여 회사로부터 주권의 교부를 받음으로써 주권으로서의 효력이 생긴다. 그리고 교부 전에 주권을 상실한 경우에는 주권의 재발행을 위하여 제권판결을 받을 필요도 없다.

　　(내) 이 견해에 의하면 주권이 주주에게 교부되기 전에 도난·분실된 경우에는 선의취득이 인정되지 않으므로 주주는 보호할 수 있으나 거래의 안전을 해하게 된다. 그러나 주권의 취득자는 회사에 대하여 손해배상을 청구함으로써 보호된다.

　　2) 발행시설　　　(개) 회사가 주권을 작성하여 회사의 의사로 누군가에게 교부한 때에 주권의 효력이 생긴다고 한다[$\frac{\text{大 65. 8. 24,}}{\text{65 다 968}}$]. 발행시설에 의하더라도 주권이 회사의 의사로 교부되기 전에는 압류나 선의취득이 인정되지 않으나, 주주의 채권자는 주주의 회사에 대한 주권교부청구권을 압류할 수 있다는 점은 교부시설의 경우와 동일하게 인정된다.

　　(내) 그러나 착오 등에 의하여 주주가 아닌 자에게 교부되더라도 주권으로

서의 효력이 생기므로, 그 후의 선의취득에 의하여 주주는 주주권을 상실하게
되고 주권에 대한 압류도 가능하게 된다. 그리고 주권의 재발행을 청구하려면
제권판결을 얻어야 한다.

　　그런데 우리 나라의 학설에는 회사가 주주 아닌 자(甲)에게 주권을 교부하여
도 그 주권은 효력이 발생하지 않으나 이 주권을 다시 제3자(乙)에게 양도한 때에
는, 乙이 甲을 중대한 과실 없이 적법한 주주로 믿고 그 주권을 취득한 때에는 주권
의 효력이 발생한다고 하면서 이를 발행시설이라는 견해가 있다$\left[\substack{鄭(찬),\\628}\right]$. 그러나 주
권을 甲에게 교부한 때에는 효력이 생기지 않는다고 하면서 이후 乙은 무효인 주권
을 선의취득한다는 것은 문제가 있다고 할 것이다.

　　3) 작성시설　　　⑺ 회사가 적법하게 주권을 작성하여 어떤 주권이 어느
주주의 것인지를 확정한 때에는 교부 전에 주권으로서의 효력이 생긴다고 한
다$\left[\substack{林(홍),\\220}\right]$. 그리하여 ~~주주의~~ 채권자는 그 주권에 대한 압류가 가능하고 주권이
주주에게 교부되기 전에 상실된 경우에도 주권의 선의취득이 인정된다고 한
다. 또한 주권을 상실한 경우 주주는 제권판결을 얻어야 주권의 재발행을 청구
할 수 있다($\substack{상\\360\,Ⅱ}$).

　　⑼ 그러나 이 견해에 의하더라도 회사의 성립 전 또는 신주의 납입기일전
에 발행된 주권은 무효이므로($\substack{상\\355\,Ⅲ}$) 압류나 선의취득이 인정되지 않는다. 이에
의하면 거래의 안전은 도모할 수 있으나 주권의 선의취득에 의하여 주주는 권
리를 상실하게 된다.

6. 주식의 전자등록부에의 등록

　　회사는 주권을 발행하는 대신에 정하는 바에 따라 공인된 전자등록기관의
전자등록부에 주식을 등록할 수 있는데 이 경우에 전자등록부는 상법 제352조
의 주주명부로 본다($\substack{상356의\\2\,Ⅰ}$). 전자등록부에 등록은 회사가 성립한 날 또는 주
금을 납입한 후 지체 없이 하여야 한다($\substack{동조\\Ⅱ}$). 전자등록부에 등록된 주식의 양
도 또는 입질은 전자등록부에 등록하여야 효력이 발생한다($\substack{상356\\의2\,Ⅲ}$). 전자등록부
에 주식을 등록한 자는 그 등록된 주식을 적법하게 소유한 것으로 추정하고,
이러한 전자등록부를 선의·무중과실로 신뢰하고 전자등록부에 의한 등록에
의하여 권리를 취득한 자는 그 권리를 적법하게 취득한다($\substack{상356의\\2\,Ⅳ}$). 전자등록부
에 주식을 등록한 회사의 주주는 주권의 발행을 청구할 수 없다($\substack{동조\\Ⅴ}$). 전자등
록기관의 지정 및 기타 필요한 사항은 대통령령으로 정한다($\substack{동조\\Ⅵ}$).

[事例演習]

◇ 사 례 ◇

고려상사주식회사는 주주들에게 교부하기 위하여 주권을 발행하여 보관중에 있는데, 주주 A에게 주권을 교부하기 전에 A의 채권자인 백제은행이 A 명의의 주권을 압류하였다. 그 후 B가 이를 경락받아 고려상사에 대하여 명의개서를 청구하였고, 고려상사는 이에 응하여 B 명의로 명의개서를 해 주었다.

〈설문 1〉 백제은행은 교부 전의 A 명의의 주권을 압류할 수 있는가? 만일 압류할 수 없다면 백제은행은 어떠한 조치를 취할 수 있는가?

〈설문 2〉 고려상사는 A 명의의 주권에 대하여 운송보험계약을 체결한 후 이를 A에게 우송하였으나, 운송 도중에 분실되었다. 그 후 위 주권은 유통되어 C가 이를 선의취득하였다. 이 경우 C는 주권을 선의취득할 수 있는가?

해설 **설문 1의 경우** 주권의 효력발생시기에 관해서는 작성시설, 발행시설 및 교부시설이 대립하고 있으나, 통설과 판례는 교부시설이라는 점을 약술하여야 한다. 즉, 주권이 효력을 발생하기 위하여는 주주에 대한 주권의 교부가 필요하다는 입장이다. 통설에 따르면 교부 전의 A 명의의 주권은 아직 유효한 주권이 아니므로 이를 A 소유의 동산으로서 압류할 수 없게 된다. 그러나 백제은행은 A가 고려상사에 대하여 가지는 주권교부청구권을 압류하는 것은 가능하다. 이에 대하여 작성시설에 의하는 경우에는 민사소송법상의 동산 압류규정에 따라서 A 명의의 주권을 압류할 수 있으며, 발생시설의 경우에는 예컨대 주권이 주주 앞으로 우송된 이후는 작성시설과 동일한 결과가 된다.

설문 2의 경우 주권은 아직 A에게 교부되지 않았으므로 통설 및 판례에 의하는 경우 이는 무효인 주권에 불과하다. 그러므로 위 주권에 대한 선의취득이 문제될 여지가 없고, 따라서 C는 주주권을 취득할 수 없다. 이에 대하여 작성시설에 의하는 경우에는 주권은 이미 유효하게 효력이 발생하였으므로, 선의의 취득자인 C는 주주권을 취득하게 되고 반면에 A는 주주권을 상실하게 된다.

7. 주권의 불소지제도

(1) **총 설** 기명주식을 소유하는 주주는 회사에 주권의 불소지를 신고할 수 있다($\frac{상}{의} 358 \atop 2$). 이러한 주권불소지제도는 정관의 규정에 의해서만 배제

또는 제한할 수 있다. 그러나 주주평등의 원칙에 반하는 부분적인 배제나 제한에 관한 정관의 규정은 무효라고 본다. 정관에 의한 이 제도의 배제를 인정한 것은 주권15불소지제도가 회사의 사무처리에 있어서 번잡을 초래할 수 있으므로 회사의 다수주주가 원하지 않는 경우에도 법률에 의하여 강제할 필요는 없기 때문이다.

상법에서 주권불소지제도를 도입한 이유는 주식의 양도가 무기명주식과 기명주식을 구별함이 없이 모두 주권의 교부만으로 가능하게 되어($_{336\,I}^{상}$) 주식의 유통력이 강화된 반면, 제3자의 선의취득이 용이하게 되어($_{336\,II}^{상}$) 주주의 지위를 상실할 위험성이 증대되었기 때문이다.

(2) 불소지의 신고　　　주주는 정관에 다른 규정이 없는 한 기명주식에 대하여 주권불소지의 뜻을 회사에 신고할 수 있다($_{의\,2\,I}^{상\ 358}$). 즉 무기명주식이 불소지신고는 인정되지 않는다. 왜냐하면 무기명주식의 경우는 주주명부에 주주의 성명과 주소가 기재되지 않고($_{352\,II}^{상}$), 주주의 권리는 주권을 공탁하여야만 행사할 수 있기 때문이다($_{368\,II}^{상\ 358,}$). 주주는 소유주식의 일부에 대해서만 불소지를 신고할 수 있다. 신고는 회사 또는 명의개서대리인에게도 할 수 있다($_{337\,II}^{상}$).

1) 신고권자　　　신고는 주주명부상의 주주만 할 수 있고 주식의 양수인이라도 명의개서를 하지 않았거나 주주명부의 폐쇄로 인하여 명의개서를 할 수 없는 자는 신고할 수 없다. 그러나 주주는 주주명부의 폐쇄기간중에도 불소지의 신고를 할 수 있다. 그리고 불소지의 신고는 기명주식에 대해서만 인정되므로($_{의\,2\,I}^{상\ 358}$) 무기명주식은 불소지의 신고를 할 수 없으며, 등록질(登錄質)의 질권자도 주권의 불소지를 신고할 수 없다.

《주권불소지제도》

	절　　차	비　　고
1	주주(기명주식)의 신고($_{의\,2\,I}^{상\ 358}$)	기발행주권의 제출($_{의\,2\,III}^{상\ 358}$)
2	주주명부와 복본에 불발행의 기재 ($_{의\,2\,II\,전}^{상\ 358}$)	기발행제출주권의 무효
	임치의 경우 주주명부에 기재불요	명의개서대리인에게 임치($_{2\,III}^{상\ 358의}$)
3	불발행의 통지($_{2\,II\,후}^{상\ 358의}$)	또는 임치의 통지
4	발행 또는 반환의 청구($_{2\,IV}^{상\ 358의}$)	

2) 신고의 방법   주권이 발행되지 않은 경우에는 주주는 회사에 주권의 불소지를 신고하기만 하면 되지만($\frac{상}{의} \frac{358}{2 Ⅰ}$), 주권이 발행된 경우는 이를 회사에 제출하여야만 주권의 불소지를 신고할 수 있다($\frac{상}{의} \frac{358}{2 Ⅲ}$). 즉 주권의 제출은 신고를 위한 효력요건이다. 그러나 주권이 이미 다른 목적($\frac{명의개서, 주권의 분}{할, 주권의 병합 등}$)을 위하여 회사에 제출된 경우나 상실주권에 대한 제권판결의 취득자는 주권의 제출이 없이도 신고할 수 있다.

(3) 회사의 조치

1) 총 설   (개) 주주에 의한 주권불소지의 신고가 있는 때에는 회사는 지체없이 주권을 발행하지 아니한다는 뜻을 주주명부와 복본에 기재하고 그 사실을 주주에게 통지하여야 한다($\frac{상}{2} \frac{358의}{Ⅱ}$). 주권의 불발행의 뜻을 주주명부와 그 복본에 기재하지 아니하거나 통지를 해태하거나 부실한 통지를 한 때에는 과태료의 제재를 받는다($\frac{상}{(2)} \frac{635}{\cdot (19)의} \frac{Ⅰ}{2}$).

(내) 회사가 주권불발행의 뜻을 주주명부와 그 복본에 기재한 때에는 그 주권을 발행할 수 없고, 주권불소지의 신고와 더불어 회사에 제출된 주권은 이를 무효로 하거나 명의개서대리인에게 임치하여야 한다($\frac{상}{2} \frac{358의}{Ⅲ}$). 이 경우에 제출된 주권을 무효로 할 것인가 임치할 것인가의 결정은 회사가 한다.

2) 주권불발행의 경우   회사가 제출된 주권을 명의개서대리인에게 임치하지 않는 때에는 주주명부와 복본에 주권불발행의 기재를 한 때에 주권은 무효가 된다[$\frac{동: 孫}{(주), 636}$]. 그러므로 제출된 주권이 이후 유통되어도 그 주권의 선의취득은 인정되지 않는다. 다만 회사는 유효한 주권으로 신뢰하고 취득한 제 3 자에 대하여 손해배상책임을 질 뿐이다. 그러나 주권불소지의 신고와 더불어 제출된 주권이 주주명부에 주권불발행의 기재를 하기 전에 유통된 때에는 선의취득이 인정되고 주권불소지를 신고한 주주의 채권자에 의한 압류도 가능하게 된다.

3) 주권임치의 경우   회사가 제출된 주권을 명의개서대리인에게 임치한 때에는 상법에는 아무런 규정이 없으나 주주에게 통지를 하여야 될 것이다. 임치한 주권은 유효한 주권이므로 임치중인 주권이 유통된 때에는 선의취득이 가능하게 된다. 이 점이 주권을 무효화한 경우와 다르다. 그러므로 임치중인 주권의 유통으로 인한 주주의 손해에 대하여는 회사는 무과실책임을 진다고 할 것이다.

(4) 주권의 발행·반환의 청구   1) 주권의 불소지를 신고한 주주는 언

제든지 회사에 대하여 주권의 발행 또는 반환을 청구할 수 있다($\frac{상}{2}\frac{358의}{Ⅳ}$). 주주의 발행·반환청구권은 정관에 의하여 배제하거나 제한하지 못한다. 왜냐하면 주식을 양도 또는 질권의 목적으로 하려면 주권을 교부하여야 하기 때문이다 ($\frac{상}{338}\frac{336 Ⅰ·}{Ⅰ}$). 주권의 발행 또는 반환의 청구는 주주명부의 폐쇄기간중에도 할 수 있으며 회사와 주주간에 주권불발행의 합의를 한 경우에도 가능하다고 본다. 주주의 발행청구에도 불구하고 회사가 주권을 발행하지 않는 경우에는 주식의 양도에 관한 상법 제335조 3항이 적용된다고 본다.

2) 주주가 주권발행을 청구하는 경우에 그 **발행비용의 부담** 문제는 회사가 주권을 발행한 다음에 주주가 불소지를 신고한 때에는 발행을 청구한 주주가 부담하여야 하며, 회사가 주권을 발행하기 전에 불소지신고를 한 경우에는 회사가 발행비용을 부담하는 것으로 본다. 주권을 임치한 때에는 정관에 다른 정함이 없는 한 임치비용은 주주가 부담하여야 할 것이다. 이와는 달리 임치비용은 회사가 부담하여야 한다는 견해가 있다[李(철), 259; 鄭(동), 207]. 그러나 최초의 주권의 발행비용은 회사가 부담하나 발행된 주권을 무효화한 다음에 주권의 발행을 청구하거나 임치하는 때에는 그 비용은 당연히 정관에 다른 정함이 없으면 주주가 부담하여야 할 것이다[동: 權(기), 506].

8. 주권의 상실과 재발행

(1) 총 설 1) 주권이 도난·분실·멸실 등에 의하여 상실된 경우에도 주주의 지위가 반드시 소멸되지는 않는다. 즉 주주가 기명주권을 상실한 경우에도 그 주권의 취득자가 명의개서를 하지 않는 동안은 회사에 대한 권리의 행사는 계속 가능하지만 양도나 입질 등의 처분을 할 수 없게 된다($\frac{상}{338}\frac{336 Ⅰ·}{Ⅰ}$). 특히 무기명주식의 경우는 주권을 공탁할 수 없으므로 권리의 행사도 할 수 없게 된다($\frac{상}{358}$). 그리고 기명주식의 양수인이 명의개서를 하기 전에 주권을 상실한 때에는 명의개서를 할 수 없게 된다. 또한 주권이 도난·분실된 경우는 제 3 자의 선의취득에 의하여 주주의 지위를 상실할 우려가 있다(다만 주권이 멸실되어 물리적으로 존재하지 않게 된 때에는 이러한 염려는 없다).

2) 그러므로 주권의 재발행이 요청되지만 회사가 상실의 사실을 확인하지 않고 주권을 재발행하면 경우에 따라서는 동일한 주식에 대하여 복수의 주권이 유통될 위험이 있다. 그리하여 상법은 민사소송법에 의한 공시최고절차 ($\frac{민소}{이하}475$)에 따라 상실한 주권을 무효로 하는 **제권판결**(除權判決)을 얻은 다음

에 회사에 대하여 그 주권의 재발행을 청구할 수 있도록 하고 있다($360_{II}^{상}$). 회사가 주권을 상실한 경우도 같다$\left[\begin{smallmatrix}大\ 81.9.8.\\81\ 다\ 141\end{smallmatrix}\right]$.

(2) 공시최고에 의한 제권판결

1) 공시최고절차　　　이것은 상실한 주권을 판결에 의하여 무효로 하는 절차이다. 공시최고의 신청자는 주권의 최종소지인 외에($_{493}^{민소}$) 질권자와 유치권자도 될 수 있다. 신청을 할 때에는 주권의 등본을 제출하거나 또는 주권의 존재 및 그 중요 취지를 알 수 있도록 필요한 사항을 제시하여야 한다($_{494\ I}^{민소}$). 그리고 주권의 도난·분실·멸실 등에 관한 사실과 공시최고절차를 신청할 수 있는 원인사실 등을 소명하여야 한다($_{II}^{동조}$). 신청을 받은 관할법원($_{476}^{민소}$)은 3월 이상의 기간($_{481}^{민소}$)을 정하여 권리의 신고를 최고하여 그 기간 내에 신고가 없을 때에는 주권의 무효선고인 제권판결을 하게 된다($_{487}^{민소}$).

2) 제권판결의 효력　　　판결의 소극적 효력으로서 주주의 지위와 주권의 결합이 분리되어 주권은 증권으로서의 효력이 상실된다($_{496}^{민소}$). 그러나 일정한 원인($\begin{smallmatrix}주권의\ 분할·병합,\ 오손,\ 주권불소\\지신고\ 주주의\ 주권발행청구\ 등\end{smallmatrix}$)에 의하여 발행된 신주권에는 그 효력이 미치지 않는다. 판결의 적극적 효력에 의하여 신청인은 주권이 없어도 제권판결의 정본에 의하여 당연히 권리자로서 추정되어 주주의 권리를 행사할 수 있게 된다($_{497}^{민소}$). 또한 회사는 이러한 형식적 자격을 가진 신청인의 권리행사를 인정하고 의무를 이행하면 면책된다. 그러나 판결은 공시최고를 신청한 때에 소급하여 그 주권을 무효로 하거나 실질적인 권리자임을 확정하는 것은 아니므로, 회사는 제권판결을 얻은 자에게 권리가 없음을 증명하여 그 권리행사를 거부할 수 있으며, 무권리를 용이하게 증명할 수 있음에도 불구하고 권리의 행사를 인정한 때에는 면책되지 않는다.

3) 제권판결과 선의취득　　　(가) 제권판결의 선고 전에 그 상실주권을 선의취득하였으나 공시최고기간중에 권리의 신고나 청구를 하지 아니한 자와 제권판결을 얻은 자와의 관계에서는, 제권판결에 의하여 선의취득자는 주권소지의 형식적 자격뿐만 아니라 실질적 권리도 상실하게 되어 주권에 의한 권리의 행사를 할 수 없게 된다고 본다($\begin{smallmatrix}제권판결취득자\\우선보호설\end{smallmatrix}$). 특히 주권은 요인증권이며 비문언증권으로서 불완전유가증권이라는 점과 주권은 주주의 채무부담행위에 의하여 발행되는 것이 아니라는 점에서 볼 때, 주권의 경우는 어음·수표의 경우와는 달리 신고하지 않은 선의취득자보다 주주인 **제권판결취득자**(除權判決取得者)의 **보호**를 우선시키는 것이 타당하기 때문이다$\left[\begin{smallmatrix}동:\ 李(철),\ 263;\ 李·\\崔,\ 282;\ 林(홍),\ 307\end{smallmatrix}\right]$.

(나) 이와는 반대로 공시최고의 절차진행중에 주권의 선의취득자가 있는 때에는 공시최고의 신청자는 제권판결을 받더라도 권리를 회복하지 못한다는 선의취득자 우선보호설[鄭(희), 421; 鄭(동), 210; 權(기), 503]과, 제권판결 이전에 선의취득자가 주권의 명의개서를 한 때에는 선의취득자의 권리가 우선적으로 보호되어야 한다는 절충설도 있다[宋相現, 民訴, 713]. 그러나 명의개서는 다만 기명주권의 경우에 회사에 대한 주주의 계속적인 권리행사를 가능하게 하기 위한 절차에 불과하므로 명의개서를 어음·수표의 경우의 권리행사와 동일시할 수는 없다는 점에서 문제가 있다고 본다.

(3) 주권의 재발행   주권을 상실한 자가 공시최고의 신청을 하여 제권판결을 얻은 때에는 회사에 대하여 주권의 재발행을 청구할 수·있다(商360Ⅱ). 즉 제권판결취득자가 여전히 주주명부상의 주주인 경우에는 회사는 이 자에게 주권을 재발행하면 면책이 된다. 그러나 제권판결이 있기 전에 제3자에 의한 명의개서가 있는 때에는 선의취득자와 제권판결취득자의 관계에 대하여 어떠한 입장에 따르느냐에 따라 그 결과는 달라진다.

1) 제권판결취득자 우선보호설에 의하면 선의취득자의 명의개서가 있더라도 다시 제권판결취득자는 명의개서와 주권의 재발행을 청구할 수 있고 특별한 사정이 존재하지 않는 한 회사가 이러한 청구에 응하지 않는 때에는 지체의 책임을 면하지 못하게 될 것이다.

2) 선의취득자 우선보호설에 의하면 선의취득자가 명의개서를 한 때에는 제권판결취득자는 실질상의 권리자임을 증명하지 못하는 한 그 권리를 상실하여 명의개서와 주권의 재발행을 청구할 수 없게 된다. 그러므로 제권판결취득자가 아직 주권의 재발행을 받지 않은 때에는 선의취득자는 자기의 권리를 증명하여 회사에 대하여 주권의 재발행을 청구할 수 있고, 제권판결취득자가 주권의 재발행을 받은 때에는 선의취득자는 자기의 권리를 입증하여 그 주권의 교부를 청구할 수 있게 된다.

3) 절충설에 의하면 선의취득자가 이미 명의개서를 하였으면 제권판결취득자는 주권의 재발행을 청구할 수 없게 된다.

[事例演習]

◇ 사 례 ◇

A는 자기가 소유하는 갑주식회사의 주권이 들어 있는 가방을 도난당했다. 이에 A는 즉시 회사에 도난계를 제출하고 공시최고를 하였다.

〈설문 1〉 공시최고기간중에 B로부터 갑회사에 대해 위 주권을 제시하고 명의개서를 청구한 경우 갑회사는 이를 거절할 수 있는가.

〈설문 2〉 위 주권을 선의취득한 B는 명의개서를 받았지만 공시최고기간중에 권리를 주장하지 않았고, A가 당해 주권에 대해 제권판결을 얻은 경우, B는 갑회사에 대하여 주주로서 권리행사를 할 수 있는가.

[해 설] **설문 1의 경우** 공시최고의 공고가 있더라도 제3자는 악의로 의제되는 것은 아니고, 공시최고의 공고를 알지 못하였더라도 중과실이 있다고는 할 수 없다. 따라서 갑회사는 B가 무권리자라는 것을 개별적으로 입증할 수 없는 한 명의개서에 응하여야 한다.

설문 2의 경우 제권판결취득자우선설에 의하면 A는 B의 선의취득 전의 권리자이기 때문에 제권판결에 의해 권리를 회복하고, B의 갑회사에 대해 권리행사를 할 수 없게 된다. 반면에 선의취득자우선설에 의하면 제권판결은 형식적 자격을 회복하는 것에 지나지 않고 실질적 권리까지 확정하는 것이 아니기 때문에 B는 형식적 자격만 잃을 뿐 실질적 권리를 상실하는 것은 아니다. 따라서 A에 대해 주권의 교부를 청구할 수 있고, 주권을 교부받아 명의개서를 청구할 수 있다. 절충설에 의하면 B가 선의취득 후 명의개서를 하였으므로 주주로서 권리행사가 가능하다.

[222] 제2 株主名簿

I. 총 설

(1) 의 의 주주명부란 주주 및 주권에 관한 사항을 명확하게 하기 위하여 작성하여야 되는 장부이다. 주주명부는 영업상의 재산상태와는 무관하므로 상업장부가 아니다. 주주명부는 주식의 이전이 회사와는 무관하게 이루어지므로 회사가 주주를 확인할 수 있도록 하기 위한 제도이다.

회사는 정관의 규정에 따라 전자문서로 전자주주명부를 작성할 수 있다 ($\frac{\text{상}}{2}\frac{352\text{의}}{I}$). 이 경우에 전자주주명부의 비치, 공시 및 열람의 방법은 대통령령으로 정한다($\frac{\text{동조}}{II}$).

(2) **효 용**　　기명주식의 경우는 주주명부에 의하여 권리행사자를 획일적으로 확정할 수 있으므로 회사의 사무처리를 위하여 편리하고 주주는 권리를 행사할 때마다 주권을 제시할 필요가 없게 된다.

(3) **공 시**

1) **비 치**　　이사는 주주명부를 작성하여 **본점**에 비치하여야 한다 ($\frac{\text{상}}{I}\frac{396}{1문}$). 명의개서대리인을 둔 때에는($\frac{\text{상}}{337 II}$) 명의개서대리인의 영업소에만 주주명부를 비치할 수 있으며 본점에도 비치하는 때에는 명의개서대리인의 영업소에는 그 복본을 비치하여야 한다($\frac{\text{상}}{I}\frac{396}{2문}$). 복본에 한 명의개서는 주주명부에 한 명의개서와 동일한 효력이 있다($\frac{\text{상}}{II}\frac{337}{2문}$).

2) **열 람**　　주주와 **회사채권자**는 영업시간 내에는 언제든지 주주명부의 열람 또는 등사를 청구할 수 있다($\frac{\text{상}}{396 II}$). 그러나 그 청구가 부당한 목적을 위한 것으로서 권리의 남용으로 인정되는 경우에는 회사는 목적의 부당함을 입증하고 청구를 거절할 수 있다고 할 것이다[$\frac{\text{大 97.3.19,}}{97 \text{그 7(결정)}}$].

(4) **기재사항**　　기명주권을 발행한 경우에는 주주명부에 i) 주주의 성명과 주소, ii) 각 주주가 가진 주식의 종류와 수, 주권의 번호, ii) 각 주식의 취득연월일을 기재하여야 하고($\frac{\text{상}}{352 I}$), 무기명주권을 발행한 경우는 주주명부에 그 종류, 수, 번호와 발행연월일을 기재하여야 한다($\frac{\text{상}}{352 II}$). 그리고 전환주식을 발행하는 때에는($\frac{\text{상}}{346}$) 소정의 사항($\frac{\text{상}}{352 III}$)을 기재하여야 한다. 또한 정관에 의하여 회사가 전자주주명부를 작성한 경우에는 전자우편주소를 기재하여야 한다($\frac{\text{상}}{}352\text{의}$). 기타 i) 기명주식의 질권의 등록($\frac{\text{상}}{340}$), ii) 기명주식의 불소지신고($\frac{\text{상}}{\text{의}2 II}358$), iii) 신탁재산의 표시($\frac{\text{信}}{3 II}$) 등이나 기타 필요한 사항($\frac{\text{공유주식의 대표자, 주}}{\text{주의 법정대리인 등}}$)을 기재할 수 있다.

2. 효 력

(1) **주주자격의 추정력**　　주주명부에 명의개서를 한 자는 그 기재의 **자격수여적 효력**에 의하여 주주로 추정되어 실질적인 권리를 증명하지 않고도 권리를 행사할 수 있다. 다만 회사는 실질적 권리가 없다는 것을 입증하여 그 권리행사를 거절할 수 있다. 그러나 명의개서 전의 주식양수인을 주주로 취급

할 수 없고, 입증을 함이 없이 실질적 권리의 상실을 이유로 양도인의 권리행사를 거절할 수 없다[大 85. 3. 26, 84 다카 2082].

(2) **회사를 위한 면책력**　　회사는 주주명부에 기재된 자를 주주로 취급함으로써 그 책임을 면한다. 그러나 회사가 주주명부상의 주주가 진정한 주주가 아님을 알았고 그것을 용이하게 증명할 수 있었던 경우나 중대한 과실에 의하여 진정한 주주가 아니라는 것을 알지 못한 때에는 면책되지 않는다(어 40 III 참조).

(3) **회사에 대한 대항력**　　주식의 양수인은 주주명부에 명의개서를 함으로써 회사에 대항할 수 있다(상 337). 즉 주주인 자격에서 권리를 행사할 수 있게 된다. 그러나 명의개서는 주식양도의 효력요건은 아니다.

(4) **기타의 효력**　　1) 기명주식의 경우 질권설정자의 청구로 질권자의 성명과 주소를 주주명부에 기재하고, 그 성명을 주권에 기재한 때에는 **등록질**의 효력이 생긴다(상 340).

2) 회사의 주주 또는 질권자에 대한 **통지** 또는 **최고**는 주주명부에 기재한 주소 또는 그들이 통지한 주소로 하면 된다(상 353 I). 이 경우에 통지 또는 최고는 보통 그 도달할 시기에 도달한 것으로 본다(상 353 II· 304 II). 그런데 총회의 소집통지가 주주명부상의 주주의 주소에 계속 3년간 도달하지 아니한 때에는 당해 주주에게 총회의 소집을 통지하지 않을 수 있다(상 363 단).

3) 주권불소지신고와 더불어 회사에 제출한 주권은 회사가 주권을 발행하지 아니한다는 뜻을 주주명부에 기재한 때에 무효가 된다(상 358 의 2 III).

3. 주주명부의 폐쇄와 기준일

(1) **총　　설**　　기명주식의 경우에 의결권을 행사하거나 이익배당을 받을 자는 주주명부상의 주주이다. 그러나 주식은 항상 유통되기 때문에 권리자를 확정한다는 것은 용이한 일이 아니다. 그리하여 상법은 권리행사자의 확정을 위하여 주주명부의 폐쇄제도 및 기준일제도를 두고 있다.

(2) **주주명부의 폐쇄**

1) **의　　의**　　회사가 주주 또는 질권자로서 권리를 행사할 자를 확정하기 위하여 일정기간 **주주명부의 기재변경을 정지**하는 제도를 주주명부의 폐쇄라 한다. 회사는 정관에 주주명부의 폐쇄에 관하여 아무런 규정이 없는 때에도 이사회의 결의 또는 대표이사가 일정한 기간을 정하여 주주명부의 기재변경을 정지시킬 수 있다(상 354 I)[동: 鄭(희), 411; 鄭(동), 214]. 이와는 달리 이사회의 결의는 반드

시 있어야 한다는 견해도 있다[李(범), 279; 李(철), 269]. 그러나 이사회의 결의가 없더라도 대표이사가 한 폐쇄는 유효하다고 할 것이다.

2) 폐쇄기간   폐쇄기간은 3월을 초과하지 못한다($_{354 \, II}^{상}$). 그러므로 폐쇄의 날 이후 권리행사일까지의 기간이 3월을 초과하는 때에는 그 초과하는 기간의 폐쇄는 무효이며[동: 孫(주), 644; 鄭(찬), 636; 李(기), 480; 鄭(동), 215], 폐쇄의 시기(始期)가 분명하지 않은 때에는 그 전부가 무효라고 본다[동: 孫(주), 644; 鄭(찬), 636]. 보통 주주명부는 매 결산기의 다음날부터 총회의 종료일까지 폐쇄한다.

3) 폐쇄기간의 공고   폐쇄기간을 정한 때에는 그 기간의 2주간 전에 이를 공고하여야 한다. 공고를 하지 않았거나 공고의 일수가 부족한 때에는 그 폐쇄의 효력이 없다[동: 徐(돈), 339~340; 孫(주), 644]. 이와는 달리 폐쇄기간이나 공고기간의 경미한 위반은 폐쇄의 효력에 영향이 없다는 견해도 있다[鄭(희), 412; 李(철), 271]. 그러나 경미한 정도의 위반이라는 기준은 그 자체가 불분명하여 법률관계의 안정을 해할 우려가 있다. 그리고 정관으로 폐쇄기간을 정한 때에는 공고는 필요 없다($_{IV \, 단}^{상 \, 354}$).

4) 폐쇄의 효과   폐쇄기간중에는 명의개서를 비롯하여 질권의 등록($_{340}^{상}$), 신탁재산의 표시나 말소도 할 수 없다($_{II}^{신}$)[폐쇄기간중의 명의개서는 451면 참조]. 그러나 권리의 변경과 무관한 사항(예: 주주의 주소변경, 개명, 법인의 대표자변경, 기명주권의 불소지신고(상 358의 2 I), 불소지신고주식에 대한 주권발행의 청구(상 358의 2 II))은 기재의 변경이 가능하다. 주주명부가 폐쇄되면 폐쇄개시의 시기에 주주명부상의 주주가 권리행사자로 확정된다. 주주명부의 폐쇄기간중에도 전환주식 또는 전환사채의 전환청구와 신주인수권부사채권자의 신주인수권의 행사가 가능하다.

(3) 기 준 일

1) 의   의   회사는 일정한 날을 정하여 그 날에 주주명부에 기재되어 있는 주주 또는 질권자를 권리행사자로서 일률적으로 확정할 수 있는데($_{354 \, I}^{상}$) 그 날을 기준일 또는 등록일이라 한다. 기준일은 주식의 자유양도성을 사실상 제약하지 않는 이점이 있다.

2) 설   정   기준일은 정관으로 미리 「결산일」로 정할 수 있으나 이 경우에도 필요에 따라 이사회 또는 대표이사가 기준일을 정할 수 있다. 기준일은 주주 또는

기준일 및 주주명부 폐쇄기간 설정 공고

상법 제354조 및 우리 회사 정관 제13조에 의거하여 2002년 6월 5일 현재 주주명부에 기재되어 있는 주주에게 의결권을 부여하며, 권리주주 확정을 위해 2002년 6월 6일부터 2002년 6월 13일까지 주식의 명의개서, 질권의 등록 및 그 변경과 말소, 신탁재산의 표시 및 말소 등 주주명부의 기재사항변경을 정지함을 공고합니다.

2002년 5월 21일

서울특별시 성동구 성수1가 656-294
프레임엔터테인먼트 주식회사
대표이사 장 종 근
명의개서대리인 증권예탁원 사장

질권자로서 권리를 행사할 날($\substack{의결권의 경우에는 주주총회의 회일, 이 \\ 익배당청구권의 경우에는 배당결의일}$)에 앞선 3 월 내의 날로 정하여야 한다($\substack{상 \\ 354 \, III}$). 이를 초과하는 기준일의 설정은 무효이다.

3) 공　　　고　　　　이사회가 기준일을 정한 경우에는 회사는 기준일과 그 설정의 목적을 기준일의 2주간 전에 공고하여야 한다($\substack{상 \\ 354 \, IV}$). 공고를 하지 않았거나 공고의 일수가 부족한 때에는 기준일의 설정은 효력이 없다. 이 경우에도 경미한 위반은 기준일의 효력에 영향이 없다는 견해가 있다[$\substack{최(철), \\ 271}$]. 그리고 정관으로 기준일을 지정한 때에는 이를 공고할 필요가 없다($\substack{상 \, 354 \\ IV \, 단}$).

(4) 주주명부의 폐쇄와 기준일의 병용　　　　회사는 주주명부의 폐쇄와 기준일을 병용할 수 있다. 전자는 장기간에 걸쳐 주식의 양도를 간접적으로 제한하는 결과를 초래하며, 후자는 회사의 사무처리에 있어서 번잡을 면할 수 없게 한다. 그리하여 결산일을 이익배당의 기준일로 하고 배당을 받을 자와 정기총회에서 의결권을 행사할 자를 일치시키기 위하여 결산일의 다음날부터 정기총회의 종결시까지 주주명부를 폐쇄할 수 있다.

제 4 관　株式의 讓渡

제 1 항　總　　說

[223]　제 1　株式讓渡의 意義

(1) 총　　설　　　　주식회사에 있어서는 기업의 유지와 채권자보호를 위하여 자본에 관한 원칙이 준수되어야 하기 때문에 인적회사와 같은 퇴사제도 (退社制度)가 인정되지 않는다. 그러므로 주식의 유상소각에 의한 자본감소나 이익소각($\substack{상 \\ 343}$), 또는 상환주식의 상환($\substack{상 \\ 345}$) 및 회사의 해산으로 잔여재산을 분배하는 경우($\substack{상 \\ 538}$)가 아닌 한 투하자금은 주식의 양도를 통하여 회수할 수 있을 뿐이다. 그리하여 주주의 지위를 유가증권화한 주권이 발행된다.

(2) 주식양도의 의의　　　　1) 주식의 양도란 사원의 지위인 주식을 **법률행위**에 의하여 이전하는 것이다. 이 경우에 양수인은 주식을 **승계취득**한다. 주식의 양도는 주권의 교부에 의하여 그 효력이 생긴다($\substack{상 \\ 336 \, I}$). 주식의 양도는 그 원인행위인 매매·증여 등의 채권계약의 이행행위로서 하는 이전행위이며 그 성질은 **준물권계약**(準物權契約)이다[$\substack{동; 鄭 \\ (희), 422}$]. 따라서 주주가 회사에 대하여 갖

는 모든 법률관계인 자익권과 공익권은 주식의 양도에 의하여 일괄하여 양수인에게 이전한다.

2) 사원의 지위는 불가분의 원칙에 따라 자익권과 공익권을 분리하여 양도할 수 없다. 그러나 구체적 배당금지급청구권과 잔여재산분배청구권 및 구체적 신주인수권은 주주의 지위와 관련하여 발생한 권리이지만, 그 독립적인 성질에 의하여 특약이 없으면 주식의 양도에 의하여 이전하지 않는다.

(3) 주식양도자유의 원칙과 그 제한　　　1) 주식의 양도는 주주가 투하자금을 회수할 수 있는 유일한 방법이므로 주식양도자유의 원칙은 유한책임의 원칙과 더불어 주식회사의 중요한 특성 중의 하나라고 할 수 있다.

2) 그러나 주식의 양도는 정관에 의하여 이사회의 승인을 받도록 할 수 있게 하였다($^{상\ 335}_{1\ 단}$). 주식의 양도제한은 기업의 매수(M&A)로부터 국내기업의 지배권을 보호하고 종업원지주제도의 효율적인 운영을 위하여 필요한 것이나.

제 2 항　株式讓渡의 制限

주식의 양도는 주주의 주식매수청구가 인정되는 특별한 경우($^{합병·영}_{업양도}$)를 제외하고는 주주가 투하자본을 회수할 수 있는 유일한 방법이므로 원칙적으로 그 자유가 보장되어야 한다. 그러나 한편 그 양도를 제한하여야 할 필요성이 있으므로 정관에 의하여 주식의 양도를 제한할 수 있도록 하였으며($^{상\ 335}_{1\ 단}$) 그 밖에 계약에 의한 양도의 제한도 가능하다고 본다. 특히 상법과 특별법에 의하여 주식의 양도는 제한된다.

[224]　제 1　定款에 의한 制限

Ⅰ. 양도제한의 방법

(1) 주식의 양도는 정관에 의하여 제한할 수 있다($^{상\ 335\ Ⅰ\ 단·}_{383\ Ⅳ}$). 즉 정관으로 주식의 양도에 관하여 이사회($^{이사가\ 1인\ 또는\ 2}인_{인\ 회사는\ 주주총회}$)의 승인을 얻도록 할 수 있다. 주식의 양도제한은 원시정관뿐만 아니라 정관의 변경에 의해서도 가능하다. 그러나 정관에 의하지 않는 주식의 양도제한은 무효이다. 정관에 의하더라도 주식의 양도를 완전히 금지하거나 사실상 불가능하게 하는 정함은 할 수 없으며, 양도의 승인도 이사회 이외의 주주총회의 결의나 대표이사가 한다는 정함은

인정되지 않는다. 이사가 1인 또는 2인인 회사($\frac{상}{단}\frac{383}{}$)의 경우는 주주총회의 결의에 의한다($\frac{동조}{Ⅳ}$). 그러나 이사회(또는 주주총회)가 정한 일정한 기준에 따르는 승인을 대표이사에게 위임하는 것은 가능하다고 본다. 또한 **총주주의 동의**가 있는 경우는 예외라고 할 것이다$\left[\begin{smallmatrix}동: 鄭(동), 221.\\ 반대설: 權(기), 452\end{smallmatrix}\right]$.

　(2) 회사의 정관에 주식의 양도를 제한하는 규정이 있는 때에는 이를 **주권**과 **주식청약서**에 기재하여야 하며($\frac{상}{302}\frac{356}{Ⅱ}\frac{(6)의 2,}{(5)의 2}$) 등기를 하여야 한다($\frac{상}{(3)의 2}\frac{317}{}\frac{Ⅱ}{}$). 또한 전환사채와 신주인수권부사채의 청약서, 채권 그리고 신주인수권증권에도 이를 기재하여야 한다($\frac{상}{4}\frac{514}{(4)},\frac{Ⅰ}{516의}\frac{(5),}{5}\frac{516의}{Ⅱ}\frac{}{(5)}$). 주식의 양도제한을 등기는 하였으나 주권에 기재하지 않은 경우에 그 주권의 선의의 양수인에 대하여도 양도제한으로 대항할 수 있다고 본다. 다만 등기를 열람할 수 없었던 정당한 사유가 있었던 경우는 예외이다.

　　　이와는 달리 주식의 양도제한을 등기는 하였으나 주권 등에 기재하지 않은 경우에도 상법 제37조 제2항의 정당한 사유로 인정하여 양수인에게 대항할 수 없다는 견해도 있으나$\left[\begin{smallmatrix}李(철),\\293\end{smallmatrix}\right]$, 이는 상법 제37조 제2항의 적용범위를 벗어난 해석이 아닐 수 없다. 그리고 주식의 양도는 주권의 교부에 의하므로 주권의 기재의 유무를 기준으로 대항력의 유무를 결정하여야 한다는 견해도 있다$\left[\begin{smallmatrix}孫(주),\\649\end{smallmatrix}\right]$. 유가증권의 취득에 있어서는 증권에 기재되지 않은 사항으로 대항을 받지 않는 것이 원칙이지만 어음·수표와 달리 불완전유가증권인 실질권적 유가증권이라고 할 수 있는 주권의 경우에는 그 증권에 기재되지 않은 사항에 의하여도 대항을 받게 되는 것은 불가피하다고 본다.

　원시정관에는 주식양도를 제한하지 않던 회사가 정관을 변경하여 이를 제한하는 경우에는 주권을 제출하게 하여 이를 기재하여야 할 것이다.

　(3) 1인회사의 **주주**가 이사회($\begin{smallmatrix}이사가 1인 또는 2인\\인 회사는 주주총회\end{smallmatrix}$)의 승인을 받지 않고 주식을 양도한 경우에는 회사에 대하여 효력이 있다고 할 것이다($\begin{smallmatrix}동; 鄭\\(동), 228\end{smallmatrix}$). 왜냐하면 상법 제335조 제1항 단서의 규정은 주식양도인 이외의 주주를 보호하기 위한 규정이라고 할 수 있는데 1인회사의 경우에는 다른 주주가 존재하지 않기 때문이다. 그리고 주식의 양도제한규정은 주식을 **매매**나 **증여, 경매** 등에 의하여 양수한 경우에만 적용되며 상속·합병과 같은 **포괄승계**의 경우에는 적용되지 않는다.

2. 양도제한의 태양

(1) 양수인의 제한   주식의 양도에 있어서 양수인의 범위를 제한할 수 있다고 본다. 예컨대 주주 이외의 자 또는 종업원 이외의 자 및 외국인에게 주식을 양도하는 경우에는 이사회(또는 주주총회)의 승인을 얻도록 할 수 있다고 본다.

(2) 양도인의 제한   1) 주식을 양도함에 있어서 일정한 주주(대주주, 한국 인주주, 종업원주주)는 이사회(또는 주주총회)의 승인을 얻도록 하는 정관의 정함이 가능한가 하는 문제가 있다. 그러나 이러한 기준만을 설정하는 것은 주주평등의 원칙에 위배된다고 할 수 있다. 그리고 소유주식의 다소에 따라 주식의 양도를 제한하는 경우도 같다고 본다.

2) 다음에 **주식의 종류**에 따라 양도제한을 하는 것은 가능한가 하는 문제가 있다. 예컨대 회사가 보통주와 의결권 없는 주식을 발행한 경우에 보통주식을 양도하는 때에만 양도제한을 할 수 있는가 하는 점이다. 이러한 제한도 얼핏 주주평등의 원칙에 위반된다고 할 수 있다. 그러나 상법 제335조 제1항에서 양도제한을 인정한 입법취지가 회사의 안정적 경영을 도모하기 위한 것이고, 상법 제344조 제3항에 의하면 「주식의 종류에 따라 신주의 인수, 주식의 병합·분할·소각 또는 회사의 합병·분할로 인한 주식의 배정에 대하여 특수한 정함을 할 수 있다」고 하였는데 동조 동항에서는 다른 정함이 가능한 경우를 열거하고 있으나 이는 제한적인 것이 아니라 예시적인 것이므로, 주식의 종류에 따른 양도의 제한은 가능하다고 본다[동: 孫(주), 648; 鄭(동), 222].

3) 정관에 주식의 종류에 따라 양도제한을 하는 정함을 두는 경우에는 정관변경의 결의뿐만 아니라 양도제한을 받게 될 주식을 소유하는 주주들의 **종류주주총회**가 있어야 할 것이다.

4) 다음에 **무기명주식의 양도제한**이 가능한가 하는 문제가 있다. 이에 대하여는 무기명주식을 기명주식화하는 것이 된다거나 무기명주식은 주권의 소지로 권리가 증명된다는 이유로 부정하는 견해도 있으나[李(철), 293; 權(기), 453], 양도제한의 입법취지가 회사의 안정적 경영을 도모하는 데 있으므로 무기명주식이라고 하여 누구나 주주가 될 수 있다는 것은 불합리하다고 본다[동: 孫(주), 649; 鄭(동), 222; 鄭(찬), 656; 李(기), 487].

《양도제한주식의 환가》

	절	차
1	양도인 또는 양수인의 승인청구 ($\frac{상 335의 2 \text{ I,}}{335의 7 \text{ I}}$)	양도인의 경우 상대방 및 양도주식의 종류와 수 기재 양수인의 경우 양수주식의 종류와 수 기재
2	승인거부의 경우(거부통지 후 20일 이내)	
	상대방의 지정청구($\frac{상 335의 2 \text{ IV,}}{335의 7 \text{ II}}$)	
3	상대방지정의 경우 상대방의 매도청구권($\frac{상 335}{의 4 \text{ I}}$) 지정통지·선매권행사 해태의 경우 양도승인 의제($\frac{상 335의 3 \text{ II,}}{335의 4 \text{ II}}$)	주식매수의 청구($\frac{상 335의 2 \text{ IV, } 335}{의 7 \text{ II, } 335의 6}$)

3. 양도제한주식의 양도절차

(1) **양도의 승인청구**　　**1)** 주식을 양도하고자 하는 주주는 회사에 대하여 양도의 상대방 및 양도하려는 주식의 종류와 수를 기재한 서면으로 양도의 승인을 청구할 수 있다($\frac{상}{의 2 \text{ I}}$335). 또한 양도의 제한이 있는 주식의 양수인도 주식의 종류와 수를 기재한 서면으로 그 취득의 승인을 청구할 수 있다($\frac{상}{의 7 \text{ I}}$335). 이 경우에 주식의 양수인이란 주식을 경매 또는 공매에 의하여 취득한 자뿐만 아니라 통상의 양도방법으로 취득한 자를 포함한다.

2) 양도승인의 청구는 서면에 의한 요식행위이다. 그러므로 서면에 의하지 않은 청구에 대하여는 회사가 일정한 기간 내에 주주에게 거부의 통지를 하지 아니하였더라도 주식의 양도에 관하여 이사회(또는 주주총회)의 승인이 있는 것으로 보지 않는다. 그러나 승인청구가 서면에 의하지 않은 경우라도 양도의 상대방 및 양도하고자 하는 주식의 종류와 수를 특정하여 구두로 승인청구를 한 경우에, 회사가 양도의 승인을 하는 것은 무방하다고 본다. 승인을 청구하는 서면에는 양도의 상대방을 기재하여야 하고 상대방은 반드시 특정하여야 한다.

3) 상대방이 수인인 경우에 이들이 주식을 공동으로 양수하는 경우가 아니면 각 상대방의 성명과 양도하려는 주식의 종류와 수를 기재하여야 한다. 그리고 양도의 승인이 있는 때에는 그 청구의 서면에 기재된 종류 및 수의 주식

에 대해서만 유효한 양도를 할 수 있다. 양도승인의 청구는 서면에 의한 요식행위이므로 청구자인 주주는 기명날인 또는 서명을 하여야 할 것이다. 그리고 주식을 양도하고자 하는 청구권자인 주주는 주주명부상의 주주이어야 한다.

4) 청구의 상대방은 회사이다. 즉 주식의 양도를 승인하는 기관은 이사회(또는 주주총회)이지만 그 결정의 주체는 회사이므로 청구는 회사에 대하여 하여야 한다. 주주는 언제든지 승인청구를 할 수 있다고 본다. 정관으로 청구의 시기를 제한하는 것은 투하자본 회수에 대한 제한으로서 인정되지 않는다고 본다. 주주명부의 폐쇄기간중이라도 양도의 승인을 청구할 수 있지만 명의개서는 폐쇄기간의 종료 이후에만 가능하다.

5) 회사는 승인청구가 있는 날로부터 1월 이내에 주주 또는 주식의 양수인에게 그 승인 여부를 서면으로 **통지**하여야 한다($_{335의 7 \, \mathbb{I}}^{\text{상} 335의 2 \, \mathbb{I} \cdot}$). 위 기간 내에 주주 또는 주식의 양수인에게 서부의 통지를 하지 아니한 때에는 주식의 양도에 관하여 이사회(또는 주주총회)의 승인이 있는 것으로 본다($_{335의 7 \, \mathbb{I}}^{\text{상} 335의 2 \, \mathbb{I} \cdot}$). 주식의 양도담보의 경우 이사회(또는 주주총회)의 승인시기에 관하여는 양도담보의 법형식에 비추어 주식의 소유권이 담보권자에게 있다는 이유로 양도담보의 설정시에 이사회(또는 주주총회)의 승인이 필요하다는 입장도 있다. 그러나 이에 의하면 주주가 채무를 변제하여 주식을 환수하였거나 담보권자가 담보권을 실행하여 주식을 타인에게 환가처분한 경우에 또다시 이사회(또는 주주총회)의 승인을 받아야 할 것이다. 그러므로 이사회의 승인은 담보권을 실행하는 때에 담보권자가 양수인으로서 청구하면 된다고 본다.

(2) **양도상대방의 지정청구**　　1) 회사로부터 양도승인 거부의 통지를 받은 주주나 주식의 양수인은 통지를 받은 날부터 20일 내에 회사에 대하여 양도의 상대방을 지정하여 줄 것을 청구할 수 있다($_{335의 7 \, \mathbb{I}}^{\text{상} 335의 2 \, \mathbb{N} \cdot}$). 회사는 이러한 청구가 있은 날부터 2주간 내에 이사회(또는 주주총회)의 결의로 상대방을 지정하고 주주 또는 주식의 양수인 및 지정된 상대방에게 서면으로 이를 통지하여야 한다($_{335의 7 \, \mathbb{I}}^{\text{상} 335의 3 \, \mathbb{I} \cdot}$). 상대방의 지정은 양도승인을 청구한 주식 전부에 대하여 하여야 한다. 상대방은 1인 또는 2인 이상이라도 무방하다.

2) 회사 자신을 상대방으로 지정하는 것은 회사의 자기주식의 취득이 금지되므로 인정되지 않는다고 할 것이다. 다만 주권상장법인은 이익배당을 할 수 있는 한도($_{462 \, \mathbb{I}}^{\text{상}}$) 안에서 대통령령이 정하는 금액 이하의 범위에서 자기주식을 취득할 수 있으므로($_{189의 2}^{\text{증거}}$) 그 한도의 범위 내에서는 예외라고 할 것이다.

3) 이사회가 상대방을 지정한 때에는 그 뜻을 상대방지정의 청구가 있은 날로부터 2주간 내에 주주 및 지정된 상대방에게 서면으로 통지하여야 한다. 주주에게는 지정된 상대방의 성명과 주소를 기재하여 통지를 하고 지정된 상대방에게는 주주의 성명과 주소, 양도할 주식의 종류와 수를 통지하여야 한다.

4) 회사가 소정의 기간 내에 주주 또는 주식의 양수인에게 상대방지정의 통지를 하지 아니한 때에는 주식의 양도에 관하여 이사회(또는 주주총회)의 승인이 있는 것으로 본다($\frac{상 335의 3 \text{II}\cdot}{335의 7 \text{II}}$). 즉 주주가 이사회(또는 주주총회)의 양도승인거부의 통지를 받고 회사에 대하여 양도상대방의 지정을 청구하였는데도 그 지정청구를 받은 날로부터 2주간 내에 그 지정의 통지를 하지 아니한 때에는 회사가 당초에 주주가 양도승인을 청구하였던 상대방에 대한 양도를 승인한 것으로 보게 된다($\frac{동; 梁承圭,}{해설, 91}$). 그 결과 주주는 회사에 대하여 주식양도의 승인을 청구하였던 당초의 상대방에 대하여 주식을 양도할 수 있게 된다. 이 경우에 최초의 양도승인의 상대방이 이사회(또는 주주총회)의 승인이 거부되자 그 양수자금으로 다른 주식을 취득하여 양수를 거부하는 경우에는, 양도승인거부의 통지를 받은 날로부터 20일이 경과하지 않은 때에는 회사에 대하여 주식의 매수를 청구할 수 있을 뿐이다($\frac{상 335}{의 2 \text{IV}}$).

(3) 지정상대방의 매수청구   1) 지정상대방은 지정통지를 받은 날부터 10일 이내에 지정청구를 한 주주 또는 주식의 양수인에 대하여 서면으로 그 주식의 매도를 청구할 수 있다($\frac{상 335의 4,}{335의 7 \text{II}}$). 이를 지정된 자의 매도청구권이라고 한다. 피지정자는 이사회가 자신을 매수인으로 지정하였다고 하여 주식의 매도청구를 하여야 할 의무를 지는 것은 아니다. 다만 회사가 매수인을 지정하기에 앞서 피지정자와 합의하여 매수인을 지정한 때에는 피지정자는 회사에 대하여 그 주식을 매수하여야 할 계약상의 의무를 진다고 할 것이다.

2) 피지정자의 매도청구는 지정통지를 받은 날로부터 10일 내에 하여야 한다. 피지정자가 주주에 대하여 매도청구를 한 때에는 피지정자와 주주 사이에 매매계약이 성립한다. 즉 피지정자의 일방적인 청구에 의하여 매매가 성립한다. 왜냐하면 주주가 양도상대방의 지정을 청구한 것은 회사가 지정한 자에게 주식을 매도하겠다는 매매의 청약이라고 할 수 있고 피지정자의 매도청구는 승낙으로 볼 수 있기 때문이다. 이러한 지정상대방의 매도청구권은 형성권이라고 할 수 있다[$\frac{동: 李(철), 300; 鄭(동),}{225; 蔡(이), 635}$].

3) 피지정자의 매도청구로 인하여 주주와의 사이에 매매계약이 성립하므로 주주는 매도청구가 있는 때에는 상대방지정의 청구를 철회할 수 없으며 매도청구를 한 다음에 주식양도를 제한한 정관의 규정이 폐지된다 하더라도 매매의 효력에는 영향이 없다고 할 것이다. 그러나 피지정자의 매도청구 전에 정관의 규정이 폐지된 때에는 매매계약이 성립하지 않는다고 본다.

4) 그러나 피지정자가 소정의 기간 내에 주주에 대하여 매도청구를 하지 아니한 때에는 주식의 양도에 관하여 이사회(또는 주주총회)의 승인이 있는 것으로 본다($^{상 335의}_{4 . \text{II}}$). 즉 주주가 당초에 양도의 승인을 청구하였으나 거부당한 양도를 이사회(또는 주주총회)가 승인을 한 것으로 보아 주주는 당초에 양도승인을 청구한 상대방에 대하여 주식을 양도할 수 있다. 그러나 그 상대방이 기간의 경과로 주식을 양수할 수 없게 된 때에는 주주는 양도승인 거부의 통지를 받은 날로부터 20일이 경과하지 않았으면 회사에 대하여 주식의 매수를 청구할 수 있다.

(4) **매도가액의 결정**　　1) 주식의 매도가액은 주주 또는 주식의 양수인과 매도청구인 간의 협의로 결정한다($^{상 335의 5 \text{I}}_{본, 335의 7 \text{II}}$). 그러나 상대방으로 지정된 자의 매도청구를 받은 날부터 30일 이내에 매도가액의 협의가 이루어지지 아니하는 경우에는 주주 또는 주식의 매도청구인은 법원에 대하여 매도가액의 결정을 청구할 수 있다($^{상 335의 5 \text{II}·}_{374의 2 \text{IV}}$). 법원이 매도가액을 결정하는 경우에는 회사의 재산상태 기타의 사정을 참작하여 공정한 가액으로 이를 산정하여야 한다($^{상 335의 5 \text{II}·}_{374의 2 \text{V}}$).

2) 법원에 매수가액의 산정을 청구할 수 있는 자는 매매당사자인 주주와 매수청구자이며 이들은 각기 단독으로 신청을 할 수 있고 법원은 회사의 본점 소재지의 지방법원이라고 할 것이다($^{비송 72}_{참조}$).

3) 회사나 법원이 매도가액을 결정함에 있어서는 비상장회사의 주식인 경우에는 시장가격이 존재하지 않으므로, 주식의 자산가치와 수익가치를 비롯하여 유사기업과 비교한 상대적 가치를 고려하여 결정하여야 할 것이다[朴峻·姜喜哲, 주식매수청구권, 「상법개정에 관한 연구」, 한국증권업협회, 1994].

(5) **주식의 매수청구**　　1) 회사의 정관에 의하여 주식의 양도를 제한한 경우($^{상 335}_{\text{I} 단}$)에 양도인인 주주가 소정의 절차에 따라 회사에 양도의 승인을 청구하였으나($^{상 335}_{의 2 \text{I}}$), 회사가 양도승인을 거부한 때에는 회사에 대하여 양수인의 지정을 청구하거나 그 주식의 매수를 청구할 수 있다($^{상 335}_{의 2 \text{IV}}$).

이에 대하여 주주와 주식의 양수인이 어떠한 청구를 할 것인가에 대하여 선택권을 갖게 되면 특히 대주주와 이사가 결탁하여 주식매수청구권이 악용됨으로써 회사의 자본충실을 해하고 회사채권자에 앞서 출자금을 환급받음으로써 채권자와 다른 주주에게 피해를 줄 수 있다는 이유로 회사가 선택권을 갖는 것으로 해석하여야 된다는 견해가 있다$\left[\begin{smallmatrix}\text{崔}(\text{철}),\\301\end{smallmatrix}\right]$. 바람직하기는 대주주의 경우나 상당한 수량의 주식을 매수하는 경우에 회사의 자본충실을 해하게 될 때에는 매수청구를 하였더라도 양도상대방을 지정하는 방법을 택할 수 있어야 한다고 생각된다. 그러나 상법 제335조의 2 제4항의 구성으로 보아 어떠한 경우에도 회사가 선택권을 갖는 것으로 해석하는 것은 그 해석의 한계를 벗어나는 것이 아닐 수 없다고 본다$\left[\begin{smallmatrix}\text{동}:\ \text{鄭}(\text{동}),\ 226;\\\text{鄭}(\text{찬}),\ 662\end{smallmatrix}\right]$.

2) 주주는 양도승인이 거부된 때에 바로 회사에 **주식매수청구권**을 행사할 수 있다. 주식의 매수청구에 앞서 양도상대방의 지정을 청구하였으나 회사가 지정을 하지 않거나 지정을 하였으나 피지정자가 주식의 매도를 청구하지 않는 때에는 주식양도의 승인이 있는 것으로 보지만($\begin{smallmatrix}\text{상}\ 335\text{의}\\4\ \text{Ⅱ}\end{smallmatrix}$), 당초의 양도승인의 상대방이 주식의 양수를 거절하는 때에는 양도승인거부의 통지를 받은 날로부터 20일이 경과되지 않은 경우에 회사에 대하여 주식의 매수를 청구할 수 있다고 본다. 그러나 주주나 주식의 양수인이 회사에 대하여 양도승인을 청구하였으나 양도승인거부의 통지를 받은 날로부터 20일 내에 회사에 양도상대방의 지정 또는 주식의 매수를 청구하지 않은 때에는 회사에 대한 주식양도승인의 청구를 포기한 것으로 본다$\left[\begin{smallmatrix}\text{동}:\ \text{梁承圭},\\\text{해설},\ 99\end{smallmatrix}\right]$.

3) 주주가 회사에 대하여 주식의 매수를 청구한 경우에 회사는 주주로부터 주식매수의 청구를 받은 날로부터 2월 이내에 그 주식을 매수하여야 한다($\begin{smallmatrix}\text{상}\ 335\text{의}\ 6,\\374\text{의}\ 2\ \text{Ⅱ}\end{smallmatrix}$). 그리고 주식의 매수가액은 주주와 회사간의 **협의**에 의하여야 결정한다($\begin{smallmatrix}\text{상}\ 335\text{의}\ 6,\\374\text{의}\ 2\ \text{Ⅲ}\end{smallmatrix}$). 매수의 청구를 받은 날부터 30일 이내에 매수가액에 대한 협의가 이루어지지 아니한 경우에는 회사 또는 주식의 매수를 청구한 주주는 법원에 대하여 매수가액의 결정을 청구할 수 있다($\begin{smallmatrix}\text{상}\ 335\text{의}\ 6,\\374\text{의}\ 2\ \text{Ⅳ}\end{smallmatrix}$). 법원이 주식의 매수가액을 결정하는 경우에는 회사의 재산상태 기타의 사정을 참작하여 공정한 가액으로 이를 산정하여야 한다($\begin{smallmatrix}\text{상}\ 335\text{의}\ 6,\\374\text{의}\ 2\ \text{Ⅴ}\end{smallmatrix}$).

4. 이사회의 승인 없는 주식양도의 효력

(1) 정관에 의하여 주식의 양도를 제한하고 있는 경우에 이사회($\begin{smallmatrix}\text{이사가 1인 또는 2}\\\text{인인 회사는 주주}\\\text{총회}\end{smallmatrix}$)의 승인이 없이 한 주식의 양도는 회사에 대한 관계에 있어서는 효력이 없다($\begin{smallmatrix}\text{상}\ 335\ \text{Ⅱ}\ \text{단},\\383\ \text{Ⅳ}\end{smallmatrix}$). 그러나 당사자간에는 **유효**하다고 할 것이다$\left[\begin{smallmatrix}\text{동}:\ \text{孫}(\text{주}),\ 651;\ \text{李}(\text{철}),\\295;\ \text{鄭}(\text{동}),\ 228\end{smallmatrix}\right]$.

왜냐하면 주식의 양도를 제한하는 목적은 양도인 이외의 주주의 이익을 보호하기 위한 것이므로, 양수인이 주주의 권리를 행사할 수 없는 한 당사자간의 효력까지 부정할 필요는 없기 때문이다.

(2) 상법이 주식의 양수인에게도 양도승인의 청구를 할 수 있게 한 것($^{\text{상}}_{\text{의 } 6 \, \text{I}}$ ^{335})도 당사자간에는 그 양도가 유효하다는 것을 전제로 한 것이라고 할 수 있다. 그러나 회사에 대한 관계에 있어서는 그 효력이 없으므로 주주의 권리는 양도인이 행사하여야 한다.

[事例演習]

◇ 사 례 ◇

A회사는 정관에 의하여 주식의 양도를 제한하고 있다. 그런데 주주 B가 이사회의 승인을 얻지 아니하고 C에게 양도하였다. A·B·C간의 법률관계는 어떻게 되는가?

그리고 A와 B 사이에 주주 이외의 자에게는 주식을 양도하지 않는다는 특약을 하였으나, B가 주주가 아닌 C에게 주식을 양도한 경우에 법률관계는 어떻게 되는가?

해 설 이 사례의 경우에 상대적 무효설에 의하면 A·B간에는 B가 주주이고, B·C간에는 C가 주주라고 할 수 있다. 그러므로 C의 승인청구를 받아들이면 그에 따라 C는 A와의 관계에서 주주가 된다고 할 것이다. 그러나 승인청구가 거절되었거나 승인청구를 하지 않은 때에는 A는 B를 주주로 취급할 수밖에 없다고 할 것이다.

A·B간의 특약의 내용이 현저하게 부당한 경우가 아닌 한 A·B간의 양도제한특약은 유효하다고 할 것이다. 그러나 그 효력은 당사자간에만 미치고, 제 3 자는 그러한 합의에 대한 선의·악의를 불문하고 유효하게 주식을 취득한다고 본다. 그 결과 A·B간의 특약은 유효하여도 C에 대한 주식의 양도는 유효하다고 할 것이다.

[225] 제 2 契約에 의한 制限

회사의 정관에 주식의 양도를 제한하는 규정이 없거나 있는 경우에도 회사와 주주, 주주 상호간 및 제 3 자와 주주간의 개별적인 계약에 의하여 주식의 양도를 제한하는 것은 가능하다고 본다. 그러나 회사와 주주간의 양도제한에 관한 계약의 내용이 사실상 주식의 양도를 금지하거나 정관으로 주식의 양도를 제한한 경우보다 현저하게 제한하는 것인 때에는 그 계약은 무효라고 할 것이다. 그리고 주주 상호간, 제 3 자와 주주간의 주식의 양도를 제한하는 계약은 당사자간에 채권적 효력밖에 없다. 즉 그 양도는 유효하고 양도인은 다만 손해배상의무나 위약금의 지급의무를 질 뿐이다.

[226]   제 3 商法에 의한 制限

1. 권리주의 양도제한

(1) 권리주란 회사의 성립 전 또는 신주발행의 효력발생 전의 주식의 인수로 인한 권리로서, 주식인수인의 지위를 말한다. 권리주의 양도는 회사에 대하여 효력이 없다($\frac{\text{상}\ 319,}{425}$). 즉 권리주의 양도는 당사자간에 있어서는 유효하지만, 회사에 대하여 그 효력을 주장하지 못하고 회사도 그 양도를 승인할 수 없다는 것이 통설이다. 왜냐하면 사원의 지위는 회사의 설립등기 또는 신주발행의 효력이 생긴 다음에만 성립하기 때문이다.

(2) 이와는 달리 회사가 권리주의 양도를 자발적으로 인정하는 것은 무방하다는 견해도 있으나[$\frac{鄭(희),}{424}$], 이는 법률관계의 집단적 처리와 주주평등의 원칙에 어긋난다고 본다. 그러나 실제에 있어서 권리주는 납입금영수증의 교부에 의하여 거래가 된다.

2. 주권발행 전의 주식의 양도제한

(1) 총   설   1) 회사의 성립 후 또는 신주발행의 효력발생 후라도 주권발행 전에 한 주식의 양도는 회사에 대하여 효력이 없다($\frac{\text{상}\ 335}{\text{II}\ \text{본}}$). 이 경우는 권리주가 아니고 주식인수인이 주주의 지위를 취득한 후이므로 주식의 양도가 보장되어야 하지만, 주권발행 전이므로 사무처리의 번잡을 피하기 위한 이유로 주식의 양도를 제한하고 있다.

2) 회사에 대하여 주식양도의 효력을 주장하려면 주주명부에 명의개서가 되어야 하지만 주권발행 전에는 주주명부를 작성할 수 없기 때문에 명의개서가 불가능하고 주식의 양도는 원칙적으로 주권의 교부로 하여야 되므로($\frac{\text{상}}{336\ \text{I}}$) 주권발행 전의 양도를 제한하는 것이다.

3) 권리주가 아닌 주권발행 전의 주식도 납입금영수증에 의하여 양도할 수 있는데, 이 경우 회사에 대하여는 주권발행청구권의 행사를 위한 대리권을 양수인에게 수여한 것으로 볼 수 있고 당사자간에는 주식양도의 효력이 생긴다고 본다.

(2) 회사성립 또는 납입기일 후 6월 경과 전의 양도   1) 회사의 성립 후 또는 신주의 납입기일 후 6월이 경과되기까지 회사가 주권을 발행하지 않은 경우에는 6월이 경과하기 전에 한 주식의 양도는 회사에 대하여 효력이 없다($_{335\;Ⅲ}^{\;상}$).

> 판례는 「주권발행 전의 주식양수인은 직접 회사에 대하여 주권발행교부청구를 할 수 없음은 물론, 양도인을 대위하여 청구하는 경우에도 주식의 귀속주체가 아닌 자기에게 그 주식을 표창하는 주권을 발행 교부해 달라는 청구를 할 수는 없다」고 하였다[$_{81\;다\;141}^{大\;81.\,9.\,8.}$].

6월 경과 후에도 주권을 발행하지 않았다고 하여 6월 경과 전에 한 주식의 양도가 회사에 대하여 유효한 것으로 되지 않는다고 본다.

2) 이와는 반대로 6월이 경과되기 전에 주권 없이 한 주식의 양도도 6월이 경과됨으로써 하자(瑕疵)가 치유(治癒)되어 회사에 대하여도 유효한 양도가 된다는 것이 다수설이다[$_{鄭(찬),\;643;\;鄭(동),\;232}^{孫(주),\;657;\;李(철),\;307;}$]. 그 이유로 6월이 경과되기 전에 양도한 경우라도 6월이 경과하도록 주권을 발행하지 않은 때에는 6월이 경과한 후 양도절차만 반복하면 될 것인데 양도당사자를 번거롭게 할 필요가 없기 때문이라고 한다. 그리고 이러한 해석이 1984년의 개정상법 부칙 제 6 조의 취지에도 부합한다는 이유를 들고 있다.

3) 그러나 6월이 경과되기 전의 주식의 양도가 6월이 경과하여도 회사가 주권을 발행하지 않는 때에는 하자가 치유되어 회사에 대하여 유효하게 되고, 6월의 경과와 동시에 또는 그 이전에 주권을 발행한 때에는 회사에 대한 관계에 있어서 무효가 된다고 한다면, 회사가 언제 주권을 발행하느냐에 따라 주식양도의 효력이 좌우됨으로써 법률관계의 불안정을 초래하게 될 것이고 6월이 경과되기 전의 주권 없는 주식의 양도를 조장할 우려가 있다.

(3) 회사성립 또는 납입기일 후 6월 경과 후의 양도($^{주권발행}_{전의\;경우}$)   1) 회사가 그 성립 후 또는 신주의 납입기일 후 6월이 경과하도록 주권을 발행하지 않은 때에는, 이후 주권 없이 당사자간에 의사표시만으로 한 주식의 양도는 회사에

대하여 효력이 있다($\frac{상}{III} \frac{335}{단}$)[$\frac{大 88.10.11,\ 87 누 481;\ 大 91.8.13,}{91 다 14093;\ 大 96.6.25,\ 96 다 12726}$]. 여기서 6 월이란 기간은 회사가 주권을 발행하여 주주에게 교부할 수 있는 합리적 기간으로 본 것이다.

2) 이 경우에 주권 없이 주식을 양수한 자는 회사에 대하여 주식의 양도를 증명함으로써 명의개서를 청구할 수 있고, 이에 대하여 회사가 명의개서를 한 때에는 면책된다($\frac{이\ 경우에\ 명의개서는\ 주권에\ 관한\ 사항이}{기재되지\ 않은\ 주주명부에\ 하여야\ 한다}$). 이 규정은 이 법의 시행 전에 회사성립 또는 납입기일 후 6 월이 경과한 후에 주권의 발행 없이 이루어진 주식의 양도에 관하여도 이를 적용한다($\frac{상법}{부칙} 6$).

3. 자기주식의 취득

(1) **총   설**   종래에는 회사가 발행한 주식을 회사가 취득하는 것을 원칙적으로 금지하였고 예외적인 경우에만 허용하였다($\frac{구상}{341}$). 종래에 자기주식의 취득을 금지한 것은 이를 허용하게 되면 여러 가지의 폐해가 생길 수 있으므로 이를 예방하기 위한 정책적 목적에 의한 것이었다.

폐해란 i) 회사의 자본금으로 자기주식을 유상으로 취득하게 되면 자본금을 환급하는 결과가 되므로 기업의 유지와 회사채권자의 지위를 불안정하게 할 수 있고, ii) 자기주식의 취득을 인정하면 이사 등의 내부자에 의한 주가의 조작 등에 의하여 투기행위를 할 우려가 있다. iii) 회사가 일부의 주주로부터 자기주식을 취득하거나 주주들로부터 각기 다른 가격으로 자기주식을 취득하게 되면($\frac{예:\ 영향력\ 있는\ 주주로부}{터\ 고가로\ 매입하는\ 경우}$) 기회의 불평등과 대가의 불공정으로 인하여 주주평등의 원칙에 반하게 되는 경우 등을 말한다.

그러나 상법개정안(2007)은 자기주식의 취득을 원칙적으로 허용하면서 다만 그 절차·방법 및 취득재원만을 규제하고 있을 뿐이다.

(2) **경제적 효용**   회사는 여러 가지의 목적으로 자기주식을 취득하는 경우가 있다. 주식의 가치인 주식의 시장가격을 상승시키기 위한 목적으로 취득한다. 즉 회사가 자기주식을 취득함으로써 시장에서 유통되는 주식의 수가 감소하고, 자기주식에 대하여는 의결권이 없고 이익배당도 하지 않으므로 주식의 가치를 상승시킨다. 한편 주가가 혼미상태인 경우에 주가의 대책으로 자기주식을 취득하기도 한다.

(3) **취득방법과 재원규제**

1) **취득방법**   회사는 i) 거래소의 시세 있는 주식의 경우에는 거래소에서 취득할 수 있고, ii) 상법 제344조 제 1 항의 상환주식의 경우를 제외하

고, 각 주주가 가진 주식수에 따라 균등한 조건으로 취득하는 것으로서 대통령
령이 정하는 방법에 의하여 자기의 명의와 계산으로 자기의 주식을 취득할 수
있다($상 \atop I \, 341 \atop 본문$).

2) **재원규제**　⑺ 자기주식의 취득가액의 총액은 직전 결산기의 대차
대조표상의 순자산액에서 상법 제462조 제 1 항 각호의 금액을 공제한 액을 초
과하지 못한다($상 \atop I \, 341 \atop 단서$). 그러므로 회사는 당해 영업연도의 결산기에 대차대조표
상의 순자산액이 상법 제462조 제 1 항 각호의 금액의 합계액에 미치지 못할
우려가 있는 때에는 자기주식의 매수를 하여서는 아니된다($동조 \atop III$).

⑴ 당해 영업연도의 결산기에 대차대조표상의 순자산액이 상법 제462조
제 1 항 각호의 금액의 합계액에 미치지 못함에도 불구하고 회사가 자기주식을
취득한 경우 이사는 회사에 대하여 연대하여 그 미치지 못한 금액을 배상할
책임이 있다. 그러나 상법 제341조 세 3 항의 우려가 없다고 판단함에 있어 주
의를 게을리하지 아니하였음을 증명한 때에는 그 책임을 면한다($동조 IV, 462의 \atop 3 \, IV \, 단서$).

⑷ **취득절차**　자기주식을 취득하고자 하는 회사는 미리 주주총회의
결의로 i) 취득할 수 있는 주식의 종류 및 수, ii) 취득가액의 총액의 한도, iii)
1년을 초과하지 않는 범위에서 자기주식을 취득할 수 있는 기간을 결정하여야
한다. 다만 이사회의 결의로 이익배당을 할 수 있다고 정관에서 정하고 있는
경우에는 이사회의 결의로 주주총회의 결의를 갈음할 수 있다($상 \atop 341 \, II$).

⑸ **특정목적에 의한 자기주식의 취득**　회사는 i) 회사의 합병 또는
다른 회사의 영업전부의 양수로 인한 때, ii) 회사의 권리를 실행함에 있어서
그 목적의 달성을 위하여 필요한 때, iii) 단주의 처리를 위하여 필요한 때, iv)
주주가 주식매수청구권을 행사한 때, 이사 등이 주식매수선택권을 행사하는
경우 등에는 상법 제341조의 규정에 의하지 않고 자기의 주식을 취득할 수 있
다($상 341 \atop 의 2$).

1) **합병·영업양수의 경우**　합병 또는 다른 회사의 영업 전부를 양수
하는 경우에 소멸회사가 존속회사의 주식을 소유하고 있는 때에는 존속회사는
그 자기주식을 취득할 수 있고, 영업 전부를 양수하는 회사는 양도회사가 소유
하는 자기주식을 취득할 수 있다($상 341의 \atop 2(2)$). 이 경우에 자기주식의 취득을 인정하
는 이유는 합병과 같은 포괄승계나 영업전부를 양수하는 때에 유독 자기주식
만을 제외시키는 것은 무의미하고 그 취득에 의한 폐해가 생길 염려가 없기
때문이다.

2) 권리의 실행을 위한 경우 　　(가) 회사의 권리를 실행함에 있어 그 목적을 달성하기 위하여 필요한 때에는 자기주식의 취득을 인정한다($\frac{상341의}{2(3)}$). 이 경우에 강제집행이나 소송상의 화해 또는 대물변제에 의한 자기주식의 취득은 채무자에게 다른 재산이 없는 경우에만 인정되고 이는 회사가 입증하여야 한다$\left[\begin{smallmatrix}大\ 77.3.8,\\76\ 다\ 1292\end{smallmatrix}\right]$.

(나) 판례는 상법 제341조의 2 제 3 호에 의한 자기주식의 취득은 채무자에게 회사의 주식 이외에 다른 재산이 없는 때에만 인정된다는 입장이지만 다른 재산이 있다 하여도 채무의 변제를 위하여 부족하거나 환가를 위하여 상당한 기간이 소요되는 경우에는 자기주식의 취득을 허용하여야 된다고 본다.

3) 단주처리의 경우 　　단주의 처리를 위하여 필요한 때에는 자기주식의 취득이 인정된다($\frac{상341의}{2(4)}$).

4) 주주가 주식매수청구권을 행사하는 경우 　　상법에 의하면 주주가 상법 제374조의 2 제 1 항, 제522조의 3, 제530조의 11 제 2 항, 제335조의 7 에 의하여 주식매수를 청구하는 때에는 자기주식의 취득이 인정된다($\frac{상341의}{2(5)}$).

(6) 자기주식의 무상취득 　　회사는 증여·유증(遺贈) 등에 의하여 자기주식을 무상으로 취득할 수 있다. 이 경우는 회사의 자본적 기초를 위태롭게 하거나 회사채권자와 주주의 이익을 해한다고 할 수 없기 때문이다$\left[\begin{smallmatrix}大\ 96.6.25,\\96\ 다\ 16919\end{smallmatrix}\right]$.

　　판례는 회사의 대표이사가 개인적인 채무의 변제를 위하여 회사명의로 발행한 약속어음이 부도처리된 후 어음소지인들이 회사를 상대로 어음금청구소송을 제기하여 그 해결방안으로 대표이사직을 사임하면서 그가 보유한 회사의 주식을 회사에 양도한 사안에서 회사는 자기주식을 무상취득한 것이라고 하였다$\left[\begin{smallmatrix}大\ 96.6.25,\\96\ 다\ 16919\end{smallmatrix}\right]$. 그러나 위 판례의 경우에 대표이사는 개인적인 채무의 변제를 위하여 회사에 막대한 손해를 초래케 한 회사의 채무자라고 할 수 있는데 그 채무자인 대표이사로부터의 채무의 변제를 위하여 취득한 주식을 증여와 동시하여 무상취득으로 볼 수 있는가 하는 것은 의문이다$\left[\begin{smallmatrix}拙稿,\ 判例評釋,\ 法律\\新聞(97.2.3),\ 14면\end{smallmatrix}\right]$.

(7) 기타 자기주식의 취득

1) 매수위탁에 의한 취득 　　(가) 위탁매매인인 증권회사 등이 매수위탁의 실행으로서 위탁자의 계산으로 자기주식을 취득할 수 있다. 이 경우는 자기명의로 타인의 계산으로 자기주식을 취득하기 때문이다.

(나) 매수위탁에 의한 취득은 매수위탁자와 위탁매매인 사이에 위탁매매계약이 성립한 경우에만 가능하다.

2) 신탁에 의한 취득   회사가 자기주식을 신탁재산으로 받는 때에는 회사의 자산에는 영향을 미치지 않고 위탁자의 계산으로 취득하게 되므로 자기주식의 취득이 인정된다.

⑻ 자기주식취득규제위반의 효과

1) 취득행위의 효과   취득규제의 규정($\frac{상}{341}$)에 위반한 취득행위의 효과에 관하여는 무효설·상대적 무효설·유효설이 있다.

㈎ 무 효 설   자기주식의 취득규제에 위반하여 자기주식을 취득한 행위는 무효라고 하는 것이 다수설이고$\left[\begin{smallmatrix}동: 徐(돈), 345; 金(용), 338; 鄭(동), 236;\\李(기), 489; 鄭(찬), 647; 李·崔, 270\end{smallmatrix}\right]$ 판례의 입장이다$\left[\begin{smallmatrix}大 64.11.12,\\64 마 719\end{smallmatrix}\right]$. 상법 제341조는 이론적 이유보다는 회사와 회사채권자 및 주주 그리고 일반투자자 등의 이익을 보호한다는 정책적 이유에 의하여 법정된 강행법규일 뿐만 아니라, 이 규정을 위반한 경우는 다수 이해관계자의 이익을 해할 우려가 있으므로, 이 규정에 위반한 취득행위는 양도인의 선의·악의를 불문하고 무효라고 함이 타당하다. 그 결과 무효의 주장은 누구라도 할 수 있으나 양도인은 특별한 사정이 있는 경우가 아니면 그 무효를 주장할 수 없다고 본다. 왜냐하면 자기주식취득을 금지하는 입법취지는 회사와 회사채권자 및 일반주주 등의 이익을 보호하는 데 있을 뿐만 아니라, 양도인에 의한 무효의 주장을 인정하게 되면 양도 이후에 주가가 상승한 경우에 무효를 주장하여 투기행위를 할 우려가 있기 때문이다.

㈏ 상대적 무효설   이는 기본적으로 무효설의 입장이면서 거래의 안전을 위하여 예외가 인정되어야 한다는 것이다. 이 견해는 다시 세 가지의 입장으로 갈리는데 i) 타인의 명의로 회사의 계산으로 취득하는 경우에는 양도인에게 악의가 없는 한 유효하다는 설$\left[\begin{smallmatrix}孫(주), 713; 梁·朴,\\336; 林(홍), 259\end{smallmatrix}\right]$과, ii) 양도인은 선의·악의를 불문하고 무효를 주장하지 못하고, 회사·회사채권자·주주도 양도인에게 악의가 없는 한 무효를 주장하지 못한다는 설이 있다$\left[\begin{smallmatrix}鄭(희), 426;\\權(기), 466\end{smallmatrix}\right]$. 그리고 iii) 자기주식의 취득은 양도인의 선의·악의를 묻지 않고 무효이지만 선의의 제3자$\left(\begin{smallmatrix}전득자·압류\\채권자 등\end{smallmatrix}\right)$에게는 대항하지 못한다는 설이 있다$\left[\begin{smallmatrix}李(철),\\316\end{smallmatrix}\right]$.

그러나 i)설에 의하면 회사가 타인명의로 자기주식을 취득한 경우는 양도인의 악의를 입증한다는 것이 곤란하므로 타인명의에 의한 자기주식의 취득은 사실상 모두 유효하게 되는 문제가 있고, ii)설에 의하면 회사·회사채권자·주주도 양도인의 악의를 입증하지 못하는 한 무효를 주장할 수 없게 되어 회사를 비롯한 다수 이해관계자의 이익을 해할 우려가 있다. iii)설은 주식의 전득자나 압류채권자를 보호한다는 점에 장점이 없는 것은 아니나 무효설이 타당하다고 본다.

㈐ 유 효 설　　이는 종래의 **자기주식의 취득금지규정**을 **명령적 규정**에 불과하다고 보아 그 취득행위 자체는 유효하고 이사의 **손해배상책임**이 생길 뿐이라고 한다[朴·李, 206; 姜(위),; 289; 蔡(이), 467]. 이 견해는 타인명의로 자기주식을 취득한 경우에는 거래의 안전을 도모할 수 있다는 장점이 있지만, 모든 취득행위를 유효라고 보는 것은 자기주식의 취득을 금지하는 입법취지에 어긋나는 입장이라고 할 수 있다.

2) 이사의 손해배상책임　　취득규제규정에 위반한 자기주식의 취득으로 인하여 회사에 손해가 있는 때에는 이사는 연대하여 손해배상의 책임이 있고($_{399}^{상}$), 더욱이 악의 또는 중대한 과실이 있는 때에는 제3자($_{사채권자 등}^{주주 또는 회}$)에 대하여도 연대하여 손해배상책임을 진다($_{401}^{상}$). 감사 또는 소수주주권자는 이사에 대하여 그 취득행위의 유지를 청구할 수 있고($_{402}^{상}$), 취득행위로 인하여 발생한 손해에 대하여 소수주주권자는 대표소송에 의하여 이사의 책임을 추궁할 수 있다($_{403}^{상}$).

3) 형벌의 제재　　자기주식의 취득규제의 규정에 위반한 이사 등의 행위에 대하여는 형벌의 제재가 있다($_{625(2)}^{상}$).

⑼ 자기주식의 지위

1) 사원권의 휴지　　㈎ 상법에는 자기주식은 의결권이 없다는 규정($_{369Ⅱ}^{상}$)만이 있을 뿐이고, 다른 공익권과 자익권에 대하여는 아무런 규정이 없다. 그러나 독일주식법에서는 자기주식에 대하여는 아무런 권리도 없다는 것을 명백히 하고 있다($_{71b}^{동법}$). 우리의 경우는 명문의 규정은 없으나 **의결권**뿐만 아니라 기타 모든 **사원권**도 행사할 수 없다는 것이 통설이다. 즉 모든 사원권은 휴지(Ruhen)하는 것이다. 그러므로 회사가 보유하는 자기주식은 다만 양도가능한 목적물로서의 의미가 있을 뿐이다. 그러나 회사로부터 자기주식을 양수한 자는 모든 사원권을 행사할 수 있게 된다.

㈏ 상법에는 독일주식법과 같은 명문의 규정($_{215Ⅰ}^{동법}$)은 없으나, 회사가 준비금의 자본전입에 의하여 무상주를 교부하는 경우에는 예외적으로 자기주식도 그 교부의 대상이 되어야 할 것이다($_{참조}^{독주 215}$)[동: 林(홍), 260;; 權(기), 472]. 회사의 자기주식에 대한 무상주의 교부를 반대하는 **학설**의 입장을 보면 i) 자기주식의 보유는 비정상적이고 극히 예외적이며 일시적인 것에 불과하므로 정상적인 주주에게 인정되는 비례적 이익을 자기주식에까지 인정할 것은 아니라고 한다[李(철),; 319].

ii) 회사가 무상주를 교부받지 못하여 일실하는 이익은 그것을 처분하여 주주들에게 귀속시키는 것이 바람직하기 때문이라고 하며 준비금의 자본전입은 잉여금의 처분이므로 이익배당과 같이 인정되어서는 안 된다고 한다[李(철), 319; 鄭(동), 238].

그러나 i)의 이유는 타당하지 못하다. 왜냐하면 증권거래법에 의하면 주권상장회사는 배당가능이익(상 462 I)의 한도 안에서 대통령령이 정하는 금액 이하에 상당하는 자기주식을 취득하여 장기간 보유할 수 있는데(증거 189 의 2 I (1)), 자기주식의 취득을 비정상적이고 예외적이며 일시적으로 인정된다고 하는 것은 적어도 주권상장회사에 대하여는 타당한 근거가 될 수 없기 때문이다. ii)의 이유도 합당하지 못하다. 준비금의 자본전입은 단순한 잉여금의 처분으로 보아서는 안 된다고 본다. 준비금의 자본전입은 잉여금을 재원으로 하는 임의준비금으로 할 수 없고 법정준비금으로만 가능한 것이기 때문이다. 또한 통설과 판례는 자기주식의 무상취득을 인정하는데 회사의 자기주식에 대한 무상주의 교부는 회사로서는 무상취득과 다를 바 없고 무상주의 교부는 주식의 분할이라고 할 수 있는데, 회사의 자기주식에 대하여는 무상주를 교부할 수 없다면 주권상장법인의 경우에 일정한 범위에서 자기주식의 취득을 인정한 입법취지에도 어긋난다고 할 것이다[權(기), 472]. 더욱이 상법개정안(2007)이 원칙적으로 자기주식의 취득을 허용하고 그 보유도 할 수 있게 하였다는 점에서 자기주식에 대한 무상주의 교부는 당연하다고 할 것이다.

(대) 그리고 i) 자기주식에 대하여 이익배당이 가능하다는 설[徐(정), 주석상 법총람, 267]과, ii) 자기주식에 대하여 이익배당청구권과 잔여재산분배청구권이 인정된다는 설[璧·姜, 294]이 있다. 그러나 회사는 이익배당이나 잔여재산의 분배에 관한 의안을 작성함에 있어서 미리 자기주식은 제외시킴으로써 그만큼 더 기타의 주주들에게 이익이나 잔여재산이 귀속되게 하여야 한다.

2) 회계처리　　자기주식은 대차대조표상 기타 유동자산으로 기재된다. 그러나 주식의 소각을 위하여 자기주식을 취득한 경우에는 자본에서 차감하는 형식으로 기재한다.

⑽ 자기주식의 처분　　회사가 보유하는 자기의 주식을 처분하는 경우에 i) 처분할 주식의 종류와 수, ii) 처분할 주식의 처분가액과 납입기일에 관하여 정관에 규정이 없는 것은 이사회가 결정한다(상 342 I), 이 경우에는 상법 제417조 내지 제419조, 제421조 내지 제422조, 제423조 제 2 항 및 제 3 항, 제424조, 제424조의 2, 제427조 내지 제432조의 규정은 제 1 항의 경우에 이를 준용한다(동조 Ⅲ).

4. 주식의 상호소유금지와 제한

(1) 상호소유의 의의·유형   주식의 상호소유란 협의로는 2개의 회사
가 서로 상대방회사의 주식을 교환적으로 소유하는 것을 말한다. 예컨대 A회
사는 B회사의 주식을, B회사는 A회사의 주식을 소유하는 것이다.

　　광의로는 2개 이상의 회사가 순차적으로 타회사의 주식을 소유하여 자본적으
로 참가하는 삼각형 또는 원형적 자본참가를 포함한다. 예컨대 A회사는 B회사의
주식을, B회사는 C회사의 주식을, C회사는 D회사의 주식을, D회사는 A회사의 주
식을 소유하는 것이다. 이 경우에는 2개 회사간에 주식의 교환적 상호소유관계는
생기지 않는다. 이 밖에도 행렬식(Matrix) 자본참가도 있다. 예컨대 A·B·C·D
등 4개의 회사가 있는 경우에 A회사는 B회사·C회사·D회사의 주식을, B회사는
기타 3개 회사의 주식을, C회사는 기타 3개 회사의 주식을, D회사는 기타 3개 회
사의 주식을 소유함으로써 4개 회사가 결합하고 있는 것이다.

그러나 상법은 협의의 상호소유라고 할 수 있는 2개의 주식회사간의 교환
적 상호소유관계만을 기준으로 하여 규제하고 있을 뿐이고, 유한회사간이나
주식회사와 유한회사간의 상호소유도 규제하지 않고 있다.

(2) 주식취득의 통지의무

1) 의   의   (개) 상법에 의하면 회사(A)가 다른 회사(B)의 주식을
발행주식총수의 10분의 1을 초과하여 취득한 때에는 그 다른 회사(B)에 대하
여 지체없이 이를 통지하여야 한다($\frac{상}{의3}342$). 통지의무발생의 기준을 발행주식총
수의 10분의 1을 초과하는 주식을 취득한 경우로 정한 것은, A회사가 B회사
의 주식을 10분의 1을 초과하여 취득한 때에는 B회사가 A회사 주식의 10분
의 1 이하를 소유하는 경우 B회사는 A회사의 주식에 대하여 의결권을 행사할
수 없게 되기 때문이다($_{369}^{상}$ Ⅲ). 그러므로 A회사도 B회사의 총회에서 의결권을
행사할 수 없도록 하려면 B회사도 A회사의 주식을 발행주식총수의 10분의 1
을 초과하여 취득하여야 될 것이다. 즉 이와 같은 조치를 가능하게 하기 위하
여 통지의무에 관한 규정이 신설된 것이다.

(내) 그런데 A회사가 B회사의 주식을 50%를 초과하여 소유하게 되면 B는
A의 자회사로 전락하게 되고 자회사가 되면 모회사의 주식을 취득할 수 없게
되어($_2^{상}$ $_1^{342의}$) B회사는 통지를 받아도 아무런 조치도 취할 수 없게 된다는 문
제가 있다. 즉 50% 이하의 주식을 취득하였다는 통지가 있으면 동시에 B회사

도 A회사의 주식을 취득함으로써 자회사가 되지 않도록 조치를 취할 수 있을
것이지만, A회사가 일시에 50%를 초과하는 주식을 취득한 때에는 B회사에게
는 치명적인 일이 될 것이기 때문이다.

　2) 통지의무의 발생　　㈎ 회사(A)가 다른 회사(B)의 발행주식총수의
10분의 1을 초과하는 주식을 단독으로 소유하는 경우뿐만 아니라, A회사와
A의 자회사가 B회사의 주식을 10분의 1을 초과하여 소유하는 때에도 그 모
회사(A)는 통지의무를 진다고 할 것이다. 또한 A회사 또는 A의 자회사의 계
산으로 제3자가 B회사의 주식을 취득한 때에도 A회사가 그 주식의 양도를
청구할 수 있는 때에는 A회사가 소유하는 경우와 같다고 본다($\substack{독주\ 22 \\ (1)\ 참조}$).

　㈏ A회사가 예컨대 B회사의 주식 12%를 취득한 후 통지를 하였으나 명
의개서와 관계 없이 그 중 일부를 다시 처분하여 10분의 1 이하가 된 때에도
통지를 하여야 되는가 하는 문제가 있다. 독일주식법에서는 이 경우에도 지체
없이 통지를 하도록 하고 있으나($\substack{독법 \\ 20\ V}$) 우리의 경우는 아무런 규정이 없다. 그
러나 이 경우에도 통지의무를 진다고 할 것이다. 왜냐하면 상대 회사가 불필요
한 조치를 취하도록 방치하는 것은 통지의무를 법정한 입법취지에 어긋나기
때문이다.

　㈐ 타인의 주식을 신탁받은 경우도 의결권의 행사가 가능하다는 이유로
통지를 하여야 하고 주주들로부터 의결권의 대리권을 취득한 때에도 통지의무
에 관한 규정을 유추적용해야 한다는 견해도 있으나[$\substack{추(철), \\ 336}$], 의결권을 대리행
사하는 경우는 그 대리행사하는 주식이 상대 회사주식의 10분의 1을 초과하
여도 통지의무는 없다고 할 것이다[$\substack{大\ 2001.\ 5.\ 15, \\ 2001\ 다\ 12973}$].

　3) 통지의 시기·방법　　㈎ 통지는 다른 회사(B)의 주식을 10분의 1
을 초과하여 취득한 때 지체없이 하여야 한다($\substack{상 342 \\ 의 3}$). 명의개서와는 관계 없이
지체없이 하여야 한다. 그러므로 B회사의 주식 중 100분의 9에 대하여는 명
의개서를 하였더라도 주식을 추가로 취득하여 100분의 10을 초과하는 때에는
지체없이 통지를 하여야 한다.

　㈏ 통지의 방법에 관하여는 아무런 규정이 없으므로 어떠한 방법으로도
가능하다고 할 것이다[$\substack{동: \\ (철),}$ $\substack{추 \\ 334}$]. 그리고 통지의무를 지는 회사가 통지의무의 이
행에 대한 입증책임을 진다. 그런데 명의개서의 청구는 통지의 한 방법이 된다
고 보는 견해도 있다[$\substack{추(철), \\ 334}$]. 그러나 명의개서의 청구는 다른 회사주식의 100
분의 10을 초과하여 취득한 때에 지체없이 한 때에만 통지의 한 방법이 될 수

있다고 할 것이다.

4) 의무위반의 효과   통지의무를 해태한 때에는 위의 예에서 A회사 또는 그 자회사, A회사와 그 자회사의 계산으로 주식을 취득한 자는 의결권을 행사할 수 없다고 할 것이다. 그러므로 통지를 하지 않고 의결권을 행사하였다면 그 결의는 취소할 수 있다고 본다. 그러나 의결권을 행사하지 않았더라도 결의의 결과에 영향을 미칠 수 없었을 때에는 예외라고 본다.

(3) 상호소유의 이점과 폐해   ㈎ 회사는 타회사와 주식을 상호소유함으로써 회사지배의 안정화를 통하여 생산재의 확보나 시장의 확대를 도모할 수 있고, 재벌산하기업간의 횡적인 결합이 강화될 수 있으며, 기업간의 경영정보의 교환 및 기술제휴 등을 용이하게 하는 이점도 있다.

㈏ 반면에 주식의 상호소유는 i) 2개의 회사가 실질적인 출자를 함이 없이 서로 상대방의 주주가 되어 **자본의 공동화현상**(空洞化現象)을 야기한다. 예컨대 자본금이 각각 1억원인 2개의 회사가 각기 1억원을 증자하여 서로 상대방에게 주식을 인수시키는 경우에, A회사는 B회사에 1억원을 납입하고 B회사는 이 납입금을 다시 A회사에 인수대금으로 납입하게 되면, A와 B회사에는 한푼의 자금도 유입된 바가 없이 주식수만 2배로 증가하고 양 회사의 주식은 1주당의 실질가치가 반감되어 주주와 회사채권자의 이익을 해할 수 있다. ii) 주식의 상호소유에 의하여 회사의 경영자가 타회사의 주주총회에서 강력한 영향력을 행사하여 일반주주의 이익을 해할 수 있다. iii) 모회사주식의 주가를 조작하기 위한 투기행위가 자행될 위험성이 있다.

(4) 자회사의 모회사주식의 취득금지

1) 모·자회사의 기준   ㈎ 상법은 자회사에 의한 모회사주식의 취득을 금지하였고 모회사를 실질적인 지배종속관계가 아니라 소유주식의 수만을 기준으로 하여 법정하고 있다. 즉 자회사는 자기회사의 발행주식총수의 100분의 50을 초과하는 주식을 가진 회사(이하 모회사라 한다)의 주식을 취득할 수 없다(상 342의 2 I). 즉 다른 회사(B)가 발행한 주식총수의 100분의 50을 초과하는 주식을 가진 회사(A)를 B의 모회사라 하고 B는 A의 자회사라 한다.

㈏ 또한 B회사가 또 다른 회사(C)가 발행한 주식총수의 100분의 50을 초과하여 소유하는 경우에 C회사는 B의 자회사인 동시에 A의 자회사가 된다(상 342의 2 Ⅲ). 즉 C회사는 A의 손자인 지위에서 또한 A의 자회사로 의제된다. 그리하여 C회사는 B의 주식뿐만 아니라 A의 주식도 취득하지 못다. 그런데 예

컨대 C회사가 D의 모회사가 되고 D회사가 E의 모회사가 되는 등으로 무제한 계속되는 경우에도, 최후의 자회사는 자기의 전자인 모든 모회사의 주식을 취득할 수 없는 것인가 하는 문제가 있다.

(다) 이에 대하여는 상법 제342조의 2 제 3 항의 문언에 비추어 C회사까지만 자회사로 의제된다는 설[李(철), 327; 鄭(찬), 289]과, A의 증손자격인 D회사까지 자회사로 의제하여 D회사는 A·B 및 C의 주식을 취득하지 못한다는 설이 있다[孫(주), 662]. 모·자회사간의 주식의 상호소유를 금지하는 입법취지에서 볼 때 그로 인한 폐해가 야기될 우려가 있는 한 C회사 이후에 계속되는 모자관계에도 적용된다고 본다.

(라) 상법은 다른 회사의 발행주식총수의 100분의 50을 초과하는 주식을 1 개회사가 단독으로 소유하는 경우뿐만 아니라 모회사 및 자회사가 가지고 있는 경우에도 그 다른 회사는 그 모회사의 자회사로 본다(상 342의 2 Ⅲ). 즉 모회사(A)와 자회사(B)가 소유하는 다른 회사(C)의 주식의 합계가 그 다른 회사(C)의 발행주식총수의 100분의 50을 초과하는 경우는 다른 회사(C)는 그 모회사(A)의 자회사로 보아 C회사는 A의 주식을 취득하지 못한다.

(마) A와 B 또는 A·B 및 C가 다른 회사(D)의 발행주식총수의 100분의 50을 초과하여 가지고 있는 경우에 D회사는 A의 자회사가 된다.

2) 주식소유의 기준   모회사주식의 소유는 소유명의와는 관계 없이 실질적인 소유관계를 기준으로 하며, 상법 제342조의 2 제 1 항의 발행주식의 총수에는 자기주식과 의결권 없는 주식이 모두 포함된다. 이와는 달리 의결권 없는 주식은 회사지배와 무관하다는 이유로 제외된다는 견해도 있다[李(철), 325]. 그러나 자기주식도 양도하면 양수인의 의결권행사가 가능하고 의결권 없는 주식도 소정의 배당을 못하면 의결권이 부활하므로 이들을 제외시킬 이유가 없고, 우리 나라의 모·자회사는 일본이나 독일과는 달리 반드시 지배종속관계를 전제로 하고 있지 않으므로 의문이다.

3) 취득금지   자회사는 모회사의 주식을 원칙적으로 취득하지 못한다. 자기의 명의뿐만 아니라 타인명의로도 자기의 계산으로는 취득하지 못한다. 또한 모회사의 의결권 없는 주식이나 상환주식도 취득하지 못한다고 본다. 그리고 자회사는 모회사의 전환사채(상 513)나 신주인수권부사채(상 516의 2)를 갖고 있는 경우에도 전환권이나 신주인수권의 행사로 모회사의 주식을 취득하지 못한다[동: 孫(주), 「고시계」, 84. 6, 32; 李(철), 326; 李(기), 492].

4) 예외적 취득과 처분

(개) **취득금지의 예외**　　　a) 자회사는 원칙적으로 모회사의 주식을 취득할 수 없으나 다음의 경우에 예외적 취득이 인정된다. i) 주식의 포괄적 교환·포괄적 이전, 회사의 합병 또는 다른 회사의 영업전부를 양수한 때, ii) 회사의 권리를 실행함에 있어 그 목적을 달성하기 위하여 필요한 때에는 담보권의 실행에 의하여 모회사의 주식을 취득할 수 있다($^{상}_{의}$$^{342}_{2\,Ⅰ}$). 이 밖에도 명문의 규정은 없으나 자회사에 의한 모회사주식의 무상취득은 가능하다고 본다. 왜냐하면 이 경우는 자본공동화(資本空洞化)의 우려가 없고 의결권이 인정되지 않으므로($_{369}^{상}_{Ⅲ}$) 폐해가 야기될 염려가 없기 때문이다. 또한 모회사의 주식을 자회사가 위탁매매인으로서 매수위탁의 실행으로 취득하거나, 또는 신탁재산으로 취득하는 것은 인정된다[$^{동:\;李(철),\;326;}_{鄭(동),\;242}$].

　　　b) 자회사는 모회사의 주식을 취득할 수 없으나 자회사는 모회사의 주식을 질권의 목적으로 수취하는 것은 가능하다는 견해가 있으나[$^{鄭(희),\;431;\;徐(돈),}_{350;\;李(기),\;492}$], ·
모회사주식의 질취를 인정하는 것은 모회사주식의 취득을 금지한 입법취지에 반한다고 할 수 있으므로 이 또한 할 수 없다고 본다[$^{동:\;李}_{(철),\;326}$].

　　　(내) **모회사주식의 처분**　　　자회사가 예외적으로 취득한 모회사의 주식은 취득한 날로부터 6월 이내에 처분하여야 한다($^{상}_{의}$$^{342}_{2\,Ⅱ}$). 무상취득의 경우도 같다. 즉 자기주식의 경우에 「상당한 시기」에 처분하여야 되는 것과($_{342}^{상}$) 다르다. 이사가 6월 이내에 처분하지 않는 경우는 벌금형의 제재를 받는다($^{상}_{의}$$^{625}_{2}$).

　　　(다) **모회사주식의 지위**　　　자회사가 예외적으로 취득한 모회사의 주식에 대하여는 의결권뿐만 아니라 기타의 공익권과 자익권도 인정되지 않는다고 본다[$^{鄭(동),\;243;}_{鄭(찬),\;653}$]. 다만 준비금의 자본전입에 의한 무상주의 교부를 받는 것은 주식의 무상취득과 같고 무상주의 교부는 주식의 분할로 볼 수 있으므로 예외라고 할 것이다.

5) 취득금지위반의 효과

(개) **사법상의 효과**　　　a) 취득금지에 위반한 자회사의 모회사주식의 취득은 무효이지만 양도인에게 악의가 없으면 유효하다는 **상대적 무효설**이 있다[$^{孫(주),}_{601}$]. 이에 의하면 회사가 무효를 주장하려면 양도인의 악의를 입증하여야 되는데, 자회사와 모회사는 각기 다른 회사이므로 양도인의 악의를 입증한다는 것은 사실상 곤란하여 대부분의 경우에 그 취득이 유효하게 될 수 있다는

문제가 있다.

b) 자기주식취득의 경우와 달리 취득 자체가 무효가 되는 것은 아니고 양도인이 악의인 경우에 한하여 취득의 원인행위만을 무효로 다툴 수 있다는 견해도 있으나[鄭(희), 431'], 자회사에 의한 모회사주식의 취득은 자기주식의 경우와 마찬가지로 **무효**로 봄이 타당하다[同: 徐(돈), 350; 鄭(동), 242; 鄭(찬), 653]. 그러나 자기주식의 취득금지를 위반한 경우와 마찬가지로 양도인은 그 무효를 주장하지 못한다고 할 것이다. 자회사가 취득금지를 위반한 경우에 이사의 책임은 자기주식의 취득금지를 위반한 경우와 같다[437면 이하 참조].

(나) **벌 금 형**　　자회사가 취득금지에 위반하여 모회사의 주식을 취득한 때에는 이사는 2천만원 이하의 벌금형의 제재만을 받는다(상 625 의 2).

제 3 항　株式의 讓渡方法

[227] 제 1 總　　說

주식은 무기명주식뿐만 아니라 기명주식도 단순한 주권의 교부만으로 양도할 수 있다(상 336 I). 즉 주식의 양도는 양도의 의사표시와 주권의 교부만으로 할 수 있다.

[228] 제 2 讓渡方法

I. 주권발행 전의 양도

(1) 주권이 발행되기 전이라도 당사자간에 있어서는 의사표시만으로 유효하게 주식을 양도할 수 있다. 다만 회사성립 후 또는 신주의 납입기일 후 6월이 경과하기 전에 회사가 주권을 발행하지 않아서 주권 없이 한 양도는 회사에 대하여 **효력이 없다**. 그러나 회사가 회사성립 후 또는 신주의 납입기일 후 6월이 경과하여도 주권을 발행하지 않아서 주권 없이 한 양도는 당사자간에 있어서뿐만 아니라 회사에 대하여도 그 효력이 있다(상 335 III 단)[大 88. 10. 11, 87 누 841].

(2) 6월이 경과한 후 주권을 발행하지 않은 경우에는 주식양도는 당사자 사이의 **의사표시**만으로 성립된다[大 2003. 10. 24, 2003 다 29661]. 그러므로 양도인과 양수인이 회사에 대하여 주식의 양도사실을 신고하는 경우는 물론이고, 양수인이 단독으

로 양도를 증명하는 양도계약서 등을 제시하고 명의개서를 청구하면 회사는 양도사실에 관한 반증을 할 수 없는 한 명의개서를 거절할 수 없다.

　　그런데 주식의 양도를 회사에 대항하기 위하여 민법 제450조에 의한 지명채권 양도의 대항요건을 갖추어야 하는가에 대하여는 대항요건으로서 통지 또는 승낙이 필요하다는 견해도 있다[鄭(동),256]. 주주를 채권자로 회사를 채무자로 보면 주식양도는 채권양도와 유사하다고 할 수 있으나, 민법 제450조 제 1 항은 지명채권의 양도에 관한 규정이므로 이를 주식양도의 경우에 그대로 적용하는 것은 타당하지 않다. 지명채권에서는 채무자 또는 제 3 자에게 있어서 채권자의 변경은 이해관계에 영향이 있지만, 주식회사에서 주주의 변경에는 그와 같은 의미가 적기 때문이다[卞東杰,「재판자료」37, 120]. 회사에 대한 관계에서는 명의개서만으로 그 대항요건이 갖추어지는 것이고 따로 지명채권양도의 절차가 주식양도의 효력발생요건이나 대항요건이 될 수 없다.

　　(3) 회사 이외의 제 3 자에 대하여는 양수인인 주주가 실질적인 주식양도의 사실로써 대항할 수 있다는 견해도 있으나[鄭(동),訂版, 228,三], 회사에 대한 관계에서 명의개서라는 대항요건이 필요하다면 주권이 없는 주식의 양도를 회사 이외의 제 3 자에 대항하기 위하여는 **확정일자 있는 증서**에 의한 **통지 또는 승낙**이 필요하다고 본다[大 95. 5. 23, 94 다 36421]. 왜냐하면 주식의 이중양도·압류·담보 등 양립할 수 없는 권리를 주장하는 자와의 사이에 그 우열을 결정하지 않으면 안 되는데, 이 경우 자의적인 명의개서만으로는 그 우열을 가릴 수 없어서 분쟁이 해결될 수 없을 것이기 때문이다[李宙興,「사법행정」91. 1, 63].

2. 주권발행 후의 양도

　　주권발행 후에 주식의 양도는 무기명주식뿐만 아니라 기명주식도 주권의 교부에 의한다(商336 I). 즉 주식의 양도는 양도의 의사표시와 **주권의 교부**에 의하여 그 효력(이전적효력)이 생긴다[大 93. 12. 28, 93 다 8719]. 주권의 교부는 현실의 인도를 원칙으로 하지만 간이인도(簡易引渡)(민188 II), 점유개정(占有改定)(민189) 및 반환청구권의 양도(민190)에 의하여도 할 수 있다. 주권의 교부는 주식양도의 유효요건이며 대항요건이 아니다. 따라서 주권의 불소지를 신고한 주주(商358의 2 I)가 주식을 양도하려면 회사에 대하여 주권의 발행이나 임치한 주권의 반환을 청구하여(商358의 2 IV) 주권을 교부하여야 한다.

[229]　제 3　株券對替決濟制度

(1) **총　　설**　　주식회사가 거대화하고 대중투자자가 증대함에 따라 소액면의 주권이 많이 발행되고, 또 증권거래소에서의 거래량이 많아짐에 따라 수수되는 증권의 수도 엄청나게 늘어난다. 그 결과 증권회사의 업무량이 과다하게 되어 약정된 결제일에 고객에게 주식을 인도하지 못하는 사태가 생기게 된다. 그리하여 증권을 움직이지 않고 증권에 표창된 권리를 이전시킬 수 있도록 하기 위하여 제도화한 것이 유가증권의 대체 **결제제도**이다. 이 제도에 의하여 증권의 현실적인 이동이 감소하게 됨에 따라 증권의 상실사고의 발생을 방지하는 효과를 거두고 있다. 대체결제업무를 전담하는 기관은 증권예탁원이다.

(2) **의의와 성질**　　증권의 대체결제라 함은 증권의 소유자가 그 소유증권을 먼저 증권회사에 예탁하고 증권회사는 다시 이것을 모아서 증권예탁원에 예탁한다. 이 경우에 증권소유자는 증권회사의 고객계좌부에, 증권회사는 증권예탁원의 예탁자계좌부에 각기 자기구좌를 개설하고 증권의 이전이나 담보권의 설정은 장부상의 기재만으로 하는 것을 말한다. 이에 의하여 증권은 실제 움직이지 않고 장부상으로만 이동한다. 유가증권은 그 권리를 이전하기 위해서는 당사자간의 합의뿐만 아니라 증권의 교부가 있어야 하지만 대체결제의 경우는 증권의 교부가 있는 것과 동일한 효력을 인정한다($\frac{증권}{의3}$174 $_{\text{II}}$).

(3) **증권의 예탁**　　증권예탁원에 증권을 예탁하고자 하는 자($\frac{예탁}{자}$)는 증권예탁원에 계좌를 개설하여($\frac{증권}{174}$ I) 자기의 소유증권과 고객으로부터 예탁받은 유가증권을 고객의 동의를 얻어 예탁할 수 있다($\frac{동조}{\text{II}}$). 이 경우 증권예탁원은 일정한 사항을 기재한 예탁자계좌부를 작성하여 비치하여야 한다($\frac{동조}{\text{III}}$). 증권예탁원은 예탁증권의 종류·종목별로 혼합보관할 수 있다($\frac{동조}{\text{IV}}$). 고객으로부터 예탁받은 유가증권을 예탁원에 다시 예탁하는 예탁자는 일정한 사항을 기재한 고객계좌부를 작성하고 비치하여야 한다($\frac{증권}{의2}$174 I). 이 고객계좌부에 기재된 증권은 기재시에 증권예탁원에 예탁된 것으로 본다($\frac{동조}{\text{IV}}$). 이 경우 고객계좌부와 예탁자계좌부에 기재된 者는 각각 그 증권을 점유하는 것으로 본다($\frac{증권}{의3}$174 I).

(4) **예탁증권의 양도**　　예탁자의 고객과 예탁자는 각각 예탁증권에 대하여 공유지분을 갖는 것으로 추정되므로($\frac{증권}{의4}$174 I), 예탁증권의 양도는 각 증권에 대한 권리가 아니라 공유지분을 양도하는 것이 된다. 양도는 각 계좌부에의 이체에 의하여 이루어지고, 이체의 기재에는 증권을 교부한 것과 같은 효력이 있다($\frac{증권}{의3}$174 $_{\text{II}}$). 예컨대 A증권회사의 고객 甲이 B증권회사의 고객 乙에게 X회사의 주식 1,000주를 양도하는 경우에 A의 고객계좌부에 甲의 계좌로부터 1,000주를 말소하는 기재를 하고 증권예탁원은 A의 청구에 의하여 예탁자계좌부에서 1,000주를 말소하고 B의 예탁자계좌부에는 1,000주가 증가된 것으로 기재한다. 그리고 B는 고객계좌부의 乙의 계좌에 1,000주가 증가된 것으로 기재한다.

(5) **예탁증권의 반환청구**　　예탁자의 고객이나 그 질권자는 예탁자에 대하여, 예탁자는 증권예탁원에 대하여 언제든지 공유지분에 해당하는 예탁증권의 반환을 청구할 수 있다. 이 경우 질권의 목적으로 되어 있는 예탁증권에 대하여는 질권자의 동의가 있어야 한다($\frac{증권}{의4}$174 $_{\text{II}}$).

《주권대체결제의 법률관계》

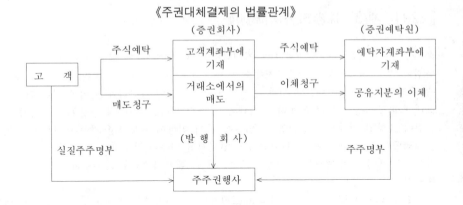

제 5 관 株券의 善意取得과 名義改書

[230] 제 1 株券의 善意取得

1. 총   설

주식의 양도는 기명주식과 무기명주식을 구별함이 없이 주권의 교부만으로 할 수 있고($_{336}^{상}$ I), 주권의 점유자는 적법한 소지인으로 추정된다($^{동조}_{II}$). 그리하여 상법 제359조에서는 주권에 관하여 **수표법 제21조의 규정**을 준용하여 주권의 양수인이 양도의 하자에 관하여 악의 또는 중대한 과실이 없는 한 주권의 선의취득을 인정함으로써 주식의 원활한 유통을 도모하고 있다. 이 경우에 어음법($_{II}^{16}$)을 준용하지 않고 수표법($_{조}^{21}$)을 준용하고 있는 이유는 수표의 경우에는 무기명식($_{출급식}^{소지인}$)이 인정되기 때문이다.

2. 선의취득의 요건

(1) **교부에 의한 취득**   주권의 선의취득을 위하여는 주권을 교부에 의하여 취득하여야 한다. 그러므로 상속·합병 등에 의하여 주권을 승계취득한 경우는 제외된다.

(2) **양도인의 범위**   주권의 선의취득은 양도인이 **무권리자인** 경우뿐만 아니라 **무권대리, 무능력,** 그리고 양도행위에 관하여 의사표시에 하자가 있는 경우에도 인정된다고 본다. 그러나 법정대리인의 동의를 얻지 않은 무능력자로부터의 선의취득은 무능력자가 주식의 양도행위를 취소하지 않는 경우에

만 가능하다. 이 점이 학설의 다툼이 있으나[新論(下), 315면 참조], 무능력자가 어음·수표를 양도한 경우와 다르다. 즉 어음·수표의 경우는 양수인의 선의취득이 인정되고 무능력자는 다만 어음·수표상의 채무부담행위를 취소함으로써 보호가 되지만, 주권의 경우는 양도행위를 취소하게 되면 주권의 선의취득은 인정될 수 없는 것이다.

(3) **악의 또는 중과실의 부존재**　　양수인에게 악의 또는 중대한 과실이 없어야 한다. 그 결과 주권을 상실한 주주가 양수인의 악의 또는 중대한 과실을 입증한 때에는 선의취득은 인정되지 않는다. 또한 공시최고의 기간중에 공시최고의 대상이 된 주식도 선의취득이 가능하다고 본다. 왜냐하면 공시최고 중이라고 하여 양도인의 무권리에 대하여 악의가 의제된다고 할 수 없고 공시최고를 알지 못한 데 대하여 중대한 과실이 있다고 할 수 없기 때문이다.

(4) **주권의 유효성**　　주권은 회사의 성립 후 또는 신수의 납입기일 후에 회사가 발행하여 주주에게 교부함으로써 주권으로서의 효력이 발생한 것이어야 한다[그러나 주권의 효력발생시기에 관하여 교부시설을 따르지 않고 작성시설이나 발행시설을 따르면 다른 결론에 도달할 수 있다. 이에 관한 학설에 대해서는 410면 이하 참조].

3. 선의취득의 효과

주권을 선의취득하게 되면 주권 자체뿐만 아니라 주권에 표창된 사원의 지위도 취득하게 된다. 그러나 기명주식은 명의개서를 해야 하고, 무기명주식은 회사에 공탁을 하여야만 주주의 권리를 행사할 수 있다(상 337, 358, 368 Ⅱ)[선의취득자와 채권판결취득자와의 관계에 대하여는 417면 이하 참조].

[231] 제2 名義改書

I. 의　　의

주식의 이전은 회사와는 아무런 관계가 없이 당사자간의 의사표시와 주권의 교부가 있을 때 이루어지고, 상속이나 합병의 경우는 그 법률효과가 발생함과 동시에 효력이 생긴다. 양수인은 주식의 이전으로 주식에 대한 소유권을 취득하게 되나, 기명주식을 양수한 자가 회사에 대하여 주주의 권리를 행사하려면 자기의 성명과 주소를 주주명부에 기재하지 않으면 안 되는데(상 337)[大 63. 6. 20. 62 다 685], 이를 명의개서라 한다.

2. 효   용

기명주식은 주주명부에 명의개서를 하여야만 주주권을 행사할 수 있도록 한 것은 주식회사에 있어서는 의결권이나 이익배당청구권이 집단적이고 매년 반복적으로 이루어지므로 주주의 권리행사를 편리하고 효과적으로 할 수 있게 하기 위한 것이다. 회사도 이러한 제도에 의하여 사무절차상의 번잡을 피할 수 있고 위임장의 확보를 통하여 주주총회의 정족수를 확보할 수 있게 된다.

3. 명의개서의 청구

(1) **청구권자**   1) 주식의 적법한 양수인은 실질적 권리를 증명할 필요 없이 주권을 **점유**하고 있는 한 회사에 대하여 명의개서를 청구할 수 있으며, 더욱이 회사성립 후 또는 신주의 납입기일 후 6월이 경과한 후에도 회사가 주권을 발행하지 않은 때에는 주권 없이 주식을 양수한 자는 주식의 양수를 **증명**함으로써 회사에 대하여 명의개서를 청구할 수 있다($\begin{smallmatrix} 大~95.5.23,~94~\text{다}~3642; \\ 大~92.10.27,~92~\text{다}~16386 \end{smallmatrix}$).

2) 포괄승계($\begin{smallmatrix} 상속 \\ 합병 \end{smallmatrix}$)에 의하여 주권을 점유하는 자도 **주권의 제시만으로** 명의개서를 청구할 수 있으나, 회사가 그 사유를 알았을 때에는 청구자가 포괄승계의 사실을 입증하여야 될 것이다. 왜냐하면 상법 제336조 제 2 항의 추정은 원칙적으로 주권의 교부에 의한 취득의 경우에만 인정되기 때문이다.

3) 명의개서를 청구함에는 주권을 제시하여야 한다. 그러므로 주권의 **불소지신고**에 의하여 주권이 발행되지 않은 경우에는 양도인이 회사에 주권의 발행을 청구하여 이를 양수인에게 교부한 때에만 양수인은 명의개서를 청구할 수 있게 된다. 그러나 주권의 불소지신고를 한 주식을 상속 또는 합병에 의하여 취득한 경우는 주권의 제시가 없이도 명의개서가 인정된다.

(2) **회사의 명의개서의무**   회사는 적법한 명의개서의 청구가 있으면 명의개서를 하여야 할 의무가 있다. 회사는 **청구자의 무권리**를 입증하지 못하는 한 명의개서를 거절할 수 없으며, 정당한 사유 없이 명의개서를 해태한 때에는 손해배상책임을 지고 과태료의 제재를 받는다($\begin{smallmatrix} 상~635 \\ 1~(7) \end{smallmatrix}$).

(3) **회사의 면책**   1) 회사가 주식양도의 적법성을 **형식적으로 심사**하여 명의개서를 하였을 때에는 그 청구자가 실질적인 권리자가 아닌 경우라도 사기 또는 중대한 과실이 없는 한 회사는 책임을 면한다($\begin{smallmatrix} 어~40 \\ Ⅲ~참조 \end{smallmatrix}$). 즉 회사는 청구자의 실질적 권리에 대한 조사의무는 없다.

판례는 「주권의 소지인이 상호변경을 이유로 명의개서를 요청하여 온 경우 주식회사는 위 상호변경절차의 적법성을 조사한 후가 아니면 그 명의개서를 하여서는 아니될 의무가 있고, 이를 해태한 경우에는 중대한 과실이 있다」고 한 것이 있다[大 74. 5. 28, 73 다 1320].

2) 회사는 제권판결을 위한 공시최고의 기간중에 주권의 상실자로부터 분실계의 제출·공시최고신청의 통지·명의개서정지의 신청이 있더라도, 제 3 자가 주권을 제시하여 명의개서를 청구하면 청구자의 무권리를 입증하지 못하는 한 이를 거절할 수 없다.

3) 회사가 청구자의 실질적 권리에 대하여 조사할 의무는 없으나 **조사할 권리**는 있는가 하는 점에 대하여는, 회사는 주주의 이익을 위하여 상당한 배려를 하여야 할 권리와 의무가 있다고 하여 청구자의 권리에 대하여 의심할 만한 상당한 이유가 있는 때에 회사는 그 조사를 위하여 필요한 기간 동안 명의개서를 거부할 수 있다는 입장도 있다[鄭(동), 訂版 253 三]. 그러나 이에 의하면 조사기간중에는 지체의 책임을 지지 않는다고 할 것이므로, 회사가 조사를 한다는 이유로 명의개서가 지연될 우려가 있고 또한 주권의 점유에 **자격수여적 효력**을 인정하지 않는 결과가 되어 타당하지 못하다고 본다.

(4) **주주명부 폐쇄기간중의 명의개서**   1) 주주명부의 폐쇄기간중에도 회사가 임의로 명의개서를 하는 것은 무방하다는 입장이 있다. 그 이유는 주주명부의 폐쇄는 회사의 사무처리의 편의를 위한 제도이기 때문이라고 한다. 그러나 이는 권리행사자의 획일적인 확정을 위한 주주명부의 **폐쇄제도의 취지**에 반할 뿐만 아니라 **주주평등의 원칙**에 반하는 결과를 초래하게 될 것이므로, 주주명부의 폐쇄기간중에 한 명의개서는 무효라고 할 것이다[동: 孫(주), 645; 李(병), 538].

2) 또한 주주명부의 폐쇄기간중에도 명의개서 자체는 유효하나 폐쇄기간의 경과를 기다려 그 효력이 발생한다는 견해도 있으나[鄭(희), 411; 李(철), 269], 이는 실질적으로 무효설과 다를 바 없다고 본다.

4. 명의개서의 효과

(1) 명의개서는 회사가 그 청구를 수리한 때에 효력이 생기는데 적법한 명의개서에 의하여 주식양수인은 회사에 대하여 사원의 권리를 행사할 수 있고 회사는 명의개서를 한 자에게 주주의 권리행사를 인정함으로써 면책된다. 이 경우에 명의개서를 한 자가 실질적인 주주가 아닌 때에는 타인의 권리를 행사

하는 것이 된다. 그러므로 명의개서를 하지 않은 주식양수인은 주주의 권리를
행사할 수 없고, 회사는 실질적인 주주를 알고 있으며 명의개서를 한 자가 실
질적인 주주가 아님을 안 경우라도 회사는 명의개서를 하지 않은 자에게 주주
의 권리행사를 인정할 수 없다[동: 李(철), 382; 梁朴, 324; 姜(위), 400;
徐・李, 281; 金英鎬, 「고시계」 90.12, 112]. 이를 **쌍방적 구
속설**(雙方的 拘束說)이라고 한다.

(2) 이와는 반대로 명의개서는 단순한 대항요건에 불과하므로 회사가 자기
의 위험부담으로 명의개서를 마치지 아니한 양수인을 주주로 인정하는 것은
상관이 없다는 **긍정설**[孫(주), 669; 鄭(찬), 669;
鄭(동), 261; 蔡(이), 111]인 **편면적 구속설**(片面的 拘束說)이
있고, 이는 판례의 입장이기도 하다[大 89.10.24,
89 다카 14714].

> 판례에 따르면 「주주명부상의 명의개서가 없어도 적법하게 주식을 양수한 자
> 는 회사에 대하여 주주권자임을 주장할 수 있다」고 한다[大 95.5.23,
> 94 다 36421].

그러나 주식회사에 있어서는 반드시 실질적인 주주가 권리를 행사하는 것
이 아니고 권리행사자는 주주명부의 폐쇄나 기준일의 설정에 의하여 확정되는
데[大 88.6.14, 87
다카 2599・2600], 회사가 개별적으로 명의개서를 하지 않은 양수인에게 권리의
행사를 인정하게 되면 명의개서제도의 존재이유가 없게 될 뿐만 아니라 주주
평등의 원칙에도 위배된다고 할 것이다.

(3) 긍정설의 입장을 취하게 되면 회사가 주주명부상의 주주와 실질적인
주주 중에 누구에게 권리행사를 인정할 것인가에 대하여 선택의 자유를 갖게
되고, 더 나아가 양자의 권리행사를 모두 거절할 수도 있는 결과가 초래될
수 있으므로 부당하다. 또한 주주명부제도는 주주를 확인할 수 있도록 함과
동시에 회사가 임의로 주주자격을 인정할 수 없도록 하기 위한 제도라는 점
에서도 긍정설은 문제가 있다고 할 것이다. 더구나 긍정설은 회사의 위험부담
(배당금의 이중지급, 주
주총회결의의 취소 등)을 전제로 하고 있으므로 이를 인정하는 경우 회사의 손해는
물론 법률관계의 불안정을 초래할 염려가 있다. 명의개서는 주식의 선의취득
이나 주주의 제 3 자에 대한 관계에 있어서는 아무런 의미가 없다.

5. 명의개서 없는 권리행사

회사가 주권소지인의 명의개서를 **부당하게 거절**한 경우나 **중대한 과실** 또
는 **경과실**로 인하여 명의개서를 하지 않은 때에는 예외적으로 주식양수인은 명의
개서와 관계 없이 주주의 권리를 행사할 수 있다고 본다[동: 李(철), 283; 鄭(찬), 669;
鄭(동), 262; 蔡(이), 488].

왜냐하면 부당거절의 경우는 주주명부의 면책력을 인정할 실질적 이유가 없고 명의개서의 의무를 해태한 회사가 그 불이익을 주주에게 귀속시키는 것은 신의칙(信義則)에 반하기 때문이다. 또한 주주의 권리를 주권과의 상환 또는 주권의 제출에 의하여 행사할 수 있는 때(주권의 병합·전환·분할·주식의 소각, 잔여재산의 분배 등)에는 명의개서와 관계 없이 주권의 소지인이 권리행사를 할 수 있다고 본다.

6. 실기(失념)주의 문제[607면 이하 참조]

7. 명의개서대리인

(1) **총   설**   명의개서는 회사의 본점에서 하는 것이 원칙이지만 (상 396 I 참조), 회사에 따라서는 대량의 주권을 발행하고 있어서 회사가 명의개서를 한다는 것은 번잡할 뿐만 아니라 별도의 많은 인력과 시간을 요하게 된다. 그리하여 상법은 회사의 명의개서를 제 3 자로 하여금 담당시킬 수 있게 하였는데, 명의개서업무를 대행하는 자를 **名義改書代理人**(名義改書代理人)이라 한다.

명의개서대리인은 위임계약에 의하여 명의개서와 기타 주식관련사무를 대행하는 회사의 수임자로서 회사의 이행보조자라고 할 수 있다. 즉 단순한 법률상의 대리인과 다르다[동: 李(철), 284; 鄭(찬), 671].

(2) **설   치**

1) **정관의 규정**   회사가 명의개서대리인을 두려면 정관에 명의개서대리인을 둔다는 정함이 있어야 한다(상 337 II). 그러므로 그 설치와 폐지는 이사회의 결의로 하지 못한다. 다만 이사회는 정관으로 명의개서대리인을 두기로 한 경우에 그 선임과 위탁에 관한 사항을 결정할 수 있을 뿐이다.

2) **자   격**   명의개서를 대리하는 업무는 증권예탁원과 금융감독위원회에 등록한 주식회사만이 영위할 수 있다(증거 173의 2(4), 180 I). 그리하여 현재 증권예탁원, 서울은행, 국민은행에서 명의개서의 대행업무를 담당하고 있다.

3) **공   시**   명의개서대리인을 둔 때에는 그 성명, 주소 및 영업소를 등기하고(상 317 II (11)), 주식청약서·신주인수권증서·사채청구권 등에도 기재를 하여야 한다(상 302 II (10), 420 (2), 420의 2 II, 474 II (15)). 그리고 주주명부나 사채원부 또는 그 복본을 명의개서대리인의 영업소에 비치할 수 있다(상 396 I 후단).

(3) **권   한**   명의개서대리인이 주식취득자의 성명과 주소를 주주명부의 복본에 기재한 때에는 주주명부에 명의개서를 한 것으로 본다(상 337 II 후단). 또

한 명의개서대리인은 질권의 등록($^{상}_{340\,I}$) 및 사채원부에의 명의개서를 할 수 있다($^{상}_{479\,II}$). 이 밖에도 현재 명의개서대리인은 위임계약에 의하여 총회의 소집통지, 주권 및 사채권의 발행, 배당금 및 이자의 지급, 원금의 상환 등의 업무를 담당하고 있다($^{증거}_{180\,II}$).

(4) **책　임**　　명의개서대리인이 정당한 사유 없이 명의개서를 하지 않거나, 주주명부 또는 그 복본에 기재할 사항을 기재하지 않거나 또는 부실한 기재를 한 때에는 벌칙($^{500만원\ 이하}_{의\ 과태료}$)의 적용을 받는다($^{상\ 635}_{I\,(7)\cdot(9)}$). 그리고 명의개서대리인의 회사에 대한 관계는 위임이므로 명의개서대리인은 회사에 대하여 선량한 관리자의 주의로써 명의개서의 대행업무를 처리하여야 한다($^{민\ 680,}_{681}$). 또한 명의개서대리인이 명의개서와 관련하여 제 3 자에게 손해를 가한 때에는 불법행위의 책임을 지고, 회사도 사용자책임($^{민}_{756}$)을 면하지 못한다.

[事例演習]

◇ 사　례 ◇

〈설문 1〉 甲이 丙에게 乙주식회사의 기명주식을 양도하였으나 丙은 명의개서를 하지 않았다. 乙주식회사는 신주를 주주명부상의 주주 甲에게 배정하였고 甲이 신주인수권을 행사하여 신주를 취득한 경우 丙은 어떠한 권리를 행사할 수 있는가?

〈설문 2〉 주주명부의 폐쇄기간중에 회사가 명의개서의 청구에 응한 때의 법률관계는 어떻게 되는가?

[해 설] **설문 1의 경우**　　丙은 주식의 양수인이지만 명의개서를 하지 않았으므로 乙회사에 대하여 주주권을 행사할 수 없고 회사도 丙의 권리행사를 인정할 수 없다. 丙은 이처럼 乙회사에 대하여 권리를 주장할 수 없는데, 甲에 대하여도 아무런 청구를 할 수 없는지가 문제된다. 부정설과 긍정설로 나뉘는데, 위에서 살펴본 바와 같이 양도당사자 사이에서는 신주인수권이 양수인에게 귀속된다는 긍정설이 타당하고, 이 경우 양수인이 양도인에게 주장할 수 있는 권리의 내용은 다수설인 준사무관리설에 따르면 다음과 같다. 甲에 의한 신주의 취득은 준사무관리가 되어 甲은 丙에 대하여 취득한 신주를 인도할 의무를 부담한다. 신주를 매각한 경우에는 매득금을 인도하여야 하고, 甲이 배당금을 수령한 경우는 배당금도 丙에게 반환하여야 한다. 그러나 상당한 기간이 지난 후에 丙이 신주의 인도를 청구

하는 것은 신의성실의 원칙에 의하여 인정할 수 없다.

설문 2의 경우　　회사가 주주명부의 폐쇄기간중에 주식취득자의 청구에 응하여 명의개서를 할 때의 법률관계는 폐쇄기간중 명의개서를 인정할 것인지에 따라 달라진다. 부정설에 의하면 주주명부 폐쇄기간중에 한 명의개서는 당연히 무효이므로 회사는 주주명부상의 신주주가 아니라 명의개서 전의 주주에게 주주권을 행사토록 하여야 한다. 긍정설에 의하면 회사의 손해배상책임은 별론으로 하고 신주주의 권리행사는 적법한 것이 된다. 부정설이 타당함은 이미 위에서 살펴본 바다.

제 6 관　株式의 擔保

[232] 제 1　總　　說

　주식은 기업자금의 융통을 위하여 담보로 제공되는 경우가 많다. 즉 주식은 양도의 대상이 됨과 동시에 질권의 목적이 될 수 있다($_{338}^{상}$). 주식의 입질(入質)의 경우에 피담보채권이 상행위로 인하여 생긴 채권이 아니면 유질계약(流質契約)이 금지되므로($_{상\ 59;}^{민\ 339;}$), 특히 양도담보의 방법이 많이 이용된다.

[233] 제 2　擔保의 制限

I. 총　　설

　주식의 담보화는 주식양도의 경우와 마찬가지로 원칙적으로 자유이지만 주식양도에 관한 상법과 정관의 규정에 의하여 제한이 되고 자기주식의 질취는 일정한 범위 내에서만 가능하다.

　(i) 권리주와 주권발행 전의 주식의 입질과 양도담보는 당사자간에서만 유효하고 회사에 대하여는 효력이 없다[$_{(기),\ 506;\ 鄭(찬),\ 684}^{동;\ 孫(주),\ 681;\ 李}$]. 그러므로 회사에 대하여 질권이나 양도담보의 등록을 청구할 수 없다[$_{孫(주),\ 681}^{동;\ 鄭(동),\ 269;}$]. 그러나 주주의 신주인수권에 의하여 신주인수권증서(新株引受權證書)가 발행된 경우에는($_{의\ 2}^{상\ 420}$) 이에 의한 입질은 회사에 대하여도 효력이 생긴다고 할 것이다. 또한 주권의 발행 전이라도 회사가 회사의 성립 후 또는 신주의 납입기일 후 6월이

경과하였으나 주권을 발행하지 않는 때에는($\frac{\text{상}}{\text{III}} \frac{335}{\text{단}}$) 주식의 입질은 회사에 대하여도 효력이 있다. 이러한 경우에는 주주명부에 질권의 등록도 가능하다.

(ii) 회사는 발행주식총수의 20분의 1을 초과하지 않는 범위에서 자기주식을 질취할 수 있다($\frac{\text{상}}{\text{의 1}} \frac{341}{\text{본}}$)[상세한 것은 후술 참조].

(iii) 정관에 의하여 주식의 양도가 제한된 주식이라도($\frac{\text{상}}{345}$Ⅰ) 이를 입질하는 경우에는 이사회의 승인을 받을 필요가 없으나, 질권의 실행으로 경매에 의하여 그 주식을 취득한 자는 회사에 대하여 양도의 승인을 청구할 수 있고($\frac{\text{상}}{\text{의 2}} \frac{335}{\text{I}}$) 승인이 거부된 때에는 상대방의 지정 또는 주식의 매수를 청구할 수 있다($\frac{\text{상}}{\text{의 2}} \frac{335}{\text{Ⅳ}}$).

2. 자기주식의 질취제한

(1) **총   설**   상법은 기업금융의 편의를 도모하기 위하여 일정한 범위 내의 자기주식의 질취를 인정하고 있다. 그 결과 채무자는 채권자인 회사의 주식을 소유하는 경우에 이에 대하여 질권을 설정하여 금융의 편의를 도모하고, 채권자인 회사는 채무자가 적당한 담보재산이 없는 경우에 자기주식을 질취함으로써 회사재산을 안전하게 유지할 수 있게 된다.

(2) **질취제한**   1) 회사는 발행주식총수의 20분의 1을 초과하지 않는 범위 내에서 자기주식의 질취를 할 수 있다($\frac{\text{상}}{\text{의 3}} \frac{341}{\text{본}}$). 이러한 제한의 이유는 회사의 자산상태가 악화된 경우에는 담보가치의 하락으로 회사에 이중으로 손해가 발생하는 것을 최소화시키는 데 있다.

2) 자회사가 모회사의 주식을 질취하는 때에는 질취제한규정이 적용되지 않는다는 견해[鄭(동), 271; 鄭(찬), 687]와 모회사가 자회사의 주식을 전부 소유하는 경우에만 적용된다는 견해가 있으나[孫(주), 663], 자회사가 모회사의 주식을 질취하는 경우에도 적용된다고 본다[동: 李(철), 326]. 왜냐하면 자회사에 의한 모회사주식의 취득금지규정의 탈법수단으로 악용될 여지가 있기 때문이다.

3) 법정된 범위 내에서 질취한 자기주식의 경우는 질권을 처분할 필요가 없다. 자기주식을 양도담보로 받는 것은 질취와 같은 제한을 받는다는 견해도 있으나[孫(주), 679], 자기주식의 취득과 동시되는 매도담보(賣渡擔保)나 등록양도담보(登錄讓渡擔保)는 발행주식총수의 20분의 1을 초과하지 않는 경우에도 이를 하지 못한다[동: 鄭(동), 270].

(3) **예   외**   i) 회사의 합병 또는 다른 회사의 영업전부를 양수하는 경우, ii) 회사의 권리를 실행함에 있어서 그 목적을 달성하기 위하여 필요한

경우에는 제한 없이 자기주식의 질취가 인정된다($\frac{상}{3}\frac{341의}{단}$). 예컨대 담보제공의
무($\frac{민}{432}$)가 있는 채무자가 자기주식 이외에 다른 담보를 갖고 있지 않는 때, 무
담보채권을 갖고 있는 회사가 채무자의 자력이 악화되어 담보를 확보하고자
할 때, 채무자가 자기주식 이외에 다른 재산이 없거나 부족한 때 등이다.

  (4) 질취제한 위반의 효과   1) 질취제한에 관한 규정($\frac{상}{의}\frac{341}{3}$본)에 위반하
여 회사가 자기주식을 질취한 때에 그 효과에 대하여는 i) 제한을 초과한 주식
의 질취도 유효하다는 **유효설**[$\frac{孫(주), 680; 鄭(동),}{270; 鄭(찬), 686}$]과, ii) 선의의 질권설정자에 대하
여는 무효를 주장할 수 없다는 **상대적 무효설**이 있으나[$\frac{鄭(희), 429;}{梁 \cdot 朴, 336}$], iii) 자기주
식의 질취는 자기주식취득의 금지규정의 탈법수단으로 악용될 수 있는 소지가
많기 때문에 그 제한을 초과하는 질취의 **무효설**이 타당하다[$\begin{smallmatrix}동: 徐(돈), 348; 金\\(용), 340; 鄭(무),\end{smallmatrix}$
$\begin{smallmatrix}409; 李(기), 508;\\李 \cdot 崔, 272\end{smallmatrix}$].

  2) 질권설정자는 제한을 초과하는 질취의 무효를 주장할 수 없다고 본다.
자기주식의 질취가 제한을 초과한 경우에 문제가 되는 것은 어느 부분의 질취
가 무효인가 하는 것이다. 질취가 순차적으로 이루어진 경우에는 최후에 초과
한 부분의 질취가 무효라고 할 수 있으나, 복수의 질취가 동시에 이루어진 경
우는 질취된 주식의 비율에 따라 무효가 된다고 할 것이다.

  3) 질취제한의 위반으로 인하여 회사에 손해가 있는 때에는 이사는 회사
에 대하여 연대하여 손해배상책임이 있고($\frac{상}{399}$), 악의 또는 중대한 과실이 있는
때에는 제 3 자에 대하여도 연대하여 손해배상책임을 진다($\frac{상}{401}$). 그리고 질취의
제한규정에 위반한 이사 등에 대하여는 형벌의 제재가 있다($\frac{상}{625(2)}$).

  (5) 질취한 자기주식의 지위   공익권은 **질권설정자인 주주가** 행사한
다. 다만 회사는 우선변제권(優先辨濟權)($\frac{民}{329}$)과 전질권(轉質權)($\frac{民}{336}$)이 있으며
물상대위(物上代位)가 인정된다($\frac{상}{461}\frac{339;}{(6)}$). 그러나 약식질의 경우라도 질권자는 회
사이므로 압류할 필요가 없다고 본다.

[234]   제 3   擔保化의 方法

I. 무기명주식의 입질

  (1) 무기명주식의 입질은 민법의 무기명채권에 대한 질권설정의 방법에 의
한다. 즉 질권은 당사자의 합의와 주권을 질권자에게 **교부함으로써** 그 효력이
생긴다($\frac{상}{351}$). 질권자가 질권으로써 제 3 자에게 대항하려면 주권을 계속하여 점

유하여야 한다($_{338\text{ I}}^{\text{상}}$).

(2) 무기명주권에 대하여 질권을 설정한 때에는 주주는 주권을 공탁할 수 없게 되므로 권리를 행사하지 못하게 된다. 그리하여 질권자에게 회사에 대한 권리를 행사할 수 있는 일반적인 권한을 부여한 것이 된다는 견해가 있으나 $\left[\substack{鄭(희),\\487}\right]$, 입질 후에도 다른 약정이 없는 한 질권설정자가 공익권을 행사할 수 있도록 질권자는 질권설정자의 권리행사를 위하여 주권의 공탁($_{368\text{ II}}^{\text{상}}$)에 협조하여야 한다고 본다. 무기명주식의 경우는 등록질이 인정되지 않는다.

2. 기명주식의 입질

입질의 방법에는 약식질과 등록질이 있다. 약식질(略式質)은 단기금융이나 비밀을 요하는 경우에 이용되고, 등록질(登錄質)은 장기금융을 위한 제도이지만 질권설정자의 신용과 체면에 영향을 미치므로 별로 이용되지 않는다. 실제에 있어서는 양도담보의 방법이 많이 이용되고 있다.

(1) 약 식 질　　　질권설정의 합의와 주권의 교부에 의하여 그 효력이 발생하고 제 3 자에 대한 대항요건으로는 주권을 계속 점유하고 있어야 한다($_{\text{I·II}}^{\text{상 338}}$). 이 경우에 제 3 자에는 회사도 포함된다$\left[\substack{동;\ 孫(주),\ 681;\\鄭(동),\ 272}\right]$. 즉 무기명주식의 입질과 같다고 할 수 있다.

(2) 등 록 질　　　등록질이란 질권설정자인 주주의 청구에 의하여 질권자의 성명과 주소를 주주명부에 기재하고 또 그 성명을 주권에 기재하는 방법의 입질이다($_{340\text{ I}}^{\text{상}}$). 질권의 등록은 질권설정자만이 회사 또는 명의개서대리인에 대하여 할 수 있다. 회사는 정당한 사유 없이 질권의 등록을 거절할 수 없으나 주주명부의 폐쇄기간중에는 그 등록이나 말소를 할 수 없다. 법은 주권에도 질권자의 성명을 기재할 것을 요구하고 있으나, 이는 등록질의 성립요건은 아니며 질권의 등록은 회사에 대한 관계에 있어서 중요한 의미가 있으므로 그 효력은 주주명부에 기재함으로써 생긴다고 본다. 이 경우에도 제 3 자에 대한 대항요건으로서 주권을 계속하여 점유하고 있어야 한다($_{338\text{ II}}^{\text{상}}$).

3. 양도담보

(1) 실제에 있어서는 주식의 단순한 입질보다 당사자간의 질권설정의 합의와 함께 주권을 교부하고 채무의 변제가 없는 때에는 채권자가 주식을 처분할 수 있는 주식의 처분승낙서를 첨부하여 채권자에게 교부하는 양도담보의 방법

이 많이 이용된다.

(2) 기명주식의 경우에 i) 담보의 목적으로 주권을 담보권자에게 교부하고 담보권자가 이를 계속 점유하는 방법에 의하는 **약식양도담보**(略式讓渡擔保)와, ii) 담보권자가 주주명부에 명의개서를 하는 **등록양도담보**(登錄讓渡擔保)의 방법이 있다. 그러나 자기주식의 등록양도담보는 자기주식의 취득($\frac{상}{341}$)과 다를 바 없으므로 인정되지 않는다. 특히 자기주식의 약식질과 약식양도담보는 모두 주권을 담보권자에게 교부하는 방법에 의하므로 외형적 요건이 같기 때문에 양자의 구별은 당사자의 의사에 의할 수밖에 없지만, 당사자의 의사가 명확하지 않은 때에는 담보권자를 위하여 유리한 양도담보가 설정된 것으로 추정된다고 할 것이다[동: 鄭(동), 273; 權(기), 423]. 이와는 달리 채무자의 보호를 위하여 입질로 본다는 견해도 있다[李(철), 341].

(3) **무기명주식**의 경우는 등록양도담보가 인정되지 않는다. 주식의 양도담보권자의 권리는 주식의 입질의 경우에 질권자의 권리와 같다. 그러나 등록양도담보권자는 주주의 권리를 갖는다[大 93.12.28, 93 다 8719]. 왜냐하면 주주명부에는 양도담보권자의 명의로 명의개서가 되기 때문이다. 그러므로 담보관계는 담보설정의 당사자간의 문제가 될 뿐이다.

[235] 제4 擔保의 效力

(1) **유치권·우선변제권·전질권**　　질권자는 주권을 유치할 수 있을 뿐만 아니라($\frac{민}{355, 335}$), 변제기에 변제를 하지 아니하면 환가하여 우선변제를 받는 우선변제권($\frac{민}{329}$)도 있다. 또한 질권자는 전질권(轉質權)($\frac{민}{336}$)이 있다. 양도담보의 경우도 이와 같다.

(2) **물상대위권**　　**1)** 주식의 소각·병합·전환·준비금의 자본전입에 의한 무상주발행·신주발행의 무효·회사의 합병·조직변경·해산으로 인하여 종전의 주주가 받을 금전이나 주식에 대하여도 종전의 주식을 목적으로 하는 질권을 행사할 수 있다($\frac{상 339, 461 VI, 432}{III, 530 IV, 601 I}$). 또한 주주가 주식매수청구권을 행사한 경우($\frac{상 374의 2}{1, 522의 3}$)나 회사정리법에 의한 권리변경의 경우($\frac{회정}{242 II}$)도 같다[동: 李(철), 337; 權(기), 425]. 물상대위권은 양도담보의 경우에도 인정된다.

2) 약식질의 경우에 질권의 설정은 회사와는 아무런 관계가 없기 때문에 질권의 물상대위가 인정된 주식($\frac{또는}{지분}$) 또는 금전에 대하여 그 권리를 행사하

《담보의 효력》

권 리	등 록 질	약 식 질
유치권·우선변제권·전질권	○	○
물상대위권	○	○
이익배당청구권	○	○(×)
주식배당청구권	○	○(×)
잔여재산분배청구권	○	○
신주인수권	×(○)	×(○)

○ : 법정 또는 긍정설, × : 부정설, (　) : 괄호 안은 소수설.

려면 회사로부터 그 교부 또는 지급이 있기 전에 압류를 하여야 한다($^{민\ 355,}_{342}$) [$^{동:\ 徐(돈),\ 506;\ 鄭(희),\ 441;\ 孫}_{(주),\ 682;\ 蔡(이),\ 497;\ 權(기),\ 428}$]. 기타 이익이나 주식 또는 이자를 배당하는 경우도 같다. 다만 소각·병합·매수청구와 같이 금전의 지급 또는 주권의 교부를 받기 위해서 주권을 제출하여야 하는 때에는 압류할 필요가 없고 주권의 제시만으로 청구할 수 있다는 견해가 있다[$^{李(철),\ 339;\ 鄭(동),\cdot}_{274;\ 權(기),\ 428}$]. 그러나 구주권을 제출할 수 없는 질권설정자도 이의최고절차($^{상}_{442}$)를 밟으면 신주권 등의 교부를 받을 수 있다는 점에서 보면 이러한 경우에도 압류가 필요하다고 할 것이다.

　　3) 등록질의 경우에 질권자는 회사에 대한 관계에 있어서 질권자로서의 자격이 추정되므로 주식의 교부나 지급 전에 압류나 자기의 권리를 입증하지 않고도 권리를 행사할 수 있으며, 회사도 질권자에게 지급 기타의 급부를 함으로써 악의 또는 중대한 과실이 없는 한 면책된다. 회사는 질권자의 권리행사를 위하여 질권자에 대하여도 통지를 하여야 한다($^{상\ 440,\ 431}_{Ⅱ,\ 343\ Ⅱ}$). 만일 금전의 지급기가 채권의 변제기 전에 도래하였을 때에는 질권자는 회사로 하여금 그 금액을 공탁하게 할 수 있으며, 이 경우에 질권은 그 공탁금 위에 존재하게 된다($^{상\ 340\ Ⅱ;}_{민\ 353\ Ⅲ}$). 그러나 질권자가 변제기 전에 지급을 받은 때에는 그 금액을 공탁하여야 하고 공탁하지 않으면 부당이득이 되므로 채무자에게 반환하여야 한다. 피담보채권의 변제기를 알 수 없는 때에는 회사는 등록질권자에게 지급하면 면책된다.

　　(3) 이익·주식배당청구권·무상주교부청구권

　　1) 이익배당청구권　　　(가) 주식의 입질의 효력이 이익배당금에도 미치는가에 대하여 등록질의 경우에는 질권자는 회사로부터 이익배당을 받아 다른 채권자에 우선하여 자기채권의 변제에 충당할 수 있다는 명문의 규정을 두고

있다($^{상}_{340\,Ⅰ}$).

(나) 약식질 또는 약식양도담보의 경우에도 이익배당금에 대하여 담보의 효력이 미치는가에 대하여는 양 설이 있다. 부정설에 의하면 명문의 규정에 의하여 이익배당금에도 담보의 효력이 미치는 등록질제도가 있음에도 불구하고 약식질의 방법을 택한 경우는 그 권리를 행사할 의사가 없는 것이고, 약식질의 경우에는 주식 자체의 재산적 가치만을 담보의 목적으로 한다는 이유와 상법 제340조 1항의 반대해석에 의하여 이를 부정하고 있다[徐(돈), 356; 孫 (주), 683; 李(철), 338; 鄭(찬), 688]. 그러나 긍정설에 의하면 질권자가 질권의 목적에서 생기는 과실을 수취하는 것은 당연하다는 이유로($^{민\ 355,\ 343,}_{323}$) 이익배당금에 대하여 담보의 효력이 미친다고 한다[동: 鄭(희), 440; 李(병), 570; 鄭(동), 275; 李(기), 509; 蔡(이); 673].

(다) 이익배당금은 질권의 목적에서 생기는 과실일 뿐만 아니라, 질권자의 실질적 권리는 대항요건에 불과한 주주명부의 기재 유무에 따라 좌우될 수 없고 질권설정의 사실을 비밀로 하기 위하여 약식질의 방법을 택한 경우라고 하더라도, 당사자의 의사가 이익배당금에 대한 담보의 효력을 배제하는 데 있다고 볼 수 없다. 그러므로 긍정설이 타당하다.

2) **주식배당청구권**　　주식배당에 대하여는 상법은 **등록질**의 경우에 질권자의 주권교부청구권을 인정하고 있는데($^{상}_{Ⅵ,\ 340\ Ⅲ}$ $^{462의\ 2}$), 이는 등록양도담보의 경우도 같다. 약식질과 약식양도담보의 경우에도 주식배당의 성질을 이익배당으로 보든 주식분할로 보든 관계 없이 담보의 효력이 미친다고 본다. 그러나 주식배당을 이익배당으로 보면서 약식질의 경우는 이익배당금에 대한 담보의 효력을 부정하는 견해에 의하면 주식배당에도 담보의 효력이 미치지 않는다고 할 것이다.

3) **무상주교부청구권**　　회사가 준비금을 자본에 전입하여 **무상주**(無償株)를 교부하는 경우는 그 성질을 주식의 분할로 보는 한 담보의 효력이 미친다고 본다. 준비금을 자본에 전입하여 무상주를 교부하는 경우를 신주인수권의 문제로 다루는 입장도 있으나, 이 경우에는 신주인수권의 유무나 그 행사에 의한 신주의 청약, 인수·납입 등의 문제는 전혀 발생하지 않는다. 이 때 무상주의 교부는 주식의 분할로서 무상주는 종래의 주식의 분신이라고 할 수 있으므로 당연히 담보의 효력이 미친다고 할 것이다.

(4) **잔여재산분배청구권**　　등록질의 경우에는 잔여재산분배금에 대하여도 담보의 효력이 미친다는 것을 명문으로 규정하고 있으며($^{상}_{340\,Ⅰ}$), 등록양도담

보의 경우도 같다고 할 것이다. 또한 약식질과 약식양도담보의 경우에도 잔여 재산분배금은 주식의 **변형물**(變形物)이고 대위물(代位物)이라고 할 수 있으므로 당연히 담보의 효력이 미친다고 할 것이다[동: 李(철), 338; 鄭(동), 276; 權(기), 427]. 또한 주식매수청구권(상 374조의 2, 522조의 3)의 행사에 의하여 주주가 받을 주식의 매수대금에도 담보의 효력이 미친다고 본다.

(5) 신주인수권　　주주의 신주인수권에도 담보의 효력이 미치는가에 대하여는 등록질의 경우에도 아무런 규정이 없다. 그리하여 이에 관하여는 학설이 대립하고 있다.

1) 긍 정 설　　신주의 발행에 의하여 구주의 가치가 하락함으로써 생기는 담보가치의 하락으로부터 질권자의 이익이 보호되어야 한다는 이유로 이를 긍정하는 견해이다[鄭(동), 276; 蔡(이), 496].

2) 부 정 설　　신주인수권은 주주의 권리이지만 그 행사에는 납입의 의무가 따르므로 주주에게 강요할 수 없는 권리일 뿐만 아니라 주주의 지위로부터 파생된 재산적 내용의 권리가 아니므로 질권자에게 신주인수권의 행사를 인정하는 것은 무리이다. 또한 주가의 하락은 회사가 제 3 자에게 신주인수권을 부여하는 경우에도 예상되는 것이므로 신주인수권에는 등록질과 약식질을 구별함이 없이 담보의 효력이 미치지 않는다고 본다[동: 李(철), 338; 孫(주), 683; 鄭(찬), 689; 權(기), 427; 林(홍), 310].

(6) 의결권 등의 공익권　　1) 공익권은 입질방법의 여하에 불구하고 질권설정자가 행사하며, 질권자는 이를 행사하지 못한다[大 92.5.12, 90 다 8862][동: 李(철), 340; 鄭(동), 275~276]. 왜냐하면 담보의 효력은 주식의 재산적 권리에만 미치기 때문이다.

2) 무기명주권을 입질하는 동안은 주주가 주권을 회사에 공탁할 수 없으므로 주주는 의결권 등에 관하여도 질권자에게 회사에 대한 권리를 행사할 수 있는 권한을 부여한 것이라는 견해도 있으나[孫(주), 686], 무기명주권의 질권자는 질권설정자인 주주의 권리행사를 위하여 협조하여야 한다.

3) 기명주식의 경우는 등록질이나 약식질을 구별할 필요 없이 주주명부상의 주주인 질권설정자가 공익권을 행사한다. 등록양도담보의 경우에는 담보권자의 명의로 명의개서를 하므로 공익권도 담보권자가 행사하게 된다. 단순한 양도담보의 경우에도 회사는 담보권자를 주주로 취급하여야 한다는 견해가 있는데[蔡(이), 497], 이것이 판례의 입장이다[大 93.12.28, 93 다 8719]. 그러나 이 경우에는 주주명부상의 주주인 담보설정자가 의결권을 행사하여야 된다고 본다.

[事例演習]

◇ 사 례 ◇

甲은 자신이 보유하고 있는 동서주식회사의 기명주식 1,000주를 담보로 제공하여 乙로부터 대출을 받았다.

〈설문 1〉 동서주식회사가 준비금을 자본에 전입하여 구주 1주에 대하여 신주 1주의 비율로 무상주를 교부한다면 乙은 무상주의 교부를 청구할 수 있는가?

〈설문 2〉 동서주식회사가 구주 1주에 대하여 신주 1주의 비율로 주식배당을 한다면 乙은 甲이 배당받은 주식의 교부를 청구할 수 있는가?

〈설문 3〉 동서주식회사가 이익배당을 하는 경우 乙은 甲에게 배당되는 배당금에 대하여 어떠한 권리를 가지는가?

[해 설] **설문 1의 경우**   乙이 준비금의 자본전입에 의하여 甲에게 교부되는 무상주에 대하여 질권자로서 물상대위를 할 수 있음은 상법 제461조 6항에 의하여 명백하다. 그것은 乙이 약식질권자이든, 등록질권자이든, 양도담보권자이든 마찬가지이다.

설문 2의 경우   주식배당이 있는 경우 乙이 등록질권자라면 상법 제462조의 2에 의하여 乙은 甲에게 배당되는 주식에 대하여 물상대위를 할 수 있다.

주식배당이 있는 경우 乙이 약식질권자라면 甲에게 배당되는 주식에 물상대위를 할 수 있는지에 관해서는 견해의 대립이 있다. 주식배당의 본질을 주식분할로 보는 입장에서는 甲에게 배당되는 주식에 乙이 물상대위를 할 수 있다고 본다.

주식배당의 본질을 이익배당이라고 보는 입장 중 이익배당에도 질권의 물상대위적 효력이 미친다고 보는 견해는 乙이 甲에게 배당되는 주식에 대해 물상대위를 할 수 있다고 보며, 이익배당에는 질권의 물상대위적 효력이 미치지 않는다고 보는 견해는 乙이 甲에게 배당되는 주식에 대하여 물상대위를 할 수 없다고 본다. 약식양도담보의 경우에는 약식질과 마찬가지의 이야기를 할 수 있다.

설문 3의 경우   등록질의 경우에는 이익배당에 질권의 물상대위적 효력이 미침을 명시하고 있으나($\frac{상}{340}$), 약식질의 경우에 관하여는 위에서 본 바와 같이 긍정설과 부정설이 대립하고 있다. 양설은 모두 설득력이 있으나 문제는 어느 쪽이 질권을 설정하는 당사자인 질권자와 질권설정자의 실제의 의사에 부합하는 것이냐에 있다. 주

식의 입질에 있어서 질권설정당사자는 이익배당에 물상대위적 효력
을 미치게 하는 것에는 거의 관심이 없는 것 같다.

부정설에 의하면 乙은 甲에게 귀속되는 이익배당금에는 물상대위
를 할 수 없게 될 것이다. 긍정설을 취하면 乙은 甲에게 귀속되는
이익배당금에 물상대위를 할 수 있으나, 배당금이 지급되기 전에 압
류를 하여야 한다.

제 7 관   株式의 消却·併合·分割

[236]   제1   株式의 消却

(1) 의　의　　주식의 소각이란 회사의 존속중에 특정한 주식을 절대
적으로 소각시키는 회사의 행위를 말한다. 이는 인적회사의 퇴사제도와 유사
한 것이다. 그러나 회사의 주식이 전부 소멸하는 회사의 해산과 다르고, 또한
상대적으로 소멸하는 주식인수인에 대한 실권처분($\frac{상}{307}$)이나 단주의 처리($\frac{상 443,}{530 \, Ⅲ,}$
$\frac{461}{Ⅱ}$)의 경우와 다르며, 주식 그 자체가 소멸하는 점에서 주권에 대해서만 무효
선언을 하는 제권판결($\frac{상}{360 \, Ⅰ}$)과 다르다. 주식의 소각은 주주에게는 소유주식의
전부 또는 일부가 절대적으로 소멸된다는 점에서, 회사채권자에게는 자본액이
감소된다는 점에서 각기 중대한 이해관계가 있으므로 일정한 규제가 필요하다.

(2) 목　적　　주식의 소각은 회사의 규모를 축소하기 위한 경우나 장
기간의 결원으로 불가능하였던 이익배당을 가능하게 하기 위한 경우에 하게
되며 이익소각은 앞으로 해산될 회사의 청산을 간단하게 하기 위한 경우 등에
하게 된다.

(3) 소각의 경우　　주식의 소각은 i) 자본감소의 규정에 따라서 하는
경우($\frac{상 343}{1 \, 본}$)와, ii) 특정한 종류의 주식($\frac{상환}{주식}$)만을 소각하는 경우($\frac{상}{345}$)가 있다.

(4) 소각의 방법

1) 임의소각·강제소각　　주식의 소각은 주주의 의사에 의하는가 회사
의 일방적 행위에 의하는가에 따라, 임의소각과 강제소각으로 구분할 수 있다.
그러나 어떠한 방법에 의하든 회사는 주주평등의 원칙에 의하여야 한다. 임의
소각은 회사가 주주의 동의를 얻어서 자기주식을 취득($\frac{상}{341 \, (1)}$)한 후 이를 소멸
시키는 것을 말한다. 일반적으로 임의소각은 매입소각에 의하지만 교환이나

증여에 의해서도 할 수 있다. 임의소각은 자기주식의 취득을 전제로 한다. 강제소각은 회사의 일방적 행위($\frac{추첨·안분}{비례 등}$)에 의하여 주주의 동의 없이 소멸시키는 것이다. 이 경우에는 자기주식의 취득을 필요로 하지 않는다.

　2) 유상소각·무상소각　　소각은 그 대가의 유무에 따라 유상소각과 무상소각으로 구분된다. 유상소각은 그 재원이 이익인 경우와 자본에 해당하는 재산인 경우가 있다. 전자는 이익소각과 상환주식의 소각의 경우이고, 후자는 자본감소에 의하여 소각하는 경우를 말한다.

　(5) 소각의 요건　　주식의 소각은 주주 또는 회사채권자의 이해관계에 중대한 영향을 미치므로 일정한 요건에 따라서만 할 수 있다. 즉 주식은 자본금 감소에 관한 규정에 의하여서만 소각할 수 있다. 다만 이사회의 결의에 의하여 회사가 보유하는 자기주식을 소각하는 경우에는 그러하지 아니하다($\frac{상}{343}$ I). 이 경우에 상법 제440조와 제441조의 규정을 준용한다($\frac{동조}{II}$).

　1) 상환주식의 소각　　상환주식은 정관의 규정에 따라서만 발행할 수 있고($\frac{상}{345}$), 상환은 정관에 정한 상환가액·상환기간·상환방법과 수에 따라서 하여야 한다($\frac{상}{345}$ I). 그리고 상환주식은 이익으로써만 소각할 수 있으므로($\frac{상}{345}$ I), 배당가능한 이익이 있어야 한다.

　2) 자본감소규정에 의한 소각[$\frac{자본감소에\ 관하여는}{632면\ 이하\ 참조}$]

　(개) 주주총회의 특별결의　　자본감소에 의한 주식소각의 경우는 정관의 규정은 필요 없지만 주주총회의 특별결의가 있어야 하며, 이 결의에서는 소각의 방법도 구체적으로 정하여야 한다($\frac{상\ 343\ I\ 본}{438\ I,\ 439\ I}$). 주주총회의 소집을 위한 통지와 공고($\frac{상}{363}$)에는 자본감소에 관한 의안의 요령도 기재하여야 한다($\frac{상}{438}$ II).

　(내) 채권자보호절차　　자본감소를 위하여 주식을 소각하는 때에는 그만큼 채권자를 위한 담보액과 자본에 해당하는 재산이 감소되므로 채권자보호절차를 밟아야 한다($\frac{상\ 439\ II·III,}{232,\ 635\ I\ (14)}$).

　(6) 소각의 효력　　소각의 효력은 강제소각의 경우에는 주권제출기간이 만료한 때에($\frac{상\ 343\ II·}{440,\ 441}$), 임의소각의 경우에는 회사가 일시적으로 자기주식을 취득한 다음에 실효절차를 밟은 때에($\frac{상\ 341}{(1),\ 342}$) 생기고, 자본감소의 경우에는 채권자보호절차가 종료한 때에 그 효력이 생긴다($\frac{상\ 343\ II·}{440,\ 441}$). 그러므로 유상소각의 경우에 대가의 지급이나 회사에 대한 주권의 제출은 소각의 효력과는 무관하다.

　(7) 소각의 효과　　주식의 소각이 자본감소의 규정에 의한 때에는 자본

이 감소하지만, 이익소각의 경우에는 자본은 감소하지 않는다. 그러므로 발행주식수만이 감소되어 자본금과 주식의 관계($\frac{상}{451}$)가 절단된다. 또한 소각의 결과 소각된 주식수는 발행예정주식수 중에 미발행주식으로 다시 부활하지 않는다. 그러므로 소각된 만큼의 주식을 재발행하지 못한다[$\frac{통}{설}$].

[237]　제 2　株式의 倂合

　　(1) 의　　　의　　　주식의 **병합**이란 수개의 주식을 합하여 그보다 적은 수의 주식으로 하는 것을 말한다($\frac{예: \ 2주를 \ 1주}{로 \ 하는 \ 경우}$). 주식의 병합은 자본감소의 경우($\frac{상}{439 \ 1}$), 합병시 당사회사의 재산상태가 다를 때, 예컨대 해산회사의 주식 2주에 대하여 존속회사의 주식 1주를 배정하여야 하는 경우에 해산회사의 주식을 병합하는 경우, 그리고 유한책임의 원칙이나 주주평등의 원칙에 위배됨이 없이 1주의 권면액을 인상하는 경우($\frac{액면이 \ 5,000원인 \ 신주와 \ 구주를}{병합하여 \ 10,000원으로 \ 하는 \ 경우}$)에 하게 된다.

　　(2) 병합의 절차

　　1) 구주권의 제출　　　주식을 **병합**하는 경우에는 회사는 1월 이상의 기간을 정하여 그 뜻과 그 기간 내에 주권을 회사에 제출할 것을 공고하고, 주주명부에 기재된 주주와 등록질권자에 대하여 각별로 통지를 하여야 한다($\frac{상}{440}$). 주권을 제출하도록 하는 취지는 병합의 효력이 생긴 이후에 구주권의 유통을 방지하기 위한 것이다. 더욱이 무기명주식의 경우는 병합의 결과 각 주주가 받을 신주식의 수와 단주로 처리될 주식은 주권의 제출기간 내에 제출된 주식의 수에 의하여 정하여지므로, 이 경우에 주권의 제출은 신주식의 배정을 받기 위한 요건이 된다. 그 결과 제출기간 내에 제출되지 않은 주식은 모두 단주로 처리된다($\frac{상}{444}$).

　　2) 구주권의 제출불능의 경우　　　병합의 경우에 구주권을 회사에 제출할 수 없는 자가 있는 때에는 회사는 그 자의 청구에 의하여 3월 이상의 기간을 정하고, 이해관계인에 대하여 그 주권에 대한 이의가 있으면 그 기간 내에 제출할 뜻을 청구자의 부담으로 공고하고, 그 기간이 경과한 후에 신주권을 청구자에게 교부할 수 있다($\frac{상}{442}$). 이것은 구주권의 점유를 회복시키는 제도로 공시최고에 의한 제권판결절차와 유사하지만, 이는 법률관계의 변경으로 주권의 내용이 변경되어 신주권을 발행하는 경우에 인정된다. 예컨대 상호 또는 액면의 변경의 경우나 우선권의 배제의 경우가 이에 해당한다.

(3) **단주의 처리**   병합에 적당하지 아니한 수의 주식($\frac{단}{주}$)이 있는 때에는 그 부분에 대하여 발행한 주식을 경매하여 각 주수에 따라 그 대금을 종전의 주주에게 지급하여야 한다. 그러나 거래소의 시세 있는 주식은 거래소를 통하여 매각하고 거래소의 시세 없는 주식은 법원의 허가를 얻어 경매 이외의 방법으로 임의매각할 수 있다($\frac{상}{443 \text{ I}}$). 이 경우에 병합에 적당하지 아니한 구주권을 제출할 수 없는 자가 있는 때에는 상법 제442조의 절차가 끝난 다음에 대금을 교부하면 된다($\frac{상}{443 \text{ II}}$). 그리고 병합의 경우에 무기명주권을 주권제출기간 내에 제출하지 않은 자가 있는 경우에도 단주의 처리에 관한 규정을 준용한다($\frac{상}{444}$).

(4) **병합의 효력발생시기**   주식의 병합은 주권제출기간이 만료한 때에 그 효력이 생기지만($\frac{상}{441 \text{본}}$) 채권자보호를 위한 절차가 종료하지 않은 때에는 그 절차가 종료한 때에 효력이 생긴다($\frac{상}{441 \text{ 단}}$). 그러므로 주권의 제출은 주식병합의 효력발생요건이 아니다.

(5) **병합의 효과**   1) 회사가 발행한 주식총수는 감소되고, 주주의 권리는 단주에 의하여 소멸되지 않는 한 병합 후의 신주식에 존속하게 된다. 그리고 구주식을 목적으로 하는 질권은 병합으로 인하여 주주가 받을 신주식과 금전에 존속하게 된다($\frac{상}{339}$).

2) 기명주식의 경우에 병합에 의하여 발행된 신주식과 단주를 받을 자는 주권제출기간이 만료한 때의 주주명부상의 주주이다. 그러나 신주권을 발행함에 있어서는 구주권을 회수하여야 되므로 주주명부상의 주주라도 구주권을 제출하지 않는 한 신주권의 교부를 받을 수 없고, 반면에 명의개서를 하지 않은 구주권의 소지인은 구주권을 제출하여 신주권의 교부를 받을 수 있다고 본다. 구주권을 제출할 수 없는 자는 상법 제442조에 의한 이의최고절차를 밟아 신주권의 교부를 받을 수 있다. 즉 이의제출기간 내에 이의를 제출한 자가 없는 때에는 회사는 청구자에게 신주권을 교부할 수 있다.

3) 무기명주식은 주권제출기간 내에 주권을 제출한 주주에게만 주권이 교부되고 그 기간 내에 제출하지 않은 주식은 모두 단주로 처리된다($\frac{상}{444}$).

(6) **등   기**   주식병합의 결과 회사의 발행주식총수가 변경되므로($\frac{상}{\text{II (3)}} 317$) 변경등기를 하여야 한다($\frac{상}{\text{II, 183}} 317$).

[238]　제 3　株式의 分割

(1) 총　　설

1) 의　　의　　주식의 분할이란 회사의 자본이나 자산은 변경시킴이 없이 주식을 세분화하여 발행주식총수를 증가시키는 절차이다. 분할에 의하여 발행되는 주식은 각 주주가 갖는 지주수에 따라 주주에게 배분되므로 주주의 실질적인 지위에는 아무런 변동이 생기지 않는다. 상법에는 주식의 분할에 관하여 명문의 규정을 두고 있지 않으나 이를 부정하는 것은 아니라고 본다.

2) 분할의 필요성　　주가가 지나치게 높아져서 그 유통성이 둔화되는 경우에 유통주식수를 증가시킴으로써 주식의 시장성을 도모하려는 경우와, 이익배당액의 조정 및 신주의 발행이나 합병의 준비를 위한 경우 등에 주식의 분할의 필요성이 있다.

주식액면분할공고

당사는 2002년 5월 21일 임시주주총회 결의로 1주의 금액 금2,500원의 주식 1주를 분할하여 1주의 금액 금500원 주식 5주로 하기로 하였으므로 구주권을 소유하신 주주는 이 공고의 게재일 익일로 부터 1개월 이내에 구주권을 제출하여 주시기 바랍니다.

2002년 5월 22일

주식회사 화림모드

서울시 강남구 대치동 947-7 삼탄빌딩

대 표 이 사　이 규 동

(2) 분할의 절차　　주식의 분할은 자본감소를 수반하는 주식의 병합과는 다르고 주주의 이익을 해하지 않는다. 회사는 언제든지 주주총회의 특별결의로 주식을 분할할 수 있다($\frac{상 329}{의 2 \text{I}}$)고 본다. 그러나 분할을 위하여는 정관의 절대적 기재사항인 1주의 금액($\frac{상 289}{\text{I}(4)}$)을 변경하여야 하므로 정관변경을 위한 주주총회의 특별결의($\frac{상}{434}$)가 있어야 한다. 즉 주식의 분할은 주주에게 불리한 영향을 미치지 않으므로 총주주의 동의는 필요 없다고 본다. 그리고 주권제출의 최고·신주권의 교부 등 그 절차 및 효력에 관하여는 주식병합에 관한 규정($\frac{상 440\sim}{444}$)을 준용한다($\frac{상 329}{의 3}$).

(3) 분할의 효력발생　　주식분할의 효력은 주식병합의 경우와 마찬가지로 주권제출기간의 만료에 의하여 생긴다$\left[\frac{상}{441 본}\right]\left[\frac{동; 鄭}{(동), 172}\right]$. 주식분할의 효력이 생기면 회사의 발행주식총수가 증가한다. 그리고 구주식에 대한 질권은 물상대위에 의하여 신주식에 대하여 행사할 수 있다($\frac{상}{339}$).

(4) 등　　기　　주식분할의 결과 회사의 주식총수가 변경되므로($\frac{상 317}{\text{II}(3)}$) 이에 관한 변경등기를 하여야 한다($\frac{상 317}{\text{III}, 183}$).

제 4 절 會社의 機關

제 1 관 總 說

[239] 제 1 株式會社의 機關構成

(1) 총 설 주식회사는 법인(法人)이므로($\frac{\text{상}}{169}$) 독자적인 권리능력을 갖는다. 그러나 회사 자체는 직접 활동할 수 없으므로 법인격이 있는 자연인으로 구성되는 일정한 조직인 기관을 필요로 하게 된다. 즉 주식회사는 회사의 의사를 결정하고 그에 따라 행동하며, 결정된 의사를 대외적으로 표시하기 위하여 일정한 기관이 있어야 한다. 그러므로 기관은 회사의 활동의 기초가 된다고 할 수 있다. 주식회사의 기관은 삼권분립의 정치사상의 영향에 의하여 회사의 대내적 의사결정기관으로서 주주총회와 이사회, 대표기관이며 업무집행기관으로서 대표이사, 그리고 감독기관으로서 감사 또는 감사위원회 등의 필요적 기관으로 분화되며, 또한 필요에 따라 임시기관으로서 검사인을 선임할 수 있다.

(2) 기관의 분화와 기능 1) 의용상법시대에는 주식회사에 있어서 기관의 3분화가 뚜렷하였으나, 상법은 영미법상의 이사회제도(board of directors)를 도입하였기 때문에 회사의 의사결정기관이 주주총회와 이사회로 양분화되었다고 할 수 있다. 또한 종래에는 해석에 의하여 이사회는 업무집행의 감독기관으로 보았고, 감사는 회계감사만을 임무로 하는 기관으로 보았다. 그러나 1984년의 개정상법은 이사회의 업무감독권을 법정함과($\frac{\text{상}}{393\,\text{II}}$) 동시에 감사에게 업무감사권을 다시 부여하고($\frac{\text{상}}{412}$) 업무감사를 위하여 필요한 권한을 인정하여 감사의 지위를 강화하였다. 그러나 개정상법($\frac{1999.}{12}$)에 의하여 정관으로 감사위원회를 두기로 한 때에는 감사를 둘 수 없다($\frac{\text{상}}{\text{의}\,2}\,\frac{415}{\text{I}}$).

2) 직전사업연도 말의 자산총액이 70억원 이상인 주식회사는 매 사업연도개시일로부터 4월 이내에 외부감사인을 선임하여야 한다($\frac{\text{외감}}{2,\,4}$). 이 밖에도 대부분의 주식회사에서는 상무회를 두고 있으나, 이는 대표이사의 자문기관일 따름이다.

3) 상법개정안(2007)은 이사회의 감독기능을 강화하고 회사의 업무집행

《주식회사의 기관구성》

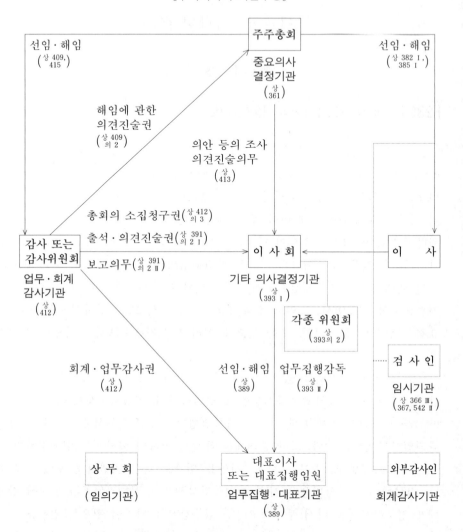

의 효율성을 제고하기 위하여 이사회의 업무집행기능을 분리하여 이를 전담할 집행임원(執行任員)을 둘 수 있도록 하고, 제도의 도입여부는 개별 회사가 자율적으로 선택할 수 있게 하였다($^{상\ 408조의\ 2}_{내지\ 408조의\ 9}$). 그리하여 집행임원을 두기로 한 때에는 대표이사를 선임할 수 없고($^{상\ 408의}_{2\ I}$), 대표집행임원이 회사를 대표한다 ($^{상\ 408의}_{5\ I}$).

　(3) 사원자격과 기관자격　　　합명회사의 경우와 달리 주식회사에 있어

서는 주주총회를 제외한 업무집행과 회사대표 및 감사를 위한 기관의 경우는 사원자격과 기관자격이 반드시 일치하지 않는다. 왜냐하면 회사의 영업에 대한 참여의 정도는 사원이 회사 또는 회사채권자에 대하여 지는 책임의 정도에 따라 좌우되기 때문이다. 즉 사원이 직접 연대·무한책임을 지는 합명회사에 있어서는 사원이 당연히 기관의 구성원이 되어 자기기관을 갖게 되지만, 사원 (주)의 수가 많고 사원이 유한책임을 지는 주식회사의 경우에는 소유와 경영의 분리에 의하여 제3자기관을 갖게 된다.

제 2 관   株主總會

[240] 제 1 總   說

(1) 의   의   1) 주주총회란 회사의 기본조직과 경영에 관한 중요사항에 관하여 주주들이 의사를 표시함으로써 회사의 의사를 결정하는 **필요적** 기관이다. 주주총회는 회의체로서 상설의 기관은 아니며[동: 孫(주), 693; 梁·朴, 348; 李(원), 415; 蔡(이), 459; 林(홍), 330] 정기적으로 또는 필요에 따라 소집에 의하여 개최된다. 그런데 주주총회를 **상설기관**으로 보는 견해도 있다[李(철), 385; 鄭(동), 293; 鄭(찬), 708; 權(기), 529]. 주주총회는 회사의 청산중에도 존속한다.

2) 주주총회의 구성원에 관하여 의결권 없는 주주는 제외된다는 견해도 있으나[鄭(동), 292; 鄭(찬), 709;], 이들은 소정의 배당을 받는 동안만 의결권이 정지될 뿐이므로 주주총회의 구성원에서 제외된다고 할 수 없다[동: 李(철), 385; 李(기), 546; 權(기), 529]. 더욱이 총주주의 동의를 요하는 특수결의사항의 경우에는 당연히 의결권 없는 주주의 동의도 있어야 하므로 제외설은 타당성이 없다고 할 것이다. 결의에 관하여 특별이해관계가 있는 주주도 마찬가지이다.

(2) 지위의 변천   1) 종래에는 소위 **만능설**(萬能說)에 의하여 주주총회는 주식회사의 최고기관으로서 그 권한이 극히 광범위하여, 강행법규 또는 선량한 풍속과 사회질서에 반하지 않고 정관에 의하여 그 권한을 스스로 제한하지 않는 한, 회사의 기본조직과 모든 업무집행에 관하여 회사의 의사를 결정할 수 있으며 다른 기관은 주주총회의 결정에 구속을 받았다. 이러한 현상은 자유주의 사상의 영향으로 주주들을 기업의 주인으로 간주한 데서 비롯된다.

2) 점차로 기업의 규모가 확대되고 기업간의 경쟁이 심화되어 회사의 경

제적 관계가 전문적인 지식이 있고 회사의 업무를 직접 담당하는 이사가 아니고는 파악할 수 없을 정도로 복잡하게 되면서, 대회사의 경영은 이사들이 주도하게 되었고 주주총회는 회사의 경영으로부터 소외되기 시작하였다.

　　3) 우리 상법에서도 이사회의 권한을 강화하고, 반면에 주주총회의 권한을 축소하여 주주총회는 상법 또는 정관에 정하는 사항에 한하여 결의할 수 있는 기관이 되었다($\frac{상}{361}$). 그 결과 상법과 정관에 정함이 없는 다른 사항에 대하여는 주주총회가 결의를 하더라도 그것은 무효인 결의로서 이사 및 주주에 대하여 아무런 구속력을 갖지 못한다$\begin{bmatrix} 大\ 91.\ 5.\ 28, \\ 90\ 다\ 20084 \end{bmatrix}$. 더욱이 1984년의 개정상법은 이사회의 권한을 크게 강화하였고, 또한 1995년의 개정상법에서도 종래에 주주총회의 권한이었던 이사에 대한 경업의 승인권을 이사회의 권한으로 함으로써 주주총회의 권한은 더욱 축소되었다.

　　4) 그러나 주주총회는 회사의 기본적 구조에 대한 결정권한과 실질적으로 회사를 지배하고 감독하는 이사, 감사의 선임·해임의 권한이 있으며, 또 정관에 의하여 그 권한을 강화할 수 있으므로($\frac{상\ 361}{참조}$) 아직도 중요한 기관임에는 틀림없다. 더욱이 상법개정안(2007)에 의하면 자본금 10억원 미만의 회사로 이사를 1인 또는 2인만 두고 있는 회사($\frac{상\ 383}{1\ 단}$)의 경우는 이사회가 존재하지 않으므로 상법상의 이사회의 법정권한은 대부분 주주총회의 권한이 되었으므로 ($\frac{상\ 383}{IV}$) 주주총회는 최고의 기관이라고 할 수 있다.

[241]　제 2　株主總會의 決議事項

1. 의　　의

주주총회가 회사의 의사를 결정할 수 있는 법정된 결의사항은 주주총회의 전속적인 권한이라고 할 수 있으며, 주주총회의 결의나 정관에 의하여도 다른 기관이나 제 3 자에게 위임하지 못한다. 상법에서 법정하고 있는 주주총회의 결의사항으로는 다음과 같은 것이 있으며 특별법으로 정해진 사항도 있다($\frac{파\ 293;}{회정\ 31}$). 또한 정관의 규정에 의하여 주주총회의 권한을 더 확대할 수 있다.

2. 주주총회의 결의사항

상법에서 규정하고 있는 주주총회의 권한에는 그 중요도에 따라 특별결의사항·보통결의사항·특수결의사항이 있으며 이외에 정관의 규정에 의하여 주주총회의 결의에 의하도록 한 사항이 있다. 그런데 1인회사의 주주총회는 어떠한 결의사항이든 1인주주의 결정만으로 결의가 유효하게 성립한다.

(1) **특별결의사항**

1) **결의사항**〔477면 도표 참조〕

2) **영업용재산의 양도**   회사의 영업의 전부 또는 중요한 일부를 양도하는 경우에는 주주총회의 특별결의가 있어야 하는데(상 374 1 (1)), 이 때에 **영업이**란 상법총칙에서 말하는 사실관계를 포함한 조직적 일체로서의 영업재산의 총체만을 말하는 것인가, 아니면 단순한 물건과 권리의 집합체인 **영업용재산도**포함되는가 하는 점에 대해서는 학설의 대립이 있다. 즉 이는 영업활동이 승계되지 않고 양도인이 경업피지의무를 지지 않는 영업용재산의 양도의 경우에도 주주총회의 특별결의를 필요로 하는가의 문제이다.

(가) **근 정 설**   이는 판례의 입장으로서〔大 65. 12. 12, 65 다 2000 3100; 大 69. 11. 25, 64 다 569; 大 88. 4. 12, 87 다카 1662; 大 94. 5. 10, 93 다 47615〕 영업용재산의 양도가 회사의 영업 전부 또는 일부를 양도하거나 폐지 또는 중단하는 것과 같은 결과를 가져오는 경우에는 주주총회의 특별결의가 필요하다고 한다. 이러한 판례의 입장을 절충설이라고 하면서 이를 지지하는 견해도 있다〔鄭(찬), 738; 鄭(동), 298(改說)〕. 여기서 「**영업의 중단**」이라고 함은 영업의 계속을 포기하고 일체의 영업활동을 중단한 것으로서 영업의 폐지에 준하는 상태를 말하며, 단순히 회사의 자금사정 등 경영상태의 악화로 일시 영업활동을 중지한 경우는 여기에 해당하지 않는다〔大 92. 8. 18, 91 다 14369〕고 한다. 그리고 회사존속의 기초가 되는 영업재산을 처분할 당시에 이미 영업을 중단하고 있었던 경우에는 주주총회의 특별결의를 요하지 않는다〔大 88. 4. 12, 87 다카 1662; 大 96. 10. 11, 95 다 1460〕고 한다.

(나) **부 정 설**   영업양도란 경업피지의무를 수반하는 사실관계를 포함한 영업재산의 총체를 양도하는 것으로서 영업용재산의 양도는 그것이 중요한 재산이라도 주주총회의 특별결의를 요하지 않는다고 한다.

(다) **절 충 설**   일정한 거래가 영업양도에 해당된다는 점에 대하여 양수인이 악의인 경우에만 회사는 이를 입증하여 주주총회결의의 흠결을 이유로 그 무효를 주장할 수 있다는 견해도 있다〔姜(위), 487〕. 이는 거래의 안전을 고려한 입장이라고 할 수 있다. 그러나 회사가 양수인의 악의를 입증한다는 것은 사실상 기대할 수 없다는 점에서 경우에 따라 회사의 이익을 해할 우려가 있다고 할 것이다.

(라) **사견(부정설)**   생각건대 상법에서 사용하는 영업이라는 용어를 특

별한 성질의 차이가 없는 경우에 다르게 해석할 이유가 없으며, 긍정설에 의하면 영업용재산이 중요한 것인가에 대한 객관적인 판단기준이 불명확하여 거래의 안전을 해할 우려가 있다. 왜냐하면 어떤 재산이 중요한 것인지의 판단은 상대적인 것이고 회사의 자산규모나 업종, 목적재산이 차지하는 비중 등을 고려하여 개별적으로 판단하여야 하며, 양수인은 양도회사의 전 재산을 조사하여 양수의 대상인 재산이 점하는 정도를 실질적으로 판단하여야 할 것이기 때문이다. 그러므로 주주총회의 권한축소의 경향에 비추어 영업용재산의 양도는 이사회의 권한으로 보는 것이 타당하다[동; 李(철), 457;\n林(홍), 336].

[事例演習]

◇ 사 례 ◇

　X는 제재가공사업 및 그 제품의 판매, 건축자재의 가공판매업 등을 목적으로 하여 설립된 주식회사로서 토지·건물·기계 및 기구류 등으로 구성된 공장을 주된 영업재산으로 하고 있었다. 그런데 X회사는 영업부진으로 인하여 2000년 3월경부터 휴업계를 제출하고 위 공장을 가동하지 않고 있던 중, 같은 해 9월 1일 위 회사의 대표이사인 A는 위 공장의 토지 및 건물을 Y에게 금 1억원에 매도하였다.

　그 후 부동산가격이 급등하자 X회사의 주주들은 A를 대표이사직에서 해임하고 B를 대표이사로 선임한 후, 위 토지 및 건물의 매매계약 당시 X회사의 주주총회의 결의를 거치지 않았음을 이유로 Y에 대하여 위 토지 및 건물의 반환을 청구하였다. X회사의 주장은 정당한가?

[해 설]　중요한 영업용재산을 양도하는 경우에도 주주총회의 결의가 필요한가에 대하여 부정설에서는 이 사건 토지 및 건물이 중요한 영업용재산이고 이를 양도함으로써 사실상 회사의 영업목적을 달성하는 것이 불가능하다고 할지라도 그 양도에 주주총회의 특별결의를 요하는 것은 아니라고 해석하는 이상 X의 주장은 인용될 수 없다. 그러나 긍정설에 의하는 경우에도 X회사는 이 사건 토지 및 건물의 매매계약 당시 그 영업을 사실상 중단하고 있었는데, 그 후 부동산가격이 상승하자 이 사건 청구에 이른 것이니만큼 거래의 안전을 위하여도 X의 청구는 부당하다고 본다.

3) 결의요건　　　특별결의는 출석한 주주의 의결권의 3분의 2 이상의

수와 발행주식총수의 3분의 1 이상의 수로 하여야 한다($^{상}_{434}$). 이 경우에 총회
의 결의에 관하여는 무의결권주식 또는 의결권제한주식, 회사의 자기주식, 상
호보유주식은 발행주식의 총수에 산입하지 않는다($^{상}_{371 \, I}$). 그리고 상법 제368
조 제 4 항에 의하여 또는 상법 제409조 제 2 항과 제 3 항에 의하여 그 비율을
초과하는 주식으로서 행사할 수 없는 의결권의 수는 출석한 주주의 의결권의
수에 산입하지 않는다($^{동조}_{II}$). 이 요건은 정관규정으로도 완화할 수는 없고 **가중**
은 가능하다고 본다. 정관의 규정으로 주주 전원일치를 요한다는 정함도 가능
하다고 본다.

⑵ **보통결의사항**

1) **결의사항**[$^{477면}_{도표 참조}$]

2) 상법에 의하면 **자본금**(발행주식의 액면총액) 10억원 미만인 회사는 1
인 또는 2인의 이사를 선임할 수 있는데($^{상 383}_{I 단}$), 이사가 1인 또는 2인인 회사
의 경우는 위의 결의사항 이외에 다음과 같은 사항이 주주총회의 권한에 속한
다. i) 주식의 양도제한에 관한 규정, 즉 주식의 양도제한, 양도제한주식의 양
도승인, 양도제한주식 양수인에 대한 양도승인($^{상 383 IV, 335 I 단, 335의}_{2 I, 335의3 I, 335의7 I}$), ii) 이사의
경업승인과 개입권의 행사($^{상 383 IV,}_{397 I \cdot II}$), iii) 이사의 자기거래의 승인 ($^{상 383}_{IV, 398}$),
iv) 신주발행사항의 결정($^{상 383 IV,}_{416 본}$), v) 준비금의 자본전입($^{상 383 IV,}_{I 본 \cdot III, 461}$), vi) 중
간배당($^{상 383 IV,}_{462의3 I}$), vii) 사채의 모집($^{상 383}_{IV, 469}$), viii) 전환사채 발행사항의 결정($^{상}_{383}$
$^{IV, 513}_{II 본}$), ix) 신주인수권부사채 발행사항의 결정($^{상 383 IV,}_{516의2 II 본}$) 등이다.

3) **결의요건**　　⑦ 보통결의는 상법 또는 정관에 다른 정함이 없는 한
출석한 주주의 의결권의 과반수와 발행주식총수의 4분의 1 이상의 수로써 하
여야 한다($^{상}_{368 I}$). 보통결의의 요건은 정관으로도 완화할 수 없다[$^{李(철), 437;}_{鄭(찬), 736}$].

㈏ 보통결의의 가중은 구상법상의 특별결의요건($^{과반수출석에 3분}_{의 2 이상의 찬성}$)을 한도로
해서만 가능하다는 견해도 있으나[$^{李(철)}_{437 \cdot}$], 주주 전원의 동의를 요한다는 정함
도 가능하다고 본다.

⑶ **특수결의사항**　　발행주식총수의 전부를 소유하는 총주주의 동의가
필요한 결의사항으로는 이사 또는 감사의 회사에 대한 책임면제($^{상}_{400, 415}$)와 주
식회사의 유한회사로의 조직변경($^{상}_{604}$)이 있다. 이 경우에는 의결권 없는 주식
을 소유하는 주주의 동의도 있어야 하고 정관으로도 그 결의요건을 완화하지
못한다.

⑷ 정관에 의한 결의사항

1) 결의사항   ⑺ 이에 관하여는 정관에 의하여 다른 기관의 권한에 속하는 사항을 주주총회의 권한으로 할 수 있는 범위는 상법에 명문의 규정이 있는 경우에 한한다는 견해도 있다[李(철), 389; 鄭(찬), 712]. 그 이유는 그렇지 않으면 이사회의 권한을 대폭 잠식할 수 있게 되어 소유와 경영의 분리를 기대하는 상법의 이념에 역행한다는 것이다.

⑷ 그러나 명문의 규정이 있는 경우(상 389 Ⅰ 단, 416 단, 461, 513 Ⅱ 단, 516의 2 Ⅱ 단 등)뿐만 아니라 기타의 이사회의 권한도 그 성질이 허용하는 한 정관에 의하여 주주총회의 권한으로 유보할 수 있다는 것이 **통설**이며(다만 총회소집의 결정(상 362)은 그 성질상 정관으로도 총회의 권한이 될 수 없다) 타당하다. 그러므로 주주총회는 정관의 규정에 의하여 주식회사의 본질이나 강행법규에 반하지 않고 그 성질이 허용하는 한, 다른 기관의 권한에 속하는 사항이라도 주주총회의 권한으로 할 수 있다고 본다.

2) 결의요건   정관에서 정한 결의사항에 대하여 정관에 아무런 정함이 없는 때에는 보통결의(상 368 Ⅰ)에 의하여야 할 것이다.

3. 결의반대주주의 주식매수청구권

⑴ 의   의   회사영업의 기반에 관한 중요한 사항이나 회사의 기본조직을 변경하는 영업양도 등이나 합병을 위한 주주총회의 특별결의를 하는 경우에 결의에 반대하는 주주에게 **주식매수청구권**을 인정하고 있다. 즉 회사의 영업양도 등이나 합병이나 분할에 관하여 이사회의 결의가 있는 때에 이에 반대하는 주주는 회사에 대하여 자기의 소유주식을 매수할 것을 청구할 수 있다(상 374의 2 Ⅰ, 522의 3, 530의 11 Ⅱ). 이러한 권리는 **형성권**이다. 이는 다수파주주의 횡포로부터 소수주주를 보호하는 데에 그 목적이 있다.

⑵ 주식매수청구권이 인정되는 경우   i) 영업 전부 또는 중요한 일부의 양도(상 374 Ⅰ(1)), ii) 영업 전부의 임대 또는 경영위임, 손익공동계약 기타 이에 준할 계약의 체결·변경·해약(상 374 Ⅰ(2)), iii) 다른 회사의 영업 전부의 양수(상 374 Ⅰ(3)), 회사의 영업에 중대한 영향을 미치는 다른 회사의 영업 일부의 양수(상 374 Ⅰ(4)), iv) 합병승인결의(상 522 Ⅰ), v) 분할합병승인결의(상 530의 11 Ⅱ, 522의 3), vi) 주식교환계약서의 승인결의(상 360의 5), vii) 주식이전의 승인결의(상 360의 21 Ⅱ, 360의 5) 등의 경우이다.

이 밖에 상법에서는 회사가 양도제한주식에 대하여 양도승인을 거부한 때에도

《주주총회의 권한》

결의의 종류	결 의 사 항	결 의 요 건
특별결의	정관의 변경($\frac{\text{상}}{433}$) 영업 전부·중요한 일부의 양도·영업에 　중대한 영향을 미치는 다른 회사의 영 　업 전부·일부의 양수 등($\frac{\text{상}}{374}$ I) 이사 또는 감사의 해임($\frac{\text{상 385}}{\text{I, 415}}$) 자본의 감소($\frac{\text{상}}{438}$), 사후설립($\frac{\text{상}}{375}$) 임의해산($\frac{\text{상}}{518}$), 회사의 계속($\frac{\text{상 519;}}{\text{破 283}}$) 주식의 분할($\frac{\text{상 329}}{\text{의 2}}$ I), 주식의 할인발행 　($\frac{\text{상}}{417}$ I) 제3자에 대한 전환사채·신주인수권부 　사채의 발행($\frac{\text{상 513}}{\text{516의 2}}$ Ⅲ, Ⅳ) 신설합병의 경우 설립위원의 선임($\frac{\text{상}}{175}$ Ⅱ) 합병계약서의 승인($\frac{\text{상}}{522}$ Ⅲ) 회사분할계획서·분할합병계약서의 승인 　($\frac{\text{상 530의}}{3}$ I·Ⅱ) 주식교환계약서의 승인($\frac{\text{상 360의}}{3}$ Ⅱ) 주식이전의 승인($\frac{\text{상 360의}}{16}$ Ⅱ) 휴면회사의 계속($\frac{\text{상 520의}}{2}$ Ⅲ) 이사 등에 대한 주식매수선택권의 부여 　($\frac{\text{상 340의}}{2}$ I)	출석한 주주의 의결권의 3분의 2 이상의 수와 발행주식총수의 3 분의 1 이상의 수($\frac{\text{상}}{434}$)
보통결의	이사·감사·청산인의 선임 및 그 보수 　의 결정($\frac{\text{상 382, 384, 389,}}{\text{409 I, 415, 542}}$ Ⅱ) 재무제표의 승인($\frac{\text{상}}{449}$ I), 주식배당($\frac{\text{상462}}{\text{의 2}}$) 배당금지급시기의 특정($\frac{\text{상 464}}{\text{의 2}}$ 단) 청산회사 재무제표의 승인($\frac{\text{상}}{533}$) 검사인의 선임($\frac{\text{상 366}}{\text{367, 542}}$ Ⅲ, Ⅱ) 총회의장의 선임($\frac{\text{상 366}}{\text{의 2}}$ I) 총회의 연기 또는 속행의 결정($\frac{\text{상}}{392}$) 청산인의 청산종료의 승인($\frac{\text{상}}{540}$ I) 청산인의 해임($\frac{\text{상}}{539}$ Ⅱ) 　(이사가 1인 또는 2인인 회사($\frac{\text{상}}{383}$ I 단)의 　경우는 위의 결의사항외에 다수의 사항 　이 주주총회의 권한에 속한다($\frac{\text{상}}{383}$ Ⅳ).	출석한 주주의 의결권의 과반수 와 발행주식총수의 4분의 1 이 상의 수($\frac{\text{상}}{368}$ I).
특수결의	이사 또는 감사의 회사에 대한 책임의 면제($\frac{\text{상}}{400}$), 유한회사로의 조직변경($\frac{\text{상}}{600}$)	발행주식총수의 전부를 소유하는 총주주의 동의

주주의 주식매수청구권을 인정하고 있으나($\frac{\text{상 335}}{\text{의 2}}$ Ⅳ), 이 경우에 주식매수청구권은 다수결반대주주의 경우와 그 목적과 요건을 달리한다[$\frac{\text{428면이}}{\text{하 참조}}$].

1) 주식매수청구권자　　　㈎ 주식매수청구권을 행사할 수 있는 주주는

회사에 대하여 주주의 권리를 행사할 수 있는 자이어야 한다. 따라서 명의개서를 하지 않은 주식의 양수인은 이 권리를 행사할 수 없다.

(나) 의결권 없는 주식을 소유하는 주주도 청구권자에 포함되는가 하는 문제에 대하여는, 이 제도가 결의에 반대하는 주주에게 인정되므로 의결권을 전제로 한다는 이유로 이를 부정하는 견해도 있다$\left[\begin{smallmatrix}孫(주),\\720\end{smallmatrix}\right]$. 그러나 상법개정으로 주주는 이사회의 합병 등의 결의에 대하여 반대하는 의사만 통지하면 되고 총회의 참석이나 의결권의 행사는 매수청구권의 행사를 위한 요건이 아니며, 주식매수청구권제도는 소수주주의 경제적 이익을 도모하는 데 그 목적이 있으므로 의결권 없는 주식을 소유하는 주주도 포함된다고 할 것이다$\left[\begin{smallmatrix}동:\ 李\\(철),463\end{smallmatrix}\right]$.

2) 주식매수청구의 절차   (가) 회사는 영업양도 등과 합병결의를 위하여 주주총회를 소집하는 경우에, 그 통지 또는 공고를 함에 있어서 주주로 하여금 서면에 의한 반대의사표시를 할 수 있도록 주식매수청구권의 내용 및 행사방법을 명시하여야 한다($\begin{smallmatrix}상\ 374\\530\ I\end{smallmatrix}$,·). 결의사항에 반대하는 주주는 **주주총회** 전에 당해 회사에 대하여 서면으로 그 결의에 반대하는 의사를 **통지**하여야 한다.

(나) 주주는 총회에 출석하여 다시 결의에 반대하여야 할 필요 없이 통지만 하여도 매수청구를 할 수 있다$\left[\begin{smallmatrix}동:\ 李(철),\ 464;\\孫(주),\ 721\end{smallmatrix}\right]$. 그러므로 의결권 없는 주식을 소유하는 주주도 같다. 반대의 통지를 한 경우에 한하여 주주는 총회의 결의일로부터 20일 이내에 주식의 종류와 수를 기재한 서면으로 매수를 청구할 수 있다($\begin{smallmatrix}상\ 374\\의\ 2\ I\end{smallmatrix}$). 이 기간은 제척기간(除斥期間)이다.

3) 주식매수청구의 효과   (가) 반대주주의 청구에 대하여 당해 회사는 그 청구를 받은 날로부터 2월 이내에 당해 주식을 매수하여야 한다($\begin{smallmatrix}상\ 374\\의\ 2\ II\end{smallmatrix}$). 주식매수청구권은 **형성권**으로서 매수의 청구에 의하여 당해 회사와의 매매계약이 성립하고 회사의 승낙의 의사표시를 필요로 하지 않는다$\left[\begin{smallmatrix}동:\ 李(철),\ 465\sim\\466;\ 鄭(동),\ 340\end{smallmatrix}\right]$. 그러나 2월의 주식대금지급기간 동안은 이행지체가 되지 않고 대금지급과 주권의 교부는 동시이행의 관계에 있게 된다. 이와는 달리 주식의 매수청구가 있으면 회사는 매수가격협의의무를 질 뿐이라는 견해도 있으나$\left[\begin{smallmatrix}鄭(찬),\ 743;\\李(기),\ 566\end{smallmatrix}\right]$, 「회사는 … 주식을 매수하여야 한다」($\begin{smallmatrix}상\ 374\\의\ 2\ II\end{smallmatrix}$)는 규정의 해석으로는 타당하지 못하다.

(나) 주권상장법인이 주식을 매수한 때에는 매수한 날로부터 1년 내에 주식을 처분하여야 하나($\begin{smallmatrix}증거\ 191\ IV;\\증거시\ 84의\ 2\ III\end{smallmatrix}$), 비상장법인의 경우는 상당한 시기에 매수주식을 처분하면 된다($\begin{smallmatrix}상\\342\end{smallmatrix}$).

(다) 매수가액은 회사와 주주간의 협의에 의하여 결정한다($\begin{smallmatrix}상\ 374의\\2\ III\ 본\end{smallmatrix}$) 그러나

주주가 매수청구를 한 날로부터 30일 이내에 회사와 주주간의 협의가 이루어 지지 않은 경우에는 법원에 대하여 매수가액의 결정을 청구할 수 있다($\frac{\text{상}}{\text{의}} \frac{374}{2 \text{ IV}}$). 법원이 매수가액을 결정하는 때에는 회사의 재산상태 기타의 사정을 참작하여 공정한 가액으로 이를 산정하여야 한다($\frac{\text{상}}{\text{의}} \frac{374}{2 \text{ V}}$)

　(라) 그런데 비상장회사의 주식의 평가는 시장가격이 존재하지 않으므로 그 업종과 규모가 동일하거나 유사한 주권상장회사가 있는 때에는 그 회사 주식 의 일정기간 동안의 시장가격을 기준으로 할 것이다. 이것도 불가능할 때에는 당해 법인의 자산상태·수익성 기타의 사정을 참작하여 금융감독위원회가 정 하는 가액에 의한다($\frac{\text{증거시}}{9} \frac{84\text{의}}{\text{II}(2)}$).

　4) 주식매수청구의 실효　　　회사가 영업양도 등이나 합병의 결의를 철 회하는 결의를 하고 그 절차를 중단한 경우와, 주주와 회사간의 매수가액의 협 의가 이루어지지 않은 때에 매수청구를 한 때로부터 30일 내에 법원에 대하여 매수가액의 결정을 청구($\frac{\text{상}}{\text{의}} \frac{374}{2 \text{ IV}}$)하지 않은 경우에는 주식매수청구는 실효한다.

　5) 주식매수청구와 하자결의의 소　　　(가) 주식매수청구를 한 주주는 영업양도 등 이나 합병결의를 반대하는 입장이므로 매수청구의 원인인 결의의 취소·무효·부존재의 소를 제기할 수 있는가 하는 문제가 있다. 이에는 i) 주식매수청구권은 주주총회의 결의 가 유효하다는 것을 전제로 하는 권리이므로 결의하자의 소권과 주식매수청구권을 택일 적으로 행사하여야 한다는 견해와, ii) 주식매수청구권의 행사에는 그 기간의 제한이 있 기 때문에 양자의 병존적 행사를 인정하고 결의하자의 판결이 확정될 때까지 가격결정 의 절차가 중지된다는 견해가 있다. 전자인 택일설에 의하면 주식매수청구권이 결의의 유효성을 전제로 한다고 하나, 주식매수청구권을 행사한다고 하여 결의의 하자가 치유 되는 것은 아니고 결의하자의 소권을 포기한 것으로 볼 수 있는 근거도 없으므로 부당하다.
　(나) 후자인 병존설이 타당하다고 본다. 그러나 후자의 경우에 결의하자의 소를 제기 한 때에는 가격결정의 절차가 중지된다는 것은 그 이유가 모호하다. 그러므로 매수주식 의 대금이 지급되기 전에 결의하자의 판결이 확정된 때에는 주식매수청구는 실효하며 판결 전에 매수주식의 대금이 지급된 때에는 원고는 주주의 지위를 상실하므로 결의하 자의 소는 소의 이익이 소멸하여 각하된다고 하는 입장이 타당하다.

[242]　제3　株主總會의 召集

　주주총회는 주주들이 회사의 의사를 결정하는 회의체이므로, 그 소집은 소집권자에 의하여 결정되어 법정의 소집절차에 따라 소집권한이 있는 자가 하여야 한다.

I. 소집권자

(1) 이 사 회　　　**1)** 총회의 소집결정은 원칙적으로 이사회의 권한에 속한다($\frac{상}{362}$). 그러나 이사가 1인 또는 2인인 회사($\frac{상 383}{4 단}$)는 이사가 결정한다($\frac{동}{II}$). 이사회는 소집의 결정뿐만 아니라 대표이사가 소집통지를 함에 있어서 필요한 사항을 결의하여야 한다. 즉 이사회의 결의로 총회의 소집과 그 일시·장소·의안 등을 결정하고, 이에 따라 대표이사가 소집한다. 그리고 청산중의 회사의 경우는 청산인회가 그 소집과 그에 관한 구체적인 내용을 결정하고 대표청산인이 소집한다($\frac{상}{542\,II}$).

2) 이사회의 결의 없이 대표이사가 소집한 총회의 결의나, 이사회의 결의는 있었으나 대표이사가 아닌 이사가 소집한 총회의 결의는 취소사유가 존재하는 것으로 본다. 그러나 이사회의 결의도 없고 소집권한도 없는 이사 또는 감사가 소집한 총회의 결의는 부존재로 보아야 한다[$\frac{大\ 73.\,6.\,29,\,72\ 다\ 2611;}{大\ 78.\,9.\,26,\,78\ 다\ 1219}$].

3) 이사회의 결의가 없었더라도 1인주주나 전주주가 출석하여 총회의 개최에 동의하여 한 결의는 유효하다는 것이 **통설**이며 판례의 입장이다[$\frac{大\ 79.\,6.\,26,}{78\ 다\ 1794}$ (전원출석총회); $\frac{大\ 77.\,2.\,8,\,74\ 다\ 1754;\ 大\ 93.}{6.\,11,\,93\ 다\ 8702;\ 大\ 96.\,10.\,11,\,96\ 다\ 24309}$]. 이와는 달리 이사회의 소집결정의 하자는 1인주주의 참석으로 치유될 수 없다는 소수설도 있다[$\frac{李(철)}{406}$,].

(2) 소수주주

1) 총　설　　　소수주주는 회의의 목적사항과 소집의 이유를 기재한 서면 또는 전자문서를 이사회에 제출하여 **임시주주총회**의 소집을 청구할 수 있다($\frac{상}{366\,I}$). 이것은 다수결의 남용을 방지하고 소수주주의 이익을 보호하기 위하여 인정한 것이다.

2) 소수주주의 의의　　　(가) 소수주주는 발행주식총수의 100분의 3 이상에 해당하는 주식을 가진 주주이다($\frac{상}{366\,I}$). 이 경우에 소수주주의 지주율을 계산함에 있어서 발행주식총수에는 **의결권 없는 주식**과 **자기주식**은 포함되지 않는다는 것이 통설이다.

(나) 그러나 이 경우에 발행주식총수에는 의결권 없는 주식과 자기주식 및 자회사소유의 모회사주식과 비모자회사간에 상호소유하는 의결권이 제한된 주식도 포함된다고 본다. 그리고 의결권 없는 주식을 가진 주주도 단독으로 또는 의결권 있는 주식의 주주와 함께 발행주식총수의 100분의 3 이상이 되는 때에는 총회의 소집을 청구할 수 있다[$\frac{동:\ 鄭(동),\ 300;}{權(기),\ 537}$]. 또한 자기주식과 자회사소유

의 모회사주식을 제외한 비모자회사간에 상호소유하는 주식의 경우도 같다고 본다. 왜냐하면 이 경우에 소수주주의 소집청구권은 의결권의 유무와 관계 없이 일정한 비율의 자본을 출자한 주주에게 인정된 권리라고 보아야 하기 때문이다.

상장회사의 경우는 6월 전부터 발행주식총수의 1,000분의 15 이상에 해당하는 주식을 보유한 자는 상법 제366조에 의하여 임시주주총회의 소집을 이사회에 대하여 청구할 수 있다($^{상\ 542의}_{6\ \text{I}}$).

3) **소수주주의 소집**   ⑺ 소수주주의 청구에도 불구하고 회사가 지체 없이 총회의 소집절차($^{이사회개최·명의개서의}_{정지·소집통지·공고 등}$)를 밟지 않는 때에는 청구한 소수주주는 **법원의 허가를 얻어 총회를 소집**할 수 있다($^{상\ 366\ \text{II};\ 증거}_{191의\ 13\ \text{V}}$). 또한 법원이 소수주주의 총회소집을 허가한 때에는 이사회는 동일한 의제의 결의를 위하여 총회를 소집할 수 없다. 그런데 소수주주는 총회의 소집을 청구할 때뿐만 아니라 총회의 종결시까지 소정의 주식을 보유하고 있어야 한다.

⑻ 소수주주가 총회를 소집한 경우에 총회의 의장은 정관의 규정($^{예:\ 총회의}_{의장은\ 대표}$ $^{이사가}_{된다}$)에 불구하고 법원이 이해관계인의 청구 또는 직권으로 선임할 수 있다($_{366\ \text{II}}^{상}$). 이 총회에서는 법원의 허가를 얻은 의제에 한하여 결의할 수 있다. 총회소집의 비용은 법원이 허가한 경우에 한하여 회사가 부담하여야 할 것이다($^{독주\ 122}_{\text{IV}\ 참조}$)$\begin{bmatrix}동:\ 鄭(동),\ 300;\ 鄭(찬), \\ 713;\ 李(철),\ 394\end{bmatrix}$.

4) **검사인의 선임**   소수주주의 청구 또는 소집에 의하여 개최된 총회에서는 법원의 허가를 받은 의제나 소집통지의 내용에 구애됨이 없이 회사의 업무와 재산상태의 조사를 위하여 검사인을 선임할 수 있다($_{366\ \text{III}}^{상}$).

⑶ **감사 등**   감사 또는 정관으로 감사위원회를 설치한 경우에 그 위원은 회의의 목적사항과 소집의 이유를 기재한 서면을 이사회 또는 이사가 1인인 회사($^{상\ 383}_{\text{I}\ 단}$)의 이사에 제출하여 임시총회의 소집을 청구할 수 있다($^{상\ 412의}_{3\ \text{I},}$ $^{415조의}_{2\ \text{VI}}$). 감사의 청구가 있은 후 지체없이 회사가 총회소집의 절차를 밟지 아니하는 때에는 청구한 감사는 법원의 허가를 얻어 총회를 소집할 수 있다($^{동조}_{\text{II}}$).

⑷ **법원의 명령**   법원이 소수주주($^{발행주식총수의\ 100분의\ 3\ 이상}_{에\ 해당하는\ 주식을\ 가진\ 주주}$)의 청구에 의하여 검사인을 선임한 경우($_{467\ \text{I}}^{상}$)에 회사의 업무와 재산상태를 조사한 결과에 대한 보고를 받고 필요하다고 인정한 때($_{467\ \text{II}}^{상}$)에는 대표이사에게 총회의 소집을 명할 수 있다($_{467\ \text{III}}^{상}$). 이 경우에 이사회의 결의는 필요 없으며$\begin{bmatrix}동:\ 孫(주),\ 758; \\ 李(철),\ 394;\ 權\end{bmatrix}$

$\binom{기}{538}$] 소집비용은 회사가 부담한다. 대표이사가 법원의 명령에 위반하여 총회를 소집하지 않는 때에는 과태료의 제재가 있다($^{상}_{I}\,^{635}_{(20)}$).

2. 소집의 시기

주주총회는 소집의 시기를 표준으로 하여 정기총회와 임시총회로 구별한다.

(1) 정기총회　　　매년 일정한 시기에 소집되는 총회를 정기총회라 한다. 정기총회는 매년 1회 일정한 시기에 소집하여야 하며($^{상}_{365\,I}$), 연 2회 이상 결산기를 정한 때에는 매기에 소집하여야 한다($^{동조}_{II}$). 정기총회에서는 주로 재무제표를 승인하지만($^{상}_{449\,I}$), 정기총회에서도 이사의 선임·해임 기타 필요한 사항을 결의할 수 있다. 왜냐하면 정기총회와 임시총회의 구별은 결의사항과 관계가 없기 때문이다$\left[^{동:\;鄭(희),\;446;\;徐(돈),}_{362;\;孫(성),\;148}\right]$.

(2) 임시총회　　　임시총회는 필요한 경우에 소집되는 총회를 말한다 ($^{상}_{365\,III}$). 임시총회의 소집이 강제되는 경우는 법원의 명령에 의한 때($^{상}_{467\,III}$), 청산개시시의 재산목록과 대차대조표의 승인 및 청산종결시 결산보고서의 승인을 요구한 때($^{상\,533\,I\cdot}_{540\,I}$), 흡수합병의 보고총회의 경우($^{상}_{526\,I}$) 등이 있으며, 그 밖에도 소수주주의 청구 또는 소집에 의하여 개최된다($^{상}_{I\cdot II}\,^{366}$).

3. 소 집 지

주주총회는 정관에 다른 정함이 없는 한 본점소재지 또는 이에 인접한 地에 소집하여야 한다($^{상}_{364}$). 「본점소재지」란 최소의 독립행정구획($^{시\cdot읍\cdot}_{면}$)을 말하며, 「인접한 지」란 본점소재지와 인접하고 있는 최소 독립행정구획을 의미한다$\left[^{동:\;孫(주),\;758;}_{權(기),\;540}\right]$. 이러한 제한은 회사가 고의로 주주의 출석이 곤란한 장소를 소집지로 정하는 것을 방지하기 위한 규정이다. 그러나 회사는 정관으로 주주의 편의를 위하여 본점소재지 또는 이에 인접한 지가 아닌 지를 소집지로 할 수 있다($^{예컨대\;회사의\;본점은\;대구에\;있으나}_{대부분의\;주주가\;서울에\;있는\;경우}$). 소집지 내의 소집장소에 관하여는 아무런 규정이 없으나 이는 소집권한이 있는 자가 선량한 관리자의 주의로써 정하여야 할 것이다.

4. 소집절차

(1) 통지와 공고　　　총회를 소집함에는 주주의 출석을 용이하게 하기 위하여 기명주식의 경우는 회일의 2주간($^{자본금이\;10억원\;미}_{만의\;회사는\;1주간}$) 전에 각 주주에게 서면

또는 주주의 동의를 얻어 전자문서로 통지를 발송하여야 하며($\frac{상}{V}$363 I 본·), 통지에는 회의의 목적사항을 기재하여야 한다($\frac{상}{}$363 II). 주주총회는 원칙적으로 회의의 목적사항으로 통지한 것 이외에는 결의할 수 없다[大 79. 3. 27,][동: 孫(주), 699; 鄭(동), 304]. 특히 중요한 의안($\frac{정관변경·자본감소·합병계약의 승인·분}{할계획서 또는 분할합병계약서의 승인 등}$)에 대하여는 그 요령도 기재하여야 한다(상 341의 2 II, 433 II, 438 II, 522 II, 530의 3 III). 예컨대 소집통지서에 회의사항으로서 단지「① 당회사자본금감액에 관한 건, ② 당회사자본금감액에 수반하는 정관변경의 건」이라고 기재함에 그치는 때에는 의안의 요령을 기재한 것이라고 할 수 없다[朝高 27. 5. 20, 민집 14, 182]. 그리고 서면투표를 인정한 경우에는

株主귀하

제11기 정기주주총회 소집통지서

삼가 주주님의 건승과 댁내의 평안을 기원합니다. 당사 정관 제23조에 의거 제11기 정기주주총회를 아래와 같이 개최하오니 참석하여 주시기 바랍니다.

- 아 래 -

1. 일 시 : 2005년 3월 25일 (금요일) 오전 09:00
2. 장 소 : 서울특별시 송파구 문정1동 54-7 쎄앤에스빌딩 5층 대회의실
3. 회의목적사항
  가 보고사항 : 영업보고, 감사보고, 외부감사인선임보고
  나 부의안건
   제1호의 안 : 제11기 (2004. 1. 1 ~ 2004. 12. 31) 재무제표 및 결손금처리계산서 승인의 건
   제2호의 안 : 이사 선임의 건
   제3호의 안 : 이사 보수한도액 승인의 건
   제6호의 안 : 감사 보수한도액 승인의 건
4. 이사후보자에 관한 사항

성명	생년월일 추천인	주요약력	회사와의 거래내역	최대주주와의 관계	비고
정영회	1964.04.13 이사회	(주) 소프트맥스 대표이사	보통주 1,947.273주 보유	본인	재선임
조영기	1972.12.24 이사회	(주) 소프트맥스 이사	보통주 60,000주 보유	없음	재선임
윤성현	1964.01.10 이사회	(주) 소프트맥스 비등기이사	없음	없음	신규선임

5. 경영참고사항
  증권거래법 제191조의4제3항에 의거 경영참고사항을 당사홈페이지, 금융감독원및, 증권업협회 및 증권예탁원에 비치하오니 참조하시기 바랍니다.
6. 실질주주의 의결권 행사에 관한 사항
  금번 11기의 정기주주총회에서는 증권거래법 제174조의6 제3항에 의거 증권예탁결제원이 주주님들의 의결권을 대리 행사할 수 없습니다. 따라서 주주님에 주주총회에 참석하여 의결권을 직접적으로 행사하시거나, 대리인에 위임하여 의결권을 간접적으로 행사하실 수 있습니다.

2005년 0월 0일

SOFTMAX 주식회사 소프트맥스 KOSDAQ
대표이사 정영회 (직인생략)

소집통지서에 의결권의 행사에 필요한 서면과 참고자료를 첨부하여야 한다($\frac{상}{}$368의 3 II). 통지의 대상이 되는 주주는 주주명부상의 주주를 말한다. 회사는 주주명부에 기재된 주주의 주소에 통지하면 면책된다. 그러므로 주식양수인이라도 명의개서를 하지 아니한 때에는 그에 대하여 소집통지를 하지 않았다고 하여 총회결의에 절차상의 하자가 있다고 할 수 없다[大 96. 12. 23, 96 다 32768·32775·32782].

(2) 소집의 통지는 2주간($\frac{자본금이 10억원 미}{만의 회사는 1주간}$) 전에 발송만 하면 되는 발신주의에 의한다. 2주간이란 통지의 발송일과 회일 사이에 적어도 2주간(또는간)을 필요로 함을 말한다($\frac{예컨대 10월 25일에 총회를 개최하려면}{10월 10일까지는 통지를 발송하여야 한다}$). 이 기간은 정관으로 연장할 수 있을 뿐이며 단축하지 못한다[동: 孫(주), 760; 林(홍), 359; 權(기), 541]. 다만 총주주의 동의가 있는 경우는 예외이다. 통지는 서면으로 하여야 하며 구두·전화 등에 의한 통지는 적법한 통지로 볼 수 없다[동: 孫(주), 760; 鄭(동), 320; 李(철), 396; 權(기), 541].

(3) 회사가 무기명주식을 발행한 경우에는 회일의 3주간($\frac{자본금 10억원 미만}{의 회사는 2주간}$) 전에 기명주식의 경우에 통지의 내용과 같은 사항

주주각위

제26기 정기주주총회 소집공고

상법 제365조 및 당사 정관 제19조에 의거 제26기 정기주주총회를 다음과 같이 개최하오니 참석하여 주시기 바라며, 증권거래법 제191조의10 및 당사 정관 제19조에 의거 소액주주에 대한 소집통지를 본 공고로 갈음하오니 양지하시기 바랍니다.

- 다 음 -

1. 일 시 : 2005년 3월 26일 오전 10시
2. 장 소 : 경기도 광명시 하안동 740번지 서울특별시립근로청소년복지관
3. 회의 목적사항
  1) 보고사항 : 감사보고, 외부감사인선임보고 및 영업보고
  2) 부의사항
   제1호 의안 : 제26기 (2004년 1월 1일 ~ 2004년 12월 31일) 대차대조표, 손익계산서 및 이익잉여금차분계산서(안) 승인의 건
   제2호 의안 : 정관일부 변경의 건
   제3호 의안 : 이사 선임의 건

區分 (생년월일)	主要略歷	推薦人	會社와의 主株관계	最大株主와의 관계
이사후보	사이버정보시 (1948.09.07)	(日)동경대학교 전기공학과 졸업 세라 ALPINE (주) Sound System엔지 부장	이사회	없음	없음
이사후보 (사외이사)	케빈민 (1942.06.20)	삼성전자 정보가전부문 영업담당 역임 Unext Korea 회장	이사회	없음	없음
이사후보 (사외이사)	성규 (1939.09.18)	LG전자 중앙연구소 소장 역임 LG텔레콤 대표이사 역임	이사회	없음	없음

   제4호 의안 : 이사 보수한도 승인의 건
   제5호 의안 : 감사 보수한도 승인의 건
4. 실질주주의 의결권 행사에 관한 사항 : 금번 당사의 정기주주총회에서는 증권거래법 제174조의6 제3항에 의거 증권예탁원의 의결권을 대리 행사할 수 없으므로 주주님들은 주주총회장에 참석하여 의결권을 직접행사 하시거나 위임장에 의거 의결권을 대리행사 하실 수 있습니다.
증권거래법 제191조의14 제2항 등에 의거 주주총회 소집통지·공고사항을 당사의 본점 및 지점, 금융감독위원회, 한국증권선물거래소 및 국민은행 증권대행팀에 비치하오니 참조하시기 바랍니다.

2005년 3월 09일

주식회사 대성엘텍 KOSDAQ
대표이사 박 재 범
명의개서대리인 주식회사 국민은행 은행장 강정원

을 공고하여야 한다($\substack{\text{상} 363 \\ \text{Ⅲ, 단}}$).

상장회사의 경우는 대통령령이 정하는 수 이하의 주식을 가진 주주에 대하여는 정관이 정하는 바에 따라 회의일의 2주간 전에 총회를 소집하는 뜻과 회의의 목적 사항을 2개 이상의 일간신문에 각각 2회 이상 공고함으로써 서면통지($\substack{\text{상} \\ 363 \text{Ⅰ}}$)에 갈음할 수 있다($\substack{\text{상} 542 \text{의} \\ 5 \text{Ⅰ}}$). 상장회사가 상법 제363조 제 1 항의 소집통지, 이 조 제 1 항 또는 상법 제363조 제 3 항의 공고를 하는 경우에는 대통령령이 정하는 사항을 통지 또는 공고하여야 한다. 회의의 목적사항이 이사·감사의 선임에 관한 사항인 경우에는 이사·감사 후보자의 성명·약력·추천인 그 밖에 대통령령이 정하는 후보 자에 관한 사항을 통지 또는 공고하여야 한다($\substack{\text{동조} \\ \text{Ⅱ}}$).

⑷ 통지와 공고의 생략

1) 법률에 의한 생략　　i) 의결권 없는 주식을 가진 주주에게는 통지를 하지 않아도 된다($\substack{\text{상} \\ 363 \text{Ⅳ}}$). ii) 회사의 **자기주식**도 의결권이 없으므로($\substack{\text{상} \\ 369 \text{Ⅱ}}$) 통지 를 하지 않아도 된다($\substack{\text{상} \\ 363 \text{Ⅳ}}$). iii) 자회사가 예외적으로 취득한 **모회사**의 주식이 나 비모자회사간에 상호소유하는 의결권이 제한된 주식에 대하여는($\substack{\text{상} \\ 369 \text{Ⅲ}}$) 통 지를 하지 않아도 된다($\substack{\text{상} \\ 363 \text{Ⅳ}}$). iv) 회사는 **3년간 소재불명**인 주주에게는 소집 통지를 생략할 수 있다($\substack{\text{상} 363 \\ \text{단}}$). 물론 이러한 규정에도 불구하고 회사가 통지를 하는 것은 가능하다. 그러나 회사의 고의 또는 과실로 인하여 주주명부에 잘못 기재한 주소에 소집통지를 하여 3년간 도달하지 않은 경우에는 회사는 이로 인한 손해배상책임을 면할 수 없다고 본다.

2) 학설 및 판례에 의한 생략　　1인회사의 주주가 출석한 경우나 회사 의 전 주주가 총회를 개최할 것에 동의하여 출석한 **전원출석총회**의 경우에는 소집통지를 하지 않은 때에도 총회는 유효하게 성립한다고 보는 것이 **통설**이 며 판례의 입장이다$\left[\substack{\text{大} 79.6.26, 78 \text{ 다} 1794; \\ \text{大} 96.10.11, 96 \text{ 다} 24309}\right]$. 소집통지는 주주에게 총회의 출석과 결의에 대한 준비의 기회를 주기 위한 것이므로 1인주주나 전주주가 결의에 대한 준비의 이익을 포기하고 회의개최에 동의하여 결의한 경우에는 위법으로 볼 필요가 없기 때문이다. 유한회사의 경우는 총사원의 동의가 있으면 소집절 차 없이 총회를 개최할 수 있다는 규정을 두고 있다($\substack{\text{상} \\ 573}$). 전원출석총회란 주주 전원이 출석한 경우뿐만 아니라 주주를 대리하는 자가 출석한 때도 포함한다 고 본다$\left[\substack{\text{大} 93.2.26, \\ 92 \text{ 다} 48727}\right]$.

3) 2007년의 상법개정안에 의하면 자본금의 총액이 10억원 미만인 회사는 서면에 의한 결의로써 주주총회의 결의에 갈음할 수 있다. 결의의 목적사항에 대하여 주주전원

이 서면으로 동의를 한 때에는 서면에 의한 결의가 있는 것으로 본다($상 363 \atop VI$). 이 경우에 서면결의는 주주총회의 결의로 보고($동조 \atop VII$). 주주총회에 관한 규정은 서면에 의한 결의에 준용한다($동조 \atop VIII$).

⑸ 소집의 철회와 연기   특별한 사정에 의하여 회사가 총회소집의 통지와 공고를 한 후 소집을 철회 또는 연기하고자 할 때에는 이사회의 결의를 거쳐 대표이사가 회일 전에 주주들에게 도달되도록 통지와 공고를 하여야 한다.

⑹ 통지와 공고의 해태   회사가 총회소집의 통지나 공고를 해태하거나 적법하게 하지 않은 때에는 **결의취소의 사유**가 되며($상 \atop 376 I$), 소집통지를 일부주주에게만 한 때에는 결의부존재의 사유가 된다[$大 78. 11. 14. \atop 78 다 1269$]. 그리고 이사 또는 청산인은 과태료의 제재를 받는다($상 635 \atop I (2)$).

5. 총회의 연기와 속행

⑴ 의   의   총회에서는 회의의 속행 또는 연기의 결의를 할 수 있다($상 \atop 372 I$). 총회의 연기란 총회가 성립한 후 의사에 들어가기 전에 총회의 기일을 후일로 변경하는 것을 말하며($延 \atop 會$), 의사에는 들어갔지만 시간 또는 자료의 부족 등으로 다음 기일을 정하여 총회를 계속하는 경우를 총회의 **속행**이라 한다($계속 \atop 會$).

⑵ 결   정   총회의 속행 또는 연기의 결정은 총회의 결의사항이다($상 \atop 372 I$). 그러므로 총회의 소집권자는 일단 총회가 성립한 다음에는 총회의 연기 또는 속행을 결정할 수 없다.

⑶ 효   과   연회나 계속회는 최초의 총회와 동일하므로 **결의사항**도 최초의 총회소집을 위한 소집통지에 기재한 사항에 한정된다. 또한 위임장도 연회와 계속회를 위하여 새로 발행할 필요 없이 유효하며, 연기 또는 속행의 결의에서는 일반적으로 그 기일과 장소를 정하기 때문에 별도로 통지를 할 필요도 없다. 다만 기일과 장소를 정함이 없이 연기·속행의 결의를 할 때에는 후에 그 기일과 장소를 통지하여야 하지만, 이 경우에 통지는 상법 제363조에 의한 소집통지가 아니므로 반드시 통지가 총회 전 2주간의 기간이 있어야 하는 것은 아니고 주주가 출석이 가능한 정도의 시간적인 여유를 가질 수 있을 정도로 하면 된다($상 372 \atop II 참조$)[$大 89. 2. 14. \atop 87 다카 3200$].

[243]　제 4　株主의 議決權

1. 총　　설

(1) 의결권의 의의　　　의결권이란 주주가 주주총회에 출석하여 의사결정을 위한 결의의 표결에 참가할 수 있는 권리를 말한다. 주주는 주주총회의 권한에 속하는 사항에 대하여 의결권에 의하여 찬부의 의사를 표시함으로써 회사의 경영에 대한 참가권을 갖는다고 할 수 있다. 주주는 의결권이 있으므로 당연히 총회참가권과 의견진술권을 갖지만, 의결권이 없는 경우($\frac{상 368 \text{ IV},}{369 \text{ III}, 370}$)라고 하여 참가권도 없는 것은 아니다. 즉 총회의 의사결정을 위한 의결권과 총회에 참가할 수 있는 권리인 참가권은 다른 것이다.

(2) 의결권의 성질　　　의결권은 주주의 가장 중요한 **공익권**(共益權)이며 **고유권**(固有權)으로서, 법률에 다른 규정이 있는 경우가 아니면 정관 또는 주주총회의 결의로도 이를 박탈하거나 제한하지 못한다.

2. 의결권의 수

(1) 1주 1의결권의 원칙　　　모든 주주는 1주마다 1개의 의결권을 갖는다($\frac{상}{369 \text{ I}}$). 이러한 「1주 1의결권의 원칙」은 **강행법규**이므로 법이 특별히 인정한 예외의 경우를 제외하고는 정관 또는 주주총회의 결의로도 이에 반하는 규정을 하지 못한다. 즉 정관의 규정 또는 총회의 결의로도 의결권을 배제 또는 제한($\frac{의장인 주주는 의결권을}{행사하지 못한다는 정함}$)하거나 1주에 대하여 복수의 의결권을 부여하는 것도 인정되지 않는다. 또한 총회결의의 결과가 **가부동수**(可否同數)인 때에는 의안은 **부결**된 것이고, 의장에게 그 결정을 일임하지 못하며 추첨에 의하여 결정할 수도 없다. 「1주 1의결권의 원칙」은 자유주의사상의 영향에 의하여 군소주주의 보호를 목적으로 확립된 것이다.

(2) 예　　　외　　　상법에 의하여 의결권이 제한되는 경우로는 특별이해관계인이 소유하는 주식($\frac{상}{368 \text{ IV}}$)·의결권 없는 주식 및 의결권제한주식($\frac{상 344의}{3 \text{ I}}$)·회사의 자기주식($\frac{상}{369 \text{ II}}$)·상호소유주식($\frac{상}{369 \text{ III}}$)·감사의 선임($\frac{상}{409 \text{ II}}$) 등이 있다.

　　　상장회사의 경우는 감사 또는 감사위원회 위원($\frac{사외이사가}{아닌 위원}$)의 해임결의에서도 선임의 경우와 같이 의결권의 행사가 제한된다($\frac{상 542의}{13 \text{ III}}$).

3. 발행주식총수 및 의결권수의 계산

총회의 결의에 있어서 상법 제344조 제 3 항과 제369조 제 2 항 및 제 3 항
의 의결권 없는 주식의 수는 발행주식총수에 산입하지 않는다($_{371}{}^{상}{}_{I}$). 그리고
특별이해관계인이 갖는 주식의 의결권의 수 및 상법 제409조 제 2 항과 제 3 항
의 규정에 의하여 그 비율을 초과하는 주식으로서 행사할 수 없는 주식의 의
결권 수는 출석한 주주의 의결권의 수에 산입하지 않는다($_{371}{}^{상}{}_{II}$).

4. 의결권의 행사

(1) **주주의 의결권행사**   1) 주주는 의결권을 자기의사에 의하여 자유
로이 행사할 수 있다. 즉 의결권의 행사는 민법상의 의사표시와 다를 바 없다.
그러므로 반드시 회사의 이익을 위하여 행사하여야 되는 것은 아니다. 그러나
의결권의 남용은 인정되지 않는다. 또한 의결권은 주권의 발행과 관계 없이 행
사할 수 있다. 의결권은 주주가 직접 행사하거나 자기의 대리인으로 하여금 행
사하게 할 수 있다.

2) 주주가 직접 의결권을 행사하는 경우에 **기명주식**을 소유한 주주는 총
회 당시에 주주명부상의 주주임이 확인되면 주권을 제시할 필요 없이 의결권
을 행사할 수 있다. 그러므로 주식의 양수인이라도 주주명부에 명의개서를 하
지 않으면 의결권을 행사할 수 없다$\left[\begin{smallmatrix} 大 & 96.12.23, 96 \\ 다 & 32768 \cdot 32775 \end{smallmatrix}\right]$. 그리고 **무기명주식**의 경우
는 회일의 1주간 전에 그 주권을 회사에 **공탁**하여야 의결권을 행사할 수
있다($_{368}{}^{상}{}_{II}$). 정관으로도 연장할 수 없으나 단축은 가능하다고 본다. 공유주주
에 의한 의결권행사는 공유주주 중에서 권리를 행사할 주주 1인을 정하여 하
여야 한다($_{333}{}^{상}{}_{II}$)$\left[\begin{smallmatrix} 400면 이 \\ 하 참조 \end{smallmatrix}\right]$.

(2) **의결권의 대리행사**

1) **총   설**   주주는 의결권을 대리인으로 하여금 행사하게 할 수 있
다. 이를 인정하는 이유는 주식회사의 경우는 주주가 직접 의결권을 행사한다
는 것을 기대할 수 없고, 주식이 고도로 분산된 경우에 의결정족수의 확보를
용이하게 함으로써 주주총회의 결의를 가능하게 하여야 할 필요성이 있으며,
사원의 비개성적 성질에서 볼 때 주주에 의한 의결권의 직접행사를 강제할 필
요가 없기 때문이다. 그러므로 의결권의 대리행사에 관한 규정($_{368}{}^{상}{}_{III}$)은 강행법
규로서 정관으로도 의결권의 대리행사를 금지하지 못한다.

2) 대리인의 자격제한　　　㈎ 대리인자격의 제한에 대하여는 **부정설**도 있으나[徐(정), 294; 李(병), 600;], 회사는 회사와 아무런 관계가 없고 이해관계가 상반될 수 있는 제 3 자의 참가를 막기 위하여 정관으로 대리인자격을 제한할 수 있다고 본다. 즉 대리인을 내국인으로 제한하거나 이사·감사의 대리행사를 금지할 수 있다.

㈏ 특히 대리인의 자격을 주주로 제한하는 정관의 규정은 유효한가 하는 문제가 있다. 이 문제는 상법 제368조 제 3 항 「주주는 대리인으로 하여금 그 의결권을 행사하게 할 수 있다」는 규정이 강행법규인가, 그 입법취지가 어디에 있는가와 관련이 있다고 본다. 이러한 정관 규정은 주주의 의결권행사의 제약이 된다는 이유로 **무효설**도 있으나[李(철), 421; 李(원), 426; 李(병), 600; 蔡(이), 473], 회사가 회사와 전혀 무관한 제 3 자가 의사진행을 방해하거나 의사결정에 영향을 미치게 되는 것을 방지하기 위하여 대리인자격을 정관에 의하여 주주로 제한하는 것은 회사와 주주의 이익을 위하여 필요하므로 **유효설**이 타당하다[동: 鄭(찬), 727; 李·崔, 308; 李(기), 555].

㈐ 회사의 전주식을 극소수의 주주가 소유하는 경우가 아닌 한 이러한 제한은 가능하다고 본다. 그러나 이를 엄격하게 해석하여 예컨대 주주가 회사인 경우에는 반드시 대표기관이 의결권을 행사해야 된다고 볼 것은 아니고 회사의 직원 기타 종업원에 의한 의결권의 대리행사는 인정된다고 보며, 또한 주주의 가족에 의한 대리행사는 가능한 것으로 운영되어야 할 것이다[동: 鄭(동), 316]. 즉 합리적인 근거가 있는 한 비주주에 의한 의결권의 대리행사는 인정되어야 한다고 본다. 왜냐하면 위의 경우들은 순수한 위임에 의한 대리라고 하기보다 주주의 분신인 대행자로 보아야 하기 때문이다.

3) 대리행사의 방법

㈎ 대리권의 증명과 수여　　　a) 대리권을 증명하는 서면을 총회에 제출하여야 한다(상368 III). 이 규정은 **강행법규**로서 정관으로 이 요건을 완화하거나 가중할 수 없다고 본다. 즉 구두나 전보에 의한 대리권의 수여는 인정되지 않는다(미국에서는 구두나 전보에 의한 위임도 인정한다).

판례는 「대리권을 증명하는 서면은 위조나 변조 여부를 쉽게 식별할 수 있는 원본이어야 하고 특별한 사유가 없는 한 사본은 그 서면에 해당하지 않는다」고 한다[大 95. 2. 28, 94 다 34579].

b) 대리권은 총회마다 개별적으로 수여되어야 한다는 소수설도 있으나

$\left[\begin{smallmatrix}李(병),\ 600;\\李(철),\ 423\end{smallmatrix}\right]$, 수개의 총회에 관한 대리권을 일괄하여 수여할 수 있다는 것이 다수설$\left[\begin{smallmatrix}동:\ 徐(돈),\ 365;\ 孫(주),\ 712;\ 鄭(동),\\315;\ 蔡(이),\ 523;\ 鄭(찬),\ 728\end{smallmatrix}\right]$이고 판례의 입장이다$\left[\begin{smallmatrix}大\ 69.7.8,\\69\ 다\ 688\end{smallmatrix}\right]$. 특히 주주의 지배인이 의결권을 행사하는 경우에는 지배인임을 증명하는 서면의 제출로도 그 대리행사가 가능하다고 본다.

(나) 대리인의 수　　　a) 이에 관하여는 제한규정이 없으므로 1인이 다수의 주주를 위한 대리인이 될 수 있다. 그런데 주주는 다수의 대리인으로 하여금 의결권을 행사하게 할 수 있는가 하는 문제가 있다. 이에 대하여는「2인 이상의 대리인을 출석시키는 것은 총회의 원활한 진행을 방해할 염려가 있으므로 일본 상법 제239조 제5항의 경우와 같이 1인의 주주를 위하여 2인 이상의 대리인이 출석하는 경우에는 1인의 대리인을 제외하고 나머지는 거절할 수 있다」는 제한설이 있다$\left[\begin{smallmatrix}鄭(동),\ 316;\\孫(주),\ 711\end{smallmatrix}\right]$.

b) 그러나 주주가 주식회사인 경우에 공동대표이사를 선임할 수 있고($\frac{상}{389}$ Ⅱ) 주식의 공유를 인정하고 있는 점($\frac{상}{333}$)에서 보아 정관에 의하지 않고는 대리의 경우에만 그 의결권의 행사가 제한된다고 할 것은 아니다$\left[\begin{smallmatrix}동:\ 李(철),\ 422;\ 鄭\\(찬),\ 728;\ 蔡(이),\ 523\end{smallmatrix}\right]$. 또한 다수의 대리인에게 소유주식을 분산하여 통일적으로 또는 불통일로 행사하게 할 수도 있다. 이 경우의 불통일행사는 상법 제368조의 2에 의하여야 한다.

(3) 서면에 의한 의결권행사

1) 의　　　의　　　상법에 의하면 주주는 정관의 규정에 따라 총회에 출석하지 아니하고 서면에 의하여 의결권을 행사할 수 있다($\frac{상}{의3}$ Ⅰ). 즉 서면투표제도를 도입하였다. 그러므로 회사는 소집통지서에 서면에 의한 의결권행사에 필요한 서면과 참고자료를 첨부하여야 한다($\frac{동조}{Ⅱ}$). 서면투표제도는 위임장권유의 경우와 달리 주주의 의사가 개재자를 통하지 않고 직접 의결권행사에 반영되는 것을 말한다. 즉 주주는 의결권행사에 필요한 서면에 필요한 사항을 기재하여 회사에 송부함으로써 그 의사를 의결권행사에 구체화시킬 수 있는 것이다.

2) 입법취지　　　(가) 주주가 광범위한 지역에 분산되어 회사의 본점소재지에 거주하지 않는 주주가 많은 때에는 이들이 주주총회에 출석하여 의결권을 행사한다는 것은 사실상 기대하기 어렵다. 물론 대리인으로 하여금 의결권을 행사토록 할 수 있으나 주주가 직접 적합한 대리인을 찾는다는 것도 용이한 일은 아니다. 그리하여 상법은 보다 더 확실하게 주주의 의사가 총회의 의

사결정에 반영될 수 있도록 서면투표제도를 도입하였다.

(나) 한편 서면투표제도는 소수주주의 회사경영에의 참여를 유도하고, 주주총회의 원활한 진행에 이바지하며 주주수에 크게 구애받지 않고 주주총회의 장소를 모색할 수 있고, 또한 외국인주주의 의결권행사에 있어 편의를 도모할 수 있다는 점에서 도입된 것이다[상법 중 개정법률안 심사보고서 (1999. 12), 국회법사위원회 9면].

3) 서면투표의 요건

(가) 정관의 규정   주주가 서면투표에 의하여 의결권을 행사하려면 정관에 이를 허용하는 규정이 있어야 한다($상_{의}^{368}_{3Ⅰ}$).

(나) 소집통지와 첨부서류   a) 회사는 주주총회의 소집을 통지하면서 의결권행사에 필요한 서면과 참고자료를 첨부하여야 한다($동조_Ⅱ$). 의결권행사에 필요한 서면에는 의안에 대한 필요한 사항을 개시(開示)하여야 하고, 의안에 대한 찬반과 기권의 의사표시를 할 수 있도록 하여야 한다. 주주가 제안한 의제와 의안에 대하여도 같다. 그러므로 이사·감사의 선임에 있어서 2명 이상의 후보가 제안된 때에는 각 후보자에 대한 찬반표시를 할 수 있도록 하여야 할 것이다. 이 경우에 필요한 서면을 첨부하지 않은 때에는 소집절차의 법령위반으로서 결의취소의 사유가 된다.

b) 회사가 참고자료를 송부하지 않았거나 기재사항이 부실하거나 허위의 기재를 한 참고자료를 신뢰하고 서면투표를 한 때에는 주주총회결의의 취소사유가 된다고 할 것이다. 무기명주권을 소유하는 주주에게는 소집통지를 할 수 없고 소집공고만이 가능하므로($_{363}상_Ⅲ$), 무기명주식만을 발행하고 있는 회사에는 서면투표에 관한 규정이 적용되지 않는다.

4) 의결권의 행사방법

(가) 서면에 의한 행사   서면에 의하여 의결권을 행사하려는 주주는 회사가 소집통지에 첨부한 서면에 필요한 사항을 기재하고 총회 회일의 전일까지 회사에 제출하여야 할 것이다. 그러므로 회사로부터 송부된 서면 이외의 용지를 사용한 때에는 주주가 스스로 유효한 의결권행사라는 주장을 할 수 없다고 본다. 따라서 주주가 그 서면을 분실한 때에는 서면의 재교부를 청구하든가 위임장에 의하여 의결권을 대리행사토록 하거나 직접 총회에 출석하여 의결권을 행사하여야 할 것이다.

(나) 의결권의 불통일행사   주주가 의결권을 서면에 의하여 행사하는 경우에도 불통일로 행사할 수 있다. 그러나 이를 위하여는 주주가 총회일의 3

일 전에 회사에 대하여 서면으로 그 뜻과 이유를 통지하여야 한다($\frac{상}{2}\frac{368의}{1}$후단). 이러한 통지는 총회일의 3일 전에 하는 한 의결권의 행사서면에 그 뜻과 이유를 기재하여 통지하여도 될 것이다. 즉 반드시 별도의 서면으로 통지할 필요는 없다고 본다. 그러나 회사가 불통일행사를 거부할 사유($\frac{상}{의}\frac{368}{2}$Ⅱ)가 있고 그 거부가 적법한 때에는 제출된 의결권행사서면은 무효가 된다고 할 것이다. 다만 기간의 여유가 있는 때에는 서면의 재발행을 받아 의결권을 통일적으로 행사할 수 있을 뿐이다.

5) 서면에 의한 의결권행사의 효력

(가) 효력발생시기　서면에 의한 의결권행사가 실질적으로 효력이 생기는 것은 총회에서의 표결에 의하여 결의가 성립한 때이다. 그러므로 의결권행사서면의 제출기일이 경과하였더라도 결의가 성립할 때까지는 서면에 의한 의결권행사를 철회할 수 있다고 할 것이다.

(나) 주주 또는 대리인의 출석　의결권행사를 위한 서면을 제출한 주주가 직접 총회에 출석하여 의안의 심의에 참여하는 경우에는 서면에 의한 의결권행사를 철회한 것으로 볼 것이다. 이는 주주가 대리인을 총회에 출석시킨 경우도 같다고 할 것이다. 그러므로 대리인이 행사한 의결권의 수는 서면에 의하여 행사한 의결권의 총수로부터 제외시켜야 한다. 그리고 서면에 한 찬부의 표시와 대리인이 한 의결권행사가 다른 때에는 대리인에 의한 권리행사가 우선한다.

(다) 의사에 관한 동의　총회에서는 의장의 유고시에 의장의 선임을 비롯하여 총회의 연기나 속행, 검사인의 선임($\frac{상}{Ⅲ}\frac{366}{,367}$) 등에 관하여 결의를 하게 된다. 이러한 사항은 총회의 운영 내지 심의에 관한 사항이므로 그 결정은 총회에 출석한 주주와 주주의 대리인들이 하지 않으면 안 된다. 그러므로 총회에 출석하지 않고 서면투표를 한 주주는 이에 아무런 영향도 행사하지 못하는데, 이러한 점이 위임장에 의하여 선임된 대리인에 의한 의결권의 대리행사의 경우와 다른 점이다. 그리하여 의결권행사를 위한 서면에 「의사진행상의 동의에 대하여는 의장의 판단에 따라 의결권을 행사한다」는 기재에 대하여 찬부의 표시를 하였더라도 그 효력은 인정되지 않는다고 할 것이다.

6) 서면투표의 효과　주주가 서면투표에 의하여 의결권을 행사한 때에는 그 주주의 의결권의 수는 총회에 출석한 주주의 수에 산입한다. 그러나 찬부의 표시를 하지 않은 경우에는 위임장의 경우와 달리 의결권행사는 무효

가 된다. 그리고 서면투표의 대상인 의안에 대하여 총회에서 수정제안을 한 때에 회사에 제출된 원안에 찬성한 서면투표는 모두 의안의 수정제안에 대하여 모두 반대표로 취급되고, 원안에 반대한 서면투표는 수정제안에 대하여는 기권으로 보는 것이 합리적이라고 할 것이다.

5. 전자적 방법에 의한 의결권의 행사

(1) 총 설   회사는 정관의 규정에 의하여 이사회의 결의로 주주가 총회에 출석하지 아니하고 전자적 방법으로 의결권을 행사할 수 있음을 정할 수 있다($^{상\ 368의}_{4\ I}$).

(2) 통지 또는 공고   회사는 총회의 소집통지 또는 공고($^{상}_{363}$)를 할 때에는 주주가 전자적 방법으로 의결권을 행사할 수 있다는 내용을 통지 또는 공고하여야 한다. 회사가 전자적 방법에 의한 공고($^{상\ 289}_{III\ 단서}$)를 하는 경우에는 이러한 통지 또는 공고 이외에 회사가 정하는 전자적 공고방법에 따라 전자적 방법으로 의결권을 행사할 수 있다는 것을 공고하여야 한다($^{상\ 386의}_{2\ II}$).

(3) 주주의 확인절차 등   회사가 전자적 방법에 의한 의결권행사를 정한 경우 주주는 주주확인절차 등 대통령령이 정한 바에 따라 의결권을 행사하여야 한다. 이 경우 회사는 의결권행사에 필요한 양식과 참고자료를 주주에게 전자적 방법으로 제공하여야 한다($^{동조}_{III}$).

(4) 의결권행사의 제한   동일한 주식에 관하여 제368조의 3에 따라 서면투표를 한 주주는 전자적 방법으로 의결권을 행사할 수 없다($^{동조}_{IV}$).

(5) 전자적 기록의 보존   회사는 총회의 종료일로부터 의결권 행사에 관한 전자적 기록을 3개월간 본점에 비치하고 이를 5년간 보존하여야 한다($^{동조}_{V}$).

6. 의결권의 불통일행사

(1) 총 설   주주가 복수의 주식을 소유하는 경우에 그 의결권을 찬부 중 하나의 방향으로 통일적으로 행사하여야 하는가, 불통일행사($^{주주가\ 소유주식}_{의\ 일부에\ 대하여}$ $^{만\ 의결권을\ 행사하거나,\ 소유주식의\ 일부는\ 의안에}_{대하여\ 찬성하고\ 일부는\ 반대로\ 행사하는\ 경우\ 등}$)도 가능한가에 대하여 종래에는 지분단일설에 의하여 불통일행사를 부정하는 견해도 있었다. 그러나 오늘날 주식은 극도로 물화(物化)하여 의결권은 각 주식단위에 존재하고 i) 수개의 자치단체로 형성된 법인의 경우 법인이 소유하는 주식의 의결권행사에 관하여 내부의 의사가 통일되지 않는 경우와, ii) 공유주식의 경우에 공유자의 의견이 일치하지

않는 경우, 그리고 iii) 동일회사의 주식을 다수인으로부터 신탁재산으로 받은 경우와, iv) 동일회사의 주식을 다수인으로부터 예탁을 받은 경우($^{증권예탁원 또는}_{증권회사의 경우}$)에 의결권의 불통일행사가 인정되어야 한다. 그리하여 1984년의 개정상법은 종래의 통설을 명문화($^{상}_{의\ 2\ I}$ 368)하고 그 절차에 관한 규정을 두었다.

(2) **절　　차**　　주주가 의결권을 불통일로 행사하려면 회일의 3일 전에 회사에 대하여 서면 또는 전자문서로 그 뜻과 이유를 통지하여야 한다($^{상}_{의\ 2\ I}$ 368 $_{후단}$). **통지**는 총회 때마다 하여야 한다는 견해도 있으나[$^{崔(철),}_{419}$] **포괄적**으로 하여도 된다고 할 것이다[$^{동: 孫(주), 709; 鄭(동), 319;}_{鄭(찬), 730; 蔡(이), 476}$]. 통지는 회일의 3일 전에 회사에 도달되어야 한다. 주주가 통지를 하지 않았거나 적법한 통지를 하지 않고 의결권을 불통일로 행사한 때에는 결의방법이 법령에 위반하는 경우로서 **결의취소의 원인**이 된다고 본다[$^{동: 鄭(동), 319~320;}_{鄭(찬), 730; 孫(주), 709}$]. 또한 통지가 없었는데도 회사가 임의로 불통일행사를 인정히는 것은 **주주평등**의 원칙에 어긋난다. 불통일행사의 이유는 회사가 판단할 수 있을 정도로 기재하면 되고 불통일행사를 통지하였더라도 의결권을 통일적으로 행사하는 것은 무방하다[$^{동: 鄭(동), 320;}_{鄭(찬), 730}$].

(3) **불통일행사의 효과**　　주주가 적법한 절차에 의하여 그의 의결권을 불통일로 행사한 경우에 결의의 성립을 결정함에 있어서는 각기 찬성과 반대의 수에 산입한다. 총주주의 동의를 요하는 결의($^{상\ 400,}_{604}$)에 있어서 불통일행사는 결의의 부결이 될 것이다.

(4) **회사의 재량권**

1) **의　　의**　　㈎ 회사는 주주가 주식의 신탁을 인수하였거나 기타 타인을 위하여 주식을 가지고 있는 경우 외에는 의결권의 불통일행사를 거부할 수 있다($^{상}_{의\ 2\ II}$ 368). 회사는 주주명부상의 주주($^{신탁회사 · 증권회}_{사 · 증권예탁원}$)와 실질상의 주주($^{주식의 위탁자}_{또는 예탁자}$)가 다른 경우에는 주주명부상의 주주에 의한 의결권의 불통일행사를 인정하여야 하나 기타의 경우는 이를 거부할 수 있다. 이것은 주주총회의 원활한 운영을 위하여 회사에 재량권을 부여한 것이다. 그렇다고 기타의 경우는 반드시 불통일행사를 거부하여야 된다는 것을 의미하지 않는다. 회사의 재량권도 **주주평등**의 원칙에 반하지 않는 범위 내에서 인정된다고 본다.

㈏ 상법은 불통일행사가 가능한 경우를 주식의 신탁을 인수하였거나 기타 타인을 위하여 주식을 가지고 있는 때로 제한하고 있기 때문에 공유주식이나 이해관계가 상반되는 다수의 집단으로 구성된 법인이 소유하는 주식에 대한 의결권의 불통일행사가 거부될 수 있다. 그러나 이러한 경우는 타인을 위하여

주식을 소유하는 경우와 동일하게 취급하여야 할 것이다[동: 李(철), 419; 姜(위), 303]. 그러므로 예컨대 상속재산이 분할은 되었으나 주주명부에는 공동상속인의 공유로 기재되어 있는 경우에는 불통일행사를 인정하여야 할 것이다.

　　2) 거부의 효과　　　의결권을 행사하기 전에 회사의 적법한 거부가 있는 때에는 주주는 의결권을 불통일로 행사하지 못하며, 이에 위반하여 한 의결권의 불통일행사는 무효이다[동: 鄭(동), 321; 孫(주), 710]. 그러나 회사의 거부가 위법인 경우는 주주는 의결권의 불통일행사를 할 수 있고 그 결의는 유효하다.

　　7.　의결권행사의 제한

　⑴　특별이해관계인의 소유주식

　　1) 총　　　설　　　총회의 결의에 관하여 특별한 이해관계가 있는 자는 총회에 출석하여 토의에 참가할 수는 있으나 의결권은 행사하지 못한다($\frac{상}{368\,Ⅳ}$). 이는 개인적 이해관계를 위한 의결권의 행사를 예방하고 결의의 공정을 기하기 위한 제한이다.

　　2) 특별이해관계인의 의의　　　상법 제368조 제 4 항에서는 「특별한 이해관계가 있는 자」라고 하여 일반적이고 추상적으로 표현하고 있을 뿐이다. 그리하여 이에 관하여는 i) 결의에 의하여 권리를 얻거나 의무를 면하는 등의 이해관계가 있는 자 및 경제적으로 일체의 관계에 있는 자라는 **법률상 이해관계설**[李(병), 603], ii) 모든 주주에게 평등하게 관계되지 않고 특정한 주주만에 관한 개인적 이해관계가 있는 자라는 **특별이해관계설**[朴243; 李]도 있다. 그러나 iii) 특정한 주주가 사원인 지위와는 관계 없이 개인적으로 갖는 이해관계로 보는 개인법설이 통설이고 타당하다.

　　3) 특별이해관계인의 범위

　㈎　특별이해관계인에 속하는 경우

　　a) 이사·감사의 책임에 관한 결의　　　재무제표의 승인결의와 동시에 이사·감사의 책임해제의 유보결의를 하는 경우와 그 승인 후 2년 내에 **책임추궁의 결의**를 하는 경우나 이사 또는 감사의 회사에 대한 **책임면제결의**($\frac{상\,400,}{415}$)의 경우에 당사자인 이사·감사가 주주인 때에는 특별한 이해관계인으로서 의결권을 행사하지 못한다.

　　b) 기타의 결의　　　상법 제374조에서 열거하고 있는 계약의 상대방이 주주인 경우, 그리고 이사·감사의 보수 및 공로금·퇴직위로금을 정함에 있어

서 당사자인 이사·감사가 주주인 경우에는 의결권을 행사하지 못한다.

(내) 특별이해관계인이 아닌 경우

a) 이사의 선임·해임결의　　이사의 선임 및 해임결의에 있어서 그 대상이 되는 자가 주주인 경우에도 주주의 기본적 권리인 회사지배권이 인정되어야 할 것이므로 특별이해관계인이라고 할 수 없다는 것이 **통설**이다. 이와는 달리 이사·감사의 선임결의에 있어서 **특정후보**를 선임하는 형식으로 선임결의를 하는 때에 후보자인 주주와 해임결의에 있어서 당사자인 주주는 특별이해관계인이라는 견해도 있다$\left[\substack{孫(주),\\705}\right]$. 그러나 주주가 회사의 경영권을 갖는 것은 주주의 권리라고 할 수 있으므로 그 선임방법의 여하를 불문하고 이사가 되고자 하는 주주는 특별이해관계인이 아니라고 본다.

b) 합병결의　　조직법상의 행위로서 물권적 효과가 생기는 합병의 경우는 대등가치관계(對等價値關係)에서 출발하는 재권계약과는 그 성질이 다르므로, 합병결의에 있어서 주주인 그 상대방회사도 의결권을 행사할 수 있다.

c) 재무제표의 승인결의　　재무제표의 승인결의$\left(\substack{상\\449}\right)$에 있어서 주주인 이사 및 감사는 특별이해관계인이라고 할 수 없다는 것이 **통설**이다. 상법 제450조에 의하여 이사·감사의 책임이 해제되는 것은 재무제표승인의 부수적 효력이 아니라 2년이라는 기간의 경과로 법률이 인정한 효과라고 할 수 있기 때문이다.

4) **특별이해관계인의 지위**　　특별이해관계인은 의결권을 직접 행사할 수 없을 뿐만 아니라, 대리인으로 하여금 행사시키지 못하며, 타인의 의결권을 타인의 대리인으로서도 행사하지 못한다$\left[\substack{동: 孫(주), 704; 李\\(철), 416; 鄭(동), 312}\right]$. 즉 주주는 특별이해관계인이 아니지만 대리인이 특별이해관계인인 때에도 의결권을 대리행사하지 못한다.

5) **주식수의 계산**　　총회의 결의에 관하여는 상법 제368조 제 4 항의 규정에 의하여 행사할 수 없는 주식의 의결권의 수는 발행주식총수의 계산에 있어서는 발행주식총수에 산입하지만, 출석주주의 의결권의 수에 산입하지 않는다$\left(\substack{상\\371 Ⅱ}\right)$.

(2) **모자관계 없는 회사간의 상호소유주식**　　1) 회사간에 모자관계가 없는 경우에도 주식의 상호소유는 정도에 차이가 있을 뿐 앞에서 설명한 폐해가 예상된다. 그러나 상법은 모자관계 없는 회사간의 주식의 상호소유는 이를 금지하지 않고 의결권의 행사만을 제한하고 있다. 즉 회사, 모회사 및 자회사

또는 자회사가 다른 회사의 발행주식총수의 10분의 1을 초과하는 주식을 가지고 있는 경우에, 그 다른 회사가 가지고 있는 회사 또는 모회사의 주식은 의결권이 없다($^{\text{상}}_{369\,\text{Ⅲ}}$).

2) 이 경우에 의결권뿐만 아니라 기타의 모든 **공익권**도 행사가 정지된다는 견해[$^{孫(주),}_{계}$$^{\lceil고시\rceil}_{84.5,\,135}$]와, **의결권을** 전제로 하는 권리만을 행사할 수 없다는 견해가 있는데 후자가 **다수설이다**[$^{鄭(동),\,310;\,李(철),\,329;\,蔡}_{(이),\,520;\,鄭(찬),\,724~725}$]. 그러나 그 취득을 금지하는 자기주식의 경우($^{\text{상}}_{341}$)나 자회사가 소유하는 모회사의 주식($^{\text{상}\,342}_{\text{의}2}$)과는 달리 의결권을 제외한 기타의 공익권의 행사는 제한되지 않는다고 본다. 그러나 자익권의 행사는 제한되지 않는다는 것이 **통설이다**.

3) 다음과 같은 경우에 의결권은 제한된다. i) 회사(A)가 다른 회사(B)의 발행주식총수의 10분의 1을 초과하는 주식을 소유하고 B는 A의 발행주식총수의 10분의 1 이하를 소유하는 경우, ii) 모회사(A_1)와 자회사(A_2)가 소유하는 주식을 합계하여 다른 회사(B)의 발행주식총수의 10분의 1을 초과하여 소유하고 B는 A_1의 발행주식총수의 10분의 1 이하를 소유하는 경우, iii) 자회사(A_2)가 단독으로 다른 회사 B의 발행주식총수의 10분의 1 이상을 소유하고 B는 A_2의 발행주식총수의 10분의 1 이하를 소유하는 경우에, i)의 경우에 B가 소유하는 A의 주식, ii)의 경우에 B가 소유하는 A_1의 주식, iii)의 경우에 B가 소유하는 A_2의 주식뿐만 아니라 A_1의 주식도 의결권이 없다. 그러나 i)의 경우에 A, ii)의 경우에 A_1, iii)의 경우에 A_2가 B의 발행주식총수의 10분의 1을 초과하여 취득한 때에 지체없이 B에 대하여 이를 통지하지 않은 때에는 B의 총회에서 의결권을 행사할 수 없다고 할 것이다($^{\text{상}\,342의}_{3\,참조}$). 그리고 A회사와 B회사가 모두 상대방의 주식을 10분의 1 이상을 소유하는 경우는 양 회사가 모두 상대방회사의 주식에 대하여 의결권을 행사하지 못한다.

4) 의결권의 유무를 결정하는 시기에 대하여는 상대방회사가 10분의 1을 초과하는 주식을 취득한 때라는 견해도 있으나[$^{孫(주),}_{시}$$^{\lceil월간고\rceil}_{84.5,\,45}$], 이 경우는 자회사가 모회사의 주식을 취득하는 경우와 달리 의결권의 행사자로 확정되는 주주명부의 폐쇄일 또는 기준일을 기준으로 함이 타당하다고 본다. 의결권이 배제된 주식은 주주총회의 결의에 있어서 발행주식의 총수에 산입하지 않는다($^{\text{상}}_{371\,\text{Ⅰ}}$). 그리고 모자관계가 없었던 회사의 일방이 상대방회사의 발행주식총수의 100분의 50을 초과하는 주식을 소유하게 되어 모회사가 된 때에는 상대방회사($^{자회}_{사}$)는 그가 소유하는 주식을 처분하여야 될 것이다($^{\text{상}\,342}_{\text{의}\,2\,\text{Ⅱ}}$).

(3) **자기주식 등**　회사가 예외적으로 자기주식을 취득한 때에 그 주식은 의결권이 없다($_{369}^{상}$$_Ⅱ$). 또한 자회사가 모회사의 주식을 예외적으로 취득한 경우에도 같다.

(4) **전환주식**　주주명부의 폐쇄기간($_{354}^{상}$$_Ⅰ$)중에 전환된 주식의 주주는 그 기간중의 총회의 결의에 관하여는 의결권을 행사하지 못한다($_{350}^{상}$$_Ⅱ$). 그러나 전환 전의 주식에 의한 의결권은 행사할 수 있다고 본다.

(5) **무의결권주식**　의결권 없는 주식은 소정의 우선배당을 받는 한 의결권이 없다($_Ⅰ^{상}$$_본^{370}$).

(6) **공탁하지 않은 무기명주식**　무기명주식의 소지인은 주권을 총회일의 1주간 전에 회사에 공탁하지 않는 한 총회에 출석하여 그 의결권을 행사하지 못한다($_{368}^{상}$$_Ⅱ$).

(7) **감사이 선임**　의결권 없는 주식을 제외한 발행주식총수의 100분의 3을 초과하는 수의 주식을 가진 주주는 그 초과하는 주식에 관하여 그 의결권을 행사하지 못한다($_{409}^{상}$$_Ⅱ$).

(8) **의결권행사정지의 가처분**　주식의 효력에 관하여 다툼이 있는 경우에 주주의 의결권행사정지의 가처분이 있거나, 명의개서 등에 다툼이 있어 실질적인 주주에 대하여 의결권행사를 허용하는 가처분으로 주주명부상의 주주에 대하여 의결권행사정지가 있는 때에는 의결권의 행사가 제한된다.

[244]　제5　表決方法

표결방법에 대하여 상법에는 아무런 규정이 존재하지 않기 때문에 회의의 진행에 관한 일반원칙에 따라서 표결을 할 수 있다. 표결방법에 관하여 정관에 아무런 규정이 없는 때에는 의장이 정한다. 의장은 거수나 기립 또는 기타의 투표방법을 택하여 표결을 할 수 있다. 그러나 비밀투표는 인정되지 않는다. 왜냐하면 총회에 참가권이 있는 주주들의 의결권은 그들이 소유하는 주식수에 따라서 각기 다르기 때문이다. 의안의 표결에 있어서 기권하는 주식은 투표에 참가하지 않은 것으로 취급된다.

[245] 제 6 株主總會의 議長

(1) **총 설**   주식회사는 사단성이 농후한 회사로서 사원(株主)의 수가 많고 각 주주가 소유하는 주식의 수가 다르기 때문에 주주총회에서의 의사결정을 위하여는 의장에 의한 의사진행이 필요하게 된다. 상법은 주주총회의 의사록에는 의장과 출석한 이사가 기명날인 또는 서명하여야 한다고 규정하고 있으나($_{373}^{상}$Ⅱ), 의장을 선임하지 않았다고 하여 결의취소의 사유가 된다고 할 수 없다. 왜냐하면 주주가 1인이거나 소수인 회사의 경우에는 의장이 없이도 회사의 확실한 의사결정이 가능하기 때문이다.

(2) **선 임**   1) 의장의 선임에 관하여 정관에 정함이 없는 때에는 총회에서 선임하여야 한다($_{의 2}^{상 366}$Ⅰ). 실제에 있어서 총회의 의장은 정관의 규정에 의해 보통 대표이사가 되며, 대표이사에게 사고가 있는 때에는 다른 이사가 일정한 순서에 따라 맡도록 정하고 있는 것이 보통이다. 그러나 정관의 규정에 의하여 의장이 될 자 전원의 총회출석이 불가능한 때에는 출석주주의 호선(互選)에 의하여 의장을 선임하도록 할 수 있다[$_{83\ 도\ 748}^{大\ 83.\ 8.\ 23,}$].

2) 총회가 소수주주에 의하여 소집된 경우에는($_{366}^{상}$Ⅱ) 정관의 규정에도 불구하고 별도로 의장을 선임하여야 한다. 왜냐하면 의장에 관한 정관의 규정은 이사회가 총회를 소집한 경우를 전제로 한 것이기 때문이다. 판례는 법원의 허가를 얻어 소집된 총회의 경우에도 정관의 규정에 따라야 하지만 별도로 선임할 수도 있다는 입장으로 보인다[$_{76\ 다\ 2386\ 참조}^{大\ 77.\ 9.\ 28}$].

(3) **직 무**   의장은 회의체운영의 일반원칙에 따라 총회의 질서를 유지하고 의사를 정리한다($_{의 2}^{상 366}$Ⅱ). 그리고 의사록에 기명날인 또는 서명하여야 한다($_{373}^{상}$Ⅱ). 의장은 총회장에서 고의로 의사진행을 방해하기 위한 발언·행동을 하는 등 현저히 질서를 문란하게 하는 자에 대하여 그 발언의 정지 또는 퇴장을 명할 수 있다($_{의 2}^{상 366}$Ⅲ). 이것은 회의진행의 일반원칙을 주의적으로 규정한 것에 불과한 것이라고 할 수 있다. 그러므로 의장의 조치가 불가피한 것으로 볼 수 없고 부당한 때에는 주주는 결의취소의 소를 제기할 수 있다($_{376}^{상}$).

(4) **결 정 권**   의결권은 「1주 1의결권의 원칙」($_{369}^{상}$Ⅰ)에 의하므로, 총회결의의 결과가 가부동수인 경우에 의장이라고 하여 결정권을 갖지 못한다. 의장이 주주인 경우도 같으며, 정관에 의하더라도 결정권을 인정할 수 없다.

[246] 제 7 株主의 提案權

(1) 의의 및 입법취지　　개정된 상법에 의하면 의결권 있는 발행주식총수의 100분의 3 이상에 해당하는 의결권 있는 주식을 보유한 자는 이사에 대하여 일정한 사항을 주주총회의 목적사항으로 할 것을 제안할 수 있다($\frac{상}{1}\frac{363의2}{, 383}$ Ⅵ). 이에 의하여 주주는 총회의 소집을 청구하거나 직접 총회를 소집하지 않고도 자기가 원하는 사항을 총회의 의제로 할 수 있게 된 것이다. 이는 총회의 활성화를 도모하기 위한 것이라고 할 수 있다.

종래에 총회의 의제는 총회의 소집권자인 이사회가 결정하였고 총회의 회의장에서는 새로운 의제나 의안을 추가할 수 없었다. 그리하여 주주는 총회의 의안을 상정 또는 제안할 기회를 갖지 못하였고 그로 인하여 회사의 대주주나 이들에 의해 선임된 경영진 이외의 주주는 사실상 총회에서 아무런 영향력을 발휘할 수 없었고, 그로 인하여 일반 투자자의 무관심을 심화시켰으며 회사의 경영에 대해서도 극도의 소외감을 조장시켜 왔다.

(2) 주주제안권의 내용　　주주는 상법 제363조의 2에 의하여 총회의 의제를 추가로 제출할 수 있는 의제제안권($\frac{동}{Ⅰ}$)과 총회의 의제에 대한 구체적인 의안을 추가로 제출할 수 있는 의안제안권($\frac{동}{Ⅱ}$)을 갖는다.

1) 의제제안권　　의제제안권의 대상이 되는 의제는 **주주총회의 권한에** 속하는 사항이어야 한다. 즉 법령과 정관에 의하여 주주총회의 권한에 속하는 사항에 대하여만 주주의 의제제안권이 인정된다($\frac{상}{의 2}\frac{363}{}$Ⅲ). 그러므로 이사회의 법정권한에 속하는 사항뿐만 아니라 기타 업무집행에 관한 사항에 대하여는 주주의 의제제안권이 인정되지 않는다.

그러나 이사회의 권한에 속하는 사항이라도 정관으로는 주주총회의 권한으로 할 수 있는 사항에 대하여는 **정관변경에** 대한 의제제안을 통하여 이사회의 권한에 속하는 사항에 대해서도 주주의 의제제안이 가능하게 된다고 할 것이다. 한편 업무집행에 관한 사항은 정관으로도 주주총회의 권한으로 할 수 없다는 설에 의하면, 명문의 규정에 의하여 정관으로 주주총회의 권한으로 할 수 있다고 한 것 이외의 이사회의 권한에 대한 의제제안권은 인정되지 않는다고 할 것이다. 그러나 다수설은 정관의 규정에 의하여 주식회사의 본질이나 강행법규에 반하지 않고 그 성질이 허용하는 한 주주총회의 권한으로 할 수 있다고 하므로, 정관변경에 관한 의제제안에 의하여 이사회의 권한에 속하는 사항에 대하여도 주주의 의제제안이 가능하게 된다.

2) 의안제안권   상법 제363조의 2 제 2 항에 의하여 제안할 수 있는
의안은 회사에 대하여 제출된 의제와 관계가 없이 제출된 의안을 말한다고 할
수 있다. 즉 주주의 의제제안에 관한 의안뿐만 아니라 기타 회사가 제출한 의
안에 대한 수정제안이나 반대제안 및 선출제안도 여기에 속한다고 할 수 있다.
이러한 제안은 종래에도 동의에 의하여 가능하였던 것이다. 그러므로 개정상
법은 주주가 제출한 의안의 요령을 총회소집의 통지와 공고에 기재할 것을 청
구할 수 있도록 하였다는 점에서($\frac{상}{의}\frac{363}{2}Ⅱ$) 의미가 있다고 할 것이다.

3) 주주제안의 거절   주주가 제안한 의제가 **주주총회의 결의사항**이
아닌 때에는 회사는 총회소집의 통지와 공고에 그 기재를 할 필요가 없으며
총회의 목적사항으로 상정하지 않아도 된다($\frac{상}{의}\frac{363}{2}Ⅲ$). 그리고 주주의 제안이 **법
령** 또는 **정관**에 위반하는 경우에는 회사는 주주의 제안을 거절할 수 있다.

(3) 제안권자   1) 총회의제의 제안권을 행사할 수 있는 주주는 의결
권 있는 발행주식총수의 100분의 3 이상에 해당하는 주식을 보유하는 자이다
($\frac{상}{의}\frac{363}{2}Ⅰ$). 즉 총회의 목적사항의 제안권은 소수주주권이다. 이러한 지주요건은
총회소집청구권을 행사하는 경우와 마찬가지로 총회의 종결시까지 유지되어야
한다.

2) 상법에서는 「의결권 있는 발행주식총수의 100분의 3 이상」이라고 규
정하고 있어서 의결권 없는 주식은 발행주식총수에 산입하지 않는다. 그러나
의결권 없는 주식도 소정의 배당을 받지 못하여 의결권이 부활된 경우에는 이
를 포함시켜야 한다고 본다.

3) 그리고 의결권 있는 주식이지만 의결권을 행사할 수 없는 주식은 발행
주식총수에 포함되는가 하는 문제가 있다. 의결권이 없는 자기주식이나 의결
권행사에 관하여 아무런 규정이 없지만 자회사가 예외적으로 취득한 모회사의
주식은 제외된다고 할 것이다. 더 나아가 모자관계 없는 회사간의 주식의 상호
소유의 경우에 예컨대 A가 B의 주식을 발행주식총수의 10%를 초과하여 소유
하는 경우에 B가 소유하는 10% 이하의 A의 주식은 의결권이 없는데($\frac{상}{369}Ⅲ$)
이 주식도 발행주식총수에서 제외시켜야 할 것이다.

상장회사의 경우는 6 월 전부터 계속하여 의결권 있는 발행주식총수의 1,000분
의 5 이상의 주식을 대통령령이 정하는 바에 의하여 보유한 자가 제안권자이다
($\frac{상}{6}\frac{542의}{Ⅱ}$).

⑷ 의제·의안제안권 행사의 절차   1) 제안권을 행사할 수 있는 주주는 이사에 대하여 회일의 6주 전에 서면 또는 전자문서로 일정한 사항을 주주총회의 목적사항으로 할 것과 주주가 제출하는 의안의 요령을 소집통지와 공고에 기재할 것을 청구하여야 한다($\frac{상}{2}\frac{363의}{II\cdot III}$). 이 경우에 총회의 회일의 6주 전에 청구하도록 한 것은 소집통지는 회일의 2주간 전에 하여야 하므로 2주간을 뺀 나머지 4주간을 소집통지에 주주의 제안을 기재할 수 있도록 하기 위한 준비기간을 주기 위한 것이다. 6주간이란 총회의 회일과 청구일 사이에 적어도 6주간을 필요로 함을 의미한다. 그러므로 그 기간이 6주간이 되지 않는 경우에는 제안권의 행사는 적법하지 못하여 소집통지와 공고에 기재할 필요가 없고 총회에 그 제안을 상정하지 않아도 된다.

2) 주주가 제안권을 행사한 경우에 회사는 그 행사가 상법 제363조의 2 제1항의 요건을 구비하였는지의 여부를 판단하여야 된다. 총회의 의제와 의안은 이사회의 권한에 속하므로 주주에게 통지와 공고에 기재할 사항의 결정도 이사회의 권한에 속한다. 그러므로 이사는 주주의 제안이 있는 경우에 이를 이사회에 보고하여야 한다($\frac{상}{의}\frac{363}{2}$III).

⑸ 제안권행사의 효과   주주가 적법한 절차에 따라 총회의 의제를 제안한 때에는 회사는 이를 총회의 의제로 채택하여야 하고, 이를 총회소집의 통지와 공고에 기재할 것과 주주가 제출한 의안의 요령도 기재할 것을 청구할 수 있다($\frac{상}{의}\frac{363}{2}$II). 그리고 제안한 주주의 청구가 있는 때에는 총회에서 그 제안을 설명할 수 있는 기회를 주어야 한다($\frac{상}{의}\frac{363}{2}$III). 그러므로 정당한 사유 없이 설명의 기회를 주지 않은 때에는 결의취소의 사유가 된다고 할 것이다. 그렇다고 제안한 주주에게 설명의무가 있는 것은 아니다. 그러므로 제안한 주주가 총회에 결석하였더라도 그 의안을 심의의 대상에서 제외시킬 수 없다고 할 것이다.

⑹ 부당한 제안거절의 효과   1) 주주의 의제제안권의 행사에도 불구하고 정당한 사유 없이 총회의 목적사항으로 상정하지 않은 경우와, 주주가 의안제안권을 행사한 데 대하여 정당한 사유 없이 그 의안의 요령을 통지와 공고에 기재하지 않은 경우에는 이사는 과태료의 처분을 받는다($\frac{상}{19의}\frac{635}{3}$I).

2) 주주가 제안한 의제를 총회의 목적사항으로 상정하지 않았거나 의안의 요령을 통지와 공고에 기재하지 않은 경우에는 소집절차 및 결의방법이 법령에 위반하여 당해 의안에 대응하는 의제에 대한 결의에 관하여는 결의취소의 사유가 있는 것이 된다. 즉 주주가 의안제안권을 행사하여 회사의 제안에 대하

여 수정제안이나 반대제안 및 선거제안을 하였음에도 제안한 의안의 요령을 통지와 공고에 기재하지 않은 경우에는 회사의 제안에 대한 결의는 결의취소의 대상이 된다고 할 것이다. 그러나 의제제안권의 행사에 대하여 정당한 사유 없이 총회의 의제로 상정하지 않는 때에는 결의취소의 소의 대상인 결의가 존재하지 않으므로 결의취소의 소를 제기할 수 없고$\left[\substack{\text{동: }孫(주), 702\sim \\ 703; 鄭(동), 350}\right]$, 이사에 대한 과태료의 처분이나 이사에 대한 민사책임을 추궁할 수 있을 뿐이라고 할 것이다.

[247]　제 8　種類株主總會

(1) 의　　의　　　회사가 수종의 주식을 발행하고 있는 경우에 주주총회와는 별도로 개최되는 일정한 종류의 주식을 가진 주주들의 총회를 말한다.

(2) 종류주주총회가 필요한 경우　　　1) 회사가 수종의 주식을 발행한 경우에 정관을 변경함으로써 어느 종류의 주주에게 손해를 미치게 될 때에는 주주총회의 결의 이외에 종류주주총회의 결의가 있어야 한다($\substack{\text{상} \\ 435\,\text{I}}$). 창립총회에서 정관을 변경할 때에도 같다($\substack{\text{상} \\ 308\,\text{II}}$). 이 경우에 「어느 종류의 주주」란 우선주·후배주·상환주·전환주·무의결권주 등을 가진 주주와 보통주의 주주를 포함한다.

2) 종류주주총회는 예컨대 우선주에 대한 배당률을 연 6푼에서 5푼으로 내리거나, 참가적 우선주를 비참가적 우선주로, 누적적 우선주를 비누적적 우선주로 하는 등의 정관변경의 경우에 필요하다. 또한 주식의 종류에 따라 신주의 인수·주식의 병합·소각 또는 합병으로 인한 주식의 배정에 관하여 특수한 정함을 하는 경우($\substack{\text{상} \\ 344\,\text{III}}$)와 주식교환·주식이전 및 합병으로 인하여 어느 종류의 주주에게 손해를 미치는 경우에도 그 종류주주총회의 결의가 있어야 한다($\substack{\text{상} \\ 436}$).

　　판례는 「상법 제435조 제1항은 "회사가 수종의 주식을 발행한 경우에 정관을 변경함으로써 어느 종류의 주주에게 손해를 미치게 될 때에는 주주총회의 결의 외에 그 종류의 주주의 총회의 결의가 있어야 한다"고 규정하고 있는바, 위 규정의 취지는 주식회사가 보통주 이외의 수종의 주식을 발행하고 있는 경우에 보통주를 가진 다수의 주주들이 일방적으로 어느 종류의 주식을 가진 소수주주들에게 손해를 미치는 내용으로 정관을 변경할 수 있게 할 경우에 그 종류의 주식을 가진 소수주주들이 부당한 불이익을 받게 되는 결과를 방지하기 위한 것이므로, 여기서의 '어느 종류의 주주에게 손해를 미치게 될 때'라 함에는, 어느 종류의 주주에게 직접적으로 불이익을 가져오는 경우는 물론이고 외견상 형식적으로는 평등한 것이라고 하더라도 실질적으로 불이익한 결과를 가져오는 경우도 포함되며, 나아가 어느 종류의 주주의 지위가 정관의 변경에 따라 유리한 면이 있으면서 불이익한 면을 수반하는 경우도 이에 해당된다」고 하였다$\left(\substack{大 2006.1.27, 2004 \\ 다 44575 \cdot 44582}\right)$.

(3) **결의요건**   종류주주총회의 결의는 출석한 주주의 의결권의 3분의 2 이상의 수와 그 종류의 발행주식의 총수의 3분의 1 이상의 수로써 하여야 한다($\substack{상 \\ 435} Ⅱ$). 이 요건은 정관에 의하여 완화하거나 가중하지 못한다.

(4) **결의의 효과**   종류주주총회의 결의가 필요한 경우에 이 결의가 유효하게 성립하지 않으면 주주총회의 결의는 효력이 없다.

《소의 자이섬》

소의 종류 / 기 준	취소의 소 ($\substack{상 376~ \\ 379}$)	무효확인의 소 ($\substack{상 \\ 380}$)	부존재확인의 소 ($\substack{상 \\ 380}$)	부당결의취소 · 변경의 소($\substack{상 \\ 381}$)
소의 원인	형식적 하자 소집절차 · 결의방법의 법령위반 · 현저한 불공정 · 정관의 위반	실질적 하자 결의내용의 법령위반	중대한 형식적 하자 소집절차 · 결의방법의 중대한 하자	결의가 현저하게 부당한 경우
소의 성질	형성의 소	형성소송설 확인소송설	형성소송설 확인소송설	형성의 소
제소권자	주주 · 이사 · 감사	소의 이익이 있는 자	소의 이익이 있는 자	특별이해관계인인 주주
피 고	회 사			
제소기간	결의일로부터 2월	×	×	결의일로부터 2월
소의 절차	전속관할 · 소제기의 공고 · 병합심리 · 제소주주의 담보제공의무 · 등기동일			
법원의 재량기각	○($\substack{상 \\ 379}$)	×	×	×
판결의 대세적 효력	○	○	○	○
판결의 소급효	○	○	○	○
패소원고의 책임	악의 · 중과실의 경우 회사에 대한 연대책임			

○: 있다, ×: 없다.

　　판례는 「어느 종류 주주에게 손해를 미치는 내용으로 정관을 변경함에 있어서
그 정관변경에 관한 주주총회의 결의 외에 추가로 요구되는 종류주주총회의 결의
는 정관변경이라는 법률효과가 발생하기 위한 하나의 특별요건이라고 할 것이므로,
그와 같은 내용의 정관변경에 관하여 종류주주총회의 결의가 아직 이루어지지 않
았다면 그러한 정관변경의 효력이 아직 발생하지 않는 데에 그칠 뿐이고, 그러한
정관변경을 결의한 주주총회결의 자체의 효력에는 아무런 하자가 없다」고 하였다
$\begin{pmatrix}大 2006. 1. 27, 2004 \\ 다 44575 \cdot 44582\end{pmatrix}$.

　⑸ **준용규정**　　　종류주주총회의 소집·의사·결의 등에 대해서는 주주
총회에 관한 규정을 준용한다($^{상}_{435}$Ⅲ).

[248]　제 9　株主總會決議의 瑕疵

Ⅰ. 총　　설

　⑴ 주식회사의 의사결정인 주주총회의 결의에 하자가 있으면 당연히 그
결의는 무효가 되어야 하지만, 주식회사에는 다수의 이해관계자가 있으며, 일
단 결의가 성립하면 그것을 전제로 하여 법률관계가 전개되기 때문에 주주총
회의 결의에 하자가 있더라도 그 하자의 주장을 일반원칙에 따라 무제한으로
인정하게 되면 법률관계에 혼란이 생기고 다른 법률관계에 대하여 법적 안정
성을 해하는 결과가 초래될 수 있다.

　⑵ 상법에서는 주식회사에 있어서의 법률관계의 획일적인 확정을 위하여
결의취소의 소($^{상}_{376}$), **결의무효확인의 소**($^{상}_{380}$), **결의부존재확인의 소**($^{상}_{380}$) 및 **부당
결의취소·변경의 소**($^{상}_{381}$) 등 4종의 소에 관하여 규정함으로써 의결권 남용으
로부터 회사와 주주 등 이해관계인을 보호하고 법률관계의 안정을 도모하고
있다. 여기서 취소·무효·부존재·변경의 대상이 되는 결의는 주주총회의 결
의뿐만 아니라 종류주주총회의 결의($^{상 435,}_{436}$)를 포함한다. 이러한 결의의 하자에
관한 소는 의결권남용에 대한 사후적인 시정책으로서 의의가 있는 것이다.

2. 결의취소의 소

　⑴ 의　　　의　　　결의가 성립과정에 있어서 **총회소집의 절차**나 **결의방
법**이 법령 또는 정관에 위반하거나 현저하게 불공정한 때 또는 그 결의의 내
용이 정관에 위반한 때에는, 그 결의의 날로부터 2월 내에 주주·이사 또는 감

사는 결의취소의 소를 제기할 수 있다($\frac{상}{376}$). 결의취소는 결의에 형식적 하자가 있는 경우와 그 내용이 정관의 규정을 위반한 때에 소에 의해서만 가능하고 제소권자와 제소기간을 제한하고 있는 점이 특징적이다. 결의취소의 소는 형성의 소[大 65. 11. 16, 65 다 1683]이다. 그러므로 결의는 취소판결의 확정에 의하여 무효가 되고, 제소기간이 경과하면 하자가 치유된다.

(2) 취소의 원인

1) 소집절차의 법령위반   i) 대표이사가 이사회의 결의 없이 또는 하자 있는 이사회의 결의에 따라 총회를 소집한 경우[大 80. 10. 27, 79 다 1264][동: 孫(주), 653], ii) 일부주주에 대한 소집통지의 흠결 등 주주평등의 원칙에 반하는 경우[大 93. 10. 12, 92 다 21692], iii) 소집통지기간이 부족한 경우[大 81. 7. 28, 80 다 2745], iv) 소집통지의 불비로서 회의의 목적인 사항·의사일정·의안의 요령 등을 기재하지 않았거나[大 69. 2. 4, 68 다 2284; 大 79. 3. 27, 79 다 19] 그 기재가 불완전한 경우, v) 총회의 소집통지를 구두로 한 경우[人 07. 2. 28, 63 다 981] 등이다.

2) 결의방법의 법령위반   i) 주주 또는 그 대리인이 아닌 자의 결의참가[大 83. 8. 23, 83 도 748], ii) 특별이해관계인의 의결권행사, iii) 결의의 성립에 필요한 요건을 어긴 경우[大 96. 12. 23, 96 다 32768·32775·32782], iv) 총회가 이사의 출석을 부당하게 거부하거나 이사의 출석이 불가능한 상태에서 개의(開議)한 경우, v) 이사가 정기총회 이전에 재무제표 및 감사보고서를 본점에 비치하지 않았거나, 총회에 감사가 재무제표에 대한 의견을 보고하지 않았을 경우, vi) 결의방법이 주주평등의 원칙에 위배되는 경우 등이다.

3) 결의방법의 불공정   i) 이사가 폭행 등의 공포 분위기를 조성하여 의결권의 행사를 방해한 경우, ii) 대리인의 출석을 방해하여 총회 회의장에 늦게 입장하였는데 그 사이에 결의를 한 경우[大 96. 12. 20, 96 다 39998], iii) 의장이 부당하게 주주의 발언을 제한하거나 설명을 생략하고 결의를 강행한 경우 등이다.

4) 결의의 절차·방법·내용의 정관위반   (가) 총회의 소집절차나 방법이 정관에 위반한 경우나 결의의 내용이 정관에 위반하는 경우에도 결의취소의 사유가 된다. 예컨대 정관소정의 이사·감사의 원수를 초과하는 이사·감사의 선임결의는 취소사유가 있는 것이 된다.

(나) 그런데 결의의 내용이 유효한 정관의 규정을 위반한 때에만 취소의 사유가 된다고 본다. 그러므로 결의의 내용에 관한 정관의 규정이 법령에 위반되는 때에는 결의의 무효사유가 된다는 점을 유의하여야 한다. 그리고 결의의 내용이 정관에 위반함에도 2월의 제소기간이 경과하여 유효한 결의와 같은 효력

이 생겼다고 하여 정관변경의 효력이 생기는 것은 아니다.

(3) 제소권자   결의취소의 소는 주주·이사 또는 감사에 한하여 제기
할 수 있다($_{376}^{상}$ I).

1) 주   주   (가) 결의취소의 소는 1주를 소유하는 주주라도 제기할
수 있고, 또 결의 당시에는 주주가 아니었더라도 관계가 없으며 총회결의에 대
하여 찬성하였던 경우나 다른 주주에 대한 소집절차의 하자를 이유로 제기할
수도 있다[孫(주), 728; 李(철), 476;]. 그러나 소를 제기한 날로부터 당해 소송의 판결이 확정
될 때까지 계속 주주인 자격을 유지하고 있어야 하며 소를 제기한 다음에 주
주자격을 상실한 때에는 제소권도 소멸하게 된다.

(나) 의결권 없는 주식을 소유하는 주주는 제소권도 없다는 것이 다수설이
지만[孫(주), 728; 李(병), 614; 姜(위), 495; 林(홍), 416;], 결의취소의 소권은 공익권이고 이들도 회사의 출자
자로서 결의에 대하여 이해관계가 있으므로 결의취소의 제소권이 인정되어야
한다고 본다[동: 鄭(동), 347; 李(철), 477; 權(기), 595].

2) 이사·감사   (가) 결의취소의 소는 이사 또는 감사도 제기할 수 있
다($_{376}^{상}$ I). 이사는 대표이사뿐만 아니라 모든 이사가 각자 단독으로 제기할 수
있으며, 임기가 만료한 또는 사임한 이사로서 후임이사가 취임할 때까지 이사
의 권리·의무가 있는 자도 제소권이 있다.

그런데 판례에는 주주총회의 이사선임결의의 취소를 구하는 소에 있어서 그 결의
에 의해 선임된 임원들이 모두 그 직에 취임하지 않거나 사임하고 그 후 새로운 주주총
회의 결의에 의하여 이사가 선출되어 선임등기까지 마쳤다면, 후임이사를 선출한
새로운 주주총회에 어떤 절차상 하자가 없는 경우에는 당초의 이사선임결의에 하자
가 있었더라도 그 결의의 취소를 구할 소의 이익이 없다고 한 것이 있다[大 95. 2. 24, 94 다 50427].

(나) 총회의 결의에 의하여 해임된 이사도 그 결의의 취소에 의하여 이사의
지위를 회복할 수 있는 때에는 그 해임결의의 취소를 위하여 원고가 될 수 있
다. 청산회사의 경우는 청산인이 제소권이 있다($_{542}^{상}$ II).

(4) 소의 제기

1) 피   고   결의취소의 소의 피고는 회사이다. 회사는 대표이사가
대표하지만, 제소자가 이사인 때에는 감사가 회사를 대표한다($_{394}^{상}$).

2) 제소기간   결의취소의 소는 결의의 날로부터 2월 내에만 제기할
수 있으며($_{376}^{상}$ I), 이 기간이 경과한 때에는 취소의 사유가 있더라도 그 결의의

효력을 다투지 못한다. 결의내용이 등기할 사항이라든가 주주나 이사가 그 결의가 있음을 몰랐던 경우에도 같다$\begin{bmatrix} 大\ 66.10.4, \\ 66\ 다\ 2269 \end{bmatrix}$. 이 기간은 **제척기간**이며, 취소의 소가 제기된 경우에 그 제소기간 내에는 취소원인을 추가할 수 있다고 본다.

3) **합병무효의 소·감자무효의 소와의 관계**   회사의 합병이나 자본감소의 결의에 관하여 절차상의 하자가 있는 때에는 합병이나 자본감소의 등기일 이후에는 합병무효 또는 자본감소무효의 소를 제기할 수 있고($\begin{smallmatrix} 상\ 529, \\ 445 \end{smallmatrix}$), 등기 전에는 결의의 하자를 이유로 결의취소 또는 무효확인의 소를 제기할 수 있다. 그러나 등기 후에는 이들 소는 합병무효 또는 감자무효의 소에 흡수되어 별도로 제기할 수 없다고 할 것이다$\begin{bmatrix} 동: 孫(주), 730; 李 \\ (철), 711; 鄭 \\ (동), 359 \end{bmatrix}$. 결의취소의 경우에 제소기간이 경과되기 전인 때에도 같다. 그러나 합병 또는 감자의 등기 전에 제기된 결의취소 또는 결의무효의 소는 합병 또는 감자의 등기 후에는 법률상 당연히 합병무효 또는 감자무효의 소로 승계 또는 유지되는 것은 아니고 소의 변경($\begin{smallmatrix} 민소 \\ 262 \end{smallmatrix}$)에 의하여 합병무효 또는 감자무효의 소로의 이행이 필요하다. 소의 변경은 합병등기 또는 감자등기 후 6월 내에 하여야 하며 소의 변경이 없는 때에는 소의 이익을 상실하여 소는 각하된다고 본다.

⑸ **소의 절차**

1) **소의 관할·공고**   결의취소의 소는 본점소재지의 지방법원의 관할에 전속하며, 소가 제기된 때에는 회사는 지체없이 공고하여야 한다($\begin{smallmatrix} 상\ 376\ Ⅱ, \\ 186,\ 187 \end{smallmatrix}$). 공고는 다른 주주들로 하여금 소송에 참가할 수 있는 기회를 주기 위한 것이며 판결의 효력에는 영향을 미치지 않는다.

2) **법원의 재량기각**   결의취소의 소가 제기된 경우에 결의의 내용 및 회사의 현황과 제반사정을 참작하여 그 취소가 **부적당**한 때에는 법원은 그 청구를 기각할 수 있다($\begin{smallmatrix} 상 \\ 379 \end{smallmatrix}$). 그러나 하자의 성질과 정도가 중대한 때에는 원고의 의결권이 결의의 결과에 영향을 미치지 않는 경우라도 재량기각을 할 수 없다고 할 것이다. 여기서 하자가 **중대한 경우**란 법률·정관에 의하여 주주에게 보장된 이익이 침해된 경우라고 할 것이다.

⑹ **담보제공의 청구**   주주가 결의취소의 소를 제기한 때에는 법원은 회사의 청구에 의하여 상당한 담보를 제공할 것을 명할 수 있다($\begin{smallmatrix} 상\ 377 \\ Ⅰ\ 본 \end{smallmatrix}$). 그러나 이사 또는 감사가 소를 제기하는 때에는 이들이 주주라도 담보제공의무를 지지 않는다($\begin{smallmatrix} 상\ 377 \\ Ⅰ\ 단 \end{smallmatrix}$). 이러한 주주의 담보제공의무는 결의취소의 소에 의하여 예상되는 회사의 손해에 대한 배상청구권과 원고가 악의 또는 중대한 과실로 패소한 경우에 회사가 갖는 손해배상청구권의 담보를 위한 것이라고 할 수 있다. 회사가 담보의 제공을 청구함에는 제소주주가 악의임을 소명하여야

한다($\frac{상\ 377\ Ⅱ\cdot}{176\ Ⅳ}$).

(7) 판결의 효력

1) 원고승소의 경우

(가) 대세적 효력   결의취소의 판결이 확정되면 그 효력은 당사자 이외의 제 3 자에 대하여도 미치게 된다($\frac{상\ 376\ Ⅱ\cdot}{190\ 본}$). 그러므로 소송당사자 이외의 자($\frac{주주\cdot이사\cdot}{청산인}$)도 결의의 효력을 다투지 못한다.

(나) 소 급 효   a) 결의취소의 소에는 1995년의 개정상법에 의하면 상법 제190조는 본문만 준용하고($\frac{상}{376\ Ⅱ}$), 불소급효에 관한 상법 제190조 단서는 준용되지 않게 되었다. 이와 같이 불소급효에 관한 규정의 준용을 제외시킨 것은 취소판결이 있어도 외부관계에 대하여뿐만 아니라 내부관계에 있어서도 소급효가 인정되지 않는 것은 모순이고, 소급효가 없다면 취소의 소를 제기할 실익이 없는 경우에는 하자가 존재하여도 소의 제기를 포기하게 될 것이기 때문이다. 이제 상법 제190조의 본문만 준용하는 것으로 상법이 개정됨으로써 취소판결의 소급효를 인정할 수 있는 여지가 생겼다고 할 수 있다.

b) 그러나 모든 취소판결에 대하여 일률적으로 소급효가 인정된다면 회사의 내부관계자뿐만 아니라 거래상대방의 이익을 크게 해할 우려가 있다. 그러므로 매매나 사채의 발행 등과 같이 총회의 결의를 유효요건으로 하지 않는 행위는 정관으로 이를 총회의 결의사항으로 한 경우라도 그 행위는 결의취소에 의하여 아무런 영향을 받지 않는다고 할 것이다. 그러나 결의를 효력의 발생요건으로 하는 이사의 선임, 영업양도, 정관변경 및 자본감소 등을 위한 결의는 그 취소에 의하여 소급하여 무효가 된다고 할 것이다.

c) 이 경우에 문제가 되는 것은 결의가 소급하여 무효가 됨으로써 제 3 자의 보호를 어떻게 할 것인가이다. 즉 예컨대 이사의 선임결의가 취소된 경우에 그 이사가 이전에 대표이사로서 한 행위의 상대방의 보호가 문제된다. 생각건대 거래의 안전을 위한 제 3 자의 보호는 상법 제39조($\frac{부실등기}{의\ 효력}$), 상법 제395조($\frac{표현대표이사의\ 행위}{에\ 대한\ 회사의\ 책임}$) 또는 민법의 표현대리에 관한 규정 등 外觀理論에 의하여 해결되어야 할 것이다$\left[\begin{smallmatrix}동: & 金建植, 「법학」(서울大) 34권 1호,\\ 140; & 金正晧, 「고시계」(93.7), 207\end{smallmatrix}\right]$.

(다) 등   기   결의한 사항이 등기된 경우에 결의취소의 판결이 확정된 때에는 본점과 지점의 소재지에서 등기하여야 한다($\frac{상}{378}$).

2) 원고패소의 경우   원고가 패소한 경우는 대세적 효력이 없으므로 그 기판력은 제 3 자에게 미치지 않는다. 따라서 제소기간 내에는 다른 제소권

자가 다시 취소의 소를 제기할 수 있다. 원고가 패소한 경우($\binom{청구기각과\ 부적법}{각하를\ 포함한다}$)에 원고에게 악의 또는 중대한 과실이 있는 때에는 회사에 대하여 연대하여 손해배상책임을 진다($\frac{상}{II,\ 191}^{376}$).

3. 결의무효·부존재확인의 소

(1) **양소의 의의**   주주총회의 결의의 내용이 법령에 위반하는 실질적인 하자가 있는 경우에는 그 결의는 당연히 무효가 된다($\frac{상}{380}$). 그러므로 소의 이익이 있는 자는 누구든지 결의무효확인의 소를 제기할 수 있다. 그리고 결의취소의 경우에 비하여 주주총회의 소집절차 또는 결의방법에 총회결의가 존재한다고 볼 수 없을 정도의 중대한 하자가 있는 때에는 소의 이익이 있는 자는 누구든지 결의부존재확인의 소를 제기할 수 있다($\frac{상}{380}$).

(2) **양소의 원인**

1) **무효의 원인**   결의의 내용이 법령에 위반되는 경우는 결의의 무효원인이 된다. i) 주주평등의 원칙에 위반한 경우, ii) 유한책임의 원칙을 위반한 경우, iii) 회사채권자의 이익에 반하는 결의 등 주식회사의 본질에 반하는 경우, iv) 자산평가원칙에 반하여 작성한 재무제표를 승인한 경우, v) 상법 제462조 1항이나 제464조에 위반하는 이익배당안을 승인한 경우, vi) 총회결의사항을 이사에게 일임하는 결의를 한 경우 등이 있다. vii) 이 밖에도 결의의 내용이 선량한 풍속 기타 사회질서에 위반하는 경우에는 이를 무효로 보아야 할 것이다($\frac{민}{103}$).

2) **부존재의 원인**   결의부존재라 함은 외형상 당해 회사의 주주총회로서 소집·개최되어 결의가 성립하였거나, 회사 내부의 의사결정이 일단 존재하기는 하지만 그 소집절차나 결의방법에 중대한 하자가 있어서 법률상 결의의 부존재로 볼 수밖에 없는 경우만을 말한다[$\substack{大\ 92.8.18,\ 91\ 다\ 14369,\ 91\ 다 \\ 39924;\ 大\ 92.9.22,\ 91\ 다\ 5365}$]. 예컨대 i) 권한이 없는 자($\substack{대표이사\ 이외의 \\ 이사\ 또는\ 감사}$)에 의한 총회의 소집[$\substack{大\ 73.6.29,\ 72\ 다\ 2611; \\ 大\ 73.7.24,\ 73\ 다\ 326}$], ii) 부존재인 결의에 의하여 선임된 대표이사에 의하여 소집된 총회[$\substack{大\ 93.10.12, \\ 92\ 다\ 28235·28242}$], iii) 총회의 산회선언 후 일부주주들이 별도의 장소에서 한 결의[$\substack{大\ 93.10.12, \\ 92\ 다\ 28235·28242}$], iv) 전혀 소집절차를 밟지 않은 경우[$\substack{大\ 64.5.26,\ 63\ 다\ 67; \\ 大\ 92.9.22,\ 91\ 다\ 5365}$], v) 비주주가 참여한 결의, vi) 의사록에만 결의가 있었던 것과 같이 기재되어 있는 경우, 그러나 1인회사의 경우는 예외이다[$\substack{大\ 76.4.13,\ 74\ 다\ 1755; \\ 大\ 93.6.11,\ 93\ 다\ 8702}$]. vii) 일부주주에게만 소집통지를 한 경우[$\substack{大\ 78.11.14, \\ 78\ 다\ 1268}$], 그러나 발행주식 20만주 중 6,300주를 소유한 주주에게

소집통지를 하지 않은 경우는 결의의 부존재사유가 되지 않는다는 판례가 있다[大 93. 12. 28,/93 다 8719]. viii) 주주총회의 권한에 속하지 않는 사항에 대하여 결의를 한 경우, ix) 총회개최금지가처분에 위반한 결의를 한 경우 등이다.

(3) 양소의 성질   총회결의무효 또는 부존재는 소만으로 주장할 수 있는가, 다른 소송에서 항변이나 선결문제로 다툴 수 있는가 하는 문제는 상법 제380조의 총회결의무효확인의 소와 총회결의부존재확인의 소를 어떠한 소로 보느냐에 따라 그 결론이 달라지는데, 양소의 성질에 관하여는 형성소송설(形成訴訟說)과 확인소송설(確認訴訟說)이 대립하고 있다.

(가) 형성소송설   이 견해에 의하면 양 소를 형성의 소로 본다. 그러므로 소로써만 결의무효·부존재를 주장할 수 있다고 한다. 이 설의 근거는 첫째로, 상법 제380조는 일반이론에 대한 특칙을 규정하여 이 규정에 따른 무효·부존재의 주장방법을 인정한 것이고, 양 소의 판결은 형성판결적 성질을 가지므로 상법 제380조의 표현에도 불구하고 형성의 소라고 한다[鄭(희), 468; 李(병), 442;/鄭(동), 354; 李(철), 485]. 둘째로, 민사소송법학자들은 형성의 소로 보는 이유를 1995년의 개정전 상법에서는 양 소에 있어서 형성의 소인 결의취소의 소와 마찬가지로 판결의 불소급규정($190^{상}_{단}$)까지 준용하고 있었으므로 판결의 효력에 있어서 결의취소의 소와 차이가 없기 때문이라고 하였다[李時潤, 274; 宋相現, 187;/方順元, 民訴(上), 185].

(나) 확인소송설   이 견해는 결의의 내용에 실질적인 하자가 있는 때에는 당연히 무효이므로 항변으로도 결의의 무효를 주장할 수 있다고 한다. 결의부존재의 경우도 같다. 그리고 필요할 경우에 결의무효확인의 소를 제기할 수 있게 한 것이라고 한다[徐(돈), 374; 車(낙), 333; 孫(주), 734; 梁·朴, 365;/李(기), 572; 鄭(찬), 755; 林(홍), 424; 權(기), 601].

　　　판례도「주주총회결의의 내용이 법령 또는 정관에 위반되는 경우는 그 결의는 당연히 무효인 것이므로 일반원칙에 의하여 누구나 언제든지 어떤 방법으로도 그 무효를 주장할 수 있는 것이고, 그 무효의 주장은 소의 방법에 한한다고 해석할 수 없다」는 입장이다[大 62. 5. 17, 4294 民上 1114;/大 65. 9. 28, 65 다 940].

또한 독일주식법 제249조 제 1 항 제 2 호에서는 결의무효는 무효확인의 소 이외의 방법으로 주장할 수 있다는 것을 명문으로 규정하고 있다. 무효는 이미 판결 전에 존재하므로 취소의 경우와 달리 항변이나 반소로써 주장할 수 있기 때문에 무효의 소는 취소의 소와 달리 형성의 소가 아니라고 한다.

(다) 사   견($^{확인소}_{송설}$)   a) 총회결의의 내용에 실질적인 하자가 있는 경

우에 그 무효를 소에 의해서만 주장할 수 있다면, 예컨대 결의가 선량한 풍속 기타 사회질서나 주식회사의 본질에 반하는 경우에도 소에 의하여 결의의 무효가 확정되지 않는 한 결의는 유효하게 취급된다는 부당한 결과가 초래될 수 있다. 또한 결의무효의 주장방법을 소로써만 제한하면 결의의 무효를 이유로 하는 청구, 예컨대 위법배당금의 반환청구($\frac{상}{462\, Ⅱ}$), 이사·감사 등에 대한 손해배상청구($\frac{상 399,\ 401,}{414,\ 415}$)를 함에 있어서 재무제표승인결의의 무효판결이 있어야 한다면, 이중의 복잡한 절차를 강요하는 결과가 되어 결의의 무효를 전제로 하는 청구권의 행사를 제한하는 불합리한 결과가 초래된다. 결의부존재의 경우도 같다. 그러므로 무효 또는 부존재의 주장은 항변으로도 가능하다는 확인소송설이 타당하다.

　b) 형성소송설의 문제점은 형성의 소라면 제소권자가 한정되어야 하는데 상법 제380조에는 제소권자를 한정하고 있지 않다는 점이나. 또한 형성소송설에서는 결의취소의 경우와 마찬가지로 결의부존재확인의 판결에도 판결의 불소급규정($\frac{상}{190\, 단}$)이 준용된다는 점을 중요한 근거로 삼고 있었으나, 1995년의 개정상법에서는 상법 제190조는 본문만 준용하는 것으로 되었으므로 형성소송설의 입지는 약화되었다고 본다.

　⑷ 제소권자　　　결의무효·부존재확인의 소의 경우는 결의취소의 소와는 달리 확인의 이익이 있는 자는 누구든지 제소권자가 될 수 있다$\begin{bmatrix}\text{大 69.9.27,}\\\text{66 다 980}\end{bmatrix}$. 그 때문에 주주와 이사는 물론이고 감사 및 회사채권자와 제 3 자도 제소권자가 될 수 있다. 다만 제 3 자가 제소하는 때에는 확인의 이익을 입증하여야 될 것이다. 양 소는 당연히 의결권 없는 주식을 가진 주주도 제기할 수 있다. 그리고 총회에 출석하여 결의에 찬성한 주주도 같다$\begin{bmatrix}\text{大 80.8.26,}\\\text{80 다 1263}\end{bmatrix}$. 그러나 회사는 원고가 될 수 없다.

　　　판례는 「총회 자체가 소집된 바 없고 결의의 존재를 인정할 아무런 외관적인 징표도 찾아볼 수 없는 경우는 확인의 이익이 없다고 한 것$\begin{bmatrix}\text{大 93.3.26,}\\\text{92 다 32876}\end{bmatrix}$과 양 소에 있어서 그 결의에 의해 선임된 임원들이 모두 그 직에 취임하지 않거나 사임하고 그 후 새로운 주주총회의 결의에 의하여 임원이 선출되어 선임등기까지 마쳤다면 후임 임원을 선출한 새로운 주주총회에 어떤 하자가 없는 경우에는 당초의 임원선임결의에 하자가 있었더라도 그 결의의 부존재나 무효확인을 구할 소의 이익이 없다」고 하였다$\begin{bmatrix}\text{大 95.2.24, 94 다 50427;}\\\text{大 96.10.11, 96 다 24309}\end{bmatrix}$.

　⑸ 제소기간　　　양 소에 대하여는 결의취소의 소, 부당결의의 취소·변

경의 소의 경우($^{상}_{381} {}^{376}_{I} {}^{I}_{·}$)와 달리 제소기간의 제한이 없다.

(6) **준용규정**　　양 소에는 상법 제186조 내지 제188조($^{전속관할,\ 소제기의}_{공고,\ 소의\ 병합심리}$), 제190조 본문($^{판결의 대}_{세적\ 효력}$), 제191조($^{패소원고}_{의\ 책임}$), 제377조($^{주주의\ 담보}_{제공의무}$), 제378조($^{결의취소}_{의\ 등기}$)의 규정을 준용한다($^{상}_{380}$). 1995년의 개정상법에 의하여 결의무효 및 부존재확인의 소에도 상법 제190조는 본문만 준용하는 것으로 되었다($^{상}_{380}$). 그리하여 판결의 소급효가 생기게 되었다고 할 수 있다. 이 경우에 소급효로 인하여 생기는 제 3 자의 보호문제는 결의취소판결의 경우와 같다$\left[^{508면}_{참조}\right]$.

　　　　판례는 「주주총회결의의 부존재·무효를 확인하거나 결의를 취소하는 판결이 확정되면 당사자 이외의 제 3 자에게도 그 효력이 미쳐 제 3 자도 이를 다툴 수 없게 되므로, 주주총회결의의 하자를 다투는 소에 있어서 청구의 인낙이나 그 결의의 부존재·무효를 확인하는 내용의 화해·조정은 할 수 없고, 가사 이러한 내용의 청구 인낙 또는 화해·조정이 이루어졌다 하여도 그 인낙조서나 화해·조정조서는 효력이 없다」고 하였다$\left[^{大\ 2004.\ 9.\ 24,}_{2004\ 다\ 28047}\right]$.

　　(7) **결의무효확인의 소와 합병무효의 소·감자무효의 소와의 관계**　　결의무효확인의 訴와 합병무효($^{상}_{529}$)나 감자무효($^{상}_{445}$) 등의 소와의 관계는 결의취소의 경우와 같이 합병 등의 효력이 발생하기 전에는 결의무효확인의 소를 제기할 수 있고, 결의무효의 확인을 구하는 경우에 그 결의의 하자가 무효인 원인에 해당하지 않고 취소의 원인에 속하고 결의취소의 소의 요건이 구비되는 때에는 제소기간의 경과 후라도 취소의 소로 변경할 수 있다고 본다. 그러나 합병 등의 효력이 발생한 다음에는 결의무효확인의 소는 합병 등의 무효의 소에 흡수되어 독립하여 제기하지 못한다고 할 것이다. 그러므로 결의취소의 경우와 마찬가지로 합병 등의 효력이 발생한 때에는 합병무효 등의 소로의 이행을 위하여 소의 변경($^{민소}_{262}$)이 필요하다. 소의 변경은 합병등기 등이 있은 후 6 월 내에 하여야 하며 소의 변경이 없는 때에는 소의 이익을 상실하여 소는 각하된다.

4. 부당결의취소·변경의 소

(1) 결의에 관하여 특별한 이해관계가 있기 때문에 의결권을 행사하지 못한 주주는 그 결의가 현저하게 부당하고, 그 주주가 의결권을 행사하였더라면 이를 저지할 수 있었을 때에는 그 결의의 날로부터 2 월 내에 결의의 취소 또는 변경의 소를 제기할 수 있다($^{상}_{381} {}_{I}$). 이것은 특별이해관계인의 이익을 보호하기 위하여 인정한 소이며, 그 성질은 **형성의 소**이다.

(2) 원고는 특별이해관계인으로서 의결권을 행사하지 못한 주주에 한하고, 피고는 회사이다. 이 소에는 상법 제186조 내지 제188조($^{전속관할,\ 소제기의}_{공고,\ 소의\ 병합심리}$)와 제190조 본문($^{판결의}_{효력}$), 제191조($^{패소원고}_{의\ 책임}$)와 결의취소의 소에 관한 제377조($^{주주의\ 담보}_{제공의무}$)

및 제378조($\frac{결의취소}{의 등기}$)의 규정이 준용된다($_{381}^{상}$ Ⅱ).

[事例演習]

◇ 사 례 ◇

A주식회사의 정기주주총회에서 B·C·D를 이사로 선임하는 결의 및 이사의 보수에 관한 결의를 하였다. 그러나 그 후 일부 주주에 대해 소집통지를 하지 않았던 것이 판명되어 주주총회결의취소의 소가 제기되었고 원고의 청구가 인용되었다.

〈설문 1〉 B·C·D에게 지급된 보수의 반환을 청구할 수 있는가.

〈설문 2〉 이사회에서 대표이사로 선임된 B가 회사를 대표하여 E와 체결한 계약의 효력은 어떠한가.

〈설문 3〉 대표이사 D가 이사회의 결의에 기해 소집한 임시주주총회에서 이루어진 결의의 효력은 어떠한가.

[해 설] **설문의 1의 경우**   정기주주총회의 결의가 결의취소의 소에 의해 무효로 되면 B·C·D는 이사가 되지 않기 때문에 받은 보수도 법률상 원인 없이 이익을 얻은 것이 된다($_{741}^{민}$). 따라서 회사는 B·C·D는 그 보수를 반환청구할 수 있다. 다만 회사는 B·C·D의 노무로부터 현실적인 이익을 얻고 있기 때문에 신의칙상 반환청구는 어렵다고 할 것이다.

설문 2의 경우   이사선임결의가 판결에 의해 취소되면 판결의 소급효에 의해 B는 대표이사로 되지 않으므로 E와 체결한 계약은 효력이 없다. 다만 E는 부실등기에 관한 규정($_{39}^{상}$), 표현대표이사제도($_{395}^{상}$), 기타 민법상 표현대리규정($_{126,\ 129}^{민\ 125,}$)에 의해 보호될 수 있다.

설문 3의 경우   대표이사로 하여금 주주총회 소집통지를 하도록 한 것은 주주에게 출석의 기회를 제공하고 적법한 소집이라는 것을 외형상 명확히 하려는 것이다. 본 사례에서는 적법한 소집이라는 외형이 존재하므로 달리 소집절차상 하자가 없다면 당해 결의는 유효하다고 본다.

제3관 理事·理事會·代表理事

[249] 제1 總 說

(1) 주식회사의 업무집행기관은 대표이사이다. 주식회사의 경우는 사원자격과 기관자격이 분리되어 회사는 제3자기관(第三者機關)에 의하여 운영됨을 원칙으로 하므로 이사는 주주임을 요하지 않는다. 상법은 주주총회의 권한을 축소하면서, 이사들의 회사경영에 관한 사항의 결정을 신중하게 하고 그 책임의 소재를 명확하게 함과 동시에 기업경영의 합리화를 도모하기 위하여 이사회제도(board of directors)를 채용하였다.

(2) 이사회는 회의체기관이므로 직접 업무를 집행할 수 없기 때문에, 상법은 주주총회와 이사회의 결의에 따라 그 집행에 관한 세부적인 사항을 정하고 회사의 업무를 집행하며 회사를 대표하는 대표이사를 두고 있다. 그리하여 각 이사는 다만 이사회의 구성원으로서 업무집행의 의사결정에 참여할 뿐이며 대표이사가 아니면 회사의 활동과 관련하여 기관인 지위를 갖지 못한다.

[250] 제2 理 事

1. 이사의 의의

이사는 주식회사의 업무집행의 의사결정기관인 이사회의 구성원으로서 업무집행의 의사결정에 참여할 뿐이며, 대표이사가 아니면 회사의 활동과 관련하여 회사의 기관인 지위를 갖지 못한다. 다만 각 이사는 회사법상의 **소제기권**이 있을 뿐이다($^{상\ 328,\ 376,}_{429,\ 445,\ 529}$). 이 점이 이사회제도를 도입하기 전의 이사의 지위와 다른 점이다. 이사의 소제기권 등을 들어 이사도 회사의 기관이라는 소수설도 있으나[$^{朴(원),\ 314;}_{李(철),\ 506}$], 소제기권은 주주도 있다는 점에 비추어 의문이다. 이사가 갖는 각종의 권한은 이사회의 구성원인 지위에 기한 것이고, 회사의 기관성을 인정한 것이라고는 할 수 없다[$^{동:\ 孫(주),\ 742;\ 姜(위),\ 510;\ 徐(돈),\ 380;\ 鄭(동),}_{362;\ 鄭(찬),\ 760;\ 蔡(이),\ 579\ 權(기),\ 623}$].

2. 이사의 선임

(1) 이사는 주주총회에서 선임하며($^{상}_{382\ I}$), 선임의 법적 성질은 일방적인 **단체법상의 기관행위**라고 할 수 있다. 즉 이사의 선임은 주주총회의 전속권한

이므로 정관의 규정 또는 주주총회의 특별결의로도 제 3 자나 타기관에 위임하지 못한다. 이사의 선임은 보통결의($\binom{출석한 주주의 의결권의 과반수와 발행주식}{총수의 4분의 1 이상의 수로 하는 결의}$)에 의하며($_{368\,\text{I}}^{\text{상}}$) 결의의 요건은 정관으로 가중할 수 있을 뿐이며 완화하지 못한다고 본다. 설립시의 이사는 발기설립의 경우에는 발기인이 갖는 의결권의 과반수로 선임하고 ($_{296\,\text{I}}^{\text{상}}$), 모집설립인 때에는 창립총회에서 선임한다($_{312}^{\text{상}}$).

(2) 이사의 성명과 주민등록번호는 등기하여야 하며, 이후 변경이 있는 때에는 변경등기를 하여야 한다($_{(8)\,\cdot\,\text{III},\,183}^{\text{상}\,317\,\text{II}}$). 법인등기부에 이사로 등재되어 있는 경우에는 특단의 사정이 없는 한 정당한 절차에 의하여 선임된 적법한 이사로 추정된다$\left[\begin{smallmatrix}大\,83.\,12.\,27,\,83\,\text{다카}\,331;\\大\,91.\,12.\,27,\,91\,\text{다}\,4409\cdot4416\end{smallmatrix}\right]$.

(3) **상장회사의 이사 후보자 추천권** 상장회사의 의결권 없는 주식을 제외한 발행주식총수의 1천분의 5 이상에 해당하는 주식을 보유한 자는 이사에게 대통령령이 정하는 바에 따라 주주총회일($\binom{정기주주총회의 경우에는 직진연도의 정기}{주주총회일에 해당하는 당해 연도의 해당일}$) 6주 전까지 이사의 후보자를 추천할 수 있다. 다만, 정관에서 이보다 낮은 비율을 정할 수 있다($_{7\,\text{I}}^{\text{상}\,542\text{의}}$). 이 경우 후보자를 추천한 자의 청구가 있을 경우에는 주주총회에서 해당 후보자에 관한 사항을 설명할 기회를 주어야 한다($_{\text{II}}^{\text{동조}}$). 상장회사가 주주총회에서 이사를 선임하고자 하는 경우에는 상법 제542조의 5 제2항 제2문의 규정에 따라 통지 또는 공고된 후보자 중에서 선임하여야 한다($_{\text{III}}^{\text{동조}}$). 이 경우에 추천권은 다른 상장회사의 소수주주권과 달리 주식의 보유기간에 관한 제한이 없다는 점이 다르다.

3. 사외이사

(1) **의 의** 사외이사(社外理事)란 전문적인 지식과 능력을 갖추고 경영실무를 담당하지 않으면서 업무집행기관으로부터 독립적인 지위에서 이사회의 구성원으로서 활동하는 이사라고 할 수 있다. 사외이사는 이사로서 상무에 종사하지 않은 자($\binom{유가증권상장규정}{2조 12호}$) 또는 비상임이사($\binom{공기업경영구조개선 및}{민영화에 관한 법률 9조}$)로 지칭되기도 하나, 업무집행기관으로부터의 독립성 유무에 의해 사내이사와 사외이사를 구분하는 것이 적절하다. 즉 사외이사란 회사의 경영과 업무집행에는 직접 참여하지 않고 비상근으로서 이사회에 출석하여 회사의 경영에 대한 의사결정에 참가하는 이사라고 할 수 있다. 이에 비하여 사내이사란 상근으로 회사의 경영과 업무집행을 담당하고 있는 이사를 말한다.

(2) **입법취지** 종래에 이사회는 사내이사($\binom{경영}{이사}$)만으로 구성되어 형해화되기 쉬웠고 그 결과 회사의 경영은 지배주주의 독단에 이해 좌우되었다. 이러한 문제점을 해결하기 위해 경영감시장치로서 사외이사제도를 도입하였는데,

궁극적으로 이사회제도를 활성화하여 회사의 건전한 경영을 도모하고 주주와 채권자를 보호하고자 하는 것이 사외이사제도의 취지이다.

(3) 원　　수　　주권비상장법인인 경우는 사외이사의 선임이 강제되지 않으나 개정상법($^{1999.}_{12}$)에 의하여 정관으로 감사위원회를 설치하는 경우에는 그 위원의 3분의 2 이상은 사외이사이어야 한다($^{상\,415}_{의\,2\,II}$).

(4) 자　　격　　상법개정안(2007)에 의하면 사외이사가 될 수 없는 자는 다음과 같다($^{상}_{382\,III}$). 즉 i) 회사의 업무를 담당하는 집행임원·이사 및 피용자 또는 선임된 날부터 2년 이내에 업무를 담당한 집행임원·이사 및 피용자이었던 자, ii) 최대주주가 자연인인 경우 본인·배우자 및 직계존·비속, iii) 최대주주가 법인인 경우 그 법인의 집행임원·이사·감사 및 피용자, iv) 집행임원·이사 및 감사의 배우자 및 직계존·비속, v) 회사의 모회사 또는 자회사의 집행임원·이사·감사 및 피용자, vi) 회사와 거래관계 등 중요한 이해관계에 있는 법인의 집행임원·이사·감사 및 피용자, vii) 회사의 집행임원·이사 및 피용자가 집행임원·이사로 있는 다른 회사의 집행임원·이사·감사 및 피용자 등이 이에 해당한다.

(5) 권　　한　　사외이사는 이사회의 구성원으로서 i) 이사회소집권 및 참가권($^{상}_{390}$), ii) 각종의 소에 대한 제기권($^{상\,328,\,376\,I\,\cdot}_{429,\,529}$), iii) 검사인선임청구권($^{상}_{298\,IV}$), iv) 주주총회의사록 기명날인권($^{상}_{373\,II}$) 등을 갖는다.

(6) 의무와 책임　　사외이사는 상법상의 이사이므로, 일반적 의무로서 i) 선관주의의무($^{상}_{382\,II}$), ii) 충실의무($^{상}_{의\,3}$)를 부담하며, 개별적 의무로서 i) 경업피지의무($^{상}_{397}$), ii) 자기거래금지의무($^{상}_{398}$), iii) 손해위험보고의무($^{상\,412}_{의\,2}$) 등을 부담한다. 또한 사외이사는 회사에 대한 책임($^{상}_{399}$), 제 3 자에 대한 책임($^{상}_{401}$), 대표소송($^{상}_{403}$) 등에 과한 규정의 적용을 받는다.

(7) 상장회사의 특례

1) 사외이사의 원수　　상장회사는 대통령령이 정하는 경우를 제외하고는 이사 총수의 4분의 1 이상을 사외이사로 하여야 한다. 다만, 대통령령이 정하는 상장회사의 사외이사는 3명 이상으로 하되, 이사 총수의 과반수가 되도록 하여야 한다($^{상\,542}_{의\,I}$).

2) 자　　격　　상장회사의 사외이사는 상법 제392조 제 3 항뿐만 아니라 다음 각 호의 어느 하나에 해당되지 않아야 하며, 이에 해당하게 된 경우에는 그 직을 상실한다.

i) 미성년자, 금치산자 또는 한정치산자, ii) 파산선고를 받은 자로서 복권되지 아니한 자, iii) 금고 이상의 형을 받고 그 집행이 종료되거나 집행을 받지 아니하기로 확정된 후 2년을 경과하지 아니한 자, iv) 대통령령이 별도로 정하는 법률에 의하여 해임되

거나 면직된 후 2년을 경과하지 아니한 자, v) 상장회사의 주주로서 의결권 없는 주식
을 제외한 발행주식총수를 기준으로 본인 및 대통령령이 정하는 그의 특수관계인이 소
유하는 주식의 수가 가장 많은 경우 그 본인(이하 '최대주주'라 한다) 및 그의 특수관계
인, vi) 누구의 명의로 하든지 자기의 계산으로 의결권 없는 주식을 제외한 발행주식 총
수의 100분의 10 이상의 주식을 소유한 자와 이사·집행임원·감사의 선임과 해임 등
회사의 주요 경영사항에 대하여 사실상의 영향력을 행사하는 주주(이하 '주요주주'라 한
다) 및 그의 배우자와 직계존비속, vii) 그 밖에 사외이사로서의 직무를 충실하게 수행
하기 곤란하거나 회사의 경영에 영향을 미칠 수 있는 자로서 대통령령이 정하는 자 등이
다($\frac{동조}{Ⅲ}$).

3) 결원의 경우   상장회사는 사외이사의 사임·사망 등의 사유로 인하여 사외
이사의 수가 상법 제542의 9 제 1 항의 이사회의 구성요건에 미달하게 된 때에는 그 사
유가 발생한 후 처음으로 소집되는 주주총회에서 그 요건에 합치되도록 하여야 한다($\frac{동조}{Ⅲ}$).

4) 사외이사 후보의 추천   상법 제542조의 9 제 1 항 단서에서 규정하는 상장
회사는 사외이사 후보를 추천하기 위하여 상법 제393조의 2의 위원회(이하 '사외이사후
보추천위원회'라 한다)를 설치하여야 한다. 이 경우 사외이사후보추천위원회는 사외이
사가 총 위원의 2분의 1 이상이 되도록 구성하여야 한다($\frac{동조}{Ⅳ}$). 상법 제542조의 9 제 1
항 단서에서 규정하는 상장회사의 경우 주주총회에서 사외이사를 선임하고자 하는 때에
는 사외이사후보추천위원회의 추천을 받은 자 중에서 선임하여야 한다. 이 경우 상장회
사의 사외이사후보추천위원회가 사외이사 후보를 추천함에 있어서는 상법 제363조의 2
제 1 항, 제542조의 6 제 2 항 또는 제542조의 7 제 1 항의 권리를 행사할 수 있는 요건을
갖춘 주주가 주주총회일(정기주주총회의 경우 직전연도의 정기주주총회일에 해당하는
당해 연도의 해당일)의 6주 전에 추천한 사외이사 후보를 포함시켜야 한다($\frac{동조}{Ⅳ}$).

4. 집중투표제도

(1) 서   설   1) 1998년의 상법개정에 의하여 이사회제도의 개선방
안으로 이사선임에 있어서 **집중투표제도**(集中投票制度)(cumulative voting)가
도입되었다. 이는 주주총회의 이사선임에 있어서 회사의 소수파주주들로 하여
금 그들의 이익을 대표할 수 있는 자가 이사로 선임될 수 있도록 하는 미국법
에서 발전된 제도이다. 즉 주식회사의 이사회는 회사의 수탁직능을 담당하는
제 3 자적 기관이므로 이사의 선임이 1인의 주주나 소수의 주주에 의하여 일방
적으로 독점되어서는 안 되고, 이사회는 모든 주주들의 이익을 대표하는 이사
들에 의해 비례대표적으로 구성되어야 한다는 취지의 제도이다.

2) 이 제도의 **장점**은 회사의 모든 계층에 주주대표가 직접 회사의 경영에
참여할 수 있어서 민주적이며, 또한 발행주식총수의 과반수 이상을 소유하는
대주주들의 지배권이 침해되지 않고 견제될 뿐이고, 때로는 대주주의 집단과

경영자 사이에 이익배당에 관하여 의견이 대립될 때에 소수파집단에 의하여 선출된 이사의 조정역할을 기대할 수 있고, 다수파에 의하여 선출된 이사의 활동을 감독할 수 있다는 점이다.

3) 반면에 단점은 이사회의 내부에 당파적 대립이 생길 우려가 있고, 그러한 경우에는 각파의 의견조정 및 타협을 위하여 장시간이 소요되고 이사회의 운영의 기동성·효율성을 상실하게 된다는 문제도 있다. 또한 집중투표를 하는 경우는 투표용지에 의한 투표를 하여야 하므로 출석주주의 확정·투표의 관리·투표의 집계 등 선임에 관한 사무절차가 번잡하게 된다. 그리하여 자주 투표에 따르는 많은 분쟁이 야기될 수도 있다.

(2) 방 법 1) 이는 회사가 수인의 이사를 동시에 선임하는 경우에 모든 주주에게 그들이 소유하는 주식마다 선임될 이사의 원수와 동수의 의결권을 부여하고, 주주는 그에게 부여된 의결권의 전부를 특정 후보 1인 또는 수인에게 집중적으로 행사할 수도 있고, 2인 이상의 수인의 후보에게 분산하여 투표함으로써 투표결과 최고득표자로부터 순차적으로 선임한다($^{상\ 382의}_{2\ \mathbb{N}}$).

2) 집중투표로 선임된 자가 취임을 승낙하지 않은 때에는 그 다음 차점자가 선임된 것으로 할 수 있으나, 이사에 취임하였거나 퇴임한 때에는 후임이사를 다시 선임하여야 할 것이다. 집중투표에 의하여 선임한 이사도 언제든지 총회의 특별결의로 해임할 수 있다.

(3) 집중투표의 청구 1) 정관에 의하여 집중투표를 배제하지 않은 경우에 2인 이상의 이사를 선임하는 총회의 소집이 있는 때에는, 의결권 있는 발행주식총수의 100분의 3 이상에 해당하는 주식을 가진 주주는 회사에 대하여 이사의 선임을 집중투표에 의할 것을 청구할 수 있다($^{상\ 382의}_{2\ 1}$). 즉 집중투표의 청구권은 정관에 다른 정함이 없는 경우에 한하여 인정되는 일종의 소수주주권이다. 그러나 집중투표의 청구는 회사성립 후 주주총회에서 2인 이상의 이사를 선임하는 경우에만 인정되고 회사의 설립시에 선임되는 최초의 이사에 대하여는 집중투표가 인정되지 않는다.

2) 그리고 의결권 없는 주식을 소유하는 주주, 자기주식을 보유하고 있는 회사, 모회사의 주식을 소유하는 자회사, 비모자간에 소유하는 주식으로 의결권을 행사할 수 없는 회사는 집중투표를 청구할 수 없다.

3) 집중투표의 청구는 i) 동일한 총회에서 2인 이상의 이사를 선임하는 경우에, ii) 총회소집의 통지와 공고를 한 다음에만 할 수 있다. 그러므로 그

전에 한 청구는 효력이 없다. 이사의 선임에 있어서 집중투표를 정관으로 배제하지 않은 회사는 이사 선임에 관한 총회의 통지와 공고에 선임할 이사의 원수를 기재하여야 하고, 총회에서는 그 원수를 초과하는 이사를 선임할 수 없다. 왜냐하면 주주는 선임할 이사의 원수에 따라 집중투표를 청구할 것인가를 결정하게 될 것이기 때문이다. 그러므로 통지와 공고한 이사의 원수보다 적은 수의 이사를 선임하는 것도 인정되지 않는다.

4) 집중투표를 청구할 수 있는 소수주주의 지주요건은 그 청구시로부터 선임결의를 할 때까지는 유지되어야 한다. 집중투표의 청구는 회일의 7일 전까지 서면으로 하여야 한다($^{상}_{의}{}^{382}_{2\,Ⅱ}$). 7일 전이란 집중투표를 청구하는 서면이 도달한 날과 총회회일간에 7일이 있어야 함을 의미한다.

⑷ **집중투표의 실시** 집중투표에 의하여 이사의 선임결의를 하는 경우에 총회의 의장은 결의에 앞서 집중투표의 청구가 있다는 취지를 알려야 한다($^{상}_{의}{}^{382}_{2\,Ⅴ}$). 그러므로 의장이 그 취지를 알리지 않고 집중투표로 선임결의를 한 때에는 결의방법의 법령위반으로 결의취소의 원인이 된다. 그리고 집중투표를 청구한 주주가 제출한 서면은 총회의 종결시까지 본점에 비치하여야 하고 주주가 열람할 수 있도록 하여야 한다($^{상}_{의}{}^{382}_{2\,Ⅵ}$).

⑸ **정관에 의한 집중투표의 배제** 회사는 정관에 의하여 이사의 선임에 있어서 집중투표로 하지 않는다는 정함을 할 수 있다($^{상}_{의}{}^{382}_{2\,Ⅰ}$). 그러나 정관으로도 주주의 청구가 없어도 2인 이상의 이사를 선임할 때에는 집중투표로 하여야 한다는 정함은 상법 제382조의 2의 입법취지에 어긋난다고 본다.

⑹ **상장회사의 특례** 대통령령이 정하는 상장회사의 의결권 없는 주식을 제외한 발행주식총수의 100분의 1 이상에 해당하는 주식을 보유한 자는 상법 제382조의 2 제1항에 따른 집중투표 청구권을 행사할 수 있다($^{상}_{8}{}^{542의}_{Ⅰ}$). 상장회사가 정관에서 집중투표를 배제하고자 하거나 그 배제된 정관을 변경하고자 하는 경우에는 의결권 없는 주식을 제외한 발행주식총수의 100분의 3을 초과하는 수의 주식을 가진 주주는 그 초과하는 주식에 관하여 의결권을 행사하지 못한다. 다만, 정관에서 이보다 낮은 비율을 정할 수 있다($^{동조}_{Ⅱ}$). 그리고 상장회사가 집중투표의 배제 여부에 관한 정관의 변경을 주주총회의 목적사항으로 하고자 하는 경우에는 그 밖의 사항의 정관 변경에 관한 다른 의안과 별도로 상정하여 의결하여야 한다($^{동조}_{Ⅲ}$). 집중투표의 청구는 주주총회일($^{정기주주총회의\ 경우}_{에는\ 직전연도의\ 정기}$
$_{주주총회일에\ 해당하는}^{당해연도의\ 해당일}$) 6주 전까지 이사에게 서면 또는 전자문서로 하여야 한다($^{동조}_{Ⅳ}$).

5. 이사와 회사의 관계

이사와 회사의 관계는 위임이다($^{상}_{382 \, Ⅱ}$). 그러므로 이사는 회사에 대하여 선량한 관리자의 주의로써 업무를 집행하여야 할 의무를 지며($^{상 \, 382 \, Ⅱ}_{민 \, 681}$;), 업무의 집행으로 인하여 받은 금전 기타의 물건 및 수취한 과실을 회사에 인도하고 회사를 위하여 자기명의로 취득한 권리를 회사에 이전하여야 한다($^{상 \, 382 \, Ⅱ}_{민 \, 684}$;). 또한 위임이 종료한 때에는 지체없이 업무집행의 전말(顚末)을 보고하여야 하며($^{상 \, 382 \, Ⅱ}_{민 \, 683}$;), 위임종료의 사유를 상대방에게 통지하거나 상대방이 안 때가 아니면 상대방에게 대항하지 못한다($^{상 \, 382 \, Ⅱ}_{민 \, 692}$;).

6. 이사의 원수

이사는 3인 이상이어야 한다($^{상}_{383 \, Ⅰ}$). 상법은 이사회제도를 도입하였기 때문에 회의체의 운영을 위하여는 최소한 3인의 구성원이 필요하다는 점에서 그 원수의 최저한을 3인으로 한 것이다. 즉 이사의 원수는 최고한에 대한 제한은 없고 최저한이 3인이므로 정관으로 3인 이상의 원수를 정할 수 있다. 정관규정으로 원수의 최고한만을 정한 때에는 이사의 원수는 3인 이상 정관 소정의 원수 이하로 해석되어야 할 것이다. 그러나 자본의 총액이 10억원 미만의 회사는 이사의 원수를 1인 또는 2인으로 할 수 있다($^{상 \, 383}_{Ⅰ \, 단}$).

7. 이사의 임기

이사의 임기는 3년을 초과하지 못하지만($^{상}_{383 \, Ⅱ}$), 정관으로 그 임기중의 최종의 결산기에 관한 정기주주총회의 종결시까지 연장할 수 있다($^{상}_{383 \, Ⅲ}$). 「임기중의 최종의 결산기」란 임기중에 도래한 최종의 결산기로서 당해 결산기가 임기중에 도래한 경우를 말한다(예컨대 1월 31일이 결산기이고 3월 31일이 정기총회인 경우에 임기가 1월 31일과 3월 31일 사이에서 종료하는 때에 그 임기를 정관으로 3월 31일까지 연장할 수 있는 것이다). 이사는 재선도 가능하다. 최초의 이사의 임기는 회사의 성립과 동시에 시작하며, 회사의 존속중에 선임된 자는 이사에 취임한 때로부터 기산한다.

8. 이사의 자격

(1) 자 연 인   1) 이사는 인적 신뢰관계를 기초로 하여 선임되는 자이므로 자연인이어야 하며($^{독주 \, 76}_{Ⅲ \, 참조}$), 법인은 이사가 될 수 없다[동; 徐(정), 241; 李(철), 507; 金(용),

261; 李(기), 513; 林(홍), 448; 鄭(찬), 764; 朴·李, 255; 權(기), 629]. 이에 반하여 법인은 발기인이 될 수 있다고 하여 이사도 될 수 있다는 견해가 있으나[徐(돈), 381; 鄭(동), 364; 李(원), 437; 李(병), 626; 姜(위), 511], 발기인은 회사의 설립만을 위한 일시적인 기관에 불과하므로 양자를 동시하는 것은 타당하지 못하다.

2) 파산자는 이사가 될 수 없다고 본다. 파산은 위임의 종료사유가 되기 때문에($\frac{민}{690}$) 파산선고를 받은 자의 이사선임은 복권이 되지 않는 한 인정이 될 수 없는 것이다($\frac{증거 191의 12}{Ⅲ (2) 참조}$)[동: 鄭(희), 471; 李(철), 507; 鄭(동), 364]. 그 밖에도 이사는 회사 또는 제 3 자에 대하여 손해배상책임을 지는 경우가 있는데($\frac{상 399,}{401}$), 파산자가 이사가 된다는 것은 적합하지 않고 또한 파산재단의 재산에 대하여 관리처분권이 없는 파산자가 회사재산의 관리처분권을 갖는다는 것도 모순이기 때문이다. 기타 금치산도 위임의 종료사유이므로($\frac{민}{690}$) 금치산자는 이사가 될 수 없다는 견해가 있다[林(홍), 445; 權(기), 020].

(2) 감사의 겸임금지   감사는 직무의 성질상 회사 및 자회사의 이사가 될 수 없다($\frac{상}{411}$). 그러므로 감사를 이사로 선임하는 경우에는 취임 승낙에 앞서 감사 사임의 의사표시가 있어야 한다.

(3) 정관에 의한 제한   **1)** 주주가 아닌 자도 이사가 될 수 있다. 그리하여 판례에는 대표이사가 주식을 모두 양도하였다 하여 바로 회사를 대표할 권한을 상실하는 것은 아니라고 한 것이 있다[大 63. 8. 31, 63 다 254].

2) 그러나 정관에 의하여 이사의 자격을 주주 등($\frac{한국인·주거지·}{성별·연령 등}$)으로 제한할 수 있다[동: 權(기), 629]. 정관으로 이사가 가질 주식(자격주)의 수를 정한 경우에 다른 정함이 없으면 이사는 그 수의 주권을 감사에게 공탁하여야 한다($\frac{상}{387}$). 자격주제도는 이사의 자격을 일정한 주식을 소유하는 주주로 제한함과 동시에 이사의 업무집행으로 인한 손해배상책임을 담보토록 하는 데 그 목적이 있는 것이다. 그러므로 자격주에 관한 정관규정은 이사의 취임요건이다[大 67. 3. 21, 65 다 527].

9. 이사의 종임

(1) 일반적인 종임사유   이사는 위임의 일반적 법정종료사유에 의하여 종임한다($\frac{民}{690}$). 즉 이사의 사망·파산·금치산선고에 의하여 종임하게 된다. 그리고 이사는 언제든지 일방적 의사표시에 의하여 사임할 수 있다($\frac{민}{689}$). 이사나 대표이사직의 사임은 단독행위로서 회사에 대한 일방적 의사표시에 의하여 곧바로 그 효력이 발생하고 회사($\frac{주주총회나}{이사회}$)의 승낙을 요하지 아니하며 변경등기

가 없더라도 즉시 그 자격을 상실한다$\left[\substack{서울高\ 80.5.22,\\ 79 나 2290}\right]$. 이 밖에 이사는 임기의 만료, 정관소정의 자격상실, 회사의 해산, 총회의 해임결의, 소수주주의 청구에 의한 법원의 해임판결 등에 의하여 종임한다.

(2) **총회의 해임결의**　　　주주총회는 언제든지 중대한 사유가 없는 경우에도 **특별결의로써** 이사를 해임할 수 있다($\substack{상\\385 \text{I}}$). 그러나 해임결의가 회사의 이익에 반하고 대주주의 위법한 요구를 거절하였다는 이유로 이루어진 때에는 권리의 남용으로 볼 것이다. 해임결의는 단체법상의 행위로서 상대방에 대한 고지에 의하여 효력이 생긴다$\left[\substack{동:\ 孫(주),\ 746\sim747;\ 鄭\\(동),\ 366;\ 鄭(찬),\ 769}\right]$. 그러나 해임등기를 하기 전에는 선의의 제 3 자에게 대항하지 못한다. 회사가 정당한 사유 없이 임기만료 전에 주주총회의 결의로 이사를 해임한 때에는 그 이사는 회사에 대하여 해임으로 인한 손해의 배상을 청구할 수 있다($\substack{상\ 385\\ \text{I} 단}$).

　　　판례는 「상법 제385조 제 1 항은 주주총회의 특별결의에 의하여 언제든지 이사를 해임할 수 있게 하는 한편, 임기가 정하여진 이사가 그 임기 전에 정당한 이유 없이 해임당한 경우에는 회사에 대하여 손해배상을 청구할 수 있게 함으로써 주주의 회사에 대한 지배권확보와 경영자 지위의 안정이라는 주주와 이사의 이익을 조화시키려는 규정이라 할 것이고, 이러한 법규정의 취지에 비추어 보면, 여기에서 '정당한 이유'란 주주와 이사 사이에 불화 등 단순히 주관적인 신뢰관계가 상실된 것만으로는 부족하고, 이사가 법령이나 정관에 위배된 행위를 하였거나 정신적·육체적으로 경영자로서의 직무를 감당하기 현저하게 곤란한 경우, 회사의 중요한 사업계획 수립이나 그 추진에 실패함으로써 경영능력에 대한 근본적인 신뢰관계가 상실된 경우 등과 같이 당해 이사가 경영자로서 업무를 집행하는 데 장해가 될 객관적 상황이 발생한 경우에 비로소 임기 전에 해임할 수 있는 정당한 이유가 있다」고 하였다$\left[\substack{大\ 2004.10.15,\\ 2004 다 25611}\right]$.

(3) **소수주주의 해임청구**　　　1) 이사가 그 직무에 관하여 부정행위 또는 법령이나 정관에 위반한 중대한 사실이 있는데도 주주총회에서 그 해임을 부결한 때에는 발행주식총수의 100분의 3 이상에 해당하는 주식을 가진 주주는 총회의 결의가 있은 날부터 1월 내에 그 이사의 해임을 본점소재지의 지방법원에 청구할 수 있다($\substack{상\ 385\\ \text{II}\cdot\text{III}}$).

　　　상장회사의 경우는 6월 전부터 계속하여 발행주식총수의 1만분의 25 이상의 주식을 소유하는 소수주주가 이사의 해임청구를 할 수 있다($\substack{상 542\\의 6 \text{III}}$).

2) 이는 **형성의 소**로서 해임판결에 의하여 해임의 효과가 생긴다. 이 경

우에 누가 피고인가에 대하여는 이사의 해임을 청구하는 소라고 하여 회사라
는 설[孫(성), 178; 金(용), 378; 李(병), 630; 林(홍), 462]과 이사라는 설[孫(주), 747; 徐(돈), 365; 襄·姜, 358]도 있으나, 이사와 회
사를 공동피고로 볼 것이다[동: 鄭(동), 367; 鄭(찬), 769; 蔡(이), 550; 李(기), 516; 權(기), 643]. 왜냐하면 소수주주의
청구는 회사와 이사간의 위임관계의 해소를 구하는 것이며, 이사해임청구권은
회사의 이사해임결의의 수정을 목적으로 하고 그 판결의 효력이 해임된 이사
에 미치기 때문이다.

3) 의결권 없는 주식을 소유하는 주주는 해임청구를 할 수 있는 소수주주
에서 제외된다는 견해도 있으나[徐(돈), 334; 姜(위), 350~351], 이는 이미 이루어진 결의의 시정
을 목적으로 하는 권리이기 때문에 의결권의 유무를 따질 필요 없이 모든 소
수주주에게 인정되는 권리이므로 의결권 없는 주식을 제외할 이유가 없다고
본다[동: 孫(주), 747; 鄭(동), 190]. 이 소는 총회에서 해임결의가 부결된 때에 인정되는 것이
지만, 해임을 반대히는 주주가 총회에 불참하여 정족수 미달로 결의가 성립되
지 않은 경우에도 제기할 수 있다.

4) 이사의 해임청구는 반드시 이사의 해임을 목적으로 주주총회의 소집을
청구하였거나 법원의 허가를 얻어 직접 주주총회를 소집하였던 소수주주는 물
론, 소수주주이면 다른 소수주주의 청구나 회사가 스스로 소집한 주주총회에
서 해임이 부결된 경우에도 할 수 있다.

⑷ **종임등기**   이사가 종임한 경우는 등기사항에 변경이 생기므로 변
경등기를 하여야 한다(상 317 III, 183).

10. 이사의 직무집행정지 및 직무대행자의 선임

⑴ **총 설**   이사선임결의의 무효나 취소의 소 또는 이사해임의 소
가 제기된 경우에는 법원은 당사자의 신청에 의하여 **가처분**으로서 이사의 직
무집행을 정지하거나 직무대행자를 선임할 수 있다(상 407 I). 이것은 기업의 유지
를 강화하기 위한 조치로서 특히 급박한 사정이 있는 때에는 본안소송의 제기
전이라도 법원은 가처분을 할 수 있다(상 407 I)[大 97. 1. 10, 95 마 837]. 이 경우에 「**급박한 사**
정」이란 이사의 직무집행이 계속되는 경우에 회사재산의 상실이 우려되는 때
라고 할 수 있다.

판례에는 「회사주식의 60%를 소유하고 있는 주주의 의사에 의하여 대표이사
등 임원이 선임된 경우 선임절차상에 잘못이 있다고 하더라도 이들을 회사의 경영

에서 배제시키고 그 대행자를 선임하여야 할 필요성이 인정되지 않는다」고 한 것이 있다$\left(\begin{smallmatrix} 大 & 91.3.5, \\ 90 & 마 & 818 \end{smallmatrix}\right)$.

(2) **가처분의 신청자**　　가처분의 신청자는 본안소송(本案訴訟)의 원고 또는 원고가 될 수 있는 자이다. 즉 이사의 선임결의취소의 경우에는 원고인 주주·이사·감사이고$\left(\begin{smallmatrix} 상 \\ 376 \, \mathrm{I} \end{smallmatrix}\right)$, 이사의 해임의 소인 경우에는 소수주주이며$\left(\begin{smallmatrix} 상 \\ 385 \, \mathrm{II} \end{smallmatrix}\right)$, 원고의 자격에 제한이 없는 이사의 선임결의무효확인의 소나 선임결의부존재확인의 소$\left(\begin{smallmatrix} 상 \\ 380 \end{smallmatrix}\right)$ 및 대표이사의 선임에 관한 이사회결의무효확인의 소의 경우에는 누구든지 가처분의 신청자가 될 수 있다.

(3) **직무대행자의 권한**　　이사의 직무대행자는 가처분명령에 다른 정함이 있거나 법원의 허가를 얻은 경우가 아니면 회사의 상무에 속하지 아니한 행위를 하지 못한다$\left(\begin{smallmatrix} 상 \\ 408 \, \mathrm{I} \end{smallmatrix}\right)$. 이 경우에 「상무」란 일반적으로 회사의 영업을 계속함에 있어 회사의 경영에 중요한 영향을 미치지 않는 보통의 업무를 말한다. 그러므로 신주의 발행이나 사채의 모집행위는 상무에서 제외되며, 정기주주총회의 소집은 상무에 속한다고 할 수 있으나 임시주주총회의 소집은 상무에 속한다고 할 수 없다$\left[\begin{smallmatrix} 동: & 鄭 \\ (동), & 377 \end{smallmatrix}\right]$. 그러나 회사는 이를 위반한 직무대행자의 행위에 대하여도 선의의 제 3 자에 대하여 책임을 진다$\left(\begin{smallmatrix} 상 \\ 408 \, \mathrm{II} \end{smallmatrix}\right)$. 가처분에 의하여 선임된 직무대행자의 권한은 법원의 취소판결이 있기까지 존속하고 그 판결이 있어야만 소멸한다$\left[\begin{smallmatrix} 大 & 91.12.24, \\ 91 & 다 & 4355 \end{smallmatrix}\right]$.

(4) **직무대행자의 책임**　　직무대행자는 회사에 대하여 위임관계에 있는 것은 아니지만 이사의 회사에 대한 책임$\left(\begin{smallmatrix} 상 \\ 399 \end{smallmatrix}\right)$과 제 3 자에 대한 책임$\left(\begin{smallmatrix} 상 \\ 401 \end{smallmatrix}\right)$에 관한 규정은 직무대행자에게 **유추적용**이 가능하다고 할 것이다$\left[\begin{smallmatrix} 孫(주), & 746; \\ 鄭(동), & 373 \end{smallmatrix}\right]$.

(5) **등　기**　　당사자의 신청에 의하여 법원으로부터 가처분 또는 그 변경이나 취소의 처분이 있는 때에는 본점과 지점의 소재지에서 등기를 하여야 한다$\left(\begin{smallmatrix} 상 \\ 407 \, \mathrm{III} \end{smallmatrix}\right)$.

II. 결원의 임시조치

(1) **퇴임이사의 권리·의무**　　이사의 종임으로 인하여 법률 또는 정관에서 정한 이사의 원수를 결하게 된 때에는 임기의 만료 또는 사임으로 인하여 퇴임한 이사에 한하여 새 이사가 취임할 때까지 이사의 권리·의무가 있다$\left(\begin{smallmatrix} 상 \\ 386 \, \mathrm{I} \end{smallmatrix}\right)$ $\left[\begin{smallmatrix} 大 & 64.4.28, & 63 & 다 & 518; \\ 大 & 91.12.27, & 91 & 다 & 4409 \end{smallmatrix}\right]$. 즉 퇴임이사의 이사인 지위가 그만큼 연장되는 셈이다. 이

경우에 연장되는 기간은 후임이사의 선임결의가 있을 때까지가 아니라 후임이사가 취임할 때까지이다. 그러므로 퇴임등기의 신청기간은 이 때로부터 기산한다. 그러나 퇴임이사의 직무연장은 이사가 임기의 만료 또는 사임을 원인으로 퇴임한 경우에만 인정된다.

(2) 가이사의 선임　　퇴임한 이사가 계속하여 집무한다는 것이 불가능하거나($_{부재}^{질병·}$), 부적당한 때에는 회사의 본점소재지의 **법원**은 이해관계인($_{의 사용인·}^{주주·이}_{채권자 등}$)의 청구에 의하여 일시 이사의 직무를 행할 자($_{사}^{가이}$)를 선임할 수 있다($_{386 Ⅱ}^{상}$). 가이사의 권한은 법원이 이를 제한한 경우가 아니면 본래의 이사와 같다[$_{68 마 119}^{大 68.5.22,}$]. 즉 종임한 이사의 권한과 동일하다.

12. 이사의 보수

(1) **총　　설**　　이사와 회사와의 관계는 위임이므로($_{382 Ⅱ}^{상}$) 이사는 특별한 약정이 없으면 보수를 청구할 수 없는 것이 원칙이다($_{686 Ⅰ}^{民}$). 그러나 대표이사나 업무를 집행하는 이사는 특별한 약정에 의하여 보수를 받는 것이 통례로 되어 있다.

　　판례에는「정관이나 주주총회의 결의 또는 주무부장관의 승인에 의한 보수액의 결정이 없었다고 하더라도, 주주총회의 결의에 의하여 상무이사로 선임되고 그 임무를 수행한 자에 관하여는 보수지급의 특약이 있었다고 볼 것이다」고 한 것이 있다[$_{63 다 715}^{大 64.3.31,}$].

(2) **보수의 의의**　　보수란 그 명칭이나 형식과는 관계 없이 이사의 **직무집행의 대가**로 지급되는 금전이나 현물급여를 모두 포함한다. 그러므로 퇴직금이나 퇴직위로금도 재임중의 직무집행에 대한 대가로 지급하는 것이므로 보수에 속한다[$_{77 다 1742}^{大 77.11.22,}$]. 보수는 회사의 경비로서 지급되므로 상여금은 보수가 아니다. 이와는 달리 상여금도 직무집행의 대가라고 하여 보수에 포함된다는 견해도 있으나[$_{369}^{鄭(동),}$], 상여금은 이익이 있는 경우에만 주주총회의 이익처분안의 승인결의에 의하여 확정된다는 점에서($_{447 Ⅲ}^{상}$) 보수와 다르다[$_{權(기), 667}^{동; 李(기), 399;}$].

(3) **보수의 결정**　　이사의 보수는 그 결정을 대표이사나 이사회에 맡기게 되면 부당하게 정할 우려가 있다. 그리하여 상법은 이사의 보수는 그 액을 정관에서 정하지 않은 때에는 주주총회의 결의로 정하도록 하였다($_{388}^{상}$). 이 규정은 회사의 이익을 보호하기 위한 정책적 규정으로 본다. 그러므로 주주총회

의 결의가 없는 한 보수청구권을 행사할 수 없다[大 $^{92.\ 12.\ 22,}_{92\ 다\ 28228}$]. 일반적으로 이사
의 보수는 주주총회에서 정한다. 그리고 보수액은 개개의 이사에 대하여 개별
적으로 정하지 않고 총액 또는 최고액만을 정하고 그 배분은 이사회에 위임할
수 있다[동: 鄭(희), 474; 孫(주), 771; 鄭(동), 370; 權(기), 668]. 그리고 주주총회에서 결정한 보수총액의 범위
내에서 그 배분을 대표이사에게 위임할 수는 없다고 본다.

[251] 제 3 理 事 會

I. 총   설

이사회는 상법 또는 정관에서 정하고 있는 주주총회의 권한 이외의 사항
에 관하여 회사의 의사를 결정하는 기관이다. 그러므로 상법은 의사결정기관
을 이원화(二元化)하였다고 볼 수 있다. 또한 이사회는 이사 전원으로 구성되
는 법정의 회의체로서 주식회사의 필요적 기관이다. 이것은 영미법의 board
of directors와 유사한 기관이다.

2. 소규모회사의 경우

상법개정안(2007)에 의하면 자본의 총액이 10억원 미만의 회사는 1인 또
는 2인의 이사만을 선임할 수 있는데($^{상\ 383}_{단}$), 이에 해당하는 회사에는 회의체인
이사회는 존재하지 않게 된다. 이사가 1인 또는 2인인 경우는 상법상의 이사
회의 결의사항은 모두 **주주총회의 결의**에 의하여야 하며($_{383}{}^{상}_{IV}$), 총회의 소집결
정 등 절차에 관한 사항은 1인의 이사의 결정에 의하도록 하였다($^{동조}_{VI}$). 그리
고 이사회의 법정권한 중 일부는 이사가 1인 또는 2인인 회사에는 적용하지
않는다($^{동조}_V$).

3. 소   집

(1) **소집권자**   1) 이사회의 소집은 **각 이사**가 하는 것을 원칙으로 하
지만 이사회의 결의로 회의를 소집할 이사를 정한 때에는 다른 이사의 소집권
은 배제된다($_{390\ I}^{상}$). 상법 제390조 제1항의 취지는 이사 각자가 원칙적으로
할 수 있는 이사회소집에 관한 행위를 소집권자가 하도록 하기 위한 것이므로
소집권자 이외의 다른 이사는 소집권자인 이사에게 이사회의 소집을 요구할
수 있다($^{상\ 390}_{II\ 전}$). 만일 소집권자가 정당한 사유 없이 거절한 경우에는 그 이사회

의 소집을 요구한 이사가 이사회를 소집할 수 있다($\substack{상 390 \\ II 후}$)[$\substack{大 75.2.13, 74 마 595; \\ 大 76.2.10, 74 다 2255}$].

2) 감사는 필요한 때에는 회의의 목적사항과 소집이유를 기재한 서면을 이사($\substack{소집권자가 있는 \\ 경우에는 소집권자}$)에게 제출하여 이사회의 소집을 청구할 수 있다($\substack{상 412의 \\ 4 \ I}$). 감사의 청구가 있었음에도 불구하고 이사($\substack{소집 \\ 권자}$)가 지체 없이 이사회를 소집하지 않은 경우에는 그 청구를 한 감사가 이사회를 소집할 수 있다($\substack{동조 \\ II}$).

3) 상법개정안(2007)에 의하면 집행임원을 둔 회사의 집행임원은 필요하면 회의의 목적사항과 소집이유를 서면에 적어 이사($\substack{소집권자가 있는 경우 \\ 에는 소집권자인 이사}$)에게 제출하여 이사회 소집을 청구할 수 있다($\substack{상 408의 \\ 7 \ I}$). 이 경우에 청구를 한 후 이사가 지체 없이 이사회 소집의 절차를 밟지 아니하면 소집을 청구한 집행임원은 법원의 허가를 받아 이사회를 소집할 수 있다. 이 경우 이사회 의장은 법원이 이해관계자의 청구에 의하여 또는 직원으로 선임할 수 있다($\substack{동조 \\ II}$).

(2) **소집절차**　1) 회의를 소집함에는 소집권자가 회일의 1주간 전에 각 이사 및 감사에 대하여 통지를 발송하여야 한다. 이 기간은 정관으로 단축할 수 있다($\substack{상 \\ 390 III}$). **통지의 방법**에는 제한이 없으므로 서면뿐만 아니라 기타의 방법으로도 가능하지만 회의의 목적사항도 통지하여야 한다고 본다. 이 점에 관하여는 주주총회소집의 경우($\substack{상 363 \\ II・III}$)와 같은 규정이 없고, 이사회에서는 업무집행의 제반사항을 토의한다는 것을 당연히 예기할 수 있다는 이유를 들어 목적사항을 통지할 필요가 없다는 견해도 있다[$\substack{孫(주), \\ 750}$]. 그러나 이사회는 법정의 회의체로서 상무회와는 다르므로 통지를 하지 않은 사항을 결의한 때에는 모든 이사가 참가한 경우가 아니면 그 결의는 무효라고 할 것이다.

2) 회의개최에 관하여 사전에 이사 및 **감사 전원의 동의**가 있는 때에는 소집절차 없이 언제든지 회의할 수 있다($\substack{상 \\ 390 IV}$). 동의는 사전에 있어야 하지만 명시적으로뿐만 아니라 묵시적으로도 가능하다고 본다.

4. 결　의

(1) **결의요건**　1) 이사회의 결의는 이사 과반수의 출석과 출석이사의 **과반수로 한다**($\substack{상 \\ 391 \ I}$)($\substack{직무집행정지중의 이사는 제외되며 직무대행자 및 \\ 이사로서 권리・의무가 있는 퇴임이사는 산입된다}$). 이사회의 정족수는 회의의 개회시는 물론이고 회의의 종료시까지 유지되어야 한다[$\substack{동; 權 \\ (기), 719}$]. 그러므로 결의시에 정족수가 미달되는 때에는 결의는 무효라고 할 것이다. 그러나 감사위원회의 위원의 해임결의는 이사 총수의 3분의 2 이상의 결의로 하여야 한다($\substack{상 415 \\ 의 2 III}$).

그리하여 판례는 「재적 6 명의 이사 중 3인이 참석하여 참석이사의 전원의 찬
성으로 연대보증을 결의하였다면, 이사회의 결의는 과반수에 미달하는 이사가 출석
하여 상법상의 이사 성족수가 충족되시 아니한 이사회에서 이루어진 것으로 무효라
고 할 것이다」라고 한 바 있다[大 95. 4. 11,; 94 다 33903].

2) 이사회의 결의요건은 정관으로 가중할 수 있을 뿐이며 완화하지 못한
다(상 391 I 단). 결의요건의 가중은 정관으로 반드시 모든 결의에 대하여뿐만 아니라
일정한 결의사항에 관하여도 할 수 있으며 이사 전원의 일치에 의하여만 결의
가 가능하다는 정함도 할 수 있다고 본다. 이와는 달리 일부 이사에게 거부권
을 주는 정도로 결의요건을 강화할 수는 없다고 하면서, 예컨대 「이사 전원의
6분의 5의 동의」 또는 「과반수 출석에 전원 동의」로 한다는 정함은 무효라는
견해가 있다[崔(철), 533]. 그러나 그러한 정함은 유효하다고 본다. 다만 이사회의 결
의는 이사의 과반수가 출석하여 출석한 이사의 과반수이자 대표이사 전원의
동의가 있어야 한다는 정함은 특정인인 대표이사에게만 거부권을 주는 것이
되므로 무효이다[동: 鄭(희), 477;; 鄭(동), 379].

3) 회의의 결과 가부동수인 경우에 정관으로 의장에게 결정권을 인정할
수 있다는 견해도 있으나[徐(돈), 386;; 鄭(동), 379], 이는 결과적으로 결의요건을 완화시키는
것이 되고 이사회의 결의에 있어서 이사 1 인 1의결권의 원칙에도 반하므로 인
정되지 않는다고 본다[동: 鄭(찬), 781;; 崔(철), 534]. 더욱이 상법은 이사회의 권한을 크게 강
화하고 결의요건도 완화하였기 때문에 가부동수의 경우에 의장에게 결정권까
지 인정하는 것은 무리라고 본다. 다만 이사회의 법정권한 이외에 업무집행에
관한 사항의 결의는 정관으로 의장이나 회장인 이사에게 가부동수의 경우에
결정권을 주는 것은 효율적인 업무집행을 위하여 인정된다고 할 것이다.

(2) 결의방법

1) 회의에 의한 결의   이사회는 적법하게 개최된 회의에서 결의를 하
여야 하고 서면결의는 인정되지 않으며, 또한 이사들은 개인적인 개성과 신뢰
관계에 의하여 선임된 자이므로 의결권을 대리로 행사시키지 못한다. 왜냐하
면 회의체인 이사회제도의 취지는 회의를 통하여 이사들이 전문적인 의견을
교환하고 토의함으로써 업무집행을 위한 합리적인 결정을 내리도록 하는 데
그 목적이 있기 때문이다. 그러므로 이사회의 정족수는 토의과정에서도 유지
되어야 한다.

　　판례도 「이사회는 주주총회의 경우와는 달리 원칙적으로 소집권 있는 이사가 다른 이사 전원에 대하여 이사회의 소집통지를 하여야 하고, 이사 자신이 이사회에 출석하여 결의에 참가하여야 하며 대리인에 의한 출석은 인정되지 않고, 따라서 이사 개인이 타인에게 출석과 의결권을 위임할 수도 없는 것이니 이에 위배된 이사회의 결의는 무효이다」라고 한 것이 있다($^{大\ 82.\ 7.\ 13.}_{80\ 다\ 2441}$). 또한 묵시에 의한 결의도 인정되지 않는다.

2) 동영상 및 음성에 의한 회의

　　㈎ 총　　설　　　a) 이사회는 정관에서 달리 정하는 경우를 제외하고 이사의 전부 또는 일부가 직접 회의에 출석하지 아니하고 모든 이사가 음성을 동시에 송·수신하는 원격통신수단에 의하여 결의에 참가하는 것을 허용하고, 이 경우에 당해 이사는 이사회에 직접 출석한 것으로 본다($^{상}_{391\ Ⅱ}$). 즉 통신수단에 의하여 각 이사의 화상과 음성 또는 음성이 바로 다른 이사들에 전달되고 충분한 의견표명과 교환 및 토의가 가능한 때에는 이러한 방식의 회의에 의한 이사회결의를 부정할 이유는 없다. 그러나 통신수단에 의하여 적법한 이사회로 인정되려면 필요한 시설($^{카메라·모니터·}_{마이크로폰·스피커}$)에 의하여 각지의 이사의 화상과 음성 또는 음성이 즉시 전달될 수 있어야 한다.

　　b) 이사회 도중에 통신수단의 고장으로 일부지역의 이사가 명확한 의견표명과 토의에 참가할 수 없었던 경우에는 당초에 예정된 출석이사 전원에 의한 이사회라고 할 수 없는 것이다. 이 경우 기타 장소에 출석한 이사들로서 이사회의 정족수와 결의성립에 필요한 요건($^{상}_{391}$)이 충족되더라도 통신수단의 고장으로 출석한 이사가 그의 의사에 반하여 회의의 결의시까지 참가할 수 없었다면 이사회의 결의는 무효라고 할 것이다.

　　㈏ 회의의 개최장소　　　이 경우에 이사회의 개최장소는 각 이사가 소재하는 곳으로서 복수의 장소가 존재하게 된다.

　　㈐ 회의의 절차　　　동영상 또는 음성의 송·수신에 의한 이사회를 개최하려면 소집통지에도 이사들이 참석하는 복수의 장소를 기재하여야 한다. 그리고 이러한 방식의 이사회를 개최한 경우에 의사록에는 소정의 사항($^{상\ 391}_{의\ 3\ Ⅱ}$) 이외에 이사회가 동영상 또는 음성의 송·수신에 의하여 개최되었다는 점과 각 집합장소와 각 장소에 출석한 이사의 성명을 기재하여야 할 것이다.

　　⑶ 의결권행사의 제한　　　1) 이사회의 결의에 있어서 의안에 대하여 특별한 이해관계가 있는 이사는 의결권을 행사하지 못한다($^{상\ 391\ Ⅱ,}_{368\ Ⅳ}$). 특별이해

관계가 있는 이사는 이사회에서 의결권을 행사할 수는 없으나, 의사정족수 산정의 기초가 되는 이사의 수에는 포함되고 다만 의결성립에 필요한 출석이사에는 산입되지 않는다($\substack{상 391 \\ 371 \, II}$). 그러므로 예컨대 3명의 이사 중 대표이사와 특별이해관계 있는 이사 등 2명이 출석하여 의결을 하였다면 과반수 출석의 요건을 구비하였고, 특별이해관계 있는 이사가 행사한 의결권을 제외하더라도 결의에 참여할 수 있는 유일한 출석이사인 대표이사의 찬성으로 과반수의 찬성이 있는 것으로 되어 그 결의는 유효하다($\substack{大 92.4.14, \\ 90 다카 22698}$).

2) 특별한 이해관계가 있는 이사의 범위는 주주총회의 경우와 마찬가지로 해석에 의할 수밖에 없는데 이사와 회사간에 거래를 승인하는 이사의 결의에 있어서 그 당사자인 이사는 의결권을 행사할 수 없다고 할 것이다.

3) 대표이사의 선임과 해임의 경우도 주주총회에서 이사를 선임하거나 해임하는 경우($\substack{494면 \\ 참조}$)와 마찬가지로 당해 이사는 특별이해관계인이 아니라고 본다($\substack{동; 李 \\ (철), 540}$). 이와는 달리 주주총회에서의 이사의 선임과 해임의 경우는 다르다고 하여 대표이사의 해임의 경우에는 그 당해 이사는 특별이해관계인으로서 의결권을 행사할 수 없다는 견해도 있으나($\substack{鄭(동), 380; \\ 權(기), 722}$), 대표이사의 해임은 중대한 사유의 존재를 요건으로 하지 않는다는 점과 정관의 규정으로 대표이사를 주주총회에서 선임하기로 한 경우에 이사자격과 대표이사자격을 동시에 해임시키려 하는 경우에는 회사지배권의 방어를 위하여 의결권의 행사가 인정되어야 한다는 점 때문에, 이사회에서 대표이사를 해임하는 경우에도 특별이해관계인이라고 볼 필요는 없는 것이다.

(4) 연기·속행　　이사회의 경우도 필요에 따라 연기 또는 속행의 결의를 할 수 있다($\substack{상 392, \\ 372}$).

(5) 결의의 하자　　1) 이사회의 결의에 관하여 그 결의내용·소집절차·결의방법 등에 하자가 있는 경우와 결의의 부존재에 관하여는 주주총회의 경우($\substack{상 376 이하, \\ 380, 381}$)와 달리 상법에는 아무런 규정이 없다. 그러므로 이사회결의의 하자가 있는 때에는 그 하자를 구별함이 없이 **민법의 일반원칙**에 의하여 그 무효를 주장할 수 있다. 즉 이해관계인은 그 무효를 언제든지 항변이나 결의무효확인의 소로 주장할 수 있다($\substack{大 82.7.13, \\ 80 다 2441}$).

2) 그런데 판례는 명목상으로만 이사인 자에게 소집통지 없이 한 이사회의 결의는 그 이사가 소집통지를 받고 참석하였다 하더라도 그 결과에 영향이 없었을 것이라고 하여 유효하다고 한 것이 있다($\substack{大 92.4.14, \\ 90 다카 22698}$). 그러나 소집통지

를 받지 못한 이사가 명목상의 이사가 아니고 그 이사가 출석하여 결의에 참가하였다면 다른 이사의 의결권행사에 영향을 미쳤을 것으로 인정되는 때에는 그 결의는 무효라고 할 것이다.

3) 감사에 대하여 소집통지를 하지 않은 경우는 결의의 결과에 대한 영향은 문제가 되지 않는다고 하더라도 감사가 이사회에 출석하여 업무감사를 할 수 있는 기회가 보장되어야 할 것이므로 이사회의 결의는 무효라고 할 것이다. 다만 소집통지를 받지 못한 이사 또는 감사가 이사회에 출석하여 이의 없이 회의에 참가한 때에는 소집절차의 하자는 치유되고 결의는 유효하다고 할 것이다.

4) 상법에는 무효인 이사회의 결의에 의하여 한 대표이사의 행위의 효력에 관하여도 아무런 규정이 없다. 그러나 이것은 회사 내부의 문제로서 그치는 사항($\binom{\text{대표이사 또는 지배}}{\text{인의 선임 · 해임}}$)과 기래의 인진과 관계되는 사항($\binom{\text{시채의 발행 · 제3}}{\text{자와의 거래행위}}$)을 구별하여, 전자의 경우는 그 효력을 인정할 수 없으며, 후자의 경우는 그 행위의 효력에 영향이 없다고 보아야 할 것이다. 그러나 후자의 경우에도 상대방이 이사회의 결의가 없거나 무효라는 것을 알았거나 알 수 있었을 때에는 무효라고 해야 할 것이다($\binom{\text{541면}}{\text{참조}}$).

[事例演習]

◇ 사 례 ◇

　갑주식회사의 이사로는 대표이사 A(지주비율 49%), 대표이사 B(지주비율 49%), 명의상 이사(지주비율 2%)가 있다. 갑주식회사의 정관에는 이사회의 정족수에 관한 정함이 없다. A와 C가 출석한 이사회에서 B를 대표이사에서 해임하고, 이사해임을 의제로 하는 주주총회소집을 결정하였다. 그 후 임시주주총회에서 B를 이사로부터 해임하는 결의가 있었다. 그러나 B는 이사회 및 주주총회의 소집통지를 받지 못했다. 이러한 경우에 B는 어떠한 주장을 할 수 있는가.

　[해 설]　본 사례에서 대표이사해임 및 주주총회소집에 관한 이사회결의는 B에 대하여 소집통지를 하지 않았으므로 무효이다. 그리고 이사회결의 없이 소집된 주주총회는 절차상의 하자로 결의취소의 사유가 존재한다. 그러나 회사주식의 49%를 소유하는 주주에게 총회소집통지를 하지 않은 것은 결의취소의 사유로 볼 것인가 부존재사유

로 볼 것인가 하는 문제가 있다. 회사의 주식 중 51%를 소유하는
A와 C가 총회에 출석하였으면 취소사유라고 할 수 있으나, 총회소
집에 관한 이사회도 무효이고 실질적으로 동업지와 같은 B에게 총
회소집의 통지도 하지 않은 것은 소집절차에 중대한 하자라고 할
수 있으므로 총회의 부존재라고 할 것이다. 이 사례의 경우 회사가
B에게 이사회와 총회의 소집통지를 하지 않은 것이 B는 해임의 당
사자로서 특별이해관계인이기 때문이라는 이유로 정당화될 수 있는
가 하는 점이 검토될 수 있다$\left[{\substack{\text{이사회에 관하여 530면, 주주}\\\text{총회의 경우에 495면 참조}}}\right]$. 이에 대하여는
긍정설과 부정설 중 어느 설에 의하느냐에 따라 달라질 수도 있다.
그러나 어느 설에 의하든 소집통지는 하여야 할 것이다.

5. 이사회의 권한

(1) 총　　설　　　이사회는 상법이나 정관에서 주주총회의 권한으로 규
정한 이외의 업무집행사항에 대하여 회사의 의사를 결정하는 기관이다($상_{393}$).

(2) 법정권한　　　이사회의 법정권한은 대표이사의 선임과 공동대표의
결정($상_{본. Ⅱ}^{389. Ⅰ}$), 신주의 발행($상_{416}$), 사채의 발행($상_{469}$), 중요한 자산의 처분 및 양
도, 대규모 자산의 차입, 지배인의 선임 또는 해임($상_{393 Ⅰ}$), 주주총회의 소집결
정($상_{362}$), 이사에 대한 경업의 승인($상_{397 Ⅰ}$), 이사와 회사간의 거래의 승인($상_{398}$), 이
사회소집권자의 특정($상_{390 Ⅰ}$), 준비금의 자본전입($상_{461 Ⅰ}$), 전환사채의 발행($상_{513 Ⅱ}$),
신주인수권부사채의 발행($상_{2 Ⅱ 본}^{516의}$), 신주인수권의 양도성의 결정($상_{416(5)}$), 재무제
표의 사전승인($상_{447}$), 중간배당의 결정($상_{의 3 Ⅰ}^{462}$), 영업보고서의 승인($상_{의 2 Ⅰ}^{447}$), 이사
의 업무감독권($상_{393 Ⅱ}$), 지점의 설치·이전·폐지($상_{393 Ⅰ}$), 간이합병의 승인($상_{의 2 Ⅰ}^{527}$),
소규모합병의 승인($상_{의 3 Ⅰ}^{527}$), 완전자회사가 되는 회사의 간이주식교환의 승인($상_{의 9}^{360}$
$_Ⅰ$), 소규모주식교환의 승인($상_{9 Ⅰ}^{360의}$), 양도제한주식의 양도승인·상대방의 지정
($상_{의 3, 335의 7}^{335의 2, 335}$), 주주제안의 채택($상_{의 2 Ⅲ}^{363}$) 등이다. 이상의 법정권한은 그 결정을
대표이사나 상무회에 위임할 수 없다.

　　　판례는「상법 제393조 제1항은 주식회사의 중요한 자산의 처분 및 양도는 이
사회의 결의로 한다고 규정하고 있는바, 여기서 말하는 중요한 자산의 처분에 해당
하는가 아닌가는 당해 재산의 가액, 총자산에서 차지하는 비율, 회사의 규모, 회사
의 영업 또는 재산의 상황, 경영상태, 자산의 보유목적, 회사의 일상적 업무와 관련
성, 당해 회사에서의 종래의 취급 등에 비추어 대표이사의 결정에 맡기는 것이 상
당한지 여부에 따라 판단하여야 할 것이고, 중요한 자산의 처분에 해당하는 경우에

는 이사회가 그에 관하여 직접 결의하지 아니한 채 대표이사에게 그 처분에 관한 사항을 일임할 수 없는 것이므로 이사회규정상 이사회 부의사항으로 정해져 있지 아니하더라도 반드시 이사회의 결의를 거쳐야 한다」고 하였다$\left[\begin{smallmatrix}大\ 2005.\ 7.\ 28,\\2005\ 다\ 3649\end{smallmatrix}\right]$.

(3) 이사가 1인 또는 2인인 경우($\begin{smallmatrix}상\ 383\\I\ 단\end{smallmatrix}$)　　　1) 이 경우에는 상법 제302조 제2항 제5호의 2, 제317조 제2항 제3호의 2, 제355조 제1항 단서 및 제2항, 제335조의 2 제1항·제3항, 제335조의 3 제1항·제2항, 제335조의 7 제1항, 제340조의 3 제1항 제5호, 제356조 제6호의 2, 제397조 제1항·제2항, 제398조 제1항·제3항, 제416조 본문, 제451조 제2항, 제461조 제1항 본문·제3항, 제462조의 3 제1항, 제464조의 2 제1항, 제469조, 제513조제2항 본문 및 제516조의 2 제2항 본문($\begin{smallmatrix}준용되는\ 경우\\를\ 포함한다\end{smallmatrix}$) 중 "이사회"는 이를 각각 "주주총회"로 보며, 제522조의 3 제1항 중 "이사회의 결의가 있는 때"는 "제363조 제1항의 규정에 의한 주주총회의 소집통지가 있는 때"로 본다($\begin{smallmatrix}상\ 383\\IV\end{smallmatrix}$). 이사가 1인 또는 2인인 경우에는 이사회가 존재하지 않으므로 위의 사항에 대한 결정을 주주총회의 결의에 의하도록 한 것이다.

2) 이사가 1인 또는 2인인 경우에는 이사회가 존재하지 않으므로 다음의 규정들은 적용하지 않는다($\begin{smallmatrix}상\ 393\\V\end{smallmatrix}$), 즉 상법 제341조 제2항 단서, 제390조 내지 제392조, 제393조 제2항 내지 제4항, 제399조 제2항, 제408조의 2 제3항·제4항, 제408조의 3 제2항, 제408조의 4 제2호, 제408조의 5 제1항, 제408조의 6, 제408조의 7, 제412조의 4, 제449조의 2, 제462조의 제2항 단서, 제526조 제3항, 제527조 제4항, 제527조의 2, 제527조의 3 제1항 및 제527조의 5 제2항의 규정 등이다.

3) 이사가 1인 또는 2인인 경우에는 각 이사($\begin{smallmatrix}정관의\ 규정에\ 의하여\ 대표이사\\를\ 정한\ 경우에는\ 그\ 대표이사\end{smallmatrix}$)가 회사를 대표하며, 상법 제343조 제1항 단서, 제346조 제3항, 제362조, 제363조의 2 제3항, 제366조 제1항, 제393조 제1항, 제412조의 3 제1항 및 제462조의 3 제1항에 규정된 이사회의 기능을 담당한다($\begin{smallmatrix}상\ 383\\VI\end{smallmatrix}$).

(4) 기타 이사회의 권한　　　법률 또는 정관에 의하여 주주총회나 이사회의 권한이 아닌 사항이라도 예컨대 사업계획, 중요한 규칙의 개폐, 중요한 재산의 취득과 처분, 영업의 중요하지 않은 일부의 양도, 임원의 인사에 관한 사항, 중요한 투자 및 융자에 관한 사항 등 일상업무에 속하지 않는 중요한 업무집행사항은 이사회의 권한에 속한다. 다만 이사회는 이러한 사항의 결정을 대

표이사 에게 위임할 수 있다고 본다$\left[{}^{大}_{96}{}^{97.\,6.\,13,}_{\text{다}\,48282}\right]$. 상법과 정관의 규정에 의하여 주주총회의 권한에 속하는 사항은 총회의 결의로도 이사회에 위임할 수 없다.

(5) 위원회의 설치와 권한의 위임

1) 위원회제도의 도입　　상법 제393조의 2에 의하면 이사회는 정관이 정한 바에 따라 2인 이상의 이사로 구성되는 위원회를 설치할 수 있도록 하고, 이사회는 대표이사의 선임 및 해임 등 일부사항을 제외하고는 그 권한을 위원회에 위임할 수 있게 되었다. 이의 입법취지는 이사회운영의 효율성을 도모하기 위한 것이다. 위원회제도는 기업의 규모가 크고 이사의 수가 많은 회사의 경우에 모든 이사가 방대한 이사회의 권한에 속하는 사항의 전부에 대하여 이사회를 통하여 결정을 한다는 것은 사실상 기대할 수 없다는 점을 감안하여 도입한 것이다. 그리하여 이사회의 권한 중에 중요한 사항을 제외한 업무집행에 관한 사항은 위원회에 그 결정을 위임할 수 있도록 한 것이다.

2) 위원회제도의 장단점　　위원회제도를 통하여 이사회의 기능이 활성화될 수 있게 된다고 할 것이다. 위임된 사항에 대한 전문적 지식의 축적을 통하여 합리적인 결정이 기대되고, 위원회가 사외이사로 구성되는 경우에는 객관적이고 공정한 결정을 할 수 있다는 장점이 있다고 할 것이다. 그러나 단점으로는 위원회에서 결정한 사항에 대하여 위원과 기타 이사의 책임의 한계가 불명확하다는 점과 위원회의 위원이 아닌 이사는 위원회에 위임된 사항에 대하여 무관심하게 된다는 점이다$\left[{}^{\text{洪復基, "이사회와 그 위원회," 상}}_{\text{장협 제39호(1999.5), 52면 이하}}\right]$.

3) 위원회의 설치　　위원회의 설치는 이에 관한 정관의 규정이 있어야 하고 이에 따라 이사회의 결의가 있어야 한다$\left({}^{\text{상}}_{\text{의}}{}^{393}_{2\,\text{I}}\right)$. 그러므로 정관에 위원회의 설치에 관한 정함이 없는 때에는 이사회의 결의만으로 위원회를 설치할 수 없다.

4) 위원의 원수　　위원회는 2인 이상의 이사로 구성된다$\left({}^{\text{상}}_{\text{의}}{}^{393}_{2\,\text{III}}\right)$. 이사이면 누구나 위원이 될 수 있다. 즉 반드시 사외이사이어야 하는 것은 아니다. 그러나 감사위원회는 3인 이상의 이사로 구성되고, 위원의 3분의 2는 사외이사이어야 한다$\left({}^{\text{상}}_{\text{의}}{}^{415}_{2\,\text{II}}\right)$. 위원의 원수를 결한 때에는 임기의 만료 또는 사임으로 인하여 퇴임한 이사는 새로 선임된 이사가 취임할 때까지 위원의 권리의무가 있다$\left({}^{\text{상, 393의 2}}_{\text{V, 386 I}}\right)$. 위원회는 2인 이상의 이사로 구성되므로 이사가 1인 또는 2인인 회사$\left({}^{\text{상}}_{\text{I}}{}^{383}_{\text{단}}\right)$에는 위원회가 존재할 수 없다.

5) 위원회의 권한　　위원회는 이사회로부터 위임받은 사항에 대하여 결정권한을 갖는다. 그러나 중요한 이사회의 권한은 위원회에 위임할 수 없다

($\frac{상}{의} \frac{393}{2} _{II}$). 즉 i) 주주총회의 승인을 요하는 사항의 제안, ii) 대표이사의 선임 및 해임, iii) 위원회의 설치와 그 위원의 선임 및 해임, iv) 정관에서 정하는 사항 등은 위원회에 위임할 수 없다.

6) 위원회의 소집   위원회는 각 이사가 소집한다. 그러나 위원회의 결의로 소집권자를 정한 때에는 예외이다($\frac{상}{V,} \frac{393의}{390} \frac{2}{I}$). 위원회를 소집함에는 회일의 1주간 전에 각 위원에 대하여 통지를 발송하여야 하는데, 이 기간은 정관으로 단축할 수 있다($\frac{상}{V,} \frac{393의}{390} \frac{2}{II}$). 그러나 위원 전원의 동의가 있으면 소집통지 없이 언제든지 회의를 할 수 있다.

7) 위원회의 결의방법   위원의 원수가 3인 이상인 때에는 위원회의 결의는 위원 과반수의 출석과 출석위원의 과반수의 찬성으로 하여야 한다. 그러나 정관으로 그 비율을 높게 정할 수 있다($\frac{상}{V,} \frac{393의}{391} \frac{2}{I}$). 위원의 수가 2인인 경우는 2인 모두의 출석과 2인의 찬성이 있어야 결의가 성립된다. 위원회의 결의에 관하여 특별한 이해관계가 있는 위원은 의결권을 행사하지 못하고 특별이해관계가 있는 위원의 의결권은 출석한 위원의 의결권의 수에 산입하지 않는다($\frac{상}{V,} \frac{393의}{391} \frac{2}{II}$). 위원회에서는 회의의 속행 또는 연기의 결의를 할 수 있다($\frac{상}{2} \frac{393의}{V,} 392$). 그리고 위원회의 의사에 관하여는 의사록을 작성하여야 한다($\frac{상}{V,} \frac{393의}{391의} \frac{2}{3}$).

8) 위원회결의의 효력   위원회의 결의는 이사회의 결의와 동일한 효력이 있다. 그러므로 모든 이사에게 주지시키기 위하여 위원회는 결의된 사항을 각 이사에게 통지하여야 한다. 이 경우 통지를 받은 각 이사는 이사회의 소집을 요구할 수 있으며, 이사회는 위원회가 결의한 사항에 대하여 다시 결의할 수 있다($\frac{상}{의} \frac{393}{2} _{IV}$). 이 경우에 위원회의 결의와 이사회의 결의가 다른 때에는 후자의 결의에 의한다. 그러나 감사위원회의 결정에 대하여는 다시 결의를 할 수 없다($\frac{상}{2} \frac{415의}{VI}$).

6. 이사회의 의사록

이사회의 의사에 관하여는 주주총회의 경우와 마찬가지로 의사록을 작성하여야 하며, 여기에는 의사의 경과요령($\genfrac{}{}{0pt}{}{개회 \cdot 제안 \cdot 토의요지 \cdot}{표결방법 \cdot 폐회 등}$) 그 결과($\genfrac{}{}{0pt}{}{가결 또}{는 부결}$), 반대하는 자와 그 반대이유를 기재하고 출석한 이사 및 감사가 기명날인 또는 서명하여야 한다($\frac{상}{의} \frac{391}{3}$). 의사록은 이사회의 의사의 경과 및 결과에 대한 증거가 되며, 또 결의에 참가한 이사는 의사록에 이의를 한 기재가 없는 한 그 결의에 찬성한 것으로 추정한다($\frac{상}{399} _{III}$). 주주는 영업시간 내에 의사록의 열람 또는 등사를 청구할 수 있다($^{상}_{의}{}^{391}_{3}{}_{Ⅲ}$). 그러나 그 청구를 거절하는 때에는 법원의 허가를 얻어 의사록을 열람 또는 등사할 수 있다($^{동조}_{Ⅳ}$).

[252]　제 4　代表理事

1. 총　　설

(1) 주식회사는 법인이므로 그의 의사를 대외적으로 표시하는 대표기관이 필요하다. 그런데 이사회는 법정의 회의체로서 회의에 의해서만 그 기능이 가능하므로 업무집행에 대한 결정은 할 수 있으나 직접 업무집행을 담당하거나 회사를 대표한다는 것은 사실상 곤란하고 경영의 능률을 기대할 수 없게 된다. 그리하여 상법은 이사회가 그 구성원 중에서 1인 또는 수인의 대표이사를 선임하여($^{상}_{389}{}_{Ⅰ}$) 회사의 업무집행과 회사를 대표하게 하고 있다.

(2) 대표이사는 대외적으로 회사를 대표하고 대내적으로 업무집행을 담당하는 주식회사의 필요적 상설기관이며 독립기관이다[동: 徐(정), 264; 朴(원), 256; 梁·朴, 369; 鄭(찬), 784; 鄭(동), 383; 權(기), 729]. 이와는 달리 대표이사는 이사회에서 파생된 기관으로 보는 견해도 있다[徐(돈), 387; 李(병), 649; 李(기), 524]. 대표이사는 이사회의 구성원이므로 업무의 집행뿐만 아니라 그 결정과 감독에도 참여하게 된다.

2. 선　　임

(1) 선임기관　　　대표이사의 선임은 원칙적으로 이사회의 권한이지만 대표이사는 회사의 대표기관이므로 정관으로 주주총회의 권한으로 정할 수 있다($^{상}_{Ⅰ}{}^{389}_{단}$). 그러나 주주총회가 대표이사를 선임하는 경우는 이사회가 해임권을 갖지 못하므로 대표이사의 업무집행을 유효하게 감독할 수 없게 될 것이다. 그러나 이사가 1인 또는 2인인 회사($^{상}_{Ⅰ}{}^{383}_{단}$)는 그 이사가 회사를 대표한다($^{동}_{Ⅵ}$).

(2) 원　　수　　　상법은 이사회가 이사 중에서 1인 또는 수인의 대표이사를 선임하여 그들로 하여금 회사를 대표하도록 규정하고 있다($^{상}_{Ⅰ}{}^{389}$). 회사는 이사 전원을 대표이사로 선임하는 것도 무방하다고 본다($^{상시 27}_{참조}$)[동: 李(철), 543]. 반대로 이사 전원을 대표이사로 할 수 없다는 견해도 있으나[李(병), 650; 姜(위), 534; 鄭(동), 384], 1인만이 대표이사가 아니라고 하여 전원이 대표이사인 경우보다 감독의 실효를 얻을 수 있는지는 의문이다. 또한 이사회는 대표이사의 대표권의 남용을 방지하고 신중한 대표권의 행사를 위하여 수인의 대표이사가 공동으로만 회사를

대표하게 할 수 있다($_{389}^{상}$ⅡⅠ). 대표이사의 자격에는 제한이 없고 이사이면 누구나 대표이사가 될 수 있다.

3. 종   임

(1) 대표이사의 자격은 이사의 임기의 만료·해임·사임 등의 원인에 의하여 이사의 자격이 종임됨으로써 당연히 대표이사의 지위도 상실한다. 그러므로 대표이사의 임기는 이사의 임기를 초과하지 못한다. 그러나 대표이사의 지위를 상실하였다고 하여 당연히 이사의 자격을 상실하는 것은 아니다.

(2) 대표이사는 해임 또는 사임에 의하여 종임한다. 대표이사의 선임기관은 언제든지 대표이사를 해임($_{박탈}^{대표권의}$)할 수 있으며 이 경우에 해임의 효력은 i) 해임결의가 있으면 즉시 발생한다는 견해도 있으나[$_{385}^{鄭(동)·}$], ii) 이사 해임의 경우와 마찬가지로 피해임자(被解任者)에 대한 고지에 의하여 생긴다고 본다 [동: 鄭(희), 480; 孫(주), 755; 權(기), 732]. 또한 대표이사도 언제든지 사임할 수 있다($_{민\,689}^{상\,382}$ⅡⅠ;). 사임의 효력은 그 의사표시가 회사에 도달한 때에 생긴다. 대표이사직에서 사임한 자는 사임과 동시에 대표권을 상실하므로 특별한 사정이 없는 한 그 사임 이후에 대표이사의 자격으로 한 법률행위의 효력은 회사에 미치지 않는다. 이는 대표이사의 사임등기가 경료되지 아니한 경우도 같다[$_{94\,다\,42174}^{大\,95.\,2.\,14,}$]. 그러나 대표이사가 회사에 불리한 시기에 사임하여 회사에 손해가 생긴 때에는 그것을 배상하여야 한다($_{689}^{민}$Ⅱ).

4. 대표이사의 결원

대표이사의 종임에 의하여 대표이사가 없게 된 경우 또는 정관에서 정한 원수를 결한 경우에는 임기의 만료 또는 사임으로 인하여 퇴임한 대표이사는 새로 선임된 대표이사가 취임할 때까지 대표이사의 권리·의무가 있으며($_{지\,종임되는}^{이사의}$$_{때에도\,같다}^{자격까}$), 결원의 경우에 법원은 필요하다고 인정하는 때에는 이사·감사 기타 이해관계인의 청구에 의하여 일시 대표이사의 직무를 행할 자를 선임할 수 있다($_{Ⅲ,\,386}^{상\,389}$).

5. 대표이사의 권한

(1) 대표이사는 주주총회와 이사회가 결의한 사항을 집행하고, 그 업무집행을 위하여 필요한 때에는 대외적으로 회사를 대표하는 기관이다. 또한 대표

이사는 상법과 정관으로 주주총회와 이사회의 권한으로 정한 이외의 중요하지 않은 업무집행사항에 대하여 일임을 받은 경우와 기타 업무집행을 위하여 필요한 세부사항에 대하여는 의사결정을 할 수 있는 권한을 가진다고 본다[동: 鄭 (회), 480].

(2) 이와는 달리 i) 일상의 업무로서 이사회에 의하여 위임된 사항에 대하여 결정할 수 있다는 설[孫(주), 756; 李·崔, 305]과, ii) 주주총회 또는 이사회의 결의를 요하지 않는 사항이라도 회사의 중요한 이해관계가 있는 사항은 이사회의 결의를 요청하여 집행하여야 된다고 하는 설이 있다[徐(돈), 390].

(3) 그러나 i)설은 날로 복잡해지는 회사의 경영실태에 비추어 필요한 사항을 일일이 위임한다는 것은 문제가 있고, ii)설은 중요한 사항의 한계가 모호하다는 점이 문제이다.

(4) 업무집행권

1) 총　　설　　　(가) 대표이사는 대내적으로뿐만 아니라 대외적으로 회사의 업무를 집행할 권한이 있다. 다만 대외적인 업무집행을 위하여 대표권이 인정되고 있는 것이다. 대표이사가 수인인 경우는 각자가 단독으로 회사의 업무를 집행한다.

(나) 대규모의 회사에 있어서는 업무집행의 실행을 위하여 정관으로 회사대표권을 제외한 업무집행만을 위하여 **업무담당이사**(사장·부사장· 전무·상무 등)를 두고 있으며 이들은 상업사용인의 지위를 겸하는 경우도 많다. 이에 관하여는 상법에 특별한 규정은 없지만 **표현대표이사제도**(상 395)는 업무담당이사를 전제로 한 것으로 볼 수 있고 합명회사에서 대표권이 없는 업무집행사원(상 207 단)의 존재를 인정하고 있으므로 이를 부정할 이유는 없다고 본다. 대표이사의 대내적인 업무집행권은 정관소정의 회사의 목적범위 내로 제한된다.

2) 직　　무　　　대표이사의 법정직무에는 주권과 채권상의 기명날인 또는 서명(상 356, 478 II), 본점에 정관·주주총회 및 이사회의 의사록·주주명부·사채원부의 비치(상 396 I), 주식청약서·사채청약서의 작성(상 420, 474 II), 신주인수권증서의 발행(상 420 의2), 신주인수권증권의 발행(상 516 의5), 재무제표와 그 부속명세서의 작성·비치·공시·제출(상 447, 448, 449 I), 영업보고서의 작성·제출·보고(상 447의 2, 449 II), 대차대조표의 공고(상 449 III) 등이다.

(5) 대 표 권

1) 범　　위　　　(가) 대표이사는 회사의 영업에 관하여 재판상 또는 재판외의 모든 행위를 할 수 있는 권한이 있으며, 이러한 권한에 대한 제한으로 선

의의 제 3 자에게 대항하지 못한다($\frac{상}{II}\frac{389}{209}$). 대표이사의 대표권의 범위는 회사의 권리능력의 범위와 일치하고 이들의 대외적인 대표권은 원칙적으로 **불가제한성**(不可制限性)을 띠며 대표이사는 회사의 명의로써 할 수 있는 모든 행위를 유효하게 할 수 있다. 즉 영미법상의 **능력외이론**(能力外理論)(ultra vires doctrine)은 적용되지 않는다[$\frac{284면}{참조}$].

(나) 그러므로 효력적 요건이 아닌 대내적인 절차를 갖추지 않고 한 행위나 정관소정의 목적범위 외의 행위라도 대외적으로는 유효한 것이다. 따라서 대표이사의 대표권에 관하여 정관이나 기타 사규 또는 주주총회나 이사회의 결의로 제한을 하더라도 그것은 회사에 대한 관계에서만 그 효력이 있으며 제 3 자에게는 그 제한으로 대항하지 못한다.

2) 대표권의 남용 대표이사의 대표권의 범위에 속하는 사항에 대하여도 권한남용이 있는 경우에 상대방이 대표이사의 행위의 효과를 회사에 대하여 주장할 수 있는가에 대하여는 심리유보설과 권리남용설 및 대표권제한설이 대립하고 있다.

(가) 심리유보설 대표이사가 내부적으로나 외부적으로 대표권한에 속하는 행위를 자기 또는 제 3 자의 이익을 위하여 남용한 경우에는 상대방이 대표이사의 진의를 알았거나 알 수 있었을 때에는 민법 제107조 제 1 항 단서의 규정을 유추적용하여 그 행위는 무효가 된다고 본다. 다만 의사표시의 무효는 선의의 제 3 자에게는 대항하지 못한다는 입장[$\frac{大\ 88.8.9,\ 86\ 다카\ 1858;}{大\ 93.6.25,\ 93\ 다\ 13391}$][$\frac{동:\ 蔡(이),\ 569;\ 李\cdot}{崔,\ 644;\ 徐(헌),\ 387}$]이다.

(나) 권리남용설 대표이사의 권한남용행위에 대하여 상대방이 악의인 경우에도 행위 자체는 유효하지만 악의의 상대방이 회사에 대하여 권리를 행사하는 것은 권리남용 또는 신의칙의 법리에 기하여 인정되지 않는다는 입장[$\frac{大\ 87.10.13,\ 86\ 다카\ 1522;}{大\ 90.3.13,\ 89\ 다카\ 24360}$][$\frac{孫(주),\ 757\sim758;\ 鄭(동),\ 390;\ 李(철),}{551;\ 鄭(찬),\ 797;\ 權(기),\ 736}$]이다.

(다) 대표권제한설 대표권에는 「본인의 이익을 위하여 행사되어야 한다」는 내재적 제한(內在的 制限)이 있는 것으로 보고, 대표권남용행위를 대표권한유월(代表權限踰越)의 경우로 보아 표현대표에 관한 상법규정을 적용 내지 유추적용한다는 입장이다[$\frac{孫智烈,「民事判}{例研究」[XI], 11}$].

(라) 여러 학설의 검토 a) 일반적으로 (나)설에서는 (가)설에 대하여 민법 제107조 1 항 단서의 「진의(眞意)」는 법률행위를 하려는 효과의사가 표의자의 내심(內心)에 실재하지 않는 것을 의미하는 데 대하여 권리남용의 경우에는

법률효과를 회사에 귀속시키려는 의사가 존재하므로 민법 제107조 제 1 항 단서의 유추적용은 문제가 있다고 한다.

　　b) 또한 ㈎설에 의하면 상대방이 선의라도 과실이 있으면 회사에 대하여 대항할 수 없게 되므로, ㈏설이 더 거래의 안전을 보호할 수 있다고 한다. 그러나 민법 제107조 제 1 항 단서는 형평에 부합하는 규정으로 이해관계가 유사한 대리관계나 대표관계에 대하여 동 규정의 유추적용의 범위를 확대하는 것을 부정할 이유는 없다고 본다[李英俊, 「民總」, 339면 참조].

　　c) 그리고 ㈎설에 의하면 과실이 있는 상대방은 보호될 수 없다고 하지만, 대리인도 아닌 대표이사와 거래하는 상대방이 거래를 함에 있어서 대표이사임이 분명한 이상 대표이사가 권한을 남용한다는 것을 안 경우가 아닌 한 권한남용이 아닌가에 대하여까지 특별히 주의를 하여야 할 의무는 없는 것이므로 상대방의 단순한 과실이란 사실상 문제가 될 여지가 없다고 본다.

　　d) 생각건대 대표이사의 권리남용에 대하여는 안이하게 일반조항을 원용하기에 앞서 이와 가장 유사한 법률관계를 찾아서 그에 관한 규정을 적용 또는 유추적용하는 것이 바람직하다고 본다.

［事例演習］

◇ 사 례 ◇

　　A는 자신의 개인채무를 변제하기 위하여 X로부터 금원을 차용하면서 자신이 대표이사로 있는 Y회사 대표이사 명의로 약속어음을 발행하여 교부하였다. 그 후 X가 Y회사에 대하여 약속어음금청구소송을 제기하자 Y회사는 위 약속어음이 회사의 이익이 아닌 대표이사 개인의 이익을 위하여 발행한 것이라는 이유로 지급을 거절하였다. Y회사의 주장은 정당한가?

　[해 설]　이 사례의 경우, (i) 심리유보설의 입장에서는 X가 이 사건 약속어음의 대표이사의 개인적 이익을 위하여 발행된 것이라는 점을 알았거나 알 수 있었을 경우에는 Y는 그 지급을 거절할 수 있다고 보게 될 것이고, (ii) 권리남용설의 입장에서는 X가 악의인 경우(입증책임은 Y에게 있다)에만 위 약속어음금 청구가 신의칙에 반하여 허용될 수 없는 것이 되고, (iii) 대표권제한설의 입장을 취하면, Y회사는 X가 악의이거나 또는 알지 못한 데에 중대한 과실이 있음을 주장·입증하여 책임을 면할 수 있을 것이다.

3) 대표권의 한계   대표이사는 회사의 영업에 관하여 모든 재판상의 행위도 할 수 있지만 이사와 회사간의 소송에 있어서는 소송의 공정한 수행을 위하여 감사가 회사를 대표한다($^{상}_{394}$). 이러한 제한은 이사의 이익과 회사의 이익이 충돌하는 경우에 회사의 이익을 보호하기 위한 것이다. 또한 청산중의 회사는 대표청산인이 대표하며($^{상\ 542\ \mathrm{I}\ \cdot}_{254\ \mathrm{III}}$), 파산회사는 파산관재인이 회사를 대표한다($^{채무자회생}_{355\ 이하}$). 그리고 감사위원회의 위원이 소의 당사자인 경우에는 감사위원회 또는 이사는 법원에 회사를 대표할 자를 선임하여 줄 것을 신청하여야 한다($^{상}_{394\ \mathrm{II}}$).

4) 하자 있는 결의와 대표이사의 행위

㈎ 총   설   대표이사가 주주총회나 이사회의 권한에 속하는 사항에 관하여 그 결의 없이 또는 결의에 위반하여 행위를 한 경우에 그 행위의 효력은 행위의 종류에 따라 개별적으로 판단하여야 한다. 일반적으로 그 효력이 내부관계에만 미치는 사항은 무효이고 제 3 자와 관계가 되는 사항은 거래의 안전을 위하여 유효하다고 본다.

㈏ 주주총회의 결의에 하자가 있는 경우   주주총회의 결의사항 중 정관변경·자본감소·이사의 선임에 관한 결의에 하자가 있으면 이에 기한 대표이사의 행위는 무효이다. 그러나 거래행위인 매매나 임대차 등은 정관에 의하여 주주총회의 결의사항인 경우에 그 결의에 하자가 있어도 유효하다고 본다. 다만 회사의 영업양도는 거래행위에 속하지만, 주주총회의 특별결의는 영업양도의 효력요건이므로 이러한 절차를 거치지 않은 영업양도는 무효이다.

㈐ 이사회의 결의에 하자가 있는 경우   a) 대표이사 및 지배인의 선임, 회사와 이사간의 거래의 승인($^{상}_{398}$), 준비금의 자본전입($^{상}_{461}$)에 관한 이사회의 결의에 하자가 있는 때에는 회사의 이익만이 문제가 되므로, 대표이사의 행위는 무효이지만 일반적인 거래행위를 비롯한 사채발행을 위한 결의에 하자가 있는 경우는 상대방에게 악의 또는 중과실이 없는 한 거래의 안전을 위하여 유효하다고 본다[$^{大\ 78.\ 6.\ 27,\ 78\ 다\ 389;}_{大\ 63.\ 8.\ 31,\ 63\ 다\ 254}$].

b) 판례는 상대방이 악의가 없는 경우에만 유효하다고 하고 상대방의 악의는 회사가 입증하여야 한다고 하였다[$^{大\ 93.\ 6.\ 25,\ 93\ 다\ 13391;\ 大\ 94.\ 10.\ 28,}_{94\ 다\ 39253;\ 大\ 96.\ 1.\ 26,\ 94\ 다\ 42754}$]. 그러나 이후의 판례는 이사회의 결의를 요하는 거래행위에 대하여 이사회의 결의가 없거나 무효인 것을 상대방이 알거나 알 수 있었다면 거래행위는 무효라고 한 바 있다[$^{大\ 95.\ 4.\ 11,}_{94\ 다\ 33903}$].

c) 신주발행의 결의에 하자가 있는 경우도 거래의 안전을 위하여 신주발행은 유효하다는 견해도 있다[鄭(희), 531; 姜(위), 375; 權(기), 739]. 그러나 신주발행은 단순한 업무집행행위가 아니라 조직법상의 행위이므로, 이사회의 결의는 신주발행의 유효요건이라고 할 수 있으며 그 결의에 하자가 있으면 신주발행은 무효라고 본다[동: 徐(돈), 424; 徐(정), 314; 李(철), 548; 李(병), 759; 李(원), 489].

d) 대표이사의 선임결의가 무효인 경우에 그 대표이사가 한 행위의 효력이 문제가 되는데 이 경우에도 거래행위는 유효하다고 본다(상395 유추). 이사회의 결의 없이 주주총회를 소집한 경우에는 절차상에 하자가 있는 결의로서 취소의 사유가 존재하는 것으로 본다.

5) 공동대표이사　　　대표이사가 수인인 때에는 각자가 회사를 대표하지만 대표권의 남용을 방지하기 위하여 이사회의 결의로 공동대표이사를 정한 때에는 수인의 대표이사가 공동으로 회사를 대표하여야 한다(상389 II). 그러므로 공동대표이사 중에 1인이 다른 공동대표이사에게 그의 권한을 포괄적으로 위임하는 것은 공동대표이사제도의 취지에 어긋나므로 인정되지 않으나 특정한 사항에 대한 개별적인 위임은 가능하다고 본다[大 89.5.23, 89 다카 3677][동: 孫(주), 758; 李(철), 557; 鄭(동), 392; 蔡(이), 536; 林(홍), 492; 權(기), 742]. 또 판례는 건물관리에 관한 단독대표행위를 용인 내지 방임하였고 제 3 자가 그러한 권한이 있다고 믿은 때에는 그 단독행위자의 동의는 회사의 동의로 본다고 하였다[大 96.10.25, 95 누 14190]. 공동대표이사가 있는 경우에도 회사에 대한 의사표시는 수인 중 1인에 대하여 함으로써 그 효력이 발생한다(상389 III·, 208 II·). 즉 공동대표이사인 때에도 수동대표의 경우는 각자가 단독대표권이 있는 것이다. 이는 회사에 대한 의사표시뿐만 아니라 통지의 경우도 같다.

[253]　제 5　表見代表理事

Ⅰ. 총　　설

(1) 입법취지　　　1) 주식회사를 대표할 수 있는 자는 대표이사이다. 그러나 실제에 있어서 사장·부사장·전무·상무 등의 명칭을 가진 이사의 전부 또는 일부가 대표이사인 경우가 많으며 그들이 대표이사가 아닌 경우라도 위와 같은 명칭을 가진 이사는 제 3 자로 하여금 대표권이 있는 것으로 믿게 한다. 그리하여 상법은 외관을 신뢰한 제 3 자를 보호하고 거래의 안전을 도모하기 위하여 특칙을 두고 있다[大 88.10.11, 86 다카 2936].

사장·부사장·전무·상무 기타 회사를 대표할 권한이 있는 것으로 인정될 만
한 명칭을 사용한 이사가 한 행위에 대하여는 그 이사가 회사를 대표할 권한이 없
는 경우에도 회사는 선의의 제 3 자에 대하여 대표이사의 행위와 마찬가지로 그 책
임을 진다($\frac{상}{395}$).

2) 상법 제395조의 입법취지는 회사가 이사 중에서 1 인만을 대표이사로
등기하여 두고 다른 이사들에게는 사장·부사장·전무·상무 등의 명칭을 사용
하여 거래활동을 하게 한 후 거래가 회사를 위하여 불리할 때에는 회사의 대
표이사는 1 인밖에 없다는 이유로 회사가 책임을 회피하는 폐단을 방지하는 데
있다. 즉 이 규정은 회사에서 상당한 권한이 있는 것으로 보이는 명칭이 갖는
외관을 신뢰한 자를 보호하는 독일의 **외관법리**(外觀法理)와 영미의 **금반언**(禁
反言)의 원리에 기초를 둔 것으로서, 민법상의 표현대리나 상법 제14조의 표현
지배인과 동일한 목적에서 입법화된 것이라고 할 수 있다.

(2) **민법상의 표현대리와의 관계**   i) 상법 제395조는 대리권수여의
표시에 의한 표현대리에 관한 민법 제125조의 규정을 강화하고 변용시켜서 정
형화한 것이라고 할 수 있다[동: 鄭(동), 420; 權(기), 745]. ii) 본조는 권한을 넘은 표현대리가
성립하는 경우에도 적용된다. 왜냐하면 본조는 포괄적이고 불가제한적인 대표
권의 존재를 일반적으로 추측케 하는 명칭의 사용을 허용한 데 대하여 회사의
표현책임을 인정한 규정이며, 행위자가 어떠한 대리권을 가졌는가 또는 그 행
위가 대표권을 유월한 행위인가 하는 것은 문제삼지 않기 때문이다. 또한 iii)
대리권의 소멸 후에 표현대리가 성립하는 경우에도 회사는 책임을 진다. 즉 대
표이사나 이사의 퇴임등기 후 전무이사 등의 명칭사용을 허락했거나 묵인한
때에는 본조에 의한 책임을 면하지 못할 것이다[동: 鄭(동), 394].

(3) **상업등기제도와의 관계**

1) **총   설**   표현대표이사제도는 상업등기제도와 충돌하게 된다. 대
표이사의 성명과 주소는 등기사항($\frac{상317}{II(9)·(8)}$)이고 등기 후에는 선의의 제 3 자에
게도 대항할 수 있다($\frac{상}{37 I}$). 그러므로 회사는 대표이사로 등기된 자가 아닌 이
사의 행위에 대하여는 책임을 지지 않는 것이다. 그럼에도 불구하고 표현대표
이사제도를 법정한 것은 등기와 관계 없이 대표권이 있는 것으로 인정되는 명
칭에 대한 신뢰를 보호함으로써 거래의 안전을 도모하기 위한 것이다.

2) **학   설**   표현대표이사제도와 상업등기제도와의 관계에 대하여
는 다음과 같은 견해의 대립이 있다.

(가) 이차원설   양자는 각기 그 차원을 달리한다는 설로서[鄭(동), 398; 李(기), 531; 李(철),559], 이는 판례의 입장이기도 하다[大 79. 2. 13, 77 다 4326]. 그러나 양자는 모두 외관에 대한 신뢰의 보호라는 점에서는 오히려 동일 차원에 속한다고 할 수 있기 때문에 그 타당성이 희박하다.

(나) 예외규정설   상법 제395조는 상법 제37조의 예외적 규정이라는 설이다[동; 孫(주), 761; 鄭(찬), 800; 李(원),450; 蔡(이), 543; 權(기), 746]. 이에 의하면 회사가 대표이사를 등기하였을 때에는 기타의 이사는 대표권이 없다는 것을 선의의 제 3 자에게 대항할 수 있는 것이지만, 회사가 스스로 만든 외관에 대하여 책임을 져야 하는 경우에는 이 범위에서 상법 제37조의 적용이 배제된다는 것으로서 이러한 해석이 타당하다.

(다) 정당사유설   명칭에 의하여 대표권이 있는 것으로 신뢰한 것이 상법 제37조 2 항의 「정당한 사유」에 속한다는 설이다. 그러나 정당한 사유란 객관적 장애인 불가항력 등의 사유(교통두절·등기부의 소실)를 말하는데 표현대표이사의 명칭에 대한 신뢰를 객관적 장애로 보는 것은 무리이다.

2. 적용범위

상법 제395조는 외관에 대한 신뢰를 보호함으로써 거래의 안전을 도모하기 위한 규정으로서 그 적용범위는 **법률행위**에 한하고 **불법행위**와 **소송행위**에는 적용되지 않는다. 다만 표현대표이사가 그의 직무수행을 위한 거래행위와 관련하여 불법행위를 한 경우에 회사는 민법 제35조나 제756조에 의한 책임을 지게 될 것이다. 표현대표이사의 대표권의 범위는 거래행위에 관한 한 대표이사의 경우와 같다고 본다.

3. 적용요건

표현대표이사제도는 일방에 있어서 회사측에 귀책사유가 있고 타방에 있어서는 회사측이 만든 외관을 신뢰한 제 3 자가 있을 때 회사가 책임을 지도록 하는 데 목적이 있으므로 상법 제395조는 다음과 같은 요건이 구비된 경우에 적용된다.

(1) 외관의 존재   1) 회사를 대표할 권한이 있는 자로 보이는 외관이 존재하여야 한다. 외관이란 대표권이 존재하는 것과 같은 명칭을 말한다. 명칭에는 상법에서 예시하고 있는 사장·부사장·전무·상무를 비롯하여 총재·부총재·은행장 등 일반적인 통념에 의하여 회사를 대표할 권한이 있는 것으로

보이는 명칭은 모두 포함된다.

2) 상법 제395조는 이사가 아닌 사용인(영업부장·경리부장 등)이 그러한 명칭을 사용한 때[大 85.6.11, 84 다카 963]나, 이사직을 해임한 후에 그러한 명칭을 사용하는 때에도 유추적용될 수 있을 것이다[동: 鄭(희), 485; 李(철), 559; 權(기), 746]. 또한 상법 제395조는 표현대표이사가 자기의 명칭을 사용하여 한 행위에 대하여 적용되는 것이 원칙이지만[大 68.7.16, 68 다 334], 행위자 자신이 표현대표이사인 이상 다른 표현대표이사의 명칭을 사용하여 한 행위에 대하여도 적용된다[大 79.2.13, 77 다 2436].

3) 공동대표이사 중의 1인이 단독으로 회사를 대표하는 행위를 한 경우에도 상법 제395조가 적용되느냐 하는 문제가 있다.

㈎ 공동대표이사 중의 1인이 회사를 대표할 권한이 있는 것으로 보이는 명칭(사장·부사장·전무 등)을 사용하여 제3자가 대표권이 있다고 신뢰하고 거래한 경우에는 동조가 유추적용된다고 본다[동: 鄭(동), 399; 林(홍), 499; 權(기), 751]. 그러나 공동대표이사 중의 1인이 회사의 「대표이사」라는 명칭만을 사용하여 한 행위에 대하여도 동조가 적용되는가 하는 문제에 대하여는 학설이 대립하고 있다.

㈏ **부정설**에 의하면 동조는 대표권이 없는 이사에 관한 규정이고 대표이사의 권한남용을 예방하려는 공동대표이사제도의 취지에 비추어, 공동대표이사의 등기가 있는 한 상법 제37조에 의하여 회사는 선의의 제3자에게 대항할 수 있다고 한다[李(철), 564]. 그러나 이러한 입장은 상법 제395조는 제37조에 대한 관계에 있어서 차원을 달리한다는 이차원설(異次元說)이나 예외규정설(例外規定說)에 의하면 그 타당성에 문제가 있다고 할 것이다. 또한 동조는 상업등기와는 관계 없이 외관을 야기한 데 대하여 회사의 책임을 인정하는 규정이며, 회사의 대표는 단독대표가 원칙이고 공동대표는 예외적인 경우라 할 수 있고, 대표이사란 명칭은 어떠한 명칭보다도 대표권 있는 외관이 뚜렷하므로 거래의 안전을 위하여 동조가 **유추적용**되어야 한다고 본다[大 91.11.12, 91 다 19111; 大 92.10.27, 92 다 19033; 大 96.10.25, 95 누 14190][동: 鄭(동), 399; 蔡(이), 539; 權(기), 752]. 부정설에서는 상법 제395조는 대표권이 없는 이사에 관한 규정이라고 하나 단독대표권이 없는 공동대표이사의 행위에 대하여 회사의 책임을 인정하지 않는 것은 형평의 원칙에 어긋난다고 할 것이다.

판례는 「회사의 운영권을 인수한 자에게 회사의 대표이사의 명칭을 사용하도록 용인하였다면, 상대방이 적법한 대표이사가 아니라는 것을 알았거나 쉽게 알 수 있었던 경우가 아닌 한 회사는 표현대표행위에 대하여 책임을 져야 할 것이다」고

하였다$\left[\begin{smallmatrix} 大 & 94.12.2, \\ 94 & 다 7591 \end{smallmatrix}\right]$.

(2) 외관에 대한 귀책사유　　1) 외관에 대하여 회사의 귀책사유가 있어야 한다. 그러므로 표현대표이사의 명칭을 임의로 사용한 때에는 본조가 적용될 수 없다$\left[\begin{smallmatrix} 大 & 75.5.7, 74 \ 다 \ 1366; \\ 大 & 77.5.10, 71 \ 다 \ 878 \end{smallmatrix}\right]$. 회사가 명칭의 사용을 모르고 제지하지 못한 과실이 있는 경우도 같다$\left[\begin{smallmatrix} 大 & 95.11.21, \\ 94 & 다 5099 \end{smallmatrix}\right]$.

2) 외관에 대한 회사의 귀책사유는 회사가 그러한 명칭을 적극적으로 부여하였거나 그 사용을 허용한 경우, 그리고 회사가 그러한 명칭을 사용하는 것을 알면서 소극적으로 묵인한 경우도 포함한다$\left[\begin{smallmatrix} 大 & 85.6.11, \\ 84 & 다카 963 \end{smallmatrix}\right]$.

　　　　판례는 「주주총회를 소집·개최함이 없이 의사록만을 작성한 주주총회결의로 대표자로 선임된 자의 행위에 대하여 상법 제395조에 따라 회사에게 그 책임을 물으려면, 의사록 작성으로 대표자격의 외관이 현출된 데 대하여 회사에게 귀책사유가 있음이 인정되어야만 할 것이다」고 하였다$\left[\begin{smallmatrix} 大 & 92.8.18, 91 \ 다 \ 14369; \\ 大 & 94.12.27, 94 \ 다 \ 7621 \end{smallmatrix}\right]$.

그리하여 표현대표이사를 이사로 선임한 주주총회의 결의가 취소 또는 무효인 경우나 대표이사를 선임한 이사회의 결의가 무효인 경우에도 회사가 그러한 외관을 야기하였고 그에 대하여 귀책사유가 있는 때에는 상법 제395조가 적용 또는 유추적용될 수 있다고 본다$\left[\begin{smallmatrix} 梁明朝, 「民事判例研究」 \\ [X](1988), 450 \end{smallmatrix}\right]$. 판례도 주주가 아닌 자들이 개최한 주주총회에서 선임된 이사들이 이사회를 구성하고 그 이사회에서 대표이사를 선임하여 등기를 한 사건에서 대표이사로 등기된 자의 행위에 상법 제395조를 적용한 것이 있다$\left[\begin{smallmatrix} 大 & 85.6.11, \\ 84 & 다카 963 \end{smallmatrix}\right]$.

3) 회사가 그 사용을 허용 또는 묵인한 경우란 진정한 대표이사나 이사 전원 또는 과반수의 이사가 적극적 또는 묵시적으로 허용한 경우를 말한다.

　　　　판례도 「회사가 표현대표를 허용하였다고 하기 위하여는 진정한 대표이사가 이를 허용하거나 이사 전원이 아닐지라도 적어도 이사회의 결의의 성립을 위하여 회사의 정관에서 정한 이사의 수, 그와 같은 정관의 규정이 없다면 최소한 이사 정원의 과반수의 이사가 적극적 또는 묵시적으로 허용한 경우이어야 한다」고 한다$\left[\begin{smallmatrix} 大 & 92.9.22, \\ 91 & 다 5365 \end{smallmatrix}\right]$.
　　　　그러나 이 판례에서 「이사회의 결의의 성립을 위하여 회사의 정관에서 정한 이사의 수」의 이사가 허용한 경우이어야 한다고 보는 것은 문제가 아닐 수 없다. 왜냐하면 정관으로 이사회의 결의는 이사 전원의 합의가 있어야 한다든가 이사 전원의 3분의 2의 다수로 결의한다는 정함이 있는 경우에는 회사의 귀책사유의 인정을 위한 요건이 가중되어 거래의 안전을 해할 수 있기 때문이다. 또한 정관은 회사의 내부관계에 대해서만 그 효력이 인정된다는 점에서 정관의 규정에 의하여 제 3 자의 보호가 좌우되어서는 안 된다고 생각한다.

(3) 외관에 대한 제 3 자의 신뢰   1) 상법 제395조에 의하여 회사가 책임을 져야 할 상대방은 선의의 제 3 자이다. 제 3 자란 표현대표이사의 법률행위의 직접적인 상대방뿐만 아니라 표현대표이사가 사용한 명칭의 표시를 신뢰한 제 3 자도 포함한다. 그러므로 사장의 명의로 발행된 약속어음의 수취인으로부터 회사를 발행인으로 믿고 어음을 취득한 제 3 자에 대하여도 회사는 본조에 의하여 책임을 지게 된다. 이러한 책임의 성립을 위하여는 외관에 대한 신뢰와 상대방의 행위 사이에 인과관계가 있어야 한다. 여기서 선의란 표현대표이사가 회사를 대표할 권한이 없다는 것을 알지 못한 것을 뜻한다. 그러므로 회사가 책임을 지지 않으려면 제 3 자의 악의를 입증하여야 한다$\left[\begin{smallmatrix} 大 \ 71.12.28, \\ 71 \ 다 \ 2141 \end{smallmatrix}\right]$.

2) 제 3 자가 중대한 과실로 인하여 대표권의 흠결을 알지 못한 때에는 제 3 자가 악의인 경우에 준하여 회사는 책임을 지지 않는다$\left[\begin{smallmatrix} 동: \ 孫(주), \ 836; \ 李(철), \\ 563; \ 權(기), \ 750 \end{smallmatrix}\right]$ $\left[\begin{smallmatrix} 大 \ 99.11.12, \\ 99 \ 다 \ 19797 \end{smallmatrix}\right]$. 이 경우에도 제 3 자의 중대한 과실에 대한 입증책임은 회사가 진다. 제 3 자가 선의인 이상 과실이 있더라도 회사는 책임을 진다고 할 것이다 $\left[\begin{smallmatrix} 大 \ 73.2.28, \\ 72 \ 다 \ 1907 \end{smallmatrix}\right]$.

4. 적용효과

회사는 표현대표이사의 행위에 대하여 대표이사가 한 행위와 마찬가지로 제 3 자에 대하여 책임을 진다.

[事例演習]

◇ 사 례 ◇

광주상사주식회사는 대표이사 사장 A가 교통사고로 인하여 입원하였기 때문에 장인인 이사회장 B가 회사의 업무를 집행하고 있었다. B는 대표이사가 아니었지만 매매대금의 지급을 위하여 약속어음의 발행인란에 「광주상사주식회사 이사회장 B」라고 기명날인하여 이를 C에게 발행교부하였다. C는 다시 이를 D에게 배서양도하였고, D는 만기에 위 어음을 광주상사에 제시하고 지급을 청구하였다.

〈설문 1〉 C는 B와 절친한 사이여서 대표권이 없다는 것을 알고 있었으나, D는 이러한 사실을 알지 못한 경우 광주상사는 지급을 거절할 수 있는가?

〈설문 2〉 위의 경우와 반대로 C는 B에게 대표권이 없다는 사실을 알지 못했지만, D는 B에게 대표권이 없다는 사실을 알고 있었디면 어떻게 되는가?

[해 설] **설문 1의 경우**　이사회장이라는 명칭을 상법 제395조의 회사를 대표할 권한이 있는 것으로 인정될 수 있는 명칭으로 본다. 그러나 회사가 표현대표이사의 행위에 대하여 책임을 부담하는 것은 선의의 제 3 자에 대해서이다. 여기서 제 3 자란 어음거래의 경우에는 어음행위의 직접 상대방뿐만 아니라, 어음의 제 3 취득자도 포함한다는 것이 통설이다. 그러므로 D는 통설에 의하는 경우 선의의 제 3 자로서 보호를 받게 된다. 따라서 광주상사는 어음금의 지급을 거절할 수 없다.

　　설문 2의 경우　D는 악의이지만, D는 C가 상법 제395조의 적용에 의하여 적법하게 취득한 어음을 양수한 것이다. 그러므로 광주상사는 D에 대하여 지급을 거절할 수 없다.

[254] 제 6 理事의 義務

I. 선관의무

　회사와 이사의 관계에 대하여는 위임에 관한 규정이 준용되므로($\frac{상}{382}$Ⅱ), 이사는 회사의 업무를 집행함에 있어서 **선량한 관리자의 주의의무**를 진다($\frac{민}{681}$). 이사회는 업무집행의 감독기관이므로 그 구성원인 이사는 대표이사의 업무집행을 감독할 감시의무가 있으며, 이러한 감시의무의 수행을 위하여 선량한 관리자의 주의의무($\frac{이하\ 선관의}{무라\ 한다}$)를 진다고 할 것이다[$\frac{大\ 85.\ 6.\ 25,}{84\ 다카\ 1954}$]. 대표이사도 다른 대표이사의 업무에 대한 감시의무가 있고, 업무담당이사 및 기타 사용인에 대하여 감독의무를 진다. 이사의 경업피지의무($\frac{상}{397}$)와 이사의 자기거래제한($\frac{상}{398}$) 등에 관한 규정은 이사의 선관의무를 구체화한 것이라고 할 수 있다.

　　판례는 「금융기관의 임원은 소속 금융기관에 대하여 선량한 관리자의 주의의무를 부담하므로, 그 의무를 충실히 이행하여야만 임원으로서의 임무를 다한 것이라고 할 것인바, 금융기관의 임원이 위와 같은 선량한 관리자의 주의의무에 위반하여 자신의 임무를 게을리하였는지 여부는 그 대출결정에 통상의 대출담당임원으로서 간과해서는 안 될 잘못이 있는지 여부를 제반 규정의 준수 여부, 대출의 조건과 내용, 규모, 변제계획, 담보의 유무와 내용, 채무자의 재산 및 경영상황, 성장가능성 등 여러 가지 사항에 비추어 종합적으로 판정해야 할 것이다($\binom{\text{대법원 2002. 6. 14.}}{\text{선고 2001 다 52407}}$ 판결)」고 하였다$\binom{\text{大 2007. 7. 26,}}{\text{2006 다 33609}}$.

2. 충실의무

(1) 서   설   1998년의 개정상법에 의하여 「이사는 법령과 정관의 규정에 따라 회사를 위하여 직무를 충실하게 수행하여야 한다」는 규정이 신설되었다($\binom{\text{상}}{\text{의 3}}382$).

(2) 충실의무와 선관의무와의 관계   1) 이사는 회사의 업무를 집행함에 있어서 선량한 관리자의 주의의무를 진다($\binom{\text{민}}{681}$). 그러면 이러한 선관의무와 충실의무는 어떠한 관계에 있는가 하는 것이 문제가 된다. 충실의무는 선관의무와 다른 의무라는 입장에서는 상법 397조의 이사의 경업피지의무와 제398조의 이사의 자기거래제한에 관한 규정을 충실의무에 관한 규정이라고 한다 $\binom{\text{鄭(희), 486; 鄭(동), 404; 宋相}}{\text{現, 「法學」(서울大) 14. 2, 119}}$. 즉 이에 의하면 영미에서 회사와 이사간에는 신뢰관계 (fiduciary relation)가 존재하므로, 이사는 그 지위를 이용하여 자기 또는 제 3 자의 이익을 도모할 목적으로 회사의 이익을 해하여서는 안 된다는 충실의무는 선관의무와 다른 의무로 인정해야 한다는 것이다.

2) 그 근거는 i) 민법상으로 수임인은 무보수임이 원칙인데($\binom{\text{민}}{686}$), 위임인의 이익을 우선시키고 자기의 이익을 무시하여야 할 의무는 없으므로 선관의무만으로는 부족하다는 것이고, ii) 상법은 이사회제도를 도입하여 이사회의 권한이 확대되었기 때문에 그에 상응하는 의무가 요구되며 기업이 거대화·국제화·공개화되었기 때문이라고 한다.

3) i)에서는 수임인이 자연인인 단순한 위임의 경우를 근거로 삼고 있으나 오늘날 회사의 이사는 당연히 보수청구권이 있다는 것이 통설이므로 이사는 회사의 이익을 우선시켜야 할 의무가 있으며, ii)에서의 선관의무는 이사회의 권한이 확대되면 그만큼 그 내용도 강화된다고 해석하여 운영할 수 있는 것이고, 이와 같은 맥락에서 기업의 거대화·국제화에 따라 이사는 그에 상응하는 선관의무를 지는 것이므로 충실의무는 선관의무와 다른 것이 아니라고 본다. 왜냐하면 선관의무의 내용은 통일적으로 정형화되는 것이 아니라 기업의 종류와 규모, 종업원의 수, 경기상황 등과 각 이사의 특별한 직무에 따라 다른 것이기 때문이다. 그러므로 충실의무는 선관의무와 동질적인 의미로 보

거나 선관의무를 구체화한 표현으로 이해하여야 할 것이다.

　　　판례는「악의 또는 중과실로 임무를 해태한 행위라 함은 이사의 충실의무 또
　　는 선관의무위반행위로서 위법성이 있는 것을 말한다」고 하였다[大 85. 11. 12,84 다카 2490].

　　4） 상법에서는 이사의 충실의무를 법정하고 있으나 그 법적인 기초가 무
엇인가 하는 문제가 있다. 이사의 선관의무에 있어서는 위임관계를 기초로 함
이 법률상 명확하므로 특별한 문제가 없다. 그러나 충실의무의 법적 기초에 대
해서는 영미에서는 회사와 이사와의 사이에 신인적 법률관계가 존재한다는 것
을 승인하는 판례법이 확립되어 있어서 충실의무가 있다는 것이 일반적으로
승인되고 있다. 그러나 상법에는 이에 관한 규정이나 판례법도 없으므로 충실
의무의 법적 기초는 선관의무와 마찬가지로 상법 제382조 제 2 항에서 찾을 수
있다고 본다. 그 이유는 회사와 이사 사이에 신인관계는 민법의 위임에 관한
규정의 배후에도 존재하므로, 회사와 이사간의 관계는 위임에 관한 규정을 준
용한다고 하는 것은 그 규정의 취지가 **선관의무**와 **충실의무**가 포함된 것이라
고 볼 수 있기 때문이다.

　　⑶ 이사의 의무와 경영판단의 법칙　　　　이사와 회사의 관계는 위임이므로 이사는
회사에 대하여 선관의무를 진다. 그렇다고 회사에 손해가 생긴 때에 항상 선관의무의 위
반으로 이사가 책임을 진다고 한다면, 이는 이사에게는 가혹한 결과가 초래된다고 할 것
이다. 왜냐하면 경쟁이 치열하고 수시로 경제환경이 변화하는 시대의 기업영업에 있어
서 항상 정확하고 손해 없는 경영판단만을 기대할 수는 없는 것이기 때문이다. 그리하여
미국에서는 판례법으로 **경영판단의 법칙**(business judgement rule)이 발전하기에 이르
렀다. 이는 이사가 그 권한의 범위 내에서 객관적인 정보에 따라 제반사정을 고려하여
합리적인 경영상의 결정을 한 때에는 단순히 그 판단이 잘못되었다는 이유만으로는 책
임을 지지 않는다는 것이다. 즉 경영판단에 대한 법원의 관여를 배제하려는 법칙이다.
우리의 경우에도 회사에 손해가 있다고 하여 단순히 경영판단이 잘못되었다는 이유로
이사에게 임무해태로 인한 책임을 지울 수는 없다고 본다.

　　　판례는「상법 제399조는 이사가 법령에 위반한 행위를 한 경우에 회사에 대하
　　여 손해배상책임을 지도록 규정하고 있는데, 이사가 임무를 수행함에 있어서 위와
　　같이 법령에 위반한 행위를 한 때에는 그 행위 자체가 회사에 대하여 채무불이행에
　　해당되므로 이로 인하여 회사에 손해가 발생한 이상, 특별한 사정이 없는 한 손해
　　배상책임을 면할 수 없다. 한편, 이사가 임무를 수행함에 있어서 선량한 관리자의
　　주의의무를 위반하여 임무위반으로 인한 손해배상책임이 문제되는 경우에도, 통상
　　의 합리적인 금융기관의 임원이 그 당시의 상황에서 적합한 절차에 따라 회사의 최

대이익을 위하여 신의성실에 따라 직무를 수행하였고 그 의사결정과정 및 내용이
현저하게 불합리하지 않다면, 그 임원의 행위는 경영판단의 허용되는 재량범위 내
에 있다고 할 것이나, 위와 같이 이사가 법령에 위반한 행위에 대하여는 원칙적으
로 경영판단의 원칙이 허용되지 않는다고 할 것이다(대법원 2002. 6. 14. 선고 2001 다 52407
판결; 2005. 10. 28. 선고 2003 다 69638
참조 등)」고 하였다[大 2007. 7. 26,
2006 다 33609].

3. 비밀준수의무

이사는 재임중뿐만 아니라 퇴임 후에도 직무상 알게 된 회사의 영업상 비
밀을 누설하여서는 안 된다(상 382
의 4). 이러한 의무는 대리상의 계약종료 후의 영
업비밀준수의무(상 92
의 3)와 같다고 할 수 있다[상세는 170면
이하 참조].

4. 경업피지의무

(1) 의   의   1) 이사는 이사회(이사가 1인인 회
사는 주주총회)의 승인 없이 자기 또는
제 3 자의 계산으로 회사의 **영업부류**에 속한 거래를 하거나 **동종영업**을 목적으
로 하는 다른 회사의 무한책임사원이나 이사가 되지 못한다(상 397 Ⅰ·
383 Ⅳ). 이것은
이사가 영업상의 지식과 비밀을 이용하여 회사의 이익을 희생시키면서 자기
또는 제 3 자의 이익을 추구하는 것을 방지하기 위하여 이사의 선관의무를 구체
화한 규정이다[大 90. 11. 2,
90 마 745].

2) 이사는 영업목적이 다른 회사의 무한책임사원이나 이사는 될 수 있다
는 점이 상업사용인의 경우(상 17 Ⅰ)와 다르다. 그러므로 이사의 겸직제한에 관한
규정을 「회사의 업무에 전념하여야 된다는 당위성을 규범화하기 위하여 이사
에 법적 책임을 과한 것」이라는 주장[李(철)·
605]은 타당하지 못하다.

(2) 적용요건

1) **영업부류에 속한 거래**   이는 회사의 사업과 시장에서 경합관계가
생겨 회사와 이사간에 이익이 충돌될 수 있는 거래를 말한다. 그렇다고 단순히
정관소정의 목적에 해당하는 거래만을 말하는 것은 아니다. 그러므로 회사의
목적에 속하는 거래라도 전혀 착수할 전망이 없거나 이미 폐지한 사업에 관한
거래는 제외된다. 이사는 이러한 거래를 「자기 또는 제 3 자의 계산」으로 하지 못
한다. 이는 거래의 경제적 효과가 자기 또는 제 3 자에게 귀속되는 것을 의미한다.

2) 겸   직   (개) 이사는 동종영업을 목적으로 하는 다른 회사의 무한
책임사원이나 이사가 되지 못한다.

판례는 「회사의 승인이 없이 동회사와 동종영업을 목적으로 하는 회사를 설립하고 그 회사의 이사 겸 대표이사가 되어 영업준비작업을 하고 있다면, 영업활동을 개시하기 전에 그 회사의 이사 및 대표이사직을 사임하였다고 하더라도 이는 상법 제397조 제 1 항 소정의 경업금지의무를 위반한 행위에 속한다」고 한 바 있다(大 93. 4. 9, 92 다 53583).

(내) 이는 영업의 목적과 관계 없이 겸직을 제한하는 상업사용인의 경우(상 17 I)와 다르고, 대리상·합명회사의 사원·합자회사의 무한책임사원의 경우(상 89 I, 198 I, 269)와 같다.

3) 이사회의 승인　　(개) 이사는 사전에 이사회에 대하여 승인의 대상인 사항에 관한 중요한 사실을 밝히고 승인을 얻어야 한다. 이사가 1인인 회사(상 383 I 단)는 주주총회의 승인이 있어야 한다(상 383 IV).

(내) 이사회의 승인은 사전에 함을 원칙으로 하지만 사후의 추인도 가능하다. 그러나 승인 없이 한 거래나 다른 회사에의 취임으로 인한 손해배상책임은 면하지 못한다. 이와는 달리 사후의 추인은 일종의 책임면제와 같은 효과를 가져오므로 상법 제400조에서 이사의 책임면제에 총주주의 동의를 요하는 것과의 균형을 이유로 사후의 추인은 인정되지 않는다는 견해가 있으나[李(철)· 605], 사후의 추인은 다만 이사회의 승인을 얻지 않고 한 법률행위의 하자가 치유될 뿐이고 이사의 손해배상책임이 면제되는 것은 아니라는 점에서 타당하지 못하다.

(대) 경업적 거래의 승인을 얻고자 하는 이사는 이사회에 그 거래에 관한 중요한 사항을, 그리고 동종영업의 다른 회사에 겸직을 하고자 할 때에는 그 회사에 관한 중요한 사항을 개시(開示)하여야 할 것이다. 경업의 승인을 구하는 이사는 이사회의 경업승인결의에서 그의 의결권을 행사하지 못한다(상 368 IV· 391 II). 왜냐하면 당해 이사는 이사회의 결의에 관하여 특별이해관계인이라고 할 수 있기 때문이다.

(3) 의무위반의 효과

1) 총　　설　　회사는 이사가 경업피지의무를 위반한 경우에 그 이사를 해임할 수 있으며(상 385), 소수주주는 이사해임의 소를 제기할 수 있고(상 385 II), 손해배상책임을 지울 수 있다(상 399). 또한 회사는 이사회의 결의로 개입권을 행사할 수 있다(상 397 II). 다만 개입권과 손해배상청구 중 한 가지를 선택한 이후에는 그 선택을 철회하지 못한다고 본다(민 382 II). 그러나 동종영업의 다른 회사의 무한책임사원이나 이사의 취임제한에 위반한 경우는 손해배상청구를 할 수 있을 뿐이다.

2) 개 입 권

㈎ 의   의   이사가 이사회(또는 주주총회)의 승인이 없이 자기 또는 제 3 자의 계산으로 회사의 영업부류에 속한 거래를 한 경우, 회사는 이사회 (또는 주주총회)의 결의로 그 이사의 거래가 자기의 계산으로 한 것인 때에는 이를 회사의 계산으로 한 것으로 볼 수 있고, 제 3 자의 계산으로 한 것인 때에 는 그 이사에 대하여 이로 인한 이득의 양도를 청구할 수 있는데($^{상\ 397\ II\ \cdot}_{383\ IV}$) 이를 회사의 **개입권**(介入權) 또는 **탈취권**(奪取權)이라 한다. 이러한 권리는 이사 가 의무를 위반함으로써 생긴 손해는 회사가 배상청구를 할 수 있지만 그 손 해액의 입증이 곤란하여 회사의 이익을 충분히 보호할 수 없다는 점과 고객관 계의 유지를 고려하여 인정한 것이다.

㈏ 성   질   개입권은 이사에 대한 회사의 일방적 의사표시에 의하 여 그 효과가 생기는 **형성권이다.** 즉 개입권은 이사회의 결의를 거쳐 당해 이 사에게 통지를 함으로써 그 효력이 생긴다.

㈐ 개입권행사의 효과   개입권행사의 효과는 회사와 이사간의 관계에 만 미치고 이사와 제 3 자간의 법률관계를 변경시키거나 회사가 제 3 자에 대하 여 거래의 **당사자**가 되는 것은 아니다. 회사가 개입권을 행사하면 이사는 그 거래의 **경제적** 효과를 전부 회사에 귀속시켜야 할 의무를 지므로, 이사는 회사 에 그 거래로 인하여 취득한 권리를 이전하고 금전 기타의 물건을 인도하여야 한다. 회사도 거래로 인하여 이사가 부담한 채무를 변제하고 그 밖에 지출한 비용을 상환하여야 한다.

㈑ 개입권의 소멸   개입권은 거래가 있은 날로부터 1 년을 경과하면 소멸한다($^{상}_{397\ III}$). 이 기간은 제척기간이며 시효기간이 아니다.

⑷ 의무의 소멸   이사의 경업피지의무는 특약이 없는 한 이사의 종임 에 의하여 소멸한다.

[事例演習]

◇ 사   례 ◇

서울·경기도지역에 점포망을 가지고 중저가 의류판매를 영업으로 하는 甲주식회사는 부산에 진출할 계획을 세우고 있었다. 이사 A는 회 사의 승인 없이 부산에「甲 부산점」이라는 상호를 사용하여 고급 의류

판매를 개시하였다. 이 경우 甲주식회사는 A에 대해 상법상 어떤 조치
를 취할 수 있는가.

> 해설　A에 대해 경업금지의무위반의 책임을 추궁하기 위하여는 우선
> A가 회사의 영업부류에 속한 거래를 하였어야 한다. 그런데 甲주식
> 회사가 행하고 있는 영업은 중저가 의류판매이고 A는 고가 의류판
> 매를 하고 있기 때문에, 시장에서 경합관계가 성립하지 않는다고 볼
> 여지가 있다. 그러나 양자는 상품의 품질 및 가격에 있어서 차이가
> 생길 뿐이고 동종 또는 유사상품의 거래에 해당한다고 할 수 있다.
> 또한 양자의 영업지역이 다르기 때문에 甲주식회사의 이익을 해할
> 우려가 없다고 볼 여지도 있지만, 본 사례에 있어서 甲주식회사는
> 부산에 진출할 계획을 하고 있기 때문에 실질적으로 甲회사의 이익
> 을 해할 우려가 있다고 본다. 그러므로 甲회사는 A에 대해 손해배
> 상청구, 해임결의, 개입권행사를 할 수 있다. 또한 甲주식회사는 A
> 에 대해 상호사용의 금지 및 손해배상을 청구할 수 있다.

5. 회사와의 자기거래제한

(1) 의　　　의　　　1) 이사는 이사회($^{이사가\ 1인\ 또는\ 2인}_{인\ 회사는\ 주주총회}$)의 승인 없이 자기 또
는 제 3 자의 계산으로 회사와 거래를 할 수 없다($^{상\ 398\ 전단}_{383\ IV}$). 이 규정은 직접 이
사가 거래의 상대방으로서 또는 상대방의 대리인이나 대표자로서 회사와 거래
를 하는 경우에 자기의 지위와 경영상의 기밀을 이용하여 회사의 이익을 희생
시키고 자기 또는 제 3 자의 이익을 추구하는 것을 방지하기 위하여 이사의 선
관의무를 구체화한 것이다.

2) 이사회의 승인이 있으면 쌍방대리 또는 자기계약의 금지에 관한 민법
의 규정을 적용하지 않는데, 이는 개인법적인 자기계약·쌍방대리가 단체법적
으로 수정된 것으로 본다. 상법 제398조가 1인회사의 주주인 이사와 회사와의
거래에도 적용되는가에 대하여는 학설의 대립이 있다$\begin{bmatrix} 269면\ 이하 \\ 참조 \end{bmatrix}$.

(2) 제한되는 거래의 범위

1) 제한되는 거래　　　(가) 제한되는 거래에는 원칙적으로 회사의 이익을
해할 염려가 있는 모든 재산적 거래($^{이사에\ 의한\ 회사재산의\ 양수,\ 이사에\ 의한\ 자기재산의\ 회사에\ 대}_{한\ 양도,\ 이사의\ 채무의\ 회사에\ 의한\ 인수,\ 회사의\ 채권을\ 이사의}$
$^{채권으로\ 한}_{경개\ 등}$)로서, 이사와 회사간의 **직접거래**뿐만 아니라 **간접거래**($^{회사가\ 이사\ 개인의\ 채}_{무를\ 보증하는\ 행위}$)
$\begin{bmatrix} 大\ 84.12.11,\ 84\ 다카\ 1591; \\ 大\ 69.11.11,\ 69\ 다\ 1374 \end{bmatrix}$, 그리고 이사가 2 개 회사의 대표이사를 겸임하는 경우
양 회사의 거래를 포함한다$\begin{bmatrix} 大\ 96.5.28,\ 95 \\ 다\ 12101\cdot12118 \end{bmatrix}$.

(나) 상법개정안(2007)에 의하면 이사회의 승인을 요하는 거래는 회사와 이사간의 거래뿐만 아니라 회사와 이사의 배우자 등과의 거래를 포함한다. 즉 i) 이사, ii) 이사의 배우자·직계존비속, 배우자의 직계존비속, iii) i) 및 ii)의 자가 단독으로 또는 공동으로 의결권 있는 발행주식총수의 100분의 50을 초과하는 주식을 가진 회사 및 그 자회사, iv) i) 및 ii)의 자가 iii)의 회사와 합하여 의결권 있는 발행주식총수의 100분의 50을 초과하는 주식을 가진 회사는 거래의 조건이 공정하고 사전에 이사회의 승인이 있어야 자기 또는 제 3 자의 계산으로 회사와 거래를 할 수 있다($^{상\ 398}_{\ I}$).

(다) 이사가 장래 또는 현재에 회사의 이익이 될 수 있는 i) 직무를 수행하는 과정에서 알게 되거나 회사의 정보를 이용한 사업기회나, ii) 회사가 수행하고 있거나 수행할 사업과 밀접한 관계가 있는 사업기회를 제 3 자로 하여금 이용하도록 히어 회사와 거래를 하는 경우에는 이사회의 승인을 받아야 한다($^{상\ 398}_{\ III}$).

(라) 어음행위는 거래의 수단인 행위로서 이해의 충돌을 초래하는 행위가 아니므로 제외된다는 소수설도 있으나[徐(돈), 393; 金(용), 388], 어음행위로 인하여 원인관계와 별개의 새로운 채무를 부담하게 되는 때에는 어음행위도 제한을 받는 거래에 포함된다고 하는 것이 다수설이며[동; 孫(주), 767; 鄭(찬), 818; 李(철), 614; 鄭 (동), 415; 蔡(이), 559; 林(홍), 507; 權(기), 660] 판례의 입장[大 66.9.6, 66 다 1146]이다. 왜냐하면 어음채무는 항변의 절단, 입증책임의 전환, 부도의 경우에 은행거래정지처분 등의 위험부담이 따르게 되어 원인관계의 채무보다 이해충돌의 여지가 많기 때문이다. 그러므로 회사가 이사에 대하여 약속어음을 발행하거나 배서하는 행위는 원칙적으로 이사회의 승인을 요한다. 그러나 i) 이사가 회사에 대하여 어음을 발행하거나 배서를 하는 경우와, ii) 회사가 이사에게 어음을 배서하는 경우라도 어음금액과 동액의 융자를 받는 경우에는 이사회의 승인이 필요 없다[金枓衡,「諸問題」(下), 127].

2) 제한되지 않는 거래   행위의 성질상 회사에 불이익이 생길 염려가 없는 경우로서 예컨대 기존채무의 조건을 회사에 유리하게 변경하는 행위, 무이자·무담보로 회사에 대부하는 행위, 채무의 이행행위(이사가 회사에 대하여 약속어음을 발행하거나 배서하는 행위), 쌍방의 채무가 변제기에 있는 경우 채권·채무를 상계하는 행위, 보통거래약관에 의한 거래(보험계약·예금계약·운송계약 등), 회사가 부담 없이 무상증여를 받는 계약 등은 제한을 받는 거래에 포함되지 않는다.

(3) 승인의 방법과 시기   1) 자기거래의 승인은 이사회의 결의에 의

하여야 하지만 정관에 의하여 주주총회의 결의사항으로 할 수 있다고 본다. 승인결의의 경우에 거래의 당사자인 이사는 특별이해관계인으로서 의결권을 행사하지 못한다($^{상 391 \, II\cdot}_{368 \, IV}$). 자기거래의 승인은 이사회의 결의사항이므로($^{상 398}_{전단}$) 1인주주가 이사인 경우나 총주주의 동의가 있는 경우에도 회사채권자의 이익을 고려하여 이사회의 결의가 필요하다는 견해도 있으나[$^{孫(주),\ 767;\ 李(철)\cdot}_{614;\ 權(기),\ 661}$], 이러한 경우의 자기거래는 이사회의 승인이 없더라도 유효하다고 할 것이다[$^{大\ 92.9.14,}_{92\ 도\ 1564}$][$^{동:\ 鄭(동),\ 414;}_{姜(위),\ 549}$].

2) 자기거래의 승인규정의 취지는 회사와 주주의 이익을 보호하는 데 있고 1인회사의 경우 회사와 주주의 이익은 바로 1인주주의 이익과 일치한다고 할 수 있기 때문이다.

　　　　판례도 「회사의 이사에 대한 채무부담행위가 상법 제398조 소정의 이사의 자기거래에 해당하여 이사회의 승인을 요한다고 할지라도 위 규정의 취지가 회사 및 주주에게 예기치 못한 손해를 끼치는 것을 방지함에 있다고 할 것이므로, 그 채무부담행위에 대하여 사전에 주주 전원의 동의가 있었다면 회사는 이사회의 승인이 없었음을 이유로 그 책임을 회피할 수 없는 것이다」라고 판시한 바 있는데[$^{大\ 92.3.31,}_{91\ 다\ 16310}$] 이는 타당한 것으로 본다.

3) 자기거래의 승인은 직접거래의 경우나 간접거래의 경우에도 이익충돌행위의 당사자인 이사가 요구하여야 하며, 거래마다 개별적으로 하여야 하고 사전승인이어야 된다고 본다. 즉 사후의 추인은 인정되지 않는다[$^{동:\ 孫(주),\ 768;}_{李(병),\ 676}$]. 추인을 인정하는 것이 판례의 입장이고[$^{大\ 92.2.11,}_{91\ 다\ 42685}$] 이를 지지하는 견해도 있으나[$^{金(용)\cdot}_{389}$], 이를 인정하게 되면 제 3 자의 지위가 불안정하게 될 뿐만 아니라 추인을 예상하여 자기거래가 무절제하게 이루어지게 될 것이다.

(4) 승인 없는 거래의 효력　　　이사가 이사회(또는 주주총회)의 승인 없이 자기거래를 한 경우에 그 효력에 관해서는 다음과 같은 학설의 대립이 있다.

1) 무 효 설　　　자기거래의 제한은 회사의 이익보호를 위한 것으로서 이사회의 승인은 자기거래의 효력요건이므로, 이사회의 승인이 없는 자기거래는 이사와 회사의 관계에 있어서는 물론이고[$^{大\ 92.2.11,}_{91\ 다\ 42685}$] 제 3 자와의 관계에 있어서도 무효라고 한다[$^{大\ 80.7.22,}_{80\ 다\ 341\cdot342}$][$^{徐(돈),\ 392;\ 金(용)\cdot}_{389;\ 李(기),\ 535}$]. 다만 예외적으로 이사회의 승인 없는 어음행위는 회사와 이사간에는 무효이지만, 어음이 유통되어 제 3 자가 이를 취득한 때에는 선의취득자는 보호되고[$^{大\ 78.3.28,}_{78\ 다\ 4}$] 기타의 동산에 대하여는 민법의 선의취득에 관한 규정에 의하면 된다고 한다. 그러나 부동산의

경우는 제 3 취득자가 있는 경우에도 무효라고 본다.

2) **상대적 무효설** 이사회의 승인 없는 자기거래는 회사와 이사간에는 무효이지만, 제 3 자에 대하여는 그가 악의라는 것을 입증하지 못하는 한 무효를 주장할 수 없다고 한다[孫(주), 769; 鄭(찬), 821; 李(철), 617; 林(홍), 509; 權(기), 663]. 중대한 과실을 입증하지 못한 경우도 같다[大 2004. 3. 25, 2003 다 64688]. 이 견해에서는 거래의 안전과 회사의 이익보호라는 두 가지의 요청을 만족시킬 수 있다고 하지만, 실질적으로는 거래의 안전에 중점을 둔 입장이라고 할 수 있다. 그리하여 선의의 부동산의 취득자도 보호된다고 한다. 이는 판례의 입장이기도 하다[大 73. 10. 31, 73 다 954; 大 96. 5. 8, 95 다 12101·12118].

3) **유 효 설** 자기거래의 제한에 관한 규정은 이사의 의무를 정한 **명령규정**에 불과하고 또 회사와 이사가 거래를 하는 경우에 업무집행의 결정방법을 정한 것으로 보아 자기거래는 유효하고, 다만 회사의 이익은 이사에 대한 손해배상책임과 악의취득자에 대한 악의의 항변으로 보호될 수 있다고 한다[徐(정), 286; 朴·李, 303; 梁·朴, 383]. 이에 의하면 선의의 부동산의 취득자도 보호된다고 한다.

4) **사   견**(무효설) ㈎ 상법 제398조는 회사의 이익보호를 위한 **강행법규**이다. 이사의 자기거래로 인하여 생기는 회사의 불이익은 자기거래의 당사자인 이사에 대한 손해배상책임에 의해 해결될 수 없을 뿐만 아니라, 유효설에 의하면 상법 제398조의 존재이유를 설명할 수 없고 회사의 이익은 보호할 수 없게 될 것이다. 이사회(또는 주주총회)의 승인을 요하는 거래는 회사의 이익을 해할 염려가 있는 거래에 한정되므로 승인 없는 자기거래는 무효라고 하는 것이 회사의 보호를 위하여 타당하다.

㈏ 상대적 무효설에서는 무효설에 의하면 부동산거래의 경우는 선의의 제 3 자를 보호할 수 없다고 하지만[鄭(희), 489], 부동산과 같이 중요한 거래에 있어서도 회사가 악의를 입증하지 못하여 무효를 주장할 수 없다면 회사의 존립을 위태롭게 할 수 있을 것이므로 무효설이 타당하다. 그러나 상법 제398조는 회사의 이익을 도모하기 위한 규정이므로 회사의 거래상대방인 이사나 제 3 자는 이 규정의 위반을 이유로 무효를 주장할 수 없다고 할 것이다.

⑸ **자기거래와 이사의 책임** 이사회(또는 주주총회)의 승인 없이 자기거래를 한 이사와 그 거래에서 회사를 대표한 이사는 회사에 대하여 손해배상책임을 진다(상399). 자기거래에 대하여 이사회의 승인을 얻은 경우에도 자기거래를 함에 있어서 이사의 선관의무의 위반으로 회사에 손해가 생긴 때에는 이사는 손해배상책임을 면하지 못한다(상399 I)[大 89. 1. 31, 87 누 760]. 이사의 책임은 **총주주**

의 동의에 의하여 면제될 수 있다($상_{400}$).

[事例演習]

◇ 사 례 ◇

가전제품회사인 X주식회사는 A와의 사이에 가전제품 대리점계약을 체결하고 가전제품을 공급하여 오던 중, A는 가전제품 판매업을 목적으로 한 Y주식회사를 설립하고 그 대표이사가 된 다음, Y회사를 대표하여 X회사와의 사이에 A의 X에 대한 물품거래채무를 인수하였다. 그 후 X회사가 Y회사에 대하여 위 물품거래채무의 이행을 구하자 Y는 위 채무인수는 상법 제398조(이사와 회사간의 거래)에 위반한 거래로서 무효라는 이유로 그 이행을 거절하였다. Y의 주장은 정당한가?

[해 설] 상법 제398조에서 말하는 「거래」라고 함은 이사와 회사간의 직접거래뿐만 아니라 회사와 이사 사이에 이해관계가 상반되는 회사와 제3자간의 거래 이른바 「간접거래」도 포함된다는 데 학설, 판례상 이론이 없다. 따라서 A가 Y회사를 대표하여 X와의 사이에 채무인수계약을 체결하였다 하더라도 상법 제398조가 적용된다는 이사회의 승인 없이 이루어진 자기거래의 효력에 관하여 무효설을 취하면, 위 채무인수는 무효로서 Y는 그 채무의 이행을 거절할 수 있다. 그러나 상대적 무효설을 취하는 입장에 의하면, 위 채무인수가 무효라고 하더라도 거래의 안전 및 선의의 제3자를 보호하기 위하여 Y로서는 채무인수에 관하여 이사회의 승인이 없었다는 사실 및 그 X가 그 점을 알고 있었다는 사실(악의)을 주장·입증하지 못하는 한 X의 청구를 거부할 수 없게 될 것이다.

6. 상장회사와 특별이해관계자의 거래

(1) **금지되는 행위**　　상장회사는 i) 주요주주 및 그 특수관계인, ii) 이사($제401조의 2 제1항에 해당하는 자를 포함한다. 이하 이 조에서 같다$) 및 집행임원, iii) 감사 등을 상대방으로 하거나 그를 위하여 신용공여를 하여서는 아니된다($상_{10}^{542의}$ 1). 이 경우에 신용공여란 금전 등 경제적 가치가 있는 재산의 대여, 채무이행의 보증, 자금 지원적 성격의 증권의 매입, 그 밖에 거래상의 신용위험을 수반하는 직접적·간접적 거래로서 대통령령이 정하는 거래를 말한다($동조$).

(2) **예　　외**　　상장회사는 다음 각 호의 어느 하나에 해당하는 신용공여의 경우에는 이를 할 수 있다. i) 복리후생을 위한 이사·집행임원 또는 감사에 대한 금전대여 등으로서 대통령령이 정하는 신용공여, ii) 다른 법령에서 허용하는 신용공여, iii) 그 밖

에 상장회사의 경영건전성을 해할 우려가 없는 금전대여 등으로서 대통령령이 정하는
신용공여 등이다($\stackrel{동조}{Ⅲ}$).

(3) 이사회의 승인을 요하는 행위   대통령령이 정하는 상장회사는 최대주주, 그
의 특수관계인 및 해당 상장회사의 특수관계인으로서 대통령령이 정하는 자를 상대방으
로 하거나 그를 위하여 다음 각 호의 어느 하나에 해당하는 거래($\stackrel{제1항에 따라 금지되}{는 거래를 제외한다}$)를 하
고자 하는 경우에는 이사회의 승인을 받아야 한다. i) 단일 거래규모가 대통령령이 정하
는 규모 이상인 거래, ii) 해당 사업연도 중에 특정인과 해당 거래를 포함한 거래총액이
대통령령이 정하는 규모 이상이 되는 경우의 해당 거래 등이다($\stackrel{동조}{Ⅲ}$). 이 경우에 이사회
의 승인 결의 후 처음으로 소집되는 정기주주총회에 해당 거래의 목적·상대방 그 밖에
대통령령이 정하는 사항을 보고하여야 한다($\stackrel{동조}{Ⅳ}$). 그러나 상장회사의 영위 업종에 따른
일상적인 거래로서 i) 약관에 따라 정형화된 거래로서 대통령령이 정하는 거래, ii) 이사
회에서 거래총액을 승인하고 그 승인된 금액의 범위 안에서 이행하는 거래의 어느 하나
에 해당하는 거래는 이사회의 승인을 받지 아니하고 할 수 있으며, 제2호에 해당하는 거
래에 대하여는 그 거래내용을 주주총회에 보고하지 아니할 수 있다($\stackrel{상 542의}{10\ V}$).

7. 감사에 대한 보고의무

(1) 총   설   감사는 이사에 대하여 영업에 관한 보고를 요구하거
나($\stackrel{상}{412\,Ⅱ}$), 회사의 업무와 재산상태의 조사권이 있고($\stackrel{동조 동}{항 후단}$), 또한 이사회의 출석
권과 의견진술권($\stackrel{상 391의}{2\,Ⅰ}$)이 있었음에도 불구하고 감사에 대한 이사의 보고의무
를 법정한 것은, 이사가 회사에 현저하게 손해를 미칠 염려가 있는 사실을 발
견한 때에 이를 즉시 감사에게 보고하여 이에 대한 감사의 감사를 촉구함으로
써 회사의 손해를 가급적 미연에 방지하도록 하는 데에 그 목적이 있다.

(2) 보고의무자   보고의무를 지는 이사는 대표이사뿐만 아니라 손해
발생의 사실과 무관하더라도 그러한 사실을 발견한 이사를 모두 포함한다. 그
러므로 보고하여야 할 사실을 알고 있는 이사가 감사에게 보고를 하지 않았다
는 것을 알고 있는 이사도 보고의무를 진다$\left[\substack{동: 李範燦, 해설 \\ (孫珠瓚 외), 141}\right]$.

(3) 보고내용   이사가 감사에게 보고하여야 할 사항은 회사에 현저하
게 손해를 미칠 염려가 있는 사항이다. 이 경우에 그 손해의 회복가능성이 있
더라도 보고하여야 한다. 이 점이 「회사에 회복할 수 없는 손해가 생길 염려가
있는 경우」에만 인정되는 유지청구권 행사의 요건과 다르다. 현저한 손해를
미칠 염려가 있는 사실이란, 예컨대 회사의 채권자나 채무자를 비롯한 중요한
거래처의 도산이나 도산의 염려가 있는 경우 또는 대형화재가 발생한 경우 등
을 말한다고 할 것이다. 그러므로 경미한 손해나 현저하지 않은 손해에 대하여

는 보고의무를 지지 않는다.

(4) 보고의 시기·방법   보고는 회사에 현저한 손해를 미칠 염려가 있
는 사실을 발견한 즉시 하여야 한다. 보고의 방법에는 제한이 없으므로 구두
또는 서면으로도 가능하고 감사가 출석한 이사회에서의 보고로 할 수도 있다.
그리고 감사가 수인인 때에는 그 중의 1인에게 보고하면 될 것이다.

(5) 보고의무위반의 효과   이사가 보고의무를 위반한 때에는 그로 인
하여 생긴 회사의 손해를 배상할 책임을 면하지 못한다($_{399}^{상}$ₐ). 그리고 이사의
보고의무의 위반은 감사보고서에 이를 기재하여야 한다($_{4}^{상} _{II}^{447의}$ ₍₁₀₎).

(6) 보고받은 감사의 의무   1) 감사가 보고받은 사실이 이사의 위법
행위로 인한 때에는 그 이사에 대하여 그 행위의 유지를 청구할 수 있고($_{402}^{상}$),
필요한 경우에는 감사는 주주총회의 소집을 청구할 수 있다고 할 것이다.

2) 감사가 보고를 받고 적절한 감사를 통하여 필요한 조치를 취한 때에는
회사에 대하여 손해배상책임을 지지 않는다고 본다. 그러나 감사는 그 직무상
그러한 사실을 알아야 함에도 불구하고 이를 알지 못한 때에는 그로 인한 회
사의 손해를 배상할 책임을 면하지 못한다고 할 것이다($_{414}^{상}$ₐ).

[255] 제 7 理事의 責任

이사와 회사의 관계에는 민법의 위임에 관한 규정을 준용하므로($_{382}^{상}$ₐₐ), 이
사가 선량한 관리자의 주의의무를 위반한 때에는 채무불이행에 의한 책임을
지고, 이사의 행위가 불법행위의 성립요건을 충족하게 되면 회사 또는 제3자
에 대하여 손해배상책임을 진다. 그러나 이것만으로는 불충분하여 상법에서는
이사의 책임에 관하여 특별한 규정을 두고 있는데, 하나는 이사의 회사에 대한
책임으로 이사가 법령 또는 정관에 위반한 행위를 하거나 그 임무를 해태한
때에 그 이사는 회사에 대하여 손해를 배상하도록 한 것이고($_{399}^{상}$), 다른 하나는
이사가 악의 또는 중대한 과실로 인하여 그 임무를 해태한 때에 제3자에 대
하여 손해배상책임을 지는 것이다($_{401}^{상}$). 또한 주식회사의 특성에 기하여 이사
는 자본충실의 책임을 진다($_{428}^{상}$).

Ⅰ. 회사에 대한 책임

(1) 손해배상책임

1) 의   의   이사가 고의 또는 과실로 인하여 법령 또는 정관에 위반한 행위를 하거나 그 임무를 해태한 때에는 그 이사는 회사에 대하여 연대하여 손해를 배상할 책임이 있다($_{399\ Ⅰ}^{상}$).

2) 책임원인

(가) 법령·정관의 위반   a) 법령에 위반된 행위라 함은 상법의 규정에 어긋나는 위법이익배당안의 제출($_{Ⅰ\ 참조}^{상\ 462}$), 경업피지에 위반한 거래($_{397\ Ⅰ}^{상}$), 이사회의 승인 없는 이사의 자기거래($_{398\ Ⅰ}^{상}$), 자기주식의 취득($_{341}^{상}$), 주주의 권리행사와 관련한 이익공여($_{의2}^{상\ 467}$) 등을 예로 들 수 있다. 이사의 법령 또는 정관에 위반한 행위가 이사회의 결의에 의한 것인 때에는 그 결의에 찬성한 이사도 연대책임을 지며, 결의에 참가한 이사로서 이의를 한 기재가 의사록에 없는 자는 결의에 찬성한 것으로 추정한다($_{Ⅱ\ .\ Ⅲ}^{상\ 399}$).

b) 상법개정안(2007)에 의하면 이사의 법령 또는 정관의 위반으로 인한 손해배상책임은 고의 또는 과실이 있는 경우에 지는 책임으로서 과실책임이다. 그러므로 고의 또는 과실에 대한 입증책임은 일반원칙에 따라 이사의 책임을 주장하는 자가 진다.

(나) 임무의 해태   a) 임무해태에 의한 손해배상책임은 위임계약의 불이행에 의한 책임으로서 **과실책임**이다. 임무해태에 대한 입증책임은 일반원칙에 따라 이사의 책임을 주장하는 자에게 있다.

    판례는 「이사의 법령·정관위반행위 혹은 임무위반행위로 인한 상법 제399조 소정의 손해배상책임과 감사의 임무위반행위로 인한 상법 제414조 소정의 손해배상책임은 그 위반행위와 상당인과관계 있는 손해에 한하여 인정될 뿐이므로, 비록 이사나 감사가 그 직무수행과정에서 법령·정관 위반행위 혹은 임무위반행위를 하였다고 하더라도, 그 결과로서 발생한 손해와의 사이에 상당인과관계가 인정되지 아니하는 경우에는 이사나 감사의 손해배상책임이 성립하지 아니한다고 할 것이다($_{2005\ 다\ 2820\ 판결\ 참조}^{대법원\ 2005.\ 4.\ 29.\ 선고}$)」고 하였다($_{2006\ 다\ 33609}^{大\ 2007.\ 7.\ 26,}$).
    판례는 「원고의 임무해태사실을 인정할 만한 증거가 없고, 오히려 반대증거에 의하면 원고가 회사경영방침이나 경영전략에 따라 자신에게 부여된 포괄적인 위임사무의 권한을 적법하게 행사한 것으로 볼 수 있다는 취지로 원심이 판단한 것은 정당하고 거기에 채무불이행에 관한 입증책임을 전도한 위법이 있다고 할 수 없다」

고 하였다$\left[\begin{smallmatrix} 大\ 96.12.23,\ 96 \\ 다\ 30465\cdot30472 \end{smallmatrix}\right]$.

　b) 이사는 자기뿐만 아니라 다른 이사와 대표이사의 임무해태로 인한 회사의 손해에 대하여도 책임을 진다. 업무집행을 담당하지 않는 이사도 같다. 그리하여 판례에는 회사의 업무에 관여하지 않은 이사도 다른 이사의 임무해태에 대하여 책임을 진다는 것$\left[\begin{smallmatrix} 大\ 69.1.28, \\ 68\ 다\ 305 \end{smallmatrix}\right]$과, 대표이사를 비롯한 업무담당이사의 업무집행에 대한 평이사(平理事)의 감시의무위반을 이유로 손해배상책임을 인정한 것이 있다$\left[\begin{smallmatrix} 大\ 85.6.25, \\ 84\ 다카\ 1954 \end{smallmatrix}\right]$. 또한 이사의 행위가 이사회 또는 주주총회의 결의에 의한 경우도 책임을 면하지 못한다$\left[\begin{smallmatrix} 大\ 89.10.13, \\ 89\ 도\ 1012\ 참조 \end{smallmatrix}\right]$. 그러나 이사는 자기의 과실에 대해서만 책임을 지고 기타 이행보조자의 행위에 대하여는 그 감독에 과실이 없으면 책임을 지지 않는다.

　(2) **자본충실의 책임**　　1) 이사는 신주발행의 경우에 설립시의 발기인의 책임과 같은 자본충실의 책임을 진다. 그 결과 신주의 발행으로 인한 변경등기가 있은 후에 아직 인수하지 아니한 주식이 있거나 주식인수의 청약이 취소된 때에는 이사가 이를 공동으로 인수한 것으로 본다($\frac{상}{428}$). 자본충실의 책임은 무과실책임으로서$\left[\begin{smallmatrix} 동:\ 鄭(동),\ 423;\ 李(철), \\ 689;\ 權(기),\ 677 \end{smallmatrix}\right]$ 회사채권자의 보호를 위하여 **법정한 특별책임**이다.

　2) 이러한 책임은 이사회의 신주발행결의에 참가하지 않은 이사나 참가하였으나 반대한 이사도 그 책임을 면할 수 없다. 그러나 발기인의 경우($\frac{상}{321\ \text{II}}$)와 달리 신주발행의 경우에는 납입기일에 납입을 하지 않으면 인수가 없는 주식으로 취급될 뿐이며 이사는 **납입담보책임**을 지지 않는다.

　(3) **책임의 추궁**　　이사의 손해배상책임과 자본충실의 책임은 회사가 추궁하여야 하지만 소수주주도 대표소송에 의하여 추궁할 수 있다($\frac{상}{403}$).

　(4) **책임의 소멸**　　이사의 손해배상책임은 그것이 이행되거나 소멸시효의 완성과 같은 일반 소멸사유와 상법상의 특별한 소멸사유인 책임해제와 책임면제에 의하여 소멸된다. 그러나 이사의 **자본충실책임**은 그 이행과 소멸시효의 완성에 의해서만 소멸한다.

　1) **소멸시효**　　이사의 회사에 대한 채무불이행책임은 일반원칙에 따라서 10년의 시효의 완성으로 소멸한다($\frac{민}{162}$)$\left[\begin{smallmatrix} 大\ 69.1.28, \\ 68\ 다\ 305 \end{smallmatrix}\right]$. 자본충실책임도 같다($\frac{상}{428\ \text{II}}$).

　2) **책임의 해제**　　이사의 책임은 정기주주총회에서 재무제표의 승인을 한 후 2년 내에 다른 결의($\begin{smallmatrix} 책임해제유보,\ 승인결의의 \\ 철회,\ 책임추궁을\ 위한\ 결의 \end{smallmatrix}$)가 없으면 **부정행위가 없는 한**

해제된다($\frac{상}{450}$). 해제에 의한 책임소멸은 상법 규정에 의한 **법정효과**이며, 이 효과는 재무제표의 승인 당시에 불확정한 책임이라도 재무제표로부터 알 수 있는 사항에 대하여 포괄적으로 미친다. 이 경우에 책임해제를 주장하는 이사는 그 책임사유가 재무제표에 기재되어 있다는 것을 입증하여야 한다[$\frac{大\ 69.\ 1.\ 28,}{68\ 다\ 305}$]. 해제의 효과는 승인 후 2년의 경과로 생기는데 이 경우 2년은 시효기간이 아니고 제척기간이다. 그러나 이사의 **자본충실책임**은 이로 인하여 해제되지 않는다.

　　3) 책임의 면제　　　이사의 책임은 **총주주의 동의**로써 면제된다($\frac{상}{400\ Ⅰ}$). 이 경우에 총주주의 동의는 반드시 주주총회를 개최하여 결의를 하여야 할 필요는 없다. 즉 총주주의 동의는 개별적 동의라도 무방하다. 이 점이 주식회사를 유한회사로 조직을 변경하는 경우에 총주주의 일치에 의한 결의($\frac{상}{604\ Ⅰ}$)가 필요한 것과 다른 점이다. 면제되는 책임은 위임관계로 인한 채무불이행책임을 말하고 **불법행위책임**은 제외된다. 그리하여 판례는 사실상의 1인주주라 하더라도 이사의 회사에 대한 불법행위책임은 면제할 수 없다고 한 바 있다[$\frac{大\ 96.\ 4.\ 9,}{95\ 다\ 56316}$]. 한편 총주주에는 의결권 없는 주식을 소유하는 주주도 포함된다. 왜냐하면 이들도 대표소송($\frac{상}{403}$)의 제기가 가능하기 때문이다. 그러나 이사의 **자본충실책임**은 총주주의 동의로도 면제되지 않는다.

　　4) 책임의 감경　　　상법개정안(2007)에 의하면 회사는 정관의 규정으로 상법 제399조의 규정에 의한 이사의 회사에 대한 책임을 이사의 최근 1년간의 보수액($\frac{상여금\ 및\ 주식매수선택권의}{행사로\ 인한\ 이익\ 등을\ 포함}$)의 6배($\frac{사외이사의}{경우는\ 3배}$)를 초과하는 금액에 대하여 면제할 수 있다. 다만 이사가 고의 또는 중대한 과실로 손해를 발생시킨 경우와 상법 제382조의 5, 제397조 및 제398조의 위반으로 인한 책임은 그러하지 아니하다($\frac{상}{400\ Ⅱ}$).

2. 제3자에 대한 책임

　(1) 의　　의　　　이사가 그의 임무를 악의 또는 중대한 과실로 인하여 해태한 때에는 그 이사는 제3자에 대하여도 연대하여 손해를 배상할 책임이 있다($\frac{상}{401\ Ⅰ}$).

　(2) 입법취지　　　1) 이사의 행위에 대하여는 회사가 책임을 지고, 불법행위로 인한 경우가 아니면 이사는 직접 제3자에 대하여 책임을 질 이유가 없는 것이다. 그럼에도 불구하고 상법에서 이러한 책임을 인정하는 이유는 회사가 배상능력이 없는 경우에 특히 개인기업과 같은 주식회사의 채권자와 거

래상대방을 보호하기 위하여 경영자의 개인재산을 회사의 책임재산으로 확대
시키기 위한 것이다.

2) 이사의 제 3 자에 대한 책임에 관하여 문제가 되는 것은 책임의 법적
성질, 불법행위책임과의 관계, 손해배상청구권의 시효기간, 채무이행 지연의
시기 등이다. 또한 악의·중과실은 임무해태에 대해서만 존재하면 되는가 제 3
자의 권리침해도 있어야 하는가, 손해는 직접손해에 한정하는가 간접손해도
포함하는가, 제 3 자에는 주주도 포함되는가 하는 점이 문제가 된다.

(3) **책임의 성질**   이에 관하여는 다음과 같은 학설의 대립이 있다.

1) **법정책임설**   제 3 자의 보호를 위하여 특별히 인정한 법정책임이라
는 것이 다수설이다[동: 孫(주), 775; 鄭(희), 494; 梁·朴, 379; 李(철), 595; 鄭(동), 425; 李(기), 544; 林(홍), 520; 權(기), 688]. 이는 불법행위책
임과 다른 책임이므로 이사의 행위가 제 3 자에 대하여 불법행위의 요건을 구
비하는 때에는 그 경합을 인정하는 입장인데, 이 견해가 타당하다고 본다.

2) **불법행위특칙설**   ㈎ 불법행위의 요건 중에서 **경과실을 면제한** 일
반불법행위책임의 특칙이라고 한다[徐(정), 288; 李(원), 469]. 그러므로 일반불법행위책임과
의 경합을 인정하지 않는다. 그 결과 불법행위의 요건이 구비되어도 경과실에
의한 손해에 대하여는 이사는 책임을 지지 않게 된다. 그러므로 이 견해는 이
사의 보호에 중점이 있는 입장이다. 이에 의하면 상법 제401조의 입법취지는
회사경영의 복잡성에 비추어 과실로 인하여 생긴 제 3 자의 손해에 대하여 일
반불법행위책임을 묻는 것은 이사에게 가혹하기 때문이라고 한다.

㈏ 그러나 회사와 이사 이외의 사용인은 과실이 있는 경우에 제 3 자에 대
하여 책임을 진다는 점에서 형평의 원리에 어긋나고, 회사가 과실로 인하여 책
임을 지는 경우 이사에 대한 구상이 가능하다는 점에서 보면 논리적인 모순이
생긴다.

3) **특수한 불법행위책임설**   상법이 인정한 특수한 불법행위책임으로
서 일반불법행위($민_{750}$)의 경우와 달리 위법행위의 요건을 필요로 하지 않고, 다
만 악의 또는 중대한 과실로 임무를 해태한 때에 성립하는 책임이라고 한다.
그러므로 이사가 이러한 책임($상_{401}$)을 지지 않는 경우에도 일반불법행위($민_{750}$)의
요건이 충족되면 그 **경합**을 인정한다[徐(돈), 396; 李(병), 692]. 그러므로 법정책임설과 다를
바 없으나 시효기간에 차이가 있다($민 162 Ⅰ, 766 Ⅰ 참조$).

(4) **책임의 원인**   1) 이사는 악의 또는 중대한 과실로 인하여 그 임무
를 해태하여 제 3 자에게 손해가 생긴 때에 배상책임을 진다. 악의 또는 중대한

과실은 회사에 대한 임무해태에 관하여 존재하면 되고, 제 3 자에 대한 권리침해 또는 위법성을 필요로 하지 않는다. 이사의 행위가 이사회 또는 주주총회의 결의에 의한 경우도 같다[大 89. 10. 13, 89 도 1012 참조]. 악의는 임무해태를 안 경우이고, 중대한 과실은 현저한 부주의로 알지 못한 경우를 말한다[大 85. 11. 12, 84 다카 2490]. 이사가 경과실로 임무를 해태한 경우에는 회사에 대해서만 책임을 지고 제 3 자에 대하여는 불법행위의 요건이 구비되지 않는 한 책임을 면한다.

2) 이사가 책임을 지는 행위로는 예컨대 주식청약서·사채청약서·신주인수권증서·신주인수권증권·재무제표 기타의 서류에 허위의 기재를 하거나 허위의 등기 또는 공고를 한 때, 무리한 회사사업의 확대, 지급능력을 외면한 어음행위, 회사재산의 횡령·착복, 대표이사 및 이사의 상호 감시의무의 해태 등이라고 할 수 있다.

(5) 손해의 범위   이사가 지는 책임의 범위에 관하여 판례는 직접손해에 대해서만 책임을 진다고 하지만[大 93. 1. 25, 91 다 36093], 이사는 제 3 자의 직접손해뿐만 아니라 임무해태행위와 상당인과관계가 있는 간접손해(회사재산의 감소 등)에 대하여도 책임을 진다고 본다. 전자는 이사의 행위로 인하여 제 3 자가 직접 개인적으로 받은 손해를 말하고, 후자는 회사에 손해가 생긴 결과 제 3 자에게 생긴 손해이다. 실제에 있어서는 직접손해와 간접손해의 구별이 곤란한 경우가 많을 것이므로 양손해포함설이 타당하다[同: 鄭(동), 426; 李(철), 597; 林(홍), 521; 權(기), 691].

(6) 책임을 지는 이사의 범위   1) 책임을 지는 이사는 악의 또는 중대한 과실로 임무를 해태한 이사이다. 대표권의 유무는 문제가 되지 않는다. 그 행위가 이사회의 결의에 의한 때에는 그 결의에 찬성한 이사도 책임을 진다(상 399 Ⅱ·401 Ⅱ·). 이 경우에 결의에 참가한 이사로서 이의를 한 기재가 의사록에 없는 자는 그 결의에 찬성한 것으로 추정한다(상 399 Ⅲ·401 Ⅱ·). 더 나아가 그 행위가 이사회의 결의에 의한 것이 아니더라도 이사는 다른 이사의 행위에 대하여 감시의무가 있기 때문에, 이사가 악의 또는 중대한 과실로 인하여 이를 해태한 때에는 제 3 자에 대하여 책임을 진다. 회사의 업무집행에는 참여하지 않고 등기부상으로만 이사인 자도 책임을 면하지 못한다.

2) 상법에 의하면 이사가 아니면서 회사에 대한 영향력을 이용하여 이사에게 업무집행을 지시하거나 이사의 이름으로 직접 회사의 업무를 집행한 자, 그리고 이사가 아니면서 명예회장, 회장, 사장, 부사장, 전무, 상무, 이사 기타 회사의 업무를 집행할 권한이 있는 것으로 인정될 만한 명칭을 사용하여 회사

의 업무를 집행한 자는 그 지시하거나 집행한 업무에 관하여 회사와 제 3 자에 대하여 회사의 이사와 동일한 책임을 지고, 소수주주권자는 그 책임의 추궁을 위하여 대표소송을 제기할 수 있게 되었다($\frac{\text{상}\ 401}{\text{의}\ 2\ \text{↑}}$)[$\frac{\text{상세는}\ 573면}{\text{이하}\ \text{참조}}$].

(7) 제 3 자의 범위   「제 3 자」는 회사와 책임을 지는 이사 이외의 자를 말하는데, 「제 3 자」에는 주주도 포함되는가 하는 문제에 대하여 직접손해를 입은 주주가 포함된다는 점에는 이론이 없으나 간접손해를 입은 주주에 대하여는 견해가 대립하고 있다.

1) 제 한 설($\frac{\text{주주제}}{\text{외설}}$)   회사의 손해로 인하여 주주가 간접적으로 손해를 본 경우는 회사가 배상을 받음으로써 주주의 손해는 보상되므로 주주는 제 3 자에 포함될 수 없다고 한다[$\frac{\text{徐(돈)},\ 397;\ \text{梁·朴},}{379;\ \text{李·崔},\ 333}$]. 왜냐하면 주주를 제 3 자에 포함시킨다면 주주가 회사채권자에 우선하여 변제를 받는 불합리한 결과가 생기며, 주주의 간접손해는 대표소송 등으로 구제될 수 있기 때문이라고 한다.

판례는 「주주가 대표이사의 악의 또는 중대한 과실로 인한 임무해태 행위로 직접손해를 입은 경우에는 이사와 회사에 대하여 상법 제401조·제389조 제 3 항·제210조에 의하여 손해배상을 청구할 수 있으나, 대표이사가 회사재산을 횡령하여 회사재산이 감소함으로써 회사가 손해를 입고 결과적으로 주주의 경제적 이익이 침해되는 손해와 같은 간접적인 손해는 상법 제401조 제 1 항에서 말하는 손해의 개념에 포함되지 아니하므로 이에 대하여는 위 법조항에 의한 손해배상을 청구할 수 없다」고 하여 간접손해는 제외된다는 입장이다[$\frac{\text{大}\ 93.1.26,\ 91\ \text{다}\ 36093;\ \text{大}}{2003.10.24,\ 2003\ \text{다}\ 29661}$].

2) 제한부정설($\frac{\text{주주포}}{\text{함설}}$)   주주는 직접손해의 경우는 물론이고 간접손해의 경우에도 제 3 자에 포함된다고 본다[$\frac{\text{동; 李(철)},\ 597;\ \text{鄭(찬)},\ 833;}{\text{蔡(이)},\ 604;\ \text{李(기)},\ 545}$]. 제한설에 의하면 간접손해의 경우는 대표소송 등의 방법으로 주주의 손해는 구제될 수 있다고 하지만, 대표소송은 소수주주권자만이 할 수 있고($\frac{\text{상}}{403}$) 또한 담보제공 등의 요건으로 인하여 실제에 있어서 그 책임의 추궁이 용이하지 않으므로, 간접손해의 경우에도 회사뿐만 아니라 주주도 직접 이사로부터 손해를 보상받도록 하여야 한다. 그리고 이러한 해석이 상법 제401조의 취지에도 맞는다고 본다.

(8) 입증책임   이사의 임무해태에 관한 악의 또는 중대한 과실에 대한 입증책임은 제 3 자에게 있다.

(9) 채무이행지체의 시기   제 3 자에 대한 책임의 성질에 대하여 법정책임설에 의하면 이행의 청구를 받은 때로부터 지체에 빠지게 되고, 불법행위

책임설에 의하면 손해발생시부터 지체에 빠지게 된다.

 ⑽ **책임의 소멸**   이사의 제 3 자에 대한 책임은 그 이행과 소멸시효의 완성에 의하여 소멸되고 책임의 해제나 면제는 인정되지 않는다. 소멸시효는 법정책임설에 의하면 10년이고, 불법행위특칙설과 특수한 불법행위책임설에 의하면 3년이라고 할 수 있다($\substack{민\ 766 \\ 참조}$). 이러한 점에서도 법정책임설은 제 3 자의 보호를 위한 견해이고, 기타의 견해는 가해자인 이사의 보호를 위한 입장이라고 할 수 있다.

[事例演習]

◇ 사 례 ◇

 S사에는 대표이사 A를 비롯하여 B, C, D 등 4명의 이사가 있었다. 그런데 A는 1年 전에 퇴임하고 B가 대표이사에 취임하였다. 이후 2년 후인 1983년 4월에 갑자기 회사가 도산하였다. 도산 이후 주주 X와 채권자 Y의 주장에 의하면 A는 재임중에 이사회의 승인을 얻어 S사로부터 1억원을 차입하여 자기의 주거용 아파트를 매입하고, 이후 변제기에 차입금을 반환하지 않았고, B는 대표이사가 되었으나 S사의 사업보다는 자기가 개인적으로 벌이고 있는 연립주택의 분양에 바빠서 S회사의 경영을 C에게 모두 맡기고 대표이사의 인장까지 넘겨 주었으며, C는 회사의 경영이 악화되어 곧 회사가 도산할 운명에 있었음에도 B에게는 이를 숨기고 Y로부터 금전을 차입하였고, D는 명의만을 빌려 주고 있는 이사로서 회사의 경영에는 전혀 참여한 바 없다고 한다. 채권자 Y는 이사들의 개인재산으로부터 대여금을 회수하려면 어떻게 하여야 되는가?

 [해 설] ⑴ 이 사례에서 Y의 채권은 금전채권으로서 Y가 대위권을 행사하려면 S사의 무자력을 요건으로 하는데 회사는 이미 도산하였으므로 Y는 A, B, C, D 각 이사에 대하여 채권자대위권을 행사할 수 있다.
 ⑵ Y의 채권회수를 위하여는 이사의 제 3 자에 대한 책임($\substack{상 \\ 401}$)이 성립되는가 하는 문제를 검토하여야 한다. A는 회사로부터 재직시 받은 소비대차에 의한 차입금의 반환을 해태하고 있을 뿐이고 이사의 임무를 해태한 것은 아니므로 A는 제 3 자인 Y에 대하여 손해배상책임을 지지 않는다.
 ⑶ B는 곧 회사가 도산하게 되어 반환이 불가능한 금전을 차입하였는데 이는 악의에 의한 임무해태로 Y의 손해를 배상할 책임이

있다고 본다. B는 회사의 경영과 대표이사의 인장을 C에게 맡겼지
만 이로써 B는 대표이사로서의 책임을 면하지 못한다.

(4) C의 경우 금전의 차입은 대표이사인 B의 명의로 하였더라도
C는 이사로서 실제로 금전차입행위를 한 자이므로 악의에 의하여
임무를 해태한 것이라고 할 수 있으므로 역시 Y의 손해를 배상할
책임이 있다.

(5) D의 제3자에 대한 책임은 첫째로, 이사회의 결의에 의하지
않은 위법행위에 대하여는 이사는 책임을 지지 않는다고 하는 입장
에 따르면 D는 Y의 손해에 대하여 책임이 없다고 할 수 있으나, 대
표이사의 모든 업무집행에 대하여 이사는 감시의무가 있다고 한다
면 Y의 손해가 D의 악의 또는 중대한 과실에 의한 감시의무위반으
로 생긴 때는 Y의 손해를 배상할 책임이 있다고 할 수 있다. 그리
고 이 사례의 경우 C가 대표이사 B에게도 숨기고 금전을 Y로부터
차입하였으므로 D가 감시의무를 다하였더라도 Y의 손해를 저지할
수 없었다는 사정을 감안한다면 D는 Y에 대하여 손해배상책임이
없다 할 것이다.

3. 사실상 이사의 책임

(1) 총　　설　　　주주는 회사의 경영에 대하여 사실상 영향력을 행사하
더라도 민법상의 불법행위책임은 별론으로 하고 그 책임을 지지 않는다. 그런
데 실제에 있어서 지배주주 등이 회사에 대한 영향력을 행사하여 회사 또는
회사채권자 기타 소수주주의 희생으로 자신의 이익을 도모하는 경우가 많았
다. 그리하여 개정상법에서는 제401조의 2의 규정을 신설하여 회사의 업무집
행에 관여한 자를 상법 제399조와 제401조의 적용에 있어서 이사로 본다고 규
정함으로써 그 영향력에 상응하는 책임을 지우고 있다.

(2) 입법취지　　　(개) 우리 나라의 대규모기업집단의 소유와 지배구조는
소수의 가족집단이 상당한 주식을 보유하면서 계열회사간의 상호출자를 통하
여 기업집단 전체의 경영권을 행사하는 중앙집권적인 형태로 되어 있다. 그 결
과 지배주주는 비서실·운영위원회·사장단회의 등 그룹총괄기구를 통하여 모
든 계열회사를 지휘하여 왔다. 이러한 경영방식의 문제점은 지배주주가 소규
모의 출자를 하고 있으면서도 그룹총괄기구를 통해 모든 계열회사를 지배하
고, 그에 상응하는 책임은 지지 않는다는 점이다.

(나) 그리하여 상법에서는 지배주주 등 회사에게 영향력이 있는 자가 회사의 이사로 취임하지 아니하고 회사의 업무에 관여하거나, 회장 등 업무집행권한이 있는 것으로 보이는 명칭을 사용하여 회사의 업무를 집행한 경우에는 법률상 이사가 아니더라도 상법 제399조와 제401조의 책임을 진다는 규정을 신설하였다. 물론 해석론에 의하여도 회사의 경영에 관여한 자를 사실상의 이사로 보아 그 책임을 추궁할 수 없는 것은 아니지만, 상법은 사실상 이사의 범위를 명확하게 법정하였다.

(3) 사실상 이사의 범위　　　상법 제401조의 2 에 의하여 회사 또는 제 3 자에 대하여 책임을 지는 사실상 이사인 업무집행관여자는 다음과 같다.

1) 업무집행지시자　　　업무집행지시자란 회사에 대한 자신의 영향력의 이용과 이사에 대한 업무집행의 지시라는 두 가지의 요건이 충족되는 자를 말한다.

(가) 회사에 대한 영향력의 이용　　　다수의 주식을 보유함으로써 주주총회를 지배하고 여기서 선임된 이사를 통하여 간접적으로 회사의 경영에 영향력을 행사하는 경우가 이에 해당된다. 그러나 은행, 노동조합 등 경제적으로나 거래상 우월적 지위에서 영향력을 행사하는 자들은 모두 계약의 상대방으로서 자기의 정당한 이익을 도모하는 것이라고 할 수 있으므로, 본조의 대상이 아니다. 한편 영향력의 보유자는 자연인뿐만 아니라 지배주주가 법인인 경우에는 지배회사도 포함된다[大 2006. 8. 25,／2004 다 26119].

(나) 이사에 대한 업무집행의 지시　　　a) 이는 배후의 영향력이 있는 자가 대표이사나 이사에 대하여 지시를 하는 경우라고 할 수 있다. 이 경우에 등기된 대표이사 또는 이사뿐만 아니라 등기를 하지 않은 이사에 대하여 한 경우와 이사는 아니라도 기타 지배인 등의 상업사용인에 대한 지시를 한 경우도 포함된다고 본다.

b) 그리고 '업무집행'에 대한 지시가 있어야 한다. 여기서 업무집행이란 회사의 목적을 달성하기 위하여 직접 또는 간접으로 관련되는 모든 업무처리로서 영업과 관련한 법률행위뿐만 아니라 사실행위도 포함한다. 그리고 영업의 조직 자체를 변경하는 행위로서 예컨대 정관의 변경·영업의 양도·해산·합병·조직변경 등은 업무집행의 범위에 속한다고 본다. 왜냐하면 본조의 '업무집행'은 회사 또는 제 3 자의 이해에 영향을 미치는 영업상 또는 영업 외에 모든 경영활동을 가르키는 것으로 해석하는 것이 타당하기 때문이다. 따라서

불법행위를 지시한 자도 본조의 책임의 주체가 된다.

c) '지시'행위가 있어야 한다. 지시는 적극적으로 행해져야 하고, 회사 및 이사·사용인 등에 대하여 구속력을 가져야 한다. 따라서 자문에 응하여 소극적으로 자신의 의견을 표명하거나, 단순히 참고자료를 제공하고 복종 여부는 전적으로 자율에 맡겨진 경우에는 '지시'행위라고 할 수 없다.

2) 이사 명의로 회사업무를 집행한 자   ㈎ 이는 명목상의 이사를 두고 특정인이 그 이사의 명의로 실제의 업무집행을 하는 자를 말한다. 업무집행지시자와 다른 점은 이사로서 활동하고 있는 자에 대한 지시를 통하여 간접적으로 회사의 업무에 관여하는 것이 아니고, 본인이 직접 업무집행을 명목상의 이사의 명의로 하는 점이다. 대규모 기업집단의 지배주주는 대체로 전술한 '업무집행지시자'와 같은 형태로 간접적으로 회사 경영에 관여하는 경우가 많지만, 중소규모의 회사에 있어서는 지배주주 등이 명목상 이사를 두고 그 명의로 직접 회사의 업무를 집행하는 경우가 적지 않다.

㈏ 한편 이 규정은 적법한 법률상의 이사는 아니지만 이사의 명의로 업무를 수행한 자에 대하여도 적용될 수 있다고 본다. 즉 i) 이사로 선임되어 그 직무를 수행하였으나 그 후 이사선임결의가 취소 또는 무효로 된 자에게도 적용될 수 있다고 본다. 또한 ii) 이사선임절차 없이 취임등기에 동의한 자 또는 사임 후에도 퇴임등기를 하지 않기로 승낙한 자도 이에 해당될 수 있다.

3) 업무집행권한이 있는 것과 같은 명칭을 가지고 업무를 집행한 자   ㈎ 이사가 아니면서 명예회장, 회장, 사장, 부사장, 전무, 상무, 이사 기타 회사의 업무를 집행할 권한이 있는 것으로 인정될 만한 명칭을 사용하는 자가 회사의 업무를 집행한 때에는 그 집행한 업무에 관하여 이사와 같은 책임을 진다. 즉 이에 해당하는 자로서는 i) 기업집단의 경우 각 계열사의 영업을 총괄하고 있는 자로서 예컨대 명예회장·회장 등과, ii) 지배주주의 지시에 따라 회사의 경영에 관여하고 있는 자로서 예컨대 기업집단의 비서실임원 등을 들 수 있으며, iii) 이사는 아니지만 회사의 업무를 집행할 권한이 있는 것으로 인정될 만한 명칭을 사용하는 자로서 회사의 업무를 집행한 자 예컨대 등기를 하지 않은 임원 등을 들 수 있다.

㈏ 상법 제401조의 2 제 1 항 제 3 호는 상법 제395조의 **표현대표이사**의 행위에 관한 규정과 유사한 형식으로 되어 있으나, 그 본질과 요건 및 효과는 각기 서로 다르다. 즉 상법 제395조는 회사의 선의의 제 3 자에 대한 외관책임에 관한

규정이고 행위유효성에 관한 규정인 데 비하여, 전자는 표현이사의 제 3 자에 대한 책임뿐만 아니라 회사에 대한 책임을 법정한 것이고 귀책근거에 관한 규정이라고 할 수 있다. 따라서 전자의 '표현이사'의 책임은 외관책임이 아니므로, 명칭사용을 회사가 승인·묵인하였는지의 여부나 손해배상청구권자가 그 명칭을 신뢰하였는지의 여부는 문제가 되지 않는다. 그러므로 표현대표이사제도에 의하여 구제받지 못하는 악의의 제 3 자도 이 규정에 의하여 구제를 받을 수 있는 것이다.

(4) 책임의 내용   1) 상법 제401조의 2 제 1 항과 제 2 항에 해당하는 자가 법령 또는 정관에 위반한 행위를 하거나 그 임무를 해태한 경우에는 회사에 대하여 손해배상책임을 지고($^{상}_{I,}{}^{401의}_{399}{}^{2}_{I}$), 악의 또는 중대한 과실로 인하여 그 임무를 해태한 경우에는 제 3 자에 대하여 손해배상책임을 진다($^{상}_{I,}{}^{401의}_{401}{}^{2}_{I}$). 이들이 회사에 대한 손해배상책임은 소수주주가 대표소송에 의하여 이를 추궁할 수 있다($^{상}_{2\,I,}{}^{401의}_{403}$).

2) 사실상 이사가 책임을 지는 경우에 이들의 지시에 따라 업무를 집행한 이사, 명의만 빌려 준 이사, 이들의 행위가 이사회의 결의에 의한 것일 때에는 그 결의에 찬성한 이사 또는 그 결의에 참가한 이사로서 이의를 한 기재가 의사록에 없는 이사도 법령 또는 정관의 위반이나 임무해태가 있는 경우에는 사실상 이사인 업무집행관여자와 함께 연대책임을 진다($^{상}_{의\,2\,II}{}^{401}$).

[256] 제 8 理事의 業務執行에 대한 株主의 監督

I. 총   설

주주는 회사의 업무집행에 관하여 다만 주주총회에서 의결권을 행사함으로써 간접적으로 참여하게 된다. 그러므로 주주는 이사의 행위를 직접적으로 감독할 수 없는 것이 원칙이다. 법령 또는 정관에 위반한 이사의 행위는 회사가 사전에 중지시켜야 하고 이사의 책임은 회사가 추궁하여야 하지만, 이사간의 특수관계로 인하여 그것을 기대할 수 없는 경우가 많으므로 회사와 주주들의 이익을 해할 우려가 있는 것이다. 그리하여 상법은 감사 또는 소수주주권자에게 회사의 기관인 지위에서 회사를 위하여 이사에 대한 회사의 권리를 행사하게 하고 있다.

2. 유지청구권

(1) 의   의   이사가 법령 또는 정관에 위반한 행위를 하여 이로 인하여 회사에 회복할 수 없는 손해가 생길 염려가 있는 경우에, 감사 또는 소정의 주식을 가진 주주는 회사를 위하여 이사에 대하여 그 행위를 유지할 것을 청구할 수 있는 권리($\frac{상}{402}$)가 있는데, 이를 유지청구권이라 한다.

(2) 청구권자   유지의 청구는 감사 또는 발행주식총수의 100분의 1 이상에 해당하는 주식을 소유하는 소수주주권자가 할 수 있다.

> 상장회사의 경우에는 6월 전부터 계속하여 발행주식총수의 10만분의 25($\frac{대통령}{령이\,정}$$\frac{하는\,법인의\,경우}{에는\,10만분의\,25}$) 이상에 해당하는 주식을 대통령령이 정하는 바에 의하여 보유하는 소수주주가 유지의 청구를 할 수 있다($\frac{상\,542의}{6\,V}$).

(3) 유지의 대상   유지청구권의 대상이 되는 행위는 법령 또는 정관에 위반한 행위로서 그 행위의 결과 회사에 회복할 수 없는 손해가 생길 염려가 있는 것을 말한다. 그러므로 법령 또는 정관에 위반하는 행위라도 회사에 회복할 수 없는 손해가 생길 염려가 없는 때에는 유지청구를 하지 못한다.

(4) 청구의 방법   유지청구는 반드시 소에 의할 필요는 없으며 위법행위를 하는 이사에 대하여 그 행위를 중지할 것을 재판 외의 방법으로 청구할 수도 있다. 그러나 재판 외의 청구에도 불구하고 이사가 그 행위를 중지하지 않을 때에는 이사를 피고로 하여 유지의 소를 제기하고 이에 기한 가처분으로 그 행위를 유지시킬 수 있다($\frac{민집}{300}$). 이 경우에 유지의 소는 회사를 위하여 제기하는 것이므로 그 판결의 효력은 회사에 미치게 된다($\frac{민소}{218}$).

(5) 적용법규   유지의 소에 관하여는 대표소송의 경우와 같은 특별한 규정이 없으나 그 성질상 대표소송의 일종으로 볼 수 있으므로 소송관할, 소송참가, 승소주주의 권리, 패소주주의 책임에 대하여는 대표소송에 관한 규정($\frac{상\,403\sim}{406}$)을 유추적용하여야 할 것이다.

(6) 유지청구의 효과   1) 감사 또는 주주가 이사의 행위의 유지를 청구하면, 이사는 그 행위를 유지할 것인가에 대하여 선량한 관리자의 주의로써 결정하여야 할 것이다. 그러나 후에 행위가 법령 또는 정관에 위반한 행위로 확정되는 때에는 이사는 유지권행사와 관계 없이 임무해태로 인하여 손해배상책임을 지게 된다($\frac{상}{399\,I}$).

2) 이사가 유지청구를 무시하고 한 사채발행은 상대방의 선의·악의를 불문하고 유효하고 신주발행의 경우도 이로 인하여 회사가 회복할 수 없는 손해가 생긴다고 할 수 없으므로 유효하다고 본다$\left[\begin{smallmatrix}\text{그러나 신주발행의 유지청구권(상 424)}\\ \text{의 경우는 다르다. 619면 이하 참조}\end{smallmatrix}\right]$. 개별적인 거래행위에 대하여는 i) 상대방이 악의$\left(\begin{smallmatrix}\text{유지청구권이 행사된}\\ \text{사실을 알고 있을 때}\end{smallmatrix}\right)$인 때에는 상대방에 대하여 거래행위의 무효를 주장할 수 있다는 견해$\left[\begin{smallmatrix}\text{孫(주),}\\ 779\end{smallmatrix}\right]$와, ii) 유지청구의 유무나 상대방의 선의·악의를 불문하고 효력에 영향이 없다는 견해도 있으나 $\left[\begin{smallmatrix}\text{李(철),}\\ 623\end{smallmatrix}\right]$, iii) 상대방이 재판상의 가처분이 있음을 알고 거래를 한 때에는 회사가 그 무효를 주장할 수 있다고 할 것이다.

3. 대표소송

(1) 의   의   주주가 회사를 위하여 이사의 회사에 대한 책임을 추궁하는 소송이다. 대표소송에 관한 규정$\left(\begin{smallmatrix}\text{상 403}\\ 406\sim\end{smallmatrix}\right)$은 발기인·감사·청산인·불공정한 가액의 신주인수인·회사로부터 이익공여를 받은 자 등의 책임에 대하여도 준용된다$\left(\begin{smallmatrix}\text{상 324, 415, 542 I,}\\ 424의 2 Ⅱ, 467의 2 Ⅳ\end{smallmatrix}\right)$.

(2) 성   질   1) 대표소송은 주주에게 회사의 대표기관인 지위에서 타인인 회사의 이익을 위하여 주주가 원고가 되어 이사 또는 감사를 피고로 하는 소송을 제기하여 판결을 받을 수 있는 정당한 당사자로서 소송수행권을 인정한 것이기 때문에 소위 제 3 자의 소송담당$\left(\begin{smallmatrix}\text{또는 소송신탁}\\ \text{이라고도 함}\end{smallmatrix}\right)$의 경우에 속한다고 할 수 있다. 대표소송은 회사가 갖는 권리를 바탕으로 한 소송이라고 하여 파생소송(derivative suit) 또는 대위소송이라고도 한다.

2) 대표소송제도는 주주에게 기관적 지위를 인정하여 회사의 권리를 보호하기 위하여 회사를 대신하여 이사의 회사에 대한 책임을 추궁하는 소를 제기할 수 있게 한 것으로서, 유지청구권과 근본적으로 차이가 없는 것이다. 다만 유지청구권은 사전적인 방지책인 데 비하여 대표소송은 사후적인 구제방법이란 점이 다르다.

(3) 소의 당사자

1) 제소권자   대표소송은 유지청구권의 경우와 같이 그 남용의 폐단을 막기 위하여 발행주식총수의 100분의 1 이상에 해당하는 주식을 가진 소수주주권자만이 제기할 수 있다. 그러나 소를 제기한 주주의 보유주식이 제소 후 발행주식총수의 100분의 1 미만으로 감소한 경우에도 제소의 효력에는 영향이 없다$\left(\begin{smallmatrix}\text{상}\\ 403 Ⅴ\end{smallmatrix}\right)$. 즉 1주라도 보유하고 있으면 제소의 효력이 유지된다. 대표소

송은 회사의 구성원인 주주에게 인정한 것으로서 주주총회의 결의와 관련하여
인정한 것이 아니기 때문에 주주에는 의결권이 없는 주식의 소유자도 포함된다.

　　　판례는 「어느 한 회사가 다른 회사의 주식의 전부 또는 대부분을 소유하여 양
자간에 지배종속관계에 있고, 종속회사가 그 이사 등의 부정행위에 의하여 손해를
입었다고 하더라도, 지배회사와 종속회사는 상법상 별개의 법인격을 가진 회사이
고, 대표소송의 제소자격은 책임추궁을 당하여야 하는 이사가 속한 당해 회사의 주
주로 한정되어 있으므로, 종속회사의 주주가 아닌 지배회사의 주주는 상법 제403
조, 제415조에 의하여 종속회사의 이사 등에 대하여 책임을 추궁하는 이른바 이중
대표소송을 제기할 수 없다」고 하였다[$^{大\ 2004.\ 9.\ 23,}_{2003\ 다\ 49221}$].

　　　상장회사 경우에는 6월 전부터 계속하여 발행주식총수의 10,000분의 1 이상에
해당하는 주식을 대통령령이 정하는 바에 의하여 보유하는 때에는 대표소송을 제기
할 수 있다($^{상\ 542의}_{6\ Ⅵ}$).

　　2) 피　　고　　피고는 이사이며 퇴임한 이사라도 재임중의 행위에 의
하여 책임이 있는 자를 포함한다. 또한 감사·발기인·청산인의 책임에 대하여
도 대표소송이 인정되므로($^{상\ 415,\ 324,}_{542,\ 403\sim406}$) 이들도 피고가 된다.

　　(4) 소의 제기　　　대표소송은 주주가 회사에 대하여 이사의 책임을 추
궁하는 소의 제기를 청구하였는데도($^{상\ 403}_{Ⅰ\ .\ Ⅱ}$), 회사가 청구를 받은 날로부터 30
일 내에 소를 제기하지 아니한 때에 비로소 주주가 직접 소를 제기할 수 있다
($^{상}_{403\ Ⅲ}$). 회사가 소수주주의 청구에 의하여 소를 제기하는 경우에는 감사가 회
사를 대표한다($^{상\ 394}_{2문}$). 그러나 30일이 경과하기 전이라도 기간이 경과함으로써
이사가 재산을 은닉하거나, 무자력하게 된다든가, 회사의 채권이 시효에 걸린
다든가, 이사의 책임이 면제되어 회사에 회복할 수 없는 손해가 생길 염려가
있는 때에는 예외적으로 주주는 즉시 소를 제기할 수 있다($^{상}_{403\ Ⅳ}$). 주주가 상법
제403조 제3항과 제4항의 소를 제기한 경우에 당사자는 법원의 허가를 얻지
않고는 소의 취하, 청구의 포기·인낙(認諾)·화해를 할 수 없다($^{상}_{403\ Ⅵ}$).

　　(5) 책임의 범위　　　대표소송에 의하여 추궁할 수 있는 책임의 범위에
대하여는 상법 제399조의 회사에 대한 손해배상책임과 상법 제428조의 자본
충실의 책임으로 한정하는 소수설도 있으나[$^{鄭(희),}_{499}$], 통설은 회사의 이익과 관
련되는 한 계약에 의한 채무불이행 등 일반거래로 인한 채무도 포함된다고 본
다. 이사가 퇴임한 경우라도 그의 재임중에 부담한 채무나 책임에 대하여 대표
소송을 제기할 수 있다[$^{동:\ 孫(주),\ 780;\ 鄭(동),}_{436;\ 李(철),\ 626}$]. 상법에서는 특히 불공정가액에 의

한 주식인수인의 회사에 대한 공정한 발행가액과의 차액지급책임($\frac{상}{의}\frac{424}{2}$ I)과 공여이익의 회사에 대한 반환책임($\frac{상}{의}\frac{467}{2}$ III)에 대하여도 주주의 대표소송을 인정하고 있다($\frac{상}{467의}\frac{424의}{2}\frac{2}{IV}$ II).

(6) **주주의 담보제공의무**   소수주주권자가 소를 제기한 경우에 피고인 이사는 주주가 악의임을 소명하고 주주로 하여금 상당한 담보를 제공할 것을 법원에 청구할 수 있다($\frac{상}{176}\frac{403}{III}\frac{VII,}{\cdot IV}$). 이 경우에 악의란 원고인 주주가 피고인 이사를 해할 것을 안 경우를 말한다. 담보제공은 피고인 이사가 원고인 주주에 대하여 갖게 될 손해배상청구권의 담보를 위한 것이므로 **담보권자**는 회사가 아니라 피고인 이사가 된다.

(7) **소송절차**   소를 제기한 주주는 곧 회사에 대하여 소송의 고지를 하여야 하고($\frac{상}{404}$ II), 회사는 이 소송에 참가할 수 있으며($\frac{상}{404}$ I), 참가의 성질은 **공동소송참가**($\frac{민소}{83}$)라고 할 것이다. 수수가 제기한 소의 판결이 확정된 경우에 원고인 주주와 피고인 이사가 공모하여 소송의 목적인 회사의 권리를 사해할 목적으로 판결을 하게 한 때에는 회사 또는 주주는 재심의 소를 제기할 수 있다($\frac{상}{406}$). 이 재심의 소의 원고인 주주는 소수주주권 있는 주주에 한하지 않는다.

(8) **판결의 효과**   1) 소수주주의 대표소송은 제 3 자의 소송담당의 경우이므로 원고인 주주가 받은 판결은 원래의 이익주체인 **회사**에 대하여 그 효력이 미치며($\frac{민소}{218}$ III), 또한 반사적으로 그 효력은 다른 주주에게도 미치게 되므로 다른 주주는 똑같은 주장을 할 수 없게 된다.

2) 상법상 대표소송에서 승소한 주주는 판결주문에 의하여 패소한 피고인 이사로부터 소송비용을 지급받을 수 있다. 그러나 대표소송의 원고인 주주는 자신의 개인적인 이익을 위하여 소송을 제기한 것이 아니라 회사의 이익을 위하여 회사를 대신하여 소를 제기한 것이기 때문에, 상법에서는 주주로 하여금 소송비용 및 그 밖에 소송으로 인하여 지출한 비용 중 상당한 금액의 지급을 회사에 대하여 청구할 수 있도록 하였다. 이 경우 소송비용을 지급한 회사는 이사 또는 감사에 대하여 구상권이 있다($\frac{상}{405}$ I).

3) 주주가 패소한 때에는 악의인 경우가 아니면 회사에 대하여 손해를 배상할 책임이 없다($\frac{상}{405}$ II). 악의란 회사에 손해를 끼칠 목적 내지 회사를 해하려는 고의가 있는 것을 말한다.

제 4 관   執行任員, 代表執行任員

[257] 제 1 總   說

주식회사의 업무집행에 대한 중요한 사항은 이사회의 결의가 있어야 하고
($_{393}$ $^{상}_{I}$), 이사회는 이사의 직무의 집행을 감독한다($^{동조}_{II}$). 그리고 회사의 대표이
사가 회사의 대표권과 대내적인 업무집행권을 갖고 있으며 기타 이사들은 업
무담당이사로 회사의 업무집행에 참여하고 있다. 그리하여 이사회의 감독기능
을 기대할 수 없었다. 상법개정안(2007)은 이사회의 감독기능을 강화하고 회
사의 업무집행의 효율성을 제고하기 위하여 이사회의 업무집행기능을 분리하
여 이를 전담할 집행기관인 집행임원제도를 도입하였다. 그러나 이 제도의 도
입은 개별 회사가 자율적으로 선택할 수 있도록 하였다.

I. 집행임원의 선임·해임

집행임원과 대표집행임원의 선임·해임은 이사회의 결의에 의한다($^{상}_{2}$$^{408의}_{III}$$_{(1)}$).
이와 같이 이사회의 권한으로 한 것은 이사회의 효과적인 업무집행에 대한 감
독을 가능하게 하고, 업무집행임원의 신속한 교체를 할 수 있도록 한 것이다.
집행임원이 있는 회사의 이사는 업무집행을 할 수 없으나 이사가 집행임원을
겸직함으로써 회사의 업무를 집행할 수 있다. 겸직이사의 원수에 대한 제한은
없다. 그러나 다수의 이사가 집행임원을 겸임하게 되면 업무집행과 그에 대한
감독이 분리되지 않아 효과적인 감독을 기대하기 어렵다고 할 것이다.

2. 집행임원의 원수·임기

(1) 회사는 1인 또는 수인의 집행임원을 선임할 수 있다. 집행임원이 수인
인 때에는 이사회는 집행임원의 직무분담 및 지휘·명령관계 기타 집행임원의
상호관계에 관한 사항을 정하여야 한다($^{상}_{2}$$^{408의}_{III}$$_{(5)}$).

(2) 집행임원의 임기는 정관에 달리 정한 바가 없으면 2년을 초과하지 못
한다($^{상}_{3}$$^{408의}_{I}$). 임기는 정관으로 그 임기중의 최종의 결산기에 관한 정기주주총
회가 종결한 후 최초로 소집하는 이사회의 종결시까지로 할 수 있다($^{동조}_{II}$).

[258] 제2 執行任員 設置會社의 理事會의 權限

집행임원 설치회사의 이사회는 다음의 사항에 대한 권한을 갖는다.

i) 집행임원 및 대표집행임원의 선임·해임, ii) 집행임원의 업무집행에 대한 감독, iii) 집행임원과 회사와의 소에서 회사를 대표할 자의 선임, iv) 집행임원에 대하여 업무집행에 관한 의사결정의 위임(다만 본법에서 이사회 권한사항으로 정한 경우는 제외한다), v) 집행임원이 수인인 경우 집행임원의 직무분담 및 지휘·명령관계 기타 집행임원의 상호관계에 관한 사항, vi) 정관 또는 주주총회의 승인이 없는 경우 집행임원의 보수결정 등이다($\frac{\text{상}408\text{의}}{2\,\text{III}}$). 이사회는 정관의 규정이 없으면 이사회의 결의로 이사회의장을 선임하여야 한다($\frac{\text{상}408\text{의}}{2\,\text{IV}}$).

[259] 제3 執行任員의 權限·義務

(1) 권 한   집행임원은 회사의 업무집행의 권한과 정관 또는 이사회의 결의에 의하여 위임받은 업무집행에 관한 사항의 결정권한을 갖는다($\frac{\text{상}408}{\text{의}4}$). 즉 이사회는 법정권한이외의 업무집행사항에 대한 의사결정을 집행임원에게 위임할 수 있다($\frac{\text{상}408\text{의}}{2\,\text{III}\,(4)}$). 집행임원 설치회사의 업무집행은 집행임원의 전속권에 속하며 이사는 업무집행권한이 없다. 수인의 집행임원이 있는 경우에 각자가 업무의 결정권과 집행권이 있기 때문에 혼란이 야기될 우려가 있다. 그리하여 이사회는 집행임원의 직무분담 및 지휘·명령관계 기타 집행임원의 상호관계에 관한 사항의 결정권한을 갖는다($\frac{\text{상}408\text{의}}{2\,\text{III}\,(5)}$).

(2) 이사회소집청구권   집행임원은 필요한 때에는 회의의 목적사항과 소집이유를 기재한 서면을 이사(소집권자가 있는 경우에는 소집권자)에게 제출하여 이사회의 소집을 청구할 수 있다($\frac{\text{상}408\text{의}}{7\,\text{I}}$). 청구에도 불구하고 지체없이 이사회소집의 절차를 밟지 아니하는 때에는 청구한 집행임원이 법원의 허가를 얻어 이사회를 소집할 수 있다($\frac{\text{동조}}{\text{II}}$).

(3) 보고의무등   집행임원은 3개월에 1회 이상 업무의 집행상황을 이사회에 보고하여야 한다($\frac{\text{상}408\text{의}}{6\,\text{I}}$). 집행임원은 이 외에도 이사회의 요구가 있는 때에는 언제든지 이사회에 출석하여 요구한 사항을 보고하여야 한다($\frac{\text{동조}}{\text{II}}$). 이사는 대표집행임원으로 하여금 다른 집행임원 또는 피용자의 업무에 관하여 이사회에 보고할 것을 요구할 수 있다($\frac{\text{동조}}{\text{III}}$). 집행임원은 회사에 현저하게 손해를

미칠 염려가 있는 때에는 즉시 감사 또는 감사위원회에 보고하여야 한다($\frac{상}{의}\frac{408}{9},$ $\frac{412}{의2}$) 또한 회사와 집행임원과의 관계에는 위임에 관한 규정을 준용하므로 ($\frac{상}{2}\frac{408의}{II}$) 집행임원은 선관주의 의무를 지고($\frac{민}{681}$), 충실의무·비밀유지의무·정관등의 비치공시의무·경업금지의무·회사와의 자기거래의 승인 요구의무를 진다($\frac{상}{382의}\frac{408의9,382의3 내지}{5,396 내지 398}$). 기타 상법 제400조, 제401조의2, 제402조, 제403조 내지 제408조의 규정은 집행임원에 준용한다($\frac{상}{의}\frac{408}{9}$).

[260]　제4　代表執行任員

(1) **선임·해임**　　2인 이상의 집행임원이 선임된 경우에는 이사회의 결의로 집행임원중에서 회사를 대표할 대표집행임원을 선임하여야 한다. 다만 집행인원이 1인인 경우에는 그 집행임원이 대표집행임원이 된다($\frac{상}{의}\frac{408}{5}$). 대표집행임원의 성명·주민등록번호 및 주소는 등기를 하여야 한다($\frac{상}{II}\frac{317}{(8)}$). 대표집행임원은 종래의 대표이사와 같은 회사의 대표기관이다. 그러므로 대표집행임원에 관하여 이 법에 다른 규정이 없으면 주식회사의 대표이사에 관한 규정을 준용한다($\frac{상}{5}\frac{408의}{II}$). 집행임원의 설치회사는 대표이사를 둘 수 없다($\frac{상}{2}\frac{408의}{I}$). 대표집행임원은 이사회의 결의로 해임된다. 회사는 이사회의 결의로 수인의 대표집행임원이 공동으로 회사를 대표할 것을 정할 수 있다($\frac{상}{II,}\frac{408의5}{389의II}$). 공동대표집행임원을 정한 때에는 그 규정을 등기하여야 한다($\frac{상}{II}\frac{317}{(10)}$). 이 경우에 제3자의 회사에 대한 의사표시는 공동대표의 권한 있는 공동대표집행위원의 1인에 대하여 함으로써 그 효력이 생긴다($\frac{상}{389}\frac{408의5}{III,}\frac{II,}{208의II}$).

(2) **권한·책임등**　　대표집행임원은 회사의 영업에 관하여 재판상 또는 재판외의 모든 행위를 할 권한이 있고 그 권한에 대한 제한은 선의의 제3자에게 대항하지 못한다($\frac{상}{389}\frac{408의5}{III,}\frac{II,}{209의}$). 기타 대표집행임원의 손해배상책임·결원의 경우에 대하여는 상법 제210조와 제386조의 규정을 준용한다($\frac{상}{5}\frac{408의}{II}$). 그리고 표현대표이사에 관한 규정은 집행임원 설치회사에 준용한다($\frac{상}{5}\frac{408의}{III,}\frac{}{395}$). 이것은 표현대표집행임원제도를 인정한 것이라고 할 수 있다.

[261]　제5　執行任員의　責任

(1) **회사에 대한 책임**　　집행임원이 고의 또는 과실로 법령 또는 정관

에 위반한 행위를 하거나 그 임무를 해태한 때에는 그 집행임원은 회사에 대하여 손해를 배상할 책임이 있다($\frac{상}{8}\frac{408의}{I}$). 이러한 집행임원의 책임은 총주주의 동의가 없으면 면제되지 않는다($\frac{상}{9,}\frac{408의}{400}$). 그러나 이 책임은 과실책임으로서 과실의 입증책임이 전환된다는 점에서 종래의 이사의 책임보다 완화되었다고 할 수 있다. 그리고 집행임원의 책임은 정관에 의하여 경감할 수 있다($\frac{상}{400}\frac{408의 9,}{II 본문}$). 그리고 회사는 집행임원의 책임을 대표소송에 의하여 추궁할 수 있다($\frac{상}{9,}\frac{408의}{403}$).

(2) **제3자에 대한 책임**　　집행임원이 악의 또는 중대한 과실로 인하여 그 임무를 해태한 때에는 그 집행임원은 제3자에 대하여 손해를 배상할 책임이 있다($\frac{상}{8}\frac{408의}{II}$)($\frac{563면 이}{하 참조}$).

(3) **연대책임**　　집행임원이 회사 또는 제3자에 대하여 손해를 배상할 책임이 있는 경우에 다른 집행임원, 이사 또는 감사도 그 책임이 있는 때에는 다른 집행임원, 이사 또는 감사와 연대하여 배상할 책임이 있다($\frac{상}{8}\frac{408의}{III}$).

제5관　監事·監査委員會·外部監査人·檢査人

[262] 제1 監　事

I. 총　　설

(1) **의　　의**　　감사는 회계 및 업무의 감사를 임무로 하는 주식회사의 **필요적 상설기관**이다. 주주는 총회에서 결산의 승인을 통하여 또는 소수주주권의 행사에 의하여 이사의 행위를 감독할 수 있지만, 이것만으로는 불충분하기 때문에 상설의 감독기관으로서 감사제도를 두고 있다. 그러나 회사가 정관에 의하여 감사위원회를 설치한 때에는 감사를 둘 수 없다($\frac{상}{의}\frac{415}{2 I}$).

(2) **선임·종임**　　1) 감사는 주주총회에서 선임한다(409 $\frac{상}{I}$). 감사로 선임된 자는 주주총회의 선임결의뿐만 아니라 회사와 임용계약을 체결함으로써 감사의 지위를 취득한다[大 95. 2. 28, 94 다 31440; 大 2005. 11. 8, 2005 마 541(결정)].

2) 감사의 원수는 1인이라도 된다. 감사는 중립적인 지위에서 공정한 감사를 하여야 하므로, 감사의 선임에 있어서 의결권 없는 주식을 제외한 발행주식총수의 100분의 3을 초과하는 수의 주식을 가진 주주는 그 초과하는 주식에 대하여 그 의결권을 행사하지 못한다(409 $\frac{상}{II}$). 이러한 의결권의 제한비율은 정관으로 더욱 낮게 정할 수 있다(409 $\frac{상}{III}$).

3) 감사 후보자 추천권   상장회사의 의결권 없는 주식을 제외한 발행주식총수의 1천분의 5 이상에 해당하는 주식을 보유한 자는 이사에게 대통령령이 정하는 바에 따라 주주총회일(정기주주총회의 경우에는 직전연도의 정기
수수총회일에 해당하는 당해 연도의 해당일) 6주 전까지 감사의 후보자를 추천할 수 있다. 다만, 정관에서 이보다 낮은 비율을 정할 수 있다($^{상 542}_{의 7 I}$). 이 경우 후보자를 추천한 자의 청구가 있을 경우에는 주주총회에서 해당 후보자에 관한 사항을 설명할 기회를 주어야 한다($^{동조}_{II}$). 상장회사가 주주총회에서 감사를 선임하고자 하는 경우에는 상법 제542조의 5 제 2 항 제 2 문의 규정에 따라 통지 또는 공고된 후보자 중에서 선임하여야 한다($^{동조}_{III}$).

4) 감사와 회사와의 관계에 대하여는 위임에 관한 규정이 준용된다($^{상 415,}_{382 \ II}$). 감사의 성명과 주민등록번호는 등기사항이다($^{상 317}_{II (8)}$). 감사는 위임관계의 종료에 의하여 종임되고($^{민 690,}_{689}$) 주주총회의 특별결의에 의하여 해임($^{상 415,}_{385 \cdot}$)됨으로써 종임하는 것은 이사의 경우와 같지만($^{상 415,}_{385 \cdot}$), 회사의 해산 후에도 청산회사의 감사를 위하여 종임하지 않는 점이 다르다.

5) 대통령령이 정하는 상장회사는 주주총회 결의에 의하여 회사에 상근하면서 감사 업무를 수행하는 감사($^{이하 '상근감}_{사'라고 한다}$)를 1명 이상 두어야 한다. 다만, 감사위원회를 설치한 경우에는 그러하지 아니하다($^{상 542의}_{11 \ I}$). 그러나 다음 각 호의 어느 하나에 해당하는 자는 상장회사의 상근감사가 되지 못하며, 이에 해당하게 되는 경우에는 그 직을 상실한다. i) 상법 제542조의 9 제 2 항 제 1 호부터 제 4 호에 해당하는 자, ii) 주요주주, iii) 회사의 상무(常務)에 종사하는 이사·집행임원 및 피용자 또는 최근 2년 이내에 회사의 상무에 종사한 이사·집행임원 및 피용자. 다만, 감사위원회 위원인 이사는 제외한다. iv) 위 ii), iii) 이외에 회사의 경영에 영향을 미칠 수 있는 자로서 대통령령이 정하는 자등이다($^{상 542의}_{11 \ II}$).

(3) 임   기   감사의 임기는 취임 후 3년 내의 최종의 결산기에 관한 정기총회의 종결시까지로 한다($^{상}_{410}$). 임기의 기산점은 취임시이다. 감사의 임기는 최종의 결산기에 관한 정기총회의 종결시까지로 하므로, 취임의 시기에 따라 감사의 임기는 3년보다 다소 장기가 되거나 단기가 될 수 있다.

(4) 자   격   감사의 자격에는 제한이 없지만 이사의 경우와 마찬가지로 자연인에 한한다[$^{동: 孫(성), 174;}_{鄭(희), 505}$]. 회사 및 자회사의 이사 또는 지배인 기타의 사용인은 감사가 될 수 없다($^{상}_{411}$). 「기타의 사용인」에는 상업사용인뿐만 아니라 고문이나 상담역도 포함된다. 그러므로 이사 또는 지배인을 겸임하고 있는 감사가 한 감사는 무효라고 할 수 있다.

(5) 감사의 보수   감사의 보수에 대하여는 이사에 관한 규정을 준용한

다($\frac{상}{388}$ 415,). 즉 감사의 보수는 정관 또는 주주총회의 결의로 이사의 보수와 구분하여 정하여진다. 이와 같이 감사의 보수결정방법을 법정하고 있는 이유는 감사가 독립적인 지위에서 공정한 감사를 할 수 있도록 하기 위한 것이다.

상장회사가 주주총회의 목적사항으로 감사의 보수결정을 위한 의안을 상정하고자 하는 경우에는 이사의 보수결정을 위한 의안과는 별도로 상정하여 의결하여야 한다($\frac{상}{13}$ 542의 V).

2. 감사의 권한

(1) 회계 및 업무감사권

1) 총 설 감사는 이사의 직무의 집행을 감사한다($\frac{상}{412}$ I). 감사는 회계감사뿐만 아니라 업무감사를 임무로 하는 기관이다. 그리고 감사는 감사를 위하여 전문적 지식을 겸비한 보조자를 사용할 수 있다고 본다.

2) 감사의 범위 (개) 감사의 업무감사의 범위에 관하여는 i) 감사는 적법성에 대한 감사권만이 있고 **타당성감사**는 명문규정이 있는 경우($\frac{상}{4 II}$ 431, 447의 (5)·(8))에만 할 수 있다는 것이 **다수설**이고[徐(돈), 403; 孫(주), 789; 梁·朴, 396; 李(철), 641~642; 鄭(동), 447], ii) 적법성에 한정되지만 이사의 업무집행이 현저하게 부당한 경우에는 타당성의 감사도 할 수 있다는 것이 **소수설**이다[鄭(희), 506; 鄭(무), 447].

(나) 감사는 회사의 감사기관이므로 감사를 함에 있어서는 그 **적법성**뿐만 아니라 회사에 중대한 영향을 미치는 사항에 대하여는 그 **타당성**도 감사하여야 될 것이다[동; 李(병), 714; 李(기), 481]. 왜냐하면 감사는 이사의 직무에 대하여 포괄적인 감사권이 있으며, 이사회출석권과 의견진술권이 있고, 적법성감사권만이 있다는 제한규정이 없고, 감사가 상법 제413조에 의하여 주주총회에 의견을 진술함에 있어서 「현저하게 부당한 사항」이 있는지의 여부에 대하여도 그 의견을 진술하여야 하고, 이사에게 제출하는 감사보고서에는 대차대조표 또는 손익계산서의 작성에 관한 회계방침의 변경이 타당한지의 여부와 그 이유 및 이익잉여금처분계산서 또는 결손금처리계산서가 회사재산의 상태 기타 사정에 비추어 현저하게 부당한 경우에 그 뜻을 기재하여야 하기 때문이다($\frac{상}{II}$ 447의 4 ⑤⑧).

(다) 다수설은 타당성감사는 이사회가 한다고 하여 감사는 적법성감사만 한다고 하지만, 우리의 경우는 소유와 경영이 고도로 분리된 영미와 같지 않으므로 공정한 감사를 기대할 수 없다는 점, 적법성과 타당성은 명확한 기준에 의

하여 구별할 수 없다는 점 등에서 볼 때 감사의 업무감사권을 제한적으로 해석하는 것은 타당하지 못하다.

(2) 영업보고요구권, 업무·재산조사권　　감사는 언제든지 이사에 대하여 영업에 관한 보고를 요구하거나 회사 및 자회사의 업무와 재산상태를 조사할 수 있다($_{412}^{상}$ⅡI). 그러므로 감사가 감사를 하기 위하여 필요한 조사를 할 수 없었던 때에는 그 뜻과 이유를 보고서에 기재하여야 한다($_2^{상 447의}$Ⅱ⑾). 감사는 감사를 위하여 회사의 비용으로 전문가의 조력을 구할 수 있다($_{412}^{상}$Ⅲ).

(3) 자회사에 대한 영업보고요구권과 조사권

1) 자회사에 대한 영업보고요구권　　모회사의 감사는 그 직무를 수행하기 위하여 필요한 때에는 자회사에 대하여 영업의 보고를 요구할 수 있다($_{의 4}^{상 412}$Ⅰ). 즉 모회사의 감사를 위하여 필요한 때에만 행사할 수 있다. 그러므로 모회사의 감사가 모회사의 이사에 대하여 영업보고요구권과 업무재산조사권을 행사하였으나($_{412}^{상}$Ⅱ), 충분한 감사를 할 수 없었던 때에만 행사할 수 있다고 본다. 그러므로 모회사의 감사는 보고를 요구하는 이유와 보고사항을 구체적으로 명시하여 요구하여야 할 것이다. 보고의 요구는 자회사의 대표이사에게 하여야 하며, 기타 지배인이나 사용인에 대한 직접적인 요구는 인정되지 않는다.

2) 자회사의 조사권　　모회사의 감사가 자회사에 대하여 영업에 관한 보고를 요구하였으나, 자회사가 지체없이 보고를 하지 않거나 보고를 하였더라도 보고의 진부를 확인할 필요가 있는 때에는 자회사의 업무와 재산상태를 조사할 수 있다($_{의 5}^{상 412}$Ⅱ). 즉 모회사의 감사는 영업보고를 요구함이 없이 바로 조사권을 행사할 수는 없다. 그러므로 모회사의 감사는 자회사에 대하여 보고를 요구한 사항에 한하여 조사할 수 있다고 본다. 자회사의 대표이사 등이 모회사의 감사의 조사를 정당한 이유 없이 거부한 때에는 5백만원 이하의 과태료의 제재를 받는다($_{(21의 2)}^{상 635}$Ⅰ).

3) 자회사의 조사거부권　　(가) 자회사는 정당한 이유가 없는 한 모회사의 감사의 영업보고요구 또는 조사권을 거부하지 못한다($_{의 5}^{상 412}$Ⅲ). 그러나 자회사는 정당한 이유가 있는 때에는 거부권을 행사할 수 있다. 왜냐하면 자회사는 독립된 법인으로서 그 자신의 이익을 보호할 수 있는 권리가 있기 때문이다. 「정당한 이유」란 일반적으로 모회사의 감사를 위하여 반드시 필요한 사항이 아닌 것에 대한 보고 또는 조사를 요구하는 경우와 모회사의 감사가 자기 또는 제3자의 이익을 위하여 그 권한을 남용하는 경우를 말한다고 할 것이다.

(나) 자회사의 존속을 위하여 필요한 경우에는 이를 거부할 수 있다고 할 것이다. 정당한 사유의 존재에 대한 입증책임은 자회사가 진다. 모회사의 감사의 조사를 자회사가 거부한 때에는 필요한 조사를 할 수 없었던 사실과 이유를 감사보고서에 기재하여야 한다($\frac{상}{4}\frac{447의}{1}\text{(11)}$).

(4) **이사회출석권·의견진술권**　　1) 감사는 이사회에 출석하여 의견을 진술할 수 있다($\frac{상}{의 2 I}\frac{391}{}$). 이는 이사회에서 업무집행의 결정을 하는 단계에서 법령 또는 정관에 위반한 결의나 현저하게 부당한 결의가 성립되는 것을 사전에 예방하기 위한 것이다. 그리하여 감사도 이사회의 소집통지를 받도록 하여 이사회에 출석할 수 있게 하였다($\frac{상}{390 II}$). 감사는 그 직무의 행사에 관하여 선량한 관리자의 주의의무($\frac{상}{II};\frac{415, 382}{民\ 681}$)를 진다는 이유로 이사회에 **출석할 의무**가 있다는 견해가 있으나[$\frac{孫(주), 790;}{安(동), 753}$], 이사회의 의안이 감사의 직무와 아무런 관련이 없고 감사의 이사회에 대한 보고사항($\frac{상}{의 2 II}\frac{391}{}$)이 없는 경우까지 이사회출석을 강제할 필요는 없다고 본다.

2) 감사는 이사회출석권과 의견진술권이 있으므로 이사회의 소집통지는 모든 감사에게도 하여야 한다($\frac{상}{390 II}$). 그러므로 감사에 대한 소집통지 없이 한 이사회의 결의는 무효라고 본다. 그러나 통지를 받지 않은 감사가 이의 없이 출석한 경우는 소집절차상의 하자가 치유된다고 볼 것이다.

3) 감사는 이사회소집통지의 수령권이 있으므로($\frac{상}{390 II}$) 소집절차를 생략하고 이사회를 개최하려면 이사뿐만 아니라 감사 전원의 동의가 있어야 한다($\frac{상}{390 III}$). 그러므로 감사 전원의 동의 없이 소집절차를 생략하고 한 이사회의 결의는 소집절차에 하자가 있는 결의로서 무효이다.

4) 이사회의 의사록에는 출석한 이사 및 감사가 기명날인 또는 서명하여야 한다($\frac{동조}{}$). 그러나 출석한 감사가 이사회의 결의에 관하여 이의를 한 기재가 의사록에 없더라도 그 감사가 결의에 찬성한 것으로 추정되는 것은($\frac{상}{III 참조}\frac{399}{}$) 아니라고 본다.

(5) **감사의 해임에 관한 의견진술권**　　1) 감사를 해임하는 경우에 감사는 그 해임에 관하여 주주총회에서 의견을 진술할 수 있다($\frac{상}{의 2}\frac{409}{}$). 주주총회의 의안은 이사회에서 결정되는데 감사는 이사회에 출석하여 의견을 진술할 수는 있으나 의결권은 없으므로, 감사의 의견진술과 관계 없이 해임에 관한 의안이 주주총회에 제출될 수 있는 것이다. 그러므로 감사가 주주총회에서 그 해임에 관하여 의견을 진술할 수 있도록 하여 정당한 이유 없이 부당하게 감사

가 해임되는 경우가 없도록 의견진술권을 인정한 것이다.

2) 감사의 해임에 관한 의견의 진술은 해임의 대상인 감사뿐만 아니라 다른 감사도 그 해임에 관하여 의견을 진술할 수 있다. 의견을 진술할 수 있는 감사는 주주총회의 개최중에 감사인 자, 감사결원의 경우 새로운 감사가 취임할 때까지 감사의 권리·의무가 있는 자($^{상\ 415,}_{386\ I}$), 일시 감사의 직무를 행하는 자($^{상\ 415,}_{386\ II}$), 감사의 직무대행자($^{상\ 415,}_{407}$)를 포함한다. 감사의 해임에 관한 의견진술권은 권리일 뿐이며 진술의무는 없다. 또한 감사의 해임이 법령 또는 정관에 위반하거나 현저하게 부당한 때에만 의견을 진술할 수 있는 것은 아니다.

(6) 유지청구권　　이사가 법령 또는 정관에 위반한 행위를 하여 이로 인하여 회사에 회복할 수 없는 손해가 생길 염려가 있는 경우에 감사는 회사를 위하여 이사에 대하여 그 행위를 유지할 것을 청구할 수 있다$\begin{bmatrix}상\ 402.\ 유지청구권에\ 관한\ 상\\ 세한\ 설명은\ 572면\ 이하\ 참조\end{bmatrix}$.

(7) 총회소집청구권　　1) 감사는 회의의 목적사항과 소집의 이유를 기재한 서면을 이사회에 제출하여 임시주주총회의 소집을 청구할 수 있다($^{상\ 412}_{의\ 3\ I}$). 감사의 청구가 있은 후 지체없이 회사가 총회소집의 절차를 밟지 아니하는 때에는 청구한 감사는 법원의 허가를 얻어 총회를 소집할 수 있다($^{동조\ II,}_{366\ II}$).

2) 그런데 감사는 그의 업무와 관련해서만 필요한 때에 총회의 소집을 청구할 수 있다는 견해가 있다$\begin{bmatrix}鄭(동),\ 449;\\李(철),\ 645\end{bmatrix}$. 그리하여 i) 이사의 해임을 위한 총회의 소집은 인정되지 않는다거나$\begin{bmatrix}李(철),\\645\end{bmatrix}$, ii) 감사가 이사회에 적당한 대책을 촉구하였는데도 수용되지 않는 경우 등에만 총회의 소집이 가능하다는 견해도 있다. 그러나 iii) 감사는 회사의 이익을 위하여 필요한 때에는 반드시 감사권과 직접 관련이 없더라도 총회의 소집을 청구할 수 있는 것이다. 그러므로 대표이사의 행위로 인하여 회사에 치명적인 손해가 발생할 염려가 있는 때에는 당연히 그 대표이사의 이사 자격의 박탈을 위한 총회소집청구를 하여야 한다고 생각한다. 감사가 소집한 총회에서는 법원의 허가를 얻은 의제에 한하여 결의할 수 있다. 그러므로 인가 없는 의제에 대한 결의는 취소의 원인이 있는 것으로 본다.

(8) 이사회소집청구권　　감사는 감사기능의 실효성을 확보하기 위하여 필요가 있다고 인정할 때에는 이사($^{또는\ 소}_{집권자}$)에 대하여 이사회의 소집을 청구할 수 있다($^{상\ 412의}_{4\ I}$). 감사의 이러한 이사회 소집청구가 있었음에도 불구하고 이사(소집권자)가 지체 없이 이사회를 소집하지 않은 경우에는 그 청구를 한 감사가 이사회를 소집할 수 있다($^{동조}_{II}$).

(9) **이사로부터 보고를 받을 권한**　　상법은 이사의 감사에 대한 보고를 의무화하였다($\frac{상}{의2}^{412}$). 감사에 대한 이사의 보고의무를 법정한 것은 이사가 회사에 현저하게 손해를 미칠 염려가 있는 사실을 발견한 때에 이를 즉시 감사에게 보고하여 이에 대한 감사의 감사를 촉구함으로써 회사의 손해를 가급적 미연에 방지할 수 있도록 하는 데에 그 목적이 있다.

(10) **회사대표권**　　회사가 이사에 대하여 또는 이사가 회사에 대하여 소를 제기하는 경우에 감사는 그 소에 관하여 회사를 대표한다($\frac{상}{1문}^{394}$). 또한 회사가 주주로부터 이사에 대한 소의 제기를 청구받은 경우도 같다($\frac{상\ 394\ 2문,}{403\ 1}$). 이 경우에 소를 제기할 것인가의 결정권도 감사에게 있다 할 것이다. 그러므로 주주는 대표이사가 아니라 감사에 대하여 소의 제기를 청구하여야 한다$\left[\begin{smallmatrix}동:\ 李\\(철),\ 648\end{smallmatrix}\right]$. 감사가 수인인 경우에는 수인의 감사가 공동으로 회사를 대표할 필요는 없고, 그 중 1인이 회사를 대표하면 되고 이느 감사가 대표할 것인가는 감사의 협의에 의하여 결정할 문제이다. 회사와 이사간의 소에 있어서 감사가 회사를 대표토록 한 것은 소송을 공정하게 수행하기 위한 것이다. 그러나 회사와 감사간의 소에 있어서는 대표이사가 회사를 대표한다.

(11) **각종의 소권**　　감사는 각종의 소에 관하여 원고가 될 수 있다. 즉 회사설립무효의 소($\frac{상}{328}$), 총회결의취소의 소($\frac{상}{376}$), 신주발행무효의 소($\frac{상}{429}$), 자본감소무효의 소($\frac{상}{445}$), 합병무효의 소($\frac{상}{529}$) 등에 있어서 원고가 된다. 이러한 소권도 감사의 업무감사권과 관련하여 인정한 것이다.

3. 감사의 의무

(1) **주의의무**　　감사의 회사에 대한 관계에는 위임에 관한 규정이 준용되므로($\frac{상}{382}^{415,}_{II}$) 감사는 그 직무를 수행함에 있어서 회사에 대하여 선량한 관리자의 주의의무를 진다($\frac{민}{681}$). 그러나 감사는 업무집행기관이 아니므로 감사에 대하여는 경업피지의무($\frac{상}{397}$)나 회사와의 거래에 관한 규정($\frac{상}{398}$)은 적용되지 않는다.

(2) **비밀유지의무**　　감사는 재임중뿐만 아니라 퇴임 후에도 직무상 알게 된 회사의 영업상 비밀을 누설하여서는 안 된다($\frac{상}{382의4}^{415,}$).

(3) **감사록의 작성의무**　　감사는 감사에 관하여 감사록을 작성하여야 한다($\frac{상}{의2}^{413}_{I}$). 감사록에는 감사의 실시요령과 그 결과를 기재하고 감사를 실시한 감사가 기명날인 또는 서명하여야 한다($\frac{상}{의2}^{413}_{II}$).

(4) 이사회에 대한 보고의무　　　감사는 이사가 법령 또는 정관에 위반한 행위를 하거나 그 행위를 할 염려가 있다고 인정한 때에는 이사회에 이를 보고하여야 한다($\frac{상}{의2}\frac{391}{I}$). 이러한 감사의 의무는 이사회로 하여금 손해의 예방을 위한 조치를 취할 수 있는 기회를 주기 위한 것이다. 상법은 감사의 보고의무에 관한 규정만 두었을 뿐이고 감사의 보고를 위한 이사회의 소집청구권이나 소집권에 관하여는 아무런 규정이 없으나, 감사의 보고의무를 법정한 이상 적어도 이사회의 소집권자에 대하여 보고를 위한 이사회의 소집을 청구할 수 있다고 본다.

(5) 주주총회에 대한 조사·보고의무　　　감사는 이사가 주총회에 제출할 의안 및 서류를 조사하여 법령 또는 정관에 위반하거나 현저하게 부당한 사항이 있는지의 여부에 관하여 주주총회에 그 의견을 진술하여야 한다($\frac{상}{413}$). 이 경우에 감사는 주주총회의 의안뿐만 아니라 모든 서류를 감사하여 보고하여야 하고, 회계와 업무에 관한 적법성뿐만 아니라 중요한 사항에 대하여는 타당성도 조사하여 보고하여야 한다.

(6) 감사보고서의 제출의무

1) 의　　의　　　감사는 이사로부터 정기총회일의 6주간 전에 재무제표와 그 부속명세서($\frac{상}{447}$) 및 영업보고서($\frac{상}{의2}447$)의 제출을 받아($\frac{상}{의3}447$) 이를 받은 날로부터 4주간 내에 감사보고서를 이사에게 제출하여야 한다($\frac{상}{의4}\frac{447}{I}$). 즉 총회일의 2주간 전까지 감사보고서를 이사에게 제출하여야 한다. 감사는 재무제표뿐만 아니라 그 부속명세서에 대하여도 감사보고서를 제출할 의무가 있다.

2) 감사보고서의 기재사항　　　감사보고서에는 소정의 사항을 기재하여야 한다($\frac{상}{의4}\frac{447}{II}$). 상법이 감사보고서의 기재사항까지 구체적으로 법정한 이유는 감사의 형식화를 막고 전문화를 도모하여 감사의 실효를 거둘 수 있도록 하며, 주주들에게 구체적인 판단을 위한 자료를 제공하고, 감사의 감사를 위한 직무의 한계를 명확하게 하는 데 있다고 본다. 이러한 법정기재사항은 감사보고서의 기재사항을 제한한 것이라고는 할 수 없으므로 이 외에도 주주들에게 주지시킬 필요가 있는 사항(예컨대 기재사항 제10호에 해당되지 않는 중대하지 않은 이사의 부정행위나 법령 또는 정관에 위반하는 행위)은 추가로 기재할 수 있을 것이다.

3) 감사기간　　　감사가 재무제표와 그 부속명세서 및 영업보고서를 감사하고 감사보고서를 작성하는 데 필요한 기간은 4주간이다($\frac{상}{의4}\frac{447}{I}$).

4. 감사의 책임

(1) 회사에 대한 책임　감사가 그 임무를 해태한 때에는 그 감사는 회사에 대하여 연대하여 손해를 배상할 책임이 있다($_{414}^{상}$ᵢ). 감사의 책임도 총주주의 동의로만 면제될 수 있으나 불법행위책임은 1인주주가 면제의 의사표시를 하여도 면제할 수 없다[$_{95\,다\,56316}^{大\,96.4.9,}$]. 감사의 책임추궁을 위하여 이사의 경우와 같이 대표소송이 인정된다($_{403\sim406}^{상\,415,\,400,}$).

(2) 제3자에 대한 책임　감사가 직무를 수행함에 있어서 악의 또는 중대한 과실이 있는 때에는 제3자에 대하여도 연대하여 손해를 배상할 책임이 있다($_{414}^{상}$ᵢᵢ). 이 경우에 이사도 책임이 있는 때에는 감사와 이사는 연대하여 손해를 배상할 책임이 있다($_{Ⅲ}^{동조}$).

　판례는 감사가 회계감사 등의 필요성을 인식하고 있었고 또 어음용지의 수량과 발행매수 등 간단한 조사만으로도 쉽게 발견할 수 있었을 부정행위에 대하여 아무런 조사도 하지 아니하였다면, 이는 감사로서의 임무를 중대한 과실로 해태한 것이 되어 부정행위로 발행된 어음을 취득함으로써 손해를 입은 어음소지인들에 대하여 연대배상책임이 있다고 한 바 있다[$_{87\,다카\,1370}^{大\,88.10.25,}$].

5. 감사의 직무집행정지와 직무대행자의 선임

이사의 경우와 같다($_{407}^{상\,415,}$)[$_{하\,참조}^{523면\,이}$].

[263]　제2　監査委員會

I. 총　　설

회사는 정관의 정한 바에 따라 감사에 갈음하여 이사회의 위원회($_{의\,2}^{상\,393}$)로서 감사위원회를 설치할 수 있다. 감사위원회는 감사에 갈음하여 설치한 것이므로 감사위원회를 설치한 경우에는 감사를 둘 수 없다($_{의\,2}^{상\,415}$ᵢ). 그러므로 감사위원회를 설치한 때에는 동 위원회가 감사의 권한을 행사한다($_{의\,2}^{상\,415}$Ⅶ).

2. 감사위원회의 설치

회사는 정관의 정하는 바에 따라 기타의 위원회와 마찬가지로 감사에 갈음하여 감사위원회를 설치할 수 있다($_{의\,2}^{상\,415}$ᵢ).

　　대통령령이 정하는 주권상장법인 또는 코스닥상장법인과 증권회사는 감사위원회($^{상 415}_{의 2}$)를 설치하여야 한다($^{증거 191의 17}_{1, 54의 6 I}$).

3. 감사위원회의 원수와 자격

　　(1) 감사위원회는 3인 이상의 이사로 구성된다. 그러므로 이사의 수가 1인이거나 2인인 회사($^{상 383}_{I 단}$)에는 감사위원회가 존재할 수 없다. 이사가 3인인 경우에도 같다고 본다. 왜냐하면 이사가 3인뿐인 경우에 이들 전원이 감사위원이 된다고 할 수도 있으나, 이사 전원이 2중의 지위를 갖는 것은 겸직금지의 원칙($^{상}_{411}$)에 반하기 때문이다.

　　(2) 감사위원회 위원의 3분의 2 이상은 사외이사(社外理事)이어야 한다($^{상 415의}_{2 II 단}$).

4. 감사위원의 선임과 해임

　　감사위원은 정관에 다른 정함이 없는 한 이사회의 결의로 선임하지만 그 해임의 결의는 이사 총수의 3분의 2 이상의 결의로 하여야 한다($^{상 415}_{의 2 III}$).

5. 감사위원회의 대표

　　감사위원회는 그 결의로 위원회를 대표할 자를 선정하여야 한다. 이 경우 수인의 위원이 공동으로 위원회를 대표할 것을 정할 수 있다($^{상 415}_{의 2 IV}$).

6. 감사위원회의 권리와 의무

　　(1) 감사위원회의 권한은 i) 이사의 직무집행에 대한 감사권($^{상}_{412 I}$), ii) 회사 및 자회사에 대한 영업보고요구권 및 업무와 재산상태의 조사권($^{상 412 II}_{412의 5 I}$), iii) 이사의 법령 또는 정관의 위반행위에 대한 유지청구권($^{상}_{402}$), iv) 이사로부터 보고를 받을 권리($^{상 412}_{의 2}$), v) 총회소집청구권($^{상 412}_{의 3}$), vi) 이사와 회사간의 소에 관한 대표권($^{상 394,}_{403}$) 등이 있다($^{상 415}_{의 2 VI}$).

　　(2) 감사위원회가 결의한 사항에 대하여 이사회는 다시 결의를 할 수 없다($^{상 415의}_{2 V}$).

　　(3) 감사위원회의 의무에는 i) 감사록의 작성의무($^{상 413}_{의 2 I}$), ii) 이사회에 대한 보고의무($^{상 391}_{의 2 II}$), iii) 주주총회에 대한 조사 및 보고의무($^{상}_{413}$), iv) 이사에 대한 감사보고서의 제출의무($^{상 447}_{의 4 I}$) 등이 있다($^{상 415}_{의 2 VI}$).

7. 감사위원회의 책임

감사위원도 회사와 제 3 자에 대하여 감사와 동일한 책임을 진다($^{상\ 415의}_{2\ \text{Ⅵ},\ 414}$) [$^{587면}_{참조}$]. 그리고 감사위원의 책임해제도 이와 같다($^{상\ 415의}_{2\ \text{Ⅵ},\ 450}$).

8. 상장회사의 특례

(1) 감사위원회의 설치·구성요건   대통령령이 정하는 상장회사는 감사위원회를 설치하여야 한다($^{상\ 542의}_{12\ \text{Ⅰ}}$). 상장회사의 감사위원회는 상법 제415조의 2 제 2 항의 요건 이외에 i) 위원 중 1 명 이상은 대통령령이 정하는 회계 또는 재무전문가이어야 하고, ii) 감사위원회의 대표는 사외이사이어야 한다($^{동조}_{\text{Ⅱ}}$). 대통령령이 정하는 상장회사의 사내이사인 감사위원회의 위원은 상법 제542조의 11 제 2 항 각 호의 어느 하나에 해당되어서는 아니된다($^{동조}_{\text{Ⅲ}}$). 대통령령이 정하는 상장회사는 사외이사의 사임·사망 등의 사유로 인하여 사외이사의 수가 상법 제415조의 2 제 2 항의 감사위원회의 구성요건에 미달하게 된 때에는 그 사유가 발생한 후 처음으로 소집되는 주주총회에서 상법 제415조의 2 제 2 항의 요건에 합치되도록 하여야 한다($^{동조}_{\text{Ⅳ}}$).

(2) 감사위원회위원의 선임·해임   1) 상법 제393조의 2에 불구하고 상법 제542조의 12 제 1 항에서 규정하는 상장회사의 감사위원회 위원을 선임하거나 해임하는 권한은 주주총회에 있다($^{상\ 542의}_{13\ \text{Ⅰ}}$). 상법 제542조의 12 제 1 항에서 규정하는 상장회사는 주주총회에서 이사를 선임한 후 선임된 이사 중에서 감사위원회 위원을 선임하여야 한다($^{동조}_{\text{Ⅱ}}$). 이 경우에 최대주주와 그 특수관계인 그 밖에 대통령령이 정하는 자가 소유하는 상장회사의 의결권 있는 주식의 합계가 해당 회사의 의결권 없는 주식을 제외한 발행주식총수의 100분의 3을 초과하는 경우 그 주주는 그 초과하는 주식에 관하여 사내이사인 감사위원회 위원의 선임 또는 해임에 있어서는 의결권을 행사하지 못한다. 다만, 정관에서 이보다 낮은 비율을 정할 수 있다($^{동조}_{\text{Ⅲ}}$).

2) 대통령령이 정하는 상장회사의 의결권 없는 주식을 제외한 발행주식총수의 100분의 3을 초과하는 수의 주식을 가진 주주는 그 초과하는 주식에 관하여 사외이사인 감사위원회 위원의 선임에 있어서는 의결권을 행사하지 못한다. 다만 정관에서 이보다 낮은 비율을 정할 수 있다($^{동조}_{\text{Ⅳ}}$).

[264] 제 3 外部監査人

(1) 총 설   주식회사의 외부감사에 관한 법률($^{1980.\ 12.\ 31,\ 법\ 3297호,\ 개}_{정\ 2006.\ 3.\ 10,\ 령\ 19375호}$)에 의하면 자산총액이 일정한 기준액 이상인 주식회사는 재무제표를 작성하여 독립된 외부의 감사인에 의한 회계감사를 받아야 한다($^{외감}_{2\ 본문}$). 이것은 감사 외에 독립된 회계전문가인 외부감사인($^{이하\ 감사인}_{이라\ 한다}$)의 감사를 받도록 하여 그 결과를 주주총회에 반영시킴으로써 회계처리의 적정을 도모하기 위한 것이다($^{동법\ 1}_{참조}$). 그러나 감사인은 주식회사의 기관이라고는 할 수

없다. 왜냐하면 감사인은 중립적인 지위에 있어야 하기 때문이다.

(2) **대상기업**　　외부감사를 받아야 하는 주식회사는 직전 사업연도 말의 자산총 액이 70억원 이상인 회사를 말한다($\frac{외감시}{2\,\text{I}}$).

(3) **자　격**　　감사인은 회계법인($\frac{공회}{23}$)·감사반($\frac{공회}{41}$)이어야 한다($\frac{외감}{3\,\text{I}}$). 그런데 재 정경제부장관은 감사인의 형태와 공인회계사의 수 등을 참작하여 감사할 수 있는 회사 의 규모 등을 제한할 수 있다($\frac{외감}{3\,\text{I}}$). 그러나 감사의 대상인 회사와 이해관계가 있거나 있 었던 자는 감사인이 될 수 없다($\frac{외감3}{\text{III}\,\text{참조}}$). 그리고 회계법인인 감사인은 동일한 이사로 하 여금 회사의 연속하는 6개 사업연도에 대한 감사업무를 행하게 할 수 없다($\frac{동조}{\text{IV}}$).

(4) **선　임**　　회사는 매 사업연도 개시일로부터 4월($\frac{결합재무제표작성회}{\text{사의 경우에는 6월}}$) 이내에 감 사인을 선임하여야 한다($\frac{외감}{4\,\text{I}}$). 감사인은 감사 또는 감사인선임위원회의 승인을 얻어 선 임된다($\frac{동조}{\text{II}\,본}$). 다만 감사위원회를 설치한 회사는 동위원회를 감사인선임위원회로 간주한 다. 회사는 감사인을 선임한 때에는 그 선임 후 최초로 소집되는 정기주주총회에 그 사 실을 보고하여야 한다($\frac{동조}{}$).

(5) **권　한**　　감사인은 언제든지 회사 및 관계회사와 계열회사의 회계에 관한 장부와 서류를 열람 또는 등사할 수 있고, 또 회사 및 관계회사에 대하여 회계에 관한 자료의 제출을 요구할 수 있으며, 직무의 수행을 위하여 특히 필요한 때에는 회사의 업 무와 재산상태를 조사할 수 있다($\frac{외감}{6}$). 회사의 감사는 이사의 직무수행에 관하여 부정행 위 또는 법령이나 정관에 위반되는 중대한 사실을 발견한 때에는 이를 외부감사인에게 통보하여야 한다($\frac{외감}{10\,\text{III}}$).

(6) **의　무**　　감사인은 감사보고서를 작성하여 회사($\frac{감사를}{포함한다}$)에 대하여는 정기총 회 1주일 전에, 증권설물위원회 및 공인회계사회에 대하여는 정기총회 종료 후 2주일 내에 제출하여야 한다($\frac{외감\,8;}{외감시\,7\,\text{I}}$). 감사인과 그에 소속된 공인회계사 또는 감사업무와 관 련된 자는 그 직무상 지득한 비밀을 누설하여서는 안 되고($\frac{동법}{9\,본}$), 또한 감사인이 그 직무 를 수행함에 있어서 이사의 직무수행에 관하여 부정행위 또는 법령이나 정관에 위반되 는 중대한 사실을 발견한 때에는 이를 감사에게 통보하고 주주총회에 보고하여야 한다 ($\frac{동법}{10\,\text{I}}$). 그리고 감사인은 회사가 회계처리 등에 관하여 회계처리기준을 위반한 사실을 발견한 때에는 이를 감사에게 통보하여야 한다($\frac{외감}{10\,\text{II}}$).

(7) **책　임**　　감사인이 그 임무를 해태하여 회사에 손해가 발생한 때에는 회사 에 대하여 손해배상책임을 진다. 이 경우 감사반인 감사인의 경우는 감사에 참여한 공인 회계사가 연대하여 책임을 진다($\frac{외감}{17\,\text{I}}$). 또한 감사인이 중요한 사항에 관하여 감사보고서 에 기재하지 아니하거나 허위의 기재를 함으로써 제 3 자에게 손해가 발생한 때에는 제 3 자에 대하여도 손해배상책임을 진다($\frac{동조}{\text{II}}$). 그러나 공인회계사는 그 임무를 해태하지 않았음을 증명하면 손해배상책임을 지지 않는다($\frac{동조}{\text{V}}$). 또 감사인이 회사 또는 제 3 자에 대하여 손해배상책임이 있는 경우에 이사 또는 감사도 그 책임이 있는 때에는 이들 모두 가 연대하여 손해를 배상할 책임이 있다($\frac{동조}{\text{IV}}$). 이상의 손해배상책임은 그 청구권자가 당 해 사실을 안 날로부터 1년 이내 또는 감사보고서를 제출한 날로부터 3년 이내에 청구 권을 행사하지 아니하면 소멸한다($\frac{동조}{\text{VII}}$). 이 경우의 기간에 대하여는 제척기간이라는 설도 있으나$\left[\frac{鄭(찬),}{863}\right]$ 이는 시효기간이라고 할 것이다$\left[\frac{동:\ 鄭}{(동),\ 455}\right]$.

(8) 손해배상공동기금의 적립   회계법인은 회사 또는 제3자에 대한 손해를 배상하기 위하여 한국공인회계사회에 손해배상공동기금을 적립하여야 한다. 적립하여야 할 공동기금은 기본적립금과 매 사업연도 연간적립금으로 하며 그 적립한도 및 적립금액은 대통령령으로 정한다($^{외감\ 17의}_{2\,1\,.\,Ⅲ}$). 한국공인회계사회는 회계법인이 회사 또는 제3자에 대한 손해배상의 확정판결을 받은 경우에는 당해 회사 또는 제3자의 신청에 의하여 공동기금을 지급한다($^{외감\ 17}_{의3\,1}$). 그리고 공동기금을 지급하는 경우 회계법인은 대통령령이 정하는 한도 내에서 연대책임을 진다($^{동조}_{Ⅲ}$). 그리고 한국공인회계사회는 지급을 한 경우 당해 지급의 원인을 제공한 당해 회계법인에 대하여 구상권을 갖는다($^{동조}_{Ⅳ}$).

[265] 제4 檢査人

(1) 의   의   검사인은 회사의 설립시에 변태설립사항과 현물출자의 이행 및 존속중의 회사의 업무와 재산상태의 조사를 임무로 하는 주식회사의 임시기관이다. 검사인의 임무는 그 선임의 목적에 따라 그 범위와 내용이 다르나 일반적으로 계산관계의 정부 및 발기인 또는 이사의 행위의 위법성 여부를 조사하는 것이므로 그 지위가 감사와 유사하다. 그러나 상설기관이 아니고 특별한 경우에만 선임되는 점이 감사와 다르다. 검사인은 회사의 상설기관인 감사와 달리 이사와 인간적인 접촉관계가 없이 제3자적인 지위에서 검사하므로 감사제도의 결함을 보완하는 기능을 한다.

(2) 지위·자격·보수   검사인을 주주총회에서 선임하는 경우에는 회사와의 관계가 위임이라고 할 수 있으며, 검사인을 법원이 선임한 경우는 회사와 검사인 사이에 위임관계가 없다고 할 수 있으나[$^{鄭(동),\ 457;}_{孫(주),\ 797}$], 이 경우도 주주총회에서 선임한 검사인과 회사와의 관계와 유사하므로 위임에 관한 규정을 유추적용하여야 할 것이다[$^{동:\ 李(철),}_{657~658}$]. 검사인은 그 성질상 자연인에 한하며 회사의 이사·감사 및 지배인 기타 사용인은 검사인이 될 수 없다. 주주총회에서 선임한 검사인의 보수는 총회에서 특별한 정함을 하지 않는 한 무보수를 원칙으로 한다($^{상}_{686\,1}$). 그러나 법원이 선임한 검사인에 대하여는 법원이 회사의 부담으로 보수를 지급할 것을 정할 수 있다($^{비송}_{77}$).

(3) 선   임

1) 주주총회에 의한 선임   i) 소수주주권자에 의한 임시총회에서 회사의 업무와 재산상태를 조사하게 하기 위한 경우($^{상}_{366\,Ⅲ}$), ii) 이사 또는 청산인이 제출한 서류와 감사의 보고서에 대한 조사의 경우($^{상\ 367,}_{542\,Ⅱ,}$), 주주총회의 소집절

차나 결의방법의 적법성의 조사를 위한 때($\frac{상}{367}$) 등이 있다.

　　2) 법원에 의한 선임　　　i) 설립시에 변태설립사항의 조사를 위한 때 ($\frac{상\ 298}{Ⅳ,\ 310}$), ii) 현물출자에 의한 신주발행의 경우($\frac{상}{422}$), iii) 소수주주권자의 청구 가 있는 경우($\frac{상}{467}$), iv) 신주의 할인발행을 위한 경우($\frac{상}{417\ Ⅲ}$) 등이 있다.

　　⑷ 종　　임　　　검사인은 그 임무가 종료한 때에 종임한다. 또한 사임 이나 위임관계의 종료 등에 의하여 종임한다($\frac{민\ 689}{690}$,). 그리고 검사인은 각 선임 기관의 해임에 의하여 종임한다.

　　⑸ 책　　임　　　검사인은 위임의 일반원칙에 따라 선량한 관리자의 주 의의무를 지므로($\frac{민}{681}$), 의무위반의 경우에는 채무불이행의 책임을 지고 제3자 에 대하여는 불법행위에 의한 책임을 진다($\frac{민}{750}$). 법원이 선임한 검사인은 악의 또는 중대한 과실로 그 임무를 해태한 때에는 회사 또는 제3자에 대하여 손 해배상책임을 진다($\frac{상}{325}$).

제5절　新株의 發行

제1관　總　說

[266]　제1　新株發行에 의한 資金調達

　　⑴ 주식회사의 자금조달방법은 크게 나누어 두 가지가 있는데, 하나는 신 주를 발행하여 **자기자본**을 증가시키는 것이고, 다른 하나는 사채의 발행이나 금전의 차입 등을 통하여 **타인자본**을 조달하는 것이다. 인플레이션의 시대에 는 타인자본에 대한 의존도가 높아지는데 그 원인은 화폐가치의 하락으로 변 제의 부담이 경감되어 오히려 타인자본이 많을수록 유리한 경우도 있기 때문 이다. 그러나 타인자본은 일정한 이자를 지급하여야 하며 약정한 기한이 도래 되면 변제를 하여야 되므로, 타인자본의 비율이 너무 클 때에는 기업의 재무구 조가 취약하게 된다.

　　⑵ 반면에 신주의 발행에 의하여 조달한 자기자본은 회사가 특별한 사정 에 의하여 주식을 소각하지 않는 한 반환에 대한 부담이 없고, 이익배당의 비 율도 배당가능한 이익의 다소에 따라 좌우되며 이익이 전혀 없거나 결손이 생

긴 때에는 배당을 하지 않아도 된다는 이점이 있다.

[267] 제2 新株發行의 意義와 種類

I. 신주발행의 의의

⑴ 신주의 발행이란 수권자본의 범위 내에서 이미 주식을 발행하고 남은 미발행주식 중에서 주식을 발행하여 회사의 **자본을 증가시키는** 것을 말한다. 의용상법시대에는 신주를 발행하여 증자를 하려면 정관변경과 증자를 위한 주주총회의 특별결의가 필요하기 때문에 신속하게 자금을 조달할 수 없었다. 그리하여 상법은 정관에서 정한 일정한 범위 내에서 이사회의 결의만으로 신속하게 자금을 조달할 수 있도록 영미의 **수권자본제도**를 도입하였다.

⑵ 상법에 의하면 회사의 정관에는 회사가 발행할 주식의 총수($\frac{발행예정}{주식총수}$)와 회사설립시에 발행하는 주식의 총수를 기재하여야 하고($\frac{상\ 289}{(3)\cdot(5)}$), 나머지 부분에 대하여는 설립 후에 주주총회의 결의나 정관의 변경이 없더라도 이사회의 결의만으로 자금의 수요에 따라 신주를 발행할 수 있게 되었다.

2. 신주발행의 종류

⑴ **통상의 신주발행**　　　일반적으로 신주의 발행이란 회사가 실질적인 자본의 증가를 위하여 주식을 발행하는 경우를 말하고, 상법 제416조 이하의 「신주의 발행」에 관한 규정은 통상의 신주발행을 위한 것이다.

⑵ **특수한 신주발행**　　　특수한 신주발행은 전환주식 또는 전환사채의 전환($\frac{상\ 346\ 이하,}{513\ 이하}$), 신주인수권부사채권자의 신주인수권의 행사($\frac{상\ 516}{의\ 8}$), 준비금의 자본전입($\frac{상}{461}$Ⅱ), 주식배당($\frac{상\ 462}{의\ 2}$), 주식병합($\frac{상\ 440}{이하}$), 주식의 분할, 흡수합병($\frac{상}{523}$) 등의 경우에 신주를 발행하는 것을 말한다.

⑶ **통상의 신주발행과 특수한 신주발행의 비교**

1) 공 통 점　　　양자는 모두 정관에서 규정한 발행예정주식총수의 범위 내에서 발행할 수 있고 수종의 주식은 정관의 규정에 따라서만 발행할 수 있다는 점이 공통점이다.

2) 차 이 점

㈎ 자산의 변동　　　전자의 경우에는 자산이 증가하지만, 후자의 경우에는 일반적으로 자산에는 변동이 없다. 다만 **흡수합병**의 경우에는 소멸회사의

재산이 존속회사에 포괄적으로 승계되기 때문에 현물출자에 의한 통상의 신주발행과 유사하며, 전환사채의 전환에 의한 신주발행의 경우에는 부채가 소멸하여 소극적으로 재산이 그만큼 증가하는 점에서 기타의 특수한 신주발행의 경우와 다를 뿐이다.

　　(나) 자본의 변동　　　전자의 경우에는 언제나 회사의 자본이 증가한다. 후자의 경우에도 일반적으로 자본이 증가하지만 전환주식의 전환비율이 1 대 1인 때에는 자본에 변동이 없고, 주식의 병합에 의한 자본감소의 경우에는 자본이 감소한다.

　　(다) 신주발행의 결정　　　전자의 경우에는 이사회의 결의에 의하지만($\frac{상}{416\,본}$), 후자의 경우에는 각기 다르다. 준비금의 자본전입의 경우에는 전자의 경우와 같이 이사회의 결의가 있어야 하고($\frac{상}{461\,I}$), 주식을 병합하는 때에는 주주총회의 특별결의가 필요하며($\frac{상}{438\,I}$), 주식배당의 경우에는 주주총회의 보통결의가 있어야 한다($\frac{상}{의\,462\,2}$). 전환사채 및 전환주식 그리고 신주인수권부사채의 경우에는 신주가 발행되기 전에 그 조건이 정하여진다는 점이($\frac{상\,513\,이하,\,346}{이하,\,516의\,2\,II}$) 통상의 신주발행과 다르다.

　　(라) 효력발생시기　　　전자의 경우에는 납입기일의 다음날로부터 납입 또는 현물출자를 이행한 범위 내에서 신주발행의 효력이 발생하지만($\frac{상}{423\,I}$), 후자의 경우에는 납입의 절차가 없기 때문에 준비금의 자본전입의 경우에는 배정일 또는 주주총회의 결의가 있는 때에($\frac{상\,461}{III\cdot IV}$), 주식배당의 경우에는 주식배당을 한다는 주주총회가 종결한 때에($\frac{상\,462}{의\,2\,IV}$), 주식병합의 경우에는 주권제출기간이 만료한 때나 채권자이의절차가 종료한 때에($\frac{상}{441}$), 전환사채 또는 전환주식은 그 전환의 청구를 한 때에 신주발행의 효력이 발생한다($\frac{상\,516}{II,\,350}$). 그러나 신주인수권부사채권자가 신주인수권을 행사하는 경우에는 주금을 납입한 때에 신주발행의 효력이 발생한다($\frac{상\,516}{의\,9}$).

3. 신주발행과 회사의 설립

　　통상의 신주발행과 회사의 설립은 모두 회사의 인적·물적 규모의 확대를 의미하고 주식의 인수와 납입이 이루어진다는 점에서는 같지만 다음과 같은 차이가 있다.

　　(1) 인수·납입의 범위　　　설립의 경우에 주식의 발행은 물적 기초가 확립된 건전한 회사의 설립을 위하여 그 엄격성이 요청되므로 정관에 「회사의 설립시에 발행하는 주식의 총수」를 기재하고($\frac{상\,289}{I\,(5)}$) 그 주식의 전부에 대하여 인수와 납입이 있어야 하는데 비하여, 통상의 신주발행은 이미 회사가 성립된 이후에 이루어지므로 엄격성을 완화

하여 발행예정신주의 전부에 대한 인수와 납입이 없더라도 납입과 이행이 있는 범위 내에서 신주발행의 효력이 생긴다($^{\ \ \text{상}}_{423\ I}$).

(2) 주식발행사항의 결정　　　설립의 경우에 주식발행에 관한 기본적인 사항은 정관에서 정하고($^{\text{상} 289\ I}_{(3)\cdot(4)\cdot(5)}$) 기타 주식발행에 관한 사항은 정관에 다른 정함이 없으면 발기인 전원의 동의로 결정을 하는 데($^{\text{상}}_{291}$) 비하여, 신주발행의 경우에 주식발행사항은 정관으로 주주총회에서 결정하기로 정한 경우가 아닌 한 이사회에서 결정한다($^{\text{상}}_{416}$).

(3) 인수인의 실권　　　모집설립의 경우에 신주인수인이 납입을 하지 않는 때에는 실권예고부의 최고를 하고 그래도 납입을 하지 않는 때에는 주식인수인은 실권하며($^{\ \ \text{상}}_{307\ II}$) 실권한 주식에 관하여 발기인은 주주를 재모집하거나 스스로 인수를 할 수 있는 데 비하여, 신주발행의 경우에는 실권절차에 관한 규정이 적용되지 않고 납입기일까지 납입을 하지 않은 인수인은 당연히 실권한다.

(4) 총회소집의 필요성　　　모집설립의 경우에 출자의 납입과 이행이 완료한 때에는 창립총회를 소집하여야 하는 데($^{\ \ \text{상}}_{308\ I}$) 비하여, 신주발행의 경우에는 주주총회를 소집할 필요가 없다.

(5) 주주가 되는 시기　　　주식인수인이 주주가 되는 시기가 설립의 경우에는 회사가 설립등기를 한 때인 데 비하여, 신주발행의 경우에는 납입기일의 다음 날이다($^{\ \ \text{상}}_{423\ I}$).

(6) 주식인수의 하자　　　주식의 인수에 하자가 있음에도 회사의 성립 후 또는 모집설립의 경우의 창립총회에 출석하여 그 권리를 행사한 때에는 그 무효와 취소를 주장하지 못하는 데 비하여($^{\text{상}}_{320}$), 신주발행의 경우에는 신주발행의 변경등기를 한 날로부터 1년이 경과하였거나 주식에 대하여 주주권을 행사한 때에는 주식청약서 또는 신주인수권증서의 요건의 흠결을 이유로 하여 주식인수인은 그 인수의 무효를 주장하거나, 사기·강박·착오를 이유로 하여 그 인수의 취소를 주장하지 못한다($^{\text{상}}_{427}$).

(7) 주식발행의 유지　　　회사가 법령 또는 정관에 위반하거나 현저하게 불공정한 방법에 의하여 주식을 발행함으로써 주주가 불이익을 받을 염려가 있는 때에는 주주는 신주발행유지청구권을 행사할 수 있다($^{\text{상}}_{424}$). 그러나 설립의 경우에는 이러한 규정이 존재하지 않는다. 그 이유는 신주발행의 경우에는 이미 주주로서의 회사에 대한 이해관계가 그 소유주식에 비례하여 존재하므로 그 주주들의 이익을 고려할 필요가 있지만, 설립의 경우에는 그러한 기존의 이해관계가 존재하지 않기 때문이다.

제 2 관　　新株引受權

[268] 제 1　總　　說

(1) 신주인수권이란 회사가 성립한 후 신주를 발행하는 경우에 그 신주의 인수를 우선적으로 청구할 수 있는 권리를 말한다. 회사가 신주를 발행하는 경우에 직접적인 영향을 받는 이해관계자는 기존주주라고 할 수 있다. 신주발행

의 경우에 그 인수권을 주주에게 부여하지 않는다면 회사의 지배관계에 변동
이 생길 수 있고 주주의 지주비율이 낮아지므로 종래의 영향력이 약화되고, 소
수주주권자는 그 권리를 행사할 수 없게 될 것이다. 또 신주가 불공정한 가액
으로 다수 발행되는 경우에는 이익배당률의 감소 또는 주가의 하락이 초래될
수 있다. 즉 신주인수권은 신주발행이 주주의 이해관계에 직접적인 영향을 미
치므로 주주의 보호를 위하여 인정한 중요한 권리라고 할 수 있다.

(2) 그러나 회사가 광범위한 자본시장을 상대로 신속하게 거액의 자금을
조달하려면 주주뿐만 아니라 제3자에게도 신주인수권을 부여할 수 있어야 한
다. 그리하여 상법은 주주의 이익을 보호하고 자금조달과 기업간의 결합을 용
이하게 하기 위하여 주주에게 신주인수권을 부여하는 것을 원칙으로 하고 예
외적으로 구체적인 정관의 규정에 의하여 제3자에게 신주인수권을 부여할 수
있는 길을 열고 있다($\frac{상}{420}\frac{418,}{(5)}$).

[269] 제2 株主의 新株引受權

Ⅰ. 총   설

(1) 의   의   주주의 신주인수권이란 주주가 소유주식의 수에 비례
하여 우선적으로 신주의 배정을 받을 수 있는 권리이다($\frac{상}{418}$Ⅰ). 주주의 신주인
수권은 추상적 신주인수권과 구체적 신주인수권으로 구별할 수 있는데, 전자
는 법률의 규정에 의하여 주주의 자격에서 갖는 권리이며, 후자는 신주발행의
경우에 이사회의 결의로 주주가 취득한 권리를 말한다. 물론 구체적 신주인수
권은 추상적 신주인수권으로부터 발생하는 관계에 있다. 이것은 마치 이익배
당청구권으로부터 구체적인 배당금지급청구권이 생기는 것과 같다.

(2) 성   질   구체적 신주인수권은 신주발행의 결의에 의하여 일정
한 신주의 우선적 배정을 받는 권리로서 채권적 권리라고 할 수 있다. 구체적
신주인수권은 추상적 신주인수권과는 달리 주식과 별개의 독립된 권리로서 정
관변경이나 주주총회 또는 이사회의 결의로 박탈하지 못한다. 이에 대하여 추
상적 신주인수권은 주주권의 한 내용을 이루기 때문에 구체적 신주인수권과
달리 주식과 함께 하지 않고서는 양도하지 못한다.

2. 신주인수권과 주주평등의 원칙

모든 주주는 원칙적으로 그가 소유하는 주식의 수에 비례하여 평등하게 신주인수권이 있다($\frac{상}{418}$). 그러나 예외적으로 정관의 규정으로 제한 또는 박탈할 수 있다[동: 徐(돈), 416; 徐(정), / 308; 孫(주), 724].

(1) **종류주식**   회사가 그 내용이 다른 종류의 주식을 발행한 경우에는 정관에 다른 정함이 없는 경우에도 주식의 종류에 따라 신주의 인수에 관하여 특수한 정함을 할 수 있다($\frac{상}{344}$Ⅲ).

(2) **자기주식의 처분**   회사가 자기주식을 처분하는 경우에 주주는 인수권이 없다. 왜냐하면 주식의 처분은 회사의 매도행위에 속하므로 그 처분방법을 회사가 자유로이 정할 수 있기 때문이다. 그러나 주주에게 매각키로 한 때에는 주주평등의 원칙에 의하여 처분되여야 될 것이다.

(3) **단주의 처리**   주주에 대하여 발행되는 주식의 수가 주주의 지주수에 의하여 정제(整除)되지 않고 1주 미만의 단주가 생기는 때에는 이를 공정한 방법으로 처리하여 그 대금을 단주의 신주인수권을 갖는 주주에게 분배하여야 한다($\frac{상 443}{참조}$)[동: 徐(돈), 417; 鄭(찬), 872; 鄭(동), / 486; 李(철), 686; 鄭(무), 491]. 이와는 달리 단주에 대하여는 실무상의 관행이라고 하여 이사회가 그 처분을 결정할 수 있고 주주의 신주인수권이 배제된다는 견해도 있다[孫(주), / 806]. 그러나 이 견해에 의하면 단주가 부당한 방법으로 처리될 우려가 있다.

3. 신주인수권과 무관한 신주발행

주주의 추상적 신주인수권은 발행예정주식총수의 범위 내에서(이 범위가 정관변 / 경으로 증가한 경 / 우는 그 범위 / 도 포함한다) 장래에 발행될 모든 신주에 미치게 된다. 그러나 다음과 같은 경우는 예외이다.

㈎ **준비금의 자본전입에 의한 신주발행의 경우**($\frac{상}{461}$)   이 때에는 모든 주주에게 그들이 가진 주식의 수에 비례하여 무상신주가 교부되므로 신주인수권의 문제가 되지 않는다.

㈏ **주식배당의 경우**($\frac{상}{의 2}$462)   이 때에는 모든 주주에게 그들의 소유주식의 수에 따라 이익배당금에 갈음하여 주식을 배당하기 때문에 신주인수권의 문제는 생기지 않는다.

㈐ 전환주식 또는 전환사채의 전환에 의한 신주발행의 경우($\frac{상\ 346,}{516}$) 이 경우에는 미리 정관 또는 이사회의 결의에 의하여 전환의 청구가 있으면 전환주주 또는 전환사채권자에 대하여 신주를 발행한다는 것을 징하고 있을 뿐만 아니라, 전환청구에 의하여 발행할 주식의 수도 발행예정주식총수 중에 보류하여야 하므로($\frac{상\ 346\ II\cdot}{516\ I}$) 그 주식은 신주인수권의 대상이 되지 않는다.

㈑ 신주인수권부사채권자에 대한 신주발행의 경우($\frac{상\ 516}{의\ 2}$) 이 때에는 신주인수권부사채권자만이 일정한 조건에 따라 신주인수권을 행사할 수 있으므로 주주의 신주인수권은 문제가 되지 않는다.

㈒ 주식의 병합($\frac{상\ 440}{이하}$) 및 분할 　주식의 병합이나 분할로 인하여 발행되는 신주에 대하여는 신주인수권의 문제가 생기지 않는다.

㈓ 자기주식의 처분($\frac{상}{342}$) 이 경우에는 신주의 발행이 아니므로 신주인수권의 대상이 되지 않는다($\frac{자회사에\ 의한\ 모회사주식의\ 처}{분의\ 경우(342의\ 2\ II)도\ 같다}$).

㈔ 현물출자자에 대한 신주발행의 경우($\frac{상}{416(4)}$) 이 경우에는 이사회 또는 정관의 규정에 의한 주주총회의 결의로 현물출자를 하는 자와 그에 대하여 부여할 주식의 수를 정하기 때문에, 현물출자자에게 부여하는 신주에는 주주의 신주인수권이 미치지 못한다[$\frac{大\ 89.\ 3.\ 14,}{88\ 누\ 889}$].

㈕ 합병의 경우에 존속회사가 소멸회사의 주주에게 신주를 발행하는 경우 이 때에는 소멸회사의 주주에 대한 신주의 배정에 관한 사항이 합병계약서에 기재되고($\frac{상}{523(3)}$) 소멸회사의 주주는 합병의 효력이 발생함과 동시에 당연히 신주의 주주가 되므로, 그 신주에 대하여 존속회사의 주주에게는 신주인수권의 문제가 생기지 않는다.

㈖ 주식매수선택권자에 대한 신주발행의 경우($\frac{상\ 340}{의\ 4}$) 임·직원의 주식매수청구권의 행사($\frac{상\ 340}{의\ 4}$)에 의하여 발행하는 주식에 대하여는 주주의 신주인수권은 미치지 못한다.

㈗ 주식교환을 위하여 신주를 발행하는 경우($\frac{상\ 360의}{2\ II}$) 주식교환의 경우에 완전자회사가 되는 회사의 주주에게 완전모회사가 되는 회사의 주식을 배정하기 위하여 신주를 발행하는 경우에는 완전모회사의 주주는 신주인수권이 없다.

4. 주주의 신주인수권의 무시와 그 효과

　주주가 신주인수권이 있음에도 이를 무시하고 회사가 신주를 발행하려고 하는 때에는 주주는 신주발행 유지청구권을 행사할 수 있고($\substack{상 \\ 424}$), 신주가 발행
된 때에는 i) 신주발행이 **무효**라고 할 것이다[$\substack{동: 徐 \\ (돈), 424}$]. 이와는 달리 ii) 주주의
신주인수권을 일반적으로 무시한 때에 무효가 된다는 설[$\substack{孫(주), 824; \\ 金(용), 416}$], iii) 신주
인수권의 전부 또는 대부분을 무시한 경우는 무효이지만 그 정도가 근소한 때
에는 신주발행은 무효가 되지 않고 이사는 손해배상의 책임을 질 뿐이라는 설
[$\substack{鄭(동), \\ 492}$], iv) 지배권에 영향을 미칠 때에는 무효라는 설 등이 있다[$\substack{李(철), \\ 703}$]. 그러
나 이들 견해는 그 한계가 모호하다는 점에서 문제가 있다고 본다. 한편 주주
는 회사 또는 이사에 대하여 손해배상의 청구도 할 수 있다($\substack{상 399, \\ 210, 401}$).

[270] 제 3 第 3 者의 新株引受權

(1) **총   설**   상법에서 주주가 아닌 제 3 자에게 신주인수권을 부여
할 수 있도록 한 것은 보다 광범위한 자본시장으로부터 자금조달을 가능하게
하고 비상장법인의 종업원 등이 회사의 주주가 될 수 있도록 하기 위한 것이다.

(2) **의의 및 성질**   **1)** 제 3 자의 신주인수권이란 주주 이외의 자가 신
주발행의 경우에 일정한 신주에 대하여 우선적 배정을 받는 권리를 말한다. 제
3 자의 신주인수권은 정관에 규정이 있는 경우에 일정한 제 3 자와 회사와의 계
약에 의하여 생기게 된다. 즉 제 3 자의 신주인수권은 **회사와의 계약에 의한 권
리이다**[$\substack{동: 孫(주), 807; 鄭(동), 478; \\ 蔡(이), 703; 權(기), 795}$]. 이와는 달리 정관의 규정만으로 생긴다는 견해
도 있다[$\substack{李(철), \\ 677}$]. 그러나 정관은 회사의 내부자 이외의 제 3 자에 대한 구속력이
없으므로 의문이다.

2) 제 3 자의 신주인수권의 양도에 대하여는 i) 계약상의 권리라고 하여
그 양도성을 긍정하는 설[$\substack{鄭(희), 521; \\ 徐(돈), 417}$]과, ii) 회사가 인정하면 양도가 가능하다
는 설도 있으나[$\substack{梁·朴, \\ 415}$], iii) 제 3 자의 신주인수권은 계약에 의한 권리이긴 하나
제 3 자의 범위가 정관에 의하여 제한되고 제 3 자에게 신주인수권을 부여하는
것은 그 제 3 자가 주주가 되도록 하기 위한 것이므로 정관에서 정한 제 3 자
이외의 자에게는 양도할 수 없다고 본다[$\substack{동: 孫(주), 812; 李(철), \\ 677; 鄭(동), 478}$].

(3) **신주인수권의 인정을 위한 요건**

1) 신기술의 도입 등을 위한 경우   제 3 자에 대한 신주의 배정은 신기
술의 도입, 재무구조의 개선 등 회사의 경영상 목적을 달성하기 위하여 필요한
경우에만 정관에 정하는 바에 따라 할 수 있다($\substack{상 418 \\ II 단}$).

2) 정관의 규정　　제3자에게 신주인수권을 부여하는 경우에는 기존주주의 이해관계에 중대한 영향을 미치게 되므로 정관에 이에 관한 정함이 있어야 한다($\frac{상}{418}$). 정관에 규정이 없더라도 정관변경과 같은 요건인 주주총회의 특별결의에 의해 이를 부여할 수 있다는 소수설도 있다[$\frac{李(철), 673;}{權(기), 791}$]. 그러나 결의 요건은 동일하다 하더라도 정관변경의 방법에 의해서 이루어져야 한다고 본다. 그 이유는 정관변경의 경우에는 중요한 사항이므로 정관변경에 관한 의안의 요령을 소집통지·공고에 기재하도록 되어 있어서, 사전에 주주들이 제3자의 인수권배정에 의해서 자신들의 주식인수권이 박탈된다는 것을 미리 알고 정관변경결의에 임할 수 있는 것이기 때문이다.

3) 공　　시　　제3자에게 신주인수권을 부여하는 경우에는 주식청약서에도 그 뜻을 기재하여야 한다($\frac{상}{420(5)}$).

4) 제3자의 범위　　제3자의 범위는 구체적으로($\frac{종업원·}{임원 등}$) 설정하여야 한다. 제3자란 주주 이외의 자를 말하지만 주주라도 주주의 자격과 관계 없이 신주인수권을 부여받는 자를 포함한다.

(4) 신주인수권의 무시와 그 효과　　회사가 제3자의 신주인수권을 무시한 때에는 회사는 채무불이행에 의한 손해배상책임을 질 뿐이고 신주발행은 유효하다[$\frac{동: 鄭(동), 392; 李(철), 677;}{李(기), 598; 蔡(이), 704}$].

[271]　제4　理事·監事·被用者의 株式買受選擇權

I. 의　　의

(1) 주식매수선택권(stock option)(이하 '선택권'이라 한다)이란 회사가 정관이 정한 바에 따라 제434조의 규정에 의한 주주총회의 특별결의로 회사의 설립·경영과 기술혁신 등에 기여하거나 기여할 수 있는 회사의 이사·감사 또는 피용자(이하 '임·직원'이라 한다)에게 미리 정한 가액으로 신주를 인수하거나 자기의 주식을 매수할 수 있는 권리를 주는 것을 말한다($\frac{상 340}{의 2 ①}$). 이 제도는 기업의 임·직원을 위한 보상제도의 일종으로서 당해 기업의 임·직원에게 주식을 가격이나 수량 또는 기한 등에 있어서 유리한 조건으로 매수할 수 있는 권리를 주는 것이다.

(2) 선택권이 있는 임·직원은 이러한 권리를 갖고 있다가 행사기간 내에 주가가 행사가격보다 상승하는 경우에 권리를 행사하여 주식을 취득하고, 이

후 매각함으로써 주가의 상승에 의한 이익을 얻을 수 있는 것이다. 예컨대 권리의 부여시에 시가 1만원의 주식을 1만 2천원으로 2만주를 취득할 수 있는 옵션의 보유자는 시가가 2만원이 되었을 때 권리를 행사하여 취득한 주식을 전매함으로써 1억 6천만원의 이익을 얻을 수 있게 된다. 즉 회사의 임·직원은 선택권을 통하여 경영성과에 따르는 성과급보수를 주가의 상승에 의한 자본이득(capital gain)의 형태로 받게 되는 것이다.

2. 법적 성질

임·직원의 선택권은 회사의 승낙을 요하지 않고 행사할 수 있는 권리이므로, 그 성질은 **형성권**이다. 그런데 임·직원이 선택권을 행사하여 취득한 주식의 시가와 행사가격과의 차액이 상법 제388조의 보수에 해당하는가 하는 문제가 있다. 그러나 보수와 다른 점은 임·직원에게 부여된 선택권은 제3자에게 양도할 수 없고 주식의 시가가 행사가격보다 항상 상승한다는 보장이 없다는 점이다. 그러나 보수란 직무집행에 대한 대가로 지급된다는 점에서 보면 주식매수선택권을 행사하여 취득한 주식의 시가와 행사가격과의 차액은 보수에 해당한다고 할 수 있을 것이다. 선택권을 부여하려면 정관의 규정에 기하여 주주총회의 특별결의가 있어야 하므로, 별도로 보수에 관한 상법 제388조에 의한 주주총회의 결의는 필요 없다고 본다.

3. 입법취지

이 제도는 기업이 전문경영인이나 전문기술보유자 등을 고용하고자 하는 경우에, 실제로 많은 자금의 부담이 없이도 기업과 당해 임·직원의 이해관계를 일치시켜서 주인의식을 고취하고 성취의욕에 대한 동기를 부여하는 데 그 목적이 있는 것이다. 이러한 점에서 이는 종업원지주제도와 유사하다고 할 수 있다. 그러나 우리사주조합제도는 종업원만을 대상으로 하였고 임원이 제외되었으므로, 임원에게는 경영성과의 향상을 위한 직접적인 동기를 부여하지 못하였다. 이는 영업성과의 향상에 의한 주가의 상승이 임·직원의 이익과 결부되어 주주의 이익과 임·직원의 이익이 일치되어 주주중심의 경영을 도모할 수 있는 효과가 기대된다.

4. 부여절차

(1) **정관의 규정**   선택권을 임·직원에게 부여하려면 정관에 이에 관한 규정이 있어야 한다. 즉 정관에는 i) 일정한 경우 선택권을 부여할 수 있다는 뜻, ii) 선택권의 행사로 발행하거나 양도할 주식의 종류와 총수, iii) 선택권을 부여받을 자의 자격요건, iv) 행사기간, v) 일정한 경우 이사회의 결의로 선택권의 부여를 취소할 수 있다는 뜻을 기재하여야 한다($^{상}_{의}{}^{340}_{3\,I}$).

(2) **주주총회의 특별결의**   회사의 임·직원에게 선택권을 부여하려면 정관의 규정 이외에 주주총회의 특별결의가 있어야 한다($^{상}_{의}{}^{340}_{2\,I}$). 이 결의에서는 i) 선택권을 부여받을 자의 성명, ii) 선택권의 부여방법, iii) 선택권의 행사가액과 조정에 관한 사항, iv) 행사기간, v) 선택권을 부여받을 자 각각에 대하여 선택권의 행사로 발행하거나 양도할 주식의 종류와 수 등을 결정하여야 한다($^{상}_{의}{}^{340}_{3\,II}$). 이러한 주주총회결의의 법적 성질은 이사회에 대한 수권(授權)이라고 할 것이다.

(3) **부여계약**   회사는 선택권을 부여받은 자와 계약을 체결하고 상당한 기간 내에 계약서를 작성하여($^{상}_{의}{}^{340}_{3\,III}$), 이를 선택권의 행사기간이 종료할 때까지 본점에 비치하고 주주가 영업시간 내에 열람할 수 있도록 하여야 한다($^{상}_{의}{}^{340}_{3\,IV}$).

5. 주식매수선택권자

(1) **범   위**   선택권을 갖는 자는 회사의 설립과 경영·기술혁신 등에 기여하였거나 기여할 능력을 갖춘 당해 회사의 이사·감사·피용자이다($^{상}_{의}{}^{340}_{2\,I}$). 피부여자는 주주총회의 결의에 의하여 특정하여야 하며 일률적으로 그 범위를 정할 수 없다. 그리고 회사의 주요주주와 회사의 주요경영사항에 대하여 영향력이 있는 자 및 그 특수관계인은 설립과 경영 등에 기여하였더라도 피부여자가 될 수 없다($^{상}_{의}{}^{340}_{2\,II}$). 즉 i) 의결권 없는 주식을 제외한 발행주식총수의 100분의 10 이상의 주식을 가진 주주, ii) 이사·감사의 선임과 해임 등 회사의 주요경영사항에 대하여 사실상 영향력을 행사하는 자, iii) 제 1 호와 제 2 호에 규정된 자의 배우자와 직계존·비속에 대하여는 주식매수청구권을 부여할 수 없다.

(2) **선택권의 취소**   회사는 정관의 정함에 따라 이사회의 결의로 선택권의 부여를 취소할 수 있다($^{상\ 340의\ 3\ I\ (5);}_{증거\ 189의\ 4\ II\ (4)}$). 그러나 자본금의 총액이 10억원

미만이고, 이사가 1인 또는 2인인 회사는 주주총회의 결의로 취소할 수 있다($^{상}_{Ⅳ}383$).

6. 부여방법

회사는 다음과 같은 방법으로 임·직원에게 선택권을 부여할 수 있다. 즉 i) 선택권의 행사가액으로 새로이 주식을 발행하여 교부하는 방법, ii) 선택권의 행사가액으로 자기주식을 교부하는 방법, iii) 선택권의 행사가격과 시가와의 차액($^{행사가격이 시가보다}_{낮은 경우의 차액}$)을 현금 또는 자기주식으로 교부하는 방법 등이 이에 해당한다($^{상}_{의 2 Ⅰ}340$).

(1) 신주교부방식   선택권을 행사하려는 자는 청구서 2통을 회사에 제출하고 행사가액의 전액을 납입하여야 한다($^{상 340의}_{516의 8}{}^{5,}_{Ⅰ}$). 임·직원이 선택권을 행사하여 행사가액을 납입한 경우에는 회사는 그만큼 신주를 발행하여 교부하여야 한다. 주식매수선택권자에게만 주식을 발행하여 교부하는 것이므로 주주의 신주인수권은 제한이 되고, 회사가 제3자에게 신주인수권을 부여하는 경우에 속하므로 상법에 의하면 정관에 이에 관한 규정이 필요하지만($_{418 Ⅰ}^{상}$), 임·직원의 선택권은 정관의 규정과 주주총회의 특별결의에 의하여만 부여할 수 있으므로($^{상 340의}_{3 Ⅰ·Ⅱ}$), 별도의 절차는 불필요하다. 신주교부방식의 경우는 재원규제(財源規制)는 없고 발행주식총수의 100분의 10 이내이어야 하는 수량규제가 있을 뿐이다($^{상}_{의 2 Ⅲ}340$). 그러므로 최종의 대차대조표에 의하여 배당가능이익이 없는 회사도 신주교부방식의 선택권을 부여할 수 있다.

(2) 자기주식 교부방식   1) 임·직원이 선택권을 행사하고 그 행사가격을 납입한 경우에 회사가 보유하는 자기주식을 교부할 수 있다. 회사가 선택권자에게 동 권리를 부여하기 위하여 자기의 주식을 취득하거나 퇴직하는 임·직원의 주식을 양수함으로써 자기의 주식을 취득함에 있어서는 발행주식총수의 100분의 10을 초과하지 아니하는 범위 안에서 자기의 계산으로 자기의 주식을 취득할 수 있다. 다만 그 취득금액은 제462조 1항에 규정된 이익배당이 가능한 한도 이내이어야 한다($^{상 341}_{의 2 Ⅰ}$). 그러므로 최종의 대차대조표에 의하여 배당가능이익이 없는 회사는 자기주식 교부방식으로 선택권을 부여할 수 없다.

2) 회사가 발행주식총수의 100분의 10 이상의 주식을 가진 주주로부터 유상으로 취득하는 경우에는 i) 주식을 양도하고자 하는 주주의 성명, ii) 취득할 주식의 종류와 수, iii) 취득할 주식의 가액에 관하여 제434조의 규정에 의

한 주주총회의 결의가 있어야 한다. 이 경우에 회사는 주주총회의 결의 후 6월 이내에 주식을 취득하여야 하고($\frac{\text{동조}}{\text{II}}$), 주주총회의 소집통지와 공고에는 의안의 요령을 기재하여야 한다($\frac{\text{동조 III}}{433\,\text{II}}\cdot$). 선택권자를 위한 자기주식은 권리행사기간중 보유하고 있어야 하고 권리행사가 없었던 자기주식은 권리행사기간경과 후의 상당한 시기에 처분하여야 한다($\frac{\text{상}\,341}{\text{의}\,2\,\text{III}}$). 퇴직하는 임・직원으로부터 양수한 주식도 이와 같다. 그 밖에도 선택권자의 사망 또는 퇴직, 선택권의 포기 등의 사유로 권리행사의 여지가 없음이 확정된 자기주식도 상당한 시기에 처분하여야 할 것이다.

(3) 주가차액 보상방식　　선택권자가 약정된 주식매수시기에 실제로 매입하지 않고 선택권의 행사가격과 시가와의 차액을 현금 또는 자기주식으로 교부할 수 있다($\frac{\text{상}\,340\text{의}}{2\,1\,\text{단}}$). 이 경우에 그 행사가격과 시가의 산정방법은 총리령으로 정한다($\frac{\text{증거시}}{84\text{의}\,6\,\text{III}}$). 이러한 방법이 선택권자에게 신주를 발행하여 교부하거나 자기주식을 교부하는 경우와 다른 점은 주식취득시 납입을 할 필요가 없고 현금의 지급을 받을 수도 있다는 점이다.

(4) 부여방식의 문제점　　자기주식 교부방식은 임・직원이 선택권의 행사기간중 언제 권리를 행사할 것인지 알 수 없으므로 회사는 미리 자기주식을 매수하여 보유하고 있어야 하는데, 이에 의하면 회사의 자금이 고정화될 뿐만 아니라 그 동안에 주가의 하락에 대한 위험을 회사가 부담하지 않으면 안 된다는 문제가 있다. 그러나 신주교부방식에 의하면 회사는 자금조달에 대한 부담이 없고 주가의 하락에 의한 위험도 감수할 필요가 없게 된다. 오히려 선택권의 행사에 의하여 신주의 발행가액에 상당하는 새로운 자금이 회사로 유입되는 이점이 있다. 그러나 임・직원에 대한 신주발행으로 인하여 발행주식총수가 증가하게 되어 다른 주주들이 보유하고 있는 주식가치가 신주발행으로 인하여 희석된다는 문제가 있다.

7. 부여한도

회사가 선택권을 부여할 수 있는 주식은 회사의 발행주식총수의 100분의 10을 초과할 수 없다($\frac{\text{상}\,340}{2\,\text{III}}$). 이 요건은 주주총회의 결의시와 자기주식의 취득시 또는 신주발행시에 구비되어야 한다고 본다.

8. 선택권의 양도와 상속

선택권은 이를 양도할 수 없다($\frac{상}{4\, \text{II}\, \text{본}}^{340의}$). 그러나 선택권을 행사할 수 있는 자가 사망한 경우에는 그 상속인이 선택권을 행사할 수 있다($\frac{상}{4\, \text{II}\, \text{단}}^{340의}$). 주주총회의 결의에서는 피부여자의 성명을 특정하여 결의하기 때문에, 그 자가 사망한 경우에는 본래 그 상속인에게는 신주를 발행할 수 없는 것이 원칙이다. 그럼에도 이와 같은 예외를 인정한 것은 상속이 권리자의 의사에 기한 권리의 이전이 아니고 피부여자가 노력하여 기업을 성장시킨 후 사망한 경우에는, 그 상속인도 신주를 발행받을 수 있도록 하는 것이 타당하기 때문이다.

9. 선택권의 행사

(1) 행사기간   선택권은 이에 관한 주주총회결의일로부터 2년 이상 재임 또는 재직하여야 행사할 수 있다($\frac{상}{의\,4\, \text{I}}^{340}$). 이처럼 선택권의 부여 후 일정기간이 경과한 날로부터 권리행사가 가능하도록 행사기간을 정하는 이유는 피부여자에게 인센티브를 보다 효과적으로 주기 위한 것이다.

(2) 행사가액   선택권의 행사가액은 i) 신주를 발행하는 경우에는 선택권의 부여일을 기준으로 한 주식의 실질가액과 주식의 권면액 중 높은 금액, ii) 자기의 주식을 양도하는 경우에는 선택권의 부여일을 기준으로 한 주식의 실질가액 이상이어야 한다($\frac{상}{의\,2\, \text{IV}}^{340}$).

(3) 행사의 효과   1) 회사는 선택권의 행사에 따라 임·직원이 그 대금을 납입기일까지 납입한 경우에는 지체없이 신주 또는 자기주식을 교부하여야 하며, 선택권의 행사가격과 시가와의 차액을 현금으로 교부하는 경우에는 신속하게 이를 교부하여야 한다. 선택권을 주주명부의 폐쇄기간중이나 기준일 이후에 행사한 때에는 신주교부방식의 경우에는 신주의 인수가액을 납입한 날에($\frac{상\,340의\,5}{516의\,9}$), 그리고 자기주식 교부방식의 경우에는 그 대금을 지급한 날에 주주가 된다고 할 것이다.

2) 주주가 되었더라도 그 주주명부의 폐쇄기간중이나 기준일 이후에는 주주총회의 결의에 관하여 의결권을 행사할 수 없다($\frac{상}{350\, \text{II}}$). 그러나 이익이나 이자의 배당에 관하여는 정관이 정하는 바에 따라 선택권을 행사한 때가 속하는 영업연도의 직전영업연도 말에 주주가 된 것으로 할 수 있다($\frac{상\,340의\,5}{350\, \text{III}\, 후}$). 그리고 선택권의 행사로 인한 변경등기는 선택권을 행사한 날이 속하는 달의 말일부

터 2주간 내에 본점소재지에서 이를 하여야 한다($^{상\ 340의}_{5,\ 351}$).

10. 상장회사의 주식매수선택권

(1) 상장회사는 제340조의 2 제1항 본문에도 불구하고 대통령령이 정하는 관계회사의 이사·집행임원·감사 또는 피용자($^{대통령령이\ 정하는\ 자를\ 제외}_{한다.\ 이하\ 이\ 조에서\ 같다}$)에게 주식매수선택권을 부여할 수 있다($^{상\ 542의}_{3\ I}$). 상장회사는 상법 제340조의 2 제3항에도 불구하고 발행주식총수의 100분의 20의 범위 안에서 대통령령으로 정하는 한도까지 주식매수선택권을 부여할 수 있다($^{동조}_{II}$).

(2) 상장회사는 상법 제340조의 2 제1항 본문에도 불구하고 정관이 정하는 바에 따라 발행주식총수의 100분의 10의 범위 안에서 대통령령이 정하는 한도까지 이사회가 제340조의 3 제2항 각 호의 사항을 결의함으로써 제1항의 규정에 따른 해당 회사의 집행임원·감사 또는 피용자 및 그 관계회사의 이사·집행임원·감사 또는 피용자에게 주식매수선택권을 부여할 수 있다. 이 경우 그 부여일 이후 처음으로 소집되는 주주총회의 승인을 받아야 한다($^{동조}_{III}$).

(3) 상법 제340조의 4 제1항에도 불구하고 상장회사의 주식매수선택권을 부여받은 자는 대통령령이 정하는 경우를 제외하고는 주식매수선택권을 부여하기로 하는 주주총회 또는 이사회의 결의일로부터 2년 이상 재임 또는 재직하여야 주식매수선택권을 행사할 수 있다($^{동조}_{IV}$). 상법 제534조의 3 제1항부터 제4항까지 규정된 것 외에 상장회사의 주식매수선택권에 관하여 필요한 사항은 대통령령으로 정한다($^{동조}_{V}$).

[272]　제 5　失 期 株($^{失念}_{株}$)

(1) 의　　의　　　실기주란 광의로는 주주총회·신주발행·배당금·청산금 등에 관하여 일정한 기일에 명의개서를 해태하여 권리행사를 할 수 없게 된 주식을 말하며, 협의로는 주주에게 신주인수권이 있는 경우에 주식양수인이 신주의 배정일까지 명의개서를 하지 않아서 주주명부상의 주주인 주식의 양도인에게 배정된 신주를 말한다.

(2) 실기주($^{실념}_{주}$)의 귀속　　　1) 협의의 실기주에 관하여 문제가 되는 것은 주주명부상의 주주가 실질적인 주주가 아닌 경우에 실기주는 누구에게 귀속되는가 하는 점이다. 회사는 배정일의 주주명부상의 주주에 대하여 신주인수권의 행사를 인정하면 면책이 되지만, 주식양도의 당사자간의 법률관계에 따르면 특별히 신주의 인수를 위한 명의개서를 하지 않는다는 약정이 없는 한 신주인수권은 주주가 회사에 대하여 갖는 지주비율의 계속적인 유지를 보장하

기 위하여 인정하는 권리라고 할 수 있기 때문에 실기주는 실질적인 주주인 주식양수인에게 귀속된다고 할 것이다.

2) 이의 근거에 대하여는 i) 양도인은 양수인을 위하여 사무관리를 한 것이 되기 때문이라는 설[鄭(찬), 871]과, ii) 부당이득이론에 따라서 신주의 인도에 의하여 얻는 이익을 반환하여야 하기 때문이라는 설도 있으나[孫(주), 814; 鄭(동), 262~263], iii) 일반적으로 양도인에게는 타인을 위한 의사가 없고 자기를 위하여 신주를 인수하므로 준사무관리라고 할 수 있고 사무관리의 규정이 유추적용되는 것으로 본다[동: 李(철), 284; 蔡(이), 696]. 그러므로 양도의 당사자간에 있어서는 신주인수권은 양수인에게 귀속된다고 할 수 있다. 그 결과 양수인은 양도인이 취득한 신주를 납입금에 상당하는 대가를 지급하고 그 인도를 청구할 수 있다고 본다. 그러나 이 경우에 양수인이 투기행위를 할 우려가 있다.

(3) 이익배당금의 귀속 주식에 대한 이익배당금이나 합병교부금 등의 귀속에 관하여는 당사자간에 다른 특약이 없는 한 역시 실질주주인 주식양수인에게 귀속되어야 할 것이므로, 양도인이 이를 수령한 때에는 부당이득으로서 이를 실질주주에게 반환하여야 할 것이다[동: 孫(주), 671; 鄭(동), 262~263].

[273] 제6 新株引受權의 讓渡

I. 총   설

신주발행은 발행예정주식의 범위 내에서 이사회의 결의만으로 결정이 되는데, 그 때마다 주주들에게 구체적인 신주인수권이 생기며 이 권리는 추상적 신주인수권과 달리 독립된 채권적 권리로서 그 성질상 주식과 분리하여 양도할 수 있다. 상법은 주주에 한하여 신주인수권의 양도를 인정함과 동시에 그 요건과 방식에 관하여 규정하고 있다(상 416(5)·(6), 420의 2~420의 4). 제3자의 신주인수권의 양도에 대하여는 아무런 규정을 두지 않았다. 제3자에 대한 신주인수권의 부여는 제3자와 회사간의 특별한 관계를 고려하여 이루어지는 것이므로 이의 환가를 목적으로 하는 양도행위는 인정될 수 없다고 할 것이어서, 제3자의 신주인수권의 양도는 이사회의 결의로도 인정할 수 없다고 본다.

2. 양도의 요건

주주의 신주인수권의 양도는 정관의 규정이나 정관으로 주주총회에서 결정하기로 정한 경우가 아닌 한 이사회의 결의에 의하여 인정할 수 있다($_{416(5)}^{상}$). 즉 신주인수권의 양도는 법률상 당연히 인정되는 것이 아니라 i) 정관이나 이사회의 결의로 인정한 경우에만 가능한 것이다. 그러므로 정관이나 이사회의 결의로 신주인수권의 양도에 관하여 아무런 정함을 하지 않은 경우나 그 양도를 금지한 때에는 신주인수권을 양도하더라도 회사에 대하여 효력이 없다 [동: 徐(돈), 415; 孫(주), 808; 鄭(동), 474; 李(기), 510]. 즉 권리주양도의 효력과 같다고 본다. 이와는 달리 ii) 이사회의 정함이 없더라도 채권양도의 방법과 효력으로 양도할 수 있다는 소수설도 있다[李(철)·, 679].

　　　판례는「신주인수권의 양도성을 제한할 필요성은 주로 회사측의 신주발행사무의 편의를 위한 것에서 비롯된 것으로 볼 수 있고, 또 상법이 주권발행전 주식의 양도는 회사에 대하여 효력이 없다고 엄격하게 규정한 것과는 달리 신주인수권의 양도에 대하여는 정관이나 이사회의 결의를 통하여 자유롭게 결정할 수 있도록 한 점에 비추어 보면, 회사가 정관이나 이사회의 결의로 신주인수권의 양도에 관한 사항을 결정하지 아니하였다 하여 신주인수권의 양도가 전혀 허용되지 아니하는 것은 아니고 회사가 그와 같은 양도를 승낙한 경우에는 회사에 대하여도 효력이 있다」고 하여[大 95.5.23, 93 다 36421] 회사가 승낙한 경우에는 그 효력을 긍정하는 입장이다.

3. 양도의 방법

(1) **총　설**　　정관 또는 이사회의 결의로 신주인수권의 양도를 인정한 때에는($_{416(5)}^{상}$) 회사는 **신주인수권증서**(新株引受權證書)를 발행하여야 하며($_{의2\,I}^{상\,420}$), 신주인수권의 양도는 신주인수권증서의 교부에 의해서만 가능하게 된다($_{의3\,I}^{상\,420}$).

(2) **신주인수권증서**

1) **성　질**　　신주인수권증서는 **신주인수권**을 표창하는 **유가증권**이다.

2) **발　행**　　회사는 신주인수권의 양도를 인정한 경우에($_{416\,V}^{상}$) 신주인수권증서의 청구기간을 정한 때에는($_{416(6)}^{상}$) 그 기간 내에 청구한 주주에 대하여 신주인수권증서를 발행하여야 하며, 그 청구기간을 정하지 아니한 때에는 신주청약기일($_{419\,I}^{상}$)의 2주간 전에 주주의 청구와 관계 없이 신주인수권증서를 발행하여야 한다($_{의2\,I}^{상\,420}$).

3) **기재사항**　　신주인수권증서에는 i) 신주인수권증서라는 뜻의 표시, ii) 상법 제420조에 규정한 사항, iii) 신주인수권의 목적인 주식의 종류와 수, iv) 일정기일까지 주식의 청약을 하지 아니한 때에는 그 권리를 잃는다는 뜻

등과 번호를 기재하고 이사가 기명날인 또는 서명하여야 한다($\frac{상}{의}\frac{420}{2}$Ⅱ). 그러나 신주인수권증서의 요식증권성은 엄격하게 해석할 필요는 없으므로 중요하지 않은 사항의 기재가 없더라도 신주인수권증서는 무효가 되지 않으며 주식청약의 효력에도 영향을 미치지 않는다고 본다. 중요한 기재사항이 흠결된 경우라도 신주발행의 변경등기를 한 날로부터 1년이 경과한 때에는 신주인수의 무효를 주장하지 못한다($\frac{상}{427조}$).

4) 양   도   신주인수권증서는 기명식으로 발행한 경우에도 교부로써 양도할 수 있다($\frac{상}{의}\frac{420}{3}$Ⅰ). 즉 주식의 경우($\frac{상}{336}$Ⅰ)와 같다. 그러므로 증서의 점유자는 적법한 소지인으로 추정되며, 이러한 소지인으로부터 악의 또는 중대한 과실이 없이 신주인수권증서를 양수한 경우는 선의취득이 인정된다($\frac{상\,420의\,3}{336\,Ⅱ}$Ⅱ; 手 21).

5) 상   실 [415면 이하 참조]

제 3 관   新株發行의 節次

[274] 제1 新株發行 및 發行事項의 決定

(1) 신주발행의 결정   발행예정주식의 범위 내에서의 신주발행은 이사회에서 결정한다($\frac{상}{416}$본). 그러나 특수한 신주발행에 관하여 상법에 다른 규정이 있거나 정관으로 주주총회에서 결정하기로 한 경우에는 예외이다($\frac{상}{416}$단).

(2) 신주발행사항의 결정   이사회는 다음과 같은 신주발행사항을 정하여야 한다($\frac{상}{416}$).

1) 신주의 종류와 수($\frac{상}{416}$(1))   정관으로 수종의 주식의 발행을 예정하고 있는 경우($\frac{상\,344\sim}{346,\,370}$)에 그 중 발행할 주식을 정하여야 한다. 신주의 수는 정관에서 정한 발행예정주식의 총수로부터 회사가 이미 발행한 주식의 수를 제외한 나머지의 미발행주식수의 범위 내에서 정하여야 한다.

2) 신주의 발행가액과 납입기일($\frac{상}{416}$(2))   주식의 발행을 액면 또는 액면초과로 그 가액을 정하는 때에만 이사회가 결정한다. 회사는 그 성립 후 2년이 경과한 다음에 법정절차에 따라 주식을 액면미달로 발행할 수 있다($\frac{상}{417}$Ⅰ) [617면 이하 참조]. 신주인수인은 납입 또는 현물출자의 이행을 한 때에 납입기일의 다음 날로부터 주주가 되는데($\frac{상}{423}$Ⅰ) 납입기일은 이사회에서 정한다.

3) 무액면신주의 발행가액중 자본금으로 계상하는 금액($\binom{상 416}{(2)의 2}$)

4) 신주의 인수방법($\binom{상}{416(3)}$)   이는 주식의 공모 여부와 청약기일·청약증거금·배정비율·단주의 처리 등의 사항을 말하며, 정관에 다른 규정이 없는 한 주주는 그가 가진 주식의 수에 따라서 신주를 인수할 수 있는 권리가 있다($\binom{상}{418}$).

5) 현물출자에 관한 사항($\binom{상}{416(4)}$)   현물출자를 하는 자가 있는 경우에 그 성명과 그 목적인 재산의 종류·수량·가액과 이에 대하여 부여할 주식의 종류와 수를 정하여야 한다. 현물출자에 관한 사항은 설립의 경우에는 정관의 상대적 기재사항이지만($\binom{상}{290(2)}$), 신주발행의 경우에는 신속한 자금조달을 위하여 이사회가 정한다. 현물출자의 공정한 평가를 위하여 법원이 선임한 검사인의 조사를 받거나($\binom{상}{422}$) 이에 갈음하여 감정인의 감정을 받아야 하는 것은 설립시와 같다($\binom{상 422 \text{ I}}{후, 299의 2}$).

6) 주주의 신주인수권을 양도할 수 있는 것에 관한 사항($\binom{상}{416(5)}$)   주주가 갖는 신주인수권의 양도를 인정하는 경우에 이에 관한 사항을 정하여야 한다. 제 3 자가 갖는 신주인수권의 양도에 관하여는 아무런 규정을 두고 있지 않은 것은 그 양도를 인정하지 않는 것으로 본다$\left[\begin{smallmatrix}\text{주주의 신주인수권의 양도에 관한} \\ \text{상세한 설명은 592면 이하 참조}\end{smallmatrix}\right]$.

7) 주주의 청구가 있는 때에만 신주인수권증서를 발행한다는 것과 그 청구기간($\binom{상}{416(7)}$)   주주가 갖는 신주인수권의 양도를 인정하는 경우에는($\binom{상}{416(5)}$) 신주인수권증서를 발행한다는 것과 그 청구기간을 정하여야 한다. 그리고 신주인수권증서는 청구기간중에 청구를 한 주주에게만 발행한다. 그러나 이사회가 신주인수권증서의 발행에 관하여 아무런 정함을 하지 않은 때는 신주청약기일($\binom{상}{419 \text{ I}}$)의 2주간 전에 모든 주주에게 신주인수권증서를 발행하여야 한다($\binom{상 420}{의 2 \text{ I}}$)$\left[\begin{smallmatrix}\text{신주인수권증서에 관한 설} \\ \text{명은 609면 이하 참조}\end{smallmatrix}\right]$.

[275] 제 2 기타 新株發行의 節次

신주발행 및 그 발행사항을 결정한 다음의 신주발행의 절차는 다음과 같다.

I. 신주배정일의 지정·공고

(1) 의   의   신주발행의 결의에 의하여 주주가 신주인수권을 갖는 때에는 회사는 일정한 날(배정)을 정하여 그 날에 주주명부에 기재된 주주가 그

가 가진 주식수에 따라서 주주의 배정을 받을 권리를 가진다는 뜻과 신주인수권을 양도할 수 있을 경우에는 그 뜻을 그 날($_일^{배정}$)의 2주간 전에 공고하여야 한다($_{Ⅲ 본}^{상 418}$). 그러나 배정일이 주주명부의 폐쇄기간($_{354 Ⅰ}^{상}$)중인 때에는 그 기간의 초일의 2주간 전에 공고하여야 한다($_{Ⅲ 단}^{상 418}$). 주주 외의 자에게 신주를 배정하는 경우 회사는 상법 제416조 제 1 호 내지 제 4 호에서 정하는 사항을 그 납입기일의 2주간 전에 주주에게 통지하거나 이를 공고하여야 한다($_{418 Ⅳ}^{상}$).

(2) **자본전입의 경우**　　배정일의 지정·공고는 이사회의 결의로 준비금의 자본전입을 결의하는 경우에도 하여야 한다($_{461 Ⅲ}^{상}$). 그러나 정관에 의하여 주주총회가 준비금의 자본전입의 결의를 하는 경우는 예외이다($_{461 Ⅳ}^{상}$).

(3) **공고의 해태**　　이사가 배정일의 지정·공고를 해태한 때에는 손해배상책임을 질 뿐이며($_{401}^{상}$), 신주발행의 무효원인이 되지 않는다. 다만 신주발행의 효력이 생기기 전에는 그 발행의 유지를 청구할 수 있다.

2. 신주인수권자에 대한 최고

(1) **총　　설**　　신주인수권은 권리이며 의무는 아니기 때문에 신주를 발행함에 있어서 회사는 신주인수권자가 그 권리를 행사할 것인가에 대하여 확실하게 알 필요가 있다. 그러므로 신주발행사항이 결정되었을 때에는 우선 회사는 신주인수권자인 주주 또는 제 3 자에 대하여 그 권리의 행사에 관하여 최고를 하여야 한다.

(2) **최고의 방법**　　회사는 일정한 기일의 2주간 전에 신주인수권자에게 그 자가 인수권을 가지는 신주의 종류와 수 및 그 기일까지 주식인수의 청약을 하지 아니하면 그 권리를 잃는다는 뜻($_부최고^{실권예고}$), 그리고 신주인수권의 양도를 인정한 때에는 그 뜻과 주주의 청구가 있는 때에만 신주인수권증서를 발행한다는 것과 그 청구기간도 통지를 하여야 한다($_{Ⅰ·Ⅲ}^{상 419}$).

(3) **최고의 해태**　　회사가 통지·공고를 해태한 때에는 과태료의 제재를 받게 되지만($_{Ⅰ(2)}^{상 635}$), 이미 발생한 주주의 구체적인 신주인수권에는 영향을 미치지 않는다.

(4) **청약의 해태**　　회사의 통지 또는 공고에도 불구하고 그 기일까지 주식인수의 청약을 하지 아니한 때에는 신주인수권자는 그 권리를 잃는다($_{419 Ⅳ}^{상}$).

3. 주주의 모집

실권한 주식과 신주인수권의 대상이 되지 않는 주식에 대하여는 주주를 모집할 수 있다. 이 경우에는 모집설립에 관한 규정이 준용된다($\frac{상}{425}$ I). 그리고 납입장소에 관한 상법 제305조 2항의 규정은 신주인수권증서를 발행하는 경우에 이를 준용한다($\frac{상}{425}$ II).

4. 주식인수의 청약

⑴ 주식청약서에 의한 청약

1) 청약의 방법　　주식인수의 청약을 하고자 하는 자는 법정사항($\frac{상}{420}$)을 기재한 주식청약서 2통에 인수할 주식의 종류와 수 및 주소 기타 소정의 사항을 기재하고 기명날인 또는 서명하여야 한다($\frac{상 425,}{302}$ I).

2) 주식인수의 무효·취소의 제한　　주식의 청약에 대하여는 모집설립의 경우와 마찬가지로 비진의의사표시(非眞意思表示)에 관한 규정($\frac{민}{I}$ 107)은 적용되지 않는다. 신주를 인수한 자는 신주의 발행으로 인한 변경등기를 한 날로부터 1년이 경과한 후 또는 신주에 의한 주주의 권리를 행사한 다음에는, 주식청약서의 요건의 흠결을 이유로 하여 그 인수의 무효를 주장하거나 사기·강박·착오를 이유로 하여 그 인수의 취소를 주장하지 못한다($\frac{상}{427}$).

⑵ 신주인수권증서에 의한 청약

1) 청약의 방법　　신주인수권증서를 발행한 경우에는 주식의 청약은 이에 의하여 하여야 한다($\frac{상}{4}$ I 2문). 이 경우에도 신주인수권증서에 인수할 주식의 종류 및 수와 주소를 기재하고 기명날인 또는 서명하여야 한다($\frac{상}{4}$ I 2문).

2) 신주인수권증서를 상실한 경우　　신주인수권증서를 상실한 자는 주식청약서에 의하여 주식의 청약을 할 수 있다($\frac{상}{의 4}$ II). 이 경우에는 상실한 증서에 대한 제권판결의 절차를 밟을 수 있는 시간적인 여유가 없기 때문이다.

3) 청약이 중복되는 경우　　신주인수권증서에 의한 청약과 주식청약서에 의한 청약이 중복되는 때에는 후자의 청약은 효력을 잃는다($\frac{상}{의 4}$ II).

4) 인수의 무효·취소의 제한　　신주인수권증서에 의하여 신주를 인수한 자도 신주의 발행으로 인한 변경등기를 한 날로부터 1년이 경과한 후 또는 신주에 의한 주주의 권리를 행사한 다음에는, 신주인수권증서의 요건의 흠결을 이유로 하여 그 인수의 무효를 주장하거나 사기·강박·착오를 이유로 하여

그 인수의 취소를 주장하지 못한다($\frac{상}{427}$).

(3) **청약증거금**   실제에 있어서 대부분의 회사는 주식의 청약을 받음에 있어서 발행가액의 전액을 청약증거금으로 납입을 시키고 있다. 증거금을 납입시키는 것은 무책임한 주식인수의 청약을 방지함으로써 자금조달의 확실성을 도모하기 위한 것이다.

5. 신주의 배정과 인수

신주인수의 청약에 대하여 대표이사는 신주를 배정하며, 배정에 의하여 주식인수의 청약자는 주식인수인이 된다. 배정은 총액인수주의(總額引受主義)에 의하는 설립의 경우와 달리 신주발행예정주식의 전부에 대한 청약이 없더라도 할 수 있다. 회사는 신주인수권이 있는 자의 청약에 대하여는 배정의무를 지지만[동; 鄭(동), 522; 樺(기), 806] 기타의 자에 대하여는 자유로이 배정할 수 있다. 주식인수의 법적 성질은 주식인수의 청약과 배정에 의하여 성립하는 주식청약인과 회사 사이의 입사계약이다.

6. 현물출자의 검사

(1) 신주발행의 경우에는 현물출자에 관한 사항 중 정관에 정함이 없는 것은 원칙적으로 이사회가 결정하기 때문에($\frac{상}{416(4)}$) 그 결정이 부당하게 될 우려가 있다. 그러므로 이사는 현물출자에 관한 사항을 조사하게 하기 위하여 검사인의 선임을 법원에 청구하거나 공인된 감정인의 감정을 받아야 한다($\frac{상}{422\,I}$). 그러나 다음 중 어느 하나에 해당할 경우에는 상법 제422조 제1항은 적용하지 않는다($\frac{동조}{II}$). i) 제290조 제2호의 재산총액이 자본금의 5분의 1을 초과하지 않고 대통령령에서 정한 금액을 초과하지 않는 경우, ii) 제290조 제2호의 재산이 거래소의 시세있는 유가증권인 경우 정관에 기재된 가격이 대통령령에서 정한 방법으로 산정된 시세를 초과하지 않는 경우, iii) 변제기가 도래한 회사에 대한 금전채권을 출자의 목적으로 하는 경우로서 그 가액이 회사장부에 기재된 가액을 초과하지 않는 경우, iv) 기타 대통령에서 정하는 경우 등이다.

(2) 법원은 검사인의 조사보고서 또는 감정인의 감정결과를 심사하여 현물출자에 관한 사항을 부당하다고 인정한 때에는 이를 변경하여 이사와 현물출자를 한 자에게 통고할 수 있다($\frac{상}{422\,III}$). 변경에 불복하는 현물출자자는 그 주식의 인수를 취소할 수 있지만($\frac{상}{422\,IV}$), 법원의 통고가 있은 후 2주 내에 취소한

현물출자자가 없는 때에는 법원이 통고한 내용에 따라 변경된 것으로 본다 ($_{422\,V}^{상}$).

7. 출자의 이행

신주인수인은 납입기일에 그 인수한 각 주식에 대하여 인수가액의 전액을 납입하여야 한다($_{1}^{상\,421}$). 이 경우에 신주인주인은 납입채무와 회사에 대한 채권으로 상계할 수 없다($_{II}^{동조}$). 그리고 현물출자자는 납입기일에 출자의 목적인 재산을 인도하고 등기·등록 기타 권리의 설정 또는 이전을 필요로 할 경우에는 그에 필요한 서류를 완비하여 교부하여야 한다($_{III,\,295\,II}^{상\,425,\,305}$). 그 밖에 납입장소, 납입금보관자 등의 변경, 납입금보관자의 증명과 책임 등에 관하여는 모집설립에 관한 규정을 준용한다($_{II,\,306,\,318}^{상\,425,\,305}$).

8. 신주발행의 효력발생시기

(1) 이사회가 정한 납입기일의 다음 날에 납입 또는 현물출자의 이행을 한 범위 내에서 신주발행의 효력이 생기며 신주인수인은 납입기일의 다음날로부

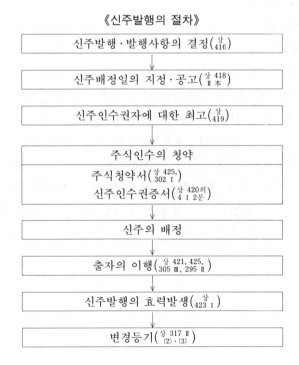

《신주발행의 절차》

신주발행·발행사항의 결정($_{416}^{상}$)

↓

신주배정일의 지정·공고($_{II\,本}^{상\,418}$)

↓

신주인수권자에 대한 최고($_{419}^{상}$)

↓

주식인수의 청약
주식청약서($_{302\,I}^{상\,425,}$)
신주인수권증서($_{4\,I\,2문}^{상\,420의}$)

↓

신주의 배정

↓

출자의 이행($_{305\,III,\,295\,II}^{상\,421,\,425,}$)

↓

신주발행의 효력발생($_{423\,I}^{상}$)

↓

변경등기($_{(2)\cdot(3)}^{상\,317\,II}$)

터 주주로서의 권리·의무가 있다($\frac{\text{상}\ 423}{\text{본}}$). 그러나 신주인수권의 행사에 의하여 발행된 주식에 대한 이익이나 이자의 배당에 관하여는 정관이 정하는 바에 따라 그 납입기일이 속하는 영업연도의 직전 영업연도 말에 신주가 발행된 것으로 할 수 있다($\frac{\text{상}\ 423\ \text{I}\ \text{후단},}{350\ \text{III}}$).

(2) 회사의 설립시와는 달리 신주발행예정주식의 전부에 대한 납입 또는 이행이 없더라도 납입 또는 이행이 있는 한도 내에서 그 효력을 인정하고 있다. 신주발행의 효력은 납입기일의 다음날부터 생기며 동시에 자본증가의 효력도 생기게 된다. 그러나 납입기일까지 납입 또는 현물출자의 이행을 하지 않은 신주인수인은 그 권리를 잃으며($_{423\ \text{II}}^{\text{상}}$), 이 경우에 회사는 실권한 신주인수인에 대하여 손해배상청구를 할 수 있다($_{423\ \text{III}}^{\text{상}}$). 그리고 실권한 주식에 대하여 회사는 주주를 다시 모집할 수 있다.

9. 등 기

신주발행의 효력이 생기게 되면 회사의 발행주식의 총수 및 자본의 총액 등의 등기사항($_{\text{II}\ (3)\ ·\ (2)}^{\text{상}\ 317}$)이 변경되므로 회사는 납입기일로부터 본점소재지에서는 2주간 내, 지점소재지에서는 3주간 내에 변경의 등기를 하여야 한다($_{\text{IV},\ 183}^{\text{상}\ 317}$). 그러나 신주발행의 등기는 자본증가의 효력요건이 아니라 이미 효력이 발생한 신주발행과 자본증가를 공시하는 의미가 있을 뿐이다.

10. 실권주·단주의 처리

(1) **실권주의 의의**   실권주란 신주인수권이 있는 주주 또는 신주인수권증서의 취득자가 청약기일까지 청약을 하지 않아서 신주인수권을 상실한($_{419\ \text{IV}}^{\text{상}}$) 주식과, 청약을 하였으나 납입기일에 납입 또는 현물출자의 이행을 하지 않아서 주식인수인의 권리를 상실한($_{423\ \text{II}}^{\text{상}}$) 주식을 말한다. 실권주는 납입기일이 종료한 때에 확정된다. 이 점이 납입기일까지 납입되지 않은 주식에 대하여 다시 실권절차($_{307}^{\text{상}}$)에 의하여 주식인수인이 납입을 하지 않은 때에 실권하는 회사설립의 경우와 다르다.

(2) **실권주의 처리**   1) 실권주가 있더라도 신주발행의 효력은 인수와 납입이 있는 범위 내에서 발생하므로 실권한 주식에 대하여 특별한 처리를 하지 않아도 되고 이사는 실권주에 대하여 인수담보책임이나 납입담보책임을 지지 않는다. 그러나 회사는 실권한 주식에 대하여 주주를 다시 모집할 수도 있

다. 최근에 많은 회사들은 관행상 실권주를 이사회의 결의에 의하여 처리하고 있고 이를 긍정하는 견해도 있다[李(철), 686; 鄭(찬), 872]. 그리하여 실권주는 이사회의 결의에 의하여 대주주의 지분을 확대하거나 2세경영자에게 주식을 소유시키거나, 유가증권의 매매차익의 획득을 가능케 하기 위하여 특정인에게 인수시키거나 임원들에 대한 공로주 또는 중견간부들의 보너스로 배정하거나 사원의 복지를 위하여 사우회 등에 배정하기도 한다.

2) 이사회의 결의에 의하여 실권주를 처리할 수 있다고 하더라도 실권주를 액면 이하의 발행가액으로 배정할 수는 없다. 또한 당초의 신주발행의 경우보다 유리한 조건으로 배정하는 때에는 모든 주주에게 실권주에 대한 인수의 기회가 공평하게 주어져야 한다고 본다. 그러나 실권주의 발행가액을 시가로 하거나[鄭(찬), 496,] 이미 인수·납입된 주식보다 낮게 정하지 않는 한[權(기), 810,] 실권주는 이사회의 결의로 처리할 수 있다는 견해가 있다.

(3) **단주의 처리**   신주발행의 경우에 발생하는 단주[단주의 의의는 391면 참조]의 처리에 대하여는 아무런 규정이 없다. 신주발행의 경우에 단주에 대하여는 단주에 대하여 발행한 신주가 거래소의 시세 있는 주식인 경우에는 거래소를 통하여 매각하고 거래소의 시세 없는 주식은 공정한 가격으로 매각하여, 주식의 발행가액과 매각가액과의 차액이 있는 때에는 이를 단주의 주주에게 분배하여야 될 것이다.

[276]   제3 上場會社의 一般公募增資

상장회사는 상법 제418조 제1항 및 제2항에도 불구하고 정관에서 정하는 바에 따라 이사회의 결의로써 주주의 신주인수권을 배제하고 불특정다수인(해당 회사의 주를 포함한다)을 상대방으로 하여 신주를 모집하는 방식(이하 '일반공모증자방식'이라 한다)에 의하여 신주를 발행할 수 있다(상 542의15 I). 이 경우에 그 발행가격은 대통령령이 정하는 방법에 따라 산정한 가격 이상이어야 한다(동조). 상법 제542조의15 제1항에서 "모집"이라 함은 대통령령이 정하는 방법으로 산출한 수 이상의 투자자에게 신주 취득의 청약을 권유하는 것을 말한다(동조 Ⅲ).

[277]   제4 新株의 額面未達發行

⑴ **총   설**   회사가 액면주식을 액면미달로 발행하는 경우에는 회

사채권자의 이익을 해할 우려가 있다. 그러므로 상법은 이를 원칙적으로 금지하고 있다($330^{상}_{본}$). 그러므로 회사가 발행한 주식의 주가가 액면 이하로 거래되는 때에는 신주발행에 의한 자금조달을 할 수 없게 될 것이다. 그리하여 상법은 일정한 요건을 갖춘 주식의 액면미달발행만을 예외적으로 인정하고 있다($417^{상}$).

(2) 요　　건　　　신주의 할인발행은 i) 회사가 성립한 날로부터 2년이 경과한 후에만 할 수 있다($417^{상}_{Ⅰ}$). 즉 회사의 기초가 어느 정도 안정된 경우에만 인정된다. 그리고 ii) 주주총회의 특별결의가 있어야 하며($417^{상}_{Ⅰ}$), 이 결의에서는 주식의 최저발행가액을 정하여야 하고($417^{상}_{Ⅱ}$), iii) 법원의 인가를 얻어야 한다($417^{상}_{Ⅰ}$). 이 경우에 법원은 회사의 현황과 제반사정을 참작하여 그 최저발행가액을 변경하여 인가할 수 있으며, 또한 회사의 재산상태 기타 필요한 사항을 조사하게 히기 위하여 검사인을 선임할 수 있다($417^{상}_{Ⅲ}$). iv) 신주는 법원의 인가를 얻은 날로부터 1월 내에 발행하여야 한다. 그러나 이 기간은 법원의 인가를 얻어 연장할 수 있다($417^{상}_{Ⅳ}$).

(3) 회사채권자의 보호　　　신주의 할인발행은 장기간에 걸쳐서 오랫동안 회사의 자본충실을 해할 우려가 있으므로, 상법은 액면미달금액의 총액은 대차대조표의 자산의 부에 계상하며 그 금액은 주식발행 후 3년 내의 매 결산기에 균등액 이상의 상각을 하도록 하였다($455^{상}$).

(4) 공　　시　　　할인발행의 경우에 주식청약서에는 발행조건과 그 미상각액을 기재하여야 하며($420^{상}_{(4)}$), 할인발행의 변경등기에는 미상각액도 등기하여야 한다($426^{상}$).

(5) 상장회사의 특례　　　상장회사는 상법 제417조 제1항 및 제3항에도 불구하고 상법 제434조의 주주총회의 결의만으로 주식을 액면미달 가액으로 발행할 수 있다. 다만, 이미 액면미달 가액으로 발행한 경우에는 그 액면미달 총액의 상각을 완료하지 아니한 때에는 그러하지 아니하다($^{상}_{14}\,{}^{542의}_{Ⅰ}$). 이 경우에 주주총회의 결의에서는 대통령령이 정하는 방법에 따라 산정한 가격 이상으로 주식의 최저발행가액을 정하여야 한다($^{동조}_{Ⅱ}$). 액면미달로 발행하는 주식은 주주총회에서 달리 정하는 경우를 제외하고는 주주총회의 결의일부터 1월 이내에 발행하여야 한다($^{동조}_{Ⅲ}$).

[278] 제5 新株發行과 理事의 責任

I. 자본충실의 책임(인수담 보책임)

(1) 의   의   1) 주식의 발행으로 인한 변경등기가 있은 후에 인수하지 아니한 주식이 있거나 주식인수의 청약이 취소된 때에는 이사가 이를 공동으로 인수한 것으로 본다($428^{\text{상}}_{\text{I}}$). 이것은 회사설립시에 발기인이 지는 자본충실의 책임($321^{\text{상}}_{\text{I}}$)과 같지만, 이사의 납입담보책임은 신주발행의 경우에는 존재하지 않는다. 왜냐하면 신주의 인수인이 납입을 하지 않는 때에는 인수인인 지위마저도 상실하기 때문이다($423^{\text{상}}_{\text{II}}$). 그리하여 신주발행의 경우에는 이사는 다만 인수하지 않은 주식이나 인수가 취소된 주식에 대하여 공동인수가 의제되어($428^{\text{상}}_{\text{I}}$), 모든 이사가 공동인수인으로서 연대하여 납입할 책임을 진다($333^{\text{상}}_{\text{I}}$).

2) 이러한 책임은 자본충실을 도모하기 위한 것으로 설립시의 발기인의 자본충실의 책임과 같은 것이지만, 설립시에는 설립무효를 피하기 위한 목적도 있으나 신주발행의 경우에는 신주발행의 무효를 피하려는 목적으로 인정하는 책임이 아니다. 그리고 신주발행의 변경등기를 하였더라도 신주발행이 부존재인 경우에는 이사는 자본충실의 책임을 지지 않는다고 할 것이다.

(2) 성   질   이사의 인수담보책임은 회사의 자본충실과 법률관계의 안정을 도모하기 위한 **법정의 특별책임**으로서 **무과실책임**이다.

(3) 인수가 의제되는 주식의 범위   1) 인수하지 않은 주식이란 당초부터 인수되지 않은 주식뿐만 아니라 첨부서면상으로는 인수가 있는 것으로 되어 있으나 실제로는 인수가 되지 않은 주식이 포함되며(주식청약서를 위조하여 인수를 가장한 경우 등), 인수를 하였으나 납입기일에 납입 또는 현물출자의 이행을 하지 않음으로써 실권한 주식($423^{\text{상}}_{\text{II}}$)도 포함한다.

2) 신주발행의 변경등기 후 현물출자가 불이행된 부분에 대하여 배정된 주식은 「인수하지 아니한 주식」으로서 이사의 공동인수가 의제된다. 이 경우에 이사는 현물출자 그 자체의 이행의무를 지는 것이 아니라 **금전출자**의 주식인수인으로 의제되어 현물출자의 가액에 대한 금전의 납입의무를 진다고 본다〔동: 孫 (주), 819〕. 주식인수의 청약이 취소된 주식도 이사의 공동인수가 의제된다.

3) 신주발행의 경우에 주식청약의 취소는 신주발행의 변경등기 후 1년이 경과한 후나 그 이전이라도 주주의 권리를 행사한 때에는 이를 할 수 없다($427^{\text{상}}$). 또한 변경등기 후 1년이 경과하기 전에 주식청약서 또는 신주인수권증서의 요

건 흠결을 이유로 인수가 무효화된 주식도 인수하지 아니한 주식에 포함된다.

(4) **납입의무의 확정시기**   이사의 자본충실책임에 의한 납입의무의 확정시기는 신주의 납입기일이라고 본다. 또한 이사는 다른 주식인수인과 마찬가지로 납입기일의 익일부터 주주가 된다고 할 것이다. 그러나 납입의무를 이행하지 않는 한 주주의 권리를 행사할 수 없다.

2. 이사의 손해배상책임

이사가 인수담보책임을 지는 경우에도 별도로 회사에 손해가 생긴 때에는 회사는 이사에 대하여 그 손해의 배상을 청구할 수 있다($\frac{상}{428\,Ⅱ}$). 이것은 과실책임이다.

제 4 관   新株發行의 瑕疵 및 不公正

[279]   제 1   新株發行의 留止

(1) **총   설**   신주발행은 원칙적으로 이사회의 권한에 속하며 주주들은 직접 관여하지 않기 때문에 신주발행이 불공정하게 되는 경우에는 주주의 이익을 해할 우려가 있다. 그리하여 상법은 주주에게 신주발행의 유지청구권을 인정하고 있다.

1) **의   의**   회사가 법령 또는 정관에 위반하거나 현저하게 불공정한 방법에 의하여 주식을 발행함으로써 주주가 불이익을 받을 염려가 있는 때에는 그 주주는 회사에 대하여 그 발행을 유지할 것을 청구할 수 있다($\frac{상}{424}$).

2) **이사의 위법행위유지청구권과의 관계**   이사의 위법행위에 대한 유지청구권($\frac{상}{402}$)은 회사에 손해가 생길 염려가 있는 때에 **소수주주권자만이** 할 수 있는 데 비하여, 신주발행의 유지청구권은 회사에는 직접 손해가 없더라도 신주발행으로 인하여 개인적으로도 불이익을 받을 염려가 있는 주주는 누구라도 할 수 있는 **단독주주권**이라는 점이 다르다. 즉 전자는 회사의 손해를 요건으로 하는 데 비하여, 후자는 회사의 손해는 그 요건이 아니고 주주의 손해만이 문제가 되는 점에서 다르다.

(2) **유지청구의 원인**   신주발행의 유지청구는 다음과 같은 원인이 있는 경우에 인정된다.

1) 법령위반의 경우　　i) 이사회의 결의가 없는 경우 또는 위법한 결의에 의한 경우, ii) 법정요건에 반하는 신주의 할인발행의 경우($^{상}_{417}$), iii) 현물출자에 대한 검사 또는 감정의 해태($^{상}_{422}$) 등이 있다.

2) 정관위반의 경우　　정관에서 정한 발행예정주식총수를 초과하는 신주의 발행, 또는 정관에서 정하지 아니한 종류의 주식의 발행 등이 있다.

3) 현저하게 불공정한 경우　　주주총회에서 다수의 의결권을 획득하기 위하여 특정한 자에게만 부당하게 많은 주식을 배정하는 경우나, 부당한 결산서류의 통과를 위하여 자기의 동조자에게 신주를 발행하는 경우 등을 들 수 있다.

(3) 청구권자　　신주발행의 유지청구는 법령 또는 정관에 위반하거나 현저하게 불공정한 방법에 의하여 신주를 발행함으로써 직접 불이익을 받을 염려가 있는 주주만이 할 수 있다. 제3자는 신주인수권이 있어도 청구할 수 없다. 의결권의 유무는 문제가 되지 않는다[$^{동: 李(철), 691;}_{鄭(찬), 888}$].

(4) 유지청구의 방법　　불이익을 받을 염려가 있는 주주는 재판외의 방법으로 그 발행의 유지를 청구할 수 있고 또한 필요에 따라 주주는 회사를 피고로 하여 신주발행유지의 소를 제기할 수 있으며, 이 소를 본안으로 하여 소의 제기 전이라도 신주발행유지의 가처분을 신청할 수 있다($^{민소}_{714 이하}$)[$^{가처분에 대하여는 拙著, 「新}_{會社法論」, 782면 이하 참조}$].

(5) 청구시기　　신주발행의 유지는 사전적인 구제방법이므로 신주발행의 효력이 발생하기 전인 신주의 납입기일까지만 할 수 있다[$^{동: 李(철), 691;}_{鄭(찬), 888}$]. 이와는 달리 신주발행이 무효인 경우에는 신주발행의 효력이 발생한 다음에도 주권의 발행을 유지할 수 있다는 견해가 있으나[$^{鄭(동),}_{491～492}$] 의문이다.

(6) 유지청구를 무시한 신주발행의 효력　　신주발행의 유지청구에도 불구하고 신주를 발행한 경우에 그 효력에 관하여는 i) 신주발행유지의 가처분에 위반한 신주발행이라도 법률관계의 안정을 위하여 그 자체에는 영향을 미치지 않고 다만 이사의 책임이 생길 뿐이라는 유효설도 있으나[$^{孫(성), 223; 李}_{(철), 692; 金}$ $^{(용),}_{414}$], ii) 유지의 가처분을 무시한 신주발행은 무효로 보는 것이 타당하다[$^{동: 鄭}_{(희),}$ $^{531～532; 孫(주), 822; 李(병),}_{756; 李·崔, 358; 鄭(동), 490}$]. 그러나 재판외의 방법에 의한 유지청구를 무시한 경우에는 다만 이사의 책임이 생길 뿐이라는 것이 통설이다.

[280] 제 2 新株發行의 無效

1. 총 설

신주발행의 무효는 새로 발행되는 주식의 전부를 무효로 하는 것으로서 개별적인 신주인수의 무효와는 구별된다. 신주발행에 대하여 무효의 원인이 있는 경우에 그 무효의 주장을 일반원칙에 따라 누구든지 언제라도 아무런 제한 없이 할 수 있게 되면 신주발행이 유효함을 전제로 하여 진전된 모든 법률관계의 안정을 해할 뿐만 아니라 법률관계의 획일성도 기대할 수 없게 된다. 그리하여 상법은 설립무효의 소와 같은 취지에서 신주발행의 무효는 소에 의하여만 주장할 수 있도록 하였는데, 이 소는 형성의 소이다.

2. 무효원인

⑴ 총 설   1) 신주발행이 법령 또는 정관을 위반한 경우에 신주발행의 효력이 생기기 전에는 신주발행의 유지청구를 인정하더라도 특별히 법률관계의 혼란이 야기될 염려는 없다. 그러나 신주발행의 효력이 생긴 다음에는 법령 또는 정관을 위반한 경우라도 그 경중을 가리지 않고 모두 무효사유로 하게 되면 법률관계의 혼란이 야기되고 거래의 안전을 해할 염려가 크다. 그러므로 신주발행의 무효는 가급적 회피하는 것이 바람직한 것이다[동: 孫(주), 824; 鄭(동), 491].

2) 그 결과 개개의 신주인수의 무효·취소가 있는 경우는 이사가 자본충실의 책임을 지고($\frac{상}{428}$ I), 이사에 대한 손해배상의 청구만이 가능하며($\frac{동조}{II}$) 신주발행 무효원인이 되지 않는다. 또한 이사가 주식의 인수인과 통모하여 현저하게 불공정한 발행가액으로 신주를 발행한 경우에도 인수인에 대하여 그 차액에 대한 지급의무를 지우고($\frac{상 424}{의 2}$ I), 또한 이 경우에 이사의 회사 또는 주주에 대한 손해배상책임을 인정한 것은($\frac{동조}{III}$) 신주발행 그 자체는 무효로 하지 않으려는 취지라고 할 수 있다. 그러나 신주발행을 위한 유효요건이 흠결된 때나 회사와 주주의 중요한 이익이 침해된 때에는 신주발행은 무효가 되어야 할 것이다.

⑵ 무효원인

1) 이사회의 결의 없는 신주발행   이 경우에 신주발행의 효력에 관하여는 다음과 같은 학설의 대립이 있다.

㈎ 유 효 설   i) 신주발행을 회사의 업무집행에 준하는 것으로 취급하고 거래의 안전을 중시하여 이사회의 결의 없는 신주발행도 유효하다고 하거

나[鄭(희), 531; 鄭(무), 502;
姜(위), 648; 權(기), 819], ii) 이사회의 결의는 회사 내부의 의사결정에 불과하므로 그 결의의 유무를 불문하고 신주발행은 유효하다고 한다. 또 한편으로는 iii) 대표이사의 대표권을 신뢰한 상대방의 보호를 위하여 또 획일적인 처리를 위하여 유효로 풀이하여야 한다고 한다[鄭(동), 492;
李(기), 607].

(나) 무 효 설　　　이 설의 근거는 상법은 자본증가의 권한을 이사회에 부여한 대신 수권자본제의 내재적 한계로서 이사회의 결의라는 절차적 신중을 요구하고 있으므로 이사회의 결의 없는 신주발행은 무효라고 한다[동: 徐(돈), 424;
徐(정), 314; 李
(철), 696; 金(용), 416;
李·崔, 359; 李(병), 759].

(다) 상대적 무효설　　　이 설은 우리 나라에서는 존재하지 않는데, 이에 의하면 최초의 인수인 또는 그 자로부터 취득한 악의의 양수인이 소지하는 신주는 이를 무효로 하더라도 무방하다고 한다. 그리하여 이를 위하여는 이러한 악의자에 대한 처분금지의 가처분을 이용하는 것이 바람직하다고 한다.

(라) 사　　　견($\frac{무효}{설}$)　　　상법은 수권자본제를 도입하여 신주발행을 이사회의 권한으로 하였으나 신주발행은 거래법상의 행위인 사채발행과는 달리 중요한 회사의 조직법상의 행위로서 이사회의 결의는 신주발행을 위한 유효요건이라고 할 수 있고, 대표이사의 개인적 결정에 의한 신주발행을 유효로 보게 되면 주주의 지위를 불안정하게 할 염려가 있으므로 무효로 함이 타당하다. 특히 정관에 의하여 신주발행의 결정을 주주총회에 의하도록 한 경우($\frac{상}{416}_{단}$)에도 주주총회의 결의 없는 신주발행을 업무집행의 일환이라고 하거나 주주총회의 결의를 내부절차에 불과하다고 하여 유효하다고 보는 것은 타당하다고 할 수 없다. 다만 신주발행의 무효가 거래의 안전을 크게 해하게 되는 경우에는 법원의 재량기각권($\frac{상}{189}\frac{430,}{}$)에 의하여 거래의 안전은 보호될 수 있다고 본다.

2) 발행예정주식총수의 초과발행　　　발행예정주식총수를 초과한 신주발행은 그 전부를 무효로 본다. 그러나 신주발행무효의 소가 제기되었더라도 구두변론종결 전에 정관을 변경하여 발행예정주식총수를 증가시켜서 그 초과상태가 해소된 때에는 신주발행의 무효가 치유된다고 본다[동: 李(철), 696;
鄭(동), 491].

3) 주주의 신주인수권의 무시　　　(가) 회사가 주주의 신주인수권을 무시하고 신주를 발행한 경우는 신주발행의 무효원인이 된다. 왜냐하면 주주의 신주인수권은 주주에게 중대한 영향을 미치는 권리이므로 단순히 이사의 손해배상책임으로 해결될 성질의 것이 아니기 때문이다. 이에 관하여는 i) 주주의 인수권의 전부 또는 대부분을 무시한 경우에는 신주발행이 무효이지만 근소한

일부분만이 무시된 경우에는 무효로 되지 않고 이사의 손해배상책임만이 발생할 뿐이라는 설[鄭(동), 492]과, ii) 구체적인 경우에 회사지배에 대한 영향력에 변동을 줄 정도인 경우는 무효라는 설[李(철), 697~698]도 있다.

(나) 그러나 i)은 대부분 또는 근소한 부분, ii)는 회사지배의 영향력의 한계가 모호하고 주주의 신주인수권은 정관에 다른 정함이 없는 한 고유권적인 자익권이라는 점에서 신주발행의 무효원인이 된다고 본다.

(다) 회사가 제3자의 신주인수권을 무시한 때에는 회사는 손해배상책임을 질 뿐이고 신주발행의 무효원인이 되지 않는다. 그러므로 제3자는 신주발행 무효의 소를 제기할 수 없다(商 429).

4) 현물출자에 관하여 검사인을 선임하지 않은 경우　　신주발행의 경우도 현물출자가 있는 때에는 현물출자의 검사를 위하여 검사인의 선임을 법원에 청구하여야 한다(商 422 I). 이는 회사의 자본충실을 도모하기 위한 강행법규이므로 i) 이러한 절차를 거치지 않은 신주발행은 무효라고 할 것이다. 이와는 달리 판례는 ii) 현물출자에 있어서 법원의 검사절차를 거치지 아니한 신주발행 및 변경등기는 당연히 무효라고 할 수 없다는 입장이고[大 80. 2. 12. 79 다 509] 또한 iii) 현물출자의 평가가 부당하지 않는 한 유효하다는 견해도 있으나[鄭(동), 492; 李(철), 697; 鄭(찬), 894], 현물출자의 경우에 검사인의 선임을 기타 신주발행을 위한 절차와 동일시하는 것은 타당하지 않다고 본다[동: 崔; 李, 359].

5) 전환주식·전환사채 또는 신주인수권부사채를 가진 자의 권리행사에 대비하여 유보한 주식의 수를 제외한 잔여미발행주식을 초과하여 주식을 발행한 경우　　이러한 경우에도 발행예정주식총수를 초과한 경우와 마찬가지로 신주발행의 무효원인이 된다. 이 경우도 이후에 소정의 절차에 따라 발행예정주식총수를 증가시킨 때에는 그 하자는 치유된다.

6) 정관에서 발행을 예정하지 않은 종류의 주식을 발행한 경우　　정관에 정함이 없는 종류의 주식을 발행한 경우에는 신주발행은 무효원인이 된다.

7) 소정의 요건을 갖추지 않고 주식을 액면 미달로 발행한 경우　　신주발행의 무효원인이 된다. 이와는 달리 미달금액이 근소한 때에는 이사의 손해배상책임으로 전보될 수 있다고 하여 유효하다는 입장도 있다[李(철), 696; 鄭(동), 492]. 그러나 상법은 액면주식의 발행만을 인정하고 있으며 액면미달발행의 금지는 회사의 자본충실을 위하여 가장 중요한 원칙일 뿐만 아니라 액면미달금액이 근소한가 현저한가 하는 것보다도 액면미달로 발행되었다는 사실은 회사의 자본충

실을 해할 뿐만 아니라 주가의 형성에 민감하게 영향을 미치는 중대한 사항이 므로 그 액면미달금액이 근소한 때에도 무효로 보아야 할 것이다.

　　8) 신주발행유지의 가처분 또는 판결을 무시하고 신주를 발행한 경우 $\left[\substack{604면\\참조}\right]$

　　9) 현저하게 불공정한 신주발행의 경우　　　신주가 현저하게 불공정한 방법으로 발행됨으로써 불이익을 받을 염려가 있는 주주는 신주발행의 효력이 생기기 전에는 그 발행의 유지를 청구할 수 있고($\substack{상\\424}$), 신주발행의 효력이 생긴 다음에는 동일한 이유로 i) 신주발행의 무효를 소에 의하여 주장할 수 있다고 본다. 이와는 달리 ii) 거래의 안전을 위하여 신주발행이 현저하게 불공정한 경우에도 신주발행이 유효하다는 설이 있고$\left[\substack{李(기),\\607}\right]$, iii) 회사지배권에 영향을 미치는 경우에만 신주발행이 무효가 된다는 설도 있다$\left[\substack{李(철),\ 697\sim698;\ 鄭\\(찬),\ 894;\ 鄭(동),\ 532}\right]$. 그러나 유효설은 거래의 안전을 도모한다는 장점은 있으나 주주의 보호를 위하여는 문제가 있다고 할 것이다. 신주발행의 불공정이 지배권에 영향을 미치거나 그 정도가 현저한 때에는 신주발행은 무효가 되어야 한다고 본다$\left[\substack{동;\ 權\\(기),\ 819}\right]$.

　　　　그런데 판례에는 「회사가 주주에게 상법 제418조 제 1 항 소정의 주주의 신주인수권을 배제한 바 없고 오히려 그 주주가 회사로부터 신주배정통지를 받고도 그 주식대금을 납입하지 아니하여 실권된 경우 가사 발행주식의 총수를 증가시키는 정관변경의 주주총회결의 이전에 그 주주와 회사의 대표이사 사이에 회사의 경영권에 관하여 분쟁이 있었고, 그 주주가 자기소유주식을 그 대표이사에게 양도하고 회사 경영에서 탈퇴하려고 하였지만 그 양도대금에 관한 합의가 이루어지지 않은 상태에서 발행주식총수를 현저하게 증가시키는 신주발행이 이루어짐으로써 회사에 대한 그 주주의 지배력이 현저하게 약화되고 그로 인하여 그 주주가 대표이사에게 적정한 주식대금을 받고 주식을 양도하는 것이 더욱 어려워지게 되었다고 하더라도 그러한 사유만으로는 그 신주발행이 현저하게 불공정한 방법에 의한 것으로서 무효라고 볼 수 없다」고 한 것이 있다$\left[\substack{大\ 95.\ 2.\ 28,\\94\ 다\ 34579}\right]$.

3. 신주발행 무효의 소

　(1) 신주발행의 무효는 신주를 발행한 날로부터 6월 내에 소만으로 이를 주장할 수 있으며($\substack{상\\429}$), 항변에 의한 주장은 인정되지 않는다. 그런데 제소기간이 경과한 때에는 신주발행무효의 원인을 추가할 수 없다고 본다$\left[\substack{서울高\ 77.\ 4.\ 7,\\76\ 나\ 2887}\right]$. 왜냐하면 신주발행무효의 소에 있어서 제소기간을 제한하고 있는 것은 신주발행에 따르는 복잡한 법률관계를 가급적 조속히 확정하는 데 그 취지가 있다고 할 수 있는데, 제소기간이 경과한 다음에도 무효원인의 추가를 인정한다면 법

률관계의 안정을 해하게 될 것이기 때문이다. 제소권자는 주주·이사 또는 감사에 한하고, 신주인수권이 무시된 제3자는 포함되지 않으며, 청산인은 소를 제기할 수 없다. 이 경우에 피고는 회사이다.

(2) 이사가 소를 제기한 때에는 감사가 회사를 대표한다($\frac{상}{1문} \frac{394}{}$). 소의 절차, 청구의 기각, 패소원고의 책임, 등기 등은 설립무효의 소의 경우와 같고 ($\frac{상}{189,} \frac{430,}{191,} \frac{186\sim}{192}$), 제소주주의 담보제공의무는 주주총회결의취소의 소에 관한 규정을 준용한다($\frac{상}{377} \frac{430,·}{}$).

4. 무효판결의 효력

(1) 대세적 효력 신주발행의 무효판결은 형성판결로서 이에 의하여 이미 한 신주발행은 무효가 되며 법률관계의 획일적인 확정을 위하여 제3자에 대하여도 그 효력이 미친다($\frac{상}{190} \frac{430,}{본}$).

(2) 불소급효 신주발행은 무효판결의 확정에 의하여 장래에 대하여 그 효력을 잃는다($\frac{상}{431 I}$). 즉 법률관계의 안정을 위하여 판결의 소급효는 인정되지 않는다. 그러므로 신주발행이 유효함을 전제로 하여 판결이 확정될 때까지 한 행위, 예컨대 이익 또는 이자의 배당·의결권의 행사·주식의 양도·입질 등의 행위는 무효판결에 의하여 영향을 받지 않는다. 무효판결이 확정되면 이때로부터 신주의 주주는 그 지위를 상실하게 된다.

5. 무효판결의 효과

(1) 등기의 경정 무효판결의 확정에 의하여 신주는 무효가 되므로 그만큼 회사의 발행주식총수와 자본액이 감소하게 되고, 또 회사의 발행예정주식총수 중에 미발행부분이 부활하게 되므로 등기의 경정을 하여야 한다($\frac{상}{(2)·(3)} \frac{317 II}{}$).

(2) 자본준비금의 감소 신주를 액면 이상으로 발행하여 초과금액을 자본준비금으로 전입한 때에는 그만큼 자본준비금은 감소한다.

(3) 신주권의 회수 무효판결이 확정된 때에는 회사는 지체없이 그 뜻과 3월 이상의 일정한 기간 내에 신주의 주권을 회사에 제출할 것을 공고하고, 주주와 질권자에 대하여는 각별로 그 통지를 하여야 한다($\frac{상}{431 II}$).

(4) 납입금의 반환 회사는 신주의 주주에 대하여 그 납입한 금액을 반환하여야 한다($\frac{상}{432 I}$). 현물출자자에 대하여는 그 평가액($\frac{상}{416(4)}$)을 금전으로 반환하여야 한다. 그러나 회사가 반환할 금액이 판결확정시의 회사의 재산상

태에 비추어 현저하게 부당한 때에는 법원은 회사 또는 신주의 주주의 청구에 의하여 그 금액의 증감을 명할 수 있다($_{432\,\mathrm{I\!I}}^{\,\mathrm{상}}$). 왜냐하면 신주의 주주도 판결이 확정될 때까지는 회사의 사업에 참여한 것이므로 그 동안의 손익에 참여하여야 되기 때문이다. 반환금액에 관한 증감의 청구는 회사 또는 신주의 주주만이 할 수 있고 회사채권자는 할 수 없다. 실효한 신주의 질권자는 물상대위권(物上代位權)을 갖는다($_{340\,\mathrm{I\,\cdot\,I\!I}}^{\,\mathrm{상}\;432\,\mathrm{I\!I},\,339,}$).

[事例演習]

◇ 사 례 ◇

주주 X는 A회사의 주식 2만주를 보유하고 있고, A회사의 대표이사인 Y는 주식 1만주를 보유하고 있다. A회사의 경영과 관련하여 주주 X와 대표이사 Y 사이에 경영권분쟁이 발생하였다. 대표이사 Y는 X의 지분을 저하시키고 자신의 지배권을 유지하기 위해 X에게 신주인수권을 부여하지 않고 신주를 발행하여 Y가 전부 인수하기로 하였다. 그런데 위 신주발행은 이사회의 결의 없이 된 것으로 X에게는 신주발행의 공고·통지를 하지 않았다. 그러나 X는 이를 알고 신주발행유지의 가처분을 신청하여 가처분결정을 얻었으나, Y는 가처분을 무시하고 신주발행을 강행하였다. 이 신주발행의 효력은 어떠한가.

[해 설] 이사회의 결의 없이 신주를 발행한 경우 유효설, 무효설, 상대적 무효설이 대립하고 있으나 신주발행에 있어 이사회결의는 신주발행의 유효요건이므로 이사회결의 없이 한 신주발행은 무효라고 본다. 그리고 본 사례에서 Y는 특정주주의 지주비율을 저하시켜 지배권을 유지시키기 위해 X의 신주인수권을 무시하고 신주를 발행하였으므로 현저히 불공정발행에 해당된다고 할 수 있다. 특정주주의 신주인수권을 무시한 경우 신주발행이 무효가 되느냐에 대하여는 학설의 대립이 있으나, 신주인수권은 주주의 고유권적인 자익권이라는 점에서 무효설이 타당하다고 본다. 또한 신주발행유지가처분을 무시한 경우에 신주발행의 효력에 대하여는 유효설과 무효설이 대립하고 있지만, 신주발행유지제도의 입법취지에 비추어 무효설이 타당하다고 본다.

[281] 제3 新株發行의 不存在

신주발행의 절차가 전혀 존재하지 않았고 다만 신주발행의 변경등기만 있는 등 그 하자의 정도가 신주발행무효에 비하여 현저한 때에는, 신주발행의 부존재를 일반원칙에 따라 언제든지 누구든지 어떠한 방법으로든 주장할 수 있으며, 필요한 경우에는 신주발행부존재의 소를 제기할 수 있다[동: 鄭(동), 494; 李(철), 702; 權(기), 822]. 즉 신주발행의 무효의 소와는 달리 반드시 소에 의하여 부존재를 주장하여야 할 필요도 없고, 신주발행의 부존재확인의 소의 판결은 그 효력이 신주발행의 무효의 판결과는 달리 대세적 효력이 없으며, 당연히 그 소급효가 제한되지 않는다.

판례에는 「주주 아닌 자들이 개최한 임시주주총회에서 발행주식총수에 관한 성관변경의 결의와 이사선임의 결의를 하고 그와 같이 선임된 이사들이 모인 이사회에서 대표이사의 선임 및 신주발행결의를 하였다면, 그 이사회는 부존재한 주주총회에서 선임된 이사들로 구성된 부존재한 이사회에 지나지 않고 그 이사들에 의해 선임된 대표이사도 역시 부존재한 이사회에서 선임된 자이어서 그 이사회결의에 의한 신주발행은 결의권한이 없는 자들에 의한 부존재한 결의와 회사를 대표할 권한이 없는 자들에 의해 이루어진 것이어서 그 발행에 있어 절차적·실체적 하자가 극히 중대하여 신주발행이 존재하지 않는다고 볼 수밖에 없으므로, 회사의 주주는 위 신주발행에 관한 이사회결의에 대하여 상법 제429조 소정의 신주발행무효의 소의 제기기간에 구애되거나 신주발행무효의 소에 의하지 않고 부존재확인의 소를 제기할 수 있다」고 한 것이 있다[大 89. 7. 25, 89 다카 2316].

[282] 제4 新株의 不公正價額에 의한 發行

I. 총 설

신주의 발행가액이 불공정하면 회사는 공정한 가액으로 발행한 경우에 얻을 수 있는 이익(차액)을 상실하게 된다. 이 경우에 이사는 회사에 대하여 임무의 해태로 인한 손해배상의 책임을 지지만(399 I 상) 주식인수인은 회사가 정한 가액에 의하여 주식을 인수하므로 아무런 책임을 질 이유가 없는 것이다. 그러나 발행가액이 현저하게 불공정하고 이것이 이사와 주식인수인 사이의 통모로 비롯된 경우에는 주식인수인에 대하여도 그 차액에 대한 지급책임을 인정하는 것이 회사와 주주의 보호를 위하여 필요한 것이다.

2. 신주인수인의 책임

신주의 인수인이 이사와 통모하여 현저하게 불공정한 발행가액으로 주식을 인수한 때에는 회사에 대하여 공정한 발행가액과의 차액에 상당한 금액을 지급할 의무가 있다($\frac{상}{의}\frac{424}{2\ I}$).

(1) 책임의 요건

1) 발행가액의 불공정　　(가) 신주의 발행가액이 현저하게 불공정하여야 한다. 그 판단은 신주발행을 전후한 발행회사의 주가, 회사의 자산상태, 수익력, 사업의 전망, 기타의 제반사정을 종합적으로 참작함으로써 가능하다. 주주에게만 신주를 배정하는 때에는 발행가액이 액면가액을 상회하는 한 불공정한 가액이라고 할 수 없다고 할 수도 있으나, 이 경우에도 발행가액이 현저하게 불공정하고 이사와 대주주가 통모한 때는 대주주의 책임이 인정된다고 본다. 그러나 이 규정은 회사가 제 3 자에 대하여 신주인수권을 인정하는 경우에 그 효과를 기대할 수 있다.

(나) 신주인수인의 책임은 이사회가 정한 **발행가액**과 실제의 **발행가액**이 모두 불공정한 경우에 인정된다. 그러므로 이사회가 정한 발행가액은 불공정하지만 실제의 발행가액이 공정한 때에는 차액의 지급의무란 인정되지 않으며, 이사회가 정한 발행가액은 공정한데 실제의 발행가액이 불공정한 때에는 주식인수는 무효이고 신주발행의 효력이 생긴 때에는 신주발행무효의 사유가 된다. 그러므로 차액의 지급의무가 성립될 여지가 없다$\left[\begin{smallmatrix}동; 金(용), 415;\\李(철), 693\end{smallmatrix}\right]$. 이와는 반대로 이 경우에도 신주인수인의 책임을 인정하는 견해도 있으나$\left[\begin{smallmatrix}孫(주), 822; 鄭(찬),\\891; 蔡(이), 710\end{smallmatrix}\right]$, 회사와 주주의 이익을 보호하기 위하여 신주인수의 무효로 보는 것이 타당하다.

(다) 단주와 실권주의 처리는 본래의 발행가액으로 처분되는 한 불공정한 가액이라 할 수 없다고 본다. 또한 이 규정은 발행가액은 공정하지만 현물출자를 과대평가한 경우에도 적용된다고 할 것이다. 발행가액이 현저하게 불공정한 경우에 그 입증책임은 회사 또는 주주에게 있다.

2) 주식인수인과 이사의 통모　　신주인수인의 책임은 이사와 통모한 경우에 인정된다. 그러므로 발행가액은 불공정하더라도 통모를 하지 않은 경우에는 발행가액이 불공정하다는 것을 안 것만으로는 책임을 지지 않는다. 이 경우에 이사의 책임만이 문제가 될 수 있을 뿐이다. **통모**에 대한 입증책임은 원고인 회사 또는 주주에게 있다.

(2) **책임의 내용·성질**　　신주인수인이 지는 책임의 내용은 신주의 공정한 가액과 불공정한 가액과의 차액에 대한 지급의무로서 실질적으로는 주주평등의 원칙에 대한 예외로 통모한 주식인수인에게만 인정한 주주의 **추가출자**의무라고 할 수 있다[동: 鄭(희), 530; 孫(주), 823; 權(기), 813]. 다수설은 이 의무를 유한책임원칙의 예외로 보지만, 공정한 가액에 대한 납입의무를 지는 것이므로 예외로 볼 필요는 없다. 그러므로 이러한 책임은 신주를 인수한 주주만이 지며 그 주식의 양수인은 지지 않는다. 신주인수인의 책임과 이사의 손해배상책임에 대하여는 양자는 상호 독립된 책임이라는 견해도 있으나[李(철), 695], **부진정연대채무**의 관계에 있다는 것이 **통설**이다. 신주인수인의 책임의 내용은 실질적으로 추가출자의무이므로 차액의 지급에 관하여는 상계·면제·환급 등이 인정되지 않는다.

(3) **책임의 추궁**　　신주인수인의 책임은 회사가 추궁하는 것이 원칙이지만, 신주인수인과 이사의 통모를 선제로 하므로 회사가 책임을 추궁한다는 것은 사실상 기대할 수 없다는 점을 감안하여 대표소송에 관한 규정의 준용에 의하여(상 424의 2 II, 403~406) 소수주주가 그 책임을 추궁할 수 있게 하였다.

(4) **차액의 처리**　　신주인수인이 지급한 차액은 자본준비금으로 적립하여야 한다[동: 孫(주), 913; 李(철), 694; 權(기), 814].

제 6 절　　定款의 變更

[283]　제 1　總　　說

회사의 정관은 경제사정이나 회사의 내부사정에 따라 변경의 필요성이 생기므로 상법은 그 변경을 인정한다.

(1) **정관변경의 의의**　　정관의 변경이란 회사의 조직과 활동에 관한 근본규칙인 실질적 의의의 정관을 변경하는 것을 말한다[동: 孫(주), 925; 鄭(동), 654; 權(기), 865]. 그러므로 형식적 의의의 정관인 정관기재의 서면을 변경하는 것은 포함되지 않는다. 왜냐하면 정관기재의 서면의 변경은 실질적 의의의 정관변경의 효력이 생긴 다음에 대표이사가 하여야 할 의무에 속하기 때문이다(상 396 참조). 정관의 변경이라 할 때에는 현존하는 규정의 삭제·변경뿐만 아니라 새로운 규정의 추가를 비롯하여 내용의 변경인 자구의 정정 및 구두점의 변경도 포함한다.

(2) 정관변경의 범위   정관변경의 범위에는 특별한 제한이 없다. 그러므로 선량한 풍속 기타 사회질서 및 강행법규에 반하지 않으며 주식회사의 본질(유한책임·주주평등의 원칙·자본에 관한 3원칙)에 위배되지 않고 주주의 고유권을 침해하지 않는 범위 내에서는 어떠한 사항이라도 변경할 수 있다.

[284] 제 2 定款變更의 節次

(1) 주주총회의 특별결의   1) 정관의 변경은 주주총회의 특별결의에 의하여야 한다($\frac{상\ 433\ I}{434}$), 즉 정관변경의 결의는 출석한 주주의 의결권의 3분의 2 이상의 수와 발행주식총수의 3분의 1 이상의 수로써 하여야 한다. 이러한 결의요건은 정관으로 완화할 수는 없으나 가중은 가능하다고 본다. 정관변경을 위한 총회소집의 통지와 공고에는 의안의 요령을 기재하여야 한다($_{433\ II}^{상}$). 즉 정관변경의 내용을 구체적으로 표시하여야 한다(상호변경의 경우에는 신상호, 목적변경의 경우에는 추가 또는 삭제되는 업종, 이사의 보수를 변경하는 경우는 그 액).

2) 정관의 기재사항이 어떠한 사실에만 기초를 두고 있는 경우에는 정관은 사실의 변경에 의하여 총회의 결의 없이 변경된다. 즉 본점·지점 소재지의 지명이나 회사가 공고하는 신문의 명칭이 변경된 경우 등이 그 예이다. 또한 법령의 개정으로 인하여 정관의 규정이 변경 또는 실효되는 경우에도 같다.

(2) 종류주주총회   회사가 수종의 주식을 발행하고 있는 경우에 정관변경이 어느 종류의 주주에게 손해를 미치게 될 때에는 주주총회의 결의 외에 그 종류의 주주총회의 결의가 있어야 한다($_{435\ I}^{상}$). 그러므로 종류주주총회의 결의가 없거나 성립되지 않은 때에는 정관변경은 무효라고 할 수 있다. 종류주주총회에는 주주총회에 관한 규정이 준용되며($_{435\ III}^{상}$), 결의는 출석한 주주의 의결권의 3분의 2 이상의 수와 발행주식총수의 3분의 1 이상의 수로써 하여야 한다($_{435\ II}^{상}$).

[285] 제 3 定款變更의 效力

(1) 효력발생시기   정관변경의 효력은 **주주총회의 결의**와 동시에 발생하며 원시정관의 경우와 달리 공증인의 인증은 필요 없다. 그러므로 정관변경의 결의에 따르는 정관서면의 경정은 사후적 절차에 불과하므로 정관변경

의 효력발생을 위한 요건이 아니다($\frac{大 78. 12. 26.}{78 누 167}$). 그러나 정관변경의 결의가 조건부인 때에는 조건의 성취 또는 기한의 도래에 의하여 정관변경의 효력이 생긴다. 그러나 제3자의 동의를 조건으로 하는 정관의 변경은 인정되지 않는다($\frac{동: 元容洙, [고시]}{[연 7] 95. 5, 114}$). 정관변경의 효력은 주주총회의 결의와 동시에 발생하므로 그 결의의 폐기(변경 전의로의 환원)는 보통결의로는 불가능하고 다시 정관변경의 결의를 하여야 할 것이다.

(2) 등기사항의 변경등기　　　정관변경은 등기사항이 아니지만 정관변경의 결과 등기사항에 변경이 생긴 때에는 본점소재지에서는 2주간 내, 지점소재지에서는 3주간 내에 변경등기를 하여야 한다($\frac{상 317 Ⅲ.}{183}$).

[286] 제4 發行豫定株式總數의 變更, 株金額의 變更

Ⅰ. 발행예정주식총수의 변경

발행예정주식총수는 정관변경의 절차에 따라 그 증가뿐만 아니라 감소도 가능하다.

(1) 증가의 경우　　　회사설립 후 정관변경에 의하여 발행예정주식의 총수는 상법개정안(2007)에 의하여 제한 없이 그 증가가 가능하게 되었다.

(2) 감소의 경우　　　발행예정주식총수의 감소는 자유로이 정관변경으로 가능하다($\frac{동: 孫(주), 835; 鄭(동),}{616; 鄭(찬), 915}$). 그러나 회사가 발행한 주식총수 이하로 감소시키지는 못한다. 감소의 경우에도 회사는 변경등기를 하여야 한다($\frac{상 317 Ⅱ (1)·}{Ⅲ, 183·}$).

2. 주금액의 변경

(1) 주금액의 인상　　　액면주식을 발행한 경우에 「1주의 금액」은 정관의 절대적 기재사항이기 때문에($\frac{상}{1} \frac{289}{(4)}$) 그 변경에는 정관의 변경이 필요하다. 특히 주금액의 인상은 주주에게 추가출자를 요구하게 되므로 이는 **주주유한책임의 원칙에 반한다**고 할 수 있다. 그러므로 주금액의 인상은 **총주주의 동의**로써만 인정되어야 할 것이다. 그러나 준비금을 자본에 전입하여 모든 주주의 소유주식에 대하여 1대 1의 비율로 무상주를 발행함과 동시에 신주와 구주를 병합하여 2주의 액면금액을 1주의 주금액으로 인상하는 때에는 주주총회의 특별결의로 가능하다고 본다($\frac{동: 孫(주), 836;}{鄭(동), 616;}$). 주금액의 인상은 추가출자를 요할 때에는 출자의무의 이행절차가 종료한 때에, 추가출자가 없이 주금액을 인상하

는 경우에는 주식병합의 절차가 종료한 때에 정관변경의 효력이 생긴다($\frac{상}{441}^{440,}$).

(2) **주금액의 인하** 주금액의 인하는 첫째로 주식의 **분할**에 의하여 가능하다$\begin{bmatrix}예컨대 1주의 액면이 10,000원인 주식을 2주로 분할하여 액면을\\5,000원으로 하는 것이다. 주식의 분할에 관하여는 468면 참조\end{bmatrix}$. 주식의 분할은 특별히 주주나 회사채권의 이익을 해하지 않으나 1주의 금액은 정관의 절대적 기재사항이므로($\frac{상}{1}^{289}_{(4)}$) 정관의 변경을 위하여 주주총회의 특별결의가 필요하다($\frac{상}{의 2}^{329}_{Ⅰ}$). 그러나 단순히 액면만을 인하하는 경우에는 회사의 자본금이 그만큼 감소하므로 자본금감소의 절차를 밟아야 한다. 어떠한 방법에 의하든 1주의 금액을 100원 미만으로 인하하는 것은 인정되지 않는다($\frac{상}{의 2}^{329}_{Ⅱ}$).

제 7 절 資本金의 減少

[287] 제 1 總   說

(1) 의   의   회사의 자본금액을 일정한 방법에 의하여 감소시키는 것을 자본금의 감소라 한다. 상법에 의하면 설립 후의 회사의 자본금은 정관의 기재사항이 아니므로 정관을 변경할 필요가 없다.

(2) 목   적

1) **실질적 자본금감소**   이는 법률상의 자본금감소와 더불어 실질적으로 회사의 자본금을 감소하는 것으로 감소액을 실제로 주주에게 **반환**하는 경우를 말한다($\begin{smallmatrix}과잉재산의 반환, 영업규모의 축소, 합병의 경우에\\당사회사의 자산상태의 조정 등을 위하여 실행된다\end{smallmatrix}$).

2) **명의상의 자본금감소**   이는 주주에게 현실로 반환하는 것이 없이 계산상으로만 자본금을 감소하는 것이다. 이러한 자본금감소는 회사의 자산에 커다란 결손이 생겨서 오랫동안 이익배당을 할 수 없게 됨과 동시에 주가가 하락할 우려가 있거나 주가가 액면을 하회하여 신주발행을 할 수 없게 된 경우($_{330}\frac{상}{본}$)에 하게 된다.

[288] 제 2 資本金減少의 方法

ᅵ. 주금액의 감소

(1) 총   설   자본금의 감소는 정관을 변경하여 1주의 금액을 낮게

정하는 방법으로 할 수 있다. 그러나 주금액은 최저액이 법정되어 있기 때문에($\frac{상}{329 \, IV}$) 이 방법은 주금액이 100원 이상인 경우에만 가능하다($\frac{상 \, 329}{9 \, 2 \, II}$). 이러한 주금액의 감소에 의한 자본금감소의 경우는 주식의 수에는 변동이 생기지 않는 점이 주식의 소각과 병합에 의한 자본금감소의 경우와 다르다.

(2) 방   법

1) 주금액의 일부반환   납입한 주금액의 일부를 주주에게 반환하여 실질적으로 자본금을 감소하는 방법이다. 이것은 각 주주가 이미 납입한 주금액의 일부를 각 주주에게 반환하고 나머지 잔액을 새로운 주금액으로 하는 것으로서 실질적인 자본금감소의 전형적인 방법이다.

2) 손실에 의한 주금액의 감소   주금액 중 주주가 이미 납입한 부분의 일부를 주주의 손실에서 주금액으로부터 감액하여 나머지 납입액을 주금액으로 하는 것이다($\frac{예: 1만원 \, 중에서 \, 3천원을 \, 제하}{고 \, 7천원을 \, 주금액으로 \, 한다}$). 이것은 명의상의 자본금감소의 방법으로 이용된다.

2. 주식수의 감소

(1) 주식의 소각

1) 의   의   주식의 소각이란 회사가 일정한 주식을 절대적으로 소멸시키는 행위를 말한다. 즉 주식의 소각의 경우에는 당해주식의 사원권이 전부 절대적으로 소멸된다는 점에서, 사원권이 소멸됨이 없이 그 내용이 변경되는 데 불과한 주금액의 감소나 주식의 병합과 다르다. 또한 주식의 소각은 주주의 소유주식 중의 일부만이 소멸되는 점에서, 회사가 발행한 모든 주식의 내용이 변경되는 주금액의 감소나 주식의 병합과 차이가 있다.

2) 소각의 태양   주주의 의사와 관계 없이 주식을 소멸시키는 경우를 강제소각이라 하고, 회사가 주주의 동의로써 특정한 주식을 양수하여 소멸시키는 경우를 임의소각이라고 하며, 대가를 지급하는가 않는가에 따라 유상소각과 무상소각으로 구분된다.

3) 소각과 주주평등의 원칙   주식을 소각의 방법으로 자본금감소를 하는 때에는 주주평등의 원칙에 따라서 하여야 한다. 그러므로 주주총회에서 정한 자본금감소의 방법이 주주평등의 원칙에 위반하는 때에는 그 결의는 무효인 것이다.

㈎ 강제소각의 경우   이 경우에는 소각될 주식은 안분비례나 추첨에

의하여 정하게 되는데 전자는 주주평등의 원칙에 의하여 하는 것이지만, 후
자의 경우에는 그 결과가 불평등하게 나타난다. 그리하여 **추첨**은 주주평등
의 원칙에 반한다는 소수설도 있으나[李(철), 706)], 이는 부득이한 결과로서 추첨에
의한 강제소각은 인정된다고 할 것이다[동: 鄭(희), 541; 孫(주), 838; 鄭(동), 620].

(나) 임의소각의 경우　　a) 이 경우에도 주주평등의 원칙이 준수되어야
한다. 즉 소각의 조건이 확정된 때에는 추첨에 의하여, 그 조건이 확정되지 않
은 때에는 경쟁입찰의 방법에 의하여 주주들에게 평등한 기회가 주어져야 한
다. 그러나 주주평등원칙의 위반은 불이익을 받는 주주의 동의가 있으면 치유
된다. 매수주식을 총회가 지정하거나 그 지정을 이사회에 일임하는 것은 주주
평등의 원칙에 반하므로 인정되지 않는다.

b) 임의소각이라도 **무상소각**의 경우에는 다른 이해관계인에게 불이익이
되지 않으므로 무상소각의 당사자인 주주의 동의만 있으면 되고 주주평등의
원칙을 고려할 필요가 없다.

(2) **주식의 병합**　　이는 수개의 주식을 합하여 그보다 적은 수의 주식
으로 바꾸는 회사의 행위를 말한다(예: 5,000원주 2주를 병합하여 5,000원주 1주로 하는 경우이다). 이 경우에는 회사는
1월 이상의 기간을 정하여 그 뜻과 그 기간 내에 주권을 회사에 제출할 것을
공고하고 주주명부에 기재된 주주와 질권자에 대하여는 각별로 그 통지를 하
여야 한다(상440). 그리고 병합에 적당하지 아니한 수의 주식이 있는 때에는 그
병합에 적당하지 아니한 부분에 대하여 발행한 신주를 경매하여 각 주수에 따
라 그 대금을 종전의 주주에게 지급하여야 한다(상443 1본). 그러나 거래소의 시세
있는 주식은 거래소를 통하여 매각하고, 거래소의 시세 없는 주식은 법원의 허
가를 받아 경매 외의 방법으로 매각할 수 있다(동조동 항단).

3. 양 방법의 병용

자본금의 감소는 주금액 및 주식수의 감소를 병용하는 방법으로도 할
수 있다.

[289] 제 3 資本金減少의 節次

자본금의 감소는 주주의 지위를 소멸시키거나 약화시키는 결과를 가져오
고, 회사채권자에게는 담보재산이 감소되는 결과를 초래하므로 주주와 회사채

권자의 보호를 위한 절차가 필요하다.

(1) **주주총회의 특별결의**   1) 자본금감소는 주주의 이해관계에 중대한 영향을 미치므로 주주총회의 특별결의가 있어야 한다($\substack{상\ 438\ I;\\434}$). 즉 자본금감소의 결의는 출석한 주주의 의결권의 3분의 2 이상의 수와 발행주식총수의 3분의 1 이상의 수로써 하여야 한다. 자본금감소는 회사채권자의 보호를 위하여 그 요건을 정관으로도 완화할 수는 없고 가중만이 인정된다. 이 결의에서는 자본금감소의 방법도 정하여야 한다($\substack{상\\439\ I}$). 그러나 결손의 전보를 위한 자본금의 감소는 주주총회의 보통결의($\substack{상\\368\ I}$)에 의한다.

2) 주금액을 감소시키는 방법으로 자본금감소를 할 때에는 자본금감소의 결의 외에 **정관변경의 결의**도 필요하지만 i) 양 결의는 동시에 하여도 될 것이다[$\substack{동:\ 孫\\(주),\ 840}$]. 이와는 달리 ii) 정관변경의 결의는 자본금감소의 결의로 갈음할 수 있다고 하는 설과[$\substack{李(철),\ 708;\\權(기),\ 889}$], iii) 정관변경의 결의는 필요 없다는 설도 있다 [$\substack{鄭(동),\ 621;\\鄭(찬),\ 907}$]. 그러나 이들 견해도 모두 정관변경의 결의가 자본금감소의 결의에 포함된다는 것을 전제로 하고 있다는 점에서 그 효과면에서는 차이가 없다.

3) 자본금감소의 결의에서는 실질적 자본금감소의 경우에 그 감소액을 준비금으로 적립할 것을 정할 수 있다고 본다. 자본금감소의 결정과 방법은 이사회에 일임할 수 없다[$\substack{동:\ 孫(주),\ 840;\\鄭(동),\ 621}$]. 그리고 자본금감소를 위한 총회소집의 통지와 공고에는 의안의 요령을 기재하여야 한다($\substack{상\\438\ III}$).

4) 자본금감소는 주주총회의 특별결의와 채권자보호절차 그리고 자본금감소의 실행절차가 종료된 때에 그 효력이 생기므로, 그 이전에 사정변경 등이 있는 경우에는 주주총회의 특별결의로 자본금감소의 결의를 철회할 수 있다.

(2) **종류주주총회의 결의**   회사가 수종의 주식을 발행하고 있는 경우에($\substack{상\\344}$) 어느 종류의 주주에게 손해를 미치게 될 때에는 주주총회의 결의 외에 그 종류주주총회의 결의가 있어야 한다($\substack{상\\435}$).

(3) **채권자보호절차**   1) 자본금감소는 채권자를 위한 담보액이 감소되는 결과를 초래하므로 회사는 자본금감소의 결의일로부터 2주간 내에 회사채권자에 대하여 자본금감소에 이의가 있으면 일정한 기간($\substack{1월\\이상}$) 내에 이의를 제출할 것을 공고하고, 알고 있는 채권자에 대하여는 각별로 최고

하여야 한다($^{상}_{232}{}^{439}_{I}{}^{II}{}_{.}$). 사채권자가 이의를 함에는 사채권자집회의 결의가 있어

야 한다($_{439}{}^{상}_{III}$). 이 경우에 **법원**은 필요하다고 인정되는 때에는 이해관계인의

청구로 사채권자를 위하여 이의제출기간을 연장할 수 있다($_{439}{}^{상}_{III}$). 이의의 제출

에는 특별한 방식을 요하지 않으며 구두나 서면으로 하여도 된다.

  2) 이의제출기간 내에 이의를 제출하지 않은 자는 자본금감소를 승인

한 것으로 보며, 이의를 제출한 채권자에게는 변제하거나 또는 상당한 담보

를 제공하거나 이를 목적으로 하여 상당한 재산을 신탁회사에 신탁하여야 한

다($^{상}_{232}{}^{439}_{II}{}^{II}_{.III}$). 이러한 절차를 이행하지 않은 때에는 이의제출채권자는 자본금감

소무효의 소를 제기할 수 있다.

  3) 결손의 전보를 위하여 자본금을 감소하는 경우에는 채권자보호절차($_{232}^{상}$)

를 필요로 하지 않는다($_{439}{}^{상}_{II}$).

[290] 제 4 資本金減少의 效力發生

  (1) 총   설   자본금감소의 절차가 끝나면 감자의 효력이 발생한다.

즉, 주주총회의 결의($^{주금액을 감소하는 때에는 또한}_{정관의 변경결의도 있어야 한다}$)와 채권자보호절차 그리고 자본금감

소의 실행절차가 모두 종료한 때에 자본금감소의 효력이 생긴다. 그런데 그 실

행절차는 주주총회가 결정한 자본금감소의 방법에 따라($_{439}{}^{상}_{I}$) 다르기 때문에

자본금감소의 효력발생시기도 달라진다.

  (2) 효력발생시기   병합·강제소각의 경우에는 채권자보호절차($^{상}_{II,}{}^{439}_{232}$)

가 종료하고 공고 또는 통지에서 정한 주권제출기간이 만료한 때에, 임의소각

의 경우에는 회사가 소각을 위하여 취득한 주식을 소멸시킨 때에 자본금감소

의 효력이 생긴다($^{상}_{341,}{}^{440,}_{342,}{}^{441,}_{343}{}_{II}$). 주금액감소의 경우에 관하여는 특별한 규정이

존재하지 않으나, 회사의 의사표시가 모든 주주에게 도달한 때($^{상}_{참조}{}^{304}{}^{II}$)에 자본

금감소의 효력이 생긴다.

  (3) 등   기   자본금이 감소하면 등기사항에 변경($^{발행주식총수의 감소}_{또는 주금액의 감소}$)이

생기므로 자본금감소의 효력이 생긴 때로부터 본점소재지에서는 2주간 내에,

지점소재지에서는 3주간 내에 변경등기를 하여야 한다($^{상}_{183}{}^{317}_{III}{}^{III}_{.}$). 그러나 등기

는 자본금감소의 효력발생을 위한 요건은 아니고 다만 제 3 자에 대한 대항요

건이 될 뿐이다.

[291] 제 5 資本金減少의 效果

(1) **자본금감소와 발행예정주식총수의 관계**   이에 관하여는 학설의 대립이 있다. i) 다수설은 자본금감소에 의하여 회사가 발생한 주식수가 감소한 경우에도 회사의 발행예정주식총수는 감소하지 않으나 소멸된 주식수만큼 주식을 재발행하지 못한다고 한다. 왜냐하면 소멸된 주식도 이미 이사회에 의한 신주발행권한의 행사에 의하여 발행된 주식이기 때문이다. 이 견해가 타당하다. 한편 ii) 발행예정주식총수가 감소하지 않고 감소된 주식수만큼 미발행주식수가 회복된다는 소수설이 있다[李(병), $\frac{795}{}$]. 그러나 이에 의하면 이사회에 대하여 이중으로 신주발행권한을 주는 결과가 되어 부당하다고 본다[동; 孫(주), 935; 鄭(동), 666; 李(철), 711; 權(기), 891].

(2) **감자차익금의 적립**   자본금감소의 경우에 그 감소액이 주식의 소각, 주금의 반환에 필요한 금액과 결손의 전보에 충당한 금액을 초과한 때에는 초과금액은 주주에게 이익으로 배당할 수 없는 재원이므로 자본금준비금으로 적립하여야 한다($\frac{상}{459(2)}$).

[292] 제 6 資本金減少의 無效

(1) **총 설**   자본금감소는 주주 및 채권자뿐만 아니라 기타 이해관계인에게 중대한 영향을 미치게 되므로 그 내용이나 절차에 하자가 있는 경우에는 당연히 무효가 되어야 할 것이지만, 상법은 법률관계의 안정과 자본금감소의 효력의 획일적인 처리를 위하여 자본금감소의 무효는 소만으로 주장할 수 있도록 하고 제소권자와 제소기간을 제한하고 있으며 판결의 대세적 효력과 소급효를 인정하고 있다.

(2) **무효의 원인**   자본금감소는 그 내용 또는 절차에 하자가 있는 때에 무효가 된다. i) 자본금감소에 관한 주주총회의 결의가 없었다든가, 그 결의의 내용 및 절차에 하자가 있는 경우, ii) 채권자보호절차를 밟지 않은 경우, iii) 자본금감소의 방법이 주주평등의 원칙에 반하는 경우, iv) 이의제출채권자를 위한 조치를 취하지 않은 경우, v) 종류주주총회를 개최하지 않은 경우 등이 이에 해당한다.

(3) 자본금감소 무효의 소

1) 제소권자   자본금감소 무효의 소는 주주·이사·감사·청산인·파
산관재인 또는 자본금감소를 승인하지 아니한 이의채권자에 한하여 제기할
수 있다($^{\text{상}}_{445}$). 주주에는 감자에 의하여 소유주식의 전부가 소각되어 주주의 지
위를 상실한 자도 포함한다. 자본금감소를 승인하지 아니한 이의채권자도 제
소권이 있으나, 회사가 변제하거나 상당한 담보를 제공한 때 또는 상당한 재산
을 신탁한 때에는 제소권이 없다. 또한 이의제출기간이 경과한 후에 채권자가
된 자도 같다. 채권자는 채권자보호절차의 흠결이 있는 때에만 무효의 소를 제기
할 수 있다.

2) 제소기간   자본금감소 무효의 소는 자본금감소로 인한 변경등기가
있은 날로부터 6월 내에만 제기할 수 있다($^{\text{상}}_{445}$). 소를 제기할 수 있는 시기는
자본금감소의 효력이 발생한 때이며 변경등기가 있는 때가 아니다. 후자는 다
만 제소기간의 기산일이 될 뿐이다. 그러므로 자본금감소의 효력이 발생한 때
에는 변경등기 전에도 자본금감소 무효의 소를 제기할 수 있다.

3) 소의 절차   자본금감소 무효의 소에 관한 절차에 대하여는 설립무
효의 소에 관한 규정을 준용하며($^{\text{상 446, 186}\sim}_{189, 191, 192}$), 채권자나 주주가 소를 제기한 경
우의 담보제공의무에 관하여는 주주총회결의취소의 소에 관한 규정을 준용한
다($^{\text{상 446,}}_{377}$).

4) 자본금감소결의의 취소 또는 무효확인의 소와의 관계   자본금감소
의 효력이 발생하기 전에는 결의의 취소, 무효확인 또는 부존재의 소를 제기할
수 있으나, 자본금감소의 효력이 발생한 후에는 **자본금감소 무효의 소에 흡수**
된다고 본다. 그러므로 별도의 자본금감소 무효의 소를 제기하여야 하지만 이
경우에 소송절차에 있어서는 청구의 변경이 인정된다고 할 것이다($^{\text{민소}}_{262}$).

5) 판결의 효과   판결의 확정에 의하여 자본금감소는 무효가 된다. 판
결의 효과는 제 3 자에게도 미치는 **대세적 효력**(對世的 效力)이 있고($^{\text{상 446,}}_{190\ \text{본}}$), 판
결의 소급효가 인정된다. 감자무효의 판결이 확정된 때에는 본점과 지점의 소
재지에서 등기를 하여야 한다($^{\text{상 446,}}_{192}$). 원고가 패소한 때에는 악의 또는 중대한
과실이 있는 경우에 한하여 회사에 대하여 연대하여 손해를 배상할 책임이 있
다($^{\text{상 446,}}_{191}$).

제 8 절 會社의 會計

[293] 제 1 總 說

주식회사는 주주의 이윤추구를 위한 수단에 불과한 것이다. 그러므로 주식회사의 모든 재무관계는 주주의 이해관계를 위하여 중요한 의의를 갖는다. 또한 주주는 회사의 채무에 대하여 직접 아무런 책임을 지지 않기 때문에 회사의 채무를 위한 유일한 담보는 회사의 재산뿐이다. 그리하여 주식회사에 있어서는 회사재산의 확보를 위하여 자본금의 확정 및 유지의 원칙이 강조되고 있다. 또한 주식회사의 재무관계는 새로이 주주 또는 사채권자가 되고자 하는 일반공중의 관심사가 아닐 수 없다. 그리하여 상법은 그 중요성을 고려하여 「회사의 계산」이란 독립된 절을 두어 상세하게 규정하고 있다.

[294] 제 2 財務諸表

Ⅰ. 총 설

(1) 주식회사의 이사는 매 결산기에 재무제표와 그 부속명세서를 작성하여야 한다($\frac{상}{447}$). 재무제표는 대차대조표·손익계산서, 기타 회사의 재무상태와 경영성과를 표시하는 것으로서 대통령령에서 정하는 서류이다($\frac{상}{447}$ Ⅰ). 그리고 자본금이 대통령령에서 정하는 금액을 초과하는 회사의 이사는 대통령령에서 정하는 바에 따라 연결재무제표를 작성하여야 한다($\frac{상}{447}$ Ⅱ).

(2) 주식회사는 상인으로서 상업장부를 작성하여야 한다($\frac{상}{29}$ Ⅰ). 그러나 상업장부 중에 대차대조표는 재무제표에도 포함되므로 결국 회계장부만을 추가로 작성하여야 하지만 회계장부에 의하지 않고는 대차대조표를 작성할 수 없다는 점에서 보면 주식회사의 경우에 상업장부의 작성의무는 특별한 의미가 없다.

(3) 상장회사가 i) 유상증자를 하고자 하는 경우, ii) 배당을 하고자 하는 경우, iii) 대통령령이 정하는 해외증권을 발행하고자 하는 경우, iv) 그 밖에 상장회사의 재무처리와 관련한 것으로서 대통령령이 정하는 행위를 하고자 하는 경우 중 어느 하나에 해당하는 행위를 하고자 하는 경우에는 대통령령이 정하는 요건, 방법 등의 기준에 따라야 한

다$\left(\begin{smallmatrix}상542\\의19\end{smallmatrix}\right)$.

2. 재무제표와 상업장부의 이동(異同)

재무제표와 상업장부와의 관계를 살펴보면 대차대조표는 양자에 있어서 모두 공통이고, 회계장부는 상업장부이지만 재무제표는 아니며, 손익계산서와 이익잉여금처분계산서 또는 결손금처리계산서는 재무제표이지만 상업장부는 아니다. 양자는 모두 재산 또는 영업의 상태를 표시하는 것을 목적으로 하는 점에서 같지만, 형식적인 차이점은 재무제표는 감사에게 제출의무가 있다는 점이다. 또한 개인상인의 경우에 상업장부는 후일의 분쟁에 대비하기 위하여 그 작성과 보존이 요청되는 것이며, 재무제표는 기업의 모든 이해관계인의 이익을 보호하고 조정함을 목적으로 작성이 요구되는 것이라고 할 수 있다.

3. 대차대조표

(1) 의   의   대차대조표란 일정한 시점에 있어서의 기업의 재무상태를 명시하기 위하여 작성하는 서류이다. 즉 대차대조표는 영업의 정태(靜態)를 명시한 것으로서 역사적인 성격을 가지고 있다. 여기서 재무상태란 「자산＝부채＋자본금」의 상태를 말한다$\left[\begin{smallmatrix}崔(정),\\440\end{smallmatrix}\right]$. 다시 말하면 대차대조표는 기업의 경제적 자원(자산), 경제적 의무(부채), 잔여지분(자본금)을 표시하는 회계보고서라고 할 수 있다$\left[\begin{smallmatrix}南(상),\\59\end{smallmatrix}\right]$.

(2) 종   류   대차대조표는 그 작성의 시기와 목적에 따라서 통상대차대조표와 비상대차대조표로 구분할 수 있다. 전자에는 영업의 계속을 전제로 하여 작성하는 개업대차대조표와 매 결산시에 작성하는 결산대차대조표가 있고, 후자에는 청산·파산·합병 등의 경우에 작성하는 대차대조표 등이 있다$\left(\begin{smallmatrix}상 247 Ⅰ, 256 Ⅰ, 269, 522의 2\\Ⅰ, 533 Ⅰ, 597, 613; 파 179 Ⅰ\end{smallmatrix}\right)$.

(3) 작성의 방법   대차대조표의 작성 방법에는 유도법(誘導法)과 재산목록법(財産目錄法)이 있는데, 후자는 특히 재고조사법이라고도 한다. 유도법은 복식부기의 원리에 따라 거래사실을 회계장부에 계속적으로 기록하여 대차대조표를 유도하는 형식으로 작성하는 것이고, 재산목록법은 일정시점에서 기업이 소유하고 있는 자산·부채를 실지로 조사하여 이것을 기초로 하여 대차대조표를 작성하는 방법이다. 그러므로 후자의 방법은 반드시 회계장부의 계속적인 기록을 필요로 하지 않으며$\left[\begin{smallmatrix}崔(정),\\439\end{smallmatrix}\right]$, 또한 자산·부채의 현재가액을 나타내기 위하여 작성하는 청산대차대조표와 파산대차대조표의 경우에만 이용된다.

기타의 경우에는 개정상법(1984)이 재산목록을 상업장부와 재무제표에서 제외 시켰고($^{상\ 29\ I}_{447}$․), 대차대조표는 회계장부에 의하여 작성토록 되었으므로($^{상}_{30\ II}$) 대차대조표는 유도법에 의하여 작성하여야 한다.

(4) **작성형식**   대차대조표의 형식에는 계정식(計定式)과 보고식(報告 式)이 있다. 계정식은 「자산＝부채＋자본금」의 등식에 따라서 자산의 항목 및 금액과 부채․자본금의 항목 및 금액을 좌우양란에 대조 표시하여 쌍방의 합계가 일치하도록 하는 것이며, 보고식은 자산․부채․자본금에 대한 각각의 항목과 금액을 위로부터 아래로 순차적으로 기재하는 형식을 취한다. 기업 회계기준에서는 보고식과 계정식의 대차대조표에 관하여 표준양식을 정하고 있다($^{동\ 기준}_{11\ II}$).

(5) **작성기준**   「기업회계기준」에서는 대차대조표의 작성기준을 열거 하고 있다($^{동\ 기준}_{11}$).

4. 손익계산서

(1) **의   의**   손익계산서에는 기업의 경영성과를 명확히 보고하기 위하여 그 회계기간에 속하는 모든 수익과 이에 대응하는 모든 비용을 적정하 게 표시하여야 한다($^{기회}_{39\ I}$). 손익계산서는 순이익․매출액․매출원가 등의 정보 와 수익력을 알 수 있게 하므로 대차대조표보다도 중요시되는 재무제표이다 $\left[^{李(정),}_{67}\right]$.

(2) **작성형식**   손익계산서의 경우에도 작성형식에는 보고식(report form)과 계정식(account form)이 있다. 보고식은 수익․비용항목을 상하연속적 으로 가감하는 형식으로 표시하는 것이다. 보고식은 계정식에 비하여 경영분 석 등에 있어서 불편한 점이 있지만 반면에 회계에 관한 지식을 갖고 있지 않 은 경우에도 이해하기 쉽다는 장점이 있다. 기업회계기준에서는 손익계산서의 표준양식을 정하고 있다($^{동\ 기준\ 39\ II,\ 별지}_{제5호\ 및\ 제6호\ 서식}$).

(3) **작성기준**   손익계산서의 작성기준에 관하여는 기업회계기준에서 규정하고 있다($^{동\ 기준}_{35}$).

5. 이익잉여금처분계산서

이것은 이익이 발생한 경우에 이익잉여금의 처분사항을 명확히 보고하기 위하여 이월이익잉여금의 총변동사항을 표시하는 서류이다($^{기회}_{79\ I}$). 즉 이익잉여

금처분계산서는 당기말미처분이익잉여금과 임의적립금이입액 및 이익잉여금
처분액을 기재하고 차기이월이익잉여금을 표시한 것이다. 기업회계기준에서는
「이익잉여금처분계산서」의 표준양식을 정하고 있다($^{동\ 기준\ 79\ II,}_{별지\ 제7호\ 서식}$). 그리고 「이
익잉여금처분계산서」에는 주석으로 주식의 종목별 배당액의 산정내역을 기재
하여야 한다($^{동\ 기준}_{80(3)다}$).

6. 결손금처리계산서

이것은 결손이 생긴 경우에 작성하여야 하는 서류로서 당기의 미처분결손
금의 처리내용을 기재한 것이다. 기업회계기준에서는 결손금처리계산서의 표
준양식을 정하고 있다($^{동\ 기준\ 79\ II,}_{별지\ 제8호\ 서식}$).

7. 재무제표의 부속명세서

(1) 의　　의　　재무제표의 부속명세서(schedules)란 대차대조표와 손
익계산서의 중요한 항목에 관한 내역명세서(內譯明細書)를 기재한 것을 말한
다. 부속명세서는 명료성의 원칙 및 완전공개의 원칙에 따라 회계내용을 적절
한 방법으로 충분히 공시하는 한편 재무제표의 비교를 가능하게 한다.

(2) 종　　류　　기업회계기준에서는 재무제표의 부속명세서로서 해당
사항이 있는 경우에 반드시 작성하여야 되는 것과 필요에 따라 작성하는 것으
로 구분하여 열거하고 있다($^{기회}_{92}$).

[295]　제 3　財務諸表 등의 提出・公示・承認

(1) 제　　출　　이사는 재무제표와 그 부속명세서를 작성하여 이사회
의 승인($^{상}_{447}$)을 얻은 다음에 정기총회회일의 6주간 전에 감사의 감사를 위하여
제출하여야 한다($^{상}_{447의\ 3}$). 또한 이사는 재무제표를 주주총회의 승인을 얻기 위
하여 제출하여야 한다($^{상}_{449\ I}$).

(2) 공　　시　　이사는 정기총회회일의 1주간 전부터 재무제표($^{상}_{447}$),
영업보고서 및 감사보고서를 본점에 5년간, 그 등본을 지점에 3년간 비치하여
야 한다($^{상}_{448\ I}$). 이 경우에 주주와 회사채권자는 영업시간 내에 언제든지 위의
서류를 열람할 수 있으며 회사가 정한 비용을 지급하고 그 서류의 등본이나 초본
의 교부를 청구할 수 있다($^{상}_{448\ II}$). 이러한 공시에 의하여 총회 전에 주주에게 필

요한 자료를 제공하고 회사채권자에게는 결산에 관한 정보를 제공하게 된다.

(3) 승　　인

1) 총　　설　　이사는 재무제표($_{447}^{상}$)를 정기총회에 제출하여 승인을 얻어야 한다($_{449 I}^{상}$). 이 경우에 승인은 주주총회의 보통결의에 의하며 주주총회는 승인을 거부하거나 수정하여 승인을 할 수 있다고 본다[동: 孫(주), 859; 鄭(동), 552; 李(철), 734; 鄭(찬), 924]. 그런데 이사회의 승인을 얻지 않은 재무제표를 주주총회에서 승인한 때에는 승인결의에 취소의 사유가 있는 것으로 본다. 그러나 회사는 정관으로 제447조에서 규정한 각 서류가 법령 및 정관에 따라 회사의 재무상태 및 경영성과를 정확하게 표시하고 있음을 증명하는 외부감사인의 의견이 있고, 감사(감사위원회 설치회사의 경우에는 감사위원) 전원의 동의가 있는 경우에는 재무제표의 승인은 주주총회의결의에 갈음하여 이사회의 결의로 할 수 있다($_{의2}^{상 449}$). 이 경우에 이사회가 승인을 결정한 때에는 이사는 상법 제447조 각호의 서류의 내용을 주주총회에 보고하여야 한다($_{II}^{동조}$).

2) 효　　과

(가) 재무제표의 확정　　재무제표에 대한 주주총회의 승인이 있으면 그 연도의 재무제표는 확정된다.

(나) 이사·감사의 책임해제　　a) 정기총회가 재무제표의 승인을 한 후 2년 내에 다른 결의(책임해제를 부정하는 결의, 승인결의를 철회하는 결의, 책임추궁의 소를 제기하는 결의 등)가 없으면 회사가 이사와 감사의 책임을 해제한 것으로 본다. 이 경우에 2년은 **제척기간이다**[통설]. 일본에는 승인결의의 효과로 책임이 해제된다는 견해도 있으나, 이에 의하면 승인결의 이후 주주들이 다른 결의를 할 수 있는 기회가 사실상 박탈되고 이사·감사의 책임이 총주주의 동의($_{415}^{상 400·}$)가 아닌 총회의 보통결의로 해제된다는 것이 되므로 이는 부당하다고 본다.

b) 그러나 **부정행위**가 있는 때에는 해제되지 않는다($_{450}^{상}$). 이 경우에 부정행위는 손해배상책임이 부정행위로 발생한 것뿐만 아니라 총회의 승인을 구함에 있어서 부정한 수단을 이용한 경우를 포함한다고 본다. 그리고 총회가 승인한 서류에 기재되지 않은 사항에 대한 책임은 해제되지 않는다. 그러므로 이사·감사가 책임해제를 주장하려면 승인결의가 있었다는 것뿐만 아니라 그 서류에 책임사유가 기재되었다는 사실을 **입증하여야 한다**[大 69.1.28. 68 다 305].

(다) 주주의 배당금지급청구권　　주주총회의 승인에 의하여 재무제표가 확정됨에 따라 이익잉여금처분계획서에 포함된 이익처분안이 효력을 발생하여

주주는 회사에 대하여 구체적인 배당금지급청구권을 취득하게 된다.

　(라) 대차대조표의 공고　　　주주총회가 재무제표를 승인한 때에는 이사는 지체없이 대차대조표를 공고하여야 할 의무가 있다($\overset{상}{449}$Ⅲ).

[296]　제 4　會計의 原則

　　회사의 회계는 상법과 대통령령에 규정한 것을 제외하고는 일반적으로 공정·타당한 회계관행에 의한다($\overset{상}{의2}446$). 종래에 상법의 회계규정과 공정·타당한 회계관행을 고려한 기업회계기준과의 괴리로 인하여 발생하는 문제점을 시정하고 기업회계의 통일을 기하기 위하여 개정상법은 회계는 기업회계기준을 따르도록 하였다. 따라서 종래의 자산평가와 이연자산에 관한 상법규정($\overset{상452,453,}{453의2,}$ $\overset{454,455,456,}{457,457의2}$)은 모두 삭제되었다.

[297]　제 5　營業報告書

　　(1) 의　　　의　　　영업보고서는 재무제표와 달리 영업의 상황을 문장의 형식으로 기재하여 보고하는 서류이다. 이것은 경리와 직접적인 관계가 없다고 하나, 영업보고서에는 오히려 계수(計數)로 표시되는 재무제표에 관한 설명이 중요한 내용을 차지하여야 하고 기타 계수로만 표시할 수 없는 영업에 관한 중요한 상황이 포함되어야 할 것이므로 경리관계와 무관하지 않다. 영업보고서에는 소정의 사항($\overset{상시규정}{5}$)을 기재하여야 한다($\overset{상}{의2}447$Ⅱ).

　　(2) 이사회의 승인　　　이사는 매 결산기에 영업보고서를 작성하여 이사회의 승인을 얻어야 한다($\overset{상}{의2}447$Ⅰ).

　　(3) 주주총회에의 제출·보고　　　이사는 이사회의 승인을 얻은 영업보고서를 주주총회에 보고하여야 한다($\overset{상}{449}$Ⅱ). 즉 영업보고서는 주주총회에는 제출하여 보고만 하면 된다[$\overset{동:}{(주),}\overset{孫:}{859}$]. 감사보고서는 정기주주총회에 제출할 필요가 없다는 견해도 있으나[$\overset{鄭(희)·}{553}$], 이는 주주의 의사결정을 위하여 중요한 자료가 되므로 반드시 제출하여야 된다고 할 것이다[$\overset{동:}{(주),}\overset{孫:}{859}$].

　　(4) 공　　　시　　　영업보고서도 정기총회회일의 1주간 전부터 재무제표와 마찬가지로 비치하여야 한다($\overset{상}{448}$Ⅰ).

[298] 제 6 準 備 金

1. 의   의

주식회사의 재산적 기초가 되는 것은 회사의 자본금이고 회사는 자본금에 상당하는 재산을 항상 보유하고 있어야 한다. 회사의 재산이 자본금액에 미달될 때에는 이익이 존재하지 않지만, 반면에 자본금액을 초과하는 부분이 모두 이익은 아니다. 왜냐하면 회사는 법률 또는 정관의 규정이나 주주총회의 결의로 재산이 자본금액을 초과하는 금액 중에서 일정한 금액을 회사에 유보하여야 되기 때문이다. 이 때에 유보된 금액을 준비금이라고 한다. 그러므로 회사의 재산이 자본금과 준비금을 초과할 때에 그 초과부분을 이익이라고 할 수 있다.

2. 준비금의 종류

준비금에는 법률의 규정에 의하여 적립하는 것과 회사가 자치적으로 정관이나 주주총회의 결의에 의하여 적립하는 것이 있는데, 전자를 **법정준비금**이라 하고 후자를 **임의준비금**이라고 한다. 또한 본래의 준비금이 아닌 비밀준비금을 적립하는 경우도 있다.

(1) **법정준비금**   법정준비금은 법률의 규정에 의하여 그 적립이 강제된 것으로서 자본금의 결손전보와 기업의 유지·발전 및 회사채권자의 보호 등을 위하여 그 적립이 요구되는 것이다. 법정준비금은 그 재원의 성질에 따라 **이익준비금**과 **자본금준비금**으로 구분된다.

1) **이익준비금**   매 결산기의 이익을 재원으로 하여 그 일부를 적립하는 준비금으로서 손실의 전보와 영업상태의 악화 등에 대비하기 위한 준비금이라고 할 수 있다. 즉 회사는 손익거래에서 생긴 잉여금을 재원으로 하여 자본금의 2분의 1에 달할 때까지 매 결산기의 $\binom{\text{다만 주식배당의 경}}{\text{우는 그러하지 않다}}$ 이익배당액의 10분의 1 이상의 금액을 이익준비금으로 적립하여야 한다($\frac{\text{상}}{458}$). 그러나 신주의 발행·법정준비금의 자본금전입·전환사채의 전환 등에 의하여 자본금이 증가한 경우에는 증가 후의 자본금의 2분의 1에 달할 때까지 이익준비금을 적립하여야 한다. 회사가 정관의 규정으로 자본금의 2분의 1 이상을 적립하기로 정한 경우에 그 초과액은 법정준비금이 아니라 손실의 전보를 위한 **임의준비금**이라고 할 수 있다[동: 徐(돈), 444; 孫(주), 865; 鄭(동), 572; 鄭(찬), 936; 權(기), 895]. 이와는 달리 그 초과부분도 이익준

비금이라는 설도 있다[蔡(이),772].

2) 자본준비금　　이는 자본금거래에서 생긴 잉여금을 재원으로 하는 것으로서 주주의 출자의 일부이거나 기타 자본금에 준하는 성질의 특수재원을 적립하는 것을 말한다. 이러한 재원은 그 성질상 주주에게 이익으로 배당할 수 없는 것이기 때문에 법은 그 적립한도를 정함이 없이 그 금액을 모두 자본준비금으로 적립시키고 있다(상459). 회사는 자본거래에서 발생한 잉여금을 대통령령이 정하는 바에 따라 자본준비금으로 적립하여야 한다(상459 I). 그리고 무액면주식을 발행하는 경우 주식의 발행가액중 자본금으로 계상하지 않는 금액은 자본준비금으로 계상하여야 한다(상451 II). 합병 또는 상법 제530조의 2의 규정에 의한 분할 또는 분할합병의 경우 소멸 또는 분할되는 회사의 이익준비금 기타 법정준비금은 합병·분할·분할합병 후 존속 또는 설립되는 회사가 이를 승계할 수 있다(상459 II).

3) 법정준비금의 용도

㈎ 결손의 전보　　법정준비금은 원칙적으로 자본의 결손을 전보하는 목적에만 사용할 수 있다(상460 I). 자본의 결손이란 회사의 순자산액이 자본과 법정준비금의 합계액에 미달되는 경우를 말한다. 상법개정안(2007)에서는 결손의 전보를 위한 법정준비금의 사용순위에 관한 규정(구상460조2항)을 삭제하였다. 이는 이익준비금과 자본준비금을 어느 것이든 신축적으로 사용할 수 있게 한 것이다.

㈏ 자본금전입　　법정준비금은 자본금에의 전입이 인정된다. 법정준비금은 정도의 차이는 있지만 주주에 대한 이익배당을 제약하는 점에서는 자본금과 같다고 할 수 있다. 그러므로 이것을 자본금에 전입하더라도 특별히 이익배당에 영향을 미치지 않고, 회사채권자에게는 준비금이 보다 구속력이 강한 자본금으로 대체되므로 오히려 유리하게 된다. 그리하여 상법은 회사가 준비금의 전부 또는 일부를 자본금에 전입하는 것을 허용하고 있다(상461 I)[자본금전입에 관한 상세한 설명은 649면 이하 참조].

4) 법정준비금의 감소　　상법개정안(2007)에 의하면 회사는 적립된 자본준비금 또는 이익준비금이 자본금의 1.5배를 초과하는 경우에 주주총회의 결의에 의하여 그 초과한 금액범위내에서 자본준비금 및 이익준비금을 감액할 수 있다(상461의 2). 종래에는 적립된 준비금의 규모가 과도한 경우에 이를 주주에게 분배하려면 자본전입과 복잡한 자본감소절차를 거쳐야 하였다. 그리하여

상법개정안(2007)은 자본금의 1.5배를 초과하는 법정준비금은 채권자보호 절차 없이 주주총회의 보통결의만으로 사용할 수 있게 하였다.

(2) 임의준비금

1) 의　　의　　　회사가 정관 또는 주주총회의 결의로 이익준비금을 적립한 다음에 잔여잉여금을 재원으로 하여 적립하는 것을 임의준비금이라 한다. 또한 차년도의 이월금도 일시적인 임의준비금으로 볼 수 있다[동: 鄭(동), 575].

2) 적립의 목적·종류　　　적립의 목적은 별도적립금과 같이 특정되지 않은 것도 있지만 사업확장, 주식소각, 사채의 상환, 종업원의 복지시설의 설치 등을 위한 준비금과 같이 특정되는 것도 있다. 임의준비금은 그 적립의 목적에 따라 결손전보준비금·배당평균준비금·상각준비금·시설준비금·사채상환준비금·가격변동준비금·퇴직급여준비금 등의 명칭이 붙여진다.

3) 사　　용

(개) 별도적립금　　　적립의 목적이 특정되지 않은 임의준비금은 정기주주총회의 결의에 의하여 필요에 따라 그 사용이 가능하다.

(내) 특정목적의 적립금　　　정관 또는 주주총회의 결의로 특정한 목적을 위하여 적립한 임의준비금은 이사회의 결의에 의하여 특정된 목적을 위하여 사용할 수 있다. 그리고 그 사용목적의 변경은 정관의 변경 또는 주주총회의 결의가 있어야 한다.

(대) 결손전보를 위한 사용　　　임의준비금 중에 결손전보준비금은 결손의 경우에 당연히 법정준비금에 앞서 그 전보를 위한 사용이 가능하지만[동: 徐(돈), 445; 孫(주), 869; 鄭(동), 575] 별도적립금이나 사용목적이 특정된 적립금도 주주총회의 결의로 결손전보를 위하여 사용할 수 있다고 본다[동: 孫(주), 869; 權(기), 895].

4) 적립한도　　　임의준비금의 적립한도에 대하여는 특별한 규정이 없으나 당해연도이익의 전액을 임의준비금으로 적립할 수는 없다고 본다[동: 鄭(동), 575]. 왜냐하면 주주에 대한 이익배당이 완전히 배제되어서는 안 되기 때문이다.

(3) 비밀준비금　　　대차대조표에는 준비금의 명목으로 계상하지 않지만 실질적으로 준비금의 성질을 갖는 것으로서 적극재산을 실가 이하로 평가하거나 또는 채무를 실가 이상으로 평가한 경우에 실가와의 차액을 비밀준비금이라고 한다. 이것은 회사의 재산적 기초를 튼튼히 하고 신용을 높이는 장점이 있지만, 반면에 이해관계자로 하여금 회사의 재산상태를 정확하게 판단할 수 없게 할 뿐만 아니라 회사의 손익계산을 불명확하게 하고 탈세의 수단으로 남

용될 우려가 있는 것이다. 그리하여 비밀준비금의 적립을 부정하는 견해도 있다[孫(주), 864; 朴·李, 387; 金(용), 434; 蔡(이), 711; 鄭(찬), 935]. 그러나 기업경영을 위하여 타당성이 인정되는 범위 내에서의 비밀적립금의 적립은 적법하다고 본다[동: 鄭(희), 563; 徐(돈), 449; 鄭(동), 571; 李(기), 655; 李(철), 745]. 법정준비금과 임의준비금이 공연한 준비금인 데 반하여, 비밀준비금은 숨은 준비금이라고 할 수 있다.

[299] 제 7 準備金의 資本轉入

1. 총　　설

(1) 의　　의　　　준비금의 자본전입이란 준비금을 풀어서 자본으로 전입하여 자본을 증가시키는 것을 말한다. 즉 준비금은 자본으로의 전입이 인정된다($\frac{상}{461}$). 이를 인정하는 이유는 법정준비금이 과다하게 적립된 경우에 자본과의 불균형을 시정할 수 있도록 하기 위한 것이다. 특히 자본준비금의 경우에는 그 적립한도에 제한이 없기 때문에 준비금이 자본금보다 과다하게 적립되는 경우가 있다. 그러나 이익준비금은 자본의 2분의 1까지만 적립하므로 이익준비금만으로는 자본과의 불균형이 생기지 않는다.

(2) 경제적 기능　　　준비금을 자본에 전입하게 되면 새로운 출자가 없이 신주가 발행된다는 점에서 주식배당이나 주식분할의 경우와 유사한 효과가 생기게 된다. 법정준비금을 자본에 전입하면 그 전입으로 인하여 증자된 만큼 회사재산을 유지하여야 하므로 회사재산의 사내유보가 그만큼 증가하게 되고 따라서 회사의 신용도 높아지게 된다. 이익준비금을 자본에 전입한 때에는 다시 일정한 한도까지 이익준비금을 적립하여야 하고 자본준비금이나 재평가적립금을 자본에 전입한 때에도 자본액이 증가됨에 따라 이익준비금의 적립한도도 커지므로 그만큼 자산의 사내유보를 가능하게 한다.

(3) 성　　질　　　1) 준비금의 자본전입에 의한 무상주교부는 **주식분할**이나 **주식배당**과 유사하지만 그 성질은 전자에 가깝다[동: 徐(돈), 446; 鄭(동), 576; 鄭(찬), 896; 李(기), 656; 權(기), 898]. 준비금은 자본의 결손을 전보하기 위하여 우선적으로 충당할 수 있는 외에는 자본전입을 위해서만 사용할 수 있다. 준비금은 자본에 전입하여도 회사의 자산에는 변동이 생기지 않는다. 준비금의 자본전입시에는 회사가 증가한 자본에 대하여 신주를 발행하여 이를 주주에게 그들이 소유하는 주식수에 따라 무상으로 교부하여야 한다. 주식분할의 경우에도 신주가 발행되고 신주는 종래

의 주주에 대하여 그들의 소유주식수에 따라 무상으로 교부되므로 이 점에서
는 양자는 같다고 할 수 있다.

2) 그러나 주식분할의 경우에는 회사의 자산뿐만 아니라 회사의 자본도
변경되지 않고 다만 회사의 발행주식총수와 각 주주의 지주수만 증가하는 데
비하여, 준비금의 자본전입에 의하여 무상주를 교부하는 경우에는 주식분할의
경우와 마찬가지로 회사의 자산에는 변동이 없으나 회사의 자본은 준비금이
자본에 전입된 금액만큼 증가한다는 점에서 양자는 다르다.

3) 준비금의 자본전입과 주식배당은 모두 명목상으로만 자본의 증가를 가
져오며 주주가 무상으로 주식을 취득한다는 점에서 유사하지만, 전자의 재원
은 배당이 불가능한 법정준비금이고 후자의 재원은 배당가능이익이라는 점에
서 차이가 있다. 또한 주식배당의 경우에는 배당가능한 이익을 배당하지 않고
자본을 증가시킨다는 점과 소극적으로는 회사재산도 증가시킨다는 점에서 준
비금의 자본전입과는 구별된다고 할 것이다.

2. 자본전입의 대상

(1) 자본전입이 가능한 준비금   1) 이 경우에 준비금은 법정준비금만
을 지칭한다는 것이 통설이다. 임의준비금도 자본전입이 가능하다는 소수설도
있으나[崔(원), 509], 임의준비금은 포함되지 않는다. 왜냐하면 임의준비금은 그 적립
과 처분을 정관이나 주주총회의 결의로만 할 수 있기 때문이다. 또한 임의준비
금도 이사회의 결의만으로 자본전입을 인정하게 되면, 주주의 이익배당청구권
이 침해될 우려가 있을 뿐만 아니라 회사가 주식배당의 경우에 요구되는 보다
엄격한 주주총회의 결의를 회피할 목적으로 자본전입의 방법을 택하는 결과를
초래할 수 있게 될 것이다.

2) 임의준비금은 직접 자본전입을 할 수 없으나 간접적인 자본전입은 가
능하다고 본다. 첫째로 임의준비금은 배당가능한 이익으로 환원시켜서 주주총회
의 결의에 의하여 주식배당을 함으로써($상_의2^{462}$) 자본으로의 전환이 가능하고, 둘
째로 이익준비금의 적립한도($상_{458}$)가 남아 있는 경우에 주주총회의 결의로 임의
준비금을 이익준비금으로 전환시킨 다음 이를 자본에 전입시키는 방법이 있
다. 비밀준비금은 대차대조표에 나타나지 않으므로 자본전입이 불가능하다.

(2) 법정준비금의 전입순서   법정준비금인 자본준비금과 이익준비금
은 어느 것이든 순서에 제한 없이 자본전입이 가능하다고 본다. 그런데 이익준

비금으로 전입하는 경우에는 그만큼 다시 일정한 한도까지 이익준비금을 적립하여야 하므로 주주에 대한 이익배당에 영향을 미치게 된다.

(3) 법정준비금의 전입한도　　자본에 전입할 수 있는 법정준비금의 한도에 대하여는 아무런 제한이 없고 그 전부 또는 일부의 자본전입이 가능하다($_{461\ I}^{상}$). 이 경우에 수권주식의 범위 내에서만 자본전입에 의한 신주발행을 할 수 있다.

3. 자본전입의 절차

(1) 자본전입의 결정($_{회}^{이사}$)　　준비금의 자본전입은 정관으로 주주총회에서 결의하기로 정한 경우가 아니면 이사회($_{사는\ 주주총회}^{이사가\ 1인인\ 회}$)의 결의에 의한다($_{461\ I,}^{상}$ $_{IV}^{383}$). 이 결의에서는 법정준비금 중에 어느 준비금을 어느 정도 전입할 것인가를 정하여야 한다. 수종의 주식이 있는 때에는 신주의 종류도 정하여야 한다.

(2) 자본전입의 시기　　준비금을 자본에 전입할 수 있는 시기에 관하여는 아무런 규정이 없으므로 영업연도의 중간에도 할 수 있다. 그 결과 영업연도 말에 가서는 손해의 발생이 예상되는 경우에도 전 연도의 대차대조표에 준비금이 존재하는 한 이를 자본에 전입하는 경우가 발생할 수 있다. 이러한 폐단의 예방을 위하여 입법적 장치가 필요하다고 본다.

(3) 신주의 발행

1) 주주에 대한 신주발행　　준비금을 자본에 전입하는 결의가 있는 때에는 주주에 대하여 그가 가진 주식의 수에 따라 무상으로 신주를 발행하여야 한다($_{II\ 1문}^{상\ 461}$). 이 경우에 단주가 생기는 때에는 이를 경매하여 그 대금을 각 주수에 따라 종전의 주주에게 지급하여야 한다. 그러나 거래소의 시세 있는 주식은 거래소를 통하여 매각하고, 거래소의 시세 없는 주식은 법원의 허가를 받아 경매 이외의 방법으로 매각할 수 있다($_{443\ I}^{상\ 461\ II\ 2문,}$).

2) 신주의 발행가액　　상법은 액면주식의 발행만을 인정하므로 이 경우에도 무상주의 액면미달발행이 인정되지 않음은 물론이고, 액면초과발행은 무의미할 뿐만 아니라 이익준비금을 자본에 전입하는 경우에는 그 중 액면초과액을 다시 자본준비금으로 적립하여야 하는 결과가 초래되므로 무상주는 액면가액으로 발행하여야 한다.

3) 신주배정일의 지정·공고　　준비금의 자본전입에 관한 이사회의 결의가 있는 때에는 회사는 일정한 날을 정하여 그 날에 주주명부에 기재된 주

주가 무상신주의 주주가 된다는 뜻을 그 날의 2주간 전에 공고하여야 한다. 그러나 그 날이 주주명부의 폐쇄기간($_{354}^{상}$ I)중인 때에는 그 기간의 초일의 2주간 전에 이를 공고하여야 한다($_{461}^{상}$ III). 이러한 배정일의 공고는 주식을 양수한 실질적인 주주가 명의개서를 해태하여 무상신주의 배정을 받을 수 있는 기회를 놓치지 않도록 하기 위한 배려인 것이다. 그러나 배정일제도는 이사회가 준비금의 자본전입을 결의한 때에만 적용되고 주주총회가 결정한 때에는 적용되지 않는다($_{참조}^{상 461 IV}$).

   4) 종류주식과 무상주의 교부   준비금의 자본전입은 회사의 자산에는 아무런 변동을 초래하지 않고 다만 자본금이 증가하므로 무상주의 교부는 앞서 본 바와 같이 주식의 분할에 가깝다고 할 수 있다. 그러므로 종래의 주주의 권리는 그 동일한 지위가 유지되어야 하고 무상주의 교부에 의하여 각 종류주주의 지위가 변동되어서는 안 된다고 본다. 그러므로 종류주식을 발행한 경우에는 무상주도 주주들이 종래에 소유하는 주식의 종류에 따라 교부하여야 된다고 본다[동: 姜(위), 695;
權(기), 900].

   5) 자기주식에 대한 무상주의 교부   (가) 무상주의 교부는 실질적으로 이익배당과 같이 잉여금의 처분이므로 자기주식에 대하여는 이익배당이 인정되지 않는다고 하여 자기주식에 대한 무상주의 교부를 부정하는 견해가 유력하나[鄭(희), 536; 李(철),
319; 鄭(동), 579], 이에 의하면 이익준비금이 아닌 자본준비금을 자본에 전입하여 무상주를 교부하는 경우에는 예외가 되어야 할 것이다. 그리하여 자본에 전입되는 준비금의 종류에 따라, 자본준비금이나 재평가적립금을 자본에 전입하는 경우에는 주식분할로 보아 자기주식에 대한 무상주의 교부를 인정하여야 할 것이고, 이익준비금을 자본에 전입하여 무상주를 교부하는 경우에는 이익배당으로 이해하여 자기주식에 대하여는 무상주를 교부할 수 없다고 하여야 할 것이다.

   (나) 그러나 준비금의 자본전입에 의한 무상주의 교부는 그 준비금의 종류에 구애됨이 없이 그 성질이 주식의 분할에 가깝다고 한다면 자기주식에 대하여도 무상주를 교부하여야 하며, 또한 회사는 자기주식을 무상으로는 취득할 수 있다고 하면 자기주식에 대한 무상주의 교부도 부정할 이유가 희박하다고 본다[동: 蔡(이), 778; 李·
崔, 394; 權(기), 691].

4. 자본전입의 효과

(1) **효력발생시기** 　　　이사회의 결의에 의하여 준비금을 자본에 전입하여 신주를 발행하는 경우에는 신주의 배정일에, 정관에 의하여 주주총회에서 준비금의 자본전입을 결의한 때에는 그 결의가 있은 때로부터 그 날의 주주명부상의 주주가 신주의 주주가 된다($\substack{상 \ 461 \ VI, \\ III \cdot IV}$). 그러나 신주에 대한 이익이나 이자의 배당에 관하여는 신주의 배정일 또는 정관이 정하는 바에 의하여 주주총회의 결의가 있은 때가 속하는 영업연도의 직전 영업연도 말에 신주가 발행된 것으로 할 수 있다($\substack{상 \ 461 \ VI, \\ 350 \ III \ 후}$).

(2) **주주에 대한 통지·공고** 　　　준비금의 자본전입에 의하여 발행되는 신주의 주주가 확정된 때에는 이사는 지체없이 신주를 받은 주주와 주주명부에 기재된 질권자에 대하여 그 주주가 받은 주식의 종류와 수를 통지하고, 무기명주권을 발행한 경우에는 준비금의 자본전입에 관한 결의 내용을 공고하여야 한다($\substack{상 \\ 461 \ V}$).

(3) **질권의 물상대위** 　　　1) 준비금의 자본전입에 의하여 신주가 발행되는 경우에 종전의 주식을 목적으로 하는 질권은 물상대위가 인정되어 신주의 발행으로 주주가 받을 주식이나 금전($\substack{단주처리 \\ 의 경우}$)에 대해서도 질권을 행사할 수 있다($\substack{상 \ 461 \ VII, \\ 339}$).

2) 질권의 물상대위는 등록질의 경우뿐만 아니라 약식질인 때에도 인정되지만, 약식질의 경우에는 질권자가 회사에 대하여 직접 주권의 교부를 청구할 수 없고($\substack{상 \ 340 \ I \\ 참조}$) 회사로부터 교부·지급이 있기 전에 압류를 하여야 한다($\substack{상 \\ 342}$). 그러나 등록질의 경우와 같이 회사로부터 통지를 받을 수 없기 때문에 사실상 권리행사가 곤란하게 된다.

(4) **등 　 기** 　　　준비금이 자본으로 전입되면 회사의 자본과 회사가 발행한 주식의 수도 증가하게 되므로 변경등기를 하여야 한다($\substack{상 \ 183, \\ 317 \ II \ (2)\cdot(3)}$).

(5) **위법의 자본전입** 　　　회사가 위법인 자본전입의 결의에 의하여 신주를 발행하려는 때에는 주주는 통상의 신주발행의 경우와 마찬가지로 신주발행의 유지를 청구할 수 있고($\substack{상 \\ 424}$), 신주발행 이후에는 신주발행의 무효를 주장할 수 있다($\substack{상 \\ 429}$)$\left[\substack{동: 徐(돈), 449; 孫(주), 871; 徐·李, \\ 468; 鄭(동), 580; 蔡(이), 778~779}\right]$. 즉 주주·이사 또는 감사는 신주를 발행한 날로부터 6월 내에 소만으로 그 무효를 주장할 수 있다. 그러나 위법인 준비금의 자본전입만이 있고 신주를 발행하지 않은 경우에는 누구든지 언제라

도 소급적인 무효를 주장할 수 있다고 본다.

[300] 제 8 利益配當

1. 총   설

(1) 의   의   이익배당이란 회사가 경영활동을 통하여 얻은 이익을 주주총회의 결의로 주주에게 분배하는 것을 말한다. 주주가 이익에 참여하는 방법은 회사가 해산한 경우에 잔여재산의 분배로도 가능하겠지만 대부분의 주식회사는 존속기간을 정하지 않고 있기 때문에 정기적으로 결산을 하여 이익을 배당한다. 대주주들은 회사의 지배라는 특별한 이해관계가 있지만, 기타 일반주주들은 투자에 대한 이익배당에 지대한 관심을 갖게 되고 주가도 배당률의 고저에 따라 직접적인 영향을 받게 된다.

(2) 이익배당청구권의 성질   이익배당청구권은 주주의 자익권 중에서 가장 중요한 권리이다. 그러나 추상적인 이익배당청구권은 오늘날 절대적인 주주의 고유권이라고 할 수 없기 때문에 정관 또는 주주총회의 결의로 이익의 사내유보 등을 위하여 제한하거나 일시적으로 박탈할 수 있다고 본다.

2. 이익배당의 요건

(1) 배당가능이익의 존재   주식회사에서는 이익이 없는 배당이란 생각할 수 없다. 즉 배당이 가능한 이익이 있어야 한다. 그것은 대차대조표의 순자산액으로부터 i) 자본금, ii) 결산기까지 적립된 자본준비금과 이익준비금의 합계액, iii) 결산기에 적립하여야 할 이익준비금의 액, iv) 대통령령이 정하는 미실현이익 등을 공제한 차액을 말한다($\frac{상}{462\,1}$). 이 경우에 자본준비금에는 자산재평가법에 의한 재평가적립금도 포함된다. 또한 정관 또는 주주총회의 결의로 임의준비금을 적립하기로 한 때에는 이것을 공제한 후의 잔액이 배당가능한 이익이 된다[동: 孫(주), 873; 鄭(동), 582;
李·崔, 396; 鄭(찬), 940]. 그리하여 회사는 배당가능이익 이외에 회사의 재산으로써 이익을 배당하지 못한다.

(2) 주주총회 또는 이사회의 결의

1) 주주총회의 승인   재무제표 중에 이익잉여금처분계산서에 기재된 이익처분안은 일반적으로 주주총회가 재무제표를 승인함으로써 확정되지만($\frac{상}{449\,1}$), 주주총회는 이익처분에 관하여 다른 결의를 할 수 있다[동: 鄭(희), 525; 孫
(주), 874; 鄭(동),

583; 蔡
(이), 781]. 주주는 주주총회에서 **재무제표**를 승인하면 회사에 대하여 **배당금지급청구권**을 갖는다. 주주는 채권자의 지위에 있게 되므로 배당가능이익이 존재하는 한 배당결의는 주주총회의 결의로 철회하지 못한다. 또한 결산일 이후의 회사의 손실로 배당금의 지급이 사실상 자본의 환급과 같은 결과가 되는 경우에도 회사는 그 지급을 거절하거나 배당철회결의를 하지 못한다. 그 근거는 배당금지급청구권의 독립성과 연도결산의 기간성에서 찾을 수 있다.

2) 이사회의 결의　　　이익배당은 주주총회의 결의로 정한다. 그러나 상법 제449조의 2 제 1 항에 의하여 재무제표를 이사회가 승인하는 경우에는 이사회의 결의로 정한다($_{462}^{상}$ Ⅱ).

3. 이익배당의 시기

이익배당은 매 영업연도 말에 결산을 하여 손익을 확정한 다음에만 할 수 있고 1 년의 영업연도중에 1 회에 한하여 중간배당을 할 수 있다.

4. 이익배당에 관한 원칙

이익배당은 주주평등의 원칙에 의하여야 한다.

(1) 주식의 수에 비례한 배당　　　이익배당은 주주평등의 원칙에 의하여 각 주주가 가진 주식의 수에 따라 지급하여야 한다($_{464}^{상}$ 본). 자기주식에 대하여도 이익배당이 가능하다는 소수설도 있으나 이는 인정되지 않는다고 본다[439면
참조].

(2) 배당액과 배당률

1) 동종의 주식간　　　회사가 여러 종류의 주식을 발행한 경우라도 동종 주식 사이에는 주주평등의 원칙에 의하여 배당액의 차등이 인정되지 않는다. 그러므로 차등배당은 불리한 배당을 받게 되는 주주 전원의 동의가 있는 경우에만 가능하다. 판례는 주주총회의 결의에 의하여 대주주와 소주주에게 **차등배당**을 하기로 한 것은 대주주가 스스로 배당받을 권리를 포기하거나 양도하는 것과 마찬가지여서 상법 제464조에 위반되지 않는다고 한 바 있고[大 80. 8. 26,
80 다 1263], 이를 지지하는 견해도 있다[鄭(동), 三訂版
590; 李(철), 757]. 그러나 불리한 배당을 받게 될 모든 대주주가 동의하지 않은 주주총회의 차등배당의 결의는 주주평등의 원칙에 위배된다고 본다[동: 權
(기), 907].

2) 여러 종류의 주식간　　　회사가 정관의 규정에 따라 여러 종류의 주식을 발행한 때에는($_{344}^{상}$ Ⅰ) 주식의 종류에 따라 이익배당에 관하여 다른 정함을

할 수 있다($_{464}^{상}$단). 예컨대 우선주에 대해서는 정관에 규정된 소정의 배당률에 따라 이익배당을 하고 잔여이익이 있을 때에는 보통주에 대하여 이익배당을 할 수 있다.

3) **출자일수비례배당**($_{배당}^{일할}$)　　이익배당은 주주평등의 원칙에 따라서 하여야 하지만, 영업연도의 도중에 발행한 신주에 대하여도 구주와 마찬가지로 동액을 배당하여야 하는가 하는 문제가 있다. 신·구주간의 실질적 평등을 도모하기 의하여는 주주의 출자가 이익발생을 위하여 기여한 정도에 따라 신주에 대하여는 신주발행의 효력이 발생한 날로부터 결산기까지의 일수를 계산하여 배당하는 것이 주주평등의 원칙에 반하지 않는다고 본다. 그러나 회사가 그 기여도를 감안하여 신주에 대하여도 동액의 배당을 하는 것은 자유이다〔$_{(동), 584}^{동; 鄭}$〕.

4) **배 당 률**　　각 주식에 대한 배당률은 정관에 다른 정함이 없는 한 액면주식을 발행한 경우에는 주식의 액면을 기준으로 한다($_{참조}^{독주}$ 60 I).

5. 배당금지급청구권

⑴ **의　　의**　　주주는 **추상적**($_{적}^{일반}$) 이익배당청구권이 있지만 주주총회의 재무제표의 승인결의나 이익배당에 관한 주주총회 또는 이사회의 결의가 있으면 주식과는 분리된 구체적인 **배당금지급청구권**을 갖게 된다. 이는 독립된 채권으로서 주주의 지위와 관계 없이 양도·압류·입질할 수 있고 전부명령의 목적이 된다. 주주의 배당금지급청구권은 채권자적 권리에 불과하지만 법률관계의 획일적 처리와 주주의 보호를 위하여 주주평등의 원칙이 적용되어야 할 것이다. 그러므로 배당금의 지급시기와 방법의 차등은 주주평등의 원칙에 위배된다고 본다.

⑵ **배당금의 지급시기**　　회사는 상법 제464조에 의한 배당금을 상법 제462조 제 2 항의 주주총회 또는 이사회의 결의 또는 상법 제462조의 3 제 1 항의 결의가 있은 날부터 1월 이내에 이익배당금을 지급하여야 한다($_{2 \, I}^{상 \, 464의}$ 본). 그러나 이 기간은 위 주주총회 또는 이사회에서 자금사정에 따라 연장 또는 단축할 수 있다($_{항 \, 단}^{동조 \, 동}$). 회사가 소정의 배당기간 내에 배당금을 지급하지 않은 때에는 과태료의 제재를 받는다($_{(22의 2)}^{상 \, 635 \, I}$).

⑶ **소멸시효**　　배당금지급청구권은 5년간 행사하지 않으면 소멸한다($_{의 2 \, II}^{상 \, 464}$).

⑷ **배당금지급청구권을 갖는 주주**　　1) 이는 원칙적으로 이익처분안

의 승인결의 당시에 주주명부상의 주주이고, 무기명주식의 경우에는 주권을 공탁한 주주이다. 주식을 양수한 자가 명의개서를 하기 전에 회사가 이익배당을 할 경우 배당금지급청구권은 양도인에게 귀속한다는 견해도 있으나, 당사자간에는 양수인에게 귀속한다고 보아야 할 것이다.

　　2) 양수인이 배당금지급청구권을 갖는 법적 근거에 관해서는 민법의 부당이득($^{민\ 741}_{이하}$)을 원용하는 견해도 있고, 양도인이 양수인을 위하여 배당금지급청구권을 행사하는 것이라는 사무관리설도 있다. 그러나 양도인이 양수인을 위한다는 의사가 있었다고 보기 어려우므로 사무관리라고는 할 수 없으나 사무관리의 규정이 유추적용된다고 할 것이다($^{준사무}_{관리설}$).

6. 위법배당

　　(1) 의　　의　　　협의의 위법배당이란 회사가 상법 제462조 제 1 항에 반하여 배당가능한 이익이 없음에도 불구하고 이익배당을 하거나, 배당가능한 이익을 초과하여 이익배당을 한 경우를 말한다. 또한 실질적으로 분식결산에 의하여 이익배당을 하는 경우를 포함한다. 즉 가공자산을 계상하거나 부당하게 자산을 과대평가하여 감가상각의 부족 및 부채의 과소계상 등에 의하여 산출한 이익으로 배당하는 경우도 여기에 속한다.

　　(2) 효　　과

1) 회사에 대한 반환청구

　　(가) 청구권자　　　a) 위법배당은 무효이므로 회사는 주주의 선의·악의를 불문하고 주주에 대하여 부당이득의 반환을 청구할 수 있다($^{민}_{741}$). 회사채권자도 주주에 대하여 위법배당금을 회사에 반환할 것을 청구할 수 있다($^{상}_{462\ Ⅱ}$). 이러한 반환청구권은 위법배당 당시의 회사채권자뿐만 아니라 그 후의 모든 회사채권자도 행사할 수 있지만, 위법배당의 반환은 회사에 대하여 하여야 한다. 이 경우에도 주주는 선의·악의를 불문하고 반환의무를 진다고 본다[$^{동;\ 孫(주),}_{876;\ 鄭(동),}$ $^{587;\ 鄭(찬),\ 944;}_{蔡(이),\ 786}$].

　　b) 회사채권자의 반환청구권은 회사의 자본충실을 위하여 인정한 권리이며 채권자대위권($^{民}_{404}$)의 행사에 의한 것이 아니기 때문에 채권액과 관계 없이 위법배당액의 전액에 대한 반환청구를 할 수 있고 채권의 보전도 문제가 되지 않는다. 그러나 회사가 정관이나 주주총회의 결의로 임의준비금을 적립하여야 함에도 이를 적립하지 않고 이익배당을 한 경우에는 상법 제462조 제 1 항의

위반이라고 할 수 없기 때문에 회사채권자의 반환청구권은 성립하지 않는다. 왜냐하면 임의준비금은 법정준비금과 달리 회사채권자를 위하여 적립하는 것은 아니기 때문이다.

(나) **주장방법**   a) 주주총회의 위법배당결의의 무효는 결의무효확인의 소($\frac{상}{380}$)에 의하지 않고는 주장할 수 없는가 하는 문제가 있다. 즉 상법 제462조 제 2 항에 의한 회사채권자의 주주에 대한 회사에의 배당금액반환청구나 소수주주에 의한 대표소송의 제기를 위하여 먼저 **위법배당결의의 무효판결**을 얻어야 하는가 하는 점이다. 주주총회의 결의의 내용이 법령의 강행법규에 위반하는 실질적인 하자가 있는 경우에는 그 결의는 당연히 무효가 된다($\frac{상}{380}$). 이 때에는 무효를 주장할 수 있는 자 및 그 시기에 대하여도 아무 제한이 없다.

b) 결의의 무효는 소만으로 주장할 수 있는가, **기타의 방법으로도 주장이** 가능한가 하는 문제는 상법 제380조의 무효확인의 소를 어떠한 성질의 소로 보느냐에 따라 그 결과가 달라지는데, 그 성질에 관하여는 **형성소송설**과 **확인소송설**이 대립하고 있다[$\frac{503면\ 이하}{참조}$]. 결의무효 확인의 소를 형성의 소라는 견해에 의하면 회사채권자의 배당금반환청구권이나 주주들의 대표소송 등의 제기는 위법배당결의무효확인의 소에 의한 무효판결을 얻어야 가능하다. 그러나 이를 확인의 소라는 견해에 의하면 무효판결이 없어도 위법배당결의가 무효임을 전제로 배당금반환청구나 대표소송 등의 제기가 가능하게 되므로 이 견해가 타당하다[$\frac{동:\ 孫(주),\ 877;\ 蔡(이),\ 786;\ 李(기),}{662;\ 李·崔,\ 398;\ 鄭(동),\ 588(改說)}$].

2) 이사·감사 등의 손해배상책임

(가) **회사에 대한 책임**   이익잉여금처분계산서를 제출한 이사와 재무제표의 승인결의에서 찬성한 이사 및 위법배당안을 포함한 이익잉여금처분계산서에 대하여 허위의 감사보고를 한 감사는 회사에 대하여 위법배당으로 인한 손해를 연대하여 배상할 책임이 있다($\frac{상\ 399,}{414\ I}$). 그리고 외부감사인을 선임한 경우($\frac{외감}{2}$)에 외부감사인이 허위의 감사보고서를 작성한 때에도 회사에 대하여 손해배상책임을 진다($\frac{외감}{17\ I}$).

(나) **제 3 자에 대한 책임**   이사·감사의 악의 또는 중대한 과실로 인한 임무해태로 인하여 제 3 자에게 손해가 발생한 때에는 제 3 자($\frac{위법배당으로\ 인하여\ 채권}{을\ 회수할\ 수\ 없게\ 된\ 회}$ $\frac{사채권자,\ 허위의\ 배당안을}{믿고\ 주식을\ 매수한\ 자\ 등}$)에 대하여도 연대하여 손해를 배상할 책임이 있다($\frac{상\ 401,}{414\ II}$). 또한 외부감사인이 있는 경우에 허위의 감사보고서로 인한 제 3 자의 손해에 대

하여 외부감사인은 배상책임을 진다($^{외감}_{17 II}$).

　　3) 벌　　칙　　　법령 또는 정관의 규정에 위반하여 이익을 배당한 때에
는 위법배당죄가 성립한다($^{상}_{625(3)}$). 이는 배당가능한 이익이 없는데도 배당을 하
였거나 그 한도를 초과하여 배당한 경우뿐만 아니라 다만 주주총회의 결의가
없이 배당한 경우에도 성립한다. 그러나 저율배당의 경우에는 회사재산을 위
태롭게 하지 않으므로 위법배당죄는 성립되지 않는다고 본다.

[事例演習]

◇ 사　례 ◇

　　서울산업주식회사의 대표이사 A는 전무이사 B, 감사 C와 공모하여 자
산을 과대평가하고 부채를 과소평가하여 배당가능이익이 있는 것으로
재무제표를 작성하고 전년도와 같은 수준의 이익배당을 하였다.

　　〈설문 1〉　동회사에 대하여 위법배당액의 반환의무를 지는 주주는
위법배당에 대하여 악의인 주주에 한정되는가? 그리고 위법배당액의
반환청구에도 주주평등의 원칙이 적용되는가?

　　〈설문 2〉　위법배당액의 반환을 회사채권자가 청구하는 경우에는
먼저 배당결의의 무효확인의 소를 제기하여야 하는가?

　　〈설문 3〉　회사채권자는 회사가 정관 소정의 임의준비금을 적립하
지 않고 이익배당을 한 경우에 주주에 대하여 그 반환청구를 할 수 있
는가?

　　〈설문 4〉　동회사의 주주는 직접 위법배당을 공모한 대표이사 A와
전무이사 B, 감사 C에 대하여 회사에 대한 책임을 추궁할 수 있는가?

　[해 설]　설문 1의 경우　　　위법배당의 반환의무를 지는 주주는 위법배당
　　　　에 대하여 악의인 주주뿐만 아니라 선의인 주주도 포함한다는 것이
　　　　통설이다. 왜냐하면 위법배당은 무효이기 때문이다. 주주의 위법배
　　　　당금 반환의무는 주주로서의 지위에 기한 의무가 아니고 위법행위
　　　　의 구제조치에 의한 의무라고 할 수 있기 때문에 회사가 그 반환청
　　　　구를 함에 있어서는 주주평등의 원칙은 적용되지 않는다고 할 것
　　　　이다.

　　　　설문 2의 경우　　　총회결의의 내용이 법령에 위반하는 경우에는
　　　　그 결의는 당연히 무효라고 할 수 있다. 그러므로 상법 제380조의
　　　　무효확인의 소를 문자 그대로 확인소송이라고 하는 설에 의하면 그
　　　　무효의 주장 방법에 대한 제한이 없기 때문에 바로 무효를 전제로

한 위법배당액이 반환을 청구할 수 있게 된다. 그러나 무효의 주장은 반드시 소에 의해서만 가능하다는 형성소송설에 의하면 회사채권자의 배당금반환청구도 위법배당결의무효확인의 소에 의한 무효판결을 받은 다음에만 가능하게 된다. 즉 위법배당금의 반환청구를 함에 있어서 이중의 절차를 강요하게 되어 불합리한 결과가 초래된다. 그러므로 확인소송설이 타당하다고 본다. 대체로 우리나라의 민사소송법 학자들은 형성소송설의 입장이고, 학설과 판례는 확인소송설의 입장이라고 할 수 있다[崔(基), 會, 466; 이하 참조].

　설문 3의 경우　　회사 정관이나 주주총회의 결의로 임의준비금을 적립하여야 함에도 이를 적립하지 않고 이익배당을 한 경우는 상법 제462조 제 1 항의 위반이라고는 할 수 없으므로 회사채권자의 반환청구권은 인정되지 않는다. 왜냐하면 임의준비금은 법정준비금과 달리 회사채권자를 위하여 적립하는 것은 아니기 때문이다[崔(基), 會, 761; 이하 참조].

　설문 4의 경우　　위법배당에 대하여 책임이 있는 이사, 감사는 회사에 대하여 손해배상책임을 진다(상 399, 414). 회사가 이들에 대하여 손해배상청구권을 하지 않는 때에는 발행주식총수의 100분의 1 이상에 해당하는 주식을 가진 주주는 회사를 위하여 대표소송을 제기할 수 있다.

7. 중간배당

(1) **의의·성질**　　중간배당이란 영업연도를 1년으로 하여 년 1회의 결산기를 정한 회사가 정관에 의하여 이사회의 결의로 영업연도중 1회에 한하여 일정한 날을 정하여 그날의 주주에 대하여 이익배당을 하는 것을 말한다(상 462의 3 1). 중간배당은 직전 결산기의 대차대조표상의 순재산액에서 소정의 금액을 공제한 배당가능한 이익으로 하는 것으로 전년도에 발생한 이익의 일부를 후불하는 것이다[동: 鄭(동), 628; 姜(위), 705; 李(철), 749; 權(기), 914]. 즉 영업연도가 개시된 때로부터 중간배당을 하는 때까지 생긴 당기이익이 아니다. 이 밖에도 중간배당은 이익배당이 아니라 금전의 분배라는 견해[林(홍), 721; 李(기), 611]와 당해 영업연도의 결산기에 할 이익배당의 가지급이라는 견해[孫(주), 974]도 있으나 의문이다.

(2) **입법취지**　　1998년의 개정상법에 의하여 중간배당제도를 도입한 취지는 주식은 투하자본의 회수기간이 상대적으로 길고, 배당수익률이 공금리의 수준보다 훨씬 낮아 배당수익을 기대하는 투자관행의 정착에 부정적 영향

을 미쳤으므로 이를 개선하여야 할 필요성이 있기 때문이라고 한다. 이의 예상 효과로서는 i) 결산시 일시 현금배당으로 인한 기업자금압박 및 자금시장의 경색을 완화하고, ii) 배당투자관행의 확산으로 주식투자의 건전한 관행의 정착을 도모하며, 그리고 투하자본의 조기회수기회의 제공 등으로 주식투자의 유인을 제공하고, iii) 중간가결산제도를 통한 배당으로 기업회계자료의 중요성 재인식, 분식결산을 통한 위법배당시 이사책임의 강화로 건전회계관행의 정착에 기여하고, iv) 기업의 경영성과가 결산기 중간에 평가됨에 따라 기업경영층에 책임경영을 유도한다는 것이다.

(3) **중간배당의 요건**   1) 중간배당의 요건은 i) 영업연도를 1년으로 하는 회사로서, ii) 정관에 중간배당을 한다는 정함이 있어야 하고, iii) 영업연도 중간에 일정한 날에 주주에 대하여 금전배당을 하여야 하고, iv) 영업연도 중 1회에 한하여 중간배당을 할 수 있고, v) 결산기의 대차대조표상의 순자산액이 상법 제462조 제1항 각호의 금액의 합계액에 달하지 아니할 우려가 없어야 한다.

2) 중간배당을 받을 주주를 확정하기 위하여 기준일로서 영업연도중의 일정한 날을 정하여야 하고, 이 경우에 기준일과 주주명부의 폐쇄를 병용할 수 있다.

(4) **중간배당의 한도액**   회사의 자본유지를 위하여 중간배당의 한도액은 직전 결산기의 대차대조표의 순자산액에서 다음 금액을 공제한 금액이다. i) 직전 결산기의 자본의 액, ii) 직전 결산기까지 적립된 자본준비금과 이익준비금, iii) 직전 결산기의 주주총회에서 이익으로 배당하거나 지급하기로 정한 금액, iv) 상법 제462조의 3 제1항의 배당에 따라 당해 결산기에 적립하여야 할 이익준비금 등이다($^{상}_{3}\,^{402의}_{Ⅱ}$).

(5) **중간배당의 제한과 이사의 책임**   1) 회사는 당해 결산기의 대차대조표상의 순자산액이 상법 제462조 제1항 각호 금액의 합계액에 달하지 아니할 우려가 있는 때에는 중간배당을 하지 못한다($^{상}_{3}\,^{462의}_{Ⅲ}$). 그리고 당해 결산기 대차대조표상의 순자산액이 상법 제462조 제1항 각호의 금액의 합계액에 미치지 못함에도 불구하고 중간배당을 한 경우 이사는 회사에 대하여 연대하여 그 차액을, 배당액이 그 차액보다 적을 경우에는 배당액을 배상할 책임이 있다. 다만 이사가 상법 462조의 3 제3항의 우려가 없다고 판단함에 있어 주의를 게을리하지 아니하였음을 증명한 때에는 그러하지 아니하다($^{상}_{3}\,^{462의}_{Ⅳ}$).

2) 이사가 이상의 책임을 지는 경우에는 상법 제399조 제 2 항 및 제400조의 규정이 준용된다($\frac{상}{의3}\frac{462}{Ⅵ}$). 즉 중간배당에 관한 이사회의 결의에 찬성한 이사도 연대책임을 지며 결의에 참가한 이사로서 이사회의 의사록에 이의를 한 기재가 없는 이사는 결의에 찬성한 것으로 추정되어 결의에 반대하였음을 입증하지 않으면 책임을 면하지 못한다($\frac{동}{399}\frac{462의3}{Ⅱ・Ⅲ}\frac{Ⅵ}{}$). 이러한 이사의 책임은 총주주의 동의에 의해서만 면책된다($\frac{동조}{400}$동항,).

8. 상장회사의 분기배당

상법 제462조의 3 제 1 항에도 불구하고 연 1 회의 결산기를 정한 상장회사는 정관에서 정하는 바에 따라 사업연도 중 그 사업연도 개시일부터 3 월・6 월 및 9 월의 마지막 날의 주주에게 이사회 결의로써 이익배당(이하 '분기배당'이라 한다)을 할 수 있다($\frac{상}{18}\frac{542의}{Ⅰ}$). 이 경우에 이사회 결의는 제 1 항에 따른 마지막 날부터 45일 이내에 하여야 한다($\frac{동조}{Ⅱ}$). 분기배당금은 이사회 결의가 있는 날부터 20일 이내에 지급하여야 한다. 다만, 정관에서 분기배당금의 지급시기를 따로 정한 경우에는 그에 따른다($\frac{동조}{Ⅲ}$). 분기배당의 경우에는 상법 제462조의 3 제 2 항부터 제 6 항까지의 규정을 준용한다($\frac{동조}{Ⅳ}$).

[301]　제 9　株式配當

I. 의　　의

주식배당이란 이익배당을 금전에 갈음하여 새로이 발행되는 주식으로 하는 것을 말한다. 종래에는 이익배당은 금전배당만을 인정하였으나($\frac{구상}{462}$), 개정상법(1984)에서는 주식에 의한 배당도 가능하게 하였다($\frac{상}{의2}\frac{462}{}$).

2. 법적 성질

주식배당의 법적 성질에 관하여는 **이익배당설**과 **주식분할설**이 있다. 어느 학설을 따르느냐에 따라 자기주식에 대한 주식배당의 가부, 출자일수비례배당($\frac{일할}{배당}$)의 문제, 세법상의 취급 등에서 차이가 생기게 된다.

(1) 학　　설

1) 이익배당설　　이 견해는 주식배당을 이익배당의 일종으로 본다[$\frac{동:}{孫}$(주), 878; 李(철), 761; 鄭(찬), 947; 李・崔, 399; 李(기), 665; 蔡(이), 788;]. 그 이유를 요약하면 i) 배당가능이익의 존재를 전제로 하며, ii) 주식배당도 주주총회에서의 이익의 처분에 의하여 하고, iii) 이익의 전부를 주식으로 배당할 수는 없으며($\frac{상}{2}\frac{462의}{Ⅰ단}$), 다만 주권상장법인의 경우

는 이익배당총액을 전부 주식으로 배당할 수 있다($\frac{증거}{의3}\frac{191}{1}$). 그리고 iv) 주식배당에 관한 규정($\frac{상}{의2}462$)이 이익배당에 관한 규정($\frac{상}{462}$) 바로 다음에 위치한 점도 이익배당설의 논거이다.

2) **주식분할설**　　이 견해는 준비금의 자본전입에 의한 신주의 무상교부와 같이 주식배당을 이익의 **자본전입**에 의한 주식의 분할이라고 한다[$\frac{鄭(무)}{540}; 金$（용), 438; 梁明朝,「월간고시」 84.5, 63; 鄭(동), 591(改說)]. 또한 주식배당은 회사의 실질적 자산을 변경시키지 않는다는 점에서 주식분할과 같다고 한다.

3) 사　　견($\frac{이익배}{당설}$)　　(가) 형식적으로 주식배당의 절차는 금전배당과 같고 실질적으로 배당가능한 이익만으로 할 수 있다는 점에서 이익배당설이 타당하다고 본다. 주식분할설에서는 배당가능이익의 존재를 전제로 하여 배당가능이익의 자본전입이라고 하지만, 주식배당과 자본전입은 결정기관이 다르다. 또한 주식배당의 경우에도 준비금의 자본전입의 경우와 같이 자산의 변동이 없다고 하지만, 주식배당의 경우는 금전배당의 경우에 사외로 유출되어 감소될 자산이 주식배당에 의하여 회사에 유보된다는 점에서 준비금을 자본전입하지 않아도 자산의 변동이 없는 것과 다르다.

(나) 액면주식의 발행만을 인정하는 현행상법하에서 주식의 분할은 회사의 자본에 변동을 초래함이 없이 액면만의 분할을 의미하는 점에서 볼 때, 자본의 증가와 더불어 재산이 유보되고 그만큼 신주를 발행하는 주식배당은 법률적으로나 형식적으로 주식의 분할이라고 할 수 없고 주식의 증가로 보아야 하지 않을까 한다. 또한 배당가능한 이익 중에 일부를 주식으로 배당하는 경우에 발행되는 신주는 회사가 발행한 주식총수에 비하면 극히 근소한 부분에 불과하므로, 주식의 분할로 보는 것은 무리라고 본다.

(2) **학설의 구체적 차이점**

주식배당의 법적 성질을 이익배당설과 주식분할설 중 어느 것으로 보느냐에 따라 그 결과는 달라진다.

1) **자기주식에 대한 주식배당**　　전자에 의하면 자기주식에 대하여는 이익배당을 할 수 없다는 다수설에 따라 주식배당도 할 수 없게 된다[동: 孫(주), 880; 李（철）, 766; 鄭(찬), 949; 權(기), 924]. 그러나 이익배당이 가능하다는 소수설[$\frac{徐(정), 224;}{襄·姜, 294}$]에 의하면 주식배당은 가능하게 된다. 한편 **후자**에 의하면 당연히 자기주식에 대한 주식배당이 인정된다.

2) **출자일수비례배당**($\frac{일할}{배당}$)　　전자에 의하면 신주에 대한 출자일수비례

배당이 가능하지만, **후자**에 의하면 신·구주에 대한 차등배당이 인정되지 않는다. 그러나 주식배당의 성질에 대해 이익배당설을 취하면서 주식배당의 경우뿐만 아니라 현금배당의 경우에도 일할배당이 인정되어서는 안 된다는 견해도 있다[李範燦, 「상사법논집」 86, 252~253].

3) 약식질권자의 물상대위권　전자에 의하더라도 주식의 약식질권자는 주식배당에 의한 신주에 대하여 물상대위권을 갖는다고 본다. 그러나 약식질의 경우에는 이익배당금에 대하여 담보의 효력이 미치지 않는다는 견해[徐(돈), 356; 孫(주), 683; 李(철), 767]에 의하면 주식배당에 의한 신주에 대하여 물상대위권이 인정되지 않는다. **후자**에 의하면 신주에 대하여 물상대위권이 인정된다(상 339, 461 VII).

4) 배당주식의 종류　㈎ 종류주식을 발행한 경우에 회사가 주식배당을 할 때에는 그 종류의 주식으로 할 수 있다(상 462의2 II 후단).

㈏ 종래에는 배당한 주식외 종류에 대하여 주식배당의 성질과 관련하여 견해가 나뉘었는데, **전자**에 의하면 원칙적으로 배당을 받을 주식의 종류와 관계 없이 전부 동일한 종류의 주식을 발행하여 교부할 수 있고[姜(위), 718], **후자**에 의하면 수종의 주식에 상응하는 종류주를 발행하여 교부하여야 할 것이라고 한다[鄭(무), 541; 梁明朝, 전게, 63].

㈐ 주식배당의 성질을 **주식분할**로 보면서 주식의 종류에 관계 없이 동일 종류의 주식을 배당함으로써 족하다고 하는 견해[金(용), 438]와, **전자**의 입장이면서 수종의 주식인 경우에는 같은 종류의 주식에 대하여는 동일한 신주를 배정하여야 한다는 견해도 있다[徐(돈), 543]. 그 외에 회사가 수종의 주식을 발행한 경우에는 종류주주총회가 있는 경우에 한하여 동일 종류의 주식을 배당할 수 있다는 견해[朴吉俊, 「고시계」, 84.6, 42]와, **후자**의 입장을 취하면서 주식배당이 사실상 제약을 받는다는 점을 고려하여 주식배당을 어렵게 하는 결과를 피하기 위해 정관 또는 주주총회의 결의로 종류주에 대하여도 일률적으로 일정한 종류로 주식배당을 한다는 것을 정할 수 있다는 견해도 있다[徐廷甲, 「商法總覽」, 654].

㈑ 그러나 복잡한 절차를 요구하는 것은 주식배당의 요건을 가중하는 결과가 되어 실제에 있어서 주식배당을 곤란하게 할 것이다[동: 孫(주), 「월간고시」 87.2, 76]. 그러므로 주식배당은 이익배당의 일종이라는 점에서 볼 때 의결권이 동일한 비율로 보장되는 한 수종의 주식을 발행한 경우에도 동일 종류의 주식으로 배당하는 것이 타당하다[동: 鄭(동), 594; 李(철), 765; 鄭(찬), 952].

3. 주식배당의 장점·단점

(1) 장   점   주식배당의 이점은 i) 회사의 사업을 위하여 필요한 자금의 사내유보를 가능하게 하고, ii) 배당할 자금이 없는 경우에 무리하게 배당을 위하여 금전을 차입하는 번거로움을 피할 수 있으며, iii) 회사채권자는 자본의 증가로 회사의 담보력이 커져서 유리하고, iv) 주주의 경우도 주가가 액면을 상회하는 때에는 주식배당을 액면으로 하기 때문에 현금배당을 받는 경우보다 유리하게 주식을 현금화할 수 있으므로 유리하다. 그리고 v) 주식의 유통량을 증가시킴으로써 주식의 시장성이 강화되고, vi) 자본의 증가로 회사의 대외적인 신용도가 높아진다는 점 등이 주식배당의 장점이다.

(2) 단   점   주식배당은 경우에 따라 주식수의 증가로 배당률이 저하되고 주가가 하락할 우려가 있으며 아울러 주식의 현금화를 곤란하게 할 수 있다. 또한 분식결산에 의한 이익으로 주식을 배당함으로써 회사의 자본충실을 해하고, 주가의 변동에 따라 투기의 목적으로 주식배당제도가 악용될 수 있으며 회사에 대하여는 배당압력을 가중시킨다.

4. 주식배당의 요건

(1) 배당가능이익의 존재   주식배당은 이익배당으로서 주주에게 배당할 수 있는 금액에 상당하는 신주를 발행하는 것이므로 당해연도에 발생한 배당가능한 이익이 있거나 이월이익잉여금 또는 임의준비금이 있어야 한다. 즉 임의준비금도 이익잉여금으로 환원시켜 주식배당을 할 수 있다. 그러나 배당가능이익이 없는데도 주식배당을 위하여 행해진 신주발행은 액면미달발행이라고 할 수 있으므로 무효라고 할 것이다.

(2) 주식배당의 한도   주식배당은 이익배당총액의 2분의 1에 상당하는 금액을 초과하여 하지 못한다($\frac{상}{2}\frac{462의}{1단}$). 이것은 현금배당을 완전히 제거할 수 없게 함과 동시에 주식의 남발을 제한하기 위한 것이다. 그러므로 총주주의 동의가 없는 한 주주총회의 결의가 있더라도 이익배당총액의 2분의 1을 초과하여 주식배당을 하지 못한다. 왜냐하면 회사가 이익배당을 전부 주식으로 하게 되면 주가가 액면 이하로 하락한 경우에 주가의 하락을 부채질하여 주주의 이익을 해할 우려가 있으며, 현금에 의한 이익배당청구권은 일반투자주주들에게는 중요한 권리에 속하기 때문이다.

상장회사는 해당회사가 발행한 주식의 시가가 권면액 이상인 경우에는 상법 제 462조의 2 제 1 항 단서의 규정에 불구하고 이익의 배당을 이익배당총액에 상당하는 금액까지 새로 발행하는 주식으로 할 수 있다. 다만, 무액면주식을 발행한 경우에는 자본으로 계상되는 금액 중 1주에 해당하는 금액을 권면액으로 본다($^{상 542의}_{17 \ I}$). 이 경우에 주식의 시가 산정방법은 대통령령으로 정한다($^{동조}_{\ II}$).

(3) **주주총회의 결의**　　회사가 이익배당액의 2분의 1을 초과하지 않는 범위 내에서 주식배당을 하려면 주주총회의 **보통결의**가 있어야 한다($^{상 462}_{의 2 \ I}$). 주식배당의 경우도 신주를 발행하지만 통상의 신주발행($^{상}_{416}$)이나 법정준비금의 자본전입의 경우($^{상 461}_{I \ 본}$)와 달리 주주총회의 결의에 의하도록 한 것은, 이익잉여금처분안의 승인은 주주총회의 고유권한에 속할 뿐만 아니라($^{상}_{449 \ I}$) 배당가능한 이익을 배당하지 않고 자본으로 전환시키는 것이므로 주주의 이익배당청구권에 중대한 영향을 미치기 때문이다. 그러나 배당가능이익이 없음에도 불구하고 한 주주총회의 주식배당결의는 무효이다.

(4) **수권주식의 존재**　　주식배당을 하는 경우에도 발행예정주식총수 중에 미발행주식이 있는 범위 내에서만 신주를 발행할 수 있다. 그러므로 이를 초과하는 때에는 정관의 변경으로($^{상}_{433}$) 회사의 발행예정주식총수를 증가시켜야 한다. 회사가 수종의 주식을 발행한 경우에도 주식배당은 동일한 종류의 주식으로 함을 원칙으로 하여야 할 것이므로 각 종류의 주식마다 미발행주식이 존재하여야 하는 것은 아니라고 본다. 그러나 종류주를 배정하는 때에는 발행예정주식총수 중 각 종류의 주식마다 미발행주식이 존재하여야 할 것이다.

(5) **신주의 발행가액**　　주식배당은 주식의 **권면액**으로 한다($^{상 462}_{의 2 \ II}$). 액면초과발행이 가능하다는 견해도 있으나[$^{金(용)}_{438}$], 발행가액은 권면액의 이하뿐만 아니라 초과도 인정되지 않는다[동: 鄭(희), 574; 孫(주), 879; 李(철), 764~ 765; 鄭(동), 594; 李(기), 666; 蔡(이), 789]. 왜냐하면 상법에 의하면 회사의 자본은 회사가 발행한 주식의 액면총액이라는 원칙($^{상}_{451}$)이 유지되어야 하기 때문이다. 그러므로 주가가 권면액을 상회하는 때에는 주주에게 유리하고 반대로 하회하는 경우에는 불리하게 된다.

(6) **단주에 대한 주식배당**　　주식으로 배당할 이익의 금액 중 주식의 권면액에 미달하는 단수(端數)가 있는 때에는 그 부분에 대하여는 단주의 처리에 관한 규정($^{상}_{443 \ I}$)을 준용한다($^{상 462}_{의 2 \ III}$)[$^{391면}_{참조}$]. 그러므로 주식의 병합($^{상}_{443 \ I}$)이나 준비금의 자본전입의 경우($^{상 461 \ II}_{2문, \ 443 \ I}$)와 마찬가지로 주식을 매각하여 그 대금을 주식수에 따라 지급하여야 한다.

5. 주식배당의 효과

(1) **주주가 되는 시기**　　주식배당을 받는 주주는 주식배당의 결의를 한 주주총회가 종결한 때로부터 신주의 주주가 된다($^{상\ 462의}_{2\ Ⅳ\ 전단}$). 주주가 되는 시기를 주주총회의 주식배당결의의 종결시가 아니라 주주총회의 종결시로 한 것은 주주총회기간중에 새로운 주주의 탄생으로 인하여 생기는 권리행사와 관련한 번잡을 피하기 위한 것이다. 그러나 신주에 대한 이익이나 이자의 배당에 관하여는 정관이 정하는 바에 의하여 그 주주총회가 종결한 때가 속하는 영업연도의 직전영업연도 말에 신주가 발행된 것으로 할 수 있다($^{상\ 462의}_{2\ Ⅳ\ 후단}$).

(2) **주주 등에 대한 통지·공고**　　주식배당을 한다는 주주총회의 결의가 있는 때에는 지체없이 배당을 받을 주주와 주주명부에 기재된 질권자에게 그 주주가 받을 주식의 종류와 수를 통지하고, 무기명식의 주권을 발행한 때에는 주식배당에 관한 결의의 내용을 공고하여야 한다($^{상\ 462}_{의\ 2\ Ⅴ}$).

(3) **질권의 물상대위**　　등록질의 경우에 질권자는($^{상}_{340\ Ⅰ}$) 주식배당에 의하여 주주가 받을 주식에 대하여도 질권을 행사할 수 있다($^{상\ 462의}_{2\ Ⅵ\ 1문}$). 그리하여 질권자는 회사에 대하여 그 주권의 교부를 청구할 수 있다($^{동조}_{Ⅵ\ 2문}$).

(4) **등　　기**　　주식배당을 하게 되면 회사가 발행한 주식의 수가 증가하고, 따라서 회사의 자본도 그만큼 증가하기 때문에 주주총회의 종결시로부터 일정한 기간 내에 변경등기를 하여야 한다($^{상\ 183,}_{317\ Ⅱ\ (2)·(3)}$).

(5) **위법주식배당의 효과**　　1) 주식배당의 요건을 위반한 경우는 신주발행의 **무효**($^{상}_{429}$)를 주장할 수 있고, 주식배당이 있기 전에는 신주발행의 유지($^{상}_{424}$)를 청구할 수 있다고 본다[$^{동:\ 孫(주),\ 882;\ 鄭(찬),\ 955;}_{鄭(무),\ 540;\ 蔡(이),\ 791}$]. 또한 위법주식배당으로 인하여 손해가 있는 때에는 이사·감사는 손해배상책임을 지고($^{상\ 399,}_{414,}$), 형벌의 제재를 받는다($^{상}_{625(3)}$).

2) 위법주식배당의 경우에 이사가 **자본충실의 책임**($^{상}_{428}$)을 진다는 견해도 있으나[$^{鄭(희),\ 577;\ 孫(주),}_{882;\ 徐(돈),\ 455}$], 이 경우에도 변경등기 후 인수하지 않은 주식이 생기거나 청약이 취소된 주식이 생기는지는 의문이다. 즉 이사는 자본충실의 책임을 질 근거가 없다. 왜냐하면 주식배당은 배당가능한 이익으로 하기 때문이다[$^{동:\ 李·崔,\ 400;\ 鄭(동),}_{597(改說);\ 鄭(찬),\ 957}$]. 그리고 주식배당의 경우는 금전배당의 경우와 달리 현금의 유출이 없으므로 주주는 회사에 대하여 반환의무가 없다[$^{동:\ 鄭(희),\ 577;\ 孫(주),\ 882;}_{李(철),\ 770;\ 姜(위),\ 715;\ 權}_{(기),\ 925}$].

[302] 제 10 現物配當

상법개정안(2007)에 의하면 회사는 정관으로 금전 이외의 재산으로 배당을 할 수 있게 된다($\overset{\text{상}}{462의}_{4\ \text{I}}$). 정관으로 현물배당을 결정한 회사는 주주가 배당되는 재산 대신 금전의 교부를 회사에 청구할 수 있도록 한 경우에는 그 금액 및 청구할 수 있는 기간, 일정 수 미만의 주식을 보유한 주주에 대해서는 재산 대신 금전을 교부하기로 한 경우에는 그 일정 수 및 금액을 정할 수 있다($\overset{\text{동조}}{\text{II}}$).

[303] 제 11 株主의 經理檢査權

1. 총 설

주주는 주주총회에서 의결권을 행사함으로써 중요한 사항의 결정에 참여할 뿐만 아니라 대표소송제기권($\overset{\text{상}}{403}$)·유지청구권($\overset{\text{상}}{402}$)·이사의 해임청구권($\overset{\text{상}}{385\ \text{II}}$) 등의 소수주주권에 의하여 직접 이사의 업무집행을 시정하고 또한 자기의 이익을 보호할 수 있다. 그러나 이러한 권리를 유효하게 행사하려면 회사의 업무와 재산에 대하여 정확한 지식이 있어야 한다. 그리하여 상법은 정기주주총회에 제출할 서류를 공시하여 주주 및 회사채권자가 열람할 수 있도록 하였고($\overset{\text{상}}{448}$), 또한 소수주주권으로서 회계장부 및 서류를 열람할 수 있는 권리를 인정하고 있다($\overset{\text{상}}{446\ \text{I}}$). 그러나 이와 같은 것들은 열람권에 불과하고 주주는 직접 업무 및 재산상태를 조사할 수 없기 때문에, 상법은 소수주주권자의 청구에 의하여 법원이 선임한 검사인에 의한 업무와 재산상태의 조사를 할 수 있게 하였다($\overset{\text{상}}{467\ \text{I}}$).

2. 경리검사권의 내용

(1) 재무제표 등의 열람권　　　이사는 정기총회회일의 1주간 전부터 상법 제447조에 열거한 재무제표와 부속명세서, 영업보고서 및 감사보고서를 본점에 그리고 그 등본을 지점에 비치하여야 하고($\overset{\text{상}}{448\ \text{I}}$), 주주와 회사채권자는 영업시간 내에 언제든지 재무제표와 그 부속명세서·영업보고서·감사보고서를 열람할 수 있으며, 회사가 정한 비용을 지급하고 그 서류의 등본이나 초본의 교부를 청구할 수 있다($\overset{\text{상}}{448\ \text{II}}$).

⑵ 회계장부열람권

1) 총   설   　주주가 이사 및 감사의 책임을 추궁하거나 그의 권리를
확보 또는 행사하려면 이사가 열람을 위하여 작성한 재무제표와 그 부속명세
서의 열람만으로는 불충분하기 때문에, 상법은 위 서류의 기초자료인 회계장
부의 열람권을 소수주주권자에게 인정하고 있다.

2) 청구권자   　회계장부의 열람 또는 등사를 청구할 수 있는 자는 발
행주식총수의 100분의 3 이상에 해당하는 주식을 가진 주주이다($_{466\,I}^{상}$). 이와
같이 청구권자의 범위를 소수주주권자로 제한하고 있는 것은 회계장부의 내용
이 회사의 기밀에 속하는 사항이 많기 때문에 그 남용을 방지하기 위한 것
이다.

　　　상장회사의 경우에는 발행주식총수의 1만분의 5 이상에 해당하는 주식을 보유
하는 자는 회계장부열람권을 갖는다($_{6\,IV}^{상\,542의}$).

3) 열람 등의 대상   　주주의 열람·등사의 대상이 되는 것은 회계의 장
부 및 서류이다. 회계의 장부라 함은 이미 재무제표와 그 부속명세서는 공시되
고 있으므로 주로 상업장부인 회계장부($_{29}^{상}$)를 말하는데, 분개장·원장 등과 전
표를 분개장으로 대신하는 때에는 전표도 포함된다. 그리고 회계의 서류라 함
은 회계장부에 속하지 않는 전표·영수증 외에 회계장부의 기록을 위한 자료가
되는 계약서·서신 등을 말한다.

　　　판례는 「상법 제466조 제 1 항에서 정하고 있는 소수주주의 열람·등사청구의
대상이 되는 '회계의 장부 및 서류'에는 소수주주가 열람·등사를 구하는 이유와
실질적으로 관련이 있는 회계장부와 그 근거자료가 되는 회계서류를 가리키는 것
으로서, 그것이 회계서류인 경우에는 그 작성명의인이 반드시 열람·등사제공의무
를 부담하는 회사로 국한되어야 하거나, 원본에 국한되는 것은 아니며, 열람·등사
제공의무를 부담하는 회사의 출자 또는 투자로 성립한 자회사의 회계장부라 할지
라도 그것이 모자관계에 있는 모회사에 보관되어 있고, 또한 모회사의 회계상황을
파악하기 위한 근거자료로서 실질적으로 필요한 경우에는 모회사의 회계서류로서
모회사 소수주주의 열람·등사청구의 대상이 될 수 있다」고 한다($_{99\,다\,58051}^{大\,2001.\,10.\,26.}$).

4) 청구의 방법   　청구는 이유를 붙인 서면으로 하여야 하며 구두에
의한 청구는 그 효력이 없다. 열람 및 등사는 반드시 주주가 직접 할 필요는
없으므로 공인회계사 또는 변호사 등의 보조자를 이용할 수 있다.

5) **청구의 거부**   회사는 주주의 적법한 청구가 있는 때에는 그 청구가 부당함을 증명하지 아니하면 이를 거부하지 못한다($^{\diamond}_{466\,\mathrm{I\!I}}$). 청구가 부당한 경우란 청구의 목적이 i) 주주의 권리행사와 무관한 때, ii) 회사 및 다수주주의 이익을 해하기 위한 때, iii) 청구자가 회사와 경쟁관계에 있어서 회사의 이익을 해할 우려가 있는 때 등이라고 할 수 있다. 그러므로 회사가 소수주주권자의 적법한 청구를 상당한 이유 없이 거부하는 때에는 그 주주는 열람청구의 소를 제기할 수 있고, 은닉·인멸 등의 우려가 있는 때에는 가처분의 신청으로 회계의 장부와 서류를 보전시킬 수 있다. 그리고 여기에 관계된 이사는 과태료의 제재를 받는다($^{\diamond}_{\mathrm{I}\,(4)}$).

> 판례는 「상법 제391조의 3 제3항, 제466조 제1항에서 규정하고 있는 주주의 이사회의 의사록 또는 회계의 장부와 서류 등에 대한 열람·등사청구가 있는 경우, 회사는 그 청구가 부당함을 승명하여 이를 서부할 수 있는바, 주주의 열람·등사권 행사가 부당한 것인지 여부는 그 행사에 이르게 된 경위, 행사의 목적, 악의성 유무 등 제반 사정을 종합적으로 고려하여 판단하여야 할 것이고, 특히 주주의 이와 같은 열람·등사권의 행사가 회사업무의 운영 또는 주주 공동의 이익을 해치거나 주주가 회사의 경쟁자로서 그 취득한 정보를 경업에 이용할 우려가 있거나, 또는 회사에 지나치게 불리한 시기를 택하여 행사하는 경우 등에는 정당한 목적을 결하여 부당한 것이라고 보아야 한다」고 하였다($^{大\ 2004.12.24,}_{2003\ 마\ 1575}$).

⑶ **업무와 재산상태의 검사권**

1) **총   설**   주주의 경리검사권은 모두 회사의 계산관계에 국한된다. 그러나 주주가 업무집행에 관한 감독권을 효과적으로 행사하려면 회사의 업무와 재무상태에 관하여 상세하게 알아야 할 것이다. 그리하여 상법은 회사의 업무와 재무상태의 검사를 위한 규정을 두고 있다($^{\diamond}_{467}$). 이 규정은 청산중의 회사에도 적용된다고 본다.

2) **검사권의 행사**

㈎ **검사의 청구권자**   검사를 위하여 법원에 검사인의 선임을 청구할 수 있는 자는 발행주식총수의 100분의 3 이상을 가진 소수주주권자에 한한다($^{\diamond}_{467\,\mathrm{I}}$). 이러한 제한은 검사권의 남용을 방지하기 위한 것이다.

> 상장회사의 경우는 6월 전부터 계속하여 발행주식총수의 1,000분의 15 이상에 해당하는 주식을 보유하는 주주가 청구권자이다($^{\diamond}_{6\,\mathrm{I}}$),

(나) 청구의 방법　　　　소수주주권자가 법원에 검사인의 선임을 청구하려면 회사의 업무집행에 관하여 부정행위 또는 법령이나 정관에 위반한 중대한 사실이 있음을 의심할 사유가 있어야 하며 주주는 그러한 사유가 있음을 증명하여야 한다[동: 孫(주), 889; 鄭(동), 603].

그런데 판례는 「검사인의 선임청구의 사유인 업무집행에 관한 부정행위 또는 법령이나 정관에 위반한 중대한 사실에 대하여는 그 내용을 구체적으로 명확히 적시하여야 하고 단순히 결산보고서의 내용이 실지 재산상태와 일치하는지 여부에 의심이 간다는 정도의 막연한 것으로 그 사유를 삼을 수는 없는 것이고, 또 회사가 사임한 이사에 대한 퇴임등기를 태만히 하고 후임자를 보선하지 않고 있다 하여도 그것만으로는 중대한 사실에 해당한다고 할 수 없고, (중략) 대여금 또는 외상매입대금을 변제하지 않고 있다거나 위 대여금을 회사장부에 기장하지 않았다는 사정만으로는 업무집행에 관하여 부정행위가 있다고 할 수 없다」고 한 바 있다[大 85.7.31, 85 마 214(결정)].

(다) 검사인의 선임　　　　검사는 그 남용을 방지하기 위하여 청구한 주주가 직접 하는 것이 아니라 법원이 선임한 검사인이 하므로, 법원은 적법한 청구가 있으면 검사인을 선임하여야 한다. 그리고 검사인은 그 조사결과를 법원에 보고하여야 한다($_{467}{}^{상}{}_{II}$).

(라) 주주총회의 소집　　　　법원은 검사인의 조사결과에 대한 보고를 받고 ($_{467}{}^{상}{}_{II}$) 필요하다고 인정된 때에는 대표이사에게 주주총회의 소집을 명할 수 있다($_{467}{}^{상}{}_{III}$). 이 경우에 검사인은 보고서를 총회에 제출하여야 하며 이사와 감사는 이 보고서를 조사하여 총회에 보고하여야 한다($_{310}^{상 467 III,}{}_{II,}$).

[304]　제 12　利益供與의 禁止

I. 총　　설

(1) 이 제도의 목적은 종래에 대회사의 주주총회에서 회사의 부실경영이나 부정행위 등의 은폐, 분식결산서류의 승인 등을 비롯하여 이사·감사 등의 선임을 둘러싸고 소위 「총회꾼」들에게 금품 기타의 재산상의 이익을 공여하여 온 부조리를 제거하여 회사의 이익을 보호하고, 주주의 정당한 권리행사의 방해요인을 제거하여 주주총회의 운영을 정상화시키는 데 있다.

(2) 상법 제631조 제 1 항 제 1 호에도 주주총회에서의 발언 또는 의결권행사 등의 「권리행사방해 등에 관한 증수뢰죄」에 관한 벌칙규정이 있지만, 이것

은 부정한 청탁에 의한 방해가 있는 경우에 적용되고 또 부정한 청탁에 대한 입증이 곤란하여 이 규정만으로는 불충분한 것이다.

2. 이익공여의 요건

회사는 누구에게든지 주주의 권리행사와 관련하여 재산상의 이익을 공여할 수 없다($\frac{상}{의\,2}\frac{467}{I}$).

1) 당 사 자

㈎ 이익공여자　　상법은 회사에 의한 이익공여를 금지하고 있다. 그러므로 회사 이외의 자인 이사나 사용인 등이 자기의 계산으로 이익을 공여하는 것은 여기에 포함되지 않는다. 회사의 이익공여인가의 판단은 형식적인 명의보다 실질적으로 회사의 계산으로 하였는가에 따라 결정된다. 그러므로 회사 이외의 자의 명의로 하였더라도 회사의 계산으로 공여한 때에는 회사에 의한 이익공여가 된다.

㈏ 상 대 방　　이익공여의 상대방에는 제한이 없다. 그러므로 그 회사의 주주뿐만 아니라 주주와 특별한 관계에 있는 자($\frac{친족\cdot}{회사}\frac{자}{등}$)나 주주가 지정한 자로서 주주에 대하여 영향력이 있는 자를 포함한다. 이익공여금지규정의 적용에 있어서는 주주의 권리행사와 관련된 이익공여라는 것에 대한 상대방의 선의·악의는 문제가 되지 않는다.

2) 재산상의 이익공여　　회사는 누구에게든지 재산상의 이익을 공여할 수 없다. 재산상의 이익이란 금전 기타의 경제적 이익으로서 금전과 물건의 제공뿐만 아니라 서비스나 정보의 제공 및 회사에 대한 채무의 면제, 신용의 공여도 포함된다. 또한 대가의 유무는 문제가 되지 않는다. 그러므로 대가가 상당한 경우라도 예컨대 특정한 주주가 경제적 이익을 얻는 때에는 이익공여로도 볼 수 있을 것이다.

3) 이익공여와 권리행사의 관련성　　회사의 이익공여는 주주의 권리행사와 관련이 있는 경우에 금지된다. 이 경우에 주주의 권리는 모든 주주권으로서 자익권과 공익권을 모두 포함한다. 그러나 주주이지만 그 주주자격과 관계가 없는 제3자적 권리의 행사는 제외된다. 「주주의 권리행사와 관련하여」라는 것은 주주의 권리행사에 영향을 주는 것을 의미한다. 이익공여와 권리행사의 관련성은 주주의 권리행사에 영향을 주려는 회사의 의도가 존재하는 때에 인정된다고 본다. 권리행사는 주주권의 적극적인 행사뿐만 아니라 소극적인

불행사의 경우를 포함한다[동: 孫(주), 891; 李(철), 776; 李·
崔, 312; 李(기), 671; 蔡(이), 798].

3. 이익공여의 추정

(1) 총   설   회사가 이익공여를 한 경우에 소수주주권자가 그 이익의 반환을 청구하는 대표소송을 제기하거나($\stackrel{상}{\text{IV}}, \frac{467의 2}{403\sim406}$) 이사에 대하여 손해배상을 청구하려면, 원칙적으로 원고가 회사의 이익공여가 주주의 권리행사와 관련된 것이라는 것을 입증하여야 하는데 이를 입증한다는 것은 용이한 일이 아니다.

(2) 상대방이 주주인 경우   상법은 특히 회사가 특정한 주주에 대하여 무상으로 재산상의 이익을 공여한 경우와 이익공여가 유상이라도 회사가 얻은 이익이 공여한 이익에 비하여 현저하게 적은 경우에는 주주의 권리행사와 관련하여 공여한 것으로 추정한다고 규정하고 있다($\stackrel{상}{\text{의}2}^{467}$Ⅱ). 이러한 법률상의 추정은 이익공여의 상대방이 그 이익을 받을 당시에 그 회사의 주주인 경우에 인정된다. 이러한 추정에 의하여 주주의 권리행사와 관련한 이익의 공여라는 점에 대한 입증책임이 전환되어 이사에 대한 손해배상청구나 이익의 공여를 받은 주주에 대한 반환청구가 용이하게 된다.

(3) 상대방이 비주주인 경우   주주 이외의 자에게 이익을 무상으로 공여한 때에는 법률상의 추정은 인정되지 않으므로 그 **책임을 추궁**하는 자가 주주의 권리행사와 관련된 이익공여라는 것을 **입증**하여야 한다.

4. 금지위반의 효과

(1) 이익의 반환의무

1) 총   설   이익공여계약은 무효이므로 이익을 공여받은 자는 부당이득의 반환의무를 진다고도 할 수 있으나, 이에 의하면 불법원인급여(不法原因給與)($\stackrel{민}{746}$본)나 비채변제(非債辨濟)($\stackrel{民}{742}$)의 원칙에 따라 반환의무가 없는 경우도 있기 때문에 상법은 특히 회사의 이익을 보호하기 위하여 상대방의 반환의무를 법정하고($\stackrel{상}{2}\frac{467의}{}$Ⅲ 1문), 상대방이 회사에 대하여 대가를 지급한 것이 있는 때에는 그 반환을 받을 수 있게 하였다($\stackrel{상}{2}\frac{467의}{}$Ⅲ 2문). 이러한 반환의무는 **법정의무인** 것이다[동: 李(기), 672; 蔡(이),
799; 鄭(동), 607].

2) 상대방의 반환의무   회사가 이익공여금지에 위반하여 재산상의 이익을 공여한 때에는 그 이익을 공여받은 자는 그것을 회사에 반환하여야 한다

($\frac{상}{2}\frac{467의}{Ⅲ}$ 1문). 이러한 상대방의 반환의무는 부당이득의 특칙으로서 이 규정의 취지는 이익공여 전의 상태로 원상회복을 도모하는 데 있다. 이 경우에 상대방은 주주인가 아닌가를 불문하고, 이익공여가 자기의 주주권행사와 관련성이 있는가 없는가, 그 관련성에 관하여 선의인가 악의인가 하는 문제와 관계 없이 그 받은 이익의 전부를 반환할 의무가 있다. 그리고 소수주주권자는 대표소송에 의하여 이익공여의 반환청구를 할 수 있다($\frac{상}{403}\frac{467의}{~406}$ 2 Ⅳ,).

3) **회사의 대가반환의무**　　이익공여가 위법인 경우에 상대방이 회사에 대하여 대가를 지급한 때에는 회사는 그 대가를 반환하여야 한다($\frac{상}{2}\frac{467의}{Ⅲ}$ 2문). 이러한 회사의 반환의무는 형평의 원칙에 의한 **법정의무**로서 상대방의 반환의무와는 **동시이행**의 관계에 있다고 본다[동: 孫(주), 892; 鄭(동), 607; 李(기), 672; 蔡(이), 799; 李(철), 778].

(2) **이사·감사의 책임**　　이사가 이익공여금지규정에 위반하여 이익을 공여한 때에는 법령의 위반으로서 이사는 회사에 대하여 損害賠償責任을 진다($\frac{상}{399}$ Ⅰ). 이익공여가 이사회의 결의에 의한 때에는 그 결의에 찬성한 이사도 같다($\frac{상}{399}$ Ⅱ). 이익공여가 이사회의 결의에 의한 것이 아니라도 다른 이사들이 금지된 이익공여에 대하여 감시의무를 해태한 때에는 손해배상책임을 져야 할 것이다($\frac{상 399 Ⅰ}{382 Ⅱ; 민 681}$). 감사가 이사의 이익공여에 대하여 그 임무를 해태한 때에는 회사에 대하여 손해배상책임을 진다($\frac{상}{414}$ Ⅰ).

(3) **처　벌**　　주식회사의 이사·감사나 상법 제386조 제2항, 제407조 제1항 또는 제415조의 직무대행자·지배인 기타 사용인이 주주의 권리행사와 관련하여 회사의 계산으로 재산상의 이익을 공여한 때에는 1년 이하의 징역 또는 3백만원 이하의 벌금에 처하며($\frac{상}{의 2}\frac{634}{Ⅰ}$), 이익을 수수하거나 제3자에게 이를 공여하게 한 자도 동일한 형사책임을 진다($\frac{동조}{Ⅱ}$).

[事例演習]

◇ 사　례 ◇

X주식회사는 사업이 부진한 상태에서 신규사업에도 실패하였다. 대표이사 甲은 주주총회를 무사히 치르기 위해, X회사의 주주인 乙에게 협력을 구하였던바, 乙은 그 대가로 甲에게 자기가 경영하는 Y회사가 X회사의 선물용 달력을 제작할 수 있게 해 달라고 하였다. 甲은 乙의 요청을 받아들여 제작료를 지급하고 완성된 달력을 수령하였다. 그 후

乙의 호의적 발언 등에 의해 X회사의 주주총회는 무사히 종료되었다.
이 경우 X회사의 금전지출을 둘러싼 상법상의 문제점을 논하라.

[해 설] 이 사례에 있어서 乙은 주주총회에 있어서 호의적인 발언과 의
결권 행사를 조건으로 자신이 경영하는 Y회사가 재산상 이익이 있
는 계약상의 지위를 부여받은 것이므로 상법 제467조의 2 제1항
의 요건을 충족한다. 따라서 재산상 이익을 얻은 Y회사는 X회사에
대하여 받은 이익 전부를 반환하여야 하며($\frac{상}{2}$ 467의 Ⅲ), 이사는 법령 위반
에 의한 임무해태가 있기 때문에 회사에 대해 손해배상책임($\frac{상}{399}$ Ⅰ)을
지고 감사의 임무해태가 있는 경우에는 감사도 손해배상책임($\frac{상}{414}$ Ⅰ)
을 진다. 또한 이사·감사는 이익공여와 관련하여 「주주의 권리행
사에 관한 이익공여죄」($\frac{상}{2}$ 634의 Ⅰ)와 「권리행사방해 등에 관한 증·수뢰
죄」($\frac{상}{631}$)에 관한 벌칙이 적용될 수 있다.

[305] 제 13 使用人의 優先辨濟權

회사와 사용인간의 고용관계로 인하여 사용인은 회사에 대하여 신원보증
금을 비롯하여 급료·상여금·퇴직금 등의 채권을 갖게 되는 경우가 많다. 이러한
채권을 위하여는 임의준비금을 적립하기도 하지만 임의준비금은 회사에 손실
이 있는 때에는 언제든지 그 전보에 충당할 수 있는 자금이므로 사용인을 충
분히 보호할 수 없게 된다. 그리하여 상법은 사회정책적인 고려에서 신원보증
금의 반환을 받을 채권 기타 회사와 사용인간의 고용관계로 인한 채권을 갖는
자에게 회사의 총재산에 대한 우선변제를 인정하고 있다($\frac{상}{468}$ 본). 이러한 권리
의 성질은 상법이 인정한 **법정담보권**이라고 할 수 있다[동: 徐(돈), 461; 李(철), 779; 鄭(찬), 972; 鄭(동), 608].

제 9 절 社   債

제 1 관 總   說

[306] 제 1 總   說

(1) 주식회사는 기업규모의 확대, 설비의 개선, 구채의 상환 및 운영자금의 확보 등을 위하여 거액의 자금을 필요로 한다. 이 경우에 금전차입의 방법도 생각할 수 있지만 이것은 장기에 걸치는 거액의 자금조달을 위하여는 적합하지 못하다. 그러므로 신주의 발행이나 사채의 모집에 의존할 수밖에 없다. 전자는 자기자본의 형태로 자금을 조달할 수 있는 장점이 있지만, 반면에 기업의 영속적인 확대를 초래하고 또 주식의 수가 증가하기 때문에 기존주주에 대한 이익배당과 지배권에 대하여도 영향을 미치게 된다.

(2) 사채를 모집하게 되면 주주에게 직접적인 영향을 미치지 않으면서 타인자본의 형태로 장기에 걸쳐 거액의 자금을 일시에 조달할 수 있다. 사채의 발행과 금전차입은 소비대차적인 채권이라는 점에서는 같지만, 사채의 경우는 채권(債券)이 발행된다는 점이 다르다. 사채는 주식과 달리 당해 연도에 이익이 있든 없든 간에 확정률의 이자의 지급을 보장받고, 또 원금의 상환기일이 확정되어 있기 때문에 주식에 비하여 투자의 대상으로 안전성이 있으므로 자금조달수단으로 널리 이용되고 있다.

[307] 제 2 社債의 意義

(1) 의   의   사채는 회사가 일반투자자로부터 비교적 장기에 걸치는 거액의 자금을 집단적으로 조달하기 위하여 **채권발행**의 형식으로 부담한 채무이다. 일반적으로 사채라고 할 때에는 주식회사가 발행하는 것만을 말하며 상법은 주식회사의 사채발행에 대해서만 특별규정을 두고 있다. 상법상의 사채에 관한 규정은 무담보사채에 관한 것으로서 사채에 관한 일반적 규정이라고 할 수 있으므로, 담보부사채에 대하여도 담보부사채신탁법에 특별한 규정이 없는 때에는 상법의 규정이 적용된다.

(2) 유한회사의 사채발행   유한회사는 폐쇄적 성질을 갖고 주식회사와 달리 대차대조표의 공고가 필요하지 않은 등 공시주의가 완화되고 있을 뿐만 아니라, 유한회사의 경우도 주식회사와 마찬가지로 사원이 유한책임을 지므로, 사채의 발행을 인정한다면 채권자보호를 위한 상세한 규정이 있어야 함에도 아무런 규정이 없다. 또한 상법 제600조 제 2 항과 제604조 제 1 항의 입법취지에서 보더라도 유한회사는 사채를 발행할 수 없다는 것이 통설이다.

[308] 제 3 社債와 株式

I. 총   설($\frac{양자의}{접근}$)

주식은 배당 가능한 이익의 유무·다과에 따라서 이익배당을 받는 점에서 **투기증권**이라고 할 수 있으며, 사채는 확정이자의 지급이 보장되므로 **투자증권**이라고 할 수 있다.

(1) 주식의 사채화   회사는 실제에 있어서 기업의 신용과 합리적 경영을 도모하고 주가를 유지하기 위하여 임의준비금으로 배당평균준비금의 항목을 설정하거나 비밀준비금의 적립 및 배당담보계약 등에 의하여 이익배당의 평균화를 도모하고 있으므로 주식은 어느 정도 사채에 접근하고 있다. 특히 비참가적·누적적 우선주식, 의결권 없는 주식, 상환주식 등은 사채와 유사하다.

(2) 사채의 주식화   반면에 사채 중에 전환사채와 신주인수권부사채는 주식과 같은 성질을 갖는 것으로 주식화된 사채라고 할 수 있다.

2. 양자의 차이점

사채와 주식은 다음과 같은 점에서 차이가 있다.

(1) 출자자의 지위   사채는 회사의 채무이므로 사채권자는 단순한 회사채권자에 불과한 제 3 자이지만($\frac{개인법적}{성격}$), 주식은 회사의 사원인 지위를 의미하므로 주주는 회사의 경영에 참여할 수 있다($\frac{단체법적}{성격}$).

(2) 출자의 과실   사채권자는 이익의 유무에도 불구하고 일정한 이자를 받지만, 주식은 배당 가능한 이익이 있어야만 배당을 받는다.

(3) 출자의 회수   사채권자는 기한이 도래하면 상환을 받으며 해산의 경우 주주에 우선하여 회사재산에서 변제를 받지만, 주주는 회사에 대하여 투

자의 반환을 청구할 수 없고 다만 회사가 해산한 경우에 일반채권자보다 후순위로 잔여재산의 분배를 받을 수 있을 뿐이다($\frac{상}{260}$542,).

(4) 납입의 방법   사채의 경우에는 분할납입이 가능하지만($\frac{상}{476}$ I), 주식의 경우에는 전액납입주의에 의한다($\frac{상}{305}$295,).

(5) 자본의 구성   사채는 타인자본이므로 회사의 채무일 뿐이지만, 주식은 자기자본을 구성하므로 회사의 자본금을 증가시킨다.

(6) 액면미달발행   사채는 액면미달발행이 허용되지만($\frac{상}{II}$474,($_6$)), 주식의 경우에는 자본충실을 위하여 원칙적으로 인정되지 않는다($\frac{상}{330}$).

(7) 자기증권의 취득   사채는 회사의 자기사채의 취득이 가능하지만, 자기주식의 취득은 원칙적으로 금지된다($\frac{상}{341}$).

(8) 납입에 대한 상계   사채의 납입은 상계로써 회사에 대항할 수 있지만, 주식이 납입은 상계로써 대항하지 못한다($\frac{상}{334}$).

(9) 액면의 의의   사채의 액면은 회사에 대한 채권의 금액을 의미하지만, 주식의 액면은 회사의 자본금에 대한 비율적 단위에 불과하다.

3. 양자의 공통점

사채와 주식은 모두 자금조달을 위한 수단이므로 여러 가지의 공통점이 있다. 사채와 주식의 발행은 모두 이사회의 결의에 의한다($\frac{상}{416}$469,). 사채의 총액은 최후의 대차대조표에 의하여 회사에 현존하는 순자산액의 4배를 초과하여 발행하지 못하고($\frac{상}{470}$ I), 신주발행은 발행예정주식총수의 범위 내에서만 가능하다. 사채와 주식을 발행하는 경우에는 그 유통과 권리행사를 위하여 증권이 발행된다. 사채와 주식의 액면은 그 최저한이 법정되고 있다($\frac{상}{472}$329,$_{I}$,^{IV},). 증권이 기명식인 경우에 그 이전으로써 회사에 대항하려면 명의개서를 하여야 한다($\frac{상}{479}$128,).

[309] 제 4 社債와 金錢借入

사채와 금전차입은 모두 타인자본의 조달방법이라는 점에서 같지만 여러 가지의 차이점이 있다. 전자는 거액의 자금을 장기에 걸쳐 일반공중으로부터 조달하는 데 비하여, 후자의 경우는 일시적으로 필요한 자금을 일정한 금융업자로부터 조달한다. 그러나 상법에서는 사채의 발행에 대하여만 투자자의 보

호와 채권거래의 원활 및 안전을 도모하고, 기업을 유지하기 위하여 여러 가지
규제를 하고 있다. 즉 사채의 발행한도·발행조건, 사채의 관리, 이자의 지급과
원금의 상환 등에 관하여 상세한 규정을 두고 있다.

[310] 제5 社債의 種類

(1) **무담보사채와 담보부사채**   이는 사채의 원리금의 변제를 담보하
기 위하여 물상담보권(物上擔保權)이 설정되었는가에 따르는 구별로서, 담보부
사채신탁법에 의하여 물상담보권이 설정된 것을 담보부사채라 하고 그렇지 않
은 것을 무담보사채라고 한다. 우량기업이 발행하는 사채는 대부분 무담보사
채이다. 담보사채에 대하여는 상법 이외에 특별법인 담보부사채신탁법이 적용
된다($^{703면\ 이하}_{참조}$).

(2) **보통사채와 특수사채**   사채권자에게 사채를 신주로 전환할 수 있
는 권리가 부여된 것을 전환사채라 하고($^{694면}_{이하\ 참조}$), 신주를 매수할 수 있는 권리
가 부여된 사채를 신주인수권부사채라 한다($^{698면}_{이하\ 참조}$). 그리고 이익배당에 참가
할 수 있는 이익참가부사채와 주식 기타 유가증권과의 교환권이 부여되는 교
환사채($^{상\ 469}_{Ⅲ\ (2)}$)($^{704면\ 이}_{하\ 참조}$), 유가증권이나 통화 기타 대통령령에서 정하는 자산이나
지표 등의 변동과 연계하여 미리 정하여진 방법에 따라 이익을 얻거나 손실을
회피하기 위한 계약상의 권리를 결합한 사채가 있다($_{469\ Ⅱ}^{상}$). 이러한 특수사채
에 비하여 아무런 권리도 부여되지 않은 사채를 보통사채라 한다.

(3) **기명사채와 무기명사채**   사채권에 사채권자의 성명을 기재한 사
채를 기명사채라 하고, 이를 기재하지 않은 것을 무기명사채라 한다. 양자간에
는 상호 전환을 청구할 수 있다($_{480}^{상}$).

(4) **현물사채와 등록사채**   사채를 발행하는 경우에 사채전액의 납입
이 완료한 때에는 원칙적으로 채권을 발행하여야 하는데($_{478}^{상}$). 이와 같이 채권
이 발행되는 사채를 현물사채(現物社債)라 하고 공사채등록법에 의하여 사채
권자의 청구에 의하여 등록기관에 등록한 사채를 등록사채(登錄社債)라 한다.
등록사채에 대하여는 채권이 발행되지 않고($^{동법}_{ⅠⅠ}$), 이미 발행된 채권은 회수하
여야 한다($^{동법}_{동조\ Ⅱ}$).

(5) **내국채와 외국채**   사채의 모집지가 국내인 사채를 내국채(內國債)
라 하고, 그것이 외국인 사채를 외국채(外國債)라 한다.

[311]　제 6　社債契約의 性質

　　사채는 주식회사가 일반공중으로부터 기채에 의하여 부담한 채무로서 회사와 사채의 응모자 사이의 사채계약에 의하여 성립한다. 사채계약의 성질에 대해서는 i) 사채권의 매매라고 하는 **채권매매설**이 있고 $\left[\begin{smallmatrix}鄭(희), 588; 徐(돈), 462;\\徐(정), 317; 李·崔, 363\end{smallmatrix}\right]$, ii) 매출발행의 경우는 채권의 매매이고 그 외에는 소비대차에 유사한 무명계약이라는 **구분설**이 있으며 $\left[\begin{smallmatrix}孫(주), 894; 李(병), 762;\\鄭(무), 554; 鄭(동), 504\end{smallmatrix}\right]$, iii) 통상의 **소비대차**로 보는 설이 있다 $\left[\begin{smallmatrix}李(철),\\783\end{smallmatrix}\right]$. 사채발행의 태양이 다양하다는 점에서 볼 때 구분설이 타당하다.

　　　　채권매매설에 의하면 사채응모자는 채권을 교부받은 후에 사채권자가 된다고 할 수 있다. 그러나 상법 제478조 제 1 항에 의하면 채권은 사채전액의 납입이 완료한 후에만 발행할 수 있으므로 채권이 발행되기 전에 이미 사채권자가 존재하게 된다. 더욱이 이에 의하면 공사채등록법에 따라 채권을 발행하지 않고 사채권자가 되는 등록사채를 설명할 수 없게 될 것이다.

제 2 관　社債의 發行

[312]　제 1　社債發行에 관한 制限

　　사채는 일반공중으로부터 대량적이고 집단적으로 모집하게 되며 사채관계는 계속적인 성질이 있으므로, 개별적인 소비대차의 경우와 달리 그 발행에 있어서는 상법은 여러 가지의 규정을 두고 있다.

I. 총액제한제도의 폐지

　　종래에는 사채의 총액은 최종의 대차대조표에 의하여 회사에 현존하는 순자산액의 4 배를 초과하지 못한다($^{구상}_{470 1}$)고 하여 사채총액을 제한하고 있었으나 상법개정안(2007)은 이 제도를 폐지하였다. 그 이유는 사채발행 이외의 방법에 의한 금전차입에는 아무런 제한이 없으므로 사채에 한하여 제한하는 것은 그 실효성이 없다는 점을 고려한 때문이라고 할 수 있다.

2. 기타 제한제도의 폐지

상법개정안(2007)은 재모집의 제한($^{구상}_{471}$), 각 사채금액의 제한($^{구상}_{472}$), 권면액초과발행의 제한규정($^{구상}_{473}$) 등을 삭제하였다.

[313] 제 2 社債發行의 方法

1. 직접발행

(1) **직접모집** 이는 회사가 직접 일반 공중으로부터 사채를 모집하는 것인데 상법은 이 경우에 관하여 규정하고 있다. 이 방법은 회사가 직접 절차를 밟아 모집하므로 중개자에 대한 수수료를 절약할 수 있는 이점이 있지만, 반면에 발행사무의 처리를 위하여 많은 인원이 필요하고 사채의 모집업무가 전문화되어 가고 있어서 회사가 직접모집하는 경우는 극히 드물다.

(2) **매출발행** 이는 사채총액을 확정하지 않고 일정한 기간을 정하여 그 기간 내에 개별적으로 채권을 매출하는 방법으로 사채를 발행하는 것이지만($^{주택채권·산업}_{금융채권 등}$), 상법($^{상}_{478}$)에 의하면 채권은 사채금액의 납입이 완료한 후가 아니면 발행할 수 없으므로 일반 주식회사의 경우에는 이러한 방법에 의한 사채모집이 불가능하다.

2. 간접발행

(1) **위탁모집** 이는 중개자를 개입시켜서 사채를 모집하는 방법이다. 이 경우에는 수수료 및 기타의 비용이 들지만, 사채의 모집업무에 관하여 전문적 지식이 있는 중개자를 이용할 수 있기 때문에 신속하게 사채를 발행할 수 있는 장점이 있다. 일반적으로 위탁모집의 사채관리회사는 무담보사채의 경우에는 은행·신탁회사 또는 증권회사($^{상부}_{6}$)이며, 담보부사채의 경우에는 담보의 수탁회사이다. 사채관리회사는 사채모집의 모든 절차를 진행할 뿐만 아니라, 무담보사채의 사채관리회사는 전채권자를 위하여 사채를 상환받는 데 필요한 행위를 할 수 있는 모든 권한이 있으며, 담보부사채의 경우에는 신탁계약에 다른 정함이 없으면 사채관리회사가 채권의 발행·사채의 상환·이자의 지급에 관하여 모든 행위를 할 수 있는 권한을 갖는다($^{담사}_{18}$).

(2) **인수모집**($^{도급}_{모집}$) 이는 기채회사가 수탁회사와 인수 및 모집계약을

체결하여 사채모집의 사채관리회사가 사채총액에 대하여 그 응모액이 미달되는 때에 그 잔액에 대한 인수의무를 지는 것을 말한다.

3. 사채총액의 인수

이는 특정인이 사채발행회사와의 계약에 의하여 사채총액을 인수하는 경우를 말한다. 이 경우에는 공중보호의 문제가 없으므로 사채청약서의 작성은 필요 없다($\frac{상}{475}$). 이 경우에는 인수인이 이후 매출 내지 채권의 매매를 자기의 책임하에 하므로 가격의 차액에 대한 손익이 인수인에게 귀속하는 점이 위탁모집의 경우에 사채관리회사가 단순히 보수를 받는 것과 다르다. 제 3 자가 사채의 총액을 인수하는 방법은 외국에서 사채를 모집하는 경우에 많이 이용된다.

[314] 세 3 社債發行의 節次

(1) 발행의 결정   사채는 이사회의 결의에 의하여 발행할 수 있다($\frac{상}{469\,Ⅰ}$). 그러나 정관에 의하여 주주총회의 권한으로 할 수 있다. 또한 이사회 또는 주주총회는 사채발행의 결정뿐만 아니라 그 발행사항(사채총액·종류·각 사채의 금액·이율·상환방법·기한 등)도 정하여야 한다. 다만 중요하지 않은 세부적인 사항은 대표이사에게 일임할 수 있다고 본다. 그러나 정관에 정함이 있는 경우 이사회는 1년을 초과하지 않는 기간내에 발행할 사채의 금액을 정하여 대표이사에게 사채의 발행을 위임할 수 있다($\frac{상}{469\,Ⅲ}$). 이사회의 결의 없이 대표이사가 발행한 사채도 유효하다. 왜냐하면 사채발행은 회사와 제 3 자간의 거래행위이기 때문이다[동: 孫(주), 753; 李(병), 768].

(2) 사채계약의 성립   1) 사채의 모집에 응모하고자 하는 자는 직접모집의 경우는 발행회사의 이사가, 그리고 위탁모집의 경우에는 사채관리회사가 작성한 사채청약서 2통에 사채의 수와 주소를 기재하고 기명날인 또는 서명하여야 한다($\frac{상}{476\,Ⅱ}^{474,}$). 즉 사채의 청약은 사채청약서에 의하여 하여야 한다. 그러므로 사채청약서에 의하지 않은 청약은 효력이 없다[동: 孫(주), 900; 鄭(찬), 982; 鄭(동), 508]. 그러나 사채의 총액 또는 그 일부를 사채관리회사가 인수하는 경우에는 사채청약서가 필요 없다($\frac{상}{475}$).

2) 사채청약서에는 법정기재사항($474\frac{상}{Ⅱ}$) 이외에 임의적 기재사항으로서 청약기간·청약증거금·납입기일·납입취급은행 또는 신탁회사를 기재할 수 있

다. 청약에 대하여 발행회사(發行會社) 또는 사채관리회사(社債管理會社)가 사채를 배정한 때에는 사채계약이 성립한다. 사채의 경우에는 명문의 규정이 없으나 신주발행의 경우와 마찬가지로 모집을 예정한 사채총액의 전부에 대한 인수가 없더라도 사채모집은 유효하다[동: 孫(주), 901; 鄭(동), 509; 李(철), 786; 鄭(찬), 983; 李(기), 619].

(3) 납　입　　사채의 모집이 완료한 때에는 이사 또는 사채관리회사는 지체없이 인수인에 대하여 각 사채의 금액 또는 제 1 회의 납입을 시켜야 한다($476_{\,I}^{\,상}$). 납입은 주식의 경우와 달리 상계·대물변제로 할 수 있으며 납입의 지체에 대한 실권절차에 관한 규정도 없다.

제 3 관　社債의 流通과 償還

[315] 제 1　社債의 流通

Ⅰ. 채권의 발행

사채에 대하여는 그 유통의 원활을 위하여 채권이 발행된다.

(1) 채권의 성질　　1) 채권은 사채계약상의 권리를 표창하는 유가증권으로서 요인증권(要因證券)이다[동: 徐(돈), 468; 孫(주), 902; 鄭(동), 510; 李(기), 619]. 이와는 달리 채권은 기채회사의 추상적인 채무약속을 표창하는 유가증권이라는 소수설도 있는데[鄭(희), 593; 徐(정), 320], 이 견해는 사채계약의 성질이 채권의 매매라는 것을 전제로 하고 있다. 그리하여 채권은 무인증권(無因證券)이라고 한다. 그러나 상법에 의하면 채권은 사채전액의 납입이 완료한 후가 아니면 발행하지 못한다($478_{\,I}^{\,상}$)고 규정하고 있어서 채권은 사채계약에 근거하여서만 발행할 수 있다는 점과 사채권자의 지위는 사채권자집회의 결의에 따라서 제한을 받는다는 점에서 볼 때에, 채권은 사채계약상의 권리를 표창하는 유가증권으로서 요인증권이라고 보는 것이 타당하다.

2) 채권은 일정한 금액의 지급을 목적으로 하는 채권적 유가증권(債權的 有價證券)의 일종이다. 또한 요식증권으로서 채권에는 법정사항을 기재하고 대표이사가 기명날인 또는 서명하여야 한다($478_{\,II}^{\,상}$). 그러나 채권의 요식증권성은 어음·수표와 같이 엄격하지 않으므로 본질적인 사항이 아닌 것은 그 기재가 없더라도 채권이 무효로 되지 않는다.

(2) 발행의 시기　　채권은 사채전액의 납입이 완료한 후가 아니면 이를

발행하지 못한다($^{상}_{478 \, I}$). 그러므로 사채권자는 사채금액의 납입 후에만 채권발
행청구권이 있다. 이 규정에 위반하여 채권을 발행한 때에는 과태료의 제재를
받는다($^{상 635}_{I (24)}$). 그러나 발행한 **채권의 효력**에 관하여는 i) 채권의 성질을 추상
적 채무약속을 표창하는 무인증권이라는 설에 의하면 당연히 채권은 유효하다
고 할 것이지만, ii) 요인증권설 중에도 채권발행시기의 제한에 관한 규정이
회사의 이익을 위한 것이므로 회사가 이를 위반한 때에는 유효하다는 견해가
있다[$^{鄭(동), 510; 孫(주),}_{902; 李(기), 620}$]. 생각건대 사채는 액면미달로도 발행할 수 있다는 점에서
볼 때 납입이 되지 않은 부분이 **근소한** 때에는 **유효**하고, 그것이 **현저한** 때에
는 **무효**라고 하는 것이 타당하다.

　(3) **채권의 형식**　　　채권은 기명식과 무기명식으로 발행할 수 있으며 두
가지 방법을 병행하는 때에는 상호전환권이 인정된다($^{상}_{480 \, 본}$). 일반적으로 무기
명식이 많이 이용된다. 기명사채는 지시식으로도 발행할 수 있다는 견해도 있
으나[$^{徐(돈), 469;}_{孫(주), 904}$], 지시식으로는 발행할 수 없다고 본다[$^{동: 鄭}_{(회), 549}$].

　(4) **채권의 선의취득**　　　채권도 금전의 지급을 목적으로 하는 유가증권
이므로 상법 제65조에 의하여, 특히 **무기명채권**에 대하여는 민법 제514조와
제524조가 준용되어 선의취득이 인정된다[$^{동: 鄭}_{(동), 513}$]. 기명사채의 경우 채권의
선의취득이 인정되는가에 대하여는 기명식사채를 지시식으로 발행할 수 있다
는 입장에서는 기명사채가 지시식으로 발행된 경우에 선의취득이 인정된다고
한다[$^{徐(돈), 469;}_{孫(주), 905}$]. 그러나 기명사채도 금전채권적 유가증권이기는 하지만 기명
사채에는 법률상 당연한 지시증권성이 인정되지 않고 자격수여적 효력도 없으
므로 선의취득은 인정되지 않는다고 본다[$^{동: 鄭(동), 513;}_{鄭(찬), 986}$].

　(5) **채권의 상실**　　　채권을 상실한 때에는 공시최고의 신청을 할 수 있
으며($^{민소 492,}_{496, 497}$), 제권판결을 얻지 못하면 채권의 재발행을 청구할 수 없다고 본
다($^{상 360 \, II}_{참조}$).

　2. 사채원부

　사채원부라 함은 사채권자 및 채권에 관한 사항을 기재한 장부로서 주주
명부에 상응하는 것이다. 사채원부에는 일정한 법정사항($^{상}_{488}$)을 기재하여야 하
며 이사는 이를 비치하여야 하고($^{상}_{396 \, I}$), 회사채권자와 주주는 영업시간 내에는
언제든지 그 열람 또는 등사를 청구할 수 있다($^{상}_{396 \, II}$). 사채원부는 기명사채이
전의 대항요건($^{상}_{479}$), 사채권자에 대한 통지·최고($^{상 489 \, I}_{353 \, I}$), 신탁의 공시($^{상}_{3 \, II}$) 등

의 경우에 있어서 중요한 의의를 갖는다.

3. 사채의 전자등록부에의 등록

회사는 채권을 발행하는 대신 정관에 정하는 바에 따라 전자등록기관의 공인된 전자등록부에 채권자의 권리를 등록할 수 있는데, 전자등록부에 등록된 채권자의 권리에 관하여는 주식의 전자등록에 관한 규정($상_{Ⅲ 내지 Ⅵ}^{356의 2}$)을 준용한다($_{478\,Ⅲ}^{상}$).

4. 사채의 양도

(1) 기명사채   1) 기명사채의 양도는 의사표시와 채권의 교부로써 할 수 있다. 채권의 교부는 단순한 대항요건이 아니라 **효력발생요건이다**[$통_설$]. 기명사채의 이전은 취득자의 성명과 주소를 사채원부에 기재하고 그 성명을 채권에 기재하지 아니하면 회사 기타의 제3자에게 대항하지 못한다($_{479\,Ⅰ}^{상}$). 정관의 규정에 의하여 명의개서대리인을 둔 경우 명의개서대리인의 영업소에 비치한 사채원부 또는 그 복본에 명의개서를 한 때에는 회사에 비치한 사채원부에 명의개서를 한 것과 같은 효력이 인정된다($상_{337\,Ⅱ\cdot}^{479\,Ⅱ}$).

2) 사채에 대하여는 **자기사채**(自己社債)의 취득금지에 관한 규정이 없을 뿐만 아니라 자기주식의 경우와 같은 위험이 없기 때문에 자기사채의 취득이 가능하다.

(2) 무기명사채   무기명사채의 양도는 그 채권을 양수인에게 교부함으로써 양도의 효력이 생긴다($민_{523}$).

5. 사채의 입질

(1) 기명사채는 지명채권이므로 당사자간의 의사표시에 의하여 질권의 설정이 가능하지만($민_{346}$), 채권이 발행된 때에는 **채권**을 채권자에게 **교부함으로써** 질권설정의 효력이 생긴다($민_{347}$). 회사 기타 제3자에게 대항하기 위하여는 민법 제450조의 규정에 의하여 회사에 질권설정의 사실을 통지하거나 회사가 이를 승낙하여야 한다($민_{349}$)[$동: 鄭(희), 595; 徐(돈), 469;\atop 孫(주), 905; 鄭(동), 512$]. 이와는 달리 대항요건에 관하여는 기명주식의 입질에 관한 규정($상_{340\cdot}^{338}$)을 유추적용하여 채권의 교부를 성립요건으로, 사채원부에의 기재를 회사와 제3자에 대한 대항요건으로 본다는 견해[$孫(성), 232;\atop 金(용), 454$]와 기명사채의 이전에 관한 대항요건인 상법 제479조를 유

추적용하여야 한다는 견해가 있다[李(철),].
789

　(2) 무기명사채는 그 채권을 채권자에게 교부함으로써 질권설정의 효력이
생긴다(민351). 질권자가 회사 기타의 제3자에게 대항하려면 채권을 계속 점유
하여야 한다. 등록사채의 경우는 채권이 발행되지 않으므로 양도의 경우와 마
찬가지로 입질의 경우도 채권의 교부를 필요로 하지 않는다.

[316]　제2　利子支給과 償還

I. 사채의 이자지급

　(1) 이율·지급기한·지급방법　　사채의 이자액은 사채계약에서 정한
이율에 의하여 결정된다. 이율은 중요한 발행요건이므로 사채청약서·채권·사
채원부에 그 기재를 하여야 한다(상474 II (7), 478 II (2), 488 (3)). 또한 이자의 지급기한 및 방법
도 사채계약에서 정하여진다.

　(2) 이　　권(무기명사채의 경우)　　무기명채권에는 이권(利券)이 첨부되는 것이
보통이고, 이 경우에 이자의 지급은 이 이권과 상환으로 하며 채권 자체의 제
시는 필요 없다. 이권은 각 이자지급기에 있어서의 이자지급청구권을 표창하
는 유가증권이며[동; 鄭(희), 596; 徐(정),321; 孫(주), 914] 독립하여 유통의 대상이 된다. 그러나 사
채를 할인발행하는 경우에는 미리 이자의 합계액을 공제한 금액으로 발행하고
상환은 사채의 권면액으로 하므로 이권이 발행되지 않는다.

　(3) 이자청구권 등의 소멸시효　　사채의 이자지급청구권과 이권소지
인의 공제액지급청구권은 5년간 행사하지 아니하면 소멸시효가 완성한다
(상487 III).

2. 사채의 상환

　(1) 총　　설　　사채의 상환이란 발행회사가 사채권자에게 채무를 변
제하여 사채의 법률관계를 종료시키는 것을 말한다. 상환은 권면액을 상환하
는 것을 원칙으로 하지만, 상환금액이 권면액을 초과할 것을 정하였을 때에는
그 초과액은 각 사채에 대하여 동률이어야 한다. 회사가 이권 있는 무기명사채
를 상환하는 경우에 이권이 흠결된 때에는 이권의 권면액에 상당한 금액을 사
채상환액에서 공제하여 상환한다(상486 I).

　(2) 방　　법　　사채의 상환과 그 방법에 대하여는 특별한 규정은 없으

나 중요한 사항이기 때문에 모든 서류에 그 내용이 기재된다. 실제에 있어서 발행일로부터 일정한 거치기간을 정하고, 이 기간의 경과 후 매년 정기적으로 일정액 또는 그 이상을 추첨의 방법으로 상환하고 미리 정하여진 최종기간까지는 사채 전부의 상환을 완료한다는 뜻을 정한 경우가 많다. 사채관리회사가 있는 경우에는 사채관리회사가 사채권자를 위하여 사채의 상환을 받는 데 필요한 모든 재판상 또는 재판 외의 행위를 할 권한이 있다($_{484 \, I}^{상}$). 이 때에는 사채관리회사가 발행회사로부터 상환을 받은 때에 사채는 소멸하고, 사채권자는 사채관리회사에 대하여만 채권과 상환으로 상환액의 지급을 청구할 수 있다($_{II \cdot III}^{상 \, 484}$).

(3) 매입소각　　　이것은 발행회사가 자기의 사채를 매입하여 소각하는 것으로, 사채의 시장가격이 하락한 때에 하게 된다. 이 경우에 사채의 법률관계는 채권의 파훼로 인한 발행회사의 사채권방기(社債券放棄)에 의하여 종료하므로 사채의 상환과 동일한 효과가 생긴다.

(4) 발행회사의 불공정행위 취소의 소

1) 제소권자　　　발행회사가 어느 사채권자에 대하여 한 변제, 화해 기타의 행위가 현저하게 불공정한 때에는 사채관리회사는 소만으로 그 행위의 취소를 청구할 수 있다($_{511 \, I}^{상}$). 제소권은 사채관리회사가 없거나 사채관리회사가 소를 제기하지 않는 경우에 사채권자집회의 대표자와 집행자도 그 집회의 결의에 의하여 행사할 수 있다($_{512}^{상}$).

2) 취소의 제한　　　이 소는 특정한 사채권자에게 부당한 이익을 주는 경우에 편파적인 행위를 시정하는 데 목적이 있으므로 발행회사의 악의의 유무는 묻지 않지만, 그 수익자나 전득자가 그 행위 또는 전득 당시에 그 행위가 현저하게 불공정하여 다른 사채권자를 해함을 알지 못한 때에는 제기하지 못한다($_{민 \, 406 \, I \, 단}^{상 \, 511 \, III ;}$).

3) 제소기간　　　이 소는 사채관리회사가 취소의 원인인 사실을 안 때로부터 6월, 행위가 있은 때로부터 1년 내에 제기하여야 하며($_{511 \, II}^{상}$), 사채권자집회의 대표자 또는 집행자가 제기하는 때에는 그 행위가 있은 때로부터 1년 내에 한하여 제기할 수 있다($_{512 \, 단}^{상}$).

4) 관　할　　　이 소는 본점소재지의 지방법원의 관할에 속한다($_{III, \, 186}^{상 \, 511}$).

(5) 소멸시효　　　사채의 상환청구권과 사채권자의 사채관리회사에 대한 상환액지급청구권은 10년간 행사하지 아니하면 소멸시효가 완성한다($_{I \cdot II}^{상 \, 487}$).

[317] 제 3 社債管理會社

I. 총   설

오늘날 사채모집은 일반적으로 전문기관을 개입시키는 위탁모집의 방법을 택하고 있다. 무담보사채의 사채관리회사는 다만 사채모집의 위탁을 받는 것에 불과하지만, 사채발행의 편의를 도모하고 사채의 공중성·계속성·집단성을 고려하여 사채의 발행으로부터 그 상환에 이르기까지의 사채권자의 이익을 보호할 목적으로 상법은 사채관리에 관하여 특별한 규정을 두고 있다.

2. 사채관리회사의 설치

회사는 사채를 발행하는 경우에 사채관리회사를 정하여 변제의 수령, 채권의 보전 기타 사채의 관리를 위탁할 수 있다($\frac{\text{상}480}{\text{의}2}$).

3. 사채관리회사의 자격

은행, 신탁회사 기타 대통령령에서 정하는 자가 아니면 사채관리회사가 될 수 없다($\frac{\text{상}480\text{의}}{3\text{ I}}$). 또한 사채의 인수인은 당해 사채의 사채관리회사가 될 수 없다($\frac{\text{동조}}{\text{II}}$). 사채를 발행한 회사와 특수한 이해관계가 있는 자로서 대통령령이 정하는 자는 사채관리회사가 될 수 없다($\frac{\text{동조}}{\text{III}}$).

4. 사채관리회사의 사임·해임

사채관리회사는 사채의 발행회사와 사채권자집회의 동의를 얻은 때와 부득이한 사유에 의하여 법원의 허가를 얻은 때에만 사임할 수 있다($\frac{\text{상}}{481}$). 사채관리회사가 그 사무를 처리함에 부적임하거나 기타 정당한 사유가 있는 때에는 법원이 사채의 발행회사 또는 사채권자집회의 청구에 의하여 사채관리회사의 해임을 할 수 있다($\frac{\text{상}}{482}$).

5. 사무승계자의 선정

사채관리회사의 사임 또는 해임으로 인하여 사채관리회사가 없게 된 때에는 사채를 발행한 회사는 그 사무를 승계할 사채관리회사를 정하여 사채권자를 위하여 사채의 관리를 행할 것을 위탁하여야 한다. 이 경우 회사는 지체없이 사채권자집회를 소집하여 동의를 받아야 한다($\frac{\text{상}}{483\text{ I}}$). 그러나 부득이한 사

유가 있는 때에는 이해관계인은 법원에 사무승계자의 선임을 청구할 수 있다
($_{483}^{\ 상}$ Ⅲ).

6. 사채관리회사의 보수 · 비용

사채관리회사, 대표자 또는 집행자에 대한 보수와 그 사무처리에 요할 비
용은 사채를 발행한 회사와의 특정한 약정이 없으면 법원의 허가를 얻어 사채
의 발행회사로 하여금 이를 부담하게 할 수 있고, 또한 사채관리회사는 사채에
관한 채권의 변제를 받은 금액에서 사채권자에 우선하여 그 보수와 비용의 변
제를 받을 수 있다($_{507}^{상}$).

7. 사채관리회사의 권한

(1) 상환에 관한 권한   사채관리회사는 사채권자를 위하여 사채에 관
한 채권의 변제의 수령 또는 채권의 실현을 보전하기 위해 필요한 재판상 또
는 재판 외의 모든 행위를 할 권한이 있다($_{484}^{\ 상}$Ⅰ). 이러한 권한은 사채권자의
보호를 위한 법정대리권이며 사채관리회사는 이 권한을 행사할 의무도 진다.
사채관리회사가 두 개 이상의 회사인 경우에는($_{액인 \ 경우에 \ 많다}^{사채의 \ 총액이 \ 거}$) 그 권한에 속하는
행위는 공동으로 하여야 한다($_{485}^{\ 상}$Ⅰ). 그러므로 그 중 한 회사만의 단독행위는
그 효력이 없다. 또한 위의 경우에 각 회사는 사채권자에 대하여 연대하여 변
제액을 지급할 의무가 있다($_{485}^{\ 상}$Ⅱ).

(2) 상환금수령시의 조치   사채관리회사가 사채의 상환을 받은 때에
는 지체없이 그 뜻을 공고하고, 알고 있는 사채권자에 대하여는 각별로 이를
통지하여야 한다($_{484}^{\ 상}$Ⅱ). 사채관리회사가 변제액을 수령한 때에는 사채의 발행
회사의 상환의무가 소멸하므로, 사채권자는 사채관리회사에 대하여 채권과 상
환하여 상환액의 지급의 청구를, 이권과 상환하여 이자지급을 청구할 수 있다
($_{484}^{\ 상}$Ⅲ).

(3) 불공정행위의 취소의 소권   사채의 발행회사가 어느 사채권자에
대하여 한 변제, 화해 기타의 행위가 현저하게 불공정한 때에는 사채관리회사
는 소만으로 그 행위의 취소를 청구할 수 있다($_{511}^{\ 상}$Ⅰ). 소는 사채관리회사가 취
소의 원인인 사실을 안 때로부터 6월, 행위가 있은 때로부터 1년 내에 제기하
여야 하지만($_{511}^{\ 상}$Ⅱ), 그 행위에 의한 수익자인 사채권자 또는 전득자가 그 행위
또는 전득 당시에 다른 사채권자를 해할 것을 알지 못한 때에는 취소를 청구할

수 없다($^{\,\text{상}\,511\,\text{III}\,;}_{\text{민}\,406\,\text{I}\,\text{단}}$).

　　(4) 기타의 권한　　　그 밖에 사채관리회사는 사채의 모집에 필요한 행위($_{476\,\text{II}}^{\text{상}}$)와 사채권자집회의 소집·운영·결의의 집행을 위한 권한을 갖는다($^{\text{상}491\,\text{I},}_{493\,\text{I},}$ $^{501,}_{494}$).

　　(5) 사채권자집회의 결의가 필요한 행위　　　사채관리회사가 i) 당해 사채 전부에 대한 지급의 유예, 그 채무의 불이행에 의해 발생한 책임의 면제 또는 화해($^{\text{아래 ii)에 기재한}}_{\text{행위는 제외한다}}$) ii) 당해 사채 전부에 관한 소송행위 또는 채무자회생 및 파산에 관한 절차에 속하는 행위($^{\text{상법 제484조 제1항}}_{\text{의 행위는 제외한다}}$)를 하는 경우에는 사채권자집회의 결의에 의하여야 한다. 다만 사채를 발행하는 회사는 ii)에 기재한 행위를 사채관리회사가 사채권자집회결의에 의하지 아니하고 할 수 있음을 정할 수 있다($_{484\,\text{IV}}^{\text{상}}$). 사채관리회사가 상법 제484조 제4항 단서의 규정에 의하여 사채권자집회의 결의에 의하지 아니하고 동항 제2호에 정한 행위를 한 때에는 지체없이 그 뜻을 공고하고 알고 있는 사채권자에 대하여는 따로 통지하여야 한다($^{\text{동조}}_{\text{V}}$). 상법 제484조 제2항과 제5항의 공고는 사채를 발행한 회사가 행하는 공고와 같은 방법으로 하여야 한다($^{\text{동조}}_{\text{VI}}$). 사채관리회사는 그 관리의 위탁을 받은 사채에 관하여 상법 제484조 제1항 또는 제4항 각호에 정한 행위를 위하여 필요한 때에는 법원의 허가를 얻어 사채를 발행한 회사의 업무와 재산상태를 조사할 수 있다($^{\text{동조}}_{\text{VII}}$).

8. 사채관리회사의 의무 및 책임

　　사채관리회사는 사채권자를 위하여 공평하고 성실하게 사채를 관리하여야 한다($^{\text{상}484\text{의}}_{2\,\text{I}}$). 사채관리회사는 사채권자에 대하여 선량한 관리자의 주의로 사채를 관리하여야 한다($^{\text{동조}}_{\text{II}}$). 사채관리회사가 상법 또는 사채권자집회결의에 위반한 행위를 한 때에는 사채권자에 대하여 연대하여 이로 인하여 발생한 손해를 배상할 책임이 있다($^{\text{동조}}_{\text{III}}$).

제 4 관 社債權者集會

[318] 제 1 社債權者集會

I. 총   설

사채의 발행은 일반공중으로부터 거액의 장기자금을 집단적으로 차입하는 방법으로서 차입총액이 동일한 금액으로 구분되는데, 이는 각 사채권자의 지위 및 권리의 내용에 양적인 차이를 두기 위한 것이다. 또한 모든 사채권자의 이해관계는 공통성이 있기 때문에 자연적으로 이익단체가 구성될 뿐만 아니라, 회사가 각 사채권자를 개별적으로 상대한다는 것은 불편하기 때문에 법은 사채권자의 권리확보와 회사의 편의를 위하여 사채권자집회를 법률상의 회의체로서 인정하고 있다.

2. 의의와 성질

사채권자집회는 사채권자의 이해관계에 영향을 미치는 사항에 대하여 결의를 하여 동일한 종류의 사채권자의 집약된 의사를 결정하는 임시적인 회의체이다. 그러므로 수종의 사채가 발행된 경우는 사채의 종류에 따라 집회가 구성된다($_{참조}^{상\,509}$). 즉 모든 종류의 사채권자로 구성되는 사채권자집회는 존재하지 않는다. 이 점이 주주총회와 다르다. 그리고 사채권자집회는 회사 외의 임시적인 회의체라는 점에서 주식회사의 기관인 주주총회와 다르다고 할 수 있다.

3. 소   집

(1) 소집권자   사채권자집회의 소집권자는 사채의 발행회사 또는 사채관리회사이다($_{491}^{상}$ I). 그리고 사채의 종류별로 당해 종류의 사채총액($_{액을\,제외}^{상환받을}$)의 10분의 1 이상에 해당하는 사채를 가진 사채권자는 회의 목적인 사항과 소집의 이유를 기재한 서면 또는 전자문서를 사채를 발행한 회사 또는 사채관리회사에 제출하여 사채권자집회의 소집을 청구할 수 있다($_{II}^{동조}$). 이러한 청구를 받고도 소집의 절차를 밟지 아니할 때에는 청구한 사채권자가 법원의 허가를 얻어 직접 소집할 수 있다($_{III}^{동조}$). 무기명사채권자는 채권을 공탁하여야만 위의 권리를 행사할 수 있다($_{IV}^{동조}$).

(2) 소집절차   소집에 관하여는 주주총회의 소집절차에 관한 규정을

준용한다($\frac{상}{363}\frac{510 \text{ I}}{} \cdot$).

4. 권   한($\frac{결의}{사항}$)

사채권자집회는 **상법**에서 규정하고 있는 사항 및 사채권자의 이해에 관한 사항에 관하여 결의할 수 있다($\frac{상}{490}$). 이와 같이 그 권한을 제한하는 이유는 다수결의 남용으로부터 개개의 사채권자의 이익을 보호하기 위한 것이라고 할 수 있다. 사채권자집회의 법정된 결의사항은 사채관리회사의 사임 및 해임·사채관리회사의 사무승계자의 선정·사채발행회사의 대표자의 출석요구·사채권자집회의 대표자의 선임·결의의 집행자선정·대표자 및 집행자의 해임·위임사항의 변경·자본감소의 경우에 이의제기($\frac{상}{}\frac{481, 482, 483 \text{ I}, 494, 500 \text{ I},}{501 \text{ 단}, 504, 505 \text{ I}, 439 \text{ III}}$) 등과 그 밖의 어떠한 사항이라도 사채권자의 이해에 중대한 관계가 있는 것을 결의할 수 있다($\frac{상}{490}$).

5. 결   의

(1) 의결권의 수   의결권은 미상환액을 기준으로 사채의 최저액마다 1개로 한다($\frac{상}{492}\text{ I}$).

(2) 결의요건   결의방법은 원칙적으로 주주총회의 특별결의의 요건에 준하여 출석한 사채권자의 의결권의 3분의 2 이상의 수와 사채총수의 3분의 1 이상의 수로써 하여야 한다($\frac{상}{434}\frac{495 \text{ I}}{} \cdot$). 보통결의($\frac{출석한 사채권자의 의결}{권의 과반수로 하는 경우}$)로 할 수 있는 사항도 있다($\frac{상}{481\sim483,}\frac{495 \text{ II}}{494}$). 그러나 특별결의를 원칙으로 한다. 사채권자집회에 출석하지 않은 사채권자는 서면에 의하여 의결권을 행사할 수 있다($\frac{상}{495}\text{ III}$). 서면에 의한 의결권 행사는 의결권 행사서면에 필요한 사항을 기재하여 법무부령으로 정하는 때까지 의결권 행사서면을 소집자에게 제출하여야 한다($\frac{동조}{\text{IV}}$). 서면에 의하여 행사한 의결권의 액은 출석한 의결권자의 의결권의 액에 산입한다($\frac{동조}{\text{V}}$). 전자적 방법에 의한 의결권의 행사에 관한 규정($\frac{상}{의 4}368$)은 사채권자집회에 준용한다($\frac{동조}{\text{VI}}$).

(3) 기타 결의에 관한 사항   기타 대리인의 의결권행사, 특별이해관계인과 자기사채의 의결권, 정족수, 의결권수의 계산, 연기 또는 속행의 결의, 의사록의 작성 등에 관하여는 주주총회에 관한 규정을 준용한다($\frac{상}{369}\frac{510 \text{ I}, 368 \text{ III}\cdot\text{IV},}{\text{II}, 371\sim373} \cdot$).

(4) 결의의 효력발생   1) 사채권자집회의 결의는 **법원의 인가**를 얻거나, 사채권자 전원의 동의가 있으면 그 효력이 생긴다($\frac{상}{498}\text{ I}$). 법원의 인가를

결의의 효력요건으로 한 것은 사채의 집단성과 공중성을 고려하여 결의에 하자가 있는 경우에 그 감독을 사후에 사채권자들에게 시정토록 하는 것보다 법원에 맡기는 것이 합리적이라고 판단한 결과라고 할 수 있다. 그러나 사채권자 전원의 동의가 있으면 사채권자집회의 결의는 법원의 인가를 받지 않고도 그 효력이 생긴다($\frac{상}{498}$).

2) 법원은 i) 집회의 소집절차 또는 그 결의방법이 법령이나 사채모집의 계획서의 기재를 위반한 때, ii) 결의가 부당한 방법에 의하여 성립하게 된 때, iii) 결의가 현저하게 불공정한 때, iv) 결의가 사채권자 일반의 이익에 반하는 때에는 결의를 인가하지 못한다($\frac{상}{497 \text{ I}}$). 그러나 i) 또는 ii)의 사유가 있는 경우에는 법원이 결의의 내용 기타 모든 사정을 참작하여 결의를 인가할 수 있다($\frac{상}{497 \text{ II}}$). 즉 결의의 형식적 하자가 있으나 그 정도가 경미하고 그 하자가 결의의 결과에 영향이 없었던 것으로 판단되며 실질적으로 사채권자의 이익을 해하지 않는 경우에는 그 결의를 인가할 수 있다. 이는 주주총회의 결의취소의 소에 있어서 법원의 재량기각권을 인정하고 있는 취지와 같다.

3) 사채권자집회의 결의에 대하여 인가 또는 불인가의 결정이 있는 때에는 사채발행회사는 지체없이 그 뜻을 공고하여야 한다($\frac{상}{499}$). 왜냐하면 결의의 인가 또는 불인가의 결정은 총사채권자의 이해관계에 중대한 영향을 미치기 때문이다.

4) 결의에 대한 법원의 인가는 결의의 절차와 내용에 대한 공정성을 법원이 공권적(公權的)으로 확인한 것이라고 할 수 있으나, 이후 주주총회의 하자가 있는 경우와 같은 결의취소의 소나 결의무효확인·부존재확인의 소의 제기는 인정되지 않는다.

(5) 비용의 부담　　　사채권자집회와 결의의 인가청구에 관한 비용은 사채의 발행회사가 부담한다($\frac{상}{\text{I·II}} \frac{508}{본}$). 그러나 법원은 결의의 인가청구에 관한 비용을 이해관계인의 신청에 의하여 또는 직권으로 그 전부 또는 일부에 관하여 따로 부담자를 정할 수 있다($\frac{상}{\text{II}} \frac{508}{단}$).

6. 대표자와 결의의 집행

(1) 대 표 자　　　1) 사채권자는 보통 대부분이 대중이며 지역적으로 분산되어 있기 때문에 사채권자집회를 자주 개최한다는 것이 곤란하고 무기명사채의 경우는 사실상 그 소집이 용이하지 않은 경우가 많으므로, 상법은 대표자

를 선임케 하여 그들이 총사채권자의 의사를 결정토록 하는 대표자제도를 인정하고 있다. 즉 사채권자집회는 당해 종류의 사채총액의 500분의 1 이상을 가진 사채권자 중에서 1인 또는 수인의 대표자를 선임하여 그 결의할 사항의 결정을 위임할 수 있다($^{상}_{500\,Ⅰ}$). 수인의 대표자를 선임한 때에는 그 결정은 그 과반수로 한다($^{동조}_{Ⅱ}$).

  2) 대표자의 지위는 사채권자집회를 구성하는 총사채권자에 대한 관계에서 수임자라고 할 수 있다. 그러므로 상법에 특별한 규정이 있는 경우가 아니면 위임에 관한 민법의 규정이 적용된다고 할 것이다. 그리하여 사채권자집회는 언제든지 대표자를 해임하거나 위임한 사항을 변경할 수 있다($^{상}_{504}$).

  (2) **결의의 집행**   집행을 필요로 하는 집회의 결의에는 그것을 집행할 자를 필요로 한다. 그 집행은 사채권자집회에서 선임한 **집행자**가 하며($^{집행자의}_{자격에는}$ $^{제한이}_{없다}$), 집행자를 선임하지 않은 때에는 사채관리회사가 하고, 또 사채관리회사가 없을 때에는 대표자가 집행한다($^{상}_{501}$). 집행의 경우에 집행자 또는 대표자가 수인이거나 사채관리회사가 2개 이상인 때에는 그 행위는 공동으로 하여야 한다($^{상\ 502,}_{485\,Ⅰ}$).

제 5 관   特殊社債

[319]   제 1   轉換社債

Ⅰ. 총   설

  (1) 의   의   전환사채란 사채권자에게 일정한 조건에 따라 사채를 주식으로 전환할 수 있는 권리를 인정한 사채를 말한다. 그러므로 사채권자는 전환권을 행사하면 주주가 된다.

  (2) 성   질   전환사채는 전환권을 행사하기 전까지는 **채권적 유가증권**이라고 할 수 있고, 전환권을 행사하면 **사원권적 유가증권**이 된다.

  (3) 기   능   주식의 발행이 불가능하거나 불리한 경우에 회사가 전환사채를 발행하면 자금조달이 가능하게 되며, 또한 유리한 조건으로 발행할 수 있고 전환권의 행사가 있을 때에는 자동적으로 회사의 고정부담이 경감되어 유리하다. 즉 전환사채는 잠재주식투자층에 침투하여 투자의욕을 현재화(顯在化)시키는 역할을 하며 안전성과 수익성을 겸비한 유가증권이다. 그러나

전환사채의 발행은 그 회사의 주가를 하락시키는 요인이 되고 자본구조를 불확실하게 하는 단점도 있다.

2. 전환사채의 발행

(1) 총   설   전환사채는 단순한 사채에 그치지 않고 전환권을 행사하면 사채권자가 주주로 바뀌는 사채이기 때문에 구주주들의 지위에 직접적인 영향을 미치게 된다. 그리하여 상법은 전환사채의 인수권을 주주에게 부여하는 경우에 한하여 정관의 규정이 있거나 정관에 의하여 주주총회의 결의($^{보통}_{결의}$)에 의하도록 한 경우가 아니면 신주발행($^{상}_{416}$), 사채발행($^{상}_{469}$), 신주인수권부사채($^{상}_{의\,2\,II}^{516}$)의 경우와 마찬가지로 이사회의 결의에 의하여 발행할 수 있게 하였다($^{상}_{513}$).

(2) 발행의 결정

1) 주주에 대한 발행   (가) 전환사채의 인수권을 주주에게 부여하는 경우에는 정관의 규정이 있거나 정관에 의하여 주주총회에서 결정하기로 한 경우가 아니면 원칙적으로 이사회($^{이사가\,1인인\,회}_{사는\,주주총회}$)가 전환사채의 발행을 결정하고 그 발행사항을 정하여야 한다($^{상}_{383}^{513\,II}_{IV}$). 즉 이사회(또는 주주총회)는 i) 전환사채의 총액, ii) 전환의 조건, iii) 전환으로 인하여 발행할 주식의 내용, iv) 전환을 청구할 수 있는 기간, v) 주주에게 전환사채의 인수권을 준다는 뜻과 인수권의 목적인 전환사채의 액, vi) 주주 외의 자에게 전환사채를 발행하는 것과 이에 대하여 발행할 전환사채의 액 등을 정하여야 한다.

(나) 이사회(또는 주주총회)의 적법한 결의가 없거나 결의에 위반하여 대표이사가 전환사채를 발행한 때라도 주주에게 그 인수권을 부여한 때에는 거래의 안전을 위하여 유효하다고 본다. 정관으로 전환사채의 발행과 발행사항의 결정을 주주총회의 결의에 의하도록 한 경우에는 특별한 정함이 없는 한 보통결의로 하여도 무방하다.

2) 주주 이외의 자에 대한 발행   (가) 전환사채의 제 3 자에 대한 발행은 신기술의 도입, 재무구조의 개선 등 회사의 경영상 목적을 달성하기 위하여 필요한 경우에 한하여 정관에 정하는 바에 따라 할 수 있다($^{상\,513\,III}_{후,\,418\,III}$).

(나) 회사가 주주 이외의 자에 대하여 전환사채를 발행하는 경우에는 그 발행할 수 있는 전환사채의 액, 전환의 조건, 전환으로 인하여 발행할 주식의 내용과 전환을 청구할 수 있는 기간에 관하여 정관에 규정이 없으면 주주총회의

특별결의($\frac{상}{434}$)로써 이를 정하여야 한다($\frac{상}{513}$ⅲ). 이러한 결의를 위한 주주총회의 소집통지와 공고에는 전환사채의 발행에 관한 의안의 요령을 기재하여야 한다 ($\frac{상}{513}$Ⅳ). 이는 제3자에 대한 신주인수권의 부여는 정관의 정함에 의해서만 가능토록 한 규정($\frac{상}{418}$ⅰ)과의 조화를 고려한 것이라고 할 수 있다.

(나) 회사가 수주총회의 적법한 특별결의가 없거나 결의에 현저하게 위반하여 주주 이외의 자에게 전환사채를 발행한 때에는 무효라고 본다. 이 경우에도 거래의 안전만을 고려한다면 유효하다고 할 것이지만, 이 경우에는 주주 이외의 자만이 전환권을 행사함으로써 주주의 지위를 위태롭게 할 우려가 있을 뿐만 아니라 이는 정관의 규정에 의해서만 제3자에게 신주인수권을 부여할 수 있도록 한 상법 제418조 제1항의 잠탈행위를 허용하는 결과가 될 것이므로 무효라고 본다. 전환사채의 발행의 무효에 관하여는 특별한 규정이 없으나 신주발행에 관한 규정의 유추적용이 가능하다고 본다($\frac{大 2004. 6. 25,}{2000 다 37326}$).

(3) **주주에 대한 최고** 주주가 전환사채의 인수권을 갖는 경우에 그 발행사항이 결정된 때에는 각 주주에 대하여 그 인수권을 가지는 전환사채의 액, 발행가액, 전환의 조건, 전환으로 인하여 발행할 주식의 내용, 전환을 청구할 수 있는 기간과 일정한 기일까지 전환사채의 청약을 하지 아니하면 그 권리를 잃는다는 뜻을 그 일정한 기일의 2주간 전에 통지 또는 공고하여야 한다 ($\frac{상 513의 3 ⅰ·Ⅱ·}{419 Ⅱ·Ⅲ}$). 이 규정에 위반한 전환사채의 발행은 신주발행의 경우에 실권예고부의 최고($\frac{상 419}{Ⅱ·Ⅲ}$)를 하지 않은 경우와 마찬가지로 무효라고 본다.

(4) **주주의 인수권** 1) 전환사채의 인수권이 있는 주주는 소유주식의 수에 따라서 전환사채의 배정을 받을 권리가 있다. 그러나 각 전환사채의 금액 중 최저액에 미달하는 단수에 대하여는 그러하지 아니하다($\frac{상 513}{의 2 ⅰ}$). 회사의 자기주식에 대하여는 전환사채의 인수권이 인정되지 않는다.

2) 주주의 전환사채인수권의 양도에 대하여는 신주인수권의 경우와 달리 상법에는 아무런 규정이 없다. 그러나 전환사채인수권은 독립된 채권적 권리이므로 **채권양도**에 관한 일반원칙에 따라 그 양도가 가능하다고 본다.

(5) **주주를 위한 배정일의 지정·공고** 회사는 명의개서 전의 실질주주의 보호를 위하여 일정한 날($\frac{배정}{일}$)을 정하여 그 날에 주주명부에 기재된 주주가 전환사채의 인수권을 가진다는 뜻을 그 날의 2주간 전에 공고하여야 한다. 그러나 그 날이 주주명부의 폐쇄기간중인 때에는 그 기간의 초일의 2주간 전에 이를 공고하여야 한다($\frac{상 513의 2}{Ⅱ, 418 Ⅱ}$).

(6) **주주의 실권**　　　인수권이 있는 주주에 대한 실권예고부의 최고에도 불구하고 일정한 기일까지 전환사채인수의 청약을 하지 않은 때에는 주주는 그 권리를 잃는다($\frac{상\ 513의3}{II,\ 419\ IV}$).

(7) **전환사채의 불공정발행**

1) **발행의 유지**　　　전환사채의 경우에도 신주발행의 경우($\frac{상}{424}$)와 마찬가지로 회사가 법령 또는 정관에 위반하거나 현저하게 불공정한 방법에 의하여 전환사채를 발행함으로써 주주가 불이익을 받을 염려가 있는 때에는 그 주주는 회사에 대하여 전환사채의 발행을 유지할 것을 청구할 수 있다($\frac{상\ 516\ I,}{424}$).

2) **차액의 지급의무**　　　(가) 이사와 통모하여 현저하게 불공정한 발행가액으로 전환사채를 인수한 자는 회사에 대하여 공정한 발행가액과의 차액에 상당한 금액을 지급할 의무가 있다($\frac{상\ 516\ I,}{424의 2\ I}$). 이러한 책임의 추궁을 위하여 주주는 대표소송을 제기할 수 있으며($\frac{상\ 516\ II,}{424의 2\ II}$), 이 경우에 이사도 회사 또는 주주에 대한 손해배상의 책임을 면하지 못한다($\frac{상\ 516\ I,}{424의 2\ III}$).

(나) 전환사채의 경우에는 발행가액이 현저하게 불공정한 경우뿐만 아니라 전환의 조건 또는 전환에 의하여 발행할 주식의 내용이 현저하게 불공정한 경우도 전환사채의 인수권자는 그 차액에 대한 지급의무가 있다고 본다.

(8) **사채청약서·채권·사채원부의 기재사항**　　　전환사채를 발행하는 경우에는 사채청약서·채권·사채원부에 i) 사채를 주식으로 전환할 수 있다는 뜻, ii) 전환의 조건, iii) 전환으로 인하여 발행할 주식의 내용, iv) 전환을 청구할 수 있는 기간, v) 주식의 양도에 관하여 이사회의 승인을 얻도록 정한 때에는 그 규정 등을 기재하여야 한다($\frac{상}{514}$).

(9) **전환사채의 등기**

1) **등기기간**　　　회사가 전환사채를 발행한 때에는 제476조의 규정에 의하여 사채의 전액 또는 제1회의 납입이 완료된 날로부터 본점소재지에서 2주간 내에 전환사채의 등기를 하여야 한다($\frac{상}{의 2\ I}$).

2) **등기사항**　　　회사는 i) 전환사채의 총액, ii) 각 전환사채의 금액, iii) 각 전환사채의 납입금액, iv) 제514조 제1호 내지 제5호에 정한 사항 등을 등기하여야 한다($\frac{상\ 514}{의 2\ II}$).

3. 전환사채의 전환

(1) **전환권의 성질**　　　회사는 사채권자의 일방적 의사표시에 의한 적법

한 전환의 청구가 있으면 신주를 발행하여야 한다. 즉 전환권은 사채권자의 지위를 주주로 변경시키는 효력을 생기게 하는 일종의 **형성권**이다.

(2) **전환의 청구**   전환사채의 사채권자가 전환을 청구하려면 청구서 2통에 채권을 첨부하여 회사에 제출하여야 하는데($\substack{\text{상} \\ 515}$Ⅰ), 이 청구서에는 전환하고자 하는 사채와 청구의 연월일을 기재하고 기명날인 또는 서명하여야 한다($\substack{\text{동조} \\ Ⅱ}$). 주주명부의 폐쇄기간중에도 그 전환을 청구할 수 있다. 그러나 그 기간중에 전환된 주식의 주주는 그 기간중의 총회의 결의에 관하여 의결권을 행사할 수 없다($\substack{\text{상} 516 \, Ⅱ \\ 350 \, Ⅱ}$·).

(3) **전환의 효력**   전환사채의 전환권은 일종의 형성권이므로 전환의 청구가 있는 때에 그 효력이 생긴다($\substack{\text{상} 516 \, Ⅱ \\ 350 \, Ⅰ}$·). 그 결과 사채권자는 주주가 된다. 이익이나 이자의 배당에 관해서는 편의상 그 청구를 한 때가 속하는 영업연도 말에 전환된 것으로 본다($\substack{\text{상} 516 \, Ⅱ \\ 350 \, Ⅲ \, \text{전단}}$). 그러나 **정관**에 의하여 주주에 대한 이익이나 이자의 배당에 관하여는 그 청구를 한 때가 속하는 영업연도의 직전 영업연도 말에 전환된 것으로 할 수 있다($\substack{\text{상} 516의 2 \, Ⅱ \\ 350 \, Ⅲ \, \text{후단}}$·). 이와 같이 정관에 의하여 다른 정함을 할 수 있게 한 것은 영업연도의 중간에 전환사채가 주식으로 전환된 경우에 동일회사의 주식이 증권시장에서 각기 다른 가격으로 유통되는 것을 피할 수 있게 하기 위한 것이다.

(4) **전환의 효과**   회사에 제출된 채권은 그 효력을 상실하고, 전환사채를 목적으로 하는 채권자에 대하여는 전환에 의하여 주주가 받을 주식에 대하여 물상대위가 인정된다($\substack{\text{상} 516 \, Ⅱ \\ 339}$·). 전환에 의하여 신주발행과 같은 결과가 되어 회사의 발행주식총수가 증가하며 자본금도 그만큼 증가하게 된다.

(5) **변경등기**   전환사채는 그 전환에 의하여 등기사항에 변경이 생기므로 전환을 청구한 날이 속하는 달의 말일부터 2주간 내에 본점소재지에서 변경의 등기를 하여야 한다($\substack{\text{상} 516 \, Ⅱ \\ 351}$·).

[320] 제 2 新株引受權附社債

Ⅰ. 총   설

(1) **의   의**   신주인수권부사채란 사채권자에게 사채의 발행 이후 회사가 신주를 발행하는 경우에 미리 확정한 가액에 따라 신주인수권을 부여하는 것으로서 신종사채의 일종이다. 즉 이 사채는 사채의 주식으로서의 전환

권을 인정하는 전환사채와 달리 **별도의 신주인수권**을 인정하는 것이다.

　　(2) **효　　용**　　　이 사채는 사채권자가 한편으로 일정한 이자를 받고 또한 신주인수권이 존속하는 동안 주가가 미리 확정된 발행가액을 상회하는 경우에 신주인수권을 행사할 수 있으며, 신주발행의 경우에 인수자금이 없는 때에는 사채를 양도하거나, 사채는 보유하고 신주인수권을 양도할 수 있는 이점이 있다.

　　(3) **종　　류**　　　신주인수권부사채에는 채권과 신주인수권을 함께 표창하는 채권을 발행하여 양자를 분리하여 양도할 수 없는 **비분리형**(非分離型)과, 양자를 분리하여 각각 채권을 표창하는 채권과 신주인수권을 표창하는 신주인수권증권을 발행하여 따로 양도할 수 있는 **분리형**(分離型)이 있다($\frac{상}{의}\frac{516}{6\,Ⅰ}$). 회사는 양자 중에 택일하여 발행할 수 있다.

2. 발　　행

(1) **발행의 결정**

1) **주주에 대한 발행**　　　(가) 신주인수권부사채의 인수권을 주주에게만 주는 경우에는 정관에 이에 관한 규정이 있거나 정관의 규정에 의하여 주주총회가 결정하기로 한 경우가 아니면 이사회($^{이사가\ 1일인\ 회}_{사는\ 주주총회}$)가 그 발행을 결정하고 그 발행사항도 정한다($^{상\ 516의\ 2\ Ⅱ,}_{383\ Ⅳ}$).

　　(나) 이사회는 i) 신주인수권부사채의 총액, ii) 각 신주인수권부사채에 부여된 신주인수권의 내용, iii) 신주인수권을 행사할 수 있는 기간, iv) 신주인수권만을 양도할 수 있는 것에 관한 사항, v) 신주인수권을 행사하려는 자의 청구가 있는 때에는 신주인수권부사채의 상환에 갈음하여 그 발행가액으로 제516조의 8 제 1 항의 납입이 있는 것으로 본다는 뜻, vi) 이익이나 이자의 배당에 관하여는 제516조의 8 제 1 항의 규정에 의한 납입을 한 때가 속하는 영업연도 말에 신주의 발행이 있는 것으로 본다는 뜻, vii) 주주에게 신주인수권부사채의 인수권을 준다는 뜻과 인수권의 목적인 신주인수권부사채의 액, viii) 주주 이외의 자에게 신주인수권부사채를 발행하는 것과 이에 대하여 발행할 신주인수권부사채의 액 등을 정하여야 한다.

　　2) **제 3 자에 대한 발행**　　　제 3 자에 대한 발행은 신기술의 도입, 재무구조의 개선 등 회사의 경영상 목적을 달성하기 위하여 필요한 경우에 한하여 정관에 정하는 바에 따라 할 수 있다($^{상\ 516의\ 2}_{Ⅳ,\ 418\ Ⅱ}$). 그리고 제 3 자에 대하여 발행

하는 경우에는 그 발행할 수 있는 신주인수권부사채의 액, 신주인수권의 내용
과 신주인수권을 행사할 수 있는 기간에 관하여 정관에 규정이 없으면 주주총
회의 특별결의($\frac{상}{434}$)로써 이를 정하여야 한다($\frac{상\ 516}{의\ 2\ Ⅳ}$). 이를 위한 주주총회의 소집
통지와 공고에는 신주인수권부사채의 발행에 관한 의안의 요령도 기재하여야
한다($\frac{상\ 516의\ 2}{Ⅴ,\ 513\ Ⅳ}$).

(2) **신주의 발행가액제한**   사채권자의 신주인수권의 행사로 인하여
발행할 주식의 발행가액의 합계액은 각 신주인수권부사채의 금액을 초과하지
못한다($\frac{상\ 516}{의\ 2\ Ⅲ}$). 즉 신주인수권의 행사에 의하여 발행하는 신주의 발행가액의
총액은 신주인수권부사채의 총액을 초과하지 못한다. 이러한 제한은 사채의
총액을 초과하는 신주의 발행을 인정하게 되면 소액의 사채발행을 구실로 신
주를 남발하여 주주의 이익을 해할 염려가 있기 때문이다. 이 밖에 신주인수권
부사채를 발행하는 경우에도 사채발행한도에 관한 규정($\frac{상}{470\ Ⅰ}$)과 재발행의 제
한에 관한 규정($\frac{상}{471}$)이 적용됨은 물론이다.

(3) **주주에 대한 최고**   주주가 신주인수권부사채의 인수권을 갖는 경
우에 그 발행사항이 결정된 때에는 각 주주에 대하여 인수권을 가지는 신주인
수권부사채의 액, 발행가액, 신주인수권의 내용, 신주인수권을 행사할 수 있는
기간과 일정한 기일까지 신주인수권부사채의 청약을 하지 아니하면 그 권리를
잃는다는 뜻을 일정한 기일의 2주간 전에 통지 또는 공고하여야 한다. 이 경
우 제516조의 2 제 2 항 제 4 호 또는 제 5 호에 규정한 사항의 정함이 있는 때
에는 그 내용도 통지하여야 한다($\frac{상\ 516의\ 3\ Ⅰ\cdot Ⅱ,}{419\ Ⅱ\sim Ⅳ}$).

(4) **주주의 인수권**   회사가 신주인수권부사채를 발행하는 경우에 그
배정비율, 배정일의 공고, 주주의 실권에 관한 규정이 적용되는 것은 전환사채
의 경우와 같다($\frac{상\ 516의\ 10,\ 513의\ 2\ Ⅰ,}{513의\ 3,\ 419\ Ⅳ}$)$\begin{bmatrix}696면\ 이\\ 하\ 참조\end{bmatrix}$.

(5) **사채청약서·채권·사채원부의 기재사항**   회사가 신주인수권부사
채를 발행하는 때에는 사채청약서·채권 및 사채원부에 i) 신주인수권부사채라
는 뜻, ii) 제516조의 2 제 2 항 2호 내지 5호에 정한 사항, iii) 제516조의 8
의 규정에 의하여 납입을 맡을 은행 기타 금융기관과 납입장소, iv) 주식의 양
도에 관하여 이사회의 승인을 얻도록 정한 때에는 그 규정 등을 기재하여야
한다($\frac{상\ 516의}{4\ 본}$). 그러나 신주인수권부사채가 분리형인 경우에 제516조의 5 제 1 항
의 신주인수권증권을 발행할 때에는 채권에는 이를 기재하지 아니한다($\frac{상\ 516의}{4\ 단}$).
이 밖에도 사채청약서·채권·사채원부에는 일반적인 기재사항($\frac{상\ 474\ Ⅱ,}{478\ Ⅱ,\ 488}$)을 기

재하여야 함은 물론이다.

(6) 신주인수권부사채의 **불공정발행** 신주인수권부사채의 경우에도 전환사채의 경우와 마찬가지로 그 발행의 유지 및 불공정한 가액으로 발행한 경우에 그 차액의 지급의무에 관한 규정이 준용된다($\frac{\text{상 516의 10,}}{\text{516 I}}$)$\begin{bmatrix}697면 \\ 참조\end{bmatrix}$.

(7) 신주인수권부사채의 **등기** 신주인수권부사채를 발행한 경우에는 그 납입이 완료한 날로부터 2주간 내에 본점소재지에서 등기를 하여야 한다 ($\frac{\text{상 516의 7 II,}}{\text{514의 2 I·IV}}$). 지점소재지에서는 등기를 할 필요가 없다. 등기사항은 i) 신주인수권부사채라는 뜻, ii) 신주인수권의 행사로 인하여 발행할 주식의 발행가액의 총액, iii) 각 신주인수권부사채의 금액, iv) 각 신주인수권부사채의 납입금액, v) 제516조의 2 제 2 항 1 호 내지 3 호에 정한 사항 등이다($\frac{\text{상 516}}{\text{의 7 I}}$).

3. 신주인수권의 양도

신주인수권의 양도방법은 사채가 비분리형인가 분리형인가에 따라 다르다.

(1) **비분리형의 경우** 신주인수권은 채권의 교부에 의하여 사채권과 함께 양도한다.

(2) **분리형의 경우** 1) 회사가 신주인수권증권을 발행한 경우 신주인수권의 양도는 채권과 별도로 주권의 경우와 마찬가지로 신주인수권증권의 교부에 의한다($\frac{\text{상 516}}{\text{의 6 I}}$). 신주인수권증권은 신주인수권을 표창하는 **유가증권**이며 여기에는 법정사항을 기재하고 이사가 기명날인 또는 서명하여야 한다($\frac{\text{상 516}}{\text{의 5 II}}$). 신주인수권증권의 점유자는 자격수여적 효력에 의하여 적법한 소지인으로 추정되고($\frac{\text{상 516의 6 II;}}{\text{336 II; 어 16 I}}$), 이러한 점유자로부터 악의 또는 중대한 과실이 없이 신주인수권증권을 취득한 때에는 선의취득이 인정된다($\frac{\text{상 516의 6}}{\text{II; 수 21}}$).

2) 신주인수권증권을 상실한 때에는 공시최고에 의한 제권판결을 얻어 그 증권의 재발행을 청구할 수 있다($\frac{\text{상 516의}}{\text{6 II, 360}}$). 즉 이 경우에는 신주인수권증서의 경우와 같은 간단한 구제조치($\frac{\text{상 420}}{\text{의 4 II}}$)는 인정되지 않는다. 그러나 상법개정안 (2007)에 의하면 회사는 신주인수권증권을 발행하는 대신 정관에서 정하는 바에 따라 상법 제356조의 2 제 6 항에 따라 지정된 전자등록기관의 전자등록부에 신주인수권을 등록할 수 있다. 이 경우 상법 제356조의 2 제 3 항부터 제 6 항까지의 규정을 준용한다($\frac{\text{상}}{\text{516의 7}}$).

《신주인수권증권($516의 5^{상}$)과 신주인수권증서($420의 2^{상}$)》

　양자는 모두 신주인수권을 표창한다는 점에서 같지만, 전자는 일반적으로 그 존속기간이 장기간에 걸치므로 그 상실의 경우에 주권의 경우와 같은 재발행절차가 필요하지만($6 II, 360^{상 516의}$), 후자는 그 존속기간이 단기이므로 그 상실의 경우에 간단한 구제조치가 인정된다($의 4 II^{상 420}$). 또한 전자의 경우는 신주인수권자의 개별적인 청구에 따라 신주가 발행되는 데 비하여, 후자의 경우는 회사의 구체적인 신주발행의 경우에 인정되는 우선적인 신주배정청구권이라는 점이 다르다.

4. 신주인수권의 행사

　⑴ 방　　법　　신주인수권을 행사하려는 자는 청구서 2통을 회사에 제출하고 신주인수권증권이 발행된 때에는 이를 첨부하고 발행하지 아니한 때에는 채권을 제시하여야 한다($8 I · II^{상 516의}$). 이 경우에 제출된 신주인수권증권은 회사가 인수하고, 비분리형의 경우에 회사에 제시된 채권은 신주인수권의 행사가 있었다는 기재를 하고 다시 제시자에게 반환한다. 주주명부의 폐쇄기간중에도 신주인수권을 행사할 수 있으나 그 기간중의 총회의 결의에 관하여는 의결권을 행사할 수 없다($9, 350 II^{상 516의}$).

　⑵ 납　　입　　신주인수권을 행사하는 경우에 신주의 발행가액은 전액을 납입하여야 하며($의 8 I^{상 516}$), 납입은 채권 또는 신주인수권증권에 기재한 은행 기타 금융기관의 납입장소에서 하여야 한다($의 8 III^{상 516}$). 그러나 신주인수권부사채의 상환에 갈음하여 그 발행가액으로 신주에 대한 납입이 있는 것으로 본다는 뜻의 정함이 있는 때에는($2 II (5)^{상 516의}$) 사채권자는 사채의 상환금에 의한 대용납입이 가능하다. 이의 법적 성질은 **상계**라고 할 것이다[동: 梁·朴, 447; 李(철),
805; 鄭(찬), 1012]. 이와는 달리 주금납입의 경우에는 상계가 허용되지 않는다는 이유로 대용납입은 **대물변제**라는 견해도 있으나[鄭(희), 617;
鄭(동), 535], 이 경우는 단순한 신주발행의 경우에 개별적인 채권에 의한 상계와는 다르므로 예외적으로 상계를 인정한 것으로 보는 것이 타당하다. 이 밖에 납입에 관하여는 납입금보관자의 변경($306^{상}$) 및 납입금보관자의 증명과 책임($318^{상}$)에 관한 규정이 준용된다($의 8 IV^{상 516}$).

　⑶ 효　　력

　1) 주주가 되는 시기　　신주인수권을 행사한 자는 신주의 발행가액의 전액을 납입한 때에 주주가 된다($9 전단^{상 516의}$). 그리고 주금을 **대용납입**한 경우에는 ($2 II (5)^{상 516의}$) 신주인수권의 행사를 위한 청구서에 신주인수권증권($경우의^{분리형의}$)이나 채권을 첨부하여 회사에 제출한 때에 주주가 된다($I · II 참조^{상 516의 8}$).

2) 이익(또는 이자)배당의 경우   이익이나 이자의 배당에 관하여 주주로 보는 시기는 그 납입을 한 때가 속하는 **영업연도 말로 한다**($^{상\ 516의\ 2\ Ⅱ\ (6),\ 516의}_{9\ 후단,\ 350\ Ⅲ\ 전단}$). 이는 회계처리 등의 편의를 고려한 것이다. 그러나 정관으로는 그 청구를 한 때가 속하는 영업연도의 직전 영업연도 말로 할 수 있다($^{상\ 516의\ 9\ 후단,}_{360\ Ⅲ\ 후단}$).

3) 질권의 효력   전환사채의 경우는 사채를 목적으로 하는 질권은 전환에 의하여 발행되는 주식에 대물대위가 인정되지만($^{상\ 516}_{Ⅱ,\ 339}$), 신주인수권부사채의 경우는 원칙적으로 신주인수권의 행사로 사채가 소멸하는 것이 아니므로 신주인수권의 행사로 발행되는 주식에 대한 물상대위란 문제가 되지 않는다. 즉 신주인수권부사채에 설정된 질권은 인수권의 행사로 발행된 신주에는 미치지 않는다. 그러나 사채의 상환금으로 신주의 발행가액을 대용납입하는 경우는 예외라고 본다.

5. 변경등기

신주인수권의 행사에 의하여 등기사항이 변경된 때에는($^{발행주식총수의\ 증가,\ 대용}_{납입에\ 의한\ 신주인수권부}$ $^{사채의\ 총액}_{의\ 감소\ 등}$) 변경등기를 하여야 한다. 신주발행으로 인한 변경등기는 납입기일이 속하는 달의 말일부터, 대용납입의 경우($^{상\ 516의}_{2\ Ⅱ\ (5)}$)에는 신주인수권의 행사를 위한 청구시에 신주인수권증권이나 채권을 첨부하여 회사에 제출한 날이 속하는 달의 말일로부터 2주간 내에 본점소재지에서 이를 하여야 한다($^{상\ 516의}_{10,\ 351}$).

[321] 제 3 擔保附社債

(1) **총   설**   사채에 물상담보권(物上擔保權)이 붙어 있는 것을 담보부사채라 한다. 사채를 발행하는 경우에 각 사채권자에 대하여 담보를 제공한다는 것은 실제로 곤란할 뿐만 아니라, 모든 사채권자가 개별적으로 담보권을 향유하여 이를 행사한다면 번잡한 법률관계를 초래하게 되고, 사채는 유통증권이므로 그것이 이전할 때마다 담보권도 이전하여야 되는 복잡한 법률관계가 야기될 것이다. 그리하여 모든 사채권자가 공동의 담보권을 향유할 수 있도록 담보부사채신탁법을 제정($^{62.1.10,}_{법\ 991호}$)하였으며, 일반적으로 담보부사채라고 할 때에는 이 법에 의하여 발행된 사채를 말한다.

(2) **담보권의 설정**   사채상에 담보권을 설정할 때에는 기채회사인 위탁회사와 수탁회사인 신탁회사간의 신탁계약에 따라 신탁회사가 총사채권자를

위하여 물상담보를 취득한 다음 모든 사채권자를 위하여 보존하고 실행할 의무를 진다($_{60}^{담사}$). 물상담보는 동산질, 증서가 있는 채권질, 주식질, 부동산저당 기타 법령이 인정하는 각종의 저당($^{선박저당·공장저당·광업권저당·광업재단}_{저당·자동차저당·비행기저당·어업권저당}$) 등에 한정된다($_4^{담사}$).

(3) **담보이용의 유형** 　담보부사채에는 동일 담보에 대해 사채를 1회 발행하는 폐쇄담보와 사채의 총액을 정하고 그 한도 내에서 동일 순위의 담보권을 갖는 사채를 수회에 걸쳐 발행하는 개방담보가 있다. 담보부사채신탁법에 의하면 동일담보권으로써 담보된 사채의 총액을 수회에 걸쳐 발행하는 것을 인정하고 있다. 이 때에 각 회의 사채는 그 담보에 대하여 동일 순위에 서게 된다($^{담사 17 Ⅱ}_{26, 27, 29}$).

[322]　제 4　利益參加附社債

(1) 이익참가부사채란 사채권자가 일정한 이자 이외에 회사의 이익에 참가할 수 있는 권리가 인정된 사채를 말한다. 즉 이자 이외에 주주에 대한 이익배당이 일정률을 상회하는 때에 그 이익에의 참가를 인정한 사채라고 할 수 있다. 이는 주식과 사채의 혼합형태라는 견해도 있으나[$^{鄭(희), 618;}_{鄭(동), 538}$], 이 경우에 사채권자의 이익참가는 순수한 채권적 성질의 것으로서 사원권적 성질의 권리라고 할 수 없다. 다만 이 사채는 경제적으로 의결권 없는 주식과 유사하다. 그러나 후자는 그 존속기간이 없고 사원권적 권리가 있으며, 청산의 경우 잔여재산을 분배받는 점에서 전자와 다르다.

(2) 개정상법(2007)에 의하면 회사는 이익배당에 참가할 수 있는 사채를 발행할 수 있다($^{상 469}_{Ⅱ (1)}$). 이익참가부사채의 내용 및 발행방법 등 발행에 필요한 구체적인 사항은 대통령령으로 정한다($_{Ⅲ}^{동조}$).

[323]　제 5　交換社債

(1) 의　　의　　교환사채란 주식으로의 교환청구권이 인정되는 사채이다. 이는 사채가 주식으로 변경된다는 점에서 전환사채와 그 성질을 같이한다. 다만 전환사채의 경우는 사채권자의 전환청구가 있는 경우에 비로소 신주를 발행하여 교부하나, 교환사채의 경우는 교환청구가 있으면 회사가 이전부터

소유하는 주식으로 교부한다는 점에 차이가 있다.

  (2) 발   행   상법개정안(2007)에 의하면 회사는 주식이나 그 밖의 다른 유가증권으로 교환 또는 상환할 수 있는 사채를 발행할 수 있다($\frac{\text{상}}{\text{II}}\frac{469}{(2)}$). 이러한 사채의 내용 및 발행방법 등 발행에 필요한 구체적인 사항은 대통령령으로 정한다($\frac{\text{동조}}{\text{III}}$).

[324] 제 6 有價證券에 연계한 社債

  상법개정안(2007)에 의하면 회사는 이사회의 결의로 유가증권이나 통화 그 밖에 대통령령으로 정하는 자산이나 지표 등의 변동과 연계하여 미리 정하여진 방법에 따라 상환 또는 지급금액이 결정되는 사채를 발행할 수 있다($\frac{\text{상}}{\text{I}}\frac{469}{(3)}$). 이 경우에 발행하는 사채의 내용 및 발행 방법 등 발행에 필요한 구체적인 사항은 대통령령으로 정한다($\frac{\text{동조}}{\text{III}}$).

제10절 解散과 淸算

  회사의 해산이란 회사의 **법인격**을 소멸시키는 원인이 되는 법률사실을 말한다. 회사의 경우는 상속과 같은 포괄적인 승계가 인정되지 않으므로 회사가 해산한 때에는 스스로 기존의 법률관계를 처리하여야 한다. 이러한 처리과정을 **청산절차**라 하고, 해산 후 청산의 목적을 위하여 존속하는 회사를 **청산회사**라고 한다. 청산회사도 해산 전의 회사와 동일성이 있지만[$\frac{\text{大 56. 6. 8,}}{\text{4289 行上 5}}$], 그 목적이 청산의 범위 내에 한정된다는 점이 해산 전의 회사와 다르다.

[325] 제 1 解   散

  (1) 해산원인   주식회사는 i) 존립시기의 만료[$\frac{\text{大 68. 4. 22,}}{\text{67 마 65}}$], 기타 정관으로 정한 사유의 발생($\frac{\text{상}}{227}\frac{517(1),}{(1)}$), ii) 합병·파산($\frac{\text{상}}{227}\frac{517(1),}{(4)·(5)}$), iii) 법원의 해산명령($\frac{\text{상}}{176}$)과 소수주주($\frac{\text{발행주식총수의 100분의 10 이상}}{\text{에 해당하는 주식을 가진 주주}}$)의 청구에 의한 해산판결($\frac{\text{상}}{520}$), iv) 주주총회의 특별결의($\frac{\text{상}}{518, 434}\frac{517(2),}{}$) 등의 사유에 의하여 해산한다. i)과 iv)에 의하여 해산한 회사는 주주총회의 특별결의($\frac{\text{상}}{434}$)로써 회사를 계속할 수 있다($\frac{\text{상}}{519}$).

(2) **해산의 효과**　　회사의 **권리능력**은 청산의 목적범위 내로 제한된다($\substack{상 542, \\ 245}$). 즉 회사는 제 3 자에 대한 법률관계의 종결과 주주에 대한 잔여재산의 분배를 위하여 존속하게 된다. 그러므로 이익배당·사채발행 등에 관한 규정은 적용되지 않는다. 그러나 기타의 권리능력에 있어서는 해산 전의 회사와 다를 바 없으며 종래의 상호를 계속 사용할 수 있다.

(3) **해산의 공시**　　1) 회사가 해산한 때에는($\substack{파산의 경\\우는 제외}$) 이사는 주주에 대하여 그 통지를 하고 무기명주권을 발행한 경우에는 이를 공고하여야 한다($\substack{상\\521}$). 그리고 해산사유가 있은 날로부터 소정기간($\substack{본점소재지에서는 2주간,\\지점소재지에서는 3주간}$) 내에 해산등기를 하여야 한다($\substack{상 530 I,\\228}$). 그러므로 법인이 해산결의를 하고 사실상 청산사무를 종결하였더라도 **해산등기를 마치지 않은 이상** 제 3 자에 대하여 법인의 소멸을 주장할 수 없다[$\substack{大 84. 9. 25, 84 다카 493\\(法人에 대한 판결)}$]. 해산등기는 회사의 대표자가 신청하여야 하며($\substack{비송 149\\합주}$), 해산한 뜻과 그 사유 및 연월일을 등기하여야 한다($\substack{비송 217,\\188 I}$). 그리고 정관에 정한 사유의 발생으로 인한 해산등기의 신청서에는 그 사유의 발생을 증명하는 서면을 첨부하여야 한다($\substack{동조\\II}$).

2) 재판에 의하여 회사가 해산한 경우는 등기소는 법원의 촉탁에 의하여 그 등기를 하여야 한다($\substack{비송\\93 III}$).

　　판례는 회사의 해산등기는 제 3 자에 대한 대항요건에 불과하다고 해석하여야 할 것이므로, 해산결의와 청산인의 선임결의가 있는 이상 그 해산등기가 없다 하여도 청산중인 회사로 해석하여야 할 것이라고 하였다[$\substack{大 64. 5. 5,\\63 마 29}$].

[326] 제 2 淸　算

회사가 해산한 때에는 합병·분할·분할합병 또는 파산의 경우를 제외하고 청산단계에 들어간다($\substack{상\\531 I}$). 그리고 회사의 권리능력은 청산의 목적범위 내로 제한된다($\substack{상 542 I,\\245}$). 특히 주식회사에 있어서는 대주주의 횡포를 막고 회사채권자의 이익을 보호하기 위하여 법정청산의 방법만이 인정된다.

I. 청 산 인

(1) **총　　설**　　청산중에도 주주총회와 감사는 그대로 존속하고 검사인도 선임할 수 있지만 이사는 그 지위를 잃고 청산인이 대신하여 청산사무를 담당한다. 이사에 관하여 이사회와 대표이사가 분화되는 것과 마찬가지로 청

산인회와 대표청산인으로 분화된다. 즉 청산사무에 관하여는 청산인회가 의사
결정을 하고($\frac{상}{393}\frac{542,}{}$), 그 집행은 대표청산인이 하게 된다.

　　(2) 선임·해임　　　　이사는 원칙적으로 모두 **청산인**이 되지만($\frac{법정}{청산인}$)[$\frac{大}{5.}\frac{68.}{27,}$
$\frac{68 \text{ 마}}{140}$], 정관 또는 주주총회의 결의로 이사 이외의 자를 청산인으로 정할 수 있
다($\frac{상}{531}$I). 그러나 청산인이 될 자가 없는 때에는 법원이 이해관계인의 청구에
의하여 **청산인**을 선임한다($\frac{상}{531}$II). 이 경우에 법원이 선임한 청산인만이 청산사
무를 집행하고 대표기관이 된다[$\frac{大}{94}\frac{94.5.27,}{\text{다} 7607}$]. 청산인은 법원이 선임한 경우를 제
외하고 언제든지 주주총회의 보통결의로 해임할 수 있으며($\frac{상}{539}$I), 또한 청산인
이 그 업무를 집행함에 현저하게 부적임하거나 중대한 임무에 위반한 행위가
있는 때에는 발행주식총수의 100분의 3 이상을 가진 소수주주권자는 법원에
그 청산인($\frac{법원이 선임한}{경우를 포함함}$)의 해임을 청구할 수 있다($\frac{상}{539}$II). 청산인의 선임과 해임은
등기사항이다($\frac{상 542 \text{ I},}{253, 183},$).

　　(3) 원수·자격·임기　　　　청산인의 원수에 대하여는 특별한 규정이 없지만
청산인회의 개념이 있으므로 2인 이상이어야 할 것이다[$\frac{동: 徐(돈), 490; 孫(주), 951;}{鄭(찬), 1030; 蔡(이), 835}$].
이와는 달리 판례가 청산인의 수에는 제한이 없으므로 1인이라도 상관없으며
그 1인이 대표청산인이 된다[$\frac{大 89.9.12,}{87 \text{ 다카} 2691}$]는 입장이라고 하여 청산인은 1인이라
도 상관없다는 견해도 있으나[$\frac{鄭(동), 639;}{李(철), 864}$], 대표청산인과 청산인회의 원수는 다
른 문제라고 본다. 청산인은 발기인의 경우와 같이 자연인뿐만 아니라 법인도
될 수 있다고 본다($\frac{독주 265}{2문 참조}$II). 임기에 관하여는 특별한 규정이 없으나 청산이
종료할 때까지 존재하는 것이라고 본다.

　　(4) 직무집행정지·직무대행자의 선임　　　　당사자의 신청에 의하여 법원
은 가처분으로써 청산인의 직무집행을 정지할 수 있고 또는 직무대행자를 선
임할 수 있다($\frac{상}{407}\frac{542}{}$II·). 청산인을 피신청인으로 하여야 하고 회사는 피신청인
의 자격이 없다[$\frac{大}{71}\frac{72.1.31,}{\text{다} 2351}$]. 회사의 해산 전에 가처분에 의하여 선임된 이사직무
대행자는 회사가 해산하는 경우 당연히 청산인직무대행자가 된다[$\frac{大}{91}\frac{91.12.24,}{\text{다} 4355}$].

2. 청산인회

　　청산인회는 청산인 전원으로 구성되는 회의체로서 청산사무의 집행기관이
다. 즉 청산사무의 집행은 청산인회의 결의에 의하여야 한다($\frac{상}{393}\frac{542}{}$I·). 청산인회
는 해산 전의 회사의 이사회에 상응하는 기관으로 개개의 청산인은 청산인회
의 구성원에 불과하다. 청산인회의 소집·의사·결의 등에 대하여는 이사회에

관한 규정을 준용한다($\frac{상\ 542\ Ⅱ}{390\sim393}$,).

3. 대표청산인

　(1) 선　　임　　　대표청산인은 청산인이 법정청산인인 경우는($\substack{이사가\ 청산\\인이\ 된\ 때}$) 해산 전의 대표이사가 되며, 법원이 청산인을 정한 경우에는 법원이 대표청산인을 정하고($\frac{상\ 542\ Ⅰ}{255}$,), 기타의 경우는 청산인회의 결의로써 대표청산인을 정한다($\frac{상\ 542\ Ⅱ}{389\ Ⅰ\cdot Ⅱ}$,).

　(2) 권　　한　　　대표청산인은 청산회사를 대표하므로 청산사무에 관하여 재판상 또는 재판 외의 모든 행위를 할 수 있으며, 이러한 권한에 대한 제한으로 선의의 제3자에게 대항하지 못한다($\frac{상\ 542,\ 245\ Ⅲ,}{389\ Ⅱ\cdot Ⅲ,\ 209\ Ⅱ}$). 그리고 대표청산인은 청산인회의 결의를 실행하고 청산에 관한 상무를 집행한다.

4. 청산인과 회사와의 관계

　청산인과 회사와의 관계는 위임이므로($\frac{상\ 542\ Ⅱ}{382}$,) 청산인은 회사에 대하여 선량한 관리자의 주의의무를 진다($\frac{민}{681}$). 그러나 경업피지의무는 지지 않는다. 다만 청산회사가 청산행위의 내용으로서 종래의 영업을 계속하는 경우에만 청산인은 경업피지의무를 진다. 청산인과 회사와의 거래에는 청산인회의 승인이 있어야 하며, 청산인과 회사와의 소에 있어서는 감사가 회사를 대표한다($\frac{상\ 542\ Ⅱ}{394}$,). 청산인의 보수는 정관 또는 주주총회의 결의로 정하며($\frac{상\ 542\ Ⅱ}{388}$,), 법원이 선임한 청산인의 보수액은 법원이 정한다($\frac{비송}{123,\ 77}$). 기타 청산인의 회사 또는 제3자에 대한 책임·위법행위에 대한 유지청구권·주주의 대표소송 등에 대하여는 이사에 관한 규정을 준용한다($\frac{상\ 542\ Ⅱ}{399\sim403}$,).

5. 청산사무

　상법이 정하고 있는 청산사무는 다음과 같지만, 청산의 목적을 위하여 증자를 할 수 있고, 주식의 소각을 통한 자본감소도 가능하다.

　1) **현존사무의 종결**($\frac{상\ 542\ Ⅰ}{254\ Ⅰ\ (1)}$,) [$\substack{754면\\참조}$]
　2) **채권의 추심**($\frac{상\ 542\ Ⅰ}{254\ Ⅰ\ (2)}$,) [$\substack{754면\\참조}$]
　3) **채무의 변제**($\frac{상\ 542\ Ⅰ}{254\ Ⅰ\ (2)}$,)　　㈎ 청산인은 취임한 날로부터 2월 내에 회사채권자에 대하여 일정한 기간($\substack{2월\\이상}$) 내에 그 채권을 신고할 것과 그 기간 내에 신고하지 아니하면 청산에서 제외될 뜻을 2회 이상 공고로써 최고하여야 한다

($_{535\,I}^{상}$). 또한 알고 있는 채권자에게
는 각별로 그 채권의 신고를 최고하
여야 하지만 이 때에는 그 채권자가
신고하지 아니하여도 이를 청산에서
제외하지 못한다($_{535\,II}^{상}$). 위의 신고기
간 내에는 변제기가 도래한 채권이라

해산 및 채권제출공고

당회사는 2002년 5월 22일 개최된 임시주주총회에서 해산을 결의하고 동년 5월 24일 해산등기를 완료하였사오니 당 회사에 대하여 채권이 있으신분은 이 공고 게재일로부터 2개월 이내에 그 채권액을 당사에 제출하여 주시기 바랍니다. 만약 위 기간내에 제출이 없으면 청산에서 제외됩니다.

2002년 5월 29일

주식회사 지에이디
서울 강남구 역삼동 773-6 동영빌딩
청산인 김 영 민

도 변제하지 못한다($_{1\;본}^{상\;536}$). 그러나 소액의 채권, 담보 있는 채권, 기타 변제로
인하여 다른 채권자를 해할 염려가 없는 채권에 대하여는 신고기간 내라도 법
원의 허가를 얻어 이를 변제할 수 있다($_{536\,II}^{상}$).

　　(나) 신고기간 내에 신고하지 않음으로 인하여 청산에서 제외된 채권자는
분배되지 아니한 잔여재산에 대해서만 변제를 청구할 수 있다($_{537\,I}^{상}$). 그러나
이미 일부의 주주에게 재산의 분배를 한 경우에는 그와 동일한 비율로 다른
주주에게 분배하는 데 필요한 재산을 잔여재산에서 공제하고 남는 재산이 있
을 때에만 변제를 청구할 수 있다($_{537\,II}^{상}$).

　　4) 잔여재산의 분배($_{254\;I\,(4)}^{상\;542\;I,}$)　　　잔여재산은 회사의 채무를 완제한 후
또는 다툼이 있는 채무에 대하여는 그 변제에 필요한 재산을 유보하고 분배할
수 있다($_{260}^{상\;542\;I,}$). 수종의 주식을 발행한 경우가 아니면 분배는 각 주주가 가지
는 주식의 수에 따라야 한다($_{538}^{상}$).

　　5) 기타의 청산사무　　　그 밖에 부수적인 청산사무에는 다음과 같은 것
이 있다. i) 청산인은 취임한 날로부터 2주간 내에 해산의 사유와 그 연월일,
청산인의 성명·주민등록번호 및 주소를 법원에 신고하여야 한다($_{532}^{상}$). ii) 청산
인은 취임 후 지체없이 회사의 재산상태를 조사하여 재산목록과 대차대조표를
작성하고, 이를 주주총회에 제출하여 승인을 얻은 후 지체없이 법원에 제출하
여야 한다($_{533}^{상}$). iii) 청산인은 정기총회회일로부터 4주간 전에 대차대조표 및
사무보고서와 그 부속명세서를 작성하여 감사에게 제출하여야 한다($_{534\,I}^{상}$). iv)
감사는 정기총회회일로부터 1주간 전에 대차대조표 및 그 부속명세서와 사무
보고서에 대한 감사보고서를 청산인에게 제출하여야 한다($_{534\,II}^{상}$). v) 청산인은
정기총회회일로부터 1주간 전부터 대차대조표·사무보고서 및 그 부속명세서
와 감사보고서를 본점에 비치하여야 한다($_{534\,III}^{상}$). vi) 주주와 회사채권자는 영
업시간 내에 언제든지 위의 비치서류를 열람할 수 있으며, 회사가 정한 비용을
지급하고 그 서류의 등본이나 초본의 교부를 청구할 수 있다($_{448\,II}^{상\;534\;IV,}$). 소수주

주권자는 해산 전과 마찬가지로 회계장부열람권이 있다($\frac{상}{466}\frac{542}{}$ Ⅱ·). vii) 청산인은 대차대조표 및 사무보고서를 정기총회에 제출하여 그 승인을 요구하여야 한다($_{534}^{상}$ Ⅴ).

6. 청산의 종결

(1) 청산사무가 종결한 때에는 청산인은 지체없이 결산보고서를 작성하고 이를 주주총회에 제출하여 그 승인을 얻어야 한다($_{540}^{상}$ Ⅰ). 승인을 한 때에는 부정행위가 없는 한 청산인의 책임을 해제한 것으로 본다($_{540}^{상}$ Ⅱ). 청산인은 승인을 받은 후 청산종결의 등기를 하여야 한다($\frac{상}{264}\frac{542}{}$ Ⅰ·). 청산종결의 등기를 하였더라도 채권이 있는 이상 청산은 종료되지 않으므로 그 한도에서 청산법인은 당사자능력이 있다$\left[^{大\ 68.6.18,}_{67\ 다\ 2528}\right]$. 회사가 해산되고 청산이 종결된 것으로 볼 수 있는 회사라도 권리관계가 남이 있어 현실적으로 정리할 필요가 있는 때에는 그 범위 내에서는 아직 완전히 소멸하지 않는다$\left[^{大\ 91.4.30,}_{90\ 다\ 6728}\right]$.

(2) 회사의 장부 기타 영업과 청산에 관한 중요한 서류는 청산종결의 등기 후 10년간 보존하여야 하며, 전표 또는 이와 유사한 서류는 5년간 보존하여야 한다($_{541}^{상}$ Ⅰ). 그리고 법원은 청산인 기타의 이해관계인의 청구에 의하여 보존방법을 정한다($_{541}^{상}$ Ⅱ).

제 4 장   有限會社

제 1 절   總   說

[327]   제 1   總   說

(1) 유한회사는 주식회사의 변종으로서 제2의 **물적회사**라고 할 수 있다. 그러나 주식회사와는 달리 비교적 소수인에 의한 중소규모의 기업경영에 적합한 형태이다. 이 형태는 주식회사에 비하여 여러 가지의 실리적인 이점(설립이 간단하고 비용이 적게 들며 조직이 단순하고 탄력성을 부여할수 있으며 대차대조표를 공고하지 않아도 되고 법의 간섭이 적다)이 있기 때문에 중소기업뿐만 아니라 대기업에도 이용될 수 있는 회사이다.

(2) 실제적인 경제적 수요를 고려하여 19세기 말($^{1892}_{년}$)에 독일에서 소수인에 의한 중소기업이 유한책임의 이점을 이용할 수 있는 회사형태를 새로이 고안하였는데 이것이 바로 유한회사이다. 우리 나라 상법의 유한회사법은 독일의 유한책임회사법을 모방한 것이다. 영국에 있어서 이와 유사한 형태는 private company라고 할 수 있는데 이는 1907년의 회사법에 의하여 법률상의 제도가 되었으며, 프랑스에서는 1925년에 유한회사법이 제정되었는데 이 때부터 유럽과 남미제국에 확산되기 시작하여 오늘날 이 제도를 도입하고 있는 나라는 70여개국에 달한다.

[328]   제 2   有限會社의 槪念과 特性

I. 유한회사의 개념

유한회사란 상법상의 회사로서 상행위 기타 영리를 목적으로 하여 설립한 사단법인이다($^{상}_{169}$). 회사의 자본은 다수의 균등액으로 분할되고, 모든 사원은 그가 인수한 출자가액에 대한 출자의무를 질 뿐 회사채권자에 대하여는 아무런 책임을 지지 않는다. 즉 사원은 유한책임을 진다는 점이 주식회사와 공통되는 점이라고 할 수 있다.

2. 유한회사의 특성

유한회사는 회사의 설립이 자본금의 출자이행에 의하여 가능하고 사원이 유한책임을 진다는 점에서 물적회사의 성질이 더 강한 회사라고 할 수 있다.

(1) 자본단체성   1) 유한회사의 모든 사원은 간접 유한책임을 지기 때문에 회사채권자를 보호하기 위하여는 주식회사의 경우와 같이 유한회사에 있어서도 자본금에 관하여 3원칙(자본금확정의 원칙·자본금충실의 원칙·자본금불변의 원칙)이 적용된다. 더욱이 유한회사는 폐쇄적인 회사로서 일반공중으로부터의 자본금조달의 필요성이 적기 때문에 수권자본제가 인정되지 않고 있다. 따라서 자본금의 총액만을 정관에 기재하고 그 전부에 대하여 출자자가 확정되어야 하므로 자본금확정의 원칙은 주식회사의 경우보다 강화되고 있는 것이다.

2) 사원들은 출자의무만이 있기 때문에 주식회사의 주주와는 달리 설립시의 사원 또는 자본금증가의 결의에 동의한 사원은 회사에 대하여 자본금충실의 책임을 진다(상 550, 551, 593).

(2) 폐 쇄 성   유한회사는 자본단체성이 있는 반면에 폐쇄적이고 비공개적인 성질이 있다. 즉 유한회사는 사원을 공모하지 못하고(상 589 Ⅱ, 543, Ⅱ, 635 Ⅰ ⒀), 사원의 지분에 관하여는 주식회사의 주권과 같은 증권을 발행하지 못한다(상 555). 그리고 설립절차와 조직이 간단하고 대차대조표를 공고하지 않아도 된다.

[329]　제3　有限會社와 株式會社의 差異點

기　　준	유 한 회 사	주 식 회 사
	〈총　　설〉	
1. 성　　질	인적회사성의 물적회사	물적회사
2. 기업형태	중소기업	대기업
3. 1인회사	인　정($^{상 609}_{I (1)}$)	인　정($^{상}_{288}$)
4. 수권자본제	불인정	인　정($^{상 289 I}_{(3)·(5) 참조}$)
	〈설　　립〉	
5. 방　　법	단독설립	발기설립·모집설립
6. 설립시 사원의 수	1인 이상($^{상}_{543 I}$)	1인 이상($^{상}_{288}$)
7. 최초의 이사	정관규정·선임($^{상}_{547 I}$)	선　임($^{상 296 I·}_{312}$)
8. 법원의 변태설립사항의 감독	불　요	필　요($^{상}_{310}$)
9. 설립취소제도	인　정($^{상}_{552}$)	불인정
	〈사　　원〉	
10. 지분의 증권화	불인정($^{상}_{555}$)	인　정($^{상}_{355 I}$)
11. 사원의 자본충실책임	인　정($^{상 550,}_{551, 593}$)	불인정
	〈기　　관〉	
12. 소수사원권	5% 이상 지분소유	1% 또는 3% 이상 주식소유
13. 이사의 임기	무제한	제한(3년)($^{상}_{383 II}$)
14. 이사의 원수	무제한	제한(3人 이상)($^{상}_{383 I}$) 소회사는 1인 또는 2인($^{상 동}_{I 단}$)
15. 이사회제도	불인정	인　정($^{상}_{390 이하}$)
16. 집행임원제도	불인정	인　정
17. 감　　사	임의기관($^{상}_{568 I}$)	필요기관($^{상}_{409 I}$)
18. 사원총회의 서면결의	인　정($^{상}_{577}$)	불인정(서면투표의 인정)
	〈기　　타〉	
19. 자본의 증감	정관변경	정관변경 불요
20. 사채발행	불인정($^{상 600 II, 604}_{I 참조}$)	인　정($^{상}_{469}$)
21. 대차대조표의 공고	불　요	필　요($^{상}_{449 III}$)

제 2 절   有限會社의 設立

유한회사에 있어서는 설립시의 사원은 1인이라도 무방하며 사원의 공모가 인정되지 않으므로 주식회사와 같은 모집설립은 허용되지 않고 발기설립과 같은 방법만이 인정된다($_{543}^{상}$). 즉 발기인이 따로 없고 회사설립시의 모든 사원이 정관을 작성하고 발기인의 역할을 한다. 그리고 설립경과의 조사제도가 없는 것도 특징이다.

[330] 제 1   設立節次

(1) **정관의 작성**   유한회사의 설립을 위하여는 사원이 정관을 작성하여야 한다($_{543 \, I}^{상}$). 정관은 각 사원이 기명날인 또는 서명하고($_{543 \, II}^{상}$), 공증인이 인증을 함으로써 그 효력이 생긴다($_{292}^{상 \, 543 \, III \, \cdot}$). 이러한 요건은 설립등기 전에 정관을 변경하는 경우에도 필요하다. 즉 이 경우에는 정관의 변경에 관한 규정($_{585}^{상 \, 584 \cdot}$)이 적용될 수 없다.

1) **절대적 기재사항**   정관에는 절대적 기재사항으로 i) 목적, ii) 상호, iii) 사원의 성명·주민등록번호 및 주소, iv) 자본금의 총액, v) 출자 1좌의 금액, vi) 각 사원의 출자좌수, vii) 본점의 소재지 등을 기재하여야 한다($_{543 \, II}^{상}$). v)의 금액은 5,000원($_{은 \, 100원}^{상법개정안}$) 이상 균일하여야 한다($_{546}^{상}$). 사원의 성명과 주소 및 각 사원의 출자좌수가 절대적 기재사항이며 모든 사원이 정관에 기명날인 또는 서명하는 점이($_{543 \, II}^{상}$) 주식회사의 경우($_{289 \, I}^{상}$)와 다르다.

2) **상대적 기재사항**

(가) **변태설립사항**   상대적 기재사항으로서 설립시의 변태설립사항으로는 i) 현물출자에 관한 사항, ii) 재산인수, iii) 설립비용 등이 있다($_{544}^{상}$). 유한회사에 있어서는 발기인의 개념이 없기 때문에 주식회사의 경우와 같은 발기인의 특별이익이나 보수는($_{(4) \, 후단}^{상 \, 290 \, (1) \cdot}$) 제외된다. 또한 주식회사의 경우와 달리 변태설립사항에 대한 법원의 감독제도가 없기 때문에, 회사채권자의 이익은 출자미필액과 현물출자 등에 관한 설립시의 사원의 책임에 관한 규정($_{550 \, \cdot}^{상 \, 551 \cdot}$)에 의하여 보호된다.

(내) 기타의 상대적 기재사항　　i) 지분양도요건의 가중($_1^{상}$ $_단^{556}$), ii) 감사의 선임($_{568\,I}^{상}$), iii) 총회의 보통결의요건의 완화($_{574}^{상}$), iv) 1좌 1의결권원칙의 예외($_1^{상}$ $_단^{575}$), v) 이익배당기준의 예외($_{580}^{상}$), vi) 각 사원의 회계장부열람권($_{581\,II}^{상}$), vii) 법정 이외의 해산사유($_{227(1)}^{상}$ $_{}^{609\,I}$·), viii) 잔여재산분배기준의 예외($_{612}^{상}$) 등이 있다.

3) 임의적 기재사항　　이 밖에 임의적 기재사항으로서 강행법규나 선량한 풍속 기타 사회질서 및 유한회사의 본질에 반하지 않는 범위 내에서 필요한 사항을 기재할 수 있다.

(2) 이사의 선임　　유한회사의 경우에는 발기인제도가 없기 때문에 설립중의 회사의 기관으로서 이사를 정관에서 정하지 않은 때에는 회사성립 전에 사원총회(社員總會)를 열어 이를 선임하여야 한다($_{547\,I}^{상}$). 이와 같이 정관으로 직접 이사를 정할 수 있다는 점이 주식회사와 다르다. 회사성립 전의 사원총회는 각 사원이 소집한다($_{547\,II}^{상}$). 기타의 사원총회에 대하여는 특별한 규정이 없으나, 주식회사의 경우에 주주총회에 관한 규정이 창립총회에 준용되는 것($_{308\,II}^{상}$)과 같이 회사성립 후의 사원총회에 관한 규정을 유추적용하여야 할 것이다[동: 孫(주), 966; 李(철), 879; 蔡(이), 848].

(3) 감사의 선임　　감사는 주식회사의 경우와 달리 임의기관이므로 정관의 규정에 의하여 둘 수 있을 뿐이다($_{568\,I}^{상}$). 정관으로 감사를 두기로 한 경우에 선임은 이사의 경우와 같다($_{547}^{상}$ $_{}^{568\,II}$·).

(4) 출자의 이행　　유한회사는 정관의 작성에 의하여 사원이 될 자와 출자의 인수가 확정되며 이사는 사원으로 하여금 출자금액의 납입 또는 현물출자의 목적인 재산 전부의 급여를 시켜야 한다($_{548\,I}^{상}$). 주식회사와 같은 실권절차는 없지만 사원은 **자본의 전보책임**을 진다($_{551}^{상}$ $_{}^{550}$·).

(5) 설립등기　　유한회사는 납입 또는 현물출자의 이행이 있은 날로부터 2주간 내에 법정사항($_{549\,II}^{상}$)을 등기하여야 한다($_{549\,I}^{상}$). 이 설립등기에 의하여 유한회사는 성립한다($_{172}^{상}$). 사원의 성명·주민등록번호·주소 및 각 사원의 출자좌수는 정관의 절대적 기재사항이지만($_{543\,II}^{상}$) 설립등기사항은 아니다. 유한회사의 지점설치 및 이전시 지점소재지 또는 신지점소재지에서 하는 등기에 있어서는 상법 제179조 제 1 호, 제 2 호, 제 5 호 및 본조 제 2 항 제 3 호 내지 제 6 호에 규정된 사항을 등기하여야 한다. 다만, 회사를 대표할 이사를 정한 때에는 그 외의 이사는 등기하지 아니한다($_{549\,III}^{상}$).

[331]　제2　設立에 관한 責任

I. 총　　설

상법은 유한회사의 설립에 관하여는 자본충실의 책임에 대하여만 규정하고 있고 회사 또는 제3자에 대한 손해배상책임에 대하여는 아무런 규정을 두고 있지 않다. 회사의 설립절차가 간단하고 폐쇄적이며 주식회사와 같이 주주를 모집하는 절차가 없기 때문에 주식회사의 경우와 같은 설립행위의 해태에 의한 손해배상책임과 회사불성립의 경우의 책임에 관하여는 특별한 규정을 하지 않고 일반원칙에 맡기고 있는 것이다. 그러나 유한회사에 있어서는 설립경과나 변태설립사항에 대한 감독제도가 없는 반면에 유한회사에 특유한 사원의 **전보책임제도**를 법정하고 있다.

2. 회사성립시 사원의 책임

(1) 의　　의　　　현물출자 또는 재산인수의 목적인 재산의 회사성립 당시($\frac{회사설립}{등기시}$)의 실가가 정관에 정한 가격에 현저하게 부족한 때에는 회사성립시의 사원은 회사에 대하여 **부족액**을 연대하여 지급할 **책임**이 있다($\frac{상}{550}$). 이 책임은 유한회사에 있어서는 주식회사의 경우와 같은 설립경과의 조사나 현물출자 또는 재산인수에 관한 검사제도가 없기 때문에 재정적 기초가 불확실한 회사가 남설되는 것을 방지하기 위하여 **유한책임**의 예외로 인정한 것이다.

(2) **책임의 주체**　　　이 경우에 전보책임을 지는 자는 회사성립시의 사원과 그 상속인 또는 포괄승계인이며, 회사의 성립 후에 사원의 지위를 상실한 자도 포함한다. 그러나 회사성립시의 사원으로부터 그의 지분을 양수한 자는 제외된다. 그러므로 이 책임은 발기인과 같은 지위에 있었던 사원의 책임이라고 할 수 있다.

(3) **책임의 성질**　　　이 책임은 회사성립시의 사원의 **자본충실책임**으로서 무과실책임이며, 이를 면제하지 못한다($\frac{상}{550\,\text{II}}$).

(4) **책임의 요건**　　　이 책임은 회사가 **성립**한 경우에 인정된다. 그러므로 회사의 성립 후 회사가 해산 또는 파산한 경우에도 책임을 진다. 또한 회사설립의 무효·취소의 판결이 확정된 경우도 판결의 효력은 소급하지 않으므로($\frac{상\,552\,\text{II}\cdot}{190\,단}$) 자본충실을 위하여 그 책임을 면할 수 없다. 이 책임은 회사성립 당시의 재산의 실가가 정관에서 정한 가격에 비하여 현저하게 부족한 때에 진다.

그러므로 그 부족액이 근소한 때에는 책임을 지지 않는다. 왜냐하면 그 부족액이 근소한 때에는 그 부족액에 대하여 분쟁이 생길 소지가 많기 때문이다. 재산의 실가가 현저하게 부족하게 된 원인은 문제가 되지 않는다.

　(5) 책임이행사원의 구상권　　이 책임은 사원의 연대책임이므로 전보의무를 이행한 사원은 다른 사원에 대하여 그들의 부담부분에 관하여 구상권을 가지며 각 사원의 부담부분은 지분의 좌수에 비례한다. 그러나 현물출자자나 재산인수의 상대방에 대하여는 부당이득을 이유로 그 부족액의 반환을 청구할 수 없다고 본다.

3. 미필출자의 전보책임

　(1) 의　　의　　회사성립 후에 출자금액의 납입 또는 현물출자의 이행이 완료되지 아니하였음이 발견된 때에는 회사성립 당시의 사원·이사·감사는 회사에 대하여 그 미납입금액 또는 이행되지 않은 현물의 가액을 연대하여 지급할 책임이 있다($_{551}^{상}$ I). 이러한 책임은 일시적인 차입견금에 의하여 회사를 성립한 후 출자금을 모두 반환하는 납입가장의 경우에도 인정된다고 본다. 이 책임도 설립경과에 대한 조사제도가 없기 때문에 인정한 것으로서 주식회사의 경우에 발기인의 자본충실의 책임($_{321}^{상}$)과 같은 것이라고 할 수 있다. 그러나 미이행의 현물출자에 대하여도 책임을 지며 회사성립 당시의 사원뿐만 아니라 이사와 감사도 연대책임을 지는 점이 주식회사의 경우에 발기인만이 지는 자본충실의 책임과 다르다.

　(2) 책임의 성질　　이 책임은 무과실책임이다. 회사의 성립 후에 사원·이사·감사의 미필출자의 전보책임과 본래의 출자의무를 이행하지 않은 사원의 의무는 병존하게 된다. 즉 양자의 책임은 부진정연대채무관계에 있게 된다. 그리하여 사원 등의 미필출자의 전보책임이 이행되기 전에 본래의 출자의무가 이행되면 사원 등의 전보책임은 소멸하고 또한 본래의 사원에 대한 출자의무의 이행청구권은 사원 등의 전보책임이 이행됨으로써 소멸한다고 보는 것이 회사설립의 신속한 완료를 위하여 타당하다고 본다.

　(3) 책임의 요건　　이 책임도 사원의 전보책임($_{550}^{상}$)과 마찬가지로 회사가 성립한 때에 인정된다. 그러므로 회사의 성립 후 회사가 해산 또는 파산한 경우는 물론이고 회사설립의 무효·취소의 판결이 확정된 경우에도 책임을 진다. 그리고 이 경우에 책임은 미필출자의 정도가 현저한 경우에만 지는가 또는

근소한 경우에도 지는가에 대하여는 아무런 규정이 존재하지 않는다. 그러므로 주식회사의 경우에 발기인의 납입담보책임의 경우와 같은 문제가 있다. 즉이 책임은 납입의 정도가 근소한 경우에만 인정되고 현저한 때에는 회사설립의 무효가 되는가 하는 문제가 있는데 이는 주식회사의 경우와 같이 해석되어야 한다고 본다$\left[\substack{384면\\참조}\right]$.

　(4) 책임의 면제　　　사원의 책임은 면제하지 못하지만($\substack{상\\551 \text{II}}$), 이사와 감사의 책임은 총사원의 동의가 있으면 면제할 수 있다($\substack{상\\551 \text{III}}$). 이것은 주식회사의 경우에 이사·감사의 책임을 총주주의 동의로 면제할 수 있도록 한 것과 같은 규정($\substack{상 400,\\415}$)이다.

　(5) 책임이행사원의 구상권　　　책임을 이행한 사원·이사·감사는 다른 사원·이사·감사에 대한 구상권이 있으며 각 사원의 부담부분은 지분의 좌수에 비례한다.

[332]　제 3　設立의 無效와 取消

　유한회사의 설립의 무효는 그 사원·이사·감사에 한하여, 설립의 취소는 그 취소권 있는 자에 한하여 회사성립의 날로부터 2년 내에 소만으로 이를 주장할 수 있다($\substack{상\\552 \text{I}}$). 주식회사의 경우와 달리 설립의 취소를 인정하고 있는 것은 설립시의 사원은 모두 정관에 기명날인 또는 서명하여야 하고($\substack{상\\543 \text{II}}$), 이들은 부족한 재산가액과 미필출자의 전보책임을 지며($\substack{상 550,\\551 \text{I}}$), 사원의 원수와 지분의 양도가 제한되는 등과 같은 유한회사의 인적회사성을 고려한 것이다. 설립의 무효 또는 취소에 관하여는 합명회사의 규정을 준용한다($\substack{상 552 \text{II}, 184 \text{II},\\185\sim193 \text{II},}$).

제 3 절　有限會社의 社員

[333]　제 1　社員의 資格·權利·義務

I. 사원의 자격

　사원의 자격에는 특별한 제한이 없다. 그러므로 자연인뿐만 아니라 법인도 사원이 될 수 있다.

상법개정안(2007)에서는 종래의 사원의 총수에 관한 규정($\frac{상}{545}$)을 삭제하였다.

2. 사원의 권리

유한회사에 있어서도 사원의 권리에는 주식회사의 경우와 같이 자익권과 공익권이 있다.

(1) **자 익 권**   사원은 자익권으로서 이익배당청구권($\frac{상}{580}$), 잔여재산분배청구권($\frac{상}{612}$), 자본증가의 경우에 출자인수권($\frac{상}{588}$)이 있다.

(2) **공 익 권**   사원은 회사의 경영에 참여하고 그것을 감독하고 시정할 수 있는 다음과 같은 공익권이 있다. 즉 **단독사원권**으로서 의결권($\frac{상}{575}$), 사원총회결의의 취소의 소 및 결의무효확인의 소, 결의부존재확인의 소, 부당결의의 취소·변경의 소($\frac{상 578,}{376\sim381}$) 등의 제기권, 서류열람청구권($\frac{상 566 \text{Ⅲ}, 579}{의 3 \text{Ⅱ}, 448}$), 설립무효·설립취소·증자무효·감자무효·합병무효의 소권($\frac{상 552, 595, 597,}{445, 529}$) 등이 있다. 그리고 **소수사원권**($\frac{자본총액의 100분의 3 이상에 해당하는 출자}{좌수를 가진 사원만이 행사할 수 있는 권리}$)으로서 사원총회의 소집청구권($\frac{상}{572}$), 이사해임청구권($\frac{상 567,}{385}$), 회계장부의 열람청구권($\frac{상 583,}{466}$), 회사의 업무 및 재산상태의 검사청구권($\frac{상}{582}$), 대표소송제기권($\frac{상}{565}$), 이사의 위법행위유지청구권($\frac{상 564}{의 2}$) 등이 있다.

3. 사원의 의무

사원은 재산출자의무를 진다. 이 의무는 회사성립 후 또는 자본증가의 효력발생 전에 전부 이행되어야 한다($\frac{상 548,}{596}$). 납입에 대한 상계의 금지에 관하여 증자의 경우에만 상법 제334조의 준용규정($\frac{상}{596}$)을 두고 있으나, 회사설립시에도 회사채권자의 보호를 위하여 **납입에 대한 상계**는 인정되지 않는다고 본다. 사원은 회사성립 후 또는 자본증가의 효력발생 후에는 회사에 대하여 아무런 의무를 지지 않는다. 다만 회사설립 당시의 사원과 증자에 동의한 사원은 자본충실의 책임을 진다($\frac{상 550, 551,}{593, 605,}$). 이러한 출자의무와 더불어 인적회사성을 띠는 유한회사의 사원은 회사와 다른 사원에 대하여 **충실의무**를 진다고 본다$\left[\begin{smallmatrix} 동: 鄭(동), 666; \\ 權(기), 949 \end{smallmatrix}\right]$.

[334] 제 2 社員名簿

이사는 사원명부에 사원의 성명·주소와 그 출자좌수를 기재하여 본점에 비치하여야 하며, 사원과 회사채권자는 영업시간 내에 언제든지 사원명부의 열람 또는 등사를 청구할 수 있다($\frac{\text{상}}{566}$). 지분의 이전이나 입질은 그 내용을 사원명부에 기재하지 않으면 회사나 제 3 자에게 대항하지 못한다($\frac{\text{상} 557, 559 \, \text{II}, 601}{\text{II}, 607 \text{V} \, \text{참조}}$). 그리고 회사의 사원에 대한 통지 또는 최고는 사원명부에 기재된 주소 또는 그 자로부터 회사에 통지한 주소로 하면 된다($\frac{\text{상} 560}{\text{II}, 353}$).

[335] 제 3 持分의 讓渡와 入質

I. 지 분

(1) 의 의 유한회사의 지분이란 사원이 회사에 대해 갖는 법률상의 지위를 말한다. 모든 사원은 그 출자좌수에 따라 복수의 지분을 갖는다.

(2) **증권화의 금지** 사원의 지분에 대하여는 주식회사의 경우와 달리 지시식 또는 무기명식의 증권을 발행하지 못한다($\frac{\text{상}}{555}$). 즉 유가증권으로 발행하지 못한다[$\frac{\text{동; 孫(주), 972;}}{\text{鄭(동), 669}}$]. 이에 위반하면 과태료의 제재가 있다($\frac{\text{상} 635}{\text{I} (27)}$).

2. 지분의 양도

(1) **양도의 자유와 제한** 종래에는 사원의 지분의 양도를 제한하였으나($\frac{\text{구상}}{556}$) 상법개정안(2007)에서는 사원은 그 지분의 전부 또는 일부를 양도할 수 있도록 하였으며 다만, 정관에 의하여 지분의 양도를 제한할 수 있게 하였다($\frac{\text{상}}{556}$).

(2) **양도의 대항요건** 지분의 이전($\frac{\text{양도, 강제집행, 상속, 합}}{\text{병, 담보권의 실행 등}}$)은 취득자의 성명·주소와 그 목적이 되는 출자좌수를 **사원명부**에 기재하지 아니하면 회사와 제 3 자에게 대항하지 못한다($\frac{\text{상}}{557}$). 이것은 주식회사의 경우($\frac{\text{상}}{337}$)와 같은 취지의 규정이지만 사원명부에 등재하지 않으면 회사뿐만 아니라 제 3 자에 대하여도 대항할 수 없다는 점이 다르다.

3. 지분의 입질

(1) 의 의 유한회사의 지분은 질권의 목적으로 할 수 있다($559_\text{I}^{\text{상}}$). 持分의 入質에 대하여는 지분의 양도제한에 관한 규정이 적용되므로 사원총회의 특별결의가 있어야 하며, 지분의 입질로 회사와 제 3 자에게 대항하기 위하여는 그 요건을 구비하여야 한다($\frac{\text{상} 559 \, \text{II}}{556, 557}$). 지분의 경우는 **등록질**만이 인정된

다($^{상\ 560\ I,}_{340\ I}$). 즉 지분의 증권화가 불가능하므로($^{상}_{555}$) 약식질은 인정되지 않는다

〔동: 孫(주), 1084; 李
(철), 882; 權(기), 952〕.

　　(2) **자기지분의 질취**　　유한회사의 경우에도 주식회사의 경우($^{상\ 341}_{의\ 2}$)와
마찬가지로 지분의 총수의 20분의 1을 초과하지 않는 범위 내에서 자기지분
을 질권의 목적으로 받을 수 있다($^{상\ 560\ I,}_{341의\ 2}$). 그러나 회사의 합병, 다른 회사의
영업 전부의 양수 및 회사의 권리를 실행하기 위하여 필요한 때에는 제한 없
이 자기지분의 질취가 인정된다($^{상\ 560,\ 341}_{의\ 2\ 단}$). 이 경우 회사는 상당한 시기에 질권
을 처분하여야 한다($^{상\ 560,}_{342}$).

제 4 절　　有限會社의　機關

　　유한회사의 법정기관에는 의사결정을 하는 **사원총회**와 업무를 집행하고
회사를 대표하는 **이사**가 있다. 이와 같이 2개의 기관만을 법정한 것은 유한회
사제도가 중소기업의 경영에 이용되도록 하려는 데 그 입법취지가 있다고 본
다. 그러므로 유한회사에 있어서는 이사가 수인인 때에도 주식회사의 경우와
같이 이사회와 대표이사로 분화되지 않고, 감사는 임의기관에 불과하다($^{상}_{568\ I}$).
그 밖에 임시기관으로서 검사인을 선임하는 경우가 있다($^{상\ 582,}_{578,\ 367}$).

[336]　제 1　理　　事

　　(1) **의　　의**　　이사는 회사를 대표하고 업무를 집행하는 필요·상설의
기관이다. 각 이사는 **단독**으로 기관을 구성하므로, 다만 이사회의 구성원에 불
과한 주식회사의 이사와는 다르다. 또한 이사의 원수·임기·자격 등에 아무런
제한이 없으므로 주식회사의 이사보다 탄력성이 있다. 그러나 감사는 이사가
될 수 없다($^{상\ 570,}_{411}$).
　　(2) **선　　임**　　회사설립시의 이사는 정관으로 정하지 않은 때에는 설립
전의 사원총회에서 선임하며($^{상}_{547}$), 설립 후에는 사원총회에서 선임한다($^{상\ 567,}_{382}$).
임기에 관하여는 아무런 규정이 없으나, 정관으로 임기를 정하는 것은 무방하
다. 또 유한회사는 중소규모의 기업을 위한 형태이므로 이사의 원수에도 제한
이 없다. 이사의 자격에는 아무런 제한이 없으나, 감사는 이사가 될 수 없고

($\stackrel{상\ 570,}{411}$) 법인도 이사가 될 수 없다고 본다. 그 밖에 정관으로 이사의 자격을 제한하는 것은 가능하다.

(3) 종 임 회사와 이사의 관계는 위임이므로($\stackrel{상\ 570,}{382\ \text{II}}$) 이사는 위임의 일반적 종료사유에 의하여 종임하며($\stackrel{민\ 689,}{690}$), 사원총회의 해임결의($\stackrel{상\ 567,}{386\ \text{I}}$)나 소수사원에 의한 해임의 청구($\stackrel{상\ 567,}{385\ \text{II}\cdot\text{III}}$)에 의하여 종임한다.

(4) 직무·권한

1) 대 표 권 각 이사는 회사를 대표한다($\stackrel{상}{562\ \text{I}}$). 그러나 이사가 수인인 경우에 정관에 다른 정함이 없으면 사원총회에서 회사를 대표할 이사를 선정하여야 하며, 또한 정관 또는 사원총회는 공동대표관계를 정할 수 있다($\stackrel{상\ 562}{\text{II}\cdot\text{III}}$). 회사와 이사간의 소에 있어서는 사원총회에서 회사대표자를 선정하여야 한다($\stackrel{상}{563}$). 기타 공동대표의 경우의 수동대리($\stackrel{상\ 562\ \text{IV},}{208\ \text{II}}$)·대표권의 범위($\stackrel{상\ 567,}{209}$) 등은 합명회사의 경우와 같고 표현대표이사의 행위에 대하여는 주식회사에 관한 규정을 준용한다($\stackrel{상\ 567,}{395}$).

2) 업무집행권 이사는 회사의 업무를 집행한다. 이사가 수인인 경우에 정관에 다른 정함이 없으면 회사의 업무집행과 지배인의 선임 또는 해임 및 지점의 설치·이전·폐지는 이사 과반수의 결의에 의하여야 한다($\stackrel{상}{564\ \text{I}}$). 그러나 이러한 규정에 불구하고 사원총회는 지배인을 선임 또는 해임할 수 있다($\stackrel{상}{564\ \text{II}}$). 기타 법정된 직무로는 사원총회의 소집($\stackrel{상}{571\ \text{I}}$), 정관·사원총회의 의사록·사원명부 등의 비치($\stackrel{상}{566\ \text{I}}$), 재무제표의 작성과 제출의무($\stackrel{상\ 579}{\text{I}\cdot\text{II}}$), 영업보고서의 작성과 제출의무($\stackrel{상\ 579의}{2\ \text{I}\cdot\text{II}}$), 재무제표 등의 비치·공시($\stackrel{상\ 579}{의3}$) 등이 있다.

3) 이사의 자기거래 이사가 자기 또는 제 3 자의 계산으로 회사와 거래하는 경우 감사가 있는 때에는 감사의 승인을, 감사가 없는 때에는 사원총회의 승인을 얻어야 한다($\stackrel{상}{564\ \text{III}}$). 이사의 위법행위에 대한 유지는 주식회사의 경우와 같다($\stackrel{상\ 567,}{402}$).

(5) 책 임 이사가 경업피지의무($\stackrel{상\ 567,}{397\ \text{I}}$)나 회사와의 거래에 관한 제한($\stackrel{상}{564\ \text{III}}$)에 위반한 때, 기타 법령 또는 정관에 위반한 행위를 하거나 그 임무를 해태한 때($\stackrel{상\ 567,}{399}$)에는 회사에 대하여 손해배상책임이 있다. 이러한 책임은 총사원의 동의로만 면제할 수 있다($\stackrel{상\ 567,}{400}$). 또한 이사는 회사설립($\stackrel{상}{551}$)·자본증가($\stackrel{상}{594}$)·조직변경($\stackrel{상}{607}$) 등의 경우에 자본충실의 책임을 진다. 이사의 책임을 회사 또는 소수사원이 추궁할 수 있는 것은 주식회사의 경우와 같다($\stackrel{상}{565}$). 이사의 제 3 자에 대한 책임은 주식회사의 경우와 같다($\stackrel{상\ 567,}{401}$)$\begin{bmatrix}564면\\이하\ 참조\end{bmatrix}$.

[337] 제2 社員總會

(1) 의   의   사원총회는 회사의 의사를 결정하는 기관이다. 오늘날 주
식회사의 주주총회는 그 권한이 축소되었지만($\frac{\text{상}}{361}$), 유한회사의 사원총회는 법
령 또는 정관에 반하지 아니하는 한 회사에 관한 모든 사항에 대하여 결의할
수 있으며 그 결의는 이사를 구속하게 되므로 유한회사의 **최고기관**이라고 할
수 있다.

(2) 소   집

1) 소집권자   사원총회의 소집은 이 법에서 달리 규정하는 경우 외에
는 이사가 하지만($\frac{\text{상 571}}{\text{1 본}}$) 감사를 둔 경우에는 감사도 임시총회의 소집을 청구할
수 있다($\frac{\text{상 571}}{\text{1 단}}$). 이사가 수인인 경우에도 각 이사는 소집권한이 있으며[동; 徐(돈), 534; 孫(주), 974; 鄭(동), 671; 權(기), 957], 수인의 이사가 공동대표인 경우도 같다. 이와는 달리 이사가
수인인 때에는 과반수의 결의에 의한다는 견해도 있으나[鄭(희), 651], 유한회사의
이사는 1人이라도 되며 이사회제도가 존재하지 않으므로, 수인의 이사가 있는
때에도 각 이사가 사원총회를 소집할 수 있다고 보는 것이 타당하다. 소수사원
(자본총액의 100분의 5 이상에 해당하는 출자좌수를 가진 자)도 총회의 소집을 청구할 수 있으며($\frac{\text{상}}{572}$ 1), 법원의 명에
의하여 감사 또는 이사가 소집하는 경우도 있다($\frac{\text{상}}{582}$ Ⅲ).

2) 소집시기   사원총회는 소집의 시기를 표준으로 하여 주주총회와
같이 정기총회와 임시총회로 구분할 수 있다($\frac{\text{상 578,}}{365}$).

3) 소집절차   사원총회를 소집할 때에는 사원총회일을 정하고 회일의
1주간 전에 각 사원에게 서면으로 통지를 발송하거나 각 사원의 동의를 받아
전자문서로 통지를 발송하여야 한다($\frac{\text{상}}{571}$ Ⅱ). 그러나 총사원의 동의가 있을 때에
는 소집절차 없이 사원총회를 열 수 있다($\frac{\text{상}}{573}$). 사원총회의 소집에는 상법 제
363조 제2항과 제364조를 준용한다($\frac{\text{상}}{571}$ Ⅲ).

(3) 의 결 권   각 사원은 출자 1좌마다 1개의 의결권을 가진다($\frac{\text{상}}{575}$ 본).
그러나 정관으로 의결권의 수에 관하여 다른 정함을 할 수 있다($\frac{\text{상}}{575}$ 단). 유한회
사는 주식회사와 달리 폐쇄적이고 인적 결합의 성질이 있기 때문에 정관으
로 1좌 1의결권의 원칙과 다른 정함을 할 수 있다. 그러므로 1인 1의결권
으로 하든가 또는 일정한 출자좌수 이상에 대하여는 의결권을 제한할 수 있
다. 특정한 사원의 의결권을 완전히 박탈하는 것은 인정되지 않지만[통설], 특정
한 사원에 대하여 다수의 의결권을 인정하는 것은 가능할 것이다. 이러한 「다

른 정함」은 원시정관 또는 총사원의 동의로 변경된 정관에 의해서만 가능하다 $\binom{동: 孫}{(주), 975}$.

(4) 결의사항

1) 총　설　　사원총회의 결의에는 i) 총사원의 의결권의 과반수를 가지는 사원이 출석하고 그 의결권의 과반수로 결의하는 **보통결의**$\binom{상}{574}$, ii) 총사원의 반수 이상이며 총사원의 의결권의 4분의 3 이상을 가지는 자의 동의로 하는 **특별결의**$\binom{상}{585 \text{ I}}$, iii) 총사원의 일치에 의한 결의가 있어야 하는 **특수결의** $\binom{상}{607 \text{ I}}$ 등이 있다. 보통결의의 요건은 정관으로 다른 정함을 할 수 있고$\binom{상}{574}$ 특별결의에 있어서 의결권을 행사할 수 없는 사원은 총사원의 수에, 행사할 수 없는 의결권은 이를 의결권의 수에 산입하지 않는다$\binom{상}{585 \text{ II}}$.

2) 보통결의사항　　i) 정관에 정함이 없는 경우에 회사를 대표할 이사의 선정$\binom{상}{562 \text{ II}}$, ii) 공동회사대표의 정함$\binom{상}{562 \text{ III}}$, iii) 이사 감사·청산인의 선임 $\binom{상 567, 570, 613, 382,}{531 \text{ I}, 539 \text{ I}}$, iv) 이사와 회사간의 소에 있어서 회사대표자의 선정$\binom{상}{563}$, v) 이사·감사·청산인 등의 보수의 결정$\binom{상 567, 570,}{613 \text{ II}, 388}$, vi) 이사의 경업에 대한 승인과 개입권의 행사$\binom{상}{567}$, vii) 검사인의 선임$\binom{상 578,}{367}$, viii) 재무제표의 승인 $\binom{상 583 \text{ I},}{499 \text{ I}}$, ix) 감사가 없는 경우 이사의 자기거래의 승인$\binom{상}{564 \text{ III}}$, x) 청산의 승인$\binom{상 613 \text{ I},}{540 \text{ I}}$ 등이 있다.

3) 특별결의사항　　i) 정관의 변경$\binom{상 584,}{585}$, ii) 이사·감사의 해임$\binom{상 567, 570,}{685 \text{ I}}$, iii) 지분의 양도$\binom{상}{556 \text{ I}}$, iv) 상법 제374조에 규정된 사항$\binom{상}{576 \text{ I}}$, v) 사후설립$\binom{상}{576 \text{ II}}$, vi) 사원의 법정출자인수권의 제한$\binom{상}{588 \text{ 단}}$, vii) 사후증자$\binom{상 596,}{576 \text{ II}}$, viii) 합병$\binom{상}{598}$, ix) 설립위원의 선임$\binom{상}{599}$, x) 회사의 해산$\binom{상}{609}$, xi) 회사의 계속$\binom{상}{610}$, xii) 증자의 경우에 현물출자·재산인수·출자인수권의 부여$\binom{상 586,}{587}$, xiii) 자본감소$\binom{상 597,}{439 \text{ I}}$ 등이 있다.

4) 총사원의 일치를 요하는 사항　　i) 주식회사로의 조직변경$\binom{상}{607 \text{ I}}$, ii) 서면에 의한 결의$\binom{상}{577 \text{ I}}$ 등이 있다.

(5) 결의방법

유한회사는 물적회사성과 더불어 비교적 소수인으로 구성되는 인적회사의 성격도 병유하기 때문에 서면에 의한 **결의**를 인정한다. i) 총사원의 동의로 일정한 사항에 대한 결정은 총회를 개최하지 않고 서면으로 결의할 것을 정할 수 있으며$\binom{상}{577 \text{ I}}$, ii) 일정한 결의의 목적사항에 대하여 총사원의 서면에 의한 동의가 있으면 서면결의로 인정한다$\binom{상}{577 \text{ II}}$. 서면에 의한 결의에 대하여는 총회의 결의와 동일한 효력을 인정하며 총회에 관한 규정을 준용한다($^{\text{상}\,577}_{\text{Ⅲ·Ⅳ}}$).

(6) **준용규정**   주식회사의 주주총회에 관한 의결권의 대리행사 및 특별이해관계인의 의결권($^{\text{상}\,368}_{\text{Ⅲ·Ⅳ}}$), 자기주식의 의결권($^{\text{상}}_{369\,\text{Ⅱ}}$), 행사할 수 없는 의결권의 수($^{\text{상}}_{371\,\text{Ⅱ}}$), 총회의 연기 또는 속행($^{\text{상}}_{372}$), 의사록($^{\text{상}}_{373}$), 결의취소 및 무효확인의 소, 결의부존재확인의 소, 부당결의취소·변경의 소($^{\text{상}\,376\sim}_{381}$) 등의 규정은 사원총회에 준용한다($^{\text{상}}_{578}$).

[338] 제 3 監   事

(1) **의   의**   유한회사에 있어서 감사는 주식회사의 경우와 달리 필요적 기관이 아니라 임의기관으로서 정관에 의하여 둘 수 있을 뿐이다($^{\text{상}}_{568\,\text{Ⅰ}}$). 이러한 감사의 임의기관성은 유한회사가 소수사원으로 형성되므로 주식회사와 같은 세 기관의 구성을 강제할 필요가 없기 때문에 회사의 자치에 맡기고 있는 것이라고 할 수 있다.

(2) **선임·해임**   최초의 감사는 정관으로 정할 수 있지만 정관에서 정하지 않은 때에는 회사성립 전의 사원총회에서 선임하여야 한다($^{\text{상}\,568\,\text{Ⅱ,}}_{547}$). 그러나 회사성립 후의 감사는 사원총회의 보통의결로 선임하고($^{\text{상}\,570,}_{382\,\text{Ⅰ}}$), 그 임기에는 제한이 없다. 또한 감사가 이사 또는 지배인 기타의 사용인을 겸하지 못하는 점은 주식회사의 경우와 같다($^{\text{상}\,570,}_{411}$). 감사는 사원총회의 특별결의로 언제든지 해임할 수 있다($^{\text{상}\,570,}_{385\,\text{Ⅰ}}$). 그러나 주식회사의 감사의 해임청구($^{\text{상}\,415,}_{385\,\text{Ⅱ}}$)와 같은 소수사원의 해임청구권은 인정되지 않는다.

(3) **권   한**   i) 감사는 언제든지 회사의 업무와 재산상태를 조사할 수 있고 이사에 대하여 영업에 관한 보고를 요구할 수 있다($^{\text{상}}_{569}$). 그리고 ii) 임시사원총회의 소집청구권($^{\text{상}}_{571\,\text{Ⅰ}}$), iii) 설립무효 및 증자무효의 소권($^{\text{상}\,552,}_{595}$), iv) 이사와 회사간의 거래의 승인($^{\text{상}}_{564\,\text{Ⅲ}}$) 등에 관한 권한이 있다.

(4) **책임·의무**   i) 회사성립 후의 출자미필액과 자본증가 후의 미인수출자 등에 관한 전보책임($^{\text{상}\,551,}_{594}$), ii) 법원의 명에 의한 사원총회의 소집($^{\text{상}}_{582\,\text{Ⅲ}}$)·감사보고서의 이사에 대한 제출($^{\text{상}}_{579\,\text{Ⅲ}}$) 등이 있다.

(5) **준용규정**   주식회사의 이사에 관한 결원의 경우($^{\text{상}}_{386}$)·보수($^{\text{상}}_{388}$)·책임면제($^{\text{상}}_{400}$)·직무집행정지·직무대행자의 선임($^{\text{상}}_{407}$)·의안 및 서류의 조사·보고의 의무($^{\text{상}}_{413}$)·손해배상책임($^{\text{상}}_{414}$) 등의 규정과 사원의 대표소송($^{\text{상}}_{565}$)의 규정

은 유한회사의 감사에 준용한다($\frac{상}{570}$).

[339] 제 4 檢 査 人

유한회사는 임시기관으로서 검사인을 사원총회의 보통결의($\frac{상\ 578,}{367}$)나 소수사원의 청구로 법원이 선임할 수 있다($\frac{상}{582\ I}$). 그러나 회사설립의 경우에는 검사인을 선임할 필요가 없는 점이 주식회사와 다르다.

제 5 절 有限會社의 計算

[340] 제 1 會社의 計算

(1) 총 설   유한회사의 사원도 회사의 채무에 대하여 유한책임을 지기 때문에 회사채권자를 보호하기 위하여는 회사의 계산관계에 대해 구체적인 법의 규제가 필요하다. 유한회사는 비공개적인 회사이므로 대차대조표를 공고하지 않아도 되며 건설이자배당의 제도가 인정되지 않는 점이 주식회사와 다른 점이다.

(2) 재무제표·영업보고서

1) 작성·승인   이사는 매 결산기에 대차대조표·손익계산서·이익잉여금처분계산서 또는 결손금처리계산서와 그 부속명세서를 작성하여야 하며 ($\frac{상}{579\ I}$), 감사가 있는 때에는 이를 정기총회회일의 4주간 전에 감사에게 제출하여야 한다($\frac{동조}{II}$). 그리고 이사는 매 결산기에 영업보고서를 작성하여야 한다($\frac{상\ 579의}{2\ I}$). 감사는 재무제표와 그 부속명세서 및 영업보고서를 받은 날로부터 3주간 내에 감사보고서를 이사에게 제출하여야 한다($\frac{상\ 579\ III,}{579의\ 2\ II}$). 감사를 두지 않은 경우에는 이사가 재무제표와 그 부속명세서를 직접 정기총회에 제출하여 그 승인을 요구하여야 한다($\frac{상\ 583\ I,}{449\ I}$).

2) 영업보고서의 보고   영업보고서를 정기총회에 제출하여 그 내용을 보고하여야 한다($\frac{상\ 583\ I,}{449\ III}$).

3) 공 시   이사는 재무제표 등과 영업보고서·감사보고서($\frac{감사가\ 있}{는\ 경우}$)를 정기총회회일의 1주간 전부터 5년간 본점에 비치하여야 한다($\frac{상\ 579}{의\ 3\ I}$). 재무

제표 등과 영업보고서·감사보고서의 열람과 등본 또는 초본의 교부($\frac{상}{II,}\frac{579의 3}{448 II}$), 총회의 승인의 효과($\frac{상 583 I}{450}$,) 등은 주식회사의 경우와 같다. 소수사원권자는 회계의 장부와 서류의 열람 또는 등사를 청구할 수 있다($_{581}\frac{상}{I}$). 그러나 정관으로 각 사원이 위의 청구를 할 수 있다는 뜻을 정할 수 있으며($_{581}\frac{상}{II}$), 이 경우에는 재무제표의 부속명세서의 작성은 필요가 없다($\frac{동조 동}{항 2문}$).

(3) 기타 계산에 관한 사항　　재무제표 승인의 효과($\frac{상 583 I}{450}$,), 자산의 평가방법($\frac{상 583 I}{452}$,), 창업비의 계상($\frac{상 583 I}{453}$,), 법정준비금($\frac{상 583 I}{458\sim460}$,), 이익배당($\frac{상 583 I}{462}$,), 사용인의 우선변제권($\frac{상 583 II}{468}$,) 등에 관하여는 주식회사에 관한 규정이 준용된다. 이익배당은 원칙적으로 출자좌수에 비례하지만 정관으로 다르게 정할 수 있다($\frac{상}{580}$). 그러므로 정관으로 주식회사의 우선주식과 같은 우선지분을 인정할 수 있다고 본다.

제 6 절　定款의 變更

[341]　제 1　總　說

(1) 총　　설　　정관변경의 의의·태양·범위 등은 주식회사의 경우와 같다[$\frac{630면}{이하 참조}$]. 유한회사에 있어서는 자본금의 총액과 각 사원의 출자좌수가 정관의 절대적 기재사항이므로 자본금의 증감과 사원의 출자좌수의 변경도 정관변경사항이다.

(2) 정관변경의 절차　　정관의 변경에는 사원총회의 특별결의가 있어야 하므로, 즉 총사원의 반수 이상이며 총사원의 의결권의 4분의 3 이상을 가지는 자의 동의가 필요하다($_{585}\frac{상}{I}$). 또한 정관의 변경은 서면결의로 할 수 있다($\frac{상}{577}$). 정관의 변경을 위한 사원총회의 소집통지에는 주식회사의 경우($_{433}\frac{상}{II}$)와 달리 의안의 요령을 기재할 필요가 없다. 정관변경의 결의에 있어서는 지분의 수와 관계 없이 총사원의 반수 이상의 출석이 정족수라는 점이 유한회사의 인적회사성을 의미하는 것으로 주식회사와 다르다.

[342]　제 2　資本金의 增加

(1) 총　　설

1) 정관의 변경　　　주식회사의 경우에는 수권자본제에 의하여 발행예정 주식총수의 범위 내에서 신주를 발행하여 증자를 하는 경우에는 정관을 변경할 필요가 없으나, 유한회사의 자본은 정관의 절대적 기재사항($^{상\ 543}_{Ⅱ\ (2)}$)이므로 이의 증감은 정관의 변경에 의해서만 가능하다.

2) 자본금증가의 방법　　　유한회사의 증자방법에는 출자 1좌의 금액을 증가시키는 방법과 출자좌수를 늘리는 방법, 그리고 양 방법을 병용하는 방법 등이 있다. 출자 1좌의 금액을 증가시키는 방법은 유한책임원칙의 예외에 속하므로 증가결의 이외에 총사원의 동의가 있어야 한다.

(2) 자본금증가의 절차

1) 사원총회의 증자결의　　　자본금의 증가를 위하여는 정관을 변경하여야 하므로 사원총회의 특별결의가 있어야 한다($^{상\ 584,}_{585}$). 이 결의에서는 정관에 따로 정함이 없더라도 현물출자·재산인수·출자인수권 등에 관하여 정할 수 있다($^{상}_{586}$).

2) 출자의 인수　　　출자좌수의 증가에 의한 자본금증가의 경우에는 신출자에 대한 인수가 있어야 한다.

(개) **인 수 권**　　　사원은 그가 가진 지분에 따라 인수권이 있다($_{588\ 본}^{상}$). 그러나 회사가 정관 또는 사원총회의 특별결의로 출자인수권을 특정한 자에게 부여하는 경우와($^{상}_{586\ (3)}$), 회사가 장래에 증자를 함에 있어서 특정한 자에게 출자의 인수권을 부여할 것을 약속하는 권한을 총회의 결의로 받은 경우에는 현사원의 출자인수권은 제한 또는 박탈될 수 있다($_{588\ 단}^{상}$).

(내) **인수인의 공모금지**　　　출자인수권자가 인수권을 행사하지 않는 때에는 제 3 자에게 인수시킬 수 있지만 광고 기타의 방법에 의하여 인수인을 공모하지 못한다($^{상}_{589\ Ⅱ}$). 그러나 이에 반하여 공모한 때에도 그 인수 자체는 유효하다.

3) 출자의 이행　　　증가된 출자좌수의 전부에 대한 인수가 있는 때에는 이사는 인수인으로 하여금 출자 전액의 납입 또는 현물출자의 목적인 재산 전부의 급여를 시켜야 한다($^{상\ 596,}_{548}$).

4) 변경등기　　　출자의 이행이 완료된 때에는 본점소재지에서 2주간

내에 자본금증가로 인한 변경등기를 하여야 한다($상 \atop 591$). 자본금증가는 이 등기
에 의하여 그 효력이 생긴다($상 \atop 592$).

　　(3) **자본금증가에 관한 책임**　　　자본금증가의 경우에도 사원·이사·감
사는 자본충실의 책임을 진다($상 593, \atop 594$). 즉 사원은 현물출자($상 \atop 586(1)$)와 재산인수
($동조 \atop (2)$)의 목적인 재산의 실가가 현저하게 부족한 때에 그 부족액에 대한 지급책
임이 있으며($상 \atop 593 I$), 이사와 감사는 자본금증가 후에 인수되지 아니한 출자가
있는 경우에 출자의 인수책임을 진다($상 \atop 594 I$). 또한 자본금증가 후에 납입 또는
급여미필재산의 가액에 대한 지급책임이 있다($상 \atop 594 II$).

　　(4) **사후증자**　　　유한회사가 그 증자 후 2년 내에 증자 전부터 존재하
는 재산으로서 영업을 위하여 계속하여 사용할 것을 자본금 20분의 1 이상에
상당하는 대가로 취득하는 계약을 체결하는 경우는 사원총회의 특별결의가 있
어야 한다($상 596, \atop 576 II$). 이 경우에 사원총회의 특별결의는 계약의 효력발생요건이다.

　　(5) **자본금증가의 무효**　　　자본증가의 무효는 본점소재지에서 자본금증
가로 인한 변경등기를 한 날로부터 6월 내에 사원·이사 또는 감사에 한하여
소만으로 이를 주장할 수 있다($상 \atop 595 I$). 이 소에 관하여는 신주발행무효의 소에
관한 규정을 준용한다($상 595 II, \atop 430~432$).

[343] 제 3 資本金의 減少

　　(1) **자본금감소의 방법**　　　자본금감소의 방법에는 출자 1좌의 금액을
감소하는 방법, 출자좌수를 감소시키는 방법, 그리고 양자를 병용하는 방법이
있다. 출자좌수의 감소는 지분을 소각 또는 병합하는 방법으로 한다.

　　(2) **자본금감소의 절차**　　　자본금감소는 정관변경사항이므로 사원총회
의 특별결의가 있어야 하며 이 결의에서는 자본금감소의 방법도 정하여야 한다
($상 597, \atop 439 I$). 채권자보호의 절차는 주식회사의 경우와 같다($상 597, 439 \atop II, 232$)$\left[636면 이 \atop 하 참조\right]$. 자본
금감소의 경우에는 변경등기를 하여야 하지만($상 549 III, \atop 183$) 이 경우에 등기는 증자
때와는 달리 감자의 효력발생요건이 아니다. 이 점은 주식회사의 경우와 같다
$\left[637면 \atop 참조\right]$. 그리고 자본금감소의 무효에 대하여는 주식회사에 관한 규정을 준용한
다($상 597, \atop 445, 446$).

제 7 절 合併과 組織變更

[344] 제 1 合 併

⑴ 제 한

1) 존속 또는 신설회사의 제한   회사는 원칙적으로 어떠한 종류의 회사와도 합병할 수 있다($\frac{상}{174}$ Ⅰ). 그러나 합병을 하는 회사의 일방 또는 쌍방이 주식회사, 유한회사 또는 유한책임회사인 때에는, 합병 후 존속하는 회사 또는 합병으로 인하여 설립되는 회사도 주식회사, 유한회사 또는 유한책임회사이어야 한다($\frac{상}{174}$ Ⅱ).

2) 법원의 인가가 필요한 경우   유한회사가 주식회사와 합병을 하는 경우에 존속회사 또는 신설회사가 주식회사인 때에는 법원의 인가를 얻어야 한다($\frac{상}{600}$ Ⅰ). 법원의 인가를 얻도록 한 이유는 신설합병의 경우에 주식회사의 설립에 관한 규정, 흡수합병의 경우에 현물출자에 관한 규정의 잠탈을 방지하기 위한 것이다.

3) 사채미상환의 주식회사   합병의 일방인 주식회사가 사채의 상환을 완료하지 아니한 때에는 합병 후의 존속회사 또는 신설회사는 유한회사로 하지 못한다($\frac{상}{600}$ Ⅱ). 이것은 유한회사에 있어서는 사채의 발행이 인정되지 않기 때문에 유한회사가 사채를 부담하게 되는 결과를 피하기 위한 제한이다.

⑵ 사원총회의 합병결의

유한회사가 다른 회사와 합병을 함에는 사원총회의 특별결의가 있어야 한다($\frac{상\ 598,}{585}$). 또한 신설합병의 경우에는 합병결의에서 설립위원을 선임하여야 하며($\frac{상}{599}$), 이들이 공동으로 정관의 작성 기타 설립에 관한 행위를 한다($\frac{상}{175}$ Ⅰ).

⑶ 물상대위

유한회사가 주식회사와 합병하는 경우에 존속회사 또는 신설회사가 유한회사인 때에는 합병에 의하여 주식회사와 주식은 소멸하고 종전의 주주들은 유한회사의 지분 또는 금전($\frac{합병교}{부금}$)을 받게 된다. 그러므로 종전의 주식을 목적으로 하는 질권의 효력은 물상대위에 의하여 주주가 받는 지분 또는 금전 위에 미치게 된다($\frac{상\ 601,}{339}$). 그러나 유한회사의 지분에 대하여는 주권과 같은 증권의 발행이 인정되지 않기 때문에, 질권으로 회사와 제 3 자에게 대항하려면 질권의 목적인 지분에 관하여 출자좌수와 질권자의 성명 및 주소를 사원명부에 기재하여야 한다($_{601}^{상}$ Ⅱ).

　(4) 등　　기　　유한회사가 합병을 한 때에는 사원총회($^{존속회사는 \ 보고총회,}_{신설회사는 \ 창립총회}$)
가 종결한 날로부터 본점소재지에서는 2주간, 지점소재지에서는 3주간 내에
합병 후 존속하는 유한회사는 변경등기, 소멸되는 유한회사는 해산등기, 신설
되는 유한회사에 있어서는 설립등기사항($_{549}^{상}$ Ⅱ)을 등기하여야 한다($_{602}^{상}$).

　(5) 합병의 효력　　　합병의 효력은 존속회사 또는 신설회사가 본점소재
지에서 변경등기 또는 설립등기를 함으로써 발생한다($_{234 \ \ 603,}^{상}$).

　(6) 준용규정　　　유한회사의 합병에 관하여는 다음과 같은 규정을 준용
한다($_{603}^{상}$). 즉 채권자의 이의($_{232}^{상}$), 합병의 효력발생($_{234}^{상}$) 및 효과($_{235}^{상}$), 합병무효
의 등기와 무효판결확정 및 회사의 권리·의무 등의 귀속($_{240}^{상 \ 237\sim}$), 단주의 처리
($_{443}^{상}$), 합병대차대조표의 공시($_{의 2}^{상 \ 522}$), 합병계약서와 그 승인결의($_{522}^{상}$), 합병계약
서($_{524}^{상 \ 523,}$), 흡수합병의 보고총회($_{526}^{상}$), 신설합병의 창립총회($_{1\sim Ⅲ}^{상 \ 527}$), 합병무효의
소($_{529}^{상}$) 등의 규정을 준용한다($_{603}^{상}$).

　(7) 상장회사의 특례　　　상장회사는 다른 회사와 합병하고자 하는 경우에는 대통
령령이 정하는 요건, 방법 등의 기준에 따라야 한다($_{542의 \ 20}^{상}$).

[345]　제2　組織變更

(1) 절　　차

1) 사원총회의 특수결의　　(개) 유한회사는 그 법인격의 동일성을 유지
하면서 그 조직을 주식회사로 변경할 수 있다. 이러한 조직변경은 **총사원의 일**
치에 의한 총회의 결의로 할 수 있다($_{607}^{상}$ Ⅰ). 이것은 사원간의 인적 신뢰관계를
기초로 하는 유한회사를 순수한 자본단체인 주식회사로 조직을 변경하는 경우
에는 사원의 이해관계에 중대한 영향을 미치므로 그 요건을 엄격하게 규정하
고 있는 것이다. 그러나 상법개정안(2007)에서는 그 결의를 정관에서 정하는
바에 따라 상법 제585조의 사원총회의 결의로 할 수 있도록 하였다($_{607}^{상}$ Ⅰ).

　(내) 총회의 결의에서는 조직변경의 결정뿐만 아니라 변경 후의 주식회사의
정관 기타 조직변경에 필요한 사항을 정하여야 한다($_{604 \ Ⅲ}^{상 \ 607 \ Ⅴ,}$). 조직변경에 필
요한 사항은 i) 변경 전의 유한회사의 사원에 대하여 주식을 배정하는 경우에
그 비율 및 주식의 종류, ii) 변경의 경우에 생기는 단주의 처리, iii) 변경 후

의 주식회사의 이사 및 감사의 선임, iv) 변경에 있어서 발행하는 주식의 발행사항 등이다.

2) **법원의 인가**　　유한회사를 주식회사로 조직을 변경함에는 주식회사를 유한회사로 그 조직을 변경하는 경우와 달리 **법원의 인가**를 얻어야만 그 효력이 생긴다($^{상}_{607\,Ⅲ}$). 이것은 그 설립이 간단한 유한회사를 설립한 후 그 설립요건이 엄격한 주식회사로 쉽게 조직을 변경하는 탈법적인 방법을 방지하기 위한 것이다.

3) **채권자보호절차**　　회사는 조직변경의 결의가 있은 날로부터 2주간 내에 채권자보호를 위한 절차를 진행하여야 한다($^{상\,608,}_{232}$).

4) **절차의 하자**　　조직변경의 절차에 중대한 하자가 있는 때에는 주식회사의 설립무효의 소에 관한 규정($^{상}_{328}$)을 준용하여 조직변경 후의 회사의 주주, 이사 또는 감사는 조직변경무효의 소를 제기할 수 있다고 본다.

(2) **전보책임**　　조직변경시에 발행하는 주식의 발행가액의 총액은 회사에 현존하는 순재산액을 초과하지 못한다($^{상}_{607\,Ⅱ}$). 그리하여 회사의 순재산액이 조직변경시에 발행하는 주식의 발행가액의 총액에 부족한 때에는 조직변경의 결의 당시의 이사·감사와 사원은 회사에 대하여 연대하여 그 부족액을 지급할 책임이 있다($^{상}_{607\,Ⅳ}$). 이 경우에 사원의 책임은 절대적으로 면제하지 못하지만 이사와 감사의 책임은 총사원의 동의로 면제할 수 있다($^{상\,607\,Ⅳ,\,550}_{Ⅱ,\,551\,Ⅱ\cdot Ⅲ}$).

(3) **물상대위**　　종전의 유한회사의 지분에 대하여 질권을 가진 자는 새로 발행되는 주식 또는 금전에 대하여 물상대위에 의하여 질권을 행사할 수 있다($^{상\,607\,Ⅴ,}_{601\,Ⅰ}$). 또한 질권자는 회사에 대하여 주권의 교부를 청구할 수 있다($^{상\,607\,Ⅴ,}_{340\,Ⅲ}$).

(4) **등　기**　　유한회사를 주식회사로 그 조직을 변경할 때에는 본점소재지에서는 2주간, 지점소재지에서는 3주간 내에 유한회사는 해산등기를, 주식회사는 설립등기를 하여야 한다($^{상\,607\,Ⅴ,}_{606\,Ⅴ}$).

제 8 절　解散과 淸算

[346]　제1　解　散

유한회사는 i) 존립기간의 만료 기타 정한 사유의 발생, ii) 합병, iii) 파산, iv) 법원의 해산명령 또는 해산판결, v) 사원총회의 결의 등의 원인에 의하여 해산한다($\binom{상}{609}$ I). 위의 해산원인 중 i)과 v)의 경우에는 사원총회의 특별결의에 의하여 회사를 계속할 수 있다($\binom{상}{610}$). 또한 회사의 해산등기 후에 회사를 계속하는 때에는 계속등기를 하여야 한다($\genfrac{}{}{0pt}{}{상\ 611,}{229\ Ⅲ}$).

[347] 제 2 淸   算

청산은 그 절차가 법정되어 있으므로 임의청산은 인정되지 않는다. 청산절차는 대부분 주식회사의 경우와 같다($\genfrac{}{}{0pt}{}{상\ 613}{참조}$). 청산중의 유한회사에 있어서는 이사가 청산인이 되지만 사원총회와 감사는 그대로 존속한다. 청산인은 각자가 청산사무를 집행하며, 청산사무는 주식회사의 경우와 같다($\genfrac{}{}{0pt}{}{상\ 613\ I·}{254\ I}$). 잔여재산의 분배는 정관에 다른 정함이 있는 경우가 아니면 각 사원의 출자좌수에 따라서 하여야 한다.

제 5 장 合名會社

제 1 절 總   說

[348] 제 1 合名會社의 意義

합명회사는 모든 사원이 회사채무에 대하여 직접 회사채권자에게 연대·무한의 책임을 지는 회사이다. 그러나 합명회사도 법인이므로($\frac{상}{169}$) 회사채권자를 위한 1차적인 책임재산은 회사의 재산이며, 사원의 책임은 회사의 재산으로 그 채무를 변제할 수 없을 때에 지는 부충저 책임이디($\frac{상}{212}$). 시원이 회사의 채무에 대하여 책임을 지므로 합명회사는 법인성이 희박하고 조합성이 농후한 회사라고 할 수 있다.

[349] 제 2 合名會社의 經濟的 機能

합명회사는 무한책임사원만으로 구성되는 회사이며 실질적으로 개인경영자들의 조합이라고 할 수 있다. 이는 손익공동체로서 타인의 손익이 자기의 지분에 대하여뿐만 아니라 자기의 개인적 재산의 증감 및 상실에도 직접 영향을 미친다. 그리고 합명회사의 사원은 회사기업의 소유자인 동시에 기업의 경영자인 점에서 개인기업의 공동경영형태라고 할 수 있다. 또 각 사원이 연대·무한책임을 지며 모든 사원의 재산 총액과 노력이 직접 회사의 신용의 기초가 되는 재산과 노력의 공동체로서 인적 결합이 강한 기업형태이므로, 합명회사는 가까운 인적 관계가 있는 자들로 조직되는 것이 보통이다.

제 2 절 合名會社의 設立

[350] 제 1 設立節次

I. 총   설

합명회사는 소수인의 선뢰관계로 맺어진 단체이며 사원이 무한책임을 지므로 그 설립에 있어서 복잡하고 엄격한 절차를 필요로 하지 않는다. 그 결과 회사의 사원이 되고자 하는 2인 이상의 자가 정관을 작성하고($\frac{상}{178}$) 설립등기를 함으로써 회사는 성립한다 ($\frac{상}{172}$). 출자의 이행은 회사의 성립요건이 아니며 발기인이 따로 없고 회사성립시의 사원이 설립행위자라고 할 수 있다. 합명회사를 설립하려면 먼저 회사의 설립을 목적으로 하는 조합계약이 체결되어야 하고, 그 이행으로서 설립에 필요한 행위를 하게 된다.

2. 정관의 작성

합명회사는 정관의 작성에 의하여 회사의 실체가 형성된다. 정관에는 법정사항을 기재하고 총사원이 기명날인 또는 서명하여야 한다($\frac{상}{179}$). 합명회사는 소수인의 단체로 복잡한 법률관계가 생기지 않으므로 원시정관은 주식회사의 경우와 달리 공증인의 인증($\frac{상}{292}$)을 요하지 않는다. 회사의 설립 후에 정관을 변경함에는 총사원의 동의가 있어야 한다($\frac{상}{204}$).

3. 설립등기

합명회사는 정관을 작성한 다음 본점소재지에서 설립등기를 함으로써 법인격을 취득한다($\frac{상}{172}$). 설립등기에 있어서는 소정의 사항을 등기하여야 한다($\frac{상}{180}$). 설립등기에 의하여 합명회사는 성립한다($\frac{상}{172}$).

[351] 제2 設立의 無效와 取消

I. 총   설

합명회사의 설립이 어떠한 원인에 의하여 무효가 된 경우나 취소된 경우에 상법은 법률관계의 획일적 처리와 거래의 안전을 위하여 설립무효의 소와 취소의 소에 관하여 규정하고 있다.

2. 무효·취소의 원인

(1) 설립무효의 원인
1) 객관적 무효원인   이에는 정관의 절대적 기재사항을 기재하지 않은 경우와 기재하였더라도 불법이거나 합명회사의 본질에 반하는 때, 설립등기가 무효인 때 등이 있다.

2) 주관적 무효원인   (가) 이는 사원의 심신상실, 의사표시의 흠결 등 주관적 하자가 있는 경우에 주식회사와 달리 당해 사원의 불가입만으로 끝나지 않고 회사의 설립이 무효가 되는 것은 사원의 개성을 중요시하는 합명회사의 특색이다.

(나) 상대방이 알고 있는 심리유보($\frac{민}{107}$)와 통정한 허위표시($\frac{민}{108}$ㅣ)에 의한 설립행위의 경우에도 설립무효의 원인으로 보는 견해가 있다[鄭(동), 697; 朴·李, 81; 李(철), 125]. 그러나 계약은 의사표시의 합치에 의하여 이루어지고 합동행위는 일방적 의사표시가 결합된 것이라는 점에서 상대방이 존재하지 않으므로, 상대방이 알고 있는 심리유보와 통정한 허위표시의 경우는 무효의 사유가 되지 않는다고 볼 것이다[동: 徐(돈), 498; 鄭(무), 606; 蔡(이), 874].

(2) **설립취소의 원인**   1) 사원의 주관적 사유에 의한 경우에 생긴다. 즉 금치산자가 설립행위를 한 때, 미성년자 또는 한정치산자가 법정대리인의 동의를 얻지 않고 설립행위를 한 때, 그리고 사기 또는 강박에 의하여 설립행위를 한 때 등이다.

2) 사원이 채권자의 강제집행을 피하고 재산을 은닉하기 위하여 채권자를 해할 것을 알고 회사를 설립한 때에도 취소의 원인이 된다($^{상}_{185}$).

3. 설립무효·취소의 소

(1) **설립무효의 소**　　합명회사의 설립무효는 회사성립의 날로부터 2년내에 소로써만 이를 주상할 수 있다($^{상}_{184\,I}$). 회사성립의 날이란 회사의 본점소재지에서 설립등기를 한 날을 말하고, 설립무효는 소로써만 주장할 수 있고 항변으로 주장하지 못한다. 원고는 사원에 한하고 피고는 회사이다.

(2) **설립취소의 소**　　회사설립의 취소도 회사성립의 날로부터 2년 내에 소로써만 주장할 수 있으며($^{상\ 184}_{I,\ 185}$), 제소권자는 무능력자, 하자 있는 의사표시를 한 자, 그 대리인 또는 승계인에 한한다($^{상\ 184\ II}_{민\ 140}$). 그러나 사원이 채권자를 해할 것을 알고 회사를 설립한 때에는 채권자도 그 사원과 회사에 대한 소로 회사설립의 취소를 청구할 수 있다($^{상}_{185}$).

(3) **양 소의 절차**　　양 소는 본점소재지의 지방법원의 관할에 전속하며($^{상}_{186}$) 소가 제기된 때는 회사는 지체없이 공고하여야 하고($^{상}_{187}$), 수개의 소가 제기된 때에는 법원은 이를 병합심리하여야 한다($^{상}_{188}$).

(4) **법원의 재량기각권**　　설립의 무효 또는 취소의 소가 그 심리중에 원인이 된 하자가 보완되고 회사의 현황과 제반사정을 참작하여 설립을 무효로 하거나 취소하는 것이 부적당하다고 인정된 때에는 법원은 그 청구를 기각할 수 있다($^{상}_{189}$).

(5) **설립무효·취소판결의 효과**

1) **원고승소의 경우**　　(가) 양 소의 판결이 확정되어 원고가 승소한 경우에는 회사를 중심으로 하는 다수의 법률관계를 획일적으로 확정하기 위하여 판결의 효력은 당사자 이외의 제 3 자에게도 미치게 된다($^{상}_{190본}$). 즉 **대세적 효력**(對世的 效力)이 있다.

(나) 양 소의 판결은 판결확정 전에 생긴 회사와 사원 및 제 3 자간의 권리·의무에 영향을 미치지 아니한다($^{상}_{190단}$). 즉 사실상의 회사에 대한 이해관계인의 신뢰를 보호하기 위하여 판결의 소급효를 인정하지 않는다. 판결이 확정된 때에는 본점과 지점의 소재지에서 등기를 하여야 한다($^{상}_{192}$).

2) **원고패소의 경우**　　판결의 효력은 일반원칙에 의하여 소의 당사자간에만 미치며, 원고인 사원을 제외한 다른 사원은 제소기간 내에는 다시 설립의 무효 또는 취소의 소를 제기할 수 있다. 판결이 확정되어 원고가 패소한 경우에 악의 또는 중대한 과실이 있는 때에는 회사에 대하여 연대하여 손해를 배상할 책임이 있다($^{상}_{191}$).

제 3 절　會社의 構造

제 1 관　總　　說

[352]　제 1　合名會社의 法律關係

(1) **총　　설**　　합명회사에 있어서는 회사와 사원 및 회사와 제 3 자와의 관계뿐만 아니라 사원과 사원과의 관계 및 사원과 제 3 자와의 관계까지도 고찰하여야 된다. 그리하여 상법은 합명회사에 있어서 i) 회사와 사원, ii) 사원과 사원과의 관계를 내부관계로, iii) 회사와 제 3 자, iv) 사원과 제 3 자와의 관계를 외부관계로 구분하여 규정하고 있다.

(2) **법규의 성질과 적용순서**　　i) 외부관계는 주로 제 3 자와 관계되는 사항으로서 거래안전을 위하여 **강행법규**인 데 반하여, ii) 내부관계는 회사와 사원 및 사원 상호간의 관계로서 이에 대하여는 자유로운 결정에 맡기더라도 폐해가 생길 염려가 적으므로 사원의 자치($\frac{정관 또는 총}{사원의 동의}$)에 맡기고 있으며, 상법의 규정은 정관의 규정이 없는 경우에 보충적으로 적용되는 데 불과한 임의법규이다. 즉 내부관계에 대하여는 정관·상법의 규정·조합에 관한 민법의 규정의 순서로 적용된다($\frac{상}{195}$).

제 2 관　合名會社의 內部關係

[353]　제 1　社員의 出資

(1) **의　　의**　　합명회사는 영리법인으로서 일정한 재산을 필요로 하는데 이는 사원의 출자에 의하여 마련된다. 출자는 사원의 본질적인 의무이므로 정관의 규정으로도 출자의무를 지지 않는 사원은 인정할 수 없다. 출자란 사원이 일정한 유형·무형의 수단을 회사에 출연(出捐)하는 것을 말한다.

(2) **사원의 자격**　　1) 사원은 그 개성이 중요하므로 출자자는 자연인이어야 하며 무능력자도 될 수 있다($\frac{상}{7}$).

2) 금치산자에 대하여는 미성년자의 경우와 같이 법정대리인의 허락을 얻어 무한책임사원이 될 수 있는 규정($\frac{상}{7}$)이 적용되지 않지만 그렇다고 무한책임사원이 될 수 없는 것은 아니다. 즉 금치산자도 정관의 규정에 의하여 무한책임사원이 될 수 있다. 왜냐하면 상법 제218조 4 호에서 사원의 금치산을 퇴사의 사유로 한 것은 임의규정이기 때문이다.

3) 회사는 사원이 될 수 없으며($\frac{상}{173}$), 또한 민법상의 조합이나 상속공동체나 권리능력 없는 사단도 합명회사의 사원이 되지 못한다.

(3) **출자의 종류**　　출자는 금전 기타의 재산뿐만 아니라 **노무 및 신용**으로도 할 수 있다($\frac{상\ 222,\ 195;}{민703\ \rm{II}}$). 노무의 출자란 사원이 회사를 위하여 노무를 제공하는 것을 말하며,

신용의 출자란 사원이 회사로 하여금 자기의 신용을 이용시키는 것을 의미한다($\left.{회사를\ 위한 \atop 보증,\ 회사}\right.$가 발행한 어음의 $\left.{동;\ 鄭(희),\ 326;\ 孫(주), \atop 494;\ 鄭(동),\ 701}\right.$배서 또는 인수 등). 이와 같이 노무와 신용도 출자로 인정하는 것은 사원이 무한책임을 지므로 출자관계에 대하여는 탄력성을 부여하여도 무방하기 때문이다.

(4) 출자의무의 발생과 소멸

1) 추상적 출자의무　　추상적 출자의무는 회사의 설립계약 또는 입시계약에 의하여 발생하고, 그 내용은 정관으로 확정된다. 즉 출자의무는 사원인 자격에서 회사에 대하여 지는 것이다. 이것은 사원으로서의 지위의 한 내용에 불과하고 단순한 채무와는 다르므로 사원에 대한 회사의 추상적 출자청구권은 양도 또는 강제집행의 목적이 될 수 없으며($\left.{鄭(동),\ 701; \atop 孫(주),\ 495}\right.$), 추상적 출자의무는 그것이 이행되거나 사원자격을 상실한 경우($\left.{지분의\ 양 \atop 도,\ 회사}\right.$)에 소멸한다.

2) 구체적 출자의무　　구체적 출자의무는 회사의 청구 또는 정관에 의한 기한의 도래에 의하여 구체화되어 하나의 채무로서 사원자격으로부터 독립하여 존재하게 된다. 그러므로 사원이 퇴사한 후에도 존속한다. 회사가 사원에 대하여 갖는 구체적 재산출자 청구권은 이를 양도할 수 있고 강제집행의 목적이 된다.

(5) 출자의무의 이행

1) 이 행 기　　사원의 출자의무는 반드시 회사설립 전에 이행할 필요는 없으며 정관으로 자유로이 이행기를 정할 수 있다. 그러나 정관의 규정이 없는 때에는 회사가 이 행의 청구를 한 때를 이행기로 보며, 회사가 이행의 청구를 함에는 보통의 업무집행방법 에 의하여 사원 또는 업무집행사원의 과반수로써 결정하여야 한다($\left.{상\ 195; \atop 민\ 706\ II}\right.$). 이행의 청구 는 사원평등의 원칙에 의하여야 한다. 청산 또는 파산의 경우에는 이행기에 불구하고 사 원은 출자를 하여야 한다($\left.{상\ 258\ I; \atop 파\ 16}\right.$).

2) 이행의 방법　　(개) 금전출자의 경우는 실제로 납입을 하여야 한다.

(내) 현물출자 가운데 목적물의 권리를 이전하는 경우는 그 이전행위와 더불어 등기·등록·인도·채무자에 대한 통지 등 대항요건을 갖추어야 하며, 목적물의 사용의 경우는 회사가 그것을 완전하게 사용할 수 있는 상태에 있어야 한다. 현물출자와 관련하여 생기 는 위험부담·하자담보 등의 문제는 민법의 규정에 의한다($\left.{민\ 537\ 이하,\ 567; \atop 570\ 이하,\ 580}\right.$).

(다) 노무는 제공되어야 하며, 신용출자는 필요에 따라 소정의 행위를 하여야 한다($\left.{단 \atop 히\ 회사의\ 신용을\ 높이기\ 위하여\ 가입한 \atop 사원은\ 특별한\ 행위를\ 할\ 필요가\ 없다}\right.$). 채권을 출자의 목적으로 한 사원은 그 채권이 변제기에 변제되지 아니한 때에는 그 채권액을 변제할 책임을 지며, 이 경우 이자를 지급하는 외에 이 로 인하여 생긴 손해를 배상하여야 한다($\left.{상 \atop 196}\right.$).

3) 불이행의 효과　　사원의 출자의무의 불이행은 일반적 효과 이외에 제명이나($\left.{상\ 220 \atop I\ (1)}\right.$) 업무집행권 및 대표권의 상실원인이 된다($\left.{상\ 205; \atop 216}\right.$).

[354] 제2 合名會社의 業務執行

합명회사의 각 사원은 정관에 다른 규정이 없는 때에는 회사의 업무를 집행할 권리 와 의무가 있다($\left.{상 \atop 200\ I}\right.$). 합명회사에서는 사원이 직접 업무집행기관을 구성하므로 사원자 격과 기관자격이 원칙적으로 일치한다. 즉 합명회사는 전형적인 인적회사로서 자기기관에 의하여 운영되는 회사라고 할 수 있다.

　　(1) 의　　　의　　　1) 업무집행이란 회사의 목적을 달성하기 위하여 직접 또는 간접으로 관련되는 모든 업무의 처리를 말한다. 그러므로 업무집행에는 **법률행위**($^{계약의 체결·}_{사용인의}_{채용 등}$)뿐만 아니라 **사실행위**($^{장부의 작성·상품의 관리·공장의}_{가동·사용인의 지휘 및 감독 등}$)도 포함된다.

　　2) 상법은 업무집행과 회사대표를 구분하여 전자를 내부관계($^{상 195}_{이하}$), 후자를 외부관계($^{상 207}_{이하}$)로 규정하고 있는데, 이것은 행위의 종류에 의한 구별이 아니라 관점의 상이에 의한 구분이다. 그러므로 동일한 행위가 대내적으로는 업무집행행위이면서 대외적으로는 대표행위가 되는 경우가 많다($^{사원이 물건을 구입하는 행위는 대내적으로 업무집행이고 대외적}_{으로 제 3 자와 매매계약을 체결하므로 회사의 대표행위가 된다}$). 그리하여 상법도 업무집행사원을 정한 경우에는 이들만이 회사를 대표하게 하고 있다($^{상}_{207}$). 일반적으로 회사의 대표행위는 동시에 업무집행행위가 되지만 반대로 업무집행행위($^{단순한 회사}_{내부의 사무}_{처리 등}$)는 반드시 대표행위가 된다고 할 수 없다. 그러므로 업무집행권이 없는 대표사원은 생각할 수 없으나 대표권이 없는 업무집행사원은 존재할 수 있다($^{상}_{207}$).

　　(2) 업무집행의 권리·의무

　　1) 업무집행기관　　　(가) 합명회사의 각 사원은 다른 규정이 없는 때에는 회사의 업무를 집행할 권리와 의무가 있다($^{상}_{200}$). 즉 각 사원은 별도로 선임행위를 거치지 않고 당연히 업무집행기관을 구성한다.

　　(나) 정관으로 사원의 1 인 또는 수인을 업무집행사원으로 정할 수 있으며, 이 때에는 이들 각자가 업무집행기관을 구성하고 다른 사원의 업무집행권한은 박탈된다($^{상}_{201 Ⅰ}$). 또한 정관으로 모든 사원 또는 수인의 사원이 공동으로만 업무를 집행하게 할 수 있다($^{상}_{202}$).

　　(다) 합명회사는 인적 결합에 중점을 둔 회사이므로 정관의 규정으로도 사원 이외의 자에게 업무집행의 권리·의무를 인정할 수 없다[$^{동: 鄭(희), 328; 鄭(동), 704;}_{孫(주), 500; 李(철), 127}$]. 왜냐하면 합명회사는 자기기관을 갖는 회사이기 때문이다. 그러나 청산중의 회사는 사원이 아닌 자를 청산인으로 선임할 수 있다($^{상}_{251 Ⅰ}$).

　　2) 업무집행권한의 상실　　　(가) 사원이 업무를 집행함에 있어서 현저하게 부적임하거나 중대한 의무위반의 행위를 한 때에는 법원은 사원의 청구에 의하여 업무집행권한의 상실을 선고할 수 있다($^{상}_{205 Ⅰ}$).

　　(나) 수인의 사원에게 동일한 원인이 있는 때에는 수인의 업무집행권한의 상실을 일괄하여 청구할 수 있다고 본다. 이 경우에 다른 사원이 1 인인 때에는 그 사원 1 인에 의한 청구가 가능하다. 유일한 업무집행사원의 업무집행권에 대한 상실선고가 있는 때에는 다른 사원이 공동으로 업무를 집행하여야 될 것이다. 그러나 상법 제205조의 규정은 임의규정이므로 정관의 규정에 의하여 사원의 과반수에 의한 결의나 중대한 사유가 없는 때에도 업무집행권을 박탈할 수 있다거나 법원의 선고가 없이 사원의 결의만으로도 가능하다는 정함을 할 수 있다[$^{동: 鄭}_{(동), 705}$].

　　3) 업무집행사원과 회사의 관계　　　양자의 관계에 대하여는 위임에 관한 민법의 규정이 준용되므로($^{상 195;}_{민 707}$) 업무집행사원은 선량한 관리자의 주의로써 업무를 집행하여야 한다($^{민}_{681}$). 또한 업무집행사원은 정당한 사유 없이 사임하지 못하며, 다른 사원의 일치가 아니면 해임하지 못한다($^{상 195;}_{민 708}$).

4) **업무집행정지·직무대행자의 선임** 2001년의 개정상법($^{2001.\,12.\,29\ 공포}_{2002.\,7.\,1\ 시행}$)에 의하여 합명회사와 합자회사의 경우에도 업무집행사원이 업무집행정지·직무대행자의 선임을 위한 가처분이 가능하게 되었다. 즉 사원의 업무집행을 정지하거나 그 가처분을 변경하거나 취소하는 경우에는 본점 및 지점이 있는 곳의 등기소에서 이를 등기하여야 한다($^{상}_{의\,2}$). 이 경우에 직무대행자는 가처분명령에 다른 정함이 있는 경우와 법원의 허가를 얻은 경우 외에는 법인의 통상업무에 속하지 아니한 행위를 하지 못한다($^{상}_{200의\,2}$).

(3) **업무집행의 방법**

1) **업무집행의 결정** (가) 업무집행은 정관 또는 상법에 규정이 있으면($^{상\,199,}_{202}$) 그에 의하고, 아무런 규정이 없는 때에는 총사원의 과반수로써 결정하고, 특히 업무집행사원을 정한 때에는 이들의 과반수로 결정한다($^{상\,195;}_{민\,706\,II}$). 이와 같이 업무집행의 의사결정은 과반수의 결의가 필요하지만 결정된 의사의 실행은 각 업무집행사원이 단독으로 할 수 있다. 사원의 의결권은 정관에 다른 규정이 없는 한 1인이 1개의 의결권을 갖는 두수주의(頭數主義)에 의한다. 그러나 정관에 의하여 출자의 가액에 따라 의결권을 인정할 수 있다($^{동:\,孫}_{(주),\,501}$).

(나) 사원의 개성이 중시되는 합명회사에 있어서는 원칙적으로 의결권의 대리행사가 인정되지 않는다. 그러나 특별히 사원총회가 존재하지 않으므로 서면결의(書面決議)가 인정될 뿐만 아니라 개별적인 접촉을 통한 동의도 가능하다($^{동:\,孫(주),\,501;\,李(철),}_{129;\,鄭(찬),\,502}$).

2) **지배인의 선임·해임** 지배인의 선임과 해임은 회사의 이해관계에 중대한 영향을 미치므로 업무집행사원을 정한 경우에도 총사원 과반수의 결의에 의한다($^{상}_{203}$).

3) **공동업무집행사원의 경우** 정관으로 수인의 사원을 공동업무집행사원으로 정한 때에는 지체할 염려가 있는 때가 아니면 그 전원의 동의가 없이 업무집행에 관한 행위를 하지 못한다($^{상}_{202}$). 여기서 「지체할 염려가 있는 때」란 긴급업무집행의 경우로서 다른 사원의 동의를 얻기가 곤란하거나 지체하면 회사의 이해관계에 중대한 영향을 미치게 될 염려가 있는 때라고 할 수 있다.

(4) **사원($^{업무집}_{행사원}$)의 이의권** 1) 모든 사원이 업무집행에 참여하는 경우에 각 사원의 업무집행에 관한 행위에 대하여 다른 사원의 이의가 있는 때에는 곧 그 행위를 중지하고 총사원의 과반수의 결의에 의하여야 하며($^{상}_{200\,II}$), 수인의 업무집행사원이 있는 경우에 다른 업무집행사원의 이의가 있는 때에는 업무집행사원의 과반수의 결의에 의하여야 한다($^{상}_{201\,II}$).

2) 사원의 이의권은 모든 사원이 단독업무집행권이 있기 때문에 상호간의 보완적 목적을 위하여 인정한 것이다. 그러므로 이의권은 업무집행권이 박탈된 사원에게는 인정되지 않는다. 이들은 다만 업무집행의무의 위반을 이유로 손해배상의 청구를 할 수 있을 뿐이다.

(5) **사원($^{업무집행권}_{없는 사원}$)의 업무감시권** 1) 업무집행권이 없는 사원은 회사의 업무와 재산상태를 언제든지 검사할 수 있는 업무감시권이 있다($^{상\,195;}_{민\,710}$). 이러한 감시권은 업무집행권이 없는 사원도 무한책임을 지기 때문에 이들을 보호하기 위하여 인정한 것이므로 원칙적으로 이를 제한하거나 배제하지 못한다고 할 수 있다. 왜냐하면 이 권리는 자익권에 그치지 않고 공익권적인 성질도 있기 때문이다. 그리하여 업무감시권은 정관에

의하여도 박탈할 수 없다는 것이 통설이다.

    2) 이는 합명회사의 내부관계에 속하는 규정으로 임의법규에 속하므로 업무집행의
원활을 위하여 정관의 규정으로 그 제한이 가능하다고 본다. 업무감시권이 있는 사원은
상설의 감독기관과 같은 지위에 있다고 할 수 있다.

    (6) 기　　타　　　사원은 회사의 영업소를 비롯한 모든 시설에 출입하여 검사할 수
있으며, 상업장부를 비롯한 모든 서류를 열람·조사할 수 있고, 필요에 따라 공인회계사·
세무사·변호사 등의 협력을 구할 수 있다고 본다.

[355] 제 3 競業避止義務와 自己去來의 制限

   (1) 경업피지의무

    1) 의　　의　　　(개) 사원은 다른 사원의 동의가 없으면 자기 또는 제 3 자의 계산
으로 회사의 영업부류에 속하는 거래를 하지 못하며, **동종영업을 목적으로 하는 다른 회
사의 무한책임사원 또는 이사가 되지 못한다**($_{198\, I}^{\, 상}$). 이 점이 상업사용인의 경우에 영업
의 종류와 관계 없이 그 취임을 제한하는 것($_{17\, I}^{\, 상}$)과 다르다. 다른 사원의 동의는 다른 사
원 전원의 동의를 의미하고 사전동의를 원칙으로 한다$\left[_{(\frac{동}{송}),\ 707}^{\ 동: 鄭}\right]$.

    (내) 이러한 경업피지의무를 요구하는 이유는 사원은 원칙적으로 회사의 경영에 직접
참여하며 업무집행권이 없는 경우에도 감시권이 있기 때문에 회사의 기밀에 정통하므로
경업에 의하여 회사의 희생으로 사리를 추구하는 것을 방지하기 위한 것이다.

    (대) 경업피지의무에 관한 규정은 회사의 내부관계에 속하는 사항이므로 정관으로 배
제·제한·강화할 수 있다$\left[_{설}^{통}\right]$.

    2) 의무위반의 효과　　　(개) 경업피지의무를 위반한 사원의 행위로 인하여 회사에
손해가 생긴 때에는 회사는 손해배상을 청구할 수 있다($_{198\, III}^{\, 상}$). 사원이 의무를 위반한 경.
우에는 다른 사원 과반수의 결의로 그 사원을 제명하거나, 업무집행권한 또는 대표권한
의 상실선고를 법원에 청구할 수 있다($_{205\, I,\, 216}^{상\, 220\, I\, (2),}$).

    (내) 사원이 의무를 위반하여 거래를 한 경우에 그 거래가 자기의 계산으로 한 것인
때에는 회사는 이를 회사의 계산으로 한 것으로 볼 수 있고, 제 3 자의 계산으로 한 것인
때에는 그 사원에 대하여 회사는 이로 인한 이득의 양도를 청구할 수 있다($_{198\, II}^{\, 상}$). 즉 회
사는 개입권이 있다. 이 권리는 다른 사원 과반수의 결의에 의하여 행사하여야 하며, 다
른 사원의 1 인이 그 거래를 안 날로부터 2 주간을 경과하거나 그 거래가 있은 날로부터
1 년이 경과되면 소멸한다($_{198\, IV}^{\, 상}$). 그러나 동종영업의 다른 회사의 무한책임사원이나 이
사의 취임제한을 위반한 경우에는 개입권을 행사할 수 없고 손해배상청구를 할 수 있을
뿐이라는 것이 통설이다.

    (2) 자기거래의 제한　　　사원은 다른 사원 과반수의 결의가 있는 때에 한하여 자
기 또는 제 3 자의 계산으로 회사와 거래를 할 수 있다. 이 경우에는 자기계약·쌍방대리
금지에 관한 민법 제124조의 규정을 적용하지 않는다($_{199}^{\, 상}$). 제한되는 거래는 회사와 사
원간의 **직접거래**뿐만 아니라 간접거래($_{원의\ 채무보증}^{회사에\ 의한\ 사}$)도 포함한다. 이것은 사원이 그의 지위
를 이용하여 회사의 희생으로 사리(私利)를 도모하는 경우를 방지함으로써 회사와 다른

사원의 이익을 보호하기 위한 것이다.

[356] 제 4 損益分配

(1) **총   설**   합명회사는 영리법인으로서 이익을 사원에게 분배하는 것을 목적으로 한다. 그러므로 정관으로도 이익분배에 전혀 참여하지 않는 사원의 존재는 인정될 수 없다고 본다. 그러나 정관의 정함에 의하여 손실을 분담하지 않는 사원은 존재할 수 있다.

(2) **손익의 의의**   대차대조표($_{\frac{상}{민}29\,I}$)의 적극재산액($_\frac{순자}{산액}$)으로부터 소극재산액($_\frac{채}{무}$)을 공제한 잔여의 순재산액을 회사의 자본액인 사원의 재산출자의 총액과 비교하여 전자가 후자를 초과하는 액을 이익이라 하고, 후자가 전자를 초과하는 액을 손실이라고 할 수 있다. 또한 특정한 영업연도의 손익은 그 연도의 시기와 종기의 순재산액을 비교함으로써 생기는 이익 또는 손실을 말한다고 할 수 있다.

(3) **손익분배의 기준**   1) 분배의 기준은 정관이나 총사원이 동의로써 정할 수 있지만 특별한 정함이 없는 때에는 각 사원이 이미 이행한 출자의 가액에 따라 정한다($_{\frac{상}{민}711\,;}^{195;}$). 또한 이익 또는 손실에 대하여 분배의 비율을 정한 때에는 그 비율은 이익과 손실에 공통된 것으로 추정한다($_{\frac{상}{민}711\,II}^{195;}$).

2) 손익분배는 내부관계에 속하므로 사원의 자치에 맡겨지고 있을 뿐만 아니라 사원이 무한책임을 지고 경영에 참가하므로 사원의 생계비의 조달을 위하여 합명회사에 있어서는 정관에 의하여 이익이 없는 때에도 재산의 분배를 할 수 있다.

(4) **손익분배의 시기와 방법**   1) 합명회사도 매년 1회 이상 일정한 시기에 대차대조표를 작성하여야 하므로($_{\frac{상}{30}\,II}$), 정관에 다른 규정이 없는 때에는 결산기에 이익을 분배하는 것으로 볼 수 있다. 이익분배는 실제로 금전을 지급하는 방법에 의하며, 정관 또는 총사원의 동의로 분배할 이익의 전부 또는 일부를 사내에 유보하여 사원의 지분을 증가시킬 수도 있다.

2) 사원이 부담하여야 하는 손실은 회사의 계산상 사원의 지분을 감소시키는 방법에 의한다. 이러한 지분의 증감은 실질적인 것이 아니라 계산상의 변화에 불과하지만, 사원의 퇴사 또는 해산의 경우에는 지분의 정도가 사원의 회사에 대한 권리·의무에 영향을 미치게 된다.

[357] 제 5 持   分

(1) **지분의 의의**   합명회사의 지분이란, 첫째로 사원이 회사에 대하여 갖는 각종의 권리·의무의 기초가 되는 법률관계인 사원권 또는 사원의 법률상의 지위라고 할 수 있고, 둘째로 회사의 해산 또는 퇴사의 경우에 사원이 회사에 대하여 청구하거나 지급하여야 하는 금전적인 액수라고 할 수 있다. 이 액수는 재산의 변동에 따라 적극적 금액 또는 영(零)의 상태가 될 수 있다. 즉 지분은 사원권을 의미하므로 사원은 업무집행

권·대표권·감시권 등의 공익권과 이익배당청구권·잔여재산분배청구권 등의 자익권을
갖는다.

　(2) **지분의 양도**

　1) 총　　설　　지분의 양도란 사원이 사원권의 전부 또는 일부를 타인에게 양도
하는 것을 말한다. 합명회사에 있어서는 사원의 개성과 사원 상호간의 신뢰관계의 유지
가 중시되므로 지분의 양도는 다른 사원의 이해관계에 중대한 영향을 미친다. 그리하여
사원은 다른 사원의 동의를 얻은 때에만 그 지분의 전부 또는 일부를 타인에게 양도할
수 있다($\frac{상}{197}$).

　2) 양도의 요건　　지분을 양도함에 있어서 다른 사원의 동의는 양도의 효력발생
요건이다. 「다른 사원」이란 양도당사자 이외의 모든 사원을 말한다. 그러나 지분양도에
관한 규정은 임의법규이므로 정관으로 다른 정함을 할 수 있다. 지분의 양도에 의하여
사원이 변경되면 정관을 변경하여야 하지만 이를 위한 총사원의 동의($\frac{상}{204}$)는 양도의 동
의로써 대신할 수 있다고 본다[동: 鄭(희), 333; 鄭(동), 713].

　3) 양도의 효과　　지분의 전부를 양도한 때에는 양도인은 사원자격을 상실하며,
양수인이 기존사원인 때에는 다만 그의 지분이 증가하게 되지만 양수인이 사원 이외의
제 3 자인 때에는 그가 새로이 사원이 된다. 지분의 일부를 양도하는 때에는 사원인 양도
인의 지분이 감소되고 양수인이 사원인 때에는 그의 지분이 증가되고 양수인이 사원 이
외의 제 3 자인 때에는 그가 사원이 된다. 지분을 전부 양도한 사원도 본점소재지에서 지
분양도에 따르는 정관변경의 등기를 하기 전에 생긴 회사채무에 대하여는 등기 후 2년
내에는 다른 사원과 동일한 책임이 있다($\frac{상}{225\,II}$).

　4) 변경등기　　사원의 성명·주민등록번호 및 주소는 정관의 절대적 기재사항
($\frac{상}{179(3)}$)이고 등기사항이므로($\frac{상}{180(1)}$), 지분의 양도에 의하여 사원이 변경된 때에는 지분의
양도로써 제 3 자에게 대항하기 위하여 변경등기를 하여야 한다($\frac{상}{37,\,40}\frac{183}{}$).

　(3) **지분의 입질**　　지분의 입질에 관하여 상법에는 아무런 규정이 없다. 지분을
사원권이라고 보는 입장에 의하면 입질은 불가능하다고 할 수 있지만, 지분은 경제적 가
치가 있고 채권적인 성질이 있기 때문에 그 **양도** 및 **압류**($\frac{상\,197,}{223}$)는 물론이고 동시에 **입
질**도 가능하다[통설]. 그러나 지분의 입질에 있어서는 i) 지분양도에 관한 상법의 규정($\frac{상}{197}$)
을 유추하여 다른 사원 전원의 동의가 있어야 할 것이다[동: 鄭(희), 334; 徐(돈), 504; 孫(주), 498]. 이와는 달리
소수설로서 ii) 입질은 자유롭게 허용되어야 한다는 이유로 **동의불요설**도 있으나[鄭(동),, 715],
질권실행의 경우에 다른 사원의 이익을 고려한다면 의문의 여지가 있다.

　(4) **지분의 압류**　　지분의 압류에 관하여 상법은 그 효력에 관한 규정을 두고 있
다($\frac{상\,223,\,224,}{247\,IV,\,249}$). 즉 상법은 회사채권자를 보호하기 위하여 지분의 압류는 사원이 이익의
배당과 지분의 환급을 청구하는 권리에 대하여도 그 효력이 있는 것으로 하였다($\frac{상}{223}$). 상
법은 이의 실행을 위하여 압류채권자는 회사와 그 사원에 대하여 6월 전에 예고를 하고
영업연도 말에 그 사원을 퇴사시킨 다음에 지분환급청구권의 전부(轉付)를 받아 목적을
달성할 수 있게 하였다($\frac{상}{224\,I}$). 그러나 예고는 사원이 변제를 하거나 상당한 담보를 제공
한 때에는 그 효력을 잃는다($\frac{상}{224\,II}$). 합명회사가 임의청산을 하는 경우에 지분의 압류채
권자가 있는 때에는 그 자의 동의를 얻어야 한다($\frac{상}{247\,IV}$).

(5) 지분의 상속

1) 상속의 금지   합명회사는 인적회사로서 사원의 개성이 중요시되므로 사원의 사망은 퇴사원인이 되며($218 \atop 상(3)$), 정관에 다른 정함이 없는 한 상속인이 그 지위를 승계하지 못한다. 즉 상속인은 다만 지분의 환급청구권만을 갖게 된다.

2) 정관에 의한 상속   정관으로 지분의 상속을 인정한 때에는 상속인은 상속의 개시를 안 날로부터 3월 내에 회사에 대하여 승계 또는 포기의 통지를 발송하여야 한다. 이 경우에 아무런 통지 없이 3월을 경과한 때에는 사원이 될 권리를 포기한 것으로 본다($상 \atop 219$). 상속인이 승계의 통지를 발송한 때에는 사망한 사원의 지위를 승계하게 된다.

제 3 관   合名會社의 外部關係

[358]   제 1   合名會社의 代表

(1) 의   의   상법에 의하면 합명회사도 법인이므로($상 \atop 171$), 회사를 대표하는 기관이 필요하다. 회사의 대표란 회사의 권리·의무에 직접적으로 영향을 미치는 제3자에 대한 법률행위라고 할 수 있다. 이는 회사의 거래상대방과의 관계이기 때문에 회사의 대표기관에 대하여는 거래의 안전을 위하여 그 획일성과 엄격성이 요청되며, 이에 관한 규정은 강행법규로 법정되어 정관에 의한 사적 자치가 인정되지 않는다.

(2) 대표기관의 구성

1) 각사원의 단독대표   합명회사는 정관에 의하여 별도로 업무집행사원을 정하지 않은 때에는 사원 각자가 회사를 대표하며, 업무집행사원을 정한 때에는 각 업무집행사원이 단독으로 회사를 대표하는 것을 원칙으로 한다($상 \atop 207$).

2) 대표사원의 특정   수인의 업무집행사원을 정한 경우에 정관 또는 총사원의 동의로 업무집행사원 중에서 특히 회사를 대표할 자($대표 \atop 사원$)를 정할 수 있다($상 \atop 207 단$). 대표사원을 정한 때에는 다른 사원의 대표권은 박탈된다.

3) 공동대표   정관 또는 총사원의 동의로써 수인의 사원이 공동으로 회사를 대표할 것을 정할 수 있다($상 \atop 208 Ⅰ$). 이 경우에도 제3자의 회사에 대한 의사표시는 공동대표의 권한이 있는 사원 1인에게 대하여 의사표시를 하면 된다($상 \atop 208 Ⅱ$).

4) 회사와 사원간의 소의 경우   회사가 사원에 대하여 또는 사원이 회사에 대하여 소를 제기하는 경우에 회사를 대표할 사원이 없을 때에는 다른 사원 과반수의 결의로 회사를 대표할 자를 선정하여야 한다($상 \atop 211$). 즉 유일한 대표사원이 소송당사자인 경우뿐만 아니라 유일한 대표사원이 사망 또는 사임한 때에는 임시로 회사대표자를 선정하여야 한다. 이 경우 회사대표자는 반드시 사원이 아니라도 무방하다고 본다[동: 孫(주), 508; 鄭(동), 718].

(3) 대표권한의 상실   대표사원이 회사를 대표하는 것이 현저하게 부적임하거나 중대한 의무에 위반한 행위가 있을 때에는 법원은 다른 사원의 청구에 의하여 대표권한의 상실을 선고할 수 있다($상 216 \atop 205$). 이러한 선고는 대표사원이 1인인 경우에도 가능하며, 또한 다른 사원의 수가 반드시 대표권한을 상실한 사원의 수보다 다수이어야 하는

것도 아니다.

　　(4) 대표기관의 등기　　　정관이나 총사원의 동의로 대표사원을 정한 때와 공동대
표를 정한 경우에는 등기를 하여야 한다($\substack{상\ 180,\\(4)\ (5)}$). 그러므로 모든 사원이 각자가 단독으로
회사를 대표하는 경우에는 등기할 필요가 없다. 그러나 대표권한의 상실선고의 판결이
확정된 때에는 등기를 하여야 한다($\substack{상\ 216,\\205(2)}$).

　　(5) 대표기관의 권한

　　1) 대표권의 범위　　　회사를 대표하는 사원은 회사 영업에 관하여 재판상 또는
재판외의 모든 행위를 할 권한이 있다($\substack{상\\209\ I}$). 이 대표권에 대한 제한은 선의의 제3자에
게 대항하지 못한다($\substack{상\\209\ II}$).

　　2) 대표권 제한　　　대표기관의 대표권은 내부적으로 제한할 수 있으나 그 제한으
로 선의의 제3자에게 대항하지 못한다($\substack{상\\209\ II}$). 그러나 제3자가 사원인 때, 대표사원과
의 공모가 회사의 이익을 해하여 민법 제103조에 위배되는 때, 제3자가 대표권의 남용
을 안 때 등은 대표권의 불가제한성을 이유로 회사에 대항하지 못한다.

[359]　제2　社員의 責任

I. 사원의 책임

　　(1) 의　　　의　　　1) 합명회사의 사원은 회사의 채권자에 대하여 직접·연대·무한
의 책임을 진다($\substack{상\\212\ I}$). 그리하여 합명회사는 모든 사원의 운명공동체라고 한다. 그러므
로 책임에 관하여 사원간에 다른 약정을 하더라도 제3자에 대하여는 아무런 효력이 없
다($\substack{스민\ 568\\II\ 참조}$)〔$\substack{동:\ 鄭(희)\ 336;\\李(철)\ 141}$〕. 이와는 달리 사원의 책임은 정관의 규정이나 사원간의 합의에
의하여 배제할 수 있다는 견해도 있으나〔$\substack{鄭(동),\\721}$〕, 이는 의문이다.

　　2) 사원의 제3자에 대한 책임은 법인인 회사에 있어서는 예외적인 경우에 속한다.
즉 주식회사의 경우 회사가 부담한 채무는 법인인 회사 자신의 재산만으로 책임을 지는
데 반하여, 합명회사에 있어서는 사원이 회사의 채무에 대하여 책임을 지는데, 이는 마
치 타인($\substack{법인인\\회사}$)의 채무에 대하여 책임을 지는 것과 같은 것으로 일반원칙의 예외라고 할
수 있다.

　　(2) 무한책임의 근거　　　합명회사의 사원에 대하여 이러한 예외를 인정하는 이유
는 합명회사도 법인이긴 하지만 그 실질은 조합적인 성격이 농후하고 계약자유의 원칙
이 광범위하게 인정될 뿐만 아니라, 합명회사의 경우는 사원의 출자의무나 회사의 자본
유지에 관한 규정이 존재하지 않으므로 회사채권자를 보호할 필요가 있기 때문이다.

2. 책 임 자

　　(1) 사　　　원　　　1) 모든 사원은 업무집행권 또는 대표권의 유무와 관계 없이 회사채
무에 대하여 책임을 진다. 그러므로 정관의 규정으로도 회사채권자에 대하여 제한적인 책임
을 지는 사원의 존재를 인정할 수 없다. 사원이 업무집행정지의 가처분을 받은 동안에 생긴
채무에 대하여도 책임을 진다.

　　2) 회사성립시에 사원이 된 자뿐만 아니라 회사성립 후에 가입한 사원도 그 가입 전에

생긴 회사채무에 대하여 책임을 진다($\frac{상}{213}$). 여기서 회사성립 후에 가입한 사원이란 회사와의 입사계약으로 사원권을 원시취득한 자뿐만 아니라 기존의 지분을 양수하여 사원권을 승계취득한 자를 포함한다. 이와 같이 상법이 새로 가입한 사원도 기존사원과 동일한 책임을 지도록 한 것은 신·구채무를 구별하여 각 사원이 지는 책임의 내용이 다르게 됨으로써 생기는 혼란을 방지하기 위한 것이다.

(2) **자칭사원**   1) 사원이 아닌 자가 타인에게 자기를 사원이라고 오인시키는 행위를 하였을 때에는 오인으로 인하여 회사와 거래한 자에 대하여 사원과 동일한 책임을 진다($\frac{상}{215}$). 이는 외관법리 또는 금반언의 원리에 입각한 책임이라고 할 수 있다.

2) 자칭사원이 사원으로서 오인시키는 행위는 법률행위뿐만 아니라 사실행위도 포함한다. 자칭사원도 회사채무에 대하여 무한책임을 지지만 사원은 아니므로 다른 사원과 연대책임이 아닌 부진정연대책임을 진다고 본다. 자칭사원도 회사의 채무를 변제하는 것이므로 회사가 갖는 항변으로 대항할 수 있으나 다른 사원이 갖는 항변으로는 연대관계가 없으므로 대항할 수 없다고 할 것이다.

(3) **퇴사원·지분양도사원**   퇴사원 또는 지분을 양도한 사원도 퇴사 또는 변경의 등기를 하기 전에 생긴 회사채무에 대하여는 등기 후 2년($\frac{제척}{기간}$) 내에는 다른 사원과 동일한 책임을 진다($\frac{상}{225}$). 퇴사원은 거래상대방이 퇴사의 사실을 알았든 몰랐든 간에 퇴사등기 전에 생긴 회사의 채무에 대하여 책임을 진다. 청구는 퇴사원에 대하여 직접 하여야 한다. 그러나 사원이 사망으로 인하여 퇴사한 때에는 그 퇴사등기 전에 생긴 회사의 채무에 대하여는 그의 상속인은 책임을 지지 않는다.

3. 책임이행의 조건

(1) **책임의 발생**   사원의 책임은 회사채무의 발생과 동시에 생긴다. 즉 회사채무 발생과 더불어 이것과 병존하는 동일한 내용의 채무가 사원에 대하여 발생하는 것이라고 할 수 있다.

(2) **책임의 이행**   책임의 이행은 회사의 재산으로 회사의 채무를 완제할 수 없는 때와($\frac{상}{212\ \text{I}}$) 회사재산에 대한 강제집행이 주효하지 못한 때($\frac{상}{212\ \text{II}}$)에 하게 되는 것이므로, 사원의 책임은 보충적 책임으로서 보증채무와 유사하다. 왜냐하면 합명회사는 민법상의 조합과 달리 법인이기 때문이다($\frac{상}{171\ \text{I}}$). 그러므로 사원은 회사에 변제의 자력이 있으며 집행이 용이한 것을 증명한 때에는 그 변제를 거부할 수 있다($\frac{상}{212\ \text{III}}$). 사원의 책임의 내용은 회사의 채무와 같으므로 채무의 이행장소도 회사가 이행하여야 할 장소와 같다고 본다.

(3) **사원의 항변권**   1) 변제의 청구를 받은 사원은 회사와 자기 채권자에 대하여 갖는 항변으로 대항할 수 있다. 즉 회사가 채권자에 대하여 상계·취소 또는 해제할 권리가 있는 경우에는 사원은 변제를 거부할 수 있다($\frac{상}{214}$).

2) 이러한 항변권을 인정하고 있는 것은 채권자가 회사에 대하여 청구하는 경우보다 사원에 대하여 청구하는 때에 더 유리한 지위에 있어야 할 이유가 없기 때문이다. 또한 사원은 자기가 회사채권자에 대하여 갖는 항변으로도 대항할 수 있다.

4. 책임의 내용

(1) 의   의   1) 사원은 회사채무의 전액에 대하여 변제의 책임이 있다. 즉 회사의 재산으로써 변제할 수 없는 부족액에 대하여만 책임을 지는 것이 아니다. 그러므로 정관으로 다른 정함을 한 경우에도 제 3 자에게 대항할 수 없다. 다만 회사채권자와의 약정으로 그 책임을 제한하는 것은 가능하다고 본다($\binom{\text{예컨대 책임의 한계를 회사}}{\text{의 재산으로 국한시키는 것}}$).

2) 사원의 책임은 인적 책임으로서 사원은 자기의 전재산으로써 책임을 지며, 또한 이는 회사채권자에 대한 직접책임이고 사원 상호간의 연대책임이다.

(2) 사원에 대한 회사의 채무   1) 회사가 사원에 대하여 부담하는 채무에 대하여는 채권의 성질을 구별함이 없이 다른 사원은 책임을 지지 않는다는 것이 다수설이다. 그 이유는 i) 회사가 다른 사원에 대하여 부담한 채무는 사원 자신의 채무와 다름없기 때문이라고 하거나[$\binom{鄭(희)}{338}$], ii) 사원의 책임에 관한 규정은 회사채권자의 보호를 위한 특별규정이고 다른 사원의 채권에 대하여 상법 제212조의 특별책임을 인정하면 구상관계가 순환하여 그치지 않기 때문이라고 한다[$\binom{徐(돈), 510; 姜(위),}{184; 林(홍), 866}$].

2) 그러나 사원인 자격에서 회사에 대하여 갖는 사원의 채권($\binom{\text{비용 및 보수}}{\text{의 청구 등}}$)에 대하여는 회사만이 책임을 진다고 할 수 있으나, 사원이 제 3 자인 자격에서 회사에 대하여 갖는 채권($\binom{\text{소비대차에}}{\text{의한 채권}}$)에 대하여는 다른 사원들이 상법 제212조에 의한 변제책임을 진다고 본다. 왜냐하면 후자의 경우에 채권자가 사원이라고 하여 제 3 자보다 불리한 취급을 받을 이유가 없기 때문이다. 이는 오늘날 유력설이 되고 있다[$\binom{\text{동: } 鄭(동), 724; 蔡(이), 824; 李(기),}{707; 李(철), 142; 權(기), 233}$].

3) 이 경우에 제 3 자의 지위에 있는 사원은 당연히 사원으로서 회사의 채무에 대하여 연대책임을 지므로 자기의 손실분담부분을 공제한 금액만을 청구할 수 있다고 본다. 이렇게 함으로써 복잡한 사후의 구상문제도 함께 해결할 수 있기 때문이다.

(3) 채무이행의 방법   1) 사원은 회사가 부담하는 채무가 금전채무인가 작위의무(作爲義務)인가에 따라 동일한 내용의 채무를 이행하여야 하는가, 일정한 경우에는 금전으로 배상할 수 있는가 하는 문제가 있는데, 전자를 이행설이라고 하고 후자를 책임설이라 한다. 채권자를 위하여는 이행설이 타당하지만 회사만이 이행하여야 할 것이거나 이행을 할 수 있는 것인 때에는 사원은 금전에 의한 배상책임만 진다고 본다[$\binom{\text{동: } 孫(주),}{510; 鄭}$ ($\binom{동), 694; 李(기),}{707; 蔡(이), 886}$].

2) 그러나 판례에는 대체성이 없는 채무($\binom{\text{전화가입권}}{\text{이전청구}}$)의 경우에는 사원은 책임을 지지 않는다고 한 것이 있다[$\binom{大 56.7.5,}{4289 민상 147}$].

5. 책임이행의 효과

사원이 회사채권자에게 채무를 이행하면 회사의 채무는 소멸한다. 따라서 사원은 회사에 대하여 구상권을 행사할 수 있으며($\binom{민}{425}$) 또한 회사채권자의 권리를 대위할 수 있다($\binom{민}{481}$). 또 다른 사원에 대하여 그의 부담부분을 구상할 수 있으며 다른 사원은 회사에 자력이 있다는 이유로 구상을 거절하지 못한다[$\binom{\text{동: } 鄭(희), 388; 孫(주), 513;}{鄭(동), 726; 李(철), 142}$]. 이 경우에 부담부분은 손실분담의 비율에 따른다. 즉 채무를 이행한 사원의 회사에 대한 채권과 다른 사원에 대한 채권이 경합한다.

6. 책임의 소멸

사원의 책임은 본점소재지에서 해산등기를 한 후 5년이 경과하면 소멸한다($\frac{상}{267\,\text{I}}$). 이 기간이 경과한 후의 채권자는 분배하지 않은 잔여재산에 대하여만 변제를 청구할 수 있다($\frac{상}{267\,\text{II}}$). 또한 회사의 존속중에 회사의 채무가 소멸하면 그 종속성에 의하여 사원의 책임은 소멸한다. 퇴사한 사원과 지분을 전부양도한 사원의 책임은 퇴사등기 또는 정관변경등기 후 2년이 경과하면 소멸한다($\frac{상}{225}$).

제 4 관 社員의 入社와 退社

[360] 제 1 社員의 入社

(1) 의   의   사원의 입사라 함은 회사가 성립한 다음에 회사와 입사하고자 하는 자 사이의 입사계약에 의하여 원시적으로 사원자격을 취득하는 것을 의미한다. 즉 입사는 회사에 대한 새로운 출자가 있는 경우를 말하므로 승계취득($\binom{지분의 양수 또는}{정관에 위한 상속}$)의 경우는 포함되지 않는다.

(2) 절   차   입사의 경우는 입사계약이 있어야 하며 사원의 성명·주민등록번호 및 주소는 정관의 기재사항이므로($\frac{상}{179\,(3)}$) 정관의 변경을 위하여 총사원의 동의가 있어야 한다($\frac{상}{204}$). 그러나 무한책임을 지는 사원의 수가 증가하므로 회사채권자의 보호를 위한 절차는 필요하지 않다.

(3) 효   과   1) 입사계약에 의하여 새로 가입한 사원은 정관으로 다른 정함을 하지 않는 한 기존사원과 동일한 권리가 있고 의무를 진다. 입사한 사원은 회사성립 후에 가입한 사원으로서 입사 전에 생긴 회사채무에 대하여도 다른 사원과 동일한 책임을 진다($\frac{상}{213}$). 여기에는 입사와 동시에 퇴사하는 사원에 대한 출자의 환급채무가 포함된다.

2) 그리고 상법 제42조와는 달리 상호의 속용 유무와 관계 없이 책임을 지고 책임은 외부관계이므로, 책임의 발생시점은 입사계약을 체결한 때가 아니라 입사가 외부에 대하여 유효하게 된 때이다. 즉 입사등기나 입사 이후 입사한 사원의 동의로 회사의 업무를 계속한 때이다.

3) 입사한 사원에 관한 규정은 회사채권자의 보호를 위한 강행법규이므로 입사계약에서 다른 정함을 하여도 회사채권자에 대하여는 효력이 없다($\binom{독상 130}{\text{II} \text{ 참조}}$).

(4) 등   기   사원은 입사에 의하여 등기사항에 변경이 생기므로 변경등기를 하여야 한다($\frac{상\,180}{(1),\,183}$).

[361] 제2 社員의 退社

1. 총　설

(1) 의　　의　　광의로 퇴사란 사원이 그 자격을 상실하는 모든 경우를 말하지만, 상법에서 퇴사라고 할 때에는 특정한 사원이 회사의 존속중에 사원자격을 절대적으로 상실하는 것을 의미한다. 그러므로 회사가 소멸한 경우와 다르고, 사원자격이 절대적으로 소멸하는 점에서 사원자격이 상대적으로 소멸하는 지분의 전부양도의 경우(이 때에 양도인은 사원자격을 상실하지만 양수인에게 사원인 자격이 존속하게 된다)와도 다르다.

(2) 퇴사제도의 필요성　　퇴사는 출자의 환급을 수반하므로 회사재산만이 회사채권자를 위한 유일한 담보가 되는 물적회사(주식회사·유한회사)에 있어서는 생각할 수 없으며 인적회사(합명회사·합자회사)의 경우에만 인정된다. 그 이유는 사원의 책임이 무한이기 때문에 회사에 사원을 억지로 묶어두는 것은 적당하지 못하며, 인적회사에 있어서는 사원의 개성이 중요하므로 어떤 사원에 대하여 특별한 사정이 생긴 때에는 그를 회사관계에서 떠나게 할 필요가 있기 때문이다. 그러나 회사가 청산중일 때에는 퇴사가 인정되지 않는다(동; 孫(주), 516). 왜냐하면 지분의 환급은 일부청산이 되기 때문이다.

(3) 퇴사의 효력　　퇴사는 다른 사원의 의사와 관계 없이 일방적 의사표시에 의하여 효력이 생긴다.

2. 퇴사원인

(1) 사원의 고지에 의한 퇴사　　합명회사의 사원은 정관으로 회사의 존립기간을 정하지 아니하거나 회사가 어느 사원의 종신까지 존속할 것을 정한 때에는 사원은 6월 전에 예고를 하고 영업연도 말에 한하여 퇴사할 수 있다($217_{I}^{상}$). 그러나 부득이한 사유가 있는 때에는 언제든지 퇴사할 수 있다($^{동조}_{II}$).

(2) 지분압류채권자의 고지에 의한 퇴사　　사원의 지분을 압류한 채권자는 일방적으로 회사와 그 사원에 대하여 6월 전에 예고를 하고 영업연도 말에 그 사원을 퇴사시킬 수 있는 권리가 있다($224_{I}^{상}$). 그러나 사원이 변제를 하거나 상당한 담보를 제공한 때에는 그 예고는 효력을 잃는다($^{동조}_{II}$). 또한 상법 제218조에서 규정하고 있는 퇴사원인은 다음과 같다.

(3) 정관에서 정한 사유의 발생($218_{(1)}^{상}$)　　정관에서 일정한 기간만 사원이 되기로 정한 경우에 그 기간의 경과나 조건의 도래, 자격요건이나 정년제 등 퇴사사유를 정한 경우에 그 사유의 발생이다.

(4) 총사원의 동의($218_{(2)}^{상}$)　　사원은 총사원의 동의로 퇴사할 수 있다. 그러나 정관으로 그 요건을 완화하여 총사원의 과반수 또는 업무집행사원의 동의만으로도 퇴사할 수 있음을 정할 수 있다.

(5) 사　　망($218_{(3)}^{상}$)　　합명회사는 사원의 개성을 중시하므로 원칙적으로 사원의 사망은 퇴사의 원인이 된다. 그러나 정관으로 상속인이 회사에 대한 피상속인의 권리·의무를 승계하여 사원이 될 수 있음을 정한 때에는 상속인은 상속의 개시를 안 날로부터

3월 내에 회사에 대하여 승계 또는 포기의 통지를 발송하여야 한다. 그리하여 통지를 하지 않고 이 기간이 경과되면 사원이 될 권리를 포기한 것으로 본다($상_{219}$). 해산 후 청산단계에 들어간 회사의 경우에 사원의 사망은 퇴사사유가 되지 않고 그 상속인이 사원인 지위를 승계한다($상_{246}$).

　(6) 금 치 산($상_{218(4)}$)　　정관으로 다르게 정할 수 있으며 청산중에는 퇴사원인이 되지 않는다.

　(7) 파　　산($상_{218(5)}$)　　이 원인은 정관으로도 배제하지 못한다.

　(8) 제　　명($상_{218(6)}$)

　1) 의　　의　　합명회사는 신뢰관계를 중시하는 회사이므로 이를 기대할 수 없는 사원이 있을 때에는 회사와 다른 사원의 보호를 위하여 강제적으로 회사에서 배제할 필요가 있기 때문에 제명제도를 인정하고 있다. 제명이란 사원의 의사에 반하여 그 사원인 자격을 박탈하는 것을 말한다. 그러므로 제명은 회사의 이익을 위하여 다른 조치($업무집행권의 박탈·제한 등$)에 의한 해결을 기대할 수 없는 경우에만 최종적인 수단으로 인정되어야 한다.

　2) 제명의 제한　　(가) 제명은 기업의 유지를 위하여 인정된 제도이기 때문에 2인의 사원만이 있는 회사의 경우에는 제명에 의하여 회사이 해산을 초래될 수 있으므로 인정되지 않는다[$동; 孫(주), 518; 李(철), 136; 李(기), 709$]. 판례도 같은 입장이다[$大 91.7.26, 90 다 19206$]. 그러나 회사의 해산청구($상_{241}$)나 퇴사는 가능하다($상_{217 Ⅱ}$).

　(나) 이와는 반대로 사원이 2인인 경우에도 제명에 의하여 사원이 1인이 되어 해산한 경우에는 새로 사원을 가입시켜서 회사를 계속할 수 있다는 이유로 긍정하는 견해도 있다[$鄭(동), 三訂增補版 704$]. 그러나 사원의 개성을 중시하는 합명회사가 해산한 경우에 항상 새로운 사원의 가입이 가능한 것은 아니어서 궁극적으로 해산되는 경우가 많을 것이므로 부정설이 타당하다.

　3) 정관에 의한 변경　　제명은 내부관계에 속하므로 이에 관한 규정은 임의법규이며 정관의 규정으로 다른 정함을 할 수 있다. 예컨대 이를 배제·제한하거나 다른 사원의 결의만으로 가능하게 할 수 있다.

　4) 원　　인　　(가) 제명의 법정원인은 i) 출자의무를 이행하지 아니한 때, ii) 경업피지의무의 규정에 위반한 행위를 한 때, iii) 회사의 의무집행 또는 대표에 관하여 부정한 행위를 한 때, iv) 권한 없이 업무를 집행하거나 회사를 대표한 때, v) 기타 중요한 사유가 있는 때 등이다($상_{220}$).

　(나) 이 규정은 강행규정이라고 하여 정관으로도 제명원인을 추가할 수 없다는 견해도 있으나[$孫(주), 517; 鄭(동), 731; 鄭(찬), 521; 權(기), 240$], 사원의 제명은 내부관계에 속하므로 정관에 의한 추가는 가능하다고 본다.

　5) 청　　구　　(가) 제명의 원인이 있을 때에 회사는 다른 사원 과반수의 결의에 의하여 그 사원의 제명의 선고를 법원에 청구할 수 있다($상_{220 Ⅰ}$). 사원이 2인인 경우에는 어느 누구도 과반수의 결의를 얻을 수 없으므로 다른 1인의 제명은 불가능하다는 견해도 있으나[$鄭(동), 731$], 이는 의문이다. 왜냐하면 제명의 당사자가 아닌 1인 사원의 의사는 다른 사원 전원의 의사와 같다고 할 수 있기 때문이다. 그러므로 사원이 2인인 경우에 제명을 인정하지 않는 것은 회사의 해산을 초래하기 때문이지 다른 사원 과반수의 결의가 성립되지 않기 때문이라는 것은 잘못이다.

판례$\left[\substack{大\ 76.6.22,\\75\ 다\ 1503}\right]$와 다수설은 피제명자가 수인인 경우에는 각인에 대하여 개별적으로 타 사원의 과반수 결의가 있어야 된다고 하나$\left[\substack{鄭(희),\ 341;\ 鄭(동),\ 731;\\李(철),\ 137;\ 孫(주),\ 518}\right]$, 제명원인이 동질적인 때에는 수인의 피제명자를 동시에 일괄하여 다른 사원들이 제명결의를 할 수 있다고 본다. 제명은 사원의 제명결의만으로 완성되는 것이 아니고 법원의 선고에 의하여 이루어지므로 사원의 결의요건을 엄격하게 해석하여 제명의 청구를 할 수 없도록 하는 것은 제명제도를 유명무실하게 하는 결과가 될 것이다. 왜냐하면 예컨대 부부인 A·B와 C가 사원으로 되어 있는 회사에서 부부의 공모로 제명원인이 발생한 경우에는 A·B의 각인에 대하여 다른 사원의 과반수 결의를 기대할 수 없으므로 제명의 청구도 할 수 없게 될 것이기 때문이다.

(바) 이 소는 본점소재지의 지방법원의 관할에 전속한다($\substack{상\ 220\ Ⅱ,\\206\ Ⅱ,\ 186}$). 제명의 소는 청산회사로서 존속하는 한 회사의 해산 후에도 제기할 수 있다고 본다. 제명청구의 소에 있어서 원고는 회사이며 피고는 제명의 대상이 되는 사원이다. 제명판결은 사원의 자격을 박탈하는 형성판결이고 판결의 확정에 의하여 제명의 효력이 생긴다.

6) 등   기   판결이 확정된 때에는 본점과 지점의 소재지에서 등기하여야 한다($\substack{상\ 220\ Ⅱ,\\205\ Ⅱ}$).

(9) **회사계속의 부동의**($\substack{상\ 229\\1\ 단}$)   회사의 해산 후 회사의 계속에 동의하지 않은 사원은 퇴사한 것으로 본다.

(10) **설립의 무효·취소의 원인이 있는 사원**($\substack{상\\194\ Ⅱ}$)   설립의 무효 또는 취소의 판결이 확정된 경우에 그 무효 또는 취소의 원인이 있는 사원은 퇴사한 것으로 본다.

3. 퇴사의 절차

사원이 퇴사하게 되면 정관의 기재사항이 변경되지만 퇴사의 원인이 있으면 퇴사의 효과가 생기므로 별도로 정관의 변경을 위한 절차($\substack{상\\204}$)는 필요 없다[$\substack{동;\ 孫(주),\ 518\sim519;\ 鄭\\(동),\ 732;\ 鄭(찬),\ 523}$]. 그러나 퇴사의 결과 등기사항($\substack{상\\180(1)}$)에 변경이 생기므로 변경등기를 하여야 한다($\substack{상\\183}$). 다만 제명에 의하여 퇴사한 경우는 제명등기만 있으면 된다($\substack{상\ 220\ Ⅱ,\\205\ Ⅱ,}$).

4. 퇴사의 효과

퇴사한 사원은 사원권을 상실하게 된다. 그 결과 무한책임을 지는 사원의 수가 감소되므로 회사채권자의 보호를 위한 조치가 필요하며 회사와의 관계를 매듭지을 필요가 있다.

(1) **퇴사원의 책임**   퇴사한 사원도 퇴사등기를 하기 전에 생긴 회사의 채무에 대하여 등기 후 2년 내에는 다른 사원과 동일한 책임을 진다($\substack{상\\225}$). 퇴사는 내부문제로서 외부에서는 알 수 없는 경우가 많기 때문에 회사채권자를 보호하기 위하여 인정한 책임이다.

(2) **상호변경청구권**   퇴사한 사원의 성명이 회사의 상호 중에 사용된 경우에는 그 사원은 회사에 대하여 그 사용의 폐지를 청구할 수 있다($\substack{상\\226}$). 이것은 자칭사원의 책임($\substack{상\\215}$)을 면하기 위한 퇴사원의 권리이다.

(3) **지분환급청구권**   퇴사한 사원은 노무 또는 신용을 출자의 목적으로 한 경우에도 정관에 다른 규정이 없는 한 그 지분을 환급받을 수 있다($_{222}^{상}$).

1) **지분의 계산**   지분의 계산은 회사의 내부관계에 속하므로 우선 정관에서 정한 방법에 의하지만 정관에 특별한 규정이 없는 때에는 퇴사 당시의 회사의 재산상태에 따라서 하고($_{민\,719\,i}^{상\,195;}$), 사원이 제명된 경우에는 제명의 소를 제기한 때의 회사의 재산상태에 의하며 그때로부터 법정이자를 붙여야 한다($_{221}^{상}$). 퇴사 당시에 완결되지 아니한 사항에 대하여는 완결 후에 계산할 수 있다($_{민\,719\,III}^{상\,195;}$). 계산의 결과 지분이 적극으로 나타난 때에는 그 금액의 환급을 청구할 수 있고, 반대로 소극의 경우에는 그 금액을 회사에 납입하여야 한다. 환급은 출자의 종류에 불구하고 금전으로 함을 원칙으로 한다($_{민\,719\,II}^{상\,195;}$).

2) **재산의 반환**   퇴사원이 특정한 재산의 사용권이나 수익권만을 출자한 경우는 퇴사와 더불어 출자의무가 소멸하기 때문에 그 재산의 반환청구를 할 수 있다($_{환급과\,다르다}^{이것은\,지분의}$).

3) **다른 사원의 책임**   퇴사원의 지분환급청구권은 퇴사원이 회사에 대하여 갖는 제3자적 권리이므로 이에 대하여 다른 사원은 상법 제212조에 의한 연대·무한의 책임을 진다($_{孫(주),\,520}^{동:\,鄭(희),\,342;}$).

제 5 관   定款의 變更

[362]   제 1   定款의 變更

(1) **의   의**   정관의 변경이란 정관규정의 실질을 변경하는 것으로서 선량한 풍속, 사회질서, 회사의 본질, 강행법규에 반하지 않는 한 어떠한 사항이든지 자유로이 변경할 수 있다.

(2) **요   건**   합명회사의 정관을 변경함에는 **총사원의 동의**가 있어야 한다($_{204}^{상}$). 그러나 정관의 변경은 내부관계에 속하므로 정관의 규정으로 다른 정함을 할 수 있다. 즉 정관으로 총사원의 다수결로 정관을 변경할 수 있음을 정할 수 있다고 본다. 총사원의 동의는 그 방법에 대하여 특별한 제한이 없으므로 구두나 서면으로도 할 수 있으며 회의나 개별적인 의사표시로도 가능하다.

(3) **효   력**   정관변경의 효력은 총사원의 동의만으로 즉시 생기며 서면인 정관의 경정에 의하여 효력이 생기는 것은 아니다.

(4) **변경등기**   정관의 변경에 의하여 등기사항에 변경이 생기는 경우에는 변경등기를 하여야 한다($_{183}^{상}$). 이 경우에 등기는 제3자에 대한 대항요건이 될 뿐이다($_{참조}^{상\,37}$).

제 4 절   合名會社의 解散과 淸算

[363]   제 1   解   散

(1) **해산사유**   합명회사의 해산사유는 다음과 같다($^{\text{상}}_{227}$).

i) 존립기간의 만료 기타 정관으로 정한 사유의 발생, ii) 총사원의 동의, iii) 사원이 1인으로 된 때, iv) 합병, v) 파산. 그런데 합명회사의 사원은 회사채권자에 대하여 직접 연대·무한의 책임을 지기 때문에 존립중의 책임초과는 파산원인이 되지 않지만 청산중의 합명회사의 경우는 채무초과도 파산원인이 된다($^{\text{파}}_{\text{II, 118}}^{117}$). vi) 법원의 명령 또는 판결. 즉 법원이 회사의 해산을 명하는 경우와($^{\text{상}}_{176}$) 사원의 청구에 의한 법원의 해산판결 ($^{\text{상}}_{241}$) 등이다.

(2) **해산등기**   회사가 해산한 때에는 합병과 파산의 경우를 제외하고는 그 해산사유가 있은 날로부터 본점소재지에서는 2주간 내, 지점소재지에서는 3주간 내에 해산등기를 하여야 한다($^{\text{상}}_{228}$).

(3) **해산의 효과**   회사는 해산에 의하여 바로 그 법인격이 소멸하지 않고 권리·의무의 처리를 위하여 청산의 목적범위 내에서 존속하게 되며($^{\text{상}}_{245}$) 정산의 종료에 의하여 법인격이 소멸한다. 그러나 영업을 전제로 하는 사원의 대표권·업무집행권·경업피지의무는 소멸한다. 또한 퇴사는 인정되지 않으며 지분은 소멸하므로 지분의 양도가 있을 수 없다. 다만 사원은 잔여재산의 분배청구권을 갖게 된다. 그리고 사원의 책임소멸기간은 해산등기일로부터 기산한다($^{\text{상}}_{267\,\text{I}}$).

[364]   제 2   淸   算

I. 총   설

청산이란 해산한 회사의 법률관계를 정리하고 그 재산을 처분하는 절차라고 할 수 있다. 합병($^{\text{존속회사나 신설회사가 소멸회사의}}_{\text{권리·의무를 포괄적으로 승계한다}}$) 및 파산의 경우($^{\text{파산법에 의한 파}}_{\text{산절차에 의한다}}$)에 해산한 회사는 청산절차가 필요 없지만 기타의 사유로 인하여 해산한 때에는 청산을 하여야 한다. 이와 같이 청산단계에 있는 회사를 청산회사라 한다. 청산회사의 법적 성질은 설립중의 회사의 경우와 마찬가지로 해산 전의 회사와 동일한 회사라고 할 것이다. 다만 회사의 권리능력이 청산의 목적범위 내로 제한된다는 점이 해산 전의 회사와 다른 점이다.

판례는「합명회사의 청산절차에서는 사원의 퇴사가 허용되지 않으므로 합명회사의 청산중 사원의 퇴사는 효력이 없다고 하였다[$^{\text{大 2005.7.15,}}_{\text{2003 다 46963}}$].

2. 청산의 방법

합명회사의 청산에는 임의청산과 법정청산의 방법이 있다. 합명회사에 대하여는 주식회사의 경우와 달리 임의청산을 인정하는데, 그 이유는 합명회사의 사원은 해산등기 후에도 무한책임을 지기 때문에($\frac{상}{267}$) 회사채권자의 이익을 해할 우려가 적고 또 사원간 에는 인적 신뢰관계가 존재하기 때문이다.

(1) 임의청산

1) 총　설

⑺ 의　의　　　임의청산이란 정관 또는 총사원의 동의로 정한 회사재산의 처분 방법에 따라서 하는 청산을 말한다($\frac{상\ 247}{I\ 참조}$). 합명회사의 경우에는 정관 또는 총사원의 동 의로 법정청산절차에 의하지 않고 예컨대 영업양도·회사재산의 경매 등에 의한 대가의 분배, 회사재산의 분배, 독립된 수개의 지점영업의 각 사원에 대한 분배 등의 방법으로 청산을 할 수 있다. 회사가 임의청산의 방법을 택하는 경우에 회사채권자는 이의를 할 수 없다. 왜냐하면 사원은 청산 후에도 회사채무에 대하여 책임을 지기 때문이다.

⑻ 임의청산이 인정되는 경우　　　임의청산은 회사가 존립기간의 만료 기타 정관 으로 정한 사유의 발생 또는 총사원의 동의에 의하여 해산한 경우에만 가능하며, 사원이 1인이 된 때와 법원의 명령 또는 판결로 인하여 해산한 경우에는 재산처분의 공정을 위 하여 임의청산은 인정되지 않는다($\frac{상}{247\ II}$). 또한 청산절차가 생략되는 합병이나 파산절차 에 의하는 파산에 의하여 해산한 경우도 같다.

2) 채권자보호의 절차　　⑺ 임의청산의 경우에도 회사는 해산사유가 있는 날로

부터 2주간 내에 재산목록과 대차대조표를 작성하여야 하고($\frac{상\ 247}{I\ 후단}$), 또한 회사는 그 기 간 내에 채권자에 대하여 이의가 있으면 1월 이상의 일정기간 내에 이의를 제출할 것을 공고하고, 알고 있는 채권자에게는 각별로 이를 최고하여야 한다.

⑻ 채권자가 그 기간 내에 이의를 제출하지 않을 때에는 임의청산을 승인한 것으로 보며, 이의를 제출한 채권자가 있는 때에는 회사는 그 채권자에 대하여 변제 또는 담보 를 제공하거나 이를 목적으로 하여 상당한 재산을 신탁회사에 신탁하여야 한다($\frac{상\ 247}{III,\ 232}$). 이를 위반한 때에는 회사채권자는 법원에 그 처분의 취소를 청구할 수 있다($\frac{상}{248\ I}$).

⑼ 임의청산의 경우에 사원의 지분압류채권자가 있는 때에는 그 자의 동의를 얻어 야 한다($\frac{상}{47\ IV}$ ^{2}). 그러므로 동의 없이 재산을 처분한 때에는 지분압류채권자는 회사에 대 하여 그 지분에 상당하는 금액의 지급을 청구할 수 있으며 또한 상법 제248조에 의하여 재산처분의 취소를 청구할 수 있다($\frac{상}{249}$).

3) 장부·중요서류의 보존　　　임의청산의 경우에 회사의 장부와 영업 및 청산에

관한 중요서류는 청산종결의 등기를 한 후 10년간 보존하여야 하고, 전표(傳票) 또는 이와 유사한 서류는 5년간 보존하여야 한다($\frac{상}{266\ I}$). 보존인과 보존방법은 총사원 과반수 의 결의로 정하여야 한다($\frac{상}{266\ II}$).

4) 청산종결의 등기　　　임의청산의 경우에 회사는 그 재산의 처분을 완료한 날로

부터 본점소재지에서는 2주간 내에, 지점소재지에서는 3주간 내에 청산종결의 등기를 하여야 한다($\frac{상}{247\ V}$). 이 경우에 등기는 선언적 효력이 있을 뿐이다. 그러므로 사실상 청 산이 종결되지 않은 때에는 등기를 하였더라도 회사가 소멸된 것으로 보지 않는다.

⑵ 법정청산

1) 총　설

㈎ 의　의　　　법정청산이란 청산인이 법정된 절차($^{\text{상}}\,^{251\sim}_{265}$)에 따라서 하는 청산을 말한다. 법정청산의 경우에 엄격한 절차를 요구하는 것은 사원의 이익을 보호하는 데 목적이 있으며, 회사채권자를 보호하기 위한 것은 아니다. 왜냐하면 합명회사의 사원은 해산등기 후에도 책임을 지기 때문이다. 그러므로 법정청산에 관한 규정도 원칙적으로 총사원의 동의로 변경할 수 있는 임의 법규로 볼 수 있다.

㈏ 법정청산에 의하여야 하는 경우　　　사원이 1인이 된 경우나 법원의 명령 또는 판결에 의하여 해산한 경우($^{\text{상}\,227}_{(3)\cdot(6)}$)에는 회사가 반드시 법정청산의 방법에 따라서 청산을 하여야 하며($_{247\,\text{II}}^{\text{상}}$), 회사가 존립기간의 만료 기타 정관으로 정한 사유의 발생 또는 총사원의 동의에 의하여 해산한 때($^{\text{상}\,227}_{(1)\cdot(2)}$)에 정관 또는 총사원의 동의로 재산의 처분방법($^{\text{임의}}_{\text{청산}}$)을 정하지 않은 경우도 같다.

2) 청　산　인　　　법정청산의 경우에 청산사무를 집행하고 청산회사를 대표하는 자를 청산인이라 한다. 청산인에는 법정청산인, 사원의 선임에 의한 청산인, 법원이 선임한 청산인 등 3종류가 있다.

㈎ 법정청산인　　　합명회사에 있어서는 원칙적으로 업무집행사원이 청산인이 된다($_{251\,\text{II}}^{\text{상}}$). 그러므로 대표사원을 정한 경우에도 해산 후에는 각 업무집행사원이 청산인이 된다. 이들을 법정청산인이라 한다.

㈏ 사원의 선임에 의한 청산인　　　청산인은 원칙적으로 법정청산인을 말하지만 총사원 과반수의 결의로 사원 또는 사원 이외의 자를 청산인으로 선임할 수 있다($_{251\,\text{I}}^{\text{상}}$).

㈐ 법원의 선임에 의한 청산인　　　사원이 1인이 되거나 법원의 명령 또는 판결에 의하여 해산한 때에는 법원은 사원 기타의 이해관계인이나 검사의 청구에 의하여 또는 직권으로 청산인을 선임할 수 있다($_{252}^{\text{상}}$).

3) 선임등기　　　청산인이 선임된 때에는 그 선임된 날로부터, 업무집행사원이 청산인이 된 때에는 해산된 날로부터 본점소재지에서는 2주간 내에, 지점소재지에서는 3주간 내에 청산인의 성명·주민등록번호 및 주소를 등기하여야 한다.

4) 해　임　　　사원의 선임에 의한 청산인은 총사원 과반수의 결의로 해임할 수 있으며($_{261}^{\text{상}}$), 청산인이 그 직무를 집행함에 현저하게 부적임하거나 중대한 임무에 위반한 행위가 있는 때에는 법원은 사원 기타의 이해관계인의 청구에 의하여 청산인을 해임할 수 있다($_{262}^{\text{상}}$). 청산인이 해임된 때에는 변경등기를 하여야 한다($^{\text{상}\,253}_{\text{II},\,183}$).

5) 청산인의 직무권한　　　상법에서 규정하고 있는 청산인의 직무권한은 현존사무의 종결, 채권의 추심과 채무의 변제, 재산의 환가처분, 잔여재산의 분배 등이다($_{254\,\text{I}}^{\text{상}}$). 이것은 법정청산의 개략적인 범위에 불과하고 청산인의 직무는 열거된 사항에 한정되는 것은 아니다.

㈎ 현존사무의 종결　　　회사의 해산 전부터 계속되고 있는 모든 사무의 종결을 의미한다. 이를 위하여는 새로운 법률행위를 할 수 있으므로 물건의 판매는 물론이고, 매매계약의 이행을 위하여 필요한 때에는 제 3 자로부터 물건을 매수할 수도 있다.

㈏ 채권의 추심　　　회사의 채권에는 사원에 대한 것과 제 3 자에 대한 것이 있으

며 채권의 추심은 채권이 변제기에 있어야 하지만 사원에 대한 출자청구권에 관하여는 특칙을 두고 있다. 즉 회사에 현존하는 재산이 그 채무를 변제함에 부족한 때에는 변제기에 불구하고 청산인은 각 사원에 대하여 출자를 청구할 수 있다($_{258\,\text{I}}^{\text{상}}$). 그 출자액은 사원평등의 원칙에 따라 각 사원의 지분의 비율로 정한다($_{258\,\text{II}}^{\text{상}}$).

　　⒟ **채무의 변제**　　　청산의 신속한 종결을 위하여 변제기가 도래하지 않은 채무도 변제할 수 있다($_{259\,\text{I}}^{\text{상}}$). 이 경우에 이자 없는 채권에 관하여는 변제기까지의 법정이자를 가산하여 그 채권액에 달할 금액을 변제하면 되고($_{259\,\text{II}}^{\text{상}}$), 이자 있는 채권으로서 그 이율이 법정이율에 달하지 못하는 것에 대하여는 법정이자와 약정이자의 차액도 가산한 금액을 변제하여야 한다($_{259\,\text{III}}^{\text{상}}$). 그리고 조건부채권, 존속기간이 불확정한 채권, 기타 가액이 불확정한 채권에 대하여는 법원이 선임한 감정인의 평가에 의하여 변제하여야 한다($_{259\,\text{IV}}^{\text{상}}$).

　　⒠ **재산의 환가처분**　　　청산인은 채무의 변제 및 잔여재산의 분배 등을 위하여 회사재산을 처분하거나 총사원의 과반수의 결의로 영업의 전부 또는 일부를 일괄하여 양도할 수 있다($_{257}^{\text{상}}$).

　　⒡ **잔여재산의 분배**　　　사원에 대한 회사재산의 분배는 회사의 채무를 완제한 후에만 할 수 있다. 그러나 다툼이 있는 채무에 대하여는 그 변제에 필요한 재산을 보류하고 잔여재산을 분배할 수 있다($_{260}^{\text{상}}$). 이에 위반하여 분배한 때에는 회사는 반환청구권이 있으며 청산인은 과태료의 제재를 받는다($_{1\,(15)}^{\text{상 635;}}$). 잔여재산의 분배의 표준은 정관에 다른 정함이 없는 때에는 민법의 규정에 따라 각 사원의 출자액에 비례한다($_{\text{민 724 II}}^{\text{상 195;}}$).

　　6) **청산사무의 집행과 청산회사의 대표**　　　청산인이 수인인 때에는 그 직무에 관한 행위는 그 과반수의 결의로 한다($_{254\,\text{II}}^{\text{상}}$). 그러나 청산의 실행행위는 각 청산인이 단독으로 함을 원칙으로 한다. 회사의 대표는 업무집행사원이 청산인이 된 경우에는 종전의 정함에 따라 하게 되며($_{255\,\text{I}}^{\text{상}}$), 법원이 수인의 청산인을 선임한 경우에는 회사를 대표할 자를 정하거나 수인이 공동하여 회사를 대표할 것을 정할 수 있다($_{255\,\text{II}}^{\text{상}}$). 회사를 대표할 청산인은 그 직무에 관하여($_{254\,\text{I}}^{\text{상}}$) 재판상 또는 재판외의 모든 행위를 할 권한이 있으며($_{254\,\text{III}}^{\text{상}}$), 그 권한에 대한 제한으로 선의의 제3자에게 대항하지 못한다($_{209\,\text{II}}^{\text{상 265;}}$).

　　7) **계산서의 작성과 승인**　　　청산인은 그 임무가 종료한 때에는 지체없이 계산서를 작성하여 각 사원에게 교부하고 그 승인을 얻어야 한다($_{263\,\text{I}}^{\text{상}}$). 사원이 계산서를 받은 날로부터 1월 내에 이의를 하지 않은 때에는 청산인에게 부정행위가 없는 한 그 계산을 승인한 것으로 본다($_{263\,\text{II}}^{\text{상}}$).

　　8) **청산종결의 등기와 장부·서류의 보존**　　　청산이 종결된 때에는 청산인은 총사원에 의한 계산서의 승인이 있는 날로부터 본점소재지에서는 2주간 내, 지점소재지에서는 3주간 내에 청산종결의 등기를 하여야 한다($_{264}^{\text{상}}$). 그리고 총사원의 과반수의 결의로 회사의 장부와 영업 및 청산에 관한 중요서류의 보존인과 보존방법을 정하여($_{266\,\text{II}}^{\text{상}}$) 청산등기 후 10년간 보존하여야 하고, 전표 또는 이와 유사한 서류는 5년간 보존하여야 한다($_{266\,\text{I}}^{\text{상}}$).

　　9) **청산인의 책임**　　　회사와 청산인의 관계는 위임이므로($_{382\,\text{II}}^{\text{상 265;}}$) 청산인은 수임자로서 선량한 관리자의 주의의무를 진다. 그리고 청산인의 회사에 대한 책임 및 제3자

에 대한 책임에 대하여는 주식회사의 이사에 관한 규정을 준용한다($_{399,\ 401}^{상\ 265,}$). 또한 회사를 대표하는 청산인이 그 업무집행으로 인하여 타인에게 손해를 가한 때에는 회사는 그 대표청산인과 연대하여 손해를 배상할 책임이 있다($_{210}^{상\ 265,}$).

제 6 장   合資會社

제 1 절   總   說

[365]   제 1   意   義

(1) 합자회사란 무한책임사원과 유한책임사원으로 구성되는 이원적 조직의 회사이다($상_{268}$). 무한책임사원은 합명회사의 사원과 같지만 유한책임사원은 회사채권자에 대하여 직접 재산출자의 가액을 한도로 하여 연대하여 변제할 책임을 진다($이\ 점이\ 간접책임인\ 주주_{의\ 유한책임과\ 다르다}$). 회사의 업무집행과 대표는 무한책임사원이 담당하며 유한책임사원은 다만 출자자로서 업무와 재산상태에 대한 감시권을 가질 뿐이다($상_{277\ Ⅰ}$). 즉 합자회사는 합명회사에 자본적 결합성이 가미된 회사이지만 인적회사에 속한다고 본다.

합자회사는 10세기경부터 지중해 연안에서 널리 이용되던 코멘다(commenda) 계약에서 유래된 것으로서 그 연혁은 약명조합과 같다. 코멘다는 주로 본국에 거주하는 자본주가 기업인에게 금전·상품·선박 등을 맡기고 기업인이 해외에 나가 장사를 하여 그 이익을 분배하는 것이었다. 이후 자본주뿐만 아니라 기업인도 자본의 일부를 출자하면서 콜레간치아(collegantia)라고 불렀는데, 그 중 자본주가 표면에 나타나고 채권자에 대하여 출자액을 한도로 하여 책임을 지는 것이 합자회사가 되었으며, 자본주가 밖으로 나타나지 않는 형태가 익명조합이 된 것이다.

(2) 합자회사는 합명회사의 형태에 자본적 결합성이 가미된 법인으로서 그 본질은 합명회사와 유사하다. 그리하여 상법에 다른 규정이 있는 사항을 제외하고는 합자회사에 관하여 합명회사에 관한 규정을 준용한다($상_{269}$). 그리하여 합자회사의 내부관계에 대하여도 정관 또는 상법에 특별한 규정이 없으면 민법상의 조합에 관한 규정이 준용된다.

제 2 절   合資會社의 設立

합자회사는 무한책임사원(無限責任社員)이 될 자와 유한책임사원(有限責任社員)이 될 자의 각 1인 이상이 정관을 작성하고 설립등기를 함으로써 성립한다. 정관의 기재사항이나 설립등기사항은 합명회사와 같지만($상_{180}^{179,}$), 각 사원의 책임이 무한인가 유한인가 하는 것을 정관에 기재하고($상_{270}$) 등기하여야 하는 점이($상_{271\ Ⅰ}$) 다르다. 즉 유한책임사원의 성명·주민등록번호·주소·각 사원의 출자총액을 등기하여야 한다($상_{Ⅰ,\ 180}^{271}$). 그러나 유한

책임사원에 관한 변경등기에는 그 원수와 출자의 총액만을 기재한다. 합자회사의 설립의 무효 및 취소에 관하여는 합명회사에 관한 규정을 준용한다($\frac{상}{269}$).

제 3 절   合資會社의 構造

합자회사에 관한 법률관계도 합명회사의 경우와 같이 내부관계와 외부관계로 구분될 수 있다.

[366]   제 1   合資會社의 內部關係

(1) **총 설**   합자회사의 내부관계에 관한 규정은 임의규정이므로, 정관으로 합자회사의 본질 또는 선량한 풍속과 사회질서에 반하지 않는 한 다른 정함을 할 수 있다.

(2) **사원의 출자**   무한책임사원의 출자는 합명회사의 사원과 같지만 유한책임사원의 출자는 금전 기타의 재산만으로 할 수 있다($\frac{상}{272}$). 출자는 직접 회사에 대하여 이행하여야 하지만 유한책임사원이 회사채권자에 대하여 출자가액의 한도 내에서 직접 변제를 한 때에는 그만큼 출자의무를 면하게 되고, 또한 유한책임사원의 출자의무는 물적회사의 사원의 경우($\frac{상\ 334,}{596}$)와 달리 그가 회사에 대하여 갖는 채권과의 상계에 의한 이행도 가능하다고 본다.

(3) **사원의 자격**   무한책임사원은 자연인이어야 하지만($\frac{상}{174}$), 유한책임사원은 회사 기타 법인도 될 수 있다.

(4) **업무집행**

1) **업무집행자**   (가) 합자회사의 업무집행은 정관에 다른 정함이 없는 한 각 무한책임사원에게 그 권리와 의무가 있다($\frac{상}{273}$). 지배인의 선임과 해임은 업무집행사원이 있는 경우에도 무한책임사원 과반수의 결의로 한다($\frac{상}{274}$). 유한책임사원은 업무집행에 대한 권리·의무가 없지만($\frac{상}{278}$), 업무집행은 내부관계에 불과하므로 정관 또는 총사원의 동의로 유한책임사원에게도 업무집행에 대한 권리뿐만 아니라 의무까지도 지도록 할 수 있으며, 유한책임사원을 지배인이나 부분적 포괄대리권을 가진 사용인으로 선임할 수 있다고 본다.

(나) 유한책임사원에게 업무집행권을 인정한 경우에는 사원 상호간에 있어서 무한책임사원과 동일한 지위에 있게 된다. 이와는 반대로 정관으로도 유한책임사원은 업무집행에 관여하게 할 수 없다는 소수설도 있다[李(철), 153; 蔡(이), 845]. 그 이유로 업무집행과 대표는 표리관계에 있으므로 상법 제278조는 그 전부를 강행법규로 보아야 하기 때문이라고 한다. 그러나 인적회사에 있어서 대표권이 없는 업무집행사원이 존재한다는 점에서($\frac{상}{207\ 단}$) 반드시 업무집행과 대표는 표리관계에 있다고 할 수 없고, 회사의 내부관계와 외부관계의 구분이 가능하고 특히 인적회사의 내부관계에 관한 규정은 임의법규이므로($\frac{상}{195}$), 정관으로는 유한책임사원도 업무집행에 관여할 수 있다는 것이 오늘날의 **다수설**이며[孫(주), 535;

鄭(동), 718; 林(홍), 901; 權(기),
253; 鄭(찬), 533; 李(기), 715 } 타당하다.

2) 업무집행권한의 상실   업무집행권한의 상실은 합명회사와 같으나 무한책임사원이 1인뿐인 경우에는 업무집행권한의 상실은 동시에 대표권의 상실도 초래하게 되어 합자회사에 대표사원이 없는 상태가 되므로 인정되지 않는다고 본다[大 77. 4. 26,
75 다 1341][동: 孫(주),
536; 李(철), 153;
鄭(찬), 533]. 이와는 반대로 유일한 업무집행사원이라도 권한상실선고를 할 수 있다는 견해도 있다[鄭(동),
717][서울高 75. 6. 18,
74 나 581].

3) 유한책임사원의 감시권   **(가)** 유한책임사원은 업무집행에 참여하지 못하는 반면에 영업연도 말에 있어서 회계장부·대차대조표 기타의 서류를 열람할 수 있고, 회사의 업무와 재산상태를 검사할 수 있는 감시권이 있으며, 특히 중요한 사유가 있는 때에는 언제든지 법원의 허가($^{비송}_{80, 81}$)를 얻어 감시권을 행사할 수 있다($^{상}_{277}$). 전자를 **일반감시권**(一般監視權)이라고 한다면 후자는 **특별감시권**(特別監視權)이라고 할 수 있을 것이다.

(나) 일반감시권은 정관의 규정에 의하여 더 강화하거나 제한할 수 있겠지만, 특별감시권은 유한책임사원을 위한 최소한도의 보호규정으로서 정관으로 배제하거나 제한할 수 없다고 본다.

(5) 경업피지의무

1) 무한책임사원   무한책임사원은 합명회사의 사원과 마찬가지로 경업피지의무를 진다($^{상 269,}_{198}$).

2) 유한책임사원   유한책임사원은 자본적으로 참가하고 업무집행에 참여하지 않으므로 경업의 자유가 인정된다. 즉 유한책임사원은 다른 사원의 동의 없이 자기 또는 제 3 자의 계산으로 회사의 영업부류에 속하는 거래를 할 수 있고, 동종영업을 목적으로 하는 다른 회사의 무한책임사원 또는 이사도 될 수 있다($^{상}_{275}$). 그러나 정관의 규정에 의하여 다른 정함을 할 수 있고[동: 孫(주),
536~537], 또한 유한책임사원이 회사의 업무집행에 참여하는 때에는 무한책임사원과 마찬가지로 경업피지의무를 진다고 본다[동; 鄭
(동), 745].

(6) 자기거래의 제한   합자회사에는 합명회사에 관한 규정이 준용되고($_{199,}^{상 269}$) 유한책임사원의 자기거래에 관한 규정이 따로 존재하지 않으므로 유한책임사원의 자기거래에 대하여도 다른 사원 과반수의 결의가 필요한 것이다[동; 李
(철), 154]. 이 점에 대하여는 i) 유한책임사원에 대하여 경업의 자유는 인정하면서($^{상}_{275}$) 별도의 규정으로 유한책임사원의 자기거래에 대한 제한은 해제하지 않은 것은 법전기초상 과오라고 하거나[鄭(동), 718;
孫(주), 537], ii) 자기거래제한의 규정은 업무집행권을 전제로 하므로 유한책임사원에게는 적용되지 않는다는 견해[鄭(찬),
534] 등이 있다.

i)의 입장은 유한책임사원의 경업의 자유가 인정되면 자기거래의 자유도 인정되어야 한다는 논리라고 할 수 있다. 그러나 양자는 이를 허용하는 경우에 그 경제적인 효과면에서 반드시 동일하게 취급하여야 되는 것은 아니라고 본다. 경업의 자유를 인정하는 것은 유한책임사원이 업무집행에 참여하지 않는 한 회사 외의 제 3 자와 다를 바 없으므로 굳이 제한의 필요성이 없는 것이지만 자기거래는 무한책임사원 또는 유한책임사원을 구별할 필요 없이 직접 회사의 손해를 초래할 수 있으므로 그 제한이 필요한 것이다. 그러므로 반드시 입법상의 과오라고 단정할 수 없다고

본다. ii)의 입장은 유한책임사원은 업무집행권이 없으므로 자기거래의 제한이 적용되지 않는다고 하지만, 역시 자기거래는 업무집행권이 있든 없든 위험한 거래이므로 제한되어야 한다고 본다. 그러므로 정관에 의하여 업무집행권이 박탈된 무한책임사원도($^{상}_{201\ I}$) 다른 사원 과반수의 결의가 없는 때에는 회사와 자기거래를 할 수 없는 것이다.

(7) 손익의 분배　　　유한책임사원이 그 출자액을 초과하여 손실을 분담하지 않는 점을 제외하고 합명회사의 경우와 같다. 유한책임사원도 정관의 규정에 의하여 손실의 분담이 가능하다고 본다.

(8) 사원의 변동

1) 유한책임사원의 사망　　　유한책임사원은 자본적으로만 참여하고 그 개성이 중요하지 않으므로 금치산이나 사망은 퇴사의 원인이 되지 않는다($^{상\ 284,}_{283\ I}$). 그러므로 유한책임사원이 사망한 때에는 그 상속인이 지분을 승계하여 사원이 되며($^{상}_{283\ I}$), 상속인이 수인인 때에는 사원의 권리를 행사할 1인을 정하여야 한다. 이를 정하지 아니한 때에는 회사의 통지 또는 최고는 그 중의 1인에 대하여 하면 전원에 대하여 효력이 있다($^{상}_{283\ II}$). 지분의 양도에 있어서 무한책임사원의 경우는 합명회사의 사원과 같이 다른 무한책임사원의 동의가 있어야 한다($^{상\ 269,}_{197}$).

2) 유한책임사원의 지분양도　　　유한책임사원의 지분은 무한책임사원 전원의 동의만으로 양도할 수 있다. 지분의 양도에 따라 정관을 변경하여야 할 경우에도 같다($^{상}_{276}$). 즉 다른 유한책임사원의 동의는 필요하지 않으므로 유한책임사원 상호간에는 아무런 법률관계가 존재하지 않는다.

(9) 사원의 지위변경　　　유한책임사원이 무한책임사원이 되거나 그 반대의 경우에는 총사원의 동의가 있어야 한다($^{상\ 270,}_{269,\ 204}$).

[367]　제2　合資會社의 外部關係

(1) 회사의 대표　　　1) 정관 또는 총사원의 동의로 무한책임사원 중에서 특히 회사를 대표할 자를 정하지 않는 한 무한책임사원은 각자가 회사를 대표하며($^{상\ 269,}_{207}$), 유한책임사원은 회사를 대표하지 못한다($^{상}_{278}$). 이것은 강행법규이므로 정관 또는 총사원의 동의로도 유한책임사원에게는 대표권을 인정하지 못한다[$^{大\ 66.\ 1.\ 25,}_{65\ 다\ 2128}$]. 다만 대리권의 수여가 가능할 뿐이므로 상업사용인은 될 수 있다.

2) 유일한 무한책임사원의 대표권은 그 상실선고($^{상\ 269,}_{216,\ 205}$)를 할 수 없으며 다만 제명($^{상\ 269,}_{220}$)만이 가능할 뿐이다. 그 결과 회사는 해산할 수밖에 없게 되지만, 이 경우에 무한책임사원을 가입시키거나($^{상}_{285}$) 유한책임사원 중에 1인이 무한책임사원으로 그 책임을 변경하여 회사를 계속할 수 있다.

(2) 사원의 책임

1) 무한책임사원　　　무한책임사원은 합명회사의 사원과 같은 책임을 진다[$^{745면\ 이}_{하\ 참조}$].

《합자회사 사원의 권리·의무》

	무한책임사원	유한책임사원
업 무 집 행 권	있다($\text{상}_{200\,\mathrm{I}}$)	없다(상_{278})
업 무 감 시 권	있다($\text{상 195;}_{\text{민 710}}$)	제한된다(상_{277})
대　　　표　　　권	있다($\text{상}_{207\,\mathrm{I}}$)	없다(상_{278})
이　　　의　　　권	있다($\text{상}_{200\,\mathrm{II}}$)	없다
경 업 피 지 의 무	있다(상_{198})	없다(상_{275})
책　　　　　　　임	무한이다(상_{212})	유한이다(상_{279})
사　　　　　　　망	퇴사($\text{상}_{218\,(3)}$)	상속인의 지분승계($\text{상}_{283\,\mathrm{I}}$)

　2) **유한책임사원**　　㈎ 유한책임사원은 직접 회사채권자에 대하여 책임을 지지만 그 출자액을 한도로 하여 책임을 부담하는 점이 연대·무한의 책임을 지는 무한책임사원과 다르다. 유한책임사원은 약속한 출자가액에서 이미 이행한 부분을 공제한 가액을 한도로 하여 회사채무를 변제할 책임이 있다($\text{상}_{279\,\mathrm{I}}$).

　　㈏ 회사채권자에 대한 책임의 이행은 그 이행한 금액만큼 회사에 대한 출자의무를 감소시키는 결과를 가져온다. 유한책임사원이 회사에 이익이 없음에도 불구하고 배당을 받은 때에는 그 금액은 변제책임을 정함에 있어서 이를 가산한다($\text{상}_{279\,\mathrm{II}}$).

　　㈐ 유한책임사원은 그 출자를 감소한 후에도 본점소재지에서 등기를 하기 전에 생긴 회사채무에 대하여 등기 후 2년 내에는 종전의 책임을 면하지 못한다(상_{280}). 또한 유한책임사원이 출자가액을 모두 이행하였더라도 출자액이 환급되었을 때에는 종전의 책임을 면하지 못한다. 즉 환급된 만큼 출자가액을 이행하지 않은 것으로 본다.

　3) **유한책임사원의 무한책임**　　유한책임사원이 타인에게 자기를 무한책임사원이라고 오인시키는 행위를 한 때에는 오인으로 인하여 회사와 거래를 한 자에 대하여 무한책임사원과 동일한 책임을 진다($\text{상}_{281\,\mathrm{I}}$). 유한책임사원이 그 책임의 한도를 오인시키는 행위를 한 경우에도 같다($\text{상}_{281\,\mathrm{II}}$). 이것은 외관법리에 의한 규정인 것이다. 그러므로 상호 중에 유한책임사원의 성명이나 아호를 사용한 때에도 이를 신뢰한 선의의 제3자에 대하여 무한책임을 져야 할 것이다.

　(3) **책임의 변경**　　합자회사의 경우에는 총사원의 동의에 의한 정관의 변경으로 (상 269,_{204}) 유한책임사원이 무한책임사원이 되고, 반대로 무한책임사원은 유한책임사원이 될 수 있다. 이 경우에는 실질적으로 무한책임사원의 입사와 퇴사로 볼 수 있으므로 전자의 경우에는 합명회사의 신입사원의 책임에 관한 규정을, 후자의 경우는 퇴사원의 책임에 관한 규정을 각각 적용한다($\text{상 282,}_{213,\ 225}$).

제 4 절   合資會社의 解散과 淸算

(1) 합자회사의 해산사유는 합명회사와 같지만($상^{269,}_{227}$) 그 조직이 이원적이기 때문에 무한책임사원 또는 유한책임사원의 전원이 퇴사한 때에 해산한다($상_{285\,I}$). 이 경우에 잔존한 무한책임사원 또는 유한책임사원은 전원의 동의로 새로이 무한책임사원 또는 유한책임사원을 가입시켜서 회사를 계속할 수 있지만($상_{285\,II}$), 1인의 사원이 동시에 무한책임사원과 유한책임사원의 지위를 겸하는 방법에 의한 회사의 계속은 인정되지 않는다고 본다. 또한 유한책임사원 전원이 퇴사한 경우에는 무한책임사원 전원의 동의로써 합명회사로 조직을 변경하여 회사를 계속할 수 있다($상_{286}$).

(2) 합자회사의 청산은 합명회사의 경우와 마찬가지로 임의청산과 법정청산의 방법이 인정된다. 청산인은 원칙적으로 업무집행사원이 되지만 무한책임사원 과반수의 결의로 청산인을 선임할 수 있다($상_{287}$).

제 7 장 有限責任會社

제 1 절 總 說

유한책임회사는 상법개정안(2007)에 의하여 새로이 법정한 회사형태이다. 이는 미국의 유한책임회사제도인 Limited Liability Company(LLC)를 모형으로 하여 법정한 제도이다. 이는 내부적으로는 조합적 성질이 있으며 광범위한 사적자치가 인정된다는 점에서 인적회사와 유사하다고 할 수 있다. 한편 모든 사원이 유한책임을 진다는 점에서 주식회사, 유한회사와 함께 물적회사라고 할 수 있다. 따라서 유한책임회사의 사원은 주주나 유한회사의 사원과 같이 출자는 금전 기타재산만이 인정되고, 정관의 작성후 설립등기를 하는 때까지 출자의 전부를 이행하여야 한다. 유한책임회사는 모든 사원이 유한책임을 지고 내부관계에 대하여 광범위한 사적자치가 인정된다는 것이 장점이라고 할 수 있다.

제 2 절 有限責任會社의 設立

[368] 제 1 定款의 作成

유한책임회사를 설립함에는 사원이 정관을 작성하여야 한다($\substack{상 287 \\ 의 2}$). 정관에는 다음의 사항을 기재하고 각 사원이 기명날인 또는 서명하여야 한다. 기재사항은 i) 상법 제179조 제 1 호 내지 제 3 호, 제 5 호 및 제 6 호에 정한 사항, ii) 사원의 출자의 목적 및 가액, iii) 자본금의 액, iv) 업무집행자의 성명과 주소 등이다($\substack{상 287 \\ 의 3}$).

[369] 제 2 出資의 履行

사원은 신용 또는 노무를 출자의 목적으로 하지 못한다($\substack{287의 \\ 4 I}$). 이 점이 합명회사의 사원과 다르다. 사원은 정관의 작성 후 설립등기를 하는 때까지 금전 그 밖에 재산의 출자를 전부 이행하여야 한다($\substack{동조 \\ II}$). 사원이 현물출자를 하는 경우에는 상법 제295조 제 2 항의 규정을 준용한다($\substack{동조 \\ III}$).

[370] 제 3 設立登記

유한책임회사는 본점의 소재지에서 다음의 사항을 등기함으로써 성립한다($\frac{상}{5}\frac{287의}{I}$). 등기사항은 i) 상법 제179조 제1호, 제2호, 제5호에 정한 사항과 지점을 둔 때에는 그 소재지, ii) 상법 제180조 제3호에 정한 사항, iii) 자본금의 액, iv) 업무집행자를 정한 경우에 그 성명 또는 명칭과 주소, 주민등록번호, v) 회사를 대표할 자는 정한 때에는 그 성명 또는 명칭과 주소, vi) 정관으로 공고방법을 정한 때에는 그 공고방법 등이다.

[371] 제 4 準用規定

유한책임회사가 지점을 설치하는 경우에는 상법 제181조 제1항과 제2항의 규정을 준용하고($\frac{상}{5}\frac{287의}{II}$), 유한책임회사가 본점 또는 지점을 이전하는 경우에는 상법 제182조 제2항의 규정을 준용한다($\frac{동조}{III}$). 상법 제183조의 규정은 등기사항($\frac{상}{5}\frac{287의}{I}$)에 변경이 있는 때에 이를 준용한다($\frac{동조}{IV}$). 회사의 설립의 무효와 취소에 대하여는 상법 제184조 내지 제194조의 규정을 준용한다($\frac{상}{의6}\frac{287}{}$).

제 3 절 有限責任會社의 構造

[372] 제 1 內部關係

(1) 준용규정 회사의 내부관계인 회사와 사원간, 사원상호간의 관계에 관하여는 정관 또는 상법에 다른 규정이 없으면 합명회사에 관한 규정을 준용한다($\frac{상}{의7}\frac{287}{}$).
(2) 사원의 책임 사원의 책임은 출자금액을 한도로 한다($\frac{상}{8,553}\frac{287의}{}$). 즉 주식회사와 마찬가지로 모든 사원이 간접유한책임을 지고 회사채권자에 대하여 직접책임을 지지 않는다.
(3) 지분의 양도 사원은 정관에 다른 정함이 없는 한 다른 사원의 동의를 얻지 아니하면 지분의 전부 또는 일부를 타인에게 양도하지 못한다($\frac{상}{9}\frac{287의}{I,197}$). 그러나 정관에 다른 정함이 없는 한 업무를 집행하지 않은 사원은 업무를 집행하는 사원 전원의 동의가 있으면 지분의 전부 또는 일부를 타인에게 양도할 수 있다. 다만, 업무를 집행하는 사원이 없는 경우에는 사원전원의 동의를 얻어야 한다($\frac{상}{9}\frac{287의}{II,III}$). 유한책임회사는 지분의 전부 또는 일부를 양수할 수 없다($\frac{상}{10}\frac{287의}{I}$). 그러므로 유한책임회사가 지분을 취득하는 경우에 그 지분은 취득한 때에 소멸한다($\frac{동조}{II}$).
(4) 업무의 집행
1) 업무집행자 회사는 정관으로 사원 또는 사원이 아닌 자를 업무집행자로 정

하여야 한다($\frac{상}{13}\frac{287의}{I}$). 법인도 업무집행사원이 될 수 있다. 법인이 업무집행자인 경우에는 법인은 업무집행자의 직무를 행할 자를 선임하여야 하고, 그 자의 성명과 주소를 다른 사원에게 통지하여야 한다($\frac{상}{16}\frac{287의}{I}$). 1인 또는 수인의 업무집행자를 정한 때에는 각 사원이 회사의 업무를 집행할 권리와 의무가 있다. 수인의 업무집행자가 있는 경우에 다른 업무집행자의 이의가 있는 때에는 업무집행자의 과반수의 결의에 의하여야 한다($\frac{상}{201^{II},}\frac{287}{의13}$ $_{II}$). 회사가 정관으로 수인의 사원을 공동업무집행자로 정한 때에는 지체할 염려가 있는 때가 아니면 그 전원의 동의가 없이 업무집행에 관한 행위를 하지 못한다($\frac{상}{13,\ 202}\frac{287의}{}$).

2) 업무집행자의 경업 등　　업무집행자는 사원 전원의 동의를 얻지 아니하고는 자기 또는 제3자의 계산으로 회사의 영업부류에 속한 거래를 하지 못하며, 동종영업을 목적으로 하는 다른 회사의 업무집행자, 이사 또는 집행임원이 되지 못한다($\frac{상}{11}\frac{287의}{I}$). 이를 위반한 때에는 상법 제198조 제2항, 제3항 및 제4항의 규정을 준용한다($\frac{동조}{II}$). 사원은 다른 사원 과반수의 결의가 있는 때에 한하여 자기 또는 제3자의 계산으로 회사와 거래를 할 수 있다. 이 경우에는 자기계약·쌍방대리금지에 관한 민법 제124조의 규정을 적용하지 않는다($\frac{상}{12,\ 199}\frac{287의}{}$). 상법 제287조의 11 및 제287조의 12의 규정은 법인이 업무집행자인 경우에 그 직무수행자에 준용된다($\frac{상}{16}\frac{287의}{II}$).

3) 업무집행권한의 상실 등　　업무집행사원이 업무를 집행함에 있어서 현저하게 부적임하거나 중대한 의무위반의 행위를 한 때에는 법원은 사원의 청구에 의하여 업무집행권한의 상실을 선고할 수 있다($\frac{상}{18}\frac{287의}{I,\ 205}$)($\frac{상세한\ 설명은}{739면\ 참조}$). 그리고 업무집행자의 업무집행정지·직무대행자의 선임을 위한 가처분이 가능하다. 사원의 업무집행을 정지하거나 그 가처분을 변경하거나 취소하는 경우에는 본점 및 지점이 있는 곳의 등기소에서 이를 등기하여야 한다($\frac{상}{V,\ 183의\ 2}\frac{287조의\ 5}{}$). 이 경우에 직무대행자는 가처분명령에 다른 정함이 있는 경우와 법원의 허가를 얻은 경우 외에는 법인의 통상업무에 속하지 아니한 행위를 하지 못한다($\frac{상}{200의\ 2}\frac{287의\ 14,}{}$).

4) 사원의 감시권　　업무집행자가 아닌 사원은 업무집행에 참여하지 못하지만 영업연도 말에 있어서 회계장부·대차대조표 기타의 서류를 열람할 수 있고 회사의 업무와 재산상태를 검사할 수 있는 감시권이 있다. 특히 중요한 사유가 있는 때에는 언제든지 법원의 허가를 얻어 감시권을 행사할 수 있다($\frac{상}{15,\ 277}\frac{287의}{}$).

5) 정관의 변경　　정관의 변경은 정관에 다른 규정이 없으면 총사원의 동의가 있어야 한다($\frac{상}{의17}\frac{287}{}$). 정관의 변경은 내부관계에 속하므로 정관의 규정으로 다른 정함을 할 수 있다. 즉 정관으로 총사원의 다수결로 정관을 변경할 수 있음을 정할 수 있다.

[373]　제2　外部關係

(1) 회사의 대표　　1) 업무집행자는 회사를 대표한다($\frac{상}{의19}\frac{287}{}$). 업무집행자가 수인인 경우 정관 또는 총사원의 동의로 회사를 대표할 업무집행자를 정할 수 있다($\frac{동조}{II}$). 회사는 정관 또는 총사원의 동의로 수인의 업무집행자가 공동으로 회사를 대표할 것을 정할 수 있다($\frac{동조}{III}$). 이 경우에도 제3자의 회사에 대한 의사표시는 공동대표의 권한이

있는 자 1인에 대하여 함으로써 그 효력이 생긴다($\frac{동조}{IV}$).

　　2) 회사가 사원 또는 사원이 아닌 업무집행자에 대하여, 사원 또는 사원이 아닌 업무집행자가 회사에 대히어 소를 제기하는 경우에 회사를 대표할 사원 또는 사원이 아닌 업무집행자가 없을 때에는 다른 사원 과반수의 결의로 회사를 대표할 자를 선정하여야 한다($\frac{상 287의}{21, 211}$). 회사를 대표하는 업무집행자는 회사의 영업에 관하여 재판상 또는 재판외의 모든 행위를 할 권한이 있다($\frac{상 287의 19}{V, 209 I}$). 이 대표권에 관한 제한은 선의의 제3자에게 대항하지 못한다($\frac{상 287의 19}{V, 209 II}$).

　　(2) 회사대표의 손해배상책임　　유한책임회사의 대표자가 업무집행으로 인하여 타인에게 손해를 가한 때에는 회사는 대표자와 연대하여 손해배상책임을 진다($\frac{287의 20,}{210}$). 사원은 회사에 대하여 업무집행자의 책임을 추궁하는 소의 제기를 청구할 수 있다($\frac{상의}{287의}$ $\frac{22}{I}$). 이 경우에 대표소송에 관한 상법 제403조 제2항 내지 제4항, 제6항, 제7항과 상법 제404조 내지 제406조를 준용한다($\frac{동조}{II}$).

제4절　社員의 加入 및 脫退

[374]　제1　社員의 加入

　　(1) 사원의 가입이란 회사가 성립한 다음에 회사와 사원으로 가입하고자 하는 자 사이의 가입계약에 의하여 원시적으로 사원자격을 취득하는 것을 의미한다. 즉 가입은 회사에 대한 새로운 출자가 있는 경우를 말하고 승계취득($\frac{지분의 양수 또는}{정관에 의한 상속}$)의 경우는 포함되지 않는다. 유한책임회사는 정관을 변경함으로써 새로운 사원을 가입시킬 수 있다($\frac{상}{287의}$ $\frac{23}{I}$). 가입의 경우는 가입계약이 있어야 하며, 사원의 성명·주민등록번호 및 주소는 정관의 기재사항이므로($\frac{상 287의 3}{(1), 179(3)}$). 정관의 변경을 위하여 총사원의 동의가 있어야 한다($\frac{상 287}{의 17}$).

　　(2) 사원의 가입은 정관을 변경한 때에 효력이 발생한다. 다만 정관을 변경한 때에 당해 사원이 출자에 관한 납입 또는 재산의 전부 또는 일부의 출자를 이행하지 아니한 경우에는 당해 납입 또는 이행을 완료한 때에 사원이 된다($\frac{상 287의}{23 II}$). 이 경우에 사원이 현물출자를 하는 때에는 상법 제295조 제2항을 준용한다($\frac{동조}{III}$). 가입한 사원은 납입 또는 재산의 전부를 이행한 때에 사원이 되므로 회사의 채무에 대하여는 아무런 책임을 지지 않는다.

[375]　제2　社員의 脫退

　　(1) 의　　의　　상법 제3판 제3장의 2 제4절의 제목 중 사원의 탈퇴란 사원의 퇴사를 말한다. 광의로 퇴사란 사원이 그 자격을 상실하는 모든 경우를 말하지만, 상법

에서 퇴사라고 할 때에는 특정한 사원이 회사의 존속중에 사원자격을 절대적으로 상실하는 것을 의미한다. 그러므로 회사가 소멸한 경우와 다르고, 사원자격이 절대적으로 소멸하는 점에서 사원자격이 상대적으로 소멸하는 지분의 전부양도의 경우(이 때에 양도인은 사원자격을 상실하지만 양수인에게 사원인 자격이 존속하게 된다)와도 다르다.

(2) 퇴사원인

1) 사원의 임의퇴사　　사원이 투하자금을 회수하기 위하여는 지분을 양도하는 방법도 있지만, 그것은 제한을 받기 때문에(상 287의 9 I) 직접 회사로부터 탈퇴하는 방법을 인정한 것이다. 즉 정관으로 회사의 존립기간을 정하지 아니하거나 회사가 어느 사원의 종신까지 존속할 것을 정한 때에는 사원은 6월 전에 예고를 하고 영업연도 말에 한하여 퇴사할 수 있다(상 287의 24, 217 I). 그러나 부득이한 사유가 있는 때에는 언제든지 퇴사할 수 있다(동조 II).

2) 지분압류채권자의 고지에 의한 퇴사　　사원의 지분을 압류한 채권자는 일방적으로 회사와 그 사원에 대하여 6월 전에 예고를 하고 영업연도 말에 그 사원을 퇴사시킬 수 있는 권리가 있다(상 287의 29 I, 224). 그러나 사원이 변제를 하거나 상당한 담보를 제공한 때에는 그 예고는 효력을 잃는다(동조 II).

3) 기타 퇴사원인　　사원은 다음의 사유로 퇴사한다(상 287의 25, 218)(상세한 설명은 749면 이하 참조). i) 정관에 정한 사유의 발생, ii) 총사원의 동의, iii) 사망, 이 경우에 권리승계의 통지에 대하여는 상법 제219조를 준용한다(상 287의 26). iv) 금치산, v) 파산, vi) 제명, 이 경우에 제명의 선고에 대하여는 상법 제220조의 규정을 준용한다. 다만 제명에 필요한 결의는 정관으로 달리 정할 수 있다(상 287의 27).

(3) 퇴사사원지분의 환급　　퇴사사원은 그 지분의 환급을 금전으로 받을 수 있다(상 287의 28 I). 퇴사사원에 대한 환급금액은 퇴사 시의 회사의 재산상황에 따라 정한다(동조 II). 그러나 퇴사사원의 지분환급에 대하여는 정관에서 달리 정할 수 있다(동조 III). 회사의 채권자는 퇴사하는 사원에 대하여 환급하는 금액이 제287조의 37이 정하는 잉여금을 초과한 때에는 그 환급에 대하여 회사에 이의를 제기할 수 있다(상 287의 30 I). 이 경우에는 상법 제232조의 규정을 준용한다. 다만 채권자를 해할 우려가 없는 때에는 상법 제232조 제 3 항은 적용하지 않는다(동조 II). 퇴사한 사원의 성명이 회사의 상호중에 사용된 경우에는 그 사원은 회사에 대하여 그 사용의 폐지를 청구할 수 있다(상 287의 31, 226).

제 5 절　會計 등

[376]　제 1　會計原則

회사의 회계는 상법과 대통령령에 규정한 것을 제외하고는 일반적으로 공정·타당한 회계관행에 의한다(상 287의 32, 446의 2).

[377] 제 2 財務諸表의 作成 · 備置 등

업무집행자는 매결산기에 대차대조표, 손익계산서 기타 회사의 재무상태와 경영성과를 표시하는 것으로서 대통령령에서 정하는 서류를 작성하여야 한다($\frac{상287의}{33\ \rm I}$). 업무집행자는 상법 제287조의 33의 서류를 본점에 5년간, 그 등본을 지점에 3년간 비치하여야 한다($\frac{287의}{34\ \rm I}$). 사원과 회사채권자는 회사의 영업시간 내에는 언제든지 상법 제287조의 33에 의하여 작성된 재무제표의 열람과 등사를 청구할 수 있다($\frac{동조}{\rm II}$).

[378] 제 3 資本金의 減少

회사의 자본금은 사원이 출자한 금전 기타 재산의 가액을 말한다($\frac{상287}{의\ 35}$). 회사는 정관변경의 방법으로 자본금을 감소할 수 있다($\frac{상287의}{36\ \rm I}$). 이 경우에 채권자의 이의절차에 관한 상법 제232조의 규정이 준용되지만 자본금의 감소후의 자본금의 액이 순자산액에 미달하지 않는 경우에는 그러하지 아니하다($\frac{상287의}{36\ \rm II}$).

[379] 제 4 剩餘金의 分配

회사는 대차대조표상의 순자산액으로부터 자본금의 액을 공제한 액을 한도로 하여 잉여금을 분배할 수 있다($\frac{상287의}{37\ \rm I}$). 이 규정에 위반하여 잉여금을 분배한 때에는 회사채권자는 이를 회사에 반환할 것을 청구할 수 있다($\frac{동조}{\rm II}$). 잉여금은 정관에 달리 정함이 없으면 각 사원이 출자한 가액에 비례하여 분배한다($\frac{동조}{\rm IV}$). 잉여금의 분배를 청구하는 방법 기타 잉여금의 분배에 관한 사항은 정관에 정할 수 있다($\frac{동조}{\rm V}$). 사원의 지분의 압류는 잉여금의 배당을 청구하는 권리에 대하여도 그 효력이 있다($\frac{동조}{\rm VI}$).

제 6 절 解散과 淸算

[380] 제 1 解 散

(1) 해산사유　　유한책임회사는 다음과 같은 사유에 의하며 해산한다($\frac{상287}{의\ 38}$). 그 사유는 i) 존립기간의 만료기타 정관으로 정한 사유의 발생, ii) 총사원의 동의, iii) 합병, iv) 파산, v) 법원의 명령 또는 판결($\frac{동조}{(1)}$)과 vi) 사원이 없게 된 때($\frac{동조}{(2)}$) 등이다. 유한책임회사의 사원은 부득이한 사유가 있는 때에는 법원에 회사의 해산을 청구할 수 있다. 이 경우에는 상법 제186조와 제191조의 규정을 준용한다($\frac{상287}{의\ 42}$).

⑵ 해산등기   회사가 해산한 때에는 合併과 破産의 경우를 제외하고는 그 해산
사유가 있은 날로부터 본점소재지에서는 2주간 내에, 지점소재지에서는 3주간 내에 해
산등기를 하여야 한다($\frac{상}{39,\,228}^{287의}$).

[381] 제2 淸   算

    청산이란 해산한 회사의 법률관계를 정리하고 그 재산을 처분하는 절차라고 할 수
있다. 합병($\frac{존속회사나 신설회사가 소멸회사의}{권리·의무를 포괄적으로 승계한다}$) 및 파산의 경우에 해산한 회사는 청산절차가 필
요 없지만 기타의 사유로 해산한 때에는 상법의 규정에 의한 청산을 하여야 한다. 유한
책임회사의 청산에는 상법 제245조 내지 제247조의 규정을 준용한다($\frac{상}{의\,45}^{287}$).

제 4 편   有價證券法

제 4 편

유가증권법

(1) 본편에서는 모든 유가증권에 공통되는 문제를 다루고, 특히 어음과 수표에 관한 법률문제를 중심으로 서술하고 있다. 어음·수표는 전형적인 유가증권으로서 오늘날은 기업거래에서뿐만 아니라 일반인의 경제생활관계에 있어서도 중요한 신용 또는 지급수단이 되고 있다.

(2) 어음·수표는 원래 상거래에서 발생한 기술적인 제도로서 기업을 통하여 가장 많이 이용되지만 오늘날은 기업과는 무관한 일반인들 상호간에도 이용이 개방되고 있기 때문에, 반드시 기업인 경우에만 그 발행이 가능한 주권·채권·화물상환증·창고증권·선하증권 등과 같은 상법상의 유가증권과는 달리 어음법·수표법은 독립된 단행법으로 존재한다.

(3) 그러나 어음·수표는 특히 기업간이나 기업과의 거래관계에서 주로 이용되고 있을 뿐만 아니라 수표의 경우에 지급인은 반드시 상인인 은행이어야 하며($\frac{수\ 3;\ 상}{4,\ 46\,(8)}$) 어음도 주로 상인에 의하여 할인이 되고 지급이 된다는 점에서 어음법·수표법은 광의의 상법에 속한다고 할 수 있다. 그리하여 어음법·수표법은 강학상으로도 회사법과 함께 중요한 영역으로 취급된다.

제 1 장 有價證券

제 1 절 有價證券制度의 效用

[382] 제 1 總 說

경제생활이 다양화하고 그 규모와 활동범위가 확대됨에 따라 재산적 권리도 거래의 목적물이 되기에 이르렀다. 그리하여 권리의 원활한 유통을 도모하고 권리의 행사를 용이하게 하기 위한 유가증권제도가 발전되었다고 할 수 있다. 유기증권제도는 재산권의 유통을 기능히게 히였을 뿐만 이니라 자금의 조달(주식·사채 의 발행 등)과 결제의 신속·확실(수표의 이용) 및 신용의 수단으로서의 기능(어음의 이용)을 함과 동시에 재산의 자본화를 용이하게 하였고(화물상환증·선하증권· 창고증권 등의 발행), 그 밖에 상품권·승차권 등 기타 각종의 재화와 채권의 증권화를 가능하게 하였다.

[383] 제 2 有價證券과 각 當事者의 地位

(1) **채무자의 지위**　　채권에 대하여 유가증권이 발행되면 증권상의 채무자는 채권자가 아니라도 그 증권을 제시하는 자에게 이행하면 면책이 된다. 즉 채무자를 위한 **면책적 효력**이 생기고 이중지급의 위험으로부터 채무자는 보호를 받게 된다. 이 점이 증권화되지 않은 채권의 채무자는 진정한 채권자에게 이행하여야 면책되는 것과 다르다. 또한 채권자는 진정한 권리자라도 증권을 제시하지 않는 한 채무자는 **이행지체**의 책임을 지지 않는다는 이점이 있다.

(2) **채권자의 지위**　　채권에 대하여 유가증권이 발행되면 채권자는 증권의 제시만으로 그 실질적 권리를 증명할 필요가 없이 용이하게 권리를 행사할 수 있다. 즉 채권자를 위한 **자격수여적 효력**이 생긴다. 그러나 유가증권은 선의취득이 용이하며 증권을 상실하면 증권상의 권리도 상실할 위험이 따른다.

(3) **증권취득자의 지위**　　증권의 점유는 증권에 표창된 권리의 선의취득을 가능케 한다. 즉 증권의 취득자가 증권을 취득함에 있어서 상대방인 증권의 소지인이 증권상에 표창된 채권의 권리자라고 믿은 때에는 무권리자 등으

로부터 증권상의 권리의 선의취득이 인정된다. 또한 선의취득자는 채무자가
양도인에 대하여 갖는 항변으로부터 보호받게 된다.

예컨대 乙이 甲에 대한 매매대금채권을 丙에게 양도한 경우에 甲은 乙과의 매
매계약이 해제되었을 때에는 丙에 대하여 채권이 더 이상 존재하지 않는다는 항변
이 가능하지만, 이와는 달리 丙이 乙로부터 甲이 매매대금의 지급을 위하여 인수한
환어음을 받았거나 甲이 발행한 약속어음을 乙로부터 배서에 의하여 취득한 경우
에는 그 취득에 있어서 丙이 甲을 해할 것을 안 경우가 아니면 甲은 丙에 대하여
어떠한 항변으로도 대항하지 못하고($^{어\ 17,}_{77\ I\,(1)}$) 지급을 하여야 한다.

제 2 절   有價證券에 관한 私法法規

(1) 우리 나라에는 스위스의 채무법($^{965}_{이하}$)이나, 터키의 상법전($^{557}_{이하}$) 및 미국
의 통일상법전($^{제3}_{편}$)에서와 같이 유가증권 전반에 관한 포괄적인 규정은 존재하
지 않고 다만 특히 중요한 유가증권인 어음과 수표에 관하여 어음법과 수표법
(1962)이 각기 단행법으로 존재하며, 민법에는 지시채권과 무기명채권에 관한
통칙규정이 있을 뿐이다($^{민\ 508,}_{523}$).

(2) 상법에서는 민법과의 중복을 피하기 위하여 유가증권 일반에 관하여는
1개 조문만을 두어, 금전이나 물건 또는 유가증권의 지급을 목적으로 하는 유
가증권에 대하여 지시채권과 무기명채권에 관한 민법의 통칙규정과 배서의 무
조건성에 관한 어음법의 규정($^{어\ 12}_{I,\ II}$)을 준용한다고 규정하고 있다($^{상}_{65}$). 또한 상
법에서는 어음·수표를 제외한 화물상환증·선하증권·창고증권·주권·채권에
관하여 각기 관련되는 부분에서 별도로 규정하고 있다.

제 3 절   有價證券의 意義

유가증권이란 용어는 여러 법률에서 사용하고 있지만($^{상\ 46,\ 136;\ 민소\ 122,\ 462;}_{형\ 214;\ 증거\ 1\sim27}$),
유가증권의 일반적인 개념에 관한 규정은 없고, 때로는 광의로 때로는 협의로
해석하고 있으므로 유가증권의 개념을 정립하는 문제는 학설의 임무라고 할
수 있다. 유가증권의 개념에 관한 연구는 독법의 해석학에서 전개된 것으로서

이와 동일한 개념은 영미법이나 프랑스법에는 존재하지 않는다.

[384]　제 1　有價證券의 意義에 관한 學說

Ⅰ. 총　　설

유가증권의 개념이 거론되기 시작한 것은 19세기 중반이었으며 이후 19세기 말에 이르러 특히 하인리히 브룬너(Heinrich Brunner)의 연구를 계기로 유가증권의 개념에 관한 학설이 발전되기 시작하였다. 브룬너는「유가증권이란 사권(私權)에 관한 증권으로서 그 처분을 위하여는 증권의 점유가 조건이 되는 것이다」라고 하였다.

2. 여러 학설

유가증권은 사법상의 재산권을 표창하는 증권이므로 공무원증이나 주민등록증은 여기에 속하지 않는다. 그러나 권리의 발생·이전·행사와 관련하여 그 개념에 관하여는 다음과 같은 학설의 대립이 있다.

⑴ **권리의 발생·이전·행사의 전부 또는 일부를 위하여 증권이 필요하다는 설**　　　유가증권이란 사법상의 재산권($^{채권·물권·}_{사원권}$)을 표창한 증권으로서 권리의 발생·이전·행사의 전부($^{어음·}_{수표}$) 또는 그 중 일부($^{주권·운송증}_{권·창고증권}$)를 위하여 증권의 점유를 필요로 하는 것이라는 견해가 다수설이다[$^{朴(원), 151; 孫(주), 8; 金(용),}_{242; 鄭(무), 282; 鄭(찬), 6}$]. 이는 유가증권의 개념을 선택적으로 정의하여 편리한 듯하나, 증권의 발행 전에도 이미 권리가 발생하고 있는 증권($^{주권·운송증}_{권·창고증권}$)은 있어도 권리의 발생만을 위하여 증권을 필요로 하는 증권은 없고, 권리의 발생 또는 행사만을 위하여 증권이 필요하고 권리의 이전에는 증권이 필요 없는 증권은 없다는 점에서 통일적인 이론적 근거가 모호하다.

⑵ **권리의 이전과 행사를 위하여 증권이 필요하다는 설**　　　유가증권은 사법상의 재산권을 표창한 증권으로서 권리의 이전과 행사를 위하여 증권을 필요로 하는 것이라는 견해[$^{李(범), 249; 梁·朴, 648;}_{姜(위), 7; 梁(승), 38}$]로, 스위스채무법의 입장이다. 이에 의하면 어음·수표를 비롯하여 화물상환증·선하증권·창고증권·무기명주권 등 거의 모든 유가증권의 개념을 설명할 수 있으나 **기명주권**이 제외된다는 문제점이 있다. 왜냐하면 기명주권의 경우에는 권리의 행사를 위하여 주권의 제시를 필요로 하지 않기 때문이다.

　　1) 이 점에 대하여는 기명주권의 경우에도 명의개서를 하려면 주권의 제시가 필요하므로 결국 주주권의 행사를 위하여 증권의 제시가 필요한 것과 다름없다는 입장도 있으나[鄭(희), 7; 鄭(동), 47~48], 일단 명의개서에 의하여 주주명부에 등재가 되면 이후 주식을 양도하였거나 주권을 상실하여 주권을 점유하고 있지 않아도 주주명부상의 주주가 주주권의 행사를 계속할 수 있고, 주식의 양수인이라도 명의개서가 되어 있지 않는 한 주권을 제시하여도 주주권을 행사할 수 없다는 점에서 볼 때 권리의 행사에 반드시 기명주권의 제시가 필요하다고 할 수 없다.

　　2) 이 견해에 대하여 권리의 행사에 증권이 필요하다면 권리의 이전에도 증권이 필요하게 될 것이므로 행사와 이전을 대등하게 취급할 필요가 없고, 포괄승계의 경우는 증권을 필요로 하지 않는다는 이유를 들어 잘못된 견해라는 입장도 있다[鄭(동), 46]. 그러나 유가증권의 특성은 우선 증권상의 권리의 **유통성**을 제고하는 데 있으며 포괄승계의 경우는 비증권적 방법에 의한 이전의 경우로서 증권의 개별적인 이전이 없을 뿐이지 실제로 증권의 이전을 전제로 한다는 점에서 예외는 아니라 할 것이다.

　(3) **권리의 행사를 위하여 증권이 필요하다는 설**　　유가증권은 사법상의 권리를 표창하는 증권으로서 권리의 행사를 위하여 증권의 점유가 필요한 것이라는 견해가 있다[鄭(희), 7; 鄭(동), 48]. 이에 의하면 거의 모든 유가증권에 공통되는 특징을 설명할 수 있으나 기명증권과 예금통장은 유가증권에 포함되는 데 반하여, 기명주권은 제외된다는 모순을 면할 수 없다.

　(4) **권리의 이전을 위하여 증권이 필요하다는 설**　　유가증권이란 사법상의 권리를 표창하는 증권으로서 증권상에 표창된 권리의 이전을 위하여 증권이 필요한 것이라는 견해이다[동; 徐(돈), 168]. 이에 의하면 기명증권(기명사채권 기타 지시금지증권)을 제외한 모든 유가증권을 비교적 통일적으로 설명할 수 있게 된다. 즉 기명증권과 예금통장은 유가증권에 포함되지 않지만, 기타의 모든 유가증권과 함께 **기명주권**도 당연히 유가증권에 포함된다. 유가증권제도의 취지는 **권리의 유통**을 원활하게 하는 데 있다는 점에서도 이 설이 옳다고 할 것이다. 이는 유가증권이 단순한 증거증권이나 면책증권과 다른 특성이라고 할 수 있다.

[385] 제2 有價證券과 구별되는 證券

　유가증권은 무형의 권리를 증권의 형태로 유형화하고 있기 때문에 증권상의 권리를 이전하는 경우는 물론이고, 기명주권을 제외한 기타의 모든 유가증권은 권리의 행사를 위하여 반드시 증권의 점유가 필요할 뿐만 아니라 어음·수표의 경우에는 권리의 발생을 위하여도 증권의 작성과 교부가 필요하다. 그 때문에 유가증권은 다음과 같은 증권과 구별된다.

(1) **증거증권**   증거증권(證據證券)이란 실질적인 사법상의 법률관계의
존부 또는 그 내용의 증명을 용이하게 하기 위한 서면으로서 증권에 권리가
화체된 것이 아니고 권리자는 증권이 없더라도 다른 방법으로 권리를 입증하
면 그 권리의 행사가 가능한 것을 말한다. 그러므로 채무자는 증거증권의 소지
인이라도 권리자가 아닌 자에게 이행한 경우에는 면책이 되지 않는다. 즉 증거
증권은 실질적인 법률관계의 유·무나 그 내용과는 아무런 관계가 없는 증권이
며, 다만 권리자로 하여금 **권리의 입증**을 용이하게 하는 증거법적 기능을 하는
것에 불과하다. 증거증권에는 차용증서·영수증·운송장·기명식승선표·보험증
권 등이 있다. 물론 유가증권에는 증거증권성이 인정된다.

(2) **면책(자격)증권**   1) 면책증권(免責證券)이란 채무자가 악의 또는
중대한 과실 없이 증권의 소지인에게 채무를 이행하면, 그 소지인이 정당한 권
리자가 아닌 경우에도 채무를 면하게 되는 증권을 말한다. 즉 채무자를 위한
면책적 효력만이 있는 증권이다. 이러한 증권은 동종의 채권자가 다수이고 그
권리행사가 집단적으로 이루어지는 경우에 채무의 이행을 원활하게 하기 위하
여 발행된다. 한편 면책증권의 소지인은 일응 권리를 행사할 수 있는 자격자라
고 할 수 있기 때문에 **자격증권**이라고도 한다.

2) 면책증권에는 예금통장, 의복 및 휴대품 보관증, 신발표, 철도수하물상
환증, 개찰 후의 승차권, 출고지시서$\left[\begin{smallmatrix} 大 70.10.23,\\ 70\ 다\ 1985 \end{smallmatrix}\right]$ 등이 있다. 즉 이것은 모두 단
순한 자격증권이다.

《유가증권과 면책증권》

(1) 유가증권의 경우에는 적극적 효력으로서 증권 자체에 자격수여적 효력이 인정되
어 증권에 의하여 형식적 자격이 있는 때에는 실질적 권리자로 추정되는데($\begin{smallmatrix} 상 336 \text{ Ⅱ, } 65;\\ 어 16 \text{ Ⅰ ; 수 } 19 \end{smallmatrix}$),
면책증권은 채무이행의 편의를 위한 것이고 권리의 존재와는 무관하므로 유가증권의 경
우와 같은 효력이 인정되지 않는다. 그러므로 면책증권의 소지인은 당연히 권리자로 인
정되지 않으며 증권을 소지함으로써 권리자임을 쉽게 입증할 수 있지만, 그것은 사실상
의 증명이나 추정에 불과하므로 채무자는 권리의 입증을 요구할 수 있고 이 경우 증권의
소지인은 일반원칙에 따라 실질적 권리자임을 증명하지 않으면 안 된다. 반면에 증권이
없더라도 권리자임을 증명하면 권리를 행사할 수 있다. 예컨대 오페라의 관람 중 의복표
를 상실한 사람은 다른 관객이 모두 의복을 찾아간 후 자기의복의 특징($\begin{smallmatrix} 상표·\\ 색상 \end{smallmatrix}$ 등)과 소지품
등을 밝히고 의복을 찾을 수 있다.

(2) 유가증권은 증권에 의한 권리의 양도가 예정된 증권이지만, 면책증권은 본래 유

통을 예정한 증권이 아니기 때문에 증권 자체는 증거력 및 면책력 이외에 유통의 촉진을 위한 권리추정은 인정되지 않는다. 그러므로 **면책증권**에 의하여 증명된 **채권을 양도**하려면 민법의 **지명채권양도**의 방식과 효력에 의하여야 한다. 면책증권에 있어서 그 권리관계는 유가증권과 달리 증권 외의 실질적 관계에 의하여 정하여지므로, 증권에 기재된 문언은 증명 이외의 특별한 효력이 없는 것이다. 물론 유가증권도 그 소극적 효력으로서 면책적 효력이 인정된다.

(3) **금 액 권**   이것은 특정한 재산권을 표창한 것이 아니라 증권 그 자체가 법률상 제한된 특정한 목적을 위하여 금전에 갈음하는 효력이 있는 것이다. 여기에는 우표·수입인지·지폐 등이 있다. 지폐는 사용목적이 제한되지 않고 법률상 강제통용력이 있는 것을 말한다.

제 4 절 有價證券의 種類

I. 완전유가증권·불완전유가증권

이것은 증권과 권리와의 결합정도 또는 유통성의 강약을 기준으로 하는 분류이다.

(1) **완전유가증권**   이것은 증권과 권리의 결합이 아주 밀접하여 **권리의 이전 및 행사**뿐만 아니라 권리의 **발생**을 위하여도 증권의 작성과 교부가 있어야 하는 증권으로서 **설권증권**(設權證券)($\substack{어음 \\ 수표}$ 등)을 말한다.

(2) **불완전유가증권**   이는 증권과 권리의 결합 정도가 덜 밀접하여 권리의 발생을 위해서는 증권의 작성과 교부를 필요로 하지 않고 **권리의 이전 및 행사**에만 증권의 점유가 필요한 것($\substack{화물상환증·선하증권 \\ 창고증권·무기명증권}$ 등)과, 권리의 이전에만 증권의 점유를 필요로 하는 것($\substack{기명 \\ 주권}$)을 말한다. **비설권증권**인 선언증권(宣言證券)이 여기에 속한다.

2. 지시증권·소지인출급식증권($\substack{無記名 \\ 證券}$)·선택무기명증권·기명증권

증권상의 권리자를 지정하는 방법에 의한 분류로서 권리의 양도 및 행사를 위하여 중요한 의미를 갖는다.

(1) **지시증권**   1) 증권에 권리자로 지정되어 있는 특정인 또는 그 특정인이 지정한 자에게 권리의 행사를 인정하는 증권이다. 이러한 지시증권(指

示證券)은 배서에 의하여 계속적인 양도가 가능하다. 지시증권에는 보통 지시문구가 기재되어 있지만 지시문구의 기재가 없이 특정한 권리자만 지정된 경우에도 배서금지(背書禁止)의 기재만 없으면 배서에 의하여 양도할 수 있는데, 이를 「법률상 당연한 지시증권」이라고 한다. 어음·수표·화물상환증·선하증권·창고증권 등이 여기에 속한다($^{어 11, 77 I ; 수 14;}_{상 130, 820, 157}$).

  2) 지시증권에 의하여 권리를 행사하려면 증권의 소지만으로는 불충분하고 연속된 배서에 의하여 증권상에 권리자로서 **형식적 자격**을 갖추고 있어야 한다. 이러한 지시증권의 양도는 배서와 **교부계약** 또는 **증권의 교부**($^{백지식배서}_{를 한 경우}$)에 의하여 이루어진다.

  (2) **소지인출급식증권**   1) 증권에 권리자를 기재하지 않고 **증권의 소지인**을 권리자로 인정하는 증권이다. 즉 증권의 소지라는 외관에 의하여 권리자로서 추정을 받는 것이다. 그러므로 증권상의 채무자는 소지인이 진정한 권리자가 아니라는 것을 증명할 수 없는 한 증권의 소지인에게 채무를 이행함으로써 책임을 면하게 되며, 증권의 소지인은 증권의 제시만으로 그 권리를 증명함이 없이 권리를 행사할 수 있는 것이다.

  2) 소지인출급식증권은 단순한 **교부**에 의하여 이전이 가능하며($^{민}_{523}$), 증권의 선의취득이 인정되어($^{민 524,}_{514}$), 증권의 진정한 권리자는 도난 기타의 유실의 사실로써도 대항할 수 없게 된다($^{민 250}_{단서 유추}$). 즉 소지인출급식증권의 경우에는 **증권상의 권리는 증권에 대한 권리**에 따른다고 한다.

  3) 주권·채권·화물상환증·선하증권·창고증권·수표 등은 소지인출급식($^{무기}_{명식}$)으로 발행할 수 있으나($^{상 357, 480;}_{수 5 I (3)}$), 환어음과 **약속어음**은 소지인출급식으로 발행하지 못한다($^{어 1 (6), 2 I ;}_{75 (5), 76 I}$). 그 이유는 어음이 배서에 의하지 않고 유통되는 것을 금지함으로써 어음의 신용을 높이는 데 있다.

  (3) **선택무기명증권**   증권에 기재된 특정인 또는 증권의 소지인도 권리행사를 인정하는 증권으로서, 무기명증권과 동일한 효력이 있으며($^{민 525; 수}_{5 II ; 상 65}$) 지명소지인출급식증권이라고도 한다. 이는 소지인출급식과 다를 바 없으므로 어음의 경우에는 인정되지 않는다.

  (4) **기명증권**   1) 기명증권(記名證券)은 증권에 기재된 특정인인 권리자에게 직접 이행하여야 채무자가 면책되는 증권이다. 이는 특정한 권리자만 지정되어 있고 지시문구가 없으나 배서에 의하여 양도할 수 있는 법률상 당연한 지시증권과 다르다. 즉 기명증권은 배서를 할 수 없거나 금지된 것으로서,

여기에는 기명사채권($_{479}^{상}$)·배서금지어음($_{11}^{어}$Ⅱ)·배서금지수표($_{14}^{수}$Ⅱ)·배서를 금지한 화물상환증·창고증권·선하증권($_{157,\ 820}^{상\ 130,}$) 등이 있다.

2) 기명증권의 이전은 **민법상의 지명채권양도의 방법**($_{450}^{민}$)에 의하고, 기명증권은 유통을 예정한 증권이 아니므로 선의취득이나 항변의 제한에 관한 규정은 적용되지 않으며, 공시최고에 의한 **제권판결절차의** 대상이 되지 않는다. 기명증권도 권리의 행사를 위하여는 증권을 제시하여야 하며 채권자는 증권 없이 다른 방법으로 권리를 증명하여 권리를 행사할 수 없다는 점이 단순한 자격증권과 다르다.

3) 기명증권은 유가증권의 의의를 권리의 행사를 위하여 증권의 제시가 필요한 것이라고 하면 유가증권에 포함된다고 할 수 있으나, 권리의 이전과 행사를 위하여 또는 권리의 이전을 위하여 증권이 필요한 것이라는 견해에 의하면 유가증권이라고 할 수 없게 된다.

3. 채권적 유가증권·물권적 유가증권·사원권적 유가증권

이것은 증권에 표창된 권리의 종류에 의한 분류이다.

⑴ **채권적 유가증권**   1) 약속어음·인수한 환어음·사채권·이권(利券) 등과 같이 증권에 기재된 일정한 금전의 지급을 청구하는 채권이나, 상품권과 같이 권면기재금액에 상당하는 물건의 급여를 청구하는 채권, 그리고 화물상환증·선하증권·창고증권과 같이 특정한 물건의 인도청구권 등을 표창하는 증권을 말한다.

2) 화물상환증과 선하증권은 양도에 의하여 물건의 인도청구권이 이전됨과 동시에 물건을 인도한 것과 같은 물권적 효력이 인정되므로($_{157,\ 820}^{상\ 133,}$) 물권적 유가증권이라고도 하지만, 다음에 설명하는 물권 자체를 표창하는 물권적 유가증권과 다르다. 그리하여 이를 구별하기 위하여 운송증권은 **인도증권**이라고도 한다. 한편 운송증권은 상품의 유통을 용이하게 하므로 창고증권과 더불어 상품증권이라고도 한다.

⑵ **물권적 유가증권**   물권을 표창하는 증권을 말하는데, 우리 나라에는 존재하지 않는다.

⑶ **사원권적 유가증권**

1) 의   의   주식회사의 사원($_{}^{주}$)인 지위를 표창하는 유가증권으로서 주권(株券)이 여기에 속한다. 유한회사의 사원의 지분에 대하여는 주식회사

의 경우와 달리 지시식 또는 무기명식 증권을 발행하지 못한다($\frac{\text{상}}{555}$). 주식의 양
도에는 주권을 교부하여야 하며($\frac{\text{상}}{336\,\text{I}}$), 권리의 행사를 위하여 무기명주권의 경
우에는 주권을 회사에 공탁하여야 되기 때문에($\frac{\text{상}}{358}$) 주권은 **사원권적유가증권**
(社員權的 有價證券)인 것이다.

  2) 성   질   사원권은 주권을 교부한 때에 비로소 발생하는 것이 아
니라 이미 회사의 설립등기시나 신주발행의 경우에는 납입기일의 다음날로부
터($\frac{\text{상}}{423\,\text{I}}$) 성립하므로 주권은 **비설권증권**(非設權證券)이다. 또한 증권상의 권리
는 원인관계의 존부나 증권의 발행시기에 따라 그 효력이 좌우되는 **요인증권**
(要因證券)($\frac{\text{또는}}{\text{유인증권}}$)이고, 주주권의 내용이 주권에 기재된 문언에 따라 결정되지
않는 **비문언증권**(非文言證券)($\frac{\text{또는 실질}}{\text{권적 증권}}$)이다. 그리고 주권에는 일정한 법정된 사
항을 기재하여야 되므로($\frac{\text{상}}{356}$) **요식증권**(要式證券)이지만 법정기재사항이라도
본질적인 것이 아닌 것은($\frac{\text{예컨대 회사의}}{\text{성립연월일}}$) 기재하지 않더라도 주권은 무효가 되지
않는 점에서 요식증권성은 엄격하지 않고, 주권은 권리의 행사가 계속적이므
로 **비상환증권**(非相換證券)이다. 그러므로 설권증권이며 무인증권이고, 문언증
권이며 엄격한 요식증권이고 상환증권인 완전유가증권($\frac{\text{어음}}{\text{수표}}$)에 비하여, 주권은
불완전유가증권이라고 할 수 있다.

《표창된 권리의 종류에 의한 분류》

권 리	표창된 권리	증권의 종류
채 권	금액채권	환어음·약속어음·수표·사채권
	물건인도청구권	화물상환증·선하증권·창고증권·상품권
	노무·서비스를 목적으로 하는 채권	승차권·관람권·상품권
물 권	물 권	토지채무증권(독일)
사원권	사원인 지위	주 권

4. 요인증권·무인증권

이 분류는 증권상의 권리와 원인과의 관련 여부에 의한 것이다.

  ⑴ 요인증권   증권상의 권리의 성립을 위하여 원인관계가 필요하고
그것이 증권에 기재되어 있는 것을 말한다. 화물상환증·선하증권·창고증권은

운송계약이나 임치계약을 원인으로 발행된 요인증권(要因($\frac{有}{因}$)證券)이며 주권도
여기에 속한다(독일에서는 예금통장도). 요인증권은 모두 비설권($\frac{설}{권}$)증권이기도 하다.

(2) **무인증권**   무인증권(無因證券)은 증권상에 표창되어 있는 권리가
원인관계의 존부 또는 유효·무효에 의하여 영향을 받지 않는 증권으로서 추상
증권(抽象證券)이라고도 하는데 어음·수표가 여기에 속한다.

> 즉 증권의 발행은 독립된 법률행위로서 환어음의 인수인 또는 약속어음의 발
> 행인이 증권상의 채무를 부담하며 권리의 행사에 있어서도 그 원인관계에 의한 실
> 질적 권리의 입증을 필요로 하지 않는 증권이다. 그러므로 증권상의 권리와 원인관
> 계가 법률적으로 분리된 증권이라고 할 수 있다. 그 결과 원인관계가 없는 경우에
> 도 증권상의 권리를 행사할 수 있는 것이다. 어음·수표의 설권증권성은 이러한 어
> 음·수표의 무인증권성과 밀접한 관계에 있다. 또한 무인증권이란 증권화된 권리의
> 유통 후에 취득자에게는 채무자가 최초의 어음수취인이나 그 전자에 대한 항변으
> 로 대항할 수 없는 것이다. 이러한 어음·수표의 무인증권성은 강행법규성을 띤다
> 고 할 수 있다.

5. 문언증권·비문언증권

이것은 권리의 증권화의 정도에 따른 분류이다.

(1) **문언증권**   증권상의 권리의 내용 및 범위가 증권에 기재된 문언에
따라 정하여지는 증권이다. 그리하여 증권의 취득자는 증권에 기재된 문언에
따라 권리를 취득하고 증권에 기재되지 않은 사항으로는 대항을 받지 않는다.
즉 증권상의 채무자는 증권에 기재된 문언에 따라 책임을 진다. 그 때문에 문
언증권(文言證券)을 **형식권적 유가증권**(形式權的 有價證券) 또는 **공신적 증권**
(公信的 證券)이라고도 하는데, 어음·수표를 비롯하여 화물상환증·선하증권·
창고증권 등이 여기에 속한다($\frac{상}{820,}\frac{131,}{157,}$).

(2) **비문언증권**   증권에 기재되지 않은 실질적 권리관계를 선의취득
자에 대하여도 대항할 수 있는 증권으로서 **실질권적 유가증권**(實質權的 有價證
券)이라고도 하는데, 주권이 여기에 속한다. 즉 기명주권은 선의취득을 하였더
라도 명의개서를 하지 않는 한 주주의 권리를 행사할 수 없고, 주권의 발행시
기에 관한 제한($\frac{상}{335\,II}$)에 위반하여 발행한 주권은 무효이므로($\frac{상}{335\,III}$) 이러한 주
권은 선의취득이 인정되지 않는다. 이 밖에 유가증권적인 방법에 의한 이전이
금지된 기명증권($\frac{상}{479}$) 및 배서가 금지된 지시증권도 여기에 포함된다.

6. 설권증권·비설권증권·인도증권

이것은 증권의 특수성과 증권상의 권리발생관계를 기준으로 한 분류이다.

(1) **설권증권**　　　어음·수표와 같이 증권상의 **권리의 발생**을 위하여 반드시 증권의 작성이 필요한 증권을 말한다. 설권증권(設權證券)은 대부분 무인증권이다.

(2) **비설권증권**　　　증권의 작성에 의하여 새로운 권리가 창조되는 것이 아니라 기존의 권리를 표창하는 데 불과한 것으로서 **선언적 유가증권**(宣言的 有價證券)이라고도 하는데, 주권·화물상환증·선하증권·창고증권 등이 있다. 비설권증권(非設權證券)은 대부분 요인증권이라고 할 수 있다.

(3) **인도증권**　　　증권에 의하여 증권상에 표창된 채권을 행사할 수 있는 자에게 그 **증권**을 인도한 때에는 마치 **물건**을 인도한 것과 같은 **효력**이 인정되는 증권으로서 화물상환증·창고증권·선하증권 등이 여기에 속한다. 그리하여 인도증권은 물권적 유가증권이라고 하거나 **상품증권**이라고도 한다.

7. 집단증권·개별증권

이것은 증권의 수량에 의한 분류이다. 집단증권(集團證券)이라 함은 동일한 내용의 증권이 대량으로 발행되는 유가증권으로서, 주권·사채권·국채권·상품권 등이 여기에 속한다. 이에 비하여 개별증권(個別證券)은 개별적으로 특정채권자를 기재하든가 또는 개별적으로 일정한 채무액에 기하여 발행되는 유가증권을 말한다. 여기에는 어음·수표·화물상환증·선하증권 등이 있다.

제 5 절　有價證券에 관한 通則

[386] 제 1 總　　說

(1) 유가증권 일반에 관한 통칙규정은 원칙적으로 새로운 유가증권이론에 따라 제정된 지시채권과 무기명채권에 관한 민법의 제규정($\frac{民}{508\sim525}$)이라고 할 수 있다. 물론 상법 제65조도 통칙이라고 할 수 있지만, 그 내용은 민법의 규정을 준용하는 것에 불과하다. 그리고 어음·수표에 관하여는 어음법과 수표법

이 별도로 존재한다.

(2) 유가증권은 선의취득·항변의 절단 등 여러 가지의 특수성이 있기 때문에 거래의 안전을 위하여 법은 유가증권의 종류 및 증권상의 권리의 성립·양도·행사·소멸 등에 관하여 특별한 규정을 두고 있다. 이렇듯 유가증권이 그 종류 및 내용에 있어서 법에 의하여 제한을 받는 것을 유가증권제한주의라고 한다.

[387] 제 2 有價證券의 除權判決

(1) 총   설   유가증권은 증권상의 권리를 행사하려면 반드시 증권을 제시하여야 한다. 유가증권은 권리와 증권이 결합하여 밀접한 관계를 갖게 된다. 그러나 증권이란 권리의 유통을 위한 수단에 불과하며 권리 자체는 아닌 것이다. 그 결과 증권이 상실($\frac{도난}{분실}$) 또는 멸실되었다고 하여 증권상의 권리까지 상실된다고 할 수 없다. 그러나 증권이 상실된 경우에 증권 없는 권리행사나 증권의 재발행을 아무런 조치 없이 인정하게 되면 상실된 증권의 선의취득자를 보호할 수 없게 되고 하나의 권리에 복수의 증권이 존재하게 된다. 그리하여 법은 공시최고에 의한 제권판결제도($\frac{민소}{475\sim502}$)를 두어 상실된 증권의 무효화를 선언한 다음에만 증권 없는 권리행사와 증권의 재발행($\frac{주권의}{경우}$)의 청구를 가능하게 하고 있다.

(2) 공시최고   공시최고는 법원이 증권을 상실한 자의 신청에 따라 불특정한 상대방에 대하여 청구 또는 권리의 신고를 최고하고 그 신고가 없으면 실권될 수 있다는 경고와 함께 공고하는 재판상의 최고를 말하고, 이러한 최고에 의하여 경고한 실권을 제권판결로써 선언하는 절차를 공시최고절차라 한다.

  1) 공시최고가 가능한 증권

(가) 배서·교부에 의한 양도가 가능한 증권   공시최고는 법률이 정한 경우에 한하여 할 수 있는데($\frac{민소}{475}$), 어음·수표와 상법에서 무효로 할 수 있음을 정한 증권인 주권($\frac{상}{360}$)과 지시증권·무기명증권·지명소지인출급식증권($\frac{민\ 521,}{524,\ 525}$) 등이 여기에 속한다. 이러한 증권이 도난·분실 또는 멸실된 때에는 제권판결절차에 따라 증권을 무효화할 수 있다($\frac{민소}{496}$).

(나) 점유를 상실한 증권   증권의 상실이란 권리자가 증권의 점유를 상실한 경우로서 도난 또는 분실로 인하여 그 증권의 소재를 알지 못하는 경우와 증권이 멸실된 때를 말한다($\frac{민소\ 492}{참조}$). 그러므로 권리자가 증권을 스스로 교부한 때나 권리자가 증권을 상실하였으나 그 점유자를 알고 있는 때에는 반환청구를 할 수 있을 뿐이며($\frac{어\ 16\ II}{참조}$), 무효선언은 인정되지 않는다($\begin{smallmatrix}大\ 95.\ 2.\ 3,\ 93\ 다\ 52334;\ 大\\2004.\ 11.\ 11,\ 2004\ 다\ 4645\end{smallmatrix}$). 증권이 편취나 횡령된 경우도 같다($\begin{smallmatrix}서울地\ 96.\ 11.\ 5,\\96\ 가합\ 37751\end{smallmatrix}$). 그러나 반환청구를 할 수 없는 때에는 그 소재를 알더라도 상실과 동일하게 취급된다.

  2) 신청권자   (가) 공시최고의 신청권자는 무기명증권 또는 배서로 이전할 수 있거나 약식배서 있는 증권 또는 증서에 관하여는 최종소지인이 공시최고절차의 신청을 할 수 있고, 기타 증서에 관하여는 그 증서에 의하여 권리를 주장할 수 있는 자가 공시

최고절차의 신청을 할 수 있다($\binom{민소}{493}$). 즉 배서나 교부로 이전할 수 있는 증권 또는 증서의 경우에는 형식적 자격이 있는 최종소지인이 공시최고의 신청권자이다. 따라서 신청권자는 권리를 행사할 수 있었던 자라고 할 수 있다. 그렇다고 기명주식의 경우에 반드시 주권을 소지하였던 주주명부상의 주주만이 신청권자가 되는 것은 아니고 명의개서 전의 주식의 양수인도 주권의 최종소지인이었던 경우에는 신청권자에 포함된다.

(내) 증권을 입질한 경우에는 질권자뿐만 아니라 질권설정자도 공시최고의 신청을 할 수 있다는 견해가 있으나[$\binom{鄭(동),}{會, 208}$], 이 경우에는 질권자만이 신청권이 있다고 할 것이다. 그렇지 않고 질권설정자도 공시최고를 신청할 수 있다고 하면 질권의 설정을 위하여 증권을 질권자에게 교부한 다음에 증권을 상실하였다는 이유로 공시최고의 신청을 하여 제권판결을 얻음으로써 질권자가 점유하는 증권이 무효화되는 위험에 처할 수 있다.

(대) 공시최고의 신청자는 민사소송법 제493조에 의하면 배서 또는 교부로 이전할 수 있는 증권의 경우에는 증권의 최종소지인을 말하므로 공시최고의 신청권자는 반드시 증권상의 권리자와 일치하는 것은 아니다. 따라서 주식에 대하여 질권이 설정된 때에는 질권자만이 신청자이며 주주는 신청권이 없고, 또한 주식을 보관하고 있는 자가 주권을 도난당한 때에도 공시최고의 신청자는 수치인이며 그것을 임치한 주주는 신청권이 없다 할 것이다.

3) 관　　할　　　공시최고의 신청은 증권에 이행지인 지급지의 기재가 있으면 지급지를 관할하는 지방법원에 대하여 하여야 한다($\binom{민소}{476\,\mathrm{II}}$).

4) 신청방법 및 접수　　　신청은 서면으로 하여야 하며($\binom{민소}{477\,\mathrm{II}}$) 여기에는 신청의 원인과 제권판결을 구하는 취지를 명시하여야 한다($\binom{민소}{477\,\mathrm{I}}$). 또한 신청인은 증서의 등본을 제출하거나 또는 증서의 존재 및 그 중요취지를 충분히 알 수 있게 함에 필요한 사항을 제시하여야 한다($\binom{민소}{494\,\mathrm{I}}$). 그리고 신청인은 증서의 도난·분실·멸실 등에 관한 사실과 기타 공시최고절차를 신청할 수 있는 원인사실 등을 소명하여야 한다($\binom{동조}{\mathrm{II}}$).

5) 법원의 공시최고　　　법원이 공시최고의 신청내용을 조사하여 신청이 적법하다고 인정한 때에는 법원은 3월의 최고기간을 정하여($\binom{민소}{481}$) 이 기간 내에 신고나 청구를 하지 않으면 증서의 무효선언을 할 것이라는 뜻을 소정의 사항($\binom{민소\,479}{\mathrm{II},\,495}$)과 함께 공시최고를 하여야 한다($\binom{민소}{479\,\mathrm{I}}$). 공시최고의 공고는 대법원규칙이 정하는 바에 따라 하여야 한다($\binom{민소}{480}$).

6) 공시최고의 효과　　　(가) 공시최고기간중이라도 증권의 선의취득자는 증권상의 채무자에 대하여 증권상의 권리를 행사할 수 있고 채무자는 형식적 자격을 갖춘 증권소지인에게 채무를 이행함으로써 면책된다. 이 경우에 공시최고의 신청이 있다는 것을 안 것만으로는 사기 또는 중대한 과실로 지급하였다고 할 수 없기 때문이다($\binom{어\,40\,\mathrm{III}}{참조}$). 또한 공시최고기간중에도 증권의 선의취득이 가능하다고 본다. 따라서 공시최고기간중에 증권을 선의취득한 자도 채무자에 대하여 권리를 행사할 수 있고 채무자는 채무를 이행함으로써 면책된다.

(내) 공시최고의 신청을 하였을 때에는 판결이 있기 전에 채무자로 하여금 그 채무의 목적물을 공탁시키거나, 소지인이 상당한 담보를 제공하여 그 증권의 취지에 따라 만기에 이행하게 할 수 있다($\binom{민\,522;}{상\,65}$).

7) 권리의 신고나 청구　　　(가) 공시최고의 대상이 된 어음·수표의 소지인 기타

이해관계인은 어음·수표를 무효화시키는 제권판결을 저지하기 위한 절차적 행위로서 서면 또는 구두로 권리의 신고나 청구를 공시최고기간 내에 하여야 하나, 공시최고기일이 종료한 후에도 제권판결 전에 권리의 신고나 청구를 하면 실권되지 아니한다($^{민소}_{482}$).

　　(나) 공시최고기일에는 신청인만을 소환하는데 신청인이 공시최고기일에 출석하지 아니하거나 기일변경신청이 있는 때에는 법원은 1회에 한하여 2월 내의 신기일을 정하여 재소환한다($^{민소}_{483}$). 그런데 신기일에도 출석하지 아니한 때에는 공시최고의 신청을 취하한 것으로 간주한다($^{민소}_{484}$).

　　(3) 제권판결

　　1) 총　　설　　　공시최고의 기일이 경과하여도 권리의 신고나 청구가 없을 때에는 법원은 증권의 무효를 선언하는 제권판결(除權判決)을 한다($^{민소}_{496}$).

　　2) 제권판결의 효력

　　(가) 소극적 효력　　　제권판결이 있으면 결합되었던 증권과 증권상의 권리가 분리되고 증권은 무효가 된다[$^{大\ 76.\ 6.\ 22,\ 75\ 다\ 1010;}_{大\ 94.\ 10.\ 11,\ 94\ 다\ 18614}$]. 그러므로 공시최고기간중에 선의취득자가 소지하고 있는 증권은 공시최고의 신청자가 진정한 권리자가 아니라 할지라도 그 효력을 상실한다[$^{서울高\ 87.\ 8.\ 18,}_{87\ 나\ 461}$]. 제권판결의 취득자가 어음을 소지하고 있는 경우도 같다[$^{大\ 93.\ 11.\ 9,}_{93\ 다\ 32934}$]. 그러므로 무효로 된 어음을 어음소지인이 공시최고 전에 선의취득을 하였다 하여도 유효한 어음이라고 주장하여 어음금을 청구할 수 없다[$^{大\ 94.\ 10.\ 11;}_{94\ 다\ 18614}$]. 그리하여 제권판결 이후에는 증권상의 채무자가 증권소지인에게 변제하여도 면책이 되지 않고 증권의 선의취득도 인정되지 않는다.

　　(나) 적극적 효력

　　a) 채무자에 대한 관계　　　제권판결을 얻은 자는 증권상의 권리를 행사할 수 있는 권한을 갖는다($^{민소}_{497}$). 그 결과 증권상의 채무자는 다른 제 3 자가 증권상의 권리자이고 제권판결의 취득자는 진정한 권리자가 아니라는 항변으로 대항하지 못한다. 왜냐하면 제권판결의 취득자는 채무자에 대하여는 권리행사를 위한 형식적 자격뿐만 아니라 실질적 자격도 취득하기 때문이다. 그러나 증권에 대하여 갖는 기타의 모든 항변이 가능하다. 제권판결의 취득자는 증권의 주채무자뿐만 아니라 증권의 소구의무자에 대하여도 청구할 수 있다고 본다.

　　b) 제권판결취득자와 선의취득자와의 관계　　　증권을 선의취득한 자가 공시최고기간중에 법원에 권리의 신고나 청구를 하지 않아서 공시최고의 신청인이 제권판결을 취득한 경우에 선의취득자와의 관계에 대하여는 다음과 같은

학설의 대립이 있다.

aa) 제권판결취득자 우선보호설   증권을 상실한 자는 무권리자가 아니기 때문에 제권판결을 얻으면 권리를 행사할 수 있어야 하고, 제권판결을 위한 최고의 절차가 비록 완벽한 것은 아니지만 신문에 2회 이상 공고하는 점에 비추어 권리의 신고를 게을리한 선의취득자보다는 상당한 비용과 시일을 소비한 공시최고신청인을 더 보호하여야 한다는 이유로 제권판결취득자가 실질적 권리자라고 한다[李英燮 등,「學說判例 民事訴訟 法」, 923～924; 徐(정), 233]. 즉 이 견해에 의하면 제권판결이 있기 전에 권리의 신고를 하지 않은 증권의 선의취득자는 그의 증권이 무효가 될 뿐만 아니라 그 증권상의 권리마저도 상실하게 된다.

bb) 선의취득자 우선보호설   공시최고기간중에 선의취득자가 있는 경우에는 그 자가 권리의 신고를 하지 않았더라도 권리자로 판정되는 한 신청인은 제권판결을 받더라도 권리를 회복하지 못한다고 한다. 그 이유는 공시최고는 주지방법으로서 완전하지 못하고 공시최고절차는 소송사건이 아니라 비송사건적 성질이 있으므로 제권판결에 실체적 권리를 좌우시키는 효과를 인정하는 데 의문이 있기 때문이라고 한다[孫(주), 137; 鄭(희), 421; 鄭(동), 283].

cc) 절 충 설   제권판결 전에 적법하게 권리를 행사한 선의취득자는 제권판결취득자에 앞서 보호할 필요가 있을 것이므로 비록 공시최고법원에 권리신고를 아니하였다 하더라도 제권판결 이전에 선의취득자가 그 증권상의 권리를 적법하게 행사한 것이 증명된다면 그 권리는 우선적으로 보호되어야 할 것이라고 한다[宋相現,「민사소송법」, 713; 朴禹東, "제권판결취득 자와 선의취득자와의 관계,"「법조」26권 8호, 76]. 예컨대 주권의 경우 명의개서가 있었다든가 수표의 경우 지급인인 은행이 제 3 자로부터 이득상환청구를 받고 그 채무를 이행한 것과 같은 때에는 제권판결의 효과는 문제가 되지 않는다는 것이다.

dd) 사   견

(ⅰ) 어음·수표의 경우   유가증권 중에 특히 어음·수표는 무인증권이고 고도의 유통성이 있으므로 선의취득자의 보호는 중요한 문제라 할 수 있다. 그러므로 제권판결을 얻은 자의 권리는 증권의 채무자에 대하여만 확정되는 것이기 때문에 제권판결은 제 3 자(선의취 득자)가 소지하는 증권이 무효화되었더라도 그 제 3 자가 취득한 실질적 권리까지 박탈하는 효력은 없다. 그러므로 물론 증권의 선의취득자는 그의 우선적 권리를 무효화된 증권에 의하여 행사할 수는 없으나 제권판결의 정본의 반환을 청구할 수 있다고 할 것이다.

(ii) **주권의 경우**　　　주권의 경우에는 어음·수표와 다르게 보고자 한다. 즉 주권의 경우에는 공시최고기간중에 신고하지 않은 선의취득자보다 주권을 상실한 주주인 제권판결취득자의 보호가 우선되어야 한다고 본다[동: 李(철), 회 263; 林(홍), 351; 大 91. 5. 28, 90 다 6774]. 왜냐하면 주권은 어음·수표와 달리 요인증권이며 비설권증권일 뿐만 아니라 비문언증권이기 때문이다.

판례는「수표상실에 관한 제권판결의 효력은 이 판결 이후에 있어서 당해 수표를 무효로 하고 공시최고신청인에게 수표를 소지함과 동일한 지위를 회복시키는 것에 그치는 것이고 공시최고 신청시에 소급하여 그 수표를 무효로 하는 것이 아니며 또 공시최고신청인이 실질상의 권리자임을 확정하는 것도 아니라 할 것인바, 본건에 있어 원고가 공시최고신청 이전에 본건 수표를 선의취득하였다면 원고가 공시최고기일까지 권리의 신고를 하지 않았다 하여도 당연히 실질적 권리를 상실하는 것이 아니며 다만 소지하고 있는 수표는 제권판결의 소극적 효력으로서 무효가 된 것이므로 원고로서는 위 제권판결의 효력을 소급적으로 소멸시키기 위한 불복의 소를 제기할 수 있다 할 것이로되 유효한 수표라고 주장하여 본건 수표금 청구를 할 수 없다 할 것」이라고 하였다[大 65. 7. 27, 65 다 1002; 大 65. 11. 30, 65 다 1926].

3) 증권의 재발행　　　사원권적 유가증권인 주권의 경우에는 제권판결을 얻지 않고는 주권의 재발행을 청구할 수 없다(360$_{II}^{상}$). 기타 유가증권의 재발행에 관하여는 특별규정이 없는 것은 제권판결의 절차가 적어도 3개월이라는 장기간이 소요되기 때문에($_{481}^{민소}$) 판결 이후에는 재발행의 이익이 없을 뿐만 아니라, 계속증권인 주권 이외의 유가증권은 1회의 권리행사를 위하여 발행된 것이기 때문이다.

[事例演習]

◇ 사　례 ◇

　갑은 을에게 약속어음을 발행하였는데, 을은 이 어음을 분실하였다. 병은 이를 습득하여 물품대금을 변제조로 정에게 교부하였다. 한편 을은 어음을 분실하였음을 이유로 법원에 공시최고의 신청을 하였다. 그러나 정은 공시최고기간중 권리의 신고나 청구 및 증권제출 등의 절차를 밟지 않았고, 법원은 위 어음의 무효를 선언하는 내용의 제권판결을 선고하였다. 그 후 정이 어음의 적법한 소지인으로서 발행인 갑에 대해 어음금을 청구하자, 갑은 원래의 수취인인 을이 제권판결을 받았다는 이유로 정의 청구를 거절하였다. 이에 정은 선의취득자임을 내세워 갑의 지급거절이 부당하다고 주장하며 어음금지급청구의 소를 제기하였다. 정의 어음금청구는 인정되는가?

> 해 설   공시최고는 공시수단으로 불충분하고, 공시최고의 사실을 몰랐더라도 악의 또는 중과실을 의제할 수 없기 때문에 공시최고 중에도 선의취득은 인정된다. 다만 선의취득 후 제권판결이 난 경우 제권판결취득자와 선의취득자 중 누구를 우선시킬 것인가가 문제되는데, 제권판결은 乙에게 증권의 소지인으로서의 형식적 자격을 부여한 것에 지나지 않고 실질적 권리자로부터 권리를 박탈하는 효력까지 부여하는 것은 아니기 때문에 선의취득자 丁이 우선한다고 본다. 다만 丁이 그의 우선적인 권리를 무효화된 어음에 기하여 행사할 수는 없으므로 우선 제권판결의 취득자에 대하여 제권판결의 정본의 반환을 청구할 수 있고 이에 기하여 어음상의 권리를 행사할 수 있다.

제 6 절   有價證券法

I. 유가증권법의 의의

유가증권법이란 유가증권의 의의를 어떻게 보느냐에 따라 그 범위가 달라질 수 있다. 그러나 일반적으로 권리가 증권에 밀접하게 결합되고 있어서 권리의 발생·이전·행사 등 모든 경우에 증권을 필요로 하는 어음·수표에 관한 어음법·수표법과, 권리의 행사를 위하여 증권을 필요로 하는 화물상환증·선하증권·창고증권·무기명주권 등에 관한 상법상의 규정, 그리고 권리의 이전을 위하여 증권이 필요한 기명주권에 관한 상법상의 규정과 민법상의 지시채권·무기명채권에 관한 규정을 포함한 모든 사법적 규정을 협의의 유가증권법이라고 할 수 있다.

한편 광의의 유가증권법에는 유가증권에 관한 형벌규정($\frac{형\,214}{이하}$), 공시최고에 의한 제권판결에 관한 규정($\frac{민소\,446}{이하}$)과 어음에 관한 강제집행규정($\frac{민소}{566}$), 그리고 부정수표단속법 등 공법적 규정도 포함된다.

2. 유가증권법의 지위

유가증권 중에 반드시 상인만이 발행할 수 있는 화물상환증·선하증권·창고증권·주권·채권 등에 관한 규정은 모두 상법전에서 규정하고 있으므로 상법전의 일부에 속한다. 그러나 어음·수표는 비상인(非商人)도 발행할 수 있고 비상인간의 거래관계에서 수수될 수도 있으므로, 어음법·수표법은 상법전에 포함되지 않고 형식적으로 독립된 단행법으로 존재한다. 그러나 어음·수표제도는 주로 기업간이나 기업과의 거래관계에서 주로 이용되고 수표의 경우에 지급인은 반드시 금융기관이어야 하며($\frac{수}{3}$), 어음도 주로 상인에 의하여 할인이 되고 지급된다는 점과 어음법·수표법에도 상법에 특유한 성질이 있다는 점 등에서 볼 때 어음법·수표법은 상법에 속한다고 할 것이다.

제 2 장   어음法·手票法

제 1 절   어음·手票의 意義와 性質

[388]   제 1   어음·手票의 意義

어음·수표는 일정한 금액의 금전지급청구권을 표창하는 금전채권적 유가증권이다. 즉 일정한 금액의 지급을 목적으로 발행된 유가증권이다. 어음에는 환어음과 약속어음이 있다.

(1) 환 어 음   환어음은 발행인이 제 3 자인 지급인에 대하여 어음상의 정당한 권리자(수취인 또는 피배서인)에게 어음금액을 지급할 것을 위탁하는 형식의 증권이다. 그 때문에 환어음은 지급위탁증권이라고 할 수 있다. 즉 환어음의 경우에는 발행인이 직접 금전을 지급하지 않고 제 3 자에게 의뢰함으로써 발행인·수취인·지급인등 3 자의 관계가 생긴다. 이 경우 단순한 지급인은 지급위탁을 받았을 뿐이고 어음채무자는 아니지만 지급인이 인수(引受)를 한 때에는 인수인으로서 어음의 주채무자가 된다. 그러므로 2 인 간에 관계가 생길 뿐인 약속어음에 비해 다수인이 어음에 의하여 책임을 지는 어음이라고 할 수 있다.

〈그림 2-1〉   《환 어 음》

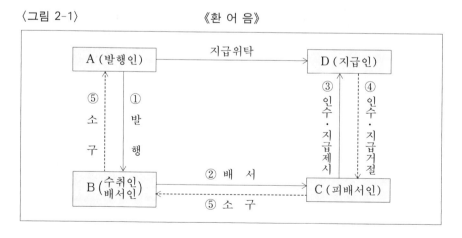

(2) 약속어음   약속어음은 발행인 자신이 일정금액의 지급을 약속하

는 증권으로서 발행인이 주채무자인 지급약속증권이다. 약속어음의 경우에는
2 인(발행인·수취인) 간의 관계가 생길 뿐이다.

〈그림 2-2〉   《약속어음》

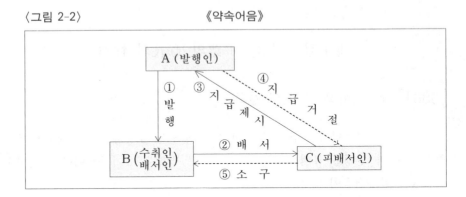

(3) 수   표   수표는 발행인이 제 3 자(은행)에 대하여 지급을 위탁하
는 증권이다. 이 점에서 지급위탁증권인 환어음과 같다고 할 수 있으나 수표의
경우에 지급인은 반드시 은행이어야 하고(3) 인수제도(引受制度)가 존재하지
않는 것이 환어음의 경우와 다르다. 또한 경제적 기능에 있어서 환어음은 주로
신용의 수단으로 이용되는 데 비하여, 수표는 단순히 지급의 수단이 된다는 점
에 차이가 있다.

〈그림 2-3〉   《수   표》

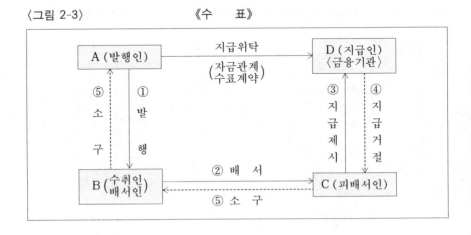

《환어음·약속어음·수표의 차이점》

	환 어 음	약속어음	수 표
최초의 당사자	발행인 수취인 지급인	발행인 수취인	발행인 수취인 (수표요건이 아님) 지급인
주된 채무자	인수한 지급인	발행인	
발행인과 지급인 간의 관계	자금관계		자금관계
상환의무자	인수·지급거절의 경우 발행인, 배서인	배서인	지급거절의 경우 발행인, 배서인
만 기	일람출급 일람후정기출급 발행일자후정기출급 확정일출급		일람출급
기 타	인 수		인수불허 (지급보증)

[389] 제2 어음·手票의 性質

(1) 어음·수표는 권리의 이전과 행사뿐만 아니라 권리의 발생을 위하여도 증권을 필요로 하는 **완전유가증권**이고, **설권증권**이다. 또한 어음·수표는 증권상에 원인관계가 기재되어 있지 않고 증권상에 표창되어 있는 권리가 원인관계의 존부 또는 유·무효에 의하여 영향을 받지 않는 **무인증권**이다. 그리고 증권상의 권리의 내용이 증권에 기재된 문언에 따라 결정되는 **문언증권**이다. 그러므로 어음·수표의 선의취득자는 증권에 기재된 문언에 따라 권리를 취득하고 증권에 기재되지 않은 사항으로 대항을 받지 않는다.

예컨대 A가 B에 대하여 소비대차채무의 변제를 위하여 2백만원의 약속어음을 발행하였으나 이후 A가 B에 대하여 백만원을 변제하여 실제로 A가 B에게 지급하여야 할 금액은 백만원뿐이라 하더라도, 이 어음을 B가 취득하여 C에게 양도한 때에는 C에 대하여는 2백만원을 지급하지 않으면 안 된다. 왜냐하면 어음상에

는 2백만원의 어음채무가 성립한 것과 같이 기재되어 있기 때문이다. 다만 B가 A
에 대하여 청구하는 때에는 그 중 백만원은 이미 변제하였으므로 일부변제의 항변
으로 대항이 가능할 뿐이다.

《설권증권성·무인증권성·문언증권성의 관계》

어음·수표의 중요한 성질은 설권증권성과 무인증권성 그리고 문언증권성이라
고 할 수 있다. 이 3者의 관계는 무인증권은 설권증권이어야만 하고, 무인증권성과
문언증권성의 관계는 전자가 권리의 성립에 관한 것인 데 비하여 후자는 권리의 내
용에 관한 것이라는 점이 다르다. 그러나 문언증권성은 무인증권성을 전제로 하는
경우에만 인정된다.

(2) 어음·수표는 엄격한 요식증권이고 법률상 당연한 지시증권이며, 제시
증권이고 상환증권이다.

제 2 절 어음·手票의 經濟的 機能

[390] 제1 어음의 經濟的 機能

(1) 송금기능   금전을 국내의 다른 지방 또는 타국으로 송금하려 할
때 현금수송의 경우에는 위험·비용·번잡 등의 불이익이 따르므로 특히 국제
간의 송금수단으로 환어음이 이용되며, 국내거래에 의한 송금은 수표·우편환·
현금등기우편의 방법이 이용된다.

1) 예컨대 국제간의 거래에 있어서 甲지의 A가 乙지의 B에 대하여 송금을 하
여야 되는 경우에, A는 甲지의 은행 C에 현금을 납입하여 C로부터 乙지에 있는
C의 지점이나 거래은행을 지급인으로 하고 B를 수취인으로 한 환어음을 매수한
후 이를 乙지의 B에 송부하여 B가 乙지에 있는 지급인인 은행으로부터 지급을 받
음으로써 송금의 목적을 달성하게 된다.

2) 약속어음도 예컨대 甲지의 A가 乙지의 B에게 송금하려고 할 때, 甲지의
은행 C에 송금액을 납입한 후 乙지에 있는 위 은행의 지점 또는 거래은행을 지급
장소로 하고 A를 수취인으로 한 은행발행의 약속어음을 교부받아 여기에 배서하
여 乙지의 B에게 송부함으로써 송금의 목적을 달성할 수 있다.

〈그림 2-4〉 《송금기능》

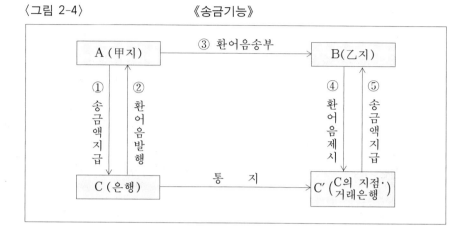

예컨대 甲지의 A가 乙지의 B에게 물건을 송부하고 그 매매대금을 추심하고
사 할 때에는, A는 B를 지급인으로 하고 자기를 수취인으로 한 환어음을 발행하
여 甲지의 은행에서 할인을 받아 그 목적을 달성할 수 있다. 이 경우에 甲지의 할
인은행은 乙지에 있는 자기의 지점 또는 거래은행에 어음을 송부하여 B에게 제시
시킴으로써 할인대금을 회수할 수 있다.

(2) **추심기능** 환어음은 매매대금의 추심기능을 한다.

〈그림 2-5〉 《추심기능》

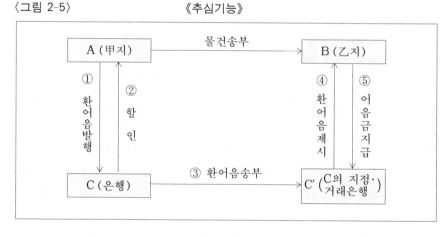

추심을 하고자 하는 자는 환어음을 발행하여 그 추심을 은행에 위탁할 수
있다. 환어음의 할인은행은 채권회수를 확실하게 하기 위하여 어음과 함께 운
송증권(화물상환증·선하증권)을 교부시키는 경우가 있는데, 이를 **화환**(貨換)이라 하며 이

와 같이 어음상의 권리가 운송증권에 의하여 담보가 되어 있는 환어음을 화환
(貨換)어음이라 한다[화환어음에 관한 상세한 설명은 873면 이하 참조]. 이러한 어음을 받은 은행은 어음이 부
도가 되면 어음으로 상환청구를 하든가 운송증권을 환가하여 할인대금을 회수
할 수 있다. 오늘날 국제거래에 있어서는 미리 거래상대방(B)으로 하여금 그
의 거래은행이 환어음의 인수·지급을 약속하는 상업신용장을 송부케 한 다음,
채권자는 직접 신용장의 발행은행을 지급인으로 하는 환어음을 발행하여 신용
장과 함께 할인을 받는 방법이 널리 이용되고 있다.

　　(3) 신용기능　　　　어음은 여러 가지의 형식에 의하여 신용의 수단으로 이
용된다.

　　1) 상품어음　　　　상거래에 있어서는 주로 상품어음이 발행되는데 매도인
이 어음을 교부받은 때에는 당사자간에 있어서 매도인이 어음의 만기까지(보통어음
의 만기는 3월 또는 6월인 경우가 많다) 매매대금의 지급을 유예한 것과 같은 효과가 생기므로 매수인은
만기까지 신용거래를 한 것이 된다. 매수인이 약속어음을 발행하여 매도인에
게 교부한 경우도 같다.

　　2) 어음할인　　　　매도인이 발행하고 매수인이 수취인이며 지급인인 어음
을 매수인이 인수한 다음 매수인이 이를 자기의 거래은행에 배서하여 할인을
받아 매매대금을 매도인에게 지급할 경우, 매수인은 어음의 만기까지 신용을
얻는 효과를 볼 수 있다.

　　3) 융통어음　　　　신용의 수단으로 상품거래 등의 원인관계가 전혀 없이
융통어음을 발행하는 경우가 많다. 즉 고객이 은행을 지급인으로 하여 발행한
어음을 은행이 수수료를 받고 인수하게 되면 은행이 어음상의 주채무자가 되
어 어음은 지급 또는 신용수단이 될 수 있다. 일반인 사이에서도 자금을 융통
하고자 하는 자가 발행한 어음을 신용이 두터운 사람이 호의적으로 인수하면
이것도 융통어음의 일종인데 이를 호의(好意)어음이라 한다. 어음에 기명날인
한 사람들은 모두 어음소지인의 채무자라고 할 수 있기 때문에 신용이 있는
사람이 발행인이 되거나 배서인이 된 경우에도 인수의 경우와 동일한 목적을
달성할 수 있게 된다.

　　(4) 담보기능　　　　은행이 대부를 함에 있어서 차용증서의 대신으로 또는
차용증서와 더불어 차주가 인수한 환어음이나 차주가 발행한 약속어음을 받는
데 이 경우에 어음은 담보의 기능을 하게 된다. 이 어음은 차주가 적시에 채무를
변제하지 않는 경우에 은행이 어음상의 권리를 행사하는 것이다. 또한 어음을 장

래에 발생할 수 있는 채무(경영피지의무의 위반이나 불법행위에 의한 손해배상책임)의 담보를 위하여 받는 경우가 있는데 이러한 어음을 담보어음이라고 한다.

[391] 제 2 手票의 經濟的 機能

(1) 지급기능　　1) 매매대금의 지급이나 차금(借金)의 반환 등을 위하여 현금으로 지급을 하게 되면 계산상의 착오나 기타의 위험이 따르지만 수표를 발행하여 교부하면 안전하게 지급을 할 수 있게 된다. 수표를 받은 자는 직접 지급은행으로부터 지급을 받거나 자기의 거래은행에 수표를 예입한 후 어음교환소에서 결제되면 자기의 예금에 계입되게 할 수 있다.

2) 수표가 대표적인 지급수단으로 이용되는 이유는 수표의 제시기간이 발행일로부터 10일 이내이며($\frac{수}{29}$Ⅰ) 일람출급식으로만 발행되기 때문이나($\frac{수}{28}$Ⅰ). 선일자수표의 경우도 같다. 그러나 오늘날 수표의 기능은 신용카드제도의 발전으로 감퇴되고 있는 실정이다.

(2) 송금기능　　수표는 송금수단이 되기도 한다. 즉 수표를 등기우편으로 상대방에게 송부하여 상대방이 자기의 거래은행을 통하여 지급은행에 수표를 제시한 후 지급을 받을 수 있다. 또는 은행에 송금액을 납입하고 그 은행이 발행인이 되고 상대방의 소재지에 있는 그 은행의 지점 또는 거래은행을 지급인으로 한 수표의 발행을 받아 상대방에게 송부하여 현금을 찾게 할 수 있다.

제 3 절　어음·手票의 經濟的 分類

[392] 제 1 어음의 經濟的 分類

어음은 경제적인 목적에 따라서 여러 가지의 특수한 명칭을 갖는다.

(1) 원인관계 또는 채무부담의사의 유·무에 의한 분류

1) 상업어음　　상거래가 원인이 되어 발행된 어음으로서 그 지급이 비교적 확실하기 때문에 진정어음·실(實)어음이라고도 하며, 상품의 수수가 원인이 된 경우는 상품어음이라 한다.

2) 융통어음　　아무런 원인이 없이 단순히 자금의 융통을 목적으로 발

행한 어음으로서 대(貸)어음·공(空)어음·차(借)어음이라고도 한다. 일반적으로 융통어음으로는 약속어음이 이용되지만 환어음도 발행인이 인수인이 됨으로써 융통의 목적을 달성할 수 있다. 제3자가 **융통어음임을 알고 취득한 경우**에도 어음채무자는 어음상의 책임을 면하지 못한다[大 69.9.30,66 다 975·976; 大 79.10.30, 79 다 479]. 그러나 피융통자에 대하여는 책임을 지지 않는다($^{UCC 제3장}_{415 I}$). 그리고 융통어음은 반드시 발행의 경우에만 성립되는 것은 아니다.

　　3) 뵈는 어음　　발행인($^{약속어음}_{의 경우}$)이 채무부담의 의사 없이 유통을 예상하지 않고 단지 어음소지인으로 하여금 제3자에게 보임으로써 그의 대외적 신용을 높여 주기 위하여 발행한 어음이다. 이 어음은 양도하지 않는다는 합의에 의하여 발행되므로, 신용의 가장 이외의 목적을 위하여 사용할 수 없고 목적이 달성되었을 때에는 지체없이 어음을 발행인에게 반환하여야 한다.

　　(2) 은행거래관계에 의한 분류

　　1) 대부어음　　금융기관 등이 금전소비대차를 하는 경우에 대금채권의 회수를 확보하기 위하여 차용증서의 대신으로 또는 차용증서와 함께 차주로부터 받은 어음이다.

　　2) 할인어음　　어음의 현금화를 위하여 만기 전에 할인받은 어음이다. 이 경우에 어음상의 권리자는 만기까지의 중간이자를 공제한 금액을 받게 된다. 한번 할인한 어음을 또다시 할인하는 어음을 재할인어음이라 하며 중앙은행에 재할인할 수 있는 어음을 '적격어음'이라 한다.

　　　　자금의 융통이라는 점에서 대부어음과 할인어음은 유사하지만, 전자는 소비대차에 의한 채무를 위하여 어음이 수수되는 경우이고 후자는 어음의 매매를 목적으로 하는 것으로서 양자는 당사자의 의사에 의하여 구별된다.

　　3) 신종기업어음(C.P.〈commercial paper〉어음)　　일정한 기준에 의하여 선정된 우량적격업체가 기업자금의 조달을 위하여 발행한 융통어음으로서 단자회사 또는 투자금융회사를 통하여 고객에게 매출하는 어음이다.

　　4) 담보어음　　장래에 발생할 수 있는 **채무의 담보를 위하여** 발행된 어음으로서 채무자가 변제기에 채무의 이행을 하지 않는 때에는 채권자가 어음을 유통시킬 수 있는 것이다. 그러나 변제기 전에 채권자가 이를 유통시키더라도 채무자는 선의취득자에게 대항하지 못한다($^{어 17}_{참조}$). 그리하여 실제에 있어서 담보어음은 보통 금액을 백지로 하고 배서를 금지한다. 담보어음은 화환어

음과 같이 물적 담보가 붙어 있는 「담보부어음」과는 구별된다.

　5) 은행인수어음　　　환어음의 지급인인 은행이 인수한 어음으로서 그 지급이 확실한 어음을 말하는데 융통인수어음이라고도 한다. 광의로는 은행이 인수한 경우뿐만 아니라 은행이 발행인·배서인·보증인으로 되어 있어 그 신용이 높은 어음도 여기에 속한다.

　⑶ 발행시기에 의한 분류　　　당사자간에 최초로 수수된 어음을 기본어음($_{어음}^{구}$)이라 하고, 지급기일을 연기하기 위하여 구어음의 대신으로 발행한 어음을 개서(改書)어음($_{신어음}^{연기어음·}$)이라고 한다$\left[_{972면\ 이하\ 참조}^{상세한\ 설명은} \right]$.

　⑷ 어음교환소를 중심으로 한 분류　　　어음교환소에 지급을 위한 제시가 되었으나 지급이 거절된 어음을 부도어음이라 하고, 어음교환소 가맹은행이 수입한 어음으로서 교환결제를 위하여 어음교환소에 지출된 어음을 지출(持出)어음이라고 하며, 어음을 어음교환소에 제시하였으나 교환결제가 되지 않아서 지급은행으로부터 지출은행에 반환된 어음을 반환어음이라 한다.

　⑸ 어음요건에 의한 분류　　　어음요건이 완비되었거나 불비하더라도 다른 기재에 의하여 보충될 수 있는 어음을 완전어음이라 하고, 어음요건에 흠결이 있거나 다른 기재로 보충될 수 없는 무효인 어음을 불완전어음이라고 하며, 어음요건이 흠결된 부분이 있지만 후일에 어음소지인에게 보충시킬 의사로 발행된 어음을 白地어음이라 한다$\left[_{설명은\ 896면\ 이하\ 참조}^{백지어음에\ 관한\ 상세한} \right]$.

　⑹ 기타의 분류

　1) 단명어음·복명어음　　　어음대부나 어음할인 등의 거래에서 사용되는 용어로서 단명(單名)어음이란 어음채무자가 1인인 어음을 말한다. 즉 換어음의 경우에 1인이 발행인·지급인·인수인을 겸한 것이며, 약속어음에 있어서는 발행인($_{무자}^{어음채}$)이 1인인 어음이다. 이에 반하여 어음채무자가 다수인 어음을 복명(複名)어음이라고 하는데 이러한 어음은 어음할인의 경우에 많이 이용된다.

　2) 위탁어음　　　발행인이 타인의 계산으로 발행한 어음이다. 환어음은 제 3 자의 계산으로 발행할 수 있다($_{3ⅲ}^{어}$). 즉 발행인 이외의 제 3 자가 지급자금을 제공하는 것으로서 위탁자가 신용이 없는 경우에 이용된다.

　3) 사고어음　　　위조·변조 등의 범죄에 기인한 어음이다.

[393]　제 2　手票의 種類$\left[_{이하\ 참조}^{1047면} \right]$

제4절 어음·手票의 法律的 差異點

[394] 제1 總 說

어음에는 환어음과 약속어음이 있는데 전자는 지급위탁증권($^{어 1(2)}_{참조}$)이고 후자는 지급약속증권($^{어 75(2)}_{참조}$)이다. 양자의 법률적 차이는 지급위탁과 지급약속이라는 성질의 차이에서 생긴다고 할 수 있다. 어음법은 제1편에서 환어음에 관하여 상세하게 규정하고 있으며, 약속어음에 대하여는 그 성질이 허용하는 한 원칙적으로 환어음에 관한 규정을 준용한다($^{어 77}_{참조}$). 즉 약속어음에 관하여는 환어음과 다른 점에 대하여 특별한 규정을 두고 있을 뿐이다($^{어 75.}_{78}$). 수표는 지급위탁증권으로서 환어음과 비슷하기 때문에 어음법과 수표법의 규정은 서로 유사한 부분이 많다. 그러나 어음은 신용수단인 데 비하여 수표는 지급수단이기 때문에 환어음과 수표는 법률적으로 차이가 있다.

[395] 제2 約束어음과 換어음

(1) 주된 의무자 　약속어음은 발행인이 일정한 금액의 지급을 약속하는 것으로서 어음관계의 당사자는 발행인과 수취인 등 2인이며, 발행인은 주된 의무자로서 어음금의 지급의무를 부담한다.

환어음은 지급위탁증권으로서 당사자는 발행인·지급인·수취인 등 3인이며, 환어음의 발행인은 지급인에게 소구의무를 지는 상환의무자에 불과하고 지급인은 인수한 때에 비로소 인수인으로서 주된 의무자가 된다.

(2) 만기 전의 소구 　환어음의 경우에는 인수거절에 의한 만기 전의 소구가 인정되는 데($^{어}_{43(1)}$) 비하여, 약속어음에는 지급인이 없고 인수제도가 적용되지 않으므로 인수거절에 의한 소구란 있을 수 없다. 그러나 환어음에 있어서 지급인의 파산·지급정지·재산에 대한 강제집행의 부주효(不奏效) 등 어음의 지급을 불확실하게 하는 사유가 있을 때에는 만기 전의 소구가 인정되는데($^{어}_{43(2)}$), 약속어음의 경우도 발행인에게 위와 같은 사유가 있을 때에는 만기 전의 소구가 인정된다고 할 것이다($^{어 77}_{1(4)}$)[$^{서울民地\ 86.2.12,}_{85\ 가합\ 50}$].

(3) 복 본 　환어음에 있어서는 인수를 위하여 복본제도($^{어}_{64\sim66}$)가

존재하지만, 인수제도가 없는 약속어음의 경우는 인정되지 않는다.

　(4) 어음보증　　환어음의 어음보증에 관한 규정($\frac{어}{30\sim32}$)은 약속어음에도 준용된다($\frac{어 77}{\text{Ⅲ 전단}}$). 누구를 위한 보증인지를 표시하지 않은 경우에 환어음에 있어서는 발행인을 위한 것으로 보며($\frac{어}{31\,Ⅳ}$), 위의 경우에 약속어음에 있어서도 발행인을 위한 보증으로 본다($\frac{어 77\,Ⅲ}{\text{후단}}$).

　(5) 거절증서의 작성면제　　환어음의 발행인은 거절증서의 작성을 면제할 수 있으나, 약속어음의 발행인이 이를 할 수 있느냐에 대하여는 학설의 대립이 있다. 부정설에 의하면 거절증서는 소구의 요건이기 때문에 상환의무

《약속어음과 환어음》

기　준	약속어음	환 어 음
주채무자	발행인	인수인
수취인의 표시	기명식·지시식	기명식·지시식
만　기	환어음과 동일. 단 일람후정기출급의 경우 만기의 기산점은 인수제시 대신 일람을 위한 제시일($\frac{어 78}{Ⅲ 1문}$)	일람출급·일람후정기출급·발행일자후정기출급·확정일출급
지급제시기간	환어음과 동일	일람출급어음은 원칙적으로 발행일로부터 1년간, 기타 어음은 지급할 날과 그에 이은 2거래일
인수제도	없　음	있　음
인수거절에 의한 소구	불가능	가능($\frac{어}{43(1)}$)
이자의 약정	환어음과 동일	일람출급어음 및 일람후정기출급어음의 경우만 가능($\frac{어}{5}$)
지급인의 배서	가　능	가　능
보　증	지급인에 의한 보증도 가능	지급인에 의한 보증도 가능
소지인의 소구권의 시효기간	1년 ($\frac{어 70\,Ⅱ,}{77\,Ⅰ(8)}$)	1년 ($\frac{어}{70\,Ⅱ}$)
복본제도	없　음	있　음

자인 환어음의 발행인은 그 작성을 면제할 수 있지만, 약속어음의 발행인은 주
된 의무자이기 때문에 그 작성을 면제하는 뜻을 기재하더라도 어음상의 효력
이 생기지 않는다고 한다[徐(돈), 235; 鄭(희), 237; 鄭(동), 555]. 그러나 긍정설에서는 환어음의 경우
에 발행인이 한 작성면제가 모든 상환의무자에 대하여 효력이 생기고 배서인
등이 한 작성면제는 그 면제자에 대하여만 효력이 생기는($_{46}^{어}$Ⅲ) 점에서 볼 때,
발행인은 소구에 있어서 거절증서를 필요로 하지 않는다는 어음의 성질을 결
정하는 권한이 있는 것이므로 약속어음에 대하여도 발행인의 거절증서 작성면
제가 인정된다고 본다[동: 徐(정), 218; 孫(주), 322; 梁(승), 383].

　　(6) 일람후정기출급어음의 만기　　　일람후정기출급 환어음의 만기는 인
수의 제시가 있은 후 어음에 기재된 일정한 기간이 경과한 날이지만, 약속어음
의 경우에는 인수제도가 없으므로 일람일자기재를 위한 제시가 있은 후 일정
한 기간이 경과한 날이 된다.

　　(7) 당사자자격의 겸병　　　1) 환어음의 경우에는 추심·신용의 기능이
중요하므로 발행인 자신을 지급인으로 하는「자기앞어음」과 더불어 또한 발행
인 자신이 지급받을 자($_{인}^{수취}$)가 되는「자기지시어음」이 인정되고 있다($_3$$_Ⅱ$$_.$$_Ⅰ$).

　　2) 약속어음에는 이에 관한 준용규정과 인수제도가 없으므로 자기지시약
속어음은 무효라는 견해도 있으나[朴(원), 594], 약속어음에도 신용기능이 있고 배서
에 의하여 제 3 자의 참가가 예상되므로 어음당사자의 자격겸병을 인정하는
일반원칙에 따라 자기지시약속어음도 유효하다고 본다[동: 徐(정), 140; 徐(돈), 266; 孫(주),373; 鄭(무), 501; 鄭
(희), 147].

　　(8) 참가인수　　　약속어음에는 참가지급에 관한 규정만을 준용하고 있
을 뿐이고($_{77}^{어}$Ⅰ$_{(5)}$) 참가인수에 관하여는 준용규정이 없다는 이유로 약속어음의
경우에는 참가인수가 인정되지 않는다는 견해도 있으나[朴(원), 595], 약속어음의 경
우도 만기 전의 소구가 가능하므로 이를 저지할 수 있는 참가인수가 인정된다
고 본다[동: 徐(정), 238; 徐(돈), 270~271; 孫(주), 374].

[396]　제 3　換어음과 手票

　　양자는 모두 지급위탁증권인 점에서 같지만 환어음은 신용수단으로 이용
되는 데 비하여 수표는 지급수단인 점에서 차이가 있다.

　　(1) 지급인·자금관계　　　수표의 경우는 그 지급의 확실성을 위하여 지

《환어음과 수표》

기 준	환 어 음	수 표
주채무자	인수인	없음
지급인의 자격	특별한 제한 없음	금융기관($\frac{수}{3}$)
수취인의 표시	기명식·지시식 ($\frac{어}{6}$ I)	기명식·지시식·소지인출급식·지명소지인출급식($\frac{수}{5}$)
횡선제도	없음	있음
만 기	일람출급·일람후정기출급·발행일자후정기출급·확정일출급	일람출급만 인정 ($\frac{수}{28}$ I)
지급제시기간	일람출급어음은 발행일로부터 1년간, 기타어음은 지급할 날과 그에 이은 2거래일	발행일부터 10일간 ($\frac{수}{29}$ I)
인수제도	있음	없음($\frac{수}{4}$)
인수거절에 의한 소구	가 능($\frac{어}{43}$(1))	없음
이자의 약정	일람출급어음 및 일람후정기출급어음의 경우만 가능 ($\frac{어}{5}$)	불가능
지급인의 배서	가 능	불가능
보 증	지급인에 의한 보증도 가능	지급인에 의한 보증은 불가 ($\frac{수}{25}$ II). 다만, 「지급보증」은 가능($\frac{수}{53}$ I)
소지인의 소구권의 시효기간	1년 ($\frac{어}{70}$ II)	6개월 ($\frac{수}{51}$ I)
거절증명의 방식	거절증서	거절증서·지급거절선언·어음교환소의 부도선언증명

급인은 은행에 한정되고 그 발행을 위하여 수표자금과 수표계약이 존재하여야 한다($\frac{수}{3}$). 환어음의 경우에는 이러한 제한이 없다.

⑵ 수 취 인   환어음에 있어서는 수취인으로서 특정인을 기재하여야

하지만($_{1(6)}^{어}$), 수표는 소지인출급식 또는 지명소지인출급식의 발행이 인정되기 때문에($_{I(3)\cdot II}^{수5}$) 수취인의 지정 없이 발행할 수 있고 배서를 함이 없이 단순한 교부로써 양도할 수 있다.

(3) 만　　기　　　환어음에는 만기를 기재하여야 하지만($_{1(4)}^{어}$), 그러나 수표는 일람출급으로만 발행할 수 있고 이에 위반하는 기재는 기재하지 않은 것으로 본다($_{28 I}^{수}$). 수표는 신용증권인 환어음과 달리 곧 현금화될 수 있어야 하기 때문이다.

환어음의 경우에는 일람출급으로 발행되었더라도 제시기간은 발행일로부터 1년간인 데 비하여($_{12문}^{어34}$), 수표에 있어서는 원칙적으로 발행일로부터 10일간이며($_{I\cdot IV}^{수29}$) 선일자수표도 발행일자의 도래 전에 지급을 위한 제시를 할 수 있다는($_{28 II}^{수}$) 점에서 수표는 신용증권화될 수 있는 여지가 없다.

환어음은 일람출급 또는 일람후정기출급인 경우에 이자문구의 기재가 가능하지만($_{5}^{어}$) 수표의 경우에는 그 기재가 인정되지 않는다($_{7}^{수}$).

(4) 인수제도　　　수표에는 인수제도가 인정되지 않으므로 인수의 기재를 하더라도 그 효력이 없다($_{4}^{수}$). 즉 인수는 기재하지 않은 것으로 본다. 수표의 경우에도 인수를 인정하게 되면 수표의 현금과 같은 기능이 상실되고 지급인이 절대적 의무를 지게 됨으로써 수표가 신용증권화될 가능성이 있기 때문이다. 수표에도 지급보증제도가 있지만 지급보증을 한 지급인은 제시기간 내에 수표의 제시가 있는 경우에만 지급의무를 지게 되므로($_{55 I}^{수}$) 환어음의 인수인과 같은 절대적 의무를 부담하지는 않는다. 이러한 인수금지는 지급인은 배서인이 될 수 없으며($_{15 III}^{수}$) 수표보증을 할 수 없다는 점($_{25 II}^{수}$)과 그 취지를 같이한다.

(5) 시　　효　　　환어음의 경우에 인수인에 대한 채권의 소멸시효기간은 3년이며 어음소지인으로부터의 소구권은 1년, 배서인으로부터의 재소구권에 대하여는 6월인 데($_{70}^{어}$) 비하여, 수표상의 채권의 소멸시효기간은 6월로서 단기이다($_{51}^{수}$). 그러나 지급보증을 한 지급인에 대한 청구권의 경우는 제시기간 경과 후 1년간이다($_{58}^{수}$).

(6) 거절증명　　　환어음의 경우에 지급거절의 증명은 거절증서로만 할 수 있지만($_{44}^{어}$), 수표에 있어서는 이 밖에도 지급인의 지급거절선언 및 어음교환소의 부도선언증명 등의 간단한 방법이 인정된다($_{(2)\cdot(3)}^{수39}$).

(7) 횡선·참가·등본　　　수표는 환어음과 달리 소지인출급식으로도 발

행할 수 있기 때문에 지급의 안전을 위하여 횡선제도가 인정된다($_{37, 38}^{수}$). 반면에 환어음에 존재하는 참가・등본 등의 제도가 수표에는 없다.

제 5 절 어음法・手票法

1. 어음법・수표법의 의의

(1) 어음법・수표법은 광의로 말하면 어음・수표거래에 관한 법률관계를 정한 사법법규의 전부라고 할 수 있으며, 협의로는 어음・수표거래에 특유한 고유의 어음법・수표법을 말한다. 이에 대하여 일반 민・상법으로서 어음・수표에 적용되는 것을($_{의 일반소멸사유 등}^{능력・표현대리・권리}$) 민사어음법・수표법이라 한다. 고유의 어음법・수표법은 어음・수표관계에서 특히 필요한 규정을 설정하고 있을 뿐이며 기타 관계에 대하여는 어음・수표 자체에 대하여도 민・상법의 규정이 적용된다. 이 외에 어음・수표거래에 관한 법규는 형법($_{217}^{214\sim}$)・행정법($_{2}^{인세}$)・민사소송법($_{446\,이하}^{199,\,566,}$)・파산법($_{65}^{48}$)・섭외사법($_{43}^{34}$) 등에도 존재하지만, 각기 다른 법률체계 중에 포함되고 있는 데 불과하다.

(2) 형식적 의의의 어음법・수표법이라고 할 때에는 「어음법」・「수표법」이란 명칭을 가진 독립된 법전을 말하며, 실질적 의의의 어음법・수표법에는 거절증서령($_{통령령 4919호}^{1970. 4. 15, 대}$) 등도 포함된다. 우리 어음법・수표법은 1930년의 통일어음법과 1931년의 통일수표법을 기초로 하여, 1962년 1월 20일 상법과 함께 제정・공포되어 1963년 1월 1일부터 시행된 것이다. 이후 양 법은 1995년 12월 6일에 개정되었는데($_{5009호}^{법}$), 종래에는 어음・수표행위는 기명날인에 의해서만 가능하였으나 앞으로는 서명만으로도 할 수 있게 하였다.

2. 어음법・수표법의 지위

어음・수표행위는 상행위가 아니므로 상법의 일부라고 할 수 없고, 상법을 기업법으로 이해하는 한 어음법・수표법은 형식적으로 상법과 별개의 독립된 지위에 있는 법률이라고 할 수도 있다. 그러나 수표의 지급인은 반드시 상인인 은행이어야 하며 어음도 상인에 의하여 주로 발행되고 상거래에서 이용되며 상인에 의하여 할인이 된다는 점과 그 기술적 성격을 감안할 때, 어음법・수표법은 실질적으로 상법의 일부에 속한다고 할 것이다.

3. 어음법・수표법의 특성

(1) **수단적 성질**   어음・수표는 실질적 관계를 위한 수단으로 이용되기 때문에 어음법・수표법은 수단적 성질이 강하다. 즉 어음・수표는 매매・임대차・운송・증여 또는 불법행위 등에 의하여 발생한 채무를 결제하기 위한 수단으로 이용된다. 그리하여 어음법・수표법은 단행법으로 제정되어 독립형식을 갖추고 각개의 규정간에는 불가분의 밀접한 관련이 있으므로 어음법・수표법은 자족적인 통일체를 이루고 있다.

(2) **강행법적 성질**   어음・수표는 금전채권을 표창하는 유가증권이므로 어음법・수표법도 그 대부분의 내용이 채권적 규정임에도 불구하고 강행법규로 구성되어 계약자유의 원칙이 인정되지 않는다. 즉 어음・수표의 법률관계는 강행법규로 정형화되어 그 형식・절차・효력 등이 엄격하게 법정되고 있어서 특정한 당사자간에 이와 다른 의사표시의 효력을 인정하지 않는다. 그 이유는 어음・수표는 불특정다수인간을 전전유통하는 것이므로 유통성의 확보와 거래의 안전을 위하여 강행법규성이 요청되기 때문이다.

(3) **기술적 성질**   어음・수표는 상거래에서의 필요성에 따라 합리적인 정신을 기초로 창안된 것으로, 금전지급의 확실성과 유통의 촉진을 목적으로 하는 기술적인 제도이기 때문에 이를 규제하는 어음법・수표법도 기술적 성질을 띠고 있다.

(4) **통일적 성질**   어음법・수표법은 기술적 제도이기 때문에 각국의 역사・풍속・관습 등에 영향을 받음이 없이 세계적으로 통일되는 성질을 갖는다. 또한 어음・수표가 국제적으로 유통되면서 1930년에는 통일어음법이, 1931년에는 통일수표법이 「제네바」에서 그 성립을 보았으며, 대륙법계제국과 남미국가 등은 이를 토대로 하여 어음법・수표법을 제정하였다. 우리 어음법・수표법도 대체로 통일법의 내용과 같다고 볼 수 있다.

제 3 장   어음·手票行爲

제 1 절   總   說

[397]   제 1   어음·手票行爲의 意義

어음·수표행위에 관하여 어음법·수표법에는 그 개념규정이 없고 다만 표제로 사용되고 있을 뿐이다($\begin{smallmatrix} 어 & 8; \\ 수 & 11 \end{smallmatrix}$). 즉 어음·수표행위란 학문상의 관념이라고 할 수 있다. 어음·수표행위의 의의에 관하여는 다음과 같은 학설이 있다.

i) 어음·수표행위를 형식적으로 정의하여 증권적 법정요건을 갖추고 기명날인 또는 서명함으로써 하는 서면행위라는 **형식설**$\left[\begin{smallmatrix} 鄭(희), & 61; \\ 徐(돈), & 59 \end{smallmatrix}\right]$, ii) 어음·수표행위는 채무의 발생원인이 되는 행위라는 **실질설**$\left[\begin{smallmatrix} 최(범), \\ 263 \end{smallmatrix}\right]$, iii) 어음·수표행위는 실질적으로는 어음·수표상의 법률관계의 구성요건인 법률행위를 가리키며, 형식적으로는 증권상에 그 의사표시의 내용을 기재하고 기명날인 또는 서명함으로써 하는 요식의 서면행위라고 하는 **실질·형식구분설**$\left[\begin{smallmatrix} 孫(주), \\ 36 \end{smallmatrix}\right]$, iv) 양면으로 정의하여 「어음·수표행위는 기명날인을 요건으로 하는 요식의 서면행위로서 그 행위의 결과 어음·수표상의 채무를 부담하게 하는 행위」라는 **실질·형식양면설**이 있다$\left[\begin{smallmatrix} 徐(정), & 85; \\ 姜(위), & 69 \end{smallmatrix}\right]$.

ii), iv)에 의하면 배서인 또는 환어음이나 수표의 발행인이 지는 상환의무도 결과적으로 채무부담의 목적이 있는 것으로 보게 된다. 그러나 이러한 행위는 권리이전 및 지급위탁을 목적으로 하며, 이들이 상환의무를 지는 것은 대가를 받는 관계를 고려하여 법률이 정한 효과에 불과하고, 배서 중에 채무부담의 의사가 없는 무담보배서$\left[\begin{smallmatrix} 936면이 \\ 하 참조 \end{smallmatrix}\right]$·추심위임배서$\left[\begin{smallmatrix} 945면이 \\ 하 참조 \end{smallmatrix}\right]$·담보적 효력이 없는 기한후배서$\left[\begin{smallmatrix} 937면이 \\ 하 참조 \end{smallmatrix}\right]$까지도 고유한 의미의 어음·수표행위에 포함되는 결과가 되어 타당하지 못하다. 결국 어음·수표행위의 의의는 형식적으로 정의할 수밖에 없다고 본다.

[398]　제 2　어음·手票行爲의 種類

　　어음행위에는 환어음의 경우에는 발행·인수·배서·보증·참가인수가 있고 약속어음의 경우에는 발행·배서·보증이 있으며, 수표의 경우에는 발행·배서·보증·지급보증이 있다. 어음·수표의 발행은 모든 어음·수표관계의 기본이 되며 어음·수표를 창조하는 행위이기 때문에 기본적 어음·수표행위라고 말하고, 기타의 행위는 발행에 의하여 창조된 기본어음·수표를 전제로 하는 행위이기 때문에 이를 부속적 어음·수표행위라고 한다.

[399]　제 3　어음·手票行爲의 特性

　　(1) 요 식 성　　　어음·수표행위는 요식의 서면행위이다. 즉 서면에 일정한 방식에 따라서 하여야 한다. 유통을 전제로 하는 어음·수표에 있어서는 어음인가 수표인가의 판단이 가능하여야 하고, 또 어떠한 종류와 내용의 어음·수표행위인가 하는 것이 분명하여야 하기 때문에 어음·수표행위는 요식의 서면행위로 한 것이다. 모든 어음·수표행위에 공통되는 요건은 기명날인 또는 서명이지만 기타의 방식은 어음·수표행위의 종류에 따라 다르다.

　　(2) 무 인 성　　　어음·수표행위는 그 원인관계의 유무나 효력에 의하여 영향을 받지 않는 무인행위라고 할 수 있다. 그러므로 예컨대 도박채무의 지급을 위하여 약속어음을 발행한 경우에도 원칙적으로 어음·수표행위의 원인인 행위가 사회질서에 반하는 행위로서 무효가 될 뿐인 것이다($\frac{민}{103}$).

　　(3) 문 언 성　　　어음·수표행위는 어음·수표에 기재된 내용을 의사표시로 하는 법률행위이다. 그러므로 어음·수표행위의 해석에 있어서는 일반 법률행위의 경우와는 달리 어음·수표에 기재되지 않은 기타의 사실에 따라 행위자의 의사를 추측하거나 그 기재를 변경하거나 보충하는 것은 인정되지 않는다. 이것을 어음·수표객관해석의 원칙이라고도 한다.

　　(4) 독 립 성($\frac{어음·수표행위}{독립의 원칙}$)

　　1) 의　　　의　　　(개) 어음·수표행위독립의 원칙(이하 독립의 원칙이라 한다)이란 어음·수표행위를 한 자는 그 전제가 되는 다른 행위가 형식상의 흠결 이외의 사유로 인하여 무효인 경우에도 그 영향을 받지 않고 독립하여 어음·수표상의 채무를 부담한다는 것이다($\frac{예컨대 발행인의 기명날인이 위조되어 실질적으로 무}{효인 어음에 배서한 자는 배서인으로 책임을 진다}$). 이것

은 일반의 법률행위와 다른 예외적 특성이 있음을 의미한다. 어음·수표의 발행 이외의 어음·수표행위는 다른 행위를 전제로 한다. 즉 환어음에 있어서 인수는 원칙적으로 발행을, 배서는 발행 및 전(前)배서를, 보증은 발행 및 주채무자의 어음행위를 각각 전제로 하는 행위라고 할 수 있다.

(나) 발행과 같이 선행행위를 필요로 하지 않는 행위는 직접 그 행위 자체의 효력이 문제가 될 뿐이고 다른 어음행위와의 관련은 문제가 되지 않는다. 그러나 다른 행위를 전제로 하는 경우에는 그 선행행위가 무효가 되면 그것을 전제로 하는 행위도 무효가 되는 것이 일반원칙이지만, 어음·수표의 경우에는 어음·수표행위의 독립성에 의하여 채무부담의 효력에 있어서는 그 선행행위가 실질적인 이유에 의하여 무효인 경우에도 그 후의 어음·수표행위는 무효가 되지 않는다.

2) 근   거

(가) 성문법상의 근거

a) 어 음 법   어음법 제7조는 「환어음에 어음채무를 부담할 능력이 없는 자의 기명날인 또는 서명, 위조의 기명날인 또는 서명, 가설인의 기명날인 또는 서명, 또는 기타의 사유로 인하여 환어음의 기명날인자 또는 서명자나 그 본인에게 의무를 부담하게 할 수 없는 기명날인 또는 서명이 있는 경우에도 다른 기명날인자 또는 서명자의 채무는 그 효력에 영향을 받지 아니한다」라고 규정하고 있다. 독립의 원칙은 어음법 제32조와 제65조 및 제69조에서도 찾아볼 수 있다. 또한 약속어음에 대하여도 어음법 제7조와 제32조 제2항의 규정과 제69조가 준용된다($^\text{어}_\text{Ⅲ·Ⅰ (7)}{}^{77\,Ⅱ;}$).

b) 수 표 법   수표법에서도 어음법에서와 같은 내용의 규정인 제10조($^\text{수표채무의}_\text{독립성}$), 제27조 제2항($^\text{보증의}_\text{효력}$)에서 수표행위독립의 원칙을 표명하고 있다.

(나) 이론적 근거   독립의 원칙을 인정하고 있는 근거에 대하여 여러 가지의 학설이 있다.

a) 법이 인정한 특칙설($^\text{정책}_\text{설}$)   이 원칙은 어음·수표거래의 안전과 유통성을 도모하기 위하여 법이 인정하는 특칙이라고 하는 **정책설**이 **통설**이다. 그러나 그 근거는 일치하지 않는다. 즉 소수설인 제1 **정책설**은 독립의 원칙은 선의취득자를 보호함으로써 어음·수표거래의 안전과 유통을 도모하는 데 그 목적이 있다고 하며[$^\text{동; 姜(위),75;}_\text{孫(철), 65}$], 다수설인 제2 **정책설**은 어음의 신용을 높이고 그 유통성을 강화함으로써 어음거래의 안전을 기하는 데 목적이 있다고 하여

어음의 악의취득자에 대하여도 이 원칙이 적용된다고 한다.

　　b) 어음·수표행위 결과설　　　1장의 어음·수표에 한 수개의 행위는 제각기 행위자가 어음·수표상의 기재를 내용으로 하는 채무를 부담하게 되는 문언적 행위이므로 독립의 원칙은 어음·수표행위의 당연한 결과라는 소수설이 있다[徐(정),89]. 이 견해는 수개의 행위 중 하나의 어음·수표가 되는 것으로서 그 중 하나의 어음·수표행위가 무효라도 그것은 그 하나에 한 어음·수표행위가 탈락된 데 불과하고 다른 어음·수표행위의 유·무효에 영향을 미치지 않는다는 것이다.

　　3) 적용범위

　　⑺ 적용되지 않는 경우

　　a) 선행행위가 불필요한 경우　　　이 원칙은 다른 어음·수표행위를 전제로 하지 않는 발행이나 인수의 경우에는 적용될 여지가 없다. 즉 이 경우에는 당해 어음·수표행위 자체의 효력이 문제될 뿐이다. 발행의 경우에는 발행인이 법정책임을 지며(어 9, 78 I; 수 12), 인수의 경우에는 인수인이 법정책임을 부담하게 된다(어 28). 이러한 책임은 어음·수표행위의 당연한 결과라고 할 수 있다.

　　b) 방식에 하자가 있는 경우　　　이 원칙은 선행행위에 방식의 하자가 없는 경우에만 적용된다(어 32 II 참조). 즉 이 원칙은 어음·수표거래의 안전을 도모하기 위한 특칙이므로, 그 식별이 가능한 방식의 하자가 있는 경우에는 적용되지 않는다.

　　c) 어음·수표상의 의무가 소멸한 경우　　　어음·수표상의 의무가 유효하게 소멸하였을 때에는 어음·수표관계가 완전히 소멸하여 이 원칙은 적용되지 않는다.

　　d) 행위무능력자의 경우　　　행위무능력자의 행위는 취소할 수 있으므로 이들이 어음·수표행위를 한 경우에도 취소에 의하여 어음·수표상의 채무를 부담하지 않으므로 이 원칙이 적용될 여지가 없다.

　　⑷ 적용되는 경우

　　a) 보증(수표의 경우는 지급보증)·참가인수의 경우　　　다른 어음·수표행위를 전제로 하는 어음·수표행위 중에 참가인수나 보증(수표의 경우는 지급보증)은 채무부담 자체를 내용으로 하는 행위이므로 이들에 대해 이 원칙이 적용되는 것은 당연하다(어 32 II, 77 III; 수 27 II). 즉 이러한 행위는 그 전제가 되는 행위가 실질적으로 무효라도 보증인 또는 참가인수인의 채무부담행위는 무효가 되지 않는다.

b) 배서의 경우   이 원칙은 어음·수표행위를 **채무부담**의 면과 권리이전의 면으로 구분할 경우에, 전자에 속하는 원칙이라고 말할 수 있다. 그러므로 이 원칙을 배서에 관하여 논할 때에는 배서인의 담보책임을 말하는 것이다. 종래에는 배서인이 어음·수표의 선의취득자에 대하여 책임을 지는 것은 선의취득($^{어\ 16\ II}_{수\ 21}$;)의 효과이며 이 원칙이 적용된 결과가 아니라는 이유로 적용부정설도 있었으나, 배서의 경우야말로 당연히 이 원칙이 적용된다는 것이 **통설**이며 판례의 입장이다. 어음법 제16조 2항($^{수}_{21}$)은 선의취득자의 권리취득에 관한 규정으로서 선행배서가 유효한 때에만 후행배서의 피배서인이 권리를 취득할 수 있다. 그러나 채무부담의 면에서 선행배서가 실질적으로 무효인 경우에도 후행배서는 무효가 되지 않는 것은 배서에도 이 원칙이 적용되기 때문이다.

c) 취득자의 선의·악의   이 원칙은 어음·수표의 선의취득자에게만 적용되는 것인가, 악의취득자에 대하여도 적용되는가에 대하여는 어음법·수표법에는 아무런 규정이 없고 학설은 대립하고 있다.

aa) **적용부정설**   이 원칙은 어음·수표의 선의취득자를 보호함으로써 어음·수표거래의 안전과 유통성을 보호하기 위하여 인정되는 특칙이므로 악의취득자에게는 적용되지 않는다고 본다[$^{동;\ 최}_{(철),\ 69}$]. 즉 **제1정책설**의 입장이다. 권리이전의 면에서 어음·수표상의 권리를 취득하지 못한 악의취득자에 대하여도 그 전자인 배서인이 이 원칙에 따라 어음·수표상의 책임을 진다는 것은 어음·수표제도의 본질에 어긋나고 어음·수표제도의 악용을 조장하는 결과가 되어 부당하다.

bb) **적용긍정설**   i) 이 원칙은 선의취득자를 보호한다기보다는 어음·수표행위의 확실성을 높이고 어음·수표의 신용을 도모하기 위한 제도로서 선의취득자뿐만 아니라 악의취득자에 대하여도 적용된다는 것이 다수설이다. 그 이유에 대하여는 다음과 같은 학설이 있다. 즉 다수설인 **제2정책설**에 의하면 독립의 원칙은 선의취득자의 보호보다 더 나아가 어음·수표행위의 **확실성**을 높이고 어음의 신용을 증가시키려는 제도이므로 악의취득자에 대하여도 적용된다고 한다. 당연설에 의하면 이 원칙은 모든 어음·수표행위자는 선행행위와 관계 없이 제각기 독립하여 채무를 부담한다고 하여 당연히 악의취득자도 전자에 대한 소구권을 갖게 된다고 한다.

ii) 독립의 원칙에 관하여 문제가 되는 경우는 甲이 어음을 발행하여 乙에게 교부하였으나 丙이 이를 절취하여 마치 乙이 丙에게 배서한 것과 같이 위

조하여 이 사실을 알고 있는 丁에게 교부한 때에, 丙은 丁에게 상환의무를 지
는가 하는 점이다.

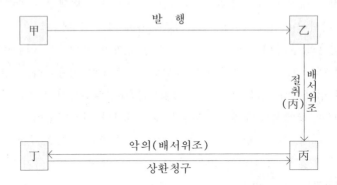

iii) 다수설인 제 2 정책설에 의하면 독립의 원칙이 악의취득자에게도 적용
되는 이유를 이 원칙은 유통을 보호하는 데 그치지 않고 더 나아가 어음의 신
용을 증진시키기 위한 것이기 때문이라고 한다. 원래 정책설이란 거래의 안전
과 유통을 도모하기 위한 것이고 거래의 안전이란 선의자를 보호하여 유통을
도모한다는 데 그 목적이 있는 것인데 독립의 원칙의 근거에 신용을 증진시키
기 위한 것이기도 하다는 이유를 덧붙여 악의취득자에게도 적용된다고 하는
것은 타당하지 못하다고 본다.

iv) 적용긍정설의 근거로는 독립의 원칙은 어음취득자가 선행행위의 무효
에 대하여 악의인 때에도 적용된다는 당연설이 가장 설득력이 있다고 할 것이
다. 그러나 당연설은 하나의 어음단체에 참가한 모든 어음행위를 각기 분리하
여 독립된 행위로 본다는 점에서 문제가 있다고 본다.

cc) 사　견($\frac{적용}{부정설}$)　　i) 독립의 원칙은 소위 제 1 정책설에 따라 위의 예에서
전자 丙이 무권리자이거나 처분권이 없다는 것을 알고 어음을 취득하여 乙에 대하여 어
음의 반환의무를 지는 악의취득자인 丁에게는 적용되지 않는다고 본다. 독립의 원칙이
악의취득자에게도 적용된다고 하면 어음의 반환의무를 지는 자가 오히려 의무불이행의
상태를 이용하여 권리를 행사하는 것을 인정하는 결과가 되어 신의칙에도 어긋나고, 또
한 丁은 丙에 대한 소구권의 행사를 위하여 필요하다는 이유로 乙의 어음반환청구를 거
절할 수 있게 되어 결과적으로 乙보다 丁을 더 보호하는 결과가 초래되어 부당하다고 할
것이다. 그리고 丁에게도 이 원칙이 적용된다면 丁은 甲에 대한 권리를 선의취득하고 있
지 못하므로 甲에 대한 권리는 乙에게, 丙에 대한 권리는 丁에게 각각 분할하여 귀속되
는 결과가 되어 타당하지 못하다.

ii) 다만 어음의 정당한 **반환청구권자**가 없는 경우는 예외라고 할 것이다. 예컨대 미성년자인 A가 친구인 B에게 약속어음을 발행하고 B는 이를 다시 C에게 배서양도한 경우 C가 A는 미성년자라는 것을 알았을 경우에 C는 B에 대하여 어음금의 지급을 청구할 수 있는가 하는 것이 문제가 되는데, 이 경우는 미성년자인 A는 어음발행행위를 취소함으로써 그 어음상의 채무를 부담하지 않으므로 A는 C에 대하여 어음의 정당한 반환청구권자라고 할 수는 없기 때문에 이러한 경우에는 C는 B에 대하여 소구권을 행사할 수 있다고 할 것이다.

iii) 또한 문제가 되는 것은 丁에게 **소구의무**를 이행한 丙은 전자에 대하여 재소구권을 행사할 수 있는가 하는 점이다. 丙이 乙에게 재소구권을 행사하면 乙은 위조라는 절대적 항변으로 대항할 것이지만 만약에 甲과 乙 사이에 배서인들이 있는 경우에 丙이 이들에 대하여 비약적으로 재소구권을 행사할 수 있는가 하는 점이다. 적용긍정설에 의하면 이를 부정할 이유가 없다고 할 것이다. 이와 같이 적용긍정설에 의하면 많은 문제점을 야기하게 된다. 그러므로 적용부정설에 따라 악의취득자인 丁은 甲에 대하여뿐만 아니라 丙에 대하여도 어음에 의한 청구권은 행사할 수 없고 다만 丙에 대하여 원인관계에 의한 청구만이 가능하다고 보는 것이 타당하다.

iv) 최근에 일본에서도 점차 악의취득자에 대한 적용을 부정하는 견해가 유력하게 대두되고 있다.

[事例演習]

◇ 사 례 ◇

A는 약속어음을 발행하여 수취인 B에게 교부하였다. B의 사용인 X는 이 어음과 B의 도장을 몰래 꺼내어 어음에 B가 직접 한 것과 같이 배서하여 이러한 경위를 알고 있는 C에게 교부하였다. C는 이 어음을 D에게 배서하여 교부하였는데, D는 B의 배서는 위조된 것이라는 것을 알았다. D가 만기에 어음을 지급제시하였으나 지급이 거절되어 C에 대하여 상환청구를 하고 있다. C는 이에 응하여야 하는가?

해 설 (1) 어음행위독립의 원칙이 배서의 경우에는 적용되지 않는다는 견해에 따르면, 이 사례의 경우 B명의의 배서는 위조에 의한 것이므로 무효이고 따라서 C는 무권리자이고 C가 한 배서는 양도행위로서 무효가 된다. 그리고 D가 어음을 선의취득하였다면 C의 어음상의 책임은 인정되는데, 이 사례에서는 D가 B의 배서는 위조된 것을 알았으므로 D의 선의취득이 부정되며 결국 위 견해에 따를 때 C는 어음상의 책임을 지지 않는다.

(2) 어음행위독립의 원칙이 배서에 적용된다는 견해에 따를 경우 그 원칙의 이론적 근거와 관련해서 크게 두 견해로 다시 나눌 수 있

다. 어음·수표행위 결과설(당연설)과 법이 인정한 특칙설(정책설)
이 그것이다. 당연설에 따르면 이 사례의 경우 C의 배서가 유효한
이상 D가 C의 무권리를 알고 어음을 취득하였더라도 C는 D의 청
구를 거절할 수 없다고 할 수 있지만, 이는 D는 어음을 선의취득하
고 있지 못하므로 권리자 B로부터 어음반환청구권에 응하지 않으
면 안되는 입장과 상충된다.

　⑶ 정책설은 다시 악의자에게 어음행위독립의 원칙에 의한 보호
를 인정할 것인가를 놓고 부정설과 긍정설로 나뉜다. 부정설에 따르
면 C의 배서는 무효로서 C는 D의 청구를 거절할 수 있다. 다수설
인 긍정설에 따르면 C는 D의 청구를 거절할 수 없다.

제 2 절　어음·手票行爲의 成立要件

[400]　제 1　形式的 要件

1. 총　　설

어음·수표행위가 유효하게 성립하기 위하여는 먼저 형식적 요건으로서,
그 의사표시가 법정된 방식을 구비하여 증권상에 기재되어야 한다. 어음·수표
행위는 반드시 어음·수표상에 하여야 하는데, 기본적인 어음·수표행위인 발
행은 증권을 작성하는 행위가 되며 발행 이외의 부속적 어음·수표행위는 이미
작성된 어음·수표에 하게 된다.

2. 방　　식

어음·수표행위는 일정한 방식에 따라서 하여야 한다. 하나의 어음·수표
행위가 다른 어음·수표행위를 전제로 하는 경우에는 그 고유의 방식 외에 그
전제가 되는 행위의 방식도 구비하고 있어야 한다. 그러므로 예컨대 배서의 방
식은 구비하고 있으나 그 전제가 되는 발행이 그 방식을 구비하지 못한 때에
는 배서도 무효가 된다. 방식은 어음·수표행위마다 다르지만 공통되는 방식은
기명날인 또는 서명이다.

3. 기명날인 또는 서명

(1) 자 연 인   1) 자연인의 기명날인 또는 서명은 행위자의 명칭을 어음·수표에 기재하고 행위자의 의사에 의하여 그의 인장을 압날하거나 서명하는 것이다. 이와 같이 기명날인 또는 서명을 요구하는 것은 행위자로 하여금 책임을 지게 된다는 것을 자각시키려는 주권적 이유와 행위자의 필적과 인영을 통하여 행위자를 알 수 있게 하고 동시에 어음·수표행위의 위조를 방지하기 위한 객관적 이유가 있다. 그러므로 기명날인 또는 서명은 판독이 가능하여야 되는 것은 아니고 동일인의 기명날인 또는 서명으로 인식될 수 있고 필적과 인장에 특징이 있으면 된다. 기명날인 또는 서명의 **법적 성질**은 사실행위로 보는 견해도 있으나[강의[Ⅲ], 姜(위), 91], 이는 **법률행위**라고 할 것이다.

2) 행위자의 명칭은 자서(自署)나 타이프, 인쇄, 성명인 등으로 기재하면 된다. 반드시 판독이 가능하여야 되는 것은 아니다. 기명만 있고 날인이 없는 경우뿐만 아니라 날인만 있고 기명이 없는 것도 무효라고 할 수 있다[大 62.1.31, 4294 민상 200]. 기명날인에 사용하는 인장은 행위자 자신의 인장으로서 사용된 것이면 계출된 실인이 아니라도 관계 없으며, 표시된 명칭과 관련성이 없는 것도 무방하다(본명으로 기재하고 아호로 된 인장을 날인하여도 된다)[大 78.2.28, 77 다 2489].

3) 무인(拇印) 기타의 지장은 일반인에 의한 형식적 하자의 식별이 곤란하므로, 유통증권인 어음·수표의 성질상 날인으로 볼 수 없다는 것이 통설과 판례의 입장이다[大 56.4.26, 4288 민상 424; 大 62.11.1, 62 다 604].

4) 서명은 원칙적으로 어음·수표행위자가 자신의 의사로 직접 자신의 명칭을 기재하는 자서를 말한다.

(2) 법   인   1) 법인이 어음·수표행위를 하는 경우에는 그 대표기관이 법인을 위하여 행위를 한다는 것을 표시하고 대표기관 자신이 기명날인 또는 서명을 하여야 한다. 왜냐하면 법인의 행위는 대표기관을 통해서만 실현될 수 있기 때문이다. 그러므로 대표기관이 법인명을 기재하고 법인인을 날인한 것만으로는 법인의 기명날인으로 볼 수 없다[동: 孫(주), 55; 徐(정), 99; 鄭(무), 304][大 64.10.31, 63 다 1168].

2) 이와는 달리 **법인실재설**에 근거하여 위와 같은 방식의 법인의 기명날인을 긍정하는 설도 있으나[朴(원), 482], 법인실재설도 기관의 행위를 법인의 행위로 보려는 입장이므로 기관의 표시 없는 법인의 대표행위는 법인의 본질에서 볼 때 인정될 수 없다. 그리고 법인의 명칭만 기재하고 대표기관의 표시가 없

이 자연인의 기명날인만이 있는 경우($^{○○주식회}_{사 甲}$)에 법인의 기명날인으로 인정한 판례와 학설도 있으나[$^{大\ 79.\ 9.\ 13.}_{79\ 다\ 15}$] [$^{崔(기)}_{157}$], 이는 법인의 기명날인으로 인정할 수 없다 할 것이다[$^{大\ 59.\ 8.\ 27.}_{4291\ 민상\ 287}$]. 법인의 대표자는 법인을 위하여 한다는 취지를 인식할 수 있을 정도로 대표자격을 표시하면 된다[$^{大\ 78.\ 12.\ 13.}_{78\ 다\ 1567}$].

(3) 조합·권리능력 없는 사단   조합은 법인격이 없기 때문에 어음·수표행위를 하려면 원칙적으로 조합원 전원이 기명날인 또는 서명하여야 할 것이다. 그러나 조합원의 수가 많은 경우에는 현실적으로 불가능하므로 대표조합원이 대표자격을 표시하고 전조합원을 대리하여 본인인 전조합원을 구체적으로 표시하지 않고 기명날인 또는 서명하는 방법으로 할 수 있다[$^{大\ 70.\ 8.\ 31.}_{70\ 다\ 1360}$]. 또한 법인격이 없는 사단의 경우에도 어음·수표행위는 조합과 같이 대표자가 사단의 명칭과 대표자격을 기재하고 기명날인 또는 서명하면 된다.

(4) 기명날인 또는 서명의 대행   1) 기명날인은 원칙적으로 대행이 가능하다는 것이 통설이다. 그러므로 예컨대 사장이 어음·수표의 내용을 결정하고 그에 따라서 직원에게 어음·수표를 작성시켜서 사장의 기명날인을 대행하도록 할 수 있는 것이다. 서명의 대행도 유효하다면 어음소지인은 그 필적이 대행자의 것이고 대행자가 권한이 있다는 것을 증명하여야 하므로 소지인에게 가혹한 결과가 초래된다고 할 수 있다.

2) 그러나 대리방식으로 하는 경우에도 대리인이 서명하였다는 것과 대리권이 있다는 것을 증명하여야 하므로 서명대행의 경우에만 가혹한 결과가 된다고 할 수 없는 것이다. 서명대행이 무효라고 하면 대행자의 권한의 유무와 관계 없이 어음·수표행위가 무효가 될 것이고 이는 방식의 하자를 의미하게 되는데, 이는 어음·수표상으로 식별할 수 없는 방식의 하자를 인정하는 것이 되고 그 후행행위가 모두 무효가 되므로 어음·수표거래의 안전을 크게 저해하게 될 것이다. 그러므로 서명의 대행이 수권(授權)에 의한 경우에는 그 유효성을 인정하여야 할 것이다.

[401] 제 2 實質的 要件

어음·수표행위가 유효하게 성립하기 위하여는 행위자가 어음·수표능력이 있어야 하고, 그 의사표시에 하자가 없어야 한다. 어음법·수표법은 어음·수표의 유통보호를 위하여 많은 특칙을 두고 있으면서도 어음·수표행위에 관하여는 아무런 규정을 두고 있지 않다. 이는 거래의 안전을 희생하더라도 무능력자를 보호하기 위하여 일반원칙에 맡기려는 취지로 풀이할 수 있다.

I. 어음·수표능력

어음·수표능력에는 어음·수표행위의 주체가 될 수 있는 어음·수표권리능력과 자기의 행위에 의하여 유효한 어음·수표행위를 할 수 있는 어음·수표행위능력이 있다.

(1) **어음·수표권리능력**　　　이것은 어음·수표상의 권리자와 의무자가 될 수 있는 능력으로서 일반사법상의 권리능력이 인정되는 자는 모두 어음·수표권리능력이 있다.

1) **자 연 인**　　　자연인은 누구나 권리능력이 있으므로($\frac{민}{3}$), 어음·수표권리능력도 갖는다. 반드시 상인임을 요하지 않는다.

2) **법　　인**　　(개) 비영리법인의 권리능력이 정관소정의 목적에 의하여 제한된다 하더라도($\frac{민}{34}$) 비영리법인도 금전거래를 하여야 될 것이므로 그 수단인 어음·수표행위는 당연히 비영리법인의 목적범위 내에 속한다고 할 것이다. 또한 비영리법인이 정관소정의 목적범위 외에 속하는 행위를 위하여 어음·수표행위를 하였더라도 그 원인관계가 목적범위 외에 속하는 것으로서 원인관계에 의한 인적항변의 문제가 생길 뿐이고 어음·수표행위는 그 추상성으로 인하여 그 효력에 영향을 받지 않는다.

(내) 그러나 판례는 비영리법인의 사업능력범위에 속하지 않는 어음행위는 무효라는 입장을 유지하고 있기 때문에[大 63. 1. 17, 62 다 833; 大 74. 11. 26, 74 다 993]. 어음거래의 안전을 해할 염려가 크다. 또한 **영리법인**인 회사의 경우 그 권리능력의 범위에 관하여 정관의 목적에 의한 제한설을 따른다 하더라도 결론은 비영리법인의 경우와 같다. 그리고 제한부정설을 따르면 당연히 회사의 행위로서 유효함은 두말할 나위가 없다 할 것이다. 또한 공법인도 사법상의 거래당사자인 지위에서 금전거래 등의 경제생활의 주체가 되므로 어음·수표권리능력이 있다고 본다.

3) **기타 단체**

(개) **권리능력 없는 사단**　　　a) 권리능력 없는 사단은 법인격이 없기 때문에 어음·수표권리능력도 없다고 본다[동; 鄭(희), 65; 孫(주), 44]. 권리능력 없는 사단도 내부적으로는 법인과 유사한 조직을 갖고 있으나 외부적으로는 민사소송법상의 소송능력($\frac{민소}{48}$)과 등기능력($\frac{부등}{30}$)만이 인정될 뿐이기 때문이다.

b) 이에 반하여「권리능력 없는 사단에 있어서는 대표자가 사단의 명의로 어음행위를 하면 총사원이 총유적으로 어음채무자로 되고 또한 어음소지인이 사단에 대한 판결을 얻어 사단의 재산에 대하여 강제집행을 할 수 있으므로, 권리능력 없는 사단도 어음권리능력을 가진다」는 설[菱(위),·
56]이 있다. 또한「법인 아닌 사단도 사단법인과 동일한 실질을 가지고 있고 대표자의 정함으로 소송법상 당사자능력을 가지는 이상 그 법률관계를 단순명확하게 하기 위해서나 구체적 처리를 위하여도 그 목적범위 내에서 사단 자체에 법률관계의 귀속점 곧 **권리주체성**을 인정할 수 있으므로, 법인 아닌 사단에게도 어음상 권리능력이 있다고 볼 수 있으며, 그것이 어음거래의 현실에도 맞고 어음은 추상성을 갖기 때문에 타당하다」는 설[李錫炯, 전
게논문, 79]도 있다. 판례도 이러한 입장이다[大 92. 7. 10,
92 다 2431].

c) 긍정설에 의하면 권리능력 없는 사단의 사원이 사단을 위하여 어음・수표행위를 한 때에는 사단의 재산으로써 책임을 지고 그 구성원들은 책임을 지지 않는다고 한다[大 92. 7. 10,
92 다 2431]. 그러나 이는 권리능력 없는 사단에 대하여 권리능력 있는 사단과 같은 채무부담능력을 긍정하는 결과가 되어 부당하고 거래의 안전을 해할 우려도 있어서 타당하지 못하다고 본다. 그러므로 어음행위가 사단의 수권에 의하여 이루어진 때에는 제 1 차적으로는 사단의 재산으로 지급을 하고 제 2 차적으로 모든 구성원이 연대하여 보충적 책임을 져야 한다고 본다.

d) 주식회사 또는 유한회사의 설립중의 회사는 그 법적 성질이 권리능력 없는 사단이라고 하더라도 단순히 회사설립을 목적으로 하며 이는 앞으로 설립될 회사와 동일한 존재라고 할 수 있으므로 예외적으로 어음・수표권리능력이 있다고 본다.

(나) **민법상의 조합**　　　a) 조합은 법인격이 없을 뿐만 아니라 사단과 같은 실체도 갖추지 못하고 있으므로 어음・수표권리능력은 없다는 것이 통설이다. 그렇다고 조합의 대표자에 의한 어음・수표행위를 부정할 이유는 없는 것이다.

　　　　판례도「조합의 어음행위는 전조합원의 어음상의 기명날인에 의한 것은 물론, 대표조합원이 그 대표자격을 밝히고 어음상의 서명을 하는 경우에는 그 조합의 대표자격을 밝히기만 하면 유효한 것이며 반드시 어음행위의 본인이 되는 전조합원을 구체적으로 표시할 필요는 없다」고 판시한 바 있다[大 70. 8. 31,
70 다 1360].

b) 이러한 형식의 어음행위는 결국 각 조합원이 어음행위를 한 것과 같은 효

력이 있으므로 **전조합원**이 공동으로 **합동책임**을 진다($\substack{조합원공\\동책임설}$)[$\substack{大\ 70.\ 8.\ 31,\ 70\ 다\ 1360;\\大\ 82.\ 6.\ 8,\ 82\ 다\ 150}$]. 이와는 달리 「조합원은 제 1 차적으로 조합재산으로 책임을 지고 그것으로 부족할 때에는 각 조합원이 분담부분의 범위 내에서 개인재산으로 책임을 진다」는 견해($\substack{조합\ 및\ 조합\\원\ 책임설}$)도 있으나[$\substack{鄭(동),\\136\sim137}$], 조합은 권리능력 없는 사단보다도 권리주체성이 약하고 대표조합원이 한 어음행위는 조합 자체가 아니라 전조합원을 본인으로 한 것이라는 점에서 의문이다.

　(2) 어음 · 수표행위능력　　　이에 관하여 어음법과 수표법에는 어음 · 수표행위독립의 원칙에 관한 규정이 있을 뿐이고($\substack{어\ 7;\\수\ 10}$), 어음 · 수표행위의 무능력자의 범위와 그들이 한 어음 · 수표행위의 효력에 관하여는 아무런 규정이 없기 때문에 민법의 일반원칙에 의할 수밖에 없다.

　1) 의사무능력자　　　의사능력이 없는 자($\substack{유아\\만취자}$)의 법률행위는 무효이므로 이들의 어음 · 수표행위는 당연히 무효가 된다. 그러므로 의사무능력자의 경우에는 법정대리인이 어음 · 수표행위를 대리할 수밖에 없다.

　2) 미성년자　　　㈎ 미성년자가 법정대리인의 동의 없이 한 어음 · 수표행위는 이를 취소할 수 있다($\substack{민\\5}$). 즉 미성년자는 법정대리인의 동의가 있어야만 어음 · 수표행위를 할 수 있다. 그러나 법정대리인의 동의가 없음에도 미성년자가 사술(詐術)로써 법정대리인의 동의가 있는 것으로 믿게 한 때에는 그 어음 · 수표행위는 취소할 수 없다($\substack{민\\17Ⅱ}$). 다만 미성년자가 능력자라고 선언한 것에 불과한 경우에는 사술이라고 할 수 없다는 **판례**도 있으나[$\substack{大\ 71.\ 12.\ 14,\\71\ 다\ 2045}$], 오늘날 거래의 안전과 선의자의 보호를 위하여 사술의 범위를 넓게 해석하는 것이 다수설이므로 침묵 내지 묵비도 사술이 될 수 있다고 한다[$\substack{郭潤直,\ 재전정판\ 「민법총칙」,\ 177;\\金容漢,\ 「민법총칙론」,\ 131}$].

　　　어음 · 수표행위는 항상 채무부담 또는 채권양도를 내용으로 하는 것이라고 하여 법정대리인의 동의가 필요 없는 민법 제 5 조 제 1 항 단서의 「**권리만을 얻거나 의무만을 면하는 행위**」에 포함되지 않는다는 견해도 있으나[$\substack{鄭(희),\ 66;\\鄭(동),\ 137}$], 어음 · 수표행위만이 제외되어야 할 이유가 없으므로 어음 · 수표행위도 그 종류에 따라 미성년자가 단순히 이익만을 얻거나 의무를 면하게 되는 경우에는 법정대리인의 동의가 없더라도 유효하다고 본다. 예컨대 미성년자가 자기지시의 환어음($\substack{어\\3Ⅰ}$)을 발행한 경우에 지급인이 인수를 한 때에는 인수인에 대하여 어음금액의 지급청구권($\substack{어\\28Ⅰ}$)만을 미성년자가 갖게 되므로 이는 민법 제 5 조 1 항 단서의 「권리만을 얻는 행위」에 속한다고 할 수 있다[$\substack{孫(주),\\47}$]. 그러나 미성년자가 어음을 배서양도하는 때에는 어음상의 청구권을 상실할 뿐만 아니라($\substack{어\\14Ⅰ}$) 소구의무자가 될 수도 있을 것이므로($\substack{어\\15Ⅰ}$), 무담보배서가 아니면 이는 민법 제 5 조 제 1 항 단서에 포함되는 행위라고 할 수 없다.

(나) 법정대리인으로부터 영업의 허락을 받았거나 무한책임사원이 될 것을 허락받은 미성년자는 그 영업에 관하여 또는 회사의 사원으로서 완전한 어음·수표행위능력이 있으며($^{\text{민}}_{\text{상}}{}^{8}_{7}$), 또한 미성년자는 처분을 허락받은 재산에 대하여는 그 범위 내에서 어음·수표행위능력이 있다($^{\text{민}}_{6}$).

3) 한정치산자　　한정치산의 선고를 받은 한정치산자($^{\text{민}}_{9}$)에 대하여는 미성년자에 관한 규정을 준용하므로($^{\text{민}}_{6\sim8}{}^{10}$), 이들의 어음·수표행위능력은 미성년자의 경우와 같다.

4) 금치산자　　금치산자의 어음·수표행위는 취소할 수 있으므로($^{\text{민}}_{13}$) 금치산자의 어음·수표행위는 언제나 법정대리인($^{\text{후견}}_{\text{인}}$)이 대리하여야 한다.

(3) 어음·수표능력의 존재시기　　어음·수표행위능력은 그 행위를 하는 때에 존재하여야 한다. 어음·수표행위는 기명날인 또는 서명과 교부에 의하여 완성되므로 그 교부시를 기준으로 하여야 할 것이다.

　　어음학설 중에 창조설에 의하면 기명날인 또는 서명하는 때에 어음·수표행위능력이 있으면 될 것이다. 그러므로 이에 의하면 서면행위 당시에는 능력자이었지만 교부행위 당시에는 능력을 상실한 경우에도 어음·수표상의 권리가 성립하며 그 후의 능력의 상실에 의하여 그 권리가 당연히 소멸하는 것은 아니므로, 어음·수표를 교부한 상대방에 대하여는 교부행위를 취소하여 상대방을 무권리자로 할 수 있지만 선의취득한 제 3 자로부터 청구를 받는 때에는 책임을 져야 할 것이다.

(4) 어음·수표능력의 입증책임　　어음·수표능력이 없다는 것을 주장하는 측에서 진다.

(5) 어음·수표행위의 취소 또는 추인

1) 취소·추인의 인정　　무능력자가 동의권자의 동의 없이 한 어음·수표행위는 그 행위자, 포괄승계인, 법정대리인 등이 취소할 수 있다($^{\text{민}}_{140}$). 어음·수표행위가 무효인 경우는 물론이고 취소된 경우에도 그 행위는 처음부터 소급하여 무효가 되므로($^{\text{민}}_{141}$), 행위자는 누구에 대하여도 책임을 지지 않는다. 다만 그 행위로 인하여 받은 이익이 현존하는 한도 내에서 상환할 책임이 있다($^{\text{민}}_{141}{}_{\text{단}}$). 또한 취소할 수 있는 무능력자의 어음·수표행위는 취소권자가 추인할 수 있다($^{\text{민}}_{143}{}_{\text{I}}$). 추인은 취소권의 포기로서 유효한 어음·수표행위로 확정되는 효력이 있으므로 추인 후에는 이를 다시 취소하지 못한다.

2) 취소·추인의 상대방　　취소와 추인은 직접의 상대방에 대해서뿐만

아니라 현재의 소지인을 비롯하여 **중간취득자**에 대하여도 할 수 있다고 본다〔동: 孫(주), 49; 鄭(동),
139; 鄭(찬), 119~120〕. 취소의 경우에 직접의 상대방뿐만 아니라 누구에 대해서나 어음·수표행위를 취소할 수 있게 되면 어음거래의 안전을 해할 수 있으나 무능력자의 보호를 우선으로 하는 사법의 원리상 부득이한 것으로 본다.

　　예컨대 무능력자인 A가 B에게 약속어음을 발행하고 어음이 C를 거쳐 D에게 배서양도된 경우에 A가 무능력을 이유로 어음행위를 취소하려고 할 때에는 B에 대하여뿐만 아니라 C 또는 현재의 소지인 D에 대해서도 취소의 의사표시를 할 수 있는 것이다.

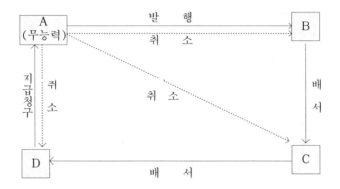

2. 의사표시의 하자

　　법률행위인 어음·수표행위에 관하여도 민법의 의사의 흠결 및 의사표시의 하자에 관한 규정($_{107~110}^{민}$)이 적용된다. 즉 어음·수표행위도 법률행위의 일종이므로 민법의 적용을 부정할 이유는 없다. 그러므로 어음·수표행위에 대하여도 민법의 적용을 전제로 하여 어음·수표행위의 특수성을 고려한 해석이 필요한 것이다.

(1) 적용되는 규정

　　1) 신의성실 및 권리남용금지에 관한 규정($_2^{민}$)　　민법 제 2 조의 규정은 어음·수표행위에도 적용된다. 그리하여 예컨대 어음소지인에 대한 배서인의 원인채무가 변제에 의하여 전부 소멸되었음에도 불구하고 어음소지인이 약속어음의 발행인에 대하여 어음금을 청구하는 것은 특별한 사정이 없는 한 권리남용에 해당되므로 발행인은 어음금의 지급을 거절할 수 있으며, 또한 최초의 어음취득자가 대리인이 어음상의 의무를 지지 않으려고 한다는 것을 알았다면 신의성실의 원칙에 의하여 대리인이 야기한 외관에 대한 책임을 주장하지 못

한다.

　　판례에는「장래의 채무를 담보하기 위하여 발행된 어음에 발행인을 위하여 어음보증이 되어 있는 약속어음을 수취한 사람은 어음을 발행한 원인관계상의 채무가 존속되지 않기로 확정된 때에는, 특별한 사정이 없는 한 그때부터는 어음발행인에 대해서뿐만 아니라 어음보증인에 대해서도 어음상의 권리를 행사할 실질적인 이유가 없어졌다 할 것이므로 어음이 자기 수중에 있음을 기화로 하여 어음보증인으로부터 어음금을 받으려고 하는 것은 신의성실의 원칙에 비추어 부당한 것으로서 권리의 남용이다」고 한 것이 있다$\left[\begin{smallmatrix}大\,88.\,8.\,9,\\86\;\text{다카}\;1844\end{smallmatrix}\right]$.

　　2) 진의 아닌 의사표시에 관한 규정$\left(\begin{smallmatrix}민\\107\end{smallmatrix}\right)$　　이 규정을 어음·수표행위에 적용하여도 선의취득자가 보호될 수 있다. 즉 어음행위자가 진의 아님을 알고 한 어음행위도 유효하지만$\left(\begin{smallmatrix}동조\\1본\end{smallmatrix}\right)$, 상대방이 어음행위자의 진의 아님을 알았거나 알 수 있었을 때에는 그 어음행위는 무효로 한다$\left(\begin{smallmatrix}동조\\1단\end{smallmatrix}\right)$. 그러나 무효로써 어음의 선의의 제3 취득자에게 대항하지 못한다$\left(\begin{smallmatrix}동조\\II\end{smallmatrix}\right)$.

　　3) 허위표시에 관한 규정$\left(\begin{smallmatrix}민\\108\end{smallmatrix}\right)$　　이 규정도 어음·수표행위에 그대로 적용되어도 무방하다고 본다. 즉 상대방과 통정한 허위의 어음·수표행위는 무효이지만$\left(\begin{smallmatrix}동조\\1\end{smallmatrix}\right)$ 그 무효로써 선의의 제3자에게 대항하지 못한다$\left(\begin{smallmatrix}동조\\II\end{smallmatrix}\right)$.

　　4) 착오에 관한 규정$\left(\begin{smallmatrix}민\\109\end{smallmatrix}\right)$　　어음·수표행위의 내용에 관하여 중요부분에 착오가 있는 때에는, 어음행위자에게 중대한 과실이 없는 한 그 의사표시는 취소할 수 있지만$\left(\begin{smallmatrix}동조\\1\end{smallmatrix}\right)$ 그 취소는 선의의 제3자에게 대항하지 못한다$\left(\begin{smallmatrix}동조\\II\end{smallmatrix}\right)$. 중요부분에 착오가 있는 경우란 어음행위인 줄 모르고 기명날인 또는 서명하였거나 채무가 있는 것으로 오인하고 어음행위를 한 때 등을 말한다.

　　5) 사기 또는 강박에 관한 규정$\left(\begin{smallmatrix}민\\110\end{smallmatrix}\right)$　　사기 또는 강박에 의한 어음·수표행위는 취소할 수 있다$\left(\begin{smallmatrix}동조\\1\end{smallmatrix}\right)\left[\begin{smallmatrix}大\,70.\,7.\,28,\\70\;\text{다}\;1295\end{smallmatrix}\right]$. 상대방 있는 의사표시에 관하여 제3자가 사기나 강박을 행한 경우도 같다$\left(\begin{smallmatrix}동조\\II\end{smallmatrix}\right)\left[\begin{smallmatrix}大\,96.\,7.\,30,\\95\;\text{다}\;6861\end{smallmatrix}\right]$. 그러나 의사표시의 취소는 선의의 제3자에게 대항하지 못한다$\left(\begin{smallmatrix}동조\\III\end{smallmatrix}\right)\left[\begin{smallmatrix}大\,97.\,5.\,16,\\96\;\text{다}\;49513\end{smallmatrix}\right]$. 절대강박의 경우$\left(\begin{smallmatrix}총기 기타 흉기에\\의한 어음행위\end{smallmatrix}\right)$에는 강박에 의한 의사표시가 아니라 의사표시 자체가 없는 것으로서, 모든 어음·수표소지인에 대하여 그 무효로써 대항할 수 있다고 본다$\left[\begin{smallmatrix}大\,74.\,2.\,26,\\73\;\text{다}\;1143\end{smallmatrix}\right]$.

　　(2) 적용되지 않는 규정　　선량한 풍속 기타 사회질서에 반하는 법률행위를 무효로 하는 민법 제103조와, 현저하게 불공정한 법률행위를 무효로 하는 민법 제104조의 규정은 어음·수표행위에는 적용될 수 없다. 왜냐하면 어음·수표행위는 무인행위이며 정형적 행위이기 때문에, 민법 제103조와 제104조

에 해당하는 어음·수표행위를 하였더라도 그것은 인적항변의 사유가 될 뿐이 며 어음·수표행위 자체는 무효가 되지 않는다고 할 것이기 때문이다[同: 朴(원), 486; 鄭 (희), 69; 孫(주), 51].

[402] 제 3 證券의 交付(어음 학설)

1. 총 설

(1) **비설권증권**(선언 증권)인 유가증권의 경우에는 증권이 발행되기 전에 증권상 의 권리가 이미 성립되고 있기 때문에 증권의 발행은 증권상의 권리의 발생과 는 아무런 관련이 없다. 그러므로 표창된 권리가 법률적인 하자로 인하여 성립 되지 않은 때에는 증권은 법률적으로 아무 것도 표창하지 않는 단순한 지편에 불과하게 된다. 이러한 증권은 선의의 제 3 자에게 양도하더라도 권리의 이전 이 인정되지 않는다. 예컨대 신주발행이 무효인 경우에는 그 신주가 선의의 제 3 자에 의하여 취득되었어도 신주는 무효인 것이다.

(2) 그러나 증권의 발행에 의하여 증권상의 권리가 발생하는 **설권증권**인 어음·수표의 경우에는 증권상의 권리가 어떠한 방식에 의한 행위에 의하여 어 느 시점으로부터 성립되는가 하는 문제는 학설에 따라 그 결과가 달라진다. 이 것은 어음의 발행의 경우뿐만 아니라 인수·배서·보증·참가인수의 경우도 같 다. 그러나 이에 관하여는 어음법이나 수표법 등의 유가증권법뿐만 아니라 민 법에도 아무런 규정이 없기 때문에 이 문제의 해결을 위하여 여러 가지의 이 론이 발전되어 왔다.

2. 어음학설

(1) **창 조 설** 1) 어음행위는 행위자의 일방적 행위인 어음의 작성에 의하여 완성된다고 한다. 즉 일방적인 서면행위만으로 증권의 교부를 필요로 하지 않고 이후의 모든 어음취득자에 대하여 채무를 부담하며 어음이 어떻게 유통하게 되었는가를 묻지 않는 것이다. 이는 어음의 유가증권성을 강조한 이 론이라고 할 수 있다.

2) 창조설에 의하면 어음이 작성되었으나 이것을 교부하기 전에 도난·분 실된 경우뿐만 아니라 어음행위자가 증권의 교부 전에 사망하였거나 행위무능 력자가 된 경우에도 행위자가 어음상의 책임을 지게 된다. 즉 증권의 교부는

작성행위에 의하여 이미 성립한 권리를 이전시키는 제 2 단계의 행위가 된다. 그러므로 증권상의 최초의 권리자는 작성자 자신이 되는 결과가 된다. 또한 어음의 작성행위 자체가 **무효**이거나 **취소**된 경우에는($^{민}_{110}{}^{109,}$) 어음의 작성자는 최초의 어음취득자에 대해서뿐만 아니라 그 이후의 선의취득자에 대하여도 어음상의 채무를 부담하지 않는다는 부당한 결과가 초래된다.

(2) **발 행 설**   창조설을 수정하여 어음행위자의 의무가 발생하는 시점은 어음에 기명날인 또는 서명하여 어음을 작성한 때가 아니라 그것을 **발행인**의 의사에 의하여 누군가에게 **교부**한 때($^{거래를\ 위하여}_{유통\ 시킨\ 때}$)라고 하는 견해이다. 이에 의하면 어음을 절취한 자로부터 선의취득한 자는 권리를 취득하지 못하지만, 적어도 어음의 점유이탈이 기명날인자 또는 서명자의 의사에 의하여 거래관계에 놓여지게 된 경우에는($^{행위자가\ 타인에게\ 맡긴}_{어음이\ 유통하게\ 된\ 때}$), 어음에 기명날인 또는 서명한 자는 책임을 져야 한다는 것이다. 이 견해는 창조설을 다소 수정한 입장이라고 할 수 있다. 이에 의하면 창조설을 따르는 경우에 생겨나는 부당한 결과를 피할 수 있게 된다. 그러나 이는 다음에 설명하는 계약설에 접근하게 되므로 창조설의 변용일 뿐 독립된 입장으로서는 그 이론적 근거가 미약하다.

     1) 우리 나라에서는 최근에 발행설이 다수설이 되어가고 있다. 그 근거로는 「발행설은 우선 단독행위설에 입각함으로써 계약설이 갖는 오류를 피하는 동시에 어음거래의 안전을 기할 수 있다」고 하거나[$^{최(철)}_{100}$], 발행설이 원칙적으로 타당하다고 하면서 다만 교부 전에 분실이나 도난 등의 경우에 선의의 제 3 취득자를 보호함으로써 어음의 유통성을 확보하기 위하여는 권리외관론을 적용하는 것이 필요하다고 한다[$^{孫(주),\ 65;\ 鄭}_{(찬),\ 126\sim127}$].
     2) **판례**[$^{大\ 89.10.24,}_{88\ 다카\ 24776}$]는 어음행위를 「어음에 자기 이름을 기명날인하여 상대방에게 교부하는 단독행위」라고 하였다고 하여, 이 판례가 **발행설**에 의한 것이라는 입장이 있다[$^{최(철),\ 98;}_{梁(승),\ 102}$]. 그러나 한편 판례는 「어음발행인이 작성된 어음을 수취인에게 교부하지 않았더라도 그 접수시에 공증인이 수취인의 기관으로 교부받은 것으로 보는 것이 옳으므로 그 어음은 발행된 것으로 보아야 한다」고 한 점에 비추어 보면 이는 **계약설**에 기한 판례라고 하는 것이 옳다고 본다. 이 판례에서 단독행위란 용어를 사용하고 있으나 어음을 기명날인하여 상대방에게 교부하는 행위는 교부계약에 의하여 이루어진 것이라고 보는 것이 옳다. 모든 어음행위는 교부계약에 의하여 이루어진다는 최근의 유력설에 의한다면 이 판례의 단독행위라는 용어의 사용은 잘못된 것이라고 할 수 있다. 더욱이 상대방에게 교부하는 단독행위라고 한 것은 결국은 교부계약에 의하여 교부하는 행위로 해석하여야 한다고 본다[$^{동;\ 鄭}_{(동),\ 124}$].

(3) **계 약 설**   1) 어음상의 채무의 성립을 위하여는 어음의 작성행위

뿐만 아니라 어음의 작성자와 최초의 취득자 사이에 유효한 **교부계약**이 필요하다고 한다. 이 견해는 채무관계의 성립과 변경에는 원칙적으로 당사자간의 계약이 필요하다는 독일민법 제305조의 일반원칙에 근거를 두고 있다.

　　2) 계약설에 의하면 교부계약(交付契約)이 존재하지 않는 한 어음의 절취자나 습득자뿐만 아니라 그 후의 선의취득자에 대하여도 어음의 작성자는 어음상의 책임을 지지 않으며, 어음에 기명날인 또는 서명하였더라도 교부계약이 무효이거나 취소된 때에는 어음의 작성자는 최초의 취득자를 비롯하여 이후의 선의의 어음취득자에 대하여도 어음채무를 부담하지 않게 됨으로써 거래의 안전을 해하게 된다.

　　　그런데 판례는 「약속어음의 작성자가 어음요건을 갖추어 유통시킬 의사로 그 어음에 자기의 이름을 서명날인하여 상대방에게 교부하는 단독행위를 일컫는 것」이라고 하면서, 「가이절차에 의한 민사분쟁사건처리특례법과 공증인법에 의하여 변호사들이나 공증인이 공증인법 제56조의 2 제 1 항 소정의 공정증서를 작성하기 위하여 같은 법조 제 2 항 소정의 자로부터 촉탁을 받아 어음을 접수한 경우에는 비록 그 어음발행인이 작성된 어음을 수취인에게 교부하지 않았다 하더라도 그 어음의 수취인과 함께 촉탁했을 때에는 그 접수시에 위에서 본 공증인이 수취인의 기관으로서 교부받은 것으로 보는 것이 옳다」고 하였다[大 89. 10. 24, 88 다카 24776].

　　(4) **권리외관설**　　　계약설의 수정을 위하여 발전한 권리외관설(權利外觀說)에 의하면 어음상의 채무는 어음의 작성과 교부계약에 의하여 성립되지만 어음에 기명날인 또는 서명을 한 자는 **교부계약**이 **흠결**된 경우라도 그가 어음상의 권리가 발생하고 있는 것과 같은 **외관**을 야기하였고 그에 대하여 **귀책사유**가 있으며 어음취득자가 선의인 때에는 교부계약이 존재하는 경우와 같이 취급하여야 된다고 한다. 권리외관설이 어음거래의 안전을 위하여 타당한 견해라고 본다[동: 鄭(희), 71~72; 孫(주), 65; 鄭(동), 121; 梁(승), 103].

　　　판례에도 원고가 표현대리규정의 적용 또는 유추적용을 주장한 데 대하여 원고의 주장을 넓게 보아 「발행·배서 등 어음면의 기재의 외관만을 믿고 어음을 취득한 선의자를 보호하기 위한 **권리외관이론**을 적용함으로써 피고의 책임을 묻는 취지도 포함된 것」으로 받아들인 것이 있어[대구지 86. 3. 19, 85 나 72] 주목된다. 또한 판례에는 「어음을 유통에 놓을(사용할) 의사로 작성하여 발행인으로서 기명날인한 자는 비록 제 3 자에게 교부하기 전에 도난당하였더라도 그 어음의 적법한 소지인으로 추정되는 자에 대하여는 그 소지인이 어음을 취득함에 있어서 무권리자에 의한 양도라는 것을 알았거나 중대한 과실로 인하여 알지 못하였음을 주장·입증하지 못하는 한 발행인으로서의 책임을 면할 수 없다」고 한 것이 있다[부산지 87.2.6, 86 가단 3186(확정)]. 이 판결의 이유를 보면, 피고는 유통시킬 의사로 수취인 등 어음요건을 모두 구비한 어음을 작성하여 기명날인하였다는 점에서 어음발행인에 의한 교부계약은 없었다 하더라도 어음에 기명날인하여 어음상의 권리가 유효하게 성립된 것과 같은 외관을 야기하였다고 할 수 있어 그에 대한 책임을 인정한 것으로서, 이는 권리외관설에 입각한 판례라고 할 수 있다.

[事例演習]

◇ 사 례 ◇

　甲은 丙으로부터 금액을 차입하기 위하여 丙을 수취인으로 하고 자기가 인수한 어음을 작성하여 丙에게 갔다. 그러나 丙은 甲의 요구를 거절하였는데 甲은 그 어음을 무심코 丙의 집에 두고 왔다.

　〈설문 1〉 3개월 후에 만기가 되어 丙은 甲에게 어음금액의 지급을 청구하였다. 甲은 지급을 하여야 하는가?

　〈설문 2〉 설문 1의 경우에 丙은 이 어음이 발행된 연유를 모르는 丁에게 배서하여 교부하였다. 丁은 어음의 만기에 甲에게 어음금액의 지급을 청구할 수 있는가?

　[해 설] **설문 1의 경우**   어음학설 중에 계약설에 의하면 어음상의 권리의 성립을 위하여는 증권의 작성과 유효한 교부계약이 있어야 한다. 설문 1의 경우 계약설에 의하면 丙은 교부계약의 흠결로 인하여 어음上의 권리를 취득하지 못한다고 할 수 있다. 그러나 발행인의 이익과 선의의 어음취득자(피배서인)의 이익이 상충하는 때에는 후자의 보호를 우선하여야 된다고 본다. 왜냐하면 어음의 선의취득자는 발행인이 발행한 어음을 신뢰하였으며 발행인은 어음에 표창된 권리가 유효하게 성립된 듯한 외관을 야기한 데 대하여 책임이 있다고 해석되기 때문이다. 그러나 권리외관설에 의하더라도 丙은 악의이기 때문에 어음상 권리를 취득하지 못한다.

　설문 2의 경우   어음학설 중 계약설에 따르면 甲이 甲과 丙 사이의 교부계약의 흠결을 이유로 선의의 丁에 대하여 대항할 수 있는 불합리한 결과를 가져온다. 권리외관설에 따르면 甲은 甲과 丙 사이의 교부계약의 흠결을 이유로 선의의 丁에 대하여 대항할 수 없고 丁은 甲에 대하여 어음상의 권리를 행사할 수 있다. 결국 甲이 어음발행을 통하여 외관을 야기하였으므로, 丁에 대해 책임을 지는 권리외관설이 타당하다.

제 3 절　어음·手票行爲의 代理

[403]　제 1　總　　說

어음·수표행위도 기타의 법률행위와 마찬가지로 타인으로 하여금 하게 할 수 있다. 타인이 어음·수표행위를 하는 방식으로는 타인이 본인을 위한 대리인임을 표시하고 어음·수표행위를 하는 대리의 경우와, 타인이 직접 본인이 한 것과 같이 본인명의로 어음·수표행위를 하는 대행의 경우가 있다. 그러나 어음법·수표법에서는 무권대리인의 책임에 관하여 각각 1조의 규정밖에 두고 있지 않으므로($^{어 8, 77 \ II :}_{수 11}$), 어음·수표행위의 대리에 관하여는 대리에 관한 민법과 상법의 규정을 어음·수표의 특수성을 고려하여 적용하여야 할 것이다.

[404]　제 2　代理를 위한 要件

어음·수표행위의 유효한 대리를 위하여는 형식적 요건과 실질적 요건이 갖추어져야 한다.

Ⅰ. 형식적 요건

대리인이 본인을 위하여 한다는 것을 기재하고 대리인이 자기의 기명날인 또는 서명을 하여야 한다. 즉 i) 본인의 표시, ii) 대리관계의 표시, iii) 대리인의 기명날인 또는 서명이 필요하다.

(1) 본인의 표시

1) 어음·수표행위를 대리할 때에는 본인을 표시하여야 한다. 본인의 표시가 없을 때에는 본인에게는 그 행위의 효과가 미치지 않고 대리인 자신이 행위자로서 책임을 진다($_{115 본}^{민}$). 상법이 상행위의 대리에 관하여 본인의 표시를 요하지 않는 **비현명주의**(非顯名主義)를 택하고 있는 것과($_{48 본}^{상}$) 다르다. 어음·수표행위의 대리에 관한 **현명주의**(顯名主義)는 증권적 행위의 특수성을 고려한 결과이다. 그리하여 민법 제115조 단서의 규정은 어음·수표행위에 적용되지 않는다. 그 결과 상대방이 본인을 위한 행위라는 것을 알았거나 알 수 있었을 때에도 본인을 위하여 한다는 표시가 없는 한 본인에게 어음·수표상의 책

임을 지울 수 없다.

　　2) 복대리인의 경우에는 어음·수표행위로 인한 책임의 귀속주체인 본인만 표시하면 될 것이다[徐(정), 107; 孫(주), 76].

　　3) 본인의 표시는 반드시 실재하는 명칭이어야 되는 것은 아니고 존재가 가능한 것이면 가설인(假設人)의 명칭이라도 유효하다.

　　(2) 대리(대표)관계의 표시　　　대리(대표)관계의 표시는 본인을 위한 어음·수표행위로 인식할 수 있을 정도의 기재가 있으면 된다[大 68. 5. 28, 68 다 480]. 그러므로 '金' 대리인 '李', '甲'회사 대표이사 '金', '甲'회사 대표사원 '李', '甲'법인 이사장 '金' 등과 같이 대리(대표)관계를 표시하여야 한다.

　　　　그런데 판례에는 대표이사가 회사의 명칭과 대표이사의 성명만을 기재하고 대표이사자격을 표시하지 않고 한 약속어음의 발행행위에 대하여 회사의 책임을 인정한 것이 있다[大 79. 3. 13, 79 다 15].

　　대리관계는 지배인·후견인·지점장·영업소장 등 일반적으로 대리권이 있는 지위나 직명을 표시하여도 된다[大 78. 12. 13, 78 다 1567; 大 84. 4. 10, 83 다카 316].

　　(3) 대리인의 기명날인 또는 서명　　　대리가 유효하게 성립하려면 반드시 대리인의 기명날인 또는 서명이 있어야 한다. 복대리인의 경우는 복대리인만이 대리관계를 표시하고 기명날인 또는 서명하면 된다. 어음·수표행위의 대리에 있어서 대리인의 기명날인 또는 서명이 없는 어음·수표행위는 무효이므로 본인과 대리인 모두가 어음·수표상의 책임을 지지 않는다.

2. 실질적 요건

　　(1) 대리권(대표권)의 존재　　　대리인(대표기관)이 본인(법인)을 위하여 어음·수표행위를 할 수 있는 대리권(대표권)이 있어야 한다[大 78. 3. 28, 77 다 2292]. 이러한 대리권의 유무는 어음·수표상의 기재와는 관계 없이 대리권일반에 관한 법리에 따르며 대리권의 존재는 어음·수표의 소지인이 증명하지 않으면 안 된다. 대리권은 개별적으로 수여될 수도 있으나 지배인이나 회사의 대표사원은 그 법률상 지위에 의하여 포괄적인 대리권(대표권)이 있고, 이에 대한 제한으로 선의의 제 3 자에게 대항하지 못한다(상 11 Ⅰ·Ⅲ, 209, 269, 389 Ⅲ, 567; 민 60). 또한 법정대리인도 당연히 어음·수표행위의 대리권이 있다(민 920, 949).

　　(2) 대리권의 제한　　　어음·수표행위에 대하여도 본인과 대리인 또는

회사와 이사간의 이해상충행위를 일반적으로 금지하는 민법 제124조와 상법
제199조, 제398조가 적용되는가 하는 문제가 있다.

　　예컨대 본인 A의 대리인 B가 자신을 A의 상대방으로 하여 A, B간의 어음·
수표행위를 하는 자기거래를 하는 것과, 또한 B가 한편으로는 A를 대리하여 또
한편으로는 C의 대리인으로서 A, C간의 어음·수표행위를 하는 쌍방대리를 할 수
있는가? 그리고 A주식회사를 발행인으로 한 어음·수표행위를 함에 있어서 대표
이사 B가 수취인을 자신인 B로 하는 자기거래가 인정되는가 하는 문제이다.

　1) 민법 제124조　　동조는 본인의 이익을 보호하기 위하여 본인의 허
락이 없는 한 대리인의 자기계약 및 쌍방대리를 금지하는 규정이다. 동조가 어
음·수표행위에도 적용되는가에 대하여는 학설이 대립하고 있다.

　㈎ 부 정 설　　어음·수표행위는 **무색적**이며 **수단적인** 행위이므로 이
해가 상충될 우려가 없으며, 어음·수표행위를 동조 단서의 채무의 이행행위로
보아 동조는 어음·수표행위에는 적용되지 않는다고 한다[徐(돈), 73][朝高 31.12.18, 민집 18, 239].

　㈏ 긍 정 설　　어음·수표행위는 원인관계에 있어서보다 엄격한 채무
를 발생시키는 행위로서 이해상충의 가능성이 크므로 동조는 당연히 어음·수
표행위에도 적용된다고 본다[동: 徐(정), 109; 孫(주), 87; 鄭(희), 80; 鄭(동), 171]. 다만 본인의 이익을 해하
지 않는 어음·수표행위(예컨대 대리인(乙)이 본인(甲)의 대리인으로서 본 인(甲)을 수취인으로 약속어음을 발행한 경우)는 본인의 허락이 없
이도 제124조 단서에 해당하는 채무이행행위로 볼 수 있으므로 유효하다. 동
조 위반의 어음·수표행위의 효력에 관하여는 절대무효설과 선의의 제3자에
대하여는 무효를 주장할 수 없다는 **상대적 무효설**이 있는데, 후자가 **판례와 학**
설의 입장이다[朝高 16.2.29, 민집 3, 402][孫(주), 88; 鄭(동), 171].

　2) 상법 제398조(상 199)　　이사가 자기 또는 제3자의 계산으로 회사와
거래하는 경우에 이사회의 승인이 있어야 된다는 동조가 어음·수표행위의 경
우에도 적용되는가에 대하여는 학설이 대립하고 있다.

　㈎ 부 정 설　　회사와 이사간의 어음·수표행위는 그 원인관계에 있어
서는 그 이해가 상충되므로 이사회의 승인이 필요하지만, 어음·수표행위는 거
래의 결제를 위한 수단이며 **무색적 성질**이 있으므로 이해가 상충될 우려가 없
다고 하며 동조는 어음·수표행위에는 적용되지 않는다고 한다[徐(돈), 74;]

　㈏ 긍 정 설　　어음·수표는 단순한 결제수단으로만 볼 수 없고 특히
어음은 신용수단이고, 어음·수표행위에 의하여 성립한 원인관계와 분리된 새

로운 채무는 항변의 절단과 입증책임의 전환 등에 의하여 원인관계에 있어서
보다 더 엄격한 채무를 부담하게 되어 이해가 상충될 우려가 많기 때문에 동
조는 어음·수표행위에도 적용된다는 긍정설이 다수설이며 판례의 입장이다
[동: 徐(정), 109; 鄭(희), 73;　] [大 65. 6. 22,]
[鄭(동), 172; 鄭(찬), 155~156] [65 다 734　].

　　a) 적용범위　　　　회사와 이사가 어음·수표행위의 당사자인 직접거래의
경우뿐만 아니라, 이사의 기존채무를 인수하기 위하여 회사가 제3자에 대하
여 직접 어음·수표행위를 하는 간접거래의 경우에도 이사회의 승인이 있어야
한다. 그러나 어음·수표행위가 회사와 이사간의 거래에 속한다 하더라도 이해
가 상충될 우려가 없는 경우에는 동조가 적용되지 않는다. 즉 회사가 어음상의
의무를 부담하지 않는 경우에는 이사회의 승인을 필요로 하지 않는다.

　　b) 동조위반의 效果　　　　동조에 위반한 어음·수표행위는 원칙적으로 회
사와 이사간에는 무효(無權代理)이지만 거래의 안전을 위하여 어음·수표행위자는
선의의 제3자에 대하여는 무효로써 대항하지 못한다. 오늘날은 어음·수표행
위에 대하여뿐만 아니라 기타의 거래에 대하여도 **상대적 무효설**이 판례의 입
장이고[大 78. 11. 14, 78 다 513;] 다수설이다[동: 孫(주), 88; 鄭(동),]. 그러므로 제3자에
　　　　[大 84. 12. 11, 84 다카 1591]　　　　　　　[145; 蔡(이), 232　]
대하여 거래의 무효를 주장하는 회사가 제3자의 악의를 입증하여야 한다[大 94.
10. 11,
94 다
24626].

［事例演習］

제가 되기보다 A에게 어음발행의 대행권한이 있는가 하는 점이 검토되어야 한다. 그런데 대행권한이 없다고 한다면 A의 행위가 위조인가 하는 것이 문제가 된다. 그러나 일반적으로 지배인에게 지배인의 표시를 하고 기명날인하거나, 직접 영업주의 기명날인을 하여 어음행위를 할 권한이 인정되고 있다. 그러므로 이 사례의 경우와 같이 승인을 얻도록 지시를 한 것은 내부적으로 한「지배인의 대리권에 대한 제한」($_{11}^{\text{商}}$)이라고 해석되므로 그 제한은 내부관계의 문제에 불과하고 대리권제한의 위반은 선의의 제3자에게는 대항할 수 없고 다만 악의의 제3자에게만 대항이 가능할 뿐이다.

(2) 甲주식회사의 지배인 A는 甲주식회사 대표이사 B의 명의로 A 자신이 대표이사로 되어 있는 乙주식회사를 수취인으로 하여 약속어음을 발행하였다. 그러므로 A의 어음발행행위는 쌍방대리에 해당된다. 이 경우에는 상법 제398조가 적용되지 않는다고 한다면 어음행위에도 민법 제124조의 규정이 적용되는가 하는 것이 문제가 된다. 쌍방대리에 의한 어음행위에 대하여는 어음행위가 금전지급을 위한 수단적 행위에 불과하기 때문에 인적 항변을 주장할 수 있을 뿐이라는 소수설도 있으나 민법 제124조의 적용에 의하여 무권대리행위로서 무효라고 하는 것이 타당하다. 그러나 그 무효를 어음의 제3취득자에 대하여도 주장할 수 있다면 어음거래의 안전을 해할 수 있으므로 선의취득자의 보호를 위한 방안이 모색되어야 한다. 그러므로 쌍방대리에 의한 어음행위를 무권대리행위로서 무효라고 하더라도 그 무효로써 선의의 제3자에게 대항할 수 없다는 소위 상대적 무효설이 통설의 입장이라고 할 수 있다. 그러나 이는 어음행위의 특수성에 기인하는 것으로 특별한 의미가 있는 설이라고 볼 필요는 없다.

(3) 결론적으로 丙이 지배인 A의 무권대리에 대하여 선의이고, 또한 쌍방대리에 대하여도 선의인 경우에는 甲회사에 대하여 어음금의 지급을 청구할 수 있다. 丙이 지배인의 무권대리를 알고 있었으며 또한 쌍방대리에 대하여도 악의여서 甲회사의 어음발행행위가 무권대리로서 무효인 경우 다수설에 의하면 어음행위독립의 원칙에 의하여 乙회사의 배서행위는 영향을 받지 않으므로 丙은 乙회사에 대하여도 어음금의 지급을 청구할 수 있게 된다.

[405]　제 3　어음·手票行爲의 代行

1. 총　　설

(1) 의　　의　　　어음·수표행위의 대행이란 타인이 본인을 위하여 직접 본인명의로 어음·수표행위를 하는 것을 말한다. 즉 행위자 자신이 타인을 의사표시의 기관으로 사용하는 것이다. 대행의 경우에 행위자는 본인이므로 대행자가 한 본인의 기명날인 또는 서명은 행위자인 본인의 기명날인 또는 서명이며, 이는 행위의 효과만이 귀속되는 자의 명칭이 아니라는 점이 대리와 다르다. 또한 대리와 대행의 구별은 어음행위의 형식을 기준으로 할 수밖에 없다 할 것이다.

(2) 방　　식　　　대행의 방식은 두 가지 형태로 구분할 수 있다.

1) 기관방식　　　본인의 지시에 따라 마치 본인의 수족과 같이 하는 경우로서 형식적으로나 실질적으로 기관방식에 의하여 하는 어음·수표행위를 고유한 의미의 대행이라고 할 수 있다.

2) 대리적 대행　　　일정한 권한이 주어져서 자기의 의사결정에 의하여 하는 때로서 이 경우에는 실질적으로 대리의 성질이 있으므로 대리적 대행으로 볼 수 있다. 이 경우에는 대리의 일종으로 볼 수도 있겠으나[鄭(희), 83; 鄭(동), 170], 형식을 중시하는 어음·수표관계에 있어서는 역시 기관방식에 의한 어음·수표행위에 포함시켜야 할 것이다.

(3) **적용법규**　　　특별히 대행에 관한 규정은 없으므로 대리에 관한 규정을 유추적용하여야 한다고 본다. 판례도 어음행위의 대행에 대하여 대리의 법리를 적용한 것이 있다[大 69. 9. 30, 69 다 964; 大 87. 4. 14, 85 다카 1189].

2. 대행의 요건

(1) **형식적 요건**　　　타인이 직접 본인명의로 기명날인 또는 서명을 하여야 한다. 다만 법인의 경우는 기관방식이 인정될 수 없으므로 대표자가 법인명을 기재하고 법인인을 날인한 것으로는 법인의 행위라고 할 수 없다.

(2) **실질적 요건**　　　행위자가 직접 본인명의로 어음·수표행위를 할 수 있는 **대행권**이 있어야 한다. 이것은 대리권과 다르기 때문에 대리인이 기관방식의 어음·수표행위를 하려면 대리권 이외에 대행권이 별도로 수여되어야 한다. 그러므로 대행권이 없는 어음·수표행위는 위조라고 할 것이다. 그러나 무권대행의 경우에도 무권대리의 경우와 마찬가지로 추인이 인정되고 표현대리

의 법리가 적용된다.

　3. 무권대행자의 책임〔위조자의 책임에 관한 부〕
　　　　　　　　　　　　　 〔분(848면 이하) 참조〕

[406]　제 4　表見代理

Ⅰ. 총　　설

대리권이 없는 자가 대리방식으로 어음·수표행위를 한 경우에 제3자가 볼 때 자칭대리인에게 그러한 권한이 있는 것으로 믿을 만한 사정이 있고 더욱이 본인이 그러한 사정에 대한 책임이 있다고 인정되는 때에는 본인은 책임을 져야 할 것이다. 이에 관하여는 어음법·수표법에는 특별한 규정이 없기 때문에 민법과 상법의 **표현대리**에 관한 규정을 적용하거나 적어도 유추적용하여야 할 것이다.

2. 본인과 무권대리인의 책임

표현대리가 성립하면 본인은 무권대리를 물적항변(物的抗辯)으로써 대항할 수 없으므로 어음·수표상의 책임을 면하지 못한다. 또한 무권대리인의 책임도 존속한다($^{어 8, 77 \, \text{Ⅱ} \, \text{Ⅰ}}_{수 11}$). 왜냐하면 표현대리는 선의의 제3자를 보호하기 위한 제도이기 때문이다. 이 점이 추인의 경우와 다르다. 이 경우에 본인의 책임과 무권대리인의 책임은 병존하여 어음·수표소지인은 **선택적**으로 **청구**를 할 수 있다는 것이 **통설**이다. 이와는 달리 양자에 대하여 동시에 중첩적으로 책임을 추궁할 수 있다는 **소수설**도 있다〔$^{蔡(이)\cdot}_{238}$〕. 그러나 양자의 책임은 합동책임($^{어}_{47}$)의 경우와 같이 중첩적 관계에 있다고 할 수 없으므로 동시에 추궁할 수 없다고 할 것이다. 따라서 본인이 표현대리의 성립을 인정하여 지급한 때에는 또 무권대리인에게 청구할 수 없다.

3. 민법상의 표현대리

(1) **총　　설**　　　민법에 의하면 i) 본인이 제3자에 대하여 타인에게 대리권을 수여하였다는 뜻을 표시한 때($^{민}_{125}$)($^{수권표}_{시형}$), ii) 월권대리의 경우에 제3자가 권한이 있다고 믿을 만한 정당한 이유가 있는 때($^{민}_{126}$)($^{월권신}_{뢰형}$), iii) 대리권의 소멸을 제3자가 과실 없이 알지 못한 때($^{민}_{129}$)($^{멸권부}_{지형}$) 등의 경우에 표현대리

의 성립을 인정하여 본인이 책임을 지도록 하고 있다. 이러한 민법상의 표현대리는 어음·수표행위의 경우에도 성립될 수 있다.

(2) 상대방의 주관적 요건   표현대리의 일반원칙에 의하면 상대방의 선의·무과실을 요건으로 하지만 어음·수표거래의 경우는 이를 완화하여 중대한 과실이 없으면 선의로 인정하여 제 3 자를 보호할 필요가 있다고 할 것이다.

(3) 제 3 자의 범위   표현대리의 규정을 어음·수표행위에 적용함에 있어서 제 3 자의 범위에 관하여는 학설이 대립하고 있다.

1) 직접상대방한정설($^{제한}_{설}$)   (개 제 3 자란 본인 또는 대리인의 직접 상대방을 말하는 것이며 그 이후의 제 3 취득자는 제외된다고 한다. 즉 직접의 상대방에 대하여 표현대리가 성립하지 않으면 그 후의 어음·수표취득자에 대하여 표현대리가 성립하여도 본인은 책임을 지지 않고, 직접의 상대방에 대하여 표현대리가 성립하면 그 후 제 3 취득자가 악의인 경우에도 그 지위가 승계되어 본인은 책임을 진다고 한다$\left[\begin{smallmatrix} 大 & 91.6.11, 91 \ 다 \ 3994; \\ 大 & 94.5.27, 93 \ 다 \ 21521 \end{smallmatrix}\right]$.

(내 이에 의하면 「제 3 자」에 어음의 제 3 취득자를 포함시키는 것은 민법상의 표현대리의 적용범위를 벗어나는 것이라고 한다. 왜냐하면 어음의 제 3 취득자가 어음을 취득함에 있어서 그 전단계에서 무권대리에 의하여 어음행위가 이루어진 경우, 제 3 취득자와 무권대리인과의 사이에 실질관계가 없기 때문이라고 한다. 즉 민법 제126조의 정당한 사유로 인정되는 구체적 사정이 존재하지 않기 때문이라는 것이다. 그러므로 이 견해에 의하면 직접 상대방에 대하여 표현대리가 성립하지 않으면 제 3 취득자는 보호를 받지 못한다.

2) 제 3 취득자포함설($^{무제}_{한설}$)   「제 3 자」에는 제 3 취득자도 포함된다는 것이 통설이며 타당하다고 본다. 그러므로 직접의 상대방에게는 표현대리가 성립하지 않는 때라도 제 3 취득자에 대하여 표현대리의 요건이 구비되면 본인은 책임을 진다고 할 것이다. 왜냐하면 어음·수표행위는 대공중적 의사표시(對公衆的 意思表示)이며 유통을 전제로 하므로 제 3 취득자도 직접의 상대방과 같게 보아야 하기 때문이다.

4. 상법상의 표현대리 및 표현대표

(1) 상법에서는 민법과 달리 표현대리에 관한 규정을 정형화하여, 일정한 명칭 또는 지위를 갖고 있거나 일정한 내용이 등기가 된 경우에는 그 외관에 대한 신뢰를 획일적으로 보호하는 데 중점을 두고 있다. 그리하여 표현지배인

$\binom{상}{14}$이나 표현대표이사$\binom{상}{395}$ 및 고의 또는 과실에 의하여 지배인 또는 대표사원 $\binom{대표}{이사}$으로 부실하게 등기된 자$\binom{상}{39}$ 등의 어음·수표행위에 대하여는 실제로는 그러한 권한이 없더라도 본인 또는 회사는 제 3 자에 대하여 어음·수표상의 책임을 지지 않으면 안 된다.

(2) 예컨대 지배인이 아니면서 본점 또는 지점의 영업주임 등의 명칭을 가진 사용인이 그 자격을 표시하고 한 어음·수표행위에 대하여는 내부적으로 그 권한에 제한이 있어도 본인은 책임을 지며$\binom{상}{14}$, 주식회사의 대표이사가 아닌 상무이사가 한 어음·수표행위에 대하여도 회사는 책임을 질 뿐만 아니라$\binom{상}{395}$, 상무이사가 다른 표현대표이사의 명칭이나 직접 대표이사의 명의로 어음·수표행위를 한 경우에도 회사는 책임을 면하지 못한다고 본다.

(3) 대리권이 제한된 지배인이나 대표권에 제한이 있는 회사대표자가 그 제한을 위반하여 어음·수표행위를 한 경우에도 본인 또는 회사는 선의의 세 3 자에 대하여 책임을 면하지 못한다$\binom{상\ 11\ Ⅲ,\ 209\ Ⅱ,}{269,\ 389\ Ⅲ,\ 567}$. 제 3 자에는 직접의 상대방 뿐만 아니라 그 후의 제 3 취득자도 포함된다고 본다.

[事例演習]

◇ 사 례 ◇

甲주식회사의 대표이사사장 A는 고령 때문에 이사를 퇴임하고 그 취지를 등기하였다. 그러나 A는 회사의 고문으로 있으면서 회장이라고 불리었다. A가 자기의 유흥비를 마련하기 위해 甲회사의 대표이사사장인 B의 기명날인을 하여 회사명의의 약속어음을 乙에게 발행하였다. 이 경우 乙이 甲회사에 어음상 책임을 물을 수 있는가?

해 설 본 사례에서 A는 B의 명칭으로 甲회사의 대리인으로서 서명한 것인데, 어음발행에 대한 대리권이 없으므로 무권대표행위라고 할 수 있다. 이 경우 甲주식회사의 추인이 없는 한 甲주식회사에 효과가 귀속되지 않는다. 다만 외관을 신뢰한 자를 보호하기 위해 A가 표현대표이사에 해당하는지가 문제되나, A는 회장이란 명칭을 사용하고 있고 회사도 그 명칭사용을 방치하고 있으며 을도 그 명칭을 신뢰하였으므로 A는 표현대표이사에 해당된다고 할 것이다. 또한 표현대표이사제도에 의해 乙이 구제받기 위해서는 乙이 A의 대표권남용의 사실에 대해 악의 또는 중과실이 없어야 한다.

[407]　제 5　無權代理

1. 의　　의

무권대리란 대리권이 없는 자가 本人을 위하여 한다는 것을 표시하여 어음·수표행위를 하는 것이다($\frac{어 8, 77 \, II;}{수 11}$). 대리권이 있는 자가 그 범위를 넘어서 한 행위는 대리권이 전혀 없는 협의의 무권대리에 대하여 월권대리(越權代理)라고 한다.

2. 본인의 책임

1) 무권대리의 경우에 본인은 표현대리가 성립하지 않는 한 책임을 지지 않는다. 제 3 자가 대리권의 흠결을 몰랐던 경우도 같다. 그러므로 본인에 대하여 청구하려면 어음·수표소지인이 어음·수표행위자의 대리권을 증명하거나 표현대리가 성립하여야 한다. 그리고 본인이 추인을 한 때에는 유권대리의 경우와 마찬가지로 책임을 진다($\frac{민}{133}$). 추인의 성질은 대리로서의 효력이 없는 행위에 대하여 대리의 효력을 생기게 하는 **단독행위**라고 할 것이다($\frac{민 130}{참조}$). 그런데 판례에는 본인이 자금융통을 위하여 한 무권대리인의 어음교환행위를 추인한 경우에는, 어음교환을 위하여 한 배서행위도 추인할 의사가 있는 것으로 본다고 한 것이 있다($\frac{大 94. 8. 12.}{94 다 14186}$). 또한 상대방은 본인에 대하여 **추인여부의 최고권**이 있으며($\frac{민}{131}$), 추인 또는 거절의 의사표시는 상대방에 대하여 하여야 한다($\frac{민 132}{본}$). 위의 경우에 상대방은 직접의 상대방뿐만 아니라 모든 어음·수표의 소지인을 포함한다. 본인이 추인한 때에는 **무권대리인은 책임을 지지 않는다.**

2) 본인이 책임을 지지 않는 경우라도 어음·수표행위독립의 원칙에 의하여 다른 어음·수표행위의 효력에는 영향을 미치지 않는다.

3. 무권대리인의 책임

⑴ 총　　설　　　무권대리인은 어음·수표상의 책임을 진다($\frac{어 8, 77 \, II;}{수 11}$). 어음·수표행위의 무권대리인은 이와 같이 어음법·수표법에 의하여 책임을 질 뿐만 아니라 민법상의 무권대리인의 상대방에 대한 책임에 관한 규정($\frac{민}{135 \, I}$)에 의한 책임도 진다. 그러나 무권대리인의 복대리인은 어음법 제 8 조와 민법 제 135조 제 1 항의 책임을 지지 않는다.

(2) 법적 책임   무권대리인의 책임은 무권대리인이 대리방식으로 기명날인 또는 서명을 하였기 때문에 의사표시에 의한 것이 아니라 대리관계가 존재하는 듯이 표시한 데 대하여 인정한 법정의 담보책임이라는 것이 통설이다.

(3) 무권대리인의 책임의 요건

1) 대리방식에 의한 기명날인 또는 서명   무권대리인 자신이 대리방식을 갖추고 대리인으로서 기명날인 또는 서명하였어야 한다. 또한 실재하지 않는 자의 대리인으로서 기명날인 또는 서명한 자도 위 규정($^{어\ 8,\ 77\ II}_{수\ 11}$;)의 유추적용에 의하여 책임을 진다고 본다. 그러나 무권대행의 경우에는 무권대리가 아니고 어음·수표행위의 위조가 된다.

2) 대리권 및 추인의 부존재   (개) 무권대리인은 대리권도 없고 추인도 얻지 못한 경우에 책임을 진다. 즉 대리권의 흠결은 본인의 추인에 의하여 치유되며, 추인은 명시적으로뿐만 아니라 묵시적으로도 가능하다. 또한 대리권이나 대표권이 없이 조합이나 회사를 위하여 어음·수표행위를 한 자는 스스로 책임을 진다[$^{大\ 87.4.14,}_{85\ 다카\ 1189}$]. 그러나 예컨대 주식회사의 이사로서 대표권은 없으나 대표이사의 위임에 의하여 회사를 대리하여 어음·수표행위를 할 수 있는 이사가 한 행위는 회사의 대리행위로서 유효하다.

(내) 대리권흠결의 입증책임에 관하여는 무권대리인의 책임이 추인거절에 의하여 생기는 것으로 보고 어음·수표의 소지인이 본인의 추인거절의 사실만 증명하면 된다는 견해도 있으나[$^{鄭(희),\ 90;\ 孫(주),\ 85;\ 徐}_{(정),\ 111;\ 鄭(동),\ 178\sim179}$], 어음·수표의 유통을 보호하기 위하여 민법 제135조 제 1 항의 경우와 같이 자칭대리인이 책임을 면하려면 대리권의 존재를 입증하여야 할 것이다[$^{梁明朝,\ 「고시계」\ 91.2,\ 45;}_{李(기),\ 193;\ 鄭(찬),\ 167}$]. 그러므로 자칭대리인이 이를 입증하지 못하면 무권대리인으로서 책임을 진다고 본다. 즉 어음·수표소지인은 추인 여부의 최고 이전에 본인이 무권대리를 이유로 지급을 거절하였다는 사실만으로 무권대리인에 대하여 청구할 수 있다.

3) 책임의 발생시기   무권대리인의 책임이 발생하는 시기에 대하여는 추인거절에 의하여 비로소 발생한다는 견해도 있으나[$^{鄭(희),\ 90;\ 孫(주),}_{85;\ 鄭(동),\ 177}$], 어음법 제 8 조와 수표법 제11조에 의한 책임은 어음·수표행위의 성질상 무권대리행위에 의하여 발생하고 추인에 의하여 책임이 소급하여 소멸한다고 보는 것이 타당할 것이다[$^{동;\ 徐(돈),\ 72;\ 蔡(이),}_{234;\ 鄭(찬),\ 166}$]. 즉 추인은 책임의 해제조건이 된다. 그리하

여 어음·수표의 소지인은 본인의 추인에 의하여 무권대리인에 대하여 청구권
을 상실하게 된다.

4) 표현대리가 성립하는 경우　　　표현대리가 성립되어 본인이 어음·수
표상의 책임을 지는 경우에도 어음법 제 8 조($\frac{수}{11}$)에 의하여 무권대리인이 책임
을 진다는 것이 **통설**이다. 왜냐하면 그 책임의 근거가 각기 다르기 때문이다.
양자에 대한 책임의 추궁에 대하여 양자의 책임을 중첩적으로도 추궁할 수 있
다는 견해($\frac{중첩적}{책임설}$)도 있으나, 양자 중 1 인에 대하여 선택적으로 추궁할 수 있다
고 본다($\frac{선택}{설}$).

5) 하자의 부존재　　　(가) 대리행위 자체에 하자가 없어야 한다. 무권대
리인의 책임이 의사표시에 의하는 것이 아니라도 의사표시의 하자에 관한 규
정이 준용되는 것으로 본다. 무권대리인의 책임은 본인이 책임을 지지 않는다
는 사실에 의하여 성립하는 **법정책임**이기 때문에, 무권대리인의 책임은 본인
이 가설인이거나 무능력자 또는 무권리자인 경우도 성립한다. 그러므로 어음·
수표능력이 없는 민법상의 조합이나 권리능력 없는 사단을 본인으로 기재한
때에도 어음법 제 8 조($\frac{수}{11}$)의 책임이 인정된다.

(나) 무권대리인이 **무능력자**인 경우에는 일반원칙에 의하여 그의 행위를 취
소함으로써 책임을 지지 않는다. 이와는 달리 어음·수표의 유통증권인 성질상
민법 제17조($\frac{무능력자}{의 사술}$)의 적용을 확장하여 그 책임을 인정하여야 한다는 견해도
있으나[$\frac{鄭(희),}{90}$], 무능력자의 보호는 어음·수표소지인의 보호보다 우선되어야
하며 무능력자는 어음·수표행위능력이 없기 때문에($_{135}^{민}$ Ⅱ) 의문이다.

6) 상대방의 선의　　　(가) 무권대리에 대하여 상대방 또는 어음·수표소
지인이 선의이어야 한다. 즉 대리권의 **흠결**을 몰랐어야 한다. 왜냐하면 어음법
제 8 조와 수표법 제11조는 제 3 자의 보호를 위한 법정의 담보책임이기 때문이
다. 그러므로 악의의 상대방에게는 책임을 지지 않는다($_{135}^{민}$ Ⅱ). 이 경우 어음법
제 8 조($\frac{수}{11}$)를 근거로 한 어음·수표소지인의 청구는 권리남용으로 볼 수 있다.
그러나 어음·수표소지인이 과실로 인하여 대리권의 흠결을 알지 못한 때에는
어음·수표의 특수성을 고려하여 민법 제135조 2 항과 달리 무권대리인의 책임
을 인정하여야 할 것이다[$\frac{孫(주), 78;}{梁·朴, 589}$].

(나) 상대방이 악의인 경우에 무권대리인의 책임은 처음부터 성립하지 않는
다고 볼 것인가, 아니면 책임은 성립하지만 상대방의 악의를 **항변**으로 주장할
수 있는가 하는 문제가 있다. 어음법 제 8 조는 민법 제135조에 대한 특칙인

점을 고려한다면 후자의 입장이 타당하다. 따라서 상대방이 악의인 경우에도 이로부터 어음을 양수받은 선의의 제 3 취득자는 무권대리인에 대하여 권리를 취득한다.

(4) 무권대리인의 책임의 내용　　　무권대리인은 만일 그가 대리권이 있었더라면 본인이 지게 될 책임과 같은 내용의 책임을 진다. 즉 본인으로 기재된 자가 절대적 의무자($\binom{\text{환어음의 인수인, 약}}{\text{속어음의 발행인 등}}$)이면 무권대리인도 절대적 의무를 지며 소구의무자($\binom{\text{배서인 또는 환}}{\text{어음의 발행인}}$)이면 권리보전절차의 이행을 전제로($\substack{어\ 44;\\ 77\ I\ (1)}$) 무권대리인이 소구의무를 진다.

(5) 무권대리인의 항변권

1) 본인이 갖는 항변권　　　무권대리인은 유권대리의 경우에 본인이 주장할 수 있는 항변권을 갖는다. 그 이유는 본인이 책임을 진다는 것을 기대하고 어음·수표를 취득한 자에게 그 이상의 이익을 줄 필요는 없기 때문이다

2) 무권대리인 자신의 항변권　　　무권대리인은 자신이 어음·수표소지인에 대하여 갖는 항변으로도 대항할 수 있다.

(6) 무권대리인의 책임의 보전

1) 소구권의 보전절차　　　무권대리인이 소구의무자를 본인으로 기재한 때에는 소구의무를 지므로 권리의 보전절차는 지급인에 대한 거절증서의 작성만 있으면 되고 무권대리인에 대한 별도의 절차를 필요로 하지 않는다.

2) 시효중단의 절차　　　시효중단의 절차는 무권대리인에 대하여 하여야 된다. 그러므로 본인에 대한 절차로는 시효가 중단되지 않는다. 본인이 표현대리에 의하여 책임을 지는 경우도 같다. 그러나 실제에 있어서 어음·수표소지인은 우선 본인에 대하여 청구하고 본인이 거절하는 경우에 무권대리인에게 청구하게 됨으로써 무권대리인에 대한 시효중단의 절차를 밟을 수 있는 시기를 놓치게 되어 권리를 상실할 염려가 있다.

3) 소구의무자에 대한 통지　　　어음·수표소지인이 소구의무자인 무권대리인에 대하여 상환청구를 하려면 통지를 하여야 하는데($\substack{어\ 45;\\ 수\ 41}$), 무권대리인의 주소가 기재되지 않은 때에는 통지하지 않은 데 대하여 과실이 없으므로 손해배상책임을 지지 않는다($\substack{어\ 45\ Ⅶ;\\ 수\ 41\ Ⅶ}$).

(7) 무권대리인의 권리　　　1) 무권대리인이 어음·수표상의 책임을 이행한 때에는 유권대리의 경우에 본인이 취득할 수 있는 권리와 동일한 내용의 권리를 취득한다($\substack{어\ 8\ 2문,\ 77\ Ⅱ;\\ 수\ 11\ 2문\ Ⅱ}$). 이 경우에 무권대리인이 대리권의 흠결에 대하

여 선의인가 악의인가 하는 점은 문제가 되지 않는다. 무권대리인의 권리취득이 문제가 되는 경우는 소구의무자를 본인으로 표시한 때 등과 같이 전자에 대한 권리가 잔존하는 때이다. 그러므로 어음에 기명날인 또는 서명한 자가 아닌 단순한 지급인이나 어음행위의 종국적인 의무자($^{인수인\cdot약속어}_{음의\ 발행인}$)의 무권대리인으로서 지급한 경우는 권리취득의 여지가 없다.

2) 무권대리인으로부터 청구를 받은 자는 본인에 대한 항변과 무권대리인 자신에 대하여 갖는 모든 항변을 주장할 수 있다[$^{鄭(희)\cdot}_{94}$]. 왜냐하면 이 경우에 무권대리인은 본인의 대리인으로서가 아니라 자기의 명의로 권리를 행사하는 것이기 때문이다.

(8) 본인의 무권대리인에 대한 권리   1) 무권대리인이 어음·수표행위를 한 경우에 본인이 어음·수표상의 권리를 갖지 않는 때($^{약속어음의\ 발행,\ 환어음}_{의\ 인수\ 등의\ 무권대리}$)에는 별 문제가 없다. 그런데 본인이 어음·수표상의 권리를 갖는 배서의 경우에 배서의 무권대리인이 어음·수표상의 책임을 이행하고 어음·수표를 환수하였을 때에는 본인의 무권대리인에 대한 어음·수표반환청구권과 무권대리인의 권리취득이 경합하게 된다. 이 때에는 본인의 반환청구권이 우선한다고 볼 것이다.

2) 이와는 달리 본인의 어음상의 권리는 이미 선의취득에 의하여 상실되고 무권대리인은 법에 의하여 권리를 취득하고 있으므로 본인의 무권대리인에 대한 어음반환청구권은 인정되지 않는다는 견해도 있으나[$^{李院錫,「고시계」}_{68.\ 3,\ 103}$], 어음·수표상의 권리가 있음에도 불구하고 어음·수표의 반환청구권을 인정하지 않는다면 본인의 보호보다 무권대리인에게 유리한 결과가 되어 부당하다. 이 경우에 어음의 소지를 회복한 본인의 권리는 무권대리인이 가졌던 권리가 아니고 본인이 전에 가졌던 자기의 고유한 권리이므로 어음채무자는 무권대리인에 대하여 갖는 항변으로 본인에게 대항하지 못한다.

4. 월권대리

대리인이 대리권의 범위를 초과하여 어음·수표행위를 한 경우에도 어음법 제 8 조($^{수}_{11}$)에 의하여 대리인은 책임을 진다. 그런데 책임의 범위에 관하여는 다음과 같은 학설이 대립하고 있다.

(1) 전액책임설($^{병행}_{설}$)   대리인은 전액에 대하여 책임을 지고 본인은 대리권의 범위 내에서 책임을 진다는 입장으로서 통설이다.

(2) 초과부분책임설(책임분담설)　　대리인은 그 초과한 부분에 대하여만 책임을 지고, 본인은 대리권을 수여한 범위 내에서 책임을 진다는 것이다.

(3) 본인무책임설　　대리인만이 전액에 대하여 책임을 진다고 한다.

(4) 학설의 검토　　본인무책임설에 의하면 대리권이 있는 부분에 대하여도 무권대리와 같게 취급하게 되어 이론적으로 무리가 있으며, 또 본인을 믿은 취득자의 이익을 해하게 된다. **책임분담설**에 의하면 본인과 대리인으로부터 각각 일부의 지급만을 받게 되어 소지인에게 불편하고 법률관계가 복잡하게 될 우려가 있다. 또한 어음·수표금액의 일부에 대한 권리를 인정하려면 어음법·수표법상의 예외적 경우에 속하므로 특히 명문의 규정이 필요함에도($\substack{어 26, 30, 39 \\ II; 수 25}$) 불구하고 아무런 규정이 없으므로 그 근거가 희박하다. 그러므로 어음·수표취득자의 이익보호라는 관점에서 볼 때, **전액책임설**이 타당하다고 할 수 있다.

[408] 제 6 名義貸與에 의한 어음·手票行爲

Ⅰ. 총　설

상법 제24조에서는 명의대여자의 책임에 관하여 「타인에게 자기의 성명 또는 상호를 사용하여 영업을 할 것을 허락한 자는 자기를 영업주로 오인하여 거래한 제 3 자에 대하여 그 타인과 연대하여 변제할 책임이 있다」고 규정하고 있다. 이 규정이 어음·수표행위에 대하여도 적용되는가 하는 문제는 다음과 같이 구분하여 검토할 필요가 있다.

2. 명의대여에 의한 어음·수표행위

(1) 영업을 위한 어음·수표행위　　명의대여자가 자기의 성명 또는 상호를 사용하여 영업을 할 것을 허락하고 영업과 관련하여 명의사용자가 대여자의 명의를 사용하여 어음·수표행위를 한 때에는 명의대여자가 상법 제24조에 의한 책임을 진다는 것은 당연한 것으로 **학설과 판례**의 입장이 일치한다

〔拙著, 신론(上), 91 참조. 유추〕〔大 69. 3. 31, 68 다 2270;〕
〔적용설로는 孫(주), 66이 있다〕〔大 70. 9. 28, 70 다 1703〕.

　　그런데 판례에는 「일정한 자격요건을 구비하지 않고는 할 수 없는 의료업의 경우에는 그 사업자등록명의자인 의사가 그 업체의 사용자이어야 하며 그가 다른

직원을 지휘·감독할 책임과 의무를 지고 있다고 보아야 할 것이므로, 의사자격자
가 아닌 자가 의사를 사실상 고용하고 의사는 그 사업자명의를 사실상 대여한 관계
에 있었다면 의사는 병원의 객관적 사용자로서 위 의사자격이 없는 자가 병원의 경
영과 관련하여 수표에 의사의 배서를 위조함으로써 끼친 손해를 배상할 책임이 있
다」고 한 것이 있다[大 97. 4. 11,\n97 다 386].

(2) 어음·수표행위만을 위한 명의대여   어음·수표행위만을 위하여
명의를 대여한 경우에는 상법 제24조가 적용되지 않는다고 본다. 왜냐하면 상
법 제24조는 명의사용자가 영업을 할 것을 허락한 경우를 위한 규정인데 어음·
수표행위만으로는 그 행위자가 영업주라는 외관이 존재한다고 할 수 없기 때
문이다.

제 4 절   어음·手票의 僞造와 變造

[409] 제 1 總   說

어음·수표행위는 행위자 자신이나 적법하게 권한이 주어진 자만이 할 수
있는 것이다. 그러나 실제에 있어서는 타인이 권한 없이 대리방식으로 기명날
인 또는 서명하는 경우와 권한 없이 타인이 직접 기관방식으로 기명날인 또는
서명하는 때가 있는데, 전자는 **무권대리**이며 후자는 위조인 것이다. 이에 비하
여 타인이 한 어음·수표상의 기재를 권한 없이 변경하는 것을 **변조**라고 한다.
이러한 위조나 변조가 된 어음·수표는 어음·수표사고의 일종이기 때문에 형법
상으로도 유가증권범죄를 구성한다(형 214\n이하).

[410] 제 2 僞   造

I. 총   설

(1) 위조의 의의   위조란 권한이 없는 자가 타인의 기명날인 또는 서
명을 위작하여 마치 그 타인이 어음·수표행위를 한 것과 같은 외관을 어음·
수표상에 나타내는 행위를 말한다. 즉 위조는 **권한 없이** 기명날인 또는 서명의
대행방식에 의하여 어음·수표행위를 하는 것이다. 권한의 유무에 관한 판단은

어음행위시를 기준으로 하므로 이전에 권한이 있었더라도 어음행위시에 그 권한이 없으면 위조가 된다. 위조의 대상이 되는 행위에는 제한이 없으므로 발행·인수·배서·보증 등 모든 어음·수표행위가 포함된다고 보며, 타인은 자연인뿐만 아니라 법인을 포함하여 반드시 실재인이 아닌 사자(死者)나 가설인이라도 관계 없다. 또한 위조는 객관적 사실을 말하는 것으로 위조자의 고의 또는 과실을 요하지 않는다.

(2) **위조의 태양** 위조는 일반적으로 진정한 인장을 도용하거나 위조한 인장을 사용하여 타인명의의 기명날인 또는 서명을 하거나, 특정한 목적을 위하여 맡겨둔 실인(實印)을 도용하거나 다른 목적으로 기명날인 또는 서명한 지면을 전용하여 어음·수표행위에 이용하는 등의 방법으로 이루어진다.

(3) **위조와 무권대리** 양자는 모두 권한이 없는 자의 행위라는 점에서는 같지만 그 의의·형식·효력에는 여러 가지의 차이점이 있다.

1) **의   의** 양자의 의의는 행위의 형식을 중시하여 **전자**는 권한 없이 대행방식($^{기관}_{방식}$)으로 하는 행위를 말하고, **후자**는 권한 없이 대리방식으로 하는 행위이다.

2) **피위조자·본인의 책임** 위조 또는 무권대리의 경우에 피위조자나 본인은 다른 사정이 존재하지 않는 한 누구에게도 책임을 지지 않지만 다른 어음·수표행위자의 책임에는 영향을 미치지 않는다는 점($^{어\ 7;}_{수\ 10}$)은 양자에 있어서 동일하다. 학설에 따라 그 효과가 다르게 되지만 위조의 경우도 무권대리의 경우와 마찬가지로 표현대리에 관한 규정이 유추적용되고 추인도 인정된다고 본다[$^{상세한\ 설명은\ 2.}_{위조의\ 효과\ 참조}$].

3) **위조자·무권대리인의 책임** 무권대리인은 본인의 추인을 얻지 못하는 한 본인이 지는 것과 동일한 내용의 어음상의 의무를 진다($^{어\ 8;}_{수\ 11}$). 그러나 위조자의 책임에 대하여는 아무런 규정이 없다. 이에 관하여는 위조자의 어음·수표상의 책임을 부정하는 설과 긍정하는 설이 있는데, 긍정설에는 무권대리 규정의 유추적용설과 어음·수표행위에 의한 책임설이 있다[$^{상세한\ 설명은}_{848면\ 이하\ 참조}$].

(4) **위조와 변조**[$^{852면}_{참조}$]

2. 위조의 효과

(1) **피위조자의 책임**

1) **원   칙** 피위조자는 전혀 어음·수표행위를 하지도 않았고, 또

타인에게 어음·수표행위를 대행시키지도 않았기 때문에 누구에게도 책임을 지지 않는다. 또한 위조에 관하여 피위조자에게 중대한 과실이 있거나 위조행위의 상대방이 선의인 경우도 같다[大 65. 10. 19, 65 다 1726,]. 즉 기명날인 또는 서명의 진정성에 대한 신뢰는 보호될 수 없다.

　2) 예　　외

　㈎ 표현책임　　　a) 제 3 자에게 위조자가 대행권한이 있다고 믿을 만한 정당한 사유가 있고 그에 대하여 피위조자의 책임이 인정되는 때에는 표현대리에 관한 규정을 유추적용하여 피위조자의 책임을 인정하여야 된다는 것이 통설이며 판례의 입장이다[大 69. 9. 30, 69 다 964; 大 91. 6. 11, 91 다 3994,].

　　　즉 판례는 「회사의 경리담당 상무이사는 대표이사 명의의 약속어음을 발행할 권한이 없다 하더라도 그 지위와 권한에 비추어 회사의 대내적 업무 중 경리사무에 관하여는 대표이사를 대리하여 업무처리를 하고 있다고 볼 수 있고 소외인을 통하여 이루어진 수많은 어음거래에 비추어 경리담당 상무이사로서 대표이사 명의의 약속어음을 발행할 수 있는 권한이 있는 것으로 믿음에 있어 원고들에게 정당한 이유가 있다」고 하였다[大 69. 9. 30, 69 다 964].

　　　b) 위조와 무권대리는 형식적으로는 차이가 있으나 실질적으로는 다를 바 없고 대행권한에 대한 신뢰는 보호되어야 하기 때문에 표현대리에 관한 규정의 적용은 인정되어야 할 것이다. 피위조자의 책임을 인정하려면 어음·수표의 교부시에 표현대리가 성립되어야 한다. 그러나 피위조자의 책임을 넓게 인정하기 위하여는 권리외관설에 의하는 것이 보다 유리할 것으로 생각된다. 왜냐하면 표현대리의 규정은 상대방의 대리권의 존재에 대한 신뢰를 전제로 하지만, 대행방식으로 하는 위조의 경우는 대행자를 알 수 없으므로 그러한 신뢰가 문제되지 않는 경우도 많기 때문이다.

　　　예컨대 乙이 자기를 수취인으로 한 甲명의의 어음을 발행하여 丙에게 배서한 경우에는 표현대리규정은 유추적용이 될 수 없을 것이다. 이 경우에 乙의 책임은 어음·수표행위에 관한 권리외관설에 의하여 인정된다고 본다.

　㈏ 추인에 의한 책임　　　위조의 경우에 피위조자의 추인이 인정되는가에 대하여는 학설이 대립하고 있다.

　a) 부 정 설[徐(돈), 83; 孫(주), 92; 姜(위), 120,]　　　이 설의 근거는 i) 위조는 위조자의 이익을 위한 행위이고 비윤리적이며, ii) 위조의 경우는 타인을 위한 의사가 없고,

iii) 위조의 경우는 피위조자의 행위와 같은 형식만이 있고 피위조자의 행위가 없으며 위조자의 기명날인 또는 서명도 존재하지 않기 때문에 소급적으로 추인할 대상이 없기 때문이라고 한다. iv) 위조된 기명날인은 절대적으로 무효이므로 추인에 의하여 본인에 대하여 효력을 생기게 할 수 없다고 하면서 무효임을 알고 추인한 경우는 새로운 행위로 인정된다고 한다.

　　b) 긍 정 설$\left[\begin{smallmatrix} 동: 鄭(희), 99; 鄭(동), 193; 鄭(찬), \\ 185; 梁(승), 146; 蔡(이), 258 \end{smallmatrix}\right]$　　이에 의하면 위조의 경우에도 무권대리에 관한 규정($민\atop130$)을 유추적용하여 피위조자의 추인으로 어음·수표상의 책임을 인정하여야 된다고 한다. 그 이유로서 i) 무권대리의 경우라고 하여 반드시 본인의 이익을 위한 행위라고 할 수 없고, 오히려 위조의 경우에는 무권대리의 경우보다 본인을 위함이 더욱 명확하게 표시되고 있어서 제 3 자의 어음·수표에 대한 신뢰가 강하고, ii) 비윤리적인 면에서나 외면적인 유형도 무권대리와 위조 사이에는 기다란 차이가 없으며, iii) 위조의 추인은 피위조자·어음소지인·위조자의 의사에 반하지 않으므로, 어음거래의 안전을 도모할 수 있다는 점 등을 들고 있다. 미국의 **통일상법전**(UCC)에서도 위조의 추인 (ratification)을 인정하고 있다($제 3 장\atop404조$).

　　c) 추인은 명시적으로뿐만 아니라 묵시적으로도 가능하다$\left[\begin{smallmatrix} 大 90. 4. 27, \\ 89 다카 2100 \end{smallmatrix}\right]$. 추인은 위조자에 대하여뿐만 아니라 발행인 또는 형식적 자격이 있는 어음소지인에 대하여도 할 수 있다.

　　㈐ 사용자책임

　　a) 총　　설　　　실제에 있어서는 기업의 사용인이 기업의 인감을 이용하여 기업의 명의로 어음·수표행위를 하는 경우가 많다. 그리하여 사용인이 어음·수표를 위조한 경우에 위조자가 어음·수표행위를 할 권한이 있는 것으로 제 3 자가 믿고 그에 대하여 피위조자인 사용자에게 귀책사유가 인정되는 때에는 민법의 표현대리나 권리외관이론에 의하여 사용자의 책임을 추궁할 수 있을 것이다. 그러나 이러한 근거에 의한 청구가 인정되지 않는 경우를 위하여 민법 제756조에 의한 사용자의 책임을 예비적 청구로서 피위조자인 기업에 대하여 추궁하는 경우가 많다. 왜냐하면 판례는 어음·수표행위에 있어서도 **표현대리**의 규정을 적용 또는 유추적용하는 경우에 제 3 자는 직접 상대방만을 말한다는 입장이므로$\left[834면\atop참조\right]$, 제 3 취득자를 보호할 수 없는 경우가 많고, 오히려 사용자책임을 추궁하는 것이 유리하기 때문이다.

b) 책임의 요건

aa) 사용관계의 존재　　　피위조자인 사용자와 사용인 사이에는 사용관계가 존재하여야 한다. 일반적으로 양자 사이에는 고용계약관계가 존재할 것이지만, 고용계약은 없더라도 사실상 지휘·감독을 받는 사용관계가 존재하면 되고[大 68. 12. 8, 67 다 2644] 보수의 유무나 계속성은 문제가 되지 않는다[大 60. 12. 8, 4292 민상 977].

bb) 사무의 집행에 관한 위조　　　위조자가 피위조자의 사용인으로서 사무의 집행에 관하여 어음·수표를 위조한 경우에 피위조자는 사용자책임을 진다는 것이 **통설과 판례**의 입장이다[大 66. 9. 20, 66 다 1166; 大 85. 8. 13, 84 다카 979; 大 92. 6. 12, 91 다 40146]. 이러한 책임은 사용인이 「사무의 집행에 관하여」 어음·수표행위를 한 경우에 인정된다. 그러므로 어음·수표행위와 전연 무관한 직무에 종사하는 사용인의 위조에 대하여는 사용자책임은 인정되지 않는다.

cc) 사용자책임과 소구권의 관계　　　어음소지인이 배서인에 대한 소구권행사를 위한 권리보전절차를 취하지 못하여 **소구권**을 상실한 경우에도 **사용자책임**을 추궁할 수 있는가 하는 문제가 있다. 즉 위조어음의 취득자가 어음상의 권리를 행사하지 않고도 사용자에 대하여 손해배상청구를 할 수 있는가 하는 점이다.

　　　판례는 「약속어음 수취인명의의 배서가 그 피용자에 의하여 위조된 경우에 어음소지인에 대하여 피위조자인 배서명의인이 사용자로서 부담하는 불법행위책임과 발행인이나 다른 배서인이 부담하는 어음법상의 책임은 별개의 독립된 책임으로서, 어음소지인으로서 약속어음의 발행인이나 다른 배서인에 대하여 어음법상의 권리를 행사할 수 있는지의 여부는 불문하고 피위조자인 배서명의인에 대한 손해배상청구권을 행사할 수 있으며 어음소지인이 발행인이나 다른 배서인 등에 대하여 어음법상의 권리를 행사할 수 없을 때에만 피위조자에 대하여 손해배상청구권을 행사할 수 있는 것은 아니다」고 하였다[大 92. 6. 12, 91 다 40146]. 이전에도 이와 동일한 입장의 판례가 있었다[大 66. 9. 20, 66 다 1166; 大 77. 2. 22, 75 다 1680].

　　　대법원 전원합의체판결에서는 사용자책임과 어음소지인의 배서인에 대한 소구권행사와의 관계에 대하여 다음과 같은 내용의 입장을 표명한 바 있다[大 94. 11. 8, 93 다 21514]. 즉 「민법 제756조 소정의 사용자책임을 논함에 있어서는 어음소지인이 어음법상 소구권을 가지고 있느냐는 등 어음법상의 권리의무를 따질 필요가 없다. 뿐만 아니라 어음소지인으로서는 위조된 배서를 진정한 것으로 믿고 할인금을 지급하는 즉시 그 어음액면금이 아닌 그 지급한 할인금 상당의 손해를 입었다고 할 것이므로[大 92. 6. 23 선고, 91 다 43848 전원합의체판결 참조], 그 후 어음소지인이 현실적으로 지급제시를 하여 지급거절을 당하였는지의 여부가 어음배서의 위조로 인한 손해배상책임을 묻기 위하여 필요한 요건이라고 할 수 없고, 어음소지인이 적법한 지급제시기간 내에 지급제시를 하지 아니하여 소구권보전의 절차를 밟지 않았다고 하더라도 이는 어음소지인이 이미 발생한 위조자의 사용자에 대한 불법행위책임을 묻는 것에 장애가 되는 사유라고 할 수 없다」고 하였다(大 77.2.22 선고, 75 다 1680 판결; 大 93. 8.24 선고, 93 다 6164·6171 판결 참조). 그리하여 이와 다른 대법원의 결정이나 판결 등은 모두 변경하기로 한다고 하였다.

dd) 대법원의 위 전원합의체판결의 입장은 위조어음의 취득자가 다른 유효하게 서명한 어음채무자에 대한 어음상의 권리를 갖는 것은 사용자책임의 성립을 방해하지 않고 배서인에 대한 소구권과 어음위조에 따른 손해배상청구권은 그 발생원인 및 성질이 다르고 채무액도 동일하지 않으므로 양자의 청구권이 독립하여 성립한다면 그 행사 또한 독립하여 할 수 있다는 입장(李宙興,「판례월보」94.10, 10)을 수용한 것이라고 할 수 있다. 또한 이러한 판례의 입장은 어음소지인의 귀책사유로 소구권보전절차의 해태나 시효소멸에 의하여 어음금의 지급을 받지 못하게 되었다는 이유로 사용자책임을 부정할 수 없다는 것으로 판단된다. 이러한 입장은 현재도 유지되고 있다(大 94.11.22, 94 다 20709).

c) 책임의 범위　　사용자가 져야 할 책임의 내용은 어음금액이 아니라 할인금이다(大 92.6.23, 91 다 43848). 왜냐하면 어음할인이란 아직 만기가 도래하지 아니한 어음의 소지인이 금융업자에게 어음을 양도하고 은행 등이 어음금액으로부터 만기까지의 이자 기타 비용을 공제한 금액을 할인의뢰자에게 수여하는 거래를 말하기 때문에, 어음금 전액을 지급하고 어음을 취득하는 것은 특별한 사정이 없는 한 어음할인의 성질이나 거래관행에 어긋나기 때문이라고 한다(大 94.11.22, 94 다 20709). 어음·수표취득자에게 과실이 있는 경우에는 과실상계도 가능할 것이다(大 94.11.8, 93 다 21514).

(라) 피위조자의 지급

a) 악의인 경우　　피위조자가 어음이 위조된 것을 알고 어음금액을 지급한 때에는 어떠한 설에 의하든 간에 위조의 추인이 되어 그 지급은 유효하게 된다(민 145 참조).

b) 선의인 경우　　피위조자가 어음이 위조된 것을 모르고 지급한 때에는 그 반환을 청구할 수 있지만, 이 경우에 지급으로 인하여 어음상의 권리보전절차를 해태하여 어음상의 권리를 상실한 자에 대하여는 착오를 이유로 하여 어음금액의 반환을 청구하지 못한다(민 774 참조)(동: 鄭(희), 100; 孫(주), 94).

(마) 입증책임　　소송에 있어서 피위조자의 책임을 묻기 위하여는 원고인 어음소지인이 그 기명날인 또는 서명이 진정한 것임을 입증하여야 한

다[동: 孫(주), 92; 鄭(동), 199; 鄭(찬), 198; 李(철), 141]. 이와는 달리 피위조자에게 위조의 입증책임이 있다는 것이 소수설의 입장이고[徐(돈), 83; 李(범), 281; 李(기), 법률신문 89. 11. 13, 11면] 종래에 판례의 입장이기도 하였다[大 87. 7. 7, 86 다카 2154]. 그러나 이후 대법원은 전원합의체판결[大 93. 8. 24, 93 다 4151]로 종래의 입장을 변경하여 어음소지인이 입증책임을 진다고 하였다[상세는 拙稿, 법률신문 93. 10. 18, 15 이하].

(ㅂ) 지급인의 지급에 의한 책임　　　피위조자에게는 책임질 사유가 존재하지 않는 경우라도 지급인이 통상적인 주의의무를 다하여 조사를 한 다음 선의로 지급한 때에는 그 지급책임을 면제한다는 지급은행의 면책특약에 의하여 지급은행은 면책이 인정되기 때문에, 실제에 있어서 피위조자가 사실상 위조어음에 대한 어음상의 책임을 지는 결과가 생긴다. 판례는 수표에 관하여 면책약관의 유효성을 인정하고 있는데[大 71. 3. 9, 70 다 2895], 은행도어음의 경우도 예외는 아니라고 할 것이다.

(2) 위조자의 책임　　　어음·수표행위의 위조자는 민법상의 불법행위책임과 형법상의 책임을 지는 것은 당연하지만 어음·수표상의 책임을 지는가 하는 점에 대하여는 학설이 대립하고 있다.

1) 어음·수표상의 책임

(개) 부 정 설　　　위조자는 무권대리인과 달리 어음·수표에 성명이 표시되지 않으므로 어음·수표의 문언성에서 볼 때 어음·수표채무를 부담할 근거가 없고, 위조자를 신뢰한 제 3 자의 보호라는 문제도 없으므로 위조자는 어음·수표상의 책임을 지지 않는다고 한다[徐(돈), 82; 孫(주), 95].

(내) 긍 정 설　　　피위조자가 책임을 지지 않는 때에는 위조자가 어음·수표상의 책임을 져야 한다고 한다. 부정설에서는 어음·수표의 문언성에서 볼 때 위조자의 책임은 인정할 수 없다고 하지만, 어음·수표의 문언성이란 선의의 취득자를 보호하기 위하여 요청되는 것이므로 문언성이 위조자의 면책을 위한 근거가 될 수는 없다고 할 것이다. 그러므로 어음·수표소지인의 보호를 위하여는 긍정설이 타당하다. 그런데 그 근거에 대하여는 양 설이 있다.

a) 무권대리규정(어 8, 77 Ⅱ; 수 11)의 유추적용설　　　어음법 제 8 조는 무권대리인이 본인이 책임을 지는 것과 같이 표시한 데 대한 특수한 담보책임을 인정한 것이므로, 무권대리의 경우보다 더 직접적인 형식으로 명의인이 책임을 진다는 것을 표시한 위조의 경우에도 무권대리인의 책임에 관한 규정이 유추적용되어야 한다는 것이 다수설이다[鄭(희), 103; 鄭(동), 198; 李(기), 170; 鄭(찬), 193; 梁, 148].

b) 어음·수표행위에 의한 책임설(위조자 행위설)　　　aa) 위조자는 자기의 어음·

수표행위에 의하여 책임을 진다고 본다. 그 이유는 위조자가 어음·수표행위를 자기명의로 하였는가 권한 없이 타인명의로 하였는가를 가릴 필요 없이 어음·수표에 기명날인 또는 서명한 이상 **채무부담**의 의사가 있는 것이므로 거래의 안전을 위하여 위조자는 어음·수표상의 책임을 져야 하기 때문이다. 이 견해에 의하는 경우 위조배서의 경우에 위조된 것을 안 악의취득자에 대하여 책임을 지는가 하는 문제가 있다. 어음행위독립의 원칙이 악의취득자에게도 적용된다는 다수설에 의하면 위조자는 악의취득자에게도 책임을 져야 할 것이지만, 선의취득자에게만 적용되는 것으로 보면 무권대리인의 경우와 마찬가지로 위조자는 악의취득자에 대하여 책임을 지지 않는다.

　　bb) 그리고 배서위조의 경우에는 어음법 제 8 조의 유추적용설에 의하는 경우에는 위조자가 소구의무를 이행한 때에는 피위조자가 갖는 권리와 같은 내용의 어음상의 권리를 취득한다. 그러므로 어음채무자는 위조자에 내하여 직접 대항할 수 있는 항변을 주장할 수 있을 뿐만 아니라 피위조자에 대한 인적항변의 주장이 가능하게 되고 피위조자에 대한 반대채권으로 상계도 할 수 있게 된다. 그러나 위조자행위설에 의하면 어음채무자는 위조자에 대한 항변의 주장만이 가능하게 된다는 점에 차이가 있다.

　2) **민법·형법상의 책임**　　위조자는 위조행위로 인하여 제 3 자에게 손해가 생긴 때에는 민법상의 불법행위에 의한 책임($\frac{민}{750}$)을 진다. 또한 형법에 의하여 발행의 경우뿐만 아니라 배서·보증·인수 등의 경우에도 유가증권위조죄로서 형벌의 제재를 받게 된다($\frac{형~214}{이하}$).

　(3) **기타 기명날인 또는 서명한 자의 책임**　　위조어음·수표에 기명날인 또는 서명한 자는 위조의 사실에 대한 선의·악의를 불문하고 어음·수표행위독립의 원칙에 의하여 기재된 문언에 따라 책임을 진다.

［事例演習］

◇ 사 례 ◇

　甲주식회사의 경리사원 A는 어음을 발행할 수 있는 권한이 없었으나 평소의 거래처인 C의 긴급하고 간절한 요청에 의하여 甲주식회사 대표이사 B의 명의로 기명날인을 하여 약속어음을 발행해 주었다. 약속어음을 발행함에 있어서 후에 대표이사 B의 승인을 얻을 수 있을 것이라고 생각하였으나 B의 승인을 얻지 못하였다.

〈설문 1〉 C가 甲회사의 어음금의 지급을 청구하였을 때에 甲회사는 그 어음은 무권대리에 의하여 빌행된 깃으로서 회사는 책임을 지지 않는다고 항변을 하고 있다. 甲회사의 항변은 정당한가?

〈설문 2〉 설문 1의 경우에 C는 A 또는 B의 어음상의 책임을 물을 수 있는가?

〈설문 3〉 C는 종래에도 A를 통하여 이 사례의 경우와 같은 방식에 의하여 약속어음을 수차에 걸쳐 교부받은 바 있어서 A가 어음을 발행할 권한이 있다고 신뢰하였다면 甲회사는 책임을 지는가?

〈설문 4〉 이 사례의 경우에 A가 경리부장으로서 어음의 발행권한은 있었으나 개인적인 목적을 위하여 사례의 경우와 같은 방식의 어음을 C에게 교부하고 자금을 융통한 경우에 甲회사는 발행인으로서 책임을 지는가?

〔해 설〕 **설문 1의 경우**   이 사례의 경우 A는 권한 없이 甲회사의 어음발행행위를 대행하였으므로 이는 위조에 해당한다. 그러므로 甲회사는 어음상의 책임이 없고 또한 어음의 발행이 외형적으로 보아 A의 직무의 범위 내에 속하는 행위라고 볼 수 없으므로 甲회사의 불법행위책임도 인정할 근거가 존재하지 않는다. 이러한 경우를 무권대리로 보는 입장에 의하더라도 이 사례의 경우 甲회사는 추인을 하지 않았으므로 그 책임을 지지 않는다.

설문 2의 경우   어음을 위조한 A는 어음에 자기의 명의로 서명을 하지 않았으므로 우리나라의 다수설에 의하면 위조자인 A는 어음上의 책임을 지지 않는다. 그러나 근래의 유력설은 피위조자가 책임을 지지 않는 때에는 위조자의 책임을 인정하고 있다. 그 근거에 대하여는 무권대리규정의 유추적용설과 위조자행위설이 있는데 〔848면 이하 참조〕, 이러한 설에 의하면 A는 그 책임을 면하지 못한다. 또한 B는 자신이 어음상에 서명을 하지 않았을 뿐만 아니라 그 밖의 어음발행에 있어서 책임을 져야 할 사유가 존재하지 않는 것으로 보이므로 어음상의 책임은 지지 않는다고 할 것이다.

설문 3의 경우   위조나 무권대리는 실질적으로 타인이 권한 없이 본인 명의로 어음행위를 한다는 점에서 유사하기 때문에 위조의 경우도 피위조자가 책임을 져야 할 경우도 있는 것이다. 이 사례의 경우 A의 행위가 위조라 하더라도 C에게 A가 기관방식에 의한 어음행위를 할 수 있는 권한이 있다고 믿을 만한 정당한 사유가 있고 제3자의 신뢰에 대하여 피위조자의 책임이 인정되는 때에는 표현대리에 관한 규정을 유추적용하여 피위조자의 책임이 인정된다고 할 것이다$\begin{bmatrix} 大 & 69.9.30, & 69 \text{ 다 } 964; \\ 大 & 71.5.24, & 71 \text{ 다 } 471 \end{bmatrix}$.

설문 4의 경우 어음발행의 대리권이 있는 경리부장 A가 甲회사 명의의 어음을 개인적인 목적을 위하여 발행한 경우에는 권한남용과 위조가 병존한다고 할 수 있으나 A에게는 어음발행의 권한이 있으므로 발행행위는 甲회사에 대하여도 유효하고 다만 악의자에 대하여 일반악의의 항변으로 대항할 수 있을 뿐이라고 본다.

[411] 제 3 變 造

Ⅰ. 총 설

(1) 변조의 의의 1) 어음·수표의 변조는 권한 없이 어음·수표의 문언을 변경하는 것을 말한다. 변조의 경우에 기명날인 또는 서명은 제외된다는 것이 다수설이지만$\begin{bmatrix} 徐(돈), 83; 孫(주), 97; 鄭 \\ (동), 190; 李(기), 212 \end{bmatrix}$, 이 경우의 문언에는 기명날인 또는 서명도 포함된다고 본다$\begin{bmatrix} 동: 鄭(희), 97; \\ 鄭(찬), 201 \end{bmatrix}\begin{bmatrix} 大 96.10.11, \\ 94 \text{ 다 } 55163 참조 \end{bmatrix}$. 예컨대 자기명의로 어음을 작성하여 교부한 다음 자기명의 앞에 ○○유한회사 이사라고 기재하였다면 이는 문언의 변경에 의한 변조라고 할 것이다. 어음요건뿐만 아니라 유익적 기재사항($\substack{지급장소 \cdot 무비용상환 \\ 문구 \cdot 무담보문구 \text{ 등}}$)의 변경도 변조가 된다. 그리고 변조자의 고의나 과실을 요하지 않는 점은 위조의 경우와 같다.

2) 무익적 기재사항의 변경은 어음·수표법적 효력의 내용에는 아무런 변동이 생기지 않기 때문에 변조라고 할 수 없다. 변조에 의하여 어음·수표요건이 흠결되거나 유해적 기재사항을 기재한 때에는 변조가 아니라 말소에 의한 어음·수표의 훼멸이라고 할 수 있다.

3) 어음·수표관계자 전원의 동의를 얻어서 한 변경은 변조가 아니다$\begin{bmatrix} 大 81.10.13, 81 \text{ 다 } 726; 大 87.3.24, 86 \\ 다카 37; 大 89.10.24, 88 \text{ 다카 } 20774 \end{bmatrix}$. 변경에 동의하지 않은 자가 있는 경우에는 동의하지 않은 자에 대하여만 변조가 되고 동의한 자에 대하여는 유효한 변경으로 인정된다.

판례에는 수취인을 어음행위자들이 당초의 어음행위의 목적에 부합되게 정정한 것은 단순히 착오로 기재된 것을 정정한 것일 뿐 변조가 아니라고 한 것이 있다$\begin{bmatrix} 大 93.7.13, \\ 93 \text{ 다 } 753; \\ 大 95.5.9, 94 \\ 다 40659 \end{bmatrix}$. 또한 판례에는 무권리자가 수표발행인인 회사의 상호가 변경된 후에 임의로 적법하게 발행된 백지수표의 발행인란의 기명을 지우고 변경 후의 상호를 기재한 것은 수표의 변조에 해당하지 않는다고 한 것이 있다$\left[\begin{smallmatrix}大\ 96.10.11,\\94\ 다\ 55163\end{smallmatrix}\right]$. 그 이유는 백지수표의 발행
인란의 기명을 그와 같이 변경함으로 말미암아 그 백지수표의 효력이나 그 수표관계자
의 권리의무의 내용에 영향을 미친 것은 아니기 때문이라고 하였다.

(2) 변조의 태양   변조의 방법에는 제한이 없으므로 변조는 기존문언
의 말소(抹消)·변개(變改)·신문언(新文言)의 첨가 등으로 할 수 있다.

(3) 변조와 백지어음의 부당보충   전자는 변조 전이나 변조 후에도 어
음·수표의 형식적 요건이 유효하게 구비된 것인 데 비하여, 후자의 경우에는
미완성어음에 대하여 보충권을 남용하는 것으로서 변조와 다르다. 어음금액을
숫자로 기재하고 어음금액의 문자란을 공백으로 한 어음을 교부한 경우에 문
자란의 어음금액을 숫자보다 고액으로 기재한 때에는 어음의 변조이며, 미완
성어음의 부당보충에 관한 어음법 제10조가 적용되지 않는다. 이 경우에는 완
성된 어음상의 어음금액을 변조한 것이기 때문이다. 그러나 반대로 어음금액
의 숫자란에 이미 문자로 기재된 금액과 다른 금액을 기재하여도 이 경우는
변조가 되지 않는다. 왜냐하면 문자와 숫자로 기재된 어음금액에 차이가 있을
때에는 문자로 기재한 금액을 어음금액으로 보기 때문이다($\begin{smallmatrix}어\\6\ 1\end{smallmatrix}$).

(4) 변조와 위조   1) 전자는 어음·수표행위의 내용인 문언을 변경하
는 것인 데 비하여, 후자는 어음·수표행위의 주체($\begin{smallmatrix}어음채\\무자\end{smallmatrix}$)를 원시적으로 위작하
는 점에서 차이가 있다. 즉 변조에는 기명날인 또는 서명의 변경도 포함되지만
예컨대 약속어음의 발행인인 甲의 기명날인 또는 서명을 乙의 기명날인 또는
서명으로 변경한 경우에는 乙에 대하여는 위조가 되지만 기타의 어음채무자에
대하여는 변조가 된다$\left[\begin{smallmatrix}동:\ 朴(원),\ 498;\\徐(정),\ 119\end{smallmatrix}\right]$.

2) 그러므로 어음·수표의 소지인이 변조 전의 배서인인 丙에게 소구권을
행사하려면 甲에게 어음을 제시하였어야 하고, 변조 후의 배서인 丁에게 소구
함에는 乙에게 어음을 제시하였어야 한다. 甲의 기명날인 또는 서명을 乙의 기
명날인 또는 서명으로 변경한 경우에 甲의 기명날인 또는 서명에 대하여 변조
로 보는 이유는 한번 어음에 진정한 기명날인 또는 서명을 한 자의 책임을 전
부 면하게 하는 것은 부당하므로 어음법 제69조의 규정을 적용하여 원문언에
의한 책임을 인정하여야 될 것이기 때문이다. 그러나 위조어음의 기명날인 또
는 서명이나 타인의 기명날인 또는 서명을 자기의 기명날인 또는 서명으로 변
경한 때에는 변조가 될 뿐이라고 본다.

⑸ 변조와 무권대리

1) 의   의   변조는 권한 없이 어음·수표의 내용을 변경하는 것이고, 무권대리는 대리권 없이 대리방식으로 어음·수표행위를 하는 것이다.

2) 변조자와 무권대리인의 책임   어음·수표에 기명날인 또는 서명한 변조자는 변조 후의 문언에 따라 책임을 지지만($\frac{어}{수}$ 69; 50), 기명날인 또는 서명은 하지 않고 변조만 한 변조자는 어음·수표상의 책임을 지지 않는다고 본다. 이에 대하여 어음법 제 8 조($\frac{수}{11}$)를 유추적용하여 변조자의 책임을 인정하는 입장도 있다[상세한 설명은 856면 참조].

3) 추인·표현대리   어음·수표의 내용의 변경이 기명날인 또는 서명한 자의 동의에 의한 때에는 변조로 보지 않고, 기명날인 또는 서명한 자는 변경 후의 문언에 따라 책임을 지기 때문에 기명날인 또는 서명한 자의 추인이 인정될 수 있다. 또한 변경할 수 있는 권한에 의하여 변경을 한 것과 같은 외관이 있고 그러한 외관을 야기한 데 대하여 책임질 사유가 있는 때에는 변조 전에 기명날인 또는 서명한 자도 변조 후의 문언에 대하여 책임을 면하지 못한다.

2. 변조의 효과

어음·수표가 변조된 경우 어음·수표행위의 엄격성의 예외로서 어음·수표는 그 내용이 서로 다른 청구권을 표창하게 된다.

⑴ 변조 전에 기명날인 또는 서명한 자의 책임

1) 원문언에 따른 책임   i) 변조 전에 어음·수표에 기명날인 또는 서명한 자는 변조 전의 문언에 따라 책임을 진다($\frac{어}{(7)}$ 69, 771; 수 50). 왜냐하면 한번 유효하게 성립한 어음·수표상의 권리($\frac{또는}{채무}$)는 권한이 없는 자의 변경에 의하여 소멸된다고 할 수 없고, 또 변조에 의하여 새로운 문언이 기재된 경우에는 그것을 변조 전에 기명날인 또는 서명한 자가 전혀 알 수 없으므로 변조 후의 문언에 따라 책임을 질 근거가 없기 때문이다.

ii) 전술한 바와 같이 변조어음은 어음요건을 구비한 완전한 어음을 변조한 것이므로 변조 전의 기명날인 또는 서명한 자로 하여금 백지어음에 관한 어음법 제10조를 유추적용하여 변조 후의 문언에 따른 책임을 지게 할 수 없다고 본다. 그리하여 원문언을 인식할 수 있을 정도의 흔적이 없거나, 변조로 인하여 어음·수표요건이 흠결된 경우에도 원문언에 따라 책임을 진다[동: 徐(돈), 84; 孫(주), 99].

㈎ 만기가 변조된 경우   a) 변조 전에 기명날인 또는 서명한 소구의 무자는 원문언의 만기를 기준으로 산정된 기간 내에 지급제시와 거절증서의 작성이 있음을 전제로 책임을 진다.

그리하여 판례에는 「어음소지인이 약속어음이 변조된 후에야 비로소 그 어음을 취득하였고 변조 전의 원문언에 따른 지급제시기간 내에 그 약속어음을 지급제시하지 않은 경우, 그 최종소지인의 배서인에 대한 소구권은 요건흠결로 상실되어 배서인에 대하여 변조 전의 원문언에 따른 책임을 물을 수 없다」고 한 것이 있다 $\begin{bmatrix} 大 96.2.23, \\ 95 다 49936 \end{bmatrix}$.

b) 변조 후에 기명날인 또는 서명한 자는 변조된 만기를 기준으로 한 권리보전절차가 있음을 조건으로 책임을 진다$\begin{bmatrix} 동: 鄭 \\ (동), 202 \end{bmatrix}$.

㈏ 배서금지문구가 말소된 경우   환어음의 발행인은 말소 후에 한 배서양도의 피배서인에 대하여 그 사실을 알았든 몰랐든 간에 배서에 의한 권리이전을 부정할 수 없다.

㈐ 지급지나 지급장소가 변조된 경우   변조 전에 기명날인 또는 서명한 자에 대한 청구를 위하여는 변조 전의 지급지 또는 지급장소에서 제시하여야 한다.

㈑ 수취인이 변조된 경우   변조 후의 수취인으로부터 배서가 형식적으로 연속된 때에는 적법한 소지인으로 추정되어 어음에 의한 청구가 가능하다.

2) 변조문언에 대한 책임

㈎ 추인 또는 동의가 있는 경우   변조의 경우에도 위조의 경우와 같이 추인을 한 때에는 변조 전에 기명날인 또는 서명한 자는 변조 후의 문언에 따라 어음·수표상의 책임을 지며, 동의를 한 경우도 같다. 동의는 어음·수표의 소지인 또는 변조어음·수표를 취득한 자기의 후자에 대하여 할 수 있으며 그 효력은 동의의 상대방에게만 생긴다.

㈏ 외관에 대한 책임   변조 전에 기명날인 또는 서명한 자가 책임질 사유로 변조를 가능케 함으로써 외관을 야기한 때에는 변조 전의 기명날인 또는 서명자도 책임을 져야 할 것이다. 즉 변조에 대하여 변조 전의 기명날인 또는 서명자에게도 과실이 있는 경우에는 일반적인 외관법리나 권리외관설에 따라 선의취득자에 대하여 변조 후의 문언에 의한 책임을 인정할 수 있을 것이다.

미국의 통일상법전(UCC)에서는 변조 전의 서명자가 변조에 대하여 과실이 있는 때에는 변조된 문언에 의한 책임을 면하지 못한다고 규정하고 있다($\frac{제 3 장}{406조}$).

(2) 변조 후에 기명날인 또는 서명한 자의 책임   변조 후의 어음·수표에 기명날인 또는 서명한 자는 변조 후의 문언에 따라 책임을 진다($\frac{어 69, 77 \text{ I}}{(7); 수 50 \text{ I}}$). 이 자는 변조 후의 신문언을 자기의 의사표시의 내용으로 하여 어음·수표행위를 한 것이므로 어음·수표행위독립의 원칙에 의하여 책임을 진다. 그리하여 변조 후에 기명날인 또는 서명한 자는 변조의 사실을 알았든 몰랐든 간에, 또 변조 어음·수표의 취득자의 선의·악의를 불문하고 변조 후의 문언에 따라 책임을 진다. 그러나 변조로 인하여 어음·수표가 형식적으로 무효가 된 후에 기명날인 또는 서명한 자는 책임을 지지 않는다.

(3) 입증책임   변조된 어음·수표에 수인의 기명날인 또는 서명한 자가 있는 경우에 이들의 책임은 기명날인 또는 서명을 변조 전에 하였는가 변조 후에 하였는가에 따라 다르게 된다. 그러므로 변조된 시기는 당사자에게 중대한 영향을 미친다. 그러나 변조에 관한 입증책임에 관하여는 어음법·수표법에 특칙이 없기 때문에 일반원칙에 의하여야 하는데 이에 관하여는 다음과 같은 학설의 대립이 있다.

1) 변조식별의 가능성에 따라 구별하는 설   어음·수표상의 변조의 식별이 가능한 경우와 변조가 된 것을 알 수 없는 경우를 구별하여 입증책임을 인정하는 것이 통설이다. 이 견해가 어음·수표의 특수성에서 볼 때 타당하다고 본다[동: 鄭(희), 368; 徐(돈), 85; 孫(주), 101; 鄭(찬), 209][大 87. 3. 24, 86 다카 37; 大 90. 2. 9, 89 다카 14165].

(가) 식별이 불가능한 경우   변조의 사실이 어음·수표의 외면으로 보아 명백하지 않은 경우에는 거래의 안전을 위하여 변조의 사실이 없는 것으로 추정되어야 할 것이다. 즉 어음·수표소지인은 현재의 문언에 따라 청구할 수 있는 것이다. 그러므로 어음·수표상의 채무자가 현재의 문언에 따르는 책임을 면하려면 변조 전의 원문언과 함께 자기가 기명날인 또는 서명한 다음에 변조되었다는 것을 입증하여야 한다.

(나) 식별이 가능한 경우   변조의 사실이 명백한 경우에는 변조 후의 문언에 따라 어음·수표채무자에게 청구하려면 어음·수표소지인이 어음·수표채무자가 기명날인 또는 서명을 변조 후에 하였다거나 변조에 동의하였다는 것을 입증하여야 한다. 그러나 이러한 입증을 모두 할 수 없어서 변조 전의 文言

에 따라 청구하려면 어음·수표채무자의 기명날인 또는 서명이 변조 전에 하였
다는 것과 원문언을 입증하여야 된다. 그 결과 원문언을 입증할 수 없는 경우
에 불이익은 어음·수표소지인에게 돌아가고 어음·수표에 기명날인 또는 서명
한 자는 아무런 책임도 지지 않게 된다.

　　2) 변조의 효과를 주장하는 자가 진다는 설　　　변조의 법률효과를 주장
하는 자는 그 어음이 변조된 사실 즉 그 약속어음에 기명날인 또는 서명할 당
시의 어음문언에 관하여 입증책임을 진다고 한다[大 85.11.12,
85 다카 131]. 그러나 이 견해는
변조의 사실이 어음상으로 분명한 경우에도 어음채무자가 입증책임을 진다는
점에서 불합리하다고 본다.

　　3) 소지인이 진다는 설　　　「소지인의 어음금청구에 대하여 채무자가 변
조가 있었다고 주장하는 것은 소송법상 채무부담의 간접부인이므로, 변조의
사실이 어음면상 명백한가 아닌가에 관계 없이 채무자가 부담할 채무의 내용
에 관한 입증책임은 항상 소지인에게 있다」고 한다[鄭(동),
205]. 그러나 어음상으로
변조를 식별할 수 없는 경우에도 소지인에게 입증책임을 지우는 것은 가혹하
고 어음·수표거래의 안전을 해할 우려가 있다.

　　(4) 변조자의 책임　　　1) 변조자는 어음·수표에 기명날인 또는 서명하
고 있지 않는 한 어음·수표상의 책임을 지지 않는다. 그러므로 백지식배서가 되
어 있는 어음을 취득한 양수인이 변조만을 한 후 그대로 양도를 위하여 어음·
수표를 교부한 때에는 증권상에 변조자의 기명날인 또는 서명이 없기 때문에
어음·수표상의 책임을 지지 않는다고 본다[동: 徐(정), 119; 徐(돈), 84; 孫(주), 101; 李·
崔, 779; 姜(위), 134; 蔡(이), 264; 李(철), 144].

　　2) 특히 우리 나라에는 어음법 제 8 조(宁
11)를 유추적용하여 변조자의 책임
이 인정되어야 한다는 견해도 적지 않다[鄭(희), 103; 鄭(동), 204; 李(기),
186; 鄭(찬), 206; 梁(승), 156]. 예컨대 백
지식 배서를 한 어음을 단순히 교부에 의하여 취득한 자가 어음금액을 변조하
여 기명날인 또는 서명하지 않고 다시 교부로 양도한 변조자도 민·형사상의
책임은 물론이고 어음상의 책임을 진다는 것이다. 이들은 무권대리인이나 위
조자가 어음상의 책임을 진다면 변조자도 책임을 져야 한다는 논리에 서 있
다[鄭(동), 204;
李(기), 186]. 그리하여 변조자의 어음상의 책임은 위조자의 그것과 같다고 하
기도 한다[鄭(찬),
205]. 그러나 이는 기본적으로 위조자와 기명날인 또는 서명하지
않은 변조자의 행위의 차이점을 알지 못한데서 비롯된 것이라고 본다.

　　3) 무권대리인이나 위조자가 어음상의 책임을 지는 것은 이들이 대리방식
으로 하였든 타인명의 또는 가설인의 명의를 사용하였든 간에 스스로 기명날

인 또는 서명을 함으로써 어음상의 채무를 부담하는 자가 있는 것과 같은 외관을 야기하였기 때문에 그에 대한 책임을 지는 것이다. 그러나 기명날인 또는 서명을 하지 않은 변조자는 채무부담자가 있는 것과 같은 외관을 야기한 바 없으므로 민·형사상의 책임은 별론으로 하고 어음상의 책임을 지지 않는다는 것은 당연한 것이다.

(5) **변조자의 권리**　　어음·수표를 변조한 소지인은 변조 전의 문언에 따르는 권리를 상실하지 않으므로, 변조 전의 기명날인 또는 서명한 자에 대하여 권리를 행사할 수 있다.

[事例演習]

◇ 사 례 ◇

　　乙은 A로부터 어음발행의 청탁을 받고 A의 자금융통을 위하여 어음을 작성하여 교부함에 있어서 마침 어음금액의 기재를 위한 체크라이터가 고장이 나서 어음용지의 우측 하단에 볼펜으로 ₩500,000이라고 기재를 하고 추후에 A로 하여금 체크라이터로 동액을 기재토록 하였다. 그런데 A는 ₩와 숫자 사이의 간격이 있는 것을 보고 그 사이에 2자를 써 넣고 금액란의 여백에는 체크라이터로 ₩2,500,000이라고 기재하여 甲에게 양도하였다. 이 경우 甲은 乙에 대하여 얼마를 청구할 수 있는가?

[해 설]　이 사례의 경우 A의 행위가 백지어음의 부당보충으로 인정되는 때에는 甲은 선의이며 중대한 과실이 없으므로 2,500,000원을 청구할 수 있게 되고($_{10}^{어}$), 어음금액의 변조에 해당하는 때에는 甲은 乙에 대하여 500,000원만을 청구할 수 있게 된다. 그러나 이 사례의 경우에 A의 행위는 변조라고 할 수 있다. 어음법에서는 어음금액의 기재방법에 대하여 어떠한 제한도 하지 않고 있으므로 볼펜으로 기재한 어음금액도 그 효력을 부정할 이유가 없고 체크라이터에 의한 금액의 기재를 乙이 A에게 의뢰한 것은 단순히 어음금액의 중복기재의 대행을 乙에게 부탁한 것으로서 볼펜에 의한 기재도 어음금액으로 인정되는 한 그 후에 A가 2자를 추가한 행위는 변조에 해당한다고 할 것이다. 그러나 문제가 되는 것은 乙이 그와 같은 변조를 가능케 한 데 대하여 귀책사유가 있는 때에는 권리외관이론에 따라 그 책임을 면할 수 없게 된다는 점이다.

제 5 절　어음·手票上의 權利와 어음法·手票法上의 權利

[412]　제 1　어음·手票上의 權利

1. 어음상의 권리

(1) 의　　의　　어음상의 권리는 어음에 표창된 어음금액지급청구권 및 이에 갈음하는 권리를 말한다. 어음법에서 규정하고 있는 어음으로부터 생기는 모든 권리($^{어14\,I·}_{63\,I}$), 어음상의 청구권($_{70\,I}^{어}$)이라는 것이 여기에 속한다. 어음상의 권리는 어음행위에 의하여 발생하고 반드시 증권에 의하여서만 행사할 수 있는 권리이다. 어음상의 권리는 다른 권리에 비하여 강하게 보호되는 반면에 단기시효가 적용되며($^{어\,70,}_{77\,I\,(8)}$), 절차의 흠결에 의하여 소멸된다($^{어\,53,}_{77\,I\,(4)}$).

(2) 범　　위　　어음금액지급청구권으로는 환어음의 인수인이나 약속 어음의 발행인에 대한 권리($^{어28\,I·}_{78\,I}$)가 있으며, 이에 갈음하는 권리로는 소구권($^{어\,9,\;15\,I·}_{77\,I\,(1)}$), 어음보증인에 대한 권리($^{어\,32\,I·}_{77\,III}$), 어음금을 지급한 어음보증인이 갖는 권리($^{어\,32\,III·}_{77\,III}$), 참가인수인에 대한 권리($^{어}_{58\,I}$), 참가지급인이 갖는 권리($^{어\,63\,I·}_{77\,I\,(5)}$) 등이 있다.

2. 수표상의 권리

수표의 경우에도 소구권·보증인에 대한 권리·지급한 보증인의 권리($^{수}_{12,}$ $^{18,\;27,}_{55}$) 등은 어음의 경우와 같지만, 엄밀한 의미에서의 수표금액지급청구권은 존재하지 않는다. 왜냐하면 수표의 지급인은 채무자가 아니며 수표의 소지인 은 다만 수표금액을 수령할 권한이 있는 데 불과하기 때문이다. 이는 인수전의 환어음과 같은 것이다. 그러나 어음·수표상의 권리라고 할 때에는 물론 이러 한 수령권한도 포함되는 것으로 본다.

[413]　제 2　어음法·手票法上의 權利

어음법·수표법에 규정되어 있는 권리를 말한다. 어음·수표상의 권리를 어음·수표의 본래의 목적을 직접 달성하기 위한 권리와 이에 갈음하는 권리라 고 한다면, 어음법·수표법상의 권리는 보조적인 권리라고 할 수 있다. 그러므로 권리의 행사에는 반드시 증권을 필요로 하지 않는다. 악의취득자에 대한 어음·수표반환청구권($\begin{smallmatrix} 어 & 16 & Ⅱ, & 77 \\ Ⅰ & (1); & 수 & 21 \end{smallmatrix}$), 소구통지를 해태한 자에 대한 손해배상청구권($\begin{smallmatrix} 어 & 45 & Ⅵ, & 77 & Ⅰ & (4); \\ & 수 & 41 & Ⅵ \end{smallmatrix}$), 복본교부청구권($\begin{smallmatrix} 어 & 64 & Ⅲ; \\ 수 & 48 \end{smallmatrix}$), 이득상환청구권($\begin{smallmatrix} 어 & 79; \\ 수 & 63 \end{smallmatrix}$) 등이 여기에 속한다.

제 4 장   어음·手票의 實質關係

제 1 절   總   說

[414]   제 1   實質關係

어음·수표는 수단적 성질이 강하여 여러 가지의 어음·수표 외의 관계와 밀접한 관련을 갖게 되는데, 이를 어음·수표의 실질관계라고 한다. 여기에는 i) 원인관계로서 어음·수표행위의 당사자간에 있어서 어음·수표수수의 원인이 되는 법률관계, ii) 자금관계로서 발행인과 지급인 간에서 지급인이 지급 또는 인수를 함에 있어서 근거가 되는 법률관계 등이 있으며, iii) 어음·수표 예약으로서 어음·수표관계의 준비단계인 법률관계가 있다.

제 2 절   어음·手票의 原因關係

[415]   제 1   總   說

(1) 의   의   어음·수표행위는 실질적 법률관계를 전제로 하여 하게 되는데, 이와 같이 어음·수표수수의 당사자간에 있어서 어음·수표행위를 하게 되는 원인인 법률관계를 어음·수표의 원인관계 또는 기본관계라고 한다. 또한 어음·수표의 수수에는 일반적으로 반대급부가 따르기 때문에 이를 대가관계라고도 한다. 그러나 융통어음의 경우와 같이 자금의 융통을 위하여 어음을 발행하는 때에는 대가관계가 존재하지 않고 원인관계만 있을 뿐이다.

(2) 원인관계의 유형   원인관계는 매매대금의 지급을 비롯하여 어음 상의 권리의 매매(어음할인), 채무의 담보, 채권의 추심, 소비대차의 변제, 자금의 융통, 증여 등을 위한 경우가 있다.

[416] 제2 原因關係와 어음·手票關係의 分離

　어음·수표관계는 다양한 원인관계를 전제로 하지만 어음·수표의 무인증권성·설권증권성·문언증권성·항변의 절단($^{어}_{17}$) 등의 특수성으로 인하여 원인관계와 어음·수표관계는 종속성이 없고 엄격하게 분리된다[$^{大\ 84.\ 1.\ 24,}_{82\ 다카}$ $^{1405;\ 大\ 89.\ 10.\ 24,}_{89\ 다카\ 1398}$]. 그러므로 어음·수표를 양도하더라도 원인관계는 이전하지 않는다. 그리하여 어음·수표상의 권리의무는 원인관계의 유효 또는 무효에 의하여 영향을 받지 않는다[$^{大\ 65.\ 10.\ 19,\ 65\ 다\ 1594;}_{大\ 66.\ 7.\ 19,\ 66\ 다\ 195}$].

[417] 제3 原因關係가 어음·手票關係에 영향을 미치는 경우

　원인관계와 어음·수표관계는 법률적으로 엄격히게 분리되지민 이음·수표는 원인관계를 위한 수단에 불과하기 때문에 양자는 경제적으로 밀접한 관계에 있다. 그리하여 어음법·수표법은 어음·수표의 유통성을 해하지 않는 범위 내에서 양자의 관련을 고려한 제도를 두고 있다.

　(1) 인적항변의 인정　　어음·수표상의 권리는 원인관계의 흠결이나 하자가 있어도 유효하게 성립한다. 그러나 어음·수표수수의 당사자간에 있어서 채무자는 원인관계에 의한 사유를 인적항변으로 주장할 수 있다($^{어}_{(1)}$ $^{17,\ 77\ I}$; $^{수}_{}$ 22). 이 경우에는 유통의 보호는 문제가 되지 않으므로 원인관계와 어음·수표관계의 분리원칙을 적용할 필요가 없기 때문이다.

　(2) 소 구 권　　어음·수표의 지급이 없거나 만기 전이라도 換어음의 경우에 인수가 거절된 때에는 어음·수표소지인은 배서인 등에 대하여 지급($^{어음·수표금}_{액과\ 비용\ 등}$)을 청구할 수 있는데($^{어}_{(4)}$ $^{43,\ 48,\ 77\ I}$; $^{수}_{}$ 39, 44), 이러한 소구권도 원인관계에 의한 담보책임을 법정한 것이라고 할 수 있다.

　(3) 이득상환청구권　　어음법·수표법상의 이득상환청구권제도($^{어\ 79;}_{수\ 63}$)도 어음·수표상의 권리가 단기시효 또는 소구권보전절차의 흠결에 의하여 소멸한 경우에 채무를 면하게 된 어음·수표상의 채무자가 어음·수표의 수수에 있어서 취득한 대가나 자금을 그대로 보유하는 경우에는 불공평한 결과가 초래되므로 원인관계 및 자금관계를 고려하여 법정한 제도이다.

[418]　제 4　어음・手票關係가 原因關係에 미치는 영향

원인관계의 채권자는 어음・수표가 아니라도 채무의 이행을 청구할 수 있지만, 실제에 있어서는 어음・수표가 채무의 결제를 위하여 수수된다. 그러면 이 경우에 어음・수표의 수수는 그 원인관계에 대하여 어떠한 영향을 미치는가 하는 문제가 있다.

I. 어음・수표의 수수와 원인채권의 존속

원인관계에 의한 채무의 결제를 위하여 어음・수표가 수수된 경우에는 어음・수표관계는 기존채무에 대하여 어떠한 영향을 미치는가 하는 문제는 당사자의 의사에 의하여 결정된다.

(1) 지급을 위한 경우

1) 양 관계의 병존　　(개) 어음・수표의 수수에 있어서 당사자간에 의사가 명백하지 않을 때에는 원칙적으로 어음・수표는 「지급을 위하여」 수수된 것이라고 **추정하여야 한다**[大 96.11.8, 95 다 25060]. 왜냐하면 어음과 수표의 교부는 지급의 시도에 불과하므로 그 수수만으로 변제의 목적이 달성되었다고 할 수 없고, 어음・수표의 수수로 원인채권이 소멸한다면 담보 있는 원인채권의 경우에는 담보까지 상실하게 되며, 어음・수표상의 권리의 소멸시효기간은 민법이나 상법에 비하여 단기이므로 채권자에게 불리하기 때문이다. 그러므로 기존채무의 소멸을 주장하려면 소멸에 관하여 특별한 의사표시가 있었다는 것을 입증하여야 한다.

(내) **자기앞수표의 경우**에는 그 지급의 확실성을 이유로 그 수수가 채무의 본지에 따르는 변제의 제공이라는 견해도 있으나[鄭(희)・107], 자기앞수표라도 위조의 경우에는 법률관계가 번잡하게 되므로 당사자의 의사가 명백하지 않는 한 지급을 위한 것이라고 본다. 판례는 기존채무에 관한 어음・수표의 발행의 경우에는 특별한 사정이 없는 한 채무의 **지급확보** 또는 그 지급을 위하여 발행한 것으로 보는 입장이다[大 61.11.2, 4293 민상 278; 大 76.11.23, 76 다 1391].

2) 행사의 순서　　(개) 어음・수표가 「지급을 위하여」 수수된 경우에는 우선 채권자는 어음・수표상의 권리를 행사하고 이것에 의한 만족을 얻지 못했을 때에 비로소 원인채권을 행사할 수 있다고 본다[大 96.11.8, 95 다 25060][UCC 제3장 802조 1(b) 참조]. 왜냐하면 어음・수표가 배서된 경우나 환어음이 발행된 경우에는 원인관계에 의

한 채무자와 어음·수표상의 채무자가 달라지게 되는데, 어음·수표의 수수는
특별한 사정이 존재하지 않는 한 지급을 위하여 교부된 것으로 볼 수 있으므
로 채권자는 어음·수표상의 권리를 먼저 행사하여야 할 것이기 때문이다.

(나) 따라서 원인채권의 선행사나 양 권리의 동시행사는 이행을 위하여 어
음·수표를 교부한 목적에 위배되므로, 채무자는 어음·수표채권의 선행사를
요구할 수 있다. 그리고 양 채권이 병존하는 경우에 어음·수표채권을 먼저 행
사하여야 할 경우에는 그 지급제시가 없는 한 채무자는 원인채권에 대하여도
이행지체가 되지 않고 채권자는 계약해제도 할 수 없다고 본다.

(다) 판례는 기존채무에 관한 어음·수표의 발행은 **채무의 지급확보** 또는
지급을 위하여 발행한 것이라는 전제하에 채권자는 원인채권과 어음·수표채
권 중에 어느 것이든 선택하여 행사할 수 있다는 입장으로$\begin{bmatrix} 大 & 61.11.2, 4293 민상 278; \\ 大 & 76.11.23, 76 다 1391 \end{bmatrix}$,
지급을 위하여 발행한 경우에도 채권자가 **선택권**을 갖는 것으로 해석되는데
이는 타당한 것으로 볼 수 없다. 그리하여 판례는 어음을 반환하면 원인채권을
행사할 수 있으나, 어음의 반환이 없는 한 원인채권의 양도통지 후에 어음금이
지급되었어도 원인채권의 이행을 거절할 수 있다고 한다$\begin{bmatrix} 大 & 96.3.22, \\ 96 다 & 1153 \end{bmatrix}$.

(2) **담보를 위한 경우**   어음·수표가 「담보를 위하여」 수수된 경우에
도 원인채권과 어음·수표채권은 병존하지만 그 중 어느 채권을 먼저 행사할
것인가 하는 문제는 **채권자의 자유**에 속한다$\begin{bmatrix} 동: 徐(돈), 125\sim \\ 126; 孫(주), 156 \end{bmatrix} \begin{bmatrix} 大 & 60.8.18, \\ 4292 민상 864 \end{bmatrix}$. 어음·
수표가 담보를 위하여 수수된 때에는 원인채권의 지참채무성(持參債務性)은
상실되지 않으며 원인채권의 변제기가 도래함으로써 어음·수표의 지급제시
여하에 불구하고 채무자는 당연히 이행지체에 빠지게 된다. 또한 채권자는 원
인관계의 계약해제를 할 수 있다. 그런데 판례에는 대가관계에서 어음교환이
이루어진 경우에는 그 원인관계에 비추어 볼 때 각자가 교부한 어음에 대하
여 지급을 담보하기로 하는 민법상의 보증을 위한 보증특약이 있었던 것으로
본다고 한 것이 있다$\begin{bmatrix} 大 & 94.8.12, \\ 94 다 & 14186 \end{bmatrix}$.

1) **어음·수표채권의 선행사의 경우**

(가) **권리보전의무**   a) 먼저 어음·수표채권을 행사하는 경우에는 채무
자를 위하여 채권자는 어음·수표상의 **권리보전**을 위하여 필요한 행위를 하여
야 할 의무를 진다$\begin{bmatrix} 大 & 96.11.8, \\ 95 다 & 25060 \end{bmatrix}$. 특히 적법한 제시를 하여야 하며$\binom{어 38;}{수 29}$, 인수 또
는 지급이 거절된 때에는 **거절증서**를 작성하여야 한다$\binom{어 44;}{수 39}$. 이러한 의무를
해태하여 어음·수표상의 권리를 상실한 때에는 그로 인하여 채무자가 받은 손

해를 배상하지 않으면 채권자는 원인채권을 행사하지 못한다.

그런데 판례는「채권자가 소구권 보전의무를 위반하여 지급기일에 적법한 지급제시를 하지 아니함으로써 소구권이 보전되지 아니하였더라도 약속어음의 주채무자인 발행인이 자력이 있는 한 어음을 반환받은 채무자가 발행인에 대한 어음채권이나 원인채권을 행사하여 자기 채권의 만족을 얻을 수 있기 때문에 아직 손해는 발생하지 아니하는 것이고, 지급기일 후에 어음발행인의 자력이 악화되어 무자력이 됨으로써 채권자에게 자신의 채무를 이행하여야 할 채무자가 어음을 반환받더라도 발행인에 대한 어음채권과 원인채권의 어느 것도 받을 수 없게 된 때에야 비로소 자신의 채권에 대하여 만족을 얻지 못하게 되는 손해를 입게 되는 것이고, 이러한 손해는 주채무자인 발행인의 자력의 악화라는 특별사정으로 인한 손해로서 소구권 보전의무를 불이행한 어음소지인이 그 채무불이행 당시인 어음의 지급기일에 장차 어음발행인의 자력이 악화될 것임을 알았거나 알 수 있었을 때에만 그 배상채권으로 상계할 수 있다」는 입장이다[大 96. 11. 8,/95 다 25060].

b) 원인채권의 행사는 원칙적으로 만기에 어음이 지급되지 않았다는 사실(거절증서 의 작성)만으로 할 수 있으며 어음소송의 결과를 기다릴 필요가 없다.

⒩ 원인채권의 소멸   어음·수표채권을 먼저 행사하여 지급이 되면 원인채권도 소멸한다. 즉 원인채권의 소멸은 지급을 조건으로 한다. 또 채권자는 만기 전이라도 어음의 할인을 위하여 배서양도가 가능하지만 이 때에도 할인에 의하여 그 대가를 취득한 때에 곧 원인채권이 소멸하는 것이 아니라, **채권자가 얻은 대가를 다시 상실할 염려가 없게 된 때**에, 즉 배서인으로서 상환의무를 면하게 된 때에 비로소 원인채권이 소멸하게 된다[大 2002. 12. 24,/2001 다 3917]. 그러나 **무담보배서**를 한 경우에는 지급과 같은 결과가 되어 곧 원인채권은 소멸한다고 본다. 그리고 채권자가 어음·수표를 상실하여 제 3 자가 선의취득한 때에는 원인채권은 소멸한다. 채권자가 원인채권을 양도하고 채무자가 양수인에게 변제를 하여도 어음·수표를 회수하지 않는 한 어음·수표채권은 소멸하지 않는다.

2) 원인채권의 선행사의 경우   ⒢ 어음·수표가「담보를 위하여」수수된 경우에 채권자가 원인채권을 먼저 행사하려고 할 때에는 **어음·수표를 채무자에게 반환**하여야 한다[大 96. 11. 8,/95 다 25060]. 그러므로 채권자는 어음·수표채권을 먼저 행사하는 것이 유리하다. 채권자가 원인채권을 먼저 행사하는 경우에 채권자가 어음·수표를 반환하지 않는 때에는 채무자는 **동시이행의 항변권**을 행사할 수 있다는 것이 **통설**이며 판례의 입장이다[大 76. 4. 13, 75 다 649;/大 92. 12. 22, 92 다 8712]. 만약에 어음·수표의 반환을 받지 않고 채무자가 원인채권을 변제하게 되면 채권자가 어음·

수표를 양도한 때에는 어음·수표의 선의취득자에 대하여 또다시 이중으로 지급하여야 될 것이며, 또 전자에 대하여 소구권을 행사할 수 없게 되는 불공평한 결과가 야기될 수도 있다.

(나) 그 결과 채권자가 어음·수표를 양도하여 어음·수표를 소지하고 있지 않는 때에는 채무자에게 그것을 반환할 수 없어서 원인채권의 행사를 할 수 없게 된다[大 76. 4. 13, 75 다 649; 大 77. 3. 8, 75 다 123]. 다만 어음상의 어음채무자의 전자가 존재하지 않고 어음이 물리적으로 멸실되었으며 멸실 당시에 채권자가 어음을 소지하고 있었을 때에는 이중지급의 위험이 없기 때문에 채무자에 의한 어음상환의 항변은 인정되지 않는다고 본다. 그러나 어음이 제 3 자가 소지하는 중에 멸실되었을 때에는 그 제 3 자가 제권판결을 얻는 경우에 이중지급의 위험이 있게 된다. 따라서 이러한 경우에는 채무자의 어음상환의 항변이 가능한 것이다. 또한 채권자가 어음을 분실한 경우에는 어음이 선의취득됨으로써 이중지급이 위험이 있으므로 채권자가 제권판결을 취득한 경우에만 어음채무자는 어음의 상실자에게 지급을 함으로써 면책이 될 수 있다.

(3) 지급 또는 담보를 위한 것인지의 구별

1) 총   설   원인채권이 병존하는 경우에 어음·수표가 지급을 위한 것인지 담보를 위한 것인지에 따라 위에서 본 바와 같이 채권행사의 순서와 방법이 달라지므로 당사자의 의사가 명백하지 않은 경우에는 그 판단이 중요한 문제가 된다.

2) 판단의 기준   (가) 원인관계의 채무자와 어음상의 주채무자가 다른 경우로서 예컨대 원인관계의 채무자가 환어음이나 수표를 발행하였거나 타인이 발행한 약속어음이나 타인이 인수한 환어음을 배서양도한 경우에는, 채권자가 어음·수표를 수취한 이상「지급을 위하여」어음·수표가 수수된 것으로 추정할 수 있다[大 96. 11. 8, 95 다 25060; 大 97. 3. 28, 97 다 126·133]. 그리고 원인관계의 채무자가 동시에 어음상의 주채무자인 경우로서 예컨대 제 3 자방지급의 기재가 없는 약속어음을 발행한 경우와 채권자가 발행한 자기지시환어음에 원인관계의 채무자가 인수한 경우 등에는「담보를 위하여」어음을 수수한 것으로 추정할 수 있을 것이다[大 64. 6. 2, 63 다 856; 大 66. 7. 19, 66 다 195]. 이 때에는 채무자가 어음상의 유일한 의무자인 경우를 말한다.

(나) 한편 원인관계상의 채무자가 약속어음을 발행하면서 제 3 자방지급의 기재를 한 때에[890면 참조] 이를 담보를 위한 것으로 보게 되면 채권자는 양 채권

중 선택하여 행사할 수 있게 되어 채무자는 제 3 자에게도 지급자금을 제공하여야 하므로 이중으로 자금을 마련하여야 될 것이다. 그러므로 채무자가 약속어음을 발행하였더라도 제 3 자방지급의 경우에는 지급을 위하여 약속어음이 수수된 것으로 추정되어야 한다. 그러나 약속어음의 지급제시기간이 경과하여 제 3 자방지급의 기재가 효력을 상실한 때에는 담보를 위한 것이 되므로 원인채권과 어음채권 중 어느 것을 행사할 것인지 채권자가 임의로 정할 수 있다.

    3) 구별의 실익   (가) 어음·수표가 「지급을 위하여」 또는 「담보를 위하여」 수수된 때에는 원인채권과 어음·수표채권은 병존하게 되지만, 「지급을 위하여」 수수된 경우에는 채권자는 어음·수표상의 권리를 먼저 행사하여야 할 의무가 있으므로 어음·수표의 지급제시가 없는 한 채무자는 원인채권에 대하여 이행지체에 빠지지 않으므로 채권자는 이행지체를 이유로 계약을 해제할 수 없게 된다.

    (나) 이에 비하여 「담보를 위하여」 수수된 경우에는 원인채무의 변제기가 도래하면 어음·수표의 지급제시와 관계 없이 채무자는 이행지체가 되므로 채권자는 이를 이유로 계약을 해제할 수 있다. 즉 어음·수표의 지급기는 도래하지 않았더라도 원인채무의 변제기에 변제를 하지 않으면 이행지체의 책임을 지는 것이다. 따라서 양자를 구별하는 것은 중요한 문제가 아닐 수 없다.

    ## 2. 어음·수표의 수수와 원인채권의 소멸

    (1) 지급에 갈음한 수수

    1) 당사자간에 어음·수표의 수수를 원인채무의 「지급에 갈음하여」 한다는 뜻의 합의가 있는 때에는 어음·수표의 수수로 원인채권은 소멸하고 채무자는 어음·수표에 의한 책임을 질 뿐이다. 따라서 종래에 원인채권에 부착되었던 담보나 보증도 그 효력을 상실하게 된다. 이러한 법률관계를 경개(更改)라고 보는 입장이 있으나, 경개는 구채무의 소멸을 신채무발생의 조건으로 하므로($\frac{민}{504}$) 무인증권인 어음에 있어서는 대물변제로 보아야 할 것이다[동; 孫(주), 155; 徐(돈), 127; 鄭(동), 300; 李·崔, 862]. 즉 대물변제로 인하여 원인채권이 소멸되어 이후 어음·수표가 부도가 되어도 원인채권은 부활하지 않는다.

        판례는 「공사대금채권 중 금 13,500,000원의 지급을 위하여 같은 액면의 약속어음을 교부받으면서 계약서의 대금분할지급액 기재를 정정날인하였어도 이는 장차 만기에 그 어음금이 지급될 것을 예상하여 미리 금전을 수령하였다는 뜻으로 한 것으로 볼 수 있으므로 그 사실만으로 약속어음의 수수로서 기존채무를 소멸시키는 의사가 있었다고 단정할 수 없다」고 하여 어음이 지급에 갈음하여 교부된 것이라고 할 수 없다고 하였다[大 97.3.28, 97 다 126·133].

2) 어음·수표의 수수가「지급에 갈음하여」된 때에는 원인채권이 소멸하므로 어음의 경우 만기가 원인채권의 변제기 이후로 정해진 때에는 채권자는 어음의 만기까지는 지급을 청구할 수 없고, 반대로 어음의 만기가 원인채권의 변제기 전으로 정해진 경우는 원인채권의 금액이나 변제기에도 불구하고 채무자는 어음에 기재된 내용에 따라 책임을 진다.

(2) 기타 원인채권의 소멸사유

1) 어음·수표채무가 이행된 경우   원인채권은 소멸한다. 즉 어음이 주채무자에 의하여 지급된 때에 소멸하고 모든 소구의무자의 원인채권도 소멸한다. 어음·수표를 회수하지 않은 경우도 같다. 또한 채권자가 어음·수표를 상실하여 선의취득자가 유효하게 어음·수표의 지급을 받은 때에는 아무런 대가를 받은 바 없이 원인채권도 소멸한다.

2) 대가상실의 염려가 없는 경우   채권자가 어음·수표를 배서양도하여 원인채권의 금액에 상당하는 대가를 얻은 때에는 **무담보배서**를 한 때가 아니면 그 대가를 상실할 염려가 없게 된 때로서 어음·수표소지인이 지급을 받은 때 또는 지급제시기간의 경과 등으로 인하여 피배서인이 소구권을 상실한 때에 배서인과 피배서인 사이의 원인채권은 소멸한다.

3) 어음·수표채권이 소멸한 경우   ㈎ 시효소멸이나 권리보전절차의 해태로 인하여 어음·수표채권이 소멸한 경우라도 원인채권은 소멸하지 않는다. 그러나 어음·수표를 받은 채권자 또는 이행보조자의 책임 있는 사유로 인하여 적법한 시기에 제시하지 않았거나 권리보전절차를 해태한 때에는 채권자는 어음·수표채권을 추심해야 할 의무를 위반하였다고 할 수 있으므로 계약의 상대방인 채무자에 대하여 손해(전자에 대한 소구권 상실에 의한 손해)의 배상책임을 진다고 할 수 있고, 채무자는 손해배상청구권으로써 채권자의 **원인채권과의 상계**가 가능하다 할 것이다.

㈏ 한편 소멸시효나 권리보전절차의 해태로 인하여 어음·수표채권이 소멸한 때에는 원인채권을 행사할 수 없다는 견해도 있으나, 이 경우에 원인채권이 소멸한다고 한다면 채권자는 지나치게 불리한 지위에 놓이게 된다.

3. 어음·수표에 의한 원인관계의 추정

어음·수표는 무인증권이므로 어음·수표상의 기재만으로는 원인관계의 내용을 파악하기는 어렵다. 그러나 어음·수표관계와 원인관계는 경제적으로 보면 수단과 목적인 관계에 있기 때문에 어음·수표관계는 원인관계에 대한 추정을 가능하게 하고 당사자의 의사해석을 위한 자료가 될 수 있다.

(1) 채무의 변제기   어음의 만기는 특별한 사정이 존재하지 않는 한 기존채무의 변제기로 추정되고 대부(貸付)어음의 경우에 대부금의 변제기로 추정할 수 있다.

(2) 원인채무의 시효   어음이 지급을 위해 발행된 때에는 채권자는 어음의 만기가 도래하기 전에는 원인채무의 변제기가 도래하여도 원인채무의 변제를 청구할 수 없으므로, 원인채무의 시효는 어음의 만기로부터 진행된다고 할 수 있다.

(3) 원인채무의 이행장소   특별한 약정이 존재하지 않는 한 원인채무의 이행장소는 어음에 기재된 지급장소로 추정할 수 있다.

(4) 원인채무의 일부변제   채무의 변제는 일반적으로 채권자의 승낙이 없는 한 그 일부의 변제가 인정되지 않는다. 그러나 어음·수표의 경우에는 그 소지인이 일부지급을 거절할 수 없기 때문에($\frac{어}{수} \frac{39}{34} \text{II}$;) 기존채무를 위하여 어음이 수수된 경우에는 채권자가 일부변제를 승낙한 것이라고 할 수 있다.

(5) 원인채무의 지연이자   원인채무의 지연이자에 관하여 아무런 정함이 없는 때에 어음·수표를 수수한 경우에는 소구의무를 이행함에 있어서 채무자는 만기 이후의 법정이자를 지급하여야 한다($\frac{어}{수} \frac{48}{44} \frac{\text{I (2)}}{(2)}$;).

(6) 원인채무의 보증채무   소비대차상의 원인채무를 담보하기 위하여 수표를 교부하거나 약속어음에 배서하는 것은 기존채무에 대한 보증채무를 부담한 것으로 보는 것이 판례의 입장이었다[大 57. 11. 4, 4290 민상 516; 大 72. 3. 28, 71 다 2452]. 그리하여 종래의 판례는 어음이 차용증서에 갈음하여 발행되었다는 사정을 알고 담보의 의미로 어음에 배서행위를 하였다면 배서인은 어음발행의 원인이 된 차용금채무에 대하여도 연대보증의 책임을 질 의사로 배서행위를 한 것이라고 보아야 한다고 하였다[大 86. 7. 22, 86 다카 783]. 그러나 오늘날은 특별히 다른 사정이 존재하지 않는 한 배서인의 책임을 내용으로 한 담보의 의미로 배서행위를 한 것으로 보는 것이 학설[동; 鄭(동), 310; 鄭(찬), 245]과 판례의 입장이다[大 92. 12. 22, 92 다 17457; 大 94. 8. 26, 94 다 5397; 大 98. 6. 26, 98 다 2051].

제 3 절   어음·手票의 資金關係

[419]   제 1   總   說

(1) 의   의   어음·수표의 자금관계란 지급위탁증권인 환어음과 수표의 발행인이 지급인에게 자금을 제공하여 지급을 위탁하는 어음·수표 외의 관계를 말한다. 이러한 관계는 환어음과 수표에 있어서 법률상으로 지급을 할 자와 실질적으로 지급하는 자가 다르기 때문에 필요하다. 그러므로 환어음과 수표의 발행인은 자금관계에 의하여 지급인에게 자금을 제공할 의무를 지는 자금의무자라고 할 수 있다.

(2) 자금관계의 유형   자금관계의 전형적인 경우로는 미리 발행인으로부터 자금의 제공을 받는 때로서, 자금은 발행인이 지급인에게 미리 현금으로 교부하거나 매매대금채권이나 예금채권인 때가 많다. 또한 자금의 제공을 받지 않고 발행인과의 소비대차계약 등에 의하여 지급을 한 다음에 발행인에 대하여 청구권을 행사하는 경우도 있다.

[420]   제 2   換어음의 경우

(1) 자금관계와 어음관계의 분리   어음의 추상성에서 볼 때 자금관계도 어음관계에 영향을 미치지 못한다. 그러므로 환어음의 발행 및 인수는 자금의 유·무에 불구하고 유효한 것이며, 반대로 지급인이 자금을 수령하였다고 하여 당연히 지급이나 인수를 하여야 할 의무가 있는 것은 아니다. 다만 지급인이 인수를 하였을 때에만 어음상의 의무를 지며 자금의 교부가 없더라도 어음금의 지급을 거절하지 못한다.

(2) 자금관계와 어음관계의 관련성   양 관계는 원칙적으로 분리되지만 실질적으로는 밀접한 관계에 있기 때문에 그 관련성이 인정되는 경우가 있다. 즉 환어음의 인수인은 어음에 의하여 발행인에 대하여도 책임을 지지만($어_{28\,\mathbb{I}}$), 발행인의 청구에 대하여는 자금관계에 의한 인적항변을 주장할 수 있다($어_{17}$). 또한 발행인의 인수인에 대한 지급청구권($어_{28\,\mathbb{I}\,후단}$)과 이득상환청구권($어_{79}$)도 자금관계 등을 고려한 제도라고 할 수 있다.

[421] 제 3 手票의 경우

1. 총   설

수표의 경우에도 자금관계가 필요하다. 더욱이 수표에 대하여는 자금관계에 대하여 명문의 규정($\frac{수}{3}$)을 두고 있는 것이 특징이다. 즉 수표법 제 3 조 본문에서는 「수표는 제시한 때에 발행인이 처분할 수 있는 자금이 있는 은행을 지급인으로 하고 발행인이 그 자금을 수표에 의하여 처분할 수 있는 명시 또는 묵시의 계약에 따라서만 이를 발행할 수 있다」고 규정하고 있다.

2. 당좌계정거래계약

(1) 당좌예금계약($\frac{당좌차}{월계약}$)과 수표계약   수표를 발행하려면 지급인인 은행과 당좌예금계약($\frac{또는 당좌}{차월계약}$)에 의하여 자금이 있어야 하고, 동시에 발행인이 발행한 수표를 그 자금의 범위 내에서 은행이 지급한다는 수표계약이 존재하여야 한다. 이와 같이 당좌예금계약($\frac{또는 당좌}{차월계약}$)을 포함한 수표계약을 당좌계정거래계약이라 한다. 수표계약의 법적 성질은 위임계약이므로, 예입 또는 차월한 자금이 있는데도 지급을 거절하는 경우에 소지인은 은행에 대하여 수표계약에 의한 권리를 주장할 수 없다. 은행은 다만 수표계약의 당사자인 발행인에 대하여 위임계약의 불이행에 의한 책임을 질 뿐이다.

(2) 상호계산계약의 존부   수표계약이 체결되면 묵시적으로 상호계산계약도 있는 것으로 볼 수 있으나, 상호계산에 계입된 채권에 대하여는 압류나 전부가 금지되므로 당좌예금자에 대한 채권자의 이익이 저해될 수 있기 때문에 실제에 있어서는 상호계산계약의 성립을 부정하여 압류 또는 전부의 처리가 되고 있다. 그러므로 상호계산계약이 당연히 포함된다고 할 수 없다[$\frac{동: 鄭}{(희), 114}$]. 이와는 달리 상호계산계약이 성립한다는 설[$\frac{鄭(동)}{627}$]과, 약관에 의하여 그 성립이 인정된다는 설도 있다[$\frac{孫(주), 167;}{鄭(찬), 247}$].

3. 자금관계와 수표관계

수표의 경우에는 환어음과 달리 그 자금관계를 법정하고 있지만($\frac{수 3}{본}$), 수표관계와 자금관계는 분리되어 자금관계의 유·무나 그 내용은 수표의 효력에 영향을 미치지 않는다($\frac{수 3}{단}$). 그러므로 자금관계가 없는 지급인을 기재한 수표도 유효하다. 그러나 이 경우에는 과태료의 제재를 받는다($\frac{수}{67}$).

[422] 제 4 어음의 準資金關係

일반적으로 약속어음의 발행인이나 환어음의 인수인은 자기가 직접 지급하지 않고 제 3 자로 하여금 지급을 담당케 하는데($^{어}_{77}$ $^{4}_{Ⅲ}$), 이 경우에 제 3 자가 발행인이나 인수인을 위하여 지급을 하려면 자금관계와 유사한 실질관계가 존재하여야 한다. 이것을 준자금관계라고 하는데, 이러한 관계는 참가지급인과 피참가인($^{어}_{77}$ $^{59,}_{Ⅰ(5)}$), 보증인과 피보증인($^{}_{Ⅲ}$; $^{30,}_{수}$ $^{77}_{25}$) 사이에도 존재한다.

제 4 절 貨換어음

[423] 제 1 總 說

(1) 의 의 화환어음이란 어음상의 권리가 선하증권 또는 화물상환증에 의하여 담보되어 있는 환어음이다. 화환어음은 특히 격지거래에 있어서 매도인이 매수인을 지급인으로 하여 환어음을 발행하여 매매대금 등의 추심을 안전하게 하는 제도이다. 화환어음 중에 국내의 상품거래에서 이용되는 것을 내국화환(內國貨換)어음이라 하고, 국제거래의 결제를 위하여 발행되는 것은 외국앞화환어음이라고 한다. 또한 내국인 간에는 내국신용장(內國信用狀, Local L/C)에 의하여 화환어음이 발행되지만 이는 국제거래로 취급된다.

(2) 법적 성질 화환어음은 운송증권과 분리되면 순수한 환어음과 다를 바 없으며 화환어음이란 명칭은 그것이 이용되는 경제적 목적에 의하여 붙여진 것이다. 따라서 이는 특별한 종류의 어음이 아니다.

[424] 제 2 效 用

(1) 예컨대 서울의 甲이 함부르크의 乙에게 상품을 매도한 경우 甲은 乙에게 보내는 상품의 운송을 운송인에게 위탁하고 선하증권을 받는다. 그리고 甲은 乙을 지급인으로 환어음을 발행하여 여기에 선하증권을 첨부시켜 서울의 丙은행에 그 추심을 위임하거나($^{추심화}_{환어음}$) 매매대금의 지급기일 전이라도 서울의 丙은행으로부터 할인을 받고 그 대가를 수령하면서 선하증권을 어음의 지급을

위한 담보로서 丙은행에 교부한다(할인화환어음).

    (2) 丙은행은 추심 또는 할인을 위하여 받은 어음과 선하증권을 함부르크에 있는 자기의 지점이나 거래은행인 丁에게 송부하여 丁의 제시에 따라 乙이 어음을 지급(지급도) 또는 인수(인수도)하면 동시에 乙에게 선하증권을 교부하고 乙은 이에 의하여 상품을 수령할 수 있게 된다. 乙이 지급한 금액은 추심화환(推尋貨換)어음의 경우에는 甲에게 교부될 것이며, 할인화환(割引貨換)어음의 경우에는 丙이 甲에게 할인하여 준 금액의 회수를 위하여 충당될 것이다. 그러나 乙이 지급을 하지 않은 때에는 추심화환어음의 경우에는 어음과 선하증권을 甲에게 반환하여야 하며, 할인화환어음의 경우에는 丙은 어음에 의하여 甲에게 소구권을 행사하든가 선하증권을 처분하여 할인대금을 회수하게 된다.

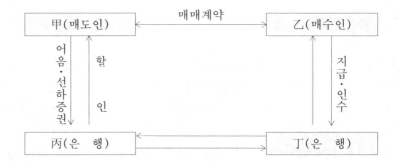

[425] 제 3 貨換어음의 法律關係

I. 매도인과 할인은행의 관계

    (1) 총 설   화환어음을 할인하는 경우에 매도인과 할인은행의 관계는 수출거래약정서(1978.8 개정)의 내용에 따라 정하여진다. 매도인이 할인을 위하여 환어음을 발행함에 있어서는 수취인을 할인은행으로 하든가 자기지시어음을 발행하여 할인은행에 배서하는 방법에 의한다. 보통 지급인은 매수인이지만, 환어음이 상업신용장에 의하여 발행된 때에는 지급인은 신용장의 개설은행이 되고 지급인은 매수인의 계산으로 지급하게 된다(어3Ⅲ).

    (2) 화환어음할인의 법적 성질

    1) 어음매매설   할인은행에 대한 어음의 교부는 지급인으로부터 지급을 받을 수 있는 지위의 매매를 내용으로 하는 어음의 매매라고 한다[大 84.11. 15, 84 다카

1227; 大 85. 2. 13, 84 다카 1832]. 어음을 할인하는 때에는 어음이 인수가 되기 이전이지만 어음은 매매계약을 원인으로 발행되고 또한 매매의 목적물을 대표하는 운송증권까지 담보로 첨부되므로 지급이 확실하며, 더욱이 상업신용장에 의하여 어음을 발행한 때에는 지급이 사실상 보장되므로, 매도인과 할인은행간의 화환어음의 할인은 지급받을 권한을 표창하는 어음의 매매라고 한다.

2) 소비대차설   ㈎ 할인액에 상당하는 금전의 소비대차가 할인은행과 매도인 사이에 이루어지고 이 소비대차채무의 지급방법으로 화환어음이 할인은행에 교부된다고 한다. 그 결과 할인은행이 어음에 의하여 수령한 금전은 매도인의 금전소비대차채무의 변제에 충당하는 것이 된다. 이에 의하면 할인은행은 매도인에 대하여 소비대차채권과 어음상의 소구권을 갖게 된다.

㈏ 은행여신거래기본약관 제14조 3항에 의하면 「어음요건의 불비나 어음을 無效로 하는 기재로 말미암아 어음상의 권리가 성립되지 아니하는 경우 또는 권리보전절차의 불비로 말미암아 어음상의 권리가 소멸한 경우에도 채무자는 어음면 기재금액의 변제책임을 지기로 한다」라는 내용이 포함되어 있다. 이러한 약정서에 의하면 어음의 교부는 소비대차에 의한 지급방법으로 한 것이라고 할 것이다[동; 孫 (주), 165].

(3) 운송증권에 의한 담보권의 성질   화환어음을 할인함에 있어서 할인은행은 매도인으로부터 운송증권의 교부를 받는데 이 경우에 은행이 취득하는 담보권의 성질에 관하여는 동산질권설(動産質權說)과 신탁적 양도설(信託的讓渡說)이 있다. 그러나 이것은 운송증권의 교부형식과 당사자의 의사에 의하여 결정될 성질의 것이다.

1) 입질배서의 경우   매도인이 할인은행에 대하여 운송증권을 입질배서하여 교부한 경우에는 할인은행은 운송물에 대하여 **동산질권**을 취득하게 된다. 또한 질권설정을 위하여 운송증권에 백지식배서를 하여 할인은행에 교부한 경우에도 같다는 견해도 있다[鄭(희), 117; 徐(돈), 132].

2) 할인은행이 피배서인·수하인·소지인인 경우   이러한 운송증권을 매도인이 교부한 경우에 할인은행이 취득한 담보권은 당사자의 의사가 분명하지 않은 때에는 이를 동산질권으로 보는 견해도 있으나, **통설**은 신탁적 양도로 본다. 왜냐하면 이 경우에 할인은행이 취득하는 담보권을 동산질권이라고 하면 환어음의 인수나 지급이 거절된 경우에 질권은 상환청구권을 담보하는 것이 되기 때문에 할인은행은 먼저 상환청구권을 행사하여 그 목적을 달성하지

못한 때에 비로소 질권의 행사가 가능하게 되는데, 신탁적 양도라고 할 경우에
는 환어음의 인수나 지급의 거절이 있는 즉시 운송물을 처분할 수 있기 때문
이다.

　　3) 매수인이 수하인인 경우　　매도인이 이러한 운송증권을 할인은행에
교부한 경우에는 할인은행은 이것을 유치하여 매수인에 대하여 어음금의 지급
을 간접적으로 강제할 수 있을 뿐이다 $\left[\begin{smallmatrix}\text{동: 鄭(희),117;}\\ \text{鄭(동), 316}\end{smallmatrix}\right]$.

　　2. 매도인과 추심은행의 관계

　　양자 사이에는 매도인이 추심은행에 대하여 환어음의 추심과 어음의 지급
($\begin{smallmatrix}\text{지급도의}\\ \text{경우}\end{smallmatrix}$) 또는 인수($\begin{smallmatrix}\text{인수도의}\\ \text{경우}\end{smallmatrix}$)와 상환으로 운송증권을 지급인에게 교부할 것을
의뢰하는 위임관계가 성립한다($\begin{smallmatrix}\text{민}\\ 680\end{smallmatrix}$). 어음이 지급되면 추심은행은 이를 매수인
에게 교부하고 지급 또는 인수가 없는 때에는 환어음 및 운송증권을 매도인에
게 반환하게 된다.

　　3. 매도인과 매수인의 관계

　　(1) 양자의 동시이행　　화환어음에 의하여 결제하는 경우에 매수인은
운송증권과 상환함이 없이는 대금의 지급($\begin{smallmatrix}\text{또는 어음}\\ \text{의 인수}\end{smallmatrix}$)을 거절할 수 있으며 매도인
도 대금의 지급이 없는 때에는 운송증권의 교부를 거절할 수 있다. 즉 화환어
음을 발행한 경우에도 동시이행의 항변권이 인정된다 $\left[\begin{smallmatrix}\text{朝高 35. 10. 8,}\\ \text{민집 21, 73}\end{smallmatrix}\right]$.

　　(2) 매매대금채무의 소멸시기　　매도인에 대한 매수인의 매매대금채무
는 어음의 지급인이나 신용장개설은행이 어음소지인에게 지급한 때에 소멸한
다. 왜냐하면 매도인이 할인을 하였더라도 매수인이 만기에 어음을 지급하지
않는 때에는 매도인이 할인은행에 대하여 상환의무를 지거나 할인은행에 대하
여 약정서에 따라 소비대차채무의 반환의무를 지게 되고, 담보를 제공한 때에
는 그것이 할인은행에 의하여 처분될 수도 있기 때문이다.

　　(3) 운송물에 대한 소유권　　1) 화환어음부 매매에 있어서는 그 목적
물이 특정물인 경우에도 소유권은 매매계약의 성립과 동시에 매수인에게 이전
하지 않고 매수인이 어음의 지급($\begin{smallmatrix}\text{인수도의 경}\\ \text{우에는 인수}\end{smallmatrix}$)과 상환으로 운송증권의 교부를 받
은 때에 매수인에게 이전한다. 운송증권의 수하인이 매수인인 때에는 매수인
이 **운송증권**을 취득하였을 때에 운송물의 소유권을 취득한다 $\left[\begin{smallmatrix}\text{동: 徐(돈), 406;}\\ \text{鄭(동), 317~318}\end{smallmatrix}\right]$.

　　2) 운송증권이 매수인에게 교부되기 전에는 목적물에 대한 소유권은 매도

인의 할인은행에 대한 운송증권의 교부가 동산질권의 설정을 위한 것인 경우
에는 매도인에게 있고, 신탁적 양도인 때에는 할인은행에 있게 된다.

제 5 절   어음割引

[426] 제 1 總 說

I. 의 의

어음할인이란 만기가 도래하지 아니한 어음의 소지인(할인의)이 어음금액으
로부터 만기까지의 이자 기타 비용(할인)을 공제한 금액을 상대방으로부터 취
득하고 어음을 양도하는 거래를 말한다. 이 경우에 할인료는 어음상의 권리이
전의 대가이며 특별한 사정이 존재하지 않는 한 금전소비대차에 있어서의 선
이자(先利子)의 공제라고 할 수 없다[大 90.7.10.
89 누 4048]. 어음할인을 함에는 보통 어음
을 배서양도하지만 때로는 환어음을 인수하거나 약속어음을 발행하여 수취인
에게 교부하기도 한다.

2. 어음할인과 어음대부

(1) 어음대부라 함은 금전을 대부함에 있어 차주로부터 차용증서 대신으로
또는 이것과 함께 대금채권을 확보하기 위하여 어음을 담보로 하는 대부를 말
한다. 어음대부나 어음할인은 금융의 수단이라는 점에서 비슷하나 양자는 다
음과 같은 차이가 있다.

(2) 어음할인의 법적 성질을 매매로 보는 통설에 따르면 어음할인에 있어
서는 어음 자체가 거래의 대상이 되므로 원칙적으로 원인관계가 존재하지 않
는 데 비하여, 어음대부의 경우에는 금전소비대차가 존재하고 이행확보의 수
단으로서 어음이 수수된다는 점이다.

(3) 일반적으로 어음할인의 경우에는 복명(複名)어음으로서 상업어음이 이
용되고, 어음대부의 경우에는 단명(單名)어음으로서 융통어음을 발행한다. 어
음할인의 경우에는 어음이 이미 할인 전에 존재하지만 어음대부의 경우에는
대부에 관한 계약이 성립된 다음에 어음이 발행되는 점에서도 다르다.

3. 할인료의 부담

어음할인의 경우에 할인료는 상관습이 없고 아무런 약정이 없는 때에는 어음의 교부에 의하여 이익을 받는 자의 부담으로 하여야 할 것이다. 그러므로 채무자가 이미 변제기가 경과한 매매대금의 지급을 위하여 어음을 발행한 때에는 채무자가 할인료를 부담하여야 할 것이고, 반대로 변제기가 도래하지 않은 채무를 위하여 어음을 발행한 경우에는 채권자가 부담하여야 할 것이다.

[427] 제 2 還買請求權

(1) 의   의   1) 어음의 할인은행은 어음의 취득에 의하여 권리를 갖고 할인어음이 부도가 된 때에는 할인의뢰인을 비롯한 기타의 배서인 및 환어음의 발행인에 대하여 소구권을 행사할 수 있다. 그러나 은행거래에 있어서는 할인어음이 부도가 된 경우는 물론이고, 만기 전이라도 어음의 주채무자나 할인의뢰인의 신용이 악화된 경우에 할인은행이 할인의뢰인에 대하여 어음거래약정서($\binom{은행여신거래기본약관}{(기업용)\ 8\ 참조}$)에 의하여 또는 상관습상 할인어음의 환매를 청구할 수 있는 권리를 인정하고 있는데 이를 할인은행의 **환매청구권**이라 한다.

2) 환매청구권의 **법적 성질**에 대하여 소비대차설에 따르면 소비대차계약에 기한 자금반환청구권이라고 한다. 그리고 광의의 매매설에 의하면 일정한 사유가 발생한 경우에 은행의 일방적인 의사에 의하여 예약을 완결시키는 재매매의 예약으로 보는 설이 있는데, 이 설이 타당하다$\left[\substack{동:\ 鄭(희),\ 187;\\ 鄭(동),\ 336}\right]$.

(2) **환매청구권의 행사**   할인은행이 환매청구권에 의하여 할인의뢰인에 대하여 금전의 지급을 청구함에 있어서는 어음을 교부할 필요가 없다. 왜냐하면 환매청구권은 어음상의 권리가 아니기 때문이다. 할인의뢰인의 지급의무와 할인은행의 어음교부의무는 동시이행의 관계가 인정된다고 본다. 즉 할인의뢰인이 환매대금을 지급하는 때에는 할인은행은 어음을 반환하여야 한다. 할인은행이 상계를 하는 경우에도 같다고 본다.

제 5 장 　 換 어 음

제 1 절 　 換어음의 發行

[428] 　 제 1 　 發行의 意義와 性質

1. 의　　의

환어음의 발행이란 환어음의 요건을 기재한 기본어음을 작성하여 교부하는 행위를 말한다. 환어음의 발행은 그 목적이 지급의 위탁에 있으며 발행인은 부수직으로 딤보책임을 진다.

2. 법적 성질

(1) 이중수권설　　발행인이 지급인에 대하여 지급인 자신의 명의로 발행인의 계산에서 어음금액을 지급할 수 있는 권한을 줌과 동시에, 수취인에게 수취인 자신의 명의로 발행인의 계산에서 어음금액을 수령할 수 있는 권한을 주는 것으로 이중수권(二重授權)이라고 한다[동: 徐(돈), 171; 孫(주), 202; 鄭(동), 349; 李(기), 97; 鄭(찬), 325]. 이 설이 타당하다.

(2) 수령권한수여설　　환어음의 발행행위는 수취인에게 지급인으로부터 어음금액을 수령할 권한을 취득케 하는 행위라고 한다[鄭(희), 126']. 그러나 이 견해는 환어음이 지급위탁증권인 점과 수취인은 지급인에 대하여 지급청구권이 없다는 점에서 볼 때 무리가 있다.

[429] 　 제 2 　 發行의 效力

1. 본질적 효력

(1) 지급인의 권한　　환어음의 발행에 의하여 지급인은 발행인의 계산에서 어음금액을 지급할 권한을 취득하게 된다. 그러나 환어음이 발행되었어도 지급인이 인수를 하지 않은 때에는 자금관계가 존재하여도 지급의무를 부담하지 않는다. 즉 지급인이 발행인과의 계약에 반하여 지급을 하지 않는 때에

는 지급인은 발행인에 대하여 채무불이행의 책임을 질 뿐이며 어음소지인은 지급인에 대하여 어음금액의 지급을 청구할 수 없는 것이다. 그러므로 인수 전의 환어음에는 확정적인 주채무자가 존재하지 않는다.

　　⑵ 수취인의 권한　　　환어음의 발행에 의하여 수취인은 자신을 위하여 자기명의로 지급을 받을 수 있는 권한을 취득한다.

　　2. 부수적 효력($^{담보}_{책임}$)

　　⑴ 의　　　의　　　환어음의 발행인은 어음의 인수와 지급에 대하여 담보책임을 진다($^{어}_{9 Ⅰ}$). 즉 인수 또는 지급이 없는 때에는 발행인은 상환의무를 부담하게 된다. 이러한 점에서 환어음은 **조건부상환청구권**을 표창하는 것이다.

　　⑵ 담보책임의 법적 성질　　　발행인의 책임은 발행인이 어음을 발행함에 있어서 대가를 수령함을 고려하여 어음의 원활한 유통을 도모하기 위하여 법이 인정한 **책임**이라고 하는 것이 **통설**이다. 그러므로 사후의 어음취득자뿐만 아니라 최초의 어음수취인에 대해서도 책임을 진다. 배서금지어음의 경우도 같다.

　　⑶ 인수담보책임의 배제

　　1) 의　　　의　　　㈎ 발행인은 환어음의 인수와 지급을 담보하지만($^{어}_{9 Ⅰ}$), 인수에 대하여는 무담보의 문구를 기재하여 담보책임을 면할 수 있으나($^{어 9 Ⅱ}_{전문}$) 지급무담보의 문구는 기재를 하여도 그 기재는 하지 아니한 것으로 본다($^{어}_{9 Ⅱ}$ 후). 인수에 한하여 담보책임을 면할 수 있게 한 것은 인수담보책임은 지급의 담보를 전제로 하는 제 2 차적인 것에 불과하고, 발행인은 인수제시를 금지함으로써($^{어}_{22 Ⅱ}$) 사실상 인수담보책임을 면할 수 있기 때문이다. 그러나 지급무담보의 기재는 발행인이 책임을 지지 않으려는 명확한 의사표시가 있다 하더라도 그 효력이 없다. 그러므로 발행인이 단순히 무담보라고만 기재한 때에는 인수무담보의 효력이 있을 뿐이다.

　　㈏ 지급에 대한 담보책임의 면책문구를 인정하지 않는 이유는 이를 인정하면 인수하지 않은 어음에는 어음상의 채무를 부담하는 자가 존재하지 않게 되므로 어음의 신용을 도모하는 데 있다.

　　2) 배제의 효과　　　발행인이 인수무담보의 기재를 한 때에는 발행인과 그 보증인($^{어}_{32 Ⅰ}$)은 인수담보책임을 면한다. 배서인은 무담보의 기재를 하지 않는 한 담보책임을 면하지 못한다. 그러나 발행인이 인수제시를 금지한 때에는 ($^{어}_{22 Ⅱ}$) 그 효력이 배서인의 인수담보책임에도 미치게 되어 사실상 배서인도 인

수담보책임을 면하게 된다.

3. 지급위탁의 철회

환어음의 발행인이 지급인에 대한 지급위탁을 철회할 수 있는지에 대하여
는 어음법에는 아무런 규정이 없다. 환어음은 지급위탁증권이므로 지급할 때
까지 언제든지 지급위탁을 철회할 수 있다는 것이 **통설**인데〔徐(돈), 173; 孫(주), 206;
鄭(동), 351; 梁(승), 269; 李·崔, 895〕, 인수가 있기 전까지만 철회가 가능하다는 견해도 있다. 그러나 환어음의
경우에는 수표의 경우와 같은 특별규정($\frac{수}{32}$)이 없을 뿐만 아니라 환어음은 단순
히 지급수단인 수표와는 달리 **신용증권**이라는 점에서 볼 때 지급위탁을 철회
할 수 없다고 본다. 철회를 인정한다는 것은 지급에 대한 담보책임의 면책문구
를 인정하지 않는 어음법($\frac{어 9 Ⅱ}{후문}$)의 취지에도 어긋난다 할 것이다.

제 2 절　換어음의 記載事項

환어음의 기재사항에는 어음요건으로서 반드시 기재하여야 되는 필요적
기재사항과 특별한 효력의 발생을 위하여 기재할 수 있는 유익적 기재사항, 그
리고 어음에 기재를 하여도 특별한 효력이 생기지 않는 무익적 기재사항과 기
재를 하면 어음이 무효가 되는 유해적 기재사항이 있다.

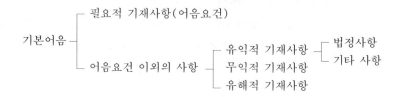

제 1 관　어음要件($\frac{필요적}{기재사항}$)

[430]　제 1　總　說

I. 기본어음의 내용

모든 어음관계는 기본적 어음행위인 발행에 의하여 작성된 어음을 기초로

하여 전개되는데, 이 경우에 기초가 되는 어음을 기본어음이라 한다. 기본어음의 내용은 발행행위의 내용이며 동시에 배서·보증 등 모든 부속적 어음행위의 내용도 된다. 기본어음에 반드시 기재하여야 되는 사항을 어음요건($\substack{\text{또는 절대적}\\\text{기재사항}}$)이라고 한다.

2. 어음요건의 엄격성

(1) 의　　의　　어음의 요식증권성은 운송증권이나 주권에 비하여 엄격하다. 어음은 불특정다수인간에 유통되므로 그 권리관계는 증권 자체에서 완전하게 확정되어야 하기 때문이다. 어음요건 중에 그 기재가 흠결된 경우에 그 구제규정($\substack{\text{어} 2\\\text{II}\sim\text{IV}}$)이 있는 기재사항이라도 임의적 기재사항이라고 할 수는 없다. 왜냐하면 구제규정이 있는 사항이라도 그것을 위법하게 기재한 때에는 그 기재사항뿐만 아니라 어음 자체가 무효로 되기 때문이다.

(2) 어음요건흠결의 효과　　어음요건에 흠결이 있거나 무효인 경우는 그 구제규정이 있는 경우($\substack{\text{어} 2\\\text{II}\sim\text{IV}}$)가 아니면 어음은 무효인 것이다($\substack{\text{어} 2\\\text{I} \text{본}}$). 어음요건의 흠결은 어음의 유통성의 조장을 목적으로 하는 형식적인 어음엄격성의 원칙 때문에 어음 외의 사정을 고려한 당사자의 의사의 해석에 의하여 보충될 수 없다. 어음은 그 자체가 누구나 이해할 수 있고 명확하여야 되기 때문이다.

3. 어음요건의 기재방법

어음요건의 기재에 있어서 용어·문자·체제·자료·기재의 배열 등에 관하여는 특별한 제한이 없고, 오자·탈자·문법상의 오류·정정 등이 있어도 그 의미가 명백하면 된다. 어음요건은 형식적으로 증권상에 구비되어야 하며, 어음 외의 자료나 다른 기재사항의 해석에 의하여 보충될 수는 없다.

4. 어음요건의 구비시기

어음요건은 원칙적으로 교부계약의 체결시에 구비되어야 한다. 그러므로 형식적 요건이 구비되지 않은 어음에 의한 교부계약은 무효라고 할 수 있다.

[431]　제 2　어음要件의 內容

어음법 제 1 조에서는 환어음의 어음요건으로서 다음과 같은 8가지의 필

《환어음의 요건》

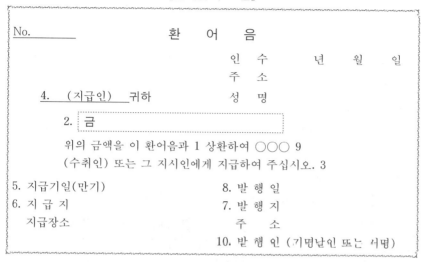

※ 1, 2, 3, 4, 8, 9, 10은 반드시 기재되어야 하는 절대적 어음요건이다.
　 5, 6, 7은 기재가 없는 경우에 다른 기재에 의하여 구제가 가능한 어음요건이다.

요적 기재사항을 열거하고 있다. 그러나 어음법 제 1 조 제 2 호에는 어음금액과 무조건의 지급위탁문구도 포함하고 있고, 또 제 7 호에는 발행일과 발행지가 어음요건이므로 어음요건은 모두 10가지라고 할 수 있다.

Ⅰ. 환어음문구 (어음법 1①)

(1) 환어음에는 「환어음을 표시하는 문자」를 본문 중(im Text)에 기재하여야 한다. 이는 타증권과의 구별을 위하여 필요하다. 그 표시는 「환어음」이라고 하는 것이 보통이다.

(2) 환어음문구는 「증권의 작성에 사용하는 국어」로 기재하여야 한다. 이 것은 적어도 환어음문구와 본문 중에 지급위탁문구에 사용된 국어가 일치하여야 됨을 의미한다.

(3) 환어음문구는 반드시 본문 중에 있어야 한다. 따라서 어음의 상부에 환어음이라는 표제만으로는 불충분하다. 왜냐하면 어음문구의 용이한 사후기재는 예방되어야 하기 때문이다. 이와는 반대로 표제의 기재만으로 충분하다는 입장도 있다〔朝高 35. 9. 27, 민집 22, 409〕. 이러한 어음문구의 기재는 어음의 취득자로 하여금 엄격한 책임을 진다는 것을 경고하는 의미가 있는 것이다.

2. 어음금액($_{1(2)}^{어}$)

어음채권의 목적은 금전에 한하므로 어음에는 어음금액이 기재되어야 한다. 그러므로 물건의 급여를 목적으로 하는 물품어음은 인정되지 않는다.

(1) **일 정 성**　　어음금액은 어떠한 국가의 통화로도 표시할 수 있으나 일정하여야 한다. 어음금액을 일정한 통화로 기재하지 않고 다른 가격과 결부시키는 것은 인정되지 않는다($_{추가\ 등}^{예컨대}$). 또한 어음금액의 **선택적 기재**($_{100만원}^{50만원\ 또는}$)나 **불확정적 기재**($_{100만원}^{50만원\ 내지}$)뿐만 아니라, **부동적 기재**($_{주식\ 1만주의\ 주가}^{만기에\ 있어서\ 모회사}$)도 일정성이 없으므로 어음을 무효로 한다.

(2) **문자와 숫자가 다른 경우**　　어음금액은 문자로 기재하여야 하는지 숫자로 기재하여야 하는지에 관하여는 어음법에 아무런 규정이 없다. 일반적으로 금액은 변조를 예방하기 위하여 문자와 숫자로 기재하는데 이 경우에 그 금액에 차이가 있을 때에는 **문자로 기재한 금액을 어음금액으로 한다**($_{6\,Ⅰ}^{어}$). 그러므로 어음금액이 문자와 숫자로 기재된 때에는 어음요건인 어음금액은 문자로 기재한 금액을 말한다.

(3) **문자 또는 숫자로 중복기재된 경우**　　문자 또는 숫자로만 중복하여 기재한 경우에 그 금액에 차이가 있을 때에는 **최소금액을 어음금액으로 한다** ($_{6\,Ⅱ}^{어}$). 그러나 어음금액이 이종(異種)의 화폐로 기재된 경우에는 일정성이 없는 기재로서 어음을 무효로 한다.

　　　　당좌예금약관 제 7 조에 의하면 은행과 거래처간에 있어서 어음금액은 부기금액 여하에 불구하고 주금액란에 기재된 금액으로 한다고 규정하고 있다. 이는 어음법에 반한다고 할 수 있으나 당사자간의 합의로서 유효하다고 본다.

(4) **기재장소**　　어음금액은 지급위탁문구($_{지급약속문구}^{약속어음의\ 경우}$)와 같이 어음의 본문에 기재하여야 한다.

3. 무조건의 지급위탁($_{1(2)}^{어}$)

환어음은 지급위탁증권이므로 이 문구는 어음의 본문이라고도 한다. 어음의 유통성을 도모하기 위하여 지급의 위탁은 무조건이어야 한다. 즉 정지조건부나 해제조건부의 기재는 인정되지 않는다. 그러므로 원인관계와 결부시킨 조건부의 지급위탁이나($_{환하여\ 지급한다는\ 기재}^{예컨대\ 매매의\ 목적물과\ 상}$) 지급자금이나 지급방법을 한정하는 기재는 유해적 기재사항으로서 어음을 무효로 한다.

4. 지급인의 명칭($^{어}_{1(3)}$)

(1) **총   설**   환어음은 지급위탁증권이므로 지급인의 기재가 있어야 한다. 지급인은 자연인은 물론이고 법인도 될 수 있다. 회사의 경우에는 상호의 기재로 충분하며 자연인의 경우에는 가설인을 기재하여도 무방하다. 왜냐하면 어음에는 어음법 제1조에서 규정하고 있는 어음요건이 구비되었는지가 인식됨으로써 족하기 때문이다. 만일에 지급인으로서 기재된 자가 전혀 존재하지 않는 경우($^{허무}_{어음}$)라 하더라도 어음의 유효성에는 영향을 미치지 않는다.

(2) **지급인이 수인인 경우**   지급인이 수인인 때에는 원칙적으로 **중첩적 기재**($^{甲과}_{乙}$)만이 인정된다고 본다[$^{동: 鄭}_{(희), 133}$]. 이 경우에 그 중 1인의 지급인에 의힌 인수거절이 있으면 소구할 수 있으나 지급거절에 의힌 소구는 그 전원이 지급을 거절한 때에만 소구할 수 있다. 그러나 지급인의 **선택적 기재**($^{甲}_{는}^{또}_{乙}$)는 어음의 단순성을 해하게 될 것이므로 인정되지 않는다. 지급인의 순차적 기재 ($^{甲을 제1지급인,}_{乙을 제2지급인}$)에 대하여는 어음의 단순성을 해하는 것으로 무효라는 견해도 있으나[$^{鄭(무),}_{382~383}$], 이 경우에는 제1지급인만을 지급인으로 하고 제2지급인은 예비지급인으로 볼 것이다[$^{동: 徐(돈), 145; 係(주),}_{182; 鄭(찬), 339}$].

(3) **당사자자격의 겸병**   환어음의 발행인은 지급인의 자격을 겸할 수 있다($^{어}_{3Ⅱ}$). 이러한 어음을 「자기앞환어음」이라 한다. 또한 수취인이 지급인의 자격을 겸하거나, 1인이 발행인·수취인·지급인 등 3자의 자격을 겸하는 것도 가능하다고 본다[$^{동: 徐(정), 253; 徐(돈), 145; 鄭(희),}_{134; 鄭(동), 363; 鄭(찬), 341}$]. 특히 이러한 어음을 단명어음이라고 한다. 어음의 경우는 배서에 의하여 제3자의 참가가 예상되므로 3당사자의 자격을 모두 겸한 경우에도 제3자에 대한 관계에서는 필요에 따라 다른 자격에 의한 역할이 기대되기 때문에 3당사자의 자격을 겸하는 것도 인정된다.

5. 만   기($^{어}_{1(4)}$)

(1) **의   의**   1) 만기란 어음금액이 지급될 날(日)로서 어음에 기재된 날(日)을 말하며 만기일 또는 지급기일이라고도 한다. 만기는 어음법 제70조 1항의 「만기의 날」과 같으나, 만기가 법정휴일인 때에는 이에 이은 제1의 거래일이 「지급을 할 날」($^{어}_{72Ⅰ}$)이 되므로, 만기와 「지급을 할 날」($^{어}_{44}{}^{38Ⅰ}_{Ⅲ}$)은 반

드시 일치하지는 않는다. 또한 만기는 실제로 지급된 날(日)인 「지급의 날」 ($_I^{어}$$_참조^4$)과도 다르다.

　　2) 만기일과 관련하여 은혜일은 인정되지 않는다($_{74}^{어}$). 즉 채무자의 지급준비를 위한 유예기간은 인정되지 않는다. 왜냐하면 이를 인정하게 되면 어음채무의 명확성을 해할 우려가 있기 때문이다. 다만 어음법은 지급인을 위하여 제24조 제 1 항에 의하여 1 일간의 고려기간을 인정하고 있을 뿐이다.

　　(2) 만기의 종류　　　　만기는 4가지만이 인정되며, 이와 다른 만기의 기재가 있거나 어음금액의 일부마다 다른 만기가 기재된 어음($_{급어음}^{불할출}$)은 무효이다 ($_{33\,II}^{어}$).

　　1) 확정일출급($_{I\,(4)}^{어\,33}$)　　　이것은 특정한 날(日)을 만기로 기재한 것이다. 그러므로 만기가 휴일이라도 무방하다($_{72}^{어}$). 또한 만기가 발행일보다 앞서는 것은 인정되지 않으나, 만기를 세력(歲曆)에 없는 날로 기재한 경우로서 2 월 30일이나 4 월 31일로 한 때에는 그 달의 말일을 만기로 보아 어음을 유효로 보는 것이 옳다고 본다[동: 孫(주), 187; 鄭(희), 137;][大 81. 7. 28,][鄭(동), 375; 鄭(찬), 342][80 다 1295].

　　2) 발행일자후정기출급($_{I\,(3)}^{어\,33}$)　　　발행일자로부터 어음에 기재된 일정한 기간이 경과한 날(日)을 만기로 하는 것이다. 이 방법은 실질적으로 **확정일출급**과 다름이 없다. 기간의 계산에 관하여는 발행일자 후 1 월 또는 수월에 지급할 어음은 지급할 달의 대응일을 만기로 하고, 대응일이 없는 때에는 그 달의 말일을 만기로 한다($_{36\,I}^{어}$). 기간이 날(日)로써 정해진 때에는 초일은 산입하지 아니하므로($_{73}^{어}$), 발행일의 익일을 기산일로 한다(예컨대 발행일이 5 월 1 일이고 「발행일자 후 10일」이라고 기재한 경우에는 5 월 11일이 만기가 된다). 그러나 기간중에 휴일은 그 기간에 산입한다($_{72\,II}^{어}$). 또한 만기가 월과 일로 정해진 때에는 먼저 전월을 계산한 후 여기에 날을 가산한 말일이 만기라고 할 수 있다($_{36\,II}^{어}$). 「반월」이란 15일간을 의미한다($_{36\,V}^{어}$).

　　3) 일람출급($_{I\,(1)}^{어\,33}$)　　　어음소지인이 지급을 위하여 어음을 제시한 날을 만기로 하는 것이다($_{I\,1문}^{어\,34}$). 지급을 위한 제시기간은 원칙적으로 발행일자로부터 1년간이다($_{I\,2문}^{어\,34}$). 발행인은 이 기간을 단축 또는 연장할 수 있지만 배서인은 단축만을 할 수 있다($_{I\,3문}^{어\,34}$). 발행인이 정한 제시기간은 모든 어음관계자에 대하여 효력이 생기지만, 배서인이 정한 기간은 그 배서인에 한하여 원용할 수 있다($_{II.III}^{어\,53}$). 그러므로 배서인이 단축한 제시기간을 경과한 때에는 어음소지인은 그 배서인에 대한 소구권을 잃는다. 일람출급어음은 발행일자로부터 언제든지 지급을 청구할 수 있는 것이지만, 발행인은 일정한 기일까지 지급을 위한

제시를 금지할 수 있다. 이 때에 제시기간은 그 기일로부터 개시한다($\frac{어}{34 \mathrm{II}}$).

4) **일람후정기출급**($\frac{어}{1} \frac{33}{(2)}$)   (개) 어음소지인이 일람을 위하여 어음을 제시한 날로부터 어음에 기재된 일정한 기간을 경과한 날을 만기로 한 것이다. 환어음의 경우에 일람을 위한 제시란 인수를 위하여 제시가 있었던 날을 의미한다. 그러므로 이 경우에 만기는 어음의 인수제시까지의 기간과 일람후의 일정한 기간에 의하여 결정된다. 일람을 위한 제시기간은 발행일자로부터 1년간이지만 발행인은 이 기간을 단축 또는 연장할 수 있고, 배서인은 단축만을 할 수 있다($\frac{어}{23}$).

(나) 일람후의 기간의 계산은 i) 지급인이 인수를 하고 일자를 기재한 때에는 그 일자를 기준으로 하고, 수인의 인수인이 서로 다른 인수일자를 기재한 때에는 가장 빨리 도래하는 일자를 기준으로 할 것이다. ii) 일자를 기재하지 않고 인수한 때에는 인수일자거절증서가 일자를 기준으로 하며, iii) 인수거절의 경우에는 인수거절증서의 일자($\frac{어}{35 \mathrm{I}}$)를, 거절증서의 작성이 면제된 때에는 어음을 현실로 제시한 날을 기준으로 한다.

(3) **만기의 보충**   만기는 4종류만이 인정되므로 만기를 다른 방식으로 기재한 때에는 어음이 무효로 된다($\frac{어}{33 \mathrm{II}}$). 만기의 기재가 없으면 어음법은 어음의 무효를 구제하기 위하여 만기의 기재가 없는 때에는 **일람출급**의 환어음으로 본다($\frac{어}{2 \mathrm{II}}$). 그러므로 만기의 기재는 절대적인 어음요건은 아니라고 할 수 있다.

6. 지 급 지($\frac{어}{1(5)}$)

(1) **의   의**   지급지는 어음금액이 만기에 지급될 일정한 지역을 말한다. 이것은 지급될 지점을 의미하는 지급장소와는 달리 어느 정도 넓은 범위의 지역을 말한다. 지급지를 어음요건으로 한 것은 이행장소의 탐지를 가능하게 하고 지급을 위한 제시와 소구권의 보전절차를 밟아야 되는 지역을 표시하기 위한 것이다.

(2) **표시방법**   지급지의 표시는 최소의 독립행정구역($\frac{시 \cdot 읍}{면}$)이나 사회통념상 이에 준하는 지역을 표시하면 된다($\frac{명동 \cdot 여}{의도 \ 등}$). 판례는 서울특별시의 경우 서울이라고만 기재하면 되고 반드시 구(區)까지 표시할 필요는 없다고 한 것이 있다[$\frac{大 \ 81.12.8,}{80 \ 다 \ 863}$]. 그러나 광범위한 지역의 기재($\frac{영남 \cdot 호남}{중부지방 \ 등}$)나 실재하지 않는 지역을 지급지로 기재하는 것은 어음의 권리행사를 불가능하게 하므로 무효이다

⎡동: 徐(돈), 150; 徐(정), 136;⎤
⎣孫(주), 189; 李·崔, 888   ⎦.

(3) **지급지의 단일성**   1) 지급지의 **중첩적 기재**나 **선택적 기재**는 어음을 무효로 한다. 왜냐하면 중첩적 기재는 어음소지인의 권리행사를 곤란하게 하고 모든 지급지에서 단기간 내에 보전절차를 밟아야 하므로 어음소지인에게 불리하며, 선택적 기재는 어음법적 근거가 없으므로 어음문언으로서의 유효성을 확정하기가 곤란하여 어음소지인을 보호할 수 없게 될 것이기 때문이다.

2) 지급지와 발행지는 동일하더라도 무방한데 이러한 어음을 **동지어음**(同地어음)이라 하고, 양지가 다른 것을 **이지**(異地)**어음**이라고 한다. 또한 지급지와 지급인의 주소지가 같은 어음을 **동지지급어음**, 서로 다른 어음을 **타지지급어음**이라 한다.

(4) **지급지의 보충**   지급지의 기재가 없는 때는 지급지의 명칭에 부기한 지를 지급지로 본다($어\atop{2Ⅲ}$). 지급지의 기재도 없고 보충가능한 기재마저 없으나 지급장소의 기재가 있는 경우에 그 기재에서 지급지를 알 수 있는 때에는 지급장소의 보충력을 인정하여 어음의 무효가 구제되어야 할 것이다⎡동: 鄭⎤
⎣(희), 137;⎦
⎡孫(주),⎤⎡大2001.11.30,⎤. 지급지의 기재가 무효인 경우도 동일하게 취급하여야 한다
⎣189 ⎦⎣ 2000 다 7387⎦
고 본다(⎡지급지의 기재가 없거나「영남」으로 기재된 경우에 지급장소가「○○」⎤). 이와는 달리 어음법상
        ⎣은행대구지점」으로 기재된 때에는 대구시를 지급지로 봄이 타당하다⎦
보충규정이 없다는 이유로 부정하는 견해도 있다⎡鄭(찬),⎤.
                                      ⎣347 ⎦

7. 발 행 지 ($어\atop{1(7)}$)

(1) **의   의**   어음이 발행된 곳으로서 어음면에 기재된 지역을 발행지라 한다. 발행지는 사실상 어음이 발행된 곳과 일치하지 않아도 된다. 발행지는 국제간에 수수되는 어음의 경우에는 어음행위의 효력에 관하여 **준거법의 결정**($국사53\atop{Ⅰ, 54, 55}$)에 있어서 기준이 되지만, 실제로 그 기준이 되는 것은 사실상 어음이 발행된 지역이므로 어음상 기재된 발행지는 다만 추정력이 인정될 뿐이다.

(2) **발행지의 보충**   1) 발행지의 기재가 없는 때에는 **발행인의 명칭에 부기한 지**를 발행지로 본다($어\atop{2Ⅳ}$). 그리하여 판례에는 발행인의 명칭에 부기한 「신라체인 점촌지점」의 기재는 발행지로 보기에 충분하다고 한 것이 있다⎡서울⎤
⎣民地⎦
⎡84.1.25, 83⎤. 그러나 지급지나 지급장소 등 기타의 기재에 의하여 구제되지 않
⎣나 1613·1614⎦
는다⎡大 67.9.5, 67 다 1471;⎤.
    ⎣大 85.8.13, 85 다카 123⎦

2) 그런데 대법원의 전원합의체판결에 의하면 「어음면의 기재 자체로 보아 국내어음으로 인정되는 경우에는 발행지의 기재가 별다른 의미가 없는 것이고 발행지의 기재가 없는 어음도 완전한 어음과 같이 유통결제되는 거래의 실정 등에 비추어 어음면상 발행지의 기재가 없는 경우라 할지라도 이를 무효의 어음으로 볼 수 없다」고 하여 종래의 견해를 변경한 바 있다$\left[\begin{smallmatrix} 大 & 98.4.23, \\ 95 & 다 36466 \end{smallmatrix}\right]$.

(3) **기재방법**　　발행지의 기재는 그 기재의 실질적 의의가 적기 때문에 엄격히 해석할 필요는 없으므로 지급지의 기재가 있는 경우에 발행지는 최소 독립행정구역보다 넓은 지역을 표시하여도 준거법의 단일성을 해하지 않는 한 무방하다고 본다$\left(\begin{smallmatrix} 서울 또 \\ 는 한국 \end{smallmatrix}\right)\left[\begin{smallmatrix} 동: 徐(정), 137; \\ 鄭(무), 374 \end{smallmatrix}\right]$.

8. 발 행 일($_{1(7)}^{어}$)

(1) **의　　의**　　1) 발행일이란 어음이 발행된 날로서 어음에 기재되어 있는 날($_{자}^{일}$)을 말한다. 발행일은 실제로 어음이 발행된 날과 일치하지 않아도 된다. 왜냐하면 발행일의 기재는 기재된 발행일에 발행된 것과 같은 효력이 생기게 하려는 의사표시라고 할 수 있기 때문이다. 그러므로 발행일이 실제로 발행된 날이 아닌 선일자어음이나 후일자어음도 유효하다($_{제3장\ 114\ I}^{英어\ 13\ II;\ UCC}$).

2) 발행일은 발행일자후정기출급어음에 있어서는 만기를 정하는 기준이 되고, 일람출급어음과 일람후정기출급어음의 경우에는 어음의 지급을 위한 제시기간을 정하는 기준이 되고($_{34,\ 23}^{어\ 36\ I\cdot II}$) 이자발생시기를 결정한다($_{5\ III}^{어}$). 확정일출급어음에 있어서는 발행일의 기재는 특별한 의미가 없다고 할 수도 있으나 발행일은 발행인의 능력 및 대리권의 유무를 판단함에 있어서 기준이 된다. 그러므로 **확정일출급어음**의 경우에도 발행일의 기재가 없으면 어음은 **무효**가 된다$\left[\begin{smallmatrix} 大 & 79.8.14,\ 79\ 다\ 1189; \\ 大 & 94.9.9,\ 94\ 다\ 12098 \end{smallmatrix}\right]$.

(2) **기재방법**　　발행일은 어음발행의 의사표시의 내용이라고 할 수 있으므로 발행인이 수인인 경우에도 단일성이 요구된다. 발행일은 원칙적으로 가능한 날이어야 한다. 발행일이 만기 이후의 날인 어음은 **무효**이다$\left[\begin{smallmatrix} 동: 姜 \\ (위),\ 265 \end{smallmatrix}\right]$. 왜냐하면 이러한 어음은 어음법 제38조 1항에 따르면 지급제시가 불가능할 뿐만 아니라 지급거절증서도 작성할 수 없기 때문이다($_{44\ III}^{어}$).

9. 지급을 받거나 또는 받을 자를 지시할 자의 명칭($_{1(6)}^{어}$)

(1) **의　　의**　　이것은 최초의 어음채권자라고 할 수 있는 수취인의 기

재이다. 어음에는 수취인을 반드시 기재하여야 하며, 무기명식이나 수취인 이외에 어음소지인도 권리를 행사할 수 있는 **선택무기명식**은 인정되지 않는다[동: 徐(논), 152; 徐(정), 139; 李·崔, 889; 梁(승), 256]. 어음에 수취인의 기재가 없으나 발행인에 의한 배서가 최초의 배서로서 명백하게 기재되어 있는 때에는 그것을 자기지시어음으로 해석하여 그 기재의 흠결이 보완된다.

(2) **기재방법**   수취인은 지급인의 경우와 마찬가지로 성명만 표시하면 된다(법인의 경우에는 법인명). 또한 수취인은 누구인가 그 동일성만 알 수 있으면 될 것이므로, 본명이 아닌 통칭이나 아호라도 관계 없다. **상호**만으로 표시하여도 유효하며[大 61.11.23, 4294 民上 65] 복수의 수취인을 기재할 수 있다. 수취인을 **중첩적**으로 기재한 때에는(甲 및 乙) 전수취인이 공동으로 어음상의 권리를 행사하여야 하며 배서도 공동으로 하여야 한다. 그러나 **선택적 기재**의 경우에는(甲 또는 乙) 어음을 소지하고 있는 수취인이 권리를 행사할 수 있고 단독으로 유효한 배서를 할 수 있다. 단순히 복수의 수취인의 성명이 표시되어 있는 때에는 중첩적 기재로 본다[동: 徐(정), 139; 鄭(무), 391].

(3) **당사자자격의 겸병**   1) 환어음의 경우에는 추심·신용의 기능이 중요하므로 발행인 자신을 지급인으로 하는 「자기앞어음」(3어Ⅱ)과 더불어 또한 발행인 자신이 지급받을 자(수취인)가 되는 「자기지시어음」의 발행도 가능하다(3어1).

약속어음의 경우는 자기지시어음을 인정하는 환어음의 규정(3어1)을 준용하는 규정이 없고 인수제도가 없으므로 그 실익이 없다는 점을 들어 무효로 보는 견해[朴(원), 594]도 있으나, 약속어음에도 신용기능이 있고 제3자의 참가가 예상되므로 어음당사자의 자격겸병을 인정하는 일반원칙에 따라 자기지시약속어음도 유효하다고 할 것이다[동: 徐(돈), 266; 孫(주), 373; 鄭(희), 147; 李(기), 401].

2) 수취인과 지급인의 자격을 겸할 수 있는가 하는 문제는 어음법이 「자기지시어음」과 「자기앞어음」을 인정하는 이상 이를 부정할 이유가 없다. 또한 수취인과 지급인이 동일인인 어음도 배서양도된 후에는 양자가 별개인 경우와 같은 효력이 생기고 지급인이 발행인의 신용만으로 어음을 양도하여 자금을 조달할 수 있을 뿐만 아니라 그 필요성이 있기 때문에 이를 부정할 이유는 없는 것이다. 발행인이 지급인과 수취인의 지위를 겸한 어음을 「자기지시 자기앞어음」이라고 한다.

10. 발행인의 기명날인 또는 서명($\frac{\text{어}}{1\text{(8)}}$)

(1) 의   의   환어음에는 발행인의 기명날인 또는 서명이 있어야 한다. 기명날인 또는 서명의 의의와 방법에 관하여는 이미 설명한 바 있다$\left[\begin{smallmatrix}815\text{면 이}\\ \text{하 참조}\end{smallmatrix}\right]$.

(2) **공동발행**   수인의 발행인이 어음을 공동으로 발행하는 때에는 전원이 기명날인 또는 서명하거나, 1인의 대리인이 위임을 받아 기명날인 또는 서명하여야 한다. 공동발행이란 1개의 어음행위가 아니고 각각 독립한 수개의 어음행위이며 어음행위는 상행위가 아니므로 공동발행인은 어음행위의 독립성에 따라 각자가 어음금액 전액에 대하여 합동책임을 진다$\left(\begin{smallmatrix}\text{어}\\ 47\,\text{I}\end{smallmatrix}\right)\left(\begin{smallmatrix}\text{大 70. 8. 31,}\\ 70 \text{ 다 } 1360\end{smallmatrix}\right)$. 이는 상법 제57조 1항의 연대책임과는 다른 것이다$\left[\begin{smallmatrix}\text{동: 孫(주), 194;}\\ \text{鄭(희), 142}\end{smallmatrix}\right]$.

어떠한 책임으로 보든 공동발행인 중의 1인이 지급을 하면 다른 공동발행인도 책임을 면하게 되는 것은 동일하지만, 연대채무의 경우에는 지급한 채무자가 다른 채무자에 대하여 부담부분의 구상이 개시되나 어음채무의 경우에는 어음 외의 실질관계에 따라 구상권이 생길 수 있을 뿐이다. 또한 연대채무의 경우에는 그 1인에 대한 청구는 그 全員에 대한 청구와 동일한 효력이 있지만, 어음채무의 경우에는 그 1인에 대한 청구로는 다른 어음채무자에 대한 시효중단의 효력이 생기지 않는다$\left(\begin{smallmatrix}\text{어}\\ 71\end{smallmatrix}\right)$.

제 2 관 有益的 記載事項

[432] 제 1 總   說

유익적 기재사항이란 그것을 기재하지 않아도 어음은 유효하지만 그 기재를 하면 기재의 내용에 따라 어음상의 효력이 생기는 **임의적 기재사항**을 말한다. 즉 기재한 사항이 무효라도 그 기재의 효력이 생기지 않을 뿐이며 어음 자체의 효력에는 영향이 없는 사항이다. 어음법이 유익적 기재사항의 기재를 인정하는 것은 어음법상 어음요건의 기재에 의하여 인정된 일반적 효과의 변용을 가능하게 하기 위한 것이라고 할 수 있다.

[433] 제 2 有益的 記載事項의 種類

I. 법정의 유익적 기재사항

(1) **지급인의 명칭에 부기하는 지**($어_{2\ III}$)   이는 지급인의 주소지임과 동시에 그 중 최소행정구역을 표시하는 지역은 지급지의 기재가 없는 경우에 지급지로 본다.

(2) **발행인의 명칭에 부기하는 지**($어_{2\ IV}$)   이는 발행지의 기재가 없는 경우에 어음요건의 흠결을 구제하여 준다. 그리고 발행행위의 준거법결정을 위한 기준이 된다.

(3) **제 3 자방지급문구**($어_{4},어_{27}$)

1) **총   설**   환어음의 지급은 지급인 자신이 그의 영업소 또는 주소에서 하는 것이 원칙이지만, 지급인의 영업소와 주소가 지급지에 없는 경우($탁지지\atop 급어음$)는 제 3 자방에서 지급할 수밖에 없을 것이다. 또 지급인의 영업소와 주소가 지급지 내에 있더라도($동지지\atop 급어음$) 지급의 확실을 위하여 자기의 거래은행으로 하여금 지급토록 하는 것이 지급인에게도 편리하다.

2) **기재권자**   발행인은 지급인의 주소지와 지급지가 다른 경우에 제 3 자방에서 지급한다는 것을 기재할 수 있고($어_4$), 그 기재가 없는 경우는 지급인이 인수를 함에 있어서 그 제 3 자를 정할 수 있다($어_{27\ I}$).

3) **기재의 방식**   「제 3 자방에서 지급할 것으로 한다」는 것($어_4$)은 제 3 자가 그의 주소에서 지급인을 위하여 지급하는 경우($지급담\atop 당자$)와 지급인이 자기의 주소 이외의 장소에서 자신이 지급하는 경우($지급\atop 장소$)를 포함한다. 양자의 구별은 기재의 내용이 자연인이나 법인의 명칭인 때에는 지급담당자로 볼 수 있고 단순히 장소를 기재한 경우($예컨대\ 甲\ Hotel\atop 100호실$)에는 지급장소의 기재라고 할 수 있다.

4) **기재의 효력**   「제 3 자방」의 기재가 **지급담당자**인 경우에는 그 담당자의 주소에서 만기에 지급을 위한 제시를 하여야 하며, 거절증서도 지급담당자를 거절자로 하여 작성하여야 한다. 그리고 **지급장소**인 경우에는 지급제시는 그 장소에서 지급인에게 하여야 하며, 거절증서도 지급인을 거절자로 하여 작성하여야 한다.

(4) **일람출급·일람후정기출급어음의 이자문구**($어_5$)   어음금액에 대하여 일정율에 의한 이자를 붙인다는 뜻의 기재이다. 이자문구에는 반드시 이율을 기재하여야 하며 이율 없는 이자문구는 그 자체가 무효가 된다. 이자문구는

만기일을 미리 알 수 없는 일람출급과 일람후정기출급의 어음인 경우에만 인정되며, 확정일출급과 발행일자후정기출급의 어음은 만기일을 미리 알 수 있으므로 만기일까지의 이자를 산입한 금액을 어음금액으로 할 수 있기 때문에 이자문구의 기재는 인정되지 않는다. 만기일의 확정이 가능한 어음에 이자문구를 기재하더라도 어음의 효력에는 영향을 미치지 않고 이자문구만 기재하지 않은 것으로 본다($\substack{어 \ 5 \\ I \ (2)}$).

(5) 지시금지문구($\substack{배서금 \\ 지문구}$)($\substack{어 \\ 11 \ II}$)   1) 어음은 원칙적으로 법률상 당연한 지시증권으로서 배서에 의한 양도가 인정된다. 그러나 기본어음에 「지시금지」 또는 「배서금지」, 「○○○에게만 지급함」 등의 기재를 한 때에는 지시금지어음으로서 배서에 의하여 양도할 수 없는 단순한 기명증권이 된다.

2) 지시금지문구의 기재는 기본어음에만 할 수 있고 보전에는 할 수 없으며, 어음 면에 인쇄된 지시문구와의 관계에 있어서는 기재된 지시금지문구가 우선한다. 왜냐하면 어음상에 기재된 특별문구는 어음에 인쇄된 기존의 문언을 변경시키려는 의사가 있는 것으로 해석되기 때문이다.

3) 지시금지문구 기재의 필요성은 i) 발행인의 수취인에 대한 항변의 유보를 위한 때, ii) 다수의 배서가 연속됨으로써 상환금액이 증대되는 것을 방지하기 위한 때, iii) 어음발행 당시에 실질관계상의 채권이 발생하지 않은 경우에 어음의 무인성에서 생기는 위험을 방지하기 위한 때 등에 생긴다.

(6) 일람출급어음의 지급제시기간의 변경($\substack{어 \\ 34 \ I}$)   일람출급어음에 있어서는 발행일로부터 1년 이내에 지급을 위한 제시를 하여야 하는데, 발행인은 이 기간을 단축 또는 연장할 수 있으나 배서인은 이 기간을 단축할 수 있을 뿐이다.

(7) 일람출급어음의 지급제시의 일시금지($\substack{어 \\ 14 \ II}$)   일람출급어음의 경우에 일정한 기간 동안 지급을 위한 제시를 금지할 수 있다(예: $\substack{「발행일자 후 6개 \\ 월간 지급제시금지」}$).

(8) 기   타   준거할 역(曆)의 지정($\substack{어 \\ 37 \ IV}$)·외국통화환산율 또는 외국통화현실지급문구($\substack{어 \ 41 \\ II·III}$)·거절증서작성면제($\substack{어 \\ 46}$)·역어음의 발행금지($\substack{어 \\ 52 \ I}$)·인수무담보문구($\substack{어 9 \ II \\ 전단}$)·인수제시의 필요문구($\substack{어 22 \\ I·IV}$)·인수제시의 금지문구($\substack{어 22 \\ II·III}$) 등이다.

2. 법정 이외의 유익적 기재사항

발행인이 법정된 유익적 기재사항 이외에 일정한 사항을 어음에 기재한 경우에 어음法上의 효력이 있는가에 대하여는 학설이 대립하고 있다.

(1) 긍 정 설　　어음의 유통을 방해하지 않는 사항으로서 약속어음의 발행인만이 책임을 진다는 위약금의 약정이나 어음채권에 대한 담보설정 등에 관한 기재는 그 효력을 인정하여도 무방하다고 한다[徐(정), 145; 鄭(희), 144; 梁(승), 262; 鄭(찬), 365]. 또한 배서인의 담보책임을 일부제한하거나(어15 참조) 보증인의 책임을 일정한 금액에 제한하거나 또는 일정한 조건에 결부시키는 등, 어음관계자를 해하지 않고 합리성이 인정되는 사항에 대하여는 그 효력을 인정하여야 한다고 한다[鄭(동), 326]. 한편 판례도 어음보증의 조건부기재를 인정하고 있다[大 86. 3. 11, 85 다카 1600; 大 86. 3. 25, 84 다카 2438].

(2) 부 정 설　　어음의 유통성에서 볼 때 어음의 내용은 객관성이 있고 명확하여야 될 것이므로, 어음법에 규정이 없는 사항은 정형증권인 어음의 경우에는 그 효력을 인정할 수 없다고 하는데 이 견해가 타당하다[동: 孫(주), 197; 李(철), 245]. 위약금의 약정이나 어음채권에 대한 담보설정 등의 기재는 당사자간의 합의가 있는 경우에 민법상의 효력이 있을 뿐이므로 이러한 어음은 배서를 하여도 배서인이 그 기재의 책임을 지지 않는다고 보아야 할 것이다. 또한 이를 허용한다면 어음의 단순성과 명료성을 해할 우려도 있는 것이다. 따라서 어음법 제 5 조 1항의 취지에서 볼 때 법정 이외의 유익적 기재사항은 인정할 수 없다고 본다.

제 3 관　無益的 記載事項

[434] 제 1 總　　說

무익적 기재사항은 어음에 기재하여도 특별한 어음상의 효력이 생기지 않는 사항이다. 여기에 속하는 사항은 그 효력이 어음법의 규정에 의하여 당연히 생기는 것으로서 구태여 어음에 기재할 필요가 없는 것과, 기재를 하여도 어음법에 의하여 그 기재가 없는 것으로 인정되는 사항 및 기재를 하여도 당사자간에 특약에 의한 일반적 효력이 있을 뿐이며 어음상의 효력이 인정되지 않는 것 등이 있다.

[435] 제 2 無益的 記載事項의 種類

1. 기재가 불필요한 사항

지시문구($_{11\,I}^{\,어}$), 상환문구($_{39\,I}^{\,어}$), 제시문구($_{38\,I}^{\,어}$), 파훼문구($_{I}^{어\,65}$본) 등이 있다.

2. 기재가 없는 것으로 인정되는 사항

확정일출급·발행일자후정기출급어음의 이자문구($_{후단}^{어\,5\,I}$), 일람출급·일람후정기출급어음의 이율 없는 이자문구($_{5\,II}^{\,어}$), 발행인의 지급무담보문구($_{후단}^{어\,9\,II}$) 등이 있다.

3. 기재가 어음상의 효력이 없는 사항

관할법원의 합의문구, 배상액예징문구($_{문구}^{위약금}$), 담보문구, 사금문구, 동시문구, 위탁어음문구($_{III}^{어\,3}$), 전환문구 등이 있다.

제 4 관 有害的 記載事項

이것은 기재를 하면 어음 자체를 무효로 하는 사항이다. 즉 그 기재가 어음의 본질에 반하거나 어음요건을 파괴하는 경우는 단순히 그 기재만이 아니라 어음을 무효로 한다. 법정의 유해적 기재사항으로는 만기의 기재가 법정된 종류($_{33\,I}^{\,어}$)와 다른 방식으로 기재한 경우와 분할출급의 문구가 있다($_{33\,II}^{\,어}$). 그리고 법정 외의 유해적 기재사항으로는 어음의 본질에 반하거나 어음요건을 파괴하는 기재사항으로 i) 어음의 단순성($_{1(2)}^{\,어}$)을 해하는 **조건부지급의 기재**, ii) **지급방법의 제한이나 자금을 한정하는 기재**, iii) 어음의 효력을 원인관계에 결부시키는 등의 기재는 어음의 단순성·확정성·추상증권성에 반하는 것이다.

제 3 절 白地어음

제 1 관 總 說

[436] 제 1 意 義

(1) 백지어음이란 후일에 어음소지인으로 하여금 **보충시킬** 의사로 어음요
건의 일부 또는 전부를 기재하지 않고 백지로 하여 어음이 될 서면에 기명날
인 또는 서명하여 발행한 미완성의 어음을 말한다.

(2) 백지어음은 의식적으로 미완성어음을 발행한 것으로서 무의식적으로
잘못하여 어음요건을 기재하지 않은 **불완전한 어음과** 구별된다. 후자는 보충
권이 수여되지 않은 무효인 어음이므로 어음취득자가 보충을 한 때에는 어음
의 위조행위가 된다. 반면에 백지어음은 조건부의 유효한 어음인 것이다. 백지
어음을 보충하여 어음으로서 완성시키는 권리를 **보충권**이라고 하는데, 어음요
건이 불비된 경우에 불완전어음인가 백지어음인가의 구별은 **보충권의 유·무**에
의하여 좌우된다[보충권에 관하여는 898면 이하 참조].

(3) 완성된 어음의 행위자가 어음요건이 아닌 유익적 기재사항을 타인에게
보충시킬 의사로 그것을 기재하지 않고 발행한 어음을 **준백지어음**이라고 한
다. 준백지어음은 완성된 유효한 어음이라는 점에서 고유한 백지어음과 차이
가 있으나, 백지보충권이 수여된다는 점에서 공통되므로 어음법 제10조의 규
정을 유추적용하여야 할 것이다[통설].

[437] 제 2 白地어음의 法的 性質

백지어음은 이것을 보충하면 완전한 어음상의 권리자가 된다는 법률상의
지위와 백지보충권을 표창하는 것으로서 그 유통이 가능한 유가증권이라는 것
이 통설이다. 백지어음도 어음의 일종이라는 견해도 있으나[李(범), 320] 이는 미완
성의 어음에 불과하다.

[438]　제 3　經濟的 機能

　백지어음은 어음의 교부시에 원인관계에 의한 채무의 금액 및 변제기가 미정이거나, 금융의 상대방이 아직 확정되지 않은 등의 사정으로 어음금액·만기·수취인 등을 기재할 수 없는 경우에 어음요건의 일부 또는 전부를 백지로 한 서면에 기명날인 또는 서명하여 완성한 어음과 같이 이용된다.

제 2 관　白地어음의 要件

　백지어음은 어음요건의 전부 또는 일부가 불비된 것으로서 적어도 1 개 이상의 어음행위자의 기명날인 또는 서명이 있어야 하며, 어음요건이 불비된 부분에 대하여 타인에게 그 보충권을 수여하려는 의사기 있이아 힌다.

[439]　제 1　記名捺印 또는 署名의 存在

　누구이든 백지어음행위자의 기명날인 또는 서명이 있어야 한다. 왜냐하면 백지어음은 후에 요건이 보충되면 기명날인 또는 서명한 자가 어음상의 책임을 지기 때문이다. 어음법 제10조의 법문에는 「발행한」이라고 되어 있으나 반드시 발행인의 기명날인 또는 서명이 있어야 하거나 선행되어야 하는 것을 의미하는 것이 아니라 이는 「교부한」이라는 뜻으로 해석하여야 할 것이다($\binom{독어\ 10}{참조}$). 그러므로 발행인의 기명날인 또는 서명이 없이 배서인·보증인·인수인의 기명날인 또는 서명만이 있는 경우에도 백지어음이 성립할 수 있다. 즉 부속적 어음행위가 기본적 어음행위에 선행할 수 있는 것이다.

[440]　제 2　어음要件의 不備

　⑴ 어음요건의 전부 또는 일부의 흠결　　　어음요건의 전부 또는 일부를 구비하지 않은 경우이어야 한다. 흠결된 어음요건의 종류 및 정도에 관하여는 제한이 없다. 그러므로 어음문구의 기재나 수취인·발행지·확정일출급어음의 발행일 등과 같이 어음의 권리내용의 확정과 관계 없는 어음요건이 백지인 경우에도 백지어음은 성립한다.

　(2) 만기가 백지인 경우　　　1) 만기의 기재가 없는 경우에 관하여 어음
법은 이를 일람출급(一覽出給)어음으로($_2$억ⅱ) 본다고 규정하고 있으나, 이것은
만기백지의 백지어음을 인정하지 않는다는 뜻이 아니다. 그런데 만기가 기재
되지 않은 어음을 일람출급어음으로 볼 것인가 만기백지어음으로 볼 것인가에
따라 소멸시효 및 권리행사와 관련하여 차이가 있다. 이는 어음소지인에게 중
대한 영향을 미친다.

　　2) 일람출급어음으로 보면 발행일로부터 1년 이내에 지급제시를 하지 않
으면 배서인에 대한 권리를 상실하고, 1년 경과 후 다시 3년이 경과하면 어음
상의 주채무자인 인수인에 대한 권리도 시효에 의하여 소멸한다. 그러나 만기
백지어음이라고 하면 보충권은 보충권의 시효에 의하여 소멸한다. 권리행사에
있어서도 일람출급어음으로 보면 만기가 기재되지 않은 채로 어음을 제시하여
유효하게 권리행사를 할 수 있지만 만기백지어음이라고 하면 만기를 보충하지
않고는 유효한 권리행사를 할 수 없게 된다.

　　3) 인쇄된 어음용지의 만기란을 말소하지 않고 백지로 한 경우에는 당사
자가 그것을 보충시킬 의사가 있는 백지어음으로 추정된다 할 것이다[大 67. 2. 28, 66 다 2351].
거래관계에 있어서 어음을 일람출급으로 발행한다는 것은 예외적인 경우에 속
하므로 만기의 기재가 없는 어음을 일람출급어음이라는 주장을 하려면 어음소
지인이 일람출급으로 하려는 어음발행인의 의사를 알았다는 사실을 어음발행
인이 입증하여야 한다.

[441]　제3　補充權의 存在

　어음요건의 불비를 장래에 타인으로 하여금 보충시키려는 의사가 있어야
한다. 즉 백지어음은 보충권이 수여되고 그 보충권의 행사에 의하여 완성이 예
정되어 있는 미완성어음이라는 점에서, 어음요건의 흠결이 있지만 그에 대한
보충권의 수여가 없는 무효인 불완전어음과 다른 것이다. 그러므로 보충권의
유·무가 백지어음을 판단하는 중요한 기준이 된다. 보충권의 존재가 명백한
경우는 문제가 없으나 그것이 명확하지 않은 경우는 어떠한 경우에 보충권이
성립하고 백지어음행위자가 책임을 지는가 하는 점에 대하여 주관설·객관설·
절충설이 대립하고 있다.

I. 주 관 설

어음에 기명날인 또는 서명한 자의 보충권을 수여하려는 의사가 있어야한다는 것이다. 즉 어음에 기명날인 또는 서명한 자와 그 상대방 사이에 어음외의 **보충권수여**의 명시 또는 묵시의 **합의**가 있는지 없는지에 따라 정하여진다는 것이다[朴(원), 493]. 또한 어음법 제10조의 「미리 한 합의」의 문언에서 그 근거를 찾기도 한다. 이에 의하면 보충권을 수여하려는 어음행위자의 의사가 존재하지 않는 한 백지어음과 같은 외관이 있더라도 어음소지인이 보충권의 존재를 입증하지 못하는 한 백지어음으로 인정되지 않음으로써 거래의 안전을 해하게 된다.

2. 객 관 설

어음의 외관에 의하여 기명날인 또는 서명한 자가 보충을 예정하고 발행한 것으로 인정되는 경우에는 어음행위자의 의사와 관계 없이 백지어음으로본다는 입장이다. 이 견해에 의하면 외형상으로 보충이 예정된 서면으로 인정할 수 없는 것은(어음용지 이외의 서면에 어음문구 및 지급약속문구의 불기재나 발행인의 기명날인만이 있는 경우 등) 기명날인 또는 서명한 자가 타인에게 보충권을 수여하려는 의사가 있더라도 백지어음의 성립을 부정하게 되는 불합리한 결과가 초래된다. 객관설에 의하면 거래의 안전을 도모할 수있겠지만 기명날인 또는 서명한 자가 보충 후의 문언에 따르는 책임을 져야하는 경우에도 외관이 없다고 하여 그 의사를 도외시하는 것은 타당하지 못하다고 할 수 있다.

3. 절 충 설

(1) 의   의   백지어음은 원칙적으로 기명날인 또는 서명한 자가 후일에 흠결된 어음요건을 보충시킬 의사로 작성하여 교부한 것이어야 하지만,서면의 외관에서 볼 때 흠결된 요건을 장래에 보충시킬 것이 예정되어 있는것으로 인정되고 그러한 서면임을 인식할 수 있는 사정하에서 기명날인 또는서명한 경우에는 보충권수여의 구체적 의사가 없더라도 백지어음이 성립한다고 한다[徐(정), 135]. 그러므로 인쇄된 어음용지에 어음금액과 수취인만이 기재되지않은 경우에는, 그 외관에서 볼 때 장래에 보충을 예정한 의사가 있는 것으로인정되기 때문에 당연히 백지어음으로 볼 수 있게 된다. 절충설은 기본적으로

주관설의 입장에 서면서 주관설의 불합리한 점의 보완을 위하여 **입증책임**을
부여하고, 거래의 안전을 위하여 객관설을 절충한 것이라고 할 수 있다. 그러
나 이 견해도 장래에 보충이 예정된 것으로 인정되는 서면임을 인식하고 기명
날인 또는 서명한 것을 귀책사유로 한다는 점에서 권리외관설과 같다고 할 것
이다.

⑵ 입증책임

1) 외관이 존재하는 경우   기명날인 또는 서명한 자가 백지어음에 의
한 책임을 면하려면 백지어음으로 발행된 서면이라는 것을 과실 없이 인식하
지 못하고 기명날인 또는 서명한 것을 구체적으로 입증하여야 할 것이다〔大 67.
2. 28.
66 다 2351; 大 84.
5. 22, 83 다카 1585〕.

2) 외관이 부존재하는 경우   보통의 백지에 어음문구와 지급문구 등
을 기재하지 않고 단순히 기명날인 또는 서명한 자가 있는 경우에는 일반적으
로 위의 문구를 장래에 보충시킬 의사가 있는 것과 같은 외관이 있다고 볼 수
없을 것이므로, 백지어음이라고 주장하는 측에서 보충시킬 의사가 있었다는
것을 구체적으로 입증하여야 한다.

4. 권리외관설

백지어음은 특별한 경우에 발행하는 미완성의 어음이므로 보충권을 수여
하려는 어음행위자의 의사가 있어야 한다. 그러나 거래의 안전을 위하여는 보
충권은 수여하지 않았더라도 백지어음으로 볼 수 있는 외관이 있고 외관을 야
기한 데 대하여 어음행위자에게 **귀책사유**가 인정되고 제 3 자가 이를 과실 없
이 백지어음으로 **신뢰**하고 취득한 때에는 백지어음으로 인정하여 그 행위자는
책임을 진다고 본다〔동: 鄭(동), 400;
梁(승), 276〕.

제 3 관   白地補充權

미완성어음인 백지어음은 그 보충에 의하여 완성어음이 된다. 이와 같이
백지를 보충하여 어음을 완성시키는 권리를 보충권이라 한다.

[442] 제 1 補充權의 性質과 內容

(1) 보충권은 권리자의 일방적 행위에 의하여 백지어음을 완성하여 기명날인 또는 서명한 자의 의무를 발생시키는 권리로서 **형성권**의 범주에 속한다고 본다[동: 徐(정), 151; 鄭(희), 157; 徐(돈), 166; 孫(주), 212]. 그러므로 보충권을 행사한 다음의 정정(訂正)은 어음의 변조가 된다. 보충권의 행사는 백지어음의 취득자가 자기의 고유한 권리를 행사하는 것이다. 그러므로 보충권은 일방적으로 철회하지 못한다. 따라서 백지어음의 교부자가 사망하였거나 파산한 경우에도 보충권을 행사할 수 있는 것이다.

(2) 형성권설이 비교적 타당한 것으로 본다. 어떠한 학설도 보충권의 성질을 명쾌하게 설명할 수 없다는 이유로 보충권을 **특수한 권리**라는 견해도 있으나[鄭(동), 408], 이 또한 편의적일 뿐 명쾌한 설명이 되지 못한다.

(3) 보충권의 내용은 약정이 없거나 그 내용이 명시되지 않은 때에는 원인관계나 어음거래의 관습 등을 참작하여 신의성실의 원칙에 따라 당사자의 의사의 합리적 해석에 의하여 결정하여야 할 것이다.

[443] 제 2 補充權의 成立時期

백지어음의 보충권은 백지어음에 기명날인 또는 서명하여 어음을 상대방에게 교부한 때에 성립한다. 그러므로 이후의 기명날인 또는 서명한 자의 사망이나 무능력 그리고 대리권의 상실은 보충권의 효력에는 영향을 미치지 않는다. 따라서 백지어음행위를 할 수 있는 대리권의 유무도 어음의 교부시를 기준으로 결정하여야 할 것이다.

[444] 제 3 補充權行使의 時期

당사자간의 합의로 보충권의 행사시기를 정한 때에는 그에 따라야 하며 이 기간이 경과한 후에 한 보충은 보충권소멸 후의 보충이 된다. 그러나 보충권의 행사시기를 정하지 않은 때에는 만기의 유·무에 따라 다음과 같은 제약이 따른다.

1. 만기 이외의 요건이 백지인 경우

(1) 주채무자에 대한 관계 　　만기가 기재된 백지어음은 주채무자(환어음의 인수인· 약속어음의 발행인)에 대한 관계에 있어서 어음채권은 만기로부터 3년의 시효에 의하여 소멸하므로($^{어}_{77}$ $^{70}_{I}$ $^{I·}_{(8)}$), 이 기간 내에 보충하여야 한다$\left[^{大\ 62.1.31,}_{4294\ 民上\ 110}\right]$. 즉 확정일출 급어음과 발행일자후정기출급어음의 경우에는 만기로부터 3년 내에 보충하여 야 하며, 일람출급어음의 경우에는 1년의 제시기간 경과 후 3년 내에 보충하 면 되고, 일람후정기출급어음은 어음법 제35조($^{약속어음의}_{우에는\ 78}$ $^{경}_{II}$)에 의하여 정해진 만 기로부터 3년 내에 보충하여야 한다.

　　판례는 「백지어음의 보충은 보충권이 시효로 소멸하기까지는 지급기일 후에도 이를 행사할 수 있고, 주된 채무자인 발행인에 대하여 어음금청구소송을 제기한 경 우에는 변론종결시까지만 보충권을 행사하면 되는 것이다$\left[^{大\ 81.4.14,\ 80\ 다\ 2695;\ 大}_{72.12.11,\ 72\ 다\ 1576\ 등\ 참조}\right]$. 원심이 적법하게 확정한 사실에 의하면 원고는 원심 소송계속중에 발행지와 발행 인 주소를 보충하여 발행인인 피고에게 지급제시하였다는 것이므로 원고의 위 보 충권행사는 적법한 기간 내에 행사된 것이라 할 것이다」고 한 바 있다$\left[^{大\ 95.6.9,}_{94\ 다\ 41812}\right]$.

(2) 상환의무자에 대한 관계 　　상환의무자에 대하여는 지급거절증서의 작성기간 내 또는 거절증서의 작성이 면제된 경우에는 만기 후 1년 내에 보충 을 하여야 한다($^{어}_{II,}$ $^{70}_{44}$).

2. 만기백지의 경우

(1) 총　　설 　　만기가 백지인 경우 제한 없이 보충권을 행사할 수 있 다고 하면 어음에 표창된 권리의 엄격성이 완화되고 단기소멸시효를 법정하고 있는 어음법의 취지에 어긋난다. 그러므로 보충권 자체의 소멸시효를 인정하 여 보충권이 시효에 의하여 소멸하기 전에 행사하여야 한다고 본다$\left[^{大\ 95.6.9,}_{94\ 다\ 41812}\right]$. 즉 만기백지인 어음은 만기를 기준으로 하여 어음의 존속기간을 정할 수 없기 때문에 보충권 자체의 소멸시효기간이 그 기준이 된다. 일람출급어음 또는 일 람후정기출급어음인 경우에 발행일이 백지인 때에도 같다($^{어}_{23}$ ^{34} ^{I} $^{2문·}_{참조}$).

(2) 시효기간에 관한 여러 학설 　　보충권 자체의 시효를 인정하는 경우 에도 소멸시효기간에 대하여는 다음과 같은 학설의 대립이 있다.

1) 20년설과 10년설 　　보충권은 형성권이기 때문에 민법 제162조 2항 의 「채권 및 소유권 이외의 재산권」으로서 소멸시효기간은 20년이라는 설$\left(^{徐}_{(돈)}\right)$,

166; 朴(원), 495; 李(범), 321; 朴采均·尹柱漢, 「법정대논문집」(조선대, 1977), 88 〕과 보충권은 형성권의 일종이지만 특정인에 대한 권리이므로 **채권**과 동일시하여 소멸시효기간은 10년($\frac{민}{162 I}$)이라는 설이 있다 〔徐(정),154〕. 양 견해는 단기시효를 전제로 하는 어음제도의 특수성을 고려할 때 적합하지 못하다.

2) 5 년 설　　　보충권도 상행위로 인하여 생긴 채권에 준하는 것으로 보아 소멸시효기간은 5년이라고 한다. 이것은 어음행위를 절대적 상행위로 규정하고 있는($\frac{日商}{501 (1)}$) 일본판례의 입장이다. 그러나 우리의 경우는 어음행위는 항상 상행위가 되는 것은 아니므로 적합하지 않다.

3) 10년 또는 5년설　　　원인관계상의 채권이 민사채권인가 상사채권인가에 따라 소멸시효기간은 민사채권이면 10년, 상사채권이면 5년이라고 한다 〔鄭(희),159〕. 그러나 이미 성립된 보충권의 시효기간을 정함에 있어서 원인관계를 결부시키는 것은 어음의 추상성에서 볼 때 무리라고 본다.

4) 4 년 설　　　이는 만기 백지의 어음을 일람출급의 어음에 준하는 것으로 보아 만기 백지어음의 소지인은 발행일로부터 1년 이내에 만기를 보충할 수 있고, 소지인이 1년 이내에 보충하여 권리행사를 하지 않는 경우에는 일람출급의 경우에 준하여 발행일로부터 1년 후를 만기로 간주하여 이 때로부터 3년 내에 보충하여야 된다고 한다. 결국 발행일로부터 기산하면 시효기간이 4년이 된다는 것이다〔金(용), 308;鄭(찬), 228〕. 그러나 만기 백지어음을 일람출급어음으로 보는 것은 당사자의 의사에 반하여 부당하다고 본다.

5) 3 년 설　　　보충권은 어음상의 권리와 같은 것으로 보아 소멸시효기간은 3년으로 봄이 타당하다〔동: 孫(주), 217; 梁·朴,728; 鄭(동), 413〕. 보충권은 백지어음에 잠재하는 권리와 불가분의 관계에 있으므로 그 시효기간은 **어음채권**과 마찬가지로 3년으로 보는 것이 발행된 지 오래 된 어음의 남용을 방지하기 위하여도 타당하지 않은가 한다. 이탈리아에서는 3년으로 제한하고 있다.

⑶ **소멸시효기간의 기산점**　　　만기백지어음의 경우에는 소멸시효의 기산점은 발행시라고 하는 것이 타당하다고 본다.

　　　판례는 「장래의 계속적인 물품거래로 발생할 채무의 지급을 위하여 만기를 백지로 한 약속어음을 발행한 경우, 그 보충권의 소멸시효는 다른 특별한 사정이 없는 한 그 물품거래가 종료하여 어음상의 권리를 행사하는 것이 법률적으로 가능하게 된 때부터 진행한다」〔大 97. 5. 28.96 다 25050〕는 입장이다.

[445] 제 4 補充權의 濫用

I. 기명날인 또는 서명한 자의 책임($\frac{합의위반}{의 보충}$)

(1) 선의취득자에 대한 책임　1) 백지어음에 기명날인 또는 서명한 자가 보충권을 수여할 때에는 일반적으로 그 내용과 행사시기가 정하여지지만, 명시적인 합의가 없는 경우라도 당사자간의 실질관계를 고려하여 기명날인 또는 서명한 자의 일반의사에 따라 보충하여야 할 것이다. 그러므로 어음소지인이 이에 위반하여 보충권을 남용한 때에는 기명날인 또는 서명한 자는 부당하게 보충된 기재내용에 따라 책임을 질 이유가 없다고 할 것이다. 그러나 이러한 원칙을 관철하게 되면 부당하게 보충된 기재를 신뢰하고 어음을 취득한 자를 보호할 수 없게 된다.

2) 그리하여 어음법($\frac{어}{10}$)은 백지어음의 보충권이 남용된 경우라도 백지어음에 기명날인 또는 서명한 자는 그 취득자가 선의이고 중대한 과실이 없으면, 합의의 위반을 이유로 대항할 수 없다고 규정함으로써 부당하게 보충된 기재에 의한 책임을 인정하고 있다[大 66. 4. 6,／66 다 276].

　　판례에서는 악의란 「어음의 부당보충사실을 알고 있고 이를 취득할 경우 어음채무자를 해하게 된다는 것을 인식하면서도 어음을 양수한 것」을 말한다고 하지만 [大 95. 6. 30,／95 다 10600], 이 경우는 어음법 제17조 단서와 달리 부당보충을 안 것만으로 악의가 인정되며 어음채무자를 해하게 된다는 인식은 필요가 없는 것이다. 그러므로 판례는 어음법 제10조 단서에서의 악의의 법리를 오해한 것이 아닐 수 없다. 그리고 부당보충된 어음을 취득함에 있어서 중대한 과실이란 어음의 취득에 있어 가장 기본적으로 필요한 주의를 해태하여 부당보충을 알지 못한 경우라고 할 것이다. 판례는 중대한 과실이란 「조금만 주의를 기울였어도 어음의 부당보충사실을 알 수 있었음에도 불구하고 만연히 부당보충된 어음을 취득한 것」을 말한다고 한다[大 95. 6. 30,／95 다 10600].
　　중대한 과실을 인정한 판례로는, 「어음금액이 백지인 백지어음을 원고가 취득하면서 그 어음금액란을 원고가 보충한 경우 보충권의 내용에 관하여 어음의 기명날인자인 피고에게 직접 조회하지 않았다면 취득자인 원고에게 중대한 과실이 있다고 보아야 한다」는 것이 있다[大 78. 3. 14,／77 다 2020]. 이후 금액백지수표에 대하여 동일하게 판시한 바 있다[大 95. 8. 22,／95 다 10945].

3) 백지어음에 기명날인 또는 서명한 자가 보충권의 남용에 대한 책임을 면하려면 어음취득자의 악의 또는 중대한 과실이 있다는 것을 입증하여야 한다. 악의 또는 중과실의 존재시기에 대하여는 백지어음은 취득시뿐만 아니라 보

충시에도 악의 또는 중대한 과실이 없어야 한다는 견해$\binom{취득 : 보}{충시설}$도 있으나$\left[\substack{鄭(희), \\ 160}\right]$, 백지어음의 **취득시**를 기준으로 함이 타당하고 **통설**이다.

(2) 어음법 제10조의 적용범위   1) 어음법 제10조는 부당하게 보충된 백지어음을 선의의 제 3 자가 취득한 경우뿐만 아니라, **백지미보충**의 어음을 선의이며 중대한 과실 없이 일정한 범위의 보충권이 있는 것으로 믿고 취득한 자가, 선의이며 중대한 과실 없이 한 보충이 본래의 합의와 다른 경우에도 적용된다고 할 것이다$\left[\substack{동: 孫(주), 212~213; 鄭 \\ (동), 416; 李(철), 275}\right]$. 이와는 달리 어음의 유통성의 확보는 형식상 완전한 어음을 전제로 한다고 하면서 보충권의 범위만을 믿고 보충한 자는 보호할 필요가 없다는 소수설도 있다$\left[\substack{鄭(찬), \\ 225}\right]$. 그러나 어음법 제10조는 보충권에 대한 신뢰를 보호하는 데 입법취지가 있다고 할 것이므로 보충의 전후에 따라 달리 취급할 이유가 없다고 본다.

2) 백지어유의 **보충권**은 기명날인 또는 서명에 의하여 무인적으로 발생하는 것이므로, 당사자간에 보충권을 소멸시키는 합의를 하더라도 백지어음을 회수하지 않고 그것이 보충되어 유통된 때는 당사자간의 합의는 인적항변의 사유가 될 뿐이며, 이러한 경우에는 어음법 제10조의 적용이 인정된다고 본다$\left[\substack{大 60.12.25, \\ 4293 민상 176}\right]$.

(3) **남용자 등에 대한 책임**   보충권을 남용한 자와 악의 또는 중대한 과실이 있는 취득자에 대하여는 백지어음에 기명날인 또는 서명한 자는 그가 수여한 보충권의 범위 내에서만 책임을 진다.

예컨대 甲이 장래에 확정될 매매대금을 50만원의 범위 내에서 보충하기로 합의하여 乙에게 약속어음을 발행하여 교부하였으나 이러한 합의와 달리 乙이 150만원으로 보충하여 丙에게 배서양도한 경우에, 丙이 선의이며 중대한 과실이 없으면 甲은 150만원에 대한 책임을 면하지 못한다. 이 경우 丙이 악의이며 중대한 과실이 있는 경우에도 甲은 그가 수여한 보충권에 따라 50만원에 대한 책임은 면하지 못한다.

2. 부당보충자의 책임

백지어음의 취득자가 합의와 달리 보충권을 남용하여 백지어음의 행위자가 선의취득자에 대하여 책임을 짐으로써 생긴 손해에 대하여는 백지어음을 취득하여 부당하게 보충한 자가 백지어음의 행위자에 대하여 손해배상책임을 진다고 본다.

[446] 제5 補充의 效果

백지어음은 흠결된 어음요건이 적법하게 보충됨으로써 완전어음이 되는데 그 효력발생시기에 대하여는 학설이 대립하고 있다.

(1) 소 급 설   백지어음은 보충을 하여 완전어음이 되면 처음 교부할 때에 이미 완성어음이었던 것과 같은 효력이 생긴다고 한다. 즉 소급하여 효력이 생긴다는 것이다. 백지의 보충에 의하여 최초에 완성어음이었던 것과 같이 취급되어 어음의 효력은 어음에 기재된 내용에 따라 생기게 된다. 그 결과 이미 발행일이나 만기가 기재되어 있었을 때에는 어음상의 채무에 관한 시효기간의 시기(始期)도 보충시가 아니라 어음에 기재되었던 만기가 되고, 일람출급어음·일람후정기출급어음·발행일자후정기출급어음의 제시기간의 시기도 보충시가 아니라 어음에 기재된 발행일을 기준으로 하며, 백지어음행위자의 능력이나 대리권의 유무에 관한 판단시기도 백지어음의 행위시를 기준으로 한다. 소급설이 타당하다고 본다.

(2) 불소급설   이 견해는 우리 나라의 통설인데, 그 근거는 다음과 같다. 첫째로 백지어음행위의 효력은 어음행위가 보충을 법정정지조건으로 한 행위인 만큼, 민법 제147조의 준용을 받아 조건성취전에, 즉 보충 이전에 소급하지 않는다고 한다. 둘째로 백지어음은 백지를 보충함으로써 완전한 어음이 되고 어음상의 권리가 발생하기 때문이라고도 한다. 이에 의하면 보충의 효력발생시기와 어음행위의 성립시기는 구별되어야 한다고 하면서, 그러나 보충 전에 어음에 한 행위는 보충전 그 기재를 한 때를 기준으로 효력이 생긴다고 한다. 백지어음이 완전한 어음으로서 효력이 생기는 것은 보충시이고 백지어음의 발행·배서는 그 행위시에 성립한다는 것이다. 그러나 이는 결과에 있어서 소급설과 다를 바 없는 것이 아닌가 한다[동: 李(철), 280].

(3) 판례의 입장   1) 대법원은 종래에 백지어음의 어음행위는 백지어음이 보충될 것을 정지조건으로 하여 성립되는 것이고 요건의 보충에 의하여 조건이 성취되었을 때 비로소 어음행위로서의 완전한 효력이 생기므로, 배서 등 백지어음에 한 모든 어음행위는 이 때에 효력이 발생하는 것이고 보충의 효과가 조건성취 전에 소급한다고는 볼 수 없다고 해석하는 것이 타당하다고 한 바 있다[大 65.8.31.\n65 다 1217].

2) 그러나 이후 전원합의체판결에서는 「백지어음에 있어서 백지의 보충시와 어음행위 자체의 성립시기와는 엄격히 구별하여야 할 문제로서, 백지의 보충 없이는 어음상

의 권리를 행사할 수 없으나, 어음행위의 성립시기를 곧 백지의 보충시로 의제할 수는 없는 것이고 그 성립시기는 그 어음행위 자체의 성립시기로 결정하여야 할 것이다. 그렇다면 그 보충이 1966.8.24.에 된 1966.1.20. 만기의 이 사건 어음에 1966.1.10.에 이루어진 본건 배서를 기한후배서로 보지 아니한 원판결판단은 정당하다. 그러므로 위 견해와 상충되는 당원의 종전 판결[大 65.8.31.]에 입각하여 이 사건 배서는 기한후배서로 보고 그 효력은 단지 지명채권의 양도의 효력밖에 없다고 주장하는 논지는 이유 없다」고 하였다[大 71.8.31.]. 이후 이러한 판례의 입장은 유지되고 있다. 즉「지급거절증서작성기간이 경과되기 전에 배서일이 백지로 된 채 배서에 의하여 그 약속어음을 양도받은 것이라면 지급거절증서작성기간이 경과된 후에 배서일을 지급거절증서작성기간 경과 전으로, 피배서인을 자신으로 각 보충하였다 하더라도 기한후배서로 볼 수 없다」고 하였다[大 94.2.8.]. 따라서 판례는 소급설의 입장이라고 할 것이다[同; 徐(정), 「사법행정」 72(13-3),16; 梁承圭, 「고시계」 71.11,72].

3) 그런데 위 전원합의체판결을 **불소급설**의 입장이라고 하거나[鄭(희),161], 불소급설로도 볼 수 있다는 입장이 있다[鄭(동),419]. 이와 같은 입장들은 스스로 불소급설이 결과에 있어서 소급설과 다르지 않다는 것을 자인한 것이라고 할 것이다.

제 4 관   白地어음의 讓渡

[447]   제 1   總   說

(1) **양도의 대상**   백지어음은 조건부의 어음채권과 보충권을 표창하는 유가증권으로서 그 이전이 가능하다. 이 경우에 양도의 대상은 장래의 보충에 의하여 발생할 어음상의 권리라고 할 수 있으므로 백지어음과 더불어 그 보충권도 이후의 취득자에게 양도한 것으로 본다[大 60.7.21.].

(2) **양도방법**   백지어음은 일반법상의 방법(상속·회사의 합병·채권양도)에 의하여 그 이전이 가능할 뿐만 아니라 백지어음은 상관습법에 의하여 완성된 어음과 같이 유통이 인정되어 왔으므로 배서에 의하여 양도할 수 있고, 수취인이 백지인 경우나 최후의 배서가 백지식인 때에는 교부로써 양도할 수 있을 뿐만 아니라 타인의 명칭을 기재하여 타인에게 양도할 수도 있다(어14Ⅱ유추).

[448]   제 2   白地어음의 流通保護

백지어음도 완성된 어음과 마찬가지로 그 유통이 인정되므로 완성된 통상의 어음과 같이 백지어음취득자의 권리가 보호되어야 한다.

(1) 선의취득　　　1) 백지어음은 선의취득($\frac{어}{16\text{ш}}$)이 인정된다. 백지어음의 선의취득자는 보충권뿐만 아니라 보충에 의하여 성립할 어음상의 권리도 취득한다$\left[\substack{大 60.7.21,\\4293 민상 113}\right]$. 보충권의 범위에 대한 선의도 보호된다. 즉 일정한 범위의 보충권이 있는 것으로 믿고 그 범위 내에서 보충한 때에는 백지어음에 기명날인 또는 서명한 자는 부당보충이라는 항변으로 대항하지 못한다($\frac{어}{10}$).

2) 이론적으로 어음법 제16조 1항에 의하면 백지어음의 선의취득에 있어서도 어음소지인이 형식적 자격을 구비하여야 한다. 그러므로 특히 수취인백지의 어음이 배서 또는 교부로 양도된 때에는 배서연속의 흠결이 있다고 할 수 있다. 그러나 이 문제는 수취인이 백지인 상태로 배서양도한 때에는 백지식 배서의 다음에 다른 배서가 있는 때($\frac{어 16}{1 4문}$)에 준하여, 교부에 의하여 양도된 경우에는 최후의 배서가 백지식인 경우($\frac{어 16}{1 2문}$)에 준하여 배서의 연속이 인정될 수 있다고 본다.

(2) 인적항변의 절단　　　백지어음에 대하여도 어음법 제17조의 규정이 적용된다. 그 결과 수취인백지의 경우에도 발행인은 현재의 어음소지인에 대하여 직접의 당사자가 아니므로, 백지어음의 취득자는 채무자를 해할 것을 알고 취득한 경우가 아니면 원인관계상의 항변을 비롯한 인적항변의 대항을 받지 않는다$\left[\substack{동: 大 76.11.23, 76 다 214;\\大 85.9.9, 85 다카 2011}\right]$.

[事例演習]

◇ 사 례 ◇

　A는 B로부터 어음금액이 백지인 약속어음을 선의이며 중대한 과실이 없이 배서에 의하여 양수하였다. A는 어음금액의 보충권에 대하여 B의 말을 믿고 어음금액을 80만원으로 보충하여 발행인 C에게 지급을 청구하였는데, C는 이 어음은 B가 절취한 것이고 또 C와 B 사이에 합의된 어음금액은 50만원이라고 항변을 제기하고 있다. 이 경우에 법률관계는 어떻게 되는가?

　해 설　A는 B로부터 어음을 선의취득하였으므로($\frac{어}{16\text{ш}}$), C는 A의 청구에 대하여 지급을 거절하지 못한다. 또 B와 C간에 보충권에 관한 약정이 50만원이었다 하더라도 A가 B의 말을 신뢰하고 80만원으로 보충하여 청구하는 때에는 C는 지급을 거절하지 못한다. B가 사례의 경우와 같이 백지어음을 절취하였다면 C는 B에 대하여 무권

리의 인적 항변으로써 그 지급을 거절할 수 있다. 또한 B가 어음을
소지하고 있으면 B에 대하여 어음의 반환을 청구할 수 있다. 그러
나 C는 B로부터 어음을 선의취득한 A에 대하여는 지급을 거절할
수 없고 어음의 반환도 청구하지 못한다. A가 B로부터 백지어음을
양수함에 있어서 보충권의 범위는 50만원이었으나 그러한 사정을
알지 못하고 선의로 B의 말을 믿고 80만원을 보충한 A는 보호되는
가 하는 것이 문제인데, 이러한 경우에 A를 보호하지 않는다면 完
成어음과 마찬가지로 그 유통이 인정되는 백지어음에 있어서 거래
의 안전을 도모할 수 없을 것이다. 그러므로 A는 어음법 제10조에
의하여 보호를 받는다. 즉 A는 선의이며 중대한 과실이 없이 보충
권의 내용이 80만원이라고 신뢰하였다면 C에 대하여 80만원의 지
급을 청구할 수 있다.

제5관   白地어음에 의한 權利行使

[449]   제1 要   件

백지어음은 보충을 하기 전에는 미완성의 어음이므로 이에 의한 인수 또
는 지급을 위한 제시는 무효이고 백지어음의 제시로는 소구권보전을 위한 절
차를 이행하였다고 할 수 없으며[大 95. 9. 15, 95 다카 23071 ; 大 92. 10. 27, 91 다 24724] 어음채무자는 이행지체
가 되지 않는다[大 70. 3. 10, 69 다 2184]. 즉 백지어음은 **백지를 보충하여야** 어음상의 권리를
행사할 수 있다.

[450]   제2 訴의 提起와 時效中斷

백지어음을 보충하지 않고 소를 제기한 경우에는 원칙적으로 시효중단의
효력이 생기지 않는다. 그러나 백지인 어음요건이 수취인 또는 확정일출급어
음의 발행일과 같이 어음상의 권리의무의 내용과 관계 없는 사항인 경우에는
엄격성을 완화하여 시효중단의 효력을 인정하여도 무리가 없다고 본다[大 62. 1. 31, 4294 민상 110]. 왜냐하면 수취인이 백지인 어음은 사실상 교부에 의하여 양도되어 소지
인출급식증권과 같이 유통되므로 소지인을 권리자로 인정할 수 있고, 어음에
만기의 기재가 있는 한 수취인이나 발행일이 백지인 경우에도 시효($\frac{어}{70}$)는 진행

되므로, 시효중단의 효력을 인정하는 것이 합리적인 것으로 판단되기 때문이다. 그러나 어음금액이나 만기가 백지인 어음에 의한 소의 제기의 경우에는 시효중단의 효력이 없다고 할 것이다.

[451] 제 3 白地어음과 利得償還請求權

백지어음의 소지인은 적법한 기간 내에 백지를 보충하지 않는 한 원칙적으로 이득상환청구권($\frac{어}{79}$)을 취득하지 못한다. 그러나 수취인이 백지인 어음의 경우에는 정당한 어음소지인의 이득상환청구권을 인정하여야 할 것이다$\left[\substack{1022면 \\ 이하 \, 참조}\right]$.

[452] 제 4 白地어음의 除權判決

1. 총 설

백지어음을 상실한 경우에도 완전어음과 마찬가지로 공시최고의 신청이 가능하고 제권판결이 인정된다고 본다. 왜냐하면 백지어음도 완전어음과 같이 유통되고 선의취득이 인정되기 때문이다.

2. 제권판결의 효력

(1) 소극적 효력 제권판결에 의하여 백지어음은 무효가 되어 증권으로서의 효력을 상실한다. 그 결과 제권판결 이후에는 백지어음의 선의취득은 인정되지 않는다.

(2) 적극적 효력 백지어음에 대하여 제권판결이 있은 경우에도 완전어음의 경우와 같은 적극적 효력이 있는지에 대하여는 학설이 대립하고 있다.

1) 부 정 설 백지어음은 어음상의 권리가 성립되기 전에 상실한 것이기 때문에 제권판결에 의하여 백지어음의 소지인인 지위를 회복할 뿐이며 백지어음 자체는 무효가 되고 부활하는 것은 아니므로 백지를 보충하여 어음상의 권리를 행사할 수 없고, 주권의 경우와 같은 재발행의 청구를 인정하는 명문의 규정($\frac{상}{360\,\mathrm{II}}$)이 없기 때문에 재발행을 받아 보충하여 권리를 행사할 수도 없으므로 제권판결의 적극적 효력은 인정되지 않는다. 다만 상실된 어음을 취득한 자의 권리행사를 방지할 수 있을 뿐이다.

2) 긍 정 설 (개) 백지어음에 대한 제권판결이 있어도 적극적 효력이

인정되지 않으면 제권판결이 무의미하게 된다는 이유로 제권판결을 받으면 백지어음의 **재발행**을 청구하여 **보충**을 한 다음에 어음상의 권리를 행사할 수 있다고 한다$\left[\substack{鄭(동),\ 289;\\鄭(찬),\ 205}\right]$. 그러나 주권의 경우와 같은 명문의 규정($\substack{상\\360\,II}$)이 없고 재발행을 하게 되면 제권판결취득자는 권리행사를 위한 형식적 자격을 회복하는 데 그치지 않고 상실한 어음을 유통시킬 수 있는 지위까지 회복하게 되어 불합리하고, 선의취득자가 있는 때에는 어음채무자는 재발행된 어음이 보충된 때에는 이중으로 채무를 부담하게 되어 부당하다.

(나) 긍정설에는 제권판결에 원고의 **백지보충**의 의사를 기재한 서면을 첨부하여 지급제시를 할 수 있다는 견해도 있고$\left[\substack{姜(위),\\336}\right]$ 판례의 입장이기도 하지만$\left[\substack{大\ 98.\,9.\,4.\\97\ 다\ 57573}\right]$, 이는 백지어음에 한 백지보충과 동일시할 수 없으므로 유효한 지급제시로 볼 수 없다 할 것이다.

제 4 절　換어음의 引受

제 1 관　總　說

[453] 제 1　引受의 意義

(1) 환어음은 지급위탁증권으로서 그 지급은 제3자인 지급인이 하게 된다. 그러나 환어음의 발행인이 지급인을 지정하여 지급을 위탁한 것만으로는 지급인은 발행인에 대하여 내부관계에 의한 자금관계상의 의무를 질 뿐이고 당연히 지급인이 어음금액을 지급하여야 할 의무를 부담하지 않는다.

(2) 지급인은 인수에 의하여 어음채무자가 되며 환어음은 인수가 있음으로써 비로소 **주채무자**가 확정되어 인수인에 대한 어음금청구권을 표창하게 된다. 즉 지급인은 인수에 의하여 약속어음의 발행인과 같은 지위에 있게 된다. 인수는 어음요건은 아니지만 인수에 의하여 어음의 신용이 높아진다.

[454] 제 2　引受의 性質

인수의 성질은 어음행위에 관한 학설$\left[\substack{823면\\이하\ 참조}\right]$ 중에 어떠한 견해를 따르느

냐에 따라 달라진다. 즉 계약설에 의하면 인수인의 의무는 인수의 서면행위와
지급인과 어음소지인($^{발행인 \cdot 인수인 이후}_{의 모든 어음취득자}$) 사이의 교부계약에 의하여 성립한다. 그
러므로 인수의 성질은 **서면행위**와 **교부계약**이라고 할 수 있다. 따라서 인수의
말소에 의한 인수의 거절은 지급인이 그 어음을 소지인에게 반환하기 전에만
가능한 것이다($^{어}_{29 \text{I}}$). 즉 이 규정은 어음을 교부하기 전에만 인수의 말소가 가
능하다는 것으로서 계약설에 근거를 두고 있는 것으로 해석할 수 있다[$^{동; 鄭}_{(동), 421}$].

제 2 관　引受提示

[455]　제1　總　　說

　　인수제시란 어음을 지급인에게 제시하여 어음의 인수를 청구하는 행위를
말한다. 인수제시에 의하여 지급인은 지급을 위한 준비를 할 수 있으며 특히
일람후정기출급어음에 있어서는 인수제시가 만기의 확정을 위하여 필요하다.
인수제시는 어음이 유통된 후에 어음소지인이 지급인에게 제시를 하여 인수를
구하는 것을 원칙으로 하지만, 처음부터 발행인이 동시에 지급인인 「자기앞환
어음」에 인수를 하여 수취인에게 교부하는 경우($^{이 경우에는 실질적으로}_{약속어음의 발행과 같다}$)에는, 인수제
시를 할 필요가 없게 된다.

[456]　제2　引受提示의 方法

　　(1) **총　　설**　　　인수의 제시를 언제든지 어디서나 어떠한 방법으로 하
든지 인수의 효과에는 영향이 없으나, 상환의무자에 대한 소구를 위하여는 일
정한 조건이 구비된 방법으로 하여야 한다.
　　(2) **제시의 당사자**
　　1) **제 시 자**　　　인수의 제시는 어음소지인뿐만 아니라 어음의 단순한
점유자($^{어음소지인의 사}_{용인 또는 사자}$)도 할 수 있다($^{어}_{21}$). 인수의 제시는 지급을 받는 것이 아니고
인수에 의한 권리는 제시자가 아닌 어음소지인에게 속하게 되므로, 인수제시
의 권한과 관련하여 불필요한 분쟁이 발생하는 것을 피하기 위한 것이다. 그러
나 어음의 단순한 점유자는 인수제시는 할 수 있으나 지급제시의 권한은 없다.

2) 피제시자

㈎ 지 급 인   제시의 상대방은 지급인이다(어_{21}). 또한 지급인의 법정대
리인이나 기타 인수를 위한 대리권이 있는 자에게 제시할 수 있다. 지급담당자
의 기재가 있는 경우에도 같다($^{\text{UCC 제3장}}_{504\,\text{Ⅲ (b)}}$). 지급지나 지급장소의 기재가 있더라
도 인수제시는 지급인의 주소에서 지급인에게 하여야 한다.

㈏ 지급인이 수인인 경우   이 경우에는 그 전원에 대하여 제시하여야
한다. 만기 전의 소구는 전원이 인수를 거절한 경우에만 할 수 있다는 견해도
있으나[$^{徐(돈)\cdot}_{201}$], 지급의 경우와 달리 인수에 있어서는 수인의 지급인 중에 1인이
라도 인수를 거절하면 소구할 수 있다고 본다($^{\text{UCC 제3장}}_{504\,\text{Ⅲ (a)}}$)[$^{동:鄭(희), 167;}_{鄭(동), 425}$].

(3) 제시의 시기   인수의 제시는 원칙적으로 어음의 발행시로부터 만
기의 전일까지 할 수 있다(어_{21}). 그러나 제시기간이 법정된 때에는 그 기간 내
에 하여야 한다($\text{어}_{22,}\text{어}_{23}$). 이러한 기간이 경과한 다음에 제시를 하여 인수가 거질
된 때에는 전자에 대하여 소구권을 행사할 수 없다($^{\text{어 53 Ⅰ}}_{(2),\,21}$). 그러나 만기당일
또는 만기 이후에 제시기간을 정한 경우에는 그 기간이 경과한 후에 한 제시
에 대하여도 지급인이 인수를 하면 인수의 효력이 생긴다[$^{동:徐(정), 295; 徐(돈),}_{203;\,孫(주),\,261;\,梁(승),}$
$^{334;\,鄭}_{(동),\,426}$].

(4) 제시의 장소   인수제시의 장소는 지급인의 주소지이다(어_{21}). 그러
므로 타지지급어음·제3자방지급어음인 경우에도 지급인의 주소지에서 제시
하여야 한다. 지급지나 지급장소의 기재는 지급제시를 위한 것이며 인수제시
를 위한 것이 아니기 때문이다. 주소지에서의 제시장소는 지급인의 영업소·주
소 또는 거소이다.

(5) 고려기간   이는 지급인이 인수의 제시를 받은 경우에 인수의 결정
을 위하여 고려할 수 있도록 허용된 일정한 기간을 말한다. 지급인은 이 기간
내에 발행인에게 필요한 사항에 관하여 조회를 하거나 발행인으로부터 자금의
제공을 받는 등의 조치를 취할 수 있게 된다. 처음 인수의 제시($^{제1의}_{제시}$)를 받은
지급인은 다시 그 익일에 제시($^{제2의}_{제시}$)할 것을 청구할 수 있다($^{\text{어 24}}_{1\,\text{전단}}$). 이 경우에
1일간의 고려기간은 어음법이 인정한 유일한 은혜일(恩惠日)이라고 할 수 있다.

(6) 인수제시의 자유와 그 제한   인수의 제시는 어음소지인 또는 점유
자의 자유에 속하므로 만기까지는 언제라도 몇 번이라도 제시할 수 있으며 만
기에 직접 지급을 청구할 수도 있다($_{21,}\text{어}_{43}$). 즉 어음소지인은 제시를 하여 인수
를 청구할 수 있는 권리가 있을 뿐이며 제시의무는 없다. 이것을 「인수제시자

유의 원칙」이라 한다.

제 3 관   引受의 方法

[457] 제 1 引受의 要件

(1) 정식인수·약식인수   정식인수는 지급인이 어음에「인수」기타 이와 동일한 의의가 있는 문자를 표시하고 지급인이 기명날인 또는 서명하는 것이며($^{어}_{1}$ $^{25}_{2문}$), 약식인수는 지급인이 어음의 표면에 단순히 기명날인 또는 서명하는 것을 말한다($^{어}_{1}$ $^{25}_{3문}$). 정식인수는 어음의 표면과 이면에만 할 수 있고 등본이나 보전에 한 인수는 무효이다. 약식인수는 어음의 표면에만 할 수 있다.

(2) 통지에 의한 인수   지급인은 어음소지인 또는 어음에 기명날인 또는 서명한 자에 대하여 서면으로 인수의 통지를 할 수 있으며, 이 경우에 지급인은 통지한 상대방에 대하여 인수의 문언에 따라 책임을 진다($^{어}_{29\,\text{II}}$).

(3) 지급인과 인수인의 동일성   1) 인수는 지급인만이 할 수 있으므로 지급인과 인수인은 동일인이어야 하며 그 표시의 형식에 있어서도 동일하여야 된다는 **형식적 동일설**도 있으나$\left[^{鄭(동),\ 428\sim429;}_{鄭(찬),\ 393}\right]$, 양자의 표시가 형식적으로는 다르더라도 실질적으로 동일인으로 인정할 수 있으면 된다고 본다$\left[^{동;\ 徐(정),}_{270;\ 鄭(희),}\right.$ $^{169;\ 徐}_{(돈),\ 205}\left.\right]$. 예컨대 지급인은 성명으로 표시하고 인수는 자기의 상호를 기재하여 한 때나 개명으로 한 경우 등 인적인 동일성이 인정되는 한 인수로서의 효력이 인정된다.

2) 지급인과 인수인이 실질적으로 동일한가 하는 것은 해석에 의하여 해결될 성질의 것이다. 즉 형식적인 어음엄격성의 원칙이 적용되지 않는다. 왜냐하면 형식적인 동일성만을 주장하여 인수인이 책임을 지지 않는 것보다 이후의 어음소지인을 위하여는 어음 외의 사정을 근거로 인수인의 책임을 인정하는 **실질적 동일설**이 유리하기 때문이다. 그리고 지급인과 인수인이 형식적으로 다른 때에는 인수의 거절로 보아 소구권은 인정되고, 실질적으로 동일한 때에는 어음소지인이 이를 입증하여 인수인으로서의 책임을 물을 수 있다는 절충설도 있다$\left[^{최(철),}_{290}\right]$.

[458] 제 2 要件 이외의 記載事項

(1) 인수일자   인수일자의 기재는 인수의 요건은 아니다$\left[\substack{大 80.2.12,\\78 다 1194}\right]$. 그러나 일람후정기출급의 어음($\substack{어\\23}$) 또는 인수제시명령에 의하여 일정한 기간 내에 인수를 위한 제시를 하여야 할 어음($\substack{어\\22 Ⅰ}$)은 인수한 일자를 기재시켜야 한다. 그러므로 지급인이 인수를 하였으나 일자를 기재하지 않았을 때에는 어음소지인은 일자거절증서를 작성하여 인수일자를 증명하지 않으면 소구권을 상실하게 된다($\substack{어\\25 Ⅱ}$). 일자거절증서의 작성이 면제된 경우에는($\substack{어\\46}$) 인수인에 관한 한 제시기간의 말일에 제시한 것으로 본다($\substack{어\\35 Ⅱ}$).

(2) 제 3 자방지급의 기재   발행인이 제 3 자방지급의 기재를 하지 않은 때에는 지급인이 타지지급어음의 경우에 제 3 자를 정할 수 있고($\substack{어\\27 Ⅰ}$), 동지지급어음의 경우에도 지급장소가 기재되지 않은 때에는 지급장소를 기재할 수 있다($\substack{어\\27 Ⅱ}$).

(3) 부단순인수

1) 일부인수   (가) 어음법은 어음금액의 일부에 대한 인수를 인정한다($\substack{어 26\\Ⅰ 단}$). 왜냐하면 일부인수도 부단순인수이지만 어음소지인에게 일부나마 이익이 되며 소구의무자의 의무도 그만큼 경감될 수 있기 때문이다.

(나) 지급인이 어음금액을 초과하여 인수한 경우를 초과인수라 하는데, 이 경우에 지급인은 어음금액의 한도 내에서만 인수인으로서의 책임을 진다$\left[\substack{동; 鄭\\(희), 170}\right]$.

2) 기타 기재사항의 변경인수   지급인이 인수시에 어음금액 이외의 기재사항($\substack{만기·지\\급지 등}$)을 변경한 부단순인수의 경우에는 인수거절의 효력이 생긴다($\substack{어\\26 Ⅱ}$). 그러므로 어음소지인은 인수거절증서를 작성하여 전자에 대하여 소구권을 행사할 수 있다.

3) 조건부인수   (가) 조건부인수는 조건부발행이나 조건부배서와 마찬가지로 인정되지 않는다($\substack{어\\26 Ⅰ}$). 그러므로 어음소지인은 인수인이 인수를 거절한 경우와 마찬가지로 소구권을 행사할 수 있다. 그런데 이 경우에도 어음의 유통보호와 거래상의 실익을 고려하여 변경인수의 경우와 같이 그 조건에 따라 인수인의 책임을 인정하여야 한다는 것이 다수설이고$\left[\substack{徐(돈), 207; 徐(정), 271;\\孫(주), 269; 李(철), 293}\right]$ 판례의 입장이기도 하나$\left[\substack{大 86.3.11,\\85 다카 1600}\right]$, 이 경우에 어음법 제26조 제 2 항 단서를 유추적용하는 것은 이 조문의 구성과 체계적인 순서로 보아 무리이고 어음채무의 본질에도 어긋난다.

(나) 조건부인수를 인정하는 것은 조건부의 약속어음의 발행을 인정하는 것과 다름없다는 점에서 부당하다. 즉 어음법 제26조 제 2 항 본문에서 말하는 기재사항의 변경인수에는 동조 제 1 항의 조건부인수는 당연히 제외되는 것이다[동: 鄭 (동), 432; 李(기), 310]. 또한 원칙적으로 어음상의 책임발생을 위한 모든 요건은 어음상의 기재에 의하여 알 수 있어야 하는데 조건은 어음 외의 사정에 따라 좌우되므로 조건부인수의 경우는 어음법 제26조 제 2 항 단서가 **유추적용**될 수 없다고 본다.

제 4 관　引受의 抹消

[459]　제 1　意　　義

(1) 인수인은 인수한 어음을 어음의 소지인 또는 인수를 위하여 제시한 자에게 반환하기 전까지는 인수의 기재를 말소할 수 있다. 인수의 말소는 어음소지인으로 하여금 소구권을 행사할 수 있도록 하고, 인수인이 인수의 기재를 잘못한 경우에 어음이 자기의 수중에 있는 동안은 말소할 수 있게 한 것이다. 반환 전의 말소는 인수를 거절한 것으로 본다($_{29\,\text{I}}^{\text{어}}$). 인수인이 인수의 말소를 어음의 반환 이후에 한 때에는 인수에 의한 책임을 면하지 못하지만 이 경우에 말소는 일단 어음의 반환 전에 한 것으로 **추정된다**($_{\text{후단}\,\text{I}}^{\text{어 29}}$).

(2) 이러한 추정은 인수인에게는 유리하지만 어음소지인이나 소구의무자에게는 불리한 결과를 초래한다. 왜냐하면 어음소지인이 인수가 말소된 어음으로 인수인에게 청구하려면 말소가 어음의 반환 후에 한 것이라는 것을 입증하여야 하며, 어음소지인이 말소를 인수거절로 보아 소구를 하는 경우에 소구의무자가 인수가 있다는 이유로 소구의무를 면하려면 말소가 반환 후에 되었으므로 말소의 효력이 없다는 것을 입증하여야 하기 때문이다.

[460]　제 2　引受抹消의 效果

(1) 인수의 거절　　　적법한 인수의 말소는 인수를 거절한 것으로 본다($_{29\,\text{I}}^{\text{어}}$). 그러므로 지급인은 인수인으로서 책임을 지지 않는다. 인수의 말소는 인수의 거절을 의미하기 때문에 어음소지인은 바로 소구권보전절차를 밟을 수 있다. 그러나 인수한 어음의 반환 후에 한 말소는 원칙적으로 그 효력이 없다.

(2) 인수통지의 경우　　인수의 말소에도 불구하고 지급인이 소지인 또는 어음에 기명날인 또는 서명한 자에게 서면으로 인수의 통지를 한 때에는 통지의 상대방에 대하여는 말소전의 문언에 따라 책임을 진다($_{29\,II}^{어}$). 통지에 의하여 인수의 말소가 효력을 상실하는 것이 아니고 인수의 거절로 보는 것에는 변함이 없다. 다만 지급인은 통지한 상대방에 대하여 인수인으로서 어음상의 책임을 진다는 것이 다르다.

제 5 관　引受의 效力

[461]　제 1　支給義務의 發生

(1) 지급인은 어음을 인수하여 교부함으로써 만기에 모든 어음상의 권리자에 대하여 지급의무를 진다($_{28\,I}^{어}$). 발행행위가 실질적으로 무효인 경우에도 인수인은 어음상의 의무를 면하지 못한다. 인수의 경우에도 **교부계약**이 필요하다.

(2) 인수인은 그가 발행인 또는 그 후의 소지인에 대하여 그들과의 직접적인 법률관계에 의하여 갖는 항변만을 어음법 제17조에 의하여 주장할 수 있다. 인수인은 발행인이나 기타의 어음관계자에 대하여 어음상의 구상권을 갖지 못한다. 다만 특별한 약정이나 호의인수(好意引受) 등에 의한 특별한 사정에 따르는 채권적인 배상청구권이 성립할 수 있을 뿐이다.

[462]　제 2　引受人의 義務의 性質

인수인의 의무는 약속어음의 발행인이 부담하는 의무와 같이 제 1 차적이고 무조건의 의무이며, **절대적**이고 **최종적**인 의무이다. 즉 인수인의 의무는 어음소지인이 다른 어음행위자에게 청구하여 지급하지 않는 경우에 지는 의무가 아니라 제 1 차적 의무이며, 어음소지인이 지급의 제시 기타 어음상의 권리의 보전절차의 흠결이 있는 경우에도 소멸하지 않는($_{1\,답}^{어\,53}$) **절대적** 의무이다. 또한 최종적인 의무이므로 인수인은 어음의 최후의 소지인에 대해서뿐만 아니라 상환의무를 이행하고 어음을 환수한 모든 소지인에 대하여도 지급의무를 부담하며 소지인이 된 발행인도 인수인에 대하여 어음상의 권리를 행사할 수 있다($^{어}_{참조}$ 28 Ⅱ).

[463]　제3　支給義務의　內容

인수인이 만기에 지급하는 경우에는 어음금액과 이자($^{이자문구가}_{유효한\ 경우}$)를 지급하여야 하며, 만기에 지급하지 않는 때에는 상환금액과 동일한 금액을 지급하여야 한다($^{어}_{28\,Ⅱ}$). 이 밖에도 인수인은 제2제시청구거절증서($^{고려기간}_{거절증서}$)($^{어}_{24\,Ⅰ}$) 및 인수일자거절증서($^{어}_{25\,Ⅱ}$)의 작성비용도 부담하여야 한다[$^{거절증서에\ 관하여는}_{981면\ 이하\ 참조}$].

[464]　제4　引受拒絶의　效力

지급인이 인수를 하면 지급의무를 지지만 인수를 거절하면 어음소지인은 지급인에 대하여 아무런 청구권도 갖지 못한다. 지급인이 인수를 거절한 때에는 어음이 만기에도 지급되지 않을 우려가 크고 어음의 할인도 곤란하게 된다. 그리하여 어음법 제43조 제1호에서는 이미 인수거절이 있는 때에 어음소지인에게 전자에 대하여 소구할 수 있는 권리를 인정하고 있다.

제5절　換어음의　讓渡

제1관　總　　說

[465]　제1　讓渡의　方法

(1) 어음에 표창된 권리는 채권의 일종으로서 법률상의 원인에 따라 그 이전이 인정된다. 즉 상속·합병과 같은 **포괄승계**의 경우는 물론이고 **전부명령**(轉付命令)·경매에 의해서도 이전한다. 포괄승계의 경우에는 어음상의 모든 권리가 이전하지만 전부명령의 경우에는 전부명령에 표시된 것만이 이전한다. 즉 인수인만을 제3채무자로 하여 전부명령을 받은 때에는 배서인에 대한 권리는 이전하지 않는다.

(2) 어음양도로서 문제가 되는 것은 당사자의 의사에 의하여 특정한 어음

채권을 이전하는 것이다. 이러한 어음의 양도방법을 배서(背書)라고 한다. 배
서금지어음은 지명채권양도의 방법에 의해서만 그 양도가 가능하지만 배서가
가능한 어음도 당사자의 의사에 의하여 민법상의 지명채권양도의 방법으로도
양도할 수 있다.

[466] 제2 背書禁止어음($^{지시금}_{지어음}$)

Ⅰ. 의   의

어음은 법률상 당연한 지시증권이므로($^{어}_{11}$) 지시문구가 없더라도 배서에
의하여 양도할 수 있지만, 어음의 발행인은 어음에 「지시금지」 또는 이와 동
일한 뜻의 문자를 기재하여 그 배서성을 박탈할 수 있다($^{어}_{11}$Ⅱ). 이러한 어음을
배서금지어음 또는 지시금지어음이라 한다, 이는 배서인이 한 배서금지배서
($^{어\ 15\ Ⅱ.}_{934면\ 참조}$)와 다르다.

2. 효   용

배서금지어음은 담보어음의 경우에 금액을 백지로 하여 발행되기도 하며,
계속적인 거래관계에 있는 매수인이 매매대금의 결제를 위하여 금액백지의 어
음을 지시금지식으로 발행하기도 한다. 즉 배서금지어음은 주로 상대방에 대
한 항변권을 유보하기 위한 때와 금액백지의 보충권의 남용을 방지하기 위하
여 이용된다.

3. 배서금지의 기재방법

「지시금지」나 「배서금지」 또는 「양도금지」라는 문자를 어음의 표면에 기
재하여야 한다. 지시문구를 말소하지 않고 지시금지문구를 기재한 때에는 발
행인에게 어음의 일반적인 지시증권성을 배제하려는 의사가 있는 것이라고 할
것이다$\begin{bmatrix} 大\ 87.\ 4.\ 28, \\ 86\ 다카\ 2630 \end{bmatrix}$. 어음의 배서금지의 특약이 있다 하여도 발행인이 어음에
그 기재를 하지 아니한 때에는 어음의 지시증권성에는 변함이 없고, 배서양도
의 피배서인이 특약이 있음을 안 경우라도 배서양도의 효력에는 영향이 없다
$\begin{bmatrix} 大\ 65.\ 5.\ 18, \\ 65\ 다\ 478 \end{bmatrix}$.

4. 효　　력

(1) 배서의 금지　　　배서금지어음은 배서로 어음상의 권리를 양도하지 못한다. 그 결과 배서양도를 하더라도 다만 채권양도의 의사표시로 보아 지명채권의 양도계약으로서의 효력이 인정된다고 할 수 있다.

(2) 지명채권양도방법의 인정　　　배서금지어음은 기명증권과 같이 지명채권양도의 방식과 그 효력으로만 양도할 수 있다($_{11\,\mathbb{I}}^{\text{어}}$). 그러므로 배서금지어음을 양수한 자는 발행인이 양도인에 대하여 갖는 모든 항변의 대항을 받는다. 이 경우에도 어음은 양수인에게 교부하여야 하며 양수인이 채무자와 제3자에게 대항하려면 대항요건($_{450}^{\text{민}}$)을 갖추어야 한다$\left[_{88\,\text{다카}\,20774}^{\text{大}\,89.10.24,}\right]$.

(3) 추심위임배서·기한후배서의 인정　　　배서금지어음이라도 추심위임배서($_{18}^{\text{어}}$)나 지명채권양도의 효력만이 있는 기한후배서($_{20}^{\text{어}}$)는 가능하다고 본다. 왜냐하면 이러한 경우는 발행인의 수취인에 대한 항변이 절단되지 않기 때문이다($_{20\,\mathrm{I}\,\text{단}}^{\text{어}\,18\,\mathbb{I}\,\cdot}$).

(4) 입질배서의 금지　　　입질배서에는 항변의 절단이 인정되므로($_{19\,\mathbb{I}}^{\text{어}}$) 배서금지어음은 입질배서를 할 수 없다고 본다$\left[_{(\text{철}),\,300}^{\text{동};\,\text{李}}\right]$. 이와는 달리 입질배서는 가능하다는 견해도 있다$\left[_{467;\,\text{鄭}(\text{찬}),\,411}^{徐(\text{돈}),\,177;\,\text{鄭}(\text{동})\cdot,}\right]$.

(5) 제권판결의 가능성　　　배서금지어음은 배서성이 인정되지 않을 뿐이고 보통의 어음과 같다는 이유로 긍정설도 있으나$\left[_{222;\,\text{李}(\text{철}),\,301}^{徐(\text{돈}),\,177;\,\text{孫}(\text{주})\cdot,}\right]$, 현행법에는 기명증권의 제권판결을 인정하는 규정이 없고 배서금지어음은 선의취득이 인정되지 않으므로 어음을 무효화시켜야 할 실익도 없기 때문에 배서금지어음은 제권판결의 대상이 되지 않는다고 본다$\left[_{\text{鄭}(\text{동}),\,467}^{\text{동};\,\text{鄭}(\text{희}),\,179;}\right]$.

제2관　背　　書

[467]　제1　總　　說

(1) 배서의 의의　　　배서는 어음의 이면에 배서인이 어음금액을 피배서인에 대하여 지급할 것을 의뢰하는 뜻의 기재를 하여, 어음을 피배서인에게 교부하는 방법에 의하여 어음에 표창된 모든 권리를 피배서인에게 이전하는 것이다.

(2) 배서의 성질　　배서는 어음상의 권리를 피배서인에게 양도하는 행위로서 **채권양도**라고 하는 것이 **통설**이다. 그 근거는 어음법 제11조 제 1 항·제 2 항, 제14조 제 1 항, 제18조 제 1 항에서도 찾을 수 있다. 즉 정당한 어음소지인($\substack{수취인 또는 \\ 피배서인}$)은 배서와 교부에 의하여 어음상의 권리를 후자에게 양도하게 된다. 이것은 일방에 있어서 지시에 의한 이중수권과 타방으로는 어음상의 인수인에 대한 청구권과 전자인 배서인과 발행인에 대한 소구권을 양도하는 것이 된다. 그러나 어음이 아직 인수되지 않은 때에는 소구권만이 양도의 대상이 된다.

(3) 배서의 특징　　배서의 효과는 일반채권양도의 경우보다 강력하여 어음취득자의 보호와 거래의 안전을 도모할 수 있다. 즉 i) 배서에는 **인적항변**을 절단하는 효력이 인정되어 배서인이 채무자에 대한 인적 사유에 의하여 권리행사가 거부되는 경우에도 피배서인은 해의가 없는 한 하자 없는 완전한 권리를 취득한다($\substack{어 \\ 17}$) ii) 배서인은 **담보책임**을 지기 때문에($\substack{어 \\ 15}$) 인수 또는 지급이 거절된 때에는 피배서인은 배서인에게 소구권을 행사할 수 있다. iii) 피배서인은 배서의 연속을 증명함으로써 권리자인 자격이 인정되므로 권리행사가 용이하고 선의취득이 인정되므로 어음의 유통력이 강화된다.

(4) 배서의 효용　　배서의 본래의 목적은 어음상의 권리를 이전하는 데 있으나 배서는 보증이나 담보만을 위하여 하는 경우와 자금의 융통을 용이하게 하기 위하여 호의배서(好意背書)를 하기도 하고 추심위임을 위하여 배서의 방식을 택하는 경우도 많다.

[468]　제 2　背書의 方式

I. 총　　설

(1) 서면행위와 어음의 교부　　배서는 다른 어음행위와 같이 서면행위와 어음의 교부에 의하여 성립한다. 그 방식으로는 피배서인의 명칭을 기재하고 배서인이 기명날인 또는 서명하는 기명식배서와 피배서인을 기재하지 않고 배서인이 기명날인 또는 서명하는 백지식배서의 2가지 방법이 있다. 배서는 보전이나 등본에도 할 수 있다($\substack{어 13 I \\ 67 III}$).

(2) 배서의 기재

1) 장　　소　　배서의 기재장소는 보통 어음의 이면이나 보전에 하지만, 배서인이 기명날인 또는 서명만으로 하는 약식배서가 아니면 어음의 표면

에 하여도 유효하다. 이 경우에는 배서라는 것을 명백하게 인식할 수 있어야
한다. 약식배서는 어음의 표면에 할 수 없다. 왜냐하면 기명날인 또는 서명만
으로 하는 약식배서를 표면에 할 수 있도록 하면 공동발행·보증·인수 등과
혼동될 우려가 있기 때문이다.

　　2) 연　　속　　　배서는 차례로 기재되어야 하지만 순차적 기재가 배서
의 요건은 아니고 배서간의 연속만 분명하면 된다.

　　3) 어음의 유효성　　　배서를 하려면 어음은 형식적으로 유효하여야 한다.

　　4) 수취인이 수인인 경우　　　수취인의 기재가 중첩적인 때에는 모든 수
취인이 배서인으로서, 선택적인 때에는 어음을 교부받은 자가 배서인으로서
기명날인 또는 서명하면 된다.

2. 기명식배서

　　(1) 의　　　의　　　배서문구와 피배서인을 기재하고 배서인이 기명날인
또는 서명하는 것을 기명식배서 또는 **완전배서**라고 한다. 법인이 배서를 함에
는 법인명과 대표자격을 표시하고 대표자가 기명날인 또는 서명하여야 한다.

　　　　판례는 「단지 주식회사 국민은행 중앙지점이라고만 기재하여 회사인을 날인하
　　고 그 대표자의 기명날인이 없는 배서는 무효」라고 하였다[大 64. 10. 31, 63 다 1168]. 한편 판례는
　　수표에 배서함에 있어서 甲회사의 대표이사인 乙이 「甲주식회사, 乙」이라고만 기
　　재하고 그 기명 옆에는 甲주식회사 대표이사라고 조각된 인장을 날인하였다면 그
　　수표의 회사명의의 배서는 乙이 甲회사를 대표한다는 뜻이 표시되어 있다고 판단
　　함이 정당하다고 한 바 있다[大 94. 10. 11, 94 다 24626].

　　(2) 요　　　건

　　1) 배서문구　　　배서문구는 배서의사의 표시로서 지급인에 대한 지급위
탁의 문구로 기재된다(예: 표기의 금액을 ○○○ 또는 그 지시인에게 지급하여 주십시오). 지시문구가 반드시 기재되어
야 하는 것은 아니다. 즉 피배서인만 기재하였더라도 배서성을 상실하지 않는다.

　　2) 피배서인의 기재　　　이는 권리자의 지정에 관한 문제로서 기본어음
의 수취인의 기재와 유사하므로 통칭이나 아호로 표시하여도 되며 회사의 상
호만을 기재하여도 무방하다. 판례는 주식회사를 생략하여 단지 경남은행이라
고 쓴 것도 피배서인의 표시로서 유효하다고 한다[大 73. 7. 10, 72 다 2551]. 피배서인의 기재
는 배서의 요건이 아니다. 왜냐하면 백지식배서가 인정되기 때문이다.

3) 배서일자   배서일자도 배서요건이 아니다. 따라서 배서일자가 월력에 없는 일자 또는 발행일보다 선일자로 기재되었더라도 배서는 유효하다 $\begin{bmatrix} 大 68.6.25, \\ 68다 243 \end{bmatrix}$. 어음법은 일자의 기재가 없는 배서는 기한 전의 배서로 추정한다 $\begin{pmatrix} 어 \\ 20 II \end{pmatrix}$. 능력, 대리권의 유무, 기한후배서의 여부 등에 관한 판단은 실제로 어음이 배서된 날을 기준으로 하며 배서인이 기재한 일자에 의하지 않는다. 다만 일자의 기재가 있으면 그 일자에 배서한 것으로 추정할 수 있을 뿐이다.

《어음의 배서란》

〈기명식〉

앞면에 적은 금액을	金 二 男	또는
그 지시인에게 지급하여 주십시오.		
(목적 또는 부기)		
거절증서 작성을 면제함.		⑩ 또는 ㉦
시 기 년 월 일		
주 소		
성 명	金 一 男	⑩ 또는 ㉦

〈백지식〉

앞면에 적은 금액을		또는
그 지시인에게 지급하여 주십시오.		
(목적 또는 부기)		
거절증서 작성을 면제함.		⑩ 또는 ㉦
서 기 년 월 일		
주 소		
성 명	金 二 男	⑩ 또는 ㉦
앞면에 적은 금액을	金 四 男	또는
그 지시인에게 지급하여 주십시오.		
(목적 또는 부기)		
거절증서 작성을 면제함.		⑩ 또는 ㉦
서 기 년 월 일		
주 소		
성 명	金 三 男	⑩ 또는 ㉦
앞면에 적은 금액을 틀림없이 받았음.		
서 기 년 월 일		
주 소		
성 명	金 四 男	⑩ 또는 ㉦

3. 백지식배서

(1) 총　　설

1) 의　　의　　배서를 함에 있어서 피배서인을 지정하지 않은 배서를 백지식배서(白地式背書)라 한다. 더욱이 피배서인뿐만 아니라 배서문구마저도 기재하지 않고, 배서인의 기명날인 또는 서명만이 있는 배서를 간략백지식배서 또는 약식배서라 한다. 이러한 배서는 어음의 이면 또는 보전에만 할 수 있다($_3^{어}$ⅱ).

2) 장점·단점　　㈎ 백지식배서에는 여러 가지 장점이 있다. ⅰ) 백지식배서의 양수인은 이후 어음을 단순한 교부로 양도할 수 있기 때문에 어음법 제15조의 담보책임을 면할 수 있다. ⅱ) 어음은 교부에 의해서 이전하기 때문에 백지식배서의 경우 어음이 할인을 위해서 제시되었다가 거절이 된 경우에도 그것이 어음상에 나타나지 않는다는 이점이 있다.

㈏ 중요한 단점은 어음을 상실한 경우에 선의취득이 용이하기 때문에 어음의 상실로부터 권리자를 보호할 수 없게 된다는 점이다.

(2) 효　　력

백지식배서의 효력은 원칙적으로 배서일반의 효력과 같다. 다만 일반배서와 다른 점은 백지식배서가 된 어음의 소지인은 정당한 소지인으로 추정되기 때문에($_{Ⅰ}^{어}$ $_{2문}^{16}$), 백지를 보충하지 않아도 당연히 그 권리행사가 가능하다는 것이다($_{204 Ⅱ 2문}^{UCC 제3장}$)$\left[_{68 다 2050}^{大 68. 12. 24,}\right]$. 백지식배서에도 담보적 효력이 있으므로 배서인은 담보책임을 지지만, 백지식배서에 의하여 어음을 A로부터 취득한 B가 직접 C의 명칭을 보충하거나 보충을 하지 않고 어음을 C에게 교부한 경우에는 배서를 한 것이 아니기 때문에 담보책임을 지지 않는다. 백지식배서의 경우에도 인적항변의 절단과 선의취득은 인정된다$\left[_{85 다카 192}^{大 85. 5. 28,}\right]$.

(3) 백지식배서어음의 양도방법

1) 자기의 성명으로 백지를 보충하여 배서하거나($_{14 Ⅱ (1)}^{어}$)($_{204 Ⅲ 참조}^{UCC 제3장}$), 보충을 하지 않고 기명식 또는 백지식배서를 할 수 있다($_{14 Ⅱ (2)}^{어}$). 이 경우에도 배서인으로서 책임을 진다. 백지식배서의 어음소지인이 백지를 보충하는 경우에는 최후의 백지식배서의 피배서인을 보충할 수 있을 뿐이고 그 이전의 백지식배서의 피배서인은 보충하지 못한다. 그러므로 이를 보충한 때에는 변조가 된다.

2) 직접 타인의 명칭을 보충하여 어음을 교부하거나($_{14 Ⅱ (1)}^{어}$), 어음을 단순히 교부함으로써 양도할 수 있다. 백지식배서어음의 소지인은 어음을 소지인

출급식증권과 같이 유통시킬 수 있다. 백지식배서어음의 교부는 배서가 아니고 현존하는 백지식배서를 기초로 한 어음법상의 양도행위라고 할 수 있다. 그 결과 어음상의 모든 권리가 이전하는 효력이 생긴다. 어음의 교부에 의하여 어음을 취득한 경우에도 양수인의 선의취득이 인정되고($\frac{어}{16\, II}$), 인적항변의 대항을 받지 않는다($\frac{어}{17}$). 그러나 양도인은 아무런 담보책임을 지지 않는다. 왜냐하면 교부자의 성명이 어음에 나타나지 않기 때문이다.

이와 같이 피배서인의 기재를 보충하지 않고 권리를 행사할 수 있고($\frac{영어\,34}{(1)\,참조}$) 또 양도할 수 있는 것은 피배서인의 기재가 배서의 형식적 요건이 아니며 백지식배서 자체로서 이미 완성된 배서를 한 것이기 때문이다. 이 점이 백지어음의 경우에 백지를 보충하지 않고는 권리를 행사할 수 없는 것과 다르다.

4. 소지인출급식배서

배서는 피배서인을 지정하지 않고 소지인출급식으로 할 수 있는데 이에 대하여는 백지식배서와 동일한 효력을 인정한다($\frac{어}{12\, III}$).

5. 지명소지인출급식배서

이것은 특정한 피배서인뿐만 아니라 그 소지인도 지급을 받을 수 있다는 뜻을 기재한 배서이다(예: 「甲 또는 어음의 소지인에게 지급하여 주십시오」). 이에 관하여는 어음법에 아무런 규정이 없으나 소지인출급식배서와 같다고 보아야 할 것이다[동: 孫(주), 226; 徐(돈), 180; 姜(위), 362]. 이와는 달리 무효설도 있다[金(용), 315'·].

6. 배서의 기타 기재사항

(1) 유익적 기재사항　　　이에 해당하는 것으로는 무담보문구($\frac{어}{15\, I}$), 배서일자($\frac{어}{20\, II}$), 배서금지문구($\frac{어}{15\, II}$), 소지인출급식배서문구($\frac{어}{12\, III}$), 제시기간단축문구($\frac{어\,23\, III\cdot}{34\, I\cdot}$), 배서인의 처소($\frac{어}{45\, III}$), 거절증서작성 면제문구($\frac{어}{46}$), 추심위임문구($\frac{어}{18}$), 입질문구($\frac{어}{19}$) 등이 있다.

(2) 무익적 기재사항　　　이에 해당하는 것으로는 **조건부배서**($\frac{어}{12\, I}$), 대가문구 등이 있다. 조건부배서를 한 경우에는 조건의 기재만이 효력이 없게 되어 **무조건의 배서**가 된다. 즉 배서에 붙인 조건은 기재하지 아니한 것으로 본다($\frac{어}{12\, I}$). 조건부배서를 인정하면 어음거래의 안전을 해하게 될 것이기 때문이다.

(3) 유해적 기재사항　　　어음금액의 일부에 대한 일부배서는 배서 자체

를 무효로 한다($\substack{어\\12\,\text{I}}$). 어음금액의 일부는 보통의 배서를 하고 일부는 추심위임 배서를 하는 것도 인정되지 않는다. 한편 배서 이외의 방법에 의한 어음채권의 일부양도도 인정되지 않는다. 즉 어음채권의 일부를 지명채권양도의 방법으로 양도한 경우에도 어음법 제12조 2항을 유추적용하여 무효라고 본다.

[469]　제 3　背書의 效力

배서에는 다음과 같은 효력이 생긴다. i) 권리이전적 효력으로서 배서에 의하여 어음상의 모든 권리가 피배서인에게 이전하게 되며($\substack{어\\14\,\text{I}}$ ¹¹ I ·), ii) 담보적 효력에 의하여 배서인은 피배서인과 이후 피배서인으로부터 권리를 양수한 후 자 전원에 대하여 어음의 인수 및 지급을 담보하는 의무를 진다($\substack{어\\15\,\text{I}}$). iii) 자격수여적 효력에 의하여 배서가 연속된 어음의 소지인은 적법한 소지인인 어음상의 권리자로 추정되어($\substack{어\\16\,\text{I}}$) 특별히 권리자임을 증명하지 않고도 권리를 행사할 수 있게 된다.

I. 권리이전적 효력

(1) 의　　의　　　배서에 의하여 어음상의 모든 권리는 피배서인에게 이전한다($\substack{어\\14\,\text{I}}$ ¹¹ I ·). 이것을 배서의 권리이전적 효력이라 하며 배서의 본질적 효력이기도 하다. 그러나 이러한 효력이 생기기 위하여는 단순한 서면행위인 배서만으로는 불충분하고 교부계약이 있어야 한다.

(2) 선의취득　　　배서의 권리이전적 효력은 어음법 제16조 2항에 의하여 무권리자 등으로부터의 선의취득을 가능하게 한다. 즉 형식적인 배서의 연속에 의하여 그의 권리를 증명한 자는 어음을 악의 또는 중대한 과실로 취득한 경우가 아니면 전의 어음소지인에 대하여 어음의 반환의무를 지지 않는다

［선의취득에 관하여는 953면 이하 참조］.

(3) 인적항변의 절단　　　선의취득의 보호규정인 어음법 제16조 2항은 어음의 진정한 소지인과의 관계에서 어음취득자의 보호를 가능하게 하지만 어음채무자와의 관계에서는 어음취득자를 보호하지 못한다. 그리하여 어음취득자가 어음채무자로부터 어음채권이 성립하지 않았다는 등의 항변으로 대항을 받게 되면 어음의 원활한 유통을 저해하게 될 것이다. 그리하여 어음법은 어음채무자는 피배서인이 자기를 해할 것을 알고 배서인으로부터 어음을 취득한

《어음상의 권리취득》

원 시 취 득	승 계 취 득
1. 어음행위에 의한 취득 2. 스스로 의무를 이행한 자의 주채무자에 대한 권리취득(보증인의 구상권 등) 3. 선의취득(어16 Ⅱ)	1. 배서양도 2. 합병·상속에 의한 포괄승계 3. 지명채권양도의 방법에 의한 양도 4. 스스로 의무를 이행한 자의 전자에 대한 권리취득(재소 구권)

경우가 아니면, 배서인에게 대항할 수 있었던 인적항변으로 피배서인에게 대항하지 못하도록 하고 있는데(어17), 이것을 인적항변의 절단이라 한다. 즉 배서에 의하여 피배서인의 지위는 배서인의 지위와 다르게 된다.

(4) 어음에 부수된 권리의 이전   배서에 의하여 이전하는 것은 어음상의 권리이지만 이와 더불어 어음 외의 권리로서 어음채권에 부수된 종되는 권리(질권·저당권·보증채권·
위약금에 대한 권리 등)도 피배서인에게 이전하는가에 대하여는 학설이 대립하고 있다.

1) 긍 정 설   종(從)되는 권리는 주되는 권리의 처분에 따른다는 원칙과 담보권의 부수성이라는 민법의 원칙에 의하면 당연히 배서에 의하여 부수된 권리도 이전되어야 한다고 한다[朴(원), 543; 姜(위), 367; 鄭(동),
478; 蔡(이), 90; 梁(승), 295].

2) 부 정 설   배서에 의하여 피배서인은 어음상의 권리를 취득하게 되는데 어음상의 권리에는 그 성질상 어음 외의 담보의 존재를 인정할 수 없고, 부수된 권리는 어음상의 권리라고 할 수 없기 때문에(어14 Ⅰ
참조) 그 이전을 부정하는 것이 다수설로서 타당하다[동: 鄭(희), 186; 徐(정), 171; 孫(주), 228;
李·崔, 861; 李(철), 312~313; 鄭(찬), 426].

(5) 원인관계의 이전   배서에 의하여 어음발행의 원인관계는 이전하지 않는다. 이는 어음의 추상증권성에서 볼 때 당연하다.

2. 담보적 효력

(1) 의   의   배서인은 배서를 함으로써 어음관계(어음
단체)에서 완전히 떠나게 되는 것이 아니라 오히려 피배서인 및 그 후자 전원에 대하여 인수 및 지급의 담보책임을 지게 되는데(어15 Ⅰ), 이러한 배서의 효력을 담보적 효력이라고 한다. 그러므로 배서인이 많을수록 연대보증인의 수가 증가하는 것과 같은 결과가 되어 어음의 신용을 높이게 된다. 그러나 어음의 유통성을 고려할 필요

가 없는 기한후배서나 어음상의 권리를 이전하는 것이 아닌 **추심위임배서**의 경우에는 담보적 효력이 인정되지 않는다.

(2) **담보책임의 성질**　　　담보책임은 어음의 유통보호와 대가관계를 고려하여 정책적으로 인정한 법정의 담보책임이라는 것이 **통설**이다.

(3) **담보책임의 내용**　　　배서인은 만기에 지급이 거절된 때, 또는 만기 전이라도 인수의 거절이 있는 때나 지급이 불확실하다고 인정되는 일정한 법정사유($^{어}_{43}$)가 있는 때에는 소지인의 소구권행사에 대하여 어음금액을 지급하지 않으면 안 된다. 배서인이 수인인 때에 공동배서의 경우에는 각 배서인은 어음금액의 전액에 대하여 연대책임이 아니라 **합동책임**을 진다[연대책임과 합동책임의 차이에 관하여는 976면 참조]. 어음의 인수 및 지급거절에 의하여 소구의무를 이행하고 어음을 환수한 배서인은 어음상의 권리를 취득하게 된다($^{어}_{47Ⅲ}$)[소구의무를 이행한 배서인의 지위는 983면 이하 참조].

(4) **담보책임의 배제**($^{무담보}_{배서}$)　　　1) 담보적 효력은 배서의 본질적 효력이 아니라 종되는 제 2 차적 효력이기 때문에 배서인이 담보책임을 지지 않는다는 문언을 어음에 기재함으로써 담보적 효력을 배제할 수 있는데 이러한 배서를 **무담보배서**(無擔保背書)라고 한다($^{어}_{15Ⅰ}$).

2) 발행인은 인수무담보의 기재만 할 수 있지만 배서인은 지급무담보의 기재도 할 수 있다. 이러한 기재의 효력은 그것을 기재한 배서인에게만 생기며 다른 배서인이나 발행인의 책임에는 그 영향을 미치지 않는다. 또한 어음을 배서 이외의 방법으로 양도하였을 때에는 담보적 효력이 생기지 않는다.

(5) **담보책임의 제한**($^{배서금}_{지배서}$)　　　배서인이 **배서금지배서**($^{어}_{15Ⅱ}$)를 한 경우에는 자기의 직접의 피배서인에 대하여만 담보책임을 진다. 즉 배서금지배서는 배서인이 담보책임을 지는 상대방을 제한하는 목적으로 하는 것이다[934면 이하 참조].

(6) **순수한 담보배서를 한 자의 책임**　　　배서인의 담보책임은 어음에 배서하여 교부한 경우에 지는 것이지만 어음에 대한 소유권이나 어음에 표창된 권리를 양도함이 없이 다만 배서인의 책임만이 발생하는 경우도 있다. 예컨대 백지식배서의 어음소지인이 어음을 A에게 재교부하기 전에 B에게 어음을 양도함이 없이 B에게 백지식배서를 시키는 경우이다. 이 경우에 B는 어음상의 권리를 취득하거나 양도한 바 없음에도 불구하고 배서인으로서 책임을 지게 된다. 또한 자기지시어음의 발행인 X가 어음의 이면에 백지식배서를 하고 이를 Y에게 교부하기 전에 어음의 지급능력을 높이기 위하여 B에게 배서란에 공동으로 기명날인 또는 서명케 한 경우에도 같다. 이 경우에는 어음법 제13조 2항에 의하여 백지식배서를 한 것이 되어 X로부터 B에게 진정한 양도나 그 반환이 없이 B의 어음상의 책임이 성립하게 된다. 위의 사례에서 B에게는 어음의 양도의사

가 존재하지 않는다. 그럼에도 불구하고 B가 책임을 지는 것은 법정의 양도의 효과로서
가 아니라 어음행위에 의하여 어음상의 의무를 부담한다는 법률행위로서의 기명날인 또
는 서명한 자의 의사표시에 의한 것이라고 한다.

3. 자격수여적 효력

(1) 의   의   1) 배서가 연속된 어음의 소지인은 진정한 권리자임
을 증명하지 않고도 어음상의 권리를 행사할 수 있는 **형식적 자격이 추정되는**
데($^{어}_{1}$$^{16}_{1문}$) 이를 배서의 **자격수여적 효력**이라 한다. 이는 법이 인정한 특별한 효
력이며, 의사표시에 의한 효과가 아니다. 이러한 효력에 의하여 어음소지인의
권리행사가 용이하게 되고 어음거래의 원활을 도모할 수 있게 된다.

2) 어음법 제16조 제 1 항의 추정은 정상적으로 유통중에 있는 어음에만
인정되며, 거절증서가 작성되어 소구단계에 있는 어음의 소지는 다만 소구의
무를 이행한 어음의 소지인이라는 추정을 가능케 할 뿐이다.

(2) **부수적 효과**   배서의 자격수여적 효력은 배서의 연속이 있는 경우
에 어음법 제16조 제 2 항에 의하여 어음의 선의취득을 가능하게 한다. 또한
자격수여적 효력은 어음채무자에게도 어음법 제40조 제 3 항에 의하여 형식적
자격이 있는 자에게 지급한 때에는 면책력이 인정되어 유리하다.

(3) **배서의 연속**

1) 의   의   자격수여적 효력은 배서의 연속을 전제로 한다. 배서의
연속이란 어음의 기재에 있어서 수취인이 제 1 배서인이 되고, 제 1 배서의 피
배서인이 제 2 배서의 배서인이 되는 것과 같이 어음의 수취인으로부터 최후의
피배서인인 현소지인에 이르기까지 차례로 배서가 중단 없이 계속되고 있는
것을 말한다.

2) **형식적 연속**   (개) 배서의 연속은 어음상의 기재에 의한 형식적인
판단에 따른다$\left[^{大\ 73.\,6.\,22,\ 72\ 다\ 2026;}_{大\ 75.\,5.\,10,\ 76\ 다\ 1912}\right]$. 그러므로 수취인과 제 1 배서인이 실질적으
로 동일인이라도 예컨대 성명으로 어음을 교부받은 자가 이와 다른 상호로써
배서를 한 때에는 배서의 연속을 인정할 수 없다. 그러나 배서 중에 가설인의
배서나 위조의 배서 또는 무권대리인의 배서 그리고 취소에 의하여 무효인 배
서가 있거나 수취인과 제 1 배서인이 다르더라도, 기재에서 볼 때 연속에 흠결
이 없는 한 배서의 연속은 인정된다.

(나) 그런데 판례에는 수취인 甲인 어음의 제 1 배서인이 주식회사 甲 대표

이사 乙이라면 양자의 표시는 형식적으로 동일인이라고 하여 배서의 연속을 인정한 바 있다$\left[\begin{smallmatrix} 大 & 95.6.9, \\ 94 & 다 33156 \end{smallmatrix}\right]$. 그러나 기명무인(記名拇印)으로 한 배서는 배서의 연속에 관하여 무효로 본다$\left[\begin{smallmatrix} 大 & 62.11.1, \\ 62 & 다 604 \end{smallmatrix}\right]$. 또한 말소한 배서는 배서의 연속에 관하여는 배서의 기재가 없는 것으로 본다$\left(\begin{smallmatrix} 어 & 16 \\ 1 & 3문 \end{smallmatrix}\right)\left[\begin{smallmatrix} 大 & 95.2.24, \\ 94 & 다 41973 \end{smallmatrix}\right]\left[\begin{smallmatrix} 배서의 말소에 관한 설 \\ 명은 931면 이하 참조 \end{smallmatrix}\right]$.

　　3) 백지식배서의 경우　　　백지식배서 이후에 다른 배서가 있는 경우에는 그 배서의 배서인은 백지식배서에 의하여 어음을 취득한 것으로 볼 수 있고$\left(\begin{smallmatrix} 어 & 16 \\ 1 & 4문 \end{smallmatrix}\right)$, 최후의 배서가 백지식인 때에는 배서가 연속된 경우와 마찬가지로 형식적 자격이 인정되어 어음소지인이 권리자로 추정된다$\left(\begin{smallmatrix} 어 & 16 \\ 1 & 2문 \end{smallmatrix}\right)$. 그 결과 백지식배서를 한 배서인 자신도 소지인으로서 권리를 행사할 수 있다.

　　4) 배서연속의 판정시점　　　어음의 주채무자에 대한 권리행사의 경우에는 구두변론종결시에 배서의 연속이 있으면 된다. 그러므로 소제기시에는 배서의 연속이 없더라도 이후에 배서의 말소 등에 의하여 배서의 연속이 이루어지면 어음소지인은 권리행사를 위한 형식적 자격이 인정된다. 그러나 어음상의 권리행사에 있어서도 일정한 시점이 배서연속의 유무를 판정하는 기준이 되는 때가 있다. 예컨대 소구의 실질적 요건으로서 만기에 적법한 지급제시를 하였으나 지급을 받을 수 없었다는 사실은 그 지급제시의 시점에 배서가 연속되었음을 전제로 한다. 선의취득을 위하여는 어음의 취득시에, 그리고 지급인의 면책력이 인정되려면 만기에 지급을 하는 때에 배서의 연속이 있으면 된다.

　　5) 배서연속의 효과　　　배서가 연속된 어음의 소지인은 권리자로 추정되므로$\left(\begin{smallmatrix} 어 \\ 16 \end{smallmatrix} 1\right)$, i) 자기가 진정한 권리자임을 증명함이 없이도 어음상의 권리를 행사할 수 있다. 그러나 어음소지인이 무권리자인 때에는 채무자가 그 사실을 증명하고 권리의 행사를 거절할 수 있다. ii) 채무자는 배서가 연속된 어음의 소지인에게 지급을 한 때에는 그 자가 진정한 권리자가 아닌 경우에도 면책된다. 그러나 채무자에게 사기 또는 중대한 과실이 없어야 한다$\left(\begin{smallmatrix} 어 \\ 40 \end{smallmatrix} Ⅲ\right)$. iii) 배서가 연속된 어음의 소지인으로부터 배서에 의하여 어음을 취득한 때에는 배서가 실질적으로 무효인 경우에도 악의 또는 중대한 과실이 없는 한 피배서인은 권리를 취득한다$\left(\begin{smallmatrix} 어 \\ 16 \end{smallmatrix} Ⅱ\right)$.

　(4) 배서의 불연속

　　1) 총　　설　　　배서의 연속이 흠결된 때에는 원칙적으로 불연속 후의 피배서인은 어음상의 권리자로 추정을 받지 못한다는 견해가 있으나, 배서의 연속이 흠결된 부분에 대하여 실질적 권리를 증명한 때에는 예외로 본다

$\begin{bmatrix} 大 & 69.12.9. \\ 69 & 다 & 995 \end{bmatrix}$.

2) **권리이전적 효력**   이 효력은 원칙적으로 배서의 연속을 전제로 하는 것이지만 그 연속이 흠결된 부분에 대하여 실질적 권리를 증명한 때는 권리이전적 효력이 생기고 선의취득이나 인적항변의 절단이 인정된다.

3) **자격수여적 효력**   ㈎ 배서의 연속을 전제로 자격수여적 효력을 인정하는 것은 권리행사의 편의를 도모하고 어음채무자의 면책을 용이하게 하기 위한 것이므로, 배서의 연속이 흠결된 경우에도 그 흠결된 부분에 대하여 실질적으로 유효한 권리의 승계가 있거나(상속·합병), 피배서인과 배서인이 동일인이라는 것을 증명한 때에는 배서의 연속이 가교(架橋)됨으로써 흠결 이후의 배서에 대하여도 권리행사와 어음채무자의 지급에 대하여 면책력이 인정된다고 할 것이다[동: 鄭(희), 191; 徐(정), 174; 徐(돈), 186~187; 孫(주), 233].

판례는「배서의 연속이 중단된 부분에 관한 실질적 관계가 있음을 증명한 소지인이 한 어음상의 권리행사는 적법하다」고 한 것[大 69.12.9, 69 다 995]과,「개인명의의 배서 후에 그를 대표자로 하는 법인명의의 배서를 하였다면 배서의 실질적 연속이 인정된다」고 하였다[大 95.9.15, 95 다 702].

㈏ 배서가 연속된 어음소지인에 비하여 배서불연속의 어음소지인은 자기의 권리를 증명하여야 된다는 불리한 점이 있을 뿐이다. 이 경우에 권리행사는 외관에 의하는 것이 아니라 실질적인 권리 그 자체에 의한 것이라고 할 수 있다.

이와는 달리 배서의 연속이 단절된 부분뿐만 아니라 단절 이후 모든 이전관계의 실질적 권리승계사실을 증명해야 된다는 소수설도 있다[鄭(찬), 438]. 그러나 단절된 부분이 실질적 권리의 입증에 의하여 가교되면 그 단절되었던 부분에 관하여 형식적으로 배서가 연속되었던 경우보다 더 확실한 권리의 승계가 있었다는 것이 입증됨에도 불구하고 그 단절 이후의 모든 이전행위의 실질적 권리가 입증되어야 된다는 것은 오히려 어음거래의 안전을 해하게 될 것이다.

4) **담보적 효력**   배서의 불연속의 경우에도 자격수여적 효력이 인정되고 권리이전적 효력에 영향을 미치지 않는다면, 담보적 효력도 인정되어야 할 것이다. 그러나 이것은 어디까지나 형식적인 자격에 흠결이 있으나 실질적인 권리가 인정되는 경우만을 전제로 한다.

[事例演習]

◇ 사 례 ◇

〈설문 1〉 A가 발행하고 B가 인수한 어음이 甲으로부터, 乙→丙→
丁에게 배서에 의하여 이전하였다. 丁이 B에 대하여 지급을 청구하자
B는 丁에게 진정한 어음채권자임을 증명할 것을 요구하였다. 丁은 B의
요구에 응하여야 하는가?

〈설문 2〉 위의 경우에 丁이 후에 丙이 금치산선고를 받은 정신병
환자임을 알았을 때에는 丁은 어떠한 권리가 있는가?

〈설문 3〉 B는 丁의 청구에 대하여 그가 甲에 대하여 상계할 수 있는
채권이 있으므로 지급을 할 수 없다고 하는데, B의 주장은 정당한가?

[해 설] **설문 1의 경우**   최후의 피배서인인 丁은 어음을 점유하고 있
으며 B로부터 丁에 이르기까지 배서가 연속되고 있으므로 丁은 형
식적 자격이 인정될 뿐만 아니라 실질적 권리자로 추정된다($^{어 16}_{1\,1문}$).
그러므로 丁 자신이 진정한 어음채권자임을 증명해야 B에 대해 지
급청구를 할 수 있는 것이 아니고, B가 丁이 어음채권자가 아니라
는 것을 입증하여야 지급을 면한다.

　　설문 2의 경우   양도인이 무능력자인 경우 어음의 선의취득이
인정되는가라는 것이 문제된다. 거래의 안전과 무능력자의 보호 사
이에 조정이 필요하다는 점에서 무능력자에 대한 선의인 경우에 어
음은 선의취득자에게 이전되지만 무능력자는 취소에 의하여 어음상
의 책임을 지지 않는다고 보는 것이 타당하다. 따라서 丁이 丙의 무
능력에 대하여 선의인 때에는 丁은 어음에 대하여 소유권과 동시에
어음채권을 취득하지만 丙의 그 배서에 의한 배서인으로서 책임을
지지 않는다. 그리고 丁은 丙으로부터 어음을 취득한 이후에야 그가
무능력자임을 알았으므로 선의취득과 관련하여 선의가 인정된다.
결국 丁은 丙이 무능력자이더라도 어음의 선의취득자로서 어음상의
권리를 취득하고 다만 丙에 대해서는 배서인으로서의 책임을 물을
수 없다.

　　설문 3의 경우   甲 이후에 乙, 丙, 丁 순으로 어음의 배서가 있
었다. 원칙적으로 배서의 권리이전적 효력에 의하여 인적 항변이 절
단되므로 B는 甲에 대하여 상계할 수 있다는 항변으로 丁에게 대항
할 수 없다. 다만 丁이 B를 해할 것을 알고 취득한 경우는 그렇지
않다.

⑸ 배서의 말소

1) 의　　의　　배서의 말소란 어음의 기재 중에서 배서를 제거하는 것을 말한다.

2) 말소의 태양　　배서를 말소하는 경우로는 i) 일단 유효한 배서를 한 자가 상환의무를 이행하고 어음을 환수하여 자기가 하였던 배서 이후의 배서를 말소하는 때($_{50 \text{ II}}^{\text{어}}$), ii) 도난 또는 분실하였던 어음을 환수한 자가 위조의 배서를 말소하는 때, iii) 전의 어음의 소지인이었던 자가 자기가 한 배서 이후의 배서를 말소한 어음의 반환을 받는 때($\substack{\text{이를 배서말소에 의한 양도} \\ \text{또는 소극적 배서라 한다}}$) 등이 있다.

3) 효　　력　　배서가 말소된 사실이 있으면 말소권의 유무나 그 방법·시기($\substack{\text{거절증서작성시기의} \\ \text{전·후를 불문한다}}$)와 관계 없이 배서의 연속에 있어서는 그 배서는 존재하지 않는 것으로 본다($\substack{\text{어} \ 16 \\ \text{I} \ 3문}$)[$\substack{\text{大} \ 95. 2. 24, \\ 94 \ \text{다} \ 41973}$]. 이것은 거래의 안전과 원활을 위하여 적법한 말소가 있는 것으로 의제하는 것이다. 그 결과 배서가 말소됨으로써 경우에 따라서는 연속이 절단되기도 하고(A→B B→C C→D) 또는 배서의 연속이 회복되기도 하며(A→B B←C B→D) , 또는 배서의 연속이 지속되기도 한다(A→B B→ C→D). 배서의 말소는 형식적 자격에 관하여 배서의 기재가 없는 것으로 볼 뿐이고($\substack{\text{어} \ 16 \\ \text{I} \ 3문}$), 실질적 권리에는 영향을 미치지 않는다. 그러므로 어음소지인은 실질적 권리를 증명하여 배서의 중단을 가교시킴으로써 권리의 행사가 가능한 것이다($\substack{\text{예컨대 제 3 자가 불법적으로 배서를 말소하였거나 과실로 인} \\ \text{하여 말소하여 어음소지인의 형식적 자격을 상실케 한 경우}}$).

4) 일부말소　　말소된 배서는 배서의 연속에 관하여 배서를 기재하지 않은 것으로 보는 규정($\substack{\text{어} \ 16 \\ \text{I} \ 3문}$)은 배서의 기재 중에 일부가 말소된 경우에도 적용되는가 하는 문제가 있다. 즉 피배서인의 성명이나 상호만이 말소된 경우, 배서일자만이 말소된 경우 추심위임문구를 말소한 경우에는 배서의 기재는 어떻게 되는가 하는 문제가 있다.

㈎ 피배서인의 말소　　기명식배서의 피배서인의 성명이나 상호만이 말소된 경우에 배서의 연속에 관하여는 다음과 같은 학설의 대립이 있다.

a) 권한고려설　　말소의 권한이 있는 자가 말소한 때에는 백지식배서로 보고 말소의 권한이 없는 자가 말소한 경우에는 말소의 효력이 없고 원래 기재된 대로 피배서인에 대한 기명식배서라고 한다.

b) 전부말소설　　피배서인의 말소는 배서의 연속에 관하여는 배서 전부의 말소와 같게 본다고 한다[$\substack{\text{鄭(희), 192; 鄭(동), 484;} \\ \text{梁(승), 301; 李·崔, 916}}$]. 왜냐하면 배서는 하나의 의사표시로서 완전한 일체를 이루어야 하므로 그 일부의 말소는 배서 전체를

파괴하는 것이고 피배서인의 말소를 백지식배서로 보게 되면 부정한 목적으로
이용될 위험이 있기 때문이라고 한다.

　　c) 백지식배서설　　　피배서인이 말소된 경우에는 배서의 연속에 관하여
말소권의 유무와 관계 없이 말소된 부분만 기재가 없는 것으로 보아 **백지식배
서로 인정한다는 것이다**[동; 裵(위), 359~ ; 360; 鄭(찬), 628]. 그 이유로는 배서 전체를 무효로 인정
하여야 할 법률상의 근거가 없고, 이러한 해석만이 어음의 유통을 보호할 수
있다고 한다. 또한 피배서인의 기재는 배서의 요건이 아니며, 부정하게 이용될
위험은 전부말소의 경우나 위조배서의 경우에도 존재하므로 말소의 효과를 논
함에 있어서 이를 중시할 필요가 없다고 한다.

　　d) 제설의 검토　　　권한고려설은 말소권의 유무에 따라 그 효력을 좌우
하게 하여 거래의 안전을 해할 우려가 있다. 그리고 **전부말소설**에 의하면 말소
권자가 일단 기재하였던 피배서인을 말소하고 타인을 피배서인으로 기재한 때
에도 전부가 말소된 것이 되어 어음관계자의 이익을 害하게 될 것이므로 백지
식배서설이 타당하다.

　　㈏ 추심위임문구의 말소　　　추심위임문구만이 말소된 경우에는 단순한
배서로 인정된다. 즉 기명식배서로 본다. 그리고 추심위임문구와 피배서인을
말소한 때에는 백지식배서로 본다.

[事例演習]

◇ 사　례 ◇

　환어음의 발행인이며 인수인인 甲으로부터 수취인백지의 어음을 받
은 A가 첫번째 배서란에 B를 피배서인으로 하여 기명식배서를 하였다
가 마음을 고쳐 어음을 C에게 양도하기로 하고 B의 성명을 말소하여
C에게 교부하였다. 이후 C는 두 번째 배서란에 백지식배서를 하여 이
것을 乙에게 교부하였다. 그런데 乙은 만기에 그 지급이 거절되자 수
취인란에 자기의 성명(乙)을 기재한 다음 甲에 대하여 어음금청구소송
을 제기하였다. 그 이후 乙은 배서의 연속을 위하여 수취인의 기재가
잘못된 것을 알고 이를 말소하고 A의 성명을 고쳐썼다. 이 어음에 의
한 乙의 청구는 인정될 수 있는가?

　[해 설] 1. 피배서인의 말소　　　기명식배서의 피배서인의 성명이나 상호
　　만이 말소된 경우에 배서의 연속에 관한 학설에는 (i) 권한고려설,

(ii) 전부말소설, (iii) 백지식배서설 등이 있다[이에 관하여는 崔(基). 下, 264면 이하 참조]. 이 중 어떠한 설에 따르느냐에 따라 그 결과는 달라지는데, 전부말소설에 의하면 배서는 연속되지 않으며, 권한고려설이나 백지식배서설에 의하면 배서의 연속이 인정될 것이다.

2. 수취인백지의 보충   백지어음의 소지인은 백지를 보충하지 않고는 권리를 행사하지 못한다. 백지의 보충은 합의된 보충권의 내용에 따라서 하여야 하지만 일정한 범위의 보충권이 있다고 신뢰하여 백지어음을 취득한 자는 그가 신뢰한 범위내에서 보충을 할 수 있는 것이다. 왜냐하면 보충권의 범위에 대한 선의도 보호되어야 하기 때문이다. 그러므로 수취인 백지어음을 여러 사람을 거쳐 취득한 자는 수취인을 자기의 성명으로 보충할 수 있는 것이다.

3. 보충의 정정   잘못 기재한 보충은 그 정정이 인정된다[이에 관하여는 崔(基). 下, 211면 참조]. 이 사례의 경우 乙은 배서가 연속된 어음의 소지인으로서 그 형식적 자격이 인정되므로 甲은 乙의 무권리를 증명하지 않는 한 어음금의 지급청구를 거절할 수 없다. 또 피배서인의 말소에 관한 전부말소설에 따르면 배서는 연속되지 않지만 乙이 배서의 연속이 흠결된 부분에 대하여 실질적 권리를 증명한 때에는 甲은 乙의 지급청구를 거절할 수 없다고 본다.

제 3 관   特殊背書

특수배서란 고유한 양도배서와는 달리 특별한 효력이 있는 무담보배서·배서금지배서·기한후배서·환배서와 양도 이외의 특별한 목적을 위하여 하는 추심위임배서 및 입질배서를 말한다.

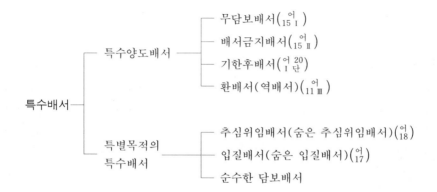

[470] 제1 無擔保背書

(1) 의   의   배서의 담보적 효력은 본질적인 효력이 아니기 때문에 배서인은 어음상의 책임을 지지 않는다는 기재를 함으로써 담보책임을 면할 수 있는데, 이러한 배서를 무담보배서라 한다. 발행인의 경우에는 인수무담보만을 할 수 있으나($_{9 \mathrm{II}}^{\text{어}}$), 배서인은 인수무담보뿐만 아니라 지급무담보도 할 수 있다($_{15 \mathrm{I}}^{\text{어}}$). 왜냐하면 배서인은 어음의 최종적인 의무자가 아닐 뿐만 아니라 발행인은 지급담보책임을 배제할 수 없기 때문이다.

(2) 기재방식   배서란에 「지급무담보」, 「무담보」, 기타 이와 동일한 의미가 있는 문언을 기재하여야 한다. 무담보라고만 기재한 때에는 인수 및 지급의 무담보를 포함한 것으로 본다. 지급무담보는 인수무담보를 포함한 것으로 볼 수 있으나, 인수무담보만을 기재한 경우에는 지급에 관하여는 담보책임을 질 뿐만 아니라 만기 전이라도 어음법 제43조 제2호($_{\text{제집행의 불주효의 경우}}^{\text{지급인의 파산, 지급정지, 강}}$)에 의한 소구에 대하여 그 책임을 면하지 못한다.

(3) 효   과   배서인이 무담보배서를 한 때에는 자기의 직접의 피배서인을 비롯하여 그 후자 전원에 대하여 담보책임을 지지 않는다. 그러나 무담보배서를 한 배서인의 전자나 후자인 다른 배서인이나 발행인의 책임에 대하여는 영향을 미치지 않는다. 즉 무담보문구를 기재한 배서인에 대해서만 그 효력이 생긴다. 무담보배서를 하면 배서인이 담보책임을 면할 뿐이고 배서의 권리이전적 효력과 자격수여적 효력에는 아무런 영향을 미치지 않는다.

[471] 제2 背書禁止背書

(1) 의   의   배서금지배서란 배서인이 새로운 배서를 금지하는 뜻의 기재를 한 배서를 말한다($_{\lceil \text{지시금지} \rfloor \text{ 등}}^{\text{기재례: } \lceil \text{배서금지} \rfloor}$)($_{15 \mathrm{II}}^{\text{어}}$). 이 경우에는 배서인이 자기의 피배서인에 대해서만 담보책임을 지고 그 후의 피배서인에 대하여는 담보책임을 지지 않는 점이, 자기의 피배서인에게도 책임을 지지 않는 무담보배서와 다르고, 발행인이 한 배서금지는 어음을 배서에 의하여 양도할 수 없다는 점에서 배서금지배서와 다르다. 그러나 배서금지배서와 무담보배서의 경우에는 어음을 계속하여 배서에 의하여 양도할 수 있다는 점에서 같다.

(2) 효   용   배서금지배서는 배서인의 피배서인에 대한 인적항변의

절단을 방지하고, 배서인이 이후 전혀 알지 못하는 채권자와의 관계가 생기는 것을 원하지 않는 경우에 한다.

(3) 효 과 1) 배서금지배서의 경우에는 발행인이 배서를 금지한 때와($_{11 \mathbb{I}}^{어}$) 달리, 지시증권성이 유지되어 이러한 배서의 피배서인은 **추심위임배서**는 물론이고 양도배서를 할 수 있다. 그러나 배서인은 자기의 피배서인에게만 담보책임을 지고 그 후의 어음취득자에 대하여는 담보책임을 지지 않는다($_{\mathbb{I} \, 후단}^{어 15}$)[동: 孫(주), 235; 蔡(이), 335; 鄭(찬), 443; 李(철), 355 이하; 李(기), 247~248].

2) 이 규정은 배서금지배서의 피배서인이 전자에 대하여 갖는 소구권이 이후의 어음취득자에게 항변권이 있는 상태로 이전되는 것을 부정하는 것은 아니라는 견해도 있으나[鄭(희), 194; 姜(위), 384], 배서금지배서제도의 취지에 어긋난다고 본다. 배서금지배서의 피배서인이 자기의 후자에게 담보책임을 이행하고 배서금지배서의 배서인에게 재소구하는 때에는 배서금지 이후에 생긴 통지비용이나 기타 비용($_{48, \ 49}^{어}$)은 청구하지 못한다.

[472] 제 3 期限後背書

I. 의 의

기한후배서란 지급거절증서작성후의 배서 또는 지급거절증서작성기간($_{44 \mathbb{I}}^{어}$) 경과 후의 배서를 말한다($_{20}^{어}$). 그러므로 만기 전의 배서와 동일한 효력이 있는 지급거절증서작성기간 경과 전의 단순한 만기 후의 배서나 지급거절 후에 한 배서와 다르다. 기한후배서를 한 어음은 유통성을 상실하고 소구의 단계에 들어간 것으로서 유통보호를 위한 배서의 특수한 효력을 인정할 필요가 없기 때문에, 이러한 배서에 대하여는 **지명채권양도의 효력**만이 인정된다($_{20 \, \mathrm{I}}^{어}$).

2. 기한후배서의 판단

(1) 판단기준

1) 기준일자 기한후배서인가의 판단은 실제로 어음을 배서하여 교부한 날을 기준으로 한다. 그러나 배서일자가 기재된 때에는 그 일자에 배서한 것으로 추정되고, 일자의 기재가 없으면 기한 전에 배서한 것으로 추정한다($_{20 \mathbb{I}}^{어}$). 최후의 배서가 백지식배서인 어음의 경우는 그 교부의 시점이 기한 후인 때에 기한후배서가 된다[동: 大 71. 8. 31, 68 다 1176; 大 94. 2. 8, 93 다 54927].

2) 지급거절이 명백한 경우   (개) 지급거절 후라도 거절증서를 작성하지 않고 거절증서작성기간 내에 한 배서는 기한후배서가 아니지만 지급제시기간 내에 제시되어 지급이 거절되었다는 것이 어음면에서 보아 명백하게 된(어음교환소의 표시, 지급거절 은행의 附箋) 후에 한 것은 기한후배서로 보아야 할 것이다[동: 孫(주), 245; 鄭(찬), 451; 李(철), 360].

(내) 이와는 달리 소수설에는 만기후배서라는 견해가 있다. 즉 어음법 제20조가 지급거절 후라는 이유만으로 기한후배서로 하지 않고 지급거절증서작성 후 또는 작성기간 경과 후의 배서라고 규정하고 있는 것은 형식적으로 명확한 시점을 정한 것이고, 어음법에는 수표법 제24조 제 1 항과 같은 지급은행이나 어음교환소의 지급거절선언에 대하여 지급거절증서의 작성과 동일한 효력을 부여하는 규정이 없다는 이유로 지급거절 후의 배서는 기한후배서라고 할 수 없다고 한다[鄭(희), 207; 鄭(동), 506]. 판례도 이러한 취지로 판시한 바 있다[大 87.8.25, 87 다카 152].

(대) 어음법에는 수표법 제24조 제 1 항과 같은 규정이 없다 하더라도 기한후배서란 사실상 부도가 된 어음에 한 배서를 말하므로, 지급거절의 사실이 어음면상으로 명백한 어음을 취득한 자에 대하여 선의취득이나 인적항변의 절단과 같은 고도의 어음법상의 보호를 인정할 필요가 없다는 점에서 볼 때 어음법 제20조의 형식적 기준에 구애됨이 없이 기한후배서로 봄이 옳다고 생각된다.

3) 거절증서의 작성이 면제된 경우   이 경우에도 기한후배서가 되기 위하여는 거절증서작성기간 경과 후라는 요건이 충족되어야 한다는 견해도 있으나[鄭(동), 506; 蔡(이), 113], 거절증서의 작성이 면제된 경우에는 지급거절이 있은 후 바로 소구절차를 밟을 수 있으므로 지급거절 후의 배서는 기한후배서라고 할 수 있다[동: 朴燦柱, 「재판자료」 31집, 93; 鄭(찬), 450~451].

4) 인수거절의 경우   인수거절증서작성 후의 배서도 기한후배서로 본다. 인수거절의 경우에도 소구가 인정되고 인수거절은 사실상 지급거절과 다를 바 없기 때문이다.

(2) 입증책임   기한후배서에 대한 입증책임은 기한후배서의 효과를 주장하는 채무자측에 있다.

3. 기한후배서의 방식

(1) 배서에 의하는 경우   기한후배서도 기명식 또는 백지식으로 할 수 있다. 즉 배서의 기재를 하여 어음을 교부함으로써 성립하는 것으로서 지명채권양도의 경우와 같이 채무자에 대한 대항요건을 갖출 필요가 없다[大 63.12.12, 63 다 736; 大 64.5.26, 63 다 967].

(2) 교부에 의하는 경우　　　최후의 배서가 백지식인 어음을 지급거절증서작성기간 경과 후 또는 지급거절증서나 지급거절선언의 작성 후에 단순한 교부로써 양도한 경우에도 기한후배서로 본다[大 69.3.25,\\69 다 122].

(3) 지명채권양도방법에 의하는 경우　　　지급거절증서작성 후 또는 지급거절증서작성기간 경과 후의 어음의 양도는 배서에 의해서만 할 수 있는 것은 아니고 지명채권양도의 방법으로도 가능하다고 본다.

4. 기한후배서의 효력

기한후배서에는 지명채권양도의 효력밖에 없기 때문에(어 20\\1 단) 담보적 효력은 없고 권리이전적 효력과 자격수여적 효력은 있으나 항변의 절단이나 선의취득은 인정되지 않는다.

(1) **권리이전적 효력**　　　기한후배서의 경우에도 배서인이 갖는 권리는 배서에 의하여 피배서인에게 이전한다. 그러나 기한후배서는 지명채권양도의 효력밖에 없기 때문에(어 20\\1 단) 피배서인은 어음상의 권리가 아닌 배서인이 갖는 권리만 취득한다. 기한후배서의 경우에 어음채무자는 피배서인의 선의·악의를 불문하고 배서인에게 대항할 수 있는 모든 항변으로써 피배서인에게 대항할 수 있다[大 83.9.27, 81 다카 1293;\\大 97.7.22, 96 다 12757]. 즉 어음법 제17조가 적용되지 않는다. 그러나 어음채무자는 기한후배서를 한 다음에 발생한 배서인에 대한 항변[大 82.4.13, 81 다\\카 353; 大 94.1.\\25, 93 다\\50543]이나 기한후배서의 배서인의 전자(보통 배서를\\한 배성인)에 대한 인적항변으로는 피배서인에게 대항할 수 없다[大 90.4.25,\\89 다카 20740]. 즉 기한전배서에 의하여 한번 절단된 항변은 기한후배서의 피배서인에게 대항하지 못한다.

(2) **자격수여적 효력**

1) 배서연속에 의한 권리자 추정　　　기한후배서에도 권리이전적 효력이 있기 때문에 당연히 자격수여적 효력도 인정된다. 그리하여 기한후배서의 피배서인에 이르기까지 배서가 연속되고 있는 경우에는 피배서인은 당연히 어음상의 권리자로 추정되어 실질적 권리를 증명함이 없이도 전자의 권리를 행사할 수 있고 또한 어음채무자도 이러한 형식적 자격을 확인하고 지급한 때에는 면책된다.

2) 선의취득의 부인　　　어음법상의 선의취득과 항변절단제도(어 16\\Ⅱ, 17)는 별개의 문제라고 할 수 있으나, 양자는 모두 어음의 유통보호를 목적으로 하는 제도이고 어음은 어음법 제20조 제 1 항 단서에 의하여 기한후에는 기명증권화하여 이후의 배서에는 지명채권양도의 효력밖에 없으므로(어 20\\1 단) 선의취득은 인

정되지 않는다.

  (3) 담보적 효력의 부존재   기한후배서에는 지명채권양도의 효력밖에
없기 때문에 담보적 효력이 없다.

[事例演習]

◇ 사 례 ◇

  다음의 경우에 약속어음의 발행인은 기한후배서의 피배서인에 대하
여 어음금청구를 거절할 수 있는가?
  〈설문 1〉 수취인이 어음과 상환함이 없이 어음금의 지급을 받았는
데, 그 후 이 어음을 수취인으로부터 취득한 자가 이러한 사정을 알지
못하고 기한후배서를 한 경우
  〈설문 2〉 설문 1의 경우에 수취인 자신이 기한후배서를 한 경우
  〈설문 3〉 수취인이 기한후배서를 한 다음에 발행인이 수취인에 대
한 어음발행의 원인인 매매계약을 해제한 경우
  해 설 설문 1의 경우   어음과 상환하지 않고 지급을 한 때에는 발행
      인과 지급을 받은 어음소지인 사이에는 지급의 효력이 있으나 어음
      상의 권리가 소멸하지 않고 다만 발행인과 어음소지인 사이에 인적
      항변이 존재하게 될 뿐이다. 이 설문의 경우는 수취인으로부터 선의
      로 어음을 취득한 자가 기한후배서를 하였기 때문에 기한후배서를
      한 배서인은 기한 전의 배서의 피배서인이고 또한 어음에는 수령문
      구의 기재도 없었으므로 약속어음의 발행인은 수취인에 대한 지급
      의 항변으로써 피배서인에게 대항할 수 없다고 할 것이다.
      설문 2의 경우   수취인이 어음을 상환하지 않고 어음금의 지급
      을 받은 후에 자신이 스스로 기한후배서를 한 경우 인적항변이 절
      단되지 않으므로 발행인은 수취인에 대한 지급의 항변으로써 기한
      후배서의 피배서인에 대항할 수 있는 것이다.
      설문 3의 경우   발행인이 기한후배서의 피배서인에게 대항할
      수 있는 한계는 기한후배서를 할 때까지 배서인에 대한 항변에 한
      정되는가, 아니면 어음금의 청구를 받은 때까지의 배서인과의 관계
      에서 생긴 모든 항변이 포함되는가 하는 문제가 있다. 그러나 판례
      의 입장은 기한후배서를 한 다음에 비로소 발생한 배서인에 대한
      항변으로는 피배서인에게 대항하지 못한다는 것이다$\left[\begin{smallmatrix}大\ 82.\,4.\,13, \\ 81\ 다카\ 353\end{smallmatrix}\right]$. 이
      사례의 경우에 발행인은 수취인이 기한후배서를 한 다음에 해제한
      매매계약으로써 피배서인에게 대항할 수 없다고 본다.

[473] 제 4 還背書(역배서)

I. 총 설

(1) 의 의 환배서란 이미 어음상의 **채무자**인 인수인·발행인·배서인·보증인·참가인수인에 대하여 하는 배서를 말한다. 즉 어음을 종래의 어음채무자에게 다시 이전시키는 것이다. 어음법에 의하면($_{11}$어$_{Ⅲ}$) 인수하지 않은 지급인에 대한 배서도 여기에 포함시키고 있으나, 이 경우에는 고유한 의미의 환배서라고 할 수 없고 일반배서라고 할 것이다.

(2) 환배서와 어음의 반환에 의한 양도 1) 어음을 어음상의 채무자에게 다시 이전하는 방법에는 환배서의 방법이 있고($_{11}$어$_{Ⅲ}$), 어음소지인이 종래의 어음상의 채무자에게 어음을 반환하는 방법으로 하는 경우가 있다. 후자에 관하여는 아무런 규정이 없으나 이 경우에는 다시 배서를 말소한 어음을 반환받는 경우와 반환받은 후에 말소하는 때가 있다.

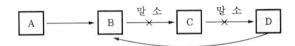

2) 이러한 방법은 환배서를 하는 경우보다 간단하여 편리하고 다른 어음관계자들에게도 불리하지 않으며, 또 어음상의 권리의 양도는 배서와 어음의 교부에 의하여뿐만 아니라 지명채권양도의 방법으로도 가능하기 때문에 반환에 의한 양도도 부정할 이유는 없다고 본다. 그리하여 어음상의 권리를 이전할 의사가 있는 자로부터 어음을 반환받은 종래의 어음채무자는 어음의 실질적 권리자로서 자기 이후의 배서를 말소하지 않고도 실질적 권리를 증명하여 권리를 행사할 수 있고, 그것을 말소하여 형식적 자격을 회복시켜서 실질적 권리를 증명함이 없이 어음상의 권리를 행사할 수 있는 것이다.

(3) 환배서와 배서의 말소 환배서는 배서의 말소와 그 기능은 유사하지만 후자는 적극적으로 종래의 배서를 말소하는 것이고, 권리의 실질적 이전이 없다는 점에서 환배서와 다르다. 그리고 말소한 배서는 배서의 연속에 관하여는 그 기재가 없는 것으로 보게 된다($_1$어$_{3문}^{16}$).

(4) 환배서의 효용 환배서를 하면 피배서인은 어음을 유효하게 양도함으로써 어음을 새로 발행하는 번잡을 피할 수 있고 종래의 어음행위자의 신

용을 이용할 수 있게 된다.

(5) 환배서와 혼동의 원칙($^{민}_{507}$)　　환배서를 하게 되면 의무자인 지위와 권리자인 지위가 동일인에게 귀속하는 결과가 되지만 **민법의 혼동의 원칙**($^{민}_{507}$) 은 적용되지 않는다고 본다[$^{통}_{설}$]. 즉 어음채권은 소멸하지 않는다. 그 이유는 유통증권인 어음의 특수한 성질로 인하여 어음의 경우에는 당사자자격은 순전히 형식적이고 개성이 없으며 당사자자격의 겸병이 인정되기 때문이다. 그러므로 어음법($^{어}_{Ⅲ \, 2문}^{11}$)에서 환배서의 피배서인은 다시 배서를 할 수 있다고 규정하고 있는 것은 어음의 경우에는 혼동의 원칙이 적용되지 않는다는 것을 분명하게 한 주의적 규정이라고 할 수 있다.

2. 효　　과

환배서의 피배서인은 다시 배서할 수 있다($^{어}_{11 \, Ⅲ}$). 그러나 환배서의 경우에 피배서인이 어음상의 권리를 행사할 수 있는가 하는 문제는 피배서인이 누구인가에 따라 다르다.

(1) 인수인에 대한 환배서　　1) 인수인은 환배서에 의하여 어음을 취득하였더라도 발행인을 비롯하여 모든 어음행위자에 대하여 채무자의 지위에 있기 때문에 어음상의 **소구권**을 행사하지 못한다. 그러나 인수인이 그 전자의 자금융통을 위하여 호의인수(好意引受)를 한 경우에는 그 전자에 대하여 소구권을 행사할 수 있다.

2) 환배서의 피배서인인 인수인이 만기 전에 어음을 취득하여 지급거절증서작성기간이 경과할 때까지 어음을 소지하고 있거나, 지급거절증서의 작성 후 또는 지급거절증서작성기간의 경과 후에 인수인이 어음을 환배서로 교부받은 때에는 예외적으로 혼동에 의하여 어음채권은 **소멸**하는 것으로 본다[$^{동; \, 孫}_{(주), \, 238}$].

(2) **발행인에 대한 환배서**($^{약속어음의 \, 경우에는 \, 제1}_{배서인에 \, 대한 \, 환배서}$)　　발행인이 환배서의 피배서인이 되었더라도 발행인의 소구의무가 당연히 소멸하는 것은 아니다. 다만 발행인이 자신에 대하여 권리를 행사한다는 것이 무의미할 뿐이다. 또한 중간의 소구의무자에 대하여 권리를 행사하더라도 결국 다시 이들로부터 상환청구를 받게 될 것이므로 무의미하다. 그러나 발행인이 다시 배서를 한 때에는 ($^{어}_{11 \, Ⅲ}$), 그 피배서인은 아무런 제한 없이 인수인에 대한 권리를 비롯하여 기타의 어음상의 권리를 행사할 수 있게 된다.

(3) 배서인에 대한 환배서　　1) 이 경우에 피배서인은 어음상의 권리

뿐만 아니라 지급이 거절된 경우에 종전에 자신이 하였던 배서의 전자와 **발행인**에 대하여 상환청구권을 행사할 수 있다. 그렇지만 전의 배서와 환배서의 중간에 있는 배서인에 대하여는 권리를 행사하더라도 결국은 그 자로부터 다시 소구권의 행사를 받을 운명에 있으므로 상환을 받을 수 없게 된다.

　　예컨대 甲이 乙을 지급인으로 하고 丙을 수취인으로 한 어음을 발행하였는데, 이 어음이 丙으로부터 A→B→C→D→E에게 배서에 의하여 양도되고 E가 C에게 환배서(A→B→C→D→E→C)를 하였는데 乙이 지급하지 않는 때에는, C는 D와 E에 대하여는 소구권을 행사할 수 없다. 왜냐하면 C는 자신이 D와 E의 전자로서 책임을 져야 할 지위에 있기 때문이다. 그러나 C가 어음을 다시 F에게 배서한 때에는 D와 E를 포함하여 모든 어음행위자인 채무자가 乙이 지급하지 않는 경우에 F에 대하여 책임을 진다.

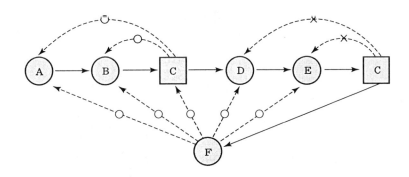

　　2) 만약에 전의 배서(C의 배서)가 **무담보**이거나 배서의 취지가 후자인 배서인(D)의 **채무보증**을 위한 것인 때, 또는 **호의배서**를 한 경우나 C·D간에 원인관계상 하자가 있는 경우와 같이 전의 배서인(C)이 그 후자의 상환청구를 거절할 수 있는 관계에 있는 때에는, 환배서의 피배서인이 된 C는 그가 한 전배서의 후자인 배서인에 대하여도 **소구권**의 행사가 가능하다고 본다. 환배서를 받은 피배서인(C)이 전배서의 전자(B)에게 소구하는 경우에 자기의 전자가 환배서의 배서인(E)에 대하여 갖는 항변으로는 대항을 받지 않지만, 자기의 전배서의 전자(B)가 자기에 대하여 갖는 항변은 그 후의 배서에 의하여 절단된 경우라도 자기가 어음소지인으로서 권리를 행사하는 경우에는 인적항변의 개별성에 의하여 대항을 받는다.

　⑷ **기타 어음채무자에 대한 환배서**　　　보증인에 대한 환배서는 주채무

자에 대한 환배서와 같고 참가인수인에 대한 환배서는 피참가인에 대한 환배서와 같다.

(5) 어음채무자 이외의 자에 대한 배서   1) 어음채무자가 아닌 어음관계자($^{지급인 \cdot 지급담당}_{자 \cdot 무담보배서인}$)에 대한 배서는 환배서가 아니라 고유한 배서에 속한다. 그리하여 인수하지 않은 지급인은 만기에 자기에 대한 지급거절증서를 작성하여 소구할 수 있다.

2) 지급인에 대한 배서를 인정한 어음법 제11조 3항은 당연한 사리를 규정한 것이라고 할 수 있지만 지급인에 관한 한 수표법($_{III \cdot V}^{15}$)과 대조적인 차이점을 명시한 것이라고 할 수 있다. 즉 수표의 경우에는 지급인에 대한 배서는 영수증의 효력만이 있고($_{15 V}^{수}$), 지급인이 한 배서는 무효이다($_{15 III}^{수}$).

[事例演習]

◇ 사 례 ◇

A가 상품의 매매대금의 지급을 위하여 B에게 약속어음을 발행하였고, 이후 어음은 C와 D를 거쳐 E에게 이전되었는데, E는 다시 C에게 어음을 배서하여 주었다. 그러나 A는 매매계약을 사기를 이유로 취소하고 B에 대하여 어음의 반환을 요구하였다. 그러나 C는 이러한 사정을 알고 있었음에도 불구하고 어음을 양수한 후 바로 선의의 D에게 양도하였다.

〈설문 1〉 다시 어음소지인이 된 C의 청구에 대하여 A는 매매계약의 취소를 주장하여 어음金의 지급을 거절할 수 있는가? 또 C에 대하여 어음의 반환을 청구할 수 있는가?

〈설문 2〉 E가 C에게 양도함에 있어서 C→D, D→E의 양배서를 말소하여 C에게 어음을 교부한 경우 양배서는 각기 배서한 때에 소급하여 그 효력을 상실하는가?

〈설문 3〉 이 사례에서 B→C(기명식배서), C→□(백지식배서)로 배서가 되어 그 후 어음이 D로부터 E, F로부터 C에게 인도된 경우(인도만에 의한 양도), C는 권리자로 추정이 되는가?

[해 설] 설문 1의 경우   어음을 C가 처음 취득한 때에는 악의의 취득자로서 발행인 A에 대하여는 어음금의 지급을 청구할 수 있는 지위에 있다고 할 수 없었다($_{17 단}^{어}$). 그러나 이 사례에 있어서 어음항변은 선의인 D가 어음을 취득함으로써 일단 절단되었지만 C가 다시 어

음의 소지인이 된 경우에는 발행인 A는 C의 어음금 청구를 거절할 수 있는 것이다. 이는 인적항변의 개별성에서 그 근거를 찾을 수 있다.

　　설문 2의 경우　　약속어음의 발행인은 어음을 배서양도한 자가 자기가 한 배서 이후의 배서를 말소한 어음의 반환을 받음으로써 어음상의 권리를 재취득하는 것을 배서말소에 의한 양도라고 한다. 이 경우에 말소된 배서는 배서를 한 때로 소급하여 효력을 상실한다고 보지 않는다. 즉 말소가 됨으로써 그 배서에 의한 담보책임은 권리자에 의한 채권 포기가 있는 것으로 인정되어 소멸하지만 배서 자체가 없었던 것과 같이 취급되지는 않는다. 그러나 어음上의 권리의 이전은 당사자인 E와 C간에 있어서 그 의사에 의한 단순한 어음의 반환에 의하여 완성이 되고 배서의 말소는 C에 의하여 취득된 실질적 권리에 형식적 자격을 구비시키는 것이라고 할 수 있다. 그리고 이 경우에 이전방법의 법적성질은 지명채권양도의 방법에 의한 어음채권의 양도라고 할 수 있다.

　　설문 3의 경우　　C는 자신이 종전에 한 백지배서가 있는 어음을 소지하게 됨으로써 적법한 소지인으로 추정된다.

[474]　제 5　推尋委任背書

I. 총　　설

　(1) 의　　의　　배서인이 피배서인에게 어음상의 권리를 행사할 수 있는 대리권을 주기 위한 목적으로 하는 배서를 말한다($^{어}_{18}$).

　(2) 방　　식　　추심위임배서의 방식에는 추심위임의 뜻을 어음에 기재하는 공연한 추심위임배서와 추심위임을 목적으로 보통의 배서를 하는 숨은 추심위임배서가 있다. 물론 어음법에서는 전자에 관해서만 규정하고 있다 ($^{어}_{18}$).

2. 공연한 추심위임배서

　(1) 의　　의　　어음에 추심위임문언을 기재하고 배서하는 것을($^{어}_{18}$) 공연한 추심위임배서라고 한다.

　(2) 방　　식　　1) 배서 중에 「추심을 위하여」, 「대리를 위하여」 등 단

순한 위임의 표시를 하여야 한다. 배서(지)금지어음의 경우에도 추심위임배서
는 할 수 있다. 왜냐하면 발행인이 배서금지를 하는 것은 배서에 의한 항변의
절단과 상환금액의 증대를 방지하기 위한 것인데 추심위임배서를 하더라도 동
일한 효과가 유지되므로 발행인의 이익을 해하지 않으며, 배서금지어음의 수
취인에게도 편리하기 때문이다[동: 徐(정), 191; 鄭(희),195; 孫(주), 248; 徐(돈), 192~193; 蔡(이), 115; 李·崔, 921].

  2) 추심위임배서는 보통 기명식으로 한다. 추심위임배서를 백지식으로 하
면 추심위임을 받지 않은 자가 어음금액을 추심할 위험이 있고 지급이 거절된
때에는 누구로부터 어음을 반환받을 것인가 하는 것이 불분명하게 될 우려가
있기 때문이다.

  (3) 효   력   추심위임배서에는 권리이전적 효력이나 담보적 효력은
없고 대리권수여의 효력이 있으므로, 피배서인은 배서인을 대리하여 어음상의
모든 권리를 행사할 수 있는 자격수여적 효력만이 있을 뿐이다.

  1) 배서인의 지위

  (개) **어음소지의 회복에 의한 권리행사**   a) 추심위임배서에는 권리이전
적 효력이 없기 때문에 어음상의 권리자는 여전히 배서인이며, 배서인은 피배
서인 및 그 후자에 대하여 담보책임을 지지 않는다. 이와 같이 배서인이 어음
상의 채권자로서 형식적 자격이 있으므로 어음을 소지함으로써 권리를 행사할
수 있다.

  b) 이와는 달리 배서인이 어음의 소지를 회복하더라도 어음상의 추심위임
배서를 말소하지 않는 한 여전히 피배서인만이 권리행사를 할 수 있다는 견해
도 있으나, 이 경우에는 추심위임배서를 말소하지 않고도 권리를 행사할 수 있
고 또 다시 배서양도를 할 수 있다[동: 鄭(희), 196]. 즉 이 경우에 배서의 연속은 추심
위임배서를 무시하고 결정하게 된다.

  (내) **재추심위임배서의 제한**   추심위임배서의 피배서인은 보통의 양
도배서는 할 수 없으나 다시 추심위임배서를 할 수는 있다(어 18단). 배서인은 피
배서인의 재추심위임배서를 금지할 수 있으나 그 효과는 양자간의 내부관계에
만 미치며 이에 위반하여 한 재추심위임배서의 효력에는 영향을 미치지 않
는다.

  2) 피배서인의 지위

  (개) **어음상의 권리행사**   피배서인은 어음에서 생기는 모든 권리를 행
사할 수 있는 포괄적인 대리권을 갖는다. 즉 어음상의 권리뿐만 아니라 어음법

상의 권리를 배서인의 명의로만 행사할 수 있다[동: 鄭(희), 196; 金(용), 326;／鄭(무), 430; 姜(위), 397]. 추심위임배서의 피배서인은 실질적으로 대리권이 있음을 증명하지 않고도 당연히 어음상의 권리를 행사할 수 있고, 또 어음채무자도 피배서인이 무권한자인 경우에 그에 대하여 사기 또는 중대한 과실이 없이 지급한 때에는 책임을 면하게 된다(어 40 III,／77 I (3)).

(내) 소의 제기　　　피배서인은 소송대리인으로서 배서인의 명의로 소를 제기할 수 있다. 그 결과 배서인은 증인이 될 수 없고 소송의 당사자이며, 소송비용을 부담한다.

(다) 피배서인에 대한 항변의 제한　　　피배서인은 대리인으로서 타인의 권리를 행사하는 것이므로 어음채무자는 배서인에 대한 인적항변만으로써 피배서인에게 대항할 수 있을 뿐이며(어 18 II), 피배서인에 대한 인적항변으로는 대항하지 못한다.

(라) 재추심위임배서　　　추심위임배서의 피배서인은 다시 추심위임배서를 할 수 있다(어 18 I 단). 피배서인이 양도배서를 하면 무효라는 소수설도 있으나[蔡(이),／116] 추심위임배서의 효력밖에 없다고 본다[동: 徐(정), 192; 孫(주),／249; 徐(돈), 193].

3) 배서인과 피배서인의 관계　　　양자의 내부관계는 대리권수여의 기초가 되는 법률관계로서 추심위임배서에 의하여 발생한 어음상의 관계와는 구별된다. 즉 양자의 내부관계는 일반사법의 규정(위임·고용·도급)에 따라 정하여진다.

4) 추심대리권의 소멸　　　추심위임배서의 배서인은 언제든지 피배서인의 대리권을 철회할 수 있다. 그러나 피배서인의 대리권은 배서인의 사망이나 능력의 상실에 의하여 소멸하지 않는다(어 18 III). 이는 어음채무자 등을 보호하기 위한 특례라고 할 수 있다. 그러므로 배서인의 사망을 알고 피배서인에게 한 변제도 유효한 것이다.

3. 숨은 추심위임배서

(1) 의　　의　　　숨은 추심위임배서란 형식은 보통의 양도배서와 같으나 그 목적은 추심위임을 위한 배서를 말한다. 이 경우에 피배서인은 실질적으로 자기의 명의로 배서인의 계산으로 어음상의 권리를 행사할 권한이 있을 뿐이다.

(2) 효　　용　　　i) 피배서인은 만기에 어음금액을 추심하거나 만기 전에 어음을 할인할 수 있고, ii) 어음소지인이 추심위임배서의 방법을 모르는

경우에 이용되며, iii) 보통의 양도배서의 방법을 택하므로 편리하고, iv) 어음 소지인은 지급인의 자기에 대한 항변의 절단이 가능하다. 또한 v) 외국인이나 그 대리인이 내국인에게 양도배서의 방법으로 추심위임을 함으로써 타국에서 받을 소송상의 불이익이나 제한을 회피할 수 있다.

　(3) 성　　질　　숨은 추심위임배서는 그 형식에 있어서 보통의 양도배서라고 할 수밖에 없다. 그리하여 숨은 추심위임배서에 있어서 실질과 형식의 차이를 제 3 자에 대한 관계에서 어떻게 해석하여야 될 것인가에 대하여는 학설이 대립하고 있다.

　1) 자격수여설　　실질관계를 중시하여 숨은 추심위임배서의 경우에는 권리이전의 의사가 존재하지 않으므로, 피배서인은 다만 자기의 명의로 어음상의 권리를 행사할 수 있는 자격을 수여받은 것에 불과하다고 한다. 이 경우에 피배서인의 권리자인 자격을 신뢰한 제 3 자의 보호는 보통의 양도배서에 관한 규정에 의하면 된다고 한다.

　　　　판례는「채무자가 어음할인 의뢰시에 은행에 한 양도배서는 추심위임배서를
　　　위한 배서로 유용되어 은행은 숨은 추심위임배서의 피배서인의 지위에 서게 되므
　　　로, 어음채무자는 배서인(즉 채무자)에 대한 인적항변사유로써 은행에 대항할 수
　　　있다」고 하였다[大 94. 11. 22,
　　　94 다 30201].

　2) 신탁적 양도설　　형식을 중시하여 숨은 추심위임배서도 그 형식은 양도배서로서 권리이전적 효력이 있기 때문에, 어음상의 권리는 피배서인에게 신탁적으로 이전하고, 어음상으로 알 수 없는 추심위임의 목적은 당사자간의 인적항변의 사유가 될 뿐이라고 한다[徐(돈), 195; 孫(주), 247;
徐(정), 94; 鄭(찬), 461].

　3) 구 별 설　　당사자의 의사에 따라 배서를 단순히 추심을 위하여 한 때에는 어음상의 권리를 행사할 수 있는 자격을 수여한 것으로 볼 수 있고, 할인을 위하여 한 때에는 어음의 재이전이 필요하므로 신탁적 양도가 있는 것으로 보는 견해이다.

　4) 사　　견　　숨은 추심위임배서가 자격수여를 위한 배서인가 신탁적 양도를 위한 것인가 하는 문제는 당사자의 의사에 따른다. 그러나 당사자의 의사가 불분명한 때에는 당사자는 자격수여를 위한 배서를 한 것으로 볼 것이다. 왜냐하면 신탁적 양도설에 의하면 추심권한을 행사함에 있어서 어음채무자가 피배서인에 대한 항변으로 대항할 수 있게 되어 어음추심의 원활을 도모할 수

《학설의 차이점》

학 설	신탁적 양도설	자격수여설
의 의	형식은 양도배서와 같으므로 피배서인은 어음상의 권리자이고 추심의 목적은 당사자간의 인적 항변의 사유가 될 뿐이다.	권리이전의 의사가 없으므로 어음상의 권리는 이전하지 않고 다만 자기명의로 권리를 행사할 수 있는 권한과 사격을 수여한 데 불과하다.
인적항변	피배서인에 대한 항변 가능. 배서인에 대한 항변 불가능(어음채무자가 추심위임을 입증한 경우 가능설 존재)	배서인에 대한 항변 가능. 피배서인에 대한 항변 불가능
제3자의 권리취득	피배서인은 권리자이므로 양수인은 어음상의 권리취득	피배서인은 무권리자이나 이 者로부터 선의취득 가능
배서인·피배서인의 파산	피배서인 파산의 경우 어음은 파산재단에 귀속, 배서인의 환취권행사 불가능	배서인 파산의 경우 어음은 배서인의 파산재단에 귀속, 피배서인 파산의 경우 파산재단에 대하여 배서인의 환취권행사 가능
추심위임의 해제	피배서인의 어음반환의무발생, 어음채무자는 청구거절 불가능	피배서인은 대리권 상실, 어음채무자는 무권한을 주장하여 청구거절 가능

없기 때문이다. 그리고 **피배서인의 이해관계**($^{담보를 위하여}_{배서한 경우}$)도 배서와 관계가 있을 때에는 **신탁적 양도**를 위한 배서로 해석함이 타당하다 할 것이다.

(4) **효   력**   숨은 추심위임배서의 효력은 이 배서의 성질을 어떻게 보느냐에 따라 다르게 된다.

1) **신탁적 양도설에 의하는 경우**   이에 의하면 i) 피배서인은 어음의 소유자이며 **채권자**가 된다. 그러나 피배서인은 배서인과의 내부관계에 있어서는 채권자로서의 권리를 합의된 바에 따라 행사할 의무를 지게 된다. ii) 숨은 추심위임배서에는 완전한 **권리이전의 효력**이 생기기 때문에 어음채무자는 피배서인에 대하여 갖는 항변으로 대항할 수 있을 뿐이고 배서인에 대한 항변은 주장할 수 없게 된다. iii) 피배서인은 권리자이므로 이 자로부터 어음을 양수한 자는 어음상의 권리를 취득한다. iv) 피배서인이 파산한 경우에 배서인은 환취권이 없으며($^{파 79}_{참조}$) 배서인이 파산한 때에 어음은 배서인의 파산재단에 속

하지 않게 된다. v) 추심위임이 해제된 경우는 피배서인은 배서인에 대하여 어음의 반환의무를 지지만 그럼에도 불구하고 피배서인이 어음상의 권리를 행사하는 경우에도 어음채무자는 추심위임의 해제를 주장하여 청구를 거절하지 못한다.

　　2) 자격수여설에 의하는 경우　　　이에 의하면 i) 권리이전적 효력이 없으므로 배서인이 채권자인 지위에 있게 된다. 즉 숨은 추심위임배서의 경우에 피배서인은 배서인의 권리를 행사하는 것이 되고 교부계약의 내용은 단지 추심 또는 할인을 위한 자격을 양도하는 것이다. 그리하여 소송의 수행을 목적으로 한 숨은 추심위임배서에는 권리이전의 효력이 없다는 것이 판례의 입장이다 $\left[\substack{大\ 82.\ 3.\ 23,\\81\ 다540}\right]$. ii) 어음채무자는 피배서인에게 배서인에 대하여 갖는 모든 항변으로 대항할 수 있다 $\left[\substack{大\ 94.\ 11.\ 22,\\94\ 다\ 30201}\right]$. iii) 자격수여설에 의하더라도 피배서인은 형식적 자격이 있으므로 합의와 달리 어음을 양도한 때에는 그 선의취득이 인정된다. iv) 배서인이 파산한 경우에 어음은 배서인의 파산재단에 속하고, 피배서인이 파산한 경우에는 파산재단에 대하여 배서인이 환취권을 행사할 수 있게 된다 $\left(\substack{파\\79}\right)$. v) 추심위임이 해제되면 피배서인은 대리권을 상실하므로 어음채무자는 피배서인의 청구를 거절할 수 있다.

［事例演習］

◇ 사　례 ◇

　A는 상품의 매매대금을 지급하기 위하여 C를 지급인으로 한 환어음을 발행하여 C의 인수를 받아 B에게 교부하였다. B는 이 어음을 D에게 추심위임을 위하여 배서하였으나 「추심위임」의 뜻을 기재하지 않았다. 이후 B는 추심을 위하여 D에게 배서하였던 어음을 D로부터 반환을 받았으나 D가 B에게 환배서도 하지 않고 또 B가 D에게 하였던 배서의 말소도 하지 않았다.

　〈설문 1〉　B는 어음의 적법한 소지인이라고 할 수 있는가? 또 B는 C에 대하여 어음금의 지급을 청구할 수 있는가?

　〈설문 2〉　D가 어음을 B에게 반환하지 않고 다시 E에게 통상의 배서를 한 경우에 D는 소구의무를 지는가. 또 B는 D 내지 E에 대하여 소구의무를 지는가?

　[해 설]　설문 1의 경우　　　숨은 추심위임배서의 법적 성질에 대하여는

소위 자격수여설과 신탁적 양도설이 대립하고 있는데, 후자의 입장
이 다수설에 속한다. 이 설문의 경우에 자격수여설의 입장에서 보면
B는 적법한 소지인으로 추정된다고 할 수도 있으나 배서의 자격수
여적 효력은 형식적인 기재를 근거로 배서가 연속되고 있는 어음의
소지인에 인정되는 것이므로 어음상으로 D에게 어음을 양도배서한
바 있는 어음의 소지인 B는 적법한 소지인으로 추정된다고 할 수
없다. 그러나 B가 어음상의 권리를 행사할 수 있는가 하는 점은 소
지인인 B가 실질적 권리자라는 것을 증명함으로써 가능하다고 본
다$\begin{bmatrix} \text{日最高判 1956.2.7,} \\ \text{民集 10.2.27} \end{bmatrix}$. 이 경우에 자격수여설에 의하면 실질적인 권리는
숨은 추심위임배서에 의하여 D에게 이전하지 않으며, 신탁적 양도
설에 의하면 일단 D에게 이전하였던 권리가 어음의 환수에 의하여
다시 B에게 이전한 것으로 볼 수 있으므로 어떠한 경우에도 B는
실질적 권리자가 된다.

　　설문 2의 경우　　　D가 B에게 어음을 반환하지 않고 이를 다시 E
에게 양도배서를 한 때에 E는 신탁적 양도설에 의하면 당연히, 그
리고 자격수여설에 의하면 선의취득에 의하여 권리자가 된다. 그러
므로 D는 E에 대하여 소구의무를 지고 또 B도 E가 선의인 한 의무
를 지지만 D에 대하여는 인적 항변으로 대항이 가능하다.

[475]　제6　入質背書

Ⅰ. 총　　설

　(1) 의　　　의　　　어음상의 권리에 질권을 설정할 목적으로 하는 배서를
입질배서라고 한다.

　(2) 방　　식　　　입질배서의 방식에도 공연한 입질배서와 숨은 입질배
서가 있다.

　(3) 지시금지어음의 경우　　　지시금지어음은 **지명채권의 입질방법**에 의
하여 질권의 설정이 가능하고 어음법에서 규정하는 공연한 입질배서의 방법
$\begin{pmatrix} \text{어} \\ \text{19} \end{pmatrix}$으로는 질권설정의 효력이 생기지 않는다. 왜냐하면 지시금지어음은 지명
채권양도의 방법과 효력에 의해서만 이전이 가능하기 때문이다. 이러한 어음에
대하여 간단한 방식에 의하는 입질배서를 인정하게 되면 그 양도성과의 관
계에서 균형을 상실하는 결과가 될 뿐만 아니라 배서인에 대한 항변이 절단
되기 때문이다$\begin{bmatrix} \text{동: 李} \\ \text{(철), 380} \end{bmatrix}$.

2. 공연한 입질배서

(1) 의　　　의　　　　공연한 입질배서란 어음상의 권리에 질권을 설정할 목적으로 어음에 질권설정의 문언([담보하기 위하여」,「입질하기 위하여」 등)을 기재한 배서이다($^{어}_{19}$).

(2) 효　　　력

1) 질권의 취득　　　입질배서의 피배서인은 어음상의 권리에 질권을 취득한다. 입질배서의 배서인이 어음의 처분권이 없는 경우에도 그 피배서인은 질권을 선의취득한다($^{어}_{16\,II}$). 입질배서의 경우에는 권리이전적 효력은 없다. 즉 어음상의 권리는 배서인에게 유보된다. 그러나 배서인이 어음의 반환을 청구하려면 피담보채권이 소멸하였음을 입증하여야 한다.

2) 피배서인의 지위

⑺ 어음상의 권리행사　　　피배서인은 어음으로부터 생기는 모든 권리를 행사할 수 있다($^{어\ 19}_{I\ 본}$). 그러나 이 경우의 **권리행사**는 추심위임배서의 경우와 달리 배서인을 위한 것이 아니라 질권자인 피배서인 자신을 위하여 하는 것이기 때문에 배서인의 대리인으로서가 아니라 자기의 명의로 하게 된다.

⑼ 어음상의 채권과 피담보채권　　　피담보채권의 변제기가 어음의 만기보다 이후이거나 그 금액이 어음금액보다 적은 경우에도 피배서인의 권리행사에는 입질채권의 추심제한에 관한 민법 제353조 제 2 항과 제 3 항이 적용되지 않는다[동: 徐(정), 196; 鄭(희),｜200; 徐(돈), 197]. 그러므로 어음금액이 피담보채권의 금액을 초과하는 경우에도 그 전액을 추심할 수 있다. 이 경우 **피담보채권**의 금액을 **초과**하는 잔액에 대하여는 피배서인이 숨은 추심위임배서의 피배서인과 같은 역할을 한 것이 되므로 배서인에게 반환하여야 한다. 그리고 피담보채권의 변제기가 도래하기 전이라도 어음의 만기가 도래하면 추심할 수 있다.

⑽ 대리를 위한 배서　　　피배서인은 어음상의 권리자가 아니므로 양도배서나 입질배서는 할 수 없으나 대리를 위한 배서는 할 수 있다($^{어\ 19}_{I\ 단}$). 즉 피배서인이 한 배서는 대리를 위한 배서의 효력이 있을 뿐이다. 또한 피담보채권의 변제기 이후에 배서한 경우도 같다. 그 결과 입질배서의 배서인은 그 피배서인의 후자에 대하여 책임을 지지 않는다.

3) 항변의 절단　　　입질배서의 피배서인은 독립된 경제적 이익을 갖고 자기의 권리를 행사하는 것이기 때문에, 피배서인이 어음채무자를 해할 것을 알고 어음을 취득한 경우가 아니면 어음채무자는 배서인에 대한 인적 관계로

인한 항변으로 피배서인에게 대항하지 못한다($_{19}^{어}$$_{Ⅱ}$). 다만 피배서인에 대한 항변으로 대항할 수 있을 뿐이다.

4) **자격수여적 효력**　　입질배서의 피배서인은 질권자로서의 형식적 자격이 인정되어 어음금액의 지급을 받을 수 있고, 어음채무자의 조사의무도 경감되며($_{40}$$_{Ⅲ}$) 선의취득에 관한 규정($_{16}^{어}$)이 유추적용된다. 따라서 무권리자 등으로부터의 질권의 선의취득이 가능하다.

5) **담보적 효력의 존부**　　지급이 거절된 때에는 배서인이 상환의무를 진다는 긍정설이 다수설이지만[孫(주), 256; 徐(정), 196; 鄭(동),\n522; 李(기), 271; 李(철), 381], 입질배서의 경우에는 권리이전적 효력이 없으므로 피배서인은 어음채권자가 된 것이 아니라 질권만을 취득하는 것이다. 따라서 배서인은 피배서인에 대하여 어음상의 담보책임을 지지 않는다고 보는데[동; 鄭\n(희), 202], 이 점이 양도담보와 다르다.

3. 숨은 입질배서

(1) **의　　의**　　숨은 입질배서란 형식은 보통의 양도배서와 같지만 그 실질은 어음상의 권리에 질권을 설정할 목적으로 하는 배서로서 어음상의 표시와 배서의 목적이 다른 것이다. 이 배서의 법적 성질은 **어음채권의 양도**라고 본다. 그러나 실질과 형식의 차이는 숨은 추심위임배서의 경우보다 현저하지 않다. 숨은 추심위임배서의 피배서인은 어음상의 권리를 행사할 수 있는 단순한 대리인에 불과하지만, 숨은 입질배서의 피배서인은 추심한 어음금을 자기의 채권에 충당할 수 있기 때문이다. 그리하여 숨은 입질배서의 효력에 관하여는 학설의 다툼이 없다.

(2) **효　　력**　　1) 숨은 입질배서는 질권설정의 합의와 어음을 배서하여 교부함으로써 그 효력이 생긴다. 피배서인의 지위는 실질적으로는 공연한 입질배서의 경우와 같다고 할 수 있다. 다만 **차이점**은 숨은 입질배서의 피배서인은 어음의 소유권자이며 어음채권자인 자격이 인정된다는 것이다. 그리하여 피배서인으로부터 어음의 선의취득이 가능하며, 악의취득자는 적어도 어음법 제19조 제 1 항 단서의 유추적용에 의하여 대리를 위한 배서의 피배서인이 될 수 있다. 그런데 피배서인이 배서한 경우에 배서인은 피배서인에 대하여 공연한 입질배서의 경우와 마찬가지로 책임을 지지 않지만 피배서인 이후의 어음의 선의취득자에 대하여 책임을 진다.

2) 숨은 입질배서의 경우에도 항변의 절단이 인정되고 피배서인이 파산한

경우에 배서인은 환취권이 없으나 배서인이 파산한 경우에 피배서인은 별제권
이 있음은 물론이다($_{84,}^{파}$ $_{86}$).

4. 어음의 양도담보

(1) 어음은 담보를 위하여 양도할 수 있다. 이 경우에는 어음의 신탁적 양
도로서 어음의 소유권과 어음상의 모든 권리가 이전된다. 그러나 담보권자는
그 권리를 자기의 담보의 목적으로만 행사하여야 되는 계약상의 의무가 있다.
어음의 양도담보는 담보를 목적으로 하기 때문에 이행에 갈음한다든가 이행을
위한 것이라고 할 수 없다. 다만 담보권자가 피담보채권 대신에 어음에 의하여
그 목적을 달성하였을 때에 비로소 어음제공의 효력은 이행을 위한 것으로 볼
수 있다. 피담보채권은 담보권자가 어음으로 부대목적을 달성한 때에 소멸한다.

(2) 양도담보는 일반적으로 당사자간의 합의와 보통의 배서로 보이는 어음
의 교부에 의한다. 그러나 입질배서의 경우와 달리 양도담보의 경우에는 담보
제공자가 어음상의 책임을 지는 것이 보통이다. 구체적으로 양도담보인가 숨
은 입질배서인가 하는 문제는 당사자의 의사의 해석에 따른다.

[476] 제7 순수한 擔保背書 [926면 이하 참조]

《양도배서와 특수배서의 효력》

	양도배서						지명채권 양도의 방식에 의한 양도	특수배서			
	통상배서	백지식배서	배서금지배서	무담보배서	기한후배서	환배서		공연한 추심위임배서	숨은 추심위임배서	공연한 입질배서	숨은 입질배서
권리이전적 효력	○	○	○	○	○			×	당사자간 × / 제3자간 {○ / ×}	×	당사자간 × / 제3자간 {○ / ×}
인적항변의 절단	○	○	○	○	×	□	×	×	상동	○	상동
자격수여적 효력											
• 권리증명불요	○	○	○	○	○	○	×	○	○	○	○
• 지급의 면책	○	○	○	○	○	○	×	○	○	○	○
• 선의취득	○	○	○	×	○	×	×	×	○ (질권)	○ (질권)
담보적 효력	○	○	◬	×	×	ㅂ	×	×	피배서인 × / 이후취득자 ○	⊗	⊗

◬ : 직접의 피배서인에게만 발생
□ : 환배서의 피배서인에게 해의가 있는 경우 ×
　　종전 배서인이 환배서의 피배서인에 대하여 갖는 항변 ○
ㅂ : 전 배서인의 전자 ○
　　중간배서인 ×
⊗ : 긍정설과 부정설(자설)

제4관　善意取得

[477] 제1 總 說

1. 의　의

어음소유자가 어음의 점유를 상실한 때에는 원칙적으로 그 어음의 점유자에 대하여 어음의 반환청구를 할 수 있는 것이다($^{어\,16\,II}_{민\,213\,본}$;). 그러나 형식적 자격
이 있는 어음소지인은 그가 어음을 악의 또는 중대한 과실에 의하여 취득한
경우가 아닌 한 어음의 정당한 소유자가 됨과 동시에 어음상의 권리를 취득하
여 어음의 점유를 상실한 자에 대하여 어음의 **반환의무**를 지지 않는 것을 어
음의 선의취득이라고 한다($_{16\,II}^{어}$). 선의취득은 양도행위가 무효이어서 어음의
승계취득이 인정되지 않는 경우에 어음의 **원시취득**을 가능케 하는 제도라고
할 수 있다.

　　예컨대 발행인 A→B→C→D로 어음이 배서에 의하여 유통된 경우 C가 무권
리자인 때에는 D는 승계취득에 의한 권리자가 될 수 없으나 D가 선의 또는 중대
한 과실 없이 어음을 양수한 때에는 어음상의 권리를 원시취득한다.

2. 요건의 완화

(1) 일반원칙에 의하면 양수인이 유효하게 권리를 취득하려면 양도인에게
실질적 권리가 존재하여야 한다. 그러나 이러한 원칙을 어음의 경우에도 적용
하게 되면 어음의 모든 유통과정을 조사하여야 될 것이므로 어음거래의 원활
과 안전을 저해하게 될 것이다.

(2) 어음법은 어음의 유통을 강화하기 위하여 동산의 선의취득에 관한 민
법의 규정($_{249}^{민}$)에 비하여 그 요건을 완화한 선의취득제도를 확립하고 있다. 즉
민법과 달리 경과실이 있어도 선의취득이 인정된다. 또한 민법 제250조와 제
251조에 의하면 동산의 선의취득은 제한되는데, 어음법에는 이러한 규정이 없
으므로 어음의 선의취득자가 넓게 보호된다. 평온·공연한 취득에 대하여도 어

《동산과 어음의 선의취득》

	동　　산	어　　음
요　건	무경과실	무중과실
적용범위	무권리자　○ 무권대리인·무능력자 등　×	무권리자　○ 무권대리인　○ × 의사표시의 하자　○ × 무능력자　○ ×
효　과	도품·유실물에 대한 제한 (2년 내 물건의 반환청구)	×(없음)

음법에는 명문의 규정을 두고 있지 않다($^{민\ 249}_{참조}$).

[478] 제 2 善意取得의 要件

어음법상의 선의취득이 인정되기 위하여는 다음과 같은 적극적 요건과 소극적 요건이 구비되어야 한다.

I. 적극적 요건

(1) **어음법적인 양도방법에 의한 취득**　　1) 선의취득은 어음법에서 예정하고 있는 방법으로 어음을 취득한 때에만 인정된다. 즉 배서 또는 **교부**($^{백지식배서}_{의\ 경우}$)에 의하여 형식적 자격이 있는 자로부터 어음을 취득하였어야 한다. 백지어음도 선의취득이 인정되며 환배서에 의하여 어음을 취득한 경우는 물론이고, 무담보배서 및 배서금지배서의 경우에도 권리이전적 효력이 있으므로 선의취득의 규정이 적용된다.

2) 상속·합병 등의 포괄승계나 전부명령에 의하여 어음을 취득한 경우와 어음법적인 방법이 아닌 지명채권양도의 방법만으로 양도할 수 있는 지시금지어음($^{어}_{11\ II}$)이나 기한후배서의 경우에는 지명채권양도의 효력밖에 없으므로($^{어\ 20}_{단}$) 선의취득이 인정되지 않는다.

(2) **형식적 자격이 있는 자로부터의 취득**

1) **배서의 연속**　　선의취득은 권리자로서의 형식적인 자격이 인정되는 자로부터 어음을 취득한 양수인을 보호하는 제도이므로, 배서의 연속에 의하여 형식적 자격이 있는 소지인으로부터 어음을 양수하였어야 한다. 즉 배서의 연속에 의한 권리의 증명이 선의취득의 요건이 된다.

배서의 연속이 흠결된 경우에는 선의취득이 인정되지 않는다는 견해도 있으나[徐(돈), 97; 鄭(희), 211] 이 경우에는 그 부분에 대한 **실질적 권리**의 이전을 형식적으로 입증하면 선의취득이 인정된다고 할 것이다[동: 姜(위), 150; 鄭(동), 214]. 왜냐하면 이 경우에는 배서의 연속이 가교되어 어음소지인의 형식적 자격이 회복되기 때문이다.

2) **양도인의 범위**　　어음의 선의취득에 의하여 치유되는 하자의 범위에 대하여는 다음과 같은 학설의 대립이 있다.

(가) **무권리자한정설**　　선의취득은 양도인이 무권리자인 경우에만 인정된다고 한다[徐(돈), 96; 孫(주), 108; 金(용), 266; 鄭(무), 356; 姜(위), 151; 李(철), 345]. 즉 진정한 권리자가 분실·도난 등으

로 어음의 점유를 잃고 다른 자가 자기 것처럼 가장하여 그 어음을 양도한 경우에 인정될 뿐이라고 한다. 이에 의하면 양도인이 권리자라도 무능력자이거나 무권대리인인 경우 및 양도행위에 하자가 있는 때에는 선의취득이 인정되지 않아 어음거래의 안전을 해할 우려가 있다.

(나) 무능력제외설　　　선의취득은 양도인의 무권리뿐만 아니라 무처분권, 대리권의 흠결 및 의사표시의 하자 등도 치유한다고 하면서, 무능력만은 치유할 수 없다고 한다[鄭(희)·214]. 이 견해의 근거는 선의취득의 규정은 민법의 능력에 관한 규정을 우선할 수 없기 때문이라고 한다.

(다) 부분적 제한설　　　선의취득에 의하여 치유되는 것은 양도인의 무권리·무권대리·무처분권만으로 제한된다고 한다[鄭(동)·217 이하]. 즉 무능력은 제외되며 나아가 교부계약의 하자도 치유되지 않는다고 한다. 무능력제도의 취지를 비롯하여 민법규정의 취지를 살리기 위한 것이라고 한다.

(라) 무제한설(사견)　　　a) 어음법 제16조 제 2 항(₂₁手)에서는 「사유의 여하를 불문하고 어음의 점유를 잃은 자」라고 규정하고 있으므로 어음이 도난 또는 분실된 경우뿐만 아니라 유효한 교부계약이 없이 어음이 타인의 수중에 있게 된 때에도 그 자로부터의 선의취득이 인정된다[동: 徐(정), 182; 鄭(찬)·485; 梁(승), 165]. 양도인에게 의사표시의 하자가 있는 경우, 어음의 보관자가 권리자의 의사에 반하여 유통시킨 경우, 대리권의 흠결이 있는 경우도 같다[大 93. 9. 24, 93 다 32118]. 양도인이 무능력자인 경우에도 선의취득은 인정된다고 할 것이다. 이 경우에 무능력자의 보호는 취소에 의하여 어음에 의한 책임을 지지 않게 됨으로써 충분한 것이다.

b) 오늘날 (라)인 무제한설이 다수설이고[梁(승), 165; 鄭(찬), 485; 李(기), 245; 金正浩, 「事例」, 142; 洪復基, 「고시연구」 96. 10, 47] 타당하다. (가)(나)(다)는 모두 어음의 선의취득에 대하여 민법규정의 취지를 살리려고 하거나 어음의 선의취득과 어음상의 채무부담 문제는 별개라는 것을 전제로 하지 않은 결과에서 비롯된 것이 아닌가 한다.

2. 소극적 요건

(1) 악의 또는 중대한 과실이 없는 취득　　　어음의 취득시에 양수인에게 악의 또는 중대한 과실이 없어야 한다. 즉 앞의 예[954면]에서 D는 C가 무권리인 것을 알았거나 중대한 과실로 알지 못한 때에는 어음상의 권리를 선의취득하지 못한다. 선의취득의 경우에 선의의 요건은 어음을 만기에 지급하는 지급인의 경우에 사기(40Ⅲ어)보다 엄격하다. 그 이유는 만기에 지급하는 지급인은 그

지급이 강제되는 상태에 있으므로 어음의 제시자가 무권리자라는 것을 알았더라도 그것을 입증할 수 없어서 지급을 하면 면책이 되지만, 어음의 취득에 있어서는 양도인이 무권리자라는 것을 알았으면 선의취득이 인정되지 않기 때문이다.

1) 「악의」의 의의　　　「악의」란 교부계약의 흠결이 있다는 것을 알고 있었던 경우라고 할 것이다. 예컨대 배서인이 무권리자라는 것을 알았거나 대리권의 흠결 또는 무능력이라는 것을 알고 취득한 경우이다.

2) 「중대한 과실」의 의의　　　「중대한 과실」이란 터무니 없는 부주의로 거래관계에 있어서 가장 기본적으로 필요한 주의를 해태하여 어음을 취득한 경우라고 할 수 있다[大 88. 10. 25, 86 다카 2026].

(가) 중대한 과실이 인정된 판례　　　a) 수표에 관하여 판례는 100만원 액면의 수표를 받음에 있어서 수표의 이면에 기재된 전화번호에 전화를 걸어 확인하지 않아 수표가 절취품이라는 것을 알지 못한 경우[大 84. 11. 27, 84 다 466], 면식 없는 사람으로부터 이리 발행의 자기앞수표를 서울에서 취득함에 있어서 그 소지인의 인적 사항을 확인하지 아니한 경우[大 81. 6. 23, 81 다 167], 은행마감시간이 훨씬 지난 한밤중에 술값 돈 3만원이 없어 액면 50만원권의 자기앞수표를 내어놓는 생면부지의 사람에게 신분을 확인하지도 아니한 채 술값의 무려 15배 이상에 해당하는 돈 47만원의 거스름돈을 내어준 경우[大邱民 88. 2. 24, 87 나 589] 등에 중대한 과실이 인정된다고 한 것이 있다.

b) 어음에 관하여 회사 명의의 배서가 위조된 약속어음의 경우 날인한 회사의 인장이 그 대리자의 직인이 아니라 그 대표자 개인의 목도장이고 그 어음금액이 상당히 고액인 점 등에 비추어, 이를 어음할인의 방법으로 취득한 자에게 배서의 진정 여부를 확인하지 않은 중대한 과실이 있다고 한 것이 있다[大 93. 9. 24, 93 다 32118].

c) 판례는 「어음·수표를 취득함에 있어서 통상적인 거래기준으로 판단하여 볼 때 양도인이나 그 어음·수표 자체에 의하여 양도인의 실질적인 무권리성을 의심하게 할 만한 사정이 있는데도 불구하고 상당하다고 인정될 만한 조사를 하지 아니하고 만연히 양수한 경우에는 중대한 과실이 있다」고 하였다[大 95. 8. 22, 95 다19980; 大 97. 5. 28, 97 다 7936]. 즉 판례는 「별다른 재산이 없는 자가 7내지 8개월 만에 갑자기 찾아와 액면금이 2억원을 상회하며 그 매수도 29매에 이르는 어음에 대하여 한꺼번에 할인을 요구하는 것은 이 어음들을 할인취득함에 있어 양도인의 실질적 무권리성을 의심하게 할 만한 사정이 있다고 할 것이고, 따라서 경찰공무원과 변호사사무소 사무장 경력이 있어 어음의 할인거래에 관하여 잘 알고 있는 피고로서는 이 사건 어음들을 포함한 위 약속어음 29매를 할인함에 있어 위 약속어음들의 발행회사 및 최후배서인 내지 지급은행에 사고유무를 확인하여야 할 것임에도 불구하고 이에 이르지 아니한 채 어음취득경위에 관하여 선뜻 믿기 어려운 의뢰인의 말만을 믿고 동인으로 하여금 인감증명서와 주민등록등본을 제시하게 하는 한편 동인의 배서만을 하게 한 다음 약속어음들을 할인취득한 것에는 중과실이 있다」고 하였다

$\begin{bmatrix} 大 & 95.8.22, \\ 95 & 다 19980 \end{bmatrix}$.

(나) **중대한 과실이 부정된 판례**   최후의 배서가 백지식인 어음을 취득함에 있어서 특별한 사정이 존재하지 않으므로 그 최종배서인 이후의 유통과정을 조사하지 않은 경우$\begin{bmatrix} 大 & 85.5.28, \\ 85 & 다카 192 \end{bmatrix}$, 오랫동안 할인거래를 한 바 있는 할인의뢰인으로부터 배서가 연속된 어음을 취득함에 있어서 신용 있는 회사가 발행인으로 기재되어 있음을 보고 발행인·배서인·지급은행에 확인조회를 하지 않은 경우$\begin{bmatrix} 大 & 87.6.9, \\ 86 & 다카 2079 \end{bmatrix}$, 발행은행에 사고수표가 아님을 확인하였으나 주민등록증에 의하여 신분을 확인하지 않고 수표를 취득한 경우$\begin{bmatrix} 大 & 87.8.18, \\ 86 & 다카 2502 \end{bmatrix}$ 등에는 중대한 과실을 부정하고 선의취득이 인정된다고 하였다.

3) **입증책임**   악의 또는 중대한 과실은 선의취득을 방해하는 소극적 요건이므로 입증책임은 어음취득자가 형식적 자격을 구비하고 있는 한 악의 또는 중과실을 주장하는 측$\begin{pmatrix} 어음의 반 \\ 환청구자 \end{pmatrix}$에 있다$\begin{bmatrix} 大 & 76.2.24, \\ 75 & 다 918 \end{bmatrix}$.

4) **직접 양도인에 대한 선의·무중과실**   악의 또는 중대한 과실은 직접의 양도인과의 관계에서만 문제가 되며, 그 이전의 단계에서 어음이 절취된 것이라는 것을 알았더라도 직접의 양도인이 선의취득자라는 것을 믿는 데 악의나 중대한 과실이 없는 경우에는 선의취득이 인정된다.

5) **악의·중과실의 존재시기**   어음의 취득시를 기준으로 하여 판단하여야 한다. 그러므로 어음의 취득 후에 무권리 등의 사정을 알게 되었더라도 선의취득에는 아무런 영향이 없다.

(2) **독립된 경제적 이익의 존재**   선의취득은 어음취득자가 고유한 경제적 이익을 갖는 때에 인정된다. 그러므로 추심의 권한밖에 없는 추심위임배서의 피배서인에게는 선의취득의 규정이 적용되지 않는다. 또한 어음을 무상으로 취득한 때에는 어음을 지급하기 위하여 교부한 경우가 아니면 어음의 반환의무가 있다고 본다.

[479] 제3 善意取得의 效果

이상의 요건을 구비하고 있는 어음취득자는 「어음을 반환할 의무가 없다」$\begin{pmatrix} 어 \\ 16 II \end{pmatrix}$. 즉 선의취득자는 어음상의 권리를 취득하게 되고 본래의 권리자는 어음상의 권리를 상실한다. 선의취득에 의한 어음상의 권리의 취득은 **원시취득**이다. 즉 어음을 선의취득함으로써 동시에 어음소지인은 어음채권자가 된다. 그리하여 어음의 양도인에 대하여도 유효한 교부계약을 전제로 하여 어음상의 청구권을 취득한다.

[事例演習]

◇ 사 례 ◇

수출업체로 널리 알려진 甲회사가 A회사에 발행한 어음금액 3,000
만원인 자기앞 환어음을 B가 회사의 금고에서 빼내어 A회사의 명의로
백지식배서를 하여 단자회사 乙에게 어음의 할인을 의뢰하였다. 乙은
A가 한 위 어음의 도난광고를 보지 못하였고 위 어음은 널리 알려진
업체가 발행한 것이어서 우량어음으로 취급하여 할인을 하여 주었다.
이 경우 乙은 甲에 대하여 어음금액의 지급을 청구할 수 있는가?

해 설 1. 배서의 연속 乙의 청구가 인정되려면 첫째로 배서가 형식
적으로 연속되어야 하는데, 이 사례에서 A의 백지식배서는 B가 위
조한 것이지만 어음의 기재에서 볼 때 배서의 연속이 인정되고, 乙
은 백지식배서를 한 어음의 수지인이므로 형식적인 자격이 인정된다

2. 양도인의 범위 양도인의 범위에 관하여 우리나라의 다수설
은 양도인이 무권리자인 경우에만 선의취득이 인정된다고 하지만
이를 넓게 해석하는 유력설도 있다[이에 관하여는 崔(基), 下, 315면 이하 참조]. 이 사례의 경우
B는 A 앞으로 발행한 어음을 빼내어 배서를 위조한 무권리자이므
로 어떠한 설에 의하더라도 B로부터의 선의취득은 인정된다.

3. 악의 또는 중대한 과실의 유무 어음의 취득에 있어서 악의
또는 중대한 과실이 있는 때에는 선의취득이 인정되지 않는다. 악의
또는 중대한 과실의 판단은 어음의 취득시를 기준으로 하는데, 이
사례의 경우에 乙이 어음을 취득한 다음에 도난광고를 알았더라도
당연히 선의취득에 영향을 미치지 않는다. 또한 도난광고가 있었음
에도 이를 알지 못하고 취득한 경우에도 중대한 과실이 있다고 보
지 않는다. 왜냐하면 신문 등에 한 광고에는 제3자의 악의를 의제
하는 특별한 공시력이 인정되지 않을 뿐만 아니라 어음의 취득자는
항상 모든 신문이나 방송을 통한 어음의 분실이나 도난광고를 유의
하여야 할 주의의무가 있는 것은 아니기 때문이다. 그러므로 다른
사정이 존재하지 않는 한 乙은 위 어음을 선의취득하였다고 할 수
있으므로 乙의 甲에 대한 청구는 정당하다.

제 6 절　換어음의 支給

제 1 관　總　　說

[480]　제 1　總　　說

　　어음관계는 본래의 목적인 지급에 의하여 소멸한다. 그 밖에 상계 또는 면제로도 소멸함은 물론이다. 즉 만기에 어음의 정당한 소지인에 의한 지급청구에 대하여 인수인이 지급을 하면 모든 어음관계는 소멸한다. 그러나 발행인·배서인·보증인 등이 지급한 경우에는 어음관계가 그 지급한 자의 구상을 위하여 잔존하고 부분적으로만 소멸할 뿐이다. 그리고 어음의 지급이 거절된 때에는 여러 가지의 청구권($^{소구권 \cdot 이득}_{상환청구권}$)에 의하여 어음소지인의 이익이 보호된다.

제 2 관　支給提示

[481]　제 1　意　　義

　　어음을 인수인 또는 지급인에게 제시하여 지급을 청구하는 행위를 지급제시라 한다. 어음은 지급을 받기 위하여 채권자인 어음소지인측에서 어음을 제시하여 지급을 청구하여야 한다. 즉 어음채무는 추심채무이다. 지급거절증서의 작성이 면제된 경우($^{어}_{46 \, I}$)에도 만기에 지급을 위한 제시를 하여야 하지만($^{어}_{46 \, II}$) 이 경우에는 적법한 지급제시가 있었던 것으로 추정된다[$^{大 \, 62.6.14, \, 62 \, 다 \, 171;}_{大 \, 64.6.23, \, 63 \, 다 \, 1171}$]. 어음채무자의 이행지체 후에 어음채무는 이 경우에는 예외적으로 **지참채무**(持參債務)로 본다. 白地어음은 백지를 보충한 후에 제시하여야 지급제시의 효력이 있다[$^{大 \, 92.10.27,}_{91 \, 다 \, 24724}$].

[482]　제 2　支給提示의　免除

　　지급제시의 **면제특약**에 관하여는 어음법에 아무런 규정이 없으므로 어음상의 효력은 생기지 않으나 어음 외의 당사자간의 특약은 유효하다. 그러나 특약은 당사자간에만 유효할 뿐이므로, 다른 소구의무자 등에 대하여 소구권을 행사하려면 만기에 지급을 위한 제시를 하여야 한다.

[483] 제3 支給提示 및 懈怠의 效果

I. 지급제시의 효과

(1) **어음금액의 추심**　　어음소지인은 우선 어음의 적법한 제시로 어음금액의 지급을 받을 수 있다. 지급제시에도 불구하고 어음을 지급하지 않는 때에는 인수인은 이행지체에 빠진다($^{상\ 65;}_{민\ 517}$).

(2) **인수인의 이행지체**　　지급을 거절한 인수인은 어음채권자에 대하여 소구의무자와 동액의 책임을 진다($^{어}_{28\,Ⅱ}$). 인수인은 **지급제시기간의 경과 후**에 한 제시에 대하여도 책임을 지지만 이 경우에는 제시를 한 때로부터 **이행지체**의 책임을 진다. 즉 인수인은 어음금액과 제시 이후의 지체이자를 지급하면 되고 만기 이후 제시한 때까지의 이자는 지급할 필요가 없다.

(3) **소구권의 보전**　　어음소지인은 거절증서를 작성하여 소구의무자에 대한 소구권을 보전할 수 있다.

2. 지급제시해태의 효과

어음은 지급제시가 없는 한 인수인은 만기가 도래하였더라도 지급할 의무가 없으며 이행지체의 책임을 지지 않는다($^{상\ 65;}_{민\ 517}$). 그리고 지급거절로 인하여 소구의무자에게 상환청구를 하려면 적법한 제시기간 내에 지급제시를 하여 거

《지급제시의 효과》

	만 기 전	지급제시기간 내	지급제시기간 후
제시의 효력	지급제시의 효력 불발생(소구권행사 불가, 채무자지체의 효력 불발생)	ⅰ 소구권보전 ⅱ 채무자지체의 효과 ⅲ 시효중단	ⅰ 채무자지체의 효과 (제시일 이후의 이자만 청구 가능) ⅱ 시효중단
제시의 장소		ⅰ 지급장소 ⅱ 지급지 내의 지급인의 영업소 또는 주소 (지급장소의 기재가 없는 경우)	지급장소의 기재는 효력상실(학설의 다툼은 963면 이하 참조)

절증서를 작성하여야 하며 이를 해태한 때에는 소구권을 상실한다($_{53}^{어}$₁)($_{45}^{영어}$). 또한 어음소지인이 지급제시를 해태한 때에는 각 어음채무자는 어음금액을 공탁하여 채무를 면할 수 있다($_{42}^{어}$). 지급제시기간이 경과함으로써 어음에 기재된 지급장소 또는 지급제시담당자의 기재는 그 효력을 상실한다.

제 3 관　支　　給

[484]　제 1　滿期에 있어서의 支給

1. 지급제시의 당사자

(1) 제 시 자　　　만기에 어음을 제시할 수 있는 자는 어음소지인이나 그 대리인이다. 대리인 중에는 거절증서작성의 위임을 받은 공증인과 집행관을 비롯하여 추심위임을 받은 은행 등이 있다. 그러나 인수의 경우($_{21}^{어}$)와 달리 어음의 단순한 점유자는 지급을 위한 제시를 할 수 없다. 왜냐하면 지급은 어음의 정당한 소지인에게 하여야만 어음채무자가 면책이 되기 때문이다. 제시자는 배서의 연속에 의하여 형식적 자격이 있는 어음소지인과 그 대리인이지만 배서의 연속에 흠결이 있는 때에는 그 흠결된 부분에 대하여 실질관계를 증명하면 제시자가 될 수 있다. 또한 최후의 배서가 백지식인 경우에는 어음의 소지인이 제시할 수 있다.

(2) 상 대 방　　　지급제시의 상대방은 인수인($_{지급인}^{또는}$)이지만 인수인이 무능력자인 경우에는 그 법정대리인에게 제시하여야 한다. 그러나 지급장소로서 제 3 자($_{당자}^{지급담}$)의 기재가 있는 때에는 그 자에 대하여 하면 된다. 인수인이 수인인 경우에는 전원에 대하여 제시하여야 하며 그 전원이 지급을 거절한 때에만 상환청구를 할 수 있다고 본다[$_{(동),\ 529}^{동;\ 鄭}$]. 즉 이 경우에는 인수인($_{지급인}^{또는}$) 전원이 피제시자가 된다.

2. 지급제시의 장소

(1) 지급인의 영업소　　　어음채무는 추심채무이므로 지급지 내의 지급인의 영업소 또는 주소에서 제시하여야 한다. 지급지 내에서 지급인을 찾을 수 없는 때에는 지급지 내에서 거절증서를 작성하여야 한다.

(2) 지급장소의 기재가 있는 경우　　　이 경우에는 그 장소에서 제시를 하여야 한다. 그러나 지급장소는 지급지 내에 있어야 하고 지급지외에 있는 장

소를 지급장소로 기재하는 것은 무효이므로[大 70. 7. 24, 70 다 965], 어음소지인은 지급지 내에 있는 지급인의 영업소·주소 또는 거소에서 지급을 위한 제시를 하여야 한다.

지급장소의 기재는 어음을 지급제시기간 내에 지급제시를 하는 경우에만 그 효력이 있는가, 아니면 지급제시기간의 경과와 관계 없이 언제나 지급제시는 지급장소에서 하여야 하는가에 대하여는 다음과 같은 학설이 있다.

1) 지급장소 유효설   지급장소의 기재는 지급제시기간 경과 후에도 유효하므로, 지급제시는 언제나 지급장소에서 하여야 한다고 한다. 이 견해에서는 어음의 문언증권성을 강조하고 있으나 이에 의하면 어음의 주된 채무자는 지급제시기간 경과 후 어음의 소멸시효가 완성될 때까지 지급장소에 지급자금을 보유케 하여야 된다는 불리한 결과가 초래된다.

2) 지급장소 실효설   지급제시기간 경과 후에는 지급장소의 기재가 효력을 상실한다고 한다. 그 이유는 지급장소의 기재는 어음의 지급제시기간 내에 지급을 하는 경우를 예정한 것으로 보는 것이 당사자의 의사에 합치되기 때문이라고 한다. 그러나 지급지의 기재는 유효하므로 지급제시기간의 경과 후에는 지급지 내에 있는 주된 채무자의 영업소 또는 주소에서 어음의 지급제시를 하여야 한다고 한다[蔡(이), 139]. 그러나 지급지가 어음요건인 것은 그 지역 내에서 지급장소를 찾도록 하는 데 주된 목적이 있으므로 지급장소와 지급지의 효력을 다르게 취급하는 것은 모순이며, 또한 타지지급어음의 경우는 어음소지인이 채무자의 영업소 또는 주소를 알고 있어도 그것이 지급지 내에 있지 않은 경우는 지급제시를 할 수 없게 된다는 결과를 초래하게 되어 타당하지 못하다.

3) 지급장소·지급지 실효설   지급제시기간 경과 후에는 지급장소뿐만 아니라 지급지의 기재도 실효되므로 어음은 채무자의 영업소 또는 주소에서 제시하여야 한다는 것이 다수설이다[姜(위), 451~452; 孫(주), 293; 鄭(동), 531; 鄭(찬), 458]. 지급지는 지급장소의 탐지를 위하여 기재하는 것이므로 후자가 실효한다면 전자도 동일하게 보아야 하며, 지급제시기간 내에 지급지의 기재가 그 효력이 있는 것은 소구권의 보전을 위한 것이지만 지급제시기간 경과 후에는 그 필요성이 없기 때문이라고 한다.

4) 지급지효력 제한설   지급장소는 실효되지만 지급지의 기재는 재판적 결정의 기준도 되기 때문에 지급제시기간경과 후에는 제시장소를 구속하는 효력만이 실효한다고 하는데 이 견해가 타당하다. 그러므로 지급제시기간의

《지급제시기간 경과 후의 지급제시장소》

1) 설	지급장소・지급지 유효 지급지 내의 지급장소
2) 설	지급장소 실효, 지급지 유효 지급지 내의 채무자의 영업소 또는 주소
3) 설	지급장소・지급지 실효 채무자의 영업소 또는 주소
4) 설	지급장소 실효, 지급장소 이외의 기타 관계에 있어서 지급지 유효 채무자의 영업소 또는 주소(3)설과 동일)

경과 후에는 3)의 입장과 같이 지급제시는 채무자의 영업소 또는 주소에서 하여야 한다는 것이다.

(3) 지급담당자의 기재가 있는 경우　　　지급지 내에 있는 지급담당자의 영업소 또는 주소에서 지급제시를 하여야 한다. 만일 지급담당자의 기재가 ○○은행 ○○지점과 같이 지급장소의 표시도 포함하는 때에는 그 은행의 그 지점에서 지급제시를 하여야 한다.

(4) 어음교환소에서의 제시　　　어음교환소는 지급제시의 장소로서 법정된 곳이다($_{38\,II}^{어}$). 그러므로 어음에 지급장소나 지급담당자의 기재가 있든 없든 간에 지급지 내에 어음교환소가 없는 경우에도 어음교환소에 한 지급제시는 그 효력이 있다.

3. 지급제시기간

어음의 지급을 위한 제시를 할 수 있는 기간을 지급제시기간이라 한다. 이 기간은 제척기간이다. 지급제시기간은 인수인의 이행지체책임의 발생과 어음소지인의 소구권보전을 위하여 중요한 의미가 있다.

(1) 인수인의 이행지체를 위한 경우　　　인수인은 어음의 주채무자이므로 어음소지인은 어음상의 권리가 시효로 인하여 소멸할 때까지는 지급을 위한 제시를 할 수 있다. 그러나 지급거절을 이유로 인수인으로 하여금 소구의무자의 상환금액과 동액의 책임을 지도록 하려면($_{48,\,49}^{어\ 28\ II}$ ·) 어음을 **지급제시기간** 내($_{이은\ 2거래일\ 내}^{지급을\ 할\ 날과\ 이에}$)에 제시를 하였어야 한다($_{38\,I}^{어}$). 어음을 지급제시기간이 경과한 후에 제시한 경우에는 그때부터 이행지체가 되어 어음금액과 어음을 제시한

날 이후의 지연이자를 청구할 수 있을 뿐이다($^{어 28\ II}_{유추}$)$\begin{bmatrix} 大\ 65.9.7,\ 65\ 다\ 1139; \\ 大\ 81.4.14,\ 80\ 다\ 2695 \end{bmatrix}$.

(2) 소구권의 보전을 위한 경우　　소구권보전을 위한 지급제시기간은 만기가 이미 정해진 경우와 제시한 때가 만기가 되는 어음의 경우가 다르다.

1) 확정일출급어음·발행일자후정기출급어음·일람후정기출급어음의 경우 소구권의 보전을 위하여는 지급할 날 또는 이에 이은 2거래일 내에 어음을 제시하여야 한다. 지급을 할 날($^{만}_{기}$)이 법정휴일($^{어}_{81}$)인 때에는 이에 이은 제 1 의 거래일이 지급을 할 날이 된다. 그러므로 이 경우에는 법정휴일 이후 3 일간이 지급제시기간이 된다. 지급제시기간 내에 지급을 위한 제시를 하지 않으면 배서인 등의 소구의무자에 대한 소구권을 상실하게 된다($^{어 53}_{1 본}$).

2) 일람출급어음의 경우　　지급제시기간은 원칙적으로 발행일로부터 1년간이다($^{어 34}_{1 2문}$). 발행인은 이 기간을 연장 또는 단축할 수 있으며 배서인은 그 기간을 단축할 수 있을 뿐이다($^{어 24}_{1 3문}$). 또한 발행인은 이그 징도의 이유를 갖기 위하여 일정한 기간 전의 지급제시를 금지할 수 있는데, 이 경우에 제시기간은 그 기일로부터 개시한다($^{어 34\ II}_{77\ 1\ (2)}$). 제시기간의 계산에 있어서 그 초일은 산입하지 않고($^{어 73.}_{77\ 1\ (9)}$) 기간의 말일이 휴일인 때에는 그에 이은 제 1 의 거래일에 기간이 종료된다($^{어 72\ II.}_{77\ 1\ (9)}$).

4. 지급제시의 방법

(1) 원　　칙　　완전한 어음 자체를 현실적으로 피제시자에게 제시하여야 한다. 그러므로 어음의 등본이나 보충 전의 백지어음의 제시는 그 효력이 없다$\begin{bmatrix} 大\ 70.3.10, \\ 69\ 다\ 2184 \end{bmatrix}$. 어음을 상실한 경우에는 제권판결을 받지 않는 한 이행지체의 효력이 생기는 적법한 제시를 할 수 없게 된다.

(2) 지급제시의 의제　　적법한 시기에 지급장소나 지급인의 영업소 또는 주소에 피제시자가 없는 경우나 지급장소가 불분명한 때에는 필요한 절차의 이행을 전제로 제시가 있는 것으로 본다. 지급장소인 은행이 어음을 소지하는 경우는 제시자와 피제시자가 동일인이므로 은행이 만기에 어음을 소지하는 사실로써 제시가 있는 것이 되어, 만기에 인수인으로부터 자금의 공급이 없어서 어음을 결제하지 못한 때에도 지급제시가 있은 후 지급거절이 된 것으로 볼 것이다.

(3) 제시불능의 공증　　피제시자의 부재 등에 의하여 제시를 할 수 없었던 경우에는 공증인 또는 집행관으로 하여금 제시토록 의뢰한 후 거절증서

에 의하여 제시불능의 사실을 공증하는 것이 안전하다. 이러한 공증은 거절증서의 작성이 면제된 경우에도 가능하다.

⑷ 재판상청구의 경우　　소장의 제출만으로는 불충분하고 소장이 송달된 때나 지급명령의 송달이 있는 때에 비로소 어음의 제시와 동일한 효과가 생긴다$\left[\begin{smallmatrix} 大 & 59. 2. 19, 4290 & 민상 & 588; \\ 大 & 71. 7. 29, & 71 & 다 & 924 \end{smallmatrix}\right]$.

5. 지급인의 조사의무

⑴ 총　　설　　일반원칙에 의하면 진정한 권리자에게 변제하여야 면책의 효과가 생기므로 채무자는 지급을 함에 있어서 청구자가 진정한 권리자인가의 여부를 조사하여야 한다. 그러나 어음의 경우에도 이러한 원칙이 적용된다면 지급인은 자기의 위험부담으로 지급하여야 하므로 안심하고 지급을 할 수 없을 뿐만 아니라, 지급이 지연됨으로써 어음소지인은 불리한 지위에 있게 되어 어음거래의 원활과 신속한 결제를 저해하게 될 것이다.

⑵ 조사의무의 경감　　어음법은 일반원칙을 수정하여 어음의 형식상 알 수 있는 사항에 한정하여 지급인이 조사의무를 이행한 때에는 무권리자에게 지급한 경우에도 「사기 또는 중대한 과실」이 없는 한 면책되도록 하였다$\left(_{40}^{어} \text{Ⅲ}\right)$. 조사의무를 경감한 이유는 선의취득의 경우와 달리 만기에 있어서 지급인($_{발행인}^{약속어음의}$)은 시간적으로 지급이 강제되는 지위에 있다는 점을 고려함과 동시에 어음의 유통력을 도모하기 위한 것이다.

⑶ 지급인의 면책요건

1) 형식적 자격의 조사의무

㈎ 조사범위　　어음소지인의 형식적 자격에 대하여만 조사하면 된다. 즉 i) 어음의 요건이 구비되고 있는가, ii) 어음소지인에 이르기까지 배서가 연속되었는가, iii) 자기의 기명날인 또는 서명이 진정한 것인가($_{당자로 되어 있는가}^{또는 자기가 지급담}$) 등 형식적으로 용이하게 알 수 있는 사항에 대하여만 조사의무가 있다. 그러므로 어음소지인의 실질적 자격, 즉 i) 최후의 배서를 포함한 각 배서인이 한 기명날인 또는 서명의 진위, ii) 어음소지인이 진정한 권리자인가 하는 점, iii) 어음소지인과 제시자가 동일한가 하는 점 등에 대하여는 조사의무가 없다.

㈏ 조사의무의 해태　　형식적 자격을 갖추지 않은 자에게 지급을 하였을 때에는 지급인은 영수자가 실질상의 권리자임을 입증하지 못하는 한 면책될 수 없으므로 또다시 정당한 권리자에게 지급하여야 할 것이다. 또한 배서연

속의 흠결이 있는 경우에 그 흠결부분에 대하여 소지인이 민사적 승계($\frac{상속 : 합}{병 · 전부}$)의 사실을 입증한 때에는 지급할 수 있으며 실질적인 권리의 이전에 대하여 선의이며 중대한 과실이 없으면 면책된다.

(다) 조사의무이행의 효과   지급인이 형식적 자격이 있는 어음소지인에게 지급한 때에는 소지인이 무권리자인 경우에도 사기 또는 중대한 과실이 없는 한 면책된다. 지급인이 우연히 어음소지인이 무권리자라는 것을 안 경우에는 그 사실을 입증하여 지급을 거절할 수 있으며 입증을 위한 조사기간에는 이행지체의 책임을 지지 않으나 입증을 하지 못한 때에는 이행지체의 책임을 져야 할 것이다.

2) 사기 또는 중과실의 부존재   지급인이 면책되기 위하여는 사기 또는 는 중대한 과실이 없어야 한다.

(가) 사기의 의의   「사기」라 함은 선의취득의 경우($_{16 II}^{어}$)의 악의와 달리 단순히 제시자가 무권리자라는 것을 알았을 뿐만 아니라 더 나아가 무권리자라는 것을 용이하게 확실히 입증할 수 있는 수단이 있는데도($_{입증}^{소송상의}$) 지급한 경우를 말한다는 것이 통설이다. 결과적으로 지급의 경우에 조사의무가 완화된 것이라고 할 수 있다. 왜냐하면 제시자가 무권리자라는 것을 알았더라도 그것을 용이하게 입증할 수 없는 때에는 지급에 의하여 면책이 되기 때문이다.

(나) 중과실의 의의   「중대한 과실」이란 어음소지인이 무권리자라는 것과 그 간단한 증명방법을 알지 못하고 지급한 경우와, 입증할 수 있는 수단이 있었음에도 불구하고 이를 간과하였을 뿐만 아니라 그 정도가 전체적인 사정으로 보아 중대한 주의의무의 위반으로 보이는 때라고 할 수 있다.

(다) 사기·중과실의 항변과 입증책임   어음채무자가 무권리자에게 지급함에 있어서 사기나 중대한 과실이 있었다는 항변은 실질적인 권리자만이 주장할 수 있고, 사기 또는 중대한 과실에 대한 입증책임을 진다.

6. 지급담당자의 조사의무

지급담당자는 지급인과 같은 조사의무가 있기 때문에 어음소지인의 실질적 권리에 대하여 사기 또는 중대한 과실 없이 지급한 때에는 면책된다. 그러나 지급담당자가 사기 또는 중대한 과실에 의하여 지급한 때에는 인수인이 책임을 면할 수 없고, 지급담당자는 인수인에 대하여 준자금관계에 의한 채무불이행의 책임을 지게 된다.

[事例演習]

◇ 사 례 ◇

　　상인 A의 사용인 B는 그에게 맡겨진 은행에 제출된 인감을 사용하
여 권한없이 「수취인 B, 지급장소 C은행 마포지점, 발행인 A」로 기재
하고 발행인의 인감을 날인하여 일람출급의 약속어음을 발행하였다. C
은행의 마포지점은 A의 거래은행이었다. 어음을 발행한 다음날 B가
어음의 지급제시를 한 데 대하여 B가 A의 사용인이라는 것을 알고 있
었음에도 A에게 확인을 하지 않고 인감대조만을 하고 B에게 어음금을
지급하였다. C은행이 A의 예금으로부터 B가 제시한 어음금을 인출하
여 지급한 데에 대하여 A는 C은행이 주의의무를 위반하였다고 주장하
고 있으며, C은행은 지급인의 주의를 다하였다는 이유로 면책을 주장
하고 있다. 누구의 주장이 정당한가?

[해 설]　어음소지인의 형식적 자격만을 조사하여 지급한 때에는 사기 또
　　는 중대한 과실이 없는 한 면책이 된다($\text{어}\frac{77\ \text{I}\ (3),}{40\ \text{III}}$). 그런데 금융기관
　　의 조사의무의 중점이 인감대조에만 있다고 한다면 이를 상당한 주
　　의로써 대조하여 지급한 경우에 주의의무의 위반이라고 할 수 없을
　　것이다. 그러나 조사의 범위를 한정적이고 획일적으로 해석하기 보
　　다 은행은 위임계약에 의하여 인감의 대조뿐만 아니라 기타의 사항
　　에 대해서도 상당한 주의의무가 있다고 보아야 한다. 그러므로 설문
　　의 경우에 B는 발행인 A의 사용인이고 은행은 B가 A의 사용인이
　　라는 것을 알았으므로 이는 어음거래에 있어서 예외적인 경우로 생
　　각되므로 용이하게 본인에게 확인을 할 수 있었음에도 이를 해태하
　　였다면 주의의무의 위반이라고 할 수 있을 것이다.

[485]　제 2　滿期後의 支給

　　만기 후의 지급이란 지급제시기간($\substack{\text{거절증서}\\\text{작성기간}}$)이 경과한 후의 지급을 말한다.
그리고 지급제시기간 내에 적법한 지급제시를 하지 않은 어음을 지급제시기간
도과어음이라고도 한다.

　　(1) **인수인의 책임**　　　인수인은 어음상의 절대적 의무자이기 때문에 소
구권보전절차의 이행과 관계 없이 지급제시기간이 경과한 후에도 어음상의 권
리가 시효에 의하여 소멸하지 않는 한($\text{어}_{70\ \text{I}}$) 어음상의 채무를 부담한다. 그러

나 이 경우에 어음소지인은 인수인에 대하여 어음금액과 제시한 날 이후의 지연이자를 청구할 수 있을 뿐이다.

(2) 어음의 제시장소와 지급인의 조사의무   어음의 제시장소는 인수인의 영업소 또는 주소이다. 이 점이 지급제시기간 내에 하는 지급제시의 장소와 다른 점이다. 지급장소 또는 지급담당자의 기재는 지급제시기간 내에만 그 효력이 있을 뿐이라고 할 수 있기 때문이다. 그리고 인수인의 면책을 위한 조사의무는 만기에 지급하는 경우와 같다.

(3) 공탁에 의한 면책   지급제시기간 내에 지급을 위한 제시가 없기 때문에 지급의 기회를 갖지 못한 인수인은 어음소지인의 비용과 위험부담으로 어음금액을 공탁하여 책임을 면할 수 있다($^어_{42}$).

[486] 세 3 滿期前의 支給

(1) 만기 전 지급의 효과   만기 전에 어음이 제시된 때에는 인수인은 당연히 지급을 거절할 수 있고, 반면에 어음소지인도 인수인으로부터의 지급을 수령하여야 할 의무가 없다($^어_{77}$ $^{40}_{I}$ $^I_{(3)}$). 이는 어음소지인이 만기까지 어음을 유통시킬 수 있는 이익을 보호하기 위하여 채무자가 기한의 이익을 포기할 수 있는 원칙($^민_{153}$ Ⅱ)을 배제한 것이다. 그러나 어음소지인과 인수인이 합의한 경우에는 만기 전이라도 지급을 할 수 있다. 이 경우의 지급도 당사자간에는 만기에 지급한 것과 같은 효력이 있지만 실질적인 권리자에 대하여는 그러하지 아니하다($^어_{40}$ Ⅱ).

(2) 지급인의 조사의무   지급인은 자기의 위험부담으로 지급하여야 한다($^어_{40}$ Ⅱ). 즉 만기에 지급하는 경우와 같은 책임의 경감이 인정되지 않는다. 왜냐하면 만기 전에는 인수인이 시간적으로 지급이 강제되는 지위에 있지 않기 때문이다. 자기의 위험부담이란 형식적 자격은 구비되었더라도 인수인이 무권리자에게 지급한 때에는 조사의무의 이행과 관계 없이 그 지급이 무효가 되어 진정한 권리자에 대한 책임을 면하지 못하게 됨을 의미한다. 따라서 만기 전에는 어음의 실질적인 권리자에게 지급한 때에만 면책이 된다.

[487] 제 4 支給의 延期(또는/猶豫)

어음은 만기에 지급할 수 없는 경우에 지급을 연기할 수 있는데, 그 방법에는 당사자의 의사에 의하는 경우(어음의 개서, 만기의 변경, 지급유예의 특약 등)와 법률의 규정에 의하는 경우가 있다.

I. 당사자의 의사에 의한 지급연기

(1) 연기의 방법

1) 어음개서

㈎ 어음개서의 의의　　　광의로는 기존의 어음을 다양한 목적(채무의 분할)을 위하여 신어음으로 교체시키는 것이고, 협의로는 만기가 도래한 어음(구어음)의 지급유예를 위하여 만기를 변경한 신어음을 발행하여 구어음의 채권자에게 교부하는 것을 말한다. 이 후자의 경우에 신어음을 연기어음 또는 개서어음이라고도 한다. 이에 관하여는 어음법에 특별한 규정이 없고 실제의 관행에 의하여 이용되는데, 이는 어음의 간접적 연기라고 할 수 있다.

㈏ 개서어음의 교부계약　　　어음의 개서는 어음의 채무자와 채권자 사이의 합의에 의하여 이루어지지만, 협의의 개서어음은 만기를 제외하고 신어음의 내용이 구어음과 같은 조건인 경우에만 그 승낙이 가능한 것이다. 그러므로 어음상에 배서가 있는 때에는 이들의 동의로써 다시 구어음의 순서에 따라 배서를 하여야 하며 배서의 순서를 특정한 배서인의 동의 없이 불리하게 변경한 때에는 그 자와 그 후자 사이의 교부계약은 흠결된 것으로 본다.

㈐ 어음개서의 성질

a) 구어음이 회수되는 경우　　　이 경우에 어음개서의 법적 성질에 관하여는 학설이 대립하고 있다.

aa) 경 개 설　　　어음의 개서에 있어서 당사자의 의사는 만기를 변경하는 것에 불과하고, 만기는 어음요건이므로 채무의 요소로 보아 만기의 변경은 채무의 요소를 변경하는 것이므로 경개이며, 이에 의하여 구어음상의 채무는 소멸하고 신어음상의 채무가 발생한다고 한다.

bb) 대물변제설　　　신어음은 구어음을 원인관계로 하여 지급에 갈음하여 발행된 것이므로 그 성질은 대물변제이며 이 경우에 구어음은 소멸하고 신어음이 성립한다는 것으로서 통설이다.

　b) 구어음이 회수되지 않은 경우　　　aa) 이 경우에 당사자의 의사는 경개는 대물변제에 의하여 구어음상의 채무를 소멸시키거나 구어음상의 채무를 신어음에 이전시키는 데 있는 것이 아니므로 신·구어음상의 채권은 **병존**한다. 이 경우는 보통 구어음을 신어음채무의 담보를 위하여 소지할 필요가 있는 때에 이루어지지만, 그렇다고 구어음상의 담보가 신어음으로 이전되는 것은 아니다. 일반적으로 신어음은 구어음채무의 이행을 위하여 교부하므로 신어음상의 채무가 이행되면 동시에 구어음상의 채무도 소멸하게 된다.

　　　bb) 어음채권자는 신·구어음 중 어느 것으로나 청구할 수 있으나, 채무자는 이중지급의 위험을 피하기 위하여 신·구어음의 반환을 청구할 수 있고 이에 응하지 않는 때에는 그 지급을 거절할 수 있다. 신·구어음의 병존은 특히 어음소지인에게 유리하다.

　ㄱ) 구어음상의 항변　　　채권자가 신어음에 의하여 권리를 행사하는 경우에 어음채무자는 구어음에 의하여 가능하였던 모든 **항변**으로 대항할 수 있다. 이는 신·구어음의 실질적 동일성에서 그 근거를 찾는다. 그러나 어음채무자는 구어음이 형식적으로 무효였다는 주장을 할 수 없다. 왜냐하면 그러한 하자는 신어음의 교부에 의하여 제거되었다고 할 수 있기 때문이다.

　3) 구어음상의 담보　　　구어음상의 채무를 위한 **담보**는 어음개서의 성질을 경개나 대물변제로 보는 한 구어음과 함께 **소멸**한다고 할 수 있으나, 신·구어음의 실질적 동일성을 인정하면 항변의 경우와 마찬가지로 구어음상의 담보는 신어음에 이전된다고 할 것이다.

［事例演習］

◇ 사　례 ◇

　A가 B에게 발행한 약속어음이 C를 거쳐 D에게 배서되었다. 만기는 1991년 5월 10일이었고 동일에 D가 A에게 지급제시를 하였으나 자금사정이 여의치 않아 A는 B와 합의하여 지급기일을 동년 6월 10일, 수취인을 D로 한 약속어음을 발행하여 D에게 주었다. 이 때에 D는 B와 C에게 소구를 할 생각에서 구어음을 그대로 가지고 있었다.

　〈설문 1〉 D가 구어음으로 B와 C에게 동년 5월 15일에 소구를 하였으나 B와 C는 구어음은 신어음의 발행에 의하여 신어음에 흡수되어 소멸한 것이고 그렇지 않다 하더라도 신어음이 발행됨으로써 소구의무의 이행기도 동년 6월 10일까지 연기된 것이라고 항변하고 있다. B와 C의 주장은 정당한가?

〈설문 2〉　D가 구어음을 분실한 경우에 D는 A에 대히여 신어음에 의하여 권리를 행사할 수 있는가?

[해 설]　설문 1의 경우　　신어음의 교부와 상환하여 구어음을 회수하는 경우에 어음개서의 법적 성질에 대하여는 경개설도 있으나 대물변제설이 통설이다. 그러나 구어음이 회수되지 않는 때에는 신·구어음상의 채권은 병존하므로 채권자는 어떠한 어음으로도 권리를 행사할 수 있으나 신어음의 만기 전에 채권자가 구어음에 의하여 지급을 청구하는 때에는 채무자는 신어음의 지급기일까지 그 지급이 유예되었다는 인적항변이 가능하다.

설문 2의 경우　　D가 신어음만을 제시하여 A에게 지급을 청구하는 경우에, A는 이중지급의 위험이 있으므로 신·구어음의 반환을 청구할 수 있고 신어음만에 의한 지급은 거절할 수 있다고 할 것이다. 그러나 분실한 구어음이 시효기간이 경과하여 채무자에게 불이익을 줄 염려가 없는 경우에는 신어음만에 의한 청구를 인정하여도 무방하다고 할 것이다. 그 결과 이 설에 의하면 설문 2의 경우도 구어음이 시효기간을 경과하였다면 D는 권리행사를 할 수 있을 것이다.

(2) 지급의 연기특약　　어음의 발행인과 소지인 사이에 연기특약을 할 수 있다. 이러한 특약은 어음의 문언성에는 아무런 영향을 미치지 못하므로 어음상의 효력은 인정되지 않고 어음의 만기가 변경되는 것은 아니다. 다만 당사자간에 있어서 이러한 특약은 **인적항변**의 사유가 된다.

(3) 만기의 변경　　1) 지급의 유예를 위하여 어음의 동일성을 유지하면서 만기의 기재를 사후에 변경할 수 있는데 이는 직접연기의 방법이다. 만기의 변경이 유효하기 위하여는 어음에 기명날인 또는 서명한 자 **전원**의 동의가 있어야 한다.

2) 어음채무자 중의 1인이 만기의 변경을 **동의**하지 않은 경우에 동의를 하지 않은 자에 대한 관계에 있어서는 만기의 변경은 변조가 되므로 그 자에 대하여는 변경 전의 만기를 기준으로 하여 어음을 제시하여야 한다. 그리고 변조는 각 채무자에 따라 개별적으로 판단하여야 할 문제이기 때문에 어음의 문언을 변경한 어음소지인과 그 후자 및 변경에 동의한 기명날인 또는 서명한

자와의 관계에서는 유효한 변경이 있는 것이고 어음소지인은 변경된 만기를 기준으로 어음을 제시할 수 있다.

2. 법률의 규정에 의한 연기

전쟁·지진·경제공황 기타 전국 또는 일부지방에서 긴급한 사태가 발생한 때에는 법률에 의하여 어음채무($^{또는 \ 금}_{전채무}$)의 지급은 유예된다.

[488] 제 5 支給의 目的物

(1) **한국통화로 표시된 경우**   지급의 목적물은 일정액의 금액이다. 어음금액이 한국통화로 표시된 경우에 지급인은 지급할 통화의 종류가 지정된 경우가 아닌 한 선택에 따라 각종의 내국통화로 변제할 수 있다($^{민}_{377 \ I}$)

(2) **외국통화로 표시된 경우**   어음금액이 외국통화로 표시된 경우에는 지급인은 만기에 있어서의 환산율이나 자기가 어음에 기재한 환산율에 의하여 한국의 통화로 계산하여 지급할 수 있다($^{어}_{41 \ I}$). 그러나 특정한 외국통화로 지급할 뜻의 기재($^{외국통화현}_{실지급문구}$)를 한 때에는 그에 따라야 한다($^{어 \ 41 \ III,}_{77 \ I \ (3)}$).

(3) **동명이가의 통화로 표시된 경우**   발행국의 통화와 지급국의 통화가 동명이가(同名異價)($^{예: \ 스위스와 \ 프}_{랑스의 \ 프랑화}$)인 때에 어음금액은 지급지의 통화에 의하여 정한 것으로 추정된다($^{어}_{41 \ IV}$).

[489] 제 6 支給의 態樣

1. 영수의 기재와 어음의 환수

지급인($^{약속어음의}_{발행인}$)은 어음금액의 전액을 지급하는 경우에 어음소지인에 대하여 어음에 영수를 증명하는 기재를 하여 교부할 것을 청구할 수 있다($^{어 \ 39 \ I,}_{77 \ I \ (3)}$). 어음을 환수하지 않고 지급한 경우에도 어음채무는 소멸하지만 어음이 유통되어 어음상의 권리가 존재하는 것으로 신뢰한 제 3 자에 대하여는 권리외관설에 의하여 그 책임을 면하지 못한다.

2. 일부지급

(1) **일부지급의 수령의무**   지급인($^{약속어음의}_{발행인}$)이 어음금액의 일부만을 지

급하고자 하는 때에는 어음소지인은 이를 거절하지 못한다($_{39}^{어}$Ⅱ). 일부지급은 어음소지인이 일부라도 지급을 받게 되어 불리하지 않고 소구의무자도 그만큼 부담을 덜게 되어 유리하기 때문이다. 그러므로 지급제시기간이 경과하여 소구권을 상실한 때에는 일부지급의 수령의무가 없다.

　　(2) 영수증의 교부의무　　　일부지급의 경우 어음소지인은 지급되지 않은 부분에 대하여는 소구를 하여야 하므로 어음을 지급인에게 교부할 필요가 없다. 다만 지급인은 어음소지인에 대하여 그 지급한 뜻을 어음에 기재하고 영수증을 교부할 것을 청구할 수 있다($_{39}^{어}$Ⅲ). 그러나 소구의무자가 그 잔액을 지급한 때에는 어음을 교부하여야 한다($_{50}^{어}$).

3. 기타 어음채권의 소멸

　　어음채권은 지급이 아닌 상계·면제·대물변제·경개 등에 의하여도 소멸한다. 이 경우에도 어음채권소멸의 뜻을 기재하거나 어음을 환수하지 않으면 선의의 제3자에 대하여 어음채권의 소멸로 대항하지 못한다.

4. 어음금액의 공탁

　　지급제시기간 내에 지급제시가 없는 때라도 지급인은 시효기간 내에는 어음채무를 지므로 지급인($_{속어음의 발행인}^{인수인 · 보증인} ·$ 약)은 채무를 면하기 위하여 소지인의 비용과 위험부담으로 어음금액을 관할관서에 공탁할 수 있다($_{77}^{어}{}_{Ⅰ}^{42,}{}_{(3)}$). 이는 특히 확정일출급·발행일자후정기출급·일람후정기출급어음의 경우에 실제적인 의미가 있으며 일람출급환어음의 경우에는 인수를 위하여 제시한 때에만 적용된다.

제7절　換어음의 遡求

제1관　總　　說

[490]　제1　遡求의 意義

　　(1) 만기에 어음의 지급이 거절되거나 그 전이라도 지급의 가능성이 현저

하게 불확실하게 된 때에는, 어음소지인은 자기의 전자인 배서인과 발행인에 대하여 본래의 지급에 갈음하여 어음금과 기타 비용($_{금액}^{소구}$)의 지급을 청구할 수 있는데 이를 소구 또는 상환청구라 한다. 이러한 소구에 응하여 상환한 소구의무자는 다시 자기의 전자에 대하여 소구할 수 있는데 이것을 재소구(再遡求)라 한다.

(2) 이러한 소구제도는 어음이 부도가 된 경우에 만기에 어음이 지급된 것과 동일한 경제적 효과가 있도록 하기 위하여 법정된 것으로서, 민법상 매도인의 하자담보책임과 같은 취지의 제도인 것이다.

[491] 제 2 溯求當事者

I. 소구권자

(1) 범   위   1) 소구를 할 수 있는 자는 배서의 연속에 의하여 어음상의 권리자로 형식적 자격이 있는 어음의 소지인이다. 어음의 단순한 점유자는 제외된다. 그러나 어음소지인이 배서연속의 중단으로 형식적 자격은 없더라도 실질적 권리를 증명할 수 있으면 소구권을 행사할 수 있다. 또한 기타의 소구권자로는 어음소지인의 소구에 응하여 그 의무를 이행하고 어음을 환수한 배서인($_{49}^{어}$), 의무를 이행한 보증인($_{32}^{어}$ⅲ), 참가지급인($_{63}^{어}$ⅰ), 어음채무를 변제한 무권대리인($_8^어$) 등이 있다.

2) 어음을 환수한 자가 소구의무자가 아닌 때에는 소구권을 취득하지 못한다. 또한 백지식배서에 의해 어음을 취득한 다음에 이를 단순한 교부로써 양도한 자는 이후 그 어음을 환수하여도 자기의 전자에 대해 소구권을 행사하지 못한다. 왜냐하면 어음을 단순한 교부로써 양도한 자는 어음상으로는 어음과 무관한 자이기 때문이다.

(2) 소구권의 행사   소구권자는 그 권리를 행사함에 있어서 지급의 거절($_{포함}^{인수거절}$)을 공정증서에 의하여 증명하여야 한다($_{44}^어$). 소구권자는 자기의 직접 전자와 그 이전의 모든 전자에 대하여 채무부담의 순서에 구애됨이 없이 그 1인, 수인 또는 전원에 대하여 청구할 수 있다($_{47}^어$ⅱ). 그러나 자기의 후자에게는 청구하지 못한다. 또 채무자 중의 1인에 대하여 이미 소구를 하였더라도 다른 소구의무자에게 변경하여 소구할 수 있다($_{47}^{어}$ⅳ). 이것을 소구권자의 변경권이라고 한다.

2. 소구의무자

(1) 범　　위　　소구의무를 지는 자는 어음소지인의 전자인 배서인($_{15}^{어}$ I) 및 발행인($_9^{어}$ I)과 그 보증인이다($_{32}^{어}$ I). 그러나 피배서인백지의 어음을 교부로 써 양도한 자는 소구의무자가 아니다. 또한 무담보배서인($_{15}^{어}$ I), 배서금지후의 배서인($_{15}^{어}$ II), 추심위임배서인($_{18}^{어}$), 기한후배서인($_{20}^{어}$ I) 등은 담보책임을 지지 않으므로 소구의무자가 아니고, 환배서를 한 배서인은 그 피배서인의 상환청 구를 거절할 수 있다는 점에서 소구의무자라고 할 수 없다. 또한 인수인($_{발행인}^{약속어음의}$) 과 그 보증인은 주채무자와 그 보증인이므로 소구의무자가 아니다.

(2) 책　　임　　모든 소구의무자($_{행인, 그 보증인, 참가인수인}^{배서인, 그 보증인, 환어음의 발}$)는 인수인($_{발행인}^{약속어음의}$)과 더불어 소구권자에 대하여 합동으로 어음금지급에 대한 책임을 진다 ($_{47}^{어}$ I). 그 밖에 어음에 의하여 책임을 지는 무권대리인·어음의 위조자·어음 채무자의 포괄승계인도 어음법 제47조에 의한 **합동책임**을 지고, 어음의 공동 발행인이나 공동배서인은 어음소지인에 대하여뿐만 아니라 공동발행인 또는

《연대책임과 합동책임》

	연대책임	합동책임
책임의 범위	동일하다	다르다 (일부인수인·일부보증인)
책임의 발생원인	동일하다	다르다 (주채무자·소구의무자)
채무의 소멸	1인이 변제하면 모든 채무자의 채무 소멸	주채무자가 지급하면 모든 채무자는 면책. 소구의무자가 지급한 경우 전자, 인수인의 채무 불소멸
이행청구의 효력	1인에 대한 청구는 전원에 대한 청구의 효력 발생	1인에 대한 청구는 다른 채무자에 대한 시효중단의 효력 불발생
채무자 1인의 변제제공	채권자가 수령하지 않는 경우 모든 채무자에 대하여 효과 발생	당해 채무자만이 법정이자의 지급의무를 면한다
채무자간의 부담부분	존재한다. 채권자가 채무자 중 1인에 대하여 한 채무면제는 그 채무자의 부담부분에 대하여 다른 채무자도 그 채무를 면한다.	존재하지 않는다

공동배서인 상호간에도 합동책임을 진다. 공동보증인의 경우에도 같다.

(3) 소구의무자의 조사의무   이에 대하여는 아무런 규정이 없다. 그러나 이 경우에도 어음법 제40조 제3항의 조사의무를 진다고 할 것이다[966면 이하 참조].

제 2 관   遡求의 要件

[492]   제 1   滿期前의 遡求

1. 총   설

어음소지인은 만기 전이라도 인수의 거절이 있거나 어음채무자가 사실상 지급능력을 상실한 때에는 소구를 할 수 있으나, 이러한 경우에 반드시 소구를 하여야 할 의무가 있는 것은 아니고 만기에 가서 지급제시를 하여 거절된 경우에 소구를 할 수도 있다.

약속어음의 경우는 인수제도가 존재하지 않기 때문에 지급거절에 의한 소구만을 인정하고 있지만($^{어 77}_{1 (4)}$), 약속어음의 경우에도 만기 전에 발행인의 파산이나 지급정지 또는 강제집행이 주효하지 않음으로써 발행인이 지급능력을 상실하여 만기에 지급될 가능성이 전혀 없는 때에는 만기 전의 소구가 인정된다고 본다[大 84.7.10, 84 다카 424·425; 大 92.5.26, 92 다 6471].

2. 만기 전 소구의 요건

(1) 실질적 요건($^{소구}_{원인}$)

1) 인수의 전부 또는 일부의 거절($^{어}_{43}$)   인수의 전부 또는 일부의 거절이 있는 때에는 소구를 할 수 있다. 왜냐하면 인수의 거절은 지급인이 만기가 되어도 어음의 지급을 기대할 수 없기 때문이다.

㈎ 인수거절의 의의   「인수의 거절」이란 어음소지인이 인수를 위하여 어음을 제시하였음에도 지급인이 인수를 적극적으로 거절한 경우뿐만 아니라 변경인수($^{어}_{26 Ⅱ}$)를 비롯하여 인수일자의 기재를 거절($^{어}_{25 Ⅱ}$)한 때, 어음교부 전에 인수가 말소($^{어}_{29 Ⅰ}$)된 때, 지급인의 영업소 또는 주소가 불명인 때, 지급인의 부재로 인수제시가 불가능한 때, 지급인인 회사가 소멸한 때, 사망한 지급인의 상속인을 알 수 없는 때 등을 포함한다.

㈏ 일부인수·인수무담보의 경우   일부인수의 경우에는 인수하지 아니

한 부분에 대하여 소구할 수 있다. 인수무담보문구($\substack{어 9 Ⅱ· \\ 15}$)를 기재한 발행인·배서인에 대하여는 인수거절에 의한 소구를 할 수 없다.

(다) **지급인이 수인인 경우**   전원이 인수를 거절한 경우에만 소구를 할 수 있다는 견해도 있으나[徐(돈), 497; 李(범), 354; 鄭(동), 「學說判例」, 406], 그 중 1人이 인수를 거절한 경우에도 소구할 수 있다고 본다. 왜냐하면 소구의무자는 수인의 지급인이 모두 인수한다는 것을 담보한 것이라고 할 수 있기 때문이다[동: 鄭(희), 229~230; 孫(주), 307; 金(용), 350; 鄭(동), 425].

(라) **인수제시의 금지·명령의 경우**   발행인이 인수제시를 금지하는 기재를 하였음에도($\substack{어 22 \\ Ⅱ·Ⅲ}$) 인수제시를 하여 인수가 거절된 경우나, 발행인 또는 배서인이 기간을 정하여 인수제시를 명령하는 기재를 하였는데도($\substack{어 22 \\ Ⅰ·Ⅳ}$) 그 기간이 경과한 후에 인수제시를 하여 인수가 거절된 경우에는 소구할 수 없다.

2) **자력불확실**   환어음의 만기 전이라도 지급인 또는 인수인 그리고 인수제시를 금지한 발행인의 자력이 불확실하게 된 때에는, 역시 만기에 지급이 될 수 없다는 것을 뜻하기 때문에 어음소지인은 만기 전이라도 소구를 할 수 있다($\substack{어 43 \\ (2)·(3)}$).

인수인뿐만 아니라 인수를 하지 않은 지급인의 파산은 소구원인이 된다. 어음취득자는 만기에 지급인으로부터 지급을 받는다는 기대하에 어음을 취득하므로 지급인의 파산은 인수인의 파산과 함께 실질적으로 인수의 거절이 있는 것과 같기 때문이다.

3) **지급인 등에 대한 지급정지·강제집행의 부주효**($\substack{어 \\ 43(2)}$)   지급정지의 사실에 대한 판정은 파산법상의 지급정지($\substack{파 \\ 116 Ⅱ}$)를 그 기준으로 한다. 지급인 또는 인수인이 어음의 부도에 의하여 거래정지처분을 받은 경우에도 같다. 강제집행은 어음소지인이 직접 한 경우뿐만 아니라 타인에 의한 강제집행이 주효하지 않은 사실이 있는 때에도 소구할 수 있다.

2), 3)의 경우에 자력불확실의 사실은 수인의 지급인이 있는 경우에는 인수거절의 경우와 마찬가지로 그 중 1인에 대하여 생기면 소구할 수 있다.

4) **소구원인**($\substack{자력불확실 \\ 의 경우}$)**의 발생시기와 존속문제**   소구원인인 자력불확실의 사실은 어음을 발행한 후에 생긴 것이어야 하는가, 또는 소구권의 행사시까지 존속되어야 하는가 하는 문제가 있다.

(가) **파산·화의개시·지급정지의 경우**   파산선고의 결정 및 화의개시의 결정 등은 어음을 발행한 후에는 물론이고 발행 전에 생긴 것이라 하더라도 발행 후에 그 절차가 진행중이면 소구원인이 된다. 또한 지급정지도 발행 전에

개시되었더라도 발행 후에 계속되고 있으면 소구원인이 된다. 자력의 불확실로 인하여 소구권이 발생한 경우에는 행사 전에 소구원인이 소멸하더라도 일단 성립한 소구권은 소멸되지 않는다고 본다[동: 鄭(희), 230~231; 徐(돈), 229; 金(용), 350].

(내) 강제집행이 주효하지 않은 경우　　강제집행이 주효하지 않은 사실은 어음의 발행 후에 생긴 것이어야 한다고 본다. 왜냐하면 파산과 지급정지는 일정한 기간 계속되는 것인 데 비하여, 강제집행은 1회에 한하는 절차로서 한번 주효하지 못하였더라도 그 이후 자력의 회복에 의하여 강제집행이 주효할 수 있기 때문이다.

(2) 형식적 요건

1) 인수거절의 경우　　(개) 어음소지인 또는 어음의 단순한 점유자는 지급인이 인수를 거절한 때에는 인수제시기간 내에 **인수거절증서를 작성**하여 인수제시 및 인수거절의 사실을 **입증하여야** 한다($^{어}_{I}{}^{44}_{II}$). 인수제시는 원칙적으로 자유이다. 따라서 만기까지 인수제시를 하지 않았거나 인수제시를 하였으나 인수가 거절된 경우에 인수거절증서의 작성을 해태하였더라도, 만기에 지급제시를 하여 지급거절증서를 작성한 때에는 소구를 할 수 있다. 그러나 인수거절증서를 작성한 경우에는 만기에 지급제시와 지급거절증서를 작성할 필요가 없이 인수거절증서에 의하여 소구할 수 있다($^{어}_{44\,IV}$).

(내) 인수제시명령문구를 기재한 어음($^{어}_{I\cdot IV}{}^{22}$)이나 일람후정기출급어음($^{어}_{I\,(2)}{}^{33}$)의 경우에는 반드시 인수제시기간 내에 인수제시를 하여 인수거절증서를 작성하지 않으면 만기 전의 소구뿐만 아니라 지급거절에 의한 소구권도 상실한다($^{어\,53\,\,I\,(1)}_{(2)\cdot II\cdot III}$). 인수거절증서의 작성이 면제된 경우($^{어}_{46\,VI}$) 및 불가항력이 일정한 기간을 넘어 계속되는 경우($^{어}_{54\,IV}$)에는 거절증서를 작성함이 없이도 소구할 수 있다.

2) 파산 등의 경우　　지급인·인수인·인수제시금지어음의 발행인이 파산한 경우에는 지급제시나 거절증서를 작성하지 않고도 **파산결정서**의 제출만으로 소구할 수 있다($^{어}_{44\,V}$).

3) 지급정지·강제집행 부주효의 경우　　이 경우에는 만기 전이라도 지급인에 대하여 지급을 위한 제시를 하고 **지급거절증서를 작성**하여야 한다($^{어}_{44\,V}$). 즉 지급장소의 기재가 있는 경우에도 지급인에게 제시하여 거절증서를 작성하여야 한다. 왜냐하면 만기 전에는 지급인이 어음의 지급을 위하여 지급장소에 어음금액을 확보하고 있다는 것을 기대할 수 없고, 지급장소에서는 만기 전에 지급을 하여도 되는지를 결정할 권한이 없기 때문이다.

[493] 제 2 滿期後의 遡求

1. 실질적 요건(어음금액의 전부 또)
(는 일부의 지급거절)

(1) 어음소지인이 지급제시기간 내에 지급인에 대하여 지급을 위한 제시를 하였음에도 그 지급이 거절되었어야 한다(어43). 그러나 만기가 법정휴일인 경우에는 이 날에 지급을 위한 제시를 하여 지급이 거절된 것으로는 소구를 할 수 없다. 어음금액의 일부에 대한 지급거절이 있는 때에는 거절된 부분에 대해서만 소구할 수 있다(어48 I 참조). 지급의 거절은 적극적으로 거절된 경우뿐만 아니라 소극적으로 지급이 거절된 때로서 지급인 또는 인수인, 약속어음의 경우에 발행인의 부재나 소재불명, 상속인의 불명 등의 경우도 포함한다. 지급거절증서의 작성이 면제된 경우라도 지급을 위한 제시는 면제되지 않는다(어46 II, 77 I (4) 전단).

(2) 지급인이 수인인 경우에는 인수의 경우와 달리 그 **전원**이 지급을 거절한 때에만 소구할 수 있다. 왜냐하면 소구의무자는 지급인 중에 누구인가 지급을 한다는 것을 담보하는 것이라고 할 수 있기 때문이다. 또 예비지급인·참가인수인 등이 있는 때에는 이들에 대한 제시가 필요한 때가 있다(어60 I).

2. 형식적 요건(지급거절증)
(서의 작성)

어음소지인이 지급제시기간 내에 지급거절증서를 작성하였어야 한다(어43, 44 I; II, 77 I (4)). 지급거절의 사실은 최초의 소구의무자뿐만 아니라 재소구의 당사자들에

《소구의 단계》

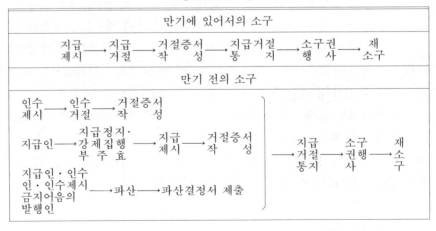

게 이해관계가 있으므로, 어음소지인과 소구의무자의 편의를 위하여 간이·신속한 지급거절의 증명방법이 요구되는데 지급거절증서는 지급거절의 사실을 증명하는 유일한 방법이다. 그러나 인수인이나 지급인 또는 인수제시를 금지한 환어음의 발행인이 파산선고를 받은 경우에는 파산결정서의 제시로써 소구권을 행사할 수 있다($\frac{어}{44\text{VI}}$).

제 3 관   溯求權의 保全節次

[494]   제 1   拒絶證書

I. 총   설

(1) 의의와 필요성   1) 거절증서란 어음상의 권리의 행사 또는 보전에 필요한 행위가 있었다는 것과 그 결과를 증명하는 공정증서이다. 이러한 거절증서는 소구권의 보전을 가능하게 한다. 어음의 인수 또는 지급이 거절되었다는 사실의 유·무는 소구의무자에 대하여 중대한 영향을 미치게 된다. 그리하여 어음소지인으로 하여금 간단하고 신속하게 입증할 수 있도록 하고 소구의무자는 그 입증을 믿고 상환할 수 있게 한 것이 거절증서제도이다.

2) 거절증서를 작성하지 않고 소구할 수 있는 경우도 있다. i) 파산 등으로 인하여 소구하는 경우[$\frac{979면}{참조}$], ii) 불가항력이 장기간 계속되는 경우($\frac{어}{54\text{IV}}$), iii) 거절증서의 작성이 면제된 경우[$\frac{982면}{이하 참조}$] 등이 이에 해당한다.

(2) 성   질

1) 공정증서   거절증서는 공적인 기관인 공증인 또는 집행관이 작성하는 공정증서이다($\frac{어 44 I}{거증 2}$). 즉 진정한 공문서로서 추정된다($\frac{민소}{327}$). 이는 거절증서에 의하여 증명하여야 할 필요가 있는 경우를 위한 유일한 증명증서이며 다른 방법에 의한 증명이 인정되지 않는다($\frac{수표의 경우에는 예외적으로 거절증서 이외에 지급인 또}{는 어음교환소의 선언에 의한 증명도 가능하다(수 39)}$).

2) 요식증권성   거절증서는 요식증서이다($\frac{거증}{3}$). 그러나 본질적이 아닌 사항은 그 기재가 없더라도 무방하며 일정한 사항의 기재가 없더라도 다른 기재사항에 의하여 알 수 있으면 유효하다. 어음상의 기재에 의하여도 보충이 가능한가에 대하여는 거절증서는 별개의 독립된 증서라고 하여 이를 부정하는 견해도 있으나[$\frac{鄭(희)·}{247}$], 거절증서는 어음이나 이에 결합된 부전(附箋)에 기재하여 작성하는 것으로($\frac{거증}{4 I}$) 사실상 양자는 일체의 관계에 있다는 점에서 볼 때

어음에 의한 보충이 인정된다고 본다.

(3) 종　　류　　거절증서에는 인수거절증서, 인수일자기재거절증서, 제 2 제시청구거절증서, 지급거절증서, 참가인수거절증서, 참가지급거절증서, 복본반환거절증서, 원본반환거절증서 등이 있다.

2. 거절증서의 작성면제

(1) 총　　설　　거절증서는 소구의무자의 이익을 보호하기 위한 제도이므로 소구의무자는 거절증서의 작성을 면제할 수 있다($_{46}^{어}$). 면제의 경우에는 어음의 제시만으로 소구권을 행사할 수 있으므로 어음상의 권리행사가 용이하고, 모든 어음채무자가 그 작성비용의 부담을 면할 수 있으며 지급거절의 사실이 공표되는 것을 피할 수 있다. 실제에 있어서 어음용지에는 거절증서의 작성면제문구가 인쇄되어 있어서 거절증서를 작성하는 경우는 드물다.

(2) 면제권자　　소구의무자인 발행인, 배서인 및 그 보증인 등이다. 즉 거절증서의 작성면제는 그 작성을 채무부담의 조건으로 하는 소구의무자만이 할 수 있다. 약속어음의 발행인은 소구의무자가 아니므로 그 작성의 면제권이 없다는 견해도 있으나[鄭(희), 237; 徐(돈), 235; 鄭(동), 555], 어음법 제46조는 약속어음에도 준용될 뿐만 아니라($_{1(4)}^{어 77}$) 환어음이나 약속어음의 발행인은 기본적 어음의 작성자라는 점에서 같기 때문에, 약속어음의 발행인도 작성면제의 기재를 할 수 있다고 할 것이다[동: 徐(정), 218; 孫(주), 322].

(3) 면제의 방식　　면제권자가 「거절증서불요」・「무비용상환」의 문자 또는 이와 동일한 의의가 있는 문언(「거절증서의 작성을 면제함」)을 기재하고 기명날인 또는 서명하면 된다($_{77 \ 1(4)}^{어 46 \ 1}$). 작성면제의 기명날인 또는 서명은 발행인 또는 배서인의 기명날인 또는 서명을 겸용할 수 있다[大 62.6.14, 62 다 171].

(4) 면제의 효력　　1) 면제의 기재자가 **발행인**인 때에는 모든 소구의무자에 대하여 그 효력이 있다($_{46 \ III}^{어}$). 어음소지인은 거절증서를 작성하지 않고도 소구권을 행사할 수 있다. 발행인에 의한 면제의 기재가 있음에도 불구하고 거절증서를 작성한 때에는 그 비용은 어음소지인의 부담이 된다($_{46 \ III}^{어}$). 그러나 배서인이나 **보증인**이 면제의 문언을 기재한 경우에는 그 기재를 한 배서인(또는 보증인)에 대해서만 면제의 효력이 있고($_{1문 \ 후단}^{어 46 \ III}$), 다른 소구의무자에 대한 소구를 위하여는 거절증서를 작성하여야 한다.

2) 어음소지인이 거절증서를 작성시킨 때에는 그 면제의 기재를 한 배서

인을 포함한 모든 어음채무자가 그 비용의 상환의무를 진다($^{어}_{2문}$$^{46}_{후단}$^{Ⅲ}). 거절증서
의 작성면제가 기재된 어음은 법정기간 내에 제시가 있는 것으로 추정되기 때
문에 그 부준수를 주장하는 측으로 입증책임이 전환된다(^{어}$^{46}_{후단}$^{Ⅱ})$\left[^{大\ 84.\ 4.\ 10,}_{83\ 다카\ 1411}\right]$.

제 4 관   再遡求의 要件

재소구란 소구의무자가 어음소지인 또는 자기의 후자에 대하여 소구의무
를 이행하고, 어음을 환수하여 다시 자기의 전자에 대하여 소구하는 것을 말
한다.

[495] 제 1 實質的 要件

1. 재소구권자의 범위

재소구권자는 소구의무자로서 소구의무를 이행하고 어음을 환수한 자를
말한다. 그러므로 소구의무를 부담하지 않는 무담보배서인이 어음을 환수한
때나 소구권의 보전절차의 해태 또는 시효의 소멸로 소구권을 상실한 어음소
지인이나 어음요건이 흠결된 어음의 제시자에게 지급을 하고 어음을 환수한
경우에는 재소구를 할 수 없다$\left[^{大\ 91.\ 4.\ 23,}_{90\ 다카\ 7958}\right]$. 백지어음을 보충하지 않고 제시한
자에게 지급한 경우도 같다.

2. 소구의무이행자의 법적 지위

(1) 총   설   소구단계에서는 소구의무를 이행한 자에 대하여 어음의
배서나 기타 어음의 법률행위에 의한 양도가 이루어지지 않고 소구의무이행자
는 자동적으로 권리를 취득한다. 즉 증권의 교부와 관계 없이 소구금액의 전액
을 지급함으로써 인수인에 대한 지급청구권과 전자에 대한 소구권 그리고 어
음에 대한 소유권을 취득한다. 그러나 소구의무이행자의 권리취득을 어떻게
이론구성을 할 것인가에 대하여는 다툼이 있다.

(2) 여러 학설   소구단계에 있어서 소구의무자가 상환의무를 이행한
경우에 소구권이 소구의무이행자로 이전되는 것인지, 소구의무이행자가 단지
어음의 재취득에 의하여 전에 가졌던 소구권을 회복하게 되는지에 대하여 학
설이 대립하고 있다.

1) **구권리부활설**   소구의무이행자는 본래의 법적 지위를 회복하여 전의 어음상의 권리를 행사할 수 있게 되는 것이라고 한다[大 90.10.26, 90 다카 9435][徐(돈), 232; 鄭(무), 473].

2) **법정이전설**   (개) 소구의무이행자의 권리취득은 법률의 규정에 의하여 어음상의 권리가 이행을 받은 소구권자로부터 소구의무이행자에게 이전하기 때문이라고 하는데 이 견해가 타당하다. 이는 **권리재취득설**이라고도 한다[孫(주), 316; 鄭(동), 567; 鄭(찬), 557].

(나) 이 학설에 따라야 환어음의 발행인이 지급인의 인수가 있기 전에 어음을 배서양도하였더라도 소구의무를 이행한 때에는 인수인에 대한 지급청구권을 취득하는 것을 무리 없이 설명할 수 있다. 이는 발행인뿐만 아니라 어음보증인($32_{Ⅲ}^{어}$)이나 참가인수인($63_{Ⅰ}^{어}$), 그리고 무권대리인($8^{어}$)의 경우도 같다. 또한 소구의무이행자는 그가 지급한 금액뿐만 아니라 추가로 어음법 제49조 제2호와 제3호의 청구권도 원시적으로 취득하게 되는데, 이는 어음법의 특수성에 기인하는 것으로서 이의 근거도 구권리부활설로는 설명이 되지 않는다.

(3) **어음항변의 문제**   어음채무자는 소구의무이행자에 대하여 그가 어음을 교부하기 전에 갖고 있었던 모든 항변으로 대항할 수 있고 소구의무이행자는 그 항변이 자기의 후자에 의하여 절단되었다는 주장을 할 수 없다. 또한 소구의무이행자 자신이 어음의 교부 전에 적법한 소지인이 아니었을 때에는 후자의 선의취득으로 대항할 수 없는 것이다. 이는 구권리부활설에 의하여도 설명이 가능하지만 어음항변의 경우는 구권리가 회복되었기 때문이라고 하기보다는 인적항변의 개별성에 근거한 것으로 봄이 타당하다.

(4) **소구의무 없는 자의 지급의 효과**   배서인이 소구의무가 없음에도 불구하고 지급을 한 때에도 재소구권을 취득하는가에 대하여는 다툼이 있다. **구권리부활설**에는 이러한 배서인도 재소구권이 있다고 한다. 우리 판례는 이러한 입장을 분명히 하고 있어서 주목된다[大 90.10.26, 90 다카 9435]. 그러나 **법정이전설**에 의하면 의무 없이 지급한 자는 어음법 제47조 제3항과 제50조의「어음채무자」라고 할 수 없고, 또한 이러한 자에게 어음법 제49조에 의한 재소구금액을 청구할 수 있게 하는 것은 어음법의 취지에도 어긋난다고 할 것이다[동; 鄭(동), 570].

(5) **순수한 담보배서인의 재소구권**   순수한 담보배서를 한 배서인이 소구의무를 이행한 경우에 전자에 대한 재소구권을 취득하는가 하는 문제에 대하여 **구권리부활설**에 의하면 담보배서의 배서인은 어음소지인도 아니었고 전자에 대하여는 담보책임을 지지 않으므로 소구의무를 이행하여도 전자에 대

한 재소구권을 취득하지 못하지만, **법정이전설**에 의하면 후자의 권리가 소구
의무이행자에게 이전하므로 재소구권을 취득하게 된다.

[496] 제 2 形式的 要件

　재소구를 위한 형식적 요건으로서 재소구를 할 자는 어음, 거절증서, 영수
를 증명하는 계산서를 받아야 한다($_{50}^{어}$Ⅰ). 즉 이러한 서류를 전자에게 교부하여
야만 재소구를 할 수 있다.

[事例演習]

◇ 사　례 ◇

　A합자회사는 B유한회사를 지급인으로 하여 어음금액이 1,000만원인
환어음을 자기지시로 발행하였는데, B가 이 어음을 인수하였다. 양 회
사는 모두 강철판매를 목적으로 하는 기업으로서 어음은 강철의 판매
대금의 지급을 위하여 발행되었다. 어음의 뒷면의 첫째 칸에는 A회사
이사의 요청으로 어음의 신용을 강화해 주기 위하여 B회사의 사원 C
가 기명날인을 하였다. 그리고 어음의 뒷면의 둘째 칸에는 어음의 발
행인이며 수취인인 A회사가 백지백서를 하였다.

　A회사는 파괴된 시설의 수리를 K에게 부탁하고 수리중에 담보의 의
미로 어음을 K에게 보관토록 하기 위하여 K에게 주었다. K는 합의와
달리 어음을 K가 어음의 정당한 소유자라고 믿고 있는 L에게 배서·
교부하였다. L이 어음을 만기에 B회사에 제시하였으나 B는 지급을 거
절하여 어음은 소구단계에 들어가게 되었다.

　〈설문 1〉　L은 어음과 지급거절증서 등을 배서인인 K에게 교부하
고 어음금액의 지급을 받은 경우에 K는 B회사에 어음금액과 이자 기
타 비용을 청구할 수 있는가?

　〈설문 2〉　만약에 K가 소구의무를 이행하지 않는 경우에 L은 C에
대하여 어음금액의 지급을 청구할 수 있는가?

　[해 설]　**설문 1의 경우**　K는 어음을 다만 보관을 위하여 A회사로부
터 교부받았으므로 어음법상의 양도가 있었다고 할 수 없기 때문에,
어음上의 권리를 취득하지 못했다고 할 것이다. 그러나 이 어음이
L에게 배서·교부됨으로써 L은 물론 어음법 제16조 제 1 항과 제

2항에 의하여 어음의 정당한 소지인이 되었다고 할 수 있다. 그리하여 K는 배서를 함으로써 그의 후자인 L에 대하여 어음법 제15조 제1항과 제43조 제1항의 소구의무자가 되었다고 할 것이다. K는 L의 소구권행사로 상환의무를 이행하였는데, 상환의무이행자(소구 의무이행자)의 법적 지위에 대하여는 다툼이 있다[崔(基), 下, 351면 이하 참조]. 학설에 의하면 이 사례의 경우 K가 소구의무를 이행함으로써 소구권이 법률규정에 의하여 L로부터 K에게 이전되었다고 보는 법정이전설 (또는 권리재취득설)과 K는 당초에 그가 갖고 있던 지위를 회복하게 된다는 구권리부활설이 있다. K가 다만 당초의 구지위를 회복한 것에 불과하다면 당연히 B는 K에 대하여 어음上의 권리가 이전된 바 없다는 항변의 대항이 가능하지만 법정이전설에 의하면 B가 K에게 갖고 있던 인적항변은 어음이 K로부터 L에게 양도되었을 때에 절단되었고 K가 L이 갖고 있던 항변이 절단된 소구권을 취득하였다면 K가 B에게 청구함에 있어서 B는 종래에 갖고 있던 인적항변으로 대항할 수 없다고 할 수도 있다. 그러나 이 경우에 인적항변의 대항이 가능한가 하는 문제는 양 설에서 그 근거를 찾기보다는 인적 항변의 성질에서 찾아야 할 것이다. 즉 인적항변은 그 개별성에 의하여 K가 어음소지인이 되어 B에게 청구하는 때에는 B는 당연히 종래의 인적항변으로 대항할 수 있는 것이다. 그러므로 K는 B에게 청구를 하더라도 B가 종래에 갖고 있던 인적항변의 대항을 면할 수 없게 되므로 B에 대한 청구는 무의미하게 된다.

　　설문 2의 경우　　　어음의 뒷면에 한 단순한 기명날인은 보증의 의사표시로 볼 수 없다. 왜냐하면 어음법 제31조 제3항에서는 명백하게 단순한 기명날인은 그것이 어음의 표면에 하였을 때에 보증으로 본다고 하였기 때문이다. 순수한 담보배서의 효력을 인정한다면 C는 어음상의 책임을 면할 수는 없다고 할 것이다[大 95. 9. 29, 94 다 58377]. 즉 C는 소구권보전절차를 적법하게 밟은 L에 대하여 어음법 제15조 1항과 제40조 1항에 의하여 소구의무자로서 책임을 진다고 본다.

제 5 관　遡求의 通知

[497]　제 1　總　　說

⑴ 통지의 의의　　　통지란 소구권자가 권리를 행사하기 전에 소구의무

자(환어음의)에게 인수거절 또는 지급거절의 사실을 알리는 것을 말한다($어_{45\,I}$). 이러한 통지를 함으로써 소구의무자는 소구원인의 발생을 알게 되어 지급자금을 준비할 수 있고, 소구금액의 증대를 방지하고 신속한 재소구를 위하여 자진하여 상환할 수 있는 기회를 갖게 된다.

　　(2) 통지의 당사자　　　통지를 할 자는 소구개시시의 어음의 적법한 소지인 및 통지를 받은 배서인이다. 입질배서의 피배서인은 통지의무가 있지만 추심위임배서의 피배서인은 본인을 위하여 통지할 권한은 있으나 고유의 통지의무는 없다고 본다(또한 거절증서의 작성자는 통지의무가 없다). 통지를 받을 권리가 있는 자는 소구의무자인 배서인, 환어음의 발행인(환어음의 발행인에 대하여는 최초의 소구권자 및 발행인의 직접 후자도 통지의무가 있다. 즉 발행인은 이중으로 통지를 받는다) 및 그 보증인이다.

[498]　제 2　通知期間

　　지급이 거절된 경우에 어음소지인은 거절증서작성일에 이은 4 거래일 이내에, 거절증서의 작성이 면제된 때에는 어음제시일에 이은 4 거래일 이내에 인수거절 또는 지급거절의 사실과 자기의 명칭·처소를 배서인(환어음의 경우에는 발행 인에게도 하여야 한다)에게 통지하여야 한다($어_{45\,I}$). 통지를 받은 배서인은 자기가 통지를 받은 날로부터 2 거래일 이내에 전의 통지자 전원의 명칭과 처소를 표시하고 자기의 직접의 배서인(보증인에게도 하여야 함)에게 통지하여야 한다. 통지를 받은 배서인은 통지가 지연되었거나 자기의 직접 후자가 통지한 경우가 아니라도 자기의 전자에게 통지하여야 한다(어 45 Ⅲ 참조). 이러한 방법으로 통지는 순차적으로 최초의 배서인에게 이르게 되는데 이것을 순차통지주의라 한다.

[499]　제 3　通知의 方法

　　통지의 방법에는 제한이 없으므로 구두나 서면으로도 가능하며, 거절증서와 함께 하는 어음의 반환도 통지로 본다($어_{45\,Ⅳ}$). 그러나 이후에 그것의 증명을 위하여($어_{45\,Ⅴ}$) 서면으로 하는 것이 바람직하다. 통지는 적법한 기간 내에 발신되어야 하며(발신주의), 적법한 통지의 존재는 통지의무자가 증명하여야 되지만, 통지의무자의 이익을 보호하기 위하여 통지의무자가 적법한 기간 내에 통지의 서면을 우편으로 발송한 때에는 그 기간을 준수한 것으로 본다($어_{45\,Ⅴ}$).

[500] 제4 通知義務違反의 效果

(1) 소구권행사   어음소지인이 법정기간 내에 통지를 하지 않았거나 통지는 하였으나 부적법하게 한 경우, 또는 통지를 해태한 경우에도 소구권행사에는 지장이 없다. 즉 통지는 소구의 요건이 아니다.

(2) 손해배상청구   통지의 해태로 인하여 자기의 전자에게 손해가 생긴 경우에는($\binom{\text{예: 소구권의 행사가 지연되었기 때문에 소구금액이 증대하였거나 그동}}{\text{안에 전자가 무자력화되어 재소구의 목적을 달성할 수 없게 된 때 등}}$) 어음금액을 한도로 하여 손해를 배상할 책임이 있다($_{45\text{ VI}}^{\text{어}}$). 이는 적어도 과실로 인하여 통지의무를 해태한 경우에 지는 책임이라고 할 수 있다. 손해배상의 청구는 통지의무자의 직접 전자뿐만 아니라 그 자의 전자도 할 수 있다. 지연된 통지는 손해를 감소시킬 수 있을 것이지만 배상책임을 면하게 하지는 못한다.

제6관 遡求金額

[501] 제1 總 說

소구권자가 소구의무자에 대하여 청구할 수 있는 금액을 소구금액($\substack{\text{또는 상} \\ \text{환금액}}$)이라 한다. 어음법은 상환관계의 원활을 도모하기 위하여 소구금액을 일정하게 법정하고 있다.

[502] 제2 어음所持人의 遡求金額

(1) 만기 후 소구의 경우   소구금액은 다음의 합계액이다($_{48\text{ I}}^{\text{어}}$). i) 지급되지 아니한 어음금액과 이자의 기재가 있는 때에는 그 이자($_{5}^{\text{어}}$), ii) 연 6푼의 이율에 의한 만기 이후의 이자($_{\text{I (2)}}^{\text{어 48}}$). 이자의 계산에는 만기일도 포함하는 것으로 본다. iii) 거절증서의 작성비용, 통지비용, 기타의 비용 등 소구권의 행사·보전을 위한 비용 등이다($_{\text{I (3)}}^{\text{어 48}}$).

(2) 만기 전 소구의 경우   소구금액은 어음금액으로부터 만기까지의 이자를 공제한 금액을 청구할 수 있다. 공제할 금액은 어음소지인의 주소지에서 소구하는 날의 공정할인율에 의하여 계산한다($_{48\text{ II}}^{\text{어}}$).

[503] 제 3 再遡求金額

소구의무를 이행한 자가 전자에게 재소구할 수 있는 금액은 다음의 합계액이다. i) 소구에 응하여 지급한 총금액, ii) 위 금액에 대한 연 6푼의 이율에 의하여 계산한 지급의 날 이후의 이자, iii) 지급비용 등이 이에 해당한다($^{어}_{49}$).

제 7 관 遡求의 方法

[504] 제 1 어음 등의 交付

소구의무자는 지급을 함에 있어서 어음과 **거절증서** 및 영수를 증명하는 계산서의 교부를 청구할 수 있다($^{어}_{50\,I}$)($^{지급의 경우뿐만 아니라 면제·상}_{계·대물변제의 경우에도 같다}$). 이러한 교부의 청구는 소구의무자가 어음상의 권리자였던 종래의 지위를 회복하여 재소구할 수 있는 권리 및 인수인에 대한 권리의 재취득을 위하여 필요한 것이다. 계산서는 소구의무자가 소구금액을 지급하였다는 것을 증명함으로써 이중으로 소구되는 위험을 피하기 위하여 필요하다.

[505] 제 2 遡求의 順序

(1) 모든 소구의무자는 어음소지인에 대하여 합동하여 책임을 지므로($^{어}_{47\,I}$) 어음상의 최종권리자인 어음소지인과 소구의무를 이행하고 어음을 환수한 자는 채무부담의 순서에 불구하고 그 중 1인, 수인 또는 전원에 대하여 청구할 수 있다($^{어\ 47}_{II·III}$).

(2) 소구의무를 이행한 배서인은 자기의 전자에 대하여만 소구를 할 수 있고 후자에 대하여는 소구할 수 없다. 왜냐하면 후자에 대하여는 자신이 책임을 지는 지위에 있기 때문이다. 소구는 순차적 소구뿐만 아니라 **도약적 소구**($^{또는\ 비약}_{적\ 소구}$)도 가능하다. 소구의무자 중의 1인에게 청구하였더라도 그 목적을 달성할 수 없었을 때에는 다른 소구의무자에 대하여 청구할 수 있다. 일차 청구하였던 자의 후자에 대하여도 같다($^{어}_{47\,IV}$). 이를 어음소지인의 **변경권** 또는 **선택권**이라 한다.

[506] 제 3 一部引受後의 遡求

일부인수의 경우에는 인수되지 않은 부분에 대하여만 소구를 할 수 있다. 그러나 이 경우에 어음소지인은 지급을 한 소구의무자에 대하여 어음을 교부할 수 없다. 왜냐하면 어음이 없이는 어음소지인이 만기에 인수인이 인수한 부분에 대한 청구를 할 수 없게 될 것이기 때문이다. 또한 소구의무를 이행한 자가 어음의 교부를 받지 못하게 되면 이중으로 소구를 받게 될 염려가 있다.

[507] 제 4 逆어음의 發行

I. 총 설

(1) 역어음의 의의   역어음은 소구권자가 본래의 어음으로 직접 소구하는 대신에 소구의무자를 지급인으로 하고 자기를 수취인으로 하여 새로 발행한 일람출급의 환어음을 말한다.

(2) 역어음의 효용   역어음은 원래 지급지와 소구의무자의 주소지가 다른 경우에 환시세의 차이로 인하여 소구권자가 받게 될 손해의 예방을 위한 경우와 채권자의 할인에 의한 신속한 만족을 위하여 발행된다.

2. 역어음발행의 요건

역어음도 법률적으로는 보통의 어음과 다를 바 없지만 그 성질상 다음과 같은 요건이 구비된 경우에 발행할 수 있다.

(1) 발행금지문구의 부존재   본어음에 역어음의 발행을 금지하는 기재가 없어야 한다($_{52}^{어}$ı). 역어음의 발행금지의 기재는 발행인뿐만 아니라 배서인이나 보증인도 할 수 있다고 본다. 발행인이 기재한 때에는 모든 어음채무자에 대하여 그 효력이 있고 배서인이나 어음보증인이 기재한 때에는 이를 기재한 자에 대하여만 그 효력이 있다.

(2) 발 행 인   발행인은 어음의 최종소지인인 소구권자뿐만 아니라 소구의무를 이행하고 어음을 환수한 자($_{50}^{어}$)를 포함한다.

(3) 지 급 인   지급인은 소구의무자이어야 한다. 자기의 전자인 소구의무자가 수인인 때에는 그 중 1인을 임의로 선택하여 역어음을 발행할 수 있다.

(4) 수 취 인　　발행인은 자기지시식으로 발행하는 경우가 많을 것이지만 추심을 위하여 발행하는 경우에는 제3자를 수취인으로 기재할 수 있다.

(5) 지 급 지　　소구의무자의 주소지이어야 하며, 제3자방지급의 기재는 인정되지 않는다.

(6) 만기·발행지　　만기는 일람출급식이어야 하며, 발행지는 본어음의 지급지이어야 하고 재소구의 경우에는 소구권자의 주소지이어야 한다($^{어\ 52}_{Ⅰ·Ⅲ}$).

(7) 어음금액　　어음금액은 소구금액($_{48,}^{어}_{49}$) 이외에 역어음의 중개료($^{할인수}_{수료}$) 및 인지세를 포함시킨 금액으로 한다($_{52\,Ⅱ}^{어}$). 어음금액은 본어음의 지급지 또는 소구권자의 주소지로부터 소구의무자의 주소지로 발행하는 일람출급 환어음의 환시세에 의하여 정한다.

[508] 제5 遡求義務者의 償還權

(1) 의　　의　　소구의무자의 상환권이란 소구의무자가 자기에게 소구되기를 기다리지 않고 자진하여 소구의무를 이행할 수 있는 권리를 말한다($_{50\,Ⅰ}^{어}$). 이러한 상환권에 의하여 소구의무자는 여러 소구의무자를 거치는 동안에 소구금액이 증대되는 것을 방지하고 또한 신속하게 자기의 전자에게 재소구를 할 수 있게 된다.

(2) 상환권자　　상환권자는 소구의무자와 그 보증인이지만 인수인도 소구금액을 지급하고 어음의 교부를 청구할 수 있다고 본다. 왜냐하면 인수인은 어음채무자일 뿐만 아니라 어음법 제28조 제2항에 의하여 소구금액에 대하여 책임을 지기 때문이다.

(3) 어음채권자의 거절　　소구의무자가 상환권을 행사하는 경우에 어음소지인이 이에 응하지 않으면 수령지체가 되며, 이로 인하여 재소구가 지연됨으로써 손해가 생긴 때에는 그 배상책임을 진다. 그런데 수인의 소구의무자가 동시에 상환권을 행사하는 경우에는 가장 다수의 소구의무자의 의무를 면하게 하는 자의 청구에 응하여야 한다($^{어\ 63\,Ⅲ}_{유추}$).

제 8 절 　 어음抗辯

[509] 제 1 　 總 　 說

(1) 어음항변의 의의 　　　 어음항변이란 어음에 의하여 청구를 받은 자가 채권자인 어음소지인의 청구를 거절하기 위하여 주장할 수 있는 모든 사유를 말한다. 구체적으로 소송에 있어서 피고가 갖는 모든 방어수단이라고 할 수 있다. 어음항변을 주장할 수 있는 자는 배서인뿐만 아니라 발행인($^{약속어음의}_{발행인}$)·인수인 기타 모든 어음채무자를 포함하고 지급인이나 지급담당자는 제외된다.

(2) 항변제한의 근거 　　　 채권양도의 일반원칙에 의하면 양수인은 양도인이 갖는 권리 이상의 것을 취득할 수 없으므로 채무자는 양수인에 대하여 양도인에게 대항할 수 있었던 모든 항변을 주장할 수 있는 것이다($^{민}_{451}$). 그러나 어음관계에도 일반원칙을 적용하면 어음이 유통될수록 항변이 누적되어 어음소지인의 지위가 매우 불안정하게 됨으로써 어음거래의 안전을 기대할 수 없게 될 것이다. 그러므로 어음채무자가 전자에 대하여 주장할 수 있는 항변중에서 외관에 의하여 쉽게 알 수 없는 것은 후자에 대하여 주장할 수 없도록 할 필요가 있다. 즉 항변제한의 근거는 권리외관이론에서 비롯된다고 하는 것이 통설이다.

(3) 인적항변의 제한 　　　 어음법 제17조 본문에서는 「어음에 의하여 청구를 받은 자는 발행인($^{환어음의 발행}_{인을 말한다}$) 또는 종전의 소지인에 대한 인적 관계로 인한 항변으로써 소지인에게 대항하지 못한다」고 규정하고 있는데, 이것을 인적항변(人的抗辯)의 절단 또는 제한이라 한다. 즉 인적항변은 특정한 소지인에 대하여만 대항할 수 있고 소지인이 바뀐 때에는 대항할 수 없는 항변이다.

반면에 어음채무자가 모든 어음소지인에게 대항할 수 있는 항변을 종래에는 물적항변(物的抗辯)($^{또는 절대}_{적 항변}$)이라고 하였다. 물적항변은 인적항변의 경우와 달리 배서인으로부터 피배서인에게 승계되는데 어떠한 항변이 인적항변이고 물적항변인가에 대하여는 법에 정함이 없으므로 학설과 판례를 중심으로 그 한계를 정할 수밖에 없다.

[510]　제 2　어음抗辯의 分類

　　종래에는 어음항변을 물적항변과 인적항변으로 대별하였다. 그런데 1970년 이후 독일에서는 권리외관설에 입각하여 새로운 분류방법이 대두되어 지배적인 학설로 인정되고 있다. 이에 의하면 예컨대 교부계약흠결의 항변이나 의사표시의 하자에 의한 무효·취소의 항변은 권리외관설에 의하면 선의의 어음취득자에게는 대항할 수 없고 어음법 제16조 2항 단서나 제10조 단서의 경우와 같이 악의 또는 중대한 과실이 있는 어음취득자에게 대항할 수 있는 것이라고 하여, 종래에 이러한 항변을 인적항변에 포함시켜 어음법 제17조에 의하여 악의가 있는 어음취득자에게만 대항할 수 있다고 한 것은 부당하다고 한다. 왜냐하면 이러한 항변은 인적항변과 다르기 때문이라는 것이다.

[511]　제 3　證券上의 記載에 의한 抗辯

　　⑴ 어음상의 기재에 의하여 알 수 있는 항변으로서 어떠한 어음소지인에게도 대항할 수 있는 절대적인 항변이다. 이러한 항변은 어음법 제17조나 권리외관론에 의하더라도 배제의 대상이 되지 않는다. 왜냐하면 이러한 항변은 어음상 알 수 있는 것이므로 신뢰보호를 고려할 필요가 없기 때문이다. 그러므로 어음취득자의 선의·악의와 관계 없이 어음채무자는 대항이 가능한 항변이다.

　　⑵ 여기에 속하는 항변에는 i) 어음의 형식불비($\text{어}^{2}_{76\,\text{I}\cdot}$)의 항변, ii) 형식적 자격의 흠결($\text{어}^{\text{배서의}}_{\text{불연속}}$)에 대한 항변, iii) 권리보전절차흠결의 항변($\text{어}^{53,\,44,}_{77\,\text{I}\,(4)}$), iv) 유해적 기재사항의 기재에 의한 항변, v) 어음상으로 명료한 일부지급의 항변($\text{어}^{39\,\text{III},}_{77\,\text{I}\,(3)}$), vi) 어음상으로 명료한 지급필의 항변($\text{어}^{39\,\text{I},}_{77\,\text{I}\,(3)}$), vii) 만기미도래의 항변, viii) 어음상으로 명료한 상계의 항변, ix) 어음상으로 명료한 채무면제의 항변, x) 무담보배서의 항변($\text{어}^{15\,\text{I},}_{77\,\text{I}\,(1)}$), xi) 인수무담보의 항변($\text{어}_{9\,\text{II}}$), xii) 배서금지어음이라는 항변($\text{어}^{11\,\text{II},}_{77\,\text{I}\,(1)}$), xiii) 배서금지배서의 항변($\text{어}^{15\,\text{II},}_{77\,\text{I}\,(1)}$), xiv) 시효에 의한 채무소멸의 항변($\text{어}_{70}$) 등이 있다.

[512] 제 4 非證券的인 效力에 관한 抗辯

어음상으로는 알 수 없는 어음의 효력에 관한 항변으로서 여기에 속하는 항변은 다시 모든 어음소지인에게 대항할 수 있는 항변($\substack{절대적 \\ 항변}$)과 악의 또는 중대한 과실이 있는 어음소지인에게만 대항할 수 있고 선의의 어음소지인($\substack{어 10. \\ 16 Ⅱ}$)에게는 대항할 수 없는 항변($\substack{상대적 \\ 항변}$)이 있다.

1. 절대적 항변

이것은 독일에서 말하는 귀책성항변에 속하는 것이라고 할 수 있다.

(1) **위조의 항변**($\substack{어 \\ 7}$)   어음위조의 경우에 피위조자는 의사표시의 외관을 야기한 바 없으므로 어음채무자($\substack{피위 \\ 조자}$)는 어떠한 어음소지인에 대해서도 위조의 항변으로 대항할 수 있다.

(2) **무권대리의 항변**($\substack{어 \\ 8}$)   어음의 작성과 교부가 무권대리인에 의한 때에는 표현대리가 성립되지 않는 한 어음채무부담을 위한 외관을 야기한 바 없으므로 본인은 어떠한 소지인에 대하여도 대항할 수 있다.

(3) **협박 등의 항변**   어음의 작성과 교부가 폭행·협박 등 물리적인 강제에 의한 때에는 위조의 경우와 마찬가지로 어음채무자는 어떠한 어음소지인에게도 대항할 수 있다. 왜냐하면 그러한 상태에서 기명날인 또는 서명을 통해서 야기된 외관에 대해 채무자가 책임을 질 사유가 없기 때문이다. 즉 이 경우는 어음채무자의 보호가 우선한다.

> 판례는 강박에 의한 법률행위가 취소에 그치지 않고 더 나아가 무효로 되기 위하여는 강박의 정도가 극심하여 의사표시자의 의사결정의 자유가 완전히 박탈되는 정도에 이른 것임을 요한다고 하였다[$\substack{大 96. 10. 11, \\ 95 다 1460}$].

(4) **무능력의 항변**($\substack{어 \\ 7}$)   무능력자가 어음을 작성·교부한 때에는 어음채무가 성립하고 있는 것과 같은 외관이 존재하지만, 무능력자에게는 그로 인한 책임을 지울 수 없고 무능력자의 보호는 다른 어떠한 보호규정보다 우선하여야 하기 때문에 어음행위의 취소에 의하여 어떠한 소지인에게도 대항할 수 있다.

위의 (1)(2)(3)은 어음상의 채무자에게 채무부담의사가 전혀 없는 경우이고, (4)는 채무부담의사는 있었더라도 무능력자이므로 누구에게나 대항할 수 있는 항변이라고 할 수 있다.

2. 상대적 항변

어음청구권의 유효성에 관한 항변이다. 이것은 어음소지인이 항변의 존재를 알았거나 이를 중대한 과실로 인하여 알지 못한 때에는 어음채무자는 항변에 의한 대항이 가능하지만, 어음채무가 존재하는 듯한 외관을 야기한 데 대하여 어음채무자에게 책임이 있고 어음소지인이 선의로 중대한 과실 없이 취득한 때에는 대항할 수 없는 항변이다.

(1) **점유상실**($^{교부계약}_{의 홈결}$)**의 항변**   어음의 도난·분실 기타의 사유로 어음채무자가 점유를 상실한 때에는 어음상의 채무가 성립되지 않지만, 어음채무자가 어음채무가 존재하는 듯한 외관을 야기한 데 대하여 책임이 있는 때에는 교부계약의 홈결로 선의취득자인 어음소지인에게 대항하지 못한다.

(2) **착오·사기·강박의 항변**   어음의 교부가 착오·사기·강박에 의한 때에는 이를 취소할 수 있으나($^{민}_{110}{}^{109}_{1}{}^{I·}_{}$), 선의의 어음취득자에 대하여는 이러한 항변으로 대항할 수 없다. 이를 인적항변으로 분류하는 견해도 있으며$\left[^{孫(주),}_{85}\right]$, 판례의 입장도 같다$\left[^{大 97.5.16,}_{96 다 49513}\right]$. 즉 판례는 어음취득자가 채무자를 해할 것을 알고 어음을 취득한 경우가 아니면 중대한 과실로 그러한 하자의 존재를 알지 못한 경우에도 종전 소지인에 대한 인적항변으로 소지인에게 대항할 수 없다고 한다.

(3) **폭리의 항변**   판례는 이를 인적항변으로 본다$\left[^{大 55.5.5,}_{4287 민상 359}\right]$.

[513] 제 5 人的抗辯

I. 의   의

인적항변이란 어음채무자와 일정한 어음소지인 사이에 직접적인 인적 관계로 인하여 성립한 항변을 말한다($^{어}_{17 본}$). 이 경우에 인적 관계란 어음교부의 원인관계 또는 어음채무자와 어음채권자 사이에 특별한 약정이나 특별한 사정이 존재하는 것을 말한다. 즉 인적항변은 일정한 어음소지인에 대한 특별한 관계로 인한 항변이기 때문에 그 인적 관계의 상대방인 어음채무자에 대해서만 대항할 수 있고, 그러한 인적 관계가 없는 이후의 해의 없는 어음소지인에게는 대항할 수 없는 항변이라고 할 수 있다.

2. 종   류

(1) 원인관계로 인한 항변   어음교부의 원인관계가 무효·취소 또는 흠결로 인하여 무효가 된 때에는 어음채무의 성립에는 영향을 미치지 않으나 이를 이유로 채무자는 인적항변이 가능하다. 그러므로 어음채무자는 이 경우에 어음의 반환을 청구할 수 있고, 어음에 의한 청구에 대하여 부당이득의 항변이 가능할 것이다. 또한 원인관계로 인한 항변에는 계약불이행의 항변과 유치권에 의한 항변 등이 있다.

(2) 약정에 의한 항변

1) 융통어음발행의 항변   융통어음은 아무런 원인 없이 단순히 자금의 융통을 목적으로 발행한 어음으로서, 피융통자는 가능한 한 빨리 기명날인 또는 서명한 자의 책임을 면하게 하여야 할 의무가 있다. 그러나 융통의 약정에 관한 항변은 **피융통자**에 대하여만 할 수 있으며, 그 이후의 **취득자**에 대하여는 그가 융통어음임을 알았더라도 대항하지 못한다[大 57. 3. 21, 4290 민상 20; 大 79. 10. 30, 79 다 479; 大 95. 9. 15, 94 다 54856]. 예컨대 융통어음의 발행인 甲은 피융통자 乙이 청구하는 경우에는 융통어음이라는 인적항변으로 대항할 수 있으나, 융통어음임을 알고 어음을 취득한 丙에 대하여는 丙이 자기를 해할 것을 알고 취득하였다는 항변으로 대항할 수 없다고 본다. 그 결과 다른 인적항변과의 차이는 어음법 제17조 단서의 적용이 배제된다는 점이다.

판례도 융통어음의 발행인은 「어음상의 채무를 부담할 의사로 발행한 것이므로 그 제3자가 선의이거나 악의이거나 그 취득이 기한후배서에 의한 것이었다 하더라도 대가관계 없이 발행된 융통어음이었다는 항변으로(인적항변) 대항할 수는 없다」고 한다[大 68. 8. 31, 65 다 1217; 大 69. 9. 30, 69 다 975, 976; 大 79. 10. 30, 79 다 479]. 이러한 판례의 입장과는 달리 기한후배서에 의하여 융통어음을 양수한 자에 대하여 융통어음의 발행자는 어음의 지급을 거절할 수 있다는 견해가 있다. 그 이유는 「제3자의 어음취득이 기한후배서에 의한 경우에는 지명채권양도의 효력만이 있으므로 그 제3자가 융통어음발행자의 직접 당사자로부터 기한후배서에 의하여 어음을 취득한 때에는 발행인은 그에 대한 항변을 할 수 있다」고 하거나[梁承圭, 법학, 판례회고, 제8호, 94], 또한 그 이유를 「융통어음은 현실로 융통의 목적을 달성하지 못하면 피융통자는 만기 내에 그 어음을 융통자에게 반환하여야 하며 만기 후에는 융통어음이 소멸하여 보통어음이 되기 때문」이라고도 한다[安東燮, 융통어음의 법률관계, 「考試界」 1981. 6, 46～47]. 융통어음의 항변은 기한후배서의 경우도 예외로 볼 것은 아니라고 본다. 즉 판례의 입장이 타당하다고 할 것이다.

2) 지급연기의 항변　　　어음채무자와 어음소지인간에 지급유예의 특약을 한 경우에는 그 이전에 지급의 청구를 하는 때에 인적항변으로써 대항할 수 있다. 그러나 이 경우에도 어음에 기재된 만기가 변경되는 것은 아니므로 배서인 등에 대하여 소구권을 행사하려면 만기에 어음을 제시하여야 하며 필요한 소구권보전절차를 밟아야 한다. 또한 지급의 연기를 위하여 당사자간에 합의한 만기를 기재한 신어음($\frac{연기}{어음}$)을 발행한 경우에는 구어음에 대한 인적항변으로써 신어음에 대항할 수 있다.

3) 기타의 약정에 의한 항변　　　여기에 속하는 항변에는 i) 어음상의 의무와 관계 없이 보증과 같이 타인의 채무에 대하여만 책임진다는 합의의 항변, ii) 담보어음이나 보관어음이라는 항변, iii) 상호계산관계가 존재한다는 항변, iv) 숨은 추심위임배서라는 항변, v) 보충권남용의 항변, vi) 시효기간의 단축 또는 감경합의의 항변 등이 있다.

⑶ 특별한 사정에 의한 항변　　　여기에 속하는 항변에는 i) 원인관계가 선량한 풍속 기타 법률에 위반된다는 항변, ii) 지급·공탁·상계의 항변, iii) 면제의 항변 등이 있다.

3. 인적항변의 부절단

인적항변은 어음취득자가 악의인 경우, 비어음법적으로 이전한 경우, 기한후배서의 경우, 공연한 추심위임배서의 경우, 독립된 경제적 이익을 갖지 아니하는 취득의 경우 등에는 절단되지 않는다.

⑴ 악의의 항변

1) 의　　의　　　어음법 제17조 본문($\frac{어}{1}\frac{77}{(1)}$)에서는 어음유통의 안전과 선의의 어음취득자를 보호하기 위하여, 어음채무자가 어음소지인의 전자에 대하여 갖는 인적항변으로 그 소지인에 대항하지 못한다고 규정함으로써 **인적항변의 절단원칙**을 표방하고 있다. 그러나 어음법 제17조 단서($\frac{어}{1}\frac{77}{(1)}$)에서는 「소지인이 그 채무자를 해할 것을 알고 어음을 취득한 때에는 그러하지 아니하다」고 규정하여 전자에 대한 인적항변으로써 대항할 수 있도록 하였는데, 이를 악의의 항변이라 한다.

2) 악의의 내용　　　「소지인이 채무자를 해할 것을 알았다」는 악의의 내용에 관하여는 다음과 같은 3가지 학설이 있다.

㈎ 공 모 설　　　악의의 내용을 아주 협의로 해석하여 채무자의 항변을

절단시킬 것을 목적으로 하는 양도당사자간의 사기적인 공모가 있어야 한다는
견해이다(영미법의 입장).

(나) 단순인식설   악의의 내용을 광의로 해석하여 특별한 사정이 존재
하지 않는 한 양수인이 항변의 존재를 단순히 안 것만으로 충분하다는 견해이
다[大 88. 4. 12, 87 다카 1858;][鄭(동), 244;].
  [大 92. 8. 18, 91 다 22053][鄭(찬), 578;]

        최근 일본의 다수설은 단순인식설을 수정하여 「어음소지인이 어음을 취득함에
    있어서 만기 또는 권리행사시에 채무자가 소지인의 전자에 대하여 항변을 주장할
    수 있다는 것을 확실하게 인식한 경우」에 악의의 항변이 성립한다고 한다.

(다) 절 충 설   악의란 양도인과 그 취득자 사이에 사기적인 공모까지
는 필요하지 않고, 한편 양도인에 대한 채무자의 항변이 존재한다는 단순한 인
식만으로는 불충분하다는 견해이다. 이는 제네바의 **어음법통일회의**에서 채택
한 기준으로서 타당하다고 본다[동: 徐(돈), 106~107; 鄭(희)]. 그러므로 항변사유의
                                    [259; 孫(주), 122; 梁·朴, 702]
존재에 대한 인식만으로는 부족하고, 더 나아가 자기가 어음을 취득함으로써
항변이 절단되어 채무자가 해를 받게 된다는 것을 알았어야 한다는 것이다
(어 17)[大 96. 5. 14,]. 즉 항변의 상실로 인하여 채무자를 해할 것이라는 사정이 객
 (단서)[96 다 3449]
관적으로 존재한다는 것을 취득자가 명확하게 알았어야 하고[大 96. 5. 28,], 그러
                                                        [96 다 7120]
한 결과를 자기의 의사에 의하여 초래케 하였어야 한다. 그러나 중대한 과실로
채무자를 해할 것을 알지 못한 때에는 악의로 보지 않는다[大 96. 3. 22,].
                                                    [95 다 56033]
  3) 악의의 존재시기   어음의 **취득시**를 기준으로 한다. 그러므로 취득
후의 악의는 문제가 되지 않는다. 악의의 항변은 소지인의 직접 전자에 대하여
인적항변이 존재하는 때에만 문제되고 그 전자의 전자에 대한 인적항변의 존
재를 안 것으로는 성립되지 않는다. 즉 전자가 어음취득 당시 선의였으므로 그
에게 대항할 수 없었던 사유에 대하여는 현재의 어음소지인이 비록 어음취득
당시 그 사유를 알고 있었더라도 그것으로써 대항할 수 없는 것이다[大 95. 1. 20,].
                                                              [94 다 50489]
  4) 악의의 입증책임   악의에 대한 입증책임은 어음채무자측에 있다
[大 62. 9. 20,]
[62 다 383].

(2) 비어음법적인 방법에 의한 취득   인적항변의 제한은 어음법적 유
통방법에 의하여 어음상의 권리를 취득한 경우에만 인정된다. 그러므로 어음
채권을 상속·합병·경매·지명채권양도 등의 방법으로 취득한 때에는 인적항
변은 절단되지 않는다.

(3) 기한후배서·교부   어음유통이 보호되는 일정한 기간이 경과한 후에 한 양도에 대하여는 인적항변의 절단이 인정되지 않는다[大 71. 3. 23, 71 다 101].

(4) 공연한 추심위임배서   어음채무자는 공연한 추심위임배서의 피배서인에 대하여 그 배서인에 대한 인적항변으로써 대항할 수 있다($_{18}^{어}$ Ⅱ).

(5) 독립된 경제적 이익을 갖지 않는 취득   숨은 추심위임배서의 경우와 같이 피배서인이 고유한 경제적 이익을 갖지 아니하는 때에는 경제적 이익의 주체는 배서인이 되며 따라서 전자의 하자는 승계되어 인적항변은 절단되지 않는다.

(6) 무상취득   어음을 무상으로 취득한 자에 대하여는 비록 선의취득을 하였더라도 전자에 대한 인적항변으로 대항할 수 있다. 이 경우에는 민법상의 부당이득의 항변으로 대항이 가능하다고 본다.

[事例演習]

◇ 사 례 ◇

A는 B의 자금융통을 도와주기 위하여 B를 수취인으로 한 약속어음을 발행하여 주면서 A는 어음上의 책임을 전혀 지지 않겠다는 뜻을 전하였다. B는 자금의 융통을 위하여 이 어음을 C에게 배서하였는데, C는 A와 B간에 A는 어음상의 책임을 지지 않는다는 약속이 있다는 것을 알았다.

〈설문 1〉 C가 A에게 어음금의 지급을 청구하자 A는 B와 한 약속을 들어 지급을 거절하고 있다. A의 지급거절은 정당한가?

〈설문 2〉 이 사례에서 만기 전에 B가 C로부터 융자한 금전을 C에게 변제하고 어음의 반환을 받아 종래에 한 배서를 말소하였으나 또 긴급히 자금이 필요하게 되어 다시 어음의 만기 전에 D로부터 자금을 융통하면서 D에게 배서양도하였는데 이 때 D도 A, B간에 약속이 있다는 것을 알았다. 이 경우에 D의 지위는 설문 1의 C의 지위와 같다고 할 수 있는가?

[해 설] 설문 1의 경우   아무런 원인 없이 단순히 자금융통의 편의를 제공하기 위하여 발행한 어음을 융통어음이라고 하는데, 융통어음이라는 항변은 당사자간에 있어서는 인적항변의 사유가 되지만 융통어음은 원래 타인으로 하여금 융자를 가능케 하기 위한 목적으로 발행되는 것이므로 제 3자가 융통어음이라는 것을 알고 취득한 경

우라도 그것만으로는 소위 악의의 항변으로 대항할 수 없고 어음채
무자는 어음상의 책임을 면하지 못한다는 것이 통설이고 판례의 입
장이다$\left[\begin{smallmatrix}大 1979.10.31,\\79 \text{다} 479\end{smallmatrix}\right]$. 종래에는 A는 어음상의 책임을 전혀 지지 않겠
다는 뜻의 약속이 있고 C가 이에 대하여 알고 있었으므로 이러한
경우에는 악의의 항변이 성립한다는 판례도 있었으나$\left[\begin{smallmatrix}日 大判 1934.11.9,\\法學 4. 346\end{smallmatrix}\right]$
융통어음은 소위 뵈기어음과 다른 것이다. 즉 타인에게 보이기만 하
도록 하기 위하여 발행한 「뵈기어음」과 달리 융통어음은 자금의 융
통을 위하여 발행된 것이어서 발행인은 어음의 지급채무자가 된다
는 것을 인식하고 있으므로 A의 항변은 정당하지 않다.

　　설문 2의 경우　　융통어음은 당초의 약속에 따라 자금융통의 편
의를 도모한 때에는 발행인에게 반환하여야 하는 것인데, 융통어음
에 의하여 자금의 융통을 받은 후 자금을 변제하고 어음을 환수하
였더라도 환수하였다는 것이 어음상의 기재에 의하여 분명하므로
D가 A·B간의 약속을 알고 있는 이상 어음이 A에게 반환되어야
할 것인가 아닌가에 대해서도 주의를 할 필요가 있다고 할 것이다.
이러한 점에 대하여 악의 또는 중대한 과실이 인정되면 A는 일반
악의의 항변으로 D에게 대항할 수 있다고 할 것이다.

4. 제 3 자의 항변

　　(1) 의　　　　의　　　　1) 인적항변이란 어음행위의 당사자간에 어음 외의 원
인관계 등 인적 사유로 인한 항변을 말한다. 즉 인적항변은 그 **개별성**으로 인
하여 당사자 이외의 자에게는 대항할 수 없음을 원칙으로 한다($_{17}^{어}$본). 이러한
인적항변의 제한은 원래 예컨대 어음이 약속어음의 발행인 A로부터 B를 거
쳐 C로 이전된 경우 A는 C에 대하여 A·B간의 인적항변으로써 대항할 수
없다는 것을 의미한다.

　　2) 제 3 자의 **항변**이란 위의 경우 어음수수의 당사자가 아닌 기타의 어음
채무자, 즉 A가 B·C간에 존재하는 인적항변($_{무효·소멸 등}^{원인관계의}$)으로써 C에게 대항할
수 있고($_{항변}^{후자의}$), 반대로 후자($_{어음보증인 · 등}^{소구의무자 ·}$)가 전자($_{피보증인 등}^{주채무자 ·}$)의 항변으로 어음소지
인에게 대항할 수 있다는 것($_{항변}^{전자의}$)을 의미한다.

　　영미에서는 제 3 자가 증권의 반환청구권을 갖고 제 3 자가 반환을 청구하고 있는 경
우에 증권채무자가 증권이 제 3 자에게 반환되어야 한다는 항변으로 증권소지인에게 대
항할 수 있는 것을 제 3 자의 항변이라 한다($_{306d}^{UCC 제3장}$).

(2) **후자의 항변**　　전자(A)는 후자간(B·C)의 인적항변으로 C에게 대항할 수 있는가 하는 점에 대하여 찬반양론이 있으며, 판례는 긍정하는 입장이다.

1) **부 정 설**　　이에 의하면 B가 C에게 어음을 배서양도함으로써 B·C간 및 A·C간의 어음상의 법률관계가 발생한 이상, 예컨대 B·C간의 배서의 원인관계가 소멸하였더라도 C를 어음관계에서 탈락시키는 특별한 행위가 없는 이상 C는 어음상의 권리자로서 A에 대하여 권리를 행사할 수 있다고 보는 것이 어음행위의 무인성으로 보아 당연하다는 것이다.

　　이에 대하여 긍정설에서는 A가 C의 청구를 거절할 수 없다면 A는 C에게 지급을 하고 B는 C에게 부당이득의 반환을 청구하는 등 청구권이 순환되어 법률관계가 복잡하게 된다고 하는데, 이러한 비판에 대하여 **부정설**은 법규는 개개의 관계를 규제하는 것으로 일거에 모든 관계를 해결하여야 되는 것은 아니므로 C이 A에 대한 청구를 인정하여도 B·C간과 A·B간의 관계는 별개의 법규에 의하여 해결이 가능하므로 특별히 부당하다고 할 수 없고, C·A간의 관계에 다른 관계까지 고려할 필요는 없는 것이라고 한다. 또한 다른 관계를 고려하여 어음의 무인성을 말살하는 것은 인정될 수 없다고 한다.

2) **긍 정 설**　　위의 예에서 A가 C의 청구를 거절할 수 있다고 한다. 이의 이론구성에 대하여는 여러 학설이 대립하고 있다.

㈎ **권리남용설**　　이에 의하면 B·C간의 배서의 원인관계가 소멸한 경우는 C는 어음상의 권리를 행사할 실질적 이유를 상실하였음에도 어음을 반환하지 않고 어음의 소지를 기화로 A에게 어음금을 청구하는 것은 권리의 남용에 해당된다고 한다[鄭(동), 248; 鄭(찬), 585;]. 그리고 피배서인(C)은 어음상의 권리가 있다 하더라도 이미 어음수수의 경제적 목적이 완전히 달성되었으므로 피배서인은 배서인(B)은 물론이고 다른 어음채무자로부터도 어음금의 지급을 받을 정당한 경제적 이익이 없다고 한다.

　　이에 대한 비판으로는 형식성과 무인성을 중시하는 어음법의 해석에 일반조항의 원용은 불합리하고, 예컨대 약속어음의 발행인이 배서의 원인관계가 소멸되었다는 것을 알지 못하고 지급한 경우는 면책이 인정되지 않아 어음의 유통성을 저해하게 된다고 한다. 또한 C가 취득한 어음금을 B에게 넘겨주지 않으면 C는 B에 대하여 부당이득을 하는 결과가 되는데, 이는 B·C간의 원인관계가 소멸하였음에도 C가 어음을 B에게 반환하지 않았다는 부당성에 근거한 것이지 A에 대한 어음상의 권리의 행사에 의하여 부당성이 발생한 결과는 아니라고 한다. 그러므로 그 부당성은 C가 B에게 A로부터 받은 어음금을 반환함으로써 해결되는 것이고 C가 B에게 어음을 반환하지 않고 있는 중에 어음이 멸실된 때에는 A는 어음채무를 면하는 결과가 된다고 한다. 또한 긍정설에 의하면 A는 C의 청구를 거절하고 B가 청구하면 어음과의 상환을 요구하여 지급을 거절함으로써 A는 대가만을 얻고 어음채무는 부담하지 않는 불합리한 결과가 생길 수 있다.

　　이에 대한 반론은 사례가 정형적인 경우까지 일반조항의 적용을 부정하는 것은 타당하지 않으며, 어음거래의 안전은 어음법 제40조 3항의 적용에 의하여 도모할 수 있고, 구체적 타당성을 도모하기 위하여 보충적인 법적 구성을 하는 것은 부득이 하며, 어음을 반환하지 않는 것이 위법이라면 그에 기한 권리행사도 위법으로 보아야 한다는 것이다.

　　㈏ **부당이득설**　　　일본에는 A에 대한 C의 권리행사에 대하여 부당이득의 항변에 의한 대항이 가능하다는 견해도 있다. 그러나 A와 C간에 부당이득이 성립하는 것으로 보는 것은 의문이다.

　　㈐ **권리이전유인설**　　　어음행위에 관한 창조설의 입장에서 어음행위를 채무부담행위와 권리이전행위로 분리하여 전자는 무인행위이고 후자는 유인행위라고 한다. 그러므로 B·C간의 원인관계가 소멸하면 어음상의 권리는 B에게 복귀하고 C는 무권리자가 되므로 A는 C에 대하여 무권리의 항변으로 C의 청구를 거절할 수 있다고 한다.

　　3) 사　　　견(^{부정}_설)　　　긍정설 중 권리남용설에 의하면 모든 법률관계를 일거에 해결한다는 장점이 없는 것은 아니지만 위의 예에서 C의 청구를 어음법의 원리에 따라 인정하여도 부당이득의 반환 등을 통하여 문제의 해결이 가능함에도 굳이 일반조항을 적용하여 어음의 특수성인 무인성을 부정하거나 수정하는 것은 타당하지 못하다고 본다. 왜냐하면 배서인에 대하여 어음반환의무가 있다고 하여 발행인에 대한 지급청구를 발행인에 대하여 권리남용이라고 할 수 없고 권리남용의 요건이 애매하기 때문이다. 어음상의 권리에 관한 문제는 가능한 한 어음법의 원리에 입각하여 해결하여야 한다. 이에 비하여 소위 유인설은 이론적인 합리성이 없는 것은 아니지만 이에 의하면 중대한 과실이 있는 어음취득자는 보호할 수 없게 될 것이다(^{어 16 Ⅱ}_{참조}). 어음상의 권리는 어음법의 특수한 원리에 따라 해결되어야 하며 적용요건이 불명확한 일반조항의 적용은 신중하여야 한다는 점에서 부정설이 타당하다고 본다.

　　⑶ **전자의 항변**　　　이는 후자인 채무자(^{소구의무자·}_{어음보증인 등})가 전자(^{주채무자·}_{피보증인 등})와 어음소지인 간에 존재하는 원인관계상의 항변으로 어음소지인에게 대항할 수 있는 것을 의미한다. 이를 인정하는 견해에서는 이 경우 후자가 종속적 채무자

라는 것을 전제로 하고 있으나, 이러한 관점은 어음행위독립의 원칙에 위배되고 앞서 후자의 항변에서 밝힌 바와 같은 이유로 인정될 수 없다고 본다.

　(4) 이중무권의 항변　　　이는 위의 예에서 B·C간의 배서의 원인관계뿐만 아니라 A·B간에 있어서도 어음발행의 원인관계가 소멸한 경우에 A는 어음소지인 C의 청구를 거절할 수 있는가 하는 문제이다. 이를 인정하지 않는다고 하여 문제의 해결이 불가능한 것은 아니다. 즉 C의 청구를 인정한 경우는 B는 C에게 부당이득의 반환을 청구할 수 있고 다시 A는 B에 대하여 부당이득의 반환청구를 함으로써 문제의 해결이 가능하다. 다만 이중무권(二重無權)의 항변을 인정하게 되면 모든 문제를 일거에 해결할 수 있다는 실질적 이유에서 이를 인정하는 것이 일본판례의 입장이고 그 이론구성은 후자의 항변에서 보는 바와 같이 각기 다르다. 우리 나라의 경우도 이를 긍정하는 입장이 있다[鄭(동)·250]. 그러므로 B가 C에 대하여 갖는 항변을 A는 원용할 수 없고 A이 B에 대한 항변도 C가 악의로 어음을 취득하여 악의의 항변이 성립하지 않는 한 C에게 이로써 대항할 수 없는 것이다.

［事例演習］

◇ 사 례 ◇

　甲은 1991년 10월 1일 乙에게 금 7,000,000원의 채무가 있었는바, 이에 대한 견질(見質)어음으로 보관하겠다는 조건하에 乙에게 같은 날 금액 7,000,000원, 만기 1991년 12월 1일로 된 약속어음을 발행하였다. 그런데 乙은 1991년 11월 1일 丙으로부터 금 10,000,000원을 차용하면서 그 담보로 위 약속어음을 丙에게 배서양도하였는바, 乙은 그 후 금 6,000,000원을 변제하여 丙에 대한 차용금 채무가 4,000,000원이 남게 되었다. 丙은 1991년 12월 1일 위 약속어음의 만기일에 발행인 甲에게 위 약속어음을 지급제시하였는바, 甲은 위 약속어음이 견질용으로 발행되었다는 사유를 들어 그 지급을 거절하는 한편, 그 사유가 정당하지 아니하더라도 丙은 乙에 대한 대여금 채권이 금 4,000,000원에 불과하므로 丙은 이를 초과하여 약속어음금을 청구할 수 없다고 다투고 있다. 과연 甲의 위 주장들은 정당한 지급거절 사유가 되는가?[상세한 해설은 金龍德, 상법사례연습 (최기원 외), 903면 이하 참조].

　[해 설]　(1) 이 사례의 경우에 甲이 乙과의 사이에 견질용(見質用)으로

약속어음을 발행하게 되었다는 사유는 丙에 대한 관계에서는 인적 항변사유에 해당하므로 甲으로서는 丙이 乙로부터 위 약속어음을 취득할 때에 이로 인하여 甲을 해할 것을 알고 취득하였다는 사실을 주장·입증하지 아니하는 한, 그 사유만으로써 丙의 청구를 거절할 수는 없다 할 것이다.

(2) 乙과 丙 사이에서는 위 약속어음이 丙의 乙에 대한 채권 4,000,000원을 담보하고 있음에 불과하여 丙으로서는 乙에 대하여 4,000,000원을 넘는 전액을 청구할 수 없다 할 것이므로 이는 위에서 본 후자의 항변에 해당되고, 나아가 甲, 乙 사이의 위 원인관계에 비추어 볼 때에 이중무권의 항변에도 해당될 것인바, 결국 甲이 乙의 丙에 대한 위 원인관계로 인한 항변사유로써 丙에게 대항할 수 있는가는 위에서 본 후자의 항변이 인정되는가, 인정된다면 그 근거는 무엇인가 또한 이중무권의 항변이 인정되는가에 따라 견해를 달리할 수 있는 것이다. 즉 후자의 항변 및 이중무권의 항변을 모두 부정하는 견해에 의하면, 甲은 위 사유로써 丙에 대하여 대항할 수 없을 것이다.

(3) 다음 후자의 항변을 인정하는 입장을 취하는 경우, 권리이전 유인설에 의하면 甲으로서는 乙, 丙 사이의 위 약속어음이전에 관한 원인관계로써 丙에게 대항할 수 있으므로 甲은 4,000,000원을 넘는 丙의 청구를 거절할 수 있을 것이나, 권리남용설에 의하면 반대의 결론에 이르게 될 것이다. 왜냐하면 유인설에 의한 이와 같은 결론은 어음의 일부배서를 허용하는 결과가 되고 또한 어음행위 무인성에 입각하여 볼 때에 어음금액 중 상당한 금액의 청구가 인정되는 경우에 어음채권 전액을 행사함이 부당하여 권리남용에까지 이른다고는 보기 어렵기 때문이다.

(4) 나아가 이중무권의 항변을 인정하는 경우에도 그 근거를 유인설에 두는가, 아니면 권리남용에 두는가에 따라 위와 같이 서로 다른 결론에 이르게 될 것이다. 따라서, 위에서 본 바와 같이 권리남용설에 근거하여 이중무권사유에 해당되는 항변을 받아들인 우리 대법원 판례의 입장에 의하면, 甲으로서는 위 사유로써 丙에게 대항할 수 없다 할 것이고, 결국 丙에게 위 약속어음금 7,000,000원 전액을 지급하여야 할 것이다.

제 9 절 어음의 保證

[514] 제 1 總　　說

(1) **어음보증의 의의**　　어음보증은 어음상의 채무를 담보할 목적으로 하는 부속적 어음행위이다. 어음보증은 인수인이나 발행인, 배서인의 신용만으로는 불충분한 경우에 어음의 신용을 높이기 위하여 하는 것이다. 즉 보통 어음채무자라고 할 때에는 인수인과 발행인 그리고 배서인이라고 할 수 있으나 그 밖에 제 4 의 어음채무자가 어음보증인인 것이다.

(2) **어음보증과 민법상의 보증**　　어음보증과 민법상의 보증은 다음과 같은 차이점이 있다.

	민법상의 보증	어음보증
1.	주채무자가 불명일 때에는 불성립	주채무자가 불명일 때에는 발행인을 위한 것으로 본다.
2.	주채무의 존재가 필요하다. (종속적이다)	주채무가 실질적으로 무효인 때에도 성립한다.
3.	최고·검색의 항변권이 있다.	없다.
4.	불요식행위이다.	요식행위이다.
5.	공동보증인은 분별의 이익이 있다.	없다.
6.	특정상대방에 대하여 책임을 진다.	불특정의 어음소지인에 대하여 책임을 진다.
7.	주채무자의 항변으로 채권자에게 대항할 수 있다($民_{433\,I}$).	주채무자의 항변으로 어음소지인에게 대항하지 못한다.

(3) **어음보증과 배서**　　어음보증은 어음이 주채무자에 의하여 유통된 다음에도 어음단체의 주채무자의 위치에 개입하여 할 수 있는 데 비하여, 어음이 유통된 다음에 배서한 자는 전자에 대해서는 책임을 지지 않고 후자에 대해서만 책임을 지는 점이 다르다. 또한 어음보증은 주채무와의 관계에서 의무를 지는 행위라고 할 수 있는 데 반하여, 배서는 완전히 독립된 지위에서 하는 어음행위라는 점이 어음보증과 다르다.

[515] 제 2 어음保證의 形式

(1) 공연한 어음보증　　보증인이 어음에 보증의 뜻을 기재하고 기명날인 또는 서명하는 것을 공연한 어음보증이라 한다. 이 경우에는 어음행위의 문언적 성질과 어음행위독립의 원칙의 당연한 귀결로서 주된 어음채무가 형식상으로 존재하면 실질적으로는 무효인 경우에도 보증의 효력이 있다.

(2) 숨은 어음보증　　공연한 어음보증은 어음의 신용이 없다는 것을 공표하는 결과가 되어 실제에 있어서는 숨은 어음보증으로서 형식적으로는 발행($^{단독 또는}_{공동발행}$)·배서·인수 등의 방법에 의하는 경우가 많다. 특히 담보배서의 방법이 이용된다[$^{926면}_{이하 참조}$]. 물론 이러한 방법에 의하더라도 그 효력은 형식적 표시에 따라 어음행위자는 발행인이나 배서인 또는 인수인으로서 책임을 지고, 숨은 어음보증은 당사자간에 있어서 인적항변의 사유가 될 뿐이다. 그러므로 숨은 어음보증은 어음보증이라기보다 민법상의 보증과 같은 성질이 있다고 할 것이다.

[516] 제 3 어음保證의 要件

1. 당 사 자

(1) 보 증 인　　보증인은 피보증인 이외의 자는 누구라도 될 수 있다. 그러므로 이미 어음에 기명날인 또는 서명하여 어음채무자가 된 자도 보증인이 될 수 있다($^{어 30 Ⅱ·}_{77 Ⅲ}$). 즉 배서인이 환어음의 인수인($^{약속어음의}_{발행인}$)을 위하여 보증을 할 수도 있다. 그러나 인수인($^{약속어음의}_{발행인}$)은 어음상의 주채무자이기 때문에 자신이 어음보증을 할 수 없으므로, 보증이란 기재를 하고 기명날인 또는 서명을 하였더라도 이는 유효한 인수로서의 효력밖에 없다($^{약속어음의 발행인이 한 때}_{에는 발행의 효력만이 있다}$).

(2) 피보증인　　피보증인은 어음채무자인 발행인·인수인 및 배서인이다($^{약속어음의 경우에는}_{발행인과 배서인이다}$). 그리고 보증인도 피보증인이 될 수 있다. 그러나 어음채무자가 아닌 자를 위한 보증은 무효이다.

2. 어음보증의 방식

(1) 기재장소　　보증은 어음 자체 또는 보전에 하여야 하며($^{어 31 Ⅰ·}_{77 Ⅲ}$), 배서인을 위한 보증은 어음의 등본이나 복본에도 할 수 있다($^{어 64·}_{67 Ⅲ}$). 그러나 별도

의 서면에 한 보증은 어음보증으로 볼 수 없다.

(2) 보증문언　　　보증은 어음에 「보증」 또는 이와 동일한 의의가 있는 문자(연대보증 또는 보통보증)를 표시하고 보증인이 기명날인 또는 서명하는 방식으로 한다. 일자의 기재는 필요하지 않다.

(3) 피보증인의 표시　　　보증을 함에는 피보증인을 표시하는 것이 원칙이지만 피보증인의 표시가 없는 때에는 발행인을 위하여 보증한 것으로 본다(어 31 Ⅳ 후단, 77 Ⅲ).

(4) 어음상의 단순한 기명날인 또는 서명

1) 표면에 한 단순한 기명날인 또는 서명　　　지급인 또는 발행인의 기명날인 또는 서명이 아닌 한 보증으로 본다(어 31 Ⅲ, 77 Ⅲ). 환어음의 경우 지급인의 단순한 기명날인 또는 서명은 인수로 본다(어 25 Ⅰ). 발행인 또는 지급인이 아니면 어음의 표면에 단순한 기명날인 또는 서명을 한 자는 그가 보증의 의사가 없었더라도 어음에 기명날인 또는 서명한다는 것을 알았다면 그 보증의 표시를 취소하지 못한다.

2) 이면에 한 단순한 기명날인 또는 서명　　　보증으로서의 효력이 없고 (어 31 Ⅱ 참조) 배서가 연속되지 않는 한 백지식배서라고도 할 수 없다. 그러나 순수한 담보배서[926면 참조]로서의 효력은 인정되므로 기명날인 또는 서명한 자는 담보책임을 질 수 있다.

(5) 보증의 단순성

1) 조건부어음보증의 가부　　　어음보증은 어음의 발행이나 인수, 배서의 경우(어 12 Ⅰ (2), 26 Ⅰ)와 같이 단순하여야 하는가, 조건부도 가능한가에 대하여는 어음법에는 아무런 규정이 없으나 학설과 판례에는 다음과 같은 입장이 있다.

(가) 무 효 설　　　조건부어음보증은 어음보증 자체를 무효로 한다고 한다 [姜(위), 商法講義[Ⅲ], 444, 이후 改說(姜(위), 426)]. 조건은 발행의 경우와 마찬가지로 유해적 기재사항으로 보아 보증은 무효라는 것이다. 이 설은 어음의 단순성이라는 성질에서 보면 당연한 것이지만, 조건의 기재가 있다고 하여 보증 전체를 무효로 하게 되면 어음소지인에게 불리한 결과가 초래된다.

(나) 유 효 설　　　어음보증에 조건이 붙은 때에는 그 조건이 붙은 대로 효력이 있다고 한다. 그 이유는 어음소지인으로서는 조건이 성취되면 유리하고 보증인은 조건부채무부담을 약속하였으므로 이를 인정하는 것이 불합리하지 않다고 하거나, 어음보증은 어음의 지급을 확실히 하는 행위에 지나지 아니

하므로 여기에 조건을 허용하여도 큰 불합리는 없기 때문에 그 효력을 인정하
는 것이 타당하다고 한다[鄭(동), 441; 蔡(이), 132; 姜(위), 426; 李(기), 396].

　　　　a) 유효설의 근거를 보면 i) 어음보증과 인수가 비슷하기는 하지만 인수는 약
속어음의 발행과 같으므로 조건을 붙이는 것은 허용할 수 없으나 이미 성립된 어음
채무에 대하여 추가적인 행위를 하는 것에 불과하기 때문이라거나[鄭(동), 441; 李(기), 392], ii)
보증과 동일한 성질이 있는 인수의 경우에 조건부가 인정된다는 이유를 그 근거로
들기도 한다[蔡(이), 132; 鄭(찬), 647; 李(철), 396; 姜(위), 425(改說)]. 판례도 이와 동일한 근거로 조건부보증을 인정
한 바 있다. 즉 판례는「어음법상 보증의 경우에는 발행 및 배서의 경우와 같이 단
순성을 요구하는 명문의 규정이 없을 뿐만 아니라 주된 채무를 전제로 하는 부수적
채무부담행위인 점에서, 보증과 유사한 환어음의 인수에 조건을 붙인 경우에 일단
인수거절로 하되 인수인으로 하여금 인수의 문언에 따라 책임을 지도록 함으로써
부단순인수를 인정하고 있음에 비추어 볼 때 어음보증에 대하여 환어음인수의 경
우보다 더 엄격하게 단순성을 요구함은 균형을 잃은 해석이라 하겠고, 또 조건부보
증을 유효로 본다고 하여 어음거래의 안전이 저해되는 것도 아니다」라고 하였다
[大 86.3.11, 85 다카 1600][이 판례의 평석은 拙稿, "조건부보증과 조건부인수," 법률신문 86.12.22, 15면 참조].
　　　　b) 그러나 ii)의 입장과 판례의 판결이유에는 중대한 법리의 오해가 있다고 본
다. 즉 약속어음의 발행이 조건부인 때에는 어음을 무효로 한다는 것은 이론이 없
다. 그렇다면 약속어음의 발행과 마찬가지로 환어음의 주채무자를 확정하는 인수행
위를 약속어음의 발행행위와 달리 해석할 이유가 존재하지 않기 때문이다. 그러므
로 인수가 조건부인 때에는 인수행위는 당연히 무효인 것이다. 다만 약속어음의 발
행이 조건부인 때에는 어음이 무효가 되는 데 비하여 인수가 조건부인 때에는 인수
만이 무효가 된다는 점이 다를 뿐이다. 그리하여 약속어음의 준용규정인 영국어음
법 제89조 2항에서는 약속어음의 발행은 환어음의 인수에 해당한다고 규정하고 있
다. 그러므로 ii)의 입장과 판례가 인수를 보증과 유사한 행위라고 본 것은 인수의
법리를 오해한 것이 아닐 수 없다.

　　(다) **무조건보증설**　　　조건부어음보증은 배서의 경우($_{12}^{어}_1$)와 같이 조건만
을 기재하지 않은 것으로 인정하여 **무조건의 보증으로 본다**는 입장으로서 다
수설이다[동: 鄭(희), 297; 孫(주), 277 이하; 朴(원), 559; 鄭(무), 450; 宋相現, 「법학」(서울대) 1986.9, 156; 李·崔, 936]. 이에 의하면 어음소지인의
이익을 보호할 수 있게 될 것이다. 보증도 어음행위로서 어음 외의 사정에 좌
우되는 조건과 친할 수 없는 것이므로 이 견해가 타당하다.

　　(라) **절 충 설**(피보증행위 위기준설)　　　어음법이 조건부의 **피보증행위를** 어떻게 취급하
느냐에 따라서 그 조건부어음보증의 효력이 좌우된다는 설이다. 즉 환어음발행
인의 지급위탁은 무조건이어야 하고($_{1(2)}^{어}$) 지급인의 인수도 무조건이어야 하므로
($_{1}^{어 26}$본), 발행인과 인수인을 위한 조건부보증은 인정하지 않고, 배서에 붙인 조

건은 기재하지 아니한 것으로 보기 때문에($_{12}^{어}$) 배서인을 위한 조건부보증은 조건만을 기재하지 아니한 것으로 본다는 것이다.

2) 일부보증의 인정　　보증인은 어음에 그 기재를 하고 어음금액 일부에 제한하여 보증을 할 수 있다($_{77 Ⅲ}^{어 30 Ⅰ}$·).

(6) 보증의 시기　　보증을 할 수 있는 시기에 대하여는 아무런 규정이 없으나 보증은 만기 후는 물론 거절증서의 작성 후에도 할 수 있다고 본다[$_{(희), 297}^{동: 鄭}$].

(7) 거절증서의 작성면제　　어음보증인은 거절증서의 작성을 면제할 수 있다($_{46 Ⅰ}^{어}$). 어음보증인이 한 면제의 기재는 그 어음보증인에 대해서만 효력이 생기므로($_{Ⅲ 2문}^{어 46}$), 피보증인과 기타의 소구의무자에 대하여는 거절증서를 작성하여야 한다. 그러나 반대로 배서인이 거절증서의 작성을 면제한 때에는 그 배서인을 위한 어음보증인에게도 효력이 있다.

[事例演習]

◇ 사 례 ◇

　　Y는 甲은행지점에서 약속어음의 지급보증업무를 담당하고 있음을 기화로 X개발의 회장 L과 대표이사 G의 부탁을 받고 1993년 7월 19일경에 지점사무실에서 금고 안의 고무명판과 직인 등을 임의로 꺼내어 액면 3,000만원인 어음에 「상기금액의 지급을 지급기일까지 보증함」이라는 각인, 「甲은행 중앙지점장」이라는 직인을 갑 압날하여 위 어음상의 지급보증부분을 위조하였다.

　　乙은 지급이 확실한 것으로 믿고 어음을 할인·교부받은 후 만기가 1993년 10월 15일인 어음을 1993년 10월 19일에 지급제시하였으나 지급제시기간의 준수를 해태하였다는 이유로 지급이 거절되자 甲은행에 대하여 어음보증인의 책임을 추궁하고 있다. 乙의 청구는 정당한가?

[해 설]　甲은행은 조건부보증에 관하여 어떠한 설에 의하느냐에 따라 책임을 지거나 면하게 된다. 무효설과 피보증행위기준설에 의하는 경우는 물론이고 유효설에 의하더라도 乙이 만기에 지급제시를 하지 않았으므로 甲은 책임을 면하게 된다. 그러나 무조건보증설(조건무효설)에 의하면 甲은 조건 없이 보증을 한 것이 되어 약속어음의 발행인을 위한 어음보증인으로서 만기에 지급제시를 해태하였더라도 그 책임을 면할 수 없게 된다.

[517] 제 4 어음保證의 效力

어음보증도 어음행위이므로 단순한 기명날인 또는 서명뿐만 아니라 교부
계약에 의하여 그 효력이 발생한다.

I. 어음보증인의 책임

(1) 어음채무의 종속성   1) 어음보증인은 **피보증인**($^{주채}_{무자}$)이 지는 책임
과 동일한 내용의 어음채무를 부담한다($^{어}_{32}$ㅣ). 즉 어음보증인의 어음채무는 주
채무의 존재를 전제로 하므로 그 책임의 내용에 있어서 **종속성**을 띤다. 예컨대
인수인($^{약속어음의}_{발행인}$)을 위한 보증인은 인수인($^{약속어음의}_{발행인}$)과 동일한 책임을 진다. 이와
같이 피보증인과 동일한 책임을 지기 때문에 주채무자가 어음금액을 지급했거
나 어음채무에 대하여 소멸시효가 완성한 때에는 그 종속성에 의하여 어음보
증채무도 소멸한다.

 2) 보증인에 대한 시효중단은 주채무의 시효에는 영향을 미치지 않고, 주
채무자에 대한 시효중단도 보증인에 대하여 효력이 없다($^{어}_{71}$). 또한 어음소지인
이 피보증인인 배서인에 대한 소구권을 상실한 때에는 그 배서인의 어음보증
인도 책임을 면하게 된다. 그러나 주채무자에 대한 소구권보전의 효력은 어음
보증인에게도 미친다.

(2) 어음보증의 독립성   보증은 담보된 채무가 그 방식에 하자가 있는
경우 외에는 어떠한 사유로 인하여 무효가 된 때에도 그 효력이 있다($^{어}_{32}$Ⅱ). 즉
어음보증은 채무부담 자체를 내용으로 하는 행위이고 **어음행위독립**의 원칙이
적용되므로 어음이 형식적으로 유효한 이상 보증은 무효가 되지 않는다. 예컨
대 보증인이 어음발행인을 위하여 어음발행인이 사망한 다음에 어음보증을 한
경우에도 어음의 문언에 따라 책임을 진다. 그러나 형식적으로 주채무자의 의
무발생요건이 구비되지 않은 때에는 어음보증은 그 효력이 없다. 이러한 점에
서 어음보증에는 형식적인 종속성이 요구된다.

(3) 항변의 제한   어음보증인은 피보증인이 어음소지인에 대하여 갖
는 인적항변으로써 어음채무의 이행을 거절할 수 있는가 하는 점에 대하여는
학설이 대립하고 있다.

 1) 긍 정 설   어음보증인은 **피보증인**이 직접 어음소지인에 대하여 갖
는 항변으로 대항할 수 있다고 한다[$^{鄭(동), 447; 李(철),}_{402; 鄭(찬), 602}$]. 그 이유는 이것이 본질적

으로 종속성을 갖는 보증의 실질에도 맞기 때문이라고 한다. 판례는 어음소지인의 어음보증인에 대한 청구가 권리남용으로 볼 수 있는 경우에 한하여 피보증인의 항변을 원용할 수 있다고 하였다[大 88.8.9, / 86 다카 1844][孫(주), / 281].

2) 부 정 설   어음보증인은 피보증인이 어음소지인에 대하여 갖는 인적항변으로써 어음채무의 이행을 거절하지 못한다는 것으로 다수설이고, 타당하다[동; 徐(정), 236; 徐(돈), 212; / 姜(위), 430; 金(용), 288]. 어음법 제32조 2항에 의해서도 알 수 있는 바와 같이 보증의 효력은 다만 주채무의 형식적인 유효성만을 전제로 하는 것이기 때문에 기타의 실질적인 사정은 고려될 수 없다는 것이다. 또한 **어음행위독립의 원칙**은 이 경우에도 적용이 되기 때문이라고 한다.

⑷ **합동책임**   어음보증인은 주채무자 기타 어음채무자와 합동하여 책임을 진다(어 47 I). 어음보증인이 수인인 때에는 각 어음보증인의 책임도 합동책임으로서 각자가 어음금액의 전액에 대하여 책임을 진다.

2. 어음보증채무이행의 효과

⑴ **채무의 소멸**   보증인이 어음소지인에게 채무를 이행한 때에는 자기의 채무는 물론이고 피보증인 및 그 후자의 채무도 소멸한다.

⑵ **어음보증인의 구상권**

1) **전부보증의 경우**   ㈎ 어음보증인이 보증채무를 이행한 때에는 피보증인과 피보증인의 채무자인 전자에 대한 어음상의 권리를 취득한다(어 32 Ⅲ). 피보증인의 권리가 아니라 법률의 규정에 의하여 보증인은 마치 주채무자와 그의 전자에 대하여 채권자인 지위를 취득하는 것이다. 그리하여 주채무자와 어음채권자 사이의 어음행위자들은 보증인에게 책임을 지지 않는다.

㈏ 보증인은 채무를 이행함으로써 어음의 교부를 받지 않은 경우에도 법률에 의하여 어음상의 권리를 취득하고, 그 밖에 주채무자와 그 전자에 대한 권리를 취득한다. 그리고 보증인은 어음채권자에 대하여 주채무자가 갖는 항변이나 어음채권자에 대한 주채무자의 전자가 갖는 항변으로 대항을 받지 않는다.

2) **일부보증의 경우**   일부보증인은 보증채무를 이행하여도 어음을 환수할 수 없으므로 즉시 어음상의 권리를 행사하지 못하게 된다. 그러나 이러한 경우에는 일부지급에 관한 규정을 유추하여 일부보증인이 있었다는 뜻을 어음에 기재시킨 다음 영수증의 교부를 받고(어 39 Ⅲ 참조), 어음법 제50조 1항과 제51

조를 유추하여 일부보증인은 어음의 증명등본과 거절증서를 교부받아 영수증과 함께 이를 근거로 소구할 수 있다고 본다[同: 鄭(동), 450].

제10절 參 加

(1) 참가란 어음이 인수거절이나 자력불확실, 지급거절로 인하여 소구단계에 들어가게 된 경우에, 인수인 이외의 제3자가 어음관계에 가입하여 어음의 신용을 회복시키고 소구권의 행사에 의한 상환금액의 증대를 방지하는 제도를 말한다. 즉 소구권의 행사를 방지하는 제도로서 보증과 유사하지만 보증은 예방적 제도인 데 비하여, 참가는 사후적 조치라는 점이 다르다. 참가에는 만기 전의 소구를 방지하기 위하여 제3자가 참가하여 인수하는 참가인수와 만기 전후를 불문하고 소구를 저지하여 제3자가 지급하는 참가지급이 있다. 참가는 어음거래를 위하여 유용한 제도이지만 실제에 있어서는 별로 이용되지 않고 있다.

(2) 약속어음에는 참가지급에 관한 규정만을 준용하고 있으며(어77(5)), 참가인수에 관한 규정은 준용규정이 없고 참가인수는 인수와 유사하다는 이유로 약속어음의 경우에는 참가인수가 인정되지 않는다는 견해도 있으나[姜(위), 449], 참가인수는 고유한 인수가 아니고 소구의 저지를 위한 상환의무의 인수라고 할 수 있고 약속어음에 있어서도 만기 전의 소구가 가능하다고 하면 참가인수도 인정된다고 할 것이다(그러나 약속어음의 발행인을 위한 참가인수는 불가능하다) [동: 孫(주), 377; 徐(돈), 271; 鄭(동), 574~575; 李·崔, 975; 鄭(무), 514].

제11절 複本과 謄本

[518] 제 1 複 本

I. 의 의

복본이란 환어음과 수표에 특유한 제도로서 하나의 어음채권을 표창하는 수통의 어음증권을 말한다(어64 I). 복본을 인정하는 이유는 환어음을 타지에 송부하는 때에 예상되는 분실이나 소멸의 경우에 대비하고, 또한 어음이 인수를 위하여 타지에 송부되고 있는 동안에도 어음을 배서로써 유통시킬 수 있도록 하려는 데 있는 것이다. 복본은 주로 국제적인 거래관계에서 이용이 되고 있으며 국내의 거래에서는 별로 찾아볼 수 없다. 그러므로 복본은 환어음의 경우에만 인정되며 인수제도가 없는 약속어음의 경우에는 복본이 문제가 되지 않는다(어77 I).

2. 복본의 발행

(1) **복본의 방식**   복본은 발행인만이 발행할 수 있으며($^{등본의 경우와 달리 소지}_{인은 발행하지 못한다}$), 그 수에 대한 제한은 없으나 2통을 발행하는 것이 관례이다. 각 복본의 내용은 동일하여야 한다($^{어}_{64\,I}$). 그러므로 그 내용이 각기 다를 때에는 독립된 별개의 단일어음으로 인정될 수 있다. 그러나 중요하지 않은 근소한 차이는 문제가 되지 않는다고 본다.

(2) **복본의 교부청구**   모든 어음소지인은 발행인이 어음에 1통만으로 발행한다는 뜻의 기재를 하지 않는 한 발행인에 대하여 자기의 비용부담으로 복본의 교부를 청구할 수 있다($^{어}_{64\,III}$). 이 경우에 소지인은 자기의 직접의 배서인에 대하여 청구하여 그 배서인은 다시 자기의 배서인에 대하여 청구를 함으로써 순차로 발행인에게 미치게 한다. 즉 이러한 경로로 어음의 원본이 발행인에게 제시되어야 한다($^{어\ 64}_{III\ 2문}$). 새 복본이 발행되면 원본에 배서한 각 배서인은 복본에 배서를 재기하여야 한다($^{어\ 64}_{III\ 3문}$).

3. 복본과 어음상의 법률관계

(1) **복본일체의 원칙**   복본은 1개의 단일한 어음채권을 표창하므로 그 권리행사도 1통으로 할 수 있고 또한 복본의 1통에 대한 지급이 있는 때에는 그 지급이 다른 복본을 무효로 한다는 뜻의 기재가 없는 경우에도 다른 복본에 기명날인 또는 서명한 자의 의무를 면하게 한다($^{어\ 65}_{I\ 본}$). 왜냐하면 모든 복본은 하나의 단일어음이기 때문이다.

(2) **예   외**   인수인이 수통 이상의 복본에 인수를 한 때에는 인수한 각통의 복본으로서 인수인이 지급을 함에 있어서 반환을 받지 아니한 것이 있는 때에는 선의의 복본소지인에 대하여 책임을 진다($^{어\ 65}_{I\ 단}$). 또한 수인에게 각별로 복본을 양도한 배서인 및 그 후의 배서인은 그 기명날인 또는 서명한 각통으로서 인수인이 지급을 함에 있어서 반환을 받지 아니한 것에 대하여 배서인으로서 책임을 진다($^{어}_{65\,II}$).

4. 인수를 위한 복본의 송부

(1) **송부처의 기재가 있는 경우**   어음의 인수를 위하여 복본 중의 1통을 송부($^{송부}_{복본}$)한 복본의 소지인은 다른 각통($^{유통}_{복본}$)에 그 송부복본을 보지하는 자의 명칭($^{송부}_{처}$)을 기재하여야 하며, 유통복본의 소지인은 송부복본의 보지자에 대하여 그 반환을 청구할 수 있다($^{어}_{66\,I}$).

(2) **송부처의 기재가 없는 경우**   복본의 송부처가 기재되지 않은 유통복본의 소지인은 이 복본으로써 인수 또는 지급의 청구를 하여 소구권보전절차를 밟으면 복본반환거절증서를 작성함이 없이 곧 소구할 수 있다.

[519] 제 2 謄   本

1. 의   의

(1) 어음의 등본이란 어음원본을 등사한 것으로서 그 자체는 어음은 아니지만($\binom{\text{환어음}}{\text{의 복}}$ 본과 다), 거기에 배서 또는 보증을 할 수 있는 것이다($\binom{\text{환어음의 경우에 인수를}}{\text{위하여 이용될 수 없다}}$). 등본과 복본의 차이점은, i) 등본은 모든 어음소지인이 작성할 수 있으나, 복본은 발행인만이 작성할 수 있다. ii) 등본은 배서·보증을 위해서만 이용되지만, 복본은 인수를 위해서도 이용된다. iii) 등본은 약속어음에도 인정되지만 복본은 환어음의 경우에만 이용된다는 점이다.

(2) 등본제도는 원본의 상실을 방지하기 위하여 이를 보관하고 등본으로써 어음을 유통시키려고 할 때에 이용된다($\binom{\text{특히 환어음의 경우에는 인수를 위하여 원본어음을 송}}{\text{부한 후에 어음을 배서양도하고자 할 때에 이용된다}}$). 그러므로 약속어음의 경우에도 등본에 관한 규정을 준용한다($\frac{\text{어}}{1}\,\frac{77}{(6)}$).

2. 등본의 발행

등본은 어음소지인이 임의로 작성할 수 있다($\frac{\text{어}}{77}\,\frac{67 \text{ I}}{\text{I}\,(6)}$). 등본은 초본과는 다르므로 원본에 기재한 모든 사항을 정확하게 재기(再記)하여야 하며, 이외에 새로운 사항을 기재하고자 할 때에는 이를 명확하게 하기 위하여 원본을 재기한 말미에 그 경계를 표시하는 경계문구를 기재($\binom{\text{「이상등}}{\text{사」등}}$)하여야 한다($\frac{\text{어}}{77}\,\frac{67 \text{ II}}{\text{I}\,(6)}$).

3. 등본의 효력

(1) **배서·보증의 인정**   등본에는 원본과 같은 방법과 효력으로 배서 또는 보증을 할 수 있다($\frac{\text{어}}{77}\,\frac{67 \text{ III}}{\text{I}\,(6)}$). 등본은 그것이 어음소지인에 의해 작성된 것만으로는 아무런 효력이 생기지 않고 배서 또는 보증을 함으로써 비로소 어음상의 효력이 생기게 된다. 그러므로 등본에 의해 배서를 받은 피배서인은 어음상의 권리를 취득하지만 어음상의 권리를 행사하려면 반드시 원본이 있어야 한다.

(2) **원본의 반환청구권과 등본소지인의 소구권**

1) **원본송부처가 기재된 경우**   등본에 원본의 송부처를 기재한 등본의 정당한 소지인은 원본의 보지자에 대하여 원본의 반환을 청구할 수 있다. 그러므로 원본의 보지자가 반환을 거절하는 경우에는 등본소지인은 거절증서($\binom{\text{원본반환}}{\text{거절증서}}$)로써 거절의 사실을 증명하고, 등본에 배서 또는 보증을 한 자에 대하여 소구할 수 있다($\frac{\text{어}}{68\,\text{II}}$). 이 경우에는 발행인에 대한 지급제시($\binom{\text{환어음의 경우 지급}}{\text{인에 대한 인수제시}}$) 없이 소구할 수 있다.

2) **원본송부처를 기재하지 않은 경우**   이 경우에도 등본의 소지인은 당연한 어음상의 권리자이므로 원본반환청구권과 소구권이 있다. 그러나 실제로는 송부처가 불명하여 원본반환거절증서를 작성할 수 없으므로 소구권의 행사가 불가능하게 될 것이다. 그러므로 등본소지인이 원본보지자를 탐지하여 거절증서를 작성한 때에만 소구권의 행사가 가능하게 된다$\left[\begin{array}{l}\text{동; 徐(돈), 258; 鄭(희), 314;}\\\text{孫(주), 353; 姜(위), 445}\end{array}\right]$.

(3) **등본작성 후의 원본의 배서금지**   등본이 작성된 후에 원본과 등본이 모두 제각기 유통을 하게 되면, 원본이 선의의 제3자에게 들어간 때에는 등본소지인은 그 반

환을 청구할 수 없게 되어 손해를 보게 되며, 또한 등본의 작성자도 그러한 사태가 발생한 때에는 등본소지인에 대하여 손해배상의무를 지지 않으면 안 될 것이다. 그러므로 등본이 작성된 때에는 원본에 의한 배서양도가 금지되어야 할 필요가 있다. 그리하여 어음법($_{68\,III}^{어}$)에서는 등본작성 전에 한 최후의 배서의 뒤에 「이 후의 배서는 등본에 한 것만이 효력이 있다」는 문언 또는 이와 동일한 의의가 있는 문언인 배서폐쇄문구를 원본에 기재한 때에는 원본에 기재한 그 후의 배서는 무효로 한다고 규정하고 있다.

제12절　어음상의 權利의 消滅

[520]　제 1　消滅原因

(1) **일반소멸원인**　　이음상의 권리는 인수인 또는 지급인($_{발행인}^{약속어음의}$)에 의하여 지급이 됨으로써 소멸한다. 이 밖에 일반적 채권소멸원인에 해당하는 대물변제·상계·경개·면제·공탁 등에 의하여도 소멸한다.

(2) **특별소멸원인**　　어음상의 권리는 다음과 같은 어음관계에 특유한 원인에 의하여 소멸한다. i) 소구권보전절차의 흠결($_{77\,I\,(4)}^{어\,53,}$), ii) 소멸시효($_{77\,I\,(8)}^{어\,70,}$), iii) 일부지급의 거절($_{77\,I\,(3)}^{어\,39\,II,}$), iv) 참가지급의 거절($_{77\,I\,(5)}^{어\,61,}$), v) 참가지급인이 경합하는 때에 자기보다 우선하는 자가 있음을 알면서 한 참가지급($_{77\,I\,(5)}^{어\,63\,III,}$) 등이 이에 해당한다.

[521]　제 2　消滅時效

(1) **총　　설**　　어음상의 권리도 채권으로서 시효에 의하여 소멸한다. 어음에 관한 규정은 채권자의 보호를 위하여 채무자에게는 엄격하고 불리하게 되어 있으므로 이를 완화하기 위하여 시효기간을 단축하고 있다($_{77\,I\,(8)}^{어\,70,}$). 어음법은 소멸시효에 관하여 민법의 일반원칙이 적용된다는 것을 전제로 하여 시효기간·시효의 시기(始期)·시효중단에 관하여 특칙을 두고 있을 뿐이다. 즉 어음법은 주채무자인 인수인($_{발행인}^{약속어음의}$)에 대하여 그 책임을 무겁게 하고 소구의 무자에 관하여는 소구와 재소구의 경우에 차등을 두어 후자의 시효기간은 더욱 단축하고 있다.

《어음의 시효기간》

채무자의 구별	시효에 걸리는 권리의 종류	시효기간의 기산점(초일불산입 원칙: 어 73)	시효기간	청구권자	적용조문
환어음 주채무자	인수인에 대한 어음금청구권	만기일	3년	소지인 및 어음을 환수한 배서인	어 70 I
환어음 기타 채무자	발행인·배서인에 대한 청구권	① 거절증서일자 ② 거절증서작성 면제의 경우 만기일	1년	소지인	어 70 II
환어음 기타 채무자	발행인·(다른) 배서인에 대한 재소구권	① 어음을 환수한 날 ② 소를 제기당한 날	6개월	소구의무를 이행하고 어음을 환수한 배서인	어 70 III
약속어음 주채무자	발행인에 대한 어음금청구권	만기일	3년	소지인 및 어음을 환수한 배서인	어 70 I, 77 I ⑧
약속어음 기타 채무자	배서인에 대한 소구권	① 거절증서일자 ② 거절증서작성 면제의 경우 만기일	1년	소지인	어 70 II, 77 I ⑧
약속어음 기타 채무자	(다른) 배서인에 대한 재소구권	① 어음을 환수한 날 ② 소를 제기당한 날	6개월	소구의무를 이행하고 어음을 환수한 배서인	어 70 III, 77 I ⑧
위 각 채무자의 보증인에 대한 청구권의 시효는 각 피보증인에 대한 것과 동일하다.					어 32 I, 77 III

(2) 시효기간　　어음법에서는 시효기간을 주된 채무자인 환어음의 인수인에 대한 청구권과 소구권, 재소구권에 관하여 규정하고 있다($^{어}_{70}$). 보증인·참가인수인 및 무권대리인에 대한 청구권의 시효기간에 대하여는 아무런 규정이 없는데, 이들은 각기 피보증인·피참가인 및 본인과 동일한 의무를 부담하므로 주채무자·피참가인 및 본인에 대한 청구권의 시효기간에 따르기 때문이다. 또 어음상의 권리가 확정판결 또는 이와 동일한 효력이 있는 재판상의 화

해, 조정 등에 의하여 확정된 경우는 시효기간은 10년이다($民_{165}$). 어음상의 권리가 시효에 의하여 소멸하여도 기존채권에는 영향을 미치지 않는다$\left[\begin{smallmatrix} 大\ 76.\ 11.\ 23,\\ 76\ 다\ 1391 \end{smallmatrix}\right.]$. 어음시효에 있어서도 시효기간을 법정기간보다 연장하거나 배제하는 합의는 무효이지만 단축 또는 경감하는 합의는 유효하다($民_{184\,II}$). 그러나 이러한 합의는 당사자간의 인적항변사유가 될 뿐이고 어음에 기재하여도 절대적 항변이 될 수 없다.

1) 인수인($^{약속어음의}_{발행인}$)에 대한 청구권   (가) 인수인에 대한 어음상의 권리는 만기로부터 3년의 시효에 의하여 소멸한다($^{어}_{70\,I}$). 인수인의 보증인 또는 무권대리인·참가인수인에 대한 권리도 같다($^{어}_{8,\ 58}{}^{32\ I}$). 이 경우에 초일은 산입하지 않는다($^{어}_{73}$). 만기의 날이 법정휴일이거나 만기의 날에 지급제시를 하지 않은 경우, 만기 전의 소구가 가능한 때에도 시효는 만기의 익일로부터 기산된다. 시효기간만료일이 법정휴일인 때에는 이에 이은 제1의 거래일까지 시효기간이 연장된다($^{어}_{72\,II}$).

(나) 만기가 백지인 경우에는 3년의 기간은 보충권의 행사에 의하여 기재된 만기를 기준으로 정하며, 보충권이 그 자체의 시효에 의하여 소멸한 때에는 인수인에 대한 어음상의 권리도 소멸한다. 그리고 모든 어음관계자의 합의에 의하여 만기가 유효하게 변경된 때에는 변경된 만기일로부터 소멸시효가 진행한다. 만기일을 변경하여 인수한 불단순인수의 경우에는 인수거절로 보아 소구권을 행사할 수도 있지만 인수인은 그 인수의 문언에 따라 책임을 지므로 ($^{어}_{26\,II}$) 시효기간도 변경된 만기일로부터 진행한다.

2) 배서인($^{환어음의\ 발}_{행인\ 포함}$)에 대한 청구권   어음소지인이 배서인 또는 환어음의 발행인에 대하여 갖는 소구권은 적법한 기간 내에 작성시킨 거절증서의 일자로부터 1년, 그리고 거절증서의 작성이 면제된 경우에는 만기의 날로부터 1년의 시효에 의하여 소멸한다($^{어}_{70\,II}$)$\left[\begin{smallmatrix} 大\ 62.\ 2.\ 22,\\ 4294\ 민상\ 636 \end{smallmatrix}\right.]$.

3) 소구의무이행자의 배서인에 대한 청구권   배서인이 i) 어음소지인으로부터의 소구, ii) 소구의무를 이행한 배서인으로부터의 재소구, iii) 소구의무를 이행한 보증인의 청구 등에 의하여 상환을 하고 어음을 환수한 때에 자기의 전자에 대한 권리는 어음을 환수한 날 또는 자기가 제소된 날로부터 6월간 행사하지 않으면 소멸한다($^{어\ 70\ III,}_{77\ I\ (8)}$).

(3) 시효의 중단

1) 중단사유   어음상의 권리에 관한 소멸시효의 중단사유는 민법의

규정에 의한다($\frac{민}{이하}$168). 즉 시효는 청구·압류·가압류·가처분·승인에 의하여
중단된다. 그리고 어음법($\frac{어}{80}$)에서는 중단사유로서 소송고지에 관하여 규정하고
있다. 즉 배서인의 다른 배서인과 발행인에 대한 환어음과 약속어음상의 청구
권의 소멸시효는 그 자가 제소된 경우에는 전자에 대한 소송고지를 함으로 인
하여 중단된다($\frac{어}{80}$1).

   2) 어음금청구소송과 원인채권의 시효중단   어음금청구소송이 제기된
경우에 원인채권의 소멸시효도 중단되는가에 대하여 판례는 「기존채권의 지급
보호방법으로 수표가 수수되었을 경우에 기존채권의 청구와 수표금채권의 청
구는 동일한 사실관계에 터전을 잡은 것이므로 청구의 기초에는 변경이 없다
고 할지라도 각 소송물인 청구권을 달리하는 별개의 소송이라고 할 것이므로
전자에 대한 소송의 제기로 후자의 청구권에 대한 소멸시효중단의 효과를 발
생할 수 없다」고 하였다[$\frac{大 67.4.25,}{67 다 75}$].

   3) 어음의 제시·소지문제

   (개) 청구의 경우   청구에 의한 시효중단을 위하여 어음을 제시하여야
되는가에 대하여 재판상의 청구가 있는 때에는 그 때에 시효가 중단되고 어음
의 제시나 소장의 송달을 요하지 않는다고 한다[$\frac{大 62.1.31,}{4294 민상 110·111}$]. 그런데 재판외
의 청구에 있어서도 제시를 요하지 않고 권리실행의 의사만 표현되면 족하다
는 것이 통설이다[백지어음에 의한 소송의 제기 와 시효중단은 907면 참조].

   (내) 승인의 경우   어음채무자의 승인에 의한 시효중단의 경우에는 채
무자측의 일방적인 관념의 통지만 있으면 되고 채권자측에서 어음을 제시할
필요가 없다.

   (대) 어음의 소지문제   시효의 중단을 위하여 어음의 제시는 필요가 없
으나 어음의 소지는 필요한가 하는 문제가 있다. 시효중단을 위하여 어음의 제
시가 필요 없다고 보는 한 어음상의 권리자이면 어음의 소지도 필요하지 않다
고 본다.

   4) 시효중단의 효력($\frac{개별적}{독립성}$)   시효중단은 그 중단사유가 생긴 자에 대
하여서만 그 효력이 생긴다($\frac{어}{77}$1(8)). 그리하여 특정한 어음채무자에 대하여 시
효가 중단되어도 다른 어음채무자에 대한 시효는 별도로 독립하여 진행된다.
그러므로 주채무자에 대한 시효중단의 효력은 당연히 어음보증인에 대하여 미
치지 않기 때문에[$\frac{동; 鄭}{(희), 281}$], 어음보증인에 대한 권리가 먼저 독립하여 소멸할
수 있으며 공동발행인 중의 1인이 한 승인은 다른 발행인에 대한 시효중단의

사유가 되지 않는다. 이와 같이 시효중단은 그 중단사유가 생긴 자에 대하여만 그 효력이 있으므로, 예컨대 어음소지인이 약속어음의 발행인에 대하여만 소를 제기하고 배서인에 대하여는 시효중단의 조치를 취하지 않고 있는 중에 만기로부터 1년이 경과되면 배서인의 상환의무는 소멸한다.

　　(4) 시효소멸의 효과　　　소구권이 시효에 의하여 소멸된 경우에도 당연히 주채무자에 대하여는 청구권을 행사할 수 있다. 반대로 주채무자인 인수인($\binom{약속어음의}{발행인}$)에 대한 청구권이 시효로 소멸한 때에는 소구권도 소멸된다. 그 이유는 i) 어음법 제50조에 의하면 소구권행사의 전제요건으로서 유효한 어음의 존재가 필요하며, ii) 주채무와 상환의무는 주종관계에 있으며($\binom{즉\ 주채무가\ 지급\ 또는}{면제\ 등에\ 의하여\ 소멸하}$ $\binom{면\ 상환의무도\ 소멸되는\ 것과}{동일시하여야\ 된다고\ 한다}$), iii) 이득상환청구권제도($\binom{어}{79}$)가 있으므로, 소구권의 존속을 무리하게 인정할 필요가 없기 때문이다.

[522]　제 3　어음의 抹消와 毁損

I. 어음의 말소

　　(1) 의　　　의　　　어음의 말소란 삭제·첨부·화학적 부식 등의 방법으로 어음상의 기재를 제거하는 것을 말한다. 그러나 어음요건 이외의 기재사항을 권한 없이 제거하는 것은 어음의 변조가 된다. 그러므로 어음의 말소란 어음요건인 기재사항을 제거하는 것이라고 할 수 있다.

　　(2) 효　　　과

　　1) 어음상의 권리의 존속　　　어음요건이 말소되면 어음은 엄격한 요식증권이므로 어음상의 권리도 당연히 소멸된다고 할 수 있지만, 어음요건은 권리의 성립요건에 불과하며 그 존속요건은 아니므로 어음요건이 말소되었다는 이유만으로 일단 유효하게 성립한 어음상의 권리는 소멸하지 않는다. 그 근거는 어음의 변조는 변조전의 어음에 기명날인 또는 서명한 자의 책임에 영향을 미치지 않으며($\binom{어}{69}$), 또 어음을 상실한 경우에 제권판결에 의한 권리행사가 인정되는 점에서도($\binom{민소\ 463}{이하}$) 찾을 수 있다.

　　2) 말소 후에 한 배서의 효과　　　말소된 어음은 그 요건이 완비된 어음과 같은 효과가 없으므로 배서양도를 하더라도 양수인은 어음상의 권리를 취득하지 못하며 말소 후에 기명날인 또는 서명한 자는 어음상의 책임을 지지 않는다.

　　3) 어음의 교부 전에 한 말소의 효과　　　어음의 교부 전에 한 말소는 어

음상의 권리의 발생을 방지하는 것이라고 할 수 있다.

(3) 배서의 말소[931면 이하 참조]

2. 어음의 훼손

어음의 훼손이란 절단·마멸 기타의 원인에 의하여 어음증권이 훼손된 경우를 말하는데, 훼손이 어음의 동일성을 해하는 때에는 어음의 상실이 된다. 훼손의 효과는 말소의 경우와 같다.

제13절 어음의 喪失과 除權判決節次[784면 이하 참조]

제14절 利得償還請求權

[523] 제1 意   義

(1) 이득상환청구권이란 어음상의 권리가 소구권보전절차의 흠결 또는 시효에 의하여 소멸한 경우에 어음소지인이 발행인·인수인·배서인에 대하여 어음상의 권리가 소멸함으로써 받은 이익의 상환을 청구할 수 있는 권리를 말한다(어 79).

(2) 어음채무자의 책임은 아주 엄격하기 때문에 어음법은 이를 완화하기 위하여 어음상의 권리자가 권리보전을 위한 절차규정과 단기의 소멸시효의 규정들을 준수하지 않은 때에는 어음상의 권리를 행사할 수 없도록 하였다. 그러나 이 경우에 어음채무자는 어음의 수수와 관계가 있는 원인관계 또는 자금관계에 의한 대가 또는 자금을 그대로 보유하게 되어 불공평한 결과가 초래된다. 이러한 결과는 시효제도가 있는 한 어쩔 수 없다고 할 수 있지만 어음에 있어서는 다른 법률관계에 있어서보다 치명적인 결과를 초래하게 된다.

(3) 이러한 불공평을 시정하고 형평의 원리에 입각하여 어음법의 기술적·형식적 해결에 대하여 실질적 수정을 시도한 독법계의 특유한 제도가 이득상환청구권이라고 하는 것이 통설이다.

[524] 제 2 性 質

(1) 성질에 관한 여러 학설 이득상환청구권의 법적 성질에 관하여 학설은 다음과 같이 대립되고 있다. i) 민법상 손해배상청구권으로 보는 설, ii) 부당이득반환청구권이라는 설, iii) 특별한 형태의 이득반환청구권이라는 설, iv) 형평의 개념상 법률의 규정에 의하여 인정된 일종의 「특별한 청구권」이라는 설, 이는 민법상의 지명채권의 일종이라고 하여 지명채권설이라고도 한다. v) 소멸된 어음상의 청구권의 잔존물이라는 설[鄭(희), 296], vi) 어음상 권리의 변형물이라는 설[梁(승), 202], vii) 민법상의 권리와 어음상의 권리와의 결합이라는 설 등이 있다. 그리고 우리 나라의 다수설은 iv)설에 해당하는 「특별한 청구권」으로 보고 있다[동: 孫(주), 139; 徐(돈), 116; 鄭(동), 264; 蔡(이), 299; 鄭(찬), 606].

(2) 학설의 검토 1) 이득상환청구권은 채권자인 어음소지인의 권리 행사의 해태로 인하여 발생하는 것이므로 민법상의 손해배상청구권이라고 할 수 없다. 또한 이득상환청구권에서의 이득은 「법률상 원인 없이」(민741) 발생한 것도 아니고 채무자의 이득이 타인(어음소지인 내지 권리자)의 재산 또는 노무로 인하여 생긴 것임을 요하지 않는 점에서 그 명칭은 유사하나 민법상의 부당이득반환청구권과 다른 것이다.

2) 이득상환청구권은 어음청구권의 잔존물이라는 것이 종래의 독일의 다수설이었으며 판례의 입장이었다. 이 견해의 근거는 독일어음법 제89조(한어79)의 법문으로 볼 때 발행인과 인수인의 의무가 존속하는 것으로 규정되어 있기 때문이라고 한다. 그러나 독일어음법 제89조는 어음채무가 소멸하였음을 전제로 하고 있으므로 소멸한 청구권의 잔존물이 또 존속한다는 것은 부당하다고 할 수 있다.

3) 어음상의 권리의 변형물이라는 견해도 어음상의 권리가 소멸하였다는 점에서 보면 역시 타당하지 못하다고 본다.

4) 따라서 이득상환청구권은 순수한 민법상의 청구권도 아니고 어음상의 권리(또는 그의 변형물 내지 잔존물)도 아닌 어음법상 인정된 특별한 청구권(일종의 지명채권)이라고 보는 것이 무난하다고 할 수 있다. 이 견해는 우리 나라의 다수설일 뿐만 아니라 판례의 입장이기도 하다[大 65. 4. 13, 64 다 1112; 大 70. 3. 10, 69 다 1370].

[525] 제 3 利得償還請求權의 當事者

(1) 권 리 자   1) 이득상환청구를 할 수 있는 자는 이음상의 권리가 절차의 흠결 또는 시효로 인하여 소멸한 당시의 정당한 어음소지인이다[大 64. 7. 14, 64 다 63; 大 67. 9. 29, 67 다 1729]. 따라서 어음법 제16조 제 1 항에 의한 형식적 자격이 있는 자를 말한다. 그렇다고 형식적 자격이 이득상환청구권의 전제요건은 아니다. 그러므로 배서의 연속이 중단된 때에는 그 부분에 대하여 실질적인 권리취득을 증명함으로써 어음소지인은 이득상환청구를 할 수 있다.

2) 권리의 소멸 당시 어음의 소지인이면 만기 당시의 소지인이든 기한후배서에 의하여 어음을 양수한 소지인이든 불문하며 상속·합병 등에 의하여 권리를 취득한 자 및 지명채권양도의 방법에 의하여 어음을 취득한 자도 이득상환청구권을 행사할 수 있다. 그리고 이득상환청구권 자체를 양수한 자[朝高 33. 2. 3, 민집 20, 2] 및 입질배서의 피배서인도 권리자이다. 또한 추심위임배서의 피배서인도 배서인의 명의로 이득상환청구권을 행사할 수 있다. 숨은 추심위임배서의 경우에는 피배서인이 자기명의로 청구권을 행사한다.

3) 소멸시효 또는 절차의 흠결에 의하여 어음상의 의무가 없음에도 불구하고 지급을 함으로써 어음을 취득한 자는 이득상환청구권자가 될 수 없다는 것이 판례의 입장이다[大 64. 7. 14, 64 다 63]. 왜냐하면 이러한 경우에는 어음소지인이 절차의 흠결 또는 시효의 소멸에 의해서가 아니고 어음을 취득함으로써 손해를 본 것이기 때문이다.

4) 백지를 보충하지 않은 어음소지인은 아직 「미완성어음」을 소지하는데 불과하므로 이득상환청구권을 취득하지 못한다고 하는 것이 통설과 판례의 입장이다[大 62. 12. 20, 62 다 680]. 그러나 백지어음도 법률적으로 처음 발행할 때부터 이미 유효한 어음으로 인정하고 있는 점(앞 1, 2, 10)에 비추어 보충권의 존재를 입증한 경우에는 수취인 백지어음의 소지인도 이득상환청구권자가 될 수 있다고 하는 것이 타당하다고 본다[동: 梁; 朴, 709].

(2) 의 무 자   1) 이득상환의무자는 발행인(약속어음의 발행인 포함)·인수인 또는 배서인이다(어 79). 어음법이 상환의무자 중에 배서인을 포함시키고 있는 것은 배서인이 실질적으로 발행인으로 되어 있는 경우나 배서인이 어음채무의 보증을 목적으로 대가를 받고 배서하는 경우가 있음을 고려한 것이다.

2) 그런데 배서인이 인수 및 지급을 담보하지 않는다는 무담보배서를 한

경우 어음상의 권리가 절차의 흠결 또는 시효로 인하여 소멸한 때에도 무담보
배서인이 이득상환의무를 지는가 하는 문제가 있다. 어음법상의 이득상환청구
권은 어음상의 책임에 기한 청구권이 아니라 이득에 기한 청구권이라고 할 수
있으므로 무담보배서인도 이득상환의무를 진다고 할 것이다.

　3) 이와 같은 원리로 백지식배서를 한 어음을 단순한 교부로 취득하여 다
시 교부로 양도한 자도 이득상환의무를 진다고 할 것이다. 이는 이득상환청구
권을 어음법상의 **특별한 청구권**이라고 하는 우리 나라의 통설과 판례에서도
그 근거를 찾을 수 있다고 할 것이다. 왜냐하면 이득상환청구권은 어음상의 권
리가 아니라 어음법상의 권리라고 할 수 있기 때문이다.

　4) 수표의 경우 이득상환의무자는 발행인과 배서인, 그리고 지급보증을
한 지급인이다($\frac{수}{63}$). 수표의 경우에는 인수가 존재하지 않으므로 인수인이 제외
되는 점이 환어음의 경우와 다르다.

[526]　제 4　利得償還請求權의 發生要件

　(1) 어음상의 권리의 소멸　　이득상환청구권이 발생하기 위하여는 유
효하게 존재하였던 어음상의 권리가 **권리보전절차의 흠결** 또는 **시효**로 인하여
소멸하였어야 한다. 따라서 기타의 사유($\substack{예: 채무의 면 \\ 제, 지급 등}$)로 인하여 어음상의 권리가
소멸한 경우에는 이득상환청구권은 생기지 않는다. 어음소지인의 과실 여부는
묻지 아니한다. 이득상환청구권은 어음상의 권리가 소멸한 경우를 위한 구제
제도이므로 먼저 어음상의 권리가 실질적으로 유효하게 존재하고 있었어야 하
며 형식적으로도 유효한 어음이었어야 한다.

　(2) 다른 구제방법과의 관계　　이득상환청구권이 발생하기 위하여는
어음소지인이 어음의 수수와 관련하여 i) 어음법상으로뿐만 아니라 **민법상으**
로도 다른 구제방법이 없어야 하는가, ii) 전어음상의 권리가 소멸되어 어음상
의 다른 구제방법이 없어야 하는가, iii) 이득상환을 청구하고자 하는 상대방에
대하여만 어음상의 권리가 소멸하였으면 되는가 등에 대하여 학설과 판례가
일치하지 않는다.

　i)은 판례의 입장인데[大 59. 9. 10, 4291 민상 717;\\大 93. 10. 23, 93 다 26991] 이에 의하면 어음거래와 무관한
어음채무자 이외의 자에 대한 관계에까지 확장하여 민법상의 권리마저 소멸되
어야 비로소 이득상환청구권이 발생한다고 한다. 그러나 이득상환청구권 자체

가 어음과 전혀 무관한 것이 아니며 어디까지나 어음상의 권리에 그 기초를 두고 있다는 것을 등한시하였다는 점에 문제가 있다.

iii)의 입장은 소수설이며$\left[\substack{徐(돈),\ 119;\ 孫(주),\\ 141;\ 梁(승),\ 205}\right]$ 일본의 다수설이다. 이에 의하면 다른 어음상의 채무자가 무자력인 경우에 어음소지인을 보호할 필요가 있고 상환의무자가 반드시 소지인의 과실에서 이득을 볼 것을 요하지 않는다는 점을 들고 있다$\left[\substack{徐(돈),\\119}\right]$. 그러나 이 견해에 의하면 어음소지인은 다른 어음채무자에 대하여 어음상의 권리를 행사할 수 있고, 어음상의 채무가 소멸한 어음채무자에 대하여는 이득상환청구권도 행사할 수 있으며, 또한 원인관계상의 채권도 행사할 수 있게 되어, 이는 형평의 이념에서 볼 때 어음채무자의 불공정한 이득을 시정하고자 하는 이득상환청구권의 본래의 취지에 어긋나게 된다.

따라서 전어음상의 권리가 소멸됨으로써 상환청구권이 발생한다는 다수설인 ii)설의 입장이 타당하다.

(3) 어음채무자의 이득   1) 이득상환청구권이 성립하려면 어음채무자에게 이득이 있어야 한다. 누가 이득을 보았는가 하는 것은 원인관계를 기준으로 판단하여야 한다. 이 점이 손해의 발생을 순수하게 어음상의 권리를 기준으로 하는 것과 다르다. 여기에서 이득이란 어음의 원인관계($\substack{기본\\관계}$)에 의하여 발행의 대가로서 현실로 받은 재산상의 이익을 말하고 어음의 시효 또는 절차의 흠결로 어음상의 채무를 면함으로 인한 이익을 말하는 것은 아니다$\left[\substack{大\ 93.7.13,\\93\ 다\ 10897}\right]$. 그러므로 이득이란 예컨대 환어음의 경우 발행인과 인수인 사이의 원인관계를 기준으로 판단할 성질의 것이라고 할 수 있다.

2) 환어음의 발행인이 이득을 보았는가 하는 것은 어음이 인수된 경우에는 발행인이 어음의 실효로 인하여 어음소지인에 대하여 어음채무의 지급의무를 면하게 되고 발행인이 지급인에게 자금을 제공하지 않았으면 어음의 교부로 대가를 취득한 때에 발행인은 이득을 보았다고 할 수 있다. 왜냐하면 이 경우에 발행인은 어음에 의하여 대가를 취득하고 아무것도 지급을 한 바 없기 때문이다.

3) 그러나 어음이 인수되지 않은 경우에는 발행인이 어음을 교부하고 대가를 취득하였으면 이득을 보았다고 할 수 있다. 즉 어음이 인수되지 않은 경우에는 원인관계는 고려할 필요가 없고 발행인이 대가를 취득하였는가 하는 것만이 기준이 된다.

4) 환어음의 인수인이 이득을 보았는가 하는 점은 인수인은 인수를 하고

대가를 취득하고 어음이 실효가 되어 대가를 상실할 위험이 없게 된 때에 이득을 보았다고 할 것이다. 예컨대 지급인이 발행인에 대한 채무의 지급에 갈음하여 인수한 경우를 들 수 있다. 그러나 인수인이 예컨대 어음을 호의로 인수한 경우와 같이 대가를 취득하지 않은 경우는 인수인이 이득을 보았다고 할 수 없다.

(4) 어음소지인의 손해   1) 어음법 제79조에서는 독일어음법 제89조 1항과는 달리 어음소지인의 손해를 이득상환청구권의 요건으로 규정하고 있지 않다. 그리하여 어음소지인의 손해는 이득상환청구권의 요건이 아니라는 것이 다수설이고[鄭(희), 288; 鄭(동), 268; 徐・鄭, 66] 오래 된 판례의 입장이다[朝高 33. 2. 3, 민집 20, 2].

2) 그러나 이득상환청구권의 입법취지가 형평의 원리에 입각하여 어음소지인의 손해로 어음채무자가 이득을 보게 되는 불공평을 시정하는 데 있다는 점에서 볼 때, 어음소지인의 손해는 어음채무자의 이득과 함께 이득상환청구권의 요건이 된다고 할 것이다. 더욱이 어음소지인의 권리상실을 추상적 손해설에 따라 손해라고 보는 한 우리의 경우에도 손해의 요건을 부정할 이유는 없다고 본다[동: 徐(정), 247; 李(기), 434]. 그 결과 어음소지인이 어음을 취득함에 있어서 대가를 지급하였는가 또는 무상으로 취득하였는가 하는 것은 문제가 되지 않는다. 왜냐하면 무상으로 취득한 어음도 어음소지인의 재산이므로 어음상의 권리의 상실은 어음소지인의 손해가 아닐 수 없기 때문이다.

[事例演習]

◇ 사 례 ◇

〈설문 1〉 P는 A가 발행인이고 B가 인수한 어음을 A로부터 선물로 받고 이를 甲에게 배서하였고, 甲은 乙에게 매매대금의 지급을 위하여 배서・교부하였다. 그런데 乙은 거절증서의 작성을 해태하였는데, 그래도 乙은 A에 대하여 어음법 제79조에 의하여 이득상환청구권이 있다고 생각하였다. 그런데 A는 乙이 甲에 대하여 매매대금청구권을 행사할 수 있다고 가르쳐 주었다. 乙은 A에 대하여 이득상환청구권을 행사할 수 없는가?

〈설문 2〉 乙은 어음청구권이 시효에 의하여 소멸되자 인수인 B에 대하여 어음법 제79조에 의하여 지급을 청구하였다. 그러나 B는 자기의 인수는 A에 대한 매매대금의 지급을 위하여 하였다고 주장한다. 그럼에도 불구하고 乙은 B에 대하여 이득상환청구권을 행사할 수 있는가?

〈설문 3〉 설문 2의 경우에 B는 A에게 자금의 융통을 위하여 인수를 하였다. 즉 A가 어음을 매도하여 자금을 확보할 수 있도록 하였다. 乙은 B에 대하여 이득상환청구권을 행사할 수 있는가?

[해 설] **설문 1의 경우**　어음상의 권리가 권리보전절차의 흠결 또는 시효로 인하여 소멸하였어야 하고, 어음소지인의 전어음상의 권리가 소멸되어 어음법상의 다른 구제방법이 없어야 한다.

설문 1의 경우 乙은 아직 인수인인 B에 대하여 어음상의 권리가 있기 때문에 이득상환청구권이 발생하지 않는다고 본다. 그러나 乙의 B에 대한 어음금지급청구권이 소멸된 경우를 가정할 때 乙이 甲에 대하여 매매대금청구권이 있다는 이유로 乙의 A에 대한 이득상환청구권의 취득을 부정할 수 없다고 본다. 이에 대하여는 학설·판례상 견해의 대립이 있지만[1025면 이하 참조], 이득상환청구권제도가 어음과 전혀 무관한 것이 아닐 뿐더러 또한 이득상환청구권이 어음상의 권리에 그 기초를 두고 있다는 사실 등을 고려해 볼 때 이득상환청구권의 취득에 있어서 그 의무자가 아닌 다른 자에 대한 관계에 있어서까지 민사상의 구제수단이 소멸되었는가의 여부를 확장하여 고려할 필요는 없다고 본다. 다만 이득상환청구의 당사자와 원인관계의 당사자가 동일한 경우에 있어서는, 어음채무가 소멸하여도 원인관계가 소멸되지 않는 한 채무자는 그에 기한 채무를 면하는 것이 아니므로 이득은 발생하지 않는다고 본다.

설문 2의 경우　설문 2의 경우에 B는 그가 A에게 이행을 위하여 인수를 하였다면 이득을 보았다고 할 수 없다. 왜냐하면 B는 A에 대하여 아직 매매대금채무를 지고 있기 때문이다. 그러나 B가 인수를 이행에 갈음하여 하였다면 매매대금채무도 존재하지 않게 된다. 그 결과 B는 매매의 목적물을 소유하게 되었음에도 어음은 그 시효의 소멸로 지급할 필요가 없게 되었으므로 결과적으로 B는 이득을 본 것이 된다.

설문 3의 경우　설문 3의 경우에 B는 어음과 관련하여 아무것도 얻은 것이 없다. 왜냐하면 B는 융통을 위하여 인수를 하였기 때문이다. 즉 B는 이득을 한 바 없다. 반면에 어음소지인은 A에 대하여 이득상환청구권이 인정된다. 왜냐하면 A는 B에게 아무런 대가도 지급함이 없이 어음을 매도하여 자금을 확보하였기 때문이다.

[527] 제 5 利得償還請求權의 行使를 위한 要件

(1) 권리행사와 증권소지와의 관계   1) 이득상환청구권의 행사에 있어서 증권의 소지를 요하는가에 대하여는 특히 이득상환청구권의 성질을 잔존물이라거나 변형물이라는 견해에서는 이득상환청구권은 어음에 화체된 권리라고 하여 증권의 소지가 필요하다고 한다[鄭(희), 293; 梁·朴, 710].

2) 그런데 소지필요설의 근거는 다양하다. 첫째로 어음이 적어도 이득상환청구권의 발생 전에는 어음상의 권리를 표창하는 유가증권이었고 일정한 기간 동안 선의취득이 가능하였다는 점을 들어 실질적 권리자라고 하는 자가 어음을 소지하지 않고 자기가 권리자라고 주장하는 경우에 선의취득자가 없다는 것을 입증한다는 것은 곤란하다는 점을 지적하고 있다. 또한 이득상환청구권이 발생하면 어음은 이득상환청구권을 표창하는 유가증권이 되고 그 표창하는 권리의 행사 및 양도방법에 대하여는 배서금지어음에 준하는 것으로 보는 견해도 있다[梁承圭, 「법학」(서울대) 70.6, 113]. 이상의 소지필요설은 모두 이득상환청구권을 어음상의 권리의 잔존물 또는 변형물이라고 하는 설에 근거를 두고 있다.

3) 그러나 이득상환청구권은 어음법이 인정한 특별한 청구권으로서 어음상의 권리가 모두 소멸한 경우에 인정되는 어음법상의 권리이므로 실효된 어음은 단순한 증거증권에 불과한 것이므로 이득상환청구권의 행사에는 어음의 소지나 제권판결을 필요로 하지 않는다고 본다. 또한 어음법 제89조에서의 「소지인」이란 의미는 통상적인 경우를 규정한 것에 불과하다. 즉 어음상의 권리가 소멸할 당시에 실질적 권리자라는 것을 의미할 뿐이다. 그러므로 증권의 소지는 필요하지 않다고 본다[동: 孫(주), 143; 鄭(동), 272; 李(철), 207].

(2) 입증책임   1) 이득상환을 청구하고자 하는 어음소지인은 권리발생의 모든 요건과 채무자가 받은 이득의 한도 및 자신의 손해를 입증하여야 한다[大 61.7.31, 4293 민상 841]. 단순히 어음상의 권리자였다는 입증만으로는 불충분하다. 따라서 청구자는 어음채무자가 어음상의 의무를 면함으로써 이익을 받은 사실뿐만 아니라 채무자가 여하한 한도 내에서 이익을 받았는가 하는 것을 입증하여야 한다[동: 鄭(희), 292~293; 孫(주), 148; 梁·朴, 709].

2) 우리 판례의 입장에 따르면 어음소지인이 이득상환청구권의 발생요건을 입증함에 있어서 어음을 지급에 갈음하여 취득하였다는 것을 입증하여야 할 것이다.

(3) 채무자의 항변		1) 이득상환의무자는 어음소지인으로부터 이득상환의 청구를 받는 경우 종전보다 불리한 지위에 있어야 할 이유가 없으므로 어음채무자로서 실권전의 소지인에게 대항할 수 있었던 모든 항변으로써 소지인에게 대항할 수 있다[동: 徐(돈), 119; 鄭(희), 293; 梁·朴, 710; 鄭(동), 274].

2) 또 채무자가 지급과 상환으로 증권 또는 이에 대신하는 제권판결의 교부를 청구할 수 있는가에 대하여는 이득상환청구권은 증권상의 권리가 소멸된 후에 발생하는 어음법상 인정된 특별한 청구권(일종의 지명채권)이므로, 실권된 증권과 상환으로 지급하겠다는 항변은 제출할 수 없다고 본다.

(4) 이행장소		i) 어음은 전전유통하는 것이므로 채무자는 어음의 실효 당시에 누가 어음을 소지하고 있었는가, 즉 누가 이득상환청구권자인가를 알 수 없고, ii) 또 어음상의 권리의 소멸로 인하여 종전보다 불리한 지위에 서야 할 이유가 없기 때문에 이득상환채무도 **추심채무**(민516)라고 보아 그 이행의 장소는 채무자의 영업소 또는 주소라고 하여야 될 것이다(통설).

(5) 이행지체와 지연이자		이득상환청구의 이행장소가 채무자의 영업소 또는 주소라고 한다면 채무자는 이득상환청구가 있을 때에 비로소 지체하게 되고 지체책임을 지는 것이다. 지연이율에 대하여는 상사이율과 같이 연 6푼을 적용하는 것도 생각할 수 있으나, 이득상환청구권의 성질을 어음법상의 특별한 권리로 본다면 민사상의 채권으로 보아 민사법정이율인 연 5푼에 의한다고 보는 것이 타당할 것이다.

[528] 제 6 利得償還請求權의 讓渡

이득상환청구권은 지명채권이므로 지명채권의 양도방법에 의해서만 양도할 수 있으며 증권의 배서만으로는 양도의 효력이 없다는 것이 **통설 및 판례**의 입장이다[大 59. 8. 27, 4292 민상 449; 大 70. 3. 10, 69 다 1370]. 그런데 실권 후에 한 배서를 양도의 의사표시로 볼 수 있고 지명채권의 양도는 당사자의 합의로 그 효력이 발생하고 채무자에게 통지하지 않으면 채무자 기타 제 3 자에게 대항할 수 없으므로 실권 후에 한 배서는 양도의 효력이 없는 것이 아니라, 다만 채무자 기타 제 3 자에게 대항할 수 없을 뿐이라고 보는 것이 타당할 것이다. 이득상환청구권의 양도에 있어서도 증권의 소지는 필요가 없다고 본다.

[529] 제 7 利得償還請求權의 消滅

(1) 이득상환청구권도 일반채권의 소멸원인과 동일한 원인에 의하여 소멸한다. 소멸시효의 시효기간에 대하여는 i) 10년설[徐(돈), 117; 孫(주), 148; 鄭(무), 347; 鄭(찬), 620], ii) 5년설, iii) 선행한 원인채권의 성질에 따라 10년 또는 5년설[梁·朴, 710], iv) 3년설[鄭(희), 290] 등이 있다.

(2) 그런데 5년설에 의하면 현행상법이 어음행위의 상행위성을 부인하고 있으며(구상법 501(4)와 같은 규정이 없다), 이득상환청구권의 성질이 어음채권과는 구별되는 지명채권이라는 점에서 그 근거가 없고, 선행한 원인채권의 시효기간에 따른다는 입장은 이득상환청구권의 소멸시효를 어음행위의 원인행위에까지 소급시키게 되어 실정법상의 근거가 없으며, 시효기간이 개개의 원인채권에 따라서 복잡하게 분기되어 획일성에 반하여 타당하지 못하다.

(3) 3년설에 의하면 어음관계의 조속한 결말을 지을 수 있다는 장점이 있으나 독일과 같은 실정법상의 근거가 없으므로 타당하지 못하다. 3년설은 이득상환청구권을 어음상의 권리의 잔존물이라고 보는 입장에 근거한 것으로 보인다.

(4) 결국 이득상환청구권을 **지명채권**이라고 한다면 10년설이 타당하다고 본다. 시효기간은 어음상의 권리가 소멸한 때, 즉 이득상환청구권을 행사할 수 있을 때부터 기산한다. 따라서 어음의 시효기간 또는 권리보전절차의 만료일의 익일부터 진행한다[동: 鄭(찬), 621].

제 6 장 約束어음

제 1 절 總 說

(1) 우리 나라의 어음법은 독일법을 기초로 한 통일어음법의 체제에 따라 우선 환어음에 관하여 상세한 규정을 두고 있으며($_{1}^{어}\sim_{74}$), 약속어음에 대하여는 환어음과의 차이점에 관한 소수의 특별한 규정을 두고 있을 뿐이고($_{76, 78}^{어 75;}$), 기타의 모든 문제에 대하여는 그 성질이 허용하는 범위 내에서 환어음에 관한 규정을 준용한다($_{77}^{어}$). 이러한 어음법의 체제는 국내거래에 있어서도 주로 환어음이 이용되고 있는 유럽의 관행을 토대로 한 통일어음법을 채용한 결과라고 할 수 있다.

(2) 우리 나라에서는 반대로 국내거래에 있어서는 약속어음만이 이용되고 있는 실정이며 환어음은 국제거래의 결제수단으로 이용될 따름이다. 그럼에도 불구하고 본서에서 환어음을 중심으로 서술한 것은 환어음에 관한 법률관계가 약속어음의 경우보다 복잡하고 다양하므로 강학상으로는 환어음에 관한 법률관계를 먼저 체득하는 것이 약속어음의 이해를 더욱 용이하게 할 수 있다고 판단하였기 때문이다.

(3) 약속어음은 발행인 자신이 일정금액의 지급을 약속하는 어음으로서 환어음과 달리 인수제도가 존재하지 않기 때문에 지급인이 없으며, 따라서 인수를 위한 제시나 인수거절에 의한 소구가 존재하지 않는다. 그러나 기타 문제에 대하여는 환어음과 거의 같다고 할 수 있으므로 본편에서는 약속어음의 특유한 점에 대해서만 약술한다.

제 2 절　約束어음에 관한 特則

[530]　제 1　約束어음의 記載事項

I. 어음요건($\binom{\text{필요적}}{\text{기재사항}}$)

《약속어음의 요건(1~8)》

```
No. _____          약 속 어 음        ┌──────┐
                                        └──────┘
┌─────┐
│ 수  입 │     6. _____ 귀하
│ 인  지 │
└─────┘     2. 금

                    W _____

      위의 금액을 귀하 또는 귀하의 지시인에게
      이 약속어음과 1. 상환하여 지급하겠습니다. 3

   4. 지급기일    년    월    일      발행일    년    월    일
   5. 지 급 지                    7. 발행지
      지급장소                       주  소
                                   8. 발행인        ㊞ 또는 서명
```

　(1) **약속어음문구**($\binom{\text{어}}{75(4)}$)　　「약속어음임을 표시하는 문자」를 기재하여야
한다. 그 표시는 약속어음이라고 하는 것이 보통이지만 「약속어음증권」 또는
「약속어음증서」라고 하여도 무방하다. 그러나 「증권의 작성에 사용하는 국어」
로 기재하여야 한다. 예컨대 영어로 증권을 작성한 때에는, "promissory note"
라고 기재하여야 된다. 이 문구의 기재는 「본문 중에」 하여야 한다. 즉 지급약
속문구 중에 약속어음 또는 어음이라는 표시가 있어야 한다. 그러므로 어음상
부의 어음이라는 표제만으로는 불충분하다.
　(2) **어음금액**($\binom{\text{어}}{75(2)}$)　　환어음의 경우와 같다$\left[\begin{smallmatrix}\text{882면}\\\text{참조}\end{smallmatrix}\right]$.
　(3) **지급약속문구**($\binom{\text{어}}{75(2)}$)　　이는 의사표시의 내용으로서 어음의 본문이
라고 할 수 있으며, 단순하여야 한다. 그러므로 어떠한 조건이 있거나 지급방
법을 제한하는 경우는 어음을 무효로 한다.

　　판례는 어음의 이면에 「A 발행의 어음금이 지급되었을 때 즉시 지급키로 한다」는 기재를 원심이 단순한 원인관계나 지급의 우선적 약속의 기재에 불과하고 지급을 제한하는 조건으로 볼 수 없다고 하여 무효어음항변을 배척한 것은 심리미진이라고 하여 파기환송한 것이 있다[大 94. 6. 14,/94 다 6598].

　　(4) 만　　기($_{75(3)}^{어}$)　　　1) 만기의 종류는 환어음의 경우와 같다($_{77\ I\ (2)}^{어}$). 다만 다른 점은 일람후정기출급약속어음에 있어서 만기의 기산점이다. 즉 약속어음의 경우에는 인수를 위한 제시가 있을 수 없으므로 인수일자에 의한 기산이 불가능하다. 그리하여 인수제시의 대신으로 일정한 기간($_{23}^{어}$) 내에 일람을 위한 제시를 하도록 하였다($_{II\ 1문}^{어78}$). 즉 일람후의 기간은 발행인이 어음에 일람의 뜻을 기재하고 기명날인 또는 서명한 날로부터 진행한다($_{II\ 2문}^{어78}$). 그러나 발행인이 일람의 뜻과 일자의 기재를 거절한 때에는 거절증서에 의하여 이를 증명하여야 한다. 이 경우에 그 일자는 일람 후의 기간의 초일로 한다($_{II\ 3문}^{어78}$). 거절증서의 작성이 면제된 경우에 일람 후의 기간은 제시기간의 말일로부터 기산한다($_{(2),\ 35\ II}^{어77\ I}$).

　　2) 제시의 장소는 발행인의 주소이며 제시를 할 수 있는 자는 어음의 소지인이나 단순한 점유자도 할 수 있다고 본다($_{유추}^{어21}$). 제시는 절대로 금지할 수는 없지만 일정한 기간을 정하여 금지하는 것은 무방하다($_{II\ III유추}^{어22}$). 어음의 표면에 발행인으로서의 기명날인 또는 서명 이외에 또 다른 발행인의 기명날인 또는 서명이 있으면 일람한 뜻의 기재로 보아야 할 것이다($_{유추 I}^{어2}$).

　　(5) 지 급 지($_{75(4)}^{어}$)　　　환어음의 경우와 같다[885면 이/하 참조].

　　(6) 수취인의 표시($_{75(5)}^{어}$)　　　환어음의 경우와 같지만[887면 이/하 참조] 약속어음의 경우에도 당사자자격을 겸할 수 있는가 하는 문제가 있다. 환어음의 경우에는 추심·신용의 기능이 중요하므로, 발행인 자신을 지급인으로 하는 「자기앞어음」과 더불어 또한 발행인 자신이 지급받을 자(수취인)가 되는 「자기지시어음」이 인정되고 있다($_{II.\ 1}^{어3}$). 약속어음에는 이에 관한 준용규정이 없고 자기가 자기에 대하여 지급을 약속하는 것은 법률적으로 무의미하여 실익이 없다는 점을 들어 무효로 보는 견해도 있으나[朴(원),/594], 약속어음에는 신용기능이 있고 제 3 자의 참가가 예상되므로 자기지시약속어음도 유효하다고 할 것이다[동: 徐(정),/140; 徐(돈), 266;/孫(주), 370].

　　(7) 발행일·발행지($_{75(6)}^{어}$)　　　환어음의 경우와 같다[886면 이/하 참조].

(8) 발행인의 기명날인 또는 서명($_{75(7)}^{어}$)$\left[_{참조}^{889면}\right]$

어음요건은 그 중 하나라도 기재를 하지 않으면 어음이 무효가 된다($_{Ⅰ\ 본}^{어\ 76}$). 그러나 만기의 기재가 없는 때에는 일람출급의 약속어음으로 보고($_{76\ Ⅱ}^{어}$), 지급지의 기재가 없는 때에는 발행지를 지급지로 보고($_{76\ Ⅲ}^{어}$), 발행지의 기재도 없는 경우에는 발행인의 명칭에 부기한 지를 발행지로 보아($_{76\ Ⅳ}^{어}$) 지급지를 보충한다. 결국 발행인의 명칭에 부기한 지가 발행지와 지급지의 기재를 보충하는 기능을 한다. 그러나 지급지의 기재도 없고, 보충가능한 기재마저 없으나 지급장소의 기재가 있는 경우에 그 기재에서 지급지를 알 수 있는 때에는 지급장소의 보충력을 인정하여 어음의 무효가 구제되어야 할 것이다. 지급지의 기재가 무효인 경우도 같게 보아야 할 것이다($_{기재된\ 때에는\ 대구시를}^{지급지의\ 기재가\ 없거나\ 「영남」으로\ 기재된}$ $_{지급지로\ 봄이\ 타당하다}^{경우에\ 지급장소가\ 「○○은행대구지점」으로}$).

2. 유익적 기재사항

(1) 발행인의 명칭에 부기한 지($_{76\ Ⅳ}^{어}$)

(2) 발행인의 주소지($_{76\ Ⅲ}^{어}$)　　　　　일람후정기출급어음의 경우에 만기는 어음소지인이 발행인에게 제시한 때로부터 일정한 기간이 경과한 다음에 도래되므로 우선 일람을 위한 제시를 하여야 되는데 그 제시는 발행인의 주소에서 하여야 될 것이다($_{유추}^{어\ 21}$). 그러므로 발행인의 주소지가 기재되어 있으면 그 지역 내에서 발행인의 주소를 찾을 수 있을 것이기 때문에 발행인의 주소지의 기재가 필요하다. 이 기재가 없으면 발행지를 발행인의 주소지로 보며 발행지의 기재도 없으면 발행인의 명칭에 부기한 지에서 발행한 것으로 본다($_{76\ Ⅳ}^{어}$).

(3) 제3자방지급문구($_{4,\ 27}^{어\ 77\ Ⅱ·}$)　　　　　약속어음의 지급은 지급지에 있는 발행인의 주소 또는 영업소에서 하는 것이 원칙이지만 발행인은 주소 또는 영업소 이외의 장소에서 지급한다는 기재를 할 수 있고($_{의\ 기재}^{지급장소}$), 또 제3자가 발행인을 위하여 그 주소 또는 영업소에서 지급한다는 기재를 할 수도 있는데 「제3자방」이라고 할 때에는 이 두 가지 경우를 모두 포함하는 것이다.

(4) 기　타　　　i) 이자문구($_{Ⅱ,\ 5}^{어\ 77}$)$\left[_{하\ 참조}^{890면\ 이}\right]$, ii) 지시금지문구($_{(1),\ 11\ Ⅱ}^{어\ 77\ Ⅰ}$)$\left[_{참조}^{891면}\right]$, iii) 일람출급어음의 지급제시기간의 변경($_{(2),\ 34\ Ⅰ}^{어\ 77\ Ⅰ}$)$\left[_{참조}^{891면}\right]$, iv) 일람출급어음의 지급제시의 일시금지($_{(2),\ 34\ Ⅱ}^{어\ 77\ Ⅰ}$)$\left[_{참조}^{891면}\right]$, v) 준거할 역(曆)의 지정($_{(2),\ 37\ Ⅳ}^{어\ 77\ Ⅰ}$), vi) 외국통화환산율($_{(3),\ 41\ Ⅱ}^{어\ 77\ Ⅰ}$), vii) 외국통화현실지급문구($_{(3),\ 41\ Ⅲ}^{어\ 77\ Ⅱ}$), viii) 거절증서의 작성면제문구($_{(4),\ 46}^{어\ 77\ Ⅰ}$)$\left[_{제할\ 수\ 있는\ 가에\ 대하여는\ 982면\ 참조}^{약속어음의\ 발행인도\ 거절증서의\ 작성을\ 면}\right]$, ix) 역어음의 발행금지($_{77}^{어}$

$^{I}_{52}{}^{(4)}_{I}$) 등이 있다.

기타 법정되지 않은 유익적 기재사항이 인정되는가 하는 문제에 대하여는 891면 이하를 참조할 것.

3. 무익적 기재사항

환어음의 경우와 같다[892면 이하 참조].

4. 유해적 기재사항

지급약속문구는 무조건이어야 하므로($^{어}_{75(2)}$) 조건부지급의 기재는 어음을 무효로 한다. 기타의 유해적 기재사항은 환어음의 경우와 같다[893면 이하 참조].

[531]　제 2　約束어음의 發行

(1) 발행의 의의　　약속어음의 발행이란 일정한 금전의 채무부담의 의사로 법정요건($^{어}_{75}$)을 구비한 기본어음을 작성하여 수취인에게 교부하는 행위이다. 발행행위는 이후 다른 어음행위의 발전을 위한 기초가 된다는 점에서 기본적 어음행위라 한다.

(2) 발행의 효력($^{발행인의}_{의무}$)　　약속어음의 발행인은 자신이 어음에 어음금액의 지급을 약속하는 문구를 기재하고 기명날인 또는 서명하므로 발행인은 약속어음발행의 본질적인 의사표시상의 효과로서 당연히 만기에 어음금액을 지급할 의무를 진다. 이 의무는 배서인, 보증인, 환어음·수표의 발행인이 지는 상환의무와 달리 제 1 차적 무조건·절대적·최종적 의무라고 할 수 있다.

1) 제 1 차적 무조건의무　　배서인의 상환의무가 어음의 소지인이 발행인에 대하여 제시기간 내에 지급을 위한 제시를 하여 발행인이 지급을 거절한 때에 비로소 지는 제 2 차적이며 조건부의 의무($^{어}_{(4),}{}^{77}_{43}{}^{I}$)인 데 비하여, 약속어음의 발행인이 지는 의무는 타자에 대한 청구와 타자의 지급거절과 관계 없이 부담해야 하는 제 1 차적이며 무조건의 의무이다.

2) 절대적 의무　　배서인의 상환의무는 어음소지인이 제시기간 내에 발행인에게 지급의 제시를 하지 않으면 소멸하는 데 비하여, 발행인의 의무는 제시기간 내에 지급제시를 하지 않은 경우에도 시효에 걸리기 전에는 책임을 지는 절대적인 것이다($^{어 77}_{I, 70}{}^{I}_{I}{}^{(8),}_{참조}{}^{78}$)[大 56. 5. 10, 4289 민상 149].

3) 최종적 의무   발행인이 어음금액을 지급하고 어음을 환수한 때와 상환의무를 이행한 배서인의 청구에 응하여 지급한 발행인이 어음을 환수한 때에는 어음상의 권리·의무는 소멸하게 되므로 발행인의 의무는 최종적 의무인 것이다.

4) 면책문구의 효력   약속어음의 발행인이 지는 의무는 발행의 본질적 효과이므로 발행인이 면책문구를 기재한 때에는 면책문구뿐만 아니라 어음 자체를 무효로 한다.

⑶ 공동발행의 경우

1) 공동발행인의 책임   ㈎ 공동발행인은 각자가 어음금액의 전액을 지급할 의무를 부담한다. 왜냐하면 각 발행인은 각자 독립하여 기본어음을 내용으로 하는 문언적 행위를 한 것이기 때문이다. 그러므로 발행인의 책임은 합동책임인 것이다($\frac{어}{유추}$ 47 Ⅰ). 즉 어음법 제47조 제 1 항은 종류 및 단계를 달리하는 수인의 어음행위자간의 책임에 관한 규정에 그치지 않고 동종 동단계의 공동어음행위자에 대하여도 적용되는 것으로 본다.

㈏ 공동발행인의 경우에는 각자가 증권의 기재를 내용으로 하는 별개의 서면 행위를 한 것이고 유통하는 어음의 성질상 반대의 특약을 인정하지 않기 때문에 상법 제57조 1항의 규정은 적용될 성질의 것이 아니므로 각 공동발행인의 책임은 연대책임이라기보다 합동책임이라고 보는 것이 타당하다. 그 결과 그 중 1인에 대한 이행의 청구는 타인에게 효력이 미치지 않는다. 즉 합동책임의 경우에는 청구의 효력이 개별적이다(연대책임의 경우에 관한 민법 제416조의 효력과 다르다). 또한 배서인에 대하여 상환청구를 하려면 발행인 전원에 대하여 제시기간 내에 이행을 청구한 경우에만 가능하다(그러나 공동발행인 중에 1인이 지급을 하면 타자도 의무를 면하는 것은 연대책임의 경우와 같다).

2) 중첩적 기재와 선택적 기재   ㈎ 어음상의 기재에 의하여 약속어음의 발행인을 중첩적으로 기재하거나 선택적으로 기재할 수 있다. 그러나 단순히 수인의 발행인이 기재된 경우에 중첩적 기재로 보면 어음소지인은 그 전원에 대하여 지급을 위한 제시를 하여 전원이 지급을 거절할 때에 비로소 상환의무자에게 상환청구를 할 수 있는 데 비하여, 선택적 기재라고 하면 소지인은 그 중 1인을 선택하여 지급을 위한 제시를 하여 지급이 거절되면 상환의무자에게 상환청구를 할 수 있는 것이다.

㈏ 발행인이 수인인 경우에는 중첩적 기재만이 인정되고 선택적 기재는 어음관계의 단순성과 상환조건의 일정성을 해할 염려가 있으므로 인정되지 않

는다는 견해도 있으나[鄭(동), 367;
鄭(찬), 357], 중첩적 기재뿐만 아니라 선택적 기재도 그 선택권이 소지인에게 있는 것으로 보아 그 효력을 인정하여야 하며 더욱이 명백한 표시가 없이 다만 발행인의 기명날인 또는 서명이 열기되고 있는 때에는 소지인에게 유리한 선택적 기재로 보는 것이 타당하다[동; 徐
(정), 139].

3) 공동발행과 어음보증

(가) 총   설   어음의 발행인란에 수개의 기명날인 또는 서명이 있는 경우에 그것을 공동발행인으로 볼 것인가 아니면 그 중 일부는 보증인으로 볼 것인가 하는 문제가 있다. 보증의 방식에 관하여 어음법($^{어77\,Ⅲ,}_{31\,Ⅲ\,本}$)에서는 지급인 또는 발행인의 기명날인 또는 서명이 아닌 한 어음의 표면에 한 단순한 기명날인 또는 서명은 보증으로 본다고 규정하고 있을 뿐이고, 발행인·보증인 중에 누구의 기명날인 또는 서명인지 구별할 수 없는 경우에 대하여는 아무런 규정이 없다.

(나) **구별의 필요성**   a) 어음보증인도 피보증인인 발행인과 동일한 책임을 지고($^{어77\,Ⅲ,}_{32\,Ⅰ}$) 최고 및 검색의 항변권도 인정되지 않기 때문에 단순한 기명날인 또는 서명한 자가 발행인이거나 보증인이거나 어음상의 책임 자체에 대하여는 특별한 차이가 없다고 할 수 있다.

b) 다음과 같은 점에서 구별의 필요성이 있다. i) 초두의 기명날인 또는 서명한 자만이 발행인이고 다른 기명날인 또는 서명한 자는 보증인이라면 초두의 기명날인 또는 서명에 형식적 하자가 있는 때에는 어음은 무효가 되는 데 비하여, 공동발행으로 보는 경우에는 다른 기명날인 또는 서명한 자의 책임은 의연히 존재하게 된다. ii) 공동발행인인가 보증인인가에 따라서 지급을 한 기명날인 또는 서명한 자가 다른 기명날인 또는 서명한 자에 대하여 원인관계에 의한 청구권($^{민법상의}_{구상권}$)이 있는 데 불과한가, 그보다 어음상의 권리를 취득($^{어77}_{Ⅲ,}$, $^{32}_{Ⅲ}$)하느냐의 차이가 생긴다. iii) 어음이 부도인 경우에 공동발행인은 은행거래 정지처분을 받는 데 비하여 보증인에 대하여는 명확하지 않다.

(다) **구별에 관한 여러 학설**   a) 주종관계를 식별할 수 없는 경우는 공동발행으로 본다는 설과 초두의 기명날인 또는 서명한 자만을 발행인으로 보고 다른 기명날인 또는 서명한 자는 보증인으로 보는 설, 기명날인 또는 서명의 배치·문자의 크기 등에 특별한 차이를 식별할 수 없는 때에는, 어음소지인에게 선택권을 인정하여 소지인의 선택에 따라 공동발행인이나 보증인으로 볼 수 있다는 설 등이 있다.

　b) 은행이 교부하는 통일어음용지에는 발행인이란 문자가 인쇄되어 있기 때문에 여기에 제 1 의 발행인이 기명날인 또는 서명을 하고 그 밑에 나란히 기명날인 또는 서명을 한 때에는($\genfrac{}{}{0pt}{}{\text{아래 또는}}{\text{옆으로}}$) 발행인이라고 인쇄된 난에 기명날인 또는 서명한 형식을 택했기 때문에 보증인이란 부기가 없는 한 그 난에 한 기명날인 또는 서명은 모두 공동발행인의 기명날인 또는 서명으로 보아야 할 것이다$\left[\genfrac{}{}{0pt}{}{\text{동: 鄭(동),}}{368\sim369}\right]$.

제 3 절　換어음에 관한 규정의 準用

　기타 약속어음에 관한 사항에 대하여는 약속어음의 성질에 상반하지 않는 한도에서 환어음에 관한 규정을 준용한다($\genfrac{}{}{0pt}{}{\text{어}}{77}$).

[事例演習]

◇ 사　례 ◇

　다음과 같은 조건을 붙인 어음행위의 효력을 논하고 그 근거를 제시하라. [司 37 회]

　〈설문 1〉　매매의 목적물에 하자가 없을 것을 조건으로 약속어음을 발행한 경우$\left[\genfrac{}{}{0pt}{}{1034면}{참조}\right]$

　〈설문 2〉　발행인의 자금공급을 조건으로 환어음을 인수한 경우

　〈설문 3〉　기존채무의 유효를 조건으로 약속어음에 배서한 경우

　〈설문 4〉　지급제시기간 내에 지급제시가 있을 것을 조건으로 약속어음의 발행인을 위하여 어음보증을 한 경우

[해 설]　**설문 1의 경우**　약속어음의 지급약속문구($\genfrac{}{}{0pt}{}{\text{어 75}}{(2)}$)는 단순하여야 한다. 조건부지급인 경우는 어음의 원활한 유통을 도모할 수 없으므로 어음을 무효로 한다. 즉 조건부의 기재는 어음의 유해적 기재사항인 것이다. 이 점은 지급위탁증권인 환어음을 발행하는 경우도 같다.

　설문 2의 경우　환어음의 경우에 조건부인수가 인정되는가에 대하여 어음법 제26조 제 1 항 본문에서 「인수는 무조건이어야 한다」고 규정하고 있음에도 조건부인수를 인정한다는 것이 다수설이고 판례의 입장이다$\left[\genfrac{}{}{0pt}{}{\text{大 86. 3. 11,}}{\text{85 다카 1600}}\right]$. 그러나 환어음의 인수는 약속어음과

동일한 어음행위이므로 조건부의 인수어음이 무효가 되지 않으나 인수는 무효이고 인수인은 책임을 지지 않는다.

설문 3의 경우   조건부배서를 한 경우에는 조건의 기재만이 효력이 없게 되어 무조건의 배서가 된다. 즉 배서에 붙인 조건은 기재하지 아니한 것으로 본다($^{어\ 12}_{(1)}$). 조건부배서를 인정하면 어음거래의 안전을 해하게 될 것이기 때문이다.

설문 4의 경우   조건부의 어음보증에 대하여는 어음법에 아무런 규정이 없다. 이에 관하여는 무효설, 유효설, 무조건보증설, 절충설이 있고, 판례는 유효설의 입장이다[大 86. 3. 11,
85 다카 1600].

제 7 장   電子어음

[532] 제 1 意　義

지난 2004년 3월에 전자어음의 발행 및 유통에 관한 법률$\binom{\text{이하 전자어음}}{\text{법이라 한다}}$이 제정되어 2005년 1월 1일부터 시행되었다. 전자어음법은 총칙. 전자어음의 등록 및 어음행위, 전자어음거래의 안전성확보 및 이용자보호, 전자어음관리업무의 감독, 벌칙 등 5개장 24조문으로 구성되어 있다.

[533] 제 2 電子어음의 槪念

(1) 전자어음은 전자적 방법에 의하여 발행되는 유가증권이라고 할 수 있다. 즉 이는 전자어음의 발행인이 만기에 일정한 어음금액을 전자어음의 수취인 또는 수취인이 지시하는 자에게 무조건으로 지급할 것을 약속하는 증권이다$\binom{\text{同旨: 정경영, 전자금융}}{\text{거래와 법(2007), 414면}}$. 그러나 전자어음법에서는 전자어음을 협의로 정의하고 있다. 즉 전자어음은 전자문서로 작성되고 전자어음관리기관에 등록된 약속어음을 말한다. 그렇다고 전자어음은 별도의 자족적인 특별한 어음은 아니다. 왜냐하면 전자어음에 관하여는 전자어음법에 규정이 있는 경우를 제외하고는 어음법이 적용되기 때문이다$\binom{\text{전자}}{4}$.

(2) 전자어음행위란 공인전자서명을 요건으로 하는 전자문서에 의한 행위를 말하고, 전자어음은 약속어음으로만 발행할 수 있으므로 전자어음행위는 발행·배서·보증을 위한 행위라고 할 수 있다. 어음행위의 성질에 관하여는 여러 가지의 학설이 존재하지만$\binom{\text{823면 이}}{\text{하 참조}}$ 전자어음법 제 4 조에 의하면 전자어음의 발행인이 타인에게 소정의 규정에 따라 전자어음을 송신하고, 그 타인이 소정의 규정에 따라 수신한 때에 전자어음을 수신한 것으로 본다. 즉 발행인이 소정의 요건을 갖추어 자신의 의사로 누구이든 타인에게 송신하고 타인이 수신한 때에 전자어음을 발행한 것으로 본다고 한 것은 소위 발행설을 근거로 한 규정이라고 할 수 있다$\binom{\text{同旨: 정경영,}}{\text{전게서, 418면}}$.

[534] 제 3 電子어음管理機關

1. 意 義

전자어음을 발행하고자 하는 자는 전자어음관리기관(이하 관리기
관이라 한다)에 등록을 하여야 한다(전자5①). 이 경우에 관리기관은 법무부장관이 지정한다(전자3). 그리하여 2005년 1월 1일에 금융결제원을 관리기관으로 지정하였다. 관리기관은 전자어음의 지급을 청구할 금융기관이나 신용조사기관 등의 의견을 참고하여 전자어음의 등록을 거부하거나 전자어음의 연간 총 발행금액 등을 제한할 수 있다(전자5Ⅱ).

2. 義 務

관리기관은 전자어음을 등록함에 있어서 이용자에게 전자어음거래에 관한 약관을 명시하고 이용자의 요청이 있는 경우 당해 약관을 교부하고 그 내용을 설명하여야 한다(전자18①). 관리기관이 약관을 제정 또는 변경을 하는 때에는 법무부장관의 승인을 얻어야 한다(전자18Ⅱ본문). 그리고 관리기관은 이용자의 신청이 있는 때에는 해당 전자어음 관련 발행상황 및 잔액 등의 결제정보를 제공하여야 한다(전자17①). 그러나 전자어음거래와 관련하여 알게 된 이용자의 신상에 관한 이용자의 거래계좌 및 전자어음거래의 내용과 실적에 관한 정보 또는 자료는 이용자의 동의를 얻지 아니하고 타인에게 제공하거나 누설하여서는 안된다(전자17Ⅱ). 그리고 관리기관은 전자어음거래와 관련하여 이용자가 제기하는 정당한 의견이나 불만을 반영하고 이용자의 손해를 배상하기 위한 절차를 마련하여야 한다(전자19).

[535] 제 4 電子어음의 發行

1. 登 錄

전자어음을 발행하려면 법무부장관이 지정한 전자어음관리기관에 전자어음을 등록하여야 한다(전자5①).

2. 記載事項

(1) 전자어음에는 어음법 제75조 제 1 호 내지 제 6 호에 정하는 사항을 기

재하여야 한다. 일반 約束어음과 같다. 그러나 지급지($^{어75}_{(4)}$)는 전자어음의 기재
사항이 아니고 전자어음법에서는 전자어음의 지급을 청구할 금융기관이 소재
하는 지역을 지급지로 본다($^{전자}_{6 Ⅱ}$).

(2) 전자어음의 경우에는 지급을 청구할 금융기관이 기재사항이다($^{전자6}_{Ⅰ(2)}$).
이는 전자어음의 지급제시는 금융기관에 하여야 한다는 점을 감안한 것으로서
지급담당자로서의 금융기관을 의미한다고 할 수 있다($^{정경영, 전게}_{서 421면}$). 일반어음의
경우에 지급담당자 또는 지급장소의 기재는 유익적 기재사항으로 그 기재가
없더라도 어음의 효력에는 영향을 미치지 않으나 전자어음의 경우에 지급을
청구할 금융기관의 기재는 필요적 기재사항으로서 전자어음의 요건이라고 할
수 있다. 이는 전자어음은 은행도어음으로만 발행할 수 있다는 것을 의미한다.
그리고 전자어음의 만기는 발행일로부터 1년을 초과할 수 없다는 점에서 보면
전자어음은 신용기능보다 지급기능을 위한 제도라고 할 수 있다.

(3) 전자어음에는 전자어음의 동일성을 표시하는 정보를 기재하여야 한다.
이는 전자어음의 일련번호나 어음의 단일성을 증명하는 암호 등의 정보를 말
한다($^{이철송, “전자어음의 어음성,” 인터넷법}_{률통권 제24호(2004. 7) 법무부 6면}$). 이를 필요적 기재사항으로 한 것은 전자어음
은 복사가 가능하고 다른 기재사항이 동일한 경우에는 서로 그 구분이 불가능
할 수 있으므로 어음의 동일성을 증명하기 위한 것이다.

(4) 전자어음에는 사업자고유정보를 기재하여야 한다. 이는 전자어음의 경
우에는 발행인의 기명날인 또는 서명이 전자서명으로 대체되어 전자어음상으
로는 발행인을 확인할 수 없다는 점을 고려하여 이를 기재사항으로 한 것이다
($^{정경영, 전게}_{서 422면}$). 그 결과 사업자고유정보가 없는 개인이나 법인은 전자어음을 발행
할 수 없게 된다고 할 수 있다.

(5) 발행인이 소정의 사항($^{전자}_{6 Ⅰ}$)을 기재한 전자어음에 공인전자서명을 한
경우에는 어음법 제75조의 제 7 호의 기명날인 또는 서명이 있는 것으로 본다
($^{전자}_{6 Ⅲ}$).

(6) 전자어음은 필요적 기재사항을 기재하지 않고 보충권을 수여하는 백지
어음으로 발행할 수 없다. 그러므로 필요적 기재사항을 하나라도 기재하지 않
은 전자어음을 무효이다.

3. 電子어음발행의 效力

전자어음은 발행인이 타인에게 전자기본법 제 6 조 제 1 항의 규정에 따라

전자어음을 송신하고 그 타인이 동법 제 6 조 제 2 항의 규정에 따라 수신한 때에 발행한 것으로 본다($^{전자}_{6\,Ⅳ}$). 이는 일반어음의 경우에 어음의 발행을 위하여는 교부계약이 있어야 된다는 이치와 같다고 할 것이다. 전자어음의 송신, 수신의 시점은 전자거래기본법 제 6 조에 따른다.

[536] 제5 電子어음의 背書

Ⅰ. 背書의 方式

전자어음의 배서를 하는 경우에는 전자어음에 배서의 뜻을 기재한 전자문서를 첨부하여야 한다($^{전자}_{7\,Ⅰ}$). 이 경우에 전자배서문서에는 전자어음의 동일성을 표시하는 정보를 기재하여야 한다($^{동조}_{Ⅱ}$). 일반어음의 경우에 배서인의 기명날인 또는 서명은 공인 전자서명으로 하여야 한다($^{전자}_{7\,Ⅲ}$). 피배서인이 다시 배서를 하는 경우에는 전자어음에 이전에 작성된 배서전자문서를 전부 첨부하고 전자어음법 제 1 항에 의한 배서를 하여야 한다($^{전자}_{7\,Ⅳ}$). 전자어음의 총 배서회수는 20회를 초과할 수 없다($^{전자}_{7\,Ⅴ}$). 전자어음의 배서는 발행의 경우와 같이 배서인이 타인에게 전자어음법 제 6 조 제 1 항의 규정에 따라 전자어음과 배서전자문서를 송신하고 그 타인이 동법 제 6 조 제 2 항의 규정에 따라 수신한 때에 어음법 제13조 제 1 항의 규정에 의한 배서 및 교부가 있는 것으로 본다($^{전자}_{7\,Ⅲ}$).

2. 背書의 效力

전자어음의 배서에도 일반어음의 경우와 마찬가지로 권리이전적 효력과 담보적 효력이 있다. 그리고 전자어음의 유일한 정본을 소지하고 있는 자가 배서의 연속을 증명할 경우에는 적법한 권리가 추정되고 이 자로부터 어음을 취득한 자의 선의취득이 인정된다고 할 것이다($^{정경영,\,전게}_{서\,437면}$).

[537] 제6 電子어음의 保證

전자어음의 보증은 보증인이 전자어음에 전자보증문서를 첨부하여 공인전자서명을 하고, 보증인이 타인에게 송신하고 그 타인이 수신한 때에 전자보증의 효력이 생긴다($^{전자}_{8\,Ⅱ}$). 이는 전자배서의 경우와 같다고 할 수 있다. 전자어음보증에는 보증의 뜻과 피보증인을 명시하여야 하나 피보증인을 명시하지 않은 때에는 발행인을 위한 보증으로 본다($^{전자4}_{어\ 31}$).

[538]　제 7　電子어음의 支給

1. 支給提示

일반 약속어음은 어음금의 지급을 청구하려면 만기에 발행인에게 지급제시를 하여야 한다. 그러나 전자어음의 경우에 지급제시는 전자어음의 소지인이 전자어음 및 전자어음의 배서에 관한 전자문서를 첨부하여 지급청구의 뜻이 기재된 전자문서를 제 6 조 제 1 항 제 2 호의 금융기관에 송신하고 당해 금융기관이 이를 수신한 때에 지급제시가 있는 것으로 본다. 다만, 관리기관에 대한 전자어음의 제시는 지급을 위한 제시의 효력이 있으며 관리기관이 운영하는 정보처리조직에 의하여 전자어음의 만기일 이전에 자동으로 지급제시되도록 할 수 있다($^{전자}_{9\ I}$). 지급제시를 하는 소지인은 지급청구의 뜻이 기재된 전자문서에 어음금을 수령할 금융기관의 계좌를 기재하여야 한다($^{동법}_{9\ III}$). 그리고 지급제시를 받은 금융기관이 어음금을 지급할 때에는 전자어음관리기관에 지급사실을 통지하여야 한다. 다만, 관리기관에서 운영하는 정보처리조직에 의하여 지급이 완료된 경우에는 그러하지 아니하다($^{동법}_{9\ IV}$). 이와 같이 통지가 있거나 지급이 완료된 경우 어음채무자가 당해 어음을 환수한 것으로 본다($^{전자}_{10}$).

2. 支給拒絶

지급제시를 받은 금융기관이 지급을 거절할 때에는 전자문서($^{이하 "지급거절 전}_{자문서"라 한다}$)로 하여야 한다($^{전자}_{12\ I}$). 지급거절 전자문서를 관리기관에 통보하고 동 기관이 이를 확인한 경우 동 전자문서를 어음법 제44조 제 1 항의 규정에 의한 공정증서로 본다($^{전자}_{12\ II}$). 전자어음의 소지인이 지급거절 전자문서를 수신한 날을 공정증서의 작성일로 본다($^{전자}_{12\ III}$). 지급거절 전자문서의 확인 방법 및 절차 그 밖에 필요한 사항은 대통령령으로 정한다($^{전자}_{12\ IV}$). 즉 전자어음은 지급거절을 전자문서로 하고 전자어음 관리기관의 확인을 받으면 공정증서로서의 효력이 인정되어 소구절차를 진행할 수 있다.

3. 遡　　求

전자어음의 소지인이 소구할 때에는 전자어음과 배서전자문서, 지급거절

전자문서를 첨부하여 소구의 뜻을 기재한 전자문서를 소구의무자에게 송신하
여야 한다($_{13}^{전자}$ $_{I}$). 소구를 하는 전자어음의 소지인은 소구의 뜻을 기재한 전자
문서에 어음금을 수령할 금융기관의 계좌를 기재하여야 한다($_{13}^{전자}$ $_{IV}$). 이에 대하
여 소구의무자가 소구금액을 지급한 때에는 관리기관에 지급사실을 통지하여
야 한다($_{13}^{전자}$ $_{II}$). 이러한 통지가 있으면 소구의무자가 전자어음을 환수한 것으로
본다($_{13}^{전자}$ $_{III}$).

[539] 제 8 電子어음의 返還·受領拒否

전자어음을 발행 또는 배서한 자가 착오 등을 이유로 전자어음을 반환받
고자 하는 때에는 그 소지인으로 하여금 관리기관에 반환의 뜻을 통지하게 하
여야 한다($_{14}^{전자}$ $_{I}$). 위의 통지가 있으면 전자어음은 발행 또는 배서되지 않은 것
으로 보며, 관리기관은 당해 전자어음의 발행 또는 배서에 관한 기록을 말소하
여야 한다($_{14}^{전자}$ $_{II}$). 한편 전자어음의 수신자가 전자어음의 수령을 거부하고자 하
는 경우에는 그 수신자는 관리기관에 그 뜻을 통지하여야 한다. 이 통지가 있
으면 수신자가 전자어음을 수령하지 않은 것으로 보며, 관리기관은 수신자의
청구가 있을 경우 그 수신자가 전자어음의 수령을 거부한 사실을 증명하는 문
서를 발급하여야 한다($_{14}^{전자}$ $_{III}$).

제 8 장　手　　票

제 1 절　總　　說

[540]　제 1　總　　說

(1) 경제적 기능[797면 참조]

(2) 의　의　수표는 발행인이 지급인($\frac{\circ}{\text{행}}$)에 대하여 수취인 기타 정당한 소지인에게 일정한 금액을 지급할 것을 위탁하는 형식의 유가증권이다. 따라서 수표는 발행인 자신이 일정한 금액의 지급을 약속하는 약속어음과는 근본적으로 다르고, 제 3 자에게 일정한 금액의 지급을 위탁하는 유가증권이라는 점에서는 인수 전의 환어음과 동일하다. 그 때문에 법률적 성질과 형식도 환어음과 아주 유사하다.

[541]　제 2　手票와 어음의 差異

I. 경제적 기능의 차이

1) 환어음은 이른바 신용증권인 데 대하여, 수표는 지급의 수단으로서 실제로 현금지급의 대신으로 발행되는 이른바 **지급증권**이다. 그리하여 어음을 발행하거나 양도하는 자는 금전을 필요로 하는 자이며, 수표의 발행자는 금전을 갖고 있는 자라고 말하기도 한다.

2) 수표에 있어서는 법률상으로는 제 3 자($\frac{\circ}{\text{행}}$)가 발행인을 위하여 금전을 지급하지만 제 3 자는 발행인을 대신하여 지급하는 것이며 실질적으로는 발행인 자신이 지급하는 것과 다름이 없다. 또 수표의 경우에는 환어음과는 달리 인수제도가 없으므로 환어음과 같이 지급인의 인수를 조건으로 하는 지급인에 대한 어음금액지급청구권이라고 하는 기대권은 존재하지 않는다. 따라서 수표소지인은 지급인인 은행에 대하여 직접 지급을 청구할 권리가 없다[大 70. 11. 24. 70 다 2046].

3) 환어음이나 약속어음은 권리를 표창하고 있는 데 비하여, 수표는 이익을 받을 자격 또는 지위를 표창할 뿐이라는 점에서 수표는 환어음 또는 약속

어음과 커다란 차이가 있다. 그러나 수표도 지급거절의 경우 발행인이나 배서인에 대한 상환청구권을 표창하는 점은 어음과 같다. 한편 수표는 주로 지급증권의 기능을 하는 것이지만 수표에 지급보증이 있는 경우에는 신용증권인 성질을 가지며, 또 송금수표의 경우에는 송금의 수단으로 이용되기도 한다. 그러나 수표법은 수표의 신용증권화를 방지하기 위한 규정을 두고 있다. 즉 인수의 금지($\frac{수}{4}$), 수표의 일람출급성($\frac{수}{28}$ⅠⅠ), 단기의 지급제시기간($\frac{수}{29}$), 지급인의 배서 및 보증의 금지($\frac{수}{25}\frac{15}{Ⅱ}$Ⅲ·), 단기의 시효기간($\frac{수}{51}$) 등이다.

2. 법률적 차이

(1) **수표와 환어음의 차이**[802면 이하 참조]

(2) **수표와 약속어음의 차이**　　수표는 제3자($\frac{지급}{인}$)에게 지급을 위탁하는 내용을 기재한 증권이며, 약속어음은 발행인이 일정한 금액을 직접 지급할 것을 약속하는 증권인 점에서 근본적인 차이가 있다.

　1) **당 사 자**　　약속어음은 발행인이 지급약속을 하는 증권이므로 발행인과 수취인의 2인 관계인 데 비하여, 수표는 지급위탁증권이므로 발행인과 수취인, 그리고 지급인이 있어야 하지만 어음과는 달리 수취인의 표시는 수표요건이 아니다.

　2) **법률관계**　　수표의 경우에는 발행인과 수취인과의 법률관계 외에 발행인과 지급인과의 법률관계인 자금관계가 필요하다(약속어음에 있어서도 발행인과 지급담당자간의 법률관계 − 준자금 관계 − 는 존재할 수 있다).

　3) **주채무자**　　약속어음의 발행인은 주채무자이지만 수표의 지급인은 지급보증을 한 경우에도 제시기간 내의 제시를 정지조건으로 하는 조건부의무를 지는 데 불과하다($\frac{수}{55}$)[동: 孫(주)·398~399]. 즉 수표에 있어서는 절대적 의무를 부담하는 자가 존재하지 않는다(환어음의 지급인은 인수에 의하여 주채무자가 되는 점에서 수표의 지급인과 다르다). 그러므로 수표의 경우에는 공탁제도가 인정되지 않는다.

(3) **수표와 환어음의 유사점**　　수표와 환어음은 일정한 금액의 지급위탁증권이란 점에서는 같기 때문에 법률적으로 다음과 같은 점에서 유사하다.

　i) 수표·어음행위독립의 원칙($\frac{수}{어}\frac{10}{7}$·), ii) 수표·어음의 선의취득($\frac{수}{어}\frac{21}{16}$Ⅱ), iii) 요식증권성($\frac{수}{어}\frac{1,2}{1,2}$·), iv) 배서성($\frac{수}{어}\frac{14}{11}$이하·), v) 수표·어음행위의 대리($\frac{수}{어}\frac{11}{8}$·), vi) 수표·어음의 위조와 변조($\frac{수}{어}\frac{10,50}{7,9}$·), vii) 백지수표·어음($\frac{수}{어}\frac{13}{10}$·), viii) 수표·어음의 항변($\frac{수}{어}\frac{22}{17}$·), ix) 이득상환청구권($\frac{수}{어}\frac{63}{79}$·), x) 수표·어음의 발행인·배서

인·보증인에 대한 소구($^{수\ 12,\ 18,\ 27\;}_{어\ 9,\ 15,\ 32}$) 등이 이에 해당한다.

제 2 절 手票의 種類

[542] 제 1 總   說

수표의 종류는 여러 가지의 기준에 따라서 구분할 수 있다. 수표는 수취인의 지정방식에 따라 i) 기명식수표, ii) 지시식수표, iii) 지시금지 있는 기명식수표, iv) 소지인출급식수표, v) 지명소지인출급식수표, vi) 무기명식수표($^{수}_{5}$) 등으로 분류한다. 그리고 수표는 발행형식에 따라 i) 자기지시수표, ii) 위탁수표, iii) 지기앞수표($^{수}_{6}$), iv) 타소출급($^{제3자}_{방출급}$)수표($^{수}_{8}$), v) 배지수표($^{수}_{13}$), vi) 선일자수표($^{\ \ 수}_{28\text{Ⅱ}}$), vii) 후일자수표, viii) 횡선수표($^{수}_{37}$), ix) 계산수표($^{수}_{65}$) 등으로 분류된다. 또한 수표에는 특별법에 의하여 발행되는 것으로서 국고수표와 우편수표가 있다.

[543] 제 2 手票의 種類

(1) **당좌수표**   당좌수표는 수표의 발행인이 은행과 당좌거래계약($^{당좌}_{예금}$계약·당좌차월계약 및 수표계약을 포함한다)을 체결하고 은행에 있는 수표자금($^{당좌예금잔액·}_{당좌차월한도액}$)의 범위 내에서 발행하는 수표로서 수표법에서 말하는 전형적인 형태의 수표이다.

(2) **가계수표**   은행과 가계종합예금계약을 체결한 자가 이를 기본거래로 하여 가계당좌예금계약을 하고 이에 기하여 그 거래은행을 지급인으로 하여 발행하는 수표이다. 일반당좌계약은 사업자인 상인 중에서 일정한 요건을 갖춘 자를 대상으로 하나 가계당좌예금은 봉급생활자, 연금수급권자 또는 자영업자들 중 일정한 자격이 있는 개인을 그 대상으로 한다.

(3) **위탁수표**   제3자의 계산으로 발행한 수표가 위탁수표이다($^{\ 수}_{6\text{Ⅱ}}$). 이는 발행인에게 제3자가 지급자금을 제공한 경우에만 그 지급이 가능한 수표이다. 그러므로 발행인이 제3자에 대하여 채권이 있는 것만으로는 발행할 수 없는 것이다.

(4) **자기앞수표**($^{보증수표·}_{보수}$)   1) 발행인 자신을 지급인으로 하여 발행한

수표가 자기앞수표이며($_{6\text{Ⅲ}}^{\text{수}}$) 지급보증에 갈음하여 발행된다. 자기앞수표는 은행과 당좌거래를 하고 있는 자나 당좌거래가 없는 제 3 자의 의뢰에 의하여 은행이 발행하게 되는데, 발행의뢰인과 은행 사이의 법률관계는 은행이 의뢰인으로부터 대가를 받고 수표인 유가물을 교부하기 때문에 매매의 일종인 유상계약이라고 할 것이다. 자기앞수표는 발행인과 지급인이 동일은행인 수표로서 i) 점포가 다른 경우와, ii) 점포까지 동일한 경우가 있는데, 보통 자기앞수표라고 할 때에는 점포까지 동일한 경우를 가리킨다.

   2) 일반수표와 다른 점은 발행인과 지급인이 동일은행이므로 수표계약이 필요 없고 발행인의 지급위탁의 취소도 존재하지 않는다는 것이다. 그러므로 자기앞수표를 상실한 경우에 자기앞수표의 발행의뢰인에 의한 지급정지의 의뢰는 무권리자에 대한 지급을 방지하기 위한 사고계(事故届)이고 지급위탁의 취소가 아니다.

   (5) 제 3 자방출급($_{\text{출급}}^{\text{탁송}}$)수표   지급인의 영업소 이외의 제 3 자의 주소($_{\text{소}}^{\text{영업}}$)에서 지급하라는 문구를 발행인이 기재하여 발행한 수표를 제 3 자방출급수표($_{\text{탁급수표}}^{\text{탁소출}}$)라 한다($_{8}^{\text{수}}$). 이는 지급은행이 지급지 내에 영업소를 가지고 있지 아니한 경우라든지 지급은행을 지급인으로 하지 아니하는 경우에 이용된다.

   (6) 백지수표   수표요건을 백지로 하여 기명날인 또는 서명한 미완성의 수표를 백지수표라 한다. 이것은 후일에 소지인으로 하여금 그 요건의 기재를 보충시킬 의사로 발행된다($_{13}^{\text{수}}$)〔$_{\text{하 참조}}^{894면 이}$〕.

   (7) 선일자수표($_{\text{표}}^{\text{연수}}$)   발행인이 발행일자를 실제로 발행한 일자가 아닌 장래의 일자로 기재하여 발행한 수표를 선일자수표($_{\text{표}}^{\text{연수}}$)라 한다. 이는 형식상으로 요건의 불비는 아니므로 무효수표가 아니다. 선일자수표에 대하여는 상세하게 후술한다〔$_{\text{이하 참조}}^{1063면}$〕.

   (8) 후일자수표   선일자수표와 반대로 발행일자가 발행된 날 이전으로 기재된 수표이다.

   (9) 횡선수표   수표의 분실·도난 등에 대비하여 수표의 부정소지인이 그 수표에 의하여 지급을 받지 못하도록 하기 위하여 수표상의 표면에 두 줄의 평행선을 그은 수표를 말하며, 이에는 일반횡선수표와 특정횡선수표의 두 가지가 있다($_{37\sim38}^{\text{수}}$). 횡선수표에 대하여는 상세히 후술한다〔$_{\text{이하 참조}}^{1070면}$〕.

   (10) 계산수표   발행인이나 소지인이 수표의 표면에 「계산을 위하여」의 문자 또는 이와 동일한 의의의 문언을 기재하여 현금의 지급을 금지하고

기장의 방법에 의하여서만($^{구좌를}_{통해서만}$) 결제할 수 있게 한 수표를 계산수표라 하며 ($^{수}_{65}$), 이것도 횡선수표와 같이 위험방지를 위한 것이다. 우리 나라에서는 이것을 인정하지 않고, 다만 외국에서 발행하여 대한민국에서 지급할 계산수표에 대하여 일반횡선수표와 동일한 효력을 인정하고 있을 뿐이다($^{수 \ 65;}_{섭외 \ 42}$).

(11) **송금수표(D/D)**　　송금의 목적으로 발행된 수표로서 송금수표라는 용어는 법률상의 의미는 없다. 송금방식 중 보통송금환의 방식으로 발행되는 것이 송금수표이다.

(12) **쿠　　폰**($^{Coupon,}_{은행수표}$)　　이것은 여러 가지의 액면으로 정해진 자기앞수표를 회수권식으로 발행한 수표철이다.

(13) **여행자수표(T/C)**　　여행자수표(traveler's check, T/C)는 해외여행자가 현금을 휴대하는 경우에 분실·도난 등의 위험을 피하기 위하여 고안된 수표로서 각국의 제도가 반드시 일지하지는 않는다. 일반석으로 미국의 여행자수표란 은행이 발행인이 되고 여행자를 수취인으로 하여 발행인인 은행이 그의 해외지점 또는 거래은행에 대하여 지급인 또는 상대방의 면전에서의 부서(副署)를 조건으로 증권에 기재된 금액의 지급을 지시하는 내용의 수표라고 할 수 있다.

(14) **국고수표**　　각 중안관서의 장 또는 지출원인행위의 위임을 받은 공무원($^{재무}_{관}$)이 그 소관에 속하는 세출예금에 의하여 지출을 하고자 할 때에는 소속중앙관서의 장이 임명한 지출관에게 지출원인행위관계서류를 송부하게 되는데, 이 경우에 지출관이 지출원인행위에 의하여 지출하고자 할 때에는 현금을 교부하는 대신 한국은행을 지급인으로 하는 수표를 발행할 수 있다($^{예산회계}_{법 \ 63}$). 이와 같이 발행한 수표를 국고수표라 한다.

(15) **우편($^{대}_{체}$)수표**　　우편수표는 체신관서에 계좌를 갖고 있는 자가 정보통신부령에 의하여 체신관서를 지급인으로 발행한 수표라고 할 수 있다. 우편수표에 대하여는 특별한 규정이 없는 때에는 수표법의 규정을 적용한다($^{우편대체}_{법 \ 14 \ IV}$).

제 3 절　手票의 記載事項

[544] 제 1 總　　說

　　수표의 요건을 기재하지 않은 경우의 효력과($_2\frac{수}{I}$) 그 보충이 인정되는 점 등은($_2\frac{수}{II\sim IV}$) 어음의 경우와 같다. 어음과 다른 것은 만기 및 수취인의 표시는 필요적 기재사항이 아닌 점이다. 즉 수취인의 기재는 임의적 기재사항이며($_5\frac{수}{I}$), 또한 만기의 기재는 무익적 기재사항이다($_{28}\frac{수}{I}$). 수표는 실제에 있어서는 은행 과 당좌거래계약($\frac{수표}{계약}$)을 체결한 자가 은행으로부터 교부받은 수표장의 용지에 그 기입란을 보충하여 발행한다.

《수표의 요건》

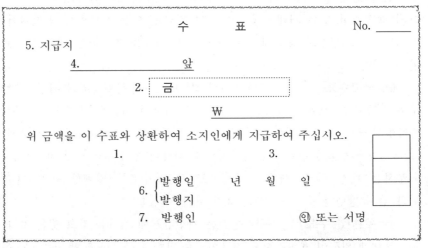

[545] 제 2　必要的 記載事項

　　(1) 수표문구($_1\frac{수}{(1)}$)　　　수표의 본문 중에는 수표의 작성에 사용하는 국어 로 수표임을 표시하는 문자를 기재하여야 한다.

　　(2) 수표금액($_1\frac{수}{(2)}$)($\frac{환어음의 경}{우와 같다}$)$\left[\frac{882면 이}{하 참조}\right]$

　　(3) 지급위탁문구($_1\frac{수}{(2)}$)($\frac{환어음의 경}{우와 같다}$)$\left[\frac{882면 이}{하 참조}\right]$

(4) 지급인의 명칭($手_{1(3)}$)   지급인의 자격은 「은행」에 한정된다($手_3$). 여기에서 은행이라 함은 법령에 의하여 은행과 동시되는 사람 또는 시설을 포함한다($手_{체국·농협 등}^{59. 예컨대 우}$). 또한 제3자방지급의 경우에도 제3자($_{지급담당자}^{지급장소 또는}$)는 은행이어야 한다($_8手_단$). 은행 이외의 자를 지급인으로 하여 수표를 발행한 자는 일정한 과태료의 제재를 받지만($手_{67}$), 무효인 수표는 아니므로($3手_단$) 발행인 기타의 기명날인 또는 서명한 자는 수표상의 책임을 면하지 못한다. 수표는 발행인이 지급인에 대하여 하는 단순한 지급위탁이므로 지급인은 수표소지인에 대하여 반드시 액면금을 지급하여야 할 법률상 의무가 있는 것은 아니며, 이 법리는 자기앞수표의 경우에도 동일하다$\left[_{大 59.11.26, 4292 민상 359}^{大 70.11.24, 70 다 2046;}\right]$.

(5) 지 급 지($手_{1(4)}$)   수표의 지급지도 환어음과 대체로 같지만 특히 국제사법상 중요한 의의를 갖는다($手_{59}^{국사}$). 수표는 지급지의 표시가 없어도 무효가 되지 않고 지급인의 명칭에 부기한 지를 지급지로 보며($_{전단}^{手 2 Ⅱ}$), 또 지급인의 명칭에 부기한 지가 수개 있을 때에는 초두에 기재한 지를 지급지로 보고($2手_Ⅱ$), 이와 같은 기재도 없는 때에는 발행지를 지급지로 본다($2手_Ⅲ$).

(6) 발행일과 발행지($手_{1Ⅴ}$)   발행일과 발행지의 기재는 어음의 경우와 같고, 반드시 현실의 발행일이나 발행지일 필요는 없고 선일자수표도 유효하다($28手_Ⅱ$). 발행일은 지급제시기간과 시효기간의 기산점이 되고($29手_Ⅳ$), 발행지는 제시기간($手_{29}$), 세력(歲曆)($手_{31}$), 복본($手_{48}$) 등 이외에 국제수표법과도 관계가 있다. 발행지의 기재가 없는 수표는 발행인의 명칭에 부기한 지에서 발행한 것으로 본다($2手_Ⅳ$).

(7) 발행인의 기명날인 또는 서명($手_{1(6)}$)$\left[_{참조}^{889면}\right]$ 발행인은 지급인에 대하여 자금을 가지고 있는 자이어야 한다($3手_{67}$). 기명이라 함은 「서명」과 달라서 반드시 발행인이 자필로 써야 되는 것이 아니므로, 고무인 등으로 명판을 만들어 두고 찍어도 무방하다. 또 날인에는 무인은 포함되지 않는다$\left[_{4288 민상 424}^{大 56.4.26,}\right]$. 그러나 대리인이 직접 본인의 기명날인 또는 서명을 하여 수표를 발행한 행위는 유효하고, 본인에 대하여 효력이 있다.

[546] 제3 有益的 記載事項

(1) 수취인의 기재   1) 수취인의 기재는 어음과는 달리 수표요건은 아니지만 이것을 기재하면 그 효력이 생긴다. 수취인의 표시방법에는 i) 기명

식, ii) 지시식($^{수5}_{1(1)}$), iii) 기명식으로 「지시금지」의 문자 또는 그와 동일한 의의가 있는 문언을 기재한 것($^{배서금}_{지수표}$)($^{수5}_{1(2)}$), iv) 소지인출급식($^{수5}_{1(3)}$), v) 지명소지인출급식($^{선택무}_{기명식}$)($^{수}_{4 II}$), vi) 수취인의 기재가 전혀 없는 것($^{무기}_{명식}$)($^{수}_{5 III}$) 등의 6가지가 있으나, 기명식의 경우에는 배서금지문구가 없는 한 당연히 배서성을 가지므로 법률상으로는 지시식과 동일한 효력을 갖는다($^{수}_{14 I}$).

　　　2) 수표의 경우에 소지인출급식과 지명소지인출급식 및 무기명식의 수표의 발행을 인정하는 것은 어음과 다른 점이며, 이것은 수표가 단기간 내에 결제될 지급증권인 성질상 요구되는 것이다. 자기지시수표도 인정되는데($^{수}_{6 I}$), 이것은 발행인 자신이 당좌예금을 환급하는 경우에 이용된다.

　　　(2) 제3자방지급의 기재($^{수}_{8}$)　　이것은 지급담당자 또는 지급장소의 기재를 말하며, 이 경우의 제3자는 은행이어야 한다($^{전}_{술}$). 또 제3자방기재를 할 수 있는 자는 발행인이며, 배서인은 물론 지급인도 이를 기재하지 못한다. 제3자는 지급지 내에 영업소나 주소를 가지는 자임을 요한다. 제3자방지급의 기재는 지급은행이 지급지 내에 영업소가 없는 경우, 또는 은행을 지급인으로 하지 않는 수표를 발행하는 경우에 실용성이 있다.

　　　(3) 기　　　타　　i) 지급인의 명칭에 부기한 지($^{수}_{2 II}$), ii) 발행인의 명칭에 부기한 지($^{수}_{2 IV}$), iii) 위탁수표문언($^{수}_{6 II}$), iv) 배서금지문언($^{수5(2)}_{14 II}$), v) 환산율의 기재($^{수}_{36 II}$), vi) 외국통화현실지급문언($^{수}_{36 III}$), vii) 지급거절증서작성면제문언($^{수}_{42}$), viii) 횡선($^{수}_{37}$), ix) 복본의 번호($^{수}_{48}$) 등이 있다.

[547] 제4 無益的 記載事項

　　　(1) 이자약정의 기재사항($^{수}_{7}$)　　일람출급의 환어음의 경우에는 이자약정의 기재가 인정되는 데($^{어}_{5 I}$) 비하여, 일람출급인 수표의 경우에는 이자약정의 기재를 하여도 이것은 기재하지 않은 것으로 본다($^{수}_{7}$). 왜냐하면 환어음은 신용증권인 데 비하여, 수표는 지급증권이기 때문이다.

　　　(2) 발행인의 지급무담보문언($^{수}_{12}$)　　수표의 발행인은 지급을 담보한다. 발행인이 담보하지 아니한다는 뜻의 모든 문언은 기재하지 아니한 것으로 본다.

　　　(3) 일람출급 이외의 만기의 표시($^{수}_{28}$)　　어음의 경우는 일람출급 이외의 방법에 의한 만기의 기재도 인정되지만($^{어}_{33 I}$), 수표는 지급증권이므로 만기를 기재하여도 모두 일람출급식으로 본다.

(4) 기　　타　　이 밖에 수표법상으로는 규정이 없지만, 예비지급인의 기재, 위약금 문언, 원인문언, 통지후출급문언, 손해배상액의 예정, 관할의 합의, 담보부문언 등 다수가 있다.

[548]　제 5　有害的 記載事項

수표법에 규정되어 있는 것은 없으나, 지급을 원인행위와 결부시키거나 또는 조건부로 하는 등 수표의 본질에 반하는 기재를 한 때에는 수표 전체가 무효화되는데, 이 점은 어음의 경우와 같다.

제 4 절　手票의 發行

[549]　제 1　總　　說

(1) 발행의 의의　　수표의 발행은 기본수표를 작성하는 행위와 이것을 상대방에게 교부하는 두 단계의 행위로 이루어지며, 기본수표를 작성하는 행위는 수표요건을 기재하고 발행인이 기명날인 또는 서명하는 것을 말한다. 수표발행의 법률적 성질은 환어음의 경우와 같이 지급지시이다$\left[\begin{smallmatrix}861면\\참조\end{smallmatrix}\right]$.

(2) 발행의 효과　　수표발행의 효과는 수표의 소지인에게 지급인으로부터 수표금액을 지급받을 기대이익을 취득시키는 것이며, 이것은 발행인과 지급인과의 수표계약에 의하여 발생한다($\frac{수}{3}$). 또한 수표발행인은 수표의 지급을 담보하므로 지급거절의 경우 상환의무를 부담하며, 지급무담보문언은 이를 기재하여도 그 기재가 없는 것으로 본다($\frac{수}{12}$). 그리고 지급인이 지급보증을 한 때에는 소지인은 지급인에 대한 권리자가 되지만, 발행인은 이 지급보증으로 인하여 그 지급담보책임을 면하지 못한다($\frac{수}{56}$).

[550]　제 2　發行人과 受取人 간의 關係($\begin{smallmatrix}원인\\관계\end{smallmatrix}$)

(1) 발행인과 수취인 간의 원인관계는 채무자가 기존채무에 관하여 수표를 발행하여 교부한 경우, 당사자의 의사가 명백하지 않은 경우에는 기존채무의

지급을 위하여 한 것으로 **추정한다.**

(2) 판례는 이 때 수표발행인은 당해 수표가 부도로 된 경우에 소지인으로부터의 상환청구에 응할 수표법상의 채무를 부담할 뿐이고 특별한 사유가 없는 한 수표거래에 관한 원인채무를 보증한 것으로는 볼 수 없다고 한다[大 57. 10. 28, 4290 민상 294]. 그러나 타인간의 금전소비대차의 편의를 도모하기 위하여 수표를 발행하여 채권자에게 교부한 경우에는 특별한 사정이 없으면 수표상의 책임은 물론 소비대차에 있어서도 채무자를 위하여 보증채무를 부담할 의사표시를 한 것으로 본다고 한다[大 74. 5. 14, 74 다 278; 大 65. 9. 28, 65 다 1268].

[551] 제 3 資金關係

I. 수표자금

수표는 제시된 때에 발행인이 처분할 수 있는 자금(수표자금)이 은행에 있어야 하고, 발행인이 그 자금을 수표에 의하여 처분할 수 있는 명시 또는 묵시의 계약(수표계약)에 따라서만 발행할 수 있다($\frac{수}{3}$). 그러므로 수표자금은 발행인이 자기의 계산에서 지급인으로 하여금 지급할 수 있게 하는 금액을 말하며, 이 자금은 보통 당좌예금 및 당좌대월 등의 형식으로 존재하며 자금은 수표의 지급제시를 하는 때에 있으면 된다($\frac{수}{3}$).

2. 수표계약

(1) **총   설**   발행인이 수표자금을 지급하게 하기 위하여는 수표자금 이외에 수표계약이 있어야 한다. 이것은 은행예금자와 은행간에 당좌예금계약·당좌대월계약과 같이 종합계약의 일부로서 또는 이것에 수반하여 체결

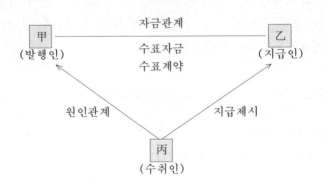

되는 것이 보통이다. 제3자의 계산으로 발행되는 위탁수표의 경우는($_{6 \text{II}}^{\,수}$) 수표자금과 수표계약은 지급인과 제3자간에 존재하고, 발행인은 제3자의 자금을 처분할 수 있는 권한이 있으면 된다.

(2) 성　질　　수표계약의 성질에 관하여 대리권수여계약, 제3자를 위한 계약 등으로 보는 견해도 있으나, 수표소지인은 수표계약을 근거로 지급인인 은행에 대하여 수표금의 지급청구권이 없다는 점에서 타당하지 않다. 그리하여 수표의 지급사무를 위탁하는 위임계약으로 보는 것이 **통설이다** $\left[\begin{smallmatrix} 大 \, 70.11.24, \\ 70 \, 다 \, 2046 \end{smallmatrix}\right]$.

(3) 내　용　　수표계약을 체결할 때에는 발행인과 지급인($_{행}^{은}$)간에 단순히 수표지급에 관한 약정뿐만 아니라, 은행소정의 수표용지에 의해서만 수표를 발행한다는 것, 또는 위조·변조수표를 지급한 경우의 책임귀속문제 등 여러 가지 사항에 관하여 약정하는 것이 보통이다.

3. 수표자금·수표계약의 부존재

수표의 발행에는 수표자금과 수표계약이 있어야 하는데, 이에 위반하여 발행된 수표도 무효는 아니며($_{3 \text{단}}^{\,수}$) 다만 발행인이 과태료에 의한 제재를 받을 뿐이다($_{67}^{\,수}$).

제 5 절　手票保證과 支給保證

[552]　제1　手票保證

(1) 수표의 경우에도 타지지급수표의 할인을 용이하게 하기 위하여 어음의 경우와 같은 보증이 인정된다. 수표보증도 대체로 환어음의 보증($_{30 \sim 32}^{\,어}$)과 같으나($_{25 \sim 27}^{\,수}$), 다른 점은 지급인은 보증인이 될 수 없다는 점이다($_{25 \text{II}}^{\,수}$).

(2) 이것은 수표의 신용증권화를 방지하기 위하여 인수를 금지하고 있으며($_{4}^{\,수}$), 지급인에 대한 배서는 영수증의 효력밖에 인정하지 않는 취지($_{15 \text{V}}^{\,수}$)와 같은 것이다. 즉 지급인의 보증을 인정하면 결과적으로 인수를 인정하는 것과 동일한 결과가 되기 때문이다. 따라서 지급인의 보증은 인정하지 않고 있다.

(3) 수표의 경우에는 인수가 없기 때문에 수표보증인은 소구의 경우에만

책임을 진다는 점이 어음과 다르다.

[553] 제 2 手票의 支給保證

I. 총   설

(1) 의   의   1) 수표가 제시기간 내에 제시된 때에 지급인이 수표금액의 지급을 약속하는 부속적 수표행위이다. 수표는 신용증권이 아니고 지급증권이므로 항상 일람출급식이고 그 제시기간도 단기이며, 환어음의 경우와 같은 인수제도는 인정되지 않는다. 따라서 수표에 한 인수의 기재는 기재하지 아니한 것으로 보고($\frac{수}{4}$), 이에 대한 탈법수단이 될 수 있는 지급인의 배서($\frac{수}{15}$Ⅲ)나 보증($\frac{수}{25}$Ⅱ)도 인정하지 아니한다.

2) 그러나 지급위탁증권인 수표에 있어서 지급인에게 지급의무를 부담시키고 수표의 확실성을 확인하는 지급보증제도가 각국에서 인정되고 있다. 우리나라는 수표법통일조약의 유보조항에 따라 이를 입법화하였다.

실제에 있어서는 지급보증은 예컨대 고객이 수표의 지급 이전에 파산한 경우에 고객의 자금이 파산재단에 속하게 되는 등 위험부담이 따르기 때문에, 은행은 지급보증의 청구가 있으면 당좌예금약관 제10조에 의하여 「자기앞수표」를 발행한다.

(2) 성   질   소구의무자로서 수표상의 지급의무를 부담하는 것을 목적으로 하는 부속적 수표행위의 일종에 속한다[大 70. 11. 24, 70 다 2046; 大 64. 4. 28, 63 다 914].

(3) 타제도와의 비교   지급보증은 환어음의 인수, 수표보증 및 민법상의 보증과는 다음과 같은 점에서 구별된다.

1) 환어음의 인수와의 차이

(가) 지급보증인의 의무는 환어음인수인의 의무와 같이 절대적인 것이 아니고, 제시기간 경과 전에 수표의 제시가 있는 경우에만 지급의무를 부담한다($\frac{수}{55}$Ⅰ).

(나) 환어음의 소지인은 인수제시를 할 수 있으며 소지인의 전자도 인수담보책임을 부담하기 때문에 인수거절시에는 소지인의 전자에 대한 소구권의 행사가 가능하지만, 수표의 소지인은 지급보증을 청구할 수 없으며 지급인이 지급보증을 거절하여도 소구권이 생기지 않는다.

(다) 환어음에서는 일부인수가 가능하지만($\frac{어}{26}$Ⅰ), 수표금액의 일부에 대한 지급보증은 인정되지 않는다.

㈑ 환어음의 인수인의 의무는 그 시효기간이 만기로부터 3년인 데$\binom{어}{70\,\text{I}}$
비하여, 지급보증인의 경우에는 제시기간 경과 후 1년이다$\binom{수}{58}$.

《환어음의 인수와 지급보증》

	인　수	지급보증
의무의 내용	절대적 의무	제시기간 내의 제시를 조건으로 하는 의무
소구권의 유무	인수거절의 경우 소구권 발생	지급보증거절의 경우 소구권 불발생
일부인수·일부 지급보증의 가부	인　정	불인정
시효기간	3년	1년

㈒ 환어음의 인수에는 유예기간$\binom{어}{24\,\text{I}}$이 있으나, 지급보증의 경우에는 인
정되지 않는다.

2) 수표보증과의 차이

㈎ 수표보증은 지급인을 제외하고$\binom{수}{25\,\text{II}}$ 누구든지 할 수 있지만, 지급보증
은 지급인만이 할 수 있다$\binom{수}{53}$.

㈏ 수표보증은 발행인 또는 배서인이 지는 주채무$\binom{상환}{채무}$의 존재를 전제로
하지만, 지급보증에는 종속성이 없다.

㈐ 수표보증의 보증인은 피보증인과 동일한 의무를 부담하며$\binom{수}{27\,\text{II}}$ 보증
인이 수표의 지급을 한 때에는 피보증인 및 그 자의 수표상의 채무자에 대하
여 수표로부터 생기는 모든 권리를 취득하나$\binom{수}{27\,\text{II}}\binom{제2차적}{담보의무자}$, 지급보증의 경우
에 보증인은 제 1 차적 수표금액지급의무자이다. 그러나 지급보증인은 인수인

《수표보증과 지급보증》

	수표보증	지급보증
보증인	지급인 이외의 자	지급인
주채무의 존재	필요	불요
지급과 소구권	지급의 경우 전자에 대한 소구권 발생	지급의 경우 수표의 소멸

($\frac{약속어음의}{발행인}$)과 같이 무조건으로 지급의무를 부담하는 것이 아니라, 일정한 경우 ($\frac{수}{55}$)에만 지급의무를 지는 조건부지급의무자라고 할 수 있다.

    3) 민법상의 보증과의 차이   지급보증은 지급보증의 청구자를 위한 채무부담행위로서 지급보증인과 그 청구자 사이에 교부계약이 있어야 하지만, 지급보증은 수표행위이며 일반사법상의 행위가 아니므로 민법상의 보증과 다르다.

2. 지급보증의 방식

    (1)「지급보증」문언의 기재와 기명날인 또는 서명   지급보증은 수표의 표면에「지급보증」기타 지급을 할 뜻을 기재하고 일자를 부기하여 지급인이 기명날인 또는 서명하여야 한다($\frac{수}{53}_{II}$). 따라서 수표의 이면에 한 지급보증은 무효이며[$\frac{大\ 72.\ 10.\ 25,}{72\ 도\ 1976}$], 수표의 보전에 지급보증의 문언을 기재하고 지급인이 기명날인 또는 서명하여도 지급보증의 효력은 없고($\frac{수\ 26\ II의\ 수표}{보증방식과\ 구분}$) 별개의 지편에 한 지급보증도 인정되지 않는다[$\frac{朝高\ 38.\ 5.\ 31,}{민집\ 25,\ 275}$].

    (2) 일자의 부기   일자를 부기하는 것은 지급보증이 제시기간 내에 된 것을 증명하기 위한 것이지만, 지급보증은 인수와 달리 제시기간 내에 거절증서를 작성하지 않으면 그 효력이 없으므로($\frac{수}{55}$), 일자의 부기는 별로 의미가 없다.

    (3) 단 순 성   지급보증은 무조건이어야 하며($\frac{수}{54}_{I}$), 지급보증에 의하여 수표의 기재사항에 가한 변경은 이를 기재하지 않은 것으로 본다($\frac{수}{54}_{II}$). 또 환어음의 일부인수($\frac{어}{26}_{I}$)와 달리, 수표금액의 일부에 대하여 지급보증을 하여도 전액에 대하여 지급보증을 한 것으로 된다[$\frac{동:\ 鄭(희),\ 172\sim}{173;\ 孫(주),\ 398}$].

3. 지급보증의 효력

(1) 지급보증인의 의무

    1) 지급의무   지급보증을 한 지급인은 제시기간 경과 전에 수표를 제시한 경우에만 지급의무를 진다($\frac{수}{55}_{I}$). 즉 일종의 **조건부의무**이고[$\frac{동:\ 孫(주),\ 398\sim}{399;\ 鄭(동),\ 633}$], 이 의무는 최종의 상환의무자의 의무와 비슷하다($\frac{수}{55}_{II}$). 또한 지급거절의 경우에는 그 사실을 증명하기 위하여 거절증서 또는 지급거절의 선언을 작성한 경우에만($\frac{수}{55}_{II}$) 지급의무를 부담한다. 이 점이 환어음의 인수인이 지급제시나 거절증서의 작성의 유무를 묻지 않고 시효기간 내에는 절대적인 지급의무를 부

담하는 것과 다르다.

2) 지급할 금액　　　지급보증을 한 지급인은 그 상환금액과 동액의 책임을 부담한다($\frac{수}{55 \text{Ⅲ}}$).

3) 지급의무의 시효　　　지급보증인에 대한 청구권은 제시기간 경과 후 1년간 행사하지 않으면 소멸시효가 완성한다($\frac{수}{58}$).

(2) 다른 수표채무자의 의무　　　지급보증이 되어 있어도 발행인 기타 수표상의 채무자는 지급보증으로 인하여 그 책임을 면하지 못한다($\frac{수}{56}$). 따라서 지급인이 지급을 하지 않는 경우에는 지급보증을 한 지급인을 포함하여 전채무자가 **합동책임**을 부담한다($\frac{수}{43}$). 그러나 지급인 이외의 자가 상환의무를 부담한 때에는 최종적으로 지급보증을 한 지급인에게 상환청구를 할 수 있다.

제6절　手票의 讓渡

[554] 제1 總　　說

수표의 경우에도 어음과 같이 i) 기명식, ii) 지시식, iii) 배서금지식이 인정되고, 그 밖에 수표에 특유한 iv) 소지인출급식, v) 지명소지인출급식($\frac{\text{선택무}}{\text{기명식}}$) 및 vi) 무기명식으로 발행할 수 있다($\frac{수}{5}$). 수표도 어음과 같이 자유로이 양도할 수 있음을 원칙으로 하며 기명식수표도 「지시금지」($\frac{\text{배서}}{\text{금지}}$)의 문언의 기재가 없는 한 법률상 당연히 배서에 의하여 양도할 수 있으므로 지시식과 다름이 없고, 무기명식($\frac{수}{5 \text{Ⅲ}}$)과 지명소지인출급식($\frac{\text{선택무}}{\text{기명식}}$)($\frac{수}{5 \text{Ⅱ}}$)도 소지인출급식으로 보므로 결국 기명식과 소지인출급식의 2종으로 구분하여 고찰하는 것이 편리하다.

[555] 제2 所持人出給式手票의 讓渡

(1) 양도의 요건　　　이러한 수표는 당사자간의 양도의 합의와 수표의 교부에 의하여 양도($\frac{민}{523}$)되는데, 이 때의 교부는 권리이전의 성립요건이다[$\frac{大\ 87.5.26,}{86\ 다카\ 1559}$].

(2) 양도의 효과　　　교부에 의하여 **권리이전적 효력**이 생기고 수표의 소지인은 형식적 자격이 인정되어 수표상의 권리를 행사할 수 있게 된다. 소지인출급식수표의 양도의 경우에는 담보적 효력은 없으나, **선의취득**($\frac{수}{21}$)이나 **항변**

의 제한($\frac{2}{22}$)은 인정된다. 그러나 기한후양도의 경우에는 기한후배서와 같이 선의취득이나 항변의 제한은 인정되지 않는다.

(3) 소지인출급식수표의 배서

1) 총　설　　소지인출급식수표의 배서는 수표상의 권리를 양도하기 위하여 필요한 행위가 아니다. 왜냐하면 이러한 수표상의 권리는 수표의 소지인이 행사할 수 있기 때문이다. 그러나 이러한 수표상의 배서는 공동책임자가 창조된다는 점에 의미가 있다.

2) 배서의 방식과 특수성　　배서는 소지인출급식수표 위에 하여야 한다. 배서금지문구가 있는 수표에 한 배서에 대해서는 수표법 제20조가 적용되지 않는다. 왜냐하면 이러한 수표는 일반 지명채권양도의 방식과 그 효력으로써만 양도될 수 있기 때문이다($\frac{2}{14}$Ⅱ). 배서에는 **권리이전적 효력**($\frac{2}{17}$)은 없고 단지 **담보적 효력**($\frac{2}{18}$)만이 있다는 점에서 특수성이 인정된다. 그러므로 이 경우의 배서를 담보배서라고 한다. 소지인출급식수표상의 배서는 수표권리자만이 할 수 있는 것은 아니고 다른 원인관계나 목적에 의하여 단지 담보책임만을 지기 위해서도 할 수 있다. 이러한 점을 제외하고는 소지인출급식수표상의 배서에도 배서의 모든 요건이 충족되어야 한다.

3) 배서의 효과

㈎ 소지인출급식증권성의 유지　　배서로 인하여 소지인출급식수표가 지시식수표로 변하는 것은 아니다($_{20}\frac{2}{\text{단}}$). 그러므로 배서가 있은 다음에도 교부에 의하여 양도할 수 있다. 즉 소지인출급식수표의 성질에는 변함이 없다.

㈏ 소지인에 대한 책임　　배서인은 소구에 관한 규정에 따라 책임을 진다. 즉 지시식수표에 한 배서의 경우와 동일하다($_{18}\frac{2}{\text{I}}$). 책임의 내용은 소구의무이다.

㈐ 수표를 지급한 배서인에 대한 책임　　자신의 성명을 소지인출급식수표의 이면에 기재한 자의 소구권($\begin{smallmatrix}\text{즉 자신의 성명을 소지인출급식수표의 이면에 기재한 자는 역시 수표}\\\text{의 이면에 성명을 기재한 다른 자에 대하여 재소구를 할 수 있는가}\end{smallmatrix}$)에 관하여는 소구에 관한 규정에 따른다고 수표법 제20조의 본문에서 규정하고 있고, 동조에 의하면 소지인에게는 수표를 지급한 자와 마찬가지로 전자에 대한 **소구권**이 인정된다($\frac{2}{44}, \frac{39}{45},$). 따라서 소지인출급식수표에 한 자신의 배서로 인하여 청구를 받고 이를 지급한 자는 다른 배서인이 자신의 전자로서 간주될 수 있는 때에는 그 자에 대하여 소구권을 갖는다.

[556] 제3 記名式手票의 讓渡

1. 어음의 양도와의 공통점

어음과 같이 수표도 법률상 당연한 지시증권이므로 지시식인 경우는 물론이고, 기명식인 경우라도 지시금지를 하지 않는 한 배서에 의하여 양도할 수 있다($\frac{수}{14}_{I}$). 따라서 배서의 방식($\frac{수}{16}$), 배서의 권리이전적 효력($\frac{수}{17}$), 배서의 자격수여적 효력($\frac{수}{19}$), 배서의 담보적 효력($\frac{수}{18}$)($\frac{단\ 지급담보의}{책임만\ 있음}$), 선의취득($\frac{수}{21}$), 항변의 제한($\frac{수}{22}$), 백지식배서($\frac{수}{17}_{II}$), 부단순배서($\frac{수}{15}_{I}$), 일부배서($\frac{수}{15}_{II}$), 소지인출급식배서($\frac{수}{15}_{IV}$), 무담보배서($\frac{수}{18}_{I}$), 추심위임배서($\frac{수}{23}$)에 대하여는 어음법과 같은 규정이 있으며, 또한 기명식수표에 「지시금지」의 문자를 표시한 경우의 양도방법과 그 효력에 대하여도 어음법과 동일한 규정이 있다($\frac{수}{14}_{II}$).

2. 어음의 양도와의 차이점

수표의 배서는 다음과 같은 점에서 어음의 배서와 차이가 있다.

(1) 지급인의 배서   1) 지급인이 한 배서는 **무효이다**($\frac{수}{15}_{III}$). 어음의 경우($\frac{어}{후단}11_{III}$)와 달리 무효로 하는 이유는 수표의 신용증권화를 방지하기 위한 것이다. 그리하여 수표법은 지급인의 인수를 인정하지 않을 뿐만 아니라($\frac{수}{4}$), 지급인이 배서인으로서 담보책임을 지는 것도 금지하고 있다($\frac{수}{15}_{III}$).

2) 지급인이 배서금지에도 불구하고 배서를 한 경우는 그 배서는 무효이다. 그리하여 그 배서의 피배서인은 무권리자이고 이러한 무권리자로부터 수표를 배서에 의하여 취득한 자는 선의취득이 인정되지 않는다. 또한 지급인이 배서를 하고 이후 소구의무를 이행하여 수표를 회수하였더라도 지급인은 전자인 배서인 또는 발행인에 대하여 소구권을 행사할 수 없다.

(2) 지급인에 대한 배서   지급인에 대한 배서는 **영수증의 효력**만이 있다($\frac{수}{V}15_{본}$). 즉 지급인에 대하여 배서를 하면 수표는 지급이 된 것과 같은 효과가 생겨 수표상의 권리가 소멸하여 권리이전적 효력이 없으므로, 기명날인 또는 서명한 자는 담보책임을 지지 않는다. 그러나 지급인에 대하여 백지식배서를 한 경우에 배서인은 지급인에 대하여는 배서로서의 효력을 부인할 수 있으나, 선의의 수표취득자에 대하여는 배서의 무효를 주장할 수 없다고 본다.

(3) 기한후배서

1) 의   의   ㈎ 수표의 기한후배서란 첫째로 수표의 제시기간이 경

과된 다음에 한 배서를 말한다($_{24}\overset{수}{\text{I}}$). 이 경우를 기한후배서로 법정한 것은 수표의 경우에 단기의 제시기간제도가 존재하는 것은 수표가 어음과 같이 신용증권으로 유동되는 것을 방지하기 위한 목적이 있으므로, 제시기간 경과 후의 배서에 대하여는 수표법상의 효력을 제한할 필요가 있기 때문이다.

(나) 수표의 제시기간 경과 후에 배서를 하였으나 아직 지급거절증서나 지급거절선언의 작성기간이 경과되지 않은 경우, 예컨대 수표를 제시기간의 말일에 제시하여 거절증서의 작성기간이 이에 이은 제 1 의 거래일로 연장된 경우라도($_{40}\overset{수}{\text{II}}$) 제시기간 경과 후에 한 배서는 기한후배서인 것이다.

(다) 둘째로 거절증서의 작성 후의 배서를 기한후배서로 법정한 것은 어음의 경우와 같으나 수표에 있어서는 인수제도가 존재하지 않으므로, 당연히 인수거절증서는 제외되며 지급거절증서의 작성 후의 배서만이 기한후배서가 된다.

(라) 셋째로 수표의 경우는 지급거절증서 이외에 지급거절이 되었다는 지급인이나 어음교환소의 선언($\overset{수}{_{(2)\cdot(3)}}\,_{39}$)이 있은 후의 배서도 기한후배서라고 법정하고 있는 것이 어음과 다른 점이다. 지급거절증서의 작성 후나 지급거절선언이 있은 후의 배서는 제시기간이 경과하기 전에 한 것이라도 기한후배서인 것이다.

(마) 일람출급증권인 수표의 지급제시는 어음의 경우에 만기의 도래와 다를 바 없으므로, 이후의 배서라도 제시기간 경과 전의 배서는 지급거절증서의 작성이나 지급거절선언이 없는 한 어음의 경우와 같은 만기 후의 배서로서 일반배서의 경우와 같은 효력을 갖게 된다.

2) **효   력**   수표의 기한후배서에도 어음의 경우($\overset{어}{\text{I}}\,_{단}^{20}$)와 같이 **지명채권양도의 효력**만이 있다($_{24}\overset{수}{\text{I}}$).

(4) **담보책임의 제한**   배서인은 담보책임을 부담하지만 인수가 인정되지 않으므로, **지급담보책임**만을 진다($_{18}\overset{수}{\text{I}}$).

제 7 절   手票의 提示와 支給

수표도 지급을 위하여 제시를 요하는 점은 어음과 대체로 같으므로, 여기서는 수표의 경우에 특유한 제도에 대하여만 설명한다.

[557] 제1 一覽出給性

수표는 지급수단이므로 어음과는 달리($_{33}^{어}$I) 항상 **일람출급**이어야 한다. 즉 수표의 소지인은 언제든지 수표의 제시로 지급을 청구할 수 있다. 이에 위반되는 모든 기재($_{지급기일}^{예컨대}$)는 기재하지 아니한 것으로 본다($_{28}^{수}$I).

[558] 제2 先日字手票

(1) 의   의   선일자수표라 함은 발행일자를 실제의 발행일보다 장래의 일자로 기재한 수표를 말한다.

(2) 효   용   실제의 발행일에는 발행인이 은행에 자금이 없고 수표에 기재한 후일의 발행일에 가서 비로소 지급인인 은행에 자금이 생길 것이 예상되는 경우에 발행된다. 즉 선일자수표를 발행함으로써 제시기간을 연장할 수 있다. 그러나 이는 당사자간에서만 유효하다.

(3) 인정의 근거   수표행위의 문언성과 추상성에서 볼 때 수표에 기재된 발행일자는 발행인이 수표에 기재한 날을 발행일로 하는 수표를 작성한 것이므로 사실상의 발행일과 달라도 발행의 효력에는 영향이 없으며, 발행일자이후의 선의취득자를 보호하기 위하여도 선일자수표는 당연히 그 유효성이 인정된다. 또한 수표법에서도 간접적으로 선일자수표의 유효성을 인정하는 규정을 찾을 수 있다($_{참조}^{수\ 28}$II).

(4) 효   력

1) 선일자수표의 일람출급성   (가) 선일자수표는 기재된 발행일자가 도래한 때로부터 권리를 행사할 수 있다고 하면, 사실상 발행일자를 만기로 하는 확정일출급수표를 인정하는 것이 되어 수표의 지급기능과 모순되는 결과가 된다($_{28}^{수}$I). 그리하여 수표법은 수표의 일람출급성을 철저히 하기 위하여 선일자수표의 경우에 기재된 발행일자가 도래하기 전에 지급을 위하여 제시한 때에도 그 제시한 날에 이를 지급하여야 한다($_{28}^{수}$II)고 규정하고 있다. 그러므로 발행일자의 도래 전이라도 지급이 거절되면 소지인은 바로 발행인에 대하여 소구할 수 있다($_{39}^{수}$).

(나) 선일자수표의 경우에 제시기간은 실제로 수표가 발행된 날이 아니라 수표에 기재된 발행일로부터 기산한다. 또한 지급위탁의 취소도 수표에 기재

된 발행일을 기준으로 한 제시기간이 경과된 후에 비로소 그 효력이 생긴다$\binom{수}{32}$.
또한 시효기간도 수표에 기재한 발행일자를 기준으로 한 제시기간이 경과한
후부터 기산한다$\binom{수}{51}$.

　　2) 능력·권한의 존재시기　　　선일자수표발행의 능력이나 권한은 수표
에 기재된 발행일자가 아니라 실제로 발행한 날에 있으면 된다$\left[\begin{smallmatrix}동: 孫\\(주), 409\end{smallmatrix}\right]$.

　　3) 수취인의 의무　　　(개) 선일자수표를 발행한 경우에는 수표의 원인관
계인 계약 및 이에 수반하는 수표계약에 있어서 수표면의 발행일을 실제의 발
행일보다 후일자로 할 것을 합의하고, 수취인이 수표에 기재된 발행일자 이전
에는 자기 또는 자기로부터 수표를 양수한 자가 선일자수표를 지급을 위하여
제시하지 않을 것을 발행인에 대하여 약속하였거나, 특별히 약속을 하지 않아
도 선일자수표로 한다는 데 합의하고 수표를 발행·교부받은 때에는 당사자의
의사는 수표에 기재된 일자의 도래 전에는 제시하지 않겠다는 합의를 한 것으
로 추정된다 할 것이다.

　　(내) 그러므로 수취인 자신이나 수취인이 수표를 양도한 경우의 양수인이
수표에 기재된 발행일 이전에 제시함으로써 발행인에게 손해가 발생한 때에는
수표예약의 채무불이행으로 되어 수취인은 발행인에 대하여 손해배상책임을
져야 할 것이다$\left[\begin{smallmatrix}동: 鄭(희), 225; 孫(주), 409; 鄭(동),\\655; 鄭(무), 534; 梁(승), 431\end{smallmatrix}\right]$.

　　(대) 이는 수표법 제28조 2항의 취지로 보아 발행일자전에는 지급제시하지
않는다는 특약을 하여도 그와 같은 특약은 수표의 강행적인 일람출급성을 배
제하는 것이므로 무효라는 견해도 있다. 그러나 이와 같은 특약은 다만 발행인
의 자금의 형편상 발행일까지 지급제시를 하지 않는다는 당사자간에만 효력이
있는 약정일 뿐이므로 공익을 해하거나 수표거래를 방해하지 않으며, 또 실제
에 있어서도 그 경제적 수요에 따라 선일자수표가 일반적으로 널리 이용되고
있는 점에서 볼 때 특약을 반드시 무효로 보아야 할 이유는 없다고 본다$\left[\begin{smallmatrix}大 85. 2.\\28, 84\end{smallmatrix}\right.$
다카
2451$\Big]$.

[559]　제 3　支給提示의 場所

　　지급제시는 원칙적으로 지급지 내에 있는 지급인의 영업소에서 하여야 하
지만, 제 3 자방지급의 기재가 있는 때에는 그것이 지급장소만을 의미하는 때
에는 그 장소에서 지급인에 대하여, 지급담당자를 의미하는 때에는 그 지급담

당자의 영업소에서 지급담당자에 대하여($\frac{수}{8}$) 제시하여야 한다. 그리고 어음교
환소에서의 수표의 제시는 지급을 위한 제시의 효력이 인정된다($\frac{수}{31}$).

[560]　제 4　支給提示의 方法

　　기명식·지시식수표는 배서가 연속된 수표의 소지인이 제시하여야 하며
배서가 연속되지 않은 때에도 소지인이 배서의 연속이 흠결된 부분에 대하여
권리승계의 실질관계를 증명하면 제시할 수 있고, 배서가 금지된 기명식수표의
소지인은 자기가 실질적인 권리자라는 것을 증명하면 제시할 수 있다($\frac{이 점은 어음}{과 동일함}$).
그러나 수표에 있어서는 무기명식·지명소지인출급식·소지인출급식도 인정되
므로 수표의 단순한 소지인이 정당한 권리자로서 지급제시를 할 수 있다.

[561]　제 5　支給提示期間

　　수표의 발행인은 지급인인 은행과의 자금관계에 대하여뿐만 아니라 수표
의 지급에 대하여 책임을 진다. 즉 발행인은 예컨대 자신과는 관계 없이 은행
이 수표금을 지급하기 위한 자금이 없어서 지급을 정지할 때에도 소구의무를
진다. 그러므로 발행인에게는 수표가 가능한 한 빨리 제시되는 것이 유리하다.
그리하여 수표의 제시기간은 일람출급어음의 제시기간($_{34}\frac{어}{I}$)보다 현저히 짧게
규정하고 있다.
　　⑴ 내국수표와 외국수표의 제시기간　　　국내에서 발행하고 지급할 수
표는 10 일 내에 지급제시를 하여야 하며($_{29}\frac{수}{I}$), 이는 자기앞수표의 경우도 같
다$\begin{bmatrix} 大\ 59.10.\ 29, \\ 4292\ 민상\ 440 \end{bmatrix}$. 또 지급지의 국과 다른 국에서 발행한 수표는 발행지와 지급지
가 동일주에 있는 경우에는 20 일 내에, 다른 주에 있는 경우에는 70 일 내에
이를 제시하여야 하고($_{29}\frac{수}{II}$), 이 때 유럽주의 일국에서 발행하여 지중해연안의
일국에서 지급할 수표 또는 그 반대의 경우에는 동일주 내에서 발행하고 지급
할 것으로 본다($_{29}\frac{수}{III}$).
　　⑵ 제시기간의 계산　　　제시기간의 기산은 수표에 기재된 발행일자를
기준으로 한다($_{29}\frac{수}{IV}$). 이 경우에 초일은 산입하지 않는다($\frac{수}{61}$).
　　⑶ 제시기간의 연장　　　제시기간의 말일이 휴일인 때에는 말일은 이에
이은 제 1 의 거래일까지 연장되고($\frac{수}{60}$), 또 수표의 제시가 불가항력에 의하여

방해된 때에는 기간의 연장이 인정되고 있는 점($\frac{수}{47}$) 등은 어음의 경우($\frac{어}{54}$)와 같다. 일람출급어음의 경우에는 발행인이 지급을 위한 제시기간을 단축하거나 연장할 수 있으나($\frac{어}{34\,I}$), 수표법에는 이러한 규정이 없으므로 발행인이 제시기간을 단축 또는 연장하려면 수표의 발행일자를 실제로 발행한 날보다 후일자로 하거나 선일자로 하는 방법이 가능할 뿐이다.

　　(4) 제시기간의 의미　　　수표는 지급제시기간 내에 지급을 위한 제시를 하여야 한다. 그렇다고 지급제시는 제시기간 내에만 할 수 있다는 의미는 아니다. 즉 제시기간이 경과한 후에 한 제시로도 지급을 받을 수 있다($\frac{수}{32\,II}$). 그러나 수표의 지급제시기간은 다음과 같은 경우를 위하여 중요한 의미를 갖는다.

　　1) 소구권보전　　　소지인은 제시기간 내에 지급을 위한 제시를 하였음에도 지급받지 못한 경우에 한하여 발행인·배서인 기타의 채무자에 대하여 소구권을 행사할 수 있고($\frac{수}{39}$), 또 지급보증을 한 지급인이 있으면 그에 대하여 청구할 수 있다($\frac{수}{55\,I}$).

　　2) 지급위탁의 취소제한　　　수표의 제시기간 내에는 지급위탁을 취소하여도 그 효력이 생기지 않는다($\frac{수}{32\,I}$)[지급위탁취소는 / 1068면 이하 참조].

[562]　제6　支給人의 調査義務

　　(1) 배서할 수 있는 수표의 경우　　　지시식수표나 배서가 금지되지 않은 수표의 지급인은 배서의 연속과 수표요건의 완비 등에 대한 **형식적 요건**을 조사할 의무가 있을 뿐이고, 배서인의 기명날인 또는 서명을 조사할 의무는 없다($\frac{수}{35}$). 수표법에는 지급인의 면책에 관한 어음법 제40조 제3항과 같은 규정이 없으나 수표의 지급인도 지급의 제시가 있는 때에는 지급이 강제되는 상태에 있게 되므로 수표에도 어음법 제40조 제3항을 **유추적용**하는 것이 타당하다 [동: 鄭(희), 269; 徐(정), 301; 孫(주), / 413; 李(철), 500; 鄭(동), 651].

　　(2) 교부만으로 양도할 수 있는 수표　　　소지인출급식수표 또는 무기명식수표 및 지명소지인출급식수표는 수표의 소지만으로 형식적 자격이 인정된다. 그러나 지급인은 수표계약에 의하여 수표소지인이 실질적인 권리자인가에 대하여 조사할 의무를 발행인에 대하여 진다고 본다. 그러나 조사의무는 유통증권인 수표의 특수성을 고려하여 제한적으로 해석되어야 한다. 그러므로 지급인은 그가 소지인의 무권리를 알았거나 소지인이 수표를 비정상적인 방법으

로 취득하였다는 것이 뚜렷한 특별한 사정이 있을 때에만 지급을 거절할 수 있다고 본다. 지급인이 이러한 조사의무를 중대한 과실로 인하여 위배한 때에는 수표거래의 성질상 발행인에 대하여 그 지급의 효력을 주장할 수 없다고 본다.

(3) 배서가 금지된 기명식수표의 경우   지급인은 일반원칙에 따라 소지인이 진정한 권리자인가 하는 점에 대하여 적극적으로 조사할 의무를 지게 된다[동; 徐(정), 301; 李(기), 454].

(4) 백지수표의 경우   백지수표의 소지인은 백지를 보충하지 않고는 권리를 행사할 수 없고 백지수표를 지급한 은행은 면책이 되지 않는다. 그러나 실제에 있어서 발행일이나 **수취인백지**의 수표는 당좌예금약관에 의하여 은행은 발행인에 대한 연락이 없이 지급을 하고 있으며, 그로 인한 손해에 대해서는 은행은 책임을 지지 않고 있다(동약관 13 카조).

[563] 제 7 僞造·變造手票의 支給

(1) 지급인이 위조·변조수표에 대하여 지급을 한 때에는 발행인인 고객의 지급위탁이 존재하지 않으므로 이를 수표계약에 의한 지급사무의 수행으로 볼 수 없다. 그러므로 지급을 하여도 지급의 결과를 발행인의 계산으로 돌릴 수 없다. 그 때문에 민법 제688조 제 1 항에 의한 지급인의 비용상환청구권이 인정되지 않는다. 즉 지급인은 수표계약에 따라 진짜 수표에 대해서만 지급을 하여야 하므로, 수표위조의 위험은 지급인이 부담하여야 할 것이다.

(2) 그러나 실제에 있어서는 고객이 위조의 위험을 부담하는 경우가 많다. 즉 고객이 수표계약에 의한 의무를 위반했거나 수표의 지급에 대하여 책임이 인정되는 때에는 지급인인 은행에 대하여 손해배상책임을 지게 된다. 또한 고객과 은행간의 별도약정에 의하여 지급인인 은행은 그 책임을 면하고 있다. 변조의 경우에도 발행인에게 변조에 대한 귀책사유가 없고 특약이 없는 한 발행인은 변조 전의 문언에 따르는 책임을 질 뿐이다[大 64.6.9, 63 다 1112]. 면책약관이 있더라도 지급인이 주의의무의 해태로 지급한 때에는 지급에 대하여 책임을 면하지 못한다[大 76.10.29, 76 다 252].

[564] 제8 支給委託의 取消

(1) 의   의   1) 발행인은 수표를 발행한 후에도 지급인에 대하여 지급위탁을 취소할 수 있다. 지급위탁의 취소에도 불구하고 지급인이 지급한 때에는 발행인의 계산에 의한 지급이 되지 않는다. 그러나 제시기간의 경과 전에는 발행인의 지급위탁 취소에 불구하고 지급을 하여도 손해배상책임을 지지 않는다.

2) 자기앞수표는 발행인과 지급인이 동일인이고 양자 사이에 지급위탁의 관계가 존재할 수 없으므로 지급위탁의 취소란 있을 수 없다[$\frac{大 60.6.9,}{4292 민상 287}$]. 자기앞수표에 대하여 이후 발행의뢰인으로부터 지급위탁의 취소가 있으면 이것은 발행의뢰인으로부터의 사고계가 있다는 의미밖에 없으며 은행은 수표발행인으로서 책임을 면할 수 없다고 본다.

(2) 입법주의   지급위탁의 취소에 관한 입법례에는 i) 취소자유주의($\frac{영}{국}$)($\frac{영어}{75 1}$), ii) 취소불허주의($\frac{구불}{법}$), iii) 제시기간경과 후 취소주의($\frac{통일}{법}$) 등이 있는데, 현행법은 iii)의 입장이다.

(3) 법적 성질

1) 지급사무위탁철회설   수표관계 외에 수수계약에 의한 지급사무위탁을 개개의 수표에 관하여 철회하는 것이라고 한다. 이에 의할 때 기타 이해관계인의 이익을 보호할 수 있게 될 것이다[동: 鄭(희), 273; 徐(정),; 303; 姜(위), 545].

2) 지급지시철회설   지급위탁의 취소는 수표발행 자체의 철회라고 한다. 이에 관하여는 다시 철회의 효과는 지급인에 대하여만 있으며 소지인에게는 미치지 않는다는 **상대적 철회설**[徐(돈), 297; 孫(주), 415,; 李(철), 499; 鄭(동), 647]과 소지인에 대하여도 효과가 있다는 절대적 철회설이 있다.

(4) 취소의 방법   지급위탁의 취소는 지급인에 대한 발행인의 **의사표시**에 의한다. 그 방식에는 제한이 없다. 은행실무상에 있어서는 취소될 수표를 명확하게 하기 위하여 수표발행인으로 하여금 지급은행에 대한 사고계의 제출을 요구하고 있는데, 수표발행인에 의한 서면 또는 구두에 의한 사고계는 당연히 지급위탁취소의 의사표시가 포함된 것으로 본다. 은행이 지급을 함에 있어서 지급위탁의 취소를 알지 못한 경우에는 은행은 이에 대한 **입증책임**이 있다고 본다.

(5) 취소시기의 제한   1) 지급인에 대한 발행인의 지급위탁은 필요에

따라 발행인이 언제든지 취소할 수 있는 것이 원칙이다($_{689}^{민}$ ｜). 그러나 지급위
탁의 취소를 제한 없이 인정하게 되면 수표소지인의 이익과 수표거래의 안전
을 해하게 될 것이다. 그러므로 지급위탁의 취소는 제시기간 경과 후에만 가능
하다($_{32}^{수}$ ｜).

　　2) 그러나 지급인이 제시기간 경과 전의 지급위탁의 취소를 존중하지 않
아도 된다는 의미는 아니다. **통설**은 이 규정이 강행법규라 하여 이에 반하는
특약은 효력이 없다고 하지만, 이 규정은 **강행법규**가 아니므로 지급인과 발행
인간의 특약으로 제시기간의 경과 전에 한 지급위탁의 취소로도 지급을 거절
하여야 한다는 합의가 가능하다고 본다. 이러한 특약은 수표법 제32조 1항의
목적과 의미에 반하지 않는다고 할 것이다. 왜냐하면 지급인은 수표소지인에
대하여 반드시 지급을 하여야 할 의무를 지는 것은 아니기 때문이다. 그러나
이러한 특약이 없더라도 제시기간 내의 취소는 무효가 아니고, 제시기간의 경
과를 기다려 효력을 발생하게 된다.

　　3) 실제에 있어서는 지급인($_{행}^{을}$)은 거래처의 확보와 보호를 목적으로 제시
기간 내의 지급위탁의 취소도 사실상 그 취소통지를 존중하여 지급을 거절하는
것이 통례이므로 수표법 제32조 제 1 항은 실제에 있어서 제한적인 효력밖에
없다고 할 수 있다.

　　(6) 취소의 효과　　　지급인은 지급위탁의 취소에 따라 자금의 유무에 불
구하고 지급을 거절하여도 수표에 대하여 손해배상책임을 지지 않는다. 다만
발행인의 수표소지인에 대한 손해배상책임은 당사자간의 법률관계에 따른다.
지급위탁의 취소가 있더라도 발행인에 대한 **소구권**을 행사할 수 있다. 지급인
이 발행인의 지급위탁 취소에도 불구하고 지급을 한 경우라도, 그 취소를 모르
는 수표소지인에 대하여는 직접 부당이득의 반환을 청구할 수 없다고 본다. 지
급위탁의 취소가 있는 때에는 지급인은 수표소지인에게 지체없이 통지할 의무
가 있다 할 것이다.

[565]　제 9　支給提示期間經過後의 支給

　　(1) 지급위탁의 취소가 없는 경우　　　수표의 지급위탁은 제시기간 내의
지급의 위탁이므로 제시기간의 경과로 당연히 소멸해야 하지만, 발행인은 원
인관계에 의한 채무를 결제하여야 하기 때문에 제시기간 경과 후에 지급하여

도 발행인에게는 손실이나 불리한 점이 없으므로 발행인의 의사에도 반하지 않는다. 그리하여 지급위탁의 취소가 없는 때에는 지급인은 제시기간 경과 후에도 지급할 수 있으며($\frac{4}{32}$II), 지급의 결과를 발행인의 계산으로 돌릴 수 있다. 또 제시기간 경과 후에 지급인은 발행인에 대하여 지급의무를 지는 것은 아니므로 지급을 거절하여도 수표계약에 반하지 않는다.

　⑵ 지급위탁의 취소가 있는 경우　　제시기간 경과 후에는 언제든지 지급위탁의 취소가 가능하므로($\frac{4}{32}$I), 수표를 상실한 때에는 공시최고절차 대신에 지급위탁을 취소하는 것이 편리하다. 수표법 제32조 제 2 항도 강행법규가 아니므로, 제시기간 경과 후에도 지급위탁을 취소하지 않는다는 발행인과 지급인 간의 특약은 유효하다고 본다[(정), 304].

제 8 절　橫線手票

[566]　제 1　總　　說

　⑴ 수표는 일람출급증권이고 대개의 경우 소지인출급식으로 발행되기 때문에 수표의 도난 또는 분실의 경우에 부정한 취득자가 지급을 받을 위험성이 많다. 그러므로 수표의 발행인 및 소지인의 손해를 방지하기 위하여 통일법은 횡선수표와 계산수표의 두 가지 제도를 유보규정으로 인정하였지만, 우리 수표법은 횡선수표제도만을 채택하였다.

　⑵ 횡선수표란 지급인은 자기의 거래처 또는 다른 은행을 통해서만 지급할 수 있는 수표를 말한다($\frac{4}{37,38}$). 그러므로 횡선수표의 법적 성질은 발행인 또는 소지인의 지급인에 대한 **지급수령자격을 제한**하는 것이라 할 수 있다. 이러한 제도에 의하여 수표의 부정취득자가 지급받는 것을 최소한도로 방지할 수 있고 만일 부정취득자에게 지급된 경우라도 그 수취인을 쉽게 알 수 있기 때문에 구상권의 행사가 용이하게 된다. 횡선을 그을 수 있는 자는 수표의 발행인과 소지인이며 발행인은 은행이 교부한 수표용지에 미리 횡선을 그어 수표용지의 분실에 의한 수표의 위조로 인한 손해를 예방할 수 있게 된다.

[567] 제 2 橫線手票의 種類

(1) 일반횡선수표   일반횡선수표란 발행인 또는 소지인이 수표표면의 모퉁이에 2줄의 평행선을 긋고 그 횡선 내에 아무런 지정을 하지 아니하거나, 「은행」 또는 이와 동일한 의의가 있는 문자를 기재한 것을 말한다($37_{II \cdot III}^{수}$). 일반횡선수표는 특정횡선수표로 변경할 수 있으나, 특정횡선수표는 일반횡선수표로 변경하지 못한다($37_{IV}^{수}$).

(2) 특정횡선수표   특정횡선수표란 2줄의 횡선 내에 **특정은행의 명칭**을 기재한 것을 말한다. 특정횡선수표의 지급인은 지정된 은행에 대해서만 또는 지정된 은행이 지급인인 때에는 자기의 거래처에 대하여서만 지급할 수 있다($38_{II}^{수}$). 그러나 특정된 은행은 다른 은행으로 하여금 추심시킬 수 있다($_{II \ 단}^{수 \ 38}$).

[568] 제 3 效   力

(1) 일반횡선수표

1) 지급제한   일반횡선수표의 지급인은 은행 또는 지급인의 거래처에 대해서만 지급할 수 있다($38_{I}^{수}$). 「거래처」란 지급인인 은행과 계속적인 거래관계($_{어음할인 \cdot 대부관계}^{예컨대 \ 예금관계 \cdot}$)가 과거에 존재하였고 수표를 제시할 때에도 계속되고 있는 자를 말한다는 견해도 있으나, 은행이 제시자와 거래관계를 개설함과 동시에 그 동일성과 그의 주소를 확인한 때에는 거래처로 보아도 된다고 할 것이다. 이와 같이 횡선수표는 지급인과 전혀 거래가 없는 자는 지급을 받을 수 없으므로 자기가 거래하고 있는 은행에 추심을 위임하지 않으면 안 된다.

2) 취득의 제한   은행은 자기의 거래처 또는 다른 은행에서만 횡선수표를 취득할 수 있고, 이들 이외의 자를 위하여 횡선수표의 추심을 하지 못한다($38_{III}^{수}$).

(2) 특정횡선수표

1) 지급제한   (가) 특정횡선수표의 지급인은 지정된 은행 또는 지정된 은행이 지급인인 때에는 자기의 거래처에 대하여서만 지급할 수 있다($_{II \ 본}^{수 \ 38}$). 또한 수표법은 지정된 은행이 지급인이 가입하고 있는 어음교환소에 가입하고 있지 않은 경우를 위하여 지정된 은행은 다른 은행으로 하여금 추심시킬 수 있도록 하였다($_{II \ 단}^{수 \ 38}$).

(나) 특정횡선이 수개가 기재된 수표는 지급인이 지급하지 못한다($\frac{수}{\text{IV}}\frac{38}{본}$). 그러나 2개의 특정횡선이 있는 경우에 그 중 하나가 어음교환소에 제시하여 추심하기 위한 것인 때에는 추심위임을 받은 은행에 지급할 수 있다($\frac{수}{\text{IV}}\frac{38}{단}$). 2개의 특정횡선은 지정된 은행이 어음교환소에 가입하고 있는 은행을 지정하여 수표를 추심하고자 할 때에 하게 되며, 이 경우에는 어음교환소에서의 추심을 위하여 한다는 뜻의 기재가 있어야 한다.

2) 취득의 제한　　　특정횡선수표의 경우에도 은행은 알지 못하는 자로부터 수표를 취득하지 못하고, 알지 못하는 자를 위하여 횡선수표를 추심하지 못한다($\frac{수}{38\text{ III}}$).

(3) 제한위반의 효과

1) 손해배상책임　　　횡선수표의 제한규정을 위반한 지급인이나 은행은 이로 인하여 생긴 손해에 대하여 **수표금액의 한도** 내에서 손해를 받은 자에 대하여 배상책임을 진다($\frac{수}{38\text{ V}}$). 이 배상책임은 횡선수표제도의 안전성을 위하여 인정한 **무과실책임**이다. 이것은 수표법이 특별히 인정한 책임이므로 손해액이 수표금액을 초과할 때에는 민법의 규정에 따라 초과액의 배상을 청구할 수 있다.

2) 손해배상책임의 배제특약　　　(가) 수표의 발행인은 수표장의 도난·분실 등에 의한 손해발생의 예방을 위하여 미리 모든 수표용지에 횡선을 그어 놓는 경우가 있는데, 이후 수표소지인이 즉시 수표금의 지급을 받도록 할 필요가 생긴 때에는 미리 한 횡선으로 인하여 지급을 받을 수 없게 되는 불편이 따른다.

(나) 그러면 횡선의 효력을 배제하는 **특약**이 가능한가 하는 문제가 있는데 수표법이 횡선의 변경과 말소를 금지하고 있다는 점에서($\frac{수}{\text{IV}}\frac{37}{\cdot\text{V}}$) 보면 이러한 특약을 인정한다는 것은 문제가 없지 않으나, 이는 수표발행인이 수표법 제38조 5항에 의한 손해배상청구권을 포기한 것으로 인정하여 당사자인 지급인과 발행인 간에 있어서는 **유효**하다고 보아도 무방할 것이다.

(다) 그리하여 당좌예금약관에서는 미리 한 횡선으로 인한 불편을 면할 수 있도록 하기 위하여 동약관의 제12조 1항에서 「횡선수표가 제시되는 경우 그 뒷면에 신고인감이 찍혀 있는 때에는 그 소지인에게 지급할 수 있다」고 규정하고 있으며, 제 2 항에서는 「전항의 처리로 말미암아 수표법 제38조 5항의 규정에 의한 손해가 발생하여도 은행은 책임을 지지 아니한다」고 규정하고

있는데, 이는 신고인감의 날인을 발행인의 손해배상청구권의 포기를 의미하는 표시로 보려는 것이라고 할 수 있다.

[569] 제 4 橫線의 變更과 抹消

횡선의 변경이란 수표상의 일반횡선을 특정횡선으로 변경하는 것을 말한다. 즉 일반횡선은 지급수령자격을 보다 엄격하게 제한하는 특정횡선으로 변경할 수 있으나, 특정횡선은 일반횡선으로 변경하지 못한다($_{37\text{Ⅳ}}^{수}$). 수표에 표시된 횡선 또는 지정된 은행의 명칭의 말소는 이를 하지 아니한 것으로 본다($_{37\text{Ⅴ}}^{수}$). 정당한 말소권자에 의한 말소도 인정되지 않는다.

제 9 절 遡 求

[570] 제 1 總 說

수표소지인이 적법한 기간 내에 제시한 수표의 지급을 받지 못한 경우($_{도}^{부}$)에 소지인은 배서인, 발행인, 기타의 채무자에 대하여 소구권을 행사할 수 있다($_{39}^{수}$). 이 경우에 기타의 채무자에는 보증에 의하여 수표지급을 담보한 자도 포함된다[$_{64\text{ 다 }369}^{大\ 64.9.8.}$].

(1) **환어음의 경우와의 차이점** 수표에는 인수제도가 없으므로 인수거절에 의한 소구($_{43}^{어}$)는 인정되지 않고, 또 수표는 일람출급이므로 만기 전의 소구도 문제가 되지 않으며($_{43\text{단}}^{어}$) 참가인수($_{56\sim58}^{어}$)나 참가지급($_{59\sim63}^{어}$)도 인정되지 않는다. 또한 어음과 다른 점은 소구금액에 대하여 이자의 가산은 인정되지 않고($_{44(1)}^{수\ 7}$) 환어음의 경우에 만기 후의 이자는($_{48(2)}^{어}$) 수표의 경우에는 제시일 이후의 이자를 말하며($_{44(2)}^{수}$), 상환방법으로서 역어음의 제도는($_{52}^{어}$) 인정되지 않고, 불가항력이 그 통지를 한 날로부터 15일을 넘어 계속되는 때에는 소구의 형식적 요건이 구비되지 않아도 소구할 수 있다($_{54\text{Ⅳ 참조}}^{수\ 47\text{Ⅳ}; 어}$)는 점 등이다.

(2) **환어음의 경우와의 공통점** 지급거절의 통지($_{41}^{수}$), 거절증서 등의 작성면제($_{42}^{수}$), 소구의무자의 합동책임($_{43}^{수}$), 소구금액($_{44\sim45}^{수}$), 소구의무자의 권리($_{46}^{수}$), 불가항력과 기간의 연장($_{47}^{수}$)은 환어음의 경우와 같다.

[571]   제 2   遡求의 要件

(1) 실질적 요건   수표소지인이 적법한 기간 내에 지급을 위한 제시를 한 데 대하여 수표금액의 전부 또는 일부의 지급이 거절되었어야 한다. 제시는 반드시 영업시간 내에 지급인 또는 제 3 자에게 하여야 되는 것은 아니고 제시기간의 최종일의 자정까지 수표가 도달되어도 무방하다. 지급의 거절이란 지급인이나 지급담당자의 지급거절의 의사표시나 행위가 있어야 하는 것이 아니고 지급이 되지 않고 있는 사실이 존재하는 것으로 족하다.

(2) 형식적 요건   형식적 요건으로는 거절증서나 지급인 또는 어음교환소의 지급거절선언 중 한 가지 방법으로 지급거절의 사실을 증명하여야 한다($\frac{수}{39}$). 즉 수표의 경우에는 거절선언방법을 인정하고 있다. 그러므로 수표에 있어서는 거절증서를 작성하는 경우는 드물다.

1) 지급인의 지급거절선언   수표에 제시의 날을 기재하고 일자를 부기한 지급인의 선언을 말한다($\frac{수}{39(2)}$). 수표의 이면에 한 지급거절선언은 유효하지만, 수표 자체가 아닌 보전에 한 것은 무효라고 본다. 지급인의 거절선언은 법률행위가 아니고 제시와 지급이 되지 않았다는 것을 확인하는 것에 불과하다. 그러므로 거절선언에는 수표제시의 날과 거절선언을 한 날을 기재하여야 한다($\frac{수}{39(2)}$).

2) 어음교환소의 지급거절선언   적법한 시기에 수표를 제시하였으나 지급이 없었던 뜻을 증명하고 일자를 부기한 선언을 말한다($\frac{수}{39(3)}$). 어음교환소에서의 수표의 제시가 지급을 위한 제시의 효력이 있는 것은($\frac{수}{31}$) 어음의 경우($\frac{어}{38 II}$)와 같으나, 어음의 경우에는 단순히 지급을 위한 제시의 효력이 있을 뿐이지만 수표의 경우에는 거절증서에 갈음하는 선언이 가능하다는 점($\frac{수}{39(3)}$)이 다르다.

제 10절   手票의 複本

(1) 의   의   수표법은 수표의 국제적 성질을 고려하여 수표를 타지에 송부할 때에 분실의 위험에 대비할 필요가 있으므로 복본제도를 인정하고 있다. 그러나 어음의 경우에 인정되는 등본제도는 인수가 인정되지 않는 수표에는 적용되지 않는다.

(2) **복본의 작성**   복본은 발행인이 작성하며 어음의 경우와 달리 수표소지인은 복본의 교부를 청구하지 못한다. 수표의 경우에 복본의 작성이 인정되는 경우는 i) 일국에서 발행하여 타국이나 발행국의 해외영토에서 지급할 수표, ii) 일국의 해외영토에서 발행하여 그 본국에서 지급할 수표, iii) 일국의 동일 해외영토에서 발행하고 지급할 수표, iv) 일국의 해외영토에서 발행하여 그 국의 다른 해외영토에서 지급할 수표 등 4종에 한한다($\frac{수}{48}$). 그러므로 내국수표의 경우에는 복본을 작성할 수 없다. 또한 소지인출급식수표의 경우는 복본이 인정되지 않는다($\frac{수}{48}$). 그 이유는 복본이 각별로 양도된 경우에 그 양도인의 성명이 수표에 표시되지 않기 때문에 결국 발행인이 각통에 대하여 책임을 져야 하기 때문이다.

(3) **복본의 효력**   복본의 1통에 대한 지급은 다른 복본을 무효로 하는 효력이 있으므로 지급인은 의무를 면하게 된다. 그러나 수인에게 각별로 복본을 양도한 배서인과 그 후의 배서인은 기명날인 또는 서명한 각 통으로서 반환을 받지 아니한 것에 대하여 책임을 진다($\frac{수}{49}$).

제11절   手票의 時效

수표는 지급증권이므로 수표의 시효기간은 어음에 비하면 단기이다. 즉 소지인의 배서인, 발행인 기타의 채무자에 대한 소구권은 제시기간 경과 후 6

《수표의 시효기간》

	채무자의 구별	시효에 걸리는 권리의 종류	시효기간의 기산점(초일불산입 원칙: 수 61)	시효기간	청구권자	적용조문
수 표	주채무자가 없음					
	채무자	발행인·배서인에 대한 소구권	제시기간경과일	6개월	소지인	수 51 I
		(다른)배서인에 대한 재소구권	① 수표를 환수한 날 ② 소를 제기당한 날	6개월	소구의무를 이행하고 수표를 환수한 배서인	수 51 II
	(지급보증인)	지급보증인에 대한 청구권	제시기간경과일	1년	소지인	수 58

월이고($_{51}\overset{수}{\text{I}}$), 지급보증을 한 지급인에 대한 수표상의 청구권은 제시기간 경과 후 1년이며($\overset{수}{58}$), 상환을 한 자의 재소구권의 시효기간은 6월이다($_{51}\overset{수}{\text{II}}$). 재소구권의 시효기간의 기산점은 그 자가 수표를 환수한 날 또는 소장의 송달일이다($_{51}\overset{수}{\text{II}}$). 시효는 어음의 경우와는 달리 거절증서 또는 이와 동일한 효력이 있는 지급거절선언의 일자로부터가 아니라 제시기간 경과 후부터 진행한다. 또 시효의 중단은 그 중단사유가 생긴 자에 대해서만 효력이 생긴다($\overset{수}{52}$).

제12절　利得償還請求權

수표의 경우의 이득상환청구권($\overset{수}{63}$)도 통일수표법에는 존재하지 않으나 유보조항에 의하여 규정한 것이다. 수표의 이득상환청구권도 어음의 경우와 ($\overset{어}{79}$) 대체로 같지만 다음과 같은 차이점이 있다.

[572]　제1　當事者

(1) 권 리 자　　　1) 이득상환청구권의 권리자는 수표상의 권리가 소멸할 당시의 정당한 수표소지인이다[이에 관한 상세한 설명은 1022면 이하 참조][大 59.10.29, 4292 민상 440; 大 83.9.27, 83 다 429]. 특히 수표에 관하여 문제가 되는 점은 지급제시기간의 경과 후에 수표를 취득한 자도 이득상환청구권을 취득하는가 하는 점이다.

　　　이에 관한 판례의 입장은 자주 변경된 바 있으나 1976. 1. 13. 대법원 전원합의체판결[70 다 2462]에서는 「자기앞수표에서는 거래상의 확신에 의하여 현금과 같이 널리 유통되므로, 제시기간이 도과하여 수표상의 권리가 소멸된 수표를 양도하는 행위는 수표금액의 지급수령권한과 아울러 특별한 사정이 없으면 수표상의 권리의 소멸로 인하여 소지인에게 발생한 이득상환청구권까지도 이를 양도하는 동시에, 그에 수반해서 이득을 한 발행인인 은행에 대하여 소지인을 대신해서 그 양도에 관한 통지를 할 수 있는 권능을 부여하는 것이라고 하는 것이 특별한 사정이 없는 한 당사자의 의사에 합치될 뿐만 아니라 거래의 실정에 적합하여 법률관계를 간결하고 타당하게 해결할 수 있는 것이다」라고 하였다.

　　2) 그러나 1976년의 전원합의체판결에도 불구하고 이후 판례는 「수표법상으로 이득상환청구를 할 수 있는 수표소지인은 그 수표상의 권리가 소멸

될 당시의 소지인으로서 그 수표상의 권리를 행사할 수 있는 자를 말하는 것
인데, 제시기간의 경과로 수표상의 권리가 소멸된 이후 이를 지명채권양도의
방법에 의하지 않고 단순히 양도받은 때는 이득상환청구권을 취득하였다고
볼 수 없다」고 하였다（大 78. 3. 28,／77 다 2497）.

　　3) 결국 대법원의 판례에 의하면 제시기간 경과 후에 취득하였더라도
수표상의 권리가 소멸할 당시의 정당한 소지인으로부터 수표를 취득한 자는
이득상환청구권을 취득하지만, 이를 위하여는 단순한 양도가 아닌 지명채권
양도의 절차가 필요하다는 것으로 볼 수 있다. 다만 자기앞수표의 경우에는
이득상환청구권의 양도와 더불어 이득을 한 발행인인 은행에 대하여 소지인
을 대신하여 양도에 관한 통지를 할 수 있는 권능까지 부여한 것으로 보아,
이득상환청구권의 양수인은 자기앞수표를 은행에 제시하면 양도의 대항요건
을 구비한 것으로 본다는 입장이라고 할 수 있다. 그러나 자기앞수표라고 하
여 특별한 취급을 할 필요는 없다고 본다.

　　(2) 의 무 자　　수표의 경우 이득상환의무자에는 발행인과 배서인,
그리고 지급보증을 한 지급인이 포함되는 반면 인수인이 제외되는 점이 환어
음의 경우와 다르다. 그런데 소지인출급식으로 발행되는 자기앞수표의 경우
에는 발행인만이 의무자가 된다고 할 수 있다.

[573]　제 2　發生要件

　　수표의 경우에 이득상환청구권의 발생요건으로서 민법상의 구제수단도
없어야 한다는 것이 판례의 입장이지만（大 62. 2. 15, 4294 민상 1065;／大 65. 12. 28, 65 다 2163）, 수표상의 권리
가 소멸하여 수표법상의 다른 구제방법이 없으면 된다고 본다（1023면／이하 참조）.

[574]　제 3　發生時期

　　수표는 제시기간이 경과하여도 발행인이 지급위탁을 취소하지 않는 한
지급인인 은행은 지급을 할 수 있고 이러한 지급에 의하여 이득상환의무는
소멸하게 된다. 이에 관한 이론적 설명과 관련하여 수표의 이득상환청구권의
발생시기를 언제로 볼 것인가 하는 문제가 있는데 이에 관하여는 학설이 대
립하고 있다.

　　(1) 정지조건설　　　이득상환청구권은 제시기간의 경과에 의하여 바로
발생하는 것이 아니라, 지급위탁의 취소 또는 지급거절에 의하여 지급의 가
능성이 소멸하는 것을 정지조건으로 하여 발생한다고 한다[梁(숭)₂₁₀·]. 그 이유는
수표법 제32조 2항에 의하여 지급위탁의 취소가 없는 때에는 지급인은 제시
기간 경과 후에도 유효하게 지급할 수 있으므로, 일단 지급제시를 하여 지급
거절을 당하지 아니한 수표에 대하여 그 제시기간이 경과하였다고 하여 수표
상의 권리가 당연히 소멸되었다고 단정하는 것은 무리이기 때문이라고 한다.

　　(2) 해제조건설　　　1) 수표에 있어서는 지급제시기간 경과 후에도 지
급위탁의 취소가 없는 한 지급인은 유효한 지급을 하고 그 결과를 발행인의
계산으로 돌릴 수 있으므로(32$\frac{수}{Ⅱ}$), 소지인은 제시기간 경과 후에도 지급위탁
의 취소 또는 지급거절이 있기까지는 지급인으로부터 지급을 받을 수 있기
때문에 수표의 경우에는 제시기간 경과 후 바로 이득상환청구권이 발생하지
않는 것과 같이 생각할 수도 있다.

　　2) 그러나 제시기간의 경과에 의하여 수표상의 권리는 확정적으로 소멸
하므로 이득상환청구권의 요건을 충족하는 한 이득상환청구권은 이 시점에
서 발생하지만 다만 **지급위탁의 취소**가 없어서 그 후 유효한 지급이 있는 때
에는 그 때에 발행인의 이득은 소멸하고 따라서 일단 발생한 이득상환청구권
도 이 때에 **소멸**한다고 보는데 이 견해가 **통설**이고 타당하다.

　　3) 왜냐하면 수표법 제63조에서 말하는 「절차의 흠결」이란 독일수표법
제57조에서 규정하고 있는 바와 같이 「적시의 제시해태」를 말하는 것이므로,
제시기간이 경과함으로써 이득상환청구권이 발생할 뿐만 아니라 제시기간의
경과 후에도 지급인이 지급위탁을 취소하지 않고 유효한 지급을 할 수 있는
것은 지급인의 의무에 의한 것이 아니므로 소지인은 지급을 권리로서 주장할
수는 없기 때문이다. 판례의 입장도 **해제조건설**이다[大 60. 6. 9, 4292 民上 758; 大 83. 9. 27, 83 다 429].

제 5 편 保 險

제 5 편

─────────────────────────────────────

보　험

(1) 본편은 보험일반과 상법전 제 4 편에 규정된 보험계약법을 중심으로 다루고 있다. 우리 상법에 의하면 보험은 기본적 상행위 중의 하나이며($^{46}_{(17)}$), 또한 상법전 제 4 편에서는 「보험」에 관하여 규정하고 있기 때문에 보험계약법은 상법전의 독립된 일부를 형성하고 있다. 왜냐하면 보험관계는 일반적인 기업거래의 전형적인 유형과는 달리 여러 가지의 특수성이 있기 때문이다.

(2) 상법전 제 4 편 「제 1 장」에는 손해보험과 인보험에 모두 적용되는 통칙규정이 있으며, 「제 2 장」과 「제 3 장」에서는 손해보험과 인보험에 관하여 각각 규정하고 있다. 그리고 해상보험을 손해보험의 일부로 규정하고 있는 것이 특징적이다.

(3) 이 보험편의 규정은 1991년의 상법개정에 의하여 내용면에서 광범위하게 개정되었고, 개정 규정이 1993년 1 월 1 일부터 시행되었다.

(4) 2007년에 상법 일부(보험편) 개정법률안에 의하면 보험편의 상당부분이 개정될 예정이다.

─────────────────────────────────────

제 1 장　總　　論

제 1 절　總　　說

[575]　제 1　保險制度의 必要性

　　사회생활을 함에 있어서 자연인이나 법인은 항상 위험에 대비하지 않으면
안 된다. 즉 우발적 사고의 발생이 가능하다는 것을 염두에 두어야 한다. 이것
은 바로 사회생활에는 항상 불안이 뒤따른다는 것을 의미한다. 우리는 홍수·
태풍·지진·낙뢰를 비롯하여 화재·도난·교통사고·질병·실직 등 자연적이거
나 인위적인 사고발생의 가능성 속에서 살고 있으며, 이러한 위험은 대부분 보
험의 대상이 된다고 할 수 있다. 즉 사고로 인한 경제적 수요를 가장 안전하게
충족시킬 수 있는 대비책은 보험제도를 이용하는 것이라고 할 수 있다.

[576]　제 2　保險의 槪念

　　오늘날 다양하게 발전한 모든 보험관계를 통일적으로 파악한다는 것은 어
려운 일이지만 보험은 동일한 우발적 사고의 발생이라는 위험하에 있는 다수
인이 사고로 인하여 생기는 경제적 수요를 충족하기 위하여 일정한 과학적 기
초에 의하여 산출된 금액을 미리 갹출하여 공동재산을 비축하고, 사고가 발생
한 경우에 공동재산으로부터 일정한 금액의 급여를 하는 제도이다$\left[\substack{大 90.6.26,\\89 도 2537}\right]$.
즉 보험은 **불확실성**을 확실성으로 전환시키는 것으로서, **우연적인** 사고의 발
생으로 인한 실제적 손실을 다수위험의 결합으로부터 얻게 되는 평균손실로
대체할 수 있는 제도인 것이다.

　　(1) 사고의 우연성·불확실성　　　보험은 우연한 사고의 발생에 대처하는
제도이다. 그러므로 보험의 대상이 되는 보험사고는 우연적이고 불확실한 것
이어야 한다. 사고의 발생 여부와 발생시기의 **불확실성**이 보험자의 위험부담
의무의 발생요건이며 **보험계약의** 구성요건이라고 할 수 있다. 그러므로 사고
의 발생을 예견할 수 있거나 정기적이고 규칙적으로 발생하는 사고는 보험의

대상이 될 수 없다. 그러나 어느 정도로 빈번하게 발생할 것인지, 어느 정도의 손해가 발생할 것인지에 대한 불확실성만 있어도 보험의 대상이 된다. 불확실성은 단순히 주관적으로 존재하는 때에도 인정된다.

(2) 위험의 동질성   보험에 있어서는 다수의 동질적인 위험의 결합이 가능하여야 하는데, 이를 위험의 동질성이라고 한다. 즉 동질성이 있는 위험의 결합만이 부보된 위험의 발생빈도와 동일한 기간 내에 보험금의 지급을 위하여 필요한 보험료수입의 정도, 그리고 매사고마다 어느 정도의 비용이 소요될 것인가에 대한 통계적인 경험을 근거로 한 개연율의 계산을 가능하게 한다. 이와 같이 위험의 동질성이 필요하기 때문에 보험의 종류가 다양하게 분화되고 발전되는 것이라고 할 수 있다.

(3) 위험의 다수성   1) 보험에 있어서 위험은 동질성과 더불어 위험의 다수성이 필요하다[大 66. 10. 21,\\66 다 1458]. 이는 보험의 유상성 또는 상호성을 의미하기도 한다. 왜냐하면 보험사고가 발생한 경우에 지급되는 보험금의 재원은 **보험단체의 구성원들이 지급한 보험료**에 의하여 조달되기 때문이다. 그러므로 보험보호는 무상이 아니고 또한 급여의무자의 경제적 이익만을 목적으로 하는 다른 계약으로부터 생겨나는 단순한 종적인 급여도 아니다.

2) 보험에 있어서는 위험의 인수와 보험료지급 사이에 등가관계가 필요한 것이다. 그 결과 보험계약자에 대하여서도 보험단체로서의 보험의 본질에서 볼 때에 평등취급의 원칙이 적용된다고 할 것이다. 그러므로 보험자는 특정한 보험계약자 또는 특정한 보험계약자집단에 대하여 특별한 이익을 부여할 수 없다고 할 것이다.

(4) 보험료·보험금의 산정   보험에 있어서 보험료나 보험금은 과거의 위험발생을 토대로 대수(大數)의 원칙에 의하여 개연율을 예측하여 산정한다.

[577] 제 3 保險과 유사한 制度

경제생활의 불안정을 극복하기 위한 제도에는 보험 이외에도 여러 가지의 유사한 제도가 있는데 이에는 보험제도와 부분적인 공통성이 있는 것으로서 도박·복권, 저축, 자가보험, 보증, 공제제도 등이 있다.

(1) 도박·복권   도박·복권은 우연한 사실의 발생에 의하여 당사자간의 급여관계가 결정되는 계약이라는 점에서 사행계약성이 있고, 이 점에서 보험제도와 유사하다. 특히 복권의 경우는 다수인이 이를 구입하여 형성된 자금과 당첨자에 대한 급여가 균형

을 이룬다는 점에서 보험과 같은 성질이 있다. 그러나 **보험**은 경제생활의 불안정을 극복하기 위하여 우연한 사고에 의하여 발생한 **경제적 손실의 전보**를 목적으로 하는 데 비하여, **도박과 복권**은 우연한 사고의 발생으로 **적극적인 경제적 이익**을 도모하는 데 그 목적이 있다는 점에서 보험과 다르다.

(2) **저   축**   보험과 저축은 모두 경제생활의 안정을 도모하기 위한 목적이 있다는 점에서 경제적으로 공통점이 있다. 그러나 보험은 다수의 경제주체로 이루어진 위험단체에 의하여 필요한 재원이 형성되는 데 비하여, 저축은 각 경제주체가 개별적으로 비축을 한다는 점이 다르다. 또한 저축의 경우에 비축된 재산은 저축자가 자유로이 처분할 수 있지만, 보험의 경우는 보험사고가 발생하지 않는 한 비축재산은 그대로 존속하며 저축성 생명보험의 경우가 아닌 한 그 기간의 경과에 의하여 보험계약자는 보험단체로부터 이탈되어 더 이상 비축재산에 의한 경제적 보호를 받지 못한다. 그러나 생명보험의 경우는 저축성이 가미되는 경우가 많다.

(3) **자가보험**   지역적으로 분산되어 산재하는 공장 또는 건축물을 소유하는 회사 또는 다수의 선박을 소유하는 회사가 일정기간 내의 손해의 발생을 예상하여 각 경제단위를 기준으로 일정한 비율로 각 사업연도마다 일정한 금액을 적립하고 그 기간 내에 생긴 손해로 인한 수요를 충족시키는 제도를 자가보험이라고 한다. 이는 대수의 법칙에 의하여 계산된 일정한 금액을 적립한다는 점과 다수의 위험단체의 우연한 사고로 인한 수요를 충족시킨다는 점에서 보험과 유사하지만, 동일한 위험을 대비하기 위하여 다수인이 집합하여 위험을 분산시키는 것을 목적으로 하는 것은 아니라는 점에서 보험과 다르다[동: 李(원), 263]. 그런데 종래에 자동차손해배상보장법에는 일정한 수 이상의 자동차를 가지고 있는 정부관리기업체가 건설교통부장관으로부터 자동차손해배상자가보장의 허가를 받아 자동차의 운행으로 인한 손해배상책임에 관하여 자가보장을 할 수 있었는데 이는 자가보험의 일종이라고 할 수 있다[동: 梁(승), 22].

(4) **보   증**   보증이란 채무자가 채무를 이행하지 않는 경우에 제 3 자가 채권자에 대하여 채무자의 채무와 동일한 내용의 독립한 채무를 부담하는 담보제도이다. 그러므로 보증은 채무불이행으로 인한 채권자의 손해를 배상하는 점에서 보험과 유사하지만, 보증은 반드시 유상이 아니고 다수인의 결합이 아니라는 점에서 보험과 다르다.

(5) **공   제**   **1)** 다수의 경제주체가 보험료에 상당하는 금전을 납입하고 가입자에게 소정의 사고가 발생한 경우에 미리 정해진 일정한 금액을 지급하는 것을 공제(共濟)라고 한다. 즉 동일한 직업 또는 사업에 종사하는 자가 상호구제를 위하여 조합을 설립하고 조합원의 사망, 부상, 화재, 자동차사고 등의 경우에 일정한 금액을 지급하는 것을 말한다. 오늘날 우리 나라에서 각종의 협동조합법에 의하여 영위되는 공제사업이 여기에 속한다(농협 57 I (4), 134 I (6); 수협 65 I (6)·Ⅳ, 105 I (5); 여객운수 62～66 등). 특히 여객자동차운수사업법에 의한 자동차손해배상공제제도는 중요한 역할을 담당하고 있다. 이러한 공제사업을 유사보험 또는 **공제보험**이라고도 한다.

2) 2007년의 상법개정안에 의하면 공제에 대하여도 상법 제 4 편(보험)의 규정은 그 성질이 상반되지 아니하는 한도에서 준용된다(상664).

[578] 제 4 保險의 種類

보험의 종류는 그 기준의 설정에 따라 여러 가지로 분류할 수 있지만, 여기서는 보험법의 이해를 위하여 다음과 같이 구분한다.

(1) 공보험·사보험   1) 공보험(公保險)은 국민경제적인 입장에서 국가 또는 공공단체가 공적인 국가정책의 실현을 위하여 운영하는 보험을 말한다. 특히 사회정책적인 면에서 사회보장제도의 핵심을 이루는 보험으로서 산업보험이라든가 근로자를 위한 후생보험 등을 들 수 있다. 우리 나라에서는 산업재해보상보험법·선원보험법·군인보험법에 의한 보험이 공보험에 속한다고 할 수 있다.

2) 사보험(私保險)이란 공보험과는 달리 사경제적인 입장에서 사기업의 형태로 보험회사에 의하여 운영되는 대부분의 사영보험을 말한다. 여기에 속하는 보험은 사법상의 법률관계에 따르고 국가의 재정적 원조가 없으며 그 가입이 강제되지 않는 것이 보통이다.

(2) 영리보험·상호보험   1) 영리보험은 보험의 인수를 영업으로 하는 보험자($^{주식회사인}_{보험업자}$)가 가입자로부터 받는 보험료의 총액 및 이를 운용하여 얻게 되는 수익과, 사고가 발생한 경우에 지급하는 보험금의 총액 및 경영비와의 차액을 얻는 것을 목적으로 하는 보험이다. 즉 영리보험은 보험업자가 영리를 목적으로 타인과 보험계약을 체결하는 경우로서 보험업자의 계산으로 하는 보험이다. 이 보험에 있어서 다수의 가입자 사이의 실질적인 단체관계는 동일한 보험자를 매개로 하여 간접적으로 형성된다. 그러므로 보험가입자는 보험자와 대립하는 당사자에 불과하다.

2) 상호보험(相互保險)은 보험의 이익을 얻고자 하는 다수인이 모여 단체를 형성하고 자금을 갹출하여 단체의 구성원 중에서 보험사고에 조우(遭遇)한 자에게 보험금을 지급하는 보험이다. 즉 보험가입자가 동시에 보험자인 단체의 구성원이 되어 사단법인의 사원과 같은 관계를 형성하는 보험이다. 그리하여 단체의 운영은 보험가입자 전원의 책임과 계산으로 함을 원칙으로 하며 보험가입자는 사원인 지위에서 단체의 업무에 참여한다.

3) 영리보험과 상호보험은 법률형식이 다르지만 실질적인 기능에 있어서는 양자가 근사성을 보이고 있다. 왜냐하면 영리보험에 있어서도 가입자에게 이익의 일부를 분배하는 혼합조직의 경우가 있으며, 상호보험에 있어서 가입

자는 사원인 지위에 있지만 발언권은 유명무실하고 사원의 책임은 약정된 보험료에 한정되기 때문이다.

(3) 인보험·물건보험(또는 재산보험)   1) 인보험(人保險)은 사람의 신체에 대하여 생긴 사고를 보험사고로 하는 보험이다. 즉 보험사고발생의 객체가 사람인 보험이다. 여기에 속하는 보험은 사고의 종류에 따라 생명보험·질병보험·상해보험 등이 있다. 상법에서는 생명보험과 상해보험을 인보험으로 규정하고 있다(제4편 제3장).

2) 물건보험은 보험가입자의 **재산**에 대하여 생긴 사고를 보험사고로 하는 보험이다. 일반적으로 구체적인 물건에 대하여 생긴 사고를 보험사고로 하는 경우를 물건보험이라 하지만, 특정물이 아닌 가입자의 모든 재산에 대하여 생긴 사고를 보험사고로 하는 재산보험(책임보험)도 여기에 속한다. 물건보험은 또 보험사고의 **객체** 및 **종류**에 따라 화재보험·운송보험·해상보험·항공보험·도난보험·자동차보험·책임보험·보증보험·신용보험 등으로 구분할 수 있다. 이와 같이 물건보험의 범위가 포괄적이고 책임보험이나 재보험과 같이 그 한계가 명확하지 않은 경우도 있기 때문에 상법에서는 인보험과 손해보험으로 구분하고 있다. 그러나 질병보험이나 상해보험은 양자 중의 어느 것에도 속한다고 할 수 없으므로 명확한 구분이 못된다는 입장도 있다[孫(주), 471].

(4) 손해보험·정액보험   이것은 보험급부의 내용이 손해의 전보인가 약정한 금액의 급부인가에 따르는 분류이다.

1) 손해보험은 보험사고로 인하여 **재산**에 대하여 생긴 손해를 보상할 것을 목적으로 하는 보험이다. 손해보험은 보험사고가 발생한 경우에 보험자가 지급하여야 할 금액이 미리 정해지지 않고 사고의 발생에 의하여 실제로 생긴 손해액에 따라서 정해지는 보험이기 때문에 **부정액보험**이라고도 한다. 왜냐하면 원칙적으로 보험계약에서 보험사고발생시 보험자가 책임지기로 약정하는 보험금액과 보험사고발생시 실제로 지급하는 보험금과는 반드시 일치하지는 않고, 보험금액이 보험금보다 고액인 경우도 있기 때문이다. 상법에서 규정하는 손해보험에는 화재보험·운송보험·해상보험·책임보험 등이 있다.

2) 정액보험(定額保險)이란 가입자의 재산에 대한 손해의 유무와는 관계없이 미리 약정한 금액을 일시에 또는 연금으로 지급할 것을 목적으로 하는 보험이다. 정액보험에는 생명보험이 있으며 상해보험은 정액보험성과 부정액

보험성의 양면을 지니고 있다.

(5) 해상보험·육상보험·항공보험   1) 해상보험은 해상기업의 경영에 있어서 선박 또는 적하의 항해에 관한 사고로 인하여 생긴 손해를 보상할 것을 목적으로 하는 손해보험이다. 해상보험에는 보험위부제도(保險委付制度)가 있으며 위험사고의 포괄성과 피보험이익의 다양성 등에서 볼 때, 육상보험에 비하여 특수성이 있다.

2) 육상보험은 일반적으로 해상보험 이외의 보험을 총칭한다고 할 수 있다. 그러므로 통상의 손해보험과 각종의 신종보험 및 생명보험이 여기에 속한다. 항공보험은 공중에서의 각종의 위험에 대비하기 위한 보험이라고 할 수 있지만, 이에 관한 특유한 법전은 별로 존재하지 않는다.

(6) 개별보험·집합보험   1) 개별보험은 개별적인 물건 또는 자연인을 보험의 목적으로 하는 것으로서 특정인을 위한 생명보험이나 특정한 선박을 목적으로 하는 선박보험 등이 여기에 속한다.

2) 집합보험(集合保險)은 보험의 목적을 다수의 사람 또는 물건의 집단으로 하는 경우로서, 가족이나 공장의 노무자 전원을 피보험자로 하는 상해보험이나 특정한 건물 내의 모든 동산을 위험의 목적으로 하는 동산화재보험 등이 여기에 속한다.

(7) 총괄보험·특별보험   1) 총괄보험은 교체성이 있는 사람 또는 물건의 집단을 포괄적으로 1개의 보험계약의 목적으로 한 경우로서, 집단을 구성하는 내용에 교체성이 있다는 점이 집합보험과 다르다. 예컨대, 특정한 창고에 입·출고되는 임치물 전부에 대하여 창고업자가 총괄적인 화재보험을 체결하는 경우를 말한다.

2) 총괄보험에 속하지 않는 특정물에 관한 보험을 특별보험(일반보험)이라 한다.

(8) 원보험(원수보험)·재보험   보험금의 지급책임을 지는 보험자(원수보험자)가 자기의 보험계약상의 책임의 전부 또는 일부에 대하여 다시 제 2 의 보험자에게 보험을 인수시키는 때가 있다. 이 경우에 제 2 의 보험을 재보험(再保險)이라 하고, 최초의 보험을 원보험(原保險)(또는 원수보험)이라 한다. 재보험의 경우에 제 2 의 보험자는 다시 제 2 의 재보험계약을 체결할 수 있다. 재보험의 법적 성질은 **책임보험**의 일종으로 볼 수 있다. 그러므로 원보험이 생명보험인 경우에도 이를 위한 재보험은 책임보험의 일종으로서 손해보험에 속한다.

　　⑼ 기업보험·가계보험　　　1) 기업보험은 기업인이 기업경영의 불안정을 극복하기 위하여 이용하는 해상보험·운송보험·기업의 건물이나 설비 등의 화재보험 및 재보험 등이 여기에 속한다. 기업보험에 있어서는 보험자의 상대방이 보험자와 대등한 경제적 교섭력을 가진 기업이므로, 법이 계약관계에 굳이 후견적 개입($\frac{예컨대\ 상\ 663:\ 불}{이익변경금지원칙}$)을 할 필요가 없다고 보는 견해가 지배적이다.

　　2) 가계보험은 가계생활의 불안정에 대비하기 위하여 이용하는 보험으로서, 일반주택 및 주택용구 등에 대한 각종의 손해를 전보할 수 있는 보험이다.

　　⑽ 임의보험·강제보험　　　1) 임의보험은 보험가입이 법률로 강제되지 않는 보험을 말한다. 영리사보험은 대부분이 임의보험이다.

　　2) 강제보험은 법률상 보험가입이 강제되는 보험으로서 공보험은 모두 여기에 속한다. 그 밖에 사보험이면서도 일정한 사회정책적 성격을 띤 것은 가입이 강제되는 수가 있다. 자동차손해배상책임보험($\frac{자배법}{5,\ 21}$), 가스사고배상책임보험($\frac{고압가스안전}{관리법\ 25}$), 신체손해배상특약부화재보험($\frac{화재로\ 인한\ 재해보상과}{보험가입에\ 의한\ 법률\ 5}$) 등이 그 예이다.

제 2 절　保險契約法

제 1 관　總　　說

[579]　제 1　保險契約法의 意義

　　광의의 보험법은 보험에 관한 모든 법규라고 할 수 있다. 그러므로 사보험에 관한 법규뿐만 아니라 공보험에 관한 법규도 포함한다. 또한 보험계약에 관한 법규뿐만 아니라 보험사업 주체·운영·감독에 관한 법규($\frac{보험}{업법}$)도 여기에 속한다. 그러나 協議에 있어서 보험법이라고 할 때는 보험계약법을 지칭하며, 이에 관한 규정은 상법 제 4 편 「보험」에 있다. 즉 이것을 형식적 의의의 보험법이라고 할 수 있다.

[580]　제 2　保險契約法의 特性

　　협의의 보험법인 보험계약법은 영리보험의 인수에 관한 거래법으로서 상법 중 상행위법에 속한다고 할 수 있지만, 보험제도의 기술적인 성격으로 인하여 여러 가지의 특수성을 나타내고 있다.

(1) 기 술 성   보험제도는 특정한 우발적 사고의 위협을 받는 다수인이 집단을 형성하여 과학적 기초($\frac{대수의}{법칙}$)에 의하여 산출된 보험료를 징수함으로써 위험을 분산하는 것이다. 이처럼 보험제도는 수리적 계산에 의한 기술적인 구조를 토대로 한다. 그러므로 보험관계를 지배하는 법칙도 당사자의 일반적인 의사나 보편적인 의미의 형평의 관념으로써는 이해할 수 없는 점이 많다. 이는 보험계약법이 기술적인 성격에 강하게 지배되고 있다는 것을 의미한다. 그리하여 기타의 거래관계에서 볼 수 없는 고지의무 및 통지의무에 관한 제제도가 존재하고 「보험료불가분의 원칙」[$\frac{1113면}{참조}$]이 적용된다.

(2) 단 체 성   보험제도는 동종의 위험을 느끼는 다수인이 위험단체를 구성하여 보험료의 총액과 보험금의 총액이 균형을 이루어야 하는 제도이다 ($\frac{급여 · 반대급여균형의 원}{칙 또는 수지상등의 원칙}$). 따라서 이 단체에는 특별히 위험률이 높은 자는 보통의 보험요율에 의하여 가입할 수 없는 것이 원칙($\frac{보험계약자}{평등의 원칙}$)이다. 이러한 단체성은 상호보험의 경우는 별 문제로 하고 적어도 영리보험에 있어서는 사실로서 존재할 뿐이며 법적으로 인정되는 것은 아니다. 그러므로 단체성을 근거로 보험법의 계약법적 성질을 부정할 수는 없다. 물론 보험제도에는 단체성이 반영되어야 하므로 보험법 중에 약간의 강제규정을 두어야 할 필요가 있다. 우리 나라의 판례도 단체성을 인정하고 있다[$\frac{大 66. 10. 21,}{66 다 1458}$].

(3) 공공성 · 사회성   1) 오늘날 산업이 고도로 발달하여 다양한 위험이 현저하게 증대되어 보험제도를 이용함이 없이는 안정된 경제생활을 영위할 수 없게 되었다. 이러한 점에서 보험은 공공적 성격을 띠고 있다. 또한 일반적으로 보험가입자는 경제적으로 약자인 지위에 있으며 일반대중은 보험에 관한 전문지식이 희박하고 보험관계는 복잡하고 대량적 처리가 요구되어 보험계약은 부합계약화하고 있으므로 특별히 보험계약자의 보호가 요청된다.

2) 그리하여 국가의 감독적 기능을 인정하고 있다. 즉 보험사업은 금융감독위원회의 허가를 얻은 주식회사 또는 상호회사 및 외국보험사업자만이 영위할 수 있다($_{5 \text{I} \cdot \text{II}}^{보업}$). 보통보험약관의 제정과 변경에는 금융감독위원회의 인가가 있어야 한다($_{5 \text{III}(3), 16}^{보업}$). 또한 상법에서도 당사자간의 특약으로 보험가입자의 이익이 일반적으로 침해되지 않도록 배려하고 있다($_{참조}^{상 663}$).

(4) 반면보호적 강행법규성   1) 보험계약은 기술성이 있으며 더욱이

공공성과 사회성이 강하기 때문에, 보험사업에 대하여는 등록규정이 존재할 뿐만 아니라 상법에서도 보험계약에 관하여 강행법적 규제를 하고 있다. 즉 상법 제663조 본문에서는 「이 편($^{제 4 편}_{보험}$)의 규정은 당사자간의 특약으로 보험계약자 또는 피보험자나 보험수익자의 불이익으로 변경하지 못한다」고 규정함으로써 보험계약자 등을 위한 **보호적 강행규정**을 두고 있다. 그러므로 이 규정에 위반하는 보통보험약관은 무효라 할 수 있다.

　　2) 그러나 이러한 원칙은 보험에 관한 지식이 희박한 일반대중을 보호하는 데 입법취지가 있으므로 가계보험에 국한하여 적용되어야 하며, 해상보험이나 재보험과 같은 기업보험에까지 확장할 필요는 없고 외국의 입법례($^{독보\ 186\ 이하;}_{프보\ 111-1}$)와 같이 기업보험에 대하여는 계약자유의 원칙이 인정되어야 한다$\left[^{동:\ 梁(승),}_{51 \sim 52}\right]$. 상법 제663조 단서에서는 「그러나 재보험 및 해상보험 기타 이와 유사한 보험의 경우에는 그러하지 아니하다」고 규정함으로써 이 뜻을 명백히 하고 있다 $\left[^{大\ 2005.\ 8.\ 25,}_{2004\ 다\ 18903}\right]$.

[581]　제 3　保險契約法의 法源

　　(1) 보험계약법의 법원은 제정법·관습법 등이라고 할 수 있다. 보험계약은 기본적 상행위로서($^{상}_{46\,(17)}$) 상사에 속한다. 그리하여 보험계약에 관하여는 상법의 보험에 관한 규정이 적용되고 상법에 규정이 없는 사항에 대하여는 상관습법을 적용하며 상관습법도 없는 경우에는 민법의 규정을 적용한다($^{상}_1$).

　　(2) 상법 이외에 상사특별법이 있는 경우에는 이것이 우선 적용되며, 또 강행법규나 선량한 풍속 기타 사회질서 또는 보험계약의 본질에 반하지 않는 한 당사자간의 합의가 그 법률관계를 결정한다. 그러나 당사자간의 약정이 법원은 아니다. 그리고 상호보험 공제 기타 이에 준하는 계약은 보험을 영업으로 하지 않지만 이에 대하여도 영리보험에 관한 상법의 규정이 준용된다($^{상}_{664}$).

　　(3) 여기서는 상법을 비롯한 제정법, 그리고 법원성을 단정적으로 인정할 수는 없으나 실제에 있어서 중요성이 매우 큰 보통보험약관에 관하여 설명하며 조약·판례·조리 등의 법원성에 관하여는 법원일반론에 맡긴다$\left[^{新論(上),}_{30,\ 40\ 이하}\right]$.

　　1) 제 정 법　　　(개) 보험계약법의 법원은 기본적으로 상법 제 4 편의 「보험」에 관한 규정이라고 할 수 있다. 또한 대부분의 보험자는 상인이기 때문에 보험계약도 상행위에 속하므로 상법 제 2 편의 「상행위」의 「총칙」 중에 상행

위일반에 관한 다수규정이 당연히 적용된다. 보험계약에 관한 상법의 규정은
보험계약을 상행위로 하는 때에 비로소 적용된다.

(나) 기타 상사특별법으로서 보험계약법의 법원으로 볼 수 있는 것으로는 보
험업법 제39조($\binom{보험금액의}{우선취득권}$)와 제94조($\binom{서류의\ 열람과\ 등;}{초본의\ 교부청구권}$), 제156조($\binom{체결\ 또는\ 모집에}{관한\ 금지행위}$) 등과 자
동차손해배상보장법($\binom{1984.\ 12.\ 31.,}{법\ 3774호}$)·산업재해보상보험법($\binom{1963.\ 11.\ 3,}{법\ 1438호}$)·의료보험법($\binom{1976.}{12.}$
$\binom{22,\ 법}{2942호}$) 등 다수의 특별법이 존재한다.

2) 보통보험약관

(가) 의   의   실제로 보험계약을 체결함에 있어서는 상법에 규정이
없는 사항에 관하여 또는 상법의 임의규정과 다른 내용을 정할 목적으로 당사
자간에 별도의 합의를 하는 것이 보통이다. 그러나 보험계약은 다수인을 상대
로 대량적으로 체결되므로 상이한 계약내용의 개별적인 합의는 불편할 뿐만
아니라 전문적 지식이 없는 가입자와 합의를 한다는 것은 사실상 불가능한 것
이다. 그리하여 실제에 있어서는 보험업자가 계약내용에 대하여 일반적이며
표준적인 조항을 정하여 놓고 특별한 경우가 아니면 보험계약은 이 조항의 내
용에 따라 체결된 것으로 다루게 된다. 그러므로 보험계약은 **부합계약**(附合契
約)이라고 할 수 있는데, 미리 정하여진 표준적인 계약조항들을 **보통보험약관**
이라고 한다.

(나) 종   류   보통보험약관은 보험계약의 일반적·정형적 조항이라고
할 수 있고, 보통보험약관에 대하여 보충적으로 세부적인 약정을 필요로 할 때
에 이용되는 것을 **특별보통보험약관**이라 한다. 이는 보충적이고 상세한 내용
을 담고 있다는 내용상의 차이가 있을 뿐, 미리 정형화되어 보험계약자 일반에
게 계약체결을 위해 제시된다는 점에서 그 법적 성질은 보통보험약관과 같다.
그리고 해상보험이나 기업보험에 있어서 특정의 보험계약자와의 사이에서만
개별적으로 보통보험약관의 내용을 변경·추가 또는 배제하는 약정을 하는 경
우를 **특별보험약관**이라 한다. 이는 이른바 개별약정으로서 보통보험약관이 아
니며, 위험단체의 유지에 반하지 않는 한 그 효력이 인정된다. 특별보험약관은
보통보험약관에 우선한다($\binom{개별약정우}{선의\ 원칙}$).

(다) 성질과 효력

a) 총   설   보통보험약관은 보험자가 작성한 것으로서 계약을 체결
함에 있어서 당사자간에 약관의 조항을 계약내용으로 한다는 합의가 있으면
약관은 계약내용으로서 당사자를 구속한다. 그러나 실제에 있어서는 당사자간

에 그러한 구체적인 합의가 없는 경우도 적지 않다. 약관의 작성자인 보험자에
게는 약관을 계약내용으로 하려는 의사가 있다는 것이 분명하지만 가입자의
경우는 반드시 약관의 내용을 알고 그것을 계약내용으로 하려는 의사가 있다
고 단언할 수 없기 때문이다. 따라서 다음과 같이 약관의 구속력의 근거에 관
해 학설의 다툼이 있다.

  b) 구속력의 근거에 관한 학설

   aa) 의 사 설(계약/설)   i) 이 견해에서는 계약당사자 사이에 약관을 계
약내용으로 한다는 합의, 즉 계약이 체결되었기 때문에 약관이 당사자 사이에
구속력이 있는 것이라고 한다. 그리하여 당사자간에 명시적으로 다른 약정을
한 경우에만 약관의 구속력이 배제된다고 한다[大 85. 11. 26, 81 다카 1543; /大 86. 10. 14, 84 다카 122].

   ii) 의사주의를 완화한 의사추정설에 의하면 보험계약자가 보통보험약관
에 의하여 청약한다는 내용이 포함된 청약서에 기명날인 또는 서명하여 청약
을 한 경우는, 당사자간에 그 약관에 구속된다는 의사의 합치가 있는 것으로
추정한다고 한다. 그러나 이에 의하면 반증에 의하여 구속력이 없게 되어 약관
의 이용이 필연적인 보험계약의 부합계약성을 크게 저해하게 된다. 궁극적으
로 계약설에 의하면 당사자간의 약관 적용에 대한 합의가 없는 경우에도 어째
서 약관이 구속력을 갖게 되는가를 설명하기가 곤란하다.

   iii) 독일의 학설은 이러한 계약설의 한계로 인하여 다음의 법규범설로 옮
아갔으나, 역시 법규범설의 한계로 인하여 다시 계약설로 복귀되었다고 할 수
있다[李銀榮, 「約款規制/論」(1984), 77~82]. 그리고 종전의 계약설의 한계를 극복하고자 약관사용자인
사업자에게 고객에 대한 약관의 명시·설명의무를 지우고 있다. 즉 사업자가
약관을 명시·설명했음에도 불구하고 고객이 이에 대해 아무런 이의를 제기함
이 없이 계약을 체결했다면 고객의 약관적용에 대한 묵시적 동의가 인정되고
따라서 약관의 고객에 대한 구속력이 생겨난다는 것이 새로운 계약설의 입장이
다[張敬煥, 서울대 학위논문/(1990. 2), 14~15.].

   iv) 판례도 보통보험약관의 구속력의 근거는 그 자체가 법규범 또는 법규
범적 성질을 가진 약관이기 때문이 아니라 약관을 계약의 내용으로 하는 계약
당사자 사이의 합의, 즉 법률행위에 있다고 하여 이와 같은 계약설의 입장을 취하
고 있다[大 85. 11. 26, 81 다카 1543; 大 86. 10. 14,/84 다카 122; 大 91. 9. 10, 91 다 20432]. 위와 같은 내용의 **약관규제법**(1986. 12. 31,/법 3922호)
이 제정된 이후로 판례와 학설의 지배적인 입장[李銀榮, 전게서, 94; 林(홍), 商/行, 26~27; 李(철), 40~41]은 계약
설인데 이는 당연한 귀결로 보인다.

　　　bb) 법규범설　　　이 견해는 보통보험약관은 감독관청의 인가를 얻게
되어 있고 사회적으로도 합리성이 인정되고 있으므로, 당사자의 구체적인 의
사와 관계 없이 일정거래권 내에서는 법규와 같은 규범력(구속력)을 갖게 된
다는 입장이다[鄭(희), 357;
梁·朴, 45]. 그리고 이 학설은 약관이 법규범력을 갖게 되는 근
거를 설명하기 위해서 제도법설·자치법설·상관습법설 등으로 세분된다. 특히
상관습법설은 부합계약성이 있는 계약에 대하여는 특별한 사정이 없는 한 가
입자는 보험업자가 작성한 약관을 내용으로 하여 계약을 체결한다는 관습법이
성립되어 당사자가 약관의 구속을 받게 된다고 한다[朴(원), 45; 鄭(희),
(상) 55; 梁·朴, 45]. 이 견해는
법사회학적인 설명으로서는 타당성이 없지 않다. 특히 당사자간의 약관 적용
에 대한 합의가 없는 경우에도 약관이 구속력을 갖게 되는 근거를 설명할 수
있다는 장점이 있으나, 그렇다고 일개 기업이 마련하여 사용하는 약관을 법규
와 동일시하여 그 자체에 대하여 규범력을 인정하는 것은 무리라는 비판이 있
다[徐(돈), 350; 張敬
煥, 전게논문, 14]. 이 학설을 지지하는 입장도 약관규제법이 제정된 이후로는
그 태도의 변경이 예상된다.

　　　c) 약관개정의 효력　　　aa) 보험계약이 당시의 약관에 의하여 체결된 이
상 이후 보험업자가 약관을 변경하였더라도, 변경된 약관의 적용에 관한 당사
자 사이의 새로운 합의나 금융감독위원회의 특별한 조치(보업
16 Ⅱ)가 없는 한 그
변경된 약관은 구약관에 의하여 체결된 보험계약에 영향을 미치지 않는다고
본다[동: 孫(주), 486; 鄭
(희), 357; 梁(승), 71].

　　　bb) 약관이 개정된 다음이라도 동일한 보험계약당사자가 일정한 기간
마다 주기적으로 동종계약을 반복체결하는 계속적 거래관계에 있어서 종전계
약의 내용이 된 보험약관을 도중에 가입자에게 불리하게 변경한 사실이 있다
면, 보험자로서는 새로운 보험계약을 체결함에 즈음하여 그와 같은 약관변경
사실 및 내용을 가입자인 상대방에게 고지하여야 할 신의칙상의 의무가 있다
고 봄이 상당하고, 이러한 고지 없이 체결된 보험계약은 과거와 마찬가지로 종
전약관에 따라 체결된 것으로 봄이 타당하다[大 86. 10. 14,
84 다카 122].

　　　cc) 그러나 금융감독위원회는 보험약관 등의 기초서류의 변경을 인가하
는 경우에 보험계약자·피보험자 또는 보험금액을 취득할 자의 이익을 보호하
기 위하여 특히 필요하다고 인정한 때에는 이미 체결된 종전의 보험계약에 대
하여도 장래에 향하여 변경된 약관의 효력이 미치게 할 수 있다(보업
16 Ⅱ).

　　　d) 개별합의의 효력　　　aa) 보통보험약관과 모순되는 개별합의가 있는

때에는 개별합의가 우선한다. 약관규제법에서는 「약관에서 정하고 있는 사항에 관하여 사업자와 고객이 약관의 내용과 다르게 합의한 사항이 있을 때에는 당해 합의사항은 약관에 우선한다」고 규정하고 있다(^{동법}₄). 이러한 약관규제법이 제정되기 전에도, 판례는 보통보험약관에 대하여 당사자 사이에 명시적으로 약관과 달리 약정한 경우에는 약관의 구속력이 배제된다는 입장이었다[^{大 85. 11. 26,}_{84 다카 2543}].

　　판례는 「당사자 사이에서 보통보험약관을 계약내용에 포함시킨 계약서가 작성된 경우에는 계약자가 그 보험약관의 내용을 알지 못하는 경우에도 그 약관의 구속력을 배제할 수 없는 것이 원칙이나 당사자 사이에 명시적으로 약관의 내용과 달리 약정한 경우에는 위 약관의 구속력은 배제된다」고 하였다[^{大 91. 9. 10,}_{91 다 20431}]. 또한 판례는 「보험외판원이 보험계약자에게 약관과 다른 내용으로 보험계약을 설명하고 이에 따라 계약이 체결되었다면 그 때 설명된 내용이 계약내용이 되고 약관의 채용은 배제된다」고 한 것이 있고[^{大 89. 3. 28,}_{88 다 4645}], 또 「보험계약을 갱신 체결함에 있어 보험회사대리점 직원이 개정된 보험약관의 내용을 보험계약자에게 알려주지 아니하고 종래의 안전보험약관이 정액보험으로 명칭만 바꾸었을 뿐이라고 말하므로 그 말을 믿고 종전 약관과 같은 내용의 보험금을 지급받을 생각으로 보험계약을 체결할 경우, 개별약정우선의 원칙이 적용된다」고 하였다[^{大 85. 11. 26,}_{84 다카 2543}].

　　bb) 보험대리점의 경우에는 체약대리권이 있으므로 별 문제가 없으나 보험모집인에게는 보험계약체결의 대리권이 없다는 것이 판례의 입장이므로 [^{大 89. 11. 28,}_{88 다카 33367}], 대리권이 없는 보험모집인의 잘못된 설명을 믿은 경우에 보험계약자에 대하여 개별약정의 성립을 인정할 수 있는가 하는 문제가 제기된다.

　　cc) 보험모집인의 권한범위와 한계는 보험회사와의 사이에 내부적으로 결정되고 일반공중으로서는 그 내용을 알 수 없으므로, 보험모집인에게 실제 대리권이 없다 하더라도 대리권이 있는 것과 같은 외관을 보험자가 유발하고 이를 선의·무과실인 보험계약자가 신뢰한 때에는 보험자는 표현대리의 법리에 따라 계약책임을 지는 것이 타당하다고 본다.

　㈑ 약관에 대한 규제

　a) 총　　설　　　보통보험약관은 보험업자가 일방적으로 작성한 것이고 그 내용이 복잡하고 기술적이기 때문에 가입자 등의 이익을 해할 우려가 큰 것이다. 그러므로 공·사법 양면에서 규제가 가해진다.

　b) 상법상의 규제

　　aa) 불이익변경금지　　　i) 상법 제663조 본문에서는 「이 편의 규정은 당사자간의 특약으로 보험계약자 또는 피보험자나 보험수익자의 불이익으로 변경하지 못한다」고 하여 불이익변경금지의 규정을 두고 있다. 구체적으로 어떠한 약관규정이 불이익변경금지규정에 의해 무효가 되는 것인지는 구체적으로 약관의 내용과 당사자의 이해관계 등을 고려하여 판단하여야 한다.

> 판례 중에는 분납보험료가 소정의 시기에 납입되지 아니하였음을 이유로 상법 제650조 소정의 최고절차를 거치지 아니하고 막바로 보험계약이 해지되거나 실효됨을 규정하고 보험자의 보험금지급책임을 면하도록 규정한 보험약관은 상법 제663조의 불이익변경금지규정에 위배되어 무효라고 판시한 것이 있다$\left(\substack{大 92. 11. 24,\\ 92 다 23629}\right)$.

ii) 종래에는 보험편 중의 「통칙」 규정을 특약으로 보험계약자 등의 불이익으로 변경하지 못한다고 하였으나, 개정상법은 일반계약자의 보호를 위하여 원칙적으로 그 효력범위를 확대하여 보험편의 모든 규정에 미치도록 하였다. 그러나 상법은 단서를 신설하여 「재보험 및 **해상보험** 기타 이와 유사한 보험」의 경우에는 예외로 하고 있다. 즉 이들 보험의 경우는 계약의 체결에 있어서 당사자 사이에 교섭력이 대등하거나 국제성이 강하므로 당사자간의 합의에 맡기더라도 무방하기 때문이다. 여기서 「이와 유사한 보험」이란 기업보험·보증보험·신용보험 등을 말한다$\left(\substack{독보 186, 187;\\ 포상 111-1 참조}\right)$.

bb) 약관의 교부·설명   i) 상법은 「보험자는 보험계약을 체결할 때에 보험계약자에게 보험약관을 교부하고 그 약관의 중요한 내용을 설명하여야 한다」고 하여 보험자의 **보험약관의 교부·설명**의무를 규정하고 있다$\left(\substack{상 638의\\ 3 1}\right)$. 동조 제 2 항은 「보험자가 이 의무를 위반한 때에는 보험계약자는 보험계약이 성립한 날로부터 1월 내에 그 계약을 취소할 수 있다」고 함으로써 보험자의 의무이행을 확보하고 있다. 따라서 이 기간 내에 보험계약자가 취소하지 않으면 보험계약은 그대로 유지된다.

ii) 약관규제법 제 3 조는 약관일반에 대해 사업자의 약관의 명시·설명의무를 규정하고 있고, 특히 고객이 요구할 때에는 명시의무의 한 방법으로 보험자는 약관의 교부의무를 진다. 그러나 상법 제638조의 3 제 1 항에 의하면 보험자는 보험계약자의 요구가 없더라도 교부의무를 진다.

iii) 그리고 약관규제법 제 3 조 제 3 항 및 제16조에 의하면, 사업자가 약관의 전부나 일부를 명시·설명하지 않으면 그는 당해 약관을 계약의 내용으로 주장할 수 없고$\left(\substack{즉 당해 약관의 계약에의\\ 편입을 주장할 수 없고}\right)$, 계약은 원칙적으로 나머지 부분만으로 유효하게 존속하되 예외적으로 전부무효가 된다. 이와는 달리 보험계약은 위험단체의 유지라는 특성으로 인해 명시·설명되지 아니했다고 해서 당해의 특정 보험계약자에 대해서만 그 구속력이 배제될 수 있는지는 의문이라는 입장도 있다[梁承圭, 「보험학회지」 34집, 7~9]. 이에 관해 독일약관규제법 제23조 제3항은 행정관청에 의해 인가된 보험약관에 대해서는 명시·설명되지 아니한 경우에도 그 구속력을 인정하고 있다.

　　iv) 그러나 상법 제638조의 3 제2항은 우리 나라의 약관규제법이나 독일 약관규제법의 규율내용과는 달리 보험계약의 명시(교부)·설명의무의 위반에 대해서 취소제도를 두고 있다. 동 조항은 보험계약자의 보호측면(취소권의 인정)과 보험 단체의 유지측면(취소기간경과 후의 계약의 유지)을 적절하게 조화시킨 점에서 매우 타당한 입법으로 생각된다. 그리고 상법 제638조의 3이 제정된 이상 앞으로 보험약관의 교부·설명에 관해서는 동 조항이 적용되고, 약관규제법 제3조 및 제16조는 그 적용이 배제된다. 다만 동 조항은 명시(교부)·설명의무를 전제로 하고 있기 때문에, 동 조항만으로 상법이 보험약관에 대해 법규범설을 취한 것이라고 보기에는 곤란하지 않을까 한다.

　c) 보험업법상의 규제

　　aa) 약관의 인가　　　보험사업의 허가를 받고자 하는 자는 신청서에 보험약관을 첨부하여 금융감독위원회에 제출하여야 하며(보업 5 Ⅲ (3)), 변경의 경우에도 금융감독위원회의 인가를 받아야 한다(보업 7 Ⅰ (1)). 금융감독위원회의 인가를 받지 않은 약관에 의해 보험계약이 체결되는 경우, 보험사업자에 대한 보험법상의 제재(보업 226)는 별론으로 하더라도 그 약관이 강행규정이나 공익에 반하지 않는 한 계약은 유효한 것으로 보아야 한다[동: 鄭(희), 358; 梁(승), 70]. 반대로 금융감독위원회의 인가를 얻었다고 하여 약관이 유효한 것은 아니다[大 90. 5. 25, 89 다카 17591].

　　bb) 약관의 개시　　　보험업법에서도 보험계약의 체결 또는 모집에 종사하는 자는 보험계약자 또는 피보험자에 대하여 보험계약의 계약조항 중 중요한 사항을 알리도록 하고 있다(보업 156 Ⅰ (1) 참조).

　　cc) 약관의 기재사항　　　보통보험약관에는 다음과 같은 최소한도의 사항을 규정하여야 한다(보업시규 7).

　d) 약관규제법상의 규제　　　aa) 약관규제법은 약관에 대해 3가지 관점에서의 통제방법을 정해 놓고 있다. 첫째 당해 약관이 계약에 편입되었느냐를 심사하는 **편입통제**(編入統制), 둘째 약관에 대해 해석에 의해 그 의미를 확정하는 **해석통제**(解釋統制), 셋째 약관에 대해 그 불공정성(부당성)의 유무를

심사하여 유효·무효의 여부를 결정하는 **불공정성통제**(不公正性統制)가 그것
이다[張敬煥, 전게 논문, 27~28]. 첫째의 편입통제에 속하는 것으로는 제3조(약관의 명시· 설명의무)와 제
4조(개별약정 의 우선)에 의한 통제를 들 수 있고, 둘째의 해석통제에 속하는 것으로는
제5조(약관의 해석)에 의한 통제를 들 수 있으며, 셋째의 불공정성통제에 속하는 것
으로는 제6조(일반 원칙) 및 제7조 내지 제14조(개별금 지조항)에 의한 통제를 들 수 있다.

　　　　bb) 편입통제와 해석통제를 **간접적**(숨겨 진) 내용통제라 하고, 불공정성통
제를 **직접적**(공개 된) 내용통제라고도 한다. 또한 약관의 내용통제는 구체적 계약
관계에서의 당사자의 권리의무를 확정짓기 위한 선결과제로서 약관의 유효·
무효 여부를 결정하는 **구체적 내용통제**와 구체적 계약관계를 전제로 함이 없
이 오직 약관만을 대상으로 하여 약관의 유·무효 여부를 결정하는 것을 종국
적인 과제로 삼는 **추상적 내용통제**로 나누어 볼 수 있다. 편입통제와 해석통제
는 구체적 내용통제에 속하고, 불공정성통제는 경우에 따라서 구체적 내용통
제에 속하기도 하고 추상적 내용통제에 속하기도 한다.

　　3) 약관의 해석

　　(가) **일반원칙**　　　a) 약관의 내용을 해석함에 있어서는 법률행위의 해석원칙이 적
용된다고 할 것이다. 그러므로 그 내용을 명확히 하는 것이 필요한데, 일반적으로 관습·
임의규정·신의칙·조리 등에 의하여 해석하여야 할 것이다. 특히 신의칙은 기본원칙으
로서 약관규제법에서도 「약관은 **신의성실**의 원칙에 따라 공정하게 해석하여야 한다」고
규정하고 있다(동법5 1 전단). 또한 보험약관의 해석에 있어서는 보험에 특유한 해석원칙이 고
려되어야 한다. 그러므로 **보험계약자**는 보험계약의 단체성을 고려하여 위험집단의 구성
원으로 취급하여야 하며 또한 이는 보험계약자 전원을 **평등**하게 취급하여야 한다는 것
을 의미하기도 하는데, 약관규제법에서는 이에 관하여 「약관은 고객에 따라 다르게 해석
되어서는 안 된다」고 규정하고 있다(동법5 1 후단). 판례도 보통거래약관의 해석은 일반 법률행
위와는 달리 개개 계약당사자가 기도한 목적이나 의사를 기준으로 하지 않고 평균적 고
객의 이해가능성을 기준으로 하되 보험단체 전체의 이해관계를 고려하여 객관적·획일
적으로 해석하여야 한다고 하였다[大 95. 5. 26, 94 다 36704].

　　b) 보험계약은 일반적이며 보편적인 원칙에 의하여 해석하여야 한다. 그러나 그 약
관의 문구에 특별한 의미를 부여하는 거래관행이 있거나 보험증권상의 다른 조항이 그
문구가 특별한 의미로 사용된 것으로 명시하고 있는 경우는 예외라고 할 것이다. 보험약
관은 약관에서 사용하는 용어를 합리적인 제3자의 관점에서 전체의 문맥과 계약의 목
적을 고려하여 합리적으로 해석하여야 한다. 약관의 용어풀이는 약관의 본문과 함께 전
체로서 약관의 내용을 이루는 것이므로 그것은 본문에서 사용된 용어 중 그 의미가 불명
확한 것을 명확하게 한다든지 그 풀이에 혼란이 없도록 하는 데 그쳐야 할 것이며 본문
의 의미를 임의로 제한하거나 본문과 모순되는 내용을 규정할 수는 없는 것이다.

c) 그리하여 판례에는 「자동차종합보험의 보통보험약관 중 "식물인간 등의 경우에는 자동차종합보험 대인배상지급기준에 의하여 산출한 금액을 법률상의 손해배상액으로 본다"는 용어풀이규정은 식물인간의 경우 법률상의 손해배상액을 제한하겠다는 취지이므로, 이는 법에 의하여 손해배상책임이 인정되는 금액을 제한 없이 보험금으로 지급하겠다는 취지의 약관본문의 규정에 반하거나 모순되어 효력이 없다」고 한 것이 있다 [大 90. 5. 25, 89 다카 8290].

(나) **불명확성의 원칙**   약관의 해석에 대하여 의문이 있는 때에는 보험자의 부담으로 해석되어야 한다는 불명확성의 원칙(Unklarheitenregeln)이 적용되는가 하는 점에 대하여는 긍정설과 부정설이 있다. 이 경우에 의문이 있는 때란 다른 해석의 수단이 없는 경우를 말한다.

a) 긍 정 설   이 원칙의 적용을 긍정하는 입장은 독일의 제국법원의 판결로부터 비롯되어 왔다. 즉 당시의 판례에 의하면 「보험약관의 해석에 있어서 불명확한 점은 민법(독일) 제157조에 의하여 **보험계약자에게 불리하게** 해석되어서는 안 된다」고 하였다.

b) 부 정 설   이에 의하면 첫째로 보험약관의 경우에는 수많은 다양한 경우를 대상으로 하며, 둘째로 오늘날 보험약관은 보험자가 일방적으로 작성하지 않으며 보험감독기관과 보험이용자집단이 협동으로 작성하고, 셋째로 보험자도 입법자와 마찬가지로 그 발생이 가능한 모든 경우를 사전에 고려할 수 없고 명확한 용어를 사용할 수 없다는 점과, 넷째로 보험자에게 불리한 해석은 **평등의 원칙**에 위배되며, 다섯째로 보험의 공동단체성과 기술적 성격을 고려할 때 보험자가 감당할 수 없는 부담을 지도록 해서는 안 될 것이라고 한다.

c) 사   견(긍정설)   aa) 보험약관의 작성에 있어서 보험계약자집단은 동등한 지위에서 공동으로 결정하지 않고, 보험감독기관도 보험자가 일방적으로 작성한 약관을 인가할 뿐이며, 또한 최초의 약관을 작성함에 있어서 경험이 풍부한 보험자로서 다양한 가능성을 고려하여 그 용어에 있어서 명확성을 기했어야 할 의무가 있고, **불명확성의 원칙**은 모든 보험계약자에게 적용될 수 있기 때문에 평등의 원칙에 위배되지 않는다는 점 등에서 볼 때, 불명확성의 원칙은 보험약관의 해석에 있어서도 적용된다는 설[梁(승), 73]이 타당하다.

bb) 약관규제법 제 5 조 제 2 항도 「약관의 뜻이 명백하지 아니한 경우에는 고객에게 유리하게 해석되어야 한다」고 함으로써 이 원칙을 규정하고 있다.

cc) 판례도 이러한 규정이 보험계약에도 적용된다는 것을 전제로 「약관의 규제에 관한 법률 제 5 조 제 2항은 약관의 뜻이 명백하지 아니한 경우에는 고객에게 유리하게 해석되어야 한다고 규정하고 있으나 자동차종합보험보통약관의 문언상 "배우자는 사실혼관계에 있는 배우자도 포함한다"는 것이 약관규정의 합리적 해석원칙에서 고객에게 불리하다고 볼 수 없다」고 한 바 있다[大 94. 10. 25, 93 다 39942].

[事例演習]

◇ 사 례 ◇

　　甲보험회사의 모집인 A는 乙에게 상해보험에 들 것을 권하면서, 최
고 300만원의 범위 내에서 상해의 등급에 따라 보험금을 차등지급하도
록 되어 있는 보통보험약관의 규정과는 달리, 300만원의 범위 내에서
는 상해로 인한 손해 전액을 보상한다고 설명하였다. A의 설명을 믿고
보험에 가입한 乙은 그 후 상해로 부상을 입고 치료비조로 377만원을
지출하였다. 약관의 규정에 따르면 이 부상은 8등급에 해당하고 90만
원의 보험금을 지급하도록 되어 있다. 보험자 甲의 보험금지급책임의
범위는? [상세한 해설은 鄭熹烈, 상법사례연습
(최기원 외), 604면 이하 참조]

해 설　보통거래약관의 본질에 관하여 계약설에 따른 경우 당사자 본인
이나 대리인이 약관과 다른 설명을 하였다면 설명한 내용이 당연히
보험계약의 내용이 되고(개별합의우선의 원칙)(약관법
48조 참조), 이와 충돌되
는 보험약관의 적용은 없게 된다. 또한 규범설에 의할 때에도 약관
이 임의법적 성질을 갖는 것으로 본다면 개별합의는 당연히 약관에
우선하게 된다.

　　그 다음 보험모집인의 법적 지위에 관한 종래의 견해에 따르면
모집인 또는 외판원은 계약체결대리권이 없다. 앞서의 설명과 같이
보험자는 결코 모집인에게 대리권을 수여하지 않으며, 감독법규도
모집인이 대리권을 갖지 않는 것으로 정하고 있다(보업 2조
3항 참조), 종래의
대법원판례도 이를 뒷받침하고 있다. 예컨대 판례는 모집인의 고지
수령권조차 부정하고 있고[大 79. 10. 30.
79 다 1234], 또한 보험회사의 영업소장은
그 근무장소가 영업소로서의 실질을 갖지 않으므로 상법 제14조의
표현지배인이 아니라고 거듭 판시하여[大 78. 12. 13.
78 다 157] 모집인 혹은 영업
소장의 행위에 관하여 표현대리의 성립에 대해서도 인색한 태도를
보여왔던 것이다. 그러므로 통설과 판례에 따른 경우 대리권이 없는
모집인의 설명은 계약의 내용으로 편입되지 아니하고 보험자는 보
통보험약관이 정하는 바에 따라 90만원의 보험금만 지급하면 계약
상의 책임을 다한 것으로 된다.

　　그런데 1989년 3월 28일 선고, 88 다 4645 대법원판결은 이례적
으로 「보험외판원이 약관과 다른 내용으로 보험계약을 설명하고 이
에 따라 계약이 체결되었으므로 그 때 설명된 내용이 보험계약의
내용이 되고 그와 배치되는 보통약관의 적용은 배제된다」라고 하여
외판원의 대리권을 전제하여 약관과 상치되는 모집인의 설명에 따

른 보험자의 계약책임을 인정하고 있다. 한편 계약상의 책임이 부정되는 경우에도 보험업법 제158조 제 1 항의 책임을 보험자는 부담하게 된다. 그리고 동조는 민법 제756조에 대한 특칙으로 이해된다.

제 2 관　保險法의 商法上 地位

[582]　제 1　保險法의 地位

(1) 상법에 의하면 보험계약은 기본적 상행위 중의 하나이다($\frac{상}{46(17)}$). 또한 상법전 제 4 편에서는 「보험」에 관하여 규정하고 있기 때문에 보험계약법은 상법전의 독립된 일부를 형성하고 있다. 즉 기업법의 일부라고 할 수 있다. 그러나 보험관계는 일반적인 기업거래의 전형적인 유형과는 다른 특성이 많기 때문에 독립된 일부문으로 고찰할 필요가 있다.

(2) 보험 이외의 상행위에 관한 규정은 계약자유의 원칙에 의하여 임의법규인 데 비하여 보험계약에는 여러 가지의 제한이 따른다. 그 때문에 보험계약의 상행위성을 부정하는 견해도 있으나, 영리보험의 상행위성은 부정할 수 없을 것이다〔$\frac{동}{(톤)}; \frac{徐}{329}$〕. 상호보험, 공제 기타 이에 준하는 계약은 영리를 목적으로 하는 것이 아니지만, 영리보험과 마찬가지로 사영보험에 속할 뿐만 아니라 보험에 관한 상법의 규정은 보험기술의 특수성을 전제로 한 것이기 때문에 그 성질이 허용하는 한 영리보험에 관한 상법의 규정을 준용한다($\frac{상}{664}$).

제 2 장 保險契約

제 1 절 保險契約의 槪念

[583] 제 1 保險契約의 意義

보험계약의 법률적 의의에 대하여 손해보험계약과 정액보험계약에 관하여 공통되는 정의를 내린다는 것은 용이한 일이 아니다. 그러나 보험법의 적정한 운용을 위하여는 그 전제로 보험계약의 개념을 밝히지 않으면 안 되는데 이에 관하여는 다음과 같은 학설의 대립이 있다.

(1) 손해보상계약설   해상보험제도만이 존재하던 시대에는 보험계약이란 당사자의 일방인 보험자가 상대방인 보험계약자로부터 대가인 보험료를 징수하여 우연한 보험사고로 말미암아 상대방 또는 제 3 자(피보험자)에게 생긴 손해를 보상할 것을 인수하는 계약이라는 손해보상계약설이 타당하게 여겨졌다. 그러나 이 견해는 후에 발전한 **생명보험제도**의 의의를 포섭하기에는 적합하지 못하게 되었다. 그 이유는 생명보험의 경우에는 구체적인 손해의 유무와 관계 없이 보험사고가 발생하면 보험자가 상대방에게 약정한 일정금액을 지급하는 **정액보험**이기 때문이다.

(2) 경제적 수요충족설   보험계약은 보험자가 상대방으로부터 보험료를 징수하여, 우연한 사고의 발생으로 인하여 상대방 또는 제 3 자에게 생긴 경제적 수요를 충족시킬 것을 인수하는 계약이라는 이탈리아의 Gobbi와 독일의 Manes의 주장인 경제적 수요설이 있다. 그러나 **생명보험**의 경우에는 보험사고만 발생하면 경제적 수요와 관계 없이 일정액의 보험금을 지급받게 되므로 충분한 설명이 될 수 없다.

(3) 기술적 기초설   모든 보험에 공통되는 점은 기술적 기초를 근거로 한 단체성에 있다는 점에서 보험계약은 기업자가 우연한 사고발생의 개연율에 따라서 산출된 보험료에 대하여, 그 사고가 발생한 때에 일정한 금액을 상대방에게 지급할 것을 약정하는 계약이라는 견해로서 **기업설**이라고도 한다[蔡(이)·438]. 이는 보험사업의 설명으로는 의의가 있으나 보험계약의 개념으로는 적당하지

못하다.

　(4) 선 택 설($^{이원}_{설}$)　　모든 보험을 포괄할 수 있는 보험계약의 개념을 정의하기는 곤란하다는 이유로 이를 포기하고 선택적인 정의에 의하여 보험계약은 당사자의 일방이 불확정한 계약상의 사고가 발생한 경우에, 그로 인하여 발생한 손해를 보상하거나 약정한 금액을 지급할 의무를 지는 계약이라고 하는 입장이다. 상법 제638조 제 1 항의 보험의 의의에 관한 규정은 선택적 정의의 방식을 택한 것이라고 할 수 있다.

　(5) 재산급여설　　보험계약을 다른 유사한 계약과 구별하기 위하여는 완전할 수는 없더라도 손해보험과 인보험에 공통되는 개념을 찾아야 할 것이다. 이러한 요청에서 볼 때 보험계약은 「특정한 우발적 사고가 발생한 때에 약정한 취지에 따라 재산적 급여를 할 것을 약속하는 계약」이라는 견해가 타당하다고 본다$\left[^{동;\ 梁}_{(승),\ 72}\right]$.

[584]　제 2　保險契約의 性質

　보험계약은 사법상의 계약으로서 다음과 같은 성질이 있다.

　(1) 불요식의 낙성계약설　　1) 보험계약은 당사자 쌍방의 의사의 합치에 의하여 성립하고 아무런 형식을 요하지 않는 불요식의 낙성계약이다($^{상\ 638}_{참조}$) $\left[^{大\ 88.\ 2.\ 9,\ 86\ 다카\ 2933;}_{大\ 92.\ 10.\ 27,\ 92\ 다\ 32852}\right]$. 이러한 성질은 상법 제638조의 규정에서 보아도 명확하다. 상법 제640조의 **보험증권**은 당사자 쌍방에 의해 작성되는 것이 아니므로 보험계약서가 아니고 계약이 성립한 후에 보험자가 작성·교부하는 것으로서, 보험계약의 성립과는 무관하고 계약관계를 증명하는 증거증권에 불과하다$\left[^{1024면}_{이하\ 참조}\right]$.

　2) 보험계약의 성립은 보험료의 수수와도 관계가 없다. 즉 상법 제656조에서 「보험자의 책임은 최초의 보험료의 지급을 받은 때로부터 개시한다」고 규정하고 있는 것은, 보험자의 책임이 개시되는 시기를 정한 것이며 보험계약의 성립과는 관계가 없다. 실제에 있어서 보험계약의 청약은 보험자가 작성한 청약서에 소정의 사항을 기재한 후 기명날인하고 적어도 제 1 회 보험료를 지급하는 것이 관례이지만, 청약서나 보험료는 계약성립의 요건이 아니다. 그러므로 **해상적하보험**의 경우에는 전화에 의한 청약에 대하여 보험자의 승낙이 있으면 계약은 성립되는 것으로 본다. 즉 보험계약은 보험료의 지급과 상관없이 당사자의 합의만으로 성립하는 것이다. 물론, 보험회사는 피보험자가 당해

청약된 보험계약에 적합하지 아니한 경우 승낙을 거절할 수 있다.

　　판례 중에는 보험회사가 보험모집인을 통하여 위험보장배수 10배인 생명보험
가입청약을 받고 제 1 회 보험료를 납부받은 직후 피보험자가 오토바이 운전중 교
통사고로 사망하는 보험사고가 발생하였으나, 오토바이 사용자가 위험직종 종사자
로서 그 약관에서 정한 적격피보험자가 아님을 이유로 보험회사가 승낙을 거절하
는 것이 가능하며 이 경우 보험계약이 성립하지 아니한다고 판시한 것이 있다[大 91.
11. 8. 91 다 29170].

　　(2) 유상·쌍무계약성　　　1) 보험계약은 당사자의 일방(보험자)이 보험금의
지급을 약속하고 상대방(보험계약자)이 그에 대하여 보험료를 지급할 것을 약정하는
유상계약이다. 즉 보험계약에 있어서는 보험사고가 발생한 경우에 보험금의
지급과 보험료의 납입이 대가관계에 있다. 이는 보험의 기술적 기초에 의한 당
연한 결과이다. 또한 보험계약자의 보험료지급의무는 확정적인 의무인 데 비
하여, 보험자의 보험금지급의무는 사고가 발생하면 보험금을 지급하는 조건부
의 불확정한 의무이긴 하지만, 위험단체 전체적으로 본다면 보험자는 보험료
에 대한 대가로서 위험을 부담하는 관계에 있다.

　　2) 이러한 양당사자의 의무는 서로 구속관계에 있기 때문에, 보험계약은
쌍무계약이며 채권계약이라고 할 수 있다. 그리하여 보험계약에도 민법의 규
정이 적용된다고 할 수 있지만, 상법 및 약관에 특별규정이 있기 때문에 민법
이 적용될 여지는 적다. 또한 민법을 보충적으로 적용하는 때에도 보험계약의
특수성을 고려하여야 한다.

　　(3) 영업적 상행위성　　　영업으로 하는 보험의 인수는 상행위이다(상 46 (17)).
그러므로 영리보험에 있어서 보험계약은 상행위성이 인정되며 이를 영업으로
하는 때에 그 주체인 보험자는 상인이 된다(상 4).

　　(4) 사행계약성　　　보험계약에 있어서 보험자의 급여의무는 미리 보험
자가 보험료를 수령하였음에도 불구하고 우연한 사고가 생긴 때에만 발생하므
로 보험계약은 사행계약이라고 할 수 있다[동: 鄭(희), 366; 蔡(이), 444]. 우리 나라에서는 사
행계약의 유형에 관하여 특별한 규정을 두고 있지 않으나, 보험계약의 유상성
이나 선의계약성도 사행계약성을 전제로 함을 부정할 수 없다.

　　(5) 선의계약성　　　1) 보험계약은 선의계약 또는 최대선의계약이라고
한다. 이것은 보험계약의 도박화를 방지할 목적에서 비롯된 것으로서 영국의
해상보험법 제17조에서는 선의계약성을 법정하고 있다. 이에 대하여 계약일반

에 있어서도 신의성실의 원칙이 요청되는 것이므로 선의란 보험계약에만 요구
되는 원칙은 아니라는 견해가 있으나[鄭(희), 367; 孫(주), 498; 徐(돈), 342], 보험계약에 있어서 고지
의무제도($^{상}_{651}$)가 있고 보험계약자·피보험자 등이 자기에게 불이익이 되는 사
실을 개시(開示)하여야 된다는 점에서 선의는 특별한 의의가 있음을 부정할 수
없다.

   2) 2007년의 상법개정안에서는 「보험계약의 당사자는 보험계약의 체결,
권리의 행사와 의무의 이행을 최대선의의 원칙에 따라 하여야 한다」는 규정을
신설하였다($^{상}_{638\,Ⅱ}$). 이의 입법취지는 보험계약 당사자에 대한 기본적 행위규범
으로 작용하여 보험의 건전성을 확보하고, 법 규정 불비시 재판의 원용규범으
로 기능할 수 있도록 하는 데 있다.

   (6) 계속계약성   보험계약은 일정한 기간 동안 계속적으로 유지되는
계약이다. 이러한 보험계약의 성질은 다른 계약에서는 볼 수 없는 특성인 것이
다. 예컨대 생명보험의 경우에 계약관계는 장기간 계속되는 경우가 많고, 기타
의 손해보험계약($^{화재보}_{험 등}$)에 있어서도 통상 6개월 또는 1년간 계속된다.

   (7) 부합계약성   보험계약은 다수인을 상대로 하여 대량으로 체결되
고 보험의 기술적·단체적 성격으로 인하여 그 정형성이 요구되기 때문에, 운
송계약 등과 마찬가지로 부합계약에 속한다고 할 수 있다. 즉 보험계약은 당사
자의 일방($^{보험}_{회사}$)이 그 내용($^{보험}_{약관}$)을 미리 정하고, 상대방($^{보험가}_{입자}$)이 이를 포괄적으
로 승인함으로써 성립하는 부합계약적인 성질을 띠고 있다. 그러므로 보험계
약자는 보험자가 작성한 약관을 전체로서 승인하든가 아니면 거절할 수 있을
뿐이다. 그 결과 보험계약자가 부당한 내용의 약관을 승인하지 않으면 안 되는
경우가 발생할 우려가 있다. 그리하여 상법은 이른바 불이익변경금지원칙($^{상}_{663}$)
과 보험약관의 교부·설명의무($^{상}_{의 3}$ ^{638})에 관하여 규정하고 있으며, 보험감독을
위하여 약관의 제정·변경은 금융감독위원회의 인가를 받도록 하였다($^{보업 5 Ⅲ (3),}_{7 Ⅰ (1)}$).

제 2 절   保險契約의 要素

[585] 제 1   保險契約關係者

1. 총   설

(1) **협의의 보험계약관계자**   보험계약관계자란 협의로 말하면 우선
보험계약의 당사자인 **보험자**와 **보험계약자** 그리고 보험계약에 관하여 이해관
계를 갖는 제 3 자로서 **피보험자**와 **보험수익자**를 지칭하는 것이다. 그러나 보
험계약자가 자기를 위하여 보험계약을 체결하는 경우에는 자기가 동시에 피보
험자 또는 보험수익자가 되는 결과가 된다. 그러므로 타인을 위하여 보험계약
을 체결한 경우에만 보험계약당사자 이외에 피보험자 또는 보험수익자인 보험
계약관계자가 존재하게 된다(상호보험의 경우에는 보험계약자가 동시에 상호보
험회사의 사원으로서 보험자의 지위를 갖게 된다).

(2) **광의의 보험계약관계자**   광의의 보험계약관계자에는 보험목적의
소유자, 물상담보권자, 보험금채권의 질권자, 보험대리점, 보험중개인, 보험의,
보험모집인 등이 있다.

《보험계약관계자》

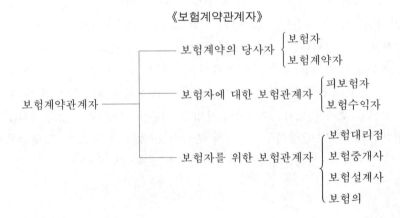

2. 보험계약의 당사자

(1) **보 험 자**   1) 보험자는 보험사고가 발생한 경우에 보험금을 지급
할 의무를 지는 자이다. 보험은 공공성이 농후하고 또 그 사회성에 의하여 사
회일반에 커다란 영향을 미치기 때문에 보험사업에 대한 감독을 목적으로 보

험자의 자격을 제한하고 있다.

2) 보험업법에 의하면 보험사업은 금융감독위원회의 허가를 받아야 하고($^{보업}_{4\,I}$), 보험사업자는 300억원 이상의 자본금 또는 기금을 갖는 주식회사 또는 상호회사이어야 한다($^{보업\,9\,I}_{4\,III}$). 그러나 무면허자와 보험계약을 체결한 경우라도 계약의 사법상의 효력까지 무효가 되는 것은 아니다. 하나의 보험계약을 복수의 보험자가 공동으로 인수할 수도 있는데 이를 공동보험계약이라 한다.

(2) **보험계약자**   보험계약자는 보험자의 상대방으로서 자기명의로 보험계약을 체결하고 보험료의 지급의무를 지는 자이다. 보험계약자의 자격에는 제한이 있을 수 없음은 당연하며 또한 대리인으로 하여금 보험계약을 체결시킬 수도 있다. 또 다수인이 공동보험계약자로서 하나의 보험계약을 체결할 수 있으며($^{공유건물의\,화}_{재보험의\,경우}$), 이 때에 그 중 1인 또는 수인에게 상행위가 되면($^{상}_{17}$) 이들 보험계약자는 각각 연대하여 채무를 부담하여야 한다($^{상}_{57\,I}$).

3. 보험자에 대한 보험관계자

(1) **피보험자**   1) 피보험자는 손해보험과 인보험의 경우에 각기 다른 의미를 갖는다. 손해보험에 있어서 피보험자란 보험계약에 의하여 **피보험이익**의 주체로서 보험사고가 발생한 때에 보험금의 지급을 받을 자를 가리킨다. 인보험에 있어서 피보험자란 **보험사고의 객체**로서 자신의 생명과 신체를 보험에 붙인 자연인을 가리킨다. 그러므로 인보험의 경우에 피보험자는 손해보험의 경우의 보험의 목적에 해당하는 것이다. 이처럼 피보험자의 의미는 손해보험과 인보험의 경우에 각기 다르기 때문에, 보험계약자와 피보험자가 동일인이냐 그렇지 않느냐에 따라 손해보험에서는 자기를 위한 보험과 타인을 위한 보험($^{상}_{639}$)으로 나누는 데 반해, 인보험에서는 자기의 보험과 타인의 보험($^{상}_{731}$)으로 구분된다.

2) 특히 인보험에서는 피보험자를 보호하기 위해서 타인의 사망보험·혼합보험계약의 경우에는 타인의 동의를 받도록 하고 있으며($^{상}_{731}$), 15세 미만자·심신상실자·심신박약자는 자기의 보험이건 타인의 보험이건 또 이들의 동의를 받았건 받지 않았건 간에, 이들을 피보험자로 하는 사망보험·혼합보험계약을 무효로 하고 있다($^{상}_{732}$)

(2) **보험수익자**   보험수익자란 생명보험 등의 인보험에 있어서 보험

계약에 의하여 **보험금**을 지급받을 자로 지정된 자를 말한다. 그러므로 보험수
익자는 보험사고가 발생한 경우에 보험자에 대하여 보험금의 지급을 청구할
수 있다(상639참조). 손해보험의 경우에는 보험금을 받을 자를 피보험자라 칭하고,
특별히 보험수익자란 명칭을 사용하지 않는다. 보험수익자는 계약당사자가 아
니므로 보험금청구권외에는 보험자에 대하여 아무런 권리를 갖지 못한다. 인
보험에서 보험계약자와 보험수익자가 동일인이냐 그렇지 않느냐에 따라 자기
를 위한 보험과 타인을 위한 보험(상639)으로 나눈다.

4. 보험자를 위한 보험관계자

　　보험자는 일반상인과 마찬가지로 비독립적인 **기업보조자**인 상업사용인을
필요로 함은 물론이고, 특히 보험계약자의 모집을 위하여 독립적인 기업보조
자인 보험대리점과 보험중개사를 이용하지 않으면 안 된다. 또한 생명보험에
있어서는 보험설계사와 피보험자의 건강상태에 관한 자료를 제공하는 보험의
(保險醫)의 보조를 필요로 한다.

　　⑴ **보험대리점**　　1) 보험대리점은 **일정한 보험자**를 위하여 계속적으
로 보험계약의 체결을 대리하거나(체약대리상) 중개(중개대리상)함을 영업으로 하는 독립
된 상인으로서(상87), 금융감독위원회에 등록한 자이다(보업2(9), 87). 그러므로 보험대
리점은 특정되지 않은 보험자를 위하여 보험계약을 중개하는 보험중개사나 상
업사용인인 **보험설계사**와 다르다.

　　2) 손해보험에 있어서는 보통 계약기간이 단기이기 때문에 신속하게 계약
을 체결하여야 되므로 보험대리점은 대부분 대리권이 있는 체약대리상이며,
생명보험 등의 인보험에 있어서는 계약이 장기에 걸치고 계약의 체결을 위하
여는 신체검사 등의 기술적인 판정권을 보험회사에 유보하여야 하므로 보험대
리점은 일반적으로 중개대리상이라고 할 수 있다.

　　3) 체약대리상은 다음과 같은 권한이 있다.

　　i) 보험계약자로부터 보험료를 수령할 수 있는 권한, ii) 보험자가 작성한
보험증권을 보험계약자에게 교부할 수 있는 권한, iii) 보험계약자로부터 청약,
고지, 통지, 해지, 취소 등 보험계약에 관한 의사표시를 수령할 수 있는 권한,
iv) 보험계약자에게 보험계약의 체결, 변경, 해지 등 보험계약에 관한 의사표
시를 할 수 있는 권한 등이 있다(상646의2 I).

　　4) 중개대리상은 계약의 체결을 위한 대리권은 없다. 그러나 보험료 수령

권과 보험증권교부권이 있다. 다만, 보험중개대리점이 통지수령의 권한이 없음을 보험계약자에게 알리지 아니한 경우에는 보험자는 그 권한 없음을 이유로 선의의 보험계약자에게 대항하지 못한다($\frac{상}{2} \frac{646의}{\mathbb{I}}$).

5) 보험대리점이 아니면서 특정의 보험자를 위하여 그의 지휘 또는 감독을 받아 계속적으로 보험계약의 체결을 중개하는 자는 i) 보험자가 작성한 영수증을 보험계약자에게 교부하는 경우 그 보험계약자로부터 보험료를 수령할 수 있는 권한, ii) 보험자가 작성한 보험증권을 교부할 수 있는 권한이 있다 ($\frac{상}{2} \frac{646의}{\mathbb{I}}$).

6) 상법 제646조의 2 제1항부터 제3항까지의 규정은 피보험자나 보험수익자가 보험료를 지급하거나 보험계약에 관한 의사표시를 할 의무가 있는 경우에는 그 피보험자나 보험수익자에 대하여도 적용된다($\frac{상}{2} \frac{646의}{\mathbb{N}}$).

> 판례는 │보험회사의 대리점이 평소 거래가 있는 자로부터 구입한 차량에 관한 자동차 보험계약의 청약을 받으면서 그를 위하여 보험료를 대납하기로 전화상으로 약정하였고 그 다음날 실제 보험료를 지급받으면서 그 전날 이미 보험료를 납입받은 것으로 하여 보험약관에 따라 보험기간이 그 전날 24:00에 이미 시작된 것으로 기재된 보험료영수증을 교부한 경우, 이 약정일에 보험계약이 체결되어 보험회사가 보험료를 영수한 것으로 보아야 한다│고 하였다[$\frac{大}{90}\frac{91. 12. 10.}{다 10315}$].

7) 보험대리점은 특별한 수권이 없는 한 보험계약자나 피보험자의 청구를 승인·거절하거나 손해액을 결정하거나 소송상의 대리인이 될 수 없다. 그러나 계약의 체결에 관하여 의사표시의 효력이 의사의 흠결·사기·강박 또는 어느 사정의 지·부지(知·不知)에 의하여 영향을 받을 경우에 그 사실의 유무는 보험대리점을 표준으로 하여 결정한다($\frac{민}{상} \frac{116 \text{ I}}{646}$;).

(2) **보험중개사**　　　1) 독립적으로 **보험계약**의 성립을 매개하는 자를 일반적으로 보험중개사라 한다($\frac{보업}{2(8)}$). 이것은 보험자가 주식회사인 경우에는 상행위의 중개를 영업으로 하는 자로서 상법 상행위편의 중개인($\frac{상}{93}$)이라고도 할 수 있지만, 보험자가 상인이 아닌 상호회사($\frac{보업}{4\mathbb{I}}$)인 때에는 비상인간에서 중개하므로 민사중개인이라고 할 수 있고, 상법 제46조 제11호의 중개에 관한 행위를 영업으로 하는 점에서는 전자와 같다.

2) 보험중개사는 그 기능에 있어서 중개대리상과 유사하지만, 후자는 일정한 보험자를 위한 계속적인 기업보조자로서 보험자의 위탁을 받고 중개하는 데 비하여, 전자는 불특정다수인을 상대로 수시로 중개하는 점이 다르다.

3) 보험중개사가 되고자 하는 자는 금융감독원장이 실시하는 시험에 합격한 후 대통령령이 정하는 바에 의하여 금융감독위원회에 등록을 하여야 한다($^{보업}_{89 \, 1}$).

(3) **보험설계사**   1) 보험설계사는 보험자를 위하여 **보험계약의 체결**을 중개하는 보험자의 사용인으로서 주로 인보험의 경우에 많다. 보험업법에 의하면 「보험설계사라 함은 보험사업자를 위하여 보험계약의 체결을 중개하는 자($^{법인이 \, 아닌 \, 사단과}_{재단을 \, 포함한다}$)로서 제84조의 규정에 의하여 금융감독위원회에 등록된 자를 말한다」($^{동법}_{2(8)}$). 그러므로 보험설계사는 보험자를 위하여 보험계약을 체결할 대리권이 없다. 그 때문에 고지사항 등에 대한 보험설계사의 지·부지는 보험자의 지·부지와 동일시되지 않는다. 즉 보험설계사는 보험회사의 사자(使者)로서 고객의 발굴·소개·가입촉진 등의 사무에 종사하는 자이다.

2) 실제에 있어서는 보험설계사에게 계약체결의 대리권이나 고지수령권이 있는 것으로 오인한 보험계약자의 이익이 부당하게 침해되는 결과를 초래하고 있다. 그럼에도 불구하고 현재로서는 보험설계사에 의한 보험계약자의 손해에 대하여 보험회사의 **사용자책임**이나 **표현법리**에 의하여 해결할 수밖에 없는 실정이다.

> 그리하여 판례에는 「보험회사의 영업소장이 보험모집사원이 아닌 자에게 동 영업소의 '영업과장' 명함을 만들어 주고 동회사 전용의 보험청약서 등을 교부한 후 동인(同人)이 모집한 보험을 성립하도록 하여 주기도 했다면, 그 밖의 보험계약 체결에 관하여도 대리권을 줬다고 봐야 하므로 표현대리의 법리에 따라 보험회사가 보험자로서 책임져야 한다」고 한 것이 있다($^{서울民地 \, 89.7.7,}_{88 \, 가합 \, 49476}$).

3) 입법론으로서는 보험설계사의 법적 지위에 대하여 명문의 규정을 두어야 할 것이며, 현행법하의 해석으로서도 건물화재보험이나 자동차보험과 같이 정형화된 대중보험에 있어서는 보험설계사에게 체약대리권이나 적어도 고지수령권은 있는 것으로 보아 보험계약자를 보호하여야 될 것이다.

4) 다음에 보험설계사는 **보험료의 수령권**이 있는가 하는 문제가 있다. 보험료지급의무는 원칙적으로 **지참채무**라고 할 수 있다. 그러나 특히 **생명보험**의 경우는 보험료의 분할지급이 보편화되고 있어 보험회사는 수금사원 등으로 하여금 보험계약자를 직접 방문하여 보험료를 받고 있어서 사실상 **추심채무**가 되고 있다. 그리하여 보험설계사도 보험자에 의한 수권에 의하여 보험료를 수령하고 보험료가수증을 발행하고 있다.

그 결과 학설$\left[\begin{smallmatrix}徐(돈),\\356\end{smallmatrix}\right]$과 판례$\left[\begin{smallmatrix}大 89.11.28,\\88 다카 33367\end{smallmatrix}\right]$는 보험설계사의 보험료수령권을 인정하고 있다. 즉 판례는 「보험설계사는 보험회사와의 고용계약이나 도급적 요소가 가미된 위임계약에 바탕을 눈 보험회사의 사용인으로서 보험계약의 체약대리권이나 고지수령권이 없는 중개인에 불과하다 하여도, 오늘날의 보험업계의 실정에 비추어 제 1 회 보험료의 수령권이 있음을 부정할 수 없다」고 하였다$\left[\begin{smallmatrix}大 89.11.28,\\88 다카 33367\end{smallmatrix}\right]$.

(4) **보 험 의**   생명보험의 경우에 보험회사가 보험계약을 체결하기에 앞서 피보험자의 신체를 검사하여 전문적인 의견을 제공하는 보험자의 사용인을 보험의(保險醫)라 한다. 일반적으로 보험자와 보험의 간에는 고용계약이나 유상의 위임계약이 체결된다는 점에서는 보험설계사와 유사하지만, 일정한 범위의 대리권을 갖고 영업상의 업무에 종사하는 자는 아니므로 상업사용인이라고는 할 수 없다. 보험의는 보험계약자나 피보험자의 사용인이 아니라 보험자의 사용인으로서 보험자의 기관과 같은 지위에 있기 때문에 보험의에게 악의 또는 중대한 과실이 있는 경우에는 보험자의 악의 또는 중대한 과실이 있는 것과 같으므로, 보험자는 상법 제651조의 고지의무위반을 이유로 계약을 해지할 수 없다고 본다$\left(\begin{smallmatrix}상\\651 단\end{smallmatrix}\right)$$\left[\begin{smallmatrix}동: 鄭(희), 374; 孫(주), 505; 鄭(무),\\29; 梁(승), 122; 蔡(이), 450\end{smallmatrix}\right]$.

[事例演習]

◇ 사 례 ◇

갑은 평소 알고 지내던 A보험회사 보험설계사 병으로부터 남편의 보험가입을 권유받았는데, 갑은 남편 을이 교통사고와 소장절제의 개복수술로 얼마되지 않았으므로 건강을 회복한 후에 보험에 들겠다고 하였다. 그러나 보험설계사 병은 그 경우에도 보험가입이 가능하다고 속여 가입하게 하였고, 병이 청약서 고지란에는 아무 이상이 없는 것으로 하여 보험계약자와 피보험자 모르게 서명날인하여 보험에 가입시킨 후 보험료를 수령하고 영수증을 갑에게 교부하였다. 그리하여 을을 피보험자로 하는 생명보험계약이 체결되었다. 그러나 보험계약체결 3개월 후에 을은 영양불량을 선행사인, 소장절제를 중간선행사인, 호흡정지 및 심장마비를 직접사인으로 사망하였다. 갑은 보험사고 발생을 이유로 보험금지급을 청구하였으나, A보험회사는 고지의무위반을 이유로 보험금지급을 거절하였다. A보험회사의 주장은 옳은가?$\left[\begin{smallmatrix}상세한 해설은\\金善政, 상사\end{smallmatrix}\right.$

판례연구 Ⅱ (최기원 외),
41면 이하 참조$\left.\right]$

보험설계사는 보험계약의 체결을 중개하는 보험자의 사용인이
다. 모집인의 법적 지위와 관련하여 계약체결권, 고지수령권, 보험
료수령권이 문제된다. 보험설계사에게 계약체결권이 없다는 데에는
학설·판례가 일치하고 있고, 보험설계사의 고지수령권을 부인하는
것이 통설·판례의 입장이다. 다만 보험계약자가 보험설계사의 권
유에 응하여 보험계약청약서와 함께 제 1 회 보험료를 설계사에게
교부하고 영수증을 받으면 보험계약이 체결된 것으로 실무에서 처
리하고 있어 보험설계사의 보험료수령권을 긍정하는 것이 통설·판
례의 입장이다. 본 사례에서는 보험설계사에게 기왕의 병력을 말한
것이 고지의무를 다한 것으로 볼 수 있느냐가 문제되나, 보험설계사
의 지·부지를 보험자의 지·부지와 동일시할 수 없기 때문에 보험자
에 대한 고지가 있다고 할 수 없다. 따라서 A보험회사는 보험계약
을 해지하고 보험금지급을 거절할 수 있다.

[586] 제 2 保險의 目的

보험의 목적은 보험계약에서 정한 사고발생의 객체가 되는 경제상의 재산
또는 사람을 말한다.

(1) 손해보험의 경우   손해보험의 목적인 경제상의 재산으로는 유체
물로서의 물건뿐만 아니라 채권(債權)도 포함되며, 단일물이나 집합물도 가능
하며 특정한 물건이나 포괄적인 물건도 될 수 있다. 그런데 개개의 물건($^{화재보험}_{의\ 경우}$
$_{옥}$)을 목적으로 하는 경우를 개별보험, 집합된 물건($^{가옥\ 내의}_{동산}$)을 목적으로 하는
것을 집합보험($^{상}_{686}$), 보험의 목적이 특정된 것을 특정보험, 보험의 목적인 개개
의 물건의 교체가 예정된 것을 총괄보험이라 한다($^{상}_{687}$). 총괄보험이란 예컨대
물건운송인이 그가 취급하는 운송물에 대하여 총괄적인 운송보험계약을 체결
하는 경우를 말한다.

(2) 인보험의 경우   인보험의 목적은 자연인으로서 특정인뿐만 아니
라 단체의 구성원도 가능하다. 그러나 사망보험의 경우에는 15세 미만자, 심신
상실자 또는 심신박약자는 보험의 목적인 피보험자가 되지 못한다($^{상}_{732}$).

[587]　제 3　保險事故

(1) 의 　 의 　　　보험자는 보험계약에 의하여 보험의 목적에 불확정한 사고가 발생한 경우에 일정한 보험금액 기타의 급여를 한다는 약정에 따라 책임을 지게 되는데, 보험자의 책임을 구체화시키는 **불확정한 사고를 보험사고 또는 위험**이라고 한다. 그러므로 위험이 없으면 보험도 존재할 수 없는 것이다.

(2) 요 　 건

1) **불확실성** 　　보험사고는 보험계약의 성립시에 그 발생의 여부와 그 시기 및 정도를 확정할 수 없는 것이어야 한다. 그러므로 보험계약 당시에 객관적으로 보험사고가 이미 발생하였거나 또는 발생할 수 없는 것인 때에는 보험계약을 무효로 한다($_{611 \, 본}^{상}$). 그러나 당사자 **쌍방**과 **피보험자** 모두가 주관적으로 이를 알지 못한 때에는 유효하다($_{644 \, 단}^{상}$). 그러므로 당사자의 일방만이 이미 확정한 사고의 발생 여부를 알지 못한 때에는 보험계약은 무효가 된다. 이와 같은 원칙은 이미 확정된 사실이라도 당사자 쌍방과 피보험자가 주관적으로 알지 못하는 경우에는 보험계약을 유효로 하여도 악용의 여지가 없기 때문에 인정한 것이다.

2) **발생가능성** 　　보험사고는 그 발생이 가능한 것이어야 한다. 그러나 발생가능성이 없음을 보험계약의 당사자 쌍방과 피보험자가 알지 못한 때에는 예외임을 유의하여야 한다($_{단 \, 참조}^{상 \, 644}$).

3) **한 정 성** 　　보험사고는 보험계약의 체결 당시에 일정한 기준에 의하여 그 **범위가 한정**될 수 있어야 한다. 즉 사고발생의 확률을 산출할 수 없을 정도로 특별한 사고는 보험사고성이 없다고 본다.

4) **대상의 필요성** 　　보험사고는 보험계약에서 정한 보험의 목적에 관하여 발생하여야 한다. 보험의 목적에 관해서는 앞에서 보았다.

[588]　제 4　保險金額·保險金

보험금액이란 보험사고가 발생한 경우에 보험자가 지급하기로 보험계약에서 정한 금액을 말하는데, 특히 손해보험과 같은 **부정액보험**에서는 보험자가 책임져야 할 **최고한도액**을 의미한다. 지급은 금전으로 함이 원칙이지만 현물

기타의 급여($\frac{화재보험에 있어서 재축 등, 동 보통}{약관 제14조: 약품이나 수술 등}$)로 할 수도 있다. 보험금액의 범위 내에
서 사고발생시에 현실적으로 지급되는 금전을 **보험금**이라고 한다. 그런데 보
험금액이 보험자가 현실적으로 지급하는 보험금을 의미하기도 한다($\frac{상}{682}$). 인보
험 등의 정액보험에 있어서는 보험금액과 보험금이 일치한다.

[589] 제 5 保 險 料

(1) 의   의   보험료란 보험자가 보험사고에 대하여 책임을 지는 데
대하여 보험계약자가 지급하는 보수이다. 즉 보험자의 급여인 위험부담에 대
한 반대급여라고 할 수 있다.

(2) 지급의무   보험료의 지급의무자인 보험계약자가 파산선고를 받거
나 보험료의 지급을 지체하는 때에는, 타인을 위한 보험의 경우 타인($\frac{피보험자 또는}{보험수익자}$)
이 그 권리를 포기하지 않는 한 보험료를 지급할 의무가 있다($\frac{상}{639}$Ⅲ). 최초보험
료의 부지급은 당사자간에 다른 약정이 없는 한 계약성립 후에도 보험자의 책
임을 개시하지 못하게 하며($\frac{상}{656}$), 계약성립 후 2월이 경과하면 다른 약정이 없
는 한 계약해제가 의제된다($\frac{상}{650}$Ⅰ). 계속보험료의 부지급은 상당한 기간설정부
최고 후에 계약해지사유가 된다($\frac{상}{650}$Ⅱ).

(3) 반환청구   보험계약의 전부 또는 일부가 무효이면 보험자가 받은
보험료는 위험이 개시되지 않는 한 부당이득한 것이 되어 반환하여야 할 것이
다. 그러나 반환의 청구는 보험계약자·피보험자·보험수익자가 선의이고 중과
실이 없는 경우에만 인정된다($\frac{상}{648}$).

(4) 보험료지급의 효과   1) 보험자의 책임은 특약이 없으면 최초의
보험료를 지급받은 때로부터 개시된다($\frac{상}{656}$). 이는 보험계약의 성립을 전제로
한다. 즉 계약의 성립($\frac{보험계약자의 청약과}{보험자의 승낙}$)과 보험료의 지급이 모두 이루어진 때 보
험자의 책임이 개시된다. 보험계약성립 전의 보험자의 책임 유무는 제638조의
2에 따라 결정할 문제이고 제656조가 관여할 문제가 아니다.

2) 그런데 보험회사의 대리점이 보험계약의 청약을 받으면서 보험료를 대
납하기로 약정하고 **보험료영수증**을 교부한 때에는 그 약정일에 그 보험계약이
체결되어 보험회사가 보험료를 영수한 것으로 본다고 한 판례가 있다[$\frac{大 91.}{12. 10,}$ $\frac{90 다}{10315}$]. 이는 실제로 보험대리점이 보험회사에 대납을 하여야만 지급의 효과가
발생하는 것은 아니라고 한다[$\frac{大 95. 5. 26,}{94 다 60615}$].

[590] 제 6 保險期間과 保險料期間

Ⅰ. 보험기간

(1) 의   의   보험기간이란 보험사고가 발생한 때에 보험자의 책임이 발생하는 시기(始期)로부터 종기까지의 기간으로서 위험기간 또는 책임기간이라고도 한다. 보험기간은 법률($^{상\ 688,}_{699,\ 700}$)이나 약관 또는 특약의 정함이 없는 한 보험계약기간과 일치하지만, 실제에 있어서는 특약으로 보험기간을 확정하는 것이 보통이다. 보험기간은 책임기간이므로 보험계약은 존속하여도 보험기간의 전후에 생긴 보험사고에 대하여는 보험자는 책임을 지지 않는다.

(2) 소급보험   보험기간의 시기는 보통 보험계약의 성립시나 그 이후라고 할 수 있지만, 계약의 성립시점 이전으로 정할 수도 있는데 이것을 소급보험이라 하며($^{상}_{643}$) 주로 해상적하보험에서 이용되며, 생명보험의 경우도 약관에 의하여 보험계약의 성립 전에 보험기간이 개시된다($^{생보약관}_{2\ 1\ 단}$). 즉 보험자는 일정한 경우를 제외하고($^{상\ 644}_{1\ 본}$) 계약성립 전의 보험사고에 대하여도 책임을 지는 것으로 약정할 수도 있다.

2. 보험료기간

(1) 의   의   보험료기간이란 **보험료산출**을 위한 위험측정상의 단위가 되는 기간이다. 운송보험이나 화재보험과 같은 손해보험의 경우에는 현실적으로 보험기간과 보험료기간이 일치하는 때가 많다.

(2) 보험료불가분의 원칙   보험료기간은 위험측정의 단위가 되는 기간이므로 이 기간이 1년인 경우에는 그 중도에 계약의 효력이 소멸하더라도 보험자는 1년이란 보험료기간의 보험료를 전부 취득하는데, 이를 「보험료불가분의 원칙」이라 한다($^{독보\ 68}_{Ⅱ\ 참조}$). 즉 보험료기간과 그 기간 내의 위험은 불가분적이므로 기간 내의 보험료도 불가분성을 띠고 보험료기간이 하루라도 경과하면 보험자가 위험을 인수한 것이 되어 이후 계약이 실효 또는 해제되어도 보험계약자는 납입을 완료한 기간에 대한 보험료의 반환을 청구할 수 없다.

제 3 절 保險契約의 締結

[591] 제 1 總　　說

　　보험계약은 불요식의 낙성계약이다. 현실적으로 보험계약을 체결하고자
하는 자가 보험청약서에 소정의 사항을 기재하여 교부하면, 보험자가 보험의
목적을 검사하거나 피보험자의 신체를 진사하고 보험료를 수령한 후에 보험증
권이 교부됨으로써 보험계약은 성립된다. 보험계약은 그 특수성으로 인하여
보통보험약관에 의하여 체결된다. 보험계약이 성립하면 보험증권이 교부되지
만 그렇다고 보험증권의 교부가 보험계약의 유효요건은 아니다.

[592] 제 2 保險契約의 成立

　　(1) 보험계약은 불요식의 낙성계약이므로 원칙적으로 보험계약자의 **청약**
에 대하여 보험자가 **승낙**함으로써 성립한다. 그러므로 생명보험인 경우에도
보험의가 판정을 내린 시점이 보험계약의 성립시기가 되는 것은 아니다[$\frac{大 76.}{6. 22.}$
$\frac{75 다}{605}$]. 이 경우에 청약과 승낙에 대하여는 민법의 일반원칙과 보험계약은 상행
위이므로($\frac{상}{46 (17)}$) 상법의 규정($\frac{51}{52}$)이 적용된다. 그리고 특약이 없는 한 청약과 승
낙에는 특별한 방식을 요하지 않는다. 그러나 실제에 있어서 보험계약의 청약
을 하고자 하는 자는 질문사항이 포함된 **보험계약청약서**를 작성하여 교부하여
야 한다.

　　(2) 상법은 보험자가 승낙을 해태함으로써 보험계약자가 불이익을 받는 경
우가 많음을 고려하여 보험계약의 성립에 관하여 일반원칙과 다른 특별규정을
두고 있다. 즉 보험자가 보험계약자로부터 보험계약의 청약과 함께 보험료상
당액의 전부 또는 일부의 지급을 받은 때에는 다른 약정이 없으면 30일 내에
그 상대방에 대하여 **낙부의 통지**를 발송하여야 한다. 인보험계약의 피보험자
가 신체검사를 받아야 하는 경우에는 그 기간은 신체검사를 받은 날부터 기산
한다($\frac{상}{의 2 1}$ 638), 보험자가 위의 낙부통지기간 내에 낙부의 **통지**를 해태한 때에는
승낙한 것으로 본다($\frac{동조}{II}$).

　　(3) 더욱이 보험자가 보험계약자로부터 보험계약의 청약과 함께 보험료상

당액의 전부 또는 일부를 받은 경우에 그 청약을 승낙하기 전에 보험계약에서 정한 보험사고가 생긴 때에는 그 청약을 거절할 사유가 없는 한($\binom{즉 피보험체가 적}{격피보험체인 한}$) 보험자는 보험계약상의 책임을 진다.

(4) 보험계약의 청약과 더불어 제1회 보험료상당액을 지급한 보험계약자는 보험사고발생시까지 보험자가 낙부통지를 하지 않는 한, 30일의 낙부통지기간 전에는 보험의 목적이 적격피보험체인지의 여부에 따라 보호받게 되고($\binom{상 638의}{2 Ⅲ}$), 낙부통지기간 후에는 승낙의제에 의해 보호받게 된다($\binom{상 638의}{2 Ⅱ}$).

[593]　제3　保險約款의 交付·說明義務

(1) 총　　설　　　보험계약을 체결함에 있어서 보험자는 청약자에게 보험약관을 교부하고 그 약관의 중요한 내용을 알려야 하다($\binom{상 638의}{3 Ⅰ}$), 즉 보험자는 보험약관의 교부의무와 중요한 내용에 대한 설명의무를 진다. 이는 보험계약이 성립되는 경우에 각 당사자를 구속하게 될 내용을 미리 알고 보험계약을 청약하도록 함으로써 보험계약자의 이익을 도모하기 위하여 법정한 것이다. 이 규정은 반면보호적(半面保護的)(상대적) 강행법규성을 띤다($\binom{상}{663}$).

　　　　판례에는 자동차종합보험계약을 체결함에 있어서 보험자가 면책조항 중에 배우자에는 사실혼관계의 배우자도 포함된다는 설명을 하지 않았다 하더라도, 객관적으로 보아 보험계약자가 약관면책조항의 배우자에 사실혼관계의 배우자가 포함됨을 알았더라면 보험회사와 보험계약을 체결하지 아니하였으리라고 인정할 만한 사정도 엿보이지 않는다면, 그것은 설명의무의 대상이 되는 약관의 중요한 내용에 해당하지 않는다고 한 것이 있다$\left[\substack{大 94. 10. 25, \\ 93 다 39942}\right]$.

(2) **적용범위**　　　이 규정은 원칙적으로 모든 보험계약의 경우에 적용된다고 할 것이다. 그러나 보험계약을 새로이 체결하는 경우에만 적용되며 기존의 보험계약을 갱신하는 경우에는 적용되지 않는다. 그리고 보험목적이 양도된 경우($\binom{상}{679}$)에는 보험자는 양수인에 대하여 이러한 의무를 지지 않는다.

(3) **교부·설명의무의 대상이 되는 약관**　　　설명의무가 있는 중요한 약관의 내용은 보험의 종류에 따라 다르지만 일반적으로 보험료와 그 지급방법, 보험금액, 보험기간을 정한 경우 그 시기, 보험사고의 내용, 보험계약의 해지사유 또는 보험자의 면책사유 등이라고 할 수 있다.

  판례는 「보험약관의 중요한 내용에 해당하는 사항이라고 하더라도 보험계약자나 그 대리인이 그 내용을 충분히 잘 알고 있는 경우에는 당해 약관이 바로 계약내용이 되어 당사자에 대하여 구속력을 갖는 것이므로, 보험자로서는 보험계약자 또는 그 대리인에게 약관의 내용을 따로 설명할 필요가 없다(大 98. 4. 14. 선고 97 다 39308 판결; 大 2003. 8. 22. 선고 2003 다 27054)」고 한다(大 2005. 8. 25, 2004 다 18903).

  (4) 교부·설명시기   보험자는 보험약관을 적시에 교부하여야 한다. 즉 청약자가 청약서에 소정 사항을 기재하고 보험자에게 교부하기 전에 약관을 교부하여야 하고 그 중요한 내용을 설명하여야 한다.

  (5) 입증책임   보험약관의 교부와 그 중요한 내용의 설명의무의 이행에 대한 입증책임은 계약의 성립을 주장하는 보험자가 진다. 그러나 청약자가 청약서에 기명날인을 함에 있어서 보험약관이 교부되었고 그 중요한 사항에 대한 설명이 있었다는 것을 확인한 때에는 보험자는 이로써 증명이 가능하다고 본다. 그러므로 이러한 경우에는 청약자가 이와 다른 주장을 하려면 이를 입증하여야 할 것이다.

  (6) 의무위반의 효과   보험자가 약관의 교부·설명의무(상 638의 3 Ⅰ)를 위반한 때에는 보험계약자는 보험증권을 받은 날로부터 1월 내에 그 계약을 취소할 수 있다(동조 Ⅱ). 이와 같이 보험자가 의무를 위반한 경우의 효과를 구체적으로 규정하고 있는 것은 보험계약자의 취소가 없는 한 그 보험계약을 그대로 유지하도록 하는 것이 보험계약자 개인의 이익을 위해서나 위험단체의 이익을 위해서 바람직하기 때문이다. 보험계약자가 위의 기간 내에 보험계약을 취소하지 아니한 때에는 보험계약관계는 그 보험약관에 따른다(동조 Ⅲ). 이 조항은 2007년의 상법개정안에 의하여 신설되는 규정이다. 입법취지는 보험계약자의 취소권 행사를 용이하게 하고, 보험계약자의 취소권 불행사시 약관의 효력 유무에 관한 해석상 논란을 방지할 수 있게 하는 데 있다.

[594] 제4 告知義務

  (1) 총   설

  1) 의   의   고지의무란 보험계약자 또는 피보험자가 보험계약을 체결함에 있어서 중요한 사항을 고지하여야 하는 의무를 말한다. 이러한 의무는 보험실무상 특히 생명보험의 경우에 중요한 의미를 갖는다. 즉 고지의무는 보

험계약이 성립된 다음에 보험계약자 등이 보험사고의 발생이나 위험의 현저한 변경·증가의 경우에 지는 통지의무와 다르다($^{상\ 657\ I}_{652\ I}$·).

　　2) 법적 성질　　고지의무는 보험자가 그 이행을 강제하거나 불이행의 경우에 손해배상의 청구를 할 수 있는 보험계약의 효과로서 부담하는 의무가 아니라, 이를 위반하면 보험자에게 계약의 해지권이 인정되기 때문에 보험계약자가 계약해지에 의한 불이익을 받는 데 불과한 계약의 전제요건으로서 자기의무 또는 간접의무라고 할 수 있다[$^{통}_{설}$].

　　3) 고지의무제도의 근거　　고지의무의 근거는 보험조직의 본질적인 필요성에서 찾을 수 있다. 고지의무의 근거 또는 입법이유에 관하여는 다수의 설이 존재한다. i) 선의설은 보험계약은 **최대선의**의 계약이기 때문이라고 하며, ii) **합의설**은 보험계약의 경우에는 위험에 관한 중요한 사항에 관하여 의사의 일치를 요하기 때문이라고 한다. iii) **위험측정설**($^{또는}_{기술설}$)이 **통설**인데, 이에 의하면 보험계약의 경우에는 보험금과 보험료의 균형적인 산출을 위하여 **위험률**을 **측정**할 필요가 있기 때문이라고 한다.

　⑵ 고지의무의 당사자

　　1) 고지의무자　　보험계약자와 피보험자는 고지의무가 있다($^{상}_{651}$). 상법은 손해보험과 인보험을 구별함이 없이 피보험자라고 하여 손해보험의 경우에 피보험자도 포함되는가 하는 의문도 있으나, 피보험자는 피보험이익의 귀속자라는 점에서 볼 때 모두 포함된다고 본다[$^{동:\ 鄭(희),\ 384;}_{梁(승),\ 115}$]. 그러나 타인을 위한 손해보험의 경우에는 고지의무를 이행할 수 없는 경우가 생길 수 있다. 그리하여 상법 제639조 1항 단서는 「손해보험계약의 경우에 그 타인의 위임이 없는 때에는 보험계약자는 이를 보험자에게 고지하여야 하고, 그 고지가 없는 때에는 타인이 그 보험계약이 체결된 사실을 알지 못하였다는 사유로 보험자에게 대항하지 못한다」고 규정하고 있다. 즉 보험계약자가 타인의 위임 없이 그를 위해 계약을 체결한다는 사실을 보험자에게 고지하면, 보험자는 이 사실을 그 타인에게 통지하고 고지의무의 이행을 요구할 수 있다. 그러나 보험계약자가 이 사실을 고지하지 아니한 경우에는 피보험자는 자기를 위한 계약이 체결되었음을 알지 못했음을 이유로 그의 고지의무위반으로 인한 불이익($^{계약}_{해지}$)을 면할 수 없는 것이다. 보험계약자가 수인이 있는 경우에는 각자가 고지의무를 지며 보험계약자의 대리인도 고지의무가 있다($^{상\ 646;}_{민\ 116}$).

　　2) 고지의 상대방　　고지의 상대방은 **보험자** 또는 고지수령의 권한이

있는 자이다. 그러므로 체약대리인이나 보험의는 고지수령권이 있지만, 중개대
리인이나 보험설계사는 그 권한이 없다고 본다[동: 孫(주), 519; 梁(승),
116; 鄭(무), 41].

(3) 고지사항

1) 의   의   고지할 사항은 「중요한 사항」이다. 이것은 보험자가 계
약을 함에 있어서 사고발생의 위험률을 측정하여 보험의 인수문제와 보험료의
수준을 결정하는 데 영향을 미치는 사항을 말한다.

2) 범   위

(개) 총   설   고지사항은 원칙으로 보험계약자가 알고 있는 사항에
한한다. 왜냐하면 고지제도는 알고 있는 사항의 고지를 요구하는 제도이며 탐
지의무는 아니라고 할 수 있기 때문이다. 그러나 보험자에게 유리한 사실이나
보험자가 당연히 알 수 있는 일반적인 사항 및 보험자가 알고 있는 사항은 고
지할 필요가 없다고 본다($651 \atop 단}$).

(내) 질 문 표   전문적 지식이 없는 보험계약자가 중요한 사항을 스스
로 판단하여 빠짐없이 고지한다는 것은 기대할 수 없을 뿐만 아니라, 이로 인
하여 의외의 손해를 받게 될 우려가 있다. 그리하여 보험계약의 청약서나 별도
의 고지서에 고지의무의 대상이 되는 중요한 사항을 질문표에 예시하여 그 중
의 해당사항을 기재토록 함으로써 고지하도록 하고 있는데, 보험자가 질문표
에 질문한 사항은 중요한 사항으로 추정한다($상 651 \atop 의 2$)[$大 69.2.18, \atop 68 다 2082$].

(4) 고지의 시기·방법   1) 중요한 사항의 고지는 보험계약의 성립시
까지 하면 된다. 그러므로 고지의무위반의 문제도 청약시가 아니라 계약성립
시를 기준으로 하여 판단을 하게 되므로, 계약성립 전까지는 계약의 청약시에
한 고지의 변경이나 철회 또는 추가가 가능하다고 본다. 그러나 계약성립 후의
변경이나 추가로써는 고지의무의 위반이 치유될 수 없다. 그리고 보험계약을
갱신하는 때에는 그 때를 기준으로 하여 고지를 하여야 한다. 그러나 전(前)계
약시에 고지한 사항 이외의 새로운 고지사항이 발생하지 않은 때에는 전계약
의 고지사항으로써 계약갱신시의 고지로 갈음할 수 있다고 본다.

　　　판례는 「일정한 기간마다 주기적으로 동종계약을 반복체결하는 계속적 거래관
계에 있어서 종전계약의 내용이 된 보험약관을 도중에 가입자에게 불리하게 변경하
였다면 보험자로서는 새로운 보험계약체결시 그와 같은 약관변경사실 및 내용을 가
입자인 상대방에게 고지하여야 할 신의칙상의 의무가 있다고 봄이 상당하고, 이러
한 고지 없이 체결된 보험계약은 과거와 마찬가지로 종전약관에 따라 체결된 것으

로 봄이 타당하다」고 한 바 있다$\left[\begin{smallmatrix}大 86.10.14,\\84 다카 122\end{smallmatrix}\right]$.

2) 고지의 **방법**에는 제한이 없으므로 서면이나 구두로도 가능하지만 실제에 있어서 고지는 질문표에 의하므로 서면으로 하게 된다. 이 경우에 고지는 반드시 고지의무자가 할 필요는 없고 대리인이나 이행보조자에게 작성시켜도 무방하다.

(5) 고지의무위반의 요건   다음과 같은 요건이 구비된 때에는 고지의무의 위반이 된다.

1) **주관적 요건**   ㈎ 고지의무위반에 관하여 보험계약자나 피보험자의 고의 또는 **중대한 과실**이 있어야 한다. 이 경우 「고의」란 중요한 사항의 존재와 그 중요한 사항의 **불고지·부실고지**를 안 것을 말하며 해의를 필요로 하지 않는다. 그리고 「**중대한 과실**」이란 중요한 사항의 존재를 중대한 과실로 인하여 알지 못한 경우뿐만 아니라 그 사항을 불고지·부실고지했음을 중대한 과실로 인하여 알지 못한 경우를 포함한다$\left[\begin{smallmatrix}동: 孫\\(주), 345\end{smallmatrix}\right]\left[\begin{smallmatrix}大 96.12.23,\\96 다 27971\end{smallmatrix}\right]$.

㈏ 이와는 달리 고지사항의 존재를 중대한 과실로 알지 못한 경우는 제외된다는 견해가 있는데$\left[\begin{smallmatrix}鄭(희), 386\sim387;\\梁(승), 118\sim119\end{smallmatrix}\right]$, 그 이유는 보험계약자 등은 중요한 사실의 탐지의무는 없기 때문이라고 한다. 그러나 보험계약자 등이 중요한 사실의 존재를 인식하지 못한 데 대하여 중대한 과실이 있다고 하는 것은 새로운 사실의 존재를 탐지하여 고지하여야 하는 데 대한 중대한 과실이 아니라, 예컨대 피보험자의 기왕증의 유무를 중대한 과실로 고지하지 않은 경우를 말하는 것으로 탐지의무를 이유로 하는 반론은 타당하지 못하다$\left[\begin{smallmatrix}동: 權赫宰, 「재판」\\자료」 53집, 189\end{smallmatrix}\right]$.

2) **객관적 요건**   ㈎ 보험계약자 등에 의한 **중요사항의 불고지·부실고지**가 있어야 한다. 고지의무의 대상이 되는 「중요한 사항」은 위험측정을 위하여 중요한 사항이라고 할 것이다. 즉 보험자가 계약을 체결할 것인가 아닌가 또 약정한 조건$\left(\begin{smallmatrix}보험\\료\end{smallmatrix}\right)$으로 체결할 것인가를 결정함에 있어서 영향을 미치는 사항이라고 할 수 있다.

㈏ **중요사항**에는 직접 피보험자의 신체 또는 보험의 목적에 존재하는 절대적 위험사항$\left(\begin{smallmatrix}유전병·건강상태·건물\\내의 인화물의 장치 등\end{smallmatrix}\right)$과 피보험자 또는 보험의 목적의 환경에 존재하는 관계적 위험사항$\left(\begin{smallmatrix}직업·신분·건\\물부근 상황 등\end{smallmatrix}\right)$이 있으며, 이러한 사항의 존재를 추단케 하는 사항$\left(\begin{smallmatrix}다른 보험자에게 청약하여 승낙이 거절된\\사실, 질병을 원인으로 입원한 사실 등\end{smallmatrix}\right)$ 등이 있다.

㈐ 중요사항인가에 대한 판단은 객관적으로 결정하여야 하며, 중요사항은

보험사고의 발생과 인과관계가 있어야 한다. 그러므로 중요사항에 관한 고지의무위반이 있더라도 이것이 보험사고의 발생과 인과관계가 없다는 것을 증명한 때에는 보험자는 보험금지급의 책임을 면하지 못하고, 또 이미 지급한 보험금의 반환을 청구하지 못한다($_{655\,단}^{상}$). 고지의무위반의 중요한 내용은 중요사항의 불고지와 부실고지이며 불고지 또는 부실고지의 존부는 보험계약의 성립당시를 기준으로 한다. 그러므로 청약 이후 계약성립 전에 생긴 새로운 사실도 고지하여야 한다($_{651}^{상}$).

3) 입증책임　　　통지의무위반의 요건에 대한 입증책임은 이를 이유로 계약을 해지하려는 보험자측에 있다.

⑹ 고지의무위반의 효과

1) 보험자의 계약해지권　　　㈎ 고지의무의 위반이 있는 때에는 보험사고의 발생 전후를 불문하고 **보험자는 보험계약을 해지할 수 있다.** 해지권은 계약의 상대방인 보험계약자 또는 그 상속인이나 대리인에 대한 일방적 의사표시로 행사할 수 있다. 그러므로 특별한 약정이 없는 한 보험당사자 이외의 자에 대한 계약해지의 의사표시는 효력이 없다[$_{87\,다카\,2973}^{大\,89.2.14,}$]. 해지권의 성질은 **형성권**이고 해지의 효력은 장래에 대하여 발생하므로, 보험자는 이미 수령한 보험료를 반환할 필요가 없을 뿐만 아니라 오히려 미수의 보험료가 있으면 이를 「보험료불가분의 원칙」에 의하여 청구할 수 있다. 그러나 생명보험의 경우에는 보험수익자를 위하여 적립한 금액을 보험계약자에게 지급하여야 한다($_{736\,I}^{상}$).

㈏ 보험사고가 발생한 후에 계약을 해지한 때에는 보험자는 보험금액을 지급할 책임이 없고 이미 지급한 보험금액은 그 반환을 청구할 수 있다($_{655\,본}^{상}$). 그러나 보험계약자가 불고지·부실고지된 중요사항과 사고의 발생 사이에 인과관계가 없다는 것을 **증명한** 때에는 보험금을 청구할 수 있고 이미 지급된 보험금의 반환을 거절할 수 있다($_{655\,단}^{상}$)[$_{大\,92.10.23,\,92\,다\,28259}^{大\,69.2.18,\,68\,다\,2082;}$].

2) 해지권의 제한　　　보험자가 그 중요한 사실을 알았거나 또는 중대한 과실로 알지 못한 때에는 해지권은 인정되지 않는다($_{651\,단}^{상}$). 이와 같이 보험계약자 등이 고지의무를 위반한 경우에 보험자의 해지권을 인정하면서 계약당시의 고지의무위반에 대한 보험자의 악의 또는 중대한 과실로 인한 부지의 경우에 해지권을 인정하지 않는 것은, 악의 또는 중대한 과실이 있는 보험자를 보호할 필요는 없기 때문이다. 보험자의 악의 또는 중대한 과실에 대한 입증책임

은 보험계약자에게 있다.

3) 해지권의 소멸　　보험자가 해지의 원인을 안 때부터 1월 또는 계약을 체결한 날로부터 3년이 경과한 때에는 해지권은 소멸한다($^{상}_{651}$본). 이 기간은 제척기간이다[$^{大}_{85}$ 86. 11. 25, $_{다카\ 2578}$].

(7) 고지의무위반과 착오·사기　　고지의무의 위반과 민법상의 착오·사기가 경합하는 경우에 보험자는 보험계약을 해지할 수 있는 외에 또 민법상의 일반원칙($^{민}_{109, }110$)에 따라 보험계약을 취소할 수 있는가 하는 문제에 대하여 학설은 일치하지 않는다.

1) 양법적용설　　상법의 고지의무제도와 민법의 착오·사기에 관한 규정은 그 논거와 요건 그리고 효과를 달리하는 것이므로, 상법의 고지의무에 관한 규정은 민법규정의 적용을 배제하지 않는다고 한다[鄭浩烈, 「법조」84. 12, 18; 權赫宰, 전게서, 202].

2) 민법적용배제설　　상법에서 고지의무제도를 둔 것은 보험단체의 보호를 위한 것으로서 보험계약을 그 체결 당시로 소급하여 무효로 하는 것을 피하고 장래에 향하여 효력이 있는 해지로 한 것이므로, 착오·사기에 관한 민법의 규정은 그 적용이 배제되어 상법의 규정에 따르는 것이 타당하다고 한다[徐(돈), 361].

3) 착오·사기 구별설(절충설)　　(개) 보험자에게 착오가 있는 경우에는 민법의 규정은 적용되지 않으며, 보험계약자에게 사기가 있는 때에는 민법규정에 의한 취소권을 행사할 수 있다는 것이다[$^{大}_{91}$ 91. 12. 27, $_{다\ 1165}$][孫(주), 532; 梁·朴, 479]. 이 견해는 고지의무자에게 사기가 있는 경우에는 그의 이익을 보호할 필요가 없으나 착오의 경우는 해의가 없으므로 보험자와 더불어 보험계약자의 이익도 고려하여야 하기 때문이라고 한다.

(내) 보험계약자가 고지의무를 위반한 경우에 보험자가 갖는 계약의 해지권($^{상}_{651}$)은 민법상의 착오로 인한 의사표시의 취소권($^{민}_{}109$본)과 다르다. 왜냐하면 상법 제655조 단서에 의하면 보험사고가 발생한 때에 보험자가 고지의무의 위반을 이유로 보험계약을 해지하였더라도 고지의무를 위반한 사실이 보험사고의 발생에 영향을 미치지 아니한 것이 증명된 때에는 보험금액의 지급책임을 면하지 못하기 때문이다. 그러므로 고지의무에 관한 상법상의 규정은 민법 제109조 1항 단서의 적용을 배제한다. 왜냐하면 고지의무의 위반에 관한 상법의 규정은 민법의 착오에 대한 규정에 대하여 특별법인 지위에 있기 때문이다. 그러므로 보험자는 착오를 이유로 하여 보험계약을 취소할 수 없다고 할 것이다.

(대) 다음에는 사기로 인한 의사표시가 있는 경우에 보험자는 보험계약을 민법 제110조에 의하여 취소할 수 있는가 하는 문제가 있다. 이에 대하여 양 **법적용설**에 의하면 상법의 고지에 관한 규정은 그 근거와 요건 그리고 효과를 달리한다는 이유로, **절충설**에서는 사기로 인한 고지의무위반은 「보험자를 일 부러 속여서 착오에 빠지게 하는 위법행위이므로 이 경우까지 보험계약자를 보호하는 것은 보험제도의 원리에도 맞지 않는다」는 이유로 그 적용을 긍정한 다[梁(승)·124].

[事例演習]

◇ 사　례 ◇

간경화를 앓고 있는 甲은 사촌인 乙생명보험주식회사 광화문영업소 영업소장 A(내근직원)와 공모하여 신체검사를 받는 고액의 생명보험 에 가입하기로 작정하였다. 甲은 자신을 보험계약자 및 피보험자로 하 는 보험청약서를 작성하고, A의 양해하에 질문서에는 질병이 없는 것 으로 허위의 기재를 하였다. 한편 甲은 건장한 제 3 자를 내세워 대신 신체검사를 받게 하고, 乙은 이러한 질병을 발견하지 못한 채 甲의 청 약을 승낙하였다. 그 후에 甲은 보험기간 중에 간암으로 사망하였다.

〈설문 1〉　영업소장 A의 법적 지위를 설명하라.

〈설문 2〉　乙은 고지의무위반을 이유로 보험금의 지급을 거절할 수 있 는가?

〈설문 3〉　乙은 고지의무위반의 주장 이외에 어떤 주장을 甲측에 대하 여 할 수 있는가? [司 39회]

[해 설]　**설문 1의 경우**　　(1) 영업소장의 법적 지위에 관하여는 영업소 장이 계약체결권을 가지는 지배인이나 부분적 포괄대리권을 가지는 상업사용인에 해당하는지의 여부를 검토하고, 상업사용인에 해당하 지 않는다면 상법 제14조 소정의 표현지배인에 해당하는지를 검토 하여야 한다. 영업소장 A는 내근직원임을 명시하였으므로 A는 기 업 내의 보조자임을 알 수 있다. 일반적으로 생명보험회사의 영업소 장은 보험계약체결에 있어 체약보조자 내지 이행보조자로서의 역할 을 수행할 따름이다. 설문에서도 영업소장 A가 승낙한 것이 아니라 생명보험회사가 승낙한 것이라고 할 수 있으므로 A는 상업사용인 이 아니다.

(2) 표현지배인의 성립 여부에 관하여 판례는 영업소장은 영업소

의 피용자가 아니기 때문에 표현지배인이 되지 못한다고 한다. 설문
의 경우에 영업소장 A가 아니라 보험회사가 승낙하였다고 볼 수 있
고, 甲은 상법 제14조 2항에서 말하는 신의자로 보기 어렵기 때문
에 표현지배인의 성립을 부정하는 것이 옳다.

(3) 다음으로 A는 체약대리권을 가지지 않는다고 하더라도 고지
수령권을 가지는지 여부가 문제된다. 생명보험계약의 체결에 관한
보험실무상 보험회사는 명시적으로뿐만 아니라 묵시적으로도 영업
소장에게 고지수령권을 부여하였다고 풀이하기도 어렵다. 그러나
영업소장에게 고지수령권이 있다고 하면 甲은 고지의무를 이행한
것이 된다. 다만 영업소장 A는 주어진 고지수령권을 남용하였고,
또한 甲은 이를 알았으므로, 대리권남용의 이론에 준하여 甲은 乙에
대해 고지의무가 이행되었다는 주장을 할 수 없게 된다.

설문 2의 경우   (1) 설문에 의하면 甲은 간경화라는 중대한 질
병을 악의로 묵비하였고(불고지), 나아가서 다른 제3자를 내세워
신체검사를 통과하였기 때문에 고지의무를 위반하였다고 할 수 있다.

(2) 그리고 설문이 상법 제651조가 열거하는 세 가지의 해지권의
제한사유에 해당하는지 여부가 문제된다. 설문의 경우 A가 체약대
리권이나 고지수령권을 인정한다면 고지의무위반은 성립하지 않고 고
지의무는 이행된 것으로 평가되어야 하지만, 이 경우 甲은 악의자이므
로 대리권남용의 이론에 따라 보험금의 지급을 주장할 수 없게 된다.

(3) 다음으로 甲은 간경화라는 사실을 고의로 묵비하였는데 사망
의 직접원인은 간암인 점에서, 고지의무위반과 보험사고 사이에 인
과관계가 존재하는지의 여부가 문제된다. 보험분쟁조정사례에서는
B형 간염과 간암으로 인한 사망 사이의 인과관계를 부인한 경우가
더러 있으나, 상당인과관계설을 취하고 있는 통설과 판례의 입장에
서 간경화와 간암 사이에는 인과관계가 있다고 보아야 할 것이다.

설문 3의 경우   그 밖에 대리진사와 관련하여 보험회사 乙은
보험계약자 A의 고지의무위반 이외에 사기를 이유로 보험계약을
취소할 수 있는지가 문제된다. 하나의 사실이 고지의무위반과 사기
또는 착오를 동시에 구성할 경우, 민법과 상법이 중복해서 적용되는
것인지 아니면 상법 제651조가 의사와 표시의 불일치에 관한 민법
규정에 대한 특례에 해당하는지를 살펴보아야 한다. 다수설과 판례
는 대체로 보험계약자의 사기와 보험자의 착오를 구별하여 논하고
있다. 또한 대리진사에 의한 보험계약을 선량한 풍속 기타 사회질서
에 반하는 것으로 보아 절대무효라는 주장이 가능하다고 할 것이다

[鄭浩烈, 考試界, 97년]
[12월호 참조   ].

제 4 절 保險契約의 效果

[595] 제 1 保險者의 義務

Ⅰ. 보험증권교부의무

⑴ 총   설   보험자는 보험계약이 성립한 때에는 지체없이 보험증권을 작성하여 보험계약자에게 교부하여야 한다($^{\diamond\,640}_{1\,본}$). 보험증권이 멸실 또는 현저하게 훼손되어 보험계약자가 자기의 비용부담으로 재교부를 청구한 때에는 보험자는 재교부의 의무가 있다($^{\diamond}_{642}$).

⑵ 보험증권

1) 의   의   보험증권이란 보험계약의 성립과 그 내용을 증명하기 위하여 계약의 내용을 기재하고 보험자가 기명날인 또는 서명하여 보험계약자에게 교부하는 증권을 말한다. 즉 보험자는 보험계약이 성립한 때에는 지체없이 보험증권을 작성·교부할 의무가 있다($^{\diamond\,640}_{1\,본}$). 그러나 이러한 의무는 보험계약자가 보험료의 전부 또는 최초의 보험료를 지급한 때에 진다($^{동조\,동}_{항\,단}$). 그런데 기존의 보험계약을 연장하거나 변경한 경우에는 보험자는 그 보험증권에 그 사실을 기재함으로써 보험증권의 교부에 갈음할 수 있다($^{\diamond}_{640\,Ⅱ}$).

2) 기재사항   보험증권은 요식증권으로서 소정의 사항($^{\diamond}_{666}$)을 기재하고 보험자가 기명날인 또는 서명하여야 한다. 그 밖에 보험의 종류에 따라 화재보험($^{\diamond}_{685}$)·운송보험($^{\diamond}_{690}$)·해상보험($^{\diamond}_{695}$)·인보험($^{\diamond\,728,}_{738}$) 등에 대하여 별도의 기재사항이 법정되어 있다. 보험증권의 요식증권성은 어음·수표의 경우와 같이 엄격하지 않으므로 법정기재사항을 갖추지 못한 경우에도 보험증권의 효력에는 영향이 없다.

3) 기재에 관한 이의($^{이의}_{약관}$)   보험증권의 기재내용에 관하여 이의가 있는 경우를 위하여, 상법에서는 보험계약의 당사자는 보험증권의 교부가 있은 날로부터 일정한 기간($^{1월을\,내리}_{지\,못함}$) 내에 한하여 그 증권내용의 정부에 관한 이의를 할 수 있다는 약정을 허용하고 있다($^{\diamond\,641;\,독보\,5;}_{스보\,12\,참조}$).

⑶ 보험증권의 법적 성질

1) 증거증권성   보험증권은 보험계약의 성립을 증명하기 위하여 보험자가 발행하는 증거증권이다. 그러므로 보험증권의 발행은 낙성·불요식계약

인 보험계약의 성립요건도 아니며, 보험증권에는 보험자만이 일방적으로 기명날인 또는 서명하므로 계약서도 아니다. 또한 보험증권을 작성하여야 비로소 보험계약상의 권리의무가 발생하는 **설권증권**도 아니다. 보험증권은 증거증권으로서 보험계약자가 이의 없이 수령하는 때에는 그 기재가 계약의 성립 및 내용에 대하여 사실상의 **추정력**을 갖게 될 뿐이다. 그러므로 보험계약의 성립 및 내용에 관한 입증은 보험증권 이외의 자료로도 가능하며 보험증권에 기재되지 않은 사실을 증명함으로써 그 증권에 기재된 사실을 다툴 수 있는 것이다 $\left[\begin{smallmatrix} 大\ 88.\,2.\,9,\,86\ 다카\ 2933\cdot 2934; \\ 大\ 92.\,10.\,27,\,92\ 다\ 32852 \end{smallmatrix}\right]$.

  2) **면책증권성**   보험증권은 보험자가 보험금 등의 급여를 함에 있어서 그 증권의 제시자의 자격을 조사할 권리가 있을 뿐이고 의무는 없는 면책($_{격}^{자}$)증권이다.

  3) **유가증권성**$\left(\begin{smallmatrix} 지시식\cdot무기명식 \\ 의\ 보험증권의\ 경우 \end{smallmatrix}\right)$ (개) 보험증권은 **지시식** 또는 **무기명시**으로 발행할 수 있는가, 또 이 경우에 보험증권의 **유가증권성**이 인정되는가에 관하여 학설의 대립이 있다. 손해보험계약에 있어서는 보험의 목적이 양도되면 이에 따라 보험계약에 의한 권리와 의무도 승계한 것으로 추정되며($_{679\ I}^{상}$), 특히 보험의 목적인 물건에 대한 권리가 화물상환증이나 선하증권에 화체되어 유통하는 운송보험이나 해상적하보험에 있어서는 보험계약상의 권리의 이전을 위하여 지시식 또는 무기명식의 보험증권이 발행되는 경우가 많다.

  (나) 보험증권을 지시식이나 무기명식으로 발행할 수 있는가에 관하여는 실제에 있어서 **적하보험증권이 운송증권**에 첨부되어 거래되고 있으며 보험증권에 표창된 권리의 성질에 반하지 않는 한 보험증권의 **유가증권성**을 부정할 이유는 없다고 본다$\left[\begin{smallmatrix} 동:\ 鄭(희),\ 392;\ 孫(주),\ 537\sim538;\ 徐 \\ (돈),\ 353;\ 梁(승),\ 132;\ 鄭(무),\ 39 \end{smallmatrix}\right]$. 다만 **생명보험**의 경우에는 그 성질상 보험의 목적이 유통될 성질의 것이 아니며, 보험계약으로 인한 권리를 피보험자 이외의 자에게 양도할 때에는 피보험자의 동의를 요하므로($_{731\ II}^{상}$) 유가증권성을 인정할 수 없다$\left[\begin{smallmatrix} 동:\ 孫(주),\ 539; \\ 李\cdot崔,\ 488 \end{smallmatrix}\right]$.

  4) **유인증권성**   지시식이나 무기명식의 발행이 허용된다 하더라도 보험증권의 유인성에 의하여 고지의무위반·보험료의 부지급·위험의 증가·변경 등의 경우에 보험계약이 해지되면, 그 영향이 증권소지인에게도 미치며 보험관계 자체로부터 생긴 보험자의 항변은 배서에 의하여 절단되지 않는다.

2. 보험금지급의무

⑴ 총   설

1) 의   의   보험자는 보험사고가 발생한 경우에 보험계약의 효과로
서 보험금을 지급할 의무가 있다($\frac{상}{638}$). 이러한 보험자의 의무는 보험계약자의
보험료지급의무와 대응되는 것이다. 그러나 보험기간중에 사고가 발생함이 없
이 그 기간이 경과하였어도 이미 보험자는 잠재적으로 위험부담을 한 셈이므
로 보험료의 반환의무를 지지 않는다. 즉 보험사고의 발생 전의 보험자의 위험
부담은 사고의 발생에 의하여 일정한 보험금의 지급의무로 구체화되는 관계에
있기 때문이다(보통 약관으로 소사고의 경우 는 다른 특약을 하고 있다).

2) 보험사고   보험자의 보험금지급의무는 원칙적으로 최초의 보험료
의 지급을 받은 때로부터 이후 보험기간이 종료할 때까지 발생한 보험사고에
대해서만 진다($\frac{상}{656}$).

3) 보험금의 지급시기   보험자는 보험금액의 지급에 관하여 약정이
있는 경우에는 그 기간 내에, 약정이 없는 경우에는 보험사고발생의 통지($\frac{상}{657 \text{ I}}$)
를 받은 후 손해사정 또는 보험사고조사에 필요한 통상의 기간 내에 지체없이
지급할 보험금을 정하고 그 정하여진 날부터 10 일 내에 피보험자 또는 보험수
익자에게 보험금을 지급하여야 한다($\frac{상}{658 \text{ I}}$). 그러나 손해사정 또는 보험사고
조사가 보험계약자 또는 보험금청구권자의 책임 있는 사유에 의하여 방해된
때에는 10일의 기간은 진행되지 아니한다($\frac{同조}{II}$).

4) 소멸시효   보험금지급의무는 3년의 시효에 의해 소멸한다($\frac{상}{662}$). 이
기간은 약관으로도 더 단축할 수 없다($\frac{상 663}{참조}$). 시효기간을 단기로 규정한 이유
는 신속한 결제와 보험관계의 종결을 통하여 보험사업의 원활을 도모하는 데
그 목적이 있다.

⑵ 면책사유   보험사고가 적법한 기간 내에 발생하였더라도 다음과
같은 경우에는 보험자가 보험금의 지급책임을 지지 않는다.

1) 전쟁 기타 변란에 의한 보험사고의 발생   보험사고가 전쟁 기타 변
란으로 인하여 생긴 때에는 당사자간에 다른 약정이 없는 한 보험자는 보험금
을 지급할 책임이 없다($\frac{상}{660}$). 보험이란 평시의 보통의 위험을 기초로 하여 대수
(大數)의 법칙에 따라 보험료율과 보험금액의 균형을 이루게 하는 것이므로,
평시에는 예상할 수 없고 그 위험의 규모가 막대한 전쟁 기타 변란에 의한 사

고는 보통의 보험으로써 감당한다는 것이 불가능하기 때문이다.

2) 보험계약자 등의 고의·중과실에 의한 보험사고의 발생

⑺ 의 의 a) 보험사고가 보험계약자 또는 피보험자나 보험수익자의 고의 또는 중대한 과실로 인하여 생긴 때에는 보험자는 보험금액을 지급할 책임이 없다($_{659 \; I}^{상}$). 보험계약자나 피보험자가 회사 기타의 법인인 경우에는 법인의 기관구성원이나 업무집행사원 그리고 표현대표이사나 이에 준하는 임원의 고의 또는 중과실이 있는 경우에도 보험자는 그 책임을 면한다고 본다. 또한 보험계약자 등과 특별한 관계에 있는 대표자와 같은 제 3 자나 법정대리인의 고의나 중과실이 있는 경우도 같게 보아야 할 것이다. 보험사고가 보험계약자 등의 고의 또는 중과실로 발생하였다는 입증은 보험자가 하여야 한다.

b) 자기를 위한 보험의 경우 보험계약자의 경과실로 인하여 보험사고가 발생하여도 보험자는 보험금액의 지급책임을 면할 수 없으나, 타인을 위한 보험의 경우 보험계약자의 과실로 보험사고가 발생한 경우에는 보험자는 피보험자에 대하여는 보험금액의 지급책임을 면할 수 없지만 보험계약자는 자기의 이익도 부보한 경우가 아니면 자기의 과실로 인한 책임을 면하지 못한다고 본다.

⑷ 면책의 취지 보험계약은 그 사행성으로 인하여 사고의 발생을 전제로 하는 것이므로 고의나 중대한 과실이 있는 경우에도 보험자가 보험금의 지급책임을 진다는 것은 가혹하고 보험금의 취득을 목적으로 빈번하게 인위적으로 보험사고가 발생함으로써 사회적인 불안이 조성되고, 막대한 경제적인 손실이 초래될 우려가 있기 때문에, 보험자의 책임을 인정할 수 없는 것이다.

⑸ 특약의 가능성 보험계약의 당사자간에 이와 다른 반대의 특약이 가능한가에 대하여는 우선 피보험자나 보험수익자의 고의에 의하여 사고가 발생한 경우에도 보험자가 보험금을 지급한다는 내용의 특약은 상법 제659조 1항의 입법취지로 보더라도 무효라고 할 것이다[동: 鄭(희), 394; 徐(돈), 364; 孫(주), 543; 金星泰, 「보험학회지」 25집, 239]. 이에 비하여 중대한 과실이 있는 경우에도 보험자가 보험금의 지급책임을 진다는 특약은 신의성실의 원칙과 공익에 반하지 않는 한 유효하다고 본다.

⑹ 사망보험의 경우 1991년의 개정상법 제732조의 2 에서는 사망을 보험사고로 한 보험계약에서는 사고가 보험계약자 또는 피보험자·보험수익자의 중대한 과실로 인하여 생긴 경우에도 보험금액의 지급책임을 인정하고 있다. 이는 사망보험의 경우에는 특히 유족 등의 보험수익자를 보호할 필요가 있기 때문이다.

3) 보험계약이 해지된 경우   보험사고가 발생한 후에도 보험자가 보험료부지급·고지의무위반·위험변경증가에 대한 통지의무의 해태·보험계약자 등의 고의나 중과실로 인한 위험증가 등에 의하여 계약을 해지한 때에는($상^{650\sim}_{653}$), 보험금액을 지급할 책임이 없고 이미 지급한 보험금액의 반환을 청구할 수 있다($상_{655 본}$).

4) 사기에 의한 보험금의 청구   상법개정안(2007)에 의하면 보험계약자, 피보험자, 보험수익자 또는 보험금의 청구권을 가지는 제3자가 보험금을 청구한 경우에 사기의 목적으로 i) 손해의 통지 또는 보험금의 청구에 관한 서면이나 증거를 위조·변조하는 행위, ii) 제1호의 서면에 허위의 사실을 기재하는 행위. iii) 그 밖에 보험금의 지급여부 또는 그 산정에 중대한 영향을 미치는 사항을 허위로 알리거나 숨기는 행위 중 어느 하나에 해당하는 행위를 하여 보험금의 지급 여부 또는 그 산정에 중대한 영향을 미친 때에는 보험자는 그 사실을 안 날부터 1월 내에 보험금의 청구권이 상실된다는 뜻을 통지하여 보험금의 지급책임을 면할 수 있다($상^{657의}_{2 \; I}$). 이 경우에 보험자가 이미 보험금을 지급한 경우에는 그 반환을 청구할 수 있다($동조_{II}$).

5) 약관에 의한 면책사유   보험자는 보통보험약관에 법정면책사유 이외의 기타의 면책사유를 정하여 책임을 면하고 있는데, 이것을 면책약관이라 한다. 면책약관은 상법 제4편($보험$)의 규정을 보험계약자 또는 피보험자나 보험수익자의 불이익으로 변경하지 않는 범위 내에서 유효하다.

3. 보험료반환의무

(1) 의무의 발생원인

1) 보험계약의 무효   보험계약의 전부 또는 일부가 무효인 경우에 보험계약자와 피보험자 또는 보험수익자가 선의이며 중대한 과실이 없는 때에는, 보험자는 보험료의 전부 또는 일부를 반환하여야 한다($상_{648}$).

2) 보험계약의 해지   보험계약자는 보험사고가 발생하기 전에는 언제든지 계약의 전부 또는 일부를 해지할 수 있는데, 이 경우에 보험자는 **미경과보험료**를 반환하여야 한다($상^{649}_{I \cdot III}$). 미경과보험료란 보험계약의 해지시점이 속하는 보험료기간 이후의 보험료기간에 해당하는 보험료를 말한다. 그리고 **생명보험**의 경우에는 보험계약이 해지된 때에 보험자는 **보험료적립금**($평균보험료에서 \atop 자연보험료를 \atop 뺀잔액$)을 보험계약자에게 반환하여야 한다($상^{736}_{I 본}$).

(2) 소멸시효   보험자의 보험료반환의무는 2년의 시효에 의하여 소멸한다($^{상}_{662}$).

[596] 제 2 保險契約者·被保險者·保險受益者의 義務

I. 보험료지급의무

(1) 총   설

1) 의   의   보험계약은 유상계약이므로 보험계약자는 보험자에 대하여 보험료를 지급할 의무가 있다($^{상}_{638}$). 보험에 있어서는 보험금액의 총액과 보험료의 총액이 서로 균형을 이룰 것을 전제로 하기 때문에, 보험계약자의 보험료지급의무는 보험자의 보험금지급의무에 대응하는 제 1 차적인 중요한 의무이므로 보험자의 보험료지급청구권은 보험계약의 본질적인 요소라고 할 수 있다.

2) 지급의무자   보험료의 지급의무는 **보험계약자**가 지지만 타인을 위한 보험의 경우에 보험료지급의무자인 보험계약자가 파산선고를 받거나 보험료의 지급을 지체한 때에는, 타인($^{피보험자 또는}_{보험수익자}$)이 권리를 포기하지 않는 한 그 타인이 보험료의 지급의무를 진다($^{상}_{639}$ⅲ).

3) 지급해태의 효과   (가) 보험계약자가 계약이 성립한 후 **최초의 보험료**를 지급하지 아니한 때에는 보험자의 책임이 개시되지 않고($^{상}_{656}$), 계약성립 후 2월이 경과하면 계약해제가 의제된다($^{상}_{650}$Ⅰ). 또한 보험계약자가 약정된 지급기일에 **계속보험료**를 지급하지 아니한 때에는 보험자는 상당한 기간을 정하여 최고하고, 이 기간 내에도 지급하지 않으면 계약을 해지할 수 있다($^{상}_{650}$Ⅱ).

(나) 그러나 실무상 생명보험, 장기저축성 손해보험, 자동차종합보험에서는 제650조 제 2 항의 상당기간설정부 최고와 해지의 절차를 밟는 대신, 약정된 시기(납입기일)로부터 일정한 기간을 **유예기간**으로 설정하여 그 기간이 경과할 때까지 계속보험료의 지급이 없으면 그대로 보험계약을 실효시키는 이른바 **실효약관**(失效約款)이 사용되고 있다. 이 실효약관에 대해서는 제650조 제 2 항의 최고와 해지의 절차를 배제한 것이 보험계약자에게 불이익하므로, 제665조의 보험계약자불이익변경금지에 반하는 무효의 약관이 아닌가 하는 다툼이 있었다. 그러나 판례[$^{大\ 77.9.13,\ 77\ 다\ 329;\ 大\ 87.6.23,\ 86}_{다카\ 2995;\ 大\ 92.11.27,\ 92\ 다\ 16128}$]와 학설[$^{梁(승),}_{154\sim155}$]은 그 효력을 인정한 바 있다.

(다) 그러나 이후 대법원은 **전원합의체판결**로 보험자가 유예기간을 두었더라도 최고를 하지 않은 때에는 **실효약관은 무효**라고 한 바 있다.

　　즉「개정 전의 상법 제650조($\substack{현행상법 \\ 제650조\ 2항}$)는 보험료가 적당한 시기에 지급되지 아니한 때에는 보험자는 상당한 기간을 정하여 보험계약자에게 최고하고 그 기간 내에 지급하지 아니한 때에는 계약을 해지할 수 있도록 규정하고 같은 법 제663조는 위의 규정은 보험당사자 간의 특약으로 보험계약자 또는 피보험자 또는 보험수익자의 불이익으로 변경하지 못한다고 규정하고 있으므로, 분납보험료가 소정의 시기에 납입되지 아니하였음을 이유로 위와 같은 절차를 거치지 아니하고 막바로 보험계약이 해지되거나 실효됨을 규정하고 보험사의 보험금지급책임을 면하도록 규정한 보험약관은 위 상법의 규정에 위배되어 무효라고 보아야 할 것이다」고 하였다[$\substack{大\ 95. 11. \\ 16,\ 94}$ 다카 56852(전원합의체판결)].

(라) 한편 이에 앞서 공정거래위원회는 1994년 8월 25일의 의결($\substack{제 94- \\ 264호}$) 및 1995년 7월 11일의 의결에 의해 각각 생명보험약관과 자보분납약관에서의 실효약관을 무효라고 한 바 있다.

　　4) 지급의무의 부존재 　　보험계약 당시에 보험자가 보험사고의 발생이 불가능함을 안 때에는 보험계약은 무효가 되므로 보험계약자는 보험료지급의무가 없다($\substack{상 \\ 644\ II}$). 이는 위험을 부담하지 않는 보험자에게 보험료를 지급한다는 것은 보험의 본질상 부당하기 때문이다.

[事例演習]

◇ 사 례 ◇

　　보험계약자 甲은 1990년 12월 20일에 주운전자를 그의 아들로 하는 개인용자동차 종합보험계약을 乙보험회사와 체결하였다. 甲은 보험료 분할납입특약에 따라 전체 보험료의 60% 상당액을 제 1 회 보험료로서 계약 당일에 지급하였고, 나머지 40% 상당액을 제 2 회 보험료로서 1991년 6월 20일까지 지급하기로 하였다. 그 후 1991년 10월 7일에 甲의 아들이 피보험자동차를 운전하고 가다가 교통사고를 내었다. 그러나 甲은 그때까지 제 2 회 보험료를 지급하지 않고 10월 7일에 甲의 아들이 피보험자동차를 운전하고 가다가 교통사고를 내었다. 그러나 甲은 그때까지 제 2 회 보험료를 지급하지 않고 있었다.

　　甲은 그 교통사고의 피해자들에게 손해배상금을 지급하고, 乙보험회사에게 보험금을 청구하였다. 그러나 乙회사는 개인용자동차 종합보험 특별약관 제 3 조 1 항(보험계약자가 약정한 납입일자까지 제 2 회 이후의 보험료를 납입하지 아니하는 때에는 약정한 납입일자로부터 14일간의 납입유예기간을 둔다. 회사는 이 유예기간 안에 생긴 사고에 대하여는 보상한다) 및 제 2 항(전항의 납입유예기간 안에 보험료를 납입하지 아니하는 때에는 유예기간이 끝나는 날의 24시부터 보험계약은 효력을 상실한다)의 이른바 실효조항에 따라, 甲이 1991년 7 월 4 일(6월 20일＋14일)까지 제 2 회 보험료를 지급하지 않음으로 인해 보험계약이 실효되었음을 이유로 보험금지급의 거절을 주장하였다. 이에 甲은 이 실효조항은 개정전 상법 제650조($^{현행상법}_{제650조 2항}$) 및 같은 법 제663조에 위반되는 무효의 조항이므로, 乙회사가 상법 제650조 2 항에 따라 최고와 해지의 절차를 밟지 않은 이상 보험금을 지급해야 한다고 주장하였다. 누구의 주장이 옳은가?$\left[^{상세한 \ 해설은 \ 張敬煥, \ 상법사례연습}_{(최기원 \ 외), \ 612면 \ 이하 \ 참조}\right]$

[해 설] 甲은 제 2 회 보험료를 그 지급기일인 1991년 6 월 20일을 3 개월 반이 넘도록 지급하지 않고 지내오다가 1991년 10월 7 일에 사고가 나자 보험금을 청구한 것이다. 이 경우 무효설에 의하면, 乙회사가 상법 제650조 2 항에 따라 1991년 6 월 20일 후에 상당한 기간을 정하여 최고하고 계약을 해지하지 않은 이상, 甲에게 보험금을 지급할 책임이 있다는 甲의 주장이 옳다. 그러나 유효설에 의하면, 사례의 실효조항은 그 효력이 인정되어 乙회사의 주장이 옳게 된다. 현재 대법원은 전자의 입장을 취하고 있다.

(2) 보험료의 감액

1) **특별위험이 소멸한 경우**   보험계약의 당사자가 특별한 위험을 예기하여 보험료의 액을 정한 경우에 보험기간중에 그 예기한 위험이 소멸한 때에는 보험계약자는 그 후의 보험료의 감액을 청구할 수 있다($^{상}_{647}$). 즉 특별한 위험을 예기하여 보통보다 고율의 보험료를 정한 때에는 그 예기한 위험이 소멸함으로써 당연히 보험료의 **감액청구권**이 인정되어야 하기 때문이다. 이 경우에 종래의 보험료가 특별한 위험을 예기하여 고율로 책정되었다는 것과 그 후 예기한 보험이 소멸되었다는 점에 대한 **입증책임**은 보험계약자가 진다. 이 청구권은 **형성권**이며 감액의 효력은 장래에 대하여 발생한다.

2) **초과보험의 경우**   손해보험의 경우에 보험금액이 보험목적의 가액을 현저하게 초과한 때와 보험가액이 보험기간중에 현저하게 감소된 때에는

보험계약자는 보험료의 감액을 청구할 수 있으며 보험자는 보험금액의 감액을 청구할 수 있다($\frac{\text{상}}{\text{I.III}}^{669}$). 그러므로 위험이 감소된 것만으로는 이 청구권은 성립되지 않는다. 그리고 현저하게 초과한 때란 10% 이상인 경우가 타당하다고 본다. 이 청구권도 형성권이며 감액의 효력은 장래에 대하여서만 생긴다($\frac{\text{상}}{\text{1}}^{669}_{\text{단}}$).

(3) 지급의 방법·시기·장소

1) 지급방법   보험료는 약관이나 당사자간의 약정에 따라 전보험기간에 대하여 일시지급이나 분할지급이 가능하다. 실제에 있어서는 보험료의 지급을 현금으로 하지 않고 어음·수표로 교부하는 경우가 많다. 이 경우에 보험료의 지급시를 어음·수표의 교부시로 볼 것인가, 아니면 어음·수표의 지급시로 볼 것인가에 따라 보험자의 책임개시나 책임계속 여부가 좌우되는데 이에 관하여는 다음과 같은 학설이 있다.

(가) 일반법리에 따르는 설   어음·수표의 교부가 당사자간의 합의로 보험료의 지급에 갈음하여 이루어졌다면 어음·수표의 교부시가 바로 보험료의 지급시가 될 것이지만, 당사자간 의사가 분명하지 않은 때에는 일반법리에 의하면 보험료의 지급을 위하여 또는 담보를 위하여 한 것으로 보기 때문에, 어음·수표의 지급이 있는 때에 비로소 보험료가 지급된 것이 되고 이 때에 비로소 보험자의 책임이 개시된다고 한다.

(나) 해제조건부 대물변제설   수표의 부도를 해제조건으로 하여 현금의 지급에 갈음하여 수령된 것으로 하고 수표의 결제를 기다리지 않고 보험자가 수표를 교부받은 날짜를 보험료의 지급일로 하여 이 때부터 보험자의 책임이 개시되는 것으로 본다. 선일자수표의 경우도 같다고 한다[姜渭斗,「법률신문」1978호, 15]. 이는 일본의 판례와 학설의 입장이기도 하다. 그런데 이러한 효력은 보험계약이 성립된 후에 수표를 교부한 때에만 발생하고 보험계약의 성립 전에 약관에 따라 예외적으로 책임을 지는 경우에는 수표의 교부만으로 보험자의 책임이 개시되지 않는다는 견해도 있으나[梁承圭,「법률신문」1967호, 11], 어음·수표로 한 보험료의 지급의 효과를 보험계약성립시의 보험료지급의 경우와 계약성립전의 책임개시를 위한 지급의 경우로 나누어 달리 해석할 이유는 없다고 본다.

(다) 유 예 설   a) 보험계약자가 교부한 어음·수표를 보험자가 수령한 때에는 보험료지급을 유예한 것이라고 본다. 이에 의하면 보험료의 지급을 위하여 어음을 수령한 때에는 그 지급은 어음·수표의 부지급을 해제조건으로 하여 유예된다는 것이다. 그러므로 사후에 어음·수표가 지급이 된 때에는 어음·

수표를 교부한 때에 개시된 보험자의 책임이 계속해서 이어지게 된다. 이는 선일자수표의 경우도 같다고 한다.

b) 우리 나라에도 선일자수표의 경우에 특히 유예설을 취하는 견해[孫(주),「상법논집」, 269~270]와, 유예설은 보험거래의 관행에도 합치하고 일반법리에도 반하지 않는다는 이유로 이 설을 지지하는 견해가 있는데[張敬煥,「상사법연구」, 1987, 50] 이 견해가 타당하다.

　판례는 보험료를 선일자수표로 지급한 경우에 관하여「선일자수표는 발행자와 수취인 사이에 특별한 합의가 없었더라도 일반적으로 수취인이 그 수표상의 발행일 이전에는 자기나 양수인이 지급제시를 하지 않는다는 약속이 이루어져 발행된 것이라고 의사해석함이 합리적이다. 그러므로 보험업계의 실정에 비추어 보험모집인이 제 1 회 보험료의 수령권이 있음은 부정할 수 없으나, 그렇더라도 그가 선일자수표를 받은 날을 보험자의 책임발생시점이 되는 제 1 회 **보험료**의 수령일로 볼수 없다」고 차였다.[大 89. 11. 28, 88 다카 33367].

이 판지(判旨)만으로는 만약에 선일자수표가 아닌 수표를 교부하였다면 보험료의 수령일로 볼 수 있다는 의미인지, 또 선일자수표의 발행일이 도래하면 이 때부터 보험료를 수령한 것으로 본다는 것인지 분명하지 않다.

㈃ 해제조건부 대물변제설에 의하든 유상설에 의하든 선일자수표라 하더라도 수표를 교부한 때에 책임이 개시된다는 점에서는 차이가 없다. 그럼에도 불구하고 판례가 일반거래관계에서 선일자수표는 발행일의 도래 전에는 제시하지 않는다는 특약이 있는 것으로 본다는 점을 들어서 보험자의 책임을 인정하지 않은 것은 이론적 근거도 없을 뿐만 아니라 보험거래의 관행에도 합치되지 않는다 할 것이다.

2) 지급시기　　보험료의 지급시기는 특약이 없으면 계약성립 후 보험자의 청구에 의하여 이행기가 도래하는 것으로 보는 견해도 있으나($_{387 \, II}^{민}$)[徐(돈), 366], 특약이 없으면 계약의 **성립**과 동시에 이행기가 도래하는 것으로 본다($_{650 \, I}^{상}$)[동: 孫(주), 547; 梁(승), 132].

3) 지급장소　　보험료지급의무는 **지참채무**이므로, 특별한 정함이 없으면 보험료의 지급장소는 보험자의 영업소이다($_{56}^{상}$). 그러나 보험료를 분할지급하는 때나 장기보험 등에 있어서는 보험자의 수금원이 추심하는 것이 실제의 관습이다. 즉 이 경우에는 당사자간에 **추심채무**로 한다는 합의가 있는 것으로 본다[동: 孫(주), 547; 梁(승), 149].

(4) 소멸시효   보험계약자의 보험료지급의무는 2년의 시효에 의하여 소멸한다($\frac{상}{662}$).

[事例演習]

◇ 사 례 ◇

甲은 乙생명보험주식회사와 5월 1일에 피보험자를 자신으로 하는 생명보험계약을 청약하고, 5월 30일을 발행일자로 하는 가계수표를 보험료로 납부하였다.

5월 6일에 甲은 보험의(의사)로부터 신체검사 적격판정을 받은 후 귀가하던 중 교통사고로 사망하였다. 이 때 乙생명보험회사는 보험금 지급채무를 지는가?   [司 40회]

[해 설] 보험계약자와 보험자간에 생명보험계약이 성립하였는지를 살펴 보고, 선일자수표에 의한 보험료 지급의 경우 보험자의 책임개시 여 부를 논하여야 한다.

(1) 보험계약의 성립 여부

위의 사례에서 甲은 보험의로부터 신체검사 적격판정만을 받았을 뿐 보험자인 乙생명보험 회사로부터 적법한 승낙을 받지 않았으므 로, 보험계약은 체결되지 아니한 것으로 본다.

(2) 보험자의 책임개시 여부

비록 보험계약은 성립되지 않았지만, 상법 제638조의 2 제 3 항에 의하여 보험자가 최초의 보험료를 지급받은 때로부터 그 책임이 개 시하므로, 보험계약자가 보험료를 지급한 것으로 볼 수 있는 경우에 는 보험자의 책임은 개시된다고 볼 수 있는데, 이때 보험료를 어음 이나 수표로 지급한 경우도 이와 동일한가 하는 점이 문제이다.

(3) 선일자수표에 의한 보험료지급의 문제

어음이나 수표로 보험료를 지급한 경우의 효과에 관하여는 어음· 수표의 일반법리설, 해제조건부 대물변제설, 유예설 등의 학설이 대 립하고 있다. 해제조건부 대물변제설은 수표의 교부로써 이미 보험 료를 지급한 것으로 보고, 부도가 나면 대물변제의 효과가 교부시까 지 소급하여 소멸하게 된다고 한다. 반면 유예설은 수표의 교부가 있더라도 아직 지급되지 아니한 것으로 보고, 부도가 나면 지급유예 의 효과가 장래를 향하여 소멸하게 된다고 한다. 해제조건부 대물변 제설이 당사자의 의사와도 합치하고 법이론적으로도 타당하다.

한편 선일자수표로 보험료를 받은 경우에는 선일자수표가 발행되어 교부된 날에 보험료의 지급이 있다고 보아야 할 것인지, 아니면 수표상의 발행일에 보험료의 지급이 있다고 보아야 할지 의문이다. 선일자수표도 유효한 것으로 인정되는 것이 통설의 입장이고, 수표상의 발행일 이전에도 지급제시가 있으면 지급하여야 한다는 점에서, 선일자수표를 일반수표와 달리 취급할 이유가 없을 것이다. 따라서 선일자수표를 교부한 때 보험료를 지급한 것으로 보아야 한다.

이에 대하여 판례는 「선일자수표는 대부분의 경우 당해 발행일자 이후의 제시기간 내의 제시에 따라 결제되는 것이라고 보아야 하므로, 선일자수표가 발행되어 교부된 날에 액면금 지급효과가 발생한다고 볼 수 없으니, 보험약관상 보험자가 제 1 회 보험료를 받은 후 보험청약에 대한 승낙이 있기 전에 보험사고가 발생한 때에는 제 1 회 보험료를 받은 때에 소급하여 그 때부터 보험자의 보험금 지급책임이 생긴다고 되어 있는 경우에 있어서, 보험모집인이 청약의 의사표시를 한 보험계약자로부터 제 1 회 보험료로서 선일자수표를 발행받고 보험료가수증을 해 주었더라도 그가 선일자수표를 받은 날을 보험자의 책임발생시점이 되는 제 1 회 보험료의 영수일로 보아서는 안 된다」고 판시하였다.

그러나 수표상의 발행일을 지급일로 보는 것은 실제와 맞지 않는다. 지급제시일에 지급한 날로 보게 되면 보험자의 임의에 따라 책임개시기간이 결정되어 불합리하다. 그리고 수표를 반드시 제시기간 만료일에 지급제시하는 것도 아니기 때문에, 제시기간 만료일을 지급된 날로 보는 것도 실제와 다르다. 또한 이 판결은 지급증권인 수표의 본질에도 어긋나고, 선일자수표의 경우에 언제 지급한 것으로 보아야 하는지에 관하여도 명백히 밝히고 있지 않다.

2. 통지의무

(1) 보험사고가 발생한 경우

1) **통지의무**   보험계약자 또는 피보험자나 보험수익자는 보험사고의 발생을 안 때에는 지체없이 보험자에게 그 **통지**를 발송하여야 한다($_{657\ I}^{상}$). 이러한 통지에 의해 보험자는 사고의 원인을 신속히 조사($_{해당하는지를\ 조사}^{특히\ 면책사유에}$)하고 손해의 종류 · 범위 등을 확정할 수 있고 사후책을 강구할 수 있게 된다. 그러나 보험자가 보험사고의 발생을 안 때에는 보험계약자는 통지의무가 없다.

2) **법적 성질**   통지의무는 보험계약체결시의 고지의무와 같이 보험자의 책임을 묻기 위한 전제조건이기는 하지만, 이 의무위반으로 인한 손해배상

청구($^{현실적으로}_{보험금 감액}$)를 할 수 있다는 점에서($_{657\,II}^{상}$) 보험계약자가 보험자에 대해 부담하는 진정한 의무인 것이다[$^{동;}_{(회),}{}^{鄭}_{400}$].

3) **통지해태의 효과**   사고발생의 동시의무를 해태함으로써 손해가 증가된 때에는 보험자는 그 증가된 손해를 보상할 책임이 없다($_{657\,II}^{상}$). 그러나 보험자가 사고의 발생을 안 때에는 예외라고 본다($^{독보\,33}_{II\,참조}$).

(2) **위험의 현저한 변경·증가의 경우**

1) **통지의무**   보험계약체결 이후 보험계약자 또는 피보험자가 사고발생의 위험이 현저하게 변경 또는 증가된 사실을 안 때에는 지체없이 보험자에게 통지하여야 한다($_{652\,I}^{상}$). 이것은 보험자로 하여금 현저하게 변경 또는 증가된 위험에 대처할 수 있게 하기 위하여 인정한 의무인데, 보험자가 위험의 변경·증가의 통지를 받은 때에는 1월 내에 보험료의 증액을 청구하거나 계약을 해지할 수 있다($_{652\,II}^{상}$). 여기의 위험의 변경·증가는 보험계약자, 피보험자 또는 보험수익자의 고의나 중과실에 의하지 아니하고 이루어진 경우($^{위험의\,객관적}_{변경·증가}$)를 말한다.

2) **법적 성질**   통지의무의 법적 성질은 순수한 채무라기보다 불이익한 결과를 피하기 위한 전제조건으로서의 **간접의무**라는 입장이 타당하다[$^{徐(돈),}_{367;}$ $^{梁(승),}_{149}$]. 그러나 이 경우 보험자가 그 사실을 알았을 때에는 통지할 필요가 없다.

3) **통지해태의 효과**   통지의무를 해태한 때에는 보험자는 그 사실을 안 날로부터 1월 내에 한하여 계약을 해지할 수 있다($^{상\,652\,I}_{후문}$).

4) **보험사고발생 후의 계약해지**   보험자는 보험사고의 발생 후에도 위험변경·증가의 사실을 안 날로부터($^{상\,653\,I}_{의\,경우}$) 또는 통지를 받은 날로부터($^{상\,652\,II}_{의\,경우}$) 1월 내인 한 계약을 해지할 수 있다($_{655\,본}^{상}$). 이 경우 보험자는 보험금을 지급할 책임이 없고 이미 지급한 보험금의 반환을 청구할 수 있다. 다만 보험계약자 등이 그 위험변경·증가의 사실과 보험사고의 발생 사이에 인과관계가 없음을 증명하는 때에는 보험금지급을 청구할 수 있고 이미 지급받은 보험금의 반환을 거절할 수 있고, 보험자는 계약을 해지하더라도 보험금을 지급할 책임이 있다($_{655\,단}^{상}$).

3. **위험의 유지의무**

보험계약체결 이후 보험계약자, 피보험자 또는 보험수익자의 고의나 중과실에 의하여 사고발생의 위험이 현저하게 변경 또는 증가된 때에는($^{위험의 주관적}_{변경·증가}$), 보험자는 그 사실을 안 날로부터 1월 내에 보험료의 증액을 청구하거나 계약을 해지할 수 있다($^{상}_{653}$). 이는 보험계약자 등에게 보험기간 동안 위험을 계약체결시의 상태대로 유지해야 할 의무를 부과한 것이라고 할 수 있다. 보험자는 보험사고의 발생 후에도 위험변경·증가의 사실을 안 날로부터 1월 내인 한 계약을 해지할 수 있고, 보험금지급의 책임을 면하며, 보험계약자 등이 인과관계가 없음을 입증하면 보험금지급을 청구할 수 있는 점은 위험의 객관적 변경·증가의 경우와 같다($^{상}_{655}$).

4. 사기에 의한 보험계약

상법개정안(2007)에 의하면 보험계약이 보험계약자 또는 피보험자의 사기로 인하여 체결된 때에는 무효로 한다($^{상}_{2}$ $^{655의}_{1}$), 이 경우에 보험자는 그 사실을 안 때까지의 보험료를 청구할 수 있다. 다만, 인보험에서 보험수익자를 위하여 적립한 금액은 보험계약자에게 지급하여야 한다($^{동조}_{II}$).

제 5 절   保險契約의 變更과 消滅

[597] 제 1 事情의 變更에 의한 消滅

보험계약은 보험사고발생의 개연율에 따라 계속되는 법률관계이기 때문에, 보험계약이 체결된 후에 사정이 변경된 때에는 당초의 보험계약은 해지 또는 실효에 의하여 소멸한다.

(1) **위험의 변경·증가**   보험자가 보험계약자로부터 위험의 변경·증가의 통지를 받은 때에는 1월 내에 보험료의 증액을 청구하거나 계약을 해지할 수 있다($^{상}_{652}$ II). 이는 보험기간중 예기한 위험이 소멸한 때에는 보험료의 감액을 청구할 수 있도록 한 것($^{상}_{647}$)과 같은 취지로 증액의 청구를 인정함과 동시에 보험자가 변경·증가된 위험을 인수할 수 없는 때에는 보험을 해지할 수 있도록 한 것이다. 그리고 보험계약자가 위험이 현저하게 변경·증가된 사실을 알고 그 통지의무를 해태한 때에는 보험자는 그 사실을 안 날로부터 1월 내에 한하여 계약을 해지할 수 있다($^{상}_{652}$ I). 그리고 보험사고발생의 위험이 보험계약

자 등의 고의 또는 중대한 과실로 인하여 현저하게 변경 또는 증가된 때에는
보험자는 그 사실을 안 날로부터 1월 내에 보험료의 증액을 청구하거나 계약
을 해지할 수 있다($\frac{상}{653}$).

　(2) 당사자의 파산

　1) 보험자의 파산　　　보험자가 파산선고를 받은 때에는 보험계약자는
그 계약을 해지할 수 있으며($\frac{상}{654\,I}$), 해지하지 않더라도 파산선고 후 3개월이
경과하면 보험계약은 당연히 실효한다($\frac{동조}{II}$).

　2) 보험계약자의 파산　　　보험계약자가 파산선고를 받은 경우에는 보험
료 전부를 완납한 때에는 별 문제가 없으나, 그렇지 않은 경우에는 파산법의
규정($\frac{파}{50}$)에 의하여야 하지만 타인을 위한 보험계약의 경우에는 특별규정에 의
한다($\frac{상\ 639}{III\ 단}$).

[598]　제 2　當事者의 意思에 의한 消滅

　　보험계약은 보험금액의 전액이 지급되거나 계약일반의 소멸원인에 의하여
소멸하는 외에 보험관계의 변경이 없더라도 당사자의 의사에 의하여 소멸시킬
수 있다.

　⑴ 보험사고발생 전의 임의해지　　　보험계약자는 보험사고발생 전에는
언제든지 계약의 전부 또는 일부를 해지할 수 있다($\frac{상\ 649}{I\ 본}$). 타인을 위한 계약의
경우에는 보험계약자는 그 타인의 동의를 얻지 아니하거나 보험증권을 소지하
지 아니하면 계약을 해지하지 못한다($\frac{동조}{I\ 단}$). 계약을 해지한 경우에 보험계약자
는 당사자간에 다른 약정이 없으면 미경과보험료의 반환을 청구할 수 있다($\frac{동조}{III}$).
그러나 보험사고의 발생으로 보험자가 보험금액을 지급한 때에도 보험금액이
감액되지 아니하는 보험의 경우($\frac{예컨대\ 자동}{차보험\ 등}$)에는 보험계약자는 그 사고발생 후에
도 보험계약을 해지할 수 있다($\frac{상}{649\,II}$). 이는 새로운 사고가 발생하기 전의 계약
의 해지를 가능하게 한 것이다.

　⑵ 보험료부지급으로 인한 해제·해지

　1) 제 1 회 보험료부지급의 경우　　　보험계약자가 계약체결 후 보험료의
전부 또는 제 1 회 보험료를 지급하지 아니하는 경우에는 다른 약정이 없는 한
계약성립 후 2월이 경과하면 그 계약은 해제된 것으로 본다($\frac{상}{650\,I}$).

　2) 계속보험료부지급의 경우　　　㈎ 계속보험료가 약정한 시기에 지급되

지 아니한 때에는 보험자는 상당한 기간을 정하여 보험계약자에게 **최고하고** 그 기간 내에 지급되지 아니한 때에는 그 계약을 해지할 수 있다($\frac{\text{상}}{650}$ Ⅱ).

 ㈏ 이처럼 **계속보험료의 부지급**으로 인해 계약이 해지되거나 실효되고 해지환급금이 지급되지 아니한 때에 보험계약자는 일정한 기간 내에 연체보험료에 약정이자를 붙여 보험자에게 지급하고 그 **계약의 부활**을 청구할 수 있다($\frac{\text{상}\ 650\text{의}}{2\ \text{전단}}$). 제638조의 2($\frac{\text{보험계약}}{\text{의 성립}}$)의 규정은 이 경우에 준용한다($\frac{\text{동조}}{\text{후단}}$). 즉 보험계약은 보험계약자의 부활의 청구에 의하여 보험자가 승낙함으로써 부활한다. 이를 법정한 이유는 예컨대 생명보험의 경우 새로이 보험계약을 체결하여야 한다면 종래보다 고령화로 인하여 그 조건이 불리하게 되는 것을 피할 수 있도록 하는데 있다.

 ㈐ 보험계약의 부활을 위한 계약의 법적 성질에 대하여는 실효된 구계약의 회복을 위한 **특수계약**이라는 것이 통설이다. 그 결과 구계약에 대하여 사기 또는 고지의무의 위반이 있는 때에는 부활 후의 계약에 대하여도 그대로 존속되어 계약의 무효 또는 해지의 원인이 될 수 있다.

 3) 타인을 위한 보험계약의 경우   특정한 타인을 위한 보험계약의 경우에 보험계약자가 보험료의 지급을 지체한 때에는 보험자는 그 타인에게도 상당한 기간을 정하여 보험료의 지급을 **최고**한 후가 아니면 그 계약을 해제($\frac{\text{제1회}}{\text{보험료}}$ $\frac{\text{부지급의}}{\text{경우}}$) 또는 해지($\frac{\text{계속보험료}}{\text{부지급의 경우}}$)하지 못한다($\frac{\text{상}}{650}$ Ⅲ). 이와 같이 피보험자에게도 최고토록 한 것은 피보험자도 권리를 포기하지 않는 한 보험계약에 대하여 이해관계가 있고 제2차적 보험료지급의무를 지기 때문이다($\frac{\text{상}\ 639}{\text{Ⅱ 단}}$).

 ⑶ 고지의무위반으로 인한 해지   보험계약 당시에 보험계약자 또는 피보험자가 고의 또는 중대한 과실로 인하여 중요한 사항을 고지하지 아니하거나 부실한 고지를 한 때에는, 보험자는 그 사실을 안 날로부터 1월 내에, 계약을 체결한 날로부터 3년 내에 한하여 계약을 해지할 수 있다. 그러나 보험자가 계약 당시에 그 사실을 알았거나 중대한 과실로 인하여 알지 못한 때에는 계약을 해지하지 못한다($\frac{\text{상}}{651}$).

[599] 제3 기타의 原因에 의한 消滅

 보험계약은 그 밖에 보험기간의 만료와 약관에서 정한 사유에 의하여 해지함으로써 소멸한다.

제 6 절   他人을 위한 保險契約

[600] 제 1 總   說

(1) 의   의   타인을 위한 보험계약이란 보험계약자가 타인의 이익을 위하여 자기명의로 체결한 보험계약을 말한다($^{상\ 639}_{1\ 본}$). 즉 보험계약자와 보험계약에 의한 수익자가 다른 보험계약이다. 보험자의 상대방인 보험계약자가 동시에 피보험자($^{손해보험}_{의\ 경우}$) 또는 보험수익자($^{일보험의}_{경우}$)인 보험계약을 자기를 위한 보험계약이라고 하는 데 비하여, 보험계약자가 아닌 타인이 피보험자($^{손해보험}_{의\ 경우}$) 또는 보험수익자($^{일보험의}_{경우}$)로 되어 있는 보험계약을 타인을 위한 보험계약이라 한다. 즉 이 경우의 보험계약자는 자기를 위한 보험계약의 경우에 있어서의 보험계약자와는 본질적으로 다르다. 그러므로 타인을 위한 보험계약자는 준보험계약자라고 할 수 있다.

(2) 효   용   타인을 위한 보험계약은 피보험자가 보험계약자의 신용을 이용하여 보험관계를 신속하게 성립시킬 수 있을 뿐만 아니라, 피보험자가 거래관계를 비밀로 하고자 할 때 유용한 제도이다. 예컨대 운송업자·창고업자·격지거래의 매도인이 송하인·임치인·매수인을 위하여, 이들을 피보험자로 하여 보험계약을 체결하는 때에 이용된다. 또한 타인을 위한 보험계약은 임대차·사용대차·할부판매·위탁판매 등의 경우에 타인의 이익과 더불어 자기의 이익을 위하여 체결되기도 한다. 순수한 타인을 위한 보험계약의 경우에도 보험계약자에게 유리한 지위를 확보해 준다. 보험계약자가 보험증권을 소지하는 한 보험계약상의 권리에 대한 처분권이 있으므로, 피보험자에 대한 보수청구권이나 손해배상청구권을 갖는 경우 그 이행을 간접적으로 강제할 수 있는 수단을 확보한 것이 되기 때문이다.

(3) 법적 성질   타인을 위한 보험계약의 법적 성질에 관하여는 다음과 같은 학설의 대립이 있다.

1) 대 리 설   타인을 위한 보험계약의 성질을 대리의 법리로 설명하려는 견해이다. 그러나 이 경우에 계약은 보험계약자가 피보험자 또는 보험수익자의 대리인으로서 체결하는 것이 아니라 자기명의로 보험계약의 당사자가 되는 것이므로, 대리의 법리로써는 피보험자 또는 보험수익자의 보험자에 대

한 권리취득을 설명할 수 없게 된다.

2) **특수계약설**   상법상의 특수한 계약이라는 견해가 있다$\left[\begin{smallmatrix}孫(주)\\507\end{smallmatrix}\right]$. 이는 타인을 위한 보험계약의 경우에 민법의 제 3 자를 위한 계약$\left(\begin{smallmatrix}민\\539\end{smallmatrix}\right)$과 달리 피보험자 또는 보험수익자의 의사가 없는 경우에도 계약의 효력이 생기기 때문이라고 한다$\left(\begin{smallmatrix}상\ 639\\Ⅱ\ 본\end{smallmatrix}\right)$.

3) **제 3 자를 위한 계약설**   민법상의 「제 3 자를 위한 계약」의 일종으로 보는 입장으로서, 이 견해가 다수설이다$\left[\begin{smallmatrix}鄭(희), 405; 徐(돈), 372; 梁\\(승), 177\sim178; 蔡(이), 511\end{smallmatrix}\right]$. 이에 의하면 「타인을 위한 보험계약」에서는 보험계약자가 자기명의로 계약을 체결하고 그 효과가 직접 피보험자 또는 보험수익자에 귀속되기 때문이라고 한다. 그러나 민법상의 「제 3 자를 위한 계약」의 경우에는 제 3 자의 수익의 의사표시가 있어야만 제 3 자의 권리가 생기는 데$\left(\begin{smallmatrix}민\\539Ⅱ\end{smallmatrix}\right)$ 반하여, 타인을 위한 보험계약의 경우에는 그 성질상 피보험자 또는 보험수익자의 의사표시를 필요로 하지 않는다는$\left(\begin{smallmatrix}상\ 639\\Ⅱ\ 본\end{smallmatrix}\right)$ 점이 다르다. 하지만 민법상의 수익의 의사표시도 제 3 자를 위한 계약의 본질적 요건은 아니라는 점에서 볼 때, 타인을 위한 보험계약이 민법상의 「제 3 자를 위한 계약」이 아니라고 할 이유는 못된다고 본다. 결국 보험계약의 당사자가 아닌 자가 보험자에 대하여 권리를 취득하게 되는 점에 관한 이론의 구성은, 보험계약자와 보험자의 합의의 효과로 직접적으로 권리가 발생하는 것으로 본다.

[601] 제 2 成立要件

(1) **「타인을 위하여」 한다는 합의**   1) 타인을 위한 보험계약의 유효한 성립을 위하여는 당사자간에 「타인을 위하여」 계약을 체결한다는 뜻의 **명시 또는 묵시에 의한 합의**가 있어야 한다. 그러므로 그 뜻이 분명하지 않은 때에는 자기를 위한 보험계약으로 추정될 것이다. 피보험자와 보험수익자는 계약에서 특정되는 것이 원칙이지만 **불특정**의 타인을 위한 보험계약도 유효하다$\left(\begin{smallmatrix}상\ 639\\Ⅰ\ 본\end{smallmatrix}\right)$.

2) 이러한 필요성은 화물의 수송 및 보관과 관련하여 생겨나는 것으로 피보험이익관계가 피보험자의 개성과 반드시 불가분의 관계가 있는 경우가 아닌 한 보험의 목적 및 보험사고 등의 피보험이익관계의 객관적 요소가 확정된 이상, 그 주체가 되는 피보험자가 반드시 고정적으로 특정될 필요는 없고 사고발

생시의 피보험이익의 귀속주체를 피보험자로 하는 합의가 있는 경우에는 계약
은 유효하다고 할 것이다.

(2) 위임요건의 배제　　「타인을 위한 보험계약」은 타인의 위임과 관계
없이 유효하게 성립한다. 즉 상법은 「⋯위임을 받거나 위임을 받지 아니하고」
라고 규정하고 있으므로($^{상\ 639}_{본}$) 모든 보험에 있어서 위임의 여부는 문제가 되
지 않는다. 그러나 손해보험계약의 경우에 그 타인의 위임이 없는 때에는 보험
계약자는 이를 보험자에게 고지하여야 하고, 그 고지가 없는 때에는 타인이 그
보험계약이 체결된 사실을 알지 못하였다는 사유로 보험자에게 대항하지 못한
다($^{상\ 639}_{I\ 단}$).

[602]　제 3 效　　果

I. 피보험자와 보험수익자의 권리·의무

(1) 권　　　리　　「타인을 위한 보험계약」이 체결되면 피보험자 또는 보
험수익자는 보험자에 대한 수익의 의사표시를 함이 없이 보험사고가 발생한
경우에 당연히 보험금지급청구권을 갖는다($^{상\ 639}_{II\ 본}$). 즉 피보험자는 특별한 사정
이 없는 한 보험계약자의 동의가 없어도 임의로 그 권리를 행사하고 처분할
수 있는 것이다$\begin{bmatrix} 大\ 81.\ 10.\ 6, \\ 80\ 다\ 2699 \end{bmatrix}$. 그러나 당사자간에 특약이 없는 한 다른 권리는 여
전히 보험계약자가 행사한다.

(2) 의　　　무　　1) 제 1 차적인 **보험료지급의무**는 보험계약자가 부담하
지만 보험계약자가 파산선고를 받거나 보험료의 지급을 지체한 때에는 피보험
자·보험수익자가 그 권리를 포기하지 않는 한 이들도 보험료지급의무를 부담
한다($^{상}_{639\ III}$). 이는 보험자의 이익을 보호하기 위한 규정이므로 피보험자 또는
보험수익자가 그 권리를 포기하는 때에는 보험료지급의무를 면하게 되고, 또
한 포기를 하지 않더라도 상법 제639조 제 3 항은 파산의 경우 보험료지급의무
를 피보험자 또는 보험수익자만이 지도록 하려는 취지의 규정은 아닌 것으로
해석되므로, 파산의 경우에도 보험계약자에 대한 청구권도 존속하고 보험자는
선택권을 갖는다고 본다.

2) 보험계약자와 함께 피보험자 또는 보험수익자도 고지의무($^{상}_{651}$)·위험변
경·증가의 통지의무($^{상}_{652}$)·보험사고발생의 통지의무($^{상}_{657}$)를 부담하며 손해보험
의 경우에 피보험자도 손해방지·경감의무를 진다($^{상}_{680}$). 이러한 의무는 피보험

자 또는 보험수익자의 지위에 수반하는 **법정의무**이며 보험계약에 따르는 의무
는 아니라고 할 수 있다.

2. 보험계약자의 권리·의무

타인을 위한 보험계약의 경우에 보험계약자는 보험자의 계약상대방이고
보험증권을 소지하고 있으므로 각종의 의무와 형식적인 **처분권**을 갖지만, 이
는 모두 보험계약상의 권리는 타인인 피보험자나 보험수익자에게 귀속된다는
것을 전제로 하는 것이므로, 자기를 위한 보험계약의 경우에 피보험자나 보험
수익자이기도 한 보험계약자의 권리·의무와는 그 성질을 달리한다.

(1) **권   리**   1) 보험계약자는 보험계약에 따르는 보험자에 대한 권
리인 계약해지권($\frac{상}{649}$ I)·보험증권교부청구권($\frac{상}{640}$)·보험료감액청구권 및 반환
청구권($\frac{상 647, 648,}{049 III}$)과 인보험의 경우 보험수익자의 지정변경권($\frac{상}{733}$) 등을 갖는다.
그런데 보험계약자의 계약해지권은 피보험자 또는 보험수익자의 동의를 얻거
나 보험증권을 소지한 경우에만 인정된다($\frac{상}{I}\frac{649}{단}$). 또한 보험계약자는 직접 자기
를 위한 보험금청구권은 없지만 보험자에 대하여 피보험자 또는 보험수익자에
게 보험금액을 지급하도록 청구할 권리를 갖는다.

2) 그러나 손해보험계약의 경우에 보험계약자가 그 타인에게 보험사고의
발생으로 생긴 손해의 배상을 한 때에는 보험계약자는 그 타인의 권리를 해하
지 아니하는 범위 안에서 보험자에게 보험금액의 지급을 청구할 수 있다($\frac{상}{II}\frac{639}{단}$).
이러한 청구는 보험계약자가 보험증권을 소지한 경우에만 인정되며, 손해가
보험계약자의 과실로 인하여 생긴 경우는 지급청구를 할 수 없다고 본다.

(2) **의   무**   보험계약자는 보험계약의 당사자로서 고지의무($\frac{상}{651}$)·
위험변경·증가의 통지의무($\frac{상}{652}$)·보험사고발생의 통지의무($\frac{상}{657}$)·보험료지급의
무($\frac{상}{II}\frac{639}{본}$)를 부담한다. 타인을 위한 손해보험의 경우에 보험계약자가 보험자에
대하여 보험료지급의무를 지지만 그 부담은 피보험자의 계산으로 한다.

제 3 장   損害保險

제 1 절   通   則

[603]   제 1   損害保險契約

(1) 의   의   손해보험계약이란 당사자의 일방($^{보험}_{자}$)이 우연히 야기된 일정한 사고로 인한 피보험자의 재산상의 손해를 보상할 것을 약정하고, 상대방이 이에 대하여 보수($^{보험}_{료}$)를 지급할 것을 약정하는 계약이다($^{상\ 638,}_{665}$).

(2) 인보험계약과의 차이점   1) 손해보험계약은 손해의 보상을 목적으로 하는 점에서 인보험과 구별된다. 손해의 보상이란 손해의 배상과 다르다. 즉 손해배상의무는 일정한 요건이 갖추어진 경우($^{예컨대\ 불법행위.\ 민}_{법\ 750\ 이하\ 참조}$)에 법률상 당연히 생기는 의무인 데 반하여, 손해보상의무는 당사자의 계약에 의하여 생기는 것이다. 손해의 보상은 약정한 보험금액의 한도 내에서 손해액에 따라 산정한 보험금을 지급하는 것이므로 손해보험계약은 **손해보상계약**이라고 할 수 있다.

2) 손해보험은 보험사고가 발생한 때에 지급하여야 할 금액을 계약의 성립시에는 알 수 없는 **부정액보험**이라는 점에서, 보험사고만 발생하면 손해와 관계 없이 일정액을 지급하는 **정액보험**인 인보험과 다르다. 또한 손해보험계약은 물건 기타 재산상의 손해의 보상을 목적으로 한다는 점에서, 사람에 대한 사고를 대상으로 하는 인보험계약과 다르다. 그러나 손해보험계약도 낙성·쌍무·유상계약이라는 점은 인보험계약과 같다고 할 수 있다.

[604]   제 2   被保險利益

I. 의   의

피보험이익이란 손해보험계약에 있어서의 특유한 요소라는 것이 통설이다($^{영미에서는\ 생명보험계약의\ 경우에}_{도\ 피보험이익의\ 개념을\ 인정한다}$). 피보험이익의 의의에 관하여는 보험사고가 발생하여 손해를 입게 되는 경우에 피보험자와 그 목적과의 관계라는 소위 **관계설**도 있으나$\left[^{梁(승),\ 189;}_{李(원),\ 333}\right]$, 이 견해는 이익을 설명함에 있어서 손해의 개념을 사용하고 있다는 비판을 받는다. 그러므로 피보험이익이란 피보험자가 **보험의 목적**에 대하여 갖는 경제상의 이익을 말한다는 이익설이 타당하다[동: 孫(주), 565]. 즉 보험의 목적에 대하여 보험사고가 발생하지 않음으로써 경제상의 이익을 갖게 되는 관계에 있게 되는 때에 피보험자는 피보험이익을 갖는다.

2. 피보험이익의 지위

피보험이익은 손해보험계약의 요소로서 어떠한 지위에 있는가에 대하여 다음과 같은 학설의 대립이 있다.

(1) **절 대 설**　　피보험이익의 존재는 손해보험계약에 있어서 불가결한 요소로서 **계약의 성립요건이며 존속요건**이라고 한다[동: 孫(주), 566; 梁(승), 190]. 즉 손해의 보상을 목적으로 하는 손해보험계약에서는 손해를 입을 가능성이 있는 이익이 있어야 한다는 점에서 도박과 다르고, 「이익이 없으면 보험도 없다」고 할 수 있다. 그 때문에 피보험이익이야말로 문자 그대로 「보험계약의 목적」이라고 한다(상 668). 이 견해가 타당하다.

(2) **상 대 설**　　피보험이익의 존재는 사행계약으로서의 손해보험계약이 사회질서에 반하는 행위가 되는 것을 방지하기 위한 외면적 전제요건으로 **소극적 유효요건**의 하나라고 한다. 이에 의하면 상법이 예외적으로 피보험이익이 없는 계약을 인정하고 있는 것을(상 669, 670) 설명할 수 있다고 한다.

3. 피보험이익의 요건

손해보험계약의 유효한 성립과 그 존속을 위하여 피보험이익은 다음과 같은 요건을 갖추어야 한다.

(1) **산정가능한 경제적 이익**　　1) 피보험이익은 경제적인 이익으로서 「금전으로 산정할 수 있는 이익」이어야 한다(상 668). 손해보험은 피보험자의 재산상의 손해를 보상하는 것으로서 손해액의 산정이 가능한 것이어야 한다. 왜냐하면 경제적으로 평가할 수 없는 이익의 부보를 허용하면 보험제도를 남용하여 경우에 따라 실손해 이상의 보상을 받을 위험이 있기 때문이다. 그리하여 종교적·도덕적·감정적·정신적 이익 등은 피보험이익이 될 수 없다.

2) 경제적 이익의 존재라 함은 사회통념상 객관적인 평가 및 판정에 의할 것이나 객관성을 요구한다고 하여 반드시 보험계약의 체결시점에 그 존재가 확정되어야 하는 것은 아니며 장래에 생길 이익(운송에 의하여 얻게 될 운임 등)도 피보험이익이

될 수 있다. 또한 경제적 이익이라고 하여 반드시 법률상의 권리임을 요하지
않고 보험의 목적에 대한 소유권·저당권·임차권 등을 갖는 자와 보험의 목적
을 사용·처분할 수 있는 사실상의 관계에 있는 자로서 타인의 물건의 점유자,
사무관리자 등도 각자의 이익을 보험에 붙일 수 있다.

  (2) 이익의 적법성   피보험이익은 선량한 풍속 기타의 사회질서에 반
하지 않는 적법한 것이어야 한다. 그러므로 형벌 등에 의하여 상실될 이익이나
판매가 금지된 화약·무기 등의 판매에 의한 이익, 금제품·금수품에 대한 이
익, 도박·탈세·절도로 인하여 얻은 이익 등을 피보험이익으로 하는 경우에는
당사자의 선의·악의를 불문하고 당연히 계약을 무효로 한다($\frac{민}{103}$).

  (3) 확정가능성   피보험이익은 이미 확정된 것이거나 적어도 보험사
고의 발생시까지는 확정될 수 있는 것이어야 한다. 왜냐하면 확정될 수 없는
이익은 피보험자의 손해도 확정할 수 없으므로 손해에 대한 보상이 불가능하
기 때문이다. 그러나 보험계약의 성립시에 피보험이익에 관한 모든 내용이 구
체적으로 확정되어야만 하는 것은 아니고, 계약의 성립시에는 보험사고가 발
생한 경우 그 내용을 확정할 수 있을 정도로 그 요소가 정하여져 있으면 족하다.

  4. 피보험이익의 기능

  (1) 책임한도의 기준   손해보험계약에 있어서 피보험이익은 보험자의
보상책임의 최고한도를 정하는 기준이 된다. 보험자의 책임은 피보험이익의
가액의 범위 내에서 정하여지는 것이다.

  (2) 보험계약의 개별화   피보험이익은 손해보험계약을 개별화시킨다.
예컨대 건물의 화재에 관하여 소유자·저당권자·임차인의 피보험이익이 각기
다르기 때문에 각기 별개의 손해보험계약을 체결할 수 있다. 그러므로 계약의
체결에 있어서는 보험의 목적만을 정하는 것으로는 불충분하고 피보험이익의
내용에 대한 합의가 필요하다.

  (3) 도박보험·초과보험 등의 판정기준   보험계약에도 사행성이 있으
나 보험계약은 피보험이익이라는 개념에 의하여 도박과 구별되고, 피보험자는
피보험이익을 갖고 보험사고가 발생하면 손해액 이상의 보상을 받을 수 없으
므로 인위적인 위험의 조장을 방지할 수 있다. 또한 피보험이익의 평가액인 보
험가액은 초과보험, 중복보험 및 일부보험, 전부보험을 판정하는 기준이 된다.

[605]　제 3　保險價額과 保險金額

Ⅰ. 보험가액

(1) 의　　의　　보험가액이란 피보험이익의 금전적 평가액을 말한다. 「이득금지의 원칙」이 요청되는 손해보험계약에 있어서 보험가액은 보험사고의 발생에 의하여 피보험자가 불이익을 받게 될 이해관계의 평가액으로서, 이 것은 그 사고발생시에 지급될 금액의 법률상의 최고한도로서의 의미를 가진다. 그러므로 당사자간에 약정하는 보험금액은 보험가액을 초과할 수 없는 것이 원칙이다. 또한 보험가액은 일부보험·전부보험·초과보험 등의 판정을 위한 기준이 된다. 그러나 책임보험의 경우와 같이 비한정적이고 산정불가능한 이익에 대하여는 보험가액이 존재할 수 없다.

(2) 보험가액의 평가　　보험가액을 평가하는 기준은 피보험자의 주관적인 판단에 맡기게 되면 피보험자가 부당한 이득을 꾀할 우려가 있기 때문에 객관적이고 보편적인 판단에 의하여야 할 것이다. 그러므로 보험가액은 예컨대 상품과 같은 처분재산에 대하여는 시가로, 부동산 기타의 사용재산의 경우에는 취득가액에서 감가상각액 또는 감손액을 공제한 액으로 하여야 할 것이다. 또한 손해의 발생 후에도 계속적인 사용의 필요가 있는 보험의 목적에 대하여는 보험가액을 재조달가액으로 정하는 경우도 있는데 이를 신가보험(新價保險)이라 한다. 보험가액은 항상 변동하는 것으로 그 평가의 시기와 장소에 따라 달라지는데, 상법은 이에 관하여 당사자간의 합의에 의하는 기평가보험과 아무런 약정을 하지 않는 미평가보험에 관하여 규정하고 있다.

1) 기평가보험　　(개) 보험가액의 결정은 객관적 기준에 의한다고 하더라도 실제로 곤란한 점이 많으므로, 보험사고의 발생 후 손해조정시에 생기는 분쟁을 사전에 예방하고 피보험자에 대한 신속한 보상을 가능토록 하기 위하여 상법은 당사자간의 합의로 미리 보험가액을 정할 수 있게 하였다($\frac{상}{670}$). 이러한 보험가액을 협정보험가액이라 한다. 그리고 이를 기재한 보험증권을 기평가보험증권이라 하고, 그 기재가 없는 것을 미평가보험증권이라 한다.

(내) 만일 협정보험가액이 객관적인 진정한 보험가액과 다른 경우에는 당사자는 그 반증을 들어서 변경할 수 있는 것이지만[$\frac{大 88. 2. 9,}{87 다카 2933}$], 협정보험가액을 인정하는 취지는 분쟁의 방지에 있으므로 상법에서는 협정보험가액을 사고발생시의 가액으로 추정하고 전자가 후자를 현저하게 초과할 때에만 후자를 보

험가액으로 인정한다($\frac{상}{670}$). 기평가보험의 경우에 당사자간의 합의는 구속력이 있지만 이 경우에도 「이득금지원칙」이 적용되어야 할 것이므로, 협정보험가액이 사고발생시의 목적물의 가액을 현저하게 초과하는 경우에는 보험자가 이 사실을 입증한 때에 협정보험가액이 아닌 사고발생시의 가액을 손해액산정의 기초로 할 수 있도록 한 것이다.

(다) 기평가보험의 경우에도 보험금액이 보험가액을 현저하게 초과하고 보험계약의 체결이 보험계약자의 사기로 인한 것인 때에는 보험자가 그 무효를 주장할 수 있으나($\frac{상}{669}$ ${}_{IV}$), 이에 관한 **입증책임**은 보험자가 진다 할 것이다 $\begin{bmatrix} 大\ 88.\ 2.\ 9, \\ 86\ 다카\ 2933 \end{bmatrix}$.

2) 미평가보험   미평가보험이란 기평가보험과는 반대로 당사자간에 **보험가액에 대한 합의가 없는 보험**이다. 이 경우에 보험가액은 원칙적으로 사고발생시의 가액으로 한다($\frac{상}{671}$). 이는 손해보험에 있어서는 피보험자의 실손해가 보상되어야 한다는 데 근거를 둔 것이다. 그런데 운송보험과 해상보험의 경우에는 보험기간이 짧기 때문에 보험가액의 변동의 정도는 크지 않으므로, 평가가 용이한 시점에서의 보험가액을 전보험기간에 걸치는 고정적인 보험가액으로 정하는 경우가 있는데($\frac{상\ 689,}{696\sim698}$) 이를 **보험가액불변경주의**라 한다.

2. 보험금액

(1) 보험금액이란 보험자가 발생한 손해의 보상을 위하여 지급하기로 한 금액의 최고한도를 말하는데, 이는 보험계약을 체결할 때에 당사자간의 약정에 의하여 정한다. 이것은 손해발생시에 실제로 피보험자에게 지급되는 금액과 구별하기 위하여 **약정보험금액**이라고도 하며, 보험금액은 보험료의 산정을 위한 기준이 된다. 한편 손해발생시에 그 보상으로서 보험자가 지급하여야 할 금액은 보험가액의 범위 내에서 보험금액을 한도로 하여 피보험이익에 대하여 생긴 구체적인 손해액에 따라서 결정된다. 이것은 보험계약자가 보험가액의 전부를 보험에 붙인 때에는 보험가액과 일치하며, 그 일부만을 보험에 붙인 때에는 그 비율에 따라 지급될 것이다.

(2) 그러나 **책임보험**에 있어서는 그 보상액은 다만 보험금액과 손해액의 범위 내에서 결정된다. 실제에 있어서는 보험가액이 존재하는 경우에도 이에 대한 평가를 생략하고 당사자간에 보험금액만을 정하는 경우가 많다.

3. 보험가액과 보험금액과의 관계

당사자간의 보험가액에 대한 협정의 유·무와 관계 없이 보험가액과 보험금액이 반드시 일치하는 것은 아니다. 양자의 불일치는 초과보험·일부보험·중복보험 등의 문제를 생기게 한다.

(1) 초과보험

1) 의   의   보험금액이 보험가액을 초과하는 경우를 초과보험이라한다. 이러한 초과보험의 경우에는 피보험이익이 존재하지 않는 부분에 대하여 당사자의 일방이 부당하게 이득을 보게 될 가능성이 있기 때문에 손해보험의 본질에 반할 뿐만 아니라 고의로 보험사고를 유발하거나 도박화할 우려가 있다.

2) 효   과

(가) 보험계약자의 사기로 인한 경우   a) 초과부분의 보험계약은 보험계약자가 사기로 초과보험계약을 체결한 경우에 한하여 보험계약 전부를 무효로 한다($상^{655의}_{2 I}$). 이러한 규정은 선의의 보험계약자를 보호하려는 데 목적이 있는 것이다($^{독보 51; 프보 L. 121-3}_{II ; 스보 51 참조}$). 이 규정에서 말하는 「사기」는 민법 제110조의 사기의 개념과 같게 해석되어야 한다. 그러므로 보험계약자가 청약을 함에 있어서 의식적으로 부실한 기재를 한 것만으로는 불충분하고, 사실대로 기재하였다면 보험자가 그 청약을 거절하였거나 가능한 한 승낙하지 않을 것이라거나 다른 조건으로 승낙할 것이라는 것을 알았을 때에 사기로 본다.

b) 이 경우에 초과보험이라는 점과 보험계약자의 사기로 인한 것이라는 점에 대한 입증책임은 보험자가 부담한다. 사기로 인하여 계약이 무효인 경우에도 보험자는 그 사실을 안 때까지의 보험료를 청구할 수 있다($상^{655의}_{2 II 본}$).

(나) 당사자가 선의인 경우   당사자가 선의인 경우에는 초과보험의 해소를 위하여 보험금액을 현저하게 초과한 때에 한하여 보험자 또는 보험계약자는 보험료와 보험금액의 감액을 청구할 수 있다($상^{669}_{I 본}$). 초과보험의 판단을 위한 보험가액의 평가시기는 계약 당시를 기준으로 하며($상_{669 II}$), 보험가액이 보험기간중에 감소한 때에는 그 감소의 시점으로 하여야 될 것이다. 이러한 당사자의 감액청구권은 형성권이며 보험료의 감액은 장래에 대하여 그 효력이 있다($상^{669}_{I 단}$).

(2) 일부보험

1) 의   의   보험금액이 보험가액과 일치하는 경우를 전부보험이라

고 하는 데 대하여 보험금액이 보험가액에 미달되는 경우를 **일부보험**이라 한다. 예컨대 보험가액 1,000만원의 건물에 관하여 보험금액을 500만원으로 한 경우를 말한다. 초과보험의 경우와는 달리 일부보험에 있어서는 도덕적 위험의 폐해는 적다.

　　2) 발생원인　　　일부보험은 이미 보험가액의 타부분이 다른 보험자에게 보험이 붙여졌거나 수개의 보험회사에 일부씩 분할하여 보험계약을 병존시킨 경우나, 보험료의 절약 등 보험계약자의 의식적인 행위에 의하여 발생하기도 하고 계약체결 후의 물가의 등귀나 계약체결시의 목적물의 저평가에 의하여 자연적으로 발생하기도 한다.

　　3) 효　　과　　　(가) 일부보험의 경우에 보험자는 보험금액의 보험가액에 대한 비율에 따라 보상할 책임을 진다($674^{상}_{본}$).

　　　　예컨대 보험가액이 1,000만원인 건물에 대하여 보험금액을 500만원으로 한 경우에 전손인 때에는 보험자는 500만원만 지급하면 되고, 600만원의 손해가 발생한 분손의 경우에는 보험가액에 대한 비율에 따라 600×1/2＝300만원을 지급하면 된다. 이를 비례부담의 원칙이라 한다.

　　(나) 당사자간에 다른 약정이 있는 때에는 보험자는 보험금액의 한도 내에서 그 손해를 보상할 책임을 진다($674^{상}_{단}$). 그리하여 실제에 있어서는 당사자간의 특약으로 분손의 경우에도 보험금액의 범위 내에서 전부보험의 경우와 마찬가지로 손해액의 전부를 보상받기로 약정하는 경우가 많은데 이를 **제1차 위험보험**이라고 한다.

　　(3) **중복보험**

　　1) 의　　의　　　(가) 수인의 보험자가 각기 동일한 피보험자를 주체로 하는 동일한 피보험이익에 대하여 보험사고와 보험기간을 공통으로 하는 수개의 보험계약이 동시에 또는 순차로 체결된 경우에 각 보험금의 총액이 보험가액을 초과하거나 각 계약에 의한 보상액의 총액이 손해액을 초과하는 경우를 협의의 **중복보험**이라 한다($672^{상}_{I}$).

　　　　판례는 「중복보험이라 함은 동일한 보험계약의 목적과 동일한 사고에 관하여 수개의 보험계약이 동시에 또는 순차로 체결되고 그 보험금액의 총액이 보험가액을 초과하는 경우를 말하므로 보험계약의 목적 즉 피보험이익이 다르면 중복보험으로 되지 않으며$\left[^{大\ 1997.\,9.\,5.\,95}_{다\ 47398\ 등\ 참조}\right]$, 한편 수개의 보험계약의 보험계약자가 동일할 필요는 없으나 피보험자가 동일인일 것이 요구되고, 각 보험계약의 보험기간은 전부 공통될 필요는 없고 중복되는 기간에 한하여 중복보험으로 보면 된다」고 한다 〔大 2005. 4. 29, 2004 다 57687〕.

이 경우에 각개의 보험계약은 초과보험이라고 할 수 없으나 결과적으로는 특수한 초과보험과 같다. 각 계약에 의한 보험금액의 합계가 보험가액에 미달되는 때에는 수인의 보험자가 계약을 체결하고 있으므로 광의로는 중복보험이라고 할 수 있으나 이 경우에는 일부보험의 병존에 불과하므로 **일부보험**에 관한 규정이 적용된다.

㈏ 그러나 보험가액을 현저하게 고액으로 협정하고 보험금액을 협정보험가액보다 소액으로 하여 외관상 일부보험과 같더라도 그 보험금액이 피보험이익의 객관적인 실가를 초과하는 때에는 실질적인 초과보험으로 본다.

2) 발생원인   중복보험은 보험의 목적이 ㄱ가묻인 경우나 동일한 상품에 대하여 매도인과 매수인간의 연락이 안 되어 중복하여 운송보험계약을 체결하는 경우, 손해보험계약이 타인을 위한 것과 자기를 위한 것이 경합하는 때에 생긴다. 또한 중복보험은 적극보험의 경우뿐만 아니라 책임보험과 같은 소극보험의 경우에도 가능하다.

3) 효   과

㈎ **보험자의 책임**   a) 중복보험의 경우에 피보험자가 보상액으로서 보험금의 전부를 지급받게 되면 보험가액 이상의 이득을 취하게 되므로 초과보험의 경우와 같은 폐해가 생길 수 있다.

그리하여 각 보험자의 부담부분에 관하여는 i) 우선주의로서 동시중복보험의 경우에는 각 보험금액의 총보험금액에 대한 비율에 따라서 각 보험자의 부담액을 결정하고, 이시중복보험의 경우에는 후보험계약은 전보험계약과 중복되지 않는 범위에서만 유효하게 보는 구독일상법이 있었다. 또한 ii) 비례주의로서 동시와 이시를 구별하지 않고 각 보험자는 보험금액의 비율에 따라 부담하는 프랑스보험법전($^{L.\,121-4}_{\mathbb{II}}$)이 있다. 그리고 iii) **연대주의**로서 동시와 이시를 구별함이 없이 각 보험자는 보험금액을 한도로 실손해에 대하여 연대책임을 지고 그 중 1인이 이행을 하면 모든 보험자에 대한 보험관계가 소멸하고 타보험자에 대한 구상권을 인정하는 영미법과 독일보험계약법[59]이 있으며, iv) **절충주의**로서 비례주의에 연대주의를 절충한 것이 있는데 우리 나라의 상법은 여기에 속한다.

b) 상법은 중복보험에 있어서는 동시와 이시를 구별함이 없이 일률적으로

비례분담주의로 하였다. 중복보험의 경우에 보험자는 각 계약에 의한 보상액의 한도에서 연대책임을 진다. 이 경우에 각 보험자의 보상책임은 각자의 보험금 또는 각 계약에 의한 보상액의 비율에 따른다($_{672}^{상}$ ı). 그러나 보험자의 책임에 관하여 다른 약정이 있는 경우에는 그 약정에 따른다($_{Ⅱ}^{동조}$).

　　　　예컨대 보험가액이 1,000만원인 가옥에 대하여 보험금액을 각각 1,000만원, 600만원, 400만원으로 갑, 을, 병인 각 보험자와 화재보험계약을 체결한 경우에, 전손이 생긴 때에는 갑이 500만원을, 을은 300만원을, 병은 200만원을 지급하여야 하며, 피보험자가 1,000만원의 보상을 받을 때까지는 각 보험자는 보험금액인 1,000만원, 600만원, 400만원의 한도 내에서 연대책임을 진다.

　(나) **보험계약자의 보험료지급의무**　　중복보험은 보험계약자의 사기로 인한 경우가 아니면 무효가 되지 않지만, 무효가 되더라도 보험계약자는 보험자가 그 사실을 안 때까지의 보험료를 지급하여야 한다($_{의2}^{상655}$).

　(다) **통지의무**　　a) 중복보험의 경우에 보험계약자는 각 보험자에 대하여 각 보험계약의 내용을 통지하여야 할 의무가 있다($_{672}^{상}$ Ⅱ). 이는 **불완전법규**로서 통지의무의 위반에 대한 제재규정은 없다. 보험계약자 또는 피보험자는 동일한 보험계약의 목적과 동일한 사고에 관하여 수 개의 보험계약이 동시에 또는 순차로 체결된 경우에는 지체없이 각 보험자에 대하여 다른 보험계약의 보험자와 보험금을 통지하여야 한다. 동일한 보험계약의 목적의 관하여 상법 제667조의 이익이나 보수를 보상하는 보험계약과 그 밖의 손해를 보상하는 보험계약이 따로 체결된 경우에도 같다($_{2}^{상672의}$ ı).

　　b) 그러나 보험계약자나 피보험자가 고의 또는 중대한 과실로 인하여 통지를 하지 아니하거나 부실하게 한 경우에는 보험자는 그 사실을 안 날부터 1월 내, 계약을 체결한 날부터 3년 내에 한하여 계약을 해지할 수 있다. 그러나 보험자가 각 보험계약이 체결될 당시에 다른 보험계약의 내용을 알았거나 중대한 과실로 인하여 알지 못한 경우에는 그러하지 아니하다($_{Ⅱ}^{동조}$). 그런데 당사자 간의 특약에 의하여 보험자는 통지의무의 위반이 있는 경우에 보상의무를 지지 않는다는 약정이 가능하고 또한 약정에 의하여 중복보험의 금지가 가능하다.

　(라) **보험자 중 1인에 대한 권리의 포기**　　수인의 보험자 중 1인에 대한 권리의 포기는 다른 보험자의 권리의무에 영향을 미치지 않는다($_{673}^{상}$). 즉 다른 보험자는 그 특정보험자가 지급의무를 부담할 경우 산출되는 자기의 부담부분

을 지급할 의무가 있다. 이는 특정한 보험자에 대한 권리의 포기로 다른 보험자의 이익을 해할 염려가 있기 때문에 다른 보험자를 보호하기 위한 취지이다.

제 2 절　損害保險契約의 效果

[606]　제 1　總　　說

손해보험의 경우도 보험계약일반에 관한 효력이 적용되지만 이에 관하여는 전술하였으므로, 여기서는 손해보험계약에 있어서 중요한 보험자의 손해보상의무, 보험계약자와 피보험자의 손해방지의무, 보험자의 대위권에 대하여만 논하기로 한다.

[607]　제 2　保險者의 損害補償義務

보험자는 보험사고가 발생한 경우에 일정한 요건에 따라서 피보험자의 재산상의 손해를 보상할 책임이 있다($\frac{상}{665}$). 이것은 보험계약에 있어서 가장 중요한 문제로서 보험계약자의 보험료지급의무에 대응하는 의무이다.

Ⅰ. 요　　건

⑴ 보험사고와 손해와의 관계　　　보험계약이 체결되었고 이에 따라 보험계약자가 보험료를 지급하였더라도, 보험사고가 발생하지 않는 한 보험자는 보험금지급의무를 지지 않는다. 즉 보험자는 약정한 사고의 발생으로 인하여 손해가 생긴 때 비로소 그 손해에 대한 보상의무를 지게 된다. 손해란 피보험이익의 전부 또는 일부가 멸실됐거나 감손된 것을 말하며, 사고는 보험계약상 예정된 것($\frac{화재보험의}{경우의 화재}$)이어야 한다. 그러므로 보험의 목적이 예컨대 화재보험의 경우에 수재·폭발에 의하여 멸실된 때에는 보험사고의 발생으로 보지 않는다. 또 보험사고와 손해와의 사이에는 상당인과관계가 있어야 한다.

1) 보험의 목적이 아닌 이익에 관한 손해는 보험사고와 상당인과관계가 있어도 보상의 대상이 되지 아니한다. 왜냐하면 예컨대 동일한 건물에 대하여도 소유자·저당권자·임차인 등의 이익은 각기 다르기 때문이다.

2) 계약에서 예정된 보험사고와 예정되지 않은 사고가 경합하여 손해가 발생한 경우에, 보험자의 보상책임은 예정된 보험사고가 발생하지 않았다면 손해가 생기지 아니하였을 사정이 있는 경우에만 발생한다.

3) 보험의 목적에 관하여 보험자가 부담할 손해가 생긴 경우에는 그 후 그 목적이 보험자가 부담하지 아니하는 보험사고의 발생으로 인하여 멸실된 때에도 보험자는 이미 생긴 손해를 보상할 책임이 있다($^{상}_{675}$).

(2) **보험기간 내의 사고발생**　　보험사고는 보험기간에 발생하였어야 한다. 즉 보험자는 보험사고가 법정 또는 약정의 보험기간 전에 발생한 때는 비록 손해가 그 기간중에 생겼더라도 그에 대한 보상책임을 지지 않으며, 보험사고가 보험기간중에 발생하였으면 그로 인한 손해가 그 기간 후에 생겼더라도 그에 대한 보상책임을 부담한다.

(3) **면책사유에 해당되지 않는 보험사고의 발생**　　보험사고가 법정 또는 약정한 보험기간 내에 발생하였더라도 그것이 면책사유에 속하는 때는 보험자는 책임을 지지 않는다. 면책사유는 보험일반에 관한 것($^{상\ 659,}_{660}$) 외에, 특히 손해보험의 보험자는 보험의 목적의 **성질**($^{생선의\ 부패,\ 화약}_{의\ 자연폭발\ 등}$)·**하자**($^{포장의}_{불완전}$) 또는 **자연소모**로 인한 손해에 대하여는 보상의 책임을 지지 않는다($^{상}_{678}$). 왜냐하면 이러한 손해는 우연적으로 발생한 손해로 볼 수 없기 때문이다. 이 경우에 면책사유의 존재 및 보험사고가 면책사유와 인과관계가 있다는 점에 대한 **입증책임**은 보험자에게 있다.

2. 손해액의 산정

(1) 손해보험은 피보험자의 **실손해**(實損害)를 보상하는 것이므로 정확한 손해액의 산정이 중요하다. 보험자가 보상할 손해액은 그 손해가 발생한 때와 곳의 가액에 의하여 산정하며($^{상\ 676}_{본}$), 그 산정에 관한 비용은 보험자의 부담으로 한다($^{상}_{676\ Ⅱ}$). 그러나 기평가보험의 경우($^{상}_{670}$)는 협정된 보험가액이 사고발생시의 가액을 현저하게 초과하지 않는 한 협정된 보험가액을 기초로 손해액을 산정한다. 그리고 **보험가액불변경주의**가 인정되는 경우($^{운송보험\cdot}_{해상보험}$)에는 법정가액에 의한다($^{상\ 689,}_{696\sim698}$). 그리고 **신가보험**의 경우에는 그 목적물의 재조달가액으로 손해액을 산정할 수 있다($^{상\ 676}_{단}$).

(2) 보험사고로 인하여 상실된 피보험자가 얻을 이익이나 보수 등의 **간접손해**는 당사자간에 다른 약정이 없으면 보험자가 보상할 손해액에 산입하지

않는다($_{667}^{상}$). 보험자가 손해를 보상할 경우에 보험료의 체납이 있는 때에는 이 것을 보상액에서 공제할 수 있다($_{677}^{상}$). 또한 후술하는 피보험자의 손해방지・경 감의무에 의하여 지급한 비용도 보험자가 부담하여야 한다($_{680}^{상}$ 단).

3. 손해보상의무의 이행

(1) 이행시기　　　이 의무의 이행시기는 다른 약정이 없으면 보험사고발 생의 통지를 받고 보험자가 지급할 보험금액을 정한 날로부터 10일 내이다($_{658}^{상}$). 실제로는 일정한 절차($_{손해의\ 증명\ 등}^{사고의\ 통지・}$)가 끝난 다음 소정의 기간 내에 지급하는 것 이 보통이다.

(2) 이행장소　　　이행장소는 약관에 정함이 있으면 그에 의하고, 약관에 도 정함이 없고 관습도 없는 때에는 일반원칙에 따라야 할 것이다($_{467}^{민}$). 즉 의 무이행은 채권자인 피보험자의 영업소 또는 주소에서 하여야 한다.

4. 소멸시효

보험자의 손해보상금의 지급의무는 2년의 시효에 의하여 소멸한다($_{662}^{상}$). 이 경우에 기산점은 보험사고의 발생시라고 본다.

[608]　제 3　保險契約者와 被保險者의 損害防止・輕減義務

I. 총　　설

(1) 의　　의　　　손해보험에 있어서 보험계약자와 피보험자는 보험사고 가 생긴 때에 그 사고로 인한 손해의 방지와 경감을 위하여 노력하여야 한다 ($_{680}^{상}$ I). 이것을 손해방지・경감의무라고 한다. 이와 같은 의무는 손해액에 따 라 보험금을 지급하는 보험자에 대한 보험계약자 등의 신의성실의 요청에 부 응하고, 손해의 방지 및 경감은 공익의 보호라는 점에서 국민경제적으로도 유 익한 것이기 때문에 인정된 것이다.

(2) 법적 성질　　　이 의무는 보험계약자가 아니지만 손해방지 및 경감과 직접 관계가 있는 피보험자에게도 지도록 하는 데 큰 의미가 있으므로, 계약에 의한 의무라기보다 법정의 의무라고 할 수 있다[동: 鄭(희), 242; 梁(승), 222].

(3) 의　무　자　　　손해방지・경감의무를 지는 자는 보험계약자와 피보험 자이다($_{680}^{상}$ 본). 또한 이들을 위하여 대리권이 있는 대리인($_{78}^{영해보}$ Ⅳ)과 지배인 그리

고 선장($^{이해보}_{534}$)도 손해방지·경감의무자에 속한다[$^{동;}_{(승),}$ $^{梁}_{222}$]. 또한 해상적하보험약관 제16조 1항에서는 대리인뿐만 아니라 사용인도 의무자로 규정하고 있다.

2. 손해방지·경감의무의 내용

(1) 손해방지·경감의무는 약정한 보험사고가 발생하고 보험계약자와 피보험자가 그것을 안 것을 전제로 하여 손해의 방지와 경감을 위하여 노력할 것을 내용으로 한다. 그러므로 보험사고의 발생을 방지하는 것은 손해방지·경감의무의 내용이 되지 않는다. 그리고 보험사고가 발생하였더라도 **보험자의 면책사유**에 의한 손해에 대하여는 그 방지·경감의무가 없다.

(2) 손해방지 및 경감을 위한 노력의 방법과 정도에 대하여 일정한 한계를 정하기는 곤란하지만, 보험계약이 없는 경우에도 보험계약자나 피보험자가 자기의 이익에 대한 손해의 방지와 경감을 위하여 기울이는 것과 같은 정도의 노력을 하여야 된다고 본다.

(3) **보험자가 보험사고발생의 통지를 받고**($^{상}_{657}$) 손해의 방지를 위한 지시를 한 때에는 이를 따라야 한다는 것이 다수설이다[$^{동;}_{(승),}$ $^{梁}_{196}$]. 그리고 사정이 허락한다면 보험자에 연락하여 지시받아야 한다는 견해도 있으나[$^{鄭(희)}_{425},$], 명문의 규정이 없는 한 지시를 요구하여야 할 의무는 없다고 본다.

3. 의무위반의 효과

손해방지·경감의무를 해태한 경우에 **경과실로 인한 의무위반**이 있는 때에는 피보험자는 계약의 당사자는 아니지만 채무불이행에 관한 일반원칙에 따라서 보험자는 그로 인한 손해의 배상을 청구할 수 있으며 또 보험금에서 손해액을 공제하고 지급하면 된다고 할 것이다. 보험계약자 또는 피보험자가 손해방지의무를 고의로 위반한 경우에는 보험자는 보험금의 지급책임을 면하고, 중대한 과실로 인하여 위반한 경우에는 보험자는 이 의무가 이행되었더라면 방지 또는 경감할 수 있었던 손해액을 보상액에서 공제할 수 있다. 그러나 손해방지의무위반이 손해의 발생 및 확대에 영향을 미치지 아니한 경우에는 그러하지 아니하다($^{상}_{680 \, II}$).

4. 손해방지·경감비용의 부담

(1) 보험자는 손해방지의무의 이행을 위하여 필요 또는 유익하였던 비용과

보상액을 보험금의 한도 내에서 부담한다. 그러나 이 의무의 이행이 보험자의 지시에 따른 것인 경우에는 그 비용과 보상액이 보험금을 초과하더라도 보험자가 이를 부담한다($_{680}^{상}$ Ⅲ). 이 규정에서는 「필요 또는 유익한 비용」을 부담한다고 규정하고 있으나, 반드시 의무이행의 결과 성과가 있었어야 하는 것은 아니라고 본다. 일부보험의 경우에 그 비용은 보험금액의 보험가액에 대한 비율에 따라서 부담하고 잔액은 피보험자가 부담한다($_{674}^{상}$ 본).

(2) 실제에 있어서는 약관으로 보험자가 손해방지비용을 부담하지 않는다거나 보험금액의 한도 내에서만 부담한다는 정함을 하고 있는 경우가 있는데, 이러한 약관은 공익의 **보호규정**($_{680}^{상}$)과 보험계약자 등의 불이익변경금지의 원칙($_{663}^{상}$)에 위배되므로 모두 **무효라고 본다**[동: 徐(돈), 388; 孫(주),·; 586; 鄭(무), 72]. 이와는 달리 그러한 약관은 유효하다는 설[蔡(이),·559]과 손해방지비용을 보험자가 부담하지 않는다는 약관은 무효이지만 보험금액의 한도 내에서 부담한다는 약관은 유효하다는 제한적 유효설[徐廷甲,「사법행정」1965. 8, 62; 李·崔, 561]이 있다.

[609]　제4　保險者代位

Ⅰ. 총　설

(1) 의　의　　　보험사고에 관하여 손해가 발생한 때에 보험계약자 또는 피보험자에게 가치 있는 **잔존물**이 있거나, 이들이 제3자에 대하여 **손해배상청구권**이 있음에도 불구하고 보험자가 이에 관계 없이 보험금을 지급하게 되면 피보험자 등이 이득을 보게 되는 결과가 생기기 때문에, 상법은 보험자가 보험금액을 지급한 경우에 보험계약자 또는 피보험자의 보험의 목적이나 제3자에 대한 권리는 보험자가 법률상 당연히 취득토록 하고 있는데($_{682}^{상\ 681,·}$) 이를 **보험자대위**라 한다.

(2) **법적 성질**　　　이는 민법상의 손해배상자의 대위($_{399}^{민}$)와 유사한 것으로서 손해보험의 경우에만 인정된다.

(3) 인정의 근거　　　보험자대위를 인정하는 근거는 피보험자가 보험사고의 발생을 기화로 오히려 이중의 이득을 보는 것을 막고 보험사고에 대한 책임을 면하는 자가 없도록 하는 데 있다.

2. 보험의 목적에 대한 권리의 취득($^{잔존물}_{대위}$)

(1) 의　　의　　보험의 목적이 전부멸실한 경우에 보험금액의 전부를 지급한 보험자는 그 목적에 대한 피보험자의 권리를 취득한다($_{681}^{상}$본).

　　잔존물대위는 보험위부($_{710}^{상}$)와 유사한 제도라고 할 수 있으나 보험위부는 목적물에 대한 권리의 이전이 피보험자의 의사표시의 효과로서 생기는 데 반하여, 잔존물대위는 법률상 당연히 그 권리의 이전이 이루어진다. 그리고 보험위부의 경우에는 위부된 목적물의 가액이 피보험자에게 지급한 보험금액을 초과하더라도 여전히 보험자의 소유가 되지만, 잔존물대위의 경우에는 보험자는 피보험자에게 지급한 보험금액 이상으로 회복할 수 없다는 점 등이 다르다.

(2) 요　　건

1) 보험의 목적의 전부멸실　　보험의 목적에 대하여 전손이 생겼어야 한다. 즉 보험의 목적의 경제적 가치가 전부 상실된 경우를 말한다. 그러므로 보험의 목적에 분손이 생긴 경우는 잔존물대위는 인정되지 않는다. 그러나 전손의 경우는 잔존물이 있더라도 분손으로 보지 않는다. 일부보험의 경우에도 보험자의 대위가 인정되는데 이 때에 보험자는 보험금액의 보험가액에 대한 비율에 따라서 목적물에 대한 권리를 취득한다($_{681}^{상}$단).

2) 보험금 및 비용의 지급　　보험자의 권리의 취득은 보험의 목적이 전손된 경우에 보험자가 보험금액의 전부를 지급한 때에만 인정되지만 초과보험의 경우에 초과부분은 제외된다고 본다. 그러나 보험자가 손해방지·경감비용($_{680}^{상}$단)이나 기타의 비용($_{676}^{상}$Ⅱ)을 부담하는 때에는 보험금액 이외에 이 비용도 지급한 경우에만 대위권을 취득한다.

(3) 효　　과　　위의 요건이 구비되면 보험자는 보험의 목적에 대한 피보험자의 권리를 취득한다. 「보험의 목적에 대한 권리」란 예컨대 화재보험의 경우에 주로 화재 후의 잔존물이나 변형물인 석재나 철근 등에 대한 소유권, 선박보험의 경우에 선박의 난파물 등에 대한 소유권을 말한다. 보험자의 보험의 목적에 대한 대위권의 취득시기는 보험금과 기타의 비용을 모두 지급한 때이며, 이러한 권리의 이전은 법률에 의한 효과로서 당사자의 특별한 의사표시나 제 3 자에 대한 대항요건을 필요로 하지 않는다. 일부보험의 경우에 보험자가 취득할 권리는 보험금액의 보험가액에 대한 비율에 따라 정하게 된다($_{681}^{상}$단).

(4) 특　　약($^{대위권의}_{포기}$)　　보험의 목적에 대한 보험자의 권리취득은 보험

자의 이익을 도모하기 위한 것이지만 경우에 따라서는 오히려 불이익이 되는 때도 있다. 예컨대 선박이 침몰한 경우 보험자는 침몰선과 잔존물을 제거하여야 할 공법상의 의무를 질 뿐만 아니라($\frac{開秩}{28}$), 제거하지 않은 동안에 발생할 수 있는 손해배상책임 등에 의하여 불이익이 생길 염려가 있는 때에는 **특약**으로 잔존물에 대한 권리를 포기하거나 그 비용을 **피보험자**가 부담토록 하는 것이 가능하다고 본다.

3. 제 3 자에 대한 권리의 취득($\frac{청구권}{대위}$)

(1) 의   의   손해가 제 3 자의 행위로 인하여 생긴 경우에 보험금액을 지급한 보험자는 그 지급한 금액의 한도 내에서 그 제 3 자에 대한 보험계약자 또는 피보험자의 권리를 취득한다($\frac{상}{1}$ 682). 이 경우에 제 3 자의 행위란 고의 또는 과실에 의한 행위만이 아니라 피보험이익에 대하여 손해를 일으키는 행위를 말하고 제 3 자의 귀책사유를 입증할 필요가 없다$\left[\begin{smallmatrix}大 95. 11. 14,\\95 다 33092\end{smallmatrix}\right]$. 그러나 대위의 효과가 생기기 전에 피보험자가 제 3 자에 대한 권리를 행사하였거나 처분한 부분에 대하여는 보험자가 대위할 수 없다$\left[\begin{smallmatrix}大 81. 7. 7,\\80 다 1643\end{smallmatrix}\right]$.

(2) 인정의 근거   보험사고가 제 3 자의 행위로 인하여 생긴 경우에는 피보험자는 제 3 자에 대한 손해배상청구권과 보험자에 대한 보험계약에 의한 보험금청구권을 동시에 취득하게 된다. 이 양 **청구권**은 독립된 청구권으로서 양립할 수 있는 것이다. 그럼에도 불구하고 보험자의 대위를 인정하는 이유는 본래 손해보험이 손해의 보상을 목적으로 하므로 피보험자가 보험사고의 발생으로 오히려 이중의 이득을 보게 되는 것을 방지하고 **보험사고의 발생**에 책임이 있는 자는 누구도 **책임**을 면할 수 없도록 하는 데 입법취지가 있는 것이다.

(3) 제 3 자의 범위   1) 「제 3 자」란 보험자와 보험계약자 또는 피보험자 이외의 자를 말한다. 그러므로 보험계약의 해석상 **보험사고**를 일으킨 자가 제 3 자가 아닌 **피보험자**에 해당될 경우에는 보험자는 그 보험사고자에 대하여 보험자대위권을 행사할 수 없다. **판례**도 이와 같은 입장이다$\left[\begin{smallmatrix}大 93. 6. 29, 93 다 1770;\\大 95. 6. 9, 94 다 4813\end{smallmatrix}\right]$. 또한 피보험자와 함께 생활하는 가족은 고의로 손해를 발생케 한 경우가 아니면 「제 3 자」에 포함되지 않는다($\frac{상}{682}$ II).

판례는 기명피보험자로부터 굴삭기를 운전기사와 함께 임차하여 사용 또는 관리중인 자는 피보험자에 해당하고 상법 제682조에서 말하는 제 3 자는 아니라고 할 것이어서, 보험회사는 이같은 자에 대하여 상법 제682조 소정의 보험자대위권을 행사할 수 없다」고 한 바 있다[$\frac{大}{94}\frac{95.6.9,}{다 4813}$].

2) 타인을 위한 손해보험의 경우는 **보험계약자도** 「제 3 자」에 포함될 수 있다. 예컨대 건물의 임차인이 건물의 소유주인 임대인을 위하여 화재보험계약을 체결한 경우에 보험계약자인 임차인의 과실로 화재가 발생한 경우와, 운송인이 하주를 위하여 운송보험을 체결한 때에 운송인의 과실로 인하여 운송물이 멸실한 경우에는 보험계약자가 동시에 제 3 자가 된다[동: 李(원), 350; 洪性戊, 「재판 자료」53집, 427; 李·崔, 565]. 이는 판례의 입장이기도 하다[$\frac{大}{87}\frac{89.4.25,}{다카 1669}$].

3) 이와는 반대로 타인을 위한 보험계약의 경우에 보험계약자는 제 3 자에 포함되지 않는다는 **제외설**이 있다[$\frac{梁(승)},{238}$]. 이에 의하면 「타인을 위한 손해보험계약의 경우 운송인이나 창고업자인 보험계약자는 보험계약상 보험료의 지급의무를 비롯한 각종의 의무를 지고($\frac{상 650, 652,}{653, 680}$), 또한 그의 고의 또는 중대한 과실로 보험사고가 발생한 때에는 보험자는 보험금지급책임을 지지 않기($\frac{상}{659 I}$) 때문」이라고 한다.

4) 제외설에서는 타인을 위한 보험계약의 경우 보험계약자가 보험료지급의무 등을 진다는 것을 근거로 하고 있으나, 이 경우에 보험계약자는 보험료를 타인의 계산으로 지급하는 것이며 기타의 의무도 보험계약자가 보험자의 상대방인 형식적인 자격으로 인하여 지는 것에 불과하다. 그러므로 보험의 원리나 보험자대위제도의 입법취지로 보아 타인을 위한 보험계약의 경우 단순한 보험계약자는 제 3 자에 포함된다고 보아야 한다.

　(4) **대위가 인정되는 권리**　　　1) 대위권이 인정되는 제 3 자에 대한 권리는 제 3 자의 **불법행위**(방화)에 의한 손해배상청구권은 물론이고, **채무불이행**에 의한 손해배상청구권을 포함한다[$\frac{大}{87}\frac{88.4.27,}{다카 1012}$]. 그러므로 임대인과 보험계약을 체결한 보험자는 임차인의 실화에 의한 건물반환채무의 이행불능으로 인하여 손해배상책임을 지는 임차인에 대하여 보험자대위를 주장할 수 있다[$\frac{大}{14,}\frac{95.11.}{95}$ 다33092]. 또 **적법행위**에 의한 청구권도 포함된다. 즉 제 3 자인 선장의 적법한 공동해손처분행위($\frac{상}{832}$)로 인하여 피보험자가 다른 제 3 자인 공동해손채무자에 대하여 갖는 분담청구권이 그것이다. 그 결과 보험계약자가 보험사고를 발생케 한 제 3 자가 아닌 다른 제 3 자에 대하여 갖는 청구권에 대하여도 보험자대위를 인정한다.

2) 그러나 피보험자 등의 제 3 자에 대한 손해배상청구권 등이 시효로 인하여 소멸한 때에는 보험자는 그 권리를 대위할 여지가 없게 된다$\left[\begin{smallmatrix}大 93. 6. 29,\\93 다 1770\end{smallmatrix}\right]$. 또한 약관에 의하여 보험자가 면책되는 무면허운전자에 대하여 보험회사가 보험금을 지급한 때에는 이는 **보험약관을 위반한** 것으로서 보험자대위의 법리상 보험회사는 구상권을 행사할 수 없다$\left[\begin{smallmatrix}大 93. 4. 12,\\94 다 200\end{smallmatrix}\right]$.

3) 제 3 자가 피보험자의 **가족**인 경우에 가족에 대한 손해배상청구권에 대하여는 보험자대위에 관한 규정이 적용되지 않는다고 본다. 그 이유는 가족의 보호에 있는 것이 아니라 이 경우에도 보험자대위를 인정한다면 결과적으로 피보험자로부터 보험의 이익을 박탈하는 결과가 되기 때문이다$\left[\begin{smallmatrix}동; 梁\\(승), 239\end{smallmatrix}\right]$.

(5) **권리이전의 요건**   1) 당사자의 의사표시를 요하지 않으며, 채무자 기타 제 3 자에게 대항하기 위한 지명채권양도의 대항요건($\frac{민}{450}$)을 필요로 하지 않는다. 권리이전의 시기는 보험금의 지급시이다. 그러므로 보험자는 피보험자가 제 3 자에 대하여 갖는 청구권의 이전과 상환으로 손해를 보상한다는 주장을 하지 못한다. 대위가 인정되는 권리의 범위는 보험자가 지급한 **보험금액**의 한도를 초과하지 못한다($\frac{상}{ } \frac{682}{본}$). 제 3 자에 대한 보험자대위권의 행사는 피보험자가 보험사고로 말미암아 제 3 자에 대하여 가지고 있었던 권리를 행사하는 것이므로 피보험자의 권리에 의하여 제한받기 때문이다. 그리하여 예컨대 자동차보험에서 보험사고가 피보험자의 과실에도 기인하는 경우 그 상대방은 대위권을 취득한 보험자에 대하여도 과실상계를 주장할 수 있기 때문에 그 범위 내에서 보험자의 손해배상청구권도 감축된다.

2) **공동불법행위**로 인하여 피해자에게 가한 손해를 연대하여 배상할 책임이 있는 공동불법행위자 중의 1인과 체결한 보험계약에 따라 보험자가 피해자에게 그 손해배상금을 보험금액으로 모두 지급함으로써 공동불법행위자들이 모두 면책된 경우에, 보험금액을 지급한 보험자는 상법 제682조 소정의 보험자대위에 의하여 그 공동불법행위자가 모두 면책됨으로써 다른 공동불법행위자의 부담부분에 대하여 행사할 수 있는 **구상권**을 취득한다. 이 경우에 구상권은 그 지급한 한도 내에서 보험자에게 법률상 당연히 이전하게 되므로, 보험계약자인 공동불법행위자는 보험자로부터 그 구상권을 다시 양도받아 취득하는 등의 특별한 사정이 없는 한 다른 공동불법행위자를 상대로 실제로 구상권을 행사할 수는 없게 된다$\left[\begin{smallmatrix}大 94. 10. 7,\\94 다 11071\end{smallmatrix}\right]$.

3) 구상권의 소멸시효의 기산점과 그 기간은 대위에 의하여 이전되는 권

리 자체를 기준으로 하여야 하며 구상권의 소멸시효에 관하여 법률에 따로 정한 바가 없으므로, 일반원칙에 의하여 그 소멸시효는 10년으로 완성되고 그 기산점은 구상권이 발생한 시점, 즉 구상권자가 현실로 피해자에게 지급한 때이다(大 94.1.11, 93 다 32958).

(6) 권리이전의 효과　　보험금의 지급에 의하여 권리이전의 효과가 생긴 다음에는 피보험자 등은 제3자에 대한 권리를 행사하거나 처분할 수 없다. 만일 보험금이 지급되기 전에 피보험자 등이 제3자로부터 손해의 배상을 받았거나 제3자에 대한 권리를 처분했거나 포기한 때는 보험자는 대위에 의하여 취득할 수 있었던 권리의 가액을 보험금에서 공제할 수 있다고 본다(독보 47 I 후단; 스보 72 II; 프보 L. 121-12 II 참조).

(7) 손해의 일부의 보상　　1) 보험자가 피보험자에게 보상할 보험금액의 일부를 지급한 때에는 보험계약자 또는 피보험자의 권리를 해하지 않는 범위 내에서 보험자는 대위에 의한 권리를 행사할 수 있다(상 682 단). 이 점이 잔존물대위의 경우와 다르다.

2) 보험자대위소송의 경우에 상대방인 제3자는 피대위자가 스스로 그 권리를 행사하는 경우에 비하여 불이익을 감수해야 할 의무가 없는 것이므로 당해 대위소송 제기 전까지 발생된 피대위자에 대한 항변으로 대항할 수 있다.

　　　　예컨대 화재보험가액이 1,000만원인 건물이 전소한 경우에 보험자가 그 중 800만원을 지급하였는데 제3자의 자력이 700만원에 불과하다면, 보험자는 본래의 권리자인 보험계약자 또는 피보험자가 제3자에게 200만원을 청구하고 남은 500만원에 대하여 대위권을 행사할 수 있다.

3) 이 규정은 보험자가 보험금액의 일부를 지급한 경우뿐만 아니라, 일부보험에 의하여 보험금액의 전부를 지급한 경우에도 제3자의 자력이 부족한 때에는 적용된다고 본다. 따라서 입법론상 제682조 단서의 「그러나 보험자가 보상할 보험금액의 일부를 지급한 때에는…」의 규정은 「그러나 보험자가 피보험자에게 손해의 일부를 보상한 때에는…」으로 개정해야 할 것이다.

(8) 재보험의 경우　　재보험계약의 경우에는 보험금을 지급한 원수보험자가 피보험자 등의 제3자에 대한 권리를 대위취득하고, 재보험자는 원수보험자에게 재보험금을 지급한 한도 내에서 다시 원수보험자의 권리를 대위하여 취득한다. 그러나 실제에 있어서는 제3자에 대한 재보험자의 권리는 원수

보험자가 자기의 명의로 재보험자의 수탁자와 같은 지위에서 행사하여 회수한 금액을 재보험자에게 교부하는 방법에 의한다 $\left[\begin{smallmatrix} \text{서울民地 81. 12. 16,} \\ \text{80 가합 5524} \end{smallmatrix}\right]$.

[事例演習]

◇ 사　례 ◇

　운송인 甲은 송하인 乙과 변압기의 운송을 위하여 운송계약을 체결하였다. 그리고 운송인 甲은 보험회사 丙과의 사이에 피보험자를 乙로 하고 변압기를 보험목적물로 하여 운송보험계약을 체결하고 보험료를 지급하였다. 이후 운송 도중에 트랙터사고로 변압기가 지상으로 떨어지는 사고가 발생하여 乙은 수리비·운송비·보험료 등 7,000만원의 손해를 보게 되자 보험회사 丙은 이 손해에 해당하는 보험금을 乙에게 지급하였다. 그런데 보험회사 丙은 乙의 손해를 운송인 甲이 피용자에 의한 불법행위로 생긴 것이라고 하여 丙은 상법 제682조의 규정에 따라 乙이 甲에 대하여 갖는 손해배상청구권을 대위취득한다고 생각하여 운송인 甲에게 그 지급을 청구하였다. 丙의 청구는 정당한가?

[해설]　이 사례에서 운송인 甲은 송하인 乙을 피보험자로 하는 운송보험계약을 보험회사 丙과 체결하였다. 甲은 타인을 위한 보험계약에서 보험계약자가 된 것이다. 그런데 甲의 피용자에 의한 불법행위로 乙에게 손해가 발생하였고, 乙은 이러한 보험사고를 이유로 丙에게 보험금의 지급을 청구하여 지급을 받았다.

　　이러한 보험금을 지급한 丙이 乙이 甲에 대해 갖는 위의 손해배상청구권을 대위취득할 수 있는가에 대해서는, 타인을 위한 보험의 경우 보험계약자는 상법 제682조 본문의 「제3자」에 포함되는지 여부에 따라 결론이 달라진다. 다수설·판례의 입장이기도 한 포함설에 따르면, 甲이 상법 제682조 본문의 「제3자」에 포함되어 丙은 乙이 甲에 대해 갖는 손해배상청구권을 대위취득할 수 있고 결국 丙의 甲에 대한 청구는 정당하다.

제 3 절　　損害保險契約의 變更·消滅

보험계약에 의한 법률관계인 보험관계는 그 성질상 장기간 지속되므로, 그

동안에 여러 가지의 사정변경에 의하여 보험계약의 내용을 변경하거나 보험계약
자체가 소멸하는 경우가 생긴다. 여기서는 손해보험계약에 있어서 특유한 보험가
액의 변경과 피보험이익의 소멸 및 보험의 목적의 양도에 관하여 설명한다.

I. 보험가액의 변경

보험금액이 보험가액을 현저하게 초과한 때($_{의 경우}^{초과보험}$)나 보험기간중에 물가
의 변동 등으로 보험가액이 현저하게 감소된 때에는 보험자 또는 보험계약자
는 보험금액 또는 보험료의 감액을 청구할 수 있다($_{I\cdot III}^{상\ 669}$). 그러나 이 경우에
감액의 소급효는 인정되지 않는다. 즉 보험료의 감액은 장래에 대하여 효력이
있을 뿐이다($_{I\ 단}^{상\ 669}$). 왜냐하면 보험자는 감액 전의 보험가액에 대하여 위험부담
을 하였기 때문이다.

2. 피보험이익의 소멸

손해보험계약은 피보험이익이 소멸($_{중지\ 등}^{운송의}$)하면 존재할 수 없으므로 계약
의 당사자간에 다른 약정이 없으면 미경과보험료는 그 반환을 청구할 수 있다
($_{649\ III}^{상}$).

3. 보험의 목적의 양도

(1) 총   설   1) 피보험자가 보험목적을 양도한 때에는 피보험자가
피보험이익을 상실하고 양수인과 보험자와의 사이에는 아무런 보험관계가 존
재하지 않으므로 보험계약은 당연히 실효된다고 할 수 있다. 이러한 원칙만을
관철하게 되면 양수인이 피보험이익에 대하여 새로 보험계약을 체결할 때까지
무보험의 위험한 지위에 있게 될 뿐만 아니라, 양도인은 그 동안에 지급한 보
험료를 회수하지 못하고 낭비한 것이 되어 모든 보험관계자에게 불리한 결과
를 초래하게 될 것이다.

2) 그리하여 상법은 피보험자가 보험목적을 양도한 때에는 양수인은 보험
계약상의 권리와 의무를 승계한다($_{679\ I}^{상}$).

(2) 승계를 위한 요건

1) 양도당시의 보험관계의 존속   보험목적물의 양도 당시에 양도인과
보험자 사이에 보험관계가 유효하게 존재하고 있어야 한다. 그 목적물의 양도
전에 보험계약이 체결되어 보험관계가 유효하게 성립되었더라도 양도 당시에

해지 · 실효 기타의 사유로 보험관계가 소멸한 때에는 양수인에 대한 권리 · 의무는 승계되지 않는다. 그러나 면책사유가 존재할 뿐 보험관계가 존속하는 때에는 양수인에게 이전하나 보험자는 양수인에 대하여 그 면책사유로써 대항할 수 있다[동: 孫(주), 599; 梁(승), 223;].

  2) **보험목적**   보험목적은 **물건**임을 원칙으로 한다. 그러므로 보험관계가 물건과 관계가 없는 경우로서, 예컨대 의사 · 변호사 · 공증인 · 산파 등이 그 지위에서 생기는 책임에 관하여 보험계약을 체결한 **책임보험**의 경우에는 상법 제679조가 적용되지 않는다. 그러나 자동차 · 동물 등에 관한 책임보험의 경우에는 위 상법의 규정이 적용된다. 이 경우는 책임보험이라도 피보험자의 인적 요소가 중요하지 않고 물건이 보험사고발생의 객체로서 보험목적에 준하는 것으로 볼 수 있기 때문이다[동: 徐(돈), 396; 孫(주),; 390; 梁(승), 224]. 그렇다고 보험목적이 반드시 동산 · 부동산 등의 물건이어야 하는 것은 아니고 무체의 권리라도 무방하다.

  3) **보험목적의 물권적 이전**   보험목적에 대한 소유권이 물권변동에 의하여 양수인에게 이전하여야 한다. 그러므로 단지 양도의 채권행위만으로는 불충분하다. 그러나 보험의 목적에 관한 권리의 물권적 이전이 있는 이상 등기의 이전이나 채무자에의 통지 · 승낙(민450) 등의 대항요건은 문제가 되지 않는다[서울民地 89. 8. 22,; 88 가합 55853]. 보험목적의 이전은 법률상 당연히 이전하는 상속 · 합병 등과 같은 포괄적인 승계의 경우에는 상법 제679조가 적용될 여지가 없으나, 영업양도로 이전된 경우에는 당연히 적용된다. 또한 보험목적이 어떠한 원인에 의하여 양도되었는가 또는 무상인가 유상인가는 관계가 없다. 또한 강제집행의 결과 경락인에게 보험목적이 귀속된 경우에는 보험관계가 승계된다고 본다(독보 73 참조)[동: 徐(돈), 395; 孫(주), 600;; 鄭(희), 431; 梁(승), 225].

  ⑶ **보험목적의 양도의 효과**

  1) **권리 · 의무의 이전**   피보험자가 보험목적을 양도한 때에는 보험계약상의 권리와 의무가 양수인에게 승계되므로(상679 I), 양수인은 피보험자로서의 권리(보험금청구권)와 더불어 손해방지 · 경감의무와 통지의무 등을 부담한다. 보험목적이 양도되면 자기를 위한 보험의 경우에는 피보험자의 지위뿐만 아니라 보험계약자의 지위도 승계되어 양수인은 보험계약자로서 보험료감액청구권(상647), 보험료반환청구권(상648), 보험계약해지권(상649)을 갖고 또한 양도 후의 보험료기간에 해당하는 보험료지급의무를 진다[동: 徐(돈), 397; 孫(주),; 600; 梁(승), 235~236]. 그러나 타인을 위한 보험의 경우에는 피보험자의 지위만이 승계된다.

2) 통지의무　　⑺ 보험목적의 양도인 또는 양수인은 보험자에 대하여 지체없이 그 사실을 통지하여야 한다($\text{상}^{679}_{\text{II전}}$). 이 규정은 보험목적의 양도와 관계가 있는 보험자와 양도당사자 사이에 이해관계를 적절하게 조화시키기 위하여 양도인 또는 양수인에게 양도사실을 보험자에 대하여 통지하도록 하고 이를 해태하면 양수인이 불이익을 받도록 하는 것이 신의칙이나 형평의 원칙에 합치된다는 취지에서 법정한 것이다. 이 통지의무는 민법 제450조의 통지와 같은 대항요건을 구비하기 위한 것이 아니라 보험법상의 간접의무로서 이를 해태하면 일정한 불이익을 받게 될 뿐이다.

⑷ 양도인 또는 양수인이 양도의 통지를 하지 않은 상태에서 양도일로부터 1월을 경과하여 보험사고가 발생하고 보험자가 제1항의 승계를 하지 않으리라는 사정이 인정되는 경우에는 보험자는 면책된다($\text{동조}_{\text{II후}}$). 그리고 보험자는 보험목적의 양도사실을 안 날부터 1월 내에 계약의 해지를 통지할 수 있다. 다만, 보험계약자가 통지를 받은 후 10일이 지나야 해지의 효력이 생긴다(동조_{III}).

3) 위험의 변경·증가　　보험목적이 양도된 경우에 위험이 현저하게 변경 또는 증가된 때에는 이를 피보험자의 고의에 의한 결과로 보아 보험자는 보험료의 증액을 청구하거나 계약을 해지할 수 있다고 본다(상_{653}).

⑷ 자동차의 양도　　자동차의 양도의 경우에는 일반 보험목적의 양도의 경우와는 달리 보험계약상의 권리·의무의 이전을 위해서는 보험자의 승낙을 받아야 한다($\text{상}^{726}_{\text{의4}}$). 이는 자동차보험의 보험료산출기준이 점차 운전자중심 요율체계로 바뀌어 가는 실무상의 변화를 고려한 규정이다.

제4절　　각종의 損害保險契約

[610]　제1　火災保險

I. 총　　설

화재보험은 육상의 재해에 관한 보험으로서, 이는 손해의 보상이라는 직접적인 이익뿐만 아니라 기타 경제적으로 중요한 의의가 있는 보험이다. 즉 각종 건물의 방화 및 내화설비를 촉진함으로써 국가와 국민의 재산을 보호하고 건물을 담보로 하는 금융을 용이하게 한다.

(1) **화재보험계약의 의의**   화재보험계약이란 화재로 인하여 생긴 손해의 보상으로서 보험금을 지급할 것을 목적으로 하는 손해보험계약이다. 화재를 보험사고로 하는 손해보험계약으로서「화재」란 일반 사회통념에 의하여 화재로 인정할 수 있는 성질과 동일한 규모를 가진 화력의 연소작용에 의하여 생긴 재해라고 할 수 있다. 그러므로 스스로의 연소력이 없는「불」에 의한 손해는 화재보험의 대상이 되지 않는다. 즉 피보험자의 재산에 실질적인 발화가 요구되므로 열기에 의한 발화로는 충분하지 않다.

(2) **보험의 목적**   화재보험의 목적은 화재의 위험이 있는 유체물로 동산뿐만 아니라 부동산도 그 대상이 될 수 있다. 상법 제685조에서는 건물($^{건물}_{보험}$)과 동산($^{동산}_{보험}$)을 예상한 것에 불과하고 그 대상을 한정한 것은 아니므로 목조·교량·입목·삼림 등도 보험의 목적이 될 수 있으며, 건축중의 건물이나 완성후 미등기된 건물 및 전기제품·기계기구·가구·의류 등도 동산의 화재보험의 경우에 집합보험의 목적이 될 수 있다. 고가물($^{화폐·귀금속·}_{서화 등}$)은 보험증권에 명기한 때에 한하여 그 목적이 된다($^{화보약}_{3 \text{ I } (3)}$).

(3) **피보험이익**   화재보험의 피보험이익은 그 목적물은 동일하더라도 피보험자가 누구인가에 따라 소유자이익·임차인이익·담보권자이익이 될 수 있다. 그런데 피보험이익의 내용이 명확하지 않은 때에는 소유자의 피담보이익을 계약의 목적으로 한 것이라고 봄이 타당하다.

2. 화재보험계약에 관한 특칙

(1) **화재보험증권의 기재사항**   화재보험증권에는 보험증권 일반에 관한 기재사항($^{상}_{666}$) 이외에 소정의 사항을 기재하여야 한다($^{상}_{685}$).

(2) **손해보상의무**   1) 보험의 목적에 화재로 인하여 손해가 생긴 때에는 보험자는 그 손해를 보상할 책임이 있다($^{상}_{683}$). 이를「위험보편의 원칙」이라 한다. 그러나 그 손해가 i) 전쟁 기타의 변란($^{상}_{660}$), ii) 목적물의 성질·하자·자연소모($^{상}_{678}$), iii) 피보험자 등의 고의·중과실($^{상}_{659 \text{ I}}$) 등의 법정된 **면책사유**로 인하여 발생한 때에는 보상책임을 지지 않음은 물론이다($^{火約}_{4}$). 다만 i), ii)의 사유로 인하여 손해가 생긴 경우에도 보험자가 책임을 진다는 특약은 유효하며, iii)의 경우에도 피보험자 등의 중대한 과실로 인하여 발생한 손해에 대하여도 보상책임을 진다는 특약은 유효하다고 본다. 그러나 피보험자 등의 고의로 인하여 발생한 손해에 대하여도 보험자가 책임을 진다는 특약은 선량한 풍

속과 사회질서 및 공익에 반하므로 무효라고 본다.

2) 보험자가 보상책임을 지는 손해는 화재와 상당인과관계가 있는 손해에 한정된다는 것이 **통설**이다. 그러므로 보험자는 화재로 인한 직접적인 손해뿐만 아니라, 화재의 경우에 보통 발생할 수 있는 화재의 소방 또는 손해의 감소에 필요한 조치로 인한 손해도 보상할 책임이 있다($\frac{상}{684}$). 그러나 화재시에 보험의 목적의 분실 또는 도난으로 인한 손해에 대하여는 **면책**됨이 보통이다($_4\frac{화보약}{(3)\,참조}$). 즉 보험자의 보상책임에 관한 상법 제683조는 임의법규라고 할 수 있으므로 면책약관이 인정된다.

3. 집합보험·총괄보험

(1) **집합보험**   보험의 목적이 경제적으로 독립된 물건의 집합체인 경우를 집합보험이라고 하며 인보험($\frac{단체}{보험}$)에서도 볼 수 있으나 특히 동산화재보험에서 성행한다. 그리하여 상법은 화재보험의 경우에 집합물의 범위에 관하여 집합된 물건을 보험의 목적으로 한 때에는 피보험자의 가족과 사용인의 물건도 보험의 목적에 포함된 것으로 하고, 이 경우에 보험은 가족 또는 사용인을 위하여서도 체결한 것으로 보고 있다($\frac{상}{686}$). 이 때에 가족 또는 사용인의 물건에 관하여는 소위 타인을 위한 보험계약을 인정한 것이라고 할 수 있다.

(2) **총괄보험**   집합물을 보험의 목적으로 한 경우에, 그것을 구성하는 개개의 물건의 교체성을 인정하면서 보험금액의 범위 내에서 화재의 위험을 인수하는 것을 총괄보험이라고 한다. 이것은 임치물이 수시로 변동하는 창고업자와의 사이에 체결되는 경우가 많다. 총괄보험의 경우에 보험사고의 발생시에 현존한 물건은 보험의 목적에 포함된 것으로 하고 있다($\frac{상}{687}$). 그러므로 보험사고의 발생시에 장부에 의하여 재고를 증명함으로써 보상액이 정해진다.

[611] 제 2 運送保險

(1) **운송보험계약의 의의**   운송보험계약이란 **육상운송**의 목적인 운송물의 운송에 관한 사고로 인하여 생긴 손해의 보상을 목적으로 하는 손해보험계약이다($\frac{상}{688}$). 운송보험이라고 할 때에는 해상운송보험도 포함되지만 이에 관하여는 별도의 규정이 존재하므로($\frac{상}{이하}\frac{693}{}$) 일반적으로 운송보험이라고 할 때에는 육상운송보험만을 그 대상으로 한다. 상법 상행위편에서 규정하는 운송은

타인의 물건을 운송하는 경우를 예정한 것이지만($\overset{상}{125}$), 운송보험의 경우에는 자기의 물건도 그 목적이 될 수 있다. 상법은 운송보험에 관하여 수개의 규정 밖에 두고 있지 않으므로 그 보완을 위하여 해상보험에 관한 기술적인 해결방법을 약관으로 채용하고 있다.

(2) 운송보험의 목적 운송보험의 목적은 운송물이다. 그러므로 여객의 생명·신체에 대한 사고에 대비하는 보험은 운송보험에 속하지 않으며 생명보험·상해보험으로서 인보험에 속한다. 또한 운송인이 책임보험방식으로 이를 처리할 수도 있음은 물론이다. 육상운송보험에 있어서는 해상운송보험의 경우($\overset{선박}{보험}$)와 달리 운송용구인 자동차·기차 등의 사고에 대한 보험은 운송보험에 포함되지 않는다.

(3) 보험사고 운송보험계약의 경우에 보험사고는 운송물의 운송중에 생길 수 있는 모든 사고로서 그 종류와 양상이 다양하다. 그러므로 충돌·탈선과 같은 운송에 특유한 사고뿐만 아니라 도난·파손·화재·침수 등 운송물에 손해를 미치는 모든 위험을 포함한다. 이와 같이 모든 위험을 포함하는 이유는 운송 도중에 피보험자 등에 의한 감독이 불가능하고 손해가 발생하여도 원인의 입증이 곤란한 까닭이다.

(4) 피보험이익 운송보험의 경우에도 여러 가지의 피보험이익이 존재할 수 있다. 운송물의 소유자이익 이외에 운송물의 도착에 의하여 얻게 될 희망이익($\overset{상}{689\,\text{II}}$)과 운송인의 운임에 대한 이익 등이 있다.

(5) 운송보험기간 보험자의 보상책임이 발생하는 보험기간은 운송인이 운송물을 수령한 때로부터 수하인에게 인도할 때까지로 한다. 즉 특약이 없는 한 운송물이 운송인의 보관중에 있는 기간으로 한다($\overset{상}{688}$). 그러나 약관으로 다른 정함을 할 수 있다.

(6) 보험가액 운송보험에 있어서는 운송물이 장소적으로 이동하기 때문에 보험가액을 손해보험의 일반원칙($\overset{상}{676}$)에 따라 손해가 발생한 때와 곳의 가액으로 하는 것은 곤란하다. 따라서 운송보험의 경우에는 **보험가액불변경주의**에 따라 발송한 때와 곳의 가액과 도착지까지의 운임 기타의 비용의 **합계액**을 보험가액으로 한다($\overset{상}{689\,\text{I}}$). 이것은 상법이 **발송지주의**를 채용한 결과라고 할 수 있다. 그러므로 보험기간중의 가액변경은 고려되지 않는다. 그러나 당사자간의 약정으로 희망이익($\overset{운송물의\ 도착으로}{인하여\ 얻을\ 이익}$)을 보험가액에 산입할 수 있다($\overset{상}{689\,\text{II}}$).

[612] 제3 海上保險

I. 해상보험계약의 의의

해상보험계약이란 해상사업에 관한 사고로 인하여 생기는 손해의 보상을 목적으로 하는 손해보험계약이다($\frac{상}{693}$). 상법에서는 해상보험자의 책임범위를 해상사업에 부수하는 육상위험까지 담보하도록 확장하고자 「해상사업」에 관한 사고로 인하여 생길 손해를 보상하는 것으로 규정하였다. 해상보험을 운송보험과 구별하는 이유는 항해에 관한 위험은 육상위험에 비하여 특수성이 있는 까닭이다. 그리하여 상법에서도 해상보험에 관하여는 비교적 다수의 규정을 두고 있으나($\frac{상}{693\sim718}$), 이것만으로는 불충분하여 이를 보완하는 약관이 발달하고 있다.

해상보험의 국제적 성격상 전세계 국가의 3분의 2 이상이 영국의 약관을 사용하고 있고 우리 나라도 예외가 아니다. 현재 국내 보험회사들이 사용하고 있는 영문해상보험약관은 영국의 Lloyd's와 런던보험협회가 공동으로 만들어낸 협회약관으로서 협회적하약관과 협회선박약관이 대표적인 것이다

2. 해상보험계약의 특칙

(1) 피보험이익   해상보험의 경우에 피보험이익은 여러 가지가 존재하며, 그 피보험이익을 표준으로 하여 해상보험은 다음과 같이 분류할 수 있다.

1) 선박보험   보험의 목적인 선박의 소유자로서의 피보험이익에 관한 보험이다. 선박보험의 목적은 선체(Hull)뿐만 아니라 특약이 없는 한 선박의 속구, 연료, 양식 기타 항해에 필요한 모든 물건이 포함된 것으로 한다($\frac{상\ 696}{참조}$). 선박보험에 있어 피보험이익은 선박소유자의 이익 외에 담보권자의 이익이나 선박임차인의 사용이익도 포함되므로 선박의 임차인도 선박보험의 보험계약자 및 피보험자가 될 수 있다$\left[\substack{大\ 88.2.9,\\86\ 다카\ 2933}\right]$.

2) 적하보험   보험의 목적인 적하의 소유자로서의 피보험이익에 관한 보험이다($\frac{상\ 697}{참조}$). 이 경우에 적하는 해상운송의 객체인 유체물로서 반드시 상품에 한하는 것은 아니다.

3) 운임보험   운송인 등이 운임에 대하여 갖는 피보험이익에 관한 보험이다($\frac{상}{706(1)}$). 운임은 개품운송계약이나 용선계약 또는 여객운송계약으로 인한 것임을 불문하며 운송계약이 성립하면 운임보험의 피보험이익을 갖게 된

다. 운임은 순운임이 아닌 총운임을 말하는 것으로 이는 순운임산출에 관한 분쟁을 피하기 위한 것이지만, 특약으로 순운임을 목적으로 할 수 있음은 물론이다. 이 보험은 선박보험에 추가하여 부보할 수 있는데 선박보험가액의 25%를 넘을 수 없으며 선비보험에 부보된 금액은 운임보험에서 공제되어야 한다.

4) 희망이익보험　　　적하의 도착에 의하여 얻을 이익 또는 보유의 주체로서 갖는 피보험이익에 관한 보험이다($\frac{상}{698}$). 희망이익보험의 경우에는 보험가액을 정하기가 곤란하기 때문에, 적하에 일정비율의 희망이익을 가산하여 적하보험에 부보하기도 한다. 희망이익보험계약에서 보험가액을 정하지 아니한 때에는 보험금액을 보험가액으로 한 것으로 추정한다($\frac{상}{698}$).

5) 선비보험　　　선박의 의장(艤裝) 기타 일반선박의 운항에 요하는 제비용의 부담자로서의 피보험이익에 관한 보험이다. 이 경우에 제비용은 이미 총운임에 포함되어 있기 때문에 운임보험이 있는 때에는 중복보험이 된다. 또한 선비보험을 선박보험에서 부보하는 경우도 있다.

6) 불가동손실보험　　　선박이 해난으로 손상을 입어 가동이 불능으로 된 경우 선주 및 나용선자가 불가동기간중 무익하게 지급하여야 할 선박경상비 또는 잃게 된 운임 기타 용선료의 손실을 전보하는 보험이다. 이 보험은 운임보험·선비보험의 특수한 형태이다. 이 보험은 선박가액의 10%를 한도로 하여 선박보험에 추가하여 가입한다($\frac{협회선박약}{관\ 20(a)}$).

⑵ 보험기간

1) 해상보험의 분류　　　보험기간을 정하는 표준에 따라 해상보험은 다음과 같이 분류할 수 있다.

㈎ 항해보험　　　특정한 항해를 표준으로 하여 보험기간을 정하는 보험으로서 적하보험의 경우에 널리 이용된다.

㈏ 기간보험　　　일정한 기간을 보험자의 보상책임의 존속기간으로 하는 보험으로서 선박보험·운임보험·선비보험 등에서 이용된다. 보통 그 기간은 1년인 경우가 많다.

㈐ 혼합보험　　　일정한 항해와 일정한 기간을 표준으로 하여 보험기간을 정하는 방법으로서 선박보험의 경우에 이용된다.

2) 시기와 종기

㈎ 선박보험　　　항해단위로 한 선박보험의 경우에 보험기간은 하물 또는 저하의 선적에 착수한 때에 개시한다($\frac{상}{699\ Ⅰ}$). 그러나 하물 또는 저하의 선적

에 착수한 후에 계약이 체결된 경우에는 보험기간은 계약이 성립한 때에 개시한다($\frac{동조}{III}$). 보험기간의 종기는 도착항에서 하물 또는 저하를 양륙한 때이다($\frac{상}{700}$본). 그러나 불가항력으로 인하지 아니하고 양륙이 지연된 때에는 그 양륙이 보통 종료될 때에 종료된 것으로 한다($\frac{동조}{단}$).

(나) 적하보험   적하보험의 경우에 보험기간은 하물의 선적에 착수한 때에 개시한다. 그러나 출하지를 정한 경우에는 그곳에서 운송에 착수한 때에 개시한다($\frac{상}{699}$II). 그리고 하물의 선적에 착수한 후에 보험계약이 체결된 경우에는 보험기간은 계약이 성립한 때에 개시한다($\frac{동조}{III}$). 보험기간의 종기는 양륙항 또는 도착항에서 하물을 인도한 때이다($\frac{상}{700}$본). 하물의 「양륙」만으로는 보험기간이 종료되지 않고 수하인이나 선하증권소지인에 대한 하물의 「인도」가 있어야 종료된다. 그러나 불가항력으로 인하지 아니하고 양륙이 지연된 때에는 그 양륙이 보통 종료될 때에 종료된 것으로 한다($\frac{동조}{단}$).

(3) 보험사고   해상보험의 경우에 보험사고는 해상사업에 관한 모든 사고로서, 침몰·좌초 등 항해에 있어서 고유한 사고뿐만 아니라 화재·충돌·폭발·도난·포획·투하·선적방법의 불완전·선원의 불법행위 등에 의한 사고를 포함하며, 더 나아가 해상사업에 부수하는 육상이나 내수항행에 관한 사고도 포함한다($\frac{상}{693}$). 그러나 해상보험실무에서 사용되는 협회약관은 우리 나라 상법의 포괄책임주의와는 달리 보험자의 담보위험을 일일이 열거하는 **개별책임주의** 또는 **열거책임주의**를 채택하고 있으나($\frac{協會積荷約款\ 1;\ 협회선박약}{관\ 7의\ Inchmaree\ Clause}$) 실제상 큰 차이는 없다.

(4) 보험가액   일반적으로 해상보험의 경우는 보험가액을 협정하고 이것을 표준으로 하지만($\frac{상}{670}$), 협정이 없는 때는 **보험가액불변경주의**에 의한다. i) 선박보험의 경우에는 보험자의 책임이 개시할 때의 선박가액으로 하며($\frac{상}{696}$), ii) 적하보험에서는 적하를 선적한 때와 곳의 적하의 가액 및 선적과 보험에 관한 비용의 합계액으로 하고($\frac{상}{697}$), iii) 희망이익보험의 경우는 특약이 없는 한 보험금액을 보험가액으로 한 것으로 추정한다($\frac{상}{698}$).

(5) 해상보험증권의 기재사항   보험증권일반에 관한 기재사항($\frac{상}{666}$) 이외에 소정의 사항을 기재하여야 한다($\frac{상}{695}$).

(6) 보험관계의 변경   「위험에 관한 사정의 변경」에 관한 일반원칙($\frac{상\ 652,}{653}$)에 대하여 해상보험의 특수성을 고려하여 다음과 같은 특칙을 두고 있다.

1) 항해의 변경   선박이 보험계약에서 정하여진 발항항이 아닌 다른 항에서, 또는 도착항이 아닌 다른 항을 향하여 출항한 때에는 보험자는 책임을 지지 않는다($\frac{\text{상}}{1 \cdot \text{Ⅱ}}^{701}$). 그리고 보험자의 책임이 개시된 후에 보험계약에서 정하여진 도착항이 변경된 경우에는 보험자는 그 항해의 변경이 결정된 때부터 책임을 지지 아니한다($\frac{\text{동조}}{\text{Ⅲ}}$). 또한 선박이 정당한 사유 없이 보험계약에서 정하여진 항로를 이탈한 경우에는 보험자는 그때부터 책임을 지지 아니한다. 선박이 손해발생 전에 원항로로 돌아온 경우에도 같다($_{701\text{의}2}^{\text{상}}$).

2) 발항·항해의 지연   피보험자가 정당한 사유 없이 발항 또는 항해를 지연한 때에는 보험자는 발항 또는 항해를 지체한 이후의 사고에 대하여 책임을 지지 아니한다($_{702}^{\text{상}}$).

3) 선박의 변경   적하보험의 경우에 보험계약자 또는 피보험자의 책임 있는 사유로 인하여 적재선박을 변경한 때에는 보험자는 그 변경 후의 사고에 대하여 책임을 지지 않는다($_{703}^{\text{상}}$). 선박의 종류와 구조에 따라 위험에 중대한 영향을 미치는 것을 고려한 까닭이다. 또한 선박보험의 경우에 보험자의 동의 없이 선박을 양도한 때, 선박의 선급($_{703\text{의}2}^{\text{상}}$)을 변경한 때, 선박을 새로운 관리로 옮긴 때에는 보험계약은 종료한다.

3. 해상보험자의 손해보상책임

⑴ **총   설**   보험자는 해상사업에 관한 사고로 인하여 생긴 손해를 보상할 책임이 있다($_{693}^{\text{상}}$). 상법은 보험자가 보상하여야 할 손해의 범위에 관하여 특칙을 두고 있다.

⑵ **공동해손에 의한 손해**   1) 선장의 공동해손처분행위($_{832}^{\text{상}}$)에 의하여 피보험자는 공동해손분담의무($_{833}^{\text{상}}$)를 지는데, 이로 인한 손해에 대하여도 보험자는 당연히 보상책임을 진다. 이것은 책임보험이라고 할 수 있기 때문에 이를 해상보험에 포함시키는 데는 의문이 있으나, 상법은 보험자는 피보험자가 지급한 공동해손의 분담액을 보상할 책임이 있다고 규정하고 있다($_{694\text{ 본}}^{\text{상}}$).

2) 이것은 공동해손분담액은 선박 또는 적하의 현존액을 한도로 하므로($_{835}^{\text{상}}$), 이를 선박 또는 적하 자체의 피보험이익이 결손된 것과 동일하게 취급하는 것이 타당한 까닭이다. 만일에 공동해손분담가액이 보험가액을 초과할 때에는 그 초과액에 대한 분담액은 보상하지 아니한다($_{694\text{ 단}}^{\text{상}}$). 손해액을 보상한 보험자는 피보험자가 이해관계인에 대하여 갖는 공동해손분담청구권을 대위에

의하여 취득할 수 있다($\substack{상 \\ 682}$).

(3) **충돌로 인한 손해**　　선박충돌의 경우에 피보험선박에 생긴 손해의 보상은 당연히 보험자가 부담하지만, 충돌로 인하여 다른 선박에 손해가 생긴 때에 그에 대한 배상책임에 대하여는 상법에는 명문의 규정이 없으므로 특약이 없는 한 보험자는 그에 대한 책임이 없다고 할 것이다.

1) **구조료의 보상**　　보험자는 피보험자가 보험사고로 인하여 발생하는 손해를 방지하기 위하여 지급할 구조료를 보상할 책임이 있다($\substack{상 694 \\ 의 2 본}$). 구조료는 해상사업에 특유한 비용손해이기 때문에 해상보험자가 이를 부담해야 한다. 그러나 구조료분담가액이 보험가액을 초과할 때에는 그 초과액에 대한 분담액은 보상하지 아니한다($\substack{상 694 \\ 의 2 단}$).

2) **특별비용의 보상**　　보험자는 보험의 목적의 안전이나 보존을 위하여 지급할 특별비용을 보험금액의 한도 내에서 보상할 책임이 있다($\substack{상 \\ 694의 3}$). 이러한 비용은 손해방지·경감비용의 성질을 지니는 것으로서 보험자가 부담하는 것이 당연하다.

(4) **보상액의 범위**　　피보험이익이 전부 멸실한 전손의 경우에는 보험가액의 전액이 손해액이 되므로 별다른 문제가 없지만, 피보험이익의 일부가 멸실한 분손의 경우에는 그 보상액을 산정한다는 것이 용이한 문제가 아니다. 그리하여 상법에서는 분손의 경우에 관하여 특별규정을 두었다.

1) **선박의 일부손해의 보상**　　선박의 일부가 훼손된 때, 그 훼손부분의 전부수선의 경우에는 보험자는 수선비를 1회의 사고에 대한 보험금액을 한도로 보상할 책임이 있고($\substack{상 707 \\ 의 2 I}$), 일부수선의 경우에는 수선비와 수선하지 아니함으로써 생긴 감가액을 보상할 책임이 있으며($\substack{동조 \\ II}$), 미수선의 경우에는 수선하지 아니함으로써 생긴 감가액을 보상할 책임이 있다($\substack{동조 \\ III}$).

2) **적하의 훼손**　　보험의 목적인 적하가 훼손되어 양륙항에 도착한 때에는 보험자는 그 훼손된 상태의 가액($\substack{훼손 \\ 가액}$)과 훼손되지 아니한 상태의 가액($\substack{정상 \\ 가액}$)과의 비율에 따라, 보험가액의 일부에 대한 손해를 보상할 책임이 있다($\substack{상 \\ 708}$). 이것은 훼손가액의 산정은 양륙항에서 용이할 뿐만 아니라 피보험자의 실손해는 양륙항에 있어서의 손해이기 때문이다.

3) **적하의 매각**　　항해 도중에 불가항력으로 보험의 목적인 적하를 매각한 때에는 보험자는 그 대금에서 운임 기타의 필요한 비용을 공제한 금액과 보험가액과의 차액을 보상하여야 한다($\substack{상 \\ 709 I}$). 불가항력인 경우는 적하를 염가

로 매각하게 되는 때가 많으므로 이 경우도 훼손손해에 준하여 취급한 것이다. 또한 매수인이 대금을 지급하지 아니한 때에는 보험자는 그 금액을 지급하여야 한다. 이 때에 지급을 한 보험자는 피보험자의 매수인에 대한 권리를 취득한다($\frac{상}{709\,II}$). 그리고 일부보험의 경우는 일반원칙($\frac{상}{674}$)에 따라 보상액을 정하여야 할 것이다.

(5) 보험자의 법정면책사유　　보험자는 일반보험계약의 면책사유($\frac{상}{659\,I}$, $\frac{660,}{678}$)가 존재하는 경우뿐만 아니라, 다음과 같은 사유로 인하여 생긴 손해에 대하여 보상책임을 면한다.

1) 선박보험 또는 운임보험의 경우에 발항 당시 안전하게 항해를 하기에 필요한 준비를 하지 아니하거나 필요한 서류를 비치하지 아니함으로 인하여 생긴 손해($\frac{상}{706(1)}$)　　㈎ 이는 감항능력과 서류의 비치에 관한 의무를 해태함으로써 생긴 손해이나. 이 규정은 기간보험과 항해보험 및 불감항 사유에 대하여 아무런 구별을 하지 않고 불과 한 개의 조항으로 간단하게 규정하고 있어 복잡하고 다양한 거래계의 수요에 부응하지 못한 감이 있다.

㈏ 상법은 적하보험에 관하여는 규정하고 있지 않지만, 약관에서는 적하보험의 피보험자에게도 선박의 감항능력에 관한 담보의무가 있고 다만 피보험자가 이를 알지 못한 경우에는 보험자가 면책되지 않는다고 규정한다($\frac{협회적}{하약\,5}$).

2) 적하보험의 경우에 용선자, 송하인 또는 수하인의 고의 또는 중과실로 인하여 생긴 손해($\frac{상}{706(2)}$)　　용선자, 송하인 또는 수하인이 보험계약자 또는 피보험자인 때에는 보험자는 당연히 면책이 되지만($\frac{상}{659\,I}$), 이들이 보험계약자 또는 피보험자가 아닌 경우라도 이들은 피보험자에 갈음하여 보험의 목적을 관리하는 지위에 있기 때문에 이들의 고의 또는 중과실로 인하여 생긴 손해에 대하여도 보험자는 면책되도록 한 것이다.

3) 도선료, 입항료, 등대료, 검역료 기타 선박 또는 적하에 관한 항해중의 통상비용($\frac{상}{706(3)}$)　　이러한 비용은 사고에 의한 것이 아니며 또 당연히 운임에 포함되어 있기 때문이다. 이것은 소해손이라고도 한다.

4. 예정보험

(1) 의　　의　　보험증권에 기재하여야 할 보험계약의 요건의 일부인 선박, 적하의 종류, 보험가액 등이 계약체결의 당시에 확정되어 있지 않은 보험계약을 예정보험이라 한다. 이에 대하여 그 내용이 모두 확정된 것을 확정보

험계약이라 한다. 예정보험의 경우는 보험계약은 이미 성립한 것으로서 보험계약자는 미확정된 부분이 확정된 때에 보험자에게 이를 통지할 의무를 부담하고 통지에 의하여 계약의 내용이 확정될 따름이다. 그러므로 이는 보험계약의 예약과는 다르다.

(2) 선박미확정의 적하예정보험   이는 상법에서 규정하고 있는 것으로서 보험계약의 체결 당시에 하물을 적재할 선박을 지정하지 아니한 경우에, 보험계약자 또는 피보험자가 그 하물이 선적되었음을 안 때에는 지체없이 보험자에 대하여 그 선박의 명칭, 국적과 하물의 종류, 수량과 가액의 통지를 발송하여야 하며($_{704\,I}^{상}$), 이를 해태하면 보험자는 그 사실을 안 날로부터 1월 내에 한하여 계약을 해지할 수 있다($_{704\,II}^{상}$).

5. 보험위부

(1) 의   의   보험위부(保險委付)란 해상보험의 경우에 보험의 목적이 전손(全損)과 동일시되는 때, 또는 전부멸실하였으나 그 증명 또는 계산이 곤란한 때에 피보험자가 보험의 목적에 대한 자기의 모든 권리를 보험자에게 취득시키고, 보험자에게 보험금액 전액의 지급을 청구할 수 있는 제도이다. 보험위부는 단독행위이며, 위부권은 피보험자의 일방적 의사표시에 의하여 행사되는 형성권이다.

(2) 효   용   해상보험계약을 체결하였더라도 선박의 전손에 해당하는 손해가 실제로 발생한 경우, 또는 선박이 행방불명이 된 경우에 이를 입증하지 못하는 때에는 보험금을 지급받을 수 없는 것이 원칙이다. 이렇게 되면 손해보험으로서의 해상보험계약을 체결하는 의미가 없게 될 것이므로 이러한 불합리한 결과가 초래되는 것을 피하고 복잡한 분쟁의 발생을 방지하기 위한 제도가 보험위부인 것이다.

(3) 보험위부의 원인   상법에서는 위부를 할 수 있는 경우를 다음과 같이 열거하고 있지만($_{710}^{상}$), 이것은 강행규정이 아니므로 특약에 의하여 확장 또는 제한할 수 있는 것이다. 상법은 보험위부의 원인을 영국해상법과 협회약관에 따라 거래현실에 맞게 대폭 개정하였다.

1) 선박·적하의 점유상실   피보험자가 보험사고로 인하여 자기의 선박 또는 적하의 점유를 상실하여 이를 회복할 가능성이 없거나 회복하기 위한 비용이 회복하였을 때의 가액을 초과하리라고 예상될 경우에 위부할 수 있

다(상 710⑴; 영해보 60 Ⅰ).

2) 선박의 수선불능　　　선박이 보험사고로 인하여 심하게 훼손되어 이를 수선하기 위한 비용이 수선하였을 때의 가액을 초과하리라고 예상될 경우에 위부할 수 있다(상 710⑵; 영해보 60 Ⅱ; 협회선박약 17). 그러나 이 경우 선장이 지체없이 다른 선박으로 적하의 운송을 계속한 때에는 피보험자는 그 적하를 위부할 수 없다(상 712).

3) 적하의 수선불능　　　적하가 보험사고로 인하여 심하게 훼손되어서 이를 수선하기 위한 비용과 그 적하를 목적지까지 운송하기 위한 비용과의 합계액이 도착하는 때의 적하의 가액을 초과하리라고 예상될 경우에 위부할 수 있다(상 710⑶; 영해보 60 Ⅲ; 협회적하약 13).

(4) 위부의 요건

1) 위부의 통지　　　㈎ 피보험자가 위부를 하고자 할 때에는 상당한 기간 내에 보험자에게 그 통지를 발송하여야 한다(상 715 Ⅰ). 피보험자가 상당한 기간 내에 통지를 하지 않으면 위부권을 상실한다. 그러나 재보험의 경우에는 위부의 통지가 필요 없다(영해보 62 Ⅸ).

㈏ 통지의 방법에 관하여는 아무런 규정이 없으나 서면 또는 구두로도 할 수 있고, 보험의 목적물에 대한 피보험자의 피보험이익을 보험자에게 무조건으로 위부하는 피보험자의 의사표시로도 가능하다고 본다(영해보 62 Ⅱ). 위부권은 형성권이므로 위부의 통지가 보험자에게 도달된 다음에는 위부를 철회할 수 없다〔 동: 梁 (승), 294 〕.

2) 다른 보험계약에 관한 사항의 통지　　　피보험자가 위부를 함에 있어서는 보험자에 대하여 보험의 목적에 관한 다른 보험계약과 그 부담에 속한 채무의 유무와 그 종류 및 내용을 통지하여야 한다(상 715 Ⅰ). 이러한 통지를 요구하는 것은 보험자에게 그가 부담할 보험금에 영향이 있는 **중복보험관계**를 알리고 담보권자에 의한 보험금액청구권의 행사가능성에 대비하도록 하는 데 목적이 있다. 그러므로 보험자는 그러한 통지를 받을 때까지 보험금액의 지급을 거부할 수 있다(상 715 Ⅱ). 또한 보험금액의 지급에 관한 기간의 약정이 있는 때에는 보험자가 그 통지를 받은 날로부터 기산한다(상 715 Ⅲ).

3) 기타의 요건　　　위부는 **무조건**이어야 한다(상 714 Ⅰ). 그러므로 위부에 조건이나 기한을 붙이는 것은 인정되지 않는다. 그리고 위부는 보험의 목적의 **전부**에 대하여 하여야 한다(상 714 Ⅱ본). 이러한 위부의 단순성과 불가분성은 보험자의 이익을 보호하기 위한 것이다. 그러므로 보험의 목적의 일부만을 위부하고

다른 부분에 대하여는 손해의 보상을 청구할 수 없다. 그러나 위부의 원인이 보험의 목적의 일부에 대하여 생긴 때에는 그 부분에 대하여서만 위부를 할 수 있다($^{상}_{II}$$^{714}_{단}$). 일부보험의 경우에 위부는 보험금액의 보험가액에 대한 비율에 따라서만 할 수 있다($_{714}$$^{상}_{III}$).

(5) 위부의 효과

1) 총   설   피보험자가 위부를 하는 경우에 그 의사표시상의 효과는 보험자가 보험의 목적에 대하여 피보험자가 갖는 권리의 취득이냐 혹은 피보험자의 보험금청구권의 행사이냐에 대하여 학설이 일치하지 않는데, 전자는 의사표시상의 직접적인 효과이고, 후자는 법이 인정한 직접적인 효과라고 하는 것이 타당하다고 본다[동: 鄭(희), 449; 李(범), 503~504]. 이에 대하여 보험금청구권의 발생이 의사표시상의 효과라는 견해가 있다[동: 徐(돈), 419].

2) 보험자의 권리취득   (가) 보험자는 위부의 직접적인 효과로서 피보험자가 보험의 목적에 대하여 갖는 모든 권리를 취득한다. 권리의 취득시기는 피보험자의 의사표시가 보험자에게 도달한 때로서, 즉 이 때에 위부의 효력이 발생한다. 또한 피보험자가 위부를 한 때에는 **보험의 목적에 관한 모든 서류**를 보험자에게 **교부하여야** 한다($_{718}$$^{상}_{II}$). 그러나 이것이 위부의 효력발생요건은 아니다. 손해가 제3자의 행위로 인하여 생긴 때는 피보험자의 제3자에 대한 권리(손해배상청구권·공동 해손분담청구권 등)도 보험자에게 이전한다고 본다[동: 孫(주), 631; 鄭(희), 449; 梁(승), 299].

(나) 이에 대하여 피보험자의 「**보험의 목적에 관한 권리**」($_{718}$$^{상}_{I}$)란 보험의 목적 자체의 잔존물에 관한 권리이고, 제3자에 대한 권리는 보험자대위에 관한 규정($^{상}_{682}$)에 따라 이전할 뿐이라는 견해가 있다[徐(돈), 420; 朴(원), 190]. 그러나 상법 제718조 1항에 의하여 보험자는 피보험자의 모든 권리를 취득하므로 제3자에 대한 청구권을 취득한다고 봄이 타당하다.

(다) 보험의 목적에 부수하는 의무로 인한 부담도 위부의 의사표시를 한 때의 상태로 부담부로 보험자에게 이전한다. 그러므로 보험의 목적에 부착하는 담보물권의 부담과 선박이나 적하상의 물권의 부담은, 선박이나 적하의 소유권을 제약하는 물권적 부담이므로 소유권과 함께 이전된다.

3) 피보험자의 보험금청구권   보험의 목적을 위부한 피보험자는 보험금액 전액에 대한 보상을 청구할 수 있다($^{상}_{710}$). 위부의 원인이 보험의 목적의 일부에 대하여 생긴 경우에 이를 위부한 때에는($_{714}$$^{상}_{II}$) 그 부분에 대한 보험금의 지급을 청구할 수 있다.

⑹ **위부의 승인** 위부는 단독행위로서 보험자의 승낙이 없이 그 효력이 생기지만 보험자가 이의를 한 때에는 피보험자는 위부의 원인을 증명하지 아니하면 보험금액의 지급을 청구하지 못한다($\frac{상}{717}$). 그러나 위부를 승인한 경우는 보험자가 이후 이의를 하지 못하며($\frac{상}{716}$), 피보험자는 위부의 원인을 증명함이 없이 보험금액의 전액을 청구할 수 있다($\frac{상}{716}$). 위부의 승인 또는 이의는 위부의 효력 자체에 관한 것이 아니고 위부원인의 증명에 관한 것에 불과하다.

⑺ **선박의 행방불명의 경우** 선박의 존부가 2월간 분명하지 아니한 때에는 그 선박의 행방이 불명한 것으로 보고 전손으로 추정한다($\frac{상}{711}$). 상법 제710조는 선박의 행방불명을 추정전손으로 다루어 보험금청구를 인정하고 있다. 따라서 보험금지급 후에 선박의 존재가 판명되면 피보험자는 그 보험금을 보험자에게 반환해야 한다($\frac{추정}{주의}$). 선박의 존부가 2월간 분명하지 않은 때에 선박의 행방불명으로 본다

[613] 제 4 責任保險

⑴ **책임보험계약의 의의** 책임보험계약이란 피보험자가 제 3 자에 대하여 보험기간중에 생긴 사고로 인하여 손해배상책임을 지게 되는 경우에 그 손해를 보험자가 보상할 것을 목적으로 하는 손해보험계약을 말한다($\frac{상}{719}$). 즉 책임보험은 직접 피보험자에게 생긴 손해를 보상하는 것이 아니라 우연한 사고의 발생으로 인한 재산상의 출연(出捐)을 필요로 하는 경우를 대비하기 위한 보험인 것이다. 이러한 점에서 볼 때 책임보험은 **간접손해**의 보상을 목적으로 하는 보험이라고도 할 수 있다.

⑵ **책임보험의 종류** i) 책임보험은 보상책임을 지는 객체에 따라 재산손해배상책임보험·신체장애배상책임보험, ii) 가입의 강제성 유무에 따라 강제책임보험·임의책임보험 등으로 구분할 수 있고, iii) 피보험자의 대상에 따라 영업책임보험($\frac{자동차손해배상책임보험, 해상보험의 충돌}{약관, 항공보험의 제 3 자배상책임보험 등}$)·전문직업인책임보험($\frac{의사, 변호사,}{공인회계사}$ $\frac{등의 배상책}{임보험 등}$)·개인책임보험($\frac{신체손해배상특약}{부화재보험 등}$), iv) 보험금액의 한도에 따라 유한배상책임보험·무한배상책임보험 등으로 구분할 수 있다. 책임보험이 특별한 의미를 갖는 것은 무과실책임의 경우이고 무과실책임제도는 피해자의 충분한 보호를 위한 것이므로, 가해자가 자력이 없으면 피해자를 구제할 수 없기 때문에 강제책임보험제도가 요청된다고 할 것이다. 그리하여 일정한 분야에서는 책임

보험계약의 체결을 강제하고 있다. 여기에 속하는 것으로는 산업재해보상보험·자동차손해배상책임보험·신체손해배상특약부화재보험·원자력손해배상책임보험 등이 있다.

(3) **책임보험의 효용**   오늘날 기업과 일반인의 책임이 나날이 가중되고 있다. 그리하여 여러 가지의 사고에 의한 가해자로서의 책임을 경감시키고 피해자의 권리의 확보를 위하여 책임보험제도가 발달한 것이다. 이에 의하여 기업의 유지와 피해자의 보호를 제도적으로 도모할 수 있다. 이와 같은 책임보험의 사회보장적인 구제기능이 중요시되고 있다.

(4) **책임보험계약의 성질**   책임보험은 피보험자의 제 3 자에 대한 배상책임으로 인하여 피보험자가 받게 될 재산상의 손해를 보험자가 보상할 것을 목적으로 하는 손해보험의 일종이다. 그리하여 상법에서도 책임보험계약을 「손해보험」 중의 1 절로 규정하고 있다. 또한 책임보험은 피보험자의 전재산에 생기는 손해를 보상하는 것이므로 물건보험이 아니고 **재산보험**이다. 그리고 간접손해를 보상하는 것이므로 **소극보험**이다.

(5) **책임보험계약의 요소**

1) **보험의 목적**   책임보험은 일반손해보험의 경우와 같이 보험의 목적이 특정한 물건($^{건물\,\cdot\,운송}_{물\,\cdot\,선박\,등}$)이 아니라 피보험자의 **전재산**이다. 그리하여 피보험자가 제 3 자의 청구에 대한 방어를 위하여 지출한 방어비용($^{재판상\,또는\,재판}_{외의\,필요비용}$)은 피보험자가 배상책임을 지지 않는 경우에도 보험의 목적에 포함된 것으로 한다($^{상\,720}_{I\,전단}$). 더욱이 피보험자는 보험자에 대하여 그 비용의 선급을 청구할 수 있다($^{상\,720}_{II\,후단}$). 또한 영업책임보험의 경우에 피보험자의 대리인 또는 사업감독자의 제 3 자에 대한 책임도 보험의 목적에 포함한다($^{상}_{721}$).

2) **피보험이익**   (가) 책임보험에 있어서의 피보험이익은 피보험자의 전재산에 관하여 재산의 감소를 가져오는 사고가 발생하지 않는 경우에 피보험자가 갖는 경제적 이익이라고 할 수 있다. 또한 피보험자의 재산의 현상유지에 관한 이익이라는 설[$^{최(법)}_{506\prime}$]과, 피보험자가 책임을 보험자에게 돌려 경제적 손해를 벗어날 수 있는 이익이라는 설도 있다[$^{梁(승)\prime}_{310}$]. 그러므로 책임보험의 경우에도 피보험이익의 관념을 인정할 수 있다고 본다. 물론 책임보험의 경우에도 보험료의 산출을 위하여 보상책임의 한도액으로서 보험금액은 정하게 되지만 보험가액이 존재하지 않기 때문에 초과보험·중복보험·일부보험 등의 문제가 생기지 아니한다. 바로 이러한 측면을 중시하여 피보험이익을 책임보험계약의

요소로 논할 필요가 없다고 보는 견해도 있다[孫(주),635]. 그러나 피보험자의 책임의 한도액이 분명한 물건보관자의 책임보험의 경우(상725)나 원보험자의 책임과 같이 피보험자의 책임의 최고한도액을 알 수 있는 재보험의 경우는 예외라고 할 것이다[동;徐(돈),424].

(나) 책임보험에 있어서도 수개의 보험계약이 있을 때에는 중복보험에 준하여 처리하여야 한다. 상법 제725조의 2에서는 「피보험자가 동일한 사고로 제3자에게 배상책임을 짐으로써 입은 손해를 보상하는 수개의 책임보험계약이 동시 또는 순차로 체결된 경우에 그 보험금액의 총액이 피보험자의 제3자에 대한 손해배상액을 초과하는 때에는 제672조와 제673조의 규정을 준용한다」고 규정하고 있다.

3) 보험사고

(가) 총   설   책임보험의 경우에 보험사고는 보험자의 보험금지급책임을 발생케 하는 우연한 사고를 말한다. 일반 손해보험의 경우, 예컨대 화재보험의 경우에는 화재의 발생이라는 명확한 사실이 보험사고가 되므로 문제가 없으나, 책임보험의 경우는 피해자의 손해가 피보험자의 손해에 직접 결합되지 않는 특수성이 있기 때문에 무엇을 보험사고로 할 것인가에 대하여는 학설이 대립하고 있다.

(나) 학   설   a) i) 손해사고설에 의하면 제3자가 손해를 받은 사고가 발생한 것을 보험사고라고 하며[鄭(희),454;徐(돈),425;梁(승),413], ii) 손해배상청구설에서는 피보험자가 제3자로부터 현실적으로 청구를 받은 경우를 보험사고로 보고[鄭(무),107], iii) 법률상 책임부담설에 의하면 사고로 인하여 피보험자에게 법률상의 책임이 발생하여 배상책임을 지게 된 것을 보험사고로 본다고 한다(孫(주),637). 이와 같이 견해가 대립되는 원인은 책임보험의 간접손해배상성과 상법의 규정이 일률적이지 않다는 데 있다.

b) i)의 손해사고설은 보험사고와 손해사고를 구별하지 않으며, 피보험자는 가해자이고 피해자에게 손해가 발생하더라도 가해자에게 청구하지 않으면 가해자의 의무는 어디까지나 잠재적인 데 그치고, 배상청구권이 시효에 의하여 소멸하면 책임재산에 대한 위협도 사라지므로 가해자는 재산상의 손해를 입지 않는다는 점에서 문제가 있다.

c) iii)의 법률상 책임부담설에 의하면 피보험자에게 법률상의 책임이 발생하지 않아도 청구에 대한 응소비용을 보상하며(상720), 책임이 발생하였더라도

현실적인 청구가 없는 한 위험은 구체화되지 않는다는 점, 상법 제722조에서 「배상의 청구를 받은 때」라고 규정한 점으로 보아 타당하지 않다.

　　d) ii)의 손해배상청구설이 타당하다고 본다. 이는 상법에서 피보험자가 제출한 방어비용의 부담에 관한 규정을 두고 있으며($_{720}^{상}$), 「제3자로부터 배상의 청구를 받은 때」에 피보험자는 사고통지의무가 있다는 점($_{722}^{상}$)에서도 옳다고 보며, 단순히 피보험자가 청구를 받은 것만을 요건으로 하므로 피해자에게도 유리한 것이다.

　　4) 피보험자의 손해배상책임　　　책임보험은 간접손해의 보상을 목적으로 하는 것이므로 피보험자의 제3자에 대한 배상책임이 그 중심요소가 된다. 배상책임에는 법률상의 책임, 즉 불법행위책임은 물론 계약에 의한 책임 등 모든 민사책임이 포함된다. 책임보험의 경우에 보험자는 피보험자의 제3자에 대한 모든 책임을 담보하는 것은 아니다. 즉 피보험자의 고의로 인하여 생긴 손해에 대하여는 면책된다고 본다[$_{(희),\ 456}^{동;\ 鄭}$].

　　5) 피해자인 제3자　　　책임보험은 피해자인 제3자의 존재가 전제로 되는데, 「제3자」란 피보험자 이외의 자를 말하며 피보험자의 동거가족은 포함되지 않는다. 그러나 피보험자와 보험계약자가 다른 경우에는 보험계약자도 포함된다고 본다. 그러나 피해자를 치료한 병원은 제3자에 해당되지 않는다[$_{94\ 가합\ 17036}^{서울民地\ 95.\ 4.\ 19,}$].

　　(6) 책임보험계약의 효과

　　1) 보험자의 보상의무　　　보험자는 피보험자가 보험기간중의 사고로 인하여 제3자에게 배상책임을 지는 경우에 이를 보상할 책임이 있다($_{719}^{상}$).

　　㈎ 손해보상의 범위　　　a) 보험자는 피보험자의 제3자에 대한 변제·승인·화해 또는 재판으로 인하여 확정된 채무($_{1.Ⅲ}^{상\ 723}$)를 비롯하여, 제3자의 청구를 방어하기 위하여 피보험자가 지출한 재판상 또는 재판 외의 필요비용도 부담하여야 한다($_{720\ Ⅰ}^{상}$). 또한 피보험자가 담보의 제공 또는 공탁으로 재판의 집행을 면할 수 있는 때는 보험자에 대하여 보험금액의 한도 내에서 그 담보의 제공 또는 공탁을 청구할 수 있다($_{720\ Ⅱ}^{상}$). 이러한 방어를 위하여 필요한 비용의 지출이나 담보의 제공 또는 공탁행위가 보험자의 지시에 의한 것인 때에는 그 금액에 손해액을 가산한 금액이 보험금액을 초과하는 때에도 보험자가 부담한다($_{720\ Ⅲ}^{상}$). 이러한 비용을 방어비용이라고도 하는데 이는 일반 손해보험계약에서 손해방지·경감비용($_{1\ 단}^{상\ 680}$)과 같은 것으로 본다[$_{352}^{梁(승)·}$].

그리하여 판례에는 「책임보험의 피보험자에 의하여 사고가 발생하였으나 그 법률상 책임 여부가 판명되지 아니하고 따라서 보험자의 보상책임 여부도 불투명한 상태에서 피보험자가 손해확대방지를 위한 긴급한 행위(피해자의 응급처치를 위한 치료비채무에 대한 연대보증행위)를 한 경우에도 상법 제680조 제 1 항에 의하여 그 지출한 비용을 보험자가 부담하는 것으로 해석함이 상당하다」고 한 것이 있다[大 93. 1. 12,\ 91 다 42777].

b) 영업책임보험의 경우에 보험자는 피보험자의 대리인 또는 사업감독자의 제 3 자에 대한 책임으로 인한 손해도 보상하여야 한다(상721\ 참조).

c) 피보험자가 동일한 사고로 제 3 자에게 배상책임을 짐으로써 입은 손해를 보상하는 수개의 책임보험계약이 동시 또는 순차로 체결된 경우에는 상법 제672조, 제672조의 2와 673조를 준용한다(상725의 2).

(내) 손해의 보상책임   보험자는 특별한 약정이 없으면 피보험자로부터 채무확정의 통지를 받은 날로부터 10 일 내에 보험금을 지급하여야 한다(상723 Ⅱ). 그러나 보험자는 피보험자가 책임질 사유로 인하여 생긴 손해에 대하여 제 3 자가 배상을 받기 전에는 보험금액의 전부 또는 일부를 직접 피보험자에게 지급할 수 없다(상724 Ⅰ). 이는 피해자를 보호하기 위한 정책적 규정이다.

2) 피보험자의 의무

(개) 통지의무   피보험자가 제 3 자로부터 배상의 청구를 받은 때에는 지체없이 보험자에게 통지를 발송하여야 한다(상722 Ⅰ). 또한 제 3 자에 대하여 변제·승인·화해·재판 등으로 채무가 확정된 때에도 이와 같다(상723). 이러한 통지를 함으로써 보험자는 손해에 대한 조치를 강구하고 보험금의 지급에 대비할 수 있게 된다. 그러므로 피보험자가 배상청구사실의 통지의무를 게을리하여 손해가 증가된 때에는 보험자는 그 증가된 손해를 보상할 책임이 없다. 다만, 피보험자가 보험사고발생의 통지를 발송한 경우에는 그러하지 아니하다 (상722 Ⅱ).

(내) 보험자에 대한 협의의무   피보험자는 손해방지·경감의무가 있으므로 제 3 자에 대한 변제·승인·화해 등에 의하여 채무를 확정함에는 보험자와 협의를 하여야 된다고 본다[동;鄭\ (희), 458]. 왜냐하면 피보험자가 피해자와 공모를 함으로써 보험자의 부담이 가중될 염려가 있기 때문이다. 그러나 피보험자가 보험자의 동의 없이 변제·승인·화해를 한 경우에는 보험자가 책임을 면한다는 합의가 있더라도 그 채무확정행위가 현저하게 부당한 것이 아니면 보험자는

보상할 책임을 면하지 못한다($_{723}^{\ \ \ 상}$ⅲ).

　3) 보험자와 제 3 자와의 관계

　　㈎ 제 3 자와 직접청구권　　　a) 책임보험제도는 원래 피보험자의 제 3 자에 대한 재산적 급여에 의한 손해의 보상을 목적으로 발생한 것이지만, 오늘날은 사회적으로 피해자의 보호라는 점이 중시되기 때문에 상법에서는 보험자에 대한 피해자의 직접청구를 가능하게 하였다. 즉 보험자는 피보험자가 책임을 질 사고로 인하여 생긴 손해에 대하여 제 3 자가 그 배상을 받기 전에는 보험금액의 전부 또는 일부를 피보험자에게 지급하지 못하고($_{724}^{\ \ \ 상}$Ⅰ), 제 3 자는 피보험자가 책임을 질 사고로 입은 손해에 대하여 보험금액의 한도 내에서 보험자에게 직접 보상을 청구할 수 있다($_{Ⅱ 본}^{상 724}$). 이 경우에 보험자는 피보험자가 그 사고에 관하여 가지는 항변으로써 제 3 자에게 대항할 수 있다($_{Ⅱ 단}^{상 724}$).

　　b) 이러한 피해자의 직접청구권의 법적 성질에 대하여, 판례는 보험자가 피보험자의 피해자에 대한 손해배상채무를 병존적으로 인수한 것으로서 피해자가 보험자에 대하여 가지는 **손해배상청구권**이라는 입장이다[$_{94\ 다\ 52911}^{大\ 95.\ 7.\ 25,}$].

[事例演習]

◇ 사 례 ◇

　갑은 A렌트카로부터 승용차를 대여받아 여관 후문에 세워 놓고 여관에서 친구들과 이야기를 나누다가 자기방에 가서 잠이 들었다. 그런데 갑은 위 차량의 열쇠를 자기방의 TV 위에 올려놓고 방문을 잠그지 않았다. 갑의 친구로서 다른 방에서 자던 을은 갑의 객실에 왔다가 차량열쇠를 발견하고 운전면허가 없으면서도 호기심으로 열쇠를 가져가 운전하다가 정을 치어 사망케 하였다. 정의 상속인은 승용차소유자인 A렌트카를 상대로 손해배상청구의 소를 제기하여 1995. 6. 30.에 승소판결을 얻었으나, A렌트카는 지급능력이 없어 사고차량에 관하여 자동차종합보험계약을 맺은 B보험회사를 상대로 1998. 1. 11.에 보험금지급을 청구하였다. 정의 상속인의 청구는 정당한가?[상세한 해설은 金星泰, 상사판례연구 Ⅱ(최기원 외), 180면 이하 참조]

[해설] 직접청구권의 성질을 어떻게 보느냐에 따라 시효기간이 달라진다. 직접청구권의 성질을 보험금청구권으로 이해하는 경우에는 상법 제662조가 적용되어 직접청구권은 2 년의 시효로 소멸하여, 본

사례의 경우에는 소멸시효가 완성하여 보험금지급을 청구하지 못한
다. 반면에 불법행위로 인한 손해배상청구권으로 이해하면 민법 제
766조에 따라 산정되므로 10년의 시효로 소멸하므로, 본 사례의 경
우에는 정의 상속인의 청구는 정당하다. 생각건대 직접청구권을 인
정하는 입법취지가 피해자에게 사고로 인한 피해에 대한 실질적인
구제에 있는 만큼 손해배상청구권으로 이해하는 것이 타당하다. 판
례도 그 법적 성질을 손해배상청구권으로 파악하고 있다.

(나) **보험자의 통지의무**　　　보험자가 제3자로부터 직접청구를 받은 때에
는 지체없이 피보험자에게 이를 통지하여야 한다($_{724\,Ⅲ}^{상}$).

(다) **피보험자의 협조의무**　　　제3자의 직접청구가 있는 경우에 피보험자
는 보험자의 요구가 있을 때에는 필요한 서류나 증거의 제출, 증언 또는 증인
의 출석에 협조하여야 한다($_{724\,Ⅳ}^{상}$).

(7) **보관자의 책임보험**　　　임차인 기타 타인의 물건을 보관하는 자가 그
지급할 손해배상을 위하여 그 물건을 보험에 붙인 경우에는 그 물건의 소유자
는 보험자에 대하여 직접 그 손해의 보상을 청구할 수 있다($_{725}^{상}$). 이 보험은 보
관자가 소유자에 대하여 부담하게 될 손해배상책임을 전가하기 위하여 체결하
는 책임보험이다. 이는 보관자의 자기를 위한 보험계약으로서, 소유자인 타인
을 위한 보험계약이 아니다. 상법은 보관자의 무자력 기타의 원인에 의하여 소
유자가 배상을 받지 못하게 될 것을 고려하여 소유자가 직접 보험자에 대하여
보상의 청구를 할 수 있도록 소유자의 직접청구권을 인정한 것이다.

[614] 제5 自動車保險

(1) 의　　　의　　　1) 자동차보험계약이란 피보험자가 자동차를 소유·사
용·관리하는 동안에 발생한 사고로 인하여 생긴 손해의 보상을 목적으로 하는
손해보험계약이다($_{2\,참조}^{상\,726의}$). 즉 피보험자의 자동차의 소유·사용·관리로 인하여
그 자동차에 생긴 물적 손해($_{보험}^{차량}$), 피보험자의 생명이나 신체에 생긴 인적
손해($_{고보험}^{자손사}$), 타인의 생명이나 신체에 대해 인적 손해를 입혀서 그 배상책임을
지게 됨으로써 생긴 손해($_{책임보험}^{대인배상}$), 타인의 재물에 대해 물적 손해를 입혀서 그
배상책임을 지게 됨으로써 생긴 손해($_{책임보험}^{대물배상}$) 등의 보상을 목적으로 하는 손해보

험이다.

2) 자동차보험에는 통상의 물건보험인 차량보험과 상해보험인 자손사고보험, 대물배상책임보험도 포함되지만 가장 중요한 지위를 차지하는 것은 대인배상책임보험이라고 할 수 있다. 그리고 자동차보험은 이처럼 물건보험·상해보험·책임보험 등 여러 성질의 보험으로 구성되어 있으므로 종합보험이라고 할 수 있다.

(2) 자동차대인배상책임보험   보험의 목적인 자동차의 소유·사용·관리중에 생긴 사고로 인하여 피보험자가 제 3 자의 사망 또는 상해에 대하여 지는 책임에 의한 손해를 보험자가 보상하는 것을 자동차대인배상책임보험이라고 한다. 자동차손해배상보험법(이하 자배법이라 한다)에 의한 자동차대인배상책임보험은 강제책임보험이고 보상책임의 한도에 제한이 있는 유한배상책임보험이다. 그러므로 강제책임보험만으로는 충분한 보험보호를 기대할 수 없게 된다. 그리하여 강제책임보험에 의하여 보상되지 않는 부분에 대한 보험보호를 위하여 대인배상임의책임보험이 보완적 기능을 담당하고 있다. 즉 자동차대인배상책임보험은 이원화되어 있다고 할 수 있다.

1) 강제책임보험

(개) 의   의   이는 자배법에 의하여 그 가입이 강제되는 책임보험이다. 즉 자동차의 등록 또는 사용신고를 한 자는 자동차의 운행으로 다른 사람이 사망하거나 부상할 경우에 피해자에게 일정한 금액의 지급책임을 지는 자동차손해배상책임보험(이하 자배책보험이라 한다)에 가입하여야 한다($자배법\atop5 I 본$). 자배법의 취지는 자동차사고가 생긴 경우에 민법의 일반원칙에 맡긴다면 과실책임주의에 따라 피해자는 가해자의 과실을 입증하여야만 손해배상을 받을 수 있게 되어, 자동차의 급증으로 인하여 날로 증가하는 피해자를 사실상 보호할 수 없게 될 것이므로 손해배상을 보장하는 제도를 확립함으로써 피해자를 보호하려는 데 있다($동법\atop1$). 그러므로 대인배상강제책임보험인 자배책보험은 피해자의 보호를 위한 사회보장적인 성격이 농후한 보험이라고 할 수 있다. 그러므로 보험자도 정당한 사유($자배법시\atop13$)가 없는 한 보험인수, 즉 자동차보유자($자배법\atop2(3)$)의 자배책보험에의 가입을 거절하지 못한다($자배법\atop21$).

(나) 보험자의 손해보상책임

a) 의   의   보험자는 자기를 위하여 자동차를 운행하는 자가 그 운행으로 인하여 다른 사람을 사망하게 하거나 부상하게 한 때에 그 손해배상책

임을 짐으로써 입은 손해에 대하여 일정한 금액의 한도 내에서 보상책임을 진다(자배법 3본 참조). 이 경우에 피보험자의 책임은 무과실책임이다.

b) 보상책임의 요건

aa) 자동차를 운행하는 자 이 경우에 자동차란 자동차관리법의 적용을 받는 자동차와 중기관리법의 적용을 받는 중기 중에서 대통령령이 정하는 중기를 말한다(자배법 2(1);동법시 2). 운행이란 사람 또는 물건의 운송 여부에 관계 없이 자동차를 당해 장치의 용법에 따라 사용하는 것을 말한다(자배법 2(2)). 자배법 제3조의 운행으로 인한 손해배상책임이란 자동차의 운행중에 사고가 발생한 경우에 생긴 것뿐만 아니라, 자동차가 잠시 정차중에 생긴 사고라도 그 발생이 자동차의 운행과 상당인과관계가 있는 때에는 손해배상책임에 포함한다[大 91.7.9,91 다 14291].

bb) 피보험자의 범위 자배책보험에서의 피보험자는 자동차의 보유자와 운전자이다(자종약 4). 「보유자」란 자동차의 소유자 또는 자동차를 사용할 권리가 있는 자로서 자기를 위하여 자동차를 운행하는 자를 말하고(자배법 2(3)), 「운전자」란 다른 사람을 위하여 자동차의 운전 또는 운전의 보조에 종사하는 자를 말한다(동법 조(4)동). 이 경우에 운전자에는 무단운전자도 포함된다고 할 것이다 [大 79.7.24, 79 다 817;大 83.6.14, 82 다카 1831].

cc) 타인의 범위 자배법 제3조에서 「다른 사람」(이하 타인이라고 한다)이란 일반적으로 당해 자동차(피보험자동차)의 보유자와 운전자를 제외한 그 이외의 자를 말한다. 즉 타인이란 피보험자 이외의 자이다. 운전자는 자기가 직접 운전을 하지 않았다고 하여 타인이 되는 것은 아니다.

dd) 보상책임의 범위 피보험자가 자동차의 운행과 상당인과관계가 있는 사고로 타인을 사망 또는 부상하게 함으로써 그 타인에게 배상책임을 지는 경우에 보험자는 보상책임을 진다. 즉 보험자는 자동차의 운행과 상당인과관계가 있는 사고로 인하여 발생한 피보험자의 배상책임을 보상한다. 그러므로 자동차의 운행중에 지진이나 부실공사를 원인으로 다리가 붕괴되어 사망하거나 부상한 타인(피해자)에 대하여는 보험자는 보상책임을 지지 않는다.

ee) 면책사유 보험자는 보험계약자, 피보험자 또는 자동차에 관계되는 피용자의 고의로 인한 손해에 대하여는 보상책임을 지지 않는다(자종약 3 Ⅰ). 그러나 피보험자의 중대한 과실로 인하여 발생한 사고, 무면허운전이나 음주운전중에 생긴 사고에 대하여는 보험금을 지급한다. 보험계약자 등의 고의로 인하여 손해가 생긴 경우라도 보험자가 자배법 제12조의 규정에 따라 피해자에게 손해배상액을 지급한 때에는 피보험자에게 그 금액의 지급을 청구할 수 있다($\frac{동약관}{동조~II}$). 즉 보험계약사 등의 고의로 인하어 손해가 발생한 때에는 보험자는 면책되나, 피해자의 구제를 위하여 피해자가 직접청구를 할 경우 자배책보험의 보험금의 한도 내에서 손해배상액을 지급하고, 피보험자에게 그 금액을 구상하는 것이다. 이는 피보험자에 대한 구상으로서 보험자의 대위가 아니다.

　　　　ff) 보험금의 지급　　　　보험자는 피보험자가 피해자에게 손해를 배상하고 보험금의 지급을 청구한 때에는 보험금의 전부 또는 일부를 지급하여야 한다($\frac{상}{724~I}$). 그리고 피해자는 피보험자가 책임질 사유로 입은 손해에 대하여 보험금액의 한도 내에서 보험자에게 직접 보상을 청구할 수 있다($\frac{동조}{II~본}$). 또한 피해자는 보험자에 대하여 손해배상금의 지급을 위한 **가불금**의 지급을 청구할 수 있고($\frac{자배법}{10~I}$), 소정의 청구가 있는 때에는 보험자는 지체없이 가불금을 지급하여야 한다($\frac{동법}{동조~II}$). 이러한 가불금의 규정은 손해의 조사나 손해배상액의 확정에 시간이 걸리는 경우 피해자의 신속한 구제를 위해서 두게 된 것이다. 피보험자의 보험금액청구권과 피해자의 직접청구권 및 가불금지급청구권은 2년간 행사하지 않으면 시효로 인하여 소멸한다($\frac{상~662;}{자배법~33}$).

　2) 무보험자동차의 피해자보호

　　(개) 서　　　설　　　　자배책보험은 자동차보유자의 자동차의 운행으로 인하여 손해를 입은 피해자를 보호하는 보험이지만, 예컨대 뺑소니차량과 같이 보유자를 알 수 없는 자동차 또는 무보험자동차의 운행으로 인하여 사망 또는 부상한 자는 보험보호를 받지 못한다. 이러한 피해자를 보호하기 위하여 정부가 그 손해를 보상하는 제도가 있는데 이를 자동차손해배상보장사업이라 한다($\frac{자배법}{26~이하}$). 이 사업에 관한 업무는 건설교통부장관이 관장한다($\frac{자배법}{26~IV}$).

　　(나) **보험기금**　　　정부가 보유자불명의 자동차 또는 무보험자동차의 피해자에게 지급하는 보상금의 기금은 보험사업자와 특수한 자동차보유자($\frac{자배법}{29~II}$)의 분담금에 의하여 조성된다($\frac{자배법}{29}$).

　　(다) **보상범위**　　　정부는 자배책보험금의 한도 안에서 피해자의 손해를 보상한다($\frac{자배법~26}{I~내지~III}$). 자동차손해배상보장사업은 아무런 배상도 받을 수 없는 피해자를 보호하기 위한 제도라고 할 수 있으므로, 피해자가 국가배상법·산업재해보상보험법 기타 법률에 의하여 손해에 대한 배상 또는 보상을 받는 경우는 그 금액의 범위 안에서 정부는 보상책임을 면한다($\frac{자배법}{28~I}$). 그리고 피해자가 자

배법 제 3 조의 규정에 의한 손해배상책임이 있는 자로부터 손해에 대하여 배상을 받은 때에는 정부는 그가 배상받는 금액의 범위 내에서 보상책임을 면한다($\frac{동조}{II}$).

3) 임의책임보험

㈎ 의   의   대인배상책임보험은 앞서 본 강제책임보험인 자배책보험 외에 추가하여 임의로 자동차종합보험계약에 의하여 보험계약을 체결할 수 있는데 이를 임의책임보험이라고 한다. 강제책임보험인 자배책보험은 유한배상보험이어서 손해배상액의 전부를 보상하지 못하므로, 보상되지 않는 부분에 대한 보험보호를 위한 보험이 임의책임보험이다. 즉 대인배상책임보험은 이원화되고 있다.

㈏ 피보험자의 범위   자동차는 특정인이 사용하는 경우도 있으나 보통 가족 또는 종업원 등 다수인이 사용하는 경우가 많은데, 이러한 경우에 다수인의 배상책임이 보험의 대상에 포함되지 않는다면 피해자뿐만 아니라 피보험자의 보호를 기대할 수 없게 된다. 그리하여 임의책임보험에서는 자동차보험제도의 실효성을 높이기 위하여 피보험자의 범위를 확대하고 있다. 즉 약관에 의하면 기명피보험자($\frac{보험증권에 기}{재된 피보험자}$), 그의 동거친족, 그의 승낙을 받은 자동차사용자, 그의 사용자, 그리고 이들을 위한 운전자 등이 피보험자로 된다($\frac{자종약}{11}$).

㈐ 피해자의 범위   a) 임의책임보험에 있어서의 특징은 기명피보험자와 운전자의 가족, 그리고 기명피보험자가 법인인 경우에는 이사·감사와 그의 가족은 피해자의 범위에서 제외된다는 것이다. 왜냐하면 이들은 피보험자인 가해자에 대하여 손해배상을 청구할 수 있는 지위에 있다고 할 수 없고 피해자로서의 타인성이 희박하기 때문이다. 그리하여 이들이 사망하거나 부상한 때에는 보험자는 보상책임을 지지 않는다($\frac{자종약 10 II}{(1)\sim(3) 참조}$).

b) 타인성은 뚜렷하지만 근로기준법에 의한 재해보상을 받을 수 있는 자 등은 피해자에서 제외된다($\frac{동약관 동조}{동항 (4)\cdot(5)}$). 그리고 근로기준법상의 업무상재해라도 산업재해보상보험법에 의하여 보상을 받을 수 없는 경우까지 면책사유에 해당하는 것은 아니다. 즉 근로기준법에 의하여 재해보상을 받을 수 있는 경우에만 보험자는 면책된다고 할 것이다. 이는 판례의 일관된 입장이다[大 91.5.14, 91 다 6634; 大 93.6.8, 93 다 5192; 大 94.3.11, 93 다 58622; 大 95.2.10, 94 다 4424; 大 95.11.24, 95 다 39540].

㈑ 면책사유   자동차보험도 손해보험의 일종이므로 손해보험의 일반

에 관한 법정면책사유가 있는 경우와 기타 약관에서 정한 면책사유($^{자종약}_{I \cdot II}{}^{10}_{(4)}$)가 있는 경우에는 보험자는 보상책임을 지지 않는다.

㈐ **보험자의 보상책임**   a) 임의책임보험의 경우에 보험자는 피보험자가 자동차의 사고로 타인을 사망하게 하였거나 부상하게 하여 법률상 손해배상책임을 짐으로써 입은 손해에 대하여 보상책임을 진다($^{자종약}_9$). 이 경우에 손해배상액의 범위는 민법의 일반원칙에 의하여 정하여진다. 또한 보험자는 손해배상액뿐만 아니라 각종의 비용($^{동약관}_{14}$)도 보상한다. 그러나 보험자는 피보험자가 피해자에 대하여 부담한 손해배상액과 보험계약자 또는 피보험자가 지출한 비용의 합계액 전액을 보상하는 것이 아니라 자배책보험으로 지급되는 금액을 초과하는 금액만을 보상한다($^{동약관}_{15\,I}$). 자배책보험에 가입하지 않은 경우도 같다($^{大\ 93.1.12,}_{91\ 다\ 42777}$).

b) 피보험자와 피해자의 보험금청구권의 행사는 판결의 확정, 재판상의 화해, 중재 또는 서면에 의한 합의로 손해액이 확정되었을 때에 행사할 수 있다($^{동약관}_{17\,I}$). 그리고 판결의 확정 등에 시간이 걸리는 경우에는 가지급보험금의 지급을 청구할 수 있다($^{동약관}_{18}$).

⑶ **자동차대물배상책임보험**   피보험자가 자동차의 사고로 타인의 재물을 멸실, 훼손 또는 오손(汚損)하여 그 타인($^{피해}_{자}$)에게 생긴 직접손해에 대하여 법률상 손해배상책임을 짐으로써 입은 손해를 보험자가 보상하는 책임보험이다($^{자종약}_{II\ 참조}{}^{9}$). 피보험자의 범위는 임의대인배상책임보험의 경우와 같으며($^{자종약}_{11}$) 면책사유도 동일한 내용을 담고 있다($^{동약관}_{10\,I}$).

⑷ **차량보험**

1) **의   의**   이는 충돌·접촉·추락·전복·도난 기타 유사한 사고로 피보험자의 자동차에 생긴 직접손해를 보험자가 보상하는 보험이다($^{자종약}_{26}$). 이는 **책임보험**이 아니라 통상의 **물건보험**이다. 그리하여 보험가액이 존재하므로 일부보험·초과보험·중복보험의 문제가 생긴다.

㈎ **보험의 목적**   차량보험의 경우에 보험의 목적인 피보험자동차($^{보험}_{증권}$ $^{에\ 기재된}_{자동차}$)는 자동차의 본체뿐만 아니라 그 부속품과 기계장치를 포함한다($^{자종약}_{26}$). 이 경우에 부속품과 부속기계장치라 하는 것은 자동차에 통상 붙어 있거나 장치되어 있는 것과 그 밖에 보험증권에 기재한 것을 포함한다.

㈏ **피보험자**   차량보험에 있어서는 피보험자동차의 소유 또는 사용·수익이 보험보호의 대상이 되기 때문에, 피보험이익의 주체인 피보험자는 피

보험자동차의 소유자 또는 용익권자를 말한다고 할 수 있다. 그런데 약관에 의하면 차량손해에서 피보험자는 보험증권에 기재된 피보험자 즉 기명피보험자라고 규정하고 있다($_{28}^{자종약}$).

(다) 보험가액   차량보험에 있어서 중요한 문제는 보험가액을 정하는 것이다. 왜냐하면 보험자가 보상하는 손해액은 보험가액을 기준으로 결정되기 때문이다($_{29\,I}^{자종약}$). 그런데 약관에 의하면 보험가액이란 한국손해보험요율산정회가 정한 차량기준가액표에 따라 보험계약을 체결한 때에는 사고발생 당시의 동 산정회가 정한 최근의 차량기준가액을 말한다.

2) 보험자의 보상책임

(가) 보험사고   보험자는 충돌 등 기타 유사한 사고로 인하여 자동차에 생긴 직접손해를 보상한다($_{26\,참조}^{자종약}$). 즉 우연한 사고에 의하여 생긴 손해이면 사고발생의 원인이 어떠한가 하는 것은 묻지 않고 보상한다. 즉 차량보험의 경우에는 포괄위험(all risks)담보방식을 택하고 있는 것이다. 그러므로 차량보험의 경우에 피보험자는 우연한 사고로 인하여 자동차에 손해가 생긴 것을 입증하면 되고 그 손해가 생긴 사유를 구체적으로 입증할 필요는 없는 것이다.

(나) 면책사유   차량보험의 보험자는 소정의 면책사유($_{27}^{자종약}$)로 인하여 생긴 손해에 대하여는 보상책임을 지지 않는다.

(다) 보험금의 지급   피보험자는 사고가 발생한 때에 보험자에 대하여 보험금의 지급을 청구할 수 있다. 그러나 자동차를 도난당한 경우에는 도난사실을 경찰관서에 신고한 후 30일이 지난 때에 그 지급을 청구할 수 있다($_{32\,I}^{자종약}$). 이 경우에 보험자는 소정의 서류를 받은 때에는 지체없이 필요한 조사를 마치고 곧 보험금을 지급하여야 한다($_{동조\,Ⅲ}^{자종약}$).

(5) 자손사고보험   이는 피보험자가 자동차의 사고로 상해를 입은 경우에 보험자가 일정한 보험금을 지급하는 보험이다($_{20}^{자종약}$). 인보험의 일종으로서 상해보험이다. 자손사고보험에서는 임의대인·대물배상책임보험의 피보험자($_{11}^{동약관}$)를 포함하고 그 이외에 그 피보험자의 가족이나 근로기준법에 의한 재해보상을 받을 수 있는 그 피보험자의 피용자까지도 피보험자로서 포함하고 있다($_{22\,I}^{동약관}$). 즉 자손사고보험의 피보험자는 임의배상책임보험의 피보험자보다 확대되어 있다. 자손사고보험에서 특이한 점은, 피보험자의 무면허운전뿐만 아니라 음주운전까지도 보험자의 면책사유로 하고 있다는 점이다($_{21\,I\,(3)}^{동약관}$).

(6) 보험계약의 승계   피보험자가 보험기간중에 자동차를 양도한 때

에는 양수인은 보험자의 승낙을 얻은 경우에 한하여 보험계약으로 인하여 생긴 권리와 의무를 승계한다($\substack{상 726의 \\ 4 1}$). 보험자가 양수인으로부터 자동차의 양수 사실을 통지받은 날로부터 10일 이내에 낙부의 통지가 없을 때에는 승낙한 것으로 본다($\substack{동조 \\ II}$). 자동차보험의 보험료산출은 운전자에 따라 달라지므로 자동차의 양도로 보험계약이 당연히 양수인에게 승계된다고 할 수 없고, 보험자의 승낙을 얻은 경우에만 승계될 수 있게 한 것이다. 즉 상법 제679조 1항은 보험목적의 양도에 대해 보험계약의 승계를 「추정」함으로써 보험자의 특별한 의사표시를 요구하고 있지 않으나, 제726조의 4는 이와는 달리 보험자의 승낙을 요구하고 있다.

[615]　제 6　再 保 險

　(1) 재보험계약의 의의　　재보험계약이란 보험자가 인수한 보험계약상의 책임의 전부 또는 일부를 다른 보험자에게 인수시키는 보험계약을 말한다. 이 경우에 최초의 보험을 **원보험**(原保險) 또는 **주보험**(主保險)이라 한다. 이러한 재보험을 통하여 원보험자는 자기가 인수한 위험을 수직적으로 분산시킴으로써 보험사업의 합리화를 도모할 수 있게 된다. 또한 재보험제도에 의하여 위험이 분산되므로 단독으로는 곤란한 거대위험에 대한 보험의 개발이 촉진될 수 있다. 재보험은 손해보험계약의 경우뿐만 아니라 **생명보험계약**에서도 가능하다. 재보험의 종류로는 개개의 원보험계약을 개별적으로 재보험에 붙이는 **특별재보험**과, 일정한 기간 내의 원보험자가 인수한 위험을 대상으로 하는 일반재보험이 있다. 일반재보험은 **포괄적 재보험**이라고도 한다.

　(2) 법적 성질　　재보험은 경제적인 성질에서 보아 재보험계약의 당사자간에는 위험의 분산과 이익의 획득이라는 공동목적을 갖는 점에서 조합이라는 견해가 있으나, 재보험계약의 경우에 조합에 관한 규정을 적용할 수 없으며, 각 보험자의 공유재산의 관념이 존재하지 않으므로 타당하지 못하다. 재보험계약은 손해보험계약에 속하며 재보험자는 재피보험자의 원보험계약($\substack{손해보험 \\ 약관 또 \\ 는 일부 \\ 협계약}$)에 의한 급여책임을 메워주기 위한 보험이므로 **책임보험의 일종**이라는 것이 **통설**이다. 그리하여 상법에서도 책임보험에 관한 규정을 재보험계약에 적용하고 있다($\substack{상 \\ 726}$).

　(3) 재보험계약의 법률관계　　재보험계약에 의한 법률관계에 관하여는

일반적 규정은 없지만, 재보험계약은 손해보험의 일종인 책임보험계약에 속하므로 책임보험에 관한 규정과 손해보험의 일반규정이 적용된다.

　　1) 당사자간의 관계　　　재보험자에 대한 재보험금의 **청구시기**에 대하여는 원보험자가 의무를 이행하여 보험금을 지급한 때라고 하는 견해가 있는데, 그 근거는 원보험자가 보험금을 지급하지 않는 한 재보험계약의 피보험자인 원보험자에게는 손해가 발생하지 않기 때문이라고 한다$\left[\begin{smallmatrix}崔(법),\\510\end{smallmatrix}\right]$. 그러나 청구시기는 원보험의 보험사고의 발생에 의하여 그 피보험자에게 보험금 지급의무를 지는 때에 재보험금을 청구할 수 있다고 보는 것이 타당하다$\left[\begin{smallmatrix}동: 徐\\(돈),\\431; 孫(주), 651;\\梁(승), 376\end{smallmatrix}\right]$.

　　2) 원보험과 재보험과의 관계　　　재보험은 법률상으로 별개의 독립된 계약이다. 그러므로 원보험자는 원보험료의 지급이 없다는 것을 이유로 재보험료의 지급을 거절할 수 없으며, 재보험료의 지급이 없는 경우에 재보험자는 직접 원보험계약자에 대하여 지급을 청구하지 못한다. 또한 원보험의 피보험자는 원보험자의 채무불이행을 이유로 직접 재보험자에게 보험금을 청구하지 못한다. 이 경우에 원보험의 피보험자 등은 원보험자의 재보험자에 대한 청구권을 압류하거나 대위행사($\begin{smallmatrix}민\\404\end{smallmatrix}$) 또는 전부명령을 받을 수 있을 뿐이다. 대위행사를 하는 경우에 재보험자는 원보험자에 대한 항변으로 청구자에게 대항할 수 있다. 또한 원보험의 피보험자가 제 3 자에 대하여 갖는 손해배상청구권 등은 보험자대위에 의하여 원보험자에게 이전되며, 다시 재보험금을 지급한 한도 내에서 재보험자에게 이전한다.

[616]　제 7　保證保險

　　(1) 의　　　의　　　보증보험이란 **계약상**의 채무불이행 또는 **법률상**의 의무불이행으로 인한 손해를 보상할 것을 목적으로 한 신종보험의 일종이다. 이는 보험업법($\begin{smallmatrix}5\\1\end{smallmatrix}$)에 기한 보험이라고 할 수 있었다. 종래의 상법에는 보증보험에 관한 규정이 없었다. 2007년의 상법개정안에서는 보증보험에 관한 규정을 신설하여 상법상의 법적 근거가 마련되어 법적 안정을 기할 수 있게 되었다.

　　(2) **경제적 기능**　　　보증보험은 채권자에게는 담보적 기능을 하고 채무자에게는 신용의 보완적 기능을 한다. 물론 이러한 기능은 보증인을 세운다거나 보증금제도에 의하여도 기대할 수 있는 것이다. 그러나 보증인은 보증채무

이행의 능력이 있어야 할 것이며, 보증금제도는 계약상의 채무를 이행하지 않는 경우에는 납입금액을 채권자가 몰수하는 제도로서 채무자는 계약금액의 일정한 비율에 따라 보증금을 납입하여야 하지만, 이는 채무자의 부담을 가중시키고 또한 보증금의 조달을 위한 비용은 결국 계약금액에 계상되어 채무자가 부담하게 되므로 채무자·채권자 모두에게 불리한 결과가 초래된다. 그리하여 채무불이행의 경우에 그로 인한 손해의 보상이 확실하게 이루어질 수 있는 새로운 제도로서 보증보험제도가 생긴 것이라고 할 수 있다.

(3) 법적 성질

1) 손해보험성   보증보험은 일정한 계약상의 채무불이행으로 인하여 생긴 채권자의 손해를 보상하는 것을 목적으로 한다. 그런데 **보증보험계약이 일반적인 손해보험계약에 속하는가** 하는 문제에 대하여는 부정설과 긍정설이 있다.

(가) **부정설**에 의하면 첫째로 손해보험계약의 경우 보험사고는 우연성을 요건으로 하는 데 비하여 보증보험계약에 있어서는 보험계약자의 행위는 반드시 우연한 것이라고 볼 수 없으며(보험계약자의 고의에 의한 사고도 보험사고로 인정되고 있다), 둘째로 손해보험계약의 경우는 보험계약자 등의 고의 또는 중대한 과실로 인하여 보험사고가 발생한 때에는 보험자는 면책이 되는데($_{659}^{상}$ I), 보증보험계약의 경우에도 보험계약자의 고의나 중대한 과실이 보험자의 면책사유가 된다면 보증보험은 그 존재이유를 상실하게 될 것이므로, 보증보험의 경우는 **보험계약자의 고의 또는 중과실로** 인하여 손해가 생긴 경우에도 보험자가 책임을 지는데$\left[{大\atop 95} {97.1.24,\atop 다 12613}\right]$, 이는 보증보험의 손해보험성을 의심케 한다고 한다.

(나) **긍정설**에 의하면 위의 첫째 이유에 대하여는 고의에 의한 사고라도 계약성립시에 그 발생이 불확정하다면 보험사고로서의 우연성이 인정될 수 있는 것이다. 그리고 위의 둘째 이유에 대하여는 보험계약자 등의 고의 또는 중과실에 의한 손해의 보상을 인정하는 약관의 유효성은 보험자가 지는 보상책임이 구체적으로 신의칙 또는 사회질서에 반하는가의 여부에 따라 좌우된다고 하면서, 보증보험의 경우는 고의 또는 중과실로 인한 사고발생의 경우에 보험자의 보상책임을 인정하더라도 그것은 신의칙 또는 사회질서에 반하지 않기 때문에 그 약관은 유효하다는 이유로 보증보험의 손해보험성은 인정된다고 한다. 그 때문에 보험업법의 근거규정은 주의적 규정에 불과하다는 것이다$\left[{梁(승)\atop 366}\text{·}\right]$.

(다) **생각건대 보증보험의 경우도 우연성이 인정되고 또한 약관의 유효성도**

경제의 발전에 따라 단순한 고의 또는 중과실이나 과실 등의 엄격한 구별에 의하여 판단할 것이 아니라 경제적인 수요를 고려하여 신의칙 또는 사회질서에 반하는지의 여부에 따라 판단되어야 한다는 점에서 **긍정설**이 타당하다 〔동: 梁 (승), 366〕.

2) **보 증 성**　　　(개) 보증보험제도의 연혁에서 볼 때 이는 외국의 본드(Bond)제도를 도입하여 보험화한 것이고 이러한 본드제도는 민법상의 보증과 유사한 것이므로 보증보험의 보증성을 부정할 수는 없다고 할 것이다〔鄭敬永,「보증보험의 법적 구성」, 1985, 63~64〕. 또한 보증보험도 실질적으로는 채권담보적 기능을 하고 있다는 점에서 보증성이 인정된다. 그러므로 보증보험에 관한 약관의 규정이 분명하지 않거나 불충분할 때에는 보충적으로 그 성질이 상반되지 않는 한 보증채무에 관한 민법의 규정을 준용한다(상726 의7).

(내) **보증보험**은 **책임보험**과 유사하지만 전자는 보험계약자가 보험기간중의 사고로 인하여 피보험자에게 부담하는 책임을 담보하기 위한 것이며 보험계약자와 피보험자가 다르다는 점에서「타인을 위한 **보험**」이고, 후자는 피보험자가 보험기간중의 사고로 인하여 제 3 자(他人)에게 부담하는 책임을 담보하기 위한 것이며 원칙적으로 보험계약자가 피보험자인「자기를 위한 **보험**」인 점에서 다르다.

(4) **종　　류**　　　보증보험은 피보험이익인 채권이나 채무 또는 권리의무의 발생원인을 기준으로 하여 여러 가지로 분류할 수 있다. 보험업법에서는 명시적으로「계약에 의한 채무」,「법령에 의한 의무」로 구분하고 있는데 전자에는 각종의 이행보증보험 또는 할부판매보증보험·지급계약보증보험·사채보증보험 등이 있고, 후자에는 납세보증보험·인허가보증보험 등이 있다. 그 중에서도 신원보증보험은 피보증인이 피보험자를 위하여 사무를 처리함에 있어서 또는 그 지위를 이용하여 보험기간중에 도난·강도·사기·횡령·배임행위로 인하여 피보험자가 입은 재산상의 손해를 보상하는 것을 목적으로 하는 보험이다.

(5) **보증보험계약의 법률관계**

1) **계약관계자**　　　보증보험은 타인을 위한 보험계약의 형식으로 이용되므로 보증보험계약의 당사자로는 보험자, 보험계약자 및 피보험자가 존재하게 되고 보험계약자와 피보험자는 항상 구별된다.

2) **보증보험계약의 효력**　　　(개) 보증보험계약의 효력은 우선 약관에 의해서 정해진다고 할 수 있으나, 약관에 규정이 없는 사항에 대하여는 보증보험

의 법적 성질을 손해보험계약의 일종으로 보는 한 상법 중 보험편의 통칙에 관한 규정과 손해보험에 관한 규정이 적용된다고 할 것이다. 그리하여 보증보험계약의 보험자는 보험계약자가 피보험자에게 계약상의 채무불이행 또는 법령상의 의무불이행으로 인하여 입힌 손해를 보상할 책임이 있다($^{상726}_{의5}$). 그리고 보험사고가 전쟁 기타의 변란으로 생긴 경우 보험자가 면책되는 규정($^{상}_{660}$) 등 손해보험에 관한 규정이 적용된다.

(나) 그러나 보증보험의 특수성으로 인하여 보증보험계약에 대하여는 상법 제639조 제 2 항 단서를 적용하지 아니한다($^{상726의}_{6 1}$). 그리고 보험계약자의 사기, 고의 또는 중대한 과실이 있는 경우에도 이에 대한 피보험자의 귀책사유가 없으면 상법 제651조, 제652조, 제653조, 제655조의 2, 제659조 제 1 항과 제672조의 2를 적용하지 아니한다($^{동조}_{II}$).

3) 보험자의 대위와 구상권　　　(개) 보증보험의 경우에도 상법 제682조의 보험자대위의 규정을 적용할 수 있는가가 문제된다. 보증보험의 경우에는 보험사고가 보험계약자에 의하여 발생되는데 보험계약자는 계약의 당사자로서 상법 제682조에서 말하는 제 3 자에 포함되지 않는다는 이유로 동법 동조에 의한 **보험자대위**를 부인하는 견해가 있다($^{梁(승),}_{374~375}$). 다만 이 견해는 동법 동조에 의한 보험자대위는 부인하지만, 민법 제441조에 의한 보험자의 보험계약자에 대한 구상권은 인정하고 있다.

그러나 보증보험계약도 타인을 위한 계약의 형식으로 이루어지고 「타인을 위한 **보험계약**」의 경우에 보험계약자는 「자기를 위한 보험계약」의 경우의 보험계약자와는 다르고, 보험자대위의 입법취지가 보험사고로 인하여 이중의 이득을 보는 것을 방지하고 보험사고에 대하여 책임을 지는 자가 책임을 면할 수 없도록 하는 데 있다는 점에서 보아도, 「타인을 위한 보험계약」인 보증보험의 경우에 보험계약자도 상법 제682조의 제 3 자에 포함된다고 할 것이다[$^{동:鄭}_{敬永, 전게논문,}_{102~103}$].

4) 보증보험계약의 해지　　　보증보험의 경우에도 보험계약자 등이 그 의무($^{상}_{651~653}$)를 위반한 때에는 보험자는 계약을 해지할 수 있다. 또한 보험계약자도 일반원칙에 따라 보험사고의 발생 전에는 언제든지 계약의 전부 또는 일부를 해지할 수 있다($^{상}_{649 1}$). 그러나 보증보험의 경우는 계약의 채권담보적인 기능에서 보아 주계약상의 채권·채무가 소멸되지 않는 한 보험계약자는 피보험자의 동의 없이는 임의로 계약을 해지할 수 없다고 보는 것이 타당하다[$^{梁(승)·}_{276}$].

제 4 장 人保險

제 1 절 總 說

(1) 인보험의 의의　　인보험계약은 보험자가 사람의 생명 또는 신체에 관하여 보험사고가 생길 경우에, 계약에서 정한 바에 따라 보험금액 기타의 급여를 할 책임을 지는 보험계약이다. 이와 같이 인보험계약은 보험사고가 사람에 관하여 생긴 것이라는 점에서 손해보험계약과 다르다. 인보험계약에는 생명보험계약과 상해보험계약이 있는데, 전자는 보험사고가 발생함을 조건으로 손해액과 관계 없이 일정한 금액을 지급하는 정액보험이고, 후자는 정액보험일 수도 있고 상해의 정도에 따라 보상하는 손해보상계약이 될 수도 있다.

(2) 인보험증권　　인보험증권에는 보험증권일반에 관한 사항($\frac{\text{상}}{666}$) 이외에 i) 보험계약의 종류, ii) 피보험자의 주소·성명 및 생년월일, iii) 보험수익자를 정한 때에는 그 주소·성명 및 생년월일 등을 기재하여야 한다($\frac{\text{상}}{728}$).

(3) 보험자대위의 금지　　1) 보험자는 보험사고로 인하여 생긴 보험계약자 또는 보험수익자의 제 3 자에 대한 권리를 대위하여 행사하지 못한다($\frac{\text{상}}{729\text{본}}$). 즉 손해보험의 경우($\frac{\text{상}}{682}$)와 달리 인보험에 있어서는 보험의 목적의 멸실($\frac{\text{상}}{681}$)이란 것이 존재할 수 없으므로 보험자대위($\frac{\text{잔존물}}{\text{대위}}$)란 있을 수 없다.

2) 상해보험계약의 경우에는 당사자간에 다른 약정이 있는 때에는 보험자는 피보험자의 권리를 해하지 아니하는 범위 안에서 그 권리를 대위하여 행사할 수 있다($\frac{\text{상}}{729\text{단}}$). 이는 상해보험계약의 손해보험계약성을 반영한 결과라고 할 수 있다. 즉 상해보험의 경우에 보험자가 의료비와 약품대를 지급하는 것은 손해보험의 손해보상계약성과 같은 성질이라고 할 수 있으므로 인보험이라고 하여 보험자의 대위권을 부정할 이유는 없기 때문이다.

제 2 절　生命保險

[617] 제 1 總　　說

(1) 생명보험계약의 의의　　생명보험계약이란 당사자의 일방인 보험자가 상대방 또는 제 3 자의 생사에 관하여 일정한 금액을 지급할 것을 약정하고, 이에 대하여 상대방이 보수($\frac{보험}{료}$)를 지급할 것을 약정하는 보험계약이다($\frac{상}{730}$). 생명보험계약은 사람의 생명에 관한 보험으로서 **인보험**이며 **정액보험**이란 점이 손해보험계약과 다르다. 그러므로 생명보험계약에 있어서는 보험가액과 보험금액의 관계에서 야기되는 초과보험·중복보험·일부보험의 문제가 생기지 않는다. 그리고 생사 이외의 사고에 대하여는 별도로 손해보험과 의료보험이 있다.

(2) 생명보험계약의 특수성

1) 보험계약의 관계자　　(가) 생명보험계약의 당사자는 보험자와 보험계약자이다. 그리고 그 사람의 생사가 보험사고로 되어 있는 자연인을 피보험자라 하고 보험사고가 발생한 때에 보험금의 지급을 받을 자를 보험수익자라 한다. 손해보험의 경우에 피보험자는 피보험이익의 주체로서 보험사고의 발행시에 보험금의 지급을 받을 자를 말하지만, 생명보험의 경우에 피보험자는 손해보험에 있어서의 보험의 목적에 해당한다. 즉 계약에 의하여 지정된 보험사고($\frac{생}{사}$)의 대상인 자를 말한다. 그러므로 생명보험의 경우에 피보험자는 자연인에 한하며 법인은 피보험자가 될 수 없다.

(나) 보험계약자와 피보험자가 **동일인**인 때를 **자기의 생명보험**이라 하고, 보험계약자가 타인을 피보험자로 한 경우를 타인의 생명보험이라고 한다. 또한 보험계약자와 보험수익자가 **동일인**인 때를 **자기를 위한 생명보험**이라 하고 다른 경우는 **타인을 위한 생명보험**이라 한다. 그리고 피보험자와 보험수익자는 동일인이 아니라도 된다. 또한 생명보험계약관계자에는 보험모집인과 보험의도 중요한 지위를 차지한다($\frac{상\ 500,}{502\ 참조}$).

2) 보험사고　　생명보험계약의 경우에 보험자의 보험금지급의무를 발생시키는 보험사고는 피보험자의 생존과 사망이다. 그러므로 상해와 질병을 보험사고로 하는 것은 생명보험계약이라고 할 수 없다. 생명보험계약의 경우

도 보험사고는 우연한 것이어야 하고 계약의 체결시에 불확정한 것이어야 한다$\left[\begin{smallmatrix} 大\ 91.6.25, \\ 90\ 다\ 12373 \end{smallmatrix}\right]$.

　　3) 피보험이익　　생명보험계약에 있어서는 손해보험의 경우와 같이 피보험이익의 유무는 계약의 성립과 효력에 영향을 미치지 않는다. 왜냐하면 보험사고가 발생한 경우에 손해의 정도를 미리 예측할 수 없고 또한 사후적으로도 객관적인 평가를 위한 기준을 정한다는 것이 곤란하기 때문이다. 그러므로 생명보험의 경우는 피보험자와 보험수익자를 정하고 보험금액을 당사자간의 의사에 의하여 정하도록 하고 있을 뿐이다. 그 결과 생존보험의 경우는 악용의 소지가 적으나, 사망보험의 경우에는 보험금이 납입한 보험료에 비하여 거액이므로 도박의 대상이 되고 피보험자가 고의적으로 살해되는 도덕적 위험성이 우려된다. 그리하여 상법에서는 보험계약자나 보험수익자의 고의 또는 피보험자의 자살로 인하여 보험사고가 발생하였을 때에는 보험자는 면책된다($\begin{smallmatrix}상\ 732의\\2\ I\end{smallmatrix}$). 그러나 수인의 보험수익자 중 일부의 자가 고의로 피보험자를 사망하게 한 때에는 보험자는 다른 보험수익자에 대한 책임을 면하지 못한다($\begin{smallmatrix}상\ 732의\\2\ II\end{smallmatrix}$).

　　4) 중과실 사고에 대한 보험자의 불면책　　보험사고가 보험계약자 또는 피보험자나 보험수익자의 고의 또는 중과실로 인하여 생긴 때에는 보험자가 면책되는 것이 원리이다($\begin{smallmatrix}상\\659\ I\end{smallmatrix}$). 그러나 이에 대한 예외로서 피보험자의 사망을 보험사고로 한 보험계약($\begin{smallmatrix}사망보험계약·\\혼합보험계약\end{smallmatrix}$)에서는 사고가 보험계약자 등의 중과실로 인하여 생긴 때에도 보험자는 면책되지 않는다($\begin{smallmatrix}상\\732의\ 2\end{smallmatrix}$). 이는 피보험자의 사망시 유족 등의 보험수익자를 보호하기 위한 정책적 고려에서 나온 것이다.

　　5) 다른 생명보험계약의 고지의무　　상법개정안(2007)에 의하면 보험자는 보험계약 당시에 보험계약자 또는 피보험자에게 피보험자의 사망을 보험사고로 하는 다른 생명보험계약의 보험자와 보험금의 고지를 요구할 수 있다($\begin{smallmatrix}상\ 732의\\3\ I\end{smallmatrix}$). 그러나 보험계약자나 피보험자가 고의 또는 중대한 과실로 그 고지를 하지 아니하거나 부실하게 하고, 보험자가 계약 당시에 그 사실을 알았더라면 계약을 체결하지 않았으리라고 인정되는 때에는, 보험자는 그 사실을 안 날부터 1월 내에, 계약을 체결한 날부터 3년 내에 한하여 계약을 해지할 수 있다. 그러나 보험자가 계약당시에 그 사실을 알았거나 중대한 과실로 인하여 알지 못한 때에는 그러하지 아니하다($\begin{smallmatrix}동조\\II\end{smallmatrix}$).

　　6) 보험금청구권의 압류금지　　직계존비속 또는 배우자가 사망함으로써 보험수익자가 취득하는 사망보험청구권의 2분의 1에 해당하는 금액에 대

하여는 압류할 수 없다($_2^{상}{}^{734의}_1$). 보험수익자가 사망보험금청구권을 취득하는 보험계약이 수 개인 경우에는 계약별로 적용한다($^{동조}_{\mathbb{I}}$).

(3) 생명보험계약의 종류

1) 보험사고에 의한 분류

(가) 사망보험   피보험자의 사망을 보험사고로 한 보험으로서, 여기에는 일정한 기간을 정하여 그 기간 내의 사망을 보험사고로 하는 정기사망보험과, 기간의 정함이 없이 피보험자의 사망을 보험사고로 하는 종신보험이 있다.

(나) 생존보험   피보험자의 일정한 시기($^{연}_{령}$)까지의 생존을 보험사고로 하는 보험으로서 퇴직보험·혼자(婚資)보험 등이 있다.

(다) 생사혼합보험($^{양로}_{보험}$)   이는 일정한 만기를 정하여 피보험자의 만기전의 사망과 그 만기시의 생존 양자를 보험사고로 하는 보험으로서 양로보험($_{735}^{상}$)을 말한다.

2) 보험금액의 지급방법에 의한 분류

(가) 자금보험   이는 보험사고가 발생한 경우에 보험금액의 전부를 일시에 지급하는 보험이다. 특약이 없는 한 이것이 보통이다. 일시금보험이라고도 한다.

(나) 연금보험   이는 보험금을 연금방식으로 지급하는 보험이다($_{735의 2}^{상}$). 일반적으로 피보험자가 일정시기에 생존해 있을 것을 전제로 생존중의 일정기간에 보험자가 매년 일정한 금액을 지급한다. 이를 정기연금보험이라 하며, 종신까지 지급하는 것을 종신연금보험이라 한다.

3) 피보험자의 수에 의한 분류

(가) 단생보험   이는 1인의 피보험자의 생사를 보험사고로 한 보험이다.

(나) 연생보험   이는 부부·형제·동업자 등 복수인을 피보험자로 하고 그 중에 1인이 사망한 경우에 생존한 자가 보험금의 지급을 받는 보험이다.

(다) 단체보험   이는 단체에 속하는 다수인을 일괄하여 피보험자로 하는 것이다. 단체보험계약은 그 단체의 대표자가 보험계약자로서 그 단체의 구성원의 전부 또는 일부를 피보험자로 하여 체결하므로 타인의 생명보험이 된다. 그러나 이 경우에는 단체계약체결의 원활을 위하여 사망보험($^{혼합보험}_{포함}$)에 드는 경우이더라도 피보험자들의 동의를 요하지 않으며($_{의 3 \ \mathbb{I}}^{상 \ 735}$), 보험증권은 보험계약자($^{단체대}_{표자}$)에게만 교부한다($_{의 3 \ \mathbb{I}}^{상 \ 735}$).

4) 신체검사의 유무에 의한 분류   보험계약을 체결함에 있어서 피보험

자의 신체검사를 하여야 하는 경우를 유진사보험(有診査保險)이라 하고, 신체검사를 하지 않는 경우를 무진사보험(無診査保險)이라고 한다. 생명보험의 경우에 보험사고는 사람의 생사이고 사람의 건강상태는 제각기 다르므로 피보험자에 대한 위험의 측정을 위하여 원칙적으로 신체검사를 필요로 한다. 다만 보험가액이 낮은 수준인 생명보험의 경우는 무진사보험에 의하여 운영되고 있다.

[618] 제 2 他人의 生命保險

I. 의   의

생명보험계약의 경우에 보험계약자가 타인을 피보험자로 한 것을 타인의 생명보험계약이라 한다. 이러한 계약을 아무런 제한 없이 인정하게 되면 악용될 가능성이 크다. 즉 보험금을 취득할 목적으로 피보험자의 생명을 고의로 위험하게 하는 범죄가 발생할 가능성이 있고 보험이 투기의 대상이 될 염려가 있다. 그리하여 각국은 이를 제한하고 있는데 우리 나라는 피보험자의 동의를 얻도록 하고 있다($^{동의}_{주의}$).

2. 피보험자의 동의

(1) 동의가 필요한 경우   타인의 생명보험계약에 있어서는 다음과 같은 경우에 피보험자의 동의를 요한다.

1) 타인의 사망이 보험사고인 계약   이 경우는 피보험자의 동의를 요한다($^{상}_{731\ I}$). 즉 피보험자의 동의는 타인의 생명보험 중에서 생존보험을 제외한 사망보험과 생사혼합보험의 경우에 있어야 한다. 그러나 예외적으로 단체가 규약에 따라 그 구성원의 전부 또는 일부를 피보험자로 하는 생명보험계약을 체결하는 경우에는 상법 제731조를 적용하지 않는다($^{상}_{의 3\ I}^{735}$). 즉 개별적인 피보험자의 서면에 의한 동의 없이 보험계약을 체결할 수 있게 되었다. 이 경우 보험증권은 보험계약자에게만 교부한다($^{동조}_{Ⅱ}$). 단체보험계약의 경우 보험계약자가 피보험자가 아닌 자를 보험수익자로 지정하는 때에는 단체의 규약에 명시적인 정함이 없는 한 그 피보험자의 서면에 의한 동의를 얻어야 한다($^{동조}_{Ⅲ}$).

2) 권리의 양도   피보험자의 동의로 일단 성립된 보험계약상의 권리를 보험수익자가 피보험자 이외의 자에게 양도하는 때는 **피보험자의 동의를**

요한다($_{731\ II}^{\ 상}$). 이 경우에 동의는 물론 보험사고의 발생 전에 양도하는 때에만 필요하며 보험사고가 발생한 다음에는 동의를 할 수 없을 뿐만 아니라 보험금 청구권은 금전채권으로서 그 양도에는 폐해가 야기될 염려가 없으므로 동의를 필요로 하지 않는다.

　　3) 보험수익자의 지정·변경　　보험계약자가 계약을 체결한 후에 보험 수익자를 지정 또는 변경할 때에도 **피보험자의 동의**가 있어야 한다($_{734\ II}^{\ 상}$). 그러나 지정 또는 변경으로 인하여 피보험자가 보험수익자가 되는 때에는 동의 가 필요 없다.

　　⑵ **동의의 성질**　　피보험자의 동의는 보험계약 또는 양도계약의 성립 요건이 아니고 동의가 있을 때까지 그 효력이 생기지 않는 효력발생요건이므 로 본래는 계약성립의 전후를 불문하고 할 수 있다. 즉 보험계약은 성립되었더 라도 동의가 없으면 그 효력이 생기지 않고[$^{大\ 92.11.24,\ 91\ 다\ 47109;}_{大\ 96.11.22,\ 96\ 다\ 37084}$], 단독으로 동 의만을 하더라도 법률상으로는 아무런 효력이 생기지 않으므로 타인의 생명보 험계약은 양자를 갖추어야 그 효력이 생기는 것이다. 그러나 상법은 계약당사 자 사이의 법률관계를 사전에 확실하게 하고자 계약체결시에 동의를 얻도록 규정하고 있다($_{731\ I}^{\ 상}$). 따라서 타인의 **사망보험**($^{혼합보험}_{포함}$)**계약**을 체결하는 경우에 는 그 타인의 동의는 **계약성립**시까지 할 수 있다. 동의에 관한 상법의 규정은 강행규정이므로 계약에 의하여 동의를 배제하지 못한다[$^{동:\ 徐(돈),\ 443;\ 孫}_{(주),\ 668;\ 朴(원),\ 218}$].

　　⑶ **동의의 방식**　　동의는 상대방 있는 일방적 의사표시로서 서면으로 하여야 한다($_{731\ I}^{\ 상}$). 즉 상법은 동의의 중요성을 감안하고 동의를 둘러싼 분쟁 을 방지하고자 동의는 서면에 의하도록 하였다. 동의는 보험계약에 따라 계약 체결시에 개별적으로 하여야 한다.

　　⑷ **동의의 철회**　　동의의 철회는 계약의 성립 전에만 가능하며 동의에 의하여 계약의 효력이 생긴 때에는 보험계약자·보험수익자의 동의가 있어야 철회할 수 있다[$^{동:\ 鄭(희),\ 481;}_{孫(주),\ 669}$].

　　　판례는 「상법 제731조 제 1 항이 타인의 사망을 보험사고로 하는 보험계약의 체결시 그 타인의 서면동의를 얻도록 규정한 것은 동의의 시기와 방식을 명확히 함 으로써 분쟁의 소지를 없애려는 데 취지가 있으므로, 피보험자인 타인의 동의는 각 보험계약에 대하여 개별적으로 서면에 의하여 이루어져야 하고 포괄적인 동의 또 는 묵시적이거나 추정적 동의만으로는 부족하다」고 하면서 「상법 제731조 제 1 항 에 의하면 타인의 생명보험에서 피보험자가 서면으로 동의의 의사표시를 하여야 하는 시점은 '보험계약 체결시까지'이고, 이는 강행규정으로서 이에 위반한 보험계약은 무효이므로, 타인의 생명보험계약 성립 당시 피보험자의 서면동의가 없다면 그 보험계약은 확정적으로 무효가 되고, 피보험자가 이미 무효가 된 보험계약을 추인하였다고 하더라도 그 보험계약이 유효로 될 수는 없다」고 하고, 이는「피보험자의 서면동의 없이 체결된 타인의 사망을 보험사고로 하는 생명보험계약의 보험자가 수년간 보험료를 수령하거나 종전에 그 생명보험계약에 따라 입원급여금을 지급한 경우에도 위 생명보험계약의 무효를 주장하는 것이 신의성실의 원칙 등에 위반하지 않는다」고 하였다$\left[\begin{smallmatrix} 大 2006. 9. 22, \\ 2004 다 56677 \end{smallmatrix}\right]$.

3. 계약의 금지

15세 미만자, 심신상실자 또는 심신박약자의 사망을 보험사고로 한 보험계약은 동의의 유무와 관계 없이 **무효이다**($^{상}_{732}$). 이들을 피보험자로 하는 사망보험계약($^{혼합보험계}_{약 포함}$)은 보험수익자가 누구인가를 불문하고 무효이다. 정신능력이 완전치 못한 이들을 보호하기 위한 것이나. 그러나 심신박약자가 보험계약을 체결하거나 상법 제731조에 의한 서면동의를 할 때에 의사능력이 있는 경우에는 그러하지 아니하다($^{동조}_{단}$).

［事例演習］

◇ 사　례 ◇

A는 甲생명보험회사의 보험모집인 乙을 통해 남편 B를 주피보험자, 그리고 자신을 종피보험자 겸 보험수익자로 하는 보험에 가입하였다. 보험계약을 체결할 당시 보험모집인 乙은 A에게 보험의 종류와 내용을 설명해 주고 A의 선택에 따라 보험계약을 체결하기로 약정한 후, 乙이 회사로 돌아와서 스스로 보험계약청약서를 작성하면서 피보험자의 자필서명란에 위 B의 서명을 현출시켰다. 또 보험계약자 A는 남편 B를 주피보험자로 하는 보험에 가입하면서 보험금지급사유에 영향을 미치는 중요한 사항에 대해 이를 회사에 알리지 아니하였다. 한편 이건 계약에 적용되는 보험약관은 청약서 소정의 질문란에 피보험자의 자필서명이 없고 모집인이 청약서를 임의기재한 경우 보험자는 고지위반을 이유로 하는 계약해지권을 행사할 수 없음을 정하고 있다.

보험기간 내에 피보험자가 사망하자 보험수익자는 보험금의 지급을 청구하였는데, 甲생명보험회사는 계약체결 당시 피보험자의 서면에 의한 동의가 없으므로 이 보험계약은 전면 무효라고 주장한다. 이에 대해 A는 상법 제731조 1항의 규정은 오로지 「피해자」 또는 「타인」을 보호하기 위한 규정이지 보험자를 위한 규정이 아니므로 보험자 甲이 이 사건 보험계약이 유효함을 전제로 보험료를 징수하고서도 보험사고가 발생한 이후에야 비로소 피보험자의 서면동의가 없었다는 사유를 내세워 보험계약의 무효를 주장하는 것은 신의성실의 원칙에 위배되는 반사회적인 주장이거나 금반언의 원칙에 위배되는 행위로 있을 수 없는 처사라고 주장하여 서로 다툰다. 위 사망보험계약은 유효한가?〔상세한 해설은 鄭浩烈, 상법사례연습(최기원 외), 632면 이하 참조〕

해 설 타인의 사망보험에서 피보험자의 서면동의를 요구하는 상법 제731조는 강행법규로서, 그 취지상 피보험자의 서면동의가 없는 타인의 사망보험계약은 처음부터 당연히 무효가 되고 이 무효는 누구나 또 언제든지 주장할 수 있다고 본다. 대법원판례〔大 96. 12. 22, 96 다 37084 판결〕도 타인의 사망보험에 피보험자의 동의를 필요로 하는 취지를 「도박보험의 위험성과 피보험자 살해의 위험성 외에도 피해자의 동의를 얻지 아니하고 타인의 사망을 이른바 사행계약상의 조건으로 삼는 데서 오는 공서양속 침해의 위험성을 배제하기 위한 점도 포함되어 있다」고 본 후, 이어 상법 제731조 1항을 위반하여 계약을 체결한 자 스스로가 무효를 주장함이 신의성실의 원칙 또는 금반언의 원칙에 위배되는 권리행사라고 풀이하는 것은 상법 제731조의 입법취지를 몰각시키는 것으로 판단하고 있다. 따라서 보험자는 보험금지급의무를 부담하지 않는다.

[619] 제3 他人을 위한 生命保險

Ⅰ. 총   설

(1) 의   의   보험계약에 의하여 보험사고가 발생한 경우에 보험금의 지급을 받을 보험수익자가 보험계약자 이외의 자로 정해진 경우를 타인을 위한 보험계약이라 한다. 즉 생명보험의 경우에는 피보험이익이란 개념이 없기 때문에, 손해보험의 경우와 달리 보험계약자가 아닌 자를 보험수익자로 하는 것을 인정하고 있다($733^{\text{상}}_{1}$). 즉 보험계약자가 자기의 자녀나 처 등을 보험수익자로 하는 경우가 그 예이다.

(2) 성   질   이에 관하여는 1140면 이하 참조.

(3) 유   형   타인을 위한 생명보험에는 다음과 같은 유형이 있다. i) 전형적인 경우로서 보험계약자와 피보험자가 같고 보험수익자만이 다른 경우, ii) 피보험자와 보험수익자가 같고 보험계약자가 다른 경우, iii) 보험계약자·피보험자·보험수익자가 각기 다른 경우가 이에 해당한다. 그리고 ii), iii)의 경우는 동시에 타인의 생명보험이기도 하다.

(4) 계약의 성립요건, 계약의 효과   이에 관하여는 1141면 이하 참조.

2. 보험수익자

(1) 의   의   생명보험계약에 있어서 보험사고가 발생한 경우에 보험금의 지급을 받을 자로 정해진 자를 보험수익자라 한다. 보험수익자는 자연인뿐만 아니라 법인도 될 수 있다.

(2) 보험수익자의 지정   타인을 위한 생명보험계약의 성립을 위하여는 보험계약자가 제3자를 보험수익자로 지정하여야 한다. 그 지정이 없는 때는 보험계약자를 보험수익자로 본다. 그 결과 보험계약자가 사망하면 보험금청구권은 보험계약자의 상속재산에 속하게 된다. 그러나 보험수익자의 지정을 상속인이라고 한 때는 특별한 사정이 존재하지 않는 한 피보험자의 상속인이 아니라 보험계약자의 상속인으로 본다. 그 결과 피보험자가 사망한 경우에 보험금청구권은 보험계약자의 상속인의 고유재산에 속한다. 보험수익자는 1인 또는 수인($\binom{\text{보험금액의 각 부분에 대한}}{\text{수익자를 지정하는 경우}}$)이라도 무방하며 보험수익자의 선택적 지정도 가능하다고 본다.

(3) 권리·의무   1) 타인을 위한 생명보험의 경우에 보험수익자는 보험계약에 의하여 당연히 수익의 의사표시가 없이도 보험금청구권을 취득한다($\frac{\text{상}\ 639\ \text{I}}{\text{후단}}$). 즉 보험수익자는 보험수익자로 지정된 때로부터 보험금청구권을 원시적으로 취득하고 이 청구권은 피보험자가 사망한 때에 구체화된다. 그러나 보험수익자는 계약의 당사자가 아니므로 기타 보험증권의 교부청구권, 계약해지권, 해지환급금청구권, 보험료의 감액 또는 반환청구권, 적립금반환청구권 등은 보험계약자가 행사한다.

2) 보험수익자가 동시에 보험계약자가 아닌 경우 보험수익자는 당연히 아무런 의무를 부담하지 않지만, 예외적으로 보험료지급의무자인 보험계약자가 파산선고를 받거나 보험료의 지급을 지체한 때에 한하여 보험수익자는 그 권리를 포기하지 않는 한 보험료의 지급의무를 진다($\frac{\text{상}}{639\ \text{Ⅲ}}$). 그리고 보험수익자는

피보험자가 사망한 때에 보험자에 대하여 통지할 의무가 있다($\frac{상}{657}$).

　　(4) 보험수익자의 지정·변경　　　생명보험계약은 그 성질상 장기에 걸치
게 되므로 계약의 존속중에 사정의 변경에 의하여 보험수익자를 새로이 지정
하거나 변경하여야 할 필요성이 생기고, 보험수익자의 지정·변경은 보험자의
이해관계에 특별한 영향을 미치지 않으므로, 상법은 보험계약자가 보험수익자
를 지정 또는 변경할 수 있는 권리를 인정하였다($\frac{상}{733}$). 이러한 보험계약자의 권
리는 일방적 의사표시에 의하여 법률관계의 변동을 생기게 하는 권리로서 **형
성권**의 일종이다. 그러므로 보험자나 신·구의 보험수익자의 동의가 없이도 그
효력이 생긴다.

　　1) 지정·변경권을 유보한 경우　　　㈎ 보험계약자가 보험수익자의 지정·
변경권을 유보한 때에는 보험수익자를 지정할 수 있을 뿐만 아니라 이미 보험
수익자가 지정된 경우에도 보험계약자는 보험자와 보험수익자의 동의가 없이
보험수익자를 변경할 수 있다. 그러므로 보험수익자로 지정된 자의 지위는 불
확정한 것이다. 즉 보험수익자의 권리는 보험계약자가 그 **변경권**을 행사함으
로써 언제든지 **소멸**될 수 있다. 보험계약자가 지정권을 행사하지 않고 사망한
때는 피보험자를 보험수익자로 하고, 변경권을 행사하지 않고 사망한 때는 보
험수익자의 권리가 확정된다($\frac{상 733}{II 본}$). 이것은 보험계약자의 의사를 존중함과 동
시에 피지정자의 지위를 안정시키기 위한 것으로서, 특약이 없는 한 보험계약
자의 **승계인**이 지정·변경권을 행사하지 못한다. 그러나 보험계약자가 사망한
경우에 승계인이 그 지정·변경권을 행사할 수 있다는 **약정**이 있는 때는 예외
이다($\frac{상 733}{II 단}$).

　　㈏ 이러한 특약을 인정하고 있는 이유는 지정·변경권이 반드시 보험계약
자의 전속적 권리라고 할 수 없을 뿐만 아니라, 보험계약자의 사망 이후 보험
료지급의무를 지는 승계인이 그 권리도 승계하는 것이 무리가 없기 때문이다.
그리고 보험계약자가 지정권을 행사하기 전에 보험사고($\substack{피보험자의 \\ 사망을 의미}$)가 생긴 경우
에는 피보험자의 상속인을 보험수익자로 한다($\frac{상}{733 \, IV}$).

　　2) 보험자에 대한 대항요건($\substack{지정·변경 \\ 의 통지}$)　　　㈎ 보험계약자가 계약체결 후에
보험수익자를 지정 또는 변경할 때에는 보험자에 대하여 통지를 하지 않으면
그로써 보험자에게 대항하지 못한다($\frac{상}{734 \, I}$). 그 이유는 보험자가 이중지급을 할
위험이 있기 때문이다.

　　㈏ 보험계약자는 **보험자** 이외의 자에 대하여는 지정·변경의 효력이 발생

함과 동시에 아무런 절차 없이 지정·변경으로써 대항할 수 있다. 그러므로 보험자에 대한 대항요건을 갖추지 않은 경우에도 변경된 수익자는 구수익자에 대하여 그 변경의 사실을 입증하여 그 반환을 청구할 수 있다.

3) 지정·변경권을 유보하지 않은 경우　　　　이 때는 보험수익자의 지위는 확정적이기 때문에 보험계약자는 보험수익자의 지정이나 변경을 하지 못한다. 그러나 피보험자와 보험수익자가 다른 경우에 **보험수익자가 보험존속중에 사망한 때에는 보험계약자는 다시 보험수익자를 지정할 수 있다.** 이 경우에 보험계약자가 지정권을 행사하지 아니하고 사망한 때는 보험수익자의 상속인을 보험수익자로 한다($_{733}^{상}$ⅲ). 그리고 보험수익자가 사망하고 보험계약자가 다시 보험수익자를 지정하기 전에 보험사고가 생긴 경우에도 보험수익자의 상속인을 보험수익자로 한다($_{733}^{상}$ⅳ).

［事例演習］

◇ 사　례 ◇

　　甲은 자신이 사망할 경우 5,000만원의 보험금을 그의 처인 乙에게 지급하기로 하는 내용의 생명보험계약을 A보험회사와 체결하였다. 그 후 甲의 집에 화재가 발생해서 乙이 사망하고, 그로부터 1시간이 지난 후에 甲도 사망하였다. 甲에게는 母인 丙이 생존해 있고, 乙에게는 母인 丁이 생존해 있다. 이 경우 A보험회사는 누구에게 얼마의 보험금을 지급해야 하는가?〔상세한 해설은 張敬煥, 상법사례연習(최기원 외), 709면 이하 참조〕

　[해 설]　상법 제733조 제 3 항이나 동조 제 4 항에서 규정한 새로운 보험수익자(즉, 사망한 보험수익자의 상속인)를 사망한 보험수익자의 지위를 상속에 의해서 승계취득한 자로 풀이한다면, 보험수익자의 상속인은 보험수익자의 사망시를 기준으로 정해야 할 것이다(보험수익자사망시설). 이 설에 의하면, 이 사례에서 보험수익자인 乙의 사망시에 乙의 상속인이 되는 甲과 丁이 공동상속인($_{1003}^{민\,1000\,Ⅰ\,(2)}$ⅰ)으로서 보험수익자가 된다. 그리고 보험금은 甲과 丁이 법정상속분의 비율이 3 대 2이므로($_{1009}^{민}$ⅱ), 각각 3천만원과 2천만원을 지급해야 할 것이다. 그러나 乙의 사망에 곧이은 甲의 사망으로 인해 甲의 지위는 丙에게 상속된다. 따라서 A보험회사는 丙과 丁에게 각각 3천만원과 2천만원의 보험금을 지급해야 한다.

　　　　이에 반해 상법 제733조 제 3 항이나 제 4 항에서 규정한 새로운

보험수익자를 이들 규정에 의해서 보험수익자의 지위를 원시취득한 자로 풀이한다면, 보험수익자의 상속인은 보험수익자의 사망시를 기준으로 정해야 할 것이 아니라 그 후의 보험계약자의 사망시나 보험사고의 발생시를 기준으로 정해야 할 것이다(보험계약자사망시설 또는 보험사고발생시설). 이 설에 의하면, 이 사례에서 보험계약자인 甲의 사망시(甲은 피보험자의 지위를 겸하고 있었으므로 이 시점은 동시에 보험사고의 발생시가 되기도 한다)에 보험수익자인 乙의 상속인이 되는 丁만이 단독상속인($_{1000}^{민}|_{(2)}$)으로서 새로운 보험수익자가 된다. 따라서 A보험회사는 丁에게 5천만원의 보험금을 지급해야 한다. 그리고 이 사례에서 문제가 되지는 않지만, 만일 甲의 사망시 수인이 乙의 상속인으로 되는 경우에는 그들의 법정상속분의 비율과는 상관없이 보험금을 균분해야 할 것이다.

생각건대, 보험수익자의 상속인이 보험수익자가 되는 것은, 보험계약자의 사망이나 보험사고의 발생으로 보험수익자의 재지정의 가능성이 소멸됨으로 인해 생겨난 보험수익자의 흠결을 보충하기 위해서 상법 제733조 제3항이나 동조 제4항이 보험수익자의 상속인을 보험수익자로 규정해 놓았기 때문이지, 보험수익자의 상속인이 보험수익자의 사망시에 그의 지위를 상속하기 때문이 아니다. 따라서 보험수익자로 되는 보험수익자의 상속인의 확정시점을 상속의 법리에 따라서 보험수익자의 사망시로 해야 하는 것은 아니고, 보험수익자의 재지정의 가능성이 소멸되는 보험계약자의 사망시나 보험사고의 발생시로 해야 할 것이다. 이러한 이유로 보험계약자사망시설이나 보험사고발생시설이 옳다.

[620] 제 4 生命保險契約의 效果

생명보험계약의 효과로서 보험자는 다음과 같은 의무를 지게 된다.

(1) 보험금지급의무   1) 보험자는 보험사고가 발생하면 약정한 보험금을 보험수익자에게 지급할 책임이 있다($_{730}^{상}$). 특히 사망보험의 경우는 사고의 발생 없이 보험기간이 종료한 때에도 보험금액을 지급할 것을 약정할 수 있다($_{735}^{상}$). 이러한 경우에는 원칙적으로 보험자는 보험금액을 지급할 이유가 없는 것이지만, 보험수익자의 이익을 보호하고 보험계약체결의 동기를 자극하기 위한 정책적 규정이라고 할 수 있다. 그러나 사망보험의 경우에 보험사고인

피보험자의 사망이 피보험자의 자살이나 보험수익자 또는 보험계약자의 고의로 인한 때, 전쟁 기타 변란으로 인한 때($\overset{상}{_{660}}$)는 보험자는 보험금을 지급할 책임이 없다.

　　판례는 「상법 제659조 제1항 및 제732조의 2의 입법 취지에 비추어 볼 때, 사망을 보험사고로 하는 보험계약에 있어서 자살을 보험자의 면책사유로 규정하고 있는 경우, 그 자살은 사망자가 자기의 생명을 끊는다는 것을 의식하고 그것을 목적으로 의도적으로 자기의 생명을 절단하여 사망의 결과를 발생케 한 행위를 의미하고, 피보험자가 정신질환 등으로 자유로운 의사결정을 할 수 없는 상태에서 사망의 결과를 발생케 한 경우까지 포함하는 것이라고 할 수 없을 뿐만 아니라, 그러한 경우 사망의 결과를 발생케 한 직접적인 원인행위가 외래의 요인에 의한 것이라면 그 보험사고는 피보험자의 고의에 의하지 않은 우발적인 사고로서 재해에 해당한다」고 하면서 「부부싸움 중 극도의 흥분되고 불안한 정신적 공황상태에서 베란다 밖으로 몸을 던져 사망한 경우, 위 사고는 자유로운 의사결정이 제한된 상태에서 망인이 추락함으로써 사망의 결과가 발생하게 된 우발적인 사고로서 보험약관상 보험자의 면책사유인 '고의로 자신을 해친 경우'에 해당하지 않는다」고 하였다$\left[\overset{大}{\underset{\substack{3.10,\,2005 \\ 다\,49713}}{2006.}}\right]$.

　2) **사망보험**의 경우에는 사고가 보험계약자 또는 피보험자나 보험수익자의 **중대한 과실**로 인하여 생긴 경우에도 보험자는 보험금액을 지급할 책임을 면하지 못한다. 이는 사망보험의 경우에 유족 등의 보험수익자를 보호하기 위한 인도적 차원의 정책적 규정이다. 즉 사망보험의 경우는 중과실의 여부에 대한 입증이 곤란하므로 보험수익자의 이익을 위하여 고의로 인한 보험사고만을 보험자의 면책사유로 한 것이다.

　3) 약관에서는 보험자의 책임개시시로부터 일정기간($\overset{2}{_{년}}$)이 경과한 후에는 피보험자가 **자살**한 경우에도 보험자의 책임을 인정하고 있다($\overset{생보약}{_{8\,I\,(1)}}$). 생명보험계약의 보험자는 피보험자의 생명에 관한 보험사고가 생긴 때에 약정에 따라 보험금액을 연금으로 분할하여 지급할 수 있다($\overset{상}{_{727\,II}}$).

　(2) **적립금반환의무**　　　1) 보험자가 보험금액의 지급책임을 면할 때는 보험수익자를 위하여 적립한 금액을 보험계약자에게 반환하여야 한다($\overset{상}{_{736}}$). 적립금을 반환하여야 되는 경우는 다음과 같다. i) 사고발생 전의 보험계약자에 의한 임의해지($\overset{상}{_{649}}$), ii) 보험료부지급으로 인한 계약해지($\overset{상}{_{650\,II}}$), iii) 고지의무위반으로 인한 계약해지($\overset{상}{_{651}}$), iv) 위험의 변경·증가로 인한 보험자의 계약해지($\overset{상}{_{652\,I}}$), v) 보험계약자 등의 고의·중과실로 인한 위험증가의 경우에 보험자의 계약해

지($^{상}_{653}$), vi) 보험자의 파산선고로 인한 보험계약자의 계약해지($^{상}_{654}$), vii) 보험자가 면책되는 경우 등이다($^{상}_1$ $^{676}_{본}$).

2) 생명보험에 있어서 사람의 사망률은 시간이 흐름에 따라 증가하므로 이에 비례하여 보험료도 인상되어야 할 것이다. 그러나 실제에 있어서는 보험기간을 분할하여 매년 일정한 평균보험료를 징수하기 때문에 보험료 중에는 후년도의 위험에 대비하기 위한 여분이 포함되는데, 이 여분을 적립한 것을 **보험료적립금**이라 하고 이것은 미경과보험료와 함께 생명보험에 있어서 **책임준비금**으로 적립하여야 한다. 그런데 이 책임준비금 중에서 특정의 피보험자를 위하여 적립한 금액을 반환하지 않는다면 보험자가 부당이득을 하는 결과가 되므로 상법은 이를 반환하게 한 것이다. 그러나 보험사고가 보험계약자의 고의 또는 중과실로 인하여 발생하여 보험자가 보험금액의 지급책임을 면할 경우는 다른 약정이 없는 한 보험료적립금의 반환의무도 없다($^{상}_{736 단}$). 보험자의 반환의무는 2년의 시효에 의하여 소멸한다($^{상}_{662}$).

(3) **해지환급금반환의무**   생명보험의 경우에도 보험사고의 발생 전에는 언제든지 계약을 해지할 수 있는데, 약관에 의하면 이 경우에 보험수익자를 위하여 적립한 책임준비금 중에 일정한 비용을 공제한 금액을 보험계약자에게 반환한다는 것을 정하고 있다. 이 때에 반환되는 금액을 해약반환금·해약가액·반환가액이라 하고, 그 반환을 목적으로 하는 계약의 해제를 「보험계약의 환매」라고 한다.

(4) **보험증권대부의무**   약관에 의하면 보험계약자는 보험증권을 담보로 보험자에 대하여 **해약반환금**의 범위 내에서 **대부**를 청구할 수 있다는 규정을 두고 있으므로, 보험자는 보험계약자에 대하여 대부의무를 진다($^{양지약관}_{15}$). 대부 이후에 보험자가 보험금액 또는 해약반환금을 지급하는 경우에는 대부금과 이자를 공제하고 지급하게 되는 것이다. 이 보험증권대부의 법적 성질에 대하여는 해약반환금의 일부선급이라는 설$\left[^{鄭(희),}_{485}\right]$ 또는 특수한 소비대차라는 설$\left[^{孫(주),}_{674}\right]$ 등이 있다. 그러나 **상계**의 방법으로 변제하는 **소비대차**라고 이해하는 것이 타당하다$\left[^{동: 梁(승), 409;}_{朴(원), 227}\right]$.

(5) **이익배당의무**   생명보험의 경우에 약관으로 보험자가 영업상의 이익을 보험계약자에게 배당한다는 규정을 두는 때가 있는데, 이 경우에 보험자는 이익의 배당의무를 진다. 이는 경제적 실질에 있어서 보험료의 인하를 의미한다고 할 수 있다.

[621] 제 5 生命保險契約의 復活

(1) 의 의　　　보험계약이 일정한 사유에 의하여 실효된 경우에 종래의 계약이 실효되지 않은 것과 같은 효과를 생기게 하는 것을 보험계약의 **부활**이라고 한다. 계속보험료의 지급해태로 생명보험계약이 해지되고 해지환급금이 지급되지 않은 경우에 보험계약자는 일정한 기간 내의 **연체보험료**에 약정이자를 붙여 보험자에게 지급하고 그 **계약의 부활**을 청구할 수 있다 ($_{650의 2}^{상}$).

(2) 효 용　　　보험계약이 실효된 경우에 다시 보험계약자가 새로운 보험계약을 청약하여야 한다면 이는 번잡하고 불리한 결과가 생길 수 있다. 왜냐하면 예컨대 보험료는 피보험자의 연령에 따라서 차이가 있고 종래의 계약을 소멸시키고 해지환급금의 지급을 받고 또 새로운 계약을 체결함으로써 종래보다 고율의 보험료를 지급하여야 된다면 보험계약자에게 불리하고 경우에 따라서는 연령제한으로 인하여 계약을 체결할 수 없는 경우도 생긴다. 그리하여 보험계약자뿐만 아니라 보험자에게도 불리한 결과가 된다. 그리하여 상법에서는 보험계약의 부활을 청구할 수 있다는 규정을 둔 것이다.

(3) 부활의 성질　　　이에 대하여는 실효된 구계약의 회복을 위한 **특수한 계약**이라고 하는 것이 **통설**이다. 즉 계속보험료의 지급해태로 인한 보험계약의 실효는 해제조건부로 생긴 것으로 유효한 부활계약의 성립에 의하여 종래의 계약이 효력을 상실한 바가 없었던 것과 같이 되는 것이다.

(4) 부활의 절차　　　1) 보험계약의 부활도 보험계약자의 청약과 보험자의 승낙에 의하여 부활계약이 성립한다. 상법에 의하면 부활계약의 청약을 하려면 계속보험료의 지급해태로 보험계약이 해지된 후 해지환급금이 지급되지 아니한 경우에 일정한 기간 내에 연체보험료에 약정이자를 붙여 보험자에게 지급을 하고 계약의 부활을 청구하여야 한다($_{650의 2}^{상}$).

2) 이러한 보험계약자의 청약에 대하여 보험자가 승낙함으로써 실효하였던 보험계약은 부활된다. 보험계약의 부활의 경우에도 **계약승낙의 의제**에 관한 상법 제638조의 2 의 규정을 준용한다($_{650의 2}^{상}$).

(5) 부활과 보험자의 책임　　　부활계약의 경우에도 원칙적으로 보험계약이 성립한 다음 소정의 보험료를 지급한 때로부터 보험자의 책임이 개시된다고 할 수 있다. 그러나 보험자가 보험계약자로부터 보험계약의 청약과 함께

보험료상당액의 전부 또는 일부를 받은 경우, 그리고 피보험자가 신체검사를 받은 경우에는 그 청약을 승낙하기 전에 보험사고가 생긴 때에도 그 청약을 거절할 사유가 없는 한 보험자는 보험계약상의 책임을 진다($\frac{\text{상}}{\text{의}} \frac{638}{2 \text{Ⅲ}}$).

(6) 부활의 효과　　부활계약이 성립되면 처음부터 보험계약은 실효된 바 없었던 것과 같은 효과가 생긴다. 그러므로 종래의 계약에 존재한 무효·실효·해지 등의 원인에 의한 하자는 보험계약의 부활 후에도 그대로 존속되고 또한 보험계약의 부활시에도 고지의무에 관한 규정이 준용되므로[$\frac{孫(주)}{560}$,], 부활 전의 고지의무위반에 관한 사항도 원칙적으로 계약의 부활 후에도 존속하지만 종래의 고지의무를 위반한 사항에 대하여 부활시에 정확한 고지를 하였을 때에는 부활시의 고지를 중심으로 법률관계가 결정된다[$\frac{\text{동; 梁}}{(\text{승}), 415}$].

제 3 절　傷害保險

[622] 제 1 總　說

(1) 상해보험계약의 의의　　상해보험계약이란 당사자의 일방인 보험자가 피보험자의 신체의 상해에 관한 보험사고가 생길 경우에 보험금액 기타의 급여를 할 것을 약정하고, 상대방이 이에 대하여 보험료를 지급할 것을 약정하는 보험계약이다($\frac{\text{상}}{737}$). 보험사고를 기준으로 보면 상해보험계약은 피보험자가 급격하고 우연한 외부로부터 생긴 사고로 인하여 신체에 상해를 입은 경우에 보험자가 보험금액을 지급하는 보험계약이다. 상해보험은 생명보험과 같이 인보험의 일종으로서 정액보험인 것이 보통이지만, 손해보험의 경우와 같이 상해로 인한 손해와 비용만을 지급하는 부정액보험일 수도 있다. 상해보험의 경우에도 보험가액이 존재하지 않기 때문에 초과보험·중복보험·일부보험의 문제는 발생하지 않는다. 그러나 상해보험은 실제에 있어서 약관에 의하여 인보험과 손해보험의 절충적 성격을 띤다.

(2) 상해보험계약의 효용　　상해보험계약은 피보험자가 상해에 의하여 사망한 경우에 유족의 생활보험과 상해에 대한 치료비의 확보, 피보험자에게 후유장해가 생긴 경우에 수입의 확보 등의 목적을 위하여 이용된다. 이러한 상해보험계약은 사회보험의 보충적 기능을 한다.

(3) **상해보험계약의 법적 성질**　　상해보험계약에는 상해에 의하여 발생한 구체적인 손해액과 관계 없이 소정의 보험금액을 지급하는 경우와 일정한 기준에 따라 일정한 금액을 지급하는 경우와 같은 정액보상방식의 상해보험계약과, 상해의 정도에 따라 손해액을 지급하는 손해보상방식의 상해보험계약도 있다. 그러므로 전자는 인보험의 경우와 같이 정액보험이라고 할 수 있고, 후자는 보험의 객체는 사람이지만 손해보험이라고 할 수 있다.

(4) **상해보험자의 면책사유**　　상해를 보험사고로 하는 보험계약에는 사고가 보험계약자 또는 피보험자나 보험수익자의 중대한 과실로 인하여 생긴 경우에도 보험자는 보험금을 지급할 책임을 면하지 못한다. 다만, 반사회성 또는 고도의 위험성이 있는 행위 중 대통령령이 정하는 경우에는 당사자간에 달리 약정할 수 있다($^{상}_{의2}{}^{737}$).

[623]　제2　傷害保險證券

보험자가 보험증권을 작성·교부하여야 되는 것은 상해보험의 경우도 같다($^{상}_{640}$). 그 기재사항도 인보험증권에 관한 규정($^{상}_{728}$)에 따라야 하는데 다음과 같은 특칙이 있다. 즉 보험계약자와 피보험자가 동일인이 아닌 때는 인보험증권의 기재사항인「피보험자의 주소, 성명 및 생년월일」대신으로「피보험자의 직무 또는 직위」만을 기재할 수 있다($^{상}_{738}$). 이는 직장단위의 단체보험에 있어서 특정인의 교체를 문제삼지 않고 보험사고의 발생시에 일정한 직무 또는 직위에 있는 자를 보호하기 위한 것이다.

[624]　제3　保險事故

I. 총　　설

상해보험의 경우에 보험사고성이 특히 문제된다. 여기서의 **상해**라 함은 외부로부터의 우연한 돌발적인 사고로 인한 신체의 손상을 말한다. 피보험자의 생사를 보험사고로 하는 생명보험의 경우는 보험사고는 그 시기가 불확정할 뿐이고 일반적으로 명확하고 보험금액의 지급도 확정적인 데 비하여, 상해보험의 경우에 보험사고는 급격하고도 우연한 외부로부터 생긴 사고로 인한 신체의 손상으로서 그 발생의 시기뿐만 아니라 발생 자체도 불확정적이며 그 결과도 후유장해·치료·수술·사망 등 다양하고 발전적인 성격을 띤다.

2. 보험사고의 요건

(1) 의   의   상해보험의 대상으로서 보험사고는 i) 급격하고도, ii) 우연하게, iii) 외부로부터 생긴 것이어야 한다. 즉 보험사고는 급격성과 우연성, 그리고 외래성을 모두 구비하여야 한다. 급격성이란 예측불능의 사고와 돌발적으로 발생하여 직접적으로 상해가 발생한 것을 말하고, 우연성이란 피보험자가 전혀 예상할 수 없었던 원인($^{교통사고·}_{落馬 등}$)에 의하여 상해가 발생한 것을 말한다. 그러므로 자살이나 싸움으로 인한 사망이나 상해는 그 대상이 되지 않는다. 즉 피보험자의 의도적인 행위로 인하여 유발된 사고나 피보험자가 예상할 수 있었고 또한 예상가능하였던 사고로 인하여 생긴 상해는 제외된다. 또한 외래성이란 외부로부터 생긴 사고이어야 하는 것을 의미한다. 그러므로 질병보험의 경우와 같이 신체의 내부적인 원인으로 생긴 사고는 제외된다. 무거운 물건을 들다가 골절에 이상이 생긴 경우에는 상해는 신체의 내부에서 생겼어도 상해의 원인은 외래성이 인정된다고 할 것이다. 그러나 예컨대 경우에 따라 지나치게 무거운 물건을 들면 골절에 이상이 생길 수 있다는 것을 예상할 수 있었다면 우연성이 결여되어 상해보험사고로 볼 수 없게 될 것이다.

(2) 각 요건에 대한 입증책임   상해보험의 경우에 보험사고는 생명보험의 경우와 다르고 손해보험과 유사하므로 보험금을 청구함에 있어서는 상해의 원인뿐만 아니라 그 사고와 결과($^{후유·치료·}_{사망 등}$)에 대한 인과관계도 입증하여야 한다. 이 경우에 상해의 원인에 대한 외래성과 급격성에 대하여는 청구자 등이 입증하여야 될 것이지만, 원인이 청구자 등의 자유의사와 관계 없이 발생하였다는 우연성에 대하여는 피보험자 등의 보호를 위하여 보험자에 의한 반증이 없는 한 청구자 등이 입증하지 못하더라도 그 우연성이 추정되어야 할 것이다 ($^{독보 180a}_{참조}$). 그렇지 않으면 보험자의 면책사유에 대한 증명책임을 피보험자에게 전가하는 것이 되어 부당하고 입증책임의 곤란성으로 인하여 피보험자 등의 청구가 대부분의 경우 기각될 수 있을 것이기 때문이다.

[625] 제 4 生命保險에 관한 規定의 準用

상해보험에 관하여는 상법 제732조를 제외하고 생명보험에 관한 규정을 준용한다($^{상}_{739\,Ⅰ}$). 즉 상해보험의 경우는 상법 제732조가 준용되지 않으므로 피보험자는 15세 미만자, 심신상실자 또는 심신박약자도 될 수 있다. 상해보험계약이 정액보상방식인 때는 정액보험인 생명보험과 다를 바 없으므로 생명보험에 관한 규정의 준용은 당연하다고 할 수 있으나, 상해보험계약이 손해보상방식인 때는 손해보험에 관한 규정을 유추적용하여야 할 것이다[$^{동; 徐}_{(돈), 449}$]. 그러나 손해보상방식의 상해보험의 경우에도 보험계약자와 피보험자가 다른 때에는 타인의 생명보험에 관한 규정($^{상}_{731\,Ⅰ}$)을 준용하여 피보험자의 동의를 얻어야 할 것이다. 2007년의 상법개정안에 의하면 실손보상적 상해보험계약의 경우에는 그 성질에 상반되지 아니하는 한도에서 손해보험에 관한 규정을 준용한다($^{상}_{739\,Ⅱ}$).

제 4 절   疾病保險

[626] 제1 意   義

  질병보험은 질병으로 인하여 입원하거나 수술을 하는 등 사람의 질병으로 사람의 신체에 이상이 생긴 것을 보험사고로 하는 보험이다. 생명보험상품관리규정에 의하면 질병보험이란 "질병에 걸리거나 질병으로 입원, 수술 등을 담보하는 보험"을 말한다($^{동 규정}_{105(2)}$). 이는 상해보험과 더불어 건강보험의 일종에 속한다고 할 수 있다. 종래에 질병보험에 관하여는 종래의 상법에는 아무런 규정이 없었으나 2007년의 상법개정안에서는 질병보험에 관한 규정을 설정하여 법적근거가 마련되었다.

[627] 제2 疾病保險者의 責任

  질병보험계약의 보험자는 피보험자의 질병에 관한 보험사고가 생길 경우에 보험금 그 밖의 급여를 할 책임이 있다($^{상739}_{의2}$). 그러나 피보험자가 통상적으로 받아야 할 치료를 받지 않음으로써 질병이 고의로 악화된 경우 보험자는 그 악화된 부분에 대하여는 보험금을 지급할 책임이 없다($^{상739}_{의3}$).

[628] 제 3 準用規定

질병보험에 관하여는 그 성질에 상반되지 아니하는 한도에서 생명보험 및
상해보험에 관한 규정을 준용한다($상_{의4}^{739}$).

제 6 편　海　商

제 6 편

해 상

(1) 본편에서 다루고 있는 해상법은 해상기업에 관한 法이라고 할 수 있다. 우리 나라의 해상법은 상법전의 제 5 편「해상」에서 규정하고 있는데 그 대상에 관하여「상행위 기타 영리를 목적으로 항해에 사용하는 선박」이라고 규정하고 있으므로($\frac{상}{740}$), 상행위 이외의 행위를 목적으로 하는 어선도 포함하게 되었다. 더욱이 국유 또는 공유선박을 제외한 일반항행선에 대하여도 해상법의 규정을 준용한다($\frac{선박}{39}$). 해상법은 기업법인 상법에 속하므로 해상기업에 관한 관계주체의 이익의 조정을 위한 사법법규로 구성되어 있으나 사법법규의 시행을 위한 공법적 규정도 있다. 해상법은 특히 해상을 활동무대로 하는 해상기업에 관한 법이기 때문에 상법 중에서도 특별한 부분을 이루고 있으며, 따라서 그 규정의 특수성으로 인하여 일반 민·상법의 규정을 변경·보충하는 특별규정을 필요로 하게 된다. 그리하여 상법의 다른 부문에 대하여 특별법적인 지위에 있다.

(2) 특히 이 분야는 1991년의 상법개정에 의하여 1976년의 해사채권책임제한조약을 수용하는 등으로 크게 그 내용이 변경되었다. 이후 2007년에 상법중 해상편이 광범위하게 개정되었다.

제 1 장 總   論

[629] 제 1 海商法의 槪念

(1) 총   설   해상법은 영미법계를 제외한 대륙법계제국에서는 상법의 일부분으로 규정하고 있다. 해상이란 원래 자영선에 의한 항해로 상품을 해외로 전환매개하는 것을 말하였다. 그러나 국제경제의 발전과 더불어 무역업과 해운업은 분리되어 각기 독립하게 되었지만 무역업뿐만 아니라 해운업도 그 목적이 하물이든 여객이든 구별함이 없이 운송의 인수가 상행위로 인정되어 해상의 중요한 범위에 포함되고 있다.

(2) 실질적 의의의 해상법   이는 상법의 일부문으로서 해상기업에 관한 법규의 전체를 말한다. 즉 해상법은 해상기업에 관한 관계주체의 사익의 조정을 위한 사법법규로 형성되어 있으나, 사법법규의 시행을 위한 공법규정도 포함한다. 해상법은 해상기업을 대상으로 하는 법이기 때문에 그 규정의 특수성으로 인하여 일반 민·상법의 규정을 변경·보충하는 특별규정을 필요로 하게 된다.

(3) 형식적 의의의 해상법   이는 상법전의 제 5 편 「해상」에 관한 법규를 말한다. 이 법의 적용대상에 관하여 상법은 「상행위 기타 영리를 목적으로 항해에 사용하는 선박」이라고 규정하고 있으므로($\frac{상}{740}$), 상행위 이외의 행위를 목적으로 하는 어선도 포함하게 되었다. 더욱이 국유 또는 공유선박을 제외한 일반선박에 대하여도 해상법의 규정을 준용한다($\frac{선박}{29}$).

(4) 실질적 의의의 해상법과 형식적 의의의 해상법과의 관계   양자의 범위는 중요한 부분에 있어서는 합치하지만 그 전부가 일치하지는 않는다. 즉 실질적 의의의 해상법에는 형식적 의의의 해상법에는 속하지 않는 특별법령·관습법·조약 등의 형식으로 존재하는 것도 있다.

형식적 의의의 해상법은 1991년에 광범위하게 개정되었고 2007년에는 상법중 해상편이 크게 개정되었다. 그 내용은 i) 여객손해에 대한 선박소유자의 책임한도를 "여객의 정원에 46,666계산단위(약 7천만원)를 곱한 금액"에서 "여객의 정원에 175,000계산단위(약 2억원)를 곱한 금액"으로 상향조정하였다. ii) 개품운송계약과 용선계약을 하나의 체계에 혼합하여 규정하고 있는 현행 해상법과 달리 운송 실무에 적합하도록 양자를 분리하여 규정하였다. iii) 운송물에 대한 손해배상에 있어서 현행 운송물의 단위·포장당 책임한도를 「헤이그 비스비규칙」을 참고하여 현행 500계산단위(약 75만원)에서 666.67계산단위(약 90만원)로 상향조정하고, 총 중량 1 킬로그램당 책임한도 금액을 2계산단위로 하는 중량당 책임한도 제도를 도입하였다. iv) 복합운송인의 책임에 관하여 「1980년 국제복합운송에 관한 국제연합협약」 등을 참조하여 복합운송인은 원칙적으로 손해가 발생한 운송구간에 적용될 법에 따라 책임을 지되, 손해발생구간이 불분명한 경우에는 주된 운송구간에 적용될 법에 따라 책임을 지도록 하였다. v) 전자선하증권제도를 도입하였다. vi) 화물인도의 지연을 방지하고 해상운송의 신속화를 도모하기 위하여 해상화물운송장 제도를 도입하였다. vii) 환경오염의 방지 또는 경감작업을 장려하기 위하여 환경손해방지작업에 종사한 경우 구조의 성공여부와 관계없이 특별보상을 청구할 수 있도록 하였다.

[630]　제 2　海商法의 地位

(1) 해상법은 상법의 일부문이지만 이것은 역사적으로 볼 때 일반상법의 내부로부터 발생한 것이 아니고, 상법제정 이전부터 존재하여 오히려 일반상법의 지도적 지위에 있었던 것이다. 그러므로 해상법은 상법에 대한 관계에서 종속적인 지위에 있는 것이 아니며, 그 특수성으로 인하여 상법의 다른 부문에 대하여 특별법적 지위에 있는 것이다.

(2) 해상법규정의 특징은 i) 일반상법상의 법률사실에 대한 변경적 규정 (선장·해상운송계약 등), ii) 민법상의 법률사실을 변경한 규정(선박·선박소유자·선박공유·선박임대차·선박우선특권·선박저당권 등), iii) 해상기업의 특유한 제도(공동해손·선박충돌·해난구조 등) 등 크게 3가지로 분류할 수 있다.

[631]　제 3　海商法의 法源

해상법의 법원에는 상법 제 5 편과 다음과 같은 특별법령이 있다. 선박법 (1982.12.31 법 3641호 전문개정)·선박소유자 등의 책임제한절차에 관한 법률(1991.12.31 법 4471호)·선원법 (1984.8.7 법 3751호 전문개정, 1995.1.5 개정)·선박안전법(1961.12.30 법 919호, 1993.3.6 개정)·선박직원법(1983.12.31 법 3715호 전문개정, 1995.1.5 개정)·선원보험법(1962.1.10 법 964호. 1975.12.31 개정)·도선법(1986.12.31 법 3908호 전문개정, 1996.12.16 개정)·해운법(1983.12.31. 법 3716호 전문개정)·항만법(1991.3.8 법 4358호 전문개정, 1995.12.29 개정)·해양사고의 조사 및 심판법(1971.1.22 법 2306호)·해양오염방지법(1991.3.8 법 4358호 전문개정, 1995.12.29 개정) 등과 그 시행령이 있다.

[632] 제 4 海商法의 特殊性

(1) 해상법의 특수성   1) 해상법의 특수성이란 다른 법역에 대하여 자주성을 인정할 수 있는 근거를 말하는 것이다. 이러한 특수성에 관한 논의는 19세기 초기에 프랑스의 빠르드슈(Pardessus)로부터 비롯되었다. 그는 「18세기의 해법집」(1828)에서 해상법의 특수성으로서 통일성·부동성·관습기원성 등 3가지를 지적하고 있다.

2) 통일성에 관하여 「사람의 신분, 친족관계, 재산의 이전, 소유권의 변경, 고용계약의 체결과 보장, 행위의 법률형식을 규정하는 민법의 규정은 정부의 성질, 국민의 풍속 및 관습과 밀접한 관련이 있어야 하지만, 해상에 관한 법규는 모든 나라의 공통되는 요구에 의하여 발생한 것으로서 해상법은 세계성을 띤다. 그러므로 최악의 민법은 모든 국민을 무차별하게 다루는 것이고, 최악의 해상법은 특정국만의 특별한 이익 및 관습에 의하여 영향을 받는 법」이라고 하였다.

3) 부동성에 관하여 「시대와 정치적 혁명에 의한 변화 및 국민의 적대관계에 의한 분열과는 관계 없이 해상법은 사회의 혼란중에도 부동인 것으로서 30세기에 가더라도 그것은 제 국민간의 항해에 의한 교통이 시작된 당초의 시대의 모습과 다를 바 없을 것」이라고 하였다.

4) 관습기원성에 관하여는 「해상법상의 제도는 관습으로부터 성립된 것으로서 성문법에 비하여 복잡한 변화에도 적용할 수 있으며 보편성이 있다」고 하였다.

(2) 해상법의 자주성   1) 해상법은 역사적으로 그 대상인 생활관계에 특수성이 있으므로 중세에는 육지법과 전혀 분리된 자족적인 법역을 형성하였다. 그러나 해상법의 자주성은 일반적이고 절대적으로 인정될 수는 없는 것이며 극히 상대적이고 특정한 의미에서만 인정될 수 있는 것이다. 왜냐하면 해상법의 대상인 해상기업도 조직과 활동을 통하여 그 목적을 달성하는 점에서는 일반상법의 대상인 법률관계와 공통되는 성질이 있기 때문이다.

2) 해상법은 민·상법을 전제로 하여 이를 변경하고 보충하는 상대적인 의미의 자주성이 있다. 따라서 해상법에 특별한 규정이 없는 때는 우선 해상법 중에서 유추적용이 가능한 규정과 원칙을 찾고, 그것이 곤란하거나 불가능하여 민·상법의 규정을 적용하는 경우에도 해상법의 특수성이 고려되어야 한다.

제 2 장   海上企業組織

제 1 절   物的 組織(船舶)

[633]   제 1   船舶의 槪念

(1) 총   설   　해상법은 해상기업에 관한 법이다. 해상기업에 있어서도 일반기업의 경우와 마찬가지로 물적 조직으로서 영업소·창고·차량 등을 필요로 하지만 해상기업의 특징은 그 활동이 선박이라는 특수한 물적 조직에 의하여 전개된다는 점이다. 그러므로 선박의 개념은 해상법의 적용을 비롯하여 해상기업에 관한 모든 문제의 법적 기초로서 중요한 의미를 갖는다.

(2) 선박의 개념   　상법에 의하면 선박이란 「상행위 그 밖의 영리를 목적으로 항해에 사용하는 선박」을 말한다($상\atop740$)고 하여 해상법의 적용대상이 되는 선박의 범위를 규정하고 있다. 즉 선박은 다음과 같은 요건을 갖춘 것이어야 한다.

1) 상행위 기타 영리의 목적   　상법은 상행위를 목적으로 하는 선박뿐만 아니라 상행위 이외의 영리를 목적으로 하는 어선 등도 포함하는 **영리행위선주의**라고 할 수 있다. 그러므로 학술탐험선·쾌유선·스포츠용선박 등은 여기에 속하지 않는다. 그러나 항해용 선박에 대하여는 상행위 그 밖의 영리를 목적으로 하지 않더라도 상법의 규정이 준용된다($상\atop741$ Ⅰ). 그러므로 실질적으로 해상법의 적용범위는 국유 또는 공유의 공용선($검역선·측량\atop선·군용선 등$)을 제외한($선박\atop29 단$) 모든 항해선으로 확대되었다고 할 수 있다. 국·공유의 공용선이라도 영리를 목적으로 사용되는 경우에는 해상법의 규정이 적용됨은 물론이다.

2) 항해에의 사용   　항해라 함은 호천·항만을 제외한 해상에서의 항행을 말한다. 그러므로 상선이라도 내수만을 항행하는 내수선박에는 해상법이 적용되지 않는다. 이러한 기준에 의하여 선박은 항해선과 내수선으로 구별할 수 있다. 그러나 해상법이 적용 또는 준용되는 항해선박과 내수선박간의 충돌과 해난사고에 관하여는 해상법이 적용된다($상\atop876, 882$).

3) 사회통념상의 선박   　선박이란 수상 또는 수중의 항행용으로 제공

된 건조물로서 자력(自力)이나 타력예선(他力曳船) 또는 육상의 인력(人力) 또는 기계력에 의한 **항행능력**이 있는 것이어야 한다.

　　판례는 「항진하거나 항진추진기가 없이 다른 선박에 의하여 예인되는 부선(艀船)은 그 자체로서는 항진능력이 없는 것이어서, 그 톤수 여하에 불구하고 또 상행위 기타 영리를 목적으로 항해에 사용된다고 하더라도 이는 등기할 선박이 아니다」라고 한 바 있다$\left(\begin{smallmatrix} 大 & 75.11.11, \\ 74 & 다 & 112\cdot113 \end{smallmatrix}\right)$.

　4) 적용 제외　　단정(短艇) 또는 주로 노 또는 상앗대로 운전하는 선박은 그 규모가 영세하기 때문에 해상법을 적용하지 않는다($_{741}^{상}$ ॥). 또한 **국유** 또는 공유에 속하는 선박에 대하여도 같다($_{29단}^{선박}$). 국유 또는 공유의 선박에 대하여는 「선박법」 제29조 단서의 규정에 불구하고 항해의 목적·성질 등을 고려하여 이 편의 규정을 준용하는 것이 적합하지 아니한 경우로서 대통령령이 정하는 경우에는 그러하지 아니하다($_{741}^{상}$ ।).

[634] 제2 船舶의 性質

　선박은 특수한 동산이라고 할 수 있는데 그 성질은 다음과 같다.

　⑴ **합 성 물**　　해상법상의 **선박**은 하나의 합성물로서 범장(帆檣)·선체·갑판·기체·선창·객실 등으로 구성되는 하나의 합성물이다. 이에 비하여 **속구**(屬具)라 함은 선박의 일부분이 아니라 선박과는 별개의 독립된 물건으로서 선박의 상용에 제공키 위한 것을 말한다. 예컨대 나침반·해도·단정·구명대·신호기구 등이 여기에 속한다. 속구는 민법상의 종물($_{100}^{민}$)과는 다르지만 선박의 처분이나 압류 등에 있어서 그 범위가 애매한 경우가 많기 때문에 선박의 속구목록에 기재된 물건은 특약이 없는 한 선박의 **종물**로 추정된다($_{742}^{상}$).

　⑵ **부동산유사성**　　선박은 동산이지만 그 형체가 크고 고가이며 동일성의 인식이 용이하므로 부동산과 유사한 면이 많다. 즉 일정한 규모($_{20톤}^{총톤수}$) 이상의 선박은 등기를 하여야 하며($_{2}^{선등}$), 등기에 의한 임차권($_{3(3)}^{선등}$)과 저당권의 설정($_{787,789}^{상}$)이 인정되고, 선박에 대한 강제집행과 경매는 부동산과 같이 취급하며($_{이하,729}^{민소\ 678}$), 형법에서는 선박에의 침입은 주거침입과 동일시한다($_{319}^{형}$).

　⑶ **선박의 등기·등록**

　1) 총　설　　선박의 공시에 관하여는 등기·등록의 이원주의를 택하

고 있다. 등기는 선박의 순사법적인 상태의 공시를 목적으로 하는 데 비하여, 등록은 선박의 단속을 위한 공법상의 목적으로 해운관청에 하는 것이다.

　　2) 등　　기　　선박의 등기는 선박등기부에 일정한 사항을 기재하는 것으로서 선적항을 관할하는 지방법원, 동 지원 또는 등기소에서 한다($선등\atop4$). 선박은 부동산유사성이 있기 때문에 선박등기에는 **부동산등기법**이 많이 준용된다($선등\atop5$). 선박등기의 종류로는 소유권($상\atop743$) · 임차권($선등\atop3(3)$) · 저당권($상\atop787, 790$) · 선박관리인($상\atop764Ⅱ$) 등에 관한 것이 있다.

　　3) 등　　록　　선박은 등기뿐만 아니라 선적항을 관할하는 해운관청에 비치된 **선박원부**에 일정한 사항을 등록하여야 한다. 등록은 행정적 감독을 목적으로 하는 것으로서, 등기와 달리 실질적 심사주의에 의한다. 등록이 되면 해운관청은 선박국적증서를 교부하여야 한다($선박\atop8Ⅱ$).

　　(4) **선박의 인격유사성**　　선박은 동산으로서 물건에 불과하지만 권리주체인 자연인이나 법인과 마찬가지로 각기 개성이 있기 때문에, 선박도 명칭 · 국적 · 선적항 등을 갖는다.

　　1) 선　　명　　등기와 관계 없이 총톤수 20톤 이상의 선박은 선명을 정하여 표시하여야 한다($선박\atop11$). 선명은 자유로이 선정할 수 있으나 선명을 변경하고자 할 때에는 해양수산부장관의 허가를 받아야 한다($선박\atop16$).

　　2) 국　　적($선\atop적$)　　(가) 선박은 그 국적이 한국인가 외국인가에 따라 한국선박과 외국선박으로 구별되며, 선박의 국적은 국제법 · 국제사법 · 행정법상으로 중요한 의의가 있다. 즉 국적은 기국법(旗國法, law of flag)에 의하여 공해상에서 국제법상으로 기국의 영토로 보게 되며 포획 · 해적 · 중립 등의 문제에 있어서 그 기준이 되고 항세부담의 표준이 된다.

　　(나) 한국선박의 특권은 i) 한국국기를 계양할 수 있으며($선박\atop5$), ii) 등기 및 국적증서를 받을 수 있고, iii) 불개항장에의 기항과 여객 · 물건의 운송을 할 수 있는 것이다($선박\atop6$).

　　3) 선 적 항　　선적항이란 첫째로 선박의 등기 · 등록을 하는 **등록항**을 지칭하고, 둘째로 해상기업의 **본거항**이라는 의미가 있다. 등록항은 선박의 감독이라는 점에서 의의가 있으며, 민사소송의 관할의 기준이 되며($민소\atop11$), 본거항은 상인의 영업소와 같이 해상기업경영의 중심지로서의 의미가 있다. 선적항은 선박이 항행할 수 있는 수면에 접한 곳이어야 한다($선박시\atop2Ⅰ·Ⅱ$).

　　4) 톤　　수　　선박의 톤수는 용선계약 · 선박의 임대차 등에 있어서

중요한 의의가 있으며 등기선과 비등기선을 구분하는 기준이 된다($\frac{상}{745}$). 톤수에는 선박의 용적을 나타내는 총톤수($\frac{총적}{량}$)와 순톤수($\frac{순적}{량}$)가 중요시되는데, 총톤수는 선박 내부의 총용적을 말하고, 순톤수는 화객의 적재·승선에 이용할 수 있는 순용적으로서 총톤수로부터 선원상용실·해도실·기관실 등을 공제한 톤수를 말한다. 선박적량톤수의 계산방법에 관하여는 상법 제772조에서 규정하고 있다.

　　5) 선박법인설　　　선박은 하나의 동산에 불과하지만 그 성질에 있어서 부동산성과 인격성이 있으므로 선박을 권리의 주체인 法人으로 보는 입장이 있다. 그리하여 선박소유자가 동일인인 두 개의 선박간의 해양사고구조에 대하여는 두 개의 인격자로 취급하거나, 영국법에서는 직접 선박을 당사자로 하는 소송을 인정하기도 한다. 그러나 우리 상법의 해석으로는 선박은 하나의 물건으로서 권리주체인 법인으로 볼 수 없다.

[635]　제3　船舶의 所有權

　　(1) 선박소유권의 득상　　　선박소유권의 취득원인은 일반동산과 마찬가지로 조선계약·양도·합병·상속 등과 해상법상에 특유한 보험위부($\frac{상}{710}$)·선박공유자지분의 강제매수($\frac{상}{761\,I}$)·국적상실로 인한 지분의 매수 또는 경매청구($\frac{상}{760\,I}$)·매수청구($\frac{상}{762\,II}$)·선장의 경매처분($\frac{상}{753}$) 등이 있으며, 공법상으로는 포획·몰수·수용에 의한 경우가 있다. 등기선은 부동산유사성이 강하므로 선의취득에 관한 규정($\frac{민}{249}$)은 적용되지 않는다. 상실원인은 취득원인의 반면행위 외에 구조불능의 침몰·해철(解撤)·포획·몰수 등이 있다.

　　(2) 선박소유권의 양도

　　1) 등기선박　　　등기선박의 양도는 당사자간의 무방식의 합의만으로 그 효력이 생기지만($\frac{상}{743\,본}$), 제3자에 대한 대항요건으로서 이전등기와 선박국적증서에 기재를 하여야 한다($\frac{상\,743\,단;}{선박\,19}$). 이와 같이 등기선의 경우에 일반원칙($\frac{민}{188}$)의 예외를 인정하는 목적은 항해중이거나 외국에 정박중에 있는 선박의 양도를 용이하게 하고자 하는 데 있다. 항해중에 있는 선박을 양도한 경우에는 당사자간에 다른 특약이 없으면 양수인이 그 항해로부터 생긴 이익을 얻고 손실을 부담한다($\frac{상}{763}$). 그리고 구선박소유자와의 선원근로계약은 종료되며 그때로부터 신선박소유자와 선원간에 종전의 선원근로계약과 같은 조건의 새로운 선

원근로계약이 체결된 것으로 본다.

　2) 비등기선　　　비등기선의 양도에 있어서는 일반동산의 경우와 마찬가지로 인도를 하여야 한다($\frac{민}{188}$)$\begin{bmatrix} 大\ 66.\ 12.\ 20,\ 66\ 다\ 1544; \\ 大\ 69.\ 7.\ 29,\ 68\ 다\ 2236 \end{bmatrix}$.

　3) 건조중의 선박　　　건조중에 있는 선박의 소유권이전은 저당권의 등기가 있는 경우에도($\frac{상}{790}$) 인도를 하여야 효력이 발생한다.

제 2 절　　人的 組織

[636]　제 1　總　　說

　(1) 해상기업의 경우에 그 주체는 개인기업이나 공동기업인 경우가 많고, 또 선박을 소유하거나 소유하지 않고도 임대차나 용선에 의하여 경영주체가 될 수 있다. 소규모의 개인기업에 있어서는 선박의 소유적 경영의 형태가 많지만, 대자본을 필요로 하는 해상기업의 경우는 선박공유나 회사형태가 아니면 그 목적달성이 불가능할 것이다.

　(2) 해상기업의 주체에는 자기소유의 선박으로 경영하는 자선의장자(自船艤裝者)인 선박공유자와 선박소유자, 타인소유의 선박으로 경영하는 타선의장자(他船艤裝者)인 선박임차인과 정기용선자가 있다. 또한 해상기업의 보조자에는 선장과 선원이 있으나, 해상법에서는 선장의 대리권한에 관하여만 규정하고 있으며 선원에 대하여는 선원법과 민·상법의 규정이 적용된다.

[637]　제 2　海上企業의 主體

　(1) 선박소유자　　　선박소유자란 첫째로는 선박의 물권법상의 소유자를 말하고, 둘째로는 자기가 소유하는 선박을 영리의 목적으로 항해에 이용하는 자를 말한다. 이 후자가 선박의 소유적 경영자로서 해상법상의 선박소유자라고 할 수 있다. 그러므로 선박을 소유하고 있지만 항해기업에 이용하지 않는 조선소나, 임대료를 목적으로 자기소유의 선박을 임대하는 자는 해상법상의 기업의 주체가 아니다.

⑵ 선박공유자

1) 의 의   해상법에서 선박공유자라고 할 때는 수인이 선박을 공유하여 영리를 목적으로 공동으로 항해에 사용하는 조직을 말하는 것이다. 즉 해상법상의 선박공유는 하나의 기업조직으로서 단순히 물권적 의미에서의 선박의 공유를 의미하는 것이 아니다. 또한 해상법에서는 수인이 다수의 선박을 공유하는 경우에도 각개의 선박마다 독립된 공유관계로 본다.

2) 법적 성질   선박공유는 다음과 같은 점에서 물적회사인 주식회사에 접근하는 특성이 있다. i) 지분다수결에 의한 의사결정($\frac{상}{756\,I}$), ii) 주식회사와 같이 탈퇴·제명제도의 불인정, iii) 선박관리인의 선임제도($\frac{상}{764}$), iv) 지분가격에 비례한 비용 및 손익분담($\frac{상}{757,\,758}$), v) 지분의 자유양도($\frac{상}{759}$) 등으로 볼 때 물적회사성이 농후하다.

3) 내부관계

㈎ **업무집행**   선박의 이용에 관한 사항은 각 공유자의 지분의 가격에 따라 그 과반수로써 결정한다($\frac{상}{756\,I}$). 그러나 선박공유에 관한 계약을 변경하는 사항은 공유자의 전원일치로 결정하여야 한다($\frac{동조}{II}$). 선박공유는 일종의 기업조직으로서 그 업무집행기관인 **선박관리인**을 선임하여야 하는데, 선박공유자가 아닌 자를 선박관리인으로 선임하려면 공유자 전원의 동의가 있어야 한다($\frac{상}{764\,I}$). 그리고 선박관리인의 선임과 종임은 등기사항이다($\frac{상}{764\,II}$). 선박관리인은 업무집행에 관한 장부를 비치하고 그 선박의 이용에 관한 모든 사항을 기재하여야 한다($\frac{상}{767}$). 매 항해의 종료 후에 지체없이 그 항해의 경과상황과 계산에 관한 서면을 작성하여 선박공유자에게 보고하고 승인을 얻어야 한다($\frac{상}{768}$).

㈏ **지분의 양도**   a) 각 선박의 공유자는 다른 공유자의 승낙 없이 그의 지분을 자유로이 양도할 수 있으나 선박관리인인 공유자는 다른 공유자 전원의 동의가 있어야만 그 지분을 양도할 수 있다($\frac{상}{759}$). 그리고 일정한 결의($\frac{신항해의}{개시,\,대수선}$)에 대하여 이의가 있는 공유자는 다른 공유자에 대하여 **지분매수청구권**이 있다($\frac{상}{761\,I}$). 이는 **형성권**이다. 매수청구를 하고자 하는 자는 그 결의가 있은 날부터, 결의에 참가하지 아니한 경우에는 결의통지를 받은 날부터 3일 이내에 다른 공유자 또는 선박관리인에 대하여 그 통지를 발송하여야 한다($\frac{동조}{II}$).

b) 선장이 선박공유자인 경우에 그 의사에 반하여 해임된 때에는 다른 공유자에 대하여 지분매수청구를 할 수 있고($\frac{상}{762\,I}$), 매수청구를 하고자 하는 때에는 지체없이 다른 공유자 또는 선박관리인에 대하여 그 통지를 발송하여야

한다($_{762\,\mathrm{II}}^{상}$). 이 경우에 선장에게 매수청구를 인정하는 이유는 선장으로서 항해를 지휘한다는 조건으로 공유자가 되는 경우가 많기 때문이다.

c) 선박공유자의 지분의 이전 또는 그 국적상실로 인하여 선박이 대한민국의 국적을 상실한 때에는 다른 공유자는 상당한 대가로 그 지분을 매수하거나 그 경매를 법원에 청구할 수 있다($_{760}^{상}$).

(다) 손익분배　　손익의 분배는 매 항해의 종료 후에 있어서 선박공유자의 지분의 가격에 따라서 한다($_{758}^{상}$). 항해중에 있는 선박이나 그 지분을 양도한 경우에 당사자 사이에 다른 약정이 없으면 양수인이 그 항해로부터 생긴 이익을 얻고 손실을 부담한다($_{763}^{상}$).

4) 외부관계

(가) 대표기관

a) 선박관리인의 선임　　선박공유의 경우에 대표기관은 선박관리인이다. 선박관리인은 선박공유자에 의하여 선임되고($_{764\,\mathrm{I}}^{상}$) 그 방법은 공유자의 지분의 가격에 따라 그 과반수로 결정한다($_{756\,\mathrm{I}}^{상}$). 그러나 선박공유자가 아닌 자를 선박관리인으로 선임한 때에는 공유자 전원의 동의가 있어야 한다($_{764\,\mathrm{I}}^{상}$). 그리고 선박관리인의 선임과 그 대리권의 소멸은 등기를 하여야 한다($_{764\,\mathrm{II}}^{상}$).

b) 선박관리인의 권한　　선박관리인은 선박의 이용에 관한 재판상 또는 재판외의 모든 행위를 할 권한이 있으며, 그 대리권에 대한 제한으로 선의의 제3자에게 대항하지 못한다($_{766}^{상}$). 그러나 다음의 행위는 서면에 의한 위임이 없으면 하지 못한다($_{765}^{상}$). i) 선박을 양도·임대 또는 담보에 제공하는 일, ii) 신항해의 개시, iii) 선박보험의 체결, iv) 선박의 대수선, v) 차재 등이다($_{766}^{상}$). 선박관리인도 포괄적인 대리권이 있으나 그 권한이 특정선박의 이용에 관한 사항에 한정된다는 점이 지배인이나 대표기관과 다르다. 선박공유에는 사단성이 있으므로 소송에 있어서 당사자능력이 있다($_{52}^{민소}$).

c) 선박관리인의 의무　　선박공유자와 선박관리인 사이의 관계는 위임이므로 선박관리인은 선량한 관리자의 주의의무를 진다. 그리고 선박관리인은 업무집행에 관한 장부를 비치하고 그 선박의 이용에 관한 모든 사항을 기재하여야 하며($_{767}^{상}$), 또한 선박관리인은 매 항해의 종료 후에 지체없이 그 항해의 경과상황과 계산에 관한 서면을 작성하여 선박공유자에게 보고하고 그 승인을 얻어야 한다($_{768}^{상}$).

(나) 선박공유자의 책임　　선박의 이용에 관한 비용과 이용에 관하여 생

긴 채무에 대하여 공유자는 지분의 가격에 따라 책임을 진다($\frac{상}{757}$). 이것은 상법
제57조 제1항에 대한 특칙으로서 해상기업의 특수성을 고려하여 해상기업의
보호를 목적으로 공유자의 책임을 제한한 것이라고 할 수 있다.

  5) 해산과 청산   선박공유의 해산과 청산에 대하여는 해상법에 특별
한 규정이 없으나 선박공유의 비인격성에서 볼 때 원칙적으로 사단법원리에
준거하여야 한다고 본다[$\frac{통; 李}{(균), 72}$]. 선박공유는 선박을 중심으로 하는 조직이므
로 선박의 침몰·멸실·양도·이용의 폐지 등과 선박공유자 중 1인이 지분의
전부를 소유하게 된 때에 해산하며, 청산인은 사단법원리에 따라 선박관리
인이 되어야 할 것이고, 해산 후에도 선박공유는 청산의 범위에서 존속한다고
본다.

  (3) 선체용선자

  1) 의   의   선체용선자(船體傭船者)라 함은 선체용선계약에 의하여
선박을 용선자의 관리·지배하에 운항할 목적으로 선박소유자로부터 선박을
제공받고 용선료를 지급하여 운송업을 하는 자이다($\frac{상}{847}$). 선체용선자는 선박의
점유권을 갖고 해원에 대한 일반적인 지시감독권이 있다는 점에서, 선박의 전
부 또는 일부를 차용하여 물건 또는 여객의 운송을 의뢰하는 용선자와 다르다.
그 밖에 소유자가 선장 그 밖의 해원을 공급할 의무를 지는 경우에도 용선자
의 관리·지배하에서 해원이 선박을 운항하는 것을 목적으로 하면 선체용선자
로 본다($\frac{상}{847}$ Ⅱ).

  2) 지   위   선체용선자의 지위는 선체용선자와 선박소유자 사이의
계약관계인 내부관계와 선체용선자와 제3자 및 선박소유자와 제3자 사이의
외부관계로 각각 나누어 고찰할 필요가 있다.

  (개) 내부관계   선체용선자와 선박소유자 사이의 관계는 당사자간의 계
약과 해사관습에 의하고, 여기에 없는 것에 대하여는 그 성질에 반하지 아니하
는 한 민법의 임대차에 관한 규정을 준용한다($\frac{상}{848}$ Ⅰ). 그러나 계약당사자간의
관계는 약관에서 상세하게 규정하고 있기 때문에 민법이 적용될 여지는 적다
고 할 수 있다(선박만을 임대차하는 경우에 단순성에 의하여 민법의 임대차에 관한 규정이 준용될 것이다). 용선기간이 종료된 후에 용선
자가 선박을 매수 또는 인수할 권리를 가지는 경우 및 금융의 담보를 목적으
로 채권자를 선박소유자로 하여 선체용선계약을 체결한 경우에도 용선기간중
에는 당사자 사이에서는 선체용선 규정에 따라 권리와 의무가 있다($\frac{상}{848}$ Ⅱ).

㈁ 외부관계

a) 선체용선자와 제 3 자와의 관계   aa) 선체용선자는 타인의 선박을 이용하어 자기의 명의로 해상기업을 영위하는 자이므로 선체용선자는 선박의 이용에 관한 사항에 대하여는 제 3 자에 대하여 **선박소유자와 동일한 권리와 의무가 있다**($_{850}^{상}$I). 그러므로 선체용선자는 선장이 발행한 선하증권, 선적항 외에서의 선장이 체결한 수리계약, 선장 기타 선원의 불법행위, 선원의 급료 등에 대하여 책임을 진다. 그러나 선체용선자도 채권자에 대하여 선박소유자와 같은 책임제한을 주장할 수 있다($_{769}^{상}$).

> 판례는 「선박의 소유자가 선박임대차계약에 의하여 선박을 임대하여 주고, 선박임차인은 다른 자와 항해용선계약을 체결하여, 그 항해용선자가 재용선계약에 의하여 선복을 제 3 자인 재용선자에게 항해용선하여 준 경우에 선장과 선원에 대한 임면·지휘권을 가지고 선박을 점유·관리하는 자는 선박의 소유자가 아니라 선박임차인이라 할 것인바, "선박임차인이 상행위 기타 영리를 목적으로 선박을 항해에 사용하는 경우에는 그 이용에 관한 사항에는 제 3 자에 대하여 선박소유자와 동일한 권리의무가 있다"고 규정한 상법 제766조 제 1 항의 취지에 따라, 선박임차인은 재용선자인 제 3 자에 대하여 상법 제806조에 의한 책임, 즉 자신의 지휘·감독 아래에 있는 선장의 직무에 속한 범위 내에서 발생한 손해에 관하여 상법 제787조 및 제788조의 규정에 의한 책임을 진다 할 것이고, 이는 재용선자가 전부 혹은 일부 선복을 제 3 자에게 재재용선하여 줌으로써 순차로 재재재용선계약에 이른 경우에도 마찬가지라고」하면서, 「선박이 선박임차인으로부터 순차 재재재항해용선되었다고 하더라도, 선박임차인은 자신의 지휘·감독하에 있는 위 선박에 의하여 운송계약을 실제로 이행한 자이므로 화물이 자신의 관리하에 있는 동안 자기 또는 선박사용인의 고의·과실로 인하여 손해가 발생하였다면 불법행위로 인한 손해배상책임을 져야 한다」고 하였다($_{2004\ 다\ 7040}^{大\ 2004.\ 10.\ 27.}$).

bb) 선박의 선체용선의 경우에 선체용선자는 선박소유자에 대하여 선체용선등기에 협력할 것을 청구할 수 있다($_{849}^{상}$I). 등기를 할 수 있으며, 등기를 한 때에는 제 3 자에게 대항할 수 있는 효력이 생긴다($_{II}^{동조}$). 즉 등기는 선체용선의 존부와는 관계가 없으나 등기를 하지 않으면 선박의 양수인이나 경락인에게 대항하지 못한다.

b) 선박소유자와 제 3 자와의 관계   선박소유자는 직접 제 3 자에 대하여 아무런 법률관계가 생기지 않는다.

> 판례는 「단지 선박을 소유하는 데 그치고 그 소유선박을 임대 등 사유에 의하

여 항해에 사용하지 아니하는 자는 그 임대차등기의 유무에 불구하고 선박사용인이
제 3 자에게 가한 손해를 배상할 책임을 지지 아니하며 선박임차인이 상행위 기타
영리를 목적으로 그 선박을 항해에 사용한 때에는 그가 제 3 자에 대한 손해배상의
책임을 진다」고 한 것이 있다(大 75. 3. 31. 74 다 847).

그러나 선박의 이용에 관한 사항에 대하여 생긴 **우선특권**은 선박채권자를
보호하기 위하여 선박소유자에 대하여도 그 효력이 생긴다(상 850 Ⅱ 본). 그러나 채권
의 발생원인이 되는 선박의 이용이 선체용선계약에 반하는 것을 알았을 때에
는 선박에 대한 우선특권은 선박소유자에 대하여 효력이 없다(상 850 Ⅱ 단).

c) 선체용선계약상의 채권의 소멸　　선체용선계약에 관하여 발생한 당사
자 사이의 채권은 선박이 선박소유자에게 반환된 날부터 2 년내에 재판상 청구
가 없으면 소멸한다. 그러나 상법 제814조 제 1 항 단서의 규정은 이 경우에
준용한다(상 851 Ⅰ). 2007년의 개정상법은 항해용선 및 정기용선의 경우와 통일을
기하기 위하여 선체용선계약상 채권의 제척기간도 2 년으로 하고, 위 기간을
단축하는 운송인과 용선자의 약정은 이를 운송계약에 명시적으로 기재하지 아
니하면 그 효력이 없도록 하였다(상 85 Ⅱ·, 840 Ⅱ).

(4) **정기용선자**(기간용 선자)

1) 의　　의　　정기용선자는 일정한 기간 인적 조직(선장· 선원)을 포함한 타
인소유의 선박의 사용·수익권을 얻어 자기의 해상기업의 경영에 이용하는 자
이다.

2) **정기용선의 효용**　　(개) 해상기업은 반드시 선박을 소유하는 자뿐만
아니라 타인의 소유에 속하는 선박을 이용하여 운송 기타의 기업목적을 실현
할 수 있는 것이다. 타인의 선박을 이용하는 해상기업형태에는 용선계약을 비
롯하여 선박임대차가 있고, 현대적인 형태에는 타인이 의장하고 인적 조직을
갖춘 타인소유의 선박을 빌려서 이를 이용하여 해상기업을 영위하는 정기용선
계약이 있다.

(내) 실제에 있어서 선박만의 임대차보다 상법에 그 규정이 없는 **정기용선
계약**이 널리 이용되고 있는데 그 이유는 다음과 같다. 첫째, 선박소유자로서는
선박의 인적 조직이 그대로 유지되기 때문에 자기가 직접 경영하는 경우에 그
이용이 가능하고, 계약기간중에도 자기의 인적 조직을 통하여 선박의 보존과
관리가 용이하다는 이점이 있기 때문이다. 둘째, 정기용선자로서도 선박의 물
적·인적 시설에 대한 보존과 관리에 따르는 수고와 부담을 덜 수 있고 선박에

대한 수요의 증감에 적응할 수 있다는 장점이 있기 때문이다.

3) 정기용선계약

(가) 의   의   a) 정기용선계약은 선박소유자 또는 임차인이 용선자에게 선원이 승무하고 항해장비를 갖춘 선박을 일정한 기간 동안 항해에 사용하게 할 것을 약정하고 용선자가 이에 대하여 기간으로 정한 용선료를 지급할 것을 약정함으로써 그 효력이 생긴다($^{상}_{842}$).

b) 광의의 정기용선계약에는 일정한 기간에 걸쳐 운송을 약속하는 용선계약인 소위 기간용선계약도 포함된다고 할 수 있으나, 협의로는 일정한 **특수약관**($^{선박임차약관·선박이용}_{약관·선원사용약관 등}$)을 포괄하는 **정형약관**에 의하여 선원이 승무하고 필요한 항해장비를 갖춘 타인소유의 선박을 일정한 기간 동안 항해에 사용하게 할 것을 내용으로 하는 계약을 말한다.

c) 협의의 정기용선계약은 특수약관에 의하는 점이 순수한 운송약관에 의하는 항해용선 및 기간용선과 다르고, 선박을 점유이전에 의하여 직접 점유하나 선원의 임면권이 선주에게 있는 선체용선과 다르다.

(나) 법적 성질   정기용선계약의 법적 성질에 대하여는 다음과 같은 학설의 대립이 있다.

a) 운송계약설($^{용선계}_{약설}$)   정기용선계약은 순수한 운송계약인 **용선계약**의 일종이라고 한다[$^{鄭(희)}_{513}$']. 그리하여 해상기업의 주체는 선박소유자이며 용선자는 운송을 선박소유자에 대하여 청구할 수 있는 운송의뢰인에 불과하므로, 정기용선자는 제 3 자에 대하여 상법 제850조 제 1 항의 책임을 지지 않는다고 한다.

b) 금반언설   정기용선계약의 경우에 내부관계에 있어서는 운송계약이라고 하여 운송계약설과 같은 입장이지만, 외부관계에 있어서는 제 3 자가 정기용선자를 선박소유자로 믿고 행위한 때에는 금반언의 원칙에 따라 정기용선자는 제 3 자에 대하여 선박소유자로서의 책임을 진다고 한다.

c) 혼합계약설   정기용선계약은 선박임대차계약과 노무공급계약의 혼합계약이라고 하는데 이것이 타당한 입장으로 **다수설**이고[$^{동: 徐(돈), 519; 孫(주),}_{768; 金(容), 123}$] 일본판례의 입장이다. 그 결과 정기용선자는 상법 제850조 제 1 항에 의하여 제 3 자에 대하여 운송으로 인한 모든 책임을 지게 된다.

(다) 효   력   이하의 효력에 관한 규정은 개정상법(1991)에 의하여 신설된 것인데 이는 종래의 약관에 의한 해운실무를 반영시킨 것이다.

a) 상법상의 선장지휘권   정기용선자는 약정한 범위 안의 선박의 사용을 위하여 선장을 지휘할 권리가 있다($^{상}_{843\,I}$). 선장·해원 기타 선박사용인이 정기용선자의 정당한 지시에 위반하여 정기용선자에게 손해가 발생한 경우에는 선박소유자가 배상책임을 진다($^{동조}_{II}$).

b) 선박소유자의 유치권 등   정기용선자가 선박소유자에게 용선료·체당금 기타 계약에 의한 채무를 이행하지 않는 경우에는 정기용선자가 운송물에 관하여 약정한 용선료 또는 운임의 범위 내에서 선박소유자는 유치권 및 경매권을 갖는다($^{상\ 807\ II,}_{844\ I,\ 880}$). 그러나 선박소유자는 정기용선자가 발행한 선하증권의 선의취득자에게 대항하지 못한다($^{상\ 844}_{I\ 단}$). 선박소유자의 운송물에 대한 권리는 정기용선자가 운송물에 관하여 약정한 용선료 또는 운임의 범위를 넘어서 이를 행사하지 못한다($^{상}_{844\,II}$).

c) 용선료의 지급해태

aa) 선박소유자의 계약해제·해지권   정기용선자가 약정기일에 용선료의 지급을 해태한 때에는 선박소유자는 계약을 해제 또는 해지할 수 있다($^{상}_{845\,I}$). 선박소유자가 선박의 항해중에 계약을 해제 또는 해지한 때에는 선박소유자는 적하이해관계인에 대하여 정기용선자와 동일한 운송의무가 있다($^{동조}_{II}$). 이는 정기용선계약이 해지된 경우에 선박소유자가 임의로 적하처분을 할 수 없도록 함으로써 적하이해관계인을 보호하기 위한 규정이라고 할 수 있다.

bb) 질권설정의 의제   선박소유자가 계약의 해제 또는 해지 및 운송계속의 뜻을 이해관계인에게 서면통지를 한 때에는 선박소유자의 정기용선자에 대한 용선료·체당금 기타 정기용선계약상의 채권을 담보하기 위하여 정기용선자가 적하이해관계인에 대하여 가지는 용선료 또는 운임의 채권을 목적으로 질권을 설정한 것으로 본다($^{상}_{845\,III}$).

d) 채권의 소멸   정기용선계약에 관하여 발생한 당사자간의 채권은 선박이 선박소유자에게 반환된 날부터 2년 내에 재판상 청구가 없으면 소멸한다($^{상}_{846\,I}$). 이 기간은 제척기간이다. 그러나 이 기간은 당사자의 합의에 의하여 연장할 수 있다($^{동조\ 동항}_{단,\ 814\ I}$). 이 기간을 단축하는 선박소유자와 용선자의 약정은 이를 운송계약에 명시적으로 기재하지 않으면 그 효력이 없다($^{상\ 846}_{840\ II,}$).

4) 정기용선자의 지위

㈎ 내부관계   정기용선자와 선박소유자와의 관계는 당사자간의 자유로운 특약으로 정해진다. 그러나 특약이 없는 때에는 해상관습에 의하고, 여기

에도 없는 것은 민법의 임대차에 관한 규정에 의하여야 할 것이다.

(내) 외부관계　　정기용선계약은 선박의 선체용선과 유사하므로, 정기용선자의 제 3 자에 대한 외부관계에 대하여도 선체용선에 관한 상법 제850조의 규정이 적용된다고 본다[동; 徐(돈),519~520]. 아울러 선박소유자의 책임제한에 관한 규정(769, 상770)이 적용되어야 할 것이다. 즉 정기용선자는 선박소유자와 동일한 권리·의무가 있다[서울民地 90. 8. 23, 892 가합 48654].

[638] 제 3 船舶所有者의 責任制限

(1) 총　　설　　해상기업의 경영에 있어서는 위험의 발생률이 높기 때문에 중세의 Commenda 이래로 각국에서는 해상기업의 유지와 발전을 도모하기 위하여 해상기업활동에 수반되는 채무에 대하여 선박소유자의 책임을 제한하는 제도가 발전하여 왔다.

(2) 책임제한제도의 근거　　일반원칙인 무한책임의 예외로서 해상기업의 주체에 대하여 유한책임을 인정하는 이론적인 근거는 다음과 같다. 첫째로 선장에게 광범위한 대리권이 인정되고 있다는 점, 둘째로 선박이 항해중에는 선장과 선원에 대한 지휘·감독이 사실상 곤란하다는 점, 셋째로 해상기업은 위험의 발생률이 높고 위험의 정도도 무한책임을 부담할 수 없을 정도로 크다는 점 등이 지적되고 있다.

(3) 통일조약

1) 1924년의 책임제한조약(병용주의)　　선박소유자의 책임제한에 관한 1924년의 통일조약은 병용주의의 입장으로서 선가책임주의를 원칙으로 하여 금액책임주의의 재산손해에 관한 부분을 가미한 것이라고 할 수 있다. 즉 물적 손해에 대한 배상책임은 해산을 한도로 하는 선가책임주의를 원칙으로 하되, 일정한 채무에 대하여는 금액책임주의에 의하는 것이다.

2) 1957년의 책임제한조약(금액책임주의)　　이 조약은 1924년의 조약을 수정하여 영국의 입장인 금액책임주의로 일원화시키고 선주책임제한의 절차로서 제한기금의 형성 및 분배에 관한 규정을 두었다. 이 조약은 이후 영국(1958)·프랑스(1967)·독일(1972)·일본(1975, 1982 개정) 등에서 국내법화하였으며, 20개국 이상이 비준함으로써 1966년에 발효하였다.

3) 1976년의 책임제한조약　　(가) 1957년의 통일조약이 성립한 이후에

화폐가치의 하락에 따르는 책임한도액의 인상과 선박을 사용하지 않고 구조활
동을 하는 구조자 등의 책임제한이 필요하다는 주장에 따라 국제해사위원회는
1974년 초의 함부르크회의를 거쳐 1976년 11월에 런던에서 개최된 정부간해
사협의기구에서는 1957년의 통일조약의 보완을 목적으로 하는 해사채권책임제
한조약(Convention on Limitation of Liability for Maritime Claims)을 성립시켰다.

　(나) 이 조약의 특징은 책임한도액을 새로 책정한 것과 **물적 손해와 인적**
손해를 분리하여 그 기금을 별도로 설정토록 하였으며, **책임제한의 배제사유**
를 고의 또는 이에 준하는 중대한 과실이 있는 경우로 한정시켰다는 점이다.

　4) 상법의 입장　　(가) 종래에 우리 상법은 구법상의 위부주의($^{의상\ 690}_{이하}$)
를 수정하여 1924년의 통일조약에 따라 선가책임주의와 금액책임주의를 병용
하고 있었다. 즉 구상법 제746조는 선박소유자의 책임제한에 관하여 해산(海
産)의 가액을 한도로 하여 인적 책임을 지는 것으로 함과 동시에, 본조 1호에
서 5호까지의 채무에 대하여는 동법 제747조에서 그 책임을 금액으로 한정시
키고 있었다.

　(나) 해상법개정의 논의가 본격적으로 시작된 1980년에는 순서적으로 1957
년의 통일조약을 수용하기로 한 바 있었으나, 다시 주요제국($^{프랑스·스페인·스칸디나}_{비아\ 3국·일본·독일\ 등}$)
들이 1976년의 책임제한조약을 비준하여 1986년에 동 조약이 발효함으로써
우리 나라도 국제적 추세에 따르기 위하여 동 조약에 따라 해상법을 개정하기
로 방침을 변경하여 상법의 개정이 이루어졌다.

[639]　제4　商法上의 責任制限制度

Ⅰ. 책임제한의 주체

　(1) **총　설**　　책임제한을 주장할 수 있는 자는 선박소유자이다($^{상}_{769}$).
여기에는 자선의장자를 비롯하여 국유·공유선박뿐만 아니라 비영리선박의 소
유자도 포함된다. 상법(1991)은 1957년의 통일조약과 1976년의 책임제한조약
에 따라 책임제한의 주체의 범위를 확대하였다.

　(2) **책임제한권자**

　1) 선박소유자 등　　(가) 책임제한의 주체는 첫째로, 선박소유자($^{상}_{769}$)·
선체용선자·선박관리인 및 선박운항자 등이다. 용선자에는 정기용선·항해용
선·기간용선·전부 또는 일부용선의 용선자를 포함한다. 이 밖에도 선박공유

의 경우 선박관리인 및 선박소유자 등이 합명회사 또는 합자회사인 경우 그 회사의 무한책임사원도 책임제한의 주체가 된다. 또한 자기의 행위로 인하여 선박소유자 등이 책임을 지는 경우에 그 행위자인 선장·해원·도선사 기타 사용인 또는 대리인도 책임제한의 주체가 된다($^{상}_{774\,1}$).

(내) 사용인 등도 책임제한의 주체로 한 것은 이들이 행위자로서 또는 감독자로서 손해배상책임을 지는 경우에 이들에게 책임제한권을 인정하지 않게 되면, 채권자는 선박소유자 등에 대하여 그들의 책임제한한도 내에서 손해배상을 청구하고 사용인 등에 대하여는 전액의 배상을 청구하게 되어 부당하고, 선주들이 사실상 이러한 불리한 결과를 떠맡게 될 우려가 있기 때문이다.

2) 구 조 자　　구조자는 선박을 사용하여 구조활동을 하는 자뿐만 아니라 선박을 사용하지 않은 구조자와 피구조선에서 구조활동을 한 자도 여기에 포함한다($^{상}_{775}$).

3) 보 험 자　　1976년의 조약에서는 보험자도 책임제한의 주체에 포함시키고 있다($^{동조약}_{1\,Ⅶ}$). 그러므로 조약에 의하여 책임제한이 인정되는 채권에 대한 책임을 인수한 보험자는 피보험자와 동일한 범위 내에서 책임제한을 주장할 수 있다. 이 경우에 보험자는 피보험자와 동일한 범위 내에서만 책임제한의 주체가 되므로 피보험자의 책임제한이 조각되는 채권($^{상\,769}_{단\,참조}$)에 대하여는 책임제한이 인정되지 않는다.

2. 책임제한이 인정되는 채권

(1) 총　　설　　1) 1976년의 책임제한조약은 1957년의 조약과 마찬가지로 침몰선 등 난파물 제거채권과 난파선의 화물제거 등으로 인한 채권($^{동조약}_{2\,1\,(d)·(e)}$)을 제한채권에 포함시키고 있으나, 우리 상법은 동 규정의 적용을 배제할 수 있는 유보조항($^{동조약}_{18\,1}$)에 따라 이를 제한채권에서 제외시켰다. 이를 제외시킨 이유는 예컨대 외국선박이 우리 영해에서 침몰한 경우 이를 국고의 부담으로 제거한 후 외국선박의 소유자로부터 충분한 손해배상을 받을 수 있도록 하기 위한 것이다.

2) 개정상법(2007) 제769조에서는 선박소유자는「청구원인의 여하에 불구하고」제한채권에 대하여 책임제한을 할 수 있다고 규정하고 있는데, 이는 책임의 원인이 계약에 기하든 나아가 과실에 관계 없이 무과실책임원리에 기하든 모두 책임제한의 대상이 됨을 의미한다. 그러므로 **불법행위**를 원인으로

하는 채권도 책임제한의 대상이 된다($\begin{smallmatrix}大\ 95.6.5,\\ 95\ 마\ 325\end{smallmatrix}$).

(2) 일반제한채권　　　상법 제769조에서 열거하고 있는 책임제한의 대상이 되는 채권은 다음과 같다.

1) 선박에서 또는 선박의 운항에 직접 관련하여 발생한 사람의 사망, 신체의 상해 또는 그 선박 이외의 물건의 멸실 또는 훼손으로 인하여 생긴 손해에 관한 채권($\begin{smallmatrix}동조\\(1)\end{smallmatrix}$)　　　(가) 채권은 선박에서 또는 선박운항과 직접적으로 관련된 인적·물적 손해에 의하여 발생한 것이어야 한다($\begin{smallmatrix}1976년\ 조\\약\ 2\ Ⅰ\ (a)\end{smallmatrix}$). 이에 의하면 선박 외에서 생긴 손해는 선박의 운항에 직접 관련하여 생긴 것만이 여기에 포함된다. 또한 선박에서 생긴 손해도 선박의 운항에 직접 관련하여 생긴 손해에 한정된다고 할 것이다. 그 때문에 어선상에서 어로작업에 의하여 생긴 손해는 운항에 직접 관련하여 생긴 손해라고 할 수 없다.

(나) 이 경우에 책임제한이 인정되는 채권은 선박에서 생긴 손해로 인한 채권 또는 선박 외이지만 선박의 운항과 관련하여 생긴 손해로 인한 채권뿐만 아니라 이로 인하여 생긴 기타의 간접손해로 인한 채권을 포함한다고 본다($\begin{smallmatrix}1976년\ 조\\약\ 2\ Ⅰ\ (a)\end{smallmatrix}$). 그러므로 예컨대 선박을 건선거(乾船渠, dry dock)에 묶던 중에 선박소유자의 육상직원에 의하여 손해가 발생하였더라도 그 직원의 행위가 선박의 운항과 직접 관련이 있는 때에는 선박소유자는 책임제한을 주장할 수 있다.

2) 운송물, 여객 또는 수하물의 운송의 지연으로 인하여 생긴 손해에 관한 채권($\begin{smallmatrix}동조\\(2)\end{smallmatrix}$)　　　운송물의 연착으로 인한 손해는 선박소유자의 책임원인이 되지만($\begin{smallmatrix}상\ 794,\\795\end{smallmatrix}$) 종래에는 책임제한이 인정되지 않았다($\begin{smallmatrix}구상(1991\ 이\\전)\ 746\ 참조\end{smallmatrix}$). 그러나 1991년의 개정상법에서는 1976년 조약과 같이 책임제한채권으로 하였다($\begin{smallmatrix}동조약\ 2\ Ⅰ\ (b);\\함부르크규칙\ 5\\조\end{smallmatrix}$). 이 경우의 손해도 선박의 운항에 직접 관련하여 발생한 것이어야 한다.

3) 1) 및 2) 이외에 선박의 운항에 직접 관련하여 발생한 계약상의 권리 이외의 타인의 권리의 침해로 인하여 생긴 손해에 관한 채권($\begin{smallmatrix}동조\\(3)\end{smallmatrix}$)　　　1976년 조약의 초안자는 제한의 범위를 비계약상의 권리로 한정하였다. 예컨대 어떤 선박이 개항질서법 등 법령에 기한 권리로 입항·정박하기를 원하는데 다른 불법선박의 존재로 차단되어 그로 인하여 물리적이 아닌 경제적인 손실을 입은 경우이다. 침해되는 비계약상의 권리의 법적 성질과 침해로 야기되는 법적 책임의 성질이 상법 제769조의 「청구원인의 여하에 불구하고」라는 의미와 관련된 것은 아니다. 선박의 운항과 관련하여 발생하는 불법행위청구권은 이미 1), 2)에서도 포함되어 있기 때문이다. 여기에는 선박의 운항에 직접 관련하여 어업

권이나 다른 선박 내의 매점의 영업권을 침해하는 경우의 손해가 포함된다.

4) 1), 2), 3)의 원인이 된 손해를 방지 또는 경감하기 위한 조치에 관한 채권 또는 그 조치의 결과로 인하여 생긴 손해에 관한 채권($\frac{동조}{(4)}$)   1), 2), 3) 의 경우에 손해는 가해행위에 의하여 생긴 직접손해이지만 이 경우에 손해란 직접손해에 대한 방지조치로 인하여 생긴 손해를 말한다. 그러므로 이 손해는 직접손해와 상당인과관계가 있어야 한다. 이 경우에 책임제한이 인정되는 채권은 조약에 의하여 그 책임이 제한될 수 있는 손해의 방지와 경감을 위한 비용에 대한 제 3 자의 청구권을 말한다.

5) 반대채권의 공제   (가) 선박소유자가 책임의 제한을 받는 채권자에 대하여 동일한 사고로 인하여 생긴 손해에 관한 채권을 갖는 경우에는 그 채권액을 공제한 잔액에 한하여 책임제한을 받는 채권으로 한다($\frac{상}{771}$). 이 규정은 1976년 조약 제 5 조를 수용한 것이고 1957년 조약 제 1 조 제 5 항과 같은 것이다. 이는 조약에서 정한 책임최고한도액 이상, 즉 채권자에 대한 채무자의 반대채권만큼 책임이 확대되는 것을 의미한다. 그 결과 다른 채권자가 있는 경우에 그 채권자의 배당비율이 낮아지는 것을 방지할 수 있는 실익이 있다.

(나) 이상의 손해 중 1), 2), 3)의 손해는 모두 선박의 운항에 직접 관련하여 생긴 손해로서 항해활동에 의해서 생긴 손해라고 할 수 있다. 그러나 4)의 손해는 1), 2), 3)의 손해에 대한 방지조치로 생긴 것이기 때문에 이는 항해활동에 의해서 생긴 손해라고는 할 수 없다.

(3) 구조자 등의 제한채권   1) 구조자 또는 그 피용자의 구조활동과 직접 관련하여 발생한 사람의 사망·신체의 상해, 재산의 멸실이나 훼손, 계약상 권리 외의 타인의 권리의 침해로 인하여 생긴 손해에 관한 채권 및 그러한 손해를 방지 혹은 경감하기 위한 조치에 관한 채권 또는 그 조치의 결과로 인하여 생긴 손해에 관한 채권에 대하여는 제769조 내지 제774조($\frac{제769조\ 2호\ 및}{제770조1항\ 1호를}$ $\frac{}{}$제외한다)의 규정에 따라 구조자도 책임을 제한할 수 있다($_{775}\frac{상}{}I$).

2) 여기서 "구조자"라 함은 구조활동에 직접 관련된 용역을 제공한 자를 말하며, "구조활동"이라 함은 해난구조 시의 구조활동은 물론 침몰·난파·좌초 또는 유기 그 밖의 해양사고를 당한 선박 및 그 선박 안에 있거나 있었던 적하 그 밖의 물건의 인양·제거·파괴 또는 무해조치 및 이와 관련된 손해를 방지 또는 경감하기 위한 모든 조치를 말한다($_{775}\frac{상}{}Ⅳ$).

3) 구조활동을 선박으로부터 행하지 아니한 구조자 또는 구조를 받는 선

박에서만 행한 구조자는 상법 제770조의 규정에 의한 책임의 한도액에 관하여
1천5백톤의 선박에 의한 구조자로 본다($_{775}^{\text{상}}$ Ⅱ). 그리고 구조자의 책임의 한도
액은 구조선마다 또는 상법 제775조 제 2 항의 경우에는 구조자마다 동일한 사
고로 인하여 생긴 모든 채권에 미친다($_{775}^{\text{상}}$ Ⅲ). 그러나 선박소유자 등의 경우에
인정되는 운송물·여객 또는 수하물의 운송의 지연으로 인하여 생긴 손해에
관한 채권($_{769(2)}^{\text{상}}$)은 구조자의 경우에는 준용될 여지가 없다고 본다. 반대로 상
법에서는 1976년의 조약과는 달리 침몰선 등 난파물제거에 대한 채권을 유보
조항에 따라 제한채권에서 제외시키고 있으나, 이와 같은 채권도 구조자의 구
조활동으로서 난파물 제거조치와 직접 관련하여 생긴 손해에 기한 때에는 제
한채권에 포함된다는 점을 유의하여야 한다.

　(4) 입증책임　　　입증책임에 대하여는 상법이나 1976년의 조약에서도
아무런 규정을 두고 있지 않다. 그러므로 일반원칙에 따라 책임을 제한하고자
하는 선박소유자 등은 그 채권이 상법 제769조에 해당하는 채권이라는 점을
입증하여야 한다. 그리고 채권자가 선박소유자 등의 무한책임을 주장하려면
그 채권이 상법 제769조 단서 또는 제773조에 해당하는 채권이라는 것을 입증
하여야 한다.

3. 책임제한의 조각사유

　(1) 책임제한이 인정되는 채권이라도 선박소유자 자신의 고의 또는 손해발
생의 염려가 있음을 인식하면서 무모하게 한 행위 또는 부작위로 인하여 생긴
손해에 관한 것인 때에는 책임제한이 인정되지 않는다($_{769}^{\text{상}}$ 단). 상법에서 이와
같은 규정을 두고 있는 것은 선박소유자 등의 책임제한의 취지는 해상활동을
선박소유자 등이 직접 감독·지휘할 수 없다는 점을 고려하여 인정한 제도이므
로 손해의 발생에 대하여 선박소유자 등에게 고의 등이 있는 때에도 책임제한
을 인정하는 것은 타당하지 않기 때문이다.

　(2) 책임제한의 조각사유는 선박소유자의 행위 또는 부작위가 있는 경우에
인정되므로 선장 등 선박소유자나 용선자의 피용자의 작위 또는 부작위에 의
하여 손해가 발생한 경우는 선박소유자는 책임제한을 주장할 수 있다[大 $^{95.6.5,}_{95\text{ 마 }325}$].

　(3) 선주 등이 법인인 경우에는 대표기관의 구성원, 즉 주식회사의 경우에
는 대표이사의 고의, 그리고 인적회사의 경우에는 대표권이 있는 무한책임사
원의 고의 등은 선박소유자의 고의 등과 동일시된다.

(4) 여기서 「손해발생의 염려가 있음을 인식하면서 무모하게 한 행위 또는 부작위」란 손해발생의 가능성을 인식하면서 감히 하는 행위, 즉 그러한 인식에 역행하면서 감행한 행위라고 해석하고 있으며(李(균)'₁₂₅), 이는 고의에 준하는 중과실에 해당하고, 그 입증책임은 피해자인 청구권자에게 있다(1976년조 약 4 참조). 그러나 사실상 청구권자가 선박소유자의 고의 등의 행위에 의하여 손해가 발생하였다는 입증을 한다는 것은 기대할 수 없기 때문에 책임제한이 조각되는 경우는 드물 것이므로 선박소유자는 현저하게 유리한 지위에 있게 된다. 이와 같이 조각사유를 엄격하게 제한한 것은 선박소유자의 책임한도액을 인상한 데에 대한 반대급부를 해운업자에게 주기 위한 것으로 풀이된다[金炫(미국워싱턴 大), 1990, 287].

(5) 종래에는 선박소유자 등의 과실이 있는 경우에도 책임제한이 인정되지 않았으나(구상(1991 이 전) 748(1)), 1991년 개정상법은 1976년의 조약을 수용하여 책임제한이 인정되지 않는 채권의 범위를 축소하였다.

4. 책임의 한도

(1) **총   설**   1) 제한채권에 대하여는 일정한 금액을 한도로 책임제한이 인정되는데, 상법은 1976년의 조약과 같이 책임의 한도액을 크게 인상하였고, 인적(여객· 비여객) 손해나 물적 손해에 대하여 각기 책임한도액을 법정하고 있는데(상 770 ₁ (1)~(3)), 각 책임한도액은 선박마다 동일한 사고에서 생긴 각 책임한도액에 대응하는 선박소유자에 대한 모든 채권에 미친다(동조). 즉 동일 종류의 한도액에서 변제받는다.

2) 비여객(非旅客) 인적 손해와 물적 손해에 대한 책임한도액의 비율은 대략 2:1이라고 할 수 있다[1242면, 1243면 [표 1, 2] 참조]. 이는 종래에 인적·물적 손해가 경합할 때에 책임한도액을 톤당 3,100프랑으로 하고 이 중 2,100프랑을 인적 손해에 배분하고 나머지 1,000프랑은 물적 손해에 배분토록 한 1957년의 조약과 이와 유사하게 규정하고 있었던 1924년의 조약의 전통을 그대로 따른 것으로서, 재산보호보다 인명보호에 더 우선적 배려를 한 것이라고 할 수 있다.

3) 1976년의 조약에서는 인적 손해에 의한 청구권을 침해하지 않는 범위내에서 국내법에 따라 항의 구조물, 정박시설, 수로 또는 항로시설에 관한 채권이 물적 손해로 인한 채권에 우선한다는 정함을 할 수 있다고 규정하였는데(동조약 6Ⅲ), 상법에서는 이에 관하여 아무런 정함을 하지 않았다. 조약에서 이러

한 정함을 국내법에 의하여 할 수 있다는 유보조항으로 한 이유는 각 국내법에 따라서는 이러한 공적 시설물에 대한 침해는 전혀 책임제한이 될 수 없는 성질의 것이라는 주장에 따른 것이라고 한다.

4) 책임한도액의 산출의 기초가 되는 선박의 톤수는 국제항해에 종사하는 선박의 경우에는 선박법에서 규정하는 국제총톤수로 하고 그 밖의 선박의 경우에는 동법에서 규정하는 총톤수로 한다($\frac{상}{772}$). 이 경우에 국제 총톤수는 그 측정방법을 국제적으로 통일하기 위하여 성립한 1969년의「선박톤수 측정에 관한 국제조약」및 부속서에 따라 주로 국제항해에 취항하는 선박의 크기를 표시하는 지표라고 할 수 있다($\frac{선박 3 I (1);}{1976년 조약 6 V}$). 그리고 국내항간에만 운항하는 선박은 선박소유자의 책임한도액을 총톤수에 의하여 산정한다($\frac{선박부칙}{3}$). 이 경우에 총톤수란 우리 나라의 해사에 관한 법령의 적용에 있어서 선박의 크기를 나타내기 위하여 사용되는 지표를 말한다($_{3 I (2)}^{선박}$).

5) 책임한도액의 계산단위는 변동이 적은 국제통화기금(IMF)의 특별인출권(Special Drawing Right; SDR)으로 하였다($\frac{상 770 V;}{1976년 조약 8 I}$). 상법에서는 계산방법에 대하여는 아무런 규정을 두고 있지 않으나, 1976년의 조약에 의하여 책임한도액을 정함에 있어서 그 금액은 책임제한기금이 형성되는 날·변제되는 날 또는 국내법에 따라 변제에 상당하는 담보가 제공되는 날의 그 통화가치에 따라 책임제한 주장이 있는 국가의 국내통화로 환산된다. 국제통화기금의 가맹국인 당사자의 특별인출권에 의하여 환산되는 국내통화의 가치는 국제통화기금의 취급과 거래에 관하여 당해 일자에 시행되고 있는 기금사용의 평가방법에 따라 계산한다. 그러나 국제통화기금의 가맹국이 아닌 당사국의 특별인출권으로 환산되는 통화가치는 그 당사국이 결정하는 방법에 의하여 계산한다($\frac{동조약}{8 I}$).

(2) 책임한도액

1) 여객의 손해에 대한 한도액 (가) 여객의 손해에 대한 채권은 여객의 보호를 위하여는 비제한채권이 되어야 할 것이나, 1974년에 성립한 해상여객 및 수하물운송에 관한 아테네조약에서 이러한 채권에 대하여도 선주책임제한 조약이 적용된다고 한 것과 관련하여 제한채권에 포함시킴과 동시에 총체적 책임한도액만을 정하여 책임보험의 부보를 용이하게 하였다. 여객의 사망 또는 신체의 상해로 인한 손해에 관한 채권에 대한 책임의 한도액은 그 선박검사증서에 기재한 여객의 정원에 17만 5천계산단위($\frac{국제통화기금의 1특별인}{출권에 상당하는 금액}$)를 곱하여

얻은 금액으로 한다($\frac{상}{1}\frac{770}{(1)}$). 이는 1976년 선주책임조약에 대한 1996년의 개정 의정서의 수준으로 여객운송인의 책임을 상향조정한 것이다.

(내) 이 경우에 46,666계산단위라는 산출기준은 1974년의 「해상여객과 수 하물운송에 관한 아테네조약」상의 여객 1인당 개별적 책임한도액을 수용한 것이다. 즉 상법에서는 1976년의 조약과 같이 총체적 책임한도액만 규정하고 있을 뿐 개별적 책임한도액은 정하지 않았다. 상법은 위 조약의 유보조항에도 불구하고 300톤 이하의 소형선박의 책임한도액을 별도로 정하지 않고 있다.

(대) 물적 손해나 비여객의 인적 손해에 대한 책임한도액이 선박의 톤수에 따라 정해지는 것과는 달리 여객의 손해에 대한 책임한도액은 여객의 운송능 력에 따라 정해진다는 점이 다르다. 즉 선박검사증서에 기재된 여객의 원수를 기준으로 하여 계산하는 것을 원칙으로 한다. 그러므로 사고가 발생한 경우에 실제로 승선한 여객의 원수를 기준으로 하지 않는다. 그런데 여객의 정원이 선 박검사증서에 기재되고 있지 않은 때에는 책임한도액의 상한선인 2,500만 계 산단위에 상당한 금액을 책임한도액으로 하여야 할 것이다. 이 책임한도액의 상한선인 2,500만 계산단위에 상당하는 금액은 대략 200명 정원에 46,666계산 단위를 곱한 금액에 해당한다. 즉 이는 정원이 200명 이상인 경우라도 항상 책임한도액은 이 금액을 초과할 수 없음을 의미한다.

2) 비여객의 인적 손해에 대한 한도   (가) 여객 이외의 사람의 사망 또

[표 1] 인적(비여객) 손해

선박의 톤수	책임한도액
300톤 미만	167,000계산단위
300톤~500톤	333,000계산단위
500톤 초과~ 3,000톤	333,000계산단위＋(초과톤당×500계산단위)
3,000톤 초과~ 30,000톤	3,000톤에 관한 책임제한액＋ (초과톤당×333계산단위)
30,000톤 초과~ 70,000톤	30,000톤에 관한 책임제한액＋ (초과톤당×250계산단위)
70,000톤 초과	70,000톤에 관한 책임제한액＋ (초과톤당×167계산단위)

는 신체의 상해로 인한 손해에 관한 채권에 대한 책임의 한도액은 그 선박의
톤수에 따라서 i) 500톤 이하의 선박의 경우에는 333,000계산단위에 상당하는
금액, ii) 500톤을 초과하는 선박의 경우에는 i)의 금액에 500톤을 초과하여
3천톤까지의 부분에 대하여는 매 톤당 500계산단위, 3천톤을 초과하여 3만톤
까지의 부분에 대하여는 매 톤당 333계산단위, 3만톤을 초과하여 7만톤까지
의 부분에 대하여는 매 톤당 250계산단위 및 7만톤을 초과한 부분에 대하여
는 매 톤당 167계산단위를 각 곱하여 얻은 금액을 순차로 가산한 금액을 한도
액으로 한다($\frac{상}{I}\frac{747}{(2)}$). 그러나 300톤 미만의 선박의 경우에는 167,000계산단위에
상당하는 금액으로 한다($\frac{상}{(2)}\frac{770}{단}I$). 이는 영세한 선박소유자를 보호한다는 데에
입법취지가 있으나 선원 등 피해자의 보호라는 측면에서는 책임한도액이 근소
한 점이 없지 않다.

　　(나) 비여객의 인적 손해에 대한 책임한도액($\frac{상}{770}I_{(2)}$)이 채권의 변제를 위하
여 부족한 때에는 물적 손해를 위한 한도액($\frac{동조}{I(3)}$)을 그 잔액채권의 변제에 충
당한다($\frac{동조}{IV①}$). 인적 손해만 발생한 경우도 같다. 그런데 동일한 사고에서 물적
손해에 의한 채권도 발생한 때에는 이 채권과 인적 손해의 잔액채권은 물적
손해의 책임한도액에 대하여 각 채권액의 비율로 경합한다($\frac{동조}{IV②}$).

　　3) 물적 손해에 대한 한도　　　인적 손해 이외에 물적 손해가 발생한 경
우에는 선박의 톤수에 따라 i) 500톤 이하의 선박의 경우에는 167,000계산단
위에 상당하는 금액, ii) 500톤을 초과하는 선박의 경우에는 i)의 금액에 500
톤을 초과하여 3만톤까지의 부분에 대하여는 매 톤당 167계산단위, 3만톤을

[표 2] 물적 손해

선박의 톤수	책임한도액
300톤 미만	83,000계산단위
300톤~500톤	167,000계산단위
500톤 초과~30,000톤	167,000계산단위 + (초과톤당×167계산단위)
30,000톤 초과~70,000톤	30,000톤에 관한 책임제한액 + (초과톤당×125계산단위)
70,000톤 초과	70,000톤에 관한 책임제한액 + (초과톤당×83계산단위)

[표 3] 해난구조자의 책임한도액

구조선에 의한 구조자		기타 구조자	
인적(비여객) 손해	물적 손해	인적(비여객) 손해	물적 손해
1237면 표 1 참조	1238면 표 2 참조	333,000계산단위＋ (500계산단위×1,000톤) ＝833,000계산단위	167,000계산단위＋ (167계산단위×1,000톤) ＝334,000계산단위

초과하여 7만톤까지의 부분에 대하여는 매 톤당 125계산단위 및 7만톤을 초과한 부분에 대하여는 매 톤당 83계산단위를 각 곱하여 얻은 금액을 순차로 가산한 금액을 한도액으로 한다($\frac{\text{상}}{(3)}\frac{770}{\text{본}}$ I). 그러나 300톤 미만의 선박의 경우에는 83,000계산단위에 상당하는 금액으로 한다($\frac{\text{동조 동항}}{\text{동호 단}}$).

　4) 구조자의 책임한도　　　⑷ 구조선에 의한 구조자는 선박톤수를 기준으로 산출한 금액의 책임을 진다($\frac{\text{상}}{770}\frac{775}{\text{I}}$·). 즉 이 경우는 일반적인 책임한도액이 적용된다. 그러나 구조활동을 구조선으로 하지 않은 구조자 또는 구조활동을 피구조선에서만 행한 구조자는 1,500톤의 선박을 사용한 구조자로 인정하여 한도액을 산출한다($\frac{\text{상}}{775}$ Ⅱ). 이 경우에는 책임한도액의 계산을 위한 선박의 톤수가 존재하지 않기 때문이다. 이러한 기준은 일반적인 구조선박의 크기를 고려한 것이다. 이 경우에도 인적 손해로 인한 채권과 물적 손해로 인한 채권이 병존하는 경우에 변제충당비율과 인적 손해에 대하여 변제에 부족한 잔액채권의 물적 손해의 책임한도액에 의한 충당문제는 일반적인 책임제한의 문제와 같다.

　⑷ 복수의 구조선이 책임을 지는 경우에는 구조선마다 한도액을 산출하고 구조선을 사용하지 않은 복수의 구조자가 책임을 지는 경우에는 구조자마다 1,500톤의 구조선을 사용한 구조자의 한도액을 산출하고 이 한도액들은 동일한 사고로 인하여 생긴 모든 채권에 미친다($\frac{\text{상}}{775}$ Ⅲ).

　5. 책임제한의 배제

　상법은 선박소유자 등의 책임제한이 인정되지 않는 채권을 손해의 종류 또는 발생원인에 따라 다음과 같이 열거하고 있다($\frac{\text{상}}{773}$).

(1) 선장, 해원 기타의 사용인으로서 그 직무가 선박의 업무에 관련된 자 또는 그 상속인, 피부양자 기타의 이해관계인의 선박소유자에 대한 채권($_{773(1)}^{상}$)

1) 이는 선장·해원 기타 선박사용인의 인적 손해로 인한 채권 또는 고용 계약으로 인한 채권으로서 이러한 채권은 사회정책적으로 보호되어야 하므로 책임제한을 인정하지 않는다($^{구상(1991\ 이전)\ 748}_{(3),\ 750\ III\ 참조}$)($^{大\ 71.3.30,}_{70\ 다\ 2294}$). 여기에 속하는 채권은 첫째로 선박소유자 등의 사용인으로서 선박의 업무에 관계가 있는 자가 선박 소유자 등에 대하여 갖는 손해배상청구권, 둘째로 구조자의 사용인으로서 사용자인 구조자에 대하여 갖는 손해배상채권, 셋째로 위의 사용인의 사상에 의하여 생긴 제3자의 당해 사용인에 대한 손해배상채권을 말한다.

2) 여기서 사용인이란 선박소유자 등 또는 구조자의 지휘·감독을 받고 노무에 종사하는 자로서 보통 선박소유자 등과의 고용기간의 장단은 문제가 되지 않는다. 이 경우에 사용인은 그 직무가 선박의 업무에 관련되는 한 육상 의 직무에 종사하는 사용인을 포함한다. 그런데 사용인이 그의 감독자, 예컨대 선장에 대하여 갖는 손해배상채권은 사용인에 대한 채권이 아니므로 위의 채 권에 포함되지 않는다.

(2) 해난구조 또는 공동해손분담에 관한 채권($_{773(2)}^{상}$)   이 채권이 책임 제한채권에서 배제되는 것은 위부주위·집행주의·선가책임주의의 경우와 달 리, 금액책임주의에서는 해난구조 또는 공동해손의 경우 이익을 보는 자는 선 박소유자 등임에도 불구하고 해난구조 등으로 인한 채권을 책임제한기금에서 배당을 받도록 하는 것은 부당하기 때문이다($^{李均成,\ 「법무자}_{료」\ 57집,\ 186}$). 또한 해난구조료청 구권을 제한채권으로 하게 되면 구조자가 구조를 소홀히 할 수 있고, 또 공동 해손분담청구권에는 선박소유자 등에 대한 것 이외에 적하이해관계인에 대한 것도 있으므로 각 분담청구권은 동등하게 취급되어야 할 필요가 있기 때문이 다. 그러나 구조된 목적물의 소유자는 구조된 목적물의 가액의 범위 내에서만 책임을 진다($_{885\ I}^{상}$).

(3) 1969년 11월 29일 성립한 유류오염손해에 대한 민사책임에 관한 국제 조약 또는 그 조약의 개정조항이 적용되는 유류오염손해에 관한 채권($_{773(3)}^{상}$)
1) 유류오염손해에 대한 1969년의 민사책임조약은 유탁손해에 관한 특별조약 인데, 우리 나라도 이에 가입하여 1979년 3월 18일부터 국내적 효력이 발생하 였다. 이 조약에 의하면 책임의 주체는 등록선주이고 책임의 한도는 1톤당 133특별인출권 또는 1,400만 특별인출권 중 적은 금액이며 강제책임보험과 피

해자의 직접청구권을 보장하고 있는 것이 특징적이다.

2) 그러나 이후 경제환경의 변화에 따라 1969년 민사책임협약의 책임한 도가 비현실적이고 적용범위가 너무 제한적이라는 문제점이 제기되어 1984년 에 채택되었으나 발효되지 못한 개정의정서 내용을 일부 수정하여 1992년에 개정의정서가 채택되었으며, 이는 동년 5월 30일에 발효되었다. 1992년의 민 사책임의정서가 제정되면서 동시에 1992년에 국제기금협약 개정의정서가 제 정되었고, 이 협약도 동년 5월 30일에 발효되었다. 우리 나라는 1997년 3월 9일에 1992년에 제정된 국제기금협약에 가입하였다. 그 결과 1992년의 양 협 약을 수용하기 위하여 1997년에 유류오염손해배상보장법을 개정하였다. 일부 의 규정은 1992년의 양 협약 내용을 수정하였으나, 그 내용이 상충되는 경우 에는 신법우선의 원칙에 따라 유류오염손해보장법이 우선적으로 적용된다. 그 러나 비유조선에 의한 유류의 유출로 인한 손해는 상법의 규정에 의하여 그 책임이 제한된다($\frac{\text{상 769}}{(3),\ (4)}$).

(4) 침몰·난파·좌초·유기 기타의 해양사고를 당한 선박 및 그 선박 안에 있었던 적하 기타의 물건의 인양·제거·파괴 또는 무해조치에 관한 채권($\frac{\text{상}}{773\,(4)}$) 이는 1976년의 조약에 의하면 책임제한채권이지만($_{(d)}\frac{2}{\text{및}}\frac{1}{(e)}$), 우리 상법은 이 채 권이 해상에서의 안전이라는 공익상의 이익과 직접적으로 관련된다는 점을 감 안하여 동조약의 유보조항($^{18}_{1}$)에 따라 책임제한채권에서 배제하였다.

(5) 원자력손해에 관한 채권($\frac{\text{상}}{773\,(5)}$)   이 경우에 채권은 원자력선소유자 에 대한 채권을 말한다($\frac{\text{1976년 조약}}{3\,(d)\ \text{참조}}$).

6. 책임제한의 절차

상법에서는 1976년의 선주책임제한국제조약을 수용함을 계기로 하여 상 법 제776조에 책임제한절차에 관한 규정을 신설하였다. 그리하여 채권자로부 터 책임한도액을 초과하는 청구금액을 명시한 서면에 의한 청구를 받은 때에 는 그 책임을 제한하고자 하는 자는 1년 내에 법원에 책임제한절차개시의 신청을 하도록 하고($\frac{\text{상}}{776}$ I), 책임제한절차개시의 신청·책임제한기금의 형성· 공고·참가·배당·기타 필요한 사항은 법률로 정한다고 함으로써 ($\frac{\text{상}}{776}$ II), 상 법개정과 동시에 선박소유자 등의 책임제한절차에 관한 법률의 제정을 보게 되었다.

[事例演習]

◇ 사 례 ◇

(1) A회사 소유의 100,000톤 크기의 선박이 항구에 입항 도중 선장의 판단착오로 부두와 충돌하여 부두에서 하역작업을 하고 있던 크레인기사 2인과 그 선박에 승선하고 있던 갑판원 1명이 사망하고 부두의 대형 크레인 1대가 파손되었다. 이 선박은 B회사가 철광석을 운송하기 위하여 A로부터 용선한 것으로서 이 사고로 부두 앞에 좌초되었고, 사고해역은 침몰선으로부터 새어나온 기름으로 오염되었다. 사고당시 이 선박은 선체보험과 책임보험에 부보되어 있었다.

(2) 이 사고로 인하여 발생한 손해액은 ⓐ 크레인기사 사망배상금 각 2억원씩 4억원, ⓑ 갑판원 사망에 대한 배상금 1억원, 도합 5억원의 인적손해와, ⓒ 크레인수리비 및 수리할 때까지의 경제적 손실금 200억원, ⓓ 부두복구공사비용 20억원, ⓔ 침몰선박 및 철광석의 제거비용 10억원, ⓕ 기름오염제거비용 50억원, ⓖ 철광석 유실 손해 100억원, 합계 380억원의 물적손해를 합하여 385억원에 달하였다(이 외에도 선박의 침몰로 인한 손해가 있지만 이는 선주 자신이 입은 손해이므로 여기에서는 언급하지 않는다).

(3) B회사는 이러한 손해에 대해 모든 책임을 져야 하는가? 책임제한이 인정된다면 그 구체적인 액수와 절차는 어떻게 되는가?[상세한 해설은 徐憲濟, 商法事例演習 (최기원 외), 721면 이하 참조]

[해 설] (1) **책임제한의 주체**   이 사례에서 피해자들이 B에게 손해배상을 청구하였을 때, B(그의 책임보험자 포함)는 이 선박의 용선자에 불과하기 때문에 상법상의 책임제한을 할 수 있는가 하는 점이 문제로 되는데, 개정 전의 법에서는 그 인정 여부가 분명하지 않았으나 1991년 개정법에서는 명문으로 책임제한을 인정하고 있다.

(2) **책임제한을 할 수 있는 채권**   ⓐⓑⓒⓓⓔⓕⓖ의 손해는 전부 선박의 운항에 직접 관련하여 발생한 인적·물적 손해라고 할 수 있으므로 상법 제746조 제 1 호에 해당하여 책임제한의 대상이 된다고 할 수 있다. 다만 ⓒ 중 크레인의 파손으로 인하여 하역작업을 할 수 없어서 발생되는 경제적 손실(loss of earning)은 동조 제 3 호에 해당된다고 할 수 있다.

(3) **책임제한이 되지 않는 경우**   ⓑ의 손해는 갑판원이 B의 사용인이므로 갑판원의 사망에 대한 배상액 1억원은 상법 제748조 제 1 호의 사유에 해당되어 책임제한의 대상에서 제외된다. 이는 같

은 인적손해라도 크레인기사는 B와 고용관계에 있지 않으므로 ⓐ
가 책임제한채권이 되는 점과 다르다고 하겠다. 그리고 물적손해 중
ⓔ는 위 동조 제 4 호에 해당되어 책임제한의 대상에서 제외되는 점
은 의문이 없지만, ⓕ가 동조 제 3 호에 해당될 것인가는 문제이다.
상법상 선주책임제한이 배제되는 유류오염손해는 유조선에 한정되
기 때문에 이 사례에서와 같이 철광석운반선박의 연료유출에 의한
오염손해는 책임제한의 대상이 된다고 할 수 있다. 따라서 ⓐⓒⓓ
ⓕⓖ의 손해(합계 374억원)는 책임제한기금에서 그리고 ⓑ와 ⓔ는
별개로 청구한다.

　(4) 책임제한의 방식과 한도액　　이 사례는 인적손해와 물적손해
가 같이 생긴 경우이므로 책임한도액은 제 1 기금과 제 2 기금을 합
한 총한도액이 된다. 사고선박톤수가 100,000톤이므로 이를 계산하
면 $500 + 2,500 \times 667 + 27,000 \times 500 + 40,000 \times 375 + 30,000 \times 250 =$
38,167,500(제 1 기금　12,583,500 S.D.R.,　제 2 기금　25,584,000 S.D.R.)
이 된다. 이 중에서 제 2 기금은 인적손해인 ⓐ에 우선충당되어야
하는데, ⓐ는 4 억원에 불과하므로 이 기금에 의하여 전액 배상이
된다. 만일 인적손해가 이 금액을 초과하면 초과금액은 물적손해와
함께 제 1 기금에 경합하게 된다.

　다음 물적손해인 ⓒⓓⓕⓖ의 합계액 370억원(35,714,285 S.D.R.)
은 제 1 기금인 12,583,500 S.D.R.(132.12675억원)의 한도액으로 제
한된다.

　이를 종합하면 B는

　　ⓐ 4억원 ……………………………………………제 2 기금

　　ⓒⓓⓕⓖ 132.12675억원 …………………………제 1 기금

　　ⓑⓔ 11억원 ……………………책임제한이 되지 않는 채권
합계 147.12675억원의 배상책임이 있게 된다.

　(5) 책임제한의 절차　　이 사례에서는 ⓑⓔ채권자들은 책임제한
의 대상이 아니기 때문에 자유로 청구할 수 있고, 또 ⓐ채권은 책임
제한의 대상이 되지만 그 채권액이 책임한도액 이내이기 때문에 책
임제한절차에 상관없이 청구할 수가 있다. 그러나 ⓒⓓⓕⓖ채권 합
계액 370억원은 이 선박의 책임제한액(제 1 기금) 132억여원을 초과
하기 때문에 이들은 각자 이 비율(132/370)에 따라 경합하게 된다
($\frac{\text{상}\ 747조}{3항}$). 그리고 B는 이들 채권자들에게서 청구받은 날로부터 1 년 이
내에 법원에 책임제한절차개시의 신청을 해야 한다($\frac{\text{상}\ 752조}{1항}$). 그런데
이 규정에 의하면 선박소유자 등이 책임을 제한할 수 있기 위하여
는 책임한도액을 초과하는 청구를 받아야만 하는데, 만일 이 사례의
ⓓ와 같이 그 청구액이 책임한도액 이내인 채권자가 먼저 청구를

하였을 때는 책임제한절차의 개시신청을 할 수 없는가 하는 점이 의문으로 남는다고 하겠다. 동조의 문리해석에 따르면 이러한 경우에는 개시신청을 할 수 없다고 보여지는데, 만일 그렇다면 채권자들이 동시에 배상청구를 하지 않으면 실제적으로 책임제한을 할 수 없게 되는 사태가 발생하지 않을까 우려된다.

[640] 제 5 海上企業補助者

I. 총 설

해상기업에 있어서도 해상보조자뿐만 아니라 육상보조자가 필요하게 된다. 해상보조자에는 우선 선원으로서 선장과 해원이 있으며, 그 밖에 예선업자·도선사·적하감독인 등이 있다. 육상보조자로서는 본점·지점의 상업사용인·운송주선인·선박중개인과 선박대리점 등이 있다. 육상보조자에 관하여는 상법총칙과 상행위편이 적용되고, 해상법에서는 해상보조자 중에 선장에 관해서만 규정하고 있으며, 해원에 관하여는 사회법의 분야인 선원법에 그 규정이 있다.

2. 선 장

⑴ 총 설   선장은 특정선박에서 계속적으로 선박항행을 위하여 노무를 제공하는 사용인이다. 선박소유자 등과 선장의 내부관계에 대하여는 선원법에서 규정하고 있으나, 선장은 선박의 항행을 위하여 외부관계에 있어서는 대리권이 필요하게 된다. 그리하여 상법에서는 선장의 선임과 해임 및 선박소유자 등과 적하이해관계인 및 구조료채무자를 위한 대리권에 관하여 상세하게 규정하고 있다.

⑵ 의 의   광의에 있어서 선장이란 선박소유자 또는 선박공유자가 동시에 선장인 소유자선장을 포함하지만, 협의로는 선박소유자 또는 나용선자의 고용인으로서 특정선박의 항해를 지휘하고 또 그 대리인으로서 항해에 관한 모든 행위를 할 수 있는 법정권한이 있는 자를 말한다. 해상법에서 선장이라고 할 때에는 협의의 선장을 의미한다.

선장은 법정의 포괄적인 대리권이 있고($^{\text{상}}_{749}$), 대리권에 대한 제한으로 선의의 제 3 자에게 대항할 수 없다는 점($^{\text{상}}_{751}$)에서 지배인 및 대표이사의 대리권 및 대표권과 같지만($\frac{상}{389 \, III, 209}^{11 \, I \cdot III}$), 선장은 i) 특정선박의 항해지휘자이므로 대리권이 영업소가 아니라 항해단위로 정해지고 항해에 필요한 행위에 국한되어 그 범위는 선적항의 내외에 따라 다르고, ii) 적하이해관계인의 대리인이며($\frac{상}{752 \, I}$), iii) 항해지휘자로서 선박권력이 있고, iv) 선장의 선임·해임은 등기사항이 아니며, v) 공동선장은 존 재하지 않고, vi) 선장의 행위에 대하여는 선박소유자의 책임제한이 인정된다는 점 등이 다르다.

(3) 선임과 종임

1) 선　　임　　선장은 선박소유자가 선임한다($\frac{상}{745}$). 만일 선장이 불가 항력으로 인하여 자기가 선박을 지휘할 수 없는 때에는 법령에 다른 규정이 있는 경우를 제외하고는 자기의 책임으로 대선장을 선임하여 자기의 직무를 수행하게 할 수 있다($\frac{상}{748}$). 대선장은 대리인인 선장이 선임한 복대리인으로서 선박소유자 등과 제 3 자에 대하여 선장과 동일한 권리의무가 있다($\frac{민}{123 \, II}$). 선장 의 선임은 등기사항이 아니다.

2) 종　　임　　㈎ 선장은 고용계약기간의 만료, 해제조건의 성취, 사 임, 사망, 파산, 금치산 등의 사유에 의하여 종임한다. 그러나 선장의 선임행위 는 상행위므로 선박소유자 등의 사망에 의하여 종임하지 않는다($\frac{상}{50}$). 또한 선 박소유자는 고용계약기간의 유무에 불문하고 선장을 해임할 수 있으나, 정당 한 사유 없이 선장이 해임된 때에는 손해배상의 청구를 할 수 있으며($\frac{상}{746}$), 선 장이 선박공유자인 경우에 자기의 의사에 반하여 해임된 때에는 다른 공유자에 대한 지분매수청구권이 인정된다($\frac{상}{762 \, I}$).

㈏ 선장이 항해중에 해임 또는 임기가 만료된 경우에는 선장은 다른 선장 이 그 업무를 처리할 수 있는 때 또는 그 선박이 선적항에 도착할 때까지 그 직무를 집행할 책임이 있다($\frac{상}{747}$).

(4) 선장의 대리권

1) 선박소유자를 위한 대리권　　선장의 대리권은 선박소유자의 수권에 의한 위임대리이며 그 범위가 법정되어 있고, 대리권에 대한 제한으로 선의의 제 3 자에게 대항하지 못한다($\frac{상}{751}$). 선장의 대리권은 고용계약기간의 만료에 의 하여 소멸하나, 고용계약기간의 만료 후에도 선장이 대외적으로 선박의 지휘 자인 지위를 유지하고 있는 때에는 선박소유자 등은 제 3 자가 악의인 경우가 아니면 표현대리의 법리에 의하여 그 책임을 면하지 못한다고 본다. 왜냐하면 선박소유자는 선장을 해임한 때에는 즉시 새로운 선장을 선임하여 선박의 지

휘에 임하도록 하여야 할 것이기 때문이다.

2) 대리권의 범위

㈎ 선적항 내에서의 대리권   a) 선적항 내에서 선장은 특별히 위임을 받은 경우가 아닌 한 선원을 고용·해고할 수 있는 권한만을 갖는다($_{749}^{상}$ ⅱ). 이와 같이 선적항 내에서의 선장의 대리권을 제한하고 있는 이유는 선적항 내에서는 선박소유자 등이 직접 필요한 조치를 할 수 있기 때문이다. 그렇다고 선적항 내에서 선박소유자 등이 없는 경우에는 선장의 권한이 확대되는 것은 아니다. 이 경우에 선적항 내에서의 대리권은 선박이 선적항 내에 있으면 인정되고 선장이 반드시 선적항 내에 있어야 하는 것은 아니다.

b) 선적항 내에서 선원의 고용·해고의 권한을 선장이 갖도록 한 것은, 역시 해원의 적부는 선장이 가장 잘 파악할 수 있기 때문이다. 또한 선장은 선적항 내에서도 선하증권의 발행($_{852}^{상}$ ⅲ), 적하의 인도, 운임 기타 체당금의 수령, 운송물의 유치($_{807}^{상}$ ⅱ) 및 공탁($_{803}^{상}$) 등의 행위를 할 수 있다.

㈏ 선적항 외에서의 대리권   a) 선장은 선적항 외에서는 특정선박의 항해를 위하여 필요한 재판상 또는 재판 외의 모든 행위를 할 수 있는 권한이 있다($_{749}^{상}$ ⅰ). 이 경우에 선박소유자와의 연락이 가능한가 또는 선박소유자가 승선하고 있는가 하는 것은 대리권에 영향을 미치지 않는다. 그러나 이 경우에 대리권은 **특정선박**에 관해서만 생기고 **특정항해**에 한정된다. 특정항해란 선적항을 출발하여 다시 그 곳에 복귀할 때까지의 전항해를 말한다. 또한 항해에 필요한 행위에 국한된다. 이에는 예컨대 선박의 수선·의장, 해원의 고용·해고, 도선사의 이용, 항해필수품의 구입, 구조계약 등이 있다.

b) 선장은 항해의 계속이나 안전을 위하여 필요한 경우에만 운송의 인수를 할 수 있으며, 선장은 자기의 독자적인 권한으로 해난구조를 할 수 있으므로 조난선박의 예선의 인수도 할 수 있다. 이 경우에 예선의 인수는 선박소유자의 대리권에 기하여 하는 것이 아니라 자기의 권한에 기하여 하는 것이다. 즉 운송 및 예선의 인수는 항해를 위하여 필요한 행위라고 할 수 없으므로 항해의 계속이나 안전을 위하여 필요한 경우에만 할 수 있는 것이다[동; 李(원), 106; 李(균), 91]. 이와는 달리 운송계약은 실제적 의미에서 항해를 위하여 필요한 행위이고 선장은 기업보조자이므로 선장의 권한에 속한다는 견해도 있으며[徐(돈), 524; 鄭(희), 537], 판례도 이러한 입장이다[大 75.12.23, 75 다 83].

c) 그러나 선장은 항해대리인이며 지배인과 같은 영업대리인인 기업보조

자가 아니므로 일반적인 운송계약의 체결을 위한 대리권은 없다고 할 것이다. 또한 선장은 항해에 관하여 필요한 보험계약도 체결할 수 있다고 본다. 이 경우에 보험계약의 체결은 특정항해를 위하여 필요한 경우에만 선장의 권한에 속한다. 그리고 소송행위 등의 재판상의 행위를 할 수 있다.

(다) 대리권의 제한·확대　　　　선장의 대리권은 선박소유자의 이익을 위하여 예외적으로 제한되거나 확장되기도 한다.

a) 신용행위　　　aa) 선장의 대리권은 신용행위를 함에 있어서는 제한을 받는다. 즉 선장은 선박수선료, 항해구조료 기타 항해의 계속에 필요한 비용을 지급하여야 할 경우가 아니면 i) 선박 또는 속구를 담보에 제공하는 것, ii) 차재하는 것, iii) 적하의 전부나 일부를 처분하는 것 등의 행위를 하지 못한다($\frac{상}{750 \text{ I}}$). 선장이 적하를 처분한 경우에는 선박소유자가 손해배상책임을 지는데, 그 배상액은 그 적하가 도달할 시기의 양륙항의 가격에 의한다($\frac{상 750}{\text{II 본}}$). 그러나 그 가격중에서 지급을 요하지 않는 비용을 공제하여야 한다($\frac{상 750}{\text{II 단}}$).

bb) 선장의 신용행위에 관한 대리권은 선장이 선박소유자 등과 연락이 가능하다든가 그들이 직접 조치를 취할 수 있는 경우에도 배제되지 않는다.

b) 선박의 긴급매각　　　선적항 외에서 선박이 수선할 수 없게 된 때에는 선장은 해무관청의 인가를 얻어 이를 경매할 수 있다($\frac{상}{753}$). 수선불능의 경우란 i) 선박이 그 현재지에서 수선을 받을 수 없으며, 또한 수선을 할 수 있는 곳에 도달하기가 불능한 때, ii) 수선비가 선박가액의 4분의 3을 초과할 때 등이다($\frac{상}{754 \text{ I}}$). ii)의 경우에 선박의 가액은 항해중에 훼손된 경우에는 그 발항한 때의 가액으로 하고, 기타의 경우는 그 훼손 전의 가액으로 한다($\frac{상}{754 \text{ II}}$). 이와 같이 예외적인 권한을 인정하는 취지는 본래의 기능을 기대할 수 없는 선박은 오히려 자본으로 환원시키는 것이 선박소유자의 이익이 되기 때문이다.

3) 적하이해관계인을 위한 대리권　　　선장은 적하이해관계인에 대하여 권리의무의 관계에 있는 것은 아니다. 그러나 항해중에는 적하이해관계인이 직접 자기의 적하에 대하여 이익보호조치를 취할 수 없으므로 선장에게 적하이해관계인의 대리인인 지위를 인정하고 있다.

(가) 적하의 처분　　　선장은 항해중에 적하를 처분하여야 할 때에는, 이해관계인의 이익을 위하여 가장 적당한 방법으로 하여야 한다($\frac{상}{752 \text{ I}}$). 적하의 이해관계인이라 함은 송하인·수하인·용선자·선하증권의 소지인·기타 적하의 실질적 권리자를 말한다. 이 경우에 「가장 적당한 방법」이란 선장이 합리적인

판단으로 가장 적합하다고 생각하는 방법이라고 할 수 있다. 그리고 처분이란 매각·임치·운송의 위탁 등의 법률행위뿐만 아니라, 적하의 보존에 필요한 사실행위와 재판상의 행위와 같은 법률적인 조치를 포함한다.

(나) 처분행위의 효과　　　적하이해관계인은 선장의 처분행위로 인한 채무를 부담하여야 한다. 이 경우에 적하의 처분에 대하여 이해관계인에게 과실이 없는 한, 이해관계인은 선장의 처분으로 인하여 생긴 채무에 대하여는 적하의 가액을 한도로 책임을 진다($\frac{상}{II}\frac{752}{본}$).

(다) 여객이 사망한 경우의 조치　　　선장은 여객운송중에 여객이 사망한 때에는 그 상속인에게 가장 이익이 되는 방법으로 사망자가 휴대한 수하물을 처분하여야 한다($\frac{상}{824}$).

4) 구조료채무자를 위한 대리권　　　피구조선의 선장은 해난구조가 있는 경우에는 구조료채무자에 갈음하여, 그 지급에 관한 재판상 또는 재판 외의 모든 행위를 할 권한이 있다($\frac{상}{894\,I}$). 즉 구조료에 관한 소의 소송당사자가 될 수 있다. 이것은 구조료채권자의 권리행사를 용이하게 하기 위하여 인정된 것이라고 할 수 있다. 또한 선장이 보수에 관하여 소송행위를 한 경우에 그 확정판결은 구조료채무자에 대하여도 그 효력이 있다($\frac{상}{894\,II}$).

5) 선장의 기타 권한

(가) 상법상의 처분권

a) 위법적하물의 처분권　　　법령 또는 계약에 위반하여 선적한 운송물의 경우는 선장은 언제든지 이를 양륙할 수 있고, 그 운송물이 선박 또는 다른 운송물에 위해를 미칠 염려가 있을 때에는 이를 포기할 수 있다($\frac{상}{800\,I}$). 위험한 운송물이나 금제품은 선박 내의 인명과 재산의 안전을 해하거나 선박의 억류나 포획 등으로 항해를 불가능하게 하거나 지연시킬 염려가 있기 때문에 선장의 처분권을 인정한 것이다.

b) 위험물의 처분권　　　인화성·폭발성 기타의 위험물은 운송인이 그 성질을 알고 선적한 경우에도 그 운송물이 선박이나 다른 운송물에 위해를 미칠 위험이 있는 때에는 선장이 언제든지 이를 양륙·파괴 또는 무해조치를 할 수 있다($\frac{상}{801\,I}$). 이러한 처분으로 운송물에 생긴 손해에 대하여는 운송인은 공동해손분담책임을 제외하고 그 배상책임을 면한다($\frac{동조}{II}$).

(나) 기타 선박권력　　　선장은 선박소유자 등을 위한 대리권 이외에 선박권력을 갖는다. 즉 선장은 주거불가침권이 있고($\frac{형}{319}$), 해원에 대한 지휘감독권

과 재선자에 대한 명령권이 있으며($선원\atop6$), 해원의 징계권이 있다($선원\atop24$).

　(5) 선장의 책임

　1) 손해배상책임　　　(개) 선장은 선박소유자에 대하여는 수임자인 지위에 있으므로 선량한 관리자로서의 주의의무($민\atop681$)를 지고 이를 위반한 경우에 손해배상책임을 진다. 또한 선장은 선박소유자 이외의 용선자·송하인 기타 이해관계인에 대하여도 직무집행에 관하여 불법행위에 기한 책임을 진다고 할 것이다. 즉 선장은 불법행위자로서, 선박소유자는 선장의 사용자 겸 소유자로서 각자 손해배상책임을 진다[$大 92.9.8,\atop92 다 23292$].

　(내) 선장의 직무집행이 선박소유자의 지시에 따른 때에도 선박소유자 이외의 이해관계인에 대하여는 불법행위로 인한 책임을 면하지 못한다($구상(1991 이전)\atop770 II 참조$). 왜냐하면 선장은 자신이 항해전문가로서 행위의 결과를 예측할 수 있기 때문이다. 다만 선박소유자의 지시에 따른 경우에는 선박소유자에게는 책임을 면할 수 있다.

　2) 해원의 선임·감독에 관한 책임　　　선장은 선박소유자에 갈음하여 그 사무를 감독하는 자로서 해원의 선임·감독에 과실이 있는 때에는 해원이 그 직무집행에 관하여 타인에게 가한 손해에 대한 배상책임이 있다($민\atop756 II$).

　3) 직무집행의 계속에 관한 책임　　　선장이 항해중에 해임 또는 임기가 만료된 경우에는 다른 선장이 그 업무를 처리할 수 있을 때까지 또는 그 선박이 선적항에 도착할 때까지 그 직무를 집행할 책임이 있다($상\atop747$).

　4) 대선장의 선임에 관한 책임　　　선장이 불가항력으로 인하여 그 직무를 집행하기가 불능한 때에 법령에 다른 규정이 있는 경우를 제외하고, 선장은 자기의 책임으로 대선장을 선임하여 선장의 직무를 집행하게 할 수 있다($상\atop748$).

　(6) 선장의 의무

　1) 중요사항 보고의무　　　선장은 선박소유자의 수임자이므로 항해에 관한 중요한 사항을 지체없이 선박소유자에게 보고할 의무가 있다($상\atop755 I$). 이 경우에 「지체없이」라 함은 항해종료 후 입항절차를 완료한 때를 말한다. 「중요한 사항」이란 예컨대 충돌·해손·구조·포획·선내의 출생·사망·경매 등에 관한 사항 등이라고 할 것이다.

　2) 승인을 얻어야 할 의무　　　선장은 항해가 종료한 때마다 지체없이 항해에 관한 계산서를 선박소유자에게 제출하여 그 승인을 얻어야 한다($상\atop755 II$). 여기에서 계산서라 함은 항해비용, 운송으로 인한 손익, 공동해손, 해양사고구

조비 등에 관하여 계산한 서류를 말한다.

　　3) 계산보고의무　　　선장은 선박소유자의 청구가 있는 경우에 언제든지 항해에 관한 사항과 계산에 관하여 보고의무($_{755}^{\;\;\;상}$Ⅲ)를 진다.

3. 해　　원

　해원(海員)은 선장 이외의 선박소유자의 피용자로서 특정선박에 승선하여 항해상의 업무에 종사하는 자를 말한다. 즉 해원이란 선원($_3^{선원}$⑴) 중에서 선장과 아직 선내에서 근무하지 않는 예비선원($_2^{선원}$Ⅱ)을 제외한 모든 사람이라고 할 수 있다. 선원법($_{(3)}^3$)에서는 해원의 의의에 관하여 「선내에서 근무하는 선장이 아닌 선원을 말한다」라고 규정하고 있다. 해원은 선박소유자의 대리인이 아니므로 기업보조자에 속하지 않는다.

4. 선박사용인

　선박사용인이란 협의로는 선박상의 노무에 종사하기 위하여 임시로 고용된 자를 말하고, 일시적으로 선박에 사용하는 자로 도선사·예선업자·하역업자가 이에 해당하며, 광의로는 선장·선원 등 선박조직 내에 편입되어 있는 자를 말한다.

제 3 장　海上企業活動

제 1 절　總　說

[641]　제 1　海上運送契約

(1) 의　　의　　해상운송계약이란 해상에서 선박에 의하여 물건 또는 여객의 운송을 인수하는 계약을 말한다. 해상이란 호천·항만을 제외한 해양을 말하고, 호천·항만에서의 내륙운송은 육상운송과 동일시한다($\frac{\text{상}}{125}$). 육상운송이 물건운송과 여객운송으로 구별되는 것과 같이 해상운송도 양자로 구분되며, 이에 대하여는 다수의 육상운송에 관한 규정이 준용되고 있으나($\frac{\text{상}}{815}$), 해상운송은 해상에서 선박에 의하여 이루어지는 특수성이 있기 때문에 상법은 이에 관하여 상세한 규정을 두고 있다.

(2) 성　　질

1) 도급계약성　　해상운송계약은 육상운송계약과 마찬가지로 운송계약의 일종으로서, 당사자의 일방이 물건 또는 여객의 장소적 이전을 약속하고 상대방이 그에 대하여 보수를 지급할 것을 내용으로 한다. 따라서 그 법적 성질은 도급계약에 속한다고 할 수 있다. 그러나 해상운송에 관하여는 상법이 상세한 규정을 두고 있기 때문에 민법상의 도급계약에 관한 규정이 적용될 여지는 적다.

2) 상행위성　　해상운송은 이것을 영업으로 하는 때에 상행위가 되며($\frac{\text{상}}{46\,(13)}$), 따라서 자기명의로 해상운송을 영업으로 하는 자는 상인이 된다($\frac{\text{상}}{4}$).

(3) 당 사 자　　해상운송계약의 당사자에는 해상운송기업의 주체인 운송을 인수하는 자로서 선박소유자를 비롯하여 선박임차인·정기용선자·운송주선인 등이 있으며, 이들의 상대방인 운송을 위탁하는 자에는 용선계약의 경우에 용선자와 개품운송의 경우에 송하인이 있다.

제 2 절 海上物件運送契約

[642] 제 1 意 義

해상물건운송계약이란 당사자의 일방이 상대방에 대하여 선박에 의한 물건의 해상운송을 인수하고, 상대방이 이에 대하여 보수를 지급할 것을 약정함으로써 성립하는 계약으로서 그 성질은 **도급계약**이다. 이 경우에 운송의 목적은 물건으로서 유체동산에 한한다. 또한 물건은 해상운송인의 보관상태에 있어야 한다. 그러므로 예선계약의 경우에 피예선이 예선을 지휘하는 때에는 도급계약 또는 고용계약에 불과하게 된다[동; 鄭(희), 545; 孫(주), 513].

[643] 제 2 種 類

(1) 용선계약

1) 의 의 ㈎ 용선계약이란 해상운송인인 선박소유자가 선박의 전부 또는 일부를 운송을 위하여 제공하여 여기에 적재된 물건을 운송할 것을 약속하고, 상대방인 용선자는 보수(용선료)를 지급할 것을 약속함으로써 성립하는 계약이다. 이는 개품운송계약과 함께 전형적인 해상운송계약에 속하지만 개품운송계약의 경우와는 달리 운송물의 개성을 중요시하지 않고 그 계약의 조건에 반하지 않는 한 어떠한 물건이라도 선적할 수 있으며 선박 내의 공간(선복)의 이용이 계약의 목적이므로 **선박의 개성이 중요**하다는 점이 특징이다. 또한 일반적으로 용선계약의 경우에는 소형선박이 이용되고 운송물은 주로 연료·곡물 기타 원료인 경우가 많으며 부정기항해라는 점이 개품운송계약의 경우와 대조적이다. 용선계약상의 용선자는 해상기업자가 아니라는 점에서 선박임차인과 다르다.

㈏ 정기용선계약은 특수약관에 의하여 이루어지고 정기용선자는 해상운송인인 지위를 가지므로 용선계약의 종류로 보는 것은 타당하지 못하다[정기용선계약에 관한 설명은 1232면 이하 참조].

2) 종 류

㈎ **전부용선계약과 일부용선계약** 용선계약은 운송에 제공되는 선복

(船腹)이 선박의 전부인가 일부인가에 따라 전부용선계약과 일부용선계약으로 구별된다. 일부용선은 수인의 용선자가 각기 다른 운송물의 운송을 선박소유자에게 의뢰하는 경우에 이용되었지만, 오늘날은 대형선에 의한 정기개품운송에 의존하고 있으며 용선계약은 전부용선으로서 유류·곡물·철광석 등의 운송을 위하여 이용되고 있다.

　　㈏ 항해용선계약과 기간용선계약　　　용선계약은 선박의 이용기간을 항해를 표준으로 정하는 항해용선계약과 일정한 기간을 표준으로 하는 기간용선계약으로 나누어진다.

　　a) 항해용선계약

　　　aa) 의　　의　　　항해용선계약은 특정한 항해를 할 목적으로 선박소유자가 용선자에게 선원이 승무하고 항해장비를 갖춘 선박의 전부 또는 일부를 물건의 운송에 제공하기로 약정하고 용선자가 이에 대하여 운임을 지급하기로 약정함으로써 그 효력이 생기는 계약이다($\frac{상}{827}$ I). 용선계약의 당사자는 상대방의 청구에 의하여 용선계약서를 교부하여야 한다($\frac{상}{828}$).

　　　이 절(항해용선)의 규정은 그 성질에 반하지 아니하는 한 여객운송을 목적으로 하는 항해용선계약 및 항해를 단위로 운임을 계산하여 지급하기로 약정한 경우에도 준용한다($\frac{상}{II, III}$ 827).

　　　bb) 權利·義務의 主體　　　항해용선계약에 있어서는 **선박소유자**가 선박의 지휘·관리권과 선장 기타 선원의 임면·감독권을 갖는다. 그리하여 선박소유자가 운항에 관한 비용 및 위험을 부담하고 제 3 자에 대하여 권리·의무의 주체가 된다. 그러므로 선박의 점유가 선체용선자에게 이전되어 선체용선자가 운송기업의 주체가 되어 제 3 자에 대하여 선박소유자와 동일한 권리·의무를 갖는($\frac{상}{850}$ I) 선박의 선체용선계약과 다르다.

　　　cc) 종　　류　　　항해용선에 있어서 용선료가 화물의 수량에 따라 계산되는 경우를 **운임용선계약**이라고 하고, 화물의 수량에 관계 없이 본선의 선복을 중심으로 운임을 정하는 경우를 **선복용선계약**이라 한다. 그리고 일정한 기간 내에 수차의 항해를 약속하는 계약을 **연속항해운송계약**이라 한다.

　　b) 기간용선계약　　　이는 일정한 기간을 표준으로 하는 용선계약이다.

　　⑵ 개품운송계약

　　1) 의　　의　　　개품운송계약이란 해상운송인인 선박소유자 등이 개개의 물건을 해상에서 선박으로 운송할 것을 인수하고, 상대방인 송하인이 그에

대하여 보수($\frac{운}{임}$)를 지급할 것을 약속함으로써 성립하는 계약이다. 그러므로 개품운송계약에 있어서는 용선계약과는 달리 **운송물의 개성**이 중요하고 선박의 개성은 문제가 되지 않는다.

　　2) 용선계약과의 비교　　　용선계약의 경우는 용선자도 상당한 경제력이 있는 것이 보통이어서 계약이 비교적 대등한 지위에서 이루어지므로 법에 의한 간섭의 필요성이 적으며 계약자유의 원칙이 적용될 수 있다. 그러나 개품운송계약의 경우는 송하인은 경제적으로 약자이므로 선박소유자가 일방적으로 작성한 약관의 내용을 감수하지 않으면 안 되므로 이에 대한 보호가 요청된다. 용선계약은 소형선박에 의한 부정기항해인 경우가 많은 데 비하여, 개품운송계약은 쾌속의 대형정기선에 의한다.

　(3) 재운송계약

　　1) 의　　　의　　　재운송계약이란 용선계약에 의하여 **용선자가** 빌린 선박의 전부 또는 일부에 자기의 화물을 싣지 않고 그 **선복**을 이용하여 다시 **제 3 자와 운송계약**을 체결한 제 2 의 운송계약을 말한다. 이에 대하여 용선자가 선박소유자와 처음 체결한 운송계약을 **주운송계약**이라 한다. 용선자는 선박소유자 등과의 계약에서 다른 정함을 하지 않는 한 재운송계약을 체결할 수 있다. 이를 인정하는 이유는 용선자로 하여금 용선료와 재운임과의 차액을 취득할 수 있게 하기 위한 것이다.

　　2) 성　　　질　　　재운송계약은 주운송계약으로부터 독립된 제 2 의 운송계약이다.

　　3) 효　　　력　　　i) 선박소유자와 용선자와의 관계는 용선계약에서 정하는 바에 따르며 용선자가 선박소유자에 대하여 갖는 권리·의무는 재운송계약에 의하여 영향을 받지 않는다. ii) 용선자와 그 상대방과의 관계는 기본적으로 재운송계약에서 정하는 바에 따르지만, 계약의 이행이 선장의 직무에 속하는 범위 내에서 선박소유자도 용선자의 상대방인 제 3 자에 대하여 감항능력주의의무와 운송물에 관한 규정($\frac{상}{794,\ 795}$)에 의한 책임을 진다($\frac{상}{809}$). 이에 의하여 **선박소유자와 제 3 자**의 사이에 직접적인 법률관계가 생기게 된다. 그 결과 제 3 자는 재운송계약의 불이행에 대하여 직접 선박소유자에게도 그 이행을 청구할 수 있다.

　(4) **통운송계약**($\frac{연락운}{송계약}$)

　　1) 의　　　의　　　통운송계약이란 하나의 운송계약에 수인의 운송인이 관여하는 것을 말한다. 이는 복수운송인의 연결운송인 점에서 순차운송($\frac{상}{138}$)

과 비슷하고, 또한 복수의 운송수단이 이용된다는 점에서 적환약관부단순운송
과 유사하다.

2) 효　용　　　통운송계약의 장점은 송하인은 1인의 운송인을 상대로
하나의 계약으로써 충분하기 때문에 중계지에서의 계약체결의 수고와 비용을
덜 수 있고, 또 발송지로부터 도착지까지의 확정운임을 알 수 있으므로 국제거
래의 신속과 원활을 도모할 수 있다는 것이다.

3) 종　류　　　통운송계약의 종류로는 하수운송·동일운송·순차운송
등이 있다. i) 하수운송(下受運送)은 수인의 운송인 중에서 최초의 운송인이
전구간의 운송을 인수하고 그 전부 또는 일부를 다른 운송인에게 맡기는 것이
다. 이 경우에 송하인과 계약을 체결한 당사자는 최초의 운송인뿐이므로 단독
통운송계약이라고 한다. ii) 동일운송(同一運送)은 수인의 운송인이 공동으로
전 구간의 운송을 인수하고 운송인 간에 내부적으로 담당구간을 정하는 것이
며, iii) 순차운송(順次運送)은 수인의 운송인이 순차로 각 구간에 대하여 공동
으로 운송을 인수하는 것이다. 그리고 ii)와 iii)의 경우는 수인의 운송인 전원
이 송하인에 대하여 계약의 당사자가 되므로 **공동통운송계약**이라고도 한다.

4) 효　력

㈎ 하수운송의 경우　　　송하인과 계약을 체결한 최초의 운송인만이 전 구
간의 운송에 대하여 책임을 진다. 왜냐하면 다른 하수운송인은 최초의 운송인
의 이행보조자($^{민}_{391}$)에 불과하기 때문이다. 하수운송의 경우에는 최초의 운송인
은 하수운송인으로부터 중간선하증권의 발행을 받고, 송하인에게는 최초의 운
송인만이 기명날인 또는 서명한 단독통선하증권을 발행한다. 이 선하증권에는
보통 최초의 운송인은 자기가 담당한 구간에 한해서만 책임을 진다는 면책약
관을 두고 있다. 그러므로 통선하증권의 소지인이 하수운송인에 대하여 직접
손해배상을 청구하려면 최초의 운송인으로부터 하수운송인이 발행한 중간선하
증권의 양도를 받거나 또는 채권양도의 방법에 의하는 수밖에 없다($^{동: 徐}_{(톤), 537}$).

㈏ 동일운송의 경우　　　수인의 운송인 전원이 계약의 당사자로서 상행
위에 의하여 채무를 부담한 것이므로 수인의 운송인은 연대책임을 진다($^{상}_{57 I}$).
그리고 이 때에는 최초의 운송인과 다른 운송인이 공동으로 기명날인 또는 서
명한 **공동통선하증권**이 발행된다.

㈐ 순차운송의 경우　　　수인이 순차로 운송할 경우에는 각 운송인은 연
대하여 배상할 책임이 있다($_{138,}$$^{상}_{815}$). 이 경우에도 통선하증권이 발행되는데 실

제에 있어서 약관으로 각 운송인은 자기가 담당한 구간에서 생긴 손해에 대해서만 각자가 분할·비연대로 책임을 진다는 조항을 두고 있다.

(5) 복합운송계약   1) 이종(異種)의 운송수단(선박·철도·육력·항공기·틈 등)을 이용하는 운송으로서 1인의 운송인이 전구간의 운송을 인수하는 것을 내용으로 하는 운송계약을 복합운송계약이라 한다. 이에 의하면 송하인은 운송수단이나 운송구간마다 운송계약을 체결하고 운송증권의 발행을 받을 필요가 없다. 이는「컨테이너」의 발달과 더불어 급격히 성행하는 운송계약으로서 운송증권은 1매만이 발행된다. 이 경우에는 이종의 운송수단이 이용된다는 점에서 단순히 복수의 운송수단을 이용하는 통운송계약과 다르다.

2) 오늘날 컨테이너에 의하여 해상운송과 육상운송 등이 결합된 복합운송이 국제운송의 대부분을 이루고 있음에도 불구하고 복합운송인의 책임에 관하여 통합적으로 규율하는 규정이 없었다. 그리하여 2007년의 改正商法에서는「1980년 국제복합운송에 관한 국제연합협약」등을 참조하여 원칙적으로 복합운송인은 손해가 발생한 운송구간에 적용될 법에 따라 책임을 지도록 하되, 손해발생 구간이 불분명한 경우에는 주된 운송구간에 적용될 법에 따라 책임을 정하도록 하는 내용의 복합운송인의 책임에 관한 규정을 신설하였다.

3) 즉 복합운송인이 인수한 운송에 해상 외의 운송구간이 포함된 경우 운송인은 손해가 발생한 운송구간에 적용될 법에 따라 책임을 지고($_{816\ I}^{상}$), 어느 운송구간에서 손해가 발생하였는지 불분명한 경우 및 손해의 발생이 성질상 특정한 지역으로 한정되지 아니하는 경우에는 운송거리가 가장 긴 구간에 적용되는 법에 따라 책임을 진다. 다만 운송거리가 같거나 가장 긴 구간을 정할 수 없는 경우에는 운임이 가장 비싼 구간에 적용되는 법에 따라 책임을 진다($_{816\ II}^{상}$).

(6) 계속운송계약   이는 해상운송인이 송하인에 대하여 일정한 기간 일정률의 운임으로써 일정한 종류의 적하의 불특정다수량을 수시 부분적으로 운송할 것을 약정하고, 운송할 적하의 수량·선적의 일시와 장소·양륙항의 결정은 송하인이 하는 계약을 말한다.

(7) 혼합선적계약   이는 해상운송에 있어서 각기 다른 송하인 또는 용선자가 자기들의 적하를 다른 **동종동질**의 운송물과 혼합하는 것을 승인하고 체결한 계약이다. 이는 주로 곡물이나 유조선에 의한 원유의 수송을 위하여 많이 이용된다.

[644] 제 3 成   立

(1) 계약의 당사자   해상물건운송의 경우에 계약의 당사자는 물건운송을 인수하는 해상운송인과 운송을 의뢰하는 용선자($\frac{\text{용선계약}}{\text{의 경우}}$) 또는 송하인($\frac{\text{개품운송}}{\text{계약의}}_{\text{경우}}$)이다. 해상운송인에는 선박소유자뿐만 아니라 선박임차인·정기용선자 등이 있으며, 재운송계약의 경우는 용선자도 여기에 포함된다. 이 밖에 계약의 당사자는 아니지만 계약에 관계되는 자로서 운송주선인($\frac{\text{상}_{114}}{\text{이하}}$)·선적인·수하인 등이 있다. 선적인이란 운송인과 용선자 또는 송하인 사이의 운송계약에 의하여 자기의 명의로 물건을 선적하는 자이고, 수하인은 운송물의 인도를 받을 자로 지정된 자 또는 현실로 인도를 받은 자이다.

(2) 계약의 체결   해상물건운송계약은 원칙적으로 그 내용과 방식을 자유로이 정하여 체결할 수 있다. 해상물건운송계약은 계약일반의 원리에 따라 청약과 승낙의 합치로써 성립하는 낙성계약이다. 그러나 실제에 있어서는 증서방식($\frac{\text{용선계약서}}{\text{선하증권 등}}$)이 이용되며 상법도 계약의 성립 후에 청구에 따라 그 작성을 하도록 하였다($_{829,}^{\text{상}}$$_{853}$). 즉 용선계약의 당사자는 상대방의 청구에 의하여 운송계약서($\frac{\text{용선계}}{\text{약서}}$)를 작성하여야 하며($_{828}^{\text{상}}$), 선박소유자는 운송물을 수령한 후 용선자 또는 송하인의 청구가 있으면 1통 또는 수통의 선하증권을 교부하여야 한다($_{852\ I}^{\text{상}}$). 운송계약서는 증거증권에 불과하지만 선하증권은 유가증권이다.

[645] 제 4 效   力

I. 해상물건운송인의 의무

(1) 선적에 관한 의무

1) 선박제공의무   이는 운송의 준비를 위한 의무이다. 해상운송인은 운송계약에서 정한 바에 따라 특정선박을 용선자 또는 송하인에게 제공할 의무가 있다. 그러므로 계약에서 선박을 특정한 때에는 용선자 또는 수하인의 동의 없이 해상운송인이 이를 변경하거나 적환하지 못한다고 본다($_{1}^{\text{독상}}$$_{참조}^{566}$). 그러나 개품운송계약에 있어서는 선박의 개성이 중요하지 않으므로 선하증권에 대선약관·적환약관을 두는 것이 보통이다.

2) 감항능력주의의무

㈎ 의   의   해상운송을 위하여 해상운송인이 제공하는 선박은 안전

하게 항해할 수 있는 능력이 있어야 하는데 이를 감항능력이라 하며 항공운송에서의 내공능력(耐空能力)과 비교된다. 감항능력은 여객운송에 있어서도 중요한 의미를 갖는다. 그리하여 해상운송인은 용선자 또는 송하인에 대하여 안전하게 항해를 감당할 수 있는 능력에 대한 주의의무를 진다($\frac{상}{794}$). 감항의무는 운송계약의 성질로부터 당연히 도출되는 의무이지만 그 중요성을 고려하여 주의적으로 규정하고 있고, 다만 그 의무시기가 발항시인 점 그리고 상업사용인의 이행행위와의 관련성을 확대한 점에서 그 존재의의가 있는 것이다.

(나) 의무의 내용   a) 감항의무는 선박이 감항능력을 구비하였느냐와 불감항이더라도 감항능력을 구비하기 위하여 이에 관한 주의를 해태하지 않았느냐의 두 가지로 문제를 나누어 생각할 수 있다. 감항능력이 의미하는 바를 검토하는 데는 운송인의 의무가 양면성을 지니고 있다는 것을 파악하여야 하며, 이는 운송인이 그 의무를 다하기 위하여서는 선박이 운송도구로서뿐만 아니라 적하창고로서의 효용성을 동시에 갖추어야 한다는 것이다. 감항능력은 당해 운송계약에 있어서의 해상위험, 항해의 성질·기간·항로·계절, 선박의 종류·구조, 운송물의 종류·성질 등 제반사실과 상황에 의하여 결정된다.

b) 첫째로 선박의 **감항능력**에 대한 의무로서 선박이 안전하게 항해할 수 있게 하여야 한다($\frac{상}{794(1)}$). 그러므로 선박은 선체가 견고하여야 할 뿐만 아니라 설계·구조·설비·성능도 항해에 견딜 수 있어야 한다.

> 판례는「예정된 항해에 따라 항해하는 선박은 통상 예견할 수 있는 위험을 견딜 수 있을 만큼 견고한 선체를 유지하여야 한다」고 한다[$\frac{大\ 85.5.28,}{84\ 다카\ 956}$].

c) 둘째로 운항능력에 대한 의무로서 필요한 선원의 승선[$\frac{大\ 89.11.24,\ 88\ 다카}{16294;\ 大\ 66.9.27,}$ $\frac{66\ 다}{1448}$], 선박의장과 필요품을 보급하여야 한다($\frac{상}{794(2)}$). 즉 운항에 필요한 선원을 승선시켜야 한다. 선원은 항해와 적하를 위하여 적합한 자격과 원수가 충분하여야 할 것이다. 예컨대 기선만을 운항한 선장 내지 기관사가 디젤선박을 항해하거나 장거리항해에 있어서 선장의 유고와 같은 우발사고를 대비하여 그의 지위를 대행할 수 있는 유능한 항해사를 승선시켜야 함에도 그렇지 않은 경우는 모두 불감항이 될 것이다.

그리하여 판례에는「선박의 출항 당시 당국으로부터 취직공인을 받은 선장이 승선하지 아니하였다면 위 선박은 출항 당시 인적 감항능력을 충분히 갖추지 못한 상태에 있었다」고 한 것이 있고[$^{大\ 89.\ 11.\ 24,}_{84\ 다카\ 16294}$], 또한 「약 2개월의 경험밖에 없는 항해사는 안전항해능력이 부족하므로 그 항해상 과실로 인한 사고에 대하여는 책임을 면할 수 없다」고 한 것이 있으며[$^{大\ 75.\ 12.\ 23,}_{75\ 다\ 83}$], 「항로에 익숙하지 못한 선장에 관하여 역시 운항능력의 흠결을 인정한 것」이 있다[$^{大\ 66.\ 9.\ 27,}_{66\ 다\ 1448}$].

그리고 선박의장이라고 함은 그 항해에 필요한 서류와 선박에 필요한 속구를 비치한 것을 말한다.

d) 셋째로 적하능력으로서 선창, 냉장실 기타 운송물을 적재할 선박의 부분을 운송물의 수령, 운송과 보존을 위하여 적합한 상태에 두어야 한다($^{상}_{794\,(3)}$).

(다) 주의시기   감항능력에 관한 주의시기는 「발항 당시」이다($^{상}_{794}$). 이 「발항 당시」란 최초의 항에서 운송물의 선적을 개시한 때로부터 선적항을 발항할 때까지를 의미한다.

(라) 입증책임   선박소유자를 비롯한 해상운송인은 자기 또는 선장 기타의 선박사용인이 발항 당시에 감항능력에 관한 주의를 다하였음을 증명하지 아니하면 책임을 면하지 못한다($^{상}_{769}$). 즉 상법은 선하증권에 관한 통일조약에 따라 무과실에 대한 입증책임을 해상운송인에게 부담시켰다. 왜냐하면 적하이해관계인은 입증을 위한 자료의 수집이 곤란하고 전문적 지식이 없기 때문이다.

(마) 의무위반의 효과   선박소유자 등이 감항능력에 관한 주의를 해태한 때에는 해상운송인인 선박소유자는 용선자 또는 송하인에 대하여 운송물의 멸실·훼손 또는 연착으로 인한 손해를 배상할 책임이 있다($^{상}_{794}$). 이러한 감항능력주의의무의 위반으로 인한 책임은 당사자간의 특약으로도 경감할 수 없다($^{상}_{799}$)[$^{大\ 75.\ 12.\ 23,}_{75\ 다\ 83}$]. 해상보험자는 감항능력주의의무의 위반으로 인한 손해에 대하여는 보상책임을 지지 않는다($^{상}_{706\,(1)}$).

3) 선적준비완료통지의무   용선계약을 체결한 경우에 운송물을 선적함에 필요한 준비가 완료된 때에는 해상운송인은 지체없이 용선자 또는 그가 지정한 선적인에 대하여 그 통지를 발송하여야 한다($^{상}_{829\ I}$). 즉 통지는 발신주의에 의한다. 통지는 선적기간의 약정이 있는 경우에 선적기간의 산정을 위한 기준이 된다. 즉 통지가 오전에 있은 때에는 그 날의 오후 1시부터 기산하고 오후에 있은 때에는 다음날 6시부터 기산한다. 이 기간에는 불가항력으로 인하여 선적할 수 없는 날과 그 항의 관습상 선적작업을 하지 아니하는 날은 산입하지 않는다($^{상}_{829\ II}$).

4) 대박선적의무   (가) 해상운송인은 용선계약의 경우에 선적준비완료

의 통지를 발송한 때로부터 선적기간 동안 선적장소에 정박하여 선적을 기다려야 할 의무가 있다. 용선계약의 경우 선적항이 정하여져 있지 않는 경우 (미정용선계약) 통상 선택권은 용선자에게 있다. 선적은 송하인이나 용선자와 선주와의 공동작업이므로 각자 자신의 임무를 다하고 상대방이 임무를 다할 수 있도록 합리적인 조치를 취하여야 한다. 선적기간이라 함은 직적(直積)의 경우 송하인에 대하여 보수의 추가지원을 요하지 않고, 권리로서 선적할 수 있는 기간을 말한다.

(나) 그러나 **선적기간의 경과** 후에는 운송물을 선적하지 아니한 경우에도 선장은 즉시 발항할 수 있다($_{831 \text{ II}}^{상}$). 만일에 용선자가 선적기간이 경과한 후에 운송물을 선적한 때에는 선박소유자는 초과기간에 대하여 상당한 **정박료**를 청구할 수 있는데($_{831 \text{ III}}^{상}$), 이를 **체선료(滯船料)**라 한다. 용선자에 의한 선적이 조기에 완료되어 선박이 선적기간중에 발항할 수 있는 때에는 운송인은 약정에 따라 조출료(早出料)를 지급하게 된다. 그러나 용선자가 선적기간 내에 운송물의 선적을 하지 않을 때에는 계약을 해제 또는 해지한 것으로 본다($_{836}^{상}$).

5) **운송물의 수령·적부의무** (가) 해상운송인은 계약에 따라 적법한 운송물을 수령할 의무가 있다. 그러나 법령 또는 계약에 위반하거나 위해를 미칠 염려가 있는 운송물은 포기할 수 있다($_{800 \text{ I}}^{상}$). 수령의 장소는 특약이 없는 한 용선계약의 경우는 선측이고, 정기개품운송인 때는 육상의 일정한 장소인 경우가 많다. 개품운송계약의 경우에 송하인은 당사자간의 합의 또는 선적항의 관습에 의한 때와 곳에서 운송인에게 운송물을 제공하여야 한다($_{792 \text{ I}}^{상}$). 선적은 반드시 운송인 스스로 하여야 하는 것은 아니나, 송하인 또는 선적인이 적부를 하더라도 선장이 이에 대하여 적절한 감독을 하여야 한다.

(나) 해상운송인은 수령한 운송물을 선창 내의 적당한 장소에 배치하여야 되는 **적부의무**가 있다. 반대의 관습이나 특약이 없는 한 인도된 운송물을 적절히 적부하여야 함은 선주측 선장의 의무이다. 따라서 송하인이 화물인도시 적부를 지시하였다고 하여 그에 따른 것만으로는 책임이 면제될 수 없다. 선장·선원 내지 하역업자는 화물이 서로 부딪히거나 혼합되거나, 선박의 동요 및 유루(遺漏)로부터 손해를 입지 않도록 적절한 조치를 취하여야 한다$\begin{bmatrix} \text{大 } 83. 3. 22, \\ 82 \text{ 다카 } 1533 \end{bmatrix}$.

(다) 적부는 화물과 항해의 안전을 위하여 중요하므로 특약이나 관습이 있는 경우가 아니면 갑판적을 할 수 없다$\begin{bmatrix} \text{大 } 74. 8. 30, \\ 74 \text{ 다 } 353 \end{bmatrix}$.

6) **선하증권교부의무** 해상운송인은 운송물의 수령 후 또는 선적 후

용선자 또는 송하인의 청구에 의하여 1통 또는 수통의 수령선하증권 또는 선적선하증권을 교부하여야 한다($\frac{상}{1}.\frac{852}{Ⅱ}$). 그러나 해상운송인은 선적선하증권을 교부하는 대신으로 수령선하증권에 선적의 뜻을 표시하여 교부할 수 있다. 해상운송인은 위의 선하증권의 교부나 선적의 표시를 선장 기타의 대리인에게 위임할 수 있다($\frac{상}{852}$Ⅲ).

(2) 항해에 관한 의무

1) 발항의무   (개) 해상운송인은 운송물의 선적 · 적부 등의 항해의 준비를 완료한 때에는 즉시 발항하여야 한다($\frac{선원}{참조}$8). 발항의 시기는 용선계약인 때에는 계약에서 정하여지고, 개품운송계약의 경우는 미리 정해진 시간표에 의한다. 일부용선자나 송하인의 경우는 다른 용선자와 송하인 전원과 공동으로 하는 경우에 한하여 전부용선의 발항 전의 계약해제 또는 해지를 할 수 있다($\frac{상}{833}$Ⅰ).

(내) 개품운송계약의 경우에 송하인이 일정한 때와 곳에서 운송인에게 운송물의 제공을 해태한 때에는 선장은 즉시 발항할 수 있다. 이 경우에 송하인은 운임의 전액을 지급하여야 한다($\frac{상}{792}$Ⅱ).

2) 직항의무   해상운송인은 부득이한 경우($\frac{인명·재산}{의 구조 등}$) 외에는, **예정항로**를 변경하지 아니하고 도착항까지 항행하여야 한다($\frac{선원}{참조}$8).

3) 불환적의무   해상운송인은 특정한 선박에 선적한 운송물을 환적함이 없이 도착항까지 운송할 의무가 있다. 왜냐하면 환적은 운송물의 멸실 · 훼손 · 연착 등의 원인이 되는 경우가 많기 때문이다. 그러나 실제에 있어서는 **환적약관**을 두는 것이 보통이다. 여러 운송인이 목적지까지의 화물운송에 참가하는 경우 이른바 계약운송인과 실제운송인이 구분되고 운송인은 전 운송과정에 대하여 책임을 지며, 양자의 책임은 함께 경합되는 한 연대책임으로 본다.

4) 운송물의 운송 · 보관 · 처분의무   해상운송인은 운송물을 수령한 때로부터 인도할 때까지 선량한 관리자의 주의로써 운송물을 보관하여야 한다($\frac{상}{795}$). 예컨대 냉동기계의 잦은 고장은 부패하기 쉬운 화물을 손상하게 한다. 만일 과일과 같이 통풍을 요한다면 선장은 통상적이고도 적절한 조치를 강구하지 않으면 안 된다[$\frac{大}{77}\frac{78.3.28.}{다\ 1401}$]. 선장은 항해에서 발생하는 통상의 사고에 대비하여 선적된 화물을 원상대로 보존하기에 필요한 조치를 취하여야 할 뿐만 아니라, 화물의 멸실 · 손상 · 부패를 검사하고 방지하기 위하여 합리적인 수단을 동원하여 운송인에게 부여된 주의의무를 다하여야 한다.

(3) 양륙에 관한 의무

1) 양륙항입항의무   해상운송인은 계약에서 정한 양륙항에 입항하여 계약이나 관습에 의하여 정해진 장소에 정박하여야 한다. 양륙준비완료의 통지 또는 양륙지시의 의무가 있는 것은 선적의 경우와 같다. 지정된 양륙항은 안전항이어야 한다. 여기서 안전항이란 선박의 출·입항, 정박 및 하역작업이 통상의 자연적 상태에 있어서 안전하게 행해질 수 있는 항을 말하고 당해 선박에 관한 상대적 개념이다.

2) 양륙준비완료통지의무   용선계약의 경우에 운송물을 양륙함에 필요한 준비가 완료된 때에는 선장은 지체없이 수하인에게 그 **통지**를 발송하여야 한다($^{상}_{838 \text{ I}}$). 다만 선하증권이 발행된 경우에는 이것이 배서양도되므로 양륙항에서 관습적으로 용인되고 있는 공고방법을 취하면 족하다. 통지는 약정한 양륙기산의 기산점이 된다($^{상}_{829 \text{ II}}$). 운송계약의 경우에는 운송물의 도착통지를 받은 수하인은 당사자간의 합의 또는 양륙항의 관습에 의한 때와 곳에서 지체없이 운송물을 수령하여야 한다($^{상}_{802}$).

3) 양륙의무   해상운송인은 특약이 없는 한 운송물을 양륙항에서 자기의 위험과 비용으로 선측에서 인도할 의무가 있다.

4) 대박의무   용선계약의 경우에 해상운송인은 약정한 양륙기간 동안 특별한 보수 없이 양륙을 위하여 선박을 정박시켜야 할 의무가 있다. 양륙기간의 약정이 없는 때에는 양륙항의 관습에 의하여 정박하여야 할 것이다. **양륙기간**을 초과하여 정박한 경우에는 특약이 없어도 해상운송인은 그에 대하여 상당한 정박료를 청구할 수 있다($^{상}_{838 \text{ III}}$).

5) 운송물인도의무

(개) 의   의   해상운송인은 최후의 의무로서 양륙항에서 수하인 또는 선하증권의 소지인에게 운송물을 인도하여야 한다. 인도는 선장이 하는 것이 원칙이지만 실제에 있어서는 선장의 이행보조자인 대리인·운송주선인·창고업자·부두경영자 등이 하는 것이 보통이다.

a) 선하증권의 발행이 없는 경우   운송물을 인도받을 상대방은 운송계약에 의하여 수하인으로 지정된 자이다. 운송물이 도착지에 도착한 때에는 수하인은 송하인과 동일한 권리를 취득한다($^{상\ 815,}_{140 \text{ I}}$). 그러므로 수하인은 운송계약에 따라 운임·부수비용·체당금·정박료·공동해손 또는 해난구조로 인한 부담액 등의 지급과 상환으로 운송물의 인도를 청구할 수 있다($^{상}_{807 \text{ I}}$).

b) 선하증권을 발행한 경우　　　aa) 선하증권이 발행된 경우는 선하증권의 정당한 소지인이 수하인이 된다[$\substack{大\ 97.\ 4.\ 11, \\ 96\ 다\ 42246}$]. 그러므로 해상운송인은 선하증권과 상환하여 운송물을 인도하여야 한다($\substack{상 \\ 861,\ 129}$). 그리하여 운송인은 선하증권의 제시가 없는 운송물 인도청구를 거절할 수 있는 권리와 함께 선하증권의 제시가 없는 경우 운송물의 인도를 거절하여야 할 의무가 있다고 할 것이다[$\substack{大\ 91.\ 12.\ 10, \\ 91\ 다\ 14123}$].

bb) 수통의 선하증권이 발행된 경우는 2인 이상의 청구가 경합하는 현상이 생길 수 있다. 이 경우에 **양륙항**에서는 수통의 선하증권 중에 1통의 소지인이 운송물의 인도를 청구한 때에도 해상운송인은 그 인도를 거절하지 못한다($\substack{상 \\ 857\ I}$). 그리하여 수통의 선하증권 중 1통의 소지인이 운송물의 인도를 받은 때에는 다른 선하증권은 그 효력을 잃는다($\substack{상 \\ 857\ II}$). 이와 같이 양륙항에서는 1통의 증권소지인의 인도청구라도 해상운송인은 거절할 수 없으나, **양륙항** 외에서의 인도청구는 사기 등의 위험이 뒤따를 수 있기 때문에 선장은 선하증권의 각통의 반환을 받지 아니하면 운송물을 인도하지 못한다($\substack{상 \\ 858}$).

cc) **양륙항**에서 2인 이상의 선하증권소지인이 운송물의 인도를 청구한 때에는 선장은 지체없이 운송물을 **공탁**하고 각 청구자에게 **통지**를 발송하여야 한다($\substack{상 \\ 859\ I}$). 이미 운송물의 일부를 인도한 후 다른 소지인이 청구한 때에도 같다($\substack{상 \\ 859\ II}$).

(나) 보증도·하도지시서　　　a) 선하증권이 발행된 경우에는 반드시 증권과 상환으로 운송물을 인도하는 것이 원칙이지만, 실제에 있어서는 인도의 상대방과 해상운송인의 편의를 위하여 증권에 의하지 않고 운송물을 인도하는 가도(假渡)($\substack{또는 \\ 空渡}$)를 인정하고 있다. 즉 보증서(Letter of Personal Guarantee)를 받고 후에 선하증권을 입수하면 이를 교부하겠다는 약정으로 해상운송인이 운송물을 인도하는 것인데 이 때에 은행의 화물선취득증서(Letter of Guarantee; L/G)를 함께 제출시키는 경우를 **보증도**라 한다. 보증서를 발행한 은행은 보증도를 받은 자의 채무에 대하여 연대보증인으로서 해상운송인에게 책임을 진다.

b) 해상운송인이 선하증권과 상환하지 않고 운송물을 선하증권소지인이 아닌 자에게 인도함으로 인하여 선하증권소지인에게 운송물을 인도하지 못하게 된 경우에는 손해배상책임을 지고 해상운송인은 수하인이나 보증인에 대하여 구상권을 행사할 수 있다.

(다) 선하증권이 발행된 경우에는 선하증권소지인만이 운송물의 소유권자

가 되므로 선하증권소지인의 지시에 따르지 않거나 선하증권과 상환하지 않고 운송물을 제 3 자에게 인도한 경우에는, 그 자체로써 선하증권소지인에 대한 불법행위법상의 주의의무위반이 있게 되어 **보증도의 상관습**이 이러한 운송인의 일반적인 법적 의무를 **면제** 또는 **경감**한다고 볼 수 없다는 것이 유력한 견해이고[金敎昌,「판례월보」226호, 40;
李宙興,「판례월보」231호, 39] 판례의 입장이다[大 89. 3. 14, 87 다카 1791;
大 91. 12. 10, 91 다 14123].

(라) 그러나 보증도는 상관습일 뿐이고 상관습법은 아니라 하더라도 국제적인 관행으로서 해상운송인이 보증도로 인한 손해배상책임을 지는 한 불법행위로 볼 필요는 없다고 본다[李均成,「민사판례연구」ⅩⅢ, 300; 徐憲
濟,「대한변호사협회지」(1989. 12), 88]. 왜냐하면 보증도는 보증서가 부정으로 발급되었거나 제 3 자에 의하여 위조·변조된 경우가 아니고 보증서가 진정한 경우에는 아무런 문제가 생기지 않고, 보증서가 위조된 경우에 누가 최종적으로 책임을 부담할 것인가 하는 문제가 될 뿐이기 때문이다.

(마) 선하증권이 발행된 운송물에 대하여 해상운송인 또는 선하증권소지인이 운송물의 분할양도를 위하여 하도지시서(荷渡指示書, delivery order)를 발행하는 경우가 있다. 이것은 운송물의 매도인인 선하증권소지인이 해상운송인의 관여 없이 해상운송인 또는 양륙관계자에게 인도를 지시하는 형식으로 발행하는 경우와, 해상운송인이 선하증권과의 상환으로 선장 등의 양륙관계자에게 인도를 지시하여 발행하는 경우가 있는데, 후자에 속하는 하도지시서는 운송물인도청구권을 표창하는 지시증권이라고 할 수 있다[동; 鄭
(희), 569].

6) 공탁 등의 의무　　수하인이 운송물의 수령을 해태한 때에는 선장은 이를 공탁하거나 세관 기타 법령이 정하는 관청의 허가를 받은 곳에 인도할 수 있다. 이 경우에는 지체없이 수하인에게 그 통지를 발송하여야 한다($_{803}^{\;상}$ Ⅰ). 수하인을 확지할 수 없거나 수하인이 운송물의 수령을 거부한 때에는 선장은 이를 공탁하거나 세관 기타 관청의 허가를 받은 곳에 인도하고 지체없이 용선자 또는 송하인 및 알고 있는 수하인에게 그 통지를 발송하여야 한다($_{803}^{\;상}$ Ⅱ). 운송물을 공탁하거나 세관 기타 관청의 허가를 받은 곳에 인도한 때에는 선하증권소지인 기타 수하인에게 운송물을 인도한 것으로 본다($_{803}^{\;상}$ Ⅲ).

(4) 손해배상책임

1) 총　　설　　(가) 상법은 1924년의 선하증권에 관한 통일조약의 취지에 따라 해상운송인의 책임을 완화하고 있다. 즉 상법은 **과실책임주의**를 원칙으로 하고 과실의 종류를 **상사과실**과 **항해과실**로 구분하여 후자의 경우에는 책임을 면제하여 주고 있으며($_{795}^{\;상}$ Ⅱ), 해상운송인에 대하여 일정한 사실이 있는

경우에 면책을 위한 입증책임을 경감하고 있다($796_{Ⅱ}^{상}$). 반면에 **면책약관을** 제한하는 규정을 둠으로써 적하이해관계인의 이익도 도모하고 있다.

(내) 해상운송인이 고의나 과실로 운송물을 멸실·훼손시킨 때에는 그 원인의 상사과실·항해과실 여부와 관계 없이 운송계약상의 채무불이행책임과 불법행위책임이 경합하고, 이 때 권리자는 그 중의 어느 쪽의 손해배상청구권도 행사할 수 있다.

2) 상사과실에 대한 책임   해상운송인의 운송물의 취급과 보관에 관한 상사과실에 대한 **면책약관은** 이를 무효로 한다. 운송물에 관한 이익을 운송인에게 양도 또는 이와 유사한 약정도 같다($799^{상}$). 그리하여 해상운송인은 주의를 다하였음을 증명하지 않으면 자기 또는 선박사용인이 선박의 감항능력이나 운송물의 수령·선적·적부·운송·보관·양륙과 인도에 관하여 주의를 해태함으로써 생긴 운송물의 멸실·훼손·연착으로 인한 손해의 배상책임을 진다 ($795_{Ⅰ}^{상}$)$\begin{bmatrix} 大 71. 3. 30, 70 다 2294; \\ 大 77. 12. 13, 75 다 107 \end{bmatrix}$.

3) 법정면책사유   운송법 분야에서 인정되고 있는 면책사유를 크게 분류하면 i) 불가항력, ii) 화물의 내재적 하자, iii) 송하인의 행위, iv) 항해상 과실로 나누어진다. 그리고 i), ii)는 육상·해상·공중운송 모두에 공통되는 면책사유이지만, 특히 해상운송의 경우에 문제가 되는 것은 항해상 과실이다.

(개) 선원의 항해과실   해상운송인은 선장·해원·도선사 기타의 **선박사용인의 항해** 또는 선박의 관리에 관한 행위로 인하여 생긴 손해에 대하여는 책임을 지지 않는다($795_{Ⅱ}^{상}$). 즉 해상운송인은 민법상의 사용자책임($756^{민}$)을 지지 않는다$\begin{bmatrix} 大 70. 9. 29, \\ 70 다 212 \end{bmatrix}$. 이러한 항해과실을 면책사유로 한 이유는 선박의 조종은 기술을 요하고 해상운송인이 관여할 수 없으며, 선원의 사소한 부주의로도 상당한 손해가 발생할 수 있기 때문에 해상운송기업을 보호하는 데 있다. 그러나 감항의무를 위반하였거나 상사과실이 있는 경우는 항해상 과실이라는 법정면책사유가 있더라도 이에 의존할 수 없다. 왜냐하면 예컨대 감항의무의 위반과 항해상 과실이 **경합**하는 경우에 항해상의 과실이라는 이유로 면책이 된다면 결국 감항능력의 결여에 대하여도 면책이 되는 결과가 되므로 이는 면책특약을 금지한 상법 제799조의 규정에 어긋나는 결과가 되기 때문이다.

(내) 화   재   a) 해상운송인은 자기의 고의 또는 과실로 인한 경우가 아니면 화재로 인하여 생긴 손해에 대하여 배상책임을 지지 아니한다($795_{Ⅱ}^{상}$). 화재도 항해과실과 함께 면책사유로 한 것은, 화재는 경미한 과실에 의하여도

막대한 손해가 생기고 과실의 판정이 곤란하므로 해상운송기업을 보호하여야 할 필요가 있고, 또한 적하의 화재손해는 적하보험에 의하여 보상된다는 점을 고려한 결과라고 할 수 있다. 1991년 개정 전의 상법에서는 화재를 선박 내에서 발생한 것으로만 한정하였으나 개정상법은 단순히 「화재」로 변경하였으므로 그 면책의 범위가 확대되었다고 할 수 있다.

　　　판례는 「상법 제788조 제 2 항 본문 및 단서에서의 "화재"란, 운송물의 운송에 사용된 선박 안에 발화원인이 있는 화재 또는 직접 그 선박 안에서 발생한 화재에만 한정되는 것이 아니고, 육상이나 인접한 다른 선박 등 외부에서 발화하여 당해 선박으로 옮겨 붙은 화재도 포함한다」고 하였다$\left[\begin{smallmatrix} 大 & 2002.12.10, \\ 2002 \ 다 \ 39364 \end{smallmatrix}\right]$.

　　b) 여기서 운송인이 법인 특히 회사인 경우 누구의 고의·과실을 선박소유자 자신의 고의·과실로 볼 것인가가 문제된다. 선박소유자 자신에는 이사뿐만 아니라 고급사용인 내지 관리급사용인도 포함한다.

　　㈐ 기타의 법정면책사유　　　해상운송인은 또 상법 제796조 제 2 항에서 열거하고 있는 법정의 사실이 있었다는 것과 그 손해가 그러한 사실에 의하여 보통 생길 수 있음을 증명한 때에는, 운송물에 관한 손해에 대하여 책임을 면한다($_{796}^{상}$본). 그러나 해상운송인이 감항능력에 대한 주의($_{794}^{상}$)와 운송물에 관한 주의($_{795 \ I}^{상}$)를 다하였더라면 그 손해를 피할 수 있었음에도 불구하고 그 주의를 다하지 아니하였음을 수하인이나 선하증권의 소지인이 증명한때에는 해상운송인은 그 손해에 대한 배상책임을 면하지 못한다($_{796}^{상}$단). 즉 수하인 등의 적하이해관계인이 그 손해가 면책사유와 인과관계가 없다는 것이나 인과관계가 있더라도 감항능력주의의무위반이나 상사과실로 인하여 손해가 발생했다는 것을 증명한 때에는 해상운송인은 책임을 지게 된다. 이는 해상운송인의 입증책임이 경감된 것이라고 할 수 있다.

　　상법 제796조에서 규정하고 있는 법정면책사유는 다음과 같다.

　　a) 해상 기타 항행할 수 있는 수면에서의 위험 또는 사고($_{(1)}^{동조}$)　　　이 경우의 수면에는 내수구역도 포함되며, 위험이란 항해상 특유한 것으로서 폭풍·좌초·격침·유빙(流氷)·타선의 과실에 의한 충돌 등을 말한다.

　　b) 불가항력($_{(2)}^{동조}$)　　　이는 자연력에 의한 천재 등의 예방이나 항거를 할 수 없는 위해로서 낙뢰·결빙 등이 여기에 속한다. 운송인이 불가항력에 의한 사고라는 이유로 책임을 면하려면 풍랑이 선적 당시 예견불가능한 정도의 천

재지변에 속하고 사전에 이로 인한 손해발생의 예방조치가 불가능하였음이 인
정되어야 한다[大 83. 3. 22,
82 다카 1533].

c) 전쟁·폭동 또는 내란($^{동조}_{(3)}$)　　　　이는 강세처분 내지 제 3 자의 행위에
의한 인위적인 사유를 말한다. 전쟁은 국제법상의 전쟁뿐만 아니라 국내의 동
란도 포함한다.

d) 해적행위 기타 이에 준한 행위($^{동조}_{(4)}$)　　　　이는 선하증권조약의 공적(公
敵)에 해당하는 것이다. 이에 준한 행위란 강도 등의 행위를 말하고 일반인 또
는 선원에 의한 절도는 여기에 속하지 않는다.

e) 재판상의 압류, 검역상의 제한, 기타 공권에 의한 제한($^{동조}_{(5)}$)　　　　압류는
부당한 것이어야 하며 해상운송인에게 압류에 대한 귀책사유가 없어야 한다.
그러므로 해상운송인의 무자력 등으로 인하여 압류된 때에는 면책되지 않는
다. 검역상의 제한이란 전염병 등의 예방을 위한 조치를 말하고, 공권에 의한
제한이란 해상운송인이나 운송물에 대하여 항구의 출입·선적·양륙 등을 금지
또는 제한하는 것을 말한다. 그러나 해상운송인이나 그 피용자에게 과실이 있
는 때에는 면책되지 않는다.

f) 송하인 또는 운송물의 소유자나 그 사용인의 행위($^{동조}_{(6)}$)　　　　해상운송인은
송하인 등의 귀책사유로 인하여 생긴 손해에 대하여는 면책된다. 이에는 다음
에 나오는 i)의 「포장의 불충분 또는 기호의 표시의 불완전」이나, j)의 「운송
물의 특수한 성질 또는 숨은 하자」 등도 포함된다고 할 수 있다.

g) 동맹파업 기타의 쟁의행위 또는 선박폐쇄($^{동조}_{(7)}$)　　　　이는 노동쟁의 또는
이에 준하는 사유로 인한 파업을 말하는 것으로 이 경우에도 해상운송인이나
선원 등에 과실이 없어야 면책된다.

h) 해상에서의 인명이나 재산의 구조행위 또는 이로 인한 이로 기타 정당한 이
유로 인한 이로($^{동조}_{(8)}$)　　　　이로(離路)라 함은 일반적으로 정상적인, 또는 약정
된 항로를 자발적으로 이탈하는 것을 말한다. 예정항로를 변경하는 이로는 선
박의 연착과 해상위험의 원인이 되므로 부득이한 경우가 아니면 인정하지 않
는다($^{선원}_9$). 이로가 인명과 재산의 구조를 위한 경우와 기타의 정당한 이유로
인한 때에는 면책되도록 한 것이다. 「정당한 이유」란 예컨대 해상위험($^{폭풍·유}_{빙 등}$)
또는 선박에 대한 급박한 위험($^{남풍}_등$)으로부터의 도피를 위한 경우 등이라고 할
수 있다. 「정당한 이유」 없는 이로는 보험자의 법정면책사유가 된다($_{701의 2}^{상}$).

i) 운송물의 포장의 불충분 또는 기호의 표시의 불완전($^{동조}_{(9)}$)　　　　이는 앞에

서 열거한 f)의 송하인의 책임 있는 사유에 속하는 경우로서 면책이 인정됨은 당연하다. 포장이란 운송물의 가치나 상태를 유지하기 위하여 운송물을 적절한 재료·용기 등으로 싸는 기술 및 이를 실시한 상태를 말한다. 그러므로 포장의 불충분이라 함은 운송물의 포장재료의 불량 또는 포장방법의 미숙으로 인하여 항해중의 해상위험과 통상적인 선적·양륙의 경우에 견딜 수 없는 포장상태를 말하는 것이다. 운송물의 기호라 함은 그 종류·수량과 대조하여 운송품의 특징을 나타내는 중요한 자료로서 포장·용기 또는 운송품 자체에 표시된 문자 및 도안의 조합을 말한다.

　　j) 운송물의 특수한 성질 또는 숨은 하자($\frac{동조}{(10)}$)　　이러한 사유로 인하여 생긴 손해에 대하여는 해상운송인이 책임을 질 이유가 없으므로 면책사유로 한 것이다. 「특수한 성질」이란 부패·액체의 누실(漏失)·충해·발효 등을 말하고, 「숨은 하자」란 해상운송인의 상당한 주의로도 발견할 수 없는 하자라고 할 수 있다.

　　k) 선박의 숨은 하자($\frac{동조}{(11)}$)　　선박의 숨은 하자라는 것은 감항능력주의의무에 있어서의 상당한 주의의 이면으로서 주의의무를 다하여도 발견할 수 없는 잠재적 하자를 말한다. 이는 과실책임의 일반원칙에 의하여도 당연히 면책되는 것이므로 새로운 면책조항으로 한 것은 특별한 의미가 없고 오히려 면책사유의 확대해석으로 오용될 우려가 없지 않다.

　　4) 손해배상책임의 한도

　　㈎ 총　　설　　종래에는 운송물의 멸실 등으로 인하여 손해가 발생한 경우에 배상액의 정형화에 관한 규정이 있었을 뿐이고($_{815, ~137}^{~~~~~상}$) 책임한도를 제한하는 규정은 없었다. 그러나 개정상법(1991)은 1968년의 헤이그-비스비규칙의 취지에 따라 **책임한도의 제한규정**을 신설하였다. 이러한 규정을 설정한 이유는 다음과 같다. 즉 운송인은 미리 운송물의 종류 및 가액이 통고되지 않는 한 운송물의 가액과 상관없이 동일한 주의를 하여야 하기 때문에 운송물에 손해가 발생한 경우 예측할 수 없는 금액의 배상책임을 지게 될 것이고, 송하인도 특별한 취급을 요구하여 고액의 운임을 지급하는 것보다 손해배상액은 적더라도 운임이 저렴한 것을 선호하기 때문에 일찍부터 배상한도액을 설정한 약관이 널리 통용되었고, 국제조약도 이를 받아들인 점을 반영한 것이다. 이러한 배상액제한은 상법 제794조의 감항의무위반이나 제795조 제 1 항의 운송물에 관한 주의의무위반에 기한 책임에 있어서도 동일하게 적용된다.

　　㈏ **책임의 개별적인 제한**　　운송인은 손해가 자신의 고의 등으로 생긴

경우가 아닌 한 일정한 금액을 한도로 배상책임을 제한할 수 있다. 배상액제한 규정의 주된 목적은 운송인의 보호보다도 오히려 운송인이 책임을 제한하도록 허용되어서는 안 되는 합리적인 최저한을 정하여 화주에게 배상액의 최저한을 보장함에 있으므로, 헤이그규칙 및 함부르크규칙에 따라 운송인과 송하인의 합의에 의하여 배상액을 정함이 위 한도액 미만이어서는 안 된다. 그리고 상법 제815조, 제137조에 따른 손해배상액은 도착지에서의 시가로 법정되어 있는데, 이는 일반원칙에 대한 예외로서 운송인의 보호를 위하여 둔 것이다.

(대) 책임의 한도   a) 운송물의 멸실 또는 훼손으로 인한 손해($_{794 \sim 796}^{\text{상}}$)에 대하여 운송인은 그 운송물의 매 포장당 또는 선적단위당 666과 100분의 67계산단위의 금액과 중량 1킬로그램당 2계산단위의 금액중 큰 금액을 한도로 책임을 제한할 수 있다($_{797\,\text{I}}^{\text{상}}$). 포장되지 아니한 화물에는 선하증권이나 이에 대체되는 문서에 표시되어 있는 개개의 선적단위가 그 기준이 된다. 이 경우에 운송물의 포장 또는 선적단위는 컨테이너 기타 이와 유사한 운송용기가 사용되는 경우에 그 속에 내장된 운송물의 포장 또는 선적단위의 수를 선하증권 기타 운송계약을 증명하는 문서에 기재한 때에는 그 각 포장 또는 선적단위를 하나의 포장 또는 선적단위로 보고, 그 기재가 없는 때에는 운송용기 내의 운송물 전부를 하나의 포장 또는 선적단위로 본다($_{\text{II (1)}}^{\text{상 797}}$). 그리고 운송인이 아닌 자가 공급한 운송용기 자체가 멸실 또는 훼손된 경우에는 그 용기를 별개의 포장 또는 선적단위로 본다($_{\text{II (2)}}^{\text{상 797}}$).

b) 예외적으로 운송물의 멸실·훼손·연착에 대한 운송인의 책임한도에 관한 규정은 송하인이 운송인에게 운송물을 인도할 때에 그 종류와 가액을 고지하고 선하증권 기타 운송계약을 증명하는 문서에 이를 기재한 경우에는 적용하지 않는다. 그러나 송하인이 운송물의 종류 또는 가액을 고의로 현저하게 부실의 고지를 한 때에는 운송인은 자기 또는 그 사용인이 악의인 경우를 제외하고 운송물의 손해에 대하여 책임을 면한다($_{797\,\text{III}}^{\text{상}}$).

(라) 선주책임제한규정과의 관계   운송인의 책임의 개별적 제한에 관한 규정($_{\text{I} \sim \text{III}}^{\text{상 797}}$)은 선주책임제한에 관한 규정($_{769 \sim 776}^{\text{상}}$)의 적용에 영향을 미치지 않는다($_{797\,\text{IV}}^{\text{상}}$).

(5) 수하인의 통지의무

1) 의   의   수하인이 운송물의 일부 멸실 또는 훼손을 발견한 때에는 수령 후 지체없이 그 개요에 관하여 운송인에게 서면에 의한 통지를 발송

하여야 한다. 그러나 그 멸실 또는 훼손이 즉시 발견할 수 없는 것인 때에는 수령한 날로부터 3일 내에 그 통지를 발송하여야 한다($^{상}_{804\,\mathrm{I}}$).

2) **통지해태의 효과**   통지를 발송하지 않은 경우는 운송인 또는 그 사용인이 악의인 경우가 아닌 한 운송물이 멸실 또는 훼손 없이 수하인에게 인도된 것으로 **추정한다**($^{상}_{804\,\mathrm{II}}$). 그러나 운송인 또는 그 사용인이 악의인 경우에는 상법 제804조 제1항 및 제2항의 규정은 적용하지 않는다($^{상}_{804\,\mathrm{III}}$). 구상법은 통지의무를 해태한 경우에 운송인의 책임이 면제되는 듯한 규정을 두고 있었으나, 현행상법은 이를 수정하여 입증책임만이 전환되도록 한 것이다.

3) **검사편의제공의무**   운송물에 멸실 또는 훼손이 발생하였거나 그 의심이 있는 경우에는 운송인과 수하인은 서로 운송물의 검사를 위하여 필요한 편의를 제공하여야 한다($^{상}_{804\,\mathrm{IV}}$).

4) **특약의 제한**   위 규정($^{상}_{\mathrm{I}\sim\mathrm{IV}}$804)에 반하여 수하인에게 불리한 당사자 간의 특약은 효력이 없다($^{동조}_{\mathrm{V}}$).

(6) **불법행위책임의 경우**   1) 상법상의 운송인의 책임에 관한 규정은 불법행위로 인한 손해배상책임의 경우에도 적용한다($^{상}_{798\,\mathrm{I}}$). 이러한 청구권경합관계는 운송법의 책임규정이 피해자에 대하여 이미 충분한 최소한도의 보호를 보장하고 있다는 것을 전제로 한다.

2) 운송인이나 보조자 또는 대리인의 고의 또는 중과실로 손해가 발생한 경우에는 피해자보호를 위하여 가중된 과실에 대한 제재로서 운송인의 불법행위책임이 유지되어야 한다[李宙興, 「재판자료」48집, 35~51]. 운송물에 관한 손해배상청구가 운송인의 사용인 또는 대리인에 대하여 제기된 경우에 그 손해가 그들의 직무집행에 관하여 생긴 것인 때에는 그 사용인 또는 대리인은 운송인이 주장할 수 있는 항변과 책임제한을 원용할 수 있다[大 89. 2. 14, 86 다 3168; 大 97. 1. 24, 95 다 25237]. 그러나 그 손해가 그들의 고의 또는 운송물의 멸실, 훼손 또는 연착으로 생길 염려가 있음을 인식하면서 무모하게 한 작위 또는 부작위로 인하여 생긴 것인 때에는 그러하지 아니하다($^{상}_{\mathrm{II}\,단}$798). 이는 실제운송인 또는 그 사용인이나 대리인에 대하여 제기된 경우에도 같다($^{동조}_{\mathrm{IV}}$).

3) 그러므로 운송인과 실제운송인, 그 사용인, 대리인의 운송물에 대한 책임제한금액의 총액은 상법상의 책임한도액($^{상}_{797\,\mathrm{I}}$)을 초과하지 못한다($^{상}_{798\,\mathrm{III}}$).

(7) **운송인의 면책특약**

1) **금   지**   (가) 감항능력주의의무($^{상}_{794}$), 운송물에 관한 주의의무($^{상}_{795}$),

법정면책사유($\frac{상}{796}$), 책임의 한도($\frac{상}{797}$), 비계약적 청구에 대한 적용($\frac{상}{798}$)에 관한 규정에 반하여 운송인의 의무 또는 책임을 경감 또는 면제하는 당사자간의 특약과 운송물에 관한 보험의 이익을 운송인에게 양도하는 약정 또는 이와 유사한 약정은 효력이 없다($\frac{상}{799}$I).

　(나) 운송물의 수령지, 선적지, 양륙지 중 어느 한 곳이 대한민국인 경우, 운송인의 의무 또는 책임을 감경 또는 면제하는 것을 내용으로 하는 특약은 개품운송계약의 준거법에 관계없이 이 절의 규정에 의하여 허용되지 아니하는 범위 안에서는 무효이다.

　(다) 2007년의 개정상법은 운송이 우리나라와 외국 사이에 이루어지는 경우 해상편의 적용여부가 자주 문제되었던바 우리나라 해상법을 국제적인 규준에 맞도록 개정함과 동시에 헤이그 규칙 및 여러 나라의 입법례를 참조하여, 출발지, 도착지 등이 우리나라일 경우 당사자가 준거법의 지정 기타 방법으로 개품운송에 있어서 운송인의 의무 또는 책임에 관한 해상편의 강행규정을 잠탈하는 것을 방지하는 규정도 마련하였다.

　애초 위원회 안에서는 운송인의 의무 또는 책임을 감경 또는 면제하는 경우뿐만 아니라 이 절의 모든 규정이 준거법에 관계없이 적용되는 것으로 하였으나, 그 후 입법과정에서 포괄적 준거법 배제는 국제사법상 기본원칙인 "당사자 자치 원칙"에 반한다는 의견 등을 반영하여 위와 같이 수정되었다.

　2) 예　　　외　　　면책특약의 금지에 관한 규정($\frac{상}{799}$I)은 산 동물의 운송 및 선하증권 기타 운송계약을 증명하는 문서의 표면에 갑판적(甲板積)으로 운송할 취지를 기재하여 갑판적으로 행하는 운송에 대하여 적용되지 않는다($\frac{상}{799}$II).

2. 해상물건운송인의 권리

(1) 운임청구권

　1) 의　　　의　　　해상운송인은 계약에 의하여 물건의 운송을 인수한 보수로서 운임을 청구할 수 있는 권리가 있다.

　2) 운임의 청구　　　(가) 운송계약은 도급계약이라는 점에서 볼 때, 운임은 운송을 완료한 때에 청구할 수 있는 것이다. 그러므로 운송물의 전부 또는 일부가 불가항력에 의하여 멸실한 때에는 해상운송인은 운임을 청구하지 못하며 운임의 선급을 받은 때에는 이를 반환하여야 한다($\frac{상}{134}$ $\frac{815,}{I}$). 그러나 운송인과

송하인이 불가항력으로 인한 운송물의 멸실의 경우에도 운송인에게 운임을 지급할 의무가 있다는 취지의 특약을 하는 것은 무방하다$\left[\begin{smallmatrix} 大 72.2.22, \\ 72 다 2500 \end{smallmatrix}\right]$.

(내) 그러나 특약이 없더라도 예외적으로 i) 운송물이 그 성질이나 하자 또는 송하인·용선자의 과실로 인하여 멸실한 경우($\frac{상}{134}\frac{826,}{II}$), ii) 항해의 계속을 위하여 필요한 비용의 지급을 위하여 운송물을 처분한 경우($_{750}\frac{상}{I}$), iii) 공동해손을 위하여 운송물을 처분한 경우에는 해상운송인은 운임의 전액을 청구할 수 있다($_{813}^{상}$). 또한 선박이 항해중에 침몰·멸실·수리불능·포획 등의 사고가 생긴 때에는 해상운송인은 운송의 비율에 따라 현존하는 운송물의 가액의 한도 내에서 비율운임을 청구할 수 있다($_{810}\frac{상}{II}$). 또한 선장이 위법선적물을 운송하는 때에는 선적한 때와 장소에서의 동종운송물의 최고운임의 지급을 청구할 수 있다($_{800}\frac{상}{II}$).

3) 지급의무자　　　운임의 지급의무자는 운송의 의뢰인인 용선자 또는 송하인이지만 수하인도 운송물을 수령한 때에는 여기에 포함한다($_{807}\frac{상}{I}$). 이 경우에는 송하인(또는 용선자)과 수하인의 채무는 **부진정연대채무**가 된다. 수하인에는 운송계약상의 수하인과 선하증권에 기재된 수하인이 포함된다. 선하증권에 기재된 운임에 관한 특약사항은 그 증권소지인에 대하여 효력이 미친다$\left[\begin{smallmatrix} 大 72.2.22, \\ 72 다 2500 \end{smallmatrix}\right]$.

4) 운임액의 산정　　　운임은 일반적으로 계약에 의하여 운송물의 중량·용적·가격·항해기간 등을 기준으로 산정된다. 그러나 상법은 운임에 관하여 보충적인 규정을 두고 있다. i) 운임을 운송물의 중량 또는 용적으로 정한 때에는 운송물을 인도하는 때의 중량 또는 용적에 의하여 정하고($_{805}^{상}$), ii) 기간으로 운임을 정한 때에는 운송물의 선적을 개시한 날로부터 그 양륙의 종료일까지의 기간에 의하여 운임액을 정한다($_{806}\frac{상}{I}$). 그러나 이 경우에 선박이 불가항력으로 인하여 정박한 시간과 수선에 소요된 기간, 약정기일을 경과한 선적 또는 양륙에 요한 기간 등은 운임의 산정에 있어서 산입하지 않는다($_{806}\frac{상}{II}$).

(2) **체선료청구권**　　　용선계약(항해용선계약)의 경우에 선적기간 또는 양륙기간(lay-time)을 경과하여 선적 또는 양륙한 때에는 해상운송인은 용선자에 대하여 보수로서 **체선료**(Liegegeld, demurrage)를 청구할 수 있는데($\frac{상}{838}\frac{829}{III}\frac{III,}{}$), 이는 정박료라고도 한다. 용선계약에서 미리 정한 선적기간 또는 양륙기간을 초과한 경우에 용선계약에서 정한 용선비 이외에 계약에서 정한 **체선요율에** 따라 체선료를 청구하게 된다. 체선료의 법적 성질에 대하여 종래에는 위약금

설도 있었으나, **특별보수설**이 통설이고 타당하다($^{독상\ 567\ IV,}_{594\ 참조}$).

(3) 수하인에 대한 **청구권**   해상운송인은 운송물을 수령한 수하인에 대하여 운송계약 또는 선하증권의 취지에 따라 운임·부수비용·체당금·대박 료와 운송물의 가액에 따른 공동해손 또는 해난구조로 인한 분담액을 청구할 수 있다($^{상}_{807\ I}$).

(4) **채권담보를 위한 권리**

1) 유 치 권   해상운송인은 운임 기타 부수비용의 청구권을 확보하기 위하여 운송물의 인도 전에는 운송물에 대하여 유치권을 행사할 수 있다($^{상}_{807\ II}$). 유치권의 성질에 관하여는 대인적 **급여거절권**이라는 견해$\left[^{鄭(희),}_{570}\right]$도 있으나, 이 는 운임뿐만 아니라 운송에 관한 기타 채권에도 **동시이행의 항변권**을 인정한 특칙이라고 할 수 있다.

2) 경 매 권   해상운송인은 운임 기타의 부수비용의 확보를 위하여 운송물의 인도 전에는 물론이고, 인도 후라도 인도일로부터 30 일이 경과하지 않았거나 제 3 자가 운송물의 점유를 취득하지 않은 동안은 법원의 허가를 얻 어 경매를 하여 우선변제를 받을 권리가 있다($^{상}_{808}$). 이는 유치권만으로는 해상 운송인을 충분히 보호할 수 없다는 점을 고려하여 인정한 권리라고 할 수 있다.

3. 권리와 의무의 소멸

(1) 해상운송인의 송하인 또는 수하인에 대한 채권 및 채무는 그 청구원인 의 여하에 불구하고 운송인이 수하인에게 운송물을 인도한 날 또는 인도할 날 로부터 1년 내에 재판상 청구가 없으면 소멸한다($^{상}_{814\ I}$). 계약상의 청구권뿐만 아니라 **비계약상 청구권**에도 이 규정이 적용된다. 즉 **불법행위채무**에 대하여 도 적용된다$\left[^{大\ 97.4.11,\ 96\ 다\ 42246;}_{大\ 2000.5.30,\ 2000\ 다\ 8748}\right]$. 운송물이 전부멸실한 경우에는 그 운송물을 인도할 날로부터 기산한다$\left[^{大\ 76.9.14,}_{74\ 다\ 1215}\right]$. 그러나 이 기간은 당사자의 합의에 의하 여 연장할 수 있다($^{상\ 814}_{I\ 단}$). 이와 같이 운송인과 적하이해관계인의 채권에 대하 여 단기의 **제척기간**을 법정한 취지는 운송계약에 있어서는 증거의 보존이 곤 란하다는 점과 각 항해의 계산관계를 신속하게 종료시키기 위한 것이다.

(2) 운송인이 인수한 운송을 다시 제 3 자에게 위탁한 경우에 송하인 또는 수하인이 상법 제814조 제 1 항의 기간 내에 운송인과 배상 합의를 하거나 운 송인에게 재판상 청구를 하였다면, 그 합의 또는 청구가 있은 날부터 3 월이 경과하기 이전에는 그 제 3 자에 대한 운송인의 채권·채무는 제 1 항의 규정에

불구하고 소멸하지 아니한다. 운송인과 그 제 3 자 사이에 제 1 항과 동일한 취지의 약정이 있는 경우에도 또한 같다($_{814}{}^{상}{}_{\text{II}}$).

위의 경우에 있어서 재판상 청구를 받은 운송인이 그로부터 3 월 내에 그 제 3 자에 대하여 소송고지를 하면 3 월의 기간은 그 재판이 확정 그 밖에 종료된 때부터 기산한다($_{\text{III}}^{동조}$).

　　판례는 「해상운송계약에 따른 선하증권이 발행된 경우에는 그 선하증권의 정당한 소지인이 상법 제811조의 수하인이고, 상법 제811조는 운송인의 해상운송계약상의 이행청구 및 채무불이행에 따른 손해배상청구의 경우뿐만 아니라 운송인의 불법행위에 따른 손해배상청구 등 청구원인의 여하에 관계 없이 적용되므로, 상법 제811조는 선하증권의 소지인이 운송인에 대하여 운송물에 대한 양도담보권을 침해한 불법행위에 따른 손해배상책임을 묻는 경우에도 적용된다」고 한다($^{大}_{99}{}^{99.\,10.\,26.,}_{\text{다}\,41329}$). 그러나 판례는 「해상물건운송계약에 있어 계약운송인과 실제운송인과의 관계와 같이 복수의 주체가 운송물의 멸실·훼손으로 인하여 선하증권소지인에 대하여 연대하여 손해배상책임을 부담하는 경우, 어느 일방이 선하증권소지인에 대하여 먼저 손해액을 배상한 후 다른 일방에 대하여 그 배상금액을 구상하는 경우에는, 운송인의 채권·채무의 소멸을 규정하고 있는 상법 제811조 소정의 단기제척기간에 관한 규정은 적용되지 않는다」고 하면서, 「재운송인의 고의·과실로 운송물이 멸실되어 원수운송인이 선하증권소지인에게 손해를 배상한 후 재운송인에 대하여 손해배상을 청구하는 소송을 제기한 경우, 그 청구원인에는 불법행위에 의한 손해배상책임을 구하는 취지뿐만 아니라 선하증권소지인에게 배상한 금액에 관한 구상권 행사의 취지도 포함되어 있다고 보아 상법 제811조에서 정한 제소기간 도과를 이유로 소를 각하한 것은 부적법하다」고 하였다($^{大}_{2000}{}^{2001.\,10.\,30.,}_{\text{다}\,62490}$).

[事例演習]

◇ 사 례 ◇

　X는 곡물을 수입하기 위하여 Y선박회사와 운송계약을 체결하고 Y는 자기회사 소유의 선박에 이를 선적하여 목적지까지 운송하였다. 동 선박이 목적지에 도착하여 곡물을 하역하여 본즉 기름에 심하게 오염되어 사용불능하게 된 것이 발견되었다. 이는 운항 도중 강풍과 풍랑에 의한 선박의 동요로 인하여 선창 밑에 설치된 유조탱크와 갑판 사이에 부착하여 시설한 유류검량관에 생긴 틈 또는 구멍으로 새어나온 기름에 의한 것이었음이 판명되었다. Y선박회사는 X의 손해에 대하여 배상할 책임이 있는가?$\left[\begin{smallmatrix}\text{상세한 해설은 } 徐憲濟(출제),\ 商法事例演習 \\ (최기원 외),\ 728면\ 이하\ 참조\end{smallmatrix}\right]$

　해설　선박의 감항능력은 선체 및 기관의 안전성뿐만 아니라 운송물을 적재보관하기에 적합한 시설과 장치를 갖추어야 한다($\frac{동조}{3호}$). 따라서 이 사례에 있어서와 같이 선체나 기관에 이상은 없었으나 운송물을 적재하는 선창의 검량관이 낡아서 파도로 인하여 틈이 생기고 그 틈으로 새어들어 온 기름에 의하여 운송물에 손해가 발생한 경우는 전형적인 감항능력의 흠결이라고 할 수 있다[$\frac{大 76. 10. 29,}{76 다 1237}$]. 그러므로 Y 는 감항능력주의의무를 위반하였기 때문에 그로 인하여 X가 입은 손해를 배상할 책임이 있다. 다만 Y는 X가 입은 손해의 발생이 Y 자신의 고의 또는 고의에 유사한 사유에 의하지 않았음을 증명하면 상법 제789조의 2에 의하여 책임을 제한할 수 있을 것이다.

[646] 제 5 終   了

I. 총   설

해상물건운송계약도 계약의 일반종료사유에 의하여 종료하는 것이지만, 상법은 해상위험의 특수성과 급변하는 상황에 대한 효과적인 적응의 필요성을 고려하여 육상운송의 경우와는 달리 특별한 규정을 두고 있다.

2. 임의해제 또는 해지

(1) 발항 전의 임의해제 또는 해지

1) 전부용선의 경우   전부용선자는 선박의 발항 전에는 운임의 반액을 지급하고 계약을 해제할 수 있다($\frac{상}{832}$ I). 왕복항해의 용선계약인 경우에 전부용선자가 그 회항전에 계약을 해지하는 때와, 선박이 타항에서 선적항에 항행하여야 할 경우에 선적항에서 발항하기 전에 계약을 해지하는 때 또는 선박이 다른 항에서 선적항에 항행하여야 할 경우에 전부용선자가 선적항에서 발항하기 전에 계약을 해지하는 때에는 운임의 3분의 2를 지급하여야 한다($\frac{상}{II \cdot III}$832). 전부용선자가 계약을 해제한 때에도 부수비용과 체당금을 지급할 책임을 면하지 못하고($\frac{상}{834}$ I), 계약을 해지할 때에는 그 밖에 운송물의 가액에 따라 공동해손 또는 해난구조로 인하여 부담할 금액도 지급하여야 한다($\frac{동조}{II}$).

2) 일부용선 또는 개품운송의 경우   (가) 일부용선자나 송하인은 다른 용선자와 송하인 전원과 공동으로 하는 경우에 한하여 전부용선의 경우와 같은 운임을 지급하고 계약의 해제 또는 해지를 할 수 있다($\frac{상}{833}$ I). 다른 용선자

와 송하인 전원과 공동으로 하지 않고, 일부용선자나 송하인이 계약을 해제 또는 해지하는 때에는 운임의 전액을 지급하여야 한다($_{833\,Ⅱ}^{\,상}$). 발항 전이라도 일부용선자나 송하인이 운송물의 전부 또는 일부를 선적한 경우에는 다른 용선자와 송하인의 동의를 얻지 아니하면 계약을 해제 또는 해지하지 못한다($_{833\,Ⅲ}^{\,상}$).

　(나) 계약을 해제 또는 해지하는 경우에 지급하는 운임을 공적운임(空積運賃)이라고 하는데 그 성질은 **법정해약금**의 일종이라고 할 수 있다[$^{동:徐}_{(돈),\,574}$]. 용선자나 송하인이 선적기간 내에 운송물의 선적을 하지 아니한 때에는 계약을 해제 또는 해지한 것으로 본다($_{836}^{\,상}$).

　(2) **발항 후의 임의해지**　　발항 후에 하는 계약의 해지에 관하여는 상법은 발항 전의 경우보다 엄격한 규정을 두고 있다. 즉 발항 후에는 용선자나 송하인은 운임의 전액·체당금·정박료와 공동해손 또는 해난구조의 부담액을 지급하고 그 양륙하기 위하여 생긴 손해를 배상하거나 이에 대한 상당한 담보를 제공하지 아니하면 계약을 해지하지 못한다($_{837}^{\,상}$).

3. 법정원인에 의한 임의해제 또는 해지

　(1) **발항 전의 해제**　　1) 어떠한 운송의 경우이든 항해 또는 운송이 법령에 위반하게 되거나 기타 불가항력으로 인하여 계약의 목적을 달성할 수 없게 된 때에는 각 당사자는 계약을 해제할 수 있다($_{811\,Ⅰ}^{\,상}$). 그런데 법정원인이 운송물의 일부에 대하여 생긴 때에는, 용선자 또는 송하인은 해상운송인의 책임을 가중하지 아니하는 범위 내에서 다른 운송물을 선적할 수 있다($_{812\,Ⅰ}^{\,상}$). 이 경우에 용선자 또는 송하인은 지체없이 운송물의 양륙 또는 선적을 하여야 하며 이를 해태하면 운임의 전액을 지급하여야 한다($_{812\,Ⅱ}^{\,상}$).

　2) 개품운송계약의 경우 송하인이 일정한 때와 곳에서 운송인에게 운송물을 제공하지 않은 때에는 계약을 해제한 것으로 본다($_{792\,Ⅱ}^{\,상}$).

　(2) **발항 후의 해지**　　법정원인이 발항 후 운송 도중에 발생한 경우에 각 당사자가 계약을 해지할 수 있으나 용선자 또는 송하인은 비율운임을 지급하여야 한다($_{811\,Ⅱ}^{\,상}$).

4. 법정원인에 의한 당연종료

　해상물건운송계약은 당사자의 책임 없이 i) 선박이 침몰 또는 멸실한 때, ii) 선박이 수선할 수 없게 된 때, iii) 선박이 포획된 때, iv) 불가항력으로 인하여 운송물이 멸실한 경우에는 당연히 종료한다($^{\text{상}}_{810\text{ I}}$).

[647] 제6 船荷證券

1. 총   설

해상물건운송은 일반적으로 운송기간이 장기에 걸치기 때문에 운송물의 수령·양도·입질을 위하여 주로 선하증권이 이용된다. 상법은 입법의 편의를 위하여 특별히 선하증권에 대하여는 발행자·기재사항·수통 발행의 경우 등에 관하여 소수의 규정을 두고 있을 뿐이고, 기타의 법률관계에 대하여는 화물상환증에 관한 규정을 준용하고 있다($^{\text{상 861,}}_{129\sim133}$).

2. 의   의

선하증권은 해상물건운송계약에 따른 운송물의 수령 또는 선적을 증명하고 해상운송인에 대한 운송물의 인도청구권을 표창하는 유가증권이다.

3. 성   질

선하증권은 유가증권으로서 법률상 당연한 지시증권성·요식증권성·요인증권성·상환증권성·물권적 유가증권성·처분증권성 등이 있다.

(1) **법률상 당연한 지시증권성**   선하증권은 기명식·지시식·무기명식 또는 선택무기명식으로 발행할 수 있는데, 기명식으로 발행된 경우에도 배서금지의 기재가 없는 한 배서에 의하여 양도할 수 있는 법률상 당연한 지시증권이다($^{\text{상 861,}}_{130}$).

(2) **요식증권성**   선하증권은 그 기재사항이 법정된($^{\text{상}}_{853}$) 요식증권이다. 그러나 그 요식증권성은 어음·수표의 경우와 같이 엄격하지 않으므로 법정기재사항이라도 효력적 기재사항이 아닌 것은 그 기재를 하지 않은 경우에도 선하증권의 유효성에는 영향을 미치지 않는다.

(3) **요인증권성**   선하증권은 운송계약에 기하여 운송인이 운송물을 수령 또는 선적한 때에 발행되는 요인증권이라는 것이 **통설과 판례**의 입장이다.

　　판례에는 「선하증권은 운송물의 인도청구권을 포함하는 유가증권으로서 운송계약에 기하여 운송물을 수령 또는 선적한 후에 교부되는 유가증권이므로 운송물을 수령 또는 선적하지 아니하였음에도 불구하고 발생된 선하증권은 그 원인과 요건을 구비하지 못하여 그 목적물에 흠결이 있는 것으로서 누구에 대하여도 무효라고 봄이 상당하다」고 한 것이 있다[大 82. 9. 14, 80 다 1325]. 그러므로 이러한 경우 선하증권의 소지인은 운송물을 수령하지 않고 선하증권을 발행한 운송인에 대하여 불법행위로 인한 손해배상을 청구할 수 있다고 하였다[大 2005. 3. 24, 2003 다 5535].

(4) 상환증권성   선하증권이 발행된 경우에는 증권과 상환하지 않고는 운송물의 인도를 청구할 수 없다($\frac{상}{129}$ 861,). 그러나 실제에 있어서는 운송물의 이해관계자와 해상운송인의 편의를 위하여 선하증권과 상환하지 않고 운송물을 인도하는 경우가 있다.

(5) 인도증권성·처분증권성   선하증권에 의하여 증권상에 표창된 채권을 행사할 수 있는 자에게 선하증권을 교부한 때에는 운송물을 인도한 것과 같은 효력이 생긴다($\frac{상}{133}$ 861,). 그리하여 선하증권은 물권적 유가증권이라고 하거나 운송물의 유통을 용이하게 한다는 점에서 상품증권이라고 한다. 그리고 선하증권이 발행된 경우에는 운송물에 관한 처분은 선하증권으로 하여야 한다($\frac{상}{132}$ 861,). 선하증권이 발행된 경우에는 운송물의 소유권도 선하증권의 인도에 의하여 이전한다. 따라서 수출입계약상의 소유권이전에 관한 합의 여하에 불구하고 선하증권이 발행되고 운송인이 운송물을 점유하고 있는 동안에는 선하증권의 소지인이 소유권을 가지게 된다.

   판례는 「매도인이 지시식 선하증권을 매수인에게 인도하지 않고 소지하고 있다면 그 운송물의 소유권은 매도인에게 유보되어 있는 것이다」라고 판시하고 있다[大 82. 2. 23, 80 다 2943].

한편 운송인이 운송물을 수령하고 선하증권을 발행한 경우, 그 운송물이 전부 선적되지 못한 경우에도 선하증권은 운송물에 대한 권리를 표창하는 유가증권으로서의 효력을 가진다.

(6) 문언증권성   구상법에서는 화물상환증의 문언증권성에 관한 상법 제131조를 선하증권에도 준용하였었으나($\frac{구상}{820}$), 1991년의 개정상법에서는 선하증권상의 기재에 **추정적 효력**만을 인정함으로써($_{855}\frac{상}{II}$) 준용규정 중에 문언증권성에 관한 규정($\frac{상}{131}$)을 삭제하였다.

4. 선하증권의 발행

(1) 발 행 자   선하증권은 용선자 또는 송하인($\frac{\text{또는 운송}}{\text{주선인}}$)의 청구에 의하여 운송인이 발행하거나 운송인의 위임에 의하여 선장 또는 기타의 대리인이 발행할 수 있다($\frac{\text{상}}{\text{I}\cdot\text{III}}^{852}$). 또한 정기용선자와 선체용선자도 운송인과 마찬가지로 선하증권을 발행할 수 있다. 실제에 있어서는 선하증권을 선장이 발행하는 경우는 드물고 운송인의 대리인이 발행한다. 운송주선인은 선하증권의 발행인이 될 수 없으나 운송주선인이 운송주선계약에서 운임을 확정한 경우($_{119}\frac{\text{상}}{\text{II}}$)나 운송주선인이 개입권을 행사한 때에는($_{116}\frac{\text{상}}{\text{I}}$) 운송인으로서 선하증권을 발행할 수 있다$\begin{bmatrix}大\ 87.\ 10.\ 13,\\85\ 다카\ 1080\end{bmatrix}$.

> 판례는 「재용선계약의 경우, 선주와 용선자 사이의 주된 용선계약과 용선자와 재용선자 사이의 재용선계약은 각각 독립된 운송계약으로서 선주와 재용선계약의 재용선자와는 아무런 직접적인 관계가 없다 할 것인바, 재용선계약 등에 의하여 복수의 해상운송 주체가 있는 경우 운송의 최종 수용자인 운송의뢰인에 대한 관계에서는, 용선계약에 의하여 그로부터 운송을 인수한 자가 누구인지에 따라 운송인이 확정되는 것이고, 선하증권의 발행자가 운송인으로 인정될 개연성이 높다 하겠지만, 그렇다고 하여 선하증권의 발행사실만으로 당연히 운송인의 지위가 인정되는 것은 아니다」고 하였다$\begin{bmatrix}大\ 2004.\ 10.\ 27,\\2004\ 다\ 7040\end{bmatrix}$.

(2) **청구권자**   선하증권은 언제나 발행하는 것이 아니라 송하인($\frac{\text{운송}}{\text{주선인}}$ $\frac{}{\text{포}}$함)의 청구가 있는 경우에 발행한다($_{852}\frac{\text{상}}{\text{I}}$). 또한 용선자의 청구가 있는 경우 선박소유자는 운송물을 수령한 후에 선하증권을 발행한다($_{855}\frac{\text{상}}{\text{I}}$).

(3) **기재사항**   선하증권에는 다음의 사항을 기재하고 운송인이 기명날인 또는 서명하여야 한다($_{853}\frac{\text{상}}{\text{I}}$). 종래에는 선장의 성명이 선하증권의 기재사항이었으나, 오늘날 선하증권은 운송인의 대리인이 발행하고 있어서 선장의 성명은 선하증권의 법정기재사항에서 삭제하였다.

1) **선박의 명칭, 국적과 톤수**($\frac{\text{동항}}{\text{(1)}}$)   이는 선적선하증권을 발행하는 경우에 기재하여야 하는 사항이다. 즉 수령선하증권의 경우에는 선박의 명칭 및 국적은 임의적 기재사항일 뿐이다. 선적선하증권은 선적 전에 발행하는 경우가 많고 선박의 명칭을 특정하지 않은 경우가 있는데 이러한 선하증권도 유효하다.

2) 송하인이 서면으로 통지한 운송물의 종류, 중량 또는 용적, 포장의 종별, 개수와 기호($\overset{동항}{(2)}$)   이들 사항은 송하인의 서면통지에 따라 기재하며 송하인은 기재사항이 정확함을 운송인에게 담보한 것으로 본다($\overset{상}{853}$ⅲ). 그런데 기재사항 중 운송물의 중량, 용적, 개수 또는 기호가 운송인이 실제로 수령한 운송물을 정확하게 표시하고 있지 아니하다고 의심할 만한 상당한 이유가 있는 때 또는 이를 확인할 적당한 방법이 없는 때에는 그 기재를 생략할 수 있다($\overset{상}{853}$ⅱ). 이 경우 송하인의 통고에 따르지 않는다는 취지의 내용부지문구(內容不知文句)를 삽입하게 되는 수가 많다.

3) 운송물의 외관상태($\overset{동항}{(3)}$)   이는 운송물의 상태에 관한 표시로서 선하증권을 취득하는 모든 이해관계자에 대하여 중요한 사항이기 때문에 선하증권의 **효력적 기재사항**이라고 할 수 있다. 일반적으로 선하증권에는 선적한 물건에 대하여 「운송물이 외관상 양호한 상태로 선적되었다」는 것이 인쇄되어 있는데, 이는 단순히 포장상태뿐만 아니라 선장이 상당한 주의로써 운송물의 외관을 관찰하여 판단할 수 있었던 운송물 그 자체의 상태를 말한다. 선하증권에 외관상태가 양호하다는 기재가 있는 경우에 운송물의 양륙시에 **외관상 훼손**이 있는 때에는 특별한 사정이 존재하지 않는 한 운송물의 운송중에 생긴 것으로 추정된다고 할 것이다.

4) 용선자 또는 송하인의 성명 또는 상호($\overset{동항}{(4)}$)   이를 기재하는 것은 선하증권의 취득자가 증권을 취득함에 있어서 증권에 대한 신용상태를 판단할 수 있도록 하기 위한 것이다.

5) 수하인 또는 통지수령인의 성명 또는 상호($\overset{동항}{(5)}$)   운송인이 선하증권에 기재된 통지수령인에게 운송물에 관한 통지를 한 때에는 용선자 또는 송하인 및 선하증권소지인 기타 수하인에게 통지한 것으로 본다($\overset{상}{853}$ⅳ).

6) 기타 법정기재사항   선적항($\overset{동항}{(6)}$), 양륙항($\overset{동항}{(7)}$), 운임($\overset{동항}{(8)}$), 발행지와 그 발행연월일($\overset{동항}{(9)}$), 수통의 선하증권을 발행한 때에는 그 수($\overset{동항}{(10)}$), 운송인의 성명 또는 상호($\overset{동항}{(11)}$), 운송인의 주된 영업소 소재지($\overset{동항}{(12)}$) 등이다.

7) 임의적 기재사항   (개) 법정기재사항 이외에도 강행법규에 반하지 않는 한 면책약관 등의 임의적 기재사항을 기재할 수 있다. **면책약관** 중에 중요한 것으로서 **배상액제한약관**이 있는데, 이는 그 내용이 강행법규로 보장되고 있는 배상책임액에 미달하는 배상액으로 제한하는 약관은 무효라고 할 수 있으나, 최소한도의 배상책임액 이상으로 배상액을 제한하는 약관은 유효하다

고 할 것이다.

(나) 그러면 이러한 배상액제한약관이 운송인의 불법행위책임에도 그 효력
이 미치는가 하는 문제가 있다. 판례는 종래에 면책약관에 있어서도 법정책임
면제나 제한에 있어서와 마찬가지로 계약청구권과 불법행위청구권 사이에 상
호작용은 인정되지 아니하는 것이 원칙이고, 다만 의사해석에 의하여 불법행
위책임까지 경감하는 취지로 해석될 수 있다고 하였다 $\left[\begin{smallmatrix} 大 & 65.1.12, \\ 63 & 다 & 609 \end{smallmatrix}\right]$. 즉 판례의 입
장은 운송계약의 당사자 사이에 불법행위로 인한 손해배상의 경우는 손해배상
액의 기재내용은 확대적용될 수 없다는 입장이었다 $\left[\begin{smallmatrix} 大 & 80.11.11, \\ 80 & 다 & 1812 \end{smallmatrix}\right]$.

　　　이후 대법원의 전원합의체판결에서는 「선하증권에 기재된 면책약관은 불법행위
　　책임에 대하여도 이를 적용하기로 하는 당사자의 숨은 합의가 포함되어 있다고 보
　　는 것이 타당하므로, 별도로 당사자 사이에 면책약관을 불법행위책임에도 적용키로
　　한 합의가 없더라도 당연히 불법행위책임에도 효력이 미친다」고 하였다 $\left[\begin{smallmatrix} 大 & 83.10.25, \\ 83 & 다 & 258 \end{smallmatrix}\right]$.

(다) 그러나 손해가 고의 또는 중과실로 인하여 발생한 때에는 운송인이나
그 이행보조자에 대한 비난가능성이 높고 제재가 필요하다는 점에서, 배상액
제한약관 역시 상법 제137조 제 3 항을 유추해석할 때 고의 또는 중과실로 인
한 계약책임이나 불법행위책임에서는 그 배상액제한을 인정하여야 할 타당성
이 결여되므로, 그 적용이 배제되고 운송인은 모든 손해를 배상하여야 할 것이
다 $\left[\begin{smallmatrix} 大 & 89.2.14, & 87 & 다카 & 124; \\ 大 & 91.8.27, & 91 & 다 & 8012 \end{smallmatrix}\right]$.

(4) **등본의 교부**　　　선하증권의 교부를 받은 용선자 또는 송하인은 발행
자의 청구가 있는 때에는 선하증권의 등본에 기명날인 또는 서명하여 교부하
여야 한다($\frac{상}{857}$).

(5) **전자선하증권**(電子船荷證券)**의 발행**　　　1) 운송인은 상법 제852조
또는 제855조의 선하증권을 발행하는 대신에 송하인 또는 용선자의 동의를 얻
어 **법무부장관이 지정하는 등록기관에 등록을 하는 방식으로** 전자선하증권을
발행할 수 있다($\frac{상}{862}$ I).

2) 전자선하증권에는 상법 제854조 제 1 항 각 호의 정보가 포함되어야
하며, 운송인이 **전자서명**을 하여 송신하고 용선자 또는 송하인이 이를 수신하
여야 그 효력이 생긴다($\frac{상}{862}$ II).

3) 전자선하증권의 권리자는 배서의 뜻을 기재한 전자문서를 작성한 다음
전자선하증권을 첨부하여 지정된 등록기관을 통하여 상대방에게 송신하는 방

식으로 그 권리를 양도할 수 있다($_{862\text{Ⅲ}}^{상}$).

4) 소정의 방식에 따라 **전자적 배서**를 상대방이 수신하면 상법 제852조 및 제855조의 선하증권을 배서하여 교부한 것과 동일한 효력이 있고, 상법 제862조 제 2 항 및 제 3 항의 전자문서를 수신한 권리자는 상법 제852조 및 제855조의 선하증권을 교부받은 소지인과 동일한 권리를 취득한다($_{862\text{Ⅳ}}^{상}$).

5) 전자선하증권의 등록기관의 지정요건, 발행 및 배서의 전자적인 방식, 운송물의 구체적인 수령절차 그 밖에 필요한 사항은 대통령령으로 정한다($_{862\text{Ⅴ}}^{상}$).

5. 선하증권의 종류

⑴ **수령선하증권·선적선하증권**   이는 선하증권의 발행시기가 운송물의 수령 후인가 선적 후인가에 따른 구분으로서, 수령선하증권은 보통 운송물을 선적하기까지는 상당한 기일이 소요되므로 그 이전에 운송물의 유통을 가능하게 하기 위하여 운송물을 수령하였다는 뜻을 기재한 것이고($_{853\text{Ⅰ}}^{상}$), 운송물을 선적한 후에 발행한 것을 선적선하증권이라 한다($_{853\text{Ⅱ}}^{상}$). 그런데 수령선하증권이 발행된 다음에 운송물이 선적된 경우에는 운송인은 용선자 또는 송하인의 청구가 있으면 수령선하증권에 선적의 표시를 하거나 선적선하증권을 교부하여야 한다($_{853\text{Ⅱ}}^{상}$).

⑵ **통선하증권**   통선하증권은 하나의 운송을 위하여 수인의 운송인이 관여하는 통운송의 경우에 발행하는 것으로서, 최초의 운송인만이 기명날인 또는 서명한 것을 **단독통선하증권**이라 하고 하수운송인이 자기의 운송구간에 대하여 발행하는 것을 **중간선하증권**이라 한다.

⑶ **적선하증권**   적선하증권(赤船荷證券)이란 증권상의 모든 기재가 적색문자로 인쇄된 선하증권을 말한다. 적선하증권의 특징은 해상운송인이 법령 또는 조약에 의하여 **면책**되는 손해에 대하여도 책임을 진다는 **특약**이 있다는 점이며, 또한 해상운송인이 보험자의 대리인으로서 보험계약을 체결하는 경우가 있는데 이 때에는 보험증권도 겸하게 된다.

⑷ **무유보선하증권·유보선하증권**   1) 무유보선하증권이란 해상운송인이 운송물의 수량·포장상태 등에 관한 사항을 기재하지 않고 발행한 선하증권이다. 만약 운송인이 포장이 불충분한 사실을 알면서 적하의 외관에 대하여「양호한 상태」라고 기재한 무유보선하증권을 발행한 때에는 포장의 불충분에 의한 면책사유로 선의의 선하증권소지인에게 대항할 수 없다. 선하증권의 문언증권성에 비추어 선하증권 발급 후 이에 반하는 주장을 할 수 없기 때문에 운송인이 이상한 상태를 선하증권에 기재하여 유보하지 않으면 수하인 기타 선하증권소지인에게 고유의 하자에 의한 면책을 주장할 수 없다. 해상운송인은 무유보선하증권을 발행하는 경우에 운송물에 관하여 생길 손해를 보상할 수 있도록 송하인으로부터 보증장(letter of guarantee)을 받는다.

2) 유보선하증권이란 운송인이 운송물의 외관에 이상이 있다는 기재를 한 선하증
권이다. 이러한 선하증권은 신용장거래에 있어서 은행이 매수를 하지 않는다.

6. 선하증권의 효력

선하증권은 운송물의 인도청구권을 표창하는 채권적 유가증권이다. 또한
상법에서는 선하증권의 효용을 높이기 위하여 증권이 운송물 자체를 대표하는
관계를 인정하여 증권의 인도에 대하여 운송물 그 자체를 인도하는 것과 같은
물권적 효력을 인정하고 있다($\frac{상}{862, 133}$).

(1) 채권적 효력   1) 선하증권은 유통을 목적으로 발행되기 때문에
운송계약의 당사자 이외에 수하인이나 제 3 자에게 교부된다. 이 때에 제 3 자
는 증권에 기재된 내용 이외의 운송계약의 내용에 대하여는 알지 못하기 때문
에 선하증권의 채권적 효력을 인정하지 않을 수 없다. 즉 선하증권에는 증권소
지인이 운송인에 대하여 운송계약상의 채무이행을 청구하고 나아가 손해배상
을 청구할 수 있는 법률관계의 존재를 인정하는 효력이 있다. 그리하여 종래에
는 화물상환증의 문언증권성에 관한 규정($\frac{상}{131}$)을 선하증권에도 준용하여($\frac{구상}{820}$)
운송에 관한 사항은 운송인과 증권소지인 사이에는 운송계약과 관계 없이 선
하증권의 기재를 중심으로 결정한다고 하였다.

2) 그러나 상법에서는 선하증권의 경우에 화물상환증의 문언증권성에 관한
규정의 준용규정을 삭제하고, 제854조에서 선하증권이 발행된 경우에는 운송인
이 그 증권에 기재된 대로 운송물을 수령 또는 선적한 것으로 추정하고($\frac{상}{854 I}$)
선하증권을 선의로 취득한 소지인에 대하여 운송인은 선하증권에 기재된 대로
운송물을 수령 혹은 선적한 것으로 보고 선하증권에 기재된 바에 따라 운송인
으로서 책임을 진다($\frac{동조}{II}$). 즉 상법은 선하증권의 기재에 대하여 추정적 효력을
인정하면서 증권을 취득한 선의의 제 3 자에 대하여는 운송인이 반대의 증명을
하지 못하도록 하고 있다.

3) 상법에 의하면 선하증권의 모든 기재사항에 대하여 **추정적 효력**이 미
치며 법률상의 사실추정규정의 적용으로 인하여 불이익을 받게 되는 당사자는
그 추정규정의 적용을 저지하기 위하여 **반증**을 제출할 수 있다는 것을 의미한
다. 그러므로 선하증권에 기재된 운송물의 수량보다 더 많은 수량이 선적됐다
는 것을 수하인이 주장하는 때에는 이에 대한 입증책임은 수하인이 지고, 반대
로 운송인이 선하증권에 기재된 운송물보다 실제로는 적게 선적하였다는 것을

입증한 때에는 이로써 수하인에게 대항이 가능한 것이다.

4) 개정상법에 의하면 운송인은 선의의 선하증권소지인에 대하여는 증권상의 기재에 따르는 책임을 지게 되므로 운송인에게는 가혹한 결과가 초래될수 있다. 왜냐하면 대량의 운송물을 취급하는 운송인이 운송물의 종류, 중량또는 용적, 포장의 종별, 개수와 기호($^{상\ 853}_{Ⅰ(2)}$) 등을 정확하게 확인하여 기재한다는 것이 사실상 곤란하기 때문이다. 그러므로 실제에 있어서는 **부지약관**(不知約款, unknown clause)에 의해서 그 기재에 의한 책임을 면하고 있다.

(2) 물권적 효력

1) 의　　의　　선하증권에 의하여 운송물을 받을 수 있는 자($^{예: 지시식일}_{때는\ 연속된}$배서의 최후의 피배서인, 선택$_{무기명식인\ 때는\ 그\ 소지인}$)에게 선하증권을 교부한 때에는 운송물 위에 행사하는 권리의 취득에 관하여 운송물을 인도한 것과 동일한 효력이 있다($_{861,}{}^{상}_{133}$). 이것을 선하증권의 물권적 효력(Traditionswirkung)이라 한다, 즉 운송물의 매매또는 입질을 위하여 증권을 교부한 때에는 운송물을 현실로 인도한 것과 동일한 효력이 있고, 증권의 취득자는 매매의 경우에는 운송물에 대한 소유권을, 입질의 경우에는 질권을 취득하게 된다. 이와 같이 선하증권의 교부는 운송물의 인도와 동일한 효력이 있고, 증권소지인은 운송물 위의 물권을 제 3 자에게대항할 수 있는 효력이 있기 때문에 선하증권은 인도증권 또는 물권적 유가증권(Traditionspapiere)이라고도 한다.

2) 물권적 효력의 법률구성　　이에 관하여는 화물상환증의 물권적 효력에 관한 설명을 참조할 것[$^{新論(上),}_{303\ 이하\ 참조}$].

[648]　제 7　海上貨物運送狀

Ⅰ. 발　　행

운송인은 용선자 또는 송하인의 청구가 있으면 상법 제852조 또는 제855조의 **선하증권**을 발행하는 대신 해상화물운송장을 발행할 수 있다. 해상화물운송장은 당사자 사이의 합의에 따라 전자식으로도 발행할 수 있다($_{863}{}^{상}_{Ⅰ}$). 해상화물운송장에는 해상화물운송장임을 표시하는 외에 상법 제854조 제 1 항각 호 사항을 기재하고 운송인이 기명날인 또는 서명하여야 한다($^{동조}_{Ⅱ}$). 상법제853조 제 2 항 및 제 4 항의 규정은 이를 해상화물운송장에 준용한다($^{동조}_{Ⅲ}$).

2. 효   력

상법 제863조 제 1 항의 규정에 따라 해상화물운송장이 발행된 경우 운송
인이 그 운송장에 기재된 대로 운송물을 수령 또는 선적한 것으로 추정한다
($^{\text{상}}_{864\,\text{I}}$). 운송인이 운송물을 인도함에 있어 해상화물운송장에 기재된 수하인 또
는 그 대리인임을 확인하기 위한 모든 합리적인 주의를 다하였음을 증명하는
경우에는 운송물의 수령인이 권리자가 아니었다 하더라도 운송인은 그 책임을
면한다($^{\text{동조}}_{\text{II}}$).

[649] 제 8 複合運送證券

(1) 의   의   복합운송증권이란 복합운송인이 복합운송계약에 따라
발행한 증권을 말한다. 이것은 1 인의 운송인이 이종의 운송수단에 의하여 전
구간의 운송을 인수하고 발행한 것으로서 1 인의 운송인이 전 구간의 운송에
대하여 책임을 지는 것이므로, 일부의 구간에 대해서만 운송인이 책임을 지고
기타 구간에 대하여는 송하인의 대리인이나 운송주선인에 불과한 내용의 증권
은 복합운송증권이 아니다.

(2) 법적 성질   복합운송증권도 선하증권과 마찬가지로 운송물의 인
도청구권을 표창하는 유가증권이다.

(3) 내용·효과   복합운송은 최근에 발전한 운송방법이기 때문에 이에
관한 별도의 법규는 존재하지 않는다. 그러므로 증권의 내용과 효과는 당사자
간의 합의에 의하여야 하지만 실제에 있어서 복합운송증권약관이 이용된다.
즉 1975년의 「복합운송증권통일규칙」의 내용이 당사자간의 합의에 의하여 이
용되고 있다. 또한 1980년 5 월에 성립한 국제복합물건운송조약에서도 복합증
권의 기재사항(^{8}), 선의의 증권소지인에 대한 기재사항의 효력(^{10}), 지시식 또는
무기명식에 의한 증권의 양도성, 환수증권성(^{6}) 등에 관한 조항을 두고 있다.

제 3 절 海上旅客運送契約

[650] 제 1 總   說

(1) 의   의   해상여객운송계약은 운송인이 특정한 여객을 출발지에서 도착지까지 해상에서 선박으로 여객을 운송할 것을 인수하고, 이에 대하여 상대방이 운임을 지급할 것을 약정하는 계약으로서($\frac{상}{817}$) 그 성질은 **도급계약**이다. 상법에서는 해상여객운송계약을 위하여는 약간의 특별규정을 두고 있을 뿐이며 기타의 사항에 대하여는 육상여객운송에 관한 규정과 해상물건운송계약에 관한 규정을 준용하고 있다 ($\frac{상}{826}$).

(2) 종   류   해상여객운송계약의 경우에도 여객운송을 위한 용선계약과 개개의 여객운송을 목적으로 하는 개별계약이 있다. 용선계약은 단체유람항해나 이민운송의 경우에 이용될 뿐이며, 일반적으로는 정기선에 의한 개별계약에 의한다. 용선계약의 경우에 해상운송인과 용선자와의 관계에 대하여는 물건운송에 관한 규정이 준용되지만($\frac{상}{826}$), 용선자와 여객과의 관계는 재운송인 여객운송계약에서 정하는 바에 의한다.

[651] 제 2 成   立

해상여객운송계약은 낙성·불요식의 계약에 속한다. 실제에 있어서는 운임을 선급시키고 이에 대하여 승선표를 발행한다. **승선표**는 여객운송계약의 성립을 증명하는 것으로서 기명식·무기명식·지시식으로 발행할 수 있으나, 기명식승선표는 단순한 증거증권으로서 특약이 없는 한 이를 양도하지 못한다($\frac{상}{818}$). 무기명식이나 지시식승선표도 발항 후에는 단순히 증거증권에 불과하지만 발항 전에는 그 양도가 가능한 유가증권이라고 할 수 있다. 일반적으로 여객운송계약은 개별계약으로서 보통거래약관에 의하여 체결된다. 그리하여 면책약관에 관한 상법 제796조와 제799조의 규정을 여객운송에 준용하고 있다($\frac{상}{826}$).

[652] 제 3 效   力

I. 해상여객운송인의 의무

해상여객운송인의 의무에 관하여는 우선 그 성질상 육상여객운송인과 해
상물건운송인에 관한 규정이 준용된다($^{상\ 826,\ 799\ I,}_{811,\ 814,\ 148\sim150}$), 이 밖에 상법에서는 다
음과 같은 특별한 의무에 관하여 규정하고 있다.

(1) 식사제공의무   해상운송인은 다른 약정이 없으면 자기의 부담으
로 항해중의 여객에게 식사를 제공할 의무가 있다($^{상}_{819}$). 그러므로 운임에는 식
대가 포함되어 있다. 그러나 이것은 임의규정이므로 특약에 의하여 다른 정함
을 할 수 있다.

(2) 수하물의 무임운송의무   해상운송인은 다른 약정이 없으면 여객이
계약에 의하여 선내에 휴대할 수 있는 수하물에 대하여는 따로 운임을 청구하지
못한다($^{상}_{820}$). 이 경우에 수하물이란 여행에 필요한 휴대물을 말하는 것이다.

(3) 선박수선중의 거처·식사제공의무   항해의 도중에서 선박을 수선
하는 경우에는 해상운송인은 그 수선중 여객에게 상당한 거처와 식사를 제공
하여야 한다($^{상\ 819}_{II\ 본}$). 그러나 해상운송인이 여객의 권리를 해하지 아니하는 범위
내에서 상륙항까지의 운송의 편의를 제공한 때에는 이 의무를 면한다($^{상\ 819}_{II\ 단}$).

(4) 사망한 여객의 수하물처분의무   여객이 사망한 때에는 선장은 그
상속인에게 가장 이익이 되는 방법으로 사망자가 휴대한 수하물을 처분하여야
한다($^{상}_{824}$).

(5) 해상여객운송인의 책임

1) 총   설   여객운송인은 여객의 안전한 운송을 위하여 선량한 관
리자의 주의의무를 진다. 그러나 구체적인 의무의 내용은 운송의 방법 및 성질
에 따라 다르며, 특히 개개의 운송수단과 방법에 따라 약관이 발달하고, 또 특
별법령이 있으므로 이들에 의하여 결정된다. 이하에서 살펴보는 여객운송인의
여객의 손해에 대한 책임과 여객의 수하물에 대한 책임은 모두 운송계약상의
채무불이행에 의한 책임이다. 그러므로 여객운송인의 책임에 관한 상법의 규
정은 운송인이나 그 사용인의 불법행위로 인한 손해에는 적용되지 않는다.

2) 여객의 손해에 대한 책임

(가) 책임의 발생원인   a) 여객운송인은 자기 또는 사용인이 운송에 관
한 주의를 해태하지 않았음을 증명하지 않으면 여객이 운송으로 인하여 받은

손해를 배상할 책임을 면하지 못한다($^{\text{상} \, 826 \, \text{I}}_{148 \, \text{I}}$). 이것은 채무불이행으로 인한 손해배상책임으로서 운송주선인·물건운송인의 책임과 같다. 주의의 해태는 운송행위에 대하여뿐만 아니라 설비에 관하여 주의를 해태한 경우를 포함한다. 즉 해상운송인은 물건운송의 경우와 마찬가지로 자기 또는 선원 기타의 선박사용인이 발항 당시 감항능력주의의무를 해태함으로써 생긴 손해를 배상할 책임을 면하지 못한다($^{\text{상} \, 826}_{\text{I}, \, 794}$). 이러한 의무 또는 책임을 경감 또는 면제하는 당사자간의 특약은 효력이 없다($^{\text{상} \, 826 \, \text{I}}_{799 \, \text{I}}$).

b) 용선자가 자기의 명의로 제 3 자와 여객운송계약을 체결한 경우에는 그 계약의 이행이 선장의 직무에 속한 범위 내에서 선박소유자도 그 제 3 자에 대하여 감항능력주의의무($^{\text{상}}_{794}$)와 운송물에 관한 주의의무($^{\text{상}}_{795}$)의 해태로 인한 손해의 배상책임을 진다($^{\text{상}}_{826, \, 809}$).

(내) 손해의 범위　　손해는 여객이 받은 생명·신체에 의한 손해는 물론이고 피복의 손상과 연착에 의한 손해뿐만 아니라 상실된 장래의 기대이익을 포함한다. 또한 여객은 **정신적 손해**의 배상으로서 **위자료**를 청구할 수 있다. 그러나 여객운송계약의 당사자가 아닌 자는 그 계약불이행을 전제로 하는 위자료청구권이 없다는 것이 판례의 입장이다$\begin{bmatrix}大 \, 82.7.13, \\ 82 \, 다카 \, 278 \end{bmatrix}$.

(대) 배상액의 산정　　배상액은 그것이 정형화되어 있는 물건운송의 경우와 달리 법원은 피해자와 그 가족의 정상을 참작하여야 한다고 규정함으로써($^{\text{상} \, 827 \, \text{I}}_{148 \, \text{II}}$), 민법의 일반원칙($^{\text{민}}_{393 \, \text{II}}$)에 대한 예외를 인정하고 있다. 그러나 상법 제826조에 의하여 준용되는 상법 제148조 제 2 항은 여객의 사상에 의한 손해의 경우에만 적용되고 피복의 손상이나 연착에 의한 손해에는 적용되지 않는다. 배상액을 산정함에 있어서는 피해자의 직업, 생활정도, 가족의 수 및 의존관계 등을 고려하여야 한다.

(라) 손해배상청구권의 승계　　손해배상은 피해자가 사망하였을 때에는 상속인이 이를 청구할 수 있다. 피해자의 위자료청구권도 포기의 의사표시가 없는 한 상속인이 청구할 수 있다$\begin{bmatrix}孫(주), \, (上) \, 382; \\ 鄭(희), \, (上) \, 244 \end{bmatrix}$. 그리하여 피해자가 생전에 청구의 의사를 표명하지 않은 경우에도 위자료청구권은 상속의 대상이 된다.

(마) 책임의 소멸시효　　여객의 손해에 대한 운송인의 책임은 상사시효의 일반원칙에 따라 5년의 소멸시효의 완성으로 소멸한다.

3) 수하물에 대한 책임　　운송인의 수하물에 대한 책임은 여객이 수하물을 운송인에게 위탁한 경우와 여객이 직접 휴대하는 경우가 다르다.

(개) **위탁수하물** 　　운송인은 여객으로부터 위탁을 받은 수하물에 관하여는 물건운송인과 동일한 책임을 진다($\frac{상 826 \, \text{II}}{795, 794}$·). 또한 면책사유, 책임의 한도, 운송인의 책임경감금지, 위법선적물·위험물의 처분, 재운송계약과 선박소유자의 책임 등도 물건운송의 경우와 같다($\frac{상 826 \, \text{II}, 796, 797,}{799, 800, 801, 809}$). 이러한 수하물에 대한 운송인의 책임은 운송인이 수하인에게 수하물을 인도한 날 또는 인도할 날로부터 1년 내에 재판상의 청구가 없으면 소멸한다($\frac{상 826 \, \text{II}}{814 \, \text{본}}$·). 고가물의 경우에는 송하인이 운송을 위탁할 때에 그 종류와 가액을 명시하지 아니한 때에는 운송인은 손해배상책임을 지지 않는다($\frac{상 826}{\text{II}, 136}$).

(내) **휴대수하물** 　　해상운송인은 여객으로부터 인도받지 않은 수하물의 멸실 또는 훼손에 대하여는 자기 또는 사용인의 과실이 없으면 손해를 배상할 책임이 없다($\frac{상 826}{\text{III}, 150}$). 운송인이 과실이 있는 경우에 책임을 진다는 점은 위탁받은 수하물의 경우와 같지만 이 경우는 여객이 운송인 또는 사용인의 과실을 입증한 때에 한하여 손해배상책임을 진다는 것이 다르다. 이 경우는 운송물을 인도받은 것이 아니라 여객 자신이 직접 보관하고 있으므로 그 책임을 경감한 것이다. 이 경우에도 책임의 한도, 운송인의 책임경감금지, 재운송계약과 선박소유자의 책임, 운송인의 채권·채무의 소멸 등은 물건운송의 경우와 같다($\frac{상 826 \, \text{III}, 797,}{799 \, \text{I}, 809, 814}$).

2. 해상여객운송인의 권리

(1) **운임청구권** 　　**1)** 해상운송인은 여객의 운송에 대한 보수로서 운임을 청구할 수 있다. 여객이 승선지체로 승선을 하지 아니한 채 선박이 발항한 때에도 운임의 전액을 지급하여야 하며($\frac{상}{821}$), 여객이 발항 전에 계약을 해제하는 경우에는 운임의 반액을 지급하고 발항 후에 계약을 해제하는 경우에는 운임의 전액을 지급하여야 한다($\frac{상}{822}$). 그러나 여객이 발항 전에 사망, 질병 기타의 불가항력으로 인하여 항해를 할 수 없게 된 때에는 운송인은 운임의 10분의 3을 청구할 수 있고, 발항 후에 그 사유가 생긴 때에는 운송인의 선택으로 운임의 10분의 3 또는 운송의 비율에 따른 운임을 청구할 수 있다($\frac{상}{823}$).

2) 운임의 액은 실제에 있어서는 여객운송계약의 부합계약성에 의하여 해상운송인이 미리 정한 바에 따라 선급하는 것이 보통이다. 해상운송인은 위탁받은 여객의 수하물에 대하여도 합의에 따라 보수를 청구할 수 있다. 그러나 수하물의 전부 또는 일부가 여객의 책임 없는 사유로 인하여 멸실한 때에는 운송인은 그 운임을 청구하지 못한다. 그러므로 이미 그 운임의 전부 또는 일

부를 받은 때에는 이를 반환하여야 한다($\stackrel{상}{134}\stackrel{826}{_{I}}\stackrel{I}{\cdot}$). 그러나 수하물의 전부 또는 일부가 그 성질이나 하자 또는 여객의 과실로 인하여 멸실한 때에는 운송인은 운임의 전액을 청구할 수 있다($\stackrel{상}{134}{_{II}}$).

(2) **수하물유치권**　　해상운송인은 수하물의 운송을 인수하여 인도를 받은 때에는 여객의 운임 또는 수하물의 운임에 대하여 그 변제가 있을 때까지 수하물을 유치할 수 있다고 본다($\stackrel{독상}{참조}\stackrel{674}{}$).

(3) **공탁권·경매권**　　수하물이 도착지에 도착한 날로부터 10일 내에 여객이 수하물의 인도를 청구하지 아니한 때에는 운송인은 수하물의 공탁·경매권($\stackrel{상}{67}$)을 갖는다. 그러나 주소 또는 거소를 알지 못하는 여객에 대하여는 최고와 통지를 요하지 않는다($\stackrel{상}{149}\stackrel{826}{_{II}}\stackrel{II}{\cdot}$).

[653]　제 4　終　　了

해상여객운송계약도 계약의 일반종료사유에 의하여 종료되며, 특히 상법에서는 다음과 같은 종료사유에 관하여 규정하고 있다.

(1) **여객의 임의해제 또는 해지**　　여객은 발항 전후를 불문하고 계약을 해제 또는 해지할 수 있는데 발항 전에는 운임의 반액을, 발항 후에는 운임의 전액을 지급하여야 한다($\stackrel{상}{822}$). 그 밖에 해상운송인은 법정금액 이상의 손해를 증명하여 그 배상을 청구하지 못한다.

(2) **불가항력으로 인한 각 당사자의 임의해제 또는 해지**　　1) 항해 또는 운송이 법령에 위반하게 되거나 기타의 객관적 불가항력으로 인하여 계약의 목적을 달성할 수 없는 때에는 각 당사자는 계약을 해제할 수 있으며, 운송 중에 그 사유가 생긴 때에는 여객은 비율운임을 지급하고 계약을 해지할 수 있다($\stackrel{상}{826,\,811}$).

2) 여객이 발항 전에 사망·질병 기타의 주관적 불가항력으로 인하여 항해를 할 수 없게 된 때에는 운임의 10분의 3을 지급하고 계약을 해제할 수 있으며, 발항 후인 때에는 해상운송인의 선택에 따라 운임의 10분의 3 또는 비율 운임을 지급하고 계약을 해지할 수 있다($\stackrel{상}{823}$).

(3) **불가항력에 의한 당연종료**　　해상여객운송계약은 선박의 침몰 또는 멸실, 수선불능, 포획 등의 사유로 인하여 종료한다. 그러나 이러한 사유가 항해의 도중에 생긴 때에는 여객은 비율운임을 지급하여야 한다($\stackrel{상}{825}$).

제 4 장 海上企業의 危險

제 1 절 總 說

해상기업활동은 해상을 무대로 전개되므로 필연적으로 다양한 해상위험에 직면하게 될 가능성이 많고 이러한 위험은 해상기업인을 비롯한 다수의 이해 관계인의 이익에 직접적인 영향을 미치게 된다. 그리하여 상법에서는 다양한 해상위험으로부터 인명과 재산을 보호하고 이로 인한 경제적 손해의 합리적인 처리를 위한 제도로서 공동해손·선박충돌·해양사고구조 및 해상보험에 관한 규정을 두고 있다. 상법은 이 중에 해상보험에 관하여는 「보험」편에서 규정하고 있으므로($\substack{상\ 693\ 이하;\\619\ 이하\ 참조}$), 여기서는 해상보험을 제외한 공동해손·선박충돌·해 난구조에 대하여만 설명한다.

제 2 절 共同海損

[654] 제 1 總 說

I. 해 손

해손이라 함은 항해중 불가피하게 조우한 해상위험에 의하여 선박 및 적 하에 발생한 손해를 가리킨다. 선박의 자연소모·연료비 등 선박과 적하의 가 치 감소를 가져오는 소해손은 선박소유자가 운임으로 이를 변제하므로 상법상 특별히 문제될 것이 없다. 소해손 이외의 해손은 선박과 적하의 공동의 위험을 면하기 위하여 발생한 손해로서 선박·적하·운임의 각 이해관계인에 의하여 분담되는 공동해손과, 그 손해에 관련한 사람들에게만 분담시키는 단독해손으 로 나누어진다. 상법은 공동해손과 단독해손 가운데서 가장 중요한 공동해손 에 대하여만 규정하고 있다.

2. 공동해손의 기본관념

(1) **공동해손의 의의** 공동해손이라 함은 절박한 위험에 직면한 선박과 적하의 이익을 보존하기 위하여 선장의 조치에 따라 선박 및 적하에 대하여 생긴 희생(犧牲, sacrifice), 또는 공동의 이익을 위하여 지출된 비용을 이해관계자 전원이 그 보상을 위하여 분담하는 제도이다. 공동해손이란 용어는 공동해손분담액의 청구를 가능하게 하는 해손의 태양을 의미하기도 하고, 때로는 그러한 분담액 자체를 말하기도 한다. 따라서 혼란을 피하기 위하여는 전자를 공동해손손해, 후자를 공동해손분담액으로 구분하여 사용하는 것이 바람직할 것이다.

(2) **공동해손의 근거** 공동해손이라는 제도의 배경과 근거에 관하여는 형평설과 위험공동단체설[鄭(희) 608]을 비롯하여 학설이 구구하지만, 그 근본관념은 **형평**과 **위험공동단체**로 이해함이 타당하다고 본다[동: 徐(돈), 592; 梁·朴, 618]. 왜냐하면 선장의 처분권 및 이해관계인의 손해분담을 양 개념으로써 적절히 설명할 수 있기 때문이다. 실로 공동해손이란 선장에 의해 감행된 희생 또는 비용지출을 모든 당사자가 공평하게 분담하는 것으로서 형평과 상호이익의 원칙이 해상법상의 특수한 제도로서 표현된 것에 불과하다.

(3) **공동해손의 법적 성질** 공동해손의 법적 성질에 대하여 사무관리·부당이득·공동대리 및 해상협동체 등의 민법상의 개념으로 설명하려는 입장이 있으나, 어느 것도 실정법상의 법적 성격을 뚜렷이 밝힌 것이라 할 수 없다. 따라서 상법상 공동해손은 해상법상의 **특수한 법률**요건이라고 하는 것이 통설이다.

[655] 제 2 共同海損의 要件

공동해손은 선장이 선박과 적하의 공동위험을 면하기 위해 선박 또는 적하에 대한 처분으로 인하여 생긴 손해 또는 비용으로서(상 865) 그 성립을 위하여는 다음과 같은 요건이 필요하다.

I. 위험요건

(1) **공동위험의 존재** 공동해손은 선박과 적하에 공동위험이 존재하

여야 한다. 그러므로 선박 또는 적하에만 위험이 있는 경우는 단독해손일 뿐이다. 위험의 발생원인은 문제가 되지 않는다. 제 3 자 또는 이해관계인에 의하여 야기된 경우에도 성립한다. 공동해손의 경우에 피해자는 분담청구권이 있으며, 위험공동단체는 위험을 발생시킨 자에 대한 손해배상청구권으로 대항하지 못하며 다만 구상권을 행사할 수 있을 뿐이다. 또한 선박과 적하에 대한 위험의 원인은 동일하여야 하나 위험의 정도는 반드시 선박과 적하에 동일하여야 함을 요하는 것은 아니다.

(2) 위험의 현실성　　위험은 현실적이어야 한다. 즉 현재의 위험이어야한다. 그러므로 장래의 위험에 대비하기 위하여 한 처분은 공동해손이라고 할수 없다. 또한 위험은 객관적으로 존재하여야 할 것이지만 선장의 합리적인 판단에 따라 위험이 있다고 인정하여 처분을 한 때에는 공동해손의 성립을 인정하여도 좋을 것이다.

2. 처분요건

선박과 적하의 공동의 위험을 면하기 위한 것이어야 한다. 즉 그 목적은 소극적인 것이어야 하며, 적극적으로 공동의 이익을 위한 공동해손은 있을 수 없다(인명구조를 위한 선장의 처분으로 생긴 손해는 공동해손이 아니다). 또한 선박 또는 적하에 관하여 선장의 고의에 의한 처분이 있어야 한다. 여기서 고의란 처분을 위한 임의적인 결정을 말한다. 즉 선장의 의사에 의한 것이어야 한다. 또한 선장에 의한 처분이어야 하므로 선장 이외의 사람의 처분에 의한 때에는 공동해손이 되지 않는다고 할 수 있다[동: 鄭(희), 610; 李(균), 382]. 그러나 공동해손을 규정한 취지에 비추어 비록 선장 이외의 사람이 한 처분이라도 정당한 것으로 인정될 경우에는 공동해손이 성립될 수 있다고 할 것이다.

3. 손해 및 비용요건

(1) 손해 등의 발생　　선박 또는 적하에 대한 처분으로 인하여 손해 또는 비용이 발생하여야 한다. 공동의 이익을 위하여 선장에 의해 어떠한 처분이 행하여진 경우에 손해 또는 비용이 전혀 없을 때에는 공동해손을 인정할 필요가 없다. 왜냐하면 분담할 것이 전혀 없기 때문이다.

(2) 손해 등의 발생원인　　손해 또는 비용은 선장의 비상한 처분에 의하여 생긴 것이어야 한다. 선장의 처분과 상당인과관계가 있어야 한다.

(3) 손해 또는 비용의 범위　　어떠한 범위의 손해 또는 비용이 공동해손이 되는가에 대하여는 여러 입장이 있으나, 희생주의라는 것이 통설이다. 즉 이는 선박 및 적하의 공동안전 또는 이익과는 무관하게 공동해손행위와 상당인과관계에 있는 손해 또는 비용을 공동해손으로 하는 것으로서 독법(獨法)의 원칙이다. 우리 상법은 선장의「처분으로 인하여 생긴 손해 또는 비용을 공동해손으로 한다」고 규정하고 있는 것으로 보아 희생주의라는 것이 통설이다. 따라서 피난항에의 입항비·정박비 및 출항비 등은 공동해손으로 포함되지만, 공동해손행위와 무관한 수선비는 제외된다.

4. 잔존요건

(1) 처분과 잔존의 관계　　선박 또는 적하가 잔존하여야 한다($^{상\ 866}_{참조}$). 상법은 처분의 주효 여부에 관계 없이 선박 또는 적하가 처분 후에 잔존하면 된다는 잔존주의라고 하는 것이 통설이다.

(2) 잔존목적물의 범위　　잔존목적물의 범위에 관하여는 세 가지의 입법주의가 있다. 즉 선박이 잔존함을 요한다는 잔존주의($^{불}_{법}$), 선박과 적하가 모두 잔존하여야 된다는 병존주의($^{독}_{법}$) 및 선박과 적하 중 어느 것이든 잔존하면 된다는 잔존종류불문주의($^{영미}_{법}$)가 있는바, 상법 및 요오크-앤트워프규칙은 잔존종류불문주의이다.

[656] 제3 共同海損의 效果

Ⅰ. 공동해손분담청구권

(1) 이해관계인의 범위　　공동해손은 손해의 분담관계이므로 공동해손분담청구권의 권리의무의 주체는 선박 또는 적하의 이해관계인이다. 즉 선박소유자 및 적하의 이해관계인뿐만 아니라 선체용선자, 정기용선자 및 상법 제806조에 규정된 재운송인도 포함한다. 공동해손분담청구권자는 공동해손이 존재한다는 사실에 대한 입증책임이 있다.

(2) 특정채권의 제외　　공동해손의 희생손해 및 비용은 모두 손해액의 정산에 반영시키는 것이 원칙이지만, 상법은 손해액의 범위를 명확하게 하기 위하여 다음과 같은 것은 정산에서 제외하도록 하였다. 그러나 이러한 것이 잔존한 경우에는 그 가액이 분담액에 산입된다($^{상}_{872}$).

i) 속구목록에 기재하지 아니한 속구, 또는 선하증권 기타의 적하의 가액을 정할 수 있는 서류 없이 선적된 하물($^{상}_{872\,I}$), ii) 종류와 가액을 명시하지 아니한 유가증권 기타의 고가물($^{상}_{872\,I}$) 등이 정산에서 제외된다. 또한 iii) 갑판적하물도 정산에서 제외되는데, 다만 연안항행의 경우에는 예외이다($^{상}_{872\,II}$).

(3) 채권의 소멸   공동해손으로 인한 채권 및 구상채권($^{상}_{870}$)은 그 계산이 종료한 날로부터 1년 내에 재판상 청구가 없으면 소멸하는데($^{상}_{875}$), 이 기간은 제척기간이다. 그러나 이 기간은 당사자의 합의에 의하여 연장할 수 있다 ($^{동조후단,}_{814\,I\,단}$).

2. 공동해손의 분담

(1) 손해액산정의 표준

1) 선박의 가액은 그 도달한 때와 곳의 가액을, 적하의 가액은 양륙한 때와 곳의 가액을 표준으로 한다. 다만 적하에 관하여는 그 손실로 인하여 지급을 면하게 된 모든 비용을 공제하여야 한다($^{상}_{869}$).

2) 선박에 있어서 수선이 가능한 경우에는 수선비에 의하고, 또 신구교환에 의해 증가한 가액을 공제하여야 한다($^{YAR}_{13}$).

3) 공동해손인 손해 또는 이로 인한 분담청구권에 대하여는 정산이 완료될 때까지의 법정이자를 가산하여야 한다.

(2) 분담액의 결정

1) 공동해손의 분담비율은 위험을 면한 선박 또는 적하의 가액과 운임의 반액과 공동해손의 손해액과의 비율에 따라 결정한다($^{상}_{866}$). 상법이 운임의 반액으로 규정한 것은 계산의 번잡을 피하기 위한 것이다.

2) 선박에 비치한 무기·선원의 급료·양식·의류 등이 보존된 경우에는 그 가액을 공동해손의 분담에 산입하지 아니하지만, 손실된 경우에는 공동해손의 분담에 산입하여야 한다($^{상}_{871}$).

3) 선하증권 기타 적하의 가액을 정할 수 있는 서류에 적하의 실가보다 고액을 기재한 경우에 그 화물이 보존된 때에는 그 기재액에 따라 공동해손분담액을 정하고, 반대로 적하의 실가보다 저액을 기재한 경우에는 그 화물이 손실된 때에 그 기재액을 공동해손의 액으로 한다($^{상}_{873\,I}$). 적하의 가액에 영향을 미칠 사항에 관하여 허위의 기재를 한 때에도 위와 같다($^{동조}_{II}$).

(3) 분담의무자의 유한책임   상법 제866조 및 제868조에 의하여 공동

해손의 분담책임이 있는 자는 선박이 도달하거나 적하를 인도한 때에 현존하는 가액의 한도에서만 책임을 진다($\frac{상}{868}$). 이는 일종의 인적 유한의 가액책임주의이다.

3. 공동해손의 정산

(1) 정산의무자　　공동해손의 정산은 특약 또는 다른 관습이 없는 한 선장이 그 의무자가 된다$\left[\begin{smallmatrix}동: 鄭(희), 614; 孫(주),\\857; 李(범), 442\end{smallmatrix}^{(주)}\right]$. 따라서 선장은 항해를 종료한 직후 공동해손정산서를 작성하여야 한다. 그러나 공동해손의 정산은 매우 복잡하며, 또한 전문적 지식을 필요로 하는 것이기 때문에 공동해손정산인에게 이를 위임하여 처리하는 것이 관례로 되어 있다. 이에 대하여는 선주가 정산의무자라는 견해도 있다$\left[\begin{smallmatrix}李(균), 392〜393;\\李(원), 208〜209\end{smallmatrix}\right]$.

(2) 정산과 적하의 인도　　선장은 수하인이 공동해손분담금을 지급할 때까지 적하를 유치할 수 있으므로, 선장은 수하인이 제공하는 공탁금과 상환하여 또는 공동해손정산증서로 공탁금의 제공을 약속케 하거나 또는 적하보험자로부터 보증장을 받아 적하를 인도한다.

(3) 정 산 지　　특약이 없는 한 항해가 종료한 곳, 즉 선박과 적하가 종국적으로 분리될 곳이며, 항해가 중단된 경우에는 중단지가 공동해손의 정산지이다.

(4) 수회의 공동해손　　동일항해에서 수회의 공동해손이 있었던 경우에는 공동위험과 위험단체가 별개인 것이므로 각각 따로 정산한다. 이 때에는 최후의 공동해손을 먼저 정산하여, 이를 각 분담재산의 가액에서 공제한 잔액에 관하여 전의 공동해손의 분담가액을 결정하여야 한다$\left[\begin{smallmatrix}동: 徐(돈), 599; 鄭(희),\\613; 裵(병), 335\end{smallmatrix}^{(주)}\right]$.

(5) 해손의 회복　　공동해손의 액을 분담한 후에 선박·속구 또는 적하의 전부 또는 일부가 그 소유자에게 복귀한 때에는, 그 소유자는 공동해손의 상금(償金)으로 받은 금액에서 구조료와 일부손실로 인한 손해액을 공제한 잔액을 반환하여야 한다($\frac{상}{874}$). 이는 소유자의 부당이득을 막기 위한 것이다.

제 3 절 　船舶衝突

[657] 제 1 　總　　說

　　해상에서의 선박충돌은 해상항행의 기술적 성격으로 인하여 그 충돌원인
이 매우 복잡하고 다양할 뿐만 아니라, 더욱이 쌍방선박의 과실의 유무나 그
정도를 정확하게 밝힌다는 것은 쉬운 일이 아니다. 또한 선박충돌은 해상사고
가운데서 가장 큰 비중을 차지하며 재산과 인명의 손실을 동시에 초래한다. 또
한 선박충돌은 그 성질상 섭외적 법률문제를 야기시키므로, 국제적 통일이 시
도되어 마침내 1910년 브뤼셀의 해사법률외교회의에서 「선박충돌에 관한 규
칙의 통일을 위한 조약」이 성립되었다. 이 조약은 선박충돌로 인한 손해배상
관계에 관한 기본적 사항을 정한 것이다.

[658] 제 2 　船舶衝突의 意義

　　선박의 충돌이라 함은 2개 이상의 선박이 그 운용상 작위 또는 부작위로
선박상호간에 다른 선박 또는 선박 내에 있는 사람 또는 물건에 손해를 생기
게 하는 것을 말하고, 직접적인 접촉의 유무를 묻지 않는다($876^{상}_{\ \ II}$).

　　(1) 항해선의 충돌　　　2개 이상의 독립한 선박 사이의 충돌이어야 하며
적어도 그 일방은 항해선이어야 한다. 그러므로 내수항행선간의 충돌은 상법
상의 선박충돌이 아니다.

　　(2) 수면에서의 접촉　　　선박이 직접 또는 간접으로 수면에서 접촉하여
야 한다. 충돌의 장소는 수면이면 족하고 해상이든 평수구역이든 불문하며, 또
한 선박의 정박중의 충돌도 여기에 포함한다. 선박충돌은 선체간의 접촉이므
로 부두 등의 항만시설과의 접촉 또는 선박간의 충돌을 회피하기 위하여 좌초
하는 등의 간접접촉은 선박충돌이라 할 수 없다[동(돈), 徐602]. 그런데 선박충돌조약
제13조에서도 간접충돌의 경우 조약의 적용을 인정하고 있다는 점을 들어, 간
접충돌의 경우에도 상법의 충돌규정을 유추적용하는 것이 타당하다는 견해도
유력하다[蔡利植,「대한변호사협회지」 102호, 55; 文龍浩,「재판자료」 52집, 547; 裵(병), 351].

　　(3) 손해의 발생　　　충돌로 인하여 손해가 발생하여야 한다. 손해는 선

박 또는 선박상의 물건 또는 사람에 대한 손해를 말한다.

(4) 예선과 피예선과의 충돌　　　예선과 피예선이 충돌한 경우는 그 법률관계가 예선계약에 따라 정해지므로 상법의 선박충돌에 관한 규정은 적용되지 않는다.

[659]　제3　船舶衝突의 效果

I. 충돌선박 상호간의 배상관계

(1) 불가항력 또는 원인불명으로 인한 손해　　　선박의 충돌이 불가항력으로 인하여 발생하였거나 충돌의 원인이 명백하지 아니한 때에는, 「천재(天災)는 소유자의 부담으로 한다」(res perit domino)는 일반원칙에 따라 각 선박이 그 손해를 부담한다($\frac{상}{844}$). **불가항력**이란 천재 등의 경우뿐만 아니라 통상적으로 할 수 있는 주의와 항해상의 기술로는 피할 수 없었던 불가피한 사고를 포함한다[동: 裵(병), 352; 李(원), 220]. 그리고 **원인불명**이란 충돌이 불가항력으로 인한 것인지 과실로 인한 것인지 분명하지 않은 경우, 또는 충돌선박이 어느 일방의 과실로 생긴 것이지만 누구의 과실인지가 분명하지 않은 경우는 피해자가 상대방의 과실을 입증할 수 없으므로 자신이 손해를 부담할 수밖에 없다.

(2) 일방의 과실로 인한 충돌　　　1) 선박의 충돌이 일방의 선박의 과실로 인하여 발생한 경우에는 과실 있는 선박의 소유자는 피해선박에 야기된 손해를 배상하여야 한다($\frac{상}{878}$). 상법 제879조, 제880조에서는 「선원의 과실」이라고 규정하고 있으나 이는 선박의 과실로 해석하여야 한다. 왜냐하면 선박소유자 및 선체용선자도 감항능력주의의무($\frac{상}{794}$)를 지고 이를 위반한 때에는 충돌에 관한 과실에 포함되기 때문이다[동: 裵(병), 353; 蔡利植, 전게논문, 59]. 가해선박의 과실 및 손해발생은 피해선박이 입증하여야 한다.

2) 피해선박이 가해선박의 선박소유자에게 손해배상을 청구하는 경우에는 선박소유자는 선장이나 특정한 선원의 과실을 구체적으로 입증할 필요는 없고 선박의 항법 및 항로 등에 비추어 가해선박에 과실이 인정될 만한 사실만 입증하면 된다. 그러나 선장을 상대로 손해배상을 청구하는 경우는 입증책임이 전환되기 때문에 피해자는 충돌로 인하여 손해가 있었다는 사실을 입증하면 되고, 선장은 그 직무집행에 관하여 과실이 없음을 증명하지 아니하면 충돌로 인한 손해배상책임을 면하지 못한다.

(3) 쌍방의 과실로 인한 충돌   선박충돌이 쌍방선박의 선원의 과실로 인하여 발생한 때에는 각 선박의 과실의 경중에 따라 손해배상책임을 부담하며, 그 과실의 경중을 판정할 수 없을 때에는 쌍방선박의 소유자가 균분하여 이를 부담한다($\frac{상}{879}$). 따라서 민법상의 공동불법행위에 관한 규정을 적용할 것이 아니다[$\frac{大\ 72.\ 6.\ 13,\ 70\ 다\ 213;}{大\ 75.\ 6.\ 24,\ 73\ 다\ 356}$]. 쌍방의 선박이 손해를 분담하는 경우에 쌍방의 선박소유자가 상호배상책임을 지고 쌍방이 서로 상계를 할 수 있는 지위에 있는 것으로 해석할 것이다($\frac{교차책}{임설}$). 이와는 달리 각 선박의 분담액을 차계(差計)하여 일방의 선박에만 배상청구권이 발생한다는 견해가 있으나($\frac{단일책}{임설}$)[$\frac{蔡利植,\ 전}{게논문,\ 61}$], 충돌이라는 사실은 1개이지만 이론상 과실 있는 쌍방에 별개의 불법행위가 존재한다고 볼 수 있으므로 교차책임설이 타당하다[$\frac{동:\ 徐(돈),\ 604;\ 鄭(희),}{618;\ 孫(주),\ 862}$].

2. 충돌선박과 제 3 자와의 관계

(1) 일방과실의 경우   충돌이 일방의 과실에 의한 때에는 과실 있는 선박의 소유자는 피해선박의 적하 및 여객의 손해에 관하여는 불법행위에 의한 손해배상책임을 지고, 자기의 선박상의 적하 및 여객의 손해에 대하여는 충돌로 인한 손해배상책임($\frac{상}{878}$)과 운송계약상의 채무불이행에 의한 손해배상책임을 부담한다. 그러나 운송인은 인적 손해가 아닌 적하의 손해에 대하여는 자신의 과실이 없는 한 선장 등과 기타 선박사용인의 항해과실에 관하여는 선하증권에 다른 약정이 없는 한 면책이 되고($\frac{상}{795}$Ⅱ), 1991년 개정상법의 취지로 보아 면책조항은 피해자가 불법행위책임을 추궁하는 경우에도 적용된다고 할 수 있으므로, 결국 가해선박의 적하이해관계인은 그 운송인에 대하여 선박사용인의 과실에 의한 충돌을 이유로 손해의 배상을 청구할 수 없게 된다[$\frac{동:\ 裵}{(병),\ 355}$].

(2) 쌍방과실의 경우   충돌이 쌍방의 과실에 의한 때에는 쌍방의 선박소유자가 연대하여 책임을 진다($\frac{상}{879}$Ⅱ). 그러나 이는 제 3 자의 사상으로 인하여 발생한 손해에만 적용되며 재산에 생긴 손해에 대하여는 과실의 경중에 따른 분담책임이 될 것이다[$\frac{大\ 72.\ 6.\ 13,}{70\ 다\ 213}$].

(3) 면책약관의 원용   각 선박소유자가 분담책임을 지는 경우에 일방의 선박소유자와 적하주와의 사이에 면책약관이 있을 때에는 선박소유자의 책임은 면제되므로($\frac{민법\ 419}{의\ 유추}$), 타방의 선박소유자가 면책약관을 원용하는 것도 무방하다 할 것이다[$\frac{동:\ 徐(돈),\ 605;}{朴(원),\ 392}$].

3. 도선사의 과실로 인한 손해

선박충돌이 도선사의 과실로 발생한 경우에도, 이는 도선사를 고용한 선박소유자의 과실로서 위와 동일한 책임을 부담하여야 한다($\frac{상}{880}$).

4. 채권의 소멸

선박의 충돌로 인하여 생긴 손해배상청구권은 그 충돌이 있은 날로부터 2년 내에 재판상 청구가 없으면 소멸한다($\frac{상}{881전}$). 그러나 제814조 제1항 단서의 규정은 이 경우에 준용되는데, 이 기간은 제척기간이다.

제 4 절 海難救助

[660] 제 1 總 說

(1) 해난구조란 해상기업에 수반되는 해상위험에 처한 선박 및 적하의 구제를 위하여 인정한 해상법상의 법률요건의 하나이다. 해난에 조우한 선박 및 적하를 구제하는 것은 당연한 것이나 해난구조는 연혁적으로 약탈을 금지함과 동시에 구조를 장려하기 위한 제도로 발전된 것이며, 구조자에게 따르는 위험을 감안하여 형평의 관념에 따라 구조에 대한 보수를 인정하는 것이다.

(2) 상법은 선박 또는 적하와 같은 해난의 구조에 중점을 두고 있으며, 인명구조는 다른 일반항행법의 규율에 맡기고 있다. 즉 인명구조는 해난구조의 대상이 아니고 다만 인명구조가 재산구조와 함께 이루어진 경우에 인명구조자는 재산구조자와 더불어 구조료의 분배를 받을 수 있을 뿐이다.

[661] 제 2 海難救助의 意義

(1) 의   의   해난구조는 해난에 조우한 선박 또는 적하를 구조하는 것으로서, 이에는 당사자 사이에 미리 **구조에 관한 계약**이 있는 경우와 아무런 계약 없이 즉 의무 없이 구조를 하는 경우가 있다. 후자의 경우를 협의의 해난구조라 한다.

(2) 법적 성질   협의의 해난구조의 법적 성질에 관하여 사무관리설·
부당이득설·준계약설 등이 있으나, 공동해손과 마찬가지로 해상법상의 특수
한 법률요건으로서 하나의 사건이라고 보는 것이 통설이다.

[662] 제 3 海難救助의 要件

해난구조는 선박 또는 적하의 전부 또는 일부가 해난에 조우한 경우 의무
없이 이를 구조한 때에 성립한다($^{상}_{882}$).

(1) 해난에 의한 조우   선박 또는 적하가 해난(Seenot, danger)에 조우
하였어야 한다.

1) 해난이라 함은 항해에 관한 위험으로서 선박 또는 적하가 선박의 자력
만으로는 극복할 수 없는 위험에 조우하여 선박 또는 적하의 전부 또는 일부
의 멸실 또는 훼손의 우려가 있는 경우를 말한다.

2) 위험은 반드시 급박함을 요하지 아니하나 현실적으로 예견할 수 있는
것이어야 한다. 해난의 발생원인은 제한이 없으므로, 불가항력에 의한 사고 및
자연의 사고는 물론이며 인위적인 사고도 무방하다. 또한 반드시 선박내부에
서 발생한 사고에 한정할 필요도 없다.

3) 해난이 발생한 장소에 관하여 상법은 「어떠한 수면에서」($^{상}_{882}$)라고 규
정하고 있으므로, 반드시 해상에서 발생하여야 하는 것은 아니고 호천·항만이
라도 무방하다.

(2) 구조행위의 주효   선박 또는 적하의 전부 또는 일부가 구조되어야
한다.

1) 해난구조가 성립하기 위하여는 구조행위가 주효하였어야 한다. 구조의
효과가 있었는지의 판단은 구체적인 경우에 따라 다르다. 선박 또는 적하를 구
체적인 위험으로부터 안전한 상태에 옮겨 놓은 경우는 구조의 효과가 있다고
할 수 있으나 단순히 선박의 상태가 개선되었다고 하여 구조의 효과가 있었다
고 할 수는 없다. 그러나 일단 구조한 뒤에 별개의 해난에 의하여 손해가 야기
되어도 구조료청구에는 영향을 미치지 않는다.

2) 해난구조는 동일한 선박소유자에 속하는 선박간에도 성립할 수 있다.
구조의 효과는 선박소유자뿐만 아니라 선원 및 하주에게도 미치는 것이므로,
이들이 구조료청구권의 권리·의무의 주체가 되기 때문이다.

3) 선박 또는 적하가 구조되지 않는 한 인명만의 구조는 해난구조라고 할 수 없다. 이는 구조에 의한 보수는 구조된 재산으로부터 변제한다는 이론 및 구조료의 부담비율의 결정이 곤란할 뿐만 아니라, 인명구조는 도덕적 명령에 의한 행위로서 보수의 보장을 통하여 장려할 성질의 것이 아니기 때문이다. 그러나 선박이나 적하의 구조와 함께 인명구조에 종사한 사람은 선박 또는 적하의 구조료의 분배를 받을 수 있다($_{888\,II}^{상}$).

(3) **구조의무의 부존재** 의무 없이 구조한 것이어야 한다.

1) 「의무 없이」라 함은 사법상의 의무 없이 구조하는 것을 뜻한다. 따라서 조난선의 선원의 구조행위, 도선사가 그 유도하는 선박을 구조하는 행위, 또는 예선이 피예선을 구조하는 행위는 해난구조가 아니다. 그러나 도선계약 또는 예선계약의 이행이라 볼 수 없는 특수한 노력을 제공하는 경우에는 예외이다($_{890}^{상}$).

2) 사법상의 의무가 없는 한 공법상의 의무를 부담하는 사람, 예컨대 선장에 의한 구조의 경우에도 해난구조가 성립한다.

[663] 제 4 海難救助의 效果

I. 구조료청구권

(1) **발   생**   해난구조의 요건이 갖추어진 때에는 당연히 법률상의 구조료청구권이 발생한다($_{882}^{상}$). 이는 구조가 성공함을 조건으로 하는 보수로서 구조행위가 개시된 때로부터 발생된다. 구조료는 법률상 당연히 인정된 보수로서 여기에는 구조인이 지급한 비용도 포함된다($_{883}^{상}$).

(2) **청구권자**   1) 구조료의 청구권자는 구조에 종사한 선박의 선박소유자·선장·해원으로서 이들은 각기 독립적으로 구조료청구권이 있다. 공동구조의 경우도 공동구조자는 각자가 구조료청구권을 갖는다. 선박에 의하여 구조를 한 경우 그 선박의 선장과 해원도 각자가 피구조자에 대하여 독립하여 구조료의 청구권을 취득한다는 것이 일본의 통설이다.

2) 여객의 경우에는 선장의 지시에 의한 때에는 해원에 준하여, 독립적으로 구조한 때에는 공동구조($_{888}^{상}$)에 준하여 직접적인 구조료청구권이 인정되어야 한다고 본다.

3) 해난구조의 경우에도 다음과 같은 자는 구조료를 청구할 수 없다($_{892}^{상}$).

i) 구조받은 선박에 종사하는 자, ii) 고의 또는 과실에 의하여 해난을 야기한
자, iii) 정당한 거부에 불구하고 구조를 강행한 자, 즉 선장의 명백한 금지조
치에도 불구하고 조력을 한 자는 선장의 지시가 부당한 경우가 아닌 한 구조
료를 청구할 수 없다($_{742 \, I}^{독상}$). 선박 및 적하의 소유자가 구조를 거부한 경우도
같다. iv) 구조된 물건을 은닉하거나 정당한 이유 없이 처분한 자도 구조료를
청구할 수 없다. 그리고 iv)의 경우는 해난구조가 이루어졌더라도 구조자는 구
조료를 청구하지 못한다. 이 규정은 구조자의 부정행위를 예방하는 데 그 입법
취지가 있다.

　　(3) 기타의 권리　　구조료청구권에는 구조된 해산상에 우선특권($_{(3), 782}^{상 771 \, I}$)
이 인정되나, 적하에 대하여는 특칙이 있으며($_{893}^{상}$), 이를 점유한 때에는 유치권
이 인정된다.

　　(4) 채권의 소멸　　구조에 대한 보수청구권은 구조가 완료한 날부터 2
년 내에 재판상 청구가 없으면 소멸하는데($_{895 \, 전}^{상}$), 이 기간은 제척기간이다. 그
러나 이 기간은 당사자의 합의에 의하여 연장할 수 있다($_{814 \, I \, 단}^{동조 후,}$).

2. 구조료의 액

　　(1) 구조료의 결정　　구조료의 액은 당사자간의 약정이 있을 때에는 이
에 의하여 결정하나 그 액이 현저히 부당할 때에는 그 증감을 청구할 수 있다
($_{888}^{상}$). 또한 약정이 없는 경우에 당사자간에 다툼이 있는 때에는 구조된 선박
기타 재산의 가액, 위난의 정도, 구조자의 노력과 비용, 구조자나 그 장비가 조
우했던 위험의 정도, 환경손해방지를 위한 노력 기타의 제반사정을 참작하여
법원이 그 액을 정한다($_{883}^{상}$).

　　(2) 구조료의 한도　　구조료의 액은 다른 약정이 없으면 구조된 목적물
의 가액을 초과하지 못하며 선순위의 우선특권이 있을 때에는 그 우선특권의
채권액을 공제한 잔액을 초과하지 못한다($_{884}^{상}$). 이는 구조료채무자가 피구조물
이외의 재산으로써 구조료를 지급하게 되는 결과를 방지하기 위한 것이다.

3. 구조료의 분배

　　(1) 공동구조　　수개의 선박에 의하여 공동으로 구조를 한 때에 각 선
박간의 구조료분배에 관하여 특약이 있는 경우에는 이에 의하여, 특약이 없는
경우에는 제반사정을 참작하여 법원이 그 액을 정한다($_{884 \, I \, \cdot}^{상 889 \, I}$). 재산구조와 동

시에 인명구조가 행해진 때에는 재산구조인과 독립적으로 구조료의 분배를 받을 수 있다($상_{888\,II}$).

(2) 선박 내의 구조료의 분배

1) 분배방법   해난구조는 선박공동체를 구성하는 선박소유자·선장 및 해원의 협동적 행위의 소산이므로 이들이 구조료를 취득한다. 이 때에 구조선박에 발생한 손해 및 비용을 구조료에서 공제한 후 이를 선박소유자에게 지급하고, 잔액을 반분(半分)하여 선장 및 해원에게 분배한다($상_{889\,I}$).

2) 분배안의 고시   해원에게 지급할 보수의 분배는 선장이 제반사정을 참작하여 그 항해의 종료 전에 분배안을 작성하고 해원에게 고시하여야 한다($상_{889\,II}$).

4. 구조료의 지급

(1) **구조료채무자**   구조료 지급의 채무자는 구조된 선박의 소유자와 적하의 소유자이며, 선박소유자는 특약이 없는 한 운송물에 관하여 구조료를 지급할 필요가 없다. 재산구조와 함께 인명구조가 있은 경우에도 인명의 피구조자는 구조료의 지급의무를 부담하지 아니한다. 즉 구조료채무자는 재산의 피구조자이다.

(2) **선장의 권한**   선장은 구조료채권자에 갈음하여 그 지급에 관한 재판상 또는 재판 외의 모든 행위를 할 수 있는 권한이 있다($상_{894\,I}$). 구조료에 관한 소송에 있어서 선장은 스스로 원고 또는 피고가 될 수 있으며, 그 확정판결의 효력은 구조료채무자 전원에게 미친다($상_{894\,II}$).

5. 구조자의 우선특권

선박의 구조로 인한 보수에 대하여는 선박우선특권이 인정되며($상_{I\,(3)}^{777}$), 적하를 구조한 경우는 구조된 적하에 대하여 우선특권이 있다($상_{본}^{893}$). 그러나 채무자가 그 적하를 제3취득자에게 인도한 후에는 그 적하에 대하여 권리를 행사하지 못한다($동조_{동항\,단}$). 이 우선특권에는 선박채권자의 상법 제777조의 우선특권에 관한 규정이 준용된다($동조_{II}$). 그러나 적하에 대한 우선특권에 대하여는 선박우선특권의 경우($상_{785}$)와 달리 추급권이 인정되지 않는다.

6. 환경손해방지작업에 대한 특별보상

(1) 선박 또는 그 적하로 인하여 환경손해가 발생할 우려가 있는 경우에 손해의 경감 또는 방지의 효과를 수반하는 구조작업에 종사한 구조자는 구조 의 성공 여부 및 제884조의 규정과 상관없이 구조에 소요된 비용을 특별보상 으로 청구할 수 있다($^{상}_{885\,I}$). 여기서 "비용"이라 함은 구조작업에 실제로 지출 한 합리적인 비용 및 사용된 장비와 인원에 대한 정당한 보수를 말한다($^{동조}_{II}$).

(2) 구조자는 구조작업으로 인하여 발생할 환경손해가 실제로 감경 또는 방지된 때에는 보상의 증액을 청구할 수 있고, 법원은 상법 제883조의 사정을 참작하여 증액 여부 및 그 금액을 정한다. 이 경우 증액된다 하더라도 구조료 는 제1항의 비용의 배액을 초과할 수 없다($^{885조}_{III}$). 그러나 구조자의 고의 또는 과실로 인하여 손해의 감경 또는 방지에 지장을 가져 온 경우 법원은 상법 제 1항 및 제3항에서 정한 금액을 감액 혹은 부인할 수 있다($^{동조}_{IV}$).

(3) 하나의 구조작업을 시행한 구조자가 상법 제885조 제1항 내지 제4 항에서 정한 특별보상을 청구하는 것 외에 상법 제882조에서 정한 보수도 청 구할 수 있는 경우 그 중 큰 금액을 구조료로 청구할 수 있다($^{동조}_{V}$).

(4) 선박소유자와 그 밖에 구조된 재산의 권리자는 그 구조된 선박 또는 재산의 가액에 비례하여 구조에 대한 보수를 지급하고 특별보상을 하는 등 구 조료를 지급할 의무가 있다($^{상}_{886}$).

제 5 장   海上企業金融

제 1 절   船舶優先特權

[664]   제 1   意   義

선박우선특권이란 선박에 관하여 생긴 법정채권($\frac{상}{(1)\sim(4)}777\text{ I}$)의 담보를 위하여 채권자가 선박·속구·부속물로부터 다른 채권자보다 우선하여 변제를 받을 수 있는 해상법상의 특수한 담보물권을 말한다[$\frac{大\,74.\,12.\,10.}{74\,다\,176}$]. 상법은 선박우선특권에 대하여 그 성질에 반하지 않는 한 저당권에 관한 민법이 규정을 준용하고 있다($\frac{상}{777}$ Ⅱ). 선박우선특권을 인정하는 이유는 선박소유자의 책임이 유한책임이기 때문에 채권자의 보호가 필요하고 선박에 관련된 공과금 기타 사용인의 채권을 보호하기 위하여 공익 또는 사회정책적인 이유에서 인정한 것이다.

[665]   제 2   債權의 範圍

(1) 선박저당권과 질권에 우선하는 선박우선특권의 경우는 피담보채권의 범위를 넓게 인정하게 되면 선박저당권자의 지위가 불안정하게 될 것이므로 해상기업금융을 곤란하게 할 수 있기 때문에, 상법에서는 선박우선특권을 발생시키는 피담보채권의 범위를 제한적으로 열거하고 있다($\frac{상}{771}$ I).

(2) i) 채권자의 공동이익을 위한 소송비용, 선박과 속구의 경매에 관한 비용, 항해에 과한 제세금, 도선료와 예선료, 최후입항 후의 선박과 그 속구의 보존비와 검사비($\frac{동항}{(1)}$), ii) 선원 기타의 선박사용인의 고용계약으로 인한 채권($\frac{동항}{(2)}$), iii) 선박의 구조에 대한 보수와 공동해손의 분담에 대한 채권($\frac{동항}{(3)}$), iv) 선박의 충돌로 인한 손해 기타의 항해사고로 인한 항해시설, 항만시설 및 항로에 대한 손해와 선원이나 여객의 생명, 신체에 대한 손해의 배상채권($\frac{동항}{(4)}$) 등이 피담보채권에 포함된다.

[666] 제 3 目 的 物

(1) 선박 및 그 속구   선박우선특권의 목적물은 첫째로 상법 제777조 제 1 항에서 열거하고 있는 채권을 발생시킨 선박과 그 속구이다. 선박이 난파된 경우에는 그 난파물에 선박우선특권이 미치고 건조중인 선박도 포함된다 ($^{상\,790}_{참조}$). 속구는 속구목록에 기재한 것을 말한다.

(2) 선박과 운임의 부수채권   이에는 i) 선박 또는 속구의 멸실·훼손이나 운임의 손실로 인하여 선박소유자 등이 제 3 자에 대하여 갖는 손해배상청구권, ii) 공동해손으로 인한 선박 또는 운임의 손실에 대하여 선박소유자가 갖는 보상청구권, iii) 해난구조로 인하여 선박소유자가 갖는 보수청구권 등이 있다($^{상}_{778}$). 그러나 선박소유자 등이 보험계약에 의하여 수령한 보험금이나 기타의 장려금·보조금에 대하여는 우선특권을 행사하지 못한다($^{상}_{780}$).

(3) 운   임   운임에 대한 우선특권은 지급을 받지 아니한 운임, 지급을 받은 운임으로 선박소유자나 그 대리인이 소지한 금액에 한하여 이를 행사할 수 있다($^{상}_{779}$). 운임은 우선특권이 생긴 항해와 관계가 있는 것에 한정되지만 선원 기타의 선박사용인의 고용계약으로 인한 채권은 고용계약 존속중의 모든 항해로 인한 운임의 전부에 대하여 우선특권이 있다($^{상}_{781}$).

[667] 제 4 順   位

동일한 선박에 대하여 수개의 우선특권이 경합하거나 다른 담보물권과 경합하는 때가 있는데, 상법은 이에 관하여 다음과 같이 규정하고 있다.

Ⅰ. 선박우선특권 상호간의 순위

(1) 동일항해의 경우   동일항해로 인한 채권의 우선특권이 경합하는 때에 그 우선순위는 상법 제777조 제 1 항 각호의 순서에 따라 정한다($^{상}_{782\,Ⅰ}$). 그러나 동조 동항의 3 호의 규정에 의한 **채권**이 **경합**하는 때에는 **후**에 생긴 것이 전에 생긴 채권에 우선한다($^{상\,782\,Ⅱ}_{전단}$). 즉 「the last comes first」의 원칙이 적용된다. 이것은 후에 생긴 우선특권은 그 채권이 전에 생긴 채권의 담보의 원인이 되기 때문이다. 그리고 동일한 사고로 인한 채권은 동시에 생긴 것으로 본다($^{상\,782\,Ⅱ}_{후단}$).

(2) 수회의 항해의 경우   수회의 항해에 관한 채권의 우선특권이 경합하는 때에는 후의 항해에 관한 채권이 전의 항해에 관한 채권에 우선한다($_{783}^{상}$ⅰ).

(3) 동일순위의 경합   동일순위의 우선특권이 경합하는 때에는 각 채권액의 비율에 따라 변제를 받는다($_{784}^{상}$).

(4) 선박사용인의 채권   선박사용인의 고용계약으로 인한 채권의 우선특권은 그 최후의 항해에 관한 다른 채권과 동일한 순위로 한다($_{783}^{상}$ⅱ). 이것은 사회정책적인 고려에 의한 것이다.

2. 선박우선특권과 다른 담보권과의 순위

(1) 선박우선특권과 질권·저당권과의 관계   선박채권자의 우선특권은 선박질권과 선박저당권에 우선한다($_{788}^{상}$). 선박우선특권이 저당권에 우선하는 이유는 선박우선특권은 법정채권에 대한 법률효력이므로 당사자간의 계약상의 담보물권인 저당권보다 우선시킨 것이고, 우선특권이 있는 채권에 의하여 저당권의 목적인 선박이 보존될 수 있다는 점을 고려한 것이다.

(2) 선박우선특권과 유치권과의 관계   선박우선특권과 유치권이 경합하는 경우에도 유치권자는 목적물에 대하여 우선변제를 받을 수 없기 때문에 선박우선특권이 우선한다. 그러나 유치권자는 변제를 받을 때까지 선박을 유치할 수 있으므로 선박우선특권자라도 권리행사를 위해서는 먼저 유치권을 소멸시켜야 하는 까닭에 실제로는 유치권자가 우선하는 결과가 된다.

[668] 제 5 效 力

선박우선특권자는 다른 채권자에 우선하여 변제를 받을 수 있는 권리($_{채권}^{우선변}$)가 있으며, 선박우선특권에 대하여는 그 성질에 반하지 아니하는 한 민법의 저당권에 관한 규정이 준용된다($_{777}^{상}$ⅱ). 그리고 선박우선특권자는 채권의 변제를 받기 위하여 경매권을 가진다($_{734,\ 728}^{민소}$). 이 경우에 채권자는 채권을 보전하기 위하여 그 선박에 대하여 가압류할 필요가 없다$\left[_{大\ 76.\ 6.\ 24,\ 76\ 마\ 195}^{大\ 88.\ 11.\ 22,\ 87\ 다카\ 1691;}\right]$. 또한 선박우선특권은 선박소유권의 이전으로 인하여 영향을 받지 않는 추급적 효력이 인정된다($_{785}^{상}$). 그러므로 선박의 양수인이 선의·무과실인 경우에도 선박우선특권자에게 대항하지 못한다.

[669] 제 6 消 滅

선박채권자의 우선특권은 그 채권이 생긴 날로부터 1년 내에 실행하지 아니하면 소멸하는데($^{상}_{786}$), 이 기간은 제척기간이다. 이 경우에 선박우선특권이 소멸하면 우선특권자는 일반채권자인 지위로 변하게 된다.

[670] 제 7 建造중의 船舶에 대한 優先特權

건조중의 선박에 대하여도 채권자를 보호하기 위하여 선박우선특권에 관한 규정을 준용한다($^{상}_{790}$).

제 2 절 船舶抵當權

1. 총 설

선박저당권은 선박우선특권과 함께 해상기업금융을 위한 대표적인 제도이다. 이것은 당사자의 의사표시에 의하여 임의로 설정할 수 있으므로 편리하며 선박우선특권과는 달리 공시제도가 있기 때문에 거래의 안전을 도모할 수 있다. 그러나 선박저당권은 그 효력이 우선하는 선박우선특권에 의하여 외면당하는 실정이다. 또한 등기선박에 한하여 저당권의 설정을 인정하지만, 선박은 고정성이 없고 해상위험에 의하여 멸실되거나 소모될 수 있으며 또한 선박우선특권에 의하여 담보가치가 감소될 수 있는 단점이 있다.

2. 선박저당권의 개념

선박저당권이란 등기선박을 목적으로 당사자간의 합의에 따라 설정한 상법상의 저당권이다($^{상}_{787}$ I). 저당권이란 원칙적으로 부동산에만 인정되는 것이나 선박은 동산이지만 그 성질이 부동산과 유사하고 선박등기부에 의하여 공시가 가능하므로, 상법에서는 등기선박에 한하여 저당권제도를 인정한 것이다. 그리하여 선박저당권에 대하여도 민법상의 저당권에 관한 규정을 준용한다($^{상}_{787}$ Ⅲ). 총톤수 20톤 미만의 비등기선박은 선박저당권의 목적이 될 수 없고 질권을 설정할 수 있을 뿐이다. 그러나 등기선박은 질권의 목적이 될 수 없다($^{상}_{789}$).

3. 선박저당권의 목적물

(1) 등 기 선　　저당권의 목적물은 등기한 선박에 한한다($^{\text{상}}_{787\,\text{I}}$). 동산인 선박에 대하여 저당권을 인정하는 것은 선박은 등기에 의하여 그 공시가 가능함을 전제로 한 것이다. 그런데 선박등기는 총톤수 20톤 이상의 선박만을 대상으로 한다($^{\text{선등}}_{2}$). 그러나 총톤수 20톤 미만의 선박이라도 선박등기가 되어 있는 이상 이를 법정절차에 따라 말소하지 않는 한 당사자는 등기의 대상이 되지 않는 선박이라는 주장을 할 수 없다[$^{大\ 78.\ 2.\ 1.}_{77\ \text{마}\ 378}$]. 비등기선박은 질권의 목적이 될 수 있을 뿐이다. 그러나 등기한 선박은 질권의 목적이 될 수 없다($^{\text{상}}_{789}$).

(2) 속　　구　　선박저당권은 그 속구에 미친다($^{\text{상}}_{787\,\text{II}}$). 속구는 반드시 속구목록에 기재된 것에 한하지 않고 또 종물이든 아니든 불문한다. 속구는 저당권설정시에 존재한 것뿐만 아니라 저당권의 실행시에 존재하는 것도 저당권의 목적이 된다.

4. 선박저당권의 순위

동일선박에 수개의 저당권이 경합하는 경우에 그 순위는 일반원칙에 따라 등기의 전후에 따라 결정되고($^{\text{상}\ 787\ \text{III};}_{\text{민}\ 370,\ 333}$), 선박우선특권과 경합하는 때에는 선박우선특권이 우선한다($^{\text{상}}_{788}$). 그러나 유치권과 경합하는 때에는 선박저당권이 우선하는데, 실제로는 선박우선특권의 경우와 마찬가지로 유치권이 우선하는 결과가 된다.

5. 선박저당권의 효력

선박저당권자는 선박과 속구에 대하여 부동산저당권의 경우와 마찬가지로 우선변제권 및 경매권이 있다.

6. 건조중의 선박과 저당권

금융의 편의와 채권자의 보호를 위하여 건조중의 선박에 대하여도 저당권의 설정을 인정한다($^{\text{상}}_{790}$). 이 경우는 건조중이므로 선박소유권의 등기가 불가능하지만, 미리 특별등기부에 저당권의 등기를 할 수 있게 하였다($^{\text{부등규}}_{36\ \text{이하}}$).

제 3 절   船舶에 대한 强制執行

I. 선박에 대한 집행

등기한 선박은 부동산과 유사성이 있으므로 이에 대한 강제집행은 부동산의 강제경매에 관한 규정에 의한다($\frac{민집}{172}$).

2. 선박의 압류·가압류

(1) 선박은 집행절차중 압류항에 정박하여야 한다. 그러나 상업상의 이익을 위하여 적당하다고 인정한 때에는, 법원은 이해관계인의 신청에 의하여 항행을 허가할 수 있다($\frac{민집}{176}$). 선박에 대한 가압류의 집행은 가압류 당시의 정박하는 항에 정박시켜야 하며($\frac{민집}{295 I}$) 법원은 채권자의 신청에 의하여 선박을 감수와 보존하기 위하여 필요한 처분을 할 수 있다($\frac{민집}{178 I}$).

(2) 항해준비를 완료한 선박에 대하여는 압류 또는 가압류를 금지한다($\frac{상}{744}$). 항해준비를 완료한 선박이란 발항항에서 선박, 의장, 선원의 승선, 적하의 선적, 여객의 승선 등 법률상으로나 사실상으로나 항해준비를 마친 상태의 선박을 말한다. 이 경우에 압류를 금지하는 이유는 발항 전의 압류를 해태한 채권자보다 적하이해관계인이나 여객의 이익을 보호하려는 데 있다. 그러나 항해를 준비하기 위하여 생긴 채무($\frac{수선비·연료·}{식료품대금 등}$)는 압류금지의 대상에서 제외된다($\frac{상}{744 단}$). 또한 당해 항해중에 생긴 선박충돌·해양사고구조·공동해손·적하의 멸실·훼손 등에 의한 채무도 압류금지의 원칙이 적용되지 않는다고 본다[$\frac{동: 鄭(희), 605;}{徐(돈), 626}$].

附　　錄

상법 일부개정법률안(1)

1. 의결주문

상법 일부개정법률안을 별지와 같이 의결한다.

2. 제안이유

국제화 시대에 기업경영의 투명성과 효율성을 높이기 위하여 회계 관련 규정을 정비하고, 법정준비금제도를 개선하는 등 재무관리의 자율성을 보장하며, 전자투표제와 주식·사채(社債)의 전자등록제를 도입하는 등 발달된 정보통신 환경을 기업경영에 접목시키는 한편, 합자조합과 유한책임회사 등 다양한 기업 형태를 도입하여 급변하는 경영환경에 기업이 적절히 대응할 수 있도록 하며, 집행임원제를 도입하고 이사의 자기거래 승인 범위를 확대하는 등 기업지배구조를 개선할 수 있는 법적 기반을 마련하려는 것임.

3. 주요내용

가. 새로운 기업 형태 도입(안 제86조의 2부터 제86조의 9까지 및 제287조의 2부터 제287조의 45까지 신설)

(1) 최근 인적 자산의 중요성이 높아짐에 따라 인적 자산을 적절히 수용(受容)할 수 있도록 공동기업 또는 회사 형태를 취하면서 내부적으로는 조합의 실질을 갖추고 외부적으로는 사원의 유한책임이 확보되는 기업 형태에 대한 수요가 늘어나고 있음.

(2) 업무집행조합원과 유한책임조합원으로 구성된 합자조합을 신설하고, 사원에게 유한책임을 인정하면서도 회사의 설립·운영과 기관 구성 등의 면에서 사적 자치를 폭넓게 인정하는 유한책임회사를 신설함.

(3) 사모(私募)투자펀드와 같은 펀드나 벤처 기업 등 새로운 기업 형태에

대한 수요에 부응할 것으로 기대됨.

　　나. 회사설립의 편의 제고(안 제291조, 제329조 및 제546조)

　　(1) 액면주식은 액면미달 발행 및 주식분할에 어려움이 있고, 아이디어나 기술은 있으나 자본이 없는 사람이 회사를 설립하는 경우 최저자본금제는 진입 장벽으로 작용될 수 있음.

　　(2) 무액면주식(無額面株式)을 도입하여 회사가 액면주식과 무액면주식 중 한 종류를 선택하여 발행할 수 있도록 하고, 최저자본금제도를 폐지함.

　　(3) 주식발행의 효율성 및 자율성이 높아지고 소규모기업의 원활한 창업이 확대될 것으로 기대됨.

　　다. 다양한 종류의 주식 도입(안 제344조, 제345조 및 제346조, 안 제344조의
　　　　2부터 제344조의 4까지 신설)

　　(1) 현재는 주주평등의 원칙상 법에서 정한 주식만 발행하도록 허용하고 있으나, 현행 주식의 종류만으로는 급변하는 시장 환경에 대응하여 효율적으로 자금을 조달하는 데에 어려움이 있음.

　　(2) 주식회사가 특정 사항에 관하여 의결권이 제한되는 주식 등 다양한 주식을 발행할 수 있도록 하고, 무의결권주식 또는 의결권제한주식의 발행한도를 발행주식 총수의 4분의 1에서 2분의 1로 상향 조정함.

　　(3) 무의결권주 발행한도를 확대하고, 시장 상황에 따라 다양한 종류주식을 발행할 수 있도록 함으로써 자금조달을 원활하게 할 수 있을 것으로 기대됨.

　　라. 주식 및 사채의 전자등록제 도입(안 제356조의 2 및 제478조 제 3 항 신설)

　　(1) 발달된 정보통신 기술을 주식 및 사채 제도에 반영하고, 세계적인 추세인 유가증권의 무권화 제도를 도입할 필요가 있음.

　　(2) 주권과 사채권을 실물로 발행하지 아니하고 전자등록기관에 등록한 후 증권을 소지하지 아니하고도 권리의 양도, 담보의 설정 및 권리행사가 가능하도록 주식 및 사채의 전자등록제를 도입함.

　　(3) 주식과 사채를 전자등록한 기업은 실물 발행의 부담을 덜고, 주주나 사채권자는 손쉽게 권리행사를 할 수 있을 것으로 기대됨.

마. 소수주식의 강제매수제도 도입(안 제360조의 24부터 제360조의 26까지
신설)

　(1) 특정주주가 주식의 대부분을 보유하는 경우 회사로서는 주주총회 운영
등과 관련하여 관리비용이 들고 소수주주로서는 정상적인 출자회수의 길이 막
히기 때문에 대주주가 소수주주의 주식을 매입함으로써 그 동업관계를 해소할
수 있도록 허용할 필요가 있음.

　(2) 발행주식총수의 95퍼센트 이상을 보유하는 지배주주가 소수주주의 주
식을 공정한 가격에 매입할 수 있도록 하는 한편, 소수주주도 지배주주에게 주
식매수청구권을 행사할 수 있게 하여 소수주주 보호방안을 마련함.

　(3) 회사의 주주 관리비용이 절감되고 경영의 효율성이 향상될 것으로 기
대됨

바. 주주총회의 전자투표제 도입(안 제368조의 4 신설)

　(1) 정보통신 환경의 발달로 전자적 방법에 의한 주주총회 개최가 가능해
졌으나, 이를 입법적으로 뒷받침하지 못하고 있음.

　(2) 주주가 주주총회에 출석하지 아니하고도 전자적 방법으로 의결권을 행
사할 수 있도록 전자투표제를 도입함.

　(3) 주주총회 개최 비용이 절감되고, 주주총회 운영의 효율성이 향상될 것
으로 기대되며, 소수주주의 주주총회 참여가 활성화될 것으로 기대됨.

사. 이사의 자기거래 승인대상 확대(안 제398조 제1항)

　(1) 이사가 본인의 이익을 위하여 이사의 친인척이나 그들이 설립한 개인
회사 등을 이용하여 회사와 거래하는 경우 회사의 이익을 희생시킬 가능성이
많으므로 적정한 통제가 필요함.

　(2) 이사와 회사 간 자기거래의 요건을 더욱 엄격히 규정하여 이사뿐만 아
니라 이사의 배우자, 이사의 직계존·비속, 이사의 배우자의 직계존·비속과 그
들의 개인회사가 회사와 거래하는 경우까지 이사회의 승인을 받도록 규정하
고, 거래의 내용이 공정하여야 한다는 요건을 추가함.

　(3) 이사나 이사와 밀접한 관계에 있는 자가 자기거래를 통하여 회사의 이
익을 침해하면서 부당한 이득을 취하는 행위를 방지할 수 있을 것으로 기대됨.

아. 회사의 사업기회 유용금지제도 신설(안 제398조 제 3 항)

(1) 이사가 직무상 알게 된 회사의 정보를 이용하여 개인적인 이익을 취득하는 행위를 명확히 규제할 필요가 있음.

(2) 이사가 직무를 수행하는 과정에서 알게 된 정보 또는 회사가 수행하고 있거나 수행할 사업과 밀접한 관계가 있는 사업기회를 제 3 자에게 이용하도록 하는 경우에도 이사회의 승인을 받도록 함.

(3) 이사의 회사 사업기회 유용에 대한 인식을 새롭게 하고 이사의 관련 위법행위에 대한 책임근거로 활용될 것으로 기대됨.

자. 이사의 책임감경(안 제400조 제 2 항)

(1) 유능한 경영인을 쉽게 영입하여 보다 적극적인 경영을 할 수 있도록 하기 위하여 이사의 회사에 대한 책임을 제한할 필요성이 있으나, 현행 상법은 총주주의 동의로 면제하는 외에는 책임감면 규정이 없음.

(2) 회사에 대한 이사의 책임을 고의 또는 중대한 과실로 회사에 손해를 발생시킨 경우를 제외하고는 이사의 최근 1년간의 보수액의 6배(사외이사는 3배) 이내로 제한하고, 이를 초과하는 금액에 대하여는 면제할 수 있도록 이사의 책임제도를 개선함.

(3) 유능한 경영인을 쉽게 영입하고 이사의 진취적 경영이 활성화될 것으로 기대됨.

차. 집행임원제도 도입(안 제408조의 2부터 제408조의 9까지 신설)

(1) 대규모 상장회사(上場會社)의 경우 실무상 정관이나 내규로 집행임원을 두고 있으나 이를 뒷받침할 법적 근거가 없어 많은 문제가 발생하고 있음.

(2) 이사회의 감독하에 회사의 업무 집행을 전담하는 기관인 집행임원에 대한 근거 규정을 마련하되, 제도의 도입 여부는 개별 회사가 자율적으로 선택할 수 있도록 함.

(3) 집행임원제도의 법적 근거를 마련함으로써 대내적으로 경영의 안정성을 확보하고 대외적으로 거래의 안전을 도모할 수 있을 것으로 기대됨.

카. 상법상 회계 관련 규정과 기업회계기준과의 조화(안 제446조의 2 신설, 안 제447조 및 제447조의 4, 현행 제452조부터 제457조의 2까지 삭제)

(1) 근래 기업회계기준은 국제적인 회계규범의 변화에 맞추어 꾸준히 변모하고 있으나 상법의 회계규정은 이를 제대로 반영하지 못하여 기업회계기준과 상법의 회계규정 사이에 상당한 차이가 있음.

(2) 회사의 회계는 일반적으로 공정·타당한 회계관행에 따르도록 원칙 규정을 신설하는 한편, 구체적인 회계 처리에 관한 규정들은 삭제하고, 대차대조표와 손익계산서를 제외한 회계서류는 대통령령에서 규정하여 회계규범의 변화에 신속하게 대응하도록 함.

(3) 상법의 회계규정과 기업회계기준의 불일치가 해소되어 회계규범이 이원화되는 현상이 방지될 것으로 기대됨.

타. 배당제도 개선(안 제449조의 2 및 제462조의 4 신설)

(1) 현재 정기 주주총회에서 배당액을 결정하므로 배당 기준일인 사업연도 말일부터 정기 주주총회까지는 배당액이 확정되지 아니하여 투자자들이 주식가치를 판단하기 어려우며, 금전배당 외에 회사가 보유하는 주식과 같은 현물로 배당할 필요가 있음.

(2) 정관으로 배당에 관한 결정 권한을 이사회에 부여할 수 있도록 하고, 금전배당 외에도 현물배당도 허용함.

(3) 회사의 자금조달을 결정하는 기관인 이사회가 배당도 결정하게 되어 자금운용의 통일성을 기할 수 있고, 배당에 관한 선택의 폭이 넓어져 재무관리의 자율성이 높아질 것으로 기대됨.

파. 법정준비금제도 개선(안 제460조, 안 제461조의 2 신설)

(1) 준비금의 채권자보호 역할이 감소되었을 뿐만 아니라 이익준비금의 적립한도가 주요 선진국에 비하여 지나치게 높게 설정되어 있으며, 준비금의 운용이 지나치게 경직되어 있음.

(2) 자본금의 150퍼센트를 초과하는 준비금에 대하여는 주주총회의 결의에 따라 준비금을 배당 등의 용도로 사용할 수 있도록 허용함.

(3) 자본전입과 감자절차(減資節次)를 거칠 필요 없이 과다한 준비금을 주

주에게 분배할 수 있게 되고, 이익준비금과 자본준비금의 신축적인 사용이 가능하게 됨.

　　하. 사채제도의 개선(안 제469조, 제481조부터 제485조까지, 현행 제470조부터 제473조까지 삭제, 안 제480조의 2·제480조의 3 신설)

　　⑴ 사채의 발행한도 제한이 비현실적이고 법에서 허용하는 사채 종류가 지나치게 제한적이며 현행 수탁회사제도는 사채권자 보호에 미흡하다는 지적이 있음.

　　⑵ 사채의 발행총액 제한 규정을 폐지하고, 이익배당참가부사채 등 다양한 형태의 사채를 발행할 수 있도록 법적 근거를 마련하며, 수탁회사의 권한 중 사채관리 기능 부분을 분리하여 사채관리회사가 담당하도록 함.

　　⑶ 회사의 사채발행에 대한 자율성이 증대되고, 사채권자를 효과적으로 보호할 수 있을 것으로 기대됨.

4. 주요토의과제

　　없음.

5. 참고사항

　　가. 관계법령: 생략
　　나. 예산조치: 별도조치 필요 없음.
　　다. 합　　의: 재정경제부 및 산업자원부 등과 합의되었음.
　　라. 기　　타: ⑴ 신·구조문대비표, 별첨
　　　　　　　　　⑵ 입법예고(2006. 10. 4.~10. 24.) 결과, 특기할 사항 없음.
　　　　　　　　　⑶ 규제심사: 규제신설·폐지 등, 없음.

부   칙

제 1 조(시행일) 이 법은 공포 후 1년이 경과한 날부터 시행한다. 다만, 제461조의
2의 개정규정은 이 법 공포 후 1년 6개월이 경과한 날부터 시행한다.

제 2 조(일반적 경과조치) 이 법은 특별한 규정이 있는 경우를 제외하고는 이 법 시
행 전에 발생한 사건에 대하여도 적용한다. 다만, 종전의 규정에 의하여 생긴 효력에
는 영향을 미치지 아니한다.

상법 일부개정법률안(1)
신·구조문 대비표

현 행	개 정 안
第19條(會社의 商號) 會社의 商號에는 그 種類에 따라 合名會社, 合資會社, 株式會社 또는 有限會社의 文字를 使用하여야 한다.	제19조(회사의 상호) 회사의 상호에는 그 종류에 따라 합명회사·합자회사·유한책임회사·주식회사 또는 유한회사의 문자를 사용하여야 한다.
第65條(有價證券과 準用規定) 金錢, 物件 또는 有價證券의 支給을 目的으로 하는 有價證券에는 民法 第508條 乃至 第525條의 規定을 適用하는 外에 어음法 第12條 第1項·第2項의 規定을 準用한다.	제65조(유가증권과 준용규정) ① 금전의 지급청구권, 물건 또는 유가증권의 인도청구권이나 사원의 지위를 표시하는 유가증권에는 다른 법률에 특별한 규정이 없으면 「민법」 제508조부터 제525조까지의 규정을 적용하는 외에 「어음법」 제12조 제1항 및 제2항의 규정을 준용한다.
〈신 설〉	② 제1항의 유가증권은 공인된 전자등록기관의 전자등록부에 등록하여 발행할 수 있다. 이 경우 제356조의2 제3항부터 제6항까지의 규정을 준용한다.
〈신 설〉	제4장의2 합자조합
〈신 설〉	제86조의2(의의) 합자조합은 조합의 업무집행자로서 조합의 채무에 대하여 무한책임을 지는 조합원과 출자가액을 한도로 하여 유한책임을 지는 조합원이 상호출자하여 공동사업을 경영할 것을 약정함으로써 그 효력이 생긴다.
〈신 설〉	제86조의3(조합계약) 합자조합의 설립

을 위한 조합계약에는 다음 사항을 기재하고 총조합원이 기명날인하거나 서명하여야 한다.

1. 목적

2. 명칭

3. 업무집행조합원의 성명 또는 상호 및 주소, 주민등록번호

4. 유한책임조합원의 성명 또는 상호 및 주소, 주민등록번호

5. 주된 영업소의 소재지

6. 조합원의 출자에 관한 사항

7. 조합원에 대한 손익분배에 관한 사항

8. 유한책임조합원의 지분의 양도에 관한 사항

9. 수인의 업무집행조합원이 공동으로 합자조합의 업무를 집행하거나 대리할 것을 정한 때에는 그 규정

10. 조합의 해산시 잔여재산분배에 관한 사항

11. 조합의 존속기간 그 밖에 해산사유에 관한 사항

12. 조합계약의 작성연월일

〈신　설〉

제86조의 4(등기)　① 업무집행조합원은 합자조합 설립 후 2주 내에 조합의 주된 영업소에서 다음의 사항을 등기하여야 한다.

1. 제86조의 3 제 1 호부터 제 3 호까지, 제 5 호 및 제 9 호의 사항

2. 조합원의 출자의 목적, 재산출자의 경우에는 그 가액과 이행한 부분

3. 존속기간 그 밖에 해산사유를 정한 경우에는 그 기간 또는 사유

② 제 1 항 각 호의 사항에 변경이 있는 때에는 2주 내에 변경등기를 하여

〈신 설〉	야 한다.
	제86조의 5(업무집행조합원) ① 업무집행조합원은 조합계약에 다른 규정이 없으면 각자가 합자조합의 업무를 집행하고 대리할 권리와 의무가 있다.
	② 업무집행조합원은 선량한 관리자의 주의로써 제1항에 따른 업무를 집행하여야 한다.
	③ 수인의 업무집행조합원이 있는 경우에 조합계약에 다른 정함이 없으면 그 각 업무집행조합원의 업무집행에 관한 행위에 대하여 다른 업무집행조합원의 이의가 있는 때에는 그 행위를 중지하고 업무집행조합원 과반수의 결의에 의하여야 한다.
〈신 설〉	**제86조의 6(유한책임조합원의 책임)** ① 유한책임조합원은 조합계약에서 정한 출자가액에서 이미 이행한 부분을 뺀 가액을 한도로 하여 조합채무를 변제할 책임이 있다.
	② 제1항의 경우 합자조합에 이익이 없음에도 불구하고 배당을 받은 금액은 변제책임을 정함에 있어서 이를 가산한다.
〈신 설〉	**제86조의 7(조합원의 지분의 양도)** ① 업무집행조합원은 다른 조합원 전원의 동의를 얻지 아니하면 그 지분의 전부 또는 일부를 타인에게 양도하지 못한다.
	② 유한책임조합원의 지분은 조합계약에서 정하는 바에 따라 양도할 수 있다.
	③ 유한책임조합원의 지분을 양수한 자는 양도인의 조합에 대한 권리의무를 승계한다.

〈신 설〉	제86조의8(소송당사자능력) 합자조합은 소송의 당사자가 될 수 있다.
〈신 설〉	제86조의9(준용규정) ① 합자조합에 관하여 이 법 또는 조합계약에 다른 규정이 없으면 민법 중 조합에 관한 규정을 준용한다. ② 제1항에 불구하고 민법 제712조 및 제713조는 유한책임조합원에 대해 준용하지 아니한다. ③ 제198조·제199조·제208조 제2항·제209조 및 제212조의 규정은 업무집행조합원에 대해 준용한다. 다만, 제198조 및 제199조의 규정은 조합계약에 다른 규정이 있으면 그러하지 아니하다. ④ 제199조·제272조·제275조·제277조·제278조·제283조부터 제285조까지 및 제287조의 규정은 조합계약에 다른 규정이 없으면 유한책임조합원에 대해 준용한다.
第137條(損害賠償의 額) ① 運送物이 全部滅失 또는 延着된 境遇의 損害賠償額은 引渡한 날의 到着地의 價格에 依한다. ② ~ ④ (생 략)	第137條(損害賠償의 額) ① ――――――――――――――――――――――――――――――――인도할 날―――――――――――――――――― ② ~ ④ (현행과 같음)
第169條(意義) 本法에서 會社라 함은 商行爲 其他 營利를 目的으로 하여 設立한 社團을 이른다.	제169조(회사의 의의) 이 법에서 회사라 함은 상행위 기타 영리를 목적으로 하여 설립한 법인을 이른다.
第170條(會社의 種類) 會社는 合名會社, 合資會社, 株式會社와 有限會社의 4種으로 한다.	제170조(회사의 종류) 회사는 합명회사, 합자회사, 유한책임회사, 주식회사와 유한회사의 5종으로 한다.
第171條(會社의 法人性, 住所) ① 會社는 法人으로 한다. ② (생 략)	제171조(회사의 주소) ① 〈삭 제〉 ② (현행과 같음)
第174條(會社의 合倂) ① (생 략)	第174條(會社의 合倂) ① (현행과 같음)

② 合併을 하는 會社의 一方 또는 雙
方이 株式會社 또는 有限會社인 때에
는 合併 後 存續하는 會社 또는 合併
으로 因하여 設立되는 會社는 株式會
社 또는 有限會社이어야 한다.

③ （생 략）

第180條(設立의 登記) 合名會社의 設
立登記에 있어서는 다음의 事項을 登
記하여야 한다.

1. ～ 3. （생 략）

4. 會社를 代表할 社員을 定한 때에는
　 그 姓名

5. （생 략）

第181條(支店設置의 登記) ① 會社의
設立과 同時에 支店을 設置하는 境遇
에는 設立登記를 한 後 2週間內에 支
店所在地에서 第180條 各號의 사항
(다른 支店의 所在地를 제외한다)을
登記하여야 한다.

② 會社의 成立 後에 支店을 設置하
는 경우에는 本店所在地에서는 2週間
內에 그 支店所在地와 設置年月日을
登記하고, 그 支店所在地에서는 3週間
內에 第180條 各號의 사항(다른 支店
의 所在地를 제외한다)을 登記하여야
한다.

第182條(本店, 支店의 移轉登記) ①
（생 략）

---

② 합병을 하는 회사의 일방 또는 쌍
방이 주식회사, 유한회사 또는 유한책
임회사인 때에는 합병 후 존속하는
회사 또는 합병으로 인하여 설립되는
회사는 주식회사, 유한회사 또는 유한
책임회사이어야 한다.

③ （현행과 같음）

第180條(設立의 登記) －－－－－
－－－－－－－－－－－－－－－
－－－－－－－.

1. ～ 3. （현행과 같음）

4. 회사를 대표할 사원을 정한 때에는
　 그 성명·주소 및 주민등록번호

5. （현행과 같음）

제181조(지점 설치의 등기) ① 회사의
설립과 동시에 지점을 설치하는 경우
에는 설립등기를 한 후 2주 내에 지
점소재지에서 제180조 제1호 본문
(다른 지점의 소재지를 제외한다) 및
제3호부터 제5호까지의 사항을 등
기하여야 한다. 다만, 회사를 대표할
사원을 정한 때에는 그 외의 사원은
등기하지 아니한다.

② 회사의 성립 후에 지점을 설치하
는 경우에는 본점 소재지에서는 2주
내에 그 지점 소재지와 설치 연월일
을 등기하고, 그 지점 소재지에서는 3
주 내에 제180조 제1호 본문(다른
지점의 소재지를 제외한다) 및 제3
호부터 제5호까지의 사항을 등기하
여야 한다. 다만, 회사를 대표할 사원
을 정한 때에는 그 외의 사원은 등기
하지 아니한다.

第182條(本店, 支店의 移轉登記) ①
（현행과 같음）

② 會社가 支店을 移轉하는 경우에는 2週間 내에 本店과 舊支店所在地에서는 新支店所在地와 移轉年月日을 登記하고, 新支店所在地에서는 第180條 各號의 사항(다른 支店所在地를 제외한다)을 登記하여야 한다.

② 회사가 지점을 이전하는 경우에는 2주 내에 본점과 구지점 소재지에서는 신지점 소재지와 이전 연월일을 등기하고, 신지점 소재지에서는 제180조 제1호 본문(다른 지점의 소재지는 제외한다) 및 제3호부터 제5호까지의 사항을 등기하여야 한다. 다만, 회사를 대표할 사원을 정한 때에는 그 외의 사원은 등기하지 아니한다.

第271條(登記事項) 合資會社의 設立登記에 있어서는 第180條 各號의 사항 외에 各社員의 無限責任 또는 有限責任인 것을 登記하여야 한다.

제271조(등기사항) ① 합자회사의 설립등기에 있어서는 제180조 각 호의 사항 외에 각 사원의 무한책임 또는 유한책임인 것을 등기하여야 한다.

〈신 설〉

② 합자회사가 지점을 설치하거나 이전할 때에는 지점 소재지 또는 신지점 소재지에서 제180조 제1호 본문(다른 지점의 소재지는 제외한다) 및 제3호부터 제5호까지의 사항을 등기하여야 한다. 다만, 무한책임사원만을 등기하되, 회사를 대표할 사원을 정한 때에는 다른 사원은 등기하지 아니한다.

〈신 설〉

제3장의2 유한책임회사

〈신 설〉

제1절 설 립

〈신 설〉

제287조의2(정관의 작성) 유한책임회사를 설립할 때에는 사원이 정관을 작성하여야 한다.

〈신 설〉

제287조의3(정관의 기재사항) 정관에는 다음의 사항을 기재하고 각 사원이 기명날인하거나 서명하여야 한다.
1. 제179조 제1호부터 제3호까지, 제5호 및 제6호에 정한 사항
2. 사원의 출자의 목적 및 가액

〈신　설〉

3. 자본금의 액

4. 업무집행자의 성명 및 주소

제287조의 4(설립시의　출자의　이행)

① 사원은 신용 또는 노무를 출자의 목적으로 하지 못한다.

② 사원은 정관의 작성 후 설립등기를 하는 때까지 금전 그 밖의 재산의 출자를 전부 이행하여야 한다.

③ 현물출자를 하는 사원은 납입기일에 지체 없이 출자의 목적인 재산을 인도하고 등기, 등록 그 밖의 권리의 설정 또는 이전을 요할 경우에는 이에 관한 서류를 완비하여 교부하여야 한다.

〈신　설〉

제287조의 5(설립의 등기 등)　① 유한책임회사는 본점의 소재지에서 다음의 사항을 등기함으로써 성립한다.

1. 제179조 제1호·제2호 및 제5호에 정한 사항과 지점을 둔 때에는 그 소재지

2. 제180조 제3호에 정한 사항

3. 자본금의 액

4. 업무집행자의 성명 또는 명칭과 주소, 주민등록번호

5. 유한책임회사를 대표할 자를 정한 때에는 그 성명 또는 명칭과 주소

6. 정관으로 공고방법을 정한 때에는 그 공고방법

② 제181조의 규정은 유한책임회사가 지점을 설치하는 경우에 준용한다.

③ 제182조의 규정은 유한책임회사가 본점 또는 지점을 이전하는 경우에 준용한다.

④ 제1항에 게기한 사항에 변경이 있을 때에는 본점 소재지에서는 2주

	내, 지점 소재지에서는 3주 내에 변경 등기를 하여야 한다. ⑤ 유한책임회사의 업무집행자의 업무집행을 정지하거나 직무대행자를 선임하는 가처분을 하거나 그 가처분을 변경 또는 취소하는 경우에 본점 및 지점이 있는 곳의 등기소에서 등기하여야 한다.
〈신 설〉	제287조의6(준용규정) 유한책임회사의 설립의 무효와 취소에 관해서는 제184조부터 제194조까지의 규정을 준용한다. 이 경우 제184조 중 "사원"은 "사원 및 업무집행자"로 본다.
〈신 설〉	제2절 유한책임회사의 내부관계
〈신 설〉	제287조의7(사원의 책임) 사원의 책임은 이 법에 다른 규정이 있는 경우를 제외하고는 그 출자금액을 한도로 한다.
〈신 설〉	제287조의8(지분의 양도) 사원은 다른 사원의 동의를 얻지 아니하면 그 지분의 전부 또는 일부를 타인에게 양도하지 못한다. ② 제1항의 규정에 불구하고 업무를 집행하지 않은 사원은 업무를 집행하는 사원 전원의 동의가 있으면 지분의 전부 또는 일부를 타인에게 양도할 수 있다. 다만, 업무를 집행하는 사원이 없는 경우에는 사원 전원의 동의를 얻어야 한다. ③ 제1항 및 제2항의 규정에 불구하고 정관에서 그에 관한 사항을 달리 정할 수 있다.
〈신 설〉	제287조의9(유한책임회사에 의한 지분양수의 금지) ① 유한책임회사는 지분의 전부 또는 일부를 양수할 수 없

다.

② 유한책임회사가 지분을 취득하는 경우에 그 지분은 취득한 때에 소멸한다.

〈신 설〉

제287조의 10(업무집행자의 경업금지) ① 업무집행자는 사원 전원의 동의를 얻지 아니하고는 자기 또는 제3자의 계산으로 회사의 영업부류에 속한 거래를 하지 못하며, 동종영업을 목적으로 하는 다른 회사의 업무집행자·이사 또는 집행임원이 되지 못한다.

② 제198조 제2항부터 제4항까지의 규정은 업무집행자가 제1항의 규정에 위반하여 거래를 한 경우에 이를 준용한다.

〈신 설〉

제287조의11(업무집행자와 유한책임회사간의 거래) 업무집행자는 다른 사원 과반수의 결의가 있는 때에 한하여 자기 또는 제3자의 계산으로 회사와 거래를 할 수 있다. 이 경우에는 민법 제124조의 규정을 적용하지 아니한다.

〈신 설〉

제287조의 12(업무의 집행) ① 유한책임회사는 정관으로 사원 또는 사원이 아닌 자를 업무집행자로 정하여야 한다.

② 1인 또는 수인의 업무집행자를 정한 때에는 업무집행자 각자가 회사의 업무를 집행할 권리와 의무가 있다. 이 경우에는 제201조 제2항을 준용한다.

③ 정관으로 수인의 공동업무집행자를 정한 때에는 그 전원의 동의가 없으면 업무집행에 관한 행위를 하지 못한다.

〈신　설〉	제287조의 13(직무대행자의　권한　등)　제200조의 2의　규정은　제287조의 5 제5항에　따라　선임된　직무대행자의　권한에　대해　준용한다.
〈신　설〉	제287조의 14(사원의　감시권)　제277조의　규정은　업무집행자가　아닌　사원에　대해　준용한다.
〈신　설〉	제287조의 15(법인이　업무집행자인　경우의　특칙)　① 법인이　업무집행자인　경우에는　그　법인은　당해　업무집행자의　직무를　행할　자를　선임하고, 그　자의　성명　및　주소를　다른　사원에게　통지하여야　한다. ② 제287조의 11 및　제287조의 12의　규정은　제1항에　따라　선임된　직무수행자에　대해　준용한다.
〈신　설〉	제287조의 16(정관의　변경)　정관에　다른　규정이　없으면　정관을　변경하려는　때에는　총사원의　동의가　있어야　한다.
〈신　설〉	제287조의 17(업무집행자　등의　권한상실선고)　① 제205조의　규정은　업무집행자의　업무집행권한의　상실에　관해　준용한다. ② 제1항의　소는　본점　소재지의　지방법원의　관할에　전속한다.
〈신　설〉 〈신　설〉	제287조의 18(준용규정)　유한책임회사의　내부관계에　관해서는　정관　또는　이　법에　다른　규정이　없으면　합명회사에　관한　규정을　준용한다.
	제3절　유한책임회사의　외부관계
〈신　설〉	제287조의 19(유한책임회사의　대표)　①　업무집행자는　유한책임회사를　대표한다. ② 업무집행자가　수인인　경우　정관　또는　총사원의　동의로　유한책임회사를

〈신　설〉

〈신　설〉

〈신　설〉

〈신　설〉
〈신　설〉

대표할 업무집행자를 정할 수 있다.

③ 유한책임회사는 정관 또는 총사원의 동의로 수인의 업무집행자가 공동으로 회사를 대표할 것을 정할 수 있다.

④ 제3항의 경우에 제3자의 유한책임회사에 대한 의사표시는 공동대표의 권한이 있는 자 1인에 대하여 이를 함으로써 그 효력이 생긴다.

⑤ 제209조의 규정은 유한책임회사를 대표하는 업무집행자에 대해 준용한다.

제287조의20(손해배상책임) 유한책임회사를 대표하는 업무집행자가 그 업무집행으로 인하여 타인에게 손해를 가한 때에는 회사는 그 업무집행자와 연대하여 배상할 책임이 있다.

제287조의21(유한책임회사와 사원간의 소) 유한책임회사가 사원(사원이 아닌 업무집행자를 포함하며 이하 이 조에서 같다)에 대하여 또는 사원이 유한책임회사에 대하여 소를 제기하는 경우에 유한책임회사를 대표할 사원이 없을 때에는 다른 사원 과반수의 결의로 선정하여야 한다.

제287조의22(대표소송) ① 사원은 회사에 대하여 업무집행자의 책임을 추궁하는 소의 제기를 청구할 수 있다.

② 제403조 제2항부터 제4항까지, 제6항·제7항 및 제404조부터 제406조까지의 규정은 제1항의 소에 관해 준용한다.

제4절　사원의 가입 및 탈퇴

제287조의23(사원의 가입) ① 유한책임회사는 정관을 변경함으로써 새로

	운 사원을 가입시킬 수 있다.
	② 제1항에 따른 사원의 가입은 정관을 변경한 때에 효력이 발생한다. 다만, 정관을 변경한 때에 당해 사원이 출자에 관한 납입 또는 재산의 전부 또는 일부의 출자를 이행하지 아니한 경우에는 당해 납입 또는 이행을 완료한 때에 사원이 된다.
〈신　설〉	③ 현물출자를 하는 사원은 납입기일에 지체 없이 출자의 목적인 재산을 인도하고 등기, 등록 그 밖의 권리의 설정 또는 이전을 요할 경우에는 이에 관한 서류를 완비하여 교부하여야 한다.
〈신　설〉 〈신　설〉	제287조의24(사원의 퇴사권) 사원의 퇴사에는 정관에 다른 정함이 있는 경우를 제외하고 제217조 제1항의 규정을 준용한다.
〈신　설〉	제287조의25(퇴사원인) 사원의 퇴사원인에 관해서는 제218조의 규정을 준용한다.
〈신　설〉	제287조의26(사원사망시 권리승계의 통지) 사원이 사망한 경우에는 제219조의 규정을 준용한다.
〈신　설〉	제287조의27(제명의 선고) 사원의 제명에 관해서는 제220조의 규정을 준용한다. 다만, 사원의 제명에 필요한 결의는 정관에서 달리 정할 수 있다.
〈신　설〉	제287조의28(퇴사사원지분의 환급) ① 퇴사사원은 그 지분의 환급을 금전으로 받을 수 있다. ② 퇴사사원에 대한 환급금액은 퇴사시의 회사의 재산상황에 따라 정한다. ③ 퇴사사원의 지분환급에 대하여는 정관에서 달리 정할 수 있다.

〈신 설〉	제287조의 29(지분압류채권자에 의한 퇴사) 사원의 지분을 압류한 채권자가 그 사원을 퇴사시키는 경우에는 제224조의 규정을 준용한다.
〈신 설〉	제287조의 30(퇴사사원 지분환급과 채권자의 이의) ① 유한책임회사의 채권자는 퇴사하는 사원에 대해 환급하는 금액이 제287조의 37에 따른 잉여금을 초과한 때에는 그 환급에 대해 회사에 이의를 제기할 수 있다. ② 제232조의 규정은 제1항의 이의 제기에 관해 준용한다. 다만, 제232조 제3항은 지분을 환급하더라도 채권자를 해할 우려가 없는 때에는 준용하지 아니한다.
〈신 설〉	제287조의 31(퇴사사원의 상호변경 청구권) 퇴사한 사원의 성명이 유한책임회사의 상호 중에 사용된 경우에는 그 사원은 유한책임회사에 대하여 그 사용의 폐지를 청구할 수 있다.
〈신 설〉	제5절 회계 등
〈신 설〉	제287조의 32(회계원칙) 유한책임회사의 회계는 이 법과 대통령령으로 규정한 것을 제외하고는 일반적으로 공정·타당한 회계관행에 의한다.
〈신 설〉	제287조의 33(재무제표의 작성 및 보존) 업무집행자는 매결산기에 대차대조표, 손익계산서, 그 밖의 유한책임회사의 재무상태와 경영성과를 표시하는 것으로서 대통령령으로 정하는 서류를 작성하여야 한다.
〈신 설〉	제287조의 34(재무제표의 비치·공시) ① 업무집행자는 제287조의 33에 국한된 서류를 본점에 5년간, 그 등본을 지점에 3년간 비치하여야 한다.

	② 사원과 회사채권자는 회사의 영업시간 내에는 언제든지 제287조의33에 따라 작성된 재무제표의 열람과 등사를 청구할 수 있다.
〈신 설〉	제287조의35(자본금의 액) 사원이 출자한 금전 그 밖에 재산의 가액을 유한책임회사의 자본금으로 한다.
〈신 설〉	제287조의36(자본금의 감소) ① 유한책임회사는 정관 변경의 방법으로 자본금을 감소할 수 있다. ② 제1항의 경우에는 제232조를 준용한다. 다만, 감소 후의 자본금의 액이 순자산액에 미달하지 않는 경우에는 그러하지 아니하다.
〈신 설〉	제287조의37(잉여금의 분배) ① 유한책임회사는 대차대조표상의 순자산액으로부터 자본금의 액을 뺀 액("잉여금"이라 한다)을 한도로 하여 잉여금의 분배를 할 수 있다. ② 제1항을 위반하여 잉여금을 분배한 때에는 유한책임회사의 채권자는 이를 회사에 반환할 것을 청구할 수 있다. ③ 제2항의 청구에 관한 소는 본점소재지의 지방법원의 관할에 전속한다. ④ 잉여금은 정관에 다른 규정이 없으면 각 사원이 출자한 가액에 비례하여 분배한다. ⑤ 잉여금의 분배를 청구하는 방법 그 밖에 잉여금의 분배에 관한 사항은 정관으로 정할 수 있다. ⑥ 사원의 지분의 압류는 잉여금의 배당을 청구하는 권리에 대하여도 그 효력이 있다.

〈신　설〉	**제 6 절　해　　산**
〈신　설〉	**제287조의 38(해산원인)**　유한책임회사는 다음의 사유로 인해 해산한다. 1. 제227조 제1호·제2호 및 제4호부터 제6호까지에 정한 사항 2. 사원이 없게 된 때
〈신　설〉	**제287조의 39(해산등기)**　유한책임회사가 해산된 때에는 합병과 파산의 경우 외에는 그 해산사유가 있은 날부터 본점 소재지에서는 2주 내, 지점소재지에서는 3주 내에 해산등기를 하여야 한다.
〈신　설〉	**제287조의 40(유한책임회사의 계속)**　제229조 제1항 및 제3항의 규정은 제287조의 38의 해산원인 중 제227조 제1호 및 제2호의 경우에 준용한다.
〈신　설〉	**제287조의 41(유한책임회사의 합병)**　유한책임회사의 합병에 관해서는 제230조부터 제240조까지의 규정을 준용한다.
〈신　설〉	**제287조의 42(해산청구)**　유한책임회사의 사원이 해산을 청구하는 경우에는 제241조의 규정을 준용한다.
〈신　설〉	**제 7 절　조직변경**
〈신　설〉	**제287조의 43(조직의 변경)**　① 주식회사는 총주주의 일치에 의한 총회의 결의로 그 조직을 변경하여 이 장에 따른 유한책임회사로 할 수 있다. ② 유한책임회사는 총사원의 동의에 의하여 주식회사로 변경할 수 있다.
〈신　설〉	**제287조의 44(준용규정)**　유한책임회사의 조직의 변경에 관해서는 제232조, 제604조부터 제607조까지의 규정을 준용한다.

〈신 설〉	제 8 절 청 산
〈신 설〉	第287조의 45(청산) 제245조, 제246조, 제250조부터 제257조까지 및 제259조부터 제267조까지의 규정은 유한책임회사의 청산에 관해 준용한다.
第289條(定款의 作成, 絶對的 記載事項) ① 發起人은 定款을 作成하여 이에 다음의 事項을 記載하고 각 발기인이 記名捺印 또는 署名하여야 한다. 1. ~ 3. (생 략) 4. 1株의 金額 5. ~ 8. (생 략) 9. 削除 ② 會社의 設立時에 發行하는 株式의 總數는 會社가 發行할 株式의 總數의 4分의 1 이상이어야 한다. ③ 會社의 公告는 官報 또는 時事에 關한 事項을 揭載하는 日刊新聞에 하여야 한다.	第289條(定款의 作成, 絶對的 記載事項) ① ―. 1. ~ 3. (현행과 같음) 4. 액면주식을 발행하는 경우 1주의 금액 5. ~ 8. (현행과 같음) ② 〈삭 제〉 ③ 회사의 공고는 관보 또는 시사에 관한 사항을 게재하는 일간신문에 하여야 한다. 다만, 회사는 그 공고를 정관으로 정하는 바에 따라 전자적 방법에 의한 공고로 할 수 있다.
〈신 설〉	④ 제 3 항에 따라 회사의 인터넷 홈페이지에 공고할 경우 회사는 대통령령으로 정하는 기간까지 계속 공고하여야 한다. 다만, 재무제표를 회사의 인터넷 홈페이지에 공고할 경우 회사는 제450조에서 정한 기간까지 계속 공고하여야 한다.
〈신 설〉	⑤ 회사가 전자적 방법에 의한 공고를 할 경우에는 게시기간과 게시내용에 대하여 증명하여야 한다.
〈신 설〉	⑥ 회사의 전자적 방법에 의한 공고에 관해 그 밖에 필요한 사항은 대통령령으로 정한다.

第291條(設立當時의 株式發行事項의 決定) 會社設立時에 發行하는 株式에 關하여 다음의 事項은 定款에 다른 定함이 없으면 發起人全員의 同意로 이를 定한다.
1. (생 략)
2. 額面以上의 株式을 發行하는 때에는 그 數와 金額
〈신 설〉

第299條(檢查人의 調查, 報告) ① (생 략)
〈신 설〉

② (생 략)
③ (생 략)

第302條(株式引受의 請約, 株式請約書의 記載事項) ① (생 략)
② 株式請約書는 發起人이 이를 作成하고 다음의 事項을 記載하여야 한다.
1. ~ 5의 2. (생 략)
6. 開業前에 利子를 配當할 것을 定한 때에는 그 規定

第291條(設立當時의 株式發行事項의 決定) ――――――――――――――
――――――――――――――
――――――――――――――
―――――――.
1. (현행과 같음)
2. 액면주식의 경우에 액면 이상의 주식을 발행하는 때에는 그 수와 금액
3. 무액면주식을 발행하는 때에는 주식의 발행가액과 주식의 발행가액 중 자본금으로 계상하는 금액

第299條(檢查人의 調查, 報告) ① (현행과 같음)
② 제1항의 규정은 다음 각 호의 어느 하나에 해당할 경우에는 적용하지 않는다.
1. 제290조 제2호 및 제3호의 재산 총액이 자본금의 5분의 1을 초과하지 않고 대통령령으로 정한 금액을 초과하지 않는 경우
2. 제290조 제2호 또는 제3호의 재산이 거래소의 시세 있는 유가증권인 경우 정관에 기재된 가격이 대통령령으로 정한 방법으로 산정된 시세를 초과하지 않는 경우
3. 그 밖에 대통령령으로 정하는 경우
③ (현행 제2항과 같음)
④ (현행 제3항과 같음)

第302條(株式引受의 請約, 株式請約書의 記載事項) ① (현행과 같음)
② ――――――――――――――
―――――――― 적어야 ――.
1. ~ 5의 2. (현행과 같음)
6. 〈삭 제〉

7. ~ 10. (생 략)	7. ~ 10. (현행과 같음)
③ (생 략)	③ (현행과 같음)
第317條(設立의 登記) ① (생 략)	第317條(設立의 登記) ① (현행과 같음)
② 第1項의 設立登記에 있어서는 다음의 事項을 登記하여야 한다.	② － － － － － － － － － － － － － －.
1. (생 략)	1. (현행과 같음)
2. 資本의 總額	2. 자본금의 액
3. ~ 4. (생 략)	3. ~ 4. (현행과 같음)
5. 開業前에 利子를 配當할 것을 定한 때에는 그 規定	5. 〈삭 제〉
6. ~ 7. (생 략)	6. ~ 7. (현행과 같음)
8. 理事와 監事의 姓名 및 住民登錄番號	8. 사내이사, 사외이사, 감사 및 집행임원의 성명과 주민등록번호
9. 會社를 代表할 理事의 姓名·住民登錄番號 및 住所	9. 회사를 대표할 이사 또는 집행임원의 성명·주민등록번호 및 주소
10. 數人의 代表理事가 共同으로 會社를 代表할 것을 定한 때에는 그 規定	10. 수인의 대표이사 또는 대표집행임원이 공동으로 회사를 대표할 것을 정한 때에는 그 규정
11. ~ 12. (생 략)	11. ~ 12. (현행과 같음)
③ 株式會社의 支店設置 및 移轉시 支店所在地 또는 新支店所在地에서 하는 登記에 있어서는 第2項 第1號·第4號·第9號 및 第10號의 規定에 의한 사항을 登記하여야 한다.	③ 주식회사의 지점 설치 및 이전시 지점 소재지 또는 신지점소재지에서 하는 등기에 있어서는 제289조 제1항 제1호·제2호·제6호 및 제7호와 제317조 제2항 제4호·제9호 및 제10호의 규정에 의한 사항을 등기하여야 한다.
④ (생 략)	④ (현행과 같음)
第1款 株式과 株券	제1관 주식과 증권
第329條(資本의 構成, 株式의 券面額)	제329조(자본금의 구성) ① 〈삭 제〉
① 株式會社의 資本은 5千萬원 이상이어야 한다.	
② 株式會社의 資本은 이를 株式으로 分割하여야 한다.	② 〈삭 제〉
〈신 설〉	① 회사는 정관으로 정한 때에는 주

③ 株式의 金額은 均一하여야 한다.

④ 1株의 金額은 100원 이상으로 하여야 한다.

〈신 설〉

식의 전부를 무액면주식으로 발행할 수 있다. 다만, 무액면주식을 발행하는 경우에는 액면주식을 발행할 수 없다.

② 액면주식의 금액은 균일하여야 한다.

③ 액면주식 1주의 금액은 100원 이상으로 하여야 한다.

④ 회사는 정관으로 정하는 바에 따라 발행된 액면주식을 무액면주식으로 전환하거나 무액면주식을 액면주식으로 전환할 수 있다.

〈신 설〉

⑤ 제440조, 제441조 본문 및 제442조의 규정은 제6항의 경우에 준용한다.

第329條의 2(株式의 分割) ① (생 략)

② 第1項의 경우에 分割 후의 1株의 금액은 第329條 第4項의 規定에 의한 금액 미만으로 하지 못한다.

③ (생 략)

第329條의 2(株式의 分割) ① (현행과 같음)

② 제1항의 경우에 분할 후의 액면주식 1주의 금액은 제329조 제5항의 규정에 의한 금액 미만으로 하지 못한다.

③ (현행과 같음)

第334條(株主의 會社에 對한 相計禁止) 株主는 納入에 關하여 相計로써 會社에 對抗하지 못한다.

제334조 〈삭 제〉

第335條(株式의 讓渡性) ① 柱式은 他人에게 이를 讓渡할 수 있다. 다만, 柱式의 讓渡는 定款이 정하는 바에 따라 理事會의 승인을 얻도록 할 수 있다.

② ～ ③ (생 략)

第335條(株式의 讓渡性) ① 주식은 타인에게 이를 양도할 수 있다. 다만, 회사는 정관으로 정하는 바에 따라 그 발행하는 주식의 양도에 관하여 이사회의 승인을 얻도록 할 수 있다.

② ～ ③ (현행과 같음)

第340條(記名株式의 登錄質) ① 記名株式을 質權의 目的으로 한 境遇에 會社가 質權設定者의 請求에 依하여 그 姓名과 住所를 株主名簿에 附記하고 그 姓名을 株券에 記載한 때에는 質權者는 會社로부터 利益이나 利子

第340條(記名株式의 登錄質) ① 기명주식을 질권의 목적으로 한 경우에 회사가 질권설정자의 청구에 의하여 그 성명과 주소를 주주명부에 부기하고 그 성명을 주권에 기재한 때에는 질권자는 회사로부터 이익배당, 잔여

의 配當, 殘餘財産의 分配 또는 前條
의 規定에 依한 金錢의 支給을 받아
다른 債權者에 優先하여 自己債權의
辨濟에 充當할 수 있다.

② ~ ③ (생 략)

〈신 설〉

재산의 분배 또는 제339조의 규정에
의한 금전의 지급을 받아 다른 채권
자에 우선하여 자기채권의 변제에 충
당할 수 있다.

② ~ ③ (현행과 같음)

제341조(자기주식의 취득) ① 회사는
다음의 방법에 의하여 자기의 명의와
계산으로 자기의 주식을 취득할 수
있다. 다만, 그 취득가액의 총액은 직
전 결산기의 대차대조표상의 순자산
액에서 제462조 제1항 각 호의 금액
을 공제한 액을 초과하지 못한다.

1. 거래소의 시세 있는 주식의 경우에
   는 거래소에서 취득하는 방법

2. 제344조 제1항의 상환주식의 경우
   를 제외하고, 각 주주가 가진 주식
   수에 따라 균등한 조건으로 취득하
   는 것으로서 대통령령이 정하는 방
   법

② 제1항에 따라 자기주식을 취득하
려는 회사는 미리 주주총회의 결의로
다음 사항을 결정하여야 한다. 다만,
이사회의 결의로 이익배당을 할 수
있다고 정관으로 정하고 있는 경우에
는 이사회의 결의로써 주주총회의 결
의에 갈음할 수 있다.

1. 취득할 수 있는 주식의 종류 및 수

2. 취득가액의 총액의 한도

3. 1년을 초과하지 않는 범위 내에서
   자기주식을 취득할 수 있는 기간

③ 회사는 당해 영업연도의 결산기에
대차대조표상의 순자산액이 제462조
제1항 각 호의 금액의 합계액에 미
치지 못할 우려가 있는 때에는 제1
항에 따른 주식의 매수를 하여서는

第341條(自己株式의 取得)　會社는 다음의 境遇外에는 자기의 計算으로 자기의 株式을 取得하지 못한다.

1. 株式을 消却하기 爲한 때
2. 會社의 合倂 또는 다른 會社의 營業全部의 讓受로 因한 때
3. 會社의 權利를 實行함에 있어 그 目的을 達成하기 爲하여 必要한 때
4. 端株의 처리를 위하여 필요한 때
5. 株主가 株式買受請求權을 행사한 때

第341條의2(株式買受選擇權付與目的 등의 自己株式取得)　① 會社는 第340條의2 第1項의 規定에 의하여 자기의 株式을 讓渡할 目的으로 취득하거나 退職하는 理事·監事 또는 被用者의 株式을 讓受함으로써 자기의 株式을 취득함에 있어서는 發行株式總數의 100分의 10을 초과하지 아니하는 범위 안에서 자기의 計算으로 자기의 株式을 취득할 수 있다. 다만, 그 취득금액은 第462條 第1項에 規定된

아니 된다.

④ 당해 영업연도의 결산기에 대차대조표상의 순자산액이 제462조 제1항 각 호의 금액의 합계액에 미치지 못함에도 불구하고 회사가 제1항에 따라 주식을 취득한 경우 이사는 회사에 대하여 연대하여 그 미치지 못한 금액을 배상할 책임이 있다. 다만, 이사가 제3항의 우려가 없다고 판단함에 있어 주의를 게을리하지 아니하였음을 증명한 때에는 그러하지 아니하다.

제341조의2(특정목적에 의한 자기주식의 취득)　회사는 다음 각 호의 어느 하나에 해당하는 경우에는 제341조의 규정에 불구하고 자기의 주식을 취득할 수 있다.

1. 〈삭　제〉
1. 회사의 합병 또는 다른 회사의 영업전부의 양수로 인한 때
2. 회사의 권리를 실행함에 있어 그 목적을 달성하기 위하여 필요한 때
3. 단주의 처리를 위하여 필요한 때
4. 주주가 주식매수청구권을 행사한 때

제341조의2　〈삭　제〉

利益配當이 가능한 한도 이내이어야 한다.

② 會社가 第1項의 株式을 發行株式總數의 100分의 10 이상의 株式을 가진 株主로부터 有償으로 취득하는 경우에는 다음 各號의 사항에 관하여 第434條의 規定에 의한 株主總會의 決議가 있어야 한다. 이 경우 會社는 株主總會決議 후 6月 이내에 株式을 취득하여야 한다.

1. 株式을 讓渡하고자 하는 株主의 姓名

2. 취득할 株式의 종류와 數

3. 취득할 株式의 價額

③ 會社가 第1項의 規定에 의하여 자기의 株式을 취득한 경우에는 상당한 時期에 이를 처분하여야 한다.

④ 第433條 第2項의 規定은 第2項의 株主總會에 관하여 이를 準用한다.

第341條의3(自己株式의 質取) 會社는 發行株式의 總數의 20분의 1을 초과하여 자기의 株式을 質權의 目的으로 받지 못한다. 그러나 第341條 第2號 및 第3號의 경우에는 그 限度를 초과하여 質權의 目的으로 할 수 있다.

第342條(自己株式의 處分) 會社는 第341條 第1號의 경우에는 遲滯 없이 株式失效의 節次를 밟아야 하며 同條 第2號 내지 第5號와 第341條의3 但書의 경우에는 相當한 時期에 株式 또는 質權의 處分을 하여야 한다.

〈신　설〉

제341조의3(자기주식의 질취) 회사는 발행주식의 총수의 20분의 1을 초과하여 자기의 주식을 질권의 목적으로 받지 못한다. 다만, 제341조의2 제2호 및 제3호의 경우에는 그 한도를 초과하여 질권의 목적으로 할 수 있다.

제342조(자기주식의 처분)

〈삭　제〉

① 회사가 보유하는 자기의 주식을 처분하는 경우에 다음의 사항으로서 정관에 규정이 없는 것은 이사회가 결정한다.

〈신　설〉

1. 처분할 주식의 종류와 수
2. 처분할 주식의 처분가액과 납입기일
② 제417조, 제421조, 제422조, 제423조 제2항 및 제3항, 제424조, 제424조의2, 제427조부터 제432조까지의 규정은 제1항의 경우에 이를 준용한다.

第343條(株式의 消却)　① 株式은 資本減少에 關한 規定에 依하여서만 消却할 수 있다. 그러나 定款의 定한 바에 依하여 株主에게 配當할 利益으로써 株式을 消却하는 境遇에는 그러하지 아니하다.
② 第440條와 第441條의 規定은 株式을 消却하는 境遇에 準用한다.

제343조(주식의 소각)　① 주식은 자본금 감소에 관한 규정에 의하여서만 소각할 수 있다. 다만, 이사회의 결의에 의하여 회사가 보유하는 자기주식을 소각하는 경우에는 그러하지 아니하다.
② 제440조 및 제441조의 규정은 자본금감소에 관한 규정에 따라 주식을 소각하는 경우에 준용한다.

第343條의 2(총회의 결의에 의한 주식소각)　① 회사는 제343조의 규정에 의하는 경우 외에 정기총회에서 제434조의 규정에 의한 결의에 의하여 주식을 매수하여 이를 소각할 수 있다.
② 제1항의 규정에 의한 총회의 결의에서는 매수할 주식의 종류, 총수, 취득가액의 총액 및 주식을 매수할 수 있는 기간을 정하여야 한다.
③ 제2항의 경우에 매수할 수 있는 주식의 취득가액의 총액은 대차대조표상의 순자산액에서 제462조 제1항 각 호의 금액을 공제한 액을 초과하지 못한다.
④ 제2항의 경우에 주식을 매수할 수 있는 기간은 제1항의 결의 후 최초의 결산기에 관한 정기총회가 종결

제343조의 2　〈삭　제〉

한 후로 정하지 못한다.

⑤ 회사는 당해 영업연도의 결산기에 대차대조표상의 순자산액이 제462조 제1항 각 호의 금액의 합계액에 미치지 못할 우려가 있는 때에는 제1항의 규정에 의한 주식의 매수를 하여서는 아니 된다.

⑥ 당해 영업연도의 결산기에 대차대조표상의 순자산액이 제462조 제1항 각 호의 금액의 합계액에 미치지 못함에도 불구하고 회사가 제1항의 규정에 의하여 주식을 매수하여 소각한 경우 이사는 회사에 대하여 연대하여 그 미치지 못한 금액을 배상할 책임이 있다. 이 경우 제462조의3 제4항 단서의 규정을 준용한다.

第344條(數種의 株式) ① 會社는 利益이나 利子의 配當 또는 殘餘財産의 分配에 關하여 內容이 다른 數種의 株式을 發行할 수 있다.

② 第1項의 경우에는 定款으로 각종의 株式의 내용과 數를 정하여야 하며, 利益配當에 관하여 우선적 내용이 있는 종류의 株式에 대하여는 定款으로 最低配當率을 정하여야 한다.

③ 會社가 數種의 株式을 發行하는 때에는 定款에 다른 定함이 없는 경우에도 株式의 種類에 따라 新株의 引受, 株式의 倂合·分割·消却 또는 會社의 合倂·分割로 인한 株式의 配定에 關하여 特殊한 定함을 할 수 있다.

〈신　설〉

제344조(종류주식) ① 회사는 이익의 배당, 잔여재산의 분배, 주주총회에서의 의결권의 행사, 주식의 양도, 상환 및 전환 등에 관하여 내용이 다른 종류의 주식을 발행할 수 있다.

② 제1항의 경우에는 정관으로 각 종류의 주식의 내용과 수를 정하여야 한다.

③ 회사가 제1항에 따른 종류주식을 발행하는 때에는 정관에 다른 정함이 없는 경우에도 주식의 종류에 따라 신주의 인수, 주식의 병합·분할·소각 또는 회사의 합병·분할로 인한 주식의 배정에 관하여 특수한 정함을 할 수 있다.

④ 제1항에 따른 종류주식의 주주의 종류주주총회의 결의에 관해서는 제

	435조를 준용한다.
〈신 설〉	제344조의 2(이익배당, 잔여재산분배에 관한 종류주식) ① 회사가 이익의 배당에 관하여 내용이 다른 종류의 주식을 발행하는 경우에는 정관으로 당해 종류의 주주에게 교부하는 배당재산의 종류, 배당재산의 가액의 결정방법, 이익을 배당하는 조건 등 이익배당에 관한 내용을 정하여야 한다. ② 회사가 잔여재산의 분배에 관하여 내용이 다른 종류의 주식을 발행하는 경우에는 정관으로 잔여재산의 종류, 잔여재산의 가액의 결정방법 그 밖에 잔여재산분배에 관한 내용을 정하여야 한다.
〈신 설〉	제344조의 3(의결권의 배제·제한에 관한 종류주식) ① 회사가 의결권이 없는 종류의 주식 또는 의결권이 제한되는 종류의 주식을 발행하는 경우에는 정관으로 의결권을 행사할 수 없는 사항, 의결권행사 또는 부활의 조건을 정한 때에는 그 조건 등을 정하여야 한다. ② 제1항에 따른 종류의 주식의 총수는 발행주식 총수의 2분의 1을 초과하지 못한다. 이 경우 의결권이 없거나 제한되는 종류의 주식이 발행주식 총수의 2분의 1을 초과하여 발행된 때에는 회사는 지체 없이 그 제한을 초과하지 않도록 하기 위하여 필요한 조치를 취하여야 한다.
〈신 설〉	제344조의 4(주식의 양도에 관한 종류주식) ① 회사가 발행하는 주식 일부의 양도에 관하여 이사회의 승인을 요하는 종류의 주식을 발행하는 경우

에는 정관으로 주식양도에 관하여 이
사회의 승인을 요한다는 뜻, 일정한
경우 회사가 제335조의 2 제 3 항 또는
제335조의 7 제 2 항의 승인을 한 것으
로 보는 때에는 그 뜻 및 일정한 경
우의 내용, 일정한 기간이 경과하면 이
사회의 승인이 필요 없는 것으로 정
한 경우에는 그 뜻을 정하여야 한다.
② 제 1 항의 경우 제335조의 2부터 제
335조의 7까지의 규정을 준용한다.

第345條(償還株式)　① 前條의 境遇에는 利益配當에 關하여 優先的 內容이 있는 種類의 株式에 對하여 利益으로써 消却할 수 있는 것으로 할 수 있다. 〈신　설〉 ② 前項의 境遇에는 償還價額, 償還期間, 償還方法과 數를 定款에 記載하여야 한다. 〈신　설〉	제345조(주식의 상환에 관한 종류주식) ① 회사는 정관이 정하는 바에 따라 이익으로써 소각할 수 있는 종류의 주식을 발행할 수 있다. 이 경우 회사는 정관으로 상환가액, 상환기간, 상환의 방법과 수를 정하여야 한다. ② 제 1 항의 경우 회사는 상환대상인 주식의 취득일부터 2주일 전에 그 사실을 그 주식의 주주 및 주주명부에 기재된 권리자에게 따로 통지하여야 한다. 다만, 통지는 공고로 갈음할 수 있다. ③ 회사는 정관으로 정하는 바에 따라 주주가 회사에 대하여 상환을 청구할 수 있는 종류의 주식을 발행할 수 있다. 이 경우 회사는 정관으로 주주가 회사에 대하여 상환을 청구할 수 있다는 뜻, 상환가액, 상환청구기간, 상환의 방법을 정하여야 한다. ④ 제 1 항 및 제 3 항의 경우 회사는 주식의 취득의 대가로 현금 이외에 유가증권(다만 다른 종류의 주식은 제외한다) 그 밖의 자산을 교부할 수 있다. 다만, 이 경우에는 그 자산의 장부가액이 제462조에 따른 배당가능

〈신　설〉

第346條(轉換株式의　發行)　① 會社가
數種의　株式을　發行하는　境遇에는 定
款으로　株主는　引受한　株式을 다른
種類의　株式으로　轉換을　請求할 수
있음을　定할 수 있다. 이　境遇에는　轉
換의　條件, 轉換의　請求期間과　轉換으
로　因하여　發行할　株式의　數와　內容
을　定하여야 한다.

〈신　설〉

〈신　설〉

이익을 초과하여서는 안 된다.
⑤ 제1항 및 제3항에서 규정한 주
식은 제344조의 종류주식(다만 상환
과 전환에 관한 것은 제외한다)에 한
하여 발행할 수 있다.

제346조(주식의 전환에 관한 종류주식)
① 회사가 제344조에 따른 종류주식
을 발행하는 경우에는 정관으로 주주
는 인수한 주식을 다른 종류의 주식
으로 전환을 청구할 수 있다. 이 경우
에는 전환의 조건, 전환의 청구기간과
전환으로 인하여 발행할 주식의 수와
내용을 정하여야 한다.
② 회사가 제344조에 따른 종류주식
을 발행하는 경우에는 정관으로 일정
한 사유가 발생할 때 회사가 주주의
인수 주식을 다른 종류의 주식으로
전환할 수 있음을 정할 수 있다. 이
경우 회사는 전환의 사유, 전환의 조
건, 전환의 기간과 전환으로 인하여
발행할 주식의 수와 내용을 정하여야
한다.
③ 제2항의 경우에 이사회는 전환할
주식, 2주 이상의 일정한 기간 내에
그 주권을 회사에 제출하여야 한다는
뜻, 그 기간 내에 주권을 제출하지 아
니할 때에는 그 주권이 무효로 된다
는 뜻을 그 주식의 주주 및 주주명부
에 기재된 권리자에게 따로 통지하여
야 한다. 다만, 통지는 공고로 갈음할
수 있다.
1. 전환할 주식
2. 2주 이상의 일정한 기간 내에 그 주
권을 회사에 제출하여야 한다는 뜻
3. 그 기간 내에 주권을 제출하지 아

② 第344條 第2項의 規定에 依한 數種의 柱式의 數中轉換으로 因하여 發行할 柱式의 數는 前項의 期間內에는 그 發行을 留保하여야 한다.

第347條(轉換株式發行의 節次)　第346條 第1項의 경우에는 株式請約書 또는 新株引受權證書에 다음의 事項을 記載하여야 한다.

1. ～ 3. (생　략)

4. 轉換을 請求할 수 있는 期間

第350條(轉換의 효력발생)　① 柱式의 轉換은 그 請求를 한 때에 효력이 생긴다.

② (생　략)

③ 第1項의 轉換權을 행사한 株式의 이익이나 利子의 配當에 관하여는 그 請求를 한 때가 속하는 營業年度末에 轉換된 것으로 본다. 이 경우 新株에 대한 이익이나 利子의 配當에 관하여는 定款이 정하는 바에 따라 그 請求를 한 때가 속하는 營業年度의 직전 營業年度末에 轉換된 것으로 할 수 있다.

第351條(轉換의 登記)　株式의 轉換으로 인한 變更登記는 轉換을 請求한 날이 속하는 달의 末日부터 2週間 內에 本店所在地에서 이를 하여야 한다.

니할 때에는 그 주권이 무효로 된다는 뜻

④ 제344조 제2항에 따른 종류주식의 수 중 새로 발행할 주식의 수는 전환청구기간 또는 전환의 기간 내에는 그 발행을 유보하여야 한다.

第347條(轉換株式發行의 節次)　제346조－－－－－－－－－－－－－－－－－－－－－－－－－－－－－－－－.

1. ～ 3. (현행과 같음)

4. 전환청구기간 또는 전환의 기간

第350條(轉換의 효력발생)　① 주식의 전환은 주주가 전환을 청구한 때에는 그 청구한 때에, 회사가 전환을 한 때에는 제346조 제3항의 기간이 만료한 때에 그 효력이 발생한다.

② (현행과 같음)

③ 전환에 의하여 발행된 주식의 이익배당에 관하여는 주주가 전환을 청구한 때 또는 회사가 정한 2주 이상의 일정한 기간이 만료한 때가 속하는 영업연도 말에 전환된 것으로 본다. 이 경우 신주에 대한 이익배당에 관하여는 정관이 정하는 바에 따라 그 청구를 한 때 또는 2주 이상의 일정한 기간이 만료한 때가 속하는 영업연도의 직전 영업연도 말에 전환된 것으로 할 수 있다.

제351조(전환의 등기)　주식의 전환으로 인한 변경등기는 전환을 청구한 날 또는 2주 이상의 일정한 기간이 만료한 날이 속하는 달의 말일부터 2주 내에 본점소재지에서 이를 하여야 한다.

〈신 설〉

| 제352조의2(전자주주명부)　① 회사는 정관으로 정하는 바에 따라 전자문서로 주주명부(이하 "전자주주명부"라 한다)를 작성할 수 있다.
② 전자주주명부에는 제352조 제1항의 기재사항 외에 전자우편주소를 기재하여야 한다.
③ 전자주주명부의 비치·공시 및 열람의 방법에 관해 필요한 사항은 대통령령으로 정한다.

第356條(株券의 記載事項)　株券에는 다음의 事項과 番號를 記載하고 代表理事가 記名捺印 또는 書名하여야 한다.

1. ～ 3. (생 략)

4. 1株의 金額

5. ～ 8. (생 략)

6. 數種의 株式이 있는 때에는 그 株式의 種類와 內容

6의 2. (생 략)

7. 償還株式이 있는 때에는 第345條 第2項에 定한 事項

8. 轉換株式이 있는 때에는 第347條에 揭記한 事項

〈신 설〉

第356條(株券의 記載事項)　－－－－－
－－－－－－－－－－－－－－－－－
－－－－－－－－－.

1. ～ 3. (현행과 같음)

4. 액면주식을 발행하는 경우 1주의 금액

5. ～ 8. (현행과 같음)

6. 종류주식이 있는 때에는 그 주식의 종류와 내용

6의 2. (현행과 같음)

7. 〈삭 제〉

8. 〈삭 제〉

제356조의2(주식의 　전자등록)　① 회사는 주권을 발행하는 대신 정관으로 정하는 바에 따라 공인된 전자등록기관의 전자등록부에 주식을 등록할 수 있다. 이 경우 공인된 전자등록기관의 전자등록부는 제352조의2의 주주명부로 본다.
② 회사는 회사의 성립 후 또는 신주의 납입기일 후 지체 없이 제1항의 등록을 하여야 한다.
③ 전자등록부에 등록된 주식의 양도

	또는 입질은 전자등록부에 등록하여야 효력이 발생한다.
	④ 전자등록부에 주식을 등록한 자는 그 등록된 주식에 대한 권리를 적법하게 보유한 것으로 추정하며 이러한 전자등록부를 선의 및 중대한 과실 없이 신뢰하고 제3항의 등록에 의하여 권리를 취득한 자는 그 권리를 적법하게 취득한다.
	⑤ 전자등록부에 의한 주식발행을 정한 회사의 주주는 주권의 발행을 청구할 수 없다.
	⑥ 전자등록기관의 지정과 그 밖에 필요한 사항은 대통령령으로 정한다.
제360조의 3(주식교환계약서의　작성과 주주총회의 승인)　①～②（생　략）	제360조의 3(주식교환계약서의　작성과 주주총회의 승인)　①～②（현행과 같음）
③ 주식교환계약서에는 다음 각 호의 사항을 기재하여야 한다.	③ ─────────────────── ──── 적어야 ──.
1. ～ 2.（생　략）	1. ～ 2.（현행과 같음）
3. 완전모회사가 되는 회사의 증가할 자본의 액과 자본준비금에 관한 사항	3. ─────────────── ───자본금────────
4. ～ 6.（생　략）	4. ～ 6.（현행과 같음）
7. 각 회사가 주식교환을 할 날까지 이익을 배당하거나 제462조의 3의 규정에 의하여 금전으로 이익배당을 할 때에는 그 한도액	7. ─────────────────── ─────이익배당을────── ─────────────────── ──────────
8. ～ 9.（생　략）	8. ～ 9.（현행과 같음）
④（생　략）	④（현행과 같음）
〈신　설〉	⑤ 주식교환으로 인하여 주식교환에 관련되는 각 회사의 주주의 부담이 가중되는 경우에는 제434조 및 제435조의 결의 외에 그 주주 전원의 동의가 있어야 한다.
제360조의 7(완전모회사의　자본증가의	제360조의 7(완전모회사의　자본금증가

한도액) ① 완전모회사가 되는 회사의 자본은 주식교환의 날에 완전자회사가 되는 회사에 현존하는 순자산액에서 다음 각 호의 금액을 공제한 금액을 초과하여 증가시킬 수 없다.

1. ~ 2. (생 략)

② 완전모회사가 되는 회사가 주식교환 이전에 완전자회사가 되는 회사의 주식을 이미 소유하고 있는 경우에는 완전모회사가 되는 회사의 자본은 주식교환의 날에 완전자회사가 되는 회사에 현존하는 순자산액에 그 회사의 발행주식총수에 대한 주식교환으로 인하여 완전모회사가 되는 회사에 이전하는 주식의 수의 비율을 곱한 금액에서 제1항 각 호의 금액을 공제한 금액의 한도를 초과하여 이를 증가시킬 수 없다.

제360조의 10(소규모 주식교환) ①~④ (생 략)

⑤ 완전모회사가 되는 회사의 발행주식총수의 100분의 20 이상에 해당하는 주식을 가지는 주주가 제1항 본문의 규정에 의한 주식교환에 반대하는 의사를 통지한 때에는 이 조에 의한 주식교환을 할 수 없다.

⑥ ~ ⑦ (생 략)

제360조의 16(주주총회에 의한 주식이전의 승인) ① 주식이전을 하고자 하는 회사는 다음 각 호의 사항을 기재한 주식이전계획서를 작성하여 주주총회의 승인을 얻어야 한다.

1. ~ 2. (생 략)

의 한도액) ① ───────────────────자본금───.

1. ~ 2. (현행과 같음)

② ──────────────────────────────자본금───빼────────────────────.

제360조의 10(소규모 주식교환) ①~④ (생 략)

⑤ 완전모회사가 되는 회사의 발행주식총수의 100분의 20 이상에 해당하는 주식을 가지는 주주가 제4항에 따른 공고 또는 통지를 한 날부터 2주 내에 회사에 대하여 서면으로 제1항 본문에 따른 주식교환에 반대하는 의사를 통지한 때에는 이 조에 의한 주식교환을 할 수 없다.

⑥ ~ ⑦ (생 략)

제360조의 16(주주총회에 의한 주식이전의 승인) ① ─────────────────────────────적은──────────────────────────── 받아야 ─────.

1. ~ 2. (현행과 같음)

3. 설립하는 완전모회사의 <u>자본의 액</u> 및 자본준비금에 관한 사항

4. ~ 5. (생 략)

6. 완전자회사가 되는 회사가 주식이전의 날까지 <u>이익을 배당하거나 제462조의3의 규정에 의하여 금전으로 이익배당을 할 때에는 그 한도액</u>

7. ~ 8. (생 략)

② ~ ③ (생 략)

〈신 설〉

제360조의 18(완전모회사의 <u>자본의 한도액</u>) 설립하는 완전모회사의 <u>자본</u>은 주식이전의 날에 완전자회사가 되는 회사에 현존하는 순자산액에서 그 회사의 주주에게 지급할 금액을 <u>공제</u>한 액을 초과하지 못한다.

〈신 설〉

〈신 설〉

---

3. 설립하는 완전모회사의 <u>자본금 및</u> 자본준비금에 관한 사항

4. ~ 5. (현행과 같음)

6. 완전자회사가 되는 회사가 주식이전의 날까지 <u>이익배당을</u> 할 때에는 그 한도액

7. ~ 8. (현행과 같음)

② ~ ③ (현행과 같음)

④ <u>주식이전으로 인하여 주식이전에 관련되는 각 회사의 주주의 부담이 가중되는 경우에는 제434조 및 제435조의 결의 외에 그 주주 전원의 동의가 있어야 한다.</u>

제360조의 18(완전모회사의 <u>자본금의 한도액</u>) ――――――<u>자본금</u>――――――――――――――――――――――――――――――――――<u>뺀</u>――――――――――――――.

제4관 지배주주에 의한 소수주식의 전부 취득

제360조의 24(지배주주의 매도청구권) ① 회사의 발행주식총수의 100분의 95 이상을 자기의 계산으로 보유하고 있는 주주(이하 이 관에서 "지배주주"라 한다)는 회사의 경영상 목적을 달성하기 위하여 필요한 경우에는 회사의 다른 주주(이하 이 관에서 "소수주주"라 한다)에게 그 보유하는 주식의 매도를 청구할 수 있다.

② 제1항의 보유주식의 수를 산정하는 때에는 모회사와 자회사가 보유한 주식을 합산한다. 이 경우 회사가 아닌 주주가 발행주식총수의 100분의

50을 초과하는 주식을 가진 회사가
보유하는 주식도 그 주주가 보유하는
주식과 합산한다.

③ 제1항의 매도청구를 할 때에는
미리 주주총회의 승인을 얻어야 한다.

④ 제3항의 주주총회의 소집을 통지
할 때에는 지배주주의 회사 주식의
보유현황, 매도청구의 목적, 매매가액
의 산정근거와 적정성에 관한 공인된
감정인의 평가 및 매매가액의 지급보
증에 관한 사항을 기재하여야 하고,
매도를 청구하는 지배주주는 주주총
회에서 그 내용을 설명하여야 한다.

1. 지배주주의 회사 주식의 보유 현황

2. 매도청구의 목적

3. 매매가액의 산정근거와 적정성에
   관한 공인된 감정인의 평가

4. 매매가액의 지급보증

⑤ 지배주주는 매도청구의 날 1개월
전까지 다음 각 호의 사실을 공고하
고, 주주명부에 기재된 주주와 질권자
에게 따로 그 통지를 하여야 한다.

1. 소수주주는 매매가액의 수령과 동
   시에 주권을 지배주주에게 교부하여
   야 한다는 뜻

2. 교부하지 않을 경우 매매가액을 수
   령하거나 지배주주가 매매가액을 공
   탁한 날에 주권은 무효가 된다는 뜻

⑥ 제1항의 매도청구를 받은 소수주
주는 매도청구를 받은 날부터 2개월
내에 지배주주에게 그 주식을 매도하
여야 한다.

⑦ 제6항의 경우 그 매매가액은 매
도청구를 받은 소수주주와 매도를 청
구한 지배주주간의 협의로 이를 결정

〈신 설〉	한다. ⑧ 제1항의 매도청구를 받은 날부터 30일 이내에 제7항의 매매가액에 대한 협의가 이루어지지 아니한 경우에는 매도청구를 받은 소수주주 또는 매도청구를 한 지배주주는 법원에 대하여 매매가액의 결정을 청구할 수 있다. ⑨ 법원이 제8항에 따라 주식의 매매가액을 결정하는 경우에는 회사의 재산상태 그 밖의 사정을 참작하여 공정한 가액으로 산정하여야 한다. 제360조의25(소수주주의 매수청구권) ① 제360조의24에 따른 지배주주가 있는 회사의 소수주주는 언제든지 지배주주에게 그 보유주식의 매수를 청구할 수 있다. ② 제1항의 매수청구를 받은 지배주주는 매수를 청구한 날을 기준으로 2개월 내에 매수를 청구한 주주로부터 그 주식을 매수하여야 한다. ③ 제2항의 경우 그 매매가액은 매수를 청구한 주주와 매수청구를 받은 지배주주간의 협의로 이를 결정한다. ④ 제2항의 매수청구를 받은 날로부터 30일 이내에 제3항의 매매가액에 대한 협의가 이루어지지 아니한 경우에는 매수청구를 받은 지배주주 또는 매수청구를 한 소수주주는 법원에 대하여 매매가액의 결정을 청구할 수 있다. ⑤ 법원이 제4항에 따라 주식의 매매가액을 결정하는 경우에는 회사의 재산상태 그 밖의 사정을 참작하여 공정한 가액으로 산정하여야 한다.

〈신　설〉

第363條(召集의　通知, 公告)　① 總會
를　召集함에는　會日을　定하여　2週間
前에　各　株主에　對하여　서면　또는　전
자문서로　通知를　發送하여야　한다. 다
만, 그　통지가　株主名簿상의　株主의
住所에　계속　3年間　도달하지　아니한
때에는　會社는　당해　株主에게　總會의
召集을　통지하지　아니할　수　있다.

② ～ ④ (생　략)

第363條의 2(株主提案權)　① 議決權
없는　株式을　제외한　發行株式總數의
100分의 3 이상에　해당하는　株式을 가
진　株主는　理事에　대하여　會日의 6週
前에　書面으로　일정한　사항을　株主總
會의　目的事項으로　할　것을　提案(이
하 '株主提案'이라　한다)할　수　있다.
② 第1項의　株主는　理事에　대하여
會日의 6週 전에　書面으로　會議의　目
的으로　할　사항에　추가하여　당해　株
主가　제출하는　議案의　要領을　第363
條에서　정하는　통지와　公告에　기재할
것을　請求할　수　있다.

제360조의 26(주식의　이전　등)　① 제
360조의 24 및　제360조의 25에　따라
주식을　취득하는　지배주주가　매매가
액을　소수주주에게　지급한　때에　주식
이　이전된　것으로　본다.
② 제1항의　매매가액을　지급할　소수
주주를　알　수　없거나　그　소수주주가
그　수령을　거부할　경우에는　지배주주
는　그　가액을　공탁할　수　있다. 이　경
우　주식은　공탁한　날에　지배주주에게
이전된　것으로　본다.

第363條(召集의　通知，公告)　① 총회
를　소집함에는　회일을　정하여　2주 전
에　각　주주에　대하여　서면으로　통지
를　발송하거나　각　주주의　동의를　얻
어　전자문서로　통지를　발송하여야　한
다. 다만, 그　통지가　주주명부상의　주
주의　주소에　계속　3년간　도달하지　아
니한　때에는　회사는　당해　주주에게
총회의　소집을　통지하지　아니할　수
있다.

② ～ ④ (현행과　같음)

第363條의 2(株主提案權)　① ————
———————————————
———————————————
————————주주총회일——
——————————서면 또는 전
자문서로—————————
———————————.

② ————————————
주주총회일——————서면 또는 전
자문서로—————————
———————————
—————————.

③ (생 략)

第366條(少數株主에 依한 召集請求)
① 發行株式의 總數의 100分의 3 以上에 該當하는 株式을 가진 株主는 會議의 目的事項과 召集의 理由를 記載한 書面을 理事會에 提出하여 臨時總會의 召集을 請求할 수 있다.
② 第1項의 請求가 있은 後 遲滯 없이 總會召集의 節次를 밟지 아니한 때에는 請求한 株主는 法院의 許可를 얻어 總會를 召集할 수 있다.

③ (생 략)

第367條(檢査人의 選任) 總會는 理事가 提出한 書類와 監事의 報告書를 調査하게 하기 爲하여 檢査人을 選任할 수 있다
〈신 설〉

第368條의 2(議決權의 不統一行使) ①
株主가 2 以上의 議決權을 가지고 있는 때에는 이를 統一하지 아니하고 行使할 수 있다. 이 경우 會日의 3日 전에 會社에 대하여 書面으로 그 뜻과 이유를 통지하여야 한다.
② (생 략)
〈신 설〉

---

③ (현행과 같음)

第366條(少數株主에 依한 召集請求) ①
─────────────────
─────────────────
─────────적은 서면 또는
전자문서를─────────
─────────────.
② ─────────────
─────────────────
─────────────────
─────────────. 이 경우 주주총회의 의장은 법원이 이해관계인의 청구 또는 직권으로 선임할 수 있다.
③ (현행과 같음)

제367조(검사인의 선임) ① 총회는 이사가 제출한 서류와 감사의 보고서를 조사하게 하기 위하여 검사인을 선임할 수 있다.
② 회사 또는 발행주식 총수의 100분의 1 이상에 해당하는 주식을 가진 주주는 총회의 소집절차나 결의방법의 적법성의 조사를 위하여 총회 전에 법원에 검사인의 선임을 청구할 수 있다.

第368條의 2(議決權의 不統一行使) ①
─────────────────
─────────────────
──────────주주총회일──
─────서면 또는 전자문서로──
─────────────.
② (현행과 같음)
제368조의 4(전자적 방법에 의한 의결권의 행사) ① 회사는 이사회의 결의로 주주가 총회에 출석하지 않고

第370條(議決權 없는 株式) ① 會社가 數種의 株式을 發行하는 境遇에는 定款으로 利益配當에 關한 優先的 內容이 있는 種類의 株式에 對하여 株主에게 議決權 없는 것으로 할 수 있다. 그러나 그 株主는 定款에 定한 優先的 配當을 받지 아니한다는 決議가 있는 總會의 다음 總會부터 그 優先

전자적 방법으로 의결권을 행사할 수 있음을 정할 수 있다.

② 회사는 제363조에 따라 소집통지 또는 공고를 할 때에는 주주가 제1항에 따른 방법으로 의결권을 행사할 수 있다는 내용을 통지 또는 공고하여야 한다.

③ 회사가 제1항에 따라 전자적 방법에 의한 의결권행사를 정한 경우에 주주는 주주확인절차 등 대통령령으로 정하는 바에 따라 의결권을 행사하여야 한다. 이 경우 회사는 의결권 행사에 필요한 양식과 참고자료를 주주에게 전자적 방법으로 제공하여야 한다.

④ 동일한 주식에 관하여 제368조의3에 따라 서면투표를 한 주주는 전자적 방법으로 의결권을 행사할 수 없다.

⑤ 회사는 의결권 행사에 관한 전자적 기록을 총회의 종료일부터 3개월간 본점에 비치하여 열람하게 하고 총회의 종료일로부터 5년간 보존하여야 한다.

⑥ 주주확인절차 등 전자적 방법에 의한 의결권행사의 절차 그 밖에 필요한 사항은 대통령령으로 정한다.

제370조 〈삭 제〉

的 配當을 받는다는 決議가 있는 總
會의 終了時까지에는 議決權이 있다.
② 前項의 議決權 없는 株式의 總數
는 發行株式의 總數의 4分의 1을 超
過하지 못한다.

第371條(定足數, 議決權數의 計算) ①
總會의 決議에 關하여는 議決權 없는
株主가 가진 株式의 數는 發行株式의
總數에 算入하지 아니한다.

② 總會의 決議에 關하여는 第368條
第4項의 規定에 依하여 行使할 수
없는 議決權의 數는 出席한 株主의
議決權의 數에 算入하시 아니한다.

第374條(營業讓渡, 讓受, 賃貸等) ①
會社가 다음의 行爲를 함에는 第434
條에 定하는 決議가 있어야 한다.

1. ~ 2. (생 략)
3. 다른 會社의 營業全部의 讓受

4. 회사의 영업에 중대한 영향을 미치
는 다른 회사의 영업 일부의 讓受
② (생 략)

第375條(事後設立) 第374條의 規定은
會社가 그 成立 後 2年內에 그 成立
前부터 存在하는 財産으로서 營業을
爲하여 繼續하여 使用하여야 할 것을
資本의 100分의 5 이상에 該當하는
對價로 取得하는 契約을 하는 경우에

제371조(정족수, 의결권수의 계산) ①
총회의 결의에 관하여는 제344조의 3
제1항과 제369조 제2항 및 제3항
의 의결권 없는 주식의 수는 발행주
식의 총수에 산입하지 아니한다.
② 총회의 결의에 관하여는 제368조
제4항의 규정에 의하여 행사할 수
없는 주식의 의결권 수 및 제409조
제2항과 제3항의 규정에 의하여 그
비율을 초과하는 주식으로서 행사할
수 없는 주식의 의결권 수는 출석한
주주의 의결권의 수에 산입하지 아니
한다.

第374條(營業讓渡, 讓受, 賃貸等) ①
회사가 다음 각 호의 어느 하나에 해
당하는 행위를 함에는 제434조에 정
하는 결의가 있어야 한다.

1. ~ 2. (현행과 같음)
3. 회사의 영업에 중대한 영향을 미치
는 다른 회사의 영업 전부 또는 일
부의 양수

4. 〈삭 제〉

② (현행과 같음)

第375條(事後設立) ─ ─ ─ ─ ─ ─ ─
─ ─ ─ ─ ─ ─ ─ ─ ─ ─ ─ ─ ─ ─
─ ─ ─ ─ ─ ─ ─ ─ ─ ─ ─ ─ ─ ─
─ ─ ─ ─ ─ ─ ─ ─ ─ ─ ─ ─ ─ ─
─ ─ ─ ─ ─ 자본금 ─ ─ ─ ─ ─
─ ─ ─ ─ ─ ─ ─ ─ ─ ─ ─ ─ ─ ─

이를 準用한다.	- - - - - - - - - - - - - - - - -.
第382條(選任, 會社와의 關係) ① ~ ②	제382조(선임, 회사와의 관계 및 사외
(생 략)	이사) ① ~ ② (현행과 같음)
〈신 설〉	③ 사외이사는 당해 회사의 상무에 종
	사하지 아니하는 이사를 말한다. 다
	음 각 호의 어느 하나에 해당하는 자
	는 사외이사로 선임될 수 없고 이에
	해당하게 된 때에는 그 직을 상실한
	다.
	1. 회사의 상무에 종사하는 이사·집
	행임원 및 피용자 또는 최근 2년 이
	내에 회사의 상무에 종사한 이사·
	감사·집행임원 및 피용자
	2. 최대주주가 자연인인 경우 본인·
	배우자 및 직계 존·비속
	3. 최대주주가 법인인 경우 그 법인의
	이사·감사·집행임원 및 피용자
	4. 이사·감사 및 집행임원의 배우자
	및 직계 존·비속
	5. 회사의 모회사 또는 자회사의 이
	사·감사·집행임원 및 피용자
	6. 회사와 거래관계 등 중요한 이해관
	계에 있는 법인의 이사·감사·집행
	임원 및 피용자
	7. 회사의 이사·집행임원 및 피용자
	가 이사·집행임원으로 있는 다른
	회사의 이사·감사·집행임원 및 피
	용자
第382條의 2(集中投票) ① (생 략)	第382條의 2(集中投票) ① (현행과 같
	음)
② 第1項의 請求는 會日의 7日 전까	② - - - - - - - -주주총회일- - -
지 書面으로 이를 하여야 한다.	- - - -서면 또는 전자문서로- - -
	- - - - - - - -.
③ ~ ⑥ (생 략)	③ ~ ⑥ (현행과 같음)
第383條(員數, 任期) ① 理事는 3人	第383條(員數, 任期) ① 이사는 3인

以上이어야 한다. 다만, 資本의 總額이 5億원 미만인 會社는 1人 또는 2人으로 할 수 있다.

② ～ ③ (생 략)

④ 第1項 但書의 規定에 의하여 理事가 1人이 된 경우에는 第302條 第2項 第5號의2, 第317條 第2項 第3號의2, 第335條 第1項 但書·第2項, 第335條의2 第1項·第3項, 第335條의3 第1項·第2項, 第335條의7 第1項, 第340條의3 第1項 第5號, 第356條 第6號의2, 第397條 第1項·第2項, 第398條, 第416條 本文, 第461條 第1項 本文·第3項, 第462條의3 第1項, 第464條의2 第1項, 第469條, 第513條 第2項 本文 및 第516條의2 第2項 本文(準用되는 경우를 포함한다) 중 "理事會"는 이를 각각 "株主總會"로 보며, 第522條의3 第1項 중 "理事會의 決議가 있는 때"는 "第363條 第1項의 規定에 의한 株主總會의 召集通知가 있는 때"로 본다.

⑤ 第1項 但書의 規定에 의하여 理事가 1人이 된 경우에는 第390條 내지 第392條, 第393條 第2項, 第399條 第2項, 第526條 第3項, 第527條 第4項, 第527條의2, 第527條의3 第1項 및 第527條의5 第2項의 規定은 이를 적용하지 아니한다.

이상이어야 한다. 다만, 자본금의 총액이 10억원 미만인 회사는 1인 또는 2인으로 할 수 있다.

② ～ ③ (현행과 같음)

④ 제1항 단서의 경우에는 제302조 제2항 제5호의2, 제317조 제2항 제3호의2, 제335조 제1항 단서·제2항, 제335조의2 제1항·제3항, 제335조의3 제1항·제2항, 제335조의7 제1항, 제340조의3 제1항 제5호, 제344조의4 제1항, 제356조 제6호의2, 제397조 제1항·제2항, 제398조 제1항·제3항, 제416조 본문, 제451조 제2항, 제461조 제1항 본문·제3항, 제462조의3 제1항, 제464조의2 제1항, 제469조, 제513조 제2항 본문 및 제516조의2 제2항 본문(준용되는 경우를 포함한다) 중 "이사회"는 이를 각각 "주주총회"로 보며, 제360조의5 제1항 및 제522조의3 제1항 중 "이사회의 결의가 있는 때"는 "제363조 제1항의 규정에 의한 주주총회의 소집통지가 있는 때"로 본다.

⑤ 제1항 단서의 경우에는 제341조 제2항 단서, 제390조부터 제392조까지, 제393조 제2항부터 제4항까지, 제399조 제2항, 제408조의2 제3항·제4항, 제408조의3 제2항, 제408조의4 제2호, 제408조의5 제1항, 제408조의6, 제408조의7, 제412조의4, 제449조의2, 제462조 제2항 단서, 제526조 제3항, 제527조 제4항, 제527조의2, 제527조의3 제1항 및 제527조의5 제2항의 규정은 이를 적용

⑥ 第1項 但書의 規定에 의하여 理事가 1人이 된 경우에는 그 理事가 會社를 代表하며, 第362條, 第363條의2 第3項, 第366條 第1項, 第393條 第1項 및 第412條의3 第1項에 規定된 理事會의 機能을 담당한다.

第391條(理事會의　決議方法)　①（생략）

② 定款에서 달리 정하는 경우를 제외하고 理事會는 理事의 전부 또는 일부가 직접 會議에 출석하지 아니하고 모든 理事가 動映像 및 音聲을 동시에 送·受信하는 通信手段에 의하여 決議에 참가하는 것을 허용할 수 있다. 이 경우 당해 理事는 理事會에 직접 출석한 것으로 본다.

③（생 략）

第398條(理事와 會社間의 去來)　理事는 理事會의 承認이 있는 때에 限하여 自己 또는 第3者의 計算으로 會社와 去來를 할 수 있다. 이 境遇에는 民法 第124條의 規定을 適用하지 아니한다.

하지 아니한다.

⑥ 제1항 단서의 경우에는 각 이사(정관에 따라 대표이사를 정한 경우에는 그 대표이사)가 회사를 대표하며, 제343조 제1항 단서, 제346조 제3항, 제362조, 제363조의2 제3항, 제366조 제1항, 제368조의4 제1항, 제393조 제1항, 제412조의3 제1항 및 제462조의3 제1항에 규정된 이사회의 기능을 담당한다.

第391條(理事會의 決議方法)　①（현행과 같음）

② －－－－－－－－－－－－
－－－－－－－－－－－－
－－－－－－－－－－－－
－－－－－－－－－－音성을 동시에 송·수신하는 원격통신수단에 의하여－－－－－－－－－
－－－－－－－－－－－－
－－－－－－－－－－－.

③（현행과 같음）

제398조(이사와 회사간의 거래)　① 다음 각 호의 어느 하나에 해당하는 자는 사전에 이사회의 승인이 있는 때에 한하여 자기 또는 제3자의 계산으로 회사와 거래를 할 수 있다. 이 경우 그 거래의 내용은 공정하여야 한다.

1. 이사

2. 이사의 배우자 및 직계존·비속과 배우자의 직계존·비속

3. 제1호 및 제2호의 자가 단독 또는 공동으로 의결권 있는 발행주식의 총수의 100분의 50 이상을 가진 회사 및 그 자회사

〈신 설〉

〈신 설〉

4. 제1호 및 제2호의 자가 제3호의 회사와 합하여 의결권 있는 발행주식총수의 100분의 50 이상을 가진 회사

② 제1항의 경우에는 「민법」 제124조의 규정을 적용하지 아니한다.

③ 이사가 장래 또는 현재에 회사의 이익이 될 수 있는 다음 각 호의 어느 하나에 해당하는 회사의 사업기회를 제3자로 하여금 이용하도록 하여 회사와 거래를 하는 경우에는 제1항에 따른 이사회의 승인을 받아야 한다.

1. 직무를 수행하는 과정에서 알게 되거나 회사의 정보를 이용한 사업기회

2. 회사가 수행하고 있거나 수행할 사업과 밀접한 관계가 있는 사업기회

第399條(會社에 對한 責任) ① 理事가 法令 또는 定款에 違反한 行爲를 하거나 그 任務를 懈怠한 때에는 그 理事는 會社에 對하여 連帶하여 損害를 賠償할 責任이 있다.

② ~ ③ (생 략)

第399條(會社에 對한 責任) ① 이사가 고의 또는 과실로 법령 또는 정관에 위반한 행위를 하거나 그 임무를 해태한 때에는 그 이사는 회사에 대하여 연대하여 손해를 배상할 책임이 있다.

② ~ ③ (현행과 같음)

第400條(會社에 對한 責任의 免除) 前條의 規定에 依한 理事의 責任은 總株主의 同意로 免除할 수 있다.

〈신 설〉

제400조(회사에 대한 책임의 감면) ① 제399조의 규정에 의한 이사의 책임은 주주 전원의 동의로 면제할 수 있다.

② 회사는 정관으로 정하는 바에 따라 제399조의 이사의 책임을 이사의 최근 1년간의 보수액(상여금 및 주식매수선택권의 행사로 인한 이익 등을 포함한다)의 6배(사외이사의 경우는 3배)를 초과하는 금액에 대하여 면제

第401條(第三者에 對한 責任) ① 理事가 惡意 또는 重大한 過失로 因하여 그 任務를 懈怠한 때에는 그 理事는 第三者에 對하여 連帶하여 損害를 賠償할 責任이 있다.

② (생 략)

〈신 설〉

할 수 있다. 다만, 이사가 고의 또는 중대한 과실로 손해를 발생시킨 경우와 제397조 및 제398조에 해당하는 경우에는 그러하지 아니하다.

第401條(第三者에 對한 責任) ① ――――――고의―――

② (현행과 같음)

제408조의2(집행임원 설치회사, 집행임원과 회사와의 관계) ① 회사는 집행임원을 둘 수 있다. 이 경우 집행임원을 설치한 회사(이하 "집행임원 설치회사"라 한다)는 대표이사를 두지 못한다.

② 회사와 집행임원의 관계는 위임에 관한 규정을 준용한다.

③ 집행임원 설치회사의 이사회는 다음의 권한을 갖는다.

1. 집행임원 및 대표집행임원의 선임·해임

2. 집행임원의 업무집행에 대한 감독

3. 집행임원과 회사와의 소에서 회사를 대표할 자의 선임

4. 집행임원에 대하여 업무집행에 관한 의사결정의 위임(이 법에서 이사회 권한사항으로 정한 경우는 제외한다)

5. 집행임원이 수인인 경우 집행임원의 직무분담 및 지휘·명령관계 그 밖에 집행임원의 상호관계에 관한 사항의 결정

6. 정관에 규정이 없거나 주주총회의 승인이 없는 경우 집행임원의 보수

	결정
	④ 집행임원 설치회사는 이사회의 회의를 주관하기 위하여 이사회의장을 두어야 하는데, 이사회의장은 정관의 규정이 없으면 이사회결의로 선임한다.
〈신　설〉	제408조의 3(집행임원의　임기)　① 집행임원의 임기는 정관에 다른 정함이 없으면 2년을 초과하지 못한다.
	② 제1항의 임기는 정관으로 그 임기중의 최종의 결산기에 관한 정기주주총회가 종결한 후 최초로 소집하는 이사회의 종결시까지로 정할 수 있다.
〈신　설〉	제408조의 4(집행임원의　권한)　집행임원의 권한은 다음의 사항으로 한다.
	1. 회사의 업무집행
	2. 정관이나 이사회의 결의에 의하여 위임받은 업무집행에 관한 의사결정
〈신　설〉	제408조의 5(대표집행임원)　① 2인 이상의 집행임원이 선임된 경우에는 이사회의 결의로 회사를 대표할 대표집행임원을 선임하여야 한다. 다만, 집행임원이 1인인 경우에는 그 집행임원이 대표집행임원이 된다.
	② 대표집행임원에 관하여 이 법에 다른 규정이 없으면 주식회사의 대표이사에 관한 규정을 준용한다.
	③ 제395조의 규정은 집행임원 설치회사에 준용한다.
〈신　설〉	제408조의 6(집행임원의 이사회에 대한 보고)　① 집행임원은 3개월에 1회 이상 업무의 집행상황을 이사회에 보고하여야 한다.
	② 집행임원은 제1항의 경우 외에도 이사회의 요구가 있는 때에는 언제든

	지 이사회에 출석하여 요구한 사항을 보고하여야 한다.
	③ 이사는 대표집행임원으로 하여금 다른 집행임원 또는 피용자의 업무에 관하여 이사회에 보고할 것을 요구할 수 있다.
〈신 설〉	제408조의 7(집행임원의 이사회소집 청구)　① 집행임원은 필요한 때에는 회의의 목적사항과 소집이유를 기재한 서면을 이사(소집권자가 있는 경우에는 소집권자를 말한다)에게 제출하여 이사회의 소집을 청구할 수 있다.
	② 제1항의 청구가 있은 후 지체 없이 이사회 소집의 절차를 밟지 아니한 때에는 청구한 집행임원은 법원의 허가를 받아 이사회를 소집할 수 있다. 이 경우 이사회의 의장은 법원이 이해관계자의 청구 또는 직권으로 선임할 수 있다.
〈신 설〉	제408조의 8(집행임원의 책임)　① 집행임원이 악의 또는 과실로 법령 또는 정관에 위반한 행위를 하거나 그 임무를 해태한 때에는 그 집행임원은 회사에 대하여 손해를 배상할 책임이 있다.
	② 집행임원이 고의 또는 중대한 과실로 인하여 그 임무를 해태한 때에는 그 집행임원은 제3자에 대하여 손해를 배상할 책임이 있다.
	③ 집행임원이 회사 또는 제3자에 대하여 손해를 배상할 책임이 있는 경우에 다른 집행임원·이사 또는 감사도 그 책임이 있는 때에는 다른 집행임원·이사 또는 감사와 연대하여 배상할 책임이 있다.

〈신 설〉	제408조의9(준용규정) 제382조의3, 제382조의4, 제396조, 제397조, 제398조, 제400조, 제401조의2, 제402조, 제403조부터 제408조까지, 제412조 및 제412조의2의 규정은 집행임원에 준용한다.
第412條(職務와 報告要求·調査의 權限) ① ~ ② (생 략) 〈신 설〉	제412條(감사의 직무와 보고요구·조사의 권한) ① ~ ② (현행과 같음) ③ 감사는 회사의 비용으로 전문가의 조력을 구할 수 있다.
〈신 설〉	제412조의4(감사의 이사회 소집 청구) ① 감사는 필요한 때에는 회의의 목적사항과 소집이유를 기재한 서면을 이사(소집권자가 있는 경우에는 소집권자를 말한다. 이하 이 조에서 같다)에게 제출하여 이사회의 소집을 청구할 수 있다. ② 제1항의 청구가 있었음에도 불구하고 이사가 지체 없이 이사회를 소집하지 않은 경우에는 그 청구를 한 감사가 이사회를 소집할 수 있다.
第412條의4(子會社의 調査權) ① ~ ③ (생 략)	第412條의5(子會社의 調査權) ① ~ ③ (현행 제412조의4와 같음)
第415條의2(監査委員會) ① (생 략)	第415條의2(監査委員會) ① (현행과 같음)
② 監査委員會는 第393條의2 第3項의 規定에 불구하고 3人 이상의 理事로 구성한다. 다만, 다음 各號에 해당하는 者가 委員의 3分의 1을 넘을 수 없다. 1. 會社의 業務를 담당하는 理事 및 被用者 또는 選任된 날부터 2年 이내에 業務를 담당한 理事 및 被用者이었던 者 2. 最大株主가 自然人인 경우 本人·配偶者 및 直系尊·卑屬	② 감사위원회는 제393조의2 第3항의 규정에 불구하고 3인 이상의 이사로 구성한다. 다만, 사외이사가 위원의 3분의 2 이상이어야 한다. 1. 〈삭 제〉 2. 〈삭 제〉

3. 最大株主가 法人인 경우 그 法人의 理事·監事 및 被用者

4. 理事의 配偶者 및 直系尊·卑屬

5. 會社의 母會社 또는 子會社의 理事·監事 및 被用者

6. 會社와 去來關係 등 중요한 이해관계에 있는 法人의 理事·監事 및 被用者

7. 會社의 理事 및 被用者가 理事로 있는 다른 會社의 理事·監事 및 被用者

③ ～ ⑤ (생 략)

〈신 설〉

⑥ 第296條·第312條·第367條·第387條·第391條의2 第2項·第394條 第1項·第400條·第402條 내지 第407條·第412條 내지 第414條·第447條의3·第447條의4·第450條·第527條의4·第530條의5 第1項 第9號·第530條의6 第1項 第10號 및 第534條의 規定은 監査委員會에 관하여 이를 準用한다. 이 경우 第530條의5 第1項 第9號 및 第530條의6 第1項 第10號 중 "監事"는 "監査委員會 委員"으로 본다.

第416條(發行事項의 決定) 會社가 그 成立後에 株式을 發行하는 境遇에는 다음의 事項으로서 定款에 規定이 없는 것은 理事會가 이를 決定한다. 그러나 本法에 다른 規定이 있거나 定款으로 株主總會에서 決定하기로 定한 境遇에는 그러하지 아니하다.

1. ～ 2. (생 략)

〈신 설〉

---

3. 〈삭 제〉

4. 〈삭 제〉

5. 〈삭 제〉

6. 〈삭 제〉

7. 〈삭 제〉

③ ～ ⑤ (현행과 같음)

⑥ 제393조의2 제4항 후단은 감사위원회에 대하여 적용하지 않는다.

⑦ (현행 제6항과 같음)

第416條(發行事項의 決定) － － － － －
－－－－－－－－－－－－－－－
－－－－－－－－－－－－－－－
－－이 법에－－－－－－－－－－
－－－－－－－－－－－－－－－
－－－－－－－－－－－

1. ～ 2. (현행과 같음)

2의2. 무액면주식의 경우에는 신주의

3. ~ 6. (생 략)	발행가액 중 자본금으로 계상하는 금액
第418條(新株引受權의 내용 및 配定日의 指定·公告) ① ~ ③ (생 략)〈신 설〉	3. ~ 6. (현행과 같음)第418條(新株引受權의 내용 및 配定日의 指定·公告) ① ~ ③ (현행과 같음)④ 제2항에 따라 주주 외의 자에게 신주를 배정하는 경우 회사는 제416조 제1호부터 제4호까지에서 정하는 사항을 그 납입기일의 2주 전까지 주주에게 통지하거나 이를 공고하여야 한다.
第420條(株式請約書) 理事는 株式請約書를 作成하여 다음의 事項을 記載하여야 한다.1. ~ 3. (생 략)4. 第417條의 規定에 依한 株式을 發行한 때에는 그 發行條件과 第455條의 規定에 依한 未償却額5. ~ 6. (생 략)〈신 설〉	第420條(株式請約書) ㅡ.1. ~ 3. (현행과 같음)4. 제417조의 규정에 의한 주식을 발행한 때에는 그 발행조건과 미상각액5. ~ 6. (현행과 같음)제420조의4(신주인수권의 전자등록) 회사는 신주인수권증서를 발행하는 대신 정관으로 정하는 바에 따라 공인된 전자등록기관의 전자등록부에 신주인수권을 등록할 수 있다. 이 경우 제356조의2 제3항부터 제6항까지를 준용한다.
第420條의4(新株引受權證書에 의한 請約) ① ~ ② (생 략)	第420條의5(新株引受權證書에 의한 請約) ① ~ ② (현행 제420조의4와 같음)
第421條(株式에 對한 納入) 理事는 新株의 引受人으로 하여금 그 配定한 株式에 따라 納入期日에 그 引受한 各株에 對한 引受價額의 全額을 納入시켜야 한다.〈신 설〉	제421조(주식에 대한 납입) ① 이사는 신주의 인수인으로 하여금 그 배정한 주식에 따라 납입기일에 그 인수한 각 주에 대한 인수가액의 전액을 납입시켜야 한다.② 신주의 인수인은 회사의 동의 없

| | 이 제1항의 납입채무와 주식회사에 |
| 대한 채권을 상계할 수 없다. |

第422條(現物出資의 檢査) ① (생 략)

第422條(現物出資의 檢査) ① (현행과 같음)

② 제1항의 규정은 다음 각 호의 어느 하나에 해당할 경우에는 적용하지 않는다.

〈신 설〉

1. 제416조 제4호의 현물출자의 목적인 재산의 가액이 자본금의 5분의 1을 초과하지 않고 대통령령으로 정한 금액을 초과하지 않는 경우
2. 제416조 제4호의 현물출자의 목적인 재산이 거래소의 시세 있는 유가증권인 경우 제416조 본문에 의하여 결정된 가격이 대통령령으로 정한 방법으로 산정된 시세를 초과하지 않는 경우
3. 변제기가 도래한 회사에 대한 금전채권을 출자의 목적으로 하는 경우로서 그 가액이 회사장부에 기재된 가액을 초과하지 않는 경우
4. 그 밖에 대통령령으로 정하는 경우

② ~ ④ (생 략)

③ ~ ⑤〈항변경〉(현행과 같음)

第426條(未償却額의 登記) 第417條의 規定에 依한 株式을 發行한 境遇에 株式의 發行으로 因한 變更登記에는 第455條의 規定에 依한 未償却額을 登記하여야 한다.

第426條(未償却額의 登記) ――――에 따른――――――――――――――――에 따른――――――――――미상각액―――――――――――――――――――

第435條(種類株主總會) ① 會社가 數種의 株式을 發行한 境遇에 定款을 變更함으로써 어느 種類의 株主에게 損害를 미치게 될 때에는 株主總會의 決議外에 그 種類의 株主의 總會의 決議가 있어야 한다.

② ~ ③ (생 략)

第435條(種類株主總會) ①――――――종류주식――.

② ~ ③ (현행과 같음)

第436條(同前)　前條의 規定은 第344條 第3項의 規定에 依하여 株式의 種類에 따라 特殊한 定함을 하는 境遇와 주식교환, 주식이전 및 회사의 합병으로 인하여 어느 種類의 株主에게 損害를 미치게 될 境遇에 準用한다.

第6節　資本의 減少

第438條(資本減少의 決議)　① 資本의 減少에는 第434條의 規定에 依한 決議가 있어야 한다.

〈신　설〉

② 資本의 減少에 關한 議案의 要領은 第363條의 規定에 依한 通知와 公告에 記載하여야 한다.

第439條(資本減少의 方法, 節次)　① 資本減少의 決議에서는 그 減少의 方法을 定하여야 한다.

② 第232條의 規定은 資本減少의 境遇에 準用한다.

③ (생　략)

第445條(減資無效의 訴)　資本減少의 無效는 株主·理事·監事·淸算人·破産管財人 또는 資本減少를 承認하지 아니한 債權者에 限하여 資本減少로 因한 變更登記가 있은 날로부터 6月內에 訴만으로 主張할 수 있다.

第7節　會社의 計算

〈신　설〉

제436조(동전)　제435조의 규정은 제344조 제3항의 규정에 의하여 주식의 종류에 따라 특수한 정함을 하는 경우와 회사의 분할 또는 분할합병, 주식교환, 주식이전 및 회사의 합병으로 인하여 어느 종류의 주주에게 손해를 미치게 될 경우에 준용한다.

제6절　자본금의 감소

제438조(자본금의 감소의 결의)　① 자본금의 감소에는 제434조의 규정에 의한 결의가 있어야 한다.

② 제1항의 규정에 불구하고 결손의 선보를 위한 자본금의 감소는 제368조 제1항의 결의에 의한다.

③ 자본금의 감소에 관한 의안의 요령은 제363조의 규정에 의한 통지와 공고에 기재하여야 한다.

제439조(자본금의 감소의 방법, 절차)　① 자본금의 감소의 결의에서는 그 감소의 방법을 정하여야 한다.

② 제232조의 규정은 자본금의 감소의 경우에 준용한다. 다만, 결손의 전보를 위하여 자본금을 감소하는 경우에는 그러하지 아니하다.

③ (현행과 같음)

제445조(감자무효의 소)　자본금의 감소의 무효는 주주·이사·감사·청산인·파산관재인 또는 자본금의 감소를 승인하지 아니한 채권자에 한하여 자본금의 감소로 인한 변경등기가 있는 날로부터 6개월 내에 소만으로 주장할 수 있다.

제7절　회사의 회계

제446조의2(회계의 원칙)　회사의 회

第447條(財務諸表의 作成) 理事는 每決算期에 다음의 書類와 그 附屬明細書를 作成하여 理事會의 承認을 얻어야 한다.

1. 貸借對照表
2. 損益計算書
3. 利益剩餘金處分計算書 또는 缺損金處理計算書

〈신　설〉

第447條의 4(監査報告書)　①（생　략）

② 第1項의 監査報告書에는 다음의 事項을 記載하여야 한다.

1. ～ 2.（생　략）
3. 貸借對照表 및 損益計算書가 法令 및 定款에 따라 會社의 財産 및 損益狀態를 정확하게 표시하고 있는 경우에는 그 뜻
4. 貸借對照表 또는 損益計算書가 法令 또는 定款에 違反하여 會社의 財産 및 損益狀態가 정확하게 표시되지 아니하는 경우에는 그 뜻과 事由
5.（생　략）
6. 營業報告書가 法令 및 定款에 따라 會社의 狀況을 정확하게 표시하고 있는지의 與否
7. 이익잉여금처분계산서 또는 결손금처리계산서가 법령 및 정관에 적합한지의 여부
8. 이익잉여금처분계산서 또는 결손금

계는 이 법과 대통령령으로 규정한 것을 제외하고는 일반적으로 공정·타당한 회계관행에 의한다.

제447조(재무제표의 작성)　① 이사는 매결산기에 다음의 서류와 그 부속명세서를 작성하여 이사회의 승인을 얻어야 한다.

1. 대차대조표
2. 손익계산서
3. 그 밖에 회사의 재무상태와 경영성과를 표시하는 것으로서 대통령령으로 정하는 서류

② 대통령령으로 정하는 회사의 이사는 연결재무제표를 작성하여야 한다.

第447條의 4(監査報告書)　①（현행과 같음）

② ——————————————————————————.

1. ～ 2.（현행과 같음）
3. 대차대조표 및 손익계산서가 법령 및 정관에 따라 회사의 재무상태와 경영성과를 적정하게 표시하고 있는 경우에는 그 뜻
4. 대차대조표 또는 손익계산서가 법령 또는 정관에 위반하여 회사의 재무상태와 경영성과가 적정하게 표시되지 아니하는 경우에는 그 뜻과 이유
5.（현행과 같음）
6. 영업보고서가 법령 및 정관에 따라 회사의 상황을 적정하게 표시하고 있는지의 여부
7. 이익잉여금의 처분 또는 결손금의 처리가 법령 또는 정관에 적합한지의 여부
8. 이익잉여금의 처분 또는 결손금의

처리계산서가 회사재산의 상태 기타의 사정에 비추어 현저하게 부당한 경우에는 그 뜻

9. ~ 10. (생 략)

11. 監査를 하기 위하여 필요한 調査를 할 수 없었던 경우에는 그 뜻과 이유

〈신 설〉

第451條(資本) 會社의 資本은 本法에 다른 規定이 있는 境遇外에는 發行株式의 額面總額으로 한다.

〈신 설〉

처리가 회사의 재무상태 기타의 사정에 비추어 현저하게 부당한 경우에는 그 뜻

9. ~ 10. (현행과 같음)

③ 감사가 감사를 하기 위하여 필요한 조사를 할 수 없었던 경우에는 감사보고서에 그 뜻과 이유를 기재하여야 한다.

제449조의 2(재무제표 등의 승인에 대한 특칙) ① 제449조의 규정에 불구하고 회사는 정관으로 정하는 바에 따라 이사회의 결의로 승인할 수 있다. 다만, 이 경우에는 다음 각 호의 요건을 충족하여야 한다.

1. 제447조에서 규정한 각 서류가 법령 및 정관에 따라 회사의 재무상태 및 경영성과를 적정하게 표시하고 있다는 외부감사인의 의견이 있을 것

2. 감사(감사위원회설치회사의 경우에는 감사위원을 말한다) 전원의 동의가 있을 것

② 제1항에 따라 이사회가 승인한 경우에는 이사는 제447조 각 호의 서류의 내용을 주주총회에 보고하여야 한다.

제451조(자본금) ① 회사의 자본금은 이 법에 다른 규정이 있는 경우 외에는 발행주식의 액면총액으로 한다.

② 회사가 무액면주식을 발행하는 경우 회사의 자본금은 주식의 발행가액의 2분의 1 이상의 금액으로서 이사회(제416조 단서에서 정한 주식발행의 경우에는 주주총회를 말한다)에서 자본금으로 계상하기로 한 금액의 총

〈신 설〉

第452條(資産의 評價方法) 會社의 會計帳簿에 記載될 資産은 第31條 第2號의 規定을 적용하는 외에 다음의 方法에 의하여 評價하여야 한다.

1. 流動資産은 取得價額 또는 製作價額에 依한다. 그러나 時價가 取得價額 또는 製作價額보다 顯著하게 낮은 때에는 時價에 依하여야 한다.

2. 削除

3. 金錢債權은 債權金額에 依한다. 그러나 債權을 債權金額보다 낮은 價額으로 取得한 때 또는 이것에 準하는 境遇에는 相當한 減額을 할 수 있다. 推尋不能의 念慮가 있는 債權은 그 豫想額을 減額하여야 한다.

4. 去來所의 時勢 있는 社債는 決算期前 1月의 平均價格에 依하고 그 時勢 없는 社債는 取得價額에 依한다. 그러나 取得價額과 社債의 金額이 다른 때에는 相當한 增額 또는 減額을 할 수 있다. 推尋不能의 念慮가 있는 社債에는 第3號 後段의 規定을 準用한다. 社債에 準하는 것도 같다.

5. 去來所의 時勢 있는 株式은 取得價額에 依한다. 그러나 決算期前 1月의 平均價格이 取得價額보다 낮을

액으로 한다. 이 경우 주식의 발행가액 중 자본금으로 계상하지 않는 금액은 자본준비금으로 계상하여야 한다.

③ 회사의 자본금은 액면주식을 무액면주식으로 전환하거나 무액면주식을 액면주식으로 전환함으로써 변경할 수 없다.

제452조 〈삭 제〉

때에는 그 時價에 依한다. 去來 其
他의 必要上 長期間保有할 目的으로
取得한 株式은 去來所의 時勢의 有
無를 不拘하고 取得價額에 依한다.
그러나 發行會社의 財産狀態가 顯著
하게 惡化된 때에는 相當한 減額을
하여야 한다. 有限會社 其他에 對한
出資의 評價에도 같다.

6. 營業權은 有償으로 承繼取得한 境
　遇에 限하여 取得價額을 記載할 수
　있다. 이 境遇에는 營業權을 取得한
　後 5年內의 每決算期에 均等額以上
　을 償却하여야 한다.

第453條(創業費의　計上)　① 第290條 第4號의 規定에 依한 支出額과 設立 登記에 支出한 稅額은 貸借對照表資 産의 部에 計上할 수 있다. ② 前項의 計上金額은 會社成立後 또 는 開業前에 利子를 配當할 것을 定 한 때에는 그 配當을 마친 後 5年內 의 每決算期에 均等額以上의 償却을 하여야 한다.	제453조　〈삭　제〉
第453條의 2(開業費의　計上)　① 開業 의 準備를 위하여 支出한 금액은 貸 借對照表資産의 部에 計上할 수 있다. ② 第1項의 計上金額은 開業 後 3年 내의 每決算期에 均等額 이상의 償却 을 하여야 한다.	제453조의 2　〈삭　제〉
第454條(新株發行費用의　計上)　① 新 株를 發行한 境遇에는 그 發行에 必 要한 費用의 額은 貸借對照表 資産의 部에 計上할 수 있다. ② 前項의 計上金額은 新株發行後 3 年內의 每決算期에 均等額以上의 償 却을 하여야 한다.	제454조　〈삭　제〉

第455條(額面未達金額의 計上) ① 第417條의 規定에 依하여 株式을 發行한 境遇에는 額面未達金額의 總額은 貸借對照表 資産의 部에 計上할 수 있다. ② 前項의 計上金額은 株式發行後 3年內의 每決算期에 均等額以上의 償却을 하여야 한다.	제455조 〈삭 제〉
第456條(社債差額의 計上) ① 社債를 募集한 境遇에 그 償還할 總額이 그 募集에 依한 實收額을 超過한 때의 그 差額은 貸借對照表 資産의 部에 計上할 수 있다. ② 前項의 計上金額은 社債償還期限內의 每決算期에 均等額以上의 償却을 하여야 한다. ③ 第454條의 規定은 社債發行에 必要한 費用의 額에 準用한다.	제456조 〈삭 제〉
第457條(配當建設利子의 計上) ① 第463條의 規定에 依하여 配當한 金額은 貸借對照表 資産의 部에 計上할 수 있다. ② 前項의 計上金額은 開業後 年 6分以上의 利益을 配當하는 境遇에는 그 6分을 超過한 金額과 同額以上의 償却을 하여야 한다.	제457조 〈삭 제〉
第457條의2(研究開發費의 計上) ① 新製品 또는 新技術의 研究 또는 開發과 관련하여 특별히 발생한 費用은 貸借對照表 資産의 部에 計上할 수 있다. ② 第1項의 計上金額은 그 支出 後 5年 내의 每決算期에 均等額 이상의 償却을 하여야 한다.	제457조의2 〈삭 제〉
第458條(利益準備金) 會社는 그 資本	제458조(이익준비금) 회사는 그 자본

의 2分의 1에 達할 때까지 每決算期의 金錢에 의한 利益配當額의 10分의 1 이상의 金額을 利益準備金으로 積立하여야 한다.

第459條(資本準備金)　① 會社는 다음의 金額을 資本準備金으로 積立하여야 한다.

1. 額面以上의 株式을 發行한 때에는 그 額面을 超過한 金額

1의 2. 주식의 포괄적 교환을 한 경우에는 제360조의 7에 규정하는 자본증가의 한노액이 완전모회사의 승가한 자본액을 초과한 경우의 그 초과액

1의 3. 주식의 포괄적 이전을 한 경우에는 제360조의 18에 규정하는 자본의 한도액이 설립된 완전모회사의 자본액을 초과한 경우의 그 초과액

2. 資本減少의 境遇에 그 減少額이 株式의 消却, 株金의 返還에 要한 金額과 缺損의 塡補에 充當한 金額을 超過한 때에는 그 超過金額

3. 會社合併의 境遇에 消滅된 會社로부터 承繼한 財産의 價額이 그 會社로부터 承繼한 債務額, 그 會社의 株主에게 支給한 金額과 合併後 存續하는 會社의 資本增價額 또는 合併으로 因하여 設立된 會社의 資本額을 超過한 때에는 그 超過金額

3의 2. 第530條의 2의 規定에 의한 分割 또는 分割合併으로 인하여 設立된 會社 또는 存續하는 會社에 出資된 財産의 價額이 出資한 會社로부

금의 2분의 1에 달할 때까지 매결산기의 이익배당액의 10분의 1 이상의 금액을 이익준비금으로 적립하여야 한다. 다만, 주식배당의 경우에는 그러하지 아니하다.

제459조(자본준비금)　① 회사는 자본거래에서 발생한 잉여금을 대통령령이 정하는 바에 따라 자본준비금으로 적립하여야 한다.

1. 〈삭　제〉

1의 2. 〈삭　제〉

1의 3. 〈삭　제〉

2. 〈삭　제〉

3. 〈삭　제〉

3의 2. 〈삭　제〉

터 承繼한 債務額, 出資한 會社의
株主에게 지급한 금액과 設立된 會
社의 資本額 또는 存續하는 會社의
資本增加額을 초과한 때에는 그 초
과금액

4. 기타 資本去來에서 발생한 剩餘金

② 第1項 第3號 및 第3號의2의 초
과금액 중 消滅 또는 分割되는 會社
의 利益準備金 기타 法定準備金은 合
併 후 또는 分割·分割合併 후 存續
또는 設立되는 會社가 이를 承繼할
수 있다.

第460條(法定準備金의　使用)　① 前2
條의 準備金은 資本의 缺損塡補에 充
當하는 境遇外에는 이를 處分하지 못
한다.

② 利益準備金으로 資本의 缺損의 塡
補에 充當하고서도 不足한 境遇가 아
니면 資本準備金으로 이에 充當하지
못한다.

第461條(準備金의　資本轉入)　① 會社
는 理事會의 決議에 의하여 準備金의
全部 또는 一部를 資本에 轉入할 수
있다. 그러나 定款으로 株主總會에서
決定하기로 정한 경우에는 그러하지
아니하다.

② ～ ⑦ (생 략)

〈신 설〉

第462條(利益의 配當)　① 會社는 貸借
對照表上의 순자산액으로부터 다음의

---

4. 〈삭 제〉

② 합병이나 제530조의2에 따른 분할
또는 분할합병의 경우 소멸 또는 분
할되는 회사의 이익준비금이나 그 밖
의 법정준비금은 합병·분할·분할합
병 후 존속 또는 설립되는 회사가 이
를 승계할 수 있다.

제460조(법정준비금의　사용)　제458조
및 제459조의 준비금은 자본금의 결
손전보에 충당하는 경우 외에는 처분
하지 못한다.

② 〈삭 제〉

第461條(準備金의　資本轉入)　① ――
―――――――――――――――――
―――――――――――――――――자본금―
―――――――――――――――――
―――――――――――――――――.

② ～ ⑦ (생 략)

제461조의2(준비금의 감소)　회사는 적
립된 자본준비금 및 이익준비금의 총
액이 자본금의 1.5배를 초과하는 경우
에 주주총회의 결의에 의하여 그 초
과한 금액 범위 내에서 자본준비금
및 이익준비금을 감액할 수 있다.

제462조(이익의 배당)　① 회사는 대차
대조표의 순자산액으로부터 다음의

金額을 控除한 額을 限度로 하여 利益配當을 할 수 있다.

1. 資本의 額

2. 그 決算期까지 積立된 資本準備金과 利益準備金의 合計額

3. 그 決算期에 積立하여야 할 利益準備金의 額

〈신 설〉

〈신 설〉

② 前項의 規定에 違反하여 利益을 配當한 때에는 會社債權者는 이를 會社에 返還할 것을 請求할 수 있다.

③ 第186條의 規定은 前項의 請求에 關한 訴에 準用한다.

第462條의 2(株式配當) ① (생 략)

② 第1項의 配當은 株式의 券面額으로 하며, 會社가 數種의 株式을 發行한 때에는 각각 그와 같은 종류의 株式으로 할 수 있다.

③ ~ ⑥ (생 략)

第462條의 3(中間配當) ① 年1回의 決算期를 정한 會社는 營業年度중 1回에 한하여 理事會의 決議로 일정한 날을 정하여 그 날의 株主에 대하여 金錢으로 利益을 配當(이하 이 條에서 "中間配當"이라 한다)할 수 있음을 定款으로 정할 수 있다.

② 中間配當은 직전 決算期의 貸借對照表상의 순자산액에서 다음 各號의 금액을 공제한 額을 한도로 한다.

1. 직전 決算期의 資本의 額

금액을 공제한 액을 한도로 하여 이익배당을 할 수 있다.

1. 자본금의 액

2. 그 결산기까지 적립된 자본준비금과 이익준비금의 합계액

3. 그 결산기에 적립하여야 할 이익준비금의 액

4. 대통령령이 정하는 미실현이익

② 이익배당은 주주총회의 결의로 정한다. 다만, 제449조의2 제1항에 따라 재무제표를 이사회가 승인하는 경우에는 이사회의 결의로 정한다.

③ 제1항의 규정에 위반하여 이익을 배당한 때에는 회사채권자는 이를 회사에 반환할 것을 청구할 수 있다.

④ 제186조의 규정은 제3항의 청구에 관한 소에 준용한다.

第462條의 2(株式配當) ① (현행과 같음)

② ―――――――――――――――――――종류주식―――――――――――――――――――――――――――――.

③ ~ ⑥ (현행과 같음)

第462條의 3(中間配當) ① ―――――――――――――――――――――――――――――――――――――이익을―――――――――――――――――.

② ―――――――――――――――――――――――.

1. 직전 결산기의 자본금의 액

2. ~ 4. (생 략)

③ ~ ④ (생 략)

⑤ 第340條 第1項, 第344條 第1項, 第350條 第3項(第423條 第1項, 第516條 第2項 및 第516條의 9에서 準用하는 경우를 포함한다. 이하 이 項에서 같다), 第354條 第1項, 第370條 第1項, <u>第457條 第2項, 第458條</u>, 第464條 및 第625條 第3號의 規定의 適用에 관하여는 中間配當을 第462條 第1項의 規定에 의한 이익의 配當으로, 第350條 第3項의 規定의 適用에 관하여는 第1項의 일정한 날을 營業年度末로 본다.

⑥ 第399條 第2項·第3項 및 第400條의 規定은 第4項의 理事의 責任에 관하여, <u>第462條 第2項 및 第3項</u>의 規定은 第3項의 規定에 위반하여 中間配當을 한 경우에 이를 準用한다.

〈신 설〉

第463條(建設利子의 配當) ① 會社는 그 目的인 事業의 性質에 依하여 會社의 成立後 2年以上 그 營業全部를 開始하기가 不能하다고 認定한 때에

---

2. ~ 4. (현행과 같음)

③ ~ ④ (현행과 같음)

⑤ ─────────
────────────
────────────
────────────
───── 제458조 ──────
────────────
────────────
────────────
──────────── .

⑥ ─────────
────────────
───제462조 제3항 및 제4항──
────────────
──────────── .

제462조의 4(현물배당) ① 회사는 정관으로 금전 외의 재산으로 배당을 할 수 있음을 정할 수 있다.

② 제1항에서 배당을 결정한 회사는 다음 사항을 정할 수 있다.

1. 주주가 배당되는 재산 대신 금전의 교부를 회사에 청구할 수 있도록 한 경우에는 그 금액 및 청구할 수 있는 기간

2. 일정 수 미만의 주식을 보유한 주주에게 재산 대신 금전을 교부하기로 한 경우에는 그 일정 수 및 금액

제463조 〈삭 제〉

는 定款으로 一定한 株式에 對하여
그 開業前 一定한 期間內에 一定한
利子를 그 株主에게 配當할 수 있음
을 定할 수 있다. 그러나 그 利率은
年 5分을 超過하지 못한다.

② 前項의 定款의 規定 또는 그 變更
은 法院의 認可를 얻어야 한다.

第464條(利益等의 配當의 基準) 利益
이나 利子의 配當은 各株主가 가진
株式의 數에 따라 支給한다. 그러나
第344條 第1項의 規定을 適用하는
境遇에는 그러하지 아니하다.

第464條의2(配當金支給時期) ① 會社
는 第464條의 規定에 의한 配當金을
第449條 第1項의 승인 또는 第462條
의3 第1項의 決議가 있은 날부터 1
月 이내에 支給하여야 한다. 다만, 第
449條 第1項의 總會 또는 第462條의
3 第1項의 理事會에서 配當金의 支
給時期를 따로 정한 경우에는 그러하
지 아니하다.

② (생 략)

第469條(社債의 募集) 會社는 理事會
의 決議에 依하여 社債를 募集할 수
있다.

〈신 설〉

제464조(이익배당의 기준) 이익의배당
은 각 주주가 가진 주식의 수에 따라
지급한다. 다만, 제344조 제1항의 규
정을 적용하는 경우에는 그러하지 아
니하다.

제464조의2(이익배당의 지급시기) ①
회사는 제464조의 규정에 의한 이익
배당을 제462조 제2항의 주주총회
또는 이사회의 결의 또는 제462조의3
제1항의 결의가 있은 날로부터 1개
월 이내에 지급하여야 한다. 다만, 위
주주총회 또는 이사회에서 이익배당
의 지급시기를 따로 정한 경우에는
그러하지 아니하다.

② (현행과 같음)

제469조(사채의 발행) ① 회사는 이사
회의 결의에 의하여 사채를 발행할
수 있다.

② 제1항의 사채에는 다음 각 호의
사채를 포함한다.

1. 이익배당에 참가할 수 있는 사채

2. 주식 그 밖의 다른 유가증권으로
교환 또는 상환할 수 있는 사채

3. 유가증권이나 통화 그 밖의 대통
령으로 정하는 자산이나 지표 등의
변동과 연계하여 미리 정하여진 방
법에 따라 상환 또는 지급금액이 결
정되는 사채

〈신 설〉	③ 제2항에 따라 발행하는 사채의 내용 및 발행방법 등 발행에 필요한 구체적인 사항은 대통령령으로 정한다.
〈신 설〉	④ 제1항의 규정에 불구하고 정관으로 정하는 바에 따라 이사회는 대표이사에게 사채의 금액 및 종류를 정하여 1년을 초과하지 않는 기간 내에 사채를 발행할 것을 위임할 수 있다.
第470條(總額의 制限) ① 社債의 總額은 最終의 貸借對照表에 의하여 會社에 現存하는 純資産額의 4倍를 초과하지 못한다. ② 削除 ③ 舊社債를 償還하기 爲하여 社債를 募集하는 境遇에는 舊社債의 額은 社債의 總額에 算入하지 아니한다. 이 境遇에는 新社債의 納入期日, 數回에 分納하는 때에는 第1回의 納入期日로부터 6月內에 舊社債를 償還하여야 한다.	제470조 〈삭 제〉
第471條(社債募集의 制限) 會社는 前에 募集한 社債의 總額의 納入이 完了된 後가 아니면 다시 社債를 募集하지 못한다.	제471조 〈삭 제〉
第472條(社債의 金額) ① 各社債의 金額은 1萬원 이상으로 하여야 한다. ② 同一種類의 社債에서는 各社債의 金額은 均一하거나 最低額으로 整除할 수 있는 것이어야 한다.	제472조 〈삭 제〉
第473條(券面額超過償還의 制限) 社債權者에게 償還할 金額이 券面額을 超過할 것을 定한 때에는 그 超過額은 各社債에 對하여 同率이어야 한다.	제473조 〈삭 제〉
第474條(公募發行, 社債請約書) ①(생	第474條(公募發行, 社債請約書) ①(현

략)	행과 같음)
② 社債請約書는 理事가 이를 作成하고 다음의 事項을 記載하여야 한다.	② －－－－－－－－작성하고－－－－－－－－－－－적어야－－.
1. (생 략)	1. (현행과 같음)
2. 資本과 準備金의 總額	2. 자본금과 준비금의 총액
3. ~ 10. (생 략)	3. ~ 10. (현행과 같음)
〈신 설〉	10의2. 채권을 발행하는 대신 공인된 전자등록기관의 공인된 전자등록부에 사채권자의 권리를 등록하는 때에는 그 뜻
11. (생 략)	11. (현행과 같음)
12. 舊社債를 償還하기 爲하여 第470條 第1項의 制限을 超過하여 社債를 募集하는 때에는 그 뜻	12. 〈삭 제〉
13. (생 략)	13. (현행과 같음)
〈신 설〉	13의2. 사채관리회사가 있는 때에는 그 상호와 주소
〈신 설〉	13의3. 사채관리회사가 사채권자집회 결의에 의하지 아니하고 제484조 제4항 제2호에 기재한 행위를 할 수 있도록 정한 때에는 그 뜻
14. ~ 15. (생 략)	14. ~ 15. (현행과 같음)
③ (생 략)	③ (현행과 같음)
第478條(債券의 發行) ① (생 략)	第478條(債券의 發行) ① (현행과 같음)
② 債券에는 다음의 事項을 記載하고 代表理事가 記名捺印 또는 署名하여야 한다.	② －－－－－－－－－－－－－－－－－－－－－－－－－－－－－－－－－－－－－－
1. (생 략)	1. (현행과 같음)
2. 第474條 第2項 第1號·第4號·第5號·第7號·第8號·第10號와 第13號에 揭記한 事項	2. 제474조 제2항 제1호·제4호·제5호·제7호·제8호·제10호·제13호·제13호의2와 제13호의3에 게기한 사항
〈신 설〉	③ 회사는 제1항의 채권(債券)을 발행하는 대신 정관으로 정하는 바에 따라 공인된 전자등록기관의 전자등

〈신 설〉

록부에 채권(債權)을 등록할 수 있다.
이 경우 제356조의 2 제 3 항부터 제 6
항까지를 준용한다.

제480조의 2 (사채관리회사의 지정·위탁)
회사는 사채를 발행하는 경우에 사채
관리회사를 정하여 변제의 수령, 채권
의 보전 그 밖에 사채의 관리를 위탁
할 수 있다.

〈신 설〉

제480조의 3 (사채관리회사의 자격)　①
은행, 신탁회사 그 밖에 대통령령으로
정하는 자가 아니면 사채관리회사가
될 수 없다.
② 사채의 인수인은 당해 사채의 사
채관리회사가 될 수 없다.
③ 사채를 발행한 회사와 특수한 이
해관계가 있는 자로서 대통령령이 정
하는 자는 사채관리회사가 될 수 없
다.

第481條(受託會社의 辭任)　社債募集의
委託을 받은 會社는 社債를 發行한
會社와 社債權者集會의 同意를 얻어
서 辭任할 수 있다. 不得已한 事由가
있는 境遇에 法院의 許可를 얻은 때
에도 같다.

제481조(사채관리회사의 사임)　사채관
리회사는 사채를 발행한 회사와 사채
권자집회의 동의를 얻어서 사임할 수
있다. 부득이한 사유가 있는 경우에
법원의 허가를 얻은 때에도 같다.

第482條(受託會社의 解任)　社債募集의
委託을 받은 會社가 그 事務를 處理
함에 不適任하거나 其他 正當한 事由
가 있을 때에는 法院은 社債를 發行
하는 會社 또는 社債權者集會의 請求
에 依하여 이를 解任할 수 있다.

제482조(사채관리회사의 해임)　사채관
리회사가 그 사무를 처리함에 부적임
하거나 기타 정당한 사유가 있을 때
에는 법원은 사채를 발행하는 회사
또는 사채권자집회의 청구에 의하여
이를 해임할 수 있다.

第483條(受託會社의　事務承繼者)　①
前 2 條의 境遇에 社債募集의 委託을
받은 會社가 없게 된 때에는 社債를
發行한 會社와 社債權者集會의 一致
로써 그 事務의 承繼者를 定할 수 있

제483조(사채관리회사의 사무승계자)
① 사채관리회사의 사임 또는 해임으
로 인하여 사채관리회사가 없게 된
때에는 사채를 발행한 회사는 그 사
무를 승계할 사채관리회사를 정하여

다.

② (생　략)

第484條(受託會社의　權限)　① 社債募集의 委託을 받은 會社는 社債權者를 爲하여 社債의 償還을 받음에 必要한 裁判上 또는 裁判外의 모든 行爲를 할 權限이 있다.

② 前項의 會社가 社債의 償還을 받은 때에는 遲滯 없이 그 뜻을 公告하고 알고 있는 社債權者에 對하여는 各別로 이를 通知하여야 한다.
③ 前項의 境遇에 社債權者는 債券과 相換하여 償還額의 支給을 請求할 수 있다.

〈신　설〉

사채권자를 위하여 사채의 관리를 행할 것을 위탁하여야 한다. 이 경우 회사는 지체 없이 사채권자집회를 소집하여 동의를 받아야 한다.
② (현행과 같음)

제484조(사채관리회사의　권한)　① 사채관리회사는 사채권자를 위하여 사채에 관한 채권의 변제의 수령 또는 채권의 실현을 보전하기 위해 필요한 재판상 또는 재판 외의 모든 행위를 할 수 있다.
② 사채관리회사가 제1항의 변제를 수령한 때에는 지체 없이 그 뜻을 공고하고, 알고 있는 사채권자에 대하여는 각별로 이를 통지하여야 한다.
③ 제2항의 경우에 사채권자는 사채관리회사에 대하여 사채의 상환액 및 이자의 지급을 청구할 수 있다. 이 경우 사채권이 발행된 때에는 사채권과 상환하여 상환액지급청구를, 이권과 상환하여 이자지급청구를 하여야 한다.
④ 사채관리회사가 다음 각 호의 어느 하나에 해당하는 행위(사채에 관한 채권의 변제의 수령 또는 채권의 실현을 보전하기 위한 행위는 제외한다)를 하는 경우에는 사채권자집회의 결의에 의하여야 한다. 다만, 사채를 발행하는 회사는 제2호에 기재한 행위를 사채관리회사가 사채권자집회결의에 의하지 아니하고 할 수 있음을 정할 수 있다.
1. 당해 사채 전부에 대한 지급의 유예, 그 채무의 불이행에 의해 발생한 책임의 면제 또는 화해
2. 당해 사채 전부에 관한 소송행위

	또는 채무자회생 및 파산에 관한 절차에 속하는 행위
〈신　설〉	⑤ 사채관리회사가 제4항 단서에 따라 사채권자집회의 결의에 의하지 아니하고 같은 항 제2호에 따른 행위를 한 때에는, 지체 없이 그 뜻을 공고하고 알고 있는 사채권자에 대하여는 따로 통지하여야 한다.
〈신　설〉	⑥ 제2항과 제5항의 공고는 사채를 발행한 회사가 하는 공고와 같은 방법으로 하여야 한다.
〈신　설〉	⑦ 사채관리회사는 그 관리의 위탁을 받은 사채에 관하여 제1항 또는 제4항 각 호에서 정한 행위를 위하여 필요한 때에는 법원의 허가를 얻어 사채를 발행한 회사의 업무와 재산상태를 조사할 수 있다.
〈신　설〉	제484조의 2(사채관리회사의 의무 및 책임)　① 사채관리회사는 사채권자를 위하여 공평하고 성실하게 사채를 관리하여야 한다. ② 사채관리회사는 사채권자에 대하여 선량한 관리자의 주의로 사채를 관리하여야 한다. ③ 사채관리회사가 이 법률 또는 사채권자집회결의에 위반한 행위를 한 때에는 사채권자에 대하여 연대하여 이로 인하여 발생한 손해를 배상할 책임이 있다.
第485條(2以上의 受託會社가 있는 境遇의 權限, 義務)　① 社債募集의 委託을 받은 會社가 2以上 있을 때에는 그 權限에 屬하는 行爲는 共同으로 하여야 한다. ② 前項의 境遇에 各會社는 社債權者	제485조(2 이상의 사채관리회사가 있는 경우의 권한, 의무)　① 사채관리회사가 2 이상 있을 때에는 그 권한에 속하는 행위는 공동으로 하여야 한다. ② 제1항의 경우에 사채관리회사가

에 對하여 連帶하여 償還額을 支給할 義務가 있다.

第488條(社債原簿) 會社는 社債原簿를 作成하고 다음의 事項을 記載하여야 한다.
  1. 社債權者의 姓名과 住所

  2. 債券의 番號
  3. 第474條 第2項 第4號·第5號·第7號 乃至 第9號와 第13號에 揭記한 事項
  4. 各社債의 納入金額과 納入年月日
  5. 債券의 發行年月日

  6. 各社債의 取得年月日
  7. 무기명식의 채권을 발행한 때에는 그 종류, 수, 번호와 발행연월일
〈신 설〉

第490條(決議事項) 社債權者集會는 本法에 다른 規定이 있는 境遇外에는 法院의 許可를 얻어 社債權者의 利害에 重大한 關係가 있는 事項에 關하여 決議를 할 수 있다.

第491條(召集權者) ① 社債權者集會는 社債를 發行한 會社 또는 社債募集의 委託을 받은 會社가 召集한다.
  ② 社債總額의 10分의 1以上에 該當하는 社債權者는 會議의 目的인 事項

제484조 제1항의 변제를 받은 때에는 사채관리회사는 사채권자에 대하여 연대하여 변제액을 지급할 의무가 있다.

제488조(사채원부) ① 회사는 사채원부를 작성하고 다음의 사항을 기재하여야 한다.
  1. 사채권자(무기명식의 채권이 발행되어 있는 사채의 사채권자를 제외한다)의 성명과 주소
  2. 채권의 번호
  3. 제474조 제2항 제4호·제5호·제7호부터 제9호까지, 제13호·제13호의2 및 제13호의3에 게기한 사항
  4. 각 사채의 납입금액과 납입연월일
  5. 채권의 발행연월일 또는 채권을 발행하는 대신 공인된 전자등록기관의 전자등록부에 사채권자의 권리를 등록하는 때에는 그 뜻
  6. 각 사채의 취득연월일
  7. 무기명식의 채권을 발행한 때에는 그 종류, 수, 번호와 발행연월일
  ② 제478조 제3항의 경우에는 공인된 전자등록기관의 전자등록부를 사채원부로 본다.

제490조(결의사항) 사채권자집회는 이 법에서 규정하고 있는 사항 및 사채권자의 이해에 관한 사항에 관하여 결의를 할 수 있다.

제491조(召集權者) ① 사채권자집회는 사채를 발행한 회사 또는 사채관리회사가 소집한다.
  ② 사채의 종류별로 당해 종류의 사채의 총액(상환받은 액을 제외)의 10

過 召集의 理由를 記載한 書面을 前
項의 會社에 提出하여 社債權者集會
의 召集을 請求할 수 있다.

③ ～ ④ (생 략)

第492條(議決權) ① 各社債權者는 社
債의 最低額마다 1個의 議決權이 있
다.

② (생 략)

第493條(社債發行會社 또는 受託會社의
代表者의 出席) ① 社債를 發行한
會社 또는 社債募集의 委託을 받은
會社는 그 代表者를 社債權者集會에
出席하게 하거나 書面으로 意見을 提
出할 수 있다.

② ～ ③ (생 략)

第495條(決議의 方法) ① (생 략)

② 第481條 乃至 第483條와 前條의
同意 또는 請求는 前項의 規定에 不
拘하고 出席한 社債權者의 議決權의
過半數로 決定할 수 있다.

〈신 설〉

〈신 설〉

〈신 설〉

분의 1 이상에 해당하는 사채를 가진
사채권자는 회의 목적인 사항과 소집
의 이유를 기재한 서면 또는 전자문
서를 사채를 발행한 회사 또는 사채
관리회사에 제출하여 사채권자집회의
소집을 청구할 수 있다.

③ ～ ④ (현행과 같음)

第492條(議決權) ① 각 사채권자는 그
가 가지는 당해 종류의 사채의 금액
의 합계액(상환받은 액을 제외)에 따
라 의결권을 가진다.

② (현행과 같음)

제493조(사채발행회사 또는 사채관리회
사의 대표자의 출석 등) ① 사채를
발행한 회사 또는 사채관리회사는 그
대표자를 사채권자집회에 출석하게
하거나 서면으로 의견을 제출할 수
있다.

② ～ ③ (현행과 같음)

第495條(決議의 方法) ① (현행과 같
음)

② 제481조부터 제483조까지의 규정
과 제494조의 동의 또는 청구는 제1
항의 규정에 불구하고 출석한 사채권
자의 의결권의 과반수로 결정할 수
있다.

③ 사채권자집회에 출석하지 않은 사
채권자는 서면에 의하여 의결권을 행
사할 수 있다.

④ 서면에 의한 의결권 행사는 의결
권 행사 서면에 필요한 사항을 기재
하여 사채권자집회의 전일까지 의결
권행사 서면을 소집자에게 제출하여
야 한다.

⑤ 제4항의 규정에 따라 서면에 의

〈신 설〉

第498條(決議의 效力) ① 社債權者集會의 決議는 法院의 認可를 얻음으로써 그 效力이 생긴다.

② 社債權者集會의 決議는 總社債權者에 對하여 그 效力이 있다.

第500條(社債權者集會의 代表者) ① 社債權者集會는 社債總額의 500分의 1以上을 가진 社債權者中에서 1人 또는 數人의 代表者를 選任하여 그 決議할 事項의 決定을 委任할 수 있다.

② (생 략)

第501條(決議의 執行) 社債權者集會의 決議는 社債募集의 委託을 받은 會社, 社債募集의 委託을 받은 會社가 없는 때에는 前條의 代表者가 執行한다. 그러나 社債權者集會의 決議로써 따로 執行者를 定한 때에는 그러하지 아니하다.

第505條(期限의 利益의 喪失) ① 會社가 社債의 利子의 支給을 懈怠한 때 또는 定期에 社債의 一部를 償還하여야 할 境遇에 그 償還을 懈怠한 때에는 社債權者集會의 決議에 依하여 會社에 對하여 一定한 期間內에 그 辨濟를 하여야 한다는 뜻과 그 期間內

하여 행사한 의결권의 수는 출석한 의결권자의 의결권의 수에 산입한다.

⑥ 제368조의4는 사채권자집회에 준용한다.

제498조(결의의 효력) ① 사채권자집회의 결의는 법원의 인가를 얻음으로써 그 효력이 생긴다. 다만, 당해 종류의 사채권자 전원이 동의한 결의에 대하여는 법원의 인가를 요하지 아니한다.

② 사채권자집회의 결의는 당해 종류의 사채를 가진 모든 사채권자에 대하여 그 효력이 있다.

第500條(社債權者集會의 代表者) ① 사채권자집회는 당해 종류의 사채의 총액(상환받은 금액을 제외)의 500분의 1 이상을 가진 사채권자 중에서 1인 또는 수인의 대표자를 선임하여 그 결의할 사항의 결정을 위임할 수 있다.

② (현행과 같음)

제501조(결의의 집행) 사채권자집회의 결의는 사채관리회사, 사채관리회사가 없는 때에는 제500조의 대표자가 집행한다. 그러나 사채권자집회의 결의로써 따로 집행자를 정한 때에는 그러하지 아니하다.

제505조 〈삭 제〉

에 辨濟를 하지 아니할 때에는 社債
의 總額에 關하여 期限의 利益을 잃
는다는 뜻을 通知할 수 있다. 그러나
그 期間은 2月을 내리지 못한다.
② 前項의 通知는 書面으로 하여야
한다.
③ 會社가 第1項의 期間內에 辨濟를
하지 아니하는 때에는 社債의 總額에
關하여 期限의 利益을 잃는다.

第506條(期限利益喪失의 公告, 通知)
前條의 規定에 依하여 會社가 期限의
利益을 잃은 때에는 前條 第1項의
決議를 執行하는 者는 遲滯 없이 그
뜻을 公告하고 알고 있는 社債權者에
對하여는 各別로 이를 通知하여야 한
다.

제506조 〈삭 제〉

第507條(受託會社等의 報酬, 費用) ①
社債募集의 委託을 받은 會社, 代表者
또는 執行者에 對하여 줄 報酬와 그
事務處理에 要할 費用은 社債를 執行
한 會社와의 契約에 約定이 있는 境
遇外에는 法院의 許可를 얻어 會社로
하여금 이를 負擔하게 할 수 있다.

제507조(사채관리회사 등의 보수, 비
용) ① 사채관리회사, 대표자 또는 집
행자에 대하여 줄 보수와 그 사무처
리에 요할 비용은 사채를 발행한 회
사와의 계약에 약정이 있는 경우 외
에는 법원의 허가를 얻어 사채를 발행
한 회사로 하여금 이를 부담하게 할
수 있다.

② 社債募集의 委託을 받은 會社, 代
表者 또는 執行者는 償還을 받은 金
額에서 社債權者에 優先하여 前項의
報酬와 費用의 辨濟를 받을 수 있다.

② 사채관리회사, 대표자 또는 집행자
는 사채에 관한 채권의 변제를 받은
금액에서 사채권자에 우선하여 제1
항의 보수와 비용의 변제를 받을 수
있다.

第510條(準用規定) ① ～ ② (생 략)

③ 社債募集의 委託을 받은 會社와 社
債權者는 營業時間內에 언제든지 前項
의 議事錄의 閱覽을 請求할 수 있다.

第510條(準用規定) ① ～ ② (현행과
같음)
③ 사채관리회사와 사채권자는 영업
시간 내에 언제든지 제2항의 의사록
의 열람을 청구할 수 있다.

第511條(受託會社에 依한 取消의 訴)

第511條(사채관리회사에 의한 취소의

① 會社가 어느 社債權者에 對하여한 辨濟, 和解 其他의 行爲가 顯著하게 不公正한 때에는 社債募集의 委託을 받은 會社는 訴만으로 그 行爲의 取消를 請求할 수 있다.

② 前項의 訴는 社債募集의 委託을 받은 會社가 取消의 原因인 事實을 안 때로부터 6月, 行爲가 있은 때로부터 1年內에 提起하여야 한다.

③ (생 략)

第513條의 2(轉換社債의 引受權을 가진 株主의 權利) ① (생 략)

② 第418條 第2項의 規定은 株主가 轉換社債의 引受權을 가진 경우에 이를 準用한다.

第516條(準用規定) ① 第346條 第2項, 第424條 및 第424條의 2의 規定은 轉換社債의 발행의 경우에 이를 準用한다.

② (생 략)

〈신 설〉

第516條의 7(新株引受權附社債의 登記) ① ~ ② (생 략)

第516條의 8(新株引受權의 行使) ①~ ④ (생 략)

第516條의 9(株主가 되는 時期) (생 략)

第516條의 10(準用規定) (생 략)

第523條(吸收合併의 合倂契約書) 合倂

소) ① 회사가 어느 사채권자에 대하여 한 변제, 화해 그 밖의 행위가 현저하게 불공정한 때에는 사채관리회사는 소만으로 그 행위의 취소를 청구할 수 있다.

② 제1항의 소는 사채관리회사가 취소의 원인인 사실을 안 때로부터 6개월, 행위가 있는 때로부터 1년 내에 제기하여야 한다.

③ (현행과 같음)

第513條의 2(轉換社債의 引受權을 가진 株主의 權利) ① (현행과 같음)

② 제418조 제3항의 규정은 주주가 전환사채의 인수권을 가진 경우에 이를 준용한다.

第516條(準用規定) ① 제346조 제4항 ――――――――――――― ――――――――――――― ―――――――.

② (현행과 같음)

제516조의 7(신주인수권의 전자등록) 회사는 신주인수권증권을 발행하는 대신 정관으로 정하는 바에 따라 공인된 전자등록기관의 전자등록부에 신주인수권을 등록할 수 있다. 이 경우 제356조의 2 제3항 내지 제6항을 준용한다.

第516條의 8(新株引受權附社債의 登記) ① ~ ② (현행과 같음)

第516條의 9(新株引受權의 行使) ①~ ④ (현행과 같음)

第516條의 10(株主가 되는 時期) (현행과 같음)

第516條의 11(準用規定) (현행과 같음)

第523條(吸收合併의 合倂契約書) ――

할 會社의 一方이 合併後存續하는 境遇에는 合併契約書에 다음의 事項을 記載하여야 한다.	─ ─.
1. (생 략)	1. (현행과 같음)
2. 存續하는 會社의 增加할 資本과 準備金의 總額	2. 존속하는 회사의 증가할 자본금과 준비금의 총액
3. (생 략)	3. (현행과 같음)
4. 存續하는 會社가 合併으로 因하여 消滅하는 會社의 株主에게 支給할 金額을 定한 때에는 그 規定	4. 존속하는 회사가 합병으로 인하여 소멸하는 회사의 주주에게 제3호의 규정에 불구하고 그 대가의 전부 또는 일부로써 금전 그 밖의 재산을 제공하는 경우에는 그 내용 및 배정에 관한 사항
5. ∼ 7. (생 략)	5. ∼ 7. (현행과 같음)
8. 각 회사가 합병으로 인하여 이익의 배당 또는 제462조의3 제1항의 규정에 의하여 금전으로 이익배당을 할 때에는 그 한도액	8. 각 회사가 합병으로 인하여 이익배당을 할 때에는 그 한도액
9. (생 략)	9. (현행과 같음)
〈신 설〉	제523조의2(합병대가가 모회사주식인 경우의 특칙) 제342조의2의 규정에 불구하고 제523조 제4호에 따라 소멸하는 회사의 주주에게 제공하는 재산이 존속하는 회사의 모회사주식을 포함하는 경우에는 존속하는 회사는 그 지급을 위하여 모회사주식을 취득할 수 있다.
第524條(新設合倂의 合倂契約書) 合倂으로 因하여 會社를 設立하는 境遇에는 合倂契約書에 다음의 事項을 記載하여야 한다.	第524條(新設合倂의 合倂契約書) ─.
1. 設立되는 會社에 對하여 第289條 第1項 第1號 乃至 第4號에 偶記한 事項과 數種의 株式을 發行할 때에는 그 種類, 數와 本店所在地	1. 설립되는 회사에 대하여 제289조 제1항 제1호부터 제4호까지에 게기한 사항과 종류의 주식을 발행할 때에는 그 종류, 수와 본점소재지

2. (생 략)

3. 設立되는 會社의 資本과 準備金의 總額

4. ～ 6. (생 략)

第527條의3(小規模合併) ① 合併 후 存續하는 會社가 合併으로 인하여 발행하는 新株의 總數가 그 會社의 發行株式總數의 100分의 5를 초과하지 아니하는 때에는 그 存續하는 會社의 株主總會의 승인은 이를 理事會의 승인으로 갈음할 수 있다. 다만, 合併으로 인하여 消滅하는 會社의 株主에게 지급할 금액을 정한 경우에 그 금액이 存續하는 會社의 최종 貸借對照表상으로 현존하는 純資產額의 100分의 2를 초과하는 때에는 그러하지 아니하다.

② ～ ⑤ (생 략)

第530條의3(分割計劃書·分割合併契約書의 승인) ① ～ ② (생 략)

③ 第2項의 決議에 관하여는 第370條 第1項의 株主도 議決權이 있다.

④ (생 략)

⑤ 會社가 數種의 株式을 發行한 경우에 分割 또는 分割合併으로 인하여 어느 종류의 株主에게 損害를 미치게 되는 때에는 第435條의 規定에 의하여 그 종류의 株主의 總會의 決議가 있어야 한다.

⑥ 會社의 分割 또는 分割合併으로 인하여 分割 또는 分割合併에 관련되는 각 會社의 株主의 부담이 加重되는 경우에는 第2項 및 第5項의 決議 외에 그 株主 全員의 同意가 있어

2. (현행과 같음)

3. 설립되는 회사의 자본금과 준비금의 총액

4. ～ 6. (현행과 같음)

第527條의3(小規模合併) ① ─────────────────────────100분의 10─────────────────────────────────100분의 5──────────────.

② ～ ⑤ (현행과 같음)

第530條의3(分割計劃書·分割合併契約書의 승인) ① ～ ② (현행과 같음)

③ 제2항의 결의에 관하여는 제344조의3 제1항에 의하여 의결권이 배제되는 주주도 의결권이 있다.

④ (현행과 같음)

⑤ 〈삭 제〉

⑥ ──제434조 및 제435조──────────────────

야 한다.	― ― ― ― ― ― ― ― ― ― ― ― ―.
第530條의5(分割計劃書의 기재사항)	第530條의5(分割計劃書의 기재사항)
① 分割에 의하여 會社를 設立하는 경우에는 分割計劃書에 다음 各號의 사항을 기재하여야 한다.	① ―.
1. (생 략)	1. (현행과 같음)
2. 設立되는 會社가 발행할 株式의 總數 및 1株의 금액	2. 설립되는 회사가 발행할 주식의 총수 및 액면주식·무액면주식의 구분
3. 設立되는 會社가 分割 당시에 발행하는 株式의 總數, 종류 및 종류별 株式의 數	3. 설립되는 회사가 분할 당시에 발행하는 주식의 총수, 종류 및 종류별 주식의 수, 액면주식·무액면주식의 구분
4. ~ 5. (생 략)	4. ~ 5. (현행과 같음)
6. 設立되는 會社의 資本과 準備金에 관한 사항	6. 설립되는 회사의 자본금과 준비금에 관한 사항
7. ~ 10. (생 략)	7. ~ 10. (현행과 같음)
② 分割 후 會社가 存續하는 경우에는 存續하는 會社에 관하여 分割計劃書에 다음 各號의 사항을 기재하여야 한다.	② ―.
1. 감소할 資本과 準備金의 額	1. 감소할 자본금과 준비금의 액
2. ~ 6. (생 략)	2. ~ 6. (현행과 같음)
第530條의6(分割合倂契約書의 기재사항) ① 分割되는 會社의 일부가 다른 會社와 合倂하여 그 다른 會社(이하 "分割合倂의 相對方 會社"라 한다)가 存續하는 경우에는 分割合倂契約書에 다음 各號의 사항을 기재하여야 한다.	第530條의6(分割合倂契約書의 기재사항) ① ―.
1. ~ 4. (생 략)	1. ~ 4. (현행과 같음)
5. 分割合倂의 相對方 會社의 증가할 資本의 總額과 準備金에 관한 사항	5. 분할합병의 상대방 회사의 증가할 자본금의 총액과 준비금에 관한 사항
6. ~ 11. (생 략)	6. ~ 11. (현행과 같음)
② ~ ③ (생 략)	② ~ ③ (현행과 같음)
第530條의11(準用規定) ① 第234條,	第530條의11(準用規定) ① 분할 또는

第237條 내지 第240條, 第329條의 2, 第440條 내지 第444條, 第526條, 第527條, 第528條 및 第529條의 規定은 分割 또는 分割合倂의 경우에 이를 準用한다. 다만, 第527條의 設立委員은 代表理事로 한다.	분할합병의 경우에는 제234조, 제237조부터 제240조까지, 제329조의2, 제440조부터 제444조까지, 제526조, 제527조, 제527조의 6, 제528조 및 제529조를 준용한다. 다만, 제527조의 설립위원은 대표이사로 한다.
② (생 략)	② (현행과 같음)
第543條(定款의 作成, 絕對的 記載事項)	第543條(定款의 作成, 絕對的 記載事項)
① (생 략)	① (현행과 같음)
② 定款에는 다음의 事項을 記載하고 각 사원이 記名捺印 또는 署名하여야 한다.	② ——.
1. (생 략)	1. (현행과 같음)
2. 資本의 總額	2. 자본금의 총액
3. ~ 5. (생 략)	3. ~ 5. (현행과 같음)
③ (생 략)	③ (현행과 같음)
第546條(資本總額, 出資 1座의 金額의 制限) ① 會社의 資本總額은 1千萬원 이상으로 하여야 한다.	제546조(출자 1좌의 금액의 제한) ① 〈삭 제〉
② (생 략)	② (현행과 같음)
第549條(設立의 登記) ① (생 략)	第549條(設立의 登記) ① (현행과 같음)
② 第1項의 登記에서 다음의 事項을 登記하여야 한다.	② ——.
1. ~ 3. (생 략)	1. ~ 3. (현행과 같음)
4. 會社를 代表할 理事를 정한 때에는 그 姓名	4. 회사를 대표할 이사를 정한 때에는 그 성명, 주소와 주민등록번호
5. ~ 7. (생 략)	5. ~ 7. (현행과 같음)
③ 有限會社의 支店設置 및 移轉시 支店所在地 또는 新支店所在地에서 하는 登記에 있어서는 第2項 第1號 및 第3號 내지 第6號에 規定된 사항을 登記하여야 한다.	③ 유한회사의 지점설치 및 이전시 지점 소재지 또는 신지점소재지에서 하는 등기에 있어서는 제2항 제3호부터 제6호까지에 규정된 사항과 제179조 제1호·제2호 및 제5호에 규정된 사항을 등기하여야 한다. 다만, 회사를 대표할 이사를 정한 때에는

④ （생　략）

第560條(準用規定)　① 第339條, 第340條 第1項·第2項, 第341條, 第341條의3, 第342條와 第343條 第1項의 規定은 社員의 特分에 準用한다.

② （생　략）

第576條(營業讓渡等과 事後設立)

① 有限會社가 第374條 第1號 乃至第3號에 揭記한 行爲를 함에는 第585條의 規定에 依한 總會의 決議가있어야 한다.

② （생　략）

第579條(財務諸表의 作成)　① 理事는每決算期에 다음의 書類와 그 附屬明細書를 作成하여야 한다.

1. ～ 2. （생　략）

3. 利益剩餘金處分計算書 또는 缺損金處理計算書

② ～ ③ （생　략）

第583條(準用規定)　① 第449條 第1項·第2項, 第450條, 第452條, 第453條, 第453條의2, 第457條의2, 第458條 乃至 第460條, 第462條, 第462條의3 및第466條의 規定은 有限會社의 計算에準用한다.

② （생　략）

第596條(準用規定)　第334條, 第548條와 第576條 第2項의 規定은 資本增加의 境遇에 準用한다.

第614條(代表者, 營業所의 設定과 登記)　① 外國會社가 大韓民國에서 營

그 외의 이사는 등기하지 아니한다.

④ （현행과 같음）

第560條(準用規定)　① 제339조, 제340조 제1항·제2항, 제341조의2, 제341조의3, 제342조와 제343조 제1항의 규정은 사원의 지분에 준용한다.

② （현행과 같음）

제576조(유한회사에서 영업양도 등에특별결의를 받아야 할 사항)

① 유한회사가 제374조 제1항 제1호부터 제3호까지에 게기한 행위를함에는 제585조의 규정에 따른 총회의 결의가 있어야 한다.

② （현행과 같음）

第579條(財務諸表의 作成)　① ───────────────────────────────.

1. ～ 2. （생　략）

3. 기타 회사의 재무상태와 경영성과를 표시하는 것으로서 제447조 제1항 제3호에 의하여 대통령령으로정하는 서류

② ～ ③ （생　략）

第583條(準用規定)　① 제449조 제1항·제2항, 제450조, 제458조부터 제460조까지, 제462조, 제462조의3 및 제466조의 규정은 유한회사의 계산에준용한다.

② （현행과 같음）

제596조(준용규정)　제421조 제2항, 제548조와 제576조 제2항의 규정은 자본금증가의 경우에 준용한다.

第614條(代表者, 營業所의 設定과 登記)　① 외국회사가 대한민국에서 영업을

業을 하고자 하는 때에는 大韓民國에
서의 代表者를 定하고 營業所를 設置
하여야 한다.

② ~ ④ (생 략)

〈신 설〉

第617條(適用法規) 外國에서 設立된
會社라도 大韓民國에 그 本店을 設置
하거나 大韓民國에서 營業할 것을 主
된 目的으로 하는 때에는 大韓民國에
서 設立된 會社와 同一한 規定에 依
하여야 한다.

第625條(會社財産을 危殆롭게 하는 罪)
第622條 第1項에 規定된 者, 檢査人,
第298條 第3項·第299條의2·第310條
第3項 또는 第313條 第2項의 公證
人(法務法人과 公證認可 合同法律事
務所의 당해 業務執行辯護士를 포함
한다. 이하 이 章에서 같다)이나 第
299條의2, 第310條 第3項 또는 第
422條 第1項의 鑑定人이 다음의 行
爲를 한 때에는 5年以下의 懲役 또는
1千500萬원 이하의 罰金에 處한다.

하고자 하는 때에는 대한민국에서의
대표자를 정하고 대한민국 내에 영업
소를 설치하거나 대표자 중 1인 이상
대한민국에 그 주소를 두어야 한다.

② ~ ④ (현행과 같음)

제616조의2(대차대조표 또는 이에 상
당하는 것의 공고) ① 외국회사의
등기를 한 외국회사(대한민국에서의
동종의 회사 또는 가장 유사한 회사
가 주식회사인 것에 한한다)는 제449
조에 따른 승인과 동종의 절차 또는
이와 유사한 절차의 종결 후 지체 없
이 대차대조표 또는 이에 상당하는
것으로서 대통령령이 정하는 것을 대
한민국에서 공고하여야 한다.
② 제1항의 공고에 대하여는 제289
조 제3항부터 제6항까지의 규정을
준용한다.

제617조(유사외국회사) ─ ─ ─ ─ ─ ─ ─
─ ─ ─ ─ ─ ─ ─ ─ ─ ─ ─ ─ ─
─ ─ ─ ─ ─ ─ ─ ─ ─ ─ ─ ─ ─
─ ─ ─ ─ ─ ─ ─ ─ ─ ─ ─ ─ ─
─ ─ ─ ─ ─ ─ ─ ─ ─같은─ ─ ─ ─
─ ─ ─ ─ ─ ─.

제625조(會社財産을 危殆롭게 하는 罪)
─ ─ ─ ─ ─ ─ ─ ─ ─ ─ ─ ─ ─
─ ─ ─ ─ ─ ─ ─ ─ ─ ─ ─ ─ ─
─ ─ ─ ─ ─ ─ ─ ─ ─ ─ ─ ─ ─
─ ─ ─ ─ ─ ─ ─ ─ ─ ─ ─ ─ ─
─ ─ ─ ─ ─ ─ ─ ─ ─ ─ ─ ─ ─
─ ─ ─ ─ ─ ─ ─ ─ ─ ─ ─ ─ ─
─ ─ ─ ─ ─ ─ ─ ─ ─ ─ ─ ─ ─
─ ─ ─ ─ ─ ─ ─ ─ ─ ─ ─ ─ ─
─ ─ ─ ─ ─ ─ ─ ─ ─ ─ ─ ─ ─.

1. ～ 2. (생 략)

3. 法令 또는 定款의 規定에 違反하여 利益이나 利子의 配當을 한 때

4. (생 략)

第635條(過怠料에 處할 行爲) ① 會社의 發起人, 設立委員, 業務執行社員, 理事, 監事, 監査委員會 委員, 外國會社의 代表者, 檢査人, 第298條 第3項·第299條의2·第310條 第3項 또는 第313條 第2項의 公證人, 第299條의2, 第310條 第3項 또는 第422條 第1項의 鑑定人, 支配人, 淸算人, 名義改書代理人, 社債募集의 委託을 받은 會社와 그 事務承繼者 또는 第386條 第2項, 第407條 第1項, 第415條, 第542條 第2項 또는 第567條의 職務代行者가 다음의 事項에 該當한 行爲를 한 때에는 500萬원 이하의 過怠料에 處한다. 다만, 그 行爲에 對하여 刑을 科할 때에는 그러하지 아니하다.

1. ～ 8. (생 략)

9. 定款·株主名簿 또는 그 複本, 社員名簿·社債原簿 또는 그 複本, 意思錄·監査錄·財産目錄·貸借對照表·營業報告書·事務報告書·損益計算書·利益剩餘金處分計算書 또는 缺損金處理計算書·決算報告書·會計帳簿, 第447條·第534條·第579條 第1項 또는 第613條 第1項의 附屬明細書 또는 監査報告書에 記載할 事項을 記載하지 아니하거나 또는 不實한 記載를 한 때

10. ～ 21. (생 략)

21의2. 第412條의4 第3項의 規定에 위반하여 정당한 이유 없이 監事 또

---

1. ～ 2. (현행과 같음)

3. 법령 또는 정관의 규정에 위반하여 이익배당을 한 때

4. (현행과 같음)

第635條(過怠料에 處할 行爲) ① ─.

1. ～ 8. (현행과 같음)

9. ─그 밖에 회사의 재무상태와 경영성과를 표시하는 것으로서 제447조 제1항 제3호에 의하여 대통령령에서 정하는 서류─ ─ ─ ─ ─ ─ ─ ─ ─ ─ ─ ─ ─ 적을 ─ ─적지─ ─ ─ ─ ─ ─ ─ ─ 부실하게 적은 ─ ─

10. ～ 21. (현행과 같음)

21의2. 제412조의5 제3항의 규정에 위반하여 정당한 이유 없이 감사 또

는 監査委員會의 調査를 거부한 때	는 감사위원회의 조사를 거부한 때
22. ~ 22의 2. (생 략)	22. ~ 22의 2. (현행과 같음)
23. 第470條의 規定에 違反하여 社債 를 募集하거나 舊社債를 償還하지 아니한 때	23. 〈삭 제〉
24. ~ 27. (생 략)	24. ~ 27. (현행과 같음)
② (생 략)	② (현행과 같음)

[附錄 Ⅱ]

상법 일부개정법률안(2)

1. 의결주문

상법 일부개정법률안을 별지와 같이 의결한다.

2. 제안이유

「증권거래법」등 자본시장 관련 6개 법률을 통폐합하는 「자본시장과 금융투자업에 관한 법률」이 제정되어 「증권거래법」에 규정되어 있는 상장법인의 지배구조와 재무 활동에 관한 규정도 폐지될 예정인데, 동 규정은 상장회사에 대한 상법회사편의 특례 규정들이므로 상법 회사편으로 포섭하여 상법 회사편의 완결을 기하는 한편, 소규모 기업의 설립 및 운영의 편의를 도모하기 위해 각종 제한을 철폐하는 등 기존 상법의 운영상 나타난 일부 미비점을 수정·보완하려는 것임.

3. 주요내용

가. 소규모 주식회사 설립시 주금납입금 보관증명서를 잔고증명서로 대체
(안 제318조 제 3 항)

(1) 소규모 주식회사를 설립하는 경우에도 금융기관이 발행한 주금납입금 보관증명서를 제출하여야 하는데 그 발급절차가 번거로워 신속한 창업에 지장을 초래함.

(2) 자본금 10억원 미만인 주식회사를 발기설립하는 경우 주금납입금 보관증명서를 금융기관의 잔고증명서로 대체할 수 있도록 허용함.

(3) 소규모 주식회사의 발기설립 절차가 간소화될 것으로 기대됨.

　나. 소규모 주식회사의 주주총회 소집절차 간소화(안 제363조 제5항부터
　제8항까지)

　⑴ 가족기업처럼 운영되는 소규모 주식회사에 대하여 복잡한 주주총회 소
집절차를 준수하도록 요구하는 것은 회사의 운영에 과도한 부담으로 작용함.

　⑵ 자본금 10억원 미만 주식회사의 주주총회 소집통지 기간을 1주 전으로
단축하고, 주주 전원의 동의가 있는 경우에는 소집절차를 생략할 수 있도록 허
용하며, 서면에 의한 주주총회 결의도 허용함.

　⑶ 소규모 주식회사의 주주총회 개최와 관련된 비용 및 시간이 절약될 것
으로 예상됨.

　다. 상장회사의 소수주주권 완화(안 제542조의 6, 7조)

　⑴ 상장회사의 경우 소수주주권 행사를 위한 지분율이 지나치게 높아 소
수주주권이 거의 활용되지 못하고 있음.

　⑵ 상장회사에 관하여 소수주주권의 지분율을 낮추는 한편, 상장회사의
주식을 6개월 이상 보유한 자만 소수주주권을 행사할 수 있도록 하여 소수주
주권의 남용을 예방하고, 이사·감사 후보자 추천권을 소수주주권의 하나로 명
문화하되 6개월 보유요건은 두지 아니함.

　⑶ 상장회사의 소수주주권 행사가 용이해져 상장회사의 경영 투명성이 제
고될 것으로 기대됨.

　라. 감사위원 선임권의 명문화 및 의결권 제한(안 제542조의 13)

　⑴ 현재 증권거래법은 감사위원 선임 및 해임의 권한이 이사회에 있는지
주주총회에 있는지 명문 규정을 두지 않은 채 감사위원 선임 및 해임시 의결권
제한 규정만 두고 있어, 실무상 이사를 일괄 선임한 후 선임된 이사 중 감사위
원을 선임하는 일괄선출방식과 일반 이사와 감사위원인 이사를 분리하여 선임
하는 분리선출방식 등으로 나뉘어 분쟁이 야기되는 등 실무상 혼란이 있음.

　⑵ 상장회사의 경우 감사위원의 선·해임권은 주주총회에 있음을 명문으
로 규정하고, 감사위원 선임시 3% 의결권 제한 규정을 마련함.

　⑶ 상장회사의 지배구조를 결정하는 방식이 통일되어 이를 둘러싼 법적
분쟁을 예방할 수 있을 것으로 기대됨.

마. 기타 상장회사의 지배구조에 관한 特例 마련(안 제542조의 3부터 제542
　　조의 5까지, 제542조의 8부터 제542조의 12까지)

　⑴ 상장회사는 일반적으로 회사의 규모가 크고 소유가 분산되어 있으며
국민경제에 미치는 영향이 크므로 상장회사의 특수성을 반영하여 지배구조를
결정하는 법규가 필요함.

　⑵ 상장회사의 경우 주식매수선택권을 당해 회사 이외에 관계회사 이사
등에게도 부여할 수 있도록 하고, 부여범위도 100분의 10 이하에서 100분의
20 이하로 확대하며, 주주총회 결의 없이 이사의 결의만으로도 100분의 10 이
하 범위에서 주식매수선택권을 부여할 수 있도록 함.

　⑶ 상장회사는 신탁업자를 통해 자기주식을 취득할 수 있도록 하고, 자기
주식취득에 관한 의사결정 기관을 원칙적으로 주주총회가 아닌 이사회로 함.

　⑷ 일정한 지분율 이하의 소수주주에 대하여는 일간신문에 공고하거나 전
자적 방법에 의한 공고로 주주총회 소집통지에 갈음할 수 있도록 함.

　⑸ 대통령령이 정하는 대규모 상장회사가 집중투표를 도입하거나 배제하
고자 하는 경우에는 3% 이상의 주식에 대해서는 의결권을 행사할 수 없도
록 함.

　⑹ 상장회사 중 대통령령이 정하는 경우를 제외하고는 사외이사가 이사
총수의 1/4 이상이 되도록 하였고, 대통령령이 정하는 대규모 상장회사의 사
외이사는 3인 이상으로 하되, 이사 총수의 1/2 이상이 되도록 사외이사설치를
의무화 함.

　⑺ 상장회사는 주요주주 등 특수관계인을 상대방으로 하거나 그를 위하여
신용공여를 할 수 없도록 하되 일정한 예외를 두고, 대통령령이 정하는 대규모
상장회사와 최대주주 및 특수관계인과의 거래 행위는 원칙적으로 이사회의 승
인을 받고 정기 주주총회에 보고하도록 함.

　⑻ 대통령령이 정하는 상장회사에 대하여는 1인 이상의 상근감사를 두어
야 하고, 대통령령이 정하는 대규모 상장회사에 대하여는 감사위원회를 의무
적으로 설치하도록 함.

　⑼ 상장회사의 규모 및 특성에 맞는 지배구조를 마련하여 상장회사 지배
구조의 투명성 및 효율성이 제고될 것으로 기대됨.

바. 상장회사의 재무구조에 관한 특례 마련(안 제542조의 14부터 제542조의
20까지)

(1) 상장회사는 비상장회사에 비하여 재무관리의 기동성·자율성·효율성
이 강하게 요구되나, 상장회사의 특수성을 반영하는 규정이 상법에 마련되어
있지 않음.

(2) 상장회사는 법원의 인가를 받지 않고도 주주총회 특별결의만으로 주식
을 액면미달 가액으로 발행할 수 있도록 함.

(3) 상장회사는 일반공모증자 방식으로 신주를 발행할 수 있도록 함.

(4) 상장회사가 발행한 주식을 현물출자하는 경우에는 그 가격 산정 방법
이 대통령령이 정하는 요건에 부합하는 경우 검사인의 검사 또는 감정인의 감
정을 면제함.

(5) 상장회사는 새로 발행하는 주식으로 이익배당 총액에 상당하는 금액까
지 배당할 수 있도록 허용함.

(6) 상장회사는 중간배당 이외에도 3월, 6월, 9월 말에 이익배당(분기배당)
을 할 수 있도록 허용함.

(7) 유상증자, 배당, 기타 재무처리와 관련된 사항에 관하여 대통령령으로
정하는 요건과 방법을 따르도록 함.

(8) 합병, 중요한 영업 또는 자산의 양도 및 양수 등의 경우 대통령령이 정
하는 요건과 방법을 따르도록 함.

(9) 상장회사 재무관리의 자율성과 효율성이 제고될 것으로 기대됨.

사. 유한회사에 대한 각종 제한 규정 철폐(안 제545조, 제556조, 제571조,
제607조)

(1) 유한회사는 폐쇄적으로 운영되는 소규모 기업을 전제로 하고 있으나,
폐쇄적 운영을 위한 규정들은 유한회사에 대한 각종 제한으로 작용하여 유한
회사의 이용에 불편을 초래하고 있음.

(2) 유한회사의 사원 총수에 대한 제한 규정을 삭제함.

(3) 유한회사 사원의 지분양도를 원칙적으로 자유롭게 하되, 정관으로 지
분의 양도를 제한할 수 있도록 함.

(4) 사원총회 소집방법으로 서면에 의한 통지 이외에도 각 사원의 동의를

얻어 전자문서로 통지를 발송할 수 있도록 함.

(5) 유한회사를 주식회사로 조직을 변경하는 사원총회 결의 요건을 정관에서 완화할 수 있도록 함.

(6) 유한회사에 대한 대표적인 제한 규정들이 철폐되어 유한회사의 이용이 증대될 것으로 기대됨.

4. 주요토의과제

해당 없음.

5. 참고사항

가. 관계법령: 생략

나. 예산조치: 별도조치 필요없음.

다. 합   의: ○○○○부 등과 합의되었음.

라. 기   타: (1) 신·구조문대비표, 별첨

(2) 입법예고(2007. 8. 27～9. 17) 결과, 특기할 사항 없음.

(3) 규제심사: 규제신설·폐지 등 없음.

상법 일부개정법률안(2)
신·구조문 대비표

현 행	개 정 안
第318條(納入金保管者의 證明과 責任) ① 納人金을 保管한 銀行 其他의 金融機關은 發起人 또는 理事의 請求가 있는 때에는 그 保管金額에 關하여 證明書를 交付하여야 한다. ② 前項의 銀行 其他의 金融機關은 證明한 保管金額에 對하여는 納入의 不實 또는 그 金額의 返還에 關한 制限이 있음을 理由로 하여 會社에 對抗하지 못한다. 〈신 설〉	**제318조(납입금보관자의 증명과 책임)** ① 납입금을 보관한 은행 그 밖의 금융기관은 발기인 또는 이사의 청구가 있는 때에는 그 보관금액에 관하여 증명서를 교부하여야 한다. ② 제1항의 은행 그 밖의 금융기관은 증명한 보관금액에 대하여는 납입이 부실하거나 그 금액의 반환에 관한 제한이 있다는 것을 이유로 하여 회사에 대항하지 못한다. ③ 자본금 총액이 10억원 미만인 회사를 제295조 제1항에 따라 발기설립하는 경우에는 제1항의 증명서를 은행 그 밖의 금융기관의 잔고증명서로 대체할 수 있다.
第340條의 2(株式買受選擇權) ① 會社는 定款이 정한 바에 따라 第434條의 規定에 의한 株主總會의 決議로 會社의 設立·경영과 技術革新 등에 기여하거나 기여할 수 있는 會社의 理事·監事 또는 被用者에게 미리 정한 價額 (이하 "株式買受選擇權의 行使價額"이라 한다)으로 新株를 引受하거나 자기의 株式을 買受할 수 있는 權利 (이하 "株式買受選擇權"이라 한다)를 부여할 수 있다. 다만, 株式買受選擇權의 行使價額이 株式의 實質價額보	**제340조의 2(주식매수선택권)** ① 회사는 정관에서 정한 바에 따라 제434조의 주주총회의 결의로 회사의 설립·경영과 기술혁신 등에 기여하거나 기여할 수 있는 회사의 이사·집행임원·감사 또는 피용자에게 미리 정한 가액(이하 '주식매수선택권의 행사가액'이라 한다)으로 신주를 인수하거나 자기의 주식을 매수할 수 있는 권리 (이하 '주식매수선택권'이라 한다)를 부여할 수 있다. 다만, 주식매수선택권의 행사가액이 주식의 실질가액보

다 낮은 경우에 會社는 그 差額을 金錢으로 지급하거나 그 差額에 상당하는 자기의 株式을 讓渡할 수 있다. 이 경우 株式의 實質價額은 株式買受選擇權의 行使日을 기준으로 評價한다.

② 다음 各號의 1에 해당하는 者에 대하여는 第1項에 規定된 株式買受選擇權을 부여할 수 없다.

1. 議決權없는 株式을 제외한 發行株式總數의 100分의 10 이상의 株式을 가진 株主

2. 理事·監事의 選任과 解任 등 會社의 主要經營事項에 대하여 사실상 影響力을 행사하는 者

3. 第1號와 第2號에 規定된 者의 配偶者와 直系尊·卑屬

③ 第1項의 規定에 의하여 발행할 新株 또는 讓渡할 자기의 株式은 會社의 發行株式總額의 100分의 10을 초과할 수 없다.

④ 第1項에 規定한 株式買受選擇權의 行使價額은 다음 各號의 價額 이상이어야 한다.

1. 新株를 발행하는 경우에는 株式買受選擇權의 附與日을 기준으로 한 株式의 實質價額과 株式의 券面額 중 높은 금액

2. 자기의 株式을 讓渡하는 경우에는 株式買受選擇權의 附與日을 기준으로 한 株式의 實質價額

第363條(召集의 通知, 公告) ① 總會를 召集함에는 會日을 定하여 2週間

다 낮은 경우에 회사는 그 차액을 금전으로 지급하거나 그 차액에 상당하는 자기의 주식을 양도할 수 있다. 이 경우 주식의 실질가액은 주식매수선택권의 행사일을 기준으로 평가한다.

② 다음 각 호의 어느 하나에 해당하는 자에게는 제1항의 주식매수선택권을 부여할 수 없다.

1. 의결권 없는 주식을 제외한 발행주식총수의 100분의 10 이상의 주식을 가진 주주

2. 이사·집행임원·감사의 선임과 해임 등 회사의 주요 경영사항에 대하여 사실상 영향력을 행사하는 자

3. 제1호와 제2호에 규정된 자의 배우자와 직계존·비속

③ 제1항에 따라 발행할 신주 또는 양도할 자기의 주식은 회사의 발행주식총액의 100분의 10을 초과할 수 없다.

④ 제1항의 주식매수선택권의 행사가액은 다음 각 호의 가액 이상이어야 한다.

1. 신주를 발행하는 경우에는 주식매수선택권의 부여일을 기준으로 한 주식의 실질가액과 주식의 권면액 중 높은 금액. 다만, 무액면주식을 발행한 경우에는 자본으로 계상되는 금액 중 1주에 해당하는 금액을 권면액으로 본다.

2. 자기의 주식을 양도하는 경우에는 주식매수선택권의 부여일을 기준으로 한 주식의 실질가액

제363조(소집의 통지, 공고) ① 주주총회를 소집하는 경우에는 주주총회

前에 各株主에 對하여 서면 또는 전자문서로 通知를 發送하여야 한다. 다만, 그 통지가 株主名簿상의 株主의 住所에 계속 3年間 도달하지 아니한 때에는 會社는 당해 株主에게 總會의 召集을 통지하지 아니할 수 있다.

② 前項의 通知書에는 會議의 目的事項을 記載하여야 한다.
③ 會社가 無記名式의 株券을 發行한 境遇에는 會日의 3週間前에 總會를 召集하는 뜻과 會議의 目的事項을 公告하여야 한다.
④ 前3項의 規定은 議決權없는 株主에 對하여는 適用하지 아니한다.
〈신 설〉

〈신 설〉

일을 정하여 2주 전에 각 주주에게 서면으로 통지를 발송하거나 각 주주의 동의를 받아 전자문서로 통지를 발송하여야 한다. ─────────
주주명부상의 주주의 주소에 계속 3년간 ──────────────
────── 회사는 해당 주주에게 주주총회의 소집──────
─────────────.

② 제1항의 통지서에는 회의의 목적사항을 기재하여야 한다.
③ 회사가 무기명식의 주권을 발행한 경우에는 주주총회일의 3주 전에 총회를 소집하는 뜻과 회의의 목적사항을 공고하여야 한다.
④ 제1항부터 제3항은 의결권 없는 주주에게는 적용하지 아니한다.
⑤ 자본금 총액이 10억원 미만인 회사가 주주총회를 소집하는 경우에는 주주총회일을 정하여 1주 전에 각 주주에게 서면으로 통지를 발송하거나 각 주주의 동의를 받아 전자문서로 통지를 발송할 수 있다. 다만, 회사가 무기명식의 주권을 발행한 경우에는 주주총회일의 2주 전에 주주총회를 소집하는 뜻과 회의의 목적사항을 공고할 수 있다.
⑥ 제5항의 회사는 주주 전원의 동의가 있을 경우에는 소집절차 없이 주주총회를 개최할 수 있고, 서면에 의한 결의로써 주주총회의 결의에 갈음할 수 있다. 결의의 목적사항에 대하여 주주 전원이 서면으로 동의를 한 때에는 서면에 의한 결의가 있는 것으로 본다.

〈신 설〉

〈신 설〉

第363條의2(株主提案權) ① 議決權 없는 株式을 제외한 發行株式總數의 100分의 3 이상에 해당하는 株式을 가진 株主는 理事에 대하여 會日의 6週전에 書面으로 일정한 사항을 株主總會의 目的事項으로 할 것을 提案(이하 '株主提案'이라 한다)할 수 있다.

② 第1項의 株主는 理事에 대하여 會日의 6週전에 書面으로 會議의 目的으로 할 사항에 추가하여 당해 株主가 제출하는 議案의 要領을 第363條에서 정하는 통지와 公告에 기재할 것을 請求할 수 있다.

③ 理事는 第1項에 의한 株主提案이 있는 경우에는 이를 理事會에 報告하고, 理事會는 株主提案의 내용이 法令 또는 定款에 위반되는 경우를 제외하고는 이를 株主總會의 目的事項으로 하여야 한다. 이 경우 株主提案을 한 者의 請求가 있는 때에는 株主總會에서 당해 議案을 설명할 기회를 주어야 한다.

〈신 설〉

⑦ 제6항의 서면에 의한 결의는 주주총회의 결의와 동일한 효력이 있다.

⑧ 주주총회에 관한 규정은 서면에 의한 결의에 준용한다.

제363조의2(주주제안권) ① 의결권 없는 주식을 제외한 발행주식총수의 100분의 3 이상에 해당하는 주식을 가진 주주는 이사에게 주주총회일(정기주주총회의 경우 직전연도의 정기주주총회일에 해당하는 당해 연도의 해당일. 이하 이 조에서 같다)의 6주 전에 서면으로 일정한 사항을 주주총회의 목적사항으로 할 것을 제안(이하 '주주제안'이라 한다)할 수 있다.

② 제1항의 주주는 이사에게 주주총회일의 6주 전에 서면으로 회의의 목적으로 할 사항에 추가하여 해당 주주가 제출하는 의안의 주요한 내용을 제363조에서 정하는 통지와 공고에 기재할 것을 청구할 수 있다.

③ 이사는 제1항에 의한 주주제안이 있는 경우에는 이를 이사회에 보고하고, 이사회는 주주제안의 내용이 법령 또는 정관에 위반되는 경우와 그 밖에 대통령령이 정하는 경우를 제외하고는 이를 주주총회의 목적사항으로 하여야 한다.—————— 주주제안을 한 자의 청구—————————— 주주총회에서 해당 의안—————————————.

제13절 상장회사

제542조의2(적용범위) ① 이 절은 대통령령이 정하는 증권시장에 상장된 주권을 발행한 주식회사(이하 '상장회

사'라 한다)에 대하여 적용한다.

② 이 절의 규정은 이 장 다른 절의 규정에 우선하여 적용한다.

제542조의 3(주식매수선택권) ① 상장회사는 제340조의 2 제 1 항 본문에도 불구하고 대통령령이 정하는 관계회사의 이사·집행임원·감사 또는 피용자(대통령령이 정하는 자를 제외한다. 이하 이 조에서 같다)에게 주식매수선택권을 부여할 수 있다.

② 상장회사는 제340조의 2 제 3 항에도 불구하고 발행주식총수의 100분의 20의 범위 안에서 대통령령으로 정하는 한도까지 주식매수선택권을 부여할 수 있다.

③ 상장회사는 제340조의 2 제 1 항 본문에도 불구하고 정관이 정하는 바에 따라 발행주식총수의 100분의 10의 범위 안에서 대통령령이 정하는 한도까지 이사회가 제340조의 3 제 2 항 각 호의 사항을 결의함으로써 제 1 항의 규정에 따른 해당 회사의 집행임원·감사 또는 피용자 및 그 관계회사의 이사·집행임원·감사 또는 피용자에게 주식매수선택권을 부여할 수 있다. 이 경우 그 부여일 이후 처음으로 소집되는 주주총회의 승인을 받아야 한다.

④ 제340조의 4 제 1 항에도 불구하고 상장회사의 주식매수선택권을 부여받은 자는 대통령령이 정하는 경우를 제외하고는 주식매수선택권을 부여하기로 하는 주주총회 또는 이사회의 결의일로부터 2년 이상 재임 또는 재직하여야 주식매수선택권을 행사할 수 있다.

⑤ 제1항부터 제4항까지 규정된 것 외에 상장회사의 주식매수선택권에 관하여 필요한 사항은 대통령령으로 정한다.

제542조의 4(자기주식의 취득 및 처분)

① 상장회사는 대통령령이 정하는 금전의 신탁계약에 의하여 신탁업자로부터 신탁계약이 해지·종료된 때에 반환받는 방법에 의하여 자기주식을 취득할 수 있다. 다만, 신탁업자가 제341조 제1항 각 호의 방법에 따라 취득한 경우에 한정한다.

② 제1항의 경우 신탁계약에 의한 계약금액은 제341조 제1항 단서의 취득가액으로 본다.

③ 상장회사가 제1항 및 제341조 제1항에 따라 자기주식을 취득하는 경우에는 제341조 제2항 각 호의 사항에 관하여 이사회의 결의만으로 자기주식을 취득할 수 있다.

④ 상장회사가 이익배당을 할 수 있는 한도 등의 감소로 인하여 제341조 제1항 단서에 따른 범위를 초과하여 자기주식을 취득하게 된 경우에는 그 날부터 대통령령이 정하는 기간 내에 그 초과분을 처분하여야 한다.

⑤ 자기주식을 취득·처분·소각하는 경우에는 그 이후 처음으로 소집되는 주주총회에 보고하여야 한다.

⑥ 상장회사가 자기주식을 취득하거나 처분하는 경우(신탁계약을 체결하거나 해지하는 경우를 포함한다)에는 대통령령이 정하는 요건·절차 등의 기준에 따라야 한다.

제542조의 5(주주총회 소집공고) ①

상장회사가 주주총회를 소집하는 경우 대통령령이 정하는 수 이하의 주식을 소유하는 주주에게는 정관에서 정하는 바에 따라 주주총회일의 2주 전에 주주총회를 소집하는 뜻과 회의의 목적사항을 2 이상의 일간신문에 각각 2회 이상 공고하거나 대통령령이 정하는 바에 따라 전자적 방법에 의하여 공고함으로써 제363조 제1항의 소집통지에 갈음할 수 있다.

② 상장회사가 제363조 제1항의 소집통지, 이 조 제1항 또는 제363조 제3항의 공고를 하는 경우에는 대통령령이 정하는 사항을 통지 또는 공고하여야 한다. 회의의 목적사항이 이사·감사의 선임에 관한 사항인 경우에는 이사·감사 후보자의 성명·약력·추천인 그 밖에 대통령령이 정하는 후보자에 관한 사항을 통지 또는 공고하여야 한다.

제542조의 6(소수주주권) ① 6월 전부터 계속하여 상장회사의 발행주식총수의 1천분의 15 이상에 해당하는 주식을 보유한 자는 제366조 및 제467조에서 규정하는 주주의 권리를 행사할 수 있다.

② 6월 전부터 계속하여 상장회사의 의결권 없는 주식을 제외한 발행주식총수의 1천분의 5 이상에 해당하는 주식을 보유한 자는 제363조의 2에서 규정하는 주주의 권리를 행사할 수 있다.

③ 6월 전부터 계속하여 상장회사의 발행주식총수의 1만분의 25 이상에 해당하는 주식을 보유한 자는 제385

조(제415조에서 준용하는 경우를 포함한다) 및 제539조에서 규정하는 주주의 권리를 행사할 수 있다.

④ 6월 전부터 계속하여 상장회사의 발행주식총수의 1만분의 5 이상에 해당하는 주식을 보유한 자는 제466조에서 규정하는 주주의 권리를 행사할 수 있다.

⑤ 6월 전부터 계속하여 상장회사의 발행주식총수의 10 만분의 25 이상에 해당하는 주식을 보유한 자는 제402조에서 규정하는 주주의 권리를 행사할 수 있다.

⑥ 6월 전부터 계속하여 상장회사의 발행주식총수의 1만분의 1 이상에 해당하는 주식을 보유한 자는 제403조(제324조, 제415조, 제424조의 2, 제467조의 2 및 제542조에서 준용하는 경우를 포함한다)에서 규정하는 주주의 권리를 행사할 수 있다.

⑦ 상장회사는 정관에서 제1항부터 제6항에서 정하는 것 보다 단기의 주식 보유기간을 정하거나 낮은 비율을 정할 수 있다.

⑧ 이 조, 제542조의 7 제1항 및 제542조의 8 제1항에서 "주식을 보유한 자"라 함은 주식을 소유한 자, 주주권 행사에 관한 위임을 받은 자, 2명 이상의 주주의 주주권을 공동으로 행사하는 자를 말한다.

제542조의 7(이사·감사 후보자 추천권)
① 상장회사의 의결권 없는 주식을 제외한 발행주식총수의 1천분의 5 이상에 해당하는 주식을 보유한 자는 이사에게 대통령령이 정하는 바에 따

라 주주총회일(정기주주총회의 경우
에는 직전연도의 정기주주총회일에
해당하는 당해 연도의 해당일) 6주
전까지 이사 또는 감사의 후보자를
추천할 수 있다. 다만, 정관에서 이
보다 낮은 비율을 정할 수 있다.

② 제1항 본문의 경우 후보자를 추
천한 자의 청구가 있을 경우에는 주
주총회에서 해당 후보자에 관한 사항
을 설명할 기회를 주어야 한다.

③ 상장회사가 주주총회에서 이사 또
는 감사를 선임하고자 하는 경우에는
제542조의5 제2항 제2문의 규정에
따라 통지 또는 공고된 후보자 중에
서 선임하여야 한다.

제542조의8(집중투표에 관한 특례)

① 대통령령이 정하는 상장회사의 의
결권 없는 주식을 제외한 발행주식총
수의 100분의 1 이상에 해당하는 주
식을 보유한 자는 제382조의2 제1항
에 따른 집중투표 청구권을 행사할
수 있다.

② 제1항에서 규정하는 상장회사가
정관에서 집중투표를 배제하고자 하
거나 그 배제된 정관을 변경하고자
하는 경우에는 의결권 없는 주식을
제외한 발행주식총수의 100분의 3을
초과하는 수의 주식을 가진 주주는
그 초과하는 주식에 관하여 의결권을
행사하지 못한다. 다만, 정관에서 이
보다 낮은 비율을 정할 수 있다.

③ 제1항의 상장회사가 제2항에 따
른 집중투표의 배제 여부에 관한 정
관의 변경을 주주총회의 목적사항으
로 하고자 하는 경우에는 그 밖의 사

항의 정관 변경에 관한 다른 의안과 별도로 상정하여 의결하여야 한다.

④ 제1항의 청구는 주주총회일(정기주주총회의 경우에는 직전연도의 정기주주총회일에 해당하는 당해연도의 해당일) 6주 전까지 이사에게 서면 또는 전자문서로 하여야 한다.

제542조의9(사외이사의 선임) ① 상장회사는 대통령령이 정하는 경우를 제외하고는 이사 총수의 4분의 1 이상을 사외이사로 하여야 한다. 다만, 대통령령이 정하는 상장회사의 사외이사는 3명 이상으로 하되, 이사 총수의 과반수가 되도록 하여야 한다.

② 상장회사의 사외이사는 제382조 제3항뿐만 아니라 다음 각 호의 어느 하나에 해당되지 않아야 하며, 이에 해당하게 된 경우에는 그 직을 상실한다.

1. 미성년자, 금치산자 또는 한정치산자

2. 파산선고를 받은 자로서 복권되지 아니한 자

3. 금고 이상의 형을 받고 그 집행이 종료되거나 집행을 받지 아니하기로 확정된 후 2년을 경과하지 아니한 자

4. 대통령령이 별도로 정하는 법률에 의하여 해임되거나 면직된 후 2년을 경과하지 아니한 자

5. 상장회사의 주주로서 의결권 없는 주식을 제외한 발행주식총수를 기준으로 본인 및 대통령령이 정하는 그의 특수관계인이 소유하는 주식의 수가 가장 많은 경우 그 본인(이하 '최대주주'라 한다) 및 그의 특수관

계인

6. 누구의 명의로 하든지 자기의 계산
으로 의결권 없는 주식을 제외한 발
행주식총수의 100분의 10 이상의
주식을 소유한 자와 이사·집행임
원·감사의 선임과 해임 등 회사의
주요 경영사항에 대하여 사실상의
영향력을 행사하는 주주(이하 '주요
주주'라 한다) 및 그의 배우자와 직
계존비속

7. 그 밖에 사외이사로서의 직무를 충
실하게 수행하기 곤란하거나 회사의
겨영에 영향을 미칠 수 있는 자로서
대통령령이 정하는 자

③ 제1항의 상장회사는 사외이사의
사임·사망 등의 사유로 인하여 사외
이사의 수가 제1항의 이사회의 구성
요건에 미달하게 된 때에는 그 사유
가 발생한 후 처음으로 소집되는 주
주총회에서 제1항의 요건에 합치되
도록 하여야 한다.

④ 제1항 단서에서 규정하는 상장회
사는 사외이사 후보를 추천하기 위하
여 제393조의2의 위원회(이하 이 조
에서 '사외이사후보추천위원회'라 한
다)를 설치하여야 한다. 이 경우 사외
이사후보추천위원회는 사외이사가 총
위원의 2분의 1 이상이 되도록 구성
하여야 한다.

⑤ 제1항 단서에서 규정하는 상장회
사의 경우 주주총회에서 사외이사를
선임하고자 하는 때에는 사외이사후
보추천위원회의 추천을 받은 자 중에
서 선임하여야 한다. 이 경우 상장회
사의 사외이사후보추천위원회가 사외

이사 후보를 추천함에 있어서는 제
363조의2 제1항, 제542조의6 제2항
또는 제542조의7 제1항의 권리를 행
사할 수 있는 요건을 갖춘 주주가 주
주총회일(정기주주총회의 경우 직전
연도의 정기주주총회일에 해당하는 당
해 연도의 해당일)의 6주 전에 추천
한 사외이사 후보를 포함시켜야 한다.

**제542조의10(주요주주 등 이해관계자
와의 거래)** ① 상장회사는 다음 각
호의 자를 상대방으로 하거나 그를 위
하여 신용공여를 하여서는 아니된다.

1. 주요주주 및 그 특수관계인
2. 이사(제401조의2 제1항 각 호의
  어느 하나에 해당하는 자를 포함한
  다. 이하 이 조에서 같다) 및 집행
  임원
3. 감사

② 제1항에도 불구하고 다음 각 호
의 어느 하나에 해당하는 신용공여의
경우에는 이를 할 수 있다.

1. 복리후생을 위한 이사·집행임원
  또는 감사에 대한 금전대여 등으로
  서 대통령령이 정하는 신용공여
2. 다른 법령에서 허용하는 신용공여
3. 그 밖에 상장회사의 경영건전성을
  해할 우려가 없는 금전대여 등으로
  서 대통령령이 정하는 신용공여

③ 대통령령이 정하는 상장회사는 최
대주주, 그의 특수관계인 및 해당 상
장회사의 특수관계인으로서 대통령령
이 정하는 자를 상대방으로 하거나
그를 위하여 다음 각 호의 어느 하나
에 해당하는 거래(제1항에 따라 금
지되는 거래를 제외한다)를 하고자

하는 경우에는 이사회의 승인을 받아
야 한다.
1. 단일 거래규모가 대통령령이 정하
　는 규모 이상인 거래
2. 해당 사업연도 중에 특정인과 해당
　거래를 포함한 거래총액이 대통령령
　이 정하는 규모 이상이 되는 경우의
　해당 거래
④ 제3항의 경우 그 승인 결의 후
처음으로 소집되는 정기주주총회에
해당 거래의 목적·상대방 그 밖에 대
통령령이 정하는 사항을 보고하여야
한다.
⑤ 제3항에 불구하고 상장회사의 영
위 업종에 따른 일상적인 거래로서
다음 각 호의 어느 하나에 해당하는
거래는 이사회의 승인을 받지 아니하
고 할 수 있으며, 제2호에 해당하는
거래에 대하여는 그 거래내용을 주주
총회에 보고하지 아니할 수 있다.
1. 약관에 따라 정형화된 거래로서 대
　통령령이 정하는 거래
2. 이사회에서 거래총액을 승인하고
　그 승인된 금액의 범위 안에서 이행
　하는 거래
⑥ 이 조에서 신용공여라 함은 금전 등
경제적 가치가 있는 재산의 대여, 채
무이행의 보증, 자금 지원적 성격의 증
권의 매입, 그 밖에 거래상의 신용위
험을 수반하는 직접적·간접적 거래로
서 대통령령이 정하는 거래를 말한다.
제542조의11(상근감사) ① 대통령령
이 정하는 상장회사는 주주총회 결의
에 의하여 회사에 상근하면서 감사업
무를 수행하는 감사(이하 '상근감사'

라고 한다)를 1명 이상 두어야 한다. 다만, 이 절에 따라 감사위원회를 설치한 경우에는 그러하지 아니하다.

② 다음 각 호의 어느 하나에 해당하는 자는 제1항에서 규정하는 상장회사의 상근감사가 되지 못하며, 이에 해당하게 되는 경우에는 그 직을 상실한다.

1. 제542조의9 제2항 제1호부터 제4호에 해당하는 자

2. 주요주주

3. 회사의 상무(常務)에 종사하는 이사·집행임원 및 피용자 또는 최근 2년 이내에 회사의 상무에 종사한 이사·집행임원 및 피용자. 다만, 이 절의 규정에 의한 감사위원회 위원인 이사는 제외한다.

4. 제2호 및 제3호 이외에 회사의 경영에 영향을 미칠 수 있는 자로서 대통령령이 정하는 자

제542조의12(감사위원회) ① 대통령령이 정하는 상장회사는 감사위원회를 설치하여야 한다.

② 제1항에서 규정하는 상장회사의 감사위원회는 제415조의2 제2항의 요건 이외에도 다음 각 호의 요건을 갖추어야 한다.

1. 위원 중 1명 이상은 대통령령이 정하는 회계 또는 재무전문가일 것

2. 감사위원회의 대표는 사외이사일 것

③ 제1항에서 규정하는 상장회사의 사내이사인 감사위원회의 위원은 제542조의11 제2항 각 호의 어느 하나에 해당되어서는 아니된다.

④ 제 1 항에서 규정하는 상장회사는 사외이사의 사임·사망 등의 사유로 인하여 사외이사의 수가 제415조의 2 제 2 항의 감사위원회의 구성요건에 미달하게 된 때에는 그 사유가 발생한 후 처음으로 소집되는 주주총회에서 제415조의 2 제 2 항의 요건에 합치되도록 하여야 한다.

제542조의 13(감사의 선임 등) ① 제 393조의 2에 불구하고 제542조의 12 제 1 항에서 규정하는 상장회사의 감사위원회 위원을 선임하거나 해임하는 권한은 주주총회에 있다.

② 제542조의 12 제 1 항에서 규정하는 상장회사는 주주총회에서 이사를 선임한 후 선임된 이사 중에서 감사위원회 위원을 선임하여야 한다.

③ 최대주주와 그 특수관계인 그 밖에 대통령령이 정하는 자가 소유하는 상장회사의 의결권 있는 주식의 합계가 해당 회사의 의결권 없는 주식을 제외한 발행주식총수의 100분의 3을 초과하는 경우 그 주주는 그 초과하는 주식에 관하여 감사 또는 사내이사인 감사위원회 위원의 선임 또는 해임에 있어서는 의결권을 행사하지 못한다. 다만, 정관에서 이 보다 낮은 비율을 정할 수 있다.

④ 대통령령이 정하는 상장회사의 의결권 없는 주식을 제외한 발행주식총수의 100분의 3을 초과하는 수의 주식을 가진 주주는 그 초과하는 주식에 관하여 사외이사인 감사위원회 위원의 선임에 있어서는 의결권을 행사하지 못한다. 다만 정관에서 이 보다

낮은 비율을 정할 수 있다.

⑤ 상장회사가 주주총회의 목적사항으로 감사의 선임 또는 감사의 보수 결정을 위한 의안을 상정하고자 하는 경우에는 이사의 선임 또는 이사의 보수결정을 위한 의안과는 별도로 상정하여 의결하여야 한다.

⑥ 상장회사의 감사 또는 감사위원회는 제447조의4 제1항에도 불구하고 이사에게 감사보고서를 주주총회일의 1주 전까지 제출할 수 있다.

제542조의14(액면미달발행에 대한 특례) ① 상장회사는 제417조 제1항 및 제3항에도 불구하고 제434조의 주주총회의 결의만으로 주식을 액면미달 가액으로 발행할 수 있다. 다만, 이미 액면미달 가액으로 발행한 경우에는 그 액면미달 총액의 상각을 완료하지 아니한 때에는 그러하지 아니하다.

② 제1항의 주주총회의 결의에서는 대통령령이 정하는 방법에 따라 산정한 가격 이상으로 주식의 최저발행가액을 정하여야 한다.

③ 제1항의 주식은 주주총회에서 달리 정하는 경우를 제외하고는 주주총회의 결의일부터 1월 이내에 발행하여야 한다.

제542조의15(일반공모증자) ① 상장회사는 제418조 제1항 및 제2항에도 불구하고 정관에서 정하는 바에 따라 이사회의 결의로써 주주의 신주인수권을 배제하고 불특정다수인(해당 회사의 주주를 포함한다)을 상대방으로 하여 신주를 모집하는 방식

(이하 '일반공모증자방식'이라 한다)
에 의하여 신주를 발행할 수 있다.

② 일반공모증자방식에 의하여 신주를 발행하는 경우 그 발행가격은 대통령령이 정하는 방법에 따라 산정한 가격 이상이어야 한다.

③ 제1항에서 "모집"이라 함은 대통령령이 정하는 방법으로 산출한 수 이상의 투자자에게 신주 취득의 청약을 권유하는 것을 말한다.

제542조의 16(현물출자의 검사에 관한 특례) 상장회사가 발행한 주식을 현물로 출자하는 경우로서 대통령령이 정하는 바에 따라 그 출자 주식의 가격을 평가한 때에는 제422조 제1항에 따른 검사인의 조사 또는 감정인의 감정에 의한 가격으로 본다.

제542조의 17(주식배당의 특례) ① 상장회사는 제462조의2 제1항 제2문에도 불구하고 해당 회사가 발행한 주식의 시가가 권면액 이상인 경우에는 이익의 배당을 이익배당 총액에 상당하는 금액까지 새로이 발행하는 주식으로써 할 수 있다. 다만, 무액면주식을 발행한 경우에는 자본으로 계상되는 금액 중 1주에 해당하는 금액을 권면액으로 본다.

② 제1항의 주식의 시가 산정방법은 대통령령으로 정한다.

제542조의 18(배당에 대한 특례) ① 제462조의3 제1항에도 불구하고 연 1회의 결산기를 정한 상장회사는 정관에서 정하는 바에 따라 사업연도 중 그 사업연도 개시일부터 3월·6월 및 9월의 마지막 날의 주주에게 이사

회 결의로써 이익배당(이하 '분기배당'이라 한다)을 할 수 있다.

② 제 1 항의 이사회 결의는 제 1 항에 따른 마지막 날부터 45일 이내에 하여야 한다.

③ 제 1 항에 따른 분기배당금은 이사회 결의가 있는 날부터 20일 이내에 지급하여야 한다. 다만, 정관에서 분기배당금의 지급시기를 따로 정한 경우에는 그에 따른다.

④ 분기배당의 경우에는 제462조의 3 제 2 항부터 제 6 항까지의 규정을 준용한다.

제542조의 19(재무관리기준) 상장회사가 다음 각 호의 어느 하나에 해당하는 행위를 하고자 하는 경우에는 대통령령이 정하는 요건, 방법 등의 기준에 따라야 한다.

1. 유상증자를 하고자 하는 경우
2. 배당을 하고자 하는 경우
3. 대통령령이 정하는 해외증권을 발행하고자 하는 경우
4. 그 밖에 상장회사의 재무처리와 관련한 것으로서 대통령령이 정하는 행위를 하고자 하는 경우

제542조의 20(합병 등의 특례) 상장회사는 다음 각 호의 어느 하나에 해당하는 행위를 하고자 하는 경우에는 대통령령이 정하는 요건, 방법 등의 기준에 따라야 한다.

1. 다른 회사와 합병하고자 하는 경우
2. 대통령령이 정하는 중요한 영업 또는 자산을 양수 또는 양도하고자 하는 경우
3. 주식의 포괄적 교환 또는 포괄적

	이전을 하고자 하는 경우
	4. 분할 또는 분할합병을 하고자 하는 경우
第545條(社員總數의 制限) ① 社員의 總數는 50人을 超過하지 못한다. 그러나 特別한 事情이 있는 境遇에 法院의 認可를 얻은 때에는 그러하지 아니하다. ② 前項의 規定은 相續 또는 遺贈으로 因하여 社員의 數에 變更이 생기는 境遇에는 適用하지 아니한다.	〈삭 제〉
第546條(資本總額, 出資 1座의 金額의 制限) ① 會社의 資本總額은 1千萬원 이상으로 하여야 한다. ② 出資 1座의 金額은 5千원 이상으로 均一하게 하여야 한다.	제546조(출자 1좌의 금액의 제한) 출자 1좌의 금액은 100원 이상으로 균일하게 하여야 한다.
第556條(持分의 讓渡) ① 社員은 第585條의 規定에 依한 社員總會의 決議가 있은 때에 限하여 그 持分의 全部 또는 一部를 他人에게 讓渡할 수 있다. 그러나 定款으로 讓渡의 制限을 加重할 수 있다.	제556조(지분의 양도) ① 사원은 그 지분의 전부 또는 일부를 양도하거나 상속할 수 있다. 다만, 정관에서 지분의 양도를 제한할 수 있다.
② 讓渡로 因하여 社員의 總數가 第545條의 規定에 依한 制限을 超過하는 境遇에는 遺贈의 境遇를 除外하고는 그 讓渡는 效力이 없다.	〈삭 제〉
③ 社員相互間의 持分의 讓渡에 對하여는 第1項의 規定에 不拘하고 定款으로 다른 定함을 할 수 있다.	〈삭 제〉
第571條(社員總會의 召集) ① 社員總會는 本法에 다른 規定이 있는 境遇外에는 理事가 이를 召集한다. 그러나 臨時總會는 監事도 이를 召集할 수 있다.	제571조(사원총회의 소집) ① 사원총회는 이 법에서 달리 규정하는 경우 외에는 이사가 소집한다.————— 임시총회는 감사도 소집————————.
② 社員總會를 召集함에는 會日을 定	② 사원총회를 소집함에는 사원총회

하고 1週間前에 各社員에 對하여 書面으로 그 通知를 發送하여야 한다. 그러나 이 期間은 定款으로 短縮할 수 있다.

③ 第363條 第2項과 第364條의 規定은 社員總會의 召集에 準用한다.

第607條(有限會社의 株式會社에의 組織變更) ① 有限會社는 總社員의 一致에 依한 總會의 決議로 그 組織을 變更하여 이를 株式會社로 할 수 있다.

② 前項의 境遇에는 組織變更時에 發行하는 株式의 發行價額의 總額은 會社에 現存하는 純財産額을 超過하지 못한다.

③ 第1項의 組織變更은 法院의 認可를 얻지 아니하면 그 效力이 없다.

④ 第1項의 組織變更의 境遇에 會社에 現存하는 純財産額이 組織變更時에 發行하는 株式의 發行價額의 總額에 不足하는 때에는 第1項의 決議當時의 理事, 監事와 社員은 會社에 對하여 連帶하여 그 不足額을 支給할 責任이 있다. 이 境遇에 第550條 第2項과 第551條 第2項, 第3項의 規定을 準用한다.

⑤ 第340條 第3項, 第601條 第1項, 第604條 第3項과 前條의 規定은 第1項의 組織變更의 境遇에 準用한다.

〈신 설〉

일을 정하고 1주 전에 각 사원에게 서면으로 통지를 발송하거나 각 사원의 동의를 받아 전자문서로 통지를 발송하여야 한다.

③ 제363조 제2항과 제364조는 사원총회의 소집에 준용한다.

제607조(유한회사의 주식회사에의 조직변경) ① 유한회사는 총사원의 일치에 의한 총회의 결의로 주식회사로 조직을 변경할 수 있다. 다만, 회사는 그 결의를 정관에서 정하는 바에 따라 제585조의 사원총회의 결의로 할 수 있다.

② 제1항의 경우에는 조직변경시에 발행하는 주식의 발행가액의 총액은 회사에 현존하는 순재산액을 초과하지 못한다.

③ 제1항의 조직변경은 법원의 인가ㅡㅡㅡㅡㅡㅡㅡㅡ효력ㅡㅡㅡㅡㅡ.

④ 제1항의 조직변경의 경우에 회사에 현존하는 순재산액이 조직변경시에 발행하는 주식의 발행가액의 총액에 부족하는 때에는 제1항의 결의 당시의 이사, 감사와 사원은 회사에 대하여 연대하여 그 부족액을 지급할 책임이 있다. 이 경우에 제550조 제2항과 제551조 제2항, 제3항의 규정을 준용한다.

⑤ 제1항의 조직변경의 경우에는 제340조 제3항, 제601조 제1항, 제604조 제3항 및 제606조를 준용한다.

제624조의2(주요주주 등 이해관계자와의 거래 위반의 죄) 제542조의10 제1항을 위반하여 신용공여를 한 자는 5년 이하의 징역 또는 2억원 이하

〈신 설〉	의 벌금에 처한다.
	제634조의3(과태료에 처할 행위) ① 다음 각 호의 어느 하나에 해당하는 자는 5천만원 이하의 과태료에 처한다.

〈신 설〉

의 벌금에 처한다.

제634조의3(과태료에 처할 행위) ① 다음 각 호의 어느 하나에 해당하는 자는 5천만원 이하의 과태료에 처한다.

1. 제542조의4 제4항을 위반하여 자기주식을 처분하지 아니한 자

2. 제542조의9 제1항을 위반하여 사외이사 선임의무를 이행하지 아니한 자

3. 제542조의9 제4항을 위반하여 사외이사후보추천위원회를 설치하지 아니하거나 사외이사가 총 위원의 2분의 1 이상이 되도록 사외이사후보추천위원회를 구성하지 아니한 자

4. 제542조의9 제5항에 따라 사외이사를 선임하지 아니한 자

5. 제542조의10 제3항을 위반하여 이사회 승인 없이 거래한 자

6. 제542조의12 제1항을 위반하여 감사위원회를 설치하지 아니한 자

7. 제542조의12 제2항을 위반하여 같은 항 및 제415조의2 제2항 각 호의 요건에 적합한 감사위원회를 설치하지 아니한 자

8. 제542조의12 제4항을 위반하여 감사위원회가 제415조의2 제2항의 감사위원회 구성요건에 적합하도록 하지 아니한 자

② 다음 각 호의 어느 하나에 해당하는 자는 1천만원 이하의 과태료에 처한다.

1. 제542조의5 제2항을 위반하여 주주총회 소집의 통지·공고를 한 자

2. 제542조의13 제1항 또는 제2항을 위반하여 의안을 별도로 상정하

第635條(過怠料에 處할 行爲) ① 會社의 發起人, 設立委員, 業務執行社員, 理事, 監査, 監査委員會, 外國會社의 代表者, 檢査人, 第298條 第3項·第299條의2·第301條 第3項 또는 第313條 第2項의 公證人, 第299條의2, 第310條 第3項 또는 第422條 第1項의 鑑定人, 支配人, 淸算人, 名義改書代理人, 社債募集의 委託을 받은 會社와 그 事務承繼者 또는 第386條 第2項, 第407條, 第1項, 第415條, 第542條 第2項 또는 第567條의 職務代行者가 다음의 事項에 該當한 行爲를 한 때에는 500萬원 이하의 過怠料에 處한다. 다만, 그 行爲에 對하여 刑을 科할 때에는 그러하지 아니하다.

1. ~ 22. (생 략)

22의2. 第464條의2 第1項의 期間내에 配當金을 支給하지 아니한 때

23. ~ 27. (생 략)

② (생 략)

여 의결하지 아니한 자

제635조(과태료에 처할 행위) ① ─.

1. ~ 22. (현행과 같음)

22의2. 제464조의2 제1항 또는 제542조의18 제3항의 기간 내에 배당금을 지급하지 아니한 때

23. ~ 27. (현행과 같음)

② (현행과 같음)

상법 일부(보험편)개정법률안(2007)

1. 제안이유

보험의 건전성 확보 및 선량한 보험계약자의 보호를 위하여 보험사기 방지, 음주·무면허 운전 등 면책약관 인정 규정 등을 신설하고, 보증·질병보험 등 신종계약 및 보험대리점 등의 권한에 관한 규정을 신설하는 등 보험산업의 성장 및 변화된 현실을 반영하는 한편, 일부 정신장애인에 대한 생명보험 가입 허용, 일정범위의 생명보험금 압류 금지, 가족에 대한 보험대위 금지 규정 등을 신설함으로써 장애인과 유족의 보호를 도모하고, 보험자의 보험약관 교부·명시의무 위반에 대한 보험계약자의 취소권 불행사 효과를 구체화하는 등 현행 규정의 미비점을 보완·개선하기 위한 것임.

2. 주요내용

가. 보험계약의 최대선의성 원칙 명문화(안 제638조 제2항)

(1) 현행법은 보험계약의 최대선의성에 기초한 여러 규정(제651조(고지의무위반으로 인한 계약해지), 제659조(보험자의 면책사유) 등)을 두고 있으면서도 이를 명문으로 규정하고 있지는 아니함.

(2) 민법상 대원칙인 신의성실의 원칙에 상응하는 개념으로 보험계약의 최대선의의 원칙을 명문으로 규정.

(3) 보험계약 당사자에 대한 기본적 행위규범으로 작용하여 보험의 건전성을 확보하고, 법 규정 불비시 재판의 원용규범으로 기능할 것으로 기대됨.

나. 보험자의 보험약관 교부·명시의무 위반에 대한 보험계약자의 취소권 불행사 효과 구체화(안 제638조의3 제2항)

(1) 현행법은 보험자의 보험약관 교부·명시의무 위반이 있는 경우 보험계약자에게 보험계약이 성립한 날부터 1월 내에 취소권을 행사하도록 규정하고 있으나 그 기간이 지나치게 짧아 취소권 행사가 어렵고, 취소권을 행사하지 않

은 경우의 효과를 규정하지 않아 보험약관의 효력 유무와 관련하여 해석상 논란이 있음.

(2) 보험계약자가 보험증권을 받은 날부터 3월 내에 취소할 수 있도록 그 기간을 연장하고, 보험계약자가 계약을 취소하지 않은 경우 보험계약관계는 보험약관에 따르도록 함.

(3) 보험계약자의 취소권 행사를 용이하게 하고, 보험계약자의 취소권불행사시 약관의 효력 유무에 관한 해석상 논란을 방지할 수 있을 것으로 기대됨.

다. 보험대리점 등의 권한에 관한 규정 신설(안 제646조의 2)

(1) 현행법은 보험대리점 등 보험자의 보조자의 권한에 관한 규정을 두고 있지 않아 보험계약자가 이들에게 교부한 보험료, 청약 등 의사표시와 관련하여 보험자와 보험계약자간 분쟁의 원인이 되고 있음.

(2) 모든 보험대리점에 보험료 수령권, 보험증권 교부권한을 부여하고, 보험체약대리점에 청약, 해지 등 의사표시 통지·수령권을 부여하며, 특정한 보험자를 위하여 계속적으로 보험계약의 체결을 중개하는 자에게 보험료 수령권(보험자가 작성한 영수증을 교부하는 경우로 한정) 등을 인정하여 보험자의 보조자의 권한을 명확히 규정함.

(3) 보험자와 보험계약자간의 분쟁의 소지를 미연에 방지할 수 있을 것으로 기대됨.

라. 고지의무 등과 인과관계 없는 보험사고의 경우 보험자의 계약해지권 명확화(안 제655조)

(1) 현행법은 보험계약자 등이 고지의무를 이행하지 아니한 상태에서 보험사고가 발생한 경우 보험자가 계약을 해지함으로써 면책되도록 규정하면서도, 고지의무위반 등과 보험사고간 인과관계가 인정되지 않는 경우에는 단순히 면책되지 아니하는 것으로만 하고 있어 이 경우 보험자가 계약해지를 할 수 있는지 여부에 관하여 해석상 논란.

(2) 고지의무 위반 등과 보험사고긴 인과관계가 인정되지 않더라도 보험사가 보험금은 현행과 같이 지급하되 계약은 해지할 수 있도록 명문으로 규정.

(3) 해석상 논란을 불식함으로써 법적 안정성 제고에 기여할 것으로 기대됨.

마. 보험사기 방지를 위한 규정 신설(안 제655조의 2, 제657조의 2)

(1) 보험사기는 보험료 인상 및 중대 점죄 유발 요인으로 작용할 뿐만 아니라 선량한 보험가입자에게 피해를 주는 행위임에도 현행법은 보험사기에 관한 규정을 두고 있지 않아 보험사기에 효과적으로 대처하지 못함.

(2) 보험계약이 사기로 인하여 체결된 경우에는 그 계약을 무효로 하고, 보험금 청구가 사기를 수단으로 이루어진 경우에는 일정한 요건하에 보험자가 면책되도록 함.

(3) 보험계약자 등의 도덕적 해이 방지를 통하여 선량한 다수 보험계약자를 보호할 수 있을 것으로 기대됨.

바. 수멸시효 기가 연장(안 제662조)

(1) 현행법은 소멸시효 기간을 보험금의 청구권과 보험료 또는 적립금 반환청구권은 2년, 보험료 청구권은 1년으로 규정하고 있으나, 이는 외국 입법례 등에 비추어 지나치게 단기.

(2) 소멸시효 기간을 보험금의 청구권과 보험료 또는 적립금 반환청구권은 3년, 보험료 청구권은 2년으로 각 연장.

(3) 단기 소멸시효로 인한 보험자와 보험계약자의 불이익을 줄일 수 있을 것으로 기대됨.

사. 상호보험에의 준용 규정을 공제관계 등에 확대 적용(안 제664조)

(1) 현행법은 상호보험에만 상법 보험편의 규정을 준용하도록 규정하고 있으나 유사보험인 공제관계 등에도 이를 준용할 필요성 있음.

(2) 상호보험 외 대표적 유사보험인 공제관계 등에도 그 성질에 반하지 않는 한 상법 보험편 규정을 준용하도록 함.

(3) 공제관계 등의 법률관계를 명확히 할 수 있을 것으로 기대됨.

아. 중복보험 관련 규정 정비(안 제672조, 제672조의 2, 제725조의 2, 제739조 제 2 항)

(1) 현행법은 중복보험의 요건으로 '총 보험금액의 보험가액의 초과'만을 규정하고 있어 '총 보상액의 손해액의 초과'는 중복보험으로 규율할 수 없고,

다수보험계약 통지의무의 위반 효과를 규정하지 않고 있으며, 중복보험 관련 규정의 실손보상적 상해보험에의 적용 여부도 해석상 논란.

(2) '총 보상액의 손해액 초과의 경우'도 중복보험으로 볼 수 있도록 하고, 보험계약자 등이 다수보험계약 통지의무를 위반한 경우 보험자가 계약을 해지할 수 있도록 하며, 실손보상적 상해보험의 경우에도 그 성질에 반하지 않는 한 중복보험 관련 규정을 준용할 수 있도록 함.

(3) 이득금지라는 중복보험 취지의 관철 및 법적 안정성 제고에 기여할 것으로 기대됨.

자. 보험목적의 양도시 양도인 등의 통지의무 위반 효과 구체화(안 제679조)

(1) 현행법은 보험목적의 양도시 양도인 또는 양수인의 보험자에 대한 통지의무를 규정하고 있으나 통지의무를 이행하지 않은 경우의 효과에 관하여는 규정하고 있지 않아 보험자의 계약해지권 인정 및 면책 여부와 관련하여 해석상 논란.

(2) 양도인 또는 양수인이 보험자에게 양도 통지를 하지 않은 경우 일정한 요건하에 보험자가 면책되도록 하고, 보험자는 보험목적의 양도사실을 안 날로부터 1월 내에 보험계약을 해지할 수 있도록 함.

(3) 보험자와 양도인 또는 양수인간의 분쟁을 명확히 해결할 수 있을 것으로 기대됨.

차. 손해방지의무 위반 효과의 구체화 및 손해방지비용 부담한도액의 설정(안 제680조)

(1) 현행법은 보험계약자 또는 피보험자의 손해방지의무를 규정하면서 그 위반의 효과는 규정하고 있지 않을 뿐만 아니라 손해방지비용이 보험금액을 초과하는 경우 보험자의 지시 여부와 상관 없이 보험자가 책임을 지도록 하고 있어 보험금액에 의하여 보험급부의 한도를 정하는 보험계약의 기본구조를 허구화시키는 문제점이 있음.

(2) 보험계약자 또는 피보험자가 고의 또는 중과실로 손해방지의무를 위반한 경우에는 방지 또는 경감할 수 있었던 손해액을 보상액에서 공제할 수 있도록 하고, 손해방지비용은 원칙적으로 보험금액의 한도 내에서 부담하되 보험자의 지시에 의한 것인 경우에만 보험금액을 초과하는 비용도 부담하도록 함.

(3) 손해방지의무 관련 위반효과 및 보험자의 책임을 분명히 함으로써 법적 안정성 제고에 기여할 것으로 기대됨.

카. 가족에 대한 보험자의 보험대위 금지 규정 신설(안 제682조)

(1) 현행법은 보험자가 대위권을 행사할 수 있는 제3자의 범위를 제한하지 않아 보험계약자 또는 피보험자의 가족에 대하여도 대위권 행사가 가능하여 그 책임이 보험계약자 또는 피보험자에게도 미쳐 결국 보험계약이 공동화될 우려가 있음.

(2) 손해를 야기한 제3자가 보험계약자 또는 피보험자와 생계를 같이 하는 가족인 경우에는 그 가족의 고의사고인 경우를 제외하고 보험자가 대위권을 행사할 수 없도록 규정.

(3) 생계를 같이 하는 가족에 대한 대위권 행사를 금지함으로써 피보험자를 두텁게 보호할 수 있을 것으로 기대됨.

타. 책임보험 피보험자의 사고통지의무 위반 효과 구체화(안 제722조)

(1) 현행법은 책임보험의 피보험자가 배상의 청구를 받은 때에는 지체없이 보험자에게 그 통지를 발송하도록 하고 있을 뿐 통지를 하지 아니한 경우의 효과에 관하여는 규정하고 있지 않아 해석상 논란.

(2) 책임보험의 피보험자가 배상청구사실 통지를 게을리 하여 증가된 손해에 대하여는 보험자가 책임을 지지 않도록 하고, 다만 책임보험의 피보험자가 이미 상법 제657조에 의한 보험사고발생통지를 한 때에는 배상청구사실통지를 하지 않아도 되도록 함.

(3) 통지의무 위반시 보험자의 책임 범위를 분명히 함으로써 법적 안정성 제고에 기여할 것으로 기대됨.

파. 보증보험 규정 신설(안 제726조의 5 내지 7)

(1) 현행법에는 보증보험에 관한 규정이 없고 보증보험이 갖는 보증과 보험의 양면성으로 인해 보증보험의 성질에 관하여 견해가 대립하는 등 보증보험의 법률관계가 불명확.

(2) 보증보험의 절을 신설하여 보증보험자의 책임, 보험편 규정 중 보증보험의 성질상 적용이 부적절한 규정의 적용 배제, 민법상 보증규정의 준용 규정

등을 둠.

(3) 보증보험에 관한 법률관계를 상법에 직접 규정함으로써 법적 안정성 제고에 기여할 것으로 기대됨.

하. 연금보험 관련 규정 정비 및 생명보험의 보험사고 구체화(안 제727조, 제730조, 제735조, 제735조의 2)

(1) 연금보험, 즉 보험금의 분할지급은 생명보험에만 고유한 것으로 보기 어려움에도 현행법은 생명보험절에서만 연금보험 규정을 두고 있어 연금보험의 본질에 맞지 아니하고, 생명보험은 사망, 생존, 생존과 사망을 보험사고로 할 수 있는 것임에도 현행법은 생사혼합보험 및 생존보험의 근거조항으로 양로보험 및 연금보험 규정을 별도로 두고 있음.

(2) 보험금의 분할지급은 생명과 신체, 질병 등에 관한 보험인 인보험에 고유한 특질이므로 인보험 통칙에 보험금의 분할지급 근거 조항을 신설하고, 생명보험은 사망, 생존, 사망과 생존을 보험사고로 할 수 있도록 명백히 규정함과 동시에 현행 양로보험 및 연금보험 조항을 삭제함.

(3) 연금보험의 특질을 반영하여 연금보험 관련 규정을 정비함으로써 연금보험을 둘러싼 불필요한 논쟁을 방지하고 법적 안정성 제고에 기여할 것으로 기대됨.

거. 일부 정신장애인에 대한 생명보험 가입 허용(안 제732조)

(1) 현행법은 15세 미만자, 심신상실자 또는 심신박약자의 사망을 보험사고로 하는 보험계약을 무효로 하고 있어 정신장애인은 장애의 정도에 관계없이 생명보험계약 체결이 불가능.

(2) 심신박약자 중 의사능력이 있는 자는 생명보험계약의 피보험자가 될 수 있도록 함.

(3) 취업하여 생계를 유지 또는 보조하고 있는 심신박약자는 생명보험계약에 가입할 수 있게 됨으로써 그 유족의 생활 안정에 기여할 것으로 기대됨.

너. 생명보험에 있어 보험자의 면책사유 구체화(안 제732조의 2)

(1) 현행법은 생명보험에 있어 피보험자의 고의를 보험계약자와 보험수익자의 고의와 동일하게 보험자의 면책사유로 규정하고 있으나, 이는 생명보험

의 저축적·보장적 기능에 비추어 불합리하고 실무상 통용되는 약관과도 불일치하는 문제가 있는 한편, 수인의 보험수익자 중 1인의 고의로 피보험자가 사망한 경우 보험자의 다른 보험수익자에 대한 책임문제에 관하여는 규정하고 있지 아니함.

(2) 피보험자의 고의는 보험계약자나 보험수익자의 고의와 달리 평가하여 피보험자가 자살한 경우에만 보험자가 면책되도록 하고, 보험수익자가 수인인 경우 그 일부의 자가 피보험자를 사망하게 한 때에는 보험자는 다른 보험수익자에 대하여는 책임을 지도록 함.

(3) 생명보험계약의 저축적·보장적 기능을 반영함으로써 보험수익자의 유족을 두텁게 보호할 수 있고, 보험수익자가 수인인 경우의 법률관계를 규정함으로써 법적 안정성 제고에 기여할 것으로 기대됨.

더. 다른 생명보험계약의 고지의무 신설(안 제72조의 3)

(1) 상법 제651조$\binom{고지의무위반으로}{인한 계약해지}$의 해석과 관련하여 고지사항인 '중요한 사항'에 '다른 생명보험계약의 체결 사실'도 포함되는지 여부에 관하여 해석상 논란.

(2) 보험계약자 또는 피보험자가 보험자로부터 피보험자에게 존재하는 다른 생명보험계약의 고지를 요구받고도 고의 또는 중대한 과실로 고지하지 않거나 부실고지를 한 때에는 보험자가 계약을 해지할 수 있도록 규정.

(3) 다른 생명보험계약의 존재 유무를 미리 고지하도록 함으로써 보험계약자측의 도덕적 위험에 대처할 수 있을 것으로 기대됨.

러. 일정 범위의 생명보험 수급권 압류금지 규정 신설(안 제734조의 2)

(1) 현행법은 유족의 생활안정이라는 공익적 성격이 짙은 생명보험의 수급권에 대하여도 압류를 제한하고 있지 않아 생명보험 수급권자인 유족의 보호에 미흡.

(2) 보험수익자의 직계존비속 또는 배우자가 사망함으로써 보험수익자가 취득하는 사망보험금청구권의 2분의 1에 해당하는 금액에 대하여는 압류할 수 없도록 함.

(3) 생명보험의 사회보장적 기능을 반영함으로써 유족의 생활안정에 기여할 것으로 기대됨.

머. 단체보험의 요건 명확화(안 제735조의 3 제 3 항)

(1) 단체보험은 타인의 생명보험계약임에도 현행법은 그 타인의 서면동의
를 얻도록 하고 있는 상법 제71조의 적용을 배제하고 있는데, 이와 관련하여
단체가 단체 자신을 보험수익자로 지정하는 경우에 피보험자인 구성원의 동의
를 요하는지에 관하여 해석상 논란.

(2) 단체보험에 있어 보험계약자가 '피보험자가 아닌 자'를 보험수익자로
지정하는 때에는 단체의 규약에 명시적인 정함이 없는 한 피보험자의 서면에
의한 동의를 얻도록 함.

(3) 원칙적으로 단체의 구성원인 피보험자의 동의를 얻도록 함으로써 단체
의 구성원과 그 유족의 이익을 보호할 수 있을 것으로 기대됨.

버. 상해보험의 면책사유 규정 신설(안 제737조의 2)──무면허·음주운전
　　등 면책약관 인정

(1) 현행법은 손해보험과 달리 상해보험에서는 고의 사고의 경우에만 보험
자가 면책되고 중과실 사고의 경우에는 보험자가 면책되지 않도록 규정하고
있을 뿐만 아니라, 대법원은 일관하여 음주·무면허운전 등 관련 보험자 면책
약관은 상법상 불이익변경금지원칙에 반하여 무효라고 하고 있는데, 이는 범
죄행위이자 고도의 위험성이 있는 음주·무면허운전 등을 조장할 뿐만 아니라
사고의 우연성을 전제로 하는 보험원리에도 반하는 문제점이 있음.

(2) 상해사고가 보험계약자 등의 중과실에 의한 경우에도 원칙적으로 보험
자가 면책되지 않지만, 반사회성 또는 고도의 위험성이 있는 행위로서 대통령
령이 정하는 경우에는 당사자간의 약정에 따라 보험자가 면책될 수 있도록 함.

(3) 상해보험에서 무면허·음주운전 등 면책조항의 효력을 인정하는 근거
를 마련함으로써 보험계약자의 도덕적 해이를 방지하고 보험의 건전성 확보에
기여할 것으로 기대됨.

서. 질병보험 규정 신설(안 제739조의 2 내지 4)

(1) 현행법은 질병보험에 관한 규정을 두고 있지 않아 단지 해석과 약관에
의하여만 규율되고 있어 그 법률관계가 불명확.

(2) 질병보험의 절을 신설하여 질병보험자의 책임, 고의에 의한 질병 악화

의 경우 보험자의 면책조항, 준용규정 등을 둠.

　　(3) 질병보험에 관한 법률관계를 상법에 직접 규정함으로써 법적 안정성 제고에 기여할 것으로 기대됨.

4. 주요 토의과제

　　해당 없음.

5. 참고사항

　　가. 관계법령: 생략

　　나. 예산조치: 별도조치 필요 없음.

　　다. 합　　의:

　　라. 기　　타: (1) 신·구조문대비표, 별첨

　　　　　　　　　(2) 입법예고

　　　　　　　　　(3) 규제심사: 해당 없음.

상법 일부(보험편)개정법률안(2007)
신·구조문 대비표

현 행	개 정 안
제638조(**意義**) 〈생 략〉 〈신 설〉	제638조(**보험계약의 의의 및 최대선의의 원칙**) ① (현행과 같음) ② 보험계약의 당사자는 보험계약의 체결, 권리의 행사와 의무의 이행을 최대선의의 원칙에 따라 하여야 한다.
第638條의3(**保險約款의 교부·명시義務**) ① 保險者는 保險契約을 체결할 때에 保險契約者에게 保險約款을 교부하고 그 約款의 중요한 내용을 알려주어야 한다. ② 保險者가 第1項의 規定에 위반한 때에는 保險契約者는 保險契約이 成立한 날부터 1月 내에 그 契約을 取消할 수 있다. 〈신 설〉 〈신 설〉	제638조의3(**보험약관의 교부·설명의무**) ① ─ 설명하여야 ─ ─ ─ ─ . ② ─ ─ ─ ─ ─ ─ ─ ─ ─ ─ ─ ─ ─ ─ ─ ─ ─ 보험증권을 받은 날부터 3월 내에 ─ ─ ─ ─ ─ ─ ─ ─ ─ . ③ 보험계약자가 제2항의 기간 내에 보험계약을 취소하지 아니한 때에는 보험계약관계는 그 보험약관에 따른다. 제642조의2(**보험대리점 등의 권한**) ① 보험체약대리점은 다음 각호의 권한이 있다. 1. 보험계약자로부터 보험료를 수령할 수 있는 권한 2. 보험자가 작성한 보험증권을 보험계약자에게 교부할 수 있는 권한 3. 보험계약자로부터 청약, 고지, 통지, 해지, 취소 등 보험계약에 관한 의사표시를 수령할 수 있는 권한

4. 보험계약자에게 보험계약의 체결, 변경, 해지 등 보험계약에 관한 의사표시를 할 수 있는 권한

② 보험중개대리점은 제1항 제1호와 제2호의 권한이 있다. 다만, 보험중개대리점이 제1항 제3호의 권한이 없음을 보험계약자에게 알리지 아니한 경우에는 보험자는 그 권한 없음을 이유로 선의의 보험계약자에게 대항하지 못한다.

③ 제1항 또는 제2항의 보험대리점이 아니면서 특정의 보험자를 위하여 그의 지휘 또는 감독을 받아 계속적으로 보험계약의 체결을 중개하는 자는 다음 각호의 권한이 있다.

1. 보험자가 작성한 영수증을 보험계약자에게 교부하는 경우 그 보험계약자로부터 보험료를 수령할 수 있는 권한

2. 제1항 제2호의 권한

④ 제1항부터 제3항까지의 규정은 피보험자나 보험수익자가 보험료를 지급하거나 보험계약에 관한 의사표시를 할 의무가 있는 경우에는 그 피보험자나 보험수익자에 대해서도 적용한다.

第650條(保險料의 支給과 지체의 效果)
① (생 략)
② 繼續保險料가 약정한 時期에 支給되지 아니한 때에는 保險者는 상당한 期間을 정하여 保險契約者에게 催告하고 그 期間內에 支給되지 아니한 때에는 그 契約을 解止할 수 있다.
③ (생 략)

第652條(危險變更增加의 通知와 契約解

제650조(보험료의 지급과 지체의 효과)
① (현행과 같음)
② ———————— 지급기일 ——.
③ (현행과 같음)

제652조(위험변경증가의 통지와 계약해

止) ① 保險期間中에 保險契約者 또는 被保險者가 事故發生의 危險이 顯著하게 變更 또는 增加된 事實을 안 때에는 遲滯 없이 保險者에게 通知하여야 한다. 이를 懈怠한 때에는 保險者는 그 事實을 안 날로부터 1月內에 限하여 契約을 解止할 수 있다.

② (생 략)

第653條(保險契約者等의 故意나 重過失로 因한 危險增加와 契約解止) 保險期間中에 保險契約者, 被保險者 또는 保險受益者의 故意 또는 重大한 過失로 因하여 事故發生의 危險이 顯著하게 變更 또는 增加된 때에는 保險者는 그 사실을 안 날부터 1月 내에 保險料의 增額을 請求하거나 契約을 解止할 수 있다.

第655條(契約解止와 保險金額請求權) 保險事故가 發生한 後에도 保險者가 第650條, 第651條, 第652條와 第653條의 規定에 依하여 契約을 解止한 때에는 保險金額을 支給할 責任이 없고 이미 支給한 保險金額의 返還을 請求할 수 있다. 그러나 告知義務에 違反한 事實 또는 危險의 顯著한 變更이나 增加된 事實이 保險事故의 發生에 影響을 미치지 아니하였음이 證明된 때에는 그러하지 아니하다.

〈신 설〉

지) ① 보험계약체결 이후 ---- ------------ ---. ---------- ------------ -----------.

② (현행과 같음)

제653조(보험계약자 등의 고의나 중과실로 인한 위험변경증가와 계약해지) 보험계약체결 이후 --------- ---------------- ---------------- ---------------- --------.

제655조(계약해지와 보험금청구권) - ---------------- ---------------- ---------------- -- 보험금 ---------- ------ 보험금 ------ --------. ---------------- ---------------- ----- 계약을 해지하더라도 보험금을 지급할 책임이 있다.

제655조의 2(사기에 의한 계약) ① 보험계약이 보험계약자 또는 피보험자의 사기로 인하여 체결된 때에는 무효로 한다.

② 제1항의 경우에 보험자는 그 사실을 안 때까지의 보험료를 청구할

〈신　설〉

수 있다. 다만, 인보험에서 보험수익자를 위하여 적립한 금액은 보험계약자에게 지급하여야 한다.

제657조의2(사기에 의한 보험금의 청구)　① 보험계약자, 피보험자, 보험수익자 또는 보험금의 청구권을 가지는 제3자가 보험금을 청구한 경우에 사기의 목적으로 다음 각호의 어느 하나에 해당하는 행위를 하여 보험금의 지급 여부 또는 그 산정에 중대한 영향을 미친 때에는 보험자는 그 사실을 안 날부터 1월 내에 보험금의 청구권이 상실된다는 뜻을 통지하여 보험금의 지급책임을 면할 수 있다.

1. 손해의 통지 또는 보험금의 청구에 관한 서면이나 증거를 위조·변조하는 행위

2. 제1호의 서면에 허위의 사실을 기재하는 행위

3. 그 밖에 보험금의 지급 여부 또는 그 산정에 중대한 영향을 미치는 사항을 허위로 알리거나 숨기는 행위

② 제1항의 경우에 보험자가 이미 보험금을 지급한 경우에는 그 반환을 청구할 수 있다.

第658條(保險金額의　支給)　保險者는 保險金額의 支給에 관하여 約定期間이 있는 경우에는 그 期間 내에 約定期間이 없는 경우에는 第657條 第1項의 통지를 받은 후 지체 없이 支給할 保險金額을 정하고 그 정하여진 날부터 10日 내에 被保險者 또는 保險受益者에게 保險金額을 支給하여야 한다.
〈신　설〉

제658조(보험금의　지급)　① －－－－ 보험금 －－－－－－－－－ 약정 －－－－－－－－－－ 기간 내에, 약정 －－－－－－－－－－－－－－－－－ 받은 후 손해사정 또는 보험사고조사에 필요한 통상의 기간 내에 지체 없이 지급할 보험금 －－－－－－ 보험금 －－－－－－－－－.

② 제1항의 손해사정 또는 보험사고

第662條(消滅時效) 保險金額의 請求權과 保險料 또는 積立金의 返還請求權은 2年間, 保險料의 請求權은 1年間 行使하지 아니하면 消滅時效가 完成한다.

제662조(소멸시효) 보험금 ———— ———————————— ― 3년간 ————————— 2년간 ———————————— ――.

第664條(相互保險에의 準用) 이 編의 規定은 그 性質이 相反되지 아니하는 限度에서 相互保險에 準用한다.

제664조(상호보험, 공제 등에의 준용) ———————————— ———— 상호보험, 공제 기타 이에 준하는 계약 ———————.

第666條(損害保險證券) 損害保險證券에는 다음의 事項을 記載하고 保險者가 記名捺印 또는 署名하여야 한다.

1.～7. (생 략)

〈신 설〉

8. (생 략)

9. (생 략)

제666조(손해보험증권) ————— ———————————— ————————————.

1.～7. (현행과 같음)

8. 피보험자의 주소, 성명 또는 상호

9. (현행 제8호와 같음)

10. (현행 제9호와 같음)

第669條(超過保險) ① ～ ③ (생 략)

④ 第1項의 境遇에 契約이 保險契約者의 詐欺로 因하여 締結된 때에는 그 契約은 無效로 한다. 그러나 保險者는 그 事實을 안 때까지의 保險料를 請求할 수 있다.

제669조(초과보험) ① ～ ③ (현행과 같음)

〈삭 제〉

第672條(重複保險) ① 동일한 保險契約의 目的과 동일한 事故에 관하여 數個의 保險契約이 동시에 또는 順次로 締結된 경우에 그 保險金額의 總額이 保險價額을 초과한 때에는 保險者는 各自의 保險金額의 限度에서 連帶責任을 진다. 이 경우에는 各 保險者의 補償責任은 各自의 保險金額의

제672조(중복보험) ① ————— ———————————— ————— 경우에 각 보험금 ——— ———————— 초과하거나 각 계약에 의한 보상액의 총액이 손해액을 초과하는 경우에는 보험자는 각 계약에 의한 보상액의 ————————.

比率에 따른다.

② 동일한 保險契約의 目的과 동일한 事故에 관하여 數個의 保險契約을 체결하는 경우에는 保險契約者는 各 保險者에 대하여 各 保險契約의 내용을 통지하여야 한다.

③ 第669條 第4項의 規定은 第1項의 保險契約에 準用한다.

〈신　설〉

이 경우에 ――――――― 보험금 또는 각 계약에 의한 보상액 ―――――――.

② 보험자의 책임에 관하여 제1항과 다른 내용의 약정이 있는 경우에는 그 약정에 따른다.

〈삭　제〉

제672조의2(수 개의 보험계약의 통지의무)　① 동일한 보험계약의 목적과 동일한 사고에 관하여 수 개의 보험계약이 동시에 또는 순차로 체결된 경우에는 보험계약자 또는 피보험자는 지체 없이 각 보험자에 대하여 다른 보험계약의 보험자와 보험금을 통지하여야 한다. 동일한 보험계약의 목적에 관하여 제667조의 이익이나 보수를 보상하는 보험계약과 그 밖의 손해를 보상하는 보험계약이 따로 체결된 경우에도 같다.

② 보험계약자나 피보험자가 고의 또는 중대한 과실로 인하여 제1항의 통지를 하지 아니하거나 부실하게 한 경우에는 보험자는 그 사실을 안 날부터 1월내, 계약을 체결한 날부터 3년 내에 한하여 계약을 해지할 수 있다. 그러나 보험자가 각 보험계약이 체결될 당시에 다른 보험계약의 내용을 알았거나 중대한 과실로 인하여 알지 못한 경우에는 그러하지 아니하다.

第679條(保險目的의　讓渡)　① 被保險者가 保險의 目的을 讓渡한 때에는

제679조(보험목적의　양도)　① ―――― 보험목적 ―――――――

讓受人은 保險契約上의 權利와 義務를 承繼한 것으로 推定한다.

② 第1項의 경우에 保險의 目的의 讓渡人 또는 讓受人은 保險者에 대하여 지체 없이 그 사실을 통지하여야 한다. 〈후단 신설〉

〈신 설〉

－－－－－－－－－－－－－－－－
－ 승계한다.

② －－－－－－－ 보험목적 －－
－－－－－－－－－－－－－－－－
－－－－－. 양도인 또는 양수인이 양도의 통지를 하지 않은 상태에서 양도일로부터 1월을 경과하여 보험사고가 발생하고 보험자가 제1항의 승계를 하지 않으리라는 사정이 인정되는 경우에는 보험자는 면책된다.

③ 보험자는 보험목적의 양도사실을 안 날부터 1월 내에 계약의 해지를 통지할 수 있다. 다만, 보험계약자가 통지를 받은 후 10일이 지나야 해지의 효력이 생긴다.

第680條(損害防止義務)　① 保險契約者와 被保險者는 損害의 방지와 輕減을 위하여 노력하여야 한다. 그러나 이를 爲하여 必要 또는 有益하였던 費用과 補償額이 保險金額을 超過한 境遇라도 保險者가 이를 負擔한다.

〈신 설〉

〈신 설〉

제680조(손해방지의 의무와 비용)　①
－ 피보험자는 보험사고가 생긴 때에 그 사고로 인한 －－－－－－－－－
－－－－. 〈단서 삭제〉

② 보험계약자 또는 피보험자가 제1항의 의무를 고의로 위반한 경우에는 보험자는 보험금의 지급책임을 면하고, 중대한 과실로 인하여 위반한 경우에는 보험자는 이 의무가 이행되었더라면 방지 또는 경감할 수 있었던 손해액을 보상액에서 공제할 수 있다. 그러나 제1항의 의무위반이 손해의 발생 및 확대에 영향을 미치지 아니한 경우에는 그러하지 아니하다.

③ 보험자는 제1항의 의무의 이행을 위하여 필요 또는 유익하였던 비용과 보상액을 보험금의 한도 내에서 부담

한다. 그러나 이 의무의 이행이 보험자의 지시에 따른 것인 경우에는 그 비용과 보상액이 보험금을 초과하더라도 보험자가 이를 부담한다.

第682條(第3者에 對한 保險代位) (생략)

〈신 설〉

제682조(제3자에 대한 보험대위) ① (현행과 같음)

② 보험계약자 또는 피보험자의 제1항의 권리가 그와 생계를 같이 하는 가족에 대한 것인 경우에는 보험자는 그 권리를 취득하지 못한다. 그러나 손해가 그 가족의 고의로 인하여 생긴 경우에는 그러하지 아니하다.

第722條(被保險者의 事故通知義務) (생략)

〈신 설〉

제722조(피보험자의 배상청구사실 통지의무) ① (현행과 같음)

② 피보험자가 제1항의 통지를 게을리하여 손해가 증가된 때에는 보험자는 그 증가된 손해를 보상할 책임이 없다. 다만, 피보험자가 제657조 제1항의 통지를 발송한 경우에는 그러하지 아니하다.

第725條의2(數個의 責任保險) 被保險者가 동일한 事故로 第3者에게 賠償責任을 짐으로써 입은 損害를 補償하는 數個의 責任保險契約이 동시 또는 順次로 체결된 경우에 그 保險金額의 總額이 被保險者의 第3者에 대한 損害賠償額을 초과하는 때에는 第672條와 第673條의 規定을 準用한다.

제725조의2(수 개의 책임보험) ─── 경우에는 제672조, 제672조의2와 제673조를 ─────.

第726條(再保險에의 適用) 이 節의 規定은 再保險契約에 準用한다.

제726조(재보험에의 준용) ── 규정은 그 성질이 상반되지 아니하는 한도에서 ──────────.

〈신 설〉

제7절 보증보험

제726조의5(보증보험자의 책임) 보증보험계약의 보험자는 보험계약자가 피보험자에게 계약상의 채무불이행

第727條(人保險者의 責任)　人保險契約
　　의 保險者는 <u>生命</u> 또는 身體에 關하
　　여 保險事故가 생길 境遇에 <u>保險契約</u>
　　<u>의</u> 定하는 바에 따라 <u>保險金額 其他</u>
　　<u>의 給與</u>를 할 責任이 있다.
〈신　설〉

第730條(生命保險者의 責任)　生命保險
　　契約의 保險者는 被保險者의 <u>生命</u>에
　　關한 保險事故가 생길 境遇에 約定한
　　<u>保險金額</u>을 支給할 責任이 있다.
第732條(15歲未滿者等에　對한　契約의
　　禁止)　15歲未滿者, 心神喪失者 또는
　　心神薄弱者의 死亡을 保險事故로 한
　　保險契約은 無效로 한다. 〈단서 신설〉

또는 법령상의 의무불이행으로 인하
여 입힌 손해를 보상할 책임이 있다.
제726조의6(적용제외)　① 보증보험계
약에 대하여는 제639조 제2항 단서
를 적용하지 아니한다.
　② 보험계약자의 사기, 고의 또는 중
대한 과실이 있는 경우에도 이에 대
한 피보험자의 귀책사유가 없으면 제
651조, 제652조, 제653조, 제655조의
2, 제659조 제1항과 제672조의2를
적용하지 아니한다.
제726조의7(준용규정)　보증보험계약
에 대하여는 그 성질에 상반되지 아
니하는 한도에서 보증채무에 관한
「민법」의 규정을 준용한다.
제727조(인보험자의　책임)　① ― ― ―
― ― ― <u>피보험자의　생명</u> ― ― ― ― ―
― ― ― ― ― ― ― ― ― ― ― <u>보험계약</u>
<u>이</u> ― ― ― ― ― ― ―<u>보험금 그 밖의</u>
<u>의</u> ― ― ― ― ― ― ― ― ― ―.
　② 제1항의 보험금은 당사자 사이의
약정에 따라 연금으로 분할하여 지급
할 수 있다.
제730조(생명보험자의 책임)　― ― ― ―
― ― ― ― <u>사망, 생존, 사망과　생존</u>
― ― ― ― ― ― ― ― ― ― ― ― ―
<u>보험금</u> ― ― ― ― ― ― ― ― ―.
제732조(15세 미만자 등에 대한 계약의
금지)　― ― ― ― ― ― ― ― ― ― ―
― ― ― ― ― ― ― ― ― ― ― ― ―
― ― ― ― ― ― ― ―. 다만, 심신
박약자가 보험계약을 체결하거나 제
731조에 의한 서면동의를 할 때에 의
사능력이 있는 경우에는 그러하지 아
니하다.

第732條의 2(重過失로 인한 保險事故) 死亡을 保險事故로 한 保險契約에는 事故가 保險契約者 또는 被保險者나 保險受益者의 중대한 過失로 인하여 생긴 경우에도 保險者는 保險金額을 支給할 責任을 免하지 못한다.	제732조의 2(생명보험자의 면책사유) ① ─ ─ ─ ─ ─ ─ ─ ─ ─ ─ ─ ─ ─ 보험계약자나 보험수익자의 고의 또는 피보험자의 자살로 생긴 경우에 한하여 ─ ─ ─ ─ ─ ─ 보험금 ─ ─ ─ ─ ─ 책임이 없다.
〈신 설〉	② 수 인의 보험수익자 중 일부의 자가 고의로 피보험자를 사망하게 한 때에는 제1항의 규정에도 불구하고 보험자는 다른 보험수익자에 대한 책임을 면하지 못한다.
〈신 설〉	제732조의 3(다른 생명보험계약의 고지의무) ① 보험자는 보험계약 당시에 보험계약자 또는 피보험자에게 피보험자의 사망을 보험사고로 하는 다른 생명보험계약의 보험자와 보험금의 고지를 요구할 수 있다.
〈신 설〉	② 보험계약자나 피보험자가 고의 또는 중대한 과실로 제1항의 고지를 하지 아니하거나 부실하게 하고, 보험자가 계약 당시에 그 사실을 알았더라면 계약을 체결하지 않았으리라고 인정되는 때에는, 보험자는 그 사실을 안 날부터 1월 내에, 계약을 체결한 날부터 3년 내에 한하여 계약을 해지할 수 있다. 그러나 보험자가 계약 당시에 그 사실을 알았거나 중대한 과실로 인하여 알지 못한 때에는 그러하지 아니하다.
〈신 설〉	제734조의 2(보험금청구권의 압류금지) ① 직계존비속 또는 배우자가 사망함으로써 보험수익자가 취득하는 사망보험금청구권의 2분의 1에 해당하는 금액에 대하여는 압류할 수 없다. ② 보험수익자가 사망보험금청구권을

第735條(養老保險) 被保險者의 死亡을 保險事故로 한 保險契約에는 事故의 發生 없이 保險期間이 終了한 때에도 保險金額을 支給할 것을 約定할 수 있다.

〈삭 제〉

第735條의 2(年金保險) 生命保險契約의 保險者는 被保險者의 生命에 관한 保險事故가 생긴 때에 약정에 따라 保險金額을 年金으로 分割하여 支給할 수 있다.

〈삭 제〉

취득하는 보험계약이 수 개인 경우에는 제1항을 계약별로 적용한다.

第735條의 3(團體保險) ①·②(생 략)

〈신 설〉

제735조의 3(단체보험) ①·②(현행과 같음)
③ 제1항의 보험계약의 경우 보험계약자가 피보험자가 아닌 자를 보험수익자로 지정하는 때에는 단체의 규약에 명시적인 정함이 없는 한 그 피보험자의 서면에 의한 동의를 얻어야 한다.

第736條(保險積立金返還義務等) ① 第649條, 第650條, 第651條 및 第652條 乃至 第655條의 規定에 依하여 保險契約이 解止된 때, 第659條와 第660條의 規定에 依하여 保險金額의 支給責任이 免除된 때에는 保險者는 保險受益者를 爲하여 積立한 金額을 保險契約者에게 支給하여야 한다. 그러나 다른 約定이 없으면 第659條 第1項의 保險事故가 保險契約者에 依하여 생긴 境遇에는 그러하지 아니한다. 〈改正 1991.12.31〉
② 削除〈1991.12.31〉

〈신 설〉

제736조(보험적립금반환의무등) ① ————————, 제652조부터 제655조까지, 제732조의 3의 규정에 따라 ———————— 따라 ————————————————————————————————. ————————————————— 따라 —————————————————.

제737조의 2(상해보험자의 면책사유) 상해를 보험사고로 하는 보험계약에

	는 사고가 보험계약자 또는 피보험자나 보험수익자의 중대한 과실로 인하여 생긴 경우에도 보험자는 보험금을 지급할 책임을 면하지 못한다. 다만, 반사회성 또는 고도의 위험성이 있는 행위 중 대통령령이 정하는 경우에는 당사자간에 달리 약정할 수 있다.
第739條(準用規定) 傷害保險에 關하여는 第732條를 除外하고 生命保險에 關한 規定을 準用한다. 〈신 설〉	제739조(준용규정) ① ＿＿＿＿＿＿ ＿ 제732조와 제732조의 2 ＿＿＿＿ ＿＿＿＿＿＿＿＿＿. ② 제1항의 규정에도 불구하고 실손보상적 상해보험계약의 경우에는 그 성질에 상반되지 아니하는 한도에서 손해보험에 관한 규정을 준용한다.
〈신 설〉	제4절 질병보험
	제739조의2(질병보험자의 책임) 질병보험계약의 보험자는 피보험자의 질병에 관한 보험사고가 생길 경우에 보험금 그 밖의 급여를 할 책임이 있다.
	제739조의3(고의에 의한 질병의 악화) 피보험자가 통상적으로 받아야 할 치료를 받지 않음으로써 질병이 악화된 경우 보험자는 그 악화된 부분에 대하여는 보험금을 지급할 책임이 없다.
	제739조의4(준용규정) 질병보험에 관하여는 그 성질에 상반되지 아니하는 한도에서 생명보험 및 상해보험에 관한 규정을 준용한다.

상법 일부(해상편)개정법률(2007. 8. 3)

1. 개정이유

해상운송계약 관련 법체계를 국제무역 실무에 맞게 재정비하고, 전자선하 증권 및 해상화물운송장 제도 등 새로운 무역환경에 부합하는 제도를 마련하는 한편, 해운강국으로서 세계적인 지위에 걸맞는 해상법제를 마련하기 위하여 선박소유자의 책임한도와 운송물의 포장·선적단위당 책임한도를 국제기준에 맞게 상향조정하는 등 「상법」 제5편 해상 부분을 전면적으로 개선·보완하려는 것임.

2. 주요내용

가. 여객손해에 대한 선박소유자의 책임한도 상향조정(제770조 제1항)

(1) 여객손해에 대한 선박소유자의 책임한도가 지나치게 낮아 여객에 대한 손해배상이 충분하지 못하였음.

(2) 여객손해에 대한 선박소유자의 책임한도를 "여객의 정원에 46,666계산단위(약 7천만원)을 곱한 금액"에서 "여객의 정원에 175,000계산단위(약 2억원)을 곱한 금액"으로 상향조정함.

(3) 책임한도에 관한 세계적인 추세와 인권존중사상에 부합하고 여객에 대한 손해배상이 실질적으로 이루어질 수 있을 것으로 기대됨.

나. 해상운송계약 관련 법체계 재정비(제791조 내지 제852조)

(1) 오늘날 개품운송계약이 해상운송의 주류를 이루고 있고 용선계약과는 그 성격이 전혀 다른 것임에도 불구하고 현행 해상법은 양자를 하나의 체계에 혼합하여 규정함으로써 현대적 운송실무와 괴리되었을 뿐만 아니라 그 내용을 이해하기에 매우 어려운 점이 있었음.

(2) 개별물품을 컨테이너 선박에 의하여 운송하는 개품운송계약과 선박의

전부나 일부를 물건의 운송에 제공하는 용선계약을 구별하여 각각의 계약에 적용될 조항들을 분리 규정함.

(3) 해상운송계약 관련 법체계가 오늘날의 운송실무에 맞고 그 내용도 쉽게 이해할 수 있을 것으로 기대됨.

다. 운송인의 단위·포장당 책임한도의 상향조정 및 중량당 책임제한제도 도입(제797조 제1항)

(1) 운송물에 대한 손해배상에 있어서 현행 운송물의 단위·포장당 책임한도는 너무 낮아 화주들에 대한 손해배상이 충분하지 못한 점이 있고, 현행규정에는 운송물의 중량에 따른 배상책임제도가 없어 자동차·기계 등 포장 또는 선적단위는 1개이지만 고가물인 경우에는 불합리한 결과가 발생함.

(2) 세계저으로 널리 통용되는 「헤이그-비스비 규칙」을 참고하여 매 포장당 또는 선적단위당 책임한도 금액을 현행 500계산단위(약 75만원)에서 666.67계산단위(약 90만원)로 상향조정하고, 총중량 1킬로그램당 책임한도 금액을 2계산단위로 하는 중량당 책임제한제도를 새로이 도입함.

(3) 화주들이 손해배상을 받을 수 있는 범위가 확대되고, 포장 또는 선적단위는 1개이지만 고가물인 경우 발생하였던 불합리한 결과가 해결될 것으로 기대됨.

라. 복합운송인의 책임에 관한 규정 마련(제816조 신설)

(1) 오늘날 컨테이너에 의하여 해상운송과 육상운송 등이 결합된 복합운송이 국제운송의 대부분을 이루고 있음에도 불구하고 복합운송인의 책임에 관하여 통합적으로 규율하는 규정이 없었음.

(2) 「1980년 국제복합운송에 관한 국제연합협약」 등을 참조하여 원칙적으로 복합운송인은 손해가 발생한 운송구간에 적용될 법에 따라 책임을 지도록 하되, 손해발생 구간이 불분명한 경우에는 주된 운송구간에 적용될 법에 따라 책임을 정하도록 하는 내용의 복합운송인의 책임에 관한 규정을 마련함.

(3) 국제운송의 대부분을 이루는 복합운송과 관련된 분쟁을 효율적으로 해결할 수 있을 것으로 기대됨.

마. 전자선하증권제도의 도입(제863조 신설)

(1) 현행 종이선하증권은 위조·변조·분실 위험이 있고 이를 제조·보관· 관리 및 유통하는 데 상당한 비용이 드는 문제가 있음.

(2) 종이선하증권 대신 법무부장관이 지정하는 관리기관의 정보통신망에서 전자문서로 하여 발행·등록·배서·지급제시되는 전자선하증권제도를 도입함.

(3) 선하증권의 위조·변조·분실 위험이 원천적으로 방지되고 선하증권의 제조·보관·관리 및 유통비용이 대폭 절감될 것으로 기대됨.

바. 해상화물운송장제도의 도입(제864조 및 제865조 신설)

(1) 현행 선하증권은 유가증권으로서 전전유통(轉轉流通)이 가능하기 때문에 화물의 도착보다 최종소지인의 권리행사가 늦어짐으로써 화물인도가 지연되는 경우를 초래하였음.

(2) 그 효력이 선하증권과 유사하나 유통성이 없기 때문에 화물인도 지연의 우려가 적어 1970년대 이래 단기 국제운송분야에서 많이 사용되고 있는 해상화물운송장제도를 도입함.

(3) 서류자체의 전전유통으로 인한 화물인도의 지연을 방지함으로써 해상운송의 신속화에 기여할 것으로 기대됨.

사. 환경손해방지작업에 대한 특별보상규정 마련(제886조 신설)

(1) 일반 해난구조의 경우에는 구조에 성공한 경우에만 구조자의 보수청구가 가능하므로 환경오염 방지 및 경감작업에 소극적인 면이 있었음.

(2) 환경오염의 방지 또는 경감작업을 장려하기 위하여 환경손해방지작업에 종사한 경우 구조의 성공여부에 관계 없이 특별보상을 청구할 수 있도록 함.

(3) 환경오염의 방지 또는 경감작업이 보다 활성화될 것으로 기대됨.

상법 일부(해상편)개정법률(2007. 8. 3)
신·구조문 대비표

개정전 법률	개정법률
제126조(**운송장**) ① 송하인은 운송인의 청구에 의하여 <u>운송장</u>을 교부하여야 한다. ② <u>운송장</u>에는 다음의 사항을 기재하고 송하인이 기명날인 또는 서명하여야 한다. 1. 운송물의 종류·중량 또는 용적, 포장의 종별·갯수와 기호 2. 도착지 3. 수하인과 운송인의 성명 또는 상호, 영업소 또는 주소 4. 운임과 그 선급 또는 착급의 구별 5. <u>운송장</u>의 작성지와 작성연월일 제127조(**운송장**의 허위기재에 대한 책임) ① 송하인의 <u>운송장</u>에 허위 또는 부정확한 기재를 한 때에는 운송인에 대하여 이로 인한 손해를 배상할 책임이 있다. ② 전항의 규정은 운송인이 악의인 경우에는 적용하지 아니한다. 　　　　제5편 해　　상 　　　　제1장 선　　박 〈신　설〉 제740조(선박의 의의) 이 법에서 선박이라 함은 상행위 기타 영리를 목적	제126조(**화물명세서**) ① 송하인은 운송인의 청구에 의하여 <u>화물명세서</u>를 교부하여야 한다. ② <u>화물명세서</u>에는 다음의 사항을 기재하고 송하인이 기명날인 또는 서명하여야 한다. 1. 운송물의 종류·중량 또는 용적, 포장의 종별·갯수와 기호 2. 도착지 3. 수하인과 운송인의 성명 또는 상호, 영업소 또는 주소 4. 운임과 그 선급 또는 착급의 구별 5. <u>화물명세서</u>의 작성지와 작성연월일 제127조(**화물명세서**의 허위기재에 대한 책임) ① 송하인이 <u>화물명세서</u>에 허위 또는 부정확한 기재를 한 때에는 운송인에 대하여 이로 인한 손해를 배상할 책임이 있다. ② 전항의 규정은 운송인이 악의인 경우에는 적용하지 아니한다. 　　　　제5편 해　　상 　　　　<u>제1장 해상기업</u> 　　　　<u>제1절 선　　박</u> 제740조(선박의 의의) 이 법에서 선박이란 상행위나 <u>그 밖의</u> 영리를 목적

으로 항해에 사용하는 선박을 이른다.
〈신 설〉

제741조(단정 또는 노도선) 이 편의 규정은 단정 또는 노도로 운전하는 선박에 적용하지 아니한다.

제742조(선박의 종물) 선박의 속구목록에 기재한 물건은 선박의 종물로 추정한다.

제743조(선박에 관한 권리의 이전) 선박에 관한 권리의 이전은 당사자간의 합의만으로써 효력이 생긴다. 그러나 이를 등기하고 선박국적증서에 기재하지 아니하면 제3자에게 대항하지 못한다.

제744조(선박의 압류·가압류) 항해의 준비를 완료한 선박과 그 속구는 압류 또는 가압류를 하지 못한다. 그러나 항해를 준비하기 위하여 생긴 채무에 대하여는 그러하지 아니하다.

제745조(소형선박) 제743조와 제744조의 규정은 총톤수 20톤 미만의 선박에 적용하지 아니한다.

으로 항해에 사용하는 선박을 말한다.

제741조(적용범위) ① 항해용 선박에 대하여는 상행위 기타 영리를 목적으로 하지 아니하더라도 이 편의 규정을 준용한다. 다만, 국유 또는 공유의 선박에 대하여는 「선박법」 제29조 단서에도 불구하고 항해의 목적·성질 등을 고려하여 이 편의 규정을 준용하는 것이 적합하지 아니한 경우로서 대통령령이 정하는 경우에는 그러하지 아니하다.

② 이 편의 규정은 단정 또는 주로 노 또는 상앗대로 운전하는 선박에는 적용하지 아니한다.

제742조(선박의 종물) 선박의 속구목록에 기재한 물건은 선박의 종물로 추정한다.

제743조(선박소유권의 이전) 등기 및 등록할 수 있는 선박의 경우, 그 소유권의 이전은 당사자 사이의 합의만으로 그 효력이 생긴다. 다만, 이를 등기하고 선박국적증서에 기재하지 아니하면 제3자에게 대항하지 못한다.

제744조(선박의 압류·가압류) ① 항해의 준비를 완료한 선박과 그 속구는 압류 또는 가압류를 하지 못한다. 그러나 항해를 준비하기 위하여 생긴 채무에 대하여는 그러하지 아니하다.

② 제1항은 총톤수 20톤 미만의 선박에는 적용하지 아니한다.

〈삭 제〉

제2장　선박소유자	제2절　선　장
제767조(선장의 선임·해임)　선장은 선박소유자가 선임 또는 해임한다.	제745조(선장의 선임·해임)　선장은 선박소유자가 선임 또는 해임한다.
제768조(선장의 부당한 해임에 대한 손해배상청구권)　① 선박소유자가 정당한 사유 없이 선장을 해임한 때에는 선장은 이로 인하여 생긴 손해의 배상을 청구할 수 있다.	제746조(선장의 부당한 해임에 대한 손해배상청구권)　선박소유자가 정당한 사유 없이 선장을 해임한 때에는 선장은 이로 인하여 생긴 손해의 배상을 청구할 수 있다.
② 선장이 선박공유자인 경우에 그 의사에 반하여 해임된 때에는 다른 공유자에 대하여 상당한 가액으로 그 지분을 매수할 것을 청구할 수 있다.	② 〈삭 제〉
③ 선장이 제2항의 청구를 하고자 하는 때에는 지체없이 다른 공유자 또는 선박관리인에 대하여 그 통지를 발송하여야 한다.	③ 〈삭 제〉
제769조(선장의 계속직무집행의 책임)　선장이 항해중에 해임 또는 임기가 만료된 경우에는 다른 선장이 그 업무를 처리할 수 있는 때, 또는 그 선박이 선적항에 도착할 때까지 그 직무를 집행할 책임이 있다.	제747조(선장의 계속직무집행의 책임)　선장이 항해중에 해임 또는 임기가 만료된 경우에도 다른 선장이 그 업무를 처리할 수 있는 때, 또는 그 선박이 선적항에 도착할 때까지 그 직무를 집행할 책임이 있다.
제772조(대선장의 선임의 책임)　선장이 불가항력으로 인하여 그 직무를 집행하기가 불능한 때에 법령에 다른 규정이 있는 경우를 제외하고는 자기의 책임으로 타인을 선정하여 선장의 직무를 집행하게 할 수 있다.	제748조(선장의 대선장의 선임의 권한 및 책임)　선장이 불가항력으로 인하여 그 직무를 집행하기가 불능한 때에 법령에 다른 규정이 있는 경우를 제외하고는 자기의 책임으로 타인을 선정하여 선장의 직무를 집행하게 할 수 있다.
제773조(대리권의 범위)　① 선적항 외에서는 선장은 항해에 필요한 재판상 또는 재판 외의 모든 행위를 할 권한이 있다.	제749조(대리권의 범위)　① 선적항 외에서는 선장은 항해에 필요한 재판상 또는 재판 외의 모든 행위를 할 권한이 있다.
② 선적항에서는 선장은 특히 위임을 받은 경우 외에는 해원의 고용과 해	② 선적항에서는 선장은 특히 위임을 받은 경우 외에는 해원의 고용과

고를 할 권한만을 가진다.

제774조(특수한 행위에 대한 권한)

① 선장은 선박수선료, 해양사고 구조료 기타 항해의 계속에 필요한 비용을 지급하여야 할 경우 외에는 다음의 행위를 하지 못한다.

1. 선박 또는 속구를 담보에 제공하는 일

2. 차재하는 일

3. 적하의 전부나 일부를 처분하는 일

② 적하를 처분할 경우의 손해배상액은 그 적하가 도달할 시기의 양륙항의 가격에 의하여 이를 정한다. 그러나 그 가격 중에서 지급을 요하지 아니하는 비용을 공제하여야 한다.

제775조(대리권에 대한 제한) 선장의 대리권에 대한 제한은 선의의 제3자에게 대항하지 못한다.

제776조(이해관계인을 위한 적하의 처분) ① 선장이 항해중에 적하를 처분하는 경우에는 이해관계인의 이익을 위하여 가장 적당한 방법으로 하여야 한다.

② 제1항의 경우에 이해관계인은 선장의 처분으로 인하여 생긴 채권자에게 적하의 가액을 한도로 하여 책임을 진다. 그러나 그 이해관계인에게 과실이 있는 때에는 그러하지 아니하다.

제777조(선박경매권) 선적항 외에서 선박이 수선하기 불능하게 된 때에는 선장은 해무관청의 인가를 얻어 이를 경매할 수 있다.

제778조(선박의 수선불능) ① 다음의 경우에는 선박은 수선하기 불능하게 된 것으로 본다.

해고를 할 권한만을 가진다.

제750조(특수한 행위에 대한 권한)

① 선장은 선박수선료, 해난구조료, 그 밖에 기타 항해의 계속에 필요한 비용을 지급하여야 할 경우 외에는 다음의 행위를 하지 못한다.

1. 선박 또는 속구를 담보에 제공하는 일

2. 차재(借財)하는 일

3. 적하의 전부나 일부를 처분하는 일

② 적하를 처분할 경우의 손해배상액은 그 적하가 도달할 시기의 양륙항의 가격에 의하여 이를 정한다. 그러나 그 가격 중에서 지급을 요하지 아니하는 비용을 공제하여야 한다.

제751조(대리권에 대한 제한) 선장의 대리권에 대한 제한은 선의의 제3자에게 대항하지 못한다.

제752조(이해관계인을 위한 적하의 처분) ① 선장이 항해중에 적하를 처분하는 경우에는 이해관계인의 이익을 위하여 가장 적당한 방법으로 하여야 한다.

② 제1항의 경우에 이해관계인은 선장의 처분으로 인하여 생긴 채권자에게 적하의 가액을 한도로 하여 그 책임을 진다. 다만, 그 이해관계인에게 과실이 있는 때에는 그러하지 아니하다.

제753조(선박경매권) 선적항 외에서 선박이 수선하기 불능하게 된 때에는 선장은 해무관청의 인가를 얻어 이를 경매할 수 있다.

제754조(선박의 수선불능) ① 다음 각 호의 경우에는 선박은 수선하기 불능하게 된 것으로 본다.

1. 선박이 그 현재지에서 수선을 받을 수 없으며, 또 그 수선을 할 수 있는 곳에 도달하기 불능한 때
2. 수선비가 선박의 가액의 4분의 3을 초과할 때

② 제1항 제2호의 가액은 선박이 항해중 훼손된 경우에는 그 발항한 때의 가액으로 하고, 기타의 경우에는 그 훼손 전의 가액으로 한다.

제779조(보고·계산의 의무) ① 선장은 항해에 관한 중요한 사항을 지체없이 선박소유자에게 보고하여야 한다.
② 선장은 매항해를 종료한 때에는 그 항해에 관한 계산서를 지체없이 선박소유자에게 제출하여 그 승인을 얻어야 한다.
③ 선장은 선박소유자의 청구가 있을 때에는 언제든지 항해에 관한 사항과 계산의 보고를 하여야 한다.

제753조(선박공유자의 업무결정) ① 공유선박의 이용에 관한 사항은 공유자의 지분의 가격에 따라 그 과반수로 결정한다.
② 선박공유에 관한 계약을 변경하는 사항은 공유자의 전원일치로 결정하여야 한다.

제754조(선박공유와 비용의 부담) 선박공유자는 그 지분의 가격에 따라 선박의 이용에 관한 비용과 이용에 관하여 생긴 채무를 부담한다.

제755조(손익분배) 손익의 분배는 매항해의 종료 후에 있어서 선박공유자의 지분의 가격에 따라서 한다.

---

1. 선박이 그 현재지에서 수선을 받을 수 없으며, 또 그 수선을 할 수 있는 곳에 도달하기 불가능한 때
2. 수선비가 선박의 가액의 4분의 3을 초과할 때

② 제1항 제2호의 가액은 선박이 항해중 훼손된 경우에는 그 발항한 때의 가액으로 하고 기타의 경우에는 그 훼손 전의 가액으로 한다.

제755조(보고·계산의 의무) ① 선장은 항해에 관한 중요한 사항을 지체없이 선박소유자에게 보고하여야 한다.
② 선장은 매항해를 종료한 때에는 그 항해에 관한 계산서를 지체없이 선박소유자에게 제출하여 그 승인을 얻어야 한다.
③ 선장은 선박소유자의 청구가 있을 때에는 언제든지 항해에 관한 사항과 계산의 보고를 하여야 한다.

제3절 선박공유

제756조(선박공유자의 업무결정) ① 공유선박의 이용에 관한 사항은 공유자의 지분의 가격에 따라 그 과반수로 결정한다.
② 선박공유에 관한 계약을 변경하는 사항은 공유자의 전원일치로 결정하여야 한다.

제757조(선박공유와 비용의 부담) 선박공유자는 그 지분의 가격에 따라 선박의 이용에 관한 비용과 이용에 관하여 생긴 채무를 부담한다.

제758조(손익분배) 손익의 분배는 매항해의 종료 후에 있어서 선박공유자의 지분의 가격에 따라서 한다.

제756조(지분의 양도) 선박공유자간에 조합관계가 있는 경우에도 각 공유자는 다른 공유사의 승낙 없이 그 지분을 타인에게 양도할 수 있다. 그러나 선박관리인의 경우에는 그러하지 아니하다.

제757조(공유선박의 국적상실과 지분의 매수 또는 경매청구) ① 선박공유자의 지분의 이전 또는 그 국적상실로 인하여 선박이 대한민국의 국적을 상실할 때에는 다른 공유자는 상당한 대가로 그 지분을 매수하거나 그 경매를 법원에 청구할 수 있다.
② 사원의 지분의 이전으로 회사의 소유에 속하는 선박이 대한민국의 국적을 상실할 때에는 합명회사에 있어서는 다른 사원, 합자회사에 있어서는 다른 무한책임사원이 상당한 대가로 그 지분을 매수할 수 있다.

제758조(결의반대자의 지분매수청구권) ① 선박공유자가 신항해를 개시하거나 선박을 대수선할 것을 결의한 때에는 그 결의에 이의가 있는 공유자는 다른 공유자에 대하여 상당한 가액으로 자기의 지분을 매수할 것을 청구할 수 있다.
② 제1항의 청구를 하고자 하는 자는 그 결의가 있은 날로부터, 결의에 참가하지 아니한 경우에는 결의통지를 받은 날로부터 3일내에 다른 공유자 또는 선박관리인에 대하여 그 통지를 발송하여야 한다.

제768조(선장의 부당한 해임에 대한 손해배상청구권) ① 선박소유자가 정당한 사유 없이 선장을 해임한 때에

제759조(지분의 양도) 선박공유자 사이에 조합관계가 있는 경우에도 각 공유자는 다른 공유자의 승낙 없이 그 지분을 타인에게 양도할 수 있다. 그러나 선박관리인의 경우에는 그러하지 아니하다.

제760조(공유선박의 국적상실과 지분의 매수 또는 경매청구) 선박공유자의 지분의 이전 또는 국적상실로 인하여 선박이 대한민국의 국적을 상실할 때에는 다른 공유자는 상당한 대가로 그 지분을 매수하거나 그 경매를 법원에 청구할 수 있다.
② 〈삭 제〉

제761조(결의반대자의 지분매수청구권) ① 선박공유자가 신항해를 개시하거나 선박을 대수선할 것을 결의한 때에는 그 결의에 이의가 있는 공유자는 다른 공유자에 대하여 상당한 가액으로 자기의 지분을 매수할 것을 청구할 수 있다.
② 제1항의 청구를 하고자 하는 자는 그 결의가 있은 날로부터, 결의에 참가하지 아니한 경우에는 결의통지를 받은 날로부터 3일내에 다른 공유자 또는 선박관리인에 대하여 그 통지를 발송하여야 한다.

제762조(해임선장의 지분매수청구권) ① 〈삭 제〉

는 선장은 이로 인하여 생긴 손해의 배상을 청구할 수 있다. ② 선장이 선박공유자인 경우에 그 의사에 반하여 해임된 때에는 다른 공유자에 대하여 상당한 가액으로 그 지분을 매수할 것을 청구할 수 있다. ③ 선장이 제2항의 청구를 하고자 하는 때에는 지체없이 다른 공유자 또는 선박관리인에 대하여 그 통지를 발송하여야 한다.	① 선박공유자인 선장이 그 의사에 반하여 해임된 때에는 다른 공유자에 대하여 상당한 가액으로 그 지분을 매수할 것을 청구할 수 있다. ② 선박공유자가 제1항의 청구를 하고자 하는 때에는 지체없이 다른 공유자 또는 선박관리인에 대하여 그 통지를 발송하여야 한다.
제759조(항해중 선박 등의 양도) 항해 중에 있는 선박이나 그 지분을 양도한 경우에 당사자간에 다른 약정이 없으면 양수인이 그 항해로부터 생긴 이익을 얻고 손실을 부담한다.	제763조(항해중 선박 등의 양도) 항해 중에 있는 선박이나 그 지분을 양도한 경우에 당사자 사이에 다른 약정이 없으면 양수인이 그 항해로부터 생긴 이익을 얻고 손실을 부담한다.
제760조(선박관리인의 선임·등기) ① 선박공유자는 선박관리인을 선임하여야 한다. 선박공유자가 아닌 자를 선박관리인으로 선임함에는 공유자 전원의 동의가 있어야 한다. ② 선박관리인의 선임과 그 대리권의 소멸은 이를 등기하여야 한다.	제764조(선박관리인의 선임·등기) ① 선박공유자는 선박관리인을 선임하여야 한다. 이 경우 선박공유자가 아닌 자를 선박관리인으로 선임함에는 공유자 전원의 동의가 있어야 한다. ② 선박관리인의 선임과 그 대리권의 소멸은 이를 등기하여야 한다.
제761조(선박관리인의 권한) ① 선박관리인은 선박의 이용에 관한 재판상 또는 재판외의 모든 행위를 할 권한이 있다. ② 선박관리인의 대리권에 대한 제한은 선의의 제3자에게 대항하지 못한다.	제765조(선박관리인의 권한) ① 선박관리인은 선박의 이용에 관한 재판상 또는 재판외의 모든 행위를 할 권한이 있다. ② 선박관리인의 대리권에 대한 제한은 선의의 제3자에게 대항하지 못한다.
제762조(선박관리인의 권한의 제한) 선박관리인은 선박공유자의 서면에 의한 위임이 없으면 다음의 행위를 하지 못한다. 1. 선박을 양도, 임대 또는 담보에 제공하는 일	제766조(선박관리인의 권한의 제한) 선박관리인은 선박공유자의 서면에 의한 위임이 없으면 다음의 행위를 하지 못한다. 1. 선박을 양도·임대 또는 담보에 제공하는 일

2. 신항해를 개시하는 일

3. 선박을 보험에 붙이는 일

4. 선박을 대수선하는 일

5. 차재하는 일

제763조(장부의 기재·비치) 선박관리인은 특히 업무집행에 관한 장부를 비치하고, 그 선박의 이용에 관한 모든 사항을 기재하여야 한다.

제764조(선박관리인의 보고·승인) 선박관리인은 매항해의 종료 후에 지체 없이 그 항해의 경과상황과 계산에 관한 서면을 작성하여 선박공유자에게 보고하고, 그 승인을 얻어야 한다.

제746조(선박소유자의 유한책임) 선박소유자는 청구원인의 여하에 불구하고 다음 각호의 채권에 대하여 제747조의 규정에 의한 금액의 한도로 그 책임을 제한할 수 있다. 그러나 그 채권이 선박소유자 자신의 고의 또는 손해발생의 염려가 있음을 인식하면서 무모하게 한 작위 또는 부작위로 인하여 생긴 손해에 관한 것인 때에는 그러하지 아니하다.

1. 선박에서 또는 선박의 운항에 직접 관련하여 발생한 사람의 사망, 신체의 상해 또는 그 선박이외의 물건의 멸실 또는 훼손으로 인하여 생긴 손해에 관한 채권

2. 운송물, 여객 또는 수하물의 운송의 지연으로 인하여 생긴 손해에 관한 채권

3. 제1호 및 제2호 이외에 선박의 운항에 직접 관련하여 발생한 계약

2. 신항해를 개시하는 일

3. 선박을 보험에 붙이는 일

4. 선박을 대수선하는 일

5. 차재하는 일

제767조(장부의 기재·비치) 선박관리인은 업무집행에 관한 장부를 비치하고, 그 선박의 이용에 관한 모든 사항을 기재하여야 한다.

제768조(선박관리인의 보고·승인) 선박관리인은 매항해의 종료 후에 지체 없이 그 항해의 경과상황과 계산에 관한 서면을 작성하여 선박공유자에게 보고하고 그 승인을 얻어야 한다.

제4절 선박소유자 등의 책임제한

제769조(선박소유자의 유한책임) 선박소유자는 청구원인의 여하에 불구하고 다음 각호의 채권에 대하여 제770조에 따른 금액의 한도로 그 책임을 제한할 수 있다. 다만, 그 채권이 선박소유자 자신의 고의 또는 손해발생의 염려가 있음을 인식하면서 무모하게 한 작위 또는 부작위로 인하여 생긴 손해에 관한 것인 때에는 그러하지 아니하다.

1. 선박에서 또는 선박의 운항에 직접 관련하여 발생한 사람의 사망, 신체의 상해 또는 그 선박 이외의 물건의 멸실 또는 훼손으로 인하여 생긴 손해에 관한 채권

2. 운송물, 여객 또는 수하물의 운송의 지연으로 인하여 생긴 손해에 관한 채권

3. 제1호 및 제2호 이외에 선박의 운항에 직접 관련하여 발생한 계약

상의 권리 이외의 타인의 권리의 침해로 인하여 생긴 손해에 관한 채권

4. 제1호 내지 제3호의 채권의 원인이 된 손해를 방지 또는 경감하기 위한 조치에 관한 채권 또는 그 조치의 결과로 인하여 생긴 손해에 관한 채권

제747조(책임의 한도액) ① 선박소유자가 제한할 수 있는 책임의 한도액은 다음 각호의 금액으로 한다.

1. 여객의 사망 또는 신체의 상해로 인한 손해에 관한 채권에 대한 책임의 한도액은 그 선박의 선박검사증서에 기재된 여객의 정원에 4만6천6백6십6계산단위를 곱하여 얻은 금액과 2천5백만 계산단위에 상당하는 금액 중 적은 금액으로 한다.

2. 여객 이외의 사람의 사망 또는 신체의 상해로 인한 손해에 관한 채권에 대한 책임의 한도액은 그 선박의 톤수에 따라서 다음 각목에 정하는 바에 의하여 계산된 금액으로 한다. 그러나 3백톤 미만의 선박의 경우에는 1십6만7천 계산단위에 상당하는 금액으로 한다.

가. 5백톤 이하의 선박의 경우에는 3십3만3천 계산단위에 상당하는 금액

나. 5백톤을 초과하는 선박의 경우에는 가목의 금액에 5백톤을 초과하여 3천톤까지의 부분에 대하여는 매톤당 5백 계산단위, 3천톤을 초과하여 3만톤까지의 부분에 대하여는 매톤당 3백3십3 계산단위, 3만톤을 초과하여 7만톤까지의 부분에 대하여는

상의 권리 외의 타인의 권리의 침해로 인하여 생긴 손해에 관한 채권

4. 제1호 내지 제3호의 채권의 원인이 된 손해를 방지 또는 경감하기 위한 조치에 관한 채권 또는 그 조치의 결과로 인하여 생긴 손해에 관한 채권

제770조(책임의 한도액) ① 선박소유자가 제한할 수 있는 책임의 한도액은 다음 각호의 금액으로 한다.

1. 여객의 사망 또는 신체의 상해로 인한 손해에 관한 채권에 대한 책임의 한도액은 그 선박의 선박검사증서에 기재된 여객의 정원에 17만5천 계산단위(국제통화기금의 1특별인출권에 상당하는 금액을 말한다. 이하 같다)를 곱하여 얻은 금액으로 한다.

2. 여객 외의 사람의 사망 또는 신체의 상해로 인한 손해에 관한 채권에 대한 책임의 한도액은 그 선박의 톤수에 따라서 다음 각목에 정하는 바에 의하여 계산된 금액으로 한다. 그러나 300톤 미만의 선박의 경우에는 16만7천 계산단위에 상당하는 금액으로 한다.

가. 500톤 이하의 선박의 경우에는 33만3천 계산단위에 상당하는 금액

나. 500톤을 초과하는 선박의 경우에는 가목의 금액에 500톤을 초과하여 3천톤까지의 부분에 대하여는 매톤당 500 계산단위, 3천톤을 초과하여 3만톤까지의 부분에 대하여는 매톤당 333 계산단위, 3만톤을 초과하여 7만톤까지의 부분에 대하여는 매

매톤당 2백5십 계산단위 및 7만톤을 초과한 부분에 대하여는 매톤당 1백6십7 계산단위를 각 곱하여 얻은 금액을 순차로 가산한 금액

3. 제1호 및 제2호 이외의 채권에 대한 책임의 한도액은 그 선박의 톤수에 따라서 다음 각목에 정하는 바에 의하여 계산된 금액으로 한다. 그러나 3백톤 미만의 선박의 경우에는 8만3천 계산단위에 상당하는 금액으로 한다.

가. 5백톤 이하의 선박의 경우에는 1십6만7천 계산단위에 상당하는 금액

나. 5백톤을 초과하는 선박의 경우에는 가목의 금액에 5백톤을 초과하여 3만톤까지의 부분에 대하여는 매톤당 1백6십7 계산단위, 3만톤을 초과하여 7만톤까지의 부분에 대하여는 매톤당 1백2십5 계산단위 및 7만톤을 초과한 부분에 대하여는 매톤당 8십3 계산단위를 각 곱하여 얻은 금액을 순차로 가산한 금액

② 제1항 각호의 규정에 의한 각 책임한도액은 선박마다 동일한 사고에서 생긴 각 책임한도액에 대응하는 선박소유자에 대한 모든 채권에 미친다.

③ 제746조의 규정에 의하여 책임이 제한되는 채권은 제1항 각호의 규정에 의한 각 책임한도액에 대하여 각 채권액의 비율로 경합한다.

④ 제1항 제2호에 의한 책임한도액이 동호의 채권의 변제에 부족한 때에는 제3호에 의한 책임한도액을 그 잔액채권의 변제에 충당한다. 이 경우에 동일한 사고에서 제3호의 채권도 발

톤당 250 계산단위 및 7만톤을 초과한 부분에 대하여는 매톤당 167 계산단위를 각 곱하여 얻은 금액을 순차로 가산한 금액

3. 제1호 및 제2호 이외의 채권에 대한 책임의 한도액은 그 선박의 톤수에 따라서 다음 각목에 정하는 바에 의하여 계산된 금액으로 한다. 그러나 300톤 미만의 선박의 경우에는 8만3천 계산단위에 상당하는 금액으로 한다.

가. 500톤 이하의 선박의 경우에는 16만7천 계산단위에 상당하는 금액

나. 500톤을 초과하는 선박의 경우에는 가목의 금액에 500톤을 초과하여 3만톤까지의 부분에 대하여는 매톤당 167 계산단위, 3만톤을 초과하여 7만톤까지의 부분에 대하여는 매톤당 125 계산단위 및 7만톤을 초과한 부분에 대하여는 매톤당 83 계산단위를 각 곱하여 얻은 금액을 순차로 가산한 금액

② 제1항 각호에 따른 각 책임한도액은 선박마다 동일한 사고에서 생긴 각 책임한도액에 대응하는 선박소유자에 대한 모든 채권에 미친다.

③ 제769조에 따라 책임이 제한되는 채권은 제1항 각호에 따른 각 책임한도액에 대하여 각 채권액의 비율로 경합한다.

④ 제1항 제2호에 따른 책임한도액이 동호의 채권의 변제에 부족한 때에는 제3호에 따른 책임한도액을 그 잔액채권의 변제에 충당한다. 이 경우에 동일한 사고에서 제3호의 채권도

생한 때에는 이 채권과 제2호의 잔액채권은 제3호에 의한 책임한도액에 대하여 각 채권액의 비율로 경합한다.

⑤ 제1항에서 "계산단위"라 함은 국제통화기금의 1특별인출권에 상당하는 금액을 이른다.

제749조(동일한 사고로 인한 반대채권액의 공제) 선박소유자가 책임의 제한을 받는 채권자에 대하여 동일한 사고로 인하여 생긴 손해에 관한 채권을 가지는 경우에는 그 채권액을 공제한 잔액에 한하여 책임의 제한을 받는 채권으로 한다.

제751조(책임제한을 위한 선박톤수) 제747조 제1항에서 규정하는 선박의 톤수는 국제항해에 종사하는 선박의 경우에는 선박법에서 규정하는 국제총톤수로 하고, 그 밖의 선박의 경우에는 동법에서 규정하는 총톤수로 한다.

제748조(유한책임의 배제) 선박소유자는 다음 각호의 채권에 대하여는 그 책임을 제한하지 못한다.

1. 선장·해원 기타의 사용인으로서 그 직무가 선박의 업무에 관련된 자 또는 그 상속인·피부양자 기타의 이해관계인의 선박소유자에 대한 채권
2. 해양사고구조 또는 공동해손분담에 관한 채권
3. 1969년 11월 29일 성립한 유류오염손해에 대한 민사책임에 관한 국제조약 또는 그 조약의 개정조항이 적용되는 유류오염손해에 관한 채권
4. 침몰·난파·좌초·유기 기타의 해

발생한 때에는 이 채권과 제2호의 잔액채권은 제3호에 의한 책임한도액에 대하여 각 채권액의 비율로 경합한다.

⑤ 〈삭 제〉

제771조(동일한 사고로 인한 반대채권액의 공제) 선박소유자가 책임의 제한을 받는 채권자에 대하여 동일한 사고로 인하여 생긴 손해에 관한 채권을 가지는 경우에는 그 채권액을 공제한 잔액에 한하여 책임의 제한을 받는 채권으로 한다.

제772조(책임제한을 위한 선박톤수) 제770조 제1항에서 규정하는 선박의 톤수는 국제항해에 종사하는 선박의 경우에는 「선박법」에서 규정하는 국제총톤수로 하고 그 밖의 선박의 경우에는 동법에서 규정하는 총톤수로 한다.

제773조(유한책임의 배제) 선박소유자는 다음 각호의 채권에 대하여는 그 책임을 제한하지 못한다.

1. 선장·해원 기타의 사용인으로서 그 직무가 선박의 업무에 관련된 자 또는 그 상속인·피부양자 기타의 이해관계인의 선박소유자에 대한 채권
2. 해난구조로 인한 구조료 채권 및 공동해손의 분담에 관한 채권
3. 1969년 11월 29일 성립한 「유류오염손해에 대한 민사책임에 관한 국제조약」 또는 그 조약의 개정조항이 적용되는 유류오염손해에 관한 채권
4. 침몰·난파·좌초·유기 그 밖의 해

양사고를 당한 선박 및 그 선박안에 있거나 있었던 적하 기타의 물건의 인양·제거·파괴 또는 무해조치에 관한 채권

5. 원자력손해에 관한 채권

제750조(책임제한을 할 수 있는 자의 범위) ① 다음 각호에 게기한 자는 이 장의 규정에 의하여 선박소유자의 경우와 동일하게 책임을 제한할 수 있다.

1. 용선자·선박관리인 및 선박운항자

2. 법인인 선박소유자 및 제1호에 게기한 자의 무한책임사원

3. 자기의 행위로 인하여 선박소유자 또는 제1호에 게기한 자에 대하여 제746조 각 호의 규정에 의한 채권이 성립하게 한 선장·해원·도선사 기타 선박소유자 또는 제1호에 게기한 자의 사용인 또는 대리인

② 동일한 사고에서 발생한 모든 채권에 대한 선박소유자 및 제1항에 게기한 자에 의한 책임제한의 총액은 선박마다 제747조의 규정에 의한 책임한도액을 초과하지 못한다.

③ 선박소유자 또는 제1항 각호에 게기한 자의 1인이 책임제한절차개시의 결정을 받은 때에는 책임제한을 할 수 있는 다른 자도 이를 원용할 수 있다.

제752조의 2(해양사고구조자의 유한책임) ① 제746조 내지 제752조의 규정은 해양사고구조자의 구조활동에 직접 관련하여 발생한 채권에 대한 책임의 제한에 준용한다.

양사고를 당한 선박 및 그 선박안에 있거나 있었던 적하 기타의 물건의 인양·제거·파괴 또는 무해조치에 관한 채권

5. 원자력손해에 관한 채권

제774조(책임제한을 할 수 있는 자의 범위) ① 다음 각호에 어느 하나에 해당하는 자는 이 절의 규정에 따라 선박 소유자의 경우와 동일하게 책임을 제한할 수 있다.

1. 용선자·선박관리인 및 선박운항자

2. 법인인 선박소유자 및 제1호에 게기한 자의 무한책임사원

3. 자기의 행위로 인하여 선박소유자 또는 제1호에 규정된 자에 대하여 제769조 각호에 따른 채권이 성립하게 한 선장·해원·도선사, 그 밖의 선박소유자 또는 제1호에 규정된 자의 사용인 또는 대리인

② 동일한 사고에서 발생한 모든 채권에 대한 선박소유자 및 제1항에 규정된 자에 의한 책임제한의 총액은 선박마다 제770조에 따른 책임한도액을 초과하지 못한다.

③ 선박소유자 또는 제1항 각호에 규정한 자의 1인이 책임제한절차개시의 결정을 받은 때에는 책임제한을 할 수 있는 다른 자도 이를 원용할 수 있다.

제775조(구조자의 책임제한) ① 구조자 또는 그 피용자의 구조활동과 직접 관련하여 발생한 사람의 사망, 신체의 상해 또는 재산의 멸실이나 훼손, 또는 계약상 권리 이외의 타인의 권리의 침해로 인하여 생긴 손해에

관한 채권 및 그러한 손해를 방지 혹
은 경감하기 위한 조치에 관한 채권
또는 그 조치의 결과로 인하여 생긴
손해에 관한 채권에 대하여는 제769
조 내지 제774조(제769조 제2호 및
제770조 제1항 제1호를 제외한다)
의 규정에 따라 구조자도 책임을 제
한할 수 있다.

② 구조활동을 선박으로부터 행하지
아니한 구조자 또는 구조를 받는 선
박에서만 행한 구조자는 제747조의 규
정에 의한 책임의 한도액에 관하여 1
천5백톤의 선박에 의한 구조자로 본다.

② 구조활동을 선박으로부터 행하지
아니한 구조자 또는 구조를 받는 선
박에서만 행한 구조자는 제770조에
따른 책임의 한도액에 관하여 1천500
톤의 선박에 의한 구조자로 본다.

③ 구조자의 책임의 한도액은 구조선
마다 또는 제2항의 경우에는 구조자
마다 동일한 사고로 인하여 생긴 모
든 채권에 미친다.

③ 구조자의 책임의 한도액은 구조선
마다 또는 제2항의 경우에는 구조자
마다 동일한 사고로 인하여 생긴 모
든 채권에 미친다.

〈신 설〉

④ 제1항에서 "구조자"란 구조활동에
직접 관련된 용역을 제공한 자를 말
하며, "구조활동"이란 해난구조시의
구조활동은 물론 침몰·난파·좌초 또
는 유기, 그 밖의 해양사고를 당한 선
박 및 그 선박안에 있거나 있었던 적
하 기타 물건의 인양·제거·파괴 또
는 무해조치 및 이와 관련된 손해를
방지 또는 경감하기 위한 모든 조치
를 말한다.

제752조(책임제한의 절차) ① 이 장의
규정에 의하여 책임을 제한하고자 하
는 자는 채권자로부터 책임한도액을
초과하는 청구금액을 명시한 서면에
의한 청구를 받은 날부터 1년내에 법
원에 책임제한절차개시의 신청을 하
여야 한다.
② 책임제한절차개시의 신청, 책임제

제776조(책임제한의 절차) ① 이 절의
규정에 따라 책임을 제한하고자 하는
자는 채권자로부터 책임한도액을 초
과하는 청구금액을 명시한 서면에 의
한 청구를 받은 날부터 1년내에 법원
에 책임제한절차개시의 신청을 하여
야 한다.
② 책임제한절차개시의 신청, 책임제

한의 기금의 형성, 공고, 참가, 배당 기타 필요한 사항은 따로 법률로 정한다.

제8장 선박채권

제861조(선박우선특권 있는 채권) ① 다음의 채권을 가진 자는 선박, 그 속구, 그 채권이 생긴 항해의 운임, 그 선박과 운임에 부수한 채권에 대하여 우선특권이 있다.

1. 채권자의 공동이익을 위한 소송비용, 선박과 속구의 경매에 관한 비용, 항해에 관하여 선박에 과한 제세금, 도선료와 예선료, 최후입항 후의 선박과 그 속구의 보존비와 검사비

2. 선원 기타의 선박사용인의 고용계약으로 인한 채권

3. 선박의 구조에 대한 보수와 공동해손의 분담에 대한 채권

4. 선박의 충돌로 인한 손해 기타의 항해사고로 인한 항해시설, 항만시설 및 항로에 대한 손해와 선원이나 여객의 생명·신체에 대한 손해의 배상채권

② 제1항의 우선특권을 가진 선박채권자는 이 법 기타의 법률의 규정에 따라 제1항의 재산에 대하여 다른 채권자보다 자기채권의 우선변제를 받을 권리가 있다. 이 경우에는 그 성질에 반하지 아니하는 한 민법의 저당권에 관한 규정을 준용한다.

제862조(선박·운임에 부수한 채권) 제861조의 규정에 의한 선박과 운임

제5절 선박담보

한의 기금의 형성·공고·참가·배당, 기타 필요한 사항은 따로 법률로 정한다.

제777조(선박우선특권 있는 채권) ① 다음의 채권을 가진 자는 선박·그 속구, 그 채권이 생긴 항해의 운임, 그 선박과 운임에 부수한 채권에 대하여 우선특권이 있다.

1. 채권자의 공동이익을 위한 소송비용, 항해에 관하여 선박에 과한 제세금, 도선료와 예선료, 최후입항 후의 선박과 그 속구의 보존비와 검사비

2. 선원 기타의 선박사용인의 고용계약으로 인한 채권

3. 선박에 대한 해난구조로 인한 구조료채권과 공동해손의 분담에 대한 채권

4. 선박의 충돌 그 밖의 항해사고로 인한 손해, 항해시설·항만시설 및 항로에 대한 손해와 선원이나 여객의 생명·신체에 대한 손해의 배상채권

② 제1항의 우선특권을 가진 선박채권자는 이 법 기타의 법률의 규정에 따라 전항의 재산에 대하여 다른 채권자보다 자기채권의 우선변제를 받을 권리가 있다. 이 경우에는 그 성질에 반하지 아니하는 한 민법의 저당권에 관한 규정을 준용한다.

제778조(선박·운임에 부수한 채권) 제777조에 따른 선박과 운임에 부수

에 부수한 채권은 다음과 같다.

1. 선박 또는 운임의 손실로 인하여 선박소유자에게 지급할 손해배상

2. 공동해손으로 인한 선박 또는 운임의 손실에 대하여 선박소유자에게 지급할 상금

3. 해양사고 구조로 인하여 선박소유자에게 지급할 보수

제863조(운임에 대한 우선특권) 운임에 대한 우선특권은 지급을 받지 아니한 운임, 지급을 받은 운임으로 선박소유자나 그 대리인이 소지한 금액에 한하여 이를 행사할 수 있다.

제864조(보험금 등의 제외) 보험계약에 의하여 선박소유자에게 지급할 보험금과 기타의 장려금이나 보조금에 대하여는 제862조의 규정을 적용하지 아니한다.

제865조(선박사용인의 고용계약으로 인한 채권) 제861조 제1항 제2호의 규정에 의한 채권은 고용계약존속중의 모든 항해로 인한 운임의 전부에 대하여 우선특권이 있다.

제866조(우선특권의 순위) ① 동일항해로 인한 채권의 우선특권이 경합하는 때에는 그 우선의 순위는 제861조 제1항 각호의 순서에 의한다.

② 제861조 제1항 제3호의 규정에 의한 채권의 우선특권이 경합하는 때에는 후에 생긴 채권이 전에 생긴 채권에 우선한다. 동일한 사고로 인한 채권은 동시에 생긴 것으로 본다.

제867조(동전) ① 수회의 항해에 관한 채권의 우선특권이 경합하는 때에는

한 채권은 다음과 같다.

1. 선박 또는 운임의 손실로 인하여 선박소유자에게 지급할 손해배상

2. 공동해손으로 인한 선박 또는 운임의 손실에 대하여 선박소유자에게 지급할 상금

3. 해난구조로 인하여 선박소유자에게 지급할 구조료

제779조(운임에 대한 우선특권) 운임에 대한 우선특권은 지급을 받지 아니한 운임 및 지급을 받은 운임 중 선박소유자나 그 대리인이 소지한 금액에 한하여 이를 행사할 수 있다.

제780조(보험금 등의 제외) 보험계약에 의하여 선박소유자에게 지급할 보험금과 그 밖의 장려금이나 보조금에 대하여는 제778조의 규정을 적용하지 아니한다.

제781조(선박사용인의 고용계약으로 인한 채권) 제777조 제1항 제2호에 따른 채권은 고용계약 존속 중의 모든 항해로 인한 운임의 전부에 대하여 우선특권이 있다.

제782조(동일항해로 인한 채권에 대한 우선특권의 순위) ① 동일항해로 인한 채권의 우선특권이 경합하는 때에는 그 우선의 순위는 제777조 제1항 각호의 순서에 의한다.

② 제777조 제1항 제3호에 따른 채권의 우선특권이 경합하는 때에는 후에 생긴 채권이 전에 생긴 채권에 우선한다. 동일한 사고로 인한 채권은 동시에 생긴 것으로 본다.

제783조(수회항해에 관한 채권에 대한 우선특권의 순위) ① 수회의 항해에

후의 항해에 관한 채권이 전의 항해에 관한 채권에 우선한다.

② 제865조의 규정에 의한 우선특권은 그 최후의 항해에 관한 다른 채권과 동일한 순위로 한다.

제868조(동일순위의 우선특권이 경합한 경우) 제865조 내지 제867조의 규정에 의한 동일순위의 우선특권이 경합하는 때에는 각 채권액의 비율에 따라 변제한다.

제869조(우선특권의 추급권) 선박채권자의 우선특권은 그 선박소유권의 이전으로 인하여 영향을 받지 아니한다.

제870조(우선특권의 소멸) ① 선박채권자의 우선특권은 그 채권이 생긴 날로부터 1년내에 실행하지 아니하면 소멸한다.

② 〈삭 제〉〈1991. 12. 31〉

제871조(선박저당권) ① 등기한 선박은 저당권의 목적으로 할 수 있다.
② 선박의 저당권은 그 속구에 미친다.
③ 선박의 저당권에는 민법의 저당권에 관한 규정을 준용한다.

제872조(선박저당권 등과 우선특권의 경합) 선박채권자의 우선특권은 질권과 저당권에 우선한다.

제873조(등기선박의 입질불허) 등기한 선박은 질권의 목적으로 하지 못한다.

제874조(건조중의 선박에의 준용) 이 장의 규정은 건조중의 선박에 준용한다.

제 4 장 운 송
제 1 절 물건운송

관한 채권의 우선특권이 경합하는 때에는 후의 항해에 관한 채권이 전의 항해에 관한 채권에 우선한다.

② 제781조에 따른 우선특권은 그 최후의 항해에 관한 다른 채권과 동일한 순위로 한다.

제784조(동일순위의 우선특권이 경합한 경우) 제781조 내지 제783조의 규정에 따른 동일순위의 우선특권이 경합하는 때에는 각 채권액의 비율에 따라 변제한다.

제785조(우선특권의 추급권) 선박채권자의 우선특권은 그 선박소유권의 이전으로 인하여 영향을 받지 아니한다.

제786조(우선특권의 소멸) 선박채권자의 우선특권은 그 채권이 생긴 날부터 1년이내에 실행하지 아니하면 소멸한다.

제787조(선박저당권) ① 등기한 선박은 저당권의 목적으로 할 수 있다.
② 선박의 저당권은 그 속구에 미친다.
③ 선박의 저당권에는 「민법」의 저당권에 관한 규정을 준용한다.

제788조(선박저당권 등과 우선특권의 경합) 선박채권자의 우선특권은 질권과 저당권에 우선한다.

제789조(등기선박의 입질불허) 등기한 선박은 질권의 목적으로 하지 못한다.

제790조(건조중의 선박에의 준용) 이 절의 규정은 건조중의 선박에 준용한다.

제 2 장 운송과 용선
제 1 절 개품운송

제1관 통 칙	
제780조(운송계약의 종류) 물건의 운송계약은 다음의 2종으로 한다.	〈삭 제〉
1. 선박의 전부 또는 일부를 물건의 운송에 제공함을 목적으로 하는 용선계약	
2. 개개의 물건의 운송을 목적으로 하는 계약	
〈신 설〉	제791조(개품운송계약의 의의) 개품운송계약은 운송인이 개개의 물건을 해상에서 선박으로 운송할 것을 인수하고, 송하인이 이에 대하여 운임을 지급하기로 약정함으로써 그 효력이 생긴다.
제785조(개품운송과 운송물의 제공) ① 개개의 물건을 운송계약의 목적으로 한 경우에는 송하인은 당사자간의 합의 또는 선적항의 관습에 의한 때와 곳에서 운송인에게 운송물을 제공하여야 한다.	제792조(운송물의 제공) ① 송하인은 당사자 사이의 합의 또는 선적항의 관습에 의한 때와 곳에서 운송인에게 운송물을 제공하여야 한다.
② 제1항의 규정에 의한 때와 곳에서 송하인이 운송물을 제공하지 아니한 경우에는 계약을 해제한 것으로 본다. 이 경우에는 선장은 즉시 발항할 수 있고, 송하인은 운임의 전액을 지급하여야 한다.	② 제1항의 규정에 의한 때와 곳에서 송하인이 운송물을 제공하지 아니한 경우에는 계약을 해제한 것으로 본다. 이 경우 선장은 즉시 발항할 수 있고, 송하인은 운임의 전액을 지급하여야 한다.
제786조(운송에 필요한 서류의 교부) 용선자 또는 송하인은 선적기간내에 운송에 필요한 서류를 선장에게 교부하여야 한다.	제793조(운송에 필요한 서류의 교부) 송하인은 선적기간내에 운송에 필요한 서류를 선장에게 교부하여야 한다.
제787조(감항능력주의의무) 운송인은 자기 또는 선원 기타의 선박사용인이 발항 당시 다음의 사항에 관하여 주의를 해태하지 아니하였음을 증명하지 아니하면 운송물의 멸실·훼손 또	제794조(감항능력주의의무) 운송인은 자기 또는 선원 기타의 선박사용인이 발항 당시 다음의 사항에 관하여 주의를 해태하지 아니하였음을 증명하지 아니하면 운송물의 멸실·훼손 또

는 연착으로 인한 손해를 배상할 책임이 있다.

1. 신박이 안전하게 항해를 할 수 있게 할 것
2. 필요한 선원의 승선, 선박의장과 필요품의 보급
3. 선창, 냉장실 기타 운송물을 적재할 선박의 부분을 운송물의 수령·운송과 보존을 위하여 적합한 상태에 둘 것

제788조(운송물에 관한 주의의무) ① 운송인은 자기 또는 선원 기타의 선박사용인이 운송물의 수령·선적·적부·운송·보관·양륙과 인도에 관하여 주의를 해태하지 아니하였음을 증명하지 아니하면, 운송물의 멸실·훼손 또는 연착으로 인한 손해를 배상할 책임이 있다.

② 운송인은 선장·해원·도선사 기타의 선박사용인의 항해 또는 선박의 관리에 관한 행위 또는 화재로 인하여 생긴 운송물에 관한 손해를 배상할 책임을 면한다. 그러나 운송인의 고의 또는 과실로 인한 화재의 경우에는 그러하지 아니하다.

제789조(동전－면책사유) ①〈삭 제〉〈1991. 12. 31〉

② 운송인은 다음 각호의 사실이 있었다는 것과 운송물에 관한 손해가 그 사실로 인하여 보통 생길 수 있는 것임을 증명한 때에는 이를 배상할 책임을 면한다. 그러나 제787조와 제788조 제1항의 규정에 의한 주의를 다하였더라면, 그 손해를 피할 수 있었음에도 불구하고 그 주의를 다하지

는 연착으로 인한 손해를 배상할 책임이 있다.

1. 선박이 안전하게 항해를 할 수 있게 할 것
2. 필요한 선원의 승선, 선박의장(艤裝)과 필요품의 보급
3. 선창, 냉장실 기타 운송물을 적재할 선박의 부분을 운송물의 수령·운송과 보존을 위하여 적합한 상태에 둘 것

제795조(운송물에 관한 주의의무) ① 운송인은 자기 또는 선원 기타의 선박사용인이 운송물의 수령·선적·적부(積付)·운송·보관·양륙과 인도에 관하여 주의를 해태하지 아니하였음을 증명하지 아니하면, 운송물의 멸실·훼손 또는 연착으로 인한 손해를 배상할 책임이 있다.

② 운송인은 선장·해원·도선사 기타의 선박사용인의 항해 또는 선박의 관리에 관한 행위 또는 화재로 인하여 생긴 운송물에 관한 손해를 배상할 책임을 면한다. 그러나 운송인의 고의 또는 과실로 인한 화재의 경우에는 그러하지 아니하다.

제796조(동전－면책사유) 운송인은 다음 각호의 사실이 있었다는 것과 운송물에 관한 손해가 그 사실로 인하여 보통 생길 수 있는 것임을 증명한 때에는 이를 배상할 책임을 면한다. 다만, 제794조 및 제795조 제1항에 따른 주의를 다하였더라면 그 손해를 피할 수 있었음에도 불구하고 그 주의를 다하지 아니하였음을 증명한 때에는 그러하지 아니하다.

아니하였음을 증명한 때에는 그러하지 아니하다.

1. 해상 기타 항행할 수 있는 수면에서의 위험 또는 사고
2. 불가항력
3. 전쟁, 폭동 또는 내란
4. 해적행위 기타 이에 준한 행위
5. 재판상의 압류, 검역상의 제한 기타 공권에 의한 제한
6. 송하인 또는 운송물의 소유자나 그 사용인의 행위
7. 동맹파업 기타의 쟁의행위 또는 선박폐쇄
8. 해상에서의 인명이나 재산의 구조행위 또는 이로 인한 이로 기타 정당한 이유로 인한 이로
9. 운송물의 포장의 불충분 또는 기호의 표시의 불완전
10. 운송물의 특수한 성질 또는 숨은 하자
11. 선박의 숨은 하자

제789조의 2(책임의 한도) ① 제787조 내지 제789조의 규정에 의한 운송인의 손해배상의 책임은 당해운송물의 매포장당 또는 선적단위당 500계산단위의 금액을 한도로 이를 제한할 수 있다. 그러나 운송물에 관한 손해가 운송인 자신의 고의 또는 그 손해가 생길 염려가 있음을 인식하면서 무모하게 한 작위 또는 부작위로 인하여 생긴 것인 때에는 그러하지 아니하다.

② 제1항의 적용에 있어서 운송물의 포장 또는 선적단위의 수는 다음과

---

1. 해상 그 밖에 항행할 수 있는 수면에서의 위험 또는 사고
2. 불가항력
3. 전쟁, 폭동 또는 내란
4. 해적행위 그 밖에 이에 준한 행위
5. 재판상의 압류, 검역상의 제한 기타 공권에 의한 제한
6. 송하인 또는 운송물의 소유자나 그 사용인의 행위
7. 동맹파업 기타의 쟁의행위 또는 선박폐쇄
8. 해상에서의 인명이나 재산의 구조행위 또는 이로 인한 항로이탈 기타 정당한 이유로 인한 항로이탈
9. 운송물의 포장의 불충분 또는 기호의 표시의 불완전
10. 운송물의 특수한 성질 또는 숨은 하자
11. 선박의 숨은 하자

제797조(책임의 한도) ① 제794조 부터 제796조까지의 규정에 의한 운송인의 손해배상의 책임은 당해운송물의 매포장당 또는 선적단위당 666과 100분의 67 계산단위의 금액과 중량 1킬로그램당 2계산단위의 금액 중 큰 금액을 한도로 이를 제한할 수 있다. 다만, 운송물에 관한 손해가 운송인 자신의 고의 또는 손해발생의 염려가 있음을 인식하면서 무모하게 한 작위 또는 부작위로 인하여 생긴 것인 때에는 그러하지 아니하다.

② 제1항의 적용에 있어서 운송물의 포장 또는 선적단위의 수는 다음과

같이 정한다.

1. 컨테이너 기타 이와 유사한 운송용기가 운송물을 통합하기 위하여 사용되는 경우에 그러한 운송용기에 내장된 운송물의 포장 또는 선적단위의 수를 선하증권 기타 운송계약을 증명하는 문서에 기재한 때에는 그 각 포장 또는 선적단위를 하나의 포장 또는 선적단위로 본다. 이 경우를 제외하고는 이러한 운송용기내의 운송물 전부를 하나의 포장 또는 선적단위로 본다.

2. 운송인이 아닌 자가 공급한 운송용기 자체가 멸실 또는 훼손된 경우에는 그 용기를 별개의 포장 또는 선적단위로 본다.

③ 제1항과 제2항의 규정은 송하인이 운송인에게 운송물을 인도할 때에 그 종류와 가액을 고지하고, 선하증권 기타 운송계약을 증명하는 문서에 이를 기재한 경우에는 적용하지 아니한다. 그러나 송하인이 운송물의 종류 또는 가액을 고의로 현저하게 부실의 고지를 한 때에는 운송인은 자기 또는 그 사용인이 악의인 경우를 제외하고 운송물의 손해에 대하여 책임을 면한다.

④ 제1항 내지 제3항의 규정은 제746조 내지 제752조의 규정의 적용에 영향을 미치지 아니한다.

⑤ 제1항의 계산단위는 제747조 제5항의 규정에 의한 계산단위를 이른다.

제789조의 3(비계약적 청구에 대한 적용) ① 이 장의 운송인의 책임에 관

같이 정한다.

1. 컨테이너 그 밖에 이와 유사한 운송용기가 운송물을 통합하기 위하여 사용되는 경우에 그러한 운송용기에 내장된 운송물의 포장 또는 선적단위의 수를 선하증권 그 밖에 운송계약을 증명하는 문서에 기재한 때에는 그 각 포장 또는 선적단위를 하나의 포장 또는 선적단위로 본다. 이 경우를 제외하고는 이러한 운송용기내의 운송물 전부를 하나의 포장 또는 선적단위로 본다.

2. 운송인이 아닌 자가 공급한 운송용기 자체가 멸실 또는 훼손된 경우에는 그 용기를 별개의 포장 또는 선적단위로 본다.

③ 제1항과 제2항의 규정은 송하인이 운송인에게 운송물을 인도할 때에 그 종류와 가액을 고지하고 선하증권 그 밖에 운송계약을 증명하는 문서에 이를 기재한 경우에는 적용하지 아니한다. 다만, 송하인이 운송물의 종류 또는 가액을 고의로 현저하게 부실의 고지를 한 때에는 운송인은 자기 또는 그 사용인이 악의인 경우를 제외하고 운송물의 손해에 대하여 책임을 면한다.

④ 제1항부터 제3항까지의 규정은 제769조부터 제774조까지 및 제776조의 적용에 영향을 미치지 아니한다.

⑤ 〈삭 제〉

제798조(비계약적 청구에 대한 적용) ① 이 절의 운송인의 책임에 관한 규

한 규정은 운송인의 불법행위로 인한 손해배상의 책임에도 이를 적용한다.

② 운송물에 관한 손해배상청구가 운송인의 사용인 또는 대리인에 대하여 제기된 경우에 그 손해가 그 사용인 또는 대리인의 직무집행에 관하여 생긴 것인 때에는 그 사용인 또는 대리인은 운송인이 주장할 수 있는 항변과 책임제한을 원용할 수 있다. 그러나 그 손해가 그 사용인 또는 대리인의 고의 또는 운송물의 멸실·훼손 또는 연착이 생길 염려가 있음을 인식하면서 무모하게 한 작위 또는 부작위로 인하여 생긴 것인 때에는 그러하지 아니한다.

③ 제2항 본문의 경우에 운송인과 그 사용인 또는 대리인의 운송물에 대한 책임제한 금액의 총액은 제789조의 2 제1항의 규정에 의한 한도를 초과하지 못한다.

④ 제1항 내지 제3항의 규정은 운송물에 관한 손해배상청구가 운송인 이외의 실제운송인 또는 그 사용인이나 대리인에 대하여 제기된 경우에도 이를 적용한다.

제790조(운송인의 책임경감금지) ① 제787조 내지 제789조의 3의 규정에 반하여 운송인의 의무 또는 책임을 경감 또는 면제하는 당사자간의 특약은 효력이 없다. 운송물에 관한 보험의 이익을 운송인에게 양도하는 약정 또는 이와 유사한 약정도 또한 같다.

② 제1항의 규정은 산 동물의 운송 및 선하증권 기타 운송계약을 증명하는 문서의 표면에 갑판적으로 운송할

정은 운송인의 불법행위로 인한 손해배상의 책임에도 적용한다.

② 운송물에 관한 손해배상청구가 운송인의 사용인 또는 대리인에 대하여 제기된 경우에 그 손해가 그 사용인 또는 대리인의 직무집행에 관하여 생긴 것인 때에는 그 사용인 또는 대리인은 운송인이 주장할 수 있는 항변과 책임제한을 원용할 수 있다. 다만, 그 손해가 그 사용인 또는 대리인의 고의 또는 운송물의 멸실·훼손 또는 연착이 생길 염려가 있음을 인식하면서 무모하게 한 작위 또는 부작위로 인하여 생긴 것인 때에는 그러하지 아니하다.

③ 제2항 본문의 경우에 운송인과 그 사용인 또는 대리인의 운송물에 대한 책임제한금액의 총액은 제797조 제1항의 규정에 의한 한도를 초과하지 못한다.

④ 제1항 부터 제3항까지의 규정은 운송물에 관한 손해배상청구가 운송인 외의 실제운송인 또는 그 사용인이나 대리인에 대하여 제기된 경우에도 이를 적용한다.

제799조(운송인의 책임경감금지) ① 제794조 내지 제798조의 규정에 반하여 운송인의 의무 또는 책임을 경감 또는 면제하는 당사자 사이의 특약은 효력이 없다. 운송물에 관한 보험의 이익을 운송인에게 양도하는 약정 또는 이와 유사한 약정도 또한 같다.

② 제1항은 산 동물의 운송 및 선하증권 기타 운송계약을 증명하는 문서의 표면에 갑판적으로 운송할 취지를

취지를 기재하여 갑판적으로 행하는 운송에 대하여는 적용하지 아니한다.

③ 제1항의 규정은 제787조의 규정에 반하는 경우를 제외하고 용선계약에는 이를 적용하지 아니한다. 그러나 용선계약에 따라 선하증권이 발행된 경우에 용선자 이외의 선하증권소지인에 대한 운송인의 의무 또는 책임에 관하여는 그러하지 아니하다.

제791조(위법선적물의 처분) ① 법령 또는 계약에 위반하여 선적한 운송물은 선장은 언제든지 이를 양륙할 수 있고, 그 운송물이 선박 또는 다른 운송물에 위해를 미칠염려가 있는 때에는 이를 포기할 수 있다.

② 선장이 제1항의 물건을 운송하는 때에는 선적한 때와 곳에서의 동종운송물의 최고운임의 지급을 청구할 수 있다.

③ 제1항과 제2항의 규정은 운송인 기타의 이해관계인의 손해배상청구에 영향을 미치지 아니한다.

제791조의 2(위험물의 처분) ① 인화성·폭발성 기타의 위험성이 있는 운송물은 운송인이 그 성질을 알고 선적한 경우에도 그 운송물이 선박이나 다른 운송물에 위해를 미칠 위험이 있는 때에는 선장은 언제든지 이를 양륙, 파괴 또는 무해조치할 수 있다.

② 운송인은 제1항의 처분에 의하여 그 운송물에 발생한 손해에 대하여는 공동해손분담책임을 제외하고 그 배상책임을 면한다.

제799조(개품운송과 운송물의 수령) 개개의 물건의 운송을 계약의 목적으

기재하여 갑판적으로 행하는 운송에 대하여는 적용하지 아니한다.

③ 〈삭 제〉

제800조(위법선적물의 처분) ① 선장은 법령 또는 계약에 위반하여 선적한 운송물은 언제든지 이를 양륙할 수 있고, 그 운송물이 선박 또는 다른 운송물에 위해를 미칠 염려가 있는 때에는 이를 포기할 수 있다.

② 선장이 제1항의 물건을 운송하는 때에는 선적한 때와 곳에서의 동종 운송물의 최고운임의 지급을 청구할 수 있다.

③ 제1항 및 제2항의 규정은 운송인과 그 밖의 이해관계인의 손해배상 청구에 영향을 미치지 아니한다.

제801조(위험물의 처분) ① 인화성·폭발성 그 밖의 위험성이 있는 운송물은 운송인이 그 성질을 알고 선적한 경우에도 그 운송물이 선박이나 다른 운송물에 위해를 미칠 위험이 있는 때에는 선장은 언제든지 이를 양륙·파괴 또는 무해조치할 수 있다.

② 운송인은 제1항의 처분에 의하여 그 운송물에 발생한 손해에 대하여는 공동해손분담책임을 제외하고 그 배상책임을 면한다.

제802조(운송물의 수령) 운송물의 도착통지를 받은 수하인은 당사자 사이

로 한 경우에 운송물의 도착통지를 받은 수하인은 당사자간의 합의 또는 양륙항의 관습에 의한 때와 곳에서 지체없이 운송물을 수령하여야 한다.

제803조(운송물의 공탁 등) ① 수하인이 운송물의 수령을 해태한 때에는 선장은 이를 공탁하거나 세관 기타 법령이 정하는 관청의 허가를 받은 곳에 인도할 수 있다. 이 경우에는 지체없이 수하인에게 그 통지를 발송하여야 한다.

② 수하인을 확지할 수 없거나 수하인이 운송물의 수령을 거부한 때에는 선장은 이를 공탁하거나 세관 기타 관청의 허가를 받은 곳에 인도하고, 지체없이 용선자 또는 송하인 및 알고 있는 수하인에게 그 통지를 발송하여야 한다.

③ 제1항과 제2항의 규정에 의하여 운송물을 공탁하거나 세관 기타 관청의 허가를 받은 곳에 인도한 때에는 선하증권소지인 기타 수하인에게 운송물을 인도한 것으로 본다.

제800조의 2(운송물의 일부 멸실·훼손에 관한 통지) ① 수하인이 운송물의 일부 멸실 또는 훼손을 발견한 때에는 수령 후 지체없이 그 개요에 관하여 운송인에게 서면에 의한 통지를 발송하여야 한다. 그러나 그 멸실 또는 훼손이 즉시 발견할 수 없는 것인 때에는 수령한 날부터 3일내에 그 통지를 발송하여야 한다.

② 제1항의 통지가 없는 경우에는 운송물이 멸실 또는 훼손 없이 수하인에게 인도된 것으로 추정한다.

의 합의 또는 양륙항의 관습에 의한 때와 곳에서 지체없이 운송물을 수령하여야 한다.

제803조(운송물의 공탁 등) ① 수하인이 운송물의 수령을 게을리한 때에는 선장은 이를 공탁하거나 세관 그 밖에 법령이 정한 관청의 허가를 받은 곳에 인도할 수 있다. 이 경우 지체없이 수하인에게 그 통지를 발송하여야 한다.

② 수하인을 확실히 알 수 없거나 수하인이 운송물의 수령을 거부한 때에는 선장은 이를 공탁하거나 세관 그 밖의 관청의 허가를 받은 곳에 인도하고 지체없이 용선자 또는 송하인 및 알고 있는 수하인에게 그 통지를 발송하여야 한다.

③ 제1항 및 제2에 따라 운송물을 공탁하거나 세관 기타 관청의 허가를 받은 곳에 인도한 때에는 선하증권소지인 그 밖의 수하인에게 운송물을 인도한 것으로 본다.

제804조(운송물의 일부 멸실·훼손에 관한 통지) ① 수하인이 운송물의 일부 멸실 또는 훼손을 발견한 때에는 수령 후 지체없이 그 개요에 관하여 운송인에게 서면에 의한 통지를 발송하여야 한다. 다만, 그 멸실 또는 훼손이 즉시 발견할 수 없는 것인 때에는 수령한 날부터 3일내에 그 통지를 발송하여야 한다.

② 제1항의 통지가 없는 경우에는 운송물이 멸실 또는 훼손 없이 수하인에게 인도된 것으로 추정한다.

③ 제1항과 제2항의 규정은 운송인 또는 그 사용인이 악의인 경우에는 적용하지 아니한다.

④ 운송물에 멸실 또는 훼손이 발생하였거나 그 의심이 있는 경우에는 운송인과 수하인은 서로 운송물의 검사를 위하여 필요한 편의를 제공하여야 한다.

⑤ 제1항 내지 제4항의 규정에 반하여 수하인에게 불리한 당사자간의 특약은 효력이 없다.

제801조(운임) 운송물의 중량 또는 용적으로 운임을 정한 때에는 운송물을 인도하는 때의 중량 또는 용적에 의하여 그 액을 정한다.

제802조(동전) ① 기간으로 운임을 정한 때에는 운송물의 선적을 개시한 날로부터 그 양륙을 종료한 날까지의 기간에 의하여 그 액을 정한다.

② 제1항의 기간에는 불가항력으로 인하여 선박이 선적항이나 항해도중에서 정박한 기간 또는 항해도중에서 선박을 수선한 기간을 산입하지 아니한다. 제782조 제2항 또는 제798조 제2항의 경우에 선적기간 또는 양륙기간이 경과한 후 운송물을 선적 또는 양륙한 일수도 이와 같다.

제800조(수하인의 의무, 선장의 유치권) ① 수하인이 운송물을 수령하는 때에는 운송계약 또는 선하증권의 취지에 따라 운임, 부수비용, 체당금, 정박료, 운송물의 가액에 따른 공동해손 또는 해양사고 구조로 인한 부담액을

③ 제1항 및 제2항은 운송인 또는 그 사용인이 악의인 경우에는 적용하지 아니한다.

④ 운송물에 멸실 또는 훼손이 발생하였거나 그 의심이 있는 경우에는 운송인과 수하인은 서로 운송물의 검사를 위하여 필요한 편의를 제공하여야 한다.

⑤ 제1항부터 제4항까지의 규정에 반하여 수하인에게 불리한 당사자 사이의 특약은 효력이 없다.

제805조(운송물의 중량·용적에 따른 운임) 운송물의 중량 또는 용적으로 운임을 정한 때에는 운송물을 인도하는 때의 중량 또는 용적에 의하여 그 액을 정한다.

제806조(운송기간에 따른 운임) ① 기간으로 운임을 정한 때에는 운송물의 선적을 개시한 날로부터 그 양륙을 종료한 날까지의 기간에 의하여 그 액을 정한다.

② 제1항의 기간에는 불가항력으로 인하여 선박이 선적항이나 항해도중에서 정박한 기간 또는 항해도중에서 선박을 수선한 기간을 산입하지 아니한다.

〈후단 삭제〉

제807조(수하인의 의무, 선장의 유치권) ① 수하인이 운송물을 수령하는 때에는 운송계약 또는 선하증권의 취지에 따라 운임·부수비용·체당금·체선료, 운송물의 가액에 따른 공동해손 또는 해난구조로 인한 부담액을

지급하여야 한다.

② 선장은 제1항의 규정에 의한 금액의 지급과 상환하지 아니하면 운송물을 인도할 의무가 없다.

제804조(선박소유자의 운송물경매권)

① 운송인은 제800조 제1항의 규정에 의한 금액의 지급을 받기 위하여 법원의 허가를 얻어 운송물을 경매하여 우선변제를 받을 권리가 있다.

② 선장이 수하인에게 운송물을 인도한 후에도 운송인은 그 운송물에 대하여 제1항의 권리를 행사할 수 있다. 그러나 인도한 날로부터 30일을 경과하거나 제3자가 그 운송물에 점유를 취득한 때에는 그러하지 아니하다.

제806조(재운송계약과 선박소유자의 책임) 용선자가 자기의 명의로 제3자와 운송계약을 체결한 경우에는 그 계약의 이행이 선장의 직무에 속한 범위안에서 선박소유자도 그 제3자에 대하여 제787조와 제788조의 규정에 의한 책임을 진다.

제807조(운송계약의 종료사유) ① 운송계약은 다음의 사유로 인하여 종료한다.

1. 선박이 침몰 또는 멸실한 때
2. 선박이 수선할 수 없게 된 때
3. 선박이 포획된 때
4. 운송물이 불가항력으로 인하여 멸실된 때

② 제1항 제1호 내지 제3호의 사유가 항해도중에 생긴 때에는 용선자 또는 송하인은 운송의 비율에 따라 현존하는 운송물의 가액의 한도에서

지급하여야 한다.

② 선장은 제1항에 따른 금액의 지급과 상환하지 아니하면 운송물을 인도할 의무가 없다.

제808조(운송인의 운송물경매권) ① 운송인은 제807조 제1항에 따른 금액의 지급을 받기 위하여 법원의 허가를 얻어 운송물을 경매하여 우선변제를 받을 권리가 있다.

② 선장이 수하인에게 운송물을 인도한 후에도 운송인은 그 운송물에 대하여 제1항의 권리를 행사할 수 있다. 다만, 인도한 날로부터 30일을 경과하거나 제3자가 그 운송물에 점유를 취득한 때에는 그러하지 아니하다.

제809조(항해용선자 등의 재운송계약시 선박소유자의 책임) 항해용선자 또는 정기용선자가 자기의 명의로 제3자와 운송계약을 체결한 경우에는 그 계약의 이행이 선장의 직무에 속한 범위안에서 선박소유자도 그 제3자에 대하여 제794조와 제795조의 규정에 의한 책임을 진다.

제810조(운송계약의 종료사유) ① 운송계약은 다음의 사유로 인하여 종료한다.

1. 선박이 침몰 또는 멸실한 때
2. 선박이 수선할 수 없게 된 때
3. 선박이 포획된 때
4. 운송물이 불가항력으로 인하여 멸실된 때

② 제1항 제1호 내지 제3호의 사유가 항해도중에 생긴 때에는 송하인은 운송의 비율에 따라 현존하는 운송물의 가액의 한도에서 운임을 지급

운임을 지급하여야 한다.

제808조(법정사유로 인한 해제) ① 항해 또는 운송이 법령에 위반하게 되거나 기타 불가항력으로 인하여 계약의 목적을 달할 수 없게 된 때에는 각 당사자는 계약을 해제할 수 있다.

② 제1항의 사유가 항해도중에 생긴 경우에 계약을 해지한 때에는 용선자 또는 송하인은 운송의 비율에 따른 운임을 지급하여야 한다.

제809조(운송물의 일부에 관한 불가항력) ① 제807조 제1항 제4호와 제808조 제1항의 사유가 운송물의 일부에 대하여 생긴 때에는 용선자 또는 송하인은 운송인의 책임이 가중되지 아니하는 범위내에서 다른 운송물을 선적할 수 있다.

② 용선자 또는 송하인이 제1항의 권리를 행사하고자 하는 때에는 지체없이 운송물의 양륙 또는 선적을 하여야 한다. 그 양륙 또는 선적을 해태한 때에는 운임의 전액을 지급하여야 한다.

제810조(선장의 적하처분과 운임) 운송인은 다음의 경우에는 운임의 전액을 청구할 수 있다.

1. 선장이 제744조 제1항의 규정에 의하여 적하를 처분하였을 때
2. 선장이 제832조의 규정에 의하여 적하를 처분하였을 때

제811조(운송인의 채권·채무의 소멸) 운송인의 용선자, 송하인 또는 수하인에 대한 채권 및 채무는 그 청구원인의 여하에 불구하고 운송인이 수하인

하여야 한다.

제811조(법정사유로 인한 해제 등) ① 항해 또는 운송이 법령에 위반하게 되거나 기타 불가항력으로 인하여 계약의 목적을 달할 수 없게 된 때에는 각 당사자는 계약을 해제할 수 있다.

② 제1항의 사유가 항해도중에 생긴 경우에 계약을 해지한 때에는 송하인은 운송의 비율에 따라 운임을 지급하여야 한다.

제812조(운송물의 일부에 관한 불가항력) ① 제810조 제1항 제4호와 제811조 제1항의 사유가 운송물의 일부에 대하여 생긴 때에는 송하인은 운송인의 책임이 가중되지 아니하는 범위안에서 다른 운송물을 선적할 수 있다.

② 송하인이 제1항의 권리를 행사하고자 하는 때에는 지체없이 운송물의 양륙 또는 선적을 하여야 한다. 그 양륙 또는 선적을 게을리한 때에는 운임의 전액을 지급하여야 한다.

제813조(선장의 적하처분과 운임) 운송인은 다음 각호의 어느 하나에 해당하는 경우에는 운임의 전액을 청구할 수 있다.

1. 선장이 제750조 제1항에 따라 의하여 적하를 처분하였을 때
2. 선장이 제865조에 따라 적하를 처분하였을 때

제814조(운송인의 채권·채무의 소멸) ① 운송인의 송하인 또는 수하인에 대한 채권 및 채무는 그 청구원인의 여하에 불구하고 운송인이 수하인에

에게 운송물을 인도한 날 또는 인도할 날부터 1년내에 재판상 청구가 없으면 소멸한다. 그러나 이 기간은 당사자의 합의에 의하여 연장할 수 있다.

〈신　설〉

〈신　설〉

제812조(준용규정)　제134조, 제136조 내지 제140조의 규정은 운송인에 준용한다.

〈신　설〉

게 운송물을 인도한 날 또는 인도할 날부터 1년이내에 재판상 청구가 없으면 소멸한다. 다만, 이 기간은 당사자의 합의에 의하여 연장할 수 있다.

② 운송인이 인수한 운송을 다시 제3자에게 위탁한 경우에 송하인 또는 수하인이 제1항의 기간 이내에 운송인과 배상 합의를 하거나 운송인에게 재판상 청구를 하였다면, 그 합의 또는 청구가 있은 날로부터 3월이 경과하기 이전에는 그 제3자에 대한 운송인의 채권·채무는 제1항의 규정에도 불구하고 소멸하지 아니한다. 운송인과 그 제3자 사이에 제1항 단서와 과 동일한 취지의 약정이 있는 경우에도 또한 같다.

③ 제2항의 경우에 있어서 재판상 청구를 받은 운송인이 그로부터 3개월이내에 그 제3자에 대하여 소송고지를 하면 3개월의 기간은 그 재판이 확정 그 밖의 종료된 때부터 기산한다.

제815조(준용규정)　제134조, 제136조부터 제140조까지의 규정은 이 절에서 정한 운송인에 준용한다.

제816조(복합운송인의 책임)　① 운송인이 인수한 운송에 해상 이외의 운송구간이 포함된 경우, 운송인은 손해가 발생한 운송구간에 적용될 법에 따라 책임을 진다.

② 어느 운송구간에서 손해가 발생하였는지 불분명한 경우 및 손해의 발생이 성질상 특정한 지역으로 한정되지 아니하는 경우에는 운송인은 운송거리가 가장 긴 구간에 적용되는 법에 따라 책임을 진다. 다만, 운송거리

가 같거나 가장 긴 구간을 정할 수 없
는 경우에는 운임이 가장 비싼 구간
에 적용되는 법에 따라 책임을 진다.

제 2 절　여객운송

〈신　설〉

제 2 절　해상여객운송

제817조(해상여객운송계약의 의의)　해
상여객운송계약은 운송인이 특정한
여객을 출발지에서 도착지까지 해상
에서 선박으로 운송할 것을 인수하고,
이에 대하여 상대방이 운임을 지급하
기로 약정함으로써 그 효력이 생긴다.

제821조(기명식의 선표)　기명식의 선
표는 이를 타인에게 양도하지 못한다.

제818조(기명식의 선표)　기명식의 선
표는 이를 타인에게 양도하지 못한다.

제822조(식사제공의무)　여객의 항해중
의 식사는 다른 약정이 없으면 운송
인의 부담으로 한다.

제819조(식사·거처제공의무　등)　①
여객의 항해중의 식사는 다른 약정이
없으면 운송인의 부담으로 한다.

제823조(선박수선중의　거처식사제공의
무)　① 항해의 중도에서 선박을 수
선하는 경우에는 운송인은 그 수선중
여객에게 상당한 거처와 식사를 제공
하여야 한다. 그러나 여객의 권리를
해하지 아니하는 범위 내에서 상륙항
까지의 운송의 편의를 제공한 때에는
그러하지 아니하다.

② 항해의 중도에 선박을 수선하는
경우에는 운송인은 그 수선 중 여객
에게 상당한 거처와 식사를 제공하여
야 한다. 다만, 여객의 권리를 해하지
아니하는 범위 내에서 상륙항까지의
운송의 편의를 제공한 때에는 그러하
지 아니하다.

② 제1항의 경우에 여객은 항해의
비율에 따른 운임을 지급하고 계약을
해지할 수 있다.

③ 제2항의 경우에 여객은 항해의
비율에 따른 운임을 지급하고 계약을
해지할 수 있다.

제824조(수하물무임운송의무)　여객이
계약에 의하여 선내에서 휴대할 수
있는 수하물에 대하여는 운송인은 다
른 약정이 없으면 따로 운임을 청구
하지 못한다.

제820조(수하물 무임운송의무)　여객이
계약에 의하여 선내에서 휴대할 수
있는 수하물에 대하여는 운송인은 다
른 약정이 없으면 별도로 운임을 청
구하지 못한다.

제825조(승선지체와 선장의 발항권)
① 여객이 승선시기까지 승선하지 아
니한 때에는 선장은 즉시 발항할 수

제821조(승선지체와 선장의 발항권)
① 여객이 승선시기까지 승선하지 아
니한 때에는 선장은 즉시 발항할 수

있다. 항해중도의 정박항에서도 <u>이와</u> 같다.

② 제1항의 경우에는 여객은 운임의 전액을 지급하여야 한다.

<u>제826조</u>(여객의 계약해제와 운임)　여객이 발항 전에 계약을 해제하는 경우에는 운임의 반액을 지급하고, 발항 후에 계약을 해제하는 경우에는 운임의 전액을 지급하여야 한다.

<u>제827조</u>(법정사유에 의한 해제)　여객이 발항 전에 사망·질병 기타의 불가항력으로 인하여 항해할 수 없게 된 때에는 운송인은 운임의 10분의 3을 청구할 수 있고, 발항 후에 그 사유가 생긴 때에는 운송인의 선택으로 운임의 10분의 3 또는 운송의 비율에 따른 운임을 청구할 수 있다.

<u>제828조</u>(사망한 여객의 수하물처분의무)　여객이 사망한 때에는 선장은 그 상속인에게 가장 이익이 되는 방법으로 사망자가 휴대한 수하물을 처분하여야 한다.

<u>제829조</u>(법정종료사유)　운송계약은 <u>제807조</u> 제1항 제1호 내지 제3호의 사유로 인하여 종료한다. 그 사유가 항해의 중도에서 생긴 때에는 여객은 운송의 비율에 따른 운임을 지급하여야 한다.

<u>제830조</u>(준용규정)　① 제148조, <u>제787조, 제790조 제1항과 제806조의 규정은</u> 해상여객운송에 준용한다.

② 제134조, 제136조, 제149조 제2항, <u>제787조 내지 제791조의 2, 제800조, 제800조의 2, 제806조, 제808조와 제811조의 규정은</u> 운송인이 위탁을 받

있다. 항해중도의 정박항에서도 <u>또한</u> 같다.

② 제1항의 경우에는 여객은 운임의 전액을 지급하여야 한다.

<u>제822조</u>(여객의 계약해제와 운임)　여객이 발항 전에 계약을 해제하는 경우에는 운임의 반액을 지급하고, 발항 후에 계약을 해제하는 경우에는 운임의 전액을 지급하여야 한다.

<u>제823조</u>(법정사유에 의한 해제)　여객이 발항 전에 사망·질병이나 기타의 불가항력으로 인하여 항해할 수 없게 된 때에는 운송인은 운임의 10분의 3을 청구할 수 있고, 발항 후에 그 사유가 생긴 때에는 운송인의 선택으로 운임의 10분의 3 또는 운송의 비율에 따른 운임을 청구할 수 있다.

<u>제824조</u>(사망한 여객의 수하물처분의무)　여객이 사망한 때에는 선장은 그 상속인에게 가장 이익이 되는 방법으로 사망자가 휴대한 수하물을 처분하여야 한다.

<u>제825조</u>(법정종료사유)　운송계약은 <u>제810조</u> 제1항 제1호부터 제3호까지의 사유로 인하여 종료한다. 그 사유가 항해의 중도에서 생긴 때에는 여객은 운송의 비율에 따른 운임을 지급하여야 한다.

<u>제826조</u>(준용규정)　① 제148조, <u>제794조·제799조 제1항 및 제809조는</u> 해상여객운송에 준용한다.

② <u>제134조·제136조·제149조 제2항·제794조부터 제801조까지·제804조·제807조·제809조·제811조 및 제814조는</u> 운송인이 위탁을 받은 여객의

은 여객의 수하물의 운송에 준용한다.

③ 제150조, 제789조의 2 제1항과 제4항, 제789조의 3, 제790조 제1항, 제806조와 제811조의 규정은 운송인이 위탁을 받지 아니한 여객의 수하물에 준용한다.

제831조(동전) 여객운송을 하기 위하여 용선계약을 체결한 경우에는 운송인과 용선자의 관계에는 제781조, 제782조 제1항, 제783조, 제784조, 제786조, 제787조, 제790조 제1항, 제791조, 제792조 내지 제797조, 제802조, 제807조, 제808조와 제811조의 규정을 준용한다.

〈신 설〉

제781조(용선계약과 운송계약서) 용선계약의 당사자는 상대방의 청구에 의하여 운송계약서를 교부하여야 한다.

수하물의 운송에 준용한다.

③ 제150조, 제797조 제1항·제4항, 제798조, 제799조 제1항, 제809조 및 제814조는 운송인이 위탁을 받지 아니한 여객의 수하물에 준용한다.

〈삭 제〉

제3절　항해용선

제827조(항해용선계약의 의의) ① 항해용선계약은 특정한 항해를 할 목적으로 선박소유자가 용선자에게 선원이 승무하고 항해장비를 갖춘 선박의 전부 또는 일부를 물건의 운송에 제공하기로 약정하고, 용선자가 이에 대하여 운임을 지급하기로 약정함으로써 그 효력이 생긴다.

② 이 절의 규정은 그 성질에 반하지 아니하는 한 여객운송을 목적으로 하는 항해용선계약에도 준용한다.

③ 선박소유자가 일정한 기간 동안 용선자에게 선박을 제공할 의무를 지지만 항해를 단위로 운임을 계산하여 지급하기로 약정한 경우에도 그 성질에 반하지 아니하는 한 이 절의 규정을 준용한다.

제828조(용선계약서) 용선계약의 당사자는 상대방의 청구에 의하여 용선계약서를 교부하여야 한다.

제782조(용선계약과 선적준비완료의 통지, 선적기간)　① 용선계약을 체결한 경우에 운송인은 운송물을 선적함에 필요한 준비가 완료된 때에는 지체없이 용선자에게 그 통지를 발송하여야 한다.

② 운송물을 선적할 기간의 약정이 있는 경우에는 그 기간은 제1항의 통지가 오전에 있은 때에는 그 날의 오후 1시부터 기산하고, 오후에 있은 때에는 다음 날 오전 6시부터 기산한다. 이 기간에는 불가항력으로 인하여 선적할 수 없는 날과 그 항의 관습상 선석삭업을 하시 아니하는 날을 산입하지 아니한다.

③ 제2항의 기간을 경과한 후 운송물을 선적한 때에는 운송인은 상당한 보수를 청구할 수 있다.

제783조(제3자가 선적인인 경우의 통지·선적)　용선자 이외의 제3자가 운송물을 선적할 경우에 선장이 그 제3자를 확지할 수 없거나 그 제3자가 운송물을 선적하지 아니한 때에는 선장은 지체없이 용선자에게 그 통지를 발송하여야 한다. 이 경우에는 선적기간내에 한하여 용선자가 운송물을 선적할 수 있다.

제784조(용선자의 발항청구권, 선장의 발항권)　① 용선자는 운송물의 전부를 선적하지 아니한 경우에도 선장에게 발항을 청구할 수 있다.

② 선적기간의 경과 후에는 용선자가 운송물의 전부를 선적하지 아니한 경우에도 선장은 즉시 발항할 수 있다.

③ 제1항과 제2항의 경우에는 용선

제829조(선적준비완료의 통지, 선적기간)　① 선박소유자는 운송물을 선적함에 필요한 준비가 완료된 때에는 지체없이 용선자에게 그 통지를 발송하여야 한다.

② 운송물을 선적할 기간의 약정이 있는 경우에는 그 기간은 제1항의 통지가 오전에 있은 때에는 그 날의 오후 1시부터 기산하고, 오후에 있은 때에는 다음 날 오전 6시부터 기산한다. 이 기간에는 불가항력으로 인하여 선적할 수 없는 날과 그 항의 관습상 선석삭입을 하시 아니하는 날을 산입하지 아니한다.

③ 제2항의 기간을 경과한 후 운송물을 선적한 때에는 선박소유자는 상당한 보수를 청구할 수 있다.

제830조(제3자가 선적인인 경우의 통지·선적)　용선자 이외의 제3자가 운송물을 선적할 경우에 선장이 그 제3자를 확지할 수 없거나 그 제3자가 운송물을 선적하지 아니한 때에는 선장은 지체없이 용선자에게 그 통지를 발송하여야 한다. 이 경우에 선적기간이내에 한하여 용선자가 운송물을 선적할 수 있다.

제831조(용선자의 발항청구권, 선장의 발항권)　① 용선자는 운송물의 전부를 선적하지 아니한 경우에도 선장에게 발항을 청구할 수 있다.

② 선적기간의 경과 후에는 용선자가 운송물의 전부를 선적하지 아니한 경우에도 선장은 즉시 발항할 수 있다.

③ 제1항 및 제2항의 경우에 용선

자는 운임의 전액과 운송물의 전부를 선적하지 아니함으로 인하여 생긴 비용을 지급하고, 또 운송인의 청구가 있는 때에는 상당한 담보를 제공하여야 한다.

제792조(전부용선의 발항 전의 계약해제 등) ① 발항 전에는 전부용선자는 운임의 반액을 지급하고 계약을 해제할 수 있다.

② 왕복항해의 용선계약인 경우에 전부용선자가 그 회항 전에 계약을 해지하는 때에는 운임의 3분의 2를 지급하여야 한다.

③ 선박이 타항에서 선적항에 항행하여야 할 경우에 전부용선자가 선적항에서 발항하기 전에 계약을 해지하는 때에도 제2항과 같다.

제793조(일부용선과 발항 전의 계약해제 등) ① 일부용선자나 송하인은 다른 용선자와 송하인 전원과 공동으로 하는 경우에 한하여 제792조의 해제 또는 해지를 할 수 있다.

② 제1항의 경우 외에는 일부용선자나 송하인이 발항 전에 계약을 해제 또는 해지를 한 때에도 운임의 전액을 지급하여야 한다.

③ 발항 전이라도 일부용선자나 송하인이 운송물의 전부 또는 일부를 선적한 경우에는 다른 용선자와 송하인의 동의를 얻지 아니하면 계약을 해제 또는 해지하지 못한다.

제794조(부수비용·체당금 등의 지급의무) ① 용선자나 송하인이 제792조와 전조 제1항의 규정에 따라 계약을 해제 또는 해지를 한 때에도 부수

자는 운임의 전액과 운송물의 전부를 선적하지 아니함으로 인하여 생긴 비용을 지급하고, 또한 선박소유자의 청구가 있는 때에는 상당한 담보를 제공하여야 한다.

제832조(전부용선의 발항 전의 계약해제 등) ① 발항 전에는 전부용선자는 운임의 반액을 지급하고 계약을 해제할 수 있다.

② 왕복항해의 용선계약인 경우에 전부용선자가 그 회항 전에 계약을 해지하는 때에는 운임의 3분의 2를 지급하여야 한다.

③ 선박이 다른 항에서 선적항에 항행하여야 할 경우에 전부용선자가 선적항에서 발항하기 전에 계약을 해지하는 때에도 제2항과 같다.

제833조(일부용선과 발항 전의 계약해제 등) ① 일부용선자나 송하인은 다른 용선자와 송하인 전원과 공동으로 하는 경우에 한하여 제832조의 해제 또는 해지를 할 수 있다.

② 제1항의 경우 외에는 일부용선자나 송하인이 발항 전에 계약을 해제 또는 해지한 때에도 운임의 전액을 지급하여야 한다.

③ 발항 전이라도 일부용선자나 송하인이 운송물의 전부 또는 일부를 선적한 경우에는 다른 용선자와 송하인의 동의를 얻지 아니하면 계약을 해제 또는 해지하지 못한다.

제834조(부수비용·체당금 등의 지급의무) ① 용선자나 송하인이 제832조와 제833조 제1항의 규정에 따라 계약을 해제 또는 해지를 한 때에도 부

비용과 체당금을 지급할 책임을 면하지 못한다.

② 제792조 제2항과 제3항의 경우에는 용선자나 송하인은 제1항에 게기한 것 외에도 운송물의 가액에 따라 공동해손 또는 해양사고 구조로 인하여 부담할 금액을 지급하여야 한다.

제795조(선적·양륙비용의 부담) 제793조와 제794조의 경우에 운송물의 전부 또는 일부를 선적한 때에는 그 선적과 양륙의 비용은 용선자 또는 송하인이 부담한다.

제796조(선적기간내의 불선적의 효과) 용선자가 선적기간내에 운송물의 선적을 하지 아니한 때에는 계약을 해제 또는 해지한 것으로 본다.

제797조(발항 후의 계약해지) 발항 후에는 용선자나 송하인은 운임의 전액, 체당금·정박료와 공동해손 또는 해양사고구조의 부담액을 지급하고, 그 양륙하기 위하여 생긴 손해를 배상하거나 이에 대한 상당한 담보를 제공하지 아니하면 계약을 해지하지 못한다.

제798조(용선의 경우와 운송물의 양륙) ① 용선계약을 체결한 경우에 운송물을 양륙함에 필요한 준비가 완료된 때에는 선장은 지체없이 수하인에게 그 통지를 발송하여야 한다.

② 제782조 제2항의 규정은 운송물의 양륙기간의 계산에 준용한다.

③ 제2항의 기간을 경과한 후 운송물을 양륙한 때에는 운송인은 상당한 보수를 청구할 수 있다.

〈신　설〉

수비용과 체당금을 지급할 책임을 면하지 못한다.

② 제832조 제2항과 제3항의 경우에는 용선자나 송하인은 제1항에 게기한 것 외에도 운송물의 가액에 따라 공동해손 또는 해난구조로 인하여 부담할 금액을 지급하여야 한다.

제835조(선적·양륙비용의 부담) 제833조와 제834조의 경우에 운송물의 전부 또는 일부를 선적한 때에는 그 선적과 양륙의 비용은 용선자 또는 송하인이 부담한다.

제836조(선적기간 내의 불선적의 효과) 용선자가 선적기간내에 운송물의 선적을 하지 아니한 때에는 계약을 해제 또는 해지한 것으로 본다.

제837조(발항 후의 계약해지) 발항 후에는 용선자나 송하인은 운임의 전액, 체당금·체선료와 공동해손 또는 해난구조의 부담액을 지급하고, 그 양륙하기 위하여 생긴 손해를 배상하거나 이에 대한 상당한 담보를 제공하지 아니하면 계약을 해지하지 못한다.

제838조(운송물의 양륙) ① 운송물을 양륙함에 필요한 준비가 완료된 때에는 선장은 지체없이 수하인에게 그 통지를 발송하여야 한다.

② 제829조 제2항은 운송물의 양륙기간의 계산에 준용한다.

③ 제2항의 양륙기간을 경과한 후 운송물을 양륙한 때에는 선박소유자는 상당한 보수를 청구할 수 있다.

제839조(선박소유자의 책임경감금지) ① 제794조에 반하여 이 절에서 정한

선박소유자의 의무 또는 책임을 경감 또는 면제하는 당사자 사이의 특약은 효력이 없다. 운송물에 관한 보험의 이익을 선박소유자에게 양도하는 약정 또는 이와 유사한 약정도 또한 같다.
② 제799조 제 2 항은 제 1 항의 경우에 준용한다.

제811조(운송인의 채권·채무의 소멸) 운송인의 용선자, 송하인 또는 수하인에 대한 채권 및 채무는 그 청구원인의 여하에 불구하고 운송인이 수하인에게 운송물을 인도한 날 또는 인도할 날부터 1년내에 재판상 청구가 없으면 소멸한다. 그러나 이 기간은 당사자의 합의에 의하여 연장할 수 있다.

〈신 설〉

제840조(선박소유자의 채권·채무의 소멸) ① 선박소유자의 용선자 또는 수하인에 대한 채권 및 채무는 그 청구원인의 여하에 불구하고 선박소유자가 운송물을 인도한 날 또는 인도할 날부터 2년내에 재판상 청구가 없으면 소멸한다. 이 경우 제814조 제 1 항 단서를 이 경우에 준용한다.
② 제 1 항의 기간을 단축하는 선박소유자와 용선자의 약정은 이를 운송계약에 명시적으로 기재하지 아니하면 그 효력이 없다.

제841조(준용규정) ① 제134조, 제136조, 제137조, 제140조, 제793조 내지 제797조, 제798조 제 1 항 부터 제 3 항까지, 제800조, 제801조, 제803조, 제804조 제 1 항 부터 제 4 항까지, 제805조 내지 제808조와 제810조부터 제813조까지의 규정은 항해용선계약에 준용한다.
② 제 1 항에 따라 제806조의 운임을 계산함에 있어 제829조 제 2 항의 선적기간 또는 제838조 제 2 항의 양륙기간이 경과한 후에 운송물을 선적 또는 양륙한 경우에는 경과 후의 선적 또는 양륙 기간은 이를 그에 산입하지 아니하고, 제829 제 3 항 및 제839조 제 3 항에 따라 별도로 보수를

정한다.

제812조의 2(정기용선계약의 의의) 정기용선계약은 선박소유자 또는 임차인이 용선자에게 선원이 승무하고 항해장비를 갖춘 선박을 일정한 기간 동안 항해에 사용하게 할 것을 약정하고, 용선자가 이에 대하여 기간으로 정한 용선료를 지급할 것을 약정함으로써 그 효력이 생긴다.

제812조의 3(정기용선자의 선장지휘권) ① 정기용선자는 약정한 범위안의 선박의 사용을 위하여 선장을 지휘할 권리가 있다.
② 선장·해원 기타의 선박사용인이 정기용선자의 정당한 지시에 위반하여 정기용선자에게 손해가 발생한 경우에는 선박소유자가 이를 배상할 책임이 있다.

제812조의 4(선박소유자의 운송물유치권 및 경매권) ① 제800조 제2항과 제804조의 규정은 정기용선자가 선박소유자에게 용선료, 체당금 기타 이와 유사한 정기용선계약에 의한 채무를 이행하지 아니하는 경우에 준용한다. 그러나 선박소유자는 정기용선자가 발행한 선하증권을 선의로 취득한 제3자에게 대항하지 못한다.
② 제1항의 규정에 의한 선박소유자의 운송물에 대한 권리는 정기용선자가 운송물에 관하여 약정한 용선료 또는 운임의 범위를 넘어서 이를 행사하지 못한다.

제812조의 5(용선료의 연체와 계약해지

제4절　정기용선

제842조(정기용선계약의 의의) 정기용선계약은 선박소유자가 용선자에게 선원이 승무하고 항해장비를 갖춘 선박을 일정한 기간 동안 항해에 사용하게 할 것을 약정하고, 용선자가 이에 대하여 기간으로 정한 용선료를 지급하기로 약정함으로써 그 효력이 생긴다.

제843조(정기용선자의 선장지휘권) ① 정기용선자는 약정한 범위안의 선박의 사용을 위하여 선장을 지휘할 권리가 있다.
② 선장·해원, 기타의 선박사용인이 정기용선자의 정당한 지시에 위반하여 정기용선자에게 손해가 발생한 경우에는 선박소유자가 이를 배상할 책임이 있다.

제844조(선박소유자의 운송물유치권 및 경매권) ① 제807조 제2항과 제808조는 정기용선자가 선박소유자에게 용선료·체당금, 그 밖에 이와 유사한 정기용선계약에 의한 채무를 이행하지 아니하는 경우에 준용한다. 다만, 선박소유자는 정기용선자가 발행한 선하증권을 선의로 취득한 제3자에게 대항하지 못한다.
② 제1항에 따른 선박소유자의 운송물에 대한 권리는 정기용선자가 운송물에 관하여 약정한 용선료 또는 운임의 범위를 넘어서 이를 행사하지 못한다.

제845조(용선료의 연체와 계약해지 등)

등) ① 정기용선자가 용선료를 약정 기일에 지급하지 아니한 때에는 선박 소유자는 계약을 해제 또는 해지할 수 있다.

② 정기용선자가 제3자와 운송계약 을 체결하여 운송물을 선적한 후 선 박의 항해중에 선박소유자가 제1항 의 규정에 의하여 계약을 해제 또는 해지한 때에는 선박소유자는 적하이 해관계인에 대하여 정기용선자와 동 일한 운송의무가 있다.

③ 선박소유자가 제2항의 규정에 의 한 계약의 해제 또는 해지 및 운송계 속의 뜻을 적하이해관계인에게 서면 에 의한 통지를 한 때에는 선박소유 자의 정기용선자에 대한 용선료, 체당 금 기타 이와 유사한 정기용선계약상 의 채권을 담보하기 위하여 정기용선 자가 적하이해관계인에 대하여 가지 는 용선료 또는 운임의 채권을 목적 으로 질권을 설정한 것으로 본다.

④ 제1항 내지 제3항의 규정은 선 박소유자 또는 적하이해관계인의 정 기용선자에 대한 손해배상청구에 영 향을 미치지 아니한다.

제812조의 6(정기용선계약상의 채권의 소멸) 정기용선계약에 관하여 발생 한 당사자간의 채권은 선박이 선박소 유자에게 반환된 날부터 1년내에 재 판상 청구가 없으면 소멸한다. 그러나 제811조 단서의 규정은 이 경우에 준 용한다.

① 정기용선자가 용선료를 약정기일 에 지급하지 아니한 때에는 선박소유 자는 계약을 해제 또는 해지할 수 있 다.

② 정기용선자가 제3자와 운송계약 을 체결하여 운송물을 선적한 후 선 박의 항해 중에 선박소유자가 제1항 에 따라 계약을 해제 또는 해지한 때 에는 선박소유자는 적하이해관계인에 대하여 정기용선자와 동일한 운송의 무가 있다.

③ 선박소유자가 제2항에 따른 계약 의 해제 또는 해지 및 운송계속의 뜻 을 적하이해관계인에게 서면으로 통 지를 한 때에는 선박소유자의 정기용 선자에 대한 용선료·체당금, 그 밖에 이와 유사한 정기용선계약상의 채권 을 담보하기 위하여 정기용선자가 적 하이해관계인에 대하여 가지는 용선 료 또는 운임의 채권을 목적으로 질 권을 설정한 것으로 본다.

④ 제1항부터 제3항까지의 규정은 선박소유자 또는 적하이해관계인의 정기용선자에 대한 손해배상청구에 영향을 미치지 아니한다.

제846조(정기용선계약상의 채권의 소 멸) ① 정기용선계약에 관하여 발생 한 당사자 사이의 채권은 선박이 선 박소유자에게 반환된 날부터 2년이내 에 재판상 청구가 없으면 소멸한다. 이 경우 제814조 제1항 단서를 준용 한다.

② 제840조 제2항은 제1항의 경우 에 준용한다.

	제 5 절　선체용선
〈신 설〉	제847조(선체용선계약의 의의)　① 선체용선계약은 용선자의 관리·지배하에 선박을 운항할 목적으로 선박소유자가 용선자에게 선박을 제공할 것을 약정하고 용선자가 이에 따른 용선료를 지급하기로 약정함으로써 그 효력이 생긴다. ② 선박소유자가 선장 그 밖의 해원을 공급할 의무를 지는 경우에도 용선자의 관리·지배 하에서 해원이 선박을 운항하는 것을 목적으로 하면 이를 선체용선계약으로 본다.
〈신 설〉	제848조(법적 성질)　① 선체용선계약은 그 성질에 반하지 아니하는 한 「민법」상 임대차에 관한 규정을 준용한다. ② 용선기간이 종료된 후에 용선자가 선박을 매수 또는 인수할 권리를 가지는 경우 및 금융의 담보를 목적으로 채권자를 선박소유자로 하여 선체용선계약을 체결한 경우에도 용선기간 중에는 당사자 사이에서는 이 절의 규정에 따라 권리와 의무가 있다.
제765조(선박임차인의 등기청구권, 등기의 효력)　① 선박임차인은 선박소유자에 대하여 임대차등기에 협력할 것을 청구할 수 있다. ② 선박임대차를 등기한 때에는 그때로부터 제3자에 대하여 효력이 생긴다.	제849조(선체용선자의 등기청구권, 등기의 효력)　① 선체용선자는 선박소유자에 대하여 선체용선등기에 협력할 것을 청구할 수 있다. ② 선체용선을 등기한 때에는 그 때부터 제3자에 대하여 효력이 생긴다.
제766조(선박임차와 제3자에 대한 법률관계)　① 선박임차인이 상행위 기타 영리를 목적으로 선박을 항해에 사용하는 경우에는 그 이용에 관한	제850조(선체용선과 제3자에 대한 법률관계)　① 선체용선자가 상행위 그 밖의 영리를 목적으로 선박을 항해에 사용하는 경우에는 그 이용에 관한

사항에는 제3자에 대하여 선박소유
자와 동일한 권리의무가 있다.

② 제1항의 경우에 선박의 이용에
관하여 생긴 우선특권은 선박소유자
에 대하여도 그 효력이 있다. 그러나
우선특권자가 그 이용의 계약에 반함
을 안 때에는 그러하지 아니한다.〈개
정 1991.12.31〉

〈신 설〉

제2관 선하증권

제813조(선하증권의 발행) ① 운송인
은 운송물을 수령한 후 용선자 또는
송하인의 청구에 의하여 1통 또는 수
통의 선하증권을 교부하여야 한다.

② 운송인은 운송물을 선적한 후 용
선자 또는 송하인의 청구에 의하여 1
통 또는 수통의 「선적」 선하증권을
교부하거나 제1항의 선하증권에 선
적의 뜻을 표시하여야 한다.

③ 운송인은 선장 또는 기타의 대리
인에게 선하증권의 교부 또는 제2항
의 표시를 위임할 수 있다.

제814조(선하증권의 기재사항) ① 선
하증권에는 다음의 사항을 기재하고,
운송인이 기명날인 또는 서명하여야
한다.

사항에는 제3자에 대하여 선박소유
자와 동일한 권리의무가 있다.

② 제1항의 경우에 선박의 이용에
관하여 생긴 우선특권은 선박소유자
에 대하여도 그 효력이 있다. 그러나
우선특권자가 그 이용의 계약에 반함
을 안 때에는 그러하지 아니하다.

제851조(선체용선계약상의 채권의 소
멸) ① 선체용선계약에 관하여 발생
한 당사자 사이의 채권은 선박이 선
박소유자에게 반환된 날부터 2년 이
내에 재판상 청구가 없으면 소멸한다.
이 경우 제814조 제1항 단서를 준용
한다.

② 제840조 제2항은 제1항의 경우
에 준용한다.

제6절 운송증서

제852조(선하증권의 발행) ① 운송인
은 운송물을 수령한 후 송하인의 청
구에 의하여 1통 또는 수통의 선하증
권을 교부하여야 한다.

② 운송인은 운송물을 선적한 후 송
하인의 청구에 의하여 1통 또는 수통
의 선적선하증권을 교부하거나 제1
항의 선하증권에 선적의 뜻을 표시하
여야 한다.

③ 운송인은 선장 또는 기타의 대리
인에게 선하증권의 교부 또는 제2항
의 표시를 위임할 수 있다.

제853조(선하증권의 기재사항) ① 선
하증권에는 다음의 사항을 기재하고,
운송인이 기명날인 또는 서명하여야
한다.

1. 선박의 명칭·국적과 톤수
2. 송하인이 서면으로 통지한 운송물의 종류·중량 또는 용적, 포장의 종별·갯수와 기호
3. 운송물의 외관상태
4. 용선자 또는 송하인의 성명 <u>또는</u> 상호
5. 수하인 또는 통지수령인의 성명 <u>또는</u> 상호
6. 선적항
7. 양륙항
8. 운임
9. 발행지와 그 발행연월일
10. 수통의 선하증권을 발행한 때에는 그 수

② 제1항 제2호의 기재사항 중 운송물의 중량·용적·갯수 또는 기호가 운송인이 실제로 수령한 운송물을 정확하게 표시하고 있지 아니하다고 의심할 만한 상당한 이유가 있는 때, 또는 이를 확인할 적당한 방법이 없는 때에는 그 기재를 생략할 수 있다.
③ 송하인은 제1항 제2호의 기재사항이 정확함을 운송인에게 담보한 것으로 본다.
④ 운송인이 선하증권에 기재된 통지수령인에게 운송물에 관한 통지를 한 때에는 <u>용선자 또는</u> 송하인 및 선하증권소지인 기타 수하인에게 통지한 것으로 본다.

<u>제814조의 2</u>(선하증권기재의 효력)　제<u>814조</u> 제1항의 규정에 <u>따라서</u> 선하증권이 발행된 경우<u>에는</u> 운송인이 그

---

1. 선박의 명칭·국적과 톤수
2. 송하인이 서면으로 통지한 운송물의 종류·중량 또는 용적, 포장의 종별·갯수와 기호
3. 운송물의 외관상태
4. 용선자 또는 송하인의 성명<u>·</u> 상호
5. 수하인 또는 통지수령인의 성명<u>·</u> 상호
6. 선적항
7. 양륙항
8. 운임
9. 발행지와 그 발행연월일
10. 수통의 선하증권을 발행한 때에는 그 수
11. <u>운송인의 성명 또는 상호</u>
12. <u>운송인의 주된 영업소소재지</u>

② 제1항 제2호의 기재사항 중 운송물의 중량·용적·개수 또는 기호가 운송인이 실제로 수령한 운송물을 정확하게 표시하고 있지 아니하다고 의심할 만한 상당한 이유가 있는 때 또는 이를 확인할 적당한 방법이 없는 때에는 그 기재를 생략할 수 있다.
③ 송하인은 제1항 제2호의 기재사항이 정확함을 운송인에게 담보한 것으로 본다.
④ 운송인이 선하증권에 기재된 통지수령인에게 운송물에 관한 통지를 한 때에는 송하인 및 선하증권소지인과 그 밖의 수하인에게 통지한 것으로 본다.

<u>제854조</u>(선하증권기재의 효력)　① 제<u>855조</u> 제1항의 규정에 <u>따라</u> 선하증권이 발행된 경우, 운송인과 송하인

증권에 기재된 대로 운송물을 수령 또는 선적한 것으로 추정한다. 그러나 운송인은 선하증권을 선의로 취득한 제3자에게 대항하지 못한다.

〈신 설〉

제815조(등본의 교부) 선하증권의 교부를 받은 용선자 또는 송하인은 발행자의 청구가 있는 때에는 선하증권의 등본에 기명날인 또는 서명하여 교부하여야 한다.

사이에 선하증권에 기재된 대로 개품운송계약이 체결되고 운송물을 수령 또는 선적한 것으로 추정한다.

② 제1항의 선하증권을 선의로 취득한 소지인에 대하여 운송인은 선하증권에 기재된 대로 운송물을 수령 혹은 선적한 것으로 보고 선하증권에 기재된 바에 따라 운송인으로서 책임을 진다.

제855조(용선계약과 선하증권) ① 용선자의 청구가 있는 경우 선박소유자는 운송물을 수령한 후에 제852조 및 제853조에 따라 선하증권을 발행한다.
② 제1항에 따라 선하증권이 발행된 경우 선박소유자는 선하증권에 기재된 대로 운송물을 수령 또는 선적한 것으로 추정한다.
③ 제3자가 선의로 제1항의 선하증권을 취득한 경우 선박소유자는 제854조 제2항에 따라 운송인으로서 권리와 의무가 있다. 용선자의 청구에 따라 선박소유자가 제3자에게 선하증권을 발행한 경우에도 또한 같다.
④ 제3항의 경우에 그 제3자는 제833조부터 제835조까지 및 제837조에 따른 송하인으로 본다.
⑤ 제3항의 경우 제799조를 위반하여 운송인으로서의 의무와 책임을 감경 또는 면제하는 특약을 하지 못한다.

제856조(등본의 교부) 선하증권의 교부를 받은 용선자 또는 송하인은 발행자의 청구가 있는 때에는 선하증권의 등본에 기명날인 또는 서명하여 교부하여야 한다.

제816조(수통의 선하증권과 양륙항에 있어서의 운송물의 인도)　① 양륙항에서 수통의 선하증권 중 1통을 소지한 자가 운송물의 인도를 청구하는 경우에도 선장은 그 인도를 거부하지 못한다.

② 제1항의 규정에 의하여 수통의 선하증권 중 1통의 소지인이 운송물의 인도를 받은 때에는 다른 선하증권은 그 효력을 잃는다.

제817조(수통의 선하증권과 양륙항 외에서의 운송물의 인도)　양륙항 외에서는 선장은 선하증권의 각 통의 반환을 받지 아니하면 운송물을 인도하지 못한다.

제818조(2인 이상의 소지인에 의한 운송물인도청구와 공탁)　① 2인 이상의 선하증권소지인이 운송물의 인도를 청구한 때에는 선장은 지체없이 운송물을 공탁하고, 각 청구자에게 그 통지를 발송하여야 한다.

② 선장이 제816조 제1항의 규정에 의하여 운송물의 일부를 인도한 후 다른 소지인이 운송물의 인도를 청구한 경우에도 그 인도하지 아니한 운송물에 대하여는 제1항과 같다.

제819조(수인의 선하증권소지인의 순위)　① 제818조의 규정에 의하여 공탁한 운송물에 대하여는 수인의 선하증권소지인에게 공통되는 전자로부터 먼저 교부를 받은 증권소지인의 권리가 다른 소지인의 권리에 우선한다.

② 격지자에 대하여 발송한 선하증권은 그 발송한 때를 교부받은 때로 본다.

제820조(준용규정)　제129조, 제130조,

제857조(수통의 선하증권과 양륙항에 있어서의 운송물의 인도)　① 양륙항에서 수통의 선하증권 중 1통을 소지한 자가 운송물의 인도를 청구하는 경우에도 선장은 그 인도를 거부하지 못한다.

② 제1항의 규정에 의하여 수통의 선하증권 중 1통의 소지인이 운송물의 인도를 받은 때에는 다른 선하증권은 그 효력을 잃는다.

제858조(수통의 선하증권과 양륙항 외에서의 운송물의 인도)　양륙항 외에서는 선장은 선하증권의 각 통의 반환을 받지 아니하면 운송물을 인도하지 못한다.

제859조(2인 이상 소지인에 의한 운송물인도청구와 공탁)　① 2인 이상의 선하증권소지인이 운송물의 인도를 청구한 때에는 선장은 지체없이 운송물을 공탁하고 각 청구자에게 그 통지를 발송하여야 한다.

② 선장이 제857조 제1항에 따라 운송물의 일부를 인도한 후 다른 소지인이 운송물의 인도를 청구한 경우에도 그 인도하지 아니한 운송물에 대하여는 제1항과 같다.

제860조(수인의 선하증권소지인의 순위)　① 제859조에 따라 공탁한 운송물에 대하여는 수인의 선하증권소지인에게 공통되는 전 소지인으로부터 먼저 교부를 받은 증권소지인의 권리가 다른 소지인의 권리에 우선한다.

② 격지자에 대하여 발송한 선하증권은 그 발송한 때를 교부받은 때로 본다.

제861조(준용규정)　제129조·제130조·

제132조와 제133조의 규정은 선하증권에 준용한다.

〈신　설〉

제132조 및 제133조는 제852조 및 제855조의 선하증권에 준용한다.

제862조(전자선하증권) ① 제852조 또는 제855조의 선하증권을 발행하는 대신에 송하인 또는 용선자의 동의를 얻어 법무부장관이 지정하는 등록기관에 등록을 하는 방식으로 전자선하증권을 발행할 수 있다. 이 경우 전자선하증권은 제852조 및 제855조의 선하증권과 동일한 법적 효력을 갖는다.
② 전자선하증권에는 제853조 제1항 각호의 정보가 포함되어야 하고, 운송인이 전자서명을 하여 송신하고 용선자 또는 송하인이 이를 수신하여야 그 효력이 생긴다.
③ 전자선하증권의 권리자는 배서의 뜻을 기재한 전자문서를 작성한 다음 전자선하증권을 첨부하여 지정된 등록기관을 통하여 상대방에게 송신하는 방식으로 그 권리를 양도할 수 있다.
④ 제3항에서 정한 방식에 따라 배서의 뜻을 기재한 전자문서를 상대방이 수신하면 제852조 및 제855조의 선하증권을 배서하여 교부한 것과 동일한 효력이 있고, 제2항 및 제3항의 전자문서를 수신한 권리자는 제852조 및 제855조의 선하증권을 교부받은 소지인과 동일한 권리를 취득한다.
⑤ 전자선하증권의 등록기관의 지정요건, 발행 및 배서의 전자적인 방식, 운송물의 구체적인 수령절차 그 밖에 필요한 사항은 대통령령으로 정한다.

〈신　설〉

제863조(해상화물운송장의 발행) ① 운송인은 용선자 또는 송하인의 청구가 있으면 제852조 또는 제855조의

〈신　설〉

선하증권을 발행하는 대신 해상화물운송장을 발행할 수 있다. 해상화물운송장은 당사자 사이의 합의에 따라 전자식으로도 발행할 수 있다.

② 해상화물운송장에는 해상화물운송장임을 표시하는 외에 제853조 제1항 각호 사항을 기재하고 운송인이 기명날인 또는 서명하여야 한다.

③ 제854조 제2항 및 제4항은 이를 해상화물운송장에 준용한다.

제864조(해상화물운송장의 효력) ① 제863조 제1항의 규정에 따라 해상화물운송장이 발행된 경우 운송인이 그 운송장에 기재된 대로 운송물을 수령 또는 선적한 것으로 추정한다.

② 운송인이 운송물을 인도함에 있어 해상화물운송장에 기재된 수하인 또는 그 대리인이라고 믿을 만한 정당한 사유가 있는 때에는 수령인이 권리자가 아니라고 하더라도 운송인은 그 책임을 면한다.

제5장　공동해손

제832조(공동해손의 요건) 선박과 적하의 공동위험을 면하기 위한 선장의 선박 또는 적하에 대한 처분으로 인하여 생긴 손해 또는 비용은 공동해손으로 한다.

제833조(공동해손의 분담) 공동해손은 그 위험을 면한 선박 또는 적하의 가액과 운임의 반액과 공동해손의 액과의 비율에 따라 각 이해관계인이 이를 분담한다.

제834조(공동해손분담액의 산정) 공동

제3장　해상위험

제1절　공동해손

제865조(공동해손의 요건) 선박과 적하의 공동위험을 면하기 위한 선장의 선박 또는 적하에 대한 처분으로 인하여 생긴 손해 또는 비용은 공동해손으로 한다.

제866조(공동해손의 분담) 공동해손은 그 위험을 면한 선박 또는 적하의 가액과 운임의 반액과 공동해손의 액과의 비율에 따라 각 이해관계인이 이를 분담한다.

제867조(공동해손분담액의 산정) 공동

해손의 분담액을 정함에 있어서는 선박의 가액은 도달의 때와 곳의 가액으로 하고, 적하의 가액은 양륙의 때와 곳의 가액으로 한다. 그러나 적하에 관하여는 그 가액 중에서 멸실로 인하여 지급을 면하게 된 운임 기타의 비용을 공제하여야 한다.

제835조(공동해손분담자의 유한책임) 제833조와 제834조의 규정에 의하여 공동해손의 분담책임이 있는 자는 선박이 도달하거나 적하를 인도한 때에 현존하는 가액의 한도에서 그 책임을 진다.

제836조(공동해손의 손해액산정) 공동해손의 액을 정함에 있어서는 선박의 가액은 도달의 때와 곳의 가액으로 하고, 적하의 가액은 양륙의 때와 곳의 가액으로 한다. 그러나 적하에 관하여는 그 손실로 인하여 지급을 면하게 된 모든 비용을 공제하여야 한다.

제837조(책임 있는 자에 대한 구상권) 선박과 적하의 공동위험이 선박 또는 적하의 하자나 기타 과실있는 행위로 인하여 생긴 경우에는 공동해손의 분담자는 그 책임이 있는 자에 대하여 구상권을 행사할 수 있다.

제838조(공동해손분담 제외) 선박에 비치한 무기, 선원의 급료, 선원과 여객의 식량과 의류는 보존된 경우에도 그 가액을 공동해손의 분담에 산입하지 아니하고, 손실된 경우에는 그 가액을 공동해손의 액에 산입한다.

제839조(공동해손분담청구에서의 제외) ① 속구목록에 기재하지 아니한 속구, 선하증권 기타 적하의 가격을 정할

해손의 분담액을 정함에 있어서는 선박의 가액은 도달의 때와 곳의 가액으로 하고, 적하의 가액은 양륙의 때와 곳의 가액으로 한다. 다만, 적하에 관하여는 그 가액 중에서 멸실로 인하여 지급을 면하게 된 운임 기타의 비용을 공제하여야 한다.

제868조(공동해손분담자의 유한책임) 제866조 및 제867조에 따라 공동해손의 분담책임이 있는 자는 선박이 도달하거나 적하를 인도한 때에 현존하는 가액의 한도에서 책임을 진다.

제869조(공동해손의 손해액산정) 공동해손의 액을 정함에 있어서는 선박의 가액은 도달의 때와 곳의 가액으로 하고, 적하의 가액은 양륙의 때와 곳의 가액으로 한다. 다만, 적하에 관하여는 그 손실로 인하여 지급을 면하게 된 모든 비용을 공제하여야 한다.

제870조(책임 있는 자에 대한 구상권) 선박과 적하의 공동위험이 선박 또는 적하의 하자나 그 밖의 과실 있는 행위로 인하여 생긴 경우에는 공동해손의 분담자는 그 책임이 있는 자에 대하여 구상권을 행사할 수 있다.

제871조(공동해손분담 제외) 선박에 비치한 무기, 선원의 급료, 선원과 여객의 식량·의류는 보존된 경우에도 그 가액을 공동해손의 분담에 산입하지 아니하고, 손실된 경우에는 그 가액을 공동해손의 액에 산입한다.

제872조(공동해손분담청구에서의 제외) ① 속구목록에 기재하지 아니한 속구, 선하증권 그 밖의 적하의 가격을 정

수 있는 서류 없이 선적한 하물 또는 종류와 가액을 명시하지 아니한 화폐나 유가증권 기타의 고가물은 보존된 경우에는 그 가액을 공동해손의 분담에 산입하고, 손실된 경우에는 그 가액을 공동해손의 액에 산입하지 아니한다.

② 갑판에 적재한 하물에 대하여도 제1항과 같다. 그러나 연안항행의 경우에는 그러하지 아니하다.

제840조(적하가액의 부실기재와 공동해손) ① 선하증권 기타 적하의 가격을 정할 수 있는 서류에 적하의 실가보다 고액을 기재한 경우에 그 하물이 보존된 때에는 그 기재액에 의하여 공동해손의 분담액을 정하고, 적하의 실가보다 저액을 기재한 경우에 그 하물이 손실된 때에는 그 기재액을 공동해손의 액으로 한다.

② 제1항의 규정은 적하의 가격에 영향을 미칠 사항에 관하여 허위의 기재를 한 경우에 준용한다.

제841조(공동해손인 손해의 회복) 선박소유자·용선자·송하인 기타의 이해관계인이 공동해손의 액을 분담한 후 선박, 속구 또는 적하의 전부나 일부가 소유자에게 복귀된 때에는 그 소유자는 공동해손의 상금으로 받은 금액에서 구조료와 일부손실로 인한 손해액을 공제하고, 그 잔액을 반환하여야 한다.

제842조(공동해손채권의 소멸) 공동해손으로 인하여 생긴 채권 및 제837조

할 수 있는 서류 없이 선적한 하물 또는 종류와 가액을 명시하지 아니한 화폐나 유가증권 기타의 고가물은 보존된 경우에는 그 가액을 공동해손의 분담에 산입하고, 손실된 경우에는 그 가액을 공동해손의 액에 산입하지 아니한다.

② 갑판에 적재한 하물에 대하여도 제1항과 같다. 다만, 갑판에 선적하는 것이 관습상 허용되는 경우와 그 항해가 연안항행에 해당되는 경우에는 그러하지 아니하다.

제873조(적하가격의 부실기재와 공동해손) ① 선하증권 그 밖에 적하의 가격을 정할 수 있는 서류에 적하의 실가보다 고액을 기재한 경우에 그 하물이 보존된 때에는 그 기재액에 의하여 공동해손의 분담액을 정하고, 적하의 실가보다 저액을 기재한 경우에 그 하물이 손실된 때에는 그 기재액을 공동해손의 액으로 한다.

② 제1항은 적하의 가격에 영향을 미칠 사항에 관하여 허위의 기재를 한 경우에 준용한다.

제874조(공동해손인 손해의 회복) 선박소유자·용선자·송하인 기타의 이해관계인이 공동해손의 액을 분담한 후 선박·속구 또는 적하의 전부나 일부가 소유자에게 복귀된 때에는 그 소유자는 공동해손의 상금으로 받은 금액에서 구조료와 일부손실로 인한 손해액을 공제하고 그 잔액을 반환하여야 한다.

제875조(공동해손 채권의 소멸) 공동해손으로 인하여 생긴 채권 및 제870

에 의한 구상채권은 그 계산이 종료
한 날부터 1년내에 재판상 청구가 없
으면 소멸한다. 그러나 제811조 단서
의 규정은 이 경우에 준용한다.

조에 의한 구상채권은 그 계산이 종
료한 날부터 1년이내에 재판상 청구
가 없으면 소멸한다. 이 경우 제814조
제1항 단서의 규정을 준용한다.

제6장　선박충돌

제843조(선박충돌에의 적용법규) 항해
선상호간 또는 항해선과 내수항행선
간의 충돌이 있은 경우에 선박 또는
선박내에 있는 물건이나 사람에 관하
여 생긴 손해의 배상에 대하여는 어
떠한 수면에서 충돌한 때라도 이 장
의 규정을 적용한다.
〈신　설〉

제2절　선박충돌

제876조(선박충돌에의 적용법규)
① 항해선 상호 간 또는 항해선과 내
수항행선 간의 충돌이 있은 경우에
선박 또는 선박내에 있는 물건이나
사람에 관하여 생긴 손해의 배상에
대하여는 어떠한 수면에서 충돌한 때
라도 이 절의 규정을 적용한다.
② 이 절에서 "선박의 충돌"이라 함
은 2척 이상의 선박이 그 운용상 작
위 또는 부작위로 선박 상호간에 다
른 선박 또는 선박내에 있는 사람 또
는 물건에 손해를 생기게 하는 것을
말하며, 직접적인 접촉의 유무를 묻지
아니한다.

제844조(불가항력으로 인한 충돌) 선
박의 충돌이 불가항력으로 인하여 발
생하거나 충돌의 원인이 명백하지 아
니한 때에는 피해자는 충돌로 인한
손해의 배상을 청구하지 못한다.

제877조(불가항력으로 인한 충돌) 선
박의 충돌이 불가항력으로 인하여 발
생하거나 충돌의 원인이 명백하지 아
니한 때에는 피해자는 충돌로 인한
손해의 배상을 청구하지 못한다.

제845조(일방의 과실로 인한 충돌) 선
박의 충돌이 일방의 선원의 과실로
인하여 발생한 때에는 그 일방의 선
박소유자는 피해자에 대하여 충돌로
인한 손해를 배상할 책임이 있다.

제878조(일방의 과실로 인한 충돌) 선
박의 충돌이 일방의 선원의 과실로
인하여 발생한 때에는 그 일방의 선
박소유자는 피해자에 대하여 충돌로
인한 손해를 배상할 책임이 있다.

제846조(쌍방의 과실로 인한 충돌)
① 선박의 충돌이 쌍방의 선원의 과
실로 인하여 발생한 때에는 쌍방의
과실의 경중에 따라 각 선박소유자가
손해배상의 책임을 분담한다. 그 과실

제879조(쌍방의 과실로 인한 충돌)
① 선박의 충돌이 쌍방의 선원의 과
실로 인하여 발생한 때에는 쌍방의
과실의 경중에 따라 각 선박소유자가
손해배상의 책임을 분담한다. 이 경우

의 경중을 판정할 수 없는 때에는 손해배상의 책임을 균분하여 부담한다.

② 제1항의 경우에 제3자의 사상에 대한 손해배상은 쌍방의 선박소유자가 연대하여 그 책임을 진다.

제847조(도선사의 과실로 인한 충돌) 선박의 충돌이 도선사의 과실로 인하여 발생한 경우에도 선박소유자는 제845조와 제846조의 규정에 의하여 손해를 배상할 책임이 있다.

제848조(선박충돌채권의 소멸) 선박의 충돌로 인하여 생긴 손해배상의 청구권은 그 충돌이 있은 날부터 2년내에 재판상 청구가 없으면 소멸한다. 그러나 제811조 단서의 규정은 이 경우에 준용한다.

제7장 해양사고구조

제849조(해양사고구조의 요건) 항해선 또는 그 적하 기타의 물건이 어떠한 수면에서 위난에 조우한 경우에는 의무 없이 이를 구조한 자는 결과에 대하여 상당한 보수를 청구할 수 있다. 항해선과 내수항행선간의 구조도 같다.

제850조(구조료의 결정) 구조의 보수에 관한 약정이 없는 경우에 그 액에 대하여 당사자간에 합의가 성립하지 아니한 때에는 법원은 당사자의 청구에 의하여 위난의 정도, 구조의 노력, 비용과 구조의 효과, 환경손해방지를 위한 노력 기타 제반사정을 참작하여 그 액을 정한다.

그 과실의 경중을 판정할 수 없는 때에는 손해배상의 책임을 균분하여 부담한다.

② 제1항의 경우에 제3자의 사상에 대한 손해배상은 쌍방의 선박소유자가 연대하여 그 책임을 진다.

제880조(도선사의 과실로 인한 충돌) 선박의 충돌이 도선사의 과실로 인하여 발생한 경우에도 선박소유자는 제878조 및 제879조를 준용하여 손해를 배상할 책임이 있다.

제881조(선박충돌채권의 소멸) 선박의 충돌로 인하여 생긴 손해배상의 청구권은 그 충돌이 있은 날부터 2년이내에 재판상 청구가 없으면 소멸한다. 이 경우 제814조 제1항 단서를 준용한다.

제3절 해난구조

제882조(해난구조의 요건) 항해선 또는 그 적하 그 밖의 물건이 어떠한 수면에서 위난에 조우한 경우에 의무 없이 이를 구조한 자는 그 결과에 대하여 상당한 보수를 청구할 수 있다. 항해선과 내수항행선간의 구조의 경우에도 또한 같다.

제883조(보수의 결정) 구조의 보수에 관한 약정이 없는 경우에 그 액에 대하여 당사자 사이에 합의가 성립하지 아니한 때에는 법원은 당사자의 청구에 의하여 구조된 선박·재산의 가액, 위난의 정도, 구조자의 노력과 비용, 구조자나 그 장비가 조우했던 위험의 정도, 구조의 효과, 환경손해방지를 위한 노력 그 밖의 제반사정을 참작

제852조(구조료의 한도) ① 구조의 보수액은 다른 약정이 없으면 구조된 목적물의 가액을 초과하지 못한다.

② 선순위의 우선특권이 있을 때에는 구조의 보수액은 그 우선특권자의 채권액을 공제한 잔액을 초과하지 못한다.

〈신 설〉

하여 그 액을 정한다.

제884조(보수의 한도) ① 구조의 보수액은 다른 약정이 없으면 구조된 목적물의 가액을 초과하지 못한다.

② 선순위의 우선특권이 있는 때에는 구조의 보수액은 그 우선특권자의 채권액을 공제한 잔액을 초과하지 못한다.

제885조(환경손해방지작업에 대한 특별보상) ① 선박 또는 그 적하로 인하여 환경손해가 발생할 우려가 있는 경우에 손해의 경감 또는 방지의 효과를 수반하는 구조작업에 종사한 구조자는 구조의 성공 여부 및 제884조와 상관없이 구조에 소요된 비용을 특별보상으로 청구할 수 있다.

② 제1항에서 "비용"이란 구조작업에 실제로 지출한 합리적인 비용 및 사용된 장비와 인원에 대한 정당한 보수를 말한다.

③ 구조자는 발생할 환경손해가 구조작업으로 인하여 실제로 감경 또는 방지된 때에는 보상의 증액을 청구할 수 있고, 법원은 제883조의 사정을 참작하여 증액 여부 및 그 금액을 정한다. 이 경우 증액된다 하더라도 구조료는 제1항의 비용의 배액을 초과할 수 없다.

④ 구조자의 고의 또는 과실로 인하여 손해의 감경 또는 방지에 지장을 가져 온 경우 법원은 제1항 및 제3항에서 정한 금액을 감액 혹은 부인할 수 있다.

⑤ 하나의 구조작업을 시행한 구조자가 제1항부터 제4항까지의 규정에서 정한 특별보상을 청구하는 것 외

〈신　설〉

〈신　설〉

제851조(약정구조료의 변경청구)　해양
사고 당시에 구조의 보수액에 관한
약정을 한 경우에도 그 액이 현저하
게 부당한 때에는 법원은 제850조의
사정을 참작하여 그 액을 증감할 수
있다.

제853조(공동구조자간의 구조료분배)
① 수인이 공동으로 구조에 종사한
경우에 그 보수액분배의 비율에 관하
여는 제850조의 규정을 준용한다.
② 인명의 구조에 종사한 자도 제 1
항의 규정에 따라 구조의 보수액의
분배를 받을 수 있다.

제854조(1선박내부의 구조료분배)
① 선박이 구조에 종사하여 그 보수
를 받은 경우에는 먼저 선박의 손해
액과 구조에 요한 비용을 선박소유자
에게 지급하고 그 잔액을 절반하여
선장과 해원에게 지급하여야 한다.
② 제 1 항의 규정에 의하여 해원에게

에 제882조에서 정한 보수도 청구할
수 있는 경우 그 중 큰 금액을 구조
료로 청구할 수 있다.

제886조(구조료의 지급의무)　선박소유
자와 그 밖에 구조된 재산의 권리자
는 그 구조된 선박 또는 재산의 가액
에 비례하여 구조에 대한 보수를 지
급하고 특별보상을 하는 등 구조료를
지급할 의무가 있다.

제887조(구조에 관한 약정)　① 당사자
가 미리 구조계약을 하고 그 계약에
따라 구조가 이루어진 경우에도 그
성질에 반하지 아니하는 한 구조계약
에서 정하지 아니한 사항은 이 절에
서 정한 바에 따른다.
② 해난 당시에 구조료의 금액에 대
해 약정을 한 경우에도 그 금액이 현
저하게 부당한 때에는 법원은 제883
조의 사정을 참작하여 그 금액을 증
감할 수 있다.

제888조(공동구조자간의 구조료분배)
① 수인이 공동으로 구조에 종사한
경우에 그 구조료의 분배비율에 관하
여는 제883조를 준용한다.
② 인명의 구조에 종사한 자도 제 1
항에 따라 구조료의 분배를 받을 수
있다.

제889조(1선박 내부의 구조료분배)
① 선박이 구조에 종사하여 그 구조
료를 받은 경우에는 먼저 선박의 손
해액과 구조에 들어간 비용을 선박소
유자에게 지급하고 잔액을 절반하여
선장과 해원에게 지급하여야 한다.
② 제 1 항에 따라 해원에게 지급할

지급할 보수액의 분배는 선장이 각 해원의 노력, 그 효과와 사정을 참작하여 그 항해의 종료 전에 분배안을 작성하여 해원에게 고시하여야 한다.

제855조(예선의 구조의 경우) 예선의 본선 또는 그 적하에 대한 구조에 관하여는 예선계약의 이행으로 볼 수 없는 특수한 노력을 제공한 경우가 아니면 구조의 보수를 청구하지 못한다.

제856조(동일소유자에 속한 선박간의 보수) 동일소유자에 속한 선박상호간에 있어서는 구조에 종사한 자는 상당한 보수를 청구할 수 있다.

제857조(구조료청구권 없는 자) 다음의 자는 구조의 보수를 청구하지 못한다.

1. 구조받은 선박에 종사하는 자
2. 고의 또는 과실로 인하여 해양사고를 야기한 자
3. 정당한 거부에 불구하고 구조를 강행한 자
4. 구조된 물건을 은닉하거나 정당한 사유 없이 처분한 자

제858조(구조자의 우선특권) ① 구조에 종사한 자의 보수채권은 구조된 적하에 대하여 우선특권이 있다. 그러나 채무자가 그 적하를 제3취득자에게 인도한 후에는 그 적하에 대하여 이 권리를 행사하지 못한다.
② 제1항의 우선특권에는 선박채권자의 우선특권에 관한 규정을 준용한다.

제859조(구조료지급에 관한 선장의 권한) ① 선장은 보수를 지급할 채무자에 갈음하여 그 지급에 관한 재판

구조료의 분배는 선장이 각 해원의 노력, 그 효과와 사정을 참작하여 그 항해의 종료 전에 분배안을 작성하여 해원에게 고시하여야 한다.

제890조(예선의 구조의 경우) 예선의 본선 또는 그 적하에 대한 구조에 관하여는 예선계약의 이행으로 볼 수 없는 특수한 노력을 제공한 경우가 아니면 구조료를 청구하지 못한다.

제891조(동일소유자에 속한 선박간의 보수) 동일소유자에 속한 선박의 상호간에 있어서도 구조에 종사한 자는 상당한 구조료를 청구할 수 있다.

제892조(구조료청구권 없는 자) 다음의 자는 구조료를 청구하지 못한다.

1. 구조받은 선박에 종사하는 자
2. 고의 또는 과실로 인하여 해난사고를 야기한 자
3. 정당한 거부에 불구하고 구조를 강행한 자
4. 구조된 물건을 은닉하거나 정당한 이유 없이 처분한 자

제893조(구조자의 우선특권) ① 구조에 종사한 자의 구조료채권은 구조된 적하에 대하여 우선특권이 있다. 다만, 채무자가 그 적하를 제3취득자에게 인도한 후에는 그 적하에 대하여 이 권리를 행사하지 못한다.
② 제1항의 우선특권에는 그 성질에 반하지 아니하는 한 제777조의 우선특권에 관한 규정을 준용한다.

제894조(구조료지급에 관한 선장의 권한) ① 선장은 구조료를 지급할 채무자에 갈음하여 그 지급에 관한 재

상 또는 재판 외의 모든 행위를 할 권한이 있다. ② 선장은 그 <u>보수</u>에 관한 소송의 당사자가 될 수 있고, 그 확정판결은 <u>구조의 보수액의</u> 채무자에 대하여도 효력이 있다.	판상 또는 재판 외의 모든 행위를 할 권한이 있다. ② 선장은 그 <u>구조료</u>에 관한 소송의 당사자가 될 수 있고, 그 확정판결은 <u>구조료의</u> 채무자에 대하여도 효력이 있다.
<u>제860조</u>(구조료청구권의 소멸) <u>구조에 대한 보수의</u> 청구권은 구조가 완료한 날부터 2년내에 재판상 청구가 없으면 소멸한다. <u>그러나 제811조 단서의 규정은 이 경우에</u> 준용한다.	<u>제895조</u>(구조료청구권의 소멸) <u>구조료</u> 청구권은 구조가 완료된 날부터 2년 이내에 재판상 청구가 없으면 소멸한다. <u>이 경우 제814조 제1항 단서를</u> 준용한다.

사 항 색 인

著者略歷

독일 Bonn大學校(法學博士)
獨逸 Köln大學校 招聘敎授
司法試驗委員
行政高等考試委員
軍法務官試驗委員
公認會計士試驗委員
稅務士試驗委員
財務部 諮問委員
財務部 保險審議委員
商事仲裁委員
韓國上場會社協議會 諮問委員
法務部 法務諮問委員會 商法改正特別委員會 委員
서울大學校 法科大學 敎授

現在 서울大學校 名譽敎授

著　書

企業法槪說(第11版)(博英社)	民法注解(XI) 債權(4) 共著(博英社)
商法總則·商行爲(第3新訂版)(經世院)	商法事例演習[第2版](法文社)
商法學新論(上)(第17版)(博英社)	保險法(第3版)(博英社)
商法學新論(下)(第15版)(博英社)	海商法(第3版)(博英社)
新會社法論(第12大訂版)(博英社)	1995년 改正商法解說(博英社)
어음·手票法(第4增補版)(博英社)	商事判例研究[Ⅰ]·[Ⅱ]·[Ⅲ]·[Ⅳ]·[Ⅴ]·[Ⅵ] 共著(博英社)
民法注解(Ⅰ) 總則(1) 共著(博英社)	客觀式 商法(제3판)(新潮社)

新訂 8 版

商法學原論

1980年	12月	20日	初版發行
1993年	3月	15日	新訂初版發行
1996年	3月	10日	新訂 2 版發行
1998年	9月	20日	新訂 3 版發行
2000年	3月	5日	新訂 4 版發行
2001年	3月	5日	新訂 5 版發行
2002年	8月	30日	新訂 6 版發行
2005年	2月	25日	新訂 7 版發行
2008年	3月	5日	新訂 8 版印刷
2008年	3月	15日	新訂 8 版發行

著　者　崔　基　元

發行人　安　鍾　萬

發行處　博　英　社

　　　　서울特別市 鍾路區 平洞 13-31番地
　　　　電話 (733)6771　FAX (736)4818
　　　　登錄 1952.11.18. 제1-171호(倫)
www.pakyoungsa.co.kr　e-mail: pys@pakyoungsa.co.kr

定　價　48,000원　　　　　ISBN 978-89-10-51500-5